1 MONTH OF FREE READING

at
www.ForgottenBooks.com

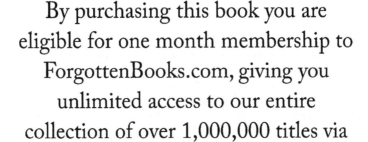

By purchasing this book you are eligible for one month membership to ForgottenBooks.com, giving you unlimited access to our entire collection of over 1,000,000 titles via our web site and mobile apps.

To claim your free month visit:
www.forgottenbooks.com/free964942

ISBN 978-0-260-69929-9
PIBN 10964942

Forgotten Books is a registered trademark of FB &c Ltd.
Copyright © 2018 FB &c Ltd.
FB &c Ltd, Dalton House, 60 Windsor Avenue, London, SW19 2RR.
Company number 08720141. Registered in England and Wales.

For support please visit www.forgottenbooks.com

BIOGRAPHIE

UNIVERSELLE

DES HOMMES QUI SE SONT FAIT UN NOM

PAR LEUR GÉNIE, LEURS TALENTS, LEURS VERTUS, LEURS ERREURS,
OU LEURS CRIMES.

PAR F.-X. FELLER.

REVUE ET CONTINUÉE JUSQU'EN 1866;

Par l'abbé SIMONIN, Chanoine,

Ancien Directeur du grand Séminaire de Nevers, auteur de plusieurs ouvrages.

TOME DEUXIÈME.

J. B. PÉLAGAUD, IMPRIMEUR-LIBRAIRE

DE N. S. P. LE PAPE.

LYON,
GRANDE RUE MERCIÈRE.
N° 48.

PARIS,
RUE DE TOURNON,
N° 5.

1867.

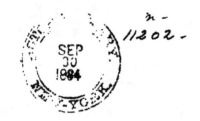

BOAISTUAU, ou Boistuau (Pierre), natif de Nantes, mourut à Paris en 1566. Il est un des premiers écrivains qui se soient plaints de ce que les mères n'allaitaient pas leurs enfants. Outre une traduction de l'italien des *Contes de Blandello avec Belleforêt*, Lyon, 1616, 7 vol. in-16, il a composé quelques romans de peu de mérite, ainsi que l'*Histoire de Chélidonius*, mauvais ouvrage sur la politique. Mais on lui doit une autre production que la singularité des faits rend très-intéressante : c'est le *Théâtre du monde, où il est fait ample discours des misères humaines*, Paris, 1584 et 1598, 6 vol. in-16. Il y rapporte, mais sans indiquer les procédés, que le fameux peintre Léonard de Vinci avait trouvé le secret de voler dans les airs.

BOBADILLA (Nicolas - Alphonse) fut un des premiers compagnons du fondateur de la société de Jésus. Ce qui nous reste de ce pieux et savant homme est conservé à Rome dans les archives de la célèbre compagnie. On en a extrait les lignes suivantes, que M. Henri Dujardin a insérées dans son curieux *Recueil de prophéties*, 2e édition, Paris, chez Camus, 1840. « *Litt.* XIV P. Bobadilla « *ad Ignatium : Annó* 1547. *Post 4 lustra* « *nostræ annihilationis, exppellentur ti* « *qui nos expulerunt. Gentes in philoso-* « *phismo educatæ nec Ecclesiæ nec prin-* « *cipibus obedient. Corruent nostri ini-* « *mici; horror regnabit; et tunc nostrates* « *et rogabuntur, ut aliud seculum inci-* « *piant, educent.* » (Voyez JAY Claude Le).

BOCCACE (Jean) naquit à Certaldo en Toscane, l'an 1313, d'un marchand de Florence. Ce jeune homme, peu propre au négoce, passa à l'étude du droit et de celui-ci à la poésie, pour laquelle il avait un goût particulier. Pétrarque fut son maître, et le disciple eut souvent besoin de recourir à sa générosité. La république de Florence lui donna le droit de bourgeoisie, et le députa vers Pétrarque pour l'engager à venir à Florence. Pétrarque, instruit des factions qui divisaient cette ville, persuada à Boccace de la

quitter. Il se mit alors à parcourir l'Italie, s'arrêta à la cour de Naples, y fut bien accueilli du roi Robert, et devint amoureux d'une bâtarde de ce prince. Il se rendit de là en Sicile, où la reine Jeanne le goûta beaucoup. Boccace, de retour de ses courses, alla s'enfermer à Certaldo, et y mourut en 1375, à 62 ans. Cet écrivain fut un des premiers qui donnèrent à la langue italienne les grâces, la douceur et l'élégance qui la distinguent de toutes les autres langues vivantes. Sa prose est le modèle que se proposent les auteurs de son pays. Ses vers valent beaucoup moins. Boccace ne put jamais égaler les poésies de Pétrarque; et celui-ci à son tour ne put égaler sa prose, l'italienne du moins; car, dans la prose latine, il l'a surpassé. On a beaucoup d'ouvrages de Boccace : la *Généalogie des Dieux* : mythologie pleine d'érudition, et dans laquelle Boccace cite beaucoup de livres que nous n'avons plus. L'édition la plus rare de ce livre est celle de Venise, 1472, in-fol.; un *Traité des fleuves, des montagnes et des lacs*, Venise, 1473, in-fol. Il y a des choses curieuses, mais plusieurs aussi où l'auteur manque de discernement, et ne parle que sur la foi des contes populaires; un *Abrégé de l'Histoire de Rome* jusqu'à l'an 724 de sa fondation, in-8; *Le Philocope; L'Amorosa Fiammette; Le Labyrinthe d'amour; Opera giocondissima cio è l'Urbano; La Théséide*. Les plus anciennes éditions de ces romans sont les plus recherchées, uniquement pour leur ancienneté; celles qui ont été données dans le 16e siècle sont aussi complètes; la *Vie du Dante*, en italien, Rome, 1544, in-8, réimprimée à Florence en 1576, in-8; *De claris hominibus*, Ulm, 1473, in-fol.; son *Décaméron*. C'est un recueil de cent nouvelles galantes, pleines d'aventures romanesques et d'images obscènes qui contrastent avec la beauté et la pureté du langage, et qui rappellent ce mot appliqué à Pétrone : *Auctor purissimæ impuritatis*. C'est dans ce bourbier revêtu d'élégants dehors, que La Fontaine a puisé plusieurs de ses contes. On avait commencé à Florence, en 1723, une collection des *OEuvres de Boccace*, en 6 vol. in-4, qui n'a pas été achevée. On voit à Certaldo son tombeau de marbre et son épitaphe.

BOCCAGE (Marie-Anne le Page du), des académies de Lyon, Rouen et Cologne, née à Rouen le 22 octobre 1710, fut élevée à Paris, au couvent de l'Assomption, où elle se fit remarquer par sa facilité pour tous les genres d'études. Elle épousa ensuite un receveur des tailles de Dieppe, qui la laissa veuve de bonne heure. Elle se fixa alors à Paris, et se livra à son penchant pour la poésie, qu'elle avait réprimé pendant plusieurs années. Son début fut un poëme qui remporta, en 1746, le prix de l'académie de Rouen, sous le titre de *Prix alternatif entre les belles-lettres et les sciences*. Cette pièce, qui offre de beaux vers, un style noble et des expressions heureuses, la fit connaître avantageusement sous les rapports littéraires ; mais elle réussit ensuite *moins* dans des productions plus vastes et plus élevées, dont les sujets et l'étendue n'étaient plus proportionnés à ses forces. Elle n'en jouit pas moins de la plus grande faveur tant qu'elle vécut, et fut célébrée par les poëtes et les savants les plus distingués du dernier siècle. Benoît XIV l'accueillit à Rome d'une manière honorable ; la cour de Londres et les gens de lettres de cette ville ne lui rendirent pas moins d'hommages. Son caractère était doux, susceptible d'amitié et de constance ; sa société sûre et attrayante. Ses ouvrages sont : *Le Paradis perdu*, poëme en 6 chants, imitation extrêmement faible de Milton, même dans les tableaux qui semblaient le mieux convenir à son talent ; le *Temple de la Renommée*, imité de Pope ; la *Mort d'Abel*, poëme en 5 chants, traduit de Gessner : *Les Amazones*, tragédie, jouée pour la première fois en 1749, mais qui ne put rester au théâtre ; *La Colombiade*, ou *la Foi portée au Nouveau-Monde*, poëme héroïque en 10 chants, où l'on trouve quelques tirades assez bien versifiées, mais où l'auteur est bien restée au-dessous de son sujet ; l'*Opéra*, ode ; *Voyages en Angleterre, en Hollande et en Italie*, en lettres ; c'est la meilleure production de Mad. du Boccage, mais elle est bien loin de mériter les éloges que lui a donnés Voltaire. Son style ne manque ni de grâces ni de mérites, mais ses lettres n'apprennent point à connaître les pays qu'elle a parcourus et les nations qu'elle a visitées. Les *OEuvres* de Mad. du Boccage ont été recueillies à Lyon, en 3 vol. in-8.

BOCCALINI (Trajan), né .., sin de l'Arétin pour la satire. Les cardina Borghèse et Gaëtan le protégèrent. B calini, se fiant sur le crédit de ses pr tecteurs, publia ses *Ragguagli di Parn so*, Amsterdam, 1659, 2 vol. in-12, *la Secretaria di Apollo*, Amsterdam 1653, in-12, ouvrage dans lequel l'aute feint qu'Apollon, tenant sa cour sur Parnasse, entend les plaintes de tout l' nivers, et rend à chacun justice sel l'exigence des cas. Il fit imprimer e suite sa *Pietra di Parrangone*, 166 contre l'Espagne. Le satirique, craign le ressentiment de cette cour, se ret à Venise, où il se crut plus en sûr qu'ailleurs, et y mourut en 1613. La p part des écrivains qui ont parlé de prétendent que ce ne fut pas de mort turelle, et que quatre hommes arm s'étant un jour introduits en sa mais dans un moment où il se trouvait se le fit périr à coups de sachets remp de sable. Cependant le registre mortua de la paroisse de Sainte-Marie-Form de Venise, où il habitait, atteste q mourut le 16 novembre 1613, âgé d'e viron 57 ans, de colique accompagn de fièvre, *da dolori colici e da febre*. a encore de lui *La Bilancia politica tutte le Opere di Tacito*, Castellana, 16 2 vol. in-4. Cet ouvrage est assez peu chose ; Amelot de La Houssaye, qui a vait lu en manuscrit, en parle de la s te : « J'y trouvai si peu ce que je ch « chais, que je n'ai pu me résoudre à « relire imprimé, de peur de mettre « lecture à fonds perdu. Je me a « viens que le jugement que j'en fai « était qu'il commenta Tacite, en e « teur plutôt qu'en politique ; et qu « lieu que Tacite dit beaucoup de cho « en peu de mots, Boccalini dit très- « de choses en beaucoup de parole Sur la réputation que sa *Pietra di P rangone* lui avait faite, Paul V lui con ra la police d'une petite ville ; Boccalin gouverna si mal, qu'il fallut le rapp au bout de trois mois d'administratio

BOCCHERINI (Louis), célèbre co positeur de musique, né à Lucques 1740, mort à Madrid en 1806, fut atta à l'Académie royale de Madrid. Ses c positions, successivement publiées gravées à Paris et ailleurs, forment *OEuvres* de symphonies, sextuor, qu tetti, etc. Son chant a quelque chose céleste ; ce qui a donné lieu à cet él ridicule que : *si Dieu voulait enten de la musique, il ferait jouer celle Boccherini*. On n'a cependant de ce c positeur, en fait de musique religieu qu'un *Stabat Mater* gravé.

BOCCHI (François), né en 1548, à Florence, où il mourut en 1618, devint un des écrivains les plus féconds de cette illustre cité. Il fut guidé dans ses études et dans la culture des lettres par son oncle paternel, vicaire-général de l'évêque de Fiésole. Ses nombreux écrits sont en latin et en langue toscane. On distingue, entre autres : *Le Bellezze della città di Firenze, dove a pieno di pittura, di scultura, di sacri templi, di palazzi, i più notabili artifizii e più preziosi si contengono*, ibid, 1592, 1677, 1678, in-8; *Opera di Fr. Bocchi sopra l'imagine miracolosa della santissima Nunziata di Firenze, etc.*, Florence, 1592, in-8; deux livres d'*Eloges* (en latin) *des hommes illustres de Florence*, 1607, in-4; *Discorso sopra la lite delle armi e delle lettere, e a cui si dee il primo luogo di nobiltà attribuire*, id., 1569, 1580, in-8; *Discorso sopra la Musica, non secondo l'arte di quella, ma secondo la ragione alla poalitica pertinente*, id., 1581, in-8; *Ragionamento supro l'uomo da bene*, ib., 1598, in-8.

BOCCHUS, roi de Mauritanie, ligué avec Jugurtha, son gendre, contre les Romains, fut vaincu deux fois par Marius. Il rechercha ensuite l'amitié de ses vainqueurs, et livra le malheureux Jugurtha à Sylla. Le traître eut une partie du royaume de ce prince infortuné, vers l'an 100 avant J.-C.

BOCCONI, ou BOCCONE (Paul-Sylvius), membre de l'académie des *Curieux de la nature*, né à Palerme en 1633, d'une famille noble. Son goût décidé pour l'histoire naturelle le porta à parcourir pendant plusieurs années les principales parties de l'Europe, pour y observer par lui-même la scène variée de la nature. Il publia successivement divers ouvrages, particulièrement sur la botanique, qui lui acquirent beaucoup de réputation. Après avoir été quelque temps botaniste de Ferdinand II, grand duc de Toscane, il quitta le monde et prit à Florence, en 1682, l'habit de l'ordre de Cîteaux, où son nom de baptême *Paul* fut changé en celui de *Silvio*, et c'est par cette raison qu'une partie de ses ouvrages se trouvent publiés sous le premier nom, et d'autres sous celui de Silvio. Quelques écrivains l'ont taxé de plagiat, et entre autres M. de Jussieu; mais cette accusation n'est pas prouvée. Outre plusieurs ouvrages imprimés devenus rares, il en a laissé quelques-uns en manuscrit, du nombre desquels est une *Histoire naturelle* de l'île de Corse. Ce savant naturaliste mourut à Florence sa patrie, en 1764. Ses livres imprimés sont : des *Observations naturelles*, traduites en français, Amsterdam, 1674, in-12; *Museo di fisica*, Venise, 1697, in-4, fig.; *Icones plantarum*, Oxford, 1664, in-4, fig.; *Museo di Piante*, Venise, 1697, in-4. On lui doit aussi des *Recherches sur le corail, la pierre étoilée, et l'embrasement du mont Etna*.

BOCCORIS, roi d'Egypte. Trogue-Pompée et Tacite racontent que ce prince, ayant consulté l'oracle d'Ammon sur la ladrerie qui infestait l'Egypte, chassa, par l'avis de cet oracle, les Juifs de son pays, comme une multitude inutile et odieuse à la Divinité. Moïse détruit cette fable. Il nous apprend, d'une manière certaine, pourquoi et comment les Juifs sortirent de l'Egypte. Ce que l'on peut inférer des témoignages des historiens profanes, c'est que Boccoris est le Pharaon dont il est parlé dans le *Pentateuque*, et que les plaies multipliées dont l'Egypte fut frappée sous son règne, ont donné lieu au conte de la ladrerie. On sait d'ailleurs que l'ancienne histoire profane d'Egypte n'est qu'une corruption de l'histoire sainte. (Voyez l'ouvrage intitulé : *Hérodote, historien du peuple hébreu, sans le savoir*, in-12.)

BOCH, ou BOCHIUS (Jean) naquit à Bruxelles en 1555, et se distingua de bonne heure par ses *Poésies*, imprimées à Cologne en 1615. Il parcourut l'Italie, la Pologne et la Russie. En allant à Moscou, il eut les pieds gelés de froid, et on délibérait si on lui ferait l'amputation. Le quartier des Livoniens, où demeurait Boch, ayant été surpris, la peur lui rendit les pieds. Il mourut à Bruxelles en 1609. On a de lui des ouvrages en prose et en vers. Ces derniers l'ont fait appeler, par Valère André, le *Virgile Belge*. Il faut avouer que Boch était un des bons poètes de son siècle, et que ses vers approchent beaucoup des beautés poétiques grecques et romaines. Son fils, Jean Ascagne, s'est distingué aussi dans la poésie. François Swert a rassemblé les *Poésies* des Boch père et fils, et en a donné une édition à Cologne, 1615.

BOCHARD (Claude-Marie) naquit, le 24 avril 1759, à Poncin (Ain), et fit ses études à Bourg, avec succès; il vint ensuite à Lyon, au séminaire de Saint-Irénée, pour la philosophie et la physique, puis, en 1776, se rendit à Saint-Sulpice. L'année de son diaconat, il se présenta pour la Sorbonne; Montazet, qui désirait l'attacher à sa maison de Saint-Joseph, l'envoya recevoir la prêtrise à Lyon; mais une fois promu au sacerdoce (23 septembre 1784), l'abbé Bochard retourna en Sorbonne. ◦

il commença sa licence le 1ᵉʳ janvier
1784. A son doctorat, l'évêque de Séez
l'emmena dans son diocèse, où il passa
cinq ans. Sur la fin de 1792, Bochard se
réfugia en Suisse, où il put reprendre
des études jusque-là gênées par diverses
occupations du ministère ecclésiastique.
Il écrivit alors un commentaire sur l'*A-
pocalypse*, où il croyait remarquer des
traits caractéristiques de l'immense révolution qui agitait le monde. Ce travail ne parut que sous la Restauration,
avec ce titre : *Le cinquième âge de l'E-
glise.* Lorsque des temps meilleurs lui
permirent de rentrer en France, il se livra
à des missions dans le diocèse de Saint-
Claude, se lia de rapports secrets avec
le conseil de Lyon, et composa quelques
dialogues pour l'instruction des fidèles.
La première partie fut intitulée : *Fatime;*
elle reparut à Lyon, en 1802, avec une
seconde partie, sous le titre de : *Eugène;*
la troisième parut à Bourg, sous le titre
de : *Jules chrétien;* la quatrième vit le
jour en 1815, et prit enfin le nom de
l'auteur. A l'époque du Concordat, l'abbé
Bochard fut appelé à diriger la paroisse
de Bourg-en-Bresse, et le cardinal Fesch
le prit, quelques années après, pour
vicaire-général. Pendant dix-huit ans
qu'il occupa cette place, l'abbé Bochard
travailla surtout à la résurrection des
études et à l'établissement des écoles
cléricales : le diocèse de Lyon lui dut
beaucoup, de ce côté-là. Quand le gouvernement de la Restauration nomma,
pour administrateur apostolique du diocèse, Mgr de Pins, archevêque d'Amasie,
in partibus, l'abbé Bochard qui, depuis
l'exil du cardinal Fesch, avait dirigé le
diocèse avec MM. Renaud et Courbon,
fut le seul à ne vouloir pas reconnaître
la légitimité de la nomination de Mgr
Gaston de Pins en qualité d'administrateur, et se vit obligé de donner sa démission. Il se retira alors dans un bien
patrimonial, à Ménestruel, près de Poncin, où il forma une maison religieuse
d'éducation. Ce fut là qu'il mourut le 22
juin 1834. Un prêtre de cette maison,
M. Corsain, publia, sous le voile de l'a-
nonyme, la même année, une *Notice
historique sur M. Bochard, grand-vicaire du diocèse de Lyon, de la maison
et société de Sorbonne*, Lyon, in-8 de 80
pag., avec portrait. C'est encore du même
auteur que vint, plus tard, un *Petit
mot sur M. Bochard et l'épiscopat*, à
l'occasion de l'ouvrage de *M. Lyonnet
sur le cardinal Fesch*, Paris, 1841, in-8 de
36 pag. L'auteur, ici comme dans la *Notice*, s'efforce de justifier une fâcheuse
résistance opposée par l'abbé Bochard et

par quelques adeptes à des mesures devant lesquelles il eût fallu s'incliner,
puisqu'elles émanaient du Saint-Siége.
Outre les deux écrits que nous avons
mentionnés, nous connaissons encore de
l'abbé Bochard une *Logique française,
avec un appendix sur les certitudes, à
l'usage de nos séminaires*, Lyon, Ru-
sand, 1822, in-8, sans nom d'auteur;
un *Manuel à l'usage des séminaires*,
Lyon, 1815, in-8 de 150 pag., écrit et
pensé médiocrement. L'auteur rappelle
surtout ce qui se faisait en Sorbonne, et
présente en latin, à la fin du livre, des
exemples de thèses soutenues à Lyon,
pro Actu publico. — On doit encore à
l'abbé Bochard des *Extraits à l'usage de
classes d'éloquence sacrée*, 1 vol. in-8;
mais il n'est rien de lui qui sorte du
commun, et qui puisse donner une juste
idée d'un prêtre qui a laissé dans le
diocèse de Lyon d'honorables souvenirs.

BOCHART (Samuel), ministre protestant, naquit à Rouen l'an 1599, d'une
famille distinguée. Il fit paraître beaucoup de dispositions pour les langues : il
apprit avec une égale facilité l'hébreu, le
syriaque, le chaldéen, l'arabe, l'éthio-
pien, etc. Christine, reine de Suède,
qui souhaitait de le voir, l'engagea, en
1652, à faire le voyage de Stockholm;
Bochart y reçut tous les témoignages
d'estime que méritait son érudition. De
retour à Caen, ville où il était ministre,
il y mourut subitement en disputant contre Huet dans l'académie de cette ville,
en 1667, à l'âge de 68 ans, avec la réputation d'un savant consommé dans tous
les genres d'érudition. Ses principaux
ouvrages sont : son *Phaleg* et son *Ca-
naan*, livre dans lequel il jette de grandes lumières sur la géographie sacrée;
mais plein d'étymologies chimériques et
d'origines imaginaires. On en a une édition de Caen sous le titre de *Geographia
sacra*, 1646, in-fol.; une de Francfort,
in-4, 1694, et dans la collection de ses
OEuvres, Amsterdam, 1792, 5 vol.
in-fol., où cette Géographie est augmentée de plusieurs dissertations curieuses
et utiles. L'édition de Leyde, 1712, est
réellement la même que celle d'Amsterdam, mais décorée d'un nouveau frontispice; son *Hierozoïcon, ou Histoire des
animaux de l'Ecriture*, est une collection de tout ce que les savants ont dit
sur cette matière; un *Traité des minéraux, des plantes, des pierreries dont la
Bible fait mention* : on y trouve le même
fonds d'érudition que dans les précédents; un *Traité du Paradis terrestre*,
etc. Ces deux derniers écrits sont perdus,
à quelques fragments près, dont on a

enrichi l'édition de ses *OEuvres*. On a encore de ce savant une *Dissertation à la tête de la Traduction de l'Enéide de Segrais*, dans laquelle il soutient qu'Enée ne vint jamais en Italie. Denis d'Halicarnasse cite plusieurs auteurs qui assurent la même chose.

BOCHART DE SARRON (Jean-Baptiste-Gaspard), président au Parlement de Paris et de l'Académie des sciences, né dans cette ville en 1730, d'une famille distinguée dans la magistrature, se livra dès sa jeunesse à l'étude des mathématiques et de l'astronomie où il fit de très-grands progrès. Ce fut lui qui eut la gloire de reconnaître, le premier, que la marche du nouvel astre récemment découvert par Herschell était beaucoup mieux représentée par une orbite circulaire que par une orbite parabolique ; ce qui fit soupçonner que cet astre pourrait bien être une planète nouvelle, plutôt qu'une comète, comme on l'avait cru d'abord ; idée qui depuis s'est complètement confirmée Les instruments dont il se servait pour ses observations étaient si exacts, qu'ils sont encore recherchés aujourd'hui. Son goût pour les sciences ne lui fit jamais oublier les fonctions de son ministère, qu'il remplit toujours avec autant de zèle que de lumière. On lui doit la *Théorie du mouvement elliptique et de la figure de la terre*, 1784, in-4, ouvrage de M. Laplace, qu'il fit imprimer à ses frais pour les progrès des sciences. Il fut appelé à l'assemblée des Notables en 1787, et après la suppression des Parlements, il se retira dans sa famille. Il y fut arrêté le 18 décembre 1793, détenu d'abord à la Force, puis à la Conciergerie, de là traduit au tribunal révolutionnaire où il fut condamné à mort, et exécuté le 20 avril 1794, avec trente autres membres des Parlements de Paris et de Toulouse, après avoir reçu d'un prêtre, son compagnon d'infortune, les secours de la religion. M. Monjoie a publié son *Eloge* en 1800.

BOCHEL, ou BOUCHEL (Laurent), avocat au Parlement de Paris, mort dans un âge avancé en 1629, était de Crépi en Valois. On a de lui plusieurs ouvrages pleins d'érudition : les *Décrets de l'Eglise gallicane*, Paris, 1609, in-fol. ; *Bibliothèque du droit français*, Paris, 1671, 3 vol. in-fol. ; *Bibliothèque canonique*, Paris, 1689, 2 vol. in-fol. Ces ouvrages sont dirigés par les bons principes et bien éloignés des fausses maximes qui depuis se sont introduites dans le droit civil et canonique ; *Coutume de Senlis*, 1703, in-4 ; *Curiosités où sont contenues les résolutions de plusieurs belles questions, touchant la création du monde jusqu'au jugement*, in-12.

BOCK (Frédéric-Samuel), professeur de théologie et de grec à l'Université de Kœnigsberg, naquit dans cette ville en 1716, et mourut en 1786. Il s'était aussi adonné à l'étude de l'histoire naturelle, et il a publié quelques ouvrages estimés, parmi lesquels on distingue son *Essai d'une histoire naturelle de la Prusse orientale et occidentale*, Dessaw, 1784-84, 5 vol. Ses principaux ouvrages de théologie sont : *Specimen theologiæ naturalis*, 1743, in-4 ; *Historia socinianismi Prussici*, 1753, in-4 ; *Historia antitrinitariorum, maximè socinianismi et socinianorum*, 1774-1784, in-8. On a encore de lui un *Manuel d'éducation*, Kœnigsberg, 1780, in-8.

BOCK (Jean-Nicolas-Etienne de), lieutenant des maréchaux de France et gouverneur à Sierek en Lorraine, mort vers 1812, a publié : *Mémoire sur Zoroastre et Confucius*, et *Essai sur l'histoire du Sabéisme*, 1787, in-8 ; *Mémoire historique sur le peuple nomade appelé Bohémiens*, traduit de l'allemand, 1788, in-8 ; *Recherches philosophiques sur l'origine de la pitié*, Paris, 1789, in-12 ; *OEuvres diverses*, 2 vol. in-12 ; *Histoire du tribunal secret, d'après les lois de l'empire germanique*, in-12 ; *Ermina dans les ruines de Rome*, traduit de l'allemand, 1801, in-8 ; *Les Chevaliers des Sept-Montagnes*, ou *Aventures du treizième siècle*, traduit de l'allemand, 1800, 3 vol. in-12, figures.

BOCQUILLOT (Lazare-André), né à Avallon en 1649, de parents obscurs, suivit en 1670 Nointel, ambassadeur à Constantinople. Revenu en France, il se fit recevoir avocat à Bourges, et se livra avec une égale ardeur au plaisir et à l'étude. Ayant pris goût pour l'état ecclésiastique, il fut curé de Châtelux, et ensuite chanoine d'Avallon. Il y mourut en 1728, âgé de 80 ans. Il avait vécu quelque temps à Port-Royal, où il s'était exercé dans la littérature et l'étude de la religion. On a de lui des *Homélies*, ou *Instructions familières sur les Commandements de Dieu et de l'Eglise*, sur les *Sacrements*, sur le *Symbole des Apôtres*, sur l'*Oraison Dominicale*, sur les *Fêtes de quelques Saints*, etc, Paris, 1688 et suiv. Bocquillot en fit présent aux imprimeurs, et il fixa lui-même le prix de chaque exemplaire, afin que les pauvres pussent se les procurer ; un *Traité sur la liturgie*, in-8, Paris, 1701 : livre savant, curieux et intéressant pour les amateurs des antiquités ecclésiastiques ; *Nouvelle histoire du chevalier Bayard*, in-12, qu'il publia sous le nom de *Prieur de*

Lonval; des Lettres, in-12, et d'autres *Dissertations*.

BODE (Christophe-Auguste), savant professeur de langues orientales à Helmstadt, né en 1722, mort le 7 mars 1796. On lui doit des *Traductions* latines et des *Versions* éthiopiennes, persanes et arabes du *Nouveau-Testament*, et une *Critique des travaux de Mill et de Bengel*, ouvrage indispensable à tous ceux qui s'occupent de la critique des Livres saints.

BODE (Jean-Ehlert), astronome, né le 19 janvier 1747, à Hambourg, enseigna d'abord les sciences commerciales, mais il ne tarda pas à s'occuper presque exclusivement de mathématiques et d'astronomie. Il forma, en l'honneur de Frédéric II, une constellation qu'il nomma *Friederichschre*, et qui est placée sur toutes les cartes célestes. On lui doit la découverte de plusieurs étoiles; il a déterminé la marche d'un grand nombre de comètes : il s'occupait de celle qui devait paraître le 29 novembre 1826, lorsque la mort l'enleva le 23 du mois. Ses principaux ouvrages sont : *Introduction à la connaissance du ciel et des astres*, avec une *préface* rédigée par Busch, 1768, 7e édition, 1807 ; *Introduction à la connaissance de la situation et du mouvement de la lune et des autres planètes*, feuilles mensuelles qu'il publia depuis 1770 jusqu'en 1777 ; *Ephémérides*, ou *Annales astronomiques du cours des astres, depuis 1672 jusqu'à sa mort*, 54 vol.; *Atlas de cartes célestes*, 1801, formé de 34 planches in-fol.

BODENSCHATZ (Jean-Christophe-Georges), savant orientaliste, né à Hof le 25 mars 1717, étudia surtout les antiquités judaïques, et s'en servit pour expliquer les Livres saints. Il mourut le 4 octobre 1797, laissant : *Constitution ecclésiastique des Juifs modernes, et principalement des Juifs allemands*, avec 30 planches, Erlangen et Cobourg, 1748, 1749, 4 parties in-4 ; *Explication des Livres saints du Nouveau-Testament, d'après les antiquités judaïques*, Hanovre, 1756, in-8. Ces ouvrages sont en allemand.

BODEUSTEIN. (Voy. CARLOSTADT.)

BODIN (Jean), angevin, né l'an 1530, avocat au Parlement de Paris, acquit les bonnes grâces du roi Henri III. Ce prince fit mettre en prison Michel de la Serre, pour un libelle qu'il avait fait contre Bodin, et lui fit défendre, sous peine de la vie, de le publier. Bodin, ayant perdu son crédit auprès de Henri, suivit le duc d'Alençon en Angleterre en 1579 et en 1582. On enseignait alors publiquement dans l'Université de Cambridge ses livres *De la République*, imprimés à Paris en 1576, in-fol., et mis en latin par lui-même, comme le porte le titre de l'édition de Cologne de 1603 : *Joan. Bodini de republicâ lib. 6, ab ipso in latinum conversi*, in-fol. Bodin, dans cet ouvrage, appuie ses principes par des exemples tirés des histoires de tous les peuples. L'érudition y est amenée avec moins d'art que dans l'*Esprit des Lois*, auquel on l'a comparé, et qui lui doit peut-être sa naissance. On y trouve beaucoup de choses dangereuses, fausses et injurieuses au christianisme. Coret, Michel de la Serre, Augier, Ferrier, le Père Possevin et plusieurs autres l'ont réfuté. On a encore de lui d'autres ouvrages : *Methodus ad facilem historiarum cognitionem*, Paris, 1566, in-4. Cette méthode n'est rien moins que méthodique, suivant le savant La Monnoie. A travers l'érudition dont il l'a surchargée, érudition souvent empruntée d'ailleurs, on trouve des ignorances grossières. On y voit le germe des principes exposés dans sa *République*. Le *Système des climats*, du président de Montesquieu, a été pris dans ce livre. *Colloquium Heptaplomeron de abditis rerum sublimium arcanis*, nommé autrement le *Naturalisme de Bodin*, livre manuscrit, dans lequel il fait plaider la religion naturelle et la religion juive contre la chrétienne. Son aversion pour cette dernière, qui lui faisait rejeter les dogmes les mieux établis ne l'empêchait pas d'adopter une foule d'erreurs superstitieuses; son *Naturalisme* en est rempli. L'illustre Huet, dans sa *Démonstration évangélique*, a donné des preuves incontestables de l'ignorance et de la mauvaise foi qui règnent dans ce Traité de Bodin; *La Démonomanie, ou Traité des sorciers*, Paris, 1581, in-4. On y voit que cet homme, si incrédule à l'égard des vérités religieuses, ne doutait cependant pas de l'existence des démons, ni du commerce que des hommes aveuglés et corrompus pouvaient avoir avec eux ; il cite même deux exemples pour prouver que le démon s'efforce de persuader qu'il n'y a ni sortilèges, ni sorciers, ni aucun effet magique, et ajoute que c'est un de ses plus spécieux moyens de propager son empire (Voyez BROWN Thomas, le médecin). *Theatrum naturæ*, Lyon, 1556, in-8, qui fut supprimé et qui n'est pas commun. Il a été traduit par de Fougerolles, Lyon, 1597, in-8. Bodin mourut de la peste en 1596, à Laon, où il était procureur du roi, âgé de 66 ans. Il était vif, hardi, entreprenant, tantôt zélé défenseur de la monarchie, et tantôt républicain outré. Ses connaissances n'étaient ni profondes, ni solides. Il favorisa ouvertement les huguenots. Quelques écrivains ont soutenu qu'il était juif, parce que, dans son *Dialogue sur les religions*, qui n'a pas été imprimé, il donne l'avantage à la religion juive, et que, dans sa *République*, il n'a pas nommé une seule fois Jésus-Christ ; dans le fond, il n'avait point de religion, et ce n'est pas sans sujet qu'on l'a accusé d'athéisme.

BODIN (Félix), député de Maine-et-Loire, né à Saumur en 1795, mort à Paris le 7 mai 1837, a marqué sous la Restauration, par sa polémique libérale et par ses *Résumés historiques*, où l'histoire était dénaturée dans des intérêts de parti. On ne doit pas oublier de dire qu'en 1828 l'*Histoire de la révolution française* de Thiers, devenue depuis si célèbre, parut sous le patronage de Bodin ; le libraire exigea même que Bodin insérât en tête du premier volume une espèce de *Préface*. Bodin a fourni une infinité d'articles au *Constitutionnel*, au *Miroir*, à la *Revue encyclopédique*, à la *Revue de Paris*, etc. C'est à lui qu'on doit la fameuse *Complainte sur la mort du droit d'aînesse*, 1826.

BODLEY (sir Thomas), gentilhomme anglais né dans le 16e siècle, fut chargé par la reine Elisabeth de plusieurs négociations importantes, auprès des princes d'Allemagne et des Etats de Hollande. Il se déroba ensuite au tumulte des affaires, pour s'adonner uniquement aux arts et aux sciences. Il mourut en 1612, après avoir légué à l'Université d'Oxford la bibliothèque que l'on nomme encore *Bodleyenne*. Hydde en a publié le *Catalogue* en 1674, in-fol.

BODONI (Jean-Baptiste), célèbre imprimeur italien, né à Saluces en 1740, mort à Parme le 30 novembre 1843, universellement regretté pour ses vertus, son amabilité et son savoir. Appelé à Parme pour y prendre la direction de l'imprimerie royale, il a donné à cette imprimerie un nom à jamais célèbre. Toutes les *Editions* qui sont sorties de ses presses sont recherchées ; il en est plusieurs qui sont regardées comme des chefs-d'œuvre.

BOECE (*Anicius-Manlius-Torquatus Severinus Boëtius*), philosophe, homme d'Etat et écrivain latin du 5e siècle, de la famille des Anices, une des plus illustres de Rome, naquit, suivant l'opinion la plus probable, en 455. Il fut consul trois fois en 487, 510 et 511, et ministre de Théodoric, roi des Ostrogoths, dont il avait prononcé le *panégyrique* à son entrée dans Rome. Son zèle pour la félicité publique égala celui qu'il avait pour la religion, et l'Etat fut heureux tant que ses conseils furent écoutés. Trigile et Conigaste, favoris de Théodoric, irrités de ce que Boëce s'opposait à leurs concussions, résolurent sa ruine. Sur un frivole soupçon que le sénat de Rome entretenait des intelligences secrètes avec l'empereur Justin, le roi goth fit mettre en prison Boëce et Symmaque son beau-père, les plus distingués de ce corps. On le conduisit à Pavie, où, après avoir enduré divers genres de supplices, il eut la tête tranchée le 23 octobre l'an 524. Les catholiques enlevèrent son corps et l'enterrèrent à Pavie. Deux cents ans après, il fut transporté dans l'église de Saint-Augustin de la même ville, par ordre de Luitprand, roi des Lombards, qui lui fit dresser un mausolée magnifique, que l'on voit encore aujourd'hui. L'empereur Othon III lui en fit élever un autre sur lequel on grava des inscriptions très-honorables. C'est dans sa prison qu'il composa son beau livre : *De la consolation de la philosophie*. Il y parle de la Providence, de la prescience de Dieu, d'une manière digne de l'Être éternel : la philosophie de Boëce était religieuse, et bien différente du vain verbiage des stoïciens. On a encore de cet auteur un *Traité des deux natures en Jésus-Christ* et un *Traité de la Trinité*, dans lequel il emploie beaucoup de termes tirés de la philosophie d'Aristote. On prétend qu'il est le premier des Latins qui ait appliqué à la théologie la doctrine de ce philosophe grec. Ces Traités, au reste, sont très-orthodoxes, et des monuments précieux de la foi et du zèle de ce philosophe, grand homme et humble chrétien. Les vers de Boëce sont sentencieux et élégants, autant qu'ils pouvaient l'être dans un siècle où la barbarie commençait à se répandre sur tous les arts. Les éditions de Boëce les plus recherchées, sont : la première à Nuremberg, 1476, in-fol. ; celle de Bâle, 1570, in-fol. ; celle de Leyde, avec les notes *variorum*, 1671, in 8 ; celle de Paris, *ad usum delphini*, 1680, in-4 : cette dernière est rare, et elle ne contient que le *Traité de la consolation*. L'abbé Gervaise, prévôt de Saint-Martin de Tours, et mort évêque d'Horen, donna à Paris, en 1715, la *Vie de Boëce*, avec l'analyse de ses ouvrages, des notes et des dissertations qui sont d'une grande utilité pour l'intelligence du texte de cet auteur. (Voyez encore la *Bibliothèque latine de Fabricius*, t. 3 ; dom *Ceillier*, t. 15 ; et la *Vie de Boëce* par Richard Gransom, vicomte Preston, à la tête de la traduction anglaise des livres de la *Consolation de la philosophie*, que ce sei-

gneur a publiée avec de bonnes notes.)
Le Père Papebroch donne à Boëce le titre
de *Saint*, et joint sa *Vie* à celle du pape
Jean. Il dit que son nom a été inséré
dans le *Calendrier de Ferrarius*, et dans
ceux de quelques églises particulières
d'Italie, sous le 23 d'octobre, jour auquel
on fait mémoire de lui à Saint-Pierre de
Pavie. (Voy. les *Acta sanctorum*, 6 mai,
p. 707.)

BOECKH (Christian-Godefroi), né le
8 avril 1752, à Memmingen dans le
royaume de Bavière, et mort le 31 janvier 1792, était diacre à Nordlingen et
se voua à l'instruction publique. Ses principaux ouvrages sont : *Des principales
difficultés de la discipline des écoles*, Nordlingen, in-4, 1766 ; *Journal hebdomadaire, pour améliorer l'éducation de la
jeunesse*, Stuttgard, 1771 et 1772, 4 vol.
in-8 ; *Gazette des enfants*, Nuremberg,
1780-85, quatorze petits volumes. Il a
été le principal rédacteur de la *Bibliothèque universelle pour l'éducation publique
et particulière*, Nordlingen, 11 vol. in-8,
1774-86.

BOECLER (Jean-Henri), conseiller
de l'empereur et de l'électeur de Mayence,
historiographe de Suède, et professeur
d'histoire à Strasbourg, naquit à Cron-
heim dans la Franconie en 1611, et mourut l'an 1692. Plusieurs princes le pen-
sionnèrent, entre autres, Louis XIV, et
la reine Christine qui l'avait appelé en
Suède. Ses principaux ouvrages sont :
Commentationes Plinianæ; *Timur vulgò
Tamerlanus*, 1657, in-4 ; *Notitia sancti
Romani Imperii*, 1681, in-8 ; c'est plutôt
une table des matières et des auteurs,
qu'un traité de droit public ; *Historia
scholæ principum*, pleine de bonnes réflexions, mais trop abrégée ; *Bibliogra-
phiæ critica*, 1715, in-8, des *Dissertations*, en 3 vol. in-4, Rostoch, 1710 ;
*Commentatio in Grotii librum de Jure
belli et pacis*, Strasbourg, 1712, in-4. Il
prodigue à son auteur des éloges excessifs ; il y règne un enthousiasme pour
Grotius qui va jusqu'au ridicule, et l'ouvrage ne donne pas meilleure idée du
jugement du commentateur.

BOEGERT (Jean-Baptiste), chanoine
honoraire de la cathédrale de Strasbourg
et directeur de l'école spéciale de Molsheim, était né le 12 mai 1793, à Kaiser-
berg, de parents pieux et aisés. Il professa d'abord la rhétorique au petit séminaire de Strasbourg, et plus tard la
philosophie au collège de cette ville ; il
fut nommé ensuite principal du collège
de Colmar. Enfin Mgr l'évêque de Strasbourg l'appela pour diriger l'établissement ecclésiastique de Molsheim, où des

jeunes gens sortis du séminaire suivent
de hautes études théologiques. Il est mort
à l'âge de 37 ans, au mois de septembre
1831. Il est auteur de divers opuscules ;
on a de lui des *Réflexions amicales sur
une lettre adressée à M. de Mac-Carthy :*
c'était une réponse à une critique des
Sermons du P. Mac-Carthy, par un protestant de Strasbourg. On lui doit encore : le *Cri de la vérité et de la justice*,
ou *Considérations sur les rapports entre
la religion catholique et la charte, entre
le clergé et la société*, in-12 ; des *Méditations philosophiques*, qui contiennent la
matière des instructions supérieures qu'il
faisait le dimanche pour les jeunes gens.

BOEHM (Jacob) a donné son nom à la
secte des *bœhmistes*, espèce d'*illuminés*
d'Allemagne. Il naquit en 1575, en Lusa-
ce, d'un paysan qui le fit cordonnier. Il
mourut en 1624, après avoir affecté d'a-
voir de fréquentes extases, genre d'imposture qui lui procurait des sectateurs
parmi les imbéciles On a de lui plusieurs
ouvrages, qu'on peut placer avec les rêves des autres enthousiastes, entre autres le livre intitulé : l'*Aurore naissante*,
qu'il composa en 1612 ; elle n'est rien
moins que lumineuse.

BOEHMER (Juste-Henning), né à
Hanovre en 1674, fut chancelier de l'U-
niversité de Halle et doyen de la Faculté
de droit. On a de lui un *Corps de Droit
avec des variantes, des notes*, etc., Halle,
1747. Boehmer, protestant modéré, plus
juste envers les catholiques que la plupart des auteurs de sa communion, dédia son ouvrage à Benoît XIV, qui le
reçut avec bonté ; *Jus ecclesiasticum
Protestantium*, 4 vol., 1736, où il donne
plus d'essor aux préjugés de sa secte,
et où l'on trouve ces petits artifices que
l'esprit de parti ne manque jamais de
mettre en usage, quand il en trouve l'occasion favorable ; *Jus parochiale*, in-4.
Le cardinal Gerdil a écrit contre lui
et réfuté quelques-uns de ses principes.
Boehmer est mort en 1748.

BOEHMER (Georges-Louis), fils du
précédent, professeur en droit canonique et féodal à Gottingue, où il fut
doyen et conseiller de cour, né à Halle
en 1715 et mort dans cette ville en 1789,
laissant plusieurs ouvrages dont voici les
principaux : *Principia juris canonici*,
Gottingue, 1762, in-8, réimprimés quatre fois : la dernière édition est de 1785;
Principia juris feudalis, ibid. 1755, réimprimés cinq fois, la dernière en 1795,
in-8 ; *Observationes juris feudalis*, ibid.
1764, in-8, 1784; *Observationes juris canonici*, ib. 1767, in-8 ; *Electa juris civilis*,
t. 1. ib. 1767, in-8 ; t. 2, 1777 ; t. 3, 1778 ;

Electa juris feudalis, 2 v. Lemgow, 1793, in-4, etc. On peut considérer Boehmer comme un des meilleurs abréviateurs de son père, le fameux auteur du *Jus ecclesiasticum Protestantium*.

BOEHMER (Georges-Rodolphe), professeur de botanique et d'anatomie à l'Université de Wittemberg, né en 1723, mort en 1803, était disciple de Ludwig. Il a publié successivement un grand nombre d'ouvrages sur diverses parties de la physique végétale, et de la botanique théorique et littéraire, où l'on trouve des vues neuves qui prouvent qu'aucune des sciences physiques ne lui était étrangère. Les principaux sont : *Flora Lipsiæ indigena*, Leipsick, 1750, in-8; *Bibliotheca scriptorum historiæ naturalis, œconomiæ, aliarumque artium ac scientiarum ad illam pertinentium, realis systematica*, Leipsick, 9 vol. in-8. C'est un répertoire bibliographique de tous les livres qui ont paru sur l'histoire naturelle, l'économie rurale, les arts et les sciences qui y ont rapport, en quelque langue que ce soit: *Techaische geschichte der pflanzen*, Leipsick, 1794, in-8, ou *Histoire technique des plantes qui sont employées dans les métiers, les arts et les manufactures, ou qui pourraient y être employées.*

BOERHAAVE (Herman), « celui des médecins que nos temps modernes peuvent le mieux opposer au Gallien de l'antiquité, pour le nombre des connaissances variées, l'empire presque exclusif qu'a obtenu son système, et l'immense célébrité dont il a joui durant sa vie, » dit Chaussier. Un mandarin de la Chine lui écrivit avec cette seule adresse : *à l'illustre Boerhaave, médecin en Europe;* et la lettre lui fut rendue. Il naquit le 31 décembre 1668 à Voorhaut, petit bourg près de Leyde en Hollande. Son père, pasteur évangélique de ce bourg, fut son premier maître, et mourut le laissant au sortir de l'enfance et sans fortune. Le jeune Boerhaave, âgé seulement de quinze ans, eut le bonheur d'intéresser le professeur Trigland, qui le recommanda au bourgmestre de Leyde, Van Alphen, et il put continuer et terminer toutes ses études théologiques, car il se destinait à exercer le même ministère que son père. Il savait donc le latin et le grec, et, livré à l'étude des principales sciences qui se rapportent à la théologie, comme la métaphysique, l'histoire, etc, il apprit l'hébreu et le chaldéen, afin de pouvoir lire l'Ecriture-Sainte dans la langue originale et en avoir mieux l'intelligence. « En même temps, dit un historien médecin, il s'adonna aux mathématiques, vers lesquelles son goût le portait plutôt qu'aucun motif d'utilité. Cependant, dans le dénûment où il se trouva, il en tira bientôt après de précieuses ressources, en enseignant ces sciences à des jeunes gens de condition. On put juger ce que serait Boerhaave comme orateur, lorsqu'à vingt ans il prononça un discours académique, dans lequel il entreprit de démontrer que Cicéron avait parfaitement compris et réfuté l'opinion d'Epicure sur le souverain bien, et lorsque, quelque temps après, en se faisant recevoir docteur en philosophie, en 1690, il soutint une dissertation sur la distinction de l'âme et du corps, dans laquelle il s'attacha à réfuter les doctrines d'Epicure, de Hobbes et de Spinosa..... — La réfutation, dit un autre écrivain aussi médecin, fut assez brillante pour que la ville de Leyde se crût obligée de récompenser ce solide plaidoyer contre le panthéisme, par une médaille d'or expressément frappée à cette occasion ; et il est permis de croire que Louis Racine et Bernis ne consultèrent pas infructueusement pour leurs poèmes le discours dont nous parlons. » Boerhaave conservait toujours l'intention de se vouer au ministère ecclésiastique, et il rapportait toutes ses études scientifiques et historiques à la théologie. C'était un malheur qu'il fût obligé de donner des leçons pour subsister ; mais cette nécessité lui procurait une utile distraction, et on peut croire qu'il ne se plaignait pas de voir sa haute intelligence ainsi humiliée. Elle subit un nouvel abaissement, lorsqu'il collationna les catalogues de la riche bibliothèque de Vossius, dont la ville de Leyde avait fait l'acquisition ; mais il puisa dans ce travail d'autres connaissances dont il sut sans doute apprécier la valeur. Les grands génies ont le secret de faire tourner tout à leur profit. Boerhaave, âgé de 22 ans, commença à étudier la médecine, sans renoncer à sa vocation ecclésiastique. « On doit croire, dit un des auteurs déjà cités, que Boerhaave ne débuta pas à la manière des étudiants ordinaires. Les leçons de ses maîtres, il les suivit peu : il se sentait distrait en les écoutant ; son esprit allait plus vite que leurs paroles, et toujours au-delà. C'étaient des cours fastidieux dont on aurait pu retrouver la tradition dans des cahiers contemporains des préjugés, et que les professeurs de Leyde s'opiniâtraient à répéter d'après leurs maîtres. Boerhaave eut donc raison de ne point perdre l'habitude d'étudier seul. » Il procéda dans l'étude de la médecine, comme il avait

fait dans celle de la théologie : il avait
lu les auteurs ecclésiastiques anciens
et modernes, il lut les auteurs de médecine, commençant par Hippocrate, et
descendant, suivant l'ordre des temps,
jusqu'aux auteurs contemporains. Il fit
encore de même, quand il étudia la chimie et la botanique, surtout la chimie,
qu'il cultiva toute sa vie avec la plus
grande ardeur. Il alla se faire recevoir
docteur en médecine à Harderwich, en
1693, et ce ne fut qu'après son retour à
Leyde qu'il renonça à son projet d'entrer
dans le ministère ecclésiastique. Il se
livra à l'exercice de son art, eut à lutter
contre le succès, et employa ses loisirs
à augmenter encore le vaste fonds de
connaissances qu'il possédait déjà. Ce ne
fut que dans les premières années du
18ᵉ siècle, qu'il fut appelé à professer
la médecine théorique, la botanique, la
chimie et la médecine clinique ou d'hôpital, à l'Université de Leyde. Bientôt les
étrangers vinrent en foule prendre ses
leçons ; toute l'Europe lui envoya des
disciples. Il formait comme à lui seul
toute une Faculté ; sa renommée, comme praticien, n'était pas moins étendue
que comme professeur ; les malades venaient de toutes parts recevoir ses avis,
et on le consultait des pays les plus
éloignés. « Quelle vie que celle de Boerhaave ! s'écrie M. Isidore Bourdon,
quelle vie ! quatre chaires différentes,
glorieusement remplies par le même
homme, n'occupent encore qu'une faible
partie de ses instants. Dans l'espace de
vingt années, vous le verrez composer
dix discours fameux, plusieurs dissertations, cinq mémoires originaux ; attacher
son nom à vingt-sept ouvrages remarquables, dont quatre, quoique en latin,
sont traduits en divers idiomes, même
en arabe, et plus de cinquante fois réimprimés durant un quart de siècle.
Cependant, il trouve encore assez de
loisirs pour publier onze ouvrages anté-
rieurement connus, ceux de Prosper
Alpin et d'Arétie, et il a la générosité
de tenir lieu de libraire à trois auteurs
trop peu célèbres pour en trouver d'ac-
cessibles, ou trop pauvres pour pouvoir
s'en passer. Remarquez pourtant que
Boerhaave sait six langues, qu'il est bon
mathématicien, physicien ingénieux,
savant naturaliste, métaphysicien subtil, il sait la théologie, il sait l'histoire.
Il passe ses matinées à l'hôpital, et son
laboratoire de chimie obtient les plus
belles heures de chacun de ses jours ;
il expérimente, il professe, il observe ;
ensuite il compose, ensuite il traduit,
il consulte, il converse, il herborise, et

il ne dédaigne pas même d'inventer
recettes nouvelles. Il instruit des mil
d'élèves, traite ou conseille des ma
venus vers lui, leur dernier espoi
toutes les contrées de l'Europe ; co
pond avec dix académies qui voudr
se le concilier, et avec autant de roi
songent à le séduire. Quel est do
génie qui multiplie ainsi le même l
me, et qui concentre dans vingt an
de sa vie l'ample matière à cent
tences communes ; qui le rend pro
tout, et supérieur en toutes cho
chacun de ses rivaux ? Quel est ce s
qu'attirent à elles les plus célèbres
démies, malgré des jaloux qui
draient les en dissuader, pour qui
diffèrent Fontenelle devient tout-à-
chaleureux, que l'illustre Haller r
site point à commenter, et à l'occa
duquel on agrandit les villes, trop
serrées pour la foule de ses adm
teurs ? Quel est cet homme que vien
visiter de 500 lieues des empereurs r
sants ; à qui l'on écrit de la Chine
Boerhaave, médecin en Europe ; » l
lequel ses compatriotes illuminent s
tanément leurs édifices et leurs dem
res, en apprenant qu'une attaque
goutte vient de le quitter, et qui, r
obstant l'existence la plus noble
mieux remplie de louables actions e
pensées généreuses, laisse encore
famille plus de quatre millions de
tune ?... Si nous recherchions les ca
de cette grande destinée de Boerha
nous en découvririons plusieurs c
les circonstances de sa vie : une m
die d'enfance le rendit CHASTE, a
qué, prématurément réfléchi ; son i
gence le préserva de la dissipation
des plaisirs ; elle lui enseigna de bo
heure le prix du temps, et les bienf
du travail et de la vigilance, » etc., et
Voilà un éloquent tableau de la
scientifique de Boerhaave ; en voici
de sa vie chrétienne, sans laquelle,
peut le dire sans conteste, l'autre
été à peu près nulle. « Boerhaave,
l'anglais Ryen, fut un modèle admir
de piété, d'humilité, de tempéranc
des autres vertus. Il défendait en to
occasions la divine autorité des sai
Écritures ; l'excellence du christiani
était le sujet ordinaire de sa conve
tion. Dès qu'il se levait le matin,
usage était de se retirer pendant
heure pour vaquer en particulier à
prière et à la méditation; ce qui, co
il l'a dit souvent à ses amis, lui don
de la force et du courage pour ce q
avait à faire dans le jour. La relig
était la base de toutes ses vertus et

principe de toute sa conduite. Il sentait trop sa propre faiblesse pour s'attribuer rien à lui-même, ou pour penser qu'il pût triompher d'une passion, ou résister à une tentation par sa propre force naturelle ; il attribuait toutes ses bonnes pensées et toutes ses actions louables à la bonté de Dieu. Un ami, qui avait souvent admiré sa patience, après de violentes provocations, lui ayant une fois demandé s'il avait jamais ressenti la colère, ou par quels moyens il avait entièrement étouffé cette passion impétueuse et indomptable, il répondit qu'il était naturellement emporté, mais qu'à la fin il était devenu entièrement maître de lui-même *en priant et en méditant*. Il ne regarda jamais comme nécessaire de réfuter la calomnie et la médisance : « Ce sont, disait-il, des étincelles qui s'éteignent d'elles-mêmes, si l'on ne souffle pas dessus. Le plus sûr remède contre la médisance est de continuer à bien faire, et de prier Dieu qu'il veuille bien guérir les esprits de ceux qui nous tournent en dérision et nous injurient. » Il déclara souvent, que suivre l'exemple de notre Sauveur était le fondement de la vraie tranquillité. Il était libéral pour les malheureux, mais sans ostentation. Il obligea souvent ses amis, mais de manière qu'ils ne surent que par hasard à qui ils avaient obligation. Il mettait une attention particulière dans l'exercice de sa profession, et il avait coutume de dire qu'*il serait demandé compte au médecin de la vie des malades* auxquels il n'aurait pas donné assez de soin. Il appelait les pauvres *ses meilleurs malades* ; car, disait-il, *c'est Dieu qui paie pour eux*. Dans la conversation, il était toujours gai et instructif, encourageant tout ce qui était utile à la société, et supporta avec constance et fermeté une triste maladie de langueur. Ce qu'il y a de plus remarquable dans son caractère, c'est que, loin que la philosophie l'eût rendu impie, que ses richesses lui eussent inspiré de l'orgueil, et qu'il tirât vanité de ses connaissances, ainsi que de ses vertus, il attribuait ses talents à la bonté, et sa bienfaisance à la grâce de Dieu. « Puisse, dit Samuel Johnson, qui a écrit sa *Vie*, puisse son exemple être imité par ses admirateurs, et ceux qui exercent sa profession ! puissent ceux qui étudient ses écrits, le prendre pour modèle dans leur conduite, et ceux qui aspirent à acquérir ses connaissances, aspirer également à acquérir sa piété ! » Aussi, « l'historien de l'Académie, tout esprit fort qu'il était, dit Delisle de

Sales, a-t-il rendu hommage à sa piété tolérante et éclairée; il ne prononçait jamais le nom de Dieu, sans se découvrir la tête ; c'est un genre d'hommage qu'il partage avec deux savants illustres, avec Clarke et Newton. » M. Schullein, qui le vit en particulier, trois semaines avant sa mort, atteste « qu'il le trouva, au milieu de ses mortelles souffrances, dans tous les sentiments non seulement de soumission, mais d'amour pour tout ce qui venait de la main de Dieu. Avec un pareil fonds, il est aisé de juger que ses mœurs avaient été pures. » Comprend-on, après divers traits assez saillants dans ce tableau, que Boerhaave, laissant à sa fille unique quatre million de fortune, ait été accusé d'avarice ? « Mais, dit M. Dezeimerie, sa bienfaisance, dans un grand nombre d'occasions qu'il tint secrètes, suffit pour le laver de ce reproche. S'il accumula de grandes richesses, qui provenaient des rétributions de toutes ses places et des présents que l'opulence lui offrait en échange de ses conseils, pourquoi n'y pas voir uniquement une preuve de la modération de ses goûts ? » Boerhaave mourut à Leyde le 23 septembre 1738. On a élevé dans l'église de Saint-Pierre, en cette ville, un monument à la gloire de cet Hippocrate moderne. La noble simplicité qui distinguait ce grand homme, brille dans ce monument, au bas duquel on lit ces mots, qui ont un petit air de paganisme : *Salutari Boerhaavii genio sacrum.* Quant à ses ouvrages, nous nous bornerons à indiquer les suivants : *Institutiones rei medicæ in usus annuæ exercitationis domesticæ*, Leyde, 1708, in-8, ouvrage qui fut souvent réimprimé, traduit dans toutes les langues de l'Europe, même en arabe, et formait en abrégé le tableau le plus complet et le plus méthodique de la science médicale. La traduction française est de La Métrie, Paris, 1740, 2 vol. in-12; avec commentaire, 1743, 6 vol. in-12; il y a un autre commentaire par Maacher; *Aphorismi de cognoscendis et curandis morbis*, Leyde, 1709, in-8, ouvrage qui, comme le précédent, fut traduit dans toutes les langues et eut aussi un succès prodigieux. La traduction française est encore de La Métrie, Rennes, 1738, in-8, Paris, 1750, in-12, et 1789, in-8. Haller appelle les Aphorismes, *Aureus in summâ brevitate libellus*; Van Swieten les a commentés en 5 vol. in-4, et ce commentaire est célèbre; *Libellus de materiâ medicâ et remediorum formulis quæ serviunt aphorismi*, Leyde, 1719, in-8, très-souvent réimprimé et traduit en français par **La Mé-trie** , Paris, 1739 et 56 , in-12; *Elementa chymiæ*, Paris, 1724, 2 vol. in-8 , 1733 , 2 vol. in-4, souvent réimprimés, abrégés par La Métrie , Paris , 1741 , trad. en français (partie théorique seulement), Amsterdam , 1752 ; autre traduction avec notes , Paris , 1755 , 6 vol. in-8 ; *De honore medici servitute*, Leyde, 1731, in-4 , discours académique dans lequel il esquisse les devoirs de la médecine , qui était pour lui un sacerdoce de se-cond ordre. Beaucoup d'autres ouvrages ont été publiés sous le nom de Boer-haave, ou lui ont été attribués ; mais la plupart de ces ouvrages ne sont que ses leçons rédigées par quelques-uns de ses élèves, qui souvent les publiaient sans son autorisation. Quel que fût le mérite de Boerhaave, il a cependant es-suyé longtemps avant la fin du 18ᵉ siè-cle qu'il avait illustré, des critiques im-posantes. Parmi ses adversaires , il s'est trouvé un homme distingué dans la médecine , et dont la manière de voir s'est trouvée juste à bien des égards ; joignant à une grande connaissance de son art , un style pur, noble , éloquent, et très-propre à se concilier au moins l'attention. « Boerhaave, dit M. Roussel « (*Système physique et moral de la fem-« me*,Paris, 1775), a jeté à la hâte les fon-« dements d'une réputation qui devait « ressembler à ces fortunes prodigieu-« ses acquises par le commerce , et « qu'un événement contraire vint ren-« verser un instant après. Les Hollan-« dais la secondaient et la soutenaient, « comme un fonds qu'ils étaient inté-« ressés à faire valoir ; et si des mar-« chands qui portaient le nom de Boer-« haave jusqu'aux extrémités du monde « étaient les instruments les plus pro-« pres à étendre sa célébrité , on con-« viendra du moins qu'elle aurait pu « avoir des garants plus solides et « moins suspects. Maintenant il n'y a « plus d'illusion; les avantages d'un style « précis et éloquent ne peuvent plus ra-« cheter,dans les ouvrages de Boerhaave, « les erreurs auxquelles ils ont , pen-« dant quelque temps, servi de voile. La « raison , délivrée du prestige qui lui « en avait imposé , n'y découvre aucun « grand principe ; tout y porte sur de « petits ressorts désunis ou mal assem-« blés; c'est un édifice formé de caillou-« tage , que la moindre secousse ébran-« le. La Faculté de médecine de Mont-« pellier, qui voit , depuis quelques an-« nées , combien ses fondements sont « ruineux, tâche d'en éloigner ses can-« didats, avec le soin charitable qu'on

« aurait pour des passants en dang « d'être écrasés par une maison pr « de s'écrouler. »

BOERNE (Louis), publiciste, naqu en 1784 à Francfort, d'une famille isra lite appelée Baruch , dont il abandonn le nom , en 1817 , lorsqu'il abjura le ma saïsme pour entrer dans la communio protestante. Ayant perdu l'emploi d secrétaire de la police de Francfort , s'adonna à la culture des lettres et fond même deux journaux, les *Ailes du temp* et la *Balance*. Les idées démagogique qu'il y exprimait ayant fait supprim ces journaux, Bœrne se retira en Franc vers 1822. Il y a publié en allemand di volumes d'*OEuvres diverses*, dont la plu grande partie a la politique pour obje Il est mort à Paris le 12 février 1837.

BOESCHENSTEIN (Jean) , savant h breu, né en Autriche , en 1471, un de restaurateurs de la langue hébraïqu en Allemagne , après Reuchlin , l'ense gna à Augsbourg et à Wittemberg. Se meilleurs ouvrages sont : une *Grammair hébraïque*, Augsbourg, 1514 ; ses *Cor rections et additions* au *Rudiment h breu* du rabbin Mosche Kimchi , ibid 1520 ; sa *Version* allemande et latine de *Psaumes de la pénitence*, d'après le text hébreu, ibid. 1526, in-4.

BOETIE (Etienne de la), né à Sarlat e Périgord , le 1ᵉʳ novembre 1530 , con seiller au Parlement de Bordeaux, cultiv la poésie latine et française. Il fut auteu dès l'âge de 16 ans, et mourut à 32 ans en 1563 , à Germignac , à 3 lieues d Bordeaux. Montaigne, son ami, à qui i laissa sa bibliothèque, recueillit ses *OEu vres* in-8, en 1671. On y trouve des *Tra ductions* de divers ouvrages, de Xéno phon et de Plutarque, des *Discours pol tiques*, des *Poésies*, etc. C'est très-pe de chose.

BOEUF. (Voyez Le Bœuf.)

BOFFRAND (Germain), architecte fils d'un sculpteur, et d'une sœur d célèbre Quinault, né à Nantes en Bre tagne l'an 1667, mourut à Paris en 1755 Elève de Hardouin Mansard, qui lui con fiait la conduite de ses plus grands ou vrages, il se montra digne de son maître Ses talents le firent recevoir à l'acadé mie d'architecture, en 1709. Plusieur souverains d'Allemagne le choisiren pour leur architecte et firent élever bea coup d'édifices considérables sur se plans. Sa manière de bâtir approche d celle de Palladio. Ingénieur et inspec teur-général des ponts et chaussées , fit construire un grand nombre de ca naux, d'écluses, de ponts, et une infini d'ouvrages mécaniques. On a de cet i lustre architecte un ouvrage curieux et utile, intitulé: *Livre d'Architecture*, Paris, 1735, in-fol. avec figures. L'auteur expose les principes de son art, et donne les plans, profils et élévations des principaux bâtiments civils, hydrauliques et mécaniques qu'il a fait exécuter en France et dans les pays étrangers. On trouve dans le même livre un *Mémoire* estimé, qui contient la description de ce qui a été pratiqué pour fondre d'un seul jet la statue équestre de Louis XIV. Cet écrit avait été imprimé séparément en 1743.

BOGDANOVITSCH (Hippolyte-Théodorovitsch), poëte russe, né le 23 décembre 1735, à Pérévoloctchno, village de la petite Russie. En 1765, il publia la *Félicité parfaite*, poëme en trois chants. Il donna aussi une *Traduction russe des révolutions romaines* de Vertot; on lui doit en outre : *Tableau historique de la Russie* (le 1er vol. seul a paru), St.-Pétersbourg, 1777; *Proverbes russes*, ibid., 1785, 3 vol.; un journal sous le titre de *Divertissement innocent*, 1763; un recueil périodique sous le titre de *Courrier de Saint-Pétersbourg*, 1778-79. Il mourut à Kourski, en 1803.

BOGORIS, premier roi chrétien des Bulgares, déclara la guerre à Théodora par ses ambassadeurs. Cette princesse gouvernait alors l'empire grec pour Michel son fils. Elle leur fit une réponse digne d'une éternelle mémoire : « Votre roi, leur dit-elle, se trompe, s'il « s'imagine que l'enfance de l'empe- « reur et la régence d'une femme lui « fournissent une occasion favorable « d'augmenter ses Etats et sa gloire. Je « me mettrai moi-même à la tête des « troupes; et s'il est vainqueur, quelle « gloire retirera-t-il de son triomphe « sur une femme? mais quelle honte ne « sera-ce pas pour lui, s'il est vaincu?» Bogoris sentit toute la force de cette réponse, et renouvela son traité de paix avec l'impératrice. Théodora lui renvoya sa sœur, faite prisonnière sur les frontières. Bogoris embrassa le christianisme en 865, et, l'année d'après, envoya son fils à Rome demander des évêques et des prêtres au souverain Pontife. Sa conversion est due, à ce que l'on assure, à un tableau du jugement dernier, que lui présenta un pieux solitaire, nommé *Méthodius*.

BOGUET (Henri) naquit dans le 16e siècle au village de Pierre-Court en Franche-Comté, se livra à l'étude du droit, fut grand-juge de la terre de Saint-Claude; s'assit, malgré une grande opposition, parmi les conseillers au Parlement de Dôle, écrivit plusieurs ouvrages, et mourut de chagrin, dit-on, le 23 février 1619. Ses ouvrages sont : *Discours des Sorciers*, tiré de quelques procès, avec une *Instruction pour un juge en fait de sorcellerie*, Paris, 1603, in-8; Lyon, souvent; Rouen, 1606; et rare néanmoins; *Les actions de la vie et de la mort de saint Claude*, Lyon, 1609, in-8, et 1627, in-12; des *Observations*, longtemps estimées, *In consuetudines generales comitatûs Burgundiæ*, Lyon, 1604, in-4, et Besançon, 1725, in-4.

BOGUPHALUS, évêque de Posnanie, mort en 1253, est auteur d'une *Chronique de Pologne*, qui s'arrête en 1252, et continuée jusqu'en 1271 par Godislas Basko, custode de l'église de Posnanie, Varsovie, 1752.

BOGUSLAWSKI (Albert), auteur dramatique polonais, né en 1752, joua d'abord la comédie, débuta comme écrivain par la *Traduction* d'une comédie française : *Les fausses Infidélités*, et finit par composer lui-même une pièce intitulée *L'Amant auteur et serviteur*. Le succès qu'elle obtint l'encouragea à écrire de nouveaux ouvrages. Il a publié ses *OEuvres dramatiques*, en 10 vol. in-8. Il est mort à Varsovie en 1829.

BOHAN (François-Philippe LOUBAT, baron DE), naquit en 1751 à Bourg-en-Bresse. En 1784, il était colonel des dragons de Lorraine, et fut nommé peu après major-général de la gendarmerie. Comme il joignait à l'expérience que donne la pratique beaucoup d'esprit et de jugement, il écrivit sur l'organisation militaire un ouvrage qui eut un grand succès. Il est mort à Bourg en 1804. On a de lui : *Examen critique du militaire français*, Genève, 1781, 3 vol. in-8, fig.; *Notice sur l'acacia-robinia*, Bourg, 1803, in-8; *Mémoire sur les haras*, considérés comme une nouvelle richesse pour la France, etc. Il a encore publié quelques *Mémoires*, entre autres un sur la *Manière de préserver les ballons de la foudre*, 1787, et un autre sur le *Froid et la Chaleur*, 1739.

BOHÉMOND (Marc), né vers l'an 1066, était fils de Robert Guiscard, aventurier normand, qui sut, par son adresse et sa valeur, s'élever au rang de duc de la Pouille et de la Calabre. Bohémond servit de bonne heure sous son père, et sut réunir, dans l'âge le plus impétueux, la prudence au courage. Il prit Corfou, de concert avec son père, se signala dans un combat contre les Vénitiens, et après avoir vaincu les Grecs près d'Arta, il entra dans la Thessalie, et y poursuivit ses conquêtes. Robert mourut en 1085, et laissa à Roger, son fils cadet, le duché de la Pouille et celui de Calabre. Bohémond, irrité de cette préférence. s'arma contre son frère, qui fút obligé de lui céder la principauté de Tarente. En 1096, il se croisa et partit pour la Terre-Sainte à la tête de 10,000 cavaliers, de près de 30,000 fantassins et l'élite de la noblesse de Sicile, de Calabre et de la Pouille, ainsi que d'un grand nombre de seigneurs normands, parmi lesquels on distinguait le fameux Tancrède, son cousin germain. Le prince de Tarente haïssait Alexis, empereur de Constantinople, et celui-ci ne pouvait voir d'un bon œil celui qui avait été son plus redoutable ennemi. Néanmoins il lui fit un honorable accueil qui fut reçu politiquement. Bohémond consentit même à prêter serment de fidélité à Alexis, qui fut si satisfait de pouvoir compter ce guerrier au nombre de ses vassaux, qu'il lui fit offrir de plus riches présents qu'aux autres princes de l'expédition. Après des marches difficiles et des combats sanglants où Bohémond eut lieu de faire éclater sa valeur, les croisés vinrent mettre le siége devant Antioche, et Bohémond s'étant emparé, par la ruse, de cette ville, parvint de même à s'en faire donner la souveraineté. Nommé, quelque temps après, général de toute l'armée, il remporta une grande victoire contre les Sarrasins, et eut quelques difficultés avec Raimond, comte de Toulouse, au sujet de la reddition de la citadelle d'Antioche que tous deux réclamaient; elle resta au prince de Tarente. Il ne suivit point les chrétiens à Constantinople, et s'occupa à affermir sa domination sur Antioche. Pour rendre incontestable la légitimité de sa puissance, il vint à Jérusalem recevoir des mains du patriarche Daimbert l'investiture de cette principauté. Quelque temps après, ayant voulu secourir une ville de Mésopotamie, ses troupes furent accablées par le nombre, et il fut fait prisonnier. Il resta deux ans en captivité. Ce ne fut qu'à peine, et moyennant une forte rançon, qu'il parvint à recouvrer sa liberté. En rentrant dans ses Etats, il les trouva augmentés de plusieurs villes par la valeur de Tancrède. Sa détention n'avait point diminué son ambition ni sa haine contre les Grecs. Il marcha contre eux, mais la rapidité de ses progrès ne répondant point à son attente, il résolut de passer en Europe pour chercher de plus grands secours. La route n'étant point sûre, il imagina un stratagème singulier. Il fit courir le bruit qu'il était mort, et se fit enfermer dans un cercueil qu'on mit sur un vaisseau entouré de pleureurs, et il

traversa ainsi la flotte des Grecs au bru des réjouissances que sa mort excitait Bohémond arriva ainsi en Italie, et su cita de tous côtés des ennemis à Alexis Il vint en France, y fut reçu avec d grands témoignages d'estime par Phi lippe I, qui lui permit de lever des trou pes, et lui donna en mariage Constance sa fille. Bohémond, ayant obtenu de secours puissants de la France, de l'Ita lie et de l'Espagne, rassembla toutes se forces au port de Bari, fit voile pou l'Illyrie, et alla mettre le siége devan Duras. Les Grecs furent défaits dan plusieurs actions; mais ayant été vain cu à son tour, et se voyant pressé pa les murmures de ses troupes accablée par les maladies et par la famine il fut obligé de traiter avec l'empe reur et de renoncer à ses projets d'a grandissement. Antioche lui fut conser vée, et devint la capitale d'une princi pauté qui subsista pendant 190 an Bohémond mourut dans la Pouille l'an 1111, lorsqu'il se préparait à de nou velles tentatives contre les Grecs. L caractère de ce prince guerrier tenai également de la férocité des Normands ses ancêtres, et de l'astuce des Italiens ses sujets. Politique aussi adroit que guerrier valeureux, il ne parut jamais se décourager d'un revers, et tirait sou vent avantage de ce qui semblait lui de voir nuire. Son ambition le suivit jusqu'au tombeau. Tout lui semblait possible pou s'agrandir. Les lois même du serment e de la fidélité à sa parole n'étaient plus respectées, dès qu'elles étaient contraires à ses intérêts. Il était d'une force prodi gieuse, et sa stature, dit Anne Comnène, fille de l'empereur Alexis, surpassait d'une coudée celle des hommes les plus grands. Il laissa un fils du même nom que lui, âgé de onze ans.

BOHUSZ (L'abbé Xavier), savant polonais, né en Lithuanie, le 1er janvier 1746, mort à Varsovie en 1839, a publié l'*Histoire de la célèbre confédération de Bar.* Cet ouvrage, étant tombé entre les mains des Russes en 1794, a été anéanti par eux. On doit encore à Bohusz: une *Dissertation sur la nation lithuanienne,* 1806; le *Philosophe sans religion*, 1786, 2 vol.

BOIARDO (Matteo-Maria), comte de Scandiano, fief relevant du duché de Ferrare, gouverneur de la ville et citadelle de Reggio, s'appliqua à la poésie italienne et latine. Son ouvrage le plus connu, et qui lui a fait un grand nom parmi les poëtes italiens, est le poëme *l'Orlando inamorato;* le fonds est tiré de la Chronique fabuleuse de l'archevêque

Turpin ; il le composa à l'imitation de
l'*Iliade* ; mais il l'imite de fort loin, et
son poëme est une fort mauvaise copie.
L'*Orlando furioso* de l'Arioste n'est, en
quelque sorte, que la continuation de l'*Orlando inamorato*, que son auteur laissa
imparfait. Mêmes héros dans les deux
poëmes ; leurs aventures, commencées
par le Boiardo, sont terminées par l'A-
rioste, en sorte que la lecture de l'un
est absolument nécessaire pour la parfaite intelligence de l'autre. On ne peut
refuser à Boiardo l'imagination la plus
vive et la plus brillante : et à ce titre ; il
doit être regardé comme un des plus
grands poëtes que l'Italie ait produits.
Si l'Arioste lui est supérieur du côté du
style et du coloris, il ne le cède en rien
à l'Arioste pour l'invention et la variété
des épisodes. Dans l'un et dans l'autre
on souhaiterait plus de sagesse et de décence. Boiardo est encore auteur d'*É-
glogues latines* estimées, et imprimées à
Reggio, 1507, in-4 ; et de *Sonnets* qui
ne le sont pas moins, Venise, 1501, in-4 ;
d'une comédie intitulée : *Timon*, Venise,
1517, in-8, très-rare, et la première pièce
de ce genre qui ait été, dit-on, composée
en vers italiens ; de quelques autres *Poésies italiennes*, et de plusieurs *Traductions* d'auteurs grecs et latins, tels qu'Hérodote et Apulée. Il mourut à Reggio, le
20 février 1494. Il était né vers l'an 1434,
suivant Tiraboschi. La meilleure édition
du texte original de l'*Orlando inamorato*
est celle de Venise, par les frères Nico-
lini de Sabio, en 1544, in-4 ; je dis le
texte original, parce que ce poëme a ensuite été refait par le Berni (Voy. BERNI).
Ginguené, critique versé dans la littérature italienne, soutient que Boiardo n'a
point puisé le sujet de son poëme dans
la Chronique fabuleuse de l'archevêque
Turpin, et dit qu'il a inspiré l'*Almadigi*
de Bernard Tasse, la *Secchia rapita* de
Tassoni, le *Ricciardetto* de Fortiguerra,
etc., etc.

BOIELDIEU (Adrien), célèbre compositeur, né à Rouen le 16 décembre 1775,
mort à Jarcy le 15 octobre 1834, impro-
visait sur l'orgue, dès l'âge de neuf ans,
d'une manière remarquable. Il avait eu
pour maître un organiste nommé Broche.
Arrivé à Paris en 1795, il préluda à sa
réputation par de jolies *Romances*. Nommé professeur de piano au Conservatoire,
Boieldieu y fit un grand nombre d'élèves
distingués. Il débuta à l'Opéra-Comique
par la *Famille suisse*, en 1797. A ce
premier ouvrage succédèrent assez rapidement *Zoraïme et Zulnare*, *les Méprises
espagnoles*, *Montbreuil et Verville*, la
Dot de Suzette, *Beniowsky*, le *Calife de

Bagdad*, *Ma Tante Aurore*. Boieldieu eut
le tort d'épouser la célèbre danseuse
Clotilde. Ce mariage, peu convenable sous
plusieurs rapports, ne fut pas heureux ;
des chagrins domestiques en furent la
suite, et le besoin de s'y soustraire lui
fit accepter les propositions qui lui étaient
faites au nom de l'empereur de Russie.
Il se rendit à Saint-Pétersbourg au mois
d'avril 1803. Alexandre le fit son maître
de chapelle, et il composa pour le théâtre de l'Ermitage : *Aline, reine de Gol-
conde*, *Abderkan*, *les Voitures versées*, *la
jeune Femme colère*, des *Chœurs* pour
Athalie, et *Télémaque* qui passa pour
son chef-d'œuvre, avant son autre chef-
d'œuvre, la *Dame Blanche*. En 1811,
Boieldieu était de retour à Paris. Il y fit
représenter successivement : *Les deux
Paravents*, *Rien de trop*, *Jean de Paris*,
le nouveau Seigneur, *la Fête du village
voisin*, *le petit Chaperon*, *la Dame blanche* et *les deux Nuits*, son dernier ouvrage. Il a fait en société : *Bayard à Mézières*, *Charles de France* et *Angéla*, en
1815 ; *Blanche de Provence*, en 1821,
pour le baptême du duc de Bordeaux ;
Vendôme en Espagne, en 1823 ; et *Pharamond* pour le sacre de Charles X. Il
avait également fait sa part de la *Marquise de Brinvilliers*. La modestie de
Boieldieu était encore plus grande que
son talent.

BOIGNE (le général, comte de), dont
le véritable nom est Benoît Leborgne,
né à Chambéry en 1751, est connu par
son immense fortune et par le noble
usage qu'il en fit. Il était frère de Leborgne, député de Saint-Domingue au
conseil des cinq-cents en 1797. A l'âge
de 17 ans, il s'enrôla au service de France
(1768), puis à celui de Russie, et enfin à
celui de la compagnie anglaise des Indes. Il s'attacha à la fortune de Mahada-
jey-Sindia, chef de Marathes, qui le
nomma commandant de sa troupe. Les
dons de Sindia furent immenses; Boigne
voulut en jouir dans sa patrie. Il voyagea
pendant quelque temps en Europe, puis
se fixa près de Chambéry, où il mourut
le 21 juin 1830. La liste des legs qu'il a
faits à cette ville est énorme : 1,200,000
francs pour un hospice de vieillards;
500,000 fr. pour un hospice d'aliénés;
300,000 fr. pour un dépôt de mendicité;
300,000 fr. pour le collége ; 200,000 fr.
pour établir de nouveaux lits dans les
hospices ; 100,000 fr. pour faire apprendre des métiers à de jeunes filles, etc. etc.
Ses dons pour cette ville s'élèvent à
2,678,000 fr., sans compter ce dont il a
fait présent à divers établissements religieux.

BOILEAU (Gilles), frère aîné de Despréaux, et fils de Gilles Boileau, greffier de la grand-chambre du Parlement de Paris, s'est fait un nom par ses poésies, mais ses vers sont faibles et négligés. Sa *Traduction* du 4ᵉ livre de l'*Énéide* en vers en offre quelques-uns d'assez bons. Ses meilleurs ouvrages sont en prose. Les principaux sont : la *Vie* et la *Traduction* d'Epictète et de Cébès, 1657, in-12; celle de Diogène Laërce, 1668, 2 vol. in-12; deux *Dissertations* contre Ménage, 1656, in-4; *OEuvres posthumes*, 1670, in-12, etc. Il était de l'Académie française. Il mourut en 1669, âgé de 38 ans. Boileau avait de la littérature et de l'esprit, il écrivait facilement en vers et en prose, mais il ne se défiait pas assez de sa facilité.

BOILEAU (Jacques), frère de Gilles et de Nicolas, docteur de Sorbonne, doyen et grand-vicaire de Sens, pendant plus de vingt ans, ensuite chanoine de la Sainte-Chapelle en 1695, naquit à Paris en 1634, et y mourut en 1716, doyen de la Faculté de théologie. Il avait, comme son frère, l'esprit porté à la satire et à la plaisanterie. Despréaux disait de lui, que « s'il n'avait été docteur de Sorbonne, il aurait été docteur de la comédie italienne. » Ses ouvrages roulent sur des matières singulières, qu'il rend encore plus piquantes par un style dur et mordant, et par mille traits curieux. Il les écrivait toujours en latin, *de crainte*, disait-il assez mal à propos, *que les évêques ne les censurassent*. Les principaux sont : *De antiquo jure presbyterorum in regimine ecclesiastico*, 1678, in-8, sous le nom supposé de Claude Fonteius; *De antiquis et majoribus Episcoporum causis*, 1678, in-4; le Traité de Ratramne, *De corpore et sanguine Domini*, avec des notes, 1712, in-12, dont il avait donné une version française en 1686; in-12; *De sanguine corporis Christi post resurrectionem*, 1681, in-8, contre le ministre Alix; *Historia confessionis auricularïæ*, 1683; in-8; *Marcelli Ancyrani disquisitiones de residentiâ canonicorum*, avec un Traité, *De tactibus impudicis prohibendis*, Paris, 1665, in-8; *Historia Flagellantium*, contre l'usage des disciplines volontaires, Traité historique, Paris, in-12, 1700, traduit en français, 1701, in-12, ouvrage dans lequel il y a des détails qu'on eût soufferts à peine dans un livre de chirurgie. Du Cerceau et Thiers le critiquèrent avec raison. On en publia une traduction encore plus indécente que l'original; mais l'abbé Granet l'a réformée en la réimprimant en 1732; *Disqui-*

sitio historica de re vestiariâ hominis sacri, vitam communem more civili traducentis, 1704, in-12, Traité fait pour prouver qu'il n'est pas moins défendu aux ecclésiastiques de porter des habits trop longs que trop courts; *De re beneficiariâ*, 1710, in-8; *Traité des empêchements du mariage*, Sens, sous le titre de Cologne, 1691, in-12; l'auteur, pour de bonnes raisons, a déguisé le lieu : il y mit bien des choses fausses on hasardées, qui sont réfutées à l'article LAUNOY; *De librorum circa res theologicas approbatione*, 1708, in-16. On a recueilli ses bons mots et ses singularités. Dans le temps des disputes excitées au sujet des cérémonies chinoises, il prononça un discours en Sorbonne, dans lequel il dit : « Que l'éloge des Chinois avait ébranlé son cerveau chrétien. » Il faut convenir que ce cerveau était souvent ébranlé, et qu'il ne fallait pas même des causes bien fortes pour produire cet effet. Jacques Boileau était partisan du richérisme (Voy. RICHER.), ce qui paraît surtout dans le Traité *De antiquo jure Presbyterorum*. Dans l'*Historia confessionis auricularïæ*, il établit des paradoxes révoltants, tels que cette proposition : « Maintenant que l'Eglise est sur son déclin, et qu'elle vieillit, il arrive rarement que les mauvaises pensées soient des péchés mortels. » Après de telles assertions, on ne doit pas être surpris de la morale qui se trouve dans son *Histoire des Flagellants* et le Traité *De tactibus impudicis*. Qu'il sied bien à de tels docteurs d'afficher le rigorisme !

BOILEAU (Nicolas), sieur Despréaux, naquit à Crône, près de Paris, en 1636, de Gilles Boileau, père de Gilles et de Jacques. Son enfance fut fort laborieuse; un coq-d'Inde le mutila, si l'on en croit l'auteur de l'*Année Littéraire*. A l'âge de 8 ans il fallut le tailler. Sa mère étant morte, et son père absorbé dans ses affaires, il fut abandonné à une vieille servante qui le traitait avec dureté. On rapporte que son père, quelques jours avant de mourir, disait à ses enfants, en examinant leur caractère : « Gillot est un glorieux, Jacquot un débauché, Colin un bon garçon; *il n'a point d'esprit, il ne dira du mal de personne*. » L'humeur taciturne du petit Nicolas fit porter ce jugement. On ne tarda pas à le trouver mal fondé. Il n'était encore qu'en quatrième, lorsque son talent pour la poésie se développa. Une lecture assidue, que le temps des repas interrompait à peine, annonçait qu'il était né pour quelque chose de plus que son père n'avait pensé. Dès qu'il eut fini son cours de philosophie, il se fit recevoir avocat. Du droit, il passa à la théologie scolastique. Dégoûté de ces deux sciences, il se livra à son inclination. Ses premières *Satires* parurent en 1666. Elles furent recherchées avec empressement par les gens de goût et par les malins, et déchirées avec fureur par les auteurs que le jeune poète avait critiqués. Boileau répondit à tous leurs reproches, dans sa 9° *Satire à son esprit*. L'auteur cache la satire sous le masque de l'ironie, et enfonce ses dards en feignant de badiner. Cette pièce a été mise au-dessus de toutes celles qui l'avaient précédée; la plaisanterie y est plus fine, plus légère et plus soutenue, mais aussi souvent poussée trop loin. En attaquant les défauts des écrivains, Boileau le satirique n'épargna pas toujours leur personne. On est fâché d'y trouver que « Colletet, crotté jusqu'à l'échine, « allait mendier son pain de cuisine en « cuisine ; » que « Saint-Amand n'eut « pour tout héritage que l'habit qu'il « avait sur lui, etc. » : personnalités blâmables, et qui dérogent au mérite de la critique la mieux fondée. L'on peut même dire que, quant aux jugements littéraires, ses *Satires* n'étaient pas exemptes de préjugés, de partialité et de malignité. Son *Art Poétique* suivit de près ses *Satires*. Ce poème renferme les principes fondamentaux de l'art des vers et de tous les différents genres de poésie, resserrés dans des vers énergiques et pleins de choses. La poétique d'Horace a moins d'ordre et d'art, mais elle fait le fondement de l'autre, et en a fourni presque toutes les idées. *Le Lutrin* fut publié en 1674, à l'occasion d'un différend entre le trésorier et le chantre de la Sainte-Chapelle. Ce fut le premier président de Lamoignon qui proposa à Despréaux de le mettre en vers. Un sujet, si petit en apparence, acquit de la fécondité sous la plume du poète. Cependant les personnages ne sont pas nobles, l'action n'est pas importante, le sujet est frivole. Qu'y apprend-on? Quel fruit pourront tirer les jeunes gens qui liront ce poème? Ils apprendront à parler sans respect de ceux qu'ils devraient s'accoutumer à respecter. Un prélat, devenu trésorier de la Sainte-Chapelle, est peint comme un homme efféminé, assis mollement sur des coussins, ou couché sur un lit de plumes, et plus occupé du soin d'aller à table que d'aller à l'église. Des chanoines vermeils, pieux fainéants, et brillants de santé, s'engraissent dans une sainte oisiveté, couchés dans des lits enchanteurs, et qui depuis trente ans n'ont jamais vu l'aurore. Les Cordeliers, les Augustins, les Mineurs, ont chacun leur coup de pinceau. Cîteaux est le séjour de la volupté, de la mollesse et des plaisirs nonchalants. Tous les religieux en général sont accusés d'être immortifiés, les chanoines d'être indolents, les prélats de briguer d'amples revenus pour en abuser. On dira que Boileau a soin d'avertir, dans la préface, que les chanoines qu'il traite si mal sont d'un caractère opposé à ce qu'il en dit dans ses vers. Mais pourquoi en parler mal, s'ils méritent qu'on en parle bien? Louis XIV choisit Boileau pour écrire son histoire conjointement avec Racine. L'Académie française lui ouvrit ses portes. Il fut aussi un des membres de l'Académie naissante des inscriptions et belles-lettres. Boileau, que son titre d'historiographe appelait souvent à la cour, y parut avec toute la franchise de son caractère; franchise qui tenait un peu de la brusquerie. Mais après la mort de son ami Racine, Boileau ne parut plus qu'une seule fois à la cour, pour prendre les ordres du roi sur son histoire. « Souvenez-vous, lui dit ce prince en regardant sa montre, que j'ai toujours une heure par semaine à vous donner, quand vous voudrez venir. » Il passa le reste de ses jours dans la retraite, tantôt à la ville, tantôt à la campagne. Dégoûté du monde, il ne faisait plus de visites, et n'en recevait que de ses amis. Il n'exigeait pas d'eux des flatteries; il aimait mieux, disait-il, « être lu, qu'être loué. » Sa conversation était traînante, mais agréable par quelques saillies, et utile par des jugements ordinairement exacts sur les écrivains. Lorsqu'il sentit approcher sa fin, il s'y prépara en chrétien qui connaissait ses devoirs. Il mourut en 1711, à l'âge de 75 ans. La religion, qui éclaira ses derniers moments, ne l'avait jamais quitté, et les écarts de sa conduite, ou de ses écrits, n'avaient point affaibli son attachement au christianisme. Ayant joui pendant huit ou neuf ans d'un prieuré simple, il le remit au collateur pour y nommer un autre, et distribua aux pauvres tout ce qu'il en avait retiré. Son zèle pour ses amis égalait sa religion. Le célèbre Patru, se voyant obligé de vendre sa bibliothèque, Despréaux la lui acheta un tiers de plus qu'on ne lui en offrait, et lui en laissa la jouissance jusqu'à sa mort... Parmi nombre d'éditions qu'on a publiées des ouvrages de Boileau, on distingue celle de Genève, en 2 vol. in-4, 1716, avec des éclaircissements historiques par Brossette, de l'académie de Lyon; celle de La Haye, en 2 vol. in-fol., avec des notes, des figures de Picart, 1718 et 1722, 4 vol.

in-12, avec des figures du même graveur; de la veuve Alix, en 2 vol. in-4, 1740, avec des figures de Cochin, qui, jointes à la beauté des caractères, lui font tenir un rang parmi les raretés typographiques; celle de Durand, 1747, 5 vol. in-8, avec figures et des éclaircissements par M. de Saint-Marc; l'édition pour l'éducation du Dauphin, Paris, Didot l'aîné, 1788, 3 vol. in-18, pap. vélin, et 1789, 2 vol. in-4. On y trouve : douze *Satires*. Les meilleures sont la 2e, la 7e, la 8e, la 9e et la 10e; et la moins bonne, la 12e, sur l'Equivoque; douze *Epîtres*, pleines de vers bien frappés, de peintures vraies, de maximes de morale bien rendues; mais on voudrait qu'il n'eût pas mêlé les petites choses aux grandes; par exemple, le nom de Cotin avec celui de Louis XIV. On lui reproche encore des idées superficielles, des plaisanteries monotones, des vues courtes et de petits desseins. Chapelle, son ami, à qui il avait demandé ce qu'il pensait de son style, lui répondit : « Tu es un bœuf qui fait bien son sillon. »; l'*Art Poétique* en quatre chants; *le Lutrin* en six; deux *Odes*, l'une contre les Anglais faite dans sa jeunesse, l'autre sur la prise de Namur, ouvrage d'un âge plus avancé, mais qui n'en vaut pas mieux; deux *Sonnets*; des *Stances à Molière*, un peu faibles; cinquante-six *Epigrammes*, fort inférieures à celles de Rousseau; un *Dialogue de la Poésie et de la Musique*; une *Parodie*; trois petites *Pièces latines*; un *Dialogue sur les Héros des Romans*; la *Traduction* du *Traité du Sublime* de Longin, peu estimée : elle manque d'exactitude, de précision et d'élégance; des *Réflexions critiques* sur cet auteur, etc., etc. Le plus grand mérite de Despréaux est de rendre ses idées d'une manière serrée, vive et énergique, de donner à ses vers ce qu'on appelle l'harmonie imitative, et de se servir presque toujours du mot propre. Il est grand versificateur, quelquefois poète et bon poète, par exemple, dans son épître sur le *Passage du Rhin*, dans quelques descriptions de son *Lutrin*, et dans d'autres endroits de ses ouvrages; mais il ne l'a pas toujours été dans quelques-unes de ses *Satires* et de ses *Epîtres*, surtout dans les premières et dans les dernières. Il a paru créateur en copiant; mais on lui reproche (et il en convenait lui-même) de n'avoir point assez varié le tour de ses ouvrages en vers et en prose. On le blâme encore, non pas de s'être élevé contre la morale voluptueuse de Quinault, mais de n'avoir pas rendu justice aux talents de ce poète, auxquels il ne manquait que d'être

mieux employés. On a mis à la tê l'édition de ses *Œuvres* de 1740 u *lœana*, ou *Entretiens de M. de Mon nay avec l'Auteur*. Boileau y paraît vent dur et tranchant. Fontenelle a r quelques articles, dans lesquels on tr des décisions un peu hardies. Depui les petits poëtes modernes se cr bien supérieurs à tout ce qu'a prod siècle de Louis XIV, ils se sont li contre la réputation de Boileau, qui sera pas moins le poëte des gens de j des esprits mâles et solides. En 1 l'académie de Nîmes proposa cette q tion : « Quelle a été l'influence de Bo sur la littérature française ? » que diversement résolue par les différe concurrents, mais dont le résulta naturellement en faveur de Boil MM. Daunou et Auger ont fait son él le premier a été couronné par l'acade de Nîmes, en 1787; le second, par l stitut en 1805. Sa *Vie* a été écrite Desmaizeaux, Amsterdam, 1712, in

BOILEAU (Charles), abbé de B lieu, de l'Académie française, s'ad de bonne heure à la chaire. Il pr devant Louis XIV, qui répandit sur ses bienfaits. Cet orateur, né à B vais, mourut en 1704. Il est connu des *Homélies* et des *Sermons* sur les E giles du Carême, qui ont été donné public après sa mort, par Richard, 2 vol. in-12, à Paris, chez Louis Gué 1712. On a encore de lui des *Panég yues*, in-4 et in-12, qu'on entendit a plaisir dans le temps, mais qu'on n plus guère.

BOILEAU (Jean-Jacques), chano de l'église Saint-Honoré, à Paris, é né en 1649 au diocèse d'Agen, du quel il posséda une cure. La délicat de sa complexion l'ayant obligé de quitter, il se rendit à Paris où il joua rôle dans les disputes et les négociat relatives au jansénisme, auquel il montra favorable. Le cardinal de Noai lui donna des témoignages de son esti Il mourut en 1735, à 86 ans. On a de des *Lettres sur différents sujets de rale et de piété*, 2 vol. in-12; la *Vi madame la duchesse de Liancourt*, celle de *madame Combé*, institutrice la maison du Bon-Pasteur. Tous ces vrages, écrits d'un style trop oratoi annoncent un fonds d'esprit et de bo morale, mais quelquefois un peu de p vention.

BOILEAU (Marie-Louis-Joseph D jurisconsulte et littérateur, né à D kerque en 1741, descendait d'Etien Boyleaux, célèbre prévôt de Paris 13e siècle, et était de la famille de l' teur de l'*Art Poétique*. Après avoir terminé ses études, il se fit recevoir avocat en 1762, et s'établit dans la Picardie, où il exerça honorablement sa profession. Il était déjà arrivé à un âge avancé, lorsque des chagrins domestiques vinrent affliger ses derniers jours. Obligé de rendre à sa femme la totalité de son douaire, et ne pouvant payer les sommes qu'il avait empruntées pour plaider contre elle, il fut mis en prison, et y resta pendant plusieurs années. Il est mort à Paris le 7 avril 1817. Il a composé plusieurs ouvrages de littérature et de jurisprudence, qui ne s'élèvent pas au-dessus de la médiocrité. Nous citerons : *Recueils de règlements et recherches concernant les municipalités*, Paris, 1785, 5 vol. in-12 ; *Entretiens philosophiques et historiques sur les procès*, in-12 ; *Histoire du droit français*, Paris, 1806 ; *Code des faillites*, Paris, 1806, in-12 ; *Histoire ancienne et moderne des départements de Belgique*, Paris, 1807, 2 vol. in-12 ; *Epître à l'amitié*, Paris, 1811, in-8 ; *De la contrainte par corps*, 1814 : c'est sa propre cause que l'auteur défend dans cet écrit ; *Droit d'appel de toutes condamnations par corps prononcées par les juges de commerce*, 1814, in-8; *Moyens additionnels confirmatifs du droit d'appel*, etc ; *Notions sommaires sur les septuagénaires.*

BOILESVE (Pierre), chanoine de Notre-Dame de Paris, né le 12 septembre 1745, refusa le serment à la constitution civile du clergé; pendant la terreur il demeura caché à Passy avec l'évêque de Saint-Papoul, son ancien condisciple. Après le concordat, l'abbé Boilesve fut nommé chanoine honoraire de Paris. Lorsque Napoléon, désirant faire déclarer la nullité de son mariage, et ne voulant pas s'adresser au Pape qu'il retenait captif, porta la cause devant l'officialité de Paris qu'il venait de rétablir, Boilesve fut désigné à l'empereur par l'abbé Emery, et il fut nommé à la charge d'official qu'il a conservée jusqu'à la fin de sa vie. C'est en cette qualité qu'il prononça la nullité du premier mariage de Napoléon. Il fut pourvu d'un canonicat l'année suivante. L'abbé Boilesve était plein d'aménité ; son esprit judicieux, sa charité envers les pauvres, sa facilité à obliger, le faisaient généralement estimer. Il était vicaire-général de Paris et supérieur de plusieurs maisons de religieuses, lorsqu'il est mort le 3 décembre 1830, à l'âge de 85 ans.

BOILLOT (Henri), jésuite, né en Franche-Comté, le 29 septembre 1698, professa la rhétorique, la philosophie et la

théologie dans différentes maisons de son ordre, fut ensuite nommé recteur du collège de Grenoble, puis de celui de Dôle, et mourut en cette ville le 3 juillet 1733. On a de lui : *Explication latine et française du second livre des satires d'Horace*, Lyon, 1710, avec une *Dissertation en lat. et en français sur la satire ; Le Noyer, élégie d'Ovide expliquée en français*, Lyon, 1712, in-12 ; *Maximes chrétiennes et spirituelles, extraites des OEuvres du P. Nieremberg*, Lyon, 1714, 2 vol. in-12; *Sermons nouveaux sur divers sujets*, Lyon, 1714, 2 vol. in-12. Dans un recueil d'*Odes*, impr. à Vienne en Dauphiné, 1711, in-12, on en trouve deux du P. Boillot, l'une intitulée : *La Philosophie préférée à la poésie*; et l'autre : *La Philosophie victorieuse de la poésie*. Il avait commencé un ouvrage de la *Recherche de la vérité*, que la mort l'a empêché de terminer. — BOILLOT (Jean), minime, né à Saint-Mémin en Auxois, en 1658, mort à Semur le 16 mars 1728, a laissé : *Lettres sur le secret de la confession*, Cologne (Dijon), 1703, in-12; *La vraie Pénitence*, Dijon, 1707, in-12.

BOINDIN (Nicolas), né à Paris en 1676, d'un procureur du roi au bureau des finances, entra dans les mousquetaires en 1696. La faiblesse de son tempérament ne pouvant résister à la fatigue du service, il quitta les armes pour goûter le repos du cabinet. Il fut reçu en 1706 de l'Académie des inscriptions et belles-lettres, et l'aurait été de l'Académie française, si la profession publique qu'il faisait d'être athée, ne lui eût donné l'exclusion. Il fut incommodé sur la fin de ses jours d'une fistule, qui l'emporta le 30 novembre 1751. On lui refusa avec raison les honneurs de la sépulture. M. Parfait l'aîné, héritier des ouvrages de Boindin, les donna au public en 1753, en 2 vol. in-12. A la tête du premier, où l'on trouve quatre comédies en prose, est un Mémoire sur sa vie et ses ouvrages, composé par lui-même. Cet homme, qui se piquait d'être philosophe, s'y donne, sans hésiter, tous les éloges qu'un fade panégyriste aurait eu quelque peine à lui accorder : moyen de célébrité devenu général parmi les philosophes modernes et tous nos sages à bruyantes prétentions. On a encore de lui un Mémoire dans lequel il accuse La Mothe, Saurin, et Malaffaire négociant, d'avoir comploté la manœuvre qui fit condamner le célèbre et malheureux Rousseau. Ce Mémoire qui n'a été publié qu'après sa mort, et qui n'est pas faiblement écrit, n'a pas peu contribué à lui concilier les suffrages des philosophes, peu favorablement disposés en faveur ❨ J.-B.

Rousseau. A une philosophie mordante et irréligieuse, Boindin joignait la présomption et l'opiniâtreté qui en est la suite, une humeur bizarre et un caractère insociable. Voici ce qu'un critique très-connu a dit à son sujet : « Quoique tout « ce qu'il a écrit ne le distingue pas des « auteurs médiocres, il est cependant « un des quatre génies privilégiés du « siècle de Louis XIV, qui, selon M. Di-« derot, auraient été seuls capables de « fournir quelques articles à l'*Encyclo-« pédie. Credite, Pisones.* »

BOINVILLIERS (J.-E.-J.-F. de), né à Versailles le 5 juillet 1764, vint à Paris, y fonda un cours de littérature à l'âge de 20 ans, se jeta dans le parti révolutionnaire, mais peu après l'abandonna. D'abord, professeur de belles-lettres, il fut ensuite nommé censeur au lycée de Rouen, puis inspecteur de l'académie de cette ville. Admis à la retraite en 1816, il vint à Paris et y mourut le 1er mai 1830. On lui doit un grand nombre d'ouvrages classiques : *Grammaires*, *Dictionnaires*, etc., adoptés tant en France qu'à l'étranger. Il se proposait, dans toutes ces compositions, de perfectionner la langue française, et de rendre plus facile l'étude des langues mortes. Mais ses écrits ont été remplacés par de meilleurs.

BOIS-D'ALMAY (Daniel du), gentilhomme du 17e siècle, issu d'une des meilleures familles de Basse-Normandie, fut envoyé jeune à Paris. Il s'y fit connaître du duc d'Orléans, acheta une charge dans sa maison, et eut beaucoup de part à sa faveur, malgré les intrigues de ses ennemis, qui travaillèrent avec succès à le mettre mal dans l'esprit de ce prince. On le mêla dans l'affaire de Chalais ; mais le roi ayant ordonné que le décret de prise de corps, qu'on avait obtenu, fût sursis, cette affaire n'eut pas de suite : on n'en voulait qu'au malheureux Chalais. Bois-d'Almay servit plusieurs fois à l'armée, et fut enfin tué en duel par de Ruvigni. Il existe des Mémoires de Bois-d'Almay, sous ce titre : *Mémoires d'un Favori de S. A. R. Mgr le duc d'Orléans*, Leyde, Jean Sambix, 1668, petit in-12. Ces *Mémoires* ont un caractère de sincérité et de bonne foi, qui ne permet pas de douter de ce que dit l'auteur. Il y paraît aussi honnête homme que mauvais courtisan. On ne saurait dire qu'il ait été mal instruit de ce qu'il rapporte, puisque cela se passa sous ses yeux, et qu'il y eut lui-même une grande part. (Voyez Jacques **BERNARD**, *Nouvelles de la Rép. des Lettres*, avril 1704, pag. 470.)

BOIS (Jean du), *Joannes à Bosc* à Paris, fut d'abord célestin ; mais obtenu la permission de sortir du cl il prit le parti des armes, et s'y disti tellement, que Henri III ne l'ap que « l'empereur des moines. » l'extinction de la Ligue, il rentra son Ordre, devint prédicateur ordi d'Henri IV, et mérita la bienveillan cardinal Olivier, qui lui permit de p son nom et ses armes, et lui pr l'abbaye de Beaulieu en Argonne. la mort d'Henri IV, il se déchaîna ses sermons contre les jésuites ; accusa d'en être les auteurs ; mais allé à Rome en 1612, il fut reg comme une tête dérangée, ou co homme dangereux, et renfermé da château Saint-Ange, où il mouru 1626. Il fit imprimer : *Bibliotheca* censis, Lyon, 1605, in-8. Ce son petits traités d'anciens auteurs eccle tiques, tirés des manuscrits de la bi thèque du monastère de Fleuri-sur-L La 3e partie, seulement, contient ques opuscules de l'auteur ; le *Por royal d'Henri IV* (c'est son Oraison nèbre), 1610, in-8 ; celle du car Olivier, son bienfaiteur, Rome, 1 in-4, et des *Lettres*.

BOIS (Philippe GOIBAU, sieur du à Poitiers, membre de l'Académie çaise, maître à danser, ensuite gou neur de Louis-Joseph de Lorraine, de Guise, a traduit beaucoup d'ouvr de saint Augustin et de Cicéron, génies fort différents, auxquels il p le même style. Il mourut à Paris en âgé de 68 ans. Ses *Traductions* sont chies de notes savantes et curieuses. les qui accompagnent les *Lettres* de Augustin lui furent fournies par T mont. La longue préface qu'il mit tête des *Sermons* du même saint es sez bien écrite, mais très-mal pen suivant l'abbé Trublet. Le docteur toine Arnauld en fit une critique j cieuse.

BOIS (François du). (Voyez Sylv

BOIS (Lambert). (Voyez Sylvius l bert.)

BOIS (Nicolas du), né à Mar dans le pays de Luxembourg, profes d'Ecriture-Sainte, et président du col du roi à Louvain, s'est distingué divers ouvrages contre le jansénis et a mis autant d'habileté à démas l'hypocrisie de cette secte naissa que de solidité dans la réfutation d erreurs. Il mourut en 1696.

BOIS (Philippe du), né au dioc Bayeux, docteur de Sorbonne, b thécaire de Le Tellier, archevêqu

Reims, mourut en 1703. On a de lui : un *Catalogue* de la bibliothèque confiée à ses soins,' 1693, au Louvre, in-fol.; une édition de Tibulle, Catulle et Properce, en 2 vol. in-4, *ad usum Delphini*, 1685; une édition des *OEuvres théologiques* de Maldonat, in-fol., Paris, 1677. L'épître dédicatoire et la préface, dans lesquelles il fait l'éloge des mœurs et de la doctrine de jésuite, ne se trouvent pas dans plusieurs exemplaires.

BOIS. (Voyez Dubois.)

BOISARD (G.-J.-F.-M.), le plus fécond des fabulistes, né à Caen en 1743, était membre de l'académie de cette ville, et secrétaire de l'intendance de Normandie, depuis 1768, lorsqu'il fut nommé en 1772, secrétaire du conseil des finances de *Monsieur*, comte de Provence, puis en 1776, secrétaire au sceau et de la chancellerie de ce prince. La révolution ayant obligé le frère du roi à faire des économies, en 1790, Boisard perdit sa place et obtint une modique pension, qui cessa bientôt de lui être payée par suite de l'émigration de son maître. Etant venu à Paris, il ne sut pas trouver d'emploi, revint dans sa patrie, et y mourut dans les derniers mois de 1831. Outre plusieurs *Pièces de vers* insérées dans le *Mercure de France*, on a de lui : *Fables et Poésies*, 1804, in-12 ; *Mille et une Fables*, Caen 1806, in-12.

BOISCHEVALIER. (Voyez Hullin).

BOISGELIN (Jean-de-Dieu-Raymond de), cardinal, archevêque de Tours, né à Rennes le 27 février 1732. Dès son enfance, il fut destiné à l'état ecclésiastique, et fit ses études avec distinction. La mort d'un frère aîné, tué au combat de Saint-Cast, faisait passer sur sa tête les prérogatives attachées au droit d'aînesse ; mais cet événement ne changea rien à ses projets ; il renonça à ce droit en faveur d'un frère plus jeune que lui, pour suivre sa première vocation. En 1765, il fut nommé évêque de Lavaur, et archevêque d'Aix en 1770. Il laissa dans ce diocèse des exemples de vertu et de bienfaisance, qui ne s'effaceront jamais. Peut-être ne sut-il pas, dans les commencements de son épiscopat, se garantir assez de l'influence de quelques liaisons peu convenables à son état. Il était membre de la commission des religieux, et prit part aux mesures portées successivement contre les ordres monastiques. En 1789, M. de Boisgelin fut député aux Etats-Généraux, et le 28 novembre, il fut nommé président de l'Assemblée. Il défendit en son nom, et au nom des évêques ses collègues, les principes de l'Eglise catholique, et se déclara contre les changements de l'Assemblée constituante, dans un écrit intitulé : *Exposition des principes des évêques de l'Assemblée sur la constitution civile du clergé*; écrit qui a beaucoup de réserve et de modération, et qui aurait pu ramener des esprits moins prévenus. Il se retira en Angleterre après la session; il publia le *Psalmiste*, ou *Imitation des Psaumes de David* en vers français. Il ne revint en France qu'en 1801, après la signature du concordat. Ayant donné sa démission de l'archevêché d'Aix, il fut nommé à celui de Tours en 1802, et peu après cardinal. Il mourut à Angervilliers près de Paris, le 22 août 1804, âgé de 72 ans. M. de Bausset, son ancien grand-vicaire, a publié une Notice historique sur ce prélat dont il loue l'esprit, l'habileté dans les affaires, la modération et les qualités aimables et généreuses. Il était membre de l'Académie française. Outre les ouvrages dont nous avons parlé ci-dessus, il a laissé : son *Discours* de réception à l'Académie ; les *Oraisons funèbres du Dauphin, fils de Louis XV ; de Sanislas, roi de Pologne , et de Mad. la Dauphine; Discours* prononcé à la prestation de serment des archevêques et évêques, 1802, in-4. Il avait fait des *Observations* sur Montesquieu, qui sont restées manuscrites.

BOISGELIN (Le marquis Bruno de), neveu du cardinal de ce nom, était capitaine au moment où la Révolution éclata. Il émigra en 1792, et servit dans l'armée des princes. Louis XVIII à son retour, en 1814, le nomma maître de la garde-robe, et l'envoya à Toulon en qualité de commissaire extraordinaire dans la huitième division militaire. Pendant l'interrègne de 1815, il refusa toute espèce de service, même dans le corps de la garde nationale à cheval qu'il commandait. Les Bourbons étant rentrés dans Paris, il fut créé pair de France et nommé secrétaire du quatrième bureau de cette assemblée. En 1818, il combattit le projet de loi sur le recrutement de l'armée, et il soutint que, si les emplois civils étaient à la nomination du roi, à plus forte raison les emplois militaires devaient dépendre de lui seul ; qu'autrement il n'y aurait que désordre et entraves dans les affaires, et que le gouvernement serait sans force et sans appui pour assurer la tranquillité publique. Plus tard il prononça un discours en faveur de la liberté de la presse, avec un amendement qui fut rejeté. Le marquis de Boisgelin a constamment voté contre les lois d'exception, et il s'est toujours montré éloquent orateur. Il est mort le 3 mai 1827 dans sa soixantième année.

BOISJOLIN. (Voyez VIEILLE).

BOIS-MESLÉ (Jean-Baptiste TORCHET de), avocat au Parlement de Paris, a publié en 1747 : *Histoire du chevalier du soleil*, Paris, 2 vol. in-12. Il est plus connu par son *Histoire générale de la marine*, Amsterdam (Paris), 1754-1758. Les deux premiers volumes sont de lui en société avec le Père Théodore de Blois, le troisième est de M. de Richebourg.

BOISMONT (Nicolas THYREL de), abbé de Grestain, ancien prieur commendataire de Lihons en Santerre, ancien vicaire-général du diocèse d'Amiens, chanoine honoraire de l'église métropolitaine de Rouen, prédicateur ordinaire du roi, docteur en théologie de la maison de Navarre, etc., mort à Paris le 19 décembre 1786, âgé de 71 ans. On a de lui un *Panégyrique de St-Louis* et des *Oraisons funèbres de Mgr le Dauphin, de la reine, de Louis XV, de l'impératrice Marie-Thérèse.* Il a aussi laissé quelques *Sermons.* On ne peut refuser à l'abbé de Boismont un ton qui décèle un homme d'esprit ; mais on sait aussi que ce n'est pas là ce qui doit caractériser un orateur chrétien, ou plutôt ce qui doit se faire remarquer, préférablement à une marche grave et mâle, à une vigoureuse logique, à un langage d'onction et de cœur qui, exprimant la conviction de l'orateur, la fait passer dans l'âme des auditeurs. Il y a cependant dans ses *Sermons* d'excellents passages et parfaitement assortis aux vérités chrétiennes, tel que celui qui regarde l'efficace de la religion dans le soulagement du prochain, et l'impuissance de la philosophie profane, qu'on lit dans son *Sermon* sur les assemblées de charité ; mais en général il avait plus de talent pour l'éloquence académique que pour celle de la chaire. On s'en était aperçu dès son *Discours* de réception à l'Académie, dans lequel il vengea si bien l'imagination, cette brillante qualité de l'être spirituel, contre ces froids détracteurs qui voudraient tout réduire à des syllogismes et à d'ennuyants calculs. « C'est l'imagination, disait-il, qui rend « redoutable tout ce qu'il faut craindre, « sensible tout ce qu'on doit aimer, pa-« thétique tout ce qu'il faut sentir. Elle « seule met en action les maximes et les « préceptes, donne aux objets le ton des « circonstances, les peint des couleurs « propres à l'effet qu'ils doivent produi-« re, les décompose, les divise, les réu-« nit, et, par le mélange heureux des « impressions uces ou terribles, forme « ce précieux int t qui pénètre et qui

« saisit, passe à travers les sens qu'elle « entraîne, etc. » On reproche à l'abbé de Boismont d'avoir trop flatté l'orgueil des philosophes de son temps et d'en avoir adopté le jargon ; ce fut un double malheur pour lui. En cédant au goût de son siècle, cet écrivain se priva de grandes ressources : la religion, quand il la prit pour guide, lui inspira des morceaux brillants et des pages éloquentes. C'est le caractère de cette fille du Ciel de donner plus d'élévation à la pensée, comme plus d'autorité aux préceptes ; elle agrandit l'esprit comme elle dilate le cœur. On a recueilli les *Oraisons funèbres et Sermons* de l'abbé de Boismont en un vol. in-8, 1805, précédés d'une Notice historique et littéraire par M. Auger. « C'était, dit-il, un écrivain de « beaucoup d'esprit ; mais il n'était pas « d'un goût très-sûr. On lui reproche, « non sans fondement, de mettre plus « de jeu dans les mots, que de mouve-« ment dans les tours ; d'avoir quelque-« fois plus de recherches que de justesse « dans les idées, plus d'apprêts que de « véritable élégance dans le style ; enfin, « de s'être fait une diction antithétique « et maniérée, qui éblouissait l'esprit « sans échauffer le cœur. »

BOISMORAND (Claude-Joseph Chéron de), né à Quimper vers 1680, d'un avocat, fut longtemps jésuite, et professa la rhétorique à Rennes. Il avait beaucoup d'esprit, et une imagination vive, forte et féconde, Quoiqu'il fût déjà prêtre, il quitta la Société, à laquelle il ne convenait point par ses goûts et ses habitudes. On a de lui plusieurs *Mémoires* pour des affaires épineuses et célèbres. Il y en a trois ou quatre que l'on compare avec raison à ce que Démosthène a fait de plus éloquent. On assure que la *Traduction de Milton* attribuée à Dupré de Saint-Maur est de lui. Il eut la faiblesse de publier quelques *Romans* hardis, mais il n'attendit pas pour s'en repentir ses dernières années. Sa vie finit par être austère, il mourut sous le cilice en 1740. Boismorand pouvait être un des plus habiles hommes de son siècle : il n'en fut que le premier avocat, et cela pour avoir été inconséquent.

BOISROBERT (François Le NÉTEL de), de l'Académie française, abbé de Châtillon-sur-Seine, naquit à Caen l'an 1592, et mourut en 1662. Sa conversation était enjouée. Citois, premier médecin du cardinal de Richelieu, avait coutume de dire à ce ministre : « Mon-« seigneur, toutes nos drogues sont inu-« tiles, si vous n'y mêlez une drague de « Boisrobert. » Le cardinal ne pouvait se passer de ses plaisanteries : c'était son bel-esprit et son bouffon. Boisrobert ayant été disgracié eut recours à Citois, qui mit au bas du Mémoire, comme par ordonnance de médecine : *Recipe Boisrobert* : cette turlupinade le fit rappeler. Dans sa dernière maladie, comme on le pressait de faire venir un confesseur : « Oui, je le veux bien, dit-il : qu'on m'en « aille quérir un, mais surtout qu'on ne « m'en amène point de janséniste. » On a de Boisrobert diverses *poésies*, 1647-59, in-4 et in-8; des *lettres* dans le Recueil de Farei , in-8 ; des *tragédies*, des *comédies*, qui portent le nom de son frère Antoine le Métel , sieur d'Ouville : *Histoire indienne d'Anaxandre et d'Orasie*, 1629, in-8; *Nouvelles héroïques*, 1627, in-8. Ses pièces de théâtre, applaudies par le cardinal de Richelieu et par quelques-uns de ses flatteurs, sont ensevelies dans une poudreuse obscurité. Ce fut lui qui inspira à Richelieu l'idée de fonder l'Académie française dont il fut un des premiers membres. Il était aussi l'un des cinq auteurs qui travaillaient aux pièces de théâtre de ce ministre.

BOISSARD (Jean-Jacques), antiquaire et poëte latin, né à Besançon en 1528, mourut à Metz en 1602. Il parcourut l'Italie, la Grèce , l'Allemagne , pour recueillir les anciens monuments épars dans ces différents pays. Ses principaux ouvrages sont : *Theatrum vitæ humanæ*, 1572-1598, 4 parties in-4: il a rassemblé sous ce titre singulier les *Vies* de 198 personnes illustres, ou qu'il croyait telles, avec leurs portraits en taille-douce; *De divinatione et magicis præstigiis*, in-fol., Oppenheim, ouvrage posthume ; *Emblemata*, Francfort, 1593, in-4, avec des figures par Théodore de Bry ; *Topographia urbis Romæ*, les 3 premières parties en 1597, la 4e en 1598, la 5e en 1600, et la 6e en 1602, in-fol., enrichies d'estampes gravées par Théodore de Bry et par ses deux fils : il y a, dans tous ces écrits, des choses rares et curieuses; des *poésies* latines, in-8 , et d'autres ouvrages.

BOISSAT (Pierre de), savant jurisconsulte et helléniste de Vienne en Dauphiné, appelé dans son pays *Boissat-l'Esprit*, prit successivement le collet et l'épée, et quitta l'un et l'autre. Des coups de bâton, qu'il reçut pour avoir tenu des propos libres à la comtesse de Sault, lui causèrent des chagrins vifs, quoiqu'il en eût obtenu réparation. Boissat chercha des ressources contre les disgrâces humaines dans le sein de la religion, et il en trouva dans l'exercice d'une piété solide, dont on l'accusa néanmoins d'a-

voir quelquefois poussé à l'excès les signes extérieurs : il négligea ses cheveux, laissa croître sa barbe , s'habilla grossièrement , catéchisa dans les carrefours et fit des pèlerinages. S'étant présenté dans cet accoutrement à la reine Christine de Suède, lorsqu'elle passa à Vienne en 1656 , et lui ayant fait un sermon sur le jugement de Dieu, Christine dit : « Ce n'est point là ce Boissat que je « connais; c'est un prêcheur qui em-« prunte son nom; » et elle ne voulut plus le voir. Quelques auteurs ont voulu de là suspecter la sincérité de la conversion de Christine; mais il paraît qu'on peut être bon catholique sans se plaire aux singularités et au bizarre costume d'un harangueur inattendu. Boissat mourut en 1662, âgé de 68 ans. Il était de l'Académie française. On a de lui l'*Histoire négrepontique*, ou *les Amours d'Alexandre Castriot*, 1631, in-8, roman traduit de l'italien, que quelques littérateurs estiment pour les aventures, les situations et les sentiments, mais qu'on ne lit plus avec plaisir à raison du style suranné. On a encore de lui des pièces en prose et en vers, imprimées sur des feuilles volantes, dont on a réuni quelques exemplaires en 1 vol. in-fol. Leur rareté est leur seul mérite. L'abbé d'Artigni vante beaucoup ses productions. L'auteur en avant fait tirer 1,200 exemplaires, qu'il ne voulut point faire paraître. Il les légua par son testament à l'Hôtel-Dieu de Vienne. Mademoiselle de Boissat sa fille les fit mutiler. En 1720, on en vendit 150 exemplaires ; et le reste fut livré aux épiciers , pour lesquels Boissat avait quelquefois travaillé. Il a donné l'*Histoire de Malte* faite par son père, dont la meilleure édition est de 1659, in-fol. Quelques défauts qu'elle ait, bien des gens la préfèrent à celle de l'abbé Vertot, et plus encore à la philosophique production qui a paru en 1789 sous le titre de *Fastes de l'Ordre de Malte*.

BOISSEL DE MONVILLE (C.-R.-G., baron), pair de France , naquit en 1763 au château de Monville près Rouen. Avant la Révolution, il était conseiller au Parlement de Normandie, et il se livra dès lors à des travaux scientifiques. A l'époque de la Restauration, Louis XVIII, pour le récompenser, le nomma pair de France. Il est mort à Paris le 9 avril 1832. On a de lui : *Description des atômes*, Paris, 1813-1845, 2 vol. in-8 ; *Mémoire sur la législation des cours d'eau*, 1817, in-4; *Voyage pittoresque de navigation exécuté sur une partie du Rhône, depuis Genève jusqu'à Seyssel, afin de tenir pour

la marine des matières que peuvent fournir les mélèses, 1795, in-4.

BOISSIÈRE (Joseph de la FONTAINE
de La), prêtre de l'Oratoire, né à Dieppe,
et mort à Paris en 1732, est connu par
des *Sermons*, où l'on trouve une éloquence agréable, et quelquefois trop fleu-
rie. Ils parurent à Paris en 1730 et 1731,
et en 6 vol.

BOISSIÈRE (Simon-Hervieu de La),
ecclésiastique, né en 1707 à Bernay,
écrivit plusieurs ouvrages dont les principaux sont : *Préservatifs contre les faux
principes de Mongeron*, 1750; *Traité des
vrais miracles*, 2 vol., 1763; *Traité de
l'esprit prophétique*, 1767; *Défense du
Traité des miracles*, 1 vol. in 12, 1769;
Contradictions du livre intitulé : De la
philosophie de la nature par Delisle de
Salles, 1776, in-12; *De la vérité et des
devoirs qu'elle nous impose*, 1777. Il
mourut en cette même année, à l'âge de
70 ans. Il parut de lui, en 1780, un
autre ouvrage intitulé : *Double hommage
que la vérité exige par rapport aux contestations présentes*, dans lequel on croit
voir qu'il appartenait au parti appelant.

BOISSIEU (Antoine), écrivain ascétique, naquit le 21 janvier 1623, à Saint-
Germain-Laval (Forez), et entra chez
les Jésuites le 5 octobre 1643. Après ses
premiers vœux à Avignon, il fournit sa
carrière, avec honneur, dans les collèges
et les autres maisons de la Compagnie,
l'espace de 45 ans, estimé au dedans et
au dehors, et mourut à Lyon, au collége de la Trinité, le 16 avril 1691. Le
P. Boissieu, s'étant beaucoup occupé de
retraites et de confessions, fut amené
à écrire sur les mêmes sujets divers
ouvrages qui obtinrent un grand succès. Nous connaissons de ce Religieux :
*Le dévot exercice du chrétien pour
passer saintement la journée*, Lyon,
1666, in-12 : ce petit ouvrage fut souvent réimprimé; *La Voie de la perfection pour la retraite de huit jours*, Lyon,
1679, in-12; *Le saint Evangile de Jésus-Christ, expliqué en méditations*,
Lyon, 1683, 4 vol. in-12. — Ibid. 6e édition, revue, augmentée, avec le portrait
et la vie de l'auteur, 1728, 4 vol. in-12;
*Le Chrétien prédestiné par la dévotion
à Marie*, Lyon, 1686, in-8; la *Vie
du vénérable frère Alphonse Rodriguez*,
Lyon, 1688, in-12; la *Vie de la vénérable mère Jeanne-Marie Chezard de Ma-
tel, fondatrice des religieuses de l'Ordre
du Verbe incarné*, Lyon, 1692, in-8.

BOISSIEU (Jean-Jacques de), mort à
Lyon le 1er mai 1810, renonça à la peinture pour se livrer entièrement à la gravure à l'eau forte, à laquelle il joignait par

la suite un mélange de pointe sèche et
de roulette qui lui réussit très-bien. Plusieurs de ses *estampes* dans le genre de
Rembrandt sont d'un effet très-piquant.
On estime surtout celle du *Charlatan*,
d'après le tableau de Carle Dujardin. Ses
dessins sont d'une composition très-riche,
très-pittoresque, et d'une touche large
et savante.

BOISSY (Louis de) naquit à Vic en Auvergne l'an 1694. Après avoir porté quelque temps le petit collet, il s'adonna au
théâtre français et italien. L'Académie
française se l'associa en 1751; il succéda
à Destouches, et, 4 ans après, il eut le
privilége du *Mercure de France*. Il mourut en 1758. Son *Théâtre* est en 9 vol.
in-8, Paris. Les plans de ses pièces sont
agréables et variés, le style en est aisé et
correct, mais elles manquent de cette
force comique et de cette vivacité dans
le dialogue, qui caractérisent Molière.
On a encore de lui trois petits romans
satiriques et obscènes, qui ne méritent
pas d'être tirés de l'oubli. Le *Mercure
de France* fut assez recherché, dans le
temps qu'il en eut la direction. Il le mit
dans un ordre nouveau; et quoique porté naturellement à la satire, il loua tout
sans distinction, comme le font aujour-
d'hui presque tous les journalistes, à
moins que l'esprit de parti ou quelque
haine particulière ne leur fasse tenir un
langage différent. Par là ils assurent leur
repos, et sont bien certains que l'amour-
propre des auteurs ne les sommera point
de justifier leurs jugements.

BOISSY (Louis-Michel de), fils de Jean-
Baptiste de Boissy, membre de l'académie des inscriptions et belles-lettres,
auteur de deux dissertations savantes,
l'une sur les Expiations en usage chez les
anciens, et l'autre sur les Sacrifices où
ils immolaient des victimes humaines,
a publié : *Histoire de la vie de Simonide
et du siècle où il a vécu*, 1755, in-12,
2e édition, 1788; *Dissertation historique
et critique sur la vie du grand prêtre
Aaron*, 1761, in-12; *Dissertations critiques pour servir d'éclaircissement à l'histoire des Juifs avant et depuis Jésus-Christ,
et de supplément à l'histoire de Basnage*,
2 vol. in-12, 1785. On y a mis de nouveaux frontispices avec la date de 1787.
Ces dissertations, au nombre de douze,
devaient être suivies de plusieurs autres;
mais l'auteur, découragé du peu de succès
de son livre, ne les fit point paraître. Il
est mort vers 1788. Il s'était jeté par une
fenêtre.

BOISSY. (Voyez GUÉNARD.)

BOISSY-D'ANGLAS (François-Antoine, comte de), pair de France, né à

Annonay le 8 novembre 1756, dans la religion protestante, se fit recevoir avocat au Parlement de Paris; mais il n'en exerça pas les fonctions. Il s'occupait à peu près uniquement de littérature, et il était, avant la révolution, associé de plusieurs académies de province, et correspondant de celle des Inscriptions et Belles-Lettres de Paris. Boissy-d'Anglas n'avait pas encore 33 ans, lorsqu'il fut élu député du Tiers-état de la sénéchaussée d'Annonay aux Etats-Généraux de 1789. Dès les premières séances, il appela l'attention des communes sur la nécessité de se constituer en assemblée nationale; cependant il ne joua dans cette première assemblée qu'un rôle secondaire; des orateurs nombreux et brillants rendaient l'accès de la tribune trop difficile; mais il publia quelques brochures politiques qui furent remarquées. Élu député à la Convention nationale en septembre 1792, il vota dans le procès du roi pour le parti le plus favorable, d'abord pour la détention jusqu'à ce que la déportation fût jugée convenable, puis en faveur de l'appel au peuple que l'infortuné monarque considérait lui-même comme l'unique et dernier moyen de salut sur lequel il pouvait compter, et enfin pour le sursis à l'exécution quand la peine de mort eut été prononcée. Boissy ne parut point à la tribune pendant la lutte des montagnards et des girondins; mais il vota constamment avec ces derniers, et, après la fatale journée du 31 mai, il écrivit dans son département une lettre où il peignait avec les couleurs les plus énergiques et les plus vraies l'oppression de la représentation nationale, et où il engageait ses concitoyens à la résistance. Cette lettre, qui fut imprimée et envoyée à diverses reprises au comité de sûreté générale, aurait dû le perdre; mais elle fut toujours écartée par son collègue Vouland, membre de ce comité, quoiqu'il ne partageât pas ses opinions. Après le 9 thermidor il fut nommé secrétaire de la Convention. Le mois suivant il devint membre du comité de salut public, et il fut chargé principalement de la partie des subsistances et de l'approvisionnement de Paris, commission d'autant plus périlleuse que le discrédit des assignats y apportait les plus grands obstacles. Il se vit donc en butte à la fureur du peuple, et plusieurs pamphlets séditieux le désignèrent sous le nom de *Boissy-Famine;* chaque jour voyait éclater de nouvelles insurrections, et plusieurs fois ses rapports sur les subsistances furent interrompus par les cris du peuple : « Du « pain! du pain et » constitutie de

« 1798! » Enfin, le 20 mai 1795, une nouvelle insurrection attira sur lui de plus grands dangers. Sa voix fut étouffée par de nouveaux cris d'une populace en fureur qui avait forcé les portes de la Convention, et venait d'égorger dans les corridors le député Ferraud. Sa tête fut placée au bout d'une pique, et l'un des séditieux affecta de la placer devant Boissy qui occupait le fauteuil à la place d'André Dumont, qui avait cru devoir sortir de la salle pour faire chasser les femmes qui poussaient d'horribles vociférations. Plusieurs fois Boissy fut couché en joue, et toutes sortes de menaces lui étaient adressées. On lui demandait à grands cris de rétablir toutes les lois révolutionnaires, mais il ne semblait rien voir, rien entendre. Il conserva un sang-froid imperturbable, son immobilité même commandait le respect. A différentes fois il voulut prendre la parole, pour faire observer à cette multitude qu'en assiégeant ainsi la Convention, elle l'empêchait de s'occuper des subsistances; mais toujours sa voix fut étouffée. Cependant vers neuf heures du soir plusieurs sections de gardes nationales, sous la conduite de quelques députés, pénétrèrent dans la salle et parvinrent à la faire évacuer; alors les délibérations reprirent leur cours. Le lendemain, lorsque Boissy parut à la tribune, la Convention et les spectateurs le couvrirent d'applaudissements unanimes. Louvet fut chargé de lui exprimer la reconnaissance publique. Sa conduite ne mérita pas toujours les mêmes éloges. Il fut chargé de fréquents rapports dans le comité de salut public; et dans celui sur la liberté des cultes il présenta toutes les religions comme des illusions et des erreurs, et il faisait des vœux pour que la religion de Socrate, de Marc-Aurèle et de Cicéron devînt la religion du monde. Les Annales de la religion s'élevèrent contre ce rapport, et l'on prétend qu'on fit retrancher à l'auteur des passages pleins d'athéisme et de matérialisme. Il demanda aussi qu'il fût pris des mesures contre les prêtres qui troublaient le département de l'Ardèche; ensuite il s'éleva contre les partisans de la monarchie, en déclarant que le système républicain était le seul qui convînt à la France; mais en même temps il retraça les malheurs de la patrie sous la tyrannie de Robespierre, et il proposa d'annuler les jugements rendus par les tribunaux révolutionnaires, et de restituer les biens des condamnés. A cette époque, il fut impliqué dans la correspondance de Lemaître, agent de la maison de Bourbon, ce qui diminua bien son crédit auprès des conventionnels. Il passa néanmoins au conseil des cinq-cents qui le nomma aussitôt un de ses secrétaires, puis président le 19 juillet 1796. Il combattit l'amnistie des délits révolutionnaires, et retraçant les crimes commis pendant la révolution, il dit qu'il ne consentirait jamais qu'ils restassent impunis; cependant il avait appuyé auparavant la demande des épouses de Collot-d'Herbois et de Billaud-Varennes pour la mise en liberté de leurs maris. Il se déclara ensuite contre la loi du 3 brumaire qui excluait des fonctions publiques les parents des émigrés. Il s'éleva aussi contre la barbare injustice de mettre hors de la loi les émigrés rentrés, et il proposa un projet de loi qui fut rejeté. Il prit encore la parole en faveur des prêtres déportés, de la liberté des cultes, et il attaqua vivement, dans un grand nombre de discours, de rapports et de motions, les actes du directoire : ce qui le fit accuser de travailler à la contre-révolution, et comprendre dans la loi de déportation du 18 fructidor, aux effets de laquelle il parvint à se soustraire. Bonaparte devenu consul le nomma membre du tribunat, dont il devint président en décembre 1802. L'année suivante, il fit partie du nouveau consistoire de l'Église réformée de Paris, et il fut appelé au sénat le 17 février 1805. Au moment de l'invasion de la France par les puissances alliées, en février 1814, le comte Boissy-d'Anglas fut envoyé dans la 12e division militaire, dont le chef-lieu est La Rochelle, pour y prendre des mesures de salut public, et il n'exécuta qu'avec beaucoup de modération et de sagesse les instructions qui lui avaient été données. Dès les premiers jours d'avril, il envoya son acte d'adhésion au rétablissement du gouvernement des Bourbons, et il fut créé pair de France le 14 juin 1814. Bonaparte, échappé de l'île d'Elbe en 1815, l'envoya en qualité de commissaire extraordinaire dans les départements de la Gironde, des Landes et des Basses-Pyrénées, pour y réorganiser l'administration au nom du nouveau gouvernement, et il le comprit dans la promotion des pairs de France. Après le désastre de Waterloo, il combattit la proposition du colonel Labédoyère et de Lucien Bonaparte de proclamer sur-le-champ Napoléon II, et il conclut à la nomination d'un gouvernement provisoire. Il attaqua aussi le projet de la Chambre des députés tendant à adopter des mesures rigoureuses de sûreté générale, et il fut désigné par le gouvernement provisoire l'un des com-

missaires chargés d'aller proposer armistice au général Blucher. Au se retour de Louis XVIII, il fut él de la Chambre des pairs comme siégé sous Bonaparte; mais il fut r sur la liste le 17 août, et compris celle des membres de l'Académi inscriptions et belles-lettres form 21 mars 1816. Le comte Boissy-d'A siégeait à la Chambre haute parmi membres de l'opposition constitu nelle. Il est mort à la suite d'une lo maladie le 28 octobre 1826. Outre brochures politiques, parmi lesquell distingue son *Discours sur l'état poli de l'Europe*, qui fut prononcé à la vention, on a de lui : les *Études raires et poétiques d'un vieillard*, o cueil de divers écrits en vers et en pr Paris, 1826, 6 vol. in-12.

BOISTE (Pierre-Claude-Victoire), cien avocat, né à Paris en 1765, m Ivry-sur-Seine au mois d'avril 1824. C de lui : *Dictionnaire universel de la lan française, avec le latin et les étym gies*, etc., 6e édition, revue, corrigé considérablement augmentée. Par 1823, 2 vol. in-8, ou 1 vol. in-4; *L'U vers délivré*, narration épique en vin cinq livres, 3e édition, 1805, 2 vol. in l'*Univers* de Boiste, dit un critique, i semble beaucoup au chaos; son st d'ailleurs est commun, et même qu quefois trivial; *Dictionnaire de géog phie universelle*, 1806, in-8, avec Atlas in-4; *Nouveaux Principes de gra maire*, etc., Paris, 1820, in-8; *Dicti naire de belles-lettres, contenant les é ments de la littérature théorique et p tique*, Paris, 1811-1824, 5 vol. in L'ouvrage n'est pas achevé; il de former neuf ou dix volumes.

BOITARD (Joseph-Edouard), jurisc sulte distingué, naquit à Paris le août 1804. Après avoir fait de brillan études au collège Louis-le-Grand, avoir terminé ses cours de droit, il nommé professeur suppléant de pro dure civile et d'instruction criminell la Faculté de Paris. Le grand suc qu'il avait obtenu dans sa chaire lui p sageait le plus bel avenir, lorsqu'il enlevé par une mort prématurée le septembre 1835. Il nous a laissé : T duction de *Justin*, qui fait partie de collection de la bibliothèque latine-fr çaise de Panckoucke; une *Traduction Concienes; Leçons de code de procéd civile publiées par son élève G. de Lina* 2 vol. in-8; *Leçons de code d'instruct criminelle et leçons de code pénal*, in Ces deux derniers ouvrages sont arri à leur troisième édition.

BOITEL (Pierre), sieur de Gaubertin, vivait au commencement du 17ᵉ siècle. Il a laissé un grand nombre d'ouvrages, parmi lesquels on remarque : *Les tragiques accidents des hommes illustres, depuis le premier siècle jusqu'à présent*, 1616, in-12. Son premier personnage est Abel, et le duc de Guise est le dernier; *Le Théâtre du malheur*, 1621, in-12, ouvrage rare et dans le même genre que le précédent; *Le Tableau des merveilles du monde*, Paris, 1617, in-8; *Histoire des choses les plus mémorables de ce qui s'est passé en France depuis la mort de Henri-le-Grand jusqu'à l'Assemblée des notables*, en 1617 et 1618. Cet ouvrage a été continué jusqu'en 1642, et imprimé à Rouen.

BOIVIN (François de), baron du Villars, fut secrétaire du maréchal de Brissac, et l'accompagna dans le Piémont sous Henri II. Nous avons de lui l'*Histoire des guerres du Piémont, depuis 1550 jusqu'en 1561*, Paris, 2 vol. in-8. Cet historien n'est ni poli, ni exact; mais il est bon à consulter sur les exploits dont il a été témoin. Il mourut en 1618, fort âgé. La continuation de son *Histoire* par Claude Malingze parot en 1630. Boivin a encore donné une *Instruction sur les affaires d'état, de la guerre, et des parties morales*, Lyon, 1610, in-8.

BOIVIN (Jean), de Villeneuve, professeur de grec au collége royal, naquit à Montreuil-l'Argilé, en 1663. Son frère aîné, Louis Boivin, membre de l'Académie des belles-lettres, l'appela à Paris. Le cadet fit bientôt de grands progrès dans la littérature, dans les langues, et surtout dans la connaissance de la langue grecque. Il mourut en 1726, membre de l'Académie française, de celle des belles-lettres, et garde de la bibliothèque du roi. Il profita de ce trésor littéraire, et y puisa des connaissances fort étendues. Il avait toutes les qualités qu'on désire dans un savant, des mœurs douces, et une simplicité qu'on aime dans les gens d'esprit, encore plus que dans les autres, mais qu'ils ne possèdent pas toujours. On a de lui : l'*Apologie d'Homère*, et le *Bouclier d'Achille*, in-12; la *Traduction* de la *Batrachomyomachie* d'Homère, ou le *Combat des rats et des grenouilles*, en vers français, sous son nom latinisé en *Biberimero*; l'*OEdipe* de Sophocle et les *Oiseaux* d'Aristophane, traduits en français, in-12; des *poésies* grecques, dont on a admiré la délicatesse, la douceur et les grâces; l'édition des *Mathematici veteres*, 1693, in-fol; une *Traduction* de l'*Histoire Byzantine* de Nicéphore Grégoras, exacte, élégante, et enrichie d'une préface curieuse et de notes pleines d'érudition.

BOIZARD (Jean), conseiller en la cour des monnaies de Paris, fut chargé en 1663 et en 1664 de juger des monnaies. Il composa un bon Traité sur cette matière, en 2 vol. in-12, dont la réimpression a été défendue, parce qu'il contient un Traité *de l'alliage*, dont on a voulu soustraire la connaissance au public. Ce livre, imprimé à Paris en 1711, sous le titre de *Traité des monnaies, de leurs circonstances et dépendances*, n'est pas commun. Il y a des exemplaires avec la date de 1714, mais c'est la même édition. L'auteur mourut au commencement du 18ᵉ siècle.

BOIZOT (Louis-Simon), sculpteur, né en 1743, fut reçu à l'Académie en 1778, sur une figure de Méléagre. Il mourut le 10 mars 1809, âgé de 66 ans. On reproche à ce sculpteur de n'avoir pas assez étudié la nature et l'antique, ce qui laisse trop d'uniformité dans ses figures.

BOLDUC (Jacques), capucin, né à Paris, vers 1530, s'appliqua à la prédication, et y acquit une sorte de célébrité qui s'augmenta encore par la singularité de quelques ouvrages sortis de sa plume, et par les idées paradoxales auxquelles il se livrait. Il est auteur d'une *Traduction* du livre de Job, avec un *Commentaire ou Paraphrase*, Paris, 1629, in-4, et 1637, 2 vol. in-fol. : il y a ajouté une version latine du texte hébreu et les différentes additions et versions comparées à la Vulgate; un *Commentaire sur l'Epître de saint Jude*, 1620, in-4; *De Ecclesiâ ante legem*, 1656, in-8. Il y traite des géants. Thomas Bange, luthérien de Finlande, composa contre lui un Traité intitulé: *De Nephilinis gigantibus, vulgò dictis*, dans lequel il prétend en démontrer l'existence contre Bolduc; *De Ecclesiâ post legem, liber unus anagogicus*, Paris, 1630, in-4; *De Orgio christiano libri tres, in quibus declarantur antiquissima Eucharistiæ typica mysteria*, Lyon, 1649. L'auteur y prétend faire remonter l'institution de l'Eucharistie à Adam et à Noé : au premier, parce qu'à lui remonte la culture du froment; au second, parce qu'on lui doit la plantation de la vigne et l'invention du vin, deux substances qui forment la matière du saint Sacrement de l'autel.

BOLESLAS Iᵉʳ, roi de Pologne, succéda en 999 à son père Micislas. L'empereur Othon III lui donna le titre de roi, et affranchit son pays, en 1001, de la dépendance de l'empire. Boleslas avait de grandes qualités. Il n'avait en vue que 'a religion et le bien de ses Etats. La providence récompensa ses vertus par des succès éclatants. Il se fit payer tribut par les Prussiens, les Russes et les Moraves; châtia la révolte de ces derniers et rétablit Stopobus, duc de Russie, que son frère Jaroslaus avait détrôné. Son père lui avait fait épouser Judith, fille de Geisa, duc de Hongrie, de laquelle il eut Micislas II, qui lui succéda, et qu'il maria à Rixa, fille de Rainfroi, palatin du Rhin. Il mourut en 1025. Il y a eu plusieurs autres princes de ce nom. (Voyez STANISLAS, évêque de Cracovie, et saint WENCESLAS.)

BOLESLAS II, roi de Pologne, surnommé *le Hardi*, fils de Casimir I, succéda à son père à l'âge de 16 ans. Il fut couronné en 1058, malgré quelques oppositions de la noblesse, et montra dans les premières années de son règne des qualités brillantes. Il rendit en peu de temps son nom si célèbre, que tous les princes malheureux et opprimés des Etats voisins de la Pologne se réfugiaient à sa cour, sûrs d'être secourus. Il protégea d'abord Jaromir, fils de Bretislas, duc de Bohême, et par la force de ses armes il obtint un traité en faveur de ce prince. Il attaqua ensuite André, roi de Hongrie, lui enleva ses Etats, le fit prisonnier, et mit à sa place Bela, pour lequel il avait entrepris cette guerre. Isiaslow, frère du duc de Russie, chassé de Kiovie par ses frères, vint réclamer son secours, et Boleslas se prépara à marcher contre les Russes; mais il fut, dans cette occasion, guidé par son propre intérêt. Depuis longtemps il songeait à envahir cette contrée, il en saisit avec plaisir le prétexte, et remporta d'abord une victoire complète sur les Russes. Il prit ensuite la ville de Kiovie, l'une des plus fortes places de Russie; mais en même temps la plus corrompue des villes du nord. Le séjour qu'il y fit devint funeste à sa gloire; il s'y livra à toutes sortes d'excès, ainsi que le soldat malheureusement trop enclin à la dissolution, surtout lorsqu'il y est excité par celui qui le commande. Les femmes polonaises, après avoir inutilement rappelé leurs maris, se livrèrent aux mêmes désordres. L'armée irritée contre son chef, cause de la honte commune, abandonna ses drapeaux pour retourner en Pologne venger son honneur. Boleslas furieux lève une armée de Russie, marche sur ses Etats, culbute tous les partis armés contre lui et inonde la Pologne de sang. Ce fut alors que saint Stanislas, évêque de Cracovie, adressa de vives remontrances à Boleslas. Ce prince, qu'aucun forfait ne pouvait plus

arrêter, pénétra dans la cathédrale a ses troupes, et tua lui-même Stanislas pied de l'autel. Ce meurtre et tous crimes qui l'avaient précédé attirèr sur lui les anathèmes de Grégoire qui délia les Polonais du serment de délité. Abandonné de ses sujets, il obligé d'aller chercher un asile en H grie, où après avoir erré quelque tem et réduit à la dernière détresse, il cacha, dit-on, dans un monastère en C rinthie, et passa le reste de ses jour faire la cuisine des moines. Quelqu écrivains prétendent que, dans un ac de désespoir, il se donna la mort v l'an 1090. — Il y a eu trois autres d de Pologne du même nom après Bol las II; car depuis l'excommunication q encourut, le Pape ayant proscrit la roy té en Pologne, ses successeurs ne prire que le titre de duc. Le premier mour en 1139, après trente-six ans de règne plusieurs campagnes glorieuses pour Pologne. Dans la dernière, son arm ayant été surprise par une trahison i fâme, et taillée en pièces, il fut oblig pour la première fois, de chercher s salut dans la fuite, après avoir été vict rieux dans quarante combats. Sa défai le plongea dans la plus noire mélancol et le conduisit au tombeau. Il était brav juste, affable; mais sa crédulité le fit too ber plus d'une fois dans des erreurs q eurent des suites funestes, excusabl cependant chez lui, parce qu'elles fure toujours causées par son excès de gén rosité. — Le second parvint au trône e 1147, fit la guerre avec succès contre l Prusse, qu'il obligea d'embrasser le chri tianisme; mais son armée, s'étant enga gée dans des marais, fut taillée en piè ces, en 1168. Cette défaite, la plus con sidérable que les Polonais eussent jamai éprouvée, jeta la consternation en Po logne. Les enfants d'Uladislas profitèren de cet événement malheureux pour ral lumer la guerre civile; mais Boleslas mé nagea habilement un accommodemen avec les princes ses neveux, et régna en suite paisiblement sur ses sujets, qu'il fi jouir d'une sage administration. Il mou rut le 30 octobre 1173. — Le troisième suc céda à son père Leszko V, en 1227, étan encore mineur, et dans un moment o la Pologne gémissait sous la servitude de Tartares qui la dévastaient et qui l'obli gèrent de se réfugier en Hongrie. Il eu encore à se défendre contre son onel Conrad, qui lui disputa la couronne, mais qui fut obligé d'y renoncer, aprè avoir été vaincu dans deux batailles, ra gées. Boleslas rentré dans ses Etats eu encore à combattre les Lithuaniens firent une irruption en Pologne et la ravagèrent de la manière la plus barbare. Il les défit dans un combat sanglant où Minduan, leur duc, perdit la vie. Boleslas mourut en 1279, après un règne de 52 ans. On l'a surnommé *le Chaste*, parce qu'il avait fait un vœu perpétuel de continence. Malgré les guerres qu'il eut à soutenir, il fut libéral envers l'Église, et fonda près de quarante monastères.

BOLGENI (Jean-Vincent), jésuite, né à Bergame le 22 janvier 1733, enseigna pendant plusieurs années la philosophie et la théologie à Macérata, et fit imprimer plusieurs écrits dirigés contre les novateurs qui commençaient à s'accréditer en Italie. Pie VI, instruit de son mérite, l'appela à Rome, et le nomma théologien de la Pénitencerie. Lors de la révolution de Rome, il fut d'avis qu'on pouvait prêter le serment de haine à la royauté, et écrivit pour le justifier l'opuscule intitulé : *Sentiments sur le serment civique prescrit*, Rome, 1799, in-8, écrit qui fut attaqué et condamné, et lui fit perdre sa place. L'auteur se rétracta et mourut le 3 mai 1811. Ses principaux ouvrages sont: *Examen de la véritable idée du Saint-Siège*, Macérata, 1785, in-8, en réponse au livre de Tamburini, intitulé : *De la véritable idée du Saint-Siège*, dont le but est d'affaiblir l'autorité du Pape; *Observations théologico-critiques* sur deux livres imprimés à Plaisance en 1784 sous ce titre : *Qu'est-ce qu'un appelant?* Ces deux livres étaient favorables à l'appel, et Bolgeni entreprit de les réfuter; *De l'état des enfants morts sans baptême*, Macérata, 1787, in-8; *Traité des faits dogmatiques*, ou *De l'infaillibilité de l'Eglise, pour décider sur la bonne ou la mauvaise doctrine des livres*, traduit du flamand, Brescia, 1788, 2 vol., in-8; *Dissertation sur la charité ou l'amour de Dieu*, Rome, 1788, 2 vol.; *Eclaircissements pour la défense de la Dissertation*, Foligno, 1790, in 8; *Apologie de l'amour de Dieu, dit de concupiscence*, 1793; *De l'Episcopat ou De la puissance de gouverner l'Eglise*, 1789, in-4; *Dissertation sur la juridiction ecclésiastique*, Rome, 1789, in-8; *Problème si les jansénistes sont jacobins*, Rome, 1794; *Traité de la possession, principe fondamental pour décider les cas moraux*, Brescia, 1796, in-8; *Seconde dissertation sur les actes humains*, Crémone, 1816, in-8, faisant suite au précédent.

BOLINGBROKE (Henri-Saint-Jean, lord vicomte de), secrétaire d'Etat sous la reine Anne, eut beaucoup de part aux affaires et aux révolutions arrivées dans les dernières années du règne de cette princesse. Il était né en 1672 à Battersea, dans le comté de Surry. Membre de la Chambre des communes, il frappa tous les esprits par son éloquence et par la profondeur de ses vues, et devint, en 1704, secrétaire de la guerre et de la marine. Renversé du ministère par le parti des Whigs en 1708, il passa deux années dans la retraite et l'étude; en 1710, il fut nommé secrétaire-d'Etat, et eut le département des affaires étrangères. La paix d'Utrecht signée en 1713 est le plus glorieux de ses travaux. Il avait été envoyé à Paris, pour consommer la négociation de la paix entre l'Angleterre et la France. Après la mort de la reine Anne, Bolingbroke se retira de la cour, partageant son temps entre l'étude et les plaisirs. Cependant, comme il craignait de succomber aux poursuites de ses ennemis qui l'avaient fait exclure du Parlement, il passa en France, où il se choisit une habitation charmante et à une lieue d'Orléans. Dans l'espoir de mettre un frein aux écarts de sa jeunesse, on lui avait fait épouser, en 1700, une riche héritière dont il ne tarda pas à se séparer. Il se remaria avec Mlle de Villette, nièce de Mᵐᵉ de Maintenon, ce qui ne l'empêcha pas de repasser en Angleterre, où il fut bien accueilli. Son caractère était emporté; mais sa conversation était intéressante et assaisonnée de bons mots. Sa conduite politique changea plus d'une fois, et M. de Lally-Tolendal l'a peint sous des traits peu honorables. Il mourut sans enfants à Battersea, patrimoine de ses ancêtres, le 25 novembre 1751, âgé de 79 ans. On a de lui un grand nombre d'ouvrages de politique, des *Mémoires*, des *Lettres*, etc. On y découvre des connaissances historiques, une éloquence mâle et républicaine; mais on lui reproche de l'obscurité, du verbiage, des jugements faux et des pensées mal rendues. La passion l'entraîne quelquefois trop loin, comme quand il dit dans ses lettres sur l'histoire, que « le gouvernement de son pays est composé d'un roi « sans éclat, de nobles sans indépendance, et de communes sans liberté. » Son ambition était de dire des choses extraordinaires et paradoxales, et de se distinguer par la singularité de ses opinions, en quoi il a non seulement nui au succès de ses écrits, mais ébranlé encore les maximes qui devaient diriger sa conduite personnelle. M. Mallet donna, en 1754, une édition des différents ouvrages de Bolingbroke en 5 vol. in-4, et en 9 vol. in-8. Ses *Lettres sur l'Histoire*, 5 vol. in-12, et ses *Mémoires*, 3 vol. in-8, ont été traduits en français. Maurice , prince d'Isembourg, a traduit son *Traité sur l'Exil*, où il y a de bonnes choses que l'auteur n'a pas eu le courage de réaliser, ayant presque toujours substitué aux leçons qu'il y donne l'humeur que lui inspirait sa situation. On a publié sous son nom un *Examen important de la religion chrétienne* , in-8 , écrit violent contre le christianisme. Quoique milord Bolingbroke fût incrédule, c'est à tort qu'on a voulu déshonorer sa mémoire en lui attribuant un pareil livre ; on sait aujourd'hui qu'il doit son existence à Voltaire.

BOLIVAR (Simon) , né à Caraccas, d'une famille distinguée, le 25 juillet 1785, fut envoyé de bonne heure à Madrid , où il fit ses études. Il parcourut ensuite la France, l'Angleterre, l'Italie, la Suisse, une partie de l'Allemagne , et revint à Madrid , où il épousa la fille du marquis d'Ustoriz , qui mourut peu d'années avant la révolution de Caraccas. Bolivar était de retour en Amérique , à l'époque de la première insurrection de son pays contre l'Espagne, en 1810. Il ne voulut prendre aucune part à cette révolution , jusqu'au moment où il vit que ses compatriotes, dans l'impuissance de résister aux troupes de l'Espagne, allaient rentrer sous la domination de la métropole. Après avoir été chargé , auprès de la cour de Londres , d'une mission importante qu'il remplit à ses frais , il fut investi par le général Miranda du commandement de Puerto-Cabello. En 1812, au moment du funeste tremblement de terre qui désola Caraccas , il laissa surprendre la citadelle par les prisonniers espagnols qui y étaient renfermés , et fut obligé de se retirer à la Guayra. Chargé d'un nouveau commandement, il traversa les Andes à la tête d'un corps de six mille hommes , battit les Espagnols , et se vit bientôt à la tête d'une troupe assez nombreuse pour marcher sur Caraccas. Monteverde vint à sa rencontre et fut défait. Bolivar, après sa victoire , fit son entrée publique à Caraccas, le 4 août 1813, traita avec modération ceux qui étaient attachés à la métropole , et eut la satisfaction de voir le territoire entier de Venezuela soumis à la république. Il fit proposer à Monteverde, qui s'était réfugié à Puerto-Cabello, l'échange des prisonniers , que ce général refusa, quoique cette transaction eût fait rentrer dans ses rangs beaucoup plus d'hommes qu'il n'en eût rendu. Une nouvelle affaire eut lieu à Agua-Caliente , où Bolivar fut encore vainqueur. Il mit ensuite le siége devant Puerto-Cabello, mais la constance des Espagnols rendit ses efforts inutiles. Bolivar, qui

s'était créé dictateur , reçut tout-à-c[...] du congrès de la Nouvelle-Grenade l[...] dre de rétablir le gouvernement c[...] dans la province de Caraccas : il pa[...] hésiter d'abord ; mais des murmur[...] qui se faisaient entendre jusque sou[...] tente, l'ayant éclairé sur la véritable position des esprits , il convoqua , pou[...] 2 janvier 1814 , une assemblée géné[...] à laquelle il rendit compte de ses acte[...] ses vues, et il lui remit ses pouvoirs. [...] explications dissipèrent les défiances [...] on lui déféra la puissance dictatoria[...] jusqu'à l'époque de la réunion de la [...] nezuela à la Nouvelle-Grenade. Le p[...] espagnol ayant soulevé les nègres , [...] en ayant formé des bandes irrégulié[...] qui commirent des excès , la guerre [...] vint terrible et les prisonniers furent [...] pitoyablement massacrés. Bolivar l[...] même, malgré son esprit de modérati[...] fit mettre à mort par représailles h[...] cents prisonniers espagnols. Il battit p[...] sieurs chefs royalistes. Mais, devenu t[...] confiant , il divisa ses forces et éprou[...] dans les plaines de Cura, un échec à [...] suite duquel Cumana, la Guayra et C[...] raccas se déclarèrent pour la métropo[...] Défait de nouveau à la journée d'Agu[...] rita, Bolivar s'embarqua pour Carthag[...] avec quelques officiers. Rivaz et Berm[...] dez essayèrent de relever la cause de l'[...] dépendance , et obtinrent d'abord qu[...] ques succès ; mais ils furent bientôt va[...] cus, et le premier, tombé entre les ma[...] des royalistes , eut la tête tranchée ; [...] second se retira à Margarita, et s'y se[...] tint jusqu'au moment où une expéditi[...] partie de Cadix sous les ordres de Mor[...] lo , vint mettre le siége devant Carth[...] gène. Bolivar, qui en était sorti et [...] avait soumis Santa-Fé-de-Bogata , acc[...] rut au secours de Carthagène , et joig[...] ses troupes à celles qui la défendaie[...] Il se rendit ensuite à la Jamaïque pou[...] chercher des renforts ; mais le manq[...] de fonds ayant amené des retards , [...] secours n'arrivèrent qu'après la red[...] tion de la place qui s'était défendue pe[...] dant quatre mois. Les Espagnols, deven[...] arrogants par ce succès , indisposère[...] contre eux jusqu'aux indigènes qui co[...] battaient dans leurs rangs , et se ré[...] nirent aux indépendants. Des bandes [...] guérillas couvrirent toutes les provinc[...] et harcelèrent les Espagnols, dont ils i[...] terceptaient les convois et les commun[...] cations. Bolivar prit terre alors avec l[...] troupes qu'il avait organisées avec ta[...] de peine et de constance , rallia près [...] Cumana quelques corps de guérillas, r[...] mit à la voile et alla mouiller près [...] Choroni , où il débarqua son avant-gar[...]

que commandait l'écossais Mac-Grégor.
Tandis que son lieutenant s'emparait de
la Maracay et de la Cabrera, il descendit
à Ocumare et y publia une proclamation
dans laquelle il reconnaissait le principe
de l'affranchissement des nègres. Les colons
de Venezuela virent dans cette reconnaissance
leur ruine, et abandonnèrent
Bolivar, qui, livré à ses propres
forces, fut encore battu. Il rejoignit ses
lieutenants Mac-Grégor et Arismendi qui
s'étaient réfugiés à Barcelone. Après avoir
failli périr aux Cayes sous le poignard
d'un assassin, il convoqua dans l'île de
Margarita le congrès général de la province,
et remporta une victoire sur Morillo,
qui vint l'assiéger. Les indépendants
reprirent bientôt la supériorité sur
tous les points. Nommé chef suprême de
Venezuela, Bolivar établit son quartier-
général à Angostura, et y dirigea les affaires
de la république. Le 31 décembre
1817, il remonte l'Orénoque, se trouve,
après quarante-deux jours de marche,
au pied des remparts de Calabozo, à trois
cents lieues d'Angostura, et force Morillo
d'abandonner cette ville et de se retirer
à Valencia. Celui-ci tenta de surprendre
son adversaire, au moment où il venait
d'envoyer une partie de ses troupes pour
s'emparer de quelques villes voisines, et
le combat dura cinq jours, à la Cabrera,
à Maracay, à la Puerta; mais Morillo
blessé se retira avec perte. Le 17 avril
1818, Bolivar se vit sur le point d'être
livré aux Espagnols par le colonel Lopez,
qui pénétra avec douze hommes dans sa
tente pendant qu'il dormait. Il n'eut que
le temps de s'échapper presque nu. La
campagne finit par la lassitude des deux
partis, et Bolivar ouvrit le congrès de
Venezuela le 15 février 1819. Il y proposa
une constitution républicaine qui fut
adoptée, et se démit aussitôt du pouvoir
suprême. Mais l'assemblée le pria de
conserver encore une autorité qui pouvait
être plus utile que jamais à la patrie.
Il accepta cette prolongation de dictature,
et recommença la campagne avec une nouvelle
armée. Les Espagnols, récemment
défaits par le général républicain Santander,
s'étaient retirés au-delà des Cordillières;
Bolivar traverse ces montagnes,
et remporte sur les ennemis deux victoires
qui lui ouvrent les portes de Tunja,
de Santa-Fé, et lui livrent la Nouvelle-
Grenade qui demande à se réunir à la
province de Venezuela en choisissant Bolivar
pour son chef suprême. Après avoir
laissé Santander pour vice-président, il
revint à Angostura à la tête d'une forte
armée, et le congrès général réunit les
deux provinces sous le nom de *Républi-*

que *de Colombie*, en ordonnant la construction
d'une nouvelle capitale qui porterait
le nom de *Bolivia*. Dès les premiers
jours de janvier 1820, les hostilités recommencèrent,
et Bolivar, vainqueur à
Calabozo, poursuivit ses avantages jusqu'au
jour où la nouvelle de la révolution
espagnole parvint en Amérique. Des
négociations s'ouvrirent alors à Truxillo,
entre le dictateur colombien et le général
espagnol Morillo, et ces deux chefs conclurent
un traité par lequel l'Espagne devait
reconnaître Bolivar en qualité de président
de la république de Colombie, qui
était composée : 1° de la province de Caraccas;
2° de la Nouvelle-Grenade ou
vice-royauté de Santa-Fé; 3° de la province
de Quito. Ce traité ne fut point ratifié.
Tandisqu'un congrès s'occupait de
fixer les bases du nouvel Etat, Bolivar assurait
définitivement contre les généraux
Moralès et la Torre l'indépendance de son
pays. Le Pérou restait encore sous la domination
de l'Espagne, Bolivar se rendit
dans cette contrée pour diriger le soulèvement
qui y éclata contre la métropole.
Les Péruviens lui déférèrent aussi la dictature;
il la déposa après la cessation de
la guerre, et se contenta des titres de
Libérateur et de *Protecteur* que lui décernèrent
les peuples en faveur desquels
il avait combattu. Le 14 mai 1826, il fut
encore nommé président de la Colombie
par cinq cent quatre-vingt-trois suffrages
sur six cent huit votants, et Santander
fut nommé vice-président à une moins
forte majorité. La division ne tarda pas
à se mettre entre ces deux hommes. La
conduite du général Paëz, commandant
militaire de la province de Venezuela,
l'ayant fait destituer par le congrès, un
soulèvement eut lieu, à cette occasion, à
Valencia, et en attendant l'arrivée de
Bolivar qui se trouvait alors dans le Haut-
Pérou, Paëz fut investi de tous les pouvoirs
par les révoltés. En peu de jours,
l'insurrection s'étendit dans toutes les
villes de la côte; Bolivar fut partout proclamé
dictateur, et Paëz son lieutenant.
Cependant le Libérateur, qui s'était prononcé
en 1822 pour l'unité de la république
et non pour un Etat fédératif,
venait de fonder la république du Haut-
Pérou qui devait prendre le nom de *Bolivia*,
dont la présidence lui fut décernée.
Les Espagnols avaient été chassés,
par son aide, de ce pays; mais bientôt
les Péruviens parurent craindre de voir
s'appesantir sur eux la domination de
leur libérateur. Bolivar, offensé de ces
dispositions, menaça de se retirer avec
son armée. Le congrès péruvien, effrayé
de cette résolution, le pria de conserver

le pouvoir suprême. Il modifia alors une partie de la constitution qu'il avait donnée au Pérou, proposa un nouveau système électoral, et établit les trois Chambres législatives des tribuns, des sénateurs et des censeurs. Il retourna ensuite dans la Colombie, et rentra en triomphe, après cinq ans d'absence, à Bogota, le 19 novembre 1826. Il s'investit lui-même de la dictature, en vertu d'un article mal interprété de la constitution, rétablit Paëz dans le gouvernement de Venezuela en approuvant ses actes, et par sa conduite dans ces conjonctures alarma un instant les amis de la liberté. La guerre civile qui menaçait la Colombie fut étouffée, mais par des mesures que n'autorisait point la constitution. Santander, indigné, offrit sa démission, et Bolivar, informé qu'on le soupçonnait de tendre au despotisme, offrit aussi la sienne. Ces deux démissions furent refusées. Alors on apprit qu'une nouvelle insurrection avait éclaté dans le Pérou, et que la constitution bolivienne y avait été détruite. Le congrès colombien se réunit, et Bolivar demanda que les affaires politiques du pays fussent terminées par une Convention ; Santander s'y opposa, mais inutilement. Le congrès adopta la proposition du Libérateur, qui voulait, comme nous l'avons déjà dit, l'unité de la république, tandis que Santander désirait un État fédératif pareil à celui des Etats-Unis du nord de l'Amérique. Des élections eurent lieu, et la Convention fut convoquée pour le 2 mars 1828. Constituée le 9 avril suivant, elle ne fit rien et Bolivar en renvoya les membres. Les assemblées municipales, qui se tinrent ensuite en divers lieux, déférèrent le pouvoir suprême à Bolivar, et Santander fut obligé de se retirer. Bolivar, irrité de ce que les Colombiens étaient chassés du Pérou, déclara la guerre à cette république ; mais il apprit en même temps qu'un armée espagnole se réunissait à la Havane, et paraissait destinée contre la Colombie. Dans ces circonstances, il publia, en qualité de Président libérateur, un *décret organique*, donné à Bogota le 27 août 1828, qui était une nouvelle constitution provisoire de la république, et qu'on devait exécuter jusqu'en 1830. Tout-à-coup éclata contre lui une conspiration parmi les hommes qui lui semblaient dévoués ; les conjurés entrèrent dans la chambre du président qui ne leur échappa qu'en sautant par une fenêtre. Le peuple ne prit aucune part à cette insurrection, et la bonne contenance des soldats l'eut bientôt réprimée. Le danger que Bolivar avait couru lui fit prendre l'autorité dictatoriale. Plusieurs conjurés furent fusillés, et Santander fut condamné à la peine de mort, commuée ensuite en une déportation perpétuelle. Le dictateur s'occupa alors exclusivement de la guerre contre le Pérou qui cessa en 1829, et, depuis cette époque, il consacra tous ses soins aux intérêts de la Colombie ; il mourut à San-Pedro, près de Santa-Martha, à la fin de 1830, après avoir reçu avec piété les derniers sacrements. Il avait sacrifié sa fortune à la cause qu'il défendait, et avait payé de ses fonds l'affranchissement d'un nombre considérable d'esclaves. Aussi cet homme extraordinaire est-il mort dans un état voisin de la pauvreté.

BOLLANDUS (Jean) naquit à Tirlemont dans le pays de Limbourg, à une lieue de Herve, en 1596. La compagnie de Jésus, dans laquelle il avait pris l'habit, le choisit pour exécuter le dessein que Rosweide avait eu de recueillir les monuments qui pouvaient constater les vies des Saints, sous le titre d'*Acta Sanctorum*. Bollandus avait la sagacité, l'érudition et le zèle qu'il fallait pour cette entreprise. En 1643, on vit paraître les Saints du mois de janvier, en 2 vol. in-fol. ; en 1658, ceux de février en 3 vol. Il avait commencé le mois de mars, lorsqu'il mourut le 12 septembre 1665. Le P. Henschenius, son associé, fut son continuateur. On lui donna pour second le P. Papebrock, un des plus dignes successeurs de Bollandus. Cet ouvrage immense a été comparé à un filet qui prend toutes sortes de poissons (*Sagena ex omni genere piscium congregati. Math.* 13). On y trouve toutes les légendes, vraies, douteuses et fausses. Les savants collecteurs discutent la plupart des faits, et dégagent l'histoire des Saints, des fables dont l'ignorance, ou une piété malentendue, l'avait chargée. On y trouve, outre l'objet direct de leurs travaux, un grand nombre de traits qui intéressent non seulement l'histoire ecclésiastique, mais encore l'histoire civile, la chronologie, la géographie, les droits et les prétentions des souverains et des peuples ; tous les volumes sont accompagnés de tables exactes et très-commodes. Bollandus, le père de cette compilation, était moins bon critique que ses continuateurs. On les appelle, de son nom, *Bollandistes*. Ce grand ouvrage, interrompu après la suppression de la Société, a été repris en 1799, par ordre de l'impératrice-reine, à la grande satisfaction des savants chrétiens. Depuis qu'il est reconnu d'après les vaines tentatives des philosophes, qu'on ne peut former des hommes de bien, de bons citoyens, des sujets fidèles, sans les grandes maximes de la religion, l'histoire des Saints si riche en exemples, si propre à donner des leçons pratiques à tous les ordres de la société, doit nous être plus précieuse que jamais. Le philosophisme faisant toujours de plus grands progrès sur l'esprit des gouvernements, celui de Bruxelles supprima l'ouvrage et détruisit la société des Bollandistes en 1788, le jour de la Toussaint (époque que choisit par dérision la morgue philosophique) : « Cet « érudit et édifiant ouvrage, a dit quel- « qu'un à cette occasion, leur a paru « *inutile*. Effectivement, cet ouvrage est « la vie des Saints (*Acta Sanctorum*) : « or, conformément à ce qui est dit au li- « vre de la Sagesse, chap. 2 : *Dissimilis* « *est aliis vita illius... INUTILIS est no-* « *bis et contrarius operibus nostris.* » La révolution arrivée en 1789 a rétabli cette association célèbre. L'ouvrage a été de nouveau interrompu en 1794, à l'entrée des troupes françaises dans la Belgique. Cette précieuse collection forme aujourd'hui 53 vol. in-fol. : janvier, 2 vol.; février, 3; mars, 3; avril, 3; mai, 8; juin, 7; juillet, 7; août, 6; septembre, 8; octobre, 6. On y joint ordinairement à cet ouvrage *Martyrologium Usuardi*, 1 vol. in-fol., et *Acta Sanctorum Bollandiana apologeticis libris vindicata*. Les Vénitiens ont réimprimé successivement les 42 premiers volumes de cet ouvrage jusqu'au 15 septembre; mais cette édition est très-inférieure à celle des Pays-Bas.

BOLOGNE (Pierre de), secrétaire du roi, né à la Martinique en 1706, mort à Paris en 1799. Il a laissé : des *Odes sacrées*, qui manquent de force et d'enthousiasme, qualités cependant nécessaires au genre lyrique; mais elles sont remplacées, autant qu'elles peuvent l'être, par la pureté, l'élégance, l'harmonie, le naturel, et l'aisance de la versification; *Amusements d'un septuagénaire*, ou *Contes, anecdotes, bons mots, naïvetés mises en vers*, 1786, in-8.

BOLOGNÈSE (Le). (Voyez GRIMALDI, Jean François.)

BOLOGNINI (Louis), jurisconsulte, né à Bologne en 1447, remplit plusieurs charges importantes auprès d'Innocent VIII, son parent, et fut successivement conseiller de Charles VIII, roi de France, et de Louis Sforce, duc de Milan, juge et podestat à Florence, sénateur de Rome et avocat consistorial nommé par Alexandre VI. Ce Pape l'envoya en ambassade auprès du roi Louis XII. Il fut, après Politien, un des premiers juris-

consultes qui entreprirent de corriger le texte des *Pandectes*. Ses principaux ouvrages sont : *Epistolæ decretales Gregorii IX suæ integritati restitutæ, cum notis*, etc., Francfort, 1590 ; *Collectio florum in jus canonicum*, Bologne, 1496, in-folio ; *Consilia*, Bologne, 1499 ; *De quatuor singularitatibus in Galliâ repertis*, mélange de prose et de vers qu'il adressa à Symphorien Champier, qui l'a inséré dans son livre *De triplici disciplinâ*, Lyon, 1588, in-8. Les quatre merveilles que Bolognini avait admirées en France, pendant son ambassade, sont la bibliothèque royale de Blois, l'heureux état du royaume, la ville de Lyon et celle de Blois. Il mourut le 19 juillet 1508.

BOLSEC (Jérôme-Hermès), de Paris, fut d'abord carme ; mais ayant laissé entrevoir un penchant pour les nouvelles erreurs, il essuya quelques reproches, qui, bien loin de lui ouvrir les yeux, furent le prétexte de son apostasie. En 1551, il suivit Calvin à Genève ; s'étant brouillé avec lui, il rentra dans le sein de l'Eglise, mais non dans son cloître, et alla exercer la médecine à Lyon. Il s'était marié deux fois. Nous avons de lui les *Vies de Calvin et de Bèze*, in-8. Il s'y trouve bien des choses intéressantes, mais dont les prétendus réformés ont été fort mécontents. Bolsec vivait encore en 1580.

BOMBELLES (Henri-François, comte de), d'abord garde de marine, puis commissaire des guerres, et colonel du régiment de Boufflers, ensuite lieutenant-général des armées du roi de France, commandant sur la frontière de la Lorraine allemande, mourut en 1760, à 80 ans. Il était regardé comme un officier plein de courage, et un homme intelligent. On a de lui deux ouvrages estimés de son temps, mais de peu d'usage aujourd'hui : *Mémoires pour le service journalier de l'infanterie*, 1719. 2 vol. in-12; et *Traité des évolutions militaires*, in-8.

BOMBERG (Daniel), célèbre imprimeur en caractères hébreux, né à Anvers et établi à Venise, mort en 1549, se fit un nom par ses éditions hébraïques de la Bible et des rabbins. Il ruina son fonds, qui était considérable, pour ces grands ouvrages. Il entretenait près d'une centaine de juifs, pour les corriger ou les traduire. Quelques-unes de ces Bibles sont également estimées par les juifs et par les chrétiens. La première parut en 1517, elle porte le nom de son éditeur, *Felix Præenni* ; c'est la moins exacte. La seconde fut publiée en 1526. On y joignit les points des Massorètes. Les *Commentaires* de divers rabbins, et une *Préface* du R. Jacob Ben-Chajim. En 1548, le même Bomberg imprima la *Bible* in-fol. de ce dernier rabbin; c'est la meilleure et la plus parfaite de toutes. Elle est distinguée de la première Bible du même éditeur, en ce qu'elle contient le *Commentaire* de David Kimchi *sur les Chroniques ou Paralipomènes*, qui n'est pas dans l'autre. C'est à lui qu'on doit l'édition du *Talmud*, en 11 vol. in-fol. Il l'imprima trois fois; chaque édition lui coûtait 100,000 écus. On assure qu'il imprima des livres pour quatre millions d'or.

BOMBINO (Pierre-Paul), né vers 1575, d'abord jésuite et professeur de philosophie au collége de Rome, entra ensuite dans la congrégation des Somasques, et mourut en 1648. On a de lui : des *Oraisons funèbres*, de Philippe III et de Marguerite d'Autriche, roi et reine d'Espagne ; de Cosme II, grand-duc de Toscane, etc. ; *Vie de saint Ignace de Loyola*, Rome, 1622, en italien; *Vie de saint Edmond*, Mantoue, 1620, etc.

BOMILCAR, général carthaginois, et premier magistrat de la république, croyant avoir trouvé l'occasion favorable de s'emparer de la souveraine autorité, entra dans la ville et massacra tous ceux qu'il trouva sur son passage. La jeunesse de Carthage ayant marché contre les révoltés, ils se rendirent, et leur chef fut attaché à une croix, vers l'an 308 avant J.-C.

BOMPIANO (Ignace), jésuite, né à Frosinone en 1612, enseigna, dans le collége Romain, les belles-lettres et l'hébreu, et mourut en 1675, après avoir composé un grand nombre d'ouvrages : *Elogia sacra et moralia*, Rome, 1651, in-12 ; *Historia Pontificatûs Gregorii XIII*, ibid., 1655 , in-12; *Senera Christianus*, ibid., 1658, in-24; *Prolusiones rhetoricæ et orationes*, ibid. , 1662, in-16; *Modi varii et elegantes loquendi latinè*, ibid., 1662, in-12 ; *Historia rerum christianarum ab ortu Christi*, ibid., 1665, in-12; des *Oraisons funèbres*, de Philippe IV, roi d'Espagne, et d'Anne d'Autriche, reine de France, en latin, ibid., 1666 et 1668, in-4; *Orationes de principibus*, ibid., 1669, in-24.

BON DE SAINT-HILAIRE (François-Xavier), premier président honoraire de la chambre-des-comptes de Montpellier, joignit aux connaissances d'un magistrat celles d'un homme de lettres. L'Académie des inscriptions, et les sociétés royales de Londres et de Montpellier, instruites de son mérite, lui accordèrent une place dans leur Corps. Ce savant, né en 1678, mourut en 1761, après avoir

publié quelques ouvrages: *Mémoires sur les Marrons d'Inde*, in-12 ; *Dissertation sur l'utilité de la soie des araignées*, traduit en italien, en latin et en chinois.

BON (L.-A.), général de division, né à Romans le 25 octobre 1758, entra en 1775, dans le régiment de Bourbon, avec lequel il passa aux colonies. De retour en France, il se retira dans ses foyers. Lorsque la formation des bataillons de volontaires eut lieu, Bon, choisi par un d'eux pour le commander, le conduisit aux Pyrénées orientales où il fit les campagnes de 1792, 1793 et 1794. Employé comme adjudant-général chef de brigade dans le corps que commandait le général Lemoine, il mérita, par sa belle conduite au siége de Bellegarde, le grade de général de brigade. Il passa à l'armée d'Italie, combattit à Saint-Georges, à la Favorite, à la Tença, et se couvrit de gloire au pont d'Arcole où il fut blessé. Le 16 mars suivant, il assura le passage du Tagliamento, et contribua, le 22, à la défaite de l'avant-garde ennemie. Il fut ensuite nommé commandant de la huitième division militaire, puis général de division. Bon se distingua encore dans la campagne d'Egypte, obtint divers succès sur les Mamloucks, et entra dans la ville du Caire à la tête de sa division. Il contribua à la prise d'El-Arich, enleva Gaza, força Jaffa, et trouva la mort, le 10 mai 1799, devant Saint-Jean-d'Acre.

BONA (Jean), né à Mondovi en Piémont l'an 1609, général des Feuillants en 1651, fut honoré de la pourpre, en 1669, par Clément IX. Après la mort de ce Pontife, bien des gens le désignèrent pour son successeur, ce qui donna lieu à cette mauvaise pasquinade : *Papa Bona sarebbe un solecismo*. Le Père Daugières répondit à Pasquin par l'épigramme suivante :

> Grammaticam leges plerumque Ecclesia spernit,
> Fers erit ut liceat dicere : Papa Bona.
> Vana solecismi ne te conturbet imago ;
> Esset Papa Bonus, si Bona Papa foret.

Bona, digne de la tiare, ne l'eut pourtant pas. Il mourut à Rome en 1674, dans sa 65ᵉ année. Il joignit à une profonde érudition, à une connaissance vaste de l'antiquité sacrée et ecclésiastique, une piété tendre et éclairée. On a de lui plusieurs écrits, recueillis à Turin en 1747-1753, 4 vol. in-fol. Les principaux sont : *De rebus liturgicis*, plein de recherches curieuses et intéressantes sur les rites, les prières et les cérémonies de la messe ; *Manuductio ad cœlum*, traduit en français en 1771 ; *Horologium asceticum* ; *De principiis vitæ christianæ*, traduit en français par le président

Cousin et par l'abbé Goujet; *Psallentis Ecclesiæ harmonia*; *De sacrâ Psalmodiâ*, et plusieurs autres bons ouvrages de piété, qui vont également à l'esprit et au cœur. Ses OEuvres complètes, *Opera omnia*, ont été publiées à Turin, avec des notes de Robert Sala. Le cardinal Bona était en commerce de lettres avec la plupart des savants de l'Europe. Ses *Lettres*, et celles qui lui ont été adressées, ont été imprimées à Lucques, 1759, in-4. Quelques partisans des nouveautés théologiques ont paru avoir, dans quelques occasions, surpris sa confiance.

BONACINA, (Martin), canoniste de Milan, mort en 1631, est auteur d'une *Théologie morale* (dont Goffart, docteur en théologie à Louvain, a donné un *Compendium* par ordre alphabétique), d'un *Traité de l'élection des Papes*, et d'un autre des *Bénéfices*. Ces différents ouvrages ont été imprimés à Venise en 1754, 3 vol. in-folio.

BONAERT (Nicolas), né à Bruxelles en 1563, entra chez les Jésuites, enseigna la philosophie à Douai, et la théologie à Louvain. Ayant passé en Espagne, il mourut à Valladolid le 9 mars 1610. C'était un homme d'un grand génie et d'un grand savoir. Il avait conçu le dessein de plusieurs ouvrages, et en a laissé quelques-uns, parmi lesquels on distingue un Traité contre le *Mare liberum* de Grotius; il l'avait intitulé: *Mare non liberum, sive demonstratio juris Lusitanici ad Oceanum et commercium Indicum*. Cet ouvrage est resté en manuscrit, l'auteur n'ayant pas eu le temps de l'achever.

BONAL (François de), né en 1734 au château de ce nom, diocèse d'Agen, mort en Angleterre vers 1800, fut successivement chanoine et grand-vicaire à Châlons-sur-Saône, puis directeur-général des Carmélites, dont Madame Louise de France faisait partie. Son mérite supérieur, aussi bien que sa naissance, le firent nommer à l'évêché de Clermont en 1776. Il publia plusieurs *Mandements célèbres*, le dernier, au mois de janvier 1789, contre la licence de la presse, où il annonçait, avec autant de force que de charité, les prochains malheurs de son pays. La simplicité de sa vie, la pureté de ses mœurs égalaient sa science et son autorité. Député aux Etats-Généraux en 1789, il y eut de magnifiques mouvements d'éloquence. On n'oubliera jamais sa réponse à Target, envoyé par Mirabeau dans la chambre du clergé pour déterminer tous les membres à se réunir à celle du Tiers-état, *au nom du Dieu de paix*. — « Le Dieu de paix,

« monsieur, est aussi le Dieu de l'ordre « et de la justice. » Louis XVI avait fini par lui accorder sa confiance la plus intime. Ce fut de sa prison du Temple qu'il lui écrivit la belle lettre insérée au *Moniteur* du 6 décembre 1792, sur la question de savoir s'il lui était permis de faire sa communion pascale; lettre à laquelle le directeur courageux fit cette sublime et immortelle réponse: « Il me « faudrait, pour prononcer sur cette « importante question, toutes les lu- « mières et les grâces du Très-Haut. « J'ai consulté les évêques les plus dis- « tingués: ils sont tous d'avis que Votre « Majesté doit s'abstenir de la sainte « Table; car enfin elle ne pourra que « par un grand nombre d'œuvres méri- « toires se laver, aux yeux de Dieu, « d'avoir concouru à cette révolution. « Je sais bien qu'elle a été entraînée par « des circonstances irrésistibles; mais « ses fidèles sujets auront à lui reprocher « encore longtemps d'avoir sanctionné « des décrets destructifs de la religion. » De Bonal fut bientôt arrêté, incarcéré, maltraité, persécuté pour la cause sainte. Il fut remplacé, sur le siége qu'il venait d'illustrer, par un nommé Perrier, qu'il avait comblé de ses bontés autrefois, et il alla rendre le dernier soupir sur le sol hospitalier de l'Angleterre, après avoir légué à la chrétienté et à l'histoire l'un des plus beaux caractères des siècles modernes.

BONALD (Louis-Gabriel-Ambroise, vicomte de), naquit le 2 octobre 1754 à Milhau en Rouergue, d'une famille ancienne et considérée dans cette province. Elevé par les soins de sa mère, il montra, dès sa première enfance, autant de piété que d'intelligence et de jugement. Vers l'âge de 11 ans, il fut placé dans une pension de Paris, qu'il quitta bientôt pour aller terminer ses études au collége de Juilly sous le père Mandar, alors directeur de cette célèbre maison. Au sortir du collége, où il avait obtenu de brillants succès, le jeune Louis de Bonald entra dans les mousquetaires, et sut conserver dans cette position nouvelle les sentiments religieux qui l'avaient toujours animé. En 1776, le corps des mousquetaires ayant été supprimé, il quitta le service, se maria, et devint peu après maire de sa ville natale; il en exerçait encore les fonctions, lorsque la révolution éclata, et dans les temps difficiles il sut, par sa fermeté et son esprit de conciliation, empêcher une collision sanglante qui menaçait d'éclater entre les catholiques et les protestants. En 1790, il fut nommé à Rodez membre de l'assemblée du département, et bientôt après président de l'administration départementale de l'Aveyron. Mais il ne devait pas conserver longtemps cette place, et lorsque la constitution civile du clergé eut été décrétée, comme il répugnait à sa conscience de prendre aucune part à son exécution, il donna sa démission. Il se retira, d'abord, dans ses terres; mais ensuite il imita la conduite d'une grande partie de la noblesse française, et partit pour l'émigration. Après le licenciement de l'armée des princes, de Bonald vint se fixer dans la ville d'Heidelberg, et s'y consacra à l'éducation de ses deux fils aînés. Ce fut à cette époque qu'il commença à s'occuper de son premier ouvrage, la *Théorie du pouvoir civil et religieux*. Lorsqu'il l'eut terminé, il le fit imprimer à Constance, qu'il était venu habiter, en distribua quelques exemplaires à ses amis, et envoya le reste de l'édition à Paris. En 1797, il se décida à rentrer en France; et, après avoir passé quelques jours à Montpellier, il se rendit dans la capitale. Là il apprit que son livre avait été saisi et envoyé au *pilon* par ordre du directoire. Pour se soustraire aux persécutions dont il aurait été l'objet, s'il se fût fait connaître, il resta caché chez une pieuse demoiselle, Alexandrine Desnoyelles, qui lui accorda la plus généreuse hospitalité. Ce fut dans cette modeste retraite qu'il composa l'*Essai analytique; Le Divorce considéré au dix-neuvième siècle*, et la *Législation primitive*. Après le 18 brumaire, le premier consul le fit rayer de la liste des émigrés, et de Bonald put dès lors rentrer dans ses foyers et se fixer dans sa petite terre du Monna, où il se livra à la composition de nombreux articles publiés soit dans le *Mercure de France*, soit dans le *Journal des Débats*, et qui ont été depuis réimprimés sous le titre de *Mélanges*. En 1810, il accepta, sur les instances réitérées de de Fontanes, la place de conseiller de l'Université, à laquelle l'empereur l'avait appelé dès le mois de septembre 1808. Il remplit avec zèle et dévouement ses nouvelles fonctions, et grâce à l'aide du grand-maître, son ami, et de ses collègues, animés des meilleures intentions, il rendit de grands et utiles services à l'éducation publique. A la même époque, le frère de l'empereur, Louis, roi de Hollande, voulut le charger de l'éducation de son fils aîné, qui est mort vingt ans plus tard si malheureusement au camp des insurgés bolonais, et lui en fit la demande dans une lettre pleine des sentiments les plus honorables

pour celui auquel elle était adressé pour celui qui l'écrivait; mais il ne pas devoir accepter cette offre, qu'elle lui eût été faite d'une manièr flatteuse. Il paraît que l'empereur aussi eu l'intention de lui confier l' cation de son fils, le roi de Rome moins, de Bonald se trouvant un avec le cardinal Maury, alors en gr faveur, celui-ci lui insinua qu'on rait bien songer à lui pour rempli importantes fonctions; à quoi il pondit : « Si j'étais chargé de lui ap « dre à régner, ce serait au moins « tout ailleurs qu'à Rome. » En 1 l'auteur de la *Théorie du pouvoir* salua avec enthousiasme le retou Bourbons, qu'il avait annoncé ans auparavant dans cet ouvrage. XVIII, à peine en possession du tr le nomma membre du conseil roy l'instruction publique, dont de Bau depuis cardinal, était président. M les occupations que lui donnaien devoirs de cette place, de Bonald paraître vers les premiers jours de sous le titre de *Réflexions sur l'in général de l'Europe*, un écrit poli dans lequel il demandait l'extension frontières de la France jusqu'au R et qui par cette raison produisit grande sensation. Pendant les C Jours, il n'accepta aucun emploi e retira dans ses foyers. Au second re du roi, il fut nommé membre de Chambre des députés de 1815, et r de rentrer au conseil de l'Univer: pour pouvoir se livrer entièrement nouveaux et honorables devoirs qu naient de lui être imposés. Charg faire le rapport sur le projet de loi avait pour but d'abolir le divorce exposa avec une grande hauteur de les motifs qui devaient décider la Cl bre à adopter une mesure réclamée fois par les intérêts de la religio ceux de la société. Au mois de 1816, l'Institut ayant été réorganis Bonald fut nommé par Louis X membre de l'Académie française. A la dissolution de la Chambre *introuv* il fut réélu dans son département, gré l'opposition du ministère, et i été constamment depuis, jusqu'à l' que de son élévation à la pairie. Il une part active à toutes les discussi Ayant dit un jour à la tribune, « « eût été à désirer que ceux qui re « chaient aux régiments suisses de n' « pas français, eussent toujours « aussi *bons français* que les suisses « s'étaient fait tuer au pied du trôn ces paroles, au moins imprudentes, e tèrent contre lui un violent orage, et il fut rappelé à l'ordre. Lors de la discussion du projet de loi sur la censure des journaux, il se prononça contre la censure préalable des feuilles quotidiennes, dans un discours dont il a plus tard désavoué les doctrines. En 1818, il s'associa à la rédaction du *Conservateur* avec de Châteaubriand, de Lamennais, Fiévée, etc.; et lorsque ce recueil eut cessé de paraître, après l'assassinat du duc de Berri, il continua à défendre les mêmes principes dans le *Défenseur*. Mais cette nouvelle publication n'eut elle-même qu'une courte existence. Dans la séance du 7 mai 1821, chargé de faire un rapport sur le projet de loi relatif aux pensions ecclésiastiques, il saisit cette occasion pour repousser les attaques dirigées avec acharnement contre la religion et ses ministres. Enfin, en 1823 il fut élevé à la pairie. Sa position dans la Chambre haute fut la même qu'à la Chambre des députés, et il s'y montra toujours le zélé défenseur de la monarchie et de la religion. Sous le ministère de Villèle, il fut nommé président de la commission de censure, et devint pour cette raison l'objet des plus vives attaques de la part de l'opposition. Il avait accepté ces fonctions par dévouement pour le roi Charles X, et n'avait osé les refuser dans la crainte de créer de nouvelles difficultés au gouvernement. En 1830, quelques mois avant la révolution, il publia un nouvel ouvrage sous le titre de *Démonstration philosophique du principe constitutif de la société*. Il y reproduisait avec des développements nouveaux et sous une forme plus nette et plus précise les doctrines qu'il avait émises dans la *Théorie du pouvoir civil*. De Bonald n'était point à Paris, lors de la signature des fatales ordonnances du 25 juillet; il n'en connut pas le projet, et il ne prit aucune part à leur exécution. Cependant il ne crut pas devoir prêter le serment exigé par le nouveau gouvernement, et il donna sa démission de pair de France. Depuis lors, il demeura entièrement étranger à la politique et se retira dans sa terre du Monna qu'il ne quitta plus, et où il est mort presque subitement, à la suite d'une attaque d'asthme suffocant, dans la nuit du 23 novembre 1840. Il nous reste à parler de ses doctrines, et du système philosophique qu'il a laissé. « La littérature est l'expression de la société, » a dit de Bonald. Cette proposition, devenue célèbre, est exacte et véritable, du moins quant à ce qui concerne celui qui l'a émise. On ne pourrait, en effet, apprécier avec jus-

tesse son œuvre philosophique, en comprendre la valeur et l'importance, si on ne se reportait à l'époque où elle a été conçue, et où pour la première fois elle a été mise au jour. C'était en 1796; l'ancienne société française venait de périr; la religion, le gouvernement, les mœurs, les lois, tout avait été entraîné dans une ruine commune, et cette grande destruction avait été consommée au nom de la philosophie. De Bonald, obligé de se retirer sur le sol étranger, ne se laissa pas abattre par de tels désastres. Mais ne prenant, au contraire, conseil que de ses propres forces et du sentiment de la vérité qui était en lui, il résolut de relever par la pensée, et à l'aide de cette même philosophie qui venait de le renverser, l'édifice social et religieux. Telle fut sa pensée; elle ne manquait, comme on le voit, ni de grandeur ni de hardiesse; nous allons voir comment il l'a mise à exécution. « L'homme, dit-il, est un être pensant; il pense, mais il n'a connaissance de sa pensée que lorsqu'il l'exprime, et la pensée, sans *son expression qui lui est transmise par les sens*, n'est rien. » De là il suit que la parole, qui est le mode principal à l'aide duquel l'homme peut exprimer sa pensée, n'est pas d'invention humaine : car comment l'homme aurait-il pu découvrir un instrument dont il a besoin pour penser ? Une troisième proposition découle des deux premières, à savoir que, si l'homme n'a connaissance de sa pensée que parce qu'il la *parle*, et si cependant il n'a pas inventé la parole, il ne parle que parce qu'il a entendu parler ? C'est ce que prouve l'exemple des sourds-muets, qui ne parlent pas parce qu'ils n'ont pas entendu parler, et qui ne pensent pas ou du moins qui n'ont pas connaissance de leurs pensées, lorsqu'ils n'ont pas encore trouvé un moyen quelconque de les exprimer. Ces prémisses une fois posées, les conséquences suivent d'elles-mêmes : 1° si l'homme n'a connaissance de sa pensée que lorsqu'il la *parle*, s'il ne la *parle* que lorsqu'il l'a entendue *parler*, tout ce que l'homme sait, tout ce qu'il connaît lui vient du dehors, c'est-à-dire lui est *révélé*; 2° cette révélation ne peut venir que d'un être supérieur à l'homme, de celui-là même qui lui a donné l'existence, de Dieu. Ainsi se trouvent établies deux vérités essentielles et génératrices : le fait d'une révélation, comme moyen unique de connaissance; et l'existence de Dieu. Il importe de remarquer dès à présent, que par suite de cette théorie la révélation n'est plus, comme on l'avait pensé jusque-là, un mode surnaturel de connaissance, mais devient un mode naturel, puisque c'est celui à l'aide duquel l'homme acquiert toute espèce de connaissances. Or, s'il en est ainsi, la révélation est un mode philosophique de connaissances, soumis aux lois de toute science, c'est-à-dire à des démonstrations rigoureuses. Là est, en effet, le résultat essentiel et original du système de de Bonald; mais là aussi, disons-le tout de suite, là en est le vice essentiel. Observons, encore, que la révélation peut être *orale* ou *écrite*; que même ce dernier mode également divin, car de Bonald n'admet pas que l'homme ait pu inventer l'écriture, a sur la parole l'avantage de conserver dans leur intégrité des vérités que la révélation orale pourrait laisser perdre. Après avoir ainsi établi sa méthode, de Bonald en fait l'application, et se proposant de donner la démonstration logique de la religion chrétienne d'une part et de la monarchie de l'autre, voici comment il procède : « Si la révélation est le seul mode de connaissance que nous ayons, c'est à elle, c'est-à-dire à quelque chose qui est en dehors de nous, qu'il faut demander la connaissance. Or, lorsque nous faisons le travail, lorsque nous nous mettons ainsi en quête de la vérité à travers le monde extérieur, nous trouvons un livre, un monument écrit, le plus ancien qui existe, celui qui contient la morale la plus pure, et à ces marques nous reconnaissons suffisamment qu'il est inspiré et dépositaire de la pensée de Dieu. Ce livre renferme un code complet de lois religieuses et sociales; dès lors aucun doute ne peut plus exister; là se trouve le principe de toute vérité dans l'ordre religieux et politique. Dans l'ordre religieux, la Bible, car c'est le livre dont l'auteur veut parler, la Bible donne naissance à la religion judaïque et à la religion catholique qui en est le complément et le perfectionnement; cette filiation est évidente et ne saurait être contestée; mais dans l'ordre politique les difficultés sont plus grandes. » Cependant de Bonald ne s'effraie pas, et il ne craint pas de faire également sortir du livre sacré le principe de la monarchie, à l'aide de cette déduction logique: « Dieu, dit-il, en créant l'homme et la femme, et en leur disant : Croissez et multipliez, a constitué la famille. Or, la société politique est faite à l'image de la société domestique; elle n'est même que la société domestique agrandie. Il suit de là que les éléments qui sont dans la première doivent se retrouver dans la seconde. Or, dans la famille on trouve un chef qui est le père, un ministre qui est la mère, un sujet qui est l'enfant; de même, dans la société politique il y a un chef qui est le roi, des ministres qui sont les magistrats chargés du pouvoir exécutif, des sujets enfin qui, comme l'enfant est soumis à son père, le sont à l'autorité du roi et des ministres. La guerre, d'ailleurs, a été la cause première de la formation de la société politique; les familles se sont réunies pour se défendre contre l'ennemi commun; le plus habile et le plus brave s'est mis à la tête des combattants et leur a imposé son autorité: ainsi a été fondée la première monarchie, en vertu de la loi de la nécessité, c'est-à-dire de la loi divine, car une loi nécessaire est une loi divine. Les combattants qui ont aidé le roi dans la lutte sont devenus les ministres, et ont formé l'aristocratie; enfin, les sujets ont subi fatalement la loi de celui qui les avait défendus et protégés. De là découle la nature des rapports qui doivent exister entre le roi et ses sujets. Le roi tient son pouvoir de Dieu, il ne doit compte qu'à Dieu de l'usage qu'il en fait; mais il l'a reçu pour le bien de ses sujets, il doit l'exercer conformément aux intentions de celui qui le lui a confié. D'un autre côté, les sujets ont le droit de demander que le roi ne gouverne que pour leur bien; ils lui doivent en même temps une obéissance absolue, qu'ils ne peuvent jamais lui refuser, parce que le gouvernement a été constitué, non par eux, mais par Dieu. » De Bonald fait ensuite l'application de la théorie qu'il vient d'édifier, et s'efforce d'établir que telle était en réalité la loi des rapports qui existaient autrefois entre le roi et ses sujets sous l'ancienne monarchie. Après avoir exposé aussi complètement qu'il nous a été possible le système de de Bonald, il nous reste à en constater les principaux résultats. Dans l'ordre religieux ou philosophique, de Bonald n'admet qu'un seul mode de connaissance, la révélation, et il nie à la raison individuelle de l'homme le droit et la puissance de rien découvrir par elle-même. Or, il y a là une grave erreur, et un immense danger. Il y a une erreur : car, en fait, la raison particulière et individuelle de chaque homme lui donne la conviction de certaines vérités premières, qui, quoique insuffisantes sans doute pour lui expliquer le mystère de sa destinée, sont les bases cependant sur lesquelles il a besoin de s'appuyer pour arriver à des connaissances plus hautes et plus fécondes. Il y a un danger: car si l'homme ne fait rien, ne connaît rien avant que la révélation ait parlé, comment et avec quoi saisira-t-il cette révélation ? Où trouvera-t-il un point de comparaison pour discerner la révélation véritable d'avec les révélations faussès qu'on pourrait lui proposer ? En présence de telles difficultés ne tombera-t-il pas nécessairement dans un scepticisme ou dans un mysticisme dont rien ne pourra le tirer ? D'ailleurs, le vice du principe se voit bien lorsque de Bonald veut l'appliquer. Comment en effet prouve-t-il que la Bible contient la révélation, sinon en établissant que la Bible est le plus ancien livre qui nous ait été conservé, et qu'elle renferme la morale la plus pure que nous connaissions ? Or, pour que nous sachions que la Bible est le plus ancien monument écrit, il faut que nous ayons préalablement en nous-mêmes l'idée de temps et d'espace ; pour que nous sachions qu'elle contient la morale la plus pure, il faut que nous ayons l'idée du bien moral : c'est-à-dire deux idées qu'apparemment la révélation ne donne pas, puisqu'elles sont nécessaires pour percevoir cette révélation même. Les propositions, du reste, sur lesquelles de Bonald a appuyé sa théorie sont vraies en elles-mêmes ; mais il a eu le tort d'avoir voulu en tirer des conséquences qu'elles ne comportent pas. Ainsi il est vrai que, pour que nous ayons une connaissance pleine et entière de nos pensées, il faut que nous les exprimions ; il est vrai également que l'homme n'a pu inventer le langage, et que la parole est un don de Dieu, comme la pensée, comme l'existence elle-même ; mais on ne saurait tirer de ces deux propositions la conséquence exagérée que de Bonald en veut déduire. L'exemple des sourds-muets qu'il allègue ne prouve rien ; et en effet, de ce qu'ils ne parlent pas parce qu'ils n'ont pas entendu parler, de ce que leur esprit reste sans développement et comme sans pensée, s'il arrive qu'ils demeurent sans communication aucune avec leurs semblables, il n'en faut pas conclure autre chose sinon que l'homme n'existe moralement qu'autant qu'il se développe selon les lois de la nature. Or, l'homme est à la fois un individu et la partie d'un grand tout qu'on appelle l'humanité, qui est la source dont il est sorti ; de là pour lui deux lois et comme deux natures : en tant qu'individu, il a une intelligence et une volonté qui lui appartiennent en propre, et qui constituent sa personnalité ; en tant que membre de l'humanité, il puise dans la vie commune de ce grand tout, il y prend sa part, et dès lors pour vivre,

pour subsister moralement, il a besoin de rester en rapport constant avec lui, sinon, comme la branche qui ne reçoit plus du tronc le suc nourricier, il se flétrit, se dessèche et meurt. C'est ce qui arrive au sourd-muet, lorsque, privé de tout rapport avec l'humanité, il ne peut prendre sa part de la sève commune, et est abandonné ainsi à l'impuissance de son individualité. Ce qui a égaré de Bonald sort de ces deux phénomènes, l'individualité de l'homme et sa solidarité avec le reste de l'humanité ; il n'a tenu compte que du second, et il a entièrement méconnu le premier : il n'a considéré que l'humanité, et a complètement négligé l'individu ; là est le vice radical de son système. Dans l'ordre politique, de Bonald procède de la même manière et tombe dans la même erreur. Il nie la liberté individuelle du citoyen comme il a nié la raison individuelle de l'homme. Il met en avant une proposition vraie, à savoir, que le pouvoir est d'institution divine, en ce sens qu'il existe dans toute société, indépendamment de la volonté de l'homme ; mais il omet de mettre en présence le principe de la liberté, qui est aussi d'institution divine. La liberté, en effet, a été donnée à l'homme par Dieu, et si le pouvoir social, qui n'est pas éternel comme Dieu et par conséquent ne saurait être patient comme lui, a le droit de contenir l'exercice et l'usage de cette liberté, il ne lui est jamais permis de l'anéantir. Or, c'est ce que fait de Bonald ; il nie entièrement le principe de la liberté du citoyen, ou plutôt il ne le mentionne même pas ; par là il absorbe l'individu dans la société, il méconnaît la loi première et souveraine de toutes choses, qui est la variété dans l'unité. Ainsi, dans l'ordre religieux et dans l'ordre politique le système de de Bonald produit le même résultat : dans le premier cas, l'absorption de la raison individuelle dans la raison divine ; dans le second, l'absorption de la liberté individuelle, c'est-à-dire du pouvoir individuel, dans le pouvoir social ou divin. Ce résultat mérite d'être remarqué : car, d'un côté, une portion notable des philosophes catholiques de notre temps a suivi la voie ouverte par l'auteur de la *Législation primitive*, et a eu comme lui le tort grave de nier la raison individuelle de l'homme, tantôt au profit de la raison générale, tantôt au profit de la révélation ; et, de l'autre côté, la philosophie qui s'est produite en dehors du catholicisme a eu et conserve encore les mêmes tendances, puisque le panthéisme n'est autre chose que l'absorption de la partie dans le tout, de l'individu dans l'humanité, de l'humanité en Dieu. Sans doute de Bonald eût rejeté de pareilles conséquences; il était trop sincèrement attaché à l'orthodoxie catholique pour ne pas les repousser avec indignation; mais on ne saurait méconnaître que sa méthode philosophique n'y conduise par les voies irrésistibles de la logique, et cela suffit pour en démontrer le vice essentiel et le danger. Il nous reste à parler de la forme et du style dont l'auteur a fait usage. Quant à la forme dont l'auteur a fait usage, elle est didactique, par conséquent elle a de la précision, mais aussi elle a de la sécheresse et de l'aridité; de Bonald produit une série de propositions qui se déduisent les unes des autres et rappellent la manière d'Aristote. Son style a de la netteté et de la précision, l'expression est toujours juste, calculée même avec beaucoup d'art; mais en général elle manque de couleur et d'éclat, et il s'élève rarement jusqu'à l'éloquence. Jaubert disait de de Bonald, son ami : « De Bonald prétend qu'il ne sait pas écrire, il se trompe, il écrit bien, « mais il ne sait pas plaire. » Ce mot peint avec beaucoup de vérité la manière d'écrire de de Bonald. Nous ne serions pas juste envers l'homme illustre dont nous avons raconté la vie et essayé d'apprécier le système, si nous n'ajoutions que, malgré les défauts que nous avons signalés et le vice fondamental de sa méthode philosophique, de Bonald devra toujours être placé au nombre des meilleurs écrivains et des penseurs les plus éminents de notre siècle. On trouve, en effet, dans les divers écrits qu'il a publiés, un grand nombre d'idées vraies, neuves, profondes et quelquefois pleines de hardiesse pour l'époque où elles ont été mises au jour. On a de lui : *Théorie du pouvoir civil et religieux* : cet ouvrage a paru pour la première fois en 1796; *Essai analytique sur les lois naturelles de l'ordre social*, ou *Du Pouvoir, du Ministre et du Sujet dans la société*, in-8; *Législation primitive considérée dans les derniers temps par les seules lumières de la raison*, suivies de plusieurs *Traités* et *Discours* politiques, 3ᵉ édition, 3 vol. in-8: cet ouvrage n'est que la reproduction du précédent, sous une forme nouvelle et avec de plus grands développements; *Du Divorce considéré au dix-neuvième siècle relativement à l'état de domesticité et à l'état public de la société*, in-8; *Pensées diverses et opinions politiques*, 2 vol. in-8; *Mélanges littéraires, politiques et philosophiques*, nouvelle édition, augmentée des *Obser-*

vations sur l'ouvrage de madame de Staël intitulé : *Considérations sur les principaux événements de la révolution française*; *Recherches philosophiques sur les premiers objets des connaissances morales*, 3ᵉ édition, Paris, 1838, 2 vol. in-8; *Démonstration philosophique du principe constitutif de la société, suivie des méditations politiques tirées de l'Evangile*, 2ᵉ édition, Paris, 1840, in-8. Ces deux derniers ouvrages sont les plus importants, parce qu'ils contiennent le résumé de toute la doctrine philosophique et politique de l'auteur.

BONAMI (François), médecin, né à Nantes en 1710, fut un des fondateurs de la société d'agriculture de Bretagne, la première qui ait existé en France, et ouvrit à ses frais un cours de botanique, où il donna des leçons jusqu'à sa mort, sans en avoir eu jamais d'autre récompense que le plaisir de répandre l'instruction. On lui doit : *Floræ Nanettensis prodromus*, Nantes, 1782, in-8, à laquelle il ajouta, en 1785, un Supplément intitulé : *Addenda ad Floræ Nanettensis prodromum*. Cet ouvrage est intéressant, en ce qu'il s'en trouve près de 60 espèces qui n'avaient point encore été trouvées en France.

BONAMY (Pierre-Nicolas), né à Louvres en Parisis, sous-bibliothécaire de Saint-Victor, puis historiographe et bibliothécaire de la ville de Paris, mourut en cette capitale en 1770, à 76 ans. L'Académie des inscriptions le comptait au nombre de ses membres. Il a enrichi les *Mémoires* de cette compagnie de plusieurs *Dissertations* savantes. Chargé, depuis 1749, de la rédaction du *Journal de Verdun*, depuis 1649 à 1770, il en écarta tout ce qui pouvait porter atteinte aux mœurs et à la religion; mais le désir de ménager l'amour-propre des auteurs a souvent dérogé à la justesse et à la sage sévérité de sa critique.

BONANNI, ou BUONANI (Jacques), noble de Syracuse en Sicile, et duc de Mont-Albano, mort en 1636, publia en 1624, in-4, les Antiquités de sa patrie, sous le titre de *Syracusa illustrata*, que dom François Bonanni, duc de Mont-Albano, fit réimprimer magnifiquement à Palerme en 1717, en 2 vol. in-fol. Cet ouvrage est recherché par les amateurs d'antiquités.

BONANNI (Philippe), savant jésuite, mort à Rome en 1725, à 87 ans, après avoir rempli avec distinction différents emplois dans son Ordre. Il a laissé plusieurs ouvrages de divers genres, dont la plupart sont sur l'histoire naturelle, pour laquelle il avait un goût dominant. Il fut chargé, en 1698, de mettre en ordre le célèbre cabinet du Père Kircher, dépendant du Collége Romain, et il continua d'y donner ses soins jusqu'à sa mort, uniquement occupé à l'embellir et à l'augmenter. Ses principaux ouvrages sont : *A screatio mentis et oculi in observatione animalium testaceorum*, Rome, 1684, in-4, avec près de 500 fig. Bonanni avait d'abord composé ce livre en italien, et il fut imprimé en cette langue en 1681, in-4. L'auteur le traduisit en latin, en faveur des étrangers ; *Histoire de l'église du Vatican avec les plans anciens et nouveaux*, Rome, 1696, in-fol. en latin ; *Recueil des Médailles des Papes depuis Martin V jusqu'à Innocent XII*, Rome, 1699, 2 vol. in-fol. en latin ; *Catalogue des Ordres tant religieux que militaires et de chevalerie, avec des figures qui représentent leurs habillements*, en latin et en italien, Rome, 1706, 1707, 1710, et 1711, 4 vol. in-4. Les figures surtout rendent ce dernier ouvrage très-intéressant, et le font rechercher ; *Observationes circa viventia*, Rome, 1691, in-4 ; *Musæum Collegii Romani*, Rome, 1709, in-fol. ; un *Traité des Vernis*, traduit de l'italien, Paris, 1723, in-12 ; *Gabinetti armonico*, 1723, in-4. « C'était, « dit un homme particulièrement instruit « de son mérite, un de ces savants mo- « destes et laborieux qui n'attachent à « leurs travaux d'autre prix que celui « de l'utilité et de la vérité. Le plaisir « d'avoir fait une découverte, d'avoir « débrouillé quelque obscurité historique « ou physique, le dédommageait ample- « ment de ses peines. Il avait des rapports « marqués avec le célèbre Kircher, dont « les ouvrages lui avaient été fort utiles : « venu plus tard que lui, il a pu se ga- « rantir de quelques erreurs qui, dans « le siècle de Kircher, n'ont pu être « évitées par les savants même les plus « distingués. »

BONAPARTE (née Marie-Lætitia RAMOLINO), mère de l'empereur, naquit à Ajaccio en 1750, d'une noble famille de Corse. Elle épousa, à l'âge de 17 ans, Charles Bonaparte, un des juges de l'île, issu également d'une famille noble, que l'état de sa santé éloigna, quelques années après, de son pays natal. Lætitia Bonaparte eut huit enfants : Joseph, successivement roi de Naples et d'Espagne ; Napoléon, empereur ; Lucien, prince de Canino ; Louis, roi de Hollande ; Jérôme, roi de Westphalie ; Elisa, princesse Bacciochi, grande-duchesse de Toscane ; Pauline, princesse Borghèse, et Caroline, mariée à Murat, grande-duchesse de Berg et reine de Naples. On a parlé des relations de la mère de Napoléon avec le comte de Marbœuf, premier gouverneur de l'île de Corse : sa beauté et son élévation la désignaient à la critique. En 1793, quand les Anglais s'emparèrent de la Corse, madame Bonaparte, qui était devenue veuve, fut obligée de s'enfuir de l'île, et de venir se réfugier à Marseille, où elle vécut avec son fils Lucien et ses trois filles, au milieu des plus dures privations. Elle vint ensuite à Paris en 1804, époque de l'élévation de son fils à l'empire. Elle prit le titre de *Madame mère*, et eut dès lors une *maison*, dont le premier chambellan fut le comte de Cossé-Brissac, et le premier secrétaire De Cazes, depuis ministre, duc et pair de France. La mère de Napoléon joignait à une grande beauté les qualités du cœur et de l'esprit ; on lui a reproché, pendant le temps de sa puissance, sa parcimonie ; il est vrai que sa maison était tenue avec beaucoup d'ordre et d'économie, mais il est juste de reconnaître qu'elle faisait beaucoup de bien et distribuait de nombreuses aumônes. Elle avait le titre de *Protectrice générale des établissements de charité*, et se montra digne d'une si honorable fonction. Après les événements de 1814, elle alla habiter Rome, et elle y a été traitée avec de grands égards par les Pontifes qui s'y sont succédé, et elle y soutenait sa haute infortune avec une dignité qui a touché jusqu'aux ennemis de sa famille. Elle est morte en 1837, au milieu de l'estime de tous, dans le palais qu'elle occupait à Rome et qu'elle tenait avec une magnificence digne de son rang.

BONAPARTE (Joseph, comte de Survilliers), ancien roi de Naples et d'Espagne, naquit en 1768 à Corte dans l'île de Corse. Il était l'aîné de sa nombreuse famille. Lorsque son frère Napoléon fut nommé général en chef de l'armée d'Italie, il le suivit dans cette première campagne. Nommé membre du corps législatif, il s'y fit remarquer par beaucoup de modération, et montra cependant une généreuse fermeté, lorsqu'il eut à défendre son frère alors en Egypte, contre lequel on portait de graves accusations. Sous le consulat, il fut membre du conseil d'Etat et l'un des signataires du traité de Lunéville. A l'avénement de Napoléon à l'empire, la couronne de Lombardie lui fut offerte ; mais il la refusa. Peu de jours après la bataille d'Austerlitz, il prit le commandement de l'armée destinée à envahir le royaume de Naples, pénétra sans coup-férir à Capoue à la tête du corps du centre, et, le 15 février 1806, il fit son entrée à

Naples dont l'empereur ne tarda pas à le reconnaître souverain. Le gouvernement de Joseph comme roi de Naples, quoique le courte durée, ne fut pas stérile : dans l'espace de moins de deux années, il acheva de chasser les Anglais du royaume, réorganisa l'administration et imprima un grand essor aux travaux d'utilité publique. Appelé en 1808 au trône d'Espagne, il fut obligé de quitter Madrid peu de jours après son installation ; il y rentra ensuite, mais il ne put jamais recouvrer intégralement le gouvernement de la Péninsule. Enfin en 1813, l'empereur, poussé par les événements, ayant rendu à Ferdinand la liberté et le trône, Joseph abdiqua, après avoir toutefois opposé une assez vive résistance aux ordres de l'empereur. « Il semble- « rait, disait à ce sujet Napoléon, il « semblerait qu'il dispute une partie de « l'héritage du feu roi notre père. » En 1814, l'empereur lui confia le commandement militaire de Paris ; mais il se conduisit dans cette circonstance avec la plus grande faiblesse ; il quitta la capitale sans avoir fait aucun préparatif de défense, laissant seulement aux maréchaux sous ses ordres le pouvoir de capituler. Après l'abdication de l'empereur, il se rendit en Suisse, revint à Paris pendant les Cent-Jours, quitta de nouveau la France après Waterloo, et alla résider aux Etats-Unis. En 1832, il revint en Europe et résida en Angleterre pendant plusieurs années. Une maladie cruelle ayant altéré sa santé, au point de nécessiter un climat plus doux, il obtint des cours étrangères de se fixer à Florence au milieu de sa famille. C'est dans cette ville qu'il est mort le 28 juillet 1844 avec calme et résignation, entouré des princes Louis et Jérôme les seuls survivants des frères de l'empereur. Joseph était un homme de mœurs douces et honnêtes, mais il se montra peu digne de soutenir le haut rang et la grande fortune auxquels les circonstances l'appelèrent. (Voyez l'article suivant.)

BONAPARTE (Napoléon) naquit le 15 août 1769 à Ajaccio, deux mois après que l'île de Corse eut été cédée à la France, et au moment même où Rousseau écrivait dans le *Contrat social* qu'il avait un secret pressentiment que cette île un jour étonnerait le monde. Son père, Charles Bonaparte, était un pauvre et obscur gentilhomme, qui avait d'abord combattu aux côtés de Paoli pour l'indépendance de sa patrie, puis qui s'était résigné à accepter la domination française. Sa mère, madame Lætitia Ramolino, de la famille des Colatto de Naples,

était une femme d'une rare beauté et esprit distingué ; elle avait suivi son au milieu des hasards ,de la der guerre, alors qu'elle portait déjà N léon dans son sein. La famille Bonap dont le nom s'écrit indifféremment parte ou Buonaparte, était originai San-Miniato en Toscane ; elle avait autrefois un rôle important dans le nales de l'Italie. A Trévise elle ava longtemps puissante ; à Florence on encore ses écussons sculptés su vieux palais et sur les monuments ; nise, elle fut inscrite sur le *Livre* Des alliances l'avaient unie aux ma des Ursins, des Médicis et des Lome une dame de cette famille avait mère du pape Nicolas V ; on a l'hi du siége de Rome par le connétab Bourbon, écrite par un Bonaparte autre Bonaparte, attaché à l'ordr Capucins, a été béatifié canoniquen enfin les Bonaparte, que leur fidélit Gibelins avait compromis auprè Guelfes, avaient été obligés, à la d'une réaction de ce dernier part quitter l'Italie et de se réfugier en C où ils vivaient pauvres, sans patrim mais sans oublier leur ancienne gran qui leur permit plus d'une fois de lier aux plus illustres familles, au razzo, aux Bozzi, aux Colonna e Ornano. Napoléon, dont le nom si *Lion du désert*, était le second fi Charles Bonaparte et de Lætitia R lino ; mais de bonne heure il sut pr sur Joseph, son frère, l'influence aîné ; aussi l'archidiacre Lucien, oncle, disait-il sur son lit de mort « est inutile de songer à la fortu « Napoléon, il la fera lui-même. Jo « tu es l'aîné de la famille, mais N « léon en est le chef; aie soin de « souvenir. » Sa première enfance s'écoula dans le sein de la famille, les yeux de sa mère, n'offrit rien d marquable ; cependant on y trouv traits de caractère qui dénoncent plu que l'enfant sera un jour. On le vo poussant toute sujétion et ne vo obéir qu'à sa mère, dont la tendre l'âme ferme contre la sienne lui i sent. Opiniâtre et irritable, il s'em au premier reproche, refuse de fl sous les châtiments et défie les priva Une fois (il n'avait pas sept ans), il au pain et à l'eau trois jours entier tôt que de dénoncer sa sœur, cou de la faute pour laquelle on le châ Cependant le jeune Napoléon était à l'âge où l'éducation maternelle ne vait plus suffire, et où il fallait avo cours à des maîtres étrangers. Son remarquable par l'étendue de son esprit et une éloquence naturelle, avait été nommé membre des Etats-Généraux du royaume de Corse; il venait d'être choisi pour faire partie de la députation que cette assemblée envoyait au roi à chaque session. Il partit pour la France, emmenant avec lui ses deux fils aînés, Joseph et Napoléon, ainsi que sa fille Marianne, connue depuis sous le nom d'Elisa. Ce fut au mois de mars 1779, au moment où la guerre venait d'éclater contre les Anglais, que fit voile pour la première fois, vers le rivage de Fréjus et de Cannes, l'enfant qui, devenu homme, devait soutenir, contre ces mêmes Anglais, une lutte si persévérante et si implacable. Il était alors dans sa dixième année. A peine arrivé, son père le conduisit à l'école de Brienne, où le marquis de Marbœuf, gouverneur de l'île de Corse, lui avait obtenu une place d'élève du roi. Le gouvernement français était alors attentif à appeler dans le royaume les jeunes gentilshommes de Corse, et à se les attacher par des bienfaits. L'école de Brienne, située dans la ville de ce nom, aux confins de la Lorraine et de la Champagne, appartenait à l'ordre des Minimes. Le jeune Bonaparte s'y montra ce qu'il avait été dans la maison paternelle, un enfant *curieux* et *obstiné*, ainsi qu'il l'a dit lui-même, mais d'ailleurs peu distingué. Cependant la aussi, lorsqu'on étudie cette vie d'écolier en apparence vulgaire, on pressent quelque chose de sa future grandeur. Le latin, il est vrai, l'attache peu; mais il étudie avec ardeur les mathématiques, où il excelle, et devient le premier de l'école. L'histoire a aussi pour lui un attrait irrésistible; il se complaît dans la lecture de Plutarque, d'Arrien, de Polybe, de Quinte-Curce. Son jugement précoce sait déjà distinguer ce qu'il y a de faux et d'exagéré dans les récits de ce dernier historien. Pendant les récréations, il va à la bibliothèque et préfère les livres à tous les amusements et aux distractions de son âge. Quant à son caractère, il est fier et altier, mais sociable. Il souffre avec impatience les attaques de ses condisciples, qui le raillent sur son accent étranger et sur son teint olivâtre; mais au fond il vit avec eux en bonne harmonie et se montre toujours bon camarade; on le voit même rester trois jours entiers en prison plutôt que de désigner à des punitions méritées ceux de ses condisciples qu'il est chargé de surveiller en qualité de chef de peloton. Avec ses maîtres, sa conduite est la même : il obéit à leurs ordres, mais il ne peut subir les humiliations. Un jour son

maître de quartier le condamne à porter l'habit de bure et à dîner à genoux à la porte du réfectoire, il se soumet à cet ordre humiliant; mais, au moment de l'exécuter, il est pris d'une violente attaque de nerfs; heureusement le père Patrault, son professeur de mathématiques, accourt, le délivre et se plaint que, sans nul égard, on dégrade ainsi son premier mathématicien. La sévérité de ses mœurs était remarquable; le jour de sa première communion le trouva bien préparé, et, au sortir de l'église, il écrivit à son oncle, l'abbé Fesch, une lettre dans laquelle il peignait, avec une pieuse exaltation, les joies ineffables que son jeune cœur venait de ressentir. Plus tard sans doute ces pieux sentiments s'altérèrent, et au milieu du tumulte des camps et des splendeurs de la vie impériale il parut les avoir oubliés. Ils ne périrent pas cependant, et le souvenir en resta toujours profondément gravé dans son âme. Durant l'hiver qui précéda sa sortie de l'école de Brienne, il s'initia au commandement militaire dans une petite guerre simulée à laquelle il présida. La neige était tombée avec abondance et avait rempli les cours du collège. Les élèves, retenus dans leurs quartiers, ne pouvaient se livrer à leurs jeux ordinaires. Napoléon les tira de ce désœuvrement forcé en leur faisant construire avec de la neige des retranchements réguliers et soutenus de parapets et de redoutes. Les uns furent chargés de la défense, les autres de l'attaque, et, pendant quinze jours que dura ce siège, le jeune Bonaparte étonna ses maîtres par l'habileté avec laquelle il dirigea les opérations et sut faire usage de l'art de Vauban. En 1784, il quitta Brienne et passa à l'école militaire de Paris, une année plus tôt qu'il n'aurait dû, grâce à l'inspecteur des écoles militaires, de Kéralio, qui fit du jeune élève le rapport suivant : « M. de « Bonaparte (Napoléon), né le 15 août, « taille de quatre pieds dix pouces dix « lignes, a fait sa quatrième; de bonne « constitution, santé excellente, carac- « tère soumis, honnête, reconnaissant; « conduite très-régulière : s'est toujours « distingué par son application aux ma- « thématiques. Il sait très-passablement « son histoire et sa géographie; il est « assez faible pour le latin, où il n'a fait « que sa quatrième. Ce sera un *excellent* « *marin*. Il mérite de passer à l'école mi- « litaire de Paris. » Rien n'indique dans cette note que la nature si forte et si puissante de celui auquel elle se rapporte ait été comprise. Dans un autre rapport de la même époque, on le pressent mieux lorsqu'on dit qu'il est entêté, impérieux, dominant. C'est aussi l'opinion que s'était formée de lui un de ses maîtres, Pichegru, alors répétiteur à Brienne, portant l'habit des Minimes sans être engagé dans leur ordre. Lorsque, vingt ans après, on parlait devant le conquérant de la Hollande, déjà engagé dans ses intelligences avec l'Autriche, de séduire le jeune général de l'armée d'Italie, il repoussa cette proposition en disant : « Ce serait perdre notre temps de « le tenter. Je l'ai connu dans sa jeu- « nesse ; son caractère est inflexible. Il « a pris son parti, il n'en changera pas. » Bonaparte avait quinze ans, lorsqu'il entra à l'école militaire de Paris ; doué déjà d'un rare bon sens, il fut choqué des vices de l'éducation que l'on donnait aux élèves de cet établissement, et il adressa sur ce sujet, à ses supérieurs, un *Mémoire* dans lequel on lit les observations suivantes : « Les élèves du roi, tous « pauvres gentilshommes, n'y peuvent « puiser, au lieu des qualités du cœur, « que de la gloriole, ou plutôt des sen- « timents de suffisance et de vanité tels, « qu'en regagnant leurs pénates, loin de « partager avec plaisir la modique ai- « sance de leur famille, ils rougiront « peut-être des auteurs de leurs jours et « dédaigneront leur modeste manoir. Au « lieu d'entretenir un nombreux domes- « tique autour des élèves... ne vaudrait- « il pas mieux, sans toutefois interrom- « pre le cours de leurs études, les « astreindre à se suffire à eux-mêmes?... « Assujettis à une vie sobre, à soigner « leur tenue, ils en deviendraient plus « robustes, sauraient braver les intem- « péries des saisons, supporter avec cou- « rage les fatigues de la guerre, et inspi- « rer le respect et le dévoûment aveugle « aux soldats qui seraient sous leurs « ordres. » Certes, de tels conseils, donnés sous cette forme et avec une telle fermeté de vue, annonçaient une précocité de jugement qui étonne encore aujourd'hui que l'on connaît les destinées glorieuses de cet enfant de quinze ans ; mais l'aveuglement étrange de ceux auxquels ils s'adressaient, ne leur permit ni de les comprendre ni d'en profiter. Son séjour à l'école militaire devait, du reste, être de courte durée, et soit, comme on l'a dit, que la hardiesse de ses discours et son humeur altière aient effrayé ses maîtres, soit que les examens brillants qu'il passa devant l'illustre auteur du *Système du Monde* lui aient donné droit à une admission prématurée, neuf mois après son entrée à l'école il en sortit avec une lieutenance en second au régiment

d'artillerie de La Fère. C'était en 1785 ; il avait à peine 16 ans, et déjà il ceignait l'épée d'officier : sa joie fut grande, comme bien on pense. Sans doute il ne présageait pas alors que cette épée devait un jour lui donner l'empire du monde ; mais il savait que c'était par elle, et par elle seulement, qu'il devait faire sa fortune, et à son âge cela suffisait pour le rendre heureux et fier de la porter. Cependant son éducation était terminée ; vulgaire en apparence, nous avons vu qu'en l'étudiant plus à fond on y apercevait peu de pronostics de l'avenir. Son professeur d'histoire de l'école militaire avait ainsi résumé dans une note l'idée qu'il s'était formée de son élève : « Napoléon de Bo- « naparte, corse de nation et de carac- « tère, ce gentilhomme ira loin, si les « circonstances le favorisent. » Le jeune officier, désormais livré à lui-même, comprit ce que qu'il savait était peu de chose auprès de ce qu'il lui restait à apprendre, et pendant plusieurs années il se livra à des études longues et laborieuses. Son régiment tenait garnison à Valence ; il s'y rendit au mois d'octobre 1785. Au lieu de mener la vie oisive des officiers, il partagea son temps entre les distractions que lui offrait la société des premières familles de la ville, et un travail assidu. Il passait une partie de ses journées dans la boutique d'un libraire, qui lui fournissait les livres dont il avait besoin. L'histoire, la philosophie et l'économie politique étaient l'objet de ses études. En 1786, des désordres ayant éclaté à Lyon, son régiment y fut appelé. L'académie de cette ville venait, sur la proposition de l'abbé Raynal, de proposer la question suivante : *Quels sont les principes et les institutions à inculquer aux hommes pour les rendre le plus heureux possible?* Un tel sujet, qui était l'objet de la préoccupation générale des esprits, excita l'émulation de beaucoup d'écrivains ; un grand nombre de Mémoires furent envoyés. On en distingua un remarquable par l'énergie du style, par la fermeté et la profondeur de la pensée ; il était signé par un jeune officier d'artillerie qui avait à peine dix-huit ans, par Napoléon Bonaparte. Il n'obtint pas le prix cependant ; ainsi que nous le dirons, il fut décerné à Daunou. Mais cette circonstance le mit en rapport avec l'abbé Raynal, qui l'introduisit dans la société des philosophes, des économistes et de tous les novateurs. L'esprit du jeune officier fut bientôt imbu des idées de réforme qui prévalaient alors. Il venait passer tous ses semestres à Paris, où il vivait dans le commerce des hommes les plus distingués. Sa vie d'ailleurs continuait à être sérieuse; elle était celle d'un littérateur, d'un jeune philosophe qui s'initie à la science, plutôt que celle d'un soldat. Il lisait beaucoup, et quoiqu'il ne sût pas l'orthographe qu'il ne voulut jamais apprendre, il s'exerçait à écrire et à composer. Une *Histoire de la Corse*, des *Romans* dans lesquels son imagination ardente et passionnée s'était donné un libre cours, furent les premiers fruits sortis de sa plume. Les prestiges de l'ambition avaient aussi leurs places dans les préoccupations de sa pensée; mais lorsqu'il comparait son présent si obscur, si difficile, si laborieux, avec l'avenir brillant qu'il rêvait, le découragement s'emparait de lui. On rapporte même que, plus d'une fois à cette époque, l'idée lâche du suicide lui apparut comme la seule solution qu'il pût donner au redoutable problème de sa mystérieuse destinée. Cependant les événements se préparaient, les Etats-Généraux venaient d'être convoqués; l'Assemblée constituante marchait à grands pas, et sans savoir où elle allait, dans la carrière des réformes. Après avoir amoindri et presque anéanti l'autorité royale, elle s'occupait d'établir une centralisation qui pût donner au pouvoir exécutif la force nécessaire pour gouverner. Dans ce système, la nationalité de la Corse ne pouvait être maintenue, et des lettres-patentes du roi déclarèrent, en janvier 1790, que l'île de Corse faisait partie du royaume français. Napoléon, qui depuis l'année suivante était devenu capitaine, applaudit à cette mesure, et la défendit même dans une lettre pleine de verve et d'éloquence, adressée à un député de la noblesse de Corse à l'Assemblée nationale. Depuis lors il considéra la France comme sa patrie, et toujours il lui resta fidèle. Il se trouvait à Paris en 1792, et il fut témoin de la fameuse journée du 20 juin. Appuyé à un arbre des Tuileries, il contemplait la populace qui traversait le palais de Louis XVI; mais quand ce malheureux prince mit sur sa tête le bonnet rouge, il ne put contenir son indignation, et s'écria : « Comment a-t-on « pu laisser entrer cette canaille! il fal- « lait en balayer quatre ou cinq cents « avec du canon, le reste courrait en- « core. » Au mois d'octobre de la même année, Bonaparte, qui n'avait pas été employé dans les armées chargées de repousser l'invasion étrangère, se rendit en Corse, et s'y prononça pour le parti français, que le vieux Paoli, nommé gouverneur de l'île par l'Assemblée na-

tionale, commençait à abandonner. Ce fut à cette époque qu'il fit ses premières armes (décembre 1792). L'amiral Truguet, chargé d'opérer une descente dans l'île de Sardaigne, lui donna un commandement dont il s'acquitta avec le plus grand succès. Le jeune officier débarqua ses soldats, et s'empara des batteries de l'ennemi ; mais l'attaque principale ayant été mal dirigée, ce triomphe partiel ne servit à rien : il fallut battre en retraite. Sa belle conduite, du moins, fut remarquée; on admira surtout l'habileté avec laquelle il réussit à ramener ses troupes sans dommage. L'année suivante, il eut une autre occasion de montrer son attachement à la cause nationale, ainsi que sa rare intrépidité. Paoli s'était enfin déclaré contre la France ; Bonaparte, qui avait résisté à toutes les instances que le vieux général avait faites pour l'attirer dans son parti, se mit à la tête du petit nombre de Corses restés fidèles à la cause de la France, soutint un siège obstiné dans Bastia, quitta momentanément l'île sous l'habit d'un matelot, puis s'y fit de nouveau débarquer à la tête d'un bataillon. Il venait de s'élancer le premier sur le rivage, lorsqu'une force la frégate de gagner le large, et le sépara ainsi de ses soldats. Retiré seul avec quelques compagnons dans une tour dont il s'était emparé, il s'y défendit pendant plusieurs jours avec la plus grande vigueur. La frégate vint enfin le reprendre et le sauver d'une perte certaine. Ses compatriotes le punirent de cette courageuse résistance en pillant ses biens, en dévastant sa maison, qui fut donnée pour caserne aux premiers soldats anglais débarqués à Ajaccio. Sa famille fut obligée de quitter la Corse, et il eut la douleur de voir dans le dénûment le plus complet sa mère et ses sœurs, retirées à Marseille par suite de ces événements. La France était alors en proie à la guerre civile; le Midi s'était insurgé contre la Convention. Bonaparte fut mis en réquisition par le colonel Carteaux pour commander une batterie d'artillerie; il obéit et démonta les pièces des canonniers fédéralistes qui, dès lors, refusèrent de combattre et se rallièrent aux républicains. A la même époque, il rendit à la Convention un service d'une autre nature, en publiant le *Souper de Beaucaire*, brochure politique dans laquelle, sans justifier les actes odieux de la Convention, il cherchait cependant à démontrer que la France ne pouvait être sauvée que par elle, et qu'avant tout il fallait se rallier au pouvoir central. Cet écrit, qui lui a été depuis beaucoup reproché, était remarquable sous plus d'un rapport ; la situation militaire des deux partis y était appréciée avec une justesse de coup-d'œil que les événements postérieurs vinrent entièrement justifier. Quant à la situation politique, il la résumait par ces paroles adressées aux fédéralistes : « Quel effet, « leur disait-il, a produit dans la Répu- « blique le mouvement que vous avez « fait ? Vous l'avez conduite près de sa « ruine, vous avez retardé les opéra- « tions de nos armées. Je ne sais pas si « vous êtes payés par l'Espagnol et l'Au- « trichien, mais certes ils ne pouvaient « pas désirer de plus heureuses diver- « sions. Que feriez-vous de plus si vous « l'étiez ? » Cependant Bonaparte, en-nuyé de rester sans emploi, se rendit à Paris pour y solliciter du service. L'armée venait de recevoir l'ordre de reprendre Toulon sur les Anglais ; la direction gé-nérale du siége avait été confiée à Car-teaux, le commandement de l'artillerie fut donné à Bonaparte. Il avait 24 ans ; jusque-là, à l'exception des trois expédi-tions de peu d'importance dont nous avons parlé, il n'avait pris aucune part aux faits militaires de cette époque ; les huit années qui s'étaient écoulées depuis sa sortie de l'école n'avaient pas cepen-dant été perdues, nous avons vu com-ment il les avait employées ; ses longues et persévérantes études l'ont initié à des connaissances dont il saura tirer parti, et qui plus tard étonneront, parce qu'on les prendra pour des inspirations du génie. Dès qu'il eut reçu l'ordre de dé-part, le jeune chef d'escadron se rendit sous les murs de Toulon. « En arrivant « au quartier-général, a-t-il depuis racon-« té lui-même, il aborde respectueuse-« ment le général Carteaux, homme su-« perbe, doré depuis les pieds jusqu'à la « tête, qui lui demande ce qu'il y a pour « son service. Le jeune officier présente « modestement sa lettre qui le chargeait « de venir sous ses ordres diriger les opé-« rations de l'artillerie. —C'était bien inu-« tile, dit le bel homme en caressant sa « moustache ; nous n'avons plus besoin « de rien pour reprendre Toulon. Cepen-« dant soyez le bien-venu, vous parta-« gerez la gloire de le brûler demain, « sans en avoir eu la fatigue. » Et il le fit rester à son souper. La situation cepen-dant n'était pas telle que le pensait l'i-gnorant général. On était dépourvu de tous les objets nécessaires pour mener à terme le siége d'une ville telle que Tou-lon. Les Anglais avaient élevé des batte-ries formidables qui semblaient en rendre la prise impossible. Bonaparte comprit qu'il ne pourrait rien faire, s'il n'avait

seul le commandement réel du siége ; il demanda au représentant du pe Gasparin, qui le lui déféra aussitôt plan d'attaque était déjà fait : la la plaine étaient défendues pa Mulgrave, que les Anglais ont nommé le *Petit-Gibraltar* ; il l'avait vu tout de suite, là était la clef de Toulon. Ce fort passait pour imprenable ; n'importe, c'est de ce côté qu'il portera tous ses efforts ; il faut renoncer au siége ou s'en empa-rer. Aussitôt, avec cette activité surpre-nante qui a été l'un des caractères de son génie, il créa les ressources qui lui manquaient, rassembla l'artillerie né-cessaire, et après six semaines (dans cet intervalle le général Dugommier avait succédé à l'inepte Carteaux), il put enfin élever la batterie destinée à foudroyer le fort Mulgrave. Les Anglais, qui connais-saient l'importance du point attaqué, le défendaient avec acharnement ; une grêle de boulets et de mitraille tombait sans interruption sur les artilleurs fran-çais. La terreur commençait à les gagner ; pour les contenir, Bonaparte monte sur le parapet, et bravant avec intrépidité le feu meurtrier de l'artillerie anglaise, il dirige lui-même le tir de ses soldats. Puis, afin que nul n'ose plus refuser le service, il déclare que cette batterie s'appellera désormais : *Batterie des hommes sans peur.* Ce courage et cette habileté de-vaient porter leur fruit. Bientôt le *Petit-Gibraltar*, démantelé par les coups de l'artillerie, tombe après un assaut meur-trier ; dès lors, ainsi que l'avait prévu le jeune commandant, la ville ne pouvait plus résister. Le 19 décembre 1793, avant que Bonaparte ait eu le temps d'élever de nouvelles batteries, les Anglais se hâtent de gagner le large sur leurs vais-seaux, après avoir incendié dans le port les navires français. L'armée entre dans Toulon et avec elle les commissaires de la Convention, qui y exercent les plus horribles représailles. Quant à Bonaparte, resté étranger à ces honteux excès, il reçut la récompense due à ses brillants services : il fut nommé général de bri-gade. Dugommier avait eu la générosité de lui attribuer toute la gloire du triom-phe, et il avait fait sur lui un rapport dans lequel on lisait ces paroles : « Ré-« compensez et avancez ce jeune homme, « car si on était ingrat pour lui, il s'avan-« cerait tout seul. » Ainsi déjà les premiè-res espérances du jeune Corse étaient dé-passées. Au sortir de l'école il avait borné toute son ambition à devenir colonel. A 25 ans il était général, et de plus, il avait appelé sur lui l'attention publique ; car la prise de Toulon avait eu, d'un bout de

siége; il ▮▮▮ à l'autre, un glorieux retentis-
u pe▮▮ ▮▮ Cependant la fortune qui venait
sitôt de ▮▮▮ urire parut un moment tourner
a ▮▮ ▮▮ ▮ lui. Peu après sa nomination au
grade de général de brigade, il avait été
envoyé à l'armée d'Italie pour commander l'artillerie sous les ordres du général
en chef Dumerbion ; il avait même donné
une nouvelle preuve de sa haute capacité
militaire, en proposant un plan d'attaque
à l'aide duquel il s'était emparé de la
formidable position de Saorgio et avait
repris de tous côtés l'offensive. Mais
après le 9 thermidor, les relations qu'il
avait entretenues avec Robespierre l'ayant
rendu suspect, il fut arrêté, et il eût été
peut-être victime de la réaction, si les représentants du peuple, prenant en considération *l'utilité dont pouvaient être à
la République les connaissances militaires dudit Bonaparte*, n'avaient ordonné
qu'il fût mis provisoirement en liberté
pour rester au quartier-général. Vers le
même temps il courut un nouveau danger : chargé de préparer un système de
défense du littoral de la Méditerranée, il
donna l'ordre qu'on travaillât à deux
forts de Marseille qui avaient été détruits
par le parti populaire. Les patriotes Marseillais s'indignèrent qu'un général osât
ainsi relever ce que l'insurrection avait
détruit ; ils dénoncèrent Bonaparte à l'assemblée populaire, qui sans doute l'eût
condamné à mort comme coupable de
modérantisme, si l'armée et le représentant Salicetti ne fussent intervenus en sa
faveur. A Toulon, où il s'était rendu
pour prendre part à une expédition qui
fut contremandée, un acte de générosité
courageuse le compromit plus gravement
encore, et faillit même briser à jamais
sa carrière. Une vingtaine d'émigrés,
parmi lesquels se trouvait la famille de
Chabrillant, avaient été amenés dans la
ville à bord d'un corsaire, et déposés
dans la prison. A cette nouvelle, la populace s'émut et demanda à grands cris
les têtes des captifs ; en vain les représentants du peuple promirent dans les
vingt-quatre heures une mort juridique,
leur voix fut méconnue. Bonaparte vit le
danger, et ayant reconnu quelques-uns
de ses artilleurs parmi les séditieux, il
leur parla avec fermeté, les rallia, et
parvint ainsi à apaiser le tumulte ; puis,
pendant la nuit, il fit emmener les prisonniers, cachés dans des caisses, et les
déposa au bord de la mer, où une barque les recueillit et les arracha à une
mort certaine. Cette noble conduite eut
la récompense qui était réservée, dans
ces funestes temps, à toute action généreuse : il fut disgracié, rayé des cadres
de l'artillerie, et transféré dans ceux de
l'infanterie. En vain il accourut à Paris
pour protester et opposer ses services, la
mesure fut maintenue. Bientôt même il
devait être traité plus rigoureusement
encore. Ayant osé refuser le commandement d'une brigade d'infanterie dans la
Vendée qui lui fut offert, un arrêté du
comité de salut public intervint, qui déclara le général Bonaparte rayé des con-
trôles de l'armée. Cet acte de despotisme
révolutionnaire le plaçait dans la situation la plus fâcheuse, et cette époque de
sa vie, qui d'ailleurs fut de courte durée,
a été une des crises les plus doulou-
reuses parmi lesquelles il ait eu à passer. Ce
n'étaient pas seulement, pour parler son
langage, *son avenir brisé, ses idées de
gloire desséchées à son matin*, qui l'affec-
taient péniblement, c'était encore la
position de sa famille, de sa mère, de
ses sœurs, réduites à la gène, à la pauvreté même, sans qu'il pût rien faire
pour les en tirer, puisque lui-même était
isolé, sans fortune et presque sans
ressources. Aussi, pour échapper autant
qu'il était en lui aux souffrances du présent, il se complaisait alors dans les rêves
de l'avenir, et il donnait à sa jeune ardente imagination un libre essor. C'était
surtout l'Orient, terre des prodiges, qui
souriait à son génie et le captivait. Il y
voyait des empires tombés qu'une main
puissante pouvait relever. Nouvel Alexandre, il se faisait, au gré de ses ambitieux
désirs, un empire d'Asie qu'il saurait soumettre à ses lois. Il parlait quelquefois
d'aller chercher fortune en Syrie. « Il
« serait étrange, disait-il en riant, qu'un
« petit Corse allât devenir roi de Jérusa-
« lem ! » Un jour même, comme s'il eût
voulu décidément réaliser ses rêves, il
adressa au comité de salut public un Mémoire dans lequel il demandait à être envoyé en Turquie avec quelques officiers,
pour y donner à l'état militaire de l'empire ottoman une nouvelle organisation.
Ce projet resta sans réponse, et Bonaparte ne quitta pas le sol de la France.
Du reste, à ses plans gigantesques succé-
daient dans son esprit de plus douces et
moins ambitieuses pensées. C'est ainsi
que, contemplant une maison située en
face de celle de Bourrienne, qu'il voulait acheter, mais qui était trop chère
pour lui, il disait : « Cette maison, avec
« nos amis en face de nous, et un ca-
« briolet, j'y serais le plus heureux des
« hommes ! » ou bien encore, en apprenant que son frère Joseph venait de se
marier avec mademoiselle Clary, fille
d'un riche négociant de Marseille, il soupirait d'envie, et on l'entendit s'écrier :

« Qu'il est heureux Joseph! » C'est au milieu de ces pensées, et dans la société de quelques amis, qu'il passait ses journées. Pendant cette période de sa vie, le matin il avait l'habitude d'aller se promener avec Junot, depuis duc d'Abrantès, au Jardin-des-Plantes, dont la solitude lui plaisait. Le soir, il allait au théâtre ou dans les salons de madame Tallien, où il fit la connaissance de Barras. Cependant la Convention, après avoir subi les influences diverses que les passions révolutionnaires lui avaient tour à tour imposées, comprenant enfin que la constitution de 1791 n'était pas née viable, résolut de lui en substituer une autre, qui prit le nom de constitution de l'an III. Des modifications importantes y avaient été introduites : le pouvoir exécutif était distinct du pouvoir législatif, le pouvoir législatif était divisé en deux assemblées, enfin un système électoral à deux degrés exigeait des conditions d'âge et de cens que jusqu'alors on n'avait pas osé demander. La Convention avait obéi au mouvement heureux qui ramenait les esprits vers les idées d'ordre et de justice ; mais elle s'était trop compromise par les excès des dernières années pour ne pas craindre les conséquences d'une réaction monarchique ; et afin de se garantir contre les éventualités de l'avenir, elle décida que les deux tiers de ses membres, dont elle se réservait le choix, feraient partie de la nouvelle législature. Cette mesure, par laquelle elle perpétuait sa dictature révolutionnaire, excita une indignation universelle. A Paris, les sections de l'intérieur, composées d'hommes sages et modérés, se réunirent et résolurent d'en finir avec le pouvoir odieux qui pesait depuis si longtemps sur la France. Une assemblée centrale d'électeurs, véritable comité d'insurrection, s'installa à l'Odéon sous la présidence du duc de Nivernais. Le 2 octobre 1795, la Convention la fit disperser par la force armée. Le lendemain, une autre section, celle des Filles-Saint-Thomas, se réunit et protesta. Dissoute par un décret, elle résista, appela aux armes, et de toutes parts on vit accourir la garde nationale. La Convention, effrayée, manda le général Menou, commandant en chef de l'armée de l'intérieur, et lui ordonna de la défendre contre les attaques dont elle était menacée. Le général obéit, et le 12 vendémiaire, vers les sept heures du soir, il dirigea ses troupes sur le couvent des Filles-Saint-Thomas. A son grand étonnement, il y trouva plusieurs bataillons de la garde nationale réunis et prêts à la résistance.

Engagé ainsi dans la rue Vivienne, de toutes les maisons étaient occupées les sectionnaires, il reconnut le d auquel il s'était exposé et essaya lementer ; puis n'ayant pu réu dissoudre, ni à intimider le co section, il se hâta de faire troupes. Le bruit de cet événement po l'épouvante dans le sein de la Convention ; elle se déclara en permanence et délibéra sur les moyens de parer aux périls. Ce qui importait, avant tout, c'était de faire choix d'un général capable de comprimer l'insurrection. Plusieurs noms furent mis en avant, un entre autres, celui d'un jeune homme au teint pâle, à l'œil de feu, aux joues amaigries, qui venait d'arriver et de prendre place dans une des tribunes. Ce nom, prononcé d'abord par Barras, est celui de Bonaparte. Il était au théâtre Feydeau ; en apprenant les nouvelles de la soirée, il est descendu dans la rue, il s'est mêlé aux groupes, puis il s'est rendu à la Convention. Tandis qu'on discute sa capacité, ses opinions, ses titres ; au lieu d'écouter, il délibère sur le parti qu'il devra prendre. Du côté des insurgés sont les honnêtes gens, les amis de l'ordre et de la modération, la garde nationale ; de l'autre, les régicides, les hommes de sang, les terroristes, la Convention. Peut-il consentir à combattre et à vaincre au profit de ces derniers, lui qui naguère a refusé de servir contre les chouans de la Vendée et les paysans de la Bretagne ? Cependant il hésite, et pourquoi ? C'est que les insurgés, d'accord aujourd'hui pour détruire, ne le seront plus demain pour réédifier ; c'est qu'il y a parmi eux des hommes d'opinions diverses et opposées, des émigrés, des Vendéens, des royalistes constitutionnels, des républicains fédéralistes, qui, après la victoire, ne pourront constituer que l'anarchie. C'est que la Convention, au contraire, est unie et représente deux grands principes qui lui seront toujours chers : celui de la nationalité et celui de l'autorité. Il pense aussi, sans doute, que l'occasion est belle de relever sa fortune et qu'il faut en profiter. Il se décide enfin, et, sans attendre qu'il soit appelé, il se rend dans les comités. On l'y accueillit d'abord avec froideur ; l'apparence chétive de sa personne, ses traits maladifs, son embarras, inspiraient peu de confiance. Mais lorsque, répondant aux questions qui lui furent faites, il se mit à exposer son plan de défense ; la netteté de sa parole, le feu de son regard, la sagesse de ses idées lui eurent bientôt rallié tous les suffrages. L'Assem-

ienne, da... ...éta que Barras serait général
cupée... ...e la force armée, mais que Bo-
le d... ..., son lieutenant, aurait le com-
va ... ...ment effectif et sans partage de
u... ...les troupes. Celui-ci fit aussitôt ses
...aratifs de défense, rassembla toutes
...ièces d'artillerie dont il put disposer,
...é munit de cartouches, s'approvisionna
de vivres, recruta partout des canonniers
pour servir les pièces, et enfin éche-
lonna autour des Tuileries les six mille
hommes de troupes régulières restées
fidèles à la Convention. Le lendemain,
13 vendémiaire (5 octobre), tout était
prêt, et il se trouvait en mesure de tenir
tête aux 40 mille hommes de garde
nationale qui lui sont opposés. Ceux-
ci passèrent la journée sans attaquer,
mais ils s'approchèrent et resserrèrent
de plus en plus la Convention dans les
Tuileries. Sur les trois heures de l'après-
midi, un parlementaire fut envoyé à
l'Assemblée pour lui faire sommation de
retirer les troupes qui, disait-on, menaçaient le peuple. La Convention ne
pouvait accéder à cette demande sans se
perdre; elle la repoussa. A quatre heures, les colonnes de la garde nationale
s'ébranlèrent, et bientôt l'attaque commença sur tous les points à la fois : du
côté du Pont-Royal, du quai de l'Ecole,
du Palais-Royal, de la rue de Rohan, de
Saint-Roch. Bonaparte, qui a tout prévu,
suffit à tout. Au feu des assaillants il répondit par la mitraille de son artillerie,
se porta de sa personne sur les points
les plus menacés, et eut même au Car-
rousel un cheval tué sous lui. Au bout
de deux heures de combat, l'affaire était
décidée; partout les barricades avaient
été abattues. Du côté de Saint-Roch seulement, on résiste encore; acculée sur les
marches de l'église, la population parisienne se défendait avec intrépidité; mais
Bonaparte la foudroya sans pitié avec ses
canons, et ceux qui survécurent, pris en
queue par les grenadiers républicains,
furent bientôt obligés de mettre bas les
armes. La Convention avait vaincu, elle
n'abusa pas de son triomphe, elle se
contenta de faire désarmer les sections
les plus compromises, puis quelques jours
après elle abdiqua, ainsi qu'il avait été
arrêté, et le 26 octobre (5 brumaire) le
gouvernement directorial fut inauguré
Bonaparte, auquel on devait tout le succès de l'entreprise, fut élevé au grade de
général de division, et peu après nommé
commandant en chef de l'armée de l'intérieur. Vers le même époque, il se maria. Le lendemain du 13 vendémiaire,
tandis qu'il faisait procéder au désarmement des sections, un jeune homme de

14 ans s'était présenté à lui pour réclamer l'épée de son père qui venait d'être
saisie; touché de cet acte de piété filiale,
il avait ordonné qu'elle lui fût rendue. La
mère de l'enfant, reconnaissante à son
tour, vint remercier le jeune général :
c'était la vicomtesse de Beauharnais, que
Bonaparte avait déjà rencontrée dans les
salons de Mme Tallien. Veuve du général
de Beauharnais, qui, après avoir servi
avec honneur dans les armées révolutionnaires, était mort sur l'échafaud en 1793,
elle-même avait été emprisonnée sous la
Terreur, et n'avait dû la liberté qu'au
9 thermidor. Agée de près de 33 ans, elle
avait encore, quoique créole, de la fraîcheur et de la beauté. Le général fut séduit par ses grâces enjouées, par ses
manières aimables et par les charmes de
toute sa personne que relevait encore à
ses yeux le prestige de ses alliances aris-
tocratiques, et le 9 mars 1796 il contracta
avec elle une union qui ne fut pas sans
influence sur sa merveilleuse destinée.
Le nom de Joséphine, en effet, de cette
femme légère de mœurs, mais bonne,
douce, aimable, bienfaisante, sera toujours lié dans l'histoire à celui de Napoléon. Une vieille négresse, rapporte-t-on,
avait autrefois prédit à la jeune créole
qu'un jour elle porterait une couronne.
L'enfant avait-elle ajouté foi aux paroles
de la devineresse? Peut-être, car Joséphine était crédule et superstitieuse.
Quoi qu'il en soit, douze jours après son
mariage, Bonaparte s'arracha de ses bras
pour aller prendre le commandement de
l'armée d'Italie, et préparer l'accomplissement de cette étrange prophétie. Il
avait été désigné au choix du Directoire
par Carnot, qui avait connu et admiré le
plan de campagne proposé un an auparavant par le jeune général d'artillerie. La
tâche d'ailleurs qui lui était confiée était
difficile et digne à tout égard de celui auquel on l'imposait. L'armée d'Italie était
dans le plus grand dénûment; elle n'a-
vait ni subsistances, ni vêtements, ni
chaussures, ni argent. Avant d'agir, il
fallait tout créer. Les états portaient cent
mille hommes, et en réalité il n'y avait
que vingt-cinq mille hommes d'infanterie, deux mille cinq cents d'artillerie,
deux mille cinq cents de cavalerie, et
trente canons seulement de disponibles.
D'habiles généraux, il est vrai, Masséna,
Augereau, Laharpe, Serrurier, commandaient les quatre divisions de l'infanterie; mais n'était-ce pas là une difficulté
de plus? Comment, en effet, ce nouveau-
venu, ce jeune homme de 26 ans, pourra-
t-il se faire obéir par ces généraux éprouvés et déjà illustrés par la victoire?

Cependant Bonaparte, dont le plan était fait, partit aussitôt. Dès le 27 mars, jour de son arrivée à Nice, il transporta son quartier-général vingt lieues plus loin, dans la ville de Brenda; puis s'adressant à son armée, il lui indiqua, dans un ordre du jour, la tâche qu'elle avait à accomplir. « Soldats, dit-il, vous êtes nus, mal « nourris ; le gouvernement vous doit « beaucoup, il ne peut rien vous donner. « Votre patience, le courage que vous « montrez au milieu de ces rochers sont « admirables ; mais ils ne vous procurent « aucune gloire; aucun éclat ne rejaillit « sur vous. Je veux vous conduire dans « les plus fertiles plaines du monde. De « riches provinces, de grandes villes se- « ront en votre pouvoir ; vous y trouve- « rez honneur, gloire et richesses. « Soldats d'Italie, manqueriez-vous de « constance ? » Ce poétique langage, dans lequel tous ses projets étaient exposés, communiqua l'enthousiasme à l'armée. Officiers et soldats, tous répondirent à son appel; en quelques jours les disposi- tions furent achevées, et le général en chef se trouva prêt à entrer en campa- gne. Il avait devant lui deux armées, une armée piémontaise commandée par Kolli, une armée autrichienne comman- dée par Beaulieu. Transporter le théâtre de la guerre au-delà des Alpes, séparer les deux armées ennemies qu'il a en tête afin de pouvoir les battre l'une après l'au- tre, tel est son plan. Pour le réaliser, il part le 10 avril de Savone, s'avance à travers une gorge de montagnes, entre la chaîne des Alpes qui finit et celle des Apennins qui commence, débouche ino- pinément par le col de Cadibone, va à la rencontre des impériaux, les bat le jour même à Montenotte, continue sa marche victorieuse le 12, le 13, le 14, et consomme à Millésimo la séparation complète des deux armées. Il laisse alors les Piémontais s'acculer le long des Alpes et prendre la direction de Turin, puis refoulant les Autrichiens du côté de Mi- lan, il les atteint, les rompt, achève leur défaite dans un second combat à Dégo, et tandis que Beaulieu fugitif gagne la capitale de la Lombardie, il revient sur ses pas pour prendre l'armée piémon- taise à revers. Le 17, il arriva sur les hauteurs de Montezomalo, et montrant à ses soldats étonnés et ravis, d'un côté le Tanaro et le Pô qui serpentent dans la plaine fertile, de l'autre les Alpes qui s'élèvent majestueusement derrière eux, il leur dit : « Annibal les força, nous les « avons tournées. » Le même jour il at- teint Kolli dans son camp de Céva, et le 22 il détruit l'armée piémontaise à

Mondovi dans une dernière bat Maître alors de la place d'armes de (rasco, il s'y fournit d'artillerie e chevaux, puis se dirige sur Turin. bientôt il voit arriver à lui les envoy roi de Sardaigne qui implorent la il la leur accorde, et il conclut avec un armistice par lequel la Savoie es surée à la France, et le Piémont de le camp retranché de l'armée des A Ainsi, en dix jours, la première p de sa tâche a été accomplie ; il lui la seconde, et aussitôt, pendant q colonel Murat va porter au Directo traité conclu et les drapeaux conqu annonce en ces termes, à ses sold l'ouverture d'une nouvelle campa « Tous, leur dit-il, vous voulez, e « tournant dans vos villages, po « dire avec fierté : J'étais de l'armée « conquérants de l'Italie! Amis, je « la promets, cette conquête. » Pu écrit au Directoire : « Je marche de « sur Beaulieu ; je l'oblige à repass « Pô ; je le passe immédiatement a « lui ; je m'empare de toute la Lom « die, et avant un mois j'espère être « les montagnes du Tyrol. Le proje « digne de vous, de l'armée et des « tinées de la France. » Cependant B lieu, privé de l'appui du Piémont, cou sur les fleuves qui le séparent de l'ar française pour la tenir en échec ; ma ne connaît pas encore son adversa Tandis qu'il va prendre position à lenza, passage du Pô sur la route Milan, Bonaparte court avec son av garde franchir ce fleuve à quinze lie de là, sur le lac de Plaisance. C'éta 7 mai, le 8 il détruit les têtes de col nes de Beaulieu, qui, en apprenan marche, est venu en toute hâte à sa contre. Le 10 il fait passer le Pô au r de son armée près de Lodi, où il ba nouveau les Autrichiens, leur ferm tous côtés les chemins de l'Allemag s'empare de la forteresse de Pizzi tone dont il fait sa place d'armes, prendre possession de Crémone au m de Pavie à l'ouest, puis revient sur lan, où le 15 du même mois, il fait entrée triomphale. Déjà, par deux t tés de paix imposés au duc de Parm au duc de Modène, il avait assuré subsistances et ses mouvements. Ces d princes s'étaient engagés, en effet, seulement à lui fournir des cheva des munitions pour ses troupes, encore à payer des tributs pour la des armées du Rhin qui manqua d'argent, et à lui livrer des tableaux, livres et des statues destinés à enri les bibliothèques et les musées de

ère *bataille.* ois maître de la Lombar-
mes de Chi... organisateur s'occupe aus-
llerie et ...stituer une administration
Turin... place de celle qui vient d'ê-
env... ...sée, de rétablir la confiance et
ent ... des lois, de lever des impôts,
...r des gardes nationales. Mais la
...e n'est pas arrivée à son terme, il
...ore pas qu'il a plus à faire encore
... n'a fait; aussi, s'adressant de nou-
...au à son armée, il lui parle en ces
termes : « Soldats, vous vous êtes pré-
« cipités, comme un torrent, du haut
« des Apennins. Vous avez dispersé
« tout ce qui s'opposait à votre mar-
« che. Le Pô, le Tessin, l'Adda, ces
« boulevards vantés de l'Italie, n'ont
« pu vous arrêter un seul jour; tant
« de succès ont porté la joie dans le
« sein de la patrie. Vos représentants
« ont ordonné une fête dédiée à vos vic-
« toires. Là, vos pères, vos mères, vos
« sœurs se vantent de vous appartenir.
« Oui, vous avez beaucoup fait, mais ne
« vous reste-t-il plus rien à faire ? Par-
« tons! nous avons encore des ennemis
« à soumettre, des injures à venger....
« Rétablir le Capitole, y placer les statues
« des héros qui le rendirent célèbre....
« tel sera le fruit de vos victoires.... Vous
« rentrerez alors dans vos foyers, et vos
« concitoyens diront en vous montrant :
« Il était de l'armée d'Italie! » On n'a
voulu voir dans ce langage enthousiaste
qu'un froid calcul, un moyen propre à
surexciter le soldat; mais on oublie que
le général qui parlait ainsi avait 26 ans,
qu'il en était à ses premières victoires, et
qu'à cet âge, en présence de si beaux
triomphes, son âme ardente et passionnée a dû en effet ressentir les vives émotions qu'elle savait si bien exprimer. Il
faillit toutefois être arrêté dans sa course
victorieuse par un obstacle imprévu et
qui ne lui venait pas des ennemis. Le Directoire lui annonça que le général Kellermann allait lui être adjoint pour le
commandement de l'armée, et qu'en
outre des commissaires lui seraient envoyés. Bonaparte ne pouvait accepter un
tel joug, il préférait se démettre, et le
24 mai il écrivit d'abord à Carnot: « Que
« je fasse la guerre ici ou ailleurs, cela
« m'est indifférent. Servir la patrie, mé-
« riter de la postérité une feuille dans
« notre histoire, voilà toute mon ambi-
« tion. Réunir Kellermann et moi en
« Italie, c'est vouloir tout perdre. Un
« mauvais général vaut mieux que deux
« bons.» Puis au Directoire : « J'ai fait la
« campagne sans consulter personne; je
« n'eusse rien fait de bon, s'il eût fallu
« me concilier avec la manière de voir

« d'un autre. J'ai remporté quelques
« avantages sur des forces supérieures et
« dans un dénûment absolu de tout,
« parce que *ma marche a été aussi*
« *prompte que ma pensée.* Si vous m'im-
« posez des entraves.... n'attendez plus
« rien de bon. Si vous rompez en Italie
« l'unité de la pensée militaire, vous au-
« rez perdu la belle occasion d'imposer
« des lois à l'Italie. Chacun a sa manière
« de faire la guerre; le général Kellermann
« a plus d'expérience et la fera mieux que
« moi. Mais tous deux ensemble nous la fe-
« rons fort mal, etc.» Le bon sens de ces
paroles, la menace d'une démission qui
eût mécontenté l'esprit public déjà favorable au jeune général, émurent le Directoire et le firent changer de résolution.
Bonaparte fut maintenu à la tête de l'armée d'Italie, et dès le 27 mai, après
avoir donné huit jours de repos à ses soldats, il rentra en campagne. Beaulieu
s'était retiré sur le territoire de Venise;
il l'y poursuivit, et le 30 il remporta sur
lui, à Borghetto, une dernière victoire.
Maître déjà de Brescia et de Peschiere,
il donna l'ordre à Masséna d'occuper Vérone, puis se dirigea de sa personne, le
4 juin, sur Mantoue, où Beaulieu s'était
réfugié. De là il se proposait de marcher
sur Naples et sur Rome; mais le roi de
Naples, instruit de ses projets, lui envoie
proposer la paix, qu'il accepte malgré les
ordres contraires du Directoire. De son
côté, le Souverain-Pontife, effrayé de l'arrivée d'Augereau dans les Légations, conclut, le 23 juin, avec le général en chef,
un armistice par lequel il consent à céder
Bologne, Ferrare et Ancône; à payer
vingt millions en argent, à fournir des
munitions et à livrer cent monuments des
arts au choix des commissaires de la
France. Au milieu de si brillants succès,
Bonaparte n'oublia pas la Corse, sa patrie,
soumise depuis trois ans à la domination
anglaise, et il prit la résolution de la délivrer de ce joug humiliant. Il savait que
Livourne était le centre de l'influence
britannique en Italie; il s'empare de cette
ville, appelle tous les Corses réfugiés en
France, en forme un petit corps d'armée
de cinq cents hommes, et les envoie, sous
le commandement du général Gentili,
faire une descente dans l'île. A l'arrivée
de leurs compatriotes, les habitants se
levèrent en masse, et bientôt l'armée anglaise, obligée d'évacuer la Corse, se
retira à Gibraltar. Après avoir présidé
aux préparatifs de cette expédition, il
avait quitté Livourne pour aller visiter
le grand-duc de Toscane à Florence, et
ce fut au milieu des fêtes brillantes que
ce prince de la maison d'Autriche lui

donna dans sa capitale, qu'il apprit (29 juin) la reddition de la citadelle de Milan. A l'exception de Mantoue qui tenait toujours, l'Italie entière se trouvait donc au pouvoir de la France. Mais après l'avoir conquise, il fallait la garder; or, l'Autriche va faire des efforts inouïs pour nous l'arracher. Elle a fait choix d'un général expérimenté, Wurmser, Alsacien et Français d'origine; elle lui a confié une armée de trente mille hommes, qui, joints à ce qui reste de l'armée de Beaulieu et à la garnison de Mantoue, forment un total de quatre-vingt mille hommes. Bonaparte, au contraire, a demandé en vain des renforts, le Directoire n'a voulu ou n'a pu lui en envoyer. Wurmser est vieux, il a 80 ans, mais il connaît la guerre, et son plan est habilement conçu. Il descend en effet des montagnes du Tyrol, marche avec rapidité sur l'armée française qu'il veut acculer sur Mantoue, pour ensuite l'envelopper et lui couper toute retraite. La tête de ses colonnes est déjà à Rivoli, elle emporte Vérone, et le 30 juillet elle entre sans coup férir dans Brescia, sous la route de Milan. Bonaparte a vu le danger; sans hésiter il ordonne qu'on lève le siége de Mantoue, fait détruire ses ouvrages et enclouer les pièces, rassemble son armée disséminée dans les forteresses où il ne laisse que ses malades et ses convalescents; puis, avec toutes ses forces, il va à la rencontre de l'ennemi, atteint et bat son avant-garde, le 31 juillet, à Salo; se porte sur le centre qu'il culbute, le 3 août, à Lonato; et deux jours après, à Castiglione, il fait achever par Augereau, son lieutenant, la déroute de l'armée autrichienne. La *Campagne des cinq jours*, c'est ainsi que les soldats l'appellent, a fait perdre dix mille hommes à Wurmser, et le vieux général, fuyant devant son jeune adversaire, regagne avec peine Trente et le Tyrol. Mais l'Autriche est loin d'être épuisée; trois semaines après la perte de son armée, tandis que Bonaparte reprenait l'investissement de Mantoue, elle envoie au maréchal Wurmser de nouvelles troupes. Bonaparte revient alors sur ses pas, et comme il apprend en même temps que Moreau et Jourdan ont enfin pénétré, l'un en Bavière, l'autre en Franconie, il se porte sur le Tyrol pour couper Wurmser, le séparer de l'Autriche et le pousser au midi sur Mantoue. Le 1er septembre il part, s'avance le long des rives de la Chieza, remporte une victoire longtemps disputée, le 4, à Roveredo, occupe la ville de Trente et tout le pays environ-

nant, l'organise, puis revient en hâte sur Wurmser qu'il bat dans plus rencontres, et qu'il force à se r dans Mantoue. En Allemagne, les c avaient moins bien tourné pour la F ce: l'archiduc Charles avait battu dan et contraint Moreau à la fan retraite. Victorieuse de ce côté, l'A che veut à tout prix recouvrer lie; elle recrute une nouvelle a qu'elle partage en deux colonnes et elle confie le commandement à Alv Ce général doit marcher lui-même tête de la première division; Davido son lieutenant, conduira la seconde. deux, partis de points différents, se rendre à Vérone, d'où ils iron rencontre de l'armée de Wurmser, jours renfermée dans Mantoue. De le Souverain-Pontife a promis un co gent de quarante mille hommes qu'i envoyer dans un bref délai. Mena trois côtés à la fois, Bonaparte se contraint de divis r ses forces: au d'armée d'Alvinzy il oppose Massé celui de Davidowich le général Vau enfin, à celui de Wurmser qu'il maintenir dans Mantoue, le généra maine; quant à lui, il commande serve avec laquelle il se portera sur les points menacés. D'après ses or Masséna marche au-devant d'Alvi qu'il rencontre, le 1er novembre, s bords de la Brenta; mais il reconna le général autrichien a des force beaucoup supérieures aux siennes, se retire sur Vicence. Bonaparte aussitôt sa réserve de ce côté, va bataille à Alvinzy, et remporte sur le 6 novembre, un brillant avan Mais pendant la nuit il apprend le c tre de la division de Vaubois, qui laissé battre deux fois par Davido Son flanc est à découvert, l'armée mie menace de le couper de l'A tous ses projets sont déjoués. Il se alors sur Vérone, rencontre à Riv fuyards qui l'ont obligé à la retrai leur fait entendre de sévères par « Soldats, dit-il, je ne suis pas co « de vous; vous n'avez montré ni « pline, ni constance, ni bravou « Soldats de la 39e et de la 85e « n'êtes pas des soldats français ! (« ral, faites écrire sur les drapeaux « ne sont plus de l'armée d'Italie ces mots, les soldats frémissent de l demandent à venger leur honneur qué, et implorent comme une gr faveur de marcher à l'avant-gard général a besoin d'eux, il se laiss chir, et reprenant aussitôt l'offer il marche sur Alvinzy, qui, retr sur les hauteurs de la Diero, lui ferme le passage. Là, un échec attend Bonaparte lui-même. En vain il veut enlever la position ; après un combat sanglant, il est repoussé. L'armée, à son tour, s'inquiète et murmure ; cependant, dans la pensée du général, déjà tout est réparé, il tournera les positions qu'il n'a pu enlever. En effet, après avoir d'abord battu en retraite ; il part à la nuit tombante de Vérone, franchit l'Adige, et débouchant par une chaussée étroite qui mène au petit village d'Arcole, il tombe à l'improviste sur l'arrière-garde d'Alvinzy. Un pont, il est vrai, sépare encore les deux armées, et ce pont est défendu par une formidable artillerie. On le passera cependant. Augereau, le premier, s'avance pour le franchir ; il est, malgré ses efforts, ramené avec sa division. Bonaparte alors fait battre la charge et s'élance lui-même à la tête de ses soldats ; mais bientôt il est culbuté et tombe dans les marais, d'où on le retire couvert de boue. Pendant trois jours la lutte continue ainsi avec acharnement ; enfin les Français l'emportent, et, le 17 novembre, Alvinzy regagne la frontière, après avoir perdu une grande partie de son armée. Le jeune vainqueur se dirigea aussitôt sur Mantoue pour en presser le siège, et en passant il constitua la *République Transpadane*, qu'il forma des duchés de Modène, de Parme, de Mirandole et des Légations. Cependant l'Autriche, qui est victorieuse sur le Rhin, ne veut pas abandonner l'Italie : en apprenant ses récents échecs elle a levé deux nouvelles armées : l'une, sous le commandement de Provera, débouche par le Tyrol; l'autre, sous celui d'Alvinzy, arrive par le Padouan ; toutes deux se sont donné rendez-vous, comme dans la campagne précédente, sous les murs de Mantoue. Le général français marche à leur rencontre; le 12 janvier 1797, dans un premier combat, à Saint-Michel, il défait Provera, se porte au-devant d'Alvinzy, qu'il rencontre, le 14, sur le plateau de Rivoli, et où il remporte sur lui une éclatante victoire. Malgré sa défaite, Provera a pénétré jusqu'à Mantoue. Bonaparte le sait, il revient sur ses pas, et dans un dernier combat, livré le 16 janvier, il détruit la seconde armée autrichienne. Dès lors, il ne restait plus à Wurmser, toujours enfermé dans Mantoue, qu'à demander une capitulation. Bonaparte, qui avait hâte d'être maître de la ville, la lui accorda avec des conditions honorables; le vieux maréchal put sortir de la place à la tête de cinq cents hommes et quatre bouches à feu. La ca-

pitulation, signée le 1er février, fut exécutée le 2. Cependant Bonaparte était déjà parti pour marcher contre l'armée du Saint-Siége. Le Souverain-Pontife, le vénérable Pie VI avait essayé de se soustraire aux dures conditions imposées par le vainqueur ; mais abandonné à ses propres ressources, il reconnut bientôt son impuissance et demanda à suspendre les hostilités. Le 19 février un nouveau traité fut signé à Tolentino, par lequel il s'engageait à payer une contribution de trente millions, à livrer trois cents tableaux ou statues, à céder Ancône, Bologne, Ferrare, toute la Romagne, enfin à reconnaître la réunion d'Avignon à la France. Bonaparte faisait chèrement payer son triomphe ; toutefois on dut lui tenir compte des égards avec lesquels il traita la personne du Souverain-Pontife, de la protection qu'il accorda aux ecclésiastiques français réfugiés en Italie, et en général du respect qu'il montra pour la religion. Cependant tout n'était pas terminé; l'Autriche persévérait dans la lutte. L'archiduc Charles fut rappelé d'Allemagne et placé à la tête d'une nouvelle armée forte de soixante-dix mille hommes, auxquels devaient se joindre trente mille vieux soldats. C'était au mois d'avril que le général autrichien devait entrer en campagne; Bonaparte le sait, et il accourt. Le 9 mars il est sur la Brenta, à Bassano, d'où il adresse à son armée un ordre du jour : « Soldats, « dit-il, vous avez vaincu dans quatorze « batailles rangées et dans soixante-dix « combats, vous avez enrichi le muséum « de Paris de trois cents chefs-d'œuvre « de l'ancienne et de la nouvelle Italie, « qu'il a fallu trente siècles pour pro- « duire, vous avez conquis les plus belles « contrées de l'Europe.... les rois de Sar- « daigne, de Naples, le Pape, le duc de « Parme sont détachés de la coalition ; « vous avez chassé l'Anglais de Livourne, « de Gênes, de la Corse.... et cependant « de plus hautes destinées vous atten- « dent. » Puis, sans attendre que l'ennemi vienne à lui, il ordonne à ses lieutenants Joubert et Masséna de marcher en avant; lui-même s'avance à la tête d'un corps d'armée. Le 16 mars, il rencontre l'archiduc sur les bords du Tagliamento, lui livre bataille, et, après une lutte acharnée, il le force à la retraite. Dès lors, rien ne l'arrête plus, c'est sur Vienne qu'il prétend marcher; par ses ordres, Joubert, Masséna, Bernadotte envahissent simultanément les Etats héréditaires. Le général en chef compte sur les deux armées du Rhin dont on lui a promis le concours. Mais en route il

apprend que le Directoire a changé d'a-
vis, que Moreau et Jourdan ne doivent
plus franchir le Rhin. Il s'arrête alors,
se décide et écrit à l'archiduc pour lui
proposer la paix. D'abord, il reçoit une
réponse équivoque ; et ne pouvant plus
reculer, il continue sa marche sur Vienne, où déjà règne la terreur. Cependant
le 7 avril, il était à Léoben, lorsqu'il
reçut une proposition d'armistice qu'il se
hâta d'accepter ; il en fit toutefois rayer
le premier article portant que le gouvernement autrichien reconnaissait la République française : « Effacez cela, dit-il,
« la République française est comme le
« soleil, il n'y a que les aveugles qui ne
« la voient point. » Dans le traité préliminaire, l'Autriche déclarait reconnaître
les deux républiques italiennes nouvellement formées, consentir aux frontières
du Rhin pour la France, renoncer aux
Pays-Bas et au Milanais. Bonaparte, dès
lors, dut évacuer l'Allemagne et retourner en Italie pour y attendre la fin des
négociations dont il avait seulement posé
les bases. Joséphine était à Milan, où,
entourée de toute la haute noblesse lom-
barde et des ambassadeurs de l'empereur, du Pape, du roi de Naples, elle
semblait une reine qui tient sa cour et
reçoit ses sujets. Bonaparte vint l'y trouver. Il n'avait pas cependant entièrement
déposé les armes. Avant la signature de
l'armistice, Venise avait levé une armée
contre la France. En vain Bonaparte
avait envoyé son aide-de-camp Junot la
menacer de la châtier, si elle continuait
ses armements ; le sénat avait persisté.
De plus, pendant les fêtes de Pâques, les
paysans ameutés s'étaient jetés sur les
Français au signal d'un coup de cloche,
et en avaient massacré un grand nombre.
De tels actes demandaient une réparation : Bonaparte l'exigea, et le 3 mai il
déclara la guerre à Venise. Mais il n'eut
pas besoin d'envoyer une armée : le sénat, effrayé, abdiqua ; et la flotte vénitienne, composée de trente vaisseaux,
vint se placer sous le pavillon tricolore.
Tandis qu'il poursuivait le cours de ses
négociations avec l'Autriche, la France
était en proie à une nouvelle crise intérieure : le Directoire, menacé par le
parti constitutionnel et modéré, rendit,
le 18 fructidor, un décret de proscription qui déportait à Sinnamary un grand
nombre de citoyens distingués par leurs
talents et les services qu'ils avaient rendus à la chose publique. Bonaparte avait
été consulté, et dans cette circonstance,
comme au 13 vendémiaire et pour les
mêmes motifs, il s'était prononcé pour
le parti révolutionnaire, qui représen-

tait alors le gouvernement. Cependant
désapprouva les violences qui eure
lieu, et s'effraya surtout de l'influe
que les jacobins venaient de recouv
Une rupture eut bientôt lieu entre le
les directeurs, et de nouveau il env
sa démission. « Ma santé, écrivait
« demande impérieusement le re
« la tranquillité. Mon âme a aussi
« de se retremper dans la masse
« toyens. Depuis trop longtem
« grand pouvoir est confié d
« mains. » On ne fut pas dupe
sentiments d'abnégation ; mais le Directoire l'aimait mieux en Italie à la tête de
son armée, qu'à Paris sans emploi et
mécontent. Cependant l'Autriche s'obsti-
nait toujours à refuser l'ultimatum de la
France ; le comte de Cobentzel, représentant de l'empereur, luttait pied à pied
et faisait naître incessamment des difficultés nouvelles. Un jour Bonaparte,
impatienté de la longueur des négociations, s'écria : « Eh bien ! puisque vous
« ne voulez pas la paix, la trêve est
« rompue, la guerre déclarée ; » puis,
montrant quelques tasses de porcelaine
qui se trouvaient sur un guéridon, il
ajouta : « Sachez qu'avant la fin de l'au-
« tomne je puis briser votre monarchie
« avec la même facilité que je briserais
« cette porcelaine. » Peu de jours après
la paix fut conclue et signée, le 17 octobre, à Campo-Formio. Le traité confirmait les préliminaires de Léoben, avec
cette différence que Mantoue était retirée à l'Autriche, à laquelle on donnait
en échange Venise, qui perdait ainsi
pour toujours son antique indépendance.
De Campo-Formio Bonaparte se rendit à
Rastadt, où le Directoire l'avait appelé pour présider aux négociations qui
avaient lieu dans cette ville. Mais il reçut
bientôt l'ordre de quitter le congrès et de
rentrer en France. Arrivé à Paris, il y
fut accueilli avec enthousiasme ; par prudence cependant il ne reçut d'abord que
peu de monde dans son appartement de
la rue Chantereine, appelée dès lors rue
de la *Victoire*. Mais la foule avait déjà
les yeux fixés sur lui, et lorsqu'il paraissait en public il était salué par des acclamations. Le ministre des affaires étrangères, de Talleyrand, lui donna une fête
brillante ; le Directoire aussi, malgré les
craintes que lui inspirait l'ambition du
jeune général, crut devoir lui rendre des
honneurs publics dans une solennité qui
eut lieu au Luxembourg et dans laquelle
Bonaparte vint présenter aux directeurs
le traité de Campo-Formio. Peu auparavant, l'Institut l'avait appelé dans son
sein et nommé à une place vacante de

mécanique. Bonaparte pen-
endant s'emparer du pouvoir, mais il
eure pour emprunter son langage,
nflue *oire n'était pas mûre encore* ; il
ouv *da* à attendre, cherchant quel-
re lu *ccasion* nouvelle d'accroître son in-
env *ée*. L'Orient, depuis longtemps, pré-
vait *upait* sa poétique imagination ; déjà,
po *rsqu'il* n'était que simple officier d'ar-
b *lerie*, nous l'avons vu proposer au
d gouvernement d'aller en Asie tenter la
fortune. La même pensée le tourmentait
encore, et bientôt il présenta au Directoire le plan d'une expédition en Egypte.
Le gouvernement, qui voulait avant tout
l'éloigner, n'eut garde de refuser, et ordonna aussitôt les préparatifs. Dès qu'ils
furent terminés, Bonaparte partit pour
Toulon, et à la fin de mai 1798 il mit à
la voile avec quatorze frégates, quinze
vaisseaux et quatre cents bâtiments de
transport, ayant à leur bord une armée
de trente mille hommes. Il se dirigea
d'abord sur Malte, dont, grâce à d'habiles négociations, il prit possession sans
coup férir. Après une relâche de dix jours
dans cette île, il reprit la mer et se trouva,
le 1er juillet, en vue d'Alexandrie. Le
débarquement eut lieu sans obstacle. Le
lendemain seulement il livra bataille, et
la victoire lui ouvrit les portes de la
ville. Il marcha alors sur la capitale de
l'Egypte, et après deux nouveaux combats, l'un à Chebreisse, l'autre dans la
plaine des Pyramides, il s'empara du
Caire, y établit son quartier-général, et
s'occupa aussitôt d'organiser un gouvernement. Asseoir sa puissance sur le prestige religieux et sur la crainte, tel doit
être, selon lui, tout le mobile de sa politique en Orient. Aussi on le voit un jour
se montrer à la mosquée dans le costume
musulman, pour célébrer une fête de
Mahomet, et en même temps ordonner
de fusiller impitoyablement quiconque
essaiera de résister. Au milieu de ses
succès, il avait appris la nouvelle de la
destruction de sa flotte à Aboukir. Ce
désastre, l'un des plus grands peut-être
qu'ait jamais éprouvés la marine française, le plongea dans une profonde tristesse. Il ne perdit pas courage cependant,
et il ne renonça à aucun de ses projets.
C'est même à cette époque qu'il fit ses
premiers essais de monarchie orientale.
Il avait amené avec lui un grand nombre
de savants et d'artistes, il les réunit sous
sa présidence, leur communiqua ses
idées, les envoya faire des excursions
scientifiques sous la protection de ses
soldats, les accompagna lui-même, organisa une académie, et donna ainsi une
puissante impulsion aux recherches et

aux explorations d'où est sorti le grand
travail de la commission d'Egypte. Par
ses soins, un système d'administration,
semblable, sous beaucoup de points, à
celui de la France, fut également constitué. D'ailleurs il ne permettait aucune
résistance, et lorsqu'au mois d'octobre
éclata la révolte du Caire, non seulement
il la réprima avec énergie, mais il en
punit les auteurs avec une cruelle sévérité. L'Egypte bientôt ne lui suffit plus,
il a porté ses vues sur la Syrie, d'où, sans
doute, après s'être formé une armée in-
digène, il compte se porter sur Constantinople. En conséquence, au mois de
février 1799, il se mit en marche à travers le désert avec une armée de douze
mille hommes, s'empara d'abord de la
place de Jaffa, puis se dirigea sur celle
de Saint-Jean-d'Acre, où, contre son attente, il éprouva une sérieuse résistance.
La défense de la place était dirigée par
Sidney Smith et par l'ingénieur français
Phelippeaux. Cependant il fit donner
l'assaut par ses soldats ; mais, après un
combat meurtrier, ils furent repoussés.
Au même moment, il apprend que les po-
pulations du Liban se sont insurgées ;
il va à leur rencontre, les taille en pièces
dans la brillante journée du Mont-Tha-
bor, et revient de nouveau presser le
siége. Mais bientôt s'apercevant que ses
efforts seront inutiles, il se décide à faire
une retraite qui s'opère en bon ordre. A
Jaffa, il trouva les blessés qu'il y avait
laissés ; il ne pouvait les emmener, les
moyens de transport lui manquaient ;
d'ailleurs les blessés étaient atteints de
la peste, et ils l'auraient communiquée à
l'armée. Alors un ordre horrible, dont
le souvenir pèsera toujours sur sa mémoire, est donné : il fait distribuer une
forte dose de laudanum à chacun des
pestiférés, dont le nombre, d'après les
rapports les plus impartiaux, s'élevait à
soixante. Le docteur Desgenettes s'honora dans cette circonstance, en refusant
son ministère à cet odieux empoisonnement. De retour à Alexandrie, Bonaparte
apprit que les Turcs venaient de débarquer une armée de dix-huit mille hommes. Heureux de trouver cette occasion
de réparer l'échec qu'il avait éprouvé, il
courut à leur rencontre, détruisit l'infanterie musulmane dans la bataille d'Aboukir, et fit le pacha prisonnier. Après ce
brillant succès, il pouvait sans honte
quitter l'Egypte. C'est à quoi il pensait
depuis longtemps. Les nouvelles venues
de France avaient fait connaître l'état de
faiblesse du gouvernement à l'intérieur,
les désastres de l'armée au dehors, en
Italie et en Allemagne. Il lui sembla que

le moment était venu de mettre enfin ses desseins à exécution. Mais comment retourner en France ? Il a perdu sa flotte, la mer est couverte de vaisseaux anglais : n'importe, le sort en est jeté, son destin l'appelle, il bravera tous les hasards de la traversée, et il compte, pour échapper aux croisières de l'Angleterre, sur le même bonheur qui lui a fait une première fois éviter sa flotte, lorsqu'il se rendait en Egypte. Les préparatifs de départ ayant été ordonnés en secret, une petite escadrille fut mise à flot, et le 23 août 1799, après avoir remis le commandement à Kléber, qui ignorait encore son projet, il s'embarqua avec ses amis et ses officiers les plus dévoués, Lannes, Murat, Berthier, Junot, Bourrienne. Là son étoile ne lui fit pas défaut : à travers les stations anglaises qui couvraient la Méditerranée, sans être aperçu et après une relâche forcée de huit jours dans le port d'Ajaccio, il débarqua, le 9 octobre, à Fréjus. L'enthousiasme avec lequel il fut accueilli lui permit de violer les lois sanitaires, et il partit sur-le-champ pour Paris où il arriva quelques jours après. Dès lors une tâche nouvelle allait lui être imposée. Jusque-là il n'avait été qu'un général brave et habile, qui avait étonné le monde par l'éclat et la rapidité de ses victoires ; une œuvre plus grande lui restait à accomplir : la restauration sociale et politique de la France. Il faut rappeler, en effet, en quel état se trouvaient les affaires. La Convention, fille de la philosophie du 18e siècle, avait tout détruit en France, la société et le gouvernement. La société n'avait plus ni religion, ni morale, ni mœurs publiques ; les classes étaient mêlées et confondues ; il n'y avait plus que des individus épars, qui flottaient au hasard des événements. Le gouvernement était sans autorité, sans prestige, sans dignité : il se trouvait, pour le moment, entre les mains de cinq directeurs et de deux assemblées qui n'inspiraient ni confiance au dedans, ni considération au dehors. S'agissait donc de reconstituer les deux choses, la société et le gouvernement : la société, en lui rendant ses autels, en mettant fin aux scandales des *filles-mères* de la Convention, des courtisannes du Directoire, en maintenant la classe moyenne dans la position qu'elle s'était faite, et en rappelant la noblesse pour lui faire sa part dans l'organisation nouvelle ; le gouvernement, en lui rendant l'autorité morale qui lui manquait, en constituant une administration forte et honnête, en promulguant des lois sages et modérées. Telle était la mission confiée par la Providence au général Bonaparte. Cependant le Directoire lui-même avait conscience de sa faiblesse, de son impuissance même ; il comprenait qu'il était incapable de mener plus longtemps les affaires, et il était disposé à se retirer. Les membres des deux conseils, du conseil des anciens et du conseil des cinq-cents, avaient la même conviction ; tous étaient d'accord sur ce point qu'un changement était devenu inévitable ; mais on hésitait sur les moyens à employer. Bonaparte, à son arrivée à Paris, jugea de suite l'état des choses, et aussitôt il se concerta avec les hommes les plus influents, avec Talleyrand, Sieyès, Fouché, etc. Le plan fut bientôt arrêté : on convint que trois consuls seraient substitués aux directeurs, et pour faciliter ce changement, on arrêta que les conseils iraient tenir leur séance à Saint-Cloud, et que Bonaparte serait nommé commandant en chef de l'intérieur. Ce projet, communiqué à plusieurs membres des deux conseils, reçut leur assentiment. Les directeurs en eurent également connaissance ; deux d'entre eux même, Sieyès et Roger-Ducos, accédèrent ; un troisième, Barras, prit le parti de se retirer à sa terre de Grosbois. Enfin les deux autres n'étaient pas assez forts pour agir. Tout étant prêt pour l'exécution, le conseil des anciens rendit, le 18 brumaire (9 novembre 1799), un décret qui ordonnait la translation du Corps législatif à Saint-Cloud. Le lendemain les membres des conseils se rendirent au lieu indiqué ; Bonaparte y alla de son côté, suivi d'un nombreux état-major et de plusieurs régiments. Cependant, dans la nuit, l'état des esprits avait changé : beaucoup de ceux qui avaient d'abord donné leur consentement s'étaient effrayés, et, en voyant un général à la tête du mouvement, avaient craint une dictature. Lors donc que Bonaparte se présenta au conseil des anciens, ainsi qu'il avait été convenu, il y fut mal reçu. Il voulut haranguer, mais il ne put se faire entendre, et il prit le parti de se retirer. Il ne perdit pas courage cependant, et se rendit immédiatement au conseil des cinq-cents avec une compagnie de grenadiers. Lorsqu'il se présenta à la porte de la salle, la vue des baïonnettes excita la terreur et l'indignation ; les cris de : *A bas le tyran! hors la loi le dictateur !* retentirent de tous côtés. Il voulut s'avancer jusqu'à la barre ; mais les cris redoublèrent, un grand nombre de députés se levèrent et l'entourèrent en le menaçant, un d'entre eux même le saisit et le traîne à la porte. Ainsi repoussé par la force, Bonaparte retourne haranguer ses troupes, les excite contre les deux conseils; puis, accompagné de Lucien, président du conseil des cinq-cents, il se dirige de nouveau vers l'as-semblée. Leclerc crie à ses grenadiers de marcher en avant; les soldats obéis-sent, croisent les baïonnettes, en entrant dans la salle au pas de charge, et forcent les députés à fuir dans toutes les direc-tions, les uns par les couloirs, les autres par les fenêtres. Bonaparte était resté maître de ce nouveau champ de bataille. Dans la soirée, Lucien réunit une soixan-taine de députés qui déclarèrent, au nom de l'assemblée, que la constitution de l'an III avait cessé d'exister, et nommè-rent à la place des directeurs trois con-suls, Bonaparte, Sieyès et Roger-Ducos. Ces derniers entrèrent immédiatement en fonctions, et dès le lendemain Bona-parte alla prendre possession des appar-tements de Barras au Luxembourg. Cette révolution du 18 brumaire causa une joie générale dans toute la France. Chose étrange! la représentation nationale ve-nait d'être violée, et la nation applaudit: c'est qu'elle était lasse des démagogues imbéciles et jaloux qui se disputaient le pouvoir sans savoir le garder, lorsqu'ils l'avaient pris; c'est qu'elle avait besoin, avant tout, d'un gouvernement fort et régulier, et que Bonaparte le lui avait promis. Il tint parole : à peine installé, il se mit à l'œuvre et commença aussitôt la réorganisation sociale et politique si désirée. D'abord il proclama l'oubli du passé, s'opposa aux proscriptions que ses collègues lui proposaient, rappela les émigrés, fit rendre à leurs anciens pro-priétaires les biens qui n'avaient pas été vendus, s'entoura des hommes les plus capables de toutes les opinions, constitua une administration puissante et forte en divisant la France en préfectures et sous-préfectures qu'il confia à des hommes sûrs et dévoués, organisa une magistra-ture probe et éclairée, rendit les églises au culte et s'occupa de conclure un con-cordat avec le Souverain-Pontife. En même temps, il porta ses soins sur les affaires du dehors, se proposant d'obte-nir, soit par les négociations, soit par la guerre, une paix honorable. Dès le len-demain du 18 brumaire, Sieyès, en voyant la manière d'agir du général Bo-naparte, son collègue, s'était écrié avec amertume : « A présent nous avons un « maître! » Il avait compris tout de suite quel rôle lui était réservé. Il espé-rait cependant que, dans la nouvelle con-stitution dont la rédaction lui avait été confiée, il pourrait se faire une part, sinon dans l'exercice effectif du pouvoir,

du moins dans la hiérarchie gouverne-mentale. Il proposa de conférer le pou-voir exécutif à deux consuls : l'un qui serait chargé des affaires de la paix, l'autre de celles de la guerre; puis de placer au-dessus de ces deux fonction-naires un grand-électeur dont les attri-butions étaient peu étendues, mais qui, chargé de représenter la République, de-vait, à ce titre, recevoir un gros traite-ment et de riches dotations : telle était la riche sinécure qu'il se réservait. L'en-semble de la constitution était savam-ment élaboré. La pondération entre les divers pouvoirs surtout y avait été com-binée avec beaucoup d'art et d'habileté. Lorsque ce projet fut présenté à Bona-parte, il accéda volontiers aux disposi-tions fort peu démocratiques qui concer-naient les élections; il admit également les deux consuls; mais lorsqu'il arriva à l'article du grand proclamateur électeur, il s'écria : « Citoyen Sieyès, comment « avez-vous pu croire qu'un homme « d'honneur, qu'un homme de talent « voulût jamais consentir à n'être qu'un « cochon à l'engrais de quelques millions « dans le château royal de Versailles? » Par cette sortie le projet de Sieyès était jugé : on le rejeta et un autre fut mis à l'étude. La constitution qui sortit de ce nouveau travail confiait le pouvoir exé-cutif à trois consuls dont l'autorité était inégale; il y avait un premier, un second, un troisième consul; le premier et le se-cond consul devaient être nommés pour dix ans, le troisième pour cinq seule-ment. Sieyès et Roger-Ducos, dont le rôle se trouvait ainsi singulièrement amoindri, prirent le parti de se retirer moyennant une grosse somme d'argent qui leur fut allouée. Cambacérès et Lebrun, l'un an-cien membre de la Convention, l'autre connu par ses relations avec les royalis-tes, furent appelés à prendre leur place. Ainsi fut décrétée la nouvelle constitu-tion du 22 frimaire an VIII (13 décem-bre 1799), que l'on soumit plus tard à l'acceptation du peuple. L'année 1800 s'ouvrait pour le premier consul sous les plus heureux auspices : au dedans, l'or-dre était partout rétabli, son pouvoir obéi et respecté, sa personne aimée et applaudie; lorsqu'il paraissait en public, le peuple faisait entendre des cris d'en-thousiasme et des acclamations dont le bruit était aussi doux pour son cœur que la voix de Joséphine. Au dehors, les désastres de l'année précédente avaient été en partie réparés par Masséna en Suisse, par Brune en Hollande. La guerre, il est vrai, durait toujours, et l'Angleterre avait même repoussé avec dureté les offres de paix qui lui avaient été faites; l'Autriche aussi refusait de traiter : mais le premier magistrat de la République n'était-il pas conquérant de l'Italie, et ne devait-il pas lui convenir de consacrer par la gloire son nouvel établissement? Toutefois, avant d'entrer en campagne, il voulut assurer la tranquillité intérieure, et à l'aide d'habiles négociations plus encore que par la force des armes, il pacifia la Vendée. Puis, après avoir distribué ses armées selon le plan qu'il avait conçu, il partit lui-même. L'armée autrichienne, commandée par Mélas, était occupée au siége de Gênes que défendait Masséna. Il était naturel de croire que le général français allait déboucher par ce côté des Alpes pour venir au secours de son lieutenant. Il n'en sera pas ainsi cependant : c'est par le côté opposé, par le grand Saint-Bernard; par la route la plus difficile et la plus escarpée, que nulle armée n'a encore franchie, qu'il a résolu d'entrer en Italie. En peu de jours, les préparatifs furent terminés, et l'armée put se mettre en route sous la conduite de son chef qui la mène à l'assaut des Alpes. Elle gravit péniblement les coteaux escarpés qu'il lui faut franchir, et avance le long d'une rampe étroite et périlleuse. Lorsque les grappins sont trop raides, on bat le tambour, et elle monte au pas de charge. Enfin, après plusieurs jours, elle arrive au sommet des Alpes, d'où elle découvre les plaines fécondes de la Lombardie; elle descend alors avec la même hardiesse qui lui a fait gravir les pentes les plus rapides, puis elle tombe à l'improviste sur un corps autrichien que Lannes met en déroute à Montebello. Rien, dès lors, ne peut plus arrêter le premier consul. Il fait passer le Pô à son armée, et rencontre dans la plaine de Marengo Mélas, qui, après avoir pris Gênes, revient sur Milan, et s'étonne de trouver là son adversaire qui l'a devancé. L'armée autrichienne est forte de quarante mille hommes; l'armée française n'en compte que trente mille. Mais Bonaparte a confiance dans le courage de ses soldats, dans l'habileté de ses lieutenants, dans la hardiesse de son plan, et il engage le combat. D'abord la fortune lui fut contraire; son centre et sa droite furent enfoncés; mais au bruit du canon Desaix est accouru, il fait une première charge dans laquelle il périt frappé à mort par un boulet. Kellermann vient ensuite, et à la tête de deux régiments de cavalerie, il culbute la colonne autrichienne victorieuse. Le centre de l'ennemi, à son tour cerné par deux divisions françaises, est obligé de mettre bas les armes. Dès lors le succès de la journée fut assuré, et Mélas, qui, au commencement de l'action avait quitté le champ de bataille, croyant son triomphe assuré, apprit à Alexandrie la déroute de son armée. La bataille de Marengo eut les résultats les plus décisifs ; le général autrichien se retira derrière le Mincio, et signa un armistice qui restituait à la France Gênes, Nice, la Savoie, l'Italie moins Mantoue. Après cette brillante campagne, le premier consul quitta l'armée, et le 2 juillet, deux mois après son départ, il revint coucher aux Tuileries, où déjà il était installé. Il fut reçu dans la capitale avec enthousiasme ; comme César il aurait pu dire : *Veni, vidi, vici.* Il s'était contenté d'adresser aux consuls, ses collègues, ces paroles : « J'espère que le peuple français sera content de son armée. » Aussitôt il reprit ses travaux de réorganisation intérieure, fortifia son administration, fit préparer un projet de *Code civil*, régularisa le système financier, releva le crédit. Lui-même présidait son conseil d'état, où il avait appelé les hommes les plus instruits, les esprits les plus éminents; il prenait part aux délibérations, et étonnait ses savants collègues par la justesse de ses vues, l'élévation de ses idées, la lucidité et souvent l'éloquence de son langage. Rien ne paraissait étranger à ce jeune guerrier, dans lequel on n'avait vu d'abord qu'un soldat heureux, et qui se révélait tout à coup savant administrateur, politique habile, jurisconsulte judicieux, fin et délié diplomate. Dans les derniers mois de l'année 1800, quelques symptômes graves se produisirent : les partis, d'abord étonnés, abattus, commençaient à relever la tête; ils ne pouvaient plus attaquer le gouvernement par leurs écrits, car une censure rigoureuse pesait sur la presse, ils se mirent à conspirer. Deux conjurations, l'une républicaine, l'autre royaliste, éclatèrent successivement. La première fut déjouée; l'adjudant-général Aréna et le sculpteur Cerrachi payèrent de leur tête leur criminelle tentative. La seconde échoua aussi, mais par l'effet d'un hasard providentiel. Le 24 décembre (3 nivôse), le premier consul se rendait le soir à l'Opéra; comme il passait dans la rue Saint-Nicaise, une explosion effroyable eut lieu ; c'était un baril de poudre cerclé de fer, chargé de balles, auquel on a donné depuis le nom de *Machine infernale*, qui venait d'éclater. Bonaparte avait échappé comme par miracle; son cocher était ivre, et l'avait mené avec tant de rapidité que la voiture était déjà passée, lorsque la poudre prit feu ; mais de nombreuses victimes furent frappées : dix-sept personnes avaient péri ; d'autres, en plus grand nombre, étaient blessées. Cependant le premier consul avait continué sa route, et était allé rejoindre Joséphine à l'Opéra ; son visage ne trahissait nulle émotion, et il salua comme de coutume, avec calme et dignité, la foule qui l'applaudissait ; mais le soir, rentré aux Tuileries, il appela Fouché, son ministre de la police : « Voilà « l'œuvre des jacobins, s'écria-t-il ; ce « sont les buveurs de sang de septem- « bre, les assassins de Versailles ! » Il se trompait, la machine infernale était l'œuvre du parti royaliste ; on le sut plus tard. Carbon et Saint-Régent, les principaux coupables, furent condamnés à mort et exécutés. Les jacobins toutefois, quoique étrangers au crime, eurent leur part dans le châtiment ; et le premier consul, qui les redoutait plus encore que les royalistes, maintint le décret par lequel cent cinquante d'entre eux avaient été, sur ses premiers soupçons, condamnés à la déportation. L'exposé des motifs portait que, *s'ils n'avaient pas été pris le poignard à la main, ils étaient connus pour être capables de le porter.* Singulière justice, qu'explique mais ne légitime pas le caractère exceptionnel des circonstances. Ce fut vers ce temps que le premier consul fit demander la cession de ses droits au frère de Louis XVI, qui repoussa énergiquement cette proposition. Dans les trois années qui vont suivre, Bonaparte continuera d'accomplir la tâche glorieuse qu'il a entreprise, il consolidera l'œuvre commencée ; mais déjà il dépassera le but, et des indices certains dénonceront aux moins clairvoyants l'ambition insatiable de celui que la France s'est donné pour chef et qu'elle aura bientôt pour maître. Le règne des lois sera assuré, la religion aura ses autels relevés, ses fêtes rétablies ; une paix honorable, glorieuse même, donnera à la France les frontières que la nature lui a assignées ; mais il sera facile de pressentir que, dans la pensée du dictateur, les lois n'existent que pour être soumises à l'arbitraire de son pouvoir, l'Eglise que pour devenir la servante de ses volontés, et quant à la géographie de la nature, qu'il prétend lui substituer celle de ses caprices et de ses fantaisies ambitieuses. Le 1ᵉʳ janvier 1801, les conférences commencèrent à Lunéville entre l'Autriche et la France, et le 9 février, la paix fut signée entre ces deux puissances. Les conditions étaient celles du traité de Campo-Formio, avec quelques avantages de plus pour la France. L'Espagne, le Portugal, Naples, traitèrent successivement. Le tour de la Russie vint ensuite ; les négociations avec cette puissance avaient été retardées par la mort *subite* de Paul Iᵉʳ, attribuée à la jalousie homicide du gouvernement britannique. Alexandre, son fils aîné et son successeur, ne professait pas pour la personne du premier consul le même enthousiasme ; mais il eut bientôt compris que la paix était dans les intérêts de sa politique, et il ne tarda pas plus longtemps à la signer. Enfin l'Angleterre elle-même, épuisée par la guerre, consentit à suspendre les hostilités et à signer les préliminaires d'un traité qui fut conclu à Amiens, le 25 mars 1802. Ainsi, grâce à la politique habile et ferme du premier consul, la France se trouvait en paix avec toutes les puissances de l'Europe ; ses frontières du Rhin et l'accession de la Savoie lui étaient assurées. A l'intérieur, un grand acte de réparation avait eu lieu : le concordat, signé à Paris le 15 juillet 1801, ratifié par le Pape le 15 août suivant, avait replacé la France au rang des nations catholiques, et rendu à la religion l'organisation officielle qui lui manquait. Pour arriver à ce dernier résultat, le premier consul avait eu à surmonter de grands obstacles. Les hommes qui l'entouraient, la plupart disciples de Voltaire et ouvertement hostiles à la religion, loin de lui prêter leur concours, lui avaient suscité des embarras de toute sorte. L'ancien parti constitutionnel, de son côté, n'avait rien négligé pour faire tourner à son profit la restauration religieuse qui se préparait. L'évêque de Blois, Grégoire, avait essayé, dans des conférences nombreuses à la Malmaison, d'attirer à lui le chef du gouvernement par la séduction d'une église schismatique toujours docile à ses volontés. Mais Bonaparte, avec une fermeté qui dépose de son attachement sincère à la foi de ses pères, avait déjoué toutes les intrigues et consommé la réconciliation de la nation française avec le Siége apostolique. Le traité de paix avec l'Angleterre rendait la liberté de la mer à nos vaisseaux ; le premier consul en profita pour rappeler en France l'armée d'Egypte, qui, depuis la mort de Kléber, se trouvait dans le plus triste état, et pour envoyer une expédition contre Saint-Domingue, sous les ordres du général Leclerc. Cette entreprise réussit d'abord, l'île fut soumise à nos armes, et le chef des nègres, Toussaint-Louverture, fait prisonnier, fut envoyé en France ; mais des revers suivirent bientôt, et l'année suivante l'armée fut obligée d'abandonner sa conquête et de regagner le continent. Le premier consul employa l'année 1802 aux travaux de la paix ; il fit percer des routes, creuser des canaux ; jeta des ponts sur les fleuves, donna des encouragements au commerce, établit l'exposition des produits de l'industrie, institua l'ordre de la Légion-d'Honneur ; mais en même temps il compromettait par une ambition démesurée la paix si laborieusement acquise. Non content de se faire déférer la présidence de la république italienne, de reconstituer la Ligurie par un décret, de s'attribuer le droit de nommer le sénat de Gênes, de mander à Paris les députés de la Suisse et de prendre le titre de médiateur de la Confédération helvétique, il réunit le Piémont à la France et créa six nouveaux départements. Ce dernier acte surtout, par lequel, sans tenir aucun compte ni de la configuration des lieux ni du génie des peuples, il portait la France au-delà des Alpes, dévoilait ses secrets desseins, et jeta l'alarme chez les puissances de l'Europe. L'Angleterre, d'ailleurs, était peu satisfaite du traité d'Amiens ; elle l'exécutait mal et continuait même de retenir le cap de Bonne-Espérance, Malte et d'autres établissements qu'elle s'était engagée à rendre. Des négociations eurent lieu ; mais elles n'amenèrent aucun résultat, et le 18 mai 1803, le gouvernement britannique déclara de nouveau la guerre. Les hostilités furent aussitôt reprises ; à un signal donné, les vaisseaux anglais mirent le blocus devant tous les ports de notre littoral ; de son côté, la France fit avancer ses armées sur tous les points menacés. Deux cent mille hommes, réunis dans le camp de Boulogne et prêts à faire une descente, jettent la terreur en Angleterre. A la guerre vinrent se joindre les conspirations. Pendant l'hiver de 1804, les chefs royalistes affluèrent à Paris. Georges Cadoudal, Pichegru, MM. de Polignac, La Jollais, soutenus par l'argent et les conseils de l'Angleterre, formèrent un vaste complot, dans lequel Moreau lui-même se trouva impliqué. Instruit de ces projets, le premier consul fit arrêter tous les conjurés, et leur intenta un procès à la suite duquel Georges Cadoudal et plusieurs de ses complices furent exécutés, MM. de Polignac envoyés dans une prison d'état, et Moreau exilé ; quant à Pichegru, il avait été trouvé mort dans sa prison, le 4 avril, étranglé, dit-on, par ordre du gouvernement consulaire. Une autre victime, d'un rang plus

élevé, devait être offerte en holocauste à l'ambition du premier consul. Le jeune duc d'Enghien avait fixé sa résidence de l'autre côté du Rhin, à trois lieues de Strasbourg ; il venait fréquemment dans cette ville, du moins les rapports de police le disaient, pour y assister au spectacle ; on assurait même qu'il faisait des voyages à Paris. Irrité, ou feignant de l'être, Bonaparte fit saisir le jeune prince sur un territoire ami, contrairement au droit des gens. On convoque à Vincennes un conseil de guerre, et, dans l'espace de vingt-quatre heures, le petit-fils du grand Condé est jugé, condamné et exécuté dans les fossés du château. Avant de prononcer la funeste sentence, le général Hullin, président du conseil de guerre, avait demandé de nouvelles instructions au premier consul ; mais celui-ci lui avait renvoyé sa lettre avec ces mots écrits de sa main : *Condamnation à mort*. Le général avait obéi ; mais il en conserva toute sa vie un amer et profond regret. Ce crime, conseillé par Talleyrand, avait un but politique ; c'était une préparation à l'acte qui devait bientôt s'accomplir. Bonaparte, qui déjà s'était fait déférer le consulat à vie, voulait enfin monter les dernières marches du trône ; les passions révolutionnaires s'agitaient encore autour de lui il crut que, pour les distraire et les contenir, il était utile de leur jeter en pâture une tête de prince, du sang royal : il le fit. On a dit, depuis, qu'il l'avait profondément regretté ; on doit le croire ; il n'était pas cruel, et dans cette circonstance il ne fit que céder à une de ce fougues de l'ambition, auxquelles il n sut d'ailleurs jamais résister. Le 21 mar 1804, le dernier rejeton du grand Con dé avait donc été mis à mort comme u obscur malfaiteur dans les fossés de Vincennes. Le 18 mai de la même année un sénatus-consulte organique confé au premier consul le titre d'empereur sous le nom de Napoléon I. Ainsi trouvaient accomplis les impatients d sirs du jeune ambitieux : lui qui naguè (il y a huit ans à peine) n'était qu'un o cier obscur et inconnu, est monté faîte du pouvoir ; il ceint la couron impériale ; il se dit et il est en effet le su cesseur de Charlemagne, il en a le titr bientôt il en aura la puissance. Qu rêve ! et quelle merveilleuse destiné Et comment s'étonner ensuite qu'arri à ce sommet des grandeurs humaines tête ait tourné au pauvre gentilhom corse, et que, devenu empereur des Fr çais, il n'ait pas su se tenir à la haute de sa fortune ? En effet, ne nous y tro pons pas, l'époque où Bonaparte est monté sur le trône est aussi celle où il a failli à sa destinée et cessé de remplir la mission qui lui avait été confiée. La première partie de son œuvre était achevée ; il ne lui restait plus qu'à la maintenir et à la féconder : il ne sut pas suffire à cette dernière tâche. On le verra sans doute parcourir l'Europe en tous sens, livrer des combats de géants, se composer une merveilleuse iliade de batailles gagnées, de villes prises d'assaut, de surprenants triomphes ; mais, en définitive, il laissera sans solution les deux grands problèmes posés devant lui, à savoir : la conciliation du pouvoir avec la liberté, de l'Europe en paix avec la France en possession de ses frontières naturelles. Enfin, chose digne de remarque ! de l'empire tout devra périr ; les grandes œuvres du consulat seules resteront : l'unité de l'administration, la restauration des autels, l'institution de la Légion-d'Honneur, le code civil, le concordat. A peine salué empereur, Bonaparte rétablit les anciennes dignités monarchiques : il nomma un archichancelier, un architrésorier, un connétable, un grand-aumônier, des maréchaux de France ; les titres de ducs et de comtes devaient suivre bientôt. Il créa aussi un ministère de la police qu'il confia à l'ex-conventionnel Fouché, ce qui était l'indication de tout un système de gouvernement : la police, en effet, devait être le principal ressort du pouvoir impérial. Il y eut aussi place pour la clémence : l'empereur fit grâce de la vie à MM. de Polignac, de Rivière et à quelques autres condamnés politiques. Trois millions de suffrages déposés sur des registres ouverts à cet effet ratifié le décret du sénat qui lui avait conféré l'empire ; il comprit qu'à un pouvoir ainsi improvisé il fallait une consécration plus haute ; il fit faire des démarches auprès du Souverain-Pontife par son oncle le cardinal Fesch, pour que le Saint-Père vînt lui donner à Paris le sacre impérial. Le Pape résista d'abord ; mais, dans l'intérêt de la religion, il crut ensuite devoir céder, et sur les promesses qui lui furent faites il se dirigea vers la France. Il y fut reçu avec une manière digne du vicaire de Jésus-Christ ; l'empereur alla au-devant de lui, et eut le soin délicat de lui faire préparer aux Tuileries un appartement disposé et meublé comme celui qu'il occupait à Rome au Monte-Cavallo. Mais ce qui toucha plus vivement le cœur du Pontife, ce fut l'accueil empressé qui lui fut fait par la population de Paris et celle des autres villes de France. Partout sur son passage on s'inclinait pour recevoir

la bénédiction pontificale ; il semblait que, par là, on voulût expier les saturnales impies des dernières années. Le sacre eut lieu le 2 décembre. La magistrature, l'armée, tous les grands corps de l'Etat furent conviés à cette cérémonie, pour laquelle la plus grande pompe fut déployée. On remarqua qu'au moment où le Pape, après avoir béni la couronne, allait la placer sur la tête de l'empereur, celui-ci la saisit des mains du Pontife et la posa lui-même sur son front, puis sur celui de Joséphine, voulant marquer par là sans doute qu'il la tenait, non de Dieu, mais de son épée. L'orgueilleux capitaine avait raison : lorsque l'épée fut brisée, la couronne tomba en poussière. Pie VII avait satisfait à toutes les exigences de l'empereur, il avait eu foi en sa loyauté ; mais il vit bientôt qu'il avait été trompé, et il fut obligé de regagner ses Etats sans avoir pu rien obtenir de ce qui lui avait été promis dans l'intérêt de la religion. Cependant la guerre avait été déclarée par l'Angleterre, la grande armée était toujours réunie au camp de Boulogne, attendant l'ordre de l'embarquement ; la marine française, encore puissante alors, unie d'ailleurs à celle de l'Espagne, tenait tête aux flottes de la Grande-Bretagne, et sur toutes les mers les succès étaient balancés. Sur le continent, Napoléon poursuivait le cours des transformations d'Etats qui avait occasionné la rupture du traité d'Amiens : il incorporait Gênes et la Ligurie à l'empire français, il érigeait la république italienne en royaume, lui-même quitta un moment son armée pour aller avec l'impératrice se faire sacrer roi d'Italie à Milan, le 26 mai 1805, et ceindre la vieille couronne des rois lombards. Ces envahissements successifs, indices d'une ambition qui ne savait plus se contenir, servaient merveilleusement les projets de l'Angleterre, et elle eut peu à faire pour entraîner dans son alliance la Russie d'abord, puis l'Autriche. En effet, tandis que Napoléon était ou semblait être occupé des derniers apprêts de la descente, il apprit que trois armées autrichiennes, fortes de deux cent trente mille hommes et commandées par trois archiducs, s'avançaient sur l'Inn, le Lech et l'Adige ; que déjà la Bavière était envahie, et que l'électeur fuyait. Aussitôt, sans hésiter sur le parti qu'il devait prendre, il lève le camp de Boulogne, et court au-devant de l'ennemi qu'il va prendre à la fois par l'Allemagne et par l'Italie, par le Rhin et par le Pô, par le Danube et par l'Adige. Dès le 27 septembre il était à Strasbourg, d'où il donna l'ordre à ses armées de marcher en avant; et le 15 novembre, après avoir passé à travers le territoire de la Prusse malgré sa neutralité, repoussé l'ennemi de la Bavière, pris Munich, fait capituler Ulm, il entre triomphant dans la capitale d'Autriche, et va établir son quartier-général dans le palais impérial de Schœnbrunn. Cependant l'Autriche avait encore son armée, à laquelle la Russie vint bientôt joindre la sienne. Napoléon avait tout prévu déjà, il s'était choisi un champ de bataille où il devait avoir tous les avantages de la position. Par un mouvement facile il y attira, le 2 décembre, l'armée austro-russe, commandée par l'empereur Alexandre. L'armée française ne comptait que soixante-dix mille hommes, l'armée ennemie en avait quatre-vingt-dix mille; mais Napoléon suppléa au nombre par la supériorité de sa tactique, et le jour anniversaire de son couronnement, il remporta une éclatante victoire, à la suite de laquelle l'empereur d'Autriche vint lui-même à son bivouac lui demander la paix. Le vainqueur la lui accorda; il consentit même, ce qu'il eût pu empêcher, à laisser l'empereur de Russie se retirer dans ses États avec le reste de son armée. Ce traité de Presbourg ne fut d'ailleurs pour la France comme pour l'Europe qu'un armistice, une suspension d'armes. Napoléon en profita pour poursuivre le cours de ses spoliations, de ses envahissements. A l'occasion de la descente d'une division anglaise dans la Calabre, il déclara que les Bourbons de Naples avaient cessé de régner, et donna le trône vacant à son frère Joseph; il distribua d'autres principautés à ses sœurs, à ses frères et même à deux de ses sujets, à Bernadotte et à de Talleyrand. Il ne craignit pas de déclarer dans le discours d'ouverture au corps législatif que l'Italie tout entière devait faire partie de l'empire français; enfin il prononça la dissolution de l'ancien empire d'Allemagne, et se fit proclamer le chef de la confédération germanique. Les avantages de la campagne d'Austerlitz, l'une des plus belles de l'histoire au point de vue stratégique, avaient été contre-balancés par un grand revers: le 27 octobre 1805, la flotte française et la flotte espagnole avaient péri à Trafalgar. Napoléon dissimula autant qu'il put ce désastre à ses peuples, et se contenta d'annoncer dans son discours au corps législatif que la tempête avait fait périr quelques vaisseaux à la suite d'un combat imprudemment engagé. Dans les premiers mois de 1806, on put croire un moment à la paix: l'Angleterre paraissait disposée à suspendre les hostilités; Pitt, cet ennemi implacable de la France, était mort; Fox, le chef des wighs, lui avait succédé et annonçait des dispositions favorables. Mais ces espérances furent de peu de durée, et bientôt la Prusse, qui l'année précédente avait gardé la neutralité, mécontente de la part qui lui avait été faite dans la nouvelle délimitation de l'Allemagne, renouvela la première les hostilités. La Russie, qui avait déjà signé les préliminaires de la paix, refusa alors de les ratifier, et, le 25 septembre, une quatrième coalition continentale fut signée entre toutes les puissances du Nord, que l'Angleterre devait soutenir de son or et de ses flottes. A peine la guerre fut-elle déclarée, que la Prusse porta ses trois cent mille hommes sur ses frontières de l'ouest et du midi. Déjà même la Saxe était envahie. En apprenant cette imprudente agression, l'empereur franchit le Rhin. Dès le 8 octobre il manœuvrait sur la Saale, le 9 il rencontra l'ennemi et le repoussa, le 10 il le battit de nouveau, enfin le 14, dans les champs d'Iéna, il détruisit la monarchie du grand Frédéric, et fit son entrée triomphale à Berlin, d'où il rendit un décret qui frappait d'un blocus universel le commerce de l'Angleterre. Bientôt il quitta la capitale de la Prusse pour s'avancer vers la Pologne et aller à la rencontre des armées russes. Le 28 novembre, il était à Varsovie; il s'y arrêta et y passa l'hiver à cinq cents lieues de la France. Au printemps la guerre se ranima, non plus avec la Prusse, mais avec la Russie: de nombreux combats attesteront de nouveau la supériorité de la France, l'habileté de ses généraux, la bravoure de ses soldats. Une grande bataille, longue et meurtrière, eut lieu d'abord à Eylau; mais elle fut peu décisive, et les deux partis s'attribuèrent la victoire. Enfin, le 14 juin 1807, jour anniversaire de Marengo, la victoire se déclara encore pour la France et pour Napoléon dans les champs de Friedland, et le lendemain, 25 juin, une entrevue eut lieu entre les deux empereurs, sur un radeau construit au milieu du Niémen. Les plus hautes questions de la politique y furent abordées. Alexandre et Napoléon y discutèrent de la paix et de la guerre, du partage du monde: l'un devait prendre l'Orient, l'autre l'Occident. On fut près de s'entendre. Cette conférence fut suivie de plusieurs autres, dans lesquelles Napoléon sut captiver l'admiration de son rival; mais celui-ci, fin et rusé, promit beaucoup et sut cependant se réserver toute liberté d'action

Enfin la paix fut signée à Tilsitt le 9 juillet 1807. La Russie consentait à abandonner les bouches du Cattaro, l'Albanie vénitienne, les Sept-Iles, et s'engageait en outre à fermer ses ports au commerce anglais ; un nouveau royaume était créé sous le nom de royaume de Westphalie, au profit de Jérôme, frère de l'empereur ; enfin, par un article secret qu'on s'explique difficilement, l'asile hospitalier accordé jusque-là au prétendant, le roi Louis XVIII, lui était retiré, et le prince proscrit devait recevoir l'ordre de quitter Mittau, où il résidait depuis plusieurs années. Après avoir signé ce glorieux traité, Napoléon prit congé de son nouvel allié, et le 27 juillet il était de retour aux Tuileries. L'enthousiasme fut grand; jamais la puissance de la France n'avait été portée si haut; ses frontières s'étendaient au-delà du Rhin, au-delà des Alpes ; elle avait pour vassaux des princes, des rois, des républiques, presque des empereurs. L'ivresse publique fut à son comble ; on oublia le sang versé, la liberté qui avait péri, les droits des peuples foulés aux pieds, l'intérêt même de la patrie compromis par les excès de l'ambition ; on ne vit que la gloire avec ses séductions et ses entraînements. Quant au chef de l'empire, il trouva que ce n'était pas assez encore; il avait plus que n'eurent jamais Alexandre, César et Charlemagne : car ces conquérants n'avaient, après tout, soumis à leur joug que des peuples barbares, amollis ou inexpérimentés ; lui, au contraire, il tenait rangée sous ses lois la vieille Europe, l'Europe si fière à bon droit des progrès de sa civilisation, riche, puissante, brave, aguerrie, habile dans les arts de la paix comme dans la science de la guerre ; cependant il voulait plus encore, ou plutôt il voulait prendre au sérieux cette souveraine puissance qu'il s'était arrogée; il prétendait l'exercer dans toute sa plénitude, et ne plus permettre à l'avenir qu'aucune voix s'élevât en Europe pour contester son pouvoir ou refuser d'obéir à ses lois. On s'est étonné qu'après Tilsitt il ne se soit pas arrêté, et on le lui a reproché; mais le pouvait-il ? Une fois écarté des voies de la raison et de la justice, abandonné à lui-même, n'était-ce pas une loi nécessaire qu'il errât ainsi qu'il a fait, au gré des fantaisies de son orgueil ? Après Marengo, lors du traité de Lunéville et de la paix d'Amiens, il eût pu fonder un empire grand et durable ; après Austerlitz, Eylau et Friedland, à Tilsitt, il ne le pouvait plus. Aussi bien déjà le sort en était jeté ; en quittant l'empereur Alexandre, il alla

s'attaquer à deux puissances devant lesquelles la sienne devra tomber, la nationalité d'un grand peuple et l'indépendance de l'Eglise catholique. L'Espagne, quoiqu'elle fût gouvernée par des princes de la famille des Bourbons, avait continué à se montrer la fidèle alliée de la France ; la première de toutes les puissances de l'Europe elle avait reconnu le gouvernement révolutionnaire ; elle avait uni ses flottes à celles de la France contre l'Angleterre, et une même journée avait vu périr les marines des deux pays combattant pour la même cause. Un moment, il est vrai, le premier ministre de Charles IV, Godoï, le prince de la Paix, avait voulu détacher son pays de l'alliance de la France; mais ce tort avait été promptement réparé, et naguère encore une armée espagnole, sur l'ordre de l'empereur, était venue se ranger sous nos drapeaux. Cet état de choses ne put cependant satisfaire Napoléon ; il avait résolu de placer des membres de sa famille sur tous les trônes de l'Europe, et il avait destiné celui d'Espagne à Joseph, son frère aîné. Les tristes dissensions de la famille royale devaient d'ailleurs servir merveilleusement ses ambitieux desseins ; le roi d'Espagne, vieillard sans intelligence et sans volonté, était à la merci du favori de la reine, le prince de la Paix. La reine, mère dénaturée, haïssait son fils Ferdinand, et le fils rendait à la mère haine pour haine. Le peuple, mécontent du gouvernement du favori, sympathisait pour le fils, qui, à défaut de talent et de caractère, lui offrait du moins les espérances qui s'attachent à la jeunesse. Ferdinand avait profité de ces dispositions du peuple pour obtenir de son père une abdication et se faire proclamer roi à sa place. Napoléon connaissait toutes ces honteuses intrigues ; il les avait laissées se nouer et se développer, sachant bien que, lorsqu'il le proposerait, son arbitrage serait accepté par le père et par le fils. Déjà même il avait annoncé qu'il se rendrait à Madrid; il avait fait plus encore : par ses ordres une armée française s'était avancée à travers la Péninsule, et avait pris possession, sous divers prétextes, de plusieurs places fortes de Pampelune, de Barcelonne, de Saint-Sébastien ; et lorsque, le 24 mars 1808, Ferdinand avait fait son entrée triomphale à Madrid, il y avait trouvé l'avant-garde de l'armée française qui était déjà arrivée. Les esprits cependant commençaient à s'inquiéter ; bientôt on apprit que l'empereur avait contremandé son voyage à Madrid, qu'il ne quitterait pas la France et s'arrêterait

à Bayonne. C'est là, en effet, que devait
se consommer le grand acte de trahison
si habilement préparé. Tous les princes
de la maison d'Espagne, Charles IV, la
reine sa femme, Ferdinand, son frère
don Carlos, furent invités pour venir
assister dans cette ville aux conférences
qui devaient s'y tenir sous la présidence
de Napoléon ; tous se rendirent à cet appel. Le premier jour l'empereur dissimula et fit aux princes un accueil convenable, quoique froid et réservé ; mais dès
le lendemain, sans plus attendre, il leur
fit annoncer, ce dont ils commençaient
à s'apercevoir, qu'ils étaient ses prisonniers. Les choses, d'ailleurs, se passèrent ainsi qu'il l'avait arrêté. Ferdinand
consentit à rendre le trône à son père ;
celui-ci abdiqua en faveur de l'empereur,
qui à son tour remit la couronne sur la tête
de son frère Joseph. Cette usurpation,
ainsi déguisée sous les apparences d'un
droit mensonger, et consommée à l'aide
d'un odieux guet-apens, remplit d'indignation la nation espagnole. Ce peuple,
qui semblait dégénéré, recouvra tout-à-
coup son ancienne énergie ; une insurrection éclata d'abord à Madrid ; elle fut
réprimée par Murat, qui fit juger et fusiller impitoyablement ceux qu'il avait
pris les armes à la main ; mais d'un bout
à l'autre de l'Espagne le peuple, les nobles, les prêtres, tous jurèrent de venger le sang des victimes. Au nom de l'indépendance nationale, au nom de la
royauté qui en représentait les principes,
des bandes d'insurgés s'organisèrent,
des armées même se formèrent sur tous
les points de la Péninsule, et si, le 21
juillet 1808, le roi Joseph put faire son
entrée à Madrid au milieu du silence de
la population, huit jours après il fut
obligé d'en sortir avec toute son armée.
La victoire de Medina-del-Rio-Seco n'a-
vait servi qu'à illustrer nos armes, sans
profiter à la cause du nouveau roi, qui
au-delà de Vittoria ne possédait plus
rien en Espagne. Les affaires de la France
n'avaient pas mieux tourné en Portugal,
et Junot, après un combat glorieux à
Vimeira, avait dû capituler le 20 août.
Ainsi déjà, sur le continent même, l'é-
toile de Napoléon a pâli ; l'aigle impériale, habituée jusque-là à aller toujours
en avant, est obligée, pour la première
fois, de rétrograder, et déjà, comme on
l'a dit, on croit apercevoir le *commencement de la fin*. Cette leçon, d'ailleurs,
ne profitera en rien à l'ambitieux conquérant. En vain son ministre des affaires étrangères, Talleyrand, a voulu le
détourner d'une si dangereuse entreprise ; il l'a disgracié. L'opposition qu'il

a rencontrée n'a fait qu'irriter son orgueil, et il poursuivra jusqu'au bout
cette lutte impie contre la nationalité espagnole. Dans le cours de cette même
année 1808, avait eu lieu une spoliation
plus odieuse encore, et dont les conséquences ne devaient pas être moins funestes : le 2 février, le général Miolis
était entré à Rome à la tête des troupes
françaises et l'avait occupée au nom de
l'empereur. Le Pape avait assemblé aussitôt un consistoire de cardinaux, où il
prononça la célèbre allocution *Nova vul-
nera*, dans laquelle il protestait avec dignité contre la conduite de l'empereur.
Cette violation de territoire avait pour
prétexte le refus que le Pape avait fait
de se soumettre à la suprématie temporelle de Napoléon, de reconnaître Joseph
comme roi de Naples, enfin d'adhérer au
système continental ; mais au fond son
persécuteur avait eu des motifs plus sérieux ; il se proposait deux choses : d'a-
bord, former de nouveaux départements
français et faire de Rome la seconde ville
de l'empire, ce qui n'était qu'un pur caprice de conquérant ; puis surtout, réunir dans une seule main la puissance spirituelle et la puissance temporelle, ce
qui est le rêve de tous les despotes. *Le*
Souverain-Pontife devait repousser ces
deux prétentions ; mais de longues et
dures tribulations étaient réservées à cette
courageuse résistance. Menacé du côté
de l'Espagne, Napoléon voulut resserrer
son alliance avec la Russie. Dans ce but
il se ménagea une nouvelle entrevue
avec l'empereur Alexandre à Erfurth. La
plupart des rois de l'Europe y furent appelés ; l'empereur des Français leur donna des fêtes splendides qui rehaussèrent
le prestige dont il était entouré. Les comédiens du Théâtre-Français avaient dû
venir de Paris pour y donner des représentations, et ce fut en rappelant cette
circonstance que Talma put dire un jour
qu'il avait joué devant un parterre de
rois. Ce petit congrès eut d'ailleurs peu
de résultats politiques. On convint seulement que la Russie se joindrait à la
France pour demander d'un commun accord la paix à l'Angleterre. De retour à
Paris, Napoléon comprit qu'il fallait
avant tout se hâter de réparer les échecs
éprouvés en Espagne ; lui-même prit le
commandement de l'armée, et le 4 novembre il fit son entrée dans la Péninsule. Sa présence fit changer la face des
affaires. Dans trois combats successifs à
Yamonas, à Espinosa, à Toleda, il défit les insurgés espagnols et les dispersa,
ramena son armée triomphante dans
Madrid qui n'opposa aucune résistance,

puis quitta peu après cette ville pour aller à la rencontre des Anglais qu'il força à se rembarquer et auxquels il fit perdre neuf mille hommes, dix mille chevaux et toute leur artillerie. Tandis qu'il remportait ces brillants succès, le maréchal Lannes, son lieutenant, poursuivait le siége de Sarragosse, de cette ville héroïque qui devait succomber sans doute sous des forces supérieures aux siennes, mais dont la résistance sera dans la postérité une des gloires de l'Espagne. Enfin, le 22 janvier 1809, le roi Joseph put rentrer dans sa capitale et reprendre les rênes du gouvernement. La guerre cependant n'était pas finie; elle se poursuivait même de la part des Espagnols avec un acharnement contre lequel nos troupes avaient peine à lutter. Mais Napoléon, rappelé à Paris par les armements de l'Autriche, dut laisser à ses lieutenants le soin de la continuer. L'Autriche, en effet, supportait impatiemment la position qui lui avait été faite par le traité de Presbourg; elle avait subi le joug, mais elle ne l'avait pas accepté. Lors donc qu'elle crut la grande armée occupée à conquérir péniblement l'Espagne, elle crut le moment venu de protester et d'entrer de nouveau dans la lice. Elle avait fait ses préparatifs et organisé en tout une armée de quatre cent mille hommes. Le commandement en fut confié à l'archiduc Charles, et le 8 avril 1809, sans déclaration préalable, la confédération du Rhin fut envahie et le roi de Bavière chassé de sa capitale. A cette nouvelle, qui lui fut transmise par le télégraphe, Napoléon partit aussitôt des Tuileries, et le 16 du même mois il était à Dissingen, d'où il fit une proclamation à son armée. « Soldats, dit-il, le territoire de la confédération du Rhin a été violé... j'arrive avec la rapidité de l'éclair. Soldats, j'étais entouré de vous, lorsque le souverain d'Autriche vint à mon bivouac en Moravie; vous l'avez entendu implorer ma clémence et me jurer une amitié éternelle. Vainqueurs dans trois guerres, l'Autriche a dû tout à notre générosité; trois fois elle a été parjure. Nos succès passés sont un sûr garant de la victoire qui nous attend. Marchons donc, et qu'à notre aspect l'ennemi reconnaisse ses vainqueurs! » La campagne s'ouvrit aussitôt. Dès le 19 avril un premier combat eut lieu à Thaun, dans lequel les Autrichiens furent repoussés; trois batailles glorieuses, Abensberg, Landshat, Eckmuhl, suivirent bientôt et achevèrent la déroute de l'ennemi; vingt mille prisonniers, toute l'artillerie, étaient tombés

en notre pouvoir. Le 23, dans un nouvel engagement également glorieux pour nos armes à Ratisbonne, l'empereur fut blessé par une balle morte; mais, cet accident ne ralentit pas sa marche, et le 10 mai il campa sous les murs de Vienne. La ville essaya de résister; mais, après un bombardement de trois jours, elle fut obligée de se rendre à discrétion. Cependant l'Autriche avait encore des forces considérables à opposer au vainqueur, et le 20 mai, dans la bataille d'Essling, l'archiduc Charles put même contre-balancer la fortune de la France. Des deux parts, il est vrai, comme à Eylau, on s'attribua la victoire; mais l'armée française avait fait des pertes énormes, le maréchal Lannes avait eu les deux jambes emportées par un boulet, et était mort peu après entre les bras de l'empereur. Napoléon lui-même avait été obligé de payer de sa personne; au point qu'un de ses généraux, effrayé du danger qu'il courait, lui avait crié : « Sire, retirez-vous, ou je vous fais enlever par mes grenadiers. » Enfin la position de l'armée était critique, et sans le secours que vint amener le prince Eugène, vainqueur à Raab, une retraite fût peut-être devenue inévitable. Le maréchal Marmont, de son côté, avait amené de puissants renforts, et l'empereur, retranché dans l'île de Lobau, put bientôt reprendre l'offensive, et le 6 juillet, après avoir franchi le Danube, il se trouva en face de l'ennemi. Les deux armées, fortes chacune de deux cent mille hommes, se rencontrèrent dans les champs de Wagram; une grande bataille s'engagea; elle fut incertaine et longtemps disputée; un moment même Napoléon la crut perdue. Mais l'archiduc Charles, débordé de tous côtés par Macdonald, par Oudinot, par Masséna, par Davoust, fut enfin obligé de faire une retraite qu'il opéra d'ailleurs en bon ordre. L'Autriche dut dès lors songer à la paix, et le 11 juillet, cinq jours après la bataille, elle demanda un armistice que Napoléon n'eut garde de lui refuser : il avait hâte, en effet, de mettre fin à cette guerre. Beaucoup de motifs l'y engageaient. Les Espagnols opposaient toujours la même résistance. Les ressources de la France, grandes encore, commençaient cependant à s'épuiser. Ses ennemis, au contraire, s'ils avaient fait aussi des pertes considérables, avaient gagné en habileté stratégique; ils faisaient mieux la guerre. ils avaient profité des leçons qu'ils avaient reçues. En Allemagne, les symptômes graves s'étaient révélés; la population commençait à prendre part elle-même » la lutte. L'insurrection du Tyrol, les soulèvements multipliés dans la Westphalie, les aggressions du duc de Brunswick-OEls contre la Saxe, les révoltes des paysans du Wurtemberg, les courses du major Schill qui faisait la guerre pour son compte, ne lui laissaient aucun doute à cet égard. Les hostilités furent donc suspendues, et les négociations commencèrent, toutefois elles traînèrent en longueur jusqu'au mois d'octobre. Mais à cette époque un incident vint en hâter la conclusion. L'empereur passait un jour une revue; un jeune étranger s'approcha de lui pour lui présenter un placet; les gardes voulurent l'éloigner, mais ils s'aperçurent qu'il était armé d'un couteau et l'arrêtèrent. Interrogé par Napoléon lui-même, qui avait ordonné qu'on le lui amenât, Stabs (c'était son nom) ne dissimula pas ses projets, il déclara ouvertement qu'il avait voulu tuer l'oppresseur de sa patrie. Napoléon essaya de le toucher, et lui promit même sa grâce, s'il voulait donner des marques de repentir. Mais le jeune fanatique repoussa toutes les offres qui lui furent faites, déclarant qu'il ne voulait pas de pardon. Traduit alors devant un conseil de guerre, il fut condamné à être passé par les armes. Son énergie ne se démentit pas, et il mourut en criant : *Vive la liberté ! vive l'Allemagne ! à bas le tyran !* Ce fanatisme fit sur l'esprit de l'empereur une profonde impression. « Voilà, dit-il avec tristesse, les résultats de cet illuminisme qui infeste l'Allemagne; » puis il ajouta : « Mais on ne détruit pas une secte à coups de canon. » Peu de jours après, le 14 octobre, la paix fut signée; les conditions territoriales étaient à peu près les mêmes que celles de la paix de Presbourg; l'Autriche, sous ce rapport, était même traitée plus favorablement. Mais, outre une contribution de guerre de 85 millions qu'elle devait payer, elle s'engageait à adhérer au blocus continental, à renoncer à la maîtrise de l'ordre Teutonique, à accepter tous les changements faits ou à faire dans la Péninsule, à reconnaître la réunion définitive des Etats pontificaux à la France. Napoléon avait en effet consommé son usurpation et rendu de Vienne, le 17 mai, un décret par lequel la ville de Rome était déclarée ville impériale et libre. Enfin, par un article secret qui ne devait être révélé que l'année suivante, l'empereur d'Autriche promettait à Napoléon de lui donner en mariage l'archiduchesse Marie-Louise, sa fille. Telles étaient les principales dispositions contenues dans le nouveau

traité de paix. Le gouvernement anglais n'avait rien négligé pour en empêcher la conclusion; dans le but de faire d'utiles diversions en faveur de l'Autriche, il avait envoyé une expédition dans les Abruzzes et la Calabre, en même temps qu'il ordonnait une descente en Belgique. Cette dernière tentative avait d'abord réussi : Flessingue et l'île de Walcheren avaient été pris, mais l'activité du duc d'Otrante, Fouché, avait pourvu à tout, et les gardes nationales, mobilisées par lui et commandées par Bernadotte, avaient bientôt forcé les Anglais à regagner leurs vaisseaux. Nous avons dit qu'un décret de l'empereur dépouillant le Souverain-Pontife de ses Etats avait été rendu à Vienne. Bientôt le général Miollis reçut ordre de le mettre à exécution, et le 10 juin le pavillon français fut élevé au haut du château Saint-Ange en place du pavillon pontifical. Le Pape protesta et lança une bulle d'excommunication, qui, par les soins des cardinaux, fut affichée pendant la nuit sur tous les murs de Rome. Napoléon n'y était pas nommé, mais il s'y trouvait compris comme le principal auteur des violences commises contre l'Eglise. La police française fit arracher et lacérer la bulle; mais ce n'était pas assez : les excès appellent d'autres excès, et dans la voie de la tyrannie on ne s'arrête pas. Le 6 juillet, le jour même de la bataille de Wagram, le général Radet se présenta au palais du Quirinal, en fit enfoncer les portes par ses soldats, pénétra dans les appartements du Saint-Père, qu'il trouva entouré de cardinaux et de quelques serviteurs fidèles. A la vue de l'auguste vieillard, le général hésita un moment, se troubla, puis d'une voix tremblante le somma de renoncer à la souveraineté temporelle de Rome. « Nous ne devons pas, lui répondit le Pape avec dignité, « nous ne pouvons pas, nous ne voulons « pas. » A peine eut-il prononcé ces paroles, que Radet lui ordonna de le suivre et le livra aux gendarmes qui le firent aussitôt monter dans une voiture. Le cardinal Pacca obtint la permission d'accompagner l'auguste captif, et tous deux furent conduits de brigade en brigade à Grenoble, puis à Savone où le préfet du département de Montenotte signifia au Pape la note suivante, rédigée sans doute par Napoléon lui-même : « Le « soussigné, d'après les ordres émanés « de son souverain, S. M. I. et R. Napo-« léon, empereur des Français, roi d'I-« talie, protecteur de la confédération « du Rhin, etc., est chargé de notifier « au pape Pie VII, que défense lui est

« faite de communiquer avec aucune
« église de l'empire, ni aucun sujet de
« l'empereur, sous peine de désobéis-
« sance de sa part et de la leur; qu'il
« cesse d'être l'organe de l'Eglise catho-
« lique, celui qui prêche la rébellion et
« dont l'âme est toute de fiel; que puisque
« rien ne peut le rendre sage, il verra que
« S. M. est assez puissante pour faire
« ce qu'ont fait ses prédécesseurs, pour
« déposer un Pape. » L'arrogance de ces
paroles, en indiquant à quelles extrémités était capable de se porter le nouveau
persécuteur de l'Eglise, montrait aussi
qu'il ignorait la force interne et surna-
turelle du pouvoir avec lequel il entrait
en lutte; il est juste aussi de reconnaître
que soit prudence, soit remords, les actes n'allèrent jamais si loin que les menaces. Le lendemain de la signature du
traité de Vienne, Napoléon avait quitté
la capitale de l'Autriche; il était allé rejoindre l'impératrice à Fontainebleau.
Joséphine ignorait encore le sort qui lui
était réservé; depuis longtemps, il est
vrai, des rumeurs sinistres avaient circulé
autour d'elle: mais, confiante en l'affection de l'empereur et en la légitimité de
ses droits, elle avait refusé d'y ajouter
foi. Cependant cette affaire était celle
qui, en ce moment, préoccupait le plus
Napoléon; les sentiments d'affection qu'il
avait encore pour Joséphine se trouvaient en opposition avec les intérêts de
sa politique; il y avait au fond de son
âme une lutte pénible et douloureuse;
il lui coûtait d'annoncer à l'impératrice
le parti qu'il venait de prendre, il redoutait les reproches, les larmes surtout
qu'on lui opposerait. Cependant il ne
pouvait tarder plus longtemps, et dans
un entretien qu'il eut à la fin de novembre avec l'impératrice, il se décida à lui
faire pressentir ses projets; puis, quelques jours après, il chargea le prince
Eugène, son fils, de les lui notifier officiellement. Joséphine fut douloureuse-
ment affectée, mais elle comprit qu'elle
ne pouvait résister; elle se résigna, et
envoya aussitôt son consentement au
sénat, qui, le 15 décembre 1809, prononça le divorce. L'officialité de Paris,
rétablie à cette occasion (Voyez BOILES-
VE), vint à l'appui, en déclarant le mariage nul. L'année 1810 s'ouvrait pour
Napoléon sous les auspices les plus favorables; et, en effet, elle fut une des plus
brillantes de son règne, celle peut-être
où le prestige de sa toute-puissance fut
porté le plus haut et resplendit avec le
plus d'éclat aux yeux de l'Europe et du
monde. Le 10 avril, il s'unit avec la fille
des Césars, l'archiduchesse Marie-Louise,

et mêla ainsi son sang à celui de la plus
ancienne famille souveraine de l'Europe.
Des fêtes splendides furent données à
cette occasion aux rois, aux princes, aux
ambassadeurs qui composaient la cour
impériale. Le peuple eut aussi les siennes, et rien ne fut négligé pour éblouir
et captiver les imaginations. Tout d'ailleurs excepté la religion, la justice et la
liberté, semblait prospérer et rayonner
autour du trône impérial : l'industrie
française, encouragée par le gouvernement, faisait des efforts heureux pour
remplacer l'Angleterre sur tous les marchés de l'Europe; des travaux gigantesques étaient entrepris, le canal de Saint-
Quentin était ouvert, des monuments
s'élevaient de tous côtés, la science s'appliquait à remplacer les colonies par des
produits nationaux, l'institution d'un
ministère du commerce et des manufactures semblait annoncer que le génie de
la paix allait enfin remplacer celui de la
guerre. En Espagne, le roi Joseph assiégeait Cadix, et il semblait que la Péninsule allait enfin se soumettre et reconnaître la nouvelle dynastie. La Hollande était réunie à la France, le Valais
devenait un département français, le
Tyrol méridional était incorporé au
royaume d'Italie. L'alliance avec l'Autriche paraissait à jamais assurée, la Russie annonçait toujours des dispositions
bienveillantes. L'Angleterre continuait
la guerre, il est vrai, l'Ile-Bourbon et l'Ile-
de-France étaient même tombées en son
pouvoir; mais elle commençait à souffrir
des rigueurs du blocus continental, et
on pouvait espérer qu'elle consentirait
bientôt à traiter aussi avec la France. En
Suède, une révolution avant détrôné
Gustave IV, son oncle Charles XIII lui
avait succédé; mais le prince était sans
héritier, et le choix de la Suède était
tombé sur un maréchal de l'empire, sur
un sujet de Napoléon, sur Bernadotte,
prince de Ponte-Corvo. Certes, en présence de pareils résultats, on comprend
que beaucoup se soient laissés séduire et
n'aient pu résister à la magie de cette
gloire. Cependant Napoléon persévérait
dans le système funeste qui devait entraîner sa perte et celle de la France.
Sans tenir compte, ni de la configuration
des lieux, ni de la nationalité des peuples, il reculait incessamment les limites de son empire. En vain l'empereur
de Russie protesta, le premier janvier
1811, contre ses envahissements successifs; le 18 février il prononça encore
la réunion à l'empire des Etats du duc
d'Oldembourg. Le premier avril, il créa
le département français de la Lippe, q^..

avait pour chef-lieu Munster; enfin il incorpora la Catalogne à l'empire. Rien donc ne semblait plus pouvoir l'arrêter dans cette voie; l'empereur Alexandre le comprit, et il se prépara à une guerre devenue inévitable. Le 20 mars 1811, Marie-Louise donna à Napoléon un fils et à l'empire un héritier. Cet événement combla les vœux du puissant empereur; l'avenir jusque-là incertain sembla lui appartenir, et dans l'éblouissance de l'orgueil il ne craignit pas de conférer à l'enfant le titre de Roi de Rome. Les affaires de l'Eglise avaient cependant continué à le préoccuper; il rencontrait toujours dans le Souverain-Pontife une résistance qui l'irritait d'autant plus, qu'il était habitué à voir autour de lui toutes ses volontés obéies. Espérant trouver dans les évêques de France, ses sujets, plus de complaisance et de soumission, il convoqua un concile national; mais il fut bientôt détrompé, et la courageuse conduite de son oncle, le cardinal Fesch, président du concile, lui apprit que dans le cœur d'un évêque les intérêts de l'Eglise passent avant ceux de la famille. Les armements de la Russie continuaient; la France ne dut pas rester en arrière, et les six derniers mois de l'année 1811 furent employés de part et d'autre à faire les préparatifs de la lutte qui allait s'engager. Napoléon en effet était décidé à courir les chances d'une si gigantesque entreprise; ni les conseils de ses ministres, ni les observations de ses lieutenants, ni même les échecs éprouvés en Espagne n'avaient pu l'en détourner. Par ses ordres le Sénat, toujours docile, vota des levées extraordinaires, et comme les soldats de la France ne pouvaient lui suffire, tous les peuples soumis à ses lois on à son influence durent lui envoyer leurs contingents; la Prusse elle-même et l'Autriche ne furent pas affranchies de la commune loi: la première lui fournit vingt mille hommes, la seconde quarante mille; enfin il parvint à se former une armée de cinq cent mille combattants, à la tête de laquelle lui-même allait marcher. Lorsque tous les préparatifs furent terminés, le 9 mai 1812, il partit avec l'impératrice, qui devait l'accompagner jusqu'à Dresde pour y voir sa famille. Arrivé dans la capitale de la Saxe, Napoléon s'y arrêta et y passa quinze jours, entouré des rois qui formaient sa cour, puis alla reprendre son armée qui s'acheminait vers la Russie. Le 25 juin il franchit le Niémen à la tête de ses soldats; le 28 il entra dans Wilna, capitale de la Lithuanie, où il reçut la députation de la diète de Varsovie, qui

lui demanda vainement le rétablissement de la Pologne: « Que Napoléon-le-Grand, « lui dirent les députés, prononce ces « seuls mots : Que la Pologne existe. Et « la Pologne existera. » On ne sait pourquoi, mais il n'entendit pas ce langage, et il poursuivit sa route sans avoir rien accordé. Le 27 juillet l'armée arriva aux bords du Dniéper, et le 17 août, après une bataille meurtrière, elle entra dans Smolensk. L'empereur hésita, un moment, s'il passerait l'hiver dans cette ville; mais Moscou était devant lui, il ne sut résister au désir de se rendre maître de la vieille capitale de l'empire russe avant la fin de la campagne. Après un repos de huit jours, il se remit en marche. Le 7 septembre il se trouvait à deux journées de Moscou. L'armée russe, qui jusque-là s'était repliée, vint alors à sa rencontre, et il lui livra bataille dans les champs de la Moskowa. La lutte fut longue et terrible, et se déclara enfin pour la France; mais elle ne l'acheta qu'au prix de quarante mille de ses meilleurs soldats. Enfin, le 14, l'empereur fit son entrée triomphale dans Moscou. Il croyait avoir atteint le terme de ses travaux; il pensait que l'empereur Alexandre allait lui faire des propositions de paix, ou qu'au moins il trouverait dans la ville les ressources nécessaires pour passer l'hiver. Toutes ses prévisions furent trompées : la ville était déserte, et le soir l'incendie en éclatant vint lui ôter ses dernières espérances. Il envoya alors offrir des conditions de paix à l'empereur Alexandre; elles furent repoussées. Il hésitait encore sur le parti qu'il devait prendre. Le 13 octobre les premières neiges avaient paru, l'hiver de la Russie commençait. Enfin, le 23, il se décida à la retraite. Bientôt un froid excessif se déclara; c'était l'annonce du grand désastre qui allait suivre. L'armée, épuisée de fatigues, privée de ressources, obligée de marcher la nuit et le jour à travers les neiges et de repousser les attaques des bandes de Cosaques qui venaient la harceler, eut à lutter avec un ennemi plus terrible encore. Les soldats, habitués à la température douce du midi de l'Europe, ne purent résister aux rigueurs d'un tel climat. Les chevaux, les jeunes hommes, les femmes, les blessés tombaient sur la route, transis par le froid, et ne pouvaient plus se relever. L'empereur cependant, toujours ferme et impassible, marchait en avant, soutenant de son exemple ceux qui, l'âme plus forte, le corps mieux constitué, n'ont pas encore succombé. Parvenus à Smolensk (12 novembre), l'armée espérait s'y

reposer; mais il n'y avait pas de subsistances, il fallut poursuivre. Le 15 et
16, Napoléon lui-même fut assailli de
quatre-vingt mille Russes; mais, à la tête
de neuf mille hommes, il sut se faire jour
à travers cette armée compacte, et revint
encore sur ses pas pour dégager les
corps de Davoust et d'Eugène; puis il
continua sa route. Chose remarquable
dans cette désastreuse retraite! dans
tous les combats nos soldats furent vainqueurs. Le 29 l'armée passa la Bérésina
sous le feu de l'artillerie russe. Là encore, l'armée fit des prodiges de valeur;
Ney surtout y déploya un sang-froid et
une intrépidité admirables. Enfin, après
trois jours, le passage fut effectué; dès
ce moment les Russes n'étaient plus à
craindre, le froid seul devait continuer
à sévir et à faire des victimes. L'empereur venait d'apprendre la conspiration
de Malet; cette tentative insensée, ridicule même par la faiblesse des moyens
employés, avait cependant failli renverser son gouvernement. Voyant dès lors
que sa présence à Paris était nécessaire,
il se décida à quitter l'armée, et après
en avoir confié le commandement à Eugène et à Murat, le 5 décembre il se jeta
dans un traîneau, et presque seul, inconnu, à travers mille dangers, il franchit
la Pologne, l'Allemagne, la Prusse, et
le 18 il arriva inopinément aux Tuileries,
où il s'occupa aussitôt de lever une nouvelle armée et de pourvoir aux affaires
de l'intérieur. Il destitua le préfet de la
Seine pour le punir de la faiblesse qu'il
avait montrée lors de la conspiration de
Malet, et n'oubliant pas, au milieu des
tristes et graves préoccupations qui l'absorbaient alors, ses démêlés avec le Souverain-Pontife, il alla passer trois jours
à Fontainebleau, et par ses obsessions,
par le charme de ses discours, par ses
menaces aussi, assure-t-on, il obtint enfin un concordat que le Pape, il est vrai,
désavoua presque aussitôt. Le sénat avait
voté une levée de trois cent cinquante
mille hommes, qui, en deux mois, furent instruits et mis en marche pour
l'Elbe. Mais avant de rentrer en campagne, l'empereur voulut pourvoir à toutes les éventualités de l'avenir, et il régla
par un sénatus-consulte la constitution
de la régence; puis, le 15 avril 1813, il
quitta Paris pour aller se mettre à la
tête de ses soldats. L'armée de Russie
avait enfin effectué sa retraite; depuis le
départ de Napoléon, elle avait eu même
beaucoup à souffrir. C'était à travers
vingt-huit degrés de froid qu'il lui avait
fallu gagner Wilna, de Wilna Kowno
et le Niémen, puis la Vistule, Varsovie,

Posen, sans jamais nulle part s'arrêter
pour prendre du repos et réparer ses
forces. Le désordre s'était mis dans ses
rangs, et Murat n'avait pas su lutter
contre les difficultés de sa position. Bientôt même, sous prétexte d'aller veiller à
la conservation de son royaume, il avait
lâchement abandonné ses compagnons
d'armes, et était retourné à Naples préparer sa honteuse trahison. Eugène, qui
lui avait succédé dans le commandement, s'était mieux conduit et avait réparé le mal autant qu'il était en lui. D'a-
bord il avait suspendu la marche pendant
près d'un mois, puis il était venu établir son quartier-général sur l'Elbe. Les
désastres de l'armée avaient entraîné les
plus fâcheuses conséquences; l'état des
affaires était devenu tout-à-coup menaçant; de tous côtés, les défections se dé-
claraient; à la voix de l'empereur Alexandre toute l'Allemagne se levait en armes;
la Prusse commençait les hostilités;
l'Autriche, qui n'osait pas encore se
prononcer contre la France, déclarait
que le traité de l'année précédente n'existait plus. Cependant, avec sa promptitude accoutumée, Napoléon était allé à
la rencontre de l'ennemi, et le 2 mai à
Lutzen, le 20 à Bautzen, l'aigle impériale triompha de nouveau. Le 4 juin,
l'empereur proposa un armistice qui fut
accepté; mais les négociations traînèrent
en longueur, bientôt même tout fut rompu, et l'Autriche elle-même se déclara.
Dès lors la France avait à lutter seule contre toute l'Europe : la Russie, la Prusse,
l'Autriche, toute l'Allemagne, l'Angleterre, la Suède, l'Espagne, ont recueilli
leurs efforts et font marcher leurs armées
contre nous; Murat lui-même, traître à
son pays, ingrat envers l'empereur, Murat a envoyé la sienne. Le plan de campagne de la coalition est celui-ci : dissé-
miner les corps d'armées, éviter les
grandes batailles, ne pas refuser les combats avec les lieutenants de l'empereur,
profiter des défaites elles-mêmes qui épui-
seront les forces de la France, dans tous
les cas ne pas s'arrêter et marcher en
avant. Ce plan, il faut le dire à l'honneur de la France et à la honte de deux
de ses plus illustres guerriers, ce plan a
été conçu et proposé par Bernadotte et
Moreau, il sera fidèlement exécuté. Le
15 août, la campagne s'ouvrit de nouveau, et le 26, à Dresde, une grande
bataille, dans laquelle Moreau paya de
sa vie sa trahison envers la France, vint
encore illustrer nos armes; d'autres
combats, la plupart glorieux pour nos
soldats, suivirent; mais ils épuisaient nos
forces. Enfin, le 16 octobre, une der-

nière victoire avait couronné cette campagne de Saxe, si belle au point de vue
stratégique, lorsque, dans la journée du
18, la bataille s'étant ranimée à Leipsick, l'armée saxonne passa tout-à-coup
à l'ennemi et dirigea contre nos divisions
tout le feu de son artillerie. Cette trahison changea la face des affaires, l'armée
française jusque-là victorieuse se vit obligée de battre en retraite et d'aller prendre position sur le Rhin. Le mouvement
en arrière fut désastreux. Napoléon n'a-
vait pas l'art des retraites et la dirigea mal. Le contre-coup de ces revers se
fit sentir en France. Les partis commençaient à remuer; les royalistes surtout
ne cachèrent pas leurs espérances. Le
corps législatif lui-même, naguère si
humble et si soumis, reprit courage, et
le 19 décembre il vota une adresse dans
laquelle non seulement il demandait des
*garanties politiques, afin de rendre la
guerre nationale*, mais il osait encore justifier l'Europe *qui veut*, disait-on, *nous
renfermer dans nos limites et comprimer
l'élan d'une activité ambitieuse si fatale
depuis vingt ans à tous les peuples de
l'Europe.* Cette démonstration, au moins
intempestive, irrita vivement l'empereur, et il prononça la dissolution d'une
assemblée qui, si tardivement, lorsque
le territoire était envahi, parlait de paix
et de liberté. « Est-ce le moment, s'é-
« cria-t-il, est-ce le moment de disputer
« sur les libertés publiques et les sûretés
« individuelles, quand il s'agit de sauver
« la liberté politique et l'indépendance
« nationale? » Il avait raison. Sans doute
il méritait les justes reproches qui lui
étaient adressés, sans doute l'assemblée
nationale avait le droit de faire peser sur
lui la responsabilité des malheurs qui
menaçaient; mais il ne fallait pas oublier qu'en ce moment suprême il représentait encore la France, qu'il avait mission de la sauver, et que lui refuser son
concours c'était livrer le pays à l'étranger. En même temps qu'il frappait le
corps législatif, l'empereur rendit à la
liberté le roi Ferdinand et le Souverain-
Pontife. Par ces deux actes, il semblait
qu'au moment d'engager une lutte suprême et dernière, il voulût demander
pardon à Dieu et aux hommes du passé
et réparer, autant qu'il était en lui, ces
deux plus grands crimes de sa politique.
Les armées ennemies continuaient à s'a-
vancer; bientôt même on apprit que, le
premier janvier, elles avaient franchi le
Rhin. Cette nouvelle répandit la consternation dans toute la France. Le 22 janvier 1814, après avoir confié à la garde
nationale l'impératrice Marie-Louise et

son fils le roi de Rome, Napoléon partit
pour l'armée. Son plan de campagne
était un chef-d'œuvre de stratégie militaire, et il l'exécuta avec une fermeté
une supériorité de génie qui lui eût
donné la victoire, si déjà la main de Dieu
n'avait été sur lui. Pendant soixante-di
jours, on le vit courir avec une rapidit
inouïe, d'une armée à l'autre, et presque partout remporter la victoire. Le
10 février, il battit l'ennemi à Montmi
rail; le 11, à Champ-Aubert; le 12,
Vaux-Champs, le 16, il triompha encor
à Guignes; le 17, à Nangis; le 18,
Montereau. Enfin la hardiesse de ses marches et l'éclat de ses victoires étonnèren
la coalition, à ce point que, malgré l
force et le nombre de ses armées qui couvraient la France, elle consentit à écouter à Châtillon des propositions de paix
L'empereur offrait d'abandonner la Savoie, le Palatinat, la Belgique; mai
bientôt il retira ces concessions que d'ailleurs peut-être on n'eût pas admises. L
guerre recommença donc. Le 20 mars i
livra encore un combat glorieux à Saint
Dizier, le 27 à Vitry-le-Français; mai
là il apprit que Paris était menacé pa
les armées de Blucher et de Schwartzem
berg réunies. Il accourt pour sauver s
capitale; mais déjà il était trop tard : l
30, le duc de Raguse avait signé la ca
pitulation. Il se retira alors sur Fontaine
bleau, où entouré de sa garde, il at
tendit les événements, hésitant encor
s'il ne tenterait pas de relever sa fortune dans une dernière bataille; mais e
voyant les défections de ceux sur lesque
il devait le plus compter, il se décida
le 4 avril, à abdiquer. On assure que, pe
de jours après, il eut la coupable pensé
de se donner la mort, et que, pendant l
nuit, il prit un poison qui heureuseme
ne produisit pas l'effet attendu. Quo
qu'il en soit de cette circonstance, le 2
il adressa à sa garde des adieux touchants; il fit venir ses aigles, les em
brassa, les salua une dernière fois, pui
se dirigea sur l'île d'Elbe, dont la souveraineté lui avait été accordée ave
deux millions de revenu. Sa marche à
travers la France fut triste et douloureuse; à Lyon et à Valence il y eut quel
ques acclamations en sa faveur, mai
dans plusieurs villes il fut insulté, dan
quelques-unes mêmes sa vie fut menacée.
Le premier mai il s'embarqua à Saint-
Fargeau; arrivé à l'île d'Elbe, le seul
point du globe qui lui restait de toute
ses conquêtes, il sembla d'abord se résigner à sa nouvelle fortune; il s'occupa
d'organiser son gouvernement, employa
son activité à ouvrir des routes, et ex-

ploiter des mines. Sa mère et sa sœur vinrent résider auprès de lui pour adoucir son exil. Cependant il n'avait pas renoncé pour toujours à l'empire ; ayant appris que le gouvernement des Bourbons avait excité des mécontentements, particulièrement dans la classe moyenne et dans l'armée, il résolut de profiter de cet état des esprits pour tenter de nouveau la fortune. Il fit préparer dans le plus grand secret une petite expédition, et, dans la nuit du 26 au 27 février, il quitta subitement un bal qu'il avait donné pour mieux cacher ses desseins, et mit à la voile avec neuf cents hommes de sa vieille garde. Ayant rencontré en mer le *Zéphyre*, brick de guerre français qui venait droit sur sa flotille, il fit coucher sa garde sur le pont et répondit lui-même au capitaine du brick, qui lui demandait des nouvelles de l'empereur, qu'il se portait bien. Après avoir échappé à ce danger, il continua sa marche, et le 1ᵉʳ mars il débarqua au golfe Juan. Son bivouac fut établi dans une plantation d'oliviers, où il reçut un accueil favorable des habitants de la campagne. « Beau présage, dit-il, puisse-t-il se réaliser! » Il détacha ensuite un capitaine avec quinze hommes vers Antibes ; mais les portes de la ville leur furent refusées. Sur les onze heures du soir la petite troupe se mit en marche ; le 2 elle arriva au village de Cerénon ; le 5 elle était à Gap, où Napoléon s'arrêta pour faire imprimer des proclamations qui furent distribuées en grand nombre ; puis il reprit sa route. Au sortir de Sisteron, il vit venir à lui une colonne envoyée de Grenoble ; il détacha vers elle un officier qui d'abord ne fut pas écouté. « On m'a trompé, dit-il au « général Bertrand ; n'importe, en « avant. » Mettant alors pied à terre et découvrant sa poitrine : « S'il en est un « parmi vous, s'écrie-t-il ; s'il eu est un « seul qui veuille tuer son général, son « empereur, il le peut ; le voici! » Les soldats émus répondirent par le cri de *vive l'empereur!* et se rangèrent sous ses drapeaux. Entre Vizille et Grenoble arriva au pas de course le 7ᵉ de ligne, commandé par le colonel La Bédoyère. Les deux troupes mêlèrent leurs rangs aux cris de *vive l'empereur! vive la garde! vive le 7ᵉ!* Bientôt la garnison tout entière de Grenoble se prononça pour lui ; il entra dans la ville et fut reçu avec enthousiasme par la population de Grenoble ; il se dirigea sur Lyon où il fut accueilli par les troupes avec la même faveur. Devenu maître de la seconde ville du royaume, il crut pouvoir reprendre les rênes du gouvernement et commença

à rendre des décrets. Le 13 il coucha à Mâcon, le 14 à Châlons, et le 18 il alla à Auxerre au-devant du corps d'armée que menait le Maréchal Ney, qui eut la faiblesse de céder à ses instances. Le 20 mars au soir, après une marche de vingt jours, il rentra aux Tuileries sans avoir tiré un seul coup de fusil. Cette course triomphale à travers la France, sans exemple dans l'histoire, montrait assez quel prestige il exerçait encore sur l'armée ; mais il s'aperçut bientôt que l'esprit public était changé et qu'on attendait de lui des garanties pour les libertés publiques. Il fit d'abord quelques concessions, promit plus encore, appela Carnot au ministère de l'intérieur ; mais au fond, fidèle à lui-même, il ne voyait là qu'un danger, et bientôt il publia l'*Acte additionnel aux constitutions de l'Empire*, qui n'était qu'un retour déguisé au régime de 1812. Cet acte révéla ses secrets desseins, et aliéna de lui l'opinion publique, dont d'ailleurs il était habitué depuis longtemps à tenir peu de compte. Cependant, à la nouvelle du retour inattendu de Napoléon, la coalition européenne avait ordonné de nouveaux armements ; elle avait repoussé les négociations que Napoléon avait essayées d'abord de renouer avec elle. L'empereur, de son côté, fit des préparatifs immenses ; en trois mois il créa une nouvelle armée forte de quatre cent mille hommes, avec laquelle il devait tenir tête à l'Europe. Le 1ᵉʳ juin eut lieu au Champ-de-Mars l'assemblée dite du Champ-de-Mai ; il y distribua les aigles à la garde nationale de Paris et à la garde impériale. « Jurez-vous de les « défendre? dit-il d'une voix forte. — « Nous le jurons, répondirent les citoyens « et les soldats. » Le 12, il partit pour l'armée ; le 15 la Sambre fut franchie. Le 16 juin la campagne s'ouvrit par deux combats meurtriers, dans lesquels les Français vainqueurs mirent en pleine déroute l'armée prussienne et les Anglais ; le 17 on se reposa ; le 18 Napoléon avait hâte de porter un grand coup, et quoiqu'il n'eût que soixante-dix mille hommes, il engagea la bataille dans la plaine de Waterloo avec Wellington qui en avait cent mille. Dans la première partie de la journée, les Français eurent partout l'avantage, et déjà le général anglais se préparait à la retraite ; mais deux corps d'armées, l'un de trente mille hommes conduits par Bulow, l'autre de trente-cinq mille commandés par Blucher, arrivèrent successivement et apportèrent à Wellington un renfort qui le sauva. Le sort de la journée dès lors fut décidé ; la garde fit encore des prodiges de valeur et d'intrépidité , mais l'armée française ne put échapper à une entière défaite. Napoléon accourut à Paris ; il espérait que la Chambre des représentants lui apporterait l'appui de son concours ; il se trompa, et le 22 juin il fut obligé d'abdiquer de nouveau. Après son abdication il se retira à l'Elysée, puis à la Malmaison, où il demeura quelques jours , espérant encore que la Chambre des représentants reviendrait sur sa première décision ; il lui fit même proposer de se mettre à la tête des troupes, non plus en qualité d'empereur, mais comme simple général, promettant de déposer le pouvoir, dès que l'ennemi aurait été chassé du territoire de la France. Cette offre fut repoussée. Il se décida alors à partir pour Rochefort, où il devait s'embarquer sur la frégate la *Saale*, qui avait été mise officiellement à sa disposition par le ministre de la marine pour le conduire en Amérique ; mais des instructions secrètes avaient été expédiées pour que la frégate la *Saale* ne pût pas appareiller en temps utile. Le gouvernement provisoire prétendit en outre que les passeports devaient être visés par le duc de Wellington, en cas de rencontre des escadres anglaises, et le chef des armées coalisées refusa son *visa*. Ces retards eurent pour résultat de donner le temps à l'avant-garde de l'amiral Hotham d'arriver en vue de Rochefort. Dès lors Napoléon ne pouvait plus se faire illusion sur le sort qui lui était réservé ; il crut cependant devoir faire appel à l'hospitalité du gouvernement britannique , et il se rendit au vaisseau anglais le *Bellérophon* ; mais son espoir fut encore trompé, et il apprit bientôt qu'il était prisonnier et qu'il allait être transféré à l'île Sainte-Hélène, rocher situé au milieu de l'Océan indien, pour y être gardé à vue pendant le reste de sa vie. Il protesta contre cette violation du droit des gens, mais on n'en tint aucun compte ; et, peu d'heures après, il voguait à pleines voiles sur le vaisseau le *Northumberland* vers l'île qui lui avait été assignée pour prison. Il y arriva le 18 octobre. Les généraux Bertrand, Montholon et Gourgaud, ainsi que le comte de Las Cases , l'avaient accompagné. Il eut à se louer d'abord de l'administration de l'amiral Cockburn, premier commandant de l'île ; mais celui-ci fut bientôt remplacé par sir Hudson-Lowe, qui, sans respect pour le malheur, tourmenta son prisonnier par des vexations odieuses. Pendant les six années qu'il vécut à Sainte-Hélène, Napoléon s'occupa de rédiger ses Mémoires, ou plutôt de les dicter à ses compagnons d'infortune avec

lesquels il travaillait, et qui recueillirent souvent de sa bouche les documents les plus précieux sur les affaires politiques auxquelles il avait pris part. Dans ses conversations il ne laissait échapper aucune occasion de justifier les actes de sa vie passée , et par une juste expiation , celui qui au temps de sa grandeur avait montré un si profond mépris pour les hommes, ses semblables, se trouvait réduit à faire un incessant appel à l'opinion de ses contemporains et à celle de la postérité. Napoléon avait supporté avec fermeté , calme et noblesse, les rigueurs de la captivité ; mais sa santé finit par s'altérer. Le 17 mars 1821, les premiers symptômes de sa maladie se déclarèrent; il fut pris d'un violent tremblement nerveux. Son médecin cependant, le docteur Antomarchi , ne fut pas alarmé ; mais les jours suivants les crises recommencèrent, et bientôt les progrès du mal furent tels que tout espoir de guérison fut perdu. Une nuit , une de celles qui précédèrent sa mort , vers minuit , il dit au général Montholon , qui veillait auprès de son lit, d'aller se coucher et de lui envoyer l'abbé Vignali, son aumônier. Le général obéit ; le prêtre, s'étant rendu à l'appel de l'illustre malade, eut avec lui un long entretien secret. La nature de sa maladie ne permettait pas qu'il reçût le saint-viatique ; mais Napoléon demanda que les prières des quarante heures fussent récitées à son intention. Enfin , le 5 mai 1821, à six heures du matin , après une agonie calme et sereine, il rendit le dernier soupir. Les compagnons de son exil le placèrent aussitôt sur un lit de camp et le recouvrirent du manteau qu'il portait au bivouac de Marengo. Les soldats anglais voulurent aussi lui rendre les hommages funèbres , et ils défilèrent en grande tenue , silencieusement et avec respect, devant les dépouilles mortelles du Grand-Homme. Sir Hudson-Lowe voulut s'opposer à ces démonstrations , mais le colonel du régiment lui répondit avec fermeté : « Napoléon est mort ; la loi « d'exception n'existe plus , j'ai le droit « de faire promener mon régiment comme il me plaît, et je le fais. » Ainsi finit cet homme extraordinaire , dont le génie puissant présida pendant quinze ans aux destinées de l'Europe , et dont le nom ira se placer dans l'histoire à côté de ceux d'Alexandre, de César et de Charlemagne. Guerrier, législateur et homme d'Etat, il réunit en lui toutes les gloires. Général, il étonna ses adversaires par la hardiesse de ses plans, la rapidité de ses marches, l'élan qu'il savait imprimer au soldat par son sang-froid et la sûreté de son coup-d'œil dans le combat; mais il ne connut jamais bien l'art des retraites; l'allure de son génie se prêtait mal à ces sortes de mouvements, et il ne sut pas s'y plier. Législateur, il appropria aux mœurs nouvelles les lois anciennes, les rassembla en un seul code, et en leur donnant l'unité il leur imprima un caractère de force et de grandeur qu'elles n'avaient pas jusque-là. Homme d'Etat, il eut la science des hommes, la connaissance des affaires, une rare aptitude au travail; malgré l'impatience de sa nature, il savait, pour mieux atteindre le but, différer l'exécution de ses projets; mais la modération lui a manqué; insatiable dans la prospérité, un désir satisfait appelait un autre désir, et quand la fortune tourna contre lui, lorsque tout déjà était perdu, il voulait encore tout regagner. Enfin son intelligence ne le céda à aucune de celles qui sont la gloire de la nature humaine, peut-être même les dépassa-t-elle; mais sa volonté ne fut pas à la hauteur de son génie; plein de force et de puissance contre les autres, il était faible avec lui-même et ne sut jamais se dominer, réalisant ainsi les paroles du Sage, qu'il est plus facile à l'homme de prendre des villes à la pointe de l'épée que de se vaincre lui-même. Lorsqu'on parcourt en effet les phases diverses de sa vie politique, lorsqu'on en étudie les caractères, on reconnaît que ce qui domina en lui ce fut l'égoïsme, un implacable égoïsme, auquel il sacrifia tout, la France, l'Europe, sa famille, ses frères, sa femme même, cette Joséphine qu'il avait aimée cependant, et sur le sein de laquelle il avait inauguré sa puissance. Aussi il n'a accompli sa mission qu'à demi, et il a laissé inachevée, moins avancée même qu'elle n'était au moment où il prit les rênes du gouvernement, la seconde moitié de la tâche qui lui avait été confiée. Beaucoup de ses œuvres déjà ont péri, d'autres encore pourront périr; sa gloire seule restera, et quoi qu'il arrive, malgré ses fautes, ses crimes même, son nom, entouré d'une resplendissante auréole, vivra à jamais dans le souvenir des peuples. Après la mort de Napoléon, son corps, auquel on rendit les honneurs militaires dus à un général, fut enseveli à Sainte-Hélène, au bas d'un rocher désert que baignaient les flots de l'Océan; mais en 1840, S. A. R. le prince de Joinville fut chargé par le gouvernement d'aller à Sainte-Hélène pour le faire exhumer et le rapporter en France. Le prince remplit sa mission, et les restes mortels de l'empereur, transportés à bord de la frégate la *Belle-Poule*, furent déposés en-

suite sous le dôme des Invalides, où un magnifique tombeau doit lui être élevé. Napoléon a laissé un testament. Cet acte, par lequel il fait des legs nombreux à ses anciens compagnons d'armes, à ceux du moins qui lui avaient montré un dévoûment durable et sincère, commence par une profession de foi, une adhésion à la religion catholique, apostolique et romaine, dans le sein de laquelle l'Empereur déclare mourir; il contient aussi quelques dispositions touchantes, particulièrement en ce qui concerne sa femme, à laquelle il pardonne, et son fils, auquel il lègue ce qui lui reste de plus précieux; mais on y trouve quelques paroles regrettables, qui ne marquent pas assez l'oubli du passé. Napoléon a laissé les ouvrages suivants: *Lettre de M. Bonaparte à M. Matteo Buttafuoco, député de Corse à l'Assemblée nationale*, 1790, in-8; *Le Souper de Beaucaire*, Avignon, 1793, in-8; *Collection générale et complète des lettres, proclamations, discours, messages, etc., classés suivant l'ordre des temps, avec des notes*, par Charles-Auguste Fischer, Leipsick, 1808 et 1813, 2 vol. in-8; *Correspondance inédite, officielle et confidentielle*, publiée d'après les copies authentiques recueillies et rassemblées par Napoléon lui-même, Paris, Panckouke, 1819 et 1820, 7 vol. in-8; ce recueil mérite toute confiance; *Œuvres de Napoléon Bonaparte*, Paris, Panckouke, 1821 et 1822, 5 vol. in-8; *Mémoires pour servir à l'histoire de France en 1815, avec le plan de la bataille de Mont-Saint-Jean*, Paris, Barrois l'aîné, 1820, in-8; *Mémoires pour servir à l'histoire de France sous Napoléon, écrits à Sainte-Hélène par les généraux qui ont partagé sa captivité, et publiés sur les manuscrits autographes entièrement corrigés de la main de Napoléon, publiés par le général Gourgaud et le comte de Montholon*, Paris, Bossange frères, 1822-1825, in-8. On a publié sur Napoléon un grand nombre d'ouvrages, parmi lesquels nous citerons: *quelques Notices sur les premières années de Bonaparte, recueillies en anglais par un de ses condisciples*, mises en français par le citoyen B. (Bourgoing); *Mémoires pour servir à l'histoire de France sous le gouvernement de Napoléon Bonaparte, etc.*, par Salgues, Paris, 1814-1825, 4 vol. in-8; *Mémoires pour servir à l'histoire de la vie privée du retour et du règne de Napoléon en 1815*, par Fleury Chaboulon, Londres et Paris, 1820, 2 vol. in-8; *Recueil de pièces authentiques sur le captif de Sainte-Hélène, avec des notes de M. Regnault-Warin*, Paris, Corréard, 1822, 10 volin-8 ; *Napoléon en exil*, ou *l'Echo de Sainte-Hélène, ouvrage contenant les opinions et les réflexions de Napoléon sur les événements les plus importants de sa vie, recueillis par Barry E. O'Meara*, traduit de l'anglais, Paris , 1822 , 2 vol. in-8 ; *Mémorial de Sainte-Hélène*, par le comte de Las-Cases, Paris, 1823 , 8 vol. in-8, et in-12, réimprimé en 1824 ; *Mémoires du docteur Antomarchi, où les Derniers moments de Napoléon*, Paris , Barrois l'aîné , 1825 ; *Histoire de Napoléon Bonaparte*, gravée au trait par Normand père et fils , Paris , Panckouke , in-fol. , quarante livraisons ; *Victoires et conquêtes, désastres , revers et guerres civiles des Français, de 1792 à 1815 , par le général Beauvais et autres , Paris , Panckouke, 1817-1824 , 28 vol. in-8 ; *Mémoires sur la guerre de 1809 en Allemagne*, par le général Pelet, Paris , Boret, 1824, in-8 ; *Histoire de Napoléon et de la grande armée pendant l'année 1812*, par le comte de Ségur, 2 vol. in-8 ; *Napoléon et la grande armée en Russie*, ou *Examen critique de l'ouvrage de M. le comte Ph. de Ségur*, par le général Gourgaud, Paris, Bossange frères , 1825 , in-8 ; *Les quatre Concordats*, par de Pradt, Paris, 1818-1820 , 4 vol. in-8 ; *Précis des contestations qui ont eu lieu entre le Saint-Siége et Napoléon Bonaparte*, par Schoelb , Paris , 18.9, 2 vol. in-8 ; *Mémoires du cardinal Pacca, etc.*, Paris , 1833 , 2 vol. in-8 ; *Histoire de Napoléon*, par de Norwins ; *Histoire de Napoléon*, par Amédée Gabourd, 1843, 1 vol. in-8 : elle est écrite dans un excellent esprit, le style en est correct, clair et facile, la critique en général juste et élevée ; *Histoire de Napoléon Bonaparte*, par Michaud, 1844 , 1 vol. in-8, extraite de la *Biographie universelle*. Ce dernier ouvrage est le fruit de recherches longues et laborieuses , et sous ce rapport il a de l'intérêt ; mais la critique en est peu sûre et les jugements souvent hasardés. Les détails qu'il contient sur les derniers moments de l'Empereur , en particulier sur les circonstances religieuses de sa mort, manquent d'authenticité et ne doivent être admis qu'avec la plus grande réserve.

BONAPARTE (Lucien), prince de Canino , frère puîné de Napoléon, naquit à Ajaccio en 1775. Dans le cours de l'année 1793, quand Paoli eut livré la Corse aux Anglais, le jeune Lucien vint avec sa famille habiter la Provence, où il épousa, à l'âge de 20 ans , la sœur d'un aubergiste , mademoiselle Boyer. En 1796, il obtint une place de commissaire des guerres, et l'année suivante , le département de Liamone le députa au con-

seil des cinq-cents. Ses premières apparitions à la tribune furent marquées par des succès, et il mérita ainsi d'être élu président de l'assemblée. Il prit, comme on le sait, une part active au 18 brumaire. D'abord, il dirigea les délibérations d'une manière favorable au complot, refusa ensuite de mettre aux voix la proscription de son frère ; enfin il quitta l'assemblée, alla haranguer les troupes, monta lui-même à cheval, et décida ainsi le succès du coup d'Etat. A la suite de cette journée, il fut nommé ministre de l'intérieur, et se montra digne du choix qu'on avait fait. Mais un désaccord profond, dont on ignore la cause, ayant éclaté entre Napoléon et lui , il quitta la France pour se rendre en Espagne en qualité d'ambassadeur. Il ne resta pas au-dessous de ses nouvelles fonctions. Son habileté insinueuse donna bientôt à la France un allié utile dans le roi Charles IV, et substitua notre influence en Espagne à celle de l'Angleterre. En 1802 il rentra au tribunat, et s'y fit remarquer encore par son éloquence ; il y soutint surtout avec éclat l'institution de la Légion-d'honneur. Peu de temps après , il fut nommé grand-officier de l'ordre et membre du sénat, et en 1803 il devint membre de l'Institut. Son mariage avec madame Jouberthon, veuve d'un agent de change de Paris, provoqua en 1804 une seconde et éclatante rupture entre Napoléon et lui. Il se vit bientôt obligé de quitter Paris, pour aller à Rome, où il eut avec le Pape des relations assez intimes que Pie VII n'oublia jamais. Après la paix de Tilsitt, il revit son frère à Mantoue ; mais ils ne purent s'entendre. Napoléon exigeait impérieusement la dissolution de son mariage, et il ne voulut jamais y consentir. Peu de temps après, Lucien quitta Rome et alla se fixer à Viterbe, dans la terre de Canino, que le Souverain-Pontife érigea pour lui en principauté. Cependant craignant encore de nouvelles tracasseries, il partit en 1810 pour les Etats-Unis, et il fut pris en route par deux frégates anglaises qui le conduisirent à Malte d'abord et ensuite en Angleterre où il fut retenu prisonnier. Pour charmer les loisirs de sa captivité, il se livra à des études littéraires et composa un poëme épique intitulé : *Charlemagne*. En 1814, il fut remis en liberté sur la demande de Napoléon qui le stipula dans le traité du 11 avril de cette année. Reconnaissant de ce bienfait, Lucien montra un grand dévoûment pour les malheurs de son frère déchu. En 1815, il revint en France pour demander à l'empereur l'évacuation de Rome par les troupes de Murat. Napoléon lui accorda l'objet de sa demande, et voulut le retenir auprès de lui. Il lui donna le titre de prince impérial et de pair, que Lucien accepta avec répugnance. Peu de temps avant la bataille de Waterloo, il se tint aux Tuileries un conseil privé dans lequel il fit des propositions qui blessèrent vivement l'empereur; il demandait que Napoléon abdiquât en faveur de son fils le roi de Rome, et qu'il se rendît à Vienne comme ôtage de l'exécution des conditions stipulées. Après le désastre de l'armée française, il reprit le chemin de l'Italie; mais il ne put franchir les limites du Piémont : on l'arrêta à Turin, et il fallut toute l'influence du Pape pour lui faire rendre la liberté. Il prit alors la route de Rome où il fixa sa résidence, renonçant pour toujours aux affaires politiques. Il est mort en 1840. Lucien était incontestablement l'homme le plus remarquable de la famille Bonaparte.

BONAPARTE (Marie-Anne-Elisa), sœur de l'empereur, naquit à Ajaccio en Corse le 8 janvier 1777. Elevée dans la maison royale de Saint-Cyr, elle épousa, le 5 mai 1797, Félix Bacciochi, officier d'infanterie, d'une famille noble de la Corse. Elle avait du goût pour les arts et la littérature, et après le 18 brumaire sa maison devint le rendez-vous de ce qu'il y avait de plus distingué à Paris pour l'esprit et les talents. Ayant été ensuite nommée grande-duchesse de Toscane, elle continua dans cette dignité à se montrer l'amie et la protectrice des arts. Elle montra en outre dans son gouvernement une grande fermeté d'esprit et de caractère, et les souvenirs qu'elle a laissés en Toscane sont honorables. Jalouse de son autorité, elle n'y associa jamais son mari. Après la chute de l'empire, elle se retira au château de Brann. Elle est morte au mois d'août 1820, des suites d'une fièvre nerveuse, à la maison de campagne de Santo-Andrea, près de Trieste. On a reproché à Elisa la licence de ses mœurs qui allait quelquefois jusqu'au scandale.

BONAPARTE (Louis), frère puîné de Napoléon et de Lucien Bonaparte, né le 2 septembre 1778, à Ajaccio, fit les campagnes d'Italie en qualité d'aide-de-camp du général en chef, et l'accompagna en Egypte. En 1802, Napoléon lui fit épouser, sans consulter son goût, la princesse Hortense Beauharnais, fille de Joséphine. A la création de l'Empire, il fut fait grand connétable et colonel-général des carabiniers. Il exerça un commandement en Hollande, et se fit aimer par la douceur de son administration. Napoléon profita de cette circonstance pour le créer roi de Hollande, le 5 juin 1808; mais Louis s'aperçut bientôt qu'il ne devait être que le commis de son frère, et il abdiqua en 1810; ses vertus le firent regretter de ses sujets. Il s'était, d'abord, retiré à Gratz en Styrie; il passa ensuite à Rome en 1813. Au retour de Napoléon de l'île d'Elbe, il ne quitta point le lieu de sa retraite; il passa le reste de sa vie sans prendre aucune part aux événements politiques, et s'adonnant à l'étude; depuis la chute de Napoléon, il avait pris le nom de comte de Saint-Leu. Il ne vit pas sans inquiétude les tentatives de son fils le prince Louis, en 1838 et 1840; il mourut à Livourne, le 25 juillet 1846. On a de lui : des *Odes*, 1 vol. in-4, Vienne, 1813; *Documents historiques sur le gouvernement de la Hollande*, Paris, 1820; *Marie*, ou *Les Hollandais*, *Mémoires sur la versification française;* une tragédie de *Lucrèce*, et la *Suite du Lutrin*, en vers rhythmiques; il avait essayé, mais sans succès, d'introduire en France ce genre de versification.

BONAPARTE (Marie-Pauline), princesse de Borghèse, deuxième sœur de l'empereur, naquit à Ajaccio en Corse le 20 octobre 1780. Elle épousa d'abord le général Leclerc, qu'elle suivit dans son expédition de Saint-Domingue. La mort de ce général qu'elle aimait passionnément lui causa le plus vif chagrin. Peu de temps après son retour en France, elle eut encore la douleur de perdre son fils. Napoléon la maria ensuite au prince de Borghèse; mais les époux ne purent se convenir, et Pauline revint bientôt en France habiter le palais de Neuilly, où elle se plaisait à donner des fêtes brillantes. Elle témoigna toujours une sorte d'antipathie pour l'impératrice Marie-Louise, devant laquelle sa fierté refusa toujours de se courber. Après la chute de l'empire, elle donna à son frère Napoléon de grandes preuves d'attachement, alla le visiter dans son exil de l'île d'Elbe, et après le débarquement de Cannes lui envoya tous ses diamants. Elle est morte à Florence le 9 juin 1825, à la suite d'une maladie de consomption. Pauline avait une beauté qui l'avait rendu célèbre, même avant que son frère fût arrivé au rang suprême; on lui a reproché, ainsi qu'à sa sœur Elisa, de mener une vie dissipée.

BONAPARTE (Caroline-Marie-Annonciade), la plus jeune des sœurs de Napoléon, naquit à Ajaccio le 26 mars 1782. Elle était d'une rare beauté et de l'esprit le plus distingué. Lorsque la famille Bonaparte fut obligée de quitter la Corse, Caroline vint à Marseille avec sa mère et ses sœurs ; elle ne fut pas moins exposée que ses aînées aux traits de la médisance. Elle fut recherchée en mariage par le prince de Santa-Croce, riche seigneur italien ; mais Joséphine, épouse de Napoléon, favorisait les prétentions de Murat sur la main de Caroline. Le premier consul hésita longtemps avant de donner son consentement en faveur de ce dernier : *Le fils d'un aubergiste!* s'écriait amèrement Bonaparte. Il céda enfin, et quand le mariage fut décidé, il se montra d'autant plus satisfait que, dans l'empressement de sa femme à le faire conclure, il crut voir une preuve de la fausseté des rapports que Junot lui avait faits sur l'intimité qui régnait entre Murat et Joséphine. Ce mariage fut célébré sans pompe, au commencement de 1800, au palais du Luxembourg qu'habitait alors le premier consul. Celui-ci n'avait pu compter que 30,000 francs de dot à sa sœur ; mais Murat, qui avait foi en l'avenir de son général, n'en reçut pas moins comme une précieuse récompense de ses exploits la main de mademoiselle Bonaparte. Il était alors commandant de la garde consulaire, et devint successivement gouverneur de Paris, maréchal, prince, grand-amiral, grand-duc de Berg, et enfin roi de Naples en 1808. Sa femme se montra digne de tous ces honneurs par sa bienfaisance et par une grande habileté administrative qu'elle eut occasion de déployer, toutes les fois que son vaillant époux, appelé aux combats, lui laissait la régence. Elle protégea les arts, restaura le riche musée des Antiques de Naples, activa les fouilles de Pompeïa, et fonda pour trois cents jeunes demoiselles une maison d'éducation dont elle défrayait presque toute la dépense sur ses revenus particuliers. Les divers établissements qu'elle avait formés furent tous conservés par le roi Ferdinand, lorsqu'il revint à Naples. Murat ne pouvait méconnaître la supériorité intellectuelle de Caroline ; mais elle la lui faisait trop sentir, et exerçait sur lui un despotisme intolérable. Joséphine fit tout ce qu'elle put pour lui inspirer plus de douceur. « Quoi, lui écrivait-elle, vous faites pleurer ce pauvre « Murat ! Passe encore pour déposer à « vos pieds ses armes victorieuses ; Her-« cule filait auprès d'Omphale, mais il « n'y pleurait pas. A tant de moyens « de plaire, pourquoi préférez-vous de « commander ? etc. » Murat, tout en se soumettant, se sentait humilié ; il craignait le ridicule de passer pour l'es-

clave de sa femme, et lui disait quelquefois avec colère, et en faisant allusion au mari de la princesse Elisa, sœur de Caroline : « Me prends-tu pour un « Bacciochi ? Suis-je un Bacciochi, moi ? « Non tu ne feras jamais de moi un Bac-« ciochi ! » La désaffection de Murat date de l'époque où Napoléon déclara par un décret que tous les citoyens français étaient de droit citoyens des Deux-Siciles. Il en eut un accès de rage, et la reine eut beaucoup de peine à le calmer. De plus il était jaloux, et la conduite de sa femme, qu'il aimait, ne laissait pas de donner lieu à des interprétations malignes. Ce fut, dit-on, la cause qui le détermina, le 17 janvier 1813, à quitter subitement, à Posen, les débris de la grande armée, dont il remit le commandement au vice-roi d'Italie, Eugène de Beauharnais. Il avait reçu des rapports qui l'alarmèrent pour son honneur ; il traversa rapidement l'Allemagne et l'Italie. En arrivant dans son royaume, il ne se rendit pas directement à Naples ; sa famille l'attendait à Caserte. Quelques destitutions dans l'intérieur du palais parurent confirmer les bruits qui s'étaient répandus. Un duc napolitain, depuis longtemps écuyer de service, reçut l'ordre de s'éloigner, et, peu de jours après, de se rendre à son régiment. La mésintelligence entre les deux époux s'accrut, et Murat devint de plus en plus hostile à son beau-frère, que d'ailleurs il croyait sur le penchant de sa ruine. Si l'on en croit le *Mémorial de Sainte-Hélène*, Caroline ne fit pas tout ce qu'elle put pour empêcher son mari de se déshonorer par sa lâche défection. Indignée de cette conduite, Madame Lætitia, mère de Bonaparte, repoussa depuis 1814 toutes les justifications de sa fille, qui ne cessait de répéter qu'après tout il n'y avait pas de sa faute, qu'elle n'y était pour rien, qu'elle n'avait pu commander à son mari. « Mais, Ma-« dame, disait Napoléon, répondait « comme Clytemnestre : *Si vous n'ave:* « *pu le commander, vous auriez dû le* « *combattre ; or, quels combats avez-vous* « *livrés ? quel sang a coulé ? Ce n'est* « *qu'au travers de votre corps que votre* « *mari devait percer votre frère, votre* « *bienfaiteur, votre maître.* » Lorsque le moment fatal arriva où Caroline dut descendre du trône qu'elle avait occupé pendant sept années, elle montra beaucoup de fermeté. Pour épargner à Naples une sanglante émeute qu'elle prévoyait, elle ne voulut s'éloigner que peu d'heures avant l'arrivée des Autrichiens, et prit toutes les mesures nécessaires pour comprimer la populace ; malgré ses sages précautions, l'émeute éclata, mais fut aussitôt étouffée par la garde nationale. Dans le traité que fit la reine déchue avec le commodore Campbell, alors en rade de Naples, ce ne fut qu'après avoir stipulé des garanties pour les intérêts des Napolitains qu'elle stipula pour les siens propres, c'est-à-dire pour la conservation de ses propriétés personnelles et particulières; ce qui n'empêcha pas le roi Ferdinand de lui en refuser la restitution; et même un mobilier précieux, considérable, d'une valeur de plusieurs millions qu'elle avait fait venir de France et acquis de ses propres deniers, existe encore dans les palais de Naples, de Portici, etc., malgré ses réclamations. Les Anglais eurent alors la satisfaction de déporter en Autriche une seconde reine de Naples. Caroline, qui avait pris le nom de comtesse de Lipano, y pratiqua constamment les plus douces vertus privées. L'ordre et l'économie rendirent sa médiocre fortune suffisante à son existence et à celle de ses enfants, dont elle surveilla l'éducation avec soin. En 1836, il lui fut permis de venir à Paris; elle y réclama une indemnité pour le château de Neuilly qui lui avait appartenu, et obtint par une loi une pension viagère de 100,000 francs, dont elle ne jouit pas longtemps. Elle mourut à Lyon en 1839.

BONAPARTE (Napoléon-François-Charles-Joseph), fils de Napoléon Bonaparte et de Marie-Louise, d'abord roi de Rome, puis simple duc de Reichstadt, naquit le 20 mars 1811 aux Tuileries. L'Europe célébra sa naissance, les rois entourèrent son berceau de leurs hommages; mais le vent de l'adversité souffla bientôt, et, le 30 mars 1814, l'enfant dut quitter les Tuileries avec l'impératrice sa mère, pour n'y plus revenir. On rapporte qu'il se refusait à partir. « Maman Quiou, disait-il à madame Montesquiou, sa gouvernante, maman Quiou, laisse-moi, je t'en prie, à Paris. » Après l'abdication de l'empereur, le jeune duc quitta la France, et le 2 mai 1814 il partit pour l'Autriche, et alla habiter avec sa mère le palais de Schœnbrunn, où son père, au temps de ses triomphes, avait résidé. Dans son exil, il prit d'abord le titre de prince de Parme, de Plaisance et de Guastalla; puis, après 1815, celui de duc de Reichstadt. L'empereur d'Autriche l'accueillit avec affection, et lui fit donner une éducation très-soignée. On ne lui cacha pas sa haute origine; on lui remettait même fidèlement des articles de journaux de France, où l'on disait que sa naissance lui était cachée. Le jeune prince était

doué d'une grande sagacité, et il se livra avec succès à l'étude des langues et à celle des mathématiques; mais sa constitution était faible et maladive. Des indolences subites, qu'il ne savait pas s'expliquer à lui-même, venaient parfois le saisir et l'obligeaient à suspendre ses travaux. A 16 ans, il fit un cours de droit public et de droit privé. La famille impériale d'Autriche lui témoigna toujours le plus grand intérêt, et il était intimement lié avec l'archiduc François, le compagnon de ses jeux d'enfance. Après avoir passé par tous les grades ainsi qu'il est d'usage à la cour de Vienne, il devint colonel; il aimait à commander lui-même son régiment et excellait dans l'art des manœuvres. La nouvelle de la révolution de 1830 fit sur lui une impression profonde, et il ne cacha pas dès lors ses espérances de monter un jour sur le trône. Un de ceux qui avaient sa confiance a écrit, depuis sa mort, qu'il était convaincu que tôt ou tard, à un moment venu, il se serait échappé de l'Autriche pour revenir en France. Le duc de Reichstadt avait des mœurs douces et aimables; son intelligence était remarquable, et avait par moment des illuminations soudaines. Cependant, à la suite de sa rapide croissance, des symptômes graves se déclarèrent, il tomba malade et fut obligé de suspendre son service militaire. Une fluxion de poitrine survint, et bientôt, malgré les secours de l'art qui lui furent prodigués, l'état du jeune prince ne laissa plus aucun espoir. Il fit demander sa mère, l'archiduchesse Marie-Louise, qui arriva en toute hâte. Quelques jours auparavant, un service religieux avait eu lieu dans la chapelle du château, pour demander le rétablissement de sa santé; il s'y était fait transporter, et y avait communié avec plusieurs membres de la famille impériale. Vienne entière prenait le plus vif intérêt au sort du prince, et une grande foule assiégeait les portes du palais pour avoir de ses nouvelles. Enfin, après une année douloureuse, supportée avec calme et résignation, il succomba le 22 juillet 1832, à cinq heures du matin. Il avait 21 ans.

BONARDI (Jean-Baptiste), savant docteur de Sorbonne, né à Aix en Provence, et mort à Paris en 1756, se distingua par son érudition bibliographique. On a de lui en manuscrit: l'*Histoire des écrivains de la Faculté de Théologie de Paris;* la *Bibliothèque des écrivains de Provence;* un *Dictionnaire des écrivains anonymes et pseudonymes,* savant et curieux.

BONARELLI, DELLA ROVERE (Gui-Ubaldo ou Guidubaldo), comte italien, naquit à Urbin en 1563. Il perfectionna ses talents en Italie et en France. Le duc de Ferrare le chargea de plusieurs négociations, dans lesquelles Il fit éclater son génie pour la politique. Ses dispositions pour la poésie ne se déclarèrent que tard. Mais son premier essai, sa *Fillí di Sciro* (Philis de Scyros) *favola pastorale*, dont la plus jolie édition est celle d'Elzévir, 1678, in-24, figures de Le Clerc, ou celle de Glascow, 1763, in-8, fut comparée au *Pastor Fido* et à l'*Aminta*. Il y a peu de pastorales écrites avec plus de finesse et de délicatesse; mais cette délicatesse l'éloigne du naturel, et la finesse le fait tomber dans le raffinement. Ses bergers sont des courtisans, ses bergères quelquefois des précieuses, et leurs entretiens des discours de ruelle. Bonarelli mourut à Fano en 1608. On a encore de lui des *Discours* académiques.

BONAVENTURE (saint), dont le nom véritable est Jean FIDENZA, né l'an 1224 à Bagnarea en Toscane, entra dans l'ordre des Frères mineurs, et en fut un des plus grands ornements. « Sa vocation, « dit l'abbé Bérault, quoique dans un « autre goût que celle de saint Thomas, « n'est pas moins remarquable. Etant « tombé dangereusement malade dès « l'âge de quatre ans, sa mère le recom-« manda aux prières de saint François « qui vivait encore ; et elle promit, s'il « guérissait, de le mettre sous sa con-« duite. Le saint pria pour l'enfant, et « le voyant aussitôt guéri, il s'écria : O « bonne aventure ! nom qui lui demeura, « au lieu de celui de Jean, qu'il avait « reçu au baptême. » En 1243, Bonaventure, âgé de 22 ans, accomplit le vœu de sa mère, en prenant l'habit de son bienfaiteur. On l'envoya étudier à Paris, ainsi que saint Thomas; et, comme lui, il eut encore un maître célèbre dans la personne d'Alexandre de Halès, qui, touché de la beauté du naturel de son disciple et de l'innocence de ses mœurs, disait de lui, qu'il semblait n'avoir point participé au péché de notre premier père. Son Ordre le fit successivement professeur de philosophie, de théologie, et enfin général en 1256. L'archevêché d'York étant vacant, Clément IV l'offrit à Bonaventure, et le saint le refusa ; mais le Pape, voulant maintenir sa nomination, lui enjoignit, en vertu de la sainte obéissance, d'acquiescer à la volonté divine en acceptant cet archevêché. Tels sont les termes de la bulle qui fut donnée à ce sujet, le 24 novembre 1265, et qui n'eut point d'exécution. L'humi-lité de Bonaventure fut si ingénieuse, et il prit si bien le Saint-Père, que, tout inébranlable que paraissait sa résolution, celui-ci ne le contraignit pas d'accepter cette dignité. Après la mort de ce Pontife, les cardinaux s'engagèrent d'élire celui que Bonaventure nommerait ; ce fut Thibaut, archidiacre de Liége, qui prit le nom de Grégoire X, sur lequel il jeta les yeux. Ce Pape l'honora de la pourpre romaine, et lui donna l'évêché d'Albano. Le nouveau cardinal suivit Grégoire au concile de Lyon, en 1274, et y mourut des fatigues qu'il s'était don-nées pour préparer les matières qu'on devait y traiter. « Ce saint, dit un histo-« rien, emporta les regrets de tout le « monde, non seulement pour sa doc-« trine, sa tendre éloquence et sa haute « vertu, mais pour la douceur de son « caractère et de ses manières, qui lui « tenaient, pour ainsi dire, enchaînés « les cœurs de tous ceux qui l'avaient « connu. » La cour pontificale et tout le concile assistèrent à ses funérailles, les plus brillantes tout ensemble et les plus attendrissantes qu'on ait jamais faites, même à aucun souverain. Pierre de Ta-rentaise qui, d'archevêque de Lyon, ve-nait d'être fait cardinal-évêque d'Ostie, et qui succéda au pape Grégoire sous le nom d'Innocent V, fit l'oraison funèbre, où il exprima sa douleur d'une manière si touchante, qu'il tira des torrents de larmes de l'assemblée, toute pénétrée de la perte que l'Eglise venait de faire. On a recueilli les ouvrages de saint Bona-venture, à Rome, en 1588, 7 tom. en 6 vol. in-fol., et réimprimés à Venise, 1751 à 1756, 14 vol. in-4. Les deux pre-miers renferment des *Commentaires sur l'Ecriture;* le troisième, ses *Sermons;* le quatrième et le cinquième, ses *Com-mentaires sur le Maître des Sentences;* le sixième et le septième, des *Opuscules moraux;* le huitième, les *Opuscules* qui regardent les religieux. Ses *Méditations sur la Vie de Jésus-Christ* sont pleines de circonstances qu'on ne trouve point dans l'Evangile, et qui ne sont pas tou-jours propres à nourrir une piété solide et éclairée. Si le *Psautier de la Vierge,* qu'on lui attribue peut-être faussement, est réellement de lui, on ne peut dis-con-venir que le saint docteur n'ait perdu beaucoup de temps à dégrader les beau-tés simples et majestueuses des *Pseaumes.* L'idée d'attribuer à une pure créature ce qui a été dit de Dieu, a été, depuis, formellement proscrite dans le *Catéchis-me du Concile de Trente,* comme elle doit l'être, à raison de l'absurdité manifeste, de toute espèce de parallèle entre le Créateur et les êtres qui tiennent de lui seul le mouvement et la vie. Du reste, les ouvrages ascétiques de saint Bonaventure portent l'empreinte d'une piété affectueuse qui saisit encore plus le cœur que l'esprit, et ont fait passer justement l'auteur pour un des plus grands maîtres de la vie spirituelle. Quant à ses ouvrages théologiques, on y remarque, outre la solidité et la plus exacte orthodoxie une préférence marquée pour les sentiments modérés, encourageants, propres à produire la paix et la consolation des âmes. On lui a donné le surnom de *Docteur séraphique*. On a encore une de ses lettres, écrite trente ans seulement après la mort de saint François, où l'on trouve des plaintes amères contre le relâchement des Frères mineurs; mais on aurait tort de se prévaloir de ses plaintes pour déroger à la dignité de l'état religieux. Des fautes qui paraissent capitales dans les hommes dévoués au service de Dieu, seraient à peine aperçues dans les hommes du monde. « Il est certain, « dit Voltaire, que la vie séculière a toujours été plus vicieuse, et que les plus « grands crimes n'ont pas été commis « dans les monastères; mais les désordres ont été plus remarqués par leur « contraste avec la règle. » Saint Bonaventure est au rang des docteurs de l'Église, quoiqu'il ne soit pas au rang des *Pères*, ce nom n'étant donné qu'aux docteurs des six premiers siècles, et, par une exception particulière, à saint Bernard. (Voyez ce mot.) Le père Boule a écrit sa *Vie*.

BONAVENTURE de Padoue ou de Péragia, dix-huitième général des Augustins et cardinal, né à Padoue, le 22 juin 1332, embrassa l'institut des Ermites de Saint-Augustin, et fit profession à Padoue. Il reçut le bonnet de docteur à Paris, après y avoir fait ses cours de philosophie et de théologie, et fut élu général de son Ordre dans le chapitre tenu à Vérone le 27 mai 1377. Urbain VI et Clément VII se disputaient alors la papauté, et Bonaventure prit parti pour Urbain, qui le créa cardinal en janvier 1384, selon les uns, en septembre 1378, suivant les autres. François Carrario, qui s'était emparé de l'autorité à Padoue, le fit assassiner en 1385 (d'autres veulent que ce soit plusieurs années plus tard), lorsqu'il passait le pont Saint-Ange pour se rendre au Vatican, voulant ainsi se venger du cardinal avec qui il avait eu quelques démêlés au sujet des immunités ecclésiastiques. On a de Bonaventure : des *Commentaires sur les Epîtres canoniques de saint Jean et de saint Jacques*, et sur le *Maître des Sentences*; des *Sermons*; des *Vies des Saints* ; *Speculum Mariæ*, *breviloquium*, *ternarium de regimine conscientiæ* ; une *Oraison funèbre de Pétrarque*, qu'il prononça en 1369. Il avait été lié avec ce poète célèbre.

BONARTIUS. (Voyez BOONAERTS.)

BONAVENTURE DE SAINT-AMABLE (Le Père). carme déchaussé de la province d'Aquitaine, vers la fin du 17e siècle, se livra à de pénibles recherches sur l'histoire. Il prit pour sujet celle du Limousin, et composa un gros ouvrage qu'il intitula : *Vie de saint Martial*, ou *Défense de l'apostolat de saint Martial et autres*, contre les critiques de ce temps, 3 vol. in-fol. On reproche au Père Bonaventure de manquer de méthode, et de n'être pas toujours exact.

BONAVENTURE (Nicolas, baron) naquit à Thionville le 7 octobre 1751. Après avoir suivi les cours de l'Université, il fut reçu avocat et s'acquit bientôt une grande réputation. Nommé, en 1784, membre du conseil aulique de Tournay, il fut chargé, lors de la révolution du Brabant, de négocier avec le stathouder. En 1797, il fut élu, par le département de la Dyle, au conseil des Cinq-Cents, puis devint successivement juge à la cour d'appel de la Dyle, président du tribunal criminel de Bruxelles, membre du conseil de discipline et d'enseignement de l'École de droit de Bruxelles, enfin, en 1811, député du collège électoral de la Dyle. Il reçut de l'empereur la croix d'officier de la *Légion-d'Honneur* et le titre de baron. Peu après il prit sa retraite et s'établit à Yette, près de Bruxelles, où il avait des propriétés considérables. Il est mort en 1831, laissant une fortune de quatre millions. Bonaventure était un législateur distingué, mais il n'a publié aucun ouvrage.

BONCHAMP (Charles-Melchior-Arthur de), célèbre général vendéen, né dans l'Anjou en 1759, d'une famille noble et considérée; servit avec distinction dans la guerre d'Amérique. En 1791, il était capitaine au régiment d'Aquitaine; mais il quitta bientôt le service. Il vivait retiré dans son château de la Barounière, près de Saint-Florent, lorsque les royalistes l'appelèrent pour se mettre à leur tête. De tous les chefs de la Vendée, Bonchamp était le plus propre au commandement comme le plus expérimenté. Doué de talents réels et de qualités précieuses, sa modestie et sa douceur rehaussaient son mérite et le rendaient l'idole de ses soldats. Aussi ses premières actions furent-elles brillantes. Il commença avec succès cette guerre fameuse de la fidélité traitée de rébellion par des rebelles, de faction par des factieux, et appelée barbare sans doute par les vainqueurs de Quiberon ou leurs admirateurs. Il opéra la jonction de ses troupes avec celles de Larochejaquelein, et leur forces réunies acquirent une supériorité marquée sur les armées répubhcaines. Ils prirent Bressuire, Thouars et Fontenay. Bonchamp contribua beaucoup à ces divers avantages ; mais ayant été blessé grièvement, il ne put reparaître à l'armée qu'après la prise de Saumur et d'Angers. Il eut encore le coude fracassé à l'attaque de Nantes, où les Vendéens furent repoussés. Tous les bons esprits et un grand nombre d'officiers voulaient le faire élire généralissime; mais d'Elbée trouva moyen de se faire nommer. Bonchamp n'en témoigna aucun ressentiment; mais il fut étonné qu'on eût choisi le moins habile de tous les chefs. Vers le mois de septembre 1793, le gouvernement républicain, qui avait échoué dans ses entreprises contre l'armée royaliste qui faisait tous les jours de nouveaux progrès, voulant faire de plus grands efforts, leur opposa des troupes nombreuses et aguerries. Charette fut battu, et vint se réunir aux autres chefs qui, sentant bien qu'il s'agissait du salut de leur cause, se décidèrent à une action générale et combattirent avec plus d'ardeur que jamais contre la garnison de Mayence, composée des meilleurs soldats de la République. Bonchamp avec sa division détermina la victoire : elle fut complète. Ce succès fut suivi de plusieurs autres ; et peut-être la Vendée eût-elle décidé du sort de la France, si la désunion ne se fût mise parmi les chefs, et si Charette n'eût détaché à cause de celle de la grande armée. Alors les Vendéens ne comptèrent plus que des revers. Bonchamp proposa de passer la Loire pour se réunir aux Bretons; on se rendit à son avis, et l'on plaça quelques troupes pour faciliter ce passage ; mais il fallut auparavant en venir aux mains à Cholet, et cette bataille acheva la ruine de l'armée royale qui avait combattu avec un courage et un acharnement incroyables. D'Elbée et Bonchamp furent blessés à mort, et leurs soldats, sans chef et sans ordre, se virent forcés de céder le champ de bataille. Les républicains avaient acheté trop cher la victoire pour pouvoir s'opposer à la retraite des Vendéens au-delà de la Loire. Bonchamp fut emmené dans une barque; il expira, lorsqu'on voulut l'en sortir, laissant ses malheureux compatriotes dans la plus grande détresse, au moment où ils avaient le plus besoin de lui. Il connaissait parfaitement le pays, et n'ayant expliqué à personne les projets qu'il avait conçus, l'armée se trouvait sans plan de campagne. Ce fut le 17 octobre 1793, que mourut ce général, distingué autant par son humanité que par sa bravoure. Sans ambition, sans nul désir de briller, il ne combattit que pour l'honneur et le succès de sa cause.

BOND (Jean), critique et commentateur, naquit dans le comté de Sommerset en 1550, fut maître d'école pendant plusieurs années, et exerça la médecine à la fin de sa vie. Il mourut en 1612. Son ouvrage le plus connu est un *Commentaire* estimé sur Horace. La plus belle édition est celle d'Elzévir, 1677 ; on en a donné une autre depuis à Orléans, qui a son mérite. Il a fait aussi un *Commentaire* sur Perse.

BONDAM (Pierre), allemand, naquit en 1727, fut professeur dans les écoles de Campen, Zutphen, et aux Universités d'Harderwick et d'Utrecht; puis il mourut en 1800, laissant : *Specimen animadversionum criticarum, ad loca quædam juris civilis depravata*, 1746, Franeker; *Variæ lectiones*, dans lesquelles il corrige, soit par conjecture, soit par le secours des manuscrits, un grand nombre de passages, dans les jurisconsultes et les littérateurs anciens ; les *Chartres des ducs de Gueldre*, écrites en vieux hollandais, rassemblées en un énorme in-folio, Utrecht, 1783 à 1793; *De linguæ græcæ cognitione*, 1755 ; et *Pro græci juris interpretibus*, 1763, augmenté de quatre harangues académiques.

BONDELMONT, chevalier florentin, promit d'épouser une demoiselle de la famille des Amidées. Une dame de la maison des Donati, l'ayant dissuadé, lui donna sa fille en mariage. Les Amidées le poignardèrent le jour de Pâques, comme il allait à l'église. Cet assassinat divisa la ville et la noblesse de Florence en deux factions, l'an 1215 : l'une, attachée aux Bondelmont, s'appela les *Guelfes* ; et l'autre, les *Gibelins :* ceux-ci tenaient pour les Amidées. Mais il ne paraît pas que ce soit là l'origine de ces noms. (Voyez CONRAD. III.)

BONDI (Clément l'abbé), jésuite et poëte italien, né à Mezzano dans le duché de Parme, en 1742, passa dans le Tyrol, à la suppression de son Ordre; puis se rendit à Milan où l'archiduc Ferdinand, alors gouverneur de la Lombardie autrichienne, lui confia l'éducation de ses enfants. Lorsque les Français s'emparèrent de Milan (17 mai 1796), il suivit en Allemagne ce prince qui le nomma son bibliothécaire à Bruun en Moravie, et mourut à Vienne en 1821. Il a laissé : l'*Enéide* en vers *Scioleti* ou vers non rimés de onze syllabes, Parme, 1793, 2 vol. in-8, plusieurs fois réimprimé. Bondi n'a point surpassé Annibal Caro dont la traduction faite depuis trois siècles occupe encore en Italie la première place ; cependant le nouveau traducteur a été peut-être plus heureux que l'ancien, surtout dans le 4° livre; la *Conversation*, petit poëme qui eut beaucoup de succès. Comme Delille, Bondi a traduit aussi les *Géorgiques*(1808), mais il est inférieur au poëte français; la *Giornata villereccia* (la Journée champêtre ou les champs). Outre ces ouvrages, l'abbé Bondi a fait paraître : les *Métamorphoses* d'Ovide; la *Felicita*, ou le *Bonheur*; la *Moda*, et un grand nombre de *sonnets, canzoni, odes, cantates* pour la cour de Vienne. Ces poésies ont été insérées dans le *Parnaso degl' Italiani viventi*, tom. 11 et 12, Pise.

BONER, fabuliste allemand du 13° et 14° siècles, dont on a un *Recueil de fables rimées*, tirées des auteurs satiriques, Bamberg, 1461, et Strasbourg, 1782. C'est peut-être ce qui nous reste de plus précieux des minnestinger (troubadours allemands).

BONET, ou BONT (saint), en latin, *Bonus, Bonitus*, naquit en France, d'une famille distinguée, et fut référendaire ou chancelier de saint Sigebert III, roi d'Austrasie. Il jouit de l'estime publique sous quatre rois, pour avoir fait fleurir la religion et la justice. Après la mort de Dagobert II, Thierri III réunit l'Austrasie à la monarchie française, et nomma saint Bonet gouverneur de la province de Marseille, en 680. Saint Avit, son frère aîné, évêque de Clermont, l'ayant demandé pour successeur, il prit, en 689, le gouvernement de cette église ; mais après dix ans d'épiscopat, ayant eu quelques scrupules sur son élection, il consulta saint Théau, qui vivait alors en ermite à Solignac. Saint Bonet se démit de son évêché, et se retira à l'abbaye de Marlieu, où il vécut quatre ans dans les pratiques d'une austère pénitence. Il revenait de Rome, où il avait fait un pèlerinage, lorsqu'il mourut de la goutte, à Lyon, le 15 janvier 710, à l'âge de quatre-vingt-six ans. On trouve dans le *Recueil des Bollandistes*, sa *Vie* écrite par un moine de Sommon, en Auvergne, son contemporain.

BONET (Guillaume), 41° évêque de Bayeux, né dans le diocèse du Mans, et mort à Angers vers 1312, fut élevé dans celui de Bayeux ; il était un des dignitaires de cette dernière église, lorsque Clément V le fit évêque en 1306. Ce Pape le nomma parmi les commissaires dans l'affaire des Templiers. Il fonda, en 1309, le collège de Bayeux dans l'Université de Paris, pour des boursiers du diocèse de Bayeux et de celui du Mans.

BONET (Nicolas), religieux franciscain du 14° siècle, surnommé *le Docteur profitable*. Cet auteur fit du bruit pendant quelque temps, par une opinion extrêmement singulière ; il avança, dans un de ses ouvrages, que ces paroles de Jésus-Christ sur la croix : *Femme, voilà votre fils*, avaient produit l'effet d'une transsubstantiation réelle, en sorte qu'au moment même saint Jean était devenu le fils de la Vierge. Bonet trouva des sectateurs ; leur nombre devint même considérable. Mais on réussit à les rappeler à leur devoir.

BONET (Théophile), médecin de Genève, né en 1620, et mort en 1689. Il fit part au public des réflexions qu'il avait faites sur son art, pendant plus de 40 années de pratique. Ses principaux ouvrages sont : *Polyanthes. sive Thesaurus medico-practicus ex quibuslibet rei medicæ scriptoribus collectus*, Genève, 3 vol. in-folio, 1690, 1691, 1693; c'est une bibliothèque complète de médecine; *Medicina septentrionalis*, 1684 et 1686, 2 vol. in-fol., collection de raisonnements et d'expériences faites dans les parties septentrionales de l'Europe; *Mercurius compitalitius*, Genève, 1682, in-fol.; *Sepulchretum*, ou *Anatomia practica*, Genève, 1679, en 2 vol. in-fol. et Lyon, 1700, 3 vol. in-folio, avec des additions par Manget. Quoique le titre de ces livres soit bizarre, et que le format ne promette pas beaucoup de précision, ils ont été recherchés avant que Boerhaave eût trouvé l'art de réduire la médecine en aphorismes. On les consulte encore. « Les ouvrages de Bonet, dit un historien de la médecine, représentent à peu près tout ce qui avait été fait d'important avant lui, en médecine pratique. L'heureuse idée qu'il eut de rassembler toutes les observations dans lesquelles l'histoire de la maladie était complétée par celle de l'ouverture du corps, et l'exécution du *Sepulchretum*, peuvent être considérées, malgré les imperfections inévitables dans un premier essai, comme un événement important dans l'histoire des progrès de la médecine moderne. Ces imperfections n'empêchent pas que cet ouvrage ne soit le répertoire le plus complet et le mieux choisi des matériaux qu'on peut employer, parmi tous ceux qui ont été amassés avant la fin du 17e siècle, et qu'il n'ait donné au 18e une impulsion dont l'influence sur les progrès de l'anatomie pathologique et de la médecine pratique ne saurait être calculée. »

BONFADIO (Jacques), né à Gazanó, près de Salo, dans le diocèse de Brescia, au commencement du 16e siècle, secrétaire de quelques cardinaux, donna des leçons de politique et de rhétorique à Gênes avec succès. La république le nomma pour écrire son histoire. L'historien offensa plusieurs familles, qui furent mécontentes de ce qu'il disait vrai, et indignées de ce qu'il le disait d'une manière satirique. On chercha à s'en venger, on l'accusa d'un crime qui méritait la peine du feu. Il allait être brûlé vif, lorsque ses amis obtinrent qu'on se contenterait de lui couper la tête, ce qui fut exécuté en 1560. On a de Bonfadio : son *Histoire de Gênes*, dont nous avons parlé, et dans laquelle il raconte l'état de cette république fort exactement depuis 1528 jusqu'en 1550, en un vol. in-4, Pavie, 1586 ; elle est en latin, mais Barthélemi Pascheti la traduisit en italien : cette version imprimée à Genève en 1586, in-4, n'est pas commune ; des *Lettres* et des *Poésies* italiennes, publiées, les premières en 1746, à Brescia, avec sa *Vie*, les autres en 1747 in-8.

BONFINIUS, ou BONFINI (Antoine), historien latin, natif d'Ascoli, fut gouverneur et maître de Béatrix d'Aragon, épouse de Mathias Corvin, roi de Hongrie. Il écrivit l'*Histoire* de ce royaume, et la poussa jusqu'en 1445, en 45 livres. Sambuc qui l'a continuée en publia une édition exacte en 1568. Il y en a une autre de 1606, in-fol. ; elle est très-estimée, et mérite de l'être, tant par le style que pour la sagesse et l'exactitude de l'auteur. On a encore de lui : *Hermogenis libri de arte rhetoricâ, et Aphthonii sophistæ progymnastica*, Lyon, 1538 ; *In Horatium Flaccum Commentarii*, Rome, in-4 ; *Symphosion-Beatricis, sive Dialogi tres de pudicitiâ conjugali et virginitate*, Bâle, in-8, etc.

BONFREMONT (Charles de), peintre d'histoire et de portraits, ancien chevalier de Malte, et page de Louis XVI, n'a point eu de maître. Ce fut en exerçant la peinture par nécessité qu'il l'apprit de lui-même en Amérique, où il se trouva par suite des événements de la Révolution. Il mourut en 1838. Cabet, dans son *Dictionnaire des artistes*, assure que c'est à Bonfremont que sont dus les procédés au moyen desquels on

est parvenu à rétablir les peintures de Versailles, qui étaient depuis longtemps dans une extrême dégradation.

BONFRÉRIUS, ou BONFRÈRE (Jacques), jésuite, naquit en 1573 à Dinant, ville de la principauté de Liége, et se fit jésuite, en 1592. Il enseigna la philosophie et la théologie à Douai, fut professeur d'Écriture-Sainte et de langue hébraïque dans la même ville, emploi qu'il remplit avec distinction pendant un grand nombre d'années. Il mourut à Tournai le 9 mai 1643. On voit par ses écrits qu'il était très-versé dans la chronologie et dans la critique, et consommé dans la géographie sacrée. Swertius le peint en ces termes : « *Non vulgari* « *doctrinâ instructus, et raris virtutum* « *ornamentis insignitus, industriâ mi-* « *rabili, incredibili in rebus agendis* « *prudentiâ, acerrimi ingenii, solidissi-* « *mi judicii.* » Valère André le qualifie de « *Multiplicis vir eruditionis, ingenii* « *sagacitate, judicii maturitate, styli* « *facilitate ac nitore, memoriâ denique* « *tenacitate imprimis excellens.* » A ces témoignages on peut ajouter celui de Dupin, on ne doit point paraître suspect : « De tous les commentateurs jé- « suites de l'Écriture-Sainte, il n'y en a « point, à mon avis, qui ait suivi une « meilleure méthode et qui ait plus de « science et de justesse dans ses explica- « tions que Jacques Bonfrérius. Ses Pro- « légomènes sur l'Écriture sont d'une « utilité et d'une netteté merveilleuses. « Il en a retranché la plupart des ques- « tions de controverse que Sérarius « avait traitées dans ses Prolégomènes, « pour se renfermer dans ce qui re- « garde l'Écriture-Sainte, et rapporte « en abrégé tout ce qu'il est nécessaire « de savoir sur cette matière. Ses Com- « mentaires sont excellents. Il y expli- « que les termes et le sens de son texte « avec une étendue raisonnable, et évi- « tant la trop grande brièveté de quel- « ques-uns et la longueur démesurée des « autres, ne fait aucune digression qui « ne vienne à son sujet. » On a de ce commentateur : *Proloquia in totam Scripturam sacram*, Anvers, 1625, in-fol. ; *Onomasticon urbium et locorum sacræ Scripturæ*, Paris, 1631, in-fol. Le Clerc en a donné une belle édition à Amsterdam en 1707, in-fol. : ces deux ouvrages ont été insérés dans l'édition de Ménochius par le P. Tournemine ; *Pentateuchus Moysis commentario illustratus*, Anvers, 1625, in-fol. ; *Josue, Judices et Ruth commentario illustrati*, Paris, 1632, in-fol. Bonfrérius a encore fait des Commentaires sur les livres des

Rois et des Paralipomènes, sur les livres d'Esdras, de Tobie, de Judith, d'Esther et des Machabées, sur les quatre Evangiles, les Actes des apôtres, et sur les Epîtres de saint Paul. Il avait entrepris de commenter le Psautier, et il en était au psaume 39, lorsque la mort l'enleva ; mais ces Commentaires n'ont pas été imprimés.

BONGARS (Jacques), calviniste ; né à Orléans, conseiller de Henri IV, s'acquitta avec ardeur des négociations que ce prince lui confia. Sixte V ayant fulminé, en 1585, une bulle contre le roi de Navarre et le prince de Condé, Bongars, qui était alors à Rome, y fit une réponse et l'afficha lui-même au champ de Flore. Il mourut à Paris en 1512, à 58 ans. Ses ouvrages sont : une édition de *Justin* avec de savantes notes ; un recueil de *Lettres latines*, qui apprennent peu de choses : MM. de Port-Royal en publièrent une traduction sous le nom de Brianville, en 1695, 2 vol. in-12 ; le recueil des historiens des Croisades, sous le titre de *Gesta Dei per Francos*, 2 vol. in-fol.. 1611; les *Variantes* des Mélanges historiques de Paul Diacre ; *Collectio Hungaricarum rerum Scriptorum*, Francfort, 1600, in-fol.. : c'est une collection curieuse des historiens originaux de Hongrie.

BONGO (Pierre), chanoine de Bergame, sa patrie, possédait plusieurs langues anciennes, la théologie et d'autres sciences. Il composa un traité curieux intitulé : *Numerorum Mysteria ex abditis plurimarum disciplinarum fontibus hausta*, Paris, 1618, in-4. Il mourut au commencement du 17° siècle, plusieurs années avant l'impression de son ouvrage.

BONHOMO (Jean-François), né à Verceil, se distingua par ses lumières et son zèle pour la foi catholique. Etroitement lié par l'identité des principes et des vues avec saint Charles Borromée, il fut un des plus intimes amis de ce saint prélat, qui l'envoya à Rome en 1569, pour obtenir du Pape la confirmation des canons du second concile provincial de Milan, et le consacra évêque de Verceil, en 1572. Le pape Grégoire XIII l'envoya en Suisse où il fut le premier nonce permanent, et il y produisit, par ses travaux et sa vigilance pastorale, des fruits précieux dans des temps difficiles et critiques où les nouveaux sectaires faisaient dans la vigne du Seigneur d'étranges ravages. Quelque temps après, il fut envoyé vers l'empereur, qu'il engagea à faire publier dans ses Etats les décrets du concile de Trente. Nommé à la nonciature

de Cologne, il fut l'âme de tout ce qui se fit dans ce temps très-critique, tant dans cet électorat que dans les provinces voisines, pour le maintien de l'ancienne religion, pour la réforme du clergé, pour la suppression des abus et tout ce qui intéresse l'Eglise catholique. La nonciature, dont il fut en quelque sorte le fondateur, a depuis continué, sans interruption, avec le meilleur effet pour la religion et le clergé catholique d'Allemagne. Son successeur fut Barthélemi Pacca, dont les travaux pour le maintien des nonciatures et de l'autorité pontificale contre les innovations des métropolitains, sont assez connus. Bonhomo mourut à Liége, dans l'abbaye de Saint-Jacques (alors l'asile de la science, aujourd'hui sécularisée), le 25 février 1587. On a de lui : *La vie et la mort de Charles Borromée*, Cologne, 1587 ; et les *Décrets généraux pour la réforme ecclésiastique*, Cologne, 1585, in-8. Le pape Benoît XIV cite souvent avec éloge cet ouvrage dans son traité *De Synodo*.

BONICHON (François), prêtre de l'Oratoire, ensuite curé de Saint-Michel d'Angers, mort en 1662, est auteur d'un ouvrage intitulé : *Pompa episcopalis*, Angers, 1650, in-fol. Ce livre fut composé, lorsque Henri Arnault fut fait évêque d'Angers. On a encore de lui un gros in-4, intitulé : *L'Autorité épiscopale défendue contre les nouvelles entreprises de quelques réguliers mendiants*, Angers, 1658. Cet ouvrage est estimé.

BONIFACE, comte de l'empire, plus connu par son amitié pour saint Augustin que par ses actions, fut chassé d'Afrique par les Vandales, et mourut en 432 d'une blessure qu'il reçut dans un combat contre Aétius.

BONIFACE (saint), nommé d'abord Winfrid, apôtre de l'Allemagne, naquit en Angleterre vers l'an 680. Il embrassa l'état monastique, fut fait prêtre en 710, et envoyé par Grégoire II, en 749, pour travailler à la conversion des infidèles du Nord. Il remplit sa mission dans la Thuringe, le pays de Hesse, la Frise et la Saxe, et y convertit un grand nombre d'idolâtres. Le Pape, ayant appris ce succès, l'appela à Rome, le sacra évêque le jour de saint André, en 723, et le renvoya en Allemagne. Les progrès de la foi furent encore plus rapides à son retour. Il convertit les peuples de Bavière, et remplit le Nord du bruit de son nom et de ses travaux apostoliques. Grégoire III lui accorda le *pallium* et le titre d'archevêque, avec permission d'ériger des évêchés dans les pays nouvellement conquis à la religion. Jusqu'alors Boniface n'avait été fixé à aucune église particulière ; vers l'an 747 , le pape Zacharie le plaça sur le siége de Mayence , qui vaquait par la déposition de Gervode. Tous ces faits confondent d'une manière évidente et sensible les prétentions que les métropolitains d'Allemagne ont formées contre le siége de Rome, dont ils tenaient tout, et l'on peut dire que l'existence même de l'Eglise de l'Allemagne est l'effet non seulement du zèle , mais du pouvoir et de l'autorité hiérarchique de l'Eglise romaine. « Ignorez-vous , ingrats (dit un « auteur connu à cette occasion), que « sans elle la Germanie ne serait encore « que le repaire de quelques hordes barbares ; que les ours et les aurochs habiteraient les lieux où sont aujourd'hui » vos florissantes cités ; que le sang humain coulerait encore sur les autels « dressés à des monstres, là où le paisible agneau est immolé avec une pompe « sainte dans de magnifiques temples ? « Et depuis cette heureuse révolution , « due précisément au christianisme, dont « Rome vous a fait le don inestimable , « que ne doit pas la Germanie et son « clergé surtout à ces pontifes, dont « les soins affectueux et paternels ont « constamment employé l'impression de « l'autorité sainte, pour en assurer la liberté contre l'oppression et la violence, « pour maintenir dans cette grande région la pureté de la foi contre des sectaires nombreux et puissants ? » Boniface termina sa vie par le martyre : un jour qu'il était en chemin pour donner la confirmation à quelques chrétiens , il fut percé d'une épée par les païens de la Frise , dans la plaine de Dockum , près de la rivière de Bordne, le 5 juin 755. Cinquante-deux de ses compagnons, soit missionnaires, soit chrétiens, furent massacrés avec lui ; leur sang fut une semence qui produisit d'autres apôtres. Il s'était démis de l'archevêché de Mayence en faveur de Lulle son disciple. On a de cet apôtre des *Lettres* , recueillies par Sérarius, 1620, in-4 , et des *Sermons* dans la collection de dom Martenne. On y voit son zèle, sa sincérité et ses autres vertus ; mais point de pureté, ni de délicatesse dans le style. Quant au différend qu'il eut avec Virgile de Salzbourg, dont les protestants et les philosophes ont fait tant de faux rapports, Voyez VIRGILE.

BONIFACE I (saint) , successeur du pape Zozime , en 418, fut maintenu dans la chaire pontificale par l'empereur Honorius, contre l'archidiacre Eulalius qui s'était emparé de l'église de Latran. C'est à ce pontife que saint Augustin dédia ses quatre livres contre les erreurs des pélagiens. Il mourut en septembre 422.

BONIFACE II , pape , succéda à Félix IV en 530. Il était romain , mais son père était goth. Il avait forcé les évêques assemblés en concile dans la basilique de Saint-Pierre, à autoriser dans le choix d'un successeur. Il désigna le diacre Vigile ; mais ces prélats cassèrent peu de temps après, dans un autre concile , ce qui s'était fait dans le premier contre les canons et les usages. On a de lui une *Lettre* à saint Césaire d'Arles dans les *Epistolæ Romanorum Pontificum* de dom Constant. Il mourut en 532.

BONIFACE III , romain , monta sur la Saint-Siége en 606, après la mort du pape Sabinien. Il convoqua un concile de 72 évêques , dans lequel on anathématisa ceux qui parleraient de désigner des successeurs aux papes et aux évêques pendant leur vie. Il mourut le 12 novembre de la même année. Il avait obtenu de l'empereur Phocas, que le patriarche de Constantinople ne prendrait plus le titre d'*Evêque universel*.

BONIFACE IV , fils d'un médecin de Valeria au pays des Marses , succéda au précédent en 607. L'empereur Phocas lui céda le Panthéon , temple bâti par Marcus Agrippa en l'honneur de Jupiter Vengeur et des autres divinités du paganisme. Le pontife le changea en une église dédiée au vrai Dieu , en l'honneur de la sainte Vierge et de tous les Saints. C'est là l'époque de la fête de tous les Saints le premier jour de novembre. Cette église subsiste encore, et fait l'admiration des voyageurs, sous le nom de *Notre-Dame de la Rotonde*. Il mourut en 614. On lui attribue quelques ouvrages qui ne sont pas de lui.

BONIFACE V , napolitain , successeur de Dieu-Donné , en 617, mourut en 625. Il défendit aux juges de poursuivre ceux qui auraient recours aux asiles des églises.

BONIFACE VI , romain , Pape après Formose en 896, ne tint le Saint-Siége que 15 jours. Comme il fut élu par une faction populaire , et qu'il avait été déposé de la prêtrise avant d'avoir la tiare, il fut regardé comme antipape.

BONIFACE VII , surnommé *Francon*, antipape, meurtrier de Benoît VI et de Jean XIV, se fit reconnaître pontife en 984 , le 20 août , et mourut subitement au mois de décembre suivant. Objet de l'exécration publique, il fut ignominieusement traité. On perça son cadavre à coups de lance ; on le traîna par les pieds , et on le laissa nu dans la place , devant la statue de Constantin.

BONIFACE VIII (Benoît-Cajetan), d'abord avocat consistorial, protonotaire apostolique, chanoine de Lyon et de Paris, ensuite créé cardinal par Martin II, fut élevé sur le trône pontifical, après l'abdication de saint Célestin, en 1294. On a dit sans fondement qu'il le menaça de l'enfer, s'il ne se démettait de la papauté, pour en laisser revêtir un homme plus actif et plus ferme que lui; mais il est certain que Célestin n'abdiqua qu'à raison de son âge, de la connaissance de son inexpérience, et de son goût pour la solitude et la retraite. Boniface, craignant qu'il ne changeât de résolution et ne causât un schisme, le fit garder dans une espèce de prison honnête, commode et respectée, jusqu'à sa mort. Les Colonne, une des plus puissantes maisons de Rome, troublèrent les commencements de son pontificat; ils étaient du parti des Gibelins, attachés aux empereurs ennemis des Papes, et eurent la hardiesse d'afficher un écrit, dans lequel ils protestaient contre l'élection de Boniface, et en appelaient au concile général, des procédures qu'on pourrait faire contre eux. Boniface les excommunia, leva des troupes pour soutenir son excommunication, et prêcha la croisade contre eux; ce qui produisit un accommodement. Mais le zèle trop ardent de Boniface pour rétablir la paix entre les princes chrétiens le jeta dans de nouveaux embarras. Il réussit à la faire conclure entre la France et l'Aragon, mais il ne put l'établir entre la France et l'Angleterre: le guerrier et violent Philippe-le-Bel s'y refusa hautement, et le Pape se crut en droit de lui défendre la guerre: ce qui, joint à d'autres sujets d'un mécontentement réciproque, alluma entre eux une querelle longue et opiniâtre. Boniface donna plusieurs bulles où il soumettait la puissance temporelle à la spirituelle: prétention aujourd'hui universellement rejetée, mais qui, comme nous aurons lieu de le remarquer plus d'une fois, était alors reconnue par les princes mêmes qui se bornaient à en restreindre les conséquences ou en éviter l'application. C'était la jurisprudence générale du temps. Boniface finit par mettre le royaume en interdit. Philippe fait arrêter, dans l'assemblée des trois États du royaume, qu'on en appellera au futur concile. Nogaret passe en Italie, sous le prétexte de signifier l'appel; mais il réellement pour enlever le Pape. On le surprit dans Agnani, ville de son domaine, où il était né. Nogaret s'était joint à Sciarra Colonne, qui eut la brutalité de donner un soufflet au Pape avec son gantelet. Nogaret lui donna des gardes, voulant l'emmener à Lyon où devait se tenir le concile. Boniface mourut un mois après de chagrin, en 1303, à Rome où il était allé, après que les habitants d'Agnani l'eurent délivré des mains des Français. Trois cents ans après, sous Paul V, le onze octobre jour même de sa mort, on ouvrit son tombeau, placé dans la chapelle qu'il avait construite à l'entrée de l'église de Saint-Pierre; on trouva ses habits pontificaux entiers, et son corps sans corruption à la réserve du nez et des lèvres. M. Sponde en parle comme témoin oculaire, s'étant trouvé à Rome dans ce temps-là. C'était en 1605. « On lit pourtant (ajoute un des judicieux auteurs de l'*Histoire de l'Église gallicane*, d'où nous transcrivons des détails) que Boniface mourut en furieux, se rongeant les mains « et les bras, ce qui fait voir combien « la partialité altère quelquefois l'histoire dans les points les plus importants. » Ce fut lui qui canonisa saint Louis; qui institua en 1300, le *Jubilé* pour chaque centième année; qui ceignit la tiare d'une seconde couronne, et qui recueillit, en 1298, le 6e livre des Décrétales, appelé le *Sexte*, dont l'édition la plus rare est celle de Mayence, 1465, in-fol. On a encore de lui quelques ouvrages. Il était savant pour son temps. Il ne faut pas juger de son caractère par ce que les auteurs français en ont écrit. Plusieurs de ses démarches sont blâmables sans doute, mais celles de Philippe-le-Bel ne le sont pas moins; elles sont même beaucoup plus injustes et plus violentes et font en quelque sorte disparaître les torts de Boniface. On regarde assez communément ce Pape comme auteur de la fameuse bulle *in Cœnâ*, quoiqu'elle n'ait guère été connue de son temps, et qu'on y trouve plusieurs additions d'une date postérieure. Elle renferme des vues vastes et la plupart utiles au bonheur des États et au soulagement des peuples; mais le Pontife y prenait un ton de commandement et employait l'excommunication dans les matières temporelles: elle a paru déroger au pouvoir des rois et à leur indépendance dans l'administration de leurs États. C'était pourquoi les papes Clément XIV et Pie VI en ont interrompu la publication qui se faisait tous les ans le jour du jeudi-saint, et depuis cette époque elle est regardée comme non avenue. Cependant un philosophe moderne, un politique sage, modéré et ami des hommes, a paru la regretter: « Pourquoi, dit-« il, disputer au Souverain-Pontife un « droit qui seul rendrait la religion utile « et respectable aux sociétés: celui

« de reprendre les pécheurs scanda-
« leux, les infracteurs publics du droit
« naturel, les scélérats qui se jouent de
« toutes les lois ? La religion n'est-elle
« pas faite pour les puissants encore plus
« que pour les faibles ? Saint Ambroise
« eut-il donc si grand tort de chasser
« hors de l'église le meurtrier de Thessa-
« lonique ? Est-ce un si grand mal que
« l'Eglise ose réprimer des tyrans qui se
« font encenser comme des dieux, qui
« se croient les maîtres du genre humain;
« et qui pour sujets n'ont plus que des
« satellites gagés ou des esclaves timi-
« des ? Un prince qui, pour nourrir de
« chevaux, pour entretenir des Messa-
« lines et enrichir des favoris, pour don-
« ner des fêtes et élever des palais, pour
« nourrir dix mille valets et soudoyer qua-
« tre cent mille bouchers, pour lever d'éta-
« blir des impôts, des droits de toute espè-
« ce, jusqu'à ce qu'il ait soutiré à son peu-
« ple la dernière goutte de sang ; un tel
« prince n'est-il pas infiniment plus im-
« pie, plus odieux, plus criminel, que tous
« ceux que l'Eglise a coutume d'excom-
« munier ? Pourquoi donc ne serait-il
« pas soumis à l'anathème ? Faut-il avoir
« plus d'égard, plus de condescendan-
« ce pour lui, à proportion de ce que ses
« forfaits sont plus noirs, plus affreux,
« plus abominables ? Est-ce un abus qu'il y
« ait une église qui parle au nom du grand
« Dieu, au nom de ce Dieu, *qui dicit*
« *regi : apostata; qui vocat duces impios ;*
« *qui non accipit personas principum,*
« *nec cognovit tyrannum cùm disepta-*
« *ret contra pauperem ?* Job. 34. » (Voyez
Pie V.) Jean Rubans a écrit sa *Vie* en
latin, Rome, 1651, in-4.

BONIFACE IX, napolitain, d'une famille noble, mais réduite à la dernière
misère, fut fait cardinal en 1381, et
Pape en 1389, après la mort d'Urbain VI,
pendant le schisme d'Occident. Ses historiens louent sa chasteté, et lui reprochent le népotisme. Il est certain qu'il
avait des vertus, et Thierri de Niem a
chargé le tableau de ses défauts. Il mourut en 1404. Ce Pontife institua les Annales perpétuelles.

BONIFACE (Hyacinthe), célèbre avocat au Parlement d'Aix, né à Forcalquier
en Provence l'an 1612, mort en 1695,
est connu par une compilation recherchée des jurisconsultes. Elle est intitulée:
Arrêts notables du Parlement de Proven-
ce, Lyon, 1708, 8 vol. in-fol.

BONIFACIO (Jean), jurisconsulte,
littérateur et historien, des 16e et 17e
siècles, naquit à Rovigo le 6 septembre
1547 ; étudia le droit et reçut le doctorat à Padoue ; alla s'établir à Tré-

vise, où il suivit le barreau, fit brillet
son éloquence, acquit l'estime et la
considération de la cité, et se maria à
une riche héritière ; occupa la charge
d'assesseur dans les tribunaux de plusieurs villes de l'Etat vénitien, et se
retira en 1624 dans sa patrie, qu'il
quitta un moment, environ onze ans
après, pour se rendre à Padoue suivre
un ancien procès. Il mourut dans cette
ville le 23 juin 1635, laissant, outre plusieurs ouvrages de jurisprudence, tels
qu'un traité *De furtis*, une *Histoire de*
Trévise, en douze livres, Trévise, 1591,
in-4, Venise, 1748, avec de nombreuses
corrections et additions que l'auteur avait
laissées manuscrites ; *L'Arte de Cenni, con*
la quale formandosi favella visibile si trat-
ta della muta eloquenza, etc., Vicence,
1616, in-4. Ce traité de l'art de parler par
signes a été mis par le marquis Maffei au
nombre des bons livres italiens ; *De epi-*
taphiis componendis, Rovigo, 1629, in-
4 ; *Componimenti poetici*, Rovigo, 1632,
in-4.

BONINGTON (Richard-Parikes), peintre de genre, né en 1802 à Londres, et
mort dans la même ville en 1828, vint
fort jeune à Paris et suivit les leçons de
Gros. A 16 ans, il alla en Italie étudier les
modèles, et revint ensuite dans l'atelier
de son premier maître. Bonington avait
une imagination fougueuse et désordon-
née, mais il était plein de sensibilité et
de goût. Il obtint des succès dans la marine, le paysage, l'architecture et les
intérieurs ; son chef-d'œuvre est la magnifique *Vue du grand canal de Venise*.

BONJOUR (Guillaume), augustin, né
à Toulouse en 1670, fut appelé à Rome
par son confrère le cardinal Noris, en
1695. Clément XI l'honora de son estime, et l'employa dans plusieurs occasions. Ce Pape avait formé une congrégation, pour soumettre à un examen
sévère le Calendrier grégorien. Le Père
Bonjour fournit d'excellents *Mémoires*
à cette société. Ce savant religieux
mourut en 1714, dans la province de
l'Yun-Nan à la Chine, où son zèle pour
la propagation de la foi l'avait conduit.
Il était profondément versé dans les
langues orientales, et surtout dans celle
des Cophtes. On a de lui : des *Disser-*
tations sur l'Ecriture-Sainte, sur les
Monuments cophtes de la Bibliothèque
du Vatican, etc.; Calendarium Roma-
num, cum gemino Epactarum dispositu,
ad novilunia civilia invenienda, Rome,
1701, in-fol. ; *Traité des cérémonies chi-*
noises. Il traça avec les Pères Bouvet,
Jartoux et Fridéli les cartes de l'empire
de la Chine, déjà commencées depuis

quelque temps, et que le Père Régis, qui remplaça le Père Bonjour, termina dans le cours de l'année 1715.

BONNARDEL, né vers 1759 près de Semur en Brionnais, était vicaire de cette ville, lorsque la Révolution éclata. Ayant refusé le serment malgré l'exemple funeste donné au diocèse d'Autun par son évêque, le trop fameux Talleyrand, il fut obligé de quitter la France pour échapper aux dangers qui le menaçaient. Après le concordat, il fut nommé curé de Semur où il est resté jusqu'à sa mort, arrivée le 28 novembre 1836. On a de lui : *Exercices de la dévotion au sacré cœur de Jésus*, in-18, dont il s'est fait une foule d'éditions ; *Cours d'instructions familières sur les Evangiles.... pour les dimanches et les fêtes, le carême, la première communion, la confirmation, diverses circonstances particulières*, etc., 12e édition, Lyon, 1838, 8 vol. in-12.

BONNATERRE (l'abbé), naturaliste célèbre, mort à Saint-Geniez en 1804, est auteur d'un *Tableau encyclopédique et méthodique des trois règnes de la nature*, divisé en plusieurs volumes sous le titre : d'*Ornithologie, Erpétologie, Insectologie*, qui parurent de 1788 à 1792, dans l'Encyclopédie méthodique. Ce tableau, qui est d'après le système de Linnée, et auquel il a ajouté les observations et les découvertes des savants modernes, est présenté d'une manière plus claire et plus méthodique que celui de Daubenton, pour le même Dictionnaire. L'abbé Bonnaterre a laissé aussi une *Notice historique sur le Sauvage de l'Aveyron* ; plusieurs ouvrages manuscrits sur la botanique et l'histoire naturelle.

BONNAUD (dom Jean-Baptiste), né à Marseille en 1684, entra dans la congrégation de l'Oratoire, où il enseigna la rhétorique. Il passa en 1713 dans la congrégation de Saint-Maur, et entreprit une édition de Pallade. Dom Duplessis ayant abandonné la *Description géographique et historique de la Haute-Normandie*, qu'il avait commencée, les supérieurs en chargèrent dom Bonnaud. Il travailla à l'*Histoire du diocèse de Rouen*, dont Duplessis n'avait publié que l'introduction. Ce fut l'ouvrage du reste de la vie de dom Bonnaud, qui n'eut pas même le temps de l'achever. Son travail fut remis à dom Le Noir, qui préparait une *Histoire générale de la Normandie*. Dom Bonnaud mourut à Saint-Germain-des-Prés le 13 mai 1758. On lui doit la *Vie de saint Victrice*, évêque de Rouen.

BONNAUD (Jean-Baptiste), après avoir fait de bonnes études, entra dans la société des Jésuites, où il resta jusqu'à leur

destruction. Après la mort de M. de Montazet, archevêque de Lyon, il devint grand-vicaire de ce diocèse sous M. de Marbœuf, son successeur, dont il eut toute la confiance. Il se distingua avant et durant la Révolution par plusieurs bons ouvrages, dont un *Discours sur l'Etat civil des Protestants*, 1788, in-8, qui aurait sauvé l'Etat, s'il avait été suivi. C'est particulièrement cet écrit qui anima contre lui ceux qui lui décernèrent la palme du martyre dans l'église des carmes, le 2 septembre 1792. Son érudition vaste et variée égalait son éloquence et sa vigoureuse logique. C'est lui qui mit au grand jour la fourberie des *Lettres* que Caraccioli fabriqua sous le nom de Clément XIV, dans son *Tartufe épistolaire*, où il dévoile les petites vues d'une philosophie hypocrite, que le faussaire y avait déployées, tâche que le père Richard, dans son *Préservatif contre les Lettres*, etc., et d'autres écrivains avaient déjà remplie, mais avec moins de développement et d'étendue. On lui doit aussi *Réclamation pour l'Eglise gallicane contre l'invasion des biens ecclésiastiques et l'abolition de la dîme, décrétées par l'Assemblée prétendue nationale*, Paris, 1792, in-8, ouvrage savant; et *Hérodote, historien du peuple hébreu sans le savoir*, Liége, 1790, in-12, espèce de supplément à l'ouvrage de M. Guérin du Rocher, et rédigé sur quelques papiers de celui-ci. Il y a des points de vue parfaitement dignes de l'*Histoire des temps fabuleux*.

BONNE (Rigobert), mathématicien, né en 1727, près de Sédan, mort à Paris en 1794, a publié un grand nombre d'*Atlas* et de *Cartes géographiques*, recherchées plutôt pour la gravure que pour l'exactitude. Ses principaux ouvrages sont : *Atlas encyclopédique*, 2 vol. in-4, pour l'*Encyclopédie méthodique ; Atlas pour la Géographie de l'abbé Grenet ; Neptune Américo-septentrional:* c'est ce qu'il a fait de mieux.

BONNECORSE (Balthasar de), poète français et latin, de Marseille, consul de la nation française au Grand-Caire et à Seïde en Phénicie, mourut en 1706. On a de lui des *Poésies*, Leyde, 1720, in-8. Boileau plaça un de ses ouvrages, mêlé de prose et de vers (*la Montre d'Amour*), dans son *Lutrin*, parmi les livres méprisables. Bonnecorse s'en vengea par un poëme en dix chants, intitulé : *Le Lutrigot*, parodie plate du Lutrin.

BONNEFONS (Jean), poète latin, naquit en 1554 à Clermont en Auvergne, et exerça la charge de lieutenant-général de Bar-sur-Seine. Sa *Pancharis* et ses *Vers phaleuques*, dans le goût de Catule,

sont peut-être de tous les ouvrages modernes ceux qui approchent le plus du
pinceau facile de cet ancien. La Bergerie et Durant ont traduit la *Pancharis*
en vers français, fort inférieurs aux
vers latins. Les poésies de Bonnefons
sont à la suite de celles de Bèze, dans
l'édition de cet auteur, Paris, Barbou,
1757, in-12. On en a aussi une édition de
Londres, 1720 et 1727, in-12. Bonnefons mourut en 1614, laissant un fils
qui cultiva aussi avec succès la poésie
latine.

BONNEFONS (Amable), jésuite, natif
de Riom, est auteur de plusieurs livres
de piété, qui eurent cours dans leur
temps ; les principaux sont : l'*Année
chrétienne*, 2 vol. in-12, et la *Vie des
Saints*, 2 vol. in-8. Son style est lâche
et incorrect. Il mourut à Paris en 1653.

BONNEFOY (François-Lambert de),
né dans le diocèse de Vaison, en 1749,
mort le 14 janvier 1830, avait été, avant
la Révolution, grand-vicaire et official
d'Angoulême ; il ne prêta point le serment, sortit de France, et résida en Allemagne. Il ne paraît pas avoir occupé
de place depuis le concordat, mais il
était plein d'attachement pour la religion,
et a toujours rempli ses devoirs ecclésiastiques. Il a publié : un *Eloge historique du Dauphin*, Paris, 1780 ; un livre
intitulé : *De l'état religieux, son esprit,
son établissement et ses progrès, services
qu'il a rendus à l'Eglise*, 1784, in-12.
L'abbé Bernard, avocat au Parlement
de Paris, mort en 1825, avait travaillé
à cet ouvrage. Barbier, dans le *Dictionnaire des anonymes*, attribue à l'abbé de
Bonnefoy une brochure in-8, publiée en
1788 sous ce titre : *Un peu de tout*, par
L. P. de B.

BONNEGARDE (l'abbé), mort au
commencement du 19e siècle. Il a publié : *Dictionnaire historique et critique*, ou *Recherches sur la vie, les mœurs
et les opinions de plusieurs hommes célèbres*, tirées en partie de Bayle et Chaufepié, Lyon, 1771, 4 vol. in-8. Les
articles sont souvent fort étendus ; les
4 vol. ne contiennent guère que 550
personnages. L'auteur y a fait entrer
des anecdotes et quelquefois des réflexions sur les actions, les ouvrages
des auteurs ; mais il y a mis peu de renseignements bibliographiques. Il a aussi
corrigé le style pour le rendre plus pur
ou plus orthodoxe ; cependant l'ouvrage
n'a pas été goûté, et il a eu peu de succès, vraisemblablement parce que dans
un Dictionnaire historique on aime à
trouver tous les personnages qui ont
quelque réputation, et celui-ci n'en ren-

ferme qu'un très-petit nombre; en sorte
qu'il ne peut servir que de supplément
aux différents Dictionnaires historiques,
comme l'auteur l'annonce lui-même.

BONNELLI (Louis), prêtre, l'un des
rédacteurs des *Annales des sciences religieuses*, de Rome, mort le 22 octobre
1840, a laissé : *Disquisitio historica
præcipuorum philosophiæ systematum*,
1829; *Esame del deismo*, 1830 ; *Institutiones logicæ et metaphysicæ*, 1833; *Storia della filosofia tedesca da Leibnitz,
fino ad Hegel*, 1887.

BONNET (Jacques), né à Paris en
1644, fut payeur au Parlement. On a
de lui : *Histoire de la musique et de ses
effets, depuis son origine jusqu'à présent*,
Paris, Cabors, 1715 ; La Haye, 1743,
2 vol. in-12. Bonnet, en traitant ce sujet,
n'a eu que le mérite d'ouvrir la carrière :
il a été depuis imité et surpassé par Blin-
ville et Kalkbrenne ; *Histoire générale de
la danse sacrée et profane*, Paris, 1723,
in-12, ouvrage qui fit beaucoup de bruit
dans le temps, et qui a été aussi effacé
par ceux de Cabuzac et de l'abbé Dubos.
Bonnet mourut à Paris en 1724.

BONNET (Charles), naturaliste célèbre, né à Genève, le 13 mars 1720, d'une
famille originaire de France, qui vint
s'y établir en 1572, et distinguée par
les places qu'elle avait remplies dans
cette république, fut d'abord destiné par
ses parents à la jurisprudence. Mais la
lecture du *Spectacle de la nature* de
Pluche, et celle des ouvrages de Réaumur, lui révélèrent sa véritable vocation et lui inspirèrent une ardeur invincible pour l'histoire naturelle. Comme
sa famille était d'origine française, et
qu'il devait surtout au *Spectacle de la
nature* son goût pour les sciences, il
aimait à se flatter de ces deux circonstances. A l'âge de vingt ans, il avait fait
la découverte, appelée belle par Cuvier,
que les pucerons sont féconds sans ac-
couplement pendant plusieurs générations ; et bientôt il y ajouta, presque
aussitôt que Trembley, son compatriote, son parent et son historien, cette
non moins merveilleuse, ajoute Cuvier,
de la reproduction à l'infini du polype
par incision. Après avoir fait cette étonnante découverte, Bonnet entreprit à
ce sujet une série d'expériences sur un
très-grand nombre de vers et d'insectes,
et reconnut que plusieurs de ces animaux partagent avec le polype cette
propriété merveilleuse. Toutes ces expériences furent consignées dans son
Traité d'insectologie, ou *Observations
sur les pucerons et sur quelques espèces
de vers d'eau douce*, qui, coupés par

morceaux , redeviennent autant d'animaux complets , 2 parties in-8 , Paris , 1745. Bonnet ayant eu connaissance en 1740 des ingénieuses expériences sur la végétation , faites par Gleditsch à Berlin , passa plusieurs années à en faire de nouvelles, étudia avec soin l'action de la lumière , de l'air , de l'eau sur les plantes, et démontra que , dans une foule de circonstances , celles-ci paraissaient agir pour leur conservation avec sensibilité et discernement. Il publia le résultat de ses observations dans un ouvrage ayant pour titre : *Recherches sur l'usage des feuilles dans les plantes, et sur quelques autres objets relatifs à la végétation*, Gottingue et Leyde , 1754 , in-4. L'excès du travail et l'usage du microscope ayant affaibli sa vue , Bonnet changea alors la direction de ses études , et entra dans le champ de la philosophie générale. Son ouvrage intitulé: *Considérations sur les corps organisés* , qui parut à Amsterdam, 1762 et 1768, en 2 vol. in-8 , fut consacré à défendre le système de la préexistence des germes , qu'appuyaient fortement les observations de Haller et de Spallanzani. Il donna ensuite sa *Contemplation de la Nature*, Amsterdam, 1764 et 1765, 2 vol. in-8, où il développe ce principe de Leibnitz, que la nature ne fait rien par saut, non seulement en l'appliquant, comme l'avait fait ce philosophe , à l'enchaînement des causes et des effets , mais en l'étendant à l'universalité des êtres dont il cherche à former une échelle immense où l'on remonterait de l'être le plus simple jusqu'au plus parfait. Son *Essai de Psychologie, ou Considérations sur les opérations de l'âme , et sur l'éducation* , auxquels on a joint des principes physiques sur la cause première et sur son effet, fut publié à Londres , 1754 , in-12. L'auteur fit ensuite paraître l'*Essai analytique sur les facultés de l'âme* , Copenhague, 1760, in-4 , et 1769 , in-8. On trouve dans ces deux ouvrages des opinions qui touchent au matérialisme et au fatalisme , et dont on pourrait extraire des conséquences que Bonnet , qui se montra toujours très-religieux , n'aurait pas voulu admettre. Après avoir appelé l'histoire naturelle au secours de la métaphysique, Bonnet donna sa *Palingénésie Philosophique* , ou *Idées sur l'état passé et sur l'état futur des êtres vivants* , Genève , 1769 et 1770 , in-8, dont le but est de prouver que les maux de ce monde et l'irrégularité de leur distribution rendent nécessaire un complément qu'on ne peut espérer que dans une vie meilleure , à laquelle il fait

participer tous les êtres sans exception qui souffrent dans celle-ci. Chacun d'eux montera dans l'échelle de l'intelligence , et, pour l'homme , le bonheur sera de connaître. Il conclut aussi à la nécessité d'une révélation , comme motif dernier et péremptoire , et il détermine ensuite sans peine dans laquelle des révélations existantes se trouve la vérité. Cette production fut suivie des *Recherches philosophiques sur les preuves du Christianisme* , Genève, 1770 et 1771 , in-8. La plupart des écrits que nous avons cités ont été traduits en anglais , en hollandais, et dans d'autres langues. Les idées de Bonnet étaient liées à un vaste système , dont tous ses ouvrages ne sont que les différentes parties. Ce philosophe savant et religieux passa paisiblement sa vie dans l'aisance; et ce qui est remarquable dans un naturaliste , il ne sortit jamais de sa patrie. Il allait quelquefois à Genève assister aux assemblées du grand conseil dont il avait été élu membre en 1752. Le plus long voyage qu'il entreprit fut d'aller de sa solitude de Genthod , située sur les bords du lac de Genève, à Roche dans le canton de Berne , pour rendre une visite à Haller , son ami. Il était marié , mais il ne laissa point d'enfants. Il mourut le 20 mai 1793, à l'âge de 73 ans. La *Contemplation de la nature* est le moins remarquable de ses ouvrages , précisément parce qu'il devait être le plus général , et qu'il semblait avoir pour objet de les renfermer tous. Ce qu'on y voit de dominant, c'est la suite, et, si on peut le dire, l'identité de la nature, Dieu à la tête. Le plus grand défaut de l'autre , c'est l'absence de méthode, et par conséquent un laisser-aller de répétitions , qui rend difficile la lecture de ses Œuvres complètes. Elles furent aussi plutôt analysées que traduites dans toutes les langues. Mais ce vice de composition est largement racheté par des développements, et surtout par des aperçus naturels du premier ordre. Il l'est encore davantage, par une pensée religieuse et théologique, qu'il porte jusqu'à l'imagination. Sa *Palingénésie* n'est pas autre chose. On peut considérer Bonnet comme le plus remarquable disciple de Leibnitz , après Euler. « Je me fais, dit-il , en parlant de son maître qu'il n'avait pas connu pourtant, je me fais un devoir de déclarer (et ce devoir est cher à mon cœur) que sa piété, aussi vraie qu'éclairée; ne laissait échapper aucune occasion de rendre au Philosophe par excellence l'hommage le plus digne d'un être intelligent. Il citait avec complaisance jusqu'aux moindres paroles de son divin maître, et y découvrait tous les jours quelque sens caché. » L'intelligence philosophique et la piété personnelle de Charles Bonnet égalaient celle de Leibnitz. « Les œuvres de Dieu, dit Cuvier l'un de ses panégyristes, lui semblent si excellentes, que connaître, pour lui, était encore aimer. Il attachait à ses *Recherches philosophiques sur les preuves du Christianisme*, une bien autre importance, disait-il, qu'à ses découvertes naturelles. Voici quelques-unes de ses propositions philosophiques : « Si quelqu'un, dit-il, démontrait jamais que l'âme est matérielle, loin de s'en alarmer, il faudrait admirer la puissance qui aurait donné à la matière la faculté de penser. » — « Ne vois-je pas évidemment que je ne connais qu'une très-petite partie des lois de la nature, et même que cette partie si petite, je ne la connais qu'imparfaitement. » Il termine ses admirables *Recherches sur le Christianisme*, par cette question, qui ne fait pas question : « Serait-il bien philosophique de me plaindre que Dieu ne m'ait pas donné les yeux et l'intelligence d'un ange, pour voir jusqu'au fond dans les secrets de la nature et de la grâce ? Voudrais-je donc que, pour satisfaire mon impertinente curiosité, Dieu eût renversé l'harmonie universelle, et qu'il m'eût placé sur un échelon plus élevé de l'échelle immense des êtres? N'ai-je pas assez de lumières pour me conduire sûrement dans la route qu'il m'a tracée ; assez de motifs pour y affermir mes pas; assez d'espérance pour m'exciter à remplir ma destinée ? » — « Si un ange, dit ailleurs et hardiment ce savant homme, nous dévoilait en entier le mécanisme d'une simple fibre et de tous les résultats immédiats et médiats de cette mécanique, nous acquerrions, par ce seul trait, des connaissances plus relevées de l'organisation de l'animal, que par toutes les découvertes de la physiologie moderne. » Les mœurs de Charles Bonnet étaient aussi pures que sa philosophie. Sa piété s'accrut avec l'expérience et les années; elle s'accrut longtemps. La cécité, trouvée dans les examens microscopiques, lui semblait une grâce que lui eût faite la Providence. Et sa mort, dont Trembley et même Saussure nous racontent les touchants détails, ne fut que le plus magnifique de ses actes de foi et d'espérance, de jouir enfin de CELUI qu'il avait recherché, et qu'il avait trouvé toute sa vie. Nous ajouterons une chose : c'est qu'on ne trouve pas un mot dans les œuvres, ou une

circonstance dans la vie du philosophe de Genève, contre l'Église romaine, et qu'il fut, au contraire, toujours en relation de lettres et d'amitié avec les plus illustres catholiques de son temps, et en particulier avec Spallanzani, La Torre, Frisi, etc. Il n'en eut jamais avec J.-J. Rousseau, auquel il ne trouvait que du style, comme à Buffon. Horace Bénédict de Saussure prononça son éloge sur son cercueil, de Pouilly publia son *Éloge historique*, et Jean Trembley un *Mémoire* pour servir à l'histoire de sa vie et de ses ouvrages, Berne, 1794, in-8. Le botaniste Walh lui a consacré un genre de plantes sous le nom de *Bonnetia*. Les *Œuvres* de Ch. Bonnet ont été rassemblées et imprimées à Neuchâtel sous ce titre : *Œuvres d'Histoire naturelle et de Philosophie*, 1779, 8 vol. in-4, et 18 vol. in-8, avec fig.

BONNEVAL (Claude-Alexandre, comte de), né en 1675 d'une ancienne famille du Limousin, se distingua d'abord aux combats de Dieppe, de la Hogue, de Cadix, sous Tourville, et servit avec distinction en Italie sous Catinat et Vendôme. Il serait parvenu aux premiers grades militaires, si quelques mécontentements ne l'avaient engagé à quitter sa patrie en 1706, pour se mettre au service de l'empereur. Le ministre Chamillard le fit condamner à avoir la tête tranchée le 24 janvier 1707. L'empereur ayant déclaré en 1716 la guerre au Grand-Seigneur, le comte de Bonneval partagea les succès qu'eut le prince Eugène contre les Turcs. Il donna des preuves de valeur à la bataille de Péterwaradin. Il était alors major-général de l'armée. Il fut fait lieutenant-feld-maréchal. En 1720, ayant tenu des discours peu mesurés sur le prince Eugène et sur la marquise de Prie, épouse du commandant-général des Pays-Bas, il perdit tous ses emplois, et fut condamné à un an de prison. Dès qu'il eut été mis en liberté, il passa en Turquie, dans l'espérance de se venger un jour de la maison d'Autriche. En 1729, il se fit musulman, et fut créé pacha à trois queues de Roumélie, général d'artillerie, et enfin topigi-bachi. Il mourut en 1747, à 75 ans, haï et méprisé, malgré ses dignités, des partisans de la secte qu'il avait embrassée. Dans la guerre de 1737, il ne put jamais parvenir à avoir un commandement ; la défiance ottomane le tint toujours à des grades subalternes ; il s'en plaint amèrement dans les *Mémoires* qu'on lui attribue. Le comte de Bonneval avait du génie, de l'intelligence, et du courage;

mais il était satirique dans ses propos, bizarre dans sa conduite, et singulier dans ses goûts. Sa vie fut un enchaînement de circonstances extraordinaires. Proscrit en France, il ne laissa pas de venir se marier publiquement à Paris. Quoiqu'il se fût fait musulman, il ne tenait pas plus à mahométisme qu'au christianisme. Il disait qu'il n'avait fait que changer son bonnet de nuit pour un turban. On a publié de prétendus *Mémoires du comte de Bonneval*, Lausanne, 1740-1755, 5 vol. in-12.

BONNEVAL (Sixte-Louis-Constance RUFFO de), député du clergé aux Etats-Généraux, naquit en 1742 à Aix en Provence, d'une famille noble, originaire de Calabre. Il devint, en 1759, chanoine de la métropole de Paris, fut ensuite grand-vicaire de Mâcon, et député aux assemblées du clergé en 1765 et 1775. Il avait été nommé, en 1774, à l'évêché de Sénez; mais sa santé et peut-être sa modestie ne lui permirent pas d'accepter l'épiscopat. En 1789, il fut député du clergé de Paris aux Etats-Généraux. Dans cette assemblée il se montra toujours attaché aux intérêts de l'Eglise et de la monarchie, signa les différentes déclarations du clergé, les protestations du côté droit, et publia contre les mesures du parti dominant plusieurs écrits pleins de force en faveur des principes conservateurs de la société. Voyant les envahissements successifs de l'assemblée, il fit imprimer une *Protestation* où il déclarait qu'il n'y pouvait plus siéger, parce qu'elle usurpait une autorité injuste sur les matières religieuses et politiques. Il rendit compte en même temps de sa conduite dans trois lettres à ses commettants, où il discute les vices de la nouvelle constitution, et proteste contre l'incompétence des nouveaux décrets. Ne pouvant rester en sûreté en France, où plusieurs membres de sa famille avaient déjà été poursuivis, il passa en Allemagne, de là à Rome et à Naples; enfin il se fixa à Vienne en Autriche, où il fut nommé chanoine de la métropole de Saint-Etienne. Il est mort dans cette ville le premier mars 1820; il avait publié un assez grand nombre d'écrits politiques parmi lesquels on cite : une *Opinion* du 22 février 1790, pour le rétablissement de l'ordre public; une autre, du 14 avril suivant, contre le décret sur les dîmes; une *Protestation* par laquelle il déclarait ne pouvoir plus siéger dans l'assemblée; des *Remontrances au roi par les bons Français à l'occasion de la lettre de Mgr de Montmorin aux ambassadeurs français près les cours étrangères;* *Doléances au roi; Avis aux puissances de l'Europe*, 1792; *Réflexion d'un ami des gouvernements et de l'obéissance*, 1793; *le Cri de l'évidence et de la douleur*, 1794, *Lettres à Mallet-Dupan.*

BONNEVAL (Jean-Baptiste-Marie-Scipion RUFFO de), frère du précédent, évêque de Sénez, né à Aix en Provence le 22 janvier 1747, fut élevé chez les jésuites de cette ville, et vint ensuite à Paris faire son cours de philosophie et de théologie. Après avoir été ordonné prêtre, il devint grand-vicaire de Mgr de Beauvais, évêque de Sénez; puis, lorsque ce prélat eut donné sa démission, il fut fait grand-vicaire et chanoine d'Aix. En 1788, Louis XVI le nomma à l'évêché de Sénez, et Pie VI le préconisa pour ce siége le 15 décembre de cette année. Il fut sacré le 22 février 1789, et fit son entrée dans son diocèse le 4 avril suivant. En 1790, l'évêché de Sénez fut supprimé; mais Mgr de Bonneval ne se considéra pas pour cela comme dépouillé de sa juridiction. Il publia, à cette époque, plusieurs *lettres* et des *protestations* qui le firent arrêter et condamner à l'exil; il se retira alors au Puget de Rostang, près Nice. En 1793, il se rendit à Turin, puis à Rome, où il demeura jusqu'à l'époque de l'invasion de cette capitale par les armées républicaines. Après le concordat, il n'hésita pas à remettre sa démission à Pie VII, quoique ce sacrifice lui coûtât beaucoup; mais il voulut montrer sa fidélité et sa vénération pour le vicaire de Jésus-Christ. Toutefois il ne rentra pas en France, et refusa la pension que le gouvernement faisait aux évêques démissionnaires : évêque nommé par le roi, disait-il, il éprouvait une répugnance invincible à recevoir une pension du nouveau gouvernement. Il paraît cependant que le cardinal Consalvi lui fit toucher cette pension, mais sans condition et sans préjudice de celle qu'il tenait du Pape. Depuis 1803, Mgr de Bonneval allait passer l'été à Viterbe, et il finit par s'y établir. Sa vie y était simple et retirée, mais sa douceur et ses vertus le firent estimer de tous. Il rendit des services dans les temps difficiles, suppléant les pasteurs, administrant les sacrements, et faisant les fonctions épiscopales, non seulement à Viterbe, mais dans les diocèses voisins. En 1817, Louis XVIII le nomma à l'archevêché d'Avignon; le vénérable prélat refusa par modestie. Le même prince et son successeur lui faisaient une pension sur leur cassette. Les Papes lui en faisaient aussi une. Mgr de Bonneval aimait à parler de la France; et quoiqu'il n'ait pas voulu y rentrer, il s'intéressait à tous les événements qui s'y passaient. Il est mort à Viterbe, le 13 mars 1827.

BONNEVIE (Pierre-Etienne) naquit à Réthel, en Champagne, le 6 janvier 1761, d'une famille d'honnêtes artisans. Il commença ses études au collège de Rheims, fut de là envoyé à Paris, au collège de Lisieux, fit sa philosophie au séminaire de Saint-Louis, et sa théologie en Sorbonne. Jeté sur la terre étrangère par le grand orage de la Révolution, il fut recommandé par le chevalier de Boufflers au prince de Hohenzollern qui, de Berlin, l'emmena avec lui dans son diocèse de Vermie, où le roi de Prusse le nomma à la prévôté de Heisberg. Aumônier à l'armée des princes, il s'était trouvé à la retraite de Verdun. En 1809, M. Bonnevie fut appelé à Lyon par l'oncle de Bonaparte, le cardinal Fesch. Celui-ci ayant été nommé ambassadeur à Rome, et M. de Châteaubriand, premier secrétaire de l'ambassade, l'abbé Bonnevie les accompagna, avec le titre de vicaire-général. Il avait eu autrefois ce rang auprès de Mgr de Clermont-Tonnerre, évêque de Châlons, qui s'embarqua à la suite de cette légation française. Le voyage de l'abbé Bonnevie, à Rome, fut pour lui l'origine d'une constante amitié avec Châteaubriand, dont il chercha malencontreusement à singer la manière d'écrire. A Rome, il prêta le secours de son ministère à Mme de Beaumont mourante. De retour à Lyon, après onze mois d'absence, il entra dans la carrière, nouvelle pour lui, de la prédication, et il exerçait son ministère à Marseille, lorsque survinrent les événements de 1814. Le zèle de l'orateur s'enflamma avec son amour pour son pays. Tout-à-coup un mandat d'arrêt fut lancé contre lui ; mais averti à temps par un généreux inconnu, l'orateur s'embarqua sur un bâtiment suédois, qui le conduisit à Gibraltar. En des jours meilleurs, une frégate anglaise le ramena sur le sol français, et il reprit la carrière de la prédication. Il se fit entendre successivement à Paris, à Lyon, à Toulouse, à Bordeaux et dans les chaires des principales villes de France. Les différents discours qu'il y prêcha ont été réunis en partie sous le titre de : *Sermons, Panégyriques et Oraisons funèbres*, Paris, Roret, 1827, 4 vol in-8. Le talent de l'abbé Bonnevie valait mieux que l'usage qu'il en a fait ; ses discours sont trop compassés et trop chargés d'antithèses ; on y sent l'art et l'effort, mais le cœur y manque le plus souvent, et c'est du cœur, on l'a dit, que viennent les grandes pensées. L'abbé Bonnevie, depuis son retour en France en 1802, fut chanoine de la Primatiale de Saint-Jean, à Lyon, jusqu'à sa mort, qui arriva le 7 mars 1849.

BONNEVILLE (Nicolas de), littérateur médiocre, esprit enthousiaste, né à Evreux le 15 mars 1760, fut le collaborateur de Friedel ; et le succès qu'obtint sa *Traduction du Choix des pièces théâtrales du répertoire allemand*, qu'ils publièrent ensemble, doit être attribué surtout à Bonneville. La reine Marie-Antoinette lui en témoigna sa satisfaction. Touché de cette bienveillance, Bonneville lui dédia son *Choix de contes*, également traduit de l'allemand. Sur la fin de sa vie, Bonneville fit le commerce des vieux livres dans le quartier Latin. Il mourut le 9 novembre 1828, âgé de 69 ans. Outre ses *Traductions*, on a de lui : des *Poésies* ; *Hymnes des combats* ; et quelques autres ouvrages.

BONNIER D'ARCO (Ange) était président à la Chambre des comptes de Montpellier, à l'époque de la Révolution, dont il embrassa la cause avec chaleur. Il fut député de l'Hérault à l'assemblée législative et à la convention où il vota la mort de Louis XVI. Après la session, il se rendit à Lille, comme ministre plénipotentiaire, et passa ensuite avec Treilhard au congrès de Rastadt, avec le titre de chef de la légation. A la reprise des hostilités, il quitta cette ville, et fut assassiné sur la route, ainsi que le député Roberjot et Jean Debry, par des inconnus déguisés en hussards autrichiens, le 28 avril 1799. Les papiers de la légation furent pillés. Le corps législatif ordonna une fête funèbre en mémoire de cet événement. On a de Bonnier des *Recherches historiques et politiques sur Malte*, et un grand nombre d'écrits relatifs à la Révolution.

BONNYCASTLE (John), mathématicien anglais, né à Witchurch dans le comté de Buckingham, d'une famille peu riche, qui néanmoins lui donna une éducation soignée. Il devint professeur de l'établissement royal de Woolwich, où il enseigna pendant quarante ans les mathématiques. Il est mort en 1821. On lui doit plusieurs ouvrages élémentaires qui sont réputés classiques en Angleterre : *Le Guide de l'écolier en arithmétique*, 1780, in-8 ; *Introduction à l'art du mesurage et à la géométrie pratique*, 1782, in-12 ; *Introduction à l'algèbre*, 1782, in-12 ; *Introduction à l'astronomie*, 1786, in-12 ; *Traité de trigonométrie plane et sphérique*, 1806, in-8 ; *Introduction à l'arithmétique qui forme la première partie d'un cours général de ma-

thématiques, 1810, in-18; *Traité de l'algèbre*, 1813, in-8.

BONOSE (Quintus Bonosius), fils d'un rhéteur, naquit en Espagne. Ayant perdu son père, il s'enrôla et parvint à la place de lieutenant de l'empereur Probus dans les Gaules. Il se fit proclamer César dans son département, en 280, tandis que Procule prenait le même titre en Germanie. Bonose fut pris et pendu en 282. Probus, qui disait de cet usurpateur adonné au vin « qu'il était né pour boire « plutôt que pour vivre », dit en voyant son cadavre : « Ce n'est point un homme pendu, mais c'est une bouteille. » Procule essuya la même peine. Il était aussi passionné pour les femmes, que Bonose pour le vin.

BONRECUEIL (Joseph DURANTI de), prêtre de l'Oratoire, fils d'un conseiller au Parlement d'Aix, sa patrie, mort à Paris en 1756, à 98 ans, a traduit les *Lettres* de saint Ambroise, 3 vol. in-12, avec les *Psaumes* expliqués par Théodoret, saint Basile, et saint Jean Chrysostôme, 1741, 7 vol. in-12. Ses versions sont exactes et son style assez pur.

BONSTETTEN (Charles-Victor de) naquit à Berne le 3 février 1743. Ayant été envoyé à Genève à l'âge de 18 ans, il entra en relation avec les hommes les plus distingués de cette ville, et en particulier avec Charles Bonnet, qui exerça sur les destinées de sa vie intellectuelle la plus grande influence. Appelé par sa naissance et ses talents à jouer un rôle politique dans l'Etat, Bonstetten fut admis dans le grand conseil de Berne, et exerça d'abord les fonctions de vice-bailli du Gessenay, vallée de l'Oberland, dont plus tard il s'est plu à décrire les mœurs, la culture et l'industrie. En 1787, il fut nommé au bailliage de Nyon, qu'il administra jusqu'en 1793. En 1795, il fut encore appelé à remplir les fonctions de *syndicateur* dans les bailliages italiens qui composent aujourd'hui le canton du Tésin, et il y réforma avec beaucoup de fermeté les nombreux abus qui s'étaient introduits dans l'administration de la justice. Lorsque les succès de l'armée française eurent déterminé une révolution dans les Etats helvétiques, Boustetten quitta sa patrie et se retira à Copenhague où il reçut l'accueil le plus bienveillant. En 1802, il retourna en Suisse et fixa sa résidence à Genève. Il est mort le 3 février 1832, à l'âge de 89 ans. Bonstetten a été placé par Damiron au rang des philosophes éclectiques. « Il a su « prendre, dit cet écrivain dans son *Es-* « *sai sur l'histoire de la philosophie en* « *France*, il a su prendre une position

« entre deux philosophies qui semblaient « l'une et l'autre devoir le gagner et le « captiver. En commerce avec toutes les « deux, exposé à leurs séductions, il a « gardé sa liberté, et il y est demeuré « indépendant. Vivant au milieu des « penseurs qui relevaient de Kant ou de « Condillac, il n'a été lui-même ni kan- « tiste ni condillacien... Il a tout regar- « dé, tout jugé avec bienveillance et « avec calme, et s'est ensuite retiré sans « préjugé dans sa conscience, pour y, « former de son propre fonds une opinion « qui fût à lui... S'il ressemble à quel- « qu'un, c'est plutôt à un écossais : c'est « à Stewart dont il rappelle assez la ma- « nière et l'esprit; mais ce n'est pas « comme disciple, c'est comme du même « crû de même nature philosophique. » Ce jugement n'eût sans doute pas été accepté dans son entier par Bonstetten, qui s'exprimait ainsi : « On veut absolu- « ment chercher dans mes livres un sys- « tème et voir si je suis matérialiste, « kantiste, écossais, condillacien, etc. « Ce n'est rien de tout cela, il faut re- « garder mes essais comme des recueils « d'observations psychologiques assez « neuves. » Bonstetten disait vrai ; il a surtout été un psychologue prenant pour devise les paroles inscrites sur le temple de Delphe : *Connais-toi toi-même*. Il se mit à étudier sa vie intérieure, et sans remonter par la mémoire à un âge qui ne laisse pas de souvenirs, il entreprit l'histoire de son moi parvenu à un degré de développement qui permît d'en saisir les modes et les lois. Les *Etudes de l'homme* sont le fruit de ce travail. On n'y trouve pas un système complet de philosophie, mais une masse d'observations et d'expériences sur l'âme, dignes d'être médi- tées par tous ceux qui cherchent à appro- fondir la nature de nos facultés intellec- tuelles. Tel est le caractère principal de la philosophie de Bonstetten, qui d'ail- leurs ne mérite pas les reproches de ma- térialisme qu'on lui a adressés, parce que, en plusieurs endroits, il appelle impro- prement l'âme un organe. Mais il en- tendait par là le centre de nos impres- sions, *sensorium commune*, et il faisait profession de croire à l'immortalité de l'âme. On a de lui : *L'Hermite*, histoire alpine ; *Nouveaux écrits de C.-V. de B.*, 4 vol. in-12 ; *La Suisse améliorée*, ou *la Fête de la reconnaissance*, 1802, in-8 ; *Développement national*, 1802, 2 vol. ; *Pensées sur divers objets de bien public*, 1815 ; *Recherches sur la nature et les lois de l'imagination*, 1807, in-8 ; *Etudes de l'homme*, 1821, 2 vol. in-8 ; *L'Homme du midi et l'homme du nord*, ou *l'In-*

fluence du climat , 1824 , in-8 ; *La Scandinavie et les Alpes* , 1826, in-8 ; *Souvenirs de C.-Victor de Bonstetten*, *écrits en* 1831 , Paris 1832 , in-12 ; des *Lettres*.

BONTEMS (M. J. de Châtillon, épouse de Pierre Henri , ancien trésorier des troupes) , née à Paris en 1718, morte dans la même ville en 1768, avait reçu de la nature un esprit plein de grâces ; une excellente éducation en développa le germe. Elle possédait les langues étrangères, et connaissait toutes les finesses de la sienne. C'est à elle que nous devons la traduction anonyme du poëme anglais des *Saisons* de Thompson, 1759, in-12 : cette version est aussi exacte qu'élégante.

BONTIUS (Gérard), professeur en médecine dans l'Université de Leyde , sur la fin du 16° siècle , était un homme d'une profonde érudition et très-versé dans la langue grecque. Il vit le jour à Ryswik , petit village dans le pays de Gueldre. Il mourut à Leyde le 15 septembre 1599 , âgé de 63 ans. Bontius est auteur d'une composition de pilules , qui de son nom sont appelées : *Pilulæ tartaræ Bontii*, ou *Pilulles hydragogues de Bontius*. Les Hollandais nous en ont longtemps caché la composition ; ils s'étaient même fait une loi de ne pas la rendre publique, si l'industrie de quelques médecins ne leur avait arraché ce qu'un intérêt mal entendu leur avait fait receler jusqu'alors.

BONTIUS (Jacques), fils du précédent. Comme son père, il pratiqua la médecine , et avec plus de distinction que ses deux frères qui avaient aussi embrassé cette carrière. Il laissa en manuscrit plusieurs ouvrages importants pour l'histoire naturelle et la médecine des pays situés entre les tropiques. On en a publié une partie sous ces titres : *De medicinâ Indorum lib. IV*, Leyde , 1642 , in-12, et Paris, 1646 , in-4; *De Indiæ utriusque re naturali et medicinâ lib. XIV*, Amsterdam, 1658 , Elzévir, in-fol.

BONVOISIN (Jean), peintre, naquit à Paris en 1752, et y mourut en 1839. Elève de Doyen , il fit sous ce maître des progrès si rapides , qu'à l'âge de 17 ans l'école royale de peinture le nomma professeur de l'école gratuite de dessin , qui comptait douze cents élèves. A 22 ans, il concourut pour le grand prix de peinture ; David obtint la palme, et Bonvoisin remporta le second prix ; l'année suivante, il eut le premier prix et Regnault le second. Il partit pour Rome , où son camarade David l'avait précédé d'une année. Il fit de nombreux envois de cette capitale des beaux-arts, et chaque nouveau tableau indiquait de nouveaux pro-

grès. On cite surtout les figures de *Pâris* et de *saint Sébastien*. C'est à propos de son tableau *Le Prisonnier*, exposé au Louvre au-dessus de la porte d'entrée du grand salon carré, que David dit en riant : « Ce prisonnier est au-dessus de « la porte par laquelle il entrera un « jour. » Bien que la suite des événements n'ait pas encore justifié ce jugement, il n'en est pas moins flatteur. On cite encore de lui : *La Mort de Saphir*, aujourd'hui dans la cathédrale d'Uzès, et *Hercule enlevant le trépied du temple de Delphes*.

BOODT (Anselme Boèce de), médecin à Bruges, mort vers l'an 1634, s'est fait un nom par un traité peu commun, intitulé : *De gemmis et lapidibus*, Leyde, 1636 et 1647, in-8, traduit en français sous ce titre : *Le parfait Joaillier*, ou *Histoire des pierreries* , composée en latin par Boodt, avec des figures d'André Toll, et traduite en français par Bachou, Lyon , 1644, in-8. Boodt est aussi l'auteur d'un traité sur les plantes intitulé : *Florum , herbarum ac fructuum selectiorum icones et vires, pleræque hactenus ignotæ ex bibliothecâ Olivarii Vredi J. C. Brugensis*, Francfort, 1609 , et Bruges , 1640, in-4, avec lexique de L. Vossius.

BOONAERTS , ou BONARTIUS (Olivier), jésuite , né à Ypres en 1570, mort dans la même ville le 23 octobre 1655. Nous avons de lui : *De l'institution des Heures canoniques*, Douai, 1625 et 1634, in-8 : il s'y trouve une proposition condamnée par Alexandre VII; *Accord de la science et de la foi*, La Haye , 1665 , in-4 ; *Commentaire sur l'Ecclésiastique*, Anvers , 1634 , in-fol. ; *Commentaire sur Esther*, Cologne, 1647, in-fol. Ces livres sont estimés. Ils sont écrits en latin, d'un style assez pur.

BOOT (Arnold), calviniste né en Hollande vers 1606, s'appliqua à l'étude des langues savantes et à la médecine, qu'il exerça en Angleterre et en Irlande. En 1644 , il se retira à Paris , où il s'adonna entièrement aux travaux littéraires et mourut en 1653. Il fit plusieurs ouvrages pour défendre l'intégrité du texte hébreu moderne, attaqué par le P. Morin et Jean Cappel ; mais ils lui firent peu de tort. Le P. Le Long a relevé , dans sa *Bibliothèque Sacrée* (p. 290), plusieurs bévues échappées à Boot dans ses *Animadversiones ad textum hebraicum* , Londres, 1644. Nous avons encore de lui *Observationes medicæ* . Helmstadt, 1664, in-4. Il a eu part à la *Philosophie naturelle réformée*, Dublin , 1641 , in-4, publiée par son frère Gérard Boot, mort à Dublin l'an 1650. C'est une critique de la philosophie d'Aristote.

BOOZ, fils de Salmon et de Rahab, épousa Ruth. Il en eut Obed, aïeul de David. (Voyez Noémi et Ruth.)

BORCHOLTEN (Jean), né à Lunebourg en 1535, d'une famille noble, professa le droit romain à Rostock, à Helmstadt. On estime encore son *Commentaire des Institutes de Justinien*, Paris, 1646, in-4. Ses autres ouvrages sont plusieurs *Traités* sur divers points de droit, entre autres sur les *matières féodales*. Il mourut en 1594, âgé de 57 ans.

BORDA (Jean-Charles), capitaine de vaisseau et chef du ministère de la marine, né à Dax le 4 mai 1733. Il suivit d'abord la carrière du barreau, qu'il abandonna pour se livrer à l'étude des mathématiques. Il entra ensuite dans les chevau-légers. En 1756, il lut à l'Académie des sciences un Mémoire sur les mouvements des projectiles, qui le fit associer à cette assemblée dans laquelle il fut admis en 1764. Choisi pour aide-de camp par M. de Maillebois, il se distingua dans la bataille d'Hastembeck, passa ensuite dans le génie, et fut employé dans les ports. Il s'occupa particulièrement de tout ce qui avait rapport à l'art nautique, et publia à ce sujet plusieurs Mémoires qui le firent connaître avantageusement. En 1767, il fut appelé au service de mer, et il fit sa première campagne en 1768. Il s'embarqua en 1771, avec Pingré pour éprouver des montres marines. Nommé lieutenant de vaisseau en 1775, il fut chargé de déterminer, avec plus de précision qu'on ne l'avait fait jusqu'alors, la position des îles Canaries. Dans la guerre d'Amérique, il servit sous le comte d'Estaing, et obtint, en 1782, le commandement d'un vaisseau de 74 canons. Il conduisit heureusement un corps de troupes à la Martinique ; mais pendant qu'il était en croisière devant cette île, il fut attaqué par une escadre anglaise. Contraint de se rendre à des forces trop supérieures, il fut traité avec considération et renvoyé en France sur sa parole. Ce fut au milieu de ses courses qu'il fit un grand nombre d'expériences et de découvertes utiles. Il inventa plusieurs instruments géométriques, et donna l'idée du nouveau système des poids et mesures qui a été adopté depuis. Les écoles navales lui doivent leur fondation, et il en fut inspecteur. Ce savant doit être regardé comme un des hommes qui ont le plus contribué aux progrès de l'art nautique, tant par les instruments exacts qu'il a donnés aux marins, que par l'adresse avec laquelle il a su rapprocher d'eux les méthodes géométriques, sans rien ôter à celles-ci de leur exactitude. C'est à lui que la marine française doit l'égalité de marche de ses vaisseaux et les plans de construction uniformes : avantage immense d'où résulte un grand accord et une grande force dans les manœuvres, et le seul que l'Angleterre ait à nous envier dans cette partie. Borda mourut le 20 février 1799. Ses principaux ouvrages sont : *Voyage fait par ordre du roi en 1771 et 1772, en diverses parties de l'Europe et de l'Amérique*, 1778, 2 vol. in-4 ; *Description et usage du cercle de réflexion*, 1787, in-4 ; *Tables trigonométriques décimales*, etc.

BORDAGES, curé de Stancarbon, dans l'ancien diocèse de Comminges, naquit à Saint-Gaudens. En 1762, il adressa au duc de Richelieu une églogue intitulée: *Les Bergers de Cayire*. Il dédia une *Idylle* sur la solitude champêtre aux yeux d'un chrétien philosophe, à M. de Noé, évêque de Lescar, et présenta à la comtesse de Brionne un *Poëme* sur Bagnères-de-Luchon. En 1772, les Etats firent imprimer son *Ode* sur le débordement de la Garonne. En 1786, il publia ses œuvres sous ce titre : *Mes ennuis*, ou *Recueil de quelques pièces de poésie faites pour dissiper les ennuis d'une solitude champêtre*, 4 vol. in-8, Amsterdam et Toulouse. Bordages parvint à un âge très-avancé.

BORDE (Vivien La), prêtre de l'Oratoire, né à Toulouse en 1680, supérieur de la maison de Saint-Magloire à Paris, mourut dans cette ville en 1748. Il avait été envoyé à Rome avec l'abbé Chevalier par le cardinal de Noailles, pour les affaires de la Constitution. On a de lui plusieurs écrits fort estimés par les anti-constitutionnaires : *Témoignage de la vérité dans l'Eglise*, 1714, in-12. L'auteur fit, dit-on, en trois jours, cet ouvrage où il y a beaucoup d'imagination. Il le désavoua depuis, en adhérant à la Constitution ; *Principes sur la distinction des deux puissances*, 1753, in-12. Cet ouvrage, condamné par le clergé de France, renferme des principes pernicieux et destructifs de la juridiction ecclésiastique : *Retraite de dix jours*, 1755, in-12 ; *Conférence sur la pénitence*, in-12, petit format, ouvrage d'une morale rigide et sévère : *Mémoires sur l'assemblée prochaine de la congrégation de l'Oratoire*, 1733, in-4.

BORDE. (Voy. Laborde.)

BORDE (Jean-Benjamin de la), premier valet-de-chambre de Louis XV, né à Paris en 1734. A l'époque de la Révolution, dont il ne partagea pas les principes, il s'était retiré en Normandie espérant d'y vivre paisible; mais un serviteur resté fidèle à ses anciens maîtres ne pouvait échapper à la Révolution : il fut arrêté, conduit à Paris, et périt sur l'échafaud le 22 juillet 1794. Il a laissé plusieurs ouvrages : *Choix de chansons mises en musique*, 1773, 4 vol. grand in-8; *Essai sur la musique ancienne et moderne*, 1780, 4 vol. in-4, qu'il composa avec l'abbé Roussier, son ami. La partie qui traite des antiquités présente beaucoup d'assertions hasardées et de faits controuvés; celle qui regarde la théorie musicale des Grecs est pleine de l'érudition la plus profonde; *Tableaux topographiques et pittoresques de la Suisse*, Paris, 1780, 4 vol. grand in-fol., fig., ouvrage très-bien exécuté et qui commence à devenir rare. Il a été réimprimé en 13 vol. in-4. La partie historique et politique est presque toute du baron de Zurlauben; *Voyage pittoresque, ou Description de la France*, in-fol., Paris, 1781 et années suivantes. Cet ouvrage, qui a eu plusieurs continuateurs, a aujourd'hui 12 vol. in-folio. Il est moins estimé que le précédent; *Mémoires historiques sur Raoul de Coucy*, Paris, 1781, in-8 ; *Mélanges de poésies dédiés à sa femme*, in-8, rare; *Lettres sur la Suisse, par un voyageur français*, en 1781, Paris, 1783, 2 vol. in-8. Elles sont remplies d'erreurs et de faussetés: *Essai sur l'histoire chronologique de plus de quatre-vingts peuples de l'antiquité*, Paris, 1788, 2 vol. grand in-4; *Histoire abrégée de la mer du Sud*, Paris, 1791, 3 vol. grand in-8; *Voyage dans les Deux-Siciles*, traduit de l'anglais, de Swinburne, 1785, 5 vol. in-8; *Recueil de pensées et maximes*, 1791, in-18, réimprimé en 1802, avec une *Notice* sur la vie et les ouvrages de l'auteur.

BORDELON (Laurent), né à Bourges en 1653, mourut à Paris en 1730, chez le président de Lubert dont il avait été précepteur. Il était docteur en théologie à Bourges; il n'en travailla pas moins pour le théâtre de Paris. On a de lui plusieurs pièces, entièrement oubliées: *Misogyne, ou La comédie sans femme*, scènes du Clam et du Coram; *M. de Mort-en-Trousse*, etc., etc., etc., etc. Le théâtre convenant peu à son état, il se jeta dans la morale, et la traita comme il avait fait la comédie, écrivant d'un style plat et bizarre des choses extraordinaires. De tous ses ouvrages, on ne connaît plus ni son *Mital*, ni son *Voyage forcé de Bécafort hypocondriaque*, ni son *Gomgam*, ou *l'Homme prodigieux transporté en l'air, sur la terre et sur les eaux*; ni son *Titetutefnosy*; ni le *Supplément de Tasse-Roussi Friou-Titave*, etc. Il ne reste plus que

son *Histoire des imaginations de M. Ouffle*, servant de préservatif contre la lecture des livres qui traitent de la magie, des démoniaques, des sorciers, etc. On l'a réimprimée en 1784. Cet Ouffle est un homme à qui la lecture des démonographes a fait perdre la tête. Bordelon ne raconte pas ses extravagances avec le même esprit que Cervantes a mis dans le récit de celles de don Quichotte; son style est si diffus et si assommant, que les compilateurs les plus lourds trouveraient de quoi s'y ennuyer. A des imaginations vraiment ridicules, il associe des faits dont l'existence, ou du moins la possibilité, paraît être bien constatée. Bordelon disait qu'il écrivait pour son plaisir, mais il ne travaillait guère pour celui de ses lecteurs. Ayant dit, un jour, que ses ouvrages étaient ses péchés mortels, un plaisant lui répliqua que le public en faisait pénitence. Ses *Dialogues des vivants*, Paris, 1717, sont recherchés par quelques curieux, tout insipides qu'ils sont, parce qu'ils furent supprimés dans le temps sur les plaintes de quelques personnes qu'on y faisait parler.

BORDENAVE (Toussaint), professeur royal et directeur de l'Académie de chirurgie, associé de l'Académie des sciences, naquit à Paris le 10 avril 1728. Son père, maître en chirurgie, le destina à sa profession, et l'y prépara par des connaissances accessoires. Il fut reçu maître-ès-arts en chirurgie à l'âge de 22 ans, et nommé bientôt après professeur de physiologie à l'Académie de chirurgie, et ensuite directeur de cette compagnie. Il fut aussi censeur royal. Bordenave est le premier de sa profession qui soit parvenu à la dignité d'échevin de Paris. La circonstance de la naissance du Dauphin, qui eut lieu pendant son exercice, lui valut l'honneur d'être fait chevalier des ordres du roi. Il mourut d'apoplexie le 12 mars, 1782. Ses principaux ouvrages sont : *Essai sur la physiologie*, 4e édition, 1787, 2 vol. in-12; *Éléments de physiologie de M. Albert de Haller*, traduction nouvelle, 1769, 2 vol. in-12 : *Dissertation sur les antiseptiques*, 1770, in-8; *Mémoire sur le danger des caustiques pour la cure radicale des hernies*, 1774, in-12.

BORDERIES (Etienne-Jean-Francois), évêque de Versailles, né à Montauban le 24 janvier 1764, fit ses études au collége Sainte-Barbe, où il fut l'ami de l'abbé Nicolle. Il professait les humanités dans cette maison, lorsque la Révolution éclata. Ayant refusé le serment, il quitta la France, alla d'abord en Belgique où il fit une éducation particulière, et de là passa en Allemagne. En 1795, il revint à

Paris et desservit avec l'abbé de Lalande, son ami, la Sainte-Chapelle, qui n'avait pas été enlevée au culte. De Lalande étant devenu curé de Saint-Thomas-d'Aquin, il l'y suivit en qualité de vicaire. Les catéchismes qu'il y établit eurent bientôt un grand succès, et il acquit dans la paroisse, par son zèle et par ses talents, une influence qu'il fit servir au renouvellement de la ferveur et de la piété chez les fidèles ; ses prédications attiraient un nombreux concours d'auditeurs, et lui acquirent une grande réputation. En 1819, l'abbé Borderies fut nommé vicaire-général du diocèse de Paris, et, au mois de juillet, le roi l'appela à l'évêché de Versailles ; il devint, en outre, aumônier de madame la Dauphine. Il conserva les relations de confiance qui l'unissaient à ses anciens paroissiens ; mais il n'en remplit pas avec moins de zèle et d'assiduité ses fonctions épiscopales. Il a donné à son diocèse un *Catéchisme*, un *Missel*, et un *Bréviaire* où se trouvent des hymnes qu'il avait lui-même composées. On a publié après sa mort ses *Sermons*, Paris, 1834, 4 vol. in-12. On y trouve des instructions solides, plus remarquables cependant par l'élégante correction du style que par la profondeur et la force des pensées. Mgr Borderies est mort à Versailles le 4 août 1832.

BORDES (Charles) naquit à Orléans, entra dans la congrégation de l'Oratoire, mit en ordre et publia un ouvrage du père Thomassin, intitulé : *Traité historique et dogmatique des édits et des autres moyens spirituels et temporels, dont on s'est servi dans tous les temps, pour établir et maintenir l'unité de l'Eglise catholique*, Paris, 1703, 2 vol. in-4, auquel il ajouta un vol. Il fit une *Vie* de Thomassin, qui se trouve en tête du *Glossarium Hebraicum* de ce dernier ; il publia aussi le *Recueil* des *Oraisons funèbres* de Mascaron, 1704, et mourut en 1706.

BORDES (Charles), né à Lyon en 1731, mort dans la même ville en 1781, s'est fait connaître par un *Discours sur les avantages des sciences et des arts*, 1752, in-8. Il a composé des *Tragédies*, des *Comédies*, des *Odes*, et autres pièces légères. On a publié ses *OEuvres diverses*, Paris, 1783, 4 vol. in-8. Il serait à souhaiter qu'il ne se fût point déclaré un véritable impie dans le *Catéchumène*, 1768, qui parut ensuite sous les titres de : *Le Voyageur catéchumène*, et *Le Secret de l'Eglise trahi* ; *Le Songe de Platon* ; *La Papesse Jeanne*, poëme en deux chants, 1777-1778, in-8 ; *Parapilla*, poëme licencieux, 1784, etc. ; *Tableau philosophique du genre humain depuis l'origine*

du monde jusqu'à Constantin, 1767, in-12, etc. On trouve parfois de l'esprit dans les ouvrages de Bordes ; mais c'est un faux esprit qui semble se glorifier de l'impiété qu'il professe.

BORDEU (Antoine de), médecin du roi à Baréges, homme très-distingué dans son art, naquit à Iseste en Béarn l'an 1696, et mourut à Montpellier. Il fut le maître et le collaborateur de ses deux fils, Théophile, dont l'article suit, et François, qui naquit à Pau en 1734 et mourut quelques années après son illustre frère. Antoine est auteur de *Réflexions théologiques, sur les idées innées*. Quant à ses autres travaux, voyez l'art. suivant.

BORDEU (Théophile de) naquit le 22 février 1722 à Iseste en Béarn, d'Antoine de Bordeu, dont l'article précède. Le fils, élevé par les jésuites de Pau, fut digne du père et le surpassa. A l'âge de 20 ans, pour parvenir au grade de bachelier dans l'Université de Montpellier où il étudiait alors, il soutint une thèse *De sensu generice considerato* (Montpellier, 1742, in-4 ; Paris, 1751, in-12), qui renferme le germe de tous les ouvrages qu'il publia depuis. Des connaissances si précoces déterminèrent ses professeurs à le dispenser de plusieurs actes par lesquels on parvient à la licence. En 1746, le jeune médecin se rendit à Paris, où il s'acquit la plus grande réputation, et gagna particulièrement la confiance des dames, dont il sut captiver les bonnes grâces. Ayant pris ses licences dans cette ville, en 1755, il fut nommé médecin de l'hôpital de la Charité. Il mourut subitement la nuit du 23 au 24 novembre 1776. Une mélancolie profonde, produite, à ce que l'on prétend par une goutte vague, précéda ses derniers jours ; on le trouva mort dans son lit. La facilité avec laquelle il exerçait sa profession, son éloignement pour les remèdes, et sa confiance dans la nature, lui ont quelquefois attiré le reproche de ne pas croire beaucoup à la médecine. Mais ses doutes étaient d'autant moins blâmables, qu'il s'occupa sans cesse à rendre les ressources de son art plus certaines. Ses ouvrages sont, outre celui que nous avons déjà indiqué : *Chylificationis historia*, Montpellier, 1742, in-4 ; Paris, 1751, in-12 ; *Recherches anatomiques sur les articulations des os de la face*, ouvrage inséré dans le 2e vol. des *Mémoires des Savants étrangers de l'Académie des sciences*, et dans lequel il démontre que tous les os de la face sont disposés de la manière la plus avantageuse pour résister aux efforts de la mâchoire inférieure : ce qui fournit plus d'une occasion d'admirer la sagesse du Créateur; *Recherches anatomiques sur les différentes positions des glandes et sur leur action*, Paris, 1752, in-12; nouvelle édition, in-12, avec des notes par Hallé: ouvrage excellent et plein d'idées neuves; *Recherches sur les crises*, dans l'*Encyclopédie*, et dans les *Recherches sur le pouls*, 2° édit., monographie écrite avec un jugement exquis : *Recherches sur le pouls par rapport aux crises*, Paris, 1756, 1768 et 1772, in-12; *Recherches sur le traitement de la colique métallique*, dans l'ancien Journal de médecine, 1762-63; *Recherches sur quelques points d'histoire de la médecine*, concernant l'inoculation, Paris, 1764, 2 vol. in-12; *Recherches sur le tissu muqueux et l'organe cellulaire, et sur quelques maladies de la poitrine*, Paris, 1767, et 1791, in-12; *Recherches sur les maladies chroniques, leurs rapports avec les maladies aiguës, leurs périodes, leur nature ; et sur la manière dont on les traite, etc.*, Paris, 1775, 1 vol. in-8, et an 7 avec des notes et la *Vie* de l'auteur par Roussel. Théophile Bordeu fit cet ouvrage de concert avec son père. Il avait rédigé de même avec lui et avec François Bordeu, son frère, le *Journal de Baréges*, et quelques autres écrits. Il coopéra aussi dans les ouvrages de La Caze, son ami. (Voyez ce nom.) Le professeur Richerand a publié les *OEuvres complètes* de Bordeu, avec une *Notice* sur la vie et les ouvrages de l'auteur, Paris, 1818, 2 vol. in-8. C'est aux Bordeu, à Théophile surtout, et à La Caze, leur parent et quelquefois leur collaborateur, que la science médicale, un peu dénaturée par l'école de Boerhaave, a dû son retour à la doctrine d'Hyppocrate, de Van Helmont et de Stahl. Leur seule *Dissertation sur la sensibilité*, disent MM. Chaussier et Adelon, « a préparé les progrès que la physiologie a faits de nos jours. Bichat ne s'est illustré qu'en appliquant aux derniers éléments des organes les notions que Bordeu n'appliquait encore qu'à ces parties déjà composées. » — « Th. Bordeu vécut 54 ans, dit M. Is. Bourdon; c'est vingt et une année de plus que Bichat, dont il fut l'unique précurseur, mais seize de moins que Boerhaave, dont il détruisit l'empire. » Ses *Recherches sur le pouls par rapport aux crises*, ont fait une sorte de révolution dans la science, en donnant la théorie et généralisant l'application du plus grand symptôme des maladies humaines. Et son dernier ouvrage, ses *Recherches sur les maladies chroniques*, ont les premières fait voir que ces maladies n'avaient pas moins leurs périodes régulières que les maladies aiguës. Il a eu pour panégyristes les médecins du premier ordre, et ses ouvrages sont traduits dans toutes les langues. Tel était le tact de ce grand homme, qu'il a prédit jusqu'à la nature, et presque le jour de sa propre mort. Or, il faut savoir que Théophile Bordeu, surnommé le Malebranche de la médecine, voyait toutes les causes des maladies dans les violations des lois de l'Eglise, et tous leurs remèdes véritables dans les réparations. Il s'en explique habituellement dans ses écrits, qui sont entre les mains de tous les médecins, et surtout dans ses magnifiques *Idées de l'homme moral*, publiées par son cher La Caze, où l'on trouve un *Discours* (prophétique) « sur la nature et les fondements du pouvoir politique, et sur l'intérêt que chacun « a d'y demeurer soumis, » Paris, 1761. Mais écoutons Bordeu, dans ses magnifiques *Recherches sur l'histoire de la médecine*, ch. 6, 3 : « La médecine est la « science la plus nécessaire aux hommes « pour cette vie, comme le traitement « et la guérison de l'âme est sans contre- « dit ce qu'il y a de plus important pour « la vie à venir, dont la présente n'est « qu'une image plus frêle que l'ombre qui « passe. J'ai peine à concevoir comment « la médecine divine et la médecine humaine ne sont pas toujours restées « intimement unies. Les règles de la « dernière ne peuvent avoir de vrais fon- « dements, si elles ne sont trop modé- « rées par la première. La religion con- « tient notre art dans les bornes que la « raison ne prescrirait peut-être pas. La « religion elle-même, bien entendue, « n'est qu'une vraie médecine : elle est « nécessaire, efficace, et d'un secours « particulier pour le régime et les écarts, « qui en sont tout le fruit. Les écarts aux- « quels se livre notre art, le malheureux « penchant qu'il conserve toujours, pour « réduire tout à des principes physiques « et intérieurs, arrêtent sans doute ses « progrès, ou du moins ils font trop « douter de l'utilité dont il est aux « hommes. Nous le perdrons, si nous « n'appelons pas les théologiens à notre « secours.

BORDINGIUS (André), fameux poëte danois. Ses Poésies ont été imprimées à Copenhague en 1736; et elles sont d'autant plus estimées en Danemark, que les versificateurs y sont fort rares.

BORDONE (Paris), peintre, né vers 1500 à Trévise en Italie, d'une famille noble, disciple du Titien, vint en France en 1538. Il y peignit François Ier et plusieurs dames de sa cour. Les récompenses furent proportionnées à ses ta-

lente. Il se retira à Venise, et s'y procura une vie heureuse par ses richesses et
son goût pour tous les beaux-arts. Il y a
au Palais-Royal de Paris une *Sainte-Famille* de Bordone. Son tableau le plus
estimé est celui de l'*Aventure du Pêcheur*
(l'anneau de saint Marc), qu'il peignit
pour les confrères de l'école de Saint-
Marc. Il revint à Paris, où il mourut
vers l'an 1570.

BORDONIO (Joseph-Antoine), jésuite,
né en 1682, fut envoyé d'abord à Turin,
ensuite à Gênes, puis à Turin pour y
professer la rhétorique. Quelques années après, il fut chargé de diriger les
études du marquis de Suze. En 1712, il
suivit en Angleterre, en qualité de chapelain, le marquis de Trivié, qui y était
envoyé en ambassade. De retour à Turin,
il se chargea de la direction de l'exercice
de la bonne mort, fonction qu'il remplit
jusqu'à son décès, arrivé en 1742. On a
de lui les ouvrages suivants : *Beatus
Aloysius Gonzaga de morte triumphator*,
Pignerol, 1700, drame en vers latins ;
La Liguria in pace, *scherzo pastorale*,
Gênes, 1702, in-4 ; *L'Edwino*, *tragedia*,
Turin, 1703, in-4; *Discorsi per l'eser-
cisio della buona mort*, Venise, 1749-
51, 3 vol. in-4; cet ouvrage tient un
rang distingué parmi les livres ascétiques
italiens.

BOREL (Pierre), né à Castres en 1620,
médecin ordinaire du roi, associé de
l'Académie des sciences pour la chimie,
mourut en 1689, et, selon d'autres, en
1578. On a de lui : *De vero Telescopii in-
ventore*, La Haye, 1654, in-4 ; *Les Antiquités de Castres*, réimprimées dans
cette ville en 1649, in-8 : ce livre est rare;
*Trésor des recherches et des antiquités
gauloises*, Paris, 1655, in-4. Ce répertoire des vieux mots et des vieilles phrases de la langue française est estimé et
consulté. On le trouve à la fin de la dernière édition du *Dictionnaire étymologique* de Ménage ; *Historiarum et observationum Medico - Physicarum Centuria
quinque*, Paris, 1676, in-8; *Bibliotheca
Chimica*, Paris, 1655, in-12.

BORGHÈSE Camille. (Voyez PAUL V.)

BORGHÈSE. (Voyez BONAPARTE, Marie-Pauline).

BORGHESI (Paul Guidotto), peintre
et poëte italien, né à Lucques, avait 14
talents ou métiers. Il n'en mourut pas
moins dans une extrême misère, en
1626, à 60 ans. L'envie le tourmentait
autant que l'indigence. Jaloux du Tasse,
il crut faire tomber sa *Jérusalem délivrée*, en composant un autre poëme, où
il prenait le genre, la mesure, le nombre des vers, enfin les rimes même de

son rival. Il ne lui manquait plus que le
génie. Il intitula son ouvrage, qui est,
dit-on, resté manuscrit : *La Jérusalem
ruinée*. Il n'eut pas plus de succès que le
Lutrigot, parodie du *Lutrin* de Boileau,
par Bonnecorse. (Voyez BONNECORSE.)

BORGHINI (Vincent-Marie), né à Florence en 1515, d'une famille noble, se
fit bénédictin en 1532. Il fut un des
réviseurs choisis pour la correction du
Décaméron de Boccace, ordonnée par la
congrégation de l'*Index*, et exécutée
dans l'édition de Florence, 1573, in-8.
Mais son ouvrage le plus connu, et qui
lui a fait le plus d'honneur, est celui qui
a pour titre : *Discorsi istorici di M. Vin-
cenzo Borghini*, imprimé à Florence,
1584 et 1585, en 2 vol. in-4, et réimprimé dans la même ville en 1755, avec des
remarques. Il y traite de l'origine de Florence, et de plusieurs points intéressants
de son histoire, de ses familles, de ses
monnaies, etc. Borghini mourut en 1580,
après avoir refusé par humilité l'archevêché de Pise, qui lui fut offert quelque
temps avant sa mort. Il fut, pendant 30
ans, directeur de l'hôpital de Sainte-Ma-
rie-des-Innocents, qu'il administra avec
beaucoup de zèle et de désintéressement.

BORGIA (César), second fils naturel
d'Alexandre VI, fut élevé par son père
à la dignité d'archevêque de Valence,
et à celle de cardinal. Il se montra digne de lui, par sa passion pour Lucrèce
sa sœur, et par le meurtre de son aîné,
Jean Borgia, devenu son rival, qu'on
trouva percé de 9 coups d'épée, en 1497.
César passa, après ces forfaits, de l'état
ecclésiastique au séculier. Louis XII,
qui s'était ligué avec ce scélérat pour la
conquête du Milanais, le fit duc de Valentinois, et lui donna en mariage Charlotte d'Albret, qu'il épousa malgré sa
qualité de diacre, sur la dispense que lui
en donna son père. Borgia, soutenu par
les troupes du roi de France, se rendit
maître des meilleures places de la Ro-
mandiole, prit Imola, Forli, Faenza,
Pezaro et Rimini, s'empara du duché
d'Urbin et de la principauté de Camé-
rino. Les principaux seigneurs italiens
s'unirent contre cet usurpateur. César,
ne pouvant les réduire par la force, employa la perfidie. Il feint de faire la paix
avec eux, les attire à Sinigaglia, les enferme dans cette place, et se saisit de
leurs personnes. Vitelli Oliverotto de
Fermo, Jean des Ursins, et le duc de
Gravina, furent étranglés. Le cardinal
des Ursins, partisan de ces infortunés,
est conduit au château Saint-Ange. On
l'y oblige de signer un ordre, pour faire

livrer au duc de Valentinois toutes les places de la maison des Ursins ; il n'en mourut pas moins par le poison. Un autre cardinal, qu'Alexandre avait fait passer par toutes les charges les plus lucratives de la cour de Rome, fut trouvé mort dans son lit ; et Borgia recueillit sa succession qui montait à plus de 80 mille écus d'or. Après la mort de son père, César perdit la plupart des places qu'il avait conquises par sa valeur et par sa perfidie. Ses ennemis manquèrent de le massacrer sous Pie III ; la protection du roi de France lui sauva la vie. Le duc de Valentinois l'en remercia en quittant son parti. Jules II, successeur de Pie, le fit mettre en prison à Ostie, jusqu'à ce qu'il eût rendu les places qui lui restaient encore. Il lui permit ensuite de se rendre auprès de Gonsalve de Cordoue, qui l'envoya en Espagne, où on l'enferma. César, s'étant évadé de sa prison, se réfugia vers Jean d'Albret, roi de Navarre, son beau-frère. Il se mit à la tête de son armée, contre le connétable de Castille. Il alla mettre le siége devant le château de Viane, et y fut tué le 12 mars 1507. (Voyez ALEXANDRE VI.) Ce scélérat avait de la bravoure, de la souplesse et de l'intrigue ; mais un seul de ses attentats suffirait pour flétrir la mémoire du plus grand homme.

BORGIA, ou BORJA (François), prince de Squillace dans le royaume de Naples, fils de Jean Borgia, comte de Ficalho, descendait par sa mère des rois d'Aragon. Il fut gentilhomme de la chambre de Philippe III qui le nomma vice-roi du Pérou, en 1614. Le prince Borgia contribua, par ses talents et son aménité, à la civilisation de cette belle province du Nouveau-Monde ; et après la mort de Philippe III, il revint en Espagne et se délassa des travaux d'une longue administration, par la culture des lettres et de la poésie. Il n'excella dans aucun genre ; mais il dut à ses liaisons avec les frères Argensola le goût de la bonne littérature et l'éloignement de l'affectation et de la boursoufflure qui commençait à dominer chez ses compatriotes. On trouve dans les ouvrages du prince Borgia une simplicité gracieuse, autant que peut le comporter le génie espagnol ; et sans lui donner le titre de *Prince des poëtes* que lui décernèrent les flatteurs, on ne saurait lui refuser une place honorable parmi les bons littérateurs de son temps. On distingue ses *Eloges*, ses *Elégies* et surtout ses *Romances lyriques*. Il a laissé encore : *Napoles recuperanda por el rey don Alonso*, poëme historique, Saragosse, 1651, in-4 ; *Oraciones y meditationes de*

la *vida de Jesu Christo*, Bruxelles, 1661 in-4. Le prince Borgia mourut dans un âge avancé et dans de grands sentiments de piété le 26 septembre 1658. Il avait, toute sa vie, montré un sincère attachement pour la religion.

BORGIA (Etienne), cardinal, neveu d'Alexandre Borgia archevêque de Fermo, naquit à Velletri, et fut élevé auprès de son oncle qui, découvrant en lui les plus heureuses dispositions s'appliqua à les cultiver. Le jeune Borgia manifesta de bonne heure un goût très-vif pour l'étude des antiquités, et y fit de si rapides progrès qu'il fut reçu, à 19 ans, membre de l'académie Etrusque de Cortone. Il acquit, en peu de temps, une collection très-riche d'objets précieux en médailles, manuscrits et monuments antiques, dont il forma dans son palais de Velletri le musée le plus précieux que jamais particulier ait possédé. S'étant fixé à Rome, il fut distingué par Benoit XIV, qui le nomma gouverneur de Bénévent. Il montra dans le cours de son administration une sagesse supérieure, et sut préserver le pays confié à ses soins de la disette qui, en 1764, affligea l'Italie. En 1770, il fut nommé par le pape Clément XVI, secrétaire de la Propagande, et s'acquitta de cette place avec un zèle toujours actif. Son penchant autant que son devoir lui firent consacrer tous ses soins à étendre des missions et les faire fleurir. Les vertus et le mérite de Borgia étaient dignes de la pourpre. Elle lui fut accordée par Pie VI, qui le promut au cardinalat en 1789. L'inspection des enfants trouvés lui fut confiée, et ces établissements si utiles par eux-mêmes le devinrent davantage par la sage réforme et les maisons de travail qui furent établies. En 1797, le torrent révolutionnaire commençait à gagner jusque dans Rome ; le Souverain-Pontife ne crut pouvoir confier le gouvernement de cette ville en de meilleures mains qu'en celles du cardinal Borgia. Il lui remit la dictature de sa capitale. En effet, il parvint par sa fermeté, sa sagesse et sa prudence à prendre un tel ascendant sur les esprits, que Rome conserva sa tranquillité et ne fut souillée d'aucun crime jusqu'au 15 février 1798, époque où l'arrivée de l'armée française exalta le parti populaire qui se constitua en république. Le cardinal, arrêté d'abord, ne fut remis en liberté qu'avec ordre de sortir des Etats romains. Il se retira à Libourne, et ensuite à Vienne et à Padoue où il employa sa tranquillité à réunir les gens de lettres, et à s'occuper des missions dont il espérait le plus grand bien. Il organisa, par l'autorisation de Pie VI, une nouvelle Propagande, et parvint à envoyer en peu de mois 43 nouveaux apôtres de la foi aux extrémités du monde. En 1800, il rentra à Rome à l'exaltation du pape Pie VII, et succéda au cardinal Zelada dans la charge de recteur du collége romain. Lorsque le Pape vint en France en 1804, il le suivit malgré son grand âge et la rigueur de la saison. Son projet était d'y rétablir les missions: mais une maladie grave l'arrêta à Lyon et il y mourut le 23 novembre 1804, laissant après lui des regrets que méritaient son zèle pour la religion, ses vertus, ses talents et l'affabilité de son caractère. Nous avons déjà parlé de ses connaissances comme antiquaire; il est, en outre, auteur de plusieurs ouvrages de critique et d'érudition peu connus hors de l'Italie. Les principaux sont : *Breve istoria dell' antica città di Tadino nell' Umbria*, etc., Rome, 1751, in-8; *Istoria della città di Benevento*, Rome, 1763, 3 vol. in-4; *Vaticana confessio B. Petri, chronologicis testimoniis illustrata*, 1776, in-4; *Breve istoria del dominio temporale sede apostolica nelle due Sicilie*, 1788. Le père Paulin de Saint-Barthélemi a donné un abrégé de sa vie en latin, sous le titre de *Vitæ sinopsis Stephani Borgiæ*, Rome, 1805. On en trouve un extrait dans le *Magasin encyclopédique*.

BORIE-CAMBORT (Jean), avocat et député à la Convention, vota la mort de Louis XVI sans appel ni sursis. Emule des Carrier, des Lebon, des Maignet, pendant sa mission dans le département du Gard, il fit répandre à grands flots le sang des protestants et des catholiques. Il contraignit même les parents de ceux qu'il faisait assassiner, de danser avec lui et ses sicaires, autour de l'instrument du supplice. Ce féroce proconsul, qu'on osa nommer juge à Cognac, mourut paisiblement en 1805, à Sarlat.

BORIE (Pierre Dumoulin) naquit le 20 février 1808 à Cor, petit village du département de la Corrèze. Dès sa plus tendre enfance, il se fit remarquer par sa dévotion à la Sainte-Vierge, sa charité envers les pauvres et un grand goût pour le travail. Après avoir terminé avec succès ses études au collége de Baulieu, il entra en 1826 au grand séminaire de Tulle, et il manifesta dès lors le dessein de se consacrer aux missions. Lorsqu'il eut terminé son cours de théologie, en 1829, il vint à Paris, et fut admis au séminaire des Missions-Etrangères. Son amour pour les souffrances et son courage à les supporter se manifestèrent dans une circonstance douloureuse. Une loupe lui était survenue au genou, il fallut l'extirper; pendant l'opération, il conserva le plus grand calme et ne jeta aucun cri. Le chirurgien, étonné, lui en témoigna sa surprise. « Si par la suite, « répondit l'abbé Borie, je suis em- « palé par les infidèles, je souffrirai « bien autrement. » Peu de temps après, on apprit qu'un vaisseau devait faire voile pour la Chine. L'abbé Borie n'était encore que diacre, et il lui manquait seize mois pour avoir l'âge de la prêtrise. Une dispense fut demandée à Rome, et le 21 novembre 1830, fête de la Présentation, il fut ordonné à Bayeux. Le premier décembre de la même année il quitta la France, et le 15 juillet 1831, il toucha à Macao. Enfin, à travers bien des dangers, il arriva au Tong-King le 15 mai 1832. La langue annamite lui offrit peu de difficultés ; au bout de trois ou quatre mois d'étude, il put entendre les confessions et prêcher. Son zèle s'exerça d'abord dans la province de Nghê-An, puis dans celle de Bo-Chinh. Mais la persécution, qui allait toujours croissant, le força bientôt d'interrompre ses travaux apostoliques. Il dut prendre d'autant plus de précautions pour se soustraire aux recherches des mandarins, que sa haute stature le faisait plus facilement reconnaître. Mais la trahison le fit tomber entre les mains de ses ennemis, il fut arrêté et conduit en prison. C'est pendant le cours de sa captivité qu'il apprit son élection à l'évêché d'Acanthe, comme successeur de Mgr Havard. Appelé plusieurs fois devant le tribunal des mandarins, il montra toujours la plus grande fermeté; en vain on le soumit à la question et aux traitements les plus cruels pour obtenir de lui qu'il renonçât à la religion de Jésus-Christ, le saint missionnaire ne cessa de protester de son attachement inébranlable à la foi. Enfin, désespérant de vaincre son courage et sa fermeté persévérante, les mandarins le condamnèrent à avoir la tête tranchée. Mgr Borie marcha au supplice avec deux prêtres annamites condamnés à la même peine; sa figure rayonnait d'une sainte joie, et le signal ayant été donné par le mandarin, il reçut la couronne du martyre, le 24 novembre 1838.

BORIES (Jean-François-Louis LE CLERC), sergent-major au 45e régiment de ligne, né à Villefranche (Aveyron), en 1795. C'était un jeune homme à l'âme ambitieuse, aux passions ardentes; son régiment étant venu tenir garnison à

Paris en 1821, il s'affilia aux *carbonari*. Les chefs de cette société, dont le but était d'entretenir en France une agitation perpétuelle par des conspirations sans cesse renaissantes, profitèrent de sa jeunesse et de son inexpérience pour le pousser en avant et le compromettre. Il venait de passer avec son régiment à La Rochelle, lorsqu'il fut dénoncé à son colonel comme favorisant les projets des ennemis du gouvernement et du repos public. Bories fut arrêté ; les papiers saisis prouvèrent qu'une conspiration, dont le foyer était dans la capitale, devait bientôt éclater. La cour royale de Paris évoqua l'affaire. Bories et trois autres sergents-majors Raoulx, Goubin et Pommier furent arrêtés, condamnés et exécutés sur la place de Grève, le 21 septembre 1821. Leur jeunesse, et le courage avec lequel ils subirent le dernier supplice excita quelque intérêt en leur faveur ; mais il faut bien reconnaître que la loi frappe justement les ambitieux qui cherchent à jeter leur pays dans le désordre et l'anarchie.

BORIS-GUDENOF, ou GODOUNOT, grand-écuyer de Moscovie, et beau-frère du grand-duc, fut régent de l'État pendant le règne de Fœdor. Voulant s'emparer de la couronne, il fit tuer Démétrius, frère de Fœdor, à Uglitz, où on l'élevait. Pour cacher son meurtre, il fit perdre la vie au gentilhomme à qui il avait confié le soin de l'exécuter ; il envoya des soldats pour raser le château d'Uglitz, et chasser les habitants, comme s'ils eussent favorisé l'assassinat. On croit qu'ensuite il empoisonna le jeune Fœdor, pour se rendre maître absolu de l'empire. Il feignit de refuser la dignité suprême ; mais il employa secrètement toutes sortes de moyens pour l'obtenir par l'élection des grands. Il obtint ce qu'il souhaitait : mais son bonheur fut traversé par l'imposture de Griska, qui parut sous le nom de Démétrius et qui obtint la protection du vaivode de Sandomir. Il persuada à celui-ci que l'assassin envoyé par Boris avait tué un jeune garçon qui lui ressemblait, et que ses amis l'avaient fait évader. Ce vaivode leva une armée, entra en Moscovie, et déclara la guerre au grand-duc. Il prit plusieurs villes et attira à son parti plusieurs officiers de Boris, qui en mourut de chagrin en 1605. Les Boyards couronnèrent Fœdor-Boritowitch, fils de Boris, qui était fort jeune ; mais la prospérité des armes du faux Démétrius les engagea ensuite à le reconnaître pour leur prince. Le peuple, gagné par eux, courut promptement au château, et arrêta prisonnier le jeune grand-duc avec sa mère. En même temps on envoya supplier Démétrius de venir prendre possession de son royaume. Le nouveau roi fit tuer la mère et le fils le 10 juin 1605, et c'est ainsi que finit cette tragédie.

BORREL (Jean), un des principaux mathématiciens du 16e siècle, changea son nom en celui de *Buteo*, à cause de son odieuse signification de *bourreau ;* dans un acte du chapitre où fut élu le cardinal de Tournon, et auquel Jean Borrel assista, en qualité de grand sacristain de l'église abbatiale, il signa *Joannes Borrellus.* Il était né à Charpey, près de Valence, en 1492. Son père, qui avait 20 enfants, confia celui-ci aux religieux de Saint-Antoine (diocèse de Vienne). Comme il montra dès l'enfance un grand penchant pour les mathématiques, on lui en fit donner les premières teintures par l'école d'Oronce Finéa. Suivant Chorier, J. Borrel alla aussi loin dans la suite que son maître même, dit de Thou, et le surpassa ; puis il combattit, comme lui, la quadrature du cercle. La langue grecque lui était familière : il traduisit, en 1558, le ménologe et l'horloge des Grecs. Borrel excellait à faire toutes sortes d'instruments de mathématiques et de musique. Éloigné de toute ambition, il consacra au travail et à la méditation une longue carrière, qu'il termina à Romans, en 1564, deux années après le saccagement de l'abbaye, et du regret qu'il éprouvait d'être séparé de ses livres et de ses instruments scientifiques. Les Dictionnaires le font décéder, les uns en 1560, les autres en 1572, nous suivons la date donnée par M. l'abbé Dassy, dans son livre de : *L'Abbaye de Saint-Antoine*, Grenoble, 1844, gr. in-8 de 366 pag. Les ouvrages de ce savant antonin ne forment, ornés de planches, que 2 vol., l'un in-4 et l'autre in-12.

BORRI (Joseph François), né à Milan le 4 mai 1627, enthousiaste, chimiste, hérésiarque et prophète, s'attacha d'abord à la cour de Rome ; mais ayant ensuite déclamé contre elle, et rempli la ville du bruit de ses révélations, il fut obligé de la quitter. Retiré à Milan, sa patrie, il contrefit l'inspiré, dans la vue, dit-on, de s'en rendre le maître par les mains de ceux auxquels il communiquait son enthousiasme. Il commençait par exiger d'eux le vœu de pauvreté, et pour le leur faire mieux exécuter, il leur enlevait leur argent ; il leur faisait jurer ensuite de contribuer, autant qu'il serait en eux, à la propagation du règne de Dieu, qui devait bientôt s'étendre par

tout le monde réduit à une seule ber-
-gerie, par les armes d'une milice dont
il devait être le général et l'apôtre. Ses
desseins ayant été découverts, il prit la
fuite; l'inquisition lui fit son procès, et
l'abandonna à la justice séculière, qui le
condamna, comme hérétique, à perdre
la vie, ce qu'il méritait d'ailleurs comme
séditieux et perturbateur du repos public:
son effigie fut brûlée avec ses écrits à
Rome en 1560. Borri se réfugia à Strasbourg, et de là à Amsterdam, où il prit
le titre modeste de *médecin universel.*
Une banqueroute l'ayant chassé de la
Hollande, il passa à Hambourg, où la
reine Christine perdit beaucoup d'argent
à lui faire chercher la pierre philosophale.
Le roi de Danemarck imita Christine,
et ne réussit pas mieux. Borri se sauva
en Hongrie. Le nonce du Pape, qui était
alors à la cour de Vienne, le réclama.
L'empereur le rendit, mais avec parole du
Pape de ne point le faire mourir. Conduit
à Rome, il y fut condamné à faire amende
honorable et à une prison perpétuelle.
Il mourut en 1695, à 68 ans, au château
Saint-Ange, dans lequel il avait été transféré à la prière du duc d'Estrées, qu'il
avait guéri d'une maladie désespérée.
On a de lui de mauvais ouvrages sur
l'alchimie. Son livre intitulé : *La Chiavo
del Cabinetto,* Cologne, 1681, in-12, est
rare et se vend cher. « Ce n'est, rapporte
« un des éditeurs de Feller, autre chose
« qu'un recueil de dix lettres, qu'on
« suppose avoir été écrites par Borri à
« divers princes de l'Europe. L'épître
« injurieuse qui le précède, et qui est
« adressée à l'auteur, prouve qu'elles fu-
« rent publiées sans sa participation. »
Ses *Instructions politiques* au roi du Danemarck se trouvent à la fin du même
volume. Elles avaient été d'abord imprimées séparément. (Voyez BURRHUS.)

BORROMÉE (saint Charles) naquit
de 2 octobre 1538 au château d'Arone
sur les bords du lac Majeur, dans le Milanais, du Comte Gibert Borromée et de
Marguerite de Médicis. Charles s'adonna
de bonne heure à la retraite et aux lettres. Son oncle maternel, Pie IV, l'appela auprès de lui, le fit cardinal et archevêque de Milan. Charles n'avait alors
que 22 ans. Il conduisit les affaires de
l'Eglise comme un homme qui l'aurait
gouvernée pendant longtemps; il forma
une académie composée d'ecclésiastiques et de séculiers, que son exemple et
ses libéralités animaient à l'étude et à la
vertu. Le jeune cardinal, au milieu d'une
cour fastueuse, se laissa entraîner au
torrent, se donna des appartements, des
meubles et des équipages magnifiques.

Sa table était servie somptueusement, sa
maison ne désemplissait point de gentils
hommes et de gens de lettres. Son oncle,
charmé de cette magnificence, lui donna
de quoi la soutenir. On le vit, dans peu
de temps, grand-pénitencier de Rome,
archiprêtre de Sainte-Marie-Majeure,
professeur de plusieurs couronnes, et de
divers ordres religieux et militaires; légat de Bologne, de la Romagne et de la
Marche d'Ancône. C'était dans ce temps-
là que se tenait le concile de Trente. On
parlait beaucoup de la réformation du
clergé. Charles, après l'avoir conseillée
aux autres, l'exécuta sur lui-même. Il
réforma tout d'un coup jusqu'à 80 domestiques de marque, quitta la soie dans
ses habits, s'imposa chaque semaine un
jeûne au pain et à l'eau. Il se prescrivit
bientôt des choses bien plus importantes.
Il tint des conciles, pour confirmer les
décrets de celui de Trente, terminé en
partie par ses soins. Il fit de sa maison
un séminaire d'évêques; il établit des
collèges, des communautés, renouvela
son clergé et les monastères; forma des
asiles pour les pauvres et les orphelins,
pour les filles exposées à se perdre, ou
qui voulaient revenir à Dieu après s'ê-
tre égarées. Mais de tous ces établissements, celui qui produisit les fruits les
plus précieux et les plus étendus, ce furent les séminaires épiscopaux, dont les
règlements servirent de modèle à tous
ceux qui furent fondés dans la suite, et
dont l'Eglise tira de si grands avantages,
que, lorsque l'empereur Joseph II entreprit de détruire dans ses Etats la religion
catholique, il ne crut pouvoir employer
à ce dessein un moyen plus sûr que de
les abolir, en les remplaçant par une école
profane et hétérodoxe, sous le nom de
séminaire-général, que les catholiques
appelèrent *nouvelle Babylone.* Le zèle de
Charles enchanta les gens de bien, et
irrita les méchants. L'Ordre des humiliés,
qu'il voulut réformer, excita contre lui
un frère Farina, membre détestable de
cette congrégation. « Ce malheureux, dit
« un auteur qui a écrit la *Vie* de saint
« Charles avec autant d'exactitude que
« d'intérêt, se posta à l'entrée de la cha-
« pelle du palais archiépiscopal, le 28
« octobre 1569, dans le temps où le saint
« faisait la prière du soir avec sa mai-
« son. On chantait alors une antienne,
« et on était à ces mots : *Non turbetur
« cor vestrum, neque formidet.* Le prélat
« était à genoux devant l'autel. L'assas-
« sin, éloigné seulement de cinq à six
« pas, tire sur lui un coup d'arquebuse
« chargé à balle. Au bruit de l'instru-
« ment meurtrier, le chant cesse, et la

« consternation devient générale. Char-
« les , sans changer de place, fait signe
« à tous de se remettre à genoux , et finit
« sa prière avec autant de tranquillité
« que s'il ne fût rien arrivé. Le saint, qui
« se croit blessé mortellement, lève les
« mains et les yeux au ciel , pour offrir
« à Dieu le sacrifice de sa vie ; mais s'é-
« tant levé après la prière, il trouva que
« la balle qu'on lui avait tirée dans le
« dos, était tombée à ses pieds , après
« avoir noirci son rochet. » Charles demanda la grâce de son meurtrier, qui
fut puni de mort, ainsi que trois autres religieux ses complices, sans qu'il
eût pu les soustraire à un supplice si
justement mérité. Le Pape prononça
la dissolution de l'Ordre entier dont les
biens furent employés par le saint archevêque à fonder des colléges, des hôpitaux , à réparer des églises , des couvents
et à décorer sa cathédrale avec une magnificence digne de son zèle et de sa piété.
Ces contradictions n'affaiblirent point
l'ardeur du saint archevêque. Il visita les
extrémités abandonnées de son diocèse,
abolit les excès du carnaval, distribua le
pain de la parole à son peuple , et s'en
montra le pasteur et le père. Dans les
ravages que fit une peste cruelle , il assista les pauvres par ses ecclésiastiques
et par lui-même ; vendit ses meubles pour
soulager les malades , et désarma la Divinité par des processions , auxquelles il
assista pieds nus et la corde au cou. Il
finit saintement sa carrière en 1584 , à
47 ans. On a de lui un très-grand nombre d'ouvrages sur des matières dogmatiques et morales, imprimés en 5 vol. in-
fol. en 1747, à Milan. La bibliothèque du
Saint-Sépulcre de cette ville conserve
précieusement trente-un volumes manuscrits de *Lettres* du saint prélat. Le clergé
de France a fait réimprimer, à ses dépens, les instructions qu'il avait dressées
pour les confesseurs. Ses *Acta Ecclesiæ
Mediolanensis*, Milan, 1599 , in-folio,
sont recherchés. Paul V le canonisa en
1610. Le père Touron a écrit sa *Vie* ,
3 in-12 , Paris , 1761 : ouvrage écrit
d'un style lâche et diffus , mais exact et
édifiant. Celle donnée par Godeau, Paris,
1748, 2 in-12, est préférable. Il y en
a une plus ancienne traduite de l'italien,
Lyon, 1675 , in-4, mise en latin et publiée avec beaucoup de notes , Milan et
Augsbourg , 1753, in-fol. On peut consulter encore : *De Vitâ et rebus gestis
Caroli S. R. E. Cardinalis, libri septem*,
Milan, 1592, et Brescia , 1602, in-4, et
son *Panégyrique* écrit par l'abbé Gérard.
(Voyez SAXI).

BORROMÉE (Frédéric), cardinal et
archevêque de Milan, héritier de la science et de la piété de Charles, son cousin-
germain, naquit à Milan le 18 août 1564,
et mourut le 21 décembre 1631, âgé de
68 ans. Il professa les humanités à Pavie, et fut toujours, depuis, le protecteur
des gens de lettres ; c'est lui qui a fondé
la célèbre bibliothèque ambrosienne. Antoine Olgiati, auquel elle fut confiée , y
rassembla neuf à dix mille manuscrits,
dont un grand nombre d'orientaux qu'il
était allé rechercher lui-même en Grèce
et ailleurs. Le cardinal Borromée avait
aussi fondé à Milan deux académies :
l'une pour les ecclésiastiques , l'autre
pour les nobles. On a de lui : *Sacra colloquia* , 1632 , 10 vol. in-12 ; *Sermones
synodales ; Meditamenta litteraria; Ra-
gionamenti synodali*, Milan, 1632, 3 in-4,
De episcopo concionante, libri III, Milan,
1632 , in-fol.

BORROMINI (François), architecte, né
à Bissone au diocèse de Côme, en 1599,
mort en 1647, se fit une grande réputation à Rome, où il fut plus employé
qu'aucun architecte de son temps. On
voit en cette ville un grand nombre de
ses ouvrages, dont la plupart ne sont pas
un modèle pour les jeunes artistes. On y
trouve beaucoup d'écarts et de singularités ; mais en même temps , on ne peut
s'empêcher d'y reconnaître un talent supérieur et l'empreinte du génie. Cet architecte en avait beaucoup. Ce fut en
s'efforçant de surpasser le Bernin , dont
il enviait la gloire, qu'il s'éloigna de la
simplicité, qui est la vraie base du beau,
pour donner dans ce goût d'ornements
extravagants, qui ont fait comparer son
style en architecture, au style littéraire
de Sénèque et de Lucain. Il était l'élève
de Maderno auquel il succéda. On estime
encore la façade de l'église Sainte-Agnès
sur la place Navone à Rome , ce qu'il a
fait au collége de la Propagande, etc. Le
pape Urbain VIII le créa chevalier de
l'ordre de l'Eperon , et le roi d'Espagne,
Philippe III , lui donna le collier de l'ordre de Saint-Jacques. L'extrême application qu'il mit à former un recueil des
gravures propres à faire connaître la fécondité de son génie, le fit tomber dans
des accès d'hypocondrie si violents qu'il
se perça d'une épée en 1647. Son OEuvre
a été publié à Rome, sous ce titre : *Fran-
cisci Borromini opus architectonicum,
opera Seb. Giannini*, Rome, 1727, in-fol.

BORRONI (Paul-Michel-Benoit), peintre célèbre, né à Voghera, en Piémont,
en 1749. Il étudia les principes de son
art dans les écoles de Milan , de Parme,
et de Rome ; et prenant un peu de la manière du Corrége et de celle de Michel-

Ange, il parvint à acquérir un talent très-distingué. Pie VI le créa chevalier de l'Eperon-d'Or, et le roi de Sardaigne lui fit une pension qui lui fut continuée par le gouvernement français. Plusieurs de ses tableaux lui ont mérité des médailles d'or. On estime particulièrement: le *Mariage de la Vierge* ; sa *Fuite en Egypte* ; son *Assomption* ; la *Mort de saint Joseph* ; la *Mort du Juste* ; un *Saint Germain* ; une *Sainte-Famille* ; la *Clémence de Titus* ; la *Mort de Lucrèce* ; les *Saisons* ; *Diogène sortant de son tonneau*, et plusieurs *Portraits*. Borroni est mort le 23 août 1819.

BORY (Gabriel de), membre de l'Institut, né à Paris en 1720. Il était, avant la Révolution, chef d'escadre et gouverneur des Iles-Sous-le-Vent. Il fut chargé par le gouvernement de déterminer astronomiquement la position des caps Finistère et d'Ortegal qui ne se trouvaient encore tracés avec exactitude sur aucune carte, et malgré les obstacles nombreux qu'il éprouva il remplit sa mission d'une manière satisfaisante. Il entreprit aussi un voyage à Madère, qui fut signalé par des opérations qui ont été consignées dans les Mémoires de l'académie des Sciences, années 1768 et 1770. Il a rendu plusieurs autres services à la marine et à l'art nautique, soit par ses découvertes, soit par ses ouvrages. On a de lui : *Mémoire sur la possibilité d'agrandir Paris sans en reculer les limites*, Paris, 1787, in-8; *Mémoire sur les établissements d'un conseil de marine* ; *Essai sur la population des colonies à sucre*, 1776 et 1780; *Mémoire sur le système à suivre dans une guerre purement maritime avec l'Angleterre*, 1780. Ces trois derniers ouvrages ont été réunis sous ce titre : *Mémoires sur l'administration de la marine et des colonies par un officier-général de la marine*, Paris, 1789, 2 vol. in-8; une nouvelle édition augmentée de la *Description et de l'usage d'un nouvel instrument pour observer la latitude sur mer*, etc., par d'Après de Manneville. Il avait entrepris, avec plusieurs savants distingués, un *Dictionnaire de la marine*. Les matériaux de cet important ouvrage ont été confiés aux soins de l'académie de marine, et les malheurs du temps en ont empêché la publication. Il est mort le 8 octobre 1801.

BORY-SAINT-VINCENT (J.-B.-M.-G.), né à Agen en 1780, et mort à Paris le 22 décembre 1846, entra fort jeune dans la carrière militaire, et parvint au grade de colonel, qu'il venait d'obtenir, lorsque les Bourbons rentrèrent en France en 1814. Pendant les Cent-Jours, il se

montra non seulement dévoué à Bonaparte, mais ennemi fanatique des Bourbons. En conséquence, il dut s'expatrier à la seconde Restauration; mais, en 1820, il obtint la permission de rentrer en France. Dès sa première jeunesse, il avait montré un goût décidé pour les sciences ; déjà, en 1798, il avait fait partie, en qualité de naturaliste, de l'expédition du capitaine Baudin. Il se livra donc tout entier à des travaux qui avaient tant de charmes pour lui. Il est incontestable qu'il avait acquis de profondes connaissances, mais il ne se défiait pas assez de ses préjugés antireligieux, et il adoptait quelquefois une opinion, quoiqu'elle fût hostile à la religion. Ses principaux ouvrages sont : *Essai sur les Iles fortunées de l'antique Atlantide*, ou *Précis de l'Histoire générale des Canaries*, Paris, 1803, in-4; *Voyages dans les quatre principales îles des mers d'Afrique*, ibid. 1804, 3 vol. in-8, et Atlas, in-4 ; *Dictionnaire classique d'Histoire naturelle*, ibid. 1822-31, 17 vol. in-8, de concert avec une société de naturalistes; *L'Homme*, ou *Essai zoologique sur le genre humain*, 3ᵉ édition, 1836, 2 vol. in-8; *Guide du voyageur en Espagne*, ibid. 1823, in-8 ; *Relation du voyage de la commission scientifique en Morée*, Strasbourg, 1839, 2 vol. in-8, et Atlas in-fol. C'est un extrait du grand ouvrage auquel Bory a coopéré, et dont il a mis en ordre la section des sciences physiques, 1832, et années suivantes, 3 vol. gr. in-4, et Atlas in-fol.

BORZONI (Luciano), peintre, naquit à Gênes en 1590. Il réussit dans le portrait et dans l'histoire. Son génie était vif et fécond, son dessin précis, son pinceau moelleux. Il mourut à Milan en 1645. Ses trois fils, Jean-Baptiste, Carlo et François-Marie, se distinguèrent dans l'art que leur père avait cultivé. Les deux premiers moururent fort jeunes, vers 1657. Le dernier excella dans les paysages, les marines et les tempêtes ; on dit qu'il s'exposait aux injures du temps et à la fureur des flots, pour représenter avec plus de vérité les accidents de la nature. Il mourut en 1679, à Gênes sa patrie.

BOS (Jérôme), peintre, né à Bois-le-Duc, vivait dans le 15ᵉ siècle. Il a été un des premiers peintres à l'huile, et l'on remarque que sa manière est moins dure et ses draperies de meilleur goût que celles de ses contemporains. Le génie de cet artiste était bizarre. Il se plaisait à peindre de fantaisie, et se livrait à toutes les singularités de son imagination. Aussi la plupart de ses sujets sont gâtés par quelques idées extravagantes. Telle est la *Tentation de saint Antoine*, où l'on voit des monstres, des animaux, des chimères, des dragons et des oiseaux de caprice, qui épouvantent et causent tout à la fois de l'horreur et de l'admiration. Il aimait surtout à peindre l'enfer. Les tableaux de cet artiste se vendaient très-cher : on en conserve plusieurs à l'Escurial en Espagne.—Il y a eu un célèbre peintre de fleurs du même nom (Louis-Jausen), mort en 1597.

BOS (Lambert), professeur en grec dans l'Université de Franeker, né à Workum dans les Pays-Bas en 1670, est connu par une édition de la *Version grecque des Septante* à Franeker, 1709, en 2 vol. in-4, avec des variantes et des prolégomènes. Il mourut en 1717. Il a composé d'autres ouvrages, parmi lesquels on distingue : *Antiquitatum græcarum, præcipuè atticarum descriptio brevis*, Leipsick, 1749, in-8, traduite en français par Lagrange, Paris, 1769, iu-12; *Observationes in novum Testamentum*, 1707, in-8; *In quosdam Auctores Græcos*, 1715, in-8, et sur sa nouvelle édition de la *Grammaire grecque de Vellerus*, avec des additions.

BOSC (Claude), né vers 1642, et mort en 1715, procureur-général de la cour des aides, prévôt des marchands et conseiller d'Etat, traduisit du latin en français plusieurs ouvrages d'Erasme, et composa : *Manuel du soldat chrétien*, 1711, in-12; *Aspirations à Dieu*, 1712, in-12; *Traité de l'infinie miséricorde de Dieu*, 1723, in-12; *Du mépris du monde*, 1712, in-12; *Le mariage chrétien*, 1715, in-12. La lecture de cet écrivain doit se faire avec précaution.

BOSC (L'abbé) naquit à Apt en 1758, et mourut le 22 juin 1840, à l'âge de 82 ans. Il a laissé : *Histoire d'Apt*, 1843; *Histoire de l'Eglise d'Apt*, 1820, in-8; *Histoire de saint Elzéart et de sainte Delphine*, 1821, in-8; les *Dialogues du livre de Job mis en vers français*, avec quelques autres *Poëmes*, 1826, in-12.

BOSC (Louis-Augustin-Guillaume), né en 1759, se livra de bonne heure à l'étude de l'histoire naturelle, dont il avait puisé le goût dans la maison de son père, médecin du roi. A l'âge de 25 ans, il devint secrétaire de l'intendance des postes, et fit paraître vers la même époque, dans le *Journal de physique*, quelques articles sur l'histoire naturelle. Pendant la Révolution, il fut nommé administrateur des postes; mais, après la chute du ministre de l'intérieur Roland, il se retira dans la forêt de Montmorency, où il resta longtemps caché. Il parut de

nouveau sous le Directoire, et fut envoyé en qualité de consul aux Etats-Unis. Le congrès ne reconnut pas ses pouvoirs ; mais Bosc sut utiliser son voyage en se livrant à des recherches sur la botanique et la zoologie. Etant revenu en France, il devint successivement administrateur des hospices civils de Paris, inspecteur de la pépinière de Versailles, inspecteur des pépinières du gouvernement, membre de la société d'agriculture de Paris et d'encouragement de l'Institut. Bosc est mort le 11 juillet 1828. On a de lui : une *Histoire naturelle des coquilles, des vers et des crustacés*, 1802, 10 vol. in-8. Il a en outre fourni de nombreux articles au nouveau *Dictionnaire d'histoire naturelle*, en 24 vol. in-8, réimprimé en 30 vol. in-8 ; au *Journal d'histoire naturelle*, au *Journal des mines*, aux *Mémoires de la société d'agriculture*, aux *Annales d'agriculture*, au *Dictionnaire d'économie rurale*.

BOSCAN ALMOGAVER (Jean, ou Juan), de Barcelone, fut amené à Venise par André Navagéro, ambassadeur de la république auprès de Charles V. C'est dans cette ville qu'il apprit la poésie espagnole. Il introduisit dans cette dernière le vers endécasyllabique. Garcilasso et lui sont regardés comme les premiers qui aient tiré du chaos cette poésie. Son style est majestueux, ses expressions élégantes, ses sujets variés. Les principales pièces sont : *Medina*, 1544, in-4 ; *Salamanca*, 1547, in-8. Boscan réussissait mieux dans les sonnets que dans les autres genres. Il mourut vers 1543. Il était né en 1500.

BOSCAWEN, neveu d'un amiral anglais du même nom, naquit en 1752. Après avoir étudié à Oxford, il fit son droit au collége de Midle-Temple, fut reçu avocat, et obtint ensuite une place de commissaire pour les banqueroutes et les ravitaillements des vaisseaux de l'Etat. Il est mort en 1811. On a de lui : *Traité des convictions relativement aux lois pénales*, in-8; une nouvelle *Traduction d'Horace*, 2 vol. in-8 ; *des Progrès de la satire*, essai contenant des observations sur les révolutions survenues dans la littérature.

BOSCH (Jérôme de), savant professeur hollandais, né à Amsterdam en 1740. mourut en 1811. On lui doit l'*Anthologie græca, cum versione latinâ H. Grotii*. Utrecht, 1795-1810, 4 vol. in-4, et plusieurs pièces de vers latins.

BOSCOWICH (Joseph-Roger), directeur de l'observatoire de Milan, membre de la Société royale de Londres, etc., né à

Raguse, le 18 mai 1711, d'une famille distinguée, entra chez les Jésuites, à Rome, le 1er octobre 1725, étant en rhétorique à l'âge de 14 ans, et se fit remarquer par un génie vif, pénétrant, capable de méditations arides et profondes. Il s'appliqua avec une ardeur toute particulière à la philosophie et aux mathématiques. Devenu professeur de philosophie et de mathématiques au collége romain, il embrassa avec feu les systèmes de Newton, approfondit ses calculs et ses combinaisons, modifia et réforma ses idées pour les affranchir des objections et des embarras qui en rendaient la défense difficile; et c'est dans cet état de réforme que la philosophie de cet anglais parut à Vienne sous le titre de *Traité de l'attraction considérée comme loi universelle*, en 1758, et à Venise, en 1763. Cet ouvrage a servi de modèle et de règle à la plupart des newtoniens modernes. Charles Benvenuti à Rome, Paul Mako et Charles Scherffer à Vienne, Léopold Biwald à Gratz, Jean-Baptiste Horwath à Tirnau, en ont fait la base de leurs *Institutions*, imprimées dans ces différentes villes. En 1763, il fut demandé par l'Université de Pavie que l'on venait de rétablir, et à laquelle on voulait donner de l'éclat. Il y professa pendant six ans. On le plaça ensuite à Milan, où il fut pendant trois ans professeur d'astronomie et d'optique aux écoles palatines. En 1773, lors de la suppression des Jésuites en Italie, de La Borde, Mme de Sivrac, de Durfort, de Boynes, de Vergennes, qui avaient eu occasion de le connaître, l'engagèrent à venir à Paris, et lui procurèrent le titre de directeur de l'optique de la marine, avec une pension de 8,000 livres. Des désagréments qu'il essuya dans ce poste l'engagèrent à se retirer à Milan, où il mourut le 12 février 1787, âgé de 76 ans. Outre sa *Philosophie newtonienne*, le père Boscowich a donné un grand nombre d'ouvrages sur la géométrie, la physique, l'optique, etc. : *Elementa universæ mathesos*, Rome, 1754, 3 vol. in-8, avec figures; *Philosophiæ naturalis theoria, redacta ad unicam legem virium in naturâ existentium*, Vienne, 1759; in-4, figures; *Traité sur les télescopes dioptriques perfectionnés*, Vienne, 1765, in-8, en allemand; *Dissertatio physica de lumine*, Vienne, 1766, in-8, avec figures; *De Lunæ atmosphærâ*, Vienne, 1766, in-4, figures; *Dissertationes ad dioptricam*, Vienne, 1767, in-4; des *Notes* sur le *Poëme* philosophique de Benoît Stay; *Voyage astronomique dans l'État de l'Église*, traduit en français par le P. Hugon, jésuite, Paris, 1770, in-4, c'est le résultat de la mesure de deux degrés du méridien en Italie, qu'il fit par ordre du cardinal Valenti, en 1750; un *Journal d'un voyage de Constantinople en Pologne*, etc. Mais ce qui lui assure un nom distingué parmi les gens de lettres autant que parmi les savants, c'est son beau poëme *De solis ac lunæ defectibus*, Venise, 1761, ouvrage où les ornements de la poésie marchent à côté des sciences exactes, et qui peut encore servir d'exception à la stérilité que l'opiniâtre étude des mathématiques répand pour l'ordinaire sur l'imagination. Parmi des poésies moins considérables, mais pleines de grâces tendres et ingénues, on distingue son *Desiderium patriæ*, composé à Rome. Boscowich jouissait de la considération, non seulement de tous les savants de l'Europe, mais encore de celle de plusieurs souverains. Il a fait une multitude de voyages relatifs à des observations utiles ou brillantes, et a laissé des titres multipliés à une réputation que peu d'hommes de ce siècle sont à même d'égaler.

BOSELLINI (Charles), avocat, né à Modène en 1765, mort le premier juillet 1827. Il a publié en italien : *Nouvel Examen des sources de la richesse publique et privée*, où il examine et compare les principes d'Adam Smith, de Lauderdale et de quelques autres économistes modernes; mais il ne borne pas, comme tant d'autres, la richesse publique et privée à l'agriculture, aux arts, au commerce; il la cherche encore dans les garanties sociales, dans le travail, l'industrie, l'épargne, qu'il regarde comme les éléments primitifs de toutes sortes de richesses. On a encore de lui plusieurs articles remarquables sur l'économie, soit dans le *Journal académique* de Rome. soit dans l'*Anthologie* de Florence; et deux opuscules intéressants, l'un sur le *Système de succession adopté en Angleterre*, l'autre sur quelques opinions du comte Barbacovi, concernant la pluralité des voix, la réforme des codes civils, etc.

BOSIO (Jacques), *Bosius*, natif de Milan, et frère servant de l'Ordre de Malte. Ce religieux étant retenu à Rome auprès du cardinal Pétrochini, son patron, pour les affaires de son Ordre, dont il était agent, profita de ce séjour pour y composer l'histoire qui porte son nom, sous le titre *Dell' Istoria della sacra Religione, dell' illustrissima milizia di santo Giovanni Gierosolimitano*. Cet ouvrage, qui contient 40 livres, est partagé en 3 vol. in-fol. imprimés à Rome en 1621,

1629 et 1684. Quelques bibliographes ont écrit que Bosio avait remis ses *Mémoires* à deux cordeliers de la Grand'Manche appelés en Italie les *Grands-Frères*, et que ces deux religieux ont mis son livre dans la forme qu'il a aujourd'hui. Cet ouvrage est moins recherché pour le style, que pour la multitude et la rareté des faits dont il est rempli. Cette histoire va jusqu'à l'an 1571 : elle a été continuée par Barthélemi Pozzo en italien, jusqu'à l'an 1688, Venise, 1740, 2 vol. in-4. On a encore de Bosio : *La Corona del cavalier Gierosolimitano*, Rome, 1588, in-4 ; et *Le Imagini de Beati è Santi della sacra religione di santo Giovanni Gierosolimitano*, Palerme, 1643, in-4, et Naples, 1655, in-8. La plupart des historiens nationaux qui, depuis Bosio, ont voulu donner l'histoire de Malte en leur langue, n'ont été que ses copistes ou ses abréviateurs.

BOSIO (Antoine), de Milan, agent de l'Ordre de Malte, était neveu de Jacques, et mourut en 1629. Son recueil intitulé : *Roma Sotterranea*, Rome, 1632, in-fol., renferme la description des tombeaux et épitaphes des premiers chrétiens qu'on trouve dans les catacombes de cette capitale de la catholicité. Il passait dans les souterrains quelquefois cinq ou six jours de suite. Un prêtre de l'Oratoire de Rome (le père Paul Aringhi) traduisit son livre d'italien en latin, en 3 vol. in-fol., 1651. Les amateurs des antiquités ecclésiastiques font grand cas de cette version, plus ample que l'ouvrage. L'un et l'autre manquent quelquefois de critique ; mais ils sont très-propres à faire connaître les cérémonies des premiers chrétiens de Rome, et l'histoire de cette capitale. L'ouvrage de Bosio a été depuis augmenté par Bottari et publié en 2 vol. in-fol., 1737-1753, ce qui fait que l'ouvrage primitif est peu recherché aujourd'hui.

BOSIO (Jean), peintre d'histoire, frère du fameux sculpteur de ce nom, fut élève de David, et professa le dessin à l'école polytechnique. Il est mort dans les premiers jours de juillet 1827. Il avait publié un *Traité élémentaire des règles du dessin*, ouvrage estimé, Paris, 1801, in-12, réimprimé en 1802.

BOSIO (François-Joseph, le baron), né à Monaco, en 1767, mort à Paris, le 1er août 1845, sculpteur célèbre, obtint la faveur de Napoléon, de Louis XVIII et de Charles X ; il travailla d'abord aux bas-reliefs de la colonne de la place Vendôme : c'est ce qui commença sa réputation. Il devint membre de l'Institut, professeur à l'école des Beaux-Arts, et premier sculpteur du roi. Ses principales statues sont : *L'Amour lançant des traits*, dans la galerie de Munich ; *Le Berger Aristée et l'Hercule terrassant Archéloüs*, *métamorphosé en serpent*, au Louvre ; *Hyacinthe couché*, au Luxembourg ; *La Nymphe Salmacis* ; *Henri IV enfant*, exécuté en marbre et en argent, pour le cabinet du roi ; la *Statue équestre*, en bronze, *de Louis XIV*, sur la place des Victoires et les deux bas-reliefs de ce monument représentant le *Passage du Rhin*, et l'*institution de l'Ordre de Saint-Louis* ; les *Bustes de Charles X et de madame la duchesse d'Angoulême* ; les deux Statues en marbre : *La France et la Fidélité*, faisant partie du monument de Malesherbes, au Palais-de-Justice ; le modèle de la *Statue de Louis XVIII*, qui devait décorer la place du Palais-Bourbon ; et celui de la *Statue de Louis XVI*, destiné à l'église de la Magdeleine ; un groupe de *Louis XVI et d'un Ange*, dans la chapelle expiatoire du cimetière de la Magdeleine ; enfin, la *Statue de Napoléon* de la colonne du camp de Boulogne. Cette dernière production, moins parfaite que les précédentes, se ressent de de l'âge avancé de ce grand artiste.

BOSON. (Voyez ENGELBERGE, ou INGELBERGE.)

BOSQUET (François de), évêque de Lodève, puis de Montpellier, naquit à Narbonne en 1605, et mourut en 1676, avec la réputation d'un des plus savants hommes de son siècle. Il avait été d'abord juge-royal de sa patrie, ensuite de Guienne, et puis du Languedoc. On a de lui ; les *Épîtres d'Innocent III*, avec des remarques curieuses ; les *Vies des Papes d'Avignon*, in-8, 1632, dont Baluze a donné une nouvelle édition, 1693, 2 vol. in-4 ; *Historia Ecclesiæ Gallicanæ*, à *J. C. Evangelio in Galliis usque ad datam à Constantino Imp. Ecclesiæ pacem*, in-4, 1636. Elle est recherchée. On lit dans son épitaphe : *Gregem verbo et exemplo sedulo pavit, largus erga pauperes, sibi parcissimus, omnibus benignus*, etc.

BOSQUIER (Philippe), religieux récollet, né à Mons en 1561, s'appliqua beaucoup à la prédication. Il traduisit aussi quelques ouvrages en latin, et les enrichit de notes. La plupart de ses ouvrages, d'abord imprimés séparément, ont été réunis en 3 volumes in-fol. à Cologne, 1621. On trouve dans ses sermons, comme dans presque tous ceux de son temps, des passages de l'Écriture-Sainte, des Pères, des rabins, des controversistes, des poëtes, et de presque tous les auteurs grecs et latins. Il mourut l'an 1636.

BOSQUILLON (Edouard - François-Marie), médecin, professeur de grec et de médecine au Collège de France, né à Mont-Didier le 20 mars 1744, mourut le 22 novembre 1814, universellement regretté. Il fréquentait souvent le réduit des pauvres, et sa main bienfaisante joignait sans cesse des marques de libéralité aux consolations et aux secours de son art. On lui doit : *Hippocratis aphorismi et prænotionum liber*, 2 vol. in-8 ; *Physiologie de Cullen*, traduit de l'anglais, 1785, in-8 ; *Eléments de médecine pratique*, traduit de l'anglais de Cullen, 1785, in-8; *Traité des ulcères*, par Bell, traduit de l'anglais, 1788, in-8 ; *Traité de matière médicale*, par Cullen, traduit de l'anglais, 1789, in-8; *Cours complet de chirurgie*, publié par Bell, traduit de l'anglais, 1795, 6 vol. in-8, etc.

BOSSARD (Clément), chanoine et grand-vicaire de Grenoble, est mort en 1834. Après avoir été ordonné prêtre à Rennes, il vint remplir une place de directeur au séminaire de Saint-Louis à Paris. En 1792, il quitta la capitale et fut chargé de faire une éducation particulière ; plus tard il devint directeur du séminaire de Grenoble. En 1816, il installa les religieux de la grande Chartreuse dans leur couvent. On a de lui : une *Histoire du serment à Paris*, qu'il a publiée en 1791, avec une liste des prêtres qui l'avaient prêté et une autre de ceux qui l'avaient refusé. Cet ouvrage est fait avec soin, et les deux listes ne sont pas sans intérêt. Il a fait réimprimer, en 1822, des *Lettres* de Scheffmacher, in-12.

BOSSCHA, né à Leenwarden le 17 mars 1755, mort le 12 août 1819, était très-versé dans la littérature ancienne, et a laissé plusieurs écrits parmi lesquels nous citerons : *Bibliotheca classica*, glossaire commode, publié en 1794; *De Causis præcipuis quæ historiam veterem incertam reddiderunt et obscuram*, 1775; *De Muneris scholastici dignitate et primariis quas postulat virtutibus*, 1780; *Histoire de la révolution de la Hollande* en 1813.

BOSSE (Abraham), graveur, natif de Tours, donna ses premières leçons de perspective dans l'académie de peinture de Paris. Il connaissait très-bien cette partie, ainsi que l'architecture. Le genre de graver au vernis dur qu'il avait adopté le mit à portée de faire des planches assez finies et d'un bon ton de couleur, sans le secours du burin. On a de lui : trois bons *Traités sur la manière de dessiner les ordres d'architecture*,

in-fol. ; *sur la Gravure*, 1645, in-8.; *sur la Perspective*, 1635, in-8 ; *Représentation de diverses figures humaines, avec leurs mesures, prises sur divers antiques*, Paris, 1656, petit format. Ses estampes, gravées à l'eau-forte, mais d'une manière particulière, sont agréables. L'ouvrage de Bosse sur la gravure, qui est estimé, a été publié de nouveau à Paris, 1758, avec les remarques et les augmentations de M. Cochin fils. Bosse mourut dans sa patrie en 1678.

BOSSI (Charles-Aurèle, baron de), poëte, né à Turin le 15 novembre 1751. Il s'appliqua à l'étude du droit sous le célèbre professeur Denina, et devint son ami. En même temps il s'occupait de littérature, et dès l'âge de 18 ans il publia deux tragédies, les *Circassiens* et *Rhea-Sylvia*, qui furent bien accueillies. Il donna ensuite des *Odes* qui accrurent sa réputation comme poëte, mais qui déplurent à la cour de Turin. Cependant il fut nommé secrétaire de légation à Gênes, puis sous-secrétaire d'État aux affaires étrangères, et ensuite chargé d'affaires auprès de la cour de Russie, où il demeura jusqu'au traité de paix entre la Sardaigne et la France. Les Français ayant envahi l'Italie en 1796, il se montra disposé à les servir, et le général Joubert le nomma, en 1799, membre du gouvernement provisoire de Piémont. Bossi contribua beaucoup à la réunion définitive du Piémont à la France, et le premier consul lui en témoigna sa satisfaction par une lettre flatteuse ; néanmoins il se borna à le nommer son résident en Valachie et en Moldavie. Bossi refusa, et fut oublié pendant dix-huit mois. Au bout de ce temps, il fut appelé à la préfecture du département de l'Ain, ensuite à celle de la Manche, et créé baron de l'empire. Louis XVIII le maintint dans ses fonctions, et lui accorda des lettres de naturalisation ; mais s'étant empressé de faire reconnaître Bonaparte au retour de l'île d'Elbe, il fut destitué ; et après avoir voyagé quelque temps dans le nord de l'Europe, il se fixa à Paris où il est mort vers la fin de janvier 1823. Ses *Poésies* ont été recueillies et imprimées à Turin, en 1801, en trois petits volumes.

BOSSI (Louis, comte de), célèbre historien, né en 1758 à Milan, d'une famille patricienne, embrassa l'état ecclésiastique, et publia successivement un grand nombre de *Dissertations* qui lui ouvrirent les portes des principales académies d'Italie. Lors de l'occupation de la Lombardie par les Français, il se retira à Vénise, où il publia plusieurs ouvrages qui prouvaient des connaissances étendues en administration et en politique. Il fut député à la *consulta* de Lyon, puis envoyé comme ambassadeur du roi d'Italie à Turin. Plus tard il obtint la place de commissaire des finances et enfin celle de conseiller d'Etat. Il mourut à Milan, en 1835, avec la réputation d'un des plus savants historiens de notre temps. Nous citerons son *Histoire générale d'Italie*, 1818 et années suivantes, 19 vol. in-18, et la *Vie de Léon X.*

BOSSU (René Le), religieux génovéfain, naquit à Paris, 1631, d'un avocat général à la cour des aides. Il mourut sous-prieur de l'abbaye de Saint-Jean de Chartres, en 1680. Il contribua beaucoup à former la bibliothèque de Sainte-Geneviève de Paris. On a de lui : un *Parallèle de la philosophie de Descartes et d'Aristote*, Paris, 1674, in-12, qu'il voulait concilier. « Il ne savait pas, dit « un bel esprit, qu'il fallait les aban- « donner l'un et l'autre. » Bossu était plus capable de raisonner sur les chimères anciennes et modernes que de les détruire; un *Traité du poëme épique*, La Haye, 1714, in-12, dans lequel on trouve des règles utiles que Boileau regarde comme un des meilleurs livres de poétique qui ait été fait dans notre langue. Les règles que l'auteur y donne sont sages, bien développées, et toujours prises dans la nature. Le Père Le Bossu se distinguait autant par les qualités du cœur, que par celles de l'esprit.

BOSSU (Pierre-Louis) avait été avant la Révolution vicaire, puis curé de Saint-Paul; en 1785, il fut chargé de prêcher la cène à la cour. Ayant refusé le serment à la constitution civile du clergé, il fut obligé de quitter la France, et se rendit à Blankenbourg, puis à Mittau où il remplit les fonctions d'aumônier auprès de Louis XVIII. L'abbé Bossu revint à Paris à l'époque du concordat, et fut nommé curé de Saint-Eustache. Il avait donné sa démission et était devenu chanoine de Notre-Dame, lorsqu'il est mort à Chaillot en 1830, à l'âge de 83 ans. Il a publié un *Discours* qu'il a prononcé à Saint-Roch dans un service célébré pour tous les curés de Paris morts depuis la Révolution; *l'Indigence brillante par la Charité*, Paris, 1814, 1 vol. in-12.

BOSSUET (Jacques-Bénigne) vit le jour à Dijon en 1627, d'une famille de robe, noble et ancienne. Il laissa voir, dès son enfance, tout ce qui devait lui attirer dans la suite l'admiration publi-

que. Il fut, dit-on, d'abord destiné au barreau et au mariage. Ceux qui tirent vanité de savoir les secrets des familles assurent qu'il y eut un contrat entre lui et Mlle Desvieux, fille d'esprit et de mérite, et son amie dans tous les temps, mais ce contrat n'a jamais existé. Bossuet, après ses premières études, vint à Paris en 1642, à l'âge de 15 ans, et reçut le bonnet de docteur de Sorbonne en 1652. De retour à Metz où il était chanoine, il s'attacha à former son esprit et son cœur. Il s'appliqua à l'instruction des protestants, et en ramena plusieurs à la religion catholique. Ses succès eurent de l'éclat. On l'appela à Paris, pour remplir les chaires les plus brillantes. La reine-mère, Anne d'Autriche, son admiratrice, lui fit donner, à l'âge de 34 ans, l'Avent de la cour en 1661, et le Carême en 1662. Le roi fut si enchanté du jeune prédicateur, qu'il fit écrire en son nom à son père, intendant de Soissons, pour le féliciter d'avoir un fils qui l'immortaliserait. Son Carême de 1666, son Avent de 1668, prêchés pour confirmer les nouveaux convertis, et particulièrement le maréchal de Turenne, lui valurent l'évêché de Condom. Ses sermons ne sont cependant pas ce qui l'a le plus illustré. Le roi lui confia bientôt l'éducation de Mgr le Dauphin; il prêta le serment accoutumé, le 23 septembre 1670. Un an après, il se démit de l'évêché de Condom, ne croyant point pouvoir garder une épouse avec laquelle il ne vivait pas. Ce fut vers ce temps qu'il prononça l'*Oraison funèbre* de madame Henriette d'Angleterre, morte subitement, au milieu d'une cour brillante, dont elle était les délices. C'est dans ce genre d'éloquence que l'illustre orateur, profitant de l'autorité de son ministère, a fait servir les tristes trophées de la mort à l'utile instruction des vivants. Son éloquence étonne l'esprit, ravit d'admiration, arrache les larmes du sentiment; on le voit, on l'entend déployer toute la force, toute la hauteur de son âme et de son génie; sa parole captive, maîtrise tous les esprits; elle confond par des accents terribles la vanité des grandeurs humaines. Quel tableau de la mort dans l'éloge de la princesse dont nous venons de parler ! Après avoir rapporté le passage de l'Ecriture, *Omnes morimur et quasi aquæ dilabimur in terram* (2 Reg. 14), il continue : « En « effet, nous ressemblons tous à des « eaux courantes. De quelque superbe « distinction que se flattent les hommes, « ils ont tous une même origine, et cette « origine est petite. Leurs années se

« poussent successivement comme des
« flots: ils ne cessent de s'écouler, tant
« qu'enfin après avoir fait un peu plus
« de bruit et traversé un peu plus de pays
« les uns que les autres, ils vont tous
« ensemble se confondre dans un abîme
« où l'on ne reconnaît plus ni princes,
« ni rois, ni toutes ces autres qualités
« superbes qui distinguent les hommes;
« de même que ces fleuves tant vantés
« demeurent sans nom et sans gloire,
« mêlés dans l'Océan avec les rivières
« les plus inconnues. » Il ajoute ensuite
« La voilà, malgré ce grand cœur, cette
« princesse si admirée et si chérie; la
« voilà telle que la mort nous l'a faite!
« encore ce reste tel quel va-t-il dispa-
« raître, cette ombre de gloire va s'éva-
« nouir, et nous l'allons voir dépouillée
« même de cette triste décoration; elle
« va descendre à ces sombres lieux, à
« ces demeures souterraines, pour y
« dormir dans la poussière avec les plus
« grands de la terre, comme parle Job,
« avec ces rois et ces princes anéantis,
« parmi lesquels à peine peut-on la pla-
« cer, tant les rangs y sont pressés, tant
« la mort est prompte à remplir ces
« places! mais ici, notre imagination
« nous abuse encore: la mort ne nous
« laisse pas assez de corps pour occuper
« quelque place, et on ne voit là que des
« tombeaux qui fassent quelque figure.
« Notre chair change bientôt de nature;
« notre corps prend un autre nom;
« même celui de cadavre, dit Tertullien,
« parce qu'il nous montre encore quel-
« que forme humaine, ne lui demeure
« pas longtemps; il devient un je ne sais
« quoi, qui n'a plus de nom dans aucune
« langue, tant il est vrai que tout meurt
« en lui, jusqu'à ces termes funèbres
« par lesquels on exprimait ces malheu-
« reux restes. C'est ainsi que la puis-
« sance divine, justement irritée contre
« notre orgueil, le pousse jusqu'au néant,
« et que, pour égaler à jamais les condi-
« tions, elle ne fait de nous tous qu'une
« même cendre. Peut-on bâtir sur ces
« ruines? peut-on appuyer quelque grand
« dessein sur ces débris inévitables des
« choses humaines? » Dans la dernière
qu'il prononça, qui fut celle du grand
Condé, comme il intéresse personnellement en parlant de son âge et de ses devoirs sans petitesse et sans égotisme!
« La véritable victoire, celle qui met
« sous ses pieds le monde entier, c'est
« notre foi (Hæc est victoria quæ vincit
« mundum, fides nostra). Jouissez,
« prince, de cette victoire, jouissez-en
« éternellement par l'immortelle vertu
« de ce sacrifice. Agréez ces derniers

« efforts d'une voix qui vous fut connue:
« vous mettrez fin à tous ces discours.
« Au lieu de déplorer la mort des au-
« tres, grand prince, dorénavant je veux
« apprendre de vous à rendre la mienne
« sainte. Heureux, si, averti par ces
« cheveux blancs du compte que je dois
« rendre de mon administration, je ré-
« serve au troupeau que je dois nourrir
« de la parole de vie, les restes d'une
« voix qui tombe et d'une ardeur qui
« s'éteint. » Cette mâle vigueur de ses
Oraisons funèbres qui l'ont placé à la
tête des orateurs français, il la transporta
dans son Discours sur l'histoire universelle, composé pour son élève. On ne peut
se lasser d'admirer la rapidité avec laquelle il décrit l'élévation et la chute des
empires, les causes de leurs progrès et
celles de leur décadence, les desseins
secrets de la Providence sur les hommes,
les ressorts cachés qu'elle fait jouer dans
le cours des choses humaines. C'est un
spectacle des plus grands, des plus magnifiques et des plus variés, que l'éloquence
ait donnés à la religion et à la philosophie. Cet ouvrage est composé de trois
parties: la première, qui est chronologique, renferme le système d'Ussérius; la
seconde contient des réflexions sur l'état
et la vérité de la religion; la troisième,
qui est historique, comprend des remarques très-solides sur les vicissitudes des
monarchies anciennes et modernes. L'é-
dition in-4, de 1681, à Paris, est la plus
belle. On y a joint une continuation par
M. de la Barre, qui n'a rien de ce qui a
fait estimer l'ouvrage de Bossuet. Emmanuel de Parthenay, aumônier de la duchesse de Berry, en a donné une traduction
latine en 1718, in-12, sous ce titre: Commentarii universam complectentes Historiam ab orbe condito ad Carolum mag-
num; quibus accedunt series Religionis
et imperiorum vices. On trouve la même
profondeur de vues dans la Politique tirée
des paroles de l'Ecriture-Sainte. Le but
de l'auteur était de renfermer dans cet
ouvrage les principes d'une politique
qui eût toute la majesté et toute la grandeur que doit avoir la morale de ceux
qui gouvernent le monde, sans avoir rien
de sa corruption ordinaire. Il cherche,
sans sortir de l'Evangile, de quoi former
un grand prince; et on peut, selon les
principes de ce prélat, être un excellent politique et un véritable chrétien. Les soins
que Bossuet s'était donnés pour l'éducation du Dauphin furent récompensés par
la charge de premier aumônier de madame la Dauphine en 1680, et par l'évêché de Meaux en 1681; il fut honoré, en
1697, d'une charge de conseiller d'Etat,

et l'année d'après, de celle de premier
aumônier de madame la duchesse de
Bourgogne. Une affaire d'éclat, à laquelle il eut beaucoup de part, fixait
alors les yeux du public sur lui. Fénélon,
archevêque de Cambrai, venait de publier son livre de l'*Explication des maximes des Saints sur la vie intérieure.*
Bossuet, qui crut voir dans cet ouvrage
des restes du molinosisme, s'éleva contre
lui dans des écrits réitérés. Ses ennemis
attribuèrent ces productions à la jalousie
que lui inspirait Fénélon ; et ses amis, à
son zèle contre les nouveautés. Quelques
motifs qu'il eût, il fut vainqueur ; mais
si sa victoire sur l'archevêque de Cambrai
lui fut glorieuse, celle que Fénélon remporta sur lui-même le fut davantage. On
peut juger de la vivacité avec laquelle
Bossuet se montra dans cette querelle,
par ce trait. « Qu'auriez-vous fait, si
« j'avais protégé M. de Cambrai ? lui
« demanda un jour Louis XIV. — Sire,
« répondit Bossuet, j'aurais crié vingt
« fois plus haut : quand on défend la
« vérité, on est assuré de triompher tôt
« ou tard... » Il répondit au même prince, qui lui demandait son sentiment sur
les spectacles : « Il y a de grands exem-
« ples pour, et des raisonnements in-
« vincibles contre.... » Il fut aussi zélé
pour l'exactitude de la morale que pour
la pureté de la foi. Le docteur Arnauld
ayant fait l'*apologie* de la *Satire sur les
femmes* de Despréaux, son ami et son
panégyriste, l'évêque de Meaux décida,
sans hésiter, que le docteur n'avait pas
poussé la sévérité assez loin. Il condamna
la satire en général, comme incompatible avec la religion chrétienne, et celle
des femmes en particulier. Il déclara
nettement que celle-ci était contraire
aux bonnes mœurs, et tendait à détourner du mariage, par les peintures qu'on
y fait de la corruption de cet état.... Ses
mœurs étaient aussi sévères que sa morale. Tout son temps était absorbé par
l'étude, ou par les travaux de son ministère, préchant, catéchisant, confessant. Il ne se permettait que des délassements fort courts. Il ne se promenait
que rarement, même dans son jardin.
Son jardinier lui dit un jour : « Si je plan-
« tais des saint Augustin et des saint
« Chrysostôme, vous les viendriez voir ;
« mais pour vos arbres, vous ne vous en
« souciez guère... » On l'a accusé de
n'avoir point eu assez d'art dans les controverses, pour cacher sa supériorité aux
autres. Il était impétueux dans la dispute, mais il n'était point blessé qu'on
y mît la même chaleur que lui. Ce grand
homme fut enlevé à son diocèse, à la

France et à l'Eglise, en 1704, à l'âge de
77 ans... On commença à donner en
1743 une *Collection des ouvrages de Bossuet*, en 12 vol. in-4. Les bénédictins de
Saint-Maur en ont donné une autre, dont
13 volumes avaient déjà paru en 1780,
infectés de cet esprit de secte et de parti
qui dénature tout ce qu'il touche. Le
clergé de France, dans son assemblée
de la même année, blâma et rejeta cette
édition. (Voyez les Actes de l'assemblée,
séances 107 et 109 ; ou le *Journ. histor.
et litt.* 1ᵉʳ juin 1785, pag. 196.) On a
donné à l'édition de 1743 une suite en
5 vol. in-4, renfermant la *Défense de la
déclaration du clergé de France, sur la
puissance ecclésiastique*, en latin avec
une traduction en français, par l'abbé
le Roy, ci-devant de l'Oratoire. Soardi
(voyez ce mot) prouve assez bien que cette
Défense, telle que nous l'avons, n'est pas
de Bossuet, quoiqu'il soit vrai qu'il ait
fait un ouvrage sur ce sujet, revu et
beaucoup changé quelque temps avant
sa mort. Il y avait, comme l'assure
M. d'Aguesseau, une péroraison où le
livre était dédié à Louis XIV, et qui ne
se trouve pas dans ce que le neveu du
célèbre prélat nous a donné comme l'ouvrage de son oncle (voyez le QUEUX,
SOARDI). En général, on ne peut regarder comme étant réellement et totalement de Bossuet que les ouvrages imprimés de son vivant, parce que les papiers
de ce grand homme ont passé par les
mains des bénédictins jansénistes des
Blancs-Manteaux, qui les tenaient de
l'évêque de Troyes, dévoué à la secte.
L'abbé le Roy, ex-oratorien, a publié,
en 1753, 3 vol. d'*OEuvres posthumes*. On
a rassemblé différents *Opuscules* de Bossuet, en 3 vol. in-12, 1761. On a aussi
publié à Nîmes, en 1785, une édition de
ses *OEuvres choisies*, en 8 vol. in-8 ;
mais on fait peu de cas de cette édition.
On a réuni en 6 vol. in-12, sous le titre
de *Chefs-d'œuvre oratoires de Bossuet*,
ses *Sermons, Panégyriques et Oraisons
funèbres*, et l'on a publié à Versailles une
belle édition de ses *OEuvres*, en 43 vol.
in-8, avec une table générale des matières, faite avec beaucoup de soin, qui
comprend les noms et les choses dont il
est parlé dans la collection entière, 1815
et années suivantes. Cette table, qui est
un modèle de précision et d'exactitude,
est d'un grand secours à ceux qui ont
besoin de parcourir cette édition et d'y
faire quelques recherches. On a ajouté à
ce volume quelques pièces intéressantes,
le *Discours* de Bossuet à l'Académie fran-
caise pour sa réception : l'*Eloge* que fit
de lui l'abbé de Polignac, son successeur

dans le même corps, celui que fit également l'abbé de Clérambault, directeur de l'Académie, dans sa réponse à l'abbé de Polignac, et enfin l'*Oraison funèbre* prononcée par le Père Larue, jésuite, dans le service qui eut lieu à Meaux le 23 juillet 1706. Le style de Bossuet, sans être toujours châtié et poli, est plein de force et d'énergie. Il ne marche point sur des fleurs, mais il va rapidement au sublime dans les sujets qui l'exigent. Les ouvrages latins de cet auteur sont écrits d'un style assez dur; mais les français ne le cèdent à aucun de nos meilleurs écrivains. L'Académie française le compte parmi ses membres qui l'ont le plus illustrée. M. de Burigny, de l'Académie des belles-lettres, a publié en 1761 la *Vie* de Bossuet, in-12; mais on ne peut guère la regarder que comme un croquis; elle ne fait point assez connaître la vie de l'évêque de Meaux. M. le cardinal de Bausset, déjà connu par son élégante *Histoire* de Fénelon, nous a donné celle de son illustre émule, 4 vol. in-8, ouvrage rédigé avec autant de goût que de sagacité, rempli de détails ignorés et de faits du plus haut intérêt, qui rendent son livre extrêmement précieux. Massillon, dans l'*Eloge de Mgr le Dauphin*, a fait de Bossuet le portrait suivant: « L'homme d'un génie vaste et heureux, « d'une candeur qui caractérise toujours « les grandes âmes et les esprits du pre- « mier ordre, l'ornement de l'épiscopat, « et dont le clergé de France se fera « honneur dans tous les siècles; un évê- « que au milieu de la cour; l'homme de « tous les talents et de toutes les sciences; « le docteur de toutes les églises; la ter- « reur de toutes les sectes; le Père du « dix-septième siècle, et à qui il n'a « manqué que d'être né dans les pre- « miers temps, pour avoir été la lumière « des conciles, l'âme des Pères assem- « blés, dicté des canons, et présidé à « Nicée et à Ephèse. » L'auteur de la *Vie de madame de Maintenon* en parle en ces termes: « Conduit jusque dans le « sanctuaire par sa science et par sa « vertu, il en fut l'ornement et l'oracle. « On le vit tout à la fois controversiste, « orateur, historien, précepteur du « grand dauphin, déployer toute la pro- « fondeur et l'élévation du génie dont « l'homme le plus sublime est capable. « Tantôt parcourant la terre entière, il « en rassemble l'or et les fleurs dont il « pare ses écrits; tantôt se répandant « jusque dans l'immensité des cieux, il « paraît s'associer aux suprêmes intelli- « gences; trop grand pour avoir de « l'ambition, il ne recherche que la vé- rité, et le bonheur de servir des gens « à talent; trop riche de sa propre gloire, « il n'a besoin, pour s'illustrer, ni des « honneurs du ministère, ni de la pour- « pre romaine. Il anéantit les hétéro- « doxes qu'il combat, il rend la vie aux « morts qu'il célèbre; et donnant encore « plus d'extension à son génie lorsqu'il « le resserre que lorsqu'il l'étend, il ren- « ferme l'histoire de l'univers dans un « discours de quelques pages, où la ma- « jesté du style répond à toute la gran- « deur du sujet. » On sent bien que la calomnie n'a pas plus épargné cet illustre prélat que tant d'autres hommes distingués par leur religion, leurs vertus, et surtout par leur zèle contre les vices et erreurs. (Voyez SAINT-HYACINTHE, et *Les grands hommes vengés*.)

BOSSUET (Jacques-Bénigne), évêque de Troyes, neveu de l'illustre évêque de Meaux, naquit en 1664. Son oncle voulut diriger lui-même son éducation. En théologie, il lui donna pour docteur l'abbé Phélippeaux, homme instruit, avec lequel Bossuet fit le voyage de Rome après sa licence; il était prêt à en partir, lorsque son oncle lui manda de suspendre son retour. Il s'agissait de solliciter la condamnation du livre des *Maximes des Saints*, que Fénelon avait soumis au jugement du Saint-Siège. Jamais choix ne fut plus malheureux et n'eut des suites plus déplorables. Le jeune abbé revint en France, après que cette affaire fut terminée. Dès qu'il fut ordonné prêtre, son oncle le nomma son grand-vicaire, et lui donna part dans l'administration du diocèse. Il était déjà archidiacre; peu de temps après il fut nommé à l'abbaye de Saint-Lucien de Beauvais. Son oncle n'eut pas la satisfaction de le voir élevé à l'épiscopat, quoiqu'il le désirât beaucoup. Dans sa dernière maladie, il songea à le faire son coadjuteur, et présenta pour cela un *Mémoire* à Louis XIV. Mais ce fut seulement en 1716, sous la régence, par le crédit du cardinal de Noailles, à qui Bossuet avait recommandé son neveu en mourant, que celui-ci fut nommé évêque de Troyes. L'expédition de ses bulles souffrit des difficultés. Elles furent levées par une attestation du cardinal de la Trémouille. L'évêque de Troyes adhéra à l'accommodement de 1720, donna un mandement contre l'office de saint Grégoire VII, se déclara en 1725 pour l'évêque de Montpellier, et prit à partie les journalistes de Trévoux, qui avaient jeté du doute sur quelques ouvrages de son oncle. En 1742, il se démit de son évêché et mourut le 12 juillet 1743. On a de lui: *Missale Ec-*

clesiæ trecensis, 1733, in-4. Quelques innovations qu'on y avait introduites a menèrent entre lui et Languet, son métropolitain, des démêlés qui de part et d'autre occasionnèrent divers écrits. Bossuet, néanmoins, consentit à quelques retranchements; *Mandement contre l'office de Grégoire VII*, etc. Il publia plusieurs ouvrages posthumes de son oncle, dont il possédait les manuscrits, qui, passés en diverses mains, fournirent les matériaux des différentes éditions des *OEuvres de Bossuet*, et ceux de la belle *Histoire* de ce grand homme.

BOSSUS, ou BOSSIO (Martin), chanoine régulier de Saint-Jean de Latran, et abbé de Fiésoli en Toscane, né à Véronne, s'acquit une grande réputation par sa science et par sa vertu. Le pape Sixte IV et Laurent de Médicis le chargèrent de plusieurs commissions dont il s'acquitta avec honneur. Il mourut à Padoue en 1502, à 75 ans. Il publia plusieurs ouvrages qui roulent tous sur des points de morale : *Recuperationes Fesulanæ*, Bologne, 1493, in-fol.; *Epistolæ*, Mantoue, 1498, in-fol.; *Epistolæ*, différentes des précédentes, avec six discours, Venise, 1502, in-4; *OEuvres diverses*, Strasbourg, 1509, in-4, Bologne, 1627, in-fol. etc.

BOSSUT (L'abbé Charles), professeur de mathématiques à Mézières, examinateur des élèves de l'artillerie et du génie, et de l'Académie des sciences, né à Tartaras, département de la Loire, le 11 août 1730, mort à Paris le 14 janvier 1815. L'Institut l'admit au nombre de ses membres, et il fut nommé l'un des examinateurs de l'école polytechnique. Il exerça cette place jusqu'à ce que la vieillesse et les infirmités le forcèrent à demander sa retraite. Il a laissé un grand nombre d'ouvrages estimés. Les principaux sont : *Traité élémentaire de mécanique et de dynamique*, 1763, in-8; *Traité élémentaire de mécanique statistique*, 1771, 2 vol. in-8; *Traité élémentaire d'hydrodynamique*, 1771, 2 vol. in-8, plusieurs fois réimprimé; *Cours de mathématiques*, 3 vol. in-8; *la Mécanique en général*, 1782, in-8; *Essais sur l'histoire générale des mathématiques jusqu'en 1782*, 1802, 2 vol. in-8; *Calcul différentiel et intégral*, 1798, 2 vol. in-8; *Histoire des mathématiques*, 1802, 2 vol. in-8.

BOSTIUS (Arnauld), religieux de l'Ordre des carmes, né à Gand, où il mourut le 31 mars 1499, ou selon d'autres en 1501, était en même temps philosophe, orateur, historien, poète. Il avait pour amis Trithème, Hermolaüs-

Barbarus et Gaguin. Il a laissé plusieurs ouvrages, dont les principaux sont : *De illustribus viris carthusiensium; De illustribus viris carmelitarum; De patronatu beatæ Mariæ; De immaculatâ conceptione Virginis Deiparæ*. On trouve aussi parmi ses ouvrages quelques poésies.

BOTERO (Jean), surnommé *Benisius*, parce qu'il était né à Bène en Piémont, fut secrétaire de saint Charles Borromée, et précepteur des enfants de Charles-Emmanuel, duc de Savoie. Il mourut l'an 1617. Il a publié un recueil de *Lettres* qu'il avait écrites au nom de saint Charles, Paris, 1586, in-12. On a encore de lui quelques écrits de politique : *Della ragione di Stato*, in-8; *Principi*, in-8; *Relationi universali*, Vicence, 1595, in-4, Venise, 1640, in-4. Ce livre traite de la géographie, et des forces que chaque État avait de son temps.

BOTH (Jean et André), peintres flamands, tous deux morts en 1650, eurent pour maître Bloëmaert. L'union de ces deux frères fut si étroite, qu'ils firent non seulement leurs études et leurs voyages ensemble, mais même leurs tableaux. Jean saisit la manière du Lorrain, et André celle du Bamboche. Le premier faisait le paysage, et le second, les figures et les animaux; mais leurs ouvrages, quoique faits par des mains différentes, paraissaient sortis de la même. Ils étaient fort recherchés, et on les payait chèrement. Ces artistes se distinguaient principalement par une touche facile, un pinceau moëlleux, et un coloris plein de fraîcheur.

BOTICELLI (Alexandre), peintre et graveur, né à Florence en 1437, fut employé et récompensé libéralement par le pape Sixte IV : ce qui ne l'empêcha pas de mourir de misère en 1515. Il a gravé une partie des figures de l'*Enfer*, du Dante, qui se trouvent dans l'édition de Florence, 1481, in-folio.

BOTIN (André de), historien suédois, né en 1724, et mort en 1790. On a de lui une *Histoire de la nation suédoise*, qu'il a traitée d'une manière neuve et souvent philosophique. Son style est trop recherché; on lui reproche surtout l'abus de l'antithèse. On a de lui une *Description des domaines territoriaux de Suède*; la *Vie* de Birger, et des *Observations sur la langue suédoise*.

BOTTA (Charles-Joseph-Guillaume), né à Saint-Georges dans le Piémont, mort à Paris vers la fin d'août 1837, étudia d'abord la médecine à l'Université de Turin et se livra avec succès à des travaux sur la botanique. Lors de la révolution française, il se prononça pour les idées nouvelles, et excita ainsi les défiances du gouvernement piémontais qui le retint, pendant deux ans, en prison. En 1794, il se rendit en France, et fut employé en qualité de médecin à l'armée des Alpes et à celle d'Italie. En 1797, le général Joubert le nomma membre du gouvernement provisoire du Piémont, et plus tard, après la bataille de Marengo, le gouvernement français le choisit pour faire partie de la *consulta* du Piémont, d'où il passa successivement à la commission exécutive et au conseil de l'administration générale de la vingt-septième division militaire. Il fut ensuite élu député au corps législatif, et en devint vice-président en 1808. Botta s'est livré à des travaux importants sur l'histoire de l'Italie, et il a mérité d'être placé au premier rang des historiens modernes par plusieurs ouvrages dans lesquels une science profonde s'allie au mérite de la forme et à l'éclat du style. Il a publié : *Souvenirs d'un voyage en Dalmatie*, 1802, in-8; *Précis historique sur la maison de Savoie et de Piémont*, 1803; *Histoire de la guerre de l'indépendance de l'Amérique*, 1810, 4 vol. in-8; *Histoire d'Italie de 1789 à 1814*: cet ouvrage a obtenu le plus grand succès, on en a publié quatorze éditions consécutives; *Histoire des peuples d'Italie depuis Guichardin jusqu'en 1789*: ce nouveau travail, qui a coûté dix années de recherches à l'auteur, a établi d'une manière durable sa réputation; *Mémoire sur la doctrine de Brown*, 1800, in-8; *Mémoire sur la nature des tons et des sons*, Turin, 1803, in-8; *Il Camillo, o Veja conquistata*, poëme en douze chants. On peut citer aussi une *Préface* fort remarquable qu'il a placée en tête d'une édition de l'*Histoire* de Guichardin. Les *OEuvres* complètes de Botta forment 20 vol. in-8.

BOTTARI (Jean-Gaëtan), savant prélat romain, consulteur de l'*Index*, garde de la bibliothèque du Vatican, né à Florence en 1689, jouit de la considération de plusieurs Papes et fut particulièrement estimé de Benoît XIV, qui voulut l'avoir dans son palais. Bottari, né sans ambition, ne profita point de cette faveur pour s'élever. Son goût pour les sciences le fit admettre dans presque toutes les sociétés savantes de l'Italie. L'académie de la Crusca le choisit pour diriger la nouvelle édition de son grand Vocabulaire qui parut en 6 vol. in-folio, 1738 et suiv. Il entra au conclave avec le cardinal Cossini à la mort de Clément XII, et termina dans cet état de réclusion, seul et sans livres.

l'édition du beau Virgile du Vatican, par la composition de la préface et des notes pour les variantes, ce qui peut donner une idée de sa mémoire et de son érudition. Bottari parvint à une extrême vieillesse, et mourut à Rome le 3 juin 1775. La pureté de ses mœurs et de son savoir lui avaient acquis beaucoup de considération; mais on est fâché de voir ces qualités ternies par sa haine contre les jésuites, et l'animosité avec laquelle il écrivit contre eux. Ses principaux ouvrages sont : *Lezioni tre sopra il Tremoto*, Rome, 1733, in-8; *Del Museo Capitolino*, 1741, in-fol., 2 vol. Le tome 2 est en latin. *Sculture e pitture sagre estratte da cimeterj di Roma*, etc., grand in-folio.

BOTTEX (Alexandre) naquit, le 20 novembre 1796, à Neuville-sur-Ain. Après avoir suivi le cours d'anatomie et celui de chirurgie à l'Hôtel-Dieu de Lyon, il concourut avec distinction, quoique sans succès, pour la place de chirurgien en chef de l'Hôpital. Reçu docteur en médecine, en 1823, il fixa sa résidence à Lyon, et se fit remarquer dans un genre spécial : l'habileté à traiter les maladies syphilitiques et l'aliénation mentale. En 1830, Bottex fut nommé médecin des aliénés à l'hospice de l'Antiquaille. Il n'était précisément ni un écrivain, ni un savant; mais il se montra plein de sens et observateur judicieux. En 1832, l'administration municipale le fit entrer dans une commission, l'envoya à Paris pour y étudier le choléra-morbus. Bottex mourut à Neuville-sur-Ain, dans le courant de septembre 1849. On a de lui : *Rapport sur le choléra-morbus de Paris*, Lyon, in-8; *De la nature et du traitement de la syphilis*, Lyon, 1836, in-8; *Du siége et de la nature des maladies mentales*, Lyon, 1835, in-8; *Essai sur les hallucinations*, Lyon, 1836, in-8; *De la médecine légale des aliénés dans ses rapports avec la législation actuelle*, Lyon, 1836, in-8. Il existe encore de Bottex quelques autres *Opuscules* et *Mémoires*. On trouve une *Notice* sur lui, par M. Montfalcon, dans l'*Annuaire du Rhône* pour 1850.

BOTTONE (Jacques-Hugues-Vincent-Emmanuel-Marie), comte de Castellamonte, naquit dans le village du Canavais en 1753. A l'âge de dix-sept ans, il fut reçu docteur en droit civil et en droit canon. Un livre, qu'il publia sous le titre d'*Essai sur la politique et la législation des Romains*, attira l'attention du roi, qui nomma Bottone substitut du procureur-général près la chambre des comp-

tes à Turin en 1775, puis membre du
sénat de Chambéry. Il devint ensuite
intendant-général en Sardaigne à la
place de son père, et en 1789 il fut appelé aux mêmes fonctions dans la Savoie. Lors de l'invasion des Français,
en 1792, il parvint à sauver le trésor
royal et les archives de l'administration. Le roi, pour le récompenser du
service qu'il avait rendu dans cette
circonstance, lui confia la place de directeur de la guerre, qu'il conserva
jusqu'en 1798. A cette époque, le général Grouchy, devenu gouverneur du
Piémont, nomma Bottone un des dix
membres du gouvernement provisoire.
Ce fut en cette qualité qu'il signa un décret sur les finances, qui diminuait des
deux tiers le papier-monnaie, et de moitié les pièces de vingt et de dix sous.
Cette mesure révolutionnaire eut des
conséquences malheureuses, elle ruina
un grand nombre de familles et ne profita qu'à quelques spéculateurs. Pendant l'occupation du Piémont par les Austro-Russes, Bottone se retira en France.
Après la bataille de Marengo, il revint
en Piémont, et y fut arrêté par ordre
du gouvernement provisoire; mais bientôt il fut mis en liberté, et, au mois de
décembre 1801, il fut nommé premier
président du tribunal d'appel de Turin.
Deux ans après, le collége électoral de
la Doire le présenta comme candidat
au sénat conservateur. L'empereur le
nomma commandant de la Légion-d'Honneur, et en 1806 il lui donna une place
de conseiller à la cour de cassation,
qu'il a conservée jusqu'à sa mort arrivée
le 13 mars 1828. Bottone était un magistrat intègre et instruit ; il saisissait
les affaires avec une rare facilité, et
avait une grande mémoire. Il a publié
plusieurs écrits de jurisprudence, parmi lesquels nous citerons : l'*Essai sur
la politique et la législation des Romains*, dont nous avons déjà parlé, qui
fut traduit en français, et attribué d'a-
bord à Beccaria, ainsi que l'article intitulé : *Piémont et sa législation*, qui se
trouve dans le tome 9 du *Répertoire universel de jurisprudence* de Merlin.

BOTZARIS (Marcos), guerrier grec,
descendait d'une des plus illustres familles de Souli. Son père, Kitsos Botzaris,
après avoir plusieurs fois porté la terreur dans le palais d'Ali, pacha de Ja-
nina, fut contraint par des forces supérieures d'abandonner l'Épire, prit alors du
service avec son fils dans l'armée française, et bientôt après tomba au pouvoir
du pacha qui le fit égorger. Marcos Botzaris, dans l'espoir de le venger, offrit

ses services au commandant de l'armée
du grand-seigneur qui marchait sur Ja-
nina, demandant pour toute récompense
l'autorisation de reconquérir en son nom
les rochers de Souli, ce que le chef musulman promit. Mais il refusa ensuite
d'exécuter le traité, et Botzaris se décida
à l'abandonner. La Grèce s'insurgea la
même année, 1819, et Botzaris se voua
tout entier à l'affranchissement de sa
patrie ; oubliant son ressentiment contre le meurtrier de son père, il consentit
à entrer en accommodement avec Ali,
et obtint divers succès contre les Turcs.
Cependant Alexandre Ypsilanti avait ar-
boré l'étendard de la croix sur les bords
du Pruth; le Péloponèse, la Béotie, la
Livadie, l'Élide, les îles de l'Archipel se
soulevèrent ; Botzaris prend Regniassa,
fait poser peu de temps après les armes
à treize cents Turcs, se transporte au-
delà des monts Olichiniens, et bat avec
six cents hommes une armée de près de
quatre mille Turcs. Atteint, dans une
nouvelle affaire, d'une balle à la jambe,
Botzaris se vit forcé de suspendre le
cours de ses victoires. Son ennemi Khour-
schild envoya six mille hommes pour le
détruire ; mais ils furent défaits. Le
général ottoman, après avoir vaincu Ali,
tourna, sans être plus heureux, toutes
ses forces contre Botzaris. Ce dernier
parvint à tirer d'entre les mains des
Turcs son épouse et ses enfants qui étaient
tombés en leur pouvoir. Mais il ne put
prévenir la capitulation des Souliotes au
secours desquels il avait été appelé, et
qui évacuèrent leurs montagnes. Après
la désastreuse bataille de Peta, Botzaris,
qui n'avait pu arriver à temps pour l'affaire, fut chargé de protéger la retraite,
et reçut ensuite, avec le titre de Stra-
tarque de la Grèce occidentale, la mission de défendre Missolonghi qu'il fit
fortifier en 1822. Les Turcs portèrent
à vingt mille hommes l'armée destinée
à faire le siège de cette ville dont ils connaissaient l'importance. Botzaris, pour
sauver la place, eut recours à une entreprise audacieuse. A la nuit tombante,
il s'avance suivi d'environ trois cents de
ses braves soldats vers le camp des Mu-
sulmans endormis. Les Grecs en massacrent cinq cents, avant qu'ils aient eu
le temps de se reconnaître. Les infidèles,
s'accusant mutuellement de trahison,
tournent leurs armes contre eux-mêmes
et s'entr'égorgent au lieu de songer à se
défendre. Deux mille d'entre eux suc-
combent, et parmi eux un selikar et
sept beys. Botzaris poignarde le lieutenant-général du séraskier, dans la tente
duquel il a pénétré. Blessé légèrement

dans la mêlée, il se retire à l'écart pour panser sa blessure ; au moment où il donne le signal d'une nouvelle charge, il tombe atteint d'une balle à la tête. La lutte devint terrible aux premières lueurs du jour; mais les Grecs parvinrent à l'enlever du champ de bataille et le transportèrent à Missolonghi, où il expira le jour même, 23 août 1823, à 43 ans.

BOUCHARD (Alain), avocat au Parlement de Paris, dans le 16ᵉ siècle, renonça à sa profession pour rédiger les *Chroniques et annales des pays d'Angleterre et de Bretagne, depuis Brutus jusqu'à l'an* 1531, Paris, 1531, in-fol.; ouvrage farci de fables tirées de Geoffroy de Montmouth, et de l'Histoire du roi Artus. Mais c'était la première fois qu'on voyait paraître une histoire complète de la Bretagne.

BOUCHARDON (Edme), sculpteur du roi de France, naquit en 1698 à Chaumont en Bassigni, d'un père qui professait la sculpture et l'architecture dans sa patrie. Il fut entraîné par son penchant invincible vers ces deux arts; mais il se borna dans la suite au premier. Après avoir passé quelque temps à Paris sous Coustou le cadet, et remporté un prix à l'Académie en 1722, il fut envoyé à Rome comme élève payé par le roi. A son retour d'Italie, où ses talents avaient acquis un nouveau degré de perfection, il orna Paris de ses ouvrages. Une place à l'Académie en 1744, et une autre de professeur en 1746, furent le prix de ses travaux. La mort les termina en 1762, et ce fut une véritable perte pour les arts et pour l'humanité. Son jugement était excellent, et il avait le sens juste, ainsi que le coup-d'œil. Il s'énonçait avec clarté, et s'exprimait avec chaleur. La musique était sa récréation; elle aurait été son talent, s'il n'avait eu des dons supérieurs à celui-là. On peut voir la liste de ses nombreuses productions dans l'*Abrégé de sa Vie*, publié à Paris en 1763, in-12, par le comte de Caylus. (Voyez ce nom.)

BOUCHAUD (Matthieu-Antoine) naquit à Paris le 16 avril 1719, d'une famille noble et originaire de Provence. Après s'être livré à l'étude de la jurisprudence, il fut reçu, en 1747, agrégé de la Faculté de droit, et espérait obtenir bientôt une place de professeur. Mais ses liaisons avec d'Alembert, et des articles empreints d'un esprit irréligieux qu'il donna à l'*Encyclopédie*, empêchèrent sa nomination. Il s'adonna alors à des travaux littéraires, traduisit plusieurs drames de l'italien, et com-

posa plusieurs ouvrages. En 1774, une nouvelle chaire du droit de la nature et des gens ayant été créée par le roi au Collège de France, elle lui fut confiée. Actif et laborieux, en même temps qu'il professait dans deux chaires, il était assidu à l'Académie des inscriptions et belles-lettres dont il était membre, et prenait une grande part aux travaux de cette société. Bouchaud est mort le premier février 1804, à l'âge de 85 ans. On a de lui, outre l'ouvrage que nous avons cité : *Essai sur la poésie rhythmique*, 1763, in-8 ; *Mémoire sur les sociétés que formèrent les publicains pour la levée des impôts chez les Romains*, 1766, in-12 ; *Essais historiques sur les lois*, traduits de l'anglais, 1766, in-12 ; *Théorie des traités du commerce entre les nations*, 1773, in-12 ; *Recherches historiques sur la police des Romains, concernant les grands chemins, les rues et les marchés*, 1784 ; *Commentaire sur la loi des douze tables*, 1787, in-4, réimprimé en 1803 aux frais de l'Etat, avec des additions importantes, 2 vol. in-4. Bouchaud a fourni à l'*Encyclopédie* du dix-huitième siècle les articles : *Concile; Décret de Gratien; Décrétales* et *fausses Décrétales*.

BOUCHE (Honoré), docteur en théologie, prévôt de Saint-Jacques-lès-Barême, puis prieur de Charvadon au diocèse de Senez, naquit à Aix en 1598, et mourut en 1671. On a de lui la *Chorographie, ou Description de la Provence*, et l'*Histoire chronologique du même pays*, 2 vol. in-fol., 1661. Cette histoire finit à l'an 1664. Bouche était un homme de bon sens, et il était fort assidu au travail. Il avait presque achevé son *Histoire* en latin, lorsqu'on lui conseilla de la donner en français. Cet ouvrage a été imprimé aux dépens de la Provence. La *Chorographie* est la partie la mieux soignée. Il n'avait épargné ni travail, ni dépense, pour voir sur les lieux tous les restes d'antiquités dont il donne la description. L'*Histoire* est une compilation mal digérée de l'histoire romaine et de celles des rois de France, surchargée d'érudition. En fait de chronologie, il lui est échappé des fautes, qu'il n'a pas eu la patience de corriger sur les avis que lui en avait donnés le Père Pagi. Cependant l'*Histoire* composée par Bouche est pleine de bonnes choses, et peut encore être utile même après celle que nous a donnée l'abbé Papon ; elle vaut infiniment mieux que ce qu'un autre BOUCHE, philosophiste moderne, a publié sur la Provence. On a encore de lui : *La défense de la foi et de la piété de la Provence, pour les SS. Lazare et Maximin, Marthe et Magdeleine, contre Launoy*, Aix, 1663, in-4. C'est la traduction un peu amplifiée du livre latin du même auteur intitulé : *Vindiciæ fidei et pietatis, etc.*, adv. *Launoy*, Aix, 1664, in-4.

BOUCHER (Jean), parisien. naquit vers l'an 1550. Successivement recteur de l'Université de Paris, prieur de Sorbonne, docteur et curé de Saint-Benoît, il fut un des plus ardents promoteurs de la ligue. Ce fut dans sa chambre que se tint la première assemblée de cette association en 1585. Son traité *De justâ Henrici III abdicatione*, 1589, in-8, est plein d'imputations atroces. Il va jusqu'à dire « que la haine de Henri III pour le « cardinal de Guise venait des refus qu'il « en avait essuyés dans sa jeunesse. » Il ne pouvait se persuader que la conversion de Henri IV fût sincère. Ses sermons prêchés contre ce prince dans l'église de Saint-Méry sont intitulés : *Sermons de la simulée conversion et nullité de la prétendue absolution de Henri de Bourbon, prince de Béarn*, 1594, in-8; ils furent brûlés, quand Henri IV se fut rendu maître de Paris. Boucher s'évada le même jour, se retira en Flandre, et mourut en 1644, chanoine et doyen de Tournay, où il regretta, dit-on, sa patrie, et se repentit des excès qui l'avaient obligé de la quitter. Il devait d'ailleurs avoir reconnu alors qu'il s'était trompé à l'égard de Henri IV, et que ce prince était bien sincèrement catholique. On a encore de lui, sous le nom de François de Vérone, l'*Apologie de Jean Châtel*, in-8, en 1595 et 1620, et quelques autres ouvrages condamnables. Une réflexion cependant que la justice suggère à tout lecteur raisonnable, c'est qu'il ne faut pas sévèrement juger les personnes qui ont vécu dans les temps de fermentation, de querelles et de désordres, où l'on croyait en danger des intérêts chers et respectables, pour lesquels on se passionne aisément. Dans des temps calmes où les idées et les sentiments n'éprouvent aucune commotion insolite, on conçoit quelquefois une indignation excessive contre des personnes placées dans des circonstances différentes, où peut-être l'on ne se serait pas conduit avec plus de sagesse. Il ne faut pas mettre au nombre de ses ouvrages répréhensibles la sage critique qu'il a faite de l'ouvrage *De potestate ecclesiastica* de Richer.

BOUCHER, ou BOUCHERIUS (Gilles), jésuite, né à Arras, se distingua par ses connaissances dans la théologie et dans l'histoire. Il mourut à Tournay en 1665,

à 89 ans. On a de lui plusieurs ouvrages remplis d'érudition : *De doctrinâ temporum, sive Commentarius in Victorii Aquitani et aliorum Canones paschales*, Anvers, 1634, in-fol. Dans cet ouvrage, il y a un *Calendarium Romanum*, qu'on croit être du 4e siècle : il avait été communiqué au Père Boucher par M. de Peiresc; *Disputatio historica de primis Tungorum seu Leodiensium Episcopis, unâ cum Chronologiâ Historiæ Leodiensis; Belgium Romanum, ecclesiasticum et civile*, Liège, 1655, in-fol. Cet auteur savant et judicieux commence au temps de Jules César, et finit en 514. Tout ce qui regarde l'ancienne Gaule Belgique y est amplement discuté; plusieurs *ouvrages* manuscrits, conservés autrefois au noviciat des jésuites à Tournay.

BOUCHER (François), premier peintre du roi, et directeur de l'académie de peinture, naquit en 1704. Après avoir étudié à Rome les grands modèles, il vint à Paris, et fut appelé par le public *Le Peintre des Grâces*. Il fut l'Albane de la France. Après la mort du célèbre Carle Vanloo, Boucher obtint la place de premier peintre du roi; mais faible depuis longtemps, tourmenté d'un asthme dangereux, il mourut en 1770, âgé de 64 ans. Ses tableaux sont nombreux.

BOUCHER (Jean-Baptiste-Antoine), né à Paris le 7 octobre 1747, embrassa l'état ecclésiastique, et fut d'abord nommé vicaire de la paroisse des Innocents, et ensuite directeur des dames carmélites. Pendant la terreur, il échappa à toutes les poursuites, et il ne cessa de se rendre utile dans l'exercice de son ministère. resta ensuite longtemps sans occuper aucune place; enfin ses ouvrages et sa réputation de piété ayant attiré sur lui l'attention, il fut nommé curé des Missions-Etrangères, et le 5 janvier 1813 à la cure de Saint-Méri, où sa mauvaise santé ne lui permit pas d'exercer tout son zèle. On lui doit : *Retraite d'après les exercices spirituels de saint Ignace*, Paris, 1807, in-12 ; *Vie de Marie de l'Incarnation, avec des notes et des pièces justificatives*, Paris, 1800, in-8; *Vie de sainte Thérèse, avec des notes historiques, critiques et morales*, Paris, 1810, 2 vol. in-8; il a laissé en manuscrit des *Prônes*, des *Panégyriques* et des *Sermons*, et il a été l'éditeur des *Sermons* de l'abbé Marolles, 1786, 2 vol. in-8. Il préparait une édition des *Lettres* de sainte Thérèse, mises dans un meilleur ordre, et augmentées de *Lettres* non encore publiées en français, lorsque la mort l'enleva le 17 octobre 1827.

BOUCHER d'ARGIS (Antoine -Gaspard), né à Paris en 1708, fut reçu avocat en 1727, et conseiller au conseil souverain de Dombes en 1753. Il a fait des *notes* sur tous les ouvrages de jurisprudence dont il a été l'éditeur. Il a donné : un *Traité des gains nuptiaux*, Lyon, 1738 , in-4; *Traité de la criée des meubles* , 1741 , in-12 ; *Règles pour former un avocat*, 1753, in-12, et composa plusieurs articles de jurisprudence pour cette compilation indigeste qu'on appelle *Encyclopédie.*

BOUCHER d'ARGIS (A. J.), fils du précédent, né à Paris, en 1750, embrassa la profession de son père , et devint en 1772 conseiller au Châtelet. Il montra dans ce tribunal un courage sublime , dans un temps où le devoir semblait un acte d'héroïsme ; et malgré la difficulté des circonstances, il ne perdit rien de son intégrité et de son zèle à faire entendre la vérité. Il refusa cependant la place de lieutenant civil , à laquelle le roi l'avait nommé , à la démission de Talon, à cause du péril où elle pouvait exposer. Il fut chargé de faire à l'assemblée constituante le rapport des procédures relatives aux troubles des 5 et 6 octobre, et ne balança point à déclarer que le duc d'Orléans et Mirabeau étaient fortement impliqués dans cette affaire. Il dénonça aussi les feuilles incendiaires de Marat , malgré le danger auquel il s'exposait. Cette conduite eut la récompense qu'on pouvait attendre dans ces temps désastreux ; il fut déclaré suspect et condamné à mort par le tribunal révolutionnaire. Il la subit avec le calme d'une conscience pure, le 23 juillet 1794. On a de lui : *Lettres d'un magistrat de Paris à un magistrat de province sur le droit romain et la manière dont on l'enseigne en France*, Paris , 1782, in-12 ; *Observations sur les lois criminelles de France*, 1781 , in-8 ; *De l'éducation des souverains ou des princes destinés à l'être*, 1783 , in-8 ; dans cet ouvrage il plaidait la cause des *pauvres accusés* et des *accusés pauvres* , comme il disait , pour lesquels il sollicitait des avocats : il se trouva peut-être quelques-uns des accusés dont il avait pris la défense, dans les juges criminels qui l'envoyèrent à l'échafaud ; *La bienfaisance de l'ordre judiciaire* , 1788 , in-8 ; un *Recueil d'ordonnances*, en 18 vol. in-32.

BOUCHERAT (Louis), chancelier de France et garde-des-sceaux en 1685, succéda dans ces deux places au chancelier Le Tellier. Il mourut comblé d'honneurs en 1699, à 83 ans. Il était fils de Jean Boucherat, maître des comptes, d'une

famille originaire de Troyes. Ils se distinguèrent l'un et l'autre dans leurs emplois. Il avait été du nombre des maîtres des requêtes que le roi avait appelés au conseil établi pour la réformation de la justice : conseil d'où sont sorties des ordonnances pleines de discernement et de sagesse.

BOUCHET (Jean), procureur de Poitiers , sa patrie, né en 1476, mort en 1550, s'est fait connaître par les *Annales d'Aquitaine*, qui finissent à l'an 1535, Paris, 1537, in-fol. , continuées par Abraham Mounin, Poitiers, 1644, in-fol. Cette histoire doit être plutôt considérée comme une histoire de France que comme une histoire particulière d'Aquitaine; elle renferme quelques pièces rares. Il est connu aussi par quelques pièces de poésies morales; la plus singulière est intitulée : *Le Chapelet des Princes*, dans ses *Opuscules*, 1525, in-4. Il est formé de 5 dizaines de rondeaux et d'une ballade à la fin de chaque dixaine. L'auteur y marque les vertus dont les princes doivent être ornés, et les défauts qu'ils ont à éviter. Ce *Chapelet* est dédié à Charles de la Trimouille. Les 19 premiers vers commencent par une des lettres du nom de ce seigneur. On a encore de lui : *Les Regnards traversant les voies périlleuses*, Paris, in-fol. sans date ; *Histoire chronique de Clotaire I et de sainte Radegonde, son épouse*, Poitiers, 1527, in-4; *Epîtres familières du Traverseur, sous Louis XII et François I*, Poitiers, 1545, in-fol. Ces lettres en vers sont peu communes, et sont cependant curieuses ; *Histoire de Louis de la Trimouille, dit le Chevalier Sans-Peur*, Paris, 1527, in-4 ; *Les anciennes et modernes généalogies des rois de France, leurs épitaphes et effigies, avec les sommaires de leurs gestes*, Paris, 1541, in-fol; *Les triomphes de la noble et amoureuse Dame*, 1537, in-8, etc.

BOUCHET (Guillaume), sieur de Brocourt, fut créé juge-consul à Poitiers en 1584, ce qui lui donna occasion de dédier aux marchands de cette ville son 1ᵉʳ tome des *Sérées*, discours remplis de plaisanteries et de quolibets, qu'il suppose tenus par des personnes qui passaient le soir ensemble. Quand le 3ᵉ tome de ses *Sérées* parut en 1607, il était mort. Elles ont été réimprimées à Paris, en 1608, 3 vol. in-12. Il mourut vers 1606.

BOUCHET (Jean du), chevalier, conseiller, maître-d'hôtel du roi de France, historien et généalogiste, mort en 1684, âgé de 85 ans, a laissé quelques ouvrages pleins de recherches. Tels sont : *La véritable origine de la seconde et troisième* lignées *de la maison de France*, Paris, 1646, in-fol. Cet ouvrage est divisé en deux parties. La 1re traite de la postérité de Ferréolus, et du mariage d'Ansbert et et de Blitilde. Elle a été combattue par Louis Chantereau Le Fèvre. La 2e traite de la postérité de Childebrand, duc et comte, fils de Pepin I, duc d'Austrasie, frère de Charles-Martel, jusqu'au roi Louis XIV; *Histoire généalogique de la maison de Courtenay*, Paris, 1660, in-fol; *Table généalogique des comtes d'Auvergne*, Paris, 1665, in-fol; *Table généalogique des comtes de la Marche*, Paris, 1682, in-fol. Il publia l'*Histoire de Louis de Bourbon, 1er duc de Montpensier*, par Coustureau et y joignit des additions plus amples que les premières.

BOUCHOTTE (Jean-Baptiste-Noël), ministre de la guerre sous le gouvernement républicain, naquit à Metz le 25 décembre 1754, embrassa la carrière des armes, et fit la campagne de 1792, qui lui valut le grade de lieutenant-colonel et le commandement de Cambrai. En 1793, il fut fait colonel, et la Convention nationale le nomma, à l'unanimité, ministre de la guerre, en remplacement du général Beurnonville. Les désastres éprouvés par la République irritant les esprits, Bouchotte fut constamment l'objet de dénonciations qui le présentaient ou comme incapable, ou comme chef de parti, ou comme le séide des clubs, ou comme le détenteur des deniers publics. Cependant, onze armées créées tout-à-coup, d'illustres généraux placés à leur tête, la résistance organisée avec succès contre l'étranger, répondaient à une partie de ces reproches. Bouchotte insista plusieurs fois pour qu'on acceptât sa démission. Il ne fut rendu à la vie privée qu'après une année de ministère. Il se retira à Metz, où il exerça depuis des fonctions municipales.

BOUCICAUT, ou JEAN-LE-MEINGRE, maréchal de France, comte de Beaufort et vicomte de Turenne, par son mariage avec Antoinette, fille unique et héritière de Raimond de Beaufort, vicomte de Turenne, prit le parti des armes à l'âge de dix ans. Il combattit à côté de Charles VI, dont il était enfant d'honneur, à la bataille de Rosbec, en 1382. Le prince le fit chevalier la veille de cette journée. Les Génois ayant voulu se soustraire au joug de Jean Galéas Visconti, seigneur de Milan, le roi Charles VI, dont ils imploraient le secours, leur envoya Boucicaut, qui ne les traita pas mieux. Ce général outra la sévérité envers les partisans de Visconti, et fit bâtir deux citadelles pour contenir une ville qu'il re-

gardait comme une conquête. Gênes se souleva contre ses prétendus libérateurs, et le marquis de Monteferrat ayant été mis à la tête de la République, Boucicaut fut obligé de repasser en France. Il se signala ensuite contre les Turcs, les Vénitiens et les Anglais. Il fut fait prisonnier à la bataille d'Azincourt l'an 1415; mené en Angleterre, il y mourut en 1421; il aima les poëtes, et cultiva la poésie.

BOUCQ (Gui le), professeur de rhétorique à Chartres, sa patrie, né en 1722, mort vers 1800, a composé pour ses élèves plusieurs ouvrages qui peuvent être lus avec plaisir et avec fruit par les hommes de tout âge: *Exercice en forme de plaidoyer sur cette question:* DE CES QUATRE BIENS, LES TALENTS, LES RICHESSES, LA SANTÉ, UN AMI, QUEL EST LE PLUS DÉSIRABLE? Paris, 1767 et 1769, in-8; *Discours sur cette question:* LEQUEL DE CES GRANDS SUJETS, LE COMMERÇANT, LE CULTIVATEUR, LE MILITAIRE ET LE SAVANT SERT PLUS ESSENTIELLEMENT L'ÉTAT? Chartres, 1770, in-12; *Panégyrique de sainte Jeanne de Chantal, fondatrice de la Visitation*, Chartres, 1773, in-8; *Nouveaux plaidoyers à l'usage des collèges*, Chartres, 1775, in-12; *Oraison funèbre de M. de Fleury, évêque de Chartres*, 1781, in-8; *Plaidoyers littéraires; Panégyriques et Oraisons funèbres*, 1788, 2 vol. in-12.

BOUCQUET (Pierre), avocat, mort en 1781, a publié: *Droit public de la France, éclairci par les monuments de l'antiquité*, 1756, in-4; *Notice des titres constatant la possession de nos rois de nommer aux évêchés de leurs Etats*, 1764, in-4; *Examen de l'origine de la constitution et des révolutions de la monarchie française*, 1772, in-8; *Mémoire historique sur la topographie de Paris*, 1772, in-4.

BOUDART (Jacques), né en 1622, à Binche en Hainaut, chanoine-théologal de Saint-Pierre à Lille, a donné une *Théologie*, Louvain, 1706, six in-8, et Lille, 1710, deux in-4, aujourd'hui peu estimée. Il y a quelques propositions qui semblent approcher des erreurs condamnées. Il mourut à Lille le 4 novembre 1702.

BOUDET (Claude), estimable philosophe, naquit à Lyon, étudia chez les Antonins, fit profession à l'Abbaye-mère, et publia les écrits suivants: Un *Mémoire où l'on établit le droit des abbés de Saint-Antoine de présider aux états de la province*, Lyon, imprimerie de Bruyset, 1740, in-4; une *Traduction* du livre de *la vraie Sagesse*, par le Père Segneri, jésuite, 1774; la *Vie de Mgr de Bernex, évêque de Genève*, Paris, 1757, 2 vol. in-12.

Cette *Vie* aurait été achevée dès l'année 1742, mais des contre-temps en interdirent l'impression jusqu'en 1751 : les notes avaient été préparées par l'abbé Nicolas Gasparini ; une *Traduction* du discours latin de Le Roi contre J.-J. Rousseau. Boudet mourut le 25 décembre 1774, procureur général de son Ordre.

BOUDIER DE VILLEMERT (Pierre-Joseph), avocat au Parlement, né à Paris en 1716, mort vers l'an 1807. Il a publié un grand nombre d'ouvrages. Les principaux sont : *Apologie de la frivolité*, 1740, in-12, écrite avec assez de correction et de facilité ; *Réflexions sur quelques vérités importantes attaquées dans plusieurs écrits de ce temps*, 1752, in-12 ; *Examen de la question proposée sur l'utilité des arts et des sciences*, 1753, in-12 ; *L'Ami des femmes*, ou la *Morale du sexe*, 1758, in-12, plusieurs fois réimprimé, et son meilleur ouvrage. Il a été traduit en espagnol, en allemand et en italien ; *L'Irréligion dévoilée*, ou la *Philosophie de l'honnête homme*, 1774 à 1779, in-12 : ouvrage qui annonce un écrivain zélé pour les vrais principes, mais dont les raisonnements ne sont pas toujours aussi forts qu'on pourrait le désirer ; *Le Nouvel ami des femmes*, in-8.

BOUDON (Henri-Marie), grand-archidiacre d'Evreux, docteur de Bourges, naquit en 1624 à la Fère, et mourut en 1702. Il se fit un nom par plusieurs ouvrages de piété. Les principaux sont : *Dieu présent partout*, in-24 ; *De la profanation et du respect qu'on doit avoir aux églises*, in-24 ; *La sainteté de l'état ecclésiastique*, in-12 ; *La dévotion à la très-sainte Trinité*, in-24 ; *La gloire de Dieu dans les âmes du Purgatoire*, in-24 ; *Dieu seul, ou le Saint esclavage de la Mère de Dieu*, in-12 ; *Le Chrétien inconnu*, ou *Idée de la grandeur du Chrétien*, in-12 ; *La vie cachée avec Jésus en Dieu*, in-12 ; *Dieu seul*, ou *l'Association pour l'intérêt de Dieu seul*, in-24 ; *La conduite de la divine Providence*, etc. ; *Les grands secours de la divine Providence* ; *Vie de Marie-Elisabeth de la Croix fondatrice des religieuses de Notre-Dame-du-Refuge* ; *Vie de Marie-Angélique de la Providence* ; *Vie de saint Taurin*, *évêque d'Evreux*. M. Collet a publié sa *Vie* en 1754, et en 1762, in-12. Cet auteur lui fait faire des miracles ; mais sans examiner l'authenticité de ceux qu'il rapporte, on peut dire que Boudon eut une vertu qui ne se démentit jamais ; et c'est assurément une espèce de miracle. On lui a reproché quelques propositions qui sentent le quiétisme. Il avait écrit avant la condamnation de Molinos ; et l'on sait d'ailleurs que,

dans les ouvrages mystiques, il est en général difficile de saisir toujours le vrai sens d'un auteur, parce que son objet, étant purement spirituel, échappe aisément à ceux qui n'ont pas exactement les mêmes principes ou la même expérience. (Voyez TAULÈRE, RUSBROCH).

BOUDOT (Paul), évêque d'Arras, né vers 1571 à Morteau, dans le comté de Bourgogne, mort à Arras le 11 novembre 1635, était versé dans les langues grecque et hébraïque. Il prêcha dans les principales chaires de Paris avec assez de succès pour que Jean Richardot, évêque d'Arras, cherchât à l'attirer dans son diocèse. Il fit Boudot official, pénitencier, et lui donna un canonicat. Richardot, ayant été transféré au siége de Cambrai en 1609, le prit alors pour son grand-vicaire. Il en fit même son suffragant, ayant demandé pour lui au Pape le titre d'évêque de Chalcédoine *in partibus*. L'archiduc Albert et la princesse Isabelle, satisfaits de ses sermons, choisirent Boudot pour leur prédicateur, et le nommèrent en 1618 à l'évêché de Saint-Omer. En 1626, il fut transféré à celui d'Arras. Il gouverna ces deux diocèses avec sagesse et édification. Ce savant prélat a laissé : *Summa theologica divi Thomæ Aquinatis recensita*, Arras, 1 vol. in-fol. ; *Pythagorica Marci Antonii de Dominis... nova metempsychosis*, Anvers, in-4 ; *Traité du sacrement de Pénitence*, Paris, 1601, 1 vol. in-8, *Formula visitationis per totam suam diœcesim faciendæ*, Douai, 1627, in-8 ; *Catechismus*, *sive Forma doctrinæ christianæ pro diœcesi Atrebatensi* ; le même *Catéchisme*, en français, Douai, 1628 ; Arras, 1633.

BOUDOT (Jean-Baptiste), vicaire-général du diocèse de Paris, naquit le 6 janvier 1765 à Châtillon-sur-Seine. Ordonné prêtre en 1789, il s'associa aux directeurs du séminaire du Saint-Esprit, et professa la théologie dans cette maison dont les élèves n'allaient pas aux leçons de Sorbonne ou de Navarre. En 1791, il refusa le serment ; mais il ne quitta pas le séminaire qu'il continua d'habiter, ayant pris seulement la précaution de changer de nom et de costume. Après la terreur, il exerça le ministère à Paris, se livrant à la confession et à la prédication. En 1819, Mgr de Talleyrand-Périgord le nomma chanoine-honoraire et théologal ; l'année suivante il lui donna un canonicat, et l'admit ensuite dans son conseil. Mgr de Quélen, qui l'avait choisi pour son confesseur, le nomma premier grand-vicaire et archidiacre de Notre-Dame. L'abbé Boudot a pris une part active à l'administration du diocèse de Paris; il était, en outre, directeur de plusieurs communautés religieuses. Il est mort subitement le 15 décembre 1828.

BOUDOT (Jean), libraire célèbre, imprimeur du roi de France, de l'Académie des sciences, mort en 1706, s'est fait un nom dans la république des lettres par son *Dictionnaire latin-français*, qu'il publia en 1704, in-8, et qui fut réimprimé; ce n'était qu'un extrait d'un *Dictionnaire manuscrit* en 14 vol. in-4, par P. Nic. Blondeau. — Son fils, Jean BOUDOT, également libraire célèbre et imprimeur éclairé, né à Paris en 1685, mourut dans la même ville en 1754. Ses connaissances bibliographiques le firent rechercher par les savants, qui s'appliquaient à cette utile partie de la littérature. Il a dressé des catalogues raisonnés de livres, qui lui font honneur, surtout celui de Boze, Paris, 1745, in-fol. — Pierre Jean BOUDOT, son second fils, né en 1689 et mort en 1771, embrassa l'état ecclésiastique, fut censeur royal, et attaché à la bibliothèque du roi dont il rédigea les catalogues, ainsi que ceux de la bibliothèque du grand conseil, de concert avec l'abbé Sallier. Il a laissé : *Essai sur l'histoire d'Aquitaine*, 1753, in-8; *Examen de quelques objections faites à l'auteur du nouvel abrégé de l'histoire de France par le président Hénault*, 1765, in-8. Sa traduction complète des *OEuvres* d'Horace et ses lettres sur Bayle sont restées inédites. Il fut aussi le rédacteur des *Mélanges d'une grande bibliothèque*, publiée par le marquis de Paulmy en 70 vol. in-12.

BOUELLES, ou BOUVELLES (Charles de), en latin *Bovillus*, né à Saucourt, en Picardie, en 1470, mort à Noyon, en 1553, parcourut la France, voyagea en Allemagne, en Italie et en Espagne, et acquit de vastes connaissances. A son retour dans sa famille, il entra dans l'état ecclésiastique, et fut chanoine de Saint-Quentin, ensuite de Noyon. Il a laissé divers ouvrages dont voici les titres : *Liber de intellectu*; *De sensu*; *De nihilo*; *Ars oppositorum*; *De generatione*; *De sapiente*; *De duodecim numeris*; *Epistolæ complures super mathematicum opus quadripartitum*; *De numeris perfectis*; *De mathematicis rosis*; *De geometricis corporibus*; *De geometricis supplementis*, Paris, Henri Etienne, 1570, in-fol., recueil très-rare et très-curieux. Dans son traité *De sensu*, l'auteur établit que le monde est un animal, opinion ancienne et renouvelée depuis; ce qui prouve qu'il est peu d'idées extravagantes qui aient le mérite d'être neuves. *Commentarius in primordiale evangelium*

Joannis; *Vita Remundi eremitæ* (Raymond Lulle); *Philosophicæ et historica aliquot epistolæ*, Paris, Badius, 1511; 2e édition, 1514, in-4; *Proverbiorum vulgarium libri tres*, Paris, 1531, in-8. Dans cette édition les Proverbes sont en français, et le Commentaire en latin; mais il en existe une traduction sous ce titre : *Proverbes et dits sententieux, avec interprétation d'iceux*, Paris, 1557, in-8, rare; *Liber de differentiâ vulgarium linguarum et gallici sermonis varietate*, Paris, Robert-Etienne, 1533, in-4, ouvrage curieux; *Dialogi tres de anima immortalitate, de resurrectione, de mundi excidio et illius instauratione*, Lyon, Seb. Gryphe, 1552, in-8, rare.

BOUETTE. (Voyez BLÉMUR.)

BOUFFEY (Louis - Dominique - Amable). Il était avocat avant la Révolution, médecin de Monsieur, depuis Louis XVIII. En 1808, il fut élu député au Corps législatif, et il y resta jusqu'en 1815. Il est mort à Argentan, dans les premiers mois de 1820. On a de lui: *Essai sur les fièvres intermittentes, l'action et l'usage des fébrifuges et surtout du quinquina*, 1789, in-8.

BOUFLERS (Louis-François, duc de), pair et maréchal de France, d'une famille illustre de Picardie, naquit en 1644. Choisi en 1660 pour être colonel de dragons, il se distingua sous le maréchal de Créqui et sous Turenne. Après plusieurs belles actions, il s'immortalisa par la défense de Lille, en 1708. Il fut fait pair de France, il eut les grandes entrées de premier gentilhomme, et la survivance du gouvernement de Flandre pour son fils aîné. A la bataille de Malplaquet, en 1709, il fit la retraite en si bon ordre, qu'il ne laissa ni canon ni prisonnier. Le maréchal de Bouflers, joignant à l'activité d'un général l'âme d'un bon citoyen, servant son maître comme les anciens Romains servaient leur république, ne comptant sa vie pour rien, dès qu'il était question du salut de la patrie, mourut à Fontainebleau, en 1711, âgé de 68 ans.

BOUFLERS (Joseph-Marie, duc de), fils de Louis-François, héritier de sa valeur et de ses vertus, mourut à Gênes, maréchal de France, en 1747, le 2 juillet, jour où les Autrichiens levèrent le siège de cette ville. Il y avait été envoyé pour la protéger contre les Impériaux et le roi de Sardaigne. L'activité qu'il avait mise à défendre cette place alluma son sang, et il fut emporté par la petite vérole en cinq jours. Les Génois et les Français le regrettèrent également. La république, pour lui témoigner sa reconnaissance, inscrivit son nom et celui de sa famille parmi les nobles de l'Etat, et lui fit ériger un mausolée de marbre dans l'église où il a été inhumé.

BOUFLERS (Stanislas, marquis de), plus connu sous le titre de chevalier de Boufler, naquit en 1737 à Lunéville, où sa mère embellit longtemps la cour de Stanislas. Il eut pour instituteur l'abbé Porquet. Sa famille, qui comptait parmi ses membres l'illustre maréchal de Boufler, devait le porter aux places les plus distinguées. D'abord chevalier de Malte, il devint ensuite grand-bailli de Nancy, et membre de l'Académie française. Le premier de ces titres lui valut un bénéfice, quoiqu'il ne voulût point entrer dans les ordres. Quelques poésies légères, où l'on remarquait de la grâce et de la facilité, le firent connaître. Capitaine de hussards pendant la campagne de Hanovre, il dut ensuite au maréchal de Castries d'être nommé gouverneur du Sénégal et de Gorée. De retour en France, il publia plusieurs pièces lyriques. Il avait connu de bonne heure Voltaire, avec lequel il était en correspondance : ce qui confirmerait l'idée que le marquis de Boufler était la dupe du philosophisme. Il s'en faut bien, du reste, que ses mœurs fussent exemptes de reproche. Appelé aux Etats-Généraux en 1789, il se montra modéré. Dès le commencement de la Révolution, il sauva la vie à deux hussards poursuivis par le peuple, parce qu'ils étaient royalistes. En 1790, il fonda, conjointement avec Malouet, le club dit des Impartiaux. Après le 10 août, il se réfugia auprès du prince Henri de Prusse, qui l'avait fait entrer à l'Académie de Berlin. De Boufler rentra en France en 1800, après avoir épousé madame de Sabran, femme distinguée par son esprit. Son ouvrage Du libre arbitre ne tarda pas à paraître; mais un tel sujet était au-dessus de ses moyens. Admis à l'Institut en 1804, il y lut l'année suivante l'Eloge du maréchal de Beauveau qui eut du succès : on n'en peut dire autant de celui qu'il prononça pour l'abbé Barthélemy. Il fréquentait à cette époque la famille de Bonaparte, à laquelle il paya son tribut d'éloges. Cependant son beau-fils ayant été enfermé à Vincennes par ordre de Napoléon, il dépérit de jour en jour, et mourut enfin le 18 janvier 1815, à l'âge de 78 ans. Son corps repose à côté des restes de Delille : on a écrit sur la colonne qui porte son nom, ces mots qui sont de lui : « Mes amis, croyez que je dors. » N'eût-il pas mieux dit : « Mes amis, priez pour mon âme. »

BOUGAINVILLE (Jean-Pierre de), né à Paris, en 1722, était fils d'un notaire, et fut élevé avec beaucoup de soin. Ses talents perfectionnés par l'éducation lui firent de bonne heure un nom célèbre, et lui procurèrent les places qui flattent le plus les gens de lettres de Paris. Il devint pensionnaire et secrétaire de l'Académie française, et de quelques autres compagnies étrangères, censeur royal, garde de la salle des antiques du Louvre, et l'un des secrétaires ordinaires du duc d'Orléans. Le travail altéra sa santé, et il fut vieux avant le temps. Il mourut au château de Loches en 1763, dans la 41e année de son âge. Les qualités de son âme lui avaient fait des protecteurs ardents et des amis tendres. Dans ses écrits, comme dans ses mœurs, tout fut louable, et rien n'annonçait le vain désir d'être loué. Avec les talents qui rendent célèbre, il n'aspira qu'à l'honneur d'être utile. L'art détestable de la satire, de l'intrigue, de la tracasserie (aujourd'hui si commun parmi les gens de lettres) lui était inconnu. On a de lui : une Traduction de l'Anti-Lucrèce du cardinal de Polignac, en 2 vol. in-8, et en un vol. in-12, précédé d'un discours préliminaire, plein d'esprit et de raison. Sa version respire partout l'élégance et la force, quoiqu'elle paraisse manquer quelquefois de ce ton poétique qui doit caractériser les traductions de poëmes; Parallèle de l'expédition de Thamas-Koulikan dans les Indes, avec celle d'Alexandre, 1752, in-8, rempli de savoir, d'idées, d'imagination et d'éloquence, mais quelquefois boursouflé; Droit des Métropoles grecques sur les Colonies, et les devoirs des Colonies envers leurs Métropoles, Paris, 1745, in-16. Bougainville a publié les Mémoires de l'Académie des Inscriptions, depuis le tome 17e jusqu'au tome 24e. Ils contiennent un grand nombre de dissertations savantes dont il est auteur.

BOUGAINVILLE (Louis-Antoine de), frère de Jean-Pierre, célèbre navigateur français, membre de l'Institut, né à Paris, le 11 novembre 1729, fit ses études à l'Université de cette ville, et manifesta de bonne heure un génie actif et capable de réussir à la fois dans les genres les plus opposés. Il entreprit l'étude des lois par déférence pour les volontés de ses parents; et pour concilier ses goûts avec leurs désirs, il se fit tout à la fois recevoir avocat au Parlement et inscrire dans les mousquetaires noirs. Il publia, presque dans le même temps, la première partie de son Traité du Calcul intégral, pour servir de suite à l'Analyse des infiniment petits du marquis de Lhôpital, Paris.

1752, 2 vol. in-4, ouvrage qui posa les premiers fondements de sa réputation littéraire. Après avoir été successivement aide-major dans le bataillon provincial de Picardie, aide-de-camp de Chevert et secrétaire d'ambassade à Londres, il devint, en 1756, aide-de-camp du marquis de Montcalm, chargé de la défense du Canada, et partit de Brest le 26 mars avec le brevet de capitaine de dragons. Il s'y distingua par des actions brillantes qui l'élevèrent au grade de colonel, et lui méritèrent la croix de Saint-Louis, après sept années de service. La France ayant perdu, en 1759, ses colonies dans l'Amérique septentrionale, Bougainville passa à l'armée d'Allemagne en qualité d'aide-de-camp de M. de Choiseul-Stainville, et il y donna de nouvelles preuves de sa valeur et de ses talents, qui furent récompensés par le don honorable de deux canons que lui fit le roi, et qu'il plaça dans sa terre en Normandie. La paix sur terre et sur mer ne vint le priver d'un moyen de continuer à s'illustrer, que pour lui en faire embrasser un autre qui porta sa gloire à son comble. C'est, en effet, comme navigateur qu'il s'est montré supérieur, soit par la hardiesse de ses entreprises, soit par la sagesse et la prudence avec laquelle il les exécuta, et par l'utilité de ses découvertes pour la géographie. Il entreprit le premier, en 1766, un voyage autour du monde, et partit de Saint-Malo, le 15 novembre, sur la frégate la *Boudeuse*, accompagné de la flûte l'*Etoile*, chargée de vivres. Il alla d'abord rendre, au nom du roi, les îles Malouines aux Espagnols, qui avaient fait valoir sur ces possessions des droits auxquels on eut égard. Il relâcha ensuite à Montevidéo sur la rivière de la Plata, fit route vers le sud, pénétra dans le grand Océan par le détroit de Magellan, et surmonta avec autant d'intrépidité que d'habileté les dangers de toute espèce qui le menacèrent dans ce passage. Il découvrit, à près de mille lieues des côtes occidentales d'Amérique, entre le 17° et le 18° degré de latitude sud, un groupe d'îles qu'il nomma Archipel-Dangereux. Après avoir relâché à Otaïti, l'une des îles de la Société, il fit route à l'ouest, découvrit l'archipel des îles des Navigateurs, et traversa les Nouvelles-Hébrides, qu'il crut avoir vues le premier; mais elles avaient été visitées par le navigateur Quiroa. Il parvint à éviter, en sortant du grand Océan, la chaîne immense de rescifs qui rendent si périlleux le détroit situé entre la Nouvelle-Guinée et la Nouvelle-Hollande, en se tenant toujours éloigné de l'ouest. Après

une navigation pleine de dangers, il aborda au cap le plus oriental qu'il appela Cap de la Délivrance; il continua ensuite sa route vers le nord, passa dans le détroit qui a pris son nom, et découvrit un grand nombre d'îles inconnues; enfin il entra dans les Moluques, et se rendit à Batavia d'où il repartit pour la France. Il arriva à Saint-Malo, le 16 mars 1769. Ce voyage, qui le place au rang le plus distingué parmi les marins, fit autant d'honneur à son humanité qu'à son courage et à sa science. Les soins qu'il prit de ses équipages prévinrent les maladies contagieuses; à son arrivée en France, il n'avait perdu que sept hommes sur les deux bâtiments qui étaient sous ses ordres. Dans la guerre d'Amérique, Bougainville commanda avec distinction des vaisseaux de ligne, et fut promu, en 1779, au grade de chef d'escadre, et, l'année suivante, à celui de maréchal-de-camp dans les armées de terre. En 1790, on lui donna le commandement de l'armée navale de Brest, persuadé que nul n'était plus propre que lui à apaiser les troubles qui s'y étaient manifestés; mais dans ces temps où l'esprit d'insubordination s'était emparé de toutes les classes, il lui devint impossible de rappeler au devoir des hommes égarés par la passion. Ne pouvant plus les contenir, il donna sa démission et se retira, après avoir servi sa patrie pendant 40 ans avec éclat. Il avait projeté un voyage au pôle et devait être accompagné par le célèbre Cassini; mais il ne put avoir lieu. En 1796, il fut élu membre de l'Institut, et fut ensuite créé sénateur, sans avoir nullement recherché ce titre. Il mourut le 31 août 1811, avec l'estime de ses concitoyens. Son *Voyage autour du Monde* a été imprimé à Paris, 1771, in-4, et 1772, 2 vol. in-8. Il a eu un succès prodigieux, et a été traduit en anglais par Forster, 1772, et abrégé en allemand, 1772.

BOUGEANT (Guillaume-Hyacinthe), né à Quimper en 1690, jésuite en 1706, mourut à Paris en 1743. Après avoir professé les humanités à Caen et à Nevers, il vint au collège de Louis-le-Grand, à Paris, et n'en sortit que dans son court exil à La Flèche, occasionné par son *Amusement philosophique sur le langage des bêtes*. Ce livre, adressé à une dame, est plein de grâces et de saillies. Ce que le jésuite n'a présenté que comme un badinage (que les démons animent les brutes), a été adopté comme un système vrai par Ramsay, dans ses *Philosophical principes*, imprimés à Glascow en 1749; un savant professeur allemand lui donne la préférence sur celui de Descartes (*Phil. eccl. ac rel. monast. divi Ettonis, procurante P. Gallo Cartier*, Aug. Vindel., 1756.) Le Père Bougeant connaissait aussi le langage du pays de Romancie, dont il publia le voyage sous le nom de *Funférédin*. Il connaissait mieux encore celui de la société et de l'amitié, et il fut autant recherché pour l'enjouement de son caractère que pour ses lumières. Les travaux et les chagrins qu'il essuya hâtèrent sa mort. On a de lui plusieurs ouvrages qui ont rendu sa mémoire illustre : *Histoire des guerres et des négociations qui précédèrent le traité de Westphalie, sous les ministères de Richelieu et de Mazarin*, 2 vol. in-12 : cet ouvrage, rempli de faits curieux, est écrit avec élégance et avec noblesse. Il paraît que l'auteur était né avec des talents pour la politique, du discernement, de la pénétration et du goût ; *Histoire du traité de Westphalie*, 2 vol. in-4 ou 4 vol. in-12, 1744 : la sagesse des réflexions, les recherches curieuses et intéressantes, le développement des caractères et des ruses des négociateurs, l'élégante précision du style, pur sans affectation, et agréable sans antithèses, ont fait donner un rang distingué parmi les meilleures histoires. Le prince Eugène ne pouvait comprendre qu'un religieux, qui n'avait jamais été employé dans aucune affaire publique, et qui devait ignorer ce que c'était que la guerre, eût pu parler si bien de cet art et de la politique. Cet ouvrage et le précédent ont été réunis et réimprimés en 6 vol. in-12, 1751 ; *Exposition de la Doctrine chrétienne, par demandes et par réponses, divisée en trois catéchismes : l'historique, le dogmatique et le pratique*, in-4, et en 4 vol. in-12 : un des meilleurs catéchismes raisonnés que nous ayons en français, et peut-être le meilleur en ce genre, si on excepte celui de Bourges et celui de Montpellier. Il y a cependant des endroits négligés, l'auteur n'ayant pu y mettre la dernière main. Les Allemands en ont donné une bonne traduction en 1780 ; *Amusement philosophique sur le langage des bêtes*, 1 vol. in-12, dont nous avons parlé ci-dessus. C'est une débauche d'imagination, qui lui causa bien des chagrins. L'auteur se rétracta dans une lettre à l'abbé Savalette, conseiller au grand conseil : elle se trouve dans l'édition de Paris, 1783, avec une critique des *Amusements*, où il y a de bonnes réflexions et un peu trop de satire personnelle ; *Recueil d'observations physiques tirées des meilleurs écrivains*, 4 vol. in-12 ; le 2ᵉ et le 3ᵉ sont du Père Grozellier, prêtre de l'Oratoire,

le 4ᵉ, d'une autre main, n'a paru qu'en 1771 ; trois *Comédies* en prose : *La Femme docteur*, ou la *Théologie en quenouille* ; le *Saint déniché* ; *les Quakers français*, ou *les Nouveaux Trembleurs* : il y a du sel dans plusieurs scènes, mais on éprouve quelque ennui dans d'autres ; *Traité sur la forme de l'Eucharistie*, 2 vol. in-12 ; *Anacréon et Sapho*, dialogue en vers grecs, Caen, 1712, in-8, etc.

BOUGEREL (Joseph), prêtre de l'Oratoire d'Aix, mort à Paris en 1753, s'est fait connaître par sa *Vie de Gassendi*, Paris, 1737, in-12, curieuse, mais trop prolixe. On a encore de lui : des *Mémoires pour servir à l'histoire des hommes illustres de Provence*, où l'on trouve une érudition recherchée, et un style plat et lourd. Il n'a publié qu'un vol. in-12, Paris, 1752, de cet ouvrage, qui devait former 4 vol. in-4 ; *Idée géographique de la France*, 1747, 2 vol. in-12 ; ouvrage peu recherché.

BOUGES (Thomas), augustin de la province de Toulouse, né en 1677, mort en 1741, professa longtemps la théologie, et laissa les ouvrages suivants : une *Philosophie augustinienne*, c'est-à-dire rédigée d'après les principes établis dans les ouvrages de ce Père ; une *Chronologie sacrée et profane* ; une *Dissertation sur les soixante-dix semaines de Daniel*, 1702, in-12 ; l'*Histoire du saint Suaire de J.-C.*, qu'on gardait dans l'église des Augustins de Carcassonne, Toulouse, 1714 ; une *Histoire ecclésiastique et civile de la ville de Carcassonne, avec les pièces justificatives* ; et une *Notice ancienne et moderne de ce diocèse*, qui va jusqu'à 1668 : ouvrage exact et plein de recherches.

BOUGIS (Dom Simon), général de la congrégation de Saint-Maur, né à Séez en 1630, mort le 1ᵉʳ juillet 1714, s'enfuit la première fois qu'on voulut l'élire général. Il gouverna sa congrégation pendant six ans avec sagesse, et y maintint la discipline et le goût des études. On a de lui : des *Méditations pour les novices*, 1774, in-4 ; *pour tous les jours de l'année*, 2 in-4 ; *sur les principaux devoirs de la vie religieuse*, 2 in-4, etc.

BOUGUER (Pierre) naquit en 1698, au Croisic (Basse-Bretagne), d'un professeur royal d'hydrographie. L'Académie des sciences de Paris couronna, en 1727, son *Mémoire sur la mâture des vaisseaux*, et se l'associa en 1731. Il fut choisi, en 1736, avec Godin et De La Condamine pour aller au Pérou déterminer la figure de la terre ; voyage qui ne répondit point aux espérances qu'on en avait conçues. Il travailla pendant trois ans au *Journal des Savants*. On a de lui un grand nombre d'ouvrages recherchés par les géomètres. La *Relation du voyage au Pérou* se trouve dans les *Mémoires* de l'Académie des sciences de l'année 1744. Elle est écrite avec moins d'élégance que celle de La Condamine, mais elle peut paraître à quelques égards plus exacte. Bouguer travaillait beaucoup et avec peine : aussi ses ouvrages lui étaient si chers que leur réputation formait presque son existence. Cette sensibilité extrême de son amour-propre lui causa une foule de maux auxquels il succomba en 1758. Egaré dans les sentiers d'une fausse philosophie, Bouguer eut le bonheur d'en être ramené par un savant et zélé religieux, et d'avoir une fin très-chrétienne. (Voyez LABERTHONIE.) Nous avons de Bouguer plusieurs ouvrages. Les principaux sont : la *Construction du navire*, 1746, in-4 ; la *Figure de la Terre*, 1749, in-4 ; *Traité d'optique*, 1760, in-4 ; la *Manœuvre des vaisseaux*, 1757, in-4 ; *Traité de la navigation*, 1753, in-4, donné depuis par de La Caille, 1761, in-8, etc.

BOUHIER (Jean), président à mortier au Parlement de Dijon, naquit dans cette ville le 17 mars 1673. Ses talents pour les lettres, les langues et la jurisprudence se développèrent de bonne heure. L'Académie française lui ouvrit ses portes en 1727. « Il eût été mieux à l'Académie des inscriptions, dit M. Madrolle; car il savait supérieurement les langues anciennes, entendait Hérodote à la façon de l'abbé Bonnaud, et connaissait son Cicéron, presque aussi bien que son ami l'abbé d'Olivet. » Le président Bouhier s'adonna à la poésie dès sa jeunesse. Ce fut, d'abord, pour égayer les occupations de son état: ensuite pour avoir un soulagement contre les douleurs de la goutte. On a de lui : la *Traduction*, en vers, *du poëme de Pétrone sur la guerre civile*, et de quelques *Morceaux* d'Ovide et de Virgile. Ses vers ne manquent pas d'une certaine élégance; mais ils sont quelquefois négligés. Les remarques dont il a accompagné ses versions sont du savant le plus profond. Le président Bouhier, qui préférait le plus sage des Romains, Cicéron, à tous les Romains, préférait aussi les plus graves de ses *Traités* à tous les autres; il a commenté sa *Nature des Dieux*. Il a de plus traduit ses *Tusculanes*, avec l'abbé d'Olivet. Les *Morceaux* du président Bouhier sont fidèles; mais on y désirerait quelquefois plus de précision; *Lettres* pour et contre sur la fameuse question : *Si les solitaires appelés* Thérapeutes, *dont a parlé Philon le juif, étaient juifs ou chrétiens?* Paris, 1712, 1 vol. in-12, dispute avec le Père de Montfaucon qui avait écrit que les Thérapeutes étaient chrétiens ; Bouhier prétend qu'ils étaient juifs. Les deux sentiments sont bien appuyés, et la question est encore indécise; des *Dissertations sur Hérodote*, avec des *Mémoires* sur la *Vie* de l'auteur, et un *Catalogue* de ses ouvrages imprimés, par le Père Oudin, jésuite, Dijon, 1746, in-4. D'habiles critiques trouvent que ces recherches, fruit des premières études de l'auteur, ne sont qu'un recueil des remarques que l'on avait faites avant lui; *Dissertation sur le grand Pontificat des Empereurs romains*, Paris, 1742, in-4; *Explication de quelques marbres antiques*, Paris, 1733, in-4; des ouvrages de jurisprudence, etc., etc., dont sa *Coutume de Bourgogne*, Dijon, 1747, 2 vol. in-fol., est le plus recherché. C'est un éclaircissement sur toutes les coutumes, c'est-à-dire sur le Droit français tout entier. On fait cas aussi de sa *Dissolution du mariage, pour cause d'impuissance*, in-8. Tous ces écrits respirent l'érudition. M. Joly de Bévy a donné une édition complète de ses *Œuvres de Jurisprudence*, Paris, 1787, in-fol. La piété personnelle du président Bouhier n'était pas moins édifiante que sa piété littéraire; il l'avait trouvée dans sa famille. Son père avait acquis, et lui laissa à enrichir, la belle bibliothèque des évêques de Châlons. Son cousin, le seigneur de Versalieu, savant comme lui, avec lequel on le confondit souvent, était en relation de science ecclésiastique avec Mabillon. Son autre cousin germain, Jean, comme lui savant jurisconsulte, et doyen de la Faculté de droit, entra dans les ordres sacrés, et fut le premier des évêques de Dijon, où il mourut deux ans avant lui, laissant pour successeur Claude BOUHIER, son vicaire-général. Le président expira, dit d'Alembert, entre les mains du savant Père Oudin, jésuite, avec les sentiments de religion qui avaient fait la règle de sa vie.

BOUHOURS (Dominique), né à Paris en 1628, jésuite, à l'âge de 16 ans, fut chargé, après avoir professé les humanités, de veiller à l'éducation des deux jeunes princes de Longueville, et ensuite à celle du marquis de Seignelay, fils du grand Colbert. Il mourut en 1702, après avoir été toute sa vie sujet à de violents maux de tête. C'était un homme poli, dit l'abbé de Longuerue, ne condamnant personne, et cherchant à excuser tout le monde. On a de lui : les *Entretiens d'Ariste et d'Eugène*, in-12, 1671. Cet ouvrage eut beaucoup de cours dans sa naissance, malgré le style affecté qui s'y montre à chaque page. On y voit un bel esprit, mais qui veut trop le paraître. La nation allemande fut fort choquée de ce qu'il avait osé mettre en question dans ce livre : *Si un Allemand peut être un bel esprit?* Il est sûr que cette question dut paraître au premier coup d'œil une injure. Mais si l'on fait attention que les Allemands ne s'occupaient guère alors que d'ouvrages laborieux et pénibles, qui ne permettaient pas qu'on y semât les fleurs du bel esprit, on ne doit pas trouver mauvais que l'écrivain jésuite ait fait entendre, d'après le cardinal du Perron, que les Allemands ne prétendaient pas à l'esprit. Barbier d'Aucour en publia dans le temps une critique, dans laquelle il répandit également les plaisanteries et les réflexions. La *Vérité de la Religion chrétienne*, traduit de l'italien du marquis de Pianèse, in-12 ; *Remarques et doutes sur la langue française*, 3 in-12. Il y en a quelques-unes de justes, et d'autres puériles. On a placé l'auteur, dans le *Temple du goût*, derrière les grands hommes, marquant sur des tablettes toutes les négligences qui échappent au génie ; la *Manière de bien penser dans les ouvrages d'esprit*, in-12. On publia contre ce livre, les *Sentiments de Cléarque*, fort inférieurs à ceux de *Cléanthe*, par Barbier d'Aucour. Cette critique n'empêcha point que l'ouvrage ne fût estimé comme un des meilleurs guides pour conduire les jeunes gens dans la littérature. Il pèse ordinairement avec équité les écrivains anciens et modernes. Les *Concetti* du Tasse, et quelques autres Italiens, sont jugés sévèrement à ce tribunal. Le style en est aussi élégant que celui des *Entretiens d'Ariste*, mais moins recherché et plus pur ; *Pensées ingénieuses des anciens et des modernes*, in-12 ; ce sont les débris des matériaux qu'il avait amassés pour l'ouvrage précédent ; *Pensées ingénieuses des Pères de l'Eglise*, in-12. L'auteur l'entreprit pour faire tomber ce que disaient ses adversaires. Ils l'accusaient de ne lire que Voiture, Sarasin, Molière, etc., et de rechercher les dames, pour recueillir les pointes qui leur échappaient, et en orner ses livres. Le peu de succès qu'eurent les *Pensées des Pères de l'Eglise*, contribua à confirmer ces idées, au lieu de les détruire. On pensa que l'auteur ne devait pas les avoir beaucoup lus, puisqu'il avait trouvé chez eux si peu de pensées ingénieuses ; l'*Histoire du grand maître d'Aubusson*, in-4, 1776, écrite purement ; les *Vies de saint Ignace*, in-12, et *de saint François-*

Xavier, in-4, et 2 in-12, écrites d'une manière intéressante, propre à nourrir les sentiments de piété et le zèle pour la religion ; *Relation de la mort de Henri II, duc de Longueville*, Paris, 1663, in-4 ; ce fut son premier ouvrage ; une *Traduction* française du *Nouveau Testament*, qui a le merite de la fidélité et d'un langage pur, 2 vol. in-12, 1697-1703. Le père Lallemant a adopté cette version dans ses *Réflexions sur le Nouveau Testament*.

BOUILLART (dom Jacques), bénédictin de Saint-Maur, né en 1669 à Meulan au diocèse de Chartres, mort à Saint-Germain-des-Prés en 1726, était aussi connu par la solidité de son esprit, que par la pureté de ses mœurs. On a de lui une savante édition du *Martyrologe d'Usuard*, copiée sur l'original même de l'auteur, Paris, 1718, in-4. On a encore de lui l'*Histoire de l'abbaye de Saint-Germain-des-Prés*, Paris, 1724, in-fol., ouvrage plein de recherches. Bouillart s'occupait d'une histoire de la congrégation de Saint-Maur, lorsque la mort l'interrompit dans son travail.

BOUILLAUD, ou BOULLIAU (Ismaël), naquit à Loudun en 1605, de parents protestants. Il quitta cette religion à l'âge de 25 ans, et entra aussitôt dans l'état ecclésiastique. Les belles-lettres, l'histoire, les mathématiques, le droit et la théologie l'occupèrent tour-à-tour. Il se retira, dans ses derniers jours, à l'abbaye de St-Victor à Paris, et y mourut en 1694, à l'âge de 89 ans, emportant les regrets de tous les savants. Il était en commerce de lettres avec ceux d'Italie, d'Allemagne, de Pologne et du Levant qu'il avait connus dans les voyages qu'il avait faits en ces différents pays. On a de lui : *Opus novum ad arithmeticam infinitorum*, en 6 livres, 1682, 1 vol. in-fol. ; *Astronomia philolaïca*, où le mouvement des planètes est bien expliqué ; *Discours sur la réformation des quatre ordres religieux mendiants, et la réduction de leurs couvents à un nombre déterminé*, ouvrage composé par ordre de M. de Lionne ; une édition de l'*Histoire de Ducas*, en grec, avec une version latine et des notes, etc.

BOUILLE (Pierre), jésuite, professeur de grec et d'humanités, recteur des collèges de Liége et de Dinant, né à Dinant-sur-Meuse, vers 1572, mourut à Valenciennes en 1641. On a de lui : une *Ode* en vers grecs, insérée dans le Traité de Lessius ; *De justitiâ et jure*, Louvain, 1605, in-fol. ; *Histoire de l'origine de la dévotion de N.-D. de Foy*, Douai, 1620, in-12 ; *Histoire de N.-D. de Bonne-Espérance, près de Valenciennes*, 1630, in-12 :

Histoire de N.-D. de Miséricorde, honorée chez les carmélites de Marchiennesau Pont, 1641, in-12.

BOUILLE (Théodose), carme-chaussé, bachelier de la Faculté de Sorbonne, mort à Liége en 1743, est connu par une *Histoire de la ville et du pays de Liége*, 3 vol. in-fol., Liége, 1725-1732. Cette *Histoire*, écrite d'un style fort négligé, manque de critique; il y a de grandes lacunes, et les faits sont peu développés. Ce sont plutôt des *Mémoires* pour servir à l'*Histoire de Liége*. On les lit cependant avec plaisir, à raison de la candeur et de la bonhomie qui y règnent, et qui concilient tout autrement l'attention et la confiance, que les pantalonades, le style amphigourique et les petits artifices des historiens modernes.

BOUILLÉ (François-Claude-Amour, marquis de), lieutenant-général, né le 19 novembre 1739, d'une des plus nobles et des plus anciennes familles d'Auvergne, fut nommé dans la guerre d'Amérique gouverneur-général des îles du Vent. Il se signala dans ce poste important par les plus brillantes conquêtes; et après avoir enlevé aux Anglais, par un coup de main des plus audacieux, l'île de la Dominique, il leur prit successivement Saint-Eustache, Tabago, Saint-Christophe réputé imprenable, Nièves et Montserrat. La France lui dut encore la conservation de ses possessions dans les Antilles, toujours menacées par les Anglais, et qu'il défendit contre des forces bien supérieures avec succès éclatant. La paix de 1783 l'ayant rappelé dans sa patrie, il fut récompensé de ses glorieux travaux par le grade de lieutenant-général, et reçut le collier des ordres du roi. En 1787 et 1788, il fut membre des assemblées des Notables du royaume et y soutint avec force les intérêts et les lois fondamentales de la monarchie. Au commencement de la Révolution, il avait le commandement des Trois-Evêchés, auquel on joignait celui des provinces d'Alsace, de Lorraine et de Franche-Comté; il y maintint l'ordre et la discipline autant que les circonstances le permettaient. Choisi par Louis XVI en 1791 pour protéger son évasion de Paris, un funeste malentendu l'empêcha d'arriver à temps à Varennes pour dégager le roi, et il se vit forcé de s'enfuir lui-même à l'étranger, au milieu de coups de fusils qu'on tirait sur lui. Parvenu à Luxembourg, il écrivit à l'assemblée une lettre énergique et menaçante qui produisit un effet tout contraire à celui qu'il en attendait. Il se rendit alors à Coblentz, auprès des princes, auxquels il remit une somme

que le roi lui avait fait passer pour son voyage de Montmédi. Ils l'admirent dans leur conseil, et le chargèrent de plusieurs missions importantes. Après la campagne de 1792, il se retira en Angleterre, où il est mort le 14 novembre 1800, âgé de 61 ans. Il a laissé des *Mémoires* curieux sur la Révolution française.

BOUILLON (Pierre), peintre d'histoire et célèbre dessinateur, élève de Monsiau, né à Thivier (Dordogne), mort à Paris après 1830, remporta en 1797 le premier grand prix de peinture, et fut envoyé à Rome. On lui doit la fameuse collection qu'il publia sous le nom de: *Musée des Antiques*, 3 vol. grand in-fol. Lui seul dessina et grava à l'eau-forte toutes les planches de cet immense ouvrage. Parmi ses *Tableaux* nous citerons: *La Piété conjugale*; *la Mort de Caton d'Utique*; *Jésus-Christ ressuscitant l'enfant de la veuve de Naïm*; *Portrait de l'abbé de La Mennais*.

BOUILLON, cardinal de (Voyez Man Evrard.)

BOUILLON, duc de (Voyez Man Robert.)

BOUILLON, duc de (Voyez TourD'Auvergne.)

BOUILLON. (Voy. Godefroi.)

BOUILLY (Jean-Nicolas), né à La Coudraye (Indre-et-Loire), fit d'excellentes études à Tours, suivit un cours de droit à Orléans, et fut reçu avocat au Parlement de Paris; mais le Parlement ayant été transféré à Troyes, il revint à Tours, où il devint accusateur public en 1792, puis employé dans l'instruction publique à Paris, en 1797, et dans la police générale comme sous-chef de morale et d'esprit public en 1799. Mais destiné en 1800, il quitta la vie politique pour les Muses, auxquelles il était resté fidèle même au milieu des emplois administratifs et judiciaires qu'il avait remplis. Son opéra de *Pierre-le-Grand*, secondé de la musique de Grétry et honoré du suffrage de la reine Marie-Antoinette, ouvrit cette carrière lyrique où l'attendaient de nombreux triomphes. Depuis cet ouvrage jusqu'à celui de *Deux Nuits*, dont les paroles ont été mises en musique par Boeldieu, il a donné un grand nombre de *Pièces* qui ont eu du succès. On lui doit encore beaucoup d'autres écrits qui se distinguent toujours par une pure et saine morale. Dans les *Contes et les Conseils à ma fille dans les jeunes Femmes*, il sait conformer la nature de ses idées au caractère spécial de chacune des classes qu'il veut corriger ou instruire. Bien que Bouilly avouât modestement qu'il n'était pas né poète, il uvait cependant publié sous ce titre , *Le vieux Glaneur* ou *Tout un peu* , un recueil remarquable par la facilité de la versification.

BOULAGE (Thomas-Pascal), né à Orléans le 25 mars 1769, vint faire ses études de droit à Paris. Plein d'attachement pour Louis XVI, il fut un de ceux qui se proposèrent pour ôtages, lors de l'emprisonnement de ce malheureux prince. Boulage exerça la profession d'avocat à Auxerre et à Troyes , puis celle d'avoué au tribunal de première instance. En même temps qu'il se livrait aux travaux du barreau, il cultivait les lettres et il devint secrétaire de l'académie du département de l'Aube. En 1809 , ayant concouru pour une chaire de professeur-suppléant de droit, il fut nommé à la Faculté de Grenoble ; mais il ne prit pas possession de cette place, et il obtint l'année suivante une chaire de professeur de droit français à Paris. Boulage s'acquit, par ses talents et la douceur de son caractère, l'estime de ses confrères et des élèves. Dans les troubles qui eurent lieu à l'occasion du cours de Bavoux , il montra un esprit de conciliation qui rétablit l'ordre et la paix. Il est mort le 20 mai 1820. On a de lui : *Principes de jurisprudence française* , *pour servir à l'intelligence du code civil* : c'est le principal ouvrage de l'auteur ; *Introduction à l'histoire du droit français et à l'étude du droit naturel;* et quelques opuscules.

BOULAINVILLIERS (Henri de), comte de Saint-Saire, etc., naquit à Saint-Saire en 1658, d'une famille très-ancienne, se livra entièrement à l'histoire de France : mais il n'en voyait les événements qu'à travers le prisme de son imagination. Il ne l'étudiait , disait-il , que pour l'apprendre à ses enfants : en ce cas, il devait encore plus se défier de ses idées. Quelques-uns de ses écrits sur des matières plus délicates montrèrent qu'il poussait trop loin la liberté de penser. En même temps qu'il faisait l'esprit fort sur des matières graves , il avait le faible de l'astrologie judiciaire. Le cardinal Fleury disait de lui, qu'*il ne connaissait ni l'avenir, ni le passé, ni le présent.* Il est sûr que ses systèmes l'égaraient quelquefois dans la connaissance du passé, et son imagination dans celle du présent. Il mourut en 1722 , entre les bras du Père la Borde de l'Oratoire , qui rendit un compte édifiant de ses dernières dispositions. On a de lui : une *Histoire de France* jusqu'à Charles VIII, 3 vol. in-12 ; *Mémoires historiques sur l'ancien gouvernement de France* , jus-

qu'à Hugues Capet , 3 vol. in-12. Il y appelle le gouvernement féodal le *chef-d'œuvre de l'esprit humain :* l'expression est forte et n'est pas juste ; mais il n'en est pas moins vrai que le gouvernement féodal ne mérite pas tous les reproches qu'on lui a faits dans ce siècle acéphale et anarchique , mécontent de toute espèce de gouvernement. Il est certain que la féodalité était bien plus loyale et plus favorable au peuple que le despotisme qui en a pris la place : et dès que l'on commença à se plaindre des abus du pouvoir monarchique , on regretta les lois de la féodalité (voyez le *Journal historique et littéraire*, 15 juin 1790, pag. 287.); *Histoire de la Pairie de France* , in-12; *Dissertations sur la noblesse de France* , 6 vol. in-12. Il y a de bonnes choses et quelques inexactitudes ; *Histoire des Arabes et de Mahomet* , Amsterdam , 1731 , in-12 , ouvrage que la mort l'empêcha de finir. Cette histoire est écrite dans le style oriental, et avec très-peu d'exactitude. L'auteur n'est qu'un copiste servile des écrivains arabes dont il n'entendait pas la langue, et dont il n'a pas aperçu les bévues. Il essaie en vain de faire passer Mahomet pour un grand homme , suscité par la Providence pour punir les chretiens , et pour changer la face du monde. Un critique plus zélé que poli lui a donné les titres de Mahométan français, et de déserteur du christianisme. M. Bergier s'étonne que, par zèle pour le déisme , il ne soit pas allé se faire circoncire , et prendre le turban ; *Mémoire sur l'administration des finances* , 2 vol. in-12: bonnes vues, la plupart impraticables. On a attribué à cet historien systématique beaucoup d'autres ouvrages , et particulièrement des satires contre la religion , qui ne sont pas de lui. Après s'être égaré sur les principes de l'histoire, il a bien pu avoir des idées fausses sur le christianisme ; mais il est avéré qu'il n'a jamais poussé le délire jusqu'au point d'enfanter des horreurs, telles que celles qu'on lit dans le *Dîner* qui porte son nom. Tous les écrits du comte de Boulainvilliers sur l'histoire de France ont été recueillis en 3 vol. in-fol.

BOULANGER (Jean), né à Amiens en 1607, a gravé beaucoup d'estampes d'après plusieurs grands maîtres , tels que Léonard de Vinci, le Guide , Noël Coypel. Il passe pour être , avec Morin , un des inventeurs du pointillé, genre bâtard adopté depuis par les Anglais , et qui produit dans ses estampes un assez mauvais effet, parce qu'il ne l'employait que pour les objets nus ; ce qui être toute espèce d'accord entre le style des chaires et celui des draperies, répand une sécheresse désagréable, et détruit l'harmonie. Quoique ce genre ait été perfectionné depuis, il n'en est pas meilleur et n'a été adopté par plusieurs graveurs que par paresse ou par incapacité.

BOULANGER, ou BOULANGER (André), plus connu sous le nom de *Petit-Père André*, augustin réformé, né à Paris, mort dans cette ville en 1657, à 80 ans, se fit un nom par sa manière de prêcher. Il mêlait ordinairement la plaisanterie à la morale, et les comparaisons les plus basses aux plus grandes vérités du christianisme; mais il ne faut pas adopter légèrement tous les contes populaires qu'on a débités sur cet orateur.

BOULANGER, ou BOULLANGER (Nicolas-Antoine), né à Paris d'un marchand en 1722, mort dans la même ville en 1759, sortit du collège de Beauvais, à peu près aussi ignorant qu'il y était entré. Cependant, ayant lutté opiniâtrement contre son peu d'aptitude, il le vainquit. A dix-sept ans, il commença à étudier les mathématiques et d'architecture. Trois ou quatre ans d'étude dans ces deux sciences lui suffirent pour devenir utile au baron de Thiers, qu'il accompagna à l'armée en qualité de son ingénieur. Il entra ensuite dans les ponts et chaussées, et exécuta dans la Champagne, la Bourgogne, la Lorraine, différents ouvrages publics. Ce fut, pour ainsi dire, sur les grands chemins confiés à ses soins, que se développa le germe d'un funeste talent qu'il ne se soupçonnait pas, et qu'il portait en lui. Il y apprit par malheur à penser philosophiquement. En coupant des montagnes, en conduisant des rivières, creusant et retournant des terrains, il vit une multitude de substances diverses que la terre recèle, qu'il regarda comme une preuve de son extrême ancienneté, et des révolutions multipliées qu'elle avait essuyées dans des siècles imaginaires. Tandis que d'autres philosophes ont de la peine à reconnaître un déluge, Boulanger proclame hautement la vérité du déluge universel. Voici son témoignage, que M. l'abbé A. F. James a invoqué dans son *Histoire de l'ancien Testament*, t.4, p. 16; pour opposer le philosophisme au philosophisme:
» Il faut, dit Boulanger (Antiquité dévoilée), prendre un fait dans la tradition des hommes dont la vérité soit universellement reconnue: Quel est-il ? Je n'en vois point dont les monuments soient plus généralement attestés que ceux qui nous sont transmis par cette fameuse révolution physique qui a

donné lieu à un renouvellement total de la société humaine; en un mot, le déluge me paraît la véritable époque de l'histoire des nations. Non seulement la tradition qui nous a transmis ce fait est la plus ancienne de toutes, mais encore elle est claire et intelligible. Elle nous présente un fait qui peut se justifier et se confirmer 1° par l'universalité des suffrages, puisque la tradition de ce fait se trouve dans toutes les contrées du monde; 2° par le progrès sensible des nations et la perfection successive de tous les arts; 3° l'œil du physicien a fait remarquer les monuments authentiques de cette ancienne révolution et de plusieurs autres qui ont eu lieu depuis, il les a vus gravés partout en caractères ineffaçables. Ainsi le déluge universel est un fait qu'on ne peut nier, et qu'on serait forcé de croire quand même les traditions ne nous en auraient point parlé. » Des bouleversements du globe, il passa aux changements arrivés dans les mœurs, les sociétés, les gouvernements et la religion. Il forma, à cet égard, différentes conjectures. Pour s'assurer de leur solidité, il voulut savoir ce qu'on avait dit là-dessus. Il apprit le latin, ensuite le grec, quelque chose aussi des langues hébraïque, syriaque et arabe; et se crut par là bien fourni d'arguments pour établir ses extravagantes hypothèses. L'aspect d'une mort prochaine lui dessilla les yeux; il détesta ses égarements, et déclara qu'ils étaient le fruit de la vanité bien plus que du raisonnement; que « les pompeux éloges donnés à ses productions manuscrites dans les sociétés philosophiques, l'avaient plus enivré, plus séduit que tout le reste. » La conséquence la plus légitime d'un pareil aveu était que tous ces manuscrits, source de ses remords, de ses rétractations, devaient être livrés aux flammes; mais les sociétés sophistiques s'en étaient emparées. Ils étaient bien impies, ils démentaient bien hautement nos livres saints, ils tendaient bien directement à l'athéisme; c'en était assez pour les rendre précieux aux yeux de nos faux sages. Ils furent imprimés, et toutes les passions se réservèrent le soin de les faire accueillir avec avidité. Tout chamarrés qu'ils sont de grec, de latin et d'étymologies, nos femmes philosophes qui ne pourraient souffrir un mot du vieux langage dans un ouvrage écrit par la religion, et surtout pour les mœurs, dévorèrent ceux-ci, les trouvent bien forts de choses, bien raison-

nés , bien convaincants , et sans répli-
que. Les suffrages de d'Alembert, de
Diderot, d'Helvétius, avaient fortifié cette
opinion. On vit donc paraître : *Traité
du despotisme oriental* , in-12, ouvrage
romanesque et pernicieux , mais moins
mauvais encore que celui qui suit, dont
il n'a fait que le dernier chapitre : *L'Antiquité dévoilée*, ouvrage posthume, Amsterdam , 1766 , 3 vol. in-12; *Dissertation sur Élie et Énoch* , in-12 ; quelques *articles* mauvais et informes, fournis à la compilation encyclopédique;
une *Histoire d'Alexandre-le-Grand* , qui
n'a ni mérite, ni intérêt. Il a laissé un
Dictionnaire en manuscrit, qu'on peut
regarder comme une concordance mal
combinée des langues anciennes et modernes. On a encore de lui : *Les Anecdotes de la nature* , en manuscrit. Buffon
en a tiré beaucoup de choses pour les
Époques de la nature; le célèbre naturaliste s'est presque entièrement appro-
prié les spéculations de l'ingénieur des
chaussées , comme on l'apprend dans
l'*Examen impartial des époques*, pag.
178 ; ouvrage qui présente une réfutation détaillée de ces délires géographiques et physiques. On remarque dans
les écrits de Boulanger une imagination
sombre et malheureuse. Il en a paru
une Analyse , par un Solitaire , Paris ,
1766 , 1 vol. in-8. Cette Analyse , très-
bien faite, réfute solidement les absurdités du jeune philosophiste, en les présentant isolées et sans cet entourage qui
en impose aux lecteurs ignorants ou
crédules.

BOULANGER, ou plutôt BOULANGER
(Claude-François-Félix), seigneur de Ri-
very, membre de l'académie d'Amiens,
sa patrie, et lieutenant civil au bailliage
de cette ville, naquit en 1724. Il exerça,
pendant quelque temps, la profession
d'avocat à Paris; mais sa passion dominante était l'étude des belles-lettres et
de la philosophie. Il ne put les cultiver
longtemps: la mort l'enleva en 1758 , à
34 ans. Son âme était noble, son caractère enjoué, sa conduite décente. Réservé vis-à-vis des personnes qu'il connaissait peu , il s'ouvrait volontiers à ses
amis. Il avait la figure agréable , l'usage
du monde, l'esprit vif et pénétrant, une
mémoire prodigieuse , et une ambition
ardente d'acquérir toutes les connaissances humaines, comme d'occuper les
premières places. Ses principaux ouvrages sont : *Traité de la cause et des phénomènes de l'électricité*, en 2 parties
in-6; *Recherches historiques et critiques
sur quelques anciens spectacles* , et particulièrement sur les mimes et panto-

mimes, brochure in-12 , curieuse; *Fables et contes en vers français* , in-12.
Quelques-uns de ces contes et de ces
fables sont de son invention, et les autres sont empruntés de Phèdre , de Gay
et de Gellert : production faible, où les
lettres et les mœurs n'ont rien à gagner.

BOULARD (Antoine-Marie-Henri),
né à Paris le 5 septembre 1754 , mort à
à Paris le 6 mai 1825 , avait été maire
du dixième arrondissement de cette ville, député au corps législatif, administrateur de l'école royale de dessin, membre de la société d'agriculture et de plusieurs autres sociétés savantes. Il a publié un très-grand nombre d'ouvrages,
traduits la plupart de l'anglais, et quelques-uns de d'allemand et de l'italien.
Nous citerons : *Tableau des arts et des
sciences depuis les temps les plus reculés
jusqu'au siècle d'Alexandre* , traduit de
Banister ; *Tableau des progrès de la civilisation en Europe* , de Stuart , 2 vol.
in-6 ; *Considération sur la première formation des langues , et les différents génies des langues orientales et composées* ,
de Smith ; *Bienfaits de la religion chrétienne, ou Histoire des effets de la religion sur le genre humain* , de Ryan; *Histoire littéraire du moyen-âge* , de Berring-
ton; *Essai de Traductions interlinéaires*,
en six langues. Il a aussi donné des
fragments de traductions dans les *Soirées littéraires* de Coupé, et fourni plusieurs articles au *Magasin encyclopédique*.

BOULAY (DU) (Voyez DUBOULAY)
BOULAY (Edmond du) dit *Clermont*,
hérant-d'armes des ducs de Lorraine,
vivait au milieu du 16e siècle. C'était un
écrivain fécond; on ne sait en quelle
année il mourut. Nous avons de lui : une
moralité en vers, sous ce titre: *Le combat de la chair et de l'esprit*, Paris , 1549,
in-8 , pièce rare; les *Généalogies des ducs
de Lorraine*, Metz , 1547 , in-4 ; il les
fait descendre des Troyens; *la Vie et le
Trépas des ducs de Lorraine, Antoine et
François*, Metz , 1547 , in-4; le *Voyage
du duc Antoine vers l'empereur Charles
V, en 1543, pour traiter de la paix avec
François Ier*, in-8; ce dernier livre est en
vers; *Dialogue des trois États de Lorraine
sur la nativité du prince Charles , fils
aîné du duc François*, en vers, etc.

BOULAY (Charles-Nicolas-Maillet du),
maître de la chambre des comptes à
Rouen et secrétaire de l'académie de
cette ville , y naquit le 6 février 1729,
et mourut le 13 septembre 1769, laissant
des *Éloges académiques*, des *Mémoires
sur la littérature*, une *Histoire de Guillaume-le-Conquérant*, etc.

BOULAY (N. du), savant canoniste, qui a laissé une *Histoire du droit public ecclésiastique français*, Londres (Paris) 1740, 1751, in-4, et 2 vol. in-12.

BOULAY DE LAMEURTHE (Antoine-Jacques-Claude-Joseph, comte), grand-officier de Légion-d'Honneur, naquit en 1761 à Chaumourey près d'Epinal, département de la Meurthe. Reçu avocat à Nancy, il vint à Paris exercer cette profession, et il commençait déjà à s'y faire connaître avantageusement, lorsque la révolution éclata. Patriote dévoué, il s'engagea en 1792 dans un bataillon de volontaires de la Meurthe, et se trouva à la bataille de Valmy. Après cette première campagne, il revint à Nancy, où il fut élu par ses concitoyens juge au tribunal civil. Quoique républicain, Boulay se montra opposé au système de terreur organisé par la Convention : aussi fut-il destitué par un représentant du peuple ; frappé ensuite d'un mandat d'arrêt, et obligé de chercher un asile dans les bois, il ne put sortir qu'après le 9 thermidor. Depuis cette époque, il remplit successivement les fonctions de président et d'accusateur public au tribunal de Nancy, et fut élu ensuite, en l'an V, député de son département au conseil des Cinq-Cents. Boulay, dans cette assemblée, oublia un moment son caractère de modération ; il s'opposa avec violence aux projets royalistes, soutenus par un grand nombre de députés. Il fut un des orateurs les plus influents de cette législature, et personne peut-être ne se montra plus péniblement affecté que lui des vices de l'administration du directoire ; aussi, désespérant de l'avenir de la France tant que subsisterait ce gouvernement, il se montra un des plus zélés partisans de la révolution du 18 brumaire. Il refusa, quelques jours après, le ministère de la police, et fut appelé au conseil d'Etat en qualité de président du comité de législation. Après avoir été chargé, en l'an X, de l'administration du contentieux des domaines nationaux, il reprit, en 1810, sa place de président du comité de législature. Boulay fut un des fonctionnaires qui, sous le gouvernement impérial, surent conserver le plus d'indépendance ; il s'opposa même avec assez d'énergie à la mesure qui donna au premier consul le titre d'empereur ; il défendit constamment l'institution du jury, mais en même temps il se montra opposé aux mesures qui intéressaient l'avenir de la religion catholique en France. Nommé comte de l'empire, il conserva cependant assez d'indépendance pour conseiller à Bonaparte en 1803 de faire droit aux justes de-

mandes des députés. Destitué en 1814, il reprit au retour de l'île d'Elbe ses anciennes fonctions, augmentées de la direction de la correspondance et de la comptabilité au ministère de la justice. Il fut alors nommé ministre d'Etat ; mais il fut exilé à la seconde restauration, comme ayant conspiré pour le retour de Napoléon. Il passa quatre années à l'étranger, et ne revint en France qu'en 1820. Boulay était un administrateur habile, probe et intègre. On a de lui : *Tableau politique des règnes de Charles II et de Jacques II, derniers rois de la maison de Stuart*, Paris, 1823, 2 vol. in-8, 2e édition ; la première avait paru en Belgique en 1818, elle contient l'*Essai sur les causes qui, en 1649, amenèrent en Angleterre l'établissement de la république :* ce dernier ouvrage avait eu deux éditions avant le 18 brumaire. Boulay de la Meurthe est mort le 5 février 1840.

BOULAY-PATY (Pierre- Sébastien) naquit le 40 août 1765 à Abbaretz, près de Châteaubriant en Bretagne. Après avoir été reçu avocat à Rennes en 1787, il fut nommé sénéchal de Paimbœuf avec dispense d'âge. Lorsque la révolution éclata, il en adopta les principes, et fut appelé aux fonctions de procureur-syndic du district de cette ville, et à celles d'administrateur du département de la Loire-Inférieure. Pendant le proconsulat de Carrier, il fut incarcéré ; mais il fut mis en liberté peu après, et en 1795 on lui confia la place de commissaire du pouvoir exécutif près les tribunaux civils et criminels de Nantes. En 1798, il fut élu membre du conseil des Cinq-Cents, et prit part aux délibérations les plus importantes de cette assemblée, particulièrement aux questions relatives au droit commercial et maritime. Boulay-Paty, qui était sincèrement attaché aux libertés publiques, s'opposa au 18 brumaire, et fut porté sur la liste des représentants proscrits par le premier consul ; mais il dut la radiation de son nom à l'intervention d'un ami, et, lors de la réorganisation des tribunaux, il fut nommé juge au tribunal d'appel de Rennes. Chargé en cette qualité de répondre au ministre de la justice, qui avait demandé à tous les tribunaux leur avis sur le projet du code de commerce, il lui adressa des observations dont les rédacteurs du code ont fait un grand usage, et qui ont été publiées sous ce titre : *Observations sur le code de commerce adressées aux tribunaux*, Paris, 1802, in-8. En 1840, Boulay-Paty consentit, sur la demande du grand-maître de l'Université, à faire un cours gratuit de droit commercial. La restauration le maintint dans sa place de conseiller à la cour royale de Rennes, dont il était devenu le doyen lorsqu'il est mort à la suite de plusieurs attaques de paralysie le 16 juin 1830. Il avait été chargé, deux années auparavant, par ses collègues de rédiger des observations sur le projet de loi relatif aux faillites. Boulay-Paty était un magistrat intègre, instruit, modéré et indépendant, opposé aux abus du pouvoir et partisan d'une sage liberté; comme jurisconsulte, sa science, son exactitude consciencieuse le font citer encore aujourd'hui comme une autorité dans les questions de droit commercial. On a de lui: *Cours de droit commercial maritime, d'après les principes et suivant l'ordre du code de commerce*, Rennes et Paris, 1821-1823, 4 vol. in-8. Dupin aîné a fait dans la *Revue encyclopédique* du mois de juin 1822 le plus grand éloge de cet ouvrage; *Traité des faillites et des banqueroutes, suivi du titre de la revendication en matière commerciale et de quelques observations sur la déconfiture*, Paris et Rennes, 1825, 2 vol. in-8, ouvrage savant et plein d'aperçus neufs et utiles; *Traité des assurances et des contrats à la grosse d'Emerigon conféré et mis en rapport avec le nouveau code de commerce et la jurisprudence, suivi d'un vocabulaire des termes de marine et des noms de chaque partie du navire*, Rennes et Paris, 1826-1827, 2 vol. in-4.

BOULÉE (Etienne-Louis), architecte, né à Paris le 12 février 1728, mort le 26 février 1799, fut un des premiers, en France, qui dégagèrent l'architecture de ces formes bizarres et contournées, enfantées par le mauvais goût, et il lui rendit les beautés nobles de l'antique. Il consacra sa vie entière à l'étude et à la pratique de son art. Celui de ses édifices, qui a le plus contribué à sa réputation, est l'Hôtel de Brunoy, aux Champs-Elysées. Il avait formé plusieurs projets pour achever la Magdeleine, pour la restauration du Château de Versailles et de celui de St-Germain, pour la Bibliothèque-Royale, pour un tombeau à élever à Newton, placé au centre d'une sphère, etc. Ce dernier projet a tellement mérité le suffrage des architectes, qu'il a été proposé au programme par l'Académie, pour prix d'émulation, en novembre 1800; les prix ont été remportés par Gay et Labadie.

BOULEN, BOLLEYN ou BULLEN (Anne de), fille d'un gentilhomme d'Angleterre, passa en France avec Marie, femme de Louis XII. Elle fut ensuite fille d'honneur de la reine Claude, qui la donna à la du-

chesse d'Alençon, depuis reine de Navarre. De retour en Angleterre, elle y porta un goût vif pour les plaisirs et pour la coquetterie; une conversation légère soutenue par beaucoup d'enjouement; et des manières libres, qui cachaient une dissimulation et une ambition profondes. Ce n'était rien moins qu'une beauté, mais la passion embellit tout, et l'insatiable luxure dont la soif augmente, comme l'avarice, à mesure qu'elle possède, finit par ne mettre plus de choix dans ses jouissances. On rapporte qu'elle avait six doigts à la main droite, une tumeur à la gorge, et une surdent. Henri VIII la vit, et ne s'en aperçut pas. Il lui déclara ses sentiments. Anne en parut d'abord plus offensée que flattée. Cette réserve, à laquelle le prince ne s'attendait pas, irrita sa passion. Il pensa dès lors à répudier sa femme pour épouser sa maîtresse. Clément VII ayant refusé, comme il le devait, une sentence de divorce, le prétendu mariage se fit secrètement le 14 novembre 1532. Rouland Lée, récemment élevé à l'évêché de Cowentry (à qui Henri insinua que le Pape lui avait permis d'abandonner Catherine d'Aragon, et de prendre une autre femme, pourvu que ce fût sans scandale), leur donna la bénédiction nuptiale, en présence de quelques témoins affidés. Anne, devenue enceinte, fut déclarée femme et reine en 1533. Son entrée à Londres fut magnifique. La galanterie qu'elle avait puisée dans la cour de France ne l'abandonna point sur le trône d'Angleterre. On l'accusa d'avoir des commerces criminels avec plusieurs de ses domestiques, avec le lord Rochefort son frère, et même avec un de ses musiciens. Henri VIII, qui aimait alors Jeanne Seymour, n'eut pas de peine à croire Anne coupable. On l'interrogea: toutes ses réponses se bornèrent à dire qu'elle s'était échappée en paroles libres et en airs familiers; mais que sa conduite avait toujours été innocente. Ceux qu'on lui donnait pour amants firent les mêmes réponses, à l'exception du musicien Smeton, qui, frappé par la crainte, ou entraîné par la force de la vérité, avoua qu'il avait souillé le lit de son souverain. Ils furent tous condamnés à la mort: Rochefort décapité, et le musicien pendu. Henri, voulant ôter à son épouse la consolation de mourir reine, fit prononcer une sentence de divorce, sous le vain prétexte qu'elle avait épousé mylord Percy, avant que de lui avoir donné la main. Cette malheureuse en convint, dans l'espérance que cet aveu la sauverait du supplice du feu auquel on la destinait, et qu'elle n'aurait que la tête tranchée. Le jour de cette tragédie, elle se consola, sur ce qu'on lui dit que le bourreau était fort habile, et par la pensée qu'ayant le cou petit, elle souffrirait moins. Avant de monter sur l'échafaud, elle écrivit une lettre extravagante à Henri VIII. « Vous m'avez toujours élevée par degrés, lui disait-elle; de simple demoiselle, vous me fîtes marquise (de Pembrock), de marquise, reine; et de reine, vous voulez aujourd'hui me faire sainte. » Ceci se passa en 1536. L'amour l'avait mise sur le trône; l'amour l'en chassa. Ces catastrophes sont les suites inévitables des passions violentes et insensées. La plupart des historiens l'ont couverte d'opprobre. Sanderus prétend que Henri VIII était son père. On ajoute que, quand ce prince la prit pour maîtresse, François I avait déjà eu ses faveurs, ainsi que plusieurs de ses courtisans; et qu'on l'appelait en France « la mule du roi et la haquenée d'Angleterre: » anecdotes dignes de cette prostituée et de ses amants.

BOULENGER (Jules-César), *Bulengerus*, né à Loudun, se fit jésuite et quitta la Société pour prendre soin de ses neveux. Il y rentra ensuite, et mourut à Cahors en 1628, après avoir donné, en latin, une *Histoire de son temps*, Lyon, 1619, in-fol., elle commence à l'an 1559, et finit en 1680; et un grand nombre de savants ouvrages, entre autres: *De Imperatore et Imperiis Romano*, Lyon, 1618, in-fol; onze volumes d'opuscules contenant des Dissertations.: *De Oraculis et vatibus; de templis Ethnicorum; de festis Græcorum; de triumphis, spoliis bellicis, trophæis, arcubus triumphalibus et pompâ triumphi; de sortibus, de auguriis et auspiciis, de ominibus, de prodigiis, de terræ motu et fulminibus; de tributis et vectigalibus populi Romani; de circo romano, ludisque circensibus; de theatro, ludisque scenicis; de conviviis; de ludis privatis ac domesticis veterum*. Tous ces ouvrages se trouvent aussi, les uns dans les *Antiquités grecques*, les autres dans les *Antiquités romaines*. On a encore de lui : des traités *De Picturâ, plastice statuariâ lib. 2*, Lyon, 1627, in-8; une *Dissertation* contre Casaubon en faveur du cardinal Baronius, sous ce titre: *Diatriba Casauboni Exercitationes de rebus Sacris*, Lyon, 1617, in-fol.; *Eclogæ ad Arnobium*, Toulouse, 1612, in-8; *De insignibus gentilitiis ducum Lotharingorum*, Pise, 1617, in-4.

BOULLANGER. (Voyez BOULANGER).

BOULLIER (David-Renaud), ministre à Amsterdam, ensuite à Londres, originaire d'Auvergne, né à Utrecht le 24 mars 1699, mort le 24 décembre 1759, signala son zèle et ses talents pour la cause de sa religion, trop souvent attaquée par les nouveaux philosophes. Il la défendit avec autant d'ardeur que de force et de logique. C'est dommage que son style, presque toujours exact, souvent éloquent, se ressente quelquefois du pays qu'il habitait. Ce défaut n'empêche pas que ses ouvrages ne soient un recueil d'excellents préservatifs contre le poison de l'impiété. Les principaux sont : *Dissertatio de existentiâ Dei*, 1716; *Essai philosophique sur l'âme des bêtes*, 1728, in-12, et 1737, 2 vol. in-8; *Exposition de la Doctrine orthodoxe de la Trinité*, 1734, in-12; *Lettres sur les vrais principes de la Religion, où l'on examine le livre de la Religion essentielle à l'homme*, 1741, 2 vol. in-12; *Recherches sur les vertus de l'eau de goudron*, traduites de Berkeley, 1745, in-12; *Sermons*, 1748, in-8; *Dissertationum sacrarum Sylloge*, 1750, in-8; *Court examen de la Thèse de l'abbé de Prades et Observations sur son Apologie*, 1753; *Lettres critiques sur les Lettres philosophiques de Voltaire*, 1754, in-12; *Le Pyrrhonisme de l'Eglise Romaine, ou Actions du P. Bayer, avec les Réponses*, 1757, in-8; *Observationes miscellaneæ in librum Job*, 1758, in-8; *Pièces et Pensées philosophiques et littéraires*, 1759, 2 vol. in-12. Boullier était protestant, et dans ses écrits contre l'Eglise Romaine, il a tous les préjugés de sa secte. — Feller a oublié de mentionner le *Traité des éléments de la certitude morale* dont Boullier est auteur. Dans cet ouvrage, Boullier pose ainsi une question, qu'il appelle curieuse : « Si un athée est assuré qu'il y ait des corps? — L'athée, répond-il, ne peut s'assurer de rien sans abjurer son athéisme..... S'il raisonne conséquemment, il ne doit admettre autre chose que des probabilités: dans son système tout est soumis à la nécessité, ou dirigé par le hasard. Nul pouvoir supérieur pour régler l'univers avec bonté et sagesse: que sait-il ? tout ce qu'il voit peut n'être qu'illusions; le hasard et la nécessité, principes également aveugles, peuvent amener ce qu'il y a de plus bizarre, de plus irrégulier, de plus opposé à toute idée d'ordre. Quand on refuse de reconnaître un ouvrier sage pour l'auteur des merveilles de l'univers, quel droit a-t-on de ne les point regarder comme un beau songe? quelles bornes osera-t-on mettre à l'extravagance de l'esprit? En supposant avec l'athée qu'il y a des corps, on lui prouve bien par là qu'il y a un Dieu: cela n'empêche pas que l'existence de Dieu ne soit réellement plus évidente que celles des corps. L'athée croit qu'il y a des corps, parce qu'une vive impression de ses sens le pousse sans cesse à le croire. Je veux qu'il n'en puisse pas même douter : sa certitude là-dessus suppose à son insu un principe qu'il admet, savoir, l'existence d'un être tout bon et tout sage. Il ne songe pas que lorsqu'il nie ce principe, et qu'il croit à des corps, *il se contredit lui-même*. Qu'il approfondisse les motifs de ce dernier jugement, ils le porteront à se condamner le premier, et l'invincible certitude de la vérité qu'il admet, le conduira par degrés vers ce qu'il nie. L'athée ne peut s'empêcher de croire à un monde corporel ; cette persuasion subsiste en lui indépendamment de la croyance distincte d'une Divinité : mais sans l'idée de cette dernière, il ne saurait se démontrer qu'il y ait des corps. Sa croyance, à cet égard, qui, tant qu'elle découvre un sentiment confus, renferme implicitement celle d'un Dieu, supposera formellement qu'il existe, dès qu'elle prendra la forme d'une connaissance démontrée. En un mot, obligé à rendre raison de ce qu'il croit le plus invinciblement, cet athée cessera de l'être, ou plutôt il se convaincra qu'il n'a jamais pu l'être en effet, quelque désir qu'il en eût. »

BOULLIOT (Jean-Baptiste-Joseph), né le 13 mars 1752 à Philippeville, entra dans l'Ordre de Prémontré, prêta serment à la constitution civile, fut nommé vicaire épiscopal de Paris, et apostasia avec Gobel dans la séance du 7 novembre 1793. Il revint ensuite à de meilleurs sentiments. Boulliot a travaillé au *Dictionnaire des anonymes*, de Barbier, et a publié lui-même la *Biographie ardennaise*, 2 vol. in-8, dans laquelle on trouve de l'érudition et de curieuses recherches bibliographiques, mais une fâcheuse indifférence pour les choses religieuses. Il est mort à Saint-Germain-en-Laye, le 30 août 1863.

BOULLONGNE (Bon), fils et élève de Louis Boullongne, peintre du roi, naquit à Paris en 1649. Un tableau que son père présenta à Colbert le fit mettre sur la liste des pensionnaires du roi à Rome. Il y fut cinq ans en cette qualité, et s'y forma par l'étude des grands maîtres. On dit qu'il saisissait si habilement leur manière, que Monsieur, frère de Louis XIV, acheta un de ses tableaux dans le goût du Guide, comme un ouvrage de cet artiste. Mignard, son premier peintre, y fut trompé ; et lorsqu'on eut découvert l'auteur, il dit : « Qu'il fasse toujours des Guides, et non des

Boullongne. » — Ce jeune homme, de retour en France, fut professeur de l'académie de peinture, eut une pension de Louis XIV, et fut employé par ce prince dans l'église des Invalides, au palais et à la chapelle de Versailles, à Trianon, etc. Il mourut en 1717. Il excellait dans le dessin et dans le coloris. Il réussissait également dans l'histoire et dans le portrait. Il était fort laborieux ; un esprit vif, enjoué, plein de saillies, le soutenait dans le travail. — Ses deux sœurs, Geneviève et Madeleine, mortes en 1710, dignes de leur frère, furent de l'académie de peinture.

BOULLONGNE (Louis), frère cadet du précédent, naquit à Paris en 1654, et fut comme lui élevé par son père. Un prix remporté à l'âge de 18 ans lui valut la pension du roi. Il se forma à Rome sur les tableaux des grands maîtres, et surtout sur ceux de Raphaël. A son retour en France, il entra à l'académie de peinture, et en devint le directeur. Louis XIV le nomma son premier peintre, lui donna des lettres de noblesse, le fit chevalier de Saint-Michel, et ajouta à ses honneurs plusieurs pensions. Il mourut en 1733, aussi regretté pour ses talents, que pour sa douceur et sa politesse. Son pinceau est gracieux et noble. Ses tableaux se vendent moins cher que ceux de son frère, dont il était l'ami et l'émule, mais émule quelquefois inférieur. Il laissa quatre enfants : deux filles et deux fils, dont l'aîné a été contrôleur-général. On cite comme ses meilleurs tableaux l'*Annonciation*, l'*Assomption*, et la *Présentation de Jésus-Christ au temple*. Ce dernier se trouve dans l'église Notre-Dame, à Paris, et les deux autres dans la chapelle de Versailles.

BOULOGNE (Etienne-Antoine de), évêque de Troyes et pair de France, naquit à Avignon, le 26 décembre 1747, d'une famille honnête, mais peu riche. Sa première enfance fut négligée. On ne l'envoya qu'assez tard aux écoles des Frères, dites des *écoles chrétiennes*. Ceux-ci, frappés de ses heureuses dispositions et de son penchant pour l'état ecclésiastique, favorisèrent sa vocation. Il entra, à 15 ans, dans une pension pour apprendre le latin ; et son ardeur fut telle, qu'il acheva ses classes dans l'espace d'un an. Il fit sa rhétorique seul et avec le secours de quelques livres ; ensuite il entra au séminaire de Saint-Charles, dirigé par MM. de Saint-Sulpice ; et après avoir terminé sa philosophie et sa théologie, il reçut le sous-diaconat, puis le diaconat, et fut ordonné prêtre en 1771, quelques jours avant l'âge prescrit, avec une pense de l'archevêque d'Avignon. Dès son jeune âge, il montra un goût décidé pour la prédication, et il s'amusait à composer des discours qu'il débitait devant ses camarades. L'archevêque d'Avignon, qui voulait encourager son talent, l'engagea, avant qu'il fût diacre, à prêcher dans une église de la ville un jour qu'il lui désigna, et son discours fut bien accueilli. Quelque temps après, il prononça avec un égal succès, devant la congrégation des hommes, son sermon sur la religion chrétienne; alors il continua à prêcher dans les différentes églises d'Avignon, et même dans les villes voisines. Une circonstance inopinée vint encore favoriser son penchant pour l'art oratoire. L'académie de Montauban proposa, en 1772, un prix sur cette question : « Il n'y a point de meilleur garant « de la probité que la religion, » conformément à ces paroles de l'Ecclésiastique : *Qui timet Deum faciet bona.* L'abbé de Boulogne composa un discours sur ce sujet, et remporta le prix. Peu de temps après, il se rendit à Paris pour y entendre les prédicateurs qui étaient les plus suivis; mais son peu de fortune ne lui permettant pas de consacrer tous ses moments à l'étude, il entra d'abord dans la communauté des prêtres de la paroisse Sainte-Marguerite, ensuite dans celle de Saint-Germain-l'Auxerrois. Les soins de son ministère ne l'empêchant pas de se livrer à la composition, il commença en 1775 à se montrer dans les chaires de Paris, et en 1777 il prêcha dans l'église des Récollets de Versailles devant Mesdames, tantes du roi. L'année suivante, de Beaumont, archevêque de Paris, qui vraisemblablement avait été trompé sur son compte, lança contre lui un interdit, et cette disgrâce fut très-sensible à l'abbé de Boulogne. Il profita néanmoins de cette circonstance pour étudier l'Ecriture et les Pères, consulter les recueils des anciens sermonaires, revoir ses premiers discours, et en composer de nouveaux. Dans le même temps, une société d'*amis de la religion et des lettres* proposa un prix pour l'éloge du Dauphin mort en 1765, et l'abbé de Boulogne mérita d'être couronné; mais l'archevêque, que la société avait nommé son président, ne voulait pas qu'on décernât le prix à un prêtre qui avait encouru sa disgrâce. Toutefois, il se laissa fléchir aux instances réitérées qui lui furent faites; il leva l'interdit, à condition que le jeune orateur irait faire une retraite dans une communauté de Saint-Lazare, et il se soumit à cette condition qui lui paraissait humiliante pour surmonter les préven-

tions du prélat. Son *Eloge du Dauphin* fut imprimé, et fit honneur à ses talents. En 1782, il fut appelé à prêcher, devant les deux Académies des sciences et belles-lettres, le *Panégyrique de saint Louis*, et ce discours, qui fut aussi imprimé, accrut encore sa réputation. La même année, Clermont-Tonnerre, qui avait été élevé à l'évêché de Châlons-sur-Marne, le choisit pour son grand-vicaire; mais Boulogne, qui voulait suivre la carrière qu'il avait commencée, resta peu de temps auprès de lui, et revint dans la capitale. Il prêcha pour la première fois à la cour en 1783, et prononça, le jeudi saint, devant le roi, son *Discours sur l'excellence de la charité chrétienne*, qui lui valut une pension de 2,000 fr. sur l'archevêché d'Auch, et le cardinal de Rohan le désigna le jour même pour prêcher le carême de 1787 devant le roi. En 1784, l'évêque de Châlons le nomma archidiacre et chanoine de sa cathédrale, et en 1785 il prêcha le *Panégyrique de saint Augustin* devant l'assemblée du clergé; enfin, en 1787, il prêcha le carême à Versailles, et cette station justifia la réputation dont il jouissait déjà. On remarque surtout son sermon pour le dimanche des Rameaux, où il s'attacha à montrer combien la religion est nécessaire aux Etats et combien l'irréligion leur est funeste. Il signala même avec force les malheurs dont la société était menacée par les progrès de l'esprit philosophique; mais ses sinistres prédictions se perdirent dans les airs, et on continua de marcher à grands pas vers une révolution que tout favorisait à l'envi; quoique ce discours eût trouvé beaucoup de contradicteurs, il le prêcha de nouveau devant l'assemblée provinciale de la Champagne, et Talleyrand qui présidait l'assemblée le félicita de son zèle, et écrivit en sa faveur à l'évêque d'Autun qui le nomma à l'abbaye de Tonnay-Charente. En 1789, il fut nommé député ecclésiastique de la paroisse de Saint-Sulpice à l'assemblée bailliagère de Paris, et y montra les mêmes principes qu'en chaire. Lors de la constitution civile du clergé, il refusa le serment, et il se vit dépouillé de ses titres et de ses bénéfices. Il ne quitta point la France pendant la terreur, et chercha à se faire oublier en menant une vie fort retirée. Cependant il fut arrêté plusieurs fois, et il eut le bonheur de s'échapper et de trouver des personnes qu'il eut l'art d'intéresser, et qui le protégèrent contre toute recherche; mais, la veille de la mort de Robespierre, il fut arrêté dans la nuit et conduit à la prison des Carmes.

qu'il resta pendant plus de trois mois. Lorsque la Convention parut revenir à des idées de modération et de tolérance, il attaqua, avec les armes de la logique et du ridicule, les constitutionnels, qui cherchaient à relever leur église. Le succès qu'il obtint en ce nouveau genre le fit juger propre à la rédaction d'un journal ecclésiastique, que les abbés Sicard et Jauffret venaient d'entreprendre sous le titre d'*Annales religieuses* ; et à partir du n° 19, il devint seul rédacteur du journal qu'il intitula *Annales catholiques*, pour le distinguer des *Annales de la religion*, qui étaient rédigées par les constitutionnels. Ce recueil obtint un grand succès ; mais il fut plusieurs fois interrompu, notamment au 18 fructidor, où son auteur fut condamné à la déportation, et il n'y échappa qu'en se tenant rigoureusement caché. Boulogne reprit son journal au commencement de janvier 1800 ; et, malgré quelques traverses, il le continua jusqu'à la fin de 1801, sous la dénomination d'*Annales philosophiques et littéraires*, et quelquefois sous le titre de *Fragments de littérature et de morale*. Il le recommença en 1803, et l'intitula *Annales littéraires et morales*, puis *Annales critiques de littérature et de morale*, et enfin *Mélanges de philosophie, d'histoire, de morale et de littérature* ; mais il travailla peu à cette dernière partie ; il en abandonna entièrement la rédaction dès 1807. Ces différents recueils, qui forment plus de 10 gros vol. in-8, sans y comprendre les *Mélanges de philosophie*, se font remarquer par un attachement constant aux saines doctrines en religion et en littérature, de bons articles sur les livres qui paraissaient, des réfutations très-piquantes des écrits des constitutionnels, et des morceaux pleins de chaleur en faveur de la religion et contre l'incrédulité. Dans les intervalles où les *Annales* étaient suspendues, Boulogne fournissait volontiers des articles à la *Quotidienne*, à la *Gazette de France*, à la *France littéraire*, et surtout au *Journal des Débats* qui alors soutenait les bonnes doctrines. Les articles qu'il a fournis à ce dernier journal ont été réunis dans le *Spectateur Français au XIXᵉ siècle*, publié par Fabry, de 1805 à 1812, en 42 vol. in-8. Boulogne trouvait encore le temps de se livrer à la prédication ; il profita du rétablissement du culte pour remonter dans la chaire. Il avait perdu quelques-uns de ses discours pendant la révolution ; il revit ceux de sa première jeunesse, il en composa de nouveaux, et la maturité de son talent imprima encore plus de force et

d'énergie à tout ce qui sortit alors de sa plume. On distingue particulièrement ses *Sermons sur la charité chrétienne*, celui sur l'*excellence de la morale chrétienne*, le *Panégyrique de saint Vincent de Paul*, le *Sermon sur la Providence*, celui sur la *vérité*, et quelques autres que l'orateur répétait plus volontiers, et qui attiraient toujours la foule. Il était resté sans emploi lors du concordat ; l'évêque de Versailles lui donna un canonicat dans sa cathédrale, et le nomma ensuite grand-vicaire. Bonaparte, devenu empereur, qui cherchait à s'entourer de personnes à grande réputation, le choisit pour un de ses chapelains. Boulogne voulait refuser ce titre, mais un ami dont il respectait la sagesse et les lumières l'entraîna par ses conseils. Au mois de mars 1807, un décret daté du camp d'Osterode le nomma à l'évêché d'Acqui et aumônier ; mais il refusa le premier titre, en observant que son ignorance de la langue italienne le mettrait dans l'impossibilité de se faire entendre, et priverait son troupeau de ses instructions. Bonaparte agréa ses raisons. La même année, Mgr de La Tour-du-Pin, évêque de Troyes, étant mort, il fut appelé à lui succéder et préconisé à Rome dans le consistoire du 11 juillet de l'année suivante. Il est à remarquer que déjà Rome était envahie, que le Pape était en butte à une persécution ouverte, et que ce fut le dernier évêque français dont l'institution ne souffrit pas de difficulté ; toutefois il ne fut sacré que le 2 février 1809. Les bulles portant le *motu proprio*, qui n'est point admis en France, souffrirent beaucoup de difficultés. Plusieurs membres du conseil d'État voulaient qu'on les renvoyât à Rome, mais Bonaparte consentit à les admettre telles qu'elles étaient. Un des premiers actes du nouveau prélat fut une lettre pastorale, en date du 20 mars, qui a été imprimée, et où l'on remarque un morceau très-éloquent sur l'indifférence religieuse de notre siècle, sur l'amour de l'indépendance, cette manie des systèmes, tristes fruits des enseignements de la philosophie et des habitudes de la révolution. Peu de temps après, il entreprit la visite de son diocèse ; il donna la confirmation dans plusieurs villes, et partout il adressait quelques mots d'édification aux fidèles. On lui a reproché les éloges qu'il a donnés à Bonaparte à l'occasion de victoires et autres événements politiques. On les a même insérés dans un recueil, mais on a évité d'y citer des morceaux pleins de vérité auxquels les éloges servaient en quelque sorte de passeport. On trouve dans tous ses mandements des réflexions sur... pour le temps. Ainsi, dans celui du 1er juin 1809, le prélat s'adressant à Dieu, s'exprima en ces termes sur Bonaparte : « Dites-lui tout ce que les hommes ne peuvent pas lui dire; donnez-lui de surmonter toutes les passions, comme il surmonte tous les dangers; faites-lui comprendre que la sagesse vaut mieux que la force, et que celui qui se dompte lui-même vaut mieux que celui qui prend des villes. » L'évêque de Troyes ne se montra pas plus timide dans les discours qu'il prononça dans les plus grandes circonstances, et notamment à l'époque du sacre, et lors de l'ouverture du concile de 1811. Ces discours le perdirent dans l'esprit de l'empereur; mais les évêques lui donnèrent un témoignage de confiance en le nommant un des quatre secrétaires du concile, et en le choisissant quelques jours après pour faire partie de la commission chargée de répondre au message de Bonaparte. L'évêque de Troyes, toujours fidèle à ses principes, combattit le projet de décret qu'il proposa, et qui fut appuyé par l'archevêque de Tours et l'évêque de Nantes, (voyez BARRAL, Louis-Mathias Duvoisin), et il fut d'avis qu'on ne pouvait s'en rapporter à la note qu'ils prétendaient leur avoir été remise par le Pape lors du voyage qu'ils avaient fait peu auparavant à Savone. La commission déclara que le concile était incompétent pour prononcer sur l'institution des évêques sans l'intervention du Pape. Bonaparte irrité rendit un décret pour dissoudre le concile, et fit arrêter dans la nuit du 10 au 11 juillet les évêques de Troyes, de Gand et de Tournay, qu'il fit conduire à Vincennes, et mettre au secret le plus rigoureux. A la fin de novembre, on leur demanda séparément leur démission et une promesse par écrit de ne se point mêler des affaires de leurs diocèses. A ces conditions ils sortirent du donjon de Vincennes, et furent envoyés en différents lieux d'exil. Boulogne fut relégué à Falaise. Cette démission signée dans une prison devint une source de troubles dans son diocèse. Deux ecclésiastiques furent envoyés successivement à Rome pour consulter le Pape et les cardinaux, et la réponse fut que les droits de Boulogne étaient entiers, et que le chapitre n'avait aucune juridiction. Un troisième ecclésiastique fut envoyé à Falaise pour consulter le prélat qui déclara que, dans la situation rigoureuse où ils se trouvaient, ils ne pouvaient rien répondre. Il était clair que l'évêque ne voulait pas se compromettre par une réponse qui pourrait devenir publique;

l'abbé Arrisarti, chanoine et grand vicaire du diocèse, publia sa rétractation, et déclara qu'il ne reconnaissait point les pouvoirs du chapitre. Cette démarche d'un homme si pieux et si révéré fit une grande sensation; plusieurs chanoines se déclarèrent pour Boulogne. Le gouvernement, pour faire cesser cette opposition, lui demanda une nouvelle démission, et sur son refus il fut reconduit à Vincennes le 27 novembre 1813. Bonaparte avait nommé à sa place de Cussy, et une partie du chapitre l'avait reconnu, mais les événements de 1814 rendirent la liberté à l'abbé de Boulogne, et il reprit le gouvernement de son diocèse. Louis XVIII le choisit pour prêcher devant lui le jour de la Pentecôte, et le 29 avril le Pape le chargea d'une mission spéciale auprès du roi pour des points qui intéressaient la religion. Le 24 août suivant, un nouveau bref le félicita de ses soins et l'engagea à montrer le même zèle pour les intérêts de la religion. Peu après, une commission fut nommée pour s'occuper des affaires ecclésiastiques, et il fut choisi pour un des membres de cette commission. C'est à ses représentations que l'on doit, entre autres, l'ordonnance du 5 octobre qui affranchissait les petits séminaires du joug de l'Université. De retour dans son diocèse, il y fut reçu avec de vifs témoignages de joie, cependant les traces des premières divisions ne s'effacèrent que quelques années après. Il avait rédigé une ordonnance relativement à ses droits, et où il prononçait la nullité des actes du chapitre; mais il s'abstint par prudence et par modération de la mettre aujour. Le 12 janvier 1815, il reçut une invitation pour prêcher à Saint-Denis, le 21 janvier, l'oraison funèbre de Louis XVI; et malgré l'extrême brièveté du temps qu'il eut pour se préparer, il se trouva en état de lire son discours à Louis XVIII, qui ne pouvait se rendre à la cérémonie, deux jours avant celui où il devait le prononcer. Le prince lui en témoigna sa satisfaction; mais le prélat voulut le revoir avant de le livrer à l'impression, pour en faire disparaître toutes marques de précipitation. L'abbé de Boulogne fut encore obligé de quitter son évêché, lorsque Bonaparte, s'étant enfui de l'île d'Elbe, revint en France. Il se retira alors à Vaugirard, près Paris, où il vécut retiré et ignoré jusqu'à la seconde restauration. Alors il donna un mandement pour ordonner des prières publiques à l'occasion de l'ouverture des Chambres. Ce mandement fut inséré en entier, par ordre du roi, dans le Moniteur. Le jour de l'Épiphanie, il prêcha dans sa cathédrale un discours devenu célèbre, sous ce titre : *La France veut son Dieu, la France veut son roi*. Ce discours fut répété à Paris dans l'église de Saint-Thomas-d'Aquin et à l'Assomption. En avril 1816, il publia aussi une *Instruction pastorale sur l'amour et la fidélité que nous devons au roi, et sur le rétablissement de la religion catholique en France*. Depuis le concordat, le séminaire de Troyes était placé dans un local étroit et insuffisant, tandis que l'ancien séminaire servait de caserne. Boulogne faisait, depuis longtemps, des démarches pour le recouvrer; fatigué de ne voir toujours aucun résultat, il écrivit une lettre respectueuse, mais forte et puissante, à Louis XVIII qui ordonna sur-le-champ au ministre de la guerre de restituer les bâtiments occupés par les militaires. Ce respectable prélat forma depuis un petit séminaire à Troyes et un autre à Sens. Le concordat de 1817 faillit l'enlever à son troupeau. Il fut nommé à l'archevêché de Vienne; mais les circonstances rendaient cette translation sans effet. Ce concordat éprouva beaucoup de difficultés dans son exécution, et Boulogne, qui prit part aux délibérations de ses collègues, adhéra à la suspension du rétablissement de ce siége, et depuis il y renonça formellement. Le roi le nomma pair de France par ordonnance du 31 octobre 1822. Il assistait régulièrement aux séances de la Chambre, mais il y parlait assez rarement; cependant il prononça un discours dans la discussion sur les délits dans les églises, qui excita les plaintes de quelques pairs; mais Louis XVIII en accepta l'hommage des mains de son auteur. Il voulait parler aussi dans la discussion sur les communautés religieuses; la discussion ayant été fermée plutôt qu'il ne le croyait, il ne put prendre la parole. Léon X l'autorisa par un bref à porter le titre d'archevêque et à se revêtir du *pallium*, marque distinctive des métropolitains. Malgré son grand âge, ce prélat montait fréquemment en chaire. Il avait prêché dans sa cathédrale l'*oraison funèbre du duc de Berry*; il prêcha la Cène à la cour en 1818 et en 1825; il prononça à Saint-Denis la translation des reliques des saints martyrs, et fit un discours pour l'anniversaire de l'ouverture de Sainte-Geneviève en 1823. On l'entendit la même année dans plusieurs assemblées de charité; enfin, le 25 mars 1825, il porta la parole dans une réunion annuelle en commémoration des victimes de la révolution. Il a aussi donné, dans ses dernières années, plusieurs instructions pastorales non moins remarquables par le zèle que par le talent. Il en avait composé une sur le sacre, et il allait la livrer à l'impression, lorsqu'il fut frappé d'une attaque d'apoplexie dans la nuit du 10 au 11 mai 1825. Le matin, on le trouva sans connaissance. Les médecins essayèrent tous les moyens pour rappeler l'usage des sens; il ne put recouvrer la parole. Le curé de Saint-Sulpice lui administra l'extrême-onction, et il rendit le dernier soupir le vendredi 13 mai, à une heure du matin. Il fut enterré au mont Valérien, à côté de Mgr de Beauvais. L'auteur de l'*Annuaire nécrologique* a porté sur son compte un jugement bien sévère; mais il ne faut pas s'en étonner : son attachement pour la religion, son courage à la défendre, ses diatribes contre l'esprit du siècle, ont dû lui faire beaucoup d'ennemis; mais ses talents oratoires, la douceur de son caractère, sa bienfaisance pour les malheureux, sa vie exemplaire, le feront toujours regarder parmi les amis de la religion et des mœurs comme un des grands évêques que la France ait produit. Ses Œuvres ont été recueillies, après sa mort, en 8 vol. in-8°, 1826 et années suivantes. Les quatre premiers volumes, qui sont précédés d'une *Notice historique* sur ce prélat, contiennent les *Sermons et Discours* inédits; les *Mandements et Instructions pastorales*, suivis de divers morceaux oratoires, forment un volume; et les *Mélanges de religion, de critique, et de littérature*, 3 vol. Ils sont précédés d'un *Précis historique sur l'église constitutionnelle*.

BOUQUET (dom Martin), Bénédictin, de Saint-Maur, né en 1685 à Amiens, mourut à Paris, en 1754. Il eut part aux recueils de dom Montfaucon. On a de lui la *Collection des historiens de France, jusqu'au huitième volume*, Paris, 1773, et suiv. in-folio. Il en a paru dix depuis sa mort. Il exécuta cette entreprise avec l'exactitude d'un homme laborieux. Il avait plus d'amour pour le travail que d'esprit et de discernement.

BOUQUIN (Charles), né à Tarascon en 1622, religieux dominicain, prédicateur et théologien, mourut en 1808. On a de lui : *Solis Aquinatis splendores, circa sanctum eucharistiae mysterium*, Lyon, 1677, in-fol.; *Sermones apologetici quibus sanctae catholicae ac romanae ecclesiae fides contra novatores defenditur*, ibid. 1689, in-fol. Ses *Sermons* latins restèrent manuscrits dans les archives du couvent de Buix.

BOURBON (Robert de France, seigneur de), 6e fils de saint Louis et de Marguerite de Provence, né en 1256, épousa Béatrix de Bourgogne, fille d'Agnès, héritière de Bourbon. Il mourut en 1317. Il est la tige de la famille régnante en France, en Espagne, à Naples et à Parme. La baronnie de Bourbon fut érigée en duché pairie en faveur de Louis son aîné, l'an 1327. On trouve dans les lettres d'érection, des termes dignes de remarque, et qui ont l'air, dit le président Hénault, d'une prédiction : *J'espère*, dit le roi Charles-le-Bel, *que les descendants du nouveau duc contribueront par leur valeur à maintenir la dignité de la couronne.*

BOURBON (Nicolas), l'*Ancien*, poëte latin, né en 1503, à Vandœuvre, près de Langres, d'un riche maître de forges, vivait encore en 1550. Marguerite de Valois, sœur de François 1er, le chargea de veiller à l'éducation de Jeanne d'Albret sa fille, mère de Henri IV. Il se retira de la cour quelques années après, et alla goûter dans la ville de Candé, petite ville sur les confins de l'Anjou et de la Touraine où il avait un petit bénéfice, les douceurs de la retraite. On a de lui huit livres d'épigrammes ; il les appelait *Nugæ*, des bagatelles. On trouve dans ce recueil son poëme de la forge, *Ferraria*, composé à l'âge de quinze ans, et qu'Erasme a paru estimer, en considérant la grande jeunesse de l'auteur ; mais Scaliger, ne jugeant que l'ouvrage en lui-même, dit que Bourbon est un poëte de nul nom, de nulle considération. Ce poëme offre cependant quelques détails sur les ouvriers qui l'exercent. Les *Nugæ* de ce poëte furent imprimées à Lyon, in-8, en 1533. Dans le grand nombre de ses épigrammes, il n'y en a pas six de bonnes. Joachim du Bellay en fit une sur ce recueil :

Paule, tuum scribis Nugarum nomine librum,
In toto libro nil melius titulo.

On a encore des distiques moraux : *De puerorum moribus*, in-4, 1536.

BOURBON. (Voy. CONDÉ.)

BOURBON (Nicolas), dit *le Jeune* pour le distinguer de l'*Ancien* dont il était petit-neveu, de l'Académie française, professeur d'éloquence grecque au collège royal, et chanoine de Langres, né à Vandœuvre en 1574, mort à 70 ans, dans la maison des Pères de l'Oratoire de Saint-Honoré, où il s'était retiré. La France le compte parmi les plus grands poëtes latins qui l'ont illustrée depuis la renaissance des lettres. Ses pensées sont pleines d'élévation et de noblesse, ses expressions de force et d'énergie, sa poésie de ce feu qui anime ceux qui sont nés poëtes. Ses poésies furent imprimées

à Paris en 1651, in-12. Son *Imprécation contre le parricide de Henri IV* passe, avec raison, pour son chef-d'œuvre. Il écrivait aussi bien en prose qu'en vers. Bourbon était un homme grand, sec, vif et ardent. Il aimait beaucoup le bon vin, et il disait ordinairement « que lorsqu'il « lisait des vers français, il lui semblait « qu'il buvait de l'eau. » Grand approbateur des ouvrages d'autrui en présence de leurs auteurs, il les déchirait quelquefois en secret. On lui trouva, après sa mort, une quinzaine de mille livres dans un coffre-fort ; il craignait cependant de mourir dans l'indigence. Sa mémoire était très heureuse, et il possédait l'histoire civile et littéraire de son temps.

BOURBON, Armand de (Voy. CONTI.)

BOURBON - CONDÉ (Louis-Henri-Joseph , duc de), né le 13 avril 1756, épousa à l'âge de 15 ans Louise-Marie-Thérèse-Bathilde d'Orléans, qui était plus âgée que lui de quelques années. Cette union ne fut pas heureuse, et le duc d'Enghien, qui périt en 1804 dans les fossés de Vincennes, fut le seul fruit qui en soit sorti. La jeunesse du prince fut marquée par des aventures qui firent du scandale à la cour. Ayant provoqué en duel le comte d'Artois qui s'était permis dans un bal d'arracher le masque de la duchesse de Bourbon, un ordre du roi sépara les champions, et envoya le duc de Bourbon en exil à Chantilli. En 1782, le prince, réconcilié avec le comte d'Artois, prit part comme lui à la campagne de Gibraltar. Après son retour en France il fut fait chevalier de Saint-Louis et maréchal-de-camp. Dès les commencements de la Révolution, il se déclara contre les idées nouvelles, et il émigra avec le comte d'Artois après la prise de la Bastille. En 1791, il combattit dans les rangs de l'armée de Condé, fut envoyé en Espagne pour y demander des secours, et vint rejoindre l'année suivante ses compagnons d'exil. En 1793, il se distingua dans plusieurs affaires, particulièrement à Bertheim, où il fut blessé au bras et faillit tomber entre les mains de l'armée républicaine. En 1795, il fit partie de l'expédition à la tête de laquelle le comte d'Artois était placé, et débarqua avec ce prince à l'Ile-Dieu. L'entreprise ayant échoué, il se rendit en Russie, puis revint en Angleterre, où il apprit la mort funeste de son fils unique, le duc d'Enghien. En 1814, le duc de Bourbon rentra en France, se rendit en Espagne pendant les Cent-Jours, puis revint dans sa patrie avec les autres princes de sa famille. Depuis cette époque jusqu'à celle de sa mort, il demeura entièrement ger aux affaires. Il venait rarement ~~reprimeris~~, paraissait plus rarement encore ~~P~~ ~~our~~ et habitait le plus souvent Chan- ~~cey~~, où il se livrait au plaisir de la chasse. ~~I~~ perdit en 1818 son père, le prince de ~~Con~~dé, et en 1824 sa sœur, ancienne abbesse de Remiremont, qui avait établi un couvent au Temple. Les exemples et les conseils de cette pieuse princesse furent plus d'une fois utiles au duc de Bourbon ; mais, après sa mort, le prince déshonora sa vieillesse par le scandale d'une union illégitime avec une femme qu'il avait connue en Angleterre, et que depuis il n'avait pas craint de marier au baron de Feuchères en la faisant passer pour sa fille naturelle. Un mois après la révolution de 1830, le 27 août, le prince, qui avait annoncé l'intention de quitter la France, fut trouvé sans vie dans le château de Saint-Leu, suspendu avec sa cravatte à l'agrafe des volets intérieurs d'une croisée de sa chambre. On répandit d'abord le bruit d'un suicide, auquel le désordre de ses mœurs pouvait faire ajouter foi ; mais ensuite un grand nombre de personnes ont attribué cette mort à un crime. Le prince avait institué par testament le duc d'Aumale, fils du roi Louis-Philippe, son légataire universel, et faisait à madame de Feuchères des legs considérables. La famille de Rohan a attaqué la validité du testament; mais la demande a été repoussée par le tribunal de première instance et ensuite par la cour royale de Paris. Le duc de Bourbon-Condé était le huitième des princes de ce nom, qui remontent au prince de Condé tué à la bataille de Jarnac en 1569. En lui finit cette branche de la maison de Bourbon, qui avait donné plusieurs héros à la France.

BOURBON-CONTI (Amélie-Gabrielle-Stéphanie-Louise de) naquit à Paris le 26 décembre 1762, et reçut le titre de comtesse de *Mont-Cair-Zain*, anagramme, dit-on, de *Conti-Mazarin*. Elle a écrit elle-même l'histoire de sa vie sous ce titre : *Mémoires historiques de Stéphanie-Louise de Bourbon-Conti, écrits par elle-même*, Paris, 1797, 2 volumes in-8. Ces Mémoires ressemblent beaucoup à un roman. Elle se dit fille naturelle du prince de Conti et de la duchesse de ***. Son père voulait la faire légitimer, et Louis XV, dit-on, en avait signé l'acte, qui cependant n'est pas produit textuellement dans les Mémoires, lorsque sa mère la fit enlever pour éviter un éclat qui aurait trahi sa faiblesse, et la fit passer pour morte. Elle fut élevée comme fille de madame Delorme dans un couvent de Châlons-sur-Saône, puis mariée à

un parent de cette madame Delorme. Son époux ne put jamais vaincre l'horreur qu'elle avait conçue pour lui, et, après treize ans de misère et de tourments, il consentit qu'elle fût conduite au couvent de la Visitation à Gray, où elle resta deux ans prisonnière. De là elle se retira à l'abbaye royale de Notre-Dame de Meaux. Nous ne la suivrons pas dans le long récit de ses aventures et des démarches qu'elle fit pour se faire reconnaître et obtenir une portion de l'héritage du prince de Conti. Elle mourut à Paris en mars 1825, dans un état voisin de l'indigence.

BOURBON (Louis-Marie de), cardinal-archevêque de Tolède, naquit à Cadahalso le 22 mai 1777. Il était fils de l'infant Louis, frère de Charles III, qui fut créé cardinal par Clément XII, et s'étant marié secrètement, remit le chapeau, contre les intentions du roi son frère, qui désapprouva cette union et ne voulut pas d'abord reconnaître ses enfants. Cependant ils furent appelés plus tard à la cour, et reconnus comme infants d'Espagne et cousins du roi. Don Louis, qui avait alors 23 ans, fut destiné à l'état ecclésiastique et déclaré cardinal-prêtre, le 22 octobre 1800, puis archevêque de Séville, et enfin archevêque de Tolède qui passe pour le plus riche siége de toute la Chrétienté. Lors de l'invasion des Français en Espagne et la captivité de Ferdinand VII, le cardinal Bourbon fut élu président de la régence de Cadix, et il sanctionna les décrets de l'Assemblée des cortès, parmi lesquels se trouve celui de l'abolition de l'inquisition. Le nonce du Pape voulut faire des observations contre cette mesure, mais un nouveau décret de la régence le força de quitter l'Espagne. Au retour de Ferdinand, le cardinal fut exilé dans son diocèse, et on lui ôta l'administration de celui de Séville. Après la révolution du mois de mars 1820, il fut nommé président de la junte provisoire du gouvernement, et il exhorta, dans une lettre pastorale, tous les prêtres à se conformer à la constitution. Il est mort le 19 mars 1823.

BOURBOTTE, né à Vaux, près Avallon, et député à la Convention en 1792, vota la mort de Louis XVI, demanda la mise en jugement de la reine, et eut part à tous les excès du parti de la *Montagne*. Envoyé en 1794 dans les départements de l'ouest, il ordonna avec Rossignol des mesures d'extermination qui dévastèrent la Vendée, et le comité de salut public cassa ses arrêtés comme très-rigoureux. De retour à la Convention, il eut l'au-

dace de prendre la défense de l'atroce
Carrier qui l'avait défendu lui-même.;
mais il ne tarda pas à le suivre sur l'échafaud, en 1795.

BOURCHIER (Thomas), cardinal, archevêque de Cantorbéry, frère de Henri,
comte d'Essex, couronna Edouard IV,
Richard III et Henri VII, rois d'Angleterre, tint plusieurs conciles, condamna
les wiclésttes, et mourut à Cantorbéry
en 1486. Ce prélat avait beaucoup de
zèle et de lumières. Il introduisait l'imprimerie en Angleterre en 1464. Il envoya pour cet effet deux hommes à Harlem, et fit venir à ses dépens un compositeur. Il ne faut pas le confondre avec
un autre Thomas Bourchier qui a écrit
l'*Histoire du martyre des Pères Récollets
qui ont été mis à mort pour la foi en Angleterre, dans la Belgique et l'Irlande*,
depuis l'an 1536 jusqu'à l'an 1582, Paris, 1582, in-8, en latin.

BOURDAILLE (Michel), docteur de la
maison et société de Sorbonne, grand-
vicaire et chanoine dignitaire de l'église
de la Rochelle, où il mourut le 26 mars
1694, se fit connaître par différents ouvrages. L'un des principaux a pour titre :
Théologie morale de saint Augustin, in-
12, Paris, 1667. L'auteur y avançait une
proposition inexacte, qui donna lieu à
des discussions. Outre cet ouvrage, Bourdaille a donné : *Exposition du Cantique
des cantiques, tirée des Pères et des auteurs ecclésiastiques*, 1689, 4 vol. in-12 ;
*Théologie morale de l'Evangile, comprise
dans les huit béatitudes et dans les commandements d'aimer Dieu et le prochain*,
Paris, 1691 ; *De la Part que Dieu a dans
la conduite des hommes*, parmi les écrits
de Nicole sur la grâce.

BOURDALOUE (Louis), né à Bourges
en 1632, prit l'habit de jésuite en 1648.
Ses heureuses dispositions pour l'éloquence engagèrent ses supérieurs à le
faire passer de la province à la capitale.
Les chaires de Paris retentirent de ses
sermons. Son nom pénétra bientôt à la
cour. Louis XIV ayant voulu l'entendre,
il débuta par l'avent de 1670. Il prêcha
avec tant de succès, qu'on le redemanda
pour plusieurs carêmes et pour plusieurs
avents. On l'appelait *le roi des prédicateurs et le prédicateur des rois*. Louis
XIV voulut l'entendre tous les deux ans,
« aimant mieux ses redites que les choses
« nouvelles d'un autre. » Ses succès furent les mêmes en province qu'à Paris et
à la cour : à Montpellier, où le roi l'envoya après la révocation de l'édit de
Nantes en 1686, pour faire goûter la religion catholique par ses sermons et ses
exemples, il eut les suffrages des catho-

liques et des nouveaux convertis. Sur
fin de ses jours, il abandonna la chai
se voua aux assemblées de cha
aux prisons; se faisant petit avec le
ple, autant qu'il était sublime av
grands. Il avait un talent particuli
assister et consoler les malades
vit souvent passer de la cha
d'un moribond. Il mourut le
1704, admiré de son siècle et respe
même des ennemis des Jésuites. Sa co
duite, dit un auteur estimé, était la
meilleure réfutation des *Lettres Prov-
ciales*. Le Père Bretonneau, son confrère,
donna deux éditions de ses ouvrages. On
a, sur sa vie et ses vertus, une *Notice*
par Mme de Pringy, Paris, 1705, in-4;
une *Lettre* du président Lamoignon, qui
l'avait beaucoup connu, et une autre du
Père Martineau, son confrère. Voici la
distribution de ses ouvrages : *Avent,
Carême, Dominicales, Exhortations,
Mystères, Panégyriques, Retraites, Pensées*. Il n'y a peut-être pas d'ouvrage
plus fort de choses que ses *Pensées* : on y
trouve un fonds inépuisable de morale,
de théologie et de véritable philosophie,
présenté avec une simplicité et une dignité de langage qui n'a point trouvé
d'imitateurs. Son portrait qu'on voit dans
les premières éditions de ses *Sermons*
n'a été tiré qu'après sa mort. On y lit ce
passage du psaume 118 : *Loquebar de
testimoniis tuis in conspectu regum, et
non confundebar*, qui exprime son ministère, ainsi que la manière dont il s'en
acquitta. Il en soutint toujours la liberté
et n'en avilit jamais la dignité. Nulle
considération ne fut capable d'altérer sa
franchise et sa sincérité. Ses manières
étaient simples, modestes et prévenantes;
mais son âme était pleine de force et de
vigueur. « Tantôt élevé, tantôt simple
« (dit l'auteur de la *Décadence des lettres
« et des mœurs*), toujours noble et jamais
« familier, il se met à la portée de l'es-
« prit de tous les hommes : ses idées se
« développent, se succèdent rapidement
« et avec netteté : d'une vérité qu'il éta-
« blit, naissent mille autres véritésmou-
« velles qui se soutiennent, et se forti-
« fient mutuellement : il s'abandonne à
« ces grands mouvements qui surpren-
« nent, agitent, remuent l'auditeur; con-
« cis, serré sans sécheresse, profond
« sans obscurité, il raisonne, il discute,
« il prouve : comme c'est l'esprit qu'il
« veut subjuguer, il l'attaque, le combat,
« le suit dans tous les détours, saisit ses
« subtilités, détruit ses sophismes et ses
« erreurs, le presse, le force enfin à se
« rendre à l'évidence. Nourri de la lec-
« ture des Pères de l'Eglise, on voit que

t naturel, plus que la néces-
porté à s'enrichir de leurs tré-
éloquence est celle des Chry-
, des Augustin ; il en a l'âme,
, l'abondance ; son style sé-
n'a rien de recherché, ni d'affec-
il est nerveux et plein de force ; les
ements, les fleurs, les grâces du
ngage s'y trouvent placés naturelle-
ent. Bourdaloue, en un mot, est de
tous les orateurs sacrés le plus accom-
« pli, et le créateur de l'éloquence de
« la chaire. » On l'a souvent mis en parallèle avec Massillon. L'un et l'autre
sont très-éloquents, mais ils le sont d'une
manière différente. Chacun peut, suivant
son goût, donner la préférence à l'un ou
à l'autre. Tous deux peuvent être regardés comme les plus parfaits modèles des
prédicateurs. Bourdaloue est plus concis,
plus serré ; il s'attache plus à convaincre.
Il est plus logicien et plus théologien,
mais il a quelque chose de grave et d'au-
tère. Massillon, sans atténuer la sévérité
de la morale évangélique, l'insinue avec
plus d'art, sans négliger les raisonnements, et cherche surtout à parler au
cœur. Il descend dans la conscience de
ses auditeurs, lui dévoile les ressorts les
plus secrets de leurs actions, et les confond par des peintures où chacun est
étonné et honteux de se reconnaître.
Beaucoup de gens, ceux surtout qui
s'attachent à la force et à l'empire de la
raison avant de se livrer à l'enthousiasme
du sentiment, aiment mieux l'éloquence
du Père Bourdaloue. Tout étant balancé
de part et d'autre, la première place,
dit l'abbé Turblet, demeure au Père
Bourdaloue. « Ce qui plaît, ce que j'ad-
« mire principalement dans Bourdaloue
« (dit l'abbé Maury, dans les *Réflexions*
« *sur l'éloquence* qu'on voit à la tête de
« ses *Discours*), c'est qu'il se fait oublier
« lui-même, c'est que, dans un genre
« trop souvent livré à la déclamation,
« il n'exagère jamais les devoirs du chris-
« tianisme, ne change point en précep-
« tes les plus simples conseils, que sa
« morale peut toujours être réduite en
« pratique ; c'est la fécondité inépuisable
« de ses plans, qui ne se ressemblent
« jamais, et l'heureux talent de dispo-
« ser ses raisonnements avec cet ordre
« dont parle Quintilien, lorsqu'il com-
« pare le mérite d'un orateur à l'habi-
« leté d'un général qui commande une
« armée, *velut imperatoria virtus ;* c'est
« cette logique exacte et pressante qui
« exclut les sophismes, les contradic-
« tions, les paradoxes, c'est l'art avec
« lequel il fonde nos devoirs sur nos
« intérêts, et ce secret précieux que

« je ne vois guère que dans ses *Ser-*
« *mons,* de convertir les détails des
« mœurs en preuves de son sujet ; c'est
« cette abondance de génie qui ne
« laisse rien à imaginer au-delà de cha-
« cun de ses *Discours,* quoiqu'il en ait
« composé au moins deux, souvent trois,
« quelquefois même quatre sur la même
« matière, et qu'on ne sache, après les
« avoir lus, auquel de ces sermons donner
« la préférence ; c'est la simplicité d'un
« style nerveux et touchant, naturel et
« noble ; la connaissance la plus pro-
« fonde de la religion, l'usage admira-
« ble qu'il fait de l'Ecriture et des Pères ;
« enfin je ne pense jamais à ce grand
« homme, sans me dire à moi-même :
« Voilà donc jusqu'où le génie peut s'é-
« lever, quand il est soutenu par le tra-
« vail. » Thomas (*Essai sur les Eloges*)
ne donne à Bourdaloue que la seconde
place dans l'art des panégyriques, il le
place après Fléchier et Bossuet. Mais il
faut que Bossuet n'ait pas connu si bien
que Thomas le vrai goût des *Eloges*,
puisqu'après avoir entendu l'oraison funèbre du grand Condé, il s'écria, en
parlant de l'orateur : *Cet homme sera*
éternellement notre maître en tout. Thomas reproche à Bourdaloue de n'avoir
pas assez imité la manière de Bossuet. Le
génie crée et n'imite pas, il marche seul
et ne se traîne pas sur des traces. Laharpe enfin donne la première place à Massillon, et reproche à l'abbé Maury de ne
pas rendre assez de justice à ce dernier,
l'un des écrivains chez qui notre langue
a le plus de richesses, de douceur et de
charmes. « Je regarde Massillon, dit-il,
« dans le genre de la prédication comme
« le premier des orateurs ; car c'est lui
« qui a le mieux atteint le but de ce gen-
« re d'éloquence, celui d'émouvoir les
« cœurs et de faire aimer la morale évan-
« gélique. Comme prédicateur il parle
« à l'âme, et comme écrivain, il nous
« charme. »— J'ai pu (ajoute-t-il ailleurs,
en revenant sur le compte de Bourdaloue, dont il avait parlé trop légèrement
en traitant de l'éloquence de son siècle)
« ne mettre aucune comparaison entre
« eux sous des rapports purement litté-
« raires ; et en effet, je ne pense pas que
« sous ce point de vue Bourdaloue puisse
« la soutenir ; mais je dois ici les exami-
« ner comme chrétien, puisque c'est
« pour des chrétiens qu'ils ont écrit et
« parlé. Il est deux points où j'ai trouvé
« Bourdaloue supérieur à tout, depuis
« que je l'ai lu comme j'aurais dû tou-
« jours le lire. Ces deux mérites, qui lui
« sont particuliers, sont l'instruction et
« la conviction, portées chez lui seul à

« un tel dégré, qu'il ne me semble pas
« moins rare et moins difficile de penser
« et de prouver comme Bourdaloue, que
« de plaire et de toucher comme Mas-
« sillon. Bourdaloue est donc aussi une
« de ces couronnes du grand siècle, qui
« n'appartiennent qu'à lui ; un de ces
« hommes privilégiés que la nature avait,
« chacun dans son genre, doués d'un
« génie qu'on n'a pas égalé depuis. Son
« *Avent*, son *Carême*, et particulière-
« ment ses *Sermons sur les Mystères*,
« sont d'une supériorité de vues dont
« rien n'approche, sont des chefs-d'œu-
« vres de lumière et d'instruction aux-
« quels on ne peut rien comparer.
« Comme il est profond dans la science
« de Dieu! Qui jamais est entré aussi
« avant dans les mystères du salut ?
« Quel autre en a fait connaître comme
« lui la hauteur, la richesse et l'éten-
« due ? Nulle part le christianisme n'est
« plus grand aux yeux de la raison que
« dans Bourdaloue. On pourrait dire de
« lui, en risquant d'allier deux termes
« qui semblent s'exclure, qu'il est supé-
« rieur en profondeur comme Bossuet
« en élévation. Certes, ce n'est pas un
« mérite vulgaire qu'un *Recueil de Ser-*
« *mons* qu'on peut appeler un cours
« complet de religion, tel que , bien
« lu et bien médité, il peut suffire
« pour en donner une connaissance par-
« faite. C'est donc pour des chrétiens
« une des meilleures lectures possibles :
« rien n'est plus attachant pour le fond
« des choses; et la diction, sans les
« orner beaucoup, du moins ne les dé-
« pare nullement. Elle est toujours natu-
« relle, claire et correcte; elle est peu
« animée, mais sans vide, sans langueur,
« et relevée quelquefois par des traits de
« force: quelquefois aussi, mais rare-
« ment, elle approche trop du familier.
« Quant à la solidité des preuves, rien
« n'est plus irrésistible; il promet sans
« cesse de démontrer, mais c'est qu'il
« est sûr de son fait, car il tient toujours
« parole. Je ne serais pas surpris que,
« dans un pays comme l'Angleterre où
« la prédication est toute en preuves,
« Bourdaloue parût le premier des pré-
« dicateurs; et il le serait partout, s'il
« avait les mouvements de Démosthène.
« comme il en a les moyens de raison-
« nement. En total, je croirais que Mas-
« sillon vaut mieux pour les gens du
« monde, et Bourdaloue pour les chré-
« tiens. L'un attirera le mondain à la
« religion par tout ce qu'elle a de dou-
« ceurs et de charmes, l'autre éclaire-
« ra et affermira le chrétien dans sa foi
« par ce qu'elle a de plus haut en con-

« ceptions et de plus fort en appuis. »
BOURDEILLES (Pierre de), connu
sous le nom de BRANTÔME, dont il était
abbé, joignit à ce titre ceux de seigneur
et baron de Richemont, de chevalier de
l'ordre, de gentilhomme de la chambre
des rois Charles IX et Henri III , et de
chambellan du duc d'Alençon. Il avait eu
dessein de se faire chevalier de Malte ,
dans un voyage qu'il fit dans cette île au
temps du siège, l'an 1565 Il revint en
France, où on l'amusa par de vaines espérances; mais il ne reçut d'autre fortune, dit-il, que d'être bien venu des rois
ses maîtres , des grands seigneurs, des
princes , d'autres rois, des reines, des
princesses. Il mourut en 1614, à 87 ans.
Ses *Mémoires* ont été imprimés en 10 et
en 15 vol. in-12 : 4 des *Capitaines fran-*
çais , 2 des *Capitaines étrangers*, 2 des
Femmes galantes, 1 des *Femmes illustres*,
1 des *Duels*. Ils sont nécessaires à ceux
qui veulent savoir l'histoire secrète de
Charles IX, de Henri III et de Henri IV.
L'homme y est encore plus représenté
que le prince. Le plaisir de voir ces rois
dans leur particulier et hors du théâtre,
joint à la naïveté du style de Brantôme,
rend la lecture de ces *Mémoires* fort
agréable, quoique plusieurs de ses anecdotes paraissent hasardées , que les faits
publics qu'il raconte soient souvent défigurés par des contes populaires, et que
le portrait de la même personne présente
quelquefois des contradictions. Il rapporte des discours et des faits absolument
opposés au caractère et à l'histoire de
ceux auxquels il les attribue. Les écrivains protestants du dernier siècle ne lui
rendent pas justice, lorsqu'ils le traitent
de controversiste passionné que la pré-
vention aveugle. Ils savent bien se prévaloir de son témoignage, lorsqu'il leur est
favorable. D'ailleurs Brantôme ne paraît
pas prendre un intérêt assez vif aux avantages de la religion qu'il professait,
ni à la gloire des princes lorrains, pour
être soupçonné d'avoir altéré des faits
dont il a été témoin. Il est vrai qu'il a
gémi, comme tous les bons citoyens, sur
les malheurs de la France durant les
guerres suscitées par les sectaires, et
qu'il les a quelquefois bien peints; mais
il n'en a rien dit qui ne soit conforme à
ce qu'en rapportent tous les historiens du
temps. Ses *Mémoires* avec la *Vie* de l'auteur et quelques *Opuscules* ont été réimprimés en 1787, sous le titre de: *Œu-*
vres de Brantôme, Paris, 8 vol. in-8.
BOURDEILLES (Claude de), petit-
neveu de Brantôme, comte de Montrésor, attaché à Gaston d'Orléans dans sa
faveur et dans ses disgrâces, perdit plu-

fois sa liberté pour servir ce prince. Il connut à gré du tumulte et des tracasseries de cour, il prit le parti de goûter les douceurs d'une vie privée. Il mourut à Paris en 1663. Il a laissé des *Mémoires*, connus sous le nom de *Montrésor*, 2 vol. in-12, qui sont curieux. Il y a plusieurs pièces sur l'histoire de son temps. Montrésor ne craint point de raconter les projets formés par lui contre la vie du cardinal de Richelieu.

BOURDELOT (Jean), maître des requêtes de la reine Marie de Médicis, savant dans les langues et la jurisprudence, auteur de *Notes sur Lucien*, sur Héliodore et sur Pétrone, mourut en 1638. Ses *Commentaires* sont estimés des savants, mais assez peu consultés.

BOURDIGNÉ (Charles), prêtre, natif d'Angers, y vivait en 1531. Il est auteur de la *Légende de Pierre Faifeu*, en vers, Angers, 1532, in-4, Paris, 1723, in-12. C'est un récit de toutes les espiègleries que Faifeu, jeune débauché, met en usage pour parvenir à ses fins. Cet ouvrage, divisé en 49 chapitres, est fait avec esprit.

BOURDIN (Maurice), antipape en 1118, sous le nom de *Grégoire VIII*, était auparavant archevêque de Brague. Excommunié au concile de Reims, l'an 1119, il se retira à Sutri. Callixte II envoya une armée commandée par un cardinal, pour former le siége de cette ville. Les habitants de Sutri, voyant battre leurs murailles pour un misérable antipape, le livrèrent aux soldats, qui l'amenèrent à Rome sur un chameau, à rebours, tenant en main la queue au lieu de bride, et couvert d'une peau de mouton toute sanglante en guise de chappe d'écarlate. Bourdin mourut en prison, à Sulmone, la même année 1122. Ses ordinations furent déclarées nulles au premier concile de Latran, l'an 1123 ; ce qu'il ne faut cependant entendre que relativement à l'exercice et aux fonctions légitimes du sacerdoce et de l'épiscopat, et enfin au rang et aux honneurs attachés à ces dignités.

BOURDOISE (Adrien), prêtre, natif du Perche, instituteur du séminaire de Saint-Nicolas du Chardonnet, à Paris, né en 1584, fut l'ami de saint Vincent de Paul, et mourut en odeur de sainteté en 1655, à 71 ans. Catéchismes, missions, conférences, il se portait à tout avec une égale vivacité. Les gens du monde lui ont quelquefois trouvé du ridicule ; mais les règles de l'usage et des bienséances reçues ne sont pas toujours celles de la charité et du zèle. Un écrivain protestant n'a pu s'empêcher de convenir que dans sa vie « on découvre « un homme d'une simplicité originale, « d'une droiture chrétienne, d'une piété « édifiante, et en qui des mœurs antiques et un fonds de probité tenaient « lieu d'études et de lumières. » La première édition de sa *Vie*, qui parut en 1714, in-4, péchait par une trop grande exactitude de détails quelquefois minutieux, qu'on a retranchés dans celle qui a paru en 1764, in-12, où l'on a cependant très-bien fait de conserver certains traits, peu importants en eux-mêmes, mais très-propres à donner une idée juste de ce zélé et respectable ecclésiastique. « Un jour madame la duchesse d'Aiguil-« lon , nièce du cardinal de Richelieu , « vint entendre la messe à Saint-Nicolas ; « ses officiers placèrent son carreau dans « le sanctuaire : M. Bourdoise le prit « aussi et le porta hors du chœur , en « représentant d'une manière respec-« tueuse à cette duchesse, que la nef « était la place des laïques. Le cardinal « de Richelieu qui le sut fut choqué de « ce qu'on avait ainsi traité sa nièce , et « fit appeler le saint prêtre. M. Bour-« doise refusa d'abord d'y aller, en disant « qu'il n'avait point l'honneur d'être « connu de son Éminence , et qu'assu-« rément on le prenait pour un autre. « On l'avertit une seconde fois , et on lui « envoya même le carrosse dont il ne « voulut pas se servir ; il partit sur-le-« champ à pied , et on le fit entrer dans « le moment même qu'il parut. Comme « il saluait profondément son Éminence : « Est-ce donc vous, lui dit-elle , qui avez « chassé ma nièce du chœur de votre « église ? — Non , monseigneur. — Ne « vous appelez-vous pas Bourdoise ? — « Oui, monseigneur. — Eh ! c'est vous-« même qui lui avez fait cet affront. — « Pardonnez-moi, monseigneur. — Et « qui est-ce donc ? — C'est votre Émi-« nence , ce sont tous les prélats assem-« blés en concile , qui ont défendu aux « laïques , et surtout aux femmes, d'en-« trer dans le chœur , afin que les ecclé-« siastiques y puissent faire librement « leurs fonctions. Ce grand ministre fut « surpris de cette réponse, quoiqu'il n'en « parût pas fort content ; mais madame « la duchesse d'Aiguillon profita de l'a-« vis du serviteur de Dieu , et elle lui « en sut si bon gré, qu'elle vint plus « souvent à Saint - Nicolas. Pendant « sa vie, elle ne cessa de répandre ses « bienfaits sur le séminaire , et elle ne « l'oublia pas dans son testament. »

BOURDON (Sébastien), peintre et graveur, naquit à Montpellier en 1616. Son père, peintre sur verre, fut son premier

BOU

maître. Après avoir servi quelque temps,
il voyagea en Italie, et y saisit la manière de Claude Le Lorrain, de Caravage
et du Bamboche, prenant toutes les formes avec une facilité égale. De retour en
France, à l'âge de 27 ans, il se fit un
nom célèbre par son tableau du *Martyre
à saint Pierre*, qu'on voit à Notre-Dame
de Paris. Il entreprit ensuite le voyage
de Suède. Il y fut bien accueilli par
Christine; mais bientôt après, entraîné
par son inquiétude et son inconstance,
il revint dans son pays; il y fit plusieurs
tableaux dans lesquels on remarque une
imagination fougueuse et bouillante, une
touche légère, un bon coloris, un goût
extraordinaire et quelquefois bizarre. Son
pinceau était peu correct, mais facile.
Il paria qu'il peindrait, dans un jour,
douze têtes d'après nature, de grandeur
naturelle, et il gagna son pari : ces têtes
ne sont pas les moindres de ses ouvrages.
Il finissait peu, mais le feu et la liberté
qu'il mettait à tous ses tableaux font
plus rechercher ses productions les
moins finies, que les chefs-d'œuvre d'un
peintre, d'un génie médiocre. Il réussissait dans tous les genres, surtout dans
le paysage. Ses tableaux ornent plusieurs
églises de Paris, et différentes maisons
particulières. Ce maître travaillait pour
Louis XIV, dans l'appartement des Tuileries, lorsque la mort l'enleva en 1662.
Il était directeur de l'académie de peinture, où sa mémoire a été longtemps
chère, autant par ses talents que par ses
mœurs. On remarque parmi ses tableaux
le *Martyre de saint Pierre*; le *Supplice
de saint Gervais et saint Protais*; son
Portrait; le *Repos de la sainte Famille*;
Jésus bénissant ses Disciples; une *Descente de croix*, etc.

BOURDON DE SIGRAIS (Claude-
Guillaume), chevalier de Saint-Louis,
membre de l'académie des inscriptions et
belles-lettres, a publié les ouvrages suivants : *Histoire des rats, pour servir à
l'histoire universelle*, Ratopolis, 1738,
in-8, avec fig., réimprimée en 1787,
dans le tome II de la collection des *Œuvres badines* du comte de Caylus : c'est
une production de la jeunesse de l'auteur; *L'Histoire des chats* : de Moncrif
lui avait fourni l'idée de cette plaisanterie ingénieuse; *Institutions militaires*,
de Végèce, traduites en français, Paris,
Prault, 1749, in-12, fig., Amsterdam,
1744, in-12, Paris, 1759, in-12 : cette
traduction est estimée; *Considérations
sur l'esprit militaire des Gaulois, pour
servir d'éclaircissement préliminaire aux
mêmes recherches sur les Français, et
d'introduction à l'Histoire de France*,

1774, in-12; *Considérations sur l'esprit militaire des Germains, depuis l'an
de Rome 640 jusqu'en 176 de l'ère vulgaire*, Paris, 1781, in-12; *Considérations sur l'esprit militaire des Francs et
des Français, depuis le commencement
du règne de Clovis, en 482, jusqu'à la
fin de celui de Henri IV, en 1610*, Paris,
1786, in-12. Ces trois volumes forment
le recueil des Dissertations lues par l'auteur à l'académie des inscriptions et
belles-lettres; elles sont curieuses et intéressantes; *Dialogues sur les orateurs*,
traduits en français, Paris, 1782, in-12.

BOURDON (Amé), fils d'un ingénieur
du roi d'Espagne, naquit à Cambrai en
1638 et mourut dans cette ville en 1706.
A l'âge de 36 ans, et père de 12 enfants
vivants, il se détermina à prendre ses degrés en médecine à l'Université de Douai
en 1673. Il fit paraître, en 1678, pour l'instruction d'un fils qu'il destinait à cette
profession, ses *Tables anatomiques*,
in-fol., avec sa *Description anatomique
du corps humain*, in-12, qui a été souvent
réimprimée, parce que c'était alors un
des ouvrages les plus parfaits dans ce
genre.

BOURDONNAIS (Bernard - François
MAHE DE LA), né à Saint-Malo en 1699,
fut à la fois négociant et guerrier. Chargé
de bonne heure des affaires de la compagnie des Indes, il lui fut utile dans plus
d'un voyage qu'il entreprit pour favoriser les intérêts de cette compagnie, et
pour augmenter sa propre fortune. Le roi
le nomma gouverneur général des îles de
France et de Bourbon, et elles devinrent
florissantes sous son administration. C'é-
tait dans le temps de la guerre malheureuse de 1741. Les Anglais dominaient
dans l'Inde. Une escadre anglaise croi-
sait dans les mers, gênait le commerce
des Français et faisait beaucoup de prises. La Bourdonnais prend la résolution
d'armer une petite flotte. Il sort de l'île de
Bourbon avec neuf vaisseaux de guerre,
attaque l'escadre ennemie, la disperse et
va mettre le siège devant Madras. Cette
ville capitula en septembre 1746, et les
vaincus se rachetèrent pour environ neuf
millions. Les richesses que La Bourdonnais avait acquises ayant excité l'envie,
on peignit le vainqueur de Madras comme un prévaricateur qui avait exigé une
rançon trop faible, et qui s'était laissé
corrompre par des présents. Les directeurs de la compagnie des Indes, et plusieurs actionnaires portèrent leur plainte
au ministère; et La Bourdonnais, en arrivant en France, fut enfermé à la Bastille. Son procès dura trois ans et demi.
Enfin les commissaires du conseil qu'on

lui donna pour juges le déclarèrent innocent. Il fut remis en liberté, et rétabli dans tous ses honneurs. Il mourut
bientôt après, en 1755, d'une maladie
cruelle que le chagrin et sa longue détention lui avaient causée. C'était un
homme comparable à Dugai-Trouin, et
aussi intelligent dans le commerce qu'habile dans la marine. Il avait d'ailleurs
beaucoup d'esprit. Un des directeurs de
la compagnie des Indes lui demandait un
jour comment il s'y était pris pour faire
bien mieux ses affaires que celles de la
compagnie. « C'est, répondit-il, parce
« que j'ai suivi vos instructions dans tout
« ce qui vous regardait, et que je n'ai
« consulté que moi-même dans ce qui
« concernait mes intérêts. »

BOURG (Anne du), de Riom, conseil-
ler-clerc au Parlement de Paris, se fit
connaître par un attachement fanatique
à la religion de Calvin. Ayant parlé avec
une espèce de fureur pour les partisans
de cette doctrine dans une assemblée du
Parlement, Henri II le fit arrêter. On lui
fit son procès, il fut déclaré hérétique,
dégradé de l'ordre de prêtrise, pendu et
brûlé en Grève en 1559, à 38 ans. On le
soupçonna d'avoir eu part à l'assassinat
du président Minart, un de ses juges :
ce meurtre hâta son supplice et celui de
plusieurs calvinistes. Ces sectaires s'en
vengèrent par la conspiration d'Amboise
et les guerres qui la suivirent. Du Bourg
était un des plus dangereux émissaires
du calvinisme, et il aurait propagé
les erreurs, s'il l'avait pu, sur les ruines
de la religion et de l'Etat. On voit par-là
combien les protestants se sont donné de
ridicule, en mettant au nombre des martyrs un fanatique opiniâtre et séditieux.

BOURGEAT (Louis-Alexandre-Mar-
guerite), né à Grenoble en 1787, embrassa d'abord la profession d'avocat,
mais la faiblesse de sa santé et son goût
pour les lettres le déterminèrent à se
rendre à Paris pour s'y livrer uniquement. Il y travailla à la *Biographie universelle*, et fut un des collaborateurs du
Mercure et du *Magasin encyclopédique*.
A la fin de 1813, il remporta le prix proposé par la société des sciences et des
arts de Grenoble pour la meilleure *Histoire des Allobroges*, *prouvée par les monuments et les auteurs*. Il avait entrepris
une *Traduction*, avec des *Notes* et éclaircissements, de l'*Essai historique sur les
Skaldes* ou *anciens poëtes scandinaves*,
écrite en italien par Graberg de Henso,
et il avait commencé une *Histoire sur la
guerre contre les Albigeois*, lorsqu'une
fièvre adynamique l'enleva le 14 août
1814.

BOURGEOIS (Louis le), abbé de Chante-
Merle, né à Heauville au diocèse de Coutances, mort doyen de l'église d'Avranches en 1680, consacra sa verve poétique
à des sujets chrétiens. On a de lui: le *Catéchisme en forme de cantiques*, à l'usage
du Dauphin, 1669 et 1684 ; l'*Histoire des
Mystères de Jésus-Christ et de la Vierge;*
les *Psaumes pénitentiaux*. La poésie de
ces trois ouvrages est facile, mais faible
et sans images.

BOURGEOIS DE CHASTENET, avo-
cat au Parlement, a exercé pendant quelque temps les fonctions de censeur royal,
et a publié au commencement du 18e siècle : *Les Intérêts des princes d'Allemagne*,
traduits du latin de Joachim de Transée,
1712, 2 vol. in-12 ; *Histoire du concile
de Constance*, où l'on fait voir combien
la France a contribué à l'extinction du
schisme, Paris 1718, in-4 ; une édition
de l'*Histoire du monde* de Chevreau, en
8 vol. in-12, avec des additions considérables, faussement attribuée à l'abbé de
Vertot par les libraires de Hollande qui
ont imprimé cet ouvrage ; une édition de
l'*Histoire de l'Empire*, par Heisse, à laquelle il a ajouté une continuation.

BOURGEOIS (François), peintre allemand, né à Londen en 1756, mort en
1811, s'est fait une grande réputation
par ses *Voyages* et ses *Marines*.

BOURGEOIS (Charles - Guillaume -
Alexandre) naquit à Amiens en 1759. Il
étudia d'abord la gravure, puis il prit le
pinceau, et fit avec succès des tableaux
de miniature ; en même temps il mit à
profit les connaissances qu'il avait acquises en physique et en chimie pour fabriquer de nouvelles couleurs qui ont été
adoptées par les bons coloristes, et pour
faire des expériences sur la lumière et
les rayons colorés. Il est mort le 7 mai
1832. On a de lui : *Mémoire sur les lois
que suivent dans leurs combinaisons les
couleurs produites par la réfraction de la
lumière*, 1813, in-12 ; *Mémoire sur les
couleurs de l'iris causées par la seule réflexion de la lumière*, *avec l'exposition
des bases de diverses doctrines; Manuel
d'optique expérimentale*, à l'usage des artistes et des physiciens, Paris 1821, d'a-
bord en 1 vol., puis en 2 vol. in-12.

BOURGEOIS (Florent-Fidèle-Cons-
tant), peintre de paysages historiques et
lithographe, né à Guiscard (Oise), en
1767, mort à Paris au mois de juillet
1841, était élève de David. La plus grande
partie de ses productions sont en Russie
et en Allemagne, où elles sont fort goû-
tées. Il fit plusieurs voyages en Italie,
en Suisse et en France, et il a publié les
principales *Vues* de ces contrées. On lui

doit encore une infinité d'*Études* d'arbres et de plantes; des *Panoramas*.

BOURGEOIS, avocat, natif de La Rochelle, où il mourut vers 1789, devint secrétaire de la chambre d'agriculture du cap Français à Saint-Domingue. L'ennui lui fit enfanter un ouvrage de douze mille vers, qu'il fit imprimer à Paris en 1778, sous le titre de *Christophe Colomb* ou *l'Amérique découverte*, 2 vol. in-8. Ce poëme n'est pas sans mérite. On doit encore à cet auteur des *Recherches historiques sur l'empereur Othon IV*, Amsterdam et Paris, 1775, in-8.

BOURGOGNE. (Voyez *Louis le duc de*.)

BOURGOING (François), 3e général de l'Oratoire, successeur du Père Condren, naquit à Paris, en 1585, et mourut en 1662. Il publia les ouvrages du cardinal de Bérulle, Paris, 1642, in-8, dont il avait été un des coopérateurs, avec un abrégé de la *Vie* de ce grand homme, et quelques autres écrits ascétiques de sa composition. Bossuet prononça son oraison funèbre.

BOURGOING (Jean-François, baron de), né à Nevers en 1748, entra fort jeune dans la diplomatie. Il fut nommé successivement secrétaire de légation et chargé d'affaires à Ratisbonne, puis à Madrid. Nommé, en 1787, ministre plénipotentiaire à Hambourg, il en fut rappelé pour retourner en Espagne, où il demeura jusqu'au mois de mars 1793. Après le 18 brumaire, le gouvernement le nomma ministre plénipotentiaire à Copenhague, puis à Stockholm et ensuite à Dresde. Il mourut aux eaux de Carlsbad en 1811. On a de lui : *Nouveau voyage en Espagne*, ou *Tableau actuel de cette monarchie*, 1789 et 1797, 3 vol. in-8, réimprimé en 1803 et en 1807, sous le titre de *Tableau de l'Espagne moderne*, 3 vol. in-8 et Atlas in-4 ; c'est son meilleur ouvrage. L'*Itinéraire d'Espagne*, par de Laborde, l'a fait oublier; *Mémoires historiques et philosophiques sur Pie VI et sur son pontificat, jusqu'à sa retraite en Espagne*, 1799, 2 vol. in-8. Ces Mémoires justifient bien leur titre de *philosophiques*. Bourgoing a été aussi l'éditeur de la *Correspondance de Voltaire avec de Bernis*.

BOURGUEVILLE (Charles de), connu sous le nom de *sieur de Bras*, lieutenant-général de Caen, mort en 1593, est auteur de *Recherches et antiquités de la Neustrie et de sa ville*, Caen, 1588, in-4 et in-8. « Ce livre, tout défectueux qu'il est, dit l'abbé Lenglet, est un trésor qui nous a conservé une infinité de choses curieuses de ce pays, qui seraient de-

meurées dans l'oubli. Il aurait en besoin d'un peu plus de sel, pour corriger quelques naïvetés dans lesquelles l'auteur est tombé, par le défaut de son grand âge; car il courait sa 83e année. » (Voyez *Méthode pour étudier l'Histoire*, tome 13, page 71.)

BOURGUIGNON-DUMOLARD (Claude-Sébastien) naquit le 21 mars 1760 à Vif, près Grenoble. Il embrassa avec enthousiasme les principes de la Révolution, et fut appelé à des fonctions judiciaires et administratives. Cependant en 1793 il fut arrêté et mis en prison; mais ayant été relâché peu de temps après, il vint à Paris et s'unit aux chefs du parti opposé à Robespierre. Dans la journée du 9 thermidor, Bourguignon fit apposer les scellés sur les papiers des deux Robespierre. Nommé, d'abord, secrétaire du nouveau comité de sûreté générale, il devint successivement chef de division au ministère de l'intérieur, secrétaire-général de la justice, et commissaire du directoire près les tribunaux civils de Paris et près la cour de cassation. En 1799 Gohier, l'un des directeurs, avec lequel il était lié, l'appela au ministère de la police; mais au bout de vingt-sept jours il fut remplacé par Fouché, et fut nommé régisseur de l'enregistrement et des domaines. Après le 18 brumaire, Bourguignon rentra dans la magistrature, et fit partie du tribunal criminel de la Seine. Choisi pour être un des juges de Georges et de Moreau, on l'accuse d'avoir voté la mort de ce dernier; mais il a repoussé cette inculpation, et a déclaré qu'au contraire il avait opiné pour une peine correctionnelle. Nommé, peu de temps après, conseiller à la cour impériale, il a conservé cette place jusqu'en 1815. A cette époque on le mit à la retraite avec le titre de conseiller honoraire; il ouvrit alors un cabinet de consultations. Il est mort le 22 avril 1829. Il a publié plusieurs ouvrages de jurisprudence : *Mémoires sur les moyens de perfectionner en France l'institution du jury*, Paris, 1802-1808, in-8; *de la Magistrature en France, considérée dans ce qu'elle fut et ce qu'elle doit être*, Paris, 1807; in-4; *Manuel d'instruction criminelle*, Paris, 1810, in-4; 2e édition, 2 vol. in-8; *Dictionnaire raisonné des lois pénales de France*, Paris, 1811, 3 vol. in-8; *Conférence des cinq codes entre eux et avec les lois et les règlements sur l'organisation de l'administration de la justice*, 1818; *Jurisprudence des codes criminels et des lois sur la répression des crimes et des délits commis par la voie de la presse et par tous les autres moyens de publication, faisant suite au Manuel d'instruction* criminelle, Paris, 1825, 3 vol. in-8; *Les huit Codes annotés avec les lois principales qui les complètent, divisés en deux parties*, avec Dalloz jeune, Paris, 1829, in-8.

BOURGUIGNON (Henri - Frédéric), fils du précédent, naquit à Grenoble le 30 juin 1785. Il se livra d'abord à la littérature légère, et composa quelques comédies et des chansons pour les dîners du Petit-Caveau. En même temps il faisait partie de l'*académie de législation*, dont les exercices étaient dirigés par les jurisconsultes les plus éminents de cette époque. Il s'y distingua, et, à l'âge de 22 ans, il fut nommé substitut près le tribunal de la Seine. Il renonça dès lors aux occupations frivoles de sa première jeunesse, et prit les habitudes graves et sérieuses du magistrat. Bourguignon montra toujours beaucoup de sagesse et de modération dans l'exercice de ses fonctions. On remarqua surtout dans le procès de la société des *Amis de la liberté de la presse* et dans celui de Feldmann, accusé d'avoir tué sa propre fille, un grand tact et la justesse de ses appréciations. Appelé quelques années après à la cour royale, il y remplit d'abord les fonctions de substitut, et ensuite celles de conseiller. Atteint d'une phthisie pulmonaire, il est mort à Auteuil le 4 octobre 1825.

BOURGUIGNON. (Voy. COURTOIS.)

BOURIGNON (Antoinette) naquit à Lille en Flandre l'an 1616. Parvenue à l'âge de se marier, elle s'enfuit dans le désert, habillée en ermite. L'archevêque de Cambrai lui accorda une solitude, où elle forma une petite communauté, sans autre vœu et sans autre règle que l'amour de Dieu et l'Evangile : cette singularité la fit renvoyer. Elle alla se renfermer alors dans une chambre à Lille, où elle vécut seule pendant quatre ans. Elle courut ensuite dans diverses villes, à Gand, à Malines, à Amsterdam, à Franeker, où elle mourut l'an 1680. Cette fille s'imaginait être destinée à répandre de nouvelles lumières sur la pratique de la perfection chrétienne. On a d'elle 21 vol. in-8, imprimée à Amsterdam en 1686. Poiret, son disciple, a augmenté ce recueil de la *Vie de* cette mystique. On la considère ordinairement comme une personne aliénée, ou comme atteinte du fanatisme des quiétistes. Peut-être ses erreurs sont-elles plus dans les mots que dans les choses ; peut-être aussi sa principale erreur est-elle d'avoir voulu faire une théorie suivie et raisonnée des voies secrètes, par lesquelles Dieu conduit quelques âmes privilégiées ; voies dont le plan n'a point été révélé aux hommes, dont la publication ne peut avoir

d'effets utiles, et qui, si on entreprenait de les généraliser, porteraient le désordre dans la morale.

BOURKHARD. (Voy. WICHMANN.)

BOURLIER (Jean-Baptiste), évêque d'Evreux, né à Dijon le premier février 1731, de parents peu riches, mais qui, le destinant à l'état ecclésiastique, ne négligèrent rien pour son éducation. Après avoir été en théologie le premier de sa licence, il professa cette science à Rouen. Le cardinal de Périgord, étant devenu archevêque de Reims, le nomma son grand-vicaire et lui donna la dignité de chantre, qui était la troisième de son chapitre. En 1775, il obtint l'abbaye de Varennes au diocèse de Bourges. Privé de son bénéfice par l'effet de la Révolution, il n'en adopta pas moins les idées nouvelles, et il se soumit à la constitution civile du clergé. Il essuya cependant quelques persécutions pendant la terreur; mais, après le concordat de 1801, il fut nommé à l'évêché d'Evreux, et sacré le 23 avril. Peu de mois après, il reçut la croix de la Légion-d'Honneur et fut nommé baron, ensuite comte de l'Empire. Le 14 mai 1803, il fut chargé de présider le collège électoral de l'arrondissement d'Evreux; et fut présenté, dans le mois de novembre suivant, candidat au corps législatif par le collège de la Seine-Inférieure. Il y entra par le choix du sénat, et se trouva employé dans les affaires de l'Eglise lors de la persécution suscitée par l'ennemi du Saint-Siége. Il fut membre des commissions d'évêques formées à Paris en 1809 et 1811, ainsi que de la députation envoyée à Savone après le concile. Il fut aussi employé dans les négociations qui amenèrent la signature du concordat éphémère de Fontainebleau, en 1813. Bonaparte le nomma sénateur le 5 avril 1813; néanmoins il adhéra à sa déchéance l'année suivante, et fut élevé par le roi à la dignité de pair le 4 juin 1814. Bourlier mourut à Evreux, dans son palais épiscopal, le 30 octobre 1821.

BOURMONT (Louis-Auguste-Victor de Ghaisne, comte de), maréchal de France, né le 2 septembre 1773 au château de Bourmont en Anjou. Il entra dans les gardes-françaises à l'âge de 15 ans avec le grade d'enseigne. Au commencement de la Révolution, il émigra d'abord à Turin et ensuite à Coblentz; il servit dans l'armée de Condé comme simple cavalier, et se distingua au combat de Berstheim. Après la prise des lignes de Weissembourg, il fut chargé d'en porter la nouvelle au vicomte de Scepeaux qui commandait pour le roi dans la Vendée, et resta auprès de ce général auquel il succéda plus tard. Il fit, pendant plusieurs années, la guerre avec succès : en 1799 il s'empara du Mans; mais bientôt le 18 brumaire paralysa tous les efforts des royalistes, et Bourmont comme les autres chefs mit bas les armes ; mais il ne voulut pas reconnaître le nouveau gouvernement, et il refusa toutes les offres avantageuses que lui fit le premier Consul qui désirait beaucoup se l'attacher quelque temps. Bonaparte, redoutant son influence, le fit arrêter et conduire d'abord au Temple, ensuite à Dijon, et enfin à la citadelle de Besançon, d'où il parvint à s'échapper en 1805. Il se réfugia en Portugal ; il était à Lisbonne, lorsque les Français prirent cette ville. Junot le ramena en France, et l'empereur réussit alors à lui faire accepter le grade de colonel, et le nomma peu de temps après général de brigade, puis de division ; il se distingua dans les diverses campagnes d'Allemagne, particulièrement à la bataille de Dresde, et dans la campagne de France. A la Restauration, il fut nommé commandant de la sixième division militaire ; et il était à Besançon, quand Napoléon revint en France. Il refusa de suivre le maréchal Ney dans sa défection, et il se rendit à Paris. Mais sur les pressantes sollicitations de son ami le général Gérard, il accepta un commandement dans l'armée qui se réunissait sur les frontières de la Belgique. Il s'en repentit bientôt; le 14 juin, il remit le commandement de sa division au général Hulot, et se rendit auprès de Louis XVIII à Gand. Ses ennemis politiques ont violemment attaqué sa conduite ; cependant Bourmont exécuta sa détermination avec loyauté : il ne passa point à l'armée des alliés, il n'eut pas même d'entrevue avec ses généraux; on peut dire qu'il donna sa démission de la seule manière qu'il lui fût possible de le faire : il serait absurde de prétendre qu'il lui était pas permis de se retirer. On a soutenu qu'il avait trahi Napoléon, en livrant son plan de campagne à Wellington; c'est une calomnie ridicule d'abord ; il ne le connaissait pas ce plan. Bonaparte n'avait pu le lui communiquer, il était encore le 12 juin à Paris, et Bourmont a quitté l'armée le 14. Mais ensuite à qui fera-t-on croire que le grand capitaine, qui combinait ou du moins changeait souvent son plan sur le champ de bataille même, ait eu quelque chose à souffrir du départ de Bourmont qui eut lieu quatre jours avant la catastrophe de Waterloo !

Après la seconde Restauration, Bourmont fut appelé au commandement d'une des divisions de la garde royale. En 1823, il accompagna le duc d'Angoulême en Espagne où ses talents et son expérience furent mis à profit. En 1829, il fit partie du ministère Polignac ; et, lorsque la guerre eut été déclarée au dey d'Alger, il fut nommé général en chef de l'armée envoyée en Afrique pour réduire ce chef de corsaires. Il mena l'expédition avec une grande vigueur, et s'empara d'Alger malgré une défense énergique : le bâton de maréchal fut la récompense de ce brillant exploit ; mais il l'avait à peine reçu, qu'il apprit les événements de juillet 1830 : il voulait se rembarquer immédiatement avec son armée, moins la garnison nécessaire à Alger, pour venir en France rétablir Charles X sur son trône; l'amiral Duperré refusa son concours à l'exécution de ce projet. Bourmont dut alors se résigner ; il refusa de reconnaître le gouvernement de Louis-Philippe, et il ne rentra pas en France. En 1832, il parut en secret dans la Vendée pour seconder la duchesse de Berry ; mais il ne put réussir. Il alla ensuite en Portugal, où il arriva trop tard, pour sauver don Miguel. Enfin, il put rentrer en France en 1840, et il vint finir ses jours au sein de sa famille, dans le château de Bourmont, où il est mort le 27 octobre 1846.

BOURN (Vincent), poète anglais, estimé par l'aménité de ses poésies latines. Les lexicographes le peignent comme un homme d'une conscience timorée. Il mourut le 2 décembre 1747. La meilleure édition de ses *Poésies* est celle de 1772, in-4.

BOURNON (Jacques-Louis, comte de), né à Metz, servit d'abord dans le régiment de Toul (artillerie), et parvint ensuite au grade de lieutenant des maréchaux de France. Il émigra, et, après avoir fait la campagne de 1792, il passa en Angleterre, où il se livra aux sciences naturelles et particulièrement à la minéralogie qu'il cultivait depuis longtemps avec succès. Il fut nommé membre de la société royale de Londres, et il contribua beaucoup à former dans ce pays la société géologique, composée des savants les plus estimables de l'Angleterre. Il ne rentra en France qu'en 1814, et retourna en Angleterre, lorsque Bonaparte se fut échappé de l'île d'Elbe. Il revint dans sa patrie après la seconde Restauration, et Louis XVIII le nomma directeur-général de son cabinet de minéralogie. Il est mort à Versailles le 24 août 1825. On a de lui : *Essai sur la lithologie des environs de Saint-Etienne en Forez*, et sur *l'origine de ses charbons de pierre*, Paris, 1785, in-12 ; *Traité complet de la chaux carbonatée*, Londres, 1808, 3 vol. in-4, dont un de planches ; *Catalogue de la collection minéralogique particulière du roi*, Paris, 1817, in-8 ; *Observations sur quelques-uns des minéraux , soit de l'Ile de Ceylan , soit de la côte de Coromandel, rapportés par M. Leschenault de Latour*, Paris, 1823, in-4 ; *Description du goniomètre perfectionné de M. Adelmann, gardien-aide minéralogiste de la collection minéralogique particulière du roi*, 1824, in-8. On a encore de lui un grand nombre d'*Observations* et de *Mémoires* insérés dans le *Journal des mines*, de 1796 à 1815.

BOUROTTE (dom François-Nicolas), de Saint-Maur, né à Paris en 1710, mort le 12 juin 1784, bénédictin. Chargé de continuer l'*Histoire de Languedoc* , de dom Vaissette, il n'en a préparé que le 6ᵉ volume; mais cela lui a donné l'occasion de publier : *Mémoire sur la description du Languedoc* , 1756, in-4; *Droit public de Languedoc, en matière de nobilité et de roture, et décisions sur la propriété du Rhône* , 1765 , in-4. La Provence et le Languedoc se disputaient alors la propriété de ce fleuve.

BOURRÉE (Edme-Bernard), prêtre de la congrégation de l'Oratoire, né en 1652, se consacra à la prédication et à la théologie, qu'il professa à Langres et à Châlons-sur-Saône. Il mourut à Dijon sa patrie , en 1722 , à 70 ans. Nous avons de lui : *Conférences ecclésiastiques du diocèse de Langres* , Lyon , 1684, 2 vol. in-12 ; l'*Explication des Epîtres et Evangiles de tous les dimanches de l'année*, à l'usage du diocèse de Châlons, 5 vol. in-8, Lyon, 1697; des *Sermons* en 16 vol. in-12 , solidement écrits, mais peu éloquents.

BOURRIENNE (Louis-Antoine Fauvelet de), ancien secrétaire de Napoléon, naquit à Sens (Yonne) en 1769. Condisciple de Bonaparte à l'école de Brienne et du même âge que lui , il se lia intimement au jeune Corse qu'il protégeait contre les sarcasmes et les mauvais traitements de ses camarades. Bourrienne se destinait à l'état militaire ; mais n'ayant pu , à sa sortie de l'école, fournir les preuves des quartiers de noblesse exigés alors pour entrer dans l'armée, il embrassa la carrière diplomatique. D'abord employé à Vienne dans les bureaux de l'ambassade française, il se rendit ensuite à Leipsick pour y étudier le droit public et les langues; enfin , après avoir voyagé en Prusse et en Pologne, il revint en 1792 à Paris. Il y retrouva son ancien camarade d'école Bonaparte , qui était

alors sans emploi , et il renoua avec lui son ancienne amitié. Les deux condisciples étaient l'un et l'autre sans fortune. Ils cherchèrent de concert les moyens d'améliorer leur position. Un moment , ils pensèrent à spéculer sur les terrains des maisons; mais les fonds leur ayant manqué , ils sollicitèrent des emplois du gouvernement. Bourrienne, le premier, réussit à en obtenir, et il fut nommé secrétaire d'ambassade à Stuttgard ; mais à peine arrivé dans cette ville, il perdit sa place, qui lui fut retirée après la chute du trône de Louis XVI. Inscrit sur la liste des émigrés , il fut arrêté en Saxe comme révolutionnaire, mais obtint peu après son élargissement. Lorsque Bonaparte eut été nommé général en chef de l'armée d'Italie , Bourrienne se hâta de lui écrire et en reçut une réponse favorable. Le jeune général non seulement lui annonçait qu'il le ferait rayer de la liste des émigrés, mais encore il l'engageait à venir auprès de lui. Bourrienne arriva à l'armée d'Italie, au moment où le traité de Campo-Formio allait se conclure ; il obtint bientôt toute la confiance du général en chef, à la personne duquel il resta attaché pendant plusieurs années en qualité de secrétaire intime. Il le suivit à Rastadt , à Paris, en Egypte, et prit une part active au 18 brumaire. Après la campagne de Marengo, où il avait accompagné Bonaparte, il fut nommé conseiller d'Etat. Bourrienne, dont les fonctions étaient extrêmement pénibles, recevait de riches émoluments ; cependant son avidité pour l'argent n'était pas satisfaite, et Bonaparte apprit un jour que son secrétaire intime s'était compromis d'une manière peu honorable dans des spéculations financières. Il en fut vivement irrité , et il exila Bourrienne à Hambourg, avec le titre de chargé d'affaires de France près du cercle de Basse-Saxe. Bourrienne se montra peu digne de ces nouvelles fonctions, et on lui a reproché d'avoir commis, à cette époque, de nombreuses exactions ; cependant il conserva sa place jusqu'au moment où tous les agents français (1813) furent forcés d'évacuer l'Allemagne. Dès qu'il apprit l'abdication de l'Empereur, il accourut auprès de Talleyrand, membre du gouvernement provisoire, qui lui confia la direction générale des postes ; mais, peu après, cette place lui fut retirée. Au mois de mars 1815, au moment même où Napoléon venait de débarquer de l'île d'Elbe, Bourrienne fut appelé aux fonctions de préfet de police; il abandonna cette place et quitta Paris, à l'approche de l'Empereur, qui avait exclu nominativement de l'amnistie son ancien secrétaire intime, auquel il pouvait d'autant moins pardonner sa conduite, qu'il s'était montré précédemment plein d'indulgence pour lui. Pendant les Cent-Jours, Louis XVIII le nomma ministre à Hambourg. Au second retour des Bourbons, Bourrienne rappelé au conseil d'État, et plus tard il devint ministre d'État. Élu député par le collége de l'Yonne, il siégea toujours sur les bancs de la droite, et fut nommé, en 1821, rapporteur du budget. Mais il n'avait pas perdu son goût du luxe et des dépenses excessives ; poursuivi par ses créanciers, il fut obligé de se retirer en Belgique, où il se trouvait lorsque la révolution de Juillet éclata. On assure que cet événement, qui venait porter une nouvelle atteinte à sa fortune, fut la cause principale du dérangement qu'on remarqua dès lors dans ses facultés mentales. Quoi qu'il en soit, conduit en Normandie, près de Caen, dans une maison d'aliénés, il y est mort à la suite d'une attaque d'apoplexie en 1834. Bourrienne a laissé des *Mémoires sur Bonaparte*, en 10 vol. in-8, 1829-1831 ; ils ont été, dit-on, rédigés et mis en ordre par de Villemarest. Les premiers volumes contiennent des détails curieux et vrais que lui seul avait pu connaître ; les derniers volumes qui paraissent avoir été publiés sans sa coopération n'ont pas le même intérêt, et sont remplis de choses inutiles ou controuvées. Ces *Mémoires* ont donné lieu à plusieurs réclamations ; on en a publié une réfutation intitulée : *Bourrienne et ses erreurs volontaires et involontaires*, 1830, 2 vol. in-8, par un anonyme. Bourrienne avait traduit de l'allemand *l'Inconnu*, drame en cinq actes en prose, qu'il fit paraître en 1792. C'est à tort qu'on lui a attribué l'*Histoire de Bonaparte par un homme qui ne l'a pas quitté depuis quinze ans*, et le *Manuscrit de Sainte-Hélène*.

BOURRIT (Marc-Théodore), né à Genève en 1739, mort dans cette ville en 1819, fut pendant quelque temps chantre de la cathédrale ; mais son goût pour l'histoire naturelle le porta à entreprendre tantôt seul, tantôt avec M. de Saussure, plusieurs voyages dans les Alpes, et particulièrement au Mont-Blanc. On lui doit : *Voyage aux glaciers de Savoie*, 1772, in-8 ; *Description des glaciers, glaciers et amas de glaces de Savoie*, Genève, 1773, in-8 ; *Description des aspects du Mont-Blanc, du côté du val d'Aost, des glaciers qui en descendent et de la découverte de la Murtine*, 1776, in-8 ; *Description des Alpes Pénines et Rhétiennes*, Genève, 1781, in-8, nouvelle édition augmentée d'une nouvelle description des glacières et glaciers de la Savoie, particulièrement de la vallée de Chamouny et du Mont-Blanc, 1787, 3 vol. in-8 ; *Description des terres Magellaniques et des pays adjacents*, traduite de l'anglais de Falkner ; *Observations faites sur les Pyrénées, pour servir de suite aux observations sur les Alpes*, 1789, in-8 ; *Itinéraire de Genève, des glaciers de Chamouny, du Valais et du canton de Vaud*, 1808, in-12. Une première édition, moins complète, avait paru en 1791 ; *Description des cols et passages des Alpes*, 1803, 2 vol. in-8. Ces relations sont recommandables par l'exactitude des descriptions. Il a aussi exécuté plusieurs dessins pour les relations publiées par M. de Saussure qui faisait grand cas de ses connaissances et de ses talents.

BOURRU (Edme-Claude) avait été, avant la Révolution, professeur de chirurgie et doyen de l'ancienne Faculté de médecine de Paris. Il est mort le 19 septembre 1823, à l'âge de 96 ans. On a de lui : *Observations et recherches médicales, par une société de médecins de Londres*, traduites de l'anglais, 2 vol. in-12 ; *Utilité des voyages sur mer pour la cure de différentes maladies, et surtout pour la maladie de consomption*, traduit de l'anglais, 1770, in-12 ; *Des Moyens les plus propres à éteindre les maladies vénériennes*, 1771, in-8 ; *L'art de se traiter soi-même dans ces maladies* avait paru en 1770, in-8 ; *Éloge funèbre du docteur Guilhotin*, 1814, in-4.

BOURSAULT (Edme) naquit à Mussi-l'Évêque en Bourgogne, l'an 1638. Il ne fit point d'études, et ne sut jamais le latin. Il ne parlait que le patois bourguignon, lorsqu'il vint à Paris en 1651. La lecture des bons livres, et des dispositions heureuses, le mirent bientôt en état de parler et d'écrire élégamment en français. Ayant fait, par ordre de Louis XIV, un livre assez médiocre, intitulé : *De la véritable étude des Souverains*, 1671, in-12, le roi en fut si content, qu'il l'aurait nommé sous-précepteur de Monseigneur, si Boursault eût possédé la langue latine. La duchesse d'Angoulême, veuve d'un fils naturel du roi Charles IX, l'ayant pris pour son secrétaire, on l'engagea à faire, en vers, tous les huit jours, une gazette, qui lui mérita une pension de 2,000 livres. Louis XIV et sa cour s'en amusaient beaucoup, mais ayant voulu fort mal à propos faire le bel esprit, en ridiculisant l'ordre de Saint-François, on lui imposa silence. Le confesseur de la reine, cordelier espagnol, fit supprimer la gazette et la pension, et l'aurait fait mettre à la Bastille sans le crédit de ses protecteurs. Boursault mourut à Montluçon en 1701. On a de lui plusieurs pièces de théâtre. Les principales sont : *Ésope à la cour; Ésope à la ville*, conservées au théâtre, et applaudies encore ; *le Mercure galant*, ou *la Comédie sans titre*, dans laquelle il ridiculise ingénieusement la manie de demander une place dans *le Mercure galant; la Satire des Satires*, en un acte. Un trait que Despréaux lâcha contre Boursault, pour venger Molière, avec lequel il avait eu un démêlé, donna occasion à cette pièce, que le crédit de Boileau, dont ce timide satirique abusait souvent, empêcha d'être jouée. Boileau, étant allé quelques années après aux eaux de Bourbon, Boursault, alors receveur des gabelles à Montluçon, s'y rendit pour lui offrir sa bourse et ses services. Cette générosité toucha Boileau, et ils se promirent une amitié mutuelle. On a encore de lui quelques romans : *le Marquis de Chavigny, le Prince de Condé*, qui ne manquent pas de chaleur; *Artémise et Polyanthe; Ne pas croire ce qu'on voit*; des *Lettres de respect, d'obligation et d'amour*, connues sous le nom de *Lettres à Babet*, lues encore par quelques provinciaux, et méprisées par tous les gens de goût; des *Nouvelles Lettres*, accompagnées de *fables, de contes, d'épigrammes, de remarques, de bons mots*, en 3 vol. in-12, réimprimées plusieurs fois, et dont quelques-unes sont assez agréables. On a une édition du *Théâtre de Boursault*, en 3 vol. in-12, 1746.

BOURSIER (Laurent-François), prêtre, docteur de la maison et société de Sorbonne, naquit à Écouen, dans le diocèse de Paris, en 1679. Il fut obligé de sortir de Sorbonne, pour son opposition aux décrets de l'Église, en 1721. Il se retira dans sa patrie, et y était en 1735, lorsqu'il fut obligé de s'enfuir, pour éviter les poursuites du ministère attentif à des démarches qui pouvaient devenir inquiétantes pour la religion et l'État. Il se cacha depuis, et ne se montra qu'à quelques amis sûrs. Il mourut à Paris, le 17 février 1749. On a de lui : *L'Action de Dieu sur les créatures*, Paris, 1743, 2 vol. in-4, ou 6 vol. in-12, supprimé par arrêt du conseil, le 27 août 1714. Il parut en 1716 une réfutation intitulée : *Le Philosophe extravagant dans le traité de l'action de Dieu sur les créatures*. « Les « questions agitées dans ces sortes d'ouvrages, dit l'auteur des *Trois Siècles*, « ne sauraient l'être qu'avec de grands « inconvénients. On instruira beaucoup

« plus utilement les hommes, et on remplira plus certainement les vues de la « religion, en leur apprenant à réprimer l'esprit de dispute, respecter les « dogmes, à pratiquer la morale évangélique, qu'en employant toutes les « ressources de la logique à établir des « systèmes qui peuvent bien rendre les « hommes pointilleux, mais rarement « meilleurs. » *Mémoire présenté à Pierre-le-Grand, par les docteurs de Sorbonne, pour la réunion de l'Église de Russie à l'Église latine*. Lorsque le czar vint en Sorbonne, Boursier lui parla de ce qui fait l'objet de ce *Mémoire*. Le prince lui dit d'abord qu'il n'était qu'un soldat. Boursier lui répondit « qu'il était un héros, et qu'en cette qualité de prince, il était protecteur de la religion. » — Cette réunion n'est pas une chose si aisée, reprit le czar; il y a trois points qui nous divisent : le pape, la procession du Saint-Esprit... » Comme il oubliait le troisième point, qui est les azymes et la coupe, Boursier le lui rappela. « Pour cet article, dit l'empereur, nous n'aurons pas de peine à être d'accord ensemble. » Cette conversation finit, de la part du monarque russe, par demander un *Mémoire*. On le lui donna, et il ne servit de rien. Une foule de brochures contre les décrets des Papes dans les matières de la grâce.

BOURSIER (Philippe), né à Paris en 1693, diacre dévoué à la secte qui a causé tant de maux à l'Église, est mort le 3 janvier 1768. Il est un des premiers auteurs des *Nouvelles ecclésiastiques*, où tous ceux qui tiennent à la catholicité sont calomniés de la manière la plus infâme ; il a aussi rédigé les discours qui précèdent chaque année ce salmigondis des convulsionnaires. (Voyez ROCHE Jacques.)

BOURZÉIS (Amable de), abbé de Saint-Martin-de-Cores, et l'un des 40 de l'Académie française, né à Volvic, près de Riom, en 1614, se fit un nom sous le cardinal de Richelieu par son savoir. Il possédait les langues, la politique, la controverse. Le ministère employa sa plume dans les affaires des droits de la reine Marie-Thérèse d'Autriche, sur divers États de la monarchie d'Espagne principalement sur les Pays-Bas ; ses recherches grossirent le *Traité* que publia sur ce sujet Antoine Bilain, avocat, mort en 1682; mais il n'en résulta rien de solide, puisque la reine avait renoncé à tous ses droits, et que cette renonciation faisait l'âme du traité de mariage. En 1666, il fit le voyage de Portugal, sous prétexte de travailler à la conversion du comte de Schomberg, depuis maréchal de France; mais, en effet, pour traiter des affaires d'Etat. Bourzéia mourut à Paris en 1672. Il entra d'abord avec beaucoup de chaleur dans les disputes du jansénisme; mais en 1664, revenu de cet enthousiasme, il signa le *Formulaire*. On a de lui des *Sermons* sur divers sujets, 1672, 2 vol. in-8, et beaucoup d'ouvrages de controverse. Le ministre Colbert l'avait fait chef d'une assemblée de théologiens célèbres, qui se tenait dans la bibliothèque du roi, pour réfuter les incrédules. Il présidait aussi à une assemblée de gens de lettres, dans l'hôtel de ce surintendant qu'on appelait *la Petite Académie*. Voltaire lui attribue le *Testament du cardinal de Richelieu*, mais sans fondement : il est aujourd'hui reconnu que ce *Testament* est l'ouvrage de celui dont il portait le nom. (Voyez RICHELIEU Armand.)

BOUSMARD, ingénieur français, né en 1747 dans le département de la Meuse, était capitaine de génie à l'époque de la Révolution, et fut nommé, en 1789, député de la noblesse du bailliage de Barle-Duc aux Etats-Généraux. Il y embrassa le parti des novateurs, mais avec modération ; et après la session, il rentra dans la carrière militaire. En 1792, il passa au service de la Prusse lors de l'évacuation de Verdun, et devint, en peu de temps, major-général. Il fut tué le 21 mai 1807, d'un éclat de bombe, au siége de Dantzick. Il a laissé un ouvrage estimé sur l'art militaire, intitulé : *Essai général de fortification pour l'attaque et la défense des places*, qu'il dédia au roi de Prusse, 4 vol. in-4, et 1 vol. in-fol. de planches, Berlin, 1797 à 1799. Le quatrième volume parut à Paris en 1803.

BOUSSARD (Géofroi ou Geoffroi), docteur en théologie, doyen de la Faculté de Paris, et chancelier de l'Université, fit briller son éloquence et la solidité de ses raisonnements dans plusieurs occasions d'éclat. Vers 1518, il permuta sa chancellerie pour un bénéfice dans le Maine : il se retira alors au Mans, où il était né en 1439, et où il mourut vers 1520. On a de lui un Traité assez rare, *De continentiâ Sacerdotum*, Paris, 1505, et Rouen, 1513, in-4, et quelques ouvrages de théologie et de morale.

BOUSSARD (André-Joseph, baron), général de division, né en 1758, à Binch en Hainaut, d'une famille obscure, servit d'abord dans les troupes autrichiennes, ensuite il revint dans sa patrie, et, à l'époque des troubles, il obtint le grade de capitaine ; enfin il passa en France, et par plusieurs actions d'éclat il mérita

bientôt celui de général. En 1806, il se distingua contre les Prussiens, et contribua à la prise de Lubeck et à la destruction de la colonne ennemie commandée par le général Bila. Envoyé en Espagne dans les années suivantes, il se couvrit de gloire au siége de Lérida, au camp de Vinaros, et plus particulièrement à la bataille de Sagonte, où la cavalerie ennemie s'était déjà emparée de nos pièces. Par une charge brillante il parvint non seulement à les reprendre, mais il enleva l'artillerie de ceux qui emmenaient la nôtre. A la suite de plusieurs autres actions d'éclat, il fut nommé général de division ; mais, épuisé par la fatigue et tout couvert de cicatrices, il se rendit à Bagnères pour y réparer ses forces. Il y mourut le 11 août 1813.

BOUSSEAU (Jacques), né en Poitou en 1681, professeur de l'académie de peinture et sculpture. Son caractère le fit estimer autant que ses talents. Le roi d'Espagne, Philippe V, l'ayant choisi pour son sculpteur en chef, Bousseau se rendit dans ce royaume, et travailla beaucoup à Madrid, où il mourut en 1740 à 59 ans.

BOUSSOT (Pierre-Laurent), avocat à Cadenet, département de Vaucluse, mort d'une attaque de choléra, au mois de septembre 1835. Quoique laïque, il a publié plusieurs écrits relatifs à des matières religieuses. On a de lui : *L'Unité catholique, ou Nouveaux développements apologétiques de la religion*, 2 vol. in-8 : cet ouvrage devait avoir cinq parties, la première seule a paru ; *Réflexions d'un Français catholique sur deux articles de la Charte, et sur les ordonnances concernant les petits séminaires*, 1828, in-8 ; *Droits constitutionnels des évêques de France, et véritables libertés de l'Eglise gallicane*, 1818, in-8.

BOUTARD (François), poëte latin, né à Troyes, en 1664, de l'académie des belles-lettres de Châteaurenard et abbé du Bois-Groland, se fit connaître au grand Bossuet, par une *Ode* dont il accompagna un pâté que mademoiselle de Mauléon, amie de ce prélat, lui envoyait le jour de sa fête. Bossuet lui obtint de Louis XIV une pension de mille livres. Boutard s'appela depuis le Poëte de la famille royale. Il chargea de ses vers toutes les statues et les monuments érigés en l'honneur de Louis XIV. Il mourut en 1729, âgé de 75 ans. On a de lui une grande quantité de poésies françaises et latines, dont celles-ci sont les plus supportables. Son *Ode*, intitulée : *Description de Trianon*, est une de ses meilleures pièces : elle a été traduite assez heureusement en vers français par mademoiselle Chéron.

BOUTARD (François-Dominique), né à Tarascon en 1772, consacra aux muses tous les moments de loisir que lui laissaient les occupations du palais, et donna seul ou en société plusieurs *Pièces* au théâtre des Variétés.

BOUTARIC (François de), professeur du droit français dans l'Université de Toulouse, naquit à Figeac au Quercy, en 1672. Il mourut en 1733 à Toulouse, où il avait été capitoul et chef du consistoire. On a de lui plusieurs ouvrages que leur netteté, leur précision et leur justesse ont fait beaucoup rechercher : les *Institutes de Justinien, conférées avec le droit français*, 1738, 1 vol. in-4, avec une excellente préface ; *Traité des droits seigneuriaux et des matières féodales*, in-8, réimprimé in-4, en 1751, avec des augmentations et des corrections ; *Explications de l'Ordonnance de Blois, du Concordat, et Institution du droit canonique*, Toulouse, 1745, in-4 ; *Explications des Ordonnances sur les matières civiles, criminelles et de commerce*, 2 vol. in-4. Boutaric publia, l'année de la mort de Louis XIV, Exhortation prophétique aux princes chrétiens, de prêter main forte à la religion périclitante : *Ad christianos principes : quos ne militiæ periclitanti desint, religio adhortatur*, Paris, in-4.

BOUTAULD (Michel), jésuite, né à Paris en 1607, exerça pendant quinze ou seize ans le ministère de la prédication, et mourut à Pontoise en 1688. On a de lui plusieurs ouvrages estimés. Les principaux sont : *Les Conseils de la Sagesse*, plusieurs fois réimprimés. La dernière édition est de Paris, 1749, 2 vol. in-12 avec une suite. Cet ouvrage a été traduit en espagnol et en italien ; *Le Théologien dans les conversations avec les Sages et les Grands du monde*, Paris et Lyon, in-4 et in-12, ouvrage très-solide et généralement estimé. C'est un recueil de diverses réponses que le Père Pierre Cotton a faites aux incrédules, dont les doutes et les erreurs sont à peu près les mêmes dans tous les siècles. Henri IV était si satisfait de ces réponses, qu'il engagea le Père Cotton à les mettre par écrit, et c'est sur cette espèce de Mémoire que le Père Boutauld a travaillé : *Méthode pour converser avec Dieu*, Paris, 1684, in-18. Ce petit ouvrage est plein d'onction.

BOUTEILLIER, né à Seulx en 1764, embrassa la profession d'avocat, et fut député de la noblesse à l'assemblée provinciale de Lorraine. En 1788, il pu-

blia un écrit en faveur des Parlements, et contre l'établissement de la cour plénière, intitulé : *Examen du système de législation établi par les édits du mois de mai 1788*. Pendant la révolution, il resta éloigné des fonctions publiques. Sous l'empire, il accepta des fonctions administratives et municipales, devint membre du corps législatif, et en septembre 1815, fut élu par le département de la Meurthe à la Chambre des députés. En 1816, il fut nommé premier président de la Cour royale de Nancy, et il mourut dans cette ville le 27 mars 1820, après avoir demandé et reçu les secours et les consolations de la religion.

BOUTEROUE (Claude), savant antiquaire, né à Paris. Il a donné au public un livre rempli d'érudition, et fort estimé sous ce titre : *Recherches curieuses des monnaies de France, depuis le commencement de la monarchie*, Paris, in-fol., tome Ier et unique, 1606. Il est plein de savantes recherches sur l'histoire des monnaies de la première race des rois de France, qui semblent avoir négligé de faire écrire l'histoire de leur règne, et s'être contentés d'en faire graver les événements les plus remarquables sur leurs monnaies. Personne n'avait encore donné au public un recueil de ces monnaies, qui sont en quelque sorte des témoins de l'histoire. L'auteur avait promis trois autres volumes qui auraient contenu les monnaies de la seconde et de la troisième race. Il mourut en 1590, avant de les avoir publiés.

BOUTERWECK (Frédéric), né en 1766, dans les environs de Goslar, se destina d'abord au barreau, puis abandonna cette carrière pour se livrer à l'étude de la littérature et surtout de la philosophie. Après avoir professé l'histoire littéraire à Gœttingen, il fut nommé, en 1793, maître de philosophie à Helmstadt, et, en 1796, professeur de cette science à l'Université de Gœttingen, Bouterweck est mort le 9 septembre 1828. Parmi les nombreux ouvrages qu'il a laissés, nous citerons : *Notions élémentaires de la philosophie spéculative*, 1800, in-8; *Introduction à la philosophie des sciences naturelles*, 1803, in-8 ; *Idées d'une apodictique pour servir à la querelle sur la métaphysique, la philosophie critique et le scepticisme*, 1799, 2 vol. in-8; *Les Époques de la raison d'après les idées d'une apodictique*, 1800, in-8 ; *Idées d'une esthétique du beau*, 1807, in-8; *Manuel des notions préliminaires de la philosophie*, 1810, 2e édition, 1820, 2 vol. in-8 ; *Religion de la raison*, 1824, in-8; *Histoire de la* poésie et de l'éloquence depuis la fin du treizième siècle, 1801-1820, 12 vol. in-8. Bouterweck avait d'abord été partisan de Kant, mais il a plus tard modifié son système philosophique, et dans ses derniers écrits il se montre rationaliste modéré.

BOUTHIER (Jean-François), avocat au Parlement de Grenoble, né à Vienne, mort en cette ville en 1811, a publié : *Bonheur de la vie, ou Lettres sur le suicide et sur les considérations les plus propres à en détourner les hommes*, 1776, in-12; *Réflexions sur les collèges*, 1778, in-8; *Le Citoyen à la campagne*, Genève, 1780, in-8.

BOUTON (François) naquit en 1578, à Chamblay, près de Dôle en Franche-Comté; nous n'avons pas de documents sur ses premières années. Quand il fut admis dans la compagnie de Jésus, ses supérieurs l'envoyèrent aux missions du Levant, où il essuya pour la foi une longue et rude prison (Théophile Raynaud, *Mantissa ad Indiculum*, page 92). À son retour de Constantinople, il fit naufrage sur les côtes de la Calabre, et gagna la terre à la nage, après avoir quitté sa soutane, afin de mieux nager. Les habitants du pays le prirent d'abord pour un corsaire d'Afrique, et il courut alors un nouveau danger, aussi grand que celui auquel il venait d'échapper; mais ses patentes qu'il avait reçues de ses supérieurs, et qu'il eut la précaution de prendre avec lui, l'ayant fait reconnaître pour ce qu'il était, il fut conduit avec honneur dans le plus prochain collège des Jésuites, d'où il revint à Lyon (Stotwel, *biblioth.*, pag. 218). Pendant plusieurs années, il professa la philosophie et la rhétorique au collège de la Trinité, et mourut dans cette ville, le 17 octobre 1628, victime de son zèle à secourir les pestiférés. Le Père Bouton avait composé un grand nombre d'ouvrages, que l'on conservait manuscrits dans la bibliothèque des Jésuites de Lyon. Parmi ces écrits on distinguait une *Théologie spirituelle*, en six livres; une *Traduction* (du grec en latin) *des Œuvres de S. Dorothée*, que le Père de Colonia regarde comme plus exacte que celle d'Hilarien de Vérone (*Hist. litt.*, tom. II, pag 751); *Commentarii in Deuteronomium de peregrinationibus Israelitarum, tum litteraliter, tum mysticè, ad promissionis terram, ex Scripturis et præsertim ex libro Numerorum*; un *Dictionnaire latin-hébreu*, auquel il travailla pendant douze ans, à son retour des missions orientales, et qu'il eut la patience de transcrire lui-même jusqu'à six fois. Il a

pour titre : *Clavis scripturæ hebraicæ, seu Dictionarium latino-hebræum, in quo latinis vocibus subjiciuntur voces hebrææ respondentes; collectum ex sacris litteris et collatione vulgatæ latinæ editionis cum hebræa* (la *Bibl. univ.* n'a donné le titre de ce *Dictionnaire* que d'après le Père de Colonia) ; c'est un volume in-4 d'environ quinze cents pages, qui se trouve actuellement dans la bibliothèque publique de Lyon. Le Père Bouton s'est proposé de montrer la conformité de notre Vulgate avec le texte original, « et on peut assurer, dit le Père de Colonia, que l'auteur a parfaitement bien réussi dans son dessein. » Le *Dictionnaire* ne verra peut-être jamais le jour, mais quoi qu'il puisse avoir du prix, sous plus d'un rapport, et il en a certainement, nous ne sommes pas tout-à-fait de l'avis du Père de Colonia. En investissant la Vulgate du respect qu'elle mérite, nous devons convenir que des travaux de à vieux et des recherches plus récentes prouvent trop combien la Vulgate est défectueuse. À part le *Dictionnaire*, tous les ouvrages de notre savant jésuite ont péri dans le siége de Lyon. Le Père Bouton avait entrepris un Dictionnaire latin-syriaque, et il l'avait même fort avancé. Il ne faut pas confondre cet auteur avec un Père Jacques Bouton, jésuite aussi, mort en 1658, et de qui l'on a une *Relation de l'établissement des Français dans l'île de la Martinique, depuis l'an 1635*.

BOUTRAIS, ou BOUTTERAIS (Raoul), en latin *Bothereus*, né à Châteaudun en 1552, fut avocat au grand-conseil, et mourut à Paris en 1630. Ses ouvrages sont : *Recueil d'Arrêts du Grand-Conseil*, en latin, Paris 1606, in-8 ; *De rebus in Gallia et toto penè orbe gestis ab anno 1594 ad 1610*, 2 vol. in-8, Paris, 1610; *Henrici Magni Vita*, en vers, in-8, Paris, 1611 et 1612; *Urbis gentisque Carnutum Historia*, Paris, 1624, in-8; *Panégyrique de la ville d'Orléans*, 1615, in-8; *De Châteaudun*, 1607, in-8, aussi en vers latins ; *Musæ Pontificiæ*, 1623, in-4, etc.

BOUVART (Alexis) naquit en Savoie le 27 juin 1767, dans le petit village de Tresse, commune de Contamines. Fils d'un honnête cultivateur, il apprit dans son village la lecture, l'écriture et les éléments de l'arithmétique. Bouvart arriva à Paris en 1785, entraîné par le désir de s'instruire, et avec le vague espoir de s'y créer un avenir ; les premières années furent pénibles, et plusieurs fois il se trouva dans le dénûment le plus complet. Élève de Monduit et de Cousin, en 1793 il fut admis à l'observatoire de Paris, et en 1794 il fut nommé astronome-adjoint au bureau des longitudes. Dans ce dernier poste, il fut chargé de tous les calculs des *Connaissances des temps* et de l'*Annuaire*. En 1800, il présenta un *Mémoire* sur la comparaison des observations avec les tables, dans le but de déterminer exactement la longitude de l'époque, celle de l'apogée et celle du nœud de l'orbite de la lune, pour lequel il obtint un prix proposé par l'Institut. En 1803, il fut nommé membre de l'Académie des sciences, et, en 1804, astronome titulaire du bureau des longitudes. La science lui doit la découverte de huit comètes. On a de lui : un *Mémoire sur la Météorologie*, imprimé dans le dix-neuvième volume de la *Bibliothèque universelle de Genève : Tables de Jupiter et de Saturne*, 1808; *Tables d'Uranus*, 1821. On ne doit pas oublier que c'est Bouvart qui fut chargé par La Place de faire tous les calculs numériques de la *Mécanique céleste*. Il est mort le 7 juin 1843.

BOUVENOT (Pierre) naquit à Arbois en 1746. Il exerça la profession d'avocat à Besançon, lorsque la révolution éclata. Nommé d'abord membre de la première administration départementale, il fut élu, en 1791, député à l'assemblée législative, et y professa les opinions les plus modérées. Réélu membre du directoire du département du Doubs en 1793, il fut destitué pour avoir signé une adresse à la Convention, dans laquelle les amis de l'ordre et de la justice protestaient contre les excès révolutionnaires. Mis en prison pour cet acte courageux, il fut renvoyé devant le tribunal révolutionnaire, qui, on ne sait pour quel motif, prononça son acquittement. Après le 18 brumaire, Bouvenot devint président du tribunal de première instance d'Arbois, et en 1820 il fut nommé aux mêmes fonctions à Lons-le-Saunier. Il avait pris sa retraite, lorsqu'il est mort à Vadans près d'Arbois, le 15 novembre 1833.

BOUVET (Joachim), jésuite, né au Mans vers 1658, mort à Pékin le 29 juin 1732, partit pour la Chine au mois de septembre 1685. L'empereur Kang-Hi, ami des arts et curieux des mathématiques, l'attacha à sa personne. Bouvet, dans la vue de se rendre plus utile à l'empereur, s'appliqua à la langue tartare. Il commença alors, avec le Père Gerbillon, à donner des leçons de géométrie à ce prince, et ils composèrent, pour son usage, divers *Traités de mathématiques* dont Kang-Hi fut si satisfait, qu'il souhaita d'avoir un plus grand nombre de jésuites. Il ordonna au Père Bouvet de repasser en France, et le chargea de 49 volumes chinois destinés à Louis XIV. Après s'être acquitté de sa mission, Bouvet se rembarqua pour la Chine, et arriva à Pékin en 1699, accompagné de dix nouveaux missionnaires. Louis XIV lui avait fait remettre un magnifique recueil de ses estampes, qu'il présenta à l'empereur. Le succès de ce voyage fut si agréable à Kang-Hi, qu'il nomma le Père Bouvet interprète auprès du prince impérial, place qui lui fut ôtée en 1704. Il n'en continua pas moins d'être employé par l'empereur, et travailla pendant plusieurs années, avec quelques-uns de ses confrères, à lever la carte de l'empire. Les ouvrages qu'on a de lui sont : *Elementa geometriæ et geometria* ; *Pottui, formis regiis*, cités ci-dessus ; *Route depuis Pékin jusqu'à Canton*, dans le tome 1er de la *Description géographique et historique* du Père du Halde ; *Etat présent de la Chine, en figures gravées par Pierre Giffard, sur les dessins apportés au roi par le Père Bouvet*, Paris, 1667, in-fol. ; *Portrait historique de l'empereur de la Chine, Kang-Hi*, Paris, 1697, in-12. Leibnitz l'a traduit sous ce titre : *Icon regia monarchæ Sinarum nunc regnantis, ex gallico versa*, 1699, in-8 ; et quelques autres ouvrages.

BOUVIER (Gilles le), dit *Berry*, fut peut-être ainsi appelé du pays où il naquit en 1386. Il fut héraut-d'armes de Charles VI et de Charles VII, dont il nous a laissé la *Chronique*, qui commence en 1402, et finit en 1455, et qui a été continuée par un anonyme jusqu'en 1461. Godefroi l'a publiée dans les *Histoires de Charles VI et de Charles VII*, en 1653 et en 1661, in-fol. Duchesne avait d'abord attribué cette Chronique à Alain Chartier ; mais il a reconnu depuis, sur la foi des manuscrits originaux, qu'elle était de le Bouvier. Selon le Gendre, il est encore auteur d'un *Traité des Hérauts-d'armes;* d'une *Chronique de Normandie*, depuis Rollon le premier duc, jusqu'en 1220; de l'*Histoire* du recouvrement de ce pays, et du reste de la Guyenne, en 1448, par Charles VII. Le Père Labbe a donné, dans le premier volume de ses *Mélanges*, quelques extraits de son livre d'*Armoiries*, et une *Description de la France*, du même auteur, dans le 1er tome de son *Abrégé de l'alliance chronologique de l'histoire sacrée et profane*

BOUVOT (Jean), avocat de Châlons-sur-Saône, sa patrie, né vers l'an 1558, et mort en 1636, était protestant. On a de lui un *Recueil d'arrêts notables du*

Parlement de Bourgogne, in-4, 2 vol. Genève, 1623 et 1628, peu commun; et des *Commentaires sur la Coutume de Bourgogne*, Genève, 1662, in-4.

BOUX (Guillaume le), né dans la paroisse de Souzé en Anjou, en 1621, fut successivement capucin, oratorien, curé, professeur de rhétorique. Il se distingua par son talent pour la chaire, prêcha avec distinction un carême en présence de Louis XIV, qui le nomma à l'évêché d'Ax en 1658, puis à celui de Périgueux en 1667. Il mourut en 1693. On a de lui : les *Conférences de Périgueux*, 3 vol. in-12; des *Sermons*, Rouen, 1766, 2 vol. in-12.

BOVADILLA (don François de), commandeur de l'Ordre de Calatrava, fut nommé, en 1500, gouverneur-général dans les Indes par Ferdinand, roi d'Espagne. Il avait la commission d'examiner la conduite de Christophe Colomb, qu'on avait desservi auprès de ce prince et de la reine Isabelle. Ces souverains eurent à se repentir de leur choix. Bovadilla, élevé tout-à-coup du sein de la misère au faîte des honneurs, oublia bientôt son premier état. A peine fut-il arrivé à Saint-Domingue, qu'il traita tout le monde avec une hauteur révoltante. Il somma don Diégo Colomb, frère de Christophe, de lui céder la citadelle de Saint-Domingue dont il avait la garde. Celui-ci l'ayant refusé, il s'en empara à force ouverte. Christophe Colomb accourut, à cette nouvelle, au secours de son frère; Bovadilla, sans avoir égard à sa qualité et à ses services, lui fit mettre les fers aux pieds, de même qu'à don Diégo et à don Barthélemy Colomb, frères de Christophe. Il les renvoya en Espagne avec les pièces de leur procès. Ferdinand et Isabelle, indignés de ce procédé, donnèrent des ordres sûrs pour mettre ces illustres prisonniers en liberté. Ils leur firent tenir mille écus pour se rendre à Grenade, où la cour se trouvait alors; ils les y accueillirent avec des marques de distinction extraordinaires; ils annulèrent tout ce qui avait été fait contre eux, et promirent de les dédommager et de les venger. Bovadilla fut rappelé, et la flotte sur laquelle il était monté ayant fait naufrage, il y périt avec plusieurs autres en 1502.

BOVERICK, célèbre horloger d'Angleterre dans le 17e siècle, se distingua par des chefs-d'œuvre de mécanique. Il fit une chaise d'ivoire à quatre roues, avec toutes ses appartenances, dans laquelle un homme était assis : elle était si petite et si légère, qu'une mouche la traînait aisément. La chaise et la mou-

che ne pesaient qu'un grain. Le même ouvrier construisit une table à quadrille avec son tiroir, une table à manger, un buffet, un miroir, douze chaises à dossier, six plats, une douzaine de couteaux, autant de fourchettes et de cuillers, deux salières, avec un cavalier, une dame et un laquais : et tout cela était si petit, qu'il entrait dans un noyau de cerise. On peut consulter le Microscope à la portée de tout le monde, par Baker, savant respectable, qui rapporte ces faits d'après le témoignage de ses yeux. Ce genre d'ouvrage n'était pas inconnu aux anciens. Pline parle d'un Théodore de Samos, qui avait fait en bronze sa propre statue, parfaitement ressemblante, qui tenait de la main droite un livre, et de la gauche un char à quatre chevaux, le tout couvert d'une mouche de bronze, faite par le même sculpteur.

BOVERIUS (Zacharie), capucin, né à Saluces, et mort à Gênes en 1638, à 70 ans, est auteur de quelques ouvrages de controverse, et de l'*Histoire des Capucins*, en latin, 1632 et 1639, 2 vol. in-folio, traduite en français par le Père Antoine Caluze, 1775, in-folio. Il y en a un troisième volume par le Père Marcellin de Pise, 1676, in-fol. L'auteur y montre un peu trop de crédulité, et il a mieux aimé écrire des choses édifiantes, que d'examiner toujours si elles étaient vraies. Quelque reproche qu'on puisse lui faire, son intention est louable, et le défaut de critique dont il n'est pas difficile de le convaincre, ne produira certainement aucun mal dans le monde moral. On a encore de lui : *Demonstrationes undecim de verâ habitûs formâ, à seraphico Patre Francisco institutâ*, Cologne, 1655 : il y prétend prouver que l'habit des capucins est celui de Saint-François ; *Demonstrationes symbolorum veræ et falsæ religionis, adversùs præcipuos ac vigentes catholicæ religionis hostes, etc.*, Lyon, 1617, 1 vol. in-fol.; *Parænesis catholica ad Marcum Ant. de Dominis*, in-4, Lyon, 1618; c'est une réfutation des assertions insérées dans la *Republica Xana et Ecclesiastica* de l'apostat de Dominis. Boverius a encore réfuté d'autres productions du même auteur; *Orthodoxa consultatio de ratione veræ fidei et religionis amplectendæ*. L'auteur composa cet ouvrage en 1628, à Madrid, dans la vue d'engager Charles Stuart, prince de Galles, qui s'y trouvait alors, d'embrasser la religion catholique.

BOVET (François de), ancien archevêque de Toulouse, né à Grenoble le 21 mars 1745, entra dans l'état ecclésiastique, et fut nommé grand-vicaire par

Mgr de Conzié, évêque de Saint-Omer, puis d'Arras. Il devint ensuite prévôt du chapitre de la cathédrale d'Arras, et en 1781, le roi lui donna l'abbaye de Bon-lieu de l'Ordre de Citeaux, au diocèse de Bordeaux. L'abbé de Bovet fut membre de l'assemblée du clergé de 1785 à 1786, y signa comme député de la province de Tours, prit part à tous les travaux de cette assemblée, et fut chargé de rédiger un *Mémoire* sur le concours pour les cures. En même temps qu'il secondait l'évêque d'Arras dans l'administration de son diocèse, l'abbé de Bovet se livrait à son goût pour l'étude ; il cultivait toutes les sciences ecclésiastiques, et s'occupait de critique et d'érudition. En 1789, il fut nommé à l'évêché de Sisteron, et sacré le 12 septembre de cette année. Bientôt après son siége, ayant été supprimé par la constitution civile du clergé, il protesta, et consigna ses réclamations dans plusieurs *Lettres* adressées aux curés de son diocèse : il avait précédemment adhéré à l'*Exposition des principes*, des évêques. Obligé de quitter la France, Mgr de Bovet passa d'abord en Suisse, puis en Italie, et résida quelque temps à Ferrare. Il publia, dans les premiers temps de son exil, quelques écrits relatifs aux affaires de l'Eglise de France, parmi lesquels nous citerons : *Réflexions sur le nouveau serment prescrit en France et sur les motifs par lesquels on croit pouvoir le justifier*, Ferrare, 1793 ; *Réflexions sur un mandement de J.-B. Villeneuve, évêque, aux fidèles des Basses-Alpes*, 20 décembre 1795 ; et *Réflexions sur un prétendu Bref du 5 juillet 1796*, janvier 1797. Le premier de ces écrits était dirigé contre le serment de liberté et d'égalité prescrit en France; le second, contre un mandement de l'évêque constitutionnel des Basses-Alpes ; le troisième, contre un Bref de Pie VI, sur lequel une polémique assez vive s'engagea à cette époque. Un ouvrage plus important de Mgr de Bovet est celui qui a pour titre : *Consolations de la foi sur les malheurs de l'Eglise*, in-12. Dans ce livre qui parut en 1797 en pays étranger, et a été réimprimé à Toulouse en 1819, l'auteur ne se livre pas à de stériles gémissements ; il s'élève aux plus hautes considérations, recherche la cause du mal, indique les enseignements que l'on en doit retirer, et montre la Providence toujours juste et miséricordieuse traitant les Etats comme les particuliers selon ce qu'ils ont mérité. Mgr l'évêque de Sisteron était passé d'Italie en Allemagne ; c'est de là qu'il signa, comme tous les évêques français exilés, l'*Instruction sur les atteintes por-*tées à la religion, datée du 15 août 1798. Après le concordat, Mgr de Bovet fut du nombre des évêques qui, sans refuser d'une manière positive la démission que le Pape leur avait demandée, lui envoyèrent cependant une réponse dilatoire ; il signa aussi les *Réclamations canoniques* adressées au Pape, sous la date du 6 avril 1803. Il ne voulut pas, d'ailleurs, mettre obstacle à l'exécution du concordat; il déclara dans une instruction à son clergé, du 5 décembre 1801, et dans une lettre du 21 avril 1802, qu'il ne s'opposait pas à l'exercice des nouveaux pouvoirs, et qu'il laissait son troupeau entre les mains du Souverain-Pontife, qui se chargerait de pourvoir seul à ses besoins. En 1804, Mgr de Bovet se retira en Angleterre, et en 1812, après avoir longtemps hésité, il envoya sa démission au Pape et à Louis XVIII qu'il considérait comme son roi légitime. Il fut déterminé à cette démarche par la crainte de paraître favoriser l'opposition fâcheuse qui s'était formée dans une fraction du clergé français émigré contre le concordat, et dont les conséquences eussent amené un schisme. Après la Restauration, Mgr de Bovet revint en France, et en 1817, il fut nommé archevêque de Toulouse ; il ne put néanmoins prendre possession de son siége qu'en 1819. Son intention était de se rendre à Toulouse, mais la délicatesse de sa santé le retint plusieurs mois à Paris. Enfin, en avril 1820, le prélat craignit que son âge de 75 ans ne lui permit pas de remplir, comme il l'aurait souhaité, toutes les fonctions du ministère. Il ne voulut pas garder plus longtemps son titre, et fut nommé chanoine de Saint-Denis. Mgr de Bovet, libre de tous soins, put satisfaire son amour de l'étude. Il avait formé, depuis son retour en France, une bibliothèque fort bien choisie ; il suivait les progrès de la science, s'enquérait des découvertes modernes, et lui-même y consacrait tous ses loisirs. Il publia, en 1829, son livre des *Dynasties égyptiennes*, in-8. C'est un ouvrage plein de critique et d'érudition, dans lequel il réduit à leur valeur les calculs de quelques savants sur l'antiquité des dynasties égyptiennes. L'auteur, tout en applaudissant aux travaux de Champollion, était loin de croire qu'ils pussent dissiper tous les nuages de l'histoire de l'Egypte. En 1835, Mgr de Bovet fit paraître l'*Histoire des derniers Pharaons et des premiers rois de Perse selon Hérodote, tirée des livres prophétiques et du livre d'Esther*. C'est une continuation du livre de Guérin du Rocher; il commence où celui-ci avait fini.

On y trouve beaucoup d'aperçus ingénieux, des connaissances historiques très étendues; mais le système qu'il cherche à faire prévaloir est faux et dangereux, parce qu'il voudrait à mettre en suspicion tous les témoignages historiques; aussi il a été rejeté par tous les savants. Mgr de Bovet est mort le 6 avril 1838, à l'âge de 93 ans.

BOVILLE, ou BOVILLES. (Voyez ce dernier nom.)

BOWDICH (T.-Edward), voyageur anglais, né à Bristol en 1773, d'un manufacturier très-estimé, mort sur la côte d'Afrique en 1824, montra peu de goût pour le commerce, sollicita et obtint sa nomination de secrétaire au service de la compagnie d'Afrique, et demanda, peu de temps après, la mission périlleuse d'accompagner ou de conduire une ambassade qu'on voulait envoyer dans l'intérieur du royaume d'Ashanthée pour explorer le pays: mission dont personne ne voulait se charger, et qui réussit sous tous les rapports par sa prudence et son intrépidité. Ses principaux ouvrages sont: *Voyage dans le pays d'Ashanthée, ou Relation de l'ambassade envoyée dans ce royaume par les Anglais, avec des détails sur les mœurs, les usages, des lois et le gouvernement de ce pays, etc.; Éléments of conchology including the fossil genera and the animals*, Paris, 1820-1822, in-8, avec un grand nombre de gravures; *Excursions dans les îles de Madère et de Porto Santo, faites dans l'automne de 1823, pendant son troisième voyage en Afrique, suivies du récit de son arrivée et des circonstances de sa mort, etc.*, ouvrage traduit de l'anglais et accompagné de *Notes* des barons Cuvier et de Humboldt, Paris, 1826, avec un Atlas in-4 de 19 planches.

BOWDLER (Thomas), écrivain anglais, né en 1754, mort à Rhyddings près Swansea, en 1824, a publié le *Shakespeare des familles*, où il a retranché les nombreux passages capables de produire de fâcheuses impressions sur de jeunes esprits. Il a fait le même travail sur l'ouvrage de Gibbon, intitulé: *De la Décadence et de la chute de l'empire romain*; et il a laissé les *Mémoires du lieutenant-général Villette*, un volume de *Voyages*, et quelques autres ouvrages.

BOWDLER (Alistriss), morte à Bath le 25 février 1830, âgée de 76 ans, a publié des *Poésies* et des *Essais*, 1786, 2 vol. in-12; des *Sermons sur les doctrines et les devoirs du christianisme*, réimprimés pour la quatorzième fois en 1807.

BOWER (Archibald), jésuite apostat, né à Dundée en Écosse. Il se fit jésuite à Rome en 1706, et fut employé à l'enseignement des belles-lettres dans différentes villes d'Italie. En 1726, il quitta son Ordre, quoiqu'il fût lié par des vœux solennels, et se rendit en Angleterre, où il abjura la religion catholique pour suivre le rit anglican. Cette apostasie donna lieu à plusieurs conjectures. On en a trouvé la cause naturelle dans l'irrégularité de ses mœurs, preuve terrible que la corruption du cœur entraîne à sa suite l'obscurcissement de l'esprit. Bower, également méprisé de tous les partis, mourut en 1766, âgé de 80 ans. Il a laissé les ouvrages suivants dont le style est plus que médiocre: *Historia litteraria*, espèce de revue littéraire publiée au commencement de chaque mois; une *Histoire des Papes*, 7 vol. in-4, qui mériterait plutôt le nom de diatribe que le titre d'histoire, tant les Papes y sont maltraités. Il a aussi travaillé à la grande *Histoire universelle*, dont il compose l'*Histoire romaine*.

BOWYER (Guillaume), savant et célèbre imprimeur anglais, né à Londres le 17 décembre 1699, s'acquit un nom, tant par ses belles éditions que par sa science dans les belles-lettres. Il mourut le 18 décembre 1777. Il était membre de la société des antiquaires, imprimeur de la société royale et de la Chambre des pairs. Il a enrichi de préfaces plusieurs des livres qu'il a imprimés, et a donné une *Histoire de l'origine de l'imprimerie*, en anglais, 1774. On estime son édition des *Œuvres de Selden*, 3 vol in-fol., 1722-26, et du *Nouveau-Testament grec*, 1765, 2 vol. in-12.

BOXHORN, ou BOXHORNIUS (Marc-Zuerius), professeur d'éloquence à Leyde et ensuite de politique et d'histoire, naquit à Berg-op-Zoom en 1612, et mourut en 1653. On a de lui: *Historia universalis*, Leipsick, 1640; *Obsidio Bredana*, 1640, in-fol.; *Virorum illustrium Monumenta et Elogia*, Amsterdam, 1638, in-fol., ouvrages curieux par les gravures qui l'accompagnent; *Chronologia sacra*, Bautzen, 1677, in-fol.; *Poemata*, 1629, in-12; *Theatrum urbium Hollandiæ*, 1632, in-fol. Ce n'est guère qu'une compilation de Guichardin et de Valère André; *Historiæ romanæ et augustæ Scriptores minores Latini, cum animadversionibus*, Leyde, 1632, 4 vol. in-12: c'est une édition de Florus, d'Aurélius-Victor, de Velléius Paterculus, de Suétone, d'Ammien Marcellin, etc.; *Poetæ satyrici minores, cum commentis*, 1632, in-8, recueil peu estimé; Des *Notes* sur Justin, sur Tacite, sur Jules-César; *De republicâ Leodiensi*, Amsterdam, in-

24. Cet ouvrage, qui est assez bon, fait partie de la collection des *Petites Républiques; Originum Gallicarum liber*, Amsterdam, 1754, in-4, ouvrage estimé et peu commun; *Metamorphosis Anglorum*, 1653, in-12: c'est un abrégé des révolutions d'Angleterre; *Quæstiones Romanæ*, Leyde, 1637, in-4: ce sont des dissertations pleines d'érudition sur les us sacrés et profanes des Romains. On a encore de Boxhorn d'autres ouvrages, dont l'énumération serait trop longue à faire.

BOYCE (William), célèbre organiste de la chapelle royale de Saint-James, né à Londres en 1710, y mourut en 1799. Ses *Oratorio*, ses *Symphonies*, ses *Motets*, sont très-estimés. En 1768, il avait publié une très-belle édition des meilleures compositions anglaises pour l'église.

BOYD (Hugues), né en 1746 à Bally-Castle dans le comté d'Antrim en Irlande, capitaine de port à Madras où il rédigea une feuille intitulée: *The Madras Courrier*. Il revint en Europe en 1794, et mourut peu de temps après. Campbell a publié sa *Vie* à la tête de ses *Œuvres*, Londres, 1800, 2 vol. in-8, et il le donne pour l'auteur des *Lettres de Junius*, qui obtinrent un succès prodigieux et furent regardées par plusieurs comme un des ouvrages politiques les plus éloquents et les mieux écrits qu'ait produits l'Angleterre. Ces *Lettres* ont été traduites en français, Paris, 1791, in-8, et attribuées à plusieurs autres écrivains, notamment au célèbre Edmond Burke.

BOYD (Henri), né en Irlande vers le milieu du 18e siècle, mort le 17 septembre 1832, s'est distingué par ses *Traductions* en vers anglais, principalement des chefs-d'œuvre du Dante.

BOYER (Claude), abbé, de l'Académie française, naquit à Alby en 1618, et mourut à Paris en 1698. On a de lui 22 pièces dramatiques, pleines d'enflure et produites sans aucune connaissance du théâtre. Sa *Judith* eut d'abord un succès éclatant. Cette pièce, applaudie pendant un carème entier, fut sifflée à la rentrée d'après Pâques. La Champmeslé ayant demandé la raison de l'inconstance du parterre, un plaisant lui répondit: « Les sifflets étaient à Versailles aux sermons de l'abbé Boileau. » Boyer, fatigué de ses mauvais succès, fit jouer en 1680 sa tragédie d'*Agamemnon*, sous le nom d'un de ses amis. Racine, son plus grand fléau, applaudit à cette pièce. Boyer ne put s'empêcher de s'écrier en plein parterre: « Elle est pourtant de Boyer, malgré M. Racine. » Ce mot lui coûta cher: sa tragédie fut sifflée le surlendemain.

Peut-on, après cela, s'occuper sérieusement du succès ou de la chute des productions dramatiques, dont le destin se règle sur les passions ou l'humeur des spectateurs, bien plus que sur le mérite même de la pièce?

BOYER (Abel), né à Castres en 1664, quitta la France après la révocation de l'édit de Nantes, et se retira d'abord à Genève, à Franeker, et ensuite en Angleterre, l'an 1689. Il mourut à Chelsey en 1729, dans sa 65e année. Il aimait également le plaisir et l'étude. On a de lui plusieurs ouvrages: un *Dictionnaire anglais-français et français-anglais*, 2 vol. in-4, Londres, 1774, estimé; l'*Abrégé*, en 2 vol., in-8, a eu plus de 20 éditions; une *Grammaire française et anglaise*, in-12, qui ne l'est pas moins. « Cependant, dit un critique français, si « ces deux ouvrages n'avaient servi qu'à « faire passer dans notre langue les sages maximes et les beautés des écrivains anglais, l'auteur aurait de plus « grands droits aux éloges du public reconnaissant; mais la connaissance de « la langue nous a attiré le débordement « de tant d'extravagances, que les esprits sages sont peu tentés d'applaudir « à ses travaux. En effet, la lecture des « productions anglaises n'a guère servi « qu'à introduire parmi nous des bizarreries et des maximes qui, n'étant « analogues ni au caractère ni au gouvernement de la nation, n'ont produit « que de très-pitoyables effets, comme « l'expérience le prouve tous les jours. « L'anglomanie a passé de nos livres « dans nos mœurs, et y a causé les mêmes ravages; en sorte qu'on peut dire « que ceux qui ont cru nous enrichir par « des productions étrangères, ne nous « ont procuré que des maux étrangers. » L'*Etat politique*, ouvrage périodique qui embrasse tous les Etats de l'Europe, publié depuis 1710 jusqu'en 1719: il fut très-bien reçu dans sa naissance, et on le recherche encore à présent pour plusieurs pièces curieuses qui y sont insérées; *Histoire de Guillaume III*, Londres, 1702, 3 vol. in-8, en anglais; *Histoire de la reine Anne*, Londres, 1722, in-fol., en anglais.

BOYER (Jean-François), ancien évêque de Mirepoix, avait été d'abord théatin. Le succès de ses sermons le fit choisir pour précepteur de Mgr le Dauphin. L'académie des inscriptions, ayant perdu le cardinal de Polignac, le remplaça en 1741 par la nomination de l'évêque de Mirepoix. Il avait été reçu à l'Académie française dès 1736, et, deux ans après, il le fut à l'Académie des sciences. Il mourut en 1755. Ses vertus, son amour pour la retraite, son aversion pour les louanges, la simplicité de ses mœurs, méritèrent qu'on lui confiât l'unique espérance du royaume, et ensuite le détail des affaires qui concernent la nomination aux bénéfices. Il faut bien se garder de juger ce prélat par ce qu'on en dit, et ce qu'en disent encore les partisans des erreurs de Jansénius. On sait que les sectaires ne jugent du mérite des hommes que par l'esprit qui les anime eux-mêmes. Le plus grand crime, et le seul à leurs yeux, est de n'être pas de leur avis. Outre ses sermons qui obtinrent les plus grands succès, l'ancien évêque de Mirepoix a laissé plusieurs ouvrages de dévotion manuscrits, dont il serait trop long de faire ici l'énumération.

BOYER (Pierre), prêtre de l'Oratoire, né à Arlanc, le 12 octobre 1677, mort le 19 janvier 1755, s'est distingué par son fanatisme pour les saltimbanques de Saint-Médard, ce qui lui procura d'abord un interdit en 1729, puis d'être relégué au mont Saint-Michel, enfin une détention à Vincennes pendant 14 ans. Les fruits de son fanatisme sont consignés dans le *Quatrième gémissement sur la destruction de Port-Royal*, 1714, in-12 ; le *Parallèle de la doctrine des païens et de celle des jésuites*, in-8 ; la *Vie de M. Pâris*, in-12, et dans d'autres ouvrages de parti.

BOYER D'AGUILLE (Jean-Baptiste, marquis de), s'était composé un cabinet précieux de tableaux que son fils, Pierre-Jean, procureur-général au Parlement de Provence, fit graver par Jacques Coelmans, d'Anvers. Cet ouvrage fut fini en 1709, et contient 118 planches ; mais il n'a paru qu'en 1744, in-fol. Ces deux seigneurs unissaient aux connaissances propres à leur état les lumières qui donnent l'étude des belles-lettres et l'enthousiasme pour les beaux-arts. Le marquis d'Argens était fils du dernier. (Voyez ARGENS.) Le nom de son frère, président au Parlement d'Aix, est d'Aiguille ou d'Eguille ; mais ses aïeux prenaient le nom d'Aguille ; la table généalogique qui est à la tête des *Tableaux* dont nous venons de parler, porte constamment d'A-guille. C'est Pierre-Jean qui changea, le premier, le nom d'Aguille en Eguille, et qui cessa de porter le nom de Malherbe, le poète, dont son trisaïeul, Vincent de Boyer, avait hérité, à condition d'en porter le nom et les armes.

BOYER (Alexandre-Jean-Baptiste de), connu sous le nom de *Président d'Eguille*. (Voyez BOYER D'AGUILLE), célèbre par les différends qu'il eut avec sa compagnie,

et les disgrâces qui ont agité sa vie, est mort le 8 octobre 1783, pleuré de ses vassaux, regretté de ses amis, et emportant les éloges de ceux même que sa fermeté et son inviolable attachement à la justice avaient rendus pour quelque temps ses adversaires. Il était frère du philosophe marquis D'ARGENS. (Voyez ce nom.)

BOYER (Pierre-Denis), directeur au séminaire de Saint-Sulpice, naquit dans le mois d'octobre 1766, à Caissac, diocèse de Rodez. Après avoir fait ses humanités dans le collège de cette ville, où il eut pour condisciple Frayssinous, avec lequel il demeura toujours étroitement lié, il vint à Paris faire ses études ecclésiastiques. Avant son départ de Rodez, il s'était muni de lettres de recommandation pour le supérieur des Robertins ; mais lorsqu'il voulut les présenter à ce dernier, il ne les trouva plus : par suite d'une de ces distractions singulières qui devinrent habituelles chez lui, il les avait perdues pendant le voyage. Le supérieur hésitant alors à le recevoir, il entra dans la communauté de Laon, qu'il quitta plus tard pour s'attacher à la congrégation de Saint-Sulpice. Ordonné prêtre en 1790, l'abbé Boyer fut bientôt obligé de cesser l'exercice du ministère. Pendant la terreur, il se retira dans les montagnes du Rouergue avec Frayssinous, où tout en s'occupant du salut des âmes, en visitant les malades, en portant secrètement aux mourants les derniers secours de la religion, ces deux amis se préparaient par l'étude à remplir la mission que la divine Providence leur réservait. En 1800, l'abbé Boyer se rendit avec empressement à l'appel de l'abbé Emery qui s'occupait de réorganiser à Paris l'enseignement ecclésiastique. Il professa la philosophie dans la maison de la *Vache noire*, rue du faubourg Saint-Jacques, puis au séminaire de la rue du Pot-de-Fer, tandis que Frayssinous y enseignait la théologie dogmatique. En 1802 parut son premier écrit: *Le Duel jugé au tribunal de la raison et de l'honneur* ; il le fit paraître sous le nom d'un officier, de ses amis, auquel le ministre de la guerre Berthier écrivit une lettre de félicitation au nom du premier consul. Cet opuscule a été réimprimé en 1836. En 1803, l'abbé Frayssinous ayant commencé ses conférences dans la chapelle des Allemands de l'église Saint-Sulpice, l'abbé Boyer s'associa à lui, et il prononça cinq discours dont on admira la forme piquante, le tour original, le style animé et plein d'images empruntées à l'Écriture. Lorsque plus tard Frayssinous monta dans la chaire de Saint

Sulpice et quitta la congrégation dont il faisait partie, l'abbé Boyer le remplaça au séminaire comme professeur de théologie dogmatique, et il s'y fit remarquer par la rectitude de son esprit, la justesse de ses raisonnements et une vaste érudition. Au mois d'octobre 1811, le gouvernement impérial dispersa la compagnie de Saint-Sulpice. Comme l'abbé Boyer n'en était pas membre avant la révolution, il espéra qu'on lui permettrait de continuer ses leçons; mais, au bout de quelques mois, il fut obligé de quitter le séminaire. La prière et l'étude occupèrent en grande partie la retraite forcée du pieux professeur. Il alla aussi, en 1812 et 1813, prêcher des stations à Montpellier et à Lyon. Il se rendit ensuite auprès de sa famille, qu'il ne quitta qu'en 1814. Il vint alors reprendre son cours de théologie à Saint-Sulpice, et le continua jusqu'en 1818; il refusa, à cette époque, les offres du cardinal de Périgord, qui voulait l'attacher à l'administration du diocèse de Paris en qualité de grand-vicaire. En 1817, il publia un écrit intitulé : *Examen du pouvoir législatif de l'Eglise sur le mariage*, où il réfutait les fausses doctrines émises sur cette matière par Tabaraud et le président Agier. Il intervint ensuite dans la discussion relative au concordat de 1817, en faisant paraître de *Nouveaux éclaircissements* sur les objections que l'on opposait. Deux sortes d'adversaires attaquaient alors cette mesure : les uns eussent voulu asservir l'Eglise à l'Etat ; les autres prétendaient que l'Etat devait professer une indifférence absolue en matière religieuse. L'abbé Boyer combattit ces deux doctrines également pernicieuses, dans un opuscule intitulé : *De la liberté des cultes selon la Charte, etc.*, sous le pseudonyme de Barrande de Briges. Il engagea vers la même époque, dans l'*Ami de la Religion*, une polémique avec Tabaraud; mais celui-ci ayant décliné le combat, il ne crut pas devoir le continuer. Les retraites pastorales, longtemps interrompues, avaient été rétablies successivement dans la plupart des diocèses. L'abbé Boyer se sentit une vocation particulière pour porter la parole dans ces saints exercices, et bientôt il s'acquit en ce genre une telle réputation, qu'il fut appelé de tous côtés, et qu'au bout de peu d'années il n'y eut pas de diocèse de France qui ne l'eût entendu. Pour faire porter à sa parole, naturellement éloquente, de plus grands fruits, l'abbé Boyer joignait à la prière et à l'aumône la pratique de la mortification, et il avait l'habitude de ne pas quitter le cilice pendant tout le

cours de la retraite. D'ailleurs des grâces visibles de courage, de force et de santé le soutenaient dans l'exercice de ce ministère spécial. Les voyages ne le fatiguaient jamais, il allait sans cesse d'une extrémité de la France à l'autre, au gré des évêques qui l'appelaient ; et après quatre ou cinq mois de ces courses apostoliques, il revenait à Paris plus dispos et avec une santé plus florissante qu'au départ. Frayssinous, arrivé au plus haut degré du pouvoir, conserva toujours pour l'abbé Boyer son ancienne affection et sa confiance ; il recourait à lui et prenait ses avis dans les matières les plus graves. Il demandait même quelquefois au roi la permission de ne répondre à une question qu'après en avoir conféré avec son *théologien*. Un jour Charles X demanda au prélat où donc était cet ami qu'il se réservait de consulter. *Sire*, répondit l'évêque d'Hermopolis, *il loge dans une mansarde du séminaire Saint-Sulpice.* — *C'est pour cela sans doute*, reprit le roi en souriant, *que vous ne me parlez jamais de l'élever plus haut.* A la prière de Mgr Frayssinous, l'abbé Boyer écrivit, en 1826, l'*Antidote contre les Aphorismes* de l'abbé de La Mennais qui, sous ce titre d'*Aphorismes*, venait de publier un opuscule contre les quatre articles de 1682. Du reste, il s'attacha moins à prouver l'orthodoxie des quatre articles qu'à repousser l'accusation d'hérésie portée contre ceux qui les défendaient. Après la révolution de 1830, l'abbé Boyer, effrayé par la gravité des événements, quitta Paris et se retira dans les montagnes du Rouergue ; mais bientôt voyant le calme revenir, il reprit le cours de ses tournées apostoliques, et ne les discontinua plus jusqu'à l'époque de sa mort. Dans les intervalles libres que lui laissaient les retraites, il composa plusieurs écrits de circonstance, qui touchaient à la fois à la religion, à la philosophie et à la politique, et dont d'ailleurs ses estimables confrères et son supérieur à Saint-Sulpice n'approuvèrent pas toujours la publication. Depuis longtemps l'abbé Boyer avait formé le projet de visiter Rome, il voulait prier sur le tombeau des saints Apôtres, se prosterner aux pieds du Père commun des fidèles, et faire un pèlerinage à Notre-Dame-de-Lorette pour s'y préparer, pendant une retraite de plusieurs jours, à une bonne mort. Il put enfin réaliser cette pieuse pensée, et le lendemain de l'Ascension de l'année 1841, il s'embarqua à Marseille, muni des lettres de son neveu, Mgr Affre, récemment élevé sur le siége de Paris. Arrivé à Rome, il reçut l'accueil le plus bienveillant du Souverain - Pontife et des membres du sacré collège. Là aussi, son extérieur et ses manières originales furent remarqués. On l'appelait en plaisantant : *Homo antediluviano*, homme primitif ou antédiluvien. Après avoir visité tout ce qui pouvait intéresser sa piété, et passé plusieurs heures dans la prison de saint Pierre, il quitta Rome et se dirigea vers Lorette, où il fit une retraite de dix jours. De là il reprit le chemin de la France, alla à Rodez voir sa famille, donna encore plusieurs retraites, et revint à Paris. Le dimanche 17 avril, étant allé dire la messe à Saint-Lazare, pour l'anniversaire de la translation des reliques de saint Vincent de Paul, il fut saisi par le froid; une maladie se déclara, et, malgré les secours de l'art, il succomba à ces atteintes le 24 avril 1842, dans les sentiments de la plus vive piété et de la foi la plus ardente. Il fut souvent visité dans ses derniers moments par son neveu, l'archevêque de Paris. Outre les ouvrages dont nous avons parlé, l'abbé Boyer a laissé plusieurs Écrits dont nous citerons les titres : *Examen de la doctrine de M. de La Mennais, considérée sous le triple rapport de la philosophie, de la théologie et de la politique*, in-8, 1834 ; *Défense de la méthode d'enseignement suivie dans les écoles catholiques*, in-8, 1835 ; *Défense de l'ordre social contre le carbonarisme moderne*, dont le premier volume parut en 1835 et le second en 1837. Voici comment Mgr Frayssinous, son ami, appréciait ce dernier ouvrage dans une lettre du 9 janvier 1838 : « J'ai « déjà lu au-delà de 250 pages de votre « livre. Je l'ai trouvé marqué au coin « d'un homme de talent, d'esprit élevé, « fécond, vigoureux, qui pénètre les « choses, en voit le fin fond et sait l'ex- « poser au grand jour. Des incorrections « qu'il faut faire disparaître, parfois un « peu de surabondance, jamais de stéri- « lité, signe d'un esprit supérieur. Je « ne m'accorde pas avec vous sur tous « les points dans les jugements que vous « avez portés, en particulier sur Char- « les I et Louis XVI. » En général, on remarque dans les écrits de l'abbé Boyer la netteté des vues, l'exactitude des principes, le choix des preuves, le talent de la discussion, et l'art de presser un raisonnement, enfin des réflexions vives et piquantes; mais l'auteur ne marche pas toujours à son but. Il se jette dans des digressions qui, pour être intéressantes, n'en sont pas moins étrangères au sujet; il ne lie pas avec assez d'art les différentes parties de son plan. La noblesse des pensées, l'élévation des sentiments, la grandeur des images, les qualités du style, d'ailleurs quelquefois négligé, ne voilent pas toujours ces défauts, qui prenaient leur source dans la rapidité de la composition.

BOYER (Alexis, baron), un des chirurgiens les plus distingués de notre époque, naquit à Uzerche dans le Limousin, le 27 mars 1760. Étant venu à Paris en 1779, il suivit les leçons de Desault, obtint le prix de l'école pratique, et fut choisi par son maître pour l'aider dans l'enseignement de l'anatomie. En 1787, ayant concouru pour une place de chirurgien à l'hospice de la Charité, il y fut nommé. Il ouvrit en même temps des cours d'anatomie, de physiologie et de chirurgie, qui eurent un grand succès. Lors de la création de l'école de santé, Boyer fut nommé professeur de médecine opératoire et ensuite de clinique externe. Attaché à la personne du premier consul en 1804, en qualité de premier chirurgien, il l'accompagna dans les campagnes de 1806 et de 1807, et reçut la croix d'honneur avec le titre de baron. En 1815, il fit partie de la commission chargée de faire un rapport sur l'état de l'enseignement dans les écoles de médecine et de chirurgie. Boyer était chirurgien en chef de l'hôpital de la Charité, où il avait débuté, lorsqu'il mourut à Paris le 25 novembre 1833. Il a publié : un *Mémoire* adressé au concours de l'Académie royale de chirurgie, en 1791, sur cette question : *Déterminer la meilleure forme des aiguilles destinées à la réunion des plaies et à la ligature des vaisseaux, et la manière de s'en servir dans le cas où leur usage est indispensable*, imprimé dans les *Mémoires de la société médicale d'émulation*. Boyer y donne la préférence aux aiguilles qui ont une courbure uniforme circulaire, représentant une demi-circonférence ; *Leçons sur les maladies des os*, rédigées par Richerand, Paris, 1803. 2 vol. in-8 ; *Traité complet d'anatomie, ou Description de toutes les parties du corps humain*, 1797-1799, 4 vol. in-8, 4° édition, 1815-1816 ; *Traité des maladies chirurgicales et des opérations qui leur conviennent*, Paris, 1814, 2° édition, 1818-1826, 11 vol. in-8 : cet ouvrage est très-estimé. Boyer a travaillé encore à l'ancien *Journal de médecine, chirurgie et pharmacie*, ainsi qu'au *Dictionnaire des sciences médicales*. On doit à Boyer plusieurs appareils mécaniques ; nous citerons particulièrement ceux dont on se sert pour l'extension continuelle des membres inférieurs dans les fractures du col du fémur, pour guérir les torsions congéniales des enfants, etc.

BOYL. (Voyez BUIL.)

BOYLE (Robert), célèbre philosophe anglais, naquit en 1621 à Lismore en Irlande. Il était le 7e fils de Richard, comte de Corck et d'Orréry. Après avoir appris le français et le latin dans sa patrie, il voyagea à Genève, en France et en Italie, pour se perfectionner dans la physique et les mathématiques. De retour en Angleterre, aidé par Hook, son associé dans les opérations chimiques, il perfectionna la machine pneumatique, inventée par Othon de Guerike, bourgmestre de Magdebourg (Voyez ce mot). Le roi Charles II et ses successeurs Jacques II et Guillaume III l'honorèrent successivement de leur commerce et de leur estime. C'est à lui principalement qu'on doit l'établissement de la société royale de Londres en 1663. On l'en nomma président en 1680; mais il voulut toujours se borner au titre de conseiller. Son zèle pour la religion chrétienne se signala dans toutes les occasions. Il donna, durant sa vie, 300 liv. sterling par an pour la propagation de la foi en Amérique, et 100 pour les Indes. Il laissa, en mourant, un fonds considérable pour un certain nombre de sermons qu'on doit prêcher toutes les années sur les vérités de la religion chrétienne en général, sans entrer dans les disputes particulières qui divisent les chrétiens : il sentait que la secte qu'il professait ne gagnerait rien à cette discussion. On a de lui plusieurs écrits sur la théologie, la physique et les mathématiques, recueillis en 1744, à Londres, en 5 vol. in-fol., avec la *Vie* de l'auteur, en 1772, en 6 vol. in-4. Les principaux sont : les *Nouvelles expériences physico-mécaniques sur le ressort de l'air :* il y décrit la machine du vide, et pousse la modestie jusqu'à reconnaître qu'il en doit l'idée à Othon de Guerike ; *Considérations sur l'utilité de la physique expérimentale ; Histoire générale de l'air ; Expériences et observations sur le froid, les couleurs, les cristaux, la respiration, la salure de la mer, les exhalaisons, la flamme, le vif-argent,* dans différents Traités séparés ; *Le Chimiste sceptique ; Essai sur l'Écriture-Sainte ; Le Chrétien naturaliste,* ouvrage dans lequel il prouve que la physique expérimentale mène au christianisme, loin d'en détourner; *Considérations pour concilier la raison et la religion ; Discours sur la profonde vénération que l'esprit humain doit à Dieu,* très-estimés ; *Recueils d'écrits sur l'excellence de la théologie comparée avec la philosophie naturelle :* l'auteur ne prise celle-ci qu'autant qu'elle a

du rapport à la religion. Presque tous ses ouvrages de physique et de chimie ont été traduits en latin, Genève, 1714, 5 vol. in-4. Il mourut à Londres en 1691, à 64 ans. Tout était simple chez lui, et conforme au caractère d'un vrai philosophe. Il était plein de franchise, de politesse et de douceur. Quoique détaché de toutes les subtilités dont les hommes ont fait des choses importantes, il observait les bienséances. Il ne savait ni mentir ni déguiser ; mais il savait se taire. Il jugeait très-sainement des hommes et des affaires : aussi quitta-t-il la cour de bonne heure. Ses idées sur les moyens de rendre le genre humain meilleur et plus heureux étaient très-étendues ; mais l'exécution des idées les plus saines est toujours très-difficile.

BOYLE (Roger), comte d'Orréry, frère de Robert, 5e fils de Richard, comte de Corck, naquit à Lismore en 1621. Ayant pris le parti des armes, il servit sous Cromwel contre Charles Ier ; et après la mort de l'usurpateur, il soutint la cause de Charles II. Dès que ce roi fut sur le trône, il lui donna une place de conseiller dans son conseil privé d'Angleterre et d'Irlande. Il mourut en 1679, âgé de 59 ans, regardé comme un homme d'un esprit plus délié que son frère, mais moins solide et moins ami de la vertu, de la droiture et de la religion. On a de lui plusieurs ouvrages en vers et en prose, bien écrits, en anglais : la *Parthénice,* roman, 3 vol. in-4 et in-fol., qu'on a comparé à ceux de Scudéry et de Calprenède; *Histoire d'Henri V; Le prince Noir, Mustapha, Triphon,* tragédies applaudies dans le temps ; l'*Art de la guerre, etc. ; Recueil de lettres d'État, de Boyle,* publiées avec sa *Vie,* par Thomas Morice, Londres, 1743, in-fol., en anglais.

BOYLE (Charles), petit-fils de Roger et comte d'Orréry comme lui, né en 1676, élève du docteur Atterbury, fut mis à la tour de Londres en 1722 : on l'accusait d'être entré dans des complots contre l'État. On ne put jamais le lui prouver. Il mourut en 1731, d'une maladie de langueur contractée dans sa prison. L'instrument astronomique appelé l'*orréry* est de son invention : c'est un planétaire très-composé, où l'on voit tous les mouvements célestes à la fois : il est d'une grande cherté. M. Brisson, dans son *Dictionnaire de physique,* dit que le planétaire de Nollet est préférable par sa plus grande simplicité. On a encore de lui une *Traduction* latine des *Épîtres de* Phalaris avec des *notes,* in-8, 1695 ; une *comédie,* des *pièces de vers* et des *harangues.*

BOYLE (Jean), comte de Corck et d'Orréry , fils de Charles, de la société royale, né le 2 janvier 1707 , fit ses délices, à l'exemple de ses ancêtres, de l'étude des belles-lettres , voyagea en Italie, où il demeura longtemps, et mourut le 16 novembre 1762, après avoir été marié deux fois. Nous avons de lui une *Traduction* en anglais des *Lettres* de Pline, avec sa *Vie* et des *remarques* , 1751 , 2 vol. in-4; *Lettres sur l'Italie; Lettres historiques et philosophiques sur la vie de Swift* , 1752 , in-12, ouvrage traduit en francais par Lacombe d'Avignon. Il a aussi travaillé à plusieurs ouvrages périodiques.

BOYLESVE (Etienne), chevalier, prévôt de Paris sous le règne de saint Louis, mit un ordre dans la police de cette ville. Les impôts sur les denrées étaient exorbitants; les prévôts fermiers avaient tout vendu, sans excepter la liberté de commercer : il remédia à ces deux abus. Il divisa ensuite les marchands et les artisans en différents corps de communautés, leur donna des statuts et des règlements, faits avec tant d'équité et de sagesse, qu'on s'en est servi depuis pour régler les anciennes communautés, ou pour en former de nouvelles. Il ne fut pas moins attentif à veiller à la sûreté publique, et à punir ceux qui pouvaient la troubler. Ce bon magistrat mourut vers 1269.

BOYM (Michel), jésuite polonais, fut envoyé comme missionnaire aux Indes et à la Chine en 1643, revint à Lisbonne en 1652, et repartit en 1656 pour la Chine, où il mourut en 1659. Il publia : *Flora Sinensis* , Vienne , 1656 , in-fol. , traduite en français ; une *Traduction* des 4 livres de *Wang-Choho*, faite d'après les auteurs chinois , et contenant 289 articles sur les médicaments, les signes des maladies , etc. , Francfort , 1682 , in-4, publiée sous le nom d'André Cleyer de Cassel, premier médecin de la compagnie des Indes ; éditeur plagiaire , qui y joignit quelques autres morceaux traduits du chinois.

BOYRON. (Voyez BARON.)

BOYSE (Samuel), anglais , né en 1708 , mourut en 1749. La collection de ses *Poésies* devait avoir six volumes ; il n'en a paru que deux. Son poème de la *Divinité* a été plusieurs fois réimprimé. Une des bonnes éditions est celle de 1732, in-8. On estime l'*Ode* qu'il fit paraître en 1745 sur la bataille de Dettingen, intitulée : *Le Triomphe d'Albin*. On a encore de lui : l'*Histoire des transactions de l'Europe, depuis le commencement de la guerre d'Espagne en* 1739, *jusqu'à l'insurrection*

de l'Ecosse en 1745 , 2 vol. in-8, 1747.

BOYSEN (Pierre - Adolphe) , théologien luthérien , né le 15 novembre 1690, à Ascherleben (principauté d'Anhalt), mort à Halberstadt le 12 janvier 1743 , publia : *Dissertatio de codice græco*, *et concilio quo usus est Martinus Lutherus in interpretatione germanica Novi Testamenti ; Historia Michaelis Serveti ; De viris eruditis qui , serò ad litteras admissi , magnos in studiis fecerunt progressus*, Wittemberg, 1711 , in-4.

BOYSEN (Frédéric-Eberhard), fils de Pierre-Adolphe BOYSEN, théologien luthérien , est auteur de plusieurs *Dissertations* savantes sur l'Ecriture. Il naquit à Halberstadt en 1720, et mourut en 1800, laissant : une bonne *Version du Koran; Monumenta inedita rerum Germanicarum*, in-4; *Lettres théologiques*, en allemand, 2 vol. in-8; *Magasin universel*, 6 parties in-8 ; un bon *Abrégé* de la grande *Histoire universelle*, 10 vol. in-8, partie ancienne ; *Lettres à Gleim*, Francfort, in-8. etc.

BOZE (Claude GROS de) naquit à Lyon en 1680, de parents qui perfectionnèrent ses talents par une excellente éducation. Il se livra, d'abord, à la jurisprudence.; mais les antiquités et les médailles l'occupèrent bientôt tout entier. Le chancelier de Pontchartrain , l'abbé Bignon, Vaillant, le chérirent comme un savant profond et aimable. Quelques *Dissertations* ingénieuses sur des médailles et d'autres monuments lui ouvrirent la porte de l'académie des inscriptions et belles-lettres, en 1709. Il fut reçu dans cette académie sous le titre d'élève, et l'année d'après il en devint le secrétaire perpétuel. L'Académie française se l'associa aussi en 1712. La garde du cabinet des médailles du roi lui fut confiée en 1719. Il partit, l'année d'après, pour la Hollande dans le dessein d'augmenter les trésors qu'on avait mis entre ses mains. De retour à Paris , il consacra tout son temps à l'académie des belles-lettres et au cabinet des médailles. Il eut l'inspection de la librairie en 1745, pendant la maladie de M. Maboul. Il s'était démis, 3 ans auparavant, de la place de secrétaire de l'académie des belles-lettres. Cette compagnie le perdit entièrement le 10 septembre 1753, année de sa mort. Il était aussi estimable par la douceur de ses mœurs que par son savoir. Il n'avait rien de cette rudesse de caractère, qu'on trouve quelquefois dans les savants. On a de lui plusieurs ouvrages : l'édition des 15 premiers volumes des *Mémoires de l'académie des belles-lettres*. Les *Eloges historiques* qui ornent ces *Mémoires* ont été imprimés séparément, en 2 vol. in-12. Ils sont écrits avec autant d'esprit que d'agrément. Il est panégyriste sans fadeur, et historien sans verbiage. On y trouve moins de ces traits fins, dont les *Éloges* de Fontenelle sont parsemés ; mais peut-être plus d'élégance et de goût. Les premiers *Éloges* sont bien inférieurs aux derniers, et c'est à ceux-ci principalement qu'il faut appliquer le jugement que nous en portons ; la seconde édition de l'*Histoire métallique de Louis XIV*, continuée jusqu'à la mort de ce prince, 1723, in-fol. Il donna les dessins et les devises de plusieurs médailles; l'*Histoire de l'empereur Tetricus*, éclaircie par les médailles; plusieurs *Dissertations* sur les médailles antiques, répandues pour la plupart dans les *Mémoires de l'académie des belles-lettres*. Il a publié le *Catalogue* de sa bibliothèque, 1745, in-fol.; elle était bien choisie, et pleine de livres rares et curieux. Ce *Catalogue* est recherché par les bibliographes, et se vend fort cher. On en a donné un autre après sa mort, Paris, 1753, in-8.

BRABANT (Henri I, duc de), dit *le Guerroyeur*, fut le premier souverain de cette province des Pays-Bas, qui porta le titre de duc. Le Brabant, soumis d'abord par Clovis, avait fait partie successivement des royaumes d'Austrasie, de Lorraine et de l'ancien empire de Charlemagne. Il devint, en 1004, le partage de Gerberge, fille de Charles de France, mariée à Lambert I, comte de Mons, qui doit être regardé comme la tige des souverains de Brabant. Henri I, surnommé *le Guerroyeur*, était fils de Godefroi-le-Courageux, qui l'associa au gouvernement en 1172, et lui donna le titre de comte de Louvain. Henri accompagna le roi de France, Louis-le-Jeune, au tombeau de saint Thomas de Cantorbéry. En 1183, il se croisa pour la Terre-Sainte, et joignit ses troupes à celles de Luzignan et de Raimond de Tripoli. On ignore l'époque précise de son retour, mais ce fut du vivant de son père, à qui il succéda en 1190. Il fit alors valoir ses droits sur le duché de Flandre ; mais Baudoin, son compétiteur, l'emporta sur lui. Le duc de Brabant fit encore, en 1197, avec Henri-le-Jeune, duc de Saxe, un voyage en Palestine, et y donna des preuves de valeur à la bataille de Joppé. À son retour de la Terre-Sainte, il se déclara pour Othon de Brunswick, à qui l'empire était disputé par le duc de Souabe. Il porta ensuite la guerre chez les comtes de Gueldre et de Hollande, les vainquit et les força à faire une capitulation avantageuse à ses intérêts. Il

combattit ensuite contre l'évêque de Liége, dont il pilla la capitale. L'évêque lui livra bataille et remporta contre lui une victoire complète. Le duc de Brabant fit alors sa paix. En 1214, il donna sa fille en mariage à l'empereur Othon, et se ligua, avec ce prince, contre Philippe-Auguste. À la défaite de l'armée impériale à Bouvines, il prit la fuite, et abandonna quelque temps après la cause d'Othon, pour se jeter dans le parti de Frédéric II. Le duc Henri mourut à Cologne le 5 septembre 1235, après avoir gouverné ses États près de 50 ans avec plus de vigueur que de prudence. Ce prince avait accordé à la ville de Bruxelles, en 1229, divers privilèges consignés dans une charte qui est le plus ancien monument qui existe de la langue flamande.

BRABANT (Henri II, duc de), dit *le Magnanime*, fils et successeur de Henri I, se fit respecter de tous ses princes voisins, par son courage. Son influence contribua beaucoup à faire élire empereur, Henri, landgrave de Thuringe, son gendre, qu'il fit couronner à Aix-la-Chapelle. Il s'appliqua à réformer les abus dans l'ordre judiciaire, et supprima, dans tous ses domaines, le droit de mainmorte. Il accorda même à ses sujets, par forme de dédommagement et de restitution, une distribution annuelle et perpétuelle de 500 livres, somme très-forte pour ces temps-là. Ce prince bienfaisant et vraiment *magnanime*, mourut regretté de ses sujets, dont il fut le père, l'an 1248, à 49 ans. — Henri III, son fils, lui succéda, et gouverna avec modération. Ce prince cultivait la poésie française. Il mourut, lorsqu'il se disposait à passer dans la Terre-Sainte, le 28 février 1261.

BRABANT (Jean I, duc de), dit *le Victorieux*, second fils de Henri III *le Débonnaire*, lui succéda par l'effet de la prédilection d'Alix de Bourgogne, sa mère, qui, ne trouvant pas Henri, son fils aîné, capable de gouverner, le détermina à céder ses droits à son frère. L'élection de Jean fut approuvée par les États, et il prit les rênes du gouvernement à l'âge de 17 ans. Il épousa, en 1269, Marguerite de France, fille de saint Louis, et s'unit à son beau-frère Philippe-le-Hardi, pour secourir Jeanne de Navarre, que les rois de Castille et d'Aragon voulaient dépouiller. Il fut ensuite armé chevalier par le roi de France, et retourna dans ses États. Il entreprit alors une guerre contre Henri, comte de Luxembourg, qui lui disputait le duché de Limbourg. La bataille décisive de Warengin, ou il tua, dans un combat corps à corps, son compétiteur, lui en assura la possession. Cette victoire lui causa tant de joie, qu'il changea le cri de guerre de ses ancêtres : *Louvain au riche duc*, en celui-ci : *Limbourg à celui qui l'a conquis*. Ce prince mourut victime de sa passion pour les tournois : on compte qu'il s'était trouvé à 70, tant en France qu'en Allemagne et en Angleterre. Étant aux noces du duc de Bar avec Léonore d'Angleterre, il jouta contre Pierre de Bauffremont, qui lui fit au bras une blessure dont il mourut le 14 mai 1294, à 43 ans. C'était un prince brave, éloquent et magnifique.

BRABANT (Jean II, duc de), dit *le Pacifique*, fils de Jean I, n'avait que 13 ans lorsqu'il succéda à son père, et fit plutôt consister sa gloire à gouverner ses sujets avec sagesse et à les rendre heureux, qu'à imiter ses prédécesseurs dans leurs entreprises guerrières. Il eut cependant quelques démêlés avec les comtes de Hollande ; mais son caractère modéré et pacifique les termina promptement. Il rendit l'ordonnance dite *du bien public*, qui maintint aux villes du Brabant leurs lois et privilèges, et établit le conseil souverain dans ses Etats par un diplôme, connu sous le nom de *Charte de Cortemberg*. Il accorda aux ecclésiastiques toute sa protection, et leur donna plusieurs privilèges. Ce prince estimable mourut après une administration tranquille et paternelle, le 27 octobre 1312.

BRABANT (Jean III, duc de), dit *le Triomphant*, fils de Jean II, lui succéda à l'âge de 13 ans. Pendant sa minorité, les villes de Louvain et de Bruxelles profitèrent de quelques troubles pour étendre leurs privilèges. Le nouveau duc ayant ensuite donné asile à Robert d'Artois, et refusé de le livrer au roi de France, Philippe de Valois, ce prince suscita contre lui une ligue puissante, composée du roi de Bohème et de plusieurs princes et barons de la basse Allemagne ; mais le duc de Brabant, ayant levé des troupes, marcha contre les princes ligués, et leur offrit la bataille. Les confédérés n'osèrent en venir à une action décisive, et le roi de France lui-même, touché de la valeur de Jean, l'attira à sa cour, et pour cimenter la réconciliation, donna en mariage, à son fils aîné, la fille du roi de Navarre. Il interposa même sa médiation dans quelques différends survenus entre l'évêque de Liége et le duc de Brabant : cependant celui-ci se détacha de son parti pour embrasser les intérêts d'Edouard III, roi d'Angleterre, mais cette désunion dura peu ; le duc

détourna même par la suite les Flamands du parti de l'Angleterre. L'amour que ce prince témoigna toujours à ses sujets, le porta à confirmer les privilèges des Brabançons, et à réclamer, auprès de l'empereur Charles IV, la fameuse bulle d'or, en vertu de laquelle aucun de ses sujets ne pouvait être cité devant les cours de justice d'Allemagne. Ce bon prince mourut le 5 décembre 1355, à 59 ans, sans héritier mâle. Jeanne sa fille, qui avait épousé Venceslas de Luxembourg, frère de l'empereur Charles IV, lui succéda, et mourut, après un règne agité, en 1406, laissant ses Etats à sa nièce, Marguerite, comtesse de Flandre et duchesse de Bourgogne. Le Brabant passa alors à une branche cadette de cette maison jusqu'en 1430, que le duc Philippe I mourut sans postérité. Les Etats, qui avaient besoin d'un chef assez puissant pour les défendre, choisirent pour leur souverain Philippe-le-Bon, duc de Bourgogne, chef de la branche aînée, au préjudice de Marie, comtesse douairière de Hollande. Marie, fille de Charles-le-Téméraire, héritière du duché de Bourgogne, transmit ensuite, par son mariage, avec Maximilien I, le Brabant à la maison d'Autriche, qui l'a possédé jusqu'en 1798, qu'il fut conquis par les Français. Ce duché, réuni aux Provinces-Unies de Hollande, a été érigé en royaume en 1814, en faveur de la maison d'Orange, dans la personne de Guillaume I, actuellement régnant.

BRACCIOLINI dell' API (François), poète italien, né à Pistoye, d'une famille noble en 1566, avait près de 40 ans, lorsqu'il embrassa l'état ecclésiastique pour posséder un canonicat dans sa patrie. Le cardinal Maffeo Barbérini, dont il avait été secrétaire pendant sa nonciature en France, étant parvenu à la tiare sous le nom d'Urbain VIII, Bracciolini se rendit à Rome auprès du nouveau pontife, qui aimait les gens de lettres, et qui l'affectionnait particulièrement. Il le plaça, en qualité de secrétaire, auprès de son frère le cardinal Antoine Barbérini. Après la mort d'Urbain VIII, il se retira dans sa patrie, et y mourut en 1645. Ce fut à l'occasion d'un poème en 23 chants qu'il avait composé sur l'élection de ce Pape, que celui-ci, pour lui marquer sa satisfaction, voulut qu'il ajoutât à son nom le surnom *dell' Api*, et à ses armes trois abeilles, qui forment celles des Barbérini. Ce littérateur a composé beaucoup de poésies de divers genres : *La croce riacquistata*, Paris, 1605, in-12, poème héroïque en 15 chants, que les Italiens ne font point de difficulté de placer immédiatement après la *Jérusalem* du Tasse; *Lo Scherno degli Dei*, poëme héroï-comique, Rome, 1626, in-12, où il ridiculise fort ingénieusement les divinités du paganisme. Ce poëme vraiment original va de pair avec la *Secchia rapita de Tassoni* ; des *Tragédies*, des *Comédies*, des *Pastorales*. Bracciolini s'exerça aussi dans la poésie lyrique et dans le genre burlesque, auquel le Berni a donné son nom; mais ces derniers ouvrages sont très-médiocres. L'auteur, qui aimait l'argent, travaillait fort à la hâte.

BRACCIOLINI. (Voyez POGGIO.)

BRACHET. (Voyez MILLITIÈRE.)

BRADLEY (Jacques), astronome du roi d'Angleterre, naquit à Schireborn, dans le comté de Glocester, en 1692. Destiné à l'état ecclésiastique, il obtint plusieurs bénéfices qu'il résigna ensuite, pour se livrer uniquement à l'étude des mathématiques. En 1721, il remplaça le célèbre Keill dans la chaire d'astronomie de Savill, à Oxford. L'an 1727, il publia sa *Théorie de l'aberration des étoiles*, et crut avoir trouvé dans cette aberration une mesure précise de la vitesse de la lumière. Cette observation ne fut pas d'abord généralement goûtée; les calculs de Roemer et de Cassini ne lui étaient pas favorables : aujourd'hui elle est reçue comme une vérité astronomique ; mais il reste toujours vrai qu'elle est établie sur des calculs et des suppositions, dont l'exactitude n'est peut-être pas assez constatée. La réflexion que le célèbre Gravesante faisait sur ces sortes de découvertes ne saurait être trop méditée. *Ejus conditionis res est, ut non detegatur nisi conserendo computationem cum observationibus ; sed computatio tabulas eim in finem construo-las pro fundamento habet, et has satis accuratas esse ad quæstionem solvendam quis affirmabit?*Elem. phys., 2632. Bradley ayant succédé à M. Halley dans la place d'astronome royal à l'observatoire de Greenwich, il obtint du roi une pension de 250 livres sterling, et un don de mille liv. sterl. pour de nouveaux instruments. Muni de ces secours, il commença une nouvelle suite d'observations sur toutes les parties de l'astronomie : observations qui n'ont pas peu servi à mettre les tables de la lune au degré de perfection où elles sont. Les Mémoires et les Observations imprimées de Bradley ne sont pas les seules choses dont il ait enrichi l'astronomie; il était très-communicatif. Sa méthode pour calculer les éléments d'une comète par trois observations, sa nouvelle règle pour le calcul des réfractions, se sont répandues parmi les astronomes, sans qu'il les eût publiées. Il faisait très-peu imprimer. Sa modestie ou sa nonchalance nous a privés de beaucoup de Mémoires intéressants qu'il aurait pu donner. Il mourut le 12 juillet 1762, à 70 ans, à Chalford, dans le comté de Glocester. Son humeur était égale, son caractère doux, son cœur compatissant et généreux. Quoiqu'il parlât bien, il était naturellement ami du silence.

BRADLEY (Richard), médecin et botaniste anglais, professa la botanique à Cambridge, fut membre de la société royale de Londres et associé de l'Académie des sciences de Paris, et mourut en 1732, laissant sur la médecine quelques ouvrages peu estimés. Cependant celui-ci qui a pour titre : *Philosophical account of the Works of nature*, Londres, 1721-26, in-4, avec planches, eut un grand succès. Ceux qu'il a composés sur la botanique, la physiologie végétale, etc., lui ont acquis de la célébrité. Nous indiquerons : *Nouvelles recherches sur l'art de planter et sur le jardinage*, in-8, en anglais, plusieurs fois réimprimé; *Traité d'agriculture de jardinage*, 3 vol. in-8, journal où l'auteur indique les travaux qu'il faut faire chaque mois, et traduit en français par Puisieux, sous le titre de : *Calendrier des jardiniers*, 1743, in-12; mais l'original est préférable; *Survey of the ancient husbandry*, ou *Description de l'agriculture et du jardinage des anciens*, Londres, 1725, in-8, rare et recherché ; *Corps complet d'agriculture*, Londres, 1727, in-8; *Recherches sur le perfectionnement de l'agriculture et du commerce de l'Angleterre*, 1827, 4 vol. in-8 ; *Botanical dictionnary*, Londres, 1728, 2 vol. in-8; *Traité physique et pratique sur la culture des jardins*, Londres, 1730, in-8, livre estimé en Angleterre, et traduit en français par Puisieux, sous le titre de : *Nouvelles observations physiques et pratiques sur le jardinage*, Paris, 1756, 3 vol. in-12.

BRADWARDIN (Thomas), anglais, surnommé le *Docteur profond*, né en 1200 à Hartfield dans le Cheshire, confesseur du roi Edouard III, archevêque de Cantorbéry, mourut l'an 1349, 40 jours après sa consécration. Il a laissé plusieurs ouvrages de théologie et de physique ; mais celui qui a fait le plus de bruit est intitulé : *De causâ Dei contra pelagianos*, Londres, 1618, in-fol., où il semble approcher quelquefois des sentiments qu'ont eus depuis les calvinistes.

BRAGADIN, ou BRAGADINO (Marc-Antoine), noble vénitien, gouverneur de Famagouste en 1570, ne rendit cette ville à Mustapha, général des Turcs qui l'assiégeait, qu'après s'être vu réduit à la dernière extrémité. La capitulation fut honorable, mais le Musulman en viola les conditions. Après avoir fait massacrer devant lui plusieurs officiers et plusieurs chrétiens qui avaient défendu la place, il lui fit couper le nez et les oreilles, le fit traîner dans la place publique, lié par les pieds et par les mains, et écorcher tout vif, en 1571. Le barbare fit remplir sa peau de foin, après l'avoir fait saler, et l'attacha au haut de sa capitane, pour en faire parade le long des côtes d'Egypte et de Syrie. L'*Art de vérifier les dates* place la mort de Bragadin en 1570; mais son épitaphe que l'on voit dans les *Délices de l'Italie*, t. 1, p. 125, porte le 18 août 1571. De Thou dit que Mustapha ne fit mourir Bragadin et les autres capitaines chrétiens, que parce qu'ils ne purent représenter les prisonniers turcs qu'ils avaient fait égorger, quand ils virent qu'ils seraient obligés de se rendre. C'est ce qui ne paraît guère vraisemblable, et ce qui est d'ailleurs en opposition avec le récit des meilleurs auteurs contemporains.

BRAGANCE (Voy. JEAN IV.)

BRALION (Nicolas de), prêtre de l'Oratoire, né à Chars dans le Vexin français, fut envoyé, en 1625, à Saint-Louis de Rome, où il résida pendant 15 ans. Il vint ensuite se fixer à Paris dans la maison de Saint-Honoré, et y mourut en 1672. Durant son séjour à Rome, il avait publié en italien les *Élévations du cardinal Bérulle sur sainte Magdeleine*, 1640, in-12, et un *Choix des vies des saints* de Ribadeneira. Il a laissé: *Pallium archiepiscopale*, Paris, 1648, in-8, rempli d'érudition; *Vie de saint Nicolas, archevêque de Mire*, ibid., 1646, in-8; tous les faits n'en sont pas exacts; *Histoire chrétienne*, ibid., 1656, in-4, contenant les Vies de J.-C., de la sainte Vierge et des saints du Bréviaire romain, ouvrage qui manque de critique; *La curiosité de l'une et de l'autre Rome*, 1655, 3 vol. in-8. La première partie, qui a pour objet Rome chrétienne, offre des recherches curieuses sur les églises de cette capitale; *Cæremoniale canonicorum, seu institutiones, etc.*, 1657, in-8; *Histoire de la sainte chapelle de Lorette, etc.*

BRAMANTE D'URBIN (François-Lazari), célèbre architecte, naquit à Castel-Durante, au territoire d'Urbin, en 1444. Il s'appliqua, d'abord, à la pein-

ture; mais ses talents et son goût étant plus marqués pour l'architecture, il s'y adonna avec un succès étonnant. Le couvent *della Pace* qu'il fit bâtir à Naples, lui ayant acquis de la réputation, Alexandre VI le nomma son architecte. Jules II le fit ensuite intendant de ses bâtiments. Ce fut par l'ordre de ce Pontife qu'il exécuta le magnifique projet de joindre le Belvédère au palais du Vatican: ouvrage digne d'admiration, s'il n'avait pas été gâté par divers changements qu'on y a faits depuis. Bramante détermina Jules à son tour à démolir l'église de Saint-Pierre, pour en bâtir une plus magnifique, et qui (s'il se pouvait) n'eût point son égale dans le monde. Son plan ayant été adopté, l'on commença l'an 1506 à jeter les fondements de cette nouvelle basilique, qui fut élevée jusqu'à l'entablement avec une diligence incroyable; mais il n'eut pas la satisfaction de voir son ouvrage entièrement exécuté, étant mort en 1514, à 70 ans. Cet édifice fut continué par différents architectes, principalement par Michel-Ange, qui réforma son plan, et y fit des changements qui ne contribuèrent pas peu à la perfection de ce temple. (Voyez SANGALLO.) On peut consulter sur ce sujet *Les Temples anciens et modernes* de l'abbé Nay, p. 121, et la *Vie de Michel-Ange*, par l'abbé Hauchecorne. Bramante, aussi estimable par les qualités du cœur et de l'esprit que par ses talents, joignait au génie de l'architecture le goût pour la musique et la poésie. Ses *Œuvres*, dans ce dernier genre, ont été imprimées à Milan en 1756.

BRAMSTON (Jacques-Yorck), né le 18 mars 1763, d'une famille protestante, à Oundle dans le comté du Northampton, commença ses études dans sa patrie et les termina à Cambridge. On l'avait, d'abord, destiné à un riche emploi dans l'Inde, puis à la marine; mais la Providence mit des obstacles à ces projets. Il étudia le droit sous le célèbre Charles Butler, et se distinguait déjà dans cette carrière par sa pénétration, lorsque ses entretiens sur la religion avec Butler et son voisinage de la chapelle de Sardaigne où il allait d'abord par curiosité, mais où ensuite il assistait aux instructions, l'amenèrent peu à peu à modifier ses croyances; bientôt il se convainquit de la vérité du catholicisme, et fit son abjuration en 1790, entre les mains du Père O'Leary. Bramston avait alors 27 ans, et sa conversion ne pouvait être attribuée ni à la légèreté de l'âge, ni au défaut de réflexion. Tous ceux qui le connaissaient rendirent justice aux nobles motifs qui l'avaient dirigé. Son désir était d'entrer immédiatement dans l'état ecclésiastique, mais son père voulut qu'il éprouvât sa vocation au moins pendant un an. Ce terme expiré, il partit pour Lisbonne, où, après avoir passé quatre ans dans le collège anglais, il fut ordonné. En 1801 il fut placé, sur sa demande, dans la chapelle de Saint-Georges-Fields, la plus pauvre des congrégations de Londres et des environs. En 1823, Mgr Poynter le demanda pour coadjuteur; après avoir, d'abord, refusé il accepta, et fut sacré le 29 juin 1823. La mort de Mgr Poynter lui laissa, en 1827, tout le poids de la charge épiscopale. Son zèle pour la régularité de son clergé, son assiduité à ses fonctions, son empressement à concourir à toutes les œuvres de charité, sa science, son aptitude aux affaires lui concilièrent l'estime et l'affection générales. Il est mort le 11 juillet 1837, à la suite d'une longue et douloureuse maladie.

BRANCADORI PERINI (Jean-Baptiste), noble de Sienne, où il était né en 1674, se rendit en 1696 à Rome. Le cardinal Ottoboni, qui avait pour lui beaucoup d'estime, le fit chanoine de Saint-Laurent in Damaso. Il desservait depuis six ans ce canonicat, lorsqu'il mourut en 1711. On lui doit une *Chronologie des grands-maîtres de l'Ordre de Malte*, à Rome, 1709, grand in-fol. Ce qui rend ce volume précieux, ce sont 66 portraits de grands-maîtres très-bien gravés par Jérôme Rossi, d'après les dessins envoyés de Malte.

BRANCADORO (César), cardinal, né à Fermo le 28 août 1775. Pie VI le nomma camérier d'honneur, puis prélat de sa maison, archevêque de Nisibe, supérieur des missions de Hollande et nonce à Bruxelles. Le prélat ayant fait un voyage en Hollande, sa présence irrita le parti janséniste qui lui reprocha sérieusement de n'avoir pas pris les pouvoirs de l'archevêque schismatique d'Utrecht. Mgr Brancadoro publia en 1792 un recueil des homélies, brefs et autres écrits de Pie VI; c'est un in-folio de 517 pages, imprimé à Amsterdam. Pie VII le créa cardinal dans le consistoire du 18 février 1801, et le fit en même temps évêque d'Orviète. Le 11 juillet 1803, il le transféra à l'archevêché de Fermo. Durant l'invasion étrangère, le cardinal Brancadoro, obligé de quitter l'Italie, souffrit avec courage les ennuis de l'exil et fut un de ceux qui refusèrent d'assister au mariage de l'empereur, en 1810. Il suivit le Pape à Gênes en 1815. De

retour dans son diocèse, après tant d'orages, Brancadoro travailla à réparer les maux causés par la persécution. Il rétablit les communautés, les chapitres et les pieuses fondations. Il est mort le 11 septembre 1837. On cite de lui : un *Discours sur la mort du prélat Ripanti; l'Éloge funèbre des cardinaux Fantuzzi et Catalsi; une Méditation sur l'urne funéraire de Charles III, roi d'Espagne; une Relation d'un voyage de Pie VI à Sabiac*, et des morceaux sur des sujets de religion, de morale et d'antiquités chrétiennes. Ses *Œuvres* ont été recueillies en deux volumes. On lui attribue aussi une *Traduction* en italien du Traité de l'abbé Rey *sur l'Autorité des deux puissances*. Le cardinal était de l'académie des Arcades, de celle de Saint-Luc et de celle de la Religion catholique.

BRANCAS - VILLENEUVE (André-François), abbé d'Aulnay, né dans le comtat Venaissin, mort le 11 avril 1758, est connu par plusieurs ouvrages sur la physique et l'astronomie. L'abondance des paroles, les répétitions fréquentes, le grand nombre d'idées inutiles, en ont presque entièrement dégoûté le public. La forme a fait tort au fonds, qui offre quelquefois de bonnes choses. Les principaux sont : *Lettres sur la Cosmographie*, in-4 ; *Système moderne de Cosmographie et de Physique générale*, 1747, in-4 ; *Explication du flux et reflux de la mer*, 1739, in-4 ; *Éphémérides cosmographiques*, 1750, in-12 ; *Histoire du royaume de Gala*, traduite de l'anglais, 1754, in-12.

BRANDÈS (Ernest), né à Hanovre en 1758, fut un des critiques les plus distingués qu'ait produits l'Allemagne. Il étudia à l'Université de Gœttingue, dont il eut dans la suite la direction. Il avait voyagé en France, en Angleterre et en Hollande, où il s'était lié avec une foule de personnages considérables, entre autres avec Burk. Il occupait dans sa patrie une place de conseiller intime du cabinet, lorsque les Français s'emparèrent du Hanovre. Il fit partie de la députation chargée de conclure la capitulation avec l'armée française, et mourut, jouissant de l'estime générale, le 14 mai 1810. Ses principaux ouvrages sont : *Remarques sur les théâtres de Londres, de Paris et de Vienne*, 1786 ; *Remarques sur les femmes*, 1787 ; des *Considérations politiques; sur la Coutume des pères et mères de se faire tutoyer par leurs enfants*, 1809. Dans tous ces ouvrages on voit que l'auteur avait une grande connaissance des hommes et des choses, de l'esprit, des mœurs et des défauts de son siècle.

BRANDT (Jean), secrétaire et ensuite sénateur de la ville d'Anvers, où il était né en 1559, mort le 28 août 1639, laissa un ouvrage intitulé : *Elogia ciceroniana Romanorum domi militiæque illustrium*, Anvers, 1612, in-4. Il y a ramassé tous les traits historiques, répondus dans les différents ouvrages de Cicéron, sur la vie des hommes illustres dans le gouvernement et dans la guerre; *C. Julii Cæsaris Commentarii*, enrichis de notes politiques et critiques, Francfort, 1606, in-4, édition très-estimée; *Spicilegium criticum in omnia Apuleii opera*, dans l'édition d'Apulée, par G. Helmenhorst, Francfort, 1621; *De perfecti et veri senatoris officio*, Anvers, 1633, in-4; et quelques autres ouvrages qui n'ont pas été imprimés. Brandt était savant, modeste, passionné pour les belles-lettres, et toujours disposé à servir ceux qui les cultivaient.

BRANDT (Gérard), théologien protestant, né à Amsterdam en 1626, fut successivement ministre à Neukoop, à Hoorn et à Amsterdam. Il mourut à Rotterdam le 11 octobre 1685. Ses principaux ouvrages sont: *Histoire de la réformation des Pays-Bas*, 4 vol. in-4, en flamand; le premier vol. parut à Amsterdam en 1671; le second en 1674; les deux autres ne virent le jour qu'après la mort de l'auteur, Rotterdam, 1704. Richard Cumberland, évêque de Péterborough, la traduisit en anglais, Londres, 1720-1723, 3 vol. in-fol. Elle est abrégée en français en 3 vol. in-12, 1730. Cette histoire fut vivement attaquée par Henri Ruleus, ministre d'Amsterdam. Le grand pensionnaire Fagel dit un jour à l'évêque Burnet, que cette Histoire méritait qu'on apprît le flamand; mais peu de personnes voudront profiter de ce conseil. On y trouve des déclamations violentes, écrites contre les Espagnols, l'apologie de la révolte, et tous les fruits de l'esprit de secte ; la *Vie de l'amiral Ruyter*, trad. en franç. par Aubin, Amsterdam, 1698, in-fol.; *Histoire de Barneveldt*, Rotterdam, 1723, in-4, en hollandais; un *Journal*, où il a marqué les dates de la naissance et de la mort des héros, des savants et des artistes, Amsterdam, 1689, in-4; des *Poëmes publiés par Borremans*, Rotterdam, 1649, in-8. On a encore quelques écrits de Brandt en faveur des Remontrants. Il laissa deux fils, Gaspard et Gérard, qui, comme leur père, cultivèrent les lettres, et publièrent plusieurs ouvrages.

BRANECKI (François-Xavier), grand général de la couronne de Pologne, né en 1735, mort en 1817. Il prit une part active dans les troubles de sa patrie, et contribua, par son ambition, à sa ruine. Il se fit d'abord connaître, à l'époque de l'élection du roi Stanislas-Auguste Poniatowski qu'il appuya de toutes ses forces, et dont il fut le principal moteur sous l'influence de l'impératrice Catherine de Russie. Ce fut en reconnaissance de ses efforts que le nouveau roi le nomma grand général. Une partie des Polonais ne voulut point reconnaître Poniatowski; la confédération de Bar prononça sa déchéance, et mit une armée en campagne pour le renverser du trône. Branecki eut le commandement des troupes chargées de combattre les rebelles : ses succès furent entremêlés de revers ; la Russie, la Prusse et l'Autriche profitèrent de ces vicissitudes pour opérer le premier partage de la Pologne, en 1773. Dans les soulèvements nombreux qui s'en suivirent, Branecki fut toujours soudoyé par la Russie, et contribua constamment à les empêcher de réussir. Cependant, lorsque Joseph Poniatowski et Kosciusko furent parvenus à balancer le sort de la guerre, et que la révolution de 1794 eut éclaté, Branecki fut obligé de se réfugier en Russie; le tribunal criminel de Varsovie le déclara infâme, le fit pendre en effigie, et ordonna la confiscation de ses biens. Mais ce dernier jugement ne put être exécuté; l'armée russe reprit bientôt le dessus, et le partage définitif de la Pologne fut consommé. Branecki n'osa pas toutefois rentrer dans sa patrie; il reçut le titre de général en chef en Russie, où il passa dans l'oubli le reste de sa vie.

BRANTHOME (J.M.) entra dans l'état ecclésiastique, et se livra à l'étude des sciences exactes. En 1808, il fut envoyé comme professeur de mathématiques au lycée de Strasbourg, et fut chargé plus tard du cours de physique dans le même établissement. Nommé ensuite professeur de chimie à la Faculté des sciences de Strasbourg, il en était devenu doyen, lorsqu'il est mort d'une attaque d'apoplexie foudroyante le 9 décembre 1832. On a de lui : *Précis des leçons de chimie données à la Faculté de Strasbourg*, 1818, in-12; 1825, in-24.

BRANTOME. (Voyez BOURDEILLES.)

BRARD (C.-Prosper), ingénieur de l'école des mines de Paris, ancien directeur des mines de Servoz, en Savoie, mort en 1838, travailla longtemps sous la direction de Faujas de Saint-Fond, professeur distingué du muséum d'histoire naturelle, fit avec lui plusieurs voyages scientifiques. On doit à ses recherches une partie précieuse des minéraux d'histoire naturelle. Nous avons de lui : *Manuel du minéralogiste et du géologue voyageur*, 1803, in-8 ; *Traité des pierres précieuses*, 1808, 2 vol. in-8 ; *Histoire des coquilles terrestres et fluviatiles qui vivent dans les maisons de Paris*, 1813, in-12; *Minéralogie appliquée aux arts*, ou *Histoire des minéraux qui sont employés dans l'agriculture, l'économie domestique, la médecine, l'architecture, la peinture et la bijouterie, etc.*; *Minéralogie populaire*, ou *Avis aux cultivateurs et aux artisans, sur la terre, sur les pierres, sur le sable, etc., qu'ils emploient journellement*, 1826, in-18.

BRASAVOLA, ou BRASSAVOLA (Antoine-Musa), célèbre médecin, né à Ferrare en 1500, d'une famille noble de cette ville. Son savoir ne se bornait pas à la médecine. Ce fut après avoir soutenu à Paris pendant trois jours consécutifs des thèses *de omni scibili*, genre d'épreuve qui tient toujours de la charlatanerie, que le surnom de *Musa* lui fut donné par la bouche même de François Iᵉʳ. Il fut médecin consultant de ce prince qui le fit chevalier de l'ordre de Saint-Michel, de l'empereur Charles V qui lui conféra le titre de comte palatin, et de Henri VIII, roi d'Angleterre. Il ne fut pas en moindre considération dans sa patrie : successivement premier médecin des papes Clément VII, Paul III et Jules III : chéri et favorisé de tous les autres princes d'Italie, et particulièrement des ducs de Ferrare. Il mourut à Ferrare en 1555, après avoir professé longtemps la médecine avec un applaudissement universel. Il laissa un grand nombre d'ouvrages, principalement sur cette science, et entre autres, des *Commentaires* sur les *Aphorismes* d'Hippocrate et de Galien, imprimés à Bâle en 1542, in-fol.; *Index refertissimus in Galeni libros*, Venise, 1625, in-fol., que Castro (*Biblioth. med.*) appelle *Opus indefesso elucubrationis et utilitatis inexplicabilis; Examen omnium medicamentorum*, dont il s'est fait au moins dix éditions, in-fol., in-4 et in-8;.... *Electuarium, pulverum*, etc., Venise, 1543, 1548, in-8 ; Lyon, 1556, in-16 ;.... *catapoticorum seu pillularum*, Bâle, 1543, in-4, Lyon, 1546 ; 1556, in-16;.... *Trochiscorum, unguentorum*, etc., trois édit. in-fol., Venise, 1551,-57, et 1625; un Dialogue *Quòd mors nemini placeat*, Lyon, 1543, in-8, et d'autres ouvrages. « Si les écrits multipliés de Brasavola, dit un médecin bibliographe, annoncent un médecin érudit et laborieux, ils prouvent aussi qu'il était praticien et observateur judicieux. » Il a donné le premier une bonne description de la blénorrhagie; l'expérience lui avait appris que les douleurs ostéocopes, dans la syphilis, se dissipent entièrement chez certains malades par l'influence d'une vie sobre et de violents exercices. Il soutint le premier que le mercure jouissait de propriétés anthelmintiques. Il rappela l'attention des médecins sur l'ellébore noir ; et ce fut lui qui introduisit dans la thérapeutique, en Italie, l'usage de la squine et du gaïac.

BRASCHI. (Voyez PIE VI.)

BRASIDAS, général lacédémonien, vers l'an 424 avant J.-C., vainquit les Athéniens sur mer et sur terre, leur prit plusieurs villes et en fit entrer plusieurs autres dans l'alliance de Sparte. S'étant enfermé dans Amphipolis à l'approche de Cléon, général athénien vain et impétueux, il prit un moment favorable pour faire une sortie, l'attaqua et remporta une victoire complète. Brasidas mourut quelque temps après, d'une blessure qu'il avait reçue à un bras. Comme on louait devant sa mère ses grandes actions, et qu'on le mettait au-dessus de tous ses compatriotes : « Vous vous trompez, » dit cette femme vraiment Spartiate, « mon fils avait de la bravoure, « mais Sparte a plusieurs citoyens qui en « ont encore plus que lui. » Cette grandeur d'âme d'une femme qui préférait la gloire de l'Etat à celle de son fils reconnu pour un héros, ne fut point sans récompense : les Lacédémoniens rendirent des honneurs publics à la mère et au fils, et firent élever, à l'honneur de leur libérateur, un mausolée au milieu de la place publique.

BRAULION, ou BRAULE (saint), évêque de Saragosse, aida beaucoup saint Isidore de Séville à établir une exacte discipline dans l'Eglise d'Espagne. Cette Eglise a toujours reconnu que le zèle, la science et les travaux de ce saint pasteur lui avaient été infiniment utiles. Il mourut en 646, dans la 20ᵉ année de son épiscopat. On a de lui : deux *Lettres* de saint Isidore ; un *Eloge* de ce même saint, avec le *Catalogue* de ses ouvrages ; une *Hymne* en vers iambes, en l'honneur de saint Emilien, avec la *Vie* de ce serviteur de Dieu, publiée à Madrid, 1532, in-4. André Schott a publié, avec des notes, *B. Isidori de claris Hispaniæ scriptoribus Brolionis*, Tolède, 1593, in-fol., Saragosse, 1619, in-4. On lui attribue une continuation d'une *Chronique* de Dexter, imprimée à Madrid, 1651, in-fol.; mais cette *Chronique*, de même que la continuation, sont des ouvrages supposés.

BRAULT (Louis), né dans la Brie en 1782, mort le 4 mai 1829, publia en

1812 un recueil d'*Elégies*, de *Cantates*, de *Romances*, donna au théâtre *Christine de Suède*, qui eut du succès, et composa quelques autres *Pièces de poésie*.

BRAUN (Georges), archidiacre de Dormund et doyen de Notre-Dame *in gradibus* à Cologne, florissait dans le 16e siècle, et mourut le 10 mars 1622. Il est principalement connu par son *Theatrum urbium præcipuarum mundi*, en plusieurs vol. in-folio. On a encore de lui un *Traité de controverse contre les luthériens*, Cologne, 1605, in-fol., dans lequel il développe les ruses dont ils se sont servis pour répandre leur religion. Il les compare à « un coin, dont la partie la plus déliée, une fois entrée dans « le bois, sert à introduire les parties « plus épaisses. »

BRAUN (Henry), né à Trossberg le 17 mars 1732, entra dans l'Ordre de Saint-Benoît, et fut appelé à Munich pour y professer l'allemand, la poésie et l'éloquence. En 1777, il fut chargé de la direction des lycées, des gymnases et des autres écoles publiques de la Bavière et du Haut-Palatinat, et il entreprit de faire différentes réformes dans l'enseignement, pour lesquels il a publié quelques écrits en allemand. Les principaux sont : *Le Patriote bavarois*, 1769, 2 vol. in-8; *Plan pour la nouvelle organisation des écoles de Bavière*, Munich, 1770, in-8 ; *Eléments d'arithmétique à l'usage des écoles*, 1770, in-8 ; *Eléments du latin*, 1778, in-8; *Histoire de la réformation des écoles bavaroises*, 1783, in-8; *l'Art épistolaire pour les Allemands*, 1787, in-8; *Synonymes latins* ; et des éditions de plusieurs classiques, tels que *César*, *Salluste*, *etc.* Il est mort le 8 novembre 1790.

BRAUNIUS (Jean), ministre protestant, né à Kaiserslautern dans le Bas-Palatinat, en 1628, fut ministre à Nimègue, professeur de théologie et de langue hébraïque à Groningue où il mourut en 1708. Le livre qui lui a fait une grande réputation est : *Vestitus Sacerdotum Hebræorum*, etc., Amsterdam, 1701, 2 vol. in-4, qui n'est qu'une partie d'un plus grand traité qu'il avait dessein de publier sous le titre *De sacerdotio Hebræorum*. Il ne traite pas seulement des habits sacerdotaux, mais aussi des antiquités hébraïques. M. Huet, dans une lettre qu'il lui écrivit, dit-, en parlant de cet ouvrage : *Sic habeto tamdiu fore id in pretio, quoad litteris sacris suus honor, sua dignitas constabunt. Tantùm enim sis intulisti lucis hâc scriptione, quantùm à nullo illatum est, qui hanc*

partem illustrare sit aggressus. On a encore de lui : *Doctrina fœderum*, Amsterdam, 1688, in-4. Il y traite des alliances de Dieu avec l'homme. C'est un système complet de théologie coccéienne. *La véritable religion des Hollandais*, contre Stoup, Amsterdam, 1675, in-12; *Selecta sacra*, Amsterdam, 1700, in-4; *Commentarius in epistolam ad Hebræos*, 1705, in-4, et plusieurs autres écrits apologétiques de ses sentiments théologiques, attaqués par son confrère Jean de Marck. Braunius était très-habile dans la philologie sacrée, dans le rabbinisme, dans les antiquités judaïques, et dans celles de Rome et de la Grèce. Il vante trop l'utilité du Talmud pour l'intelligence de l'Ecriture. Presque tous ses ouvrages se ressentent des imaginations des coccéiens. (Voyez COCCÉIUS.)

BRAWER, BRAUR BRAUWER, ou BROWER (Adrien), peintre flamand, naquit à Harlem en 1608. Il commença, dans son enfance, à représenter sur de la toile des fleurs et des oiseaux, que sa mère vendait aux femmes de la campagne, et finit par des ouvrages grotesques et des figures en petit, que l'on achetait au poids de l'or. Son atelier était ordinairement dans quelque taverne. Il entrait dans toutes les querelles des ivrognes, après s'être soûlé avec eux. Arrêté à Anvers comme espion, il demanda qu'on le laissât travailler. Il se mit à peindre des soldats espagnols occupés à jouer, et les représenta avec tant de feu et de vérité, que Rubens offrit 6000 florins de ce tableau, et obtint sa liberté en se rendant sa caution. La crapule altéra sa santé. Il mourut à Anvers en 1640, âgé de 32 ans seulement, et si pauvre, qu'il fallait quêter pour le faire enterrer. L'enjouement ne le quitta jamais au milieu de la misère. Tous ses tableaux représentent des scènes réjouissantes. On y voit des querelles de cabaret, des filous jouant aux cartes, des fumeurs, des ivrognes, des soldats, des noces de village. La nature y est rendue avec beaucoup de vérité. Sa touche est fort légère, ses couleurs très-bien entendues, et ses figures ont beaucoup d'expression. Ses ouvrages se vendent fort cher et sont très-rares.

BRAY (François-Gabriel, comte de), né à Rouen vers la fin de 1765, mort en Bavière dans le mois de septembre 1832, a publié : *Voyage aux salines de Saltzbourg et de Ruchenhall, et dans une partie du Tyrol et de la Haute-Bavière*, 1807; *Essai critique sur la Livonie, suivi d'un tableau de l'état actuel de ce pays*, 1817, 3 vol. in-12; *Mémoire sur la Livonie;*

Essai sur la botanique de la Livonie.

BRAYER-BEAUREGARD (Jean-Baptiste-Louis), né à Soissons en 1770, mort à Paris le premier janvier 1831, a publié : Coup-d'œil sur la Hollande, ou Tableau de ce royaume en 1806, 1807, 2 vol. in-8 ; l'Honneur français, ou Tableau des personnages qui, depuis 1759 jusqu'à ce jour, ont contribué, à quelque titre que ce soit, à honorer le nom français, 1808, 2 vol. in-8 ; Notices des monuments, établissements et sites les plus remarquables du département de l'Aisne, 1825, in-folio ; Statistique de l'Aisne, 1824-1826, 2 vol. in-4, etc.

BRÉARD de Neuville, conseiller au Parlement de Dijon, né dans cette ville en 1748, mort à Paris vers la fin de 1817, a publié : Dictionnaire latin et français de la langue des lois, tiré du 50ᵉ livre des Pandectes de Justinien, mises dans un meilleur ordre par Pothier, et traduit par Bréard de Neuville, Paris, 1807, 2 vol. in-8 ; les Pandectes de Justinien, mises dans un nouvel ordre par Pothier, traduites du latin par Bréard de Neuville, revues et corrigées, pour le texte, par Moreau de Montalin, 1818-1823, 24 vol. in-8. Une première édition très-fautive avait été commencée en 1807 en gros caractères et devait avoir environ soixante volumes, mais la publication en a été abandonnée après le vingt-huitième; De la Nécessité de se soumettre à la convention entre Pie VII et le gouvernement français, Paris 1802, in-8.

BRÉBEUF (Jean de), jésuite, oncle du poëte, né à Bayeux en 1593, fut envoyé l'an 1625 aux missions du Canada, où il convertit à la foi plus de 7,000 habitants. Comme il était chez les Hurons, ennemis des Iroquois, ceux-ci, qui étaient en guerre, le prirent avec le Père Lallemant, leur jetèrent de l'eau bouillante sur la tête, en dérision du baptême, les brûlèrent tous deux ensuite à petit feu, l'an 1649. Leur patience dans ce cruel supplice toucha le cœur de ces barbares, qui se convertirent. On a du Père de Brébeuf un Catéchisme en langue huronne, qu'il avait parfaitement apprise.

BRÉBEUF (Georges de), neveu du précédent, naquit à Thorigny en basse Normandie, l'an 1618, cultiva de bonne heure la poésie. Il débuta par une traduction du 7ᵉ livre de l'Énéide en vers burlesques; et quelque temps après il publia une autre version burlesque du premier livre de la Pharsale de Lucain. On trouve dans celle-ci une satire ingénieuse et enjouée contre la vanité de ces grands seigneurs, qui ne peuvent un moment oublier leur grandeur et leurs titres, et

contre la bassesse de ces âmes faibles et viles qui les flattent comme des dieux, dans l'espérance de parvenir à la fortune. On dit que Brébeuf, dans sa jeunesse, n'avait de goût que pour Horace, et qu'un de ses amis, qui n'aimait que Lucain, le lui fit goûter et l'engagea à le traduire. Sa Pharsale parut en 1658, in-12; cette traduction fournit d'abord matière à la louange et à la critique. Elle eut également des apologistes trop outrés, et des censeurs trop sévères. Boileau fut un de ces derniers. On ne peut cependant se dissimuler que, malgré les hyperboles excessives, le style enflé, les antithèses multipliées, les faux brillants, les pensées gigantesques, les descriptions pompeuses, mais peu naturelles, cette traduction ne soit supérieure à beaucoup d'autres de ce genre, par le coloris brillant, la bonne poésie, et le génie qui se fait sentir dans plusieurs morceaux. Lucain d'ailleurs est très-difficile à traduire d'une manière intéressante, parce qu'il n'a pas pris soin de se rendre intéressant lui-même. Son poëme est plutôt une histoire décharnée, parsemée de quelques traits de morale et de philosophie, qu'un véritable poëme. Voilà pourquoi les traductions qu'on en a faites même en prose n'ont pas réussi. « On doit donc « savoir gré à M. Brébeuf, dit un auteur « du 18ᵉ siècle, d'avoir semé dans la « sienne des vers heureux, des pensées « sublimes, des morceaux d'une élé-« gance et d'une précision que nos meil-« leurs poëtes ne désavoueraient pas, et « qu'ils ont même imités. S'il est défec-« tueux en beaucoup d'endroits, ce n'est « que pour s'être trop asservi au devoir « rigoureux de traducteur ; on ne con-« naissait pas de son temps les traduc-« tions libres, mises depuis si utilement « en usage. » Après la mort de Mazarin qui lui avait fait de grandes promesses, Brébeuf se retira à Venoix, près de Caen, et y mourut en 1661, à 45 ans. Les dernières années de sa vie furent remplies par des exercices de piété. Son caractère était doux et modeste. La conversation de ses amis était le seul soulagement des longues maladies dont il fut affligé. Une fièvre opiniâtre le tourmenta plus de vingt années, et c'est dans ses accès qu'il composa sa Pharsale. On a encore de lui: Les entretiens solitaires, in-12; poésies chrétiennes, fort inférieures à ses productions profanes, mais qui ne sont pas à dédaigner. La piété, la morale, les pensées énergiques qui s'y trouvent, font éprouver au lecteur des sentiments aussi favorables à l'esprit du poëte, qu'à ses bonnes mœurs et à sa religion. Un

Recueil d'œuvres diverses, 2 vol. in-12, où l'on rencontre quelquefois de jolis vers ; des *Éloges poétiques, etc.*, in-12; *Défense de l'Église romaine*, in-12, 1671.

BRÉCOURT (Guillaume Marcoureau, sieur de), poëte français, auteur et acteur, représentait avec plus de succès qu'il ne composait. Ses pièces dramatiques furent la plupart sifflées. *L'Ombre de Molière*, en 1 acte et en prose, ainsi que la feinte *Mort de Jodelet*; la *Noce de village ;* le *Jaloux invisible*, pièces où l'on trouve des plaisanteries grossières et peu de génie. Il se rompit une veine en jouant sa comédie de *Timon* et mourut de cet accident en 1685.

BREDARD (Georges), directeur des missions du diocèse d'Amiens et chanoine d'Arras, né à Roubaix en Flandre, fit ses études avec succès, et fut ordonné prêtre quelques années avant la Révolution. Il était vicaire à Roncq, lorsqu'elle éclata, et tout ce se tenant caché pendant la terreur il prodigua ses services à ceux qui les réclamaient. Après le concordat, il fut employé dans le diocèse de Gand, et il montra autant d'attachement aux principes que de zèle pour son ministère. A l'époque de la Restauration, il s'empressa de rentrer en France, et Mgr de Bombelles, évêque d'Amiens, le pria de se charger de la direction des missions de son diocèse. Il produisit des fruits extraordinaires dans toutes les paroisses qu'il visita. En 1823, il précha le carême dans l'église cathédrale d'Arras avec un tel succès, que l'évêque, pour lui en témoigner sa satisfaction, l'admit dans son chapitre. Il précha le carême de l'année suivante à Saint-Omer, et n'écoutant que son zèle, il donnait chaque jour un sermon dans une des paroisses de la ville. Enfin, le 9 avril, quoique indisposé, il voulut monter en chaire ; mais il tomba sans connaissance. On le descendit aussitôt, et on n'eut que le temps de lui administrer l'Extrême-Onction. Il expira quelques moments après. Le jour même il s'était confessé, et il avait annoncé à ses amis qu'il ferait bientôt un grand voyage. Cet homme infatigable employait souvent une partie de la nuit à confesser. Chaque année il venait passer quelque temps à Roubaix ; il y préchait souvent, et il assistait à une réunion d'ecclésiastiques qui venaient pour le consulter. On a de lui : *Dialogues sur la sanctification des dimanches, sur le blasphème et sur l'usure*, Amiens, 1824, in-18; *Instructions sur le blasphème en forme de dialogue*, Lille, 1825, in-12; *Instructions familières en forme de notes*, qui devaient avoir plusieurs volumes. Le tome premier seulement a paru à Lille en 1823, in-12.

BREDENBACH (Mathias), né à Kersp, village du duché de Bergues, en 1489, fut principal du collége d'Emmerick, où il fit fleurir les belles-lettres. Il mourut le 5 juin 1559, laissant trois fils qui cultivèrent les lettres. Bredenbach le père était versé dans la littérature, bon théologien, et savant controversiste. On a de lui : *Introductio in græcas litteras*, Cologne, 1534 ; *De dissidiis in religione componendis, etc.*, 1553; une *Apologie* de ce livre qui fut attaqué par des luthériens, intitulé : *Hyperaspistes*, 1560 ; *In 66 Psalmos priores et in Evangelium secundùm Matth. Commentaria*, 1560, in-4. Ces Commentaires sont écrits d'une manière noble et polie.

BREDERODE (Henri, comte de). jeune seigneur descendant des anciens comtes de Hollande, et un des chefs de la conjuration qui se forma aux Pays-Bas en 1565. Il était tel qu'il le fallait pour un rôle semblable ; un courage impétueux et ennemi de la subordination le rendait agréable aux séditieux. C'est lui qui, à la tête et au nom des conjurés, présenta une requête pleine de menaces à Marguerite de Parme, gouvernante des Pays-Bas. Le comte de Berlaimont, pour rassurer Marguerite, lui ayant dit à l'oreille qu'il n'y avait rien à craindre, que ce n'était qu'une bande de gueux, Brederode, qui avait entendu ce propos, donna à la faction le nom de *gueux* qu'elle conserva. Les conjurés lui donnèrent commission de lever des troupes, avec lesquelles il se retira en Hollande, dont il ambitionnait la souveraineté. La gouvernante ayant exigé un nouveau serment des magistrats et des principaux seigneurs du Pays, Brederode le refusa et se démit de ses charges. Les chefs de la conjuration s'étant désunis, et quelques-uns même expatriés, Brederode resta ferme dans l'espérance de conquérir la Hollande ; mais il se trouva bientôt obligé d'en sortir pour se retirer en Allemagne, où il tâchait de lever quelques troupes, lorsqu'il tomba malade, et mourut dans des transports qui lui ôtèrent la raison avant de lui ôter la vie en 1568.

BRÉGHOT (*) du Lut (Claude) naquit à Montluel (Ain), le 11 octobre 1784, d'un père avocat au Parlement de Dijon, dans le ressort duquel la Bresse était alors placée. Après des classes faites, moitié à Montluel, moitié à Lyon, le jeune Bréghot étudia le droit, et, en 1806, entra au barreau Lyonnais; mais avant de se livrer à la plaidoirie, il passe quelque temps à Paris, où il forma de douces liaisons qu'il continua plus tard. De retour à Lyon, Bréghot fut, en 1807, un des fondateurs de la *Société littéraire* de cette ville. En 1812, il publia un *Ciceroniana*, en société avec son beau-frère, M. Antoine Péricaud. En 1815, il entra dans la magistrature, fut d'abord substitut du procureur du roi, devint ensuite vice-président du tribunal civil, puis enfin conseiller à la cour d'appel, fonction qu'il remplit jusqu'à sa mort. En 1824, il fut reçu membre de l'académie de Lyon. Quelques bibliophiles ayant réimprimé, en 1824, les *OEuvres* de Louise Labé, et, plus tard, celles de Pernette du Guillet, Claude Bréghot enrichit ces nouvelles éditions d'un glossaire et de notes fort utiles pour l'intelligence du texte. Il fut au nombre des fondateurs et des rédacteurs des *Archives historiques et statistiques du département du Rhône*, recueil précieux pour l'histoire de la province. C'est de ce recueil que sont tirés 2 vol. in-8 de : *Mélanges biographiques et littéraires*, publiés de 1828 à 1831, ouvrage qui sera toujours recherché par les philologues, et surtout par les écrivains qui s'occupent de l'histoire du Lyonnais. C'est là le vrai titre littéraire de Bréghot. En 1835, à la suite d'un *Anacréon polyglotte* publié à Lyon, Bréghot ajouta une bonne traduction des poésies de Sapho. En 1836, il publia sous ce titre : *Le roi de la Basoche*, un poème latin inédit de Philibert Girinet (voyez ce nom), avec une traduction française en regard, Lyon, in-8, de 28 pages. En 1839, il publia avec M. Péricaud, un *Catalogue des Lyonnais dignes de mémoire*, ouvrage fort utile pour ceux qui voudraient faire une *Biographie lyonnaise*; il en contient à peu près les éléments les plus nécessaires. Bréghot du Lut a fourni quelques articles à la *Biographie universelle* de Michaud, et, entre autres, celui de Martial. Il avait fait de ce poète l'objet particulier de ses études, et en aurait pu donner une excellente édition; il a revu la traduction qui se trouve dans la collection de D. Nisard, et on lui doit les notes des six premiers livres. Il y a quelques notes de Bréghot du Lut dans la traduction de Sidoine Apollinaire par MM. Grégoire et Collombet. Ce savant humaniste a fait encore d'autres ouvrages, dont on trouve la liste dans la *France littéraire* de Quérard, et dans l'*Histoire de l'académie de Lyon*, par J.-B. Dumas. Parmi les nombreux travaux qu'il a laissés en manuscrit, on dis-

tingue : un *Essai sur le plagiat*, un *Commentaire sur les poésies d'A. Chénier*, un *Glossaire de Montaigne*, et une *Traduction* complète en vers des *Epigrammes* de Martial. Bréghot mourut à Lyon, le 30 novembre 1849. M. d'Aigueperse a publié un *Eloge historique* de ce littérateur, Lyon, 1850, in-8 de 20 pages.

BRÉGUET (Abraham-Louis), célèbre horloger mécanicien, né à Neuchâtel en Suisse, le 10 janvier 1747, d'une famille originaire de Picardie, perdit son père à l'âge de 10 ans, et fut conduit, quelques années après, à Paris pour y faire un apprentissage régulier d'horlogerie. Il fut placé chez un horloger à Versailles ; et lorsqu'il se crut en état de pouvoir exécuter toutes sortes d'ouvrages, il forma un établissement à Paris, où il ne tarda pas à se faire une brillante réputation en reculant les bornes de son art. Il s'attacha d'abord à perfectionner les *montres perpétuelles*, qui se remontent elles-mêmes par le mouvement qu'on leur donne en les portant. Ces montres étaient connues depuis longtemps, mais elles ne pouvaient être remontées que par une marche longue et même pénible, et d'ailleurs elles se dérangeaient facilement. Plusieurs horlogers avaient essayé inutilement de remédier à cet inconvénient ; il fut le premier qui parvint à les rendre d'une régularité parfaite, et à obtenir qu'elles soient remontées pour trois jours en les portant seulement un quart-d'heure. Il fit de ces montres à quantième, à équation et à répétition, sonnant les minutes. Il imagina aussi le *parachute*, qui garantit de fracture le régulateur de ses montres lorsqu'elles tombent ; des *cadratures de répétition* d'une disposition plus sûre ; et les *ressorts-timbres*, qui sonnent d'autant mieux que la boîte est plus exactement fermée, et qui depuis ont été seuls employés dans les montres à répétition, et qui ont donné naissance aux montres, cachets, tabatières et boîtes à musique. Il serait difficile d'énumérer la quantité prodigieuse de perfectionnements et d'inventions qu'il a introduits dans l'horlogerie ; mais cet habile mécanicien ne s'est pas borné à exercer son génie sur des ouvrages uniquement destinés à l'usage civil : il a enrichi la science de la mesure du temps appliquée à l'astronomie, à la navigation et à la physique, d'un grand nombre d'instruments précieux, entre autres de plusieurs échappements ; et il a exécuté un très-grand nombre de *chronomètres de poche*, de *pendules astronomiques*, de *montres ou horloges marines*, dont les constructions diverses lui sont propres, et dont plusieurs ont surpassé en solidité et en précision , comme pour la beauté du travail, tout ce qui a paru de plus parfait en ce genre. La ville de Paris lui doit, malgré les difficultés de sa position pour les fabriques. la plus belle horlogerie de l'Europe. Il a su y réunir les plus habiles ouvriers , et il les a toujours traités en père et soutenus généreusement. Il a imaginé et exécuté une infinité d'ouvrages précieux , tels que son *compteur astronomique, ses montres à répétition au tact.* Il faut aussi mettre au nombre des idées ingénieuses de Bréguet celle du mécanisme élégant et solide du *télégraphe* dont Chappe fit un si heureux emploi. La physique lui est redevable de l'invention d'un nouveau *thermomètre métallique,* infiniment plus sensible que tous les autres instruments de ce genre. Il fut nommé horloger de la marine , membre de l'institut, du bureau des longitudes , etc. , et mourut subitement le 17 septembre 1823. Il a publié : *Essai sur la force animale et sur le principe de mouvement volontaire,* Paris. 1811, in-4; *Horlogerie pour l'usage civil,* chronomètres portatifs , horloges marines et astronomiques, *et autres instruments d'observations de M. Bréguet,* Paris, in-4, sans date , avec deux planches. Il avait entrepris un grand ouvrage sur les principes de l'horlogerie, que son fils a dû continuer et publier.

BREISLACK (Scipion), célèbre minéralogiste , né à Rome d'une famille originaire de la Souabe , mort en 1825 , a publié: *Mes Voyages dans la Campanie,* Paris, 1801, 2 vol. in-8; *Introduction à la géologie , 1811, 2 vol. :* ouvrage traduit en plusieurs langues, et qui annonce des connaissances étendues en physique et en minéralogie ; *Traité sur le raffinage des nitres.* Il a rédigé, en 1806, le journal littéraire ayant pour titre : *Bibliotheca italiana,* et il avait formé un très-beau cabinet de minéralogie qu'il a depuis cédé à la maison Borromée.

BREITINGER (Jean-Jacques), né à Zurich le 15 mars 1701, chanoine du Grand-Moûtier ou *Gross-Munster ,* s'appliqua à l'étude des langues savantes, des belles-lettres et de l'antiquité. Il fut professeur en hébreu , et mourut à Zurich, le 15 décembre 1776. Ses principaux ouvrages en allemand sont des *Traités* sur la poésie, sur la peinture , et sur les antiquités de Zurich. Sa *Poétique* brille par la finesse du goût et par la sagesse des règles. Il a donné aussi une bonne édition des *Poésies* de Martin Opitius, et de l'*Ancien Testament* de la version des Septante, 1730-1732, 4. vol. in-4.

BRÊME (Louis-Joseph Arborio Gatti-

nara, marquis de), né à Paris le 28 août 1754 , entra comme sous-lieutenant dans un régiment en 1770, et fut nommé en 1782 , par Victor-Amédée III , envoyé extraordinaire à Naples et ambassadeur à Vienne. Il assista au couronnement de l'empereur Léopold II, prit une part active aux conférences de Pilnitz , et se trouva à Francfort lors de la tenue de la diète pour l'élection de François II. Nommé successivement chambellan, ambassadeur en Espagne, ministre , il fut, en cette dernière qualité, envoyé à Paris comme ôtage. En 1805 , Napoléon le nomma conseiller d'Etat et commissaire-général des subsistances près l'armée d'Italie, et, peu de temps après , ministre de l'intérieur du royaume d'Italie , président du sénat. Au retour de son ancien souverain, le marquis de Brême fut nommé trésorier de l'Annonciade. Il mourut dans sa terre de Sartiranna en 1828. On a de lui : *De l'Influence des sciences et des beaux-arts sur la tranquillité publique,* 1802, in-8; *Lettres à mes fils,* 1817, in-8 ; *Observations sur quelques articles peu exacts de l'Histoire de l'administration du royaume d'Italie pendant la domination des Français,* 1825, in-8.

BRÊME (Louis Arborio Gattinara de), second fils du précédent, né en 1781, mort en 1820, embrassa l'état ecclésiastique, et fut nommé, sous le gouvernement d'Eugène de Beauharnais , aumônier de la cour de Milan. Ses vers de société, écrits avec tout l'abandon que ce genre autorise, sont pleins de grâce. La meilleure de ses pièces imprimées est une longue *Epître* en vers *sciolti* adressée à son ancien maître , l'abbé Caluso. De Brême aimait le genre romantique, et publia en sa faveur plusieurs ouvrages à Milan, et en particulier un journal qu'il entreprit avec quelques amis, sous le titre de *Conciliators.*

BREMOND (Antonin), dominicain, né à Cassis en Provence , en 1692, savant laborieux, parvint par son mérite au généralat de son Ordre, et mourut à Rome le 11 juin 1755, à 64 ans, après avoir publié : *Bullarium Ordinis Dominicanorum,* 1729, 8 vol in-fol.; *De Stirpe sancti Dominici,* 1740 , in-4.

BREMONT (Etienne), docteur de Sorbonne , chanoine et grand-vicaire de Paris , né à Chateaudun en 1714, chanoine de Notre-Dame à Paris. Ayant été chargé par l'archevêque M. de Beaumont, de faire une visite chez les Ursulines de St-Cloud, accusées de favoriser les intrigues des convulsionnaires, il fut dénoncé au Parlement, qui , pour soutenir les prétendus miracles du diacre Pâris , persécotait beaucoup de prêtres. Décrété de prise de corps, l'abbé Bremont fut obligé de se cacher et de passer dans l'étranger. Il ne recouvra sa liberté et ses biens qu'en 1771, et à la suite d'un érysipèle goutteux, accablé par les chagrins cuisants que lui occasionnaient les maux de sa patrie, il mourut au mois de janvier 1793, le lendemain de la mort du roi, auquel il avait prédit la révolution dans son livre : *De la raison dans l'homme.* On lui doit : *Dissertation sur la notoriété publique des pêcheurs scandaleux*, 1756; *Recueil de pièces intéressantes sur la loi du silence*; *Représentation à M. Necker sur son livre De l'importance des opinions religieuses*, 1788 ; *De la raison dans l'homme*, 1785 à 1787, 6 vol. in-12, son meilleur ouvrage; mais où l'on trouve trop de longueurs et de citations. Il est dirigé contre l'incrédulité, et lui valut un bref honorable de Pie VI.

BRÉMONTIER (Nicolas), inspecteur-général des ponts-et-chaussées, mort à Paris au mois d'août 1809. On lui doit la fixation des sables, et la plantation des dunes du golfe de Gascogne, travaux ingénieux qui font l'admiration des gens de l'art. Des montagnes de sable couvraient depuis plusieurs siècles une vaste étendue de territoire, et avaient enseveli des habitations et des villages entiers sur les côtes de l'Océan ; tous les jours ces montagnes faisaient de nouveaux progrès, et menaçaient de proche en proche tous les champs cultivés, lorsqu'il en prit connaissance. Son génie inventif lui fit présumer qu'il pourrait y remédier, et il y parvint effectivement. Il a rendu compte des moyens qu'il employa, dans plusieurs *Mémoires* adressés à la société d'agriculture, dont il était membre.

BRENNUS, général des Gaulois, s'étant ouvert un passage par les Alpes, fondit sur la Lombardie, assiégea Clusium en Toscane, vainquit les Romains près la rivière d'Allia, marcha vers Rome, s'en rendit maître, et livra la ville au pillage et aux flammes. Le tribun Sulpitius, au lieu de le chasser avec le fer, promit de payer mille livres d'or, s'il voulait lever le blocus du Capitole, et sortir des terres de la république. Les Gaulois acceptèrent l'offre; mais, dès qu'on eut apporté l'or pour le peser, Brennus mit en usage mille supercheries, pour que la somme fût plus considérable. Il jeta son épée et son baudrier dans le bassin de la balance, opposé à celui où était l'or, ne répondant aux plaintes que par ces mots dignes d'un barbare : *Malheur aux vaincus!*.. Camille, survenu dans l'instant, annula ce traité honteux, li-

vra bataille aux ennemis sur les ruines de sa patrie, et les contraignit de s'enfuir, vers l'an 388 ou 390 avant J.-C.

BRENNUS, ou BRENN, général gaulois, passa, à la tête de 152,000 hommes de pied et 20,000 chevaux, dans l'Orient, pénétra dans la Macédoine, tua Sosthène, général de cette nation, saccagea la Thessalie et la Grèce, s'avança vers le temple de Delphes, pour en enlever les trésors, lorsqu'il fut repoussé. Brennus, au désespoir de voir son armée en déroute, se donna la mort, après s'y être préparé par un excès de vin, vers l'an 278 avant Jésus-Christ. Les poètes grecs ne manquèrent pas d'attribuer à leurs dieux sa défaite. Apollon, suivant eux, défendit lui-même son temple contre les barbares, fit trembler la terre sous leurs pieds, et rouler des rochers sur leurs têtes. Enfin, le dieu Pan frappa les Gaulois d'une terreur si subite, qu'ils se tuaient les uns les autres : c'est de là qu'est venu le nom de *terreur panique*. Du reste, il est très-vrai que Dieu a souvent puni les sacriléges et l'irréligion, même sous le règne du paganisme. Dans celui qui ne connaît pas le vrai Dieu, le mépris d'une divinité quelconque est une impiété détestable, une disposition d'esprit et de cœur qui renferme toute la scélératesse de l'athéisme (Voyez PTOLÉMÉE PHILADELPHE.)

BRENTIUS, ou BRENTZEN (Jean), né en 1499 à Weil en Souabe, chanoine de Wittemberg, embrassa le luthéranisme à la persuasion du chef de cette secte. De son disciple il devint bientôt son apôtre, sans pourtant adopter en tout sa doctrine. Il soutenait « que le corps « de Jésus-Christ était dans l'eucharistie, « non seulement avec le pain, mais par-« tout, comme sa divinité, depuis l'As-« cension. » Ceux qui le suivirent furent nommés *ubiquitaires*. Après la mort de son maître, Brentius lui succéda dans le gouvernement du parti luthérien, et dans la faveur du duc de Wittemberg, qui l'admit en son conseil le plus intime, et le combla de bienfaits. Il fut un des principaux acteurs dans les affaires de la religion qui troublèrent toute l'Europe, et mourut, en 1570, à Tubingen, où il professait la théologie. Il était tourmenté depuis sa jeunesse d'une insomnie qu'il devait à sa trop grande application. On a de lui 8 vol. in-fol. de *Disputes en faveur du luthéranisme*, remède assuré contre la maladie de l'auteur.

BRÉQUIGNY (Louis-Georges-Oudard-Feudrix de), de l'Académie française, né à Granville en 1716, et mort à Paris, le 8 juillet 1795, s'adonna particulièrement aux recherches relatives à notre histoire, et fut envoyé, en 1754, en Angleterre, pour faire le dépouillement de tous les titres qui la concernaient dans les archives de la tour de Londres. Il a publié, avec M. Mouchet qu'il s'était adjoint, le fruit de ses recherches sous ce titre : *Tableau chronologique de diplômes, chartes, titres et actes concernant l'histoire de France*, 5 vol. in-fol, 1769-83. Il a laissé plusieurs autres ouvrages : *Histoire des révolutions de Gênes*, 1750, 3 vol. in-12. Ce n'est qu'une compilation des gazettes du temps; *Vies des anciens orateurs*, 1752, 2 vol. in-12 : ils sont consacrés uniquement à Isocrate et à Dion Chrysostôme ; *Ordonnances des rois de France de la troisième race*, depuis le 9e volume jusqu'au 15e ; *Diplomata , Charta , Epistolæ , etc. , ad res Francicas spectantia*, etc.

BREREWOOD (Édouard) , savant mathématicien et antiquaire anglais, né à Chester , en 1565 , est auteur d'un ouvrage curieux et savant, traduit de l'anglais en français , sous ce titre : *Recherches sur la diversité des langues et des religions dans les principales parties du monde*, par Jean de la Montagne, Paris, 1663, in-8. On a encore de lui : *De ponderibus et pretiis veterum nummorum*, 1614, in-4 ; *Logica*, Oxford, 1614, in-8 ; *Ethica Aristotelis* , 1640, in-4 ; *Traité du Sabbat* , 1632 , in-4. Il mourut à Londres en 1631. On le consultait de toutes parts , comme un oracle en mathématiques , et il ne laissait aucune lettre sans réponse.

BRESCHET (Gilbert) , célèbre anatomiste, né à Clermont-Ferrand , en 1784, mort à Paris, le 10 mai 1845. Après avoir achevé ses études de littérature dans sa patrie, il se rendit à Paris pour suivre les cours de médecine; il obtint au concours toutes ses places , depuis celle d'élève chirurgien interne dans les hôpitaux jusqu'à celle de professeur d'anatomie à la Faculté. Il fut un des premiers membres nommés à l'académie de médecine, et il en devint président en 1832; cependant, malgré l'éclat de ses succès , il échoua deux fois dans sa candidature à l'académie des sciences : mais il en fut consolé, en 1835, lorsqu'il fut élu pour remplacer à cette académie le célèbre Dupuytren. On lui doit une traduction du *Manuel d'anatomie* de Meckel ; du *Traité des maladies des artères et des veines*, de Hodgson; et du *Traité sur la nature et le traitement de la goutte et du rhumatisme*, de Seudamare. Il a aussi publié lui-même beaucoup d'ouvrages dont nous ne citerons que les sui-

vants: *Essai sur les veines du rachis,etc.*, Paris , 1819 , in-8. Cet ouvrage n'a pas été terminé , il n'en a paru que 8 liv.; *Répertoire d'anatomie et de physiologie pathologique*, ibid. , 1826-29, 8 vol. in-4, fig.; *Recherches anatomiques , physiologiques et pathologiques sur le système veineux , et spécialement sur les canaux veineux des os*, ibid., 1827 et ann. suiv., in-fol.; *Mémoires chirurgicaux sur les différentes espèces d'anévrisme* , ibid., 1834, in-4 ; *Le système lymphatique considéré sous les rapports anatomique, physiologique et pathologique* , ibid., 1836, in-8, fig.; *Recherches anatomiques et physiologiques sur l'organe de l'ouïe et sur l'audition dans l'homme et les animaux vertébrés*, ibid., 1836, in-4, 13 pl.; *Sur l'organe de l'audition chez les oiseaux*, ibid., 1836, in-8, et Atlas; *Sur l'organe de l'ouïe des poissons*, ibid., 1838, in-4, 17 pl. Il a inséré un grand nombre de *Mémoires* dans le *Dictionnaire des sciences médicales*, dans l'*Encyclopédie méthodique*, et dans le *Recueil de l'académie des sciences*.

BRÉSILLAC, ou plutôt BREZILLAC (Jean-François de) , bénédictin de Saint-Maur, né à Faujaux , dans le haut Languedoc , 12 avril 1710, mort à Paris, le 11 juin 1780 , a travaillé avec son oncle dom Jacques-Martin , à l'*Histoire des Gaulois*, dont il a mis au jour 2 vol. in-4, Paris, 1754. On lui doit aussi, conjointement avec dom Pernety , la traduction du *Cours de mathématiques de Wolff*, Paris , 1747 , 3 vol. in-8 : l'ouvrage de Wolff y est abrégé , et en même temps augmenté de plusieurs observations intéressantes.

BRET (Antoine) , avocat, né à Dijon, en 1717 , mort à Paris, le 25 février 1792 , a laissé des *Comédies* écrites avec pureté, et qui annoncent une grande connaissance du théâtre; mais elles manquent de verve et de force comique, et les plans en sont faiblement conçus. Il a composé plusieurs autres ouvrages qui ont obtenu peu de succès; celui qui lui fait le plus d'honneur est son *Commentaire sur les OEuvres de Molière*, qui est estimé , quoiqu'il laisse encore beaucoup à désirer.

BRETEUIL (Louis-Auguste LE TONNELIER, baron de), né à Preuilli en Touraine, en 1733 , débuta dans le monde d'une manière assez obscure, et ne semblait point appelé aux fonctions importantes qui lui furent confiées. Son oncle, l'abbé de Breteuil , ancien agent du clergé, et chancelier du duc d'Orléans, le fit entrer au service, et l'introduisit dans des sociétés distinguées, où son esprit, son caractère prononcé, et un jugement droit et solide le firent remarquer. Ce fut à ces qualités qu'il dut son élévation. Louis XV le nomma, en 1758, son ministre plénipotentiaire près de l'électeur de Pologne, et, en 1760, il fut envoyé en Russie avec le même titre. Catherine II le traita fort bien ; et après cette mission, il en remplit plusieurs du même genre : d'abord à Stockholm, où il jeta les fondements de la fameuse diète de 1769 ; ensuite en Hollande et à Naples ; enfin à Vienne en 1775. Il assista, en 1779, au congrès de Teschen, où il étouffa, par sa médiation, l'embrasement prêt à éclater en Europe par la diversité des intérêts des puissances voisines de la Bavière, au moment de la mort de l'empereur Maximilien Iᵉʳ. Rappelé en France en 1783, il fut élevé au rang de ministre d'État au département de la maison du roi. Ses premiers pas dans la carrière firent honneur à son administration ; il seconda les vues paternelles de Louis XVI dans l'amélioration du régime des prisons, fit rendre la liberté à plusieurs prisonniers d'État, et changea le donjon de Vincennes en un grenier d'approvisionnement. Cet heureux début dans l'exercice de ses fonctions ne fit cependant pas chérir le ministre ; la rudesse de ses manières et la violence de ses procédés en différentes occasions fut un grand sujet de blâme contre lui. Il fut, pendant quelque temps, assez bien avec Calonne ; mais quelques rivalités les brouillèrent. Constamment attaché aux principes conservateurs des monarchies, il tenta de s'opposer aux innovations que voulait introduire l'archevêque de Sens ; mais voyant qu'il luttait en vain contre un parti nombreux et attaché à décrier toutes ses opérations, il se retira en 1787. Le roi lui conserva son estime, et, à l'époque du renvoi de Necker, il fut placé à la tête du nouveau ministère. Après la prise de la Bastille, il conseilla au roi de se retirer sur Compiègne avec ses troupes cantonnées sur Versailles ; mais il ne fut point écouté. Il se décida alors à quitter la cour, et bientôt après la France. En 1790, il reçut à Soleure un pouvoir, écrit de la main du roi, pour traiter avec les cours étrangères, et proposer en son nom les mesures qui pourraient tendre au rétablissement de l'autorité royale et à la tranquillité du royaume. Il paraît qu'ensuite ce pouvoir fut révoqué. On lui a reproché de s'en être également servi. Quoi qu'il en soit, depuis 1792 il fut oublié de tous les partis, et ne rentra dans sa patrie qu'en 1802. Il mourut le 2 novembre 1807.

BRETIZEL (Borel de), conseiller à la cour de cassation, naquit à Beauvais le 23 juillet 1764, d'une famille de magistrature. Reçu, en 1783, licencié en droit et avocat au Parlement de Paris, il succéda, en 1786, à son père, lieutenant-général civil et criminel du bailliage de Beauvais. En 1789, il fut choisi pour secrétaire par l'ordre de la noblesse du bailliage de Beauvais, et fut chargé de rédiger les cahiers des électeurs. En 1789, ses compatriotes le nommèrent successivement membre du bureau de conciliation, commissaire près le tribunal du district de Beauvais, procureur de la commune de Beauvais, puis membre du conseil général de la même commune. Suspendu de ses fonctions par la Terreur, il fut en outre jeté en prison, où il put encore rendre des services à sa ville natale par les conseils que ses persécuteurs eux-mêmes venaient lui demander. Rendu à la liberté, il fut élu au corps législatif, où il siégea jusqu'en mai 1799. Après le 18 brumaire, Borel de Bretizel fut appelé à la direction de l'administration du département de l'Oise ; et peu après, en germinal an VIII (avril 1800), nommé juge au tribunal de cassation, dont l'institution ne datait que de neuf années, et qui plus tard reçut le nom de cour de cassation. Outre ses devoirs de magistrat, Borel fut souvent appelé à en remplir d'autres. En 1807 et 1813, il fut président du collége électoral de Beauvais ; en 1818, membre du conseil général de l'Oise ; il fut encore élu deux fois député (1817 et 1823). Borel était membre du conseil privé du duc d'Orléans, plus tard roi des Français, dont le président Henrion de Pansey était le chef, auquel il succéda en 1829. Il est mort le 1ᵉʳ mai 1839. Magistrat intègre et consciencieux, il avait encore toutes les vertus de l'homme privé et du chrétien.

BRETIN (Claude), mort le 15 juin 1807, à l'âge de 81 ans, fut aumônier de Monsieur, frère de Louis XVI. Il est auteur de *Contes*, de *Vers* et d'autres *Poésies*, Paris, 1797, in-8, et de quelques *Poésies* éparses dans divers recueils.

BRETON (François Le), avocat, né à Poitiers, est auteur d'une Satire contre Henri III, intitulée *Le Salutaire*, 1586, in-8. Il y accusait le roi d'hypocrisie, se plaignait du peu de justice qui se rendait sous son règne, et lui reprochait son peu d'autorité. Le mou, mais vindicatif monarque, le fit pendre le 22 novembre 1586. Le livre, qui n'était pas encore entièrement imprimé, fut brûlé par les mains du bourreau.

BRETON. (Voyez Guillaume.)

BRETONNEAU (François), jésuite, né à Tours en 1660, mort à Paris l'an 1741, fut réviseur et éditeur des *Sermons* de ses confrères Bourdaloue, Cheminais et Giroust. Le Père La Rue lui appliquait à cette occasion ces paroles de l'éloge que l'Eglise fait de saint Martin, et l'appelait *Trium mortuorum suscitator magnificus*. Il revit aussi les *Œuvres spirituelles* du Père Valois, et une partie des *Sermons* du Père La Rue. On doit • rendre justice à chacune des *Préfaces* qu'il a mises à la tête de ces éditions. Les *Analyses* qu'il a faites des *Discours* dont il est l'éditeur sont exactes, claires, précises et très-propres à donner aux jeunes orateurs chrétiens l'idée d'un plan bien concerté et bien rempli par l'enchaînement des preuves. Bretonneau était prédicateur lui - même. Ses *Sermons*, ses *Panégyriques*, ses *Discours* et ses *Mystères*, en 7 vol. in-12, publiés en 1743 par le Père Berruyer, respirent une éloquence chrétienne. Les grâces de l'action lui manquaient; mais il avait toutes les autres parties de l'orateur sacré. Ses vertus furent l'appui de ses *Sermons*. On a encore de Bretonneau des *Réflexions chrétiennes pour les jeunes gens qui entrent dans le monde*, in-12, et l'*Abrégé de la Vie de Jacques II*, in-12, tirée d'un écrit de son confesseur.

BRETONNIER (Barthélemi-Joseph), avocat au Parlement de Paris, plaida et écrivit avec succès. Il naquit à Montrottier, près de Lyon, en 1656, d'un médecin, et mourut à Paris en 1722. On a de lui : une édition des *Œuvres de Claude Henrys*, 2 vol. in-fol., avec des *observations* qui ont beaucoup perfectionné cet ouvrage; *Recueil par ordre alphabétique des principales questions de droit qui se jugent diversement dans différents tribunaux du royaume*, 1 vol. in-12, réimprimé avec des additions en 1756, en 2 vol. Boucher d'Argis en a donné une édition avec des remarques, Paris, 1785, in-4. Le chancelier d'Aguesseau, qui avait toujours pensé à rendre la jurisprudence uniforme, l'avait engagé à ce travail : Bretonnier l'exécuta d'une manière digne des vues de ce grand magistrat. Tous les principes du droit écrit et des coutumes y sont renfermés avec autant de netteté que de précision. La préface seule vaut un gros ouvrage. Ce jurisconsulte a laissé encore des *Mémoires* sur des affaires importantes dont il avait été chargé. Ils sont moins estimés que ses autres productions.

BRETTEVILLE (Etienne Dubois, connu sous le nom de l'abbé de), né en 1650 à Bretteville-sur-Bordel, près de

Caen, en Normandie, se fit jésuite en 1667, et abandonna cet état en 1678. Il s'appliqua depuis à l'instruction des jeunes ecclésiastiques qui se destinaient au ministère de la prédication ; mais ses travaux ne furent pas longs, étant mort en 1688. Il avait donné, trois ans auparavant, des *Essais de sermons* en 4 vol. in-8, où il y a six différents desseins pour chaque jour, avec des sentences choisies de l'Écriture-Sainte. Son style n'est ni pur ni élégant; mais le choix des sermons est assez bien fait. L'abbé du Jarry a donné une suite en 5 vol. in-8, qui ne peut être comparée à l'ouvrage du premier auteur. On a encore de l'abbé de Bretteville des *Essais de panégyriques*, in-8, et l'*Eloquence de la chaire et du barreau*, Paris, 1689, in-12, plus estimée pour les exemples qu'il donne, que pour les règles qu'il prescrit.

BREUGHEL (Pierre), surnommé Breughel *le Vieux* ou *le Drôle*, naquit à Breughel en Hollande, l'an 1510. Ce peintre excella dans les représentations des fêtes champêtres. Les caractères, les manières, les gestes des paysans y sont rendus avec beaucoup de vérité. On a encore de lui des marches d'armées, des attaques de coche, etc. On estime surtout les paysages dont il a orné ses différents tableaux. Quelques - uns se voient à paris, au Palais-Royal. Il mourut en 1570.

BREUGHEL (Pierre), connu sous le nom de Breughel-le-Jeune, autre fils de Breughel-le-Vieux, né en 1567, mort en 1625, excella à représenter des incendies, des feux, des siéges, des tours de magiciens et de diables ; ce qui le fit appeler Breughel d'Enfer.

BREUGHEL (Jean), fils aîné de Pierre dit le Vieux, surnommé *Breughel de Velours*, parce qu'il s'habillait ordinairement de cette étoffe, peignit d'abord des fleurs et des fruits, et ensuite des vues de mer, ornées de petites figures et de paysages extrêmement gracieux. Rubens l'employa dans quelques-uns de ses tableaux pour peindre cette partie. Sa touche était légère et ses figures correctes. Il mourut en 1642, à 67 ans.

BREUIL (Jean du), jésuite, né à Paris, et mort à Dijon le 27 avril 1670, est auteur d'une *Perspective pratique, nécessaire aux peintres, graveurs, sculpteurs, architectes*, Paris, 1642-1649, 3 vol. in-4. Elle est recherchée des curieux.

BREUL (Jacques du), né à Paris en 1528, bénédictin de Saint-Germain-des-Prés en 1549, mourut en 1614. On a de lui le *Théâtre des antiquités de Paris*, in-4, 1612. C'est le répertoire de la plupart des fondations de la ville de Paris : on y remarque des particularités intéressantes parmi un amas assez indigeste d'époques et de recherches. L'auteur des *Essais sur Paris* a su depuis écarter les épines de l'érudition du Père du Breul ; mais il les a remplacées par beaucoup de faussetés et de petits artifices de philosophie ; *Supplementum antiquitatum Parisiensium*, in-4, Paris, 1614 : ouvrage peu commun, qui renferme plusieurs auteurs anciens qui ont parlé de Paris, et qui a les mêmes avantages et les mêmes défauts que le précédent ; les *Fastes de Paris*, par *Pierre Bonfons*, augmentés, in-8, curieux ; la *Vie du cardinal Charles de Bourbon* (oncle de Henri IV), 1612, in-4 ; la *Chronique des abbés de Saint-Germain*, avec l'*Histoire d'Aimoin*, qu'il fit imprimer en 1603.

BREUX (Baudouin de), deuxième général de la congrégation des prêtres de la Doctrine Chrétienne, naquit à Mézières-sur-Meuse, vers l'an 1600. Ses études achevées, il voulut entrer dans un Ordre religieux. L'institut des Doctrinaires, établi en 1592, venait d'être uni au rang des corporations régulières, par un bref de Paul V (17 avril 1716) ; et comme sa fin principale était de catéchiser les enfants et d'enseigner au peuple les principes de la foi, le jeune de Breux l'embrassa par goût. Après l'année d'épreuve, il prononça ses vœux à Toulouse, en 1618. Sa congrégation ayant formé plusieurs établissements dans la capitale, vers 1630, le Père de Breux alla s'y fixer : on l'élut, en 1647, premier supérieur de la province de Paris. Le pape Innocent X, apprenant que les divisions causées par la réunion des Doctrinaires aux Somasques italiens allaient toujours croissant, les sépara en 1647, et rendit à l'état séculier la congrégation de la Doctrine Chrétienne, sous un général particulier et français. Le Père de Breux parvint à cet emploi en 1653, et succéda à un orateur distingué, au Père Hercule Audiffret, oncle et maître du célèbre Fléchier. Le Père de Breux remplit cet important office avec zèle et distinction jusqu'en 1657. Rendu à lui-même, il alla résider à Paris, où il mourut le 8 février 1663, emportant la réputation d'un homme de bien, que les affaires de la congrégation n'avaient jamais détourné de ses devoirs religieux. Il avait publié, sous le voile de l'anonyme : *Abrégé de la Vie du vénérable César de Bus, fondateur de la Doctrine Chrétienne*, imprimé en tête des *Instructions familières de César de Bus sur le Catéchisme romain*, Paris, 1666,

in-8, aussi imprimé séparément, Avignon, 1697, in-12 ; Paris et ailleurs, in-12 et in-24. Cet ouvrage a été traduit en italien, par un prêtre de la Doctrine, Rome, 1707, in-12.

BREVAL (John DURAND), originaire français, s'attacha au service du duc de Marlborough, qui l'employa en diverses négociations en Allemagne. Il mourut le 9 janvier 1738. On a de lui : des *Voyages* qui ont paru en 1726 et 1738, sous ce titre : *Remarques sur différentes parties de l'Europe*, 2 vol. in-fol., fig. en anglais ; des *Poésies* et quelques *Pièces de* théâtre.

BREYER (Rémi), docteur de Sorbonne, et chanoine de l'église de Troyes en Champagne, naquit dans cette ville en 1669, et y mourut en 1749. On a de lui : une *Dissertation sur les paroles de la consécration*, in-8, où il tâche de prouver, contre le Père Le Brun, que les Grecs et les Latins avaient renfermé la consécration dans ces paroles : *Hoc est, etc.* Il a eu beaucoup de part au *Missel de Troyes*, et a publié les *Vies de saint Alderald, de saint Prudence et de sainte Maure*, avec des éclaircissements curieux. Ce savant répandit de l'érudition dans ses ouvrages, mais très-peu d'agrément.

BRÉZÉ (Scipion, marquis de Dreux-Brézé), né le 13 décembre 1793, aux Andelys, où sa famille s'était réfugiée pendant la Terreur. Après avoir passé quelque temps à l'école militaire de la Flèche, il entra comme sous-lieutenant dans un régiment de cavalerie ; sous la Restauration, il continua de servir, et il était lieutenant-colonel du premier régiment de cuirassiers, en 1827 ; lorsqu'il fut obligé de donner sa démission par raison de santé. Deux ans après, il perdit son père, et lui succéda à la Chambre des pairs, et dans la charge de grand-maître des cérémonies héréditaire dans sa famille, depuis Louis XIV. Après la révolution de 1830 ; il resta à la Chambre des pairs pour défendre l'ordre, la liberté, la morale et la religion ; car il ne voulut point servir le nouveau gouvernement qu'il supposait devoir, par la nécessité de son origine révolutionnaire, amener en France de nouveaux bouleversements. Il combattit avec énergie, mais sans succès, le projet de loi qui supprimait le deuil anniversaire du meurtre de Louis XVI, celui qui accordait une pension aux vainqueurs de la Bastille, et tous ceux qui, directement ou indirectement, favorisèrent l'esprit d'insurrection. Lorsque, en 1835, le gouvernement s'aperçut enfin que, sous peine de périr, il fallait arrêter la licence de la presse, il signala l'insuffisance des moyens proposés, et fit entendre ces paroles remarquables : « Vous voulez rétablir l'ordre « moral, et vous sentez que la religion « seule peut le fonder dans les esprits ; « vous avez raison, mais alors ne vous « contentez pas d'avoir paru pour la « première fois, depuis cinq ans, au « pied des autels ; car le peuple dirait « que vous n'invoquez le Très-Haut que « lorsque vos intérêts vous le commandent... Rétablissez l'image du Christ « dans le sanctuaire de la justice, relevez la croix de Saint-Germain-l'Auxerrois, et rendez au culte cette basilique « de Sainte-Geneviève qui s'est étonnée « des chants profanes dont vous avez « fait retentir ses voûtes, et où vous avez « célébré le premier anniversaire de l'anarchie. » Brézé était un homme de tribune dans toute l'acception honorable de cette expression; son élocution était facile, brillante, animée, son trait incisif, sa répartie vive; mais jamais il ne lui échappait une parole qui pût blesser la susceptibilité la plus irritable d'un adversaire, fût-il même peu digne d'égards : c'était le gentilhomme de bon ton, le grand seigneur doué de toutes les qualités qui peuvent le faire aimer sans aucun des défauts qui, trop souvent, le font haïr. Brézé, dont la santé était délabrée, essaya, en 1843, pour la rétablir, d'aller respirer l'air pur des montagnes et ensuite la brise si douce d'Italie; mais ces moyens purent seulement prolonger sa vie de quelques mois, et il mourut à Brézé le 21 novembre 1845, honoré, sinon regretté de tous les partis.

BRÉZOLLES (Ignace Mol.t de), savant docteur de Sorbonne, mort en 1778, est auteur d'un *Traité sur la Juridiction ecclésiastique contentieuse*, ou *Théorie et pratique des officialités*, etc., Paris, 1779, 2 vol. in-4, réimprimé en 1781, sous le titre de : *Pratique des officialités*. On lui doit aussi une seconde édition du *Traité des bénéfices ecclésiastiques* de Gohard, Paris, 1763, 7 vol. in-4.

BRIAL (Michel-Jean-Joseph), né à Perpignan le 26 mai 1743, entra fort jeune encore dans la congrégation des Bénédictins, et prononça ses vœux au monastère de la Daurade à Toulouse, le 15 mai 1764. Il vint à Paris en 1771, et fut placé aux Blancs-Manteaux pour y travailler avec dom Clément à la collection des *Historiens de France*, dont ils rédigèrent de concert les tom. 12 et 16. Ce dernier vol. fut publié en 1786. La révolution ayant amené l'abolition des Ordres religieux, cette importante collection fut interrompue. A peine l'Institut national avait-il été organisé, que le gouvernement sentit l'avantage qu'il y aurait à charger ce corps savant de la continuation des travaux historiques des Bénédictins. Brial reçut alors la mission de poursuivre seul la tâche laborieuse et difficile qu'il avait entreprise dans sa jeunesse avec ses collègues. En 1805, il fut reçu membre de l'Institut, classe d'histoire et de littérature ancienne; l'année suivante, il publia le 14e vol. des historiens de France. Il en fit paraître successivement différents vol. jusqu'au 18e qui fut publié en 1818, et il a laissé des matériaux considérables pour le 19e vol. Ainsi Brial est, après dom Bouquet (Voy. ce nom), fondateur de ce précieux recueil. Brial est un des auteurs des tomes 13, 14, 15 et 16 de l'*Histoire littéraire de la France*. Il a participé à la rédaction de la *Notice des manuscrits de la bibliothèque du roi*, et l'on trouve de lui de judicieuses *Dissertations* dans la nouvelle série des *Mémoires* de l'académie des inscriptions. Enfin il est auteur de l'*Éloge historique de dom Labat*, bénédictin, 1803, in-8, et il a publié les *Œuvres posthumes de Laberthonie*, avec un supplément, 1810-1811, 2 vol. in-12. Brial est mort à Paris le 24 mai 1828.

BRIANT (dom Denys), bénédictin de la congrégation de Saint-Maur, né à Pleudissen, bourg du diocèse de Saint-Brieuc, embrassa la vie monastique, et prononça ses vœux à Rennes, dans l'abbaye de Saint-Melaine, le 14 juillet 1684, à l'âge de 29 ans. Il travailla avec dom Lobineau à l'*Histoire de Bretagne*. Ce fut lui qui se chargea de l'examen des faits. On a de lui : *Mémoire sur l'abbaye de Saint-Vincent du Mans; Comenania.* C'est une histoire de la province du Maine et de ses comtes, restée manuscrite. Dom Briant a aussi fourni beaucoup de *Mémoires* aux auteurs du *Gallia christiana*. Il est mort en 1716, dans l'abbaye de Rieux, en Basse-Bretagne, âgé de 61 ans.

BRIANVILLE (Cl.-Oronce-Finé de), abbé de Saint-Benoît de Quincy, mort en 1675, a donné : *Abrégé chronologique de l'histoire de France*, 1664, in-12, dont les têtes des rois sont joliment gravées; une *Histoire sacrée*, 3 vol. in-12, avec des figures de Le Clerc; le tome 1er est de 1670, le 2e de 1671, et le 3e de 1675; la réimpression de 1698 est moins estimée. Ces deux ouvrages ne sont guère recherchés que pour les estampes; car l'abbé de Brianville était un écrivain fort médiocre. On a encore de lui une Traduction en français des *Lettres* de Bongars, Paris, 1668, 2 vol. in-fol.

BRICCIO (Jean), né à Rome en 1581, mort dans la même ville, en 1646. Il était fils d'un matelassier qui le destinait à suivre la même profession; mais le jeune Briccio, profitant des moyens de s'instruire que les Ordres religieux rendent si facile en Italie, se livra avec ardeur à l'étude, et acquit des connaissances fort étendues; il put même bientôt se passer de maître, et, s'aidant des bibliothèques des couvents, il parvint à apprendre toutes les sciences : il ne négligea pas les arts et surtout la peinture. Il a publié de quatre-vingts ouvrages, parmi lesquels on cite des *Vies des Saints*, des *Écrits ascétiques*, des *Histoires*, des *Poésies diverses*. — Sa fille Plantille Briccio acquit, à l'école de son père, de vastes connaissances; elle étudia particulièrement l'architecture : c'est elle qui fit le plan du petit palais français, situé à Rome, hors et près de la porte Saint-Pancrace, et le dessus de la chapelle de Saint-Benoît, dans l'église de Saint-Louis-des-Français.

BRICE (dom Etienne-Gabriel), né à Paris en 1697, mourut en 1755, dans l'abbaye de Saint-Germain-des-Prés, où il était chargé, depuis l'an 1731, de diriger la continuation du nouveau *Gallia christiana*, 13 vol. in-fol. La congrégation de Saint-Maur a eu peu d'hommes aussi savants.

BRICHE (le vicomte de), lieutenant-général des armées du roi, embrassa la carrière militaire dès le commencement de la Révolution, et mérita par plusieurs actions d'éclat le grade de colonel du 40e régiment de hussards. Il fit plusieurs fois des prodiges de valeur à la tête de ce corps, et fut envoyé en Espagne en 1808; il prit part à presque toutes les affaires qui eurent lieu, et il se signala un grand nombre d'occasions, mais plus particulièrement à la sanglante bataille d'Ocana, au passage de Fuente de Cantos, et à la bataille de la Gebora. Dès 1809, il avait été élevé au grade de général de brigade; en 1813, il obtint celui de général de division. Chargé en 1814 de défendre les défilés des Vosges, il repoussa plusieurs fois les Cosaques, et fit une très-belle charge à la tête des dragons qu'il commandait à l'attaque du pont de Clerei près de Troyes. Après la rentrée du roi, en 1814, il se soumit franchement et reçut la croix de Saint-Louis. Lors du débarquement de Bonaparte, en 1815, il commandait à Nîmes, et il employa tous les moyens qui étaient en son pouvoir pour arrêter le mouvement insurrectionnel qui éclata dans cette ville; mais il fut frappé, on lui arracha ses épaulettes, plusieurs sabres furent levés sur lui, et il faillit plusieurs fois perdre la vie; on se contenta cependant de le conduire aux casernes dans la salle de discipline, où il passa la nuit, gardé à vue et en butte aux insultes de cette soldatesque révoltée. Arrivé à Paris, il fut menacé des traitements les plus rigoureux; mais les prières de son épouse obtinrent, à titre de grâce, qu'il serait seulement rayé du tableau des officiers-généraux. A la seconde Restauration, il reçut le commandement de la 8e division militaire et le titre de commandeur de l'ordre royal de Saint-Louis. Il est mort à Marseille le 22 mai 1825.

BRIÇONNET (Guillaume), dit *Cardinal de Saint-Malo*, successivement évêque de Nîmes, de Saint-Malo, archevêque de Reims et de Narbonne, fut honoré de la pourpre romaine par Alexandre VI, en 1495, en présence de Charles VIII, qui se trouva alors au consistoire. Ce prince l'aimait beaucoup, et ce fut, dit-on, à sa persuasion qu'il entreprit la conquête du royaume de Naples. L'ardeur avec laquelle ce cardinal parla contre Jules II, dans le conciliabule de Pise, le fit priver de sa dignité; mais Léon X la lui rendit ensuite. Il mourut en 1514, laissant deux fils, héritiers de ses vertus, qui lui servirent un jour, à une messe célébrée pontificalement, l'un de diacre et l'autre de sous-diacre. Il avait été marié avant de s'engager dans les ordres. Les historiens le louent comme un prélat qui avait l'esprit des affaires, joint à beaucoup de zèle pour la gloire de la patrie, et à beaucoup d'amour pour les lettres et pour ceux qui les cultivaient. — Son fils, GUILLAUME, évêque de Meaux, en 1516, et mort en 1533, se laissa surprendre par les calvinistes; mais il reconnut sa faute, et la pleura.

BRIDAINE. (Voyez BRYDAINE.)

BRIDAN (Charles-Antoine), sculpteur, né à Ravière en Bourgogne en 1730, étudia à Paris la sculpture avec succès, et obtint le grand prix à l'âge de 23 ans. Il passa ensuite à Rome où il séjourna trois ans. De retour à Paris en 1764, il présenta à l'académie de peinture son groupe du *Martyre de saint Barthélemi*, qui le fit agréger à cette société, et en 1772 il y fut admis comme académicien. Parmi les ouvrages de cet artiste, on distingue son groupe de *l'Assomption*, qui était dans la cathédrale de Chartres; les statues de *Bayard* et de *Vauban*, dans la galerie des Tuileries; un *Vulcain*, au jardin du Luxembourg; et le buste de

Cochin, son dernier ouvrage. Il avait occupé la place de professeur à l'académie de peinture, et mourut à Paris le 26 avril 1805.

BRIDAULT (Jean-Pierre), maître de pension à Paris, mort le 24 octobre 1761, avait du goût et de la littérature. On a de lui deux ouvrages utiles : *Phrases et sentences tirées des comédies de Térence,* Paris, 1715, in-12; *Mœurs et coutumes des Romains,* 1753, 2 vol. in-12 : cet ouvrage offre un tableau général des usages les plus curieux et les plus singuliers de l'ancienne Rome. Ce n'est ni un abrégé, ni une répétition des grandes histoires romaines, c'est précisément un recueil de tout ce qu'on n'y trouve pas.

BRIDEL (Jean-Louis) naquit en décembre 1759. Après avoir été pasteur de l'Eglise française de Bâle, puis second pasteur de Cossonay, dans le canton de Vaud, il fut nommé, en 1809, professeur d'interprétation des livres saints et des langues orientales de l'académie de Lausanne ; il a conservé cette place jusqu'à sa mort arrivée le 5 février 1821. Il avait été, pendant dix ans, membre du grand conseil du canton de Vaud. Bridel, qui avait beaucoup voyagé, a publié un grand nombre d'ouvrages. On cite parmi les principaux : *Introduction à la lecture des Odes de Pindare,* in-12; *Discours prononcé à Vevey, à l'occasion d'un anniversaire patriotique,* 1799, in-8 ; *Réflexions sur la révolution de la Suisse, sur le principe de l'unité,* etc., 1800, in-8 ; *le Lycée de Flore,* Bâle, 1810, opuscule poétique ; *Lettre sur la manière de traduire le Dante, suivie d'une traduction en vers français du troisième chant de l'enfer; Dissertation sur l'état et les fonctions des prophètes; Discours sur l'efficacité morale de la lecture des livres sacrés et sur le style de leurs auteurs; Traité de l'année juive antique et moderne; le Livre de Job nouvellement traduit d'après le texte original non ponctué, et les anciennes versions, notamment la syriaque et l'arabe, avec un Discours préliminaire,* Paris, 1818, in-8. Bridel a donné aussi au *Conservateur suisse* de nombreux *articles* qu'il signait par les initiales L. B.

BRIDEL (Samuel-Elisée), à la fois poète et naturaliste, naquit à Crassier, dans le canton de Vaud, le 28 novembre, 1761. Après avoir terminé ses études à l'académie de Lausanne, il fut chargé de l'éducation des deux princes Auguste et Frédéric de Saxe-Gotha, et devint ensuite secrétaire et bibliothécaire du prince héréditaire. S'étant livré à l'étude de la botanique, il porta toute son attention sur cette science, et s'occupa principale-

ment des *Mousses.* En 1807, il fut attaché comme secrétaire à la légation que le duc de Saxe-Gotha envoya à Napoléon pour négocier avec lui. Après la mort des deux ducs, ses élèves ; Bridel se retira à la campagne, où il est mort le 2 janvier 1828. On a de lui : *Dissertation sur la végétation hivernale,* 1791; *Muscologia recentiorum,* 1797, 3 vol. in-4 ; *Muscologia recentiorum Supplementum,* 1806-1817, 3 vol. in-4 ; *Bryologia universa, seu systematica ad novam methodum disposito, historia et descriptio omnium muscorum frondosorum huc usque cognitorum cum synonymia ex auctoribus probatissimis,* Leipsick, 1827, 2 vol. in-8; *Les six premières livraisons de l'Histoire naturelle des oiseaux de Franconie,* Nuremberg, in-fol. avec de superbes gravures; *Exposition de la nouvelle théorie de la physiologie du docteur Gall,* Leipsick, in-8 ; *la Flore anti-diluvienne du baron de Schlotheim,* Gotha, 1804. Il a encore laissé plusieurs ouvrages de critique, de littérature et d'art.

BRIDGEWATER (AQUAPONTANUS Jean) fit ses études à Oxford, et remplit différentes fonctions dans l'Eglise anglicane; mais revenant à la vérité, il abandonna ses bénéfices, et se retira au collège anglais de Douai, avec plusieurs jeunes gens qu'il avait élevés dans la religion catholique ; il passa ensuite à Rome, et de là en Allemagne, où il était encore en 1594. On a de lui : *Concertatio virulente disputationis theologicæ in quâ Georgius Sohn, professor academiæ Heidelbergensis, conatus est docere pontificem romanum esse antichristum,* Trèves, 1589, in-4 ; *Exposition des six articles qu'on propose ordinairement aux missionnaires qui sont arrêtés en Angleterre; Concertatio Ecclesiæ catholicæ in Angliâ contra Calvino-papistas et puritanos, sub Elisabethâ reginâ,* Trèves, 1594, in-8. Cet ouvrage contient les relations des souffrances et de la mort de plusieurs catholiques en Angleterre sous Elisabeth.

BRIDOUL (Toussaint), jésuite flamand, était né à Lille, et entra dans la compagnie de Jésus en 1618, âgé de 23 ans. Il s'y distingua par ses vertus, sa piété, sa charité et le bon emploi qu'il fit de son temps. La prédication, la direction des consciences, la composition d'ouvrages édifiants l'occupaient tour à tour. Il mourut à Lille, dans sa 78° année, en 1672. Il avait une tendre dévotion envers la sainte Vierge, et il consacra à sa louange quelques-uns de ses écrits. On a de lui : *Vie de François Gaëtan,* traduite en français de l'italien d'Alphonse Gaëtan, Lille, 1641, in-8 (voyez

GAETAN) ; *Gloria mirabilium Deiparæ*, *singulos anni dies recurrentium*, Lille, 1645, in-8 ; *Le paradis ouvert par la dévotion envers la sainte Vierge*, Lille, 1671, in-12; *Schola eucharistica stabilita*, *super veneratione à brutis animantibus exhibita sanctissimo sacramento*, ibidem, 1672, in-8; *Itinéraire de la vie future*, traduit de l'italien du Père Vincent Caraffa, jésuite; l'*Enfer fermé par la considération des peines des damnés*, etc., Lille, 1671, in-12.

BRIE. (Germain de), *Brixius*, et non Brice, prêtre et littérateur, naquit à Auxerre, alla étudier la langue grecque à Padoue, et séjourner à Rome, où il se mit en rapport de science et d'amitié avec d'illustres personnages. De retour en France, où il apporta le bon goût, il fut chanoine de la cathédrale d'Auxerre, secrétaire de la reine Anne, archidiacre d'Albi, chanoine de Notre-Dame de Paris. Il ouvrit sa maison à tous les savants de son temps ; il était très-versé dans les langues, surtout dans la grecque, dans laquelle Budé et lui s'écrivaient réciproquement. Il eut un démêlé avec Thomas Morus, sur la description que ce dernier avait faite du combat qui avait eu lieu, en 1513, entre les flottes française et anglaise, et avec Erasme relativement à la secte des cicéroniens. Il mourut le 27 juillet 1538, à Brezolles, dans le diocèse de Séez. On a de lui : des *Poésies* imprimées en 1519 ; des *Traductions* latines de quelques ouvrages de saint Jean Chrysostôme ; des *Lettres*, Paris, 1531 ; et d'autres ouvrages indiqués dans la Bibliothèque de Bourgogne.

BRIENNE. (Voyez LOMÉNIE).

BRIET (Philippe), né à Abbeville en 1601, jésuite en 1619, mourut en 1668, bibliothécaire du collége de Paris. On a de lui : *Parallela Geographiæ veteris et novæ*, 3 vol. in-4, 1648 et 1649. Cette géographie est très-méthodique, très-exacte et ornée de cartes bien dessinées. Ces trois volumes ne renferment que l'Europe, ses maladies l'ayant empêché de mettre la dernière main aux autres parties; *Annales mundi*, *sive Chronicon ab orbe condito ad annum Christi* 1663, Paris, 1663, 7 vol. in-12; Mayence, 1682, 1 vol. in-fol., et Venise, 1693, 7 vol. in-12; c'est l'édition la plus complète. L'ouvrage est estimé. L'auteur marche sur les traces de Pétau, pour la chronologie; *Philippi Brietii Concordia chronologica*, Paris, 1670, 5 vol. in-fol. Le Père Briet est auteur du 5e volume; *Theatrum geographicum Europæ veteris* 1653, in-fol. Briet a mieux réussi dans la géographie que dans la partie chronologique.

BRIGGS (Henri), célèbre professeur de mathématiques à Londres, dans le collége de Gresham, et ensuite de géométrie à Oxford, né dans la paroisse de Halifax vers 1556, mourut septuagénaire en cette ville, l'an 1631. C'était un homme de bien, d'un accès facile à tout le monde, sans envie, sans orgueil et sans ambition; toujours gai, méprisant les richesses, content de son sort, préférant l'étude et la retraite aux postes les plus brillants et les plus honorables. On a de lui : Un *Traité du passage dans la Mer Pacifique par le Nord-Ouest du continent de la Virginie*, dans le 3e vol. des *Voyages de Purchas ;* une édition des 6 premiers livres d'Euclide ; *Arithmetica logarithmica*, in-fol., 1634. Neper de Marcheston, inventeur de la méthode des logarithmes, perfectionnée par Briggs, était ami de ce mathématicien. Ils étaient dignes l'un de l'autre. Une *Table* qu'il publia en 1602, à la fin du livre de Thomas Blondeville, qui traite de la construction, de la description et de l'usage de deux instruments inventés par M. Gilbert, pour trouver la latitude de quelque lieu que ce soit, dans la nuit la plus obscure, par la seule déclinaison de l'aiguille de la boussole ; méthode dont le succès ne répondit pas à ses espérances. La *Table* de Briggs est fondée uniquement sur la doctrine des triangles, pour déterminer la hauteur du pôle par le moyen de la même déclinaison.

BRIGGS (Guillaume, ou Williams), membre de la société royale de Londres, médecin ordinaire de Guillaume III, né à Norwich en 1650, mort en 1704, à 63 ans, se fit un nom par sa connaissance des maladies de l'œil. Il laissa deux *Traités* sur cette matière, très-estimés. Le premier, intitulé *Opthalmographia*, in-4, 1685; et le second, *Nova Theoria visionis*, imprimé à la suite du premier. Newton les estimait beaucoup. Briggs est un des premiers qui ait bien développé ce qui regarde le nerf optique, la rétine, les conduits lymphatiques.

BRIGNOLE-SALE (Antoine-Jules), marquis de Groppoli en Toscane, et l'une des gloires de la république de Gênes, où il naquit le 23 juin 1605, était fils de Jean-François Brignole, qui fut doge de 1635 à 1637. Les heureuses qualités de son esprit, développées par l'étude, le placèrent de bonne heure au rang des premiers orateurs de l'Italie : les plus célèbres académies, celles des *Umoristi* de Rome, des *Incogniti* de Venise, des *Annovalati* et des *Addornentati* de Gênes, lui ouvrirent leurs portes. Non seulement il cultivait les lettres, il cherchait encore à les faire aimer, en favorisant avec une intelligente générosité la réimpression des meilleurs ouvrages, et en instituant des conférences savantes où les graves questions de la philosophie et de l'histoire étaient traitées dans des dissertations éloquentes. A cette première époque de sa vie se rattacheut la plupart des écrits d'Antoine-Jules, considéré comme poëte et comme littérateur. L'Etat devait avoir à cœur d'utiliser ses talents. L'an 1643, l'importance des négociations entamées entre la république de Gênes et la cour d'Espagne, dont une grande partie de l'Italie subissait alors l'ascendant, fit jeter les yeux sur Antoine-Jules, qui fut envoyé auprès de Philippe IV, en qualité d'ambassadeur ordinaire. Choisir un négociateur à la fois si habile et si ferme, c'était assurer le succès des réclamations de la république. Philippe IV, bon juge en fait de mérite, aimait à répéter que l'ambassadeur de Gênes était un grand littérateur. Mais ces hommages rendus aux brillantes qualités d'Antoine-Jules touchaient peu un chrétien qui n'aspirait qu'à renoncer aux bonneurs du monde. Devenu veuf en 1648, après son retour d'Espagne, il s'affermit dans la résolution de vivre pour Dieu seul. La république reconnaissante l'avait décoré de la toge des sénateurs : il s'en dépouilla, afin de se vouer au sacerdoce. Alors commença pour lui une ère nouvelle. Préparé par l'étude des sciences ecclésiastiques à exercer le ministère de la prédication, il annonça, depuis 1650 jusqu'à sa mort, la parole de Dieu avec cette onction et cette irrésistible éloquence qui multiplient les conversions. Toutefois, son sacrifice ne lui sembla complet que lorsque, brisant le dernier lien qui l'attachait au monde, il embrassa la vie régulière, l'an 1652, dans la Compagnie de Jésus. C'était l'institut le plus favorable aux progrès de l'esprit humain, le plus ami des lettres et des fortes études : Antoine-Jules s'y sentit attiré de préférence. D'abord chargé de la direction des écoles de son Ordre à Milan, le Père Brignole-Sale s'acquitta ensuite, avec autant d'édification que de talent, du ministère de la prédication dans les principales cités de l'Italie, jusqu'à ce que la mort des justes vint couronner ses travaux apostoliques, le 20 mars 1662, à Gênes, qu'il avait tant aimée, et qui était si fière de ses vertus. Citoyen zélé, prêtre pieux et charitable, religieux modeste, il fut, dans ces divers états, l'objet d'une admiration méritée. Nous voudrions parler de ses aumônes : l'hôpital des Italiens à Madrid, les

collèges de sa compagnie en Corse, les églises et les établissements de sa patrie en gardèrent le souvenir ; l'on voit encore la statue de ce bienfaiteur de l'humanité à l'hospice des Pauvres de Gênes, auquel il donna quarante mille écus d'or. Mais nous parlerons des ouvrages de cet écrivain, érudit laborieux aussi bien qu'orateur élégant et disert : ils attestent la variété de ses connaissances. Ce sont des Eloges, des Discours, et même des Comédies et des Drames, en vers et en prose. Nous citerons : Le Instabilità dell'ingegno divisé in otto giornate, Bologne, 1635, in-4 ; 1637, in-12 ; Venise, 1641 et 1652, in-12 ; Tacito abbruttato, Discorsi politici e morali, Venise, 1636, in-12 ; Gênes, 1643, 1644 et 1646, in-12 ; Maria Madalena peccatrice e convertita, Gênes, 1636, in-8 ; réimprimé plusieurs fois à Venise et à Gênes ; traduit en français par le Père Pierre de Saint-André, carme déchaussé ; Aix, 1674, in-8 ; Il santissimo Rosario meditato, Gênes, 1647, in-12 ; la Colonna per l'anime del Purgatorio, Gênes, 1634 et 1635, in-4 ; Bologne, 1636, in-12 ; Naples, 1646, in-12 ; il Satirico Innocente, Gênes, 1648, in-4 et in-12 ; la Vita di S. Alessio arricchita con diversi episodj, Gênes, 1648, in-8 et in-16 ; Milan, in-12 ; Venise, 1663, in-12 ; Panegirici sacri in onore de' BB. Gaetano Tiene e Andrea Avellino, recitati nella Chiesa di S. Siro di Genova, Gênes, 1652, in-8 et 1656, in-12 ; la Differenza fra il temporale e l'eterno, opera del Padre Gio. Eusebio Nieremberg della Compagnia di Gesu, trasportata dalla lingua spagnuola nell' italiana da un religioso della medesima Compagnia, Venise, 1662, in-12 ; il Filio prodigo, dramma per musica, Gênes, in-8 ; Perorazioni sacre ; Esame ossia sferza degli ingenni ultramontani, etc. La vie du Père Brignole-Sale a été écrite en italien sous le titre de Alcune memorie delle virtu del Padre Antonio-Guilio-Brignole, Genovese, della Compagnia di Gesu, raccolte dal P. Gio. Maria Visconti della medesima Compagnia, per consolazione ed esempio de' Padri e Frate'li de la sua Provincia di Milano, appresso Lodovico Monza, 1666, in-12. Ces Mémoires ont été traduits en latin par le Père François l'Hermite, Anvers, 1671, in-8.

BRIGNON (Jean), jésuite, est auteur d'une traduction du Combat spirituel, ouvrage justement estimé et singulièrement propre à conduire les chrétiens à la perfection où leur foi les appelle. On n'en connaît point l'auteur. Quelques écrivains l'attachent au Père Laurent

Scupoli, théatin (voyez ce mot); d'autres à Jean Castinisa, bénédictin espagnol; Théophile Raynauld le donne au jésuite Achille Gagliardo. La *Traduction* du Père Brignon a fait oublier celle du Père Olympe Mazorti, Paris, 1672. On a encore du Père Brignon : les *Pensées consolantes*; une *Traduction de l'Imitation de Jésus-Christ*, du *Pédagogue chrétien* du Père d'Oultreman, et des *Méditations* du Père Dupont. Il a traduit du même le *Guide spirituel* et les *Opuscules* du cardinal Bellarmin, ainsi que son *Traité des sept paroles de Jésus-Christ sur la croix*. Il est mort vers 1725, dans un âge avancé.

BRILLAT-SAVARIN, avocat à Belley, né en cette ville, fut élu député du tiers-état du bailliage de Bugey aux Etats-Généraux, et s'éleva contre l'abolition de la peine de mort. En 1794, il fut traduit devant le tribunal révolutionnaire comme fédéraliste; mais il échappa à la proscription, et se rendit dans l'Amérique septentrionale. Il rentra en France après le 9 thermidor, et fut nommé, en 1797, commissaire du Directoire près le tribunal criminel, puis juge à la cour de cassation. Il adhéra à la déchéance de Bonaparte, et signa la délibération de la cour, lorsque celui-ci, échappé de l'île d'Elbe, revint à Paris, et l'adresse qui fut envoyée au roi, lorsqu'il rentra en France dans le mois de juillet 1815. On a de lui : *Vues et Projets politiques*, 1802, in-8; *Fragment d'un ouvrage manuscrit*, intitulé : *Théorie judiciaire*, Paris, 1808, in-8; *Essais historiques et critiques sur le duel, d'après notre législation et nos mœurs*, 1819, in-8. Il est mort le 2 février 1826.

BRILLON (Pierre-Jacques), conseiller au conseil-souverain de Dombes, substitut du procureur-général du grand-conseil, et échevin de Paris, naquit dans cette ville en 1671, et y mourut en 1736. Ce jurisconsulte cultiva d'abord la littérature. On vit éclore de sa plume : le *Portraits sérieux, galants et critiques*; le *Théophraste moderne* : mauvaises imitations d'un bon livre, et qui ne furent bien reçues que parce qu'on aimait alors les ouvrages écrits dans le goût de La Bruyère. « Mais il ne suffit pas, dit un « critique, de traiter les mêmes sujets « pour mériter les mêmes honneurs. Ce- « lui-ci est à son modèle ce qu'un pein- « tre d'enseignes est à Rubens. » *Dictionnaire des arrêts*, ou *la Jurisprudence universelle des Parlements de France*, en 6 vol. in-fol., 1727 : compilation qui n'a pu être faite que par un homme laborieux et savant, et dans laquelle le *droit*

canonique a le pas sur tous les droits. Prost de Royer voulut reprendre cet ouvrage en sous-œuvre. Brillon ne se fit pas moins d'honneur dans le barreau du grand-conseil, où il plaida avec succès.

BRINKLEY (John) naquit à Dublin en 1770. Après avoir fait ses études à l'Université de Cambridge, il fut nommé professeur d'astronomie dans sa ville natale, et il enrichit la science d'un grand nombre de *Mémoires* importants qui ont été consignés, la plupart, dans les *Transactions philosophiques* en 1827. On lui doit : *Eléments d'astronomie*, 1819, in-8; et quelques *Mémoires* sur la botanique et la législation.

BRINVILLIERS (Marguerite d'AUBRAI, épouse de N. Gobelin, marquis de) était fille de d'Aubrai, lieutenant-civil de Paris. Mariée jeune en 1661, et très-répandue dans le monde, elle ne parut d'abord aimer que son époux. Mais le marquis de Brinvilliers, qui était mestre-de-camp du régiment de Normandie, ayant introduit dans sa maison un officier, gascon d'origine, nommé Godin de Sainte-Croix, la marquise conçut pour lui la plus violente passion. Son père, le lieutenant-civil, fit enfermer cet aventurier à la Bastille, où il demeura près d'un an. Il sortit de prison, et continua de voir secrètement sa maîtresse. Celle-ci changea de manière de vivre au-dehors, sans réformer ses dispositions intérieures. Elle fréquentait les hôpitaux, et donnait publiquement dans plusieurs autres pratiques extérieures de piété, qui lui acquirent la réputation de dévote. Tandis qu'elle croyait tromper ainsi Dieu et les hommes, elle méditait avec son amant des projets de vengeance. Pendant le séjour que Sainte-Croix avait fait à la Bastille, il avait appris d'un Italien, nommé Exili, l'art funeste de composer des poisons. Le père de la marquise et ses frères furent empoisonnés en 1670. On ignora l'auteur de ces crimes; la mort de Sainte-Croix les découvrit. En travaillant un jour à un poison violent et prompt, il laissa tomber un masque de verre dont il se servait pour se garantir du venin, et mourut sur-le-champ. Tous ses effets ayant d'abord été mis sous le scellé (car il n'avait point de parents à Paris, ni personne qui prétendît à sa succession), la marquise de Brinvilliers eut l'imprudence de réclamer une cassette, et témoigna beaucoup d'empressement à la ravoir. La justice en ordonna l'ouverture, et l'on trouva qu'elle était pleine de petits paquets de poison étiquetés, avec l'effet qu'ils devraient produire. Dès que madame de Brinvilliers eut avis de ce qui se passait, elle se sauva en Angleterre, et de là à Liége. Elle y fut arrêtée et conduite à Paris, où elle fut brûlée le 17 juillet 1676, après avoir eu la tête tranchée, convaincue d'avoir empoisonné son père, ses deux frères et sa sœur. « Comme elle voulait épouser Sainte-Croix, « dit madame de Sévigné, elle empoison- « nait fort souvent son mari ; Sainte- « Croix qui ne voulait point d'une femme « aussi méchante que lui, donnait du con- « tre-poison à ce pauvre mari ; de sorte « qu'ayant été ballotté cinq ou six fois « de cette sorte, tantôt empoisonné, « tantôt désempoisonné, il est demeuré « en vie. » Lorsqu'on l'arrêta dans Liége, on trouva une confession générale écrite de sa main, qui servit non pas de preuve contre elle, mais de présomption. La situation de son âme était un conflit de principes de vertu et de religion dans lesquels elle avait été élevée, et dont elle n'avait pu effacer l'impression, avec la luxure, l'avarice et autres vices qui germent facilement dans les cœurs disposés à la corruption. Il n'est pas assez prouvé qu'elle eût essayé ses poisons dans les hôpitaux, comme le disent Reboulet, Pitaval et d'autres; mais il est vrai qu'elle eut des liaisons secrètes avec des personnes accusées depuis de ce crime. Ce fut à cette occasion que la chambre ardente fut établie à l'Arsenal, près de la Bastille, en 1680. « Le célèbre Le Brun, dit « l'auteur des Causes célèbres, se plaça « sur son passage, dans un endroit où il « pût la considérer attentivement, quand « on la mena en Grève, afin de pouvoir « saisir l'expression d'une criminelle pé- « nétrée de l'horreur du dernier supplice « qu'elle va souffrir. Elle rencontra plu- « sieurs dames de distinction, que la « curiosité de la voir avait rassemblées ; « elle les regarda avec beaucoup de fer- « meté, en leur disant : Voilà un beau « spectacle à voir. »

BRIOIS (les frères Pierre et Hélie), le premier lieutenant-général et président au bailliage et siége présidial d'Auxerre, cultivait quelquefois les muses latines, et mourut en 1562. Hélie, lieutenant particulier en la même ville, a donné les Nouvelles Coutumes du comté et bailliage d'Auxerre, anciens ressorts et enclave d'icelui, Paris, 1563, in-4, augmentées d'un avertissement en latin, 1568, in-4.

BRION (l'abbé), grand partisan de Madame Guyon, publia les ouvrages suivants : Considérations sur les plus importantes vérités du christianisme, avec un traité de la perfection chrétienne, 2e édition, Paris 1724, in-12 ; une Re-

traits, 1747 et 1724, in-12; des Paraphrases sur divers Psaumes mystérieux, 1718, 3 vol. in-12, avec une suite en 2 vol. ; Paraphrases sur le Psaume Beati immaculati, 1718, in-12 ; Paraphras sur les trente premiers Psaumes, 1722, 2 vol. in-12 ; Vie de la très-sublime contemplative sœur Marie-de-Sainte-Thérèse, carmélite de Bordeaux, avec ses lettres, Paris, 1720 : les lettres forment 2 vol.; Traité de la vraie et de la fausse spiritualité, avec un examen de quelques livres attribués à M. de Fénelon, 1728, 2 vol. in-12. On lui attribue la Vie de Madame Guyon, 1770, 3 vol. in-12.

BRION de la TOUR (Louis), ingénieur-géographe du roi, mort au commencement du 19e siècle, a laissé les ouvrages suivants : Tableau périodique du monde, ou la Géographie raisonnée et critique, avec l'histoire et l'état de cette science dans tous les temps, 1765 ; La France considérée sous tous ses principaux points de vue, en 29 cartes, 1767; Voyage dans les départements de la France, enrichi de tableaux géographiques et d'estampes, 1792 et années suivantes, in-4 ; Description générale de l'Europe, de l'Asie et de l'Amérique, avec Maclot, 1795, grand in-4 ; Description géographique de l'empire d'Allemagne, son état dans le moyen âge et l'âge moderne, avec 12 cartes, 1796, in-8 ; Atlas géographique et statistique de la France divisée en 108 départements, dont les cartes respectives, placées en regard d'un texte très-détaillé, ont été exécutées sous la direction de M. Brion père, géographe, Paris. Brion fils, 1803, in-4, oblong. Il a eu part, comme dessinateur, au Théâtre de la guerre présente en Allemagne, ainsi qu'aux Voyages dans la ci-devant Belgique et dans le Piémont, et le Voyage pittoresque dans les départements de la France.

BRIOT (Pierre-François), docteur en chirurgie, professeur de pathologie et de clinique chirurgicale à Besançon, né, en 1773, dans le département du Doubs, entra de très-bonne heure dans la carrière qui l'a rendu célèbre. Dès 1792, il fut attaché comme officier de santé au service des armées, et il fut employé pendant quelque temps à l'hôpital de Plaisance. Il quitta ensuite le service militaire et se fixa à Besançon, où il contribua à l'établissement d'une société de médecine dont il devint un des membres les plus utiles. En 1806, il fut attaché à l'école-pratique de l'hôpital Saint-Jacques comme professeur ; et, malgré les nombreux travaux qu'exige sa profession, il trouva le moyen de publier plusieurs ouvrages qui font honneur à ses connaissances , mais ce fut aux dépens de sa santé. Après avoir résisté longtemps à une maladie grave qui se reproduisait souvent avec les mêmes symptômes; il y succomba le 29 décembre 1826. La société de médecine de Paris l'avait adopté pour son correspondant en 1800. On lui doit entre autres: *Essai sur les tumeurs formées par le sang artériel* , 1802 , in-8 ; *Histoire de l'art et des progrès de la chirurgie militaire en France pendant les guerres de la révolution* , 1817 , in-8 ; ouvrage couronné, en 1815, par la Société médicale de Paris. Il a remporté deux autres couronnes académiques sur des sujets proposés par l'académie de Montpellier , qui supposaient une vaste érudition.

BRIQUET (L.-Hilaire-Alexandre) , né à Casseneuil , près de Poitiers , le 30 octobre 1762, entra dans l'état ecclésiastique; mais, à l'époque de la révolution, il renonça au ministère et se maria à Niort, où il professait les belles-lettres avec distinction. Il est mort dans cette ville le 26 mars 1833. On a de lui: *Histoire de la ville de Niort depuis son origine jusqu'au règne de Louis-Philippe I , et récit des événements les plus remarquables qui se sont passés dans les Deux-Sèvres, ou même ailleurs sous l'influence ou la direction d'un ou de plusieurs des habitants de ce département , avec une biographie des notabilités de cette portion de la France* , 1832-1833 , 2 vol. in-8. Briquet a encore publié quelques ouvrages de littérature , entre autres un *Éloge de Boileau* et un *Éloge de Scaliger.* (Voyez l'article suivant.)

BRIQUET (Marguerite-Ursule-Fortunée Bernier, femme), épouse du précédent, auquel elle fut mariée très-jeune , et dont elle suivit les leçons , naquit à Niort le 16 juin 1782 , et mourut dans cette ville le 14 mai 1825. Elle a publié, outre quelques *Poésies* , un ouvrage intitulé: *Dictionnaire historique, littéraire et biographique des Françaises et des étrangères naturalisées en France, connues par leurs écrits ou par la protection qu'elles ont accordée aux gens de lettres depuis l'établissement de la monarchie jusqu'à nos jours* , 1804 , in-8. Ce livre fut dédié au premier consul.

BRIQUEVILLE (François de) , baron de Coulombières en basse Normandie , d'une noble et ancienne maison , servit avec distinction sous François I , Henri II, François II et Charles IX. Il embrassa les opinions et le parti des calvinistes, par complaisance pour la princesse de Condé dont il était parent. Il était à la tête des Normands avec le comte de Montgommery , au rendez-vous général des huguenots de France à la Rochelle. Il mourut sur la brèche de Saint-Lô , en 1574 , ayant ses deux fils à ses côtés , « pour sacrifier, disait-il, tout son sang à la vérité évangélique. » Son nom et celui de Montgommery seront longtemps fameux dans l'histoire de Normandie , par les meurtres et les brigandages que leurs troupes y commirent impunément sous leurs yeux.

BRISACIER (Jean de) , né à Blois en 1603 , jésuite en 1619 , enseigna les humanités et la philosophie dans plusieurs collèges , se livra à la prédication, et fut ensuite employé aux missions dans le diocèse de Castres. Son zèle contre Port-Royal lui donna un grand crédit dans sa société. Il fut successivement recteur de plusieurs maisons, provincial en Portugal, recteur du collège de Clermont à Paris , et mourut à Blois en 1668. On cite de lui *Le Jansénisme confondu*, Paris, 1651, in-4 , qui contient de graves accusations contre les religieuses de Port-Royal et autres gens du parti. Il a publié d'autres ouvrages du même genre.

BRISACIER (Jacques-Charles de) , de la même famille que Jean , supérieur du séminaire des missions étrangères pendant soixante-dix ans , mort en 1730 à quatre-vingt-quatorze ans , jouissait d'une grande considération à la cour , et refusa plusieurs évêchés. Il eut beaucoup de part aux *Mémoires* et autres écrits des missions étrangères contre les Jésuites , dans l'affaire des cérémonies chinoises. Il est auteur de l'*Oraison funèbre de la duchesse d'Aiguillon*. Paris, 1675 , in-4 , et de l'*Oraison funèbre de Mlle de Bouillon* , Rouen, 1683 , in-4.

BRISEUX (Charles-Étienne) , architecte, mort en 1754 , est auteur de deux bons livres sur son art : l'*Architecture moderne*, 1728, 2 vol. in-4; l'*Art de bâtir les maisons de campagne*, 1743 , 4 vol. in-4, fig.; *Traité du beau, essentiel dans les arts, appliqué particulièrement à l'architecture*, 1752 , 2 tomes en 1 vol. in-fol.

BRISSON (Barnabé) , élevé par Henri III aux charges d'avocat-général en 1575, de conseiller-d'état , puis de président à mortier en 1583 , fut envoyé ambassadeur en Angleterre. A son retour , ce prince le chargea de recueillir ses ordonnances et celles de son prédécesseur. Henri disait ordinairement : « Qu'il n'y « avait aucun prince dans le monde qui « pût se flatter d'avoir un homme d'une « érudition aussi étendue que Brisson. »

Après la mort de ce monarque , Brisson s'étant déclaré pour Henri IV , la faction des Seize le fit conduire au petit Châtelet, où il fut pendu à une poutre de la chambre du conseil, en 1591. Les chefs des ligueurs désapprouvèrent cette exécution, et par leur ordre quatre des principaux auteurs de la mort de Brisson perdirent la vie par les mains du bourreau. On a de lui plusieurs ouvrages : *De jure connubiorum liber singularis* , Paris, 1564, in-8. Il dédia cet ouvrage au fameux Lhôpital, chancelier de France ; *De verborum quæ ad jus pertinent significatione*, Leipsick , 1271, in-fol. ; *De formulis et solemnibus populi Romani verbis*, en huit livres, plein d'érudition , in-fol., 1583 ; *De regio Persarum principatu*, réimprimé à Strasbourg en 1710, in-8, avec les *Notes* de Sylburge et de Lederlin. Les usages des anciens Perses dans la religion , dans la vie civile, dans l'art militaire, y sont décrits fort savamment , mais avec peu d'ordre ; *Opera varia*, 1606, in-4 ; *Recueil des Ordonnances de Henri III*, in-fol. On a parlé très-différemment du caractère de Brisson. Les uns le peignent comme un bon citoyen ; les autres disent qu'il n'avait que des vues ambitieuses dont il fut la victime : car ayant voulu demeurer à Paris en 1589, tandis que le Parlement en sortait, dans l'espérance, dit-on, de devenir premier président à la place d'Achille de Harlay , alors prisonnier à la Bastille, il obtint effectivement cette place, qui fut cause en partie de sa fin tragique.

BRISSON (Mathurin-Jacques), censeur royal et membre de l'académie des sciences , né à Fontenay-le-Comte , le 30 avril 1723 , s'attacha , dans sa jeunesse, à Réaumur, qu'il aida dans ses travaux et dont il dirigeait le cabinet . Il succéda ensuite à l'abbé Nollet pour la chaire de physique, et fut chargé par le gouvernement d'établir des paratonnerres sur plusieurs édifices publics. Une attaque d'apoplexie, dont il fut frappé quelques années avant sa mort , lui fit perdre le souvenir de toutes les connaissances qu'il avait acquises. Il oublia même la langue française , et ne prononçait plus que quelques mots de l'idiome poitevin qu'il avait parlé dans son enfance , lorsqu'il mourut à Boissy , près de Versailles, le 23 juin 1806. La physique, depuis plusieurs années, acquérait un grand nombre de connaissances nouvelles ; Brisson les a recueillies et en a formé un corps de doctrine, sous le titre de *Traité élémentaire, ou Principes de physique*, fondés sur les connaissances les plus certai-

nes, tant anciennes que modernes ; 1789, 3 vol. in-8, réimprimé en 1795 et en 1800, avec des additions considérables. On a joint, dans cette dernière édition, des *Principes physico-chimiques à l'usage des écoles centrales*, 1 vol. in-8. Cet ouvrage , le plus complet qui ait été publié jusqu'à cette époque, se fit remarquer par la clarté et la précision que l'auteur a mises dans les explications qu'il donne. On a encore de lui : *Système du règne animal, et ordre des oursins de mer*, 1756, 3 vol. in-6 ; *Le règne animal divisé en 9 classes* , 1756 , in-4, fig. ; *Ornithologie, ou Méthode contenant la division des oiseaux en ordres, sections, genres, espèces, et leur variété*, 1760 , 6 vol. in-4. Cette ornithologie, dénuée de détails et d'agrément dans le style , était l'ouvrage le plus complet, par rapport au nombre des espèces , avant que parût l'*Histoire de Buffon* ; l'*Electricité*, traduit de Priestley , 1771 , 3 vol. in-12 ; *Dictionnaire raisonné de physique*, 1781, 2 vol. in-4, réimprimé en 1800 en 9 vol. in-8 et atlas, en 4 vol. in-4. Les progrès que les sciences physiques ont faits depuis l'impression de ce *Dictionnaire* en ont beaucoup diminué le mérite ; *Pesanteur spécifique des corps*, 1787, in-4. Ce tableau , résultat d'un grand nombre d'expériences faites avec beaucoup de précision , est le plus complet que l'on ait en ce genre, et peut être regardé comme un livre classique pour les physiciens et les minéralogistes.

BRISSOT (Jean-Pierre), chef de la secte révolutionnaire dite des brissotins, naquit au village d'Ouarville, près de Chartres, en 1754. Son père, qui était pâtissier , lui fit faire d'assez bonnes études, et le plaça ensuite chez un procureur. Enflé de l'idée de son mérite, il quitta cet état pour devenir littérateur, espérant par là s'ouvrir un chemin à la célébrité qu'il désirait avec passion. Les principes républicains qu'il développa dans ses principaux ouvrages, et la hardiesse avec laquelle il attaqua l'inégalité des rangs , le firent mettre à la Bastille. Il fut rendu à la liberté par le crédit du duc d'Orléans , et partit pour l'Angleterre , chargé par le lieutenant de police d'une mission secrète. Il paraît qu'il ne la remplit pas avec succès , puisque bientôt après il se trouva sans place. Il fit un voyage aux Etats-Unis en 1788 , et y raffermit encore ses idées d'indépendance. Les commencements de la révolution le ramenèrent à Paris pour chercher à y jouer un rôle. Il débuta par quelques pamphlets et par un journal incendiaire, intitulé : *Le Patriote français*, qu'il commença à publier en 1789. Devenu, la même année, membre du conseil municipal, ce fut entre ses mains que les factieux remirent les clefs de la Bastille, où jadis ses principes perturbateurs l'avaient fait enfermer. Ses connaissances politiques et diplomatiques le firent remarquer parmi les boute-feux de la révolution, et il eut longtemps beaucoup d'influence dans tous les événements. Il fut nommé membre du comité des recherches, et se fit le champion des hommes de couleur, qu'il appela à une pleine liberté contre l'avis de Barnave, et même contre celui de quelques députés qui en prévoyaient les tristes résultats et qui voulaient la rendre progressive pour ne point rompre brusquement les rapports des colonies avec la France, et des cultivateurs avec les propriétaires du sol. Après le voyage de Louis XVI à Varennes, Brissot fut un des premiers à présenter ce départ comme un crime, et à solliciter au Champ-de-Mars la déchéance du monarque. L'insurrection qui eut lieu à ce sujet ayant été réprimée par la garde nationale, cet événement le brouilla avec La Fayette, dont jusque-là il avait été un des plus zélés partisans. Le parti républicain prenant chaque jour de nouvelles forces, Brissot fut nommé député à l'Assemblée législative, et donna ample carrière à sa haine contre la monarchie. Membre du comité diplomatique, il mit tout en œuvre pour faire déclarer la guerre aux puissances, et hâter, par le bouleversement et le désordre, la chute du trône. Tant de succès éveillèrent le farouche Robespierre, qui, pour dominer seul, se déclara son adversaire et commença à former contre lui un orage puissant, en cherchant à insinuer qu'il avait entraîné le peuple à des guerres dont les suites pouvaient être fâcheuses. Brissot, effrayé du danger qui le menaçait, et de concert avec les autres chefs de la faction à laquelle il avait donné son nom, chercha à se rapprocher un instant des constitutionnels; mais voyant qu'il ne réussissait pas mieux, il reprit son acharnement contre le roi et tous ceux qui le défendaient encore. Il ne paraît pas cependant qu'il ait eu une part directe à la journée du 10 août. A cette époque, il vit décroître chaque jour son influence, et redoubler l'ardeur de ses ennemis. Député par le département de l'Eure à la Convention, il n'y joua qu'un rôle subalterne, et dans le procès de Louis XVI, il parut, ainsi que les girondins Vergniaud, Guadet, Gensonné, etc., vouloir sauver le roi; mais effrayé par les jacobins, il vota la mort avec le sursis jusqu'à l'appel au peuple. Depuis, il ne fut plus occupé qu'à lutter contre ses ennemis, qui parvinrent à l'accabler, et à faire proscrire les *brissotins* et les *girondins*, accusés de vouloir *fédéraliser* la France, c'est-à-dire de vouloir détacher les départements de la capitale. Brissot fut arrêté à Moulins, comme il cherchait à passer en Suisse, et périt sur l'échafaud le 31 octobre 1793, âgé de 39 ans. Avec peu de moyens et un génie assez étroit, il fit beaucoup de mal, et s'il parut moins sanguinaire que plusieurs autres révolutionnaires, ses coups n'en furent que plus dangereux et plus sûrs. Il a laissé une foule d'ouvrages écrits d'un style diffus, peu correct, et où l'on ne trouve ni coloris, ni ordre, ni idées. C'était un dissertateur monotone et ennuyeux qui s'imaginait pouvoir régénérer sa patrie. Les meilleurs articles de son journal ne sont pas de lui.

BRITANNICUS, fils de l'empereur Claude et de Messaline, fut exclu de l'empire par les artifices d'Agrippine, seconde femme de Claude et mère de Néron, sur lequel elle voulait le faire tomber. Ce prince fit empoisonner Britannicus dans un repas (Voyez LOCUSTA). Il fut enterré la nuit d'après, en simple particulier. Une grosse pluie, survenue lorsqu'on le portait au tombeau, effaça le blanc dont Néron avait fait masquer son visage, pour cacher l'effet du poison qui l'avait extrêmement noirci.

BRITO (Bernard de), cistercien, historiographe du royaume du Portugal, naquit dans la ville d'Alméida, en 1569, et mourut en 1617. On a de lui : *Monarchia Lusitana*, 8 vol. in-fol., Lisbonne, 1597-1683. C'est une histoire de Portugal qui remonte fort haut. Elle est écrite avec élégance, quoique par différentes mains. Les Pères Antoine et François Brandano, ses confrères, l'ont poussée jusqu'à l'an 1385; enfin elle a été continuée jusqu'à l'an 1356, par le Père Raphaël de Jésus. Brito n'est auteur que des deux premiers volumes; *Éloges des rois de Portugal, avec leurs portraits*, Lisbonne, 1603, in-4; *Géographie ancienne du Portugal ; la Chronique de l'Ordre de Cîteaux*, Lisbonne, 1602, in-fol. ; *Guerra Brasilica*, Lisbonne, 1675, in-fol.

BRIZARD (Gabriel), avocat au Parlement, né à Paris vers 1730, cultiva avec succès les lettres, et se montra favorable aux principes de la révolution; mais les excès et les crimes auxquels elle donna lieu empoisonnèrent ses derniers jours. Il mourut de douleur et de misère, deux jours après l'infortuné Louis XVI. Il avait adopté par économie l'habit violet; ce qui lui fit souvent donner le nom d'abbé; mais il ne l'était point, et même jamais il ne fut tonsuré. On a de lui : *Eloge de Charles V, roi de France*, Paris, 1768, in-8 ; *Histoire généalogique de la maison de Beaumont en Dauphiné, avec les pièces justificatives*, Paris, 1779, 2 vol. in-fol. ; *Fragment de Xénophon, nouvellement trouvé dans les ruines de Palmyre*, par un anglais, traduit du grec en français : c'est une fiction assez ingénieuse sur la révolution d'Amérique; *De l'Amour de Henri IV pour les lettres*, 1785-86; *Deux Lettres à un ami sur l'assemblée des Notables*, 1787, in-8 ; *Eloge historique de l'abbé de Mably*, 1787; *Analyse du voyage pittoresque de Naples et de Sicile de l'abbé de Saint-Non*, 1787-1792, 2 tomes en 1 vol. in-8; *Modestes observations sur le Mémoire des princes*, 1788, in-8 ; *Du Massacre de la St-Barthélemy, et de l'influence des étrangers en France durant la Ligue ; Discours historique avec des preuves*, Paris, 1799, 2 vol. in-8; *Discours historique sur le caractère et la politique de Louis XI*, Paris, 1791, in-8 ; *Notice sur J.-Cl. Richard de Saint-Non*, 1792, in-8. Il avait entrepris une *Histoire des Français*, ouvrage considérable qui est demeuré imparfait et manuscrit.

BROCHANT DE VILLIERS (A.-J.-M.), minéralogiste distingué, membre de l'Institut et ingénieur des mines, est né à Paris vers 1774. Il fut élève de l'école des mines, voyagea en Allemagne en 1797 et 1798, et acheva ses études minéralogiques à Freyberg en Saxe, sous le célèbre géologue Werner. Il fut nommé, vers 1804, professeur à l'école des mines de Pesay, et en 1815 à celle de Paris. Il remplaça, l'année suivante, Duhamel à l'académie des sciences, section de minéralogie. On a de lui : *Traité élémentaire de minéralogie, suivant les principes de Werner*, Paris, 1801, 2 vol. in-8; *Description géologique de la Tarantaise en Savoie; Mémoire sur les gypses de transition*. On a encore de ce savant plusieurs articles insérés dans le *Journal des Mines*, dont il fut le rédacteur en chef.

BROCKMANN (Jean-Henri) naquit le mois de mars 1767 à Liesburn, petit bourg du diocèse de Munster. Il étudia les belles-lettres, la philosophie et la théologie dans le collège de Saint-Paul à Munster. Comme il n'avait pas encore l'âge requis pour entrer dans les ordres, il alla à Dilliger suivre les cours du célèbre professeur Sailer. Rappelé à Munster, il fut nommé professeur dans le

collège de Saint-Paul, puis, peu de temps après, ordonné prêtre. Après avoir, pendant six ans, professé avec une grande distinction les belles-lettres et plus tard l'histoire, il fut appelé à la chaire de morale dans la Faculté de théologie, et peu de temps après il remplaça le célèbre orateur Albert dans la chaire de théologie pastorale qu'il occupa jusqu'en 1835, époque à laquelle il donna sa démission à cause de son grand âge. Brockmann ne se fit pas remarquer seulement comme professeur, il obtint aussi de grands succès dans la prédication, et depuis 1797 jusqu'à sa dernière vieillesse, il dirigea un grand nombre de pénitents. Il assistait les malades au lit de mort, et en 1812, lorsque les fièvres pestilentielles sévirent à Munster, il montra le plus grand dévoûment, et plus d'une fois il exposa sa vie pour le salut des âmes. En récompense de ses travaux et de son zèle, il fut nommé par Pie VII doyen de l'église collégiale de Saint-Martin à Munster. Il avait reçu le titre de docteur en théologie de la Faculté de Breslau, et le 1er mai 1835 il fut nommé doyen du chapitre; mais il ne jouit pas longtemps de cette nouvelle dignité : il fut atteint d'une maladie dont il est mort, après avoir reçu tous les secours de la religion, le 17 septembre 1835. Comme professeur de théologie pastorale, Brockmann a laissé un nom honorable à Munster. Il cherchait plus à instruire qu'à briller : sa méthode était claire et facile, il évitait avec soin l'obscurité vague qui a une fausse apparence de profondeur. Ardent défenseur de la foi, il fut un des premiers à signaler le danger des doctrines d'Hermès. On a de lui : une *Traduction du Combat spirituel*, 1793 ; *Vie de saint Louis de Gonzague*, extraite du Père Cepari et des Bollandistes; *Almanach de l'histoire ancienne du monde*, en trois parties, 1800-1803 ; la *Philosophie morale de Ueberwasser*, professeur à Munster, recueillie de ses écrits posthumes, et augmentée, 1814-1815 ; la *Doctrine de l'Eglise catholique sur le culte des Saints, développée et exposée par le professeur Sailer*, traduite du latin avec l'approbation de l'auteur; *Homélies et Sermons pour toutes les fêtes et tous les dimanches, et sur la passion de N. S. J.-C.*

BRODEAU (Jean), chanoine de Tours, sa patrie, y mourut en 1563. Sadolet, Bembo, Manuce, Danès et plusieurs autres savants lui donnèrent leur amitié et leur estime. Son principal ouvrage est un recueil d'observations et de corrections de beaucoup d'endroits de différents auteurs anciens. Ce recueil, publié sous le titre de *Miscellanea*, 1609, in-8, 2 part., se trouve dans le *Trésor de Grutter*. Brodeau joignait l'étude des mathématiques à celle des belles-lettres.

BRODERICUS (Etienne), esclavon d'origine, évêque de Watzen, se rendit fort utile à Louis II, roi de Hongrie, qui, trop jeune et trop faible pour s'opposer aux Turcs qui menaçaient de fondre sur son royaume, était en danger de voir tout son pays au pouvoir de ces barbares. Brodéricus fut envoyé à Rome pour y demander du secours, et fut chargé en même temps de se rendre auprès de François Ier, détenu alors prisonnier, pour lui porter, de la part de Louis II, des motifs de consolation, et lui offrir tous les services dont il était capable. De retour dans sa patrie, il fut nommé chancelier, et se trouva ensuite à la bataille de Mohatz avec le roi, qu'il ne quitta pas et qui y périt. Après la mort de Louis II, Brodéricus suivit le parti de Jean Zapol (voyez ce mot), et prêta son ministère à son inauguration. Il mourut en 1540. C'était un prélat aussi recommandable par son génie et ses connaissances, que par le talent supérieur qu'il avait à concilier les intérêts des princes et les ramener à la concorde. On a de lui une histoire de la bataille de Mohatz, sous le titre : *De clade Ludovici II, regis Hungariæ*, dans laquelle périt la principale noblesse de Hongrie. Jembuc l'a donnée en entier au public à la suite de l'*Histoire* de Bonfinius, Francfort, 1581, Hanovre, 1600. Elle se trouve aussi dans le second tome de la *Collection des écrivains de l'histoire d'Allemagne*, de Schadius, Bâle, 1574. Les savants de ce temps-là ont parlé de Brodéricus avec éloge.

BROE (Jacques-Nicolas de), avocat-général, naquit en 1790, à Beauvais, d'une famille noble, et mourut à Paris en 1840. Il débuta au barreau en 1810, fut nommé en 1813 conseiller-auditeur, et devint, à la réorganisation des tribunaux, substitut du procureur-général près la cour royale de Paris, puis en 1822, avocat-général. Il porta la parole dans un grand nombre de procès politiques, et devint dès lors l'objet de toutes les attaques de la presse libérale. En 1825 et 1827, il prononça les discours à la rentrée de la cour royale, et traita son sujet avec une hauteur de vue qui imposa même à ses ennemis. Nommé, en 1825, conseiller d'Etat, il ne voulut pas, en 1827, accepter les fonctions de censeur royal. Avocat-général à la cour de cassation en 1828, il devint conseiller à la même cour en 1829, sa santé ne

lui permettant plus de remplir les fonctions pénibles du ministère public. On a de lui : *Voyage en Suisse ; Souvenirs d'un voyage en Italie ; Traité sur les fonctions du ministère public*. Plusieurs de ses *Réquisitoires* et de ses *Plaidoyers* ont été imprimés.

BROGLIE (Victor-Maurice, comte de), d'une famille originaire de Piémont, servit avec gloire dans toutes les guerres de Louis XIV, et obtint le bâton de maréchal de France en 1724. Il mourut le 4 août 1727, à 80 ans.

BROGLIE (François-Marie de), fils de Victor-Maurice, aussi maréchal de France, mérita cet honneur par l'intelligence et la bravoure qu'il montra en Italie, dans les campagnes de 1733 et 1734. Ce fut cette dernière année qu'il reçut le bâton. Le roi érigea en sa faveur la baronie de Ferrières en Normandie en duché, sous le nom de Broglie. Il mourut le 20 mai 1745.

BROGLIE (Victor-François, duc de), maréchal de France, chevalier des ordres du roi, prince du Saint-Empire romain, né le 19 octobre 1718, était fils aîné du duc François-Marie. Il fut d'abord connu sous le nom de comte de Broglie, et fit avec distinction toutes les campagnes d'Italie. Ses succès, pendant la guerre de sept ans, furent éclatants. En 1745, la mort de son père l'avait rendu duc de Broglie. Il fut créé lieutenant-général en 1748. L'année suivante il eut le commandement de Francfort, et repoussa avec 28,000 hommes l'armée ennemie forte de 40,000 hommes. L'énumération de tous les combats où il se signala serait trop longue. Il eut le commandement en chef de l'armée d'Allemagne le 23 octobre 1759, et fut créé maréchal de France le 16 décembre suivant, âgé seulement de 42 ans : faveur distinguée à cette époque, car il fut le premier qui obtint ce titre aussi jeune depuis le maréchal de Gassion, qui le fut à 34 ans. Le duc de Broglie fit encore les campagnes de 1760 à 1761 ; mais la mésintelligence qui se mit entre lui et de Soubise fut avantageuse aux ennemis, et la défaite de Filinghausen donna lieu à une contestation qui fut portée au conseil d'Etat : de Broglie fut exilé. Deux ans après, Louis XV le nomma gouverneur du pays Messin, et en 1789, Louis XVI le rappela pour lui confier le ministère de la guerre et le commandement des troupes placées près de sa personne. Il donna des conseils énergiques et sages qui ne furent point écoutés. Prévoyant les malheurs qui allaient peser sur la monarchie, et voyant que son zèle serait entravé, il se décida à quitter la France, non en fugitif, mais avec la dignité d'un sujet fidèle, à qui on a ôté le pouvoir de servir sa patrie. Il fut traité avec distinction par l'empereur Joseph II, et se mit à la tête d'un corps d'émigrés; sa dernière campagne fut l'expédition de Champagne. Il mourut à Munster en 1804, à 86 ans.

BROGLIE (Charles-François, comte de), frère de Victor-François, né le 20 août 1719, fut nommé ambassadeur de France auprès de l'électeur de Saxe, roi de Pologne, et se montra aussi profond politique, que son frère grand général. Il est certain que, pendant les trois années qu'il resta en Pologne, ce royaume sembla être à l'abri des intrigues et des révolutions qui le menaçaient au dedans et au dehors. Tous les hommes courageux et les citoyens les plus recommandables par leurs talents et leur fortune se réunirent aux projets de l'ambassadeur de France; toutes les grâces, tous les emplois furent donnés à sa recommandation, et dès lors toute la noblesse se rallia à son autorité. La Pologne était à la veille de recouvrer avec son indépendance un gouvernement plus fort, des lois plus sages; mais des intrigues de cour renversèrent toutes les mesures du comte de Broglie, qui fut rappelé contre l'opinion de son souverain, qui avait placé en lui toute sa confiance. A son retour en France, il fut employé à l'armée d'Allemagne, où il servit d'abord dans le corps de réserve que commandait son frère. Il obtint ensuite le grade de maréchal-des-logis, et devint lieutenant-général en 1760. En 1761, il se fit remarquer par la belle défense de Cassel. A la paix, Louis XV lui donna la direction du ministère secret, qui avait pour objet de correspondre directement avec le roi, de lui proposer des plans et de l'éclairer sur la politique des Etats de l'Europe. Les conseils que donnait le comte étant presque toujours opposés aux vues des ministres, il ne put se soutenir dans cet emploi, et fut exilé par ordre du roi; mais estimé de son prince, il en reçut l'ordre de continuer sa correspondance. Rappelé à la cour, il se déclara ouvertement contre la politique du ministère, fut exilé de nouveau, et mourut en 1781 presque oublié, après avoir dirigé la correspondance secrète pendant dix-sept années.

BROGLIE (Claude-Victor, prince de), fils du précédent, né en 1757, entra jeune au service. Nommé député aux Etats-Généraux en 1789, par la noblesse de Colmar, il se réunit au tiers-état et vota presque toujours avec le parti dominant dans l'assemblée; cependant il réclama un sursis à la loi contre les émigrés. A la fin de la session, il fut employé comme maréchal-de-camp à l'armée du Rhin; mais ayant refusé de reconnaître les décrets du 10 août qui suspendaient le roi, il fut destitué et se retira à Bourbonne-les-Bains, d'où il écrivit au président de la Convention pour se justifier et protester de son patriotisme; mais il n'en fut pas moins arrêté peu de temps après, traduit au tribunal révolutionnaire, et condamné à mort le 27 juin 1794, à l'âge de 37 ans.

BROGLIE (Maurice-Jean-Madeleine de), évêque de Gand et prince du Saint-Empire romain, né au château de Broglie le 5 septembre 1766, était fils du maréchal de Broglie, connu par son opposition aux premiers mouvements de la révolution française. Il embrassa l'état ecclésiastique, et suivait au séminaire de Saint-Sulpice le cours de ses études, lorsque la révolution le força de quitter cette maison et même la France. Il se retira en Prusse, où le roi lui donna la prévôté du chapitre de Posen en Pologne. Il eût pu occuper un siége épiscopal dans ce pays, mais il rentra en France en 1803. Bonaparte, qui cherchait à s'entourer de personnages de distinction, l'appela auprès de lui en qualité d'aumônier ordinaire. En 1805, il fut nommé à l'évêché d'Acqui en Piémont, et deux ans après transféré à l'évêché de Gand. Pendant qu'il occupait le premier siége, il donna plusieurs mandements, où l'on trouve des éloges exagérés de Bonaparte; mais lorsqu'il vit que rien ne pouvait satisfaire son ambition, et qu'il venait de s'emparer des possessions du Pape, il changea totalement de conduite; il eut même le courage, en 1810, de refuser la décoration de la Légion-d'Honneur, parce qu'il ne croyait pas pouvoir prêter un serment qui semblait justifier les usurpations manifestes, et il déduisit ses motifs dans un Mémoire qu'il adressa au ministre des cultes. Dès lors de Broglie tomba dans une disgrâce manifeste. Sa conduite, au concile national tenu en 1811, mit le comble au ressentiment de Bonaparte, qui le fit arrêter et conduire au donjon de Vincennes, où il resta quatre mois et demi. Pour obtenir sa liberté, il fut obligé de donner la démission de son siége. On l'exila alors à Beaune, et dans la suite on le relégua aux îles Sainte-Marguerite, sous prétexte qu'il avait communiqué avec son clergé. En 1813 , un nouvel évêque fut nommé à Gand , et de Broglie fut sollicité de nouveau de renoncer à l'administration de son diocèse. Il le fit par un acte daté de Dijon, le 8 juillet , sans révoquer cependant les pouvoirs donnés à ses grands-vicaires ; ce qui donna lieu à de nouvelles vexations contre son clergé. Les événements politiques de 1814 firent cesser cette persécution. Le 24 mai , il reparut à Gand , et il exprima hautement devant son chapitre le regret qu'il avait d'avoir signé l'acte du 8 juillet, qu'il regardait comme une faiblesse. Il se reprocha encore , par un mandement du 14 juin, d'avoir cédé un instant à l'orage. Cependant les puissances alliées ne tardèrent pas à réunir les Pays-Bas à la Hollande gouvernée par un prince protestant. De Broglie plaida, en cette occasion, la cause des catholiques : d'abord , dans une adresse au roi , qui fut signée le 28 juillet 1815 de tous les ordinaires de la Belgique ; puis dans une instruction pastorale du 2 août , et enfin dans le *Jugement doctrinal des évêques des Pays-Bas sur le serment prescrit.* Voulant en même temps s'appuyer de l'autorité du Saint-Siége , il fit passer à Rome les pièces ci-dessus , en priant le Souverain-Pontife de le guider dans ces circonstances difficiles. Le premier mai 1816, un bref du Pape approuva la marche qu'il avait suivie avec ses collègues ; seulement il autorisa les prières publiques pour le roi , que l'évêque de Gand avait refusé de prescrire dans son diocèse. Aussitôt que ce prélat eut connaissance du bref du Pape, il s'empressa de les ordonner; mais, quelques jours après , il jugea encore devoir réclamer au sujet d'un nouveau réglement sur l'enseignement public , et spécialement sur celui de la théologie. Ses représentations sur ce point , datées du 22 mars 1817 , lui attirèrent les poursuites les plus sévères, et le firent traduire devant la cour d'assises de Bruxelles. Alors il se retira en France, d'où il protesta contre la procédure. Un jugement néanmoins , rendu le 8 novembre 1817 , le condamna à la déportation , et l'on affecta de l'afficher sur un poteau entre deux voleurs. Un tel procédé révolta les catholiques et accrut l'intérêt qu'excitait un prélat justement respecté. De Broglie adressa aux souverains alors réunis à Aix-la-Chapelle un Mémoire sous le titre de *Réclamation respectueuse.* Cette pièce, datée du 4 octobre , est un monument important pour l'histoire de la religion dans les Pays-Bas en ces derniers temps. Depuis ce moment, la santé

de ce prélat , naturellement faible , ne fit plus que décroître. La mort l'enleva le 20 juillet 1821. Ses obsèques furent célébrées à Saint-Sulpice avec beaucoup de pompe, et son corps déposé dans un caveau de l'église situé sous le chœur. Chez lui un cœur excellent s'alliait à une imagination vive ; mais ce qui lui donne surtout des droits à l'estime et aux regrets, c'est son attachement à l'Eglise , son zèle pour la défendre, sa piété tendre et son courage dans les traverses.

BROGNY (Jean de), né en Savoie, dans le village de Brogny , près d'Annecy, d'un gardien de pourceaux , fut d'abord chartreux. Il s'éleva par son mérite , devint cardinal et chancelier de l'Eglise romaine , parut avec distinction aux conciles de Pise et de Constance , et mourut à Rome en 1426 , après avoir été successivement évêque de Viviers , d'Ostie, archevêque d'Arles , et évêque de Genève , laissant plusieurs fondations pieuses et utiles. Les talents et les vertus de Brogny voilèrent la bassesse de son extraction aux yeux du monde. Il fut le seul qui ne l'oublia pas , et qui voulut la rappeler aux autres. Il fit graver sur les sieges de la *chapelle des Machabées,* qu'il fonda dans Genève, de même que dans la maison qu'il habita , un monument de sa naissance, qui devint celui de sa modestie et de sa grandeur ; on y voit un homme conduisant un cochon. Ce monument subsiste encore dans la bibliothèque de Genève, où il éternise la vertu du cardinal. Son nom était Jean-Allermet.

BROHON (Jacqueline-Aimée) , née à Paris en 1738, travailla d'abord à des romans, ensuite à des livres ascétiques , puis se mêla de prophétiser. Elle mourut le 18 octobre 1778. Ses ouvrages sont: *Les Amants philosophes* , ou *le Triomphe de la raison*, 1745, in-12 ; *Les Tablettes enchantées ; Instructions édifiantes sur le jeûne de J -C. au désert*, 1791, in-12; *Réflexions édifiantes; Manuel des victimes de Jésus,* ou *Extrait des instructions que le Seigneur a données à sa première victime,* 1799, in-8, espèce de roman par les rêveries qu'y débite l'auteur. Une consultation de six docteurs de Sorbonne a signalé des inepties et des blasphèmes dans les *Instructions* et les *Réflexions.*

BROKESBY (François), né à Slocke dans le comté de Leicester, fut pasteur à Rowley, et mourut vers l'an 1718, après avoir publié la *Vie de Jésus-Christ ; Histoire du gouvernement de la primitive Eglise , pendant les trois premiers siècles,* Londres, 1712, in-8; *De l'Education ,* avec une *Grammaire* à l'usage des Universités, 1710, in-8; *Vie de Henri Dodwel*, 1715, 2 vol. in-12. Ces ouvrages sont estimés en Angleterre.

BRONCKHORST (Everard), né à Deventer en 1554, professeur de jurisprudence à Wittemberg, à Erfurt et à Leyde, mourut dans cette dernière ville en 1627, à 73 ans. C'était un homme savant et poli. On a de lui des ouvrages de droit. Le plus connu est intitulé : *Controversiarum juris centuria*, Leyde, 1621, in-4. L'auteur se propose de concilier plusieurs opinions contraires sur les matières de droit.

BRONGNIART (Auguste-Louis), apothicaire du roi Louis XVI, se fit connaître par des cours particuliers de physique et de chimie, à une époque où Paris comptait peu de professeurs dans ces deux sciences. Il remplit la chaire de chimie appliquée aux arts, et fut collègue de Fourcroy. Pendant la révolution, il exerça les fonctions de pharmacien militaire, et devint professeur au Muséum d'histoire naturelle. Il mourut en 1804, laissant un *Tableau analytique des combinaisons et des décompositions de différentes substances*, ou *Procédés de chimie pour servir à l'intelligence de cette science*.

BRONGNIART (Alexandre-Théodore), célèbre architecte, né à Paris, le 15 février 1739, d'Auguste-Louis Brongniart, se fit connaître par un grand nombre de beaux édifices, parmi lesquels on distingue le bâtiment de la *Bourse*, dont il posa la première pierre le 24 mars 1808, et auquel il travaillait depuis cinq ans, lorsque la mort vint le surprendre le 7 juin 1813. Il a fourni beaucoup de *Dessins* pour le garde-meuble de la couronne dont il était inspecteur, et pour la manufacture de porcelaine de Sèvres.

BRONZINO (Agnolo), qu'on nomme communément *le Bronzin*, natif des Etats de Toscane, réussit dans le portrait. On voit la plupart de ses ouvrages à Pise et à Florence. Il mourut dans cette dernière ville, vers 1570, âgé de 69 ans. (Voyez ALLORI.)

BROSIUS (Jean-Thomas), vice-chancelier de l'électeur-palatin et syndic de l'ordre teutonique, est auteur des *Annales des duchés de Juliers et de Berg*, en latin ; ouvrage estimé et plein de bonne critique, publié après la mort de l'auteur, à Cologne, 1731, in-fol. par les soins d'Ad. Michel Mappius, son gendre. Il mourut vers le milieu du 17e siècle.

BROSSARD (Sébastien de), chanoine de l'église de Meaux, mort en 1730, âgé d'environ 70 ans, excella dans la théorie de la musique. Les écrits qu'il nous a laissés sur cet art ont été accueillis dans le temps. Les principaux sont : un *Dictionnaire de musique*, Paris, 1707, in-8, nomenclature très-inférieure à celle que nous devons à J.-J. Rousseau, mais qui a été d'une grande utilité à ce dernier, puisqu'il y a trouvé les matières rassemblées, et assez bien développées. C'est aussi à Brossard que Rameau doit presque toutes ses idées sur l'harmonie ; une *Dissertation sur la nouvelle manière d'écrire le plain-chant et la musique*; Deux *Livres de Motets*; Neuf *Leçons de Ténèbres*; un *Recueil d'airs à chanter*. Il ne possédait pas seulement les règles, mais il les mettait en pratique.

BROSSE (Jean de), chambellan et maréchal de France, rendit de grands services au roi Charles VII. Il se distingua au siége d'Orléans et à la bataille de Patay en 1429, et mourut en 1433. Il était seigneur de Boussac, et descendait d'une noble et ancienne famille.

BROSSE (Jacques de), architecte de Marie de Médicis, bâtit le Luxembourg à Paris, par les ordres de cette reine, en 1615. L'aqueduc d'Arcueil et le portail de Saint-Gervais sont encore de lui.

BROSSE (Louis-Philippe de La), chanoine de Notre-Dame de Giroviller, est auteur d'un *Traité du baromètre*, Nancy, 1717, in-12.

BROSSELARD (Emmanuel) naquit à Paris en 1763. Après avoir étudié la jurisprudence dans cette ville, il devint successivement électeur en 1789, membre du conseil général de la commune, officier municipal, commissaire du gouvernement auprès des tribunaux civils de Paris, chef d'un bureau de législation étrangère sous le consulat, chef du bureau des grâces au ministère de la justice, où il a été constamment employé jusqu'à l'époque de sa mort arrivée en 1837. Il nous a laissé : la meilleure *Traduction des Offices* de Cicéron, avec des notes et une *Vie* du célèbre orateur romain, 1792, in-8; une *Traduction du Code général pour les Etats prussiens*, faite en commun avec Weiss et Lemierre d'Argy, 1801, 3 vol. in-8. Cette publication lui valut à lui et à ses collaborateurs une lettre flatteuse du roi de Prusse, accompagnée de la grande médaille d'or de son Académie; *Ode sur la mort du prince de Brunswick*, 1787. Sous le Directoire, il publia avec Chazot le *Républicain français*, journal auquel il donna ensuite le titre de *Chronique universelle*, et qui fut définitivement supprimé le 18 brumaire an VIII.

BROSSES (Charles de), premier président du Parlement de Bourgogne, membre de l'académie de Dijon, sa patrie , associé libre de l'académie des sciences et belles-lettres, naquit en 1709, et mourut à Paris le 7 mai 1777. Il joignit les travaux littéraires aux fatigues de la magistrature, et ses études étendirent ses connaissances , fortifièrent sa raison , et lui donnèrent de la réputation. S'il faut en croire M. de Buffon, « c'était un de ces hommes qui peuvent, « suivant les circonstances , devenir le « premiers des hommes en tout genre , « et qui , également capables de com- « parer les idées, de les généraliser, d'en « former de nouvelles combinaisons, « manifestent leur génie par des produc- « tions nouvelles, toujours différentes de « celles des autres et souvent plus par- « faites. » On a de lui : *Lettres sur la découverte de la ville d'Herculanum*, 1750, in-8, curieuses ; *Histoire des navigations aux terres australes* , 1757, 2 vol. in-4 ; *Du culte des dieux fétiches*, ou *Parallèle de l'ancienne idolâtrie avec celle des peuples de Nigritie* , 1760 , in-12 : écrit léger et peu digne de l'auteur ; il y a des assertions qui l'ont fait attribuer à Voltaire. Si l'on s'est trompé , il est à souhaiter qu'on se trompe également en l'attribuant à cet illustre président ; *Traité de la formation mécanique des Langues* , 1765, 2 vol. in-12 : ouvrage plein de sagacité et d'observations plus ou moins prouvées sur l'origine et les principes du langage. L'auteur fait voir que tous les hommes ont parlé et parlent encore la même langue, et qu'il est possible de la reconnaître dans tous les langages, quelque différents qu'ils soient. C'est dans cet ouvrage qu'il fait cette observation qu'il est utile de recueillir : « Quand « un peuple est sauvage , dit le savant « président, il est simple, et ses expres- « sions le sont aussi ; comme elles ne le « choquent pas , il n'a pas besoin d'en « chercher de plus détournées , signes « assez certains que l'imagination a cor- « rompu la langue. Le peuple hébreu « était à demi sauvage ; le livre de ses « lois traite sans détours des choses na- « turelles que nos langues ont soin de « voiler. C'est une marque que chez eux « ces façons de parler n'ont rien de li- « cencieux ; car on n'aurait pas écrit un « livre de lois d'une manière contraire « aux mœurs » ; *Histoire de la République romaine dans le cours du 7e siècle , par Salluste, en partie traduite du latin, sur l'original , en partie rétablie et composée sur les fragments qui sont restés de ses livres perdus,* On trouve dans cet ouvrage imprimé en 1777, en 4 vol. in-4, une profonde connaissance de l'his-

toire, des écrivains et des mœurs de Rome. Mais dans la version de Salluste, et dans le supplément, il y a trop de termes bas et populaires , qui déparent la noblesse du style historique; *divers Mémoires* , dans ceux de l'académie des belles-lettres. Le président de Brosses fut quelque temps ami de Voltaire ; mais les indignes procédés du *sage de Ferney*, comme on disait autrefois, causèrent entre eux une brouillerie dont on parlera longtemps. Il y eut entre les deux savants une longue *correspondance*, qui était restée inédite ; mais M. Foisset, dépositaire de leurs lettres autographes, les a publiées en 1836. Il résulte de cette *correspondance*, où l'esprit étincelle de part et d'autre , que les torts n'étaient pas réciproques, et qu'ils ne peuvent être imputés qu'à Voltaire, dont les héritiers ont payé 30,000 francs à la famille de Brosses , à titre de dommages-intérêts , et pour éviter une instance juridique. Il s'agissait de la terre de Tournay, au pays de Gex, que Voltaire avait achetée à vie du président de Brosses, et dont le philosophe ne jouissait pas, comme il avait été convenu, en bon père de famille ; tant s'en faut, puisqu'il y commettait toutes sortes de dégâts, jusqu'à faire arracher les futaies, et qu'il n'y réalisait aucune des améliorations auxquelles il s'était engagé. Il s'agissait de bien d'autres choses encore , moins importantes , il est vrai , mais non moins honteuses pour le patriarche de la philosophie. (Voyez la fin de l'article VOLTAIRE.)

BROSSETTE (Claude) , né à Lyon en 1671, de l'académie de cette ville, et bibliothécaire de la bibliothèque publique, d'abord jésuite, ensuite avocat, mourut dans sa patrie, l'an 1746. On a de lui : l'*Histoire abrégée de la ville de Lyon* , écrite avec une élégante précision ; *Nouvel éloge historique de la ville de Lyon*, in-4, 1711 : ouvrage imprimé, comme le précédent, par ordre du corps consulaire, et digne des mêmes éloges ; *Eclaircissements historiques sur les Satires et autres OEuvres de Boileau Despréaux* , 2 vol. in-4 , 1716, et réimprimé ensuite en différents formats. Il a épuré le texte des fautes qui s'y étaient glissées dans les éditions précédentes. Il a indiqué des passages que l'Horace moderne avait imités des anciens. Il a assaisonné ses notes de plusieurs anecdotes utiles et curieuses. On lui reproche seulement d'en avoir mis quelques-unes peu nécessaires pour l'intelligence du texte , quelques autres puériles ; il n'a point usé assez sobrement des recueils qu'il avait faits ; *Commentaires sur les* Satires *et au-*

tres Œuvres de Regnier, in-8, 1729, qui
a les mêmes qualités et les mêmes défauts
que ses Eclaircissements sur Boileau.
Brossette était ami de beaucoup de gens
de lettres et en commerce épistolaire
avec plusieurs.

BROSSIER (Marthe), fille d'un tisse-
rand de Romorantin, attaquée d'une maladie etrange à l'âge de 20 ans, se fit
exorciser comme possédée. Son père courut le monde avec elle, pour partager
l'argent que le peuple lui donnait. Le
Parlement la fit ramener à Romorantin
avec défense d'en sortir, sous peine de
punition corporelle. Cependant quelques
médecins attestèrent qu'elle était possédée. Un abbé de Saint-Martin, du nom
de la Rochefoucault, la conduisit de Romorantin à Rome ; mais le Pape les renvoya l'un et l'autre en 1599, sans vouloir discuter la réalité de cette possession.

BROTIER (Gabriel), prêtre du diocèse
de Nevers, de l'académie des inscriptions et belles-lettres, né à Tannay, petite
ville du Nivernais, le 5 septembre 1723,
mort à Paris le 12 février 1789, âgé de
66 ans, montra dès sa jeunesse la plus
forte inclination pour l'étude. Il entra
chez les jésuites, et acquit par un travail
assidu, autant que par la facilité de son
génie, une immense et prodigieuse variété de connaissances. A l'exception des
mathématiques, auxquelles il s'était peu
appliqué, il savait de tout, l'histoire naturelle, la chimie, la médecine même.
Tous les ans il lisait dans l'original Hippocrate et les livres de Salomon. « C'était,
« disait-il, les meilleurs ouvrages qu'il y
« eût pour guérir les maladies de l'es-
« prit et du corps. » Mais ce qu'il possédait le mieux, c'était l'érudition. Il savait toutes les langues mortes, le latin
surtout parfaitement, ainsi que les principales langues de l'Europe. Ces connaissances, quelque étendues qu'elles fussent,
n'étaient en quelque sorte que des accessoires pour l'histoire ancienne et moderne, sacrée et profane, la chronologie,
les monnaies, les médailles, les inscriptions, les usages de l'antiquité, qui avaient
toujours fait l'objet de ses études, et dans
lesquels il était si versé. Après la destruction de la société, il ne perdit rien de
l'esprit de retraite et d'application qui
avait eu pour lui tant d'attraits, et c'est
dans la solitude qu'il se choisit, qu'il a
publié ces grands et magnifiques ouvrages qui immortaliseront son nom. L'édition de Tacite, ornée non seulement de
Notes et de Dissertations savantes, mais
encore de Suppléments, font douter quelquefois si l'écrivain moderne n'est pas
l'heureux rival de l'ancien. « Cette édition

« de Tacite, dit l'auteur des Trois Siècles
« de la littérature française, est la meilleu-
« re réfutation du sentiment de ceux qui
« prétendent qu'on ne saurait bien écrire
« dans une langue morte ; elle offre non
« seulement la connaissance la plus pro-
« fonde de la langue latine, mais encore
« l'imitation la plus heureuse du meil-
« leur historien qu'aient eu les Romains.
« L'accueil unanime qu'elle a reçu de
« tous les savants de l'Europe sera tout
« à la fois un anathème prononcé contre
« les auteurs du paradoxe, et le triom-
« phe de l'érudition parmi nous. » L'é-
dition de Pline-le-Naturaliste n'est qu'un
très-court abrégé de celle qu'il avait préparée pour corriger et augmenter l'édition d'Hardouin, et pour donner la suite
et l'histoire de toutes les nouvelles découvertes faites depuis le commencement
de ce siècle : travail immense, et qui
suppose les connaissances les plus vastes.
A ces deux éditions qui ont fait époque
dans la littérature, l'abbé Brotier en a
joint quelques autres qui sont moins considérables : une édition charmante de
Phèdre, et une édition des Jardins, de
Rapin, à la suite desquels il a mis une
Histoire des Jardins, écrite en latin avec
une élégance admirable, et remplie de
tableaux délicieux. On a encore de lui :
Vita clarissimi viri de La Caille. Il a
travaillé aussi à la nouvelle édition des
Lettres édifiantes. L'abbé Brotier rappelait le souvenir de ces écrivains laborieux,
de ces savants distingués, les Pétau, les
Sirmond, les Labbe, les Cossart, les
Hardouin, les Souciet, etc., qui avaient
si fort illustré le collége de Louis-le-Grand,
dans lequel il avait été élevé lui-même,
et où il avait vécu plusieurs années avec le
titre de bibliothécaire. Après sa mort, il
a paru une brochure sous le titre de
Réforme du clergé à proposer aux États-
Généraux, par l'abbé Brotier. L'attribution de ce libelle à ce respectable
savant est le plus sanglant outrage que
l'imposture ait pu faire à sa mémoire.

BROTIER (André-Charles), ecclésiastique, neveu de Gabriel, marcha sur ses
traces dans le genre de l'érudition, et
en a donné des preuves dans une édition
des Œuvres de Plutarque d'Amiot, 22
vol. in-8, commencée par son oncle, et
qu'il a achevée avec Vauvilliers; il a aussi
dirigé la nouvelle édition du Théâtre des
Grecs, Paris, 1785, 13 vol. in-8, à laquelle il a fourni la traduction d'Aristophane. Il fut déporté en 1797, et mourut
à Sinnamari le 13 septembre 1798.

BROUAS DE BOUSSEY (Claude), évêque de Toul, mort en 1773, était un
prélat très-zélé. Il établit dans son dio-

la Sic
me cèse la fête du Sacré-Cœur , et fonda ,
pour l'éducation des jeunes ecclésiastiques, le collége de Saint-Claude. Il avait
adopté pour son diocèse des *Instructions
sur les fonctions du ministère pastoral*,
en 5 vol. in-12 , ouvrage estimé, où
l'on trouve des avis pleins de sagesse
pour le bon gouvernement d'une paroisse , des plans et des modèles de prônes ,
et des régles de conduite pour toutes les
parties du ministère ecclésiastique. La
première partie de cet ouvrage appartient à M. Druchard, supérieur du séminaire de Besançon , homme pieux qui,
ne mettant aucune prétention à son travail , avait communiqué son manuscrit à
ses élèves qui en avaient pris des copies.
Les modèles de prônes sont dus à M. Gri-
sot , aussi supérieur du séminaire de Besançon , publiés d'abord sous le titre de
Sujets d'instruction, et récemment, sous
le titre de *Projets de Prônes*, 4 volumes
in-12. M. Pochard, du même séminaire,
a réimprimé les deux premiers volumes
des *Instructions de Toul* , avec des corrections et des améliorations considérables, sous le titre de *Méthode pour la
direction des âmes dans le tribunal de la
pénitence , et pour le bon gouvernement
des paroisses* , 2 vol. in-12. Cet ouvrage,
et les *Projets de Prônes* ci-dessus , rem-
placent avantageusement les *Instructions
de Toul.*

BROUE (Pierre de la), évêque de
Mirepoix , né à Toulouse , en 1643,
membre de l'académie de cette ville, se
joignit aux évêques de Montpellier, de
Sénez et de Boulogne , pour former l'acte
d'appel qu'ils interjetèrent de la bulle
Unigenitus en 1717. Il mourut à Bellestat,
village de son diocèse, en 1720, à 77 ans.
On a de lui la *Défense de la grâce efficace
par elle-même*, in-12, contre le Père
Daniel , jésuite, et Fénélon , archevêque
de Cambrai. Il nous reste encore de lui
trois *Lettres pastorales aux nouveaux
réunis de son diocèse, sur l'Eucharistie.*
C'est un des meilleurs écrits qui aient
paru sur cette matière. Le grand Bossuet
avait été fort lié avec l'évêque de Mirepoix.

BROUGTHON (Richard), théologien
anglais , né à Great-Stokley dans le comté
d'Huntingdon, d'une famille catholique,
fut envoyé au collége anglais de Reims.
Il s'appliqua à la langue hébraïque, et
y devint fort habile. Son projet étant de
se dévouer aux missions de son pays, il
fut fait prêtre en 1593. Il retourna ensuite en Angleterre, et alla se fixer à
Oxford sous un nom supposé, cette ville
lui paraissant plus propre aux recherches
historiques qu'il se proposait de faire ,

en même temps qu'il se livrerait secrètement à l'œuvre des missions. Il exerça
cet apostolat pendant 40 ans. Smitt,
évêque de Chalcédoine et vicaire apostolique dans la Grande-Bretagne, l'avait
fait son grand-vicaire. Il mourut en 1634,
laissant les ouvrages suivants , qui font
honneur à ses talents : une *Histoire ecclésiastique de la Grande-Bretagne , depuis
la naissance de Jésus-Christ jusqu'à la
conversion des Saxons*, en anglais, Douai,
1633, in-fol.; *Monasticum britannicum*,
Londres, 1655, in-8; *Jugement des temps
apostoliques sur les 30 art. de la confession de foi anglicans* , Douai, 1682,
in-8 : *Epître apologétique* , en réponse
au livre où l'on prétend prouver que les
catholiques ne sont pas des sujets fidèles.

BROUGHTON (Thomas), né à Londres, d'un ministre, le 5 juillet 1704,
exerça le même emploi que son père, et
s'appliqua avec beaucoup de succès au
genre d'étude analogue à sa charge. Il
mourut le 21 décembre 1774, après avoir
donné au public : *Bibliotheca historica
sacra*, 1756, 2 vol. in-fol. C'est une
espèce de Dictionnaire historique de la
religion; *Des Sermons*; *Biographia Britannica.*

BROUSSAIS (François-Joseph-Victor),
dont le nom se rattache à une des plus
grandes révolutions médicales dont l'histoire conservera le souvenir, naquit à
Saint-Malo le 19 décembre 1772, d'une
famille où la médecine s'était, pour ainsi
dire, perpétuée. Enfant, l'ardent ennemi
du spiritualisme du 19e siècle eut pour
précepteur le curé du village de Pertuit,
qui lui apprit, entre autres choses, à
servir la messe et à chanter au lutrin.
Doué de la mémoire la plus heureuse,
Broussais, à peine âgé de 12 ans, remporta tous les prix de sa classe au collége
de Dinan. Lorsque la Convention fit un
appel pour aller au-devant des Prussiens
qui menaçaient la Champagne, Broussais
étudiait la philosophie ; ce qui ne l'empêcha pas de partir. De retour auprès de
sa famille, avec le grade de sergent-
major, il embrassa, sur l'avis de son
père , la profession médicale, et entra à
l'hôpital de Saint-Malo, où il commença
à faire des pansements , et ensuite à
l'hôpital de Brest. Admis dans la marine
militaire, il s'apprêtait à partir sur les
bâtiments de l'Etat en qualité de chirurgien de troisième et de deuxième classe,
lorsqu'il apprit par une lettre que son
père et sa mère avaient été égorgés, leurs
corps mutilés, leur maison dévastée.
Quarante ans après, il pâlissait encore à
ce souvenir. Dégoûté, désespéré, il vint à

Paris en 1799, où il étudia cependant sous Chaussier, Pinel, Cabanis et Bichat; ce dernier fut son ami, et ses opinions neuves et originales influèrent profondément sur Broussais. En 1803, il est reçu docteur, et prend pour sujet de thèse *la fièvre hectique;* il en fait une fièvre essentielle de plus, lui qui, un peu plus tard, ne voulut en admettre aucune. Comme la plupart des médecins de son temps, il prit du service dans les armées; en 1805, il est au camp de Boulogne, il suit dans les Pays-Bas, la Hollande, l'Allemagne, l'Italie, la marche victorieuse des armées françaises. Au milieu des émotions et des privations de la vie militaire, une idée scientifique le préoccupe, et nul des incidents d'une existence errante ne la ralentit. La plupart des malades perdent peu à peu leurs forces et sont atteints d'une fièvre plus ou moins caractérisée; quelle est la source de ce mal ? En vain Broussais consulte les livres des grands maîtres, tous donnent des conjectures sur les maladies chroniques. Il étudie l'influence des climats sur la production et la marche de ces affections, de ces symptômes; scrute leurs causes excitantes, les circonstances déterminantes des rechutes, et poursuit le problème jusque dans le cadavre, dont il cherche à découvrir et à interpréter les lésions. Bientôt les symptômes de ces longues maladies, si longtemps muets pour les médecins, deviennent pour Broussais les cris de douleur des organes souffrants, et les organes souffrants sont des organes dont la texture est altérée. Là est le principe de la grande révolution médicale de Broussais. Mais ses idées ne se réalisent que successivement; l'induction reste d'abord attachée à l'observation clinique; aussi le praticien se révèle-t-il dans son premier ouvrage (*des Phlegmasies chroniques,* Paris, 1808). Les inflammations des bronches et des poumons et celles des organes digestifs y sont décrites avec une vérité et une précision remarquables. Il rattache à l'inflammation les obstructions, les engorgements, les empâtements des organes, contre lesquels on prodiguait en vain, pendant des années entières, des remèdes décorés des titres d'incisifs, de désobstruants et de dissolvants. Broussais transforme ainsi la thérapeutique de ces maladies, qu'il rendit plus simple et plus rationnelle. Mais son esprit généralisateur ne pouvait s'arrêter aux simples observations cliniques; les altérations cadavériques, dont les formes multipliées et si minutieusement décrites par les médecins anatomistes du com-

mencement de ce siècle sont encore des hiéroglyphes inexplicables, deviennent pour lui des phrases diverses du même système pathologique, de l'irritation inflammatoire des organes. Dès lors il proclame qu'il n'est point de maladie sans lésion de fonctions, point de lésion de fonctions sans lésion d'organes : l'homme ne peut exister que par l'excitation et la stimulation qu'exercent sur ces organes les milieux dans lesquels il est forcé de vivre; cette stimulation se révèle dans l'organe par une condensation, par un raccourcissement de la fibre animale, qui appartient à toutes les formes de la matière vivante : plus l'excitation est forte, et plus la matière vivante est propre à recevoir la stimulation ; plus la matière vivante est excitable, plus aussi la contractilité est active et tend à s'exagérer; c'est l'exagération de la contractilité qui constitue l'*irritation,* base de la doctrine médicale de Broussais. Affaiblir d'un côté l'excitabilité de la matière, diminuer de l'autre l'action des stimulants, tel est le principe général de sa thérapeutique. Il formait bien une classe de maladie par défaut d'irritation ; mais cette classe n'en comprenait qu'un petit nombre, comme la syncope, l'asphyxie, etc. Sa *doctrine physiologique,* que les médecins, avec raison, ont persisté d'appeler *doctrine d'irritation,* se pose sur un fondement qui est inexact dans la généralité qu'il a voulu donner à la contractilité ; en effet, celle-ci n'est appréciable que dans la fibre musculaire; elle n'a pu étre une supposée dans les autres tissus. Broussais ne cessa la vie des camps qu'en 1813, époque seulement à laquelle il rentra en France. En 1814, il ouvrit des cours particuliers de médecine; la même année il fut nommé professeur-adjoint à l'hôpital militaire du Val-de-Grâce, et, en 1820, médecin en chef à la place de Desgenettes. C'est à Paris qu'il professa ses principes. Il publia, en 1816, l'*examen des doctrines médicales :* ouvrage critique dans lequel les théories de la médecine contemporaine sont analysées avec une verve et un entraînement qui lui étaient habituels. Attaquant avec résolution toutes les traditions, bravant l'autorité de ses maîtres, il poursuit partout ce qu'il appelle l'*ontologie médicale,* c'est-à-dire la maladie considérée comme une force ou une puissance pathologique. Il ne s'apercevait pas que lui-même venait de créer une force de même nature en instituant comme cause de tous les phénomènes morbides l'irritation, qu'en vain il voudra dans une foule de cas rattacher aux organes. Cependant l'ancien édifice de la médecine d'écroulé, et Broussais peut écrire avec orgueil en 1829, dans la préface de la troisième édition de son *Examen* : « Cer- « tes, la doctrine physiologique a vaincu. » Après la victoire, par exemple tout fut remis en question, et les études et les recherches dont son système fut l'occa- sion furent funestes à ses propres prin- cipes : on l'a dit, il survécut à sa vic- toire. Dans son *Traité de l'irritation et de la folie*, Paris, 1828, in-8, Broussais attaque la philosophie spiritualiste et l'ecclecticisme. Selon lui, la physiologie et la médecine ont seules le droit et le pouvoir de donner des lois à l'idéologie. Tous les phénomènes instructifs et intel- lectuels appartiennent à l'excitation du système nerveux, et à ce titre ils occu- pent une place importante parmi les causes génératrices de l'irritation. Quel- que erroné que soit le système philoso- phique de Broussais, on ne peut se dis- simuler que tels devaient être le résultat, les dernières conséquences de l'école de Lock et de Condillac. Il est impossible que leurs disciples ne soient amenés à un matérialisme pur, et tous ceux qui ont osé marcher dans les conséquences de cette philosophie en sont arrivés là. En 1831, on créa pour Broussais une chaire de pathologie et de thérapeutique générale ; en 1832, il fut admis à l'aca- démie des sciences morales et politiques. C'est à cette époque qu'il se fit le disciple de Gall et de Spurzheim. Le 17 novembre 1838, Broussais rendit le dernier soupir. Voici le portrait que Mignet a fait de cet homme justement célèbre : « Son esprit, « qui était vif et pénétrant, ferme, « créateur, n'avait pas des procédés « assez rigoureux ; il ne se posait pas « toujours bien les problèmes, et il se « contentait souvent de solutions impar- « faites, parce qu'il observait bien et « concluait trop. Chercher et croire, « affirmer et combattre, tels étaient ses « besoins ; il ne savait ni hésiter ni douter. « De là venaient ses imperfections, son « talent, sa puissance, ses succès ; il y « puisait un style aux allures animées, « coloré, abondant, inégal, énergique ; « il y trouvait l'inspiration de ses livres, « qui intéressaient non seulement par « l'exposition de ses idées, mais par « l'émotion de ses sentiments, car il y « mettait à la fois *ses systèmes et sa per- « sonne*. » On a de lui : *Traité de phy- siologie appliquée à la pathologie*, Paris, 1824, 2 vol. in-8 ; *Commentaire des pro- positions de pathologie consignées dans l'Examen des doctrines médicales*, Paris, 1829, 2 vol. in-8 ; *Cours de pathologie et de thérapeutique générale*, prononcé à

la Faculté de médecine, Paris, 1835, 5 vol. in-8 ; *Annales de médecine physiolo- gique*, Paris, 1822-1834, 26 vol. in-8 ; et quelques *Notes* et *Mémoires* sur des sujets divers.

BROUSSON (Claude) naquit à Nîmes en 1647. Il fut reçu avocat, et se distin- gua à Castres et à Toulouse par ses plai- doyers. Ce fut chez lui que se tint, en 1683, l'assemblée des députés des égli- ses réformées, dans laquelle on résolut de continuer à s'assembler, quoiqu'on vînt à démolir les temples. L'exécution de ce projet occasionna des séditions, des combats, des exécutions violentes, qui finirent par une amnistie de la part de Louis XIV. Brousson, retiré alors à Nîmes, et craignant avec raison d'être arrêté avec les principaux auteurs du projet (qu'on ne comprit pas apparem- ment dans l'amnistie), se réfugia à Genève, et de là à Lausanne. Il cou- rut ensuite de ville en ville, de royau- me en royaume, tâchant d'armer des princes protestants contre sa patrie. De retour en France, il parcourut plusieurs provinces, la Champagne, la Picardie, l'île de France, l'Orléanais, la Bourgo- gne, exerça quelque temps le ministère dans les Cévennes, parut à Orange, passa dans le Béarn pour échapper à ceux qui le cherchaient, et fut arrêté à Oléron en 1698. On le transféra à Montpellier, où il fut convaincu d'avoir eu des intelligen- ces avec les ennemis de l'Etat, d'avoir excité des révoltes, et d'avoir sollicité les puissances étrangères à porter le fer et le feu dans sa patrie. On lui montra un projet écrit de sa main, et adressé au duc de Schomberg, pour introduire des troupes anglaises et savoyardes dans le Languedoc. Il fut condamné à être rom- pu vif. On a de Brousson un grand nom- bre d'écrits furieux en faveur de sa secte : l'*Etat des Réformés de France*, La Haye, 1685 ; des *Lettres au clergé de France*, publiées la même année ; des *Lettres des protestants de France à tous les autres protestants*, imprimées aux dépens de l'électeur de Brandebourg, en 1686. On les fit répandre dans les cours protestan- tes de l'Europe ; *Remarques sur la Tra- duction du Nouveau-Testament* d'Ame- lot, 1 gros vol in-12, 1697, où il traite par occasion des matières controversées. « Les philosophes de ce siècle, dit un « auteur moderne, ont voulu faire de « Brousson un pendant aux martyrs de « la foi ; mais jamais la religion n'a « compté au nombre de ses témoins et « de ses défenseurs les séditieux et les « traîtres ; les protestants mêmes n'ont « vu dans Brousson qu'un enthousiaste

« brouillon et vénal. » Les Hollandais, qui attendaient l'occasion de profiter des troubles que Brousson s'efforçait d'exciter en France, accordèrent à sa veuve une pension de 600 florins, outre celle de 400 qu'ils faisaient déjà à ce fanatique.

BROUSSONET (Pierre-Marie-Auguste), savant naturaliste et professeur de botanique, né à Montpellier le 28 février 1761. En 1789, il fut nommé au corps électoral de Paris, et, en 1791, élu député à l'Assemblée nationale, où il se fit peu remarquer. Après la session, il se retira à Montpellier, où il fut arrêté comme fédéraliste; mais il parvint à s'évader, passa en Espagne, et de là dans les Etats-Unis, où il reprit ses premières études botaniques, et avec elles retrouva le bonheur. Rentré en France après la terreur, il fut nommé consul à Mogador, et ensuite aux Canaries, où il séjourna quelque temps. Il allait se rendre au cap de Bonne-Espérance avec la même qualité, quand le ministre de l'intérieur, M. Chaptal, son parent, le nomma professeur de botanique à l'école de Montpellier. Broussonet se fit remarquer, dans cet emploi, par la clarté et le charme de ses leçons, et par la distribution méthodique qu'il établit dans les plantes du jardin botanique. En 1805, il fut nommé membre du corps législatif, et mourut le 27 juillet 1807 d'une apoplexie. C'est à lui que l'on doit les premiers troupeaux de mérinos qu'il fit venir d'Espagne. Il a travaillé longtemps à la feuille du *Cultivateur*, et a publié : *Ichthyologia sistens piscium descriptiones et icones*, Londres, 1782, in-4; l'*Année rurale, ou Calendrier à l'usage des cultivateurs*, Paris, 1787 et 1788, 2 vol. in-12; une *Traduction* de l'*Histoire des découvertes et des voyages faits dans le Nord*, par Forster, Paris, 1798, 2 vol. in-8; plusieurs *Discours* qu'il prononça à la Société d'agriculture, et un grand nombre de *Mémoires* sur l'histoire naturelle et la botanique. Il a laissé, en outre, plusieurs ouvrages manuscrits.

BROUWER (Christophe), né à Arnheim, vers l'an 1560, jésuite, mort à Trèves le 2 juin 1617, laissa : *Fuldensium antiquitatum libri IV*, Anvers, 1612, in-4. Ces Annales civiles et ecclésiastiques de Fulde sont écrites fort méthodiquement, et vont jusqu'en 1616; *Antiquitates annalium Trevirensium, et episcoporum Metensium, Tullensium et Verdunensium*, Cologne, 1626, in-f. Le manuscrit de cet ouvrage fut examiné par des conseillers de l'électeur, qui, plus zélés pour les intérêts de leur maître que pour ceux de la vérité, firent des changements

considérables, et c'est dans cet état que parut l'édition de 1626, qui, malgré cela, fut supprimée quelque temps après. Cette édition est rare. Le Père Masénius en donna une seconde édition, et ajouta trois livres aux vingt-deux du Père Brouwer; mais elle passa encore par les mains des conseillers qui y firent de nouveaux changements. Cette édition parut à Liége, en 2 vol. in-fol., 1670. On estime surtout les *Préliminaires* du Père Brouwer; ils contiennent une infinité de recherches savantes sur tout ce qui a rapport aux antiquités et aux usages des peuples qui ont habité le pays dont il écrit l'histoire. Le savant Jean Eccard, après s'être plaint sur le peu de bonnes histoires que l'on a des évêchés d'Allemagne, ajoute : *Unus Browerus, virpius, probus et doctissimus, supra vulgus caput extulit, et Annales Trevirenses adornavit, qui licet ab invidis, et veritatis atque eruditionis solidioris osoribus diu pressi et ferme oppressi fuerint, tandem tamen à Masenio continuatore, aliquantulum licet immutati et castrati in publicum emissi sunt, et metropolis Trevirensis historiam eâ in luce posuerunt, ut auctori suo æternas illa gratias debeat*. De Hontheim, suffragant de Trèves, a donné une nouvelle *Histoire* de cet archevêché, en latin, 3 vol. in-fol., Augsbourg, 1750; *Venantii H. C. Fortunati opera*, avec des suppléments et des notes, Mayence, 1630, in-4; *Vies de quelques Saints d'Allemagne, tirées d'anciens manuscrits*, Mayence, 1616, in-4. Le Père Brouwer était très-savant : Baronius en parle avec éloge dans ses *Annales*, tom. 10.

BROWN (Ulysse-Maximilien de), célèbre général du 18e siècle, était fils d'Ulysse, baron de Brown, colonel d'un régiment de cuirassiers au service de l'empereur, d'une des plus nobles et des plus anciennes maisons d'Irlande. Il naquit à Bâle le 24 octobre 1705, et, après avoir fait ses premières études à Limerick en Irlande, fut appelé en Hongrie à l'âge de 10 ans, par le comte Georges de Brown son oncle, colonel d'un régiment d'infanterie. Il fut présent au fameux siége de Belgrade en 1717. Sur la fin de 1723, il devint capitaine dans le régiment de son oncle, puis lieutenant-colonel en 1725. Il passa dans l'île de Corse en 1730, avec un bataillon de son régiment, et contribua beaucoup à la prise de Callansara, où il reçut à la cuisse une blessure considérable. Il fut nommé chambellan de l'empereur en 1732, et colonel en 1734. Il se distingua dans la guerre d'Italie, surtout aux batailles de Parme et de Guastalla, et brûla, en présence de l'armée française, le pont que le maréchal de Noailles avait fait jeter sur l'Adige. Nommé général de bataille en 1736, il favorisa l'année suivante la retraite par une savante manœuvre, et sauva tous les bagages à la malheureuse journée de Banjaluca en Bosnie, du 3 août 1737. Cette belle action lui valut un second régiment d'infanterie, vacant par la mort du comte François de Wallis. De retour à Vienne, en 1739, l'empereur Charles VI l'éleva à la dignité de général-feld-maréchal-lieutenant, et le fit conseiller dans le conseil aulique de guerre. Après la mort de ce prince, le roi de Prusse étant entré en Silésie, le comte de Brown, avec un petit corps de troupes, fut lui disputer le terrain pied à pied. Il commandait, en 1741, l'infanterie de l'aile droite de l'armée autrichienne à la bataille de Molwitz, et, quoique blessé, il fit une belle retraite. Il passa ensuite en Bavière, où il commanda l'avant-garde de la même armée, s'empara de Deckendorf et d'une grande partie des bagages, et obligea les Français d'abandonner les bords du Danube, que l'armée autrichienne passa ensuite en toute sûreté. La reine de Hongrie l'envoya, la même année, à Worms, en qualité de son plénipotentiaire, auprès du roi d'Angleterre : il y mit la dernière main au traité d'alliance entre les cours de Vienne, de Londres et de Turin. En 1743, la même princesse le déclara son conseiller intime actuel, à son couronnement de Bohême. Le comte de Brown suivit, en 1744, le prince Lobkowitz en Italie, prit la ville de Veletri le 4 août, malgré la supériorité du nombre des ennemis, pénétra dans leur camp, y renversa plusieurs régiments, et y fit beaucoup de prisonniers. Rappelé en Bavière, il s'y signala, et retourna en Italie l'an 1746. Il chassa les Espagnols du Milanais, et s'étant joint à l'armée du prince de Lichtenstein, il commanda l'aile gauche de l'armée autrichienne à la bataille de Plaisance, le 16 juin 1746, et défit l'aile droite de l'armée ennemie commandée par le maréchal de Maillebois. Après cette célèbre bataille, dont le gain lui fut dû, il commanda en chef l'armée destinée contre les Génois, s'empara du passage de la Bochetta, quoique défendu par 4 mille hommes, et se rendit maître de la ville de Gênes. Le comte de Brown se joignit ensuite aux troupes du roi de Sardaigne, et prit, conjointement avec lui, le mont Alban et le comté de Nice. Il passa le Var le 30 novembre, malgré les troupes françaises, entra en Provence,

y prit les îles de Sainte-Marguerite et de Saint-Honorat. Il pensait à se rendre maître d'une plus grande partie de la Provence, lorsque la révolution de Gênes et l'armée du duc de Belle-Ile l'obligèrent de faire cette belle retraite qui lui attira l'estime de tous les connaisseurs. Il employa le reste de l'année 1747 à défendre les Etats de la maison d'Autriche en Italie. L'impératrice-reine de Hongrie, pour récompenser ses belles campagnes d'Italie, le fit gouverneur de Transylvanie en 1749. Il eut, en 1752, le gouvernement de la ville de Prague, avec le commandement général des troupes dans ce royaume, et le roi de Pologne, électeur de Saxe, l'honora, en 1753, de l'ordre de l'Aigle-Blanc. Le roi de Prusse ayant envahi la Saxe en 1756, et attaqué la Bohême, le comte de Brown marcha contre lui : il repoussa ce prince à la bataille de Lobositz, le 1er octobre, quoiqu'il n'eût que 26,800 hommes, et que le roi de Prusse en eût au moins 40 mille. Sept jours après ce conflit, il entreprit cette fameuse marche en Saxe pour y délivrer les troupes saxonnes enfermées entre Pirna et Konigstein : action digne des plus grands capitaines anciens et modernes. Il obligea ensuite les Prussiens à se retirer de la Bohême ; ce qui lui valut le collier de la Toison-d'Or, dont l'empereur l'honora le 6 mars 1757. Peu de temps après, le comte de Brown passa en Bohême, où il ramassa des troupes à la hâte, pour résister au roi de Prusse, qui avait pénétré de nouveau à la tête de toutes ses forces. Le 6 mai, se donna la fameuse bataille de Potschernitz ou de Prague, dans laquelle le comte de Brown fut dangereusement blessé. Obligé de se retirer à Prague, il y mourut de ses blessures, le 26 juin 1757, à 52 ans. Le comte de Brown n'était pas seulement grand général, il était aussi habile négociateur et très-versé dans la politique. La *Vie* de cet illustre général a été écrite dans deux brochures, l'une en allemand, l'autre en français, imprimées à Prague en 1757.

BROWN (Jean), écrivain anglais, né à Rothbury dans le Northumberland, le 5 novembre 1715, chanoine de Carlisle. docteur en théologie, servit en qualité de volontaire pendant les troubles de sa patrie, en 1745, et mourut le 23 septembre 1766. On a de lui : *Essai sur les Mœurs, ou Caractère de Shaftesbury*, ouvrage qui fut fort goûté, et qu'on réimprima pour la cinquième fois en 1764, in-8 ; *Essai sur la Musique*, 1751 ; *Histoire de l'origine et des progrès de la Poésie dans ses différents genres*, 1764 in-8, traduit de l'anglais par Eidous, Paris, 1768, excellent ouvrage où la sagacité, le sens et la raison vont de pair avec l'érudition; des *Sermons*, des *Pièces de théâtre*. Il n'est pas surprenant de voir en Angleterre allier le mimisme avec la chaire; n'ayant point de principes fixes de morale, les ministres anglais croient que ce sont deux manières d'industrie.

BROWN (Charles Brockden), romancier américain, né à Philadelphie vers 1778, vécut longtemps obscur et ignoré, et mourut en 1813. Il a laissé plusieurs *Romans*, qui ont été réimprimés en Angleterre, et l'ont fait surnommer le *Godwin des États-Unis*. Les plus estimés sont : *Arthur Merwin*, *Edgard Huntly*, *Clara Howard*, *Wieland*, *Jane Tabor*, *Ormond*.

BROWNE (W.-G.), voyageur anglais. Il fit d'abord une excursion pour découvrir la source du Nil, qui lui fit courir de grands dangers. Il entreprit ensuite un voyage dans l'intérieur de l'Afrique, et il fut arrêté quelque temps à Darfour. Après sa délivrance, il visita la mer Caspienne, et il se proposait de parcourir la Tartarie. Il avait déjà pénétré jusqu'à Tabriz, lorsqu'il fut assassiné par des brigands en juillet 1813. On a de lui : *Voyage en Afrique, en Égypte et en Syrie, pendant les années 1792 à 1798*, 1799, in-4.

BRUCE (Jacques), célèbre voyageur, né à Kinnaird, dans le comté de Stirling en Écosse, d'une famille noble et ancienne. Il venait de parcourir le Portugal et l'Espagne, lorsque lord Hallifax lui proposa d'aller à la recherche des sources du Nil. Bruce accepta la proposition, et fut en même temps nommé consul à Alger. Il resta quelque temps dans cette résidence, et en juin 1768, il se mit en route pour l'Abyssinie, et visita d'abord Tunis, Tripoli, Rhodes, Chypre, la Syrie et quelques autres contrées de l'Asie-Mineure, et pénétra, à travers mille périls, jusqu'à la ville de Gondoar, séjour du roi, et partit de là pour les sources du Nil. Après un séjour de 4 ans dans l'Abyssinie, il reprit le chemin de l'Égypte par la Nubie, traversa le désert de sable, et arriva enfin dans la haute Égypte. De retour en Angleterre, il finit par se retirer dans sa terre, où il se livra entièrement à la rédaction de son ouvrage. Il mourut sur la fin d'avril 1794. La relation de Bruce a été imprimée en Angleterre sous ce titre : *Travels to discover the sources of the Nile in the Years*, 1768 à 1772, et à Édimbourg en 1790, 5 v. in-4. Elle a été traduite en allemand par

Wolkmann, et en français par Castera, Paris, 1790, 5 v. in-4. et 10 v. in-18. Les récits de Bruce renferment des faits si extraordinaires, qu'ils ressemblent un peu à un roman. Cependant plusieurs faits, qui avaient d'abord été contestés, ont été reconnus depuis. Il a paru à Londres une seconde édition de ce *Voyage* en 7 vol. in-8 et Atlas. L'auteur s'est regardé comme le premier Européen qui ait pénétré aux sources du Nil, et il a eu doublement tort d'avancer ce fait. D'abord, il n'a point vu les vraies sources du Nil : elles sont situées au pied des Alpes de Kumri ou Montagnes de la Lune, et n'ont encore été visitées par aucun Européen. Il n'a pris connaissance que de celles que les Abyssins donnent à ce fleuve, et encore il n'est pas le premier qui les ait décrites. Le Père Paez, missionnaire portugais, les avait visitées et décrites avant lui. On peut voir dans l'*OEdipus Egyptiacus* la description qu'il en a faite.

BRUCIOLI (Antoine), laborieux écrivain, naquit à Florence vers la fin du 15e siècle. Ayant trempé, en 1522, dans la conjuration de quelques citoyens florentins contre le cardinal Jules de Médicis, depuis pape sous le nom de Clément VII, il fut obligé de s'expatrier et passa en France. Les Médicis ayant été chassés de Florence en 1527, cette révolution le ramena dans sa patrie. Mais la liberté, avec laquelle il se mit à parler contre les religieux et les prêtres, le fit soupçonner d'être attaché aux nouvelles opinions. Il fut emprisonné; convaincu d'hérésie et de projets contraires au repos de l'État, il n'aurait point échappé à la corde, si les bons offices de ses amis n'eussent fait réduire son châtiment à un bannissement de deux ans. Il se retira alors à Venise avec ses frères qui étaient imprimeurs et libraires, et se servit de leurs presses pour publier la plupart de ses ouvrages, dont le plus connu et le plus recherché est la *Bible* entière traduite en langue italienne, avec des commentaires. Dans cette *Bible*, Brucioli dévoile son attachement aux erreurs de Luther et de Calvin : les réformateurs s'en accommodèrent et en publièrent plusieurs éditions. Mais la plus ample et la plus rare est celle de Venise, 1546 et 1548, 7 tomes en 3 vol. in-fol. Brucioli prétend avoir fait sa traduction sur le texte hébreu; mais la vérité est que, très-médiocrement versé dans cette langue, il s'est servi de la version latine de Sanctès Pagnini, que même il n'a pas toujours entendue : son style d'ailleurs est aussi barbare que le latin qui lui a servi d'original. Ses autres ouvrages sont des *Traductions* italiennes de l'*Histoire de Pline*, et de plusieurs *Traités* d'Aristote et de Cicéron; des *Editions* de Pétrarque et de Boccace avec des notes; des *Dialogues*, Venise, 1526, in-fol. On ne sait point l'année de sa mort; mais on sait qu'il vivait encore en 1564.

BRUCKER, savant distingué, né à Augsbourg en 1696, occupa quelque temps une place de pasteur à Kaufbeuern; mais sa réputation le fit appeler à Augsbourg, où il exerça avec succès le ministère de la prédication. Ses travaux s'étaient constamment dirigés vers l'histoire de la philosophie. Il a donné à ce sujet un grand ouvrage qui a fait sa réputation, intitulé : *Historia critica philosophiæ*, à *mundi incunabulis ad nostram usque ætatem deducta*, Leipsick, 1741 et 1767, 5 vol. in-4. On trouve dans cette compilation, fruit d'une érudition fort exacte et très-étendue, la vie des philosophes exposée avec détail et fidélité. Il en a donné lui-même un abrégé sous ce titre : *Institutiones historiæ philosophiæ*, Leipsick, 1747, in-8. Il a publié en outre : l'*Ancien* et le *Nouveau-Testament, avec une explication tirée des théologiens anglais.* Leipsick, 1768, 6 parties in-fol.; *Disputatio de comparatione philosophiæ Gentilis cum Scripturâ*, in-4 ; *Questions sur l'histoire de la philosophie, depuis le commencement du monde jusqu'à la naissance de Jésus-Christ, en allemand,* 7 vol. in-12 ; plusieurs *Dissertations* intéressantes sur des points d'érudition et d'histoire littéraire. Il mourut à Augsbourg en 1770.

BRUÉE (Adrien-Hubert), né en 1786, a été l'un des plus habiles ingénieurs-géographes de notre temps. Il a laissé un Atlas de cartes qui passent pour être les plus exactes et les mieux gravées qui existent en France. Il est mort à Sceaux du choléra-morbus, le 16 juillet 1832. On lui doit : *Atlas géographique, historique, politique et administratif de la France, précédé d'un Précis de Géographie historique, politique et administratif de la France depuis les premières époques connues jusqu'à nos jours, et d'une Analyse des cartes* par *Guadet*, Paris, 1820 et années suivantes, in-fol. ; *Grand Atlas universel*, ou *Collection complète de quarante-une cartes encyprotypes des cinq parties du monde*, Paris, 1815-1820, in-fol.: c'est le plus bel Atlas qui ait été publié en France ; *Atlas universel de géographie physique, politique et historique, ancienne et moderne, contenant les cartes générales et particulières des cinq parties du monde, dressé conformément aux progrès de la*

science pour servir à la lecture des meilleurs ouvrages de géographie et d'histoire.

BRUEIS, ou BRUEYS (Paul, comte de), amiral français, né en 1760 à Uzès, d'une famille noble et distinguée, entra de bonne heure dans la marine royale, et se trouvait déjà lieutenant de vaisseau et chevalier de Saint-Louis au commencement de la révolution. Lorsque les premiers symptômes d'insurrection se manifestèrent à bord des équipages, il se retira dans ses terres, en attendant des moments plus calmes pour reprendre du service; il en accepta sous le directoire, et parvint en peu de temps au grade de contre-amiral. Choisi, en 1798, pour conduire l'armée française en Egypte, il déploya dans cette expédition beaucoup d'habileté dans les manœuvres, et arriva heureusement dans la rade d'Aboukir; mais il s'y arrêta trop longtemps; il y fut attaqué par l'amiral anglais Nelson, lorsqu'il se disposait à en sortir. Après avoir donné des preuves de la plus grande intrépidité pendant deux jours que dura la bataille, il fut tué d'un boulet de canon, et son escadre fut presque entièrement détruite. (Voyez NELSON.)

BRUÈRE (Charles-Antoine LE CLERC de la), né à Paris en 1715, secrétaire d'ambassade à Rome pour M. le duc de Nivernois, eut le privilége du *Mercure* depuis 1744 jusqu'à sa mort, arrivée en 1754 à l'âge de 39 ans. Il avait du génie pour le genre lyrique. Il est auteur de plusieurs opéras : *Les Voyages de l'Amour; Dardanus; Le Prince de Noisy;* d'une comédie intitulée *Les Mécontents*, et d'une *Histoire de Charlemagne*, 2 vol. in-12, écrite avec élégance et avec plus de vérité et de sagesse que celle que M. Gaillard en a donnée en 1782.

BRUEYS (David-Augustin de) naquit à Aix en 1640. Il fut élevé dans le calvinisme et dans la controverse. Ayant écrit contre l'*Exposition de la foi*, par Bossuet, ce prélat ne répondit à cet ouvrage qu'en convertissant l'auteur. Brueys, devenu catholique, combattit contre les ministres protestants, entre autres contre Jurieu, Lenfant et La Roque ; mais son génie enjoué lui fit quitter la théologie pour le théâtre. Il composa plusieurs comédies, conjointement avec Palaprat son intime ami, qui y eut pourtant la moindre part. Les *Tragédies* de Brueys ont aussi illustré la scène française. Toutes les *Pièces dramatiques* de cet auteur ont été recueillies en 1735, en 3 vol. in-8. Il y a répandu le même caractère qu'il avait dans la société : il avait l'imagination vive, les mœurs simples, et beaucoup de naïveté. On a encore de lui une paraphrase en prose de l'*Art poétique* d'Horace , qui n'est proprement qu'un commentaire suivi ; une *Histoire du Fanatisme* ou *Des Cévennes*, 1713, 3 vol. in-12, et divers écrits contre les calvinistes , publiés avant qu'il eût travaillé pour le théâtre , et après qu'il eut renoncé à ce genre. Il mourut à Montpellier en 1723, à 83 ans.

BRUEYS. (Voyez BRUEIS.)

BRUGES (Jean EYCK de), ainsi nommé parce qu'il a vécu longtemps dans cette ville, né à Maseick, dans la principauté de Liége , frère et disciple de Hubert Eyck (voyez ce nom), est l'inventeur de la manière de peindre à l'huile. Cet artiste cultivait la chimie en même temps que la peinture. Un jour qu'il cherchait un vernis , pour donner du brillant , il trouva que l'huile de lin ou de noix, mêlée avec les couleurs, faisait un corps solide et éclatant, qui n'avait pas besoin de vernis. Il se servit de ce secret qui passa en Italie, et de là dans toute l'Europe. Le premier tableau peint de cette manière fut présenté à Alphonse I, roi de Naples , qui admira ce nouveau secret. Un autre est celui de l'*Agneau de l'Apocalypse*, peint pour Philippe-le-Bon, duc de Bourgogne. Jean de Bruges florissait au commencement du 15e siècle. Les savants et les artistes affirment de concert que la peinture à l'huile est une invention moderne, et ne sont pas moins d'accord à prétendre que Jean de Bruges en fut l'inventeur. On ne peut récuser les témoignages de Vasari et de Van-Mander, celui-là même qui porta en Italie le secret de Van-Eyck. Il n'est assurément pas à présumer que Vasari ait tiré de sa tête tout ce qu'il raconte de cette découverte ; que Van-Mander, homme très-instruit sur tout ce qui regardait l'état de la peinture, ait répété un conte réfuté , selon Lessing , par des faits plus anciens de trois ou quatre siècles ; qu'on ait placé enfin la découverte de l'art de peindre à l'huile comme très-moderne dans l'épitaphe d'Antonello (voyez ANTOINE de MESSINE), sans qu'aucun peintre , aucun savant ait réclamé contre une attribution si évidemment fausse. Quel intérêt Vasari pouvait-il avoir à attribuer cette découverte plutôt à Jean Van-Eyck qu'à un autre, ou à Antonello lui-même? Pourquoi n'en a-t-il pas fait honneur à un de ses compatriotes ? C'est donc l'hommage dû à la vérité et à l'authenticité des Mémoires qu'il a suivis , qui ont conduit sa plume. Aussi les Italiens, qui dans l'Occident sont les premiers qui aient cultivé la peinture, ont ignoré cette manière de peindre. Cimabué, restaurateur de cet art en Italie,

qui vivait au 13e siècle , n'était pas si éloigné du siècle de Théophile, auquel Lessing veut attribuer cette découverte, qu'il n'eût pu avoir connaissance de cet auteur ; cependant deux siècles se sont écoulés jusqu'à Antonello, qui le premier employa, en Italie , l'huile dans les tableaux. Ceux donc qui , d'après Lessing, ont fait remonter la peinture à l'huile au-delà du 11e siècle , n'ont point lu avec attention le passage de Théophile, sur lequel ils se fondent. Tout ce que l'on peut en conclure, c'est que les peintres y auraient pu apprendre à faire usage de l'huile de lin pour broyer les couleurs; mais ils ne l'ont pas fait ; ils ont persisté à suivre leur ancienne pratique, malgré tous ses défauts , jusqu'au temps de Van-Eyck. Théophile , du reste , n'était pas persuadé que les couleurs broyées à l'huile pussent être d'un grand secours pour peindre des tableaux ; au contraire : *Omnia genera colorum* , dit-il , *eodem genere olei teri et poni possunt in opere ligneo , in his tantùm rebus quæ sole siccari possunt ; quia quoties unum colorem imposueris alterum ei superponere non potes , nisi prior exsiccetur, quod in imaginibus diuturnum et nimis tædiosum est.* Loin de conseiller cette méthode pour la représentation des objets, il explique au contraire tout de suite la manière de peindre , usitée dans le moyen âge, en broyant les couleurs à l'eau de gomme et à l'eau d'œuf. Ainsi , il est évident qu'il ne voulait employer ses couleurs à l'huile , qu'à barbouiller des portes, des volets de fenêtres , etc., enfin tout ce qui est exposé aux injures du temps , à quoi les couleurs à l'eau ne peuvent servir, suivant le titre même du chap. 18, qui porte *De rubicandis ostiis , et de oleo lini.* Jean de Bruges restera donc en possession de l'invention de la peinture à l'huile , et le manuscrit de Théophile, et ceux qui ont applaudi aux raisonnements de Lessing, ne pourront lui ravir la gloire d'avoir fait une découverte si essentielle à son art. On cite encore quelques peintures à l'huile qu'on prétend être antérieures à Van-Eyck, entre autres une de Thomas Mutina en 1297 ; mais la date des inscriptions mises sur ces peintures est très-incertaine, et probablement fort postérieure à l'ouvrage même.

BRUGIANTINO (Vincent), gentilhomme ferrarais et poëte italien du 16e siècle , dont les ouvrages sont plus recherchés pour leur rareté que pour leur bonté. Les principaux sont : *Angelica inamorata*, Venise, 1553 , in-4, poëme soi-disant épique , où l'auteur s'efforce d'imiter l'Arioste ; le *Décameron* de Boccace, mis en vers italiens, Venise, 1554, in-4, moins bien écrit, et naturellement tout aussi licencieux que l'ouvrage sur lequel il a travaillé.

BRUGIÈRES (Pierre), prêtre janséniste et constitutionnel, né le 3 octobre 1730, à Thiers en Auvergne, devint chanoine de la collégiale de cette ville. Après avoir prêché à Clermont, à Riom, et à Paris en 1768, il entra dans la communauté de Saint-Roch où il resta pendant douze années. Ayant publié, en 1777, une brochure anonyme intitulée : *Instruction catholique sur la dévotion au sacré-cœur*, dans laquelle il défendait les erreurs de Port-Royal, Brugières fut privé de ses pouvoirs par Mgr de Beaumont, archevêque de Paris ; mais à la demande du curé de Saint-Roch, il fut envoyé à Marly en qualité de vicaire. En 1789, il était chapelain de Saint-Mamert dans l'église des Innocents. Ce fut à cette époque que parurent ses *Doléances des églises, soutaniers ou prêtres des paroisses de Paris*, in-8. Cet ouvrage, dans lequel il professait les opinions jansénistes les plus avancées, lui valut, en 1791, la cure constitutionnelle de Saint-Paul. Mgr de Juigné ayant protesté, la même année, contre la constitution civile du clergé en donnant sa démission de l'archevêché de Paris, Brugières lui répondit par un *Discours patriotique au sujet des brefs du Pape*, qui fut bientôt suivi d'un pamphlet dirigé contre Mgr de Bonal, son propre évêque, sous ce titre : *La Lanterne sourde, ou la Conscience de M***, ci-devant évêque de....., éclairée par les lois de l'Eglise et de l'Etat sur la constitution civile du clergé*, 1791, in-12. Cependant il protesta contre l'institution canonique donnée par Gobel à un prêtre marié, et fut mis en prison à cause de cet acte de résistance. Rendu à la liberté peu de temps après, il subit encore deux autres emprisonnements ; après avoir perdu la cure de Saint-Paul, il continua à exercer le ministère dans les églises particulières. Il faisait usage d'un Sacramentaire français, et avait retranché les prières à la Sainte-Vierge ; cette innovation ayant été blâmée par le presbytère de Paris, il y répondit par son *Appel aux prêtres chrétiens*. Brugières assista successivement aux conciles de 1797 et de 1801. Il a prononcé, en 1798, les *Eloges funèbres* des jansénistes Sanson et Minard. Il est mort le 7 novembre 1803, à l'âge de 73 ans. Il avait été, pendant tout le cours de sa vie, l'un des plus ardents défenseurs du jansénisme. On a de lui, outre les ouvrages déjà cités : *Instruction sur le mariage, sur la soumission aux*

puissances, 1787, in-8 ; *Avis aux fidèles sur la rétractation du serment civique faite par le clergé et le curé de...* (Saint-Germain-l'Auxerrois), *et leur rentrée dans le sein de l'Eglise*, 1800 ; *Instruction sur les indulgences et le jubilé*, dans les *Annales des constitutionnels*, t. 9, p. 394 ; *Observations des fidèles à MM. les évêques de France, à l'occasion d'une indulgence plénière en forme de jubilé adressée à tous les fidèles par le cardinal Caprara*, brochure in-8, sans date, qui parut en 1803 ; des *Instructions choisies*, 2 vol. in-8, publiées après sa mort par Degola ; enfin plusieurs écrits d'une moindre importance.

BRUGMANS (Sébald-Justin), célèbre professeur de chimie, de botanique et d'histoire naturelle à l'Université de Leyde, mort le 22 juillet 1819, avait aussi étudié la médecine. Après la bataille de Waterloo, il prodigua les secours de l'art aux nombreux blessés de toutes les nations, et les souverains coalisés le décorèrent de différents ordres. On lui doit : *Lithologia Groningana juxta ordinem Walerii digesta ; Quelles sont les plantes inutiles et vénéneuses qui infestent souvent les prairies, et diminuent leur fertilité ?* dissertation qui remporta le prix de l'académie de Dijon, et fut imprimée à Groningue en 1783 ; un *Mémoire sur l'ivraie*, qui obtint le prix de l'académie de Berlin en 1785 ; une excellente dissertation intitulée : *De Pungenid*, qui a beaucoup éclairé la pathologie ; et plusieurs autres *Discours*. Il fut aussi un des principaux auteurs de la *Pharmacopea Batava*, publiée en 1805.

BRUGNATELLI (Louis), professeur de chimie à l'Université de Pavie, né en 1761, mort en octobre 1818, a, le premier, parmi les Italiens, adopté la nomenclature chimique des Français, à laquelle il ne fit que de légers changements. Jeune encore il avait entrepris un *Journal de physique et de chimie*, au moyen duquel il faisait connaître à l'Italie les découvertes journalières des physiciens, et particulièrement celles du professeur Volta. Son *Cours de chimie*, réimprimé plusieurs fois, était un livre classique dans sa patrie. Ce professeur enseignait avec clarté, et la connaissance qu'il avait de plusieurs langues vivantes lui permit de suivre le progrès de la science dans les divers pays de l'Europe.

BRUGNONE (Jean), médecin-vétérinaire, né à Turin vers 1738. Il suivit pendant quatre ans les leçons de l'école vétérinaire de Lyon, et celles de l'école d'Alfort pendant une année. Le roi de Sardaigne le nomma, à son retour, directeur d'une école vétérinaire qu'il venait de fonder à Chivasso. Il devint ensuite professeur d'anatomie humaine et d'anatomie comparée à l'Université de Turin, membre de l'académie des sciences et de la société d'agriculture de cette ville, et correspondant de l'Institut de France. Il est mort en 1819, et il a laissé plusieurs ouvrages en italien *sur la Médecine vétérinaire* et *sur les haras*. Il a aussi publié plusieurs *Mémoires et observations* dans le *Recueil de l'Académie de Turin*.

BRUGNOT (Jean-Baptiste-Charles), né à Painblanc près Baune en 1798, mort à Dijon en 1831. Le premier travail qu'il publia fut une *Ode sur Louis XIV*, qui obtint une mention honorable dans un concours ouvert à l'académie de Mâcon en 1820. Il fut successivement professeur à Cluny, à Compiègne et à Troyes. Obligé par sa santé de quitter l'enseignement, il devint directeur d'un journal nouvellement fondé à Dijon, intitulé : *Le Provincial*. Ce journal ayant cessé ses publications, il établit le *Spectateur* et se fit en même temps imprimeur dans la même ville. Il mourut âgé de 32 ans, rempli des sentiments chrétiens qui avaient fait le bonheur de sa première jeunesse, et qu'il avait semblé oublier au milieu des luttes politiques. Il a laissé un volume de *Poésies* qui a été publié après sa mort, Dijon, 1838.

BRUGUIÈRES (Jean-Guillaume), naturaliste, né à Montpellier en 1750, étudia d'abord la médecine; mais entraîné par son goût pour l'histoire naturelle, il partit sur l'un des vaisseaux que Louis XV envoya aux Indes pour faire des découvertes dans la mer du Sud. De retour à Montpellier, il travailla à découvrir une mine de charbon de terre, dont on avait des indices. Quelques fossiles qu'il trouva dans ses fouilles l'engagèrent à faire une étude approfondie des coquillages. Pour tirer parti de son travail, il se rendit à Paris, et rédigea pour l'*Encyclopédie méthodique* le 1ᵉʳ volume de l'*Histoire naturelle des vers*. Il travailla ensuite à un *journal d'histoire naturelle*, qui a paru en 1792, en 2 vol. in-8, et donna quelques *Mémoires* dans les *Actes* de la Société d'histoire naturelle de Paris. Ses travaux furent interrompus par un voyage au Levant, que le ministre Roland lui fit entreprendre avec M. Olivier, à la fin de 1792. Bruguières, dont la santé était déjà altérée avant son départ, mourut en débarquant à Ancône, le 1ᵉʳ octobre 1799. M. Olivier a publié la *Relation de ce Voyage* en 2 vol. in-4 et 4 vol. in-8 et Atlas, Paris, 1801.

BRUGUIÈRES (Antoine-André, baron de Sorsum), né a Marseille en 1773, mort le 7 octobre 1823, trouva au milieu d'une vie occupée par de longs voyages ou par les soins de l'administration et de la diplomatie, le loisir d'étudier les langues orientales. On a de lui : *Le Voyageur*, discours en vers; plusieurs *Traductions*, notamment : *Chefs-d'œuvre de Shakespeare*, traduits en vers blancs, en vers rimés et en prose, suivis de *Poésies diverses*, ouvrage posthume, revu par Chênedollé, Paris, 1826, 2 vol. in-8.

BRUHIER D'ABLAINCOURT (Jean-Jacques), de Beauvais, médecin, exerça son art à Paris, fut censeur royal et associé de l'académie royale d'Angers, l'un des plus féconds écrivains du 18ᵉ siècle, et mourut le 24 octobre 1776. On a de lui : la *Traduction de la médecine raisonnée d'Hoffman*, 1739, 9 vol. in-12; *Mémoire*, présenté au roi, *sur la nécessité d'un règlement général au sujet des enterrements et embaumements : Caprice d'imagination*, ou *Lettres sur divers sujets*, in-12; l'auteur y est physicien, métaphysicien, moraliste critique; il n'y a rien de bien neuf, mais on y trouve des réflexions solides et une variété agréable; *Mémoire pour servir à la Vie de M. Silva; Traité des fièvres*, traduit d'Hoffman, 1746, 2 vol. in-12. Il a publié les excellentes *Observations sur la cure de la goutte et du rhumatisme*, par MM. Hoffman, V... et James; *Dissertations sur l'incertitude de la mort*, 1746 et 1752, 2 vol. in-12, ouvrage intéressant pour l'humanité; *La Politique du médecin*, traduite d'Hoffman, 1751, in-12; *Observations sur le Manuel des accouchements*, traduites de Deventer. Il travailla pendant plusieurs années au *Journal des Savants*, qu'il remplit d'extraits judicieux et bien faits.

BRUIS. (Voyez BRUYS.)

BRULART (Nicolas), d'une famille illustre dans l'épée et dans la robe, seigneur de Sillery et de Puisieux en Champagne, fut conseiller au Parlement, en 1574; maître des requêtes quelques années après; ambassadeur en Suisse en 1589, et 1595 et 1602; président à mortier au Parlement de Paris, en 1595; plénipotentiaire à Vervins en 1598; enfin ambassadeur en Italie l'an 1599, pour faire déclarer la nullité du mariage de Henri IV avec la reine Marguerite, et pour en conclure un autre avec Marie de Médicis. Le roi eut tant d'impatience de récompenser les services de ce ministre, que, pour lui donner les sceaux en 1605, il les ôta à Pomponne de Bellièvre. Après la mort de celui-ci, Sillery fut chancetier en 1607. Son crédit , toujours puissant et soutenu sous Henri IV , diminua considérablement sous Marie de Médicis, et tomba depuis tout-à-fait. On lui ôta les sceaux au mois de mai 1616 , et on les lui rendit sur la fin de janvier 1623. Averti par des amis sûrs qu'on allait les lui redemander , il les remit en janvier 1624. On lui fit dire, peu de temps après, de se retirer dans sa terre de Sillery, où il mourut le 1er octobre 1624 , âgé de 80 ans. Homme fin et délié , toujours sur ses gardes , on disait à la cour qu'il ne réglait ses liaisons que sur ses intérêts ; du reste , il était ami de la justice, attaché à la religion, et honorait sa dignité par ses mœurs.

BRULART DE SILLERI (Fabio), né dans la Touraine en 1655, évêque d'Avranches et ensuite de Soissons , trouva dans cette dernière ville une académie naissante à laquelle il donna des leçons et des modèles. L'Académie française et celle des inscriptions lui ouvrirent leurs portes. Il mourut en 1714. On a de lui : plusieurs *Dissertations* dans les *Mémoires* de l'académie des belles-lettres ; des *Réflexions sur l'éloquence, en forme de lettres au Père Lami* , imprimées dans le recueil des *Traités sur l'éloquence de La Martinière* ; des *Poésies* latines et françaises manuscrites , des *Traités de morale* et des *Commentaires* , aussi manuscrits.

BRULART (Pierre), marquis de Puisieux, fils de Nicolas, secrétaire d'Etat, ambassadeur extraordinaire en Espagne pour la conclusion du mariage de Louis XIII , fut éloigné de la cour en 1616, et rappelé l'année d'après. La réduction de la ville de Montpellier, en 1621 , lui mérita une promesse d'être fait duc et pair; mais sa modération l'empêcha d'accepter cette dignité. Il mourut en 1640, âgé de 57 ans. C'était un homme intègre et d'une fermeté inébranlable.

BRULEFER (Etienne), Frère mineur de Saint-Malo, professeur de théologie à Mayence et à Metz, auteur de plusieurs ouvrages de scolastique, parmi lesquels on distingue une *Dissertation contre ceux qui font des peintures immodestes des personnes de la Sainte-Trinité.* Il vivait dans le 15e siècle.

BRUMAULD DE BEAUREGARD (Jean), évêque d'Orléans, naquit à Poitiers le 2 novembre 1749, d'une ancienne famille de l'Angoumois, honorable par ses vertus privées, ses alliances et ses services militaires. Il commença ses études au collège de Poitiers , tenu alors par les Jésuites, pour lesquels il conserva toujours une tendre affection et une profonde estime. Le jeune de Beauregard annonça de

bonne heure les plus heureuses dispositions , et fit des progrès rapides dans les sciences comme dans la piété. A l'âge de treize ans , par suite d'un de ces abus qui étaient alors trop fréquents , il fut pourvu d'un canonicat au chapitre de Notre-Dame de Poitiers. Cependant le jeune chanoine se sentait sérieusement appelé à l'état ecclésiastique ; lorsqu'il eut terminé ses humanités il vint à Paris, entra au séminaire de Saint-Sulpice , et, après avoir fait sa licence en Sorbonne il reçut les ordres sacrés. Quelques années auparavant, il avait donné sa démission de chanoine de Poitiers, et avait été nommé à un canonicat de la cathédrale de Luçon ; il partit donc pour cette ville, et devint plus tard vicaire-général du diocèse. Lorsque la révolution éclata, il refusa le serment, quitta la France et se retira en Angleterre, où il demeura jusqu'en 1795. A cette époque, on lui confia une mission près du chef de l'armée vendéenne, Charette. Après avoir échappé à beaucoup de dangers, il réussit à la remplir, et ne voulut plus dès lors quitter l'armée royaliste, auprès de laquelle il exerça son saint ministère. Après la pacification de la Vendée , en 1798, sa conduite fut dénoncée au directoire qui le fit arrêter et déporter à Cayenne. Après y avoir séjourné pendant près de deux ans, il s'embarqua pour revenir en France ; mais la traversée ne fut pas heureuse, son vaisseau fut capturé par les Anglais, et lui-même fut fait prisonnier. Mis en liberté peu après, il revint à Poitiers , et en 1804 il fut nommé curé de la cathédrale de cette ville. Tout entier aux devoirs que lui imposaient ses nouvelles fonctions, l'abbé de Beauregard s'acquit bientôt l'estime et l'affection générales. En 1817 , l'abbé de Beauregard fut nommé par le roi évêque de Montauban : il quitta Poitiers et vint à Paris ; mais les difficultés qui s'élevèrent au sujet du nouveau concordat et retardèrent l'expédition des bulles , l'engagèrent à revenir à Poitiers. L'évêché d'Orléans ayant vaqué en 1822, par suite de la mort de Mgr de Varicourt, il y fut appelé. Pendant les cinq années qui s'étaient écoulées depuis sa première nomination à l'évêché de Montauban, l'abbé de Beauregard avait occupé ses loisirs à satisfaire ses goûts d'antiquaire, et il avait fait sur les monuments de sa ville natale, si riche en trésors de ce genre, des études pleines d'intérêt, qui plus tard ont été signalées à l'attention des archéologues. Lorsqu'il eut pris possession du siège d'Orléans, il porta tous ses soins sur l'administration de ce diocèse, qu'il gouverna toujours avec sagesse et prudence. Après la révolution de juillet, Mgr de Beauregard se trouva placé dans une position d'autant plus difficile, que, entraîné par la vivacité de ses affections politiques, il avait eu le tort de confondre souvent dans ses mandements les intérêts de la religion avec ceux de la monarchie des Bourbons. Mais il sut, par sa prudence et par son extrême charité, surmonter ces obstacles, et bientôt des rapports bienveillants s'établirent entre l'autorité civile et l'autorité spirituelle du département; il obtint même que les processions, qui avaient été interdites parce qu'il y avait à Orléans un temple protestant, pussent sortir de nouveau. Cependant l'âge et les infirmités de Mgr de Beauregard lui inspiraient depuis longtemps le désir de se retirer. Voyant qu'il ne pouvait plus remplir aucune des fonctions du ministère épiscopal, il résolut enfin de réaliser cette sage pensée. Il envoya sa démission, et, le 16 février 1839, il reçut l'avis qu'elle avait été acceptée par le Souverain-Pontife, qui, par une distinction particulière, le chargeait de l'administration jusqu'à la prise de possession de son successeur. En même temps il fut nommé chanoine du premier ordre au chapitre royal de Saint-Denis. Libre désormais de tous soins, Mgr de Beauregard alla se fixer à Poitiers, sa ville natale, où il est mort le 26 novembre 1841, âgé de 92 ans. Mgr de Beauregard réunissait en lui les dons de l'esprit et du cœur. Il était instruit, surtout dans les matières qui touchaient à la religion; il parlait avec facilité, et son style, lorsqu'il écrivait, ne manquait ni d'éloquence ni d'originalité. Ferme dans son administration, il savait unir la sagesse à la prudence, et il sut toujours triompher des difficultés qu'il rencontrait. On a de lui trente-quatre *Mandements* ou *Lettres pastorales*, et plusieurs manuscrits, parmi lesquels on cite : une *Histoire des évêques de Luçon*; une *Dissertation sur le Campus vaucladensis*; une *Dissertation sur l'église de Saint-Hilaire de Poitiers, etc.* Il a en outre laissé des *Mémoires* qui ont été publiés après sa mort, sous ce titre : *Mémoires de Mgr J. Brumauld de Beauregard, évêque d'Orléans, chanoine du premier ordre au chapitre royal de Saint-Denis, précédés de sa Vie, écrite sur des notes et des documents authentiques*, Poitiers 1842, 2 vol. in-12.

BRUMFELS (Othon), né à Mayence, sur la fin du 15e siècle, d'un tonnelier, qui favorisa d'abord ses études et qui lui refusa ensuite les moyens de les continuer. Le jeune Brumfels, qui s'était livré

avec succès à la philosophie et à la théologie, entra alors chez les Chartreux; mais, épris des erreurs luthériennes, il quitta le cloître, se fit apôtre du prétendu réformateur, et, parcourant les campagnes, il répandait les nouvelles doctrines. Une maladie ayant éteint l'ardeur de son fanatisme, il se rendit à Strasbourg, s'y livra à l'enseignement, et, dans ses loisirs, étudia les écrits des médecins grecs et arabes; il acquit, en peu de temps, des connaissances suffisantes pour se faire recevoir docteur à Bâle, en 1530, et pour mériter d'être appelé à Berne, par les autorités de la ville, pour y exercer son art. Il y mourut en 1534, laissant plusieurs ouvrages qui prouvent qu'il connaissait à fond les auteurs anciens. Il est le premier qui, depuis la renaissance des lettres, ait donné un *Catalogue des médecins célèbres : Seu de primis medicinæ scriptoribus*, Strasbourg, 1530, in-4. Nous citerons encore : *Herbarum vivæ icones ad naturæ imitationem... effigiatæ*, 3 vol. in-fol. qui parurent séparément à différentes époques, et qui furent reproduits plusieurs fois à Strasbourg, mais qu ensuite furent publiés ensemble dans la même ville, 1573, in-fol. ; et *Onomasticon medicinæ omnia nomina herbarum etc.*, ibid, c'est un dictionnaire des termes de médecine usités dans les temps anciens. Brumfels est le même que Brunsfeld.

BRUMMER (Frédéric), né à Leipsick en 1642, acquit en peu de temps une connaissance solide des langues latine et grecque, et fut reçu à l'Université dès l'âge de 17 ans. Quoique voué, d'abord, à l'étude du droit, il ne s'attacha pas moins à la littérature et aux antiquités. Le commentaire *Ad L. Cinciam*, qu'il dédia à Colbert, pour lors ministre d'état, et publié en 1668, établit sa réputation; mais il n'en jouit pas longtemps : comme il traversait la rivière d'Arberine, entre Paris et Lyon, pour abréger sa route, il y périt malheureusement dans son carrosse le 3 décembre de la même année. On a de ce savant, outre le *Commentaire* dont nous venons de parler : *Exercitatio historico-philologica de scabinis antiquis, medii ævi et recentioribus; Exercitatio de Locatione et Conductione; Declamatio contra Otium* et quelques *Onomastiques* à la louange de Th. Reinesius son ami, dont la riche bibliothèque lui avait été d'un grand secours. Georges Beyer, professeur en droit à Wittemberg, publia tous les ouvrages de Brummer, Leipsick, 1712, 1 vol. in-8.

BRUMOY (Pierre) naquit à Rouen

l'an 1688. Il entra dans la société des Jésuites en 1704. Après avoir professé les humanités en province, il fut appelé à Paris. On le chargea de l'éducation du prince de Talmont, et de quelques articles pour le *Journal de Trévoux*. L'*Histoire de Tamerlan* par son confrère Margat, dont il avait été l'éditeur, l'obligea de quitter la capitale; mais cette espèce d'exil ne fut pas long. A son retour, on le chargea de continuer l'*Histoire de l'Eglise gallicane*, que les Pères de Longueval et Fontenai avaient conduite jusqu'au 11° volume. Brumoy mettait la dernière main au 12°, lorsqu'il mourut en 1742. Le P. Berthier l'a continuée. On a encore de lui : *Le Théâtre des Grecs*, contenant des traductions analysées des tragédies grecques ; des *Discours* et des *Remarques sur le théâtre grec*, en 3 vol. in-4, et en 6 in-12. Ce livre a été réimprimé avec des corrections et des augmentations par MM. de Rochefort, de La Porte du Theil, Prevost et Brottier, Paris, 1785-1789, 13 vol. in-8, fig. C'est l'ouvrage le plus profond, le mieux raisonné, qu'on ait sur cette matière. Les traductions sont aussi élégantes que fidèles ; tout respire le goût. L'auteur dans ses parallèles ne paraît pas rendre assez de justice aux modernes ; mais si ses jugements paraissent trop sévères à l'égard de quelques hommes célèbres, ils ne le sont pas dans leur généralité ; il est certain que cette foule de mauvais tragiques que notre siècle a produite, vient de ce que la lecture des anciens a été négligée. « C'est, dit un sage critique, « parce qu'on s'éloigne trop de cette « noble simplicité qui fut toujours l'ob-« jet de leur émulation, qu'on donne à « présent dans l'extraordinaire, dans le « bizarre ou dans le faible. Peut-être « aussi le manque de talent est-il la vraie « source de cette disette de bonnes tra-« gédies. Il n'appartient qu'au génie d'é-« taler le génie ; et la médiocrité ou le « monstrueux sont ordinairement le par-« tage de ceux qui, sans mission, veu-« lent figurer sur la scène, qui n'admet « que les grands maîtres. » *Recueil de diverses pièces en prose et en vers*, en 4 vol. in-8. L'auteur dans sa poésie approche plus de Lucrèce que de Virgile. On le sent surtout dans son *Poème sur les Passions*; ouvrage estimable par la noblesse des pensées, la multiplicité des images, la variété et la chaleur des descriptions, la pureté et l'élégance du style. Il y a dans le même *Recueil* un autre *Poème sur l'art de la verrerie*, qui offre de très-beaux vers. On trouve à la suite de ces deux poèmes, traduits en prose

libre par l'auteur, des *Discours*, des *Epîtres*, des *Tragédies*, des *Comédies*, où règnent le goût et la sagesse, etc. Le Père Brumoy a achevé les *Révolutions d'Espagne* du Père d'Orléans, et revu l'*Histoire de Rienzi* du P. du Cereeau. Cet homme laborieux s'est fait estimer autant par son caractère et ses mœurs que par ses ouvrages.

BRUN (Laurent Le), jésuite, né à Nantes en 1607, cultiva avec succès la poésie latine, et la fit servir à une fin louable et morale. Il donna : le *Virgile chrétien*, qui consiste, comme le *Virgile de Mantoue*, en églogues, en géorgiques et en un poème épique qui comprend 12 livres; un *Ovide chrétien*, dans le même goût ; les *Tristes* sont changées en Lamentations de Jérémie ; les *Héroïdes*, en Lettres pieuses ; les *Fastes* sont les six Jours de la Création ; un poème sur l'*Amour de Dieu* remplace celui de l'*Art d'aimer; l*es Métamorphoses sont des Conversions éclatantes. « On ne peut discon-« venir, dit un critique, qu'un pareil « projet, soutenu par de grands talents, « ne fût très-louable et ne pût avoir « d'heureux succès pour l'éducation de « la jeunesse. » Mais l'auteur n'avait pas des talents proportionnés à la sagesse de son dessein. Il manque d'élévation et de ce feu de génie qui anime rarement les âmes paisibles et douces ; *Eloquence poétique*, Paris , 1655 , in-4 , en latin ; ouvrage qui renferme les préceptes de l'*Art poétique*, appuyés sur des exemples tirés avec discernement des meilleurs auteurs ; il est suivi d'un traité des *Lieux communs poétiques*. Il mourut à Paris en 1663.

BRUN (Charles Le), premier peintre du roi de France , directeur des manufactures des meubles de la couronne aux Gobelins , directeur de l'académie de peinture, et prince de celle de Saint-Luc à Rome , naquit à Paris en 1618 , d'un sculpteur. Dès l'âge de 3 ans, il s'exerçait à dessiner avec des charbons. A 12, il fit le portrait de son aïeul, qui n'est pas un de ses moindres tableaux. Le chancelier Séguier le plaça chez Vouet, le plus célèbre de ce temps-là. Mignard, Bourdon, Tetelin étaient dans cette école; mais Le Brun surpassa bientôt les élèves , et égala le maître. Son protecteur l'envoya à Rome pour se perfectionner. Il y puisa ce goût pour le noble et le majestueux, qui caractérisent les ouvrages de l'antiquité , et qui ne tardèrent pas de passer dans les siens. De retour à Paris, Louis XIV et ses ministres l'occupèrent et le récompensèrent à l'envi. Le roi l'anoblit, le fit chevalier de l'ordre de Saint-

Michel, lui accorda des armoiries avec son portrait enrichi de diamants, le combla de bienfaits et l'accueillit toujours comme un grand homme. Pendant qu'il peignait son tableau de la *Famille de Darius*, à Fontainebleau, ce prince lui donnait près de deux heures tous les jours. Le Brun mourut en 1690. La noblesse et la grandeur de ses ouvrages avaient passé dans ses manières. On l'a placé avec raison à la tête des peintres français. Ses chefs-d'œuvre ont fait dire de lui, qu'il avait autant d'invention que Raphael, et plus de vivacité que Le Poussin. Il s'élève au sublime, sans laisser d'être correct. Ses attitudes sont naturelles, pathétiques, variées; ses airs de tête gracieux; il est animé sans emportement. Le livre de la nature était toujours ouvert devant ses yeux. Peu de peintres ont mieux connu l'homme, et les différents mouvements qui l'agitent dans les passions. Son *Traité sur la physionomie*, et celui sur le *caractère des passions*, l'un et l'autre in-12, prouvent combien il avait réfléchi sur cette matière. Moins d'uniformité, plus de vigueur et de variété dans le coloris, l'auraient mis au-dessus de tous les peintres anciens et modernes. Les chefs-d'œuvre de Le Brun sont à Paris, à Versailles, au Palais-Royal, à Fontainebleau. Ceux qui fixent les regards des connaisseurs, sont les *Batailles d'Alexandre*, la *Magdeleine pénitente*; le *Portement de la Croix*; le *Crucifiement; Saint Jean dans l'île de Pathmos*, etc. Les estampes de ses tableaux des *Batailles d'Alexandre*, ont donné une idée de son génie dans les pays les plus éloignés. Le tableau de la *Famille de Darius* par Le Brun, qui est à Versailles, n'est point effacé par le coloris du tableau de Paul Véronèse qu'on voit vis-à-vis, et le surpasse beaucoup par le dessin, la composition, la dignité, l'expression, la fidélité du costume.

BRUN (Pierre Le), prêtre de l'Oratoire, né à Brignoles en 1661, mort à Paris le 6 janvier 1729, célèbre par son savoir dans les matières ecclésiastiques et profanes, est auteur de plusieurs ouvrages. Les plus estimés sont : l'*Histoire critique des pratiques superstitieuses qui ont séduit les peuples, et embarrassé les savants, avec la méthode et les principes pour discerner les effets naturels*, 1732, 3 vol. in-12. L'abbé Granet, son compatriote, a donné en 1737 un 4ᵉ vol. de cet ouvrage. Il avait, d'abord, été imprimé sous le titre de *Lettres pour prouver l'illusion des philosophes sur la baguette divinatoire*, 1693, in-12. Le P. Le Brun nie que les effets de cette ba-

guette puissent recevoir une explication physique; et s'il y en a quelques-uns de réels, il prétend qu'il faut les attribuer au démon (Voyez AYMARD.) Tout l'ouvrage n'est qu'une compilation assez mal digérée, et dont il serait aussi difficile de former un résultat décidé, que de l'*Histoire des apparitions de Lenglet du Fresnoy*, ou de celles des *Vampires de* Dom Calmet. Il n'y a guère que le procès des bergers de Pacy, inséré dans le 4ᵉ volume, qui présente un corps de preuves bien suivies : aussi les philosophes du temps n'ont-ils jamais entrepris de les contester. « Le but de l'auteur, dit un « critique, paraît avoir été : 1º de con- « server la mémoire de quelques faits « extraordinaires; 2º de désabuser plu- « sieurs personnes qui croyaient trop ou « trop peu; 3º de montrer que les physi- « ciens, accoutumés à faire des systèmes « sur toutes sortes de choses, se met- « tent dans le cas d'autoriser de vérita- « bles superstitions; 4º d'obliger les es- « prits forts à reconnaître qu'il y a des « faits qu'on ne peut attribuer aux corps, « et qui démontrent qu'il y a des es- « prits. » (Voyez ASMODÉE, BROWN, DELRIO, HAEN, OPHIONÉE, MEAD, SPEE). Le Père Le Brun rejette comme une fable la palingénésie, qui cependant était dès lors une chose bien constatée; *Explication de la Messe, contenant des Dissertations historiques et dogmatiques sur les Liturgies de toutes les églises du monde chrétien*, etc., en 4 vol. in-8, en y comprenant son *Explication littérale des Cérémonies de la Messe*, publiée en 1716, in-8 (voyez BAEYER Rémi). Cet ouvrage plein de recherches profondes et curieuses, et dans lequel l'érudition est utile, fut attaqué par le Père Bougeant, qui ne pensait point comme l'oratorien, sur la forme de la consécration, celui-ci associant aux paroles de Jésus-Christ l'oraison qui les précède dans le rit latin et les suit dans le rit grec, tandis que le jésuite, avec la plupart des théologiens, ne regardait pas cette prière comme essentielle; *Traité historique et dogmatique des jeux de théâtre*, in-12, contre Caffaro, théatin, qui avait soutenu dans une Lettre imprimée à la tête du *Théâtre de Boursault*, qu'il était permis à un chrétien d'aller à la comédie. Ce livre offre des particularités curieuses sur le théâtre, depuis Auguste jusqu'à Richelieu, etc. Le Père Le Brun rétracta à la fin de ses jours l'appel qu'il avait interjeté de la bulle *Unigenitus* au futur concile, ajoutant ainsi au mérite de la science celui de la simplicité chrétienne, et d'une soumission aussi édifiante q ·

véritablement éclairée aux décisions du premier pontife.

BRUN (Guillaume Le), né en 1674, entra chez les Jésuites, où il professa les belles-lettres avec distinction. Après avoir rempli différents emplois, il travailla à un *Dictionnaire universel* français et latin, qu'il publia in-4, et qui fut généralement loué. La dernière édition, donnée par MM. Lallemant, est de 1770, in-4. Le Brun mourut en 1758.

BRUN DE GRANVILLE (Jean-Etienne Le) naquit à Paris, et mourut en 1765, à l'âge de 27 ans. Ses productions ne sont plus connues que par leurs titres et ne consistaient, à quelques-unes près, qu'en libelles et en satires contre plusieurs auteurs estimables. C'était un des aboyeurs secondaires de la philosophie, fécond en ce genre d'allusions, devenues aujourd'hui des cris de guerre dans le monde philosophique. Quelques extraits de sa *Renommée littéraire* semblent cependant prouver qu'il ne tenait qu'à lui de mériter une place peut-être distinguée dans la république des lettres. On trouve dans cette espèce de journal quelques analyses faites avec goût et assez de précision. Telle est celle où il rend compte de la *Poétique* de Marmontel, dont il relève ingénieusement les inepties. Mais son génie ne savait guère se contenir dans les bornes d'une sage critique : il se livra à des sarcasmes qu'une affectation trop marquée rend insipides et fatigants pour des lecteurs sensés. « La « plaisanterie, dit un auteur, doit naî- « tre de la critique; mais la critique ne « doit jamais paraître faite dans l'inten- « tion d'amener la plaisanterie.»

BRUN (Jean-Baptiste Le), connu sous le nom de *Desmarettes*, fils d'un libraire de Rouen, élève de Port-Royal-des-Champs, enfermé cinq ans à la Bastille, mourut à Orléans en 1731, dans un âge avancé. Il était simple acolyte et ne voulut jamais passer aux ordres supérieurs. On lui doit : les *Bréviaires d'Orléans et de Nevers;* une édition de *Saint-Paulin*, in-4, avec des *notes*, des *variantes* et des *dissertations;* des *Voyages liturgiques de France*, ou *Recherches faites en diverses villes du royaume sur cette matière*, sous le nom du sieur de Moléon, in-8 : l'auteur avait parcouru une partie des églises de France, et y avait recueilli des détails singuliers sur leurs différentes pratiques. Voltaire en a tiré partie dans ses *Questions sur l'Encyclopédie*, où il a raisonné sur toutes les matières à sa façon, c'est-à-dire plus pour satisfaire sa démangeaison d'écrire que pour dire des choses vraies, bonnes et neuves : Con-

corde des livres *des Rois et des Paralipomènes*, en latin, Paris 1691, in-4, ouvrage qu'il composa avec Le Tourneux; il y a de la sagacité et du savoir; une édition de *Lactance*, revue avec soin sur tous les manuscrits, enrichie de notes, et publiée après sa mort par l'abbé Lenglet du Fresnoy, en 2 vol. in-4, 1748.

BRUN (Frédérique-Sophie-Christiane) naquit à Tonna en 1765, et eut pour père le célèbre prédicateur protestant Balthazar Munter. Conduite à Copenhague, la petite Frédérique manifesta de bonne heure les plus grandes dispositions pour la littérature et surtout pour la poésie. A l'âge de dix ans elle savait, outre l'allemand, le français, l'italien et l'anglais. Les hommes d'élite qu'elle voyait chez son père étaient pour elle des modèles vivants : tels furent entre autres Wieland, Klopstock, P.-A. Bernstorf, Niebuhr, etc. Elle épousa en 1783 Constantin Brun, un des hommes les plus riches du Danemarck. Cette même année elle accompagna son mari à Saint-Pétersbourg. Pendant l'hiver rigoureux de 1788 à 1789, elle fut atteinte d'une surdité dont elle ne guérit jamais. En 1791, elle visita avec son mari la Suisse et la France. A Genève elle fit la connaissance de Bonstetten et de Jean de Müller, et à Lyon celle de Matthisson, qui depuis publia une partie de ses poésies. Plus tard elle habita successivement Rome, Hières, Nice, Pise, Lugano, et Rome de nouveau. Elle avait passé l'hiver de 1805 avec ses deux filles chez madame de Staël, son amie. En 1809, elle fut témoin des violences exercées contre Pie VII, et de la courageuse résistance de ce pontife. A Copenhague, comme dans ses voyages, la maison de madame Brun fut toujours le rendez-vous des personnes les plus distinguées. Elle revint en Danemarck en 1818, et depuis elle passait l'hiver à Copenhague, et l'été dans sa maison de campagne à Frédériksdal, non loin de cette capitale. Elle mourut dans cette ville le 25 mars 1835. Bonne épouse et bonne mère, après avoir été excellente fille, elle avait un esprit droit et pénétrant, un caractère enjoué et un cœur généreux. On a d'elle : *Journal d'un voyage en Suisse*, 1806; *Lettres de Rome écrites pendant les années 1808-, 1809 et 1810, relatives principalement aux persécutions contre le pape Pie VII,* etc.; *Etudes de mœurs et de paysages, faites à Naples et dans ses environs,* 1809-1810, *exposées en lettres,* 1818; *La Vérité dans des rêveries de l'avenir, et sur le développement esthétique de mon Ida* (sa fille aînée). 1824; *OEuvres en prose*, 4 vol. in-8 ; *Poésies*, publiées par les soins de Matthisson, 1795 ; *nouvelles Poésies*, 1812 ; *Poésies récentes*, 1820. Tous les écrits de Mad. Brun sont en allemand.

BRUN (Le) (*Voyez* LEBRUN.)

BRUNACCI (Vincenze), mathématicien, né en Toscane en 1762. On le nomma bientôt professeur de nautique à Livourne, et ensuite professeur à l'Université de Pavie, où il se fit remarquer par le talent d'enseigner avec autant de précision que de facilité. Plus tard il fut nommé inspecteur des ponts et chaussées; mais il ne fit pas preuve de talent, lorsqu'il fut chargé de tracer le nouveau canal navigable qu'on voulait creuser de Milan à Paris. La mort l'enleva en 1817. Il a publié: *Della Navigazione*, et le *Calcolo dell'equazioni*, qui lui fit donner par Paoli le nom de *géomètre illustre*. Ses autres ouvrages sont: l'*Analisi derivata*, et son *Corso di mathematica sublime*, 4 vol., où l'on trouve quelques réflexions nouvelles de l'auteur, mais particulièrement tout ce que les mathématiciens modernes ont de plus intéressant. On a encore de lui : *Gli Elementi di algebre e di geometria* ; *Il Compendio del calcolo sublime*; et plusieurs *Mémoires* sur le bélier hydraulique, le choc des fluides, etc., insérés dans le recueil de plusieurs académies.

BRUNCK (Richard-François-Philippe), né à Strasbourg en 1729, et mort en 1803, s'occupa d'abord de finances, et s'adonna ensuite à la littérature, avec une passion et un succès extraordinaires. Il se livra particulièrement à l'étude de la langue grecque, dont il contribua à répandre le goût en France. On lui doit des éditions de plusieurs poëtes grecs et latins : Les *Analecta veterum poetarum græcorum*, Argentor., 1772 sen 1776, 3 vol. in-8 ; *Anthologia græca*, Lipsiæ, 1794-95, 5 vol. in-8; *Gnomici poetæ græci*, Argentor., 1794, in-8 ; l'*Electre et l'OEdipe roi*, de Sophocle ; l'*Andromaque et l'Oreste*, d'Euripide, 1779, 2 vol.; le *Prométhée*, les *Perses*, les *Sept chefs devant Thèbes*, d'Eschyle, etc.; un *Aristophane*, Strasb., 1783, 3. vol. in-8; un *Sophocle*, 1786, 2 vol. in-4; 1788, 3 vol. in-8; 1786-89, 4 vol. in-8; c'est le chef-d'œuvre de Brunck ; deux éditions de *Virgile*, 1785, in-8; 1789, in-4 ; une de *Térence* ; il en préparait une de *Plaute*, lorsqu'il mourut. Louis XVI à qui il avait présenté son *Sophocle* sur vélin, lui accorda une pension de 2,000 livres. La révolution dont il embrassa les principes vint la lui supprimer, et il fut réduit à un tel état de pauvreté, qu'il fut obligé à deux reprises différentes de vendre sa bibliothèque : Robespierre, qui connaissait sa modération, le fit mettre en prison. Le gouvernement de Bonaparte lui rendit sa pension. La bibliothèque royale possède des copies qu'il fit lui-même d'*Aristophane* et d'*Apollonius*, et une lettre sur le *Longus de Villoison*. On reproche à Brunck d'avoir corrigé quelquefois le texte de ses auteurs d'une manière arbitraire, et sans en avertir le lecteur.

BRUNE (Guillaume-Marie-Anne), maréchal d'empire, naquit à Brives (Corrèze) le 31 mars 1763. Après avoir étudié sous les yeux de son père, qui était avocat, il vint à Paris, où il se fit en même temps imprimeur et homme de lettres. Il coopéra à la rédaction d'un journal jusqu'en 1792, et passa ensuite en Belgique en qualité de commissaire civil. En 1793, il embrassa le service militaire, fit partie des armées révolutionnaires dans la Gironde, servit sous Barras au 13 vendémiaire, et passa en Italie en qualité de général de brigade en 1797. Il quitta ensuite cette armée pour passer en Hollande, où ses succès le placèrent parmi les premiers généraux. De puis cette époque, il continua de commander en chef jusqu'en 1807 qu'il fut nommé gouverneur-général des villes anséatiques, et peu de temps après disgracié pour avoir vendu, dit-on, à des négociants anglais le permission d'introduire leurs marchandises en France. Au retour du roi, il obtint la croix de Saint-Louis ; mais d'anciens griefs le privèrent de l'activité de service qu'il espérait. Il se rangea parmi les mécontents en 1815. Bonaparte l'admit à la Chambre des pairs, et lui donna un commandement dans le midi de la France. Après la seconde restauration, Brune fit de nouveau sa soumission au roi. Il avait même pris la route de Paris, lorsqu'il fut massacré par la populace à Avignon, le 2 août 1815, malgré les efforts des magistrats et de la force armée.

BRUNEAUX, poëte dramatique, né au Havre en 1774, mort en la même ville en 1819, a laissé quelques *Tragédies*, ainsi que des *Comédies*, des *Fables* et plusieurs pièces de *Poésies fugitives*.

BRUNEHAUT, fille d'Athanagilde, roi des Visigoths, épousa en 568 Sigebert I, roi d'Austrasie, et d'arienne devint catholique. Après la mort de son mari, elle épousa son neveu Mérovée, contre les règles de l'Eglise, et ce mariage fut déclaré nul. Son fils Childebert, qu'elle avait, dit-on, fait empoisonner, ayant laissé ses deux fils sous sa conduite, elle corrompit le cadet pour gouverner en son nom. Après la mort de ce prince, Clotaire II, qui régna seul, accusa devant les Etats cette femme ambitieuse d'avoir fait mourir dix princes de la famille royale ; mais, par une manière de compter assez extraordinaire, il y comprenait ceux qu'il avait fait mourir lui-même. Elle fut traînée par ses ordres à la queue d'une cavale indomptée, et elle périt misérablement par ce nouveau genre de supplice, en 613. Elle avait autant de charmes que d'esprit. Grégoire de Tours n'en dit pas de mal ; mais son histoire finit avant la régence de cette reine. Plusieurs historiens en parlent comme d'un monstre ; mais comme la plupart écrivaient sous le règne de Clotaire et de ses enfants, ne peut-on pas soupçonner qu'ils ont voulu justifier par là la trop grande sévérité dont ce prince avait usé envers elle ? « Nous n'avons garde, « dit un écrivain, de traiter de calomnie « tout ce qu'on a dit contre sa mémoire ; « mais nous croyons qu'il y a eu de l'exa- « gération dans les crimes dont on l'a « chargée, et qu'on l'a faite beaucoup « plus méchante qu'elle n'était dans la « réalité. » Les chaussées qui portent le nom de *Brunehaut* n'ont rien de commun avec cette reine, ni avec un roi Brunehaut, être imaginaire, qui, disent les *Chroniques fabuleuses*, a fait construire tous ces chemins par le diable. Quant à la reine Brunehaut, elle n'a point fait construire de chemins, mais seulement des églises, pour éviter le chemin de l'enfer, qu'elle ne craignait peut-être pas sans sujet.

BRUNEL, d'Arles, maître de pension à Lyon, né en 1763, mort en 1818, a publié : *Cours de mythologie, orné de morceaux de poésies ingénieux, agréables, décents et analogues à chaque article ;* le *Phèdre français, ou Choix de fables françaises à l'usage de l'enfance et de la jeunesse ; Parnasse latin.*

BRUNELLESCHI (Philippe), né à Florence en 1377, d'un notaire, fut destiné dans sa jeunesse à la profession d'orfèvre, dont il fit quelque temps l'apprentissage. Un goût naturel le porta ensuite à étudier l'architecture. Il était question d'élever un dôme sur l'église cathédrale de Florence, entreprise qui fut regardée alors très-difficile ; il conçut l'idée et le plan de cette construction, pour laquelle les Florentins avaient appelé de toutes parts les plus habiles architectes. Après bien de débats, ses dessins furent préférés, et on vit s'élever cette magnifique coupole, que Michel-Ange lui-même ne regardait qu'avec admiration. C'est un octogone de 154 brasses florentines (202

pieds) de hauteur, non compris la lanterne qui, avec la boule et la croix qui terminent ce chef-d'œuvre, en a encore 48 (88 pieds). Le Palais Pitti à Florence, devenu depuis celui des souverains de Toscane, fut commencé sur les dessins de Brunelleschi, qui est regardé comme le restaurateur de la bonne architecture. Il mourut dans sa patrie en 1444, honoré et chéri de tous ses concitoyens. On voit son tombeau dans la cathédrale de Florence.

BRUNET (Jean-Louis), né à Arles en 1688, avocat au Parlement de Paris, a donné au public plusieurs ouvrages sur les matières canoniques : *Le parfait Notaire apostolique et procureur des officialités*, 2 vol. in-4, Paris, 1730, livre qui n'était pas commun, mais on l'a réimprimé à Lyon, en 1775 ; les *Maximes du droit canonique de France*, par Louis Dubois, qu'il a revues, corrigées et beaucoup augmentées ; une *Histoire du droit canonique et du gouvernement de l'Eglise*, Paris, 1720, 1 vol. in-12 ; des notes sur le *Traité de l'Abus*, de Févret : tous ces ouvrages marquent beaucoup d'érudition ; mais les opinions de l'auteur ne sont pas toujours d'accord avec celles des canonistes les plus estimés ; une nouvelle édition des *Droits et libertés de l'Eglise gallicane*, augmentée de différentes pièces et de notes, Paris, 1731, 4 vol in-fol. Il mourut à Paris en 1747.

BRUNET (François-Florentin), prêtre de la congrégation de Saint-Lazare, né à Vitel en Lorraine, se retira, lors de la révolution, à Rome avec Cayla de la Garde, dernier supérieur de la mission. Il revint à Paris, en 1804, avec le titre de vicaire-général de sa congrégation. Il y est mort le 15 septembre 1806. On a de lui un *Parallèle des religions*, 1792, 5 vol. in-4 ; compilation un peu longue, mais pleine de recherches, et où l'auteur a mis à contribution les travaux des plus habiles écrivains modernes. On a encore de l'abbé Brunet : des *Eléments de théologie*, en latin, Rome, 1840, 5 vol. ; *Traité des devoirs des pénitents et des confesseurs ; Du zèle de la foi dans les femmes, et des heureux effets qu'il peut produire dans l'Eglise ;* une *Lettre sur la manière d'étudier la théologie.*

BRUNETTO-LATINI, poète, historien et philosophe florentin, petit-fils de Latino, fut le maître de Guido Cavalcanti et du Dante. Il n'illustra pas moins sa patrie par ses ambassades que par ses ouvrages. Il mourut en 1295 à Florence. On a de sa plume : *Il Tesoro*, Trévise, 1474, in-fol. : cet ouvrage, qu'il composa pendant qu'il était en France est rare ; *Vinegia*, 1533, in-8, moins recherché : c'est un livre moral.

BRUNI (Antoine) , de plusieurs académies d'Italie , natif de Casal-Nuovo, au royaume de Naples, mort en 1635 , poëte plein d'imagination et d'enthousiasme , a laissé des *Epîtres héroïques*, des *Pièces* mêlées , des *Vers lyriques* , des *Tragédies* , des *Pastorales*. On reconnaît dans tous ces ouvrages un génie facile, mais beaucoup d'incorrections , et surtout trop d'images et d'expressions licencieuses. Ses *Epîtres héroïques* ont paru à Venise en 1636 , in-12, avec des planches gravées sur les dessins du Dominiquin et d'autres habiles artistes.

BRUNI GIORDAONO. (Voyez Brunus Jordanus.)

BRUNINGS (Chrétien) , célèbre ingénieur, né dans le Palatinat en 1736, vint très-jeune à Amsterdam , où il étudia l'hydraulique , et il y fit de si rapides progrès qu'en 1769 les Etats de Hollande lui confièrent la place d'inspecteur-général des rivières , place qu'il a remplie jusqu'à sa mort arrivée le 16 mai 1805. On lui doit plusieurs *Mémoires*, qu'il a réunis et publiés en 1778 sous le titre de *Recueil de rapports , procès-verbaux, etc. , sur les rivières supérieures*, 2 vol. in-fol. et Atlas.

BRUNINGS (Conrad-Louis , élève et ami du précédent, né à Heidelberg en 1775, mort à Nimègue en 1816, a publié plusieurs *Mémoires* en hollandais, qui lui ont mérité les suffrages des savants. Il a composé l'*Eloge* de Chrétien Brunings , qui a remporté le prix en 1807.

BRUNNER, ou van BAUNN (Jean-Conrad), célèbre anatomiste, né le 16 janvier 1653 à Diessenhofen, près de Schaffouse, où il termina ses humanités, étudia la médecine à Strasbourg, et y reçut le bonnet doctoral en 1672; séjourna à Paris , alla en Angleterre, en Hollande et se fit estimer de toutes les célébrités médicales de ce pays; revint en Allemagne , où sa pratique eut de brillants succès ; fut admis, en 1685, parmi les membres de l'académie des *Curieux de la nature*, et, en 1687 , nommé professeur de médecine à Heidelberg; anobli , en 1711 , par l'électeur palatin , Jean-Guillaume, qui lui donna la seigneurie de Hammerstein; gratifié, en 1720, du droit de bourgeoisie par le canton de Schaffouse ; consulté par plusieurs monarques et par un grand nombre de princes ; et mourut à Manheim, d'une fièvre rémittente, le 12 décembre 1727. « Au jugement de M. Haller , dit un médecin historien de ses confrères , Brunner fut

une des meilleures têtes du 17e siècle Il se distingua de fort bonne heure, et à des expériences très-difficiles pour démontrer que les animaux peuvent se passer du pancréas , et que la liqueur que cette glande contient n'est pas essentielle à la vie. Il renversa par là , de fond en comble , la doctrine de De Le Boé. Il découvrit dans la suite les follicules glanduleux pituitaires , et donna sur la digestion un grand nombre d'expériences exactes et de vues judicieuses. De ses ouvrages nous citerons : *Experimenta nova circa pancreas, etc.*, Amsterdam, 1683, in-4, Leyde, 1722, in-8; édition plus complète que la première; *De glandulis in duodeno intestino detectis* , Heidelberg, 1687 , Schwabach, 1688, in-4 ; *Physiologica de glandulis*, etc. , Francfort , 1715 , in-4 ; quelques autres opuscules et un grand nombre d'observations dans les Actes de l'académie des *Curieux de la nature*.

BRUNO, ou BRUNON , dit *le Grand*, archevêque de Cologne et duc de Lorraine , était fils de l'empereur Henri l'Oiseleur, et frère d'Othon, qui l'appela à la cour. Il y cultiva la vertu et les lettres, se nourrissant des auteurs anciens et conversant avec les savants de son temps. Après la mort de Vicfied , archevêque de Cologne, le clergé et le peuple n'eurent qu'une voix pour proclamer Bruno son successeur. Othon , ayant été obligé de porter la guerre en Italie, laissa à son frère le soin de l'Allemagne. Il avait montré les vertus d'un évêque à Cologne ; il fit éclater celles d'un prince à la cour impériale , et réfuta par une éclatante preuve de faits l'impolitique système qui prétend exclure le sacerdoce du gouvernement des peuples. Où se trouveront la justice, la prudence, la fermeté, ces grandes bases de l'administration publique, plutôt que dans un ministre des autels, zélé, instruit , désintéressé ? Il mourut en 963.

BRUNO (saint), évêque et apôtre de la Prusse, où il fut martyrisé le 14 février 1008.

BRUNO (saint) naquit à Cologne vers 1060, et selon quelques-uns vers 1035, de parents nobles et vertueux. Après avoir fait avec succès ses premières études à Paris et avoir brillé dans son cours de philosophie et de théologie, il fut chanoine à Cologne , et ensuite à Reims. Il fut nommé chancelier et maître des grandes études de cette église; mais il se vit obligé d'en sortir, sous l'archevêque Manassès qui la gouvernait en tyran. Il prit dès lors la résolution de quitter le monde, pour se retirer dans la solitude. Ce qu'on

.a raconté de la résurrection d'un chanoine de Paris, qui annonça sa réproba-
tion, passe aujourd'hui pour un fait au
moins très-douteux. Urbain VIII l'a fait
retrancher du Bréviaire romain (voyez
DIOCRE). La première solitude que le
chanoine de Reims habita, fut Saisse-
Fontaine, dans le diocèse de Langres. Il
passa de là à Grenoble, l'an 1084, et alla
habiter le désert de la Chartreuse. Hugues, évêque de Grenoble, défendit peu
de temps après aux femmes, aux chasseurs et aux bergers d'en approcher. Des
rochers presque inaccessibles, et entourés
de précipices affreux furent le berceau
de l'Ordre des Chartreux. « Il n'y a rien,
« dit un poëte philosophe, qui soit plus
« propre que l'aspect de ce désert à exal-
« ter l'âme et à l'occuper fortement. Le
« spectacle terrible et d'une beauté som-
« bre qui se présente partout, convain-
« crait l'athée de l'existence d'un Etre
« suprême ; il suffirait de le conduire en
« ce lieu et de lui dire : *Regarde*. Saint
« Bruno, qui a choisi ce lieu pour sa de-
« meure, devrait être un homme d'un
« génie peu ordinaire ; et peut-être n'au-
« rais-je pu me défendre de me ranger
« au nombre de ses disciples, si j'étais
« né dans son temps. » Voici le tableau
que Pierre-le-Vénérable traçait de leur
genre de vie, cinquante ans après leur
établissement : « Ils sont les plus pauvres
« de tous les moines ; la vue seule de
« leur extérieur effraye. Ils portent un
« rude cilice, affligent leur chair par des
« jeûnes presque continuels, et ne man-
« gent que du pain de son, en maladie
« comme en santé. Ils ne connaissent
« point l'usage de la viande, et ne man-
« gent de poisson que quand on leur en
« donne. Les dimanches et les jeudis,
« ils vivent d'œufs et de fromage : des
« herbes bouillies font leur nourriture
« les mardis et les samedis ; les autres
« jours de la semaine, ils vivent de pain
« et d'eau. Ils ne font par jour qu'un
« seul repas, excepté dans les octaves
« de Noël, de l'Epiphanie, de Pâques,
« de la Pentecôte et de quelques autres
« fêtes. La prière, la lecture et le tra-
« vail des mains qui consiste principale-
« ment à copier les livres, sont leur oc-
« cupation ordinaire. Ils récitent les pe-
« tites Heures de l'Office divin dans leurs
« cellules, lorsqu'ils entendent sonner la
« cloche ; mais ils s'assemblent à l'église
« pour chanter Vêpres et Matines; ils di-
« sent la messe les dimanches et les fê-
« tes. » L'instituteur ne fit point de règle particulière pour ses disciples : ils suivirent celle de saint Benoît, et l'accommodèrent à leur genre de vie. Urbain II,

disciple de Bruno à l'école de Reims, le
contraignit, six ans après, de se rendre
à Rome, pour l'aider de ses conseils et
de ses lumières. Le saint solitaire déplacé
dans cette cour, et étourdi par le tumulte
des courtisans, se retira dans un désert
de la Calabre. Il y finit saintement ses
jours en 1101, dans le monastère qu'il
avait fondé. Il fut canonisé l'an 1514. Le
Père de Tracy, théatin, a donné sa *Vie*
en français, Paris, 1786, in-12. On a de
lui deux *Lettres* écrites de Calabre, l'une
à Raoul-le-Verd, et l'autre à ses religieux
de la Grande-Chartreuse ; elles ont été
imprimées avec les *Commentaires* et les
Traités qu'on lui attribue, à Cologne,
1640, 3 tomes en 1 vol. in-fol. Il n'y a
point de doute qu'outre les deux *Lettres*,
il ne soit encore l'auteur des *Commentaires* sur le *Psautier*, et sur les *Epîtres*
de saint Paul, qu'on a voulu mal à propos lui contester. Il y paraît tel que l'ont
dépeint ceux qui le connaissaient le
mieux, l'homme le plus savant de son
siècle, et de la plupart des siècles qui le
suivirent. On voit qu'il entendait le grec
et l'hébreu, qu'il était fort versé dans la
lecture des Pères, et surtout de saint
Ambroise et de saint Augustin. « Quicon-
« que se donnera la peine de lire ce *Com-
« mentaire* avec une médiocre attention,
« dit l'auteur de l'*Histoire littéraire de
« la France*, conviendra qu'il serait dif-
« ficile de trouver un écrit de ce genre
« qui soit tout à la fois plus solide, plus
« lumineux, plus concis et plus clair.
« S'il eût été plus connu, on en aurait
« fait plus d'usage : on l'aurait regardé
« comme un ouvrage très-propre à don-
« ner une juste intelligence des Psaumes.
« On y reconnaît un auteur instruit de
« toutes les sciences, et rempli de l'es-
« prit de Dieu. Il serait à souhaiter que
« ce *Commentaire* fût entre les mains de
« tous les fidèles, et particulièrement des
« personnes consacrées à la prière publi-
« que. » Nous avons encore de saint
Bruno une *Elégie* en quatorze vers *sur
le mépris du monde*. On l'a fait imprimer
dans divers recueils et on l'a fait graver
au bas d'un tableau de ce saint, qui est
dans le chœur des Chartreux de Dijon.
Les autres ouvrages qui lui sont attribués
sont de saint Brunon, évêque de Segni,
ou de saint Brunon, évêque de Wurtzbourg, lesquels florissaient dans le même
siècle. Le plus beau de ses ouvrages est
la fondation de son Ordre. On le voit,
après sept siècles, tel, aux richesses près,
que du temps de son fondateur, persévérant dans l'amour de la prière, du travail et de la solitude. « Voilà donc un
« Ordre religieux, dit un critique, qui,

« depuis sept cents ans , persévère dans
« la ferveur de sa première institution ,
« preuve assez convaincante de la sa-
« gesse et de la sainteté de la règle qu'il
« observe. C'est donc à tort que les cen-
« seurs de la vie monastique ont répété
« cent fois que la perfection à laquelle
« aspirent les religieux est incompatible
« avec la faiblesse humaine ; que leurs
« fondateurs ont été des enthousiastes
« imprudents, et que la vie du cloître est
« un suicide lent et volontaire. » Lorsque l'empereur Joseph II entreprit de
détruire la religion catholique dans ses
Etats , il crut nécessaire de commencer
par l'abolition des Chartreux , persuadé
que le spectacle de leur austère régularité
contrasterait d'une manière trop frappante avec l'effet de ses prétendues réformes. Il savait aussi que les Chartreux
s'étaient distingués par leur courage durant les ravages des sectaires des 16e et
17e siècles, qu'ils avaient résisté surtout
à la cruelle Elisabeth, et préféré la mort
à l'apostasie.

BRUNO , ou BRUNON DE SIGNY , ou
SEGNI, ou D'ASTI (saint), appelé *Bruno
Astensis*, parce qu'il était de Soleria au
diocèse d'Asti; il se distingua au concile
de Rome , en 1079, contre Bérenger.
Grégoire VII le fit ensuite évêque de
Segni, ce qui lui fit donner le surnom
de *Brunon Signensis* ; mais , quelque
temps après, il quitta son peuple pour se
retirer au monastère du Mont-Cassin ,
dont il fut abbé. Ses ouailles l'ayant
vivement redemandé, il revint pour être
de nouveau leur pasteur par l'ordre du
Pape. Il mourut en 1125. Ses ouvrages
ont été publiés à Venise en 1651 , 2 vol.
in-fol. par dom Maure Marchesius, moine et doyen du Mont-Cassin. On trouve,
dans ce Recueil, des sermons qui ont *été*
quelquefois attribués au saint fondateur
des Chartreux. Muratori prouve que le
Commentaire sur le livre des Cantiques,
commençant par ces mots : *Salomon ins-
piratus*, etc. , qui est parmi les Œuvres
de saint Thomas d'Aquin, a pour auteur
saint Brunon de Segni. Plusieurs de ses
ouvrages ont paru sous le nom du fondateur des Chartreux.

BRUNO , bénédictin allemand, vivait vers la fin du 11e siècle. Il écrivit
une histoire intéressante *De Bello Saxo-
nico* , de 1073 à 1082 , qui se trouve
dans les *Script. rerum Germanicarum*,
de Freber.

BRUNON , évêque de Wurtzbourg, dit
Herbipolensis, oncle paternel de l'empereur Conrad II , était le fils de Conrad ,
duc de Carinthie. Il naquit en Saxe, et fut
élevé , en 1033, à l'épiscopat. Ce prélat

recommandable par sa science et par sa
vertu, fut écrasé , le 17 mai 1045 , sous
les ruines de sa salle à manger. On a de
lui, dans la *Bibliothèque des Pères* , des
Commentaires sur le Pentateuque, où il
fait usage des obèles et des astérisques ,
à la manière d'Origène, pour marquer
les différences du texte hébreu et des
Septante d'avec l'ancienne Vulgate ; d'autres *Commentaires* sur le *Psautier* et sur
les *Cantiques* de l'*Ancien* et du *Nouveau-
Testament*; des *Traités* de piété mis quelquefois sous le nom de saint Bruno, des
Explications du Symbole des Apôtres et
de celui de saint Athanase , Cologne ,
1494.

BRUNSFELD. (Voyez BAUMFELS.)

BRUNSINANUS. (V. LYSMUS , Jean.)

BRUNSWICK (Ferdinand , duc de),
l'un des plus célèbres généraux de la
guerre de sept ans , était fils de Ferdi-
nand-Albert , duc de Brunswick-Wolfenbutel, et neveu par sa mère de l'empereur Charles VI. Il naquit le 11 janvier
1721 , et reçut une éducation soignée.
Après avoir voyagé pendant quelque
temps , il entra à dix-neuf ans au service du roi de Prusse , Frédéric-le-
Grand. Ses premières campagnes lui
fournirent peu d'occasions de se faire
remarquer ; mais, pendant la *guerre de
sept ans*, il déploya les talents qui l'ont
placé parmi les premiers généraux de
son temps. Le roi d'Angleterre , Georges II, le demanda à Frédéric pour le
mettre à la tête des troupes anglaises et
hanovriennes. Il obligea les Français à
repasser le Rhin , les défit à Crével ,
reçut ensuite un échec à Berghen; mais
l'année suivante il s'empara de Minden,
et remporta près de cette ville une victoire éclatante. En 1762 , il chassa les
Français de la Hesse, et termina sa carrière militaire à la paix de 1763. Il eut
l'honneur, bien rare parmi les généraux,
de déposer le commandement d'une armée nombreuse , sans être plus riche
que lorsqu'il en avait été revêtu; il n'eut
d'autre récompense de ses longs services qu'une modique pension du roi
d'Angleterre et la place de doyen du
chapitre de Magdebourg. Il se retira à
Brunswick, et sut braver au milieu de
la cour impie et ironique de Frédéric-le-
Grand les sarcasmes de l'incrédulité , et
professer publiquement sa religion avec
un courage d'autant plus rare , qu'il
semble bien difficile de résister aux railleries qui partent d'un trône entouré de
gloire et de flatteurs. Il ternit cependant
l'estime que lui avait méritée cette sagesse, par la protection qu'il accorda à
la franc-maçonnerie. Il se livra entière

ment à cette secte mensongère, crut à ses prophéties, à ses évocations, et fut nommé grand-maître de toutes les loges de francs-maçons dans une grande partie de l'Allemagne. Il paraît cependant que, vers la fin de sa vie, il fut désabusé, et qu'il mourut dans des sentiments chrétiens, le 3 juillet 1792.

BRUNSWICK - LUNEBOURG (Charles-Guillaume-Ferdinand, duc de), frère aîné de Frédéric-Auguste et de Maximilien-Jules-Léopold, né à Brunswick le 9 octobre 1735, avait à peine atteint sa vingt-deuxième année, qu'il sauva, à la bataille d'Hastembeck, l'armée du duc de Cumberland. Il n'y eut aucune action dans la *guerre de sept ans* où le duc de Brunswick ne se couvrît de gloire. La succession de la Bavière ayant donné lieu, en 1778, à de nouvelles hostilités, il se signala encore par son intelligence et sa valeur. Entré en possession de son duché en 1780, il protégea les sciences et fonda plusieurs établissements utiles. Mais, en 1787, les troubles de la Hollande l'appelèrent de nouveau au commandement; il passa les frontières à la tête de 15,000 Prussiens, s'empara d'Utrecht, de La Haye, et, après vingt jours de siège, il obligea à capituler la ville d'Amsterdam dont 102 canonniers français avaient dirigé la défense. Cet exploit, qui rendit à la Prusse l'existence politique que lui avait donnée Frédéric-le-Grand, fut le dernier du duc de Brunswick. Quarante ans d'expérience et de gloire ne purent l'empêcher de commettre, dans la suite, des fautes inexplicables chez un si grand général. La Prusse et l'Autriche, alliées en 1792 par le traité de Pilnitz, le nommèrent commandant général de leurs armées. Jamais moment n'avait été plus favorable pour obtenir la victoire; mais les lenteurs que le général en chef mit dans ses opérations donnèrent le temps aux troupes françaises, répandues sur les frontières, de se rallier, puis de prendre l'offensive. La mésintelligence qui s'établit entre lui et le général autrichien Wurmser le porta à demander sa démission en 1794. Il publia alors une *Lettre* adressée au roi de Prusse, sur le peu d'union des alliés. Ses conseils contribuèrent à amener la paix de Bâle, conclue en 1795. Cependant, la France ayant pris une attitude inquiétante, notamment pour la Prusse et le duché de Brunswick, le duc chercha à déterminer les cabinets de Berlin et de St-Pétersbourg à une résistance vigoureuse. Il reprit le commandement des armées; mais aux environs d'Auerstaëdt, frappé

d'une balle dans les yeux, il se vit contraint de quitter le champ de bataille. L'armée, restée sans chef, fut défaite près Iéna, et le duc de Brunswick alla mourir à Altona.

BRUNSWICK - WOLFENBÜTTEL-OELS (Frédéric-Auguste de), frère aîné du duc Maximilien - Jules-Léopold de Brunswick, né en 1740, se livra à la culture des lettres, et fut nommé membre de l'académie de Berlin. Il a traduit en italien les *Considérations sur la grandeur et la décadence des Romains*, de Montesquieu, Berlin, 1764, in-8, et il a composé dans cette langue une *Histoire d'Alexandre-le-Grand*, Milan, 1764, in-8, traduite en français par Erman. Il a fait aussi plusieurs ouvrages relatifs à la tactique et à la défense des places, etc.; et, pour le théâtre de la cour, quelques *Pièces* en allemand et en français, dont quelques-unes ont été jouées à Berlin et à Strasbourg. Il est mort à Weimar le 8 octobre 1805.

BRUNSWICK. Christian de. (Voyez Halberstadt.)

BRUNUS, ou BRUNN (Conrad), chanoine d'Augsbourg, était du bourg de Kirchen, dans le duché de Wurtemberg. Il s'acquit beaucoup de réputation par la connaissance qu'il avait du droit, et parut avec éclat aux diètes d'Augsbourg, de Worms, de Spire et de Ratisbonne. Il mourut en 1563. On a de lui : *De Hareticis in genere*, etc., 1549, in-folio; *De Legationibus*, *de Ceremoniis*, *de Imaginibus*, 1548, in-fol.; une réfutation de l'*Histoire ecclésiastique*, publiée par Mathias Illyricus, et les autres centuriateurs de Magdebourg.

BRUNUS (Jordanus), appelé dans son pays *Giordano Bruni*, né à Nole dans le royaume de Naples, vers le milieu du 16e siècle, fut d'abord dominicain; mais il se retira à Genève, et y apostasia. Il se brouilla bientôt avec Calvin et avec Bèze, et fut obligé de quitter ce séjour. Il se rendit à Lyon, puis à Toulouse, ensuite à Paris vers 1582. Pour se procurer des moyens d'y subsister, il se mit à donner des leçons de philosophie en qualité de professeur extraordinaire, et publia des thèses où il attaquait d'anciennes opinions, et même des vérités importantes. Brunus souleva contre lui tous les professeurs de l'Université, dont les plaintes l'obligèrent de s'enfuir à Londres. Ce fut là que, sous la protection de Michel de Castelnau, ambassadeur de France auprès de la reine Elisabeth, et de Philippe Sidney, gentilhomme anglais, il publia son livre fameux, intitulé: *Spaccio della bestia triomfante*, Parigi, 1584, in-8; *La Déroute*, ou l'*Expulsion de la bête triomphante*. Toutes les religions sont fausses, suivant cet impie. Les vérités de celles des Juifs et des Chrétiens sont sur le même rang que les fables des païens et des idolâtres. C'est à la loi naturelle à régler les notions du vice et de la vertu; mais qui ne sait qu'on fait de la nature et de la raison tout ce que l'on veut, lorsque ces éternelles pupilles ne sont pas sous la tutelle de la religion ? Le symbole de Brunus est en 48 articles, dont chacun a rapport à quelque constellation céleste. L'extravagance de son imagination égalait celle de sa logique A la suite de la *Déroute de la bête triomphante*, on trouve un petit traité intitulé : *La Cena delle Ceneri*, *Le Souper du jour des Cendres*. Il prétend qu'il y a une multitude de mondes semblables à celui que nous habitons. Ces mondes sont des animaux intellectuels, avec des individus végétatifs et raisonnables. Pour avoir une suite complète des traités du même auteur, il faut y joindre : *Della causa, principio e uno; Dell' infinito universo; Degli eroici furori; Cabala del cavallo Pegaseo con l'asino Cillenico*. Brunus y développe les idées répandues dans ses autres ouvrages. Après quelques années de séjour à Londres, il passa à Wittemberg en Allemagne, embrassa le luthéranisme, et obtint la permission d'enseigner publiquement. Il s'en servit pour publier ses paradoxes philosophiques avec la même liberté qu'il avait fait en France, et s'y suscita les mêmes ennemis. Obligé de quitter Wittemberg au bout de deux ans, il parcourut encore diverses contrées de l'Allemagne, jusqu'à ce qu'enfin ayant succombé à la tentation d'aller dogmatiser dans sa patrie, il y tomba entre les mains de l'Inquisition. Elle délivra le pays des commotions qu'il aurait pu exciter, en le livrant au bras séculier, qui le fit mourir à Rome en 1600. Presque tous les ouvrages de Giordano Bruni sont, à quelques traits de lumière près, pleins d'obscurités et d'allégories énigmatiques.

BRUSONI (*Domitius Brusonius*), écrivain italien du 16e siècle, auteur de *Facéties*, qui parurent pour la première fois à Rome en 1518, in-fol. On les a réimprimées sous le titre de *Speculum mundi*; mais elles sont tronquées dans toutes les éditions qui ont suivi la première; la seule estimée.

BRUTÉ de LOIRELLE (l'abbé), censeur royal, mort en 1783, est l'auteur d'un poëme en 4 chants, intitulé : l'*Héroïsme*

de l'*amitié*, *David et Jonathas*, 1776, in-12, qui fait l'éloge de son cœur autant que de son esprit. Ce poëme est suivi de quelques pièces en vers et en prose : entre les premières, il y a des *Odes sur les sept sacrements*, qui méritent une attention particulière de la part de ceux qui savent estimer l'alliance de la piété et de l'esprit. Son *Épître à un esprit fort* sur les écrits contre la religion acheva de donner une juste idée de l'emploi que l'abbé Bruté faisait de ses talents; il paraît manquer quelquefois de feu et d'imagination; mais il y supplée par le langage du sentiment et le prix inestimable de la vérité.

BRUTI, ou BUUTUS (Jean-Michel), né à Venise vers 1515, et mort en Transylvanie vers 1593, est mis au rang des bons humanistes, quoiqu'il n'eût point la manie cicéronienne, qui régnait alors. Son caractère turbulent et inquiet le promena dans presque tous les royaumes de l'Europe, en France, en Espagne, en Allemagne, en Hongrie, en Pologne. Dans le cours de ses voyages, sa réputation le fit rechercher par Etienne Bathori, roi de Pologne, qui le nomma son historiographe, et le chargea de continuer l'*Histoire de Hongrie*, commencée par Bonfinius, ce qu'il exécuta; mais cette continuation n'a point vu le jour. Après la mort de ce prince, il eut la même qualité auprès de l'empereur Rodolphe II, et Maximilien son successeur. Bruti est principalement connu par une *Histoire latine de Florence*, en 8 livres, qui va jusqu'à la mort de Laurent de Médicis en 1492, imprimée à Lyon en 1562, in-4. Dans cette histoire qui est estimée, et dont la préface surtout passe pour un chef-d'œuvre d'élégance, de jugement et de force, il prend à tâche de contredire Paul Jove, partisan déclaré des Médicis; mais lui-même donne dans l'excès contraire à celui qu'il reproche à l'historien panégyriste, en parlant de cette maison avec une animosité qui se décèle partout. Aussi les grands ducs de Toscane ont-ils fait supprimer son ouvrage avec tant de soin, que cette édition est devenue assez rare. On a encore de cet auteur : un petit traité *De origine Venetiarum*, imprimé à Lyon en 1569, in-8, bien écrit et estimé; Des *Lettres* latines en 5 livres, pleines de choses curieuses sur la Pologne, recueillies avec quelques autres ouvrages, comme *De Historiâ laudibus, sive de certâ viâ, et ratione quâ sunt scriptores legendi*, Berlin, 1698, in-8; *De rebus à Carolo V imperatore gestis*, Anvers, 1555, in-8; des *Commentaires* sur Horace, César et Cicéron.

BRUTUS (Lucius-Junius), fils de Marcus Junius, et de Tarquinie, fille de Tarquin l'Ancien, cacha sous un air stupide et insensé la vengeance qu'il voulait tirer de la mort de son père et de son frère, dont Tarquin-le-Superbe s'était défait. Cet imbécile se montra bientôt un grand homme. Lucrèce s'étant donné elle-même la mort, pour ne pas survivre à l'affront que le dernier Tarquin lui avait fait, Brutus arracha le poignard de son sein, et jura sur cette arme sanglante une haine éternelle au ravisseur, avec serment de le chasser de Rome lui et toute sa famille; les assistants suivirent son exemple. On convoqua le peuple, et on obtint la confirmation d'un arrêt du sénat, qui proscrivait à jamais les Tarquins. L'autorité fut remise entre les mains de deux magistrats annuels appelés consuls, choisis par le peuple dans les familles des patriciens. Brutus et Collatinus, mari de Lucrèce, l'un le libérateur de la patrie, et l'autre l'ennemi personnel de Tarquin, furent les premiers consuls, vers l'an 509 avant J.-C. Ils signalèrent leur entrée dans la magistrature, par l'émission d'un serment solennel prononcé par le peuple, de ne jamais recevoir les Tarquins, ni d'autres rois. Brutus ne savait pas que ceux qui violeraient les premiers ce serment étaient dans sa famille. Des ambassadeurs venus d'Etrurie conspirèrent avec ses deux fils, pour ouvrir les portes de Rome au monarque proscrit. Cette conjuration ayant été découverte par un esclave, Brutus, républicain ardent, encore plus que père tendre, fit couper la tête à ses enfants, et assista à leur supplice; action qu'on ne peut excuser qu'en réfléchissant à quel point étaient montés alors l'amour de la patrie et la haine de la servitude. Dans la belle description que fait Virgile de cette scène tragique, il a cru devoir plaindre plutôt ce père malheureux que de le louer, et renvoyer le jugement de sa conduite à la postérité qui, dit-il, trouvera un motif de l'absoudre dans l'enthousiasme de la gloire et de la liberté. Il y eut la même année un combat singulier entre Brutus et Aruns, fils de Tarquin, à la tête de deux armées. Le consul romain s'attacha avec tant d'acharnement à son adversaire, qu'ils se percèrent tous deux en même temps. Son corps fut porté à Rome par les chevaliers les plus distingués. Le sénat vint le recevoir avec l'appareil d'un triomphe. Son oraison funèbre fut prononcée dans la tribune aux harangues. Les dames romaines portèrent le deuil pendant un an, le regardant comme le vengeur de leur sexe, indignement outragé dans la personne de Lucrèce. Mais le caractère de Brutus prouve assez que cette vengeance ne fut que le prétexte qu'il employa pour opérer une révolution où son orgueil et sa violente humeur trouvaient également à se satisfaire. (Voyez COLLATINUS L.-T.)

BRUTUS (Marcus-Junius), fils de Junius Brutus, et de Servilie, sœur de Caton. Il croyait descendre, par son père, de Brutus, fondateur de la république; et par sa mère, de Servilius Ahala, meurtrier de Spurius Mœtius qui avait aspiré à la tyrannie. Il cultiva les lettres, et puisa dans les orateurs grecs et romains ces idées de liberté, qui le menèrent à la conspiration contre César. Il conjura avec Cassius, préteur comme lui, contre la vie du dictateur. On l'assassina en plein sénat, le 15 mars, 43 ans avant J.-C. César mourant vit Brutus le poignard à la main, au milieu des conjurés qui s'étaient jetés sur lui: *Et toi aussi, mon cher Brutus!* s'écria-t-il. Il était bien naturel que ce tendre reproche échappât à un homme qui était, dit-on, son père, et qui l'avait toujours traité comme un fils chéri. C'est à César que Brutus devait sa fortune et sa vie; car à la bataille de Pharsale, son premier empressement fut de recommander qu'on épargnât ses jours. Mais cet enthousiaste de la liberté était incapable d'écouter la reconnaissance, quand il était question de la patrie. Cicéron, qui avait un amour plus éclairé pour elle, marqua à Atticus: « Que les « conjurés avaient exécuté un projet « d'enfant, avec un courage héroïque, « en ce qu'ils n'avaient pas porté la coi-« gnée jusqu'aux racines de l'arbre. » Brutus fit périr son bienfaiteur; mais en laissant subsister ses favoris et ceux qui aspiraient à lui succéder, il commit un crime dont la république ne tira aucun fruit. On avait délibéré en sa présence s'il n'était pas à propos de délivrer aussi la république d'Antoine, l'intime ami de César: Brutus s'y opposa, *voulant,* dit Plutarque, *qu'une action qu'ils avaient le courage d'entreprendre pour le maintien des lois et de la liberté, fût pure et nette de toute injustice.* Délicatesse précieuse, mais qui n'est pas à l'abri du reproche d'inconséquence. Si César méritait la mort, ce n'était pas à de simples particuliers, et encore moins à Brutus à la lui donner: il ne devait périr que par le fer des lois. La guerre civile renaquit de ses cendres. Le peuple, ayant vu une comète à longue chevelure pendant qu'on célébrait ses obsèques, crut que son âme avait été reçue dans le ciel. Marc-

Antoine et Octave, qui profitaient de tout, rendirent les meurtriers odieux, les firent chasser de Rome, et les poursuivirent jusque dans la Macédoine. Brutus fut défait à la bataille de Philippes, malgré les prodiges de valeur qu'il y fit. La nuit qui suivit le combat, il se donna la mort. Quelques lettres qui nous restent de Brutus prouvent qu'il avait une éloquence digne de son caractère, une éloquence mâle et sublime dans sa simplicité.

BRUYÈRE (Jean de La) naquit en 1644, dans un village proche de Dourdan, dans l'Ile-de-France. Il fut d'abord trésorier de France à Caen, et ensuite placé, en qualité d'homme de lettres, par le grand Bossuet, auprès de M. le Duc, pour lui enseigner l'histoire, avec mille écus de pension. L'Académie française lui ouvrit ses portes en 1693. Trois ans après, en 1696, une apoplexie d'un quart-d'heure l'emporta à l'âge de 52 ans. C'était un philosophe ingénieux, ennemi de l'ambition, content de cultiver en paix ses amis et ses livres ; faisant un bon choix des uns et des autres ; ne cherchant ni ne fuyant le plaisir ; toujours disposé à une voix modeste, habile à la faire naître, poli dans ses manières, sage dans ses discours, évitant toute sorte d'affectation, même celle de montrer de l'esprit. Ses *Caractères de Théophraste*, traduits du grec, avec les mœurs de ce siècle, ont porté son nom dans toute l'Europe. « Les efforts qu'on a faits pour « imiter ces *Caractères*, dit un judicieux « critique, n'ont servi qu'à prouver com- « bien ils sont inimitables. Avant de « s'attacher au genre, il fallait être doué, « comme lui, de ce coup-d'œil perçant « qui pénétrait dans les plus profonds « replis du cœur, de cette vigoureuse sub- « tilité qui en saisissait les mouvements « dans leur source, de cette énergie su- « périeure qui les a si profondément tra- « cés, de ce génie enfin qui ne saurait « être que le résultat de la force des « idées, et de la chaleur du sentiment. « Que prouve cette difficulté d'imiter les « bons modèles, sinon que les talents dé- « génèrent parmi nous, ou qu'on ne les « cultive, et ne les nourrit pas assez, « avant de les appliquer à des sujets qui « les surpassent ? » Dom Argonne, chartreux estimable par ses connaissances et ses vertus, en fit une critique sévère ; il crut y voir des satires personnelles condamnées par les règles de la charité chrétienne. Mais les lecteurs moins austères ne virent dans les peintures de La Bruyère que les originaux de tous les pays. « Quand même, dit un auteur esti-

« mé, il y aurait quelques reproches à « faire au nouveau Théophraste, ils se- « ront toujours de la nature de ceux qu'on « oublie en faveur de la justesse et de la « solidité des réflexions, de la noblesse « et de l'énergie du style, et de la véri- « té des maximes qui s'y présentent à « chaque page. Que la littérature n'offre- « t-elle jamais que de pareils sujets d'in- « dulgence ! » On a encore de lui des *Dialogues sur le Quiétisme*, qu'il n'avait fait qu'ébaucher, et auxquels l'abbé Dupin mit la dernière main: ils furent publiés en 1699 à Paris, in-12; les meilleures éditions des *Caractères* sont celles d'Amsterdam, 1741, en 2 vol. in-12, et de Paris, 1750, 2 vol. in-12, et 1765, in-4, depuis plusieurs fois réimprimées in-18, in-12 et in-8. Suard a donné : *Maximes et réflexions morales extraites de La Bruyère*, 1781, in-12; et Philippon de La Madeleine a fait imprimer des *Morceaux choisis de La Bruyère*, 1808, in-12; Mme de Genlis a publié une nouvelle édition des *Caractères*, avec de nouvelles notes critiques, 1812, in-12.

BRUYN (Corneille le), peintre et fameux voyageur, né à La Haye en 1652, commença ses voyages en Moscovie, en Perse, aux Indes-Orientales en 1674, et ne les acheva qu'en 1708. Il les publia sous le titre de *Voyage du Levant*, Amsterdam, in-fol. L'édition originale, qui est en flamand, a été imprimée à Delft, in-fol.; de *Moscovie*, de *Perse*, etc., en 1718, 2 vol. in-fol. Cette édition est estimée à causes des figures; ou y trouve divers morceaux d'antiquités, et des vues de villes très-curieuses, bien dessinées et bien gravées ; mais l'édition de 1725, faite a Rouen en 5 vol. in-4, est plus utile, parce que l'abbé a retouché le style, a orné l'ouvrage d'excellentes notes, et y a ajouté le *Voyage de Desmousseaux*, etc. C'est dommage qu'on y ait retranché la plus grande partie des figures, qui ne faisaient pas un des moindres mérites de l'ouvrage. Bruyn est un voyageur curieux et instructif ; mais il n'est pas toujours exact, et son style est loin de l'élégance.

BRUYS (Pierre de), hérésiarque, prêcha d'abord ses erreurs dans le Dauphiné, sa patrie, et se rendit ensuite dans la Provence et dans le Languedoc. Il rebaptisait les peuples, fouettait les prêtres, emprisonnait les moines, profanait les églises, renversait les autels, brûlait les croix. Il ne voulait admettre aucun de ces monuments de notre religion. Les catholiques de Saint-Gilles, outrés de ces excès, autant que scandalisés de ses erreurs, le brûlèrent dans leur ville en 1147. Il soutenait que le baptême était inutile avant l'âge de puberté ; que le sacrifice de la messe n'était rien ; que les prières pour les morts valaient encore moins, etc. Ses disciples furent appelés, de son nom, *Petrobusiens.* Pierre *le vénérable* a réfuté ses erreurs.

BRUYS (François), né à Serrières dans le Mâconnais, en 1708, quitta son pays pour aller cultiver les lettres à Genève, et passa de là à La Haye, où il se fit calviniste. Obligé de sortir de Hollande, il se retira en Allemagne, d'où il revint en France. Il y fit son abjuration, et mourut quelque temps après en 1738, à Dijon, où il suivit le barreau. On a de lui : *Critique désintéressée des Journaux littéraires,* 3 vol. in-12. Cette *Critique désintéressée* est très-partiale. Le style est celui d'un réfugié, qui n'a pas eu le temps de se former en France ; *Histoire des Papes depuis saint Pierre jusqu'à Benoît XIII inclusivement,* La Haye, 5 vol. in-4, 1732 : ouvrage dicté par la faim, plein de satires si grossières, que les protestants eux-mêmes n'ont pu le souffrir ; *Mémoires historiques, critiques et littéraires,* 2 vol. in-12, où l'on trouve beaucoup d'anecdotes sur le caractère et les ouvrages des savants qu'il avait connus dans ses différentes courses ; elles sont mêlées dans le récit de ses aventures ; les six derniers vol. du *Tacite* d'Amelot de la Houssaie ; ils ne valent pas les quatre premiers : mais cette traduction et les notes ont servi à perfectionner celles qu'on a données depuis de l'annaliste romain.

BRUZEAU (Paul), prêtre de la communauté de Saint-Gervais, à Paris, fut, vers la fin du 17e siècle, un des meilleurs apologistes de l'Eglise catholique. Il publia, en 1682, la *Défense de la foi de l'Eglise sur les principaux points de controverse ;* et, en 1684, la *Foi de l'Eglise catholique sur l'Eucharistie.* Le premier de ces ouvrages était une réponse péremptoire à la fameuse *Lettre* du médecin Spon au P. de La Chaise, dont la réforme voulait faire un chef-d'œuvre. Bruzeau passe pour l'auteur de la célèbre *Conférence du diable avec Luther,* 1673 et 1740.

BRUZEN DE LA MARTINIÈRE (Antoine-Augustin), parent du célèbre Richard Simon, naquit à Dieppe selon quelques-uns, et selon d'autres à Piencourt, village de l'élection de Lisieux, vers l'an 1683, et fut élevé à Paris, sous les yeux de son parent. En 1709, il se rendit à la cour du duc de Meckelbourg, qui l'avait appelé auprès de lui, pour faire des recherches sur l'histoire de ce duché. Ce

prince étant mort, il s'attacha au duc de Parme, et ensuite au roi des Deux-Siciles, qui le nomma son secrétaire, et lui donna des appointements annuels de 1,200 écus. Il avait conçu, depuis longtemps, le projet d'un nouveau Dictionnaire géographique ; il l'exécuta à La Haye, où il s'était retiré. Le marquis de Beretti Landi, ministre plénipotentiaire d'Espagne auprès des Etats-Généraux, engagea l'auteur à dédier ce grand ouvrage à son maître. Le roi d'Espagne, flatté de cet hommage, accorda à l'auteur le titre de son premier géographe. La Martinière mourut à La Haye en 1749. Il avait beaucoup de lecture, une mémoire heureuse, un jugement solide et une grande pénétration. Son style, sans être toujours pur, est ordinairement élégant et facile, du moins dans les ouvrages où il ne se borne pas à être compilateur. L'histoire, la géographie et la littérature furent ses études favorites. On a de lui plusieurs ouvrages sur différentes matières : le grand *Dictionnaire historique, géographique et critique,* imprimé à La Haye depuis 1726 jusqu'en 1739, en 9 vol. in-fol., réimprimé à Paris en 6 vol., 1768, avec des corrections, des changements et des additions. Ce n'est pas assurément un ouvrage sans défauts ; mais il en est peu de moins mauvais en ce genre. Dans la nouvelle édition, on a élagué les articles trop diffus, corrigé les inexactitudes, et suppléé aux omissions. Il a paru à Paris, en 1759, un *Abrégé* portatif de cet ouvrage immense, en 2 vol. in-8, qui se relient en un seul. *Introduction à l'Histoire de l'Europe,* par le baron Puffendorff, entièrement remaniée, augmentée de l'*Histoire de l'Asie, de l'Afrique et de l'Amérique,* et purgée de plus de 2,000 fautes. Une des dernières éditions de cet ouvrage réimprimé plusieurs fois est celle de La Haye, en 1743, 11 vol. in-12. La Martinière, catholique éclairé, retrancha dans son édition un long chapitre, aussi absurde que calomnieux, sur la monarchie ou autorité temporelle du Pape. Il y substitua un *Abrégé chronologique de la souveraineté des Papes en Italie.* L'éditeur ne corrigea pas toutes les fautes de Puffendorff ; M. de Grace a réformé encore plusieurs dans une nouvelle édition en 8 vol. in-4, Paris, 1754 à 1759 ; *Traités géographiques et historiques, pour faciliter l'intelligence de l'Ecriture-Sainte,* par divers auteurs célèbres, Huet, Legrand, Calmet, Hardouin, 1730, 2 vol. in-12. Ce recueil utile est précédé d'une préface fort instructive ; *Entretiens des ombres aux Champs-Elysées,* en 2 vol. in-12, tirés d'une énorme compilation allemande et accommodés au génie de la langue française. Ils renferment une morale utile, mais commune ; *Essai d'une traduction d'Horace en vers français*, dans lequel il y a plusieurs pièces de lui, qui ne sont pas les meilleures. Cet essai n'a pas réussi. *Nouveau recueil des Epigrammatistes français, anciens et modernes*, 2 vol. in-12, Amsterdam, 1720. L'auteur a orné cette collection, faite avec assez de choix, d'une préface et de quelques épigrammes de sa façon; *Introduction générale à l'étude des sciences et des belles-lettres, en faveur des personnes qui ne savent que le français*, in-12, La Haye, 1731. La première partie sur les sciences est fort vague, la seconde est plus utile ; les matières ne sont pas toujours traitées avec assez de méthode et de précision. Les jugements qu'il porte des auteurs respirent le goût, mais ne sont pas détaillés. Cet ouvrage a été réimprimé à Paris, en 1756, à la suite des *Conseils pour former une bibliothèque peu nombreuse, mais choisie*; *Continuation de l'Histoire de France, sous le règne de Louis XIV*, Rotterdam, 1718 et 1722, 3 vol. in-4, commencée par Larrey. Cette histoire est au-dessous du médiocre ; la continuation ne vaut guère mieux; *Lettres choisies de M. Simon*, avec une *Vie* de l'auteur très-détaillée, et des notes curieuses, Amsterdam, 1730, en 4 vol. in-12; *Nouveau portefeuille historique et littéraire*, ouvrage posthume de La Martinière. Ce recueil, publié apparemment par quelqu'un de ces éditeurs, qui vivent, suivant les expressions d'un auteur ingénieux, des sottises des morts, a eu peu de cours. On a attribué à cet écrivain fécond et estimé des ouvrages qui ne sont point de lui, entre autres une compilation diffuse de l'*Histoire de Louis XIV*, La Haye, 1740, 5 vol. in-4.

BRY (Théodore de), habile dessinateur et graveur, né à Liége l'an 1528. On le met, pour l'ordinaire, au rang des maîtres de second ordre. Théodore a surtout excellé dans le petit. Cet artiste mourut à Francfort-sur-le-Mein en 1598. Il a gravé les caractères dont se sont servis tous les peuples du monde, Francfort, 1596, in-4, et la plus grande partie des figures qui se trouvent dans la collection que l'on appelle *Grands et Petits Voyages*, Francfort, 1590 à 1634, 7 vol. in-fol. qui contiennent 3 parties pour les grands, et 12 pour les petits. Presque tous les ouvrages de Jean-Jacques Boissard sont ornés de ses gravures, particulièrement le *Theatrum vitæ humanæ*, et *Topographia urbis Romæ*. Il y a beau-

coup de netteté et de propreté, mais quelquefois un peu de sécheresse dans son burin. — Jean-Théodore et Jean-Israël, ses fils, ont exercé le même art. C'est à l'aîné qu'il faut attribuer ces jolies copies réduites en petit, d'après d'autres estampes, et qui sont souvent plus estimées que les originaux.

BRY DE LA CLERGERIE (Gilles) fut lieutenant-général au bailliage du Perche, sa patrie, au commencement du 17e siècle. On a de lui : *Histoire du comté du Perche et du duché d'Alençon*, avec des additions, Paris, 1620 et 1621, in-4, estimée pour les recherches curieuses qu'elle contient; *Coutume du bailliage du Grand-Perche*, avec des apostilles du célèbre du Moulin, Paris, 1621, in-8.

BRYANT (Jacques), antiquaire anglais, célèbre par son érudition, fut précepteur et secrétaire du lord Marlborough, fils du grand général de ce nom, qui lui fit obtenir une place à l'amirauté. Il conserva jusque dans ses derniers moments son goût pour l'étude. Il travaillait dans sa bibliothèque, lorsqu'un volume lui tomba sur la tête, et causa sa mort en 1804. Il avait plus de 80 ans. On a de lui : *Observations et recherches relatives à différentes parties de l'histoire ancienne*, 1767, in-4; *Nouveau système, ou Analyse de la mythologie ancienne*, Londres, 1773, 3 v. in-4, ouvrage qui établit sa réputation, quoiqu'on y trouve bien des paradoxes ; il y prétend que les histoires des patriarches, rapportées dans l'Ancien-Testament, ont été l'origine d'une grande partie de la mythologie païenne : ce qu'il dit à cet égard des mythologies indiennes a été confirmé par plusieurs académiciens de Calcutta ; *Traité de l'authenticité de l'Ecriture-Sainte, et de la vertu de la religion chrétienne*, Londres, 1793 : ce livre a obtenu onze éditions dans la même année; *Défense de la médaille d'Apamée*, où il prouve les rapports de cette médaille avec le déluge, ce qui a été depuis confirmé par le savant Eckel; une *Adresse au docteur Priestley, sur la nécessité philosophique*, in-8; *Observations sur les poëmes de Rowley*, 2 vol. in-8; *Dissertation sur la guerre de Troie*, décrite par Homère ; etc.

BRYDAINE (Jacques), célèbre missionnaire, né le 21 mars 1701 à Chusclan, diocèse d'Uzès, fit ses premières études à Avignon, au collège qu'y tenaient les Jésuites, avec assez de succès pour que ses maîtres souhaitassent de l'avoir parmi eux. Il n'était point encore prêtre lorsqu'en 1725, la ville d'Aigues-Mortes manquant de prédicateur, pour le carême, on l'envoya prêcher cette station. Il abit en tout que trois sermons, qu'à peine il venait de finir. Il partit avec cette mince provision, se confiant en celui qui a dit : « Ne vous mettez pas en peine comment vous leur parlerez ni de ce que vous leur direz; car ce que vous devez leur dire vous sera donné à l'heure même. » (Math., X, 19.) Le mercredi des cendres, jour du premier sermon, l'église se trouva presque vide lorsqu'il s'y présenta. Voyant que personne n'arrivait, il sort, une cloche à la main; on le suit par curiosité. Il monte en chaire, et d'une voix forte et sonore il entonne un cantique sur la mort; un cantique au lieu d'un sermon ! nouveau sujet d'étonnement. Bientôt reprenant le sujet de son cantique, il en paraphrase les terribles paroles avec tant de force, que tous ceux qui l'écoutent en demeurent stupéfaits, et qu'une foule immense se précipite à ses autres sermons. Tel fut le premier essai d'un talent qui par la suite devint si remarquable. Le 26 mai 1725, Brydaine fut ordonné prêtre, et tout aussitôt il se consacra aux missions. Employé d'abord à celles des Cévennes, il évangélisa ensuite la Provence, le Languedoc, le comtat d'Avignon, puis se répandit dans d'autres provinces, et il en est peu en France où il ne se soit fait entendre. Il vint à Paris en 1744; et celui qui se disait appelé à évangéliser les pauvres trouva dans sa bouche éloquente des paroles qui firent trembler les riches et les puissants de cette grande ville. Plusieurs évêques le prièrent de donner des missions à leurs diocèses. C'était partout de nombreuses conversions, partout les mêmes succès. En effet, le Père Brydaine réunissait sa personne tout ce qu'il faut pour les obtenir; son éloquence était mâle et vigoureuse; il possédait l'action de l'orateur au dernier degré de perfection; sa voix était d'une force extraordinaire et du plus beau timbre, il se faisait entendre distinctement de tout le monde, dans le vaisseau le plus spacieux, et en plein air, du rassemblement le plus considérable. Les philosophes venaient l'écouter, et ne s'en retournaient pas sans confusion. Lorsqu'il s'écriait : « Mon grand Dieu qui va vous juger, » il faisait frémir son immense auditoire. « On remarquait, dit Maury, dans tout ce qu'il disait des tours naturellement oratoires, des métaphores très-hardies, des pensées neuves, brusques et frappantes; tous les caractères d'une riche imagination, quelques traits, quelquefois même des discours entiers, préparés avec soin et écrits avec autant de goût que de chaleur. » Tous les orateurs contemporains disaient de Brydaine, comme Bossuet avait dit de Bourdaloue : « C'est notre maître à tous, nous touchons à peine le cœur, il l'emporte d'emblée. » Le cardinal de Fleury, premier ministre, voulait le mettre à la tête d'une société de missionnaires à Paris; et Benoît XIV lui donna, dès 1750, le privilége inouï d'évangéliser dans tout l'univers chrétien. Quoi qu'il en soit, et son histoire est unique en ce genre, il était seul, et seul, il était toute une armée; et seul, il donna près de trois cents missions, proprement dites, le lendemain de la dernière desquelles il mourut; c'était, soldat de Jésus-Christ, les armes à la main. Voici quelques traits épars de l'histoire de ses vertus et de son génie racontés par des hommes assez capables de le juger, et qui l'entendirent, l'abbé Maury, et l'abbé de Boulogne, dans ses Annales : « Toute la France à retenti de sa renommée. Il la parcourut en apôtre pendant plus de quarante ans. Plus de cent diocèses furent le théâtre de son zèle. Il fit avec un succès toujours égal des missions, où il renouvela les prodiges des Xavier et des Régis. Né à quelques lieues d'Avignon, sous ce beau ciel qui a vu naître tant d'orateurs célèbres, dans un village situé sur les rives du Rhône, son éloquence conquérante participait, en quelque sorte, à la rapidité, et à l'impétuosité de ce fleuve. Peu d'orateurs ont connu ce grand art de dominer la multitude, de s'emparer d'un vaste auditoire, de mouvoir à son gré les esprits, de frapper l'imagination par de grandes images, des traits inattendus, et par ces mouvements d'une éloquence populaire et antique, dont il ne reste presque plus de traces parmi nous, et dont peut-être il faut aller chercher des exemples dans les chaires de nos campagnes, et à l'école de nos plus humbles missionnaires. Peu ont prouvé davantage cette maxime de Pascal, que l'éloquence se moque de l'éloquence, c'est-à-dire des faibles ressources de la rhétorique et des petites règles de l'art. Ce n'était pas Bourdaloue par la pureté de sa diction et la régularité de ses plans, mais il faisait ce que Bourdaloue n'a pas fait, et c'est bien surtout de Brydaine que ce grand orateur aurait dit, ce qu'il disait du Père Séraphin, capucin, qu'il faisait rendre à ses sermons les mouchoirs qu'on volait aux siens. Que de restitutions ! que de réparations de torts et de dommages ! Dans la seule ville de Châlons-sur-Saône, en 1745, il y en eut pour plus de cent mille francs; la plupart même se firent publiquement, tant était grande l'impulsion que l'homme apostolique avait communiquée. Il était non seulement l'apôtre, mais le juge de paix de toutes les paroisses qu'il évangélisait. C'est à son tribunal que se portaient tous les différends des familles; c'est devant lui que venaient s'embrasser les ennemis les plus irréconciliables. Que d'établissements utiles fondés! que d'hospices relevés! que de chemins et de places publiques ouverts ou réparés, sans aucuns frais pour les communes! que de sociétés de miséricorde instituées! que de quêtes nombreuses pour les pauvres, les malades, les prisonniers, les nécessiteux de toute espèce! On le vit, à Grenoble, parcourant les rues, les places et les maisons, suivi de chariots qui pouvaient à peine contenir les hardes et les meubles qu'on lui donnait, et qu'il distribuait le soir, comme un vainqueur chargé du butin de sa journée. L'histoire de sa vie est pleine de traits singuliers qui prouvent jusqu'à quel point il savait maîtriser l'âge le plus bouillant et les passions les plus impétueuses. A Marseille, quarante jeunes libertins viennent le trouver, et le conjurent de les admettre à faire une réparation publique de leurs égarements. A Montpellier, presque tous les étudiants en médecine donnent le même exemple de repentir. C'est principalement sur les militaires qu'il se plaisait à exercer son zèle et le pouvoir de son éloquence. Peu content de les attirer à ses prédications, il allait encore dans les casernes y établir la prière commune, et y remplacer par les cantiques de la mission les chansons de la licence. Ici ce sont de jeunes officiers qui, entrant dans l'église pour se moquer de lui, sont terrassés par un seul mot du saint orateur, et deviennent non seulement ses panégyristes, mais encore ses pénitents. Là de vieux militaires qui l'attendent, au sortir de la chaire, se jettent à ses pieds, le supplient avec larmes de les entendre et se déchargent dans son sein du poids de leurs remords par l'aveu de leurs fautes. M. de Minard, lieutenant-colonel du régiment de Forez, racontait, en 1749, devant les principaux officiers qui en avaient été témoins, qu'après une mission donnée à ce régiment par M. Brydaine, ayant mené ses soldats en Italie, où il y eut une action très-vive et très-meurtrière, ils y essuyèrent le feu avec une intrépidité dont il y avait peu d'exemples, tant la paix de leur conscience, et les sentiments de piété que le vertueux missionnaire leur avait inspirés ajoutaient en ce moment critique à leur dévouement et à leur bravoure. « Un impie que le crime avait endurci voulut

jeter sur le missionnaire un ridicule public, en singeant sou ton, ses gestes et son action dans une des plus augustes cérémonies de la religion. Couvert d'un linceul en forme de surplis, il vient, la corde au col et la torche à la main, se placer sur une élévation pour y jouer le saint missionaire, qui, dans une communion générale, avait fait dans cette posture une amende honorable aux pieds des autels. A peine le profanateur a-t-il commencé son discours, qu'il se laisse tomber, et dans sa chute se rompt les jambes et se meurtrit tout le corps. Porté à l'hôpital, il y expie son crime par de vives et longues douleurs. Brydaine, instruit de cette scène scandaleuse, et du malheur qui en était la suite, arrêta les poursuites de la justice, le consola avec une charité pleine de tendresse, le confessa plusieurs fois et le convertit parfaitement.» Ces grands succès, ces heureuses conquêtes de son apostolat, Brydaine les devait non seulement à ses talents oratoires, mais encore à ses éminentes vertus; à ses mœurs aussi pures que mortifiées; à cette aimable douceur qui respirait dans toutes ses actions comme dans toutes ses paroles; à ce zèle insurmontable qui lui faisait braver tous les dangers, ainsi que toutes les privations; à cet oubli généreux de lui-même qui l'élevait au-dessus de tous les applaudissements par sa modestie, et au-dessus de toutes les récompenses par son désintéressement; enfin, à la sainteté de sa vie, qui, convainquant parfaitement ses auditeurs qu'il pratiquait le premier ce qu'il enseignait aux autres, était sans contredit le plus beau et le plus éloquent de ses sermons. Massillon, instruit par la renommée des succès de Brydaine, lui écrivit plusieurs fois pour l'inviter à évangéliser ses diocésains. L'illustre orateur ne l'eut pas plutôt entendu, qu'il admira dans l'humble missionnaire un genre d'éloquence si opposé au sien; il se permit avec peine, pendant tout le temps que dura la mission, de prêcher une seule fois : « Je veux, disait-il, que tout Clermont l'entende, et je voudrais que sa voix pût éclater dans toutes les extrémités de la France ». De l'admiration pour ses talents, Massillon passa à la plus tendre vénération pour ses vertus. Il lui en donna une preuve non équivoque en même temps que bien touchante, par la facilité avec laquelle il accorda son pardon à un neveu qui, depuis longtemps, avait encouru sa disgrâce. Le missionnaire l'amène aux pieds de son oncle, qui, dans un instant, oubliant tous ses torts, lui prodigue les plus tendres caresses, et

ridicule p
*es geste*sant : « Vous voyez, Père Brydaine,
*ts aug*qu'il n'est rien que votre éloquence ne
*u very f*isse entreprendre. » C'est sans doute
*vi*à cette mission de Clermont que Mar-
*mo*montel fait allusion, dans un discours en
y vers sur l'éloquence, qu'il lut à l'Académie française, le 29 février 1776 :

Je l'ai vu, Massillon lui-même en fut témoin,
De s'égaler à lui l'orateur était loin :
Ce n'était point ce style ingénieux et tendre
Qui semble attacher l'âme au plaisir de l'entendre,
Ce langage épuré qu'une sensible voix
Parlait si doucement à l'oreille des rois :
C'était un orateur saintement populaire,
Qui, content d'émouvoir, négligeait l'art de plaire
D'une éloquence vaine il dédaignait les fleurs,
Il n'avait que des cris, des sanglots et des pleurs,
Mais de longs traits de feu, jetés à l'aventure,
D'une chaleur brûlante animaient sa peinture :
C'était l'âme d'un père ouverte aux malheureux,
Son cœur se déchirait en gémissant sur eux,
Le faible et l'indigent croyaient voir, à son aile,
L'ange consolateur les couvrir de son aile.
Mais à l'homme superbe, à l'injuste oppresseur,
Au riche impitoyable, au cruel ravisseur,
Déclarait-il la guerre ? Une voix fulminante
A leur âme de fer imprimait l'épouvante,
Tout tremblait sous sa main, le méchant consterné,
D'un ténébreux abîme était environné.
Il domptait l'habitude, il domptait la nature,
Il faisait du remords éprouver la torture,
De son faste à ces pieds l'orgueil en dépouillait,
La rapine tombait des mains qu'elle souillait,
La volupté rompait ses chaînes les plus chères,
Ennemis et rivaux se pardonnaient en frères.
C'était un nouveau peuple, et ce peuple charmé
Bénissait l'orateur qui l'avait transformé.

Cet hommage rendu à l'éloquence de Brydaine, et qui sans doute n'était pas suspect dans la bouche de Marmontel, confirme parfaitement ce qu'en dit M. l'abbé
Maury dans son *Discours sur l'éloquence
de la chaire :* « Plusieurs personnes,
dit-il, se souviennent encore de l'effroi
que son sermon sur l'éternité répandait
dans l'assemblée. L'organe tonnant de
Brydaine ajoutait à ces occasions une
énergie étonnante à son éloquence, et
l'auditoire, familiarisé avec son langage
et ses idées, paraissait alors consterné
devant lui. Le silence profond qui régnait dans l'assemblée, surtout quand il
prêchait à l'entrée de la nuit, était interrompu de temps en temps, et d'une manière très-sensible, par des soupirs longs
et lugubres, qui partaient à la fois de
toutes les extrémités du temple où il parlait. » La haute renommée que le Père
Brydaine s'était faite dans les provinces
ne tarda pas à percer dans la capitale.
M. de Vintimille, archevêque de Paris,
l'y appela en 1744. Il commença par
faire une mission à Chaillot, où il attira
une foule que n'avaient pas ordinairement les plus célèbres orateurs. Il donna
ensuite une retraite au Mont-Valérien,
une à la communauté de l'Enfant-Jésus,
et une à celle du Bon-Pasteur, où il fit
des prodiges de conversion parmi seize
cents femmes ou filles recluses qui s'y
trouvaient. Appelé par Mgr l'archevêque
de Beaumont, il exerça son zèle apostolique dans les vastes maisons de Bicêtre

et la Salpêtrière, où les plus grands criminels vinrent se jeter dans ses bras. Il
descendit dans les cachots les plus obscurs, et ces antres du blasphème et du
désespoir furent changés en lieux de
paix et de consolation. Il évangélisa, quelques années après, les paroisses de Saint-
Sulpice, Sainte-Marguerite, Saint-Roch
et Saint-Méry. Revenu à Paris, en 1753,
il y prêcha le carême à Saint-Sulpice, en
forme de mission. Il y reparut l'année
suivante, et donna deux missions, une à
Saint-Roch, et l'autre à Sainte-Marguerite, et après plusieurs missions dans les
provinces, il y revint, en 1755, et y prêcha le carême à Saint-Méry. C'est ainsi
que, dans l'espace de onze ans, il donna
huit missions dans la capitale, et toujours
avec un nouveau succès. Celle de Saint-
Sulpice fut la plus marquante, tant par
l'importance de la paroisse, que par le
nombre et la qualité des auditeurs. La
plus haute compagnie voulut l'entendre
par curiosité. Notre missionnaire aperçut
dans l'assemblée des évêques, des personnes décorées, des prédicateurs fameux,
une foule innombrable d'ecclésiastiques,
et ce spectacle, loin de l'intimider, lui
inspira l'exorde suivant, un des plus
beaux monuments de l'éloquence française : « A la vue d'un auditoire si nou-
« veau pour moi, il semble, mes frè-
« res, que je ne devrais ouvrir la bou-
« che que pour vous demander grâce en
« faveur d'un pauvre missionnaire dé-
« pourvu de tous les talents que vous
« exigez quand on vient vous parler de
« votre salut. J'éprouve cependant au-
« jourd'hui un sentiment bien différent;
« et si je suis humilié, gardez-vous de
« croire que je m'abaisse aux misérables
« inquiétudes de la vanité, comme si j'é-
« tais accoutumé à me prêcher moi-
« même. A Dieu ne plaise qu'un minis-
« tre du ciel pense jamais avoir besoin
« d'excuse auprès de vous ! car, qui que
« vous soyez, vous n'êtes tous, comme
« moi, que des pécheurs : c'est devant
« votre Dieu et le mien que je me sens
« pressé dans ce moment de frapper ma
« poitrine : jusqu'à présent, j'ai publié
« les justices du Très-Haut dans des tem-
« ples couverts de chaume ; j'ai prêché
« les rigueurs de la pénitence à des in-
« fortunés qui manquaient de pain ; j'ai
« annoncé aux bons habitants des cam-
« pagnes les vérités les plus effrayantes
« de ma religion. Qu'ai-je fait, malheu-
« reux ! j'ai contristé les pauvres, les
« meilleurs amis de mon Dieu ; j'ai porté
« l'épouvante et la douleur dans ces âmes
« simples et fidèles, que j'aurais dû plain-
« dre et consoler. C'est ici, où mes re-

« gards ne tombent que sur des grands,
« sur des riches, sur des oppresseurs de
« l'humanité souffrante, ou sur des pé-
« cheurs audacieux et endurcis; ah! c'est
« ici seulement qu'il fallait faire retentir
« la parole sainte dans toute la force de
« son tonnerre, et placer avec moi dans
« cette chaire, d'un côté, la mort qui
« vous menace, de l'autre, mon grand
« Dieu qui vient vous juger. Je tiens
« aujourd'hui votre sentence à la main :
« tremblez donc devant moi, hommes
« superbes et dédaigneux qui m'écoutez!
« La nécessité du salut, la certitude de
« la mort, l'incertitude de cette heure
« si effroyable pour vous, l'impénitence
« finale, le jugement dernier, le petit
« nombre des élus, l'enfer, et par-des-
« sus tout l'éternité... l'éternité! Voilà
« les sujets dont je viens vous entretenir,
« et que j'aurais dû sans doute réserver
« pour vous seuls. Eh! qu'ai-je besoin
« de vos suffrages, qui me damneraient
« peut-être sans vous sauver? Dieu va
« vous émouvoir, tandis que son indigne
« ministre vous parlera; car j'ai acquis
« une longue expérience de ses miséri-
« cordes ; alors pénétrés d'horreur pour
« vos iniquités passées, vous voudrez
« vous jeter entre mes bras en versant
« des larmes de componction et de repen-
« tir, et à force de remords vous me
« trouverez assez éloquent. » C'est dans
ce même sermon sur l'Eternité qu'on a
remarqué ce passage sublime, auquel on
ne saurait rien comparer dans Bossuet :
« Eh! sur quoi vous fondez-vous donc,
mes frères, pour croire votre dernier
jour si éloigné? Est-ce sur votre jeunesse?
Oui, répondez-vous ; je n'ai encore que
vingt ans, que trente ans. Eh! ce n'est
pas vous, qui avez vingt ou trente ans,
c'est la mort qui a déjà vingt ans, trente
ans d'avance sur vous. Prenez-y garde,
l'Eternité approche. Savez-vous ce que
c'est que l'éternité? C'est une pendule
dont le balancier dit sans cesse : Tou-
JOURS! JAMAIS! JAMAIS! TOUJOURS!
TOUJOURS!!! Pendant ses révolutions, un
réprouvé s'écrie : QUELLE HEURE ?... Et
la même voix lui répond : L'ETERNITÉ! »
Rien, pas plus les peines et l'affaiblissement de ses forces que les attaques des
novateurs et les persécutions secrètes,
n'empêcha le Père Brydaine de poursuivre jusqu'à ses derniers moments sa noble carrière. Une maladie cruelle cependant minait sa santé : il était attaqué de
la pierre. Quoiqu'il en ressentît de cruelles atteintes, il s'achemina vers Roquemaure, où il devait prêcher l'Avent. Il
ne put y arriver que le 10 décembre, et
il y expira le 22 du même mois, en 1767,

de la mort des saints, âgé de 66 ans. La
Vie du Père Brydaine a été publiée par
l'abbé Carron et justement intitulée : *Le
Modèle des prêtres*, dont il a été fait
plusieurs éditions, en Angleterre et en
France. On y lit avec intérêt le récit de
ses courses, de ses travaux, de ses succès, de ses vertus, et plusieurs extraits
de ses discours et de ses écrits. A la fin
de l'ouvrage, l'auteur fait quelques réflexions sur les missions en général et
sur l'utilité de cette œuvre pour le bien
de la religion. Il y a aussi inséré une méditation pour une retraite, prononcée par
Brydaine dans une mission qu'il fit à Grenoble. Ses cantiques, d'abord intitulés :
*Cantiques spirituels à l'usage des mis-
sions royales du diocèse d'Alais*, parce
qu'il consacra longtemps ses travaux à
cette contrée, et ensuite simplement *Cantiques spirituels*, ont eu une infinité d'é-
ditions.

BRYDOINE (Patrice), né en Ecosse
en 1741, mort en 1819, accompagna
dans ses voyages, comme précepteur,
Guillaume Beekford de Somerly. A son
retour, il a publié la *Relation* de son
voyage en Sicile et à Malte, 1773, 2 vol.
in-8.

BRYENNE (Nicéphore), né à Orestias
dans la Macédoine, d'un père à qui
Alexis Comnène, général de l'empereur
Nicéphore Botoniate, fit crever les yeux
pour avoir fait quelque entreprise sur
l'empire. Alexis, ayant pris du goût pour
le fils, lui donna en mariage sa fille
Anne Comnène, et l'honora du titre de
César, dès qu'il fut monté au trône impérial. Nicéphore Bryenne ne fut pourtant pas son successeur, malgré les sollicitations de l'impératrice Irénée et les
intrigues de sa femme. Ce prince, ayant
tenté de prendre Antioche sur les Latins,
fut obligé de se retirer sans avoir réussi.
Il mourut à Constantinople vers 1137.
Il nous reste de lui des *Mémoires historiques sur Alexis Comnène*, entrepris à
la prière de sa belle-mère. Ils comprennent les règnes de Constantin Ducas, de
Romain Diogène, de Michel Ducas et de
Nicéphore Botoniate, depuis 1057 jusqu'à 1081. L'auteur, étant remonté aux
empereurs qui avaient précédé Alexis,
n'eut pas le temps de finir son ouvrage.
Le jésuite Poussines en a donné une
édition grecque et latine, avec une version et des notes, en 1661, et enrichie
en 1670 des *Recherches historiques* du
Cange. Nicéphore écrit en historien qui
a été à la tête des affaires et des armées.

BUACHE (Philippe), gendre de Gui-
laume de Lisle, naquit à Paris en 1700;
il hérita des talents de son beau-père, et

publié beaucoup de cartes qui ont fondé bien des recherches et des soins; et ce qui lui mérita le titre de premier géographe du roi de France. On a encore de lui : *Essai de géographie physique*, où l'on propose des vues générales sur l'espèce de charpente du globe, composée des chaînes de montagnes qui traversent les mers comme les terres. Ce Mémoire, inséré dans ceux de l'Académie de 1752, a servi à plus d'un faiseur de systèmes, et peut être utile dans l'étude de la géographie naturelle. L'auteur a publié, en 1757, un *Recueil de cartes et de tables sur cette manière d'envisager la géographie*; *Considérations géographiques et physiques sur les nouvelles découvertes au nord de la mer du Sud*, avec des cartes relatives à cet objet, 1753, in-4 : les découvertes de Cook, Banks, Solander, etc., n'ont pas ajouté beaucoup de lumières à celles qu'on y trouve sur cette partie de l'hémisphère; *Mémoire sur la comète de 1531, 1607, 1682, 1757*, in-4. Cet habile géographe est mort le 27 janvier 1773. On estime généralement sa *Carte* pour servir à l'intelligence de l'histoire sainte, publiée après sa mort. Elle réunit à la beauté de l'exécution les lumières puisées dans les meilleurs interprètes, et les hommes les plus versés dans la géographie sacrée. On estime aussi la *Carte* qui contient le Parallèle des fleuves de toutes les parties du monde, une des plus ingénieuses de l'auteur, insérée dans l'*Histoire de l'Académie des Sciences*, année 1753.

BUACHE (Jean-Nicolas), né en 1740 à la Neuville-au-Pont, département de la Marne, était neveu de Philippe Buache dont il reçut les leçons, et auquel il succéda dans son fonds de géographie. Il entra de bonne heure au dépôt des cartes et plans de la marine, et à la mort de d'Anville il fut nommé premier géographe du roi, et admis à ce titre à l'Académie des sciences. En 1794, il professa la géographie à l'école normale, et il devint ensuite conservateur-hydrographe en chef au dépôt de la marine, et il conserva cette place jusqu'en 1825, époque de sa mort. On a de lui : une *Géographie élémentaire ancienne et moderne*, Paris, 1769-72, 2 vol. in-12, encore estimée, malgré les changements que les événements politiques ont rendus nécessaires; un *Mémoire sur les limites de la Guyane française*, et plusieurs *Mémoires* insérés dans les recueils de l'Académie des sciences et de l'Institut.

BUARDI (Jean-Baptiste), bibliothécaire, né au Puget-Théniers, département des Basses-Alpes, le 10 août 1749,

mort le 22 novembre 1830, entra dans la congrégation des Pères de l'Oratoire mais ne reçut point les ordres. Il a fait imprimer plusieurs *Discours*, parmi lesquels nous citerons les suivants : *De l'Influence des méthodes sur la marche et les progrès de l'esprit humain ; Sur les Monuments de l'Inde et de l'Egypte; La Grèce considérée sous le rapport des lettres et des beaux-arts; Sur le Génie commercial des Anglais.*

BUAT-NANÇAY (Louis-Gabriel), né en 1732, d'un gentilhomme Normand, entra fort jeune dans l'Ordre de Malte, et fit connaissance avec le chevalier Folard, auteur de *Commentaires sur Polybe* qui le logea dans sa maison et lui donna une éducation soignée. Il devint successivement ministre de France à Ratisbonne et à Dresde, épousa en Allemagne une baronne de Falkemberg, et mourut à Nançay en Berry, le 18 septembre 1787. Son nom et ses ouvrages sont plus connus en Allemagne qu'en France. Il a publié : *Tableau du gouvernement actuel de l'empire d'Allemagne*, traduit de l'allemand de Schmauss, 1755, in-12; les *Origines, ou l'Ancien gouvernement de la France, de l'Italie et de l'Allemagne*, la Haye, 1757, 4 vol. in-12; *Histoire ancienne des peuples de l'Europe*, Paris, 1772, 12 vol. in-12, c'est le meilleur de ses ouvrages; on y désirerait cependant un plan mieux conçu, et un style plus soigné; les *Éléments de la politique, ou Recherches sur les vrais principes de l'économie sociale*, 1773, 6 vol. in-8; les *Maximes du gouvernement monarchique, pour servir de suite aux éléments de la Politique*, 1778, 4 vol. in-8. Ses ouvrages sont remplis d'érudition et indiquent de profondes connaissances ; mais la lecture en est fatigante, parce qu'on n'y trouve ni plan ni méthode, et que le style en est souvent négligé et quelquefois incorrect.

BUCELIN (Gabriel), né à Diessenhoffen, dans le bailliage de Thurgaw en Suisse, le 20 décembre 1599, se fit bénédictin dans le monastère de Weingarten en Souabe, où il mourut le 9 juin 1691. Il est auteur d'un grand nombre d'ouvrages; les principaux sont : *Annales benedictini*, Vienne, 1655, in-folio : Augsbourg, 1656, in-fol; *Menologium benedictinum*, Vold-Kirchii, 1655, in-fol.; *Aquila imperii benedictina*, Venise, 1651, in-4, où il parle de la gloire que son Ordre s'est acquise dans tout le monde ; *Benedictus redivivus*, Augsbourg, 1679, où il prouve par une chronologie, depuis l'an 1500 jusqu'à l'année 1672, que l'esprit de saint Benoît continue à vivre dans son Ordre; *Germania topo-chrono-stemmato-*

graphica, sacra et profana, 1655 et 1678, 4 vol. in-folio : les 1er, 2e et 4e ont été imprimés à Ulm, et le 3e à Francfort : ouvrage plein de recherches, qui cependant n'est pas à l'abri de quelques inexactitudes ; Constantia Rhenana, Francfort, 1667, in-4, qui doit d'autant plus être recherché, qu'il y a peu d'auteurs qui aient écrit sur la ville et territoire de Constance ; Rhætia Etrusca Romana, etc., Augsbourg, 1666, in-4 ; c'est une description savante du pays des Grisons ; Sancti Romani imperii majestas, etc., Francfort, 1680, in-12 ; Nucleus historiæ universalis, 1654 et 1658, 2 vol. in-12. Si ces ouvrages ne sont point toujours assaisonnés d'une critique exacte, au moins attestent-ils que l'auteur est un des écrivains les plus laborieux qui aient illustré l'Allemagne.

BUCER (Martin), né à Schelestadt ou à Strasbourg, en 1491, d'abord dominicain, ensuite ministre luthérien à Strasbourg. Il professa pendant vingt ans la théologie en cette ville, et ne contribua pas peu à y répandre l'hérésie. Le fameux archevêque Crammer l'appela en Angleterre, pour enseigner la théologie ; il ne l'enseigna pas longtemps, étant mort en 1551, à 60 ans. Bucer ne voulut jamais souscrire l'*Interim*. C'était un homme ardent pour son parti, savant dans les langues, les lettres et la théologie. Il respecta plus que Calvin l'ordre épiscopal. Il laissa treize enfants d'une religieuse, qui mourut de la peste. Quelques écrivains ont assuré que Bucer était mort juif ; mais leurs preuves ne sont pas bien convaincantes. L'abbé Bérault en a tracé le portrait suivant : « Apostat de l'Ordre « de saint Dominique, et de la réforme « de Luther, aujourd'hui zuinglien et « demain sacramentaire, tantôt luthé-« rien et zuinglien tout ensemble, tantôt « d'un raffinement de croyance qui fai-« sait passer sa foi pour un problème « dans tous les partis ; toujours complai-« sant néanmoins, pourvu que son « amour infâme pour une vierge con-« sacrée à Dieu fût transformé en amour « conjugal, et que les saints vœux qu'il « n'avait pas le courage d'observer fus-« sent mis au nombre des abus. » On a de lui un *Commentaire sur les Psaumes*, 1529, in-4, sous le nom d'*Aretius Felinus*, et un grand nombre d'ouvrages de controverse.

BUCHAN, médecin écossais, né à Ancran en 1729, mort à Londres en 1805, s'est rendu célèbre par un ouvrage intitulé : *Médecine domestique, ou Traité sur les moyens de prévenir et de guérir les maladies par le régime et les remèdes communs*,

Édimbourg, 1770, in-8. On a encore de Buchan : *Avis aux mères sur leur santé et sur les moyens d'entretenir la santé, la force et la beauté de leurs enfants*, Londres, 1803, 1 vol. in-8.

BUCHANAN (Georges), né en 1506 à Kilkerne, dans le comté de Lenox en Écosse, vint à Paris pour y faire ses études, aux frais de son oncle, Jacques Hériot. Ce généreux parent étant mort deux ans après, Buchanan, âgé de 14 ans, et réduit à la misère, fut contraint de retourner dans sa famille. Après avoir embrassé et quitté la profession des armes, il revint à Paris, pour étudier les belles-lettres. La misère s'y attacha de nouveau à ses pas ; en proie pendant deux années à la plus horrible détresse, il finit par obtenir une place de professeur au collège de Sainte-Barbe. Les erreurs luthériennes agitaient alors les esprits dans la capitale de la France ; Buchanan les adopta plus ou moins ouvertement ; mais plutôt par amour de la nouveauté que par conviction. Le jeune comte de Cassilis, seigneur écossais, le choisit pour précepteur, et le ramena dans sa patrie. Buchanan songeait à revenir en France : mais le roi Jacques V le retint en Écosse, en lui confiant l'éducation de son fils naturel, le comte de Murray, qui devint l'ennemi implacable de l'infortunée Marie Stuart, sa sœur consanguine. Buchanan, partisan des idées du moine apostat d'Eisleben, haïssait les moines ; il fit contre les franciscains une satire intitulée : *Somnium* ou *Le Songe*. Elle plut à Jacques V, et Buchanan, à la sollicitation de ce monarque, fit un poëme plus étendu et plus virulent, qu'il intitula *Franciscanus*, et qui le fit jeter en prison, sans que le roi osât s'y opposer. Le poëte parvint à s'évader, et passa en Angleterre ; il fuyait la colère des moines, et il eut à redouter la tyrannie de Henri VIII. Ce nouveau Néron faisait brûler, sur les mêmes bûchers et le même jour, catholiques et luthériens. Buchanan se hâta de quitter un pays où il n'espérait point trouver un asile sûr, et revint à Paris. Une place lui fut offerte par André Goves, savant portugais, au collége de Bordeaux, et il l'occupa pendant trois ans. Il passa ensuite, en 1547, en Portugal, avec son protecteur, qui lui procura l'emploi dans l'Université de Coïmbre. Goves mourut au bout d'une année, et Buchanan, accusé d'impiété, fut mis dans un couvent pour y apprendre sa religion. Lorsque les moines le crurent suffisamment instruit, ils lui ouvrirent les portes de leur monastère. Il s'embarqua à Lisbonne pour l'Angleterre, revint en

France et se rendit dans le Piémont, en qualité de précepteur de Timoléon de Cossé, fils du maréchal de Brissac. Quelques années après, c'est-à-dire en 1560, il retourna en Ecosse, puis revint en France et repassa dans sa patrie, qu'il ne quitta plus qu'à sa mort. Il encensa Marie Stuart, encore sur le trône ; cette reine qu'il appelait dans ses vers : « La royale nymphe de la Calédo- « nie, la noble gloire de son sexe, qu'elle « surpassait par ses vertus ; » cette reine qu'il devait calomnier de la manière la plus atroce, dès qu'elle serait malheureuse, lui donna, en 1565, la place de recteur de l'Université de Saint-Léonard, et le nomma précepteur du fils qu'elle portait encore dans son sein. Lorsque le comte Murray, après avoir partagé la coupe du sang de sa sœur infortunée, eut la régence du royaume d'Ecosse, il récompensa Buchanan par divers emplois importants, et, quand un assassinat eut fait ici-bas justice des excès de ce monstre, Elisabeth, reine d'Angleterre, paya d'une pension de cent livres sterling le crime de trahison que Buchanan avait commis contre la malheureuse Marie, sa bienfaitrice. Buchanan professa publiquement la religion prétendue réformée en Ecosse, quoiqu'il ne fût attaché à aucune. Il mourut dans cette indifférence, et accablé d'infirmités, à Edimbourg, en 1582. C'était un esprit ardent, volage, indépendant ; sa vie fut un tourbillon : il ne cessa de courir de pays en pays que pour gagner et trahir la confiance de Marie Stuart, et mériter que les luthériens glorifiassent sa mémoire. Il est célèbre comme poëte et comme historien ; mais il n'est pas moins fameux comme transfuge courtisan d'Elisabeth, par son ingratitude, sa trahison et ses atroces calomnies. Ses ouvrages sont, outre le poëme dont nous avons cité le titre, *Franciscanus*, un recueil d'*Epigrammes*, dans lequel se trouve la satire intitulée : *Somnium*. Ce recueil a pour titre : *Fratres fraterrimi*, ou *Frères très-chers frères*, et les pièces qui le composent sont pleines, ainsi que le poëme, d'emportement contre les Ordres religieux et l'Eglise romaine. Quatre tragédies latines : *Médée* et *Alceste* traduites d'Euripide, assez bonnes pour le langage ; *Jephté* et *Saint Jean-Baptiste*, tirées de son propre fonds, et fort inférieures. Les règles n'y sont pas observées, et le style tient plus souvent de la familiarité de la comédie, que de l'élévation de la tragédie : il traduisit les deux premières et composa les deux dernières, lorsqu'il était à Bordeaux ; une *Traduction* ou plutôt une *Paraphrase des Psaumes*, en vers latins, aussi estimée pour la beauté du langage et de la versification, que pour la variété des pensées, mais énervée par de longues périodes, qui ne rendent jamais la force et l'énergie de l'original. Son style est quelquefois inégal ; et Bourbon avait apparemment fait plus d'attention aux beautés qu'aux défauts de cette version, lorsqu'il la préférait à l'archevêché de Paris. Elle fut faite, lorsqu'il était renfermé dans un monastère à Lisbonne ; le *Poëme de la Sphère*, en 5 livres, placé parmi les bons ouvrages didactiques, quoique négligé dans plusieurs endroits ; des *Odes*, les unes dignes d'Horace, les autres d'un poëte du dernier ordre : des *Hendécasyllabes* ; quelquefois délicats, souvent obscènes. Elzévir recueillit en 1628 toutes les *OEuvres poétiques* de Buchanan. Cette édition, in-24, est très-élégante. Le *Franciscanus* a été traduit en français sous ce titre : *Le Cordelier de Buchanan*. Parmi ses ouvrages en prose, on remarque son *Histoire d'Ecosse* en 12 livres, Edimbourg, 1582, in-fol., écrite d'un style poli et élégant, mais trop souvent mêlée de phrases copiées servilement dans Tite-Live ; l'impartialité et l'exactitude sont loin de répondre au style. D'ailleurs les réflexions dont l'auteur l'a semée sont triviales, les fréquentes citations ennuyeuses, et les descriptions de son pays trop longues. Le savant Nicholson, dans sa *Bibliothèque historique d'Angleterre*, dit qu'il semble que Buchanan a eu dessein d'écrire une satire et non pas une histoire, qu'il n'est pas instruit des antiquités de l'Ecosse, etc. Les honnêtes gens lui reprochent encore plus de s'être déchaîné dans cet ouvrage contre Marie Stuart sa bienfaitrice, pour flatter la reine Elisabeth. Les éditions de Genève, 1583, et Leyde 1648, in-8, sont recherchées, parce qu'on y trouve le traité : *De jure regni apud Scotos*, ou *Du droit de régner chez les Ecossais*, qu'il dédia au roi en 1579, qu'Adam Blackwood et Barclay réfutèrent, que l'Université d'Oxford censura ; livre rempli des maximes les plus pernicieuses, justifiant la révolte et les excès de ceux qui se disent républicains ; une diatribe atroce intitulée : *De Mariâ reginâ Scotorum totâque ejus contra regem conspirationes*, qui le fit mépriser et détester de tous les partis ; mais ce qui mit le comble à son infamie, c'est d'avoir fabriqué des lettres de Marie, prétendûment adressées au comte de Bothwel ; imposture aussi exécrable que pleinement démontrée, puisque jamais ni lui ni personne n'a pu produire les originaux de ces lettres, quelque intérêt qu'eût la cruelle Élisabeth d'en faire constater l'existence. Le recueil de ses ouvrages offre des écrits qui ne valent pas mieux que le libelle dont nous venons de parler. On peut voir l'édition en 2 vol. in-fol., qui en a paru à Édimbourg en 1715, et à Leyde, 1725, 2 vol. in-4.

BUCHE (Henri-Michel), qu'on surnomma le *Bon Henri*, cordonnier du duché de Luxembourg, mort en 1666, fut l'instituteur des sociétés des frères cordonniers et des frères tailleurs. Ce sont des artisans rassemblés pour vivre chrétiennement, travailler en commun, et employer le surplus de leur nécessaire au soulagement des pauvres. Renti, gentilhomme normand, et Coquerel, docteur de Sorbonne, dressèrent les règlements de cette société philanthropique, qu'ils observent encore aujourd'hui.

BUCHERIUS (Voyez BOUCHER Gilles).

BUCHET (Pierre-François), abbé, né à Sancerre, dans le Berri, le 19 décembre 1679, mort le 30 mai 1721, fut chargé longtemps du *Mercure de France*. Il le reprit en janvier 1717, et lui donna le titre de *Nouveau Mercure*, qu'il conserva jusqu'en mai 1721, époque de la mort de Buchet. Ses *Mercures* sont encore fort recherchés. On a aussi de lui un *Abrégé de la Vie du czar Pierre Alexiowitz*, Paris, 1717, in-12.

BUCHNER (Auguste), humaniste et poète, naquit à Dresde en 1591. Son mérite lui procura la place de professeur en poésie et en éloquence à Wittemberg, où il mourut en 1661. On a de lui : des *Préceptes de littérature*; des *Poésies latines*; des *Notes* sur plusieurs auteurs; un *Recueil d'oraisons funèbres et de panégyriques*.

BUCHOLTZER (Abraham), pasteur de Freistadt en Silésie, naquit à Schönaw, près de Wittemberg, en 1529, et mourut dans la ville où il était ministre, en 1584. Il est principalement connu par son *Isagoge chronologica*, dont la première partie contient les discussions chronologiques les plus importantes, et qui est rangée dans un bel ordre, fort méthodique; *Chronologia*, Gorlitz, 1584, in-fol., ouvrage moins estimé que le précédent. Il a donné encore d'autres ouvrages chronologiques et historiques.

BUCHOLZ (Chrétien-Frédéric), né à Eisleben en 1770, montra dès son jeune âge un goût décidé pour la pharmacie, la chimie, la botanique et la minéralogie; cependant il voulut se faire recevoir médecin, et il prit ce titre, en 1808, à l'Université de Rinteln, et, l'année suivante, à la Faculté d'Erfurt, dans laquelle il fut nommé deux ans après professeur de philosophie. Il a publié successivement plusieurs ouvrages en allemand. Les principaux sont : un *Manuel des chirurgiens, médecins et pharmaciens*; des *Éléments de pharmacie et de chimie*; un *Manuel du chimiste et du pharmacien*; et *Théorie et Pratique des opérations chimico-pharmaceutiques*. Il a aussi publié d'excellents *Mémoires* dans les journaux scientifiques de son pays.

BUCHON (Jean-Alexandre), savant écrivain et bibliographe, né à Menneton-Salon, près de Bourges, en 1792, mort le 30 avril 1846. Il vint achever ses études à Paris, et entra, bientôt après, dans la rédaction de divers journaux; outre un grand nombre d'articles de critique littéraire, il fournissait beaucoup de morceaux traduits des revues étrangères. Il s'occupa principalement de nos antiquités historiques. Dacier lui remit le travail fort avancé, mais non achevé, qu'il avait fait sur les *Chroniques de Froissart*; Buchon le termina, le perfectionna, et le publia en 15 vol. in-8. Ensuite, encouragé par M. de Martignac, qui était à cette époque ministre de l'intérieur, il entreprit de donner une édition des *Chroniques nationales françaises*, écrites en langue vulgaire, du 13e au 16e siècle, 32 vol. in-8. Il ne put pas donner à ce travail les mêmes soins qu'au Froissart, et il y consacra dix ans seulement, tandis qu'il en aurait fallu vingt pour le bien faire. Néanmoins, Buchon a rendu un grand service par cette publication; sans lui nous ne posséderions pas cette collection de *Chroniques* qui sont nécessaires à celui qui veut arriver à la connaissance complète de notre histoire. Il avait été nommé inspecteur des archives du royaume, avec la mission de dresser le catalogue de tous les manuscrits qui existaient dans les bibliothèques des départements; mais il put à peine le commencer : ayant manifesté maladroitement des dispositions hostiles au gouvernement à la chute du ministère Martignac, il dut être révoqué de ses fonctions. Alors il travailla au *Panthéon* littéraire que publiait M. de Girardin et pour lequel il fit une multitude de préfaces, de notices, de traductions; ensuite il forma le projet de composer l'histoire des royaumes et principautés fondés par les seigneurs croisés français pendant le moyen-âge; il ne trouvait pas, à la bibliothèque royale et dans nos autres bibliothèques, tous les documents nécessaires; il obtint de M. de Salvandy, alors ministre, une mission et des secours pour aller visiter les bibliothèques

, les archives d'Espagne, d'Italie, de Sicile, de Malte et de Corfou. A son retour, il publia les trois ouvrages suivants : *Chroniques étrangères relatives aux expéditions françaises pendant le 13° siècle*, Paris, 1840, gr. in-8; *Recherches et matériaux pour servir à une histoire de la domination française aux 13°, 14° et 15° siècles, dans les provinces démembrées de l'empire grec, à la suite de la quatrième croisade*, 1840-1843, 2 gr. in-8 ; et enfin, *Recherches historiques sur les principautés françaises de Morée, et ses hautes baronnies*, 1845, 2 vol, gr. in-8.

BUCHOZ (Pierre-Joseph), né à Metz en 1731, fut reçu avocat à Pont-à-Mousson en 1759 ; mais il quitta bientôt cette profession, pour étudier la médecine, qui avait plus de rapport avec l'histoire naturelle pour laquelle il avait un goût décidé. Il fut reçu médecin ordinaire de Stanislas, roi de Pologne. Il renonça encore à cet état pour se livrer entièrement à la botanique, et mourut à Paris, le 30 janvier 1807, presque dans l'indigence, après avoir publié environ 300 volumes in-fol., in-8, ou in-12, outre un très-grand nombre de brochures qu'il appelait *Dissertations*. Toutes ses productions, qui ne sont que des compilations rédigées à la hâte, sont ordinairement remplies de fautes, souvent d'erreurs grossières et presque toutes oubliées ; les seules qui aient conservé quelque valeur sont ses grands ouvrages in-fol., ornés de figures coloriées, parce qu'ils se rencontrent rarement dans le commerce : *Histoire universelle du règne végétal*, Paris, 1772, 25 parties in-fol., qui se relient en 8 ou 12 vol. in-fol.; *Collection précieuse et coloriée des fleurs les plus rares et les plus curieuses qui se cultivent tant en Chine qu'en Europe*, Paris, 1776, 2 vol. in-fol. ; *Herbier colorié des plantes médicinales de la Chine*, Paris, 1788, in-fol.; *Dons merveilleux et diversement coloriés de la nature dans le règne végétal*, Paris, 1779, 2 vol. in-fol.; *Dons merveilleux et diversement coloriés de la nature dans le règne animal*, Paris, 1781, 2 vol. in-fol.; *Dons merveilleux et diversement coloriés dans le règne minéral*, Paris, 1782, 2 vol. in-fol.; *Collection des plus belles variétés de tulipes que l'on cultive dans les jardins des fleuristes*, Paris, 1781, in-fol. ; *Le jardin d'Eden, le paradis terrestre renouvelé dans le jardin de la reine de Trianon*, Paris, 1783, 2 vol. in-fol.; *Le grand jardin de l'univers*, Paris, 1785, 2 vol. in-fol. Ses autres principaux ouvrages sont : une *Histoire des plantes de la Lorraine*, 13 vol. in-12; *Manuel médical ou usuel des plantes*,

2 vol. in-12 ; *Dictionnaire raisonné universel des plantes, arbres et arbustes de France*, 4 vol. in-8; *Dictionnaire vétérinaire et des animaux domestiques*, 6 vol. in-8 ; *Recueil de secrets choisis et expérimentés à l'usage des artistes*, 2 vol. in-12 ; *l'Art alimentaire*, 2 vol. in-8 ; *Méthodes sûres et faciles pour détruire les animaux nuisibles*, in-12.

BUCKING (Arnold), qui vivait dans le 14° siècle, est le premier artiste qui ait gravé et imprimé des cartes géographiques sur cuivre. Il porta cet art, dès son origine, à un très-haut degré de perfection.

BUCKINGHAM (Georges de VILLIERS, duc de), originaire d'une ancienne famille de Normandie, dont un de ce nom passa en Angleterre l'an 1066, avec le duc Guillaume, naquit à Londres en 1572. C'était le seigneur de son temps le mieux fait, le plus vain, le plus galant et le plus magnifique. Ses grâces et ses talents lui gagnèrent l'amitié des rois d'Angleterre. Jacques I l'envoya en Espagne négocier le mariage de l'infante avec le prince de Galles ; mais ayant été soupçonné d'une passion pour la duchesse d'Olivarès, femme du premier ministre, il fut contraint de se retirer sans avoir pu réussir dans sa commission. Il s'en vengea en faisant déclarer la guerre à l'Espagne. En 1625, étant venu en France pour conduire en Angleterre la princesse Henriette qu'il avait obtenue pour Charles I, et ayant vainement tenté d'inspirer de l'amour à Anne d'Autriche, il fit déclarer la guerre à la France, comme il avait fait pour l'Espagne. Jacques I étant mort dans le courant de cette année 1625, il conserva le même empire sur son fils. Le père avait accumulé sur sa tête les honneurs et les dignités. Chevalier de la Jarretière en 1616, comte et marquis de Buckingham, garde du grand-sceau, garde-trésorier, amiral d'Angleterre, d'Écosse et d'Irlande, il avait à sa disposition toute la marine d'Angleterre. Il vint secourir en 1627 la Rochelle, assiégée par Richelieu, avec une flotte de cent vaisseaux de transport. Battu par Toiras après sa descente dans l'île de Rhé, et forcé par Schomberg à lever le siège du fort Saint-Martin, il fut obligé de se rembarquer, après avoir perdu la moitié de ses troupes. L'année d'après, il y envoya une autre flotte, qui revint encore sans avoir rien fait. On a attribué son inaction à une lettre que le cardinal de Richelieu engagea la reine à lui écrire. Ce ministre, haï des Anglais et méprisé des Français, fut assassiné la même année 1628, par un nommé Felton, qu'il avait mécontenté.

BUCKINGHAM (Georges-Villiers, duc de), fils d'un autre Georges Villiers, né à Londres en 1627, mort en 1687, après avoir été ambassadeur en France. Parmi ses ouvrages on distingue sa comédie intitulée : *La répétition*. Il y tourne en ridicule les poëtes tragiques de son temps, et en particulier Dryden, qui ne manqua pas de le lui rendre. On la trouve dans le recueil de ses *OEuvres*, à Londres, 1715, 2 vol. in-8.

BUCQUET (Jean-Baptiste), savant médecin et chimiste de Paris, mort à l'âge de 33 ans, le 25 janvier 1780. On a de lui: *Introduction à l'étude des corps naturels, tirés du végétal*, 1773, 2 vol. in-12, bon ouvrage; *Dissertation sur l'asphyxie et sur la manière de préparer l'opium*, dans les Mémoires de l'Académie des sciences dont il était membre. Une étude trop constante abrégea ses jours.

BUCQUOY. (Voyez Buquot.)

BUCY (Simon de) est le premier qui porta le titre de premier président du Parlement de Paris, par ordonnance de Philippe de Valois en 1344. Il fut employé au traité de Brétigny, et mourut en 1368.

BUDDÆUS (Jean François), né à Anclam en Poméranie, l'an 1667, fut professeur de grec et de latin à Cobourg, de morale et de politique à Hall, et enfin de théologie à Iéna, où il mourut en 1765. On a de lui: *Elementa Philosophiæ practicæ, instrumentalis et theologicæ*, 3 vol. in-8, que la plupart des professeurs des Universités protestantes d'Allemagne ont pris durant quelque temps pour texte de leurs leçons; une *Théologie*, estimée par les luthériens, en 2 vol. in-4; le grand *Dictionnaire historique allemand*, imprimé plusieurs fois à Leipsick et à Bâle en 2 vol. in-fol.; un *Traité de l'Athéisme et de la Superstition*, 1717, in-8, dont nous avons une traduction française, Amsterdam, 1740, in-8; plusieurs *ouvrages* sur l'Ecriture-Sainte; *Miscellanea sacra*, 3 vol. in-4; *Histoire ecclésiastique de l'Ancien-Testament*, Hall, 1720, 8 vol. in-4. Cette histoire est assez bien faite et estimée; *Dissertatio de Ludovico IV imperatore*, Iéna, 1689, in-4, curieuse et savante; *Selectorum juris naturæ et gentium dissertatio*, Hall, 1717. Le but de l'auteur est de soutenir les droits de la maison d'Autriche sur le royaume d'Espagne, contre le testament de Charles II. En 1719, on publia sous son nom: *Ecclesia Romana cum Ruthenica irre-*

conciliabilis; mais cette diatribe fanatique est d'un archevêque de Nowogorod, luthérien dans l'âme, qui cherchait à empêcher la réunion que le czar Pierre semblait souhaiter alors entre les deux Eglises.

BUDÉ, ou BUDÉE (Guillaume), jurisconsulte, naquit à Paris en 1467, d'un secrétaire du roi. Sa jeunesse fut si dissipée, qu'il ne fut pas possible de lui faire faire ses études. Le goût pour les lettres ne lui vint que lorsque les feux du premier âge se furent amortis. Il avait alors vingt-quatre ans; il se mit donc à étudier, et il s'y mit avec une ardeur qui ne le quitta plus le reste de sa vie. Il ne se borna pas aux études littéraires; il apprit à fond, sous Tanneguy Le-Fèvre, ce qu'on savait alors de mathématiques; il étudia les antiquités, la politique, la morale, le droit, la médecine, les sciences naturelles, et posséda les langues latine et grecque tellement qu'il pouvait sans difficulté, à la première vue, lire à haute voix et couramment en grec un livre latin, et en latin un livre grec. Ses premiers essais littéraires furent, à ce que l'on croit, des traductions latines de plusieurs traités de Plutarque et de la belle *Lettre* de saint Basile à saint Grégoire de Nazianze, sur les avantages de la solitude. Sa réputation le fit appeler par Charles VIII, qui l'accueillit avec bonté. Louis XII le traita favorablement. Budé fut deux fois chargé de missions politiques en Italie, ce qui lui fournit l'avantage de faire connaissance avec les savants qui illustraient alors cette contrée. A son retour, le roi le nomma un de ses secrétaires; une charge importante de judicature lui fut offerte, mais il la refusa, parce qu'elle lui aurait pris trop de temps au préjudice de ses travaux favoris. Il était l'oracle des savants. C'était chez lui une passion que l'étude. Il y donnait les jours et les nuits; il en perdait le boire et le manger. On remarqua que, le jour même de son mariage, il s'enferma seul trois heures pour étudier. On raconte de lui un trait qui prouve qu'absorbé tout entier dans l'étude, il oubliait tout le monde et lui-même, et ne voulait pas souffrir que rien le détournât de cette profonde application. Un domestique entre un jour dans son cabinet, en criant avec effroi que le feu est à la maison: «Avertissez ma femme, dit tranquillement Budé, vous savez bien que je ne me mêle pas des affaires du ménage. » Son père lui avait fait d'utiles remontrances sur les dangers auxquels l'excès du travail exposerait sa santé. Ce qui lui avait été prédit arriva : il devint sujet à des pesanteurs de tête fréquentes, maigrit et pâlit : ses cheveux tombèrent, il prit une habitude de taciturnité sérieuse et triste ; mais cet état de souffrance ne lui fit point discontinuer sa vie studieuse et appliquée. Son historien remarque, non sans admiration, que presque tous ses ouvrages ont été composés par lui dans le temps même où sa santé était la plus altérée par cette maladie qui dura un certain nombre d'années. Entre ses principales productions, il faut placer son livre : *De asse et partibus ejus libri V*, que Louis Le Roy appelle *divinum opus*. Que de lectures, de recherches et d'études furent nécessaires pour composer un pareil ouvrage ! combien il offrait de difficultés ! mais aussi quel service rendu aux lettres et à l'érudition ! Il parut à Venise en 1522, in-8 ; il a pour objet le partage des successions et les monnaies anciennes. On y voit briller les connaissances de l'antiquité la plus ténébreuse ; il fit à l'auteur un grand nombre d'admirateurs et de jaloux. Erasme, qui l'appela dès lors *le prodige de la France*, ne put se défendre d'un mouvement d'envie. Budé est le premier savant français qui ait écrit avec succès sur cette matière difficile. Paucton et Romé de l'Isle ont depuis couru la même carrière avec un succès qu'ils ont dû, en grande partie, aux avances faites par Budé. François I*er* connut son mérite, l'appela auprès de lui en 1520, *au camp du drap d'or*; et depuis ce temps Budé fut du nombre des savants, des artistes, des hommes distingués en tout genre, que le père des lettres recherchait et avec lesquels il avait de fréquents entretiens. Il le fit son bibliothécaire, et lui donna l'emploi de maître des requêtes. La ville de Paris nomma Budé son prévôt des marchands, place honorable et importante, car c'était celle du magistrat chargé en chef de l'administration municipale. Budé fit un digne usage de son crédit. François I*er* ayant eu l'utile et noble idée de la fondation du collège royal, pour l'enseignement des trois langues, hébraïque, grecque et latine, des mathématiques, de la médecine, etc., Budé l'y confirma de tout son pouvoir, la lui rappela souvent, et l'on peut dire qu'il a eu sa grande part de gloire dans l'exécution de ce projet. Cette fondation fit époque dans l'histoire des études : elle marque véritablement, en France, la restauration des lettres. Les théologiens apprirent le grec et l'hébreu : l'Université de Paris rivalisa de zèle et de science avec les pro-

fesseurs du nouveau collége. Le célèbre Erasme fut consulté sur cet important établissement : Budé, son ami, aurait bien voulu qu'il en acceptât la direction; il désirait de l'attirer en France, et le roi ne le désirait pas moins vivement. On fit des offres brillantes au savant à Rotterdam; François I*er* interrogeait souvent Budé sur les progrès de cette négociation; enfin Erasme n'accepta point, mais il fut reconnaissant envers Budé de ce que celui-ci avait voulu lui procurer la faveur et les bienfaits d'un grand prince. Budé, Erasme, Vivès, jésuite espagnol, étaient alors regardés comme les trois hommes les plus savants de l'Europe ; et tous trois étaient liés ensemble, non seulement par la ressemblance des goûts et des études, mais par les nœuds d'une véritable amitié. Après la mort du chancelier Duprat, avec lequel Budé s'était brouillé, son successeur, le chancelier Poyet, prit Budé en affection, et voulut l'avoir souvent avec lui. Accompagnant le roi dans un voyage en Normandie, il emmena Budé à qui les chaleurs excessives de l'été occasionnèrent une fièvre dangereuse. Forcé de se faire transporter à Paris, Budé y mourut au bout de quelques jours, le 23 août 1540, à 73 ans, après avoir ordonné qu'on l'enterrât sans pompe. Cette simplicité de ses funérailles jeta quelque soupçon sur sa croyance : on l'attribua au mépris des cérémonies de l'Eglise, que les novateurs improuvaient ; mais il est plus juste d'en chercher le motif dans un sentiment d'humilité chrétienne. (Voy. LA CHÉTARDIE.) Ce savant ajoutait à son mérite littéraire les qualités de chrétien, de citoyen et d'ami. La femme de Budé lui servait de second dans l'étude; elle lui cherchait les passages et les livres, sans oublier (fort heureusement) les affaires domestiques. Jacques de Sainte-Marthe prononça l'oraison funèbre de Budé, et Louis Le Roy écrivit sa vie. Ses ouvrages furent recueillis à Bâle en 1557, en 4 vol. in-fol., avec une longue préface de Celius Secundus Curio. Ce recueil renferme la *Traduction* de quelques *Traités* de Plutarque; des *Remarques sur les Pandectes;* des *Commentaires sur la langue grecque*, imprimés séparément, Paris, 1548, in-fol. ; un *Traité de l'institution d'un Prince*, adressé à François I*er*, et d'autres écrits. Le style en est dur et scabreux. Il semble que l'auteur ait ramassé les termes les plus singuliers de la langue latine pour se rendre inintelligible : il ne manque pourtant pas de force ni d'énergie. Quant aux maximes répan-

dues dans son *Institution* , elles sont
assez communes , « mais c'est toujours
« beaucoup, dit l'auteur des *Trois Siè-*
« *cles* de savoir s'attacher à celles qui
« sont avouées de tout le monde , et de
« se garantir du démangeaison d'en
« hasarder de nouvelles , dont souvent
« le premier effet est d'étonner par la
« hardiesse, et le second d'abuser par
« l'erreur. »

BUDER (Christian-Gottlier) , savant
professeur de droit né à Kittlitz , dans la
Haute-Lusace, en 1693, mort à Iéna le
9 décembre 1763. On lui doit plusieurs
ouvrages remplis d'érudition: *Bibliotheca
juris Struviana adaucta*, Iéna, 1720,
in-8 , réimprimé pour la 7ᵉ fois en 1743 ;
*Vita clarissimorum jurisconsultorum se-
lecta*, 1722, in-8; *Tableau abrégé de
l'histoire moderne de l'empire*, *depuis
1714 jusqu'en 1730*, in-8, en allemand;
Recueil utile d'écrits non imprimés , de
pièces justificatives, etc., relatifs à l'*Histoire du droit naturel et public de l'Allemagne*, Leipsick , 1735, en allemand; une
nouvelle édition de la *Bibliothèque de Stru-
vius*, considérablement augmentée , 2
vol. in-8. Cet ouvrage, où l'on trouve de
très-grands détails sur l'Allemagne, a
été continué par M. Meusel, qui l'a porté
à 11 vol. in-8; *Bibliotheca scriptorum
rerum germanicarum easdem universim
illustrantium*, in-fol., ouvrage estimable
pour la méthode et l'exactitude des recherches.

BUÉE (Pierre-Louis) , né le 5 septembre 1746, mort le 28 juin 1827, a publié
en 1791 un petit écrit fort bien fait, sous
ce titre : *Obstacles à ma conversion constitutionnelle* , *exposés confidemment aux
Parisiens*. Il y expose onze *obstacles à sa
conversion* , et critique les opérations
de l'Assemblée principalement par rapport à la religion. En 1806, l'abbé Buée
fut nommé à un canonicat de Notre-
Dame, et rendit des services au clergé
dans les temps difficiles et notamment
pendant la vacance du siége. — Son frère
Adrien-Quentin Buée, chanoine honoraire de l'église de Paris, mort le 11 octobre 1826 à l'âge de 80 ans, est auteur
de quelques écrits, et entre autres des
*Réflexions sur les deux éditions des OEu-
vres complètes de Voltaire*, 1847, in-8.

BUETTNER (Chrétien-Guillaume),
naturaliste et philosophe allemand , né
le 26 février 1716 à Wolfenbuttel, où
son père était pharmacien. Il suivit d'a-
bord la même carrière, qu'il abandonna
ensuite pour se livrer à l'étude de l'histoire naturelle, et particulièrement à
celle des langues pour laquelle il avait un
goût particulier. En 1748, il se rendit à

Goettingue, et il y obtint une place de
professeur, et pendant 25 ans il fit les
premiers cours d'histoire naturelle qui
aient été entendus en Allemagne. En
1773 , il vendit son cabinet qui était
très-riche à l'Université de Goettingue,
et sa bibliothèque au duc de Weimar qui
lui laissa le soin de la surveiller, et lui
donna en outre un logement dans son
château d'Iéna. Alors il renonça à l'instruction publique pour se livrer uniquement à la culture des lettres. Il est mort
en 1811. Il avait une très-grande érudition, une mémoire prodigieuse ; mais il
y joignit les qualités les plus bizarres et
l'originalité la plus singulière. Il a publié plusieurs ouvrages presque tous en
allemand : *Tableau comparatif des alpha-
bets des différents peuples*, 1771 et 1779,
2 parties in-4. Cet ouvrage est resté in-
complet; *Explication d'un almanach
impérial du Japon*, 1773 ; *Observations
sur quelques espèces de Tænia*, 1774;
Tabula alphabetorum hodiernorum, 1776;
*Liste des noms des animaux usités dans
l'Asie méridionale*, 1784; *Sur les Chinois*,
inséré dans le *Mercure de Wieland*. Son
principal ouvrage intitulé : *Prodromus
linguarum* , auquel il travailla pendant
50 ans, est resté en manuscrit.

BUFFALO (Gaspard del), chanoine
de Saint-Marc , né à Rome le 6 janvier
1786, fit ses études au collége romain.
Etant entré dans l'état ecclésiastique, il
se consacra de bonne heure à la chaire;
mais, sous l'invasion étrangère, il partagea le sort de beaucoup d'autres prêtres
vertueux, et fut déporté d'abord à Bologne, puis à Plaisance, et enfin transféré
dans les prisons de Lugo. Au retour de
Pie VII à Rome, en 1814, le chanoine del
Buffalo reprit avec plus d'ardeur ses œuvres de charité , et principalement celle
de Sainte-Galle, qu'il avait rétablie avant
sa déportation, et dont il avait été nommé
administrateur. C'est à lui qu'on doit l'é-
tablissement de la congrégation des missionnaires dite *du Précieux-Sang*, dont il
vit sortir treize maisons ; il fonda ensuite
les couvents des Sœurs de charité et les
Filles de Marie. Dans les maisons de missions, il institua des exercices pour les ecclésiastiques et pour les séculiers, des pensionnats pour les jeunes clercs, des instructions pour la première communion
des enfants. Les confréries et les oratoires
du soir qu'il érigea, propagèrent la dévotion à saint François-Xavier, qu'il avait
pris pour protecteur et pour modèle. Son
humilité le tenait éloigné des honneurs;
mais sa douceur, sa prudence et son zèle
lui conciliaient le respect des peuples et
l'estime des évêques. Il eut le bonheur

w de finir ses jours dans l'exercice même
» de son pieux ministère; il contracta en
effet sa dernière maladie dans une mission, pendant laquelle il était resté exposé à la pluie pour prêcher la parole de
Dieu. Il est mort le 28 décembre 1837.
Ses obsèques ont été célébrées au milieu
du concours des fidèles, et son oraison
funèbre a été prononcée par le chanoine
Giampedi. Depuis sa mort, des miracles
nombreux ont eu lieu par son intercession, et la cause pour sa béatification a
été introduite à Rome par ordre du Souverain-Pontife.

BUFFARD (Gabriel-Charles), célèbre
canoniste, chanoine de Bayeux, naquit
en 1763 au Fresne, près de Condé-sur-
Noireau. Après avoir professé la théologie durant quelques années en l'Université de Caen, il fut obligé de quitter sa
chaire, pour son attachement aux opinions
contraires à la bulle *Unigenitus*. Il se retira à Paris, où il mourut le 7 décembre
1763. On a de lui : *Défense de la fameuse
déclaration du clergé*, traduite du latin
de Bossuet, 1736, in-1; *Essai d'une dissertation où l'on fait voir l'inutilité des
nouveaux formulaires*, 1738, in-4.

BUFFET (Marguerite), dame parisi-
sienne du 17ᵉ siècle, s'est fait un nom
par ses *Eloges des illustres savantes tant
anciennes que modernes*, et par des *Observations sur la langue française*. Elle
faisait profession d'enseigner aux personnes de son sexe l'art de bien parler
et d'écrire correctement.

BUFFIER (Claude, le Père), né en
Pologne, de parents français, l'an 1661,
se fit jésuite en 1679. Après avoir fait un
voyage à Rome il se fixa en France dans
la capitale. Il mourut au collége de sa
société à Paris, en 1737. On a de lui un
grand nombre d'ouvrages. Les principaux ont été recueillis dans son *Cours
des sciences par des principes nouveaux
et simples, pour former la langue, l'esprit et le cœur*, 1732, in-fol. Ce recueil
renferme: sa *Grammaire française* sur un
plan nouveau, éclipsée par celles de Res-
taut et de Wailly, qui lui doivent beaucoup; son *Traité philosophique et pratique d'éloquence*, semé de raisonnements
métaphysiques, autant que de préceptes;
sa poétique monotone, froide, languis-
sante, est une des preuves qu'on peut
raisonner sur la poésie, sans être animé
du feu des poëtes; ses *Eléments de métaphysique*; son *Examen des préjugés
de Bayle*; son *Traité de la société civile*;
son *Exposition des preuves de la religion*,
et d'autres écrits mêlés de réflexions, la
plupart judicieuses. Les encyclopédistes
ont tiré de ce *Cours des sciences* plusieurs

articles auxquels ils n'ont pas jugé à propos de citer le nom de l'auteur. On a encore de ce jésuite: l'*Histoire de l'origine
du royaume de Sicile et de Naples*, in-12:
ouvrage dont on se sert parce qu'on n'en
a pas de meilleur; *Pratique de la mémoire artificielle, pour apprendre la chronologie et l'histoire universelle*, en 2 vol.
in-12: livre où la matière est peu approfondie, et qui n'est presque plus d'aucun
usage. L'auteur a resserré dans des vers
techniques les principaux événements,
et les noms des grands souverains, méthode qui n'a paru bonne qu'à des instituteurs peu instruits de la marche et du
développement des facultés intellec-
tuelles: elle n'est réellement propre qu'à
rebuter la jeunesse qui, au lieu des attraits
de l'histoire, n'aperçoit qu'un assemblage
de vers barbares, bien plus difficiles à
comprendre et à retenir que l'histoire
même. « En général, dit un auteur qui
« possédait la méthode et l'expérience de
« l'enseignement, les vers techniques
« sont un mauvais moyen d'apprendre;
« on doit l'employer tout au plus dans
« l'enseignement des langues; le mot, le
« genre, le régime, etc., faisant tout
« l'objet de la leçon, elle peut être tout
« entière renfermée dans un vers. De
« plus, cette science n'ayant aucune
« règle naturelle, mobile, arbitraire,
« et dépendant uniquement des caprices
« de l'usage; aride par elle-même, et
« dénuée des ressources de l'imagina-
« tion comme de celles du jugement,
« elle ne perd rien à être consignée dans
« de mauvais vers, dont la cadence
« connue sert à placer dans la mémoire
« une multitude de préceptes sans suite
« et sans lien. Il n'en est point ainsi de
« la géographie, de l'histoire, et d'au-
« tres sciences qu'on a voulu asservir à
« des méthodes ingrates, squelettueuses,
« inutilement et déraisonnablement pé-
« nibles, et totalement décourageantes
« pour la jeunesse. » Il faut convenir
cependant que, dans toutes les sciences,
il y a certaines énumérations et no-
menclatures, dont des vers techniques
peuvent faciliter le souvenir exact, et la
récitation méthodique; une *Géographie
universelle*, in-12, avec des vers de la
même espèce, et des cartes inexactes.
On en a donné une édition entièrement
refondue, et assortie à l'*Etat géographique et politique actuel du globe terrestre*,
à Liége, 1786, avec de nouvelles cartes;
*Introduction à l'Histoire des Maisons
souveraines de l'Europe*, Paris, 1717,
3 vol. in-12: ouvrage peu correct. On a
encore de lui quelques poésies: la *Prise
de Mons*, le *Dégât du Parnasse*, les *Abéil-

les, etc. Le style de Buffier, dans ses vers et dans sa prose, est plus facile que châtié. C'était un homme laborieux et plein de vertu.

BUFFON (Georges-Louis Le CLERC, comte de), intendant du jardin et du cabinet d'histoire naturelle du roi de France, naquit à Montbard, en Bourgogne, d'un conseiller au Parlement de Dijon, le 7 septembre 1707. Il eut pour directeur de ses premiers débuts le célèbre Réaumur, et fut puissamment protégé par madame de Pompadour. Après avoir publié plusieurs *Mémoires* sur différents objets, mais particulièrement sur la physique, il se fit la plus grande réputation par son *Histoire naturelle*, publiée successivement en plusieurs volumes in-4 et in-12. Il mourut à Paris le 16 avril 1788, à 81 ans. Comme physicien, il a pu essuyer des critiques; comme écrivain, il ne mérite que des éloges; et c'est avec raison qu'un juge impartial a dit en parlant de sa mort: « C'est une vraie perte nationa-
« le; perte d'autant plus sensible, qu'elle
« ferme la chaîne de tous les écrivains
« de génie que la France a produits,
« sans interruption, pendant près de
« deux siècles, depuis Malherbe jusqu'à
« M. de Buffon. Quelles tristes réflexions
« se présentent à l'esprit, quand on son-
« ge que celui-ci non seulement n'est
« pas remplacé, mais qu'il se trouve un
« intervalle immense entre lui et pres-
« que tous les auteurs actuels! Quel mo-
« dèle vivant pourra-t-on désormais op-
« poser à cet essaim de barbares qui
« inondent la littérature et les sciences! »
Cet éloge n'est pas exagéré, dès que l'on ne considère dans M. de Buffon que son éloquence, son ton élevé, noble, imposant, ses images si vives, si brillantes, ses descriptions si vraies, si naturelles, les formes heureuses de son style. Les systèmes qu'il a imaginés ou adoptés ont pu diminuer sa gloire; ses *Époques de la nature* surtout ont paru refroidir l'enthousiasme de plusieurs de ses partisans; cependant, dans le fond, ces *Époques* se trouvaient déjà, à quelques variations près (car M. de Buffon y était fort sujet), dans l'*Histoire naturelle*; et c'est peut-être faute d'avoir lu avec attention la partie systématique de ce grand ouvrage, que tant de personnes ont été étonnées des paradoxes contenus dans les *Époques*. Une considération, peut-être plus propre à faire oublier les torts de l'auteur, que toute espèce d'apologie, est la tranquillité, on peut dire, la docilité avec laquelle il a vu les réfutations qui ont paru de cet ouvrage. M. de Buffon n'avait pas cet égoïsme inquiet et irritable de la plupart des écrivains modernes; il supportait la critique, s'en servait quelquefois, et ne s'en offensait jamais. Plus d'une fois il a désavoué ce que ses écrits contenaient de contraire à une science bien plus sûre que toutes les connaissances humaines; et sa mort vraiment chrétienne prouve que, si dans le jeu de ses hypothèses il s'est quelquefois écarté des vérités étroitement liées avec une religion divine, son cœur n'eut jamais de part aux écarts de l'imagination. Voici comme le *Journal de Paris* (1788, n° 125) s'exprime au sujet de cette mort. « Je ne parlerai plus que de l'un de ses plus
« constants attachements, celui qu'il avait
« voué au P. Ignace Bougault, capucin,
« qu'il était parvenu à faire nommer
« curé de Buffon. Cette liaison a duré
« plus de cinquante ans. Pendant le sé-
« jour que M. de Buffon faisait à Mont-
« bard, le P. Ignace ne manquait jamais
« de venir, deux fois par semaine, dî-
« ner avec son ami; et M. de Buffon,
« quand il se portait bien, allait à son
« tour dîner quelquefois chez le P. Ignace.
« En un mot, c'était le P. Ignace qui avait
« la confiance tout entière de M. de Buf-
« fon. Aussi, lorsqu'il est accouru à Paris
« dans les derniers moments qui ont pré-
« cédé la mort de ce grand homme, M. de
« Buffon qui, depuis plusieurs jours, ne
« parlait presque plus, a repris ses for-
« ces en revoyant son ancien ami. Après
« s'être entretenu quelque temps avec
« lui, il a commencé à lui faire, d'une
« voix élevée, et sans s'inquiéter des
« spectateurs, la confession de toute sa
« vie; il a été le premier à lui parler des
« devoirs de la religion qu'il a tous rem-
« plis en présence de plusieurs person-
« nes. » Une fin si chrétienne affaiblira sans doute un peu l'enthousiasme que la secte philosophique a constamment montré pour la gloire de cet habile écrivain; mais les gens de bien en honoreront davantage sa mémoire. Les causes, qui déterminent aujourd'hui les éloges et l'admiration des trompettes de la célébrité, ne sont pas celles qui sont les plus chères au cœur de l'homme vertueux. Peintre et secrétaire de la nature, M. de Buffon eût été moins célébré, si, contre son intention, il n'avait dessiné des plans de création où le matérialisme et le fatalisme ont cru trouver des appuis à leurs systèmes: motifs d'applaudissement de l'éloquent écrivain eût détestés, s'il les avait soupçonnés. Il n'aimait point Voltaire, et ne pouvait souffrir les éclats et les intrigues des philosophes de son temps. On dit qu'il ne paraissait plus à l'Académie, depuis qu'ils y devinrent dominants.

Indépendamment de ce que nous avons dit des grâces de son style, des tableaux pittoresques et animés, qui, malgré plusieurs inexactitudes, dureront autant que les choses qui en font l'objet, on ne peut lui refuser d'avoir étendu les recherches sur des objets particuliers, et d'avoir, en quelque façon, généralisé le goût de l'*Histoire naturelle*. Mais si, d'un côté, ce goût a servi à répandre du jour sur des matières intéressantes, on ne peut disconvenir qu'il n'ait enfanté des imitations gauches et indignes du modèle, des erreurs sans nombre, des spéculations quelquefois monstrueuses, quelquefois ridicules, toujours étrangères au véritable état des choses et à l'état physique du monde. De là cette multitude de jeunes gens et d'écrivains superficiels qui, pour se servir de l'expression d'un homme célèbre, ont osé manier, avec des mains impures et profanes, ce qu'il y avait de plus sacré dans les mystères de la nature. « L'*Histoire naturelle*, dit un écrivain « moderne, entre ici dans l'observation « générale qu'on peut faire sur les scien- « ces et les lettres : dès qu'elles devien- « nent un objet d'occupation ou même « d'amusement et de prétention pour la « multitude, il en résulte des inconvé- « nients et des maux sérieux de plus « d'un genre. Et pour ne rien dissimu- « ler, l'étude de la physique et de l'his- « toire naturelle est peut-être plus dan- « gereuse que toute autre pour les esprits « frivoles et présomptueux, par les faux « systèmes auxquels elle donne particu- « lièrement lieu : systèmes qui ne sont « rien moins qu'indifférents à la science « religieuse et morale qui fait le bon- « heur des particuliers, ainsi que la « tranquillité des empires. » A cette observation, on peut joindre l'extrême licence qui règne dans quelques descriptions de l'*Histoire naturelle*, et qui ne peut produire, dans de jeunes lecteurs surtout, que des impressions défavorables aux mœurs. « M. de Buffon, dit un « homme qu'on ne peut taxer d'excéder « en scrupules, savait bien qu'il n'écri- « vait pas un traité de médecine : il sa- « vait qu'il travaillait pour les gens du « monde, et que cette indifférence phi- « losophique ne serait pas la vertu de la « foule de ses lecteurs : il est plus que « probable qu'il aurait été bien fâché de « n'être lu que par des philosophes. La « nécessité supposée d'entrer dans ces « détails n'empêchait pas qu'ils ne fus- « sent susceptibles de quelques modifi- « cations ; mais au reste, quelque juge- « ment qu'on porte de cette partie de « son ouvrage, s'il y a des excuses pour

« la naïveté de l'écrivain, il n'y en a pas « pour la sécurité des parents, des mères « surtout. » Parmi ceux qui ont redressé les erreurs de l'illustre naturaliste, il faut distinguer l'abbé de Lignac dans les *Lettres d'un Américain* ; le *Monde de verre* de l'abbé *Royou* (quoique tous leurs raisonnements ne soient pas exacts) ; les *Lettres Helviennes* de l'abbé *Barruel* ; les *Réflexions sur les époques de la nature*, par l'abbé Viet. Je n'ose, sans m'exposer au reproche d'égoïsme, renvoyer aussi à l'*Examen impartial des Epoques* (Voyez l'art. FELLER) ; mais je citerai avec confiance les *Lettres sur la structure actuelle de la terre* (Journ. hist. et litt. 15 décembre 1787, pag. 551), dont l'auteur est M. Howard, d'une illustre famille anglaise, domicilié à Tours. On a publié sa *Vie* en 1 vol. in-12, 1788. — Ceux qui voudraient toujours voir le mérite réuni à la modestie n'ont pas approuvé que, de son vivant, il se soit laissé ériger une statue dans le cabinet d'histoire naturelle, dont il était intendant, et d'avoir laissé donner son nom à une rue qui aboutit à ce cabinet. On doit encore à M. de Buffon la *Statique des végétaux*, traduite de l'anglais de Hales, 1735, in-4, et 2 vol. in-8, 1779, et la *Méthode des fluxions et des suites infinies*, traduite du latin de Newton, 1740, in-4. — Le miroir ardent qu'il a exécuté avec succès n'est point une invention qui doive lui être attribuée, parce qu'on en trouve une description très-détaillée dans la *Magia catoptrica* du P. Kircher. (Voy. ARCHIMÈDE.) Châteaubriand (*Génie du Christianisme*, part. 1, liv. 4, ch. 5, note k, page 302, belle édit. Pourrat) a donné une juste appréciation des divers systèmes sur la création. La voici : « Buffon, avec la Genèse, avait reculé l'origine du monde, considérant chacun des six jours de Moïse comme un long écoulement de siècles ; mais il faut convenir que ces renseignements ne donnent pas un grand poids à ses conjectures. Il est inutile de revenir sur ce système, que les premières notions de physique et de chimie ruinent de fond en comble ; et sur la formation de la terre détachée du soleil, par le choc oblique d'une comète, et soumise tout-à-coup aux lois de la gravitation des corps célestes ; le refroidissement graduel de la terre, qui suppose dans le globe la même homogénéité que dans le boulet de canon qui avait servi à l'expérience ; la formation des montagnes du premier ordre, qui suppose encore la transmutation de la terre argileuse en terre silicieuse, etc. On pourrait grossir cette liste de systèmes qui, après tout, ne sont que des *systèmes*. Ils se sont détruits entre eux ; et pour un esprit droit, ils n'ont jamais rien prouvé contre l'Écriture. » L'illustre écrivain renvoie à l'admirable Commentaire de la Genèse par De Leu, et aux Lettres du savant Euler. Voici divers passages de Buffon que nous aimons à citer. *Création de l'homme :* « Des motifs majeurs et des raisons très-solides se joignent ici pour « prouver.... que l'homme est le grand « et dernier œuvre de la création... Le « souverain Etre n'a pas répandu le « souffle de vie dans le même instant « sur toute la surface de la terre ; il a « commencé par féconder les mers, et en- « suite les terres les plus élevées , et il « a voulu donner tout le temps à la terre « de se consolider, se refroidir, se décou- « vrir, se sécher, et arriver enfin à l'état « de repos et de tranquillité où l'homme « pouvait être le témoin intelligent, « l'admirateur paisible du grand specta- « cle de la nature et des merveilles de la « création. Ainsi nous sommes persua- « dés, indépendamment de *l'autorité* « des livres sacrés, que l'homme a été « créé le dernier, et qu'il n'est venu « prendre le sceptre de la terre que quand « elle s'est trouvée digne de son empi- « re.» *Epoque de la nature* (5e époque.) — Il parle ensuite du premier séjour de l'homme. et ce qu'il dit, par l'autorité de sa science, témoigne en faveur du récit de la Genèse touchant le *Paradis ter- restre.* Il prouve qu'il y a eu des géants (6e époque). Il démontre la *supériorité de l'homme* sur tous les êtres de la création (hist. de l'homme.) Il reconnaît *l'unité du genre humain :* « Tout concourt donc , « dit-il , à prouver que le genre humain « n'est pas composé d'espèces essentiel- « lement différentes entre elles , qu'au « contraire , il n'y a eu originairement « qu'une seule espèce d'hommes, qui , « s'étant multipliée et répandue sur toute « la surface de la terre, a subi différents « changements par l'influence du climat, « par la différence de la nourriture, par « celle de la manière de vivre, par les « maladies épidémiques , et aussi par le « mélange varié à l'infini des individus « plus ou moins ressemblants ; que « d'abord ces altérations n'étaient pas si « marquées, et ne produisaient que des « variétés individuelles; qu'elles sont en- « suite devenues variétés de l'espèce, « parce qu'elles sont devenues plus géné- « rales, plus sensibles et plus constan- « tes par l'action continuée de ces mêmes « causes ; qu'elles se sont perpétuées, et « qu'elles se perpétuent de génération « en génération, comme les difformités

« ou les maladies des pères et mères « passent à leurs enfants ; et qu'enfin, « comme elles n'ont été produites originai- « rement que par le concours de causes « extérieures et accidentelles , qu'elles « n'ont été confirmées et rendues constan- « tes que par le temps et l'action continuée « de ces mêmes causes, il est très proba- « ble qu'elles disparaîtraient aussi peu à « peu, et le temps, ou même « qu'elles deviendraient différentes de ce « qu'elles sont aujourd'hui, si ces mêmes « causes ne subsistaient plus , ou si elles « venaient à varier , dans d'autres cir- « constances et par d'autres combinai- « sons. » (*Histoire de l'homme*, chapitre des *Insulaires de la mer du sud*, à la suite du *Traité des variétés de l'espèce humaine*, tom. XXI, p. 30 , de l'édition de Sonni- ni.) Buffon prouve qu'il y a *deux princi- pes dans l'homme*, l'un matériel ou ani- mal, l'autre spirituel. (*Discours sur les animaux*, t. XXI, p. 331 et suiv.) Il prou- ve l'existence et l'immatérialité de l'âme (tom. XVIII, où il traite de la nature de l'homme.) Ecoutons-le parler de l'hom- me , de son excellence , de sa supério- rité , des divers dons que Dieu lui a faits. « Il n'est pas étonnant, dit-il, que l'homme « qui se connaît si peu lui-même , qui « confond si souvent ses sensations et « ses idées, qui distingue si peu le pro- « duit de son âme de celui de son cerveau , « se compare aux animaux, et n'ad- « mette entre eux et lui qu'une nuance . « dépendante d'un peu plus ou d'un peu « moins de perfection dans ces organes: « il n'est pas étonnant qu'il les fasse rai- « sonner, s'entendre et se déterminer « comme lui, qu'il leur attribue, non « seulement les qualités qu'il a , mais « encore celles qui lui manquent. Mais « que l'homme s'examine, s'analyse et « s'approfondisse , il reconnaîtra bien- « tôt la noblesse de son être , il sentira « l'existence de son âme , il cessera de « s'avilir, et verra d'un coup d'œil la « distance infinie que l'Etre suprême a « mise entre les bêtes et lui. — Dieu « seul connaît le passé, le présent et l'ave- « nir ; il est de tous les temps, et voit « dans tous les temps : l'homme, dont la « durée est de si peu d'instants, ne voit « que ces instants ; mais une puissance « vive, immortelle , compare ces ins- « tants, les distingue, les ordonne ; c'est « par elle qu'il connaît le présent, qu'il « juge du passé et qu'il prévoit l'avenir. « Otez à l'homme cette lumière divine, « vous effacez, vous obscurcissez son « être ; il ne restera que l'animal ; il « ignorera le passé, ne soupçonnera pas « l'avenir, et ne saura même ce que c'est

« que le présent. » (*Discours sur la nature des animaux*, tom. XXI, p. 371.)
« L'empire de l'homme sur les animaux
« est un empire légitime, qu'aucune ré-
« volution ne peut détruire ; c'est l'em-
« pire de l'esprit sur la matière ; c'est
« non seulement un droit de nature, un
« pouvoir fondé sur des lois inaltérables,
« mais c'est encore un don de Dieu,
« par lequel l'homme peut reconnaître à
« tout instant l'excellence de son être ;
« car ce n'est pas parce qu'il est le plus
« parfait, le plus fort ou le plus adroit
« des animaux, qu'il leur commande :
« s'il n'était que le premier du même
« ordre, les seconds se réuniraient pour
« lui disputer l'empire ; mais c'est par
« sa supériorité de nature que l'hom-
« me règne et commande ; il pense, et
« dès lors il est maître des êtres qui ne
« pensent point. Il est maître des corps
« bruts, qui ne peuvent opposer à sa
« volonté qu'une lourde résistance ou
« qu'une inflexible dureté, que sa main
« sait toujours surmonter et vaincre en
« les faisant agir les uns contre les au-
« tres ; il est maître des végétaux, que
« par son industrie il peut augmenter,
« diminuer, dénaturer, détruire ou mul-
« tiplier à l'infini ; il est maître des ani-
« maux, parce que non seulement il a
« comme eux du mouvement et du senti-
« ment, mais qu'il a de plus la lumière
« de la pensée, qu'il connaît les fins et
« les moyens, qu'il sait diriger ses ac-
« tions, concerter ses opérations, mesu-
« rer ses mouvements, vaincre la force
« par l'esprit, et la vitesse par l'emploi
« du temps. » (*Histoire des quadrupèdes*,
article préliminaire sur les *animaux domestiques*, tom. XXII, pag. 66.) — Encore quelques citations. « Les missions ont
« soumis plus d'hommes dans les na-
« tions barbares (il parle des sauvages
« du Brésil) que les armées victorieuses
« des princes qui les ont subjugués. Le
« Paraguay n'a été conquis que de cette
« façon. La douceur, le bon exemple, la
« charité et l'exercice de la vertu cons-
« tamment pratiquée par les missionnai-
« res, ont touché ces sauvages, et vain-
« cu leur défiance et leur férocité ; ils
« sont venus souvent d'eux-mêmes de-
« mander à connaître la loi qui rendait
« les hommes si parfaits ; ils se sont sou-
« mis à cette loi et réunis en société. Rien
« ne fait plus d'honneur à la religion que
« d'avoir civilisé les nations et jeté les
« fondements d'un empire sans autres
« armes que celles de la vertu.» — «Quoi-
« que très-ancienne, la religion des Bra-
« chmanes ne s'est guère étendue au-
« delà de leurs écoles, et jamais au-

« delà de leur climat... Cette religion est
« un exemple frappant du sort des opi-
« nions humaines. Il n'a jamais appar-
« tenu qu'à Dieu de nous donner la *vé-*
« *ritable religion*, qui, *ne dépendant pas*
« *de nos opinions*, *est inaltérable*, *cons-*
« *tante et toujours la même*. La premiè-
« re et la plus saine partie de la morale
« est plutôt une application des maximes
« de notre divine religion qu'une scien-
« ce humaine... La loi de Dieu fait nos
« principes, et la foi notre calcul. La
« reconnaissance respectueuse ou plutôt
« l'adoration que l'homme doit à son
« Créateur, la charité fraternelle ou plu-
« tôt l'amour qu'il doit à son prochain
« sont des sentiments naturels et des
« vertus écrites dans une âme bien faite.
« Tout ce qui émane de cette source pu-
« re porte le caractère de la vérité ; la
« lumière était si vive, que le prestige
« de l'erreur ne peut l'obscurcir ; l'évi-
« dence, si grande, qu'elle n'admet ni
« raisonnement, ni délibération, ni dou-
« te, et n'a d'autre mesure que la con-
« viction. » — Une fois, la Sorbonne avait
cru reconnaître quelques propositions
mal sonnantes dans certains passages ou
plutôt dans certaines expressions du poétique auteur de l'*Histoire naturelle* : « Je
« déclare, dit-il, qu'il y a des principes
« évidents et des conséquences éviden-
« tes dans plusieurs sciences, et sur-
« tout dans la métaphysique et la mora-
« le ; que tels sont, en particulier dans
« la métaphysique : l'existence de Dieu,
« ses principaux attributs, l'existence,
« la spiritualité et l'immortalité de notre
« âme ; et dans la morale, l'obligation
« de rendre un *culte* à Dieu, et à chacun
« ce qui lui est dû ; en conséquence,
« qu'on est obligé d'éviter le larcin, l'ho-
« micide et les autres actions que la rai-
« son condamne. Que les objets de no-
« tre foi sont *très-certains*, que Dieu
« les a révélés, et que la raison même
« qui m'apprend ne pouvoir me tromper
« m'en garantit la vérité et la certitude ;
« que ces objets sont pour moi des *véri-*
« *tés du premier ordre*, soit qu'ils regar-
« dent le dogme, soit qu'ils regardent la
« pratique de la morale. Que, quand j'ai
« dit que les vérités de la morale n'ont
« pour objet et pour fin que des conve-
« nances et des probabilités, je n'ai ja-
« mais voulu parler des *vérités réelles*,
« telles que sont, non seulement les pré-
« ceptes de la loi divine, mais encore
« ceux qui appartiennent à la loi natu-
« relle, et que je n'entends par *vérités*
« *arbitraires*, en fait de morale, que les
« lois qui dépendent de la volonté des
« hommes, et qui sont différentes dans

« différents pays , et par rapport à la
« constitution de différents Etats. » Voilà la *foi* , la *fidélité* de Buffon : voici sa
piété , et sa piété la plus tendre ; et la
voici dans ses *Epoques de la nature*. « Au
« *Dieu de Paix. Grand Dieu,* dont la
« seule présence soutient la nature et
« maintient l'harmonie des lois de l'uni-
« vers ; vous qui , du trône immobile de
« l'Empirée, voyez rouler sous vos pieds
« toutes les sphères célestes , sans choc
« et sans confusion ; qui , du sein du re-
« pos , reproduisez à chaque instant
« leurs mouvements immenses , et seul
« régissez dans une paix profonde ce
« nombre indéfini de cieux et de mon-
« des ; rendez , rendez enfin le calme à
« la terre agitée ! Qu'elle soit dans le
« silence ! qu'à votre voix la discorde et
« la guerre cessent de faire retentir leurs
« clameurs orgueilleuses ! Dieu de bonté,
« auteur de tous les êtres , vos regards
« paternels embrassent tous les objets de
« la création ; mais l'homme est un être
« de choix ; vous avez éclairé son âme
« d'un rayon de votre lumière immor-
« telle ; comblez vos bienfaits en péné-
« trant son cœur d'un trait de votre
« amour : ce sentiment divin , se répan-
« dant partout, réunira les nations enne-
« mies ; l'homme ne craindra plus l'as-
« pect de l'homme , le fer homicide
« n'armera plus sa main ; le feu dévo-
« rant de la guerre ne fera plus tarir la
« source des générations ; l'espèce hu-
« maine , maintenant affaiblie , muti-
« lée , moissonnée dans sa fleur , germe-
« ra de nouveau , et se multipliera sans
« nombre ; la nature , accablée sous le
« poids des fléaux, stérile, abandonnée ,
« reprendra bientôt , avec une nouvelle
« vie , son ancienne fécondité ; et nous,
« Dieu bienfaiteur, nous la féconderons,
« nous la cultiverons, nous l'observe-
« rons sans cesse, pour vous offrir à cha-
« que instant un nouveau tribut de re-
« connaissance et d'admiration ! » Certains traits particuliers postérieurs et
connus décèlent encore la pensée religieuse, la conviction antiphilosophique
du comte de Buffon ; le suivant est rapporté par Beffroy, dans son *Dictionnaire
des hommes et des choses* : « Après la
mort de d'Alembert, en 1783, M. de La
Lande se transporta chez Buffon , lui
exprima les regrets de l'Académie des
sciences , et ajouta , pour les tempérer :
« Il ne nous reste plus que vous , M. de
« Buffon , pour soutenir l'édifice chance-
« lant de la philosophie ; vous êtes désor-
« mais notre chef, etc... » Buffon ne le
laissa pas achever : « Qu'appelez-vous ,
« répondit-il avec feu ? » et il se mit dans

une colère épouvantable , de ce qu'on le
regardait comme un philosophe de la
trempe de d'Alembert. Je tiens cette anecdote d'un de nos premiers littérateurs,
qui se trouvait alors chez M. de Buffon. »
— Royou rapporte (et l'on peut trouver
là le secret de la circonspection religieuse
de Buffon) qu'il lui a ouï dire , « qu'il
« était blessé toutes les fois que l'homme
« prostituait l'idée du premier Etre , en
« la substituant à celle de ses opinions ;
« qu'il était vivement affligé , toutes les
« fois qu'on abusait de ce grand , de ce
« saint nom de Dieu. » Enfin Buffon
croyait à l'inspiration divine des livres
sacrés comme le prouvent l'autorité qu'il
reconnaissait à ces livres, et sa profession de foi formelle à cet égard dans
sa lettre à Madame de Genlis, en date du
21 mars 1787. Les *Œuvres complètes* de
Buffon ont été publiées sous le titre de :
*Histoire naturelle, générale et particu-
lière*, Paris, imprimerie royale , 1749-
1788 , in-4. , 36 vol. , avec figures , en
1752-1805 , 90 vol. in-12 , avec fig. Cette
collection renferme la *Théorie de la
terre*, l'*Histoire de l'homme*, celle des
animaux quadrupèdes , celle des oiseaux,
continuée par Guénaud de Montbéliard ;
celle des minéraux ; ses *Recherches sur
les bois* ; ses *Epoques de la nature* ; ses
Discours à l'Académie. On a publié , depuis, plusieurs éditions des *Œuvres* de
Buffon, in-8. , in-12 et in-18, rédigées et
mises en ordre par divers auteurs , et
augmentées de plusieurs parties qui y
manquaient , telles que les reptiles , les
crustacées , les insectes , les poissons,
cétacées, etc. L'ouvrage de Buffon a été
abrégé et classé par M. Castel , en 36
vol. in-8. On y a ajouté les minéraux,
les poissons, les reptiles , les insectes,
etc., ce qui porte cette collection à 80
volumes. M. Bernard en a aussi publié
un abrégé en 14 vol. in-8, grand papier. Il
y a , entre autres éditions des *Œuvres
complètes* de Buffon, celle dite *de Sonnini*,
accompagnée de notes, etc., Paris, 1798-
1807 , 127 vol. in-8, avec 1,150 planches. Il y en a une , mise dans un nouvel ordre , précédée d'une *Notice* sur la
vie et les ouvrages de l'auteur , par le
baron Cuvier, Paris , 1825-26 , 36 vol.
in-18, dans laquelle le texte de Buffon
est , dit-on, tronqué. Il y a plusieurs
autres éditions des *Œuvres complètes* de
Buffon.

BUGATI (dom Gaetano), ecclésiastique, né à Milan en 1745, reçu, en 1773,
membre du collège des docteurs de la
bibliothèque ambroisienne, publia des
*Mémoires historiques et critiques sur les
reliques et le culte de saint Celse*, et une

reduction, en latin, d'un ancien manuscrit syriaque de la *Bible*, dont le premier volume, contenant les *Prophéties* de Daniel, fut favorablement accueilli, ainsi que la traduction des *Psaumes*, enrichie de notes précieuses. Bugati a encore composé d'autres ouvrages, et mourut le 20 avril 1817.

BUGEAUD (Thomas-Robert de la PI- CONNERIE), maréchal de France, duc d'Isly, né à Limoges, le 15 octobre 1784. Il s'engagea, avant d'avoir 20 ans accomplis, comme simple grenadier dans le régiment des vélites; ce fut à la bataille d'Austerlitz qu'il gagna les galons de caporal; un an après, il était nommé sous-lieutenant. Il se trouva à la bataille de Pultusk où il fut grièvement blessé; après sa guérison, il se rendit en Espagne, à l'armée d'Aragon qu'il ne quitta plus jusqu'en 1814; son nom est constamment cité avec honneur dans les rapports du général en chef maréchal Suchet. En 1814, la Restauration le trouva lieutenant-colonel du 14e régiment de ligne; Louis XVIII le nomma colonel de ce régiment. Au retour de l'Empereur, Bugeaud se déclara pour lui ainsi que le reste de l'armée; mais il refusa le grade de maréchal-de-camp qui lui fut offert : « Je reste sous les drapeaux, « répondit-il, pour défendre la France « contre les étrangers; je ne veux pas « que l'on croie que ma détermination a « été prise par ambition; je ne puis re- « cevoir de l'avancement qu'après l'avoir « mérité sur le champ de bataille. » Son régiment fut envoyé à l'armée des Alpes que commandait Suchet; détaché en avant-garde dans la vallée de la Tarentaise, il livra aux alliés divers combats où il remporta toujours la victoire. Le 28 juin, n'ayant que 1700 hommes sous ses ordres, il fut attaqué par 10,000 Autrichiens; après dix heures de combat, il réussit, par l'habileté et l'audace de ses manœuvres, à les mettre en déroute : 2000 hommes tués ou blessés, et 960 prisonniers furent le résultat de cette victoire. Mais la bataille de Waterloo et la seconde restauration des Bourbons, ayant rendu la paix à la France et à l'Europe, Bugeaud fut compris dans la grande mesure du licenciement de l'armée et dut rentrer dans ses foyers. Il se livra dès lors à des travaux d'agriculture; il y apporta la même ardeur, la même pénétration d'esprit, la même persévérance que dans le service militaire, et il obtint de grandes améliorations dans les propriétés qu'il possédait dans le Périgord : ce progrès fut utile au pays tout entier auquel il servit d'exem-

ple et d'encouragement. La révolution de 1830 rendit Bugeaud à la carrière militaire, et l'appela à jouer un rôle politique. Il fut, d'abord, promu au grade de maréchal-de-camp; et, en 1831, l'arrondissement de Périgueux le choisit pour un de ses représentants à la Chambre des députés. Bugeaud n'était pas ce qu'on appelle un orateur; mais il parlait avec facilité; et sur toutes les questions relatives à l'armée et à la guerre; il exprimait son opinion avec l'autorité que lui donnaient son instruction, son expérience et son génie militaire. Il soutenait toujours l'avis le plus conforme à la raison et à la prudence; ce qui, de la part d'un soldat aussi déterminé, aussi ardent, étonnait souvent les esprits superficiels : c'est que chez lui, comme chez tous les hommes vraiment supérieurs, le bon sens dominait l'imagination, au lieu d'être dominé par elle. Ainsi lorsqu'un parti d'enthousiastes, après avoir poussé les Polonais à une révolte qui devait amener inévitablement leur ruine, et profitant de la sympathie générale pour ce malheureux peuple, voulait, à son occasion, jeter la France dans une guerre universelle, Bugeaud combattit avec vigueur ce projet insensé. On lui disait que l'enthousiasme suppléerait au nombre et multiplierait nos soldats devant les armées coalisées : « Quant à l'enthousias- « me, répondait-il, quelques jours de « mauvais bivouac le font tomber, et une « batterie de quarante pièces de canons « qui vomit la mitraille sur les enthou- « siastes a bientôt fait taire les cris d'en- « thousiasme. » En 1833, la malheureuse entreprise de la duchesse de Berry venait d'échouer, et cette princesse qui, elle aussi, avait cédé à son enthousiasme maternel et ne s'était point assez souvenue qu'elle était femme, venait d'être arrêtée et enfermée à Blaye. Bugeaud consentit à être gouverneur de cette forteresse; mais sa conduite à l'égard de la princesse fut toujours respectueuse et pleine d'égards; tellement que les légitimistes lui pardonnèrent les fonctions qu'il avait exercées en considération de la manière dont il les avait remplies. Les républicains, que cette affaire ne regardait pas, en prirent occasion pour molester le général; Dulong y fit même une allusion offensante pour lui, dans le sein de la Chambre des députés. Bugeaud, cédant à un préjugé barbare, provoqua Dulong en duel et le tua d'un coup de pistolet; il eut tout le reste de sa vie un grand regret de cette fatale conclusion. Au mois d'avril 1834, Bugeaud exerça un commandement contre l'émeute qui ensanglanta la capitale ; il fit un grand carnage des insurgés : ceux qui ont survécu et leurs amis l'ont accusé de cruauté, mais il ne fit que remplir ses devoirs. Ces gens-là voudraient pouvoir tuer impunément, et ils sont scandalisés quand on les tue pour se défendre. En 1837, Bugeaud fut envoyé à l'armée de l'Algérie ; il était à peine arrivé, qu'on le chargea d'aller avec trois régiments dégager la brigade d'Artonges, bloquée par les Arabes à l'embouchure de la Tafna ; il réussit complètement, et força Abdel-Kader à la retraite. Trois semaines après, il le rencontre encore sur les bords de la Sichå, et lui livre un nouveau combat suivi d'une nouvelle victoire ; en récompense de cette brillante campagne, il fut nommé lieutenant-général. L'année suivante, il conclut avec Abdel-Kader le traité de paix dit *de la Tafna*, et qui fut exposé à de fortes critiques, parce qu'il donnait à Abdel-Kader plus d'importance qu'il n'en avait, et qu'il fut bientôt violé par lui. En 1841, Bugeaud fut nommé gouverneur général de l'Algérie : coloniser le pays et réduire les tribus nomades qui n'avaient pas encore reconnu notre domination, tel fut le double but qu'il poursuivit avec persévérance et succès. Au milieu de l'année 1844, il était occupé à combattre les montagnards rebelles du Jurjura, lorsqu'il apprit les mouvements hostiles des Marocains sur notre frontière ; il n'avait avec lui que 4,500 hommes avec lesquels il venait de mettre en déroute 20,000 kabyles. Il rallie promptement les colonnes des généraux Bedeau et Lamoricière, ce qui éleva le chiffre de sa petite armée à près de 8,000 hommes, et il marche résolûment à la rencontre du fils de l'empereur de Maroc, qui s'avance sur lui à la tête de 40,000 hommes, non compris les Kabyles insoumis et nombreux du voisinage. Bugeaud dispose son armée en bataillons carrés sur les bords de la petite rivière d'Isly : l'ennemi l'enveloppe d'abord complètement ; mais, après quelques heures d'une lutte acharnée, il prend la fuite dans toutes les directions. La révolution de février força d'abord le maréchal Bugeaud de se tenir à l'écart ; mais lorsque les hommes d'ordre eurent triomphé des hommes de révolution, il fut appelé au commandement de l'armée des Alpes. En même temps, le département de la Charente l'avait choisi pour un de ses représentants ; il s'était rendu à Paris en cette dernière qualité, lorsqu'il fut attaqué du choléra et mourut le 12 juin 1849. Bugeaud était l'un des meilleurs élèves de nos grandes guerres que nous eût

légués l'empire, et il était devenu l'égal des grands maîtres sous lesquels il avait fait l'apprentissage du métier des armes ; son nom seul effrayait les méchants, ils osèrent se réjouir publiquement de sa mort qui fit la désolation des gens de bien.

BUGENHAGEN (Jean), ministre protestant, né à Wollin dans la Poméranie, en 1485, d'abord prêtre et adversaire de Luther, fut ensuite son partisan et un de ses missionnaires. Il répandit ses erreurs dans une grande partie de l'Allemagne. Il mourut en 1558, ministre de Wittemberg et marié. On a de lui des *Commentaires sur l'Ecriture-Sainte*, en plusieurs vol. in-8 ; et d'autres ouvrages, où l'on trouve les erreurs de son maître, sans y rencontrer son emportement. On distingue son *Histoire de Poméranie*, 1728, in-4.

BUHLE (Jean-Théophile-Gottlieb), philologue et philosophe allemand, né à Brunswick le 27 septembre 1765, devint, en 1787, professeur de philosophie à l'Université de Goettingue, et fut nommé, en 1804, professeur de la même science à Moscou, où il reçut en même temps le titre de conseiller de cour. Il est mort dans sa ville natale le 10 août 1821. Il a publié : *Observations critiques sur les monuments historiques de la civilisation des Celtes et des Scandinaves*, Goettingue, 1788, in-8 ; *Manuel de l'histoire de la philosophie et d'une littérature de la même science*, 1796 à 1804, 8 vol. in-8 ; *Précis de la philosophie transcendante*, 1798, in-8 ; *Manuel du droit naturel*, 1799, in-8 ; *Histoire de la philosophie moderne depuis la renaissance des lettres jusqu'à Kant*, précédée d'un abrégé de la philosophie ancienne depuis Thalès jusqu'au 14° siècle, 1806 ; *Origine et Histoire des Roses-croix et des Francs-maçons*, 1803, in-8 ; *Preuves de l'histoire des peuples qui ont traversé la Russie avant le 9° siècle*, en latin, Moscou, 1806, in-4. On lui doit encore des éditions très-estimées de l'*Aristote*, grec-latin, 1800, 5 vol., et de l'*Aratus*, grec-latin, 1793 à 1801, 2 vol. in-8. L'*Aristote* n'est pas complet. On a aussi de lui une traduction allemande de *Sextus Empiricus*, et un grand nombre d'articles de critique insérés dans plusieurs ouvrages politiques d'Allemagne.

BUIL, ou BOYL, bénédictin catalan, religieux à l'abbaye du Mont-Serrat, vivait dans le 15° siècle. La grande réputation dont il jouissait dans son Ordre fit jeter les yeux sur lui pour accompagner Christophe Colomb, dans le second voyage qu'il fit dans le nouveau monde, et y porter la lumière de l'Evangile. Chargé de cette mission par Ferdinand et Isabelle, il reçut du Souverain-Pontife la qualité de vicaire apostolique dans les Indes occidentales, et fut décoré du pallium. Il fut suivi de douze religieux de son Ordre et s'embarqua en 1493. Il est regardé comme le premier patriarche des Indes; mais il n'y produisit pas de grands fruits, son séjour y ayant été très-court. Il eut plusieurs démêlés avec Colomb et retourna avant lui en Espagne pour y justifier la conduite qu'il avait tenue à l'égard de l'amiral. Il ne paraît pas qu'il soit retourné aux Indes. Un bénédictin allemand a publié l'histoire de son voyage sous ce titre : *Nova navigatio novi orbis Indiæ occidentalis R. P. D. Buellii, catalani, abbatis Montis-Serrati*, etc., 1621, in-fol. L'auteur se trompe en donnant à Buill le titre d'abbé de Mont-Serrat; mais ce n'est pas la seule inexactitude qu'on puisse lui reprocher. Son but principal a été de prouver que les religieux de Saint-Benoît ont été les premiers prêcher l'Evangile en Amérique.

BUISSON (Jean de), ou RUBUS, né à Ville, près d'Ath en Hainault, docteur de l'Université de Douai, où il mourut le 11 avril 1595, nous a laissé : une *Version* de la *Logique* d'Aristote, Cologne, 1572, in-4; *Historia et harmonia evangelica*, Liége, 1593, in-12. qu'Antoine Arnauld retoucha et publia à Paris, 1654. On l'a fait entrer en latin et en français dans la *Bible* de Saci, Paris, 1715, in-fol. tom. 3.

BUISTER (Philippe), sculpteur, né à Bruxelles en 1595, et mort à Paris en 1688, enrichit la France de plusieurs de ses ouvrages. Un des plus remarquables est le *Tombeau du cardinal de La Rochefoucauld*, qui ornait l'église de Sainte-Geneviève. Il fit pour le parc de Versailles un *Groupe de deux satyres*, une *Flore*, un *Joueur de tambour de basque* et le *Poëme satyrique*.

BUKENTOP (Henri de), savant récollet d'Anvers, né vers l'an 1654, s'appliqua à l'étude des langues savantes et à l'Ecriture-Sainte, fut élevé à différentes charges dans son Ordre, et mourut à Louvain en 1716. On a de lui beaucoup d'ouvrages latins sur l'Ecriture-Sainte; les principaux sont : *Dictionnaire où l'on explique les termes les plus difficiles de la Vulgate*, Louvain, 1706, in-8, utile et savant; *Règles pour l'intelligence de l'Ecriture, tirées des saints PP.*, 1706; *Traité sur les sens de l'Ecriture*, 1704. Il traite cette matière fort méthodiquement, et démêle avec sagacité les équi-

voques; *Lux de luce*, Cologne, et dans la réalité, Bruxelles, 1710, in-4; ouvrage divisé en trois parties : dans la première, il emploie les textes originaux pour fixer le sens des expressions ambiguës ou équivoques de la Vulgate; dans la seconde, il examine les variantes de la Vulgate, et prouve la justesse du choix qu'on a fait pour les éditions de Sixte V et de Clément VIII; dans la troisième, il compare ces deux éditions, et en marque exactement toutes les différences qui sont peu importantes, et réfute ainsi par une preuve de fait le *Bellum papale* de Thomas James. Il fait ensuite des remarques judicieuses sur les variantes de ces deux éditions et sur les différences qui se trouvent dans celle de Clément VIII, de l'an 1592, et de celle de 1593, de même qu'entre ces dernières et celle de Plantin. Il a encore fait plusieurs écrits contre la *Traduction* flamande des Psaumes et du Nouveau-Testament, imprimée à Emmerick, où il relève les infidélités et les autres défauts du traducteur Gilles de Witte. Tous les ouvrages du P. Bukentop sont d'une latinité nette et facile.

BULGARIS (Eugenios), savant prélat grec, né à Corfou en 1716, mort à Saint-Pétersbourg en 1806, professa la philosophie dans plusieurs colléges de la Grèce et même à Constantinople. L'envie de s'instruire le fit voyager. Il vit à Leipsick le célèbre Segner, se perfectionna sous lui dans les mathématiques, et traduisit en grec ancien les *Eléments de mathématiques* de ce célèbre professeur. L'impératrice Catherine le nomma à l'archevêché de Slavinie et de Cherson. Il savait le latin, l'hébreu, et possédait plusieurs langues de l'Europe. Ses principaux ouvrages sont : un *Traité historique de la dispute sur l'émanation du Saint-Esprit*, et *Examen de la logique de Nicéphore Blemmidès*, insérés dans l'édition qu'il donna des *Œuvres* de Joseph de Bryenne, *Opinion des philosophes*, ou *Eléments de philosophie naturelle*, Vienne, 1804, in-4; *Traduction des Questions théologiques* d'Adam Zarnicevius *contre les sentiments de l'Eglise latine, avec des notes*, Moscou, 2 vol. in-f.; *Amusements théologiques*, en grec moderne, Moscou, 2 vol. in 8; *Aperçu comparatif des trois systèmes d'astronomie*, Venise, in-4, aussi en grec moderne; plusieurs *Traductions* d'ouvrages de mathématiques, de géométrie, de métaphysique, etc., aussi en grec moderne; une *Théologie* dont Athanasius de Pezos a donné une édition accompagnée de notes curieuses; une *Traduction* en vers héroïques de l'*Enéide* et des *Géorgiques* de Virgile, dédiée à l'impératrice Catherine; une *Traduction* en vers du *Mennon* de Voltaire, etc.

BULL (Georges), né à Wels dans le Sommerset, en 1634, mourut en 1710, évêque de Saint-David, avec la réputation d'un théologien profond. Il défendit la foi du concile de Nicée sur la divinité de Jésus-Christ, par les écrits des Pères qui ont vécu avant ce concile. Il fit voir contre les ariens et les sociniens, que, depuis la naissance du christianisme jusqu'alors, il n'y avait eu dans l'Eglise qu'une même foi et un même langage. Son principal ouvrage sur cette matière est intitulé: *Defensio fidei Nicænæ*, etc., Oxford, 1685, in-4. En 1694, il donna au public un autre ouvrage, sous le titre de : *Judicium Ecclesiæ Catholicæ trium priorum sæculorum*, etc. Cette production estimable fut envoyée au grand Bossuet, par Nelson. Ce prélat écrivit une lettre à celui-ci, pour être communiquée à Bull. Il remerciait ce savant dans les termes les plus flatteurs, de la part de l'assemblée du clergé, des services que son livre rendait à l'Eglise et à la religion. Le 3e écrit de Bull sur cette importante matière est intitulé : *Apostolica et primitiva traditio*, etc. Tous ces ouvrages ont été rassemblés par Grabe, et donnés au public en 1703, à Londres, in-fol. Ce savant éditeur a ajouté à la fin de chaque chapitre bien des passages des Pères, qui avaient échappé aux recherches de Bull. On voit aussi dans ce recueil l'*Harmonia apostolica*, où l'auteur montre l'accord qu'il y a entre saint Jacques et saint Paul, sur la foi et les bonnes œuvres. On publia, en 1713, sa *Vie* par Robert Nelson, in-8; et ses *Sermons* en 3 vol. in-8.

BULLANDE (Gabriel de), capucin de la province de Paris, se fit un nom parmi les mathématiciens de son temps, et publia sur l'astronomie un ouvrage intitulé : *Tabula Ambianensis in quibus datur nova methodus supputandi motus planetarum*, Paris, 1648, in-4.

BULLART (Isaac) naquit à Rotterdam, le 5 janvier 1599, de parents catholiques, fit ses études à Bordeaux, fut préteur de l'abbaye de Saint-Waast, à Bruxelles, où il s'était marié, et mourut le 17 avril 1672, laissant imparfait l'ouvrage qui a pour titre : *Académie des sciences et des arts, contenant les vies et les éloges historiques des hommes illustres de diverses nations*, Paris, 1682, 2 vol. in-fol. orné de 250 portraits. Il y avait consacré plus de trente ans.

BULLET (Pierre), habile architecte français, né en 1699, étudia son art sous François Blondel, et l'exerça avec succès. La porte de Saint-Denis, à Paris, a été élevée sur ses dessins. On a de lui : *Architecture pratique*, 1691, livre utile, souvent réimprimé. L'auteur mourut au commencement du 18e siècle.

BULLET (Jean-Baptiste), mort à Besançon en 1775, à 76 ans, était doyen de l'Université de cette ville, et professeur en théologie depuis 1728. Sa vaste mémoire ne laissait rien échapper; et quoique livré à des études rebutantes, il était d'un caractère doux et d'un accès facile. Ses ouvrages sont de deux genres ; les uns roulent sur la religion, les autres sur des recherches d'érudition. Les principaux sont : *Histoire de l'établissement du christianisme, tirée des seuls auteurs juifs et païens*, 1764, in-4. « On n'y trouve « pas tout à fait, dit un critique, l'élé-« gance, la noblesse et la vivacité du « style convenables à l'histoire ; mais « ces qualités, qui ne dépendent peut-« être pas de l'auteur, sont remplacées « par la méthode, la bonne critique et « l'érudition. » Le P. de Colonia l'avait devancé dans cette recherche, qui a aussi occupé M. Lardner (*Voyez* ces deux articles); *L'existence de Dieu démontrée par la nature*, 2 vol. in-8.; *Réponse aux difficultés des incrédules contre divers endroits des Livres saints*, 3 vol. in-12. Ces deux écrits sont très-estimés. Dans le dernier, il fait disparoître bien de prétendues contradictions, que les esprits forts avaient voulu trouver dans l'Ecriture. On en a publié une nouvelle édition à Besançon, 4 vol. in-8, augmentée d'un volume; *De apostolicâ Ecclesiæ Gallicanæ origine*, 1752, in-12; *Mémoire sur la langue celtique*, 1754 à 1759, 3 vol. in-fol. C'est l'ouvrage qui a le plus contribué à sa réputation ; *Recherches historiques sur les cartes à jouer*, 1757, in-8 ; *Dissertations sur l'Histoire de France*, Besançon, 1759, in-8. L'auteur propose des vues nouvelles sur différents points de cette *Histoire* ; mais la plupart ne sont fondées que sur des étymologies tirées de la langue celtique ; *Dissertations sur la mythologie française, et sur plusieurs points curieux de l'histoire de France*, Paris, 1771, in-12. Elles sont au nombre de neuf. Les trois premières concernent *Mélusine*, la reine *Pédauque* et le *chien de Montargis*. Les autres ont pour objet principal de prouver que Hugues Capet est monté légitimement sur le trône; que Rome a été prise deux fois par les Gaulois, etc.

BULLIARD (Pierre), naturaliste, né à Aubepierre en Barrois, vers 1742, mort à Paris, en septembre 1793, s'attacha aux auteurs latins, qui traitaient d'histoire naturelle. Une place qu'il obtint de l'abbé de Clairvaux le préserva de la détresse qui le menaçait. La religion tend toujours la main aux arts, lorsqu'elle ne les cultive pas. Il vint à Paris, et fit paraître plusieurs ouvrages. On a de lui : *Flora parisiensis*, Paris, Didot, 1774, 6 vol. in-8. Cette *Flore* est très-rare. On trouve en tête de l'ouvrage une *Introduction à la botanique*, d'après le système de Linnée ; *Herbier de la France*, ou *Collection des plantes indigènes de ce royaume, de* 1780 à 1793, 13 vol. in-fol. ; *Dictionnaire élémentaire de botanique*, Paris, 1783, in-fol., avec deux planches ; réimprimé même format en 1797. Ce *Dictionnaire* a été revu et presque entièrement refondu par Louis-Claude Richard, membre de l'Institut, Paris, 1799, in-8 ; *Histoire des champignons de la France*, Paris, 1791-1812, in-fol. : ouvrage surpassé par celui qu'a publié le médecin Paule ; *Histoire des plantes vénéneuses et suspectes de la France*, Paris, 1784, in-fol., et 1798, in-8. Bulliard a employé, le premier, le moyen le plus facile et le plus économique pour imprimer les planches en couleur.

BULLINGER (Henri), né en 1504 à Bremgarten, en Suisse, résolut d'abord de se faire chartreux. Il changea de dessein en lisant Mélanchthon, devint zuinglien, professa à Zurich, eut part aux querelles excitées dans cette église par les opinions nouvelles, et mourut en 1575, à 71 ans. On a de lui environ 80 *Traités* différents sur des matières théologiques. Il dit dans sa préface sur l'*Apocalypse* « qu'il n'y aura certainement pas d'autre antechrist que le Pape, et que saint Jean, ayant voulu adorer l'ange, pensa tomber dans un acte d'idolâtrie. »

BULLION (Claude de), surintendant des finances en 1632, président à mortier au Parlement de Paris en 1636, mort d'apoplexie en 1640, fut employé dans diverses négociations et affaires importantes. Il passait pour l'un des ministres les plus habiles de son siècle, et pour l'un des hommes les plus généreux. C'est lui qui fit frapper, en 1640, les premiers louis qui aient paru en France.

BULLOCK (Henri), savant théologien, né dans le Berkshire, mort en 1530, écrivit contre Luther, sous les auspices du cardinal Wolsey. Selon Erasme, avec lequel il avait une correspondance, c'était un savant helléniste. Ses principaux ouvrages sont : *De Captivitate babylonicâ*; *Epistolæ et orationes*; *De Serpentibus siliculosis*, etc.

BULONDE (Henri), jésuite, prédicateur de la reine de France, quitta ce royaume à la suppression de sa société en 1762, se retira à Dinant dans la principauté de Liége, pour y vivre dans l'état qu'il avait embrassé, et auquel il était très-attaché. Il y mourut vers l'an 1772, après avoir publié des *Sermons*, Liége, 1770, 4 vol. in-12. Les raisonnements y sont bien développés, les principes lumineux, l'éloquence douce et naturelle, les tableaux gracieux ; mais on désirerait plus de mouvement et d'élévation.

BULOW (Frédéric-Guillaume, comte de Dennevitz), général prussien, né à Falkenberg dans l'ancienne Marche, le 16 février 1755, entra en 1769 comme cadet dans un régiment d'infanterie, devint officier en 1773, et n'était que capitaine en 1793, lorsqu'il fut nommé gouverneur du prince Louis-Ferdinand. Alors on l'éleva au grade de major, et il fit en cette qualité la campagne du Rhin. S'étant distingué au second siége de Mayence et à l'assaut du fort de Kalbach, il fut décoré de l'ordre du Mérite, et en 1795 on lui donna le commandement d'un bataillon d'une brigade de fusiliers nouvellement organisée à Berlin. Lors de la guerre de 1806, il servait dans l'armée de réserve, et il se signala à la défense de la place de Thorn, où il reçut une blessure au bras gauche et le titre de lieutenant-colonel. Peu de temps après, il obtint celui de colonel dans le corps d'armée nouvellement organisé en Poméranie, et après la paix de Tilsitt il devint général-major et chef de brigade. En 1812, il fut gouverneur-général de la Prusse, et en 1813 il dirigea, sous le prince d'York, le blocus de Stettin ; ensuite il fut élevé au grade de général-lieutenant, et il sauva deux fois Berlin : la première par la victoire qu'il remporta à Luckau le 4 juin ; la seconde, par la bataille qu'il gagna à Grossbeeren le 23 août. Il contribua aussi beaucoup à la victoire de Leipsick. Peu de temps après, il occupa avec son corps d'armée tout le royaume de Westphalie, auquel il donna une nouvelle organisation, et il repoussa les Français jusqu'à Wesel ; enfin il pénétra en Hollande, et après avoir franchi l'ancienne frontière du nord de la France, il arriva aux portes de Soissons, où il entra le 13 février 1814, précisément à temps pour recueillir les fuyards de Champ-Aubert, de Montmirail, de Château-Thierry, et pour réparer les désastres de Blucher. Lorsque les monarques alliés s'avancèrent sur Paris, il resta à Soissons pour couvrir leur marche. A la paix il fut nommé général de l'infanterie, et il reçut le commandement militaire de la Prusse orientale et occidentale. Quand Bonaparte s'échappa de l'île d'Elbe, il commanda le quatrième corps d'armée sous les ordres de Blucher, et contribua beaucoup au succès de la journée de Waterloo. Sa marche opportune sur le flanc de l'armée française fut un mouvement décisif. Le 11 janvier 1816, il retourna à Kœnigsberg, et il mourut le 25 février de la même année. Il joignait à toutes les qualités d'un bon général des connaissances étendues dans les sciences et les arts, et particulièrement dans la musique, à laquelle il consacrait une partie de ses loisirs. Il a laissé en ce genre plusieurs compositions estimées.

BULTEAU (Louis) naquit à Rouen en 1625. Il posséda pendant quelque temps la charge de secrétaire du roi, qu'il quitta pour se faire clerc et commis de la congrégation de St-Maur (ces commis sont des agrégés à la congrégation, qui font deux ans d'épreuve et ne portent point l'habit monastique). Il passa le reste de ses jours dans l'abbaye de Saint-Germain-des-Prés, et mourut en 1693. On a de lui : *Essai de l'Histoire monastique de l'Orient*, 1680, in-8. C'est un tableau fidèle de la vie cénobitique, telle qu'elle était dans les premiers temps. Il décrit l'institut, les règles, la vie des solitaires de l'antiquité, et prouve que les congrégations et les chapitres des moines ne sont pas des institutions nouvelles; *Abrégé de l'Histoire de l'Ordre de Saint-Benoît*, en 2 vol. in-4, 1684. Il y rapporte l'établissement et progrès de l'état monastique en Occident, comme il l'avait fait pour l'Orient. Cette *Histoire* exacte, et aussi circonstanciée qu'il le faut, ne va que jusqu'au 10e siècle ; *Traduction des Dialogues de saint Grégoire-le-Grand*, avec des notes, 1689, in-12 ; *Défense des sentiments de Lactance sur le sujet de l'usure, contre la censure d'un ministre* (Gallæus), Paris, 1671, in-12. On a encore de lui une *Traduction* d'un petit livre de morale de Jean-Louis Vivès, intitulé: *Introduction à la Sagesse;* et d'un autre qui a pour titre : *Cura pastoralis*, imprimés en 1670.

BULTEAU (Charles), frère du précédent, est auteur d'un *Traité de la préséance des rois de France sur les rois d'Espagne*, Paris, 1674, in-4, et a publié : *Annales Francici ex Gregorio Turonensi, ab anno 458 ad annum 591*, Paris, 1699, in-fol. Il était aussi savant dans les matières profanes, que son frère dans les ecclésiastiques. Il mourut en 1710, à 84 ans.

BUNEL (Pierre), né en 1499 à Toulouse d'un père normand, fut attaché d'abord à Lazare Baïf, ambassadeur de France à Venise, et à Georges de Selve, évêque de Lavaur, qui le remplaça. Il fut ensuite gouverneur des fils du président du Faur. Il conduisait ses élèves en Italie, lorsqu'il mourut d'une fièvre chaude en 1546, à Turin, âgé de 47 ans. Bunel était un de ces savants sans passion, sans ambition, qui se bornent à vivre avec leurs livres et leurs amis. On a de lui des *Lettres* latines très-curieuses et écrites purement. La meilleure édition est celle de Graverol, in-8, en 1687, avec des notes ; *Défense du roi* (François I) *contre les calomnies de Jacques Omphalius*, Paris, 1544, in-4. On voit le buste de Bunel à l'Hôtel-de-Ville de Toulouse, parmi ceux des hommes qui l'ont illustrée.

BUNOU (Philippe), jésuite, né à Rouen vers 1680, mourut recteur du collège de Rennes, le 11 octobre 1739. On a de lui un *Traité sur les Baromètres*, Rouen, 1710 ; *Abrégé de géographie, suivi d'un Dictionnaire géographique français et latin*, Rouen, 1716, in-8, bon et fort méthodique ; *Traduction* en vers français de deux pièces du Père Commire intitulées : l'une, *Description de Saint-Cloud;* l'autre, *le Théâtre des Naïades*, imprimées à la fin du tome 1er des poésies du Père Commire.

BÜNTING (Henri), saxon, né en 1545 à Hanovre, florissait sur la fin du 16e siècle, et s'est fait connaître par une *Chronique universelle*, Magdebourg, 1608, in-fol. en latin ; elle va jusqu'à l'an 1599, peu estimée; *Itinéraire de l'Ecriture-Sainte; Chronique de Brunswick et de Lunebourg*, que Henri Meibomius a corrigée et continuée jusqu'en 1620, Magdebourg, 1620, in-fol. ; *Oratio de Musicâ*, 1596, in-4.

BUONACORSI (Pierre), connu sous le nom de *Perrin del Vaga*, naquit à Florence, en 1500. Une chèvre l'allaita. Ses heureuses dispositions pour la peinture se perfectionnèrent à Rome et ensuite dans sa ville natale, qu'il quitta pour revenir à Rome. Jules Romain et le Fattore l'employèrent dans les grands ouvrages dont ils avaient la direction depuis la mort de Raphaël. Buonacorsi imita heureusement ce dernier peintre dans plusieurs parties, et ne l'égala point dans l'invention, ni dans l'exécution. Il réussissait surtout dans les frises, les grotesques, les ornements de stuc et dans tout ce qui pouvait servir à la décoration. Ses dessins sont pleins de légèreté et d'esprit. Ce grand maître avait commencé par peindre des cierges chez un misérable barbouilleur. Il travaillait au plafond de la salle des Rois au Vatican, lorsqu'une mort subite l'enleva, le 19 octobre 1547.

BUONAMICI (Castruccio), né à Lucques en 1710, prit le parti des armes au service du roi des Deux-Siciles, écrivit en latin l'histoire des opérations militaires aux environs de Vélétri, en 1774, entre les troupes autrichiennes et napolitaines, dans lesquelles il fut employé. Cet écrit, imprimé en 1746, in-4, sous ce titre : *De rebus ad Velitra gestis Commentarius*, lui mérita, de la part du roi de Naples, une pension et le grade de commissaire-général de l'artillerie. Mais son ouvrage le plus considérable est l'histoire de la dernière guerre d'Italie, qui parut en 1750 et 1751, sous ce titre : *De bello italico Commentarii*, in-4, en 4 livres, dont il dédia le premier au roi de Naples, le deuxième au duc de Parme, et le troisième au sénat de Gênes. Le duc de Parme récompensa cette dédicace en conférant, par un diplôme très-honorable, le titre de comte à l'auteur et à ses descendants. Ces deux histoires, dont la narration passe pour être aussi exacte que la latinité en est pure, sont fort estimées et ont été imprimées plusieurs fois. On les trouve en latin et en français dans les campagnes de Maillebois, par le marquis de Pezai, Paris 1775, 3 vol. in-4, avec figures. Le comte Buonamici a encore composé un traité de *Scientiâ militari*, mais qui jusqu'à présent n'a pas vu le jour. Il mourut en 1761, à Lucques.

BUONAROTA, ou BUONAROTI, surnommé *Michel-Ange*, vit le jour en 1474, à Chiusi en Toscane, d'une famille ancienne. Sa nourrice fut la femme d'un sculpteur. Il naquit peintre. Ses parents furent obligés par le grand-duc, Laurent de Médicis, de lui donner un maître, ou plutôt de lui laisser celui qu'il s'était donné, et qui fut bientôt surpassé par son disciple. A l'âge de 16 ans, il faisait des ouvrages que l'on comparait à ceux de l'antiquité. Jules II, Léon X, Clément VII, Paul III, Jules III, Paul IV, François I, Charles V, Côme de Médicis, la république de Venise, Soliman même, empereur des Turcs, l'employèrent et l'admirèrent. Il réforma le dessin de l'église de St-Pierre, tracé par Bramante, et exécuté en partie. Il mourut à Rome en 1564. Côme de Médicis fit enlever son corps la nuit pour le porter à Florence. Les beaux-esprits, les savants et les artistes de cette ville travaillèrent à l'envi à lui faire des obsèques magnifiques. Ses plus beaux ouvrages sont : le *Jugement universel*, peint à fresque avec tant de force et d'énergie qu'on croit ressentir la terreur qui animera ce jour terrible : mais on lui reproche avec raison d'y avoir

mêlé les imaginations du paganisme ; un *Cupidon* en marbre, grand comme nature ; différent de celui à qui il cassa un bras et qu'il enterra dans une vigne pour faire illusion aux amateurs de l'antiquité (anecdote qui a été rejetée par le dernier historien de sa *Vie*) ; sa *Statue de Bacchus*, qui par son extrême beauté trompa Raphaël, qui la donna sans hésiter à Phidias ou à Praxitèle ; une excellente *Statue de la Vierge de Pitié*. Cette Vierge est assise sur une pierre au pied de la croix, et tient son fils mort entre ses bras. Elle est d'une beauté si touchante, qu'on ne peut la contempler sans être attendri. Un critique lui ayant reproché d'avoir peint cette Vierge trop jeune, il se justifia d'une manière bien sensée, et de plus très-propre à renforcer le prix d'une vertu dont la corruption du siècle a presque effacé les traces. « Ne sais-tu pas, lui dit-il, que les femmes chastes se conservent bien plus fraîches et bien plus belles que celles qui ont goûté le plaisir ? » Son pinceau était fier, terrible et sublime. Il rend la nature dans tout son éclat. Quelques critiques ont trouvé trop de fierté dans ses airs de tête, trop de tristesse dans son coloris, et quelquefois trop de bizarrerie dans ses compositions ; il n'y a que le dernier reproche qui soit fondé. On ne réfute plus le conte, qu'il avait attaché un homme en croix, pour mieux représenter les traits du Christ mourant ; comme si la tête d'un homme qui meurt désespéré, pouvait bien exprimer un Dieu s'immolant volontairement pour les hommes ! Michel-Ange n'avait pas besoin de cette ressource ; elle est d'ailleurs entièrement opposée à ce qu'on rapporte de son caractère et de ses mœurs. La plus grande partie de ses chefs-d'œuvre de sculpture et de peinture est à Rome ; le reste est répandu à Florence, à Bologne, à Venise et ailleurs. Le roi de France possède quelques-uns de ses tableaux, on en trouve aussi plusieurs au Palais-Royal. Ascanio Condivi, son élève, a donné sa *Vie* en italien, dont la dernière édition est de Florence, 1746, in-fol., figures ; M. Hauchecorne en a donné une autre en français, Paris, 1783, 1 vol. in-12 ; à quelques endroits près, elle est bien et sagement écrite. Ce qu'on a gravé d'après cet artiste est fort recherché.

BUONO, fameux architecte italien du 12e siècle, a bâti la célèbre tour de Saint-Marc à Venise et le château de l'Œuf à Naples.

BUPALE, sculpteur de l'île de Chio, ayant représenté le poëte Hipponax sous une figure ridicule, le versificateur lança contre lui une satire pleine de méchanceté. Bupale n'y trouva pas de meilleure réponse que celle de se pendre. C'est du moins ce que rapportent quelques auteurs, quoique Pline ne soit pas de leur sentiment : cet historien lui fait faire encore de beaux ouvrages après la satire d'Hipponax. Bupale florissait 540 ans avant Jésus-Christ.

BUQUOI, BUQUOIT, ou Bucquoy (Jean-Albert d'Archambaud, comte de), plus connu sous le nom d'abbé de Buquoi, naquit en Champagne vers 1650, et se rendit célèbre par la singularité de ses aventures. Il fut d'abord soldat, et passa de la caserne au monastère de la Trappe, d'où il fut renvoyé pour cause de santé. Ensuite il voulut vivre en ermite au milieu du monde. A Rouen, sous le nom de *Le Mort*, il tint une école gratuite pour les pauvres, après quoi il chercha à rentrer dans le service militaire, et fut enfermé au fort l'Evêque pour s'être mêlé de politique. Il s'évada, fut repris et mis à la Bastille ; s'évada encore et passa en Suisse, et en Hollande, à Hanovre, où Georges Ier lui fit une pension. Il voulut revenir à la vie érémitique, et mourut, à Hanovre, en 1740, laissant ce qu'il possédait à l'Eglise catholique de cette ville. Buquoi écrivit sur divers sujets de morale et de politique ; ses principales productions sont : *Evénemens des plus rares, ou l'Histoire du sieur abbé comte de Bucquoy, singulièrement son évasion du fort l'Evêque et de la Bastille, avec plusieurs de ses ouvrages, vers et prose, et particulièrement la game des femmes*, 1719. Le titre porte pour épigraphe : *avec mesure*; l'ouvrage est dédié « au prince le plus « généreux et du cœur le mieux bâti, de « la part de la franchise même : » avec cette souscription. « le plus poli et ce-« pendant le plus sincère, M. de Buquoi.» On l'a traduit en allemand. *Lettre sur l'autorité; Pensées sur l'existence de Dieu; De la vraie et fausse religion*, en vers, Hanovre, 1732. in-8 ; *l'Antidote à l'effroi de la mort; Préparatifs à l'antidote à l'effroi de la mort*, traduit en allemand, 1734, in-4, ainsi que le suivant; *le Véritable esprit de la belle gloire*; *Essai de méditation sur la mort et sur la gloire*, 1736; *la Force d'esprit, ou la Belle mort; Récit de ce qui s'est passé au décès d'Antoine Ulric, duc de Brunswick*, Lunebourg, 1714, in-8.

BURCHRAD, évêque de Worms l'an 1006, avait été précepteur de l'empereur Conrad dit *le Salique*, et chanoine de la cathédrale de Liége, puis il s'était retiré dans l'abbaye de Lobbes où il s'était fait moine. Devenu évêque, il fit venir de Lobbes le moine Olbert, qui fut depuis abbé de Gemblours, pour travailler avec lui à un *Recueil des canons* pour administrer le sacrement de pénitence. Il mourut le 20 août 1025. Ce *Recueil des canons*, en 20 livres, a été imprimé en 1549, in-fol.

BURCHARD, abbé d'Usperg, de l'Ordre de Prémontré, naquit dans le 12e siècle, à Biberach, en Souabe, et mourut en 1226. On a de fortes présomptions que Burchard est le véritable auteur de la partie de la *Chronique d'Ursperg*, qui renferme l'histoire de Barberousse et des princes de sa maison, et qu'on a attribuée à son successeur Conrad de Lichtenau (Voyez ce nom).

BURCHARD (Jean), né à Strasbourg dans le 15e siècle, était clerc et maître des cérémonies de la chapelle pontificale. Il devint par la suite évêque de Citta di Castello, et mourut le 6 mai 1505. Il est auteur du Journal ou *Diarium* d'Alexandre VI, ouvrage curieux, écrit d'un style simple et naïf. On a encore de ce prélat : *Ordo pro informatione sacerdotum*, Rome, 1509, in-4. et Venise, 1572, in-8.

BURCHARD. (Voyez Wichmann.)

BURCHIELLO (Dominique), poète bizarre et obscur, plus connu sous ce nom que sous celui de *Giovanni di Domenico*, qui était son nom véritable. On ne s'accorde guère sur sa patrie, ni sur le temps de sa naissance. L'opinion la plus suivie est qu'il naquit à Florence vers 1390. Quant à l'époque de sa mort, elle paraît plus assurée : on le fait mourir à Rome en 1448. Ce poète était barbier de Florence, et sa boutique le rendez-vous ordinaire de tous les gens de lettres qui vivaient alors dans cette ville. Ses poésies qui, pour la plupart, consistent en sonnets souvent fort libres, sont d'un genre bouffon et burlesque, mais tellement original que quelques poëtes se sont imaginés ne pouvoir rien faire de mieux que de l'imiter, en composant des vers *alla Burchiellesca*. Elles sont d'ailleurs pleines d'obscurités et d'énigmes. Quelques écrivains se sont évertués à les commenter, et entre autres le Doni ; mais le commentaire n'est guère moins obscur que le texte. Burchiello néanmoins tient une place distinguée parmi les poëtes italiens. On lui reproche avec raison d'avoir très-peu respecté les mœurs ; la muse de ce poëte-barbier ne connaissait aucun genre de bienséance. Les meilleures éditions de ses poésies sont celles de Florence chez les Juntes, en 1552 et 1568, in-8 : ses sonnets furent imprimés pour la première fois à Venise, 1577, in-4.

BURCKHARDT (Louis), voyageur africain, né à Bâle d'un officier dans l'armée suisse, mort en 1817, a recueilli un grand nombre de manuscrits orientaux qu'il a légués à l'Université de Cambridge. La société africaine a fait imprimer à ses frais ses voyages sous ce titre: *Travels in the interior of North-Eastern Africa performed*, in 1813, by J. L. Burckhardt, Londres, 1819, in-4.

BURCKHARDT (Jean-Charles), savant astronome, né à Leipsick le 30 avril 1773. Il étudia d'abord les mathématiques, mais la lecture des ouvrages de Lalande décida sa vocation. Il se livra avec ardeur aux calculs astronomiques, particulièrement à ceux qui concernent les éclipses de soleil et de certaines étoiles, pour la détermination des longitudes géographiques. Il étudia aussi presque toutes les langues vivantes, pour lire tous les auteurs qui ont écrit sur la science qu'il affectionnait. En 1797, il se rendit en France pour se rendre auprès de l'astronome Lalande, auquel il était recommandé, et qui le prit en affection. Dès lors il coopéra à tous ses travaux, et il fut bientôt nommé astronome adjoint du bureau des longitudes. En 1800, il gagna le prix académique qui avait pour objet la théorie de la comète de 1770. Enfin, à la mort de Lalande, on lui confia la direction de l'observatoire de l'école militaire, et, en 1818, il fut nommé membre titulaire du bureau des longitudes. Burckhardt est mort à Paris le 21 juin 1825. On a de lui: *Methodus combinatorio-analytica evolvendis fractionum continuarum valoribus maximè idonea*, Leipsick, 1794, in-4; *Tables de la lune*, ouvrage faisant partie des *Tables astronomiques*, publiées par le bureau des longitudes; *Tables des diviseurs pour tous les nombres des 1ᵉʳ, 2ᵉ et 3ᵉ millions avec les nombres premiers qui s'y trouvent*, 1817, in-4; et de nombreux *Mémoires* insérés dans ceux de l'Institut dont il était membre depuis 1806, et où l'on trouve beaucoup d'aperçus ingénieux qui prouvent la profondeur et la variété de ses connaissances. On trouve aussi plusieurs savantes *Dissertations* de Burckhardt dans les *Ephémérides*.

BURE (Guillaume-François de), libraire de Paris, sa patrie, s'est distingué par ses connaissances dans les livres rares et s'est acquis beaucoup de réputation parmi les bibliomanes. On estime sa *Bibliographie instructive, ou Traité des livres rares et singuliers*, 1763, 7 vol. in-8; le *Catalogue des livres de M. de la Vallière*, 1767, 2 vol. in-8; *Catalogue des livres de M. Gaignat*, 1769, 2 vol. in-8,

qui sert de supplément à la *Bibliographie*; son *Museum typographicum*, 1775. Née, autre libraire de Paris, a donné un supplément à la Table dans laquelle il indique quelques fautes échappées à de Bure, et fait connaître quelques auteurs qui n'ont point trouvé place dans cette Bibliographie, et qui méritaient cependant d'en trouver; au reste, il faut convenir que la plupart des livres sont désignés avec exactitude, et les véritables éditions marquées de manière à les distinguer des contrefaçons. L'auteur est mort à Paris le 15 juillet 1782, à 50 ans.

BUREAUX DE PUZY (Jean-Xavier). né à Port-sur-Saône (Franche-Comté) le 7 janvier 1750, devint officier du génie. Député en 1789 aux Etats-Généraux, il obtint successivement les honneurs du secrétariat et de la présidence jusqu'à trois fois, et fut en quelque sorte le créateur des codes militaires et de l'organisation de l'armée. Il sortit de France avec Lafayette, dont il partagea la captivité à Magdebourg et à Olmutz pendant cinq ans. Rendu à la liberté par le traité de Campo-Formio, il passa aux Etats-Unis, revint en France après le 18 brumaire, obtint les préfectures de l'Allier, du Rhône et de Gênes, et mourut le 2 février 1806. Il avait publié des *Considérations sur le corps du génie*, 1790, in-8.

BURET (Eugène), publiciste, né en 1811, mort à Paris au mois d'août 1842, a laissé: *De la misère des classes laborieuses en France et en Angleterre; De la nature de la misère, de son existence, de ses effets, de ses causes et de l'insuffisance des remèdes qu'on lui a opposés jusqu'ici, avec indication des moyens propres à en affranchir les sociétés*, Paris, 1841, 2 vol. in-8.

BURETTE (Pierre-Jean), médecin de la Faculté de Paris, pensionnaire de l'académie des inscriptions, professeur de médecine au collège royal, naquit à Paris en 1665, et mourut dans cette ville en 1747. Il possédait les langues mortes et une partie des langues vivantes. Les *Mémoires* de l'académie des belles-lettres sont pleins de ses morceaux. On y trouve des *Dissertations* sur la danse, le jeu, les combats, la course. Il enrichit ces *Mémoires* de la *Traduction du Traité de Plutarque sur la musique*, avec des remarques qui sont répandues dans plusieurs volumes de cette savante société. (Voyez PRÉBÉCRATE). Il en a été tiré quelques exemplaires séparément, qui forment 1 vol. in-4, 1735, rare. Ses *Dissertations* sur cette dernière matière furent attaquées par le Père Bougeant, qui s'amusait quelquefois de la musique. L'acadé-

micien avait dit que « les anciens avaient
« connu le concert à plusieurs parties. »
L'illustre abbé de Châteauneuf se déclara
pour lui , et Burette, fort de l'autorité
d'un tel homme, soutint vivement son
assertion. Sa bibliothèque était des mieux
composées. Le *Catalogue* en a été donné
en 1748, 3 vol. in-12. Il travailla longtemps au *Journal des Savants*.

BURGENSIS, BOURGES, ou Bour-
geois (Louis), né à Blois vers l'an 1482, et
mort en 1552, devint premier médecin
de François I. Il hâta, dit-on, la délivrance de ce prince, lorsqu'il était prisonnier à Madrid. Bourgeois persuada
adroitement à Charles V que, l'air du
pays étant mortel pour son prisonnier, il
fallait désespérer de sa guérison. L'empereur, craignant alors de perdre sa rançon, traita promptement avec François
I, à des conditions qu'il n'aurait pas acceptées sans l'artifice de Bourgeois. Les
historiens espagnols ne conviennent pas
de cette anecdote.

BURGH (Adrien van der), peintre, né à
Dordrecht en 1693, élève d'Arnauld Hou-
braken, excella dans le portrait. Il réussissait aussi très-bien dans les petits tableaux de chevalet. Ils sont d'un fini
gracieux, et peuvent se soutenir auprès
des bonnes productions de ce genre ;
mais ils sont en petit nombre : Burgh,
adonné à l'intempérance et à la débauche, ne peignait que quand il y était
contraint par la détresse. Les excès auxquels il se livra avancèrent le terme de
ses jours. Il mourut le 30 mai 1733.

BURGH (Jacques), né à Madderty,
dans le comté de Perth en Ecosse, en
1714, s'adonna particulièrement à l'éducation de la jeunesse, et fit paraître plusieurs pièces ingénieuses, relatives aux
événements dont il était témoin, qui furent d'abord accueillies ; mais comme ces
pièces, quelque bien faites qu'on les suppose, intéressent principalement par les
circonstances du moment, leur succès
fut éphémère. Il n'en est pas de même
des suivantes qui lui ont survécu : *Hymne
au Créateur du monde*, 1750, in-8 ; *Dignité de la nature humaine*, 1754, in-4 ; 1767,
2 vol. in-8 ; *Le christianisme démontré
raisonnable*, 1760 ; *Relation d'un peuple
de l'Amérique Méridionale*, 1760, in-8,
dans le goût de l'*Utopie* de Thomas Morus ; *L'Art de parler*, 1782, in-8 ; *Recherches politiques*, 3 vol. in-8. Cet auteur
ingénieux et savant mourut le 26 août
1775.

BURGH (William), membre du Parlement d'Angleterre, né en Irlande en
1741, mort à Yorck le 26 décembre 1808.
Il est particulièrement connu par deux

ouvrages qu'il a publiés contre les unitaires qui attaquaient le dogme de la Trinité : *Réfutation, d'après l'Ecriture, des
arguments contre la Trinité*, 1776, in-8 :
ouvrage solide et savant, dirigé contre
l'*Apologie*, de Théophile Lindsey ; *Recherches sur la foi des chrétiens dans les
trois premiers siècles de l'Eglise*, 1778,
in-8, pour faire suite au précédent. Il est
encore auteur du *Commentaire* et des
Notes du *Jardin anglais* de Mason, 1781,
in-4.

BURGHAUSEN (Clément de), célèbre
prédicateur bavarois, de l'Ordre des capucins. Quoiqu'il soit mort jeune, à l'âge
de 36 ans à peu près, il a laissé 5 vol.
in-fol. de *Sermons* qui sont encore très-
estimés en Bavière.

BURGOS (Antoine) naquit à Salamanque et acquit la réputation d'être, en son
temps, un des hommes les plus versés
dans l'un et l'autre droit. Venu en Italie,
il professa pendant longtemps à Bologne,
et Léon X lui fit l'honneur de l'appeler à
Rome, et de le consulter sur des affaires
d'une haute importance. Voulant le retenir près de lui, ce grand Pontife lui
donna la charge de la *Signature de grâce*,
charge que Burgos continua de remplir
sous les deux successeurs immédiats de
Léon X. Après quoi il mourut le 10 décembre 1525, à l'âge de 70 ans, et lais-
sent un Traité *Superutili et quotidiano titulo de emptione et venditione in decretali-
bus*, Paris, 1511 ; Parme, 1574 ; Venise et
Lyon, 1575 ; et plusieurs autres ouvrages
sur divers titres des *Décrétales*.

BURGOS (Jean-Baptiste) naquit à Valence en Espagne, et entra dans l'Ordre
des Augustins, où il se distingua par sa
régularité et par son application à l'étude.
Son mérite le fit élever à la dignité de
provincial, et il dut à son savoir d'être
appelé en qualité de théologien au concile
de Trente. Le 3e dimanche de l'Avent de
1562, il y prononça un éloquent discours
sur *Quatre moyens qu'on peut employer
pour extirper les hérésies*. Depuis, il professa la théologie à Valence, et y mourut
vers l'an 1573.

BURGUNDIO, ou Burgondio (Ho-
race), savant jésuite italien, né à Brescia en 1679, mort à Rome le 1er mars
1741, se dévoua à la carrière de l'enseignement, et professa tantôt les belles-
lettres, tantôt les mathématiques. Il fut
recteur du collège Romain et bibliothécaire du Musée Kircher. Il sortit de son
école d'excellents élèves, entre autres le
P. Boscowich. On a de Burgundio : *Motus telluris in orbe annuo, ex novis observationibus impugnatus*, Rome, 1714,
in-4 ; *Nova hydrometri idea*, ibid., 1717 ;

*Mapparum constructio in planis sphæ-
ram tangentibus*, ibid., 1718; *Antliarum
leges*; ibid., 1722; *Usus normæ in cons-
tructione æquationum planarum et soli-
darum*, ibid., 1727 ; *Telescopium geo-
deticum*, ibid., 1728; *De cohærentiâ
calculi astronomici cum æquationibus
gregorianis*, ibid., 1734, in-4 ; des
Observations astronomiques dans les *Mémoires de Trévoux*, années 1727 et
1729 ; des *Poésies* ; un grand nombre
d'*Opuscules mathématiques*. Il a donné
une édition du traité intitulé : *De Vitâ
sulicâ*, par le P. Grimaldi.

BURGUNDIUS, ou BOURGOIGNE (Nicolas) , né à Enghien le 29 septembre
1596, se distingua dans les belles-lettres
et la jurisprudence. Maximilien de Bavière lui donna la première chaire de
droit civil à Ingolstadt en 1627, et depuis l'honora des titres de conseiller et
historiographe. L'empereur Ferdinand
II lui donna les mêmes titres, et y ajouta celui de comte palatin. En 1639, ayant
été nommé conseiller au conseil de Brabant, il revint dans les Pays-Bas. Il vivait
encore à la fin de 1648. Il a laissé un grand
nombre d'ouvrages; les principaux sont :
Ad consuetudines Flandriæ, Leyde, 1634,
in-12 ; *Commentarius de evictionibus*,
Cologne, 1662, in-12 ; *De duobus reis*,
Louvain, 1657, in-12. Les ouvrages de
Burgundius sur le droit ont été recueillis et publiés à Bruxelles, 1674, en 1 vol.
in-4; *Poemata*, Anvers, 1621, in-12; *Historia Belgica*, Ingolstadt, 1629, in-4. Elle
commence à l'an 1558, et se termine à
l'arrivée du duc d'Albe en 1567. Elle est
exacte et fidèle. On y admire surtout les
portraits qu'il a faits de ceux qui tiennent un rang distingué dans son *Histoire*; *Historia Bavarica*, *ab anno 1313
ad annum* 1387. Il y dévoile en habile
politique les différents intérêts des princes d'Italie.

BURIDAN (Jean), natif de Béthune ,
recteur de l'Université de Paris, fameux
dialecticien, se rendit moins célèbre par
ses *Commentaires sur Aristote* , Paris ,
1518, in-fol. , que par son *Sophisme de
l'âne*. Il supposait un de ces animaux
stupides, également pressé de la soif et
de la faim , entre une mesure d'avoine
et un seau d'eau , faisant une égale impression sur ses organes. Il demandait
ensuite : *Que fera cet âne ?* Si ceux qui
voulaient bien discuter avec lui cette
question répondaient : *Il demeurera
immobile* : —*Donc*, concluait-il, *il mour-
ra de faim et de soif entre l'eau et l'a-
voine*. Si quelqu'autre lui répondait :
*Cet âne, monsieur le docteur , ne sera
pas assez âne pour se laisser mourir* :

— *Donc* , concluait-il , *il se tournera
d'un côté plutôt que de l'autre : donc il
a le franc arbitre*. Ce sophisme embar-
rassa les logiciens de son temps , et son
âne devint fameux parmi ceux de ses
écoles. La dialectique de Buridan lui
coûta cher : comme il était de la secte
des *nominaux*, il fut persécuté par celle
des *réaux*, et obligé de se réfugier en
Allemagne, dans le quatorzième siècle.
Avantin, qui rapporte cette querelle ,
ajoute que Buridan fonda l'Université
de Vienne. Plusieurs critiques regardent
ce trait d'histoire que Jean Avantin rapporte, comme très-peu sûr. Il est constant que l'Université de Vienne fut fondée en 1237 par l'empereur Frédéric II,
et que Buridan était encore à Paris en
1345 : donc il n'en est nullement le fondateur ; de plus , en 1358 , il était âgé
au moins de 70 ans; est-il croyable qu'à
cet âge , usé de travaux , il eût pu se
résoudre à aller enseigner dans un pays
aussi éloigné que l'Autriche ?

BURIDAN (Jean-Baptiste), professeur
de droit , avocat de Reims , né à Guise ,
et mort en 1633 , a donné un *Commentaire sur la Coutume du Vermandois* ,
qu'on trouve dans le Recueil des Commentateurs de ce comté , 2 vol. in-fol. ,
et séparément, 1631 , in-4 , et un sur la
Coutume de Reims , 1665 , in-fol.

BURIGNY (Jean LEVESQUE de) , né à
Reims en septembre 1692 , et mort à
Paris en septembre 1785. Les nombreux
ouvrages de cet écrivain fécond , mais
froid , verbeux et peu exact , ne sont
remarquables ni par la disposition des
matières, ni par les agréments du style:
Histoire de la Philosophie païenne, 1724,
2 vol. in-12 , imprimée à La Haye , et
dont il donna une seconde édition , sous
le titre de : *Théologie païenne*, 1754 ,
2 vol. in-12. « C'est , dit M. Madrolle ,
une exhumation incomplète, précieuse ,
des *lueurs* chrétiennes de l'idolâtrie. »
L'Histoire générale de Sicile , 2 vol. in-4,
La Haye , 1745 ; l'*Histoire des révolutions de l'empire de Constantinople*, Paris,
1750, 3 vol. in-12 ; Trad. du *Traité* de
Porphyre , *touchant l'abstinence de la
chair des animaux* , etc. , 1747 ; *Vie de
Grotius*, 2 vol. in-12, 1752; celle d'*Érasme*, 2 vol. in-12, 1757; *de Bossuet*, 1761,
celle du *cardinal Du Perron* , 1768 :
Traité de l'autorité du Pape. Ce dernier
ouvrage , qui n'est qu'une compilation
sans choix et sans goût, publié en 1720,
4 vol. in-12 , lui a fait quelque réputation parmi les gens d'un certain parti ,
qui n'ont pas eu de peine à voir qu'on
n'y laissait au Pontife romain qu'un
vain titre d'honneur, en lui ôtant l'au-

torité nécessaire à l'union et au gouvernement uniforme de l'Église. Aussi en ont-ils fait en 1783 une nouvelle édition, augmentée d'un 5° volume. On en a publié une *Réfutation succincte*, etc., Liége, 1787, in-8. (Voyez le *Journal hist. et lit.*, 1ᵉʳ décembre 1787, p. 487.) Tout le contenu en est amplement réfuté dans l'excellent traité de l'*Autorité des deux Puissances*. M. de Burigny était, au reste, honnête homme et bon citoyen; sa paisible vieillesse a fait oublier, en quelque sorte, ce que ses ouvrages avaient de défectueux. Il dit à ses amis, quelques moments avant sa mort : « Si j'avais été assez malheureux pour douter de l'immortalité de l'âme, l'état où je suis me ferait bien revenir de son erreur. Mon corps est insensible et sans mouvement, je ne sens plus mon existence; cependant, je pense, je réfléchis, je veux, j'existe : la matière morte ne peut produire de pareilles opérations. »

BURKE (Edmond), né à Dublin le 1ᵉʳ janvier 1730, était fils d'un avocat distingué. Il commença ses études chez un quaker, et les termina chez les jésuites de Saint-Omer, ce qui a souvent donné lieu à ses compatriotes de le croire catholique. Son mariage avec la fille du docteur Nugent, qui était de cette religion et qui fut constamment heureux, contribua encore à accréditer cette opinion. Il ne paraît pas néanmoins qu'il en ait donné aucune preuve. Il s'était fixé à Londres en 1753, et s'y fit remarquer par son esprit et ses connaissances. Il fut d'abord avocat; mais son goût pour la littérature lui fit bientôt négliger cet état pour écrire dans les journaux et autres feuilles périodiques. En 1756, il publia le premier ouvrage qu'il ait avoué, intitulé : *Réclamation en faveur des droits de la société naturelle*, ou *Coup d'œil sur les maux qu'a produits la civilisation*. Il donna, en 1757, son *Essai sur le sublime et le beau*, et cette production fixa sur lui les regards des hommes les plus célèbres. Il se lia avec plusieurs personnages distingués, et suivit, en 1761, son ami Hamilton, secrétaire du vice-roi lord Halifax, qui se rendait en Irlande. A son retour, en 1765, il fut présenté au marquis de Buckingham, premier lord de la trésorerie, qui le prit pour secrétaire particulier. Ce fut à cette époque que s'ouvrit la carrière publique de Burke; il tarda peu à être élu représentant du bourg de Wendover, et quoique l'amitié et la reconnaissance l'eussent attaché au parti ministériel, il se montra favorable aux mesures populaires dans beaucoup d'occasions. Au com-

mencement des troubles d'Amérique, il prononça un discours fort éloquent, où il démontra les inconvénients de la taxe du timbre. Lord Buckingham ayant été remplacé dans le ministère, Burke le rangea parmi ses défenseurs, et attira les yeux sur lui par un ouvrage intitulé : *Tableau du dernier ministère*. Il publia, peu de temps après, un autre écrit qui avait pour titre : *Réflexions sur la cause des mécontentements actuels*, qui lui attira plusieurs censures sévères, parce qu'on le crut trop porté vers les idées démocratiques; cependant l'ouvrage que nous venons de citer suffirait pour le justifier de cette accusation. Dans son opposition aux actes ministériels, il employa toute son éloquence, d'abord à prévenir la scission avec l'Amérique, ensuite à tenter un moyen de rapprochement. Il était parvenu alors à la maturité de son talent oratoire; les annales du Parlement offrent peu d'exemples d'une éloquence aussi forte, aussi animée que la sienne. Ses principes, favorables à la liberté, le firent choisir par les wighs de la cité de Bristol pour leur représentant; mais son éloignement pour la guerre les aliéna bientôt contre lui, et plus encore ses sollicitations qui tendaient à permettre la liberté du commerce pour les Irlandais, et à adoucir le sort des catholiques. En 1782, lord Buckingham ayant été rappelé avec tout son parti, Burke obtint le poste lucratif de payeur-général de l'armée, et fut admis au conseil privé, où son acte le plus remarquable fut le fameux bill de réforme qu'il parvint à faire passer, et qui lui rendit toute sa faveur populaire. A la mort du marquis de Buckingham, il se retira. Lorsque Pitt prit le timon des affaires, il fut constamment son adversaire; et à l'établissement de la régence, occasionné par la maladie du roi en 1788, il lutta fortement contre la proposition de limiter le pouvoir du régent. Il s'attira en cette occasion une censure particulière, par des expressions peu mesurées contre la personne du roi. Ce qu'il y a de plus remarquable dans la vie politique de cet orateur, presque toujours favorable aux amis de la liberté, c'est la manière dont il se prononça contre la révolution française. Dès son origine, il prévit quelles seraient ses déplorables suites, et montra toujours autant de mépris pour les promoteurs que d'horreur pour ses effets. Il rompit publiquement avec Fox, pour l'opinion que celui-ci émettait, en demandant à la chambre des communes qu'on témoignât de la confiance aux nouveaux régulateurs de la France. Ainsi

Burke, sous le ministère de Fox comme sous celui de Pitt, se retrouva le chef de l'opposition, surtout le maître de la logique et de l'éloquence parlementaire. Moitié justice, moitié passion, il se fit le procureur général du fameux procès du gouverneur des Indes orientales, Hastings. Il préludait, par cette grande accusation individuelle, à une immense accusation sociale, celle de la Constituante, dans laquelle il voyait *toute une assemblée de démons incarnés*. Ses *Réflexions sur la révolution française*, ses *Pensées sur la paix régicide*, sa *Lettre aux français*, sa *Décadence de la monarchie française*, son *Jugement de l'Europe*, ses *Lettres à Rivarol*, à *Mallet du Pan*, à *l'archevêque d'Aix*, à *Lally Tollendal*, etc., n'étaient que le développement, ou le résumé, d'admirables *Philippiques* par lui prononcées dans le Parlement. Ces écrits divers, réimprimés à l'infini, furent traduits, prônés ou attaqués dans toutes les langues par les habiles; et formèrent, pendant plusieurs années, toute la littérature du temps. On disait alors que Burke *s'était fait toute l'Europe* contre l'assemblée nationale. Les libelles de Thomas Payne, de Priestley, de Machintosh, de Stanhope, ne faisaient que rendre ses *Réflexions* plus péremptoires. Il n'est peut-être pas inutile de faire voir comment on a répondu en France aux *Réflexions* de Burke *sur la révolution française*. Un jeune démagogue, nommé Depont, prit la plume au nom des partisans de son opinion, et, s'adressant à l'orateur anglais, s'exprima ainsi : « Vous nous parlez des lois, de la « religion, et de l'opinion qui *tempé-* « *raient les effets du despotisme et qui le* « *faisaient exister plutôt en apparence* « *qu'en réalité. Des lois!* monsieur; mais « les lois les plus respectables, les plus « respectées jusqu'à cet instant, n'a- « vaient-elles pas été violées ? la justice « n'était-elle pas muette? l'anarchie « n'existait-elle pas dans tout le royaume? « de la *religion!* mais n'a-t-elle pas tem- « péré en France les effets du despotisme « dans les temps d'ignorance, de fana- « tisme, de superstition? de *l'opinion!* « mais n'était-elle pas alors générale- « ment déclarée contre le gouvernement « subsistant? Les hommes les plus divi- « sés d'intérêts aujourd'hui n'étaient-ils « pas réunis par l'intérêt général de « résister à l'oppression? Les officiers, « qui se plaignent avec tant de force et « avec tant de raison de l'insubordina- « tion des soldats ne lui ont-ils pas donné « l'exemple de la résistance à l'exécution « des ordres arbitraires et illégaux? Les

« magistrats, qui condamnent le plus « les excès répréhensibles du peuple, ne « les avaient-ils pas crus indispensables « alors? L'insurrection n'était-elle pas « générale contre ce gouvernement que « vous trouvez si favorable à la popula- « tion, au commerce, à la prospérité de « l'empire? Ne doit-on pas enfin conve- « nir, lorsque l'on a pu suivre dans ce « pays la marche des événements politi- « ques, et lorsque l'on n'a point d'intérêt « à y chercher des causes étrangères, « que le gouvernement déposé ne pouvait « plus subsister? » Ce passage résume tout l'écrit de M. Depont. C'est ainsi qu'on répondait à Burke, qui paraissait voir tout à la fois le passé, le présent et l'avenir, tandis que les démagogues ne voyaient pas seulement le présent qu'ils rendaient si horrible. « Le gouverne- « ment déposé ne pouvait plus subsis- « ter, » répond-on à Burke, quand Burke, instruit par l'histoire des peuples (livre fermé pour les révolutionnaires), venait de prophétiser les destinées du gouvernement qui se substituait à l'an- cien. « Le gouvernement français passera « par une grande variété de situations « inconnues, et, dans toutes ces trans- « migrations, il sera purifié par le feu « et par le sang... Des factions tourmen- « teront et les officiers et l'armée, jus- « qu'à ce que quelqu'un commande popu- « lairement, qui connaisse bien l'art de « manier l'esprit du soldat, attire sur « lui seul les regards de tous ; l'armée « lui obéira alors en faveur de son mé- « rite personnel. Il sera votre maître, le « maître de votre assemblée, le maître « de toutes vos républiques. » Lorsque des hommes aveuglés ou ennemis du bien disaient que « le gouvernement déposé « ou *monarchique* ne pouvait plus sub- « sister, » d'autres clairvoyants et amis de l'ordre et de la prospérité publique écrivaient, presque dans le même temps : « Tout annonce que l'ordre de choses éta- « bli en France ne peut durer, et que « l'invincible nature doit ramener la mo- « narchie... Toutes les factions ont voulu « l'avilissement, la destruction du chris- « tianisme et de la monarchie: tous les « efforts n'aboutiront qu'à l'exaltation « du christianisme et de la monarchie. « Le roi (il n'est pas question ici de « Louis XVI, qui alors n'était plus), le « roi, quand le moment sera venu réta- « blira la monarchie française malgré « ses ennemis ; il chassera ces insectes « bruyants, *pulveris exigui jactu :* le roi « viendra, verra, vaincra... » (De Mais- tre). « En vain, disait plus tard, en « 1797, un autre écrivain, le fanatisme

« révolutionnaire, creusant de plus en
« plus l'abîme où il a entraîné la France,
« repoussera la seule main qui puisse
« l'en retirer; en vain l'ambition osera
« former de criminelles espérances ; en
« vain la calomnie, qui s'attache à ses
« premiers pas, le défigurera pour que
« ses peuples ne puissent le reconnaître.
« Il régnera, ou la société entière des-
« cendra avec la France dans le tom-
« beau ; la France aura son roi, ou bien-
« tôt l'Europe n'aura plus que des ty-
« rans. Il viendra, il tarira les maux de
« la France !... » (De Bonald.) Qui, des
démagogues ou des monarchistes, voyait
juste, raisonnait logiquement et disait la
vérité? Qui, de Burke ou de Depont,
avait raison? Telle était l'autorité de
Burke en Angleterre, que, malgré sa
suspicion de penchant pour Rome et la
France, un des plus célèbres orateurs
anglais, lord Ersckine, parlait ainsi de
lui, en 1797, dans son *Coup d'œil sur la
France*. « Les ouvrages de M. Burke ont
eu une grande et durable influence sur
le début et la prolongation d'une fatale
querelle; c'est un motif pour nous de ne
pas négliger de profiter des vues, profondément sages, qui distinguent ses
premiers écrits sur les bases que devait
avoir la dernière paix. Quand un homme
extraordinaire paraît sur le globe, et
ajoute à la masse des lumières des maximes supérieures de politique et de sagesse, il n'est point de contradictions
réelles ou apparentes dans ses raisonnements ou dans sa conduite ultérieure,
qui puissent en effacer les bienfaits. Nous
devons recevoir les ouvrages des hommes non comme des révélations, mais
comme les produits véritables de notre
nature imparfaite, dont, avec le secours
de notre raison, nous devons séparer le
bien du mal. Tel est le point de vue sous
lequel il faut considérer toutes les autorités humaines. C'est une triste gloire,
que de découvrir que l'homme n'est point
parfait; et c'est un bien fol abus d'une
pareille découverte, que de réprouver sa
sagesse, quand nous n'avons pas de plus
grand reproche à faire à ses erreurs que
celui de tendre à nous priver de ses utiles
leçons. Divisé totalement d'opinions avec
M. Burke, et déplorant les conséquences de ses derniers écrits, c'est toujours
dans cette disposition d'âme que je juge
les livres de l'auteur. Je l'avouerai :
quand j'observe mon esprit, et quand je
reconnais qu'il doit tout ce qu'il a de lumières et de principes à ce vaste dépôt
de sagesse politique et morale, et légué
par M. Burke à l'espèce humaine, je ne
puis me défendre de je ne sais quelle

solennelle émotion de reconnaissance qui
me rend timide à lutter contre un si respectable adversaire. » La politique de ce
parlementaire immortel dit assez sa
philosophie et sa religion. L'une exprimée par le traité du *Beau*, dont la septième édition française a paru à Paris en
1803, voyait presque tout en Dieu comme
Malebranche; l'autre était si profondément *épiscopale*, comme on dit en Angleterre, qu'elle était véritablement catholique. Lorsque fut agitée la question
de la liberté de foi des Irlandais, il fut
leur *O'Connel* ; et puis il vint, au milieu
des électeurs whigs qui s'en étaient étonnés, prononcer le fameux discours, réputé son chef-d'œuvre: *Gentlemen, I de-
cline the election*. Messieurs, je refuse l'é-
lection... Mais, c'est dans ses *Réflexions*
célèbres, qu'il faut voir toute la profondeur de la pensée et de la foi catholiques
du plus éloquent et du moins récusable
des tribuns politiques. Voici d'abord son
apologie de tout le clergé français, à une
époque où il avait dégénéré, comme
tous les ordres de la société, seulement
moins ; et, à cette occasion, la critique
de la prétendue *Constitution civile* qu'on
voulait lui imposer : « Si l'on devait,
dit-il, s'en rapporter à vos publications
de toute espèce, on serait induit à penser que votre clergé en France était une
sorte de monstre, un composé horrible
de superstitions, d'ignorance, de fainéan-
tise, de fraude, d'avarice et de tyrannie.
Mais cela est-il vrai? Est-il vrai qu'il
trouble sa patrie dans l'intérieur, qu'il
ait appesanti sa main de fer sur les laïques, et qu'il ait été, de place en place,
allumer tous les feux d'une persécution
sauvage? Était-il prêt à se soulever contre la magistrature, à incendier les églises, à massacrer les prêtres d'une opinion différente, à renverser les autels?...
Lorsque j'eus occasion d'aller en France
(c'était presque à la fin du dernier règne), le clergé sous toutes ses formes,
attira une grande partie de ma curiosité.
Bien loin de recueillir contre ce corps
des plaintes et des mécontentements,
comme j'avais lieu de m'y attendre, d'a-
près la lecture de quelques ouvrages ; je
n'entendis aucune déclamation ni publique ni privée, si ce n'est cependant
parmi une certaine classe d'hommes peu
nombreuse, mais bien active. Allant plus
loin dans mes recherches, j'ai trouvé,
en général, le clergé composé d'hommes d'un esprit modéré, et de mœurs
décentes ; j'y comprends les réguliers et
séculiers des deux sexes. Je ne fus pas
assez heureux pour avoir des relations
avec un grand nombre de curés, mais

e reçus généralement les meilleures informations sur leurs principes de morale, et sur leur zèle à remplir leurs fonctions. J'ai été lié avec quelques personnes du haut clergé ; et j'ai eu encore sur le reste de cette classe les meilleures sortes d'informations. Presque tous ceux qui le composent sont des hommes de naissance. Ils ressemblaient à tous ceux de leur rang ; et lorsque j'y ai remarqué quelques différences, je les ai trouvées en leur faveur. — Leur éducation était plus accomplie : j'ai vu en eux, en outre du caractère clérical, noblesse et franchise. Ils avaient les sentiments du gentilhomme et de l'homme d'honneur ; rien de servile, rien d'insolent dans leurs manières et dans leur conduite. Je les ai réellement considérés comme composant une classe tout-à-fait supérieure, comme un choix d'hommes, parmi lesquels vous n'auriez pas été surpris de retrouver un Fénelon. J'ai vu dans le clergé de France, et nulle part on ne peut en rencontrer beaucoup de cette force, des hommes d'un grand savoir, et d'une parfaite candeur. J'ai même été forcé de croire que cet avantage n'était pas exclusif à la capitale. Les rencontres que j'ai faites dans d'autres endroits de ce royaume, ayant été un effet du hasard, on doit regarder l'exemple que j'en puis citer, comme une preuve favorable à l'ordre tout entier. J'allai, pendant quelques jours, dans une ville de province où, en l'absence de l'évêque, je passais mes soirées avec trois ecclésiastiques, ses grands vicaires, hommes dont toute l'Eglise se serait honorée. Tous trois étaient fort instruits, et d'eux d'entre eux possédaient une érudition profonde, générale, étendue soit dans l'antiquité, soit dans les temps modernes, soit dans les sciences mentales, soit dans celles de toutes les contrées occidentales, et plus particulièrement encore dans tout ce qui est relatif à leur profession. Ils avaient une connaissance beaucoup plus étendue de nos théologiens anglais, que je ne m'y étais attendu ; et ils entrèrent avec un grand esprit de sagacité et de discernement critique dans le génie de ces écrivains... Je leur offre avec plaisir ce tribut d'hommages, mais je craindrais de nuire, en les nommant, à des êtres malheureux auxquels je n'ai pas la consolation de pouvoir être utile. Quelques-uns de ces ecclésiastiques de rang réunissent toute sorte de titres à un respect général ; ils ont des droits à ma reconnaissance, et à celle de beaucoup d'Anglais. Si jamais cette lettre tombe dans leurs mains, j'espère qu'ils seront bien persua-

dés qu'il existe dans notre nation des hommes qui partagent avec une sensibilité peu commune, la douleur que doivent inspirer leur injuste destruction et la confiscation cruelle de leurs fortunes. Ma voix, en ce moment, autant qu'une faible voix peut se faire entendre, rend témoignage à la vérité. Je le renouvellerai sans cesse, toutes les fois que j'entendrai parler de cette monstrueuse persécution. Non, rien ne pourra m'empêcher d'être reconnaissant et juste. Le moment actuel réclame ce devoir, et c'est alors que ceux qui ont bien mérité de nous et du genre humain, et qui sont en souffrance sous les calomnies du peuple et les persécutions d'un pouvoir oppressif, c'est alors qu'il nous convient le mieux de faire éclater notre justice et notre gratitude. Vous aviez, avant votre révolution, environ cent-vingt évêques; un certain nombre parmi eux étaient remarquables par un savoir éminent et une charité sans bornes... J'ai entendu dire qu'à bien peu d'exceptions près, Louis XVI avait été attentif à choisir les caractères, avant de les élever à cette dignité; et je croirais assez, d'après l'esprit de réforme qui a dominé dans tout ce règne, que cela doit être vrai. Mais le pouvoir qui gouverne aujourd'hui ne sait tourner toutes ses vues que vers le pillage de l'Eglise. Il a fait une disposition avilissante de salaires. Il en résulte que pour l'avenir toute science et toute érudition seront bannies de l'Eglise gallicane. On a décidé que, dorénavant, toutes les nominations seraient faites par des élections, disposition qui reléguera tout le soin de la direction de l'esprit public dans les mains d'une bande de misérables licencieux, entreprenants, rusés, factieux et adulateurs ; tels par leur genre de vie et leur condition, qu'ils n'auront aucune honte de se faire un but infâme de l'obtention de ces misérables salaires qui leur seront accordés : salaires auprès desquels les gages d'un commis de barrière paraîtront lucratifs et honorables. Ces officiers, qu'ils appellent encore évêques, seront élus par des procédés qui, relativement à eux, sont tout aussi bas. Les mêmes artifices, ceux des élections, seront mis en jeu par des hommes de toutes les croyances connues, ou qui sont encore à inventer. Les deux classes du clergé peuvent, à discrétion, pratiquer ou prêcher tout ce qu'il leur plaira, en fait de religion ou d'irréligion. Pour vous dire tout, en un seul mot, on dirait que cette nouvelle constitution ecclésiastique n'est que momentanée, et qu'elle est seulement préparatoire, pour opérer une destruction à venir et totale de la religion chrétienne, de quelque nature qu'elle soit, lorsque les esprits des hommes étant assez préparés, il sera temps de lui porter le dernier coup; et certainement le mépris universel auquel on voue ses ministres est un gage assuré du succès. Ceux qui se refuseraient à croire que les fanatiques philosophes qui conduisent toutes les menées, en eussent longtemps d'avance formé le dessein, connaîtraient donc bien peu leur caractère et leur manière d'agir. Ces enthousiastes ne se font point un scrupule d'avouer qu'ils pensent qu'un Etat peut bien mieux subsister sans aucune religion qu'avec une seule religion, et qu'ils sont capables de remplacer le vide de tout le bien qu'elle peut procurer, par un projet de leur invention... » Burke, de l'éloge du clergé séculier, s'élève jusqu'à celui des communautés religieuses : « Un politique qui veut de grandes choses doit s'assurer une puissance. J'entends par là un point d'appui des manœuvres; et si une fois il se trouve, il ne doit pas être plus embarrassé, en politique, qu'on ne l'est en mécanique pour en faire usage. On avait, selon moi, dans les institutions monastiques, une forte puissance pour le mécanisme de la bienveillance politique; vous aviez là des revenus qui avaient une direction publique; vous aviez des hommes qui ont renoncé à tout intérêt personnel et ne connaissent d'autres liens que les liens publics, et dont l'avarice ne peut être que dans un esprit de communauté, de ces hommes pour qui la pauvreté personnelle est un honneur, et auxquels une obéissance implicite tient lieu de liberté. C'est en vain qu'on cherchera la possibilité de créer de telles choses, quand il en sera besoin. De telles institutions sont le fruit de l'enthousiasme; elles sont aussi des instruments de sagesse. Il n'est pas au pouvoir des gouvernements de créer des matériaux, mais leur mérite est de savoir en faire usage. Dans ces corporations, la perpétuité de leur existence et de leur fortune est une chose précieuse dans les mains d'un homme qui a de longues vues, et médite de ces projets que le temps seul peut consommer, et qui n'ont de valeur que par leur durée. Ils ne méritent certainement pas d'être cités au nombre des hommes d'Etat, ceux qui, ayant à leur disposition absolue la direction d'un pouvoir de cette nature, si précieux par ses richesses, par sa discipline et son régime habituel, ainsi que cela existait dans ces corps que vous avez si témérairement détruits, sont incapables de faire

servir toutes ces choses à l'avantage réel et permanent de leur pays. A la vue seule d'un tel moyen, mille usages s'offrent d'eux-mêmes à un esprit inventif... La ressource imprudente d'une vente prodigue était-elle le meilleur moyen de rendre tous leurs revenus utiles ? Si vous êtes dépourvus à ce point de ressources d'esprit, vos politiques n'entendent rien à leur métier, et c'est pour cela qu'ils vendent leurs outils... Les moines sont paresseux ! soit, supposez qu'ils n'aient d'autre emploi que de chanter au chœur, ils sont aussi utilement occupés que ceux qui jamais ne chantent ni ne parlent; aussi utilement employés que ceux qui chantent au théâtre. Ils sont tout aussi utilement employés que s'ils travaillaient, depuis l'aube du jour jusqu'à la nuit, aux innombrables occupations serviles dégradantes, indécentes, indignes de l'homme, et souvent pestilentielles et destructives existant dans l'économie sociale, et auxquelles tant d'êtres malheureux sont obligés de se vouer. S'il n'était pas généralement dangereux de troubler le cours ordinaire des choses, et d'arrêter d'une manière quelconque cette grande roue de circulation, je me sentirais bien plus disposé à arracher tous ces infortunés à cette misérable existence, qu'à troubler avec violence le repos tranquille de la paix monastique; et il me semble que les dépenses paresseuses des moines sont aussi bien dirigées que les inutiles et souvent coupables dépenses de nous autres fainéants laïques. » — Ailleurs, l'ancien protestant met les articles et les dépenses de l'Eglise en regard avec les articles et les dépenses du monde. « La vie et la fortune du maçon et du charpentier ne s'écoulent-elles pas aussi agréables et aussi salubres dans la construction et dans la réparation de cet édifice majestueux, consacré à la religion, que dans les retraites décorées, et sous les toits sordides du luxe; aussi honorablement et aussi utilement à réparer ces ouvrages sacrés, que leur grand âge revêt du lustre des siècles, que dans les asiles momentanés du vice, dans des salles d'opéra, dans des maisons de jeu, des clubs et des obélisques au Champ de Mars ? Le surplus du produit de l'olive et de la vigne est-il plus mal employé pour la nourriture frugale de ces êtres qui, étant consacrés au service de la Divinité, sont élevés, par la fiction d'une imagination pieuse, à une grande dignité, que pour l'entretien dispendieux de cette multitude de valets qui se dégradent en se vouant au service de l'orgueil d'un seul individu ? La décoration des temples est-elle une dépense moins digne d'un homme sage, que celle que l'on fait pour des rubans, pour des dentelles, pour des cocardes nationales ? » Voilà ce que Burke disait en 1790, avant la mise à exécution du serment; voici comment il le stygmatise l'année suivante : « Le traitement fait aux religieux est presque trop révoltant pour en faire mention. Ces malheureuses filles, qui, animées de l'enthousiasme religieux le plus exalté, s'étaient engagées dans les emplois les plus pénibles de l'humanité, dans les devoirs les plus sacrés de la piété, en visitant et servant les malades dans les hôpitaux, ont été traînées dans les rues et fouettées par les souverains de la nation, parce que celui qui leur administrait les sacrements n'avait pas voulu se soumettre au serment. » Joignant l'exemple à la leçon, Burke fut des premiers à donner des asiles et des secours aux prêtres français émigrés dans son pays; et il donnait lieu à l'abbé Barruel de dire au tome V de ses *Mémoires pour servir à l'histoire du jacobinisme* : « Dès la première année de l'émigration, M. Burke m'honora de ses bontés. » Lorsque Burke se retira du Parlement, sa place fut remplie par son fils unique, jeune homme de grande espérance, dont la mort, arrivée bientôt après, fut un coup terrible pour son père, qui mourut lui-même le 8 juillet 1797, dans la 68ᵉ année de son âge. On admirait les vertus domestiques de Burke. Il avait établi, dans ses dernières années, une école pour les enfants des Français expatriés, qu'il surveilla avec des soins assidus jusqu'à la fin de sa vie. Ce célèbre publiciste a donné plusieurs autres ouvrages sur la politique, outre ceux que nous avons cités. On lui a attribué les célèbres *Lettres de Junius* : il paraît, au moins, qu'il y a eu beaucoup de part. Robert Bisset, écossais, a écrit sa *Vie*, Londres 1798 et 1800. M. Formil a aussi donné des *Mémoires* sur Burke. Donnons maintenant quelques détails bibliographiques. L'ouvrage intitulé: *Recherche philosophique sur l'origine de nos idées du sublime et du beau*, fut, comme nous l'avons dit, traduit sur la 7ᵉ édition, avec un *Précis de la vie de l'auteur*, par L. Lagentie de Lavaisse, Paris, 1803, in-8; les *Réflexions sur la révolution de France, et sur les procédés de certaines sociétés à Londres relatifs à cet événement*, furent traduites sur la 3ᵉ édition anglaise, Paris, 1790, in-8. Il parut en 1790 et 1791, à Paris, 5 éditions de cette traduction. Lally-Tollendal, dans ses lettres à Burke, appelle ce livre un ouvrage immortel, en regret-

tant seulement que l'auteur se soit laissé entraîner quelquefois au-delà des bornes de la modération ; *Discours sur la monnaie de papier et sur le système des assignats en France*, Paris, 1790, in-8; *Lettre aux Français*, Londres, Paris, 1790, in-8; *Discours sur la situation actuelle de la France*, prononcé dans la chambre des communes, le 9 février 1790, lors du débat sur les estimations de l'armée. Paris, 1790, in-8; *Lettre d'Edmond Burke au traducteur de son Discours sur la situation actuelle de la France*, Paris, mai, 1790, in-8, deux éditions; *Lettre à M. l'archevêque d'Aix* (Boisgelin), et *Réponse de M. l'archevêque d'Aix à M. Burke*, Paris, 1791, in-8; *Discours improvisés par MM. Burke et Fox dans la chambre des communes*, le 6 mai 1791, sur la révolution française, Paris, 1791, in-8; *Appel des whigs modernes aux whigs anciens*, traduit par Mad. de Rivarol, Paris, 1791, in-8; *Lettres à un membre de la chambre des communes, sur les négociations de paix ouvertes avec le Directoire*, trad. par J. Peltier, Londres, et Paris, 1797, in-8.

BURLAMAQUI (Jean-Jacques), originaire de Lucques, naquit à Genève en 1694. La chaire de droit de cette ville acquit beaucoup de lustre pendant le temps qu'il y professa. Le prince Frédéric de Hesse-Cassel, son disciple, l'emmena avec lui en 1734, et le garda pendant quelques années. De retour à Genève, il fut nommé conseiller d'État, et mourut en 1748. On a de lui : des *Principes du droit naturel et politique*, Genève, 1754, in-4, et in-12, ouvrage dans lequel il a fait entrer ce qu'il a trouvé de mieux dans les écrits de Grotius, de Puffendorf et de leur commentateur Barbeyrac. C'est une suite d'idées justes, intéressantes, fécondes, nettement développées, heureusement liées et exprimées avec précision ; c'est dommage qu'on y remarque des préjugés de secte. On a cru aussi y voir des maximes contraires à l'autorité et à la sûreté des souverains. Cet ouvrage a placé l'auteur parmi les écrivains les plus distingués de la politique nouvelle, où l'on a eu le malheur de voir plutôt des *Droits* que des *Devoirs*, et plutôt des *Droits naturels* que des *Droits sociaux*. Burlamaqui a eu aussi le défaut de composer, au lieu d'un livre uniforme, plusieurs traités avec des titres divers qui l'ont entraîné, dans les uns, à des lacunes, dans les autres à des redites. A cela près, on y trouve de la méthode, une philosophie sage, et quelquefois de nobles aperçus. Il a consacré toute la deuxième partie de ses *Principes du droit naturel* aux preuves de l'existence de Dieu et de l'immortalité de l'âme. Et il dit, dans la troisième partie, chap. 3, § 9, de ses *Principes de droit politique :* « Tous les hommes ont toujours reconnu que Dieu fait principalement dépendre ses grâces, par rapport à un Etat, du soin que le souverain prend de le faire servir et honorer. » — « Les dogmes et les cérémonies de la religion influent considérablement sur les mœurs et la félicité publique. » etc., etc. — Burlamaqui n'ayant pu mettre la dernière main à la seconde partie des *Principes du droit naturel*, etc., de Félice, qui obtint son canevas, a donné du tout une édition complète, et a augmenté de près de trois quarts l'ouvrage du professeur de Genève, sous le titre de *Principes du droit de la nature et des gens*, etc., in-8, 8 vol. Cette édition se trouve déparée par quantité d'erreurs : de Félice exhale sa haine contre la profession religieuse, raisonne très-mal sur le droit de nécessité, enseigne que tous les hommes sont obligés de se marier, attaque indécemment le célibat ecclésiastique, etc. Il serait à souhaiter pour l'honneur de Félice, autant que pour le succès de l'ouvrage, que la continuation et l'édition fussent tombées en d'autres mains. Il faut en dire autant à propos de M. Dupin aîné qui, aussi, a donné une édition de Burlamaqui, en 5 vol. in-8. Les notes qu'il y a ajoutées sont faibles ou fausses, comme toutes les notes des compilations de cet avocat.

BURMANN (François), né à Leyde en 1628, fut professeur de théologie à Utrecht. Il fit fleurir l'Université de cette ville et mourut en 1679, après avoir publié : un *Cours de théologie*, en 2 vol. in-4, qui jouit de l'estime des protestants ; des *Discours académiques;* des *Dissertations sur l'Ecriture*, Rotterdam, 1688, 2 vol. in-4 ; et plusieurs autres livres.

BURMANN (François), fils du précédent, naquit à Utrecht en 1671. Après avoir été professeur de théologie comme son père, il mourut en 1719, à 58 ans. Ses principaux ouvrages sont : *Theologus, sive De iis quæ ad verum et consummatum Theologum requiruntur*, in-4 ; *De la persécution de Dioclétien*, in-4, en latin, et diverses *Dissertations*, aussi en latin, sur la poésie. Il n'était guère que compilateur.

BURMANN (Pierre), frère du précédent, professeur en éloquence et en histoire à Utrecht, puis en grec et en politique, mourut en 1741, laissant plusieurs éditions d'auteurs latins, accom-

pagnées de notes : Velleius-Paterculus, Quintilien, Valère-Flaccus, Virgile, Ovide, Suétone, Lucain, etc. Les plus estimées sont celles de Phèdre et de Pétrone ; mais le texte est noyé dans les remarques. On a aussi de ce savant : un *Traité des taxes des Romains*, Utrecht, 1694, in-8 ; des *Dissertations*, des *Discours*, des *Poésies latines*. Il a continué la grande collection du *Thesaurus antiquitatum Italicarum*, commencée par Grevius, depuis le 7e vol. jusqu'à la fin, c'est-à-dire, jusqu'au 45e ; mais on reproche à Burmann de l'avoir fait sans choix. Il avait plus de savoir que de discernement.

BURMANN, ou BORMANN, poëte allemand, né à Laubau dans la Haute-Lusace, le 18 mai 1737, mort le 5 janvier 1805, étudia d'abord le droit, qu'il abandonna pour se livrer à la poésie, métier peu lucratif et qui ne le conduisit qu'à une triste indigence. Ses *Poésies* cependant ne manquent pas d'esprit, de grâce et de naturel. Il avait surtout du talent pour improviser, mais peu d'ordre dans les idées. La vivacité de son imagination, n'était point réglée par un goût pur et sûr. Quelques-uns de ses ouvrages eurent du succès dans leur nouveauté, mais ils sont aujourd'hui oubliés. Les principaux sont : quelques *Poésies*, 1764, in-8 ; des *Fables*, Dresde, 1769, réimprimées en 1771 et 1773 ; *Journal pour la littérature et pour le cœur*, Berlin, 1775, in-8; *Choix de poésies*, 1785; *Badinages, ou Preuves de la flexibilité de la langue allemande*, 1794, etc.

BURNET (Thomas), théologien et jurisconsulte, né en 1635, à Croft en Ecosse, obtint la place de maître de l'hôpital de Sutton à Londres. Il mourut en 1715, regretté des bons citoyens et des littérateurs. On a de lui plusieurs ouvrages : *Telluris theoria sacra*, 1681, in-4, bien écrite, mais pleine de paradoxes, et plus agréable qu'utile. Il prétend que la terre, avant le déluge, était sans vallées, sans montagnes et sans mer, et quoiqu'il soit embarrassé de prouver cette opinion, il parle comme si elle était démontrée ; *Archæologia philosophica, seu Doctrina antiqua de rerum originibus*, in-4, 1692, livre aussi paradoxal que le précédent. On les réunit en 1699, à Amsterdam, in-4 ; c'est l'édition la plus recherchée de cet ouvrage singulier. Le récit de Moïse n'est, selon lui, qu'une simple parabole; le serpent, l'arbre défendu ne sont que des emblèmes. On réfuta solidement ces différentes opinions, et l'auteur n'y fut que plus attaché; *De statu mortuorum et resur-*

gentium, 1726. in-8 ; il fut traduit en français en 1731, in-12, par le ministre Bion, auparavant curé. Burnet y soutient que les justes ne sont point récompensés, ni les impies punis d'abord après leur mort. L'opinion des millénaires reparaît ici avec de nouvelles armes. Le célèbre Muratori l'a réfutée dans son traité *De Paradiso* ; *De fide et officiis Christianorum*, 1727, in-8 ; ces deux derniers sont posthumes. On lui attribue un *Traité de la Providence et de la possibilité physique de la résurrection*, connu en notre langue par une version, in-12.

BURNET (Gilbert) naquit le 18 septembre 1643, à Édimbourg, d'un père qui prit un soin particulier de son éducation. Après que ses études furent finies, il voyagea en Hollande, en Flandre et en France, visitant les savants et les hommes célèbres. En 1665, il fut ordonné prêtre à la manière anglicane, se chargea d'une église, et s'occupa surtout de l'histoire. Étant allé à Londres en 1673, pour obtenir la permission de faire imprimer la *Vie de Jacques et Guillaume, ducs d'Hamilton*, en anglais, in-folio, le roi Charles II le nomma son chapelain. Six ans après, il publia son *Histoire de la Réformation*, pleine d'atrocités contre l'Église catholique ; ce qui lui valut les remerciments des deux chambres du Parlement. A l'avénement de Jacques II, Burnet, étant devenu suspect à la cour, quitta l'Angleterre, parcourut l'Italie, la Suisse et l'Allemagne, vint en Hollande, suivit le prince d'Orange en Angleterre, et eut beaucoup de part à ses succès. L'évêché de Salisbury étant venu à vaquer, Burnet, qui le sollicitait pour un de ses amis, en fut pourvu l'an 1689. Il fut nommé ensuite précepteur du duc de Glocester, et mourut en 1715, après avoir été marié trois fois. Burnet était regardé en Angleterre, comme Bossuet l'était en France ; mais l'Ecossais avait bien moins de génie, moins de conduite, de modération et de sagesse que le Français. Son emportement contre l'Église a déshonoré sa plume et ses ouvrages. Cependant, malgré son aversion pour cette Église, il n'oublia rien pour sauver la vie au lord Stafford, et à plusieurs autres catholiques, et ne fut jamais d'avis d'exclure le duc d'Yorck du trône. Le comte de Rochester, égaré par les fantômes d'une fausse philosophie, lui dut sa conversion. Non seulement il le convainquit de la vérité de la religion, mais il l'engagea même à en pratiquer les devoirs. Burnet laissa beaucoup d'ouvrages d'histoire et de controverse. Ceux que les savants consultent encore sont : ses *Mémoires pour servir à l'histoire de la Grande-Bretagne, sous Charles II, et Jacques II*, traduits en français ; *Voyage de Suisse et d'Italie, avec des remarques*, dont nous avons aussi une traduction en 2 vol. in-12 ; *Histoire de la réformation de l'Église d'Angleterre*, traduite en français par Rosemond, Amsterdam, 1687, 4 vol. in-12. Il est pardonnable à Burnet de se tromper dans ces trois ouvrages sur quelques dates ; mais il ne l'est point d'y raconter les faits avec emportement, de les altérer, de les rendre odieux par des insertions et des vers supposés, ou par des circonstances imaginées dans ses *Voyages*. On ne remarque presque point d'autre intention que de jeter du ridicule sur l'Église romaine et ses cérémonies. En un mot, l'esprit de secte et de parti l'ont trop souvent emporté sur la décence et la vérité. Les protestants eux-mêmes se sont élevés contre lui et ont confondu ses calomnies. Le célèbre Warthon, entre autres, dans son *Specimen des erreurs de l'Histoire de la Réformation*, réfute avec force ce que Burnet a dit contre les religieux, le grand objet de sa haine fanatique. Pour faire l'apologie de leur suppression, il prétend qu'ils étaient tombés dans la corruption et le libertinage. « Si Dieu défend, dit « Warthon, p. 42, de pareilles horreurs « à tous les chrétiens, à plus forte rai-« son à ceux qui se piquent de perfec-« tion ; il défend aussi de les en croire « coupables sans des preuves évidentes. « Certainement, si les moines eussent « été tels qu'on les a dépeints, leurs cri-« mes n'auraient point échappé à la con-« naissance de leurs visiteurs, qui se « montrèrent si ardents à rechercher et « à divulguer toutes leurs fautes. Ils au-« raient aussi été connus de Balée, qui « lui-même avait été moine; et il n'est « pas croyable qu'il les eût omis, lui « qui a déchiré l'ordre monastique et le « clergé avec une malice qui tient de la « fureur. » L'historien de la *Réformation* ayant avancé que les moines s'étaient emparés, sur la fin du 8ᵉ siècle, de la plus grande partie des richesses de la nation, M. Wharton montre, page 40, « qu'ils n'en possédaient pas alors la cen-« tième partie. » Il ajoute « que leur « nombre s'étant considérablement ac-« cru dans les 10ᵉ, 11ᵉ et 12ᵉ siècles, « leurs biens s'augmentèrent à propor-« tion. Mais après tout, continue-t-il, « ils n'eurent jamais plus du cinquième « des richesses de la nation ; et si l'en « considère qu'ils louaient leurs terres « aux laïques pour très-peu de chose, ce

« cinquième se réduira à un dixième.
« Qu'on ne dise pas non plus que le meil-
« leur terrain du pays étant en de si
« mauvaises mains , il importait à la na-
« tion de se l'approprier , pour le con-
« vertir à un usage plus utile. On ne
« prouvera jamais qu'il y ait eu des cul-
« tivateurs comparables aux moines. Ils
« bâtissaient, défrichaient et mettaient
« en valeur tous leurs fonds (c'est ce que
« montre visiblement l'histoire de l'ab-
« baye de Croyland). Par le peu qu'ils
« exigeaient de leurs fermiers , ils fai-
« saient vivre dans l'aisance un grand
« nombre de personnes. Ajoutons à cela
« qu'ils contribuaient avec le clergé aux
« charges publiques , et qu'ils payaient
« à proportion plus que les autres su-
« jets. Quel est donc le meilleur usage
« qu'on a fait depuis , des biens qu'on
« leur a enlevés , etc. ? »

BURNEY (Charles), organiste, né à
Shrewsbury en 1726. Il visita successivement la France , l'Italie , l'Allemagne,
la Hollande , et il a publié des relations
fort intéressantes de ses voyages et quelques autres ouvrages. Les principaux
sont : De l'état actuel de la musique en
France et en Italie , ou Journal d'un
voyage fait dans ces pays , 1771, in-8 ;
De l'état actuel de la musique dans les
Pays-Bas, en Allemagne et dans les Etats-
Unis , ou Journal d'un voyage fait dans
ces pays , 1773, 2 vol. in-8 : cet ouvrage
a été traduit en français par C. de Brack ,
avec le précédent, sous le titre : De l'é-
tat présent de la musique en France , en
Italie , dans les Pays-Bas , en Hollande
et en Allemagne , ou Journal de voyages faits dans ces différents pays , avec
l'intention d'y recueillir des matériaux
pour servir à l'histoire générale de la
musique , Gênes , 1809-1810, 3 vol. in-8;
Histoire générale de la musique depuis
les premiers siècles jusqu'à nos jours ,
1776 à 1789, 4 vol. in-4 ; Mémoire sur
la vie et les écrits de Métastase , 3 vol.
in-8; Histoire du jeune Crotch , enfant
musicien. Burney est mort dans le mois
de mai 1814.

BURNEY (Jacques), fils aîné du précé-
les , entra dans la marine et suivit le
capitaine Cook dans ses deux derniers
voyages. En 1781 , il fut nommé commandant du vaisseau le Bristol , de cinquante canons , et parvint par degrés au
grade de contre-amiral. Il est mort en
1821. Il était membre de la Société royale
de Londres , et il a publié plusieurs ouvrages. Les principaux sont : Expériences pour découvrir un moyen de s'assurer
de la direction des courants , in-8 ; Histoire chronologique des découvertes faites

dans les voyages au nord-est , et des premières navigations des Russes dans l'est,
in-4 ; Histoire chronologique des découvertes faites dans la mer du Sud ou
Océan-Pacifique , 1803 à 1816 , 4 vol.
in-4 ; Mémoire sur les côtes de la Chine,
avec une carte , 1811. On trouve plusieurs de ses Mémoires dans les Transactions philosophiques.

BURNOUF (J.-L.), savant littérateur,
naquit à Urville près Valognes (Manche)
le 14 septembre 1775,et mourut à Paris au
mois de mai 1844. Entré de bonne heure
dans l'Université , il s'y distingua et devint successivement membre de l'académie des inscriptions et belles-lettres,
professeur au collège de France et inspecteur-général des études. On lui doit:
Les Catilinaires et les Dialogues sur les
orateurs illustres de Cicéron, traduits du
latin; Méthode pour étudier la langue
grecque , 1812, in-8; Examen du système
perfectionné de conjuguer des verbes grecs,
de F. Tiersch, ou Indication de quelques
rapports du grec avec le sanscrit , suivi
des analyses et extraits du Devemakat-
mya , fragment du Marchandeya pou-
rana , traduit du sanscrit , par E. Burnouf , son fils , 1824 , in-8 ; une Traduction des OEuvres complètes de Tacite; Méthode pour apprendre la langue
latine , 1843 , in-12. Burnouf a encore
donné pour la Collection des classiques
de Lemaire , une édition de Salluste;
pour les OEuvres complètes de Cicéron ,
publiées par Victor Leclerc , la Traduc-
duction des Discours pour Quintus , pour
Chrentius , et contre Catilina ; Dialogue
sur les orateurs illustres ; Lettre à Quintus , sur le gouvernement d'Asie.

BURNS (Robert), né à Mauchline en
Ayrshire , en 1759 , mort à Dumfries le
21 juillet 1796, connu en Ecosse sous le
nom du Laboureur d'Ayrshire , et en Angleterre sous celui du Poëte écossais , ne
dut son talent qu'à son génie. « Il devint, dit-il lui-même , poëte à la charrue comme Elisée y était devenu prophète. » Ses poésies , composées principalement en écossais , sont imprimées
sous le titre de Poëmes de Robert Burns,
laboureur d'Ayrshire.

BURONZO DEL SIGNORE (Charles-
Louis), pieux et savant archevêque de
Turin , né à Verceil le 23 octobre 1731,
fut successivement chanoine et grand-
vicaire de cette ville , et fut nommé en
1784, à l'évêché d'Acqui , puis à celui
de Novarre en 1791 , enfin à l'archevêché de Turin en 1797. Sa conduite sage,
intègre et prudente , lui mérita l'estime
des souverains pontifes Pie VI et Pie VII,
et le plaça au rang des prélats les plus

ecommandables de ce siècle. On lui
doit : *Attonis S. Vercellensis Ecclesiæ
piscopi opera , ad autographi Vercel-
ensis fidem nunc primùm exacta , præ-
atione et commentariis illustrata à D.
J. Burontio del Signore, ejusdem Ecclesiæ canonico et cantore majore , 1768 ,
in-folio , qu'il publia d'après un cahier
écrit de la propre main d'Atto , l'un des
évêques qui ont illustré le siége de Verceil. Ce volume , qui est très-rare et divisé en deux parties , contient le *Commentaire* d'Atton *sur les épîtres de saint
Paul*, deux *Sermons* , les *Capitulaires* ,
les *Lettres pastorales*, et la première section du traité *De Pressuris ecclesiasticis.*
Les laborieuses recherches de Buronzo
lui firent découvrir ce cahier dans la
bibliothèque de Verceil. Il y joignit des
notes, des éclaircissements , et une préface écrite avec élégance. Il comptait
donner un second volume qui aurait
renfermé le traité complet *De Pressuris ecclesiasticis* et le *Polypticum* , ouvrage dont le titre seul est connu; mais
les affaires importantes dont il fut chargé s'y opposèrent. Il mourut en 1806 à
Verceil , où il s'était retiré après s'être
démis de son archevêché environ un an
avant sa mort.

BURRHUS (Afranius), commandant
des gardes prétoriennes , sous l'empereur Claude et sous Néron , dont il fut
gouverneur. C'était un homme digne des
premiers siècles de Rome par ses mœurs
sévères. On l'accusa , auprès de Néron ,
d'avoir conspiré contre lui. Ce tyran parut d'abord ne pas s'arrêter à cette accusation ; mais , quelque temps après ,
lassé d'avoir en lui un maître dont les
leçons et les exemples le faisaient rougir , il hâta, dit-on , sa fin par le poison , l'an 62 de J.-C.

BURRIEL (André-Marc) , jésuite espagnol , né en 1719 , fut envoyé à Tolède , où il fut chargé d'examiner les
archives de cette fameuse église. Il en
fit copier les manuscrits qui pouvaient
contribuer à jeter du jour sur l'histoire
d'Espagne. Une des plus importantes
copies est la *Liturgie mosarabe* , dont
les manuscrits forment 41 vol. in-fol. ,
et diffèrent des Bréviaires et Missels mo-
sarabes, que le cardinal Ximénès a fait
imprimer. Il mourut le 19 juin 1762.
Nous avons de lui : *Notice de la Cali-
fornie*, 3 vol. in-4 ; *Traité sur l'égalité
des poids et mesures* , in-4 , ouvrage savant et curieux; *Paléographie espagnole,*
in-4; plusieurs autres traités, tant imprimés que manuscrits , pleins de recherches curieuses et utiles. Il a laissé différentes observations manuscrites tou-

chant la *Collection* d'Isidore. Une de ses
lettres , relative à cet objet, a paru dans
le *Journal étranger* , septembre 1770.
De cette lettre adressée au Père Rabago,
en date du 22 décembre 1752 , il résulte
que la *Collection* , publiée sous le faux
nom d'*Isidore Mercator*, ou *Peccator*,
est véritablement , pour le fond , de saint
Isidore de Séville, quoique continuée et
successivement augmentée de pièces
authentiques et irrécusables, et, d'un autre côté, défigurée et interpolée par un
éditeur infidèle , qui prouve avoir été
allemand et non espagnol.

BURTIN (François-Xavier de), médecin et naturaliste , ancien conseiller
référendaire du gouvernement des Pays-
Bas , né en 1743 à Maëstricht , se fit
remarquer, lors de la révolution belgique , par sa fidélité à son souverain ,
quoiqu'elle l'exposât aux persécutions
du parti dominant. L'empereur Joseph
II, pendant son séjour dans les Pays-
Bas , lui avait donné une grande preuve
du cas qu'il faisait de lui, en le chargeant
de rechercher toutes les productions
utiles des trois règnes de la nature , qui
pourraient y être restées ignorées. Burtin est mort le 6 août 1818. On lui doit:
De febribus , Louvain , 1767 , in-4 ; *Des
bois fossiles découverts dans les différentes parties des Pays-Bas*, 1781, in-8 :
*Voyage minéralogique de Bruxelles par
Wavre à Court-Saint-Etienne*, 1781, in-8;
*Réflexions sur les progrès de la fabrique
du fer et de l'acier dans la Grande-Bretagne* , Londres , 1783, in-8 ; *Oryctogra-
phie de Bruxelles* , ou *Description des
fossiles tant naturels qu'accidentels, découverts, jusqu'à ce jour, dans les environs de cette ville*, Bruxelles , 1784 ,
in-fol. , avec 32 planches coloriées ; *Des
causes de la rareté des bons peintres
hollandais dans le genre historique* ,
1808 , in-8, ouvrage traduit et imprimé
en hollandais en 1809 ; *Traité théorique
et pratique des connaissances qui sont
nécessaires à tout amateur de tableaux*,
Bruxelles , 1808, 2 vol. in-8 ; *De l'inutilité des jachères et de l'agriculture du
pays de Waes* , 1809 , in-12; trois *Opuscules sur les peintres modernes des Pays-
Bas*, Bruxelles, 1811, in-12 ; *De la meilleure Méthode d'extirper les polypes uté-
rins* , 1812, in-8 , avec fig. , et plusieurs
Mémoires et *Dissertations* imprimés séparément , ou dans ceux des sociétés
savantes dont il était membre. On a encore de lui des vers latins sur la révolution belgique et sur celle de France,
plusieurs pièces de vers français, et plusieurs brochures polémiques publiées en
hollandais. Il a laissé en manuscrit :

Voyages et Recherches économiques et minéralogiques faits dans les Pays-Bas, par ordre de Joseph II ; *Voyages et Observations faits dans différents pays de l'Europe*, et plusieurs *Dissertations* sur les veines de houille , de plomb, sur les mines de fer , les carrières , les grottes souterraines , le commerce et les fabriques des Pays-Bas, et des *Observations médicales et scientifiques, etc.*

BURTON (Guillaume), topographe , philologue et antiquaire, né à Londres en 1609 , mort en 1657, d'une famille pauvre, se servit des connaissances qu'il avait dans la langue grecque pour sortir de l'indigence. Il fut directeur de l'école de Kingston près de Londres. On a de lui des ouvrages très-savants : un *Commentaire* sur ce qui est dit de la Grande-Bretagne dans l'*Itinéraire* d'Antonin, en anglais , 1658, in-fol.; *De reliquiis veteris linguæ persicæ , cum notis J. H. a Seelen* , Lubeck, 1720, in-8 ; *Græcæ linguæ historia*, Londres , 1657, in-8 , avec Blunt.

BURTON (Edward), professeur protestant à l'Université d'Oxford , né en 1794 à Shrewsbury, mort à Ewelme le 19 janvier 1836 , à l'âge de 42 ans. Il a fondé plusieurs établissements de charité, et a publié un assez grand nombre d'ouvrages sur la *Littérature ancienne*, ainsi que sur la *Doctrine et l'Histoire de l'Eglise.*

BURY (Richard de), nommé aussi *Aungerville*, évêque anglais, naquit à Saint-Edmonds Bury dans le comté de Suffolk en 1281, et fut élevé à l'Université d'Oxford. Il devint gouverneur du prince Edouard , depuis roi d'Angleterre sous le nom d'Edouard III , qui le combla de faveurs. Ce monarque le nomma , en 1333, évêque de Durham, en 1334 grand chancelier , et , en 1336, trésorier d'Angleterre. Bury aimait les lettres et les savants ; il faisait à grands frais rechercher des livres dans tous les pays, y entretenait des copistes pour transcrire ceux qu'il ne pouvait pas acheter , et n'épargnait ni soins ni argent pour se procurer ces richesses littéraires. Il forma à Oxford une nombreuse bibliothèque à l'usage de l'Université et du public. Il est auteur d'un livre intitulé : *Philobiblos* , ou *De amore librorum*, Spire , 1483 , in-4 ; réimprimé à Paris , 1500 , à Oxford, 4599 , et à Leipsick, 1647 , à la suite de *Philologicarum epistolarum centuria una*. On a, en outre, de lui *Orationes ad principes* , *et epistolæ familiares*, parmi lesquelles il en est quelques-unes qui sont adressées à Pétrarque , avec les réponses. Cet évêque mourut à Aukland en 1345.

BURY (Guillaume de) , né à Bruxelles en 1618, pourvu à Rome d'un bénéfice dans la métropole de Malines , et mort dans cette dernière ville l'an 1700, était versé dans les antiquités ecclésiastiques. On a de lui un *Abrégé des Vies des Papes*, où il y a de l'exactitude et du savoir. Malines, 1675; Passau, 1726; Augsbourg, 1727, continué jusqu'à Benoît XIII. On trouve au bout de cet ouvrage un *Onomasticon etymologicum*, qui est un petit dictionnaire où Bury explique les mots obscurs qui se rencontrent dans l'Office ecclésiastique, le *Missel*, etc. Cet ouvrage renferme des choses curieuses et savantes ; il y a cependant quelques explications mal fondées. On a encore de cet auteur plusieurs pièces de vers en latin, qui montrent qu'il était également versé dans la littérature.

BURY (N. de), avocat, né à Paris, et mort vers 1794, a laissé plusieurs ouvrages qui ne sont recommandables ni par le style ni par la critique : *Histoire de Jules-César*, Paris, 1758, in-12 ; *Histoire de Philippe et d'Alexandre - le - Grand*, Paris, 1760, in-4 ; *Eloge du duc de Sully*, Paris, 1763, in-12, *Histoire de Henri IV*, Paris , 1765, in-4, et 4 vol. in-12 ; *Histoire de la vie de Louis XIII*, Paris, 1767, 4 vol. in-12 ; *Histoire abrégée des philosophes et des femmes célèbres*, Paris, 1773, 2 vol. in-12; *Histoire de saint Louis*, avec un *Abrégé* de celle des *Croisades*. Paris, 1775, 2 vol. in-12 : c'est son meilleur ouvrage, si l'auteur ne s'élève pas. il est du moins exact et sûr, et ne peut pas donner d'idées fausses ; cette histoire convient particulièrement à la jeunesse.

BUS (César de), né à Cavaillon en 1544, fut amené à Paris par un de ses frères qui était venu à la cour. Le séjour de cette ville corrompit ses mœurs sans pouvoir avancer sa fortune. De retour à Cavaillon , il se livra au plaisir et à la dissipation ; mais Dieu l'ayant touché, il entra dans l'état ecclésiastique et fut pourvu d'un canonicat de la cathédrale. Sa vie fut un modèle pour ses confrères. Il courait de village en village, prêchant, catéchisant et excitant les pécheurs à la pénitence. Son zèle lui ayant attiré plusieurs disciples , il en forma une compagnie , dont le principal devoir est d'enseigner la doctrine chrétienne. « Institu- « tion précieuse, dit un auteur moderne, « non seulement aux yeux de la religion, « mais encore aux yeux de la bonne po- « litique, rien n'étant plus propre à con- « server les mœurs et les bons principes « d'une nation que les leçons et les grands « motifs de la religion, employés à répri- « mer ou à diriger les mouvements du premier âge. Plus ceux qui se dévouent à cette fonction pénible sont éloignés de la célébrité et des applaudissements du monde, plus la véritable gloire leur appartient, et plus est grand et désintéressé le service qu'ils rendent au public. » Cet ordre de catéchistes eut son berceau à Avignon. L'instituteur en fut lu général l'an 1598 , après que son institut eut été confirmé par le pape Clément VIII. César se borna à proposer pour toute règle à ses disciples l'Évangile et les Canons, n'y ajoutant que quelques statuts qui en étaient comme l'explication. Le pieux fondateur fut affligé de la perte de la vue treize ou quatorze ans avant sa mort , arrivée à Avignon en 1607. On lui est encore redevable de l'établissement des Ursulines en France. Cassandre de Bus , sa nièce , Françoise le Bremond , sa pénitente , furent les premières religieuses de cette congrégation destinée à l'instruction des personnes de leur sexe, et qui s'acquitte de cette tâche avec autant d'assiduité que de succès. Il reste de César de Bus des *Instructions familières*, 5 vol. in-12. Jacques le Beauvais publia sa *Vie*, in-4.

BUS (Balthasar de) , neveu de César, jésuite en 1588, mort en 1657, a donné : *Préparation à la mort, sur le modèle de Jésus mourant*, in-12 ; *Motifs de dévotion envers la sainte Vierge*, in-12 ; *Occupation intérieure pour les deux semaines de la Passion de Notre-Seigneur-Jésus-Christ*, in-24; *Exercices en la présence de Dieu*, in-12.

BUSBECQ (Auger-Ghislen de) naquit à Comines en 1522 : les plus beaux esprits de Paris, de Venise , de Bologne , de Padoue, furent ses maîtres. Lorsqu'il fut de retour dans les Pays-Bas, il passa en Angleterre, à la suite de l'ambassadeur de Ferdinand, roi des Romains. Ce prince l'appela à Vienne et le chargea d'une ambassade auprès de Soliman II , empereur des Turcs. A son retour, il fut fait gouverneur des enfants de Maximilien II , et conduisit en France Elisabeth leur sœur, destinée à Charles IX. Il y resta en qualité de ministre de l'empereur. En retournant aux Pays-Bas, en 1592 , il fut maltraité par quelques soldats français. La frayeur que lui causa cet événement lui donna une fièvre violente qui l'emporta au bout de quelques jours. Il s'était retiré dans la maison de M⁽ᵉ⁾ Maillœ à Saint-Germain, près de Rouen; avant d'expirer, il pria le gouverneur de ne pas punir ceux qui étaient la cause de sa mort. Sa mémoire fut longtemps chère aux gens de lettres dont il était le protecteur, et aux bons citoyens dont il

était l'exemple. Busbecq recueillit dans le Levant diverses inscriptions qu'il fit passer à Scaliger, à Lipse et à Gruter. C'est à lui qu'on est redevable du *Monumentum ancyranum* , marbre trouvé à Ancyre et précieux aux savants. Cent *Manuscrits* grecs qu'il ramassa dans ses voyages enrichirent la bibliothèque de l'empereur, et en sont encore aujourd'hui un des plus beaux ornements. Ses *Lettres* sur son ambassade de Turquie en quatre livres , traduites en français par l'abbé de Foy, 3 vol. in-12 , doivent être méditées par les négociateurs ; elles sont un modèle de bon style pour les ambassadeurs qui rendent compte à leurs maîtres de ce qui se passe dans les cours où ils résident. Elles sont de plus remplies d'observations géographiques et d'images pittoresques qui en rendent la lecture très-agréable ; tout y porte d'ailleurs l'empreinte de l'honnêteté et de la vertu. Celles qu'il écrivit à l'empereur Rodolphe, lorsqu'il était en France, sont un tableau intéressant du règne de Henri III. Il dit beaucoup en peu de mots , ne laissant échapper ni les grands événements ni les petites intrigues. Il raconte les choses avec une telle naïveté, qu'elles semblent se passer sous les yeux du lecteur. Son *Consilium de re militari contra Turcas instituendâ*, et son *Voyage de Constantinople et d'Amasie*, sous le titre de : *Legatio turcica*, Anvers , 1582, in-8, peuvent guider ceux qui sont chargés de négociations à la Porte. On les a réunis avec ses *Lettres* dans l'édition de ses ouvrages, donnée par Elzévir, Leyde , 1632 , et Amsterdam , 1660 , in-24.

BUSCA (Ignace) , cardinal , né à Milan en 1713 , était nonce du Pape dans les Pays-Bas avant l'insurrection de ce pays contre Joseph II , et fut élevé au cardinalat par Pie VI dont il obtint toute la confiance, et qui le nomma secrétaire d'État. Il eut de graves démêlés avec l'envoyé de France Cacault , et le Pape le remplaça par le cardinal Doria ; mais il conserva le titre de *prefetto del buon governo*. A l'époque du Concordat, il en combattit vivement les dispositions, et se déclara ouvertement contre le cardinal Consalvi. Il mourut en 1803.

BUSCH (Jean-Georges), né le 3 janvier 1728 , à Altenweding, dans le pays de Lunebourg , cultiva dans sa jeunesse toutes sortes d'études, particulièrement l'histoire et le commerce. Il fut nommé, en 1756, professeur de mathématiques au gymnase de Hambourg , et déploya dans cette place des talents et du zèle. Sa mauvaise santé l'ayant contraint d'y renoncer, il fonda dans la même ville, de concert avec M. Wurmp, une académie de commerce, le premier établissement de ce genre. Busch en eut longtemps la direction. C'est encore à lui que la ville de Hambourg doit l'organisation de son école des pauvres. Il fut aussi le premier président de la Société des arts et métiers, fondée dans cette ville en 1765, et mourut le 5 août 1800. On lui doit un grand nombre d'ouvrages en allemand, remarquables par la justesse et l'étendue des vues, ainsi que par le grand nombre de faits et de renseignements qu'ils contiennent : *Observations faites pendant un voyage dans une partie de la Suède*, 1783, in-8 ; *Observations faites pendant un voyage dans les Pays-Bas et en Angleterre*, 1786, in-8 ; *Essai d'un traité de mathématiques usuelles*, 2° édition, 1798, in-8; *De la circulation de l'argent dans ses rapports avec l'économie politique et le commerce*, 2 vol. in-8, 1780 et 1800 ; *Essai sur l'économie politique et le commerce*, 1784, 3 vol. in-8 ; *Théorie du commerce*, 1792 et 1799, 3 vol. in-8 : c'est son meilleur ouvrage ; *Esquisse d'une histoire du commerce de mon temps*, 1781, in-8 ; *Bibliothèque du commerce*, 1784, 3 vol. in-8, regardée comme classique en Allemagne ; *Observations et expériences*, 1790, 5 vol. in-8, etc.

BUSCHETTO DA DULICHIO, architecte, du 11° siècle, natif de l'île de Dulichio, bâtit l'Eglise cathédrale de Pise, qui passe encore pour une des plus belles d'Italie. Buschetto était un grand machiniste ; il faisait mouvoir de très-grands fardeaux avec très-peu de force. On mit sur son tombeau une épitaphe où il est dit : « Que dix filles levaient, par son « moyen, des poids que mille bœufs ac- « couplés n'auraient pu remuer, et qu'un « vaisseau de charge n'aurait pu porter « en pleine mer. »

BUSCHING (Antoine-Frédéric), conseiller du consistoire à Berlin, né en 1724 en Westphalie, mort à Berlin, le 28 mai 1793, à l'âge de 69 ans, s'est fait une réputation distinguée par une *Géographie* extrêmement volumineuse et détaillée. Il est à regretter que l'étendue même de son plan l'ait privée des avantages de l'exactitude. La partie qui mérite le plus de confiance est celle qui regarde l'Allemagne, parce qu'il était à portée de connaître l'état réel des choses. Les descriptions des autres pays sont quelquefois si différentes des notions qu'en ont les indigènes, qu'on les croirait puisées dans quelques voyages romanesques. Ce qu'il y a de surprenant, c'est que cette observation se vérifie même à l'égard des provinces les plus voisines

de l'Allemagne, telles que la Dalmatie, l'état de Venise (voyez le *Dict. Géogr.*, article DALMATIE), etc. Ses calculs sur la population sont presque toujours énormément exagérés et tout-à-fait différents de ceux qu'il établit ailleurs. (*Ibid.* article ALLEMAGNE.) Avec cela cette vaste compilation peut être utile à ceux qui s'occupent de géographie, pourvu qu'ils aient assez de connaissance et de discernement pour faire dans cette multitude de vérités et d'erreurs un triage judicieux. M. Busching était un homme appliqué, modeste, social. Quoique protestant et prédicant, il était ami des catholiques, et rendait généreusement justice à leurs pasteurs. On se rappelle avec quel intérêt il a parlé de l'ouvrage d'un autre ministre protestant également sage et modéré sur l'autorité du Pontife romain, ouvrage qui a paru dans le temps du voyage de Pie VI à Vienne, sous le titre de *Vertheidigung des Pabstes von einem protestanten*. On croit même communément, et on l'assurait alors, que cet ouvrage était de lui. Il contrastait d'une manière saillante avec la diatribe du brochuraire soi-disant catholique Eybel, *Wastist der Pabst*. (Voyez le *Journ. hist. et litt.*, 3 février 1785, pag. 168.)

BUSCHIUS (Herman), né en 1468 à Sassembourg, mort à 66 ans, parcourut l'Allemagne en enseignant avec succès les humanités, et se fit des envieux parmi ses confrères. On a de lui : des *Commentaires* d'auteurs classiques, entre autres de Perse, Paris, 1644, in-8, et plusieurs vol. in-4 de *Poésies latines* et de *Harangues* ; des *Epigrammes*, Cologne, 1498, in-4. Erasme dit que dans sa composition il approche plus de Quintilien que de Cicéron.

BUSÉE (les frères), et d'abord Jean, jésuite, né à Nimègue en 1541, mort à Mayence en 1611, où il avait été pendant 22 ans professeur de théologie, de l'Ecriture et de controverse, est auteur de quelques ouvrages de piété estimés, et de plusieurs livres de controverse. Il y traite les hérétiques avec une douceur qui était l'image de son caractère. Il a donné une édition des *OEuvres* de Pierre de Blois ; des *Lettres* de Hincmar de Reims ; des *OEuvres* de Tritème ; des *Vies des Papes* par Anastase le Bibliothécaire ; de quelques ouvrages de Luitprand, d'Abbon de Fleury. Il s'est trompé, lorsqu'il a cru que son édition de *Pierre de Blois* était la première : il en avait paru une dès l'an 1519, à Paris. — Pierre, aussi jésuite, est connu par le grand *Commentaire* qu'il a fait sur le *Catéchisme* de Canisius, Cologne, 1577.

n-fol. Il était né à Nimègue vers l'an 1540,
t fut professeur d'Ecriture-Sainte et de
angue hébraïque à Vienne en Autriche.
l y mourut le 12 avril 1587. — Gérard,
né à Nimègue vers 1538, chanoine de
Xanten, mort vers 1581, s'est fait connaître par un *Catéchisme*, Cologne,
1572, et par quelques ouvrages de con-
roverse.

BUSEMBAUM (Herman), jésuite, naquit à Nottelen en Westphalie, l'an 1600.
Il prit l'habit de saint Ignace, passa par
les emplois de son Ordre, et mourut en
1668. On a de lui : *Medulla Theologiæ
moralis*, in-12, dont le Père Lacroix a
fait 2 vol. in-fol. (Voyez LACROIX); on y
trouve plusieurs assertions justement
proscrites : le Père Busembaum, en copiant d'autres théologiens, ne distinguait
point assez ce qui méritait d'être adopté
d'avec ce qui était le fruit des préventions dominantes ou des erreurs particulières (Voyez CARAMUEL). Il faut convenir que ceux qui ont affecté de dresser
des catalogues de ces sortes d'erreurs
ont fait plus de mal que ceux qui les ont
enseignées. « Faut-il prouver, disent les
« encyclopédistes, la chaleur avec la-
« quelle Pascal et d'autres ont poursuivi,
« vers le milieu du siècle dernier, la mo-
« rale relâchée de quelques casuistes
« obscurs ? Ils doivent prévoir que les
« principes de ces auteurs, recueillis en
« un corps, et exposés en langue vulgai-
« re, ne manqueraient pas d'enhardir
« les passions toujours disposées à s'ap-
« puyer de l'autorité la plus fragile. Le
« scandale que la délation de ces maxi-
« mes occasionna dans l'Eglise fut peut-
« être un plus grand mal que celui qu'au-
« raient jamais fait des volumes pou-
« dreux, relégués dans les ténèbres de
« quelques bibliothèques monastiques, »
(*Encyclop. Meth.*, art. CASUISTES). La
justice et la vérité obligent encore d'observer que, si les casuistes relâchés sont
condamnables, ceux qui sont excessivement sévères ne le sont pas moins, et
peuvent même produire des effets plus
funestes. Le tort des uns et des autres a
été de décider sur la moralité des actions
humaines, sur la grandeur ou la légèreté du péché, d'une manière leste et téméraire; d'avoir voulu déterminer avec
une précision aussi présomptueuse que
chimérique la nature et la gravité de
tous les délits possibles, au lieu d'adorer
les secrets de la divine justice, et de s'é-
crier avec le prophète : *Delicta quis in-
telligit?* (Voyez ESCOBAR, PASCAL.)

BUSIRI (Don Francesco), chanoine
lecteur de Saint-Jean-de-Latran, mort
le 7 janvier 1841, dans sa vingt-quatriè-

me année, était doué d'une mémoire
extraordinaire. Il était consulté par les
gens les plus instruits, et il levait leurs
difficultés avec l'autorité d'un homme
auquel peu de livres sur quelque sujet
que ce soit sont demeurés étrangers. Busiri est un des deux auteurs de l'immense
ouvrage intitulé : *Thesaurus historiæ ec-
clesiasticæ*. Il a publié plusieurs autres
ouvrages, mais qui ne portent pas son
nom.

BUSLEYDEN (Jérôme), né à Bouleide,
en allemand *Bauschleiden*, village de la
prévôté d'Arlon, dans le duché de Luxembourg, d'où il a tiré son nom, fut chanoine des églises de Liége, de Cambrai,
de Malines, de Bruxelles, prévôt de
Saint-Pierre à Aire, maître des requêtes
et conseiller au conseil-souverain de Malines. Il se fit connaître avantageusement
par ses liaisons avec les gens de lettres,
et par ses ambassades auprès de Jules II,
de François I, et de Henri VIII. Il mourut à Bordeaux en 1517. La ville de Louvain lui doit le collége des Trois-Langues.
On n'a de Busleyden qu'une *Lettre*, à la
tête de l'*Utopie* de Thomas Morus. On a
conservé longtemps en manuscrit, à
Louvain, des *Pièces de vers*, des *Oraisons* et des *Lettres* de Busleyden, monuments qui attestaient sa vaste érudition.
On ignore aujourd'hui si ces ouvrages
existent.

BUSMANSHAUSEN (François-Joseph
de), descendant de la noble famille des
barons de Roth, enseigna la théologie
chez les capucins de la province d'Autriche, dont il avait embrassé l'institut.
On a de lui, outre un grand nombre de
Sermons, tant allemands que latins, un
Panégyrique du marquis de Bade, à l'occasion des victoires remportées sur les
Turcs, en allemand, Kempten, 1693,
in-fol.

BUSSI. (Voyez BUSSY.)

BUSSIÈRES (Jean de), jésuite, né en
1607 à Villefranche en Beaujolais, se distingua dans son Ordre par son esprit et
son amour pour le travail. Il mourut en
1678. Ses *Poésies françaises* sont entièrement oubliées; mais on lit encore ses
Poésies latines, Lyon, 1615, in-8. Son
style, sans être ni correct ni égal, est
plein de feu et d'enthousiasme. Ses principaux ouvrages sont : *Scanderberg*,
poème en 8 livres; sa *Rhéa délivrée*;
ses *Idylles* et ses *Eglogues*. On a encore
de lui : *Historia francica*, Lyon, 1671,
2 vol. in-4; un *Abrégé de l'Histoire universelle*, sous le titre de *Flosculi historiarum*, traduit par lui-même en français sous celui de *Parterre historique*,
in-12; *Basilica Lugdunensis*, Lyon, 1661.

in-fol.; *Description de Villefranche*, 1671, in-4, avec fig.

BUSSY. (Voyez RABUTIN.)

BUSTEN. (Voyez BUSTON.)

BUSTIS, ou BUSTO (Bernardin de), capucin, né en Italie dans le 15e siècle, se fit une grande réputation par des *Sermons* qui doivent trouver place à côté de ceux des Barletta. (Voyez ce nom.) Il fut un de ceux qui contribuèrent le plus à l'établissement de la fête du Nom de Jésus, et adressa à ce sujet au pape Innocent VIII différents écrits, conservés dans la collection de ses *Œuvres*, imprimée à Brescia en 1588, 3 vol. in-4, et à Cologne en 1607, même format. On y trouve des sermons pour le carême, les dimanches et les fêtes de l'année, que l'auteur a intitulés : *Rosarium sermonum per totum annum*, et des sermons pour toutes les fêtes de la Vierge, intitulés : *Mariale, seu sermones in singulis festivitatibus B. Mariæ Virginis.*

BUSTON, ou BUSTEN (Thomas-Etienne), jésuite anglais, né en 1549, entra dans la Société à Rome, en 1575. Se sentant, après avoir fait ses études, appelé à l'œuvre des missions, il partit pour les Indes en 1578, et se rendit dans l'île de Salset, près de Goa, où les Jésuites avaient une résidence et une mission. Après y avoir demeuré cinq ans, il en fut nommé supérieur, la gouverna pendant quarante ans avec tant de sagesse et une telle satisfaction de la part des chrétiens qui la composaient, que ses supérieurs crurent que nulle part il ne pouvait être plus utile. Il mourut à Goa en 1619, regardé comme un saint et un apôtre, et regretté de son troupeau comme un père. On a de lui, outre une *Grammaire* de la langue parlée au Canada et un *Catéchisme* en langue indienne, un livre intitulé : *Purana*, ou *Recueil de poésies pieuses*, aussi en langue indienne, sur les principaux mystères du christianisme. Ces *Poésies* furent accueillies avec tant d'applaudissement, que dans toutes les églises de l'Indoustan on en lisait des morceaux après l'Office.

BUTE (Jean-Stuart comte de), né en Ecosse vers le commencement du 18e siècle, d'une famille élevée à la pairie en 1703, et qui avait la prétention d'appartenir à la maison des anciens souverains de ce pays. Sa jeunesse très-dissipée n'annonçait point qu'il dût se livrer à la politique. Cependant ayant remplacé en 1737 un pair d'Ecosse, qui venait de mourir, il manifesta une opposition constante à toutes les mesures proposées par le ministère, et s'attira l'animadversion du gouvernement. N'ayant pas été réélu

au Parlement l'année suivante, il se retira dans l'île des Hébrides qui porte son nom et dont il était possesseur; et ne reparut à Londres qu'en 1745, lorsque le prétendant fit une descente en Ecosse, et que la plupart des seigneurs de ce royaume quittèrent leur pays pour n'être pas soupçonnés d'attachement aux Stuarts. Bute fut un des premiers à offrir ses services au gouvernement; mais cette preuve de zèle n'effaça pas l'impression qu'avait laissée sa conduite précédente, et il ne fut placé sur le chemin de la fortune que par un événement bizarre peu digne de la mériter. Il avait pris un rôle dans une représentation dramatique que donnait chez elle la duchesse de Queensbury; le prince de Galles y assistait et fut si satisfait de Bute, qu'il l'invita à venir à sa cour, où il ne tarda pas d'acquérir de l'influence. Après la mort de ce prince, sa veuve le chargea de l'éducation de l'héritier de la couronne, qu'il dirigea entièrement, quoique avec le simple titre de gentilhomme de la Chambre. Lorsque Georges II mourut, le 25 octobre 1760, lord Bute fut nommé membre du conseil; peu après il obtint l'inspection de la forêt de Richmond, qui fut ôtée à la princesse Amélie, et la place de secrétaire d'Etat. Le fameux Pitt avait encore le département des affaires étrangères; bientôt il se vit contraint de donner sa démission; et Bute eut alors l'entière direction des affaires. Il eut encore l'importante place de premier lord de la trésorerie, que possédait le duc de Newcastle qu'on obligea de donner sa démission pour faire passer cet emploi brillant au comte de Bute, qui fut encore décoré de l'ordre de la Jarretière. De tous les actes de son administration, le plus important est le traité de paix de Fontainebleau, qui fut très-avantageux à l'Angleterre, et attira cependant beaucoup de difficultés au ministre. Le peuple, enivré de ses succès, voulait continuer la guerre; Bute défendit son opinion à la Chambre haute avec une énergie surprenante, et la fit approuver par le Parlement. Cet acte de pouvoir attestait son crédit immense. On crut qu'il allait gouverner avec plus de hauteur que jamais, lorsqu'on apprit avec surprise qu'il venait de résigner l'emploi de premier ministre. Cette démission donna lieu à beaucoup de conjectures. Mais tout en quittant les marques du pouvoir, il en conserva la réalité, et gouverna par ses créatures aussi despotiquement qu'auparavant. A la mort de la princesse de Galles, il cessa cependant de prendre une part active aux affaires, et passa les dernières années de sa vie dans son magnifique château de Lutton, qu'il avait fait bâtir dans le Berkshire, où il vécut en philosophe jusqu'à sa mort, l'an 1792. Sa perte ne fit aucune sensation. Depuis plusieurs années il était oublié, et la haine que le peuple lui avait toujours témoignée s'était calmée avec son absence des affaires. Bute aimait les sciences, et particulièrement la botanique. Il a écrit pour la reine d'Angleterre un ouvrage intitulé: *Tables de botanique, contenant les différentes familles des plantes de la Grande-Bretagne, distinguées d'après les cinq parties de la fructification, et rangées suivant une méthode synoptique*, 9 vol. in-4: ouvrage magnifique quant à l'exécution typographique, mais qui ne présente aucune vue nouvelle. On n'en tira que douze exemplaires, qu'il donna en présent. Le comte de Buffon en reçut un qu'il plaça à la bibliothèque du roi.

BUTEL-DUMONT (Georges-Marie), avocat, censeur royal. secrétaire d'ambassade à Saint-Pétersbourg, et chargé du dépôt du contrôle général, né à Paris en 1725; mort en 1788, a composé: *Théorie du Luxe*, Paris, 1771, 2 vol. in-12; *Recherches sur l'administration des terres chez les Romains*, Paris, 1779, in-8; *Essai sur les causes principales qui ont contribué à détruire les deux premières races des rois de France*, Paris, 1776, in-8.

BUTÉO. (Voyez BORREL.)

BUTES, ou BOGES, gouverneur de la ville d'Eione, sur le fleuve Strymon, sous Darius, fils d'Hystaspes, roi de Perse, témoigna pour son maître une fidélité qui dégénéra en fureur. Assiégé par Cimon, général des Athéniens, et ne voulant point accepter la capitulation honorable qu'on lui offrait, il aima mieux périr que de se rendre. Il donna ordre qu'on ramassât soigneusement tout l'or et l'argent qui était dans la ville, fit allumer un grand bûcher, et ayant égorgé sa femme, ses enfants et toute sa maison, il les fit jeter dans les flammes avec les richesses qu'on avait recueillies, et s'y précipita lui-même après eux, invitant par cet exemple insensé ses concitoyens à en faire autant.

BUTKENS (Christophe), natif d'Anvers, religieux cistercien, puis abbé de Saint-Sauveur, mort en 1650, a laissé: *Les Trophées sacrés et profanes du duché de Brabant*, 4 vol. in-fol., La Haye, 1726: c'est la dernière édition; *Généalogie de la maison de Lynden*, in-folio, Anvers.

BUTLER (Samuel), poète anglais: na-

quit à Strensham, dans le comté de Worcester, d'un riche laboureur. Après avoir fait ses études dans l'Université de Cambridge, il fut placé chez un fanatique du parti de l'usurpateur Cromwel, et n'en fut pas moins fidèle à celui de son roi. Son poème d'*Hudibras*, satire ingénieuse des partisans enthousiastes de Cromwel, décria la faction de ce tyran, et ne servit pas peu à Charles II. Toute la reconnaissance qu'en eut ce prince fut de citer souvent l'ouvrage, d'en apprendre même plusieurs morceaux par cœur, tandis que l'auteur vécut et mourut dans l'indigence en 1680. Il fallut qu'un de ses amis fît les frais de son enterrement. Le sujet de ce poëme burlesque est la guerre civile d'Angleterre sous Charles I⁵ʳ. Son dessein est de rendre ridicules les presbytériens et les indépendants, trompettes et acteurs de ces querelles funestes et absurdes. Hudibras, le héros de cet ouvrage, est le *Don Quichotte* du fanatisme. Butler le peint de couleurs originales et burlesques. Un homme qui aurait dans l'imagination la dixième partie de l'esprit comique, bon ou mauvais, qui règne dans cet ouvrage, serait encore très-plaisant. Les gens de goût, en profitant de la gaîté de l'auteur, lui reprochent des longueurs, des détails puérils, des réflexions indécentes, des pensées basses, des polissonneries grossières. Nous en avons deux traductions en français, l'une en vers très-faibles, et l'autre en prose beaucoup meilleure. On a encore de Butler d'autres *Pièces burlesques*, mêlées de plaisanteries tour à tour ingénieuses et insipides.

BUTLER (Alban), né à Londres, d'honnêtes parents, fit ses études à Douai, au collége des prêtres anglais, où il enseigna ensuite les humanités, la philosophie et la théologie, après avoir embrassé l'état ecclésiastique. De retour en Angleterre, il était aumônier, en 1763, du duc de Norfolk, premier pair de ce royaume. Quelques années après, il succéda à l'abbé Talbot, frère du comte de Schrewsbury, premier comte d'Angleterre, dans la présidence du collége anglais à Saint-Omer, qui lui avait été conférée par le Parlement de Paris, à la dissolution de la société des Jésuites en France, en 1762. Butler y mourut vers 1782, après avoir joui de la confiance intime de M. de Montlouet, évêque de Saint-Omer, de M. Caimo, évêque de Bruges, et de plusieurs autres personnes distinguées. Butler s'est immortalisé par les *Vies des Pères, des Martyrs et des autres principaux Saints, avec des Notes historiques et critiques*, en anglais: ouvrage qui a été traduit librement par Godescard et Marie, Villefranche, 1763 et années suivantes, 12 vol. gr. in-8, Paris, nouvelle édition, corrigée et augmentée par Godescard, chanoine de Saint-Honoré, secrétaire de l'archevêque de Paris, 1786-1788. On y trouve sous chaque jour la *Vie* des saints les plus célèbres : on a profité de plusieurs bons ouvrages qui ont paru depuis quelques années en différentes langues. L'ouvrage français n'est pas une simple traduction, il contient un grand nombre de *Vies* qui ne sont point dans l'original, et beaucoup d'additions fournies par l'auteur anglais, ou qui sont le fruit des recherches des deux traducteurs, principalement de l'abbé Godescard. Les modèles de vertu de tous les siècles, de tous les états, de tous les âges y sont présentés avec beaucoup d'intérêt. Les fêtes principales de l'année, instituées pour nous rappeler les différents mystères de la religion, y sont traitées avec la dignité qui convient à ces grands sujets. Partout à l'instruction est jointe une onction qui fait goûter la morale de l'Evangile. Une critique saine, en rejetant ce qu'une crédulité trop grande a fait adopter quelquefois, confirme la foi des fidèles dans ce qu'ils sont obligés de croire. Un grand nombre de *Notes* sur les Conciles, les Pères, les auteurs ecclésiastiques, les événements mêmes de l'histoire profane qui ont rapport aux *Vies* que l'auteur a écrites, donnent à son travail un nouveau mérite. Cet important ouvrage a été réimprimé à Versailles en 1811, avec le *Traité des fêtes mobiles*, 13 vol. in-8, et à Lyon en 1818, 14 vol. in-8, deux éditions, et abrégé en 4 vol. in-12. Il s'est fait, avant 1833, plusieurs autres éditions de cet ouvrage, soit in-8, soit in-12; et depuis 1833, on en a fait une à Paris, 10 vol. in-8, avec de nouvelles augmentations; une autre à Lille, 15 vol. in-12, aussi avec des augmentations nouvelles; et une troisième à Besançon, 12 vol. in-8, également avec de nouvelles augmentations.

BUTLER)Charles), né à Londres le 14 août 1750, était neveu du pieux auteur des *Vies des Saints*, traduites en français par Godescard. Placé d'abord dans une école catholique, près de Londres, Charles fut envoyé ensuite à Douai, où il termina ses études dans une école dépendante du collège anglais; il se livra à l'étude du droit, et eut pour maîtres des jurisconsultes catholiques. Il fut nommé secrétaire du comité formé en 1787 pour défendre les intérêts des catholiques. On sait que ce comité voulut agir en dehors de la direction des évêques catholiques, et qu'il en résulta des divisions fâcheuses. Butler a essayé de dissimuler ses torts dans les *Mémoires des catholiques anglais*, que de son côté Milner lui a peut-être reproché avec trop d'amertume dans ses *Mémoires supplémentaires*, Londres, 1820, in-8. Charles Butler a été un des membres du nouveau bureau catholique formé en 1803, et a a publié, en 1813 et en 1817, des *Lettres aux protestants anglais*, où il cherche à dissiper leurs préventions contre les catholiques. Il est mort le 2 juin 1832, âgé de 82 ans; depuis 1825 l'affaiblissement de sa vue l'avait forcé de renoncer aux affaires. Il a laissé de nombreux écrits, parmi lesquels nous citerons : *Horæ biblicæ*, Oxford, 1799 : cet ouvrage a été traduit en français sous le titre de : *Recherches littéraires sur la Bible*, 1810, in-8; *Horæ juridicæ subcessivæ*, in-8; ce sont des documents sur les principaux codes et sur les recueils des lois; *Abrégé des révolutions de l'empire d'Allemagne*; plusieurs *Vies* abrégées; *Histoire des formulaires et des professions de foi*, 1816, in-8; *Mémoires historiques de l'Eglise de France*, 1817, in-8; *Mémoires historiques sur les catholiques anglais*; *Continuation des Vies des Saints d'Alban Butler*, 1823, in-8; *Mémoires historiques sur les Jésuites*, etc.; *Réminiscences*, 2 vol. in-8; *Défense de l'Eglise romaine contre sir Robert Southey*, Paris, 1825, in-8; *Réponse à des observations contre la sanction du roi aux bills en faveur des catholiques*, et *Essai pour prouver la soumission et la fidélité des catholiques à l'Etat malgré leur attachement à l'autorité du Pape*. Il a publié en outre plusieurs ouvrages de jurisprudence, parmi lesquels une édition des *Commentaires* de lord Coke sur le *Traité des mouvances des fiefs* de Thomas Littleton.

BUTRET (Le baron de) fit d'abord de bonnes études; mais ensuite entraîné par un goût très-vif pour l'agriculture et le jardinage, ou plutôt dominé par les idées religieuses du *martinisme*, il céda son droit d'aînesse à son frère, se mit sous la direction de Pépin, le plus habile jardinier de Montreuil, près Vincennes, et après avoir exercé sous lui tous les travaux du jardinage, il entreprit de cultiver de ses propres mains un terrain de vingt arpents sous les murs de Strasbourg; déjà il avait quinze cents toises de murs garnis d'espaliers, lorsque la Révolution survint et lui enleva son terrain. Alors il émigra et fut bien accueilli par l'électeur palatin, qui lui confia les directions de ses jardins qui devinrent les plus beaux de l'Allemagne. Butret est mort à Strasbourg en 1805. Il était secrétaire de la Société d'agriculture de cette ville. On lui doit : *Manuel pour les agriculteurs et les propriétaires*, 1785, in-4, en allemand ; *Taille raisonnée des arbres fruitiers, et autres opérations relatives à leur culture, démontrées clairement par des raisons physiques tirées de leur différente nature et de leur manière de végéter et de fructifier*, 16e édition, Paris, 1822, in-8, avec deux tableaux et une planche. La première édition parut en 1793.

BUXTORF (Jean), célèbre professeur d'hébreu à Bâle, né en 1564 à Camen, en Westphalie, mort en 1629, à 69 ans. Parmi le grand nombre d'ouvrages dont les hébraïsants lui sont redevables, ceux qui méritent une attention distinguée sont : un *Trésor de la Grammaire hébraïque*, 2 vol. in-8; une petite *Grammaire hébraïque*, très-estimée, Leyde, 1701 et 1707, in-12, revue par Leusden; *Biblia rabbinica*, Bâle, 1618 et 1619, 4 vol. in-fol.; *Institutio epistolaris hebraica*, in-8, 1629 : c'est un recueil de lettres, utile à ceux qui veulent écrire en hébreu; *Concordantia hebraica*, Bâle, 1632, in-8, un de ses meilleurs ouvrages ; plusieurs *Lexicons hébreux et chaldaïques*, in-8; *Synagoga Judaica*, 1662, in-8 ; c'est un tableau de la religion, des mœurs et des cérémonies des Hébreux.

BUXTORF (Jean), fils du précédent, aussi savant que son père, naquit à Bâle, où il professait avec les plus grands succès les langues orientales en 1599, et y mourut en 1664. On a de lui : un *Lexicon chaldaicum et syriacum*, 1622, in-4; un *Traité sur les points et les accents hébreux*, contre Cappel, Bâle, 1648, in-4, en latin; une *Antéoritica* contre le même, Bâle, 1653, in-4, utile dans les endroits où il compare le texte hébreu avec les anciennes versions. Mais, en général, tout ce qu'il a écrit contre Cappel est faible, et toute la gloire de cette dispute fut pour son adversaire (Voyez CAPPEL). *Dissertations sur l'histoire du Vieux et du Nouveau-Testament*, in-4, Bâle, 1659. Il y traite de l'Arche d'alliance, du Feu sacré, de l'*Urim* et *Thummim*, de la Manne, de la Pierre du désert et du Serpent d'airain, etc. ; une *Traduction* du *More Nevochim*, 1629, in-4; et du *Cosri*, 1660, in-4; *Exercitationes philologico-critica*, 1662, in-4; *De Sponsalibus*, in-4.

BUXTORF (Jean-Jacques), fils du précédent, confirmé comme lui dans la connaissance des langues orientales, lui succéda dans sa chaire, en 1664. Il mourut asthmatique, en 1704, laissant plusieurs *Traductions* des ouvrages des rabbins, et un *Supplément* fort ample à la *Bibliothèque rabbinique*.

BUY DE MORNAS (Claude), lyonnais, géographe du roi et des enfants de France, mourut à Paris en 1783, après avoir embrassé, quelques années auparavant, l'état ecclésiastique. Ce géographe est particulièrement connu par un *Atlas méthodique et élémentaire de géographie et d'histoire*, Paris, 1762-70, 4 vol in-4, estimé ; par une *Cosmographie méthodique et élémentaire*, 1770, in-8, avec fig. et cartes.

BUYER (Barthélemy) a, le premier, importé à Lyon l'art de l'imprimerie. Il a imprimé, en 1476, la *Légende dorée*, à deux colonnes, en caractères gothiques, avec des lettres initiales tracées à la main et sans aucun chiffre à la page. Cette date authentique prouve que Lyon est une des premières villes où l'imprimerie a été établie. L'année suivante, Buyer imprima le *Speculum vitæ humanæ*, par Guillaume Le Roy qui demeurait chez lui, et qui paraît avoir été son prote.

BUZANVAL (Nicolas CHOART de) naquit à Paris en 1611. Il fut sacré évêque de Beauvais en 1652, après avoir occupé une charge de conseiller au Parlement de Bretagne, et une autre au grand conseil, et après avoir été maître des requêtes, conseiller d'Etat et ambassadeur en Suisse. Son diocèse se loue encore des établissements qu'il y fit. Il fonda un hôpital général, un grand et un petit séminaire. Il fit dire publiquement dans un synode, par un archidiacre, « qu'il priait instamment de ne jamais se servir du mot de Grandeur, soit en lui parlant, soit en lui écrivant : » prière que quelques-uns regardèrent comme une singularité inutile, d'autres comme l'expression de sa modestie. « Mais il est « plus modeste, dit un auteur, de se « laisser nommer comme l'usage le com-« porte, que de se distinguer par des « protestations et des refus. » Ce prélat fut un des quatre évêques qui refusèrent d'abord de signer le formulaire ; il le signa ensuite, et se prêta à l'accommodement qui procura la prétendue paix de Clément IX. (Voyez ce mot.) Il mourut en 1679.

BUZELIN (Jean), jésuite, né à Cambrai, et mort à Lille le 15 octobre 1626, à l'âge de 55 ans, s'appliqua particulièrement à l'histoire de Belgique. Il nous a donné : *Annales Gallo-Flandricæ*, Douai, 1624, in-fol. Ces annales sont bien écrites ; l'auteur cite presque partout ses garants , mais il manque de critique pour les premiers temps; *Gallo-Flandria-sacra et profana*, Douai , 1625, in-fol. C'est une ample description des villes, bourgs, villages , des antiquités , des mœurs , de la religion , etc. , de ce pays ; ouvrage plein de recherches , enrichi de chartes et de pièces justificatives.

BUZZETTI (Vincent-Benoît), théologien italien , né à Plaisance le 29 avril 1777. Il enseigna dans cette ville successivement les humanités , la philosophie , la théologie , et fut nommé , en 1814, chanoine de la cathédrale. Il entretenait des correspondances avec plusieurs cardinaux, et il eut des relations avec l'abbé de Lamennais , auquel il adressa des observations sur l'*Indifférence en matière de religion* , qui furent bien accueillies par l'auteur. Buzzetti est mort le 14 décembre 1824 , après avoir publié différents ouvrages en latin et en italien. Il en a laissé plusieurs en manuscrit. L'abbé Marzolini a donné une *Notice* sur sa vie , que l'on trouve dans les *Mémoires de religion et de morale*.

BYNÆUS (Antoine), né le 6 août 1654 , à Utrecht, mort à Deventer en 1698 , ministre protestant , disciple de Grævius , et versé comme lui dans les langues, l'histoire et les antiquités, laissa des ouvrages très-savants. On consulte encore son traité : *De calceis Hebrœorum* , Dordrecht, 1695, in-4 ; *De morte Jesu-Christi*, Amsterdam, 1691 et 1698, in-4 , ouvrage d'une grande érudition ; *De natali Jesu-Christi, accedit Dissertatio de Jesu-Christi Circumcisione*, Amsterdam , 1689-1729 ; La Haye , 1737 , in-4. Il s'attache particulièrement à détruire les calomnies dont les Juifs et les hérétiques se sont efforcés de noircir la naissance de Jésus-Christ. Dans la *Dissertation sur la Circoncision* , Bynæus prouve contre Marsham , que la circoncision a été établie chez les Juifs et chez les Égyptiens , pour des raisons différentes , et qu'elle n'a point passé des seconds aux premiers.

BYNKERSHOECK (Cornelius van), né à Middelbourg en Zélande le 29 mai 1673, fut envoyé de bonne heure en Frise, à l'Université de Franeker , qui florissait alors par la quantité de professeurs célèbres qui y enseignaient les sciences. Après y avoir consacré deux ans aux belles-lettres avec beaucoup de succès , il se donna tout entier à l'étude de la jurisprudence, et s'y distingua avantageusement. Il avait à peine atteint l'âge de 24 ans, qu'il publia trois *Dissertations*

sur des matières de droit, qui furent applaudies , et lui valurent le grade de docteur. Il fut ensuite à La Haye, et y exerça ses talents pour le barreau avec beaucoup de réputation. En 1695, il publia avec des additions et des corrections ses trois Dissertations *ad L. Lecta*; en 1699 , une Dissertation *de auctore auctoribusve authenticarum* ; en 1702, une autre sur un paragraphe de Mæcianus , intitulée : *De L. Rhod. de Jactu*, à laquelle il ajouta une Dissertation : *De dominio maris*. A ces études du droit qui s'enseigne dans les Universités , Bynkershoeck joignit des recherches exactes sur tous les droits, lois, décrets, privilèges, usages, coutumes, etc., suivis dans les diverses provinces et villes du pays, et il se forma pour son usage un corps de droit hollandais et zélandais. On lui doit des recherches savantes sur le droit romain, sous ce titre : *Observationum juris romani libri IV* , 1700. On a encore de lui : *Opuscula varii argumenti* , 1719; un traité *De foro Legatorum competenti* , 1721 , ouvrage qui fut traduit en français et enrichi de notes par Barbeyrac en 1730; Quatre nouveaux livres des *Observationum Juris romani*, 1733, où il réfute les *Emblemata Treboniani.* ; *Quæstionum juris publici libri II*, 1737. Ce savant laborieux mourut en 1743, âgé de 70 ans. Vicat, professeur en droit de l'Université de Lausanne, a donné une édition complète des ouvrages de Bynkershoeck , Cologne , 1761 , 2 vol.

BYRNE (Guillaume), graveur, né à Cambridge en 1746, mort à Londres en 1805, a gravé plusieurs sujets de paysages et marine, qui lui firent une réputation. Le plus important de ses ouvrages est une suite de vues qu'il a exécutées de concert avec Hearne, intitulée : *Antiquités pittoresques de la Grande-Bretagne*.

BYRON (Jonh). célèbre navigateur, né le 8 novembre 1723 , mort à Londres en 1786, s'embarqua à l'âge de dix-sept ans, avec lord Anson qui allait faire le tour du monde. Après un naufrage au nord du détroit de Magellan , il fut conduit au Chili par des Américains avec quelques compagnons d'infortune. De retour dans sa patrie , en 1745, il commandait , en 1758 , trois vaisseaux de ligne, et se distingua dans la guerre contre la France. Georges III, voulant envoyer découvrir la partie de l'Océan atlantique comprise entre le cap de Bonne-Espérance et la pointe méridionale de l'Amérique, donna le commandement de la frégate *le Dauphin* à Byron, qui parit de la rade des Dunes le 21 juin 1764, ayant sous ses ordres la frégate la Tamar, commandée par le capitaine Monat. Il découvrit, en dirigeant sa route à l'est des îles de la Société, l'île du Désappointement et les îles du roi Georges, puis au nord-ouest les îles du Danger et de Byron, et arriva en Angleterre le 'mai 1766. Quoique ce voyage n'ait pas eu de grands résultats, il assigne cependant à Byron un rang honorable parmi les navigateurs autour du monde, auxquels il a eu la gloire de tracer le chemin. Un de ses officiers en a donné en 1766, in-4, une *Relation*, qui a été traduite en français, par Stuart, Paris, 767, in-12. Byron avait fait imprimer en 1748 et 1768 celle de son premier voyage. Cantwel en a donné une traduction française, sous le titre de *Premier Voyage de Byron à la mer du Sud*, Paris, in VIII (1799), in-8.

BYRON (Georges-Noël-Gordon, lord), né le 22 janvier 1788 à Londres, mort à Missolonghi le 19 avril 1824. Ses ancêtres étaient originaires de Normandie, et avaient suivi en Angleterre Guillaume-le-Conquérant. Son père, le capitaine Byron, après avoir fait mourir de chagrin la marquise de Camarthen, sa première femme, qu'il avait enlevée et dont il avait épuisé la fortune, épousa une héritière des Gordon d'Ecosse, qu'il ruina aussi, et qui, forcée de fuir sur le continent avec son mari pour échapper aux créanciers et à la justice, devint enceinte à Paris du poète. Byron fit ses études à l'Université de Cambridge, où ses goûts bizarres commencèrent à se développer. Rentré dans l'abbaye de Newstead, vieille proie livrée par la spoliation de Henri VIII à la rapacité des Byron, il publia, pour son coup d'essai, des poesies fugitives qu'il intitula : *Heures de loisir*, par un mineur. Ce recueil ayant excité la critique des rédacteurs whigs de la *Revue d'Edimbourg*, le jeune poëte se vengea d'eux par une satire, *Poëtes d'Angleterre et Critiques d'Ecosse*, dans laquelle il s'exprime avec une amertume, pour ne pas dire avec une fureur digne du nom satanique qu'affecte son école. Fougueuse et dissipée, sa jeunesse eut bientôt épuisé les plaisirs. Cherchant à s'éviter lui-même, mais se retrouvant partout, il alla en Espagne et en Portugal; la Grèce fut aussi le but de ses premiers pèlerinages. A son retour en Angleterre, il célébra dans son *Voyage poétique* les sites pittoresques des contrées qu'il avait parcourues. Son enthousiasme pour la Grèce ne tarda point à percer dans les deux premiers chants de son *Childe-Ha-*

rold. Les Anglais crurent entrevoir l'auteur dans le héros du poëme, et Byron devint l'homme à la mode. *Le Corsaire, le Giaour, la Fiancée d'Abydos*, et *Lara*, accrurent la célébrité du jeune lord. Le scandale de sa vie le fatiguant lui-même, il se décida à se marier, quoiqu'il eût conçu pour les femmes le plus grand mépris; mais d'étranges bizarreries amenèrent bientôt une séparation qui souleva l'indignation publique contre Byron. Appelé par sa naissance à la Chambre des pairs, il n'y parla que deux fois, et ce fut pour soutenir des principes opposés aux maximes de cette assemblée. Il se lia étroitement avec les radicaux les plus fougueux, avec Hunt, son panégyriste, et surtout avec Shelley, si publiquement reconnu pour athée, que l'autorité du chancelier lui avait ôté l'éducation de sa fille. Si l'on ajoute au poids épouvantable de la haine générale le dérangement où la dissipation de lord Byron avait jeté ses affaires, on concevra la nécessité où il se vit de s'exiler, emportant avec lui le déplorable caractère qui devait faire de sa personne un objet de curiosité pour les peuples, d'inquiétude et de sévérité pour les gouvernements. A Pise, il entre dans un complot tendant à délivrer à main armée un sacrilége condamné pour avoir pris sur l'autel des hosties consacrées, et les avoir jetées avec mépris dans l'église. A Florence, il affiche sa débauche; à Ravenne, il fronde l'autorité; à Ferrare, il commence la *Prophétie du Dante*, en invoquant l'insurrection; à Venise, sa vie licencieuse, ses démarches et ses ouvrages le font chasser. Et quels sont ces ouvrages? *Le ciel et la terre*, que les libraires les plus audacieux refusent d'imprimer; *la Vision du jugement*; *l'Age de bronze*, satire infernale que les tribunaux auraient dû poursuivre. Voyant en Italie le feu de la révolte s'exhaler en fumée, Byron se réfugia en Grèce; il ne faut que l'entendre lui-même pour conclure que, dans cette entreprise, il fut la dupe des directeurs de l'insurrection universelle. Arrivé à Céphalonie dans les premiers jours d'août 1823, il se fait connaître et par son incrédulité audacieuse, et par les traits d'une généreuse humanité. Son or rachète les grecs captifs; son or et son courage viennent au secours de Missolonghi, boulevart du Péloponèse. Il paie la flotte grecque, prend à sa solde cinq cents Souliotes, et général d'une armée de trois mille hommes, il va faire le siége de Lépante, lorsque la discorde survenue entre les Souliotes et les habitants de Missolonghi diffère cette entreprise. Affligé de ce contre-temps, lord Byron est frappé, le 15 février 1824 d'épilepsie; et, pendant qu'un congrès tendant à réunir les chefs divisés de la Grèce, et indiqué pour le 16 avril à Salone, le poète se débat contre la mort, qui l'enlève dans sa trente-septième année. On ne peut disconvenir que lord Byron ne soit un grand poète. Plusieurs de ses nombreuses *Elégies* respirent la plus touchante sensibilité; quelquefois ses pensées sont aussi neuves qu'élevées, ses tableaux sont vrais et pathétiques, sa narration est entraînante, et son style, qu'il s'est créé lui-même, renferme des beautés classiques dignes de la plume des Dryden, des Thompson, des Milton. On serait plus prodigue d'éloges, si lord Byron eût mis plus de suite et de clarté dans ses vers, et s'il y eût respecté la société, la morale et la religion. Pour tout dire en un mot, Byron est l'Ossian du dix-neuvième siècle: on l'a trouvé sublime, parce qu'il est vague et mystérieux; les vices, le luxe et les singularités de sa vie ont été une grande partie de son talent. Comme Walter Scott, il boîtait un peu du pied gauche. Aux ouvrages déjà cités, il faut ajouter: *Don Juan; le Siège de Corinthe; le Prisonnier de Chillon; Parisina; Manfred; Beppo, etc.* La meilleure *Traduction* française des *Œuvres* de Byron est celle de Paulin, Paris, 12 vol. in-8.

BZOVIUS (Abraham), dominicain polonais, né en 1567, à Proszowite, professeur de philosophie à Milan et de théologie à Bologne, retourna dans sa patrie et s'y distingua par ses sermons, ses leçons de philosophie et de théologie, et son zèle pour l'agrandissement de son Ordre. Revenu en Italie, il entreprit, à la prière de quelques savants, de continuer les *Annales* du cardinal Baronius. Il exécuta ce grand projet en 9 vol. in-fol., depuis 1198 jusqu'en 1572. La continuation est peu digne de l'ouvrage du premier auteur. On lui reproche de s'être trop arrêté aux affaires et aux personnages de son Ordre; de sorte que l'on croit quelquefois lire les *Annales* des Dominicains plutôt que celles de l'Eglise. Sa critique est souvent en défaut, et ne distingue pas les pièces vraies des fausses; les miracles dont la croyance est fondée sur des preuves irrécusables, et les prodiges que la crédulité a adoptés sans examen. Cependant il ne mérite pas le mépris qu'en ont témoigné certains auteurs, pour empêcher sans doute qu'on ne soupçonnât qu'ils l'eussent copié, comme ils ont fait dans beaucoup d'endroits. Les cordeliers furent mécontents de ce qu'il n'avait pas respecté Jean Scott, appelé le *Docteur subtil*, et lui en firent des reproches véhéments. Herwart, auteur bavarois, attaqua aussi Bzovius sur divers faits avancés contre l'empereur Louis de Bavière; mais sa critique ne paraît pas fondée. Ce dominicain mourut en 1637, âgé de 70 ans. On a encore de lui: *Pontifex romanus*, Cologne, 1619, in-fol., et quelques autres ouvrages.

C

CAAB, d'abord rabbin, ensuite mahométan, commença par faire des vers satiriques contre l'imposteur Mahomet; mais celui-ci ayant conquis l'Arabie, le lâche poète finit par chanter une de ses maîtresses. Il fut, dès lors, son favori et son conseil. Caab l'aida dans la composition de l'*Alcoran*. Mahomet, en reconnaissance, lui donna son manteau. Il mourut l'an de J.-C. 662.

CAATH, fils de Lévi, père d'Amram et aïeul de Moïse. Sa famille fut chargée de porter l'arche et les vases sacrés du tabernacle, dans les marches du désert.

CABALLO (Emmanuel) s'illustra lors du siége de Gênes sa patrie en 1513. Les Français, qui l'assiégeaient depuis seize mois, avaient affamé cette ville. Un vaisseau, chargé de vivres et de munitions, allait se rendre aux assiégeants, si Caballo ne fût monté tout de suite sur un autre vaisseau, et ne l'eût emmené dans la ville, au milieu des Français qui faisaient de continuelles décharges sur lui. Cette action héroïque fit lever le siége, et lui mérita le nom de *libérateur de sa patrie*.

CABANIS (Pierre-Jean-Georges), médecin et philosophe, né à Conac en 1757, manifesta de bonne heure son goût et son aptitude pour les sciences et pour les belles-lettres. A seize ans, il en...

ra en qualité de secrétaire chez un sei-
neur polonais, qu'il suivit en Pologne.
l y demeura deux ans, fut témoin des
échirements qu'éprouva ce malheureux
ays, et y contracta un mépris précoce
our les hommes, et une mélancolie qui
evint le fond de son caractère. De retour
Paris, sont goût pour la poésie le porta
entreprendre une traduction de l'*Iliade*;
ais il n'en composa que quelques frag-
ents, où l'on trouve quelques beaux
ers de description et de sentiment.
ressé par son père de choisir une profes-
ion utile, il se décida pour la médecine
l s'était déjà fait connaître par ses prin-
ipes philosophiques avant la révolution;
l en embrassa la cause avec ardeur,
ans se rendre cependant complice des
xcès qui l'ont souillée. Il s'associa avec
Mirabeau, avec lequel il se lia d'affection,
t pour lequel il rédigea plusieurs écrits,
ntre autres un *Travail sur l'éducation
publique*. Après la mort de Mirabeau,
l parut abandonner la carrière politique,
t se livra entièrement à la médecine.
Lorsqu'on forma les écoles centrales, il
ut nommé professeur d'hygiène aux
écoles de Paris, et deux ans après professeur de clinique à l'école de médecine.
En 1798, il fut élu député au conseil des
Cinq-Cents, et, peu après la révolution du
18 brumaire, nommé membre du sénat-
conservateur. Il mourut à Ruel près de
Meulan le 6 mai 1808, d'une attaque d'apoplexie. Il a publié plusieurs ouvrages :
Mélanges de littérature allemande, ou
Choix de traductions de l'allemand, etc.,
Paris, 1797, in-8; *du Degré de certitude
de la médecine*, Paris, 1803, in-8; *Coup
d'œil sur les révolutions et la réforme de
la médecine*, Paris, 1804, in-8; *Observations sur les affections catarrhales en
général, et particulièrement sur celles
qui sont connues sous le nom de rhume de
cerveau et de poitrine*, Paris, 1807, in-8;
plusieurs *morceaux de science, de philosophie et de politique dans différents journaux littéraires*; plusieurs *Discours prononcés à la tribune du conseil des Cinq-
Cents*; *Rapport du physique et du moral
de l'homme*, Paris, 1802, 2 vol. in-8 :
c'est celui de ses ouvrages qui a le plus
contribué à sa réputation; il a été l'objet
des éloges des philosophes et de la critique des hommes religieux. C'est un essai
sur des questions dont l'importance égale
la difficulté. L'auteur y fait preuve de
beaucoup d'esprit et de talent; mais en
voulant indiquer les fondements de la
morale, il n'a fait qu'un roman subtil
et dangereux. L'ouvrage, d'ailleurs, est
faible sous le rapport des connaissances
médicales, et le système qu'il tend à éta-

blir est bien loin d'être appuyé sur des
preuves satisfaisantes. Il nous mène droit
au matérialisme. On trouve beaucoup
d'analogie entre son système et celui
d'Helvétius. De Ségur, président de l'Institut, en réfutant de Tracy qui cherchait
à justifier le système de Cabanis, en a
fait sentir le danger : « Système, a-t-il
« dit, dont l'inconvénient serait de dé-
« truire toute illusion pour le présent,
« tout espoir pour l'avenir; de rédui-
« re toute gloire à des combinaisons
« d'organes, toute passion noble à des
« sensations vulgaires, et dont le résul-
« tat serait enfin d'abaisser notre exis-
« tence, de dépeupler les cieux et de dé-
« senchanter la terre. » La congrégation
de l'*index* à Rome a condamné le *Rapport du physique et du moral de l'homme*,
le 6 septembre 1819. Comme on avait reproché à Cabanis de professer le matérialisme et de ne pas reconnaître une cause
première, il a adressé à ce sujet une
lettre à M. F. son ami, où il semble revenir sur ses pas, et parle d'un premier
être ; mais il se déclare ennemi de toute
religion, et ne reconnaît tout au plus
qu'une religion naturelle qui est l'amour
de l'ordre.

CABARRUS (François, comte de), né
à Bayonne en 1752, s'établit en Espagne,
où il se fraya par le commerce la route
aux honneurs. Le ministre des finances, Musquez, le remarqua, et le consulta sur les moyens de rétablir le crédit de
l'État, extrêmement ebéré alors par la
guerre de l'indépendance des Américains. Cabarrus conçut le projet de la
création des billets royaux, espèce de
papier monnaie, portant intérêt, qui
eurent un grand succès, et acquirent
une réputation à leur inventeur. Encouragé par ce premier essai en matière de
finances, il imagina l'établissement de la
banque de Saint-Charles, qui fut créée
le 2 juin 1782. Il en fut nommé directeur. On dut encore à ses conseils l'établissement de la compagnie des Philippines, établie en 1785 pour unir le commerce de l'Asie avec celui de l'Amérique
par les îles Philippines. Le discrédit où
commençait à tomber la banque de Saint-
Charles rejaillissait sur le directeur;
cependant il fut nommé conseiller des
finances, et conserva son influence jusqu'à la mort de Charles III. A cette époque, le changement de ministère occasionna sa disgrâce. On lui demanda une
reddition de comptes : il fut même accusé
par le ministre Lievens, et arrêté le 25
juin 1790. Il ne sortit de prison qu'au
bout de deux ans, par la protection de
Godoï qu'il avait su intéresser en sa fa-

veur. Ce ministre fit revoir son procès
et le déclara innocent. On lui accorda
même le titre de comte, contre toutes les
lois de la Castille. De financier il devint
diplomate, et fut nommé ministre plénipotentiaire au congrès de Rastadt, puis
ambassadeur en France auprès de la république, qui refusa de le reconnaître
parce qu'il était né français. On lui donna
alors une mission en Hollande, où il
resta jusqu'à la révolution du 18 mars
1808. Il fut un des premiers qui vinrent
s'attacher au char de Joseph Bonaparte,
et chercher, auprès de cette nouvelle
créature de la fortune, les bienfaits et les
grâces que ses anciens maîtres n'avaient
plus le pouvoir d'accorder. Il obtint, au
bout de quelques mois, le ministère des
finances, et mourut le 27 avril 1810, à
Séville, où l'avaient appelé les affaires
de son administration. Cabarrus publia
des *Mémoires* intéressants sur ses diverses places. On a encore de lui : *Le Diseur
de rien*, feuille périodique qui fut supprimée ; *Système de contributions le plus
convenable à l'Espagne ; Eloge de Charles III, roi d'Espagne; Eloge de D. M.
de Musquez*, ministre des finances.

CABASILAS (Nicolas), savant archevêque de Thessalonique en 1350, soutint
le schisme des Grecs contre l'Eglise de
Rome. Il publia des *Traités* sur cette matière, et laissa plusieurs ouvrages, dont
le meilleur est son *Exposition de la Liturgie grecque*, imprimée en différents endroits, en grec, et traduite en latin par
Gentien Hervet, Venise, 1548, et Paris,
1560. On estime aussi la *Vie de Jésus-
Christ*, du même auteur, Ingolstad,
traduite en latin par Pontanus.

CABASSUT (Jean), prêtre de l'Oratoire, professeur de droit canon à Avignon, né en 1604, mourut à Aix, sa patrie, en 1685. On a de lui : *Juris canonici theoria et praxis*, réimprimé in-folio
en 1738, par les soins de Gilbert, qui y
a ajouté des sommaires et des notes qui
ne s'accordent pas toujours avec les principes de l'auteur, dont l'ouvrage ne gagne rien à ce commentaire; *Notitia ecclesiastica conciliorum, canonum, veterum-
que Ecclesiæ rituum*, Lyon, 1685, in-fol. :
ouvrage d'un moindre usage que le précédent, quoiqu'il y ait des dissertations
utiles. On y trouve une notice des conciles, l'explication des canons, une introduction à la connaissance des rits anciens et nouveaux de l'Eglise et des
principales parties de l'histoire ecclésiastique : on en a donné un bon *Abrégé* à
Louvain, 1776, in-8; *Traité de l'usure*.
Cabassut était un homme d'un esprit
droit d'un caractère doux, d'un jugement

solide, d'une prudence consommée, d'une
vertu sans tache. Il écrit avec élégance et
avec dignité ; son latin est pur, coulant,
harmonieux ; ses décisions sont sages et
sévèrement orthodoxes ; les novateurs y
trouvent partout leur condamnation.

CABODISTRIAS. (V. CAPO-D'ISTRIA.)

CABOT, ou GABOTTO (Sébastien),
célèbre navigateur, né à Bristol en 1467,
de Jean Cabot établi dans cette ville, qui
lui donna les leçons de mathématiques,
de cosmographie et de navigation. Jean
Cabot forma le projet de tenter le passage aux Indes par le nord-ouest. Henri
VII lui en donna la commission. Il s'embarqua avec ses fils en 1497, au mois de
juin. Ces navigateurs découvrirent quelques terres ; mais ayant trouvé des difficultés insurmontables vers le nord-ouest,
ils naviguèrent vers le sud, et s'avancèrent jusqu'au cap de la Floride, à peu
près dans le même temps qu'Améric Vespuce touchait ailleurs l'hémisphère auquel il a donné son nom, quoiqu'il ne soit
pas certain qu'il l'ait découvert le premier. (Voy. BEHAIM). De retour en Angleterre, Sébastien y essuya quelques
désagréments, ce qui fit qu'il alla offrir
ses services au roi d'Espagne ; il y fut
nommé chef des pilotes. Sa capacité et
son intégrité engagèrent une société de
marchands à lui faire entreprendre, en
1525, un voyage aux Moluques, par le
détroit de Magellan. Il s'avança jusqu'au
cap de Saint-Augustin (latit. mérid. 7);
son équipage se mutina et refusa de passer le détroit. Il entra dans la rivière de
la Plata, et y établit quelques forts pour
s'y maintenir. Il dépêcha en Espagne
pour en donner avis, et demanda du renfort. Il l'attendit en vain pendant cinq
ans, au bout desquels il retourna en Espagne, où il ne reçut pas un accueil favorable, parce qu'il n'avait pas été aux
îles des Epiceries. Dégoûté de ce pays, il
regagna sa patrie. Il y fut bien reçu, et
on lui donna la charge de gouverneur des
compagnies de marchands, et des domaines à découvrir, avec une pension. Il n'a-
vait point abandonné le projet de passer
aux Indes par le nord. Il l'avait tenté par
le nord-ouest ; il se proposa de l'essayer
par le nord-est, et pénétra jusqu'à Archangel l'an 1557. On ne sait ce que devint depuis cet habile navigateur. Purchas en a parlé amplement dans le *Recueil des voyages faits par les Anglais*. Il
en est parlé aussi dans les *Voyages maritimes de Ramusio*.

CABOT (Vincent), jurisconsulte, né à
Toulouse, se rendit célèbre sur la fin du
16e siècle et au commencement du 17e.
A vingt-quatre ans, il avait obtenu une

chaire de droit canon, à Paris. L'Université d'Orléans sut l'attirer à elle, et, pendant quatorze ans, il y enseigna alternativement le droit civil et le droit canon, tout en composant une partie de ses ouvrages. Duffaur-de-Saint-Jory, président au Parlement de Toulouse, instruit de la réputation que s'acquérait Cabot, l'engagea à revenir à Toulouse et le fit nommer à une chaire de professeur, qu'il occupa vingt-deux ans avec assiduité. On ignore l'époque de sa mort comme celle de sa naissance; il avait cessé de vivre en 1624. On a de lui : *Laudatio funebris Michaelis Violæi*, Orléans, 1592, in-4; *Variarum juris privati et publici dissertationum lib. II*, ibid. 1598, in-8.; *Traité des Bénéfices*, que Jean Doujat publia en 1656, sous le nom de Jean-Dart, et dont il reconnut depuis pour auteur Vincent Cabot; *Les Politiques de V. Cabot Tolosain*, Toulouse, 1630, 1 vol. in-8. Léonard Campistron, ami de l'auteur qui lui avait laissé cet ouvrage, en mourant, le mit en ordre et le dédia au cardinal de Richelieu. Il y a d'excellentes maximes dans ce travail, qui devait avoir vingt-huit volumes.

CABRAL (Pierre-Alvarès), que quelques-uns nomment *Cabrera*, quoique Mariana et Maffée lui donnent constamment le nom de *Cabral*, commandant de la seconde flotte que le roi don Emmanuel de Portugal envoya aux Indes en 1500, fut jeté par la tempête sur les côtes du Brésil inconnu alors, en prit possession au nom de son prince, et donna à cette contrée le nom de *Terre de Sainte-Croix*. Après plusieurs autres expéditions qui illustrèrent son courage, il revint en Portugal, et y mourut le 23 juin 1501, regardé comme un grand homme de mer.

CABRERA. (Voy. CABRAL.)

CABRISSEAU (Nicolas) naquit à Rhétel, le 15 janvier 1680, fit ses études à Reims, et y entra dans l'état ecclésiastique. En 1706, Le Tellier, son archevêque, le pourvut du doyenné de Lavannes, et le transféra ensuite à la cure de Château-Porcieu; en 1710, il passa à la cure de Saint-Etienne-de-Reims. La Constitution *Unigenitus* ayant été publiée le 8 septembre 1713, Cabrisseau l'accepta d'abord, mais ne tarda pas à en appeler au futur concile, ce qui le mit en guerre ouverte avec le cardinal de Mailly qui avait succédé à Le Tellier. Cabrisseau vint à Paris, où l'archevêque de Noaille l'employa ; mais, après sa mort, arrivée en 1729, son successeur Vintimille frappa d'interdit Cabrisseau. Plus tard, il fut conduit à Vincennes et exilé à Tours, où il mourut subitement,

le 30 octobre 1750. Cabrisseau avait de la science et un grand amour des pauvres; mais la première vertu d'un prêtre, c'est la soumission à l'Eglise et l'humilité. Ceux qui en appellent à un futur concile en appelleraient ensuite à un concile général, et il faudrait que l'Eglise fût en concile perpétuel pour ces récalcitrants. On a de Cabrisseau plusieurs écrits, parmi lesquels nous mentionnerons : *Sermon sur le sacre de Louis XV*, prêché à Reims, le 4 octobre 1722; Paris, 1724, in-4. Ce discours traite principalement des devoirs des sujets envers leurs souverains ; *Instructions chrétiennes sur les huit béatitudes*, Paris, 1725, in-12, 1732, in-12; *Instructions courtes et familières sur le Symbole*, pour servir de suite aux *Instructions* de Joseph Lambert *sur les Commandements de Dieu et de l'Eglise*, Paris, 1728, 2 vol. in-12; 1742, 2 vol. in-12; *Discours sur les Vies des Saints de l'Ancien-Testament*, Paris, 1732, 6 vol. in-12. Cabrisseau donna des éditions de plusieurs ouvrages de l'abbé Le Gros, chanoine de Reims. (Voyez l'abbé BOULLIOT, *Biographie Ardennaise*, I, 153.)

CACAULT (François), né à Nantes en 1742, fut nommé secrétaire d'ambassade à Naples en 1785, sous de Talleyrand. Après la retraite de ce dernier, il devint successivement chargé d'affaires de France à Naples, à Rome et à Gênes. Le département de la Loire-Inférieure le nomma, en 1798, député au conseil des Cinq-Cents. Après la révolution du 18 brumaire, il fit partie du nouveau corps législatif, et en mars 1804, il fut envoyé à Rome pour y négocier le concordat. En 1804, il fut appelé au sénat-conservateur, et mourut à Clisson le 10 octobre 1805. Ami des arts, il avait recueilli dans ses voyages en Italie beaucoup de tableaux précieux que la ville de Nantes a achetés.

CACCIA (Jean-Augustin), d'une ancienne famille de Novare dans le Milanais, embrassa la carrière des armes, et servit dans les armées de Charles-Quint vers le milieu du 16e siècle. Il cultivait en même temps la poésie, et a laissé des *Satires* burlesques pleines de sel, et des *Poésies sacrées*, où l'on remarque une grande correction de style, de l'élégance et de la sublimité. Il fut même un des premiers à travailler dans ce dernier genre en Italie. Dans sa vieillesse, il publia deux volumes de *Poésies :* l'un dédié à la reine de France, Marie de Médicis; l'autre au cardinal de Granvelle. On croit qu'il mourut vers l'an 1602.

CACCIANINO (Antoine) naquit à

Milan en 1769. Déjà officier de génie lors de la bataille de Marengo, il devint successivement l'un des chefs du corps du génie cisalpin, directeur de l'Ecole polytechnique organisée à Modène, membre de l'Institut. On lui doit: *Exposition d'un principe géométrique sur le calcul différentiel*, 1833, in-8; *Méditations sur le calcul différentiel*, 1833, in-8. Il est mort au commencement de 1838.

CACHET (Jean), jésuite, mourut à Pont-à-Mousson le 22 décembre 1633, à l'âge de 36 ans. On a de lui: *Histoire de la vie de saint Isidore*, Pont-à-Mousson, in-12; *Vie de Jean Berchmans, jésuite*, traduite de l'italien du P. Virgile Cépari, Paris, 1630, in-8; *Conférences spirituelles*, traduite de l'espagnol du R. P. Nicolas Arnava, Paris, 1630, in-4; *Abrégé de la vie de saint François de Borgia*, Pont-à-Mousson, in-12; *Vie de saint Joseph, chanoine régulier de l'ordre de Prémontré*, ibid., 1632, in-12; *l'Horreur du péché*, ibid., 1634, in-4, et Rouen, 1651.

CACHIN (Joseph-Marie-François, baron), naquit à Castres (Tarn) le 2 octobre 1757. Après avoir fait ses études à l'Ecole militaire de Sorrèze, il fut admis en 1776 à l'Ecole royale des ponts-et-chaussées, et alla ensuite en Angleterre pour y achever son éducation scientifique. A son retour en France, on lui confia la direction des travaux ordonnés pour l'amélioration du port de Honfleur. Appelé ensuite à faire partie de la Commission chargée de la surveillance des travaux du port de Cherbourg, il proposa des plans dont l'exécution fut arrêtée par les événements politiques. Etant devenu ingénieur en chef du Calvados, il dirigea les travaux entrepris pour le redressement de la rivière de l'Orne, entre Caen et la mer. En 1801, il appela de nouveau l'attention de l'administration sur l'achèvement du port et de la digue, qui lui fut confié pendant vingt années. Cachin est mort au mois de février 1825. On a de lui: *Mémoire sur la digue de Cherbourg, comparée au Breakwater ou jetée de Plymouth*, Paris, 1820; *Mémoire sur la navigation de l'Orne-Inférieure*, Paris, an VII, in-4.

CADALOUS (Pierre), évêque de Parme, concubinaire et simoniaque, fut élu Pape en 1061, par la faction de l'empereur Henri IV contre Alexandre II, et prit le nom d'Honorius II. Ayant voulu soutenir son élection par les armes, et n'ayant pu réussir, il fut condamné par tous les évêques d'Allemagne et d'Italie en 1062, et déposé par le concile de Mantoue en 1064.

CADAMOSTO, ou CADAMUSTI (Louis, ou Aloise da), célèbre navigateur vénitien, né vers l'an 1432, se fit connaître à l'infant dom Henri de Portugal. Ce prince, animé, comme son père, le roi Jean, de l'esprit de découverte, voulut s'attacher Cadamosto. Il lui envoya le consul de la république de Venise en Portugal, nommé Patrice Conti, pour l'instruire du commerce avantageux de l'île de Madère, conquise en 1430. Cadamosto, encouragé par l'espoir du gain, traita avec dom Henri, qui lui fit armer une caravelle, dont Vincent Diaz, natif de Lagos, fut le patron. Elle mit à la voile le 22 mars 1455, et, après avoir mouillé à Madère, ils reconnurent les îles Canaries, le Cap-Blanc, le Sénégal, le Cap-Vert, et l'embouchure de la rivière de Gambra. Dans un second voyage qu'il fit l'année suivante, avec un génois nommé Antoine, ils poussèrent leurs découvertes jusqu'à la rivière de Saint-Dominique, à laquelle ils donnèrent ce nom, et d'où ils retournèrent en Portugal. Il habita longtemps à Lagos, attiré par ses politesses les négociants et les navigateurs. De retour dans sa patrie, en 1464, il y publia la relation de ses voyages, qui fut traduite en français par Pierre Redouer, au commencement du 16e siècle. Nous les avons aussi en latin par les soins d'Archangel Madrigani.

CADET DE GASSICOURT (Louis-Claude), célèbre pharmacien, né à Paris le 24 juillet 1731, mort le 17 octobre 1799. Il était de l'Académie des sciences et de celles de Lyon, Toulouse, Bruxelles et des *Curieux de la nature*. Il fit des recherches sur les falsifications exercées sur les vins, les vinaigres et les tabacs, et donna les moyens de les reconnaître et d'y remédier. Sa pharmacie était regardée comme une des premières de la France. Il employa constamment une grande partie de son revenu à soutenir des vieillards, à élever des orphelins indigents et à encourager des artistes. Son cabinet était ouvert à toute heure à l'humanité souffrante qui venait réclamer ses avis. Ses consultations étaient toujours gratuites; et souvent il joignait pour les pauvres le don des médicaments qu'il avait prescrits; quelquefois même il y ajoutait de l'argent pour procurer aux malades les secours que l'indigence ne leur permettait pas de se procurer. Parmi ses nombreux travaux en chimie, on doit surtout remarquer son travail sur le borax, substance si difficile à connaître, et ses expériences sur le diamant. On lui doit: une *Analyse des eaux minérales de Passy*, 1755, in-8; *Réponse à plusieurs* observations de M. Baumé sur l'éther vitriolique, 1775, in-4; Mémoire sur la terre foliée de tartre, 1764, in-12; Expériences sur le diamant; plusieurs Mémoires insérés dans la Collection de l'Académie des sciences, et les articles bile et borax dans l'Encyclopédie.

CADET DE VAUX (Antoine-Alexis), né à Paris le 13 septembre 1743, était frère de Louis-Claude Cadet, et exerça d'abord comme lui la pharmacie; mais le goût qu'il prit pour l'étude de l'économie rurale et domestique le porta à vendre son établissement. Il commença ses travaux philanthropiques par la publication d'une brochure intitulée: Observations sur les fosses d'aisances, et moyens de prévenir les inconvénients de leur vidange, Paris, 1778, in-8. C'est aussi à sa sollicitation qu'on supprima le cimetière des Innocents, et qu'on défendit les vaisseaux de cuivre destinés aux pots-au-lait, et les tables de plomb employées à couvrir les comptoirs des marchands de vin. Le lieutenant-général Lenoir, appréciant ses travaux, le nomma inspecteur des objets de salubrité de la ville de Paris. Il fut aussi censeur royal. Après avoir été président, en 1791 et 1792, du département de Seine-et-Oise, il retourna avec plaisir à sa vie agricole, et il rendit de grands services à l'agriculture, en propageant la mouture économique, et en apprenant aux agriculteurs à prévenir la carie des blés par un bon chaulage, et en faisant proscrire l'arsenic et le vert-de-gris qu'on employait à cet usage. Il s'est aussi beaucoup occupé du perfectionnement de la fabrication du vin, et il avait réussi, par ses procédés, à donner au vin qu'il recueillait dans ses vignes d'Argenteuil une qualité qui les rapproche des vins de Bourgogne. En mars 1800, il présenta un projet d'hospice antihydrophobique, et quelque temps après il fut nommé directeur de l'hospice du Val-de-Grâce. Le roi le choisit, en 1815, pour présider le collège d'arrondissement de Sisteron. Il est mort subitement le 30 juin 1828 à Nogent-les-Vierges. Ses principaux ouvrages sont: Instituts de chimie de Spielman, traduits du latin, 1770, 2 vol. in-12; Avis sur les blés germés, Paris, 1782, in-8; Avis sur les moyens de diminuer l'insalubrité des habitations après les inondations, 1784, in-8; Instructions sur l'art de faire les vins, 1800, in-8; Moyens de détruire la méphitisme des murs, 1801, in-8; Traité du blanchissage domestique à vapeur, 1805, in-12; Essai sur la culture de la vigne sans le secours d'échalas, 1807, in-8; Mémoire sur la matière sucrée de la pomme, 1808; Mémoire sur quelques inconvénients de la taille des arbres à fruits, 1809; Traité de la culture du tabac, 1810; le Ménage, ou l'Emploi des fruits dans l'économie domestique, 1810, in-12; Aperçus économiques et chimiques sur l'extraction du sucre de betterave, 1811; Instruction sur la préparation des tiges et racines de tabac, 1811, in-12; Moyen de prévenir le retour des disettes, 1812, in-8; des Bases alimentaires de la pomme de terre, 1813, in-8; Instruction sur le meilleur emploi de la pomme de terre dans sa panification avec les farines des céréales, 1817; Plantation des germes de la pomme de terre, 1817, in-8; de la Gélatine et de son bouillon, 1818, in-12; Conservation du moût soustrait à la fermentation spiritueuse, 1819, in-8; Traités divers d'économie rurale, élémentaire et domestique. Il a travaillé au Cours complet d'agriculture pratique, 6 vol. in-8, et il était l'un des principaux rédacteurs de la Bibliothèque des propriétaires ruraux, ou Journal d'économie rurale et domestique, commencé en mars 1823.

CADET DE GASSICOURT (Charles-Louis), né à Paris le 23 janvier 1769 de Louis-Claude Cadet de Gassicourt, célèbre pharmacien, embrassa d'abord la profession d'avocat, qu'il exerça jusqu'en 1791, et à laquelle il renonça pour se livrer à la culture des lettres, et ensuite de la pharmacie et de la chimie. Il avait embrassé avec ardeur le parti de la Révolution, et se trouvait le 10 octobre 1795 président de la section du Mont-Blanc, lorsqu'elle marcha contre la Convention nationale. A la suite de cette journée, il fut condamné à mort par contumace, et exécuté en effigie. Lors de la Restauration, en 1814, il se fit remarquer dans les rangs de l'opposition, et s'employa avec zèle, à l'époque des élections pour faire réussir les candidats de son opinion. Une affection chronique des viscères intestinaux l'enleva le 21 novembre 1821. Il a publié un grand nombre de brochures politiques et plusieurs comédies; mais nous ne citerons ici que ses principaux ouvrages: La Chimie domestique, ou Introduction à l'étude de cette science, mise à la portée de tout le monde, 1801, 3 vol. in-12; Dictionnaire de chimie, contenant la théorie et la pratique de cette science, et son application à l'histoire naturelle et aux arts, Paris, 1803, 4 vol. in-8; Formulaire magistral et Mémorial pharmaceutique, 1812, in-8; Pharmacie domestique d'urgence et de charité, à l'usage des personnes qui habitent les campagnes, des manufacturiers, des militaires et des marins, 2e édition, Paris, 1815, in-8. Il a coopéré au *Dictionnaire des sciences médicales*, publié chez Panckouke, au *Dictionnaire d'agriculture*, aux *Annales de chimie*, au *Bulletin de pharmacie* et au *Journal de pharmacie*.

CADHOGAN (le comte Guillaume), général anglais, se distingua dans la guerre de Flandre, par son dévouement au duc de Marlborough, qu'il sauva. Après la mort de la reine Anne, il fut nommé colonel d'un des régiments des gardes, et envoyé comme ministre plénipotentiaire en Hollande, puis aux conférences d'Anvers. En 1717, il retourna en Hollande, où il négocia habilement une alliance entre cette puissance, l'Angleterre et la France. Peu de temps après, il fut nommé pair d'Angleterre, et envoyé une seconde fois aux Etats-Généraux, avec le titre d'ambassadeur extraordinaire. Le duc de Marlborough étant mort en 1722, il lui succéda dans la charge de grand-maître de l'artillerie, et dans celle de colonel du premier régiment des gardes. Il mourut le 26 juillet 1726.

CADMUS, roi de Thèbes, vint par mer des côtes de la Phénicie, s'empara du pays connu depuis sous le nom de Béotie et y bâtit la ville de Thèbes. On dit qu'il apporta aux Grecs l'usage de l'alphabet.

> C'est de lui que nous vient cet art ingénieux,
> De peindre la parole et de parler aux yeux,
> Et par les traits divers de figures tracées,
> Donner de la couleur et du corps aux pensées.
>   Baudeur.

Les poëtes ont ajouté des fables à l'histoire de Cadmus, qui peut-être n'est elle-même qu'une fable.

CADMUS de Milet, le premier des Grecs qui ait écrit l'histoire en prose. Il florissait du temps d'Halyattes, roi de Lydie.

CADOUDAL. (Voyez Georges.)

CÆCILIUS-STATIUS, poëte comique, affranchi, contemporain d'Ennius. On trouve quelques-uns de ses fragments dans le *Corpus poetarum*, Londres, 1714, 2 vol. in-fol.

CÆLIUS AURELIANUS (Lucius), ancien médecin de Siga dans la Numidie, vivait vers le temps de Galien. Il a laissé un ouvrage intitulé : *De celeribus et tardis passionibus*, qu'on a jugé à propos de réimprimer à Amsterdam en 1722, in-4. Il se trouvait déjà dans les *Recueils des anciens médecins*.

CAFFARO (le Père), théatin, est auteur d'une lettre imprimée à la tête du *Théâtre* de Boursault, où il prétend prouver qu'un chrétien peut aller à la comédie. Il fallait avoir une opinion bien avantageuse de l'histrionisme, pour mettre au jour une assertion si fort opposée aux maximes sacrées de la religion, et si contredite par tous les Pères de l'Eglise. Saint Chrysostôme, frappé du danger que l'on court dans ces lieux de corruption, exhortait les pères et les mères à en écarter leurs enfants. « Lorsque « nous voyons, dit-il, un domestique « porter un flambeau allumé dans ses « mains, nous n'avons rien de plus pressé « que de lui défendre d'aller dans les en- « droits où il y a de la paille, du foin, « ou toute autre matière combustible, de « peur que, sans y penser, il ne laisse « tomber une étincelle qui embrase toute « la maison. Usons de la même précau- « tion à l'égard de nos enfants, et ne « permettons pas que leurs yeux se por- « tent sur ces assemblées funestes ; et si « les personnes qui les fréquentent de- « meurent dans notre voisinage, défen- « dons à nos enfants de les voir, et de « converser avec elles, si nous voulons « empêcher que quelque étincelle ne « porte le feu dans leurs âmes,. et n'y « cause un dommage irréparable, par un « incendie général. » Une multitude d'écrivains, ceux même qui se sont acquis le plus de célébrité dans ce genre de travail, n'en ont point porté un jugement plus favorable. « Guidé enfin par la foi « (dit Gresset dans une lettre publiée en « 1759,) ce flambeau lumineux, devant « qui toutes les lueurs des temps dispa- « raissent, devant qui s'évanouissent « toutes les rêveries sublimes et profon- « des de nos faibles esprits forts, je vois « sans nuages que les lois sacrées de l'E- « vangile et la morale profane, le sanc- « tuaire et le théâtre sont des objets « inalliables. » Bossuet, dans ses *Maximes sur la comédie*, et le Père Lebrun réfutèrent le Père Caffaro qui se rétracta. Il vivait dans le 17e siècle.

CAFFIAUX (dom Philippe-Joseph), né à Valenciennes en 1712, bénédictin de Saint-Maur, mourut subitement le 26 décembre 1777, à l'abbaye de Saint-Germain-des-Prés. Il travaillait alors avec dom Grenier à l'*Histoire de Picardie*. Il avait donné *Essai d'une histoire de la musique*, in-4, et le 1er vol. du *Trésor généalogique*, 1777, in-4.

CAGLIOSTRO (Alexandre, comte de), aventurier célèbre du 18e siècle, mais dont la célébrité est la meilleure satire de ce siècle qu'on dit si éclairé, se nommait Joseph Balsamo. Né à Palerme le 9 juin 1743, il prit le nom de sa tante Vincente Cagliostro, qui habitait Messine. Il débuta par extorquer une somme considérable à un orfèvre de Palerme, à qui il avait promis de découvrir un tréser. S'expatriant à cette occasion, il visita successivement la Grèce, l'Egypte, l'Arabie, la Perse, Rhodes, l'île de Malte, épousa à Rome la belle Lorenzo Felicianì, fille d'un fondeur en cuivre, et voyagea ensuite dans les principales villes de l'Europe. A Paris, son prétendu savoir excita l'admiration universelle. Il voyait souvent le cardinal de Rohan, et fut enfermé à la Bastille à l'occasion de l'affaire du collier. Exilé par arrêt du Parlement, il se retira en Angleterre, et fut enfin arrêté à Rome le 27 décembre 1789, et condamné à la peine de mort, qu'on commua en une prison perpétuelle. Il mourut en 1795, dans la forteresse de Saint-Léon, après avoir fait des dupes dans toute l'Europe. Sa femme, complice de ses fourberies, fut enfermée dans le couvent de Sainte-Apolline. L'Elixir vital de Cagliostro n'avait point d'autre base que des aromates et de l'or, dont il faisait un très-grand usage, ainsi que tous les partisans des doctrines hermétique et paracelsique. Ce charlatan avait établi une franc-maçonnerie soi-disant Egyptienne, qui n'était qu'une jonglerie pitoyable. Une *pupille* ou *colombe*, c'est-à-dire un enfant encore innocent, placé devant une carafe et abrité d'un paravent, obtenait, par l'imposition des mains du grand cophte, la faculté de communiquer avec les anges, et voyait dans cette carafe tout ce qu'on voulait qu'il y vît.

CAGNOLA (Luigi, marquis de), né à Milan en 1762, mort le 14 août 1833, s'adonna à l'étude de l'architecture. Sa réputation s'établit bientôt sur des bases assez solides, pour qu'on lui confiât divers travaux publics, tels que le bel *Arc de triomphe* en marbre blanc posé sur la place d'armes de Milan; un autre édifice du même genre, mais sur des proportions grandioses, élevé à la *porta Ticinese*; l'*Arc du Simplon*, consacré à la paix, en marbre blanc; une chapelle sépulcrale pour la famille Metternich; et une multitude d'autres édifices importants dans le royaume lombardo-vénitien, et à Vienne. Il laissa aussi une quantité considérable de *Projets*, qui tous attestent son excellent goût.

CAGNOLI (Antoine), astronome italien, né à Zante, de parents italiens. Il s'établit à Vérone en 1782, et fit de sa maison un observatoire qu'il munit des instruments nécessaires pour se livrer à ses études. En 1798, il fut nommé professeur à l'école militaire de Modène, et il y resta jusqu'en 1814. Il est mort à Vérone le 16 août 1816. Il était membre de l'Institut de France, et il présida pen-

dant dix-huit ans la société italienne. On a de lui : un *Traité de trigonométrie rectiligne et sphérique*. in-4; des *Observations météorologiques*, 1788-1796; un *Traité des sections coniques*; des *Notices astronomiques*, 1819, avec 3 planches. Cet ouvrage a été rédigé pour populariser les premières notions de l'astronomie sans le secours des mathématiques.

CAHAGNES (Jacques), docteur et professeur en médecine à Caen sa patrie. né en 1548, mort en 1612, s'est acquitté des devoirs de son emploi avec le plus grand zèle. Pour animer à l'étude ses élèves qui n'étaient pas avantagés de la fortune, il leur ouvrait sa bourse en même temps qu'il leur donnait de bons conseils. C'est à lui que l'on doit les *Statuts* de la Faculté de médecine qui sont encore en vigueur dans cette Université. On lui doit aussi les ouvrages suivants : *Elogiorum civium Cadomensium centuria prima*, Caen, 1583, et 1609, in-4. On lui a reproché d'avoir fait un mauvais choix, et d'avoir omis plusieurs hommes célèbres qui avaient droit d'y trouver place; mais on ne fait pas attention que s'il avait donné une suite à cet ouvrage, comme il l'avait prémédité, il aurait prévenu ce reproche; *Oratio funebris J. Ruxelli*. C'est l'éloge funèbre du maréchal de Grancey de Rouxel; *De Academiarum institutione*, 1584, in-4, plein de bonnes vues; *Methodus curandarum febrium*, 1616, in-8; *Methodus curandorum capitis affectuum*, 1618, in-8.

CAHUSAC (Louis de), écuyer, né à Montauban, où son père était avocat, commença ses études dans cette ville, et les acheva à Toulouse, où il fut reçu avocat. De retour à Montauban, il obtint la commission de secrétaire de l'intendance. Ce fut pendant qu'il exerçait cet emploi, en 1736, qu'il donna la tragédie de *Pharamond*, dans laquelle il a blessé la vérité historique, sans rendre son sujet théâtral. *Pharamond* est de temps en temps moins un héros qu'un fat. On y trouve plusieurs vers tournés avec esprit, mais trop d'antithèses, trop peu de nombre et d'harmonie. L'envie d'aller jouir à Paris des applaudissements du parterre lui fit abandonner la province. Le comte de Clermont l'honora du titre de secrétaire de ses commandements. Ce fut en cette qualité qu'il fit la campagne de 1743 avec ce prince, qu'il quitta ensuite pour se livrer absolument au théâtre. L'opéra l'occupa principalement, et, suivant 'a route tracée, il fit de l'amour le grand mobile de sa composition. « Cette passion

« parasite, dit un auteur moderne, de-
« vient sous le pinceau des poëtes lyri-
« ques aussi fade que dangereuse; et sa
« domination perpétuelle sur ce genre
« de spectacle énerve le goût et les âmes,
« et en éloigne les personnes sages. Des
« héros efféminés, des images. licen-
« cieuses, des madrigaux emmiellés, ne
« sont propres ni à former ni à divertir
« une nation jalouse de sa véritable gloire.
« N'est-il pas facile de trouver mille
« moyens d'intéresser les spectateurs
« avec fruit? Des sentiments nobles et
« fermes, l'amour de la patrie, le triom-
« phe des arts, le danger du vice, le
« tableau des vertus, la terreur du crime,
« l'amour de l'humanité, etc., ne sont-
« ils pas des sujets capables d'occuper
« comme d'embellir une scène? Malheur
« au goût et aux mœurs d'un peuple qui
« les rejetterait, surtout s'ils étaient
« traités par des talents aussi supérieurs
« qu'ennemis de la corruption! » Cet
auteur mourut à Paris au mois de juin
1759. Il était d'un caractère inquiet, vif,
et trop exigeant de ses amis; fort délicat
sur la réputation, et d'une sensibilité
qui altéra son cerveau et qui abrégea
peut-être ses jours. On a de lui, outre
diverses *Pièces de théâtre*, dont plusieurs
sont déjà oubliées, l'*Histoire de la danse
ancienne et moderne*, La Haye, 1754, 3
petit vol. in-12, que les savants ont
accueillie.

CAIET, CAYET, ou CAYER (Pierre-
Victor PALMA), né en 1625 à Montrichard
en Touraine, de parents catholiques,
embrassa le calvinisme, et fut ministre
de l'église de Poitiers à Montreuil-Bonnin;
mais ayant été convaincu d'avoir fait
l'apologie des mauvais lieux, et de s'a-
muser de magie, il fut déposé dans un
synode. Cette condamnation produisit
son abjuration; il entra dans le sein de
l'Église à Paris en 1595. On peut imaginer quels principes pouvait avoir un
homme qui n'était revenu à la vraie religion que par l'impression d'une juste
condamnation. Il mourut en 1610, docteur de Sorbonne et professeur en hébreu
au collége royal. On a de lui plusieurs
ouvrages de controverse, moins consultés que sa *Chronologie septénaire*,
1606, in-8, depuis la paix de Vervins en
1590, jusqu'en 1604, condamnée par la
Faculté de théologie de Paris. Cette censure parut imprimée en 1610, in-8. Il
ajouta ensuite à son *Histoire de la paix*,
celle de la guerre qui l'avait précédée.
On a cette nouvelle *Histoire* dans les trois
tomes de sa *Chronologie novennaire*, 1608,
in-8 depuis 1698. Il faut bien se garder
de croire tout ce qu'il y rapporte. (Voyez

DENEUX, *Mémoires de la Ligue*, tome 4,
page 320, et tome 6, page 228; *Journal
de Henri III*, par de L'Étoile, tome 3,
pag. 103; Bayle, *Dictionnaire historique*,
article Caiet, note M., etc.)

CAIGNEZ (Louis - Charles), né en
1762, à Arras, mort à Belleville, le 20
février 1842, est auteur d'un grand
nombre de Comédies et de Mélodrames,
parmi lesquels on cite : *Le Jugement de
Salomon; La Forêt d'Hermanstadt; La
Pie voleuse; Le Volage*, ou *le Mariage
difficile*.

CAILHAVA DE L'ESTANDOUX (Jean-
François), écrivain dramatique, né à Toulouse en 1730, mort à Sceaux près Paris le
26 juin 1813. Outre son *Théâtre*, Paris,
1781, 2 vol. in-8, il a publié, depuis, plusieurs autres comédies et des opéras comiques. Plusieurs de ses comédies ont
été jouées au Théâtre français, et ne sont
pas sans mérite. Les meilleures sont: le
Tuteur dupé, en 5 actes et en prose, et
le *Mariage interrompu*, en 3 actes et en
vers imités de Plaute; et l'*Égoïste*, en
5 actes et en vers. Il a aussi donné au
Théâtre italien plusieurs drames burlesques, parmi lesquels on remarque *Arle-
quin Mahomet*, qui fut très-applaudi et
obtint plus de 80 représentations. On a
encore de lui: de l'*Art de la comédie*,
ou *Détail raisonné des diverses parties
de la comédie et de ses différents genres*,
suivi d'un *Traité de l'imitation*, Paris,
1772, 4 vol. in-8; réduit et corrigé par
l'auteur, Paris, 1786, 2 vol.; réimprimé
en 1795. Il a cherché à rappeler les bons
principes, mais son style est trop négligé. Il a aussi publié les *Causes de la
décadence du théâtre*, in-8, et *Études sur
Molière*, ou *Observations sur la vie, les
mœurs et les ouvrages de cet auteur, et
sur la manière de jouer ses pièces*, Paris,
1802, in-8. Ces deux ouvrages, extraits
ou paraphrasés du précédent, n'ont pas
eu le succès qu'il en espérait.

CAILLE (Nicolas-Louis de la), diacre
du diocèse de Reims, né le 15 mars
1713, à Rumigny, d'un capitaine des
chasses de la duchesse de Vendôme, fit
ses études avec succès au collége de Li-
zieux à Paris. Son goût pour l'astronomie
le lia avec le célèbre Cassini, qui lui procura un logement à l'Observatoire. Aidé
des conseils d'un tel maître, il eut bientôt
un nom parmi les astronomes. Il partagea
avec M. de Thuri, fils de cet homme estimable, le travail de la ligne méridienne
ou de la projection du méridien, qui,
passant par l'observatoire, traverse tout
le royaume. Dès l'âge de 25 ans, il fut
nommé, à son insu, professeur de mathématiques au collége Mazarin. Les tr-

vaux de sa chaire me le détournèrent point de l'astronomie. Cette science, à laquelle il était entraîné par un charme invincible devint pour lui un devoir, lorsque l'Académie des sciences l'admit dans son sein en 1741. La plus grande partie des autres compagnies savantes qui fleurissent en Europe lui fit le même honneur. Animé de plus en plus du désir d'acquérir une connaissance détaillée du ciel, il entreprit en 1750, avec l'agrément de la cour, le voyage du Cap de Bonne-Espérance, dans le dessein d'examiner les étoiles australes, qui ne sont pas visibles sur notre horizon. Dans l'espace de deux ans, de 1750 à 1752, il prétendit avoir observé 9,800 étoiles jusqu'alors inconnues; mais ce nombre a paru extrêmement exagéré, et a dû le paraître à tous ceux qui savent que les plus habiles observateurs n'ont pas découvert, dans toute l'étendue des cieux, autant d'étoiles visibles; que la partie du ciel, qui n'est jamais vue sur notre horizon, se réduit à peu de chose; que d'ailleurs elle avait été observée par d'habiles astronomes, et se trouvait exprimée dans toutes les cartes célestes. Il crut sans doute lui-même avoir excédé dans son calcul, puisqu'il se borna à donner le catalogue de 1942. Cependant, les observations de Herschel (dont l'exactitude n'est pas encore reconnue) paraissent favorables à ses calculs. De retour en France, il ne cessa d'écrire sur les apparitions des comètes et sur d'autres objets de l'histoire du ciel. Il faisait imprimer le catalogue des étoiles et les observations sur lesquelles il est fondé, lorsqu'une fièvre maligne l'emporta le 21 mars 1762. Les qualités de son âme honorent sa mémoire, autant que les connaissances de son esprit. Froid, réservé avec ceux qu'il ne connaissait pas, il était doux, simple, gai, égal avec ses amis. L'intérêt ni l'ambition ne le dominèrent jamais; il sut se contenter de peu. Sa probité faisait son bonheur, les sciences ses plaisirs, et l'amitié ses délassements. On a de lui un grand nombre d'ouvrages estimés : Plusieurs *Mémoires* dont il a enrichi les recueils de l'Académie des sciences; *Leçons élémentaires de mathématiques*, souvent réimprimées, augmentées par Marie, in-8, fig.; *Leçons d'astronomie*, in-8, dont Lalande a donné une 4ᵉ édition en 1780; *Leçons d'optique et de perspective*, 1748 et 1810, Paris, in-8; *Leçons élémentaires de mécanique*, 1743, Paris, in-8; *Éphémérides de Desplaces*, continuées par M. l'abbé de la Caille, 2 vol. in-4; *Fundamenta astronomiæ*, in-4, Paris, 1757; *Table des*

Logarithmes pour les sinus et tangentes de toutes les minutes du quart de cercle, Paris, 1760, in-8 et 1799; *Nouveau traité de navigation*, par M. Bouguer, revu et corrigé par l'abbé de la Caille, Paris, 1761, in-8; *Journal du voyage fait au Cap de Bonne-Espérance*, Paris, 1763; *Cœlum australe stelliferum, seu Observat. ad construendum stellarum austral. catalogum*, Paris, 1763, in-4. On remarque dans tous ses ouvrages cette précision et cette netteté si nécessaires aux sciences abstraites; c'était la le caractère de son esprit.

CAILLÉ (René), célèbre voyageur, né le 19 novembre 1799 à Mauzé, département des Deux-Sèvres, mort le 15 mai 1837, a laissé : *Voyage à Tombouctou et à Yenné, dans l'Afrique centrale, précédé d'observations faites chez les Maures Braknas, les Nalous et d'autres peuples, pendant les années 1824, 1825, 1826, 1827 et 1828, orné d'un portrait de l'auteur, d'une vue de Tombouctou et d'une carte itinéraire, avec des remarques géographiques* par M. Jomard, Paris, 1830, 3 vol. in-8.

CAILLEAU (Jean-Marie), médecin à Bordeaux, né à Gaillac le 4 octobre 1765, mort le 9 février 1820, a publié : *Avis aux mères de famille sur l'éducation physique, morale, et les maladies des enfants*; Bordeaux, 1796, in-12; *Journal des mères de famille*, 1796-1798, 4 vol. in-8; *Plan d'un cours de médecine infantile*, 1800 ; *Tableau de la médecine hippocratique*, 1811, in-8; *Mémoire sur le croup*, 1812; *Réflexions morales sur les femmes considérées comme garde-malades dans les hôpitaux*, 1813, in-8; *Médecine inf. utile*, 1819, in-8; *Époques médicales, depuis Hippocrate jusqu'en 1811*, 1820 ; *Hymnes à la Vierge ;* un grand nombre de *Mémoires, Rapports, Éloges, Poésies*.

CAILLY (le chevalier Jacques de), né à Orléans, qui se disait allié de la famille de la Pucelle qui délivra cette ville, mourut en 1673, chevalier de l'ordre de Saint-Michel et gentilhomme ordinaire du roi. On a de lui un petit *Recueil d'Épigrammes*, dont quelques-unes sont fines et délicates, et beaucoup d'autres triviales, mais versifiées naturellement. Cette ingénuité corrige beaucoup son style, souvent lâche et incorrect. On doit, au reste, rendre cette justice à cet auteur, qu'il ne s'est pas laissé emporter par les viles passions au-dessus desquelles la plupart des poètes les plus célèbres n'ont point eu le courage de s'élever. « Ses épigrammes, dit un critique, ne « sont que des saillies sans fiel, sans « aigreur, sans satire, et, par cette rai-

« son, plus dignes d'amuser que toutes
« celles que la haine, la jalousie ou la
» causticité ont produites. » On trouve
ces petites pièces dans un *Recueil de
Poésies*, en 2 vol. in-12, publié par la
Monnaie, en 1714, sous le titre de La
Haye.

CAILLY DU CALVADOS (Charles) naquit à Vire en Normandie, en 1752. Il
se montra favorable aux idées révolutionnaires, et devint commissaire du Directoire en 1796; mais il fut destitué plus
tard, parce qu'il était soupçonné de jacobinisme. En l'an VI, il fut élu membre
du conseil des Cinq-Cents et devint secrétaire de cette assemblée. En 1811, l'empereur le nomma président de la cour
d'appel de Caen, et il a continué cette
place jusqu'à l'époque de sa mort arrivée
le 8 janvier 1821. On a de lui : *Dissertation sur un préjugé qui attribue aux
Egyptiens l'honneur des premières découvertes dans les sciences et dans les
arts*, lue à la séance publique de l'académie de Caen.

CAIN, premier fils d'Adam et d'Eve,
naquit sur la fin de la première année du
monde, et s'adonna à l'agriculture. Jaloux de ce que les offrandes d'Abel son
frère étaient acceptées du Seigneur, tandis que les siennes en étaient rejetées, il
lui ôta la vie l'an du monde 130. Déchiré
par les remords, tremblant pour sa propre vie, Caïn était prêt à se livrer au
désespoir; Dieu daigna le rassurer, et le
condamna à une vie errante et fugitive
sur la terre. Il se retira à l'orient d'Éden,
et eut son fils Enoch, dont il donna le
nom à une ville qu'il y fit bâtir; ce qui
n'est pas difficile à comprendre, vu la
nombreuse postérité que leur longue vie
donnait aux patriarches. Saint Jean Chrysostôme croit que Caïn a fait pénitence
de son fratricide, et qu'il en a obtenu le
pardon.

CAINAN, fils d'Enos, père de Malaléel,
mourut l'an 2769 avant J.-C., âgé de 910
ans. —Il y a un autre CAINAN, fils d'Arphaxad et père de Sala, sur lequel les savants ne sont pas d'accord. Cet Arphaxad
ne se trouve pas dans le texte hébreu ni
dans la Vulgate (*Genèse* 12); mais on le
lit dans les Septante et dans saint Luc,
ch. 3, v. 36 : *Qui fuit Sale, qui fuit Caï-
nan, qui fuit Arphaxad*. On peut consulter sur ce point la *Dissertation* du Père
Griffet.

CAIPHE, grand-prêtre des Juifs après
Simon, condamna Jésus-Christ à la mort,
fut déposé par Vitellius, et se tua, dit-on,
de désespoir. L'évangéliste saint Jean
remarque que, lors même qu'il prononça
le jugement inique contre Jésus-Christ,

il eut, comme pontife des Juifs, une espèce d'inspiration qui lui fit dire une bien
grande et respectable vérité : *Expedit
vobis ut unus moriatur homo pro populo;*
paroles dont il était bien loin de comprendre le vrai sens.

CAIUS AGRIPPA, fils puîné d'Agrippa
et de Julie, fille d'Auguste, fut adopté
par cet empereur avec Lucius Agrippa
son frère. Le peuple romain offrit le consulat à ces deux enfants, à l'âge de 14 à
15 ans. Auguste voulut seulement qu'ils
eussent le nom de *consuls désignés*, à
cause de leur jeunesse. Caïus, s'étant rendu dans l'Arménie pour en chasser les
Parthes, fut blessé d'un coup de poignard
par le gouverneur de la ville d'Artagère.
Le meurtrier fut mis à mort; Caïus ne
fit plus que languir depuis cet accident.
Il termina ses jours dans la ville de Ly-
mire en Lycie, n'ayant que 24 ans. Son
tempérament était porté aux plaisirs; et
il ne savait pas combattre cette inclination dangereuse qui abrégea ses jours.
Sa douceur l'avait fait aimer des peuples
d'Orient.

CAIUS (Titius), célèbre jurisconsulte
romain, vivait, selon les uns, sous Caracalla, et selon d'autres sous Adrien. Il
rédigea des *Instituts* dont Justinien
s'est beaucoup servi. Il ne nous en reste
que des fragments, qui ont été insérés
dans le *Trésor de l'ancienne jurisprudence romaine*, in-4.

CAIUS (saint), originaire de Dalmatie, et parent de l'empereur Dioclétien,
élu Pape le 17 décembre 283, après la
mort de saint Eutychien, eut à souffrir
une cruelle persécution qui dura deux
ans, pendant laquelle ce saint pontife ne
cessa d'encourager les confesseurs et les
martyrs. Il se tint caché durant l'orage,
non pas qu'il craignît la mort, mais pour
être plus à portée d'assister son troupeau.
Il mourut le 22 avril 296. Ses souffrances lui ont mérité le titre de *martyr*.
C'est à l'occasion de ce Pape qu'un auteur très-connu fait la réflexion suivante :
« Que n'eurent point à souffrir, dit-il,
« les saints pasteurs de la primitive
« Eglise ? Qu'on se rappelle qu'ils étaient
« en butte aux persécutions des idolâ-
« tres; qu'ils avaient continuellement
« à lutter contre l'ignorance, la stupi-
« dité, la jalousie, la malice de ceux
« qu'ils essayaient de gagner à Jésus-
« Christ, et qu'ils partageaient tous les
« dangers auxquels leurs troupeaux
« étaient exposés. » C'est ce Pape qui
ordonna que les clercs passeraient par
tous les sept ordres inférieurs de l'E-
glise, avant que de pouvoir être ordonnés évêques.

CAIUS, célèbre entre les auteurs ecclésiastiques, florissait à Rome au 3ᵉ siècle, sous le pontificat de Zéphirin et sous l'empire de Caracalla. Il avait été disciple de saint Irénée, ce qui ne l'empêcha pas de rejeter absolument l'opinion des millénaires. Un anonyme, cité par Photius, dit positivement que Caïus était prêtre, et qu'il demeurait à Rome. Photius ajoute qu'on tenait encore qu'il avait été ordonné évêque des nations, pour aller porter la foi dans les pays infidèles, sans avoir aucun peuple, ni aucun diocèse limité. Caïus eut une fameuse dispute à Rome contre Procle, ou Procule, l'un des principaux chefs des montanistes, et la mit par écrit dans un *Dialogue* qui n'est pas venu jusqu'à nous, non plus que ses autres ouvrages.

CAIUS, ou KAYE, ou KEY (Jean), né à Norwich en 1510, étudia à Padoue avec succès sous le célèbre Montanus. A son retour en Angleterre, il fut successivement médecin du roi Edouard VI, de la reine Marie et enfin d'Elisabeth. Il fit rebâtir, presque à ses frais, l'ancien collège de Gonnevil à Cambridge, nommé depuis ce temps-là le collège de Gonnevil et de Caïus. Il y fonda 23 places d'étudiants. Il y mourut en 1573, à 63 ans, et fut enterré dans la chapelle de son collège, sous une tombe unie, avec cette seule inscription : *Fui Caïus*. Ses sentiments sur la religion ne tenaient qu'à son intérêt ; et dans les différentes révolutions qui agitèrent l'Angleterre de son temps, il fut toujours attaché à la secte du prince régnant. On a de lui un grand nombre d'ouvrages. Il suit les principes de Galien et de Montanus son maître. Les meilleurs sont : un *Traité de la sueur anglaise*, maladie qui ne durait qu'un jour, et qui fit périr beaucoup de monde en Angleterre en 1551. Il est intitulé : *De Ephemerâ peste Britannicâ*. La meilleure édition est celle de Londres, 1721, in-8 ; mais il a été réimprimé à Berlin, 1833, in-8, edit. Hecker ; un livre latin : *De l'antiquité de l'Université de Cambridge*, Londres, 1558, in-8, 1574, in-4 ; d'autres intitulés : *De Canibus Britannicis ; De rariorum animalium et stirpium historiâ ; De libris propriis*, Londres, 1579, in-12. Divers autres ouvrages sur l'art de guérir, d'après Galien et quelques traductions de ce célèbre médecin.

CAJETAN (Constantin), abbé bénédictin de Saint-Baronte, au diocèse de Pistole, mort à Rome en 1650, à 85 ans, était de Syracuse. Il poussait le zèle pour la gloire de son Ordre jusqu'au fanatisme. Il crut qu'il l'illustrerait beaucoup, s'il lui donnait tous les grands hommes qu'il pourrait, ou du moins ceux qu'il croyait tels. Après avoir mis dans sa liste une partie des saints anciens, il travailla à la grossir des saints modernes. Il commença par saint Ignace de Loyola, le fit bénédictin, dans un livre publié à Venise en 1641, in-8, où il prétend aussi prouver que le livre des *Exercices* de saint Ignace n'est pas de lui, mais de Cisneros, religieux bénédictin, et il le prouve très-mal. (Voyez IGNACE.) La congrégation du Mont-Cassin désavoua Cajetan en 1644. Cajetan, ne pouvant faire admettre des jésuites dans son Ordre, se tourna du côté des franciscains et des frères prêcheurs. Il leur enleva saint François d'Assise et saint Thomas d'Aquin. Le cardinal Cobellucci disait, au sujet de ce voleur de saints, qu'il craignait que Cajetan ne transformât bientôt saint Pierre en bénédictin (Voyez saint BENOÎT.) Il voulut aussi enlever à Thomas à Kempis la gloire d'avoir fait l'admirable *Imitation de J.-C.*, et l'attribuer à un moine nommé Gessen. On peut voir combien sa prétention est mal fondée, à l'article KEMPIS. Il a fourni beaucoup de matériaux à Baronius pour ses *Annales*, et publié lui-même plusieurs ouvrages en latin.

CAJETAN (Octave), jésuite sicilien, habile critique et bon historiographe, mort vers 1656, s'est acquis des droits à la reconnaissance de sa patrie par les ouvrages suivants : *Vitæ sanctorum siculorum*, Palerme, 1657, in-fol. Ces *Vies* sont puisées dans des monuments authentiques, tant grecs que latins, et rédigées sur des manuscrits précieux par leur antiquité ; *Isagoge ad historiam sacram siculam*, Palerme, 1707, in-4, et dans la *Collection des historiens d'Italie* de Grævius ; *Animadversiones in epist. Theodosii Monachi, de Syracusanæ urbis expugnatione*, dans la *Collection* de Muratori.

CAJETAN. (Voyez VIO.)

CAJOT (dom Jean-Joseph), bénédictin de Saint-Vannes, né à Verdun, en 1726, avait de l'érudition. Il la montra dans ses *Antiquités de Metz*, ou *Recherches sur l'origine des Médiomatriciens*, Metz, 1760, in-8. L'ouvrage qui lui a fait le plus de réputation est une critique intitulée : *Les Plagiats de J.-J. Rousseau sur l'éducation*, in-12 et in-8, 1765. Elle est assez mal écrite, mais il y a des recherches. Il mourut à Verdun, en 1779.

CAJOT (dom Charles), frère du précédent et né à Verdun le 17 août 1731, fut aussi bénédictin. On a de lui un ouvrage qui a pour titre : *Recherches histo-*

riques sur l'esprit primitif et les anciens collèges de l'Ordre de Saint-Benoît, d'où résultent les droits de la société sur les biens qu'il possède, Paris, 2 vol. in-8. Cajot veut prouver dans cet ouvrage que les sociétés religieuses et les Ordres de Saint-Benoît ne sont point faits pour se livrer uniquement à la contemplation ; et en remontant aux temps antérieurs, il fait voir que la société de Saint-Benoît particulièrement dirigeait autrefois des écoles d'enseignement gratuit, des séminaires d'où sortaient des évêques et des prêtres, et s'occupait en grande partie du ministère ecclésiastique ; que des monastères des bénédictins étaient sortis des religieux qui avaient porté dans le Nord la foi et la civilisation, et il en conclut que, pour pouvoir jouir des avantages que la société leur a continués depuis ce temps, il faut qu'ils reviennent aussi à leur institution primitive. Dom Charles Cajot a traversé les orages de la Révolution ; il est mort le 6 décembre 1807. On a de lui quelques autres ouvrages.

CALABER (Quintus ou Cointus Smyrnœus), poète de Smyrne, qu'on croit avoir vécu dans le 5e siècle, est auteur des *Paralipomènes d'Homère*, espèce de supplément à l'*Iliade*. Ce poëme grec, écrit élégamment, fut trouvé par le cardinal Bessarion dans un monastère de la terre d'Otrante en Calabre, et c'est d'où lui vient le nom de *Calaber*. Une des meilleures éditions est celle de Jean Corneille Pauw (Leyde, 1734, in-8), qui a beaucoup profité de l'édition qu'en avait faite Claude Dausque.

CALABROIS (Mathias Preti, surnommé Le) naquit en 1643 dans la Calabre. Lanfranc fut son maître dans la peinture. Appelé à Malte pour décorer l'église de St-Jean, il représenta dans le plafond la vie de cet apôtre, morceau admirable, qui lui mérita le titre de chevalier de grâce, une commanderie et une forte pension. Il mourut à Malte en 1699. Ses principaux tableaux se voient à Modène, à Naples et à Malte. On les estime pour la vigueur du coloris, le relief des figures, la variété des inventions, l'art des ajustements. Une touche moins dure, un dessin plus correct l'auraient mis au rang des premiers peintres.

CALAGES (Marie Pech de), né à Toulouse, après le commencement du 17e siècle, cultiva la poésie avec succès, et remporta plusieurs prix aux jeux Floraux. L'ouvrage qui lui donna le plus de célébrité fut un poëme de *Judith*, ou *la Délivrance de Béthulie*, qui parut en 1660, et que l'auteur dédia à Marie-Thérèse-d'Autriche, reine de France. Le

système de *Judith* est simple, facile et généralement harmonieux. Une partie de ce poëme est imprimée dans le *Parnasse des Dames*. La *Judith* de Mme de Calages était supérieure à *Clovis*, à *Alaric*, à la *Pucelle* de Chapelain; mais ce n'était pas assez pour donner une place durable dans la littérature.

CALAMIS, graveur et statuaire célèbre d'Athènes. Ses ouvrages furent fort estimés ; mais Cicéron le mettait bien au-dessous de Praxitèle.

CALANUS, philosophe ou charlatan indien, qui suivit Alexandre-le-Grand dans son expédition aux Indes. Tourmenté d'une colique, après 83 ans d'une vie saine, il pria le conquérant de lui faire élever un bûcher pour y terminer ses jours. Ce prince, qui n'était pas plus sage que son philosophe, ordonna l'appareil de cet extravagant sacrifice. Son armée eut ordre de se ranger en bataille autour du bûcher. Calanus, couronné de fleurs et magnifiquement vêtu, y monta, en disant que, depuis qu'il avait perdu la santé et vu Alexandre, la vie n'avait plus rien qui le touchât. Le faible Calanus, qui n'avait pas le courage de supporter une colique, trouva, dans sa vanité, assez de ressources pour souffrir l'action du feu sans faire aucun mouvement, et sans donner aucun signe de douleur. Quelqu'un lui ayant demandé s'il n'avait rien à dire à Alexandre : *Non*, répondit le philosophe, *je compte le revoir bientôt à Babylone*. Le héros étant mort trois mois après dans cette ville, on crut que le brachmane avait été prophète, et cela n'ajouta pas peu au merveilleux de son histoire.

CALANUS (Juvencus Cœlius), né en Dalmatie, évêque de Cinq-Eglises en Hongrie, vivait dans le 17e siècle. Il est connu par un petit ouvrage : *Attila rex Hunnorum*, Venise, 1502, in-fol. On le trouve dans l'*Apparat Ecclésiastique* du Père Canisius, et dans l'*Apparat de l'Histoire de Hongrie*, avec des notes de J. Tomka, Presbourg, 1735, in-fol.

CALAS (Jean), négociant de Toulouse, de la religion prétendue réformée, fut accusé d'avoir étranglé Marc-Antoine, son fils, en haine de la religion catholique, qu'il voulait, disait-on, embrasser, ou qu'il professait secrètement. Ce jeune homme s'était, à ce que l'on prétend aujourd'hui, détruit lui-même. Le père fut arrêté, condamné par le Parlement de Toulouse, et rompu vif le 9 mars 1762, à l'âge de 68 ans. La veuve et les enfants de ce vieillard demandèrent la révision du procès, et soit défaut de formalités, soit quelque irrégularité dans le fond même du jugement porté par le Parlement de Toulouse, la sentence de cette cour fut annulée par un arrêt du conseil du 9 mars 1765. « Respectons, « a dit à ce sujet un observateur impar- « tial, respectons les jugements des ma- « gistrats qui redressent et corrigent des « décisions défectueuses, soit pour le « fond, soit pour la forme de la procé- « dure; mais ne nous étonnons pas si, « dans cette espèce de conflit de judica- « ture, il reste toujours dans l'esprit du « peuple une espèce de préjugé en fa- « veur des premiers juges. Des gens qui « examinent tout sur les lieux, qui ont « sous les yeux le corps du délit, qui con- « naissent la vie et la conduite de l'accusé, « les mœurs et la probité des témoins ; « qui recueillent une infinité de circon- « stances dont l'ensemble s'étend diffici- « lement au loin et dont l'impression « s'affaiblit par le temps, qui sont ani- « més du zèle de la justice à l'aspect d'un « crime énorme, récent, commis sur un « citoyen connu, etc.; des juges, qui pro- « noncent dans une telle situation, ont « certainement un grand avantage sur « des magistrats éloignés, occupés de « cent autres objets qui fixent leur atten- « tion et leurs travaux par des vues et « des obligations plus directes, impor- « tunés, sollicités par des âmes sensi- « bles, etc. Il faut donc dans ces sortes « d'occasions garder, autant qu'il est « possible, dans la censure et l'éloge des « arrêts respectifs, une modération rai- « sonnable, et se défendre de ces en- « thousiasmes véhéments, où la vérité et « l'équité se trouvent si rarement. »

CALASANZ (Joseph saint), fondateur des Clercs réguliers des Ecoles Pies, naquit à Peralte-de-la-Sal, au royaume d'Aragon, le 11 septembre 1556, d'une des premières maisons du royaume. Après ses humanités, il étudia la philo- sophie et le droit à l'Université de Lérida, et alla ensuite à Valence faire son cours de théologie, d'où il passa à Alcala-de- Henares, où il prit le bonnet de docteur. Au sortir d'Alcala, il alla à Jacca, et y demeura deux ans avec l'évêque de cette ville, Jean de la Figuera, un des plus savants évêques d'Espagne. En 1582, Ca- lasanz fut élevé au sacerdoce, et occupa successivement quelque emploi auprès de divers prélats, puis une charge de curé; mais le désir lui vint de visiter Rome, et il se démit de son bénéfice en 1592. A Rome, le cardinal Marc-Antoine Colonna le prit pour son théologien, et Calasanz, charmé de son séjour dans la capitale du monde chrétien, s'y fixa dé- sormais, se livrant avec ardeur à son

zèle apostolique et à ses exercices de piété. Comme il entra parmi les confrères de la Doctrine Chrétienne, il eut bien souvent à instruire les enfants, et ce fut dans ce noble exercice qu'il apprit à con- naître tout ce qu'il y avait à faire pour la jeunesse chrétienne. La pensée d'un Or- dre consacré à l'éducation de l'enfance lui vint en l'esprit, et il loua, dans le quartier de Trastevère, quelques cham- bres où il réunissait des enfants, leur en- seignant la lecture, l'écriture, l'arith- métique, et leur fournissant, de ses de- niers, les livres, l'encre et le papier. Au commencement de l'année 1600, il trans- féra, dans le centre de la ville, son in- stitution naissante, mais déjà forte. Le pape Clément VIII l'encouragea dans cette œuvre importante, et lui donna quelque argent. Calasanz ne put échap- per, non plus que tant d'autres illus- tres bienfaiteurs, aux calomnies et aux dénonciations. Le cardinal Anto- niani et Baronius, chargés de visiter les Scuole Pie (écoles de piété) du saint prê- tre, lui rendirent pleine justice, et les écoles ne firent que s'accroître sous la protection efficace de plusieurs Papes, de divers cardinaux et du clergé romain. En 1612, Calasanz acheta le palais du cardinal de Torres, et, en 1617, le pape Paul V érigea les Scuole Pie en congré- gation, permettant à ceux qui y entre- raient de faire les vœux simples d'o- béissance, de chasteté et de pauvreté. Nous ne voulons pas raconter toutes les modifications apportées, dans un sens ou dans l'autre, aux Ecoles Pies, ni re- tracer la diffusion de l'Ordre en divers pays; ce n'est pas ici le lieu. Il faut rap- peler toutefois que Calasanz eut à essuyer les persécutions de quelques indignes fils de son Ordre, qu'il fut traduit devant le Saint-Office, et déclaré suspens de son généralat. Le Père Sylvestre Pietrasanta, jésuite, ayant été désigné, en 1643, par Urbain VIII pour visiteur de l'insti- tut, a été, à son tour, calomnié par des écrivains légers ou hétérodoxes. On a prétendu qu'il ne fit qu'aggraver la si- tuation fâcheuse de Calasanz, tandis qu'il résulte des procédures pour la canonisa- tion du saint fondateur des Ecoles Pies, que le religieux jésuite se rendit parfai- tement digne de la confiance que lui ac- cordait le Saint-Siége, et prit la défense du général des Clercs réguliers et de son institut; c'est ce qui a été savamment établi par le Père Joseph Boero, jésuite, dans un écrit intitulé: *Sentimenti e fatti del P. Silvestro Pietrasanta in difesa di S. Giuseppe Calasanzio*, Rome, 1847, in-8 de 70 pag. Avant le Père Boero, le savant Lagomarsini et le Père J.-B. Faures, aussi jésuite, avaient repoussé les calomnies amassées contre Pietrasanta et ses co-religieux. Calasanz mourut à Rome, le 25 août 1648, à l'âge de 92 ans. Béatifié par Benoît XIV et canonisé par Clément XIII, en 1767, il est honoré le 27 août. Ce saint prêtre fut une preuve éclatante, après tant d'autres, que le catholicisme est toujours rempli de zèle et d'ardeur pour répandre les moyens d'instruction et multiplier les écoles. On peut consulter, sur saint Calasanz, sa *Vie*, publiée à Rome, en 1734, par le Père Limocent de Saint-Joseph, une autre *Vie* qui parut, en 1753, à Rome aussi, et un *Abrégé* donné plus tard, en 1767, à Rome, par le Père Urbani Tosetti. C'est à la faveur surtout de cet *Abrégé* que se sont répandues les calomnies contre le Père Pietrasanta. Chez nous, Calasanz occupe un petit chapitre dans l'*Histoire des Ordres monastiques*, tom. IV, pag. 281-291. Quant aux Dictionnaires biographiques, ils ont généralement oublié un des prêtres qui honorent le plus l'Eglise, et qui ont rendu le plus de services aux hommes.

CALASIO (Mario de), franciscain, né dans la petite ville de ce nom près d'Aquila vers 1550, et mort en 1620, professeur d'hébreu à Rome, composa une excellente *Concordance des mots hébreux de la Bible*, imprimée à Rome en 1621, en 4 grands in-folio, et ensuite à Londres, 1747, sous le même format et avec le même nombre de volumes. Cette édition, plus estimée que celle de Rome, a été donnée par Guillaume Romaine. Le fond de cet ouvrage, utile aux hébraïsants, est pris dans la *Concordance du rabbin Nathan*. Calasio a encore laissé *Canones generales linguæ hebraicæ*.

CALCAGNINI (Celio), fils naturel d'un ecclésiastique de Ferrare, né en 1479, après avoir servi dans les troupes de l'empereur et de Jules II, embrassa l'état ecclésiastique. Il devint protonotaire apostolique, et mourut à Ferrare le 7 avril 1541. On a de lui: *Commentatio de rebus ægyptiacis*, Bâle, 1544, in-fol. Il y a, dans cet ouvrage, des choses curieuses et exactes sur l'Egypte, pour le temps auquel il a été fait; *De talorum, tesserarum et calculorum ludig*, dans le tome 7 des *Antiquités grecques* e Gronovius; *De re nauticâ*, ibid., tome 2, *Opera aliquot*; *Encomium pulicis*; *Carmina*. Erasme dit qu'il a le style élégant et rempli d'ornements, mais qu'il a trop l'air de la philosophie scolastique; ce qui l'empêche de tenir un rang parmi les auteurs éloquents.

CALCAR, ou KALCAR (Jean de), ainsi nommé, parce qu'il était d'une ville de ce nom dans le duché de Clèves, mourut à Naples, dans un âge peu avancé, en 1546. Le Titien et Raphaël furent ses modèles dans l'art de la peinture. Il prit tellement leur manière, que les talents de ces grands maîtres semblaient être devenus les siens. Plusieurs connaisseurs n'ont jamais su distinguer les tableaux du disciple d'avec ceux du Titien son maître. L'immortel Rubens voulut garder, jusqu'à sa mort, une *Nativité* de Calcar. C'est à lui, dit-on, qu'on doit les figures anatomiques du livre de Vésal.

CALCEOLARI (François), célèbre naturaliste de Vérone dans le 16e siècle. Son *Musæum rerum naturalium*, Vérone, 1622, in-folio, est rare et estimé.

CALCIDIUS. (Voyez CHALCIDIUS).

CALDARA-POLIDORE, peintre, né en 1495, à Caravaggio, bourg du Milanais, d'où il prit le nom de *Caravage*, fut obligé de faire le métier de manœuvre jusqu'à l'âge de 18 ans. Mais ayant été employé à porter aux disciples de Raphaël le mortier dont ils avaient besoin pour la peinture à fresque, il résolut de s'adonner entièrement à la peinture. Les élèves de Raphaël le secondèrent dans son entreprise. Ce grand peintre le prit sous sa discipline, et Polidore fut même celui qui eut le plus de part à l'exécution des loges de ce maître. Il se signala surtout à Messine, où il eut la conduite des arcs de triomphe qui furent dressés à l'empereur Charles-Quint, après son expédition de Tunis. Polidore songeait à revenir à Rome, quand son valet lui vola une somme considérable, qu'il venait de recevoir, et l'assassina dans son lit, en 1543. La plus grande partie de ses ouvrages est peinte à fresque. Il y a aussi beaucoup travaillé dans un genre de peinture qu'on appelle *sgraffito* ou *manière égratignée*. Ce célèbre artiste avait un goût de dessin très-grand et correct. On remarque beaucoup de fierté, de noblesse et d'expression dans ses airs de tête. Ses draperies sont bien jetées. Son pinceau est moelleux. Ses paysages sont particulièrement très-estimés. Il a été comparé au célèbre Jules Romain; et si Polidore avait moins d'enthousiasme, il mettait plus d'art dans ses compositions. On a beaucoup gravé d'après lui. Le Musée de Paris conserve plusieurs tableaux de cet habile artiste.

CALDER (John), né à Aberdéen, en 1733, fut quelque temps pasteur d'une congrégation de dissidents près la Tour de Londres, et mourut le 10 juin 1815. Il a publié avec Nichols: *le Babillard*, avec les notes, 1786, 6 vol. in-8 ; *les Derniers sentiments sur la religion de Pierre-François le Courayer*, 1787, in-12. Il a beaucoup contribué à l'édition de l'*Encyclopédie de Rees*, in-folio, et à la nouvelle édition de la *Biographie anglaise*.

CALDERINO (Domizio), né en 1447, dans le territoire de Vérone, professeur de belles-lettres à Rome, sous Paul II et Sixte IV, mourut en 1477, âgé seulement d'environ 31 ans d'un excès de travail. Son nom était *Dominique*; mais voulant en avoir un qui sentit l'ancienne Rome, il se fit appeler *Domitius* et *Calderinus* de Caldero, lieu de sa naissance, à cinq milles de Vérone. Il fut un des premiers qui joignirent le secours de l'érudition à celui de la grammaire. Paul Jove dit qu'il a éclairci les poètes avec une capacité merveilleuse. On a de lui des *Notes* sur les *Sylves* de Stace, Rome, 1475; sur *Martial*, Venise, 1474, in-4; sur *Juvénal* et l'*Ibis* d'Ovide, Milan, 1495, in-folio. On assure qu'il a commenté encore d'autres anciens: cependant il paraît que ces Commentaires ne se trouvent que dans les *Catalogues* de Trithème et de Gesner.

CALDÉRON DE LA BARCA (dom Pédro), chevalier de l'ordre de Saint-Jacques, né en 1600, porta les armes avec distinction. Il les quitta pour l'état ecclésiastique, et il fut fait prêtre et chanoine de Tolède. Nous avons de lui des pièces de théâtre en 9 vol. in-4, 1689, à Madrid, sans compter plusieurs autres qui n'ont point été imprimées, mais qui furent toutes composées avant qu'il ne prit les ordres. Il était trop fécond pour être exact et correct. Les règles de l'art dramatique sont violées dans presque tous ses ouvrages. On voit dans ses tragédies l'irrégularité de Shakespeare, son élévation et sa bassesse, des traits de génie aussi forts, un comique aussi déplacé, une enflure aussi bizarre, même fracas d'actions et d'incidents. Ses comédies, dont on fait monter le nombre à plus de quinze cents, valent un peu mieux. Caldéron composa aussi six vol. in-4 d'*autos Sacramentales*, qui ressemblent pour le fond aux anciennes pièces italiennes ou françaises, tirées de l'Ecriture-Sainte, ou aux mystères. Ce poète florissait vers l'an 1640 ; il ne connaissait que les vers, et il règne dans ses tragédies l'ignorance la plus crasse de l'histoire.

CALEB, de la tribu de Juda, fut envoyé dans la Terre-Promise avec d'autres députés, pour reconnaître le pays. Il rassura le peuple d'Israël, épouvanté par le récit de ses compagnons de voyage. Josué et lui furent les seuls de ceux qui étaient sortis d'Egypte, qui entrèrent dans la terre de promission. Caleb eut pour son partage les montagnes et la ville d'Hébron, dont il chassa trois géants. Othoniel son neveu s'étant rendu maître de la ville de Dabir, que l'oncle n'avait pu prendre, Caleb lui fit épouser sa fille. Ce digne Israélite mourut à l'âge de 114 ans. (Voyez AXA et OTHONIEL.) Caleb et Josué sont, dans les ouvrages ascétiques, le symbole du petit nombre de chrétiens qui soutiennent avec courage, confiance et persévérance, les souffrances et les combats de cette vie, et arrivent après un pénible et laborieux voyage au lieu du repos.

CALENDARIO (Philippe), sculpteur et architecte du 14e siècle, éleva à Venise les magnifiques portiques, soutenus de colonnes de marbre, qui environnent la place de Saint-Marc. Ces morceaux firent sa réputation et sa fortune. La république le combla de biens, et le doge l'honora de son alliance.

CALENTIUS, ou CALENZIO, précepteur de Frédéric, fils de Ferdinand, roi de Naples, laissa des ouvrages estimables en vers et en prose. Il joignit les leçons de la philosophie aux agréments de la poésie; mais il adopta des systèmes romanesques, contraires à toutes les législations du monde. Calentius mourut vers 1503. On a donné une édition de ses ouvrages à Rome, in-folio, 1503; édition plus complète que celles qu'on a données après, et où l'on a retranché beaucoup de pièces hardies. Son poème du *Combat des rats contre les grenouilles*, imité d'Homère, a été réimprimé en 1738 à Rouen, dans un recueil in-12 des fables choisies de La Fontaine, mises en vers latins, publié par l'abbé Saas. Calentius composa ce poème à 18 ans, et le fit en sept jours. Cet auteur grossit la longue liste de ceux que le penchant au libertinage a conduits à une extrême indigence.

CALENUS, ou VAN-CAELEN (Henri), né à Béringue, petite ville de la principauté de Liége, vers 1582, ayant achevé son cours d'études à Louvain, fut nommé curé d'Asche, puis de Sainte-Catherine à Bruxelles, archiprêtre du doyenné de la même ville, et chanoine de la métropole de Malines. Comme il avait donné une magnifique approbation au trop fameux ouvrage de Jansénius, celui-ci, en faisant don du manuscrit à son chapelain, le chargea de le remettre à Calenus et à Fromond, pour le rendre public. L'*Augustinus* parut par leurs soins en 1640, et depuis ils furent des deux principaux conseillers de l'archevêque Boonen, dans les démêlés que ce livre occasionna. Il fut nommé par ce prélat à l'archidiaconé de Malines, et par Philippe IV à l'*évêché* de Ruremonde. Mais cette dernière nomination lui devint inutile à cause de son attachement à la doctrine de Jansénius, qu'il soutint être celle de saint Augustin, même après avoir signé une formule d'abjuration entre les mains de l'internonce de Bruxelles. Il mourut le 1er février 1651, après avoir publié : *Déclaration véritable de M. Calenus, nommé à l'évêché de Ruremonde,* en latin et en français, Bruxelles, 1646, in-4, et quelques ouvrages.

CALEPINO ou DA CALEPIO (Ambroise), religieux augustin, né à Bergame le 6 juin 1435, bourg dans l'Etat de Venise, d'où il a tiré son nom, s'est rendu célèbre par son *Dictionnaire de la langue latine, de la langue italienne,* etc., imprimé pour la première fois en 1503, et augmenté depuis par Passerat, La Cerda, Chifflet et d'autres. La meilleure édition était celle de ce dernier à Lyon, en 1681, en 2 vol. in-folio, avant que celle de Facciolati, professeur à Padoue, eût paru, 1758, 2 vol. in-fol. Mais l'édition la plus complète est celle donnée à Bâle, 1590 ou 1627, in-folio ; elle est en onze langues. On peut dire de cet ouvrage ce qu'on a dit du *Moreri :* que c'est une ville nouvelle, bâtie sur l'ancien plan ; mais il y a dans l'un et l'autre beaucoup de brèches à réparer. Il mourut le 30 novembre 1511, très-âgé et privé de la vue.

CALLIARI (Paul), dit Paul *Véronèse,* parce qu'il était né à Vérone en 1530 suivant Ridolfi, et en 1528 suivant un nécrologe cité par Zanetti. Son père était sculpteur, et fut son premier maître, et un de ses oncles, Antoine Badile, qui était peintre, le prit ensuite pour son élève. Ses essais furent des coups de maître. Rival de Tintoret, s'il n'égala point la force de son pinceau, il le surpassa par la noblesse avec laquelle il rendait la nature. Une imagination féconde, vive, élevée, beaucoup de majesté et de vivacité dans ses airs de tête, d'élégance dans ses figures de femmes, de fraîcheur dans son coloris, de vérité et de magnificence dans ses draperies, voilà ce qui caractérise ses tableaux. On n'y désirerait que plus de choix dans les attitudes, de finesse dans ses expressions, de goût dans le dessin et le costume. Le palais de St.-Marc à Venise offre plusieurs de ses chefs-d'œuvre. Ses *Noces de Cana* sont admirables ; elles sont au musée de Paris, ainsi que *Loth et ses filles ; Suzanne et les deux vieillards ; Esther devant Assuérus; la Vierge et l'enfant Jésus.* Son *Repas chez Simon le Lépreux,* que Louis XIV fit demander aux Servites de Venise, et

que sur leur refus la république fit enlever pour lui en faire présent, est un des plus beaux morceaux de la collection du roi. Véronèse mourut à Venise en 1588, avec la réputation d'un grand peintre, d'un honnête homme, d'un bon chrétien et d'un ami généreux. Ayant été reçu obligeamment dans une campagne autour de Venise, il fit secrètement, dans la maison, un tableau représentant *la Famille de Darius,* et le laissa en s'en allant.

CALLIARI (Benoît), né en 1538, frère du précédent, avait des talents semblables. On confondait souvent leurs tableaux. Il laissait jouir, par une modestie peu commune, son frère de la gloire que ses ouvrages auraient pu lui acquérir, s'il s'en fût déclaré l'auteur. Il cultiva la sculpture en même temps que la peinture, et réussit dans ces deux arts. Il mourut en 1598, à 60 ans.

CALLIARI (Charles et Gabriel), tous deux fils de Raul Véronèse, héritèrent de ses talents. Charles, mort en 1596, à 26 ans, aurait, dit-on, surpassé son père, si sa trop grande application ne lui avait coûté la vie. Gabriel, né en 1568, mort en 1631, aurait pu aller presque aussi loin ; mais le commerce fut sa principale occupation, et la peinture son délassement.

CALIGNON (Soffrey de) naquit à St-Jean-de-Voiron, près de Grenoble, en 1550. Il fut d'abord secrétaire de Lesdiguières, puis chancelier de Navarre sous Henri IV, et employé par ce prince dans les négociations les plus difficiles. Il travailla avec de Thou à rédiger l'édit de Nantes. C'était un homme consommé dans les affaires d'état et dans l'usage du monde. Henri IV l'aurait fait chancelier de France, s'il eût été catholique. Il mourut en 1606, à 56 ans. Sa *Vie* a été écrite par Gui-Allard, avec celle du baron des Adrets et de Dupui-Montbrun, Grenoble, 1675, in-12. On lui attribue l'*Histoire des choses les plus remarquables advenues en France ès-années 1587, 1588 et 1589,* par S. C. (Soffrey Calignon), 1590, in-8. Ces *Mémoires,* mal écrits et dictés par l'esprit de secte, renferment quelques particularités intéressantes.

CALIGNON (Pierre-Antoine d'AMBÉSIEUX de), aumônier du roi et vicaire-général d'Embrun, descendait de Soffrey de CALIGNON (ci-dessus), par les femmes, et naquit à Greenwich près Londres, en octobre 1729. Il embrassa l'état ecclésiastique en France, où il rentra en 1775, fut reçu bachelier de Sorbonne et nommé aumônier du roi à Genève, où il officiait pour les catholiques chez le résident de France. Il eut occasion de connaître Voltaire, qui faisait grand cas de ses talents, et qui, ne pouvant concevoir que la religion et la foi pussent être le partage d'un homme instruit, lui disait souvent : « Avec l'esprit que vous « avez, vous chantez Dieu ! » Calignon professa ensuite la rhétorique à Lyon, devint chanoine de Crépy, en Valois, et s'adonna pendant quelques années à la prédication avec beaucoup de succès. Nommé depuis grand-vicaire d'Embrun, il étudia, avec beaucoup de fruit, l'italien, l'anglais et surtout l'hébreu, sous l'abbé Lavocat. Lors de la Révolution, il se rendit à Ponthierri, près de Melun, où il vécut ignoré avec sa sœur, et mourut le 25 décembre 1795. On a de lui plusieurs ouvrages, entre autres : *l'A-sou sincère*, ou *Lettres à une mère sur les dangers que court la jeunesse en se livrant à un goût trop vif pour la littérature*, 1768 : *Tableau des grandeurs de Dieu dans l'économie de la religion, dans l'ordre de la société et dans les merveilles de la nature*, in-12, 1769; *Dictionnaire de l'élocution française*, 1 vol. in-8; *l'Homme consolé par la religion*, ode couronnée à Rouen par l'académie de l'Immaculée Conception, en 1775. On regrette que l'abbé Calignon n'ait point fait imprimer ses sermons, qui ne sont point sans mérite, et ne seraient point son moindre titre à l'estime des littérateurs. (M. Barbier prétend, dans son *Dictionnaire des Anonymes*, que ces trois premiers ouvrages ne sont pas de l'abbé Calig.ion.)

CALIGULA (Caïus-César), empereur romain, successeur de Tibère, naquit l'an 13 de J.-C., à Antium, et non pas à Igel, village de Luxembourg, comme l'a imaginé un critique moderne. (Voyez SECONDINS.) Il était fils de Germanicus et d'Agrippine, fille de Julie et du grand Agrippa. Cet insensé s'imaginant qu'il était honteux pour lui d'avoir un grand homme, tel qu'Agrippa, au nombre de ses aïeux, faisait sortir Agrippine, sa mère, d'Auguste et de Julie sa fille. Tibère l'adopta de bonne heure. Il n'avait que 25 ans, lorsqu'il fut proclamé empereur, l'an 37 de J.-C. Les commencements de son règne, comme il n'arrive que trop souvent dans le début des tyrans, annoncèrent au peuple romain des jours fortunés. Il promit au sénat de partager avec lui le gouvernement, et de se regarder comme son fils et son élève. Il rendit la liberté aux prisonniers, rappela les exilés, brûla tous les papiers que Tibère avait ramassés contre eux. Il réforma l'ordre des chevaliers, abolit les impôts, bannit de Rome des femmes qui avaient trouvé de nouveaux raffinements de débauche. Rome l'appelait d'une commune voix le modèle des princes. Mais on rétracta bientôt ces éloges précipités. Le germe des vices caché dans son cœur se développa. Ce prince, qui pendant huit mois avait promis tant de gloire et de félicité, se montra un tyran, un monstre, un lâche, un insensé. Son orgueil monta à son comble. Il se vantait d'être le maître de tous les rois de la terre, et regardait les autres princes comme de vils esclaves. Il voulut être adoré comme un dieu. Il fit ôter les têtes des statues de Jupiter et des autres divinités, pour y mettre la sienne. Il se bâtit un temple, se nomma des prêtres et se fit offrir des sacrifices. Il s'initia lui-même dans ce collège sacerdotal, y associa sa femme et son cheval. Le nouveau Jupiter, pour mieux mériter ce titre, voulut imiter les éclairs et les foudres. Dans les orages, il faisait un bruit semblable à celui du tonnerre, avec une machine, et lançant une pierre contre le ciel, il s'écriait : *Tue-moi, ou je te tue.* Ses extravagances ne se bornèrent pas là. Il renversa les statues et les images des grands hommes. Il fit ôter de toutes les bibliothèques de Rome les bustes d'Homère, de Virgile, de Tite-Live. Il enleva aux familles tous les monuments de la vertu de leurs ancêtres. Les débauches les plus infâmes et la cruauté la plus barbare vinrent ajouter l'horreur à toutes ces extravagances. Incestueux avec ses trois sœurs, il parut avec elles en public dans des postures les plus indécentes. Il déshonora les femmes de Rome, les enlevant à leurs maris, et jouissant d'elles en leur présence. Il établit des lieux publics de prostitution dans son palais. Il y plaça une académie de jeu, et tint lui-même école de friponnerie. Un jour, manquant d'argent, il quitta les joueurs, descendit dans sa cour, y fit tuer sur-le-champ plusieurs personnes distinguées, et rapporta six cent mille sesterces. L'effusion du sang humain était pour lui le spectacle le plus agréable, les meurtres étaient ses récréations. Deux consuls, au milieu desquels il était assis, le voyant éclater de rire, lui en demandèrent la raison : *Je ris*, leur répondit le scélérat, *parce que je songe qu'à l'instant même je puis vous faire égorger tous deux.* Un jour qu'il s'était mépris dans une exécution, un autre que le condamné ayant souffert la mort, il dit : *Qu'importe ? l'autre ne l'avait pas plus mérité que lui.* Un chevalier, exposé sans sujet aux bêtes, criant qu'il était innocent, Caligula le fait rappeler, commande qu'on lui coupe la langue, et le renvoie pour être dévoré. Les parents étaient forcés d'assister aux supplices de leurs proches et de plaisanter avec lui; le triste plaisir de voir souffrir le flattait tellement, qu'il s'amusait de faire donner la question ou de mettre des malheureux sur la roue. On le vit fermer les greniers publics, et se plaire à voir la famine dans Rome. Cette ame féroce portait la démence et la rage, jusqu'à souhaiter que le peuple romain n'eût qu'une tête, pour la couper. Une famine, une peste, un incendie, un tremblement de terre, la perte d'une de ses armées étaient l'objet de ses vœux les plus ardents. Il ordonna qu'on nourrît d'hommes vivants les bêtes sauvages réservées aux spectacles. Il n'y eut que les brutes qui n'eurent pas à se plaindre de lui. Son cheval, nommé *Incitatus*, fut traité comme les grands hommes l'étaient dans les pays où l'on récompense le mérite. Il le nomma pontife, et voulait le faire consul. Il jurait par sa vie et par sa fortune, lui fit faire une écurie de marbre, une auge d'ivoire, des couvertures de pourpre et un collier de perles. Ce cheval mangeait à sa table. L'empereur, lui-même, lui servait de l'orge doré, et lui présentait du vin dans une coupe d'or, où il avait bu le premier. Sa mort mit fin à ses extravagances et aux malheurs du peuple romain. Il fut assassiné par un tribun des gardes prétoriennes en sortant du spectacle, la 29e année de son âge, après un règne de près de quatre ans, l'an 41 de J.-C. On fit porter son corps dans un jardin, où ses sœurs ne le brûlèrent qu'à demi, et l'enterrèrent précipitamment, de peur que la populace n'outrageât son cadavre. Ainsi périt ce monstre gangrené de vices, sans aucune vertu, ce serpent qui devait dévorer les Romains, selon l'expression de Tibère. Il souhaita que son règne fût signalé par quelque calamité publique; mais n'en était-ce pas une assez grande, dit un homme d'esprit, que le monde fût gouverné par cette bête féroce? On dit de lui: qu'*il n'y avait jamais eu un meilleur esclave, ni un plus méchant maître.* Il tint le glaive suspendu sur le peuple romain. Implacable dans ses vengeances et bizarre dans ses cruautés, son nom présente l'idée du plus abominable des hommes. « Cette multitude de monstres, « dit un observateur politique, qui souil- « lèrent successivement le trône de Rome « entre lesquels on ne voit régner que « par de courts intervalles quelques hom- « mes d'une vertu médiocre, est un effet « naturel de la corruption générale qui « rongeait le corps de la nation; et de « plus une punition terrible où la justice

« divine joignait la sévérité à l'humilia- « tion, en frappant ce peuple orgueilleux, « avili et dégradé, de la verge de fer « agitée dans les mains d'un insensé. »

CALIXTE. (Voyez CALLIXTE.)

CALKOEN, savant mathématicien et astronome hollandais, mort encore jeune, vers l'an 1814, était membre de l'ordre de l'Union. Lalande faisait un grand cas de ses observations astronomiques. Il a publié en latin différents *Mémoires* sur la science qu'il professait; et en français, *le Guide des marins dans l'usage du sextant ou de l'octant, sans qu'on ait besoin d'en chercher les corrections par des observations particulières*, Amsterdam, 1816, in-8. Comme astronome, il a publié un écrit, extrêmement rare en France, contre les observations rapportées par Dupuis en faveur de son système.

CALLENBERG (Jean-Henri), théologien luthérien et savant orientaliste, né dans le pays de Saxe-Gotha en 1694. Après avoir fait ses études à l'Université de Hall, il y enseigna successivement la philosophie et la théologie, et s'adonna ensuite aux missions, pour lesquelles il composa un grand nombre de livres élémentaires, qu'il fit imprimer à ses frais et dans sa maison où il avait établi une imprimerie arabe et une hébraïque; car son zèle s'étendait aussi à la conversion des Juifs répandus dans le Levant. Il mourut en 1760. Ses principaux ouvrages sont: *Prima rudimenta linguæ arabicæ*, 1729, in-8; *Kurze anleitung zur judisch-teutschen*, Sprache, 1733, in-8, auquel il joignit, en 1736, un petit dictionnaire. C'est une grammaire élémentaire de l'hébreu corrompu que parlent les Juifs d'Allemagne; *Scriptores de religione muhammedica*, 1734, in-8; *Specimen indicis rerum ad litteraturam arabicam pertinentium*, 1735, in-8; *Specimen bibliothecæ arabicæ*, 1736, in-8, *Repertorium litterarium topicum*, 1740; in-8; *Grammatica linguæ græcæ vulgaris, paradigmata ejusdem*, 1757, in-8; *Relation des voyages entrepris pour le bien de l'ancienne chrétienté d'Orient*, 1757, en allemand; des traductions arabes du *Catéchisme* de Luther, du *Nouveau-Testament*, du *Traité* de Grotius *sur la vérité de la religion chrétienne*, etc.

CALLIACHI (Nicolas), grec de Candie, y naquit en 1645. Il professa les belles-lettres et la philosophie à Padoue, où il mourut en 1707. On a de lui: *De ludis scenicis*, Padoue, 1713, in-4, et dans le recueil de Sallengre; *De gladiatoribus. De suppliciis servorum*; *De Osiride*; *De sacris Eleusiniis eorumque mysteriis*.

CALLICLÈS, célèbre statuaire, était de Mégare, et fils de Thioscome qui avait fait cette belle statue de Jupiter, que l'on admirait à Mégare. Calliclès fit celle de Diagoras qui avait remporté la palme au combat du ceste, et cet ouvrage attirait l'admiration de tous ceux qui le voyaient.

CALLICRATES, sculpteur célèbre dans l'antiquité par des ouvrages d'une délicatesse surprenante. Il grava des vers d'Homère sur un grain de millet, fit un chariot d'ivoire qu'on cachait sous l'aile d'une mouche, et des fourmis de la même matière, dont on distinguait les membres. Ces faits, qui paraissent fort suspects, n'égalent pas la délicatesse des chefs-d'œuvre modernes en petitesse. (Voyez Alcinno et Boverick.)

CALLICRATES, architecte grec, vivait à Athènes l'an 444 avant J.-C. Il bâtit, par ordre de Périclès, le fameux temple dit le Parthénon, dont Phidias dirigea les ornements et les sculptures. Il fut élevé dans la citadelle d'Athènes et avait la forme d'un parallélogramme, entouré d'une file de colonnes d'ordre gothique. Cet édifice superbe, qui avait servi successivement de temple aux Grecs, d'église aux chrétiens et de mosquée aux Turcs, fut réduit presqu'en ruine, par une bombe, en 1667, lors du siége de cette ville par les Vénitiens. Les Turcs en avaient fait alors leur magasin à poudre, destination digne de ce peuple barbare.

CALLICRATIDAS, général lacédémonien, remporta plusieurs victoires contre les Athéniens, et fut tué dans un combat naval l'an 405 avant J.-C. Sa grandeur d'âme égalait son courage. Son armée étant réduite à la dernière extrémité par la famine, il refusa une grosse somme pour le prix d'une grâce injuste. J'accepterais cet argent, lui dit Cléandre, un de ses officiers, si j'étais Callicratidas. — Et moi aussi, répartit Callicratidas, si j'étais Cléandre. Ces sortes de propos sont des jeux d'imagination, souvent répétés, et qui n'ont peut-être jamais eu lieu. On trouve le même dialogue dans Quinte-Curce, entre Alexandre et Parménion, à l'occasion des offres de Darius.

CALLIÈRES (François de), né à Thorigny, au diocèse de Bayeux, le 14 mai 1645, fut membre de l'Académie française, et employé par Louis XIV dans des affaires importantes. Il soutint avec honneur les intérêts de la France au congrès de Riswick, où il était plénipotentiaire. Louis XIV lui donna une gratification de dix mille livres, avec une place de secrétaire du cabinet. Il mou-

rut à Paris en 1717, à 72 ans, après avoir légué son bien aux pauvres de l'Hôtel-Dieu. Il nous reste de lui plusieurs ouvrages, dont les principaux sont : Traité de la manière de négocier avec les souverains, 2 vol. in-12, traduit en anglais et en italien ; mais qui ne prouve pas, suivant La Baumelle, que l'auteur sût négocier ni écrire. La forme du livre a peut-être fait tort au fond ; le style est sans élégance et sans précision ; La science du monde, in-12, traduit en allemand et en hollandais, et où l'on trouve des réflexions utiles à l'honnête homme et au chrétien, mais présentées avec trop peu d'agrément ; Panégyrique de Louis XIV, duquel Charpentier a dit avec plus d'amphase que de vérité, que l'on pouvait dire du héros et du panégyriste ce que l'on avait dit autrefois d'Alexandre et du portrait qu'en avait fait Apelles, que l'Alexandre de Philippe était invincible, et que l'Alexandre d'Apelles était inimitable ; Des mots à la mode et des nouvelles façons de parler, 2 vol. in-12 ; De la manière de parler à la cour ; Du bel esprit ; Des bons mots et des bons contes ; Des Poésies très-faibles. etc.

CALLIMAQUE, poëte grec, natif de Cyrène, ville grecque de la Lybie, garde de la bibliothèque de Ptolémée Philadelphe, florissait vers l'an 280 avant J.-C. L'antiquité le regardait comme le prince des poëtes élégiaques, pour la délicatesse, l'élégance et la noblesse de son style. De tous ses poèmes, il ne nous reste que quelques épigrammes et quelques hymnes, publiés par mademoiselle Le Fèvre, depuis madame Dacier, avec des remarques, Paris, 1675, in-4, qui fait partie des Ad usum ; et par Théodore Grœvius, Utrecht, 1697, en 2 vol. in-8, et Leyde, 1761, 2 vol. in-8. Callimaque a été traduit en italien, en anglais, en allemand, et en 1808 en vers latins, par Petit-Radel. De la Porte du Theil a donné une nouvelle édition du texte grec avec la traduction française, Paris, imprimerie royale, 1775, in-8. Elle a été réimprimée dans la Collection de Gail. Catulle mit en vers latins son petit poème de la chevelure de Bérénice. On attribue à Callimaque un mot bien vrai et bien juste qu'un grand livre est un grand mal. Ce siècle fournit peut-être une nouvelle preuve de cette assertion ; jamais il n'y eut tant de gros volumes, tant de vastes compilations, et il n'y a ni religion, ni principes, ni mœurs.

CALLIMAQUE, architecte de Corinthe, inventeur, à ce qu'on croit, du chapiteau corinthien, vivait l'an 540 avant J.-C. Il prit cette idée d'une plante d'a-

cantbe qui environnait un panier placé sur
le tombeau d'une jeune corinthienne. Ce
panier était couvert par une tuile qui,
recourbant les feuilles, leur faisait prendre le contournement des volutes. Callimaque réussissait encore dans la peinture et la sculpture.

CALLINIQUE, d'Héliopolis en Syrie,
auteur de la découverte du feu grégeois,
ignis græcus. L'empereur Constantin
Pogonat s'en servit pour brûler la flotte
des Sarrasins. L'eau qui éteint le feu ordinaire ne pouvait éteindre celui-ci. Il
paraît que cette invention a été perdue.
Du moins dans le feu grégeois, tel qu'on
le compose aujourd'hui, on ne reconnaît
ni l'activité ni l'inextinguibilité de l'ancien. Callinique vivait vers l'an 670.

CALLINUS, très-ancien poète grec,
de la ville d'Ephèse, florissait vers l'an
776 avant J.-C. On lui attribue l'invention du vers élégiaque, dont d'autres
font honneur à Mimnerme. Horace nous
apprend que, dès son temps, on n'était
pas d'accord là-dessus :

> Qui tamen exiguos elegos emiserit amator,
> grammatici certant ; et adhuc sub judice lis est.

Il ne nous reste de lui que quelques vers
de ce genre, recueillis par Stobée.

CALLISEN (Henri), médecin-chirur-
gien danois, né en 1740 à Préetz en Holstein, où son père était pasteur, vint, à
l'âge de 15 ans, à Copenhague pour y
étudier la chirurgie, et fut d'abord chirurgien de compagnie dans un régiment
de la garnison, et peu après chirurgien
en chef d'une frégate royale, puis chirurgien de réserve à l'hôpital Frédéric.
En 1766, il obtint la permission de voyager aux frais du roi, en France et en
Angleterre, et, après quatre ans de séjour, il revint à Copenhague en qualité
de chirurgien en chef de la flotte et du
Lazaret, et il y ouvrit des cours de chirurgie. L'année suivante, il se fit recevoir
docteur en médecine à l'Université de
Copenhague, et examinateur de l'amphithéâtre d'anatomie. En 1791, on lui donna la chaire de l'académie de chirurgie,
et trois ans après, à la mort de Hennings,
il obtint la place de directeur-général de
tout le royaume. Il est mort dans la nuit
du 4 au 5 février 1824. Il était médecin de
la famille royale, on venait le consulter de toutes les provinces du royaume.
C'est à lui particulièrement qu'on doit
la fondation de la société médicale de Copenhague, qui depuis reçut le titre de
royale, et de la société de discussion,
établie à Saxtorph pour exercer les étudiants en médecine. Sa *Vie*, écrite par
le professeur Herholdt, a été insérée dans
le *Recueil biographique* de Lahden. Ses

Instructions de chirurgie, qu'il publia en
1777, qu'il refit ensuite sous le titre de :
Système de la chirurgie moderne, ont
obtenu quatre éditions, et ont été traduites en plusieurs langues. On a encore
de lui des *Observations physico-médicales
sur la ville de Copenhague*, 1807.

CALLISIO (Marin), franciscain, professeur d'hébreu à Rome, est auteur
d'une *Concordance de la Bible*, 4 in-fol.
et in-4, Rome, 1621, curieuse et recherchée.

CALLISTHÈNES, fameux scélérat, mit
le feu aux portes du temple de Jérusalem,
le jour qu'on célébrait avec pompe la victoire que Judas Machabée avait remportée sur Nicanor, Timothée et Bacchides.
Cet incendiaire voulut se sauver dans
une maison voisine, mais il fut pris et
brûlé vif.

CALLISTHÈNES, natif d'Olinthe, disciple et parent d'Aristote, accompagna
Alexandre dans ses expéditions. Aristote
l'avait donné à son élève pour modérer
la fougue de ses passions; mais Callisthènes n'eut pas le bonheur de lui faire
goûter la vérité : Alexandre était déjà
trop corrompu et trop enivré de sa gloire
pour écouter des leçons. Callisthènes
ayant été accusé d'avoir conspiré contre
la vie du conquérant, celui-ci saisit cette
occasion pour faire mourir le censeur de
ses vices. Callisthènes expira dans les
tourments de la question. Il avait envoyé
à Aristote des observations astronomiques faites à Babylone, où la tour de
Babel, qui a longtemps servi d'observatoire aux Chaldéens, lui présentait des
facilités particulières. On trouve dans le
tome huitième des *Mémoires de l'Académie des belles-lettres de Paris*, des recherches curieuses sur la vie et les ouvrages de ce philosophe, par l'abbé
Sévin.

CALLISTRATE, orateur athénien,
pour lequel Démosthènes abandonna
Platon, s'acquit beaucoup d'autorité
dans le gouvernement de la république.
Le pouvoir que lui donnait son éloquence faisant ombrage, il fut banni à perpétuité.

CALLIXTE I, ou CALLISTE (saint),
succéda au pape Zéphirin, en 219, et
souffrit le martyre le 14 octobre 223, selon d'autres en 223 ou 224. C'est lui qui
fit construire le célèbre cimetière de la
voie Appienne. Quelques martyrologes
ne lui donnent que le titre de *confesseur*:
peut-être parce qu'il est difficile de croire
qu'il soit mort pour la foi sous Alexandre
Sévère, ami des chrétiens; mais cette
difficulté cesse, dès qu'on fait attention
qu'il fut tué dans une émeute populaire

et jeté dans un puits ; genre de mort qui marque assez qu'il n'y eut rien de légal dans la cruauté exercée envers lui. Quoique les actes de son martyre ne soient pas authentiques, rien n'engage à les contredire sur ce point. On peut consulter : *De S. Callisto papâ, ejusque basilicâ S. Mariæ trans Tiberim nuncupatâ, disquisitiones duæ critico-historicæ ; auct. Petro Moretto*, Rome, 1752, 2 vol. in-fol. Saint Urbain I lui succéda.

CALLIXTE II, fils de Guillaume-le-Grand, vicomte de Bourgogne, archevêque de Vienne en 1083, succéda au pape Gélase II, et fut couronné à Vienne e 9 février 1119. Ce prélat, révéré pour ses mœurs et sa sagesse longtemps éprouvées dans le gouvernement de son diocèse, était d'autant plus propre au pontificat, qu'il en connaissait mieux la charge, et témoignait moins d'envie de l'y voir élevé. Son premier soin fut de procurer la réunion de l'Eglise, et d'étouffer jusqu'aux principes du schisme en Allemagne. A cet effet, après avoir célébré un concile à Toulouse pour réprimer les sectateurs de Pierre de Bruis et de Henri son disciple, qui rétablissaient les dogmes et les pratiques détestables des manichéens sous des formes nouvelles, il tint le premier concile général de Latran, en 1123, auquel assistèrent des prélats de toutes les régions de l'Occident, dont 15 archevêques, plus de 200 évêques, et une infinité tant d'abbés que d'autres ecclésiastiques constitués en dignité. On y fit les canons qu'il avait dressés au nombre de 5 contre la simonie, les investitures faites par l'autorité séculière, les usurpations des biens ecclésiastiques, l'incontinence des clercs, et contre ceux qui laissaient leurs bénéfices par droit d'héritage, ou qui exigeaient des rétributions pour l'administration des sacrements et pour la sépulture, et dès qu'on eut traité, avec autant de sagesse que d'éloquence, de la distinction entre la puissance de la royauté et celle du sacerdoce, Callixte II fulmina l'anathème contre l'antipape Maurice Bourdin, qui avait pris le nom de Grégoire, et l'envoya au monastère de Cave, pour y faire pénitence. Peu de temps après, Callixte II fut attaqué d'une maladie violente, qui l'emporta le 12 ou 13 décembre 1124, au grand regret du monde chrétien. « En moins de six années de pontificat, dit un historien véridique, il avait pacifié l'Eglise et l'empire, réparé les fautes ou les faiblesses de ses prédécesseurs, rétabli l'autorité du Saint-Siége et toute la splendeur de l'ordre hiérarchique. Il avait trouvé le moyen de ra-

« mener l'abondance et la splendeur dans « Rome. Il n'y remit pas seulement en « honneur les monuments antiques, mais « il y ajouta plusieurs aqueducs pour la « commodité des différents quartiers de « la ville, rebâtit l'église de Saint-Pierre, « et lui donna des ornements magnifi-« ques. » Il est fondateur de l'abbaye de Bonnevaux en Dauphiné. Honoré II lui succéda.

CALLIXTE III, né à Valence en Espagne, dont il devint archevêque, élu Pape le 8 avril 1455, après la mort de Nicolas V, mourut le 6 août 1458. Ce Pontife, qui se nommait avant son élévation, Alphonse de Borgia, honora sa dignité par ses vertus, sa science et son désintéressement, dont il avait donné, avant son élévation, des marques éclatantes, lorsqu'étant évêque et cardinal, il ne voulut jamais accepter aucun bénéfice en commande, disant qu'il était content de son épouse, c'est-à-dire de son église de Valence. Quoique dans un âge fort avancé, il n'avait rien perdu de sa fermeté ni de sa vigueur. Le roi d'Aragon, au service duquel il avait été attaché, et qui prétendait le régir encore sur le trône pontifical, lui ayant fait demander par ses ambassadeurs comment il voulait vivre avec lui : *Qu'il gouverne ses Etats*, répondit le Pape, *et qu'il me laisse gouverner l'Eglise*. Réponse que les Papes d'aujourd'hui seraient bien plus fondés encore à faire aux princes ; mais que ceux-ci, imbus des leçons d'une brusque et brute philosophie, n'ont pas l'esprit de comprendre.

CALLOT (Jacques), dessinateur et graveur, naquit à Nancy en 1593, d'un hérault d'armes de Lorraine. Dès l'âge de 12 ans, il quitta la maison paternelle pour se livrer entièrement à son goût naissant. Ayant entrepris le voyage de Rome, il fut obligé de se mettre, faute d'argent, à la suite d'une troupe de Bohémiens. Revenu dans sa patrie, il s'échappa une seconde fois. De retour encore, il partit une troisième fois, du consentement de son père, qui céda enfin à l'impulsion de la nature. Callot passa de Rome à Florence, où il resta jusqu'à la mort du grand-duc Côme II, son Mécène et celui de tous les talents. A son retour à Nancy, il se fit un sort heureux auprès du duc de Lorraine, son admirateur et son bienfaiteur. Son nom s'étant répandu dans l'Europe, l'infante Isabelle, souveraine des Pays-Bas, lui fit graver le siége de Bréda. Louis XIII l'appela à Paris, pour dessiner le siége de la Rochelle et celui de l'île de Ré. Ce prince le pria ensuite de graver la prise de Nancy, dont il venait de se rendre maître. « Je me couperais, dit-il, plutôt « le pouce, que de rien faire contre « l'honneur de mon prince et de mon « pays. » Le roi, charmé de ses sentiments, dit que le duc de Lorraine était heureux d'avoir de tels sujets. Une forte pension qu'il lui offrit ne put l'arracher à sa patrie. Il y mourut en 1655, à 42 ans. Son Œuvre contient environ seize cents pièces. La plus grande partie et la plus estimée de ses ouvrages est à l'eau forte. Personne n'a possédé à un plus haut degré le talent de ramasser dans un petit espace une infinité de figures, et de représenter dans deux ou trois coups de burin l'action, la démarche, le caractère particulier de chaque personnage. La variété, la naïveté, la vérité, l'esprit, la finesse caractérisent son burin. Ses *Foires*, ses *Supplices*, ses *Misères de la guerre*, ses *Siéges*, ses *Vies*, sa *grande* et sa *petite Passion*, son *Eventail*, son *Parterre*, sa *Tentation de saint Antoine*, sa *Conversion de saint Paul* seront admirés et recherchés, tant qu'il y aura des artistes et des curieux. Il a gravé les plans des *Edifices de Jérusalem*, décrits par Bernardin Amico, franciscain de Gallipoli, Florence, 1630, in-fol.

CALLY (Pierre), né à Mesnil-Hubert, près d'Argentan, dans le diocèse de Séez, fut professeur d'éloquence et de philosophie à Caen, en 1660. Il se fit beaucoup d'ennemis en professant le premier, en France, la philosophie de Descartes. Il s'occupa aussi beaucoup de la conversion des protestants, et il mourut, en 1709, principal du collège des arts de cette ville. On a de lui une édition de l'ouvrage de Boëce : *De consolatione philosophiæ, ad usum Delphini*, avec un long *Commentaire; Universæ philosophiæ institutio*, Caen, 1695, 4 vol. in-4, ouvrage dédié à Bossuet; *Discours en forme d'homélies, sur les miracles de Notre-Seigneur Jésus-Christ, qui sont dans l'Evangile*, Caen, 1703, 2 vol. in-8. Il s'est fait plus connaître par un ouvrage moins utile, mais plus singulier, intitulé : *Durand commenté*, ou l'*Accord de la philosophie avec la théologie, touchant la transsubstantiation*, 1700, in-12. Il y renouvelle le sentiment de Durand, et prétend que, s'il y a transsubstantiation dans le mystère de l'Eucharistie, il faut qu'il reste quelque chose de ce qui était auparavant le pain. L'évêque de Bayeux s'éleva contre ce sentiment, et Cally se rétracta; il voulut même lire l'instruction à son prône, quoique l'évêque l'en eût dispensé, et il eut soin de dire à ses

paroissiens qu'il était l'auteur du livre et qu'il le rétractait. Cette simplicité et cette humilité font honneur à son caractère et à sa religion. On ajoute qu'il supprima, autant qu'il fut en son pouvoir, les exemplaires de son ouvrage.

CALMET (dom Augustin), né à Mesnil-la-Horgne, près de Commerci (Lorraine), en 1672, bénédictin de Saint-Vannes en 1688, fit paraître de bonne heure de grandes dispositions pour les langues orientales. Après avoir enseigné la philosophie et la théologie à ses jeunes confrères, il fut envoyé, en 1704, à l'abbaye de Munster, en qualité de sous-prieur. Il y forma une académie de huit ou dix religieux, uniquement occupés de l'étude des Livres saints. C'est là qu'il composa en partie ses Commentaires. Dom Mabillon et le célèbre abbé Duguet l'ayant déterminé à les publier en français, plutôt qu'en latin, il suivit leur conseil; mais on peut bien dire que sa docilité fut excessive et le conseil inconsidéré. Sa congrégation récompensa ses travaux en le nommant abbé de Saint-Léopold de Nancy en 1718, et ensuite de Senones en 1728. Il mourut, dans cette abbaye, en 1757. Benoît XIII lui avait offert en vain un évêché *in partibus*. Ses vertus ne le cédaient point à ses lumières. Il avait du savoir sans morgue, et de la piété sans rigorisme. Son caractère était plein de douceur et de bonté. L'étude ne lui fit pas négliger l'administration du temporel de son abbaye; il y fit des réparations et des embellissements, et augmenta beaucoup la bibliothèque (Voyez sa *Vie*, in-8, par dom Fangé, son neveu et son successeur dans l'abbaye de Sénones.) On a de lui un grand nombre d'ouvrages, dans lesquels on remarque une érudition vaste, sans être bien dirigée et bien choisie : *Commentaire littéral sur tous les livres de l'Ancien et du Nouveau-Testament*, Paris, 1707-16, 23 vol. in-4. On ajoute un vol. de *nouvelles Dissertations*, Paris, 1721, in-4; 2° édit., Paris, 1714-20, 26 vol. in-4; autre édit., la plus complète, ibid., 1724, 9 vol. in-fol. Il est à regretter que l'infatigable bénédictin ait eu l'imprudence de rassembler toutes les absurdités propres à affaiblir, à anéantir le respect dû aux Livres saints; que, par une autre imprudence plus grave, il ait accumulé cette multitude de visions et de folies, sans prendre au moins régulièrement le soin de diriger, de classer les idées qu'elles font naître; qu'enfin, par une imprudence, il ait mis en langue française un recueil, qui, sous toutes les considérations possibles, ne comportait point l'usage des idiômes populaires. Les *Dissertations* et les *Préfaces* de ses Commentaires furent réimpr. séparément à Paris, en 1720, avec 19 *nouvelles Dissertations*, 3 vol. in-4. C'est la partie la plus agréable et la plus recherchée du Commentaire de dom Calmet. Il compile tout ce qu'on a avancé avant lui sur la matière qu'il traite, et il est rare qu'il fasse penser. Il y a plus de faits que de réflexions; mais comme la plupart de ces faits intéressent la curiosité des érudits, ce recueil a été très-bien reçu; *Histoire de l'Ancien et du Nouveau-Testament*, pour servir d'introduction à l'*Histoire ecclésiastique de Fleury*, Paris, 1787, 4 vol. in-4, avec fig., ou 7 vol. in-12. L'auguste simplicité des écrivains sacrés y est conservée, et leur récit est souvent appuyé de l'autorité des histoires profanes. Calmet y adopte la chronologie d'Ussérius; *Dictionnaire historique et critique de la Bible*, Paris, 1730, 4 vol. in-fol., fig. L'auteur y réduit, par ordre alphabétique, tout ce qu'il avait répandu dans ses Commentaires. C'est un ouvrage où la science théologique, celle des langues, des antiquités saintes et profanes, concourent à répandre des lumières sur les endroits obscurs de l'Ecriture, et où, par le moyen d'un ordre facile et connu, le lecteur est dirigé, d'abord, vers l'objet dont il veut s'occuper. C'est dommage que l'érudition l'emporte souvent sur l'exactitude, sur une critique exacte et sévère, que les difficultés y soient quelquefois proposées, ou même aggravées, plutôt que véritablement éclaircies, et qu'on y trouve la plupart des défauts ou des inconvénients du Commentaire. L'abbé Rondet en a donné une nouvelle édition, corrigée et augmentée, Toulouse, 1783. Du reste, il ne faut pas confondre ce savant ouvrage avec le *Dictionnaire de la Bible*, par l'abbé Barral, compilation superficielle, pleine de fautes de tous les genres, qui ne donnera certainement pas une idée juste des saints Livres. Un homme d'un sens droit et solide a nommé ce Dictionnaire le *persifflage de l'Histoire sainte*; *Histoire ecclésiastique et civile de la Lorraine*, Nancy, 1745-57, 7 vol. in-fol.; *La Bibliothèque lorraine* forme le tome 4 de cette Histoire, la meilleure qu'on ait publiée de cette province; *Histoire généalogique de la maison du Châtelet*, Nancy, 1741, in-fol.; *Dissertation sur les grands chemins de Lorraine*, Nancy, 1727, in-4; *Histoire de la maison de Salles*, ibid., 1716, in-fol.; *Histoire universelle sacrée et profane*, Strasbourg et Nancy, 1735-71, 17 vol.

in-4, ouvrage rarement complet, mais peu recherché. L'auteur s'est trop étendu sur l'histoire ecclésiastique et monastique. A cela près, l'ouvrage est savant et assez détaillé. Il copie un peu trop les historiens modernes, au lieu d'aller à la source; *Dissertations sur les apparitions des esprits, et sur les vampires, ou revenants*, Paris, 1751, 2 vol. in-12. Compilation sans critique faite par un vieillard octogénaire.

CALOGERA (le Père ANGE), célèbre littérateur de l'ordre des Camaldules, né à Padoue le 7 septembre 1699, d'une ancienne famille de Corfou, mort le 29 septembre 1768. Les Italiens lui doivent deux collections des actes de leurs académies, qu'il publia sous ce titre: *Raccolta d'opuscoli scientifici e filologici*, 51 vol. in-12, 1729, et années suivantes; *Nuova raccolta*, qu'il commença en 1755, et qui fut continué, après sa mort, par le P. Fortuné-Mandelli. On trouve dans ces collections un grand nombre de morceaux précieux, qu'on chercherait vainement ailleurs. Il travailla aussi au journal la *Minerva*. On a encore du P. Calogera des Notices littéraires en forme de lettres, intitulées: *Memorie per servire alla storia litteraria*, 18 vol.; une *Traduction italienne du Télémaque*, 1744, in-4; *Il nuovo Gulliver*, Venise, 1731, in-8; plusieurs opuscules biographiques. Il a laissé, en outre, plusieurs ouvrages manuscrits.

CALO-JEAN, ou BEAU-JEAN, ou JOANNITZ, roi des Bulgares, se soumit à l'Eglise romaine sous Innocent III en 1202. Il fit la guerre à l'empereur Baudoin, et l'ayant pris dans une embuscade, il le tint prisonnier plus d'un an à Trinobis ou Ernoë, capitale de la Bulgarie; ensuite il le fit mourir en 1206. Il mourut lui-même peu de temps après. — Il ne faut pas le confondre avec JEAN II COMMÈNE, surnommé aussi *Calo-Jean*.

CALONNE (Charles-Alexandre de), ministre des finances sous Louis XVI, naquit en 1734 à Douai, où son père était premier président au Parlement. Il fut destiné à la magistrature; et, après avoir occupé successivement la place d'avocat-général au conseil provincial d'Artois et celle de procureur-général au Parlement de Douai, il fut nommé maître des requêtes en 1765. La sagacité avec laquelle il remplit cette charge le fit distinguer, et donna lieu de l'employer dans des affaires délicates, où il eut du succès. Appelé à l'intendance de Metz, puis à celle de Lille, il y déploya des talents administratifs qui attirèrent les regards sur lui, et le conduisirent par degré au contrôle général des finances, auquel il parvint en 1783; il y joignit bientôt le titre de ministre d'État. Sa nomination, due en partie à de Vergennes, lui assurait un soutien puissant; et son caractère souple, aimable et courtisan, lui acquit facilement beaucoup d'amis. Il sut capter la bienveillance de la cour par l'urbanité de ses manières, sa complaisance et sa facilité à distribuer des grâces; enfin, il se montra à peu près tel que le surintendant Fouquet avait été dans la même place, prodigue et généreux aux dépens de l'État. Dans l'administration, il suivit la marche déjà tracée par Necker, tant pour les emprunts que pour les préambules fastueux des édits qui promettaient abondance et prospérité. Cependant la dette publique augmentait, et, malgré l'attitude prospère que le ministère affectait de prendre, l'abîme qui devait engloutir l'État se creusait de jour en jour. L'impossibilité de combler le *déficit* énorme des finances, sans quelque mesure extraordinaire, lui fit provoquer inconsidérément la convocation de l'assemblée des *notables*, et le roi, par un désir sincère du bien, adopta le plan. Cette assemblée ne servit cependant qu'à découvrir la profondeur du mal sans y apporter de remède, à inspirer les craintes plutôt qu'à les calmer, enfin à faire naître le discrédit et l'inquiétude générale. La subvention territoriale et l'extension de l'impôt du timbre que le ministre proposait comme les seuls moyens de soutenir les emprunts, essuyèrent les plus fortes réclamations de la part des Parlements et des premiers ordres de l'État; et les calculs du ministre, directement opposés à ceux de Necker, en lui attirant de vives répliques de celui-ci, donnaient lieu à une foule de pamphlets. Les plans de Calonne furent critiqués; on chercha à l'embarrasser par des questions insidieuses, et des accusations dont les défenses furent mal reçues. On lui reprochait surtout d'avoir attendu trois ans entiers pour dresser le tableau alarmant de la situation des finances, et d'avoir confondu et bouleversé toute la comptabilité antérieure pour couvrir ses propres malversations. A ces reproches généraux, s'en joignirent d'autres particuliers, appuyés avec force par les partisans de Necker et celui qu'ils portaient au ministère, de Brienne. Calonne ne put résister à tant d'ennemis réunis; il reçut ordre de donner sa démission, et fut exilé en Lorraine. Sa disgrâce, à laquelle il ne s'était point attendu, fut complète. On l'obligea même de se dépouiller du cordon bleu qu'il portait

comme trésorier de l'ordre du Saint-Esprit. Il se retira en Angleterre et s'occupa de répondre aux diverses inculpations élevées contre lui, par une requête au roi et une lettre également adressée au monarque, en date du 9 février 1789. Ces deux écrits, remarquables par le ton animé, mais respectueux de la défense, ne produisirent pas l'effet qu'en attendait l'auteur; l'opinion générale l'accusa toujours du désordre des finances, et ce fut en vain qu'il passa en France, et se présenta à l'assemblée électorale de Bailleul pour être élu député aux États-Généraux. Forcé de renoncer à cet espoir, il se retira de nouveau à Londres, où il resta jusqu'à l'époque de l'émigration des princes, frères de Louis XVI. Il se rendit près d'eux, s'attacha à leur cause, et la servit avec un zèle et un dévouement propres à faire oublier les torts qu'on lui avait reprochés. Il épousa en secondes noces une riche veuve, qui lui apporta une fortune considérable, qu'il consuma tout entière au service de la cause royaliste, pour laquelle il fit beaucoup de voyages et de négociations. Lorsque ses moyens politiques furent épuisés, il chercha à la servir par ses écrits. L'un des plus remarquables par l'éloquence du style et l'exposé fidèle des événements est son *Tableau de l'Europe en novembre* 1795. Il paraît qu'à cette époque il quitta les princes, et repassa en Angleterre, où il vécut paisiblement jusqu'en septembre 1802. Il revint alors à Paris, et y mourut au mois d'octobre suivant, à l'âge de 58 ans. Ses autres écrits sont: *Essai sur l'agriculture*, 1778, in-12; *Requête au roi*, 1787, in-8; *Réponse de M. de Calonne à l'écrit de M. Necker*, 1788, 2 vol. in-8; *Lettres de Calonne au roi*, 1789, in-8; *De l'état de la France présent et à venir*, 1790, in-8; *De l'état de la France tel qu'il peut et qu'il doit être*, Londres, 1790, in-8; *Observations sur les finances*, Londres, 1790, in-4; *Lettre d'un publiciste de France à un publiciste d'Allemagne*, 1791, in-8; *Esquisse de l'état de la France*, 1791, in-8; *des Finances publiques de la France*, Londres, 1797, in-8; *Lettre à l'auteur des Considérations sur l'état des affaires publiques au commencement de l'année 1798*, Londres, 1798; ses *Discours* et ses *Mémoires à l'assemblée des notables*. Tous ces différents ouvrages se distinguent par un style élégant, souvent noble et animé, mais quelquefois diffus et incorrect. Ils méritent cependant d'être conservés comme documents historiques dans l'administration des finances, et décèlent un administrateur capable d'embrasser un vaste

lan et d'en saisir les détails avec préci-
ion. Mais la précipitation qu'il mit à
xécuter des plans qu'il aurait dû mûrir
avantage, son imprévoyance, sa légè-
eté, sa vanité, le peu de dignité qu'il
iettait dans sa conduite personnelle, sa
ie dissipée et le faste qu'il étalait, nui-
rent à la réputation qu'il aurait pu
btenir par ses talents réels, et entraîné-
ent sa chute et celle de l'État.

CALOV, en latin *Calovius* (Abraham),
iéologien luthérien, né en 1612 à Moh-
ingen (duché de Brunswick), fut suc-
essivement visiteur des églises et des
coles du cercle de Samlande en Prusse,
onseiller de justice, recteur du collége
e Dantzick, professeur en théologie à
Vittemberg. Il y témoigna beaucoup
'aigreur contre ceux qui travaillaient à
éunir les différentes sectes de l'empire,
ont le chef était Georges Calixte, théolo-
ien luthérien. On appela les partisans de
:alovius, *caloviens*, comme on nommait
es autres *calixtins*. Il mourut le 20 février
686. Il est auteur d'un grand nombre
l'ouvrages, la plupart à l'occasion de
es disputes, entre autres : *Historia
yncretistica*, 1682 ; *Criticus sacer Bi-
licus ; Consideratio arminianismi ; So-
inianismus profligatus*, etc.

CALPRENÈDE (Gauthier de COSTES,
hevalier, seigneur de La), gentilhom-
ne ordinaire de la chambre du roi, né
iu château de Tolgou, dans le diocèse
le Cahors, plut à la cour par la gaîté
le son caractère et l'enjouement de son
esprit. Il contait plaisamment. La reine
ie plaignant un jour à ses femmes de
:hambre de leur peu d'assiduité auprès
de sa personne, elles lui répondirent qu'il
y avait dans la première salle de son
appartement un jeune homme, qui donnait un tour si agréable à ses historiettes,
qu'on ne pouvait se lasser de l'écouter.
Cette princesse, l'ayant entendu, le gratifia d'une pension. La Calprenède mourut au grand Andely-sur-Seine en 1663.
Il s'était annoncé d'abord par des romans
tels que *Cassandre*, Paris, 1642, 10 vol.
in-8 ; *Cléopâtre*, ibid. 1649, 12 vol. pet.
in-8 ; *Pharamond, ou Histoire de France*,
1661, 7 vol. in-8. Ces trois ouvrages sont
tissus d'aventures contées longuement et
écrites négligemment. « Cependant, il
« s'en faut de beaucoup, dit l'auteur des
« *Trois Siècles*, que ces trois romans
« soient sans mérite : on peut dire même
« qu'ils sont très-supérieurs à la plupart
« de ceux qu'on accueille à présent. On
« pourrait ajouter que nos romanciers,
« en les décriant, les ont souvent mis à
« contribution. Les Anglais les regar-
« dent comme des sources abondan-

« tes, capables de féconder la sécheresse
« naturelle de leur imagination ; et leurs
« auteurs, dit-on, ne manquent jamais
« de les lire, quand ils veulent travailler
« dans le même genre. » On a encore de
La Calprenède plusieurs tragédies, qui
ont eu le sort de ses romans : la *Mort de
Mithridate*, le *Comte d'Essex*, la *Mort
des enfants d'Hérode, Édouard*, etc. Le
cardinal de Richelieu, en ayant entendu
lire une, dit que la pièce n'était pas mauvaise, mais que les vers étaient lâches.
« Comment lâches ! s'écria le rimeur gascon : Cadédis, il n'y a rien de lâche dans
la maison de La Calprenède. »

CALPURNIE, femme de Jules-César
et fille de Pison, rêva, dit-on, que l'on
assassinait son mari entre ses bras, la
veille de la mort de ce dictateur. On ajoute même qu'en s'éveillant, la porte de la
chambre où ils couchaient, s'ouvrit d'elle-
même avec un grand bruit. Elle ne put
obtenir de César, ni par ses larmes, ni
par ses prières, qu'il ne sortirait point.
Ce héros ayant cédé aux instances de
Brutus, qui lui dit qu'il était honteux
de se régler sur les rêves d'une femme,
se rendit au sénat et fut poignardé.

CALPURNIUS, sicilien, poëte bucolique du 3ᵉ siècle, contemporain de Né-
mésien, poëte bucolique comme lui, a
laissé sept églogues, traduites élégamment par Mairault, in-12. On les trouve
dans les *Poetæ rei venaticæ*, Leyde,
1728, in-4, et dans les *Poetæ latini minores*, Leyde, 1731, 2 vol. in-4. Elles
ont été imprimées à Leyde 1803, petit in-8, par les soins de Ch. D. Beck.
Le langage des bergers de Calpurnius
est moins pur et moins naturel que
celui des bergers de Virgile, ce poëte
de la nature et de la raison. Calpurnius
offre quelques morceaux où la vie champêtre est peinte avec grâce, et le sentiment rendu avec vérité ; mais dans tout
le reste on reconnaît le poëte du 3ᵉ
siècle.

CALVART (Denis), peintre, né à
Anvers, en 1565, ouvrit à Bologne, en
Italie, une école d'où sortirent l'Albane,
le Guide, le Dominiquin, et plusieurs
autres grands maîtres dignes d'être ses
disciples. Calvart possédait toutes les
sciences nécessaires ou même utiles à la
peinture, l'architecture, la perspective,
l'anatomie. Ses ouvrages les plus remarquables sont à Bologne, à Rome, à Reggio. On les estime pour la disposition,
l'ordonnance, la noblesse, le coloris. Ils
ont été gravés par Gil. Sadeler et Auguste Carrache. Calvart mourut à Bologne, en 1619.

CALVERT (Georges), né à Kyplin

dans le Yorkshire, en 1578, secrétaire
d'État en 1618, se démit de cette charge
en 1624, et obtint de Charles Ier une
permission pour lui et ses descendants,
d'établir des colonies dans le Maryland,
où fut fondée la ville de Baltimore. La
douceur et l'humanité furent les seules
armes qu'il employa contre les Indiens.
Il mourut à Londres en 1622, estimé des
protestants et regretté des catholiques.

CALVIN (Jean) naquit à Noyon en
1509, d'un tonnelier qui devint notaire
et procureur fiscal de l'évêché. Jean fut
pourvu, dès l'âge de douze ans, d'une
chapellenie dans l'église de Noyon, et
ensuite de la cure de Pont-l'Evêque, auprès de cette ville, quoiqu'il n'ait jamais
été élevé au sacerdoce. Après avoir étudié le droit à Orléans, il alla prendre
des leçons à Bourges, où il connut le
luthérien Wolmar qui lui apprit la langue grecque, en même temps qu'il lui
donnait du goût pour la liberté de penser.
Il passa de là à Paris, où il se fit connaître, en 1532, par son Commentaire sur
les deux livres de Sénèque, de la *Clémence*. Ayant mis à la tête de son ouvrage le nom de *Calvinus*, on l'a depuis
appelé Calvin, quoique son véritable
nom fût Cauvin. Ses liaisons avec les
partisans de la nouvelle doctrine, et son
ardeur à la soutenir, l'obligèrent de quitter Paris. Retiré à Angoulême, il y enseigna le grec et y prêcha ses erreurs.
Il courut ensuite à Poitiers, à Nérac, de
Nérac à Paris ; mais craignant toujours
qu'on ne l'arrêtât, il se rendit à Bâle.
C'est dans cette ville qu'il publia son
livre de l'*Institution chrétienne* en latin,
dont la meilleure édition est celle de
Robert Etienne, 1553, in-fol. Il composa
cet ouvrage fameux pour servir d'apologie à ses disciples condamnés à mort
par François Ier. C'est l'abrégé de toute
sa doctrine. Ce fut le catéchisme de tous
ses disciples. Il embrassa la plupart des
sentiments de Luther ; mais il enchérit
beaucoup au-dessus. La présence réelle,
la prédestination absolue aux peines de
l'enfer, sont les deux points principaux
sur lesquels il ne s'accorde pas avec lui.
A travers les expressions fortes dont il
se sert en parlant de la présence réelle
du corps et du sang de Jésus-Christ dans
l'Eucharistie, on voit qu'il pense que
le corps du Sauveur n'est réellement et
substantiellement que dans le ciel. En
blâmant les erreurs répandues dans cet
ouvrage, on doit louer la pureté et l'élégance du style soit en latin, soit en français ; car le nouvel apôtre le composa
dans ces deux langues. On y découvre
un esprit subtil et pénétrant, un homme

instruit dans l'étude de l'Ecriture et des
Pères; mais toutes ces qualités sont ternies par le peu de discernement dans le
choix des opinions, par des décisions téméraires et des déclamations emportées.
Les principales erreurs répandues dans
cet ouvrage et dans celui *de la Cène*
sont que le libre arbitre a été éteint entièrement par le péché, et que Dieu a
créé des hommes pour être le partage
des démons ; non qu'ils l'aient mérité
par leurs crimes, mais parce qu'il lui
plaît ainsi. Les vœux, si l'on en excepte
ceux du baptême, sont une tyrannie.
Il ne veut ni culte extérieur, ni invocation des saints, ni chef visible de l'Eglise, ni évêques, ni prêtres, ni fêtes, ni
croix, ni bénédictions, ni aucune de ces
cérémonies sacrées que la religion reconnaît être si utiles au culte de Dieu,
et la philosophie être si nécessaires à
des hommes matériels et grossiers, qui
ne s'élèvent, pour ainsi dire, que par
les sens, à l'adoration de l'Etre suprême.
Il n'admet que deux sacrements, le baptême et la cène. Il anéantit les indulgences, le purgatoire, la messe, etc.
Le patriarche de la nouvelle réforme,
après différentes courses en Suisse et en
Italie, vint s'établir à Genève, où il fut
fait prédicateur et professeur en théologie. Une dispute sur la manière de
célébrer la cène l'en fit chasser au bout
de deux ans, en 1538. Rappelé après
trois ans de séjour à Strasbourg, il y
fut reçu comme le pape de la nouvelle
église. Genève devint dès lors le théâtre
du calvinisme. Il y établit une discipline
sévère, fonda des consistoires, des col-
loques, des synodes, des anciens, des
diacres, des surveillants. Il régla la forme des prières et des prêches, la manière de célébrer la cène, de baptiser,
d'enterrer les morts. Il dressa de concert avec les magistrats, un recueil des
lois civiles et ecclésiastiques, approuvé
alors par le peuple, et regardé encore
aujourd'hui comme le Code fondamental
de la république. Il fit plus, il établit
une espèce d'inquisition, une chambre
consistoriale avec droit de censure et d'excommunication. Cette religion, qu'on a
crue être plus favorable à cette liberté
qui est l'essence des républiques, eut
pour auteur un homme dur jusqu'à la
tyrannie. « Calvin, dit un auteur mo-
« derne, avait tout l'orgueil du génie
« qui croit sentir sa supériorité, et qui
« s'indigne qu'on la lui dispute. Quel
« homme fut jamais plus tranchant,
« plus impérieux, plus décisif, plus di-
« vinement infaillible à son gré ? La
« moindre opposition, la moindre ob-

« jection qu'on osait lui faire , était
« toujours une œuvre de Satan , un
« crime digne du feu. » Le médecin
Michel Servet lui ayant écrit quelques
lettres sur le mystère de la Trinité,
Calvin s'en servit pour le faire brûler
vif, ne pensant plus à ce qu'il avait écrit
lui-même contre les persécuteurs des
hérétiques. D'autres temps, d'autres sentiments. Poursuivi en France , il écrivit
contre les intolérants; maître à Genève ,
il soutint qu'il fallait condamner aux
flammes ceux qui ne pensaient pas
comme lui; et cet homme , qui comptait
pour rien l'autorité de l'Eglise universelle , voulait être l'arbitre de toute
croyance. Valentin-Gentilis, autre arien,
commençant à faire du bruit, le patriarche de Genève le fait arrêter , le condamne à faire amende honorable , et
l'oblige de se sauver à Lyon. Gentilis
et Servet avaient tort sans doute ; mais
dans les principes de Calvin, il leur était
aisé de se justifier : leur droit d'interpréter l'Ecriture égalait à tous égards
celui du patriarche de la réforme. (Voy.
LENTULUS SCIPION , SERVET). Son parti
fut regardé par tous les autres protestants comme le plus fier , le plus inquiet et le plus séditieux qui eût encore
paru. Le chef traita ses adversaires
avec un emportement indigne non seulement d'un théologien, mais d'un honnête homme. Les épithètes de *pourceaux*, d'*âne* , de *chien* , de *cheval* , de
taureau , d'*ivrogne* , d'*enragé* , étaient
ses compliments ordinaires. Cette gros-
sièreté brutale n'empêcha pas qu'il n'eût
beaucoup de sectateurs. Ce culte, nu et
dépouillé de tout, qu'il avait introduit ,
fut un appât pour les esprits vains , qui
croyaient par ce moyen s'élever au-dessus des sens , et se distinguer du vulgaire. Calvin mourut à Genève l'an
1564, dans le désespoir, et d'une maladie
horrible, si l'on en croit un de ses disciples, témoin oculaire. *Calvinus in des-
peratione finiens vitam obiit , turpissimo
et fœdissimo morbo, quem Deus rebellibus
et maledictis comminatus est , priùs ex-
cruciatus et consumptus. Quod ego veris-
simè attestari audeo, qui funestum et tra-
gicum illius exitum et exitium his meis
oculis præsens aspexi* (Joan. Haren. apud
Petr. Cutsemium). On a toujours regardé
Calvin comme le second chef du protestantisme , et l'abbé Bérault en a parlé
de la manière suivante : « Calvin , dit-
« il , moins voluptueux que Luther , ou
« plutôt plus gêné par la faiblesse de
« sa complexion, puisqu'il ne laissa pas
« de s'attendrir pour Idelette , sa chère
« anabaptiste ; moins emporté , moins

« arrogant , moins sujet à la jactance ,
« était d'autant plus orgueilleux, qu'il
« se piquait davantage d'être modeste ,
« que sa modestie même faisait la ma-
« tière de son ostentation ; infiniment
« plus artificieux , d'une malignité et
« d'une amertume tranquilles , mille
« fois plus odieuses que tous les empor-
« tements de son précurseur. Orgueil
« qui perçait tous les voiles dont il s'é-
« tudiait à s'envelopper ; qui , malgré
« la bassesse de sa figure et de sa phy-
« sionomie , se retraçait sur son front
« sourcilleux, dans ses regards altiers ,
« et la rudesse de ses manières, dans
« tout son commerce et sa familiarité
« même , où , abandonné à son humeur
« chagrine et hargneuse , il traitait les
« ministres ses collègues , avec toute la
« dureté d'un despote entouré de ses
« esclaves. Mais sur quoi fondé , ce ré-
« formateur s'est-il arrogé sa mission ?
« Sur le dépit conçu de ce qu'on avait
« conféré au neveu des connétables de
« France le bénéfice que l'orgueil ex-
« travagant de ce petit-fils de batelier
« briguait pour lui-même. On peut se
« souvenir qu'avant ce refus , il avait
« déclaré que, s'il l'essuyait , il en tire-
« rait une vengeance dont il serait parlé
« dans l'Eglise pendant plus de cinq
« cents ans : aussitôt qu'il l'eut essuyé,
« il mit la main à l'établissement de sa
« réforme. » Les ouvrages de cet hérésiarque ont été imprimés à Amsterdam
en 1667, quoique le titre porte 1671 ,
en 9 vol. in-fol. Ses Commentaires sur
l'Ecriture en sont la partie la plus considérable. L'auteur , très-médiocre hé-
braïsant , les a remplis , suivant l'abbé
de Longuerue, de sermons , d'invectives et de sens étrangers. On voit briller
dans la plupart de ses autres écrits du
savoir et de la pénétration. Rien ne le
flattait davantage que la gloire de bien
écrire. Vestphale, luthérien, l'ayant traité de déclamateur : « Il a beau faire ,
« répondit Calvin , jamais il ne le per-
« suadera à personne ; l'univers sait
« avec quelle force je presse un argu-
« ment, avec quelle précision je sais écri-
« re. » Et pour prouver qu'il n'est pas
déclamateur , il dit à son critique : *Ton
école n'est qu'une puante étable à pourceaux, m'entends-tu , chien? m'entends-
tu bien, frénétique? m'entends-tu bien ,
grosse bête ?* Quels mots dans la bouche
d'un réformateur! Les curieux recherchent un Traité singulier de Calvin:
*Psycopannichie, ou Traité de Jean Cal-
vin , par lequel il veut prouver que les
âmes veillent et vivent après qu'elles sont
sorties des corps ; contre les erreurs de

quelques ignorants qui pensent qu'elles dorment jusqu'au dernier jugement, Paris, 1558, in-8. Comme Calvin niait l'existence du purgatoire, il eût été plus conséquent de laisser dormir les âmes que de les éveiller pour ne savoir où les mettre, au moins celles qui n'étaient ni assez pures pour aller au ciel, ni assez coupables pour aller en enfer. Théodore de Bèze, son disciple, a écrit sa *Vie*. On en a une autre sous le nom de Papire Masson, Paris, 1611, in-4, que l'on croit être de Jacques Guillot. Quant à l'esprit de sa secte (Voyez COLIGNI, MORNAI, LOUIS XIV, SOLIMAN II, SOULIER), on peut en prendre aussi une juste idée dans les Lettres mêmes de Calvin, et dans les maximes qu'il prêchait à ses disciples « Les peuples accourent de toutes « parts, » dit-il dans une de ses lettres, écrite à M. du Poët, qu'il traitait de *Monseigneur* et de *Général de la religion en Dauphiné*, « pour recevoir le joug des « missions... Grand fruit, maintes richesses... Et si les papistes disputent « la · vérité de notre religion, ils ne « pourront lui disputer la richesse. Vous « seul travaillez sans relâche et sans in- « térêt. Ne négligez nullement l'agran- « dissement de vos moyens : viendra un « temps où vous seul n'aurez rien ac- « quis en ces nouveaux changements ; il « faut que chacun songe à son intérêt. « Moi seul ai négligé le mien, dont j'ai « grande repentance. Ainsi ceux à qui « j'ai occasionné d'en acquérir, pren- « dront souci de la mienne vieillesse, « qui est sans suite. Vous au contraire, « Monseigneur, qui laissez vaillante « lignée, bien disposée à soutenir le » petit troupeau, ne le laissez sans « moyens grands et puissants, sans les- « quels bonne volonté serait inutile. » — « Que le roi (dit-il dans une autre lettre, écrite au même du Poët) fasse « ses processions tant qu'il voudra, il « pourra empêcher les progrès de notre « foi ; ses harangues en public ne fe- « ront aucun fruit que d'émouvoir peuples « déjà trop portés au soulèvement... Ne « faites faute de défaire le pays de ces zé- « lés faquins qui exhortent les peuples « par leurs discours à se roidir contre « nous, noircissent notre conduite, et « veulent faire passer pour rêverie notre « croyance. Pareils monstres doivent « être étouffés comme fils ici en l'exécu- « tion de Michel Servet, espagnol. A « l'avenir ne pense pas que personne « s'avise de faire chose semblable. »

CALVISIUS (Séthus), astronome, poëte et musicien né en 1556, à Grosleben, dans la Thuringe, mort à Leipsick

en 1617. Le principal de ses ouvrages est son *Opus chronologicum*, réimprimé à Francfort en 1685, in-folio. Cette *Chronologie*, augmentée à différentes reprises, va jusqu'à l'année de son impression, 1685. Les calculs astronomiques sont l'appui de sa *Chronologie*. Scaliger et plusieurs autres savants ont fait l'éloge de cet ouvrage. Les autres sont une *Critique du Calendrier Grégorien*, en latin, Heidelberg, 1612, in-4 ; *Enodatio earum quæstionum circa annum nativitatis et ministerii J.-C.*, Oxford, 1610, in-4; un *Psautier en vers allemands*, Leipsick, 1618, in-8.

CALVUS (Caius-Licinius), orateur et poëte célèbre, contemporain de Cicéron. Il réussissait si bien en poésie, que les anciens n'ont pas fait difficulté de l'égaler à Catulle. On trouve des vers de lui dans le *Corpus poetarum*. Moins éloquent et plus sec que Cicéron, il s'exprimait cependant avec tant de force, qu'un jour Vatinus, contre lequel il plaidait, craignant d'être condamné, l'interrompit avant la fin de son plaidoyer, en disant aux juges : « Eh quoi ! serai-je condamné « comme coupable, parce que mon accu- « sateur est éloquent ?... » Licinius mourut à l'âge de 30 ans, après avoir donné de grandes espérances. Il ne nous reste aucune harangue de cet orateur ; Quintilien les loue beaucoup. On croit qu'il était auteur des *Annales* citées par Denys d'Halicarnasse, et que nous n'avons plus. Il vivait l'an 65 avant J.-C. Catulle, Ovide, Tibulle et Horace font mention de lui.

CAMALDULE. (Voy. AMBROISE.)

CAMARGO (Marie-Anne-Curpi, dite de), l'une des plus célèbres danseuses du 18e siècle, naquit à Bruxelles en 1710. Réfléchissant sur le danger et la frivolité de sa profession, elle se retira du théâtre en 1751, avec une pension de la cour ; et depuis sa retraite jusqu'à sa mort arrivée le 28 avril 1770, elle se fit estimer par une conduite modeste, raisonnable et chrétienne.

CAMBACÉRÈS (l'abbé de), né à Montpellier en 1721, mort le 6 novembre 1802, fut archidiacre dans l'église de cette ville. En 1757, admis à prêcher devant le roi, il ne craignit pas de montrer la décadence de l'État dans les progrès de l'irréligion. Un *Panégyrique de saint Louis*, qu'il prononça devant l'Académie française en 1768, acheva d'établir sa réputation. S'il posséda les talents d'un orateur chrétien, il y joignit la pratique des vertus évangéliques. On a de lui des *Sermons*, 1781, 3 vol. in-12. Il en donna en 1788 une nouvelle édition, même format, précédée d'un *Discours préliminaire*, où les preuves de la religion sont présentées avec force et clarté. On en a donné une troisième édition il y a quelques années.

CAMBACÉRÈS (Jean-Jacques-Régis de), neveu du célèbre prédicateur de ce nom, et frère du cardinal archevêque de Rouen, naquit à Montpellier le 15 octobre 1753, d'une famille distinguée dans la robe, mais peu riche, embrassa la profession d'avocat et se fit bientôt remarquer par ses talents. En 1771, il obtint une charge de conseiller à la cour des comptes, et l en devint rapporteur. Nommé électeur de la noblesse, lors de l'assemblée des États-Généraux, il fut choisi par ses collègues pour être le rédacteur de leurs séances. Il exerça ensuite quelques fonctions administratives, et fut élu, en 1792, député à la Convention. Il travailla beaucoup dans les comités, et s'occupa particulièrement de la partie judiciaire. Le 2 décembre 1792, il fut chargé d'aller demander à Louis XVI les conseils qu'il voulait choisir, et il fit décréter que ces conseils communiqueraient librement avec lui. Lors du procès de ce malheureux prince, Cambacérès le déclara coupable, comme presque tous ses collègues; mais il contesta à la Convention le droit de le juger, en disant : « Le peuple vous a créés législateurs, mais il ne vous a pas institués juges. Il vous a chargés d'établir sa félicité sur des bases immuables, mais il ne vous a pas chargés de prononcer vous-mêmes la condamnation de l'auteur de ses infortunes. » Il vota ensuite les peines prononcées par le Code pénal contre les conspirateurs, avec sursis jusqu'à la paix, époque à laquelle il serait définitivement prononcé sur le sort de Louis, leur exécution dans les vingt-quatre heures en cas d'invasion du territoire français par les ennemis. Après la proclamation de l'arrêt de mort, il réclama pour le roi la permission de voir sa famille et ses conseils, ainsi que la faculté de se choisir un confesseur. On fit droit à cette demande; mais les montagnards murmurèrent, et l'orateur, effrayé, se hâta d'ajouter : « Sans toutefois que l'exécution puisse être retardée au-delà de vingt-quatre heures. » Ces dernières paroles, arrachées par la peur, et qui n'influèrent en rien sur le sort de Louis XVI, le firent cependant proscrire momentanément lors de la réaction de 1815. Le 10 mars 1793, Cambacérès s'éleva avec véhémence contre les pétitionnaires de la section Poissonnière qui dénonçaient Dumouriez; il provoqua même l'arrestation de l'orateur et du président de la section. Cependant, ayant été nommé quelques jours après

membre du comité de salut public, il dénonça la trahison de ce même Dumouriez dont il venait de défendre le civisme; et il annonça que le comité s'était assuré de ceux que leur naissance et leurs liaisons pouvaient faire soupçonner de participer aux projets formés par le général pour le rétablissement de la royauté. Au mois d'octobre, il exposa son premier projet de Code civil, devint président de la Convention, et continua de s'occuper dans les comités de matières législatives jusqu'au 9 thermidor. A l'occasion de la rentrée des soixante-treize députés qui avaient protesté contre les 31 mai et 3 juin, Cambacérès réclama une amnistie entière pour les faits non classés dans le Code pénal, et il présenta un projet d'adresse au peuple français sur les principes qui devaient le diriger. Il combattit aussi la pétition de la section du Panthéon qui demandait le rapport des lois révolutionnaires, notamment de celle du 17 septembre. Dans le mois de janvier 1793, en faisant un rapport sur les membres de la famille royale, il déclara qu'il serait impolitique de les relâcher pendant la guerre, et il fit passer à l'ordre du jour sur la proposition de les mettre en liberté. Dans le même temps, il proposa de substituer le bannissement simple à la déportation ordonnée par des lois tyranniques contre les prêtres insermentés. C'est ainsi que Cambacérès cherchait à louvoyer entre tous les partis : tantôt en proposant des mesures de rigueur, tantôt en paraissant revenir à des principes de modération. Cependant il se trouva compromis dans la correspondance saisie chez Lemaître, ancien secrétaire des finances, et il repoussa vivement l'inculpation par un exposé de sa conduite tout-à-fait dans le sens révolutionnaire. Désigné par le sort pour entrer au conseil des Cinq-Cents, il y obtint de nouveau la présidence. A la même époque et lors de la première organisation de l'Institut national, il fut compris dans la classe des sciences sociales et législatives; il passa depuis dans la classe de la langue et de la littérature françaises (Académie française), et il n'a cessé de faire partie de cette compagnie littéraire que par l'ordonnance du 21 mars 1816. Après la session, il rentra dans la vie privée; mais Sieyès, étant parvenu au Directoire, lui fit obtenir le ministère de la justice. Peu après, Bonaparte ayant été nommé premier consul, Cambacérès fut choisi pour le seconder, et il se résigna facilement à n'être que le premier exécuteur de ses plans; aussi resta-t-il toujours en faveur. Le Code civil et l'organisation judiciaire sont en partie son ouvrage. Lorsque Bonaparte se fit proclamer empereur, il le nomma archi-chancelier de l'empire, et lui donna la présidence perpétuelle du sénat, et les titres de prince, de duc de Parme, avec des revenus et des dotations proportionnés à l'éminence de ces dignités. Cambacérès eut part à presque tous les actes de son gouvernement, particulièrement à ceux qui appartiennent à l'administration intérieure; et s'il lui prodigua, comme beaucoup d'autres, les adulations en de grandes circonstances, il osa lui dire sa pensée : ce fut contre son opinion que le meurtre du duc d'Enghien fut exécuté, et que la guerre de Russie fut entreprise. Il a aussi beaucoup contribué à faire rapporter entièrement les lois contre les émigrés et contre les prêtres insermentés. Pendant les campagnes de Bonaparte, Cambacérès eut la direction suprême des affaires; et lorsque Marie - Louise reçut le titre de régente de l'empire, il fut nommé président de son conseil de régence, et la confiance que cette princesse lui accorda fut complète. Lorsque la nouvelle de l'abdication de Bonaparte fut connue à Blois, Cambacérès envoya son adhésion aux actes du sénat. Il revint ensuite à Paris, où il vécut très-retiré. Au retour de Bonaparte de l'île d'Elbe, il fut appelé aux Tuileries, et il fit quelques efforts, dit-on, pour se dispenser de reprendre le titre d'archi-chancelier de l'empire. Il présida aussi la Chambre des pairs. Le second retour des Bourbons le rendit à sa retraite, où il ne demandait qu'à rester paisiblement; mais on lui appliqua la loi contre les régicides, et il se retira à Bruxelles. Cependant, comme son vote n'avait pas compté pour la mort, il fut rappelé par une décision royale en date du 13 mai 1818, et rétabli dans tous ses droits civils et politiques. Il revint à Paris, où il est mort d'une attaque d'apoplexie le 8 mars 1824. Depuis qu'il avait été privé de toutes ses places, et que le gouvernement impérial avait été renversé, il s'était réfugié dans le sein de la religion, et on le voyait assidûment à Saint-Thomas-d'Aquin, sa paroisse. Son testament, suivant l'ancien usage, commence par ces mots : *Au nom de la très-sainte Trinité*. Il y déclare mourir dans la communion de l'Eglise catholique au sein de laquelle il est né, demande pardon des *fautes innombrables* qu'il a commises, et fait des legs nombreux aux pauvres et aux églises, à la charge de dire des messes pour le repos de son âme. Cambacérès a publié un *Projet de Code civil avec un Discours préliminaire*, 1796, in-8, dont les bases

servirent, en grande partie, à former le *Code-Napoléon*. On lui attribue encore un écrit intitulé : *Constitution de la République française avec les lois y relatives, précédées et suivies de tables chronologiques et alphabétiques*, 1798. La *Vie de Cambacérès* a été publiée par Aubriet, Paris. 1824, in-8.

CAMDEN (Guillaume), surnommé le *Strabon*, le *Varron* et le *Pausanias* d'Angleterre, naquit à Londres en 1551, d'un peintre. La recherche des antiquités de la Grande-Bretagne l'occupa une partie de sa vie. Il la parcourut en entier, et c'est d'après ses propres observations, qu'il publia sa *Britannia*, la meilleure description qu'on eût encore des Iles Britanniques. La reine Elisabeth le récompensa par l'office de roi - d'armes du royaume. Il mourut en 1623, après avoir fondé une chaire d'histoire dans l'Université d'Oxford. On a de lui plusieurs ouvrages : son excellente *Description de l'Angleterre*, réimprimée plusieurs fois sous le titre de *Britannia*, vainement attaquée par un nommé Brooke, et bien accueillie dans tous les temps. La meilleure édition en latin est celle de 1607, et en anglais de 1732. Cet ouvrage a été réimprimé à Londres en 1772, 2 vol. in-folio, fig. Cette description comprend l'Ecosse et l'Irlande; mais comme il est moins exact, que lorsqu'il décrit l'Angleterre qu'il connaissait mieux, on fit ce distique :

Perlustras Anglos oculis, Camdene, duobus,
     Uno oculo Scotos, cæcus Hibernigenas.

Il a été rendu en vers français de la manière suivante :

Camden avec deux yeux observe des Anglais
     Le caractère et le génie,
Quand il décrit l'Ecosse, il ressemble à Cocclès,
Enfin, il est aveugle, en peignant l'Hibernais.

Vitellius a donné un abrégé du *Britannia* (Voy. VITELLIUS.); un *Recueil des historiens d'Angleterre* en 1602, in-fol., qui fut reçu avec le même applaudissement que sa *Description*; des *Annales d'Angleterre sous le règne d'Elisabeth*, 1615 et 1647, en 2 vol. in-folio, et Oxford, 1717, 3 vol. in-8, ouvrage exact, et aussi vrai qu'on pouvait l'attendre d'un homme qui écrivait la vie de sa bienfaitrice; un *Recueil de Lettres*, Londres, 1691, in-4, pleines d'anecdotes sur l'histoire civile et littéraire; *Justitia Britannica*, Londres, 1584, in-8. Il y soutient contre la vérité la plus manifeste, que, lors du schisme et de la fatale séparation d'avec l'Eglise catholique, on n'a fait mourir personne pour cause de religion dans ce royaume, mais que ceux qui ont été mis à mort l'ont été comme séditieux; *Actio in Henricum Garnetum*, Londres,

1607, in-4. Il y veut rendre Henri Garnet complice de la conspiration des poudres, mais bien mal-à-propos. (Voy. JACQUES VI, GARNET); *Reges, Reginæ, etc., in ecclesiâ Westmonasterii sepulti*, etc., Londres, 1606, in-folio; *OEuvres posthumes concernant la Grande-Bretagne, son langage, etc.*, Londres, 1637, in-4, en anglais. Voyez sa *Vie* par Smith, à la tête du *Recueil de ses Lettres*; et son article dans le 23ᵉ vol. de Nicéron.

CAMBON (Joseph), conventionnel, né à Montpellier en 1756, mort le 15 février 1820, fut nommé officier municipal de sa ville natale. Lorsque Louis XVI entreprit son voyage de Montmédy, Cambon allait, de son propre aveu, proclamer la république. Député de l'Hérault à l'assemblée législative, en août 1791, il se montra habile financier, et on lui dut, entre autres choses, le grand-livre de la dette publique. Il fut le dernier des présidents de l'assemblée législative, et on l'élut député à la Convention en septembre 1792. Cambon voulait la république pure et simple, regardant comme son ennemi quiconque tentait de s'élever au-dessus d'elle. Aussi dénonça-t-il, le 25 septembre, la feuille incendiaire de Marat et les actes arbitraires de la commune de Paris. Louvet ayant accusé, le 29, Robespierre de viser à la dictature, Cambon se tourna vers le parti de la *Montagne*, et dit en levant les bras : « Misérables ! « voilà l'arrêt de mort des dictateurs ! » En janvier 1793, il vota la mort de Louis XVI sans appel ni sursis. Au mois de mai, il fut nommé membre du comité du salut public. La commune, dirigée par Robespierre, ayant asservi la Convention, celle-ci, pour persuader au public qu'elle jouissait de toute son indépendance, sortit en corps dans le jardin des Tuileries. Cambon se plaça alors au milieu des girondins, c'est-à-dire de ceux dont les jacobins demandaient la tête. Néanmoins, le même jour, les girondins furent décrétés d'arrestation. Indigné de cet acte tyrannique, Cambon déchira sa carte de député. Après la proscription des girondins, il se rapprocha de la *Montagne*. Cependant, nouveau Danton, sans en avoir toute la férocité, il devint odieux à Robespierre, qui l'attaqua le 8 thermidor; mais Cambon accusa à son tour son antagoniste, et le jour suivant il eut une grande part à sa chute. Une conspiration ourdie par les jacobins contre la Convention et les fauteurs de la mort de Robespierre ayant éclaté le 1ᵉʳ avril 1795, Cambon se cacha dans le faubourg Saint-Antoine. Il prit part à l'insurrection du 20 mai, et fut élu maire de Paris; mais les

insurgés furent repoussés. Du fond de sa retraite, il entendit crier l'arrêt qui le condamnait à mort. Il ne se montra qu'après l'amnistie du 26 octobre, au moment où la Convention avait fait place au Directoire exécutif, publia ensuite une *Lettre à ses concitoyens sur les finances*, et se retira dans un domaine national qu'il avait acheté. En 1815, député à la chambre constituée en vertu de l'acte additionnel, il y insista pour que, dans l'adresse au peuple français, on exprimât librement qu'on ne voulait pas des Bourbons; mais leur retour le força de regagner sa retraite. Compris dans la loi de janvier 1816, contre les régicides, il alla mourir en Belgique.

CAMBRONNE (Pierre-Jacques-Etienne, baron), maréchal-de-camp, né le 26 décembre 1770 à Saint-Sébastien près de Nantes, fut d'abord destiné au commerce; mais la mort de son père l'ayant laissé libre, il s'enrôla dans la garde nationale de Nantes qui marcha contre la Vendée : il y devint successivement sous-officier, officier et capitaine, et montra plusieurs fois son humanité en sauvant des émigrés ou des prêtres. La Vendée pacifiée, il s'embarqua pour l'expédition d'Irlande, passa, au retour, à l'armée des Alpes, puis à celle de l'Helvétie, avec laquelle il combattit à Zurich, où il enleva une batterie russe. Chargé l'année suivante par la cavalerie autrichienne, il vit périr à Oberhausen le brave La Tour d'Auvergne, et reçut de ses soldats un hommage flatteur pour son courage : il fut salué du titre de *premier grenadier de France* que portait le vaillant soldat qui venait d'expirer sous ses yeux; mais il le refusa, continua de se distinguer, fut fait chef de bataillon, colonel, et prit le commandement du troisième de tirailleurs qu'il conduisit en Espagne. Il fit deux ans la guerre des montagnes, exerça ses soldats à cette lutte de surprise et de ruses, les conduisit ensuite en Russie, les ramena en Saxe et combattit avec eux aux affaires de Lutzen, de Bautzen, de Dresde, de Leipsick et de Hanau. Promu au grade de général de brigade, il assista à presque tous les combats qui eurent lieu dans la campagne de 1814, fut blessé à la bataille de Craone, à celle de Paris, et suivit encore tout sanglant Napoléon à l'île d'Elbe. Il revint à la suite de ce prince, commanda son avant-garde, s'empara de Sisteron, de Grasse, de Lyon, et entra le 20 mars à Paris. Nommé grand-officier de la Légion-d'Honneur, comte de l'empire, pair de France, lieutenant-général, il refusa ce dernier titre pour ne pas éveiller la jalousie de ses compagnons d'armes ; il se rendit en Belgique, où il combattit vaillamment à la tête du premier régiment de la vieille garde à Fleurus et à Waterloo où ce corps fut presque entièrement détruit. Pendant toute cette journée, les troupes commandées par Cambronne soutinrent le feu de l'ennemi et le choc des masses prussiennes. Ce fut alors que, manquant de munitions, Cambronne, sommé de se rendre, répondit d'une manière très-énergique, mais ne prononça pas ces mots qu'on lui attribue gratuitement : *La Garde meurt et ne se rend pas !....* Cambronne fut trouvé gisant parmi ses soldats, fut relevé et conduit en Angleterre. Rentré à Calais, il fut conduit sous escorte à Paris, livré à une commission militaire, et fut acquitté. Depuis il reprit du service, commanda à Lille, fut admis à la retraite et mourut en 1842.

CAMBRY (Jacques), né à Lorient en 1749, fut un des fondateurs de l'académie celtique, qui le nomma son président. Il mourut à Cachant près Paris le 31 décembre 1807. Cambry est auteur de plusieurs ouvrages qui ne sont pas sans mérite. Les plus remarquables sont : *Catalogue des objets échappés au vandalisme dans le Finistère*, 1795, in-4 ; *Voyage pittoresque en Suisse et en Italie*, 1800, 2 vol. in-8 ; *Monuments celtiques*, ou *Recherches sur le culte des pierres, précédées d'une notice sur les Celtes et sur les Druides*, etc., 1805, in-8, fig. ; *Manuel*, etc., ou *Vocabulaire polyglottes, alphabétiques et numériques en tableaux, pour le français, l'italien, l'espagnol, l'allemand, l'anglais, le hollandais et le celto-breton*, 1805, en six tableaux in-4, oblong, ouvrage curieux ; *Notice sur l'agriculture des Celtes et des Gaulois*, Paris, 1806, in-8.

CAMBRY (Jeanne de), recluse et écrivain ascétique, naquit à Douai, le 15 novembre 1581 ; son père était premier conseiller en cette ville. Jeanne, mise en demeure par lui de se marier ou d'entrer au couvent, se décida pour la vie religieuse, et entra dans un monastère de l'Ordre de Saint-Augustin, à Notre-Dame-des-Prés, de Tournai ; elle y prononça les vœux solennels en 1605. La Sœur de Cambry voulut établir un nouvel Ordre de la Présentation de la Vierge, mais elle ne put obtenir l'approbation du Pape, et se fit recluse, en 1625, avec l'assentiment de Michel Desne, évêque de Tournai. Elle vécut dans une clôture perpétuelle, et mourut le 19 juillet 1639. Jeanne de Cambry avait composé plusieurs ouvrages de piété : *L'Exercice pour acquérir l'amour de Dieu*. Tournai.

1620, in-12 ; *La ruine de l'amour-propre*, ibid., 1622 et 1627, et Paris, 1645, in-4 ; *Le Flambeau mystique*, Tournai, 1631, in-12 ; *Traité de la réforme du mariage*, ibid., 1656, in-8 ; *Traité de l'excellence de la solitude*, ibid., 1658, in-8. La Vie de J. de Cambry fut publiée à Anvers, en 1659, par P. de Cambry, son frère, chanoine de l'Eglise collégiale de Saint-Hermes, à Renaix. (Voyez l'*Histoire des Ordres monac.*, tom. IV, pag. 328.)

CAMBYSE, fils et successeur de Cyrus, l'an 529 avant Jésus-Christ, porta la guerre en Egypte pour la punir de sa révolte. Ne pouvant s'en ouvrir l'entrée qu'en se rendant maître de Péluse, il plaça dans un assaut au premier rang, des chiens, des brebis et d'autres animaux que les Egyptiens révéraient comme sacrés. Les assiégés n'osant tirer sur leurs dieux, ce stratagème ouvrit la porte aux assiégeants. Cambyse, vainqueur de l'Egypte par une bataille qui décida du sort de ce royaume, tourna ses armes contre les Ammoniens. Il détacha 50,000 hommes pour ravager le pays et détruire le fameux temple de Jupiter-Ammon. La faim, la soif, le vent du midi, détruisirent cette troupe de brigands. Cambyse ne fut pas plus heureux dans son expédition contre les Ethiopiens : une cruelle famine, qui réduisit ses soldats à se manger les uns les autres, le contraignit de retourner sur ses pas. Il revint à Thèbes où il pilla et brûla tous les temples. De là, il se rendit à Memphis, massacrer les prêtres du dieu Apis, et tua lui-même d'un coup de poignard, indigné qu'un veau fût l'objet du culte de ce peuple. Il quitta l'Egypte pour retourner en Perse, où le faux Smerdis s'était fait proclamer roi. Il mourut, peu de temps après, d'une blessure à la cuisse, que lui fit son épée en montant à cheval, l'an 525 avant J.-C. Tous les historiens le représentent comme un tyran emporté. Les meurtres étaient des jeux pour lui. Il ordonna dans un de ses repas au fils de Prexaspe, son grand échanson, de se tenir au bout de la salle, la main gauche sur la tête. Prenant alors son arc, il déclara qu'il en voulait à son cœur, et le perça d'un coup de flèche ; puis lui ayant fait ouvrir le côté : *Voilà*, dit-il à Prexaspe, *le cœur de votre fils ; ai-je la main sûre ?* Le père infortuné lui répondit par une flatterie indigne : *Apollon lui-même ne tirerait pas plus juste*. Ce prince sanguinaire tua son frère dans un accès de frénésie, et, d'un coup de pied dans le ventre, Méroé sa sœur, devenue sa femme et pour lors enceinte.

CAMERARIUS (Joachim), né à Bam...

berg en 1500, mort en 1574, se fit un nom célèbre par l'étendue de ses connaissances. Il possédait les langues, l'histoire, les mathématiques, la médecine, la politique et l'éloquence. Charles V, Maximilien II et quelques autres princes l'honorèrent de leur estime. On a de lui : des *Essais de traduction* de Démosthènes, de Xénophon, d'Homère, de Lucien, de Galien, d'Hérodote, d'Aristote, de Théophraste, Archylas, Sophocles, Thucydide, Esope, Théocrite, Plutarque, Ptolomée de Péluse (l'astronome), Théon d'Alexandrie, etc.; des *Commentaires* et des *remarques* sur l'Ancien-Testament, sur Plaute, Térence, Cicéron, Virgile, Quintilien, etc. et des ouvrages historiques, entre autres : *Historica narratio de fratrum orthodoxorum Ecclesiis in Bohemiâ, Moraviâ et Poloniâ*, Francfort, 1625, in-8 ; ouvrage où le fiel ne coule pas comme dans les ouvrages de la plupart des luthériens de son temps : il blâmait même, au rapport de Bossuet, les guerres entreprises par des protestants d'Allemagne ; *Historia rei nummariæ, et Hippocomicus, seu de curandis equis*, dans les Antiquités grecques de Gronovius ; *Historia Smalckaldici belli*, dans la collection des historiens de l'Allemagne de Freher, de même que *Adnotatio rerum præcipuarum ab anno* 1550, *ad* 1561, qu'il faut lire avec défiance ; *De rebus Turcicis*, Francfort, 1598, in-fol. Bèze dit, en parlant de lui, que « le sentiment géné-« ral des hommes doctes est que l'Alle-« magne n'en a point eu de plus habile « en grec, qu'elle n'en a eu que très-peu « en latin de plus élégants, ni aucun de « plus exact. » Huet (*De claris interpre-"bus*) témoigne « que son style est pur « et châtié, qu'il y a plaisir de le confron-« ter avec le grec qu'il traduit, pour voir « la fidélité qu'il a gardée à ses auteurs.» Enfin on estime généralement ceux de ses ouvrages où il n'a point inséré les erreurs du luthéranisme. Quoiqu'il ait écrit sur la médecine, il ne fut point médecin; les médecins ne l'admettent parmi eux qu'en qualité de polygraphe. Ses ouvrages sur les sciences médicales sont traduits du grec : *Commentarius de theriacis et mithridatis, etc*, Nuremberg, 1531, in-8 ; *Diligens exquisitio nominum quibus partes corporis humani appellari solent, etc*., Bâle, 1551, in-fol. ; *De tractandis equis, etc*., avec une version du grec en latin *De re equestri* de Xénophon, et l'*Historia rei nummariæ, etc*., Tubingue, 1639, in-8, Leipsick, in-8.

CAMERARIUS (Joachim), fils du précédent, et plus profond que son père dans la connaissance de la médecine et de l'his-toire naturelle, naquit à Nuremberg en 1534. Il se refusa à plusieurs princes qui voulurent l'avoir auprès d'eux, pour se livrer entièrement à la chimie et à la botanique. On a de lui plusieurs ouvrages dans ce dernier genre : *Hortus medicus*, Nuremberg, 1588 et 1654, in-8 ; *De plantis*, 1586, in-4 ; *Epistolæ* ; *Electa Georgica, sive opuscula de re rusticâ*, Nuremberg, 1596, in-8. Ce dernier livre est recherché ; la *Vie de Ph. Mélanchton* en latin, 1655, in-8, ou Haller, 1777, in-8, avec des notes curieuses de Srobelius. L'auteur mourut en 1598, avec la réputation d'habile médecin.

CAMERON (Archibald), ministre presbytérien en Ecosse, homme d'un caractère singulier, et chef de la secte des caméroniens, qui, non contents d'avoir fait schisme avec les autres presbytériens, poussèrent le fanatisme jusqu'à déclarer Charles II déchu de la couronne, et se révoltèrent. En 1690, sous le règne de Guillaume III, ils se réunirent aux autres presbytériens. Mais en 1706, s'étant rassemblés en grand nombre, ils recommencèrent exciter de nouveaux troubles en Ecosse, et prirent les armes près d'Edimbourg. Des troupes réglées qu'on envoya contre eux les dispersèrent bientôt. A cette dangereuse bizarrerie de système et de conduite, il est aisé de reconnaître le génie caractéristique des sectes de tous les siècles.

CAMERON (Jean), professeur de grec à Glasgow en Ecosse, sa patrie, passa très-jeune en France en 1600, enseigna à Bergerac, à Sedan, à Saumur et à Montauban. C'était un protestant modéré. S'étant opposé, en 1625, à la fureur des huguenots révoltés contre Louis XIII, il les irrita tellement qu'un d'entre eux faillit le faire expirer sous le bâton. Il mourut de chagrin peu de mois après, à Montauban, âgé de 46 ans. Parmi ses ouvrages on distingue son *Myrothecium evangelicum*, Saumur, 1677, 3 vol. in-4, plein de remarques, où son savoir brille autant que son jugement. On loue encore ses *Prælectiones theologicæ*, Saumur, 1626 et 1628, 3 vol. in-4, et Genève, 1659, in-fol., écrites d'un style un peu diffus, mais net.

CAMILLA (la signora), sœur du pape Sixte V, vint à Rome après l'élection de son frère en 1585. Les cardinaux de Médicis, d'Est et Alexandrin firent habiller cette paysanne en princesse, pour faire leur cour au Pape qui ne voulut pas la reconnaître sous ses habits magnifiques. Le lendemain, Camilla étant retournée au Vatican, vêtue avec plus de simplicité, Sixte V lui dit en l'embrassant, « Vous êtes à présent ma sœur, « et je ne prétends pas qu'un autre que « moi vous donne la qualité de prin- « cesse. » Camilla lui demanda pour toute grâce d'accorder des indulgences à une confrérie dont on l'avait faite la protec- trice. Sixte la logea au palais de Sainte- Marie-Majeure, et lui donna une pen- sion.

CAMILLE (Marcus-Furius), illustre par ses vertus militaires et civiles, fut créé dictateur et termina glorieusement le siége de Véies, qui depuis dix ans oc- cupait les principales forces des Romains. Après avoir triomphé des Volsques, il por- ta ses armes contre les Falisques, l'an 396 avant J.-C. Leur ville capitale se rendit à sa générosité, comme Véies s'était ren- due à son courage. Un maître d'école lui ayant amené la jeunesse dont il était chargé, Camille frémit d'horreur en voyant cette perfidie : « Apprends, traî- « tre, lui dit-il, que si nous avons les ar- « mes à la main, ce n'est pas pour nous « en servir contre un âge qu'on épargne, « même dans le saccagement des villes.» Aussitôt il fit dépouiller ce perfide, en ordonnant à ses élèves de le ramener à la ville à coups de verges. Les Falisques, touchés de sa grandeur d'âme, se don- nèrent de bon cœur à la république. De si grands services méritaient une recon- naissance signalée ; mais Rome fut in- grate. Un romain ayant osé l'accuser d'avoir détourné une partie du butin fait à Véies, il s'exila volontairement, et il fut condamné à l'amende par contumace. Ce grand homme, quittant sa patrie, de- manda, dit-on, aux dieux, que, s'il était innocent, ils réduisissent bientôt les Ro- mains à la nécessité de le regretter. Ses vœux ne tardèrent pas d'être accomplis. Les Gaulois s'étant présentés devant Rome, le sénat sentant le besoin qu'il avait d'un homme qui seul valait une armée, cassa l'acte de sa condamnation, et le créa dictateur pour la seconde fois. Le tribun Sulpitius était déjà convenu avec le général gaulois d'une somme, moyennant laquelle il devait se retirer. Camille, survenu dans le moment, dit au barbare : « Rome ne traite point avec « ses ennemis, lorsqu'ils sont sur ses « terres ; ce sera le fer et non l'or qui « nous rachètera : » et tout de suite il lui livre bataille, le met en fuite et le chasse des Etats de la république. La dic- tature de ce grand homme ayant été pro- longée, il calma les factions des tribuns du peuple qui voulait s'établir à Véies, l'engagea à demeurer à Rome et à re- bâtir la ville, qui se releva bientôt de ses ruines. Camille, créé dictateur pour la troisième fois, soumet les Eques, les Volsques, les Etrusques, les Latins, les Herniques, en un mot, tous les ennemis de la république. Il triompha pour la troisième fois. On consacra dans le tem- ple de Junon trois coupes d'or inscrites de son nom. On lui donna le nom de Ro- mulus, de père de la patrie, de nouveau fondateur de Rome. On lui décerna la dictature pour la cinquième fois. Une nouvelle armée de Gaulois s'étant pré- sentée, ce héros, ce bon citoyen, quoique âgé de près de 80 ans, les chassa des terres de la république. Il mourut de la peste l'an 365 avant J.-C., après avoir apaisé une nouvelle sédition, et avoir retenu sa patrie sur le bord du précipice, où le choc des divers intérêts, l'orgueil et l'emportement allaient l'entraîner. Aussi lui éleva-t-on une statue équestre dans le marché de Rome.

CAMILLE DE SANT-VINCENT (Anne- Merlin, plus connue sous le nom de Sœur), se consacra comme la Sœur Mar- the (Voyez ce nom) au soulagement de toutes les misères ; comme elle aussi elle prodigua ses soins à nos soldats, et pansa les blessés pendant les invasions de 1814 et 1815. Lorsque la fièvre jaune se déclara à Barcelone en 1821, Sœur Camille y accourut avec le docteur Pari- set, Bailly et François, et y déploya le plus noble dévouement. A son retour en France, les Chambres lui votèrent une pension de 500 francs, et Louis XVIII lui accorda une décoration. Cette pieuse et charitable fille est morte à Saint-Amand (Cher), le 17 mars 1829.

CAMOENS (Louis de), d'une ancienne famille de Portugal, originaire d'Espa- gne, naquit à Lisbonne en 1517. Une ima- gination vive, beaucoup d'ardeur pour la gloire et la poésie, annoncèrent de bonne heure ce qu'il pouvait devenir. Il parut à la cour, et s'y attira des disgrâ- ces. Exilé à Santaren dans l'Estramadure, il chanta son exil comme Ovide, et se garda bien de l'attribuer à ses satires trop emportées et à ses galanteries peu discrètes. Désespéré de sa situation, il se fit soldat, et servit dans la flotte que les Portugais envoyèrent contre les habitants de Maroc. Il composait des vers au mi- lieu des batailles ; les périls de la guerre animaient sa verve poétique, qui à son tour exaltait son courage militaire. De retour dans sa patrie, il espérait que, si son talent était méconnu, du moins ses blessures seraient récompensées. Il se trompa. Justement indigné de l'oubli dans lequel on le laissait, il s'embarqua pour les Indes en 1553, et protesta dans un chant de départ plein d'amertume que son ingrate patrie n'aurait pas ses os. Arrivé à Goa, où les Portugais avaient fondé un des plus beaux établissements de l'Inde, Camoëns sentit vivement la grandeur de la découverte de Vasco de Gama. Cette expédition à travers des mers nouvelles, et mille périls, vers un but inconnu; l'intrépidité de ces hommes, le génie de leur chef, de ce hardi Vasco, ouvrant à sa patrie une si large voie de commerce, et atteignant, par des mers ignorées, qui avaient paru jusque-là impraticables, un pays où les anciens avaient à peine pénétré par terre et avec de longs efforts; les exploits enfin qui signalèrent dans ces parages les braves compagnons de ce digne chef, tout cela lui parut si grand et si glorieux que, malgré les injustices dont ses compatriotes l'avaient accablé, il conçut l'idée de consacrer ces faits à la mémoire et d'élever un monument durable à la gloire de son pays. Il mit sur-le-champ la main à l'œuvre, et ne fut distrait que par de nouvelles disgrâces. Son amabilité et les agréments de son esprit lui avaient fait bientôt des amis, mais son humeur satirique ne tarda pas beaucoup de ces lui faire perdre. Révolté par les abus qui se commettaient dans l'administration des affaires de l'Inde, Camoëns composa sur ce sujet une satire dont le vice-roi de Goa fut si indigné qu'il l'exila à Macao. Il y passa plusieurs années, durant lesquelles il acheva son poëme de la Lusiade, qu'il n'avait qu'à demi ébauché pendant son séjour à Goa. Rappelé de son exil, Camoëns quitta sans peine cette terre où il venait de fonder ses titres à une immortelle célébrité. Dans la traversée de Macao à Goa, le vaisseau qui le portait fit naufrage à l'embouchure de la rivière Mécou en Cochinchine, et Camoëns se sauva à la nage, tenant son poëme de la main droite et nageant de la gauche. Il revit Goa, et il y fut mis en prison, au nom de quelques créanciers. Ses amis s'intéressèrent pour lui, et il put, en 1569, s'embarquer pour Lisbonne, avec son poëme, le seul trésor qui lui restât. Il y avait seize ans qu'il n'avait vu cette capitale; qu'y venait-il chercher? Il croyait y trouver la gloire et les récompenses que méritaient son génie et ses travaux, il n'y trouva que l'affreuse misère. La publication de son poëme de la Lusiade, recherché avec ardeur et applaudi avec transport, lui attira de grands éloges et rien de plus. Le roi Sébastien, encore jeune, prit intérêt à Camoëns, accepta la dédicace de son ouvrage et lui fit une pension. Mais à peine le poëte jouissait-il de cette auguste faveur, qu'il en fut soudainement privé

par un événement fatal. Sébastien reçut la mort dans son expédition contre les Maures d'Afrique, en 1578, au combat d'Alcaçar devant Maroc. A cette mort, tout changea en Portugal. Une dynastie finissait avec Sébastien, et le royaume passa à une famille étrangère. Dès lors, tout fut fini aussi pour Camoëns, et sa vie ne fut plus qu'un combat contre la faim. Toutefois un ami lui restait; Antoine, pauvre esclave qu'il s'était attaché dans l'Inde, allait mendier de porte en porte, et revenait partager avec lui. Cet esclave, plus sensible que les courtisans et les compatriotes du poëte, ne le quitta qu'à la mort. Le chagrin et l'épuisement purent hâter celle de Camoëns. L'indigence le conduisit dans un hôpital, où la mort ne tarda pas de venir trouver, en 1579. Il était alors âgé de 62 ans. On s'empressa de charger son tombeau d'épitaphes. L'Espagne et le Portugal le comblèrent d'éloges, et il faut avouer qu'il les méritait à certains égards. Quinze ans après sa mort, ses compatriotes élevèrent un monument à sa mémoire. Sans marcher sur les pas d'Homère et de Virgile, l'auteur de la Lusiade a plu et plaît encore. Son poëme ne sera, si l'on veut, que la relation d'un voyageur poëte, et l'histoire de la découverte des Indes-Orientales par les Portugais; mais cette relation est ornée de fictions hardies et neuves. Son épisode d'Inès de Castro est d'une beauté touchante. La description du géant Adamastor, gardien du Cap des Tourmentes, est un morceau égal à tout ce que l'imagination des plus grands poëtes a pu produire. En général, il y a de la vérité et de la chaleur dans ses descriptions. Les lieux, les mœurs, les caractères y sont bien peints, les images variées, les passions bien rendues, les récits charmants. Le poëte passe, avec une facilité surprenante, du sublime au gracieux et du gracieux au simple. Mais ces beautés n'empêchent pas qu'on ne reproche, avec raison, à Camoëns le peu de liaison qui règne dans son ouvrage, le ridicule mêlé souvent avec le beau, et surtout le mélange monstrueux des dieux du paganisme avec les saints de la religion chrétienne. « Le principal but des Portugais après l'établissement de leur commerce, dit Voltaire (Essai sur la poésie épique), est la propagation de la foi, et Vénus se charge du succès de l'entreprise. A parler sérieusement, un merveilleux si absurde défigure tout l'ouvrage aux yeux des lecteurs sensés. Il semble que ce grand défaut eût dû faire tomber ce poëme; mais la poésie du style et l'imagination dans l'expression l'ont soutenu;

de même que les beautés de l'exécution ont placé Paul Véronèse parmi les grands peintres, quoiqu'il ait placé des Pères bénédictins et des soldats suisses dans des sujets de l'Ancien-Testament. Le Camoëns tombe presque toujours dans de tels disparates. »—« Le merveilleux dans la *Lusiade*, dit Blair (*Cours de Rhétorique*), est le comble de l'extravagance. C'est un mélange bizarre des mystères du Christianisme et de la Mythologie des païens, mélange disposé de manière que les dieux de la fable semblent être les seules divinités puissantes ; le Christ et la Vierge n'y sont que des agents subordonnés... Vénus est la protectrice des Européens, Bacchus est leur divinité ennemie ; ce dieu voit avec douleur les efforts de Vasco de Gama pour éclipser la gloire dont il remplissait les Indes. Les dieux s'assemblent, et dans le conseil, c'est Jupiter qui prédit la chute du mahométisme, et la propagation du saint Evangile. Vasco, battu par la tempête, et sur le point de périr, implore le Dieu des chrétiens, Jésus-Christ et la Vierge, et les supplie de lui accorder un secours miraculeux. Vénus se charge du soin d'exaucer cette prière ; elle paraît et découvre que c'est Bacchus qui a suscité la tempête ; elle va s'en plaindre à Jupiter, qui rétablit le calme sur l'Océan. Un merveilleux si étrange et si déplacé montre combien peuvent s'égarer les auteurs qui adoptent cette opinion absurde, qu'il n'existe pas d'épopée sans l'intervention des dieux d'Homère. Il est vrai qu'à la fin de l'ouvrage l'auteur donne une espèce de correctif à sa Mythologie ; mais ce correctif est fort maladroit. La déesse Thétis apprend à Vasco qu'elle-même et les autres divinités du paganisme ne sont autre chose que les expressions des grandes opérations de la Providence. »—« Le poëme de Camoëns, dit Dussaults (*Ann. littér.*), est une histoire versifiée comme celui de Lucain ; ses fictions sont un mélange monstrueux et barbare du sacré et du profane ; les imitations des poëtes de l'antiquité sont souvent dénuées de délicatesse et de goût ; et tous ses défauts réunis me disposent à penser que son style, si vanté par ses compatriotes, pourrait bien ne pas mériter, dans sa totalité, les éloges qu'ils en font, etc.... » Ajoutons à ces défauts celui-ci : Vénus, aidée des conseils du Père Eternel, et secondée des flèches de Cupidon, rend les Néréides amoureuses des Portugais dans une île enchantée, dont Camoëns fait une description très-licencieuse. *La Lusiade* fut imprimée à Lisbonne en 1572, in-fol., et réimprimée à Paris en 1759,

en 3 vol. in-12. Malgré ses défauts, elle a été traduite en plusieurs langues. La meilleure version que nous eussions en France était celle de du Perron de Castera, 1735, 3 vol. in-12, avec des *notes* et une *Vie* de l'auteur. M. de La Harpe en a publié une autre en 1776, en 2 vol. in-8. On a encore de Camoëns un *Recueil de poésies* moins connues que sa *Lusiade*.

CAMPAN (née Jeanne-Louise-Henriette GENEST) vit le jour à Paris, le 6 octobre 1752. Son père, premier commis des affaires étrangères, lui fit donner une éducation brillante. Ses connaissances variées et ses talents attirèrent sur elle l'attention de la duchesse de Choiseul, qui la fit nommer, à 15 ans, lectrice de Mesdames, filles de Louis XV. Marie-Antoinette la prit en amitié, et, pour se l'attacher, elle la maria au fils de Campan, son secrétaire intime ; bientôt elle la nomma sa première femme de chambre, en lui permettant de conserver sa charge de lectrice auprès de ses tantes. Marie-Antoinette continua à la combler de ses bontés, et l'honora de sa confiance dans les temps les plus difficiles, jusqu'à l'époque funeste du 10 août, où elle fut renfermée au Temple. Madame Campan, qui avait passé la nuit au château des Tuileries avec la reine, et qui avait failli d'y être égorgée, voulait suivre cette malheureuse princesse dans sa prison ; mais cette faveur lui fut durement refusée par Péthion, qui la menaça même de l'envoyer à la Force, si elle insistait plus longtemps. Elle se retira à Comberlin, dans la vallée de Chevreuse, où elle eut le bonheur d'échapper aux proscriptions révolutionnaires. Se trouvant sans fortune, elle ouvrit, après le 9 thermidor, à Saint-Germain, un pensionnat qui ne tarda pas à jouir d'une grande célébrité ; et pour donner plus de confiance à son établissement, elle avait pris avec elle une religieuse de l'Enfant-Jésus. Au bout d'un an, elle avait déjà soixante élèves appartenant à des familles les plus distinguées, et bientôt elle en eut cent. L'année suivante, madame de Beauharnais lui confia ses enfants, et Buonaparte, à son retour d'Italie, voulut visiter son établissement. Etant monté sur le trône, il forma le projet d'instituer une maison d'éducation à l'instar de celle de Saint-Cyr, pour les enfants des membres de la Légion-d'Honneur, et il plaça cet établissement à Ecouen, sous la direction de madame Campan. Au retour des Bourbons, la maison d'Ecouen fut supprimée. Madame Campan eut même le chagrin de voir reproduire contre elle d'anciennes accusations de trahison à l'égard de la reine, sa bienfaitrice. Quoi qu'il en soit, elle resta en disgrâce et se retira à Nantes, où un nouveau malheur vint l'accabler; elle y vit mourir son fils unique, qui avait été destitué de la place de commissaire-général de police qu'il remplissait à Toulouse. Une maladie cruelle, qui exigea une opération plus cruelle encore, la conduisit au tombeau le 16 mars 1822. On a d'elle : *Conversations d'une mère avec ses filles; Mémoires sur la vie privée de Marie-Antoinette, reine de France et de Navarre, suivis de Souvenirs et Anecdotes historiques sur les règnes de Louis XIV, Louis XV et Louis XVI*, 1822, 3 vol. in-8; *De l'Education des femmes*, 1823, 2 vol. in-8; *Conseils aux jeunes filles*, 1825, in-12; des *Nouvelles* et des *Comédies morales*.

CAMPANELLA (Thomas), dominicain calabrois, né dans un petit bourg nommé Stillo, en 1568, s'attira des disgrâces par son humeur turbulente et par son esprit inquiet et dangereux. Il fut mis en prison, accusé d'avoir voulu livrer la ville de Naples aux ennemis de l'Etat, et d'avoir des sentiments erronés. La suite vérifia mieux cette dernière accusation que la première. Campanella fut 27 ans en prison. Il y essuya jusqu'à sept fois la question pendant 24 heures de suite, et n'en sortit qu'à la sollicitation du pape Urbain VIII. Il vint à Paris en 1624, y fut protégé par le cardinal de Richelieu, et y mourut en 1639, à 71 ans, pour avoir pris de l'antimoine. On a de lui des écrits de philosophie et de théologie, dans lesquels il se montre plus singulier que judicieux. Il avait de l'esprit, mais peu de jugement, et il fut encore un de ces écrivains qui se plaignent toujours des autres, et n'ont à se plaindre que d'eux-mêmes. Celui de tous ses ouvrages qui a fait le plus de bruit est son *Atheismus triumphatus*, Rome, in-fol., 1631, Paris, 1636, in-4. Quoique les bibliographes rangent ordinairement cet ouvrage parmi les apologistes de la religion, on prétend qu'il serait mieux placé parmi ses adversaires. En faisant semblant d'y combattre les athées, Campanella semble les favoriser, en répondant très-faiblement aux arguments qu'il leur prête, d'où vient qu'on a dit qu'il aurait dû l'intituler : *Atheismus triumphans*. C'est la seule raison qui peut le faire rechercher, quoiqu'il ne mérite pas d'être lu. Sa *Monarchia Messia*, 1633, in-4, est encore au nombre de ces livres qu'on recherche et qu'on méprise. (Voyez le 7e vol. des *Mémoires* du Père Nicéron.)

CAMPANI (Jean-Antoine) naquit en 1427, suivant Nicéron et Cavello, dans la campagne de Rome, et suivant d'autres près de Capoue, d'une paysanne qui accoucha de lui sous un laurier. De berger, devenu valet d'un curé, il apprit assez de latin sous son nouveau maître pour être précepteur à Naples. Ses talents lui ayant acquis de la réputation, Pie II le nomma évêque de Crotone et ensuite de Téramo. Paul II et Sixte IV l'employèrent dans des affaires très-difficiles. Ce dernier Pontife, le soupçonnant d'être entré dans une conspiration tramée contre lui, le bannit de toutes les terres de l'Eglise. Campani, consumé par la maladie et le chagrin, mourut à Sienne en 1477. Il avait signalé plusieurs fois son éloquence en public, entre autres à la diète de Ratisbonne. Parmi ses illustres amis, on distinguait le cardinal de Bessarion. Campani fit un jour vingt vers à la louange de ce cardinal, qu'il fit chanter en carnaval par des musiciens masqués. Ils plurent si fort à Bessarion, qu'il donna aux musiciens autant de ducats qu'il y avait de vers; et comme Campani feignait d'en ignorer l'auteur, Bessarion lui dit, en lui prenant la main : *Où sont ces doigts, Campani, qui ont écrit tant de mensonges de moi?* et lui mit au doigt une bague de 60 ducats. Il nous reste de lui plusieurs ouvrages écrits quelquefois avec licence, mais presque toujours avec politesse et avec esprit. On peut dire de son style : *sapit antiquitatem*, du moins dans les endroits qu'il s'est donné la peine de limer. Ses principales productions sont : *Epistolæ et poemata*, Leipsick, 1707, in-8, édition donnée par Jean Burchard Menkenius, avec la *Vie* de l'auteur. La gaîté règne dans toutes ses lettres; *Andreæ Brachii vita*, qui a été traduite en italien par Piccini; une édition de *Tite-Live*, corrigée sur plusieurs manuscrits, Rome, 3 vol. in-fol.; *Vita Pii II* dans la *Collection* de Muratori; *Opera varia*, in-fol., Rome, 1495, rare. (Voyez son *Eloge* dans le deuxième volume des *Mémoires* de Nicéron.)

CAMPANI ALIMENIS (Matthieu), né dans le diocèse de Spolète, curé à Rome, apprit, dans un écrit estimé des savants, la manière de bien tailler les verres des lunettes. On lui doit aussi les pendules muettes, et cette lanterne employée depuis dans la lanterne magique, par le moyen de laquelle les objets paraissent pendant la nuit peints distinctement sur un drap. Les autres inventions dont on lui est redevable répandirent son nom dans l'Europe. — Joseph CAMPANI, son cadet et son élève, exécutait avec beaucoup de justesse ce que son frère imaginait. Ces deux artistes ingénieux vivaient encore en 1678.

CAMPANILE, né en 1762, mort à Naples le 2 mars 1835, entra dans l'Ordre de Saint-Dominique et fut nommé, en 1802, préfet des missions de la Mésopotamie et du Kurdistan. Après avoir exercé le ministère dans les missions pendant treize ans, le Père Campanile revint à Naples, où il prêcha avec un grand succès. Nommé professeur-suppléant de langue arabe dans l'Université de cette ville, il publia, en 1818, une *Histoire du Kurdistan et des sectes religieuses qui s'y trouvent*. Cet ouvrage a de l'intérêt par les détails nouveaux et curieux qu'il donne sur les mœurs et les usages du pays. On doit encore au Père Campanile quelques *opuscules*.

CAMPANUS, savant mathématicien de Lombardie dans le 11ᵉ siècle, dont on a : *Euclidis data*, Venise, 1582, in-fol. ; *Elementa*, Bâle, 1546, in-fol.

CAMPBELL (Georges), théologien écossais, mort en 1796, est auteur d'une *Traduction* de la *Bible* et de plusieurs autres ouvrages.

CAMPBELL (Jean), né à Edimbourg le 8 mars 1708, consacra toute sa vie aux travaux du cabinet. Quoique d'une complexion délicate, sa sobriété fit qu'il jouit d'une assez bonne santé, et vécut jusqu'à l'âge de 67 ans, étant mort le 28 décembre 1775. On lui doit grand nombre d'ouvrages, entre autres : *Histoire militaire du prince Eugène et du duc de Marlborough*, 1736, 2 v. in-f. ; *Vies des amiraux et des autres officiers de la marine anglaise*, qui se sont rendus célèbres, Londres, 1742, 2 vol. in-8 ; on y trouve beaucoup de particularités touchant les colonies et le commerce de l'Angleterre. Il avait été fait agent de la colonie de Géorgie en 1765, ce qui lui procura beaucoup de renseignements ; *Voyages et aventures d'Edouard Brown*, in-8 : *Mémoires du duc de Ripperda*, 1740, in-8 ; *Histoire abrégée de l'Amérique espagnole*, 1741, in-8 ; *Collection de voyages*, 2 v. in-fol. : elle peut servir de suite à celle de Jean Harris ; *Biographia Britannica*, 1745-1748, 2 vol. in-fol ; l'*Art de prolonger la vie et la vigueur de l'esprit*, 1749, in-8. Il est fait sur le modèle du *Hygiasticon* de Lessius, si ce n'en est pas la traduction. Il a travaillé en société à la partie de l'*Histoire moderne* dans l'*Histoire universelle*, par une société d'Anglais, qui semblent avoir pris à tâche de défigurer tous les monuments historiques. (Voyez CALMET.) On a encore de Campbell une *Dissertation sur les miracles*, Paris, 1767,

où il réfute l'*Essai sur les miracles, etc.*, de David Hume.

CAMPBELL (Thomas), célèbre poëte anglais, né le 27 juillet 1777, à Glascow, mort à Boulogne-sur-Mer, le 15 juin 1844, n'avait que 20 ans, lorsqu'il fit paraître *Les plaisirs de l'espérance*, que Byron regardait comme le meilleur poëme didactique de la langue anglaise. Non moins savant que poëte, il ouvrit un cours public de littérature, et publia un choix des meilleurs morceaux de poésie anglaise, avec des remarques qui le mirent au premier rang des prosateurs, Londres, 1819, 17 vol. in-8. En 1820, il fonda le *New Monthly Magazine*, dont il abandonna la rédaction, en 1830, pour fonder ensuite le *Metropolitan Magazine*. La meilleure édition de ses *Œuvres* poétiques est celle de Londres, 1828, 2 vol. in-8.

CAMPE (Joachim-Henri), célèbre écrivain allemand, naquit en 1746, à Deusen, dans la principauté de Brunswick-Wolfenbutel, accepta une place d'aumônier dans le 1ᵉʳ régiment du prince de Prusse en garnison à Postdam, à laquelle il renonça bientôt pour se livrer uniquement à l'éducation de la jeunesse. Le mauvais état de sa santé le détermina à voyager en 1789, et il se rendit à Paris. Appelé par la voix des novateurs, il lui fallut, comme à plus d'un homme de bien, les crimes de la Révolution pour le désabuser. Il fut du nombre des savants étrangers auxquels l'Assemblée nationale offrit le titre et les droits de citoyen français. Dégoûté du monde et des affaires, il se retira dans sa maison de campagne près de Brunswick, et il mourut le 24 novembre 1818. Il a publié un très-grand nombre d'ouvrages en allemand, qui lui assurent un rang distingué parmi les écrivains de sa nation. On admire surtout, dans ses livres d'éducation, le don rare de faire concevoir aux enfants les idées les plus abstraites, et la facilité avec laquelle il sait conformer son langage au degré de leur intelligence. Ils sont en outre écrits d'un style pur et naturel. Les principaux sont : *Conversations philosophiques sur la révélation indirecte de la religion et sur l'insuffisance de quelques démonstrations qui les concernent*, Berlin, 1778, in-8 ; *Commentaire philosophique sur ces mots de Plutarque : La vertu est une longue habitude*, ou *De la Manière dont se forment les inclinations vertueuses*, Berlin, 1774, in-8 ; *Les Facultés de l'âme humaine de sentir et de connaître*, considérées la première, d'après ses lois, et toutes les deux d'après l'influence qu'elles exercent l'une sur l'autre, et de leurs effets sur le caractère et le génie, Leipsick, 1776, in-8; *Conversations relatives à l'éducation*, avec Basedow, Dessau, 1777, 4 cahiers in-8; *Petit livre de morale à l'usage des enfants*, Brunswick, 1777, in-8, très-souvent réimprimé. Il a été aussi publié en latin sous ce titre: *De Moribus libellus singularis*, 1784, in-8, et trad. en français, Paris 1799, in-12; *Recueil de différents Mémoires sur l'éducation*, Leipsick, 1778, 2 vol. in-8; *Compendium artis vivendi ex Erasmi Roterodami libro de civilitate morum puerilium*, Hambourg, 1778; *Petite bibliothèque des enfants*, Hambourg, 1779, 12 vol. in-16, et Brunswick, 12 vol. in-12, traduite en français dans la *Bibliothèque géographique et instructive des jeunes gens*, publiée par Breton, et imitée par Berquin dans son *Ami des enfants*; *De la Sentimentalité et de la sensibilité sous le rapport de l'éducation*, Hambourg, 1779, in-8. Ce petit traité, qui a pour objet d'enseigner les moyens de conserver l'équilibre entre les facultés humaines, a été réimprimé sous ce titre: *Des Soins nécessaires pour conserver l'équilibre entre les facultés humaines, et Avis particulier contre le vice moderne de l'exaltation de la sentimentalité dans la révision générale des matières relatives aux écoles et à l'éducation*; *Le nouveau Robinson*, 1779, 2 vol. in-8: ce n'est point une traduction du *Robinson Crusoé*. Campe n'en a conservé que le fond; et en adoptant la forme du dialogue qui amène des explications très-instructives, il en a fait un des meilleurs ouvrages élémentaires que l'on puisse mettre entre les mains des enfants; il a été traduit dans toutes les langues, et il en existe plusieurs traductions françaises. La plus répandue est en 2 vol. in-12, Paris, 1818; la *Découverte de l'Amérique pour l'instruction et l'amusement des jeunes gens*, Hambourg, 1781, 3 vol. in-8. Plusieurs éditions de cet ouvrage, qui fait suite au précédent, ont aussi obtenu le plus grand succès. Il a été traduit en français, Paris, 1827, 2 vol. in-12, avec 8 fig., sous le titre de l'*Histoire et découverte de l'Amérique*. Cette dernière traduction n'est pas aussi complète que la précédente; mais elle renferme tout ce qu'il y a de plus intéressant. L'auteur s'est borné à en retrancher quelques longueurs et les germanismes qui déparaient cet ouvrage; *Petite Psychologie pour les enfants*, Hambourg, 1780, in-8, avec 4 planches; et Brunswick, 1804, traduite en français sous le titre d'*Éléments de Psychologie, ou Leçons élémen-

taires sur l'âme à l'usage des enfants, Genève, 1785, in-12, avec 16 planches; *Théophron, ou le Guide de la jeunesse*, Hambourg, 1783, plusieurs éditions. Il a été traduit en français, Brunswick, 1798, in-8; *Conseil paternel à ma fille*, 1789, in-8: c'est le pendant du précédent ouvrage; *Révision générale de toutes les matières relatives aux écoles et à l'éducation*, Hambourg, 1785-92, 16 vol. in-8. On y trouve réuni tout ce qui a été écrit d'utile sur l'éducation, par Quintilien, Fénélon, Locke, Rousseau et les moralistes de tous les âges. Campe a enrichi le tout de notes, d'observations et de discussions importantes, qui ne sont pas ce qu'il y a de moins bon dans ce recueil. On en a publié un extrait, Wurtzbourg, 1800, 3 vol. in-8; *Lettres écrites de Paris pendant la Révolution*, 1790, in-8; *Échantillon de quelques essais pour enrichir la langue allemande*, Brunswick, 1791, 1792 et 1794, in-8; *Dictionnaire pour expliquer et pour rendre en allemand les expressions étrangères que la langue allemande a été contrainte d'adopter, servant de supplément au Dictionnaire d'Adelung*, 1801, 2 vol. in-4; *Essai pour fixer d'une manière plus positive et rendre en allemand les termes scientifiques de la grammaire*, 1804, in-8; *Mémoire pour servir au perfectionnement ultérieur de la langue allemande, par une société d'amis de cette langue*, Brunswick, 1795-97, 3 vol. en 9 parties in-8; *Dictionnaire allemand*, Brunswick, 1807-1811, 5 vol. in-4; *Voyage en Angleterre et en France en forme de lettres*, Brunswick, 1803, 2 vol. in-8, avec fig. Campe a été aussi un des éditeurs du *Journal de Brunswick* pendant les années 1788 et 1789.

CAMPÉGE, ou CAMPEGGI (Laurent), bolonais, cardinal de la création de Léon X, avait été marié avant que d'entrer dans l'état ecclésiastique. Clément VII l'envoya, en 1524, en Allemagne avec la qualité de légat, pour assister à une nouvelle diète convoquée à Nuremberg; mais il ne put rien obtenir de cette assemblée. Quatre ans après, en 1528, on l'envoya à Londres pour être adjoint de Volsey dans le jugement sur le divorce de Henri VIII avec Catherine d'Aragon. Il dit à l'un et à l'autre ce qu'ils devaient attendre d'un légat sage et pacifique. Il allégua au roi le tort qu'il faisait à sa réputation, le mécontentement des Anglais, le désespoir d'une princesse pleine de vertus et de raison. N'ayant pu rien obtenir de l'opiniâtreté de Henri, il voulut, dit-on, persuader à la reine de se laisser séparer d'un époux dont elle n'avait ni le cœur ni la confiance ; de sacrifier ses droits au repos de l'Europe, menacée de la guerre et d'un schisme ; mais cette proposition ne peut s'entendre que d'une simple séparation, et point de la dissolution d'un mariage reconnu valide, et que nulle autorité ne pouvait rompre. Il est reconnu, chez les catholiques, qu'aucune cause, pas même celle d'adultère (qui d'ailleurs n'était pas le prétexte allégué par Henri), ne peut délier le nœud du mariage ; on sait encore que l'opinion contraire a été rejetée au concile de Trente, et combien de désordres elle a occasionnés chez les protestants, où elle a introduit une véritable polygamie. Campége, n'ayant rien pu conclure, revint à Rome, et y mourut en 1539. On trouve plusieurs de ses lettres, importantes pour l'histoire de son temps, dans le recueil intitulé : *Epistolarum miscellanearum libri X*, Bâle, 1550, in-folio. Sigonius a donné la *Vie* de ce cardinal, qui a été traduite en français par Maucroix, Paris, 1677, in-12.

CAMPEN (Jean van den), savant hollandais, naquit dans l'Over-Yssel aux environs de la ville de Campen, vers l'an 1490, fit de grands progrès dans l'étude des langues grecque, latine et hébraïque, et fut professeur d'hébreu à Louvain, pendant plusieurs années. De là, il voyagea dans une grande partie de l'Europe : la peste l'enleva à Fribourg le 7 septembre 1538. Nous avons de lui : une *Grammaire hébraïque*, en latin, imprimée sous différents titres à Paris, 1520 et 1533, Louvain, 1528. Elle est fort méthodique, dégagée des ennuyeuses minuties dont on a farci la plupart de celles qui ont paru depuis; *Paraphrase et interprétation des Psaumes selon la vérité hébraïque*, in-16 en latin, dont il y a eu un très-grand nombre d'éditions dans le 16e siècle, à Nuremberg, à Lyon, à Paris, à Anvers, à Strasbourg, à Bâle. Elle a été traduite en français, en allemand, en flamand et en anglais; on a joint à quelques-unes de ces éditions une *Paraphrase sur l'Ecclésiaste* du même Campen. Cet auteur a fort bien saisi le sens littéral de la plupart des psaumes, et expliqué heureusement une partie des difficultés qui s'y rencontrent.

CAMPEN (Jacques van), peintre et architecte, né à Harlem, se perfectionna dans son art en Italie. A son retour, il bâtit le palais du prince Maurice à La Haye, l'hôtel-de-ville d'Amsterdam, un des plus beaux bâtiments de la Hollande, et mourut en 1638.

CAMPENON (Vincent), né à la Guadeloupe le 29 mars 1772, débuta fort jeune dans la carrière poétique que son oncle Léonard avait déjà parcourue avec succès. Au sortir du collége, il publia le *Voyage de Grenoble à Chambéry*, mélange de prose et de vers, où se trouvent des observations fines, des descriptions gracieuses, des plaisanteries de bon goût. Il devint dès lors l'un des collaborateurs de l'*Almanach des Muses*, où son nom se trouve associé à ceux de Chénier, Delille, Lebrun, Millevoye. Parmi les pièces légères insérées par lui dans ce recueil, on cite particulièrement : l'*Attente*, l'*Insomnie*, les *Elysées*. Un *Epithalame*, qu'il composa à l'occasion du mariage de Napoléon et de Marie-Louise, attira sur lui les faveurs du gouvernement, et il fut nommé commissaire impérial du théâtre de l'Opéra-Comique, puis chef-adjoint de la première division de l'Université. Deux ouvrages d'un genre plus sérieux : la *Maison des champs* et l'*Enfant prodigue*, révélèrent chez Campenon un talent qui n'était pas sans parenté avec celui de Delille; dans le premier de ces poëmes, dont il fut obligé de retrancher la plus grande partie, parce que son sujet était le même que celui traité dans *les trois Règnes de la nature*, il avait su tempérer, par l'élégance de la forme et les traits d'un esprit délicat, la sécheresse des préceptes didactiques. Dans le second, dont le drame de Voltaire paraît lui avoir inspiré l'idée, il a développé avec bonheur la touchante parabole de l'Evangile; il a eu surtout le mérite de la revêtir d'un style toujours pur et élégant. En 1812, il fut élu membre de l'Académie française en remplacement de Delille; sa réception, retardée par les événements politiques, n'eut lieu que le 16 novembre 1814. Dans son discours, il célébra dignement celui auquel il succédait et dont il avait été le rival et l'ami. Sous la Restauration, Campenon cessa de remplir les fonctions de commissaire impérial près le théâtre de l'Opéra-Comique; mais il conserva la place de chef-adjoint à l'Université, et fut nommé successivement chevalier de la Légion-d'Honneur, censeur royal, secrétaire au cabinet du roi et aux menus-plaisirs, lecteur du roi, et enfin officier de la Légion-d'Honneur. La révolution de juillet lui fit perdre toutes ses places, et depuis lors il a vécu dans la retraite, le plus souvent à la campagne, au sein de sa famille. On assure qu'il travaillait depuis longtemps à un poëme dont le Tasse était le héros, et que l'état fâcheux de sa santé l'aura sans doute empêché de terminer. Il est mort au mois de décembre 1843, à la suite

l'une longue maladie, après avoir recu-
es consolations de la religion qu'il avait
ratiquée dans les dernières années de
a vie. On a de lui, outre les ouvrages
ue nous avons cités : *Histoire d'Ecosse,
epuis Marie Stuart jusqu'à l'avénement
e Jacques VI au trône d'Angleterre*,
raduite de l'anglais de W. Robertson,
820, 3 vol. in-8; *Essai sur la vie et les
crits de David Hume*, dans l'édition de
on *Histoire d'Angleterre*, 1820 ; la *Tra-
uction* en prose, avec Després, des
Œuvres d'Horace, 1821, 2 vol. in-8;
Notice sur Tressan et Gresset, dans les
ditions de leurs *OEuvres*, 1821 et 1823 ;
*Essai de Mémoires, ou Lettres sur la vie,
e caractère et les écrits de Ducis*, 1824,
n-8 : dans cet ouvrage, dont le style est
'une élégance académique, on peut lui
eprocher d'avoir manqué d'ordre et de
méthode, et aussi de n'avoir pas fait
uffisamment ressortir l'indépendance
épublicaine du caractère de Ducis; *Epî-
re aux femmes; Requête des rosières de
alency à l'impératrice*, dans le recueil
ntitulé : *l'Hymen et la Naissance*, 1811 ;
Poëmes et Opuscules en vers et en prose,
'aris, 1823, 2 vol. in-18, fig. Campenon
encore donné des éditions des *OEuvres
le Léonard*, 1798, 3 vol. in-8 ; des *OEu-
res choisies* de Clément Marot, 1801 ,
n-8 ; des *Lettres choisies* de Voiture, de
alzac ; et des *OEuvres* de Ronsard.

CAMPER (Pierre), fameux médecin
t naturaliste hollandais, né à Leyde le
1 mai 1722, d'une famille distinguée.
l fut élevé dans la maison de son père.
Entouré de savants, et s'étant destiné à
a médecine, il étudia sous Gaubius,
an Rooyen et Albinus. En 1748, il put
xécuter le dessein qu'il avait formé de
isiter une partie de l'Europe. Il sé-
ourna d'abord en Angleterre, à Paris,
t parcourut ensuite la Flandre, l'Alle-
nagne et la Prusse; il fut partout accueilli
les savants avec une considération mar-
uée. Sa patrie sut également apprécier
on savoir; il occupa tour à tour, avec
uccès, les chaires de philosophie, d'a-
atomie, de chirurgie et de médecine
lans les Universités de Franeker, d'Ams-
erdam et de Groningue. Il a publié un
rand nombre de *Mémoires*, dont on
rouve la liste dans l'édition du *Discours
ur les progrès des sciences, lettres et arts,
epuis 1789, jusqu'à ce jour*, in-8, Amster-
am, 1809. Quelques-uns des ouvrages de
Camper ont été traduits en français,
ntre autres des *Dissertations sur la phy-
ionomie de l'homme*. Ce savant avait
empli, dans sa patrie, quelques fonctions politiques, et fut membre du conseil
d'Etat et député à l'assemblée des Etats

de la province de Frise. Il mourut le 7
avril 1789. Les Académies de Berlin. de
Pétersbourg, les sociétés royales de Gottingue, de Londres, l'Académie des
sciences de Paris le comptaient au nombre de leurs membres. On lui doit plusieurs découvertes physiques.

CAMPI, ou CAMPO (Pierre-Marie),
prêtre de Plaisance dans le 17ᵉ siècle,
est compté par les Italiens pour un des
bons historiens de cet Etat. Son *Histoire
ecclésiastique de Plaisance*, écrite en
italien, fut imprimée à Plaisance même,
en 1661-1662, en 3 vol. in-folio. Elle
passe pour exacte. On a encore de lui la
Vie du pape Grégoire X, Rome, 1655,
in-4, en latin.

CAMPIAN (Edmond), jésuite, né à
Londres en 1540, étudia à Oxford, où
il fit de grands progrès dans les belles-
lettres, et prit le diaconat selon le rit de
la religion anglicane. Il embrassa ensuite
la religion catholique, et entra dans la
compagnie de Jésus à Rome, en 1573.
Il s'y distingua bientôt par sa piété et par
son savoir. Après divers voyages, Grégoire XIII l'envoya en Angleterre, où il
mourut pour la foi catholique le 28 novembre 1581, sous le règne d'Elisabeth.
Le jésuite Paul Bombino a donné l'histoire de la vie et du martyre de son confrère. On a de Campian une *Chronique
universelle;* une *Histoire d'Irlande*, Dublin, 1633, in-fol. ; un *Traité contre les
protestants d'Angleterre ;* une *Histoire
du divorce de Henri VIII* dans l'*Histoire
ecclésiastique d'Angleterre*, par Harps-
feld, Douai, 1622, in-folio, et d'autres
ouvrages qui l'ont moins fait connaître
que son martyre, quoiqu'ils prouvent
qu'il était versé dans les belles-lettres et
dans la théologie. (Voyez PARSONS.)

CAMPION (Hyacinthe), né à Bude en
1725, prit de bonne heure l'habit de
Saint-François, professa avec beaucoup
de distinction la philosophie et la théologie dans son Ordre, et mérita d'en
être nommé provincial. Pendant qu'il
remplissait cette charge, il mourut subitement à Essack en Esclavonie, le 7
août 1797. On a de lui : *Animadversiones
physico-historico-morales de Baptismo
non natis, abortivis et projectis confe-
rendo*, Bude, 1761, in-8 ; ouvrage où
les savants peuvent rencontrer des réflexions utiles, mais où les personnes
d'un caractère timoré et scrupuleux ne
trouveront guère de quoi se rassurer.
(Voyez CANGIAMILA et DINOUART); *Vindiciæ pro suo ordine adversùs quosdam
scriptores novissimè opellam posthumam
Guillelmi Frederici Damiani sacerdotis
Petrini*, Bude, 1766, in-8 : il y prouve

que les fratricelles, les begghards et les béguins ne sont pas sortis de l'Ordre des frères mineurs ; *Vindiciæ denuò vindicatæ adversùs apologiam Josephi Antonii Transylvani*, etc., Bude, la même année, et traitant le même sujet que le précédent. On doit regretter que le Père Campion, homme d'ailleurs d'un mérite et d'un savoir peu communs, ait employé presque tout son temps à traiter avec tant de chaleur une matière assez inutile; comme si, en supposant que l'opinion qu'il combattait fût vraie, l'Ordre de Saint-François cessait pour cela d'être ce qu'il est, un Ordre saint et vraiment respectable. Il aurait dû se rappeler que les Apôtres de Jésus-Christ n'ont point été avilis par la désertion traîtreuse et criminelle d'un de leurs membres ; il se serait épargné par-là bien des peines, et aurait rendu plus de services aux lettres.

CAMPISTRON (Jean-Galbert de), né à Toulouse en 1656, avec des dispositions heureuses, qu'une bonne éducation fit fructifier. Son goût pour la poésie et pour les belles-lettres l'amena à Paris. Racine fut son guide dans la carrière dramatique. Poëte tragique, dit M. Sabatier, « inférieur à ceux qui tiennent « le premier rang parmi nous, mais su-« périeur à beaucoup d'autres qui pré-« tendent en occuper un sur notre théâtre. « Ses tragédies ne valent pas l'*Alzire*, la « *Mérope*, etc., de Voltaire ; il n'en a « aucune de comparable à la *Didon* de « M. le Franc. Mais elles sont préférables « à celles des Marmontel, des Lemière, « des La Harpe, etc. » La Harpe ne l'a pas traité aussi favorablement. « On « a loué, dit-il, la sagesse de ses plans, « ils sont raisonnables, c'est vrai ; mais « on n'a pas songé qu'ils sont aussi fai-« blement conçus qu'exécutés. Campis-« tron n'avait de force d'aucune espèce, « pas un caractère marqué, pas une si-« tuation frappante, pas un vers nerveux. « Il cherche sans cesse à imiter Racine; « mais ce n'est qu'un apprenti qui a « devant lui le tableau d'un maître, et « qui, d'une main timide et indécise, « crayonne des figures inanimées. La « versification de cet auteur n'est que « d'un degré au-dessus de Pradon : elle « n'est pas ridicule ; mais, en général, « c'est une prose commune assez facile-« ment rimée, et il s'est fait néanmoins « dix éditions de ses *Œuvres*. » Le duc de Vendôme le fit nommer chevalier de l'ordre militaire de Saint-Jacques en Espagne, commandeur de Chimène, et marquis de Pénange en Italie, etc. Le poëte suivit le duc en différents pays,

et se retira dans sa patrie quelque temps après. Il y épousa mademoiselle de Maniban, sœur de l'évêque de Mirepoix, depuis archevêque de Bordeaux, et y mourut presque subitement en 1723. Il était mainteneur de l'académie des Jeux floraux depuis 1694, et membre de l'Académie française depuis 1701. On a donné son *Théâtre*, 1750, 3 vol. in-12.

CAMPO (Antonio), auteur italien, né à Crémone au 15e siècle, est regardé par ses compatriotes comme un des bons historiens de cette ville du duché de Milan. Son histoire est en italien. La meilleure édition est celle de 1585, Crémone, in-fol. On l'estime moins pour les recherches qu'elle renferme, que pour les planches au burin d'Augustin Carrache. Elle est rare et recherchée ; mais l'édition de Milan, in-4, 1645, est d'un prix très-inférieur.

CAMPOMANÈS (don Pédro-Rodriguez, comte de), célèbre publiciste, ministre d'État espagnol, directeur de l'Académie royale, grand'croix de l'ordre de Charles III, etc., né à Oviédo en 1722. Il obtint de bonne heure une réputation très-distinguée comme jurisconsulte, et remplit avec succès plusieurs emplois dans les chancelleries de Valladolid, de Grenade et de Séville. Rendant justice à ses talents on regrette que, partageant les préventions de quelques magistrats français, il ait consigné dans ses écrits et particulièrement dans son *Jugement impartial*, relatif à l'affaire de Parme, des maximes hardies et contraires à l'autorité de l'Église, qu'il rabaisse en exagérant les droits de la puissance civile. Sa confiance en l'abbé San-Maniégo, personnage peu orthodoxe, et son injuste animosité contre les Jésuites, qui lui fit seconder de tout son pouvoir le comte d'Aranda, dans les mesures qu'il prit pour l'expulsion de cet Ordre, ont fait présumer qu'il partageait les idées des philosophes modernes. On a cherché à le justifier à cet égard. A la mort de Charles III, arrivée en 1788, il fut nommé président du conseil de Castille, et ministre de la justice en 1791. Il mourut, à ce qu'on assure, dans des sentiments chrétiens, le 14 décembre 1802. Parmi les nombreux ouvrages qu'a laissés le comte de Campomanès, plusieurs sont remarquables par leur érudition et par des recherches approfondies sur la police intérieure, les impôts, l'agriculture, les manufactures et le commerce. On distingue particulièrement : *Dissertation historique sur l'Ordre de la chevalerie des templiers*, 1747 ; *Mémoires sur les abus existants dans la répartition des impôts*,

1751, in-4; *Mémoire sur la police relative aux Bohémiens*, 1763, in-4; *Mémoire sur les moyens d'employer les vaga-
bonds, etc.*, 1764; *Mémoire sur la liberté
du commerce des grains*, 1760, in-4; un
Traité sur l'amortissement ecclésiastique,
1765, ouvrage qui indisposa contre l'auteur plusieurs membres illustres du clergé; un *Mémoire* en réponse aux *Lettres*
d'Isidore de Carvajal, évêque de Cuenca.
Ce prélat avait écrit à l'archevêque de
Thèbes, confesseur du roi, une lettre
qui fit du bruit, et où il se plaignait que
l'Eglise d'Espagne était attaquée dans ses
biens, dans ses immunités et dans ses
ministres; *Jugement impartial dans l'affaire de Parme*, en 1768, ouvrage qui excita
les réclamations de cinq évêques assemblés alors à Madrid pour les affaires de
l'Eglise, et d'après la plainte desquels on
fit quelques changements au jugement;
Appendice à l'éducation des artisans, Madrid, 1775-77, 4 vol. in-8. Campomanès
fait connaître, dans cet ouvrage, les
causes de la décadence des arts et métiers
en Espagne.

CAMPS (François de), né à Amiens le
11 janvier 1643, mort à Paris en 1723,
fut à la protection de Serroni, premier
évêque d'Albi, la coadjutorerie de Glan-
dèves et l'évêché de Pamiers. N'ayant pu
recevoir ses bulles à cause de sa mauvaise conduite, il eut en dédommagement
l'abbaye de Signy. On a de lui plusieurs
Dissertations sur les médailles, sur l'histoire de France, sur le titre de *très-chré-
tien* donné aux rois de France, sur la
garde des même princes, sur les filles de
la maison de France données en mariage
à des princes hérétiques ou païens, sur
la noblesse de la race royale, sur l'héré-
dité des grands fiefs, sur l'origine des
armoiries, sur les dignités héréditaires
attachées aux terres titrées, etc. Son cabinet était riche en médailles, et le célèbre Vaillant a publié les plus curieuses
avec des explications.

CAMUCCINI (Vincent), peintre célèbre, né en 1767, à Rome, où il est
mort le 3 septembre 1844, à 77 ans. Ce
grand artiste, que Pie VII honora constamment de sa bienveillance, n'était
pas moins distingué par ses qualités morales que par ses talents; il puisait
dans une foi vive, dans un profond sentiment religieux, les plus belles, les plus
nobles inspirations. Ses fresques sont
très-estimées. *Le Banquet des Dieux*,
grand plafond du palais du banquier
Torlonia à Rome, passe pour une de ses
meilleures peintures.

CAMUEL, troisième fils de Nachor
frère d'Abraham, qui a donné son nom

aux Camilètes, peuple de Syrie, au couchant de l'Euphrate. — Il y a un autre
Camuel, fils de Sephthan, de la tribu
d'Ephraïm, qui fut un des députés pour
faire le partage de la terre promise aux
autres tribus.

CAMUS (Jean-Pierre), né à Paris en
1582, nommé à l'évêché de Belley dès
l'âge de 26 ans, fut sacré dans sa cathédrale par saint François de Sales. Il gagna l'amitié de ce prélat par ses talents
et par l'ardeur de son zèle, que le saint
évêque trouvait néanmoins être quelquefois excessif ou déplacé. On ne peut disconvenir que la guerre qu'il déclara aux
moines mendiants ne le couvrit de ridicule aux yeux des gens modérés. On vit
paraître successivement plusieurs ouvrages contre eux: le *Directeur désintéressé;*
la *Désappropriation claustrale;* le *Rabat-
joie du triomphe monacal;* les *Deux Ermites;* le *Reclus et l'Instable;* l'*Antimoine bien préparé*, 1632, in-8, rare; l'*An-
timonie*, etc. Le cardinal de Richelieu,
s'intéressant à la réputation de ce prélat,
lui fit des remontrances amicales sur
cette multitude d'ouvrages injurieux,
dont les titres mêmes annonçaient le zèle
amer, ainsi que le mauvais goût de l'auteur. « Je ne vous connais, lui dit son
« Eminence, d'autre défaut que cet achar-
« nement contre les moines; et sans cela,
« je vous canoniserais. » — « Plût à Dieu!
« lui répondit avec vivacité Camus, nous
« aurions, l'un et l'autre ce que nous
« souhaitons; vous seriez Pape et moi
« saint. » Ce n'était pas répondre au reproche que lui faisait le cardinal. Après
vingt ans de travaux, il se démit de son
évêché, et se retira à l'hôpital des Incurables à Paris, où il mourut en 1652. Il
avait refusé deux évêchés considérables,
Arras et Amiens. « La petite femme que
j'ai épousée, disait-il par un jeu de mots
ridicule, est assez belle pour un Camus. »
Ce prélat avait beaucoup d'imagination,
et cette imagination perce dans ses ouvrages écrits avec une facilité singulière,
mais d'un style moitié moral, moitié burlesque, semé de métaphores singulières
et d'images gigantesques, d'ailleurs lâche,
diffus et incorrect. Outre les ouvrages
cités plus haut, on a de lui: Plusieurs
volumes d'*Homélies;* dix volumes de *Di-
versités;* des *Romans pieux: Dorothée;
Alcine; Daphnide; Hyacinthe; Carpie;
Spiridion; Alexis.* C'est tout ce qu'on
peut lire de plus ennuyeux. On aurait
tort de juger trop sévèrement des expressions ou des descriptions qui semblent
ne pas remplir le but de l'auteur, mais
qui n'étaient sans doute pas destinées à
le contrarier. On a plus de deux cents

volumes de cet écrivain infatigable. Les seuls qu'on trouve à présent dans les bibliothèques choisies sont : l'*Esprit de saint François de Sales*, 6 vol. in-8, réduits en un seul par M. Collot, docteur de Sorbonne : ouvrage où la philosophie est aimable, autant que la religion s'y fait respecter; *Vie de saint Norbert*, Caen, 1640, in-8, et l'*Avoisinement des protestants vers l'Eglise romaine*, publié par Richard Simon en 1703, avec remarques, sous ce titre : *Moyens de réunir les protestants avec l'Eglise romaine*; l'*Apocalypse de Méliton*, 1668, in-12, que Voltaire lui attribue faussement, est d'un minime apostat, nommé Claude Pitois, mort à Sédan en 1676. Il est vrai cependant que cet apostat a puisé son libelle dans les écrits de Camus contre les moines. L'auteur du *Projet de Bourgfontaine* (Voyez FILLEAU) le met entre les six personnages qui, dans cette assemblée fameuse, délibérèrent sur les moyens de détruire le Christianisme : accusation étrange, à laquelle il n'est pas permis d'adhérer légèrement. Il est remarquable néanmoins que la tâche échue à celui dont les lettres initiales étaient P. C., savoir celle de décrier les religieux, ait été précisément remplie par Pierre Camus. « L'évêque romancier, dit un auteur « moderne, que ses productions bouf- « fonnes, obscènes et mordantes, ont fait « surnommer le Lucien de l'épiscopat, « qui accouplait dans ses rapsodies le « texte des livres saints à ceux de l'*Ama-* « *dis* et de l'*Art d'aimer* d'Ovide ; ce dif- « famateur des ministres de la pénitence, « et principalement des réguliers distin- « gués par leur attachement au Saint- « Siége, peut faire sentir toute l'ardeur « de la faction à exécuter son projet en « ce point. » Voyez, pour la réhabilitation de ce grand prélat, la *Notice biographique* mise en tête d'une édition de l'*Esprit de saint François de Sales*, par Mgr Depéry.

CAMUS (Antoine le), né à Paris en 1722, mort dans la même ville en 1772, y exerça la médecine avec succès, et écrivit sur la science qu'il cultivait. Nous avons de lui : la *Médecine de l'esprit*, Paris, 1753, 2 vol. in-12. La physique et la morale ont également dicté cet ouvrage, qui est écrit avec facilité et avec chaleur. Les raisonnements de l'auteur ne sont pas toujours justes; mais, en général, ses conjectures sont ingénieuses et peuvent être très-utiles; *Abdeker*, ou l'*Art de conserver la beauté*, 1756, 4 vol. petit in-12, roman dans lequel l'auteur fait entrer beaucoup de recettes et de préceptes, dont les dames ont profité; *Mé-* *moires sur divers sujets de médecine*, 1770, in-8; *Mémoires sur l'état actuel de la pharmacie*, 1765, in-12; *Projet d'anéantir la petite vérole*, 1767, in-12; *Médecine pratique*, 3 vol. in-12, ou 1 vol. in-4, 1768 et 1772; il a travaillé au *Journal économique*, depuis le mois de janvier 1753 jusqu'en 1765. On a encore de lui un poème intitulé : *Amphitheatrum medicum*, 1745, in-4, et une *Traduction* des *Amours pastorales* de Longus, 1757, in-4, qui avaient déjà été traduites par Amyot, et dont le Camus aurait pu facilement se dispenser de s'occuper : il aurait rendu service aux mœurs. Il avait du feu, de l'imagination, de la gaîté, des connaissances variées, et sa société était agréable.

CAMUS (Armand-Gaston), avocat au Parlement, et membre de l'Académie des belles-lettres et de l'Institut, né à Paris le 2 avril 1740. Il était, avant la Révolution, avocat du clergé de France et conseiller de l'électeur de Trèves, du prince de Salm-Salm. Quoique d'un caractère froid en apparence, il embrassa avec ardeur les principes de la Révolution. Nommé député aux Etats-Généraux par la ville de Paris, il fut choisi pour l'un des secrétaires du bureau chargé de la vérification des pouvoirs des députés. La salle d'assemblée ayant été fermée, il en enleva les papiers, et contribua à la fameuse séance du jeu de paume, où il prêta, un des premiers, le serment de ne point se séparer avant d'avoir donné à la France une constitution. Il présenta ensuite divers projets de finances, dénonça le livre-rouge, où étaient inscrites les pensions payées par le trésor royal, et fut un des principaux rédacteurs de la constitution civile du clergé, dont il pressa l'exécution. A la fin de l'assemblée, il obtint la place d'archiviste, dont il s'acquitta avec assez de distinction. Le département de la Haute-Loire le nomma ensuite à la Convention, où il eut la plus grande influence sur les opérations des comités des finances, des domaines, de la comptabilité ; et il se montra extrêmement rigide contre tous les comptables, et particulièrement contre les ministres auxquels il imputa le désordre des finances. Il affectait le jansénisme, et, dans toutes les occasions, il se montra l'ennemi déclaré de la cour de Rome. C'est lui qui contribua le plus à la réunion du comtat Vénaissin, et qui fit ôter au Pape les annates et tous les autres avantages qu'il avait en France. Il proroqua la vente du mobilier des émigrés et des maisons religieuses. Enfin, en décembre 1791, il proposa de déclarer Louis XVI coupable et ennemi de la nation ; et lors de son procès, se trouvant dans la Belgique, il écrivit qu'*il volait la mort du tyran*. Après la défection de Dumouriez, il fut envoyé, avec d'autres commissaires, pour examiner la conduite des généraux suspects ; mais il fut arrêté et livré aux Autrichiens, qui le retinrent en captivité jusqu'en 1795, qu'il fut échangé contre Madame, fille de Louis XVI. A son retour, il entra au conseil des Cinq-Cents, et peu après à l'Institut. Il reprit alors ses travaux littéraires qui ne furent plus interrompus. Républicain par caractère, il montra la plus grande opposition à l'établissement du gouvernement consulaire. Cependant il fut conservé dans sa place de garde des archives, et mourut à Paris le 2 novembre 1804, d'une attaque d'apoplexie. Camus était un très-médiocre avocat, un canoniste faux, un orateur froid, un savant stérile ; et pourtant il a trouvé un admirateur dans Dupin aîné, qui a reproduit quelques-uns de ses ouvrages, bien capables de fausser l'esprit le plus juste qui voudrait en faire usage.

CAMUSAT (Jean), imprimeur distingué de Paris, mort en 1539. Il avait pris pour devise la toison d'or, avec ces mots : *Tegit, et quos tangit inaurat*. C'était un homme de goût ; il n'imprimait que de bons ouvrages, et il fit ainsi la réputation de tous ceux qui sortirent de ses presses. L'Académie française, qui l'avait choisi pour son libraire, le chargea plusieurs fois de faire des compliments ou des remercîments, et il s'en acquitta fort bien. Après sa mort, il fut arrêté qu'on lui ferait un service comme à Bardin. C'était le second que l'Académie faisait célébrer.

CAMUSAT (Denis-François), né à Besançon en 1695, mourut à Amsterdam le 28 octobre 1732, dans un état qui n'était guère au-dessus de l'indigence : deux fautes faites successivement manquèrent de l'y jeter. Il était bibliothécaire du maréchal d'Estrées, et il quitta ce poste ; il n'avait point de fortune, et il se maria. On a de lui : l'*Histoire des Journaux*, imprimée en France, 2 vol. in-12, où l'érudition est répandue avec peu d'agrément. Le style a une certaine vivacité, mais il s'écarte trop souvent des règles de la bienséance : il tombe dans le trivial et le bas : les deux premiers volumes de la *Bibliothèque des livres nouveaux*, journal mort en naissant, qu'il tâcha de ressusciter, en le publiant sous le titre de *Bibliothèque française*, ou *Histoire littéraire de la France*, ruses si souvent employées de

nos jours, et qui ne réussirent pas à le faire accueillir beaucoup plus favorablement, quoiqu'on l'ait poussé jusqu'au 34ᵉ volume. « Il importe peu, dit un auteur, « qu'un livre ait un frontispice impo-« sant, quand il ne remplît pas l'idée « qu'on en a conçue ; » des *Mélanges de littérature*, tirés des lettres manuscrites du père de la *Pucelle*, de Jean Chapelain, etc., avec des remarques, in-12.

CAMUSET (L'abbé), né à Châlons-sur-Marne en 1746, mort dans les premières années du 19ᵉ siècle, fut d'abord sous-maître au collège Mazarin, ensuite professeur ; c'était un des hommes les plus précoces et des plus habiles des derniers temps. Il publia, dès 32 ans, successivement : *Pensées antiphilosophiques*, 1770, contre les *Pensées philosophiques* de Diderot ; *Principes contre l'incrédulité*, pour réfuter le fameux *Système de la nature* ; *Saint Augustin vengé des jansénistes*, 1771 ; l'*Architecture du corps humain*, ou le *Matérialisme réfuté par les sens*, 1772 ; *Pensées sur le théisme*, contre *Anacharsis Cloots*, 1785. Ces livres-là seuls suffiraient pour constater une grande capacité polémique. Le célèbre Riballier, surnommé *le sévère*, approuvait en ces termes les *Principes contre l'incrédulité* : « profond, solide, lumineux. » Cet éloge est vrai de tous les autres ouvrages de Camuset, et surtout de l'*Architecture du corps humain*.

CAN (François-Xavier) naquit en 1803 dans la chrétienté de Son-Mieng, au vicariat apostolique du Tong-King occidental. Dès son enfance, il avait été admis au collège de la Mission, où, après avoir parcouru le cercle prolongé des études chinoises, il fut choisi pour apprendre les éléments de la langue latine. En 1832, Mgr Havard l'adjoignit à un missionnaire qu'il dut aider dans les difficiles débuts du ministère apostolique, et dont il reçut en retour l'instruction nécessaire pour atteindre à la dignité de catéchiste. Il allait obtenir ce titre, mérité par cinq années de dévoûment et de services rendus à la mission, lorsque, le 20 avril 1836, au moment où il s'acquittait d'un message qu'on lui avait confié, il fut arrêté au village de Thé-Var par des soldats qui crurent saisir en sa personne un missionnaire, et par conséquent le gage d'une forte rançon. Conduit devant le mandarin de l'arrondissement, il fut interpellé et sommé de fouler la croix aux pieds. Mais François-Xavier, quoi-qu'il ne fût que catéchiste, montra la plus grande fermeté, et repoussa avec indignation les paroles par lesquelles on l'engageait à apostasier. *Ayez pitié de votre jeunesse*, lui disait le mandarin. — *Je suis déjà vieux*, reprit Cân, *puisque je suis mûr pour le ciel*. Comme on lui proposait l'exemple de ceux qui avaient eu la faiblesse de fouler la croix aux pieds, il répondit : *C'est l'exemple des bons qu'il faut imiter et non celui des mauvais ; quand tout le monde foulerait la croix, cela ne m'engagerait pas à le faire. Plutôt mille fois une mort cruelle que de commettre un tel crime.* Enfin les mandarins, irrités de sa persévérance et de son courage, le condamnèrent à mort. Près de souffrir le martyre, il parla du bonheur qu'il ressentait de mourir pour la foi ; le calme et la sérénité de sa voix étonnèrent les païens eux-mêmes. Une foule immense le suivit au supplice. Sa fermeté ne se démentit point : après lui avoir mis la corde au cou, on le pressa encore de fouler aux pieds la croix ; il repoussa de nouveau cette proposition avec horreur. Alors on le livra au bourreau ; il leva les yeux au ciel, et expira le 20 novembre 1837, à l'âge de 34 ans.

CANALES (Jean), né à Ferrare vers le milieu du 15ᵉ siècle, entra dans l'Ordre des Frères mineurs, et composa des ouvrages de piété, tels que les *Traités de la vie céleste, de la nature de l'âme et de son immortalité*, et quelques autres qui furent imprimés ensemble, Venise, 1494.

CANAPPE (Jean), médecin de François Iᵉʳ, vers 1542, et lecteur des chirurgiens de Lyon, mérite que son nom soit conservé parmi les bienfaiteurs de l'humanité, pour avoir, le premier, enseigné la chirurgie en français, et traduit dans cette langue plusieurs ouvrages latins, où ne pouvaient puiser les élèves en chirurgie, alors trop peu instruits. Ces ouvrages sont : *Deux livres des Simples de Galien*, savoir : le 5ᵉ et le 9ᵉ, Paris, 1555, in-18 ; le *Livre de Galien, traitant du mouvement des muscles* ; l'*Anatomie du corps humain*, écrite par Galien, Lyon, 1541-1583, in-8 ; l'*Anatomie du corps humain*, écrite par Jean Vasse, dit *Vassæus*, Lyon, 1542 ; les *Tables anatomiques* dudit Vassæus ; *Commentaires et annotations sur le prologue et chapitre singulier de Guidon de Cauliac*, Lyon, 1542 ; *Opuscules de divers auteurs médecins*, Lyon, 1552, in-12 ; *Le Guidon pour les barbiers et les chirurgiens*, Lyon, 1538, in-12, Paris, 1563, in-8, 1571, in-12 ; *Le Guidon en françoys, nouvellement reveu et au vray corrigé par maistre Jehan Canappe, docteur en medecine*, Paris, Jehan Longis, in-12, sans date ; la *Biographie universelle* ne

le mentionne pas. Voici les premières lignes de l'avis préliminaire : « Lecteur « docile et de bon vouloir, je requis et « souvente fois, sollicité par plusieurs « de mes amys, et mesmement par « ceulx qui versent continuellement à « l'estude l'exercice de l'art de chirurgie, « en ceste insigne et celebre cité de Lyon, « tant en mon auditoire, que aussi des « autres excellens et eminentissimes doc- « teurs en medecine en ladite ville, me « suis mis à mon debuoir, selon la petite « faculté et intelligence qu'il a pleu a « Dieu de me donner, de recongnoistre « et emender la chirurgie de maistre « GUIDON de Cauliac (*), en son temps « excellent chirurgien et docteur en me- « decine de la treffamee Vniuersité de « Montpellier... »

CANAVERI (Jean-Baptiste), pieux et savant évêque de Verceil, né à Borgomaro, en Piémont, le 25 septembre 1754, entra dans la congrégation de l'Oratoire, et se distingua par son talent et ses succès dans l'éloquence de la chaire. Son zèle, sa piété et ses heureuses qualités lui avaient acquis une considération universelle. Il se servit de l'ascendant que lui donnait son mérite pour établir ou protéger beaucoup de bonnes œuvres. Il fonda à Turin une maison de retraite pour les dames nobles, et s'occupa de plusieurs autres établissements utiles. En 1797, il fut fait évêque de Biella ; en 1803, il donna sa démission de ce siége, et fut nommé, en 1805, à celui de Verceil. Il avait mis à exécution dans son séminaire un nouveau plan de théologie qu'il songeait à faire imprimer, lorsque la mort le frappa le 13 janvier 1811. On lui doit des *Panégyriques*, des *Lettres pastorales*, et une *Notice sur les monastères de la Trappe fondés depuis la révolution*, Turin, 1794, in-8.

CANAVERI (François) naquit en 1754 à Mondovi. Après avoir fait ses études médicales à l'Université de Turin, il devint en 1785 préfet de la Faculté au collége royal des provinces, et fut nommé en 1796 professeur de matière médicale, puis d'anatomie. Lors de la conquête du Piémont, le gouvernement français appela Canaveri aux fonctions d'inspecteur des écoles de médecine. En 1814 il fut mis à la retraite, et vécut depuis lors à sa campagne près de Turin, où il est mort au mois de janvier 1836, à l'âge de 82 ans. On a de lui : *Saggio sopra il dolore; Consultazione del sistema di Brown; De œconomiâ vitalitatis*.

CANAYE (Philippe, sieur de FRESNE de), naquit à Paris en 1551. Après s'être

(*) C'est Gui de Chauliac.

distingué dans le barreau, il devint conseiller d'état sous Henri III, ambassadeur en Angleterre, en Allemagne, à Venise, sous Henri IV, et contribua beaucoup à pacifier les querelles de cette république avec Paul V, qui lui en marqua sa reconnaissance. Ses *Ambassades* ont été imprimées en 1635, 3 vol. in-fol., avec sa *Vie* à la tête. Le troisième est le plus intéressant. C'est une histoire du différend de Paul V et des Vénitiens, très-capable de rassasier la curiosité du lecteur. Canaye mourut, en 1610, avec la réputation d'un ministre sage, intègre et désintéressé. Il avait été calviniste, et même l'un des plus illustres défenseurs du parti; c'est ce qui le fit choisir pour l'un des arbitres dans la conférence de Fontainebleau en 1600, entre du Perron et Duplessis-Mornay (Voyez ces noms); mais il ne put résister à la force de la vérité, et abjura ses erreurs.

CANAYE (Etienne de), arrière-petit neveu du précédent, né en 1694, entra en 1716 dans la congrégation de l'Oratoire, et professa la philosophie avec distinction au collége de Juilly. Il en sortit en 1728, pour complaire à sa famille, et fut reçu de l'académie des Inscriptions. Il a enrichi le recueil de cette compagnie de trois Mémoires écrits avec beaucoup d'ordre, de précision et d'élégance. Le premier de ces Mémoires est sur l'*Aréopage*, et les deux derniers sur *Thalès*, chef de l'école ionienne, et sur son disciple *Anaximandre*. L'abbé de Canaye mourut d'une attaque d'apoplexie, le 12 mars 1782.

CANCELLIERI (François-Jérôme), prêtre, né à Rome le 10 octobre 1751, mort le 29 décembre 1826, devint bibliothécaire du cardinal Antonelli. En 1788, parut son ouvrage *De secretariis basilicæ vaticana*, 3 vol. in-4. Il fut suivi d'une *Description de la basilique de Saint-Pierre, et Bibliographie des auteurs qui en ont parlé*, 1788, in-12, et de la *Description des chapelles pontificales, soit aux grandes fêtes, soit dans toute l'année*. Les *Descriptions des chapelles de Noël, Pâques et Saint-Pierre*, furent traduites en français, Rome, 1818. Cancellieri travailla longtemps à un *Bullaire de la Propagande*, et recueillit sur ce sujet un grand nombre de matériaux dont les événements ne lui permirent pas de profiter. Rome envahie en 1798, Cancellieri resta fidèle au Saint-Siége; séparé de son cardinal, il vécut dans la retraite. Après cette tourmente, il publia l'*Histoire des prises de possession des Papes*, 1802, in-4. Dans le même temps il fut nommé directeur de l'imprimerie de la Propagande,

et il avait un autre emploi à la Pénitencerie. En 1804, il accompagna le cardinal Antonelli, qui venait en France avec le Pape: il laissa manuscrite la *Relation* de ce voyage. De retour à Rome, il publia, en 1806, ses *Mémoires historiques sur les fêtes de saint Pierre et de saint Paul*, et quelques *Dissertations, Notices et Lettres* sur des points de critique et d'histoire. Les nouveaux désastres de Rome interrompirent ses occupations. Antonelli, déporté à Sinigaglia, y mourut le 23 janvier 1811, et Cancellieri vivement affligé, ne mit au jour, pendant cette année de troubles, que quelques *Opuscules* sur des sujets indifférents. Lorsque la sécurité renaquit avec la paix, en 1814, il fit paraître un assez grand nombre d'ouvrages sur des points d'antiquité ecclésiastique et sur des questions presque toutes relatives à la religion. Le rétablissement de la Compagnie de Jésus fut pour Cancellieri une sorte de joie. Il célébra cet heureux événement dans l'un de ses écrits. Il était rentré dans les deux places qu'il avait occupées d'abord. Les restes de ce savant furent réunis à ceux du cardinal Antonelli, son protecteur, dans le monument qu'il lui avait fait élever à Saint-Jean-de-Latran.

CANCLAUX (Jean-Baptiste-Camille, comte de), lieutenant-général des armées du roi, né à Paris le 2 août 1740, entra, en 1756, dans le régiment de Conti (cavalerie), et se trouvait major, lorsque la révolution éclata; il en embrassa les principes, et par suite de l'émigration il devint colonel. Le premier avril 1794, il fut nommé maréchal-de-camp, et enfin lieutenant-général le 7 septembre de l'année suivante. En 1793, il défendit Nantes contre soixante mille Vendéens; cependant il fut destitué comme noble, le 8 octobre, et remplacé par le général Rossignol, dont l'incapacité causa tant de défaites; mais, après le supplice de Robespierre, on lui donna le commandement en chef de l'armée de l'Ouest. C'est lui qui conclut avec les Vendéens la première paix qui se fit au commencement de 1795. En 1796, il fut envoyé dans le Midi pour organiser l'armée destinée à faire la guerre en Italie; ensuite il fut nommé ambassadeur en Espagne, mais une maladie grave l'empêcha de se rendre à sa destination. Quelques mois après il passa à l'ambassade de Naples, et il y traita avec succès les intérêts de la République. Le Directoire le remplaça, en 1799, pour le faire entrer dans le bureau militaire qu'on venait d'établir. Enfin, après la journée du 18 brumaire, il obtint le commandement de la quator-

zième division militaire, l'inspection générale de la cavalerie, et à la fin de 1813
il fut envoyé en mission extraordinaire à
Rennes, pour y prendre des mesures
contre l'invasion prochaine de l'étranger.
Il adhéra à la déchéance de Bonaparte,
fut créé pair par le roi et commandeur de
l'ordre royal de Saint-Louis. Pendant les
Cent-Jours, il fut compris de nouveau
dans les listes des pairs; ce qui le fit
exclure par ordonnance du roi du 24
juillet; mais comme il ne siégea pas à la
Chambre, il y fut réintégré par une
ordonnance du 10 août 1815. Il est mort
à Paris le 30 décembre 1817.

CANDALH (Jean-Jacques), né le 29
octobre 1802 à Plouhinec, diocèse de
Vannes, fit ses études ecclésiastiques au
séminaire de Versailles, où il fut ordonné
prêtre. Après avoir exercé le saint ministère pendant plusieurs années en qualité de desservant, il entra au séminaire
des Missions-Etrangères au mois de juin
1832. Il partit pour les missions le 2 du
mois de décembre suivant. Il avait d'abord
été destiné pour le Tong-King ou la
Cochinchine, mais il fut envoyé à Pa-
dang, d'où il devait passer dans l'île de
Nias. N'ayant pu y pénétrer, il revint à
Syncapour en 1835, et ce ne fut qu'au
mois de mai 1837 qu'il arriva dans la
Haute-Cochinchine. Il habitait la chrétienté de Diloan depuis un an, et il venait d'y jeter les fondements d'un petit
collége secret, lorsque le premier mandarin de la province, auquel il avait été
dénoncé, vint avec trois compagnies de
soldats pour se saisir de sa personne.
L'abbé Candalh avait déjà quitté son habitation; il échappa ainsi aux recherches des persécuteurs. Après avoir erré
quelques jours dans les chrétientés voisines sans pouvoir trouver un refuge
assuré, il fut obligé de se retirer dans
les bois avec un de ses élèves. Quelques
chrétiens lui firent une petite cabane de
branches d'arbres et lui portèrent un
peu de riz, mais qui ne put suffire à sa
subsistance, et bientôt il connut tous les
tourments de la faim. Après vingt-six
jours, sa retraite ayant été découverte,
il passa dans le district voisin qui fait
partie d'une autre province, mais il y
fut également poursuivi. Enfin, harcelé
de toutes parts, il regagna les bois de
nouveau. Quelques jours après, la fièvre le prit; sa santé, déjà altérée sans
doute par de longues souffrances et de
continuelles privations, ne put résister
plus longtemps, et après avoir eu la consolation de recevoir l'assistance d'un prêtre annamite, il expira dans une hutte
pauvre et solitaire, le 28 juillet 1838.

CANDAULE, fils de Mélès, roi de
Lydie, eut l'imprudence de faire voir
sa femme dans les bains à Gygès, son favori. La reine, ayant aperçu cet officier,
l'engagea, soit par amour, soit par vengeance, à ôter la vie à son époux. Gygès,
devenu roi de Lydie par ce meurtre, eut
la femme et la couronne de son prince,
vers l'an 716 avant J.-C. Le témoignage
d'Hérodote et de Justin n'ont pas empêché les critiques de révoquer en doute
cette aventure de Gygès; et sans doute
qu'ils s'en rapporteraient bien moins à
celui de Platon, qui la raconte d'une manière bien moins croyable encore. Ce
qui peut paraître plus certain, c'est que
Candaule fut remplacé par Gygès, et que
le trône de Lydie passa ainsi de la famille
des Héraclides dans celle des Mermnades;
mais quand on songe que toute l'histoire
des rois de Lydie appartient aux temps
fabuleux, il est difficile de rien dire sur
cette succession. (Voyez CRÉSUS.) Du
reste, quant à ce qui tient au moral dans
cette aventure, en même temps qu'on ne
peut assez blâmer la vengeance de cette
princesse, on ne saurait que respecter
son amour pour la pudeur. Hérodote dit
que chez les Lydiens, et presque chez
tous les barbares, c'est une honte et une
infamie même à un homme de paraître
nu. Cicéron dit que, chez les Romains,
un fils, en âge de puberté, ne se trouvait
jamais aux bains avec son père, ni un
gendre avec son beau-père; et qu'ils re-
gardaient cette loi de modestie et de retenue, comme inspirée par la nature
même, dont le violement était un crime.
« Il est étonnant, dit un historien célè-
« bre, que parmi nous la police n'empê-
« che point ce désordre dans le temps
« des bains, désordre si visiblement con-
« traire aux règles de l'honnêteté publi-
« que et de la pudeur, si dangereux pour
« les personnes de l'un et de l'autre sexe,
« et si fortement condamné par le paga-
« nisme même. »

CANDIAC (Jean-Louis-Pierre-Elisa-
beth de MONTCALM de), génie prématuré,
naquit à Candiac, dans le diocèse de Ni-
mes, en 1719. Il était frère du célèbre
marquis de Montcalm. On a parlé avec
beaucoup d'inexactitude et d'exagération
des connaissances précoces de cet enfant,
qui ne vécut que 7 ans, et mourut d'une
hydropisie de cerveau à Paris, le 8 octobre 1729. Son savoir était purement ma-
chinal; et dès qu'on s'écartait de ce qu'il
avait arrangé dans sa mémoire, on n'en
tirait plus rien de raisonnable. On assure
qu'il lisait parfaitement le français et le
latin à 3 ans, le grec et l'hébreu à 6,
faisait des versions latines, possédait

arithmétique, la fable, le blason, la géographie, et avait acquis des notions très-étendues sur l'histoire ancienne et l'histoire moderne.

CANDIDE, moine de l'abbaye de Fulde, appelé aussi *Bruun*, fut célèbre par son savoir. Il florissait vers l'an 821, et réunissait à la poésie l'art de la peinture. Il couvrit, dit-on, de peintures, les murs et la voûte du chœur de son couvent. Il succéda à Raban-Maur dans le gouvernement des écoles de son monastère. Ses ouvrages littéraires sont : la *Vie du Sauveur*, *d'après les quatre évangélistes*; la *Vie de saint Egile*, son abbé, en vers et en prose, Mayence, 1616 ; une *Lettre dogmatique sur cette question*: Jésus-Christ a-t-il pu voir Dieu des yeux du corps ? une *Vie de saint Baugulfe ou Bauolfe*, abbé de Fulde. Ces ouvrages ne sont pas sans mérite.

CANDIDE (Pantaléon VEISS, qui changea son nom en celui de), naquit en Autriche, suivit les erreurs protestantes, fut ministre à Deux-Ponts, et publia *Iotiberis, hoc est de gothicis per Hispaniam regibus è Teutonicâ gente oriundis libri VI*, Deux-Ponts, 1597, in-4 ; *Anales seu Tabulæ chronologicæ ad annum 602*, Strasbourg, 1602, in-8 ; *Belgicarum rerum epitome ab anno 742 ad ann. 605*, Francfort, 1606, in-4 ; *Bohemiæ, sive de ducibus Bohemiæ libri III et de regibus libri V, carmine complexi*, Strasbourg, 1590, in-4 ; *Epigrammata et orationes funebres*, 1600, in-8 ; *Orationes funebres ex Mose concinnatæ*, Deux-Ponts, 609, in-8 ; *Orationes funebres ex libris Samuelis, Regum, Chron. et Jobi concinnatæ*, Bâle, 1608, in-8.

CANDISH, ou CAVENDISH (Thomas), gentilhomme anglais de la province de Suffolk: après s'être signalé dans divers combats en Europe, et avoir parcouru une partie de l'Amérique en navigateur habile et intelligent, il entreprit en 1586 un voyage autour du monde. De cette course qu'il fit avec trois galions, et accompagné de cent vingt soldats, il rapporta des lumières nouvelles et des richesses considérables. Il entra, en septembre 1588, dans le port de Plimouth, d'où il était sorti en juillet 1586. Trois ans après, il retourna au détroit de Magellan avec cinq navires ; mais la tempête le jeta sur les côtes du Brésil, où il périt à la fleur de son âge, en 1593, victime de sa curiosité et peut-être aussi de son avidité. Laët raconte ses voyages dans son *Histoire du Nouveau Monde*.

CANDOLLE, célèbre professeur de botanique, né à Genève, le 4 février 1778, où il est mort le 9 septembre 1841.

Il s'occupa des habitudes des plantes, et changea complètement les heures de leur veille et de leur sommeil. Cuvier le choisit pour son suppléant au collège de France. Les ouvrages qui font le plus d'honneur à son talent d'écrivain sont : la *Théorie de la botanique*, Paris, 1819, in-8 ; l'*Organographie végétale*, Paris, 1827, 2 vol. in-8, avec 60 pl.; la *Physiologie végétale*, Paris, 1832, 3 vol. in-8.

CANGE (Charles du FRESNE du), trésorier de France à Amiens sa patrie, naquit en 1610. Après avoir fréquenté quelque temps le barreau de Paris, il retourna à Amiens, et se livra entièrement à l'étude de l'histoire sacrée et profane, grecque et romaine, ancienne et moderne. En 1668, il vint habiter la capitale, et s'y fit autant estimer par ses talents que par sa douceur, sa politesse et sa modestie. Quoiqu'il eût embrassé la partie la plus dégoûtante de la littérature, et que, suivant ses expressions, il ne se fût arrêté qu'à la recherche des vieux mots, il sortait de la poussière de ses livres avec l'air le plus affable. « C'est pour mon plaisir, disait-il à ceux qui craignaient de le détourner, que j'étudie, et non pour être à charge à moi-même ou aux autres. » Sa carrière littéraire s'ouvrit par l'*Histoire de l'empire de Constantinople sous les empereurs français*, en 1657 : livre plein d'érudition et de critique. Les autres ouvrages qui vinrent ensuite sont : le *Glossaire de la basse latinité*, en 3 vol. in-fol., réimprimé en 1733, par les soins des bénédictins de Saint-Maur, et augmenté de quatre nouveaux vol. par l'abbé Carpentier, de l'Ordre de Cluni. (Voyez CARPENTIER). On n'ignore point combien ce Dictionnaire demandait de recherches. Il n'y avait que du Cange qui pût assaisonner une matière si sèche, de tant de choses savantes et curieuses. On rapporte, au sujet de ce livre, une anecdote fort singulière. L'auteur fit venir un jour quelques libraires dans son cabinet, et leur montrant un vieux coffre qui était placé dans un coin, il leur dit qu'ils y pourraient trouver de quoi faire un livre, et que, s'ils voulaient l'imprimer, il était prêt à traiter avec eux. Ils acceptèrent l'offre avec joie ; mais s'étant mis à chercher le manuscrit, ils ne trouvèrent qu'un tas de petits morceaux de papier qui n'étaient pas plus grands que le doigt, et qui paraissaient avoir été déchirés comme n'étant plus d'aucun usage. Du Cange rit de leur embarras, et les assura de nouveau que son manuscrit était dans le coffre. Enfin l'un d'eux ayant considéré plus attentivement quelques-uns de ces petits lambeaux , y trouva des remarques qu'il reconnut être le travail de du Cange. Il s'aperçut même qu'il ne lui serait pas impossible de les mettre en ordre, parce que, commençant tous par le mot que l'auteur entreprenait d'expliquer , il n'était question que de les ranger suivant l'ordre alphabétique. Avec cette clef, et sur la connaissance qu'il avait de l'érudition de du Cange, il ne balança point à faire marché pour le coffre , et pour les richesses qui étaient dedans. Ce traité fut conclu sans autre explication ; et tel est, dit-on, l'origine du Glossaire latin ; *Glossaire de la langue française du moyen âge*, Lyon , 1688, 2 vol. in-fol., en grec et latin. Ce n'est pas celui de ses ouvrages où il y a le moins d'érudition ; des éditions de l'*Histoire de saint Louis*, par Joinville, in-fol.; les *Annales de Zonare*, Paris , 1686, 2 vol. in-fol.; l'*Histoire de Jean Emmanuel Comnène*, par Jean Cinnamès, Paris, 1670, in-fol.; *Historia Byzantina commentario illustrata*, Paris , 1690, in-folio, ouvrage très-curieux et plein de recherches ; *Illyricum vetus et novum* , Presbourg , 1746, in-fol. C'est une histoire de la Dalmatie, Croatie, Esclavonie , etc.; l'éditeur et le continuateur de ce savant ouvrage est M. le comte de Keglevich de Buzin; la *Chronique paschale d'Alexandrie* , in-fol., enrichie de notes et de dissertations. C'est pendant l'impression de ce dernier ouvrage que du Cange mourut en 1688 , à 78 ans, laissant beaucoup d'ouvrages manuscrits dont on peut voir la liste dans un Mémoire sur sa vie et ses écrits, imprimé en 1752. Louis XIV donna une pension de 1000 livres à ses enfants , en reconnaissance des travaux du père. Le grand Colbert lui fit proposer de rassembler en un corps tous les écrivains de l'histoire de France. Il en donna un essai ; mais ce projet n'ayant pas été goûté, il l'abandonna. Nous n'avons pas parlé d'un Traité rare et curieux , intitulé : *Traité historique du chef de saint Jean-Baptiste*, Paris , 1665 , in-4. (Voyez les *Hommes illustres* de Perrault , et le tome 8 des *Mémoires* du père Nicéron.)

CANGIAMILA (François-Emmanuel) naquit à Palerme le 1er janvier 1702, se livra d'abord à l'étude du barreau, reçut le bonnet doctoral en 1717, et suivit cette carrière pendant quelque temps. Mais une vocation toute spéciale lui fit embrasser l'état ecclésiastique en 1723, et dès lors il s'occupa exclusivement de théologie. Il se fit recevoir docteur en cette science, et devint chanoine théologal de Palerme et inquisiteur provincial du royaume de Sicile. Ce fut au milieu

de ses nouvelles fonctions que Cangiamila , quoiqu'il fût étranger aux sciences médicales, se rendit célèbre par un savant ouvrage , intitulé : *Sacra embryologia, sive De officio sacerdotum , medicorum et aliorum circa æternam populorum in utero existentium salutem , libri IV*. L'auteur y a rassemblé ce que les physiciens , les médecins , les saints Pères, les théologiens ont écrit sur la formation de l'homme dans le sein de la mère, sa naissance , l'indispensable nécessité du baptême pour être régénéré dans la grâce et la lumière de Dieu. Il y traite des obligations des curés à l'égard d'un objet qui tient si essentiellement à leur ministère , des vues que la police et le gouvernement doivent porter sur le même objet. Quelques critiques ont trouvé que l'ouvrage était surchargé de détails , et que l'auteur se fondait sur des vues incertaines. « Le temps où « l'âme s'unit au corps, dit un natura- « liste théologien, ne peut se déterminer « exactement, vu surtout que sa pré- « sence n'est point nécessaire au com- « mencement ni même aux premiers « progrès de la végétation ou de l'accrois- « sement. On peut croire que l'époque en « est plus reculée qu'on ne pense ordinai- « rement. Le parti le plus sage , dit « saint Augustin , est de ne rien pro- « noncer là-dessus , et de consentir à « ignorer l'époque précise où dans le « sein de la femme l'homme commence « à vivre de cette vie qui ne doit plus « finir. *Quæri igitur ac disputari potest,* « *quod utrùm ab homine inveniri possit,* « *ignoro, quandò incipiat homo in utero* « *vivere* (Enchirid. c. 26.). » Dans la pratique cependant l'on ne saurait trop exactement suivre les avis de Cangiamila. L'administration des sacrements, et surtout celle du baptême, ne devant se régler que d'après les principes les mieux affranchis des inconvénients des systèmes. La dernière partie contient des réflexions bien propres à inspirer le plus touchant intérêt envers ces tendres rejetons de notre espèce, si précieux aux yeux d'une religion qui prodigue à ses enfants ses soins et ses secours, depuis le premier instant de vie, jusqu'à leur rentrée dans le sein général de la mortalité. L'ouvrage de Cangiamila parut d'abord en italien, à Palerme en 1745, in-fol.; puis sous le titre latin que nous avons transcrit, à Milan, 1751, in-4; Palerme, 1758, in-fol.; Venise, 1769, in-fol. Vienne, 1765, in-8. Ce vaste ouvrage a été abrégé par un théologien judicieux d'Ypres, 1775, 1 vol. in-8. Nous en avons aussi un abrégé en français par 'abbé Dinouart, Paris, 1762, 1766 et 774, trois éditions in-12. La seconde contient beaucoup d'additions et un éloge historique de Cangiamila. « Cet ouvrage, dit un historien de la médecine, dicté par des principes religieux qu'il ne nous appartient pas d'examiner, renferme des préceptes hygiéniques très-sages pour les femmes enceintes ; l'auteur préconise l'opération césarienne, en indiquant le cas où l'on ne doit pas hésiter à la pratiquer. » Le raducteur annonce dans une note que Cangiamila avait laissé en manuscrit à la bibliothèque de Palerme un autre ouvrage intitulé : *Médecine sacrée*. Cangiamila mourut à Palerme le 7 janvier 1763.

CANINI (Ange) naquit à Anghiari en Toscane ; savant dans les langues orientales, il enseigna à Venise, à Padoue, à Bologne, à Rome, en Espagne et en France, où il fut appelé par François Ier qui lui donna une chaire dans l'Université. Guillaume Duprat, évèque de Clermont, se l'attacha ensuite, et il mourut en Auvergne en 1557. Ses principaux ouvrages sont : *De locis S. Scripturæ hebraïcis commentaria*, imprimé avec les *Quinquagenæ* d'Antoine de Lebrija, Anvers, 1600, in-8 ; *Institutiones linguarum syriacæ, assyriacæ et thalmudicæ unà cum æthiopicæ et arabicæ collatione, quibus addita est ad calcem N. T. multorum locorum historica enarratio*, Paris, Charles Estienne, 1554, in-4 ; *Grammatica græca*, Paris, in-4 ; une *Version* latine du *Commentaire* de Simplicius sur *Épictète*, Venise, 1549, in-fol. et 1569, in-fol.

CANINO. (Voyez BONAPARTE Lucien.)

CANISIUS (Pierre), né à Nimègue le 8 mai 1521, se fit jésuite, prêcha avec un grand succès dans les principales villes d'Allemagne, surtout à Vienne, où il fut prédicateur de l'empereur Ferdinand. Il travailla à la conversion des hérétiques, fut le premier provincial de sa compagnie en Allemagne, et nonce du Saint-Siége, nommé par le pape Pie IV. Il mourut à Fribourg en Suisse l'an 1597. Canisius possédait toutes les vertus qui font un apôtre ; c'est le jugement qu'en ont porté les personnes les plus illustres de son temps, en particulier les papes Pie IV, Pie V et Grégoire XIII. Les hérétiques, dont il fut constamment le fléau, l'appelaient par allusion à son nom, *le chien d'Autriche*. Nous avons de lui : *Sancti Cyrilli, patriarchæ Alexandrini opera*, Cologne, 1546, 2 in-folio ; *D. Leonis Magni papæ sermones et homiliæ*, Louvain, 1566, in-12 ; *D. Hieronymi epis-*

tolæ, Cologne, 1674 ; *Commentaria de verbi Dei corruptelis*, Ingolstadt, 1583, 2 in-folio. Canisius y réfute les fables inventées par les Centuriateurs de Magdebourg ; des *Sommaires et des notes sur les Epîtres et Evangiles*, Anvers, 1666, in-12 ; *Manuale catholicorum*, Anvers, 1599 ; *Notæ in evangelicas lectiones*, Fribourg, 1591, 2 in-4 ; *Summa doctrinæ christianæ*. Ce cathéchisme est l'ouvrage qui a fait le plus d'honneur au père Canisius ; mais il n'en est pas moins en butte aux gens de la petite église, qui cherchent à lui substituer, ainsi qu'aux autres catéchismes catholiques, ceux qui sont infectés des nouvelles erreurs. La première édition parut en 1554, munie d'un édit de Ferdinand Ier, roi des Romains. En 1567, il en parut une autre à Paris avec des corrections, un nouvel édit de l'empereur Ferdinand, et un petit poëme qui est un abrégé du catéchisme. Les marges de cette édition sont chargées de citations. Le père Busée en a donné une édition in-folio, où l'on trouve tout au long les passages qui servent de preuves. Il y a peu de livres qui aient été si souvent imprimés et traduits en tant de langues différentes. La meilleure version française est celle du Père Vergus. Canisius donna, par ordre de l'empereur Ferdinand, un abrégé de ce *Catéchisme*. La meilleure édition de cet abrégé est celle d'Augsbourg, 1762, par les soins du Père Windehofer. Enfin on a donné un abrégé de l'*Abrégé* ; et c'est celui-ci qui était en usage dans tous les colléges : petit ouvrage excellent, et d'un genre réellement inimitable, qui présente le sommaire de la foi chrétienne avec autant de clarté, d'ordre, de précision quant aux choses, que d'élégance et de dignité quant au langage. La *Vie* du Père Canisius a été écrite en latin par Raderus, Sacchinus, Nieremberg ; en italien par Fuligatti, et en français par le Père Dorigny.

CANISIUS (Henri), neveu du précédent, selon Valère-André ; cousin-germain, selon le Père Possevin, né à Nimègue vers le milieu du 16e siècle, enseigna pendant 21 ans le droit canon à Ingolstadt. On ignore la date de sa mort ; mais on sait qu'il était encore en vie en 1609. On a de lui : *Summa juris canonici*, Ingolstadt, 1615 ; et d'autres ouvrages sur le droit, qui ont été recueillis par Valère-André, Louvain, 1649, in-4 ; *Victoris, episcopi Tunnunensis chronicon*, avec la suite de Jean de Biclare : c'est la première édition de cette *Chronique*, Ingolstadt, 1600, in-4 ; *Historia miscella*, avec des notes, Ingolstadt,

1603, in-12. Cette histoire est de Paul, diacre d'Aquilée; *Antiquæ lectiones*, Ingolstadt, 1601, en 6 vol. in-4. Plusieurs savants, entre autres Marc et Antoine Velser, Georges Lauthérius, Albert Hunger, les Pères Possevin, Jacques Gretzer et André Schot lui fournirent diverses pièces pour cet ouvrage. Il a été réimprimé par les soins de Jacques Basnage, sous ce titre: *Thesaurus monumentorum ecclesiasticorum et historicorum, seu Lectiones antiquæ, cum notis variorum, à Jacobo Basnage*, in-folio, 7 tomes en 4 vol., Amsterdam. 1725. Le savant éditeur les a ornés de doctes préfaces et de remarques utiles et curieuses, avec quelques notes et variantes de Capperonnier. Ce recueil renferme diverses pièces importantes sur l'histoire du moyen âge, et sur la chronologie. L'auteur était un homme d'une érudition vaste, et ce qui est plus rare, sage et modeste.

CANITZ (Frédéric-Rodolphe-Louis, baron de), célèbre poëte allemand, d'une famille ancienne et illustre de Brandebourg, naquit à Berlin en 1654, cinq mois après la mort de son père. Après ses premières études, il se mit à voyager en Italie, en France, en Angleterre, en Hollande. De retour dans sa patrie, il fut chargé de négociations importantes par Frédéric II, électeur de Brandebourg. Frédéric III, son successeur, s'en servit aussi utilement. Il mourut à Berlin en 1699, à 45 ans, conseiller privé d'Etat. Il réunit les qualités d'homme d'Etat et de poëte; et au talent de la poésie beaucoup d'autres connaissances, et l'étude des langues mortes et vivantes. Ses poésies allemandes ont été publiées pour la dixième fois en 1750, in-8. Il prit Horace pour modèle, et l'égala quelquefois. Son style est aussi pur que délicat: c'est le Pope de l'Allemagne. Le baron de Canitz ne se contentait pas de cultiver les beaux-arts, il les protégeait, non en amateur fastueux, superficiel, inutile, mais en amateur éclairé, solide, vrai et généreux. Sa mère était une femme singulière. Ayant épuisé la France en modes nouvelles, elle voulut faire venir un mari de Paris. Son correspondant lui envoya un aventurier d'environ 50 ans, nommé de Binbrock, d'un tempérament faible et valétudinaire. Il arrive; Mme de Canitz le voit et l'épouse. Les dégoûts que lui procura ce mariage empêchèrent les veuves de Berlin d'adopter cette mode.

CANNEGIETER (Hermann), né en 1723 à Arnheim, fit ses études dans cette ville et à Leyde. Après avoir reçu le grade de docteur en droit, il exerça pendant six ans les fonctions d'avocat près le tribunal supérieur à Gueldre. Il fut ensuite nommé professeur de droit à Franeker. On a de lui, outre une *Dissertation sur les lois de Numa*, deux ouvrages qui le placent au nombre des plus savants jurisconsultes: *Observationes de droit romain*, en 4 livres, Leyde, 1772, in-4: la 1re édition, publiée à Franeker en 1768, n'avait qu'un seul livre; *Observationes ad collationem legum mosaïcarum et romanarum*, Franeker, 1760, in-4, réimprimées en 1765 avec des *Additions* importantes. Cannegieter est mort le 8 septembre 1804.

CANNEGIETER (Jean), frère du précédent, se consacra aussi à l'étude du droit, et fut pendant longtemps professeur de l'académie de Groningue, où il est mort vers 1810. Il a publié plusieurs opuscules: *Ad difficiliora quæ iam juris capita animadversiones*, Franeker, 1754, in-4; *Domitii Ulpiani Fragmenta libri singularis regularum, et incerti auctoris collatio legum mosaïcarum et romanarum, cum notis*, Utrecht, 1768, Leyde, 1774, in-4; *Oratio de romanorum jurisconsultorum excellentiá et sanctitate*, Groningue, 1770, in-4 Il avait publié qu'Ulpien et Tribonien, entre autres, persécutaient les saints et adoraient les empereurs.

CANNING (Georges), ministre anglais, né à Londres en 1771, descendait d'une famille irlandaise. Son père étant mort l'année même de sa naissance, un de ses oncles prit soin de son éducation, et l'envoya au collége d'Eton, d'où il passa à l'Université d'Oxford. Ce fut dans cette célèbre école qu'il se lia avec Jenkinson, depuis lord Liverpool. Le jeune Canning avait annoncé de bonne heure les plus heureuses dispositions pour la littérature; et dès l'âge de 16 ans, il se distingua parmi les rédacteurs du *Microcosme*, journal hebdomadaire, publié par de jeunes étudiants d'Eton. Canning fournit à ce recueil un assez grand nombre d'articles signés de l'initiale B, et remarquables par une gaîté spirituelle et une fine ironie. Durant son séjour à Oxford, il publia aussi quelques poésies, parmi lesquelles on remarqua surtout une *Complainte sur l'asservissement de la Grèce*. Dénué de patrimoine, Canning sentit la nécessité de se créer une existence par son travail, et il se rendit à Londres pour se livrer à l'étude de la jurisprudence. Ce fut dans cette ville qu'il fit la connaissance du célèbre Shéridan, qui d'auteur dramatique était devenu homme d'Etat. La protection de cet écrivain et celle de son ami Jenkinson le fient entrer, en 1795, dans la chambre des communes comme député du bourg de Newtown, dans l'île de Wight. Dès son entrée à la chambre, Canning prit place sur les bancs des défenseurs du ministère ; mais ce ne fut qu'en 1794 qu'il parut pour la première fois à la tribune. Il parla en faveur du traité qu'on devait conclure avec la Sardaigne ; et il obtint assez de succès pour que Pitt désirât se l'attacher d'une manière particulière. La révolution française s'était déjà signalée, à cette époque, par de sanglants excès. Canning s'en déclara un des plus ardents adversaires, et, dans l'emportement de son zèle, il lui arriva souvent de confondre une nation entière qui était sous le joug de la terreur avec les factieux qui l'opprimaient. Ce dévouement aux principes professés par le ministère anglais ne resta pas sans récompense. Réélu, en 1796, par le bourg de Wendower, Canning fut aussitôt appelé au poste de sous-secrétaire d'Etat aux affaires étrangères, qui étaient dirigées par lord Grenville. Dès lors ses attaques contre le gouvernement français devinrent encore plus vives, et il travailla même à l'Anti-Jacobin, journal spécialement consacré à censurer tout ce qui se faisait alors en France. Cette conduite lui assura bientôt une grande popularité en Angleterre. En 1802, lorsque les puissances de l'Europe posèrent les armes, Pitt, ne pouvant se résoudre à signer la paix qui était alors une nécessité pour l'Angleterre, prit le parti de se retirer des affaires, et Canning suivit son exemple. Ce dernier rentra au Parlement en 1803, élu par le bourg de Tralée, en Irlande, et se signala par une violente opposition contre le nouveau ministère qui avait signé le traité d'Amiens. Pitt ayant repris le timon des affaires à la fin de la même année, Canning fut nommé trésorier de la marine, et conserva cette place jusqu'à la mort de son patron, arrivée en 1806. Elu, à cette époque, député par le comté de Sligo en Irlande, il fit de nouveau partie de l'opposition, et combattit de toutes ses forces les opérations du ministère à la tête duquel se trouvait Fox. Dans un discours éloquent prononcé en 1807, il fit ressortir la faute commise par l'Angleterre, en suscitant des guerres à la Russie et à la Prusse. Lorsque lord Grenville se fut retiré, après avoir amené la chute du ministère de Fox, Canning fit partie du ministère de Perceval, et devint secrétaire d'Etat pour les affaires étrangères. Le premier acte qui signala son administration fut le bombardement de Copenhague et l'embrasement

de la flotte danoise, contre le droit des gens : acte déloyal qu'il chercha vainement à justifier dans la chambre des communes. L'expédition de la flotte anglaise, en août 1809, contre Flessingue et l'île de Walcheren, appartient encore au ministère dont Canning faisait partie; mais il paraît que son opinion personnelle était contraire à cette entreprise, et il eut, à cette occasion, avec lord Castelreagh une vive altercation, suivie d'un duel où Canning fut blessé à la cuisse. Ne pouvant faire prévaloir son avis, il quitta le ministère et ne reparut sur la scène politique qu'en 1812, époque où il fut nommé membre du Parlement par les électeurs de Liverpool. C'est alors qu'il fit pour la première fois, en faveur de l'émancipation des catholiques irlandais, une motion qu'il renouvela l'année suivante et en 1826, mais toujours sans succès. Malgré les principes de liberté qu'il professait, Canning se prononça contre l'indépendance de la Norwége qui fut incorporée à la Suède et livrée à Bernadotte. En 1814, il fut nommé à l'ambassade de Portugal, poste insignifiant, qu'il quitta au bout de deux ans pour revenir en Angleterre. En passant à Bordeaux, où il s'arrêta quelques jours, il assista à un splendide banquet qui lui fut offert par les négociants anglais établis dans cette ville; et, dans un discours improvisé, il s'efforça de prouver que l'union de la France et de l'Angleterre pouvait seule assurer la tranquillité de l'Europe, en comprimant l'esprit révolutionnaire. De retour en Angleterre, il se présenta comme candidat aux élections de Liverpool, et y soutint une lutte orageuse dans laquelle il eût probablement succombé, si ses deux concurrents ne s'étaient désistés de leurs prétentions en sa faveur. La carrière des places se rouvrit alors pour lui, et il fut successivement président du bureau des Indes et ambassadeur près la république helvétique. Nommé, en 1822, gouverneur-général des Indes, il était sur le point de partir, lorsque le suicide de lord Castelreagh le fit entrer au ministère où il reprit le portefeuille des affaires étrangères. Il profita de cette position pour reproduire sa motion en faveur des catholiques, qui ne fut rejetée qu'à un petit nombre de voix. En 1827, Canning succéda à lord Liverpool, en qualité de premier ministre. Dès lors il chercha un appui dans le parti wigh, et fit entrer dans les affaires plusieurs hommes de cette opinion. Lors de la guerre entreprise par la France contre les cortès d'Espagne, Canning ne fit aucune motion qui parût la désapprouver. Ce ne fut que quelques mois après qu'il déclara, dans un discours au Parlement, que, si le gouvernement anglais ne s'était pas opposé à l'intervention des Français dans la Péninsule , cette inaction tenait à la certitude où il était que la guerre d'Espagne serait très-onéreuse à la France ; les événements n'ont pas confirmé cette prévision du ministre anglais. Le pouvoir de Canning ne fit que s'affermir dans les derniers temps de sa vie. Chargé par le roi de composer un ministère conforme à ses vues politiques , il put réaliser sans obstacle les plans qu'il avait conçus. Parmi les actes importants de son administration, il faut remarquer surtout la reconnaissance des nouveaux Etats républicains de l'Amérique méridionale ; l'intervention en Portugal, pour y maintenir la charte de don Pédro ; et l'alliance de l'Angleterre avec la Russie et la France , pour faire cesser la guerre entre les Turcs et les Grecs. Canning contribua aussi à l'émancipation des catholiques ; mais il n'eut pas la satisfaction de voir s'accomplir ce grand acte de justice. Le travail excessif auquel il se livrait altéra sa santé. Atteint, par suite de ses fatigues, d'une maladie inflammatoire, il ne parut s'en relever un instant que pour éprouver bientôt une rechute violente, qui l'emporta le 8 août 1827, à l'âge de 56 ans. On lui fit de magnifiques funérailles auxquelles assistèrent une foule de personnages distingués et deux frères du roi. Canning avait épousé en 1799 miss Scott, fille du général de ce nom , qui lui apporta une dot considérable. Cependant , chose assez rare parmi les ministres, il ne laissa , en mourant, qu'une fortune très-médiocre. Canning déploya dans sa carrière politique les talents de l'homme d'Etat. Orateur distingué, son défaut fut de rechercher un peu trop la grâce et les fleurs de l'élocution, et de s'abandonner trop facilement à sa causticité naturelle. Il cultiva la littérature avec succès, et, malgré ses travaux administratifs, il fut un des collaborateurs les plus féconds du *Quaterly Review*. Ses *Poésies* ont été réimprimées. Canning a publié , outre plusieurs *Discours* prononcés à la chambre des communes, deux *Lettres au comte Camden* , 1809 , in-8 ; *Lettre au comte Camden, contenant le récit des transactions qui eurent lieu à l'occasion du dernier duel avec lord Castelreagh* , 1809 , in-8. Une médaille a été frappée à Paris en son honneur, au moyen d'une souscription ouverte par l'opposition libérale.

CANO (Alonzo, ou Alexis), surnommé le *Michel-Ange* de l'Espagne, né à Gre-

nade en 1600, mort le 12 novembre 1676, cultiva l'architecture et la peinture. La protection du duc d'Olivarès lui valut, en 1638 , le titre de *maître des œuvres royales* et de *peintre à la chambre*. L'assassinat de sa femme l'exposa à des poursuites qui l'obligèrent de se cacher. Mais, ennuyé de cette contrainte , il se livra lui-même à la justice en disant : *Excellens in arte non debet mori*. Il supporta avec courage la torture, et les bourreaux, par égard pour son talent , épargnèrent son bras droit. Philippe IV, instruit de l'innocence de cet artiste , lui rendit ses bonnes grâces. Cano embrassa ensuite l'état ecclésiastique. Lorsque ses nombreuses aumônes avaient épuisé son argent, il traçait un dessin sur un papier qu'il donnait aux pauvres, en leur enseignant où ils pourraient le vendre. Il avait une telle antipathie pour les Juifs qu'il ne pouvait s'en laisser approcher, ni toucher à rien de ce qui avait été à leur usage. Au lit de mort , il refusa les sacrements de la main d'un prêtre qui les avait administrés à des Juifs convertis. Il refusa aussi d'accepter un crucifix que lui présentait son confesseur, parce que , disait-il , il était si mal travaillé qu'il ne pouvait exciter en lui aucun sentiment de dévotion. La passion qu'il avait pour son art lui faisait oublier que c'était dans son cœur et non dans la beauté du crucifix qu'il devait chercher ces pieux sentiments.

CANO. (Voy. CANUS.)

CANOVA (Antoine), célèbre sculpteur, né en 1775 à Possagno , dans le Trévisan. Après avoir pris les premières leçons de son art dans l'atelier d'un sculpteur de Bassano, il passa à l'académie des beaux-arts de Venise, où il remporta plusieurs prix. Le sénat l'envoya à Rome en 1779 , et lui accorda un traitement de 300 ducats pour son groupe de *Dédale et Icare*. Pie VII l'employa en diverses occasions , notamment en 1815 pour présider à l'enlèvement des objets d'arts qui avaient été transportés à Paris , et pour les remettre en place. Ce pontife le créa marquis d'Ischie et lui accorda une pension de 3,000 écus romains. Il est mort à Venise le 12 octobre 1822. Plein de feu, d'énergie et de grâce, ce statuaire eut le secret de donner à ses ouvrages un charme admirable. Ses figures de femmes, surtout , réunissent toutes les perfections de la belle nature. Il a eu le malheur de représenter des passions en même temps que des saints. Parmi les nombreuses productions de son génie, on remarque : le *Mausolée de Clément XIII*, placé dans l'église de Saint-Pierre e Rome; une *Magdeleine repentante;* la *fausolée de l'archiduchesse Christine 'Autriche; Thésée assis sur le Minotaure aincu; Persée tenant la tête de Méduse;* : *Buste du pape Pie VII.* Canova s'est ussi livré à la peinture; mais avec moins le succès. Il réussissait mieux dans la iartie du coloris que dans celle de la ôïnposition.

CANTACUZÈNE. (Voy. JEAN et MAT-HIEU.)

CANTEL (Pierre-Joseph), né au pays le Caux en 1645, entra dans la compagnie de Jésus et s'y distingua. Il mourut à Paris en 1684. Son ardeur pour l'étude abrégea ses jours. Nous avons de lui : un traité *De Romanâ republicâ*, in-12, Utrecht, 1707. C'est un excellent abrégé des antiquités romaines. Les meilleures éditions sont celles d'Utrecht, avec des figures; *Metropolitanarum urbium historia civilis et ecclesiastica*, tom. 1ᵉ; c'est le seul qui ait paru. Il donna le *Justin ad usum delphini*, Paris, 1677, in-4; et le *Valère Maxime*, aussi *ad usum, etc.*, Paris, 1679. Ces éditions sont estimées.

CANTEMIR (Démétrius), né en 1673, d'une famille illustre de la Tartarie. Son père, d'abord gouverneur de trois cantons de Moldavie, devint prince de cette province en 1664. Démétrius, envoyé de bonne heure à Constantinople, se flattait de lui succéder; mais il fut supplanté à la Porte par un concurrent. Le ministre ottoman l'ayant envoyé, en 1710, dans la Moldavie pour la défendre contre le czar Pierre, il la livra à celui contre qui on l'avait envoyé combattre. Démétrius suivit son nouveau maître dans ses conquêtes; il eut, en dédommagement de ce qu'il avait perdu, le titre de prince avec des terres, des domaines, et une autorité entière sur les Moldaviens qui quittèrent leur patrie pour s'attacher à son sort. Il mourut en 1723, dans ses terres de l'Ukraine, aimé et estimé. On a de lui plusieurs ouvrages : l'*Histoire de l'agrandissement et de la décadence de l'empire ottoman;* l'original latin est resté manuscrit; il a été traduit en anglais par Nicolas Tindal, en français sur la version anglaise par l'abbé de Jonquières, 1743, en 4 vol. in-12, et in-4; en allemand par J.-L. Schmidt, Hambourg, 1745, in-4; *Système de la religion mahométane*, Pétersbourg, 1722, in-folio, ouvrage écrit et imprimé en langue russe, par ordre de Pierre-le-Grand, à qui il e.'dédié; *État présent de la Moldavie*, en latin, avec une grande carte du pays, etc. Il a encore laissé plusieurs autres ouvrages, tels que : l'*Histoire ancienne*

et *moderne de la Dacie*, qui n'a pas été publiée; une *Théologie physique;* un *Recueil de chansons turques mises en musique*, in-4; une *Introduction à la musique turque*, écrite en langue russe, in-4, etc. Ce prince possédait presque toutes les langues vivantes et mortes, dans un égal degré.

CANTEMIR (Antiochus, ou Constantin-Démétrius), né à Constantinople en 1709, dernier fils de Démétrius Cantemir, et l'objet des complaisances de son père, s'adonna comme lui à l'étude, aux sciences et aux arts. Il fut successivement ambassadeur à Londres et à Paris. De retour en Russie, il se conduisit avec beaucoup de prudence dans les différentes révolutions qui agitèrent cette contrée, et mourut en 1744. Les Russes connaissaient avant lui quelques chansons rimées; mais il est le premier qui ait introduit chez eux des poésies d'une certaine étendue. Outre une *Traduction d'Anacréon* et des *Épîtres d'Horace*, il donna en langue russe des *Satires*, des *Fables*, des *Odes*, etc. Il a encore fait connaître à ses compatriotes plusieurs ouvrages étrangers, dont il n'y avait guère de fruits à espérer pour la sagesse et les mœurs, tels que les *Lettres persanes, etc*. L'abbé de Guasco, traducteur de ses *Satires*, in-12, a écrit la *Vie* de ce prince en admirateur panégyriste.

CANTERUS, ou CANTER (Guillaume), savant hollandais, né à Utrecht le 24 juillet 1541, parcourut la France, l'Italie, l'Allemagne, et lia amitié avec un grand nombre de savants. Il se fixa ensuite à Louvain, y vécut dans la retraite, se livrant avec passion à l'étude; la matinée était consacrée à la lecture, et l'après-dînée à écrire. Il fut constamment attaché à la religion de ses pères, et mourut dans de grands sentiments de piété le 18 mai 1575. Juste-Lipse en fait l'éloge dans sa première épître à Corneille Valère. Il laissa beaucoup d'ouvrages : *Huit livres de corrections, d'explications et de fragments de divers auteurs*, en latin, réimprimés dans le *Trésor de Gruter; Syntagma de ratione emendandi Græcos auctores*, Anvers, 1571, in-6; des *Éditions* et des *Traductions* de quelques écrivains grecs et latins, des *Poésies* latines, etc. (Voyez NICÉRON.)

CANTIUNCULA (Claude), jurisconsulte qui florissait dans le 16ᵉ siècle. Il a laissé : *De Potestate Papæ, imperatorû et concilii; Paraphrases in III lib. Inst. Justiniani; De officio judicis, lib. II;* ouvrages devenus très-rares.

CANTON (Jean), né à Strond en Glocestershire, le 31 juillet 1718, s'appliqua avec beaucoup de succès à la physique et à l'astronomie, et réussit à faire des expériences neuves et utiles. En 1750, il présenta à la Société royale de Londres une *Méthode de faire des aimants artificiels, supérieurs à tous les autres;* ce qui lui procura, la même année, une place dans cette académie, qu'il continua d'enrichir de ses découvertes jusqu'à sa mort, arrivée le 23 mars 1772. Plusieurs ont jugé que cette *Méthode* avait été effacée, presque aussitôt qu'elle vit le jour, par un *Traité* sur la même matière, composé en anglais par M. Michell, et traduit élégamment en français par le Père Rivoire, jésuite, Paris, 1752, in-12. Canton a encore publié des *Traités* sur l'*Electricité*, la *Tourmaline*, la *Lumière de la mer*, la *Variation de l'aiguille aimantée*, la *Compressibilité de l'eau;* l'on doute avec raison qu'il ait démontré la compressibilité de cet élément.

CANTWEL (André-Samuel-Michel), né en 1744, devint lieutenant des maréchaux, et fut admis à ce titre dans l'hôpital des Invalides en 1792. Il y obtint la place de bibliothécaire, et y mourut le 9 juillet 1802. Il a publié plusieurs traductions de l'anglais, la plupart très-inexactes. Les plus importantes sont : une *Suite de l'Histoire de la décadence et de la chute de l'empire romain*, par Gibbon, ouvrage entièrement revu et corrigé par Guizot, Paris, 1812 et 1820; *Discours sur l'histoire et la politique en général par le docteur Jos. Priestley*, 1793, 2 vol. in-8; *Leçons de rhétorique de Blair*, 1797 , 4 vol. in-8. La *Traduction* de Prévost, publiée pour la première fois à Genève en 1808, et réimprimée à Paris en 1821, avec des corrections et des passages omis dans la première édition, la fait totalement oublier; *Voyage en Hongrie fait en 1787, précédé d'une description de Vienne et des jardins de Schœnbrun*, par Rob. Townson, 1799, 8 vol. in-8; *Voyage de Byron à la mer du Sud*, 1799, in-8. Il a eu part à la *Traduction* de la *Géographie* de Guthrie, par Noël.

CANULÉIUS, tribun du peuple romain, se fit aimer des républicains par son opposition aux nobles. Il souleva le peuple vers l'an 445 avant J.-C., et il obtint que les plébéiens pourraient s'allier avec des patriciens.

CANUS, ou CANO (Melchior), dominicain espagnol, né à Tarançon, dans le diocèse de Tolède, en 1523, professeur de théologie à Salamanque, fut envoyé au concile de Trente sous Paul III, et nommé évêque des îles Canaries en 1552. Il n'en prit point possession. Il mourut à Tolède en 1560, provincial de Castille.

Ce religieux n'avait pas voulu pendant longtemps être évêque, peut-être pour ne pas s'éloigner de Philippe II, dont il avait gagné l'affection. Tous les théologiens ont donné des éloges à son Traité intitulé : *Locorum theologicorum lib. XII*, Padoue, 1727, in-4, tant pour les excellentes choses qu'il renferme, que pour la manière élégante de les exprimer. On lui reproche seulement d'avoir trop affecté d'imiter les ouvrages de rhétorique d'Aristote, de Cicéron, de Quintilien, et des autres auteurs profanes; et de fatiguer son lecteur par de longues digressions et par une foule de questions étrangères à son sujet. Les lieux théologiques d'où il tira ses arguments sont l'Ecriture-Sainte, les traditions apostoliques, les Pères, les conciles, etc. Il condamnait avec raison ces questions vaines et absurdes, par lesquelles on a longtemps défiguré la simplicité et la majesté de la science de la religion; mais on ne peut s'empêcher de convenir qu'il montrait trop d'aigreur contre les scolastiques. « Nous savons, dit un illustre prélat, « que la scolastique n'est point d'une in- « dispensable nécessité pour conserver « intact le dépôt de la foi; les promesses « de Jésus-Christ sont, à la vérité, son « principal appui; mais ces promesses « n'excluent pas les moyens humains que « la prudence suggère et varie selon les « conjonctures. L'Eglise a eu des motifs « très-pressants pour mettre en œuvre « ceux que lui fournissait la scolastique: « car cette forme d'enseignement lui a « fait remporter des avantages précieux « sur les sectaires, qui n'en ont jamais « condamné l'usage, que parce qu'ils « n'en pouvaient soutenir la force; et « les sarcasmes qu'ils ont lancés contre « cette pratique doivent être une raison « de plus pour la conserver. » (Voyez ANSELME saint, DUNS, HARGEST, THOMAS saint.) Canus n'était pas non plus ami des Jésuites, et ne craignait pas de les regarder comme des *précurseurs de l'antechrist*, sans que ni la bulle de Paul III, qui confirmait leur institut, ni une lettre circulaire du général de son Ordre, qui défendait à ses religieux de mal parler des Jésuites, pussent lui faire changer de sentiment, ni même l'empêcher de déclamer contre eux en chaire. Jean Penna, son confrère, docteur de Salamanque, publia en leur faveur un manifeste apologétique. Si on juge du caractère de Canus par un trait que rapporte le Père Bouhours au 5e livre de la *Vie de saint Ignace*, on ne pourra s'empêcher d'en concevoir des idées sinistres. On lui attribue encore *Prælectiones de pœnitentiâ.* Ses *OEuvres* ont été publiées à Cologne en 1605, in-8; Ibid., *1678*, in-8; Lyon, 1704, in-4.

CANUS, ou CANO (Sébastien), biscaïen, compagnon de l'illustre Magellan dans ses courses maritimes, passa avec lui, vers l'an 1520, le détroit auquel ce célèbre voyageur donna son nom. Après la mort de Magellan, il gagna les îles de la Sonde, d'où il alla doubler le Cap de Bonne-Espérance. Il rentra dans Séville en 1522, ayant le premier fait le tour du monde par l'Orient, en trois ans et quatre semaines. Charles-Quint lui donna pour devise un globe terrestre avec ces paroles : *Primus me circumdedisti.*

CANUT II, dit *le Grand*, fils de Suénon et roi de Danemarck, commença son règne par une descente en Angleterre et en Norwége, qui toutes deux s'étaient soustraites à l'hommage et à l'obéissance qu'elles avaient promis à son père. Cette entreprise présentait de grandes difficultés. Il avait à redouter les Vandales et les autres nations du Nord qui réclamaient la même indépendance que l'Angleterre et la Norwége. Il temporisa avec ces peuples, afin de diriger toutes ses forces contre ces deux derniers royaumes. Pour gagner du temps, même avec cette dernière puissance, il sut habilement attirer dans ses vues Claude, frère du roi, en lui persuadant de revendiquer la couronne. Après ces précautions, il partit pour l'Angleterre, où il remporta d'abord quelques avantages; mais trop faible pour s'y maintenir, et furieux de se voir contraint d'abandonner cette contrée, il fit couper le nez et les oreilles à quelques jeunes seigneurs qu'il avait en otage. Ethelred, qui régnait alors sur les Anglais, enchérit sur la barbarie de Canut, et fit mourir beaucoup de Danois qui y étaient naturalisés, et qu'il fit massacrer en un seul jour. Cependant, en 1010, Canut, profitant de l'indolence d'Ethelred, rentra en Angleterre; ce roi paresseux tomba malade, ce qui l'obligea de confier la défense de l'Angleterre à son fils Edmond, prince plein de courage, mais continuellement trahi par Edric, que son père avait placé dans son conseil. Cependant, tantôt vainqueur, tantôt vaincu, il parvint à se maintenir en Angleterre, et pour mettre fin à une guerre sanglante, il fit proposer à Canut un combat singulier pour terminer leur différend. Ils entrèrent dans une île de la rivière de Saverne, et se battirent sans qu'on pût décider qui des deux avait l'avantage. Canut, craignant de succomber contre un ennemi qui passait pour un des plus forts hommes du monde,

proposa à Edmond de partager entre eux l'Angleterre. Quelques écrivains mêmes prétendent qu'il refusa le combat. Quoi qu'il en soit, le traité se fit, et les deux rivaux se séparèrent satisfaits l'un de l'autre. Edmond cependant fut assassiné un mois après par la perfidie d'Edric, qui, furieux de ne pas recevoir la récompense qu'il attendait de son crime, osa le reprocher à Canut; celui-ci, sachant bien qu'on ne pouvait se fier à un traître, le fit pendre et jeter dans la Tamise. Ce prince, resté seul maître de l'Angleterre et parvenu au plus haut degré de puissance, s'appliqua à rétablir dans ses États, qui venaient d'éprouver une guerre longue et cruelle, l'ordre, l'abondance et la paix. Pour cela il supprima des impôts vexatoires qu'il avait établis pour satisfaire l'avidité des chefs qui avaient combattu pour lui; il fit de bonnes lois, et partagea si bien ses faveurs, que ni les Anglais, ni les Danois n'eurent à se plaindre d'une préférence injuste. Il rétablit les monastères ruinés durant la guerre, bâtit plusieurs églises, fit de grandes largesses aux pauvres et aux églises, et alla à Rome visiter les tombeaux des Apôtres. Quelque minutieux qu'ait paru à Hume cet esprit de dévotion, on aimera toujours à voir le moyen que ce grand monarque employa pour confondre les courtisans, qui l'appelaient roi des rois, maître de la mer. Il alla s'asseoir sur le bord de cet élément à l'instant du reflux, et lui défendit de l'approcher. Le flot sourd à sa voix ayant mouillé son habit et ses pieds, il dit aux flatteurs : « Apprenez que tous « les mortels sont dépendants et faibles, « et que celui-là seul est tout-puissant à « qui l'Océan a obéi, quand il lui a dit : « *Va jusque-là, et pas plus loin.* » Canut mourut l'an 1036, et il a été placé avec justice parmi les plus grands rois qui aient porté le diadème. Sa jeunesse fut célèbre par ses conquêtes et par la politique la plus raffinée; mais malheureusement ternie par beaucoup d'actions cruelles; ses dernières années furent distinguées par sa tempérance, son respect pour la justice, son affabilité, sa clémence, et par toutes les vertus qui pouvaient le faire chérir, et respecter de ses sujets. Les historiens danois rapportent de ce prince une anecdote qui ne se trouve dans aucun historien anglais. Ayant tué dans le vin un de ses soldats, il assembla son peuple, et voulut qu'on lui fît à lui-même son procès en règle. Il fut jugé coupable; mais il se réserva la sentence et l'arbitrage de sa punition. Il avait précédemment fixé une amende pécuniaire pour le meurtre, dont un tiers pour le roi, un tiers pour les parents du mort, et l'autre pour l'armée. Il prononça qu'il payerait neuf fois la valeur de l'amende ordinaire ; et quant à son tiers, il ordonna qu'il serait donné au clergé.

CANUT III, dit *Hardi-Canut*, fils de Canut-le-Grand, mérita le surnom de *Hardi* par les actions de valeur qu'il fit en Russie, où son père l'avait envoyé à la poursuite du roi de Norwége Olaüs. Il régna roi de Danemarck depuis l'an 1035 jusqu'à l'an 1040, qu'il fut couronné roi d'Angleterre, après la mort de son frère Harold, lorsqu'il se disposait à venir lui disputer la couronne d'Angleterre, à laquelle il prétendait avoir des droits. Son règne ne présente aucun événement important. Il mourut subitement en 1042, d'intempérance, selon les uns, de poison suivant d'autres, avec la réputation d'un prince dont le caractère associait les vices les plus détestables aux plus nobles vertus. Avec beaucoup de valeur et de générosité, il fut cruel, féroce, intempérant, débauché. En lui s'éteignit en Angleterre la dynastie danoise.

CANUT IV (saint), roi de Danemarck, frère et successeur de Harold, monta sur le trône en 1080, et fut tué dans l'église de Saint-Alban, de la ville d'Odensée, située dans l'île de Funen, l'an 1086, selon la plus vraisemblable opinion. Son zèle pour la religion, qui fut la cause de sa mort, lui mérita le nom de *martyr*. « Son zèle, dit un auteur moderne, pour la propagation de « la foi chrétienne, le soin qu'il prit de « bâtir et de réparer plusieurs églises, « son application à rendre la justice, « une pratique continuelle des vertus « chrétiennes, le bon ordre qu'il s'ef-« força d'établir dans le royaume, après « avoir donné lui-même l'exemple par « le règlement de son domestique : tout « cela partait d'un fonds de religion, « et en fit un grand saint, comme « ses autres qualités le rendirent grand « prince. Car il délivra le Danemarck « des incursions des Sembes, des Es-« thons et des habitants de la Cour-« lande ; il rétablit la sûreté de la navi-« gation, en punissant les pirates du « dernier supplice ; il ne pardonnait pas « plus aux étrangers qu'à ses propres « sujets, s'il en trouvait quelqu'un cou-« pable de vol ou de meurtre ; il rétablit « la peine du talion, *œil pour œil, dent* « *pour dent* ; il avait pris des mesures « pour recouvrer le royaume d'Angleter-« re, dessein que la trahison de son frère « Olaüs fit échouer. Enfin, jamais la jus-

« tice n'avait été exercée avec plus d'exac-« titude et plus de vigueur dans le Da-« nemark. » (*Histoire du Danemarck par Desroches*, tom. II, pag. 249.) Ælnothus a écrit sa *Vie*, Copenhague, 1657, in-4. — Il y a eu quelques autres princes de ce nom ; entre autres un fils d'Eric-le-Bon, roi de Danemarck, assassiné le 7 janvier 1130, et mis aussi au nombre des martyrs.

CANUT V, roi de Danemarck, qui succéda à Eric V en 1147, se vit long-temps disputer la couronne par Suénon, prince du sang royal, et périt de la main de cet adversaire dans un festin qu'il donnait à l'occasion de la paix qui venait d'être conclue entre eux vers l'an 1166.

CANUT VI, roi de Danemarck, fils de Waldemar I et d'une sœur de Canut V, partagea quelque temps le trône avec son père, et lui succéda en 1182. Il fit la guerre avec succès, soumit les Scaniens révoltés, battit les Poméraniens, subjugua les habitants du comté de Holstein et mourut vers l'an 1210. Jamais le Danemarck n'avait été si puissant et si florissant que sous le règne de ce prince ; dont les historiens louent d'ailleurs la piété, la modération et la pureté de mœurs.

CANUT (saint), duc de Sleswig, 2e fils d'Eric-le-Bon, roi de Danemarck, et neveu de Nicolas, qui avait été élevé sur le trône au préjudice des enfants de ce dernier. Canut, sans ambition, vivait paisiblement, lorsque Henri, prince des Vandales, après avoir ravagé le Danemarck, se porta sur le duché de Sleswig, qu'il dévasta entièrement. Touché de l'état misérable où ce duché était réduit, il sollicita et obtint la place de gouverneur de ce pays, que plusieurs avaient refusée. Il battit Henri, le força à la paix, et même s'attira son amitié, au point qu'à l'article de la mort il le nomma tuteur de ses enfants, et remit le gouvernement de son royaume entre ses mains. Canut régna quelques années avec la plus grande réputation, estimé, chéri et respecté de tous les gens de bien ; mais ensuite son règne fut troublé par des dissensions qui s'élevèrent entre ses enfants, et par la jalousie de Magnus, fils de Nicolas, auquel ses vertus et la supériorité de son mérite faisaient ombrage. Il parvint cependant, par sa conduite franche et loyale, à faire taire ses ennemis. Mais Magnus, qui avait juré sa perte, ne voyant pas d'autre moyen de s'en défaire, l'engagea à venir le trouver dans une forêt voisine, où il désirait l'entretenir. Ce prince trop confiant se rendit à cette invitation avec quatre personnes

sulement et sans armes ; mais à peine
at-il enfoncé dans le bois, que le traître
Jagnus, escorté d'une troupe de conjurés, fondit sur lui, le saisit par les cheveux, et lui coupa la tête le 7 janvier
1131. Ainsi périt le plus grand héros de
sa siècle. Comme on craignait un sou-
vement de la part du peuple, qui avait
témoigné son indignation à la nouvelle
de ce lâche assassinat, il fut enterré sans
pompe et sans autre monument que celui
qu'il s'était fait dans le cœur des Danois,
qui adorent encore aujourd'hui sa mémoire. Il fut canonisé en 1171. Le *Mar-
trologe romain* le confond avec saint
Canut, roi de Dânemarck.

CANUTI (Dominique), peintre, né à
Bologne en 1623, fut un des meilleurs
élèves du Guide. On remarque surtout
dans ses tableaux une belle ordonnance,
et un pinceau léger et facile. Il a aussi
gravé quelques estampes à l'eau forte.
Il mourut en 1684.

CANZ (Israël-Gottlieb), professeur de
théologie luthérienne à Heinsheim, où
il mourut le 28 janvier 1753, à l'âge de
55 ans. Il était disciple de Wolf, et
tenta d'introduire sa philosophie et celle
de Leibnitz dans la théologie. Ses principaux ouvrages sont : *Philosophiæ Leib-
itzianæ et Wolfianæ usus in theologiâ,
or præcipua fidei capita*, Francfort et
Leipsick, 1728-1739, in-4, livre qui
eut du succès en Allemagne ; *Eloquen-
tiæ et præsertim oratoria linea paucæ*,
Tubingen, 1734, in-4; *Grammaticæ universalis tenuia rudimenta*, 1737, in-4;
*Disciplinæ morales omnes, etiam eæ quæ
forma artis nondùm huc usque compa-
uerunt, perpetuo nexu tradita*, Leipsick, 1739, in-8 ; *Ontologia polemica*,
Leipsick, 1741, in-8; *Meditationes philosophicæ*, Tubingen, 1740, in-4; *Theo-
logia thetico-polemica*, Dresde, 1741,
in-8 ; *Compendium theologiæ purioris*,
Tubingen, 1752, in-3.

CAOURSIN (Guillaume), secrétaire et
vice-chancelier de l'Ordre de Saint-Jean-
de-Jérusalem, né à Douai vers 1430,
était originaire de Rhodes. Il était marié, et mourut en 1501. Ses ouvrages,
qui concernent l'Ordre de Rhodes et le
siége de cette ville en 1480, imprimés à
Ulm en 1496, in-fol., sont assez rares.
Ils ont été traduits en allemand par
Jean Adelphus ou Jean Bruder, médecin de Strasbourg au 16ᵉ siècle.

CAPACCIO (Jules-César), écrivain fécond du 16ᵉ siècle, né à Campagna dans
le royaume de Naples, fut gentilhomme
du duc d'Urbin, et secrétaire de la ville
de Naples. Il mourut en 1631. On a de lui:
une *Histoire de Naples*, imprimée dans

cette ville en 1607, in-4, qui est au nombre des livres rares. Quelques critiques
prétendent que Capaccio n'en est que le
traducteur, et que l'ouvrage est de Fabio Cordiani. Quoi qu'il en soit, cet
ouvrage se trouve dans la *Collection* de
Grævius, avec les *Antiquitates et historia Campaniæ felicis*, du même Capaccio. On a encore de lui : *Puteolana historia et de Balneis liber*, Naples, 1684,
in-4, ouvrage curieux et savant ; *les
Triomphes de Saint François de Paule*,
en italien, traduits en français par Gran-
jon, Paris, 1634, in-4, et des *Apologues*
en vers italiens, 1619, in-4, avec figures.

CAPÈCE (Scipion), poète latin du
16ᵉ siècle, napolitain, tâcha d'imiter
Lucrèce dans son poème *Des principes
des choses*, Francfort, 1631, in-8, et y
réussit assez bien. Le cardinal Bembo
et Manuce mettaient cet ouvrage à côté
de son modèle. On en a donné une édition avec la traduction italienne, Venise, 1754, in-8. On a encore de lui : des
Elégies, des *Epigrammes*, et un poème
De vate maximo que Gesner, sans doute,
un ami du poète, égalait aux productions de l'antiquité.

CAPEL (Arthur), baron d'Hamdam,
était gouverneur de Glocester pour le
roi, lorsque Fairfax, chef des parlementaires, vint assiéger cette place en
1645. Ce général se servit d'une ruse singulière pour tâcher d'emporter la place. Il
fit venir Arthur, fils de Capel, étudiant
alors à Londres, pour engager son père
à lui conserver la vie, en s'accommodant avec le Parlement. Quoique le jeune
homme n'eût que dix-sept ans, il répondit
toujours que son père était trop sage
pour avoir besoin des avis d'un enfant.
Fairfax fit mettre le jeune Arthur, nu
jusqu'à la ceinture, au milieu d'une
troupe de soldats qui avaient les épées
tirées contre lui. Pendant qu'il regardait ce triste spectacle, il entendit un
des officiers de Fairfax, qui dit : « Prépa-
rez-vous à vous rendre, ou à voir répandre le sang de votre fils. » Capel, pour
toute réponse, cria à son fils avec fermeté : « Mon fils, souvenez-vous de ce
que vous devez à Dieu et au roi : » paroles qu'il répéta trois fois. Il rentra ensuite dans la place, et exhorta les officiers à demeurer fermes, non pour
venger son fils, mais pour venger leur
roi. Ce bon citoyen, ayant été forcé de
capituler, périt en 1649 par le même
supplice que celui de Charles 1ᵉʳ, et fut
condamné par les mêmes juges.

CAPELLA (Martianus-Mineus-Felix),
poète latin, vivait vers l'an 490 de J.-C.
On croit qu'il était africain et procon-

sul. On a de lui un poëme intitulé : *De nuptiis Philologiæ et Mercurii , et de septem artibus liberalibus.* Grotius donna une bonne édition de cette production médiocre en 1599, in-8 , avec des notes et des corrections.

CAPELLE (Jean-Pierre Van) naquit à Flessingue en 1783, et mourut à Amsterdam le 26 août 1829. D'abord lecteur en sciences mathématiques , agricoles et maritimes à l'académie de Groningue , et lauréat au concours de la société scientifique de Harlem, pour un *Mémoire* sur les miroirs ardents d'Archimède , il devint en 1815 membre de l'*Athénée* illustre d'Amsterdam,et enfin fut chargé en 1819, après la mort d'Herman Bosscha , du cours d'histoire nationale qu'il inaugura par un discours éloquent , dont le titre est : *l'Esprit qui doit présider aujourd'hui à l'étude de l'histoire du pays.* On lui doit : *Recherches pour l'histoire des sciences et des lettres aux Pays-Bas ,* Amsterdam, 1821, in-8 ; *Recherches sur l'histoire des Pays-Bas ,* Harlem , 1827 , in-8 ; *Philippe-Guillaume , prince d'Orange ,* Harlem. 1828, in-8.

CAPPELLI (Marc-Antoine), cordelier, né à Este, vers le milieu du 16e siècle , écrivit d'abord en faveur de Venise, dans son différend avec Paul V : *Parere delle controversie,* etc. , 1606, in-4 , puis s'étant rétracté , il employa sa plume contre les ennemis de l'autorité du Pape : *De summo pontificatu B. Petri ,* 1621 , in-4; *De cœnâ Christi supremâ ,* 1625 , in-4. Il passa par les charges de son Ordre, et mourut à Rome en 1625.

CAPILUPI (Camille), natif de Mantoue, vivait dans le 16e siècle , et s'est rendu fameux par son libelle intitulé : *Les Stratagèmes de Charles IX contre les huguenots ,* en italien , Rome , 1572 , in-4 , traduits en français, 1574, in-3. Il y décrit le massacre de la Saint-Barthélemi. Il raporte des choses fort singulières sur les motifs et les suites de cette violence; mais ce libelle est rempli d'idées fausses et de faits calomnieux. C'est cependant à de telles sources que les philosophes de nos jours vont puiser les preuves dont ils ont besoin pour impugner les faits les plus avérés et les plus évidents en faveur des catholiques. La haine implacable qu'ils leur ont vouée se nourrit de calomnies et de mensonges , et leur fait adopter sans examen tout ce qui peut porter quelque atteinte à la sainteté de la religion , dans les événements même qui lui sont le plus étrangers, sur lesquels elle n'a pas eu la moindre influence, ou qui l'ont elle-même combattue et désolée. « Il est prouvé , par des

« monuments incontestables, dit un auteur célèbre, que la religion ne fut « point le motif de ce massacre , et que « les ecclésiastiques n'y eurent aucune « part. L'entreprise formée par les cal- « vinistes d'enlever leurs rois , plusieurs « villes soustraites à l'obéissance , des « siéges soutenus , des troupes étran- « gères introduites dans le royaume, « quatre batailles rangées livrées au sou- « verain, n'étaient-elles pas des raisons « assez puissantes pour irriter Charles « IX (Voy. ce nom), sans les motifs de « la religion, et pour lui faire envisa- « ger les calvinistes comme des sujets « rebelles et dignes de mort ?.» (Voyez la fin de l'article CALVIN.) Capilupi est aussi compté entre les poëtes latins.

CAPILUPI (Lélio), frère du précédent, poëte latin , né le 19 décembre 1498, à Mantoue comme Virgile, employait si heureusement les vers de son compatriote, et réussissait si bien à leur donner des sens divers, qu'il surpassa en ce genre Ausone, Proba Falconia , et les autres qui se sont exercés sur le même sujet. Il a chanté dans cette sorte de vers l'origine des moines, leurs règles, leurs vies, les cérémonies de l'Eglise, l'histoire du mal de Naples , etc. Deux de ses frères, Hippolyte , évêque de Fano , et Jules , avaient le même talent de décomposer et de recoudre Virgile. Outre leurs *Centons ,* on a des vers de ces poëtes, dont les pensées et les expressions ne sont qu'à eux. On a réuni leurs poésies, in-4, Rome, 1590. Une petite partie des poésies de Lélio se trouve aussi dans les *Deliciæ poetarum Italorum.* Cet auteur célèbre mourut en 1560, à 62 ans. On a imprimé séparément son *Cento ex Virgilio de vitâ monachorum,* Venise, 1550, in-8, et son *Cento contre les femmes,* Venise, 1550, in-8.

CAPISTRAN (saint Jean de) , disciple de Bernardin de Sienne , et frère mineur comme lui , marcha sur les traces de son maître. Il tirait son nom de Capistran dans l'Abruzze, où il était né en 1385 d'un gentilhomme angevin. Il signala son zèle et son éloquence dans le concile de Florence pour la réunion de l'Eglise grecque avec l'Eglise romaine; dans la Bohème, contre les hérétiques ; dans la Hongrie, contre les Turcs. Il se mit à la tête d'une croisade contre les hussites, et en convertit quatre mille. Lorsque Huniade entra en vainqueur dans Belgrade, Capistran, prédicateur de l'armée, regardé comme un homme inspiré , s'y distingua tellement, qu'il parut incertain à qui on devait davantage , ou à la valeur du héros , ou aux sermons du missionnaire. « Quelques écrivains, dit l'abbé Bérault, ont osé accuser de vanité la relation de l'affaire de Belgrade, qu'il fit passer au Pape et à l'empereur, et qui n'attribue point à Huniade toute la part que le général paraissait avoir eue au succès. Le seul nom d'un saint reconnu par l'Eglise ne devait-il pas le mettre à couvert du soupçon infamant d'une basse jalousie ? Ne sont-ce pas ses légers censeurs, au contraire, qui méritent le reproche, non seulement de témérité, mais de peu d'intelligence dans les choses de Dieu ? Si ces vues supérieures et indispensables, quand on veut peser les œuvres des saints, avaient dirigé leur jugement, n'auraient-ils pas compris qu'un homme apostolique, en attribuant le succès même des armes à la ferveur de la prière, et à cette foi qui transporte les montagnes, en rapportait véritablement la gloire au premier rang de ces prodiges ? » Il mourut trois mois après cette grande victoire, en 1456. C'est mal à propos qu'on lui a reproché les peines infligées aux hussites rebelles et obstinés ; elles étaient décernées par la puissance séculière ; le zélé missionnaire n'y eut aucune part. On a de lui un grand nombre d'écrits : un *Traité de l'autorité du Pape et du concile ;* un *Traité de l'excommunication ;* un autre *sur le mariage ;* quelques-uns *sur le droit civil, l'usure et les contrats ;* l'*Apologie du tiers-ordre de saint François ;* le *Miroir des clercs,* etc. Il fut canonisé par Benoît XIII, en 1724.

CAPISUCCHI (Blaise), marquis de Montério, capitaine célèbre par son intelligence dans l'art militaire. Les protestants, ayant mis le siége devant Poitiers en 1569, jetèrent un pont sur la rivière pour donner l'assaut. Capisucchi, romain, et héritier du courage de ses anciens compatriotes, se jeta dans l'eau avec deux autres et coupa les câbles du pont qui fut bientôt entraîné par les eaux. Il ne signala pas moins sa valeur sous le duc de Parme. Le Pape lui donna ensuite le commandement de ses troupes à Avignon et dans le comtat Venaissin.

CAPITOLINUS (Julius), historien latin du 3ᵉ siècle, auteur de plusieurs *Vies* d'empereurs. Il n'écrivait ni avec pureté, ni avec exactitude. On les trouve dans le recueil intitulé : *Scriptores historiæ romanæ latini veteres,* Heidelberg, 1742, en 3 vol. in-folio.

CAPITON (Wolfgang), théologien luthérien, ami d'Œcolampade et de Bucer, naquit à Haguenau en 1478, et mourut de la peste à Strasbourg en 1541. Sa pre-

mière femme était veuve d'Œcolampade. Sa seconde se piquait de bel esprit, et s'avisait même de prêcher, lorsque son mari était malade. On a de Capiton plusieurs ouvrages, entre autres une *Grammaire hébraïque,* et la *Vie de Jean Œcolampade.*

CAPMANI (Don Antonio de), célèbre littérateur espagnol, né à Barcelone en 1742, mort dans un village de Castille en 1810. Il a laissé plusieurs ouvrages utiles et estimés : l'*Art de bien traduire du français en espagnol,* 1776, in-4 ; *Discours analytique sur la formation des langues en général, et particulièrement de la langue espagnole,* 1776 ; *Philosophie de l'éloquence,* 1777, in-8 ; *Théâtre historique et critique de l'éloquence,* 1786-1794, 5 vol. in-4 ; *Dictionnaire français-espagnol,* 1805, in-4, précédé d'un savant *Discours* sur le génie des deux langues.

CAPO-D'ISTRIA, ou CABODISTRIAS (Jean, comte), président de la Grèce, né à Corfou en 1780, était fils d'un médecin et étudia lui-même la médecine à Venise. Son père, qui se trouvait à la tête du gouvernement des Sept-Iles, lorsque les Russes les occupèrent, quitta ses fonctions par suite du traité de Tilsitt ; en vertu duquel ces îles passèrent sous la protection des Français, et le jeune Capo-d'Istria se mit au service de la Russie, où il n'obtint d'abord qu'un rang subalterne. Il travailla dans les bureaux du comte Roumientzof, puis fut attaché à l'ambassade russe de Vienne, et en 1812 fut employé à l'armée du Danube, sous les ordres de l'amiral Tchitchagof, qui le chargea de la partie diplomatique. Appelé ensuite à remplir les mêmes fonctions sous les yeux de l'empereur, il parvint à plaire à Alexandre, s'acquitta avec succès de diverses négociations, et fut nommé, l'année suivante, ministre plénipotentiaire en Suisse. Lorsque les troupes alliées étaient sur le point de pénétrer dans ce pays, il présenta au landamman, conjointement avec le plénipotentiaire autrichien, une déclaration dans laquelle, après avoir fait connaître le projet des puissances de faire entrer leurs armées en France par la Suisse, il promettait en leur nom de rendre à la confédération helvétique son ancienne indépendance. Capo-d'Istria, ayant été choisi pour représenter son souverain au congrès de Vienne, partit de Zurich le 27 septembre 1814, pour se rendre dans cette capitale, et y contribua beaucoup à terminer les affaires de la Suisse. Le 30 juin 1815, il se trouvait à la suite de son souverain à Haguenau, lors de

CAP

l'arrivée des cinq plénipotentiaires chargés par le gouvernement provisoire de France de proposer un armistice aux alliés, et l'empereur de Russie le chargea de les entendre. Il suivit ce monarque à Paris, et signa, en qualité de plénipotentiaire, le traité de paix définitif avec la France, le 20 novembre 1815. Capo-d'Istria avait rendu de grands services aux cantons de Vaud et d'Argovie, dont il protégea constamment l'indépendance contre les prétentions de l'oligarchie bernoise; le grand conseil de Lausanne, par reconnaissance, le déclara, dans sa séance du 27 mai 1815, citoyen du canton de Vaud. Il retourna en Russie à la fin de la même année, et fut nommé secrétaire d'Etat au département des affaires étrangères, fonctions que le comte de Nesselrode partagea quelque temps avec lui. Après avoir possédé toute la confiance d'Alexandre, il abandonna, en 1821, la position éminente qu'il occupait à la cour de Russie, plutôt que de suivre la nouvelle ligne politique qu'on avait tracée, et se retira en Suisse, où il passa plusieurs années, occupé des destinées de la Grèce. Le gouvernement provisoire de ce pays l'ayant nommé président le 20 avril 1827, il sentit que sa nation avait besoin du concours des grandes puissances, et avant d'accepter la dignité qu'on lui conférait, il se rendit à Paris et à Londres pour sonder les dispositions de ces deux cours. La France, la Russie et l'Angleterre l'ayant reconnu à la fin de 1827, il s'embarqua pour Malte, où il allait à la rencontre des amiraux alliés, et le 18 janvier 1828 il arriva à Nauplie avec une suite peu nombreuse. Ypsilanti, avec les chefs de l'armée et les primats de Nauplie, le reçurent sur le rivage, et il fut alors installé dans ses fonctions de président de la Grèce. Après avoir prêté serment entre les mains de la commission provisoire, il prit les rênes de l'Etat, renvoya la commission, et remplaça le corps législatif par un sénat composé de vingt-sept membres partagés en trois sections égales. Désormais voué exclusivement aux intérêts de sa patrie, il ne voulut point accepter une pension que lui offrait l'empereur Nicolas, en récompense de ses anciens services. Il fit don à la Grèce d'un million de piastres turques et de douze mille tallaris, qui composaient presque toute sa fortune; un traitement de 180,000 prénix lui ayant été alloué sur la caisse publique, le 13 août 1829, dans le quatrième congrès national d'Argos, Capo-d'Istria le refusa, quoique ses moyens particuliers fussent modiques, pour ne point aggraver la si-

tuation financière du pays. Le dévouement dont le président faisait preuve ne put le préserver du fer de ses ennemis: il fut assassiné le 9 octobre 1831, à Nauplie, par Constantin et Georges Mavromichalis, au moment où il se rendait à l'église pour y entendre l'office du dimanche. Ses funérailles eurent lieu le 30 du même mois, et on y vit une éclatante manifestation de la douleur publique. On l'appelait du nom de père, on brûlait des parfums autour de sa demeure, et l'on jetait des fleurs sur le cortège funèbre. Capo-d'Istria était d'une assiduité infatigable au travail, et son désintéressement était sans bornes. Il mit toujours sa confiance dans la Providence, et plusieurs de ses lettres, où il exprimait ses sollicitudes pour le peuple grec, se terminent par ces mots: *J'ai cependant toute confiance dans l'avenir; Dieu, qui a si visiblement protégé la Grèce, la protégera encore dans cette occasion.* L'assassinat de Capo-d'Istria fut le résultat de la vengeance particulière des Mavromichalis dont le père était en prison et qui en étaient sortis eux-mêmes depuis à peine trois jours. Cette famille avait eu une grande part au gouvernement provisoire qui précéda celui de Capo-d'Istria. L'un des deux assassins fut massacré sur-le-champ, l'autre subit le dernier supplice. Capo-d'Istria était grand'croix de l'ordre de Saint-Wladimir de la seconde classe, chevalier de Sainte-Anne de la première classe, grand'croix de l'ordre de Saint-Léopold d'Autriche et de celui de l'Aigle-Rouge de Prusse.

CAPPE (NEWCOME), né à Mill-Hill près Leeds, le 21 février 1732. Après avoir terminé ses études à l'Université de Glascow, il retourna en 1755 à Mill-Hill; peu après il fut nommé pasteur associé, puis pasteur unique de la congrégation des presbytériens à Yorck. Il est mort le 24 décembre 1800, après quarante années de ministère. Il s'était distingué dans la prédication, et on a de lui des *Sermons* remarquables par la pensée et le style. Nous citerons particulièrement: son *Discours sur la Providence et le gouvernement de Dieu; Remarques critiques sur plusieurs passages importants de l'Ecriture-Sainte; Dissertations sur différents sujets*, auxquelles ont été annexés ses *Mémoires* publiés en 1802, 2 vol. in-8. Il s'était proposé, dans ce dernier ouvrage, de combattre les erreurs des unitaires modernes.

CAPPEL (Louis), dit *le Jeune*, né à Sédan en 1585, ministre protestant et professeur d'hébreu à Saumur, effaça la gloire des autres hébraïsants, par une critique sûre et une érudition consomnée. Ces deux qualités brillent dans tous ses ouvrages, justement estimés des savants. Les principaux sont : *Arcanum punctuationis revelatum*, Leyde, 1624, in-4, dans lequel il montre invinciblement la nouveauté des points voyelles du texte hébreu, contre les deux Buxtorf. Cet ouvrage, la terreur des théologiens de Genève attachés aux Buxtorf, souleva contre lui leur parti composé de presque tous les protestants. Il n'en a pas été moins recherché par les amateurs de la ritique sacrée. Le célèbre Grotius disait qu'il n'y avait que des entêtés qui pussent contester les preuves de Cappel ; *Critica sacra*, Paris, 1650, in-fol., qui fit encore plus de bruit que l'ouvrage précédent. Ce savant ouvrage, qui mettait en poudre l'infaillibilité massorétique, et qui répandait des incertitudes sans nombre sur le texte hébreu moderne, unique fondement de la foi des protestants, déplut si étrangement aux calvinistes, qu'ils en empêchèrent pendant dix ans l'impression. Ce fut Jacques Cappel, son fils aîné, qui, s'étant fait catholique, obtint par les entremises des PP. Petau, Morin et Mersenne, un privilège pour l'imprimer à Paris du vivant de son père. Arnold Boot, Jacques Ussérius et Jean Buxtorf le fils attaquèrent cet ouvrage, mais sans lui faire grand mal. Louis Cappel répondit par deux lettres savantes imprimées à Saumur, 1651 et 1652, in-4, força les protestants, ses confrères, à respecter les anciennes versions, auparavant méprisées chez eux, et les mit dans la nécessité ou de se soumettre avec les catholiques à l'autorité de la Tradition, pour s'assurer du sens des livres sacrés, ou de recourir à la chimère de l'esprit particulier, qui ne peut contenter que des fanatiques ; des *Commentaires sur l'Ancien-Testament*, publiés avec l'*Arcanum*, Amsterdam, 1689, in-fol. (Voyez ELÉAZAR GOROPIUS, MASCLEF, MORIN) ; *Chronologie sacrée*, Paris, 1655, in-4. Elle est assez succincte, quoiqu'elle contienne des observations utiles et bien digérées ; *Historia apostolica, ex actibus apostolicis et epistolis Paulinis desumpta*, Saumur, 1683, in-4. Cappel mourut à Saumur en 1658, à 73 ans. (Voyez le *Catalogus* des ouvrages de Cappel, dans le tome 22e des *Mémoires* du Père Nicéron, qui a accordé un article à un autre Louis Cappel, zélé calviniste, mort à Sédan, le 6 janvier 1586, et oncle de celui que nous avons fait connaître.)

CAPPERONNIER (Claude), né à Mont-Didier en Picardie l'an 1671, fut destiné d'abord à la tannerie par ses parents. Il apprit de lui-même les éléments de la langue latine, dans les moments qu'il pouvait dérober à son travail. Un de ses oncles, bénédictin de l'abbaye de Corbie, l'ayant fait étudier, ses progrès furent tels que ses heureuses dispositions l'avaient promis. Il vint à Paris en 1688, et se livra avec tant d'ardeur à l'étude du grec, qu'on le mit à côté de ceux de son siècle qui connaissaient le mieux cette langue. Il ne sépara jamais l'étude de la langue grecque de celle de la langue latine ; pensant, avec raison, que la première le conduirait à une parfaite intelligence de la seconde. L'Université de Bâle, instruite de son mérite, lui offrit une chaire de professeur extraordinaire en grec, avec des honoraires considérables pour toute sa vie, et une entière liberté de conscience sans laquelle ses honoraires n'auraient été que peu de chose. Son mérite ne fut pas moins connu dans sa patrie, que chez l'étranger. Il fut nommé en 1722 à la place de professeur en grec au collège royal, et soutint dans ce poste la réputation qu'il s'était acquise. Il mourut en 1744 chez M. Crozat, dont il avait élevé les fils. On a de lui plusieurs ouvrages : une édition de *Quintilien*, in-folio, 1725, avec des corrections et des notes. Le roi, à qui il la dédia, récompensa son travail par une pension de 800 livres ; une édition des anciens rhéteurs latins, publiée à Strasbourg en 1756, in-4 ; *Observations philologiques* (en manuscrits), qui réunies feraient plusieurs volumes in-4. L'auteur redresse une infinité de passages des anciens auteurs grecs et latins, et relève beaucoup de fautes commises par les traducteurs modernes ; *Traité de l'ancienne prononciation de la langue grecque*, dont on a fait espérer l'impression, sans que jusqu'ici on l'ait vu paraître, etc. Des mœurs douces et simples, une piété éclairée et sincère, un caractère communicatif et officieux, le firent regretter de tous ceux qui font cas de la probité réunie au savoir. Sa mémoire était prodigieuse, et elle lui tenait lieu de recueil.

CAPPERONNIER (Jean), né à Mont-Didier en Picardie l'an 1716, de l'académie des inscriptions et belles-lettres, garde de la bibliothèque du roi, succéda dans la chaire de professeur en grec au collège royal, à Claude Capperonnier son parent, et mourut à Paris en 1774, à 59 ans. On lui doit : une édition des *Commentaires* de César, 1735, 2 vol. in-12 ; des *Poésies* d'Anacréon, trad. du grec en français par Gacon, 1754, in-12 ; des *Comédies* de Plaute, 1759, 3 vol. in-12 ; de l'*Histoire de saint Louis*, par Joinville, avec Melot et Sallier, 1761.

in-fol. C'était un de ces savants qui, à beaucoup de lumières et de connaissances, ajoutait une facilité et une aisance à les communiquer qui ne fait pas moins l'éloge de son cœur que de son esprit.

CAPPERONNIER (Jean-Augustin), né à Mont-Didier le 2 mars 1745, l'un des conservateurs de la bibliothèque du roi, mort à Paris le 16 novembre 1820. On lui doit plusieurs bonnes Éditions d'auteurs latins.

CAPPIDUS, surnommé *Stauriensis*, du nom de sa ville natale, Stavoren, en Frise, vivait dans le 8e siècle, et exerçait les fonctions ecclésiastiques. Les chroniqueurs frisons et les savants hollandais lui attribuent les *Vies de plusieurs saints* et des *Généalogies* de princes et des ducs de Frise, ouvrages qui furent consumés dans l'incendie de la bibliothèque publique de Stavoren.

CAPPONI (Séraphin), pieux et savant dominicain, né en 1536, dans le Bolonais, professa la philosophie et la théologie, dans plusieurs villes d'Italie avec beaucoup de succès, édifia ses disciples par ses vertus, et mourut à Bologne le 2 janvier 1614. Ses ouvrages sont: *Veritates aureæ super totam legem veterem*, Venise, 1590, in-fol.; *Commentaires sur saint Mathieu, et sur saint Jean*, Venise, 1602-1604, 2 in-4; la *Théologie de saint Thomas en abrégé*, 1597; *Elucidationes in Summam sancti Thomæ*, 1588, 5 in-4, 1612, 6 in-fol.; *Commentaires sur les Psaumes*, Bologne, 1692, in-fol.

CAPPONI (Jean-Baptiste), médecin, poëte, astronome de Bologne, mort en 1676, est connu par plusieurs ouvrages, entre autres: *Lectiones physicæ morales; De erroribus clarorum virorum latinorum, lib. XII; Parallèle de la république d'Athènes et de celle de Florence; Critique des écrivains de Florence*. Ces deux écrits sont en italien.

CAPRANICA (Dominique), évêque de Firmo, né en 1400, dans le territoire de Palestrine, rendit de grands services au Saint-Siège, qui l'employa dans plusieurs négociations délicates, et lui confia des emplois importants. Ce fut lui qui eut le bonheur de procurer la paix aux États romains qui étaient ravagés, depuis longtemps, par Alphonse, roi d'Aragon. Le pape Martin V, qui avait reconnu son mérite, l'avait nommé cardinal en 1423; mais il ne lui avait pas permis d'en porter les insignes, ce qui, dans la suite, lui fit refuser l'entrée du conclave, et lui fit disputer la qualité de cardinal. Il mourut le 1er septembre 1458, laissant plusieurs ouvrages, où l'on trouve plus d'érudition que d'élégance. Les princi-

paux sont: *Acta concilii Basileensis pars prima; documenta seu præcepta de modo vivendi; de arte moriendi*, in-4, 1477; réimprimé en 1481; *De contemptu mundi; de pace Italicâ constituendâ, oratio ad Alfonsum regem; de ratione belli contra Turcas*. Sa *Vie* a été écrite en latin par Baptiste Poggio, Rome, 1705, in-4, et par Michel Catalani, 1793, in-4.

CAPRARA (Albert, comte de), seigneur de Siklos, chevalier de la Toison d'or, et général des armées impériales, naquit en 1631, à Bologne en Italie, et était neveu du fameux général Piccolomini. Il porta les armes de bonne heure, et ne les quitta que fort tard. Il fit quarante-quatre campagnes. Il se signala surtout dans celle de 1685, lorsque, sous le commandement du duc de Lorraine, il prit d'assaut, sur les Turcs, la ville de Neuhausel. Ce succès et quelques autres firent oublier qu'il avait été battu auparavant par Turenne. Depuis, il commanda souvent en chef l'armée de l'empereur. Il mourut à Vienne en 1701, à 70 ans, aussi bon politique qu'excellent capitaine. Il avait été envoyé, en 1682 ou 1683, ambassadeur à la Porte, où il ménagea les intérêts de l'empereur en homme habile. On a de lui diverses traductions: *Seneca, della clemenza*, Lyon, 1664, in-4; *Senova, della colera; parafrase*, Bologne, 1664, in-12; *Senova, della brevita della vita, parafrase*, Bologne, 1664, in-12; l'*Uso delle passioni*, traduit du français du Père Hénault, Bologne, 1662, in-8.

CAPRARA (Jean-Baptiste), cardinal-prêtre du titre de Saint-Onuphre, archevêque de Milan, légat à *latere* du Saint-Siège, comte et sénateur du royaume d'Italie, grand dignitaire de l'ordre de la Couronne de fer, etc., né à Bologne le 29 mai 1733, de l'illustre famille Caprara-Montecuculli, entra fort jeune dans l'état ecclésiastique, et Benoît XIV, qui distingua son mérite, le nomma vice-légat à Ravenne, avant qu'il eût atteint l'âge de 25 ans. Il fut ensuite nommé successivement nonce à Cologne, à Lucerne et à Vienne, et reçut le chapeau de cardinal le 18 juin 1792. Rappelé à Rome en 1793, il fut témoin des troubles que la révolution française excita dans cette ville, et en fut tellement affecté, qu'on craignit pendant quelque temps pour ses jours. En 1800, il fut nommé évêque d'Iési, où il fit beaucoup de bien pendant une affreuse disette. L'année suivante, après la ratification du concordat, le Pape le nomma légat à *latere* auprès du gouvernement français, pour coopérer au rétablissement de la religion catholique, et lui donna la croix papale. Le 18 avril 1802, le cardinal Caprara célébra, dans l'église Notre-Dame, une messe en présence de toutes les autorités, chanta un *Te Deum*, et le culte fut rétabli. Devenu archevêque de Milan, il sacra, en cette qualité, Bonaparte roi d'Italie, le 28 mai 1805. Le Pape, retenu en captivité par les Français, lui ôta son titre de légat. Il resta néanmoins en France jusqu'au 21 juin 1810, qu'il mourut à Paris, âgé de 77 ans, après avoir légué tous ses biens à l'hôpital de Milan.

CAPRÉOLE (Jean), dominicain, professeur de théologie à Paris, laissa des *Commentaires sur le Maître des sentences*, 1588, in-fol., et une *Défense de saint Thomas*. Il florissait vers le milieu du 15e siècle.

CAPRIATA (Pierre-Jean), génois, écrivit l'*Histoire des guerres d'Italie*, depuis 1613 jusqu'en 1634, Genève, 1638-1663, 3 vol. in-4. L'auteur se flatte, avec raison, d'avoir tenu la balance entre les puissances, sans aucune partialité ni pour les uns, ni pour les autres. Il expose les faits avec netteté, et en développe les motifs, les causes et les suites avec candeur.

CARABANTÈS (Joseph de), né en 1628, prit l'habit de capucin dans la province d'Aragon. Sa charité et son zèle pour la propagation de la foi l'engagèrent à porter la connaissance du vrai Dieu chez les nations sauvages de l'Amérique, où il souffrit, en véritable apôtre, de nombreux et pénibles travaux. Il mourut en 1694, après avoir écrit : *Ars addiscendi atque docendi idiomata pro missionariis ad conversionem Indorum abeuntibus ; Lexicon, seu Vocabularium verborum, adverbiorum, conjunctionum et interjectionum ad meliorem intelligentiam significationemque Indorum ; Practica de misiones, remedio de pecadores, sacado de la divina Escritura y de la enseñanza apostolica*, etc., 2 vol. in-4 ; le premier imprimé à Léon, 1664 ; le second à Madrid, 1678 ; *Practicas dominicales, y lectiones doctrinales de las cosas mas essenciales sobre los evangelios*, etc., 2 vol. in-4, Madrid, 1686 et 1687. Michel de Fuentès, évêque de Lugo en Galice, trouva ce dernier ouvrage si recommandable, qu'il en ordonna une lecture publique dans toutes les paroisses de son diocèse. Diégo Gonzalez de Quiroga a donné la *Vie* de ce zélé missionnaire, Madrid, 1705, in-4, en espagnol.

CARACALLA (Marc-Aurèle-Antonin) naquit à Lyon l'an 188, de Septime-Sévère et de Julie. Le jour même de la mort de son père, ses soldats le proclamèrent empereur avec Géta son frère. L'antipathie qui était entre ces deux princes augmentant tous les jours, Caracalla fit poignarder Géta entre les bras de Julie sa mère, qui fut teinte de son sang. Le fratricide, resté seul empereur, gagna les soldats en augmentant leur paye de moitié. Cette libéralité aveugla ces misérables : ils approuvèrent son crime, et déclarèrent Géta ennemi du bien public. Il rentra ensuite dans Rome avec tous ses soldats en armes, criant que Géta avait eu envie de le tuer lui-même, et qu'en le tuant il n'avait fait que suivre l'exemple de Romulus. Pour diminuer l'horreur de son crime, il fit mettre Géta au rang des dieux, se mettant fort peu en peine qu'il fût dans le ciel, pourvu qu'il ne régnât pas sur la terre : *Sit divus, dùm non sit vivus*. Il chercha partout des apologistes de ce meurtre. Papinien fut mis à mort pour n'avoir pas voulu, à l'exemple de Sénèque, colorer un tel forfait. *Il n'est pas si aisé*, répondit-il, *d'excuser un fratricide, que de le commettre*. Le scélérat, déchiré par des remords continuels, fit un voyage dans les Gaules. Il troubla les peuples, viola les droits des villes, et ne s'en retira qu'après avoir inspiré une haine universelle. Ses impôts et ses exactions épuisèrent toutes ses provinces. Sa mère lui reprochant ses profusions, le tyran ne lui répondit que ces mots : *Sachez que tant que je porterai cela*, lui montrant une épée nue, *j'aurai tout ce que je voudrai*. Cette épée nue ne défendit pas son empire contre les Barbares. Les Quades, les Allemands et d'autres peuples de la Germanie lui ayant déclaré la guerre, il acheta la paix à prix d'argent. Sa lâcheté ne l'empêcha pas de prendre le nom de *Germanique*, de *Parthique* et d'*Arabique*. Il contrefit Alexandre et Achille, et ordonna à tout le monde de l'appeler *Alexandre* ou *Antonin-le-Grand*. Ne pouvant imiter la valeur du héros macédonien, il en copia les manières, marcha comme lui la tête penchée sur une épaule et tâchant de réduire ses traits à la figure de ce conquérant. Étant allé à Alexandrie, il donna ordre à ses soldats de faire main-basse sur le peuple, pour le punir de quelques railleries lâchées au sujet de la mort de Géta. Le carnage fut, dit-on, si horrible, que toute la plaine était couverte de sang. La mer, le Nil, les rivages voisins en furent teints pendant plusieurs jours. Ce barbare finit par interdire les assemblées des savants et par faire murer tous les quartiers de la ville. La terre fut bientôt délivrée de ce monstre. Un centenier des prétoriens le tua peu de temps après, l'an 217. (Voyez PLAUTIEN, et la fin de l'article CALIGULA.)

CARACCIO (Antoine), baron romain du 17° siècle, se fit un nom par ses poésies italiennes. Parmi ses tragédies, on distingue *il Coradino*, imprimée à Rome en 1694. Un ouvrage plus important l'occupa : c'est son *Imperio vendicato*, poëme épique en quarante chants, imprimé à Rome en 1690, in-4. Les Italiens le placent immédiatement après l'Arioste et le Tasse ; mais les gens de goût, en admirant la facilité et l'abondance de l'auteur, mettent son poëme beaucoup au-dessous du *Roland furieux* et de la *Jérusalem délivrée*.

CARACCIOLI (César-Eugénio), de la même famille que Jean-Antoine , florissait dans le 17° siècle et se fit connaître par quelques ouvrages. Le plus considérable est une *Histoire ecclésiastique de Naples*, en italien, 1654, 1 vol. in-4. Charles Lellis y fit un vol. in-4 d'augmentations. Cette *Histoire* est peu commune en Italie. On estime aussi sa *Description du royaume de Naples*, 1661, in-4.

CARACCIOLI (Jean - Antoine), de Melfi, né au commencement du 16° siècle d'une famille illustre, fut le dernier abbé régulier de St-Victor de Paris en 1543. Il tyrannisa ses confrères, et se vit obligé de permuter son abbaye en 1551 avec l'évêché de Troyes. Il s'était fait connaître d'abord très-avantageusement par son *Miroir de la vraie religion*, Paris, 1544, in-16 ; mais il ternit ensuite sa réputation par son attachement aux nouvelles opinions. Il prêcha le calvinisme à ses diocésains, et les scandalisa en se mariant. Il mourut en 1569 à Château-Neuf-sur-Loire, méprise des deux partis.

CARACCIOLI (Louis-Antoine), né à Paris en 1721, d'une famille originaire de Naples, fit ses études au Mans , et entra en 1739 dans la congrégation de l'Oratoire, qu'il quitta bientôt pour voyager en Italie, en Allemagne et en Pologne, où il fut gouverneur du prince Rewski, et décoré d'un brevet de colonel. De retour en France, il se fixa d'abord à Tours, ensuite à Paris , où la modicité de sa fortune l'engagea à composer un grand nombre d'ouvrages qui se ressentent de la précipitation avec laquelle ils furent écrits. On n'y trouve ni vues profondes, ni un style brillant. Cependant, quelques-uns de ses Traités sur la morale, qui sont ce qu'il a fait de mieux, eurent du succès dans leur temps, et plusieurs orateurs ne se firent pas scrupule d'en débiter des morceaux entiers dans leurs sermons. Aujourd'hui ils sont presque entièrement oubliés. Les principaux sont : *Conversation avec soi-même*, in-12 ; *Jouissance de soi-même*, in-12; *Le véritable Mentor*, in-12; *De la Grandeur d'âme*, in-12; *L'Univers énigmatique*, in-12; *Le Tableau de la mort*, in-12; *Le Langage de la raison*, in-12; *Le Langage de la religion*, in-12; *Le Cri de la vérité contre la séduction du siècle*, in-12 ; *Les Vies de Bérulle*, du *Père de Condren*, de *Benoît XIV*, de *Clément XIV*, de *Mme de Maintenon*, de *Joseph II*. Toutes ces *Vies*, écrites à la hâte, sont sans intérêt. Celle de Benoît XIV surtout, qui aurait pu fournir tant de détails intéressants à un auteur judicieux, ne nous offre que de prétendus bons mots, des anecdotes sans autorité, des réflexions vagues, rien enfin qui puisse répondre au mérite de celui que l'auteur avait à peindre. L'ouvrage de Caraccioli, qui eut le plus de succès , est ses *Lettres du pape Clément XIV*, qu'il attribua faussement à ce Pontife, et qui sont reconnues aujourd'hui être de Caraccioli même, puisqu'il n'a jamais pu en fournir les originaux. Elles durent leur vogue à un certain parti qui ne les a pas empêché de tomber dans un grand discrédit. Quoique son style soit plus soigné que dans ses autres ouvrages, on y retrouve les mêmes idées, les mêmes opinions que dans ses précédents écrits, des dates fausses, des invraisemblances palpables, des bévues mêmes , quelquefois un ton un peu ecclésiastique et des maximes déplacées dans la bouche du chef de l'Église.

CARAFFA (Antoine), de l'illustre maison de ce nom , aussi distingué par ses lumières que par son rang , partagea la disgrâce de sa famille sous Paul IV, et alla chercher un asile à Padoue ; le pape Pie V le rappela, et le fit cardinal en 1568 , et quelque temps après , il fut mis par Sixte V à la tête des éditeurs de la *Bible des Septante*. Elle fut publiée par ses soins, avec la *Préface* et les *Scholies* de Pierre Morin , à Rome , 1587, in-fol. Cette Bible fut traduite en latin , et parut à Rome en 1588, in-fol. L'une et l'autre sont rares. Le Père Morin a donné une nouvelle édition à Paris en 1628, 3 vol. in-fol. Il y a joint le Nouveau-Testament en grec et en latin. Ce savant cardinal traduisit de grec en latin : *Catena veterum Patrum , in cantica veteris et novi Testamenti; Commentaria Theodoreti in psal. ; Sancti Gregorii Nazianzeni orationes.*

CARAFFA (Charles), fondateur de la congrégation des Ouvriers-Pieux, était de l'illustre maison de Caraffa. Né en 1561, il se fit jésuite; mais de fréquentes maladies l'obligèrent de sortir de la société cinq ans après son entrée. Il prit alors le parti des armes, et se distingua par sa bravoure. Agé de 34 ans, il ressentit un grand dégoût du siècle, et embrassa l'état ecclésiastique en 1599. Depuis ce temps, il mena une vie très-austère, et se livra entièrement aux exercices de la charité et de l'apostolat. Lorsque les malades ne l'occupaient point dans les hôpitaux, il instruisait le peuple dans les places publiques, et travaillait à la conversion des pécheurs. Il établit à Naples plusieurs maisons de repenties, à l'imitation de celle que saint Ignace avait établie à Rome. Il fut fait supérieur des catéchumènes et du séminaire de Naples qu'il réforma, et fonda une congrégation pour les Missions. Le pape Grégoire XV approuva ce nouvel institut sous le titre de *Congrégation des Ouvriers-Pieux*. Quelque temps avant sa mort, il se retira dans une solitude pour ne vaquer qu'à son propre salut, et il y mourut le 8 septembre 1633. Ces ouvriers ne font point de vœux, leur vie est très-austère ; cette congrégation n'est pas nombreuse.

CARAGLIO, en latin *Caralius* (Jean-Jacques), connu sous le nom de *Jacobus Veronensis*, graveur en pierres fines, originaire de Vérone, se fit également connaître par ses estampes, ses gravures et ses médailles. Sigismond 1er, roi de Pologne, l'appela à sa cour, employa ses talents et les récompensa. Caraglio revint en Italie et mourut à Parme en 1551.

CARAMUEL DE LOBKOWITS (Jean), cistercien, né à Madrid en 1606, d'un père flamand et d'une mère allemande, fut envoyé aux Pays-Bas avec le titre d'abbé et comte de Melrose en Ecosse, et celui de vicaire-général de l'abbé de Cîteaux dans les îles Britanniques. En 1638, il prit le bonnet de docteur en théologie à Louvain, et fut l'un des premiers qui se déclarèrent contre l'*Augustinus* de Jansénius, et qui reçurent avec respect les décrets d'Urbain VIII qui le condamnaient. Il eut beaucoup à souffrir à cette occasion, selon ce qu'il rapporte. Quelque temps après, il fut fait abbé de Dissembourg dans le Bas-Palatinat. Il y travailla avec un zèle infatigable et un succès éclatant, à la conversion des hérétiques. L'archevêque de Mayence le prit pour suffragant, et il fut décoré du titre d'évêque de Missy. Il fut fait ensuite vicaire-général de l'archevêque de Prague. Cette ville étant

assiégée par les Suédois en 1648, il crut que sa qualité de religieux ne devait pas l'empêcher de prendre les armes pour la défendre contre les hérétiques. Il se distingua tellement à la tête d'une compagnie d'ecclésiastiques, qu'il reçut en récompense un collier d'or de l'empereur. La tranquillité étant rendue à la Bohême, il travailla à la conversion des protestants, et en convertit jusqu'à vingt-cinq mille. Son zèle et ses succès lui procurèrent l'évêché de Konisgratz en Bohême ; mais il n'en eut que le titre, les revenus étant entre les mains des luthériens. Alexandre VII lui donna celui de Campagna dans le royaume de Naples, en 1657 ; il s'y fixa jusqu'en 1673. Vers la fin de cette année, il fut pourvu du siége de Vigevano, entre Milan et Pavie ; et ce fut là qu'il finit ses jours, le 8 septembre 1682. On a de lui un grand nombre d'ouvrages parmi lesquels on distingue sa *Trithemii steganographia vindicata*, Nuremberg, 1721, in-4, et sa *Théologie*, 7 in-fol., etc. On trouve ses décisions morales trop peu sévères; et ce n'est pas sans raison qu'il tient un des premiers rangs parmi les casuistes relâchés. Il était un des plus ardents défenseurs du probabilisme, pour lequel il publia une *Apologie*.

CARANUS, premier roi de Macédoine, fonda sa monarchie vers l'an 80 avant J.-C. Depuis lui, jusqu'à Alexandre-le-Grand, on compte ordinairement 23 rois.

CARASSE (Bernard), né à Tarbes, en 1504, fit profession de la règle de Saint-Bruno, à Paris, et devint prieur de la Chartreuse de Mont-Dieu, près de Sédan. En 1520, et les trois années suivantes, une famine affreuse vint désoler la Champagne; le charitable Carasse fournit, pendant six mois à la subsistance d'une immense multitude d'indigents (Marlot, *Metrop. Rem.*, tom. xi, pag. 317). Il fut élu général de son Ordre, en 1566, occupa cet emploi pendant vingt ans, et mourut le 8 septembre 1586. On a de lui l'ouvrage suivant, fruit de neuf ans de travail : *Nova collectio statutorum Ordinis Cartusiensis, etc.*, Paris, 1582, in-4; Bâle, 1510; ibid. Correriæ, 1681 (La Correrie, où cette dernière édition fut donnée, était un bâtiment de la Grande-Chartreuse, où dom Le Masson avait établi une imprimerie en 1680); ibid. Romæ, 1688. C'était la première fois qu'on publiait quelque chose à l'usage des Chartreux; jusque-là, ils ne s'étaient servis que de livres manuscrits. (Voyez la *Biographie Ardennaise* de l'abbé Boulliot.

GARAUSIUS, tyran en Angleterre dans le 3ᵉ siècle, était né en Flandre d'une famille obscure. De grands talents pour la guerre de terre et de mer le firent distinguer dans celle que Maximien-Hercule fit aux Bagaudes. Cet empereur lui confia le commandement d'une flotte chargée de défendre les côtes de la Gaule-Belgique et de la Bretagne. Mais, ayant appris qu'il se ménageait un parti chez les peuples voisins, il ordonna de le faire mourir. Carausius, en secret averti de cet ordre, passa avec sa flotte en Angleterre en 287, et s'y fit reconnaître empereur. Il gagna le cœur de ces insulaires, et les forma aux armes et à la discipline. En vain Maximien, deux ans après, vint l'attaquer avec une flotte formidable ; il fut battu et obligé de lui laisser, par un traité, la Grande-Bretagne, pour la défendre contre les Barbares. Il associa ensuite l'usurpateur à la puissance souveraine, en lui confirmant le titre d'Auguste. Carausius n'en jouit pas longtemps : un de ses officiers, nommé Allectus, l'assassina en 294, et se fit proclamer empereur à sa place. Carausius joignait à une imagination vive, à un caractère ferme, le génie d'un grand politique et le courage d'un héros. Il fit rétablir, pendant la paix qu'il s'était procurée, la muraille de Septime-Sévère. Il avait environ 50 ans, lorsqu'il fut assassiné. Généhrier a donné l'*Histoire de cet empereur*, Paris, 1760, in-4.

CARAVAGE (Michel-Ange de), dont le nom était Amérigi, naquit dans le château de Caravage dans le Milanais, en 1569. Il commença d'abord par porter le mortier aux peintres qui peignaient à fresque, et finit par être un des plus grands artistes d'Italie. Il dut tout à la nature, ses talents et ses progrès ; mais il reçut en même temps d'elle une humeur querelleuse et satirique, qui remplit sa vie d'amertume. Ayant appelé en duel le Josepin, et celui-ci refusant de se battre, il alla à Malte pour se faire recevoir chevalier servant. Les faveurs de cet Ordre ne purent contenir son caractère. Il insulta un chevalier de distinction, et fut mis en prison. S'étant sauvé à Rome, où il avait déjà tué un jeune homme, il eut encore quelques affaires fâcheuses, et mourut sans secours sur un grand chemin en 1609, à l'âge de 40 ans. Ce peintre n'avait point d'autre guide que son imagination souvent déréglée. De là le goût bizarre et irrégulier qui règne dans ses ouvrages. Il voulait être singulier, et n'avait pas de peine à y réussir. Il eut d'abord le pinceau suave et gracieux de Giorgion, qu'il changea pour un coloris dur et vigoureux. S'il avait un héros ou un saint à représenter, il le copiait sur quelque paysan. Il imita la nature, mais non pas dans ce qu'elle a de gracieux et d'aimable.

CARAVAJAL. (Voyez CARVAJAL.)

CARBEN (Victor de) naquit en 1423, de parents juifs, mais peu favorisés de la fortune. Il put néanmoins faire de bonnes études, et se rendit savant dans les langues, les coutumes, les lois des peuples orientaux. Nommé rabbin par les juifs de Cologne, il acquit une réputation telle, que l'archevêque de cette ville attacha une grande importance à sa conversion : il l'entreprit, et y réussit. A l'âge de cinquante-neuf ans, Carben, abandonnant sa femme, plus attachée que lui à la foi judaïque, et trois enfants nés de leur mariage, reçut le baptême en présence d'un grand concours de peuple. Quelque temps après, il entra dans les ordres, fut fait prêtre, et, dès ce moment, employa ses talents à combattre les erreurs qu'il avait partagées pendant tant d'années. Il mourut à Cologne le 2 février 1515, à l'âge de quatre-vingt-douze ans. Ses ouvrages sont devenus rares : les plus remarquables sont : *Propugnaculum fidei christianæ , instar dialogi christianum et judæum disputatores introducens* , in-4 , sans date ; *Judæorum errores et mores , opus aureum ac novum et doctis viris diù expectatum*, Cologne, 1509 , in-4 , traduit en allemand, 1550, in-8.

CARBONNEAU (Jean-Marie), célèbre fondeur de statues, chevalier de l'ordre de Gustave-Wasa, mort à Paris le 20 février 1843, s'est fait un nom par son *Louis XIV* de la place des Victoires, celui de Montpellier, le *Henri IV* de Nérac, le *Charles XIII* de Stockolm, l'*Hercule terrassant l'hydre*, du Jardin des Tuileries, et une foule d'autres sujets qui décorent une grande partie de toutes les grandes villes de l'Europe.

CARDAN (Jérôme) naquit à Pavie en 1501, d'une mère qui, l'ayant eu hors du mariage, tenta vainement de perdre son fruit par des breuvages. Il vint au monde avec des cheveux noirs et frisés. La nature lui accorda un esprit pénétrant, accompagné d'un caractère beaucoup moins heureux. Bizarre, inconstant, opiniâtre, il se piquait, comme Socrate, d'avoir un démon familier ; et son démon, s'il en eut un, fut moins sage encore que celui du philosophe grec. Abandonné à sa mobile raison et à son humeur, il ne fit que grossir la liste des pretendus sages qui ont cru pouvoir se passer des leçons religieuses et de l'éternelle sanction des vertus. Après avoir signalé sa folie autant que son savoir dans la médecine et les mathématiques, à Padoue, à Milan, à Pavie, à Bologne, il se fit mettre en prison dans cette dernière ville. Dès qu'il eut sa liberté, il courut à Rome, obtint une pension du Pape, et s'y laissa mourir de faim, en 1576, pour accomplir son horoscope. Il avait promis de ne pas vivre jusqu'à 75 ans, il voulut tenir parole. Ses *OEuvres*, recueillies en 1663 par Charles Spon, en 10 vol. in-fol.; sont une immense compilation de rêveries et d'absurdités. Son principal ouvrage est le *Traité de la subtilité*, attaqué par Jules Scaliger dans ses *Exercitations*, souvent avec justesse, et quelquefois sans raison. L'édition la plus rare de ce *Traité* est celle de Nuremberg en 1556, in-fol. Richard-le-Blanc le traduisit en français, 1556, in-4. Son traité *De rerum varietate*, Bâle, 1557, in-folio, présente également des vérités intéressantes et des faussetés révoltantes. Cardan était un géomètre très-médiocre. Il perfectionna la théorie des problèmes du troisième degré, grâce aux lumières de Tartaléa, célèbre mathématicien, dont il s'attribua les découvertes en vrai plagiaire. La manie de l'astrologie judiciaire éclate dans tous ses traités astronomiques. Il attribuait à son étoile ses impiétés, ses méchancetés, ses déréglements, son amour pour les femmes, sa passion pour le jeu, etc. Le Père Kircher, dans son *Mundus subterraneus*, le représente comme un homme épris de la démonomanie, et sacrifiant aux curiosités sacriléges de la magie; esprit faible, inquiet et sujet aux plus étranges écarts. Bayle n'en donne pas une idée plus avantageuse. « Cardan, dit-il, était d'une humeur très-inconstante; mais on connaîtra mieux les bizarreries de son esprit, si nous examinons ce qu'il nous apprend lui-même de ses bizarreries et de ses mauvaises qualités. Cette seule ingénuité nous apprend que son âme fut frappée à un coin tout particulier. Il nous apprend qu'il a voulu quelquefois se tuer lui-même; qu'il se plaisait à rôder toutes les nuits dans les rues; que rien ne lui était plus agréable que de tenir des discours qui chagrinassent la compagnie; qu'il débitait à propos et hors de propos tout ce qu'il savait; qu'il aimait les jeux de hasard jusqu'à y passer les journées entières, au grand dommage de sa famille et de sa réputation; car il jouait même les meubles et les bijoux de sa femme. Il

« raconte toutes ces choses et plusieurs autres avec la dernière naïveté. Je ne doute pas néanmoins que si nous avions sa *Vie* faite par un autre, nous n'y trouvassions beaucoup plus de choses ignominieuses qu'on n'en trouve dans celle-ci. « — « Ses immenses connaissances, dit un médecin philosophe, sa sagacité extraordinaire, sa grande liberté de penser, et son style en général mâle et relevé, le placeraient en tête des écrivains les plus justement célèbres du seizième siècle, s'il n'avait uni à tant de qualités un goût décidé pour les paradoxes et le merveilleux, une crédulité enfantine, une superstition peu convenable, une vanité insupportable et une jactance sans bornes. » — « Tantôt, dit de Thou, il semble s'élever au-dessus de la portée de la nature humaine, tantôt il raisonne plus mal qu'un enfant. On doit le regarder comme un des auteurs dont les ouvrages, remplis d'ailleurs de puérilités, de mensonges, de contradictions, de contes absurdes et de charlataneries de tous les genres, offrent le plus de preuves de ce génie hardi, inventif, qui cherche à s'ouvrir de nouvelles routes et qui les trouve. Leibnitz, qui se connaissait en mérite et en talents, dit que Cardan était un grand homme avec ses mauvaises qualités, et aurait été un homme incomparable sans ses défauts. Cardan occupe une place plus distinguée peut-être dans l'histoire des progrès de la philosophie et des mathématiques que dans celle de la médecine. Il a cependant composé sur cette science un grand nombre d'ouvrages, dont quelques-uns ne sont pas encore entièrement dépourvus d'intérêt : ils contribuèrent certainement à rompre les chaînes de l'ancien galénisme. Cardan avait pris pour devise : *Tempus mea possessio, tempus meus ager*. Il justifia le choix qu'il en avait fait, comme le prouvent les deux cent vingt-deux traités contenus dans les dix vol. in-fol. de ses *OEuvres*, qui n'y sont même pas complètes. » Le traité : *De subtilitate libri XXI*, est, comme on l'a dit ci-dessus, le principal ouvrage, le chef-d'œuvre de Cardan; mais si on y trouve des preuves éclatantes de son vaste savoir et de sa haute intelligence, on y en rencontre aussi souvent de sa déraison. Ce livre parut à Nuremberg, 1550, in-fol., puis Paris, 1551, in-8, et Bâle, 1554, in-fol. La 4e édition, avec la *Réfutation des critiques de Scaliger, et des additions*, est de Bâle. 1560. in-fol. Il fut

encore réimprimé à Bâle en 1582, in-8;
1611, in-fol.; 1664, in-fol. L'édition de
Lyon, 1580, faite sur celle de Bâle, 1554,
est incomplète. Ce livre fut traduit en
français par Richard Le Blanc, et cette
traduction parut en 1556, avant l'édition
de Bâle, 1260. Le traité : *De rerum varietate*, fut réimprimé deux fois à Avignon, 1558, in-8, et 1581, in-fol. Nous
citerons encore : *De causis, signis ac locis
morborum*, Bologne, 1569; Bâle, 1583,
1707, toutes trois in-8; *De sanitate tuen-
dâ*, Rome, 1574; Bâle, 1582, in-8; *Pa-
ralipomænon, libri XVIII*, ouvrage qui
se trouve dans le tome X des *OEuvres
complètes;* l'histoire de sa vie : *De vitâ
propriâ*, Paris, 1643. Elle fut donnée
par Naudé, qui y mit une longue et curieuse *Préface*. Cardan fait très-bien connaître son caractère, mélange bizarre
de toutes sortes de contradictions, dans
ce livre, le plus étrange et le plus curieux peut-être qui ait jamais été écrit.

CARDIM (Antoine-François), jésuite
portugais, né à Viana en 1615, mort à
Macao en 1659, fut missionnaire au
Japon, en Chine, au royaume de Siam
et à la Cochinchine. On a de lui : une *Relation* (en portugais) *de la mort de quatre
missionnaires de sa nation, décapités au
Japon pour la foi*, Lisbonne, 1643, in-
8; une *Relation* (en italien) *de la province du Japon*, Rome, 1645, in-8; *Fas-
ciculus è Japonicis floribus, etc.*, Rome,
1617, in-4. ; *Catalogus omnium, in Ja-
poniâ pro Christo interemptorum*, ibid.

CARDINAL, ou CARDENAL (Pierre),
prêtre et poète provençal, natif d'Ar-
gence, près de Beaucaire, selon les uns,
et au Puy-en-Velay, selon d'autres, se
chargea de l'éducation de la jeunesse de
Tarascon. Charles II, roi de Naples et de
Sicile, exempta cette ville de tout sub-
side pendant dix ans, à condition qu'elle
entretiendrait l'homme de lettres qui faisait fleurir leur pays par ses soins et ses
talents. Cardinal réussissait dans tous les
genres de littérature. On a de lui : *Las
lauzours de la dama d'Argensa*. Il mourut
en 1306, âgé de 100 ans.

CARDON. (Voy. MONTREUIL.)

CARDONNE (Denis-Dominique), savant orientaliste, né en 1720, passa une
partie de sa vie dans le Levant. De retour en France, il fut fait secrétaire-in-
terprète du roi, garde des manuscrits
de sa bibliothèque, censeur et professeur royal pour les langues turque et
persane. Il mourut à Paris, en 1773.
Ses ouvrages sont : *Mélanges de littérature orientale, traduits de différents manuscrits turcs, arabes et persans*, Paris,
1771, 2 vol. in-12; ouvrage d'un but

vraiment louable. Tandis que quelques
philosophes représentent les Asiatiques
comme beaucoup plus vertueux que nous,
d'autres assurent que la vertu est un être
fantastique qui ne se trouve nulle part.
Dans cette *Collection* on prouve que les
hommes que nous croyons barbares, et
qui le sont effectivement à bien des égards,
sont susceptibles de tout ce qu'on admire chez les peuples policés ; que le
crime est haï chez eux comme chez les
autres nations ; et que sur la surface de
la terre tout se rapporte à deux points :
l'horreur du vice, et l'éloge de la vertu.
*Histoire de l'Afrique et de l'Espagne,
sous la domination des Arabes*, Paris,
1765, 3 vol. in-12. Cet ouvrage, réellement traduit des auteurs arabes, est un
morceau neuf et intéressant, surtout
pour l'histoire d'Espagne. Cardonne continua la traduction des contes et fables
indiennes, commencée par Galland,
1778, 3 vol. in-12. On a mis au jour, en
1796, ses *Nouveaux mélanges de littérature orientale*, 2 vol. in-12, qui ne sont
que la réimpr. de ses premiers *Mélanges*
sous un titre nouveau.

CAREL (Jacques), plus connu sous le
nom de *Lérac*, qui est l'anagramme de
son nom, naquit à Rouen vers 1620. Son
poème intitulé : *Les Sarrasins chassés de
France*, dont le héros est Childebrand,
fit naître ces quatre vers de Boileau :

O le plaisant projet d'un poète ignorant,
Qui de tant de héros va choisir Childebrand !
D'un seul nom quelquefois le son dur et bizarre
Rend un poème entier ou burlesque, ou barbare.

L'abbé Carel fit des efforts de génie pour
justifier le choix de son héros contre le
satirique. Il voulut prouver que le nom
de Childebrand avait quelque conformité
avec celui d'Achille : ce qui fit rire beaucoup sans cesser d'être vrai. Car d'abord
la principale syllabe, qui fixe, pour ainsi
dire, le son du mot, s'y trouve; et si les
oreilles étaient aussi accoutumées au nom
du héros français, qu'à celui du grec,
elles ne le trouveraient pas plus *bizarre*.
Le caustique Boileau prenait quelquefois
un sarcasme pour de la critique.

CAREY (HARRY), poète et musicien
anglais, vécut presque toujours dans l'indigence et se tua dans un moment de désespoir, le 3 août 1744. Il a laissé un
Recueil de poésies, des *Cantates*, un *Volume de chansons* et une *Tragédie* burlesque représentée en 1734, intitulée :
Chrononhotonthologos,où il tourne en ridicule le style ampoulé des tragédies anglaises modernes. C'est de lui qu'est le
fameux chant : *God save great George
our king* (Dieu conserve le grand George,
notre roi.) On remarque à sa louange que
dans ses poésies, même bachiques, il

arde toujours le respect dû à la décence
t aux mœurs.

CARIBERT, ou CHERÉBERT, roi de Paris, succéda en 561, à son père Clotaire I dont il était le fils aîné, et mourut à Paris en 567. Ami des belles-lettres, il paraît le latin comme sa langue naturelle. Zélé pour l'observation des lois, il ne s'occupait que du bonheur et de la tranquillité de ses sujets. Roi pacifique, mais jaloux de son autorité, il savait la soutenir avec autant de dignité que de fermeté. — Il ne faut pas le confondre avec CARIBERT, ou CHARIBERT, roi d'Aquitaine, frère de Dagobert I, qui mourut au château de Blaye en 630, et dont Chilpéric, e fils aîné, fut mis à mort par ordre de son oncle. Ce prince laissa encore deux enfants qui lui survécurent. Le premier, appelé Bogges, a été la tige d'une longue suite de princes, dont la postérité s'est perpétuée jusqu'à Louis d'Armagnac, duc de Nemours, tué à la bataille de Cérignoles en 1503.

CARIGNAN. (Voy. SAVOIE.)

CARIN (Marc-Aurèle), fils de l'empereur Carus, qui le nomma César en 282 et l'envoya dans les Gaules. Carin s'y souilla de crimes et de débauches, et s'opposa à Dioclétien; mais, après plusieurs combats. il fut tué en Mœsie l'an 285, par un tribun dont il avait séduit la femme. C'était un prince d'un esprit faible et d'un cœur corrompu. Il porta le déshonneur dans la plupart des familles des Gaules, et accabla les peuples d'impôts. Sans égards pour les hommes respectables que son père lui avait donnés pour conseil, il les chassa de sa cour, et mit à leur place les vils compagnons de ses plaisirs et les ministres de ses exactions. Il ôta la vie au préfet du prétoire, et donna sa dignité à un homme de la lie du peuple. Un simple notaire, qui le servait dans ses débauches, fut élevé au consulat. Ce prince, se faisant un jeu des liens sacrés de l'hymen, avait épousé neuf femmes, qu'il répudiait à mesure qu'il s'en dégoûtait, et même pendant le temps de leur grossesse.

CARLES (Lancelot de) naquit à Bordeaux, d'un président au Parlement de cette ville, apprit avec succès les langues grecque et latine, et embrassa l'état ecclésiastique. Il fut chargé par Henri II, d'une négociation avec Rome, et pour le récompenser du zèle avec lequel il s'en était acquitté, ce prince le nomma à l'évêché de Riez. Carles cultivait les lettres, et surtout la poésie; il était particulièrement lié avec Ronsard, Joachim du Bellay et le chancelier de Lhôpital. Ce prélat mourut à Paris vers l'année 1570.

Parmi les ouvrages qu'il a laissés, on distingue: *Paraphrase en vers français de l'Ecclésiaste de Salomon*, 1561; une autre du *Cantique des Cantiques*, in-8, et des *Cantiques de l'Ecriture*, etc 1562; *Eloge*, ou *Témoignage d'honneur de Henri II, roi de France*, traduit du latin de Pierre Pascal, 1560, in-folio; *Lettres au roi de France Charles IX, contenant les actions et propos de M. de Guyse, depuis sa blessure jusqu'à son trépas*, Paris, 1563, in-8. Mais le plus rare et le plus recherché de ses ouvrages est une *Epître contenant le procès criminel fait à l'encontre de la royne Boullan (Anne de Boulen) d'Angleterre*, Lyon, 1545, in-8.

CARLETON (Georges) naquit en 1559, dans le Northumberland, et parvint au siège épiscopal de Landaff. Jacques I l'envoya, en 1718, au synode de Dortdrecht. Carleton, quoique anglican zélé, s'accordait en plusieurs points avec les catholiques. L'année suivante il fut nommé évêque de Chichester, et mourut l'an 1628, laissant, entre autres ouvrages : *Heroici characteres*, en vers, Oxford 1603, in-4; *Les dîmes dues au clergé, examinées et prouvées être de droit divin*, Londres, 1606 et 1611, in-4; *La juridiction royale, papale, épiscopale*, etc., Londres, 1610, in-4; *Consensus ecclesiæ catholicæ contra tridentinos de Scripturis, Ecclesia, fide et gratiâ*, etc., Francfort, 1613, in-8; *Astrologimania*, Londres, 1624. in-4.

CARLETTI (Pélerin-Marie), évêque de Montepulciano, né dans cette ville le 21 novembre 1757. Après avoir fait ses études chez les Jésuites, il entra dans la congrégation de l'Oratoire de Saint-Philippe de Néri; mais au bout de cinq ans il la quitta. Ordonné prêtre en 1782, il se réunit à une société de missionnaires, et pendant plusieurs années il se livra à la prédication. Les nouveautés religieuses que l'on répandait alors en Italie ne le séduisirent pas, et il demeura toujours fidèle à la cause de la vérité et du Saint-Siège. En 1801, il fut appelé à l'évêché de Montepulciano. Les *Avertissements pastoraux* qu'il a publiés en 1807 peuvent témoigner de sa piété et de son zèle à remplir les fonctions épiscopales. Lorsque Pie VII fut enlevé de son palais en 1809 et transporté en France, Carletti, non seulement ne signa aucune adresse en l'honneur de celui qui s'était rendu coupable de ces violences, mais il écrivit à la grande-duchesse de Toscane, Elisa, sœur de Napoléon, une lettre en faveur des droits du Saint-Siége, qui ne plut pas, et par cette raison n'a pas été insérée dans le recueil imprimé par ordre de l'empereur. Dans une homélie qu'il prononça le jour de la Saint-Pierre, il fit allusion à la position du Souverain-Pontife; sa conduite fut dénoncée à Paris, mais on ne prit aucune mesure contre lui. Appelé à prendre siége au concile convoqué en 1811 par ordre de l'empereur, l'évêque de Montepulciano se rendit à Paris, et prit part aux travaux de cette assemblée; il a décrit les opérations du concile dans dix-huit *Lettres* fort curieuses qui jettent un grand jour sur les événements religieux de cette époque; elles n'ont pas été publiées, mais l'abbé Baraldi en a présenté des extraits dans la *Notice* qu'il a donnée sur le prélat. De retour dans son diocèse au mois d'octobre de la même année, Carletti se consacra avec une nouvelle ardeur à l'accomplissement de ses devoirs épiscopaux. En 1814, il a célébré dans un discours plein d'une pieuse allégresse la délivrance du Souverain-Pontife. Il est mort le 4 janvier 1827. On a de lui plusieurs écrits parmi lesquels on remarque une *Instruction sur l'usure et le prêt*, 1814; une *Lettre pastorale sur la dévotion au Sacré-Cœur*, 1814; et une *Dissertation sur l'institution des évêques*, Bologne, 1815, in-8.

CARLI (Jean RENAUD, comte de), célèbre antiquaire vénitien, né à Capo d'Istria en 1720, d'une famille noble et ancienne. Son éducation fut très-soignée, et dès l'âge de 20 ans il était déjà membre de l'académie des *Ricovrati*. Il se fit bientôt connaître par des discussions littéraires avec les plus célèbres antiquaires et par des observations sur différents auteurs grecs, et sur le théâtre et la musique des anciens et des modernes. Le sénat de Venise créa en sa faveur une chaire d'astronomie et de science nautique; mais il s'en démit bientôt, pour se livrer uniquement à ses recherches sur les antiquités, et il publia, en 1751, la relation de ses découvertes dans l'amphithéâtre de Pola, in-8, avec des dessins et des plans qui lui firent une réputation distinguée. Depuis longtemps il s'occupait de monnaies, il travailla à cette partie avec une nouvelle ardeur, et il donna son traité des monnaies, qui devint le régulateur de toute l'Italie : il le publia sous ce titre: *Delle monete e dell' istituzione delle zecche d'Italia, dell' antico e presente sistema di esse e del loro intrinseco valore e rapporto colla presente moneta dalla decadenza dell' imperio fino al secolo XVII. da Giambatt, Carli*, 1754 à 1760, 3 tomes en 4 vol. in-8. La cour de Vienne, informée de son mérite, lui donna la présidence du conseil suprême du commerce et d'économie publique établi à Milan, le titre de conseiller privé d'Etat, la présidence du conseil suprême des études, et celle d'un nouveau conseil des finances, créé pour retirer les revenus publics de la Lombardie des mains avides des fermiers. Au milieu de toutes ces occupations, il trouvait encore le temps de s'occuper de ses études favorites, et il publia successivement plusieurs ouvrages importants, outre ceux déjà cités : *L'Uomo libero*, où il essaya de combattre Hobbes, J.-J. Rousseau, Montesquieu; mais il tombe lui-même, sur quelques points, dans plusieurs erreurs assez graves; ses *Lettere americane*; il y réfute les paradoxes de Pauw, et après avoir décrit les mœurs, les usages, la religion, les gouvernements des peuples d'Amérique, il essaie de rechercher à quelle époque les peuples de l'Atlantique purent communiquer d'une part avec l'Amérique, et de l'autre avec notre continent. Les savants se sont épuisés en conjectures pour vérifier ce fait, ainsi que pour savoir en quel temps, de quelle manière et par qui elle avait été peuplée, si ses habitants sortent de la même tige que nous, enfin si c'est la fameuse Atlantique de Platon, ou cette île occidentale qu'une tempête fit découvrir aux navigateurs Phéniciens, selon Aristote. Aucun de ces points n'a jamais pu être éclairci. Ces lettres ont été traduites en français par Lefebvre de Villebrune, en 2 vol. in-8, imprimées pour la première fois sous la date de Boston 1788, et la seconde à Paris en 1790. Elles ont été aussi traduites en anglais et en allemand; *Dell' antichità italiche*, Milan 1788 à 1791, 5 vol. in-4, et réimprimé en 1793. La collection entière de ses *OEuvres* a été publiée par lui-même de 1784 à 1794, en 15 vol. in-8. Son traité des *Monnaies* en remplit six; ses *Lettres* sur l'Amérique trois; et les six autres renferment un grand nombre d'opuscules, de dissertations et de mélanges d'économie politique, de philologie et d'érudition. Son livre sur les antiquités italiennes n'y est point compris. Le comte de Carli, accablé d'infirmités depuis plusieurs années, mourut le 22 février 1795.

CARLIER (Claude), prieur d'Andresy, né à Verberie le 8 septembre 1725, mort le 23 avril 1787. « Personne, dit l'abbé Sabathier, peut-être n'a réuni plus de couronnes académiques, et cependant il est peu connu; preuve que les palmes du lycée ne sont pas le gage de l'immortalité. » Il a été couronné quatre fois par l'académie des inscriptions et belles-lettres, deux fois par l'académie de Soissons, trois fois par celle d'Amiens, etc. Les sujets qu'il a traités méritaient cependant plus d'accueil et de célébrité. Il ne s'est pas borné à une éloquence oiseuse, au mérite des phrases, à l'appareil des sentences, au jargon philosophique ; ses ouvrages couronnés et non couronnés sont pour la plupart des dissertations savantes, qui prouvent autant de sagacité que d'érudition. Celle surtout qui a pour titre : *L'Etat des sciences en France pendant les règnes de Charles VIII et de Louis XII*, est très-intéressante, par les recherches qu'elle suppose et la méthode avec laquelle elles sont présentées. L'histoire, le commerce, les manufactures ont successivement exercé la plume de l'abbé Carlier, et c'en est assez pour mériter une réputation sinon brillante, du moins solide. Dans un siècle aussi frivole que le nôtre, on ne saurait trop accueillir les écrivains utiles qui contribuent à ses vrais avantages, malgré ses injustices et ses dégoûts. L'abbé Carlier s'appliqua surtout à perfectionner l'éducation des brebis, et fut un des premiers qui appelèrent en France l'attention des propriétaires et du gouvernement sur cette partie importante de la richesse publique. On lui doit outre ses discours couronnés : *Mémoire sur la qualité des laines propres aux manufactures de France; Considérations sur les moyens de rétablir en France les bonnes espèces de bêtes à laine*, 1762, in-12; *Instruction sur la manière d'élever et de perfectionner les bonnes espèces de bêtes à laine en Flandre*, 1763, in-12; *Journal historique du Journal fait au Cap de Bonne-Espérance*, par de la Caille, 1763, in-12; *Histoire du duché de Valois, contenant ce qui est arrivé dans ce pays depuis le temps des Gaulois jusqu'en* 1703, Paris, 1764, 3 vol. in-4, avec cartes et fig. On y trouve des recherches curieuses sur les voies romaines; *Traité des bêtes à laine, ou Méthode d'élever et de gouverner les troupeaux aux champs et à la bergerie*, 1770, 2 vol. in-4, fig. ; *Traité sur les manufactures de lainerie*, 2 vol. in-12; et plusieurs *Mémoires* dans le *Journal des Savants*, le *Journal de Physique* et celui de Verdun.

CARLISLE (Frédéric-Heward, comte de), pair d'Angleterre, né le 28 mai 1748, publia en 1798 un écrit plein de chaleur sous ce titre : *Union et Ruine*, qu'il fit distribuer avec abondance. En février 1780, il devint lord-lieutenant d'Irlande ; mais, en 1782, le nouveau ministère le fit remplacer par le duc de Portland. Alors il se jeta dans le parti de l'opposition, où il n'eut cependant que peu d'influence. Il était oncle et tuteur du célèbre poète Byron, et peut-être il montra contre lui trop de jalousie littéraire. Celui-ci, pour s'en venger, fit paraître une satire qui le couvrit de ridicule. Carlisle ne voulut plus le revoir, et se retira dans une de ses terres, où il cultiva les muses jusqu'à sa mort arrivée le 4 septembre 1825. Bulmer a publié une magnifique édition de ses *OEuvres*, où l'on trouve des poésies, parmi lesquelles on remarque une *Ode* sur la mort de Gray, écrite en 1771 ; deux tragédies, *la Vengeance d'un père*, et *la Belle-mère*; et une *Traduction* de l'épisode du *Comte Ugolin*, du Dante. On trouve dans ses ouvrages des traits énergiques et de la sensibilité. Il a publié depuis des *Vers sur la mort de lord Nelson*.

CARLOMAN, fils aîné de Charles Martel, et frère de Pépin-le-Bref, gouverna avec sagesse, et restitua à l'Eglise tout ce que son père lui avait enlevé. Il quitta le sceptre pour se faire moine du Mont-Cassin. Il s'était fait un nom dans le monde par sa valeur et ses vertus ; il s'en fit un dans le cloître par sa vie humble et pénitente. Il mourut à Vienne en Dauphiné en 755. Son corps fut porté au Mont-Cassin, où il a été trouvé en 1628.

CARLOMAN, fils de Louis-le-Bègue, et frère de Louis III, eut l'Aquitaine et la Bourgogne en partage, en 879. Ces deux princes, unis de cœur et d'intérêts, battirent souvent les Normands. Louis III étant mort en 882, Carloman devint seul roi de France, et mourut d'une blessure qu'un sanglier lui fit à la chasse, en 884 : telle fut la cause qu'on donna à sa mort ; mais il paraît constant que ce fut un de ses gardes qui eut le malheur de le blesser en voulant percer le sanglier. Carloman fit lui-même courir le bruit qu'il avait été blessé par l'animal furieux, de peur qu'on ne vengeât sa mort sur celui qui en était l'auteur sans le vouloir. Ce trait doit immortaliser ce prince, d'ailleurs recommandable par sa valeur, son activité et son application aux affaires.

CARLOMAN, fils de Pépin-le-Bref, et frère de Charlemagne, fut roi d'Austrasie, de Bourgogne et d'une partie de l'Aquitaine, en 768. Par sa mort arrivée en 771, Charlemagne devint maître de toute la monarchie française.

CARLOS (Don), fils de Philippe II, roi d'Espagne, parut, dès son bas âge, violent dans toutes ses passions. Son aïeul Charles-Quint, se rendant à sa solitude de Saint-Just, le vit un moment à Valladolid, en fut très-mécontent, et n'en augura rien de bon. Il déplut éga-

lement à son père par son caractère in-
docile, faux, hautain, et par des vices
qui annoncèrent dès lors des suites funestes. Il traita avec les rebelles de Hollande, et leur promit de partir dans
quelque temps pour se mettre à leur tête.
Il fit mettre dans la ruelle de son lit un
coffre rempli d'armes à feu. Il se fit faire
de petits pistolets d'invention nouvelle,
pour porter toujours sur lui, sans qu'on
pût les voir; et il commanda à un fameux
ouvrier français de lui faire, pour sa
chambre, une serrure à secret qui ne
pût s'ouvrir que par dedans. Philippe,
instruit et alarmé des précautions qu'il
prenait, résolut de s'assurer de sa personne. L'ouvrier de cette serrure extraordinaire trouva le moyen de l'ouvrir. Le
roi entra pendant la nuit dans la chambre
de don Carlos. Le malheureux prince,
dormait si profondément, que le comte
de Lerne put ôter, sans l'éveiller, les pistolets qu'il tenait sous son chevet. Il alla
s'asseoir ensuite sur le coffre où étaient
les armes à feu. Le prince, ayant été
éveillé avec peine, s'écria qu'il était mort:
le roi lui dit que tout ce qu'on fuisait était
pour son bien. Mais don Carlos, voyant
qu'il se saisissait d'une cassette pleine de
papiers qui était sous son lit, et qui contenait des choses étranges, entra dans un
désespoir si furieux, qu'il se jeta tout nu
dans un brasier, que ses gens avaient
laissé allumé dans la cheminée, à cause
du froid extrême qu'il faisait alors. Il
fallut l'en tirer de force, et il parut in-
consolable de n'avoir pas eu le temps de
s'y étouffer. On démeubla d'abord sa
chambre, et pour tout meuble on n'y
laissa qu'un méchant matelas à terre.
Aucun de ses officiers ne parut depuis
en sa présence. On lui fit prendre un
habit de deuil; il ne fut plus servi que
par des hommes vêtus de même. Le roi,
ayant vu ses desseins et ses intelligences
par les papiers dont il s'était saisi, lui
fit faire son procès, et il fut condamné
à mort. On prétend qu'il se fit ouvrir les
veines dans un bain; d'autres disent
qu'il fut empoisonné ou étranglé. On
place sa mort le 24 juillet 1568. On a
observé que cette année, ainsi que la nature du crime attribué à don Carlos, sont
exprimés dans ce vers d'Ovide au 1er livre
des *Métamorphoses*:

Filius ante diem patrios inquirit in annos.

Quelques auteurs ont cru que Philippe
s'était porté à cette dure extrémité par
la découverte la plus accablante pour un
roi, un mari et un père. On dit qu'il découvrit que le prince aimait et était aimé
de la reine Elisabeth; ce qu'il y a de certain, c'est que cette princesse mourut peu

de temps après. De Thou, en parlant
de la mort de don Carlos, observe que
« Philippe n'y donna les mains, que lors-
« qu'il se fut convaincu qu'il ne lui res-
« tait plus aucun moyen de corriger son
« fils et de sauver l'Etat; et que, malgré
« tout cela, il lui eût conservé la vie, si
« le malheureux prince, devenu furieux
« par la découverte de ses crimes, ne se
« fût efforcé en différentes manières de
« se tuer lui-même; que Philippe, avant
« la mort de l'infant, rendit compte au
« grand et saint pontife Pie V, des cir-
« constances accablantes où il se trouvait
« et de la conduite qu'il croyait devoir
« tenir, etc.; que le Pape fit le plus grand
« éloge du monarque, etc. » On trouve
tout cela écrit d'une manière intéressante et bien détaillée, qui porte l'empreinte et qui inspire la confiance de la
vérité, dans le 43e livre de l'*Histoire* de
ce célèbre président, tome 2, page 506
et suivantes, édition de Genève, 1620.
L'abbé Nonotte observe que les détracteurs de Philippe ont bêtement marché
à la suite de quelques poëtes et chan-
sonniers, et n'ont consulté ni les faits
connus, ni des historiens dignes de quelque croyance; observation qu'il prouve
particulièrement par les fables répandues
sur la mort de don Carlos. « Le premier
« auteur français, dit-il, qui en ait parlé,
« est un poëte qui fit un millier de vers
« sur ce sujet, et qui les adressa à
« Henri III, pour l'engager à venger la
« mort de la reine sa sœur, qu'il suppo-
« sait avoir été empoisonnée après la
« mort de don Carlos. Son imagination
« a été le flambeau à la lueur duquel
« ont marché nos faiseurs de nouvelles,
« et ensuite nos historiens. » (*Voyez*
PHILIPPE II.) L'abbé de Saint-Réal a
donné l'*Histoire de don Carlos*; roman
calomnieux, où l'auteur avance des
faits les plus manifestement faux, pour
dénigrer la mémoire de Charles-Quint
et de Philippe, comme le remarque
Bayle lui-même, article de Charles-
Quint.

CARLOSTADT, ou CAROLSTADT (An-
dré-Rodolphe), dont le véritable nom était
Bodenstein, chanoine, archidiacre et
professeur de théologie à Wittemberg,
donna le bonnet de docteur à Martin Luther, et lia amitié avec lui. Un jour qu'ils
étaient à table, il paria, le verre à la
main, qu'il renouvellerait les opinions
de Bérenger contre la présence réelle;
il tint parole, il écrivit; mais il donna
dans la plus grande des absurdités, en
disant que ces paroles de Jésus-Christ
dans la Cène: *Ceci est mon corps*, ne se
rapportaient pas à ce qu'il donnait; mais

u'il voulait seulement se montrer assis table. C'était un fanatique bouillant et ingulier. Il se livrait à tout le monde, t personne ne le voulait. Il erra long-imps de ville en ville, persuadant aux goliers de mépriser les sciences, de ne 'attacher qu'à la Bible, de brûler tous surs livres et d'apprendre quelque mé-ier. Il leur en donna l'exemple, en se aisant laboureur. Il fut le premier ec-lésiastique d'Allemagne qui se maria ubliquement. Cette cérémonie se fit rec beaucoup de profanation. Ses dis-iples firent des oraisons propres pour ce nariage, et les chantèrent à la Messe. La première commençait ainsi : « O Dieu qui, après l'extrême aveuglement de vos prêtres, avez daigné faire la grâce au bienheureux Carlostadt d'être le premier qui ait osé prendre femme, sans avoir égard aux lois du papisme! nous prions, etc. » Il se retira à Bâle après avoir vu Zuingle, et y mourut dans la misère en 1541. On a de lui beau-coup d'ouvrages de controverse, mépri-sés des catholiques et peu estimés des protestants.

CARMONA (don Salvador), graveur de la chambre du roi d'Espagne, né à Madrid en 1732, vint à Paris pour se perfectionner dans son art, et retourna dans sa patrie vers 1760, où il épousa la fille du célèbre Raphaël Mengs, et mou-rut en 1807. Ses estampes les plus esti-mées, qui se font principalement remar-quer par une grande netteté de burin et le moelleux des chairs, sont : L'Histoire écrivant les fastes de Charles III, roi d'Espagne, d'après Solimène; La Vierge et l'enfant Jésus, d'après Van-Dick; l'Adoration des bergers, d'après Pierre; les Portraits de Boucher et de Colin de Vermont; et une Résurrection du Sau-veur, d'après Carle Vanloo.

CARMONTELLE, né le 25 août 1717, mort le 26 décembre 1686, à Paris, était à la fois peintre et poëte. Comme poëte, il n'a guère composé que des Proverbes dramatiques, qu'on a imités depuis avec moins d'originalité, souvent avec plus de scandale; mais ses manuscrits pour-raient composer 100 volumes. Peintre, il a fait les portraits de presque tous les personnages célèbres du 18e siècle. Il s'amusait aussi à faire des transparents, ou tableaux sur papier très-fin. Son grand plaisir était de mettre ses proverbes en transparents, et ses transparents en proverbes.

CARNEADE de Cyrène, fondateur de la troisième académie, apôtre du pyr-rhonisme comme Arcésilas, mais d'un pyrrhonisme plus raisonnable. Il admet-tait des vérités constantes, inaltérables, fondées sur l'essence même de Dieu, mais obscurcies par tant de ténèbres, que l'homme ne pouvait démêler la vérité parmi les faussetés dont elle était entou-rée. Il consentait que la vraisemblance nous déterminât à agir, pourvu qu'on ne prononçât sur rien d'une manière affir-mative. Les stoïciens, et surtout Chry-sippe, eurent en lui un adversaire redou-table; mais il les réfuta avec beaucoup de retenue, disposant son esprit à les combattre par une prise d'ellébore, et avouant que sans Chrysippe il n'aurait pas été ce qu'il était. Par une vaine envie de se faire remarquer, commune à tous ces vieux sages, il négligeait le soin de son corps, et laissait croître ses cheveux et ses ongles. Il faisait semblant d'oublier de manger, et il fallait que sa servante lui mît les morceaux à la main, souvent à la bouche. La morale lui parut préfé-rable à la physique : aussi s'y appliqua-t-il davantage. Il avait souvent à la bouche cette maxime remarquable dans un païen, quoique très-inférieure à celles que l'Evan-gile établit sur l'amour de nos ennemis : Si l'on savait, disait-il, qu'un ennemi vint s'asseoir sur de l'herbe qui cacherait un aspic, on agirait en malhonnête homme, si l'on ne l'en avertissait pas, quand même notre silence ne pourrait pas être repris publiquement. Ayant su qu'An-tipater, son antagoniste, s'était détruit par le poison : Qu'on m'en donne aussi. — Et quoi? lui dit-on. — Du vin miellé, répondit-il, ayant bientôt réprimé cette saillie de courage. Carnéade était surtout fort éloquent. Les Athéniens ayant été condamnés à payer cinq cents talents pour avoir pillé la ville d'Orope, ce phi-losophe, député à Rome, parla avec tant de force, que Caton, se défiant des char-mes de ses discours : Renvoyez, dit-il, ce grec; il semble que les Athéniens, en le chargeant de leurs affaires, aient voulu triompher de leurs vainqueurs. Carnéade mourut âgé de 85 ans, la quatrième année de la 162e olympiade, la 129e avant J.-C., regrettant fortement la vie. Il y eut à sa mort une éclipse de lune : Comme si le plus bel astre après le soleil, dit froidement le plat historien Diogène Laërce, eût pris part à cette perte.

CARNÉGHETZY (Georges), théolo-gien arménien, mort vers l'an 1067, a lais-é : une Histoire ecclésiastique d'Ar-ménie, depuis l'an 301 jusqu'à l'an 1000; une Apologie du rit arménien. Ces ma-nuscrits, en langue arménienne, font partie de ceux de la Bibliothèque du roi.

CARNOT (Joseph-François-Claude) naquit à Nolay en Bourgogne, le 22 mai

1752. Il était l'aîné de cinq frères, dont le plus connu a été Lazare-Nicolas-Marguerite Carnot, le conventionnel et le directeur. Il fut d'abord avocat au Parlement de Dijon. Lorsque la révolution éclata, il en embrassa les principes avec ardeur, et occupa des fonctions publiques à Dijon et à Autun. Il paraît que, pendant la terreur, il refusa d'obéir à des ordres violents et iniques, et qu'il envoya sa démission qui fut refusée. En l'an VIII, Carnot fut nommé commissaire près la cour d'appel de Dijon, et l'année suivante il fut appelé à la cour de cassation, où la Restauration le maintint lors de la réorganisation de la magistrature en 1815. Carnot montra, à cette époque, la plus grande inconsistance politique; il adhéra, en 1814, à la déchéance de l'empereur, le 25 mars 1815 il signa une adresse contre les Bourbons, et le 12 juillet de la même année il en signa une autre contre l'empereur. En 1832, il fut nommé membre de la nouvelle académie des sciences morales et politiques. Il est mort le 30 juillet 1835. On a de lui : *De l'instruction criminelle considérée dans ses rapports généraux et particuliers avec les lois nouvelles et la jurisprudence de la cour de cassation*, Paris, 1812-1817, 3 vol. in-4 : cet ouvrage l'a placé au nombre des bons criminalistes français; *Examen des lois des 17 et 26 mai, 9 juin 1819 et 31 mars 1820, relatives à la répression des abus de la liberté de la presse*, Paris, 1820, in-8; *Commentaire sur le Code pénal, contenant la manière d'en faire une juste application, l'indication des améliorations dont il est susceptible*, 1823-1824, 2 vol. in-4 : c'est le complément de son premier ouvrage. Il a publié en outre sous le voile de l'anonyme : le *Code d'instruction criminelle et le Code pénal mis en harmonie avec la Charte*, etc., Paris, 1819, in-8; *De la discipline judiciaire considérée dans ses rapports avec les juges*, Paris, 1825, in-8.

CARNOT (Lazare-Nicolas-Marguerite, comte), né à Nolay en Bourgogne, le 15 mai 1753, d'un avocat, entra de bonne heure dans le corps législatif. (Voyez le précédent.)Député du Pas-de-Calais à l'Assemblée législative et à la Convention, il vota la mise en accusation des princes et la mort du roi sans appel ni sursis. Il fut membre du comité de salut public et président de la Convention, dont il partagea tous les excès. En 1795, il se vit porté au Directoire; mais enveloppé dans la proscription du 18 fructidor, il se sauva en Allemagne, et ne rentra en France qu'après la révolution du 18 brumaire. Nommé ministre de la guerre, il ne conserva pas longtemps cette dernière place : ses opinions démagogiques avaient dû déplaire à Bonaparte. Appelé au tribunat en 1803, il vota seul contre le consulat à vie, et refusa de signer le registre d'adhésion. Après quatre ans passés dans la retraite, Carnot obtint qu'on lui rendît son grade de lieutenant-général, et fut nommé gouverneur d'Anvers. À la première entrée du roi, il se trouvait dans cette place, qu'il défendit quelque temps, avant de conclure une capitulation avec les Anglais. Louis XVIII, trop facile, le maintint dans son grade; mais bientôt, affectant des craintes chimériques, Carnot écrivit un *Mémoire au roi*, ou plutôt un *Mémoire contre le roi*, qui censurait violemment l'administration de son bienfaiteur. L'époque de cette publication, qui eut lieu peu avant les malheureux événements de 1815, fit soupçonner que le républicain s'était fait esclave, et conspirait pour Bonaparte. Celui-ci le nomma comte de l'empire, ministre de l'intérieur et pair de France. Le jour de la rentrée de Louis XVIII, Carnot quitta Paris et se retira tranquillement dans sa terre de Cerney; car les républicains aiment aussi les terres. Quelque temps après, la Chambre de 1815 le bannit de France; il se rendit à Varsovie, puis fixa sa résidence à Magdebourg, où il mourut en août 1823. Carnot publia, à différentes époques, plusieurs ouvrages, entre autres : l'*Éloge de Vauban*, qui remporta le prix à l'académie de Dijon, 1784; *Essai sur les machines en général*, 1786, in-8; *Exploits des Français depuis le 22 fructidor an I*, 2 vol. in-8; une *Justification* de son administration, qui n'est pas autre chose qu'une sanglante satire du Directoire et de lui-même; *OEuvres mathématiques*, 1797, in-8; *Principes fondamentaux de l'équilibre et du mouvement*, 1803, in-8; *De la défense des places fortes*, 3e édit., 1812, in-4 : ouvrages la plupart médiocres; enfin des *poésies* ridicules. (Voyez l'article qui suit.)

CARNOT, fils aîné du précédent, mourut en 1832, à 36 ans, laissant un *Mémoire sur la puissance du feu*.

CARO (Annibal), né à Citta-Nova en Istrie, en 1507, fut successivement secrétaire de plusieurs prélats, puis du duc de Parme, et enfin de Pierre-Louis Farnèse. Ce prince le députa vers Charles V, pour une commission importante. Caro, aussi bon négociateur que grand poète, s'en acquitta avec succès. Peu de temps après son retour en Italie, son maître ayant été tué par les Plaisantins ses nouveaux sujets, les cardinaux /

xandre et Ranuce, et le duc Octave Farnèse, se disputèrent Caro. Canonicats,
prieurés, abbayes, commanderies même
de l'ordre de Malte, tout lui fut prodigué.
Il était trop heureux, l'envie l'attaqua;
mais son principal ennemi, ayant été convaincu d'erreurs capitales, fut condamné
comme hérétique par le saint Office, et
échappa difficilement aux peines qu'il
méritait. Caro, accablé d'infirmités et
dégoûté du métier de courtisan, quitta
ses protecteurs, et finit sa vie dans l'é-
tude et la retraite en 1566. Sa mémoire
est encore chère aux gens de lettres d'Italie, par les excellentes productions dont
il les a enrichis. Les principales sont:
une *Traduction* de l'*Enéide* de Virgile,
en vers italiens, que la pureté et l'élégance du style, la fidélité et le choix des
expressions, ont fait mettre à la tête des
ouvrages qui font le plus d'honneur à
leur langue. L'édition la plus rare est
celle de Venise, 1581, in-4. Il y en a eu
plusieurs autres: une des meilleures est
celle de Paris, 1765, 2 vol. in-8; un
Recueil de ses poésies, imprimé à Venise
en 1584, in-4. La langue toscane s'y
montre dans toute sa beauté. Les grands
seigneurs, les gens de lettres firent surtout un accueil favorable à ses *Sonnets*.
On le compara à Pétrarque et à Bembo,
et il soutint quelquefois le parallèle; des
Traductions de quelques auteurs sacrés
et profanes, des *Oraisons* de saint Grégoire de Nazianze et de saint Cyprien,
de la *Rhétorique* d'Aristote, des *Pastorales* de Longus, imprimées pour la première fois à Parme, en 1786, in-4, par
les soins de M. le marquis de Brême,
ambassadeur du roi de Sardaigne à Naples, qui était le possesseur du manuscrit:
on a déjà remarqué que les mœurs n'ont
point gagné à la publication de cette traduction, etc.; deux volumes de *Lettres*,
regardées par les Italiens comme des modèles en ce genre. Elles furent imprimées
à Venise, en 1582, in-4, et elles ont
reparu à Padoue en 1749, en 3 vol. in-4,
avec la *Vie* de l'auteur.

CAROLINE (Amélie-Elisabeth), reine
d'Angleterre, épouse de Georges IV et
fille de Charles-Ferdinand, duc de Brunswick - Wolfenbuttel, tué à la bataille
d'Iéna. Sa mère était la sœur aînée de
Georges III, et par conséquent elle se
trouvait cousine germaine du prince
qu'elle accepta pour son époux. Elle serait vraisemblablement toujours restée
inconnue sans le procès qu'elle voulut
soutenir contre son époux pour se faire
reconnaître reine d'Angleterre. Ce procès a trop fait de bruit pour qu'on puisse
se dispenser de parler de cette princesse.

Elle naquit le 17 mai 1768, et se fit remarquer dès l'âge le plus tendre par une
vivacité d'esprit et une grande fermeté de
caractère. En 1786, Mirabeau écrivait de
Brunswick que la princesse Caroline
était une personne « tout à fait aimable,
spirituelle, jolie, vive, sémillante. » La
cour de son père était alors une sorte
d'école de tactique militaire fréquentée
par les officiers les plus distingués, et il
y régnait un ton peu réservé. La princesse y contracta l'habitude de cette liberté de manière et cette légèreté de ton
qui contrastait trop avec les habitudes
modestes et réservées des femmes anglaises, et ce fut sans doute la cause des
chagrins qui ont empoisonné ses jours.
Son mariage avec le prince de Galles fut
conclu dans le mois de décembre 1794
sur la demande de Georges III, avec
quelques regrets, dit-on, de la part de
son fils, dont le cœur était attaché ailleurs, et il ne céda qu'à des considérations politiques et à la volonté de son
père: toutefois on pouvait espérer de
l'éducation et de la haute naissance des
deux princes qu'ils couleraient ensemble
une vie paisible; mais peu de temps après
leur mariage, il s'éleva entre eux des
discussions d'une nature extrêmement
délicate, qui détruisirent pour eux tout
espoir de bonheur conjugal. On prétend
même que, dès le lendemain du mariage,
la princesse fut reléguée dans un appartement écarté, et qu'ils cessèrent de se
voir. Cependant la princesse de Galles accoucha, le 4 janvier 1796, d'une fille. Cet
événement remplit de joie l'Angleterre,
et ne parut produire aucun effet sur l'héritier du trône. Il ne s'approcha pas
même de la mère, et ne témoigna aucun
désir de voir l'enfant. Sa naissance parut,
au contraire, l'irriter davantage contre
son épouse, et dans le mois d'avril de la
même année il lui fit signifier que toutes
relations conjugales cesseraient entre
eux. La princesse consentit à cet arrangement, à condition qu'il serait signifié
par écrit et qu'il serait définitif et irrévo-
cable. Depuis lors elle cessa d'habiter
Carlton-Housse, et alla résider au château de Blackheath, continuant d'ailleurs
à paraître à la cour et à y recevoir les
honneurs dus à son rang. Aucun reproche, même de la nature la plus légère,
ne lui fut adressé à cette époque, et la
cause de cette rupture resta pour le moment inconnue; mais plusieurs années
après, la princesse fut dénoncée par lady
Douglas, qui s'était introduite dans sa
société pour l'espionner, dit-on, comme
ayant eu un enfant mâle adultérin. Une
enquête fut faite à cet égard par ordre

du roi, et le résultat lui fut favorable. L'enfant qu'on voulait lui donner fut reconnu pour être celui d'un pauvre artisan dont la femme était accouchée dans un hôpital. Les commissaires rejetèrent également les insinuations de plusieurs témoins qui tendaient à imputer à la princesse des liaisons criminelles avec plusieurs personnes, et entre autres avec sir Sidney Smith; mais tout en la déchargeant des principales inculpations portées contre elle, ils exprimaient leur désapprobation de sa liaison et des rapports qu'elle avait avec le capitaine Manby. La princesse écrivit au roi plusieurs lettres pour éclaircir les points de sa conduite qui pouvaient laisser des doutes; elle espérait s'être pleinement justifiée envers son souverain, et même elle avait demandé d'être admise en sa présence, et les conseillers du roi n'y avaient vu aucun obstacle; cependant cette faveur fut différée, et tout se réduisit à quelques témoignages officiels de réhabilitation. Nous n'entrerons pas dans les détails des démarches qu'elle continua de faire, soit pour cet objet, soit pour communiquer librement avec la princesse Charlotte sa fille; nous passerons aussi très-légèrement sur les voyages qu'elle entreprit sur le continent avec la permission du prince-régent son époux, et pendant lesquels elle résida longtemps en différentes villes d'Italie, où sa conduite fut plus que répréhensible, pour arriver au moment où, apprenant la mort du vieux roi Georges III, elle voulut revenir en Angleterre pour y occuper le rang qui devait lui appartenir. Dès lors il fut aisé de prévoir que le monde allait de nouveau se trouver entretenu de leurs tristes débats. Lorsque la princesse arriva à Saint-Omer, après avoir traversé la France, elle y rencontra Brougham, son conseiller légal et confidentiel, accompagné de lord Hutchinson, qui venait lui proposer de renoncer à son titre de reine, et de s'engager à ne plus remettre le pied en Angleterre ni sur aucun point des domaines britanniques; qu'à cette condition il lui serait assuré un revenu annuel de cinquante mille livres sterling dont elle pourrait jouir sans aucune molestation; qu'en cas de refus, une enquête criminelle allait être commencée contre elle, et qu'elle devait s'attendre aux peines les plus sévères; mais elle repoussa avec indignation ces propositions, et elle s'embarqua sur-le-champ pour l'Angleterre. Son départ fut si précipité, que Brougham n'en fut informé qu'après qu'il fut effectué; lorsqu'elle prit terre à Douvres, elle fut saluée par le canon, quoique le commandant n'eût point reçu d'instructions à ce sujet. La population de la ville lui témoigna un grand enthousiasme; le corps municipal lui présenta une adresse; la populace dételait les chevaux de sa voiture, et la traîna un espace considérable. Les mêmes démonstrations l'accompagnèrent tout le long de sa route, et son entrée à Londres fut un véritable triomphe, dans lequel, parmi les acclamations réitérées, on distingua des imprécations contre la personne du roi. Elle arriva le soir avec l'alderman Wood qui était venu à sa rencontre jusqu'à Paris, et dans la maison duquel elle prit son logement. C'était une vraie déclaration de guerre contre son roi, son époux et son accusateur, qui avait des torts très-graves à lui reprocher; et lors même qu'elle n'en aurait eu aucun, devait-elle favoriser le parti démocratique, dont le but visible était de profiter de tous les incidents qui pourraient jeter de la défaveur sur la personne du roi et de ses ministres pour bouleverser l'État et renverser le gouvernement? Le même jour le roi adressa un message aux deux chambres pour leur annoncer officiellement l'arrivée de la reine, et son intention de commencer contre elle une poursuite judiciaire. Il fit aussi supprimer le nom de la reine dans la liturgie, et la priva de tous les honneurs dus à son rang, en lui refusant une maison royale pour sa résidence. La reine, de son côté, adressa, par l'entremise de Brougham, un message à la chambre des communes pour se plaindre de ce qu'on la traitait en criminelle, avant d'avoir subi un jugement, et elle provoquait de nouveau une enquête sur tous les griefs qu'on avait fait valoir contre elle. Wilberforce, toujours disposé à intervenir pour concilier, proposa une adresse à la reine pour la supplier de faire toutes les concessions que permettraient les circonstances; mais Caroline refusa d'y adhérer, et préféra s'exposer à toutes les chances du procès scandaleux qui s'ouvrit devant la Chambre des pairs, et où toute sa conduite fut mise en évidence, en suite de laquelle il fut rédigé un bill pour la priver du nom et du titre de reine et des droits, prérogatives et immunités qui y sont attachés, attendu qu'elle avait oublié l'élévation de son rang, ainsi que ses devoirs envers le roi, son époux, en se permettant pendant longtemps et publiquement des familiarités et libertés indécentes et offensantes à l'égard d'un certain Pergami ou Bergami, Italien de basse condition et à son service. Ce bill, par les intrigues de ses amis, ne fut admis qu'à une faible *rependre* : ce qui le fit ajourner à six *fois de* c'est-à-dire indéfiniment. Le peuple anglais célébra pendant trois jours cette victoire, quoique peu honorable pour la reine, avec une explosion de joie la plus bruyante et la plus tumultueuse, forçant tous les habitants d'illuminer, cassant les vitres de tous ceux qui s'y refusaient, insultant et maltraitant les personnes qui s'étaient déclarées contre elle pendant la procédure. On raconte que Lauderdale, qui avait voté avec le ministère par attachement pour le roi, quoique du parti de l'opposition, ayant été rencontré par la populace, fut forcé de crier : *Vive la reine !* et qu'il l'avait fait de bonne grâce, en ajoutant qu'il souhaitait à tous les Anglais qui l'entouraient une femme aussi *sage* et aussi fidèle que la *reine Caroline*. Partout les acclamations la suivaient, et de toutes les parties du royaume on lui adressait des félicitations auxquelles elle répondait avec une énergie qui fit soupçonner les chefs du parti démocratique d'en être les auteurs, et de le les avoir dictées à la reine que dans le but d'enflammer le peuple contre la cour. Il semble qu'elle-même en cherchait toutes les occasions. Lorsqu'elle apprit, dans le mois de mai 1821, que le couronnement du roi approchait, elle écrivit au comte de Liverpool pour demander d'y avoir une place distinguée ; et malgré le refus qu'on fit de l'y admettre, elle se présenta à toutes les portes pour essayer de pénétrer dans le palais ; mais les gardes refusèrent partout de la laisser entrer. Elle se retira confuse, mais non découragée. Elle écrivit à l'archevêque de Cantorbéry pour lui communiquer son désir d'être couronnée quelques jours après le roi, afin de profiter des préparatifs qui avaient été faits pour le couronnement de son époux, et éviter ainsi de nouvelles dépenses. Cette prétention, appuyée par un nombreux parti, pouvait avoir des suites funestes ; mais moins de quinze jours après elle se trouvait au théâtre de Covent-Garden, et à la suite d'un verre de limonade à la glace qu'elle prit dans un moment où elle était très-échauffée, elle se sentit tout à coup indisposée, et une maladie inflammatoire se déclara. Quelques-uns prétendent que des obstructions s'étaient formées dans les intestins et avaient manifesté les symptômes d'inflammation ; quoi qu'il en soit, tous les soins des médecins furent inutiles pour arrêter les progrès du mal. Elle expira le 7 août, à huit heures du soir, et son corps fut transporté, avec beaucoup de pompe, à Brunswick, suivant qu'elle en avait té-

moigné le désir. Le gouvernement avait ordonné, pour éviter tout accident, que le convoi côtoierait les dehors de la ville de Londres ; mais la populace força le cortége de traverser les quartiers les plus fréquentés de la ville ; les soldats voulurent résister, et de part et d'autre il y eut plusieurs personnes de tuées. Les restes mortels de la reine furent embarqués sur la frégate le *Glascow* et déposés dans les caveaux de sa famille. Il a paru un très-grand nombre d'ouvrages sur la vie et les aventures de Caroline, reine d'Angleterre ; mais aucun ne mérite une entière confiance , l'esprit de parti et la passion ayant dirigé les auteurs.

CARON (Pierre), l'un des premiers imprimeurs de France, et connu des bibliographes pour avoir publié le premier ouvrage imprimé en français : c'est une *Traduction* de l'*Aiguillon de l'amour divin*, de saint Bonaventure , Paris, 1474. L'art de l'imprimerie était cependant connu à Paris dès l'an 1469 ; mais le peu de livres publiés pendant cet intervalle, ou étaient écrits en latin, ou sont restés inconnus. Cet imprimeur demeurait rue Quincampoix, et avait pour enseigne et devise, un petit bois avec ces mots: *Au Franc-Bois.*

CARON (Raymond), religieux et théologien récollet , naquit l'an 1605, dans le comté de Westmead (Irlande). Après un séjour de plusieurs années à Saltzbourg et à Louvain , il rentra dans sa patrie avec le titre de commissaire-général de son Ordre. Charles Ier régnait alors, et son peuple était divisé en deux partis ; le Père Caron en embrassa un, qui eut le dessous ; il revint sur le continent et ne retourna dans son pays qu'après le rétablissement de Charles II. Il mourut à Dublin au mois de mai 1666 , laissant : *Roma triumphans* , Anvers, 1635, in-12 ; *Apostolatus evangelicus missionariorum, regularium* , ibid., 1653 , in-12 ; Paris, 1659, in-8 : *Controversiæ generales fidei contra infideles omnes et hæreticos*, Paris, 1660. Il a laissé en manuscrit : *De sacerdotio et imperio libri II* ; *de Canone SS. Scripturæ contra episcopum Dunelmensem.* Il est encore auteur d'un livre qui a pour titre : *Remonstrantia Hybernorum contra Lovanienses ultramontanasque censuras, etc.*, Londres, 1665, in-fol., dans lequel il s'est avisé de soutenir la doctrine de l'Eglise gallicane sur l'indépendance des rois, la fidélité des sujets, et l'infaillibilité du Pape. Cet ouvrage, dédié à Charles II, est précédé d'une plainte à Alexandre VII, *Ad Pontific. Max. Alex. VII querimonia*, qu'on trouve dans le *Recueil des libertés de l'Eglise gallicane*, de l'édition de 1731.

CARON. (Voyez CARRON.)

CARPANI (Joseph), jésuite, né à Rome en 1683, y mourut vers 1665. Il a laissé deux pièces de vers latins, intitulées : *De Jesu infante*, Rome, 1747, qui ont été traduites en italien ; sept Tragédies latines, imprimées à Vienne en 1746, et à Rome, en 1730, sous ce titre : *Josephi Carpani societatis Jesu, inter Arcades, Tyrrhi Creopolitæ, tragediæ ; editio quarta, auctior et accuratior.* Elles ont été représentées au collège allemand et hongrois à Rome, et y ont obtenu le plus brillant succès ; plusieurs *poésies* insérées dans le *Recueil de l'académie des Arcades*, dont il était membre ; plusieurs *ouvrages de théologie*, où l'on trouve beaucoup de clarté, de précision et de force de raisonnement.

CARPENTIER (Pierre), prieur de Donchéry, né à Charleville en 1697, entra de bonne heure dans la congrégation de Saint-Maur. Des mécontentements l'obligèrent de passer dans l'Ordre de Cluni. Il vécut à Paris sans être attaché à aucune maison, cultivant les lettres et fouillant dans les archives et dans les bibliothèques. Il mourut au mois de décembre 1767. Il eut la principale part à l'édition du *Glossaire de Du Cange*, 6 vol. in-fol., 1733-36, et en entier du *Supplément* à ce *Glossaire*, 4 vol., 1766 ; ouvrage plein de recherches et d'érudition. On a encore de lui : *Alphabetum Tironianum*, in-fol., 1747. Ce sont d'anciens monuments écrits en notes ou caractères d'abréviation, que ce savant a publiés avec des remarques sur ces caractères, dont Tiron, affranchi de Cicéron, passe pour être l'inventeur.

CARPIN, ou CARPINI (Jean du PLAN), frère mineur de l'Ordre de Saint-François, né en Italie vers l'an 1220. Innocent IV l'envoya, en 1246, dans le Kaptchac, vers l'un des petits-fils de Gengis-Khan, pour obtenir de ce prince qu'il cessât ses ravages dans plusieurs pays de la chrétienté. Il se consacra ensuite aux missions du Nord, et prêcha l'Evangile en Bohème, en Hongrie, en Norwége et en Danemarck. On ne connaît pas la date de sa mort ; mais il paraît qu'il parvint à un âge fort avancé. On a inséré la *Relation de ses voyages* dans le *Recueil de divers voyages curieux faits en Tartarie, en Perse et ailleurs, par Pierre Bergeron*, Leyde, 1729, 2 vol. in-4, et La Haye, 1735, sous le titre de : *Voyages faits principalement en Asie, dans les 12e, 13e, 14e et 15e siècles*, quoique ce soit la même édition où l'on a changé seulement le frontispice. Carpini est le premier qui ait fait connaître les pays et les peuples qu'il a visités. Sa *Description des Monghols* est assez exacte ; mais à l'exemple des voyageurs de son temps, il sacrifie souvent au goût de son siècle pour le merveilleux.

CARPOCRATE, hérétique du 2e siècle, contemporain de Basilide, était d'Alexandrie. Il enseignait que Jésus-Christ n'était qu'un pur homme, fils de Joseph ; que son âme n'avait, au-dessus de celles des autres hommes, qu'un peu plus de force et de vertu ; et que cette surabondance de grâces lui avait été accordée de Dieu pour vaincre les démons, qui avaient créé le monde. Il rejetait l'Ancien-Testament, niait la résurrection des morts, et soutenait qu'il n'y a aucun mal dans la nature, mais que tout dépendait de l'opinion. Il laissa un fils, nommé Epiphane, qui fut héritier de ses erreurs. Les Adamites furent sectateurs de ses rêveries. Il eut plusieurs autres disciples, dont quelques-uns portaient des marques à l'oreille. Ils avaient des images de Jésus-Christ, qu'ils plaçaient à côté de celles de Pythagore, de Platon, d'Aristote, etc. Ils s'appelaient de son nom, Carpocratiens.

CARPZOW (Jean-Benoît), né à Leipsick, en 1720, mort le 28 avril 1803, a laissé un grand nombre d'ouvrages en latin. Il y a eu plusieurs savants jurisconsultes et théologiens protestants de ce nom.

CARR (Thomas), dont le véritable nom était *Miles Pinkney*, né en 1591, mort le 31 octobre 1674, se distingua au collège anglais de Douai par sa piété et ses progrès dans les sciences. Après avoir été pendant dix ans procureur de ce collège, il fonda à Paris le couvent des Augustines anglaises, dont il fut directeur. Il contribua aussi à la fondation du collège des Anglais. Carr laissa les ouvrages suivants : *Pietas parisiensis*, Paris, 1666, in-8, c'est une description des hôpitaux de cette ville ; *Douces pensées de Jésus et de Marie*, 1665, in-8 : ce sont des méditations en anglais pour les dimanches et les fêtes du Sauveur et de la Sainte-Vierge ; divers *Traités sur le culte, la prière, les anges, etc.*, composés en grande partie avec le docteur Cosens, Paris, 1646, in-8.

CARRA (Jean-Louis), né à Pont-de-Veyle en 1743, de parents pauvres, qui néanmoins firent cultiver son éducation ; mais ils ne purent parvenir à réformer ses mauvais penchants. Accusé d'un vol peu considérable, mais dont il ne put pleinement se justifier, il s'expatria, erra quelque temps en Allemagne, passa ensuite comme secrétaire au service d'un ospodar de Moldavie, revint en France, t obtint le même emploi dans la maison lu cardinal de Rohan. Lorsque les orages e la révolution éclatèrent, Carra tarda eu à se faire remarquer par l'exagéra- ion de ses opinions et ses emportements ontre les autorités; c'en était assez pour ire fortune. Il devint alors bibliothé- aire national, et parvint ensuite à l'As- emblée législative. Après avoir quelque emps rédigé le *Mercure national*, il en- reprit la publication des *Annales patrio- iques*, sous le nom de *Mercier*. Cette euille incendiaire et démagogique, quoi- ue écrite d'un style lourd et grossier, ut un succès prodigieux. Elle fut répan- ne dans tous les clubs, jusque dans les lus petits villages, et contribua à trom- er et à exaspérer le peuple. Fier de ses uccès, Carra se crut le premier politi- ue de l'Europe; le 29 décembre 1790, l parut à la tribune du club des jacobins, t osa y declarer la guerre à l'empereur .éopold, assurant que, pour bouleverser 'Allemagne entière, il ne demandait que O mille hommes, douze presses, des mprimeurs et du papier. On ne songeait as alors à la guerre; l'orateur fut cou- ert de huées; néanmoins il conserva une aute idée de son importance, déclama uu:ours avec arrogance, et remit, en 792, à la barre du corps législatif, une abatière en or que le roi de Prusse lui vait autrefois envoyée en remercîment le la dédicace d'un ouvrage. Il demanda ue cet or servît à combattre le prince ui lui en avait fait don. Cette haine des ois n'empêcha pas qu'il ne fût soupçonné le vouloir porter sur le trône de France le duc de Brunswick. Robespierre appuya cette accusation, qui cependant n'eut au- cune suite. Alors Carra continua de pré- coniser toutes les mesures les plus révo- lutionnaires. Il fut un des principaux moteurs de la fatale journée du 10 août, et fut député à la Convention par le dé- partement de Saône-et-Loire. Dans le pro- cès du roi, il s'éleva contre l'appel au peuple. Ce fut lui qui demanda qu'on armât la populace de piques, afin de l'op- poser à la garde nationale, qui se désor- ganisa par cette mesure. S'étant attaché ensuite au parti de la Gironde, il fut proscrit le 31 mai, et traduit devant le tribunal révolutionnaire, qui le condamna à mort avec vingt-un députés girondins. Il tut décapité le 31 octobre 1793, à l'âge de 51 ans. Ses principaux ouvrages sont: *Système de la raison*, ou *le Pro- phète philosophe*, Londres, 1773, et Pa- is, 1791: cet ouvrage dirigé particu- lièrement contre la royauté, fut mis à l'index à Rome; *Histoire de la Moldavie*

et de la Valachie, avec une dissertation sur l'état actuel de ces deux provinces, 1778 et 1784, in-12; Nouveaux principes de physique, 1782, 4 vol. in-8.

CARRACHE (Louis), peintre célèbre, né à Bologne en 1555, ne montra pas d'a- bord tout ce qu'il fut dans la suite. Cet homme, qui surpassa tous les peintres de son temps, aurait abandonné la pein- ture, s'il eût suivi les conseils de son maî- tre. Les chefs-d'œuvre d'Italie réveillèrent peu à peu son génie. Il s'attacha surtout à la manière du Corrége, joignant les beautés de l'antiquité à la fraîcheur des ouvrages modernes, et opposant les grâ- ces de la nature aux afféteries du goût dominant. Ce fut par ses conseils qu'on établit à Bologne une académie de pein- ture, dont il fut le chef et le modèle. Il pouvait l'être, par son goût grand et no- ble, par sa touche délicate, par sa sim- plicité gracieuse. L'histoire de saint Be- noît et celle de sainte Cécile, qu'il peignit dans le cloître de Saint-Michel in *bosco* à Bologne, forment une des plus belles sui- tes qui soient sorties de la main des hom- mes. Ce grand peintre mourut à Bologne en 1619.

CARRACHE (Augustin.), cousin du précédent, bolonais comme lui, né en 1557, excella dans la peinture et la gra- vure. Il partagea son esprit entre les arts et les lettres, éclairant les uns par les autres. Son habileté dans le dessin lui faisait réformer souvent les défauts des tableaux qu'il copiait. Ce qui reste de lui est d'une touche libre et spirituelle, sans manquer de correction. Ses figures sont belles et nobles, mais ses têtes sont moins fières que celles d'Annibal son frère. Il mourut à Parme en 1602, à 43 ans. Il laissa un fils naturel, mort à 35 ans, qui travailla au Vatican, et a laissé quel- ques tableaux estimés, parmi lesquels on distingue le *déluge* et une *sainte Véroni- que*. Augustin Carrache a gravé très-agréa- blement et très-correctement plusieurs morceaux au burin, d'après le Corrége, le Tintoret, et d'autres grands peintres.

CARRACHE (Annibal), frère du pré- cédent, né en 1560. Ces deux peintres ne pouvaient vivre ensemble, ni séparé- ment. La jalousie les éloignait l'un de l'autre; le sang et l'habitude les réunis- saient. Annibal, le plus illustre, saisissait dans l'instant la figure d'une personne. Ayant été volé dans un grand chemin avec son père, il alla porter sa plainte chez le juge, qui fit arrêter les voleurs sur les portraits qu'il en dessina. Il n'a- vait pas moins de talent pour les carica- tures; c'est-à-dire, pour ces portraits qu'on charge de mille ridicules en conservant pourtant la ressemblance de la personne dont on veut se venger. Le Corrége, le Titien, Michel-Ange, Raphaël, le Parmesan furent ses modèles. C'est dans leur école qu'il apprit à donner à ses ouvrages cette noblesse, cette force, cette vigueur de coloris, ces grands coups de dessin qui le rendirent si célèbre. Sa galerie du cardinal Farnèse, chef-d'œuvre de l'art, et chef-d'œuvre trop peu récompensé, est un des plus beaux morceaux de Rome. Le cardinal Farnèse crut bien payer cet ouvrage, achevé à peine en huit ans, en lui donnant cinq cents écus d'or. Annibal en tomba malade de chagrin, et cette tristesse, jointe aux maladies que lui avaient laissées ses débauches, l'emporta en 1609, à 49 ans. Ses tableaux principaux sont à Bologne, à Parme, à Rome, à Paris, chez le roi et le duc d'Orléans. Ce grand maître laissa plusieurs élèves dignes de lui, entre autres le Guerchin, l'Albane, le Guide, le Dominiquin, le Bolognèse, etc.

CARRANZA (Barthélemi de), né en 1583, à Miranda dans la Navarre, entra chez les Dominicains, et y professa la théologie avec éclat. On l'envoya au concile de Trente, en 1545 Il y soutint avec beaucoup de force et d'éloquence, que la résidence des évêques était de droit divin. En 1554, Philippe II, roi d'Espagne, ayant épousé la reine Marie d'Angleterre, mena avec lui Carranza, qui travailla de toutes ses forces à rétablir la religion catholique, et à extirper le protestante. Ce prince le nomma bientôt à l'archevêché de Tolède. Charles V, alors dans sa retraite de Saint-Just, le fit appeler pour l'avoir auprès de lui dans ses derniers moments. Quelque temps après, Carranza, accusé de penser comme Luther, fut arrêté par ordre du saint Office en 1559. Il dit aux deux évêques qui l'accompagnaient, lorsqu'il fut conduit à l'inquisition : *Je vais en prison au milieu de mon meilleur ami et de mon plus cruel ennemi.* Ce propos ayant donné aux deux prélats de l'émotion : *Messieurs*, ajouta-t-il, *vous ne m'entendez pas; mon grand ami, c'est mon innocence; mon grand ennemi, c'est l'archevêché de Tolède.* Après huit ans de prison, il fut conduit à Rome, où sa captivité fut encore plus longue. On le jugea enfin en 1576, et on lui lut sa sentence. Elle portait en substance, que, quoiqu'il n'y eût point de preuves de son hérésie, il ne laisserait pas de faire une abjuration solennelle des erreurs qu'on lui avait imputées. Carranza se soumit à ce décret. Il mourut le 2 mai de la même année au couvent de la Minerve, après avoir protesté, les

larmes aux yeux et prêt à recevoir son Dieu, qu'*il ne l'avait jamais offensé mortellement en matière de foi; et que néanmoins il reconnaissait pour juste la sentence rendue sur ce qui avait été allégué et prouvé contre lui.* Le peuple méprisa les oppresseurs et rendit justice à l'opprimé. Le jour de ses funérailles, toutes les boutiques furent fermées comme dans une grande fête. Son corps fut honoré comme celui d'un saint. Grégoire XIII fit mettre sur son tombeau une épitaphe, dans laquelle on parlait de lui comme d'un homme également illustre par son savoir et par ses mœurs, modeste dans la prospérité, et patient dans l'adversité. Les principaux ouvrages de Carranza sont : *La Somme des conciles et des papes depuis saint Pierre jusqu'à Jules III*, en latin, 1681, in-4, ouvrage qui peut servir d'introduction à l'histoire ecclésiastique ; *Traité de la résidence des évêques et des autres pasteurs*, imprimé à Venise en 1547, in-4 ; un *Catéchisme espagnol*, 1558, in-folio, approuvé d'abord par l'inquisition, censuré ensuite, et absous de toute censure par le concile de Trente en 1563 ; on lui attribue encore un *Traité de la patience.* Un homme, qui avait été si longtemps dans les prisons, pouvait connaître cette vertu.

CARRÉ (Louis), né en 1663 à Clofontaine dans la Brie, d'un bon laboureur, fut disciple du Père Malebranche qui se l'attacha, lui apprit les mathématiques et les principes de la métaphysique. L'Académie des sciences se l'associa en 1697. Il mourut en 1715, avec toute la fermeté que donnent la philosophie et la religion. On a de lui un ouvrage sur le calcul intégral, sous ce titre : *Méthode pour la mesure des surfaces, la dimension des solides, etc.*, 1700, in-4 ; plusieurs *Mémoires* dans le *Recueil de l'Académie.* Voyez son *Éloge* dans ceux de Fontenelle et un extrait de cet *Éloge* dans le 14e vol. des *Mémoires* du Père Nicéron.

CARRÉ (Pierre) naquit à Reims en 1749. Après avoir fait ses études dans l'Université de cette ville et y avoir reçu la prêtrise, il fut chargé de professer la rhétorique au collège de Charleville. Nommé, quelques années après, curé de Saint-Hilaire-le-Grand, village de Champagne, il occupait encore cette place, lorsque la révolution éclata. Il prêta serment à la constitution civile du clergé, et publia même en 1790, à Charleville un écrit intitulé : *La constitution et la religion parfaitement d'accord, par un curé de campagne.* Mais il se repentit bientôt de cette conduite, et se rétracta malgré les dangers auxquels il allait être exposé

Pendant la terreur il ne quitta pas la France, et resta à Reims, où il continua l'exercer son ministère en secret. Lorsque les prêtres constitutionnels du département adressèrent une lettre à leurs frères insermentés, l'abbé Carré crut devoir protester, et il leur opposa sa *Réponse des catholiques à la lettre prétendue pastorale du citoyen Nicolas Diot*, in-4. Cet écrit, où il traitait la question avec esprit et talent, excita la colère de ses adversaires, qui le firent poursuivre et l'obligèrent à se cacher, et il ne se montra de nouveau qu'après l'établissement du gouvernement consulaire. Il est mort à Reims, le 13 janvier 1823.

CARRÉ (Guillaume-Louis-Julien) naquit à Rennes le 24 octobre 1777. Il embrassa d'abord la profession d'avocat, dans laquelle il se distingua; en 1806, il fut nommé professeur à l'école de droit de sa ville natale, et lors de la réorganisation des Facultés il fut maintenu dans la chaire de procédure civile. Il joignit aux travaux du professorat la composition d'un grand nombre d'ouvrages, qui jouissent de l'estime des jurisconsultes. Après la mort de Toullier, son ami et son collègue, il s'était chargé de continuer son grand travail sur le Code civil, et il avait déjà recueilli des notes nombreuses, lorsqu'il est mort subitement le 15 mars 1832. On a de lui : *Introduction générale à l'étude du droit, spécialement du droit français, avec des tableaux synoptiques*, Paris, 1808, in-8; *Analyse raisonnée et conférences des opinions des commentateurs et des arrêts des cours sur le Code de procédure civile*, Rennes, 1811-1812, 2 vol. in-4; *Traité et questions de procédure civile*, Rennes, 1819, 2 vol. in-4; *Introduction à l'étude des lois relatives aux domaines congéables*, Rennes, 1822, in-8; *Traité du gouvernement des paroisses, avec un supplément*, Rennes, 1824, in-8; les *Lois de la procédure civile*, Rennes, 1824, 3 vol. in-4: l'auteur a refondu dans cet ouvrage l'*Analyse raisonnée*, et les *Traités et questions de procédure civile*; les *Lois de l'organisation et de la compétence des juridictions civiles*, Rennes, 1825-1826, 2 vol. in-4.

CARREL (Nicolas-Armand) naquit à Rouen le 8 août 1800, de parents honorablement connus dans le commerce. Après avoir achevé ses études dans sa ville natale, il s'engagea à 17 ans dans un régiment de cavalerie, qu'il quitta l'année suivante pour entrer à l'École militaire de Saint-Cyr, récemment organisée. Il commença dès lors à se signaler par la vivacité de ses opinions politiques, et le gouverneur de cette École le menaça plu-

sieurs fois de le renvoyer. En 1819, il fut admis avec le grade de sous-lieutenant dans un régiment d'infanterie, qui, au bout de deux années, alla tenir garnison à Béfort. Ce fut peu après l'arrivée de ce régiment qu'éclata la conspiration dite de Béfort. Carrel en était un des principaux auteurs; cependant la part qu'il prit à cette tentative de révolte ne fut pas assez grande, pour qu'il fût mis en jugement; mais elle suffit pour le compromettre auprès de ses chefs, et il fut obligé de donner sa démission. C'était en 1823, au moment même où le gouvernement préparait la guerre d'Espagne; on sait que cette expédition avait pour but de remettre le roi Ferdinand sur son trône, et de comprimer le mouvement révolutionnaire dans la Péninsule. Armand Carrel, sacrifiant les devoirs de citoyen français à l'ardeur de ses opinions politiques, alla offrir ses services aux constitutionnels espagnols, et fit, sous le général Mina, la campagne de 1823. Il essaya même au début de la guerre, lorsque les premiers soldats français passaient la Bidassoa, de les entraîner dans son parti, en se présentant à eux à la tête d'un détachement ennemi, le drapeau tricolore à la main; des coups de canon, tirés à propos, réprimèrent sa audacieuse tentative. Cette conduite, que sa jeunesse seule peut rendre excusable, faillit avoir pour lui les plus funestes conséquences. Forcé de se rendre à Liers en Catalogne, à la suite d'une capitulation que le gouvernement français ne voulut pas ratifier, il fut arrêté en rentrant dans sa patrie, et livré successivement à deux conseils de guerre. Après deux condamnations à mort, cassées pour vices de forme, et un an de séjour en prison, il fut traduit devant un troisième conseil de guerre, qui, sur la plaidoirie de Romiguière, prononça son acquittement. Au commencement de 1825, il vint à Paris, et y débuta dans la carrière littéraire, sous les auspices d'Augustin Thierry, par la publication du *Résumé de l'histoire d'Écosse*, précédé d'une *Introduction* de l'auteur de l'*Histoire de la conquête des Normands*. Pendant le cours des années suivantes, il continua de se livrer à la composition de plusieurs ouvrages historiques, et fournit en même temps des articles de politique à divers journaux, particulièrement au *Globe*, au *Constitutionnel* et à la *Revue Française*. Au commencement de l'année 1830, il fonda avec Thiers et Mignet un nouveau journal, le *National*, destiné à attaquer le gouvernement de la Restauration avec plus de force et de vivacité que ne le faisaient les autres feuilles libérales. Aussi, lorsque parurent les ordonnances de juillet, Armand Carrel, fidèle à ses opinions, fut un des premiers à signer la protestation des journalistes, et prit ensuite une part active et courageuse à la lutte des trois journées. Après la victoire, dans les premiers jours du mois d'août, il fut chargé de visiter en qualité de commissaire extraordinaire du gouvernement les cinq départements de l'ancienne Bretagne, pour en connaître l'esprit et la situation politique. Pendant le cours de cette mission, il fut nommé à la préfecture du Cantal; mais il la refusa, et à son retour il reprit la rédaction du *National*. C'est à partir de cette époque qu'il commença à être remarqué, et qu'il vit successivement sa réputation grandir. Ses anciens collaborateurs, Thiers et Mignet, ayant cessé de prendre part à la rédaction du journal fondé en commun, il se trouva seul chargé de donner au *National* une direction politique. Son choix fut bientôt fait; d'abord il attaqua avec vivacité et avec talent les actes du nouveau gouvernement, sans toutefois oser encore demander sa déchéance; puis, lorsqu'il vit qu'on refusait évidemment d'appliquer ses doctrines politiques, il se prononça ouvertement pour le parti républicain, et déclara la monarchie représentative incompatible avec des institutions libres. Ce ne fut pas sans quelques hésitations qu'il prit un tel parti, et qu'il mit ainsi entre l'état présent des choses et la réalisation de ses doctrines les chances d'une révolution nouvelle. C'est du moins ce qui semble résulter, et de plusieurs articles qu'il publia à cette époque, et de sa conduite dans les journées de juin 1832. En effet, dans cette dernière circonstance, quoiqu'il fût d'un caractère ardent et généreux, il ne seconda pas l'insurrection, et par-là il mérita les reproches de ses amis politiques. Néanmoins il persista dans la voie d'opposition qu'il avait prise, et il continua à faire au gouvernement une guerre vive et animée Ce qui distinguait surtout sa polémique, c'était un entraînement chaleureux qu'il savait communiquer à ses lecteurs, et que soutenait d'ailleurs l'allure chevaleresque de son caractère. On n'ignorait pas qu'au besoin il saurait agir après avoir parlé, et que son épée était toujours au service de sa plume. Au mois de décembre 1834, le gérant du *National* fut traduit devant la Chambre des pairs pour un article injurieux à cette assemblée. Carrel se chargea lui-même de sa défense, et, loin de chercher à apaiser ses juges, il profita de

cette occasion pour protester avec énergie contre la condamnation du maréchal Ney. Deux ans de prison et 10,000 fr. d'amende furent la réponse à cette imprudente sortie. Cependant son talent, qui avait pu pendant un moment lui faire concevoir de brillantes illusions, grâce aux sympathies qu'il avait excitées pour sa personne, avait peu profité à son journal, dont la situation financière était loin d'être satisfaisante. D'un autre côté, les affaires du parti républicain avaient entièrement changé de face à la suite des journées d'avril 1834, et le caractère violent des hommes dont les conseils avaient prévalu, laissait à Carrel peu d'espoir de pouvoir jamais recouvrer sa première influence. On remarqua que, depuis cette époque, un profond découragement s'était emparé de lui; on assure même qu'il avait formé le projet de renoncer à la polémique des journaux pour s'occuper exclusivement de travaux littéraires, et qu'il avait même eu la pensée d'écrire une histoire de Napoléon. Mais ses projets, s'ils existèrent, ne devaient pas se réaliser; l'impétuosité chevaleresque du caractère de Carrel, dont nous avons déjà eu occasion de parler, l'avait entraîné plusieurs fois dans des duels. Déjà, en 1832, à l'occasion d'un article injurieux publié contre la duchesse de Berri par un de ses amis politiques, il s'était battu et avait reçu un coup d'épée qui mit sa vie en danger. Quatre ans après, la publication d'un nouveau journal, *la Presse*, dont le prix était fixé à 40 francs au lieu de 80, ayant excité dans les feuilles périodiques une polémique d'autant plus vive que leur existence était menacée, plusieurs articles injurieux furent écrits contre le directeur du nouveau journal, Emile de Girardin. Celui-ci pensa que son honneur exigeait une réparation. Afin de l'avoir plus complète et d'imposer désormais silence à ses adversaires, il crut devoir s'adresser à Carrel, qui occupait la première place dans la presse de l'opposition. Le rédacteur du *National*, quoiqu'il ne fût pas personnellement intéressé dans la querelle, n'était pas homme à reculer. Une rencontre eut lieu dans le bois de Vincennes, à la suite de laquelle Armand Carrel, blessé d'une manière grave, fut transporté dans une maison de santé de Saint-Mandé, où il expira le 24 juillet 1836, après quelques jours de souffrance. Ses derniers moments furent marqués par une grande agitation; il avait refusé les secours de la religion, on avait même entendu sortir de sa bouche ces tristes et sombres paroles : *Surtout point de* mêtre ; puis , avant de rendre le dernier soupir, comme si, au seuil même de l'éternité, les opinions de la terre, les vaines disputes des hommes importaient encore, il avait dit : *Je meurs dans la foi de Benjamin Constant, de Manuel et de la liberté.* Cette mort fut triste ; les circonstances qui l'accompagnèrent , celle de Conseil , autre gérant du *National* , qui périt dans la Seine, au milieu d'une partie de plaisir, la rendirent plus triste encore ; on se rappela cette phrase sinistre qu'on avait lue naguère dans le journal de Carrel : *Le Dieu du National, c'est l'imprévu.* Les obsèques du publiciste éminent que le parti républicain venait de perdre eurent lieu à Saint-Mandé, au milieu d'un concours immense de personnes qui étaient venues rendre les derniers devoirs à un homme dont le caractère généreux et les hautes facultés, s'ils eussent reçu une meilleure direction, auraient pu rendre au pays d'éminents services. On a de lui, outre l'ouvrage dont nous avons parlé : *Résumé de l'histoire des Grecs modernes , depuis l'enahissement de la Grèce par les Turcs, jusqu'aux derniers événements de la révolution actuelle*, Paris, 1825, in-18; 2e édition , revue et augmentée, 1829, in-18 ; *Histoire de la contre-révolution en Angleterre, sous Charles II et Jacques II* , Paris, 1827, in-8 : cet ouvrage a été saisi et prohibé sous la Restauration , parce qu'il contenait des allusions offensantes pour la famille régnante ; une *Edition* des *OEuvres* de Paul-Louis Courrier, avec une *Notice* sur l'auteur ; enfin un grand nombre d'*articles* dans le *National* et dans quelques autres journaux.

CARRELET (l'abbé Louis), docteur en théologie, et curé de la première paroisse de Dijon , joignit le zèle à la science , et s'acquit à juste titre l'estime des honnêtes gens. Il mourut en 1766. On a de lui des *OEuvres spirituelles et pastorales* , 1767, 7 vol. in-12 , qui sont recherchées , et ont été réimprimées à Paris en 1804.

CARRÈRE (Joseph-Barthélemy-François), médecin et professeur de médecine à Perpignan , y naquit le 24 août 1740. Il se rendit ensuite à Paris, où il fut nommé censeur royal et membre de la société de médecine. Il passa ensuite en Espagne , et mourut à Barcelone le 20 décembre 1802. Il a publié un grand nombre d'ouvrages ; les principaux sont : *Traité théorique et pratique des maladies inflammatoires*, 1774, in-8; *Bibliothèque littéraire, historique et critique de la médecine ancienne et moderne*, Paris, 1776 ; *le Médecin ministre de la nature , ou Recherches et observations sur le pépasme ou coction pathologique*, 1776 , in-12 ; *Catalogue raisonné des ouvrages qui ont été publiés sur les eaux minérales en général, et sur celles de France en particulier*, 1785, in-4 ; *Manuel pour le service des malades* , 1786-1787, in-12 ; *Précis de la matière médicale par Venel, avec des Notes* , 1786 , in-8; *Tableau de Lisbonne en 1796, suivi de lettres écrites en Portugal sur l'état ancien et actuel de ce royaume* , Paris , 1797, in-8. Carrère a publié encore plusieurs ouvrages de littérature , dont la plupart ne portent point son nom. Il y a eu plusieurs autres médecins du même nom, qui ont publié divers ouvrages sur leur art.

CARRIER (Jean-Baptiste) fut l'un de ces hommes qui désolèrent l'humanité, à cette époque où le crime régnait sur la France , et rappelait, dans ses satellites, la mémoire des Néron et des Caligula. Celui-ci était né à Yolai , village de la Haute-Auvergne, en 1756. Il remplissait fort obscurément les fonctions de procureur à Aurillac , lorsque les troubles révolutionnaires vinrent fournir à son caractère bilieux et colérique l'occasion d'exhaler ses fureurs. Étant parvenu à se faire nommer député du Cantal à la Convention, il y vota la mort du roi, provoqua la création du tribunal révolutionnaire, et appuya avec chaleur les mesures les plus terribles et les plus sanguinaires. On l'entendit un jour dire que, pour rendre la République plus heureuse , il fallait supprimer au moins le tiers de ses habitants. Ayant été envoyé à Nantes dans le mois d'octobre 1793, pour y prendre les mesures les plus promptes de destruction et de vengeance , il s'acquitta de cette mission au-delà même des vues de ceux qui la lui avaient confiée , et cette ville éprouva les tristes effets de son système de dépopulation Les jugements informes, en usage à ce moment , lui parurent entraîner trop de délais : il décida qu'il fallait faire périr les détenus en masse. Trouvant les supplices ordinaires trop peu expéditifs, il inventa les bateaux à soupapes, qui , s'ouvrant dans le milieu , submergeaient ceux qu'on y embarquait, et pouvaient faire périr à la fois un plus grand nombre de malheureux. Quatre-vingt-quatorze prêtres furent les premières victimes de cette imagination infernale ; ils furent noyés dans la Loire , et leur mort fut donnée comme un naufrage heureux et fortuit. Cette horrible expédition fut suivie de plusieurs autres, et pendant plus d'un mois se renouvela ce genre odieux de destruction, dont Carrier augmentait encore l'atrocité par la froide ironie avec laquelle il en parlait. Nobles, riches, prêtres, vieillards, femmes, enfants, tout ce qui portait un caractère de probité était jeté pêle-mêle dans un bâtiment appelé l'*Entrepôt* : là, tout était destiné à la mort, et ceux que le supplice n'atteignait pas promptement périssaient de misère ou d'épidémie. Carrier fut aussi l'inventeur de ces horribles *mariages-républicains*, qui consistaient à lier ensemble un jeune homme et une jeune fille, qu'on poussait à l'eau à coups de sabres ou de baïonnettes. Ce monstre, instigateur de tant de maux, fut enfin rappelé de sa mission au commencement de 1794, sur les plaintes portées par Robespierre, qui, voulant enfin terminer l'effusion du sang qui coulait depuis si longtemps, rejetait sur ses collègues tout l'odieux de ses crimes. Carrier, rentré à la Convention, y détailla froidement ses opérations. A la chute de Robespierre, la France ne cachait plus son horreur pour l'affreux système qui l'avait opprimée, et la clameur publique demandait hautement vengeance. Quatre-vingt-quatorze Nantais que Carrier avait envoyés à Paris en 1795, pour être jugés, devinrent ses accusateurs en cessant d'être ses victimes. La Convention hésitait et craignait de se condamner elle-même, en déclarant son agent coupable. Cependant il fut traduit au tribunal révolutionnaire, et condamné pour avoir ordonné des exécutions arbitraires *dans des intentions contre-révolutionnaires*, motif assez singulier et nécessaire pour paraître conséquent. Il marcha au supplice le 16 décembre 1794, en protestant qu'il était innocent, et qu'il n'avait fait qu'exécuter les ordres des comités. Après sa mort, on publia plusieurs ouvrages qui contiennent les détails de tous ses crimes.

CARRIERA (Rosalba), célèbre par son talent pour la peinture, dans l'école de Venise, née en 1672, morte en 1761, et selon d'Argenville en 1757, réussit supérieurement dans le portrait. Ses *Pastels* sont connus de toute l'Europe; elle a traité la miniature dans un goût nouveau, qui lui donne une expression singulière.

CARRIÈRES (Louis de), né à Angers, entra dans la congrégation des Pères de l'Oratoire, où il remplit divers emplois. Il mourut à Paris en 1717, dans un âge avancé, avec la réputation d'un homme savant et modeste. L'Écriture-Sainte fut sa principale étude : nous avons de lui un *Commentaire littéral*, inséré dans la traduction française, avec le texte latin à la marge, en 24 vol. in-12, imprimé à

Paris depuis 1701 jusqu'en 1715. On en donna, en 1750, une nouvelle édition, avec des cartes et des figures, in-4, en 6 vol.; et une autre en 10 vol. in-12, Toulouse, 1788. Il a été réimprimé depuis plusieurs fois in-8 et in-12. Ce *Commentaire* ne consiste presque que dans plusieurs mots adaptés au texte, pour le rendre plus clair et plus intelligible; courtes phrases distinguées du texte par le caractère italique; l'auteur s'est servi de la *Traduction* de Sacy. Son ouvrage a eu beaucoup de succès, et il est d'une utilité journalière. Il faut cependant reconnaître que le *Commentaire* du Père de Carrières n'est pas exempt de fautes; il en renferme même qui ne sont pas sans gravité. On y a remarqué des anachronismes, des contradictions, etc. (Voy. GODEAU et VENCE.)

CARRIERO (Alexandre), prévôt de l'église de Saint-André de Padoue, mort en 1626, a publié un traité : *De Potestate summi Pontificis; de Sponsalibus et Matrimonio; Discorso sopra la commedia di Dante*, etc.

CARRILLO (Martin), historien, théologien et jurisconsulte, espagnol, naquit à Saragosse en l'an 1565; après avoir professé pendant plus de dix ans le droit canon, il fut successivement recteur du collège de cette ville, grand-vicaire de l'évêque d'Huesca et de l'archevêque de Saragosse. Il eut aussi un canonicat dans la cathédrale de cette dernière ville, et obtint l'abbaye de Mont-Aragon, qu'il posséda jusqu'à sa mort, arrivée en 1632. On lui doit : *Annales y memorias chronologicas, que contienen las cosas sucedidas en el mundo senaladamente en Espana, desde su principio y población hasta el anno 1620*, Huesca, 1622 et 1634, in-folio; *Elogio de las femmes célèbres de l'Ancien-Testament*, en espagnol, 1626; *Historia del glorioso S. Valero obispo de Zaragoza*, 1615, in-4; *Relacion del nombre, sitio, plantas, conquistas, christiandad, fertilidad, ciudades, lugares y gobierno del reyno de Sardena*, Barcelone, 1612, in-4; *Catalogus archiepiscoporum Caesaraugustanae ecclesia*, Cagliari, 1611, et plusieurs ouvrages de jurisprudence peu importants.

CARRION (Louis), savant et laborieux littérateur flamand, né à Bruges vers 1547, enseigna le droit à Bourges et à Louvain, où il fut chanoine et président du collège des bacheliers en droit, et mourut le 23 juin 1595. Il donna des *Éditions de Valerius-Flaccus, de Salluste, de Censorin, d'Aulu-Gelle*, etc. On a encore de lui : *Antiquarum lectionum commentarii, in quibus varia scriptorum vete rum loca supplentur et corriguntur*, Anvers, 1576 ; *Emendationum et observationum libri duo* , Paris , 1583 , in-4 ; idem dans le *Lampas critica* de Gruterus.

CARRION-NISAS (Marie-Henri-François-Elisabeth , baron) , général de brigade dans les Cent-Jours, né à Pézenas le 17 mars 1769 , mort à Paris vers 1840 , a laissé deux tragédies médiocres : *Montmorency* et *Pierre-le-Grand*. Nous citerons encore son *Essai sur l'histoire générale de l'art militaire depuis l'origine des sociétés européennes jusqu'à nos jours*, 1824 , in-8.

CARRON (Guy-Toussaint-Julien], né à Rennes le 23 février 1760, d'une famille estimable , embrassa l'état ecclésiastique , et se distingua de bonne heure par son admirable charité pour les pauvres. Longtemps avant d'avoir les ordres , il s'associa des camarades zélés pour les catéchiser ; il leur distribuait ensuite les aumônes qu'il avait recueillies. La régularité de sa conduite , la solidité de son jugement , son zèle, sa piété et les heureuses dispositions qu'il montrait, engagèrent son évêque à avancer pour lui l'époque de sa promotion au sacerdoce; et après avoir obtenu des dispenses de Rome , il fut ordonné prêtre avant d'avoir atteint sa vingt-troisième année. Nommé de suite vicaire de la paroisse Saint-Germain de Rennes, il justifia toutes les espérances qu'on avait conçues de lui. Son air de candeur et d'innocence ajoutait à l'onction de ses discours . et sa jeunesse si pure donnait à ses travaux assidus une nouvelle efficacité. Plusieurs conversions surprenantes furent opérées par ses soins. Mais son zèle ne se bornait pas à la conversion des pécheurs : il s'occupait en même temps de secourir les malheureux, de leur fournir de l'ouvrage , et surtout d'arracher les jeunes filles au désordre. A cet effet, il avait formé deux établissements avec l'autorisation de l'évêque : l'un , où plus de deux mille pauvres étaient occupés à faire des toiles à voiles, des cotonnades , des mouchoirs , etc.; l'autre , où il réunissait de malheureuses victimes du libertinage , qu'il plaçait sous la surveillance de femmes pieuses qui leur prodiguaient les instructions propres à les ramener à la vertu, et les faisaient travailler pour leur ôter tout prétexte de retourner à leur premier état. Ces deux établissements florissaient au moyen des aumônes considérables qu'il avait eu l'art de se procurer. La santé de l'abbé Carron ne put résister à tant de zèle; il tomba malade,

et ses supérieurs lui ordonnèrent de suspendre ses travaux. Il vint à Paris où il se lia avec l'auteur du *Comte de Valmont* , le vertueux abbé Gérard, et reçut de la reine Marie-Antoinette les témoignages d'intérêt les plus flatteurs. En 1792, il fut déporté à Jersey pour avoir refusé de prêter le serment qu'on exigeait de tous les prêtres qui avaient quelque emploi. Toujours animé du même zèle pour le salut des âmes , il y forma deux écoles pour l'instruction des enfants , une chapelle pour l'exercice du culte catholique , une bibliothèque de livres de piété à l'usage des ecclésiastiques , et une pharmacie où les émigrés sans fortune trouvaient les médicaments qui leur étaient nécessaires. Pour soutenir ces établissements, car il était sans moyens pécuniaires, il fit plusieurs voyages en Angleterre, et obtint des secours abondants pour ses compagnons d'infortune. Enfin, en 1796, le gouvernement anglais ayant appelé en Angleterre les émigrés et les prêtres réunis à Jersey, l'abbé Carron se rendit à Londres , et il forma dans cette capitale ou dans les environs les mêmes établissements qu'il venait de quitter, et il y ajouta trois hospices, un séminaire et une chambre dite *de la Providence* , où les malades trouvaient du linge, du vin et des confitures. On y faisait aussi des distributions de soupe et de charbon pendant l'hiver. Aidé de plusieurs dames charitables, de prêtres pleins de zèle, et soutenu par la générosité du gouvernement anglais et même par les émigrés qui avaient quelque ressource, il parvint à faire fleurir ces établissements. En 1799, les écoles qu'il avait établies devinrent des pensionnats , dans l'un desquels on élevait quatre-vingts jeunes gens ; soixante jeunes personnes recevaient dans l'autre une éducation convenable à leur sexe. L'abbé Carron se fixa à Sommerstown, près de Londres , et continua ses immenses bienfaits. Les princes français exilés lui témoignèrent leur satisfaction et leur estime pour les services qu'il rendait à ses compatriotes. Rentré en France en 1814 , l'abbé Carron retourna bientôt en Angleterre d'où il ne revint qu'après les Cent-Jours. Enfin il vint se fixer à Paris. Il y établit un pensionnat dans le faubourg Saint-Jacques, et il se livrait en même temps aux fonctions du ministère , prêchant , catéchisant et confessant avec un zèle au-dessus de ses forces. Il faisait tous les dimanches une distribution de pain aux pauvres , et une instruction sur la religion. Il avait formé une association d'hommes qu'il réunissait tous les quinze jours pour des exercices de piété. Il était de plus administrateur d'une maison de refuge pour les jeunes prisonniers , et l'un des directeurs de l'œuvre formée pour le soutien des séminaires, et membre du bureau du douzième arrondissement. Malgré tous les soins qu'exigeaient ces divers établissements , il trouva encore le moyen de composer un très-grand nombre d'ouvrages pour instruire les personnes de toutes les classes , qu'il distribuait *gratis* aux indigents, et dont le bénéfice était consacré à des œuvres de bienfaisance. Cet homme vénérable fut enlevé à ses élèves et à ses amis, après une maladie douloureuse d'un mois, le 15 mars 1821 , à quatre heures du matin. Il semblait ne vivre que pour eux, partageait toutes leurs peines , et trouvait presque toujours le moyen de les calmer. Il semblait qu'on respirait auprès de lui un air plus doux, et sa maison était comme un asile de paix au milieu des orages du monde. Indulgent pour les autres ; jamais on ne l'entendit mal parler du prochain , et c'était l'affliger que de lui rappeler les torts des personnes dont il pouvait avoir à se plaindre. Ses obsèques , quoiqu'il eût demandé à être rangé dans la classe des indigents , ont été remarquables par le concours extraordinaire des personnes de tous les rangs qui s'y sont transportées et qui témoignaient , par leur attitude, la part qu'elles prenaient à la perte de l'Eglise. Beaucoup de jeunes gens pleuraient l'instituteur de leur jeunesse ou le guide de leur conscience, et les pauvres un consolateur, un soutien, un père. Il s'occupa d'eux jusque dans ses derniers moments ; et même , dans son délire, il demandait si on avait songé aux malheureux qu'il avait coutume de secourir. Voici la liste de ses nombreuses productions, où l'on remarque cette onction et cette ferveur qui caractérisent toutes les actions de sa vie : *les Modèles du clergé* , ou *Vies édifiantes de MM. de Sarra, Boursoul, Beurrier et Morel*, Paris, 1787, 2 vol. in-12; *les trois Héroïnes chrétiennes*, Rennes, 1790 ; *Recueil de cantiques anciens et nouveaux* , 1791, in-18; *Pensées ecclésiastiques*, Londres, 1800 , 4 vol. in-12 ; *Pensées chrétiennes*, ou *Entretiens de l'âme fidèle avec le Seigneur* , *pour tous les jours de l'année*, Londres, 1801, 6 vol. in-12; Paris, 1803, 4 vol. in-12, et 1815, 6 vol. in-18, chacun en deux parties. Cet ouvrage contient tout ce que la morale évangélique a de plus pur et de plus consolant; *le Modèle des prêtres*, ou *Vie de Bridayne*, Londres, 1803, in-12; *l'Ami des mœurs*,

ou *Lettres sur l'éducation* , Londres . 1805, 4 vol. in-12 ; *l'Heureux matin de la vie* , ou *petit Traité sur l'humilité* , Londres , 1807, et Paris , 1817 , in-18, fig. ; *le beau Soir de la vie* , ou *petit Traité sur l'amour divin*, Londres, 1807, et Paris , 1817 , in-18 , fig. ; *la Vertu parée de tous ses charmes*, ou *Traité sur la douceur* , Londres , 1810, et Paris , 1817, in-18 ; *l'Art de rendre heureux tout ce qui nous entoure*, ou *petit Traité sur le caractère*, Londres, 1810, et Paris, 1817, in-18, fig. ; *la Route du bonheur*, ou *Coup-d'œil sur les connaissances essentielles à l'homme*, Paris, 1817, 2e édition, in-18, fig. ; *Vies des justes dans les plus humbles conditions de la société* , Versailles, 1815, et Paris, 1817 , in-12; *Vies des justes dans la profession des armes*, 1815 et 1817, in-12; *Vies des justes dans les conditions ordinaires de la société*, 1816, in-12; *Vies des justes parmi les filles chrétiennes*, 1816, in-12 ; *Vies des justes dans l'étude des lois ou dans la magistrature* , 1816 , in-12 ; *Vies des justes dans l'état du mariage* , Paris , 1816, 2 vol. in-12; *Vies des justes dans les plus hauts rangs de la société* , Paris, 1817, 4 vol. in-12 ; *les nouvelles Héroïnes chrétiennes*, ou *Vies édifiantes de seize jeunes personnes* , 1815 , 2 vol. in-18, fig. ; 8e édition , 1819 ; *les Ecoliers vertueux*, ou *Vies édifiantes de plusieurs jeunes gens proposés pour modèles*, Londres, 1811, et Paris, 1819, 4e édition, 2 vol. in-18, fig. ; *Modèles d'une tendre et fidèle dévotion à la mère de Dieu dans le premier âge de la vie* , Paris , 1816, in-12 ; *la vraie Parure d'une femme chrétienne* , ou *petit Traité sur la pureté* , Lyon, 1816, in-18 ; *le Trésor de la jeunesse chrétienne* , ou *le Triomphe de la pureté*, Lyon, 1816, in-18 ; *de l'Education*, ou *Tableaux des plus doux sentiments de la nature*, Paris, 1817, in-18; *les Confesseurs de la foi*, *dans l'Eglise gallicane à la fin du dix-huitième siècle*, Paris, 1820, 4 vol. in-18. Cet ouvrage important est précieux par le grand nombre de traits admirables de piété, de patience, de résignation et de pardon magnanime qu'il renferme. Il est peu de lectures plus propres à élever l'âme , à fortifier, et à porter plus puissamment au service de Dieu, que l'exemple de ces généreux confesseurs qui ont payé de leur sang leur attachement aux règles de l'Eglise. Dans tous les autres ouvrages de l'abbé Carron , on reconnaît le directeur habile , l'homme instruit dans les voies de Dieu, le prêtre plein de zèle et de charité. C'est un père tendre , qui a fort à cœur la perfection de ses enfants, et qui se plie à tous les tons pour les corriger de leurs défauts; c'est un moraliste exercé qui a observé tous les replis du cœur humain, qui en a sondé les blessures, et qui y applique les remèdes les plus convenables. La douceur la plus attrayante a dicté tous ses conseils. Cet estimable écrivain, guidé par le désir d'instruire, de toucher, de ramener à Dieu, s'occupa, jusqu'à ses derniers moments, du bonheur de ses semblables. C'est le but de ses livres comme ce l'était de ses discours et de ses conversations, de ses bonnes œuvres comme de ses exemples, et c'est par là qu'il s'est fait connaître dans sa patrie comme dans les pays étrangers, dans les jours de calme comme dans les temps d'orage. L'abbé Carron a laissé encore plusieurs ouvrages en manuscrit, entre autres : les *Vies des justes dans l'épiscopat et dans le sacerdoce;* la *Vie de l'abbé de La Salle,* et un *Nécrologe des martyrs de la foi,* pour faire suite aux *Confesseurs de la foi.*

CARSTENS (Asmus-Jacob), fameux peintre danois, né en 1754, à Sankt Jürgen, village près de Schleswig, parvint à s'établir à Berlin, où il se fit connaître avantageusement par une riche composition qui représente la *Chute des Anges.* Cet ouvrage lui valut une place de professeur à l'académie. Une maladie de poitrine l'enleva le 25 mai 1798, au moment où il paraissait faire les plus grands progrès dans son art. Le *Magasin encyclopédique* a donné, en 1810, une *Notice* très-détaillée sur Carstens et ses ouvrages.

CARSUGHI (Rainier), jésuite, né en 1647 à Citerna, petite ville de la Toscane, laissa de bonnes *Epigrammes,* et un poëme latin sur l'*Art de bien écrire,* recommandable par les grâces du style et par la justesse des règles. Cet ouvrage, publié à Rome, in-8, 1709, peut tenir lieu d'une rhétorique. Carsughi mourut en 1709, provincial de la province romaine.

CARTAUX (Jean-François), né en 1731, à Allevan, dans le Forez, mort en août 1813, était fils d'un dragon qui, ayant eu la jambe emportée par un boulet, fut placé à l'hôtel des Invalides. Il y entra avec son père, au moment où Doyen peignait les voûtes du dôme de cet hôtel. Cartaux voulut être peintre aussi. Reçu dans l'atelier de Doyen, il obtint, à 22 ans, une médaille, et devint membre de l'académie de Londres. La révolution lui fit échanger la palette contre l'épée. Il était général, lorsqu'il marcha, en 1793, contre les Marseillais qui portaient du secours aux Lyonnais insurgés contre la Convention. De Marseille il marcha sur Toulon, et combattit les Anglais au défilé d'Ollioules, qu'il força avec une poignée de soldats. Cartaux, nommé général en chef de l'armée d'Italie, fut arrêté, en 1794, pour avoir été battu. Rendu à la liberté, il obtint un commandement sur les côtes de Normandie, mais il fut encore destitué comme terroriste. Au 13 vendémiaire, il contribua à la défaite des sections, ce qui lui valut une place d'administration de la loterie, et ensuite celle d'administrateur de la principauté de Piombino. Il revint en France en 1805, et laissa pour toute fortune un bureau de loterie à une famille de huit enfants.

CARTE (Thomas), né à Clifton le 23 août 1686, épousa le parti de la maison de Stuart, et ne put voir d'un œil tranquille la maison de Brunswick monter sur le trône. Pour éviter les tracasseries qu'on aurait pu lui susciter, il passa en France, et se fit connaître à Paris sous le nom de *Philips.* La reine Caroline, qui favorisait les gens de lettres, ayant vu son projet de l'édition de l'*Histoire* de M. de Thou, ménagea son retour en Angleterre, et pour favoriser l'exécution de cet ouvrage, on le déchargea de toutes les impositions qui se lèvent en Angleterre sur le papier et l'imprimerie, tant on avait à cœur l'impression de cet ouvrage qui est si favorable aux erreurs de ce temps ; l'édition parut en 1733, 7 vol. in-fol. Carte mourut à Caldécothouse le 2 avril 1754. Outre l'édition de de Thou, il est auteur des ouvrages suivants : *Histoire générale d'Angleterre, depuis l'an 1216 jusqu'en 1654,* Londres, 1747-1755, 4 vol. in-fol. en anglais. Il y relève beaucoup de fautes échappées à Rymer et à Rapin de Thoyras; *Vie de Jacques, duc d'Ormond,* Londres, 1735, 3 v. in-fol., en anglais. On y trouve un *Recueil de lettres* écrites par les rois Charles Iᵉʳ et Charles II, le duc d'Ormond, et d'autres personnages distingués durant les troubles de la Grande-Bretagne. Il a donné ces *Lettres* à part, Londres, 1738, 2 vol. in-8 ; un abrégé de cet ouvrage a paru en français sous le titre de: *Mémoires de la vie de Mylord duc d'Ormond, traduits de l'anglais,* La Haye, 1737, 2 vol. in-12.

CARTEAUX. (Voyez CARTAUX.)

CARTELLIER (Pierre), sculpteur célèbre, né à Paris le 2 décembre 1757, fut l'élève de Charles Bridan, et mérita par ses travaux de recevoir, en 1808, dans le salon de l'exposition, la décoration de la Légion-d'Honneur, des mains de Napoléon. Il fut nommé membre de l'Institut en 1810, et peu de temps après

professeur à l'école royale de peinture et
de sculpture. En 1824, il fut décoré de
l'ordre de Saint-Michel, et il mourut en
1830. Ses principaux ouvrages sont : la
Guerre et *la Vigilance*, statue en pierre
décorant la façade du Luxembourg ;
Aristide, à la Chambre des pairs ; *Vergniaud*, statue, au Luxembourg ; les
Jeunes filles de Sparte, *exécutant des
danses autour de la statue de Diane*, bas-
relief que l'on voit au plafond de la salle
de Diane au Musée national ; la *Gloire
distribuant des couronnes*, bas-relief de
la colonnade du Louvre ; la *Capitulation
d'Ulm*, bas-relief en marbre qui décore
l'arc de triomphe de la place du Carrou-
sel ; la *Pudeur*, statue en marbre qui ornait la galerie du château de la Malmaison ; le *Prince Louis-Napoléon*, grand-
connétable de l'empire ; le *Général
Walkubert*, statue en marbre destinée
pour le pont Louis XVI, en ce moment
à Avranches ; l'*Empereur Napoléon*, en
marbre, destiné pour l'Ecole de [droit ;
Minerve, *frappant la terre*, *fait naître
l'olivier*, statue en marbre pour la galerie de Versailles ; *Louis XV*, pour la ville
de Reims ; *Louis XIV*, figure équestre,
bas-relief en pierre qui orne la façade de
l'hôtel des Invalides ; l'*Impératrice Joséphine*, statue en marbre qui se voit à
l'église de Ruel, près Paris ; *Louis XV*,
qui devait être placé dans le rond-point
des Champs-Elysées. Les statues d'*Aristide*, de la *Pudeur*, de *Vergniaud*, et le
bas-relief de la *Gloire*, ont été gravés
pour l'ouvrage publié par Filhol. Cet artiste a fait école, et tous les membres
actuels de l'académie des beaux-arts
(sculpture) sont ses élèves.

CARTENI (Pierre de), carme du couvent de Valenciennes, a publié des ouvrages mystiques, remarquables par leur
singularité, et qui peuvent fort bien servir de pendant à ceux du dominicain
Jacques Doré, son contemporain. Tels
sont : les *Voyages du chevalier errant de
la Grâce*, qui divise sa narration en trois
parties. A la première, il récite la vie
qu'il a menée en suivant Folie et Volupté ;
à la seconde, comme il fut conduit au
château de Pénitence, et au palais de
Vertu ; dans la troisième, se lisent les
beaux sermons que lui fit le bon ermite
Entendement ; *Les quatre Novissimes*, ou
Fins dernières de l'homme, etc., Anvers,
1573. Il y a eu plusieurs éditions de cet
ouvrage, postérieures à celle-ci, dont
quelques-unes accompagnées de très-
belles gravures. On trouve à la fin de
tout, la *Querelle de l'âme damnée avec
son corps*, etc. Elle a été fort estimée en
son temps.

CARTER (Elisabeth), anglaise distinguée par ses talents littéraires, devait le
jour à un ecclésiastique de Kent, qui lui
donna une excellente éducation. On lui
doit : une bonne *Traduction anglaise de
tous les écrits d'Epictète*, 1758, in-4,
Dublin, 2 vol. in-12 ; des *Poésies* sur différents sujets, 1762, in-8, remarquables
par la sagesse des pensées, et par un
style toujours élégant et naturel ; une
*Traduction anglaise des Dialogues d'Al-
garotti sur la lumière et les couleurs*. Elle
mourut le 19 février 1806, âgée de 89
ans.

CARTHAGENA (Jean de), Espagnol,
d'abord jésuite, puis mineur observantin,
professa la théologie à Salamanque, et à
Rome, où Paul V le chargea de la défense de ses droits dans le démêlé qu'il
eut avec la république de Venise. C'est à
cette occasion qu'il écrivit : *Pro ecclesiastica libertate et potestate tuenda adversùs injustas Venetorum leges*, Rome,
1607, in-4 ; *Propugnaculum catholicum
de jure belli romani pontificis adversùs
ecclesiæ jura violantes*, Rome, 1609,
in-8. On lui doit encore : *Homiliæ catholicæ in universa christiana religione ar-
cana*, Rome, 1609, et Paris, 1616, in-f. ;
*Homiliæ catholicæ de sacris arcanis Dei-
paræ Mariæ et Josephi*, Cologne, 1613,
2 vol. in-fol., et Paris, 1614, 4 vol.
in-fol ; *Praxis orationis mentalis*, Venise
et Cologne, 1618, in-12. Il mourut à Naples en 1617.

CARTHEUSER (Jean-Frédéric), docteur et professeur en médecine à Francfort-sur-l'Oder, né en 1704, et mort en
1777. Il cultiva avec succès la chimie et
la botanique ; il soumit à de nouvelles
expériences un grand nombre de plantes
et de médicaments, et il distingua avec
beaucoup d'exactitude leurs véritables
propriétés de celles que la crédulité et
l'ignorance leur avaient attribuées. On
lui doit : *Elementa chymia medica dog-
matico-experimentalis*, Halle, 1750, et
Francfort-sur-l'Oder, 1753 et 1766, in-8 ;
Rudimenta materiæ mediæ, 1741, in-8,
réimpr. avec des changements, sous ce
titre : *Fundamenta materiæ medicæ gene-
ralis et specialis*, Francfort-sur-l'Oder,
1749 et 1767, 2 vol. in-8, Paris, 1753, 2
vol. in-12, et 1769, 4 vol. Il a été traduit
en français en 1755, 4 vol. in-12. C'est le
meilleur ouvrage de l'auteur, et celui
qui a le plus contribué à sa réputation ;
Pharmacologia theoretico-practica, Berlin, 1745, in-8, et Genève, 1763, 2 vol. ;
*Dissertatio chymico-physica de genericis
quibusdam plantarum principiis hactenus plerumquè neglectis*, 1754, in-8, et
1764, 3e édition ; *Fundamenta patholo-

gie et thérapeia praelectionibus suis accomodata, 2 vol. in-8, 1768; *De morbis endemicis libellus*, 1772, in-8; un grand nombre de *Dissertations* sur des plantes et des médicaments, imprimées séparément et recueillies sous ces titres : *Dissertationes physico-chymicomedicae*, etc., 1774, in-8; et *Dissertationes nonnullae selectiores physico-chymicae*, 1775, in-8.

CARTIER (Jacques), de Saint-Malo, découvrit, en 1534, une grande partie du Canada. Il fit son voyage sous les auspices de François I*, qui disait plaisamment : « Quoi! le roi d'Espagne et « celui de Portugal partagent tranquille-« ment entre eux le Nouveau-Monde « sans m'en faire part! Je voudrais bien « voir l'article du testament d'Adam, « qui leur lègue l'Amérique. » Le baron de Léri, dès l'an 1518, avait découvert une partie du Canada ; Cartier fit plus que de découvrir : il visita tout le pays avec beaucoup de soin, et laissa une *Description* exacte des îles, des côtes, des ports, des détroits, des golfes, des rivières, des caps qu'il reconnut, donnée au public sous ce titre : *Discours du voyage fait par le capitaine J. Cartier aux terres neuves de Canada ou Nouvelle-France*, Rouen, 1598, in-8. Nos marins se servent encore aujourd'hui de la plupart des noms qu'il donna à ces différents endroits.

CARTIER (dom Gall), bénédictin de l'abbaye d'Ettenmunster, natif de Strasbourg, mort le 17 avril 1777, est auteur de plusieurs ouvrages, parmi lesquels on distingue sa *Philosophia eclectica*, Augsbourg, 1756. (*Voyez* BOURGEANT.)

CARTOUCHE (Louis-Dominique), brigand fameux, dont le nom est devenu synonyme de voleur ou de brigand. Il était fils d'un tonnelier de Paris, et annonça de bonne heure ce qu'il serait un jour. Chassé du collège à onze ans pour quelques escroqueries, et ensuite de la maison paternelle pour la même cause, il eura quelque temps dans les provinces, et se perfectionna à l'école d'une bande de voleurs qui ravageaient la Normandie; enfin il se rendit à Paris, où il ne tarda pas à devenir le chef d'une troupe de bandits, auxquels il donna un code de discipline, et sur lesquels il avait droit de vie et de mort. Cette association ainsi organisée, on n'entendit plus parler à Paris et dans les environs que de vols et de meurtres effroyables. Les magistrats, ne pouvant parvenir à le faire arrêter, promirent une récompense à ceux qui le mettraient entre les mains de la justice. Un jeune soldat aux gardes, son com-

plice, ébranlé par cette promesse, forma le projet de le livrer; Cartouche en fut instruit, et de suite il convoqua une assemblée générale où il le fit égorger sur-le-champ. Cet exemple fut inutile, un autre de ses camarades le trahit, et le fit prendre dans un cabaret de la Courtille, le 14 octobre 1721, pendant qu'il dormait sur un grabat. Son arrestation, son procès et le récit de ses brigandages occupèrent la capitale pendant plusieurs mois; il fut condamné à être rompu vif. Il refusa, jusqu'au moment où on le conduisait à l'échafaud, de nommer ses complices, espérant qu'ils le délivreraient, suivant leur réglement, au péril de leur vie. Mais, voyant l'instrument fatal et personne pour le secourir, il se fit conduire à l'Hôtel-de-Ville, où il avoua tous ses crimes, et fit connaître les noms et l'adresse de tous ses complices, qui, pour la plupart, furent arrêtés. Il subit ensuite son jugement qu'il n'avait que trop mérité. Désessarts a inséré dans ses procès fameux une relation assez détaillée de ses brigandages et de son supplice. Legrand fit dans le temps une comédie qui porte son nom. On connaît encore un poëme qui a pour titre : *Cartouche, ou le vice puni*, par Grandval, Paris 1725, in-8.

CARTWRIGHT (Edmond), né en 1743 à Marnham, dans le Nottinghamshire, mort le 30 octobre 1823, s'est particulièrement fait connaître par ses talents pour la mécanique. Les Anglais prétendent que c'est à lui qu'on doit la première idée des bateaux à vapeur. Il cultivait aussi les lettres, et il a publié : *Constance*, élégie, 1768; *Annine et Elvira*, conte, 1771; *Le prince de la paix et autres Poëmes*, 1779, in-4; *Mémoires lus à la société des arts*, 1800, in-8; *Sermons*, 1803; *Lettres et Sonnets sur la morale*, 1807.

CARUS (Marcus-Aurélius), né à Narbonne, d'une famille originaire de Rome, vers l'an 230, s'éleva par son mérite aux dignités militaires, et fut élu empereur à la mort de Probus, en 282. Il défit les Sarmates et les Perses, et nomma Césars ses deux fils Carin et Numérien. Il mourut frappé de la foudre à Ctésiphonte, en 283, après seize mois de règne. Les grandes qualités qu'il montra, n'étant encore que particulier, et les belles actions qu'il fit étant empereur, lui ont acquis une place honorable dans l'histoire. Il avait cultivé les belles-lettres et la politique. Son premier soin, en montant sur le trône, fut de venger la mort de son prédécesseur. Il fit punir ses assassins et veilla à la sûreté publique. Ses conquêtes en Perse lui méritèrent le titre de *Persi-que*. Après sa mort, les Romains le mirent au rang de leurs dieux.

CARUSIUS, ou CARUSO (Jean-Baptiste), né à Polizzi, près de Palerme, le 27 décembre 1673, consacra toutes ses veilles à la recherche des monuments historiques de la Sicile, et s'acquit un droit à la reconnaissance de ses concitoyens. Il publia d'abord *Historiæ Saraceno-Siculæ varia monumenta*, qui trouvèrent place dans la *Collection* de Muratori; il donna ensuite plus d'étendue à cet essai, et publia : *Bibliotheca historica Siciliæ*, Palerme, 1720-1723, 3 vol. in-fol.; cet ouvrage avait été commencé par Antoine Amici et Michel de Guidice. Il donna ensuite ce même ouvrage refondu et augmenté en italien sous le titre de *Memorie Istoriche della Sicilia*, Palerme, 1745, 3 vol. in-fol. Ce laborieux compilateur mourut le 15 octobre 1724.

CARVAJAL, ou plus exactement CARAVAJAL (Jean de), évêque de Placentia, né à Truxillo dans l'Estramadure, d'une famille illustre d'Espagne, s'acquit une très-grande réputation par son habileté et par ses succès dans vingt-deux légations. Il fut honoré du chapeau de cardinal, et mourut à Rome en 1469, à 70 ans. Sa *Vie* a été écrite en latin.

CARVALHO D'ACOSTA (Antoine) naquit à Lisbonne en 1650, avec les dispositions les plus heureuses. S'étant adonné à l'étude des mathématiques, à l'astronomie et à l'hydrographie, il entreprit la *Description topographique de sa patrie*. Il visita tout le Portugal avec un très-grand soin, suivant le cours des rivières, traversant les montagnes et examinant tout de ses propres yeux. Cet ouvrage, le meilleur qu'on ait sur cette matière, est en trois vol. in-folio, qui parurent depuis 1706 jusqu'en 1712. On y trouve l'histoire des lieux, des hommes illustres qui y ont pris naissance, les généalogies des principales familles, les curiosités naturelles, etc. On a encore de cet auteur un *Abrégé de géographie*, et une *Méthode d'astronomie*. Le Portugal le perdit en 1715. Il mourut si pauvre, qu'on fut obligé de payer les frais de son enterrement.

CARVALLO (dom Antoine-Félician de SAN-RITA), archevêque schismatique de Goa, dans la mission du Canara (Indes), avait été moine bénédictin. Le siége de Goa vaquait depuis le 15 juillet 1831, lorsque, au mois de novembre 1837, Carvallo fut envoyé par la reine de Portugal sans avoir reçu aucun pouvoir du Pape. Le chapitre et le vicaire élu par le chapitre, qui déjà avaient pris part à un

schisme précédent, acceptèrent sans opposition le nouvel archevêque, et se soumirent à sa juridiction comme s'il l'avait tenue d'une autorité légitime. Une fois intrus sur le siége de Goa, Carvallo écrivit une lettre circulaire destinée à être lue dans toutes les églises du diocèse, pour que toutes l'acceptassent pour leur évêque. Il fut, en effet, reconnu de tout le monde et même des prêtres et des peuples du Canara, qui, ne sachant pas le désordre de son intrusion, supposaient que sa mission lui venait de Rome. Cependant peu de jours s'écoulèrent sans qu'on ne conçût des soupçons. Carvallo lui-même fut forcé de se trahir. En janvier 1838, il présenta ses clercs au vicaire apostolique pour qu'ils en reçussent les ordres sacrés; mais celui-ci refusa de les admettre, tant que leur prélat n'aurait pas justifié l'apostolicité de sa mission. Cette preuve n'ayant pu être faite, les clercs ne furent pas ordonnés. Le bruit de cet événement remplit l'Inde entière, et se répandit jusqu'au Canara. Bientôt la plus grande partie des paroisses du Canara repoussèrent avec indignation les prétentions de l'archevêque intrus, et leurs pasteurs révoquèrent spontanément, en pleine église, la soumission qu'ils avaient d'abord promise à Carvallo, maudirent son schisme, et protestèrent que, dans l'exercice de leurs fonctions, ils n'avaient usé que des pouvoirs reçus avant son installation. De leur côté, le vicaire-général, le curé de Goa et le prêtre assistant furent obligés de faire la même rétractation. Les fidèles les y contraignirent, sous la menace, s'ils refusaient, de les chasser de leur église. Cependant la mission du Canara, par suite de ce fâcheux état de choses, n'avait plus une autorité supérieure orthodoxe pour la diriger; on s'adressa alors à l'évêque d'Amate, dont le diocèse est le plus voisin du Canara, et les fidèles se déterminèrent à passer sous sa juridiction. A peine Carvallo eut-il appris cette révolte contre sa juridiction, qu'il se concerta avec le gouverneur civil de Goa, et promulgua un édit qui dévouait à la confiscation les biens de tous les prêtres qui reconnaîtraient ou auraient reconnu l'autorité de l'évêque d'Amate. A la nouvelle de ces ordres, qui du reste ne furent pas exécutés, les fidèles du Canara craignirent que leurs prêtres les abandonnassent; mais tous restèrent fidèles, à l'exception d'un seul, qui encore resta peu de temps dans le schisme. Au mois d'octobre 1838, le gouverneur civil mourut de la gangrène. Conformément à l'usage observé dans des circonstances analogues, en forma pour gouverner la colonie un triumvirat, dont Cassallo fut élu président. Dès qu'il se vit revêtu d'un caractère politique, il fit une affaire d'État des troubles récemment suscités par ses émissaires. En qualité de gouverneur de Goa, il écrivit au premier magistrat du Canara une lettre dans laquelle il se plaignait de ce que des prêtres de Goa, sujets de la reine de Portugal, avaient été maltraités au Canara. Mais le magistrat lui répondit qu'avant de donner suite à ces plaintes, il avait examiné les griefs sur lesquels elles reposaient, et qu'il avait trouvé que tous les torts étaient du côté des prêtres schismatiques; il déclarait en outre qu'il ne pouvait s'immiscer dans les affaires religieuses des chrétiens. Enfin la justice divine eut son tour. Carvallo mourut le 5 février 1839, empoisonné, dit-on, par les Portugais, ses compatriotes; et il eut le malheur d'expirer comme il avait vécu, dans le schisme, sans donner le moindre signe de repentir.

CARY (Félix), de l'académie de Marseille, sa patrie, naquit le 24 décembre 1699, et mourut le 15 décembre 1754. Ses *Dissertations sur la fondation de la ville de Marseille, sur l'histoire du Bosphore Cimmérien, et sur Lesbonax, philosophe de Mytilène*, Paris, 1744, in-12, et son *Histoire des rois de Thrace et du Bosphore par les médailles*, Paris, 1752, in-4, sont dignes d'un savant. L'auteur était un homme d'esprit et d'érudition.

CARYOPHYLE (Jean-Mathieu) naquit dans l'île de Corfou, et se rendit savant dans les langues latine, grecque et orientales. Il devint archevêque d'Iconie, fut lié avec le cardinal François Barberini, neveu du pape Urbain VIII, publia divers ouvrages dont quelques-uns sont ses traductions, et mourut à Rome en 1636, à peu près. Ses ouvrages sont: la *Vie de Saint Nil, le jeune*, trad. du grec en latin, Rome, 1624, in-8; *Confutatio Tillii Thessalonicensis*, gr. lat., Paris, 1626, in-8; les *Lettres grecques* de Thémistocle, avec une traduction latine et ses variantes à côté du texte grec, Rome, 1626, in-4; le *Concile général de Florence*, id., sans date, in-4; grec et latin; *Caldea seu æthiopica linguæ institutiones*, L., 1630, in-8; *Refutatio pseudo-christianæ Catechesis editæ à Zacharià Gergano*, gr. lat., Rome, 1631, in-4; *Censura confessionis fidei, seu potius perfidiæ calvinianæ quæ sub nomine Cyrilli patriarchæ Constantinopolitani edita circumfertur*, Rome, 1631, in-8. (Voyez CYRILLE-LUCAR); la *Doctrine chrétienne* du cardinal Bellarmin, trad. en italien,

ouvrage auquel il a joint une version syriaque, Rome, 1633, in-8; enfin, un volume de vers grecs et latins, intitulé: *Noctes tusculanæ*.

CASALI (Jean-Baptiste), savant antiquaire de Rome, du 17° siècle, publia beaucoup de dissertations, toutes plus savantes les unes que les autres; *De ritibus veterum Ægyptiorum*, Rome, 1644, in-4, Francfort, 1681: cet ouvrage, quoique peu volumineux, renferme des choses curieuses; *De ritu nuptiarum veterum; De tragœdià et comœdià; De triclinio, conviviis et tesseris veterum; De Thermis; De insignibus*, etc., dans les *Antiquités grecques* de Gronovius. Mais l'ouvrage qui a surtout établi sa réputation est intitulé: *De urbis et romani olim imperii splendore*, Rome, 1650, in-fol.

CASANATE (Jérôme), né à Naples en 1620 et mort le 3 mars 1700, fut créé cardinal par Clément X en 1673. Innocent XII, qui connaissait sa science et son amour pour les lettres, le nomma bibliothécaire du Vatican. L'abbé Zacagni donna sous sa direction un recueil d'ouvrages anciens manuscrits sous le titre de *Collectanea*, Rome, 1698, in-4. Casanate laissa par son testament sa bibliothèque au couvent de la Minerve des dominicains à Rome, à condition qu'elle serait publique, avec quatre mille écus romains de revenu pour l'entretien de cette bibliothèque. On y voit sa statue en marbre. Audiffredi en avait fait le catalogue sous ce titre: *Catalogus bibliothecæ Casanatensis librorum typis impressorum*, 4 vol. in-fol.; mais il n'est pas terminé: il ne va que jusqu'à la lettre L.

CASANATE (Marc-Antoine ALEGRE de), carme d'Aragon, mort en 1658, est auteur de plusieurs ouvrages; le plus considérable est le *Paradis de la gloire du Carmel*, Lyon, 1639, in-fol.; c'est une bibliothèque des auteurs carmes. On lui reproche d'y avoir fait entrer des écrivains étrangers à son ordre, pour grossir son histoire d'un plus grand nombre d'hommes illustres.

CASANOVA (Marc-Antoine), poète latin de Rome, mort en 1527, s'est distingué dans le genre épigrammatique, auquel le portait son humeur satirique et plaisante. Il se forma sur Martial, et en prit le style vif et mordant. Catulle fut son modèle dans les vers qu'il composa pour les hommes illustres de l'ancienne Rome. Ses *Eloges* firent honneur également à son esprit et à son caractère. On trouve ses poésies dans les *Deliciæ poetarum italorum*.

CASA-NOVA (François), peintre de batailles, né à Londres en 1730, d'une famille italienne. Ses parents, ayant quitté l'Angleterre pour se rendre à Venise, l'élevèrent, ainsi que ses frères, dans l'étude des langues anciennes et modernes; mais en même temps il s'occupait de peinture, et il montrait beaucoup de dispositions pour cet art. Il se rendit d'abord à Paris, ensuite à Dresde, où il puisa les talents enchanteurs de l'école flamande; il revint à Paris, où il fut reçu membre de l'académie de peinture. Catherine II l'appela en Russie pour peindre dans son palais ses conquêtes sur les Turcs. Accablé de dettes, parce qu'il dépensait l'argent sans mesure, il accepta cette proposition, et fut très-bien accueilli à Vienne. Il mourut à Brühl, près de Vienne, en mars 1805.

CASANOVA DE SEINGALT (Jean-Jacques), frère du peintre de ce nom, naquit à Venise le 12 avril 1725. Si l'on peut ajouter foi au récit qu'il nous a laissé de ses aventures, jamais homme n'eut une vie plus errante et plus mêlée de revers et de succès. En 1785, il se fixa à Dux en Bohême, où il devint secrétaire du comte de Waldstein. Alors il s'adonna entièrement à la culture des lettres, et termina sa vie en 1799. M. de Schutz a publié, en Allemagne, les *Mémoires* de cet homme extraordinaire, dont il a paru une *Traduction* française abrégée en 1825 et 1826, 6 vol. in-12, qui ne comprennent pas la moitié des volumes de Schutz, quoique l'impression de ces *Mémoires* ne soit pas terminée. Casanova a publié : *Confutazione della storia del governo Veneto*, Amsterdam, 1769, grand in-8; *Istoria delle turbulenze della Polonia*, Gorizia, 1774, in-8; l'ouvrage n'est pas achevé; *Dell' Iliade di Omero, tradotte in ottave rime*, 1778, 4 vol.; *Histoire de ma fuite des prisons de Venise*, Prague, 1788, in-8; *Icosameron, ou Histoire d'Édouard et d'Elisabeth, qui passèrent 80 ans chez les Mégameikes, habitants aborigènes du Protocosme dans l'intérieur de notre globe*, 1788 à 1800, 5 vol., in-8; *Solution du problème héliaque démontré*, Dresde, 1790, in-4; *Corollaire à la duplication de l'hexaèdre, donné à Dux en Bohême*, 1790, in-4.

CASAS. (Voyez LAS-CASAS.)

CASATI (Paul), né à Plaisance en 1617, entra jeune chez les Jésuites. Après avoir enseigné à Rome les mathématiques et la théologie, il fut envoyé en Suède à la reine Christine, qu'il acheva de déterminer à embrasser la religion catholique. Il mourut à Parme, en 1707, à l'âge de 91 ans, laissant plusieurs ouvrages en latin et en italien. Les principaux sont: *Vacuum proscriptum*, Gènes, 1649;

Terra machinis mota, Rome, 1608; in-4; *Mechanicorum libri octo*, Lyon, 1684; *De igne dissertationes*, 1686 et 1695; deux parties in-4, la première à Venise, et la deuxième à Parme, estimées; *De angelis disputatio theologica*, Plaisance; 1703; *Hydrostaticæ dissertationes*, Parme, 1695 ; *Opticæ disputationes*, Parme, 1705. Ce qu'il y a de singulier, c'est qu'il fit ce traité d'optique à 88 ans, étant déjà aveugle. Sa mort causa des regrets aux savants et aux gens de bien. On voit dans ses ouvrages de physique beaucoup de recherches et d'expériences, et plusieurs bonnes vues.

CASAUBON (Isaac), né à Genève en 1559, d'un ministre protestant, professa d'abord les belles-lettres dans sa patrie, et ensuite la langue grecque à Paris. Henri IV lui confia la garde de sa bibliothèque en 1603. Jacques Ier, roi d'Angleterre, l'appela après la mort de ce prince et le reçut d'une manière distinguée. Il mourut en 1614, et fut enterré à l'abbaye de Westminster. Il affecta toujours de montrer un esprit de paix dans les querelles de la religion; mais pour avoir voulu plaire aux catholiques et aux huguenots, il ne fut agréable ni aux uns ni aux autres. Un de ses fils, s'étant fait capucin, alla lui demander sa bénédiction. « Je te la donne de bon cœur, lui « dit son père, je ne te condamne point : « ne me condamne pas non plus : nous « paraîtrons tous deux au tribunal de « Jésus-Christ. » Ce propos tombait à faux, les catholiques ne *condamnent* personne; mais ils croient à l'Évangile qui ne veut qu'une foi et qu'une Église.' Étant allé en Sorbonne, on lui dit: « Voilà « une salle où l'on dispute depuis quatre « cents ans. — Qu'y a-t-on décidé ? » demanda-t-il sur-le-champ. On voit, par ces réponses, que Casaubon était plutôt porté à l'indifférence pour toutes les religions, qu'il ne penchait pour le calvinisme; indifférence qui est l'effet naturel de l'abandon de la vraie religion dans des gens qui ont le sens assez droit pour apprécier les sectes. On a de lui : des *Commentaires* sur plusieurs auteurs, Théophraste, Athénée, Strabon, Polybe, Polien, etc. On remarque dans tous une littérature immense, et des vues nouvelles sur plusieurs passages mal entendus; *De libertate ecclesiasticâ*, 1607, in-8, imprimé jusqu'à la page 264, parce que le différend avec Venise ayant été accordé, Henri IV en fit discontinuer l'impression: ce fragment se trouve avec ses *Lettres*, Rotterdam, 1709, in-fol.; des *Exercitations sur les annales de Baronius*, Londres, 1614, in-fol., qui sont très-mauvaises. Il ne pousse son examen que jusqu'aux trente-quatre premières années, et on a dit avec raison « qu'il n'avait attaqué l'édifice du cardinal que par les girouettes. » Le Clerc le blâme l'avoir écrit sur des matières qu'il n'entendait pas assez, et qu'il n'était plus temps d'étudier dans ses vieux jours ; des lettres déjà citées. Elles sont intéressantes par bien des particularités, et surtout par la modestie et la candeur qui y règnent ; ces deux vertus formaient le caractère de l'auteur : on voit dans plus d'un endroit que, dans la disposition de son cœur, il n'était pas éloigné de la religion de ses pères ; *Casaubontana*, 740, in-4.

CASAUBON (Méric), fils du précédent, né à Genève en 1599, élevé à Oxford, et enfin chanoine de Cantorbéry, refusa une pension que lui offrait Olivier Cromwel pour écrire l'histoire de son temps. Il mourut en 1671, après avoir publié plusieurs ouvrages aussi recherchés pour érudition, que dégoûtants par la dureté du style. Les principaux sont des *Commentaires* sur Optat, sur Diogène Laërce, sur Hiéroclès, sur Epictète, etc. Ses *lettres* ont été imprimées avec celles de son père.

CASCELLIUS, savant jurisconsulte, dont Cicéron et Pline font une mention honorable. Ce dernier nous apprend que Cascellius avait eu pour maître Volcatius. Il était contemporain d'Offilius ; égal à lui dans le droit, ainsi qu'à Tréatius, il surpassa l'un et l'autre en éloquence, et vécut jusqu'au temps d'Auguste. Quintilien admire dans ses écrits l'étude de l'antiquité. Il ne restait plus au siècle de Pomponius, que son livre des *Belles sentences*. C'étaient les réponses que son génie vif et subtil lui faisait donner sur-le-champ à ceux qui le consultaient. Aucun de ses écrits n'est arrivé jusqu'à nous.

CASE, ou plutôt DELLA CASA (Jean de la), archevêque de Bénévent, commissaire apostolique à Florence sous Paul III, puis nonce à Vicence et à Venise, né d'une famille originaire de Mucello dans l'État de Florence, en 1503, mourut à Rome en 1556, lorsque le pape Paul IV, dont il était secrétaire, lui destinait la pourpre romaine ; il fut regretté des savants, dont il était l'ami et le protecteur, et laissa plusieurs ouvrages italiens en vers et en prose, écrits avec autant d'agrément que de délicatesse. Sa *Galatée*, ou la *Manière de vivre dans le monde*, traduite en français, 1678, mérite surtout cet éloge. Elle a été aussi traduite en espagnol, en latin et en alle-

mand. La Case avait dans sa jeunesse, et longtemps avant que d'avoir embrassé l'état ecclésiastique, composé quelques poésies licencieuses, appelées en italien *Capitoli*. Trois de ces *Capitoli* (*del Forno*, *degli Baci*, *et sopra il nomedi Giovani*) étaient si obscènes, qu'on les a supprimées dans les éditions des *Œuvres* de La Case, données depuis 1700 ; mais on les trouve, avec quelques autres pièces semblables de Berni, de Mauro et d'autres, dans un *Recueil* imprimé à Venise en 1538, in-8. Le *Capitolo del Forno* est, sans doute, un ouvrage très-indécent ; l'auteur s'y propose de décrire, sous l'allégorie d'un four, les plaisirs de l'amour. Mais quoiqu'il se borne, à ce qu'il prétend, à la volupté conforme aux lois de la nature, on a dit qu'il voulait peindre des infamies qui y sont entièrement opposées. Vergério fit, à cette occasion, contre lui une satire bien mortifiante. Il y fit une réponse en vers latins, où il se justifia aussi bien qu'on peut le faire, lorsqu'avec des torts bien réels on croit n'avoir pas tous ceux qu'on nous reproche. (Voyez les *Observations choisies* de Gundlingius, Leipsick, 1707, in-8, dans lesquelles il a inséré le *Capitolo del Forno*, avec le poëme apologétique de La Case.) Malgré cette apologie, beaucoup d'écrivains protestants adoptèrent les calomnies de Vergério. Ils transformèrent même le *Capitolo del Forno*, en un livre latin : *De laudibus Sodomiæ*, qui n'a jamais existé que dans leur imagination. Les mœurs de La Case ne méritaient point cet outrage, quoique sa liberté d'écrire ne puisse être justifiée. Il n'en avait d'ailleurs abusé que dans un âge où l'on ne connaît pas toujours le prix de la vertu ; la conduite qu'il tint ensuite et l'intégrité de ses mœurs, auraient dû faire oublier et supprimer ce travers de jeunesse. Tous les ouvrages de cet auteur ont été recueillis à Florence, 1707, en 3 vol. in-4 ; à Venise, 1728 et 1799, en 5 vol. in-4 ; et à Naples en 1703, 6 vol. in-4. Cette dernière édition est jolie. Parmi les auteurs qui ont justifié La Case, consultez les *Fragments d'histoire et de littérature*, la Haye, 1706, pages 116 et suivantes.

CASELLI (Charles-François), cardinal, évêque de Parme, né à Alexandrie le 29 octobre 1740, mort à Parme le 18 avril 1828, entra chez les religieux servites, devint procureur-général de son Ordre, et consulteur de la congrégation des rites. On l'employa dans plusieurs négociations importantes, notamment dans celle du Concordat, qu'il revêtit de sa signature. Le Pape le fit cardinal le 9 août 1802. Évêque de Parme en 1804, il accompagna Pie VII dans son voyage à Paris, assista au mariage de Bonaparte, en 1810, et siégea au concile de 1811. Retenu en France jusqu'en 1814, il retourna dans son diocèse, et se trouva sujet de Marie-Louise, qui le nomma conseiller intime.

CASENEUVE (Pierre de), né à Toulouse en 1591, prébendier de l'église de St-Etienne, mort en 1652, est auteur des *Origines de la langue française* : on les trouve à la suite de l'édition du *Dictionnaire étymologique* de Ménage, Paris, 1694, in-folio, et fondues avec le texte dans les éditions suivantes de ce Dictionnaire. On a encore de lui : l'*Origine des jeux floraux de Toulouse*, où l'on trouve des recherches curieuses, Toulouse, 1659, in-4, avec la *Vie de* l'auteur par Bernard Medon ; *Traité du franc-alleu*, Toulouse, 1641, in-fol. ; *La Catalogne française*, ibid., 1644, in-4. Il y traite des droits qu'a le roi de France sur les comtés de Barcelone et de Roussillon, etc. ; *Vie de saint Edmond*, Tolose, 1644, in-8, rare. Caseneuve était un homme de bonnes mœurs et modeste. Il ne voulut jamais désigner quel successeur il désirait qu'on lui donnât dans son bénéfice, et refusa de laisser faire son portrait. Il était très-versé dans le droit public.

CASIMIR I, roi de Pologne, passa incognito en France sous le nom de Charles, entra dans l'Ordre de Cluny, et prit le diaconat. Sept ans après, les Polonais, livrés aux troubles et aux divisions depuis sa retraite, obtinrent de Benoît IX en 1041, que leur roi remonterait sur le trône et se marierait. De retour en Pologne, Casimir épousa une fille du duc de Russie, et en eut plusieurs enfants. Il civilisa les Polonais, fit renaître le commerce, l'abondance, l'amour du bien public, l'autorité des lois. Il régla parfaitement bien le dedans, et ne négligea point le dehors. Il défit Maslas, grand-duc de Moscovie, enleva la Silésie aux Bohémiens, et établit un siége épiscopal à Breslau. Il mourut en 1058, après un règne de 18 ans.

CASIMIR III, le Grand, né en 1309, roi de Pologne en 1333, enleva plusieurs places à Jean, roi de Bohême, et conquit la Russie. Il joignit aux talents de la guerre les vertus d'un grand roi, maintint la paix, fonda et dota des églises et des hôpitaux, et éleva un grand nombre de forteresses. On ne lui reproche que sa passion pour les femmes. L'évêque de Cracovie l'ayant excommunié, après l'avoir repris inutilement de ses fautes, Ca-

simir fit jeter dans la rivière le prêtre qui lui signifia la censure. Il répara ses fautes par une sincère pénitence. Il mourut en 1370, d'une chute de cheval, après avoir régné 37 ans.

CASIMIR V (Jean), fils de Sigismond III, roi de Pologne, d'abord jésuite et cardinal, disputa le trône après la mort de Ladislas-Sigismond son frère. Ayant été élu, il renvoya son chapeau, et prit la couronne. Le Pape lui donna la dispense pour épouser Louise-Marie de Gonzague, veuve de son frère. Il fut d'abord défait par Charles-Gustave, roi de Suède ; mais il eut le bonheur de le repousser ensuite, et de conclure un traité de paix avec son successeur, en 1660. L'année d'après, son armée remporta une victoire sur les Moscovites en Lithuanie. Une sédition élevée contre lui, qu'il apaisa, lui inspira du dégoût pour le gouvernement. Il descendit du trône, et alla se retirer à Paris dans l'abbaye de Saint-Germain-des-Prés, que Louis XIV lui donna, avec une pension convenable à un prince de son rang. Les plaisirs de la société et les charmes des belles-lettres lui firent bientôt oublier les embarras brillants de la royauté. Il ne voulut jamais qu'on lui donnât à Paris le nom de Majesté, titre qui lui rappelait sa gloire et ses chaînes. Peu de temps avant son abdication du trône de Pologne en 1668, en conseillant à ses sujets d'élire un roi durant sa vie, il leur adressa dans un discours ces paroles remarquables : « Plût « à Dieu que je fusse faux prophète ! « mais il est certain que, sans cette élec- « tion, la république va tomber en pil- « lage et devenir la proie des nations « voisines. Le Moscovite et le Russe pré- « tendront avoir droit sur les provinces « qui parlent leur langue, et s'empare- « ront du grand duché de Lithuanie. Les « frontières de la grande Pologne seront « ouvertes au Brandebourg ; et cette « puissance s'accordera avec la Suède au « sujet de la Prusse Royale, ou elles en « feront le théâtre de la guerre, pour y « discuter leurs prétentions. La maison « d'Autriche, quelque pures que soient « ses intentions, ne manquera pas de « profiter de ce dépouillement, et pen- « sera à ses intérêts, en s'emparant de « Cracovie ; car chacun aimera mieux « posséder une partie de la Pologne par « le droit du plus fort et à titre de con- « quête, que de régner sur la totalité du « royaume, assuré par ses anciens pri- « viléges contre le pouvoir de ses sou- « verains. » Cette manière de voir dans un avenir encore éloigné ne s'est que trop malheureusement trouvée vraie au bout d'un siècle. Le roi Stanislas, duc de Lorraine et de Bar, prévoyait les mêmes événements, il y a un demi-siècle. (Voyez son article.) Casimir mourut à Nevers en 1672. Son corps fut transporté à Cracovie, et son cœur déposé à l'abbaye de Saint-Germain-des-Prés.

CASIMIR (saint), fils de Casimir IV, roi de Pologne, et grand-duc de Lithuanie, mourut le 4 mars 1483, à l'âge de 24 ans, respecté pour ses vertus et l'innocence de ses mœurs. On sait avec quelle constance ce prince se refusa aux pressantes invitations que lui firent les Hongrois d'accepter la couronne de Hongrie, malgré les sollicitations et les ordres réitérés de son père. « Ce fut le désir « d'établir le règne de Dieu dans son « âme, dit un historien, qui lui inspira « le courage de mépriser les royaumes « de la terre, et qui le conduisit à ce « parfait détachement de toutes les créa- « tures, sans lequel il ne fût jamais par- « venu à une sainteté si éminente. » On a dit qu'il avait préféré la mort à un péché d'incontinence qu'on lui avait suggéré comme un moyen de sauver sa vie. Cela peut être ; mais le vertueux prince, en rejetant le prétendu remède, pouvait avec raison le regarder comme une char- latanerie, ou tout au moins comme une spéculation très-incertaine dans ses effets. Rien d'ailleurs ne l'empêchait de con- tracter un mariage légitime ; et si c'avait été là un moyen sûr de conserver la vie, n'eût-il pas été obligé de l'employer ? « Ce conte tant de fois répété, dit Vol- « taire, et rapporté de tant de princes, « est démenti par la médecine et par la « raison. » Observation qui ne prouve pas la fausseté des histoires, mais seulement la sagesse de ceux qui, dans ces circonstances, ont plus cru à la vertu qu'aux médecins. Saint Casimir est pa- tron de la Pologne, et l'on propose ordi- nairement comme un excellent modèle à la jeunesse chrétienne. Sa Vie a été pu- bliée en latin à Wilna, 1604, in-4.

CASIRI (Michel), savant orientaliste et religieux syro-maronite, né à Tripoli en Syrie en 1710, mort à Madrid le 12 mars 1791, vint à Rome, où il fit ses études, et y reçut les ordres le 29 sep- tembre 1734. L'année suivante, il accom- pagna en Syrie le prélat Assémani, qui allait présider le synode des maronites. A son retour, il rentra dans son couvent, et il y enseigna les langues arabe, sy- riaque et chaldéenne, la théologie et la philosophie. En 1748, il passa en Espagne, où il fut attaché à la bibliothèque royale de Madrid, et, l'année suivante, il fut nommé membre de l'Académie royale

d'histoire : en 1756, il obtint le titre de bibliothécaire de l'Escurial avec une pen- sion de 200 piastres. C'est alors qu'il commença de s'occuper à recueillir les matériaux qui lui ont servi depuis à composer sa Bibliotheca arabico-hispana, qui parut de 1760 à 1770, en 2 vol. in- folio, et qui est son plus beau titre litté- raire. C'est un répertoire indispensable à tous ceux qui veulent s'adonner à la littérature orientale. Il avait traduit un ouvrage oriental intitulé : Soleil de sa- gesse ; mais, après sa mort, on n'a re- trouvé ni l'original ni la traduction.

CASITO (Jean), jurisconsulte et litté- rateur napolitain, mort en 1822. Il s'oc- cupa beaucoup de l'étude des monuments samnites, et parvint à composer une grammaire étrusque. Il a traduit en ita- lien les Sylves de Stace, les Œuvres de Tacite, Horace, Anacréon, Sapho et Alcée.

CASSAGNES, ou CASSAIGNES (Jac- ques), garde de la bibliothèque du roi, membre de l'Académie française et de celle des Inscriptions, naquit à Nîmes en 1636, et y fut élevé dans le sein d'une famille opulente. Il vint de bonne heure à Paris, et s'y fit connaître par des ou- vrages bien différents, des Sermons et des poésies. Les uns et les autres étaient bons pour le temps. Il était sur le point de prêcher à la cour, lorsque Despréaux lança contre lui un trait de satire, qui effaça toute sa gloire. L'abbé Cassagnes, trop sensible, crut regagner l'estime du public, en enfantant ouvrages sur ou- vrages. Le travail et la mélancolie lui firent bientôt perdre la tête. On le mit à Saint-Lazare, où il mourut en 1679. Peut-on soutenir, après cela, que des sa- tires de la nature de celles de Boileau sont compatibles avec l'esprit de l'Evan- gile et la charité chrétienne, ou même avec les droits de la société humaine ? L'abbé de Brienne, condamné à la même retraite que Cassagnes, assure qu'il mou- rut sage et chrétien. La Préface des Œu- vres de Balzac composée par Cassagnes, sa Traduction de Salluste, Paris, 1675, in-12, et quelques-unes de ses poésies, prouvent que cet auteur aurait pu faire quelque chose sans l'affaiblissement de son cerveau.

CASSAIGNOLES, premier président à la cour royale de Nîmes, exerçait des fonctions judiciaires à Agen, lorsqu'il fut nommé député en 1817 par le collège électoral du département du Gers. Il si- gnala son entrée dans la carrière légis- lative par la proposition d'abréger l'arti- cle 2 de la loi exceptionnelle du 9 novembre 1815 sur les cris et les écrits séditieux, et insista sur la nécessité de faire rentrer le plus tôt possible dans le droit commun cette partie importante de la législation criminelle. Dans la discussion de la loi des finances, Cassaignoles prit la défense des intérêts des contribuables, et se montra partisan d'une sage économie. Nommé en 1819 rapporteur de la commission chargée d'examiner le projet de loi relatif aux délits de la presse, il se montra dans son discours partisan de la libre circulation de la pensée, et conclut à l'adoption de la loi, après avoir présenté plusieurs amendements qui devaient le rendre plus favorable aux doctrines libérales. Sa conduite dans ces diverses circonstances lui acquit une certaine popularité, qui pendant un moment attira sur lui l'attention publique. Sous le ministère de De Serre, il fut élevé à la place de premier président de la cour royale de Nîmes, qu'il a occupée jusqu'à l'époque de sa mort arrivée en 1840.

CASSAN, empereur des Mogols dans la Perse, abjura le christianisme pour monter sur le trône en 1294. Il subjugua la Syrie, vainquit le sultan d'Égypte, et mourut en 1304, après être retourné à sa première religion.

CASSAN (Armand), sous-préfet de Mantes, aide-de-camp du général Lafayette au mois de juillet 1830, mort au commencement de mars 1837, à l'âge de 33 ans, a donné une *Traduction des Lettres inédites* de Marc-Aurel et de Fronto; *Statistique de l'arrondissement de Mantes; Antiquités gauloises et gallo-romaines de l'arrondissement de Mantes*, 1835, in-8.

CASSANDRE, roi de Macédoine, après Alexandre-le-Grand, obligea les Athéniens de se mettre de nouveau sous sa protection, et confia le gouvernement de la république à l'orateur Démétrius de Phalère. Les Athéniens ayant refusé de le recevoir dans la ville, il fondit tout-à-coup sur Athènes, s'empara du musée et s'en fit une forteresse. Ce coup imprévu intimida les Athéniens, et fit ouvrir leurs portes. Olympias, mère d'Alexandre, ayant fait mourir par des supplices recherchés la femme, les frères et les principaux partisans de Cassandre, il s'en vengea en assiégeant Pydne. Olympias, obligée de se rendre, fut condamnée à la mort par le vainqueur. Il fit périr en même temps Roxane, femme d'Alexandre-le-Grand, et Alexandre, fils de ce conquérant. Parvenu au trône par des meurtres, il s'y soutint, en se liguant avec Séleucus et Lysimaque contre Antigonus et Démétrius. Il les défit l'un et l'autre, et mourut hydropique trois ans après sa victoire, l'an 304 avant J.-C.

Le philosophe Théophraste donna des leçons de politique à ce souverain : il eût dû plutôt lui en donner de modération et de sagesse.

CASSANDRE (Georges) naquit en 1515, dans l'île de Cadsand, près de Bruges, d'où il a tiré son nom. Après s'être distingué dans l'étude des langues, du droit, des belles-lettres et de la théologie, il se livra à la conversion des hérétiques, et mourut en 1566, âgé de 53 ans. Tous ses ouvrages ont été publiés à Paris, in-folio, en 1616. Les principaux sont : *De officio pii viri in hoc dissidio religionis*, Bâle, 1561, in-8, contre lequel Calvin écrivit vainement ; et son livre des *liturgies*. On convient qu'il est le premier qui ait écrit sur cette matière avec choix, et avec quelque connaissance des vrais principes. L'empereur Ferdinand l'ayant chargé de travailler à pacifier les esprits, il entreprit d'expliquer les articles controversés de la confession d'Augsbourg, et publia sa fameuse *Consultatio de articulis fidei inter papistas et protestantes controversis*, qu'on a trouvée un peu trop accommodante ; et c'est avec raison que Dupin, dans la Bibliothèque des auteurs ecclésiastiques du 16e siècle, et le continuateur de l'*Histoire ecclésiastique* de Fleury, témoin très-peu suspect, lui ont reproché d'avoir trop favorisé les protestants. Cassandre ne connaissait pas assez l'esprit de la secte; il croyait gagner beaucoup en accordant beaucoup ; il ne savait pas que les prétentions des novateurs se mesurent toujours sur la faiblesse des opposants. On croit d'ailleurs voir dans cette *consultation* un homme flottant et incertain entre la vérité et le mensonge, entre l'erreur et l'orthodoxie, entre l'apostasie et la foi ; un froid et dangereux médiateur, réunissant la triste mobilité de l'opinion à la suffisance d'un négociateur, se croyant propre à la conciliation, parce qu'il n'était d'aucun parti, comme si la vraie religion en était un, ou que l'on pût n'être point de ce parti-là. Cassandre reconnut ses torts, avant de mourir, par une profession de foi aussi complète que sincère (Voyez le *Journal historique et littéraire*, 15 octobre, 1787, page 289, 1er mars 1788, page 334). On a encore de ce savant un *Recueil d'hymnes* avec des notes curieuses.

CASSANDRE (François), mort en 1695, s'attacha avec succès à l'étude des langues grecque et latine, et il fit quelques vers français qui n'étaient pas sans mérite. Son humeur atrabilaire et son caractère orgueilleusement philosophique ternirent ses talents et empoisonnèrent sa vie. Il vécut et mourut dans l'obscurité et l'indigence. Sa misanthropie le suivit jusqu'au tombeau ; et il eut autant de peine à se mettre bien avec Dieu, qu'il en avait eu de vivre avec les hommes. Son confesseur l'excitant à l'amour divin par la vue des bienfaits qu'il avait reçus de Dieu : « Ah oui! s'écria Cassandre d'un ton chagrin, il m'a fait jouer « un joli personnage! Vous savez comme « il m'a fait vivre ; voyez, ajouta-t-il en « montrant son grabat, comme il me fait « mourir. » On a de lui la *Traduction* de la *Rhétorique* d'Arioste, Paris, 1675, La Haye, 1718, in-12, la meilleure que nous ayons de l'ouvrage du philosophe grec ; les *Parallèles historiques*, in-12, Paris, 1680. Ce livre, dont l'idée était bonne, est très mal exécuté. Le style est dur, lourd, incorrect ; la *Traduction* des derniers volumes du président de Thou, que du Ryer n'avait pas achevée.

CASSANDRE ‘Fidèle), savante vénitienne, qui s'appliqua avec succès aux langues grecque et latine, à l'histoire, à la théologie. Jules II, Léon X, François I, Ferdinand d'Aragon lui donnèrent des preuves non équivoques de leur estime. Les savants ne l'admirèrent pas moins que les princes, et plusieurs même vinrent la voir à Venise, comme l'honneur de son sexe. Elle soutint à Padoue, dit Moréri, des thèses de philosophie pour un chanoine de Concordia son parent ; mais ce fait est faux. Philippe Thomassini a publié le recueil de ses *lettres* et de ses *discours*, et l'a enrichi de sa *Vie*. Cette femme illustre mourut âgée de 102 ans, en 1567.

CASSARD (Jacques), né à Nantes en 1672, suivit M. de Pointis dans son expédition de Carthagène en 1697. Son intrépidité lui fit un nom. En 1703, on lui donna la commission de nettoyer la Manche des corsaires qui l'infestaient, et de réprimer les Anglais dans la Méditerranée. Ses succès lui firent donner, en 1712, le commandement de la flotte qui devait attaquer les colonies portugaises. Il prit Ribéra-Grande, capitale des îles du Cap-Vert, et y fit un butin immense. Montserrat, Antigua, Surinam, Curaçao, appartenant aux Anglais et aux Hollandais, éprouvèrent les effets de sa bravoure, et quelques-uns payèrent de riches rançons. En arrivant à la Martinique, il reçut l'ordre de joindre son escadre à celle d'un officier d'un grade supérieur ; il eut peine à lui être subordonné ; il alla même jusqu'à s'en séparer pour courir sus à une flotte anglaise dont il prit deux vaisseaux. A son arrivée à Toulon, il fut disgracié de la cour par cette insubordi-

nation. La paix rendit ses talents inutiles. Son air rustre et sa fierté lui firent des ennemis. Ayant fatigué le ministère de lettres et d'injures au sujet d'un armement fait pour la ville de Marseille, dont on ne voulait pas lui tenir compte, il fut enfermé au château de Ham, où il mourut en 1740.

CASSIANUS BASSUS, savant jurisconsulte de Constantinople, florissait dans le 10e siècle ; il est auteur, suivant plusieurs savants, du livre intitulé : *Geoponica, sive De re rustica*, attribué par d'autres à Constantin-Porphyrogénète : Bassus le lui avait dédié, et c'est ce qui peut l'avoir fait attribuer à cet empereur par des gens qui entendaient peu la langue grecque.

CASSIEN (Jules), fameux hérésiarque du 2e siècle, vivait vers l'an 174. Il était comme le chef des Docètes, hérétiques qui s'imaginaient que Jésus-Christ n'avait qu'un corps fantastique, ou qu'une apparence de corps. Cassien avait composé des *Commentaires*, et un *Traité sur la continence*. Ces deux ouvrages ne sont point parvenus jusqu'à nous. Clément d'Alexandrie les cite dans ses *Stromates*.

CASSIEN (Jean), scythe, ou plutôt gaulois de nation, selon l'*Histoire littéraire de France*, était d'une famille illustre et chrétienne. Ayant été élevé parmi les solitaires de la Palestine et de l'Egypte, il se proposa de bonne heure leur exemple à suivre. Il s'enfonça, avec Germain son ami, son parent et son compatriote, dans les solitudes les plus reculées de la Thébaïde. Après avoir admiré et étudié les hommes merveilleux de ces déserts, il vint à Constantinople, et y fut fait diacre par saint Chrysostôme qui lui avait servi de maître ; de là, il passa à Marseille, où il fut vraisemblablement ordonné prêtre. Il y fonda un monastère d'hommes, et un autre de filles, leur donna une règle, et eut sous lui jusqu'à cinq mille moines. Il mourut vers l'an 433, plein de jours et de vertus. On a de lui douze livres d'*Institutions monastiques*, et vingt-quatre *Conférences des Pères du désert*, qu'il composa à la prière de saint Castor, évêque d'Apt en Provence. Elles furent traduites en 2 vol. in-8, 1663, par Nicolas Fontaine ; un *Traité de l'Incarnation contre Nestorius*, fait à la prière du pape saint Célestin. Le style des livres de Cassien, écrits en latin, répond aux choses qu'il traite. Il est tantôt net et facile, tantôt pathétique ; mais il n'a rien d'élevé ni de grand. Saint Benoît recommandait fort à ses religieux la lecture de ses *Conférences*. Il y a dans la 13e des propositions qui ne paraissent pas exactement conformes à la doctrine de l'Eglise sur la grâce; Cassien n'avait jamais pu goûter celle de saint Augustin : il pensait qu'elle avait des conséquences fâcheuses contre la bonté de Dieu et la liberté de l'homme; mais en voulant éviter une extrémité, il ne s'éloigna pas assez de l'autre. Saint Prosper, disciple et défenseur de saint Augustin, écrivit son ouvrage intitulé : *Contra Collatorem*, pour le réfuter : « Mais du temps de Cassien, dit un cri- « tique, l'Eglise n'avait pas encore pro- « noncé sur ce point; il ne fut décidé « qu'au concile d'Orange en 529 ; consé- « quemment la méprise de Cassien n'a « pas empêché que sa mémoire ne fût « en vénération. »

CASSINI (Jean-Dominique), né à Périnaldo, dans le comté de Nice, en 1625, s'appliqua d'abord à l'astrologie judiciaire; mais en ayant bientôt aperçu l'absurdité, il passa à l'astronomie, dont la solidité devait avoir plus de charmes pour un esprit vrai. Ses découvertes et ses succès répandirent bientôt son nom dans toute l'Europe. Le sénat de Bologne le choisit pour remplacer le Père Cavallieri dans la chaire d'astronomie. C'est dans cette ville qu'il traça une nouvelle méridienne, plus utile et plus exacte que toutes celles que l'on avait tracées jusqu'alors. Ce grand ouvrage étant fini, Cassini régla les différends que les inondations fréquentes du Pô, son cours incertain et irrégulier occasionnaient entre Ferrare et Bologne. Cette dernière ville lui donna pour récompenser ses soins la surintendance des eaux. Colbert envia cet homme célèbre à l'Italie. Louis XIV le fit demander à Clément IX et au sénat de Bologne, seulement pour quelques années, afin de l'obtenir plus facilement. On le lui accorda. Le roi le reçut comme César avait reçu Sosigène : il eut une pension proportionnée aux sacrifices qu'il avait faits. Le Pape et Bologne le redemandèrent en vain quelques années après. L'académie des sciences, dont il était correspondant, lui ouvrit bientôt ses portes : il se montra digne d'elle par plusieurs *Mémoires*. Il mourut en 1712, à 88 ans. Il perdit la vue, comme Galilée, dans les dernières années de sa vie. Ce malheur ne lui ôta rien de sa gaîté. Sa vie fut aussi unie que son caractère, plein de modestie, de candeur et de simplicité. Il ne connut les cieux que pour adorer plus profondément le Créateur dont ils racontent la gloire. On lui doit les premières tables des satellites de Jupiter, la connaissance de la rotation de Jupiter et de Mars, ou de la durée de

leurs jours ; la découverte de quatre des satellites de Saturne. Huygens n'en avait aperçu qu'un, et cette découverte de Cassini fut célébrée par une médaille : dans l'histoire métallique de Louis XIV, avec cette légende : *Saturni satellites postumo cogniti.* Il a le premier observé et fait connaître la lumière zodiacale, et donné une méthode pour déterminer la parallaxe d'un astre, par des observations faites dans un même lieu, et s'en servir pour déterminer la distance des astres à la terre, avec plus de précision qu'on ne l'avait encore fait. Ses principaux ouvrages sont : *Observationes cometæ*, ann. 1652-52 ; *Opera astronomica*, et des *Mémoires* estimés. La méridienne de l'Observatoire de Paris, commencée par Picard, fut continuée par cet astronome et par La Hire. Voyez son *Eloge* dans ceux de Fontenelle. Rapportons-en néanmoins ce témoignage si honorable pour Cassini : « Un grand fonds de religion, dit l'académicien, et, ce qui est encore plus, la pratique de la religion, aidaient beaucoup à la sérénité perpétuelle de ce grand homme ; les cieux n'en avaient jamais plus parlé à personne qu'à lui, et n'avaient jamais mieux persuadé. » La vraie religion est la source unique, ou du moins la source la plus pure et la plus sûre des sciences ; et à leur tour les sciences contribuent de plus d'une manière à l'établissement et à l'affermissement de la vraie religion. Cette réflexion est incontestablement juste ; Bacon seul la justifierait, malgré ce qu'on peut lui reprocher. Mais écoutons Cassini : « A ce que nous avons dit de l'utilité de l'astronomie, dit-il dans son *Traité de l'origine et des progrès de cette science*, on peut ajouter les avantages que l'on en a tirés et que l'on en tire tous les jours pour la propagation de la foi. C'est sous la protection de cette science que ceux qui se sont dévoués pour aller annoncer l'Evangile aux infidèles, pénètrent dans les pays les plus éloignés, qu'ils y vivent non seulement en sécurité, qu'ils attirent l'admiration des peuples. Cette science a ouvert aux missionnaires le vaste empire de la Chine ; elle a servi à leur obtenir la permission d'y bâtir des églises et d'y faire l'exercice public de la véritable religion. »

CASSINI (Jacques), fils du précédent, né à Paris le 10 février 1677, et son successeur à l'académie des sciences, hérita des talents de son père. Il manquait à la méridienne de France une perpendiculaire; il la décrivit en 1739 depuis Paris jusqu'à Saint-Malo, et la prolongea en 1754 depuis Paris jusqu'au Rhin, urbs de Strasbourg. Il mourut en 1766, à 86 ans, dans sa terre de Thury, près de Clermont en Beauvoisis. Il était maître des Comptes. Les *Mémoires* de l'Académie sont ornés de plusieurs de ses observations. Il compte parmi les astronomes qui connaissaient le mieux le ciel. On a de lui deux ouvrages très-estimés : des *Éléments d'astronomie*, avec les tables astronomiques, 1740, 2 vol. in-4 ; *Grandeur et figure de la terre*, 1720, in-4.

CASSINI DE THURY (César-François), fils du précédent, maître des Comptes, directeur de l'Observatoire, astronome de l'Académie des sciences, et membre de plusieurs sociétés scientifiques, naquit à Paris le 17 juin 1714. Il fut employé à faire la description géométrique de la France, se livra à ce travail avec toute l'activité de son âge, et y consacra une grande partie de son loisir jusqu'à sa mort. Il publia une *nouvelle carte* de ce royaume, Paris, in-1, en une grande feuille. Cette carte s'appelle *la carte des triangles*. Les cartes particulières, levées géométriquement sous sa direction et celle de Camus et de Montigny, doivent être au nombre de 182, y compris la *carte des triangles*. Il a eu la consolation de voir terminer presque entièrement un travail si long et si pénible, qui lui fait honneur, malgré les défauts inséparables d'un si grand ouvrage. Il mourut de la petite vérole le 4 septembre 1784. On trouve de lui plusieurs *Mémoires* intéressants dans ceux de l'Académie. Il a fait des additions aux *tables astronomiques* de son père, a donné une *Relation* de deux voyages faits en Allemagne, 1763, in-4 ; des *Opuscules astronomiques*, 1771, in-8 ; une *Description géométrique de la France*, 1784, in-4 ; des *Observations sur la comète de 1531*, etc.

CASSINI (Alexandre-Henri-Gabriel, vicomte de), né à Paris le 9 mai 1781, de l'illustre famille des savants de ce nom, mort le 16 avril 1832. Son père, le comte Jean-Dominique de Cassini, était directeur de l'Observatoire. Le jeune Alexandre fut placé d'abord au collège de Juilly, mais la révolution vint interrompre ses études. Un de ses oncles, qui depuis fut évêque du Mans, l'emmena avec lui en Savoie, et le fit admettre au collège des nobles, qu'il quitta bientôt pour revenir en France, à Thury (Oise), près de Clermont, où son père s'était retiré. Il s'y livra avec une grande ardeur à l'étude de la zoologie et de la botanique. En 1798, il revint à Paris, et renonçant à suivre la carrière scientifique, il entra au dépôt de la guerre, et plus tard dans les bureaux du génie. En 1804,

il suivit les cours des écoles de droit nouvellement ouvertes, et fut distingué par Bigeau, qui l'employa à faire des recherches pour son *Traité de la procédure civile des tribunaux de France*. En 1810, Cassini fut nommé juge au tribunal de la Seine, et deux ans après porté le premier sur la liste pour être vice-président ; mais cette promotion n'eut lieu qu'en 1815. Il devint successivement conseiller à la cour royale, président de chambre à la même cour, et enfin conseiller à la cour de cassation. En 1827, il fut admis à l'Académie des sciences, où il compléta ce phénomène d'une famille illustrée par cinq générations d'académiciens ; et peu de temps après la révolution de juillet, il fut créé pair de France : il avait pour principe de ne jamais rien demander et de ne jamais rien refuser. Cassini remplissait avec zèle et assiduité ses devoirs de magistrat, et était souvent chargé de la rédaction des arrêts. En même temps il continuait ses travaux sur la botanique, et s'occupa surtout de définir et de classer la famille des *synanthérées*; il a fait insérer de nombreux articles sur cette matière dans plusieurs recueils, particulièrement dans le *Journal de physique*, dans le *Magasin encyclopédique* et dans le *Dictionnaire des sciences naturelles*. En 1826, il avait publié des *Opuscules phytologiques*, qui contiennent plusieurs *Mémoires* sur la botanique. Il était membre de la *Société philomatique*, et rédacteur de son *Bulletin* pour la partie botanique. Frappé par le choléra, Cassini demanda aussitôt à la religion de sanctifier les derniers moments d'une vie honorée par tant de vertus.

CASSIODORE (Magnus-Aurelius), calabrais, d'une famille illustre, principal ministre du roi Théodoric, consul en 514, préfet du prétoire sous Athalaric, Théodat et Vitigès, quitta le monde après la chute de ce dernier prince, vers l'an 540. Il bâtit un monastère près de sa patrie, et s'y retira à l'âge de 70 ans, ne s'occupant que de son salut. Sa solitude offrait toutes sortes de commodités, des réservoirs pour le poisson, des fontaines, des bains, des horloges au soleil et à l'eau, une bibliothèque aussi riche que bien choisie. C'est dans cette retraite qu'il mit au jour son *Commentaire sur les Psaumes*, ses *Institutions des divines Écritures*, recueil de règles pour ses moines sur la manière de les étudier. Il indique les principaux auteurs de la science ecclésiastique, théologiens, historiens ascétiques. Il leur propose pour travail manuel de transcrire des livres, approuvant l'agriculture et le jardinage pour ceux de ses solitaires peu propres aux lettres. Il leur cite les livres qui traitent de cette matière. Outre ces ouvrages, on a encore de lui une chronique : *De gestis Gothorum et Romanorum*, et des *Traités philosophiques*. Celui *de l'âme* est un des meilleurs. Le style de Cassiodore est assez pur pour son temps, et assez simple, quoique plein de sentences et de pensées morales. Il avait coutume de dire : « Qu'on « verrait plutôt la nature errer dans ses « opérations, qu'un souverain qui ne « donne pas à sa nation un caractère « semblable au sien. » *Facilius errare naturam, quàm principem formare rempublicam dissimilem sibi.* Il mourut saintement en 562, âgé de plus de 93 ans. Le Père de Sainte-Marthe, mort supérieur-général de la congrégation de Saint-Maur, a écrit la *Vie* de cet auteur, et l'a accompagnée de savantes notes, Paris, 1694, in-12. Le Père Garet, son confrère, avait publié une bonne édition de ses *OEuvres* en 1679, à Rouen, 2 vol. in-fol. Le marquis Maffei fit imprimer en 1721, à Vérone, un ouvrage qui n'avait pas encore vu le jour. Il est intitulé : *Cassiodori complexiones in epistolas*, *Acta apostolorum et Apocalypsim*, in-8. On le réimprima à Londres l'année suivante.

CASSITO (Louis-Vincent), dominicain, né à Bonito, dans le royaume de Naples, en 1765, d'une famille honnête et aisée, devint prieur du grand couvent de Saint-Dominique à Naples, et fut choisi pour travailler, après le Concordat, au rétablissement de son Ordre dans ce pays. Il se livrait en outre à toutes les fonctions du ministère et à la direction de beaucoup de bonnes œuvres. Une courte maladie l'enleva le premier mars 1823. On lui doit : des *Institutions théologiques*, en 4 vol. in-8, adoptées dans plusieurs séminaires; une *Liturgie dominicaine*, 2 vol. in-8; les *Actes sincères de saint Maxime Cusman*; des *Panégyriques*, *Oraisons funèbres*, *Dissertations*, en latin et en italien; et des *Discours* prononcés en diverses académies. Il a laissé plusieurs autres ouvrages qu'il n'a pas eu le temps de livrer à l'impression, entre autres un grand travail sur les *Antiquités ecclésiastiques du royaume*.

CASSIUS VISCELLINUS (Spurius) se distingua contre les Sabins, fut trois fois consul, une fois général de la cavalerie, et obtint l'honneur du triomphe deux fois. Son humeur remuante lui fit des ennemis. On l'accusa d'aspirer à la royauté, et il fut précipité du mont Tarpéien vers l'an 484 avant Jésus-Christ.

CASSIUS LONGINUS (Lucius), pré-

teur Romain, dont le tribunal redoutable était appelé l'*écueil des accusés*. On lui attribue la maxime *Cui bono*, dont le sens est, que tout coupable de quelque crime que ce soit le commet par intérêt. Il vivait l'an 113 avant J.-C.

CASSIUS LONGINUS (Caius), d'abord questeur sous Crassus, se signala ensuite contre les Parthes, et les chassa de Syrie. Étant entré dans le parti de Pompée, il fut défait comme lui à la bataille de Pharsale. César lui donna la vie; mais cet ardent républicain ne s'en servit que pour conspirer contre celle de son bienfaiteur. Ses menées furent longtemps cachées. César, les ayant découvertes, répondit à ses amis qui lui conseillaient de se défier d'Antoine et de Dolabella : « Ce « ne sont pas ces beaux garçons, ces « hommes parfumés que je dois ap- « préhender; mais plutôt ces hommes pâ- « les et maigres qui se piquent d'austé- « rité. » Un jour il fit mettre au bas « d'une statue, élevée à l'honneur de Brutus, l'auteur de la liberté de sa patrie : *Utinam viveres!* « Plût à Dieu que tu vécusses encore ! » Un autre fois, il répandit un billet avec ces mots : *Tu n'es pas sans doute le vrai Brutus, car tu dors*. Ces trames sourdes étaient employées, pour que Brutus donnât le premier signal de la perte du Tyran. César fut massacré. Un des conjurés ne sachant comment porter ses coups : *Frappe*, dit Cassius, *quand ce devrait être à travers mon corps*. Octave et Antoine se réunirent bientôt contre les conspirateurs. Ils les atteignirent à Philippes; Cassius y fut défait par Antoine, tandis que Brutus remportait une victoire complète sur Octave. Cassius, s'imaginant que tout était désespéré, se retira dans une tente, et se fit donner la mort par un de ses affranchis, l'an 42 avant J.-C. C'est à lui que Brutus donna l'éloge de *dernier des Romains*. Velléius Paterculus a dit, en faisant le parallèle de Brutus et de Cassius, que celui-ci était meilleur capitaine, et que l'autre était plus honnête homme, de façon qu'on devait préférer d'avoir Brutus pour ami, et craindre davantage d'avoir Cassius pour ennemi. Cassius était savant, il aimait et protégeait les lettres. Ce fut contre son avis qu'on livra la bataille de Philippes. Il voulait, avec raison, laisser détruire par la disette l'armée ennemie qui manquait de tout.

CASSIUS (Avidius), célèbre capitaine romain, se distingua par sa conduite sous les empereurs Marc-Aurèle et Lucius Vérus. Après la mort de celui-ci, arrivée l'an 169 de J.-C., Cassius ayant été salué empereur en Syrie, fut tué par trahison trois mois après, et sa tête envoyée à Marc-Aurèle, l'an 175.

CASSIUS (Barthélemi), jésuite dalmatien, né en 1575, missionnaire en Turquie, pénitencier de Saint-Pierre à Rome sous le pape Urbain VIII, a donné au public : *Institutiones linguæ sclavonicæ*, Rome, 1604, in-8 ; une *Histoire de Lorette*, Rome, 1606, in-8. Il a traduit le *Rituel romain* d'Urbain VIII, en langue esclavone, 1670, in-4, de même que les évangiles et les épîtres du Missel, 1641, in-fol. Il a encore traduit plusieurs *Vies de saints*, et fait quelques ouvrages de piété en cette langue. Il mourut en 1660.

CASTAGNIZA (Jean de), bénédictin, prédicateur général de sa congrégation, aumônier de Philippe II, censeur de théologie auprès des juges apostoliques de la foi, mourut à Salamanque en 1598, dans le monastère de Saint-Vincent, où il s'était retiré dans sa vieillesse pour s'occuper uniquement de son salut. On lui doit : la *Vie de S. Benito*, traduite de saint Grégoire-le-Grand, à laquelle il joignit les *Vies de saint Maur et de saint Placide; Catalogue des princes, docteurs et saints qui ont illustré l'Ordre de Saint-Benoît ; Historia de san Romualdo, fundador de la orden Camaldulense*, Madrid, 1597, in-4, traduite en italien, 1605, et en français, 1315 ; *Vie de saint Bruno* : on croit qu'il n'en fut que l'éditeur ; *Institutionum divinæ pietatis libri quinque*, Madrid, 1599, in-4, traduit de l'allemand : il y joignit la *Vie de sainte Gertrude, religieuse de Saint-Benoît ; Declaracion del Padre nuestro*, 1604 ; *De la perfeccion de la vida cristiana*, Paris, 1644, in-8. Les théatins attribuent cet ouvrage à leur confrère Laurent Scupoli. Plusieurs écrivains prétendent que c'est l'original du livre connu sous le nom de *Combat spirituel*. (Voyez BRIGNON.) Peu d'ouvrages, si l'on excepte l'*Imitation de Jésus-Christ*, ont eu autant d'éditions.

CASTAGNO (André del), né en 1406, fut le premier peintre de Toscane qui connut la manière de peindre à l'huile. (Voyez BAUGES Jean de.) Dominique de Venise, qui l'avait apprise d'Antoine de Messine, étant venu à Florence, André del Castagno rechercha son amitié, et tira de lui ce beau secret. Il conçut ensuite une si cruelle jalousie contre Dominique, son ami et son bienfaiteur, que, sans avoir égard aux obligations qu'il lui avait, il l'assassina un soir. Dominique n'ayant point reconnu son meurtrier, se fit porter chez ce cruel ami dont il ignorait la perfidie, et mourut entre ses bras. Castagno, étant au lit de la mort, déclara cet assassinat dont on n'avait pu découvrir l'auteur. Il fut enterré avec la haine et l'indignation publique. Dès qu'il eut appris le secret de Dominique, il fit plusieurs ouvrages à Florence, qui furent admirés. Ce fut lui qui travailla en 1478 au tableau que la république fit faire, où était représentée l'exécution des conjurés qui avaient conspiré contre les Médicis.

CASTAING (N.), savant ingénieur, inventa vers 1680 la machine à marquer sur tranche, qui fut mise en œuvre dans toutes les monnaies, sous le règne de Louis XIV. Ce monarque récompensa magnifiquement l'inventeur, qui mourut à Paris, au commencement du 18e siècle.

CASTALION, CASTILION, CASTILLON, ou CHATEILLON qui était son vrai nom (Sébastien), naquit en 1551, dans les montagnes du Dauphiné. L'étude des langues savantes, et surtout de l'hébraïque et de la grecque, lui acquit l'estime et l'amitié de Calvin. Ce patriarche des réformés lui procura une chaire au collége de Genève ; mais s'étant brouillé avec lui, comme il arrive toujours parmi les gens de faction et de secte, il alla enseigner le grec à Bâle. Il mourut en 1563. On a de lui plusieurs ouvrages, dont les principaux sont : une *Version latine et française de l'Ecriture*, Bâle, 1556, in-fol. La *Version française*, imprimée à Bâle, en 1555, in-fol. est très-rare. Dans les deux versions, il ne garde pas le caractère d'un interprète des livres saints ; il leur donne un tour entièrement profane. Son style affecté, efféminé, surchargé d'ornements, est indigne du sujet, et fait disparaître cette simplicité noble, ce ton de candeur et de force que l'on remarque dans les originaux ; aussi ne sont-elles lues de personne. Il manque, d'ailleurs, d'exactitude et de fidélité ; et dans la *Version latine* il ne parle pas toujours bien la langue, quoiqu'il coure après les termes polis et élégants. La *Version française* essuya beaucoup de contradictions de la part des catholiques et des protestants. Quatre livres du *Colloquia sacra*, Bâle, 1565, in-8 : ce sont des dialogues sur les principales histoires de la *Bible*; petit ouvrage écrit purement en latin, mais qui n'est pas exempt d'erreurs. Il a été réimprimé plusieurs fois, et notamment en 1748, Paris, petit in-12, sous ce titre : *Colloquia sacra ad linguam simul et mores puerorum formandos*. Le nom de l'auteur ne s'y trouve point, et l'éditeur a retranché ce qui était contraire aux principes de la religion chrétienne ; une *Version latine des Vers sybillins*.

avec des remarques ; une *Traduction latine* des *Dialogues* de Bernardin-Ochin,
dont il avait embrassé, dit-on, les sentiments sur la polygamie ; une édition
de l'*Imitation de Jésus-Christ* étrangement défigurée, non seulement quant au
style, mais quant au fond des choses.

CASTEL, ou CASTELL (Edmond), né
à Halley, dans le Cambridgeshire, en
1606, chanoine de Cantorbéry, savant
dans les langues orientales, professa l'a-
rabe à Londres avec beaucoup de distinction. La *Bible polyglotte* de cette
ville est due principalement à ses soins.
On lui est encore redevable du *Lexicon
heptaglotton, hebraïcum, chaldaïcum,
syriacum, samaritanum, æthiopicum, ara-
bicum conjunctim, et persicum separatim,
cui accessit brevis et harmonica grammatica omnium præcedentium linguarum
delineatio*, Londres, 1669, 2 vol. in-fol.
Jean Dav. Michaëlis a extrait de ce grand
ouvrage le Dictionnaire syriaque, et l'a
publié avec des *notes*, Gœttingue, 1788,
2 vol. in-4 ; le même savant a donné, en
1790, des suppléments au Lexique hébreu, sous ce titre : *Supplementa ad Lexi-
ca hebraïca*, 6 parties in-4. J. F. L. Trier
a publié dans le même format, pour qu'on
puisse le réunir à ces suppléments, le
Lexicon hebraïcum, sous ce titre : *Lexicon hebraïcum Castelli, adnotatis in mar-
gine vocum numeris, ex J. D. Michaëlis
supplementis*, Gœttingue, 1662, in-4.
Castell ruina sa fortune par la publication de son *Lexicon*, en s'acquérant un
nom célèbre. Il mourut en 1685, accablé
de dettes et regretté des savants.

CASTEL (Fr.-Pérard), de Vire en
Normandie, avocat au grand conseil,
banquier expéditionnaire en cour de
Rome, mourut en 1697. Il laissa plusieurs ouvrages où la théorie et la pratique des matières de bénéfices sont exposées savamment. Les plus recherchés
sont : *Questions notables sur les matières bénéficiales*, Paris, 1689, 2 vol.
in-fol. ; *Définitions du droit canon*, Paris, 1709, in-fol., avec les remarques
de Du Noyer; *Règles de la Chancellerie
romaine*, 1685, in-folio.

CASTEL (Louis-Bertrand), géomètre
et philosophe, né à Montpellier en 1688,
jésuite en 1703, se fit connaître à Fontenelle et au P. de Tournemine, par des
ébauches qui annonçaient de plus grands
succès. Le jeune homme était alors en
province ; ils l'appelèrent à la capitale.
Castel passa de Toulouse à Paris, à la fin
de 1720. Il soutint les idées que ses essais avaient données de lui. Le premier ouvrage qu'il mit au jour fut
son *Traité de la pesanteur univer-

selle*, en 2 vol. in-12, 1724. Tout dépendait, selon lui, de deux principes, de
la gravité des corps et de l'action des
esprits : l'une qui les faisait tendre sans
cesse au repos, l'autre qui rétablissait
les mouvements. Cette doctrine, la clé
du système de l'univers, à ce qu'il prétendait, ne parut point telle à l'abbé de
Saint-Pierre. Quoique ami du mathématicien, il l'attaqua ; le jésuite répondit.
Les écrits de part et d'autre supposaient
beaucoup d'esprit dans les combattants,
mais un esprit singulier. Le second ouvrage du P. Castel fut son *Plan d'une
Mathématique abrégée*, Paris, 1727,
in-4, qui fut suivi bientôt d'une *Mathématique universelle*, 1728, in-4. L'Angleterre et la France applaudirent à cet
ouvrage. La société royale de Londres
ouvrit ses portes à l'auteur. Son *Clavecin
oculaire* acheva de faire connaître son
genre d'esprit naturellement facile, fécond et inventeur. Il fut entraîné par
la vivacité de son imagination. Ses
systèmes n'étaient d'abord que des hypothèses ; mais peu à peu il croyait
venir à bout de les réaliser. En qualité
de géomètre, il pouvait démontrer l'analogie des sons et des couleurs ; mais il
n'y avait qu'un radoteur millionnaire
qui pût tenter de fabriquer une machine
aussi coûteuse que celle de son clavecin,
et dont l'exécution était impossible. Il
faut avouer pourtant que cette chimère
a produit des découvertes utiles. *Le vrai
système de physique générale de Newton*,
1743, in-4, lui fit plus d'honneur dans
l'esprit de quelques savants ; mais il déplut à d'autres. Il respectait le philosophe anglais, sans que sa doctrine lui
parût propre à dévoiler le vrai système
du monde. « Newton et Descartes, di-
« sait-il, se valent bien pour l'invention;
« mais celui-ci avait plus de facilité et
« d'élévation; l'autre, avec moins de fa-
« cilité, était plus profond. Tel est, à
« peu près, le caractère des deux nations;
« le génie français bâtit en hauteur, et
« le génie anglais en profondeur. Tous
« deux eurent l'ambition de faire un
« monde, comme Alexandre eut celle
« de le conquérir, et tous deux pensè-
« rent en grand sur la nature. » On a
encore du P. Castel un traité intitulé :
Optique des couleurs, Paris, 1740, in-12,
et d'autres ouvrages. Les autres productions de cet auteur sont moins importantes : ce sont des brochures, ou des
extraits répandus dans les *Mémoires de
Trévoux*, auxquels il travailla longtemps.
(Voy. ce journal, au 2e vol. d'avril 1757.)
Le style de Castel se ressentait du feu
de son esprit et des écarts de son ima-

gination. Un jour qu'on parlait devant Fontenelle du caractère d'originalité que portent les ouvrages de ce Père, quelqu'un dit : « Mais il est fou. — Je le sais « bien, répondit Fontenelle, et j'en suis « fâché, car c'est grand dommage; mais « je l'aime encore mieux original et un « peu fou, que s'il était sage sans être « original. » Castel mourut en 1757, à l'âge de 69 ans. Il s'était retiré du grand monde quelque temps avant sa mort. Il y avait été d'abord très-répandu, et avait plu par ses saillies et sa vivacité. Les gens de lettres qui le consultaient trouvaient en lui de la complaisance et des lumières. Il avait avec eux la simplicité que donne l'étude aux vrais savants. On le trouvait au milieu de ses livres, de ses écrits, de son atelier pour le clavecin oculaire, et d'un nombre infini de pièces ramassées confusément dans le même réduit. M. l'abbé de la Porte a publié en 1763, in-12, un recueil curieux, à Paris sous le titre d'Amsterdam. Il est intitulé : *Esprit, saillies et singularités du P. Castel.* Ce livre contient un grand nombre de sujets. L'auteur n'en approfondit aucun ; cependant il pense beaucoup, et souvent très-bien.

CASTEL (René-Richard), né à Vire en 1758, mort du choléra à Reims au mois de juin 1832, occupa diverses fonctions administratives dans son pays, et fut député du Calvados à l'assemblée législative. Après la session, il quitta Paris, où il revint après l'orage révolutionnaire, fut professeur de belles-lettres au collége Louis-le-Grand, puis inspecteur-général de l'Université jusqu'en 1814. Castel était un homme instruit, d'une grande délicatesse de goût et de sentiments. Il acheva sa vie dans la retraite, faisant son bonheur de l'étude. Il se trouvait accidentellement à Reims, lorsqu'il mourut. On a de lui : *Les Plantes*, poëme, 1797 ; *La Forêt de Fontainebleau*, autre poëme, 1825 ; *Discours sur la gloire littéraire*, 1609 ; *Voyage au Chablais*, 1811.

CASTEL (Pierre) naquit à Cologne en 1786. Après s'être fait recevoir docteur en médecine à l'Université de Paris et s'être livré à l'étude de la botanique au Jardin des Plantes de cette ville, il retourna à Cologne, où il fut nommé professeur d'histoire naturelle. Lors de l'érection du royaume des Pays-Bas, Castel fut appelé à une chaire d'histoire naturelle à l'Université de Gand. Mais il était peu capable de remplir de telles fonctions, ainsi que le prouve l'ouvrage qu'il a publié en 1820 sous le titre de *Morphonomie végétale*, et dans laquelle

il prétend qu'avec un petit nombre de signes on peut décrire tous les végétaux. Il préparait une édition de la *Philosophia botanica*, lorsqu'il mourut au commencement de l'année 1821.

CASTELA (Henri) naquit à Toulouse vers 1570, entra de bonne heure dans l'Ordre des Frères de l'Etroite Observance, fut envoyé à Bordeaux, ensuite à Rome, où il se rendit en avril 1600. Poussé par le désir de voir les Saints-Lieux, il fit voile pour la Palestine, visita Alep, Jérusalem, le Sinaï, Alexandrie et le Caire, puis rentra à Bordeaux en octobre 1601. Il publia, en 1602, *Le saint Voyage de Hyerusalem et du Mont-Sinaï en l'an de grâce jubilé 1600*, Bordeaux, 1602, in-8. La seconde édition parut en 1612, Paris, in-12. Ce voyage est curieux, rempli de recherches piquantes et de faits singuliers. Le Père Castela ne déprécie point les Turcs, ni leur gouvernement. Son style est simple, mais supérieur à celui des religieux de son temps. Il a publié, en outre, *le Guide et Adresse pour ceux qui veulent faire le voyage de la Terre-Sainte*, Paris, 1604, in-12 ; enfin, *les sept Flammes de l'Amour sur les sept paroles de J.-C. attaché à la croix*, Paris, 1605, in-12. On ignore l'époque de la mort du Père Henri Castela.

CASTELLAN (Augustin-Louis), né vers 1770 à Paris, où il mourut au mois de mars 1838. Il visita l'Italie et la Grèce, où il passa plusieurs années à dessiner et à décrire les plus beaux monuments de l'antiquité. De retour en France, déjà connu comme artiste et écrivain, il fut admis à l'Institut, dans la classe des beaux-arts. On lui doit : *Lettres sur la Morée et les îles de Cérigo, Hydra et Zante*, 1808, 2 vol. in-8 ; *Lettres sur la Grèce, l'Hellespont et Constantinople*, 1811, in-8 : ces deux ouvrages furent réunis dans une nouvelle édition, Paris, 1820, 3 vol. in-4; *Mœurs, usages et coutumes des Ottomans, avec un abrégé de leur histoire*, 1812, 6 vol. in-18 ; *Lettres sur l'Italie*, 1819, 3 vol. in-8. Castellan était encore collaborateur du *Moniteur universel*, et de la *Biographie universelle* de Michaud.

CASTELLI (Bernard), peintre génois, né en 1557, excellent coloriste, réussissait dans le portrait. Il peignit les grands poëtes de son temps, et fut chanté par eux. Il grava les figures de la *Jérusalem délivrée* du Tasse, son ami intime. On remarque du génie dans ses ouvrages, mais trop peu de naturel. Il mourut à Gênes en 1629, laissant plusieurs tableaux à sa patrie, à Rome, à Turin, etc.

CASTELLINI (Luc), Frère prêcheur,

né à Faenza en Calabre, professa la théologie au collége de la Minerve à Rome, s'acquit la réputation d'un savant canoniste, devint vicaire général de son Ordre, et enfin évêque de Cantazarre en 1629. Ses ouvrages les plus connus sont : *De electione*, etc., *canonicá prælatorum*, Rome, 1625 ; *De canonisatione sanctorum*, ibid., 1628 ; *Tractatus de miraculis*, 1629, où il insiste sur la nécessité des miracles pour établir la sainteté.

CASTELNAU (Michel de), seigneur de la Mauvissière, guerrier, homme de lettres, et négociateur aussi sincère que prudent, naquit en 1520, à la Mauvissière en Touraine. Ayant reçu de ses parents une aussi bonne éducation qu'on pouvait la donner, il alla faire en Italie son apprentissage dans le métier des armes, sous le maréchal de Brissac qui y commandait. Castelnau se distingua en Piémont, en Toscane et dans l'île de Corse. François de Lorraine, grand-prieur de France, qui avait entrevu son mérite naissant, se l'attacha, le mena à Malte avec lui, et à son retour en France, le produisit à la cour, et lui procura la bienveillance de la maison de Guise. Il dut le développement de sa réputation à un événement singulier. Jean de Montluc, évêque de Valence, l'un des plus célèbres prédicateurs de ce temps, avait prêché, le jour de Pâques devant le roi ; le cardinal de Lorraine témoignait son regret de n'avoir pu l'entendre. Castelnau, qui avait assisté au discours de Montluc, s'offrit de le répéter, et même d'y joindre les grâces de l'orateur. L'offre fut acceptée par le cardinal qui promit le plus beau cheval de son écurie, si Castelnau réussissait, et il eut ce bonheur. Il jouit dès lors d'une considération particulière, il la méritait à d'autres égards. Charles IX et Henri III l'employèrent dans plusieurs négociations aussi importantes que difficiles. Il mourut en 1595, après avoir été cinq fois ambassadeur en Angleterre. Les *Mémoires* de ses négociations, publiés par Le Laboureur, 1659, 2 vol. in-fol.; réimprimés à Bruxelles en 1731, 3 vol. in-fol. et tout récemment insérés dans la *Collection universelle des Mémoires particuliers, relatifs à l'Histoire de France*, sont au nombre des monuments curieux qui nous restent de l'histoire de son temps. Castelnau avait donné aussi, en 1559, une traduction française de l'ouvrage de Ramus, intitulé: *Liber de moribus veterum Gallorum*, in-8. L'original est bon, mais la traduction lui est fort inférieure.

CASTELNAU (Henriette-Julie de), comtesse de Murat, une des muses françaises, mourut en 1716, à 45 ans. Elle a laissé des chansons, et d'autres petites pièces de poésies, répandues dans différents recueils. On a encore d'elle : les *Lutins de Kernosi*, roman en 2 part. in-12; des *Contes de Fées*, en 2 vol.; le *Voyage de campagne*, 2 vol. in-12. La réputation brillante que ces ouvrages lui acquirent d'abord ne s'est pas soutenue. C'est assez le sort des auteurs qui s'attachent à des productions frivoles, et qui n'ont que les ressources de l'esprit pour se garantir de l'oubli.

CASTELVETRO (Louis de), né à Modène en 1505, prévint favorablement le public par ses talents. Il aurait pu être heureux dans sa patrie; mais la fureur de critiquer troubla son bonheur, et lui fit des ennemis de ses meilleurs amis. Il se vit obligé de quitter l'Italie pour l'Allemagne. De retour à Modène, après dix ans d'absence, il fut accusé d'avoir traduit en italien un livre de Mélanchton, et fut poursuivi par le saint Office. Comme l'affaire prenait un mauvais tour, il se sauva à Chiavenne, et fut condamné et excommunié à Rome, comme hérétique contumace en 1561. On a de lui des *Eclaircissements* sur la *Poétique* d'Aristote, pleins d'esprit, mais d'une subtilité qui dégénère souvent en chicane. Le feu ayant pris à la maison qu'il habitait à Lyon, il se mit à crier : « Sauvez ma « *Poétique!* » C'était en effet le meilleur de ses ouvrages; et quant à tous les autres, on pouvait bien les laisser brûler. La première édition de sa *Poétique*, qui parut à Vienne en Autriche, en 1570, in-4, est recherchée. On fait cas aussi de celle de Bâle en 1576, in-4. On a encore de lui: *Opere critiche*, 1727, in-4; un *Examen de la rhétorique de Cicéron*, Modène, 1653, in-4; et des *notes* sur Pétrarque. Il mourut en 1571, à 66 ans.

CASTÉRA D'ARTIGUES (Jean-Henri), né en 1750, à Tonneins, où il mourut le 19 janvier 1839, traduisit de l'anglais un grand nombre de *Voyages* qui lui ont fait une réputation. Mais le premier titre de Castéra, c'est son *Histoire de Catherine II*, 3 vol. in-8.

CASTI (Jean-Baptiste), célèbre poëte italien, né en 1721. Il fit ses études au séminaire de Montefiascone, y fut ensuite professeur, et devint chanoine de la cathédrale. Son goût pour la poésie, et surtout pour la satire, lui fit oublier les devoirs de son état. S'étant permis quelques diatribes contre son évêque, et mal vu de son chapitre, il quitta Montefiascone, fit un voyage en France, revint en Italie, et se rendit à Vienne auprès du duc de Rosemberg qu'il avait connu à Florence, et qui l'avait engagé de venir le joindre. Il plut à Joseph II, qui admit souvent dans ses entretiens familiers. Casti, bien accueilli dans cette cour, chercha à en visiter d'autres, et s'attachant à plusieurs ambassades, mais sans fonctions et sans titre, pour être plus libre de sa personne; et c'est ainsi qu'il fut successivement présenté à l'impératrice de Russie, Catherine II, qui lui fit l'accueil le plus flatteur; au roi de Prusse et à quelques autres cours d'Allemagne. De retour à Vienne, le duc de Rosemberg, qui était directeur des spectacles de la cour, lui fit donner, après la mort de Métastase, le titre de *Poeta Cesareo*, ou *Poëte de l'empereur*. Après la mort de Joseph II, auquel il était sincèrement attaché, il demanda sa retraite, et alla se fixer à Florence. En 1798, il vint à Paris, et quoique fort âgé, il conservait encore toute la force et toute l'activité de son esprit. Sa conversation était vive et piquante, mais extrêmement licencieuse et le plus souvent dirigée contre la religion; elle était encore fatigante, parce qu'il avait une voix aigre, nasillarde, causée par la perte du larynx à la suite d'une maladie honteuse. Cependant, quelques biographes ont avoué que sa conduite était régulière. Il paraît au moins qu'elle ne le fut pas toujours. Dans le mois de février 1803, étant sorti fort tard d'une maison où il avait dîné, il fut saisi par le froid, et mourut quelques jours après, dans les principes d'irréligion qu'il avait professés toute sa vie. Les ouvrages, qui contribuèrent le plus à sa réputation, sont : ses *Nouvelles galantes*, imprimées très-incorrectement en Italie, sans nom d'auteur ni de lieu, et sans date; réimprimées à Paris en 1793, sous ce titre : *Novelle galanti dell' ab. C., nuova edizione corretta e ricorretta*. Casti a, depuis, considérablement augmenté ce recueil. On en a publié une nouvelle édition, intitulée : *Novelli di Giamb. Casti*, en 3 vol., Paris, 1804. Ces nouvelles peuvent être comparées aux contes les plus libres de la Fontaine, et annoncent le mépris le plus prononcé pour la religion; *Gli animali parlanti* (les animaux parlants), poëme épique, divisé en 26 chants, Paris, 1802, 3 vol. in-8. C'est une satire des cours, et l'ouvrage le mieux écrit de l'auteur; mais la licence qui y règne, inséparable de sa plume, le fit mettre à l'*index* le 26 août 1805; *Poema tartaro*, autre poëme satirique, dont la cour de Russie lui avait fourni le sujet. On a encore de lui un petit recueil de *Poésies lyriques* ou de *Rime ed acréontiche*, et trois opéras bouffons

CASTIGLIONE (le Frère), peintre italien, né en 1698. Les dispositions naturelles qu'il avait pour son art, et les leçons qu'il avait reçues de maîtres habiles auraient pu lui obtenir un rang distingué parmi les peintres de sa patrie; mais son goût pour l'état religieux le porta à entrer chez les Jésuites en qualité de Frère convers. Il fut destiné pour la Chine, et envoyé à Pékin, où les empereurs Yong-Tching et Kien-Long employèrent son pinceau, et lui prodiguèrent les marques les plus flatteuses d'estime et de bienveillance. Le Frère Castiglione possédait aussi l'architecture, et ce fut d'après ses dessins que l'empereur Kien-Long fit construire les palais européens qui embellissent les jardins de sa maison de plaisance. Il avait précédé le Frère Attiret à la Chine, et vécut toujours avec lui dans la plus grande intimité. Ces deux peintres s'aidèrent mutuellement dans leurs travaux, et moururent la même année 1768. (Voyez ATTIRET Jean-Denis.)

CASTIGLIONE. (Voyez AUGEREAU.)

CASTIGLIONI, ou CASTELION (Balthasar), poëte, né à Casatico, dans le duché de Mantoue, en 1478, ambassadeur du duc d'Urbin auprès de Henri VII, roi d'Angleterre, reçut de ce prince l'ordre de la Jarretière. Il épousa ensuite Hippolyte Torella, femme d'une grande beauté et d'un génie au-dessus de sa beauté. Cette union, formée par l'amour et la conformité des goûts, ne dura que quatre ans. Léon X, pour le consoler de la mort de sa femme, avait résolu de lui donner le chapeau de cardinal. Clément VII, neveu de ce pontife, eut pour Castiglioni la même considération que son oncle; il l'envoya auprès de Charles-Quint traiter des affaires du Saint-Siège, de l'Eglise et du Pape. Castiglioni gagna entièrement les bonnes grâces de ce prince. L'empereur le nomma à l'évêché d'Avila. Ce prélat illustre mourut à Tolède en 1529, à l'âge de 50 ans, pleuré par le Pape et par l'empereur. Ses ouvrages, en vers et en prose, lui acquirent la réputation de grand poëte et d'écrivain délicat. Son *Courtisan*, appelé par les Italiens *un livre d'or*, est une production toujours nouvelle, malgré les changements de mœurs. Qui pouvait mieux donner des préceptes aux courtisans, que celui qui avait également plu dans tant de cours différentes, à Paris, à Londres et à Madrid? Cet ouvrage, plusieurs fois réimprimé, a été traduit en français en 1537 et 1670; mais quelque bien qu'on le rende, la version sera toujours au-dessous de l'original. La première édition donnée par l'auteur en 1528, in-folio, à

Venise, est rare et recherchée. La plus belle est celle de Padoue, 1733, in-4, avec une *Vie de l'auteur*. Quelques expressions échappées à Castiglioni firent prohiber ses ouvrages; elles ont été corrigées dans l'édition ci-dessus: c'est ce qui fait que l'on préfère les premières. Les poésies latines de Castiglioni réunissent, si l'on en croit Scaliger, l'élévation des pensées de Lucain, et l'élégance du style de Virgile. La délicatesse, la netteté, l'agrément caractérisent ses élégies. Ses pièces italiennes sont aussi estimables que les latines, et on peut compter leur auteur parmi ceux qui ont fait le plus d'honneur à son siècle. On trouve quelques-unes de ses poésies dans les *Deliciae poetarum italorum*.

CASTILHON (Jean), né à Toulouse en 1718, membre de l'académie des Jeux floraux, et fondateur du Lycée Toulousain, quitta la profession d'avocat pour se livrer uniquement aux lettres. Il mourut le 1er janvier 1799. Ses ouvrages sont: *Amusements philosophiques et littéraires de deux amis*, avec le comte de Turpin, 1754 et 1755, 2 vol. in-12; *Bibliothèque bleue, entièrement refondue et considérablement augmentée*, 1770, in-12; *Anecdotes chinoises, japonaises, siamoises*, etc., Paris, 1774, in-8; *Le Spectateur français*, 1774-76, in-8; *Précis historique de la vie de Marie Thérèse*, 1781, in-12. Il fut un des auteurs du *Journal encyclopédique* et du *Journal de Trévoux*. On a encore de lui plusieurs *Mémoires* dans le *Journal de jurisprudence* de son frère. La plus grande partie de ses ouvrages a été publiée sous le voile de l'anonyme.

CASTILHON (Jean-Louis), frère du précédent, avocat, et de l'académie des Jeux floraux, né en 1721 et mort vers 1793, commença sa carrière littéraire par trois discours qui furent couronnés par l'académie dont il était membre: 1° *Que l'amour mutuel du prince et des sujets est le plus ferme appui d'un état monarchique*, 1756; 2° *Combien les belles-lettres sont redevables aux sciences*, 1757; 3° *Combien il est honteux d'avoir plus de ménagements pour les vices que pour le ridicule*, 1758. Il travailla avec son frère au *Journal encyclopédique* et à celui de *Trévoux*; à la rédaction du *Dictionnaire universel des sciences morale, économique, politique et diplomatique*, ou *Bibliothèque de l'homme d'état et du citoyen*, 1777 à 1783, 30 vol. in-4, avec Robinet et Sacy, etc.; à la traduction de l'*Histoire universelle, par une société de gens de lettres*, Amsterdam, 1776-92, 46 vol. in-4 et 126 .... in-8, avec de Joncourt,

Chaufepié, Sacy, Robinet, etc. (Voyez ce que nous avons dit de cet ouvrage aux articles CALMET, CAMPBELL.) Il a fourni beaucoup d'articles dans le supplément de l'*Encyclopédie*, in-fol., et publié, avec Robinet, un *Recueil de pièces nouvelles et intéressantes sur des sujets de littérature et de morale*, 1769, 5 vol. in-12, et dix *Recueils philosophiques et littéraires*, 1769-1779, 10 vol. in-12. Les ouvrages qu'il a publiés seul, sont: *Essai sur les erreurs et sur les superstitions*, Amsterdam, 1765, in-12, et 1766, 2 vol. in-8; *Almanach philosophique*, 1767, in-12; *Histoire générale des dogmes et opinions philosophiques, depuis les plus anciens temps jusqu'à nos jours*, Londres (Genève), 1769, 3 vol. in-8; *Essais de philosophie et de morale, imités de Plutarque*, Bouillon, 1770, in-8; *Considérations sur les causes physiques et morales de la diversité du génie, des mœurs et du gouvernement des nations*, 1769, in-8, et 1770, 3 vol. in-12. Cet ouvrage, tiré en partie de l'esprit des nations, par Espiard de la Borde, a été traduit en allemand; le *Diogène moderne, ou le Désapprobateur*, Bouillon, 1770, 2 vol. in-8; les *Dernières révolutions du globe, ou Conjectures physiques sur les causes des tremblements de terre et sur la vraisemblance de leur cessation prochaine*, Bouillon, 1771, in-8. Il a donné aussi quelques romans.

CASTILLE (Jean de), habile médecin en l'Université de Lima, capitale du Pérou, joignait aux connaissances de son art, une piété solide qui lui gagna l'estime et la considération des honnêtes gens. C'est à ses lumières qu'eut recours l'archevêque de Lima, pour l'examen de l'esprit et de la conduite de sainte Rose, qui paraissaient si extraordinaires. Castille s'acquitta de cette commission avec prudence, approuva l'esprit qui conduisait cette servante de Dieu, et sa déposition fut bien reçue de la sacrée congrégation. Il composa ensuite un livre de *théologie mystique*, approuvé par Urbain VIII. Enfin, accablé d'années et de mortifications volontaires, il tomba malade; ce qui ne l'empêcha pas de demander l'habit de Saint-Dominique, qui lui fut accordé, mais qu'il ne porta pas longtemps, étant mort peu après, le 19 septembre 1635, en réputation de sainteté.

CASTILLO-SAAVEDRA (Antoine del), peintre, né à Cordoue en Espagne, mort dans la même ville en 1667, âgé de 64 ans. Après la mort de son père Augustin Castillo, dont il fut disciple, il se rendit à Séville pour se perfectionner dans l'école de François Zurbaran. De retour dans sa patrie, il mérita l'estime de ses compatriotes par ses ouvrages. Sa réputation s'y est même. tellement conservée, que l'on ne passe pas pour un homme de goût, si l'on ne possède quelques morceaux de cet artiste. Il a traité avec un égal succès l'histoire, le paysage et le portrait. Son dessin est excellent; mais son coloris manque de grâce et de bon goût. On dit qu'étant retourné à Séville, il fut saisi d'une si grande jalousie, à la vue des tableaux du jeune Murillo, dont la fraîcheur et le coloris l'emportaient de beaucoup sur les siens, qu'il en mourut de chagrin, peu de temps après son retour à Cordoue.

CASTILLO (Mathieu de), né à Palerme en 1664, entra dans l'Ordre de Saint-Dominique en 1679, enseigna la théologie avec beaucoup de succès et fut regardé comme un excellent prédicateur. Ce religieux mourut vers l'an 1720. On a de lui: l'*Eloge funèbre du Père Ange-Marie, religieux de l'observance de Saint-François*; un *Abrégé* de la *Vie de Saint-Vincent-Ferrier*; sept *Dialogues en vers*, et une *Histoire des Réguliers nés à Palerme, qui se sont rendus célèbres par leur sainteté et leur doctrine.*

CASTILLO. (Voyez ALI-BEY.)

CASTILLON (Jean-François-Salvémini de), célèbre professeur de philosophie et de mathématiques à Utrecht, né à Castiglione, petite ville de Toscane, en 1709. Frédéric-le-Grand, pour l'attirer auprès de lui, le nomma professeur de mathématiques à l'école de l'artillerie, et lui accorda une pension. Il succéda, en 1787, à M. de Lagrange, dans la place de directeur de la classe de mathématiques, et mourut à Berlin le 11 octobre 1791. Il était membre de la société royale de Londres, et des académies de Gottingue et de Berlin. On a de lui: l'*Arithmétique universelle de Newton*, avec de bons commentaires, Amsterdam, 2 vol. in-4; un *Discours sur l'origine de l'inégalité parmi les hommes*, en opposition à celui de J.-J. Rousseau sur le même sujet; *Eléments de physique de Locke*, traduits en français avec les pensées du même auteur sur la lecture et les études qui conviennent à un gentilhomme, 1757, in-12; *Vie d'Apollonius de Tyane*, par Philostrate, avec des commentaires de Ch. Blount, traduite de l'anglais, Berlin, 1774, 4 vol. in-12; les *Livres académiques* de Cicéron, traduits en français, et éclaircis par des notes, Berlin, 1778, 2 vol. in-8, et Paris, 1796. Cette dernière édition où l'on a supprimé la traduction des *Commentaires* de Pierre Valentin, est moins estimée que la première; Les *Vicissitudes de la littérature*, traduites de

l'italien de Denina, Berlin, 1786, 2 vol. in-8. On lui attribue encore une *Traduction italienne de l'Essai sur l'homme*, de Pope; des *Observations contre le système de la nature*, et quelques autres écrits.

CASTILLON. (Voyez CASTALION.)

CASTINELLI (Jean) naquit à Pise en 1788. Obligé de se réfugier en France avec sa famille en 1799, il fut placé au collége de Sorrèze, où il se distingua par son amour pour l'étude. En 1806, il rentra dans sa patrie, et malgré son goût prononcé pour la littérature, il se décida à embrasser la profession de son père qui était jurisconsulte. Il composa sous sa direction un *Essai sur les lois des Romains relatives au commerce*. Il se proposait d'entreprendre un grand travail sur *le droit commercial et maritime*, lorsqu'il est mort à la suite d'une longue maladie, le premier octobre 1826, âgé seulement de 38 ans. Outre l'ouvrage que nous avons cité, il a laissé un *Eloge du général Spanochi*; divers articles publiés dans l'*Antologia*; et plusieurs manuscrits importants sur l'histoire et la littérature.

CASTOR, officier juif, se fit un nom pendant le siége de Jérusalem par son intrépidité et sa perfidie. La garde de la seconde tour lui avait été confiée. Ne pouvant plus tenir, il fit semblant de vouloir parler à Tite ou à Enée: cet Enée était un juif retiré dans le camp des Romains. Dès qu'il fut au pied de la muraille, Castor roula sur lui une grosse pierre. Enée l'évita; mais un soldat qui l'accompagnait fut blessé. Alors Tite fit redoubler le jeu des machines contre la tour. Castor y mit le feu, et se jeta à travers les flammes, où il périt.

CASTRICIUS (Marcus), magistrat de Plaisance l'an 85 avant J.-C. Refusant des otages au consul Cnéius Carbo qui voulait engager cette ville dans le parti de Marius contre Sylla, Carbo lui dit pour l'intimider, qu'il avait beaucoup d'épées : *Et moi beaucoup d'années*, repartit Castricius, voulant signifier par là le peu qu'il risquait, étant si avancé en âge.

CASTRIES (Charles-Eugène-Gabriel de La Croix, maréchal de), né le 25 février 1727. Il servit avec distinction dans les armées de Flandre, et fut fait brigadier en 1748. Il commanda en Corse en 1756, et fut ensuite employé à l'armée d'Allemagne sous le prince de Soubise. A la bataille de Rosbach, il reçut trois coups de sabre sur la tête, qui ne l'empêchèrent pas de rester au combat jusqu'à la fin de l'action. En 1758, il prit par escalade la ville de Saint-Goar, et obligea la garnison du château de Rhinfelds à se rendre prisonnière de guerre, ce qui lui valut le grade de lieutenant-général. Après plusieurs autres exploits, il se signala devant Wesel, où il fit entrer six cents hommes d'élite, battit les ennemis a Clostercamp, et les obliges de lever le siége. Cette action, une des plus importantes qui eut lieu pendant cette guerre, lui fit beaucoup d'honneur. Le roi le nomma chevalier de ses ordres. Pendant les campagnes de 1761 et de 1762, où il continua à servir avec la plus grande distinction, il remplit les fonctions de maréchal-général-des-logis de l'armée, et reçut une blessure dangereuse à la prise du château d'Amœnebourg, le 22 septembre 1762. Il fut depuis commandant en chef de la gendarmerie et gouverneur-général de la Flandre et du Hainaut; enfin, appelé au ministère de la marine en 1778, il déploya toute l'énergie de son caractère pour rendre à la marine son ancienne supériorité. Il se signala surtout par le plus grand désintéressement, et obtint le bâton de maréchal en 1783. Nommé membre de l'assemblée des notables en 1787, il n'approuva point les changements politiques qui se projetaient, et quitta la France au commencement de la Révolution. Il se retira auprès du duc de Brunswick, son ancien adversaire, et il en obtint le meilleur accueil. Il commanda encore une division de l'armée des princes dans l'expédition de Champagne, en 1792, et mourut à Welfenbutel le 11 janvier 1801.

CASTRIO. (Voyez SCANDER-BEG.)

CASTRO (Paul de), professeur de droit à Florence, à Bologne, à Sienne, à Padoue, faisait dire de lui : *Si Bartholus non esset, esset Paulus*. On a de lui plusieurs ouvrages souvent réimprimés, en 8 vol. in-folio. Il mourut l'an 1447, ou selon quelques auteurs, en 1457.

CASTRO (Jean de), fils de don Alvarez de Castro, et gouverneur de la chambre civile de Lisbonne, naquit en cette ville le 27 février 1500. Il se distingua par ses connaissances et son courage, accompagna l'infant don Louis, frère de Jean, roi de Portugal, dans l'expédition de Charles-Quint contre Tunis, et fut envoyé aux Indes avec don Garcias Norogne. Il fit un *journal* de son voyage depuis Lisbonne jusqu'à Goa; et ensuite une *description* fort détaillée de toute la côte depuis Goa jusqu'à Diu, qu'il dédia à don Louis, et que l'on conserve dans l'Université d'Evora. Devenu gouverneur des Indes, il s'illustra par les victoires qu'il remporta en diverses occasions sur les mahométans et les Indiens qui venaient attaquer les possessions des Portugais,

et usa de ses victoires avec humanité. Il mourut le 6 juin 1548, entre les bras de saint François-Xavier, qui eut la consolation, dit l'auteur de sa *Vie*, de voir mourir un grand du monde avec les sentiments d'un saint religieux. Outre le *journal* et la *description* dont nous avons parlé, on conserve encore à Lisbonne une *collection de lettres* qu'il a écrites au roi de Portugal, qui montrent qu'il était aussi bon politique que bon général. « Ce grand capitaine, dit Maffe « (*Hist. Ind. lib.* 13), ne rougissait pas, « lors même qu'il était environné de no- « bles et d'une cour nombreuse, de se « mettre à genoux quand il rencontrait « une croix plantée par les missionnaires « en signe des conquêtes qu'ils faisaient « à Jésus-Christ, et de l'adorer. » C'est à cette piété que l'on attribuait les fréquentes victoires qu'il remportait avec des poignées d'hommes sur des armées nombreuses d'ennemis du nom chrétien et de la croix. Hyacinthe Freyre d'Andrada a donné sa *Vie*, Lisbonne, 1651, in-fol.

CASTRO (François-Alphonse de), franciscain, né à Zamora en Espagne, prédicateur et confesseur de Charles-Quint, fut nommé à l'archevêché de Compostelle, et mourut à Bruxelles, avant d'en avoir pris possession, en 1558, à 63 ans. Le Père Feuardent publia ses ouvrages à Paris, en 1578, avec la *Vie de l'auteur*, 2 vol. in-folio. Le principal est son *Traité contre les hérésies*, Paris, 1524, in-fol., disposé selon l'ordre alphabétique des erreurs. Il avait lu, mais sans beaucoup de choix. La réfutation des nouvelles hérésies occupe plus de place chez lui que l'histoire des anciennes, et la controverse que l'histoire.

CASTRO (Léon de), chanoine de Valladolid, mort en 1586, professeur de théologie à Salamanque, soutint que le texte de la Vulgate et celui des Septante sont préférables au texte hébreu; ce qui est très-vrai en l'entendant de ce texte tel que nous l'avons aujourd'hui. Cet ouvrage est intitulé : *Apologeticus pro vulgatâ translatione et LXX*, Salamanque, 1585.

CASTRUCCIO-CASTRACANE, fameux brigand Italien, dont on ignore l'origine et le lieu de naissance, quoique communément on le croie né dans un village nommé Castruccio, vers l'an 1284. Ayant perdu ses parents à l'âge de 20 ans, et ne trouvant pas de secours chez les Gibelins, dont ses parents avaient défendu le parti aux dépens de ce qu'ils possédaient, il passa en Angleterre, et jouit quelque temps des bonnes grâces du roi

Édouard; mais sa mauvaise conduite les lui fit perdre. Ayant assassiné un seigneur qui avait payé ses impertinences d'un soufflet, il fut obligé de fuir pour échapper au bourreau. Arrivé en Flandre, il s'engagea dans les armées de Philippe-le-Bel; mais s'étant attiré de nouvelles affaires, il retourna en Italie, où en 1313, s'arrêta à Pise, où les Gibelins faisaient le parti dominant, et s'empara de Lucques. S'étant ligué avec Louis de Bavière, il exerça sur les pays soumis au Pape des ravages atroces, entra avec Louis à Rome, l'y fit couronner, et s'y signala par tant d'excès, qu'enfin le légat du Pontife se vit obligé de l'excommunier. Il mourut peu de temps après, en 1328. Machiavel, qui crut trouver dans ce brigand toutes les qualités qui, selon lui, font les héros : la méchanceté, la fourberie et l'audace, en a fait une histoire, qui n'est qu'un panégyrique romanesque. L'abbé Sallier l'a bien réfutée dans son *Examen critique de la vie de Castruccio.* Alde-Manuce-le-Jeune en a donné une histoire plus exacte à Lucques, 1590, in-4.

CAT (Claude-Nicolas Le) naquit à Blérancourt, bourg de Picardie, en 1700. Son père, élève du célèbre Maréchal, premier chirurgien du roi, lui fit faire de très-bonnes études à Soissons et à Paris. Après avoir porté l'habit ecclésiastique pendant dix ans, il le quitta pour étudier en médecine et en chirurgie. Il commença, en 1724, à se faire connaître dans la république des lettres par une *Dissertation sur le balancement des arcs-boutants de l'église de Saint-Nicaise de Reims,* phénomène de physique fort curieux. Il composa, en 1725, une lettre sur la fameuse aurore boréale qui parut cette année, et qui, étant la première qu'on eût observée en France, effraya beaucoup le vulgaire. En 1731, il obtint au concours la survivance de la place de chirurgien en chef de l'Hôtel-Dieu de Rouen. Il s'établit dans cette ville en 1733, et il y forma en 1735 une école publique d'anatomie et de chirurgie. Il rassembla ensuite les savants et les amateurs de la ville, et fit éclore une société littéraire, qui depuis a été érigée en Académie. Il en a été le secrétaire perpétuel pour les sciences. Il était correspondant de l'Académie de Paris, doyen des associés régnicoles de celle de chirurgie de Paris, etc. Le roi, instruit de son mérite, lui accorda en 1759 une pension de 2,000 livres, et en 1766 des lettres de noblesse, que le Parlement et la chambre des Comptes de Normandie enregistrèrent gratis. Il mourut le 21 août 1768, âgé de 68 ans. On a de lui : *Dissertations couronnées à*

l'académie de chirurgie depuis 1732 (première année de ce prix), jusqu'en 1738. C'était un athlète redoutable, et plusieurs académies furent obligées de le prier de ne plus se présenter au concours ; *Traité des sensations et des passions en général, et des sens en particulier,* Paris, 1766, 2 vol. in-8, avec figures, ouvrage lumineux, plein d'idées profondes. Il y montre que l'homme est une machine qui rassemble tout ce que la mécanique, tout ce que l'hydraulique, tout ce que les diverses parties de la physique ont de plus beau et de plus profond ; mais qui les surpasse infiniment par l'accord de ce mécanisme avec un principe moteur, doué de sentiment, et capable d'une action spontanée. Ses longues méditations sur les dispositions merveilleuses de tant d'organes ont été pour lui une démonstration convaincante qu'ils ne sont que la moindre partie de l'homme, et que si ce corps, qui fait en soi un chef-d'œuvre de mécanique, atteste l'existence du suprême architecte de tout ce qui existe, la substance qui anime ce chef-d'œuvre prouve encore mieux qu'elle ne peut avoir d'autre source que l'Etre souverainement parfait, créateur et le moteur de toutes choses; *Lettres concernant l'opération de la taille,* Rouen, 1749, in-12 ; *Recueil de pièces sur la taille,* Rouen, 1749-33, in-8 : c'est sa polémique avec le frère Cosme ; *Dissertation sur l'existence et la nature du fluide des nerfs,* qui a remporté le prix à Berlin en 1753 ; Mémoire qui a remporté le prix de l'académie de chirurgie, en 1755 ; la *Théorie de l'ouïe,* 1758, in-8, Mémoire qui a remporté le prix à Toulouse en 1757 ; *Eloge de M. de Fontenelle :* il y a quelques particularités qui ne se trouvent point ailleurs ; *Traité de l'existence du fluide des nerfs,* 1765, in-8 ; *Traité de la couleur de la peau humaine en général, de celle des nègres en particulier, et de la métamorphose d'une de ces couleurs dans l'autre, soit de naissance, soit accidentellement,* Amsterdam (Rouen), 1765, in-8 ; *Lettres sur les avantages de la réunion du titre de docteur en médecine, avec celui de maître en chirurgie,* Amsterdam, 1766, in-12 ; *Nouveau système sur la cause de l'évacuation périodique du sexe,* 1765, in-8 ; *Cours abrégé d'ostéologie,* 1767, in-8 ; *Traité des sens,* Rouen, 1739, in-4, Paris, 1740 et 42, in-8, et Amsterdam, 1744, in-12, avec planches ; *Œuvres physiologiques,* Paris, 1767, 3 vol. in-8 ; ce sont le traité des sens et celui des sensations réunis. Il y a encore de lui un grand nombre d'*Observations,* de *Mémoires* et de *Lettres* dans divers recueils scientifiques ou littéraires, et un *Mémoire sur les incendies spontanés de l'économie animale*, publié en 1813. Les ouvrages que Le Cat a publiés sur la chirurgie sont assez généralement estimés des gens de l'art, qui le regardent comme un des plus habiles physiologistes qui aient paru en France. Mais on lui reproche avec raison de s'être trop facilement livré au goût des paradoxes, et d'avoir employé les ressources de la satire, pour enlever au frère Cosme une célébrité justement acquise, et qui par-là même semblait porter ombrage à sa jalousie, et peut-être à sa vanité.

CATANÉE (Jean-Marie), né à Novare au commencement du 16ᵉ siècle, embrassa l'état ecclésiastique, et se dévoua entièrement à l'étude des langues. On lui doit l'édition des *Epîtres* de Pline-le-Jeune, qu'il publia avec des *Commentaires*, Milan, 1506; une *Traduction* des quatre *Dialogues* de Lucien; un *Poëme sur la ville de Gênes*, et un autre sur la *Prise de Jérusalem*, par Godefroi de Bouillon, sous le titre de *Solymis*. Ses ouvrages en prose lui firent plus de réputation que ses *Poésies*. Il mourut en 1529.

CATEL (Guillaume), conseiller au Parlement de Toulouse, né en 1560, mort en 1626, était un savant profond et un bon magistrat. Il a laissé : une *Histoire des comtes de Toulouse*, 1623, in-fol. qui commence en l'an 710 et finit en l'an 1271, lorsque le comté de Toulouse fut réuni à la couronne de France; des *Mémoires du Languedoc*, Toulouse, 1633, 'n-folio, inférieurs à l'*Histoire* de cette province par dom Vaissette, et où ce bénédictin a beaucoup puisé. Catel est le premier qui ait joint à l'histoire les preuves des faits avancés; mais il n'aurait pas dû mettre ces preuves dans le corps de l'ouvrage. Il paraît avoir assez de discernement, et il écarte les faits faux ou exagérés.

CATEL (Charles-Simon), compositeur distingué, né à l'Aigle, au mois de juin 1773, mort à Paris le 29 novembre 1830, se lia d'une étroite amitié avec Sarette, fondateur et directeur du Conservatoire de musique, qui le fit nommer professeur d'harmonie. L'enseignement de la musique, comme tout autre enseignement, se trouvait, à cette époque, dans l'état le plus déplorable. Catel, Chérubini, Méhul, Gossec et autres professeurs se mirent à l'œuvre, et créèrent bientôt des méthodes destinées à toutes les parties de la musique élémentaire, et qui seront à jamais le monument le plus solide de la gloire du Conservatoire. Catel

publia son travail eu l'an x, sous le titre de : *Traité d'harmonie*, in-fol. Catel fut nommé membre de l'*Institut* en 1815, et reçut la décoration de la Légion-d'Honneur en 1824. Les principales compositions de Catel, qui se distinguent toutes par un chant grave et un style pur, sont: un *De profundis* à grand orchestre; la *Bataille de Fleurus; les Bayadères; Alexandre chez Apelles*; l'*Auberge de Bagnières*; les *Artistes par occasion*; les *Aubergistes de qualité; Wallace;* une *Collection de pièces de musique à l'usage des fêtes nationales*.

CATELINOT, ou CATELINOT (D. Ildephonse), savant bénédictin de la congrégation de St-Vannes, né à Paris vers l'an 1670, et mort vers 1757. On lui doit : un *Supplément à la Bibliothèque sacrée*, inséré par Calmet dans le 4ᵉ volume de la première édition de son dictionnaire de la Bible, et qu'il refondit ensuite avec son travail dans l'édition de 1730; *Lettres spirituelles de Bossuet*, 1746, in-12, réimpr. sous le titre : *Lettres et Opuscules de M. Bossuet*, 1748, 2 vol. in-12. Il paraît que Catelinot a un peu travaillé sur ces lettres. Il a laissé un grand nombre de manuscrits; une *Bibliothèque sacrée*, 3 vol. in-fol.; des *Dissertations sur l'histoire ecclésiastique de Fleury*, 2 vol. in-4; — sur le *Dictionnaire de Bayle*, in-12; — sur *Erasme*, etc.

CATELLAN (Jean de), conseiller au Parlement de Toulouse, mort en 1700, à 80 ans, fut un magistrat recommandable par son équité et ses lumières. On a de lui le *Recueil des arrêts remarquables du Parlement de Toulouse*, 1725, 2 vol. in-4, sur lequel Védel a fait des *Observations*, 1738, in-4. Sa famille, une des plus anciennes de cette ville, a produit plusieurs évêques et magistrats également distingués, entre autres, Jean de CATELLAN, évêque de Valence, mort en 1725. On a de lui des *Instructions pastorales*, adressées aux nouveaux convertis de son diocèse; et les *Antiquités de l'église de Valence*, ouvrage rempli de recherches curieuses et intéressantes.

CATELLAN (Marie-Claire-Priscille-Marguerite de), de la même famille que les précédents, naquit à Narbonne en 1662. Son goût pour les lettres l'obligea de fixer sa demeure à Toulouse en 1697. Les mêmes études et les mêmes talents, joints aux liens du sang, l'unirent d'une étroite amitié avec le chevalier de Catellan, secrétaire perpétuel de l'académie des Jeux floraux. Cette compagnie couronna plus d'une fois les essais poétiques de Mlle de Catellan. Son ouvrage le plus

...applaudi fut une *Ode* a la louange de Clémence Isaure : cette ode mérita le prix ; et elle obtint, peu de temps après, les lettres de maîtresse des Jeux floraux. Cette moderne Corine mourut dans le château de la Masquère, près de Toulouse, en 1745. L'affabilité, la politesse, la discrétion, la décence, la bonne opinion d'autrui étaient ses qualités distinctives ; et ces vertus étaient embellies par une taille avantageuse, par une figure agréable, par les grâces de l'imagination et la délicatesse de l'esprit.

CATESBY (Marc), savant naturaliste anglais, de la société royale de Londres, né en 1680, mort le 3 janvier 1750. Il a publié l'*Histoire naturelle de la Caroline et de la Floride*, 1731, 1743, 3 vol. in-fol. fig. enluminées. Les explications sont en anglais et en français. Cet ouvrage, le plus beau qui eût encore paru en ce genre en Angleterre, a été réimprimé après sa mort, en 1751 et en 1775. Catesby en avait fait lui-même tous les dessins et gravé toutes les figures. Il a laissé encore : *Hortus Britanno-americanus*, *or a collection*, etc., qui ne fut imprimé qu'après sa mort à Londres, en 1763, in-folio. C'est l'histoire et la figure coloriée de 85 arbres et arbrisseaux de l'Amérique, qui peuvent vivre sur le sol de la Grande-Bretagne.

CATHARINUS, ou CATHARIN (Ambroise), né en 1487 à Sienne, appelé avant d'entrer en religion, *Lancelot Politus*, enseigna le droit, se fit dominicain en 1521, et se distingua au concile de Trente. Il eut l'évêché de Minori en 1547, l'archevêché de Conza en 1551, et mourut en 1553. On a de lui plusieurs ouvrages mal écrits et sans méthode, mais pleins de choses savantes et singulières, sur beaucoup de points de théologie. On en a une édition de Lyon, 1542, in-8, et on les trouve à la suite de ses *Enarrationes in Genesim*, Rome, 1552, in-folio. Il soutient que Jésus-Christ serait venu, quand même le premier homme n'aurait pas péché. Il prétend encore que la chute des mauvais anges vint de ce qu'ils ne voulurent pas reconnaître le décret de l'incarnation, ni se résoudre à adorer le Verbe uni à la nature humaine. Il avance dans un traité *de la Résurrection*, que les enfants morts sans baptême, sont non seulement exempts de peines, mais qu'ils jouissent même d'une félicité convenable à leur état. Catharinus poussait la liberté de penser jusqu'à la hardiesse, et ne se piquait guère de suivre saint Augustin, saint Thomas et autres théologiens. Celle de ses opinions qui parut d'abord une des plus libres, qui depuis cependant a toujours été suivie en Sorbonne, est celle sur l'intention extérieure du ministre des sacrements. Il soutint, au concile de Trente, qu'il n'était pas nécessaire que le ministre eût une intention intérieure de faire une chose sacrée ; mais qu'il suffisait qu'il voulût administrer extérieurement le sacrement de l'Eglise, dans les circonstances et avec la manière qui supposent et expriment une volonté sérieuse, quoiqu'il s'en moquât intérieurement. M. Bossuet et d'autres illustres théologiens ont depuis embrassé ce sentiment comme le plus propre à tranquilliser les esprits, en leur persuadant que l'efficacité des sacrements est indépendante de la méchanceté ou de la négligence des hommes. Catharinus a fait encore un *Commentaire* sur les épîtres de saint Paul, et les autres épîtres canoniques, Venise, 1551, in-folio. On lui attribue aussi un livre italien, recherché des curieux, intitulé : *Rimedio alla pestilente dottrina d'Ochino*, 1544, in-8.

CATHELINEAU (Jacques), premier généralissime des Vendéens, était un simple paysan du village de Pin-en-Mauge, dans l'Anjou. D'abord, fileur de laine, puis voiturier et marchand forain, il cachait sous une profession obscure une âme élevée, un cœur intrépide, et une sorte d'éloquence naturelle et persuasive. Sa probité, sa modestie et sa piété lui avaient acquis une estime et un ascendant extraordinaires parmi ses compatriotes, et le premier d'entre eux, il prit les armes pour la défense de sa foi, la liberté de son pays, et parut à la tête des insurgés. La révolution, en contrariant les idées, les lois, les coutumes, la religion que chérissaient les paysans vendéens, avaient aigri leurs cœurs et produit dès ses commencements un murmure général parmi eux. Les excès auxquels on s'était porté, les décrets lancés contre les prêtres catholiques, le crime du 21 janvier, avaient exaspéré les esprits, et la Vendée furieuse n'attendait qu'une occasion d'éclater et de montrer au monde qu'une partie de la France conservait encore les antiques principes sur lesquels reposa son bonheur pendant tant de siècles. Un décret de la Convention, pour une levée de trois cent mille hommes, fournit l'occasion du soulèvement général. Les jeunes gens à Saint-Florent ayant refusé d'obéir, et s'étant mutinés contre les autorités, Cathelineau, quoique marié, et âgé de 34 ans, par conséquent exempt de la levée ordonnée, mais animé du désir de défendre son pays contre l'oppression, leur...

, fit sentir la terrible vengeance qui allait peser sur eux, s'ils ne prenaient le parti d'une résistance ouverte. Il les persuada, et ces paysans, qui n'attendaient qu'un moment favorable, prirent les armes, et mirent Cathelineau à leur tête. C'était au mois de mars 1793. Au son du tocsin il réunit 420 hommes, attaque un poste de républicains, l'emporte, et se saisit d'un canon; le lendemain il s'empare de la petite ville de Chemillé, malgré la résistance de trois pièces de canon, et voit sa troupe s'augmenter chaque jour. Bientôt il est en état d'attaquer Cholet, principale ville du canton, et les républicains en sont chassés. Des chefs expérimentés étaient nécessaires à une armée qui devenait plus importante de jour en jour; les paysans en trouvèrent dans quelques seigneurs poitevins, qu'ils allèrent chercher dans leurs châteaux, et qu'ils obligèrent de se mettre à leur tête. D'Elbée, de Bonchamp, Henri de Larochejaquelein, de Lescure, de Talmont, Charette, Stofflet: tels furent les principaux guerriers qui luttèrent, souvent avec succès, toujours avec gloire, contre les forces immenses qu'on leur opposa, et qui ne succombèrent à la fin que parce qu'il se trouva trop peu de Français, dans les provinces voisines et les villes même de la province, qui eussent le courage de se joindre aux paysans vendéens, et de partager leur dévoûment pour la cause de l'autel et du trône. Cathelineau et Stofflet, qui les premiers avaient conduit leurs camarades à la victoire, se rangèrent sous les ordres de Bonchamp et d'Elbée; mais ils conservèrent beaucoup d'ascendant dans une armée qu'ils avaient créée. Moins heureuse qu'elle ne l'avait été sous leurs ordres, elle fut d'abord chassée de l'Anjou et repoussée jusqu'à la Sèvre; mais Larochejacquelein, ayant mieux réussi de son côté, vint au secours des Angevins, se réunit à eux, et alors commencèrent les grands succès de l'armée vendéenne. En moins de trois mois elle s'empara des départements presque entiers de la Vendée et des Deux-Sèvres; Cholet, Mortagne et Montaigu devinrent autant de centres de correspondance entre les chefs; et l'insurrection prit une forme régulière. La manière de combattre des Vendéens, absolument étrangère à la tactique militaire, déconcertait tous les plans de l'ennemi. Aussitôt qu'il était aperçu, la masse entière s'ébranlait sans ordre en jetant des cris, tous se précipitaient avec impétuosité sur ce qu'ils avaient devant eux, et il était rare qu'on pût résister à leur choc; le ca-

non même ne pouvait les effrayer. Lorsque la lumière annonçait une décharge, ils se jetaient ventre à terre pour l'éviter, couraient en avant pendant qu'on rechargeait la pièce, et se baissaient encore pendant l'explosion; ils parvenaient ainsi jusqu'à la batterie, que presque toujours les canonniers abandonnaient à leur approche, pour n'être pas massacrés sur leurs pièces. Les Vendéens étaient-ils repoussés, ils se ralliaient plus loin, et venaient à l'improviste fondre sur leurs vainqueurs; avaient-ils l'avantage, ils poursuivaient l'ennemi sans relâche. Souvent on apercevait de loin cette multitude s'avancer à pas lents, la tête nue, le fusil en bandoulière, le chapelet à la main. Tant que durait la prière, rien ne pouvait interrompre cette marche silencieuse; mais tout-à-coup, aux cris de vive le roi! mort aux républicains! le fusil armait toutes les mains, et le combat s'engageait avec une ardeur non moins grande que le calme pieux qui l'avait précédé. Aussitôt qu'une expédition était finie, le paysan rentrait dans ses foyers, reprenait le hoyau, et le quittait pour reprendre les armes au premier signal. Après la prise de Saumur, époque de la plus grande prospérité des Vendéens, on sentit le besoin de se réunir sous les ordres d'un généralissime. Lescure, l'un des chefs les plus sages, proposa Cathelineau, et les nobles Vendéens, en ratifiant ce choix avec applaudissement, prouvèrent, en plaçant à leur tête un roturier, que ce n'était ni l'amour du pouvoir, ni l'intérêt privé qui les guidaient dans cette guerre politique et religieuse. Le saint de l'Anjou (c'est ainsi qu'on appelait Cathelineau) parut seul surpris et confus d'une nomination que méritaient d'ailleurs son intelligence pour la guerre, sa bravoure et le talent avec lequel il savait diriger les paysans. Il marcha d'abord sur Angers, dont on s'empara sans peine : la fuite des troupes républicaines avait devancé l'arrivée des royalistes. Ceux-ci, en se hâtant de rendre à la liberté les nombreuses victimes entassées dans les prisons de la ville, donnèrent des preuves de la plus grande modération. Ils ne se permirent aucune violence contre leurs ennemis, respectèrent leurs propriétés, et s'acquirent, par une conduite si prudente, de nouveaux partisans. Le besoin de produire un grand effet en faveur de la cause qu'il défendait fit tenter à Cathelineau l'attaque de Nantes, de concert avec l'armée de Charette, qui commandait les insurgés du Bas-Poitou. La prise de cette ville importante les eût rendus maîtres de tout le cours de la Loire, depuis Saumur; mais l'expédition fut mal combinée. Plusieurs chefs se trouvèrent absents à cause de leurs blessures ; et malgré les efforts les plus courageux, les royalistes échouèrent devant cette ville. Cathelineau, après avoir combattu avec une ardeur infatigable , tomba percé d'une balle, au pied d'une batterie qu'il vouloit enlever; déjà Fleuriot, commandant de la division de Bonchamp , avait été tué. Le découragement s'empara alors des Vendéens; l'armée se dispersa, et traversa la Loire, dont elle abandonna la rive droite. Cathelineau fut emporté à Saint-Florent , où il mourut de sa blessure au bout de douze jours. Au passage de la Loire , un de ses frères s'était mis à la tête d'une petite troupe; il s'y distingua , et mourut ensuite. Deux autres frères , quatre beaux-frères et seize cousins germains de Cathelineau, arrosèrent aussi de leur sang les plaines de la Vendée. Son fils unique fut tué dans une ferme en 1832, lors de la dernière insurrection de la Vendée. Ce fut d'Elbée qui succéda à Cathelineau dans le commandement de l'armée de la Vendée.

CATHELINOT. (Voyez CATELINOT.)

CATHERINE (sainte), vierge d'Alexandrie, martyrisée, dit-on, sous Maximin. Au 9e siècle on trouva le cadavre d'une fille, sans corruption , au mont Sinaï en Arabie. Les chrétiens de ce pays-là, apparemment sur certains signes, le prirent pour celui d'une martyre; et l'idée générale d'une sainte vierge d'Alexandrie qui avait souffert dans cette contrée fit croire que c'était le sien. Ils lui donnèrent le nom de *Catherine* , c'est-à-dire, *pure et sans tache* , lui rendirent un culte religieux , et lui firent faire une légende. Les Latins reçurent cette sainte des Grecs, dans le 11e siècle. On raconte dans son histoire, qu'elle disputa, à l'âge de 18 ans, contre cinquante philosophes qui furent vaincus. Quoique cette légende ne mérite aucune confiance, on n'en doit rien conclure contre la réalité de la sainte qu'on honore sous le nom de *Catherine.* Jamais l'Eglise universelle n'a invoqué des saints imaginaires ; si les histoires de quelques-uns ont été rejetées par les savants, il ne s'ensuit autre chose, sinon que les vrais actes ont été défigurés, ou qu'ils ont péri par les dégâts du temps. Les recherches de la critique prouvent précisément que le Seigneur a des saints, dont les actions ne sont bien connues que de lui seul; du reste, il a laissé dans son Eglise leur mémoire , l'idée générale de leurs vertus, et leur protection puissante :

titres suffisants pour diriger l'Eglise dans le culte qu'elle leur rend.

CATHERINE (sainte) de Sienne , née en 1347, embrassa, à l'âge de 20 ans l'institut des sœurs de Saint-Dominique. Ses révélations, son zèle et ses écrits la firent un nom célèbre. Elle réconcilia les Florentins avec Grégoire XI, pour lors à Avignon. L'éloquence de la négociatrice fut si vive , qu'elle engagea le Pontife à quitter les bords du Rhône pour ceux du Tibre. Elle joua un grand rôle dans toutes les querelles du schisme. Elle écrivit de tous côtés en faveur du pape Urbain , et mourut en 1380. Sa *Légende* en italien , Florence , 1477 , est très-rare ; celles de 1524 , in-4 , et 1526, in-8, sont rares aussi. Sa *Vie* a été écrite en latin par Jean Pins , Bologne , 1515, in-4. Il y en a une en français par le Père Jean de Rechac , Paris , 1647 , in-12. Quoique dans le grand nombre de visions et de révélations qu'on lui attribue , on ne puisse guère douter qu'il n'y en eût de véritables , ce serait manquer de jugement et de critique que de les admettre toutes. La canonisation des saints ne ratifie pas leurs opinions ni leurs révélations. Il ne faut cependant point parler avec dédain ou avec aigreur de ces situations extraordinaires des saints ou saintes, qui , supposé qu'elles appartiennent quelquefois à l'imagination , sont néanmoins l'effet d'une piété toujours bien respectable dans son principe et dans son objet. Sainte Catherine fut canonisée par Pie II , en 1461. On lui attribue des poésies italiennes , Sienne , 1505 , in-8 , quelques *traités de dévotion* , et des *lettres* qui sont purement écrites en italien : elles parurent à Bologne en 1492, in-4. Tous les ouvrages de cette sainte ont été publiés à Lucques et à Sienne l'an 1707-13 , 4 vol. in-4.

CATHERINE, reine de Bosnie, épousa le cinquième et dernier souverain de ce pays , Etienne , que Mahomet II fit écorcher vif en 1465, après avoir conquis ses Etats. Elle se réfugia à Rome, où elle mourut en 1478, laissant par son testament le royaume de Bosnie à l'Eglise romaine. Cet acte , ainsi que l'épée et les éperons du roi Etienne , furent déposés par ordre de Sixte IV , avec l'acceptation de ce Pape, dans les archives pontificales , en attendant l'occasion de faire valoir la donation.

CATHERINE (sainte) de Bologne, née dans cette ville en 1413, d'une ancienne maison de Ferrare , fut placée , à l'âge de douze ans , en qualité de dame d'honneur auprès de la princesse Marguerite d'Est. Toutes ses inclinations étant diri-

gées vers la vie religieuse, elle saisit la
première occasion qui se présenta pour
quitter la cour, et entra dans une société
de femmes du tiers-ordre de Saint-François, où elle fut créée abbesse des clarisses de Bologne, lors de la fondation de ce
monastère, qu'elle gouverna avec beaucoup de sagesse et d'édification jusqu'à
sa mort arrivée en 1463. Clément VIII fit
insérer son nom dans le Martyrologe
romain en 1592, et Benoît XIII la canonisa en 1724. Sainte Catherine de Bologne eut des visions et des révélations
comme sainte Catherine de Sienne. Elles
furent publiées à Bologne en 1511. Sainte
Catherine de Bologne a composé quelques traités en latin et en italien ; le plus
connu est son livre des *Sept armes spirituelles.*

CATHERINE (sainte) de Gênes, née
en 1447, de l'illustre famille des Fiesque,
qui produisit des généraux célèbres, et
donna à l'Eglise deux papes (Innocent
IV et Adrien V) et plusieurs cardinaux.
Elle montra, dès la plus tendre enfance,
le goût de la prière, de la mortification
et des plus héroïques vertus : aussi, dès
l'âge de 12 ans, Dieu la favorisa de plusieurs grâces extraordinaires. Elle voulut, dans sa treizième année, se consacrer au Seigneur dans l'état religieux,
regardant la vie contemplative comme la
plus convenable à ses inclinations ; mais
détournée de ce dessein par l'obéissance
qu'elle devait à ses parents, et par les
conseils de ceux auxquels elle s'en rapportait pour connaître la volonté divine,
elle épousa Julien Adorno, jeune patri-
cien génois, ambitieux et porté au plaisir, qui ruina sa fortune, et lui causa
toutes sortes de chagrins pendant les dix
années qu'il passa avec elle. Cependant
elle eut la consolation de le voir revenir
de ses égarements : il en fit pénitence et
entra dans le tiers-ordre de Saint-François, où il mourut dans de grands sentiments de piété. Sainte Catherine, devenue maîtresse d'elle-même, résolut de ne
plus vivre que pour Dieu ; et après avoir
délibéré sur la manière dont elle exécu-
terait son dessein, elle se décida pour la
réunion de la vie active et de la vie contemplative, et se consacra au service des
malades dans le grand hôpital de Gênes.
Sa charité vive s'étendit même sur tous
les malades de la ville, surtout pendant
la peste qui fit à Gênes de terribles ravages dans les années 1497 et 1501. Elle
joignit, à ces pénibles exercices, des
austérités qui avaient quelque chose d'ef-
frayant. Elle mourut le 14 septembre
1510, après une maladie longue et douloureuse. Plusieurs miracles suivirent sa

mort. Dix-huit mois après, on leva de
terre son corps qui n'avait encore aucune marque de corruption. Clément
XII la canonisa en 1737, et Benoît XIV
fit insérer son nom dans le Martyrologe
romain, sous le 22 mars, jour auquel
elle a été longtemps honorée, dans plusieurs églises. Sainte Catherine a laissé
deux ouvrages qui ne sont pas à la portée du commun des lecteurs, un *Traité
du Purgatoire,* et un *Dialogue entre l'â-
me et le corps,* l'amour-propre et l'esprit
de J.-C., où elle insiste sur la nécessité
de cette mortification universelle et de
cette humilité parfaite, qui avaient porté
en elle l'amour de Dieu à un degré si sublime. Sa *Vie* a été écrite par Miratoli,
son confesseur, et publiée en 1551.

CATHERINE, fille de Charles VI, roi
de France, épousa en 1420 Henri V, roi
d'Angleterre, qui, du chef de sa femme
et en vertu du traité de Troyes fait le 21
mai de la même année, prétendait que
son fils devait succéder à la couronne de
France, au préjudice de Charles VII.
Après la mort de Henri V, en 1422, elle
se remaria secrètement à Oven Tyder,
ou plutôt Tudor. Ce Tyder était un seigneur du pays de Galles, d'une famille
qui, selon quelques flatteurs, avait régné
autrefois en Angleterre. Sa bonne mine,
son assiduité, ses complaisances avaient
touché la reine, qui oublia ce qu'elle devait aux mânes de son époux, pour satisfaire la passion qu'elle avait pour Tyder. Elle mourut en 1438. Tyder fut aussitôt mis en prison ; il se sauva quelque
temps après ; mais malheureusement
ayant été repris pendant les guerres civiles des maisons d'York et de Lancastre, il eut sur-le-champ la tête tranchée.
Catherine avait eu deux fils de Tyder :
l'un s'appelait Edmond, dans la suite
comte de Richemond, et l'autre Gaspard,
qui fut créé comte de Pembrock. Le fils
d'Edmond régna depuis en Angleterre
sous le nom de Henri VII, et porta ainsi
sur le trône la maison de *Tudor,* qui a
soutenu avec dignité l'honneur du sang
maternel.

CATHERINE D'ARAGON, fille de Ferdinand V, roi d'Aragon, et d'Isabelle,
reine de Castille, épousa en 1501 Arthus,
fils aîné de Henri VII, dit le *Salomon
d'Angleterre.* Ce prince étant mort 5 mois
après cette union, le nouveau prince de
Galles, connu depuis sous le nom de
Henri VIII, s'unit à la veuve de son frère,
avec une dispense de Jules II, accordée
sur la supposition que le mariage n'avait
pas été consommé. Son époux naturellement léger et inconstant, comme il le fit
bien voir dans la suite, ne tarda pas de

s'en dégoûte et de proposer un divorce. Cette affaire fut plaidée devant deux légats de la cour de Rome , qui travaillèrent inutilement à réconcilier les deux époux. Henri fit prononcer une sentence de répudiation ; le Pape refusa de l'autoriser. Catherine ne voulut jamais consentir à la dissolution d'un mariage qui, de sa nature, ne pouvait l'être par aucune puissance spirituelle ou temporelle. Cette fermeté la fit éloigner de la cour pour toujours, en 1531. Il lui fut défendu de prendre, et à la nation de lui donner d'autre titre que celui de princesse douairière de Galles. Le Pape cassa la sentence de divorce , et ordonna à Henri de reprendre Catherine. Cette princesse n'en fut pas moins exilée à Kimbalton , où elle mourut en 1536. Quand elle se sentit près de la mort, elle écrivit à son mari, qui ne put refuser des larmes à sa lettre, et qui ordonna à sa maison de prendre le deuil. Des mœurs simples , le goût de la retraite , l'amour de l'ordre formaient le fond de son caractère. Les soins domestiques, la prière et le travail furent ses occupations. Sa raison et sa vertu ne firent aucune impression sur un prince qui n'écoutait plus que ses passions et, qui, même en matière de passions, n'avait rien de fixe ni de conséquent. L'abbé Legrand a publié l'*Histoire du divorce de Henri VIII* , Paris , 1688 , 3 vol. in-12. On y trouve des pièces originales et curieuses sur toute cette affaire.

CATHERINE DE MÉDICIS , fille unique et héritière de Laurent de Médicis, duc d'Urbin , nièce de Clément VII, née à Florence en 1519, fut mariée par les intrigues de son oncle en 1533 , au dauphin de France, depuis Henri II. Elle fut trois fois régente du royaume : la première , durant le voyage du roi son mari en Lorraine en 1553 ; la seconde, pendant la minorité de Charles IX ; et la troisième , depuis la mort de ce prince, jusqu'au retour de Henri III, alors roi de Pologne. Son objet principal, sous la minorité de Charles IX , fut de diviser par l'intrigue ceux qu'elle ne pouvait gagner avec de l'argent. Placée entre les catholiques et les protestants, les Guises et les Condés , elle souleva les partis opposés pour rester seule maîtresse. Elle accorda aux instances des huguenots le colloque de Poissy, en 1561 , et l'année d'après l'exercice public de leur religion , dans la crainte que la jonction du roi de Navarre aux Guises ne rendît ce parti trop puissant. Lorsque Charles IX fut déclaré majeur , elle se fit continuer l'administration des affaires, et brouilla tout comme auparavant. Ayant fait lever des troupes

sous prétexte de se précautionner contre le duc d'Albe, mais réellement pour contenir les protestants, ce parti en prit de l'ombrage, et le royaume fut encore embrasé. Ce fut en partie par ses conseils que le massacre de la Saint-Barthélemi fut ordonné, dans un moment de crainte et de trouble , et nullement ensuite d'un dessein prémédité. (Voyez CHARLES IX.) Elle gouvernait alors son fils ; mais elle se brouilla avec ce prince sur la fin de sa vie , et ensuite avec Henri III. Elle mourut en 1589 , regardée comme une princesse d'un caractère incompréhensible. Les protestants l'ont peinte avec des couleurs affreuses. Meyer , dans la *Galerie philosophique du* 16° *siècle*, la représente plutôt comme malheureuse que comme méchante. Il faut convenir qu'elle s'est trouvée dans des circonstances où , sans de grands talents, on ne pouvait faire que de grandes fautes ; où une politique faible, tortueuse et inconséquente ne pouvait qu'aggraver les maux de la France, irriter les deux partis , et imprimer à sa mémoire des taches que personne ne s'empressa d'effacer.

CATHERINE DE PORTUGAL , femme de Charles II , roi d'Angleterre , et fille de Jean IV , roi de Portugal, naquit en 1638 ; son père était encore duc de Bragance. Elle fut mariée en 1661 avec Charles II. Elle avait , dit-on , l'âme plus belle que le corps ; et elle eut l'estime, mais non le cœur du roi son époux. Pendant le règne de Jacques II , cette princesse jouit de beaucoup de considération ; mais en 1688, elle résolut d'aller en Portugal , où elle ne se rendit cependant qu'au commencement de 1693. Elle y fut déclarée régente en 1704 par le roi Pierre, son frère, à qui ses infirmités rendaient le repos nécessaire. Catherine fit éclater alors les grandes qualités qu'elle avait reçues de la nature. Elle continua de faire la guerre à l'Espagne avec beaucoup de vigueur. Sage et prudente dans les conseils , elle sut faire exécuter ce qu'elle avait résolu ; et pendant sa régence , l'armée portugaise reconquit sur les Espagnols plusieurs places importantes. Cette princesse mourut en 1705.

CATHERINE Ire, paysanne, dont le nom était Alfendey , devenue impératrice de Russie , devait le jour à des parents fort pauvres, qui vivaient près de Départ, petite ville de la Livonie. Au sortir de l'enfance , elle perdit son père qui la laissa dans les bras d'une mère infirme ; le travail de ses mains ne suffisait pas à leur entretien. Ses traits étaient beaux, sa taille charmante , elle annonçait beaucoup d'esprit. Sa mère lui apprit à lire , et un vieux ministre luthérien lui donna les principes de la religion. A peine avait-elle atteint sa quinzième année, qu'elle perdit sa mère. Le ministre la reçut chez lui, et la chargea du soin d'élever ses filles. Catherine profita des maîtres de musique et de danse qu'on faisait venir pour elles. La mort de son bienfaiteur qui survint la replongea dans une extrême indigence. Son pays étant devenu le théâtre de la guerre entre la Suède et la Russie, elle alla chercher un asile à Marienbourg. Après avoir traversé un pays dévasté par les deux armées, et avoir couru de grands dangers, elle tomba entre les mains de deux soldats suédois, qui sans doute n'auraient pas respecté sa jeunesse et ses charmes, si un bas officier ne fût survenu, qui la leur arracha. Après avoir rendu grâces à son libérateur, elle reconnut en lui le fils du ministre qui avait eu soin de son enfance. Ce jeune homme, touché de son état, lui donna les secours nécessaires pour achever son voyage, et une lettre pour un habitant de Marienbourg, qui s'appelait Gluck, et qui avait été ami de cet officier. Elle fut très-bien reçue, et on lui confia l'éducation de deux filles. Elle se comporta si bien dans cet emploi, que le père, étant veuf, lui offrit sa main. Catherine la refusa pour accepter celle de son libérateur, quoiqu'il eût perdu un bras, et qu'il fût couvert de blessures. Le jour même que ces deux époux allaient s'unir au pied des autels, Marienbourg est assiégé par les Russes; l'époux, qui était de service, fut obligé d'aller, avec sa troupe, repousser l'assaut, et périt dans cette action, sans avoir recueilli le fruit de sa tendresse. Marienbourg est enfin emporté d'assaut, la garnison et les habitants sont passés au fil de l'épée, ou en proie à la brutalité du vainqueur. On trouva Catherine cachée dans un four; on se contenta de la faire prisonnière de guerre; sa figure et son esprit la firent bientôt remarquer du général russe Menzikoff; il fut frappé de sa beauté, et la racheta du soldat auquel elle était tombée en partage, pour la placer auprès de sa sœur où elle fut accueillie avec tous les égards dus à l'infortune. Quelque temps après, Pierre-le-Grand se trouvant à manger chez ce général, on la fit servir à table. Le czar la distingua bientôt, et fut frappé de ses grâces. Il revint le lendemain chez Menzikoff pour revoir la belle prisonnière: elle répondit avec tant d'esprit à toutes les questions que lui fit ce monarque, qu'il en devint éperdûment amoureux. Le mariage suivit de près cette naissante inclination; il se fit secrètement en

1707, et publiquement en 1712. Elle fut couronnée en 1724, et reçut la couronne et le sceptre des mains de son époux. Après la mort de ce prince en 1725, elle fut déclarée souveraine impératrice de toutes les Russies. Elle se montra digne de régner, en achevant toutes les entreprises que le czar avait commencées. A son avénement à l'empire, les potences et les roues furent abattues. Elle institua un nouvel ordre de chevalerie, sous le titre de Saint-Alexandre de Newski, et reçut elle-même, peu de temps après, le collier de celui de l'Aigle-Blanc. La Russie la perdit en 1727, à l'âge de 38 ans. Les fréquents excès de vin de Tokai, joint à un cancer et à une hydropisie, furent la cause de cette mort prématurée. C'était une princesse d'une fermeté et d'une grandeur d'âme au-dessus de son sexe. Elle suivait Pierre-le-Grand dans ses expéditions, et lui rendit de grands services dans la malheureuse affaire de Pruth. Ce fut elle qui conseilla au czar de tenter le visir par des présents, ce qui lui réussit. On l'a soupçonnée de n'avoir pas été favorable au czarowitz Alexis, que son père fit mourir. Comme aîné et sorti du premier mariage, il excluait du trône les enfants de Catherine: c'est peut-être le seul motif qui lui ait attiré ce reproche peu fondé. (Voyez ALEXIS PÉTROWITZ.) « La « louange qu'elle a méritée, dit un his-« torien, c'est son humanité et sa dou-« ceur qui a sauvé la vie à quantité de « malheureux que son époux voulait sa-« crifier à sa colère. Elle avait sur lui, « pour cet objet, un ascendant qu'il ne « pouvait vaincre. Et quand il voulait « absolument satisfaire sa passion, il fai-« sait faire l'exécution pendant son ab-« sence. » Un voyageur moderne (Bieernstahl) prétend que Catherine était suédoise, que son premier époux a survécu à son mariage avec Pierre-le-Grand, et altère d'autres circonstances de ce récit, auquel nous avons cru ne devoir rien changer d'après les assertions d'un écrivain très-superficiel, qui ne consulte souvent que son imagination, l'esprit national, ou quelque autre source de préventions.

CATHERINE II, impératrice de Russie, née à Stettin en 1729, était fille de Christian-Auguste d'Anhalt-Zerbst, gouverneur de cette ville pour le roi de Prusse, et de Jeanne Élisabeth de Holstein. Sa mère l'amena à Moscou, où elle embrassa la religion grecque, et elle y échangea son nom de Sophie-Auguste-Dorothée pour celui de Catherine-Alexiowna, qui lui fut donné par l'impératrice Élisabeth. Elle épousa, en 1745, le prince Pierre, neveu de la czarine, qui l'avait désigné pour son successeur. Pierre était dépourvu de qualités aimables, et possédait de graves défauts peu propres à lui mériter l'affection de son épouse. Catherine chercha des distractions dans une étude suivie qui contribua beaucoup à développer la force de son caractère et à étendre son imagination. Au milieu d'une cour dépravée elle contracta le goût des plaisirs, et ne tarda pas à fixer son attention sur le jeune chambellan, comte de Solticoff; celui-ci ayant été chargé de diverses ambassades dans des cours étrangères, Catherine noua des liaisons criminelles avec Stanislas-Auguste Poniatowski, seigneur polonais d'une figure agréable et d'un esprit cultivé. L'intelligence des deux amants n'échappa point à l'impératrice, qui, au lieu d'y mettre un terme, sembla vouloir la favoriser, en obtenant d'Auguste III la nomination de Poniatowski à l'ambassade de Saint-Pétersbourg. La France, qui était alors en guerre avec l'Angleterre, venait de contracter une intime alliance avec l'Autriche, et y avait fait entrer la Russie. Poniatowski, lié avec l'ambassadeur anglais, le chevalier de Williams, se montrait partisan dévoué de l'Angleterre, et l'on ne doutait pas qu'il ne fît partager ses opinions politiques à la grande-duchesse. Ainsi, pendant qu'Elisabeth, qui savait mal se faire obéir, entrait de bonne foi dans les vues de ses alliés, elle avait auprès d'elle, dans le parti contraire, son héritier, ami du roi de Prusse, et la grande-duchesse, portée pour les Anglais. Louis XV, à qui son ambassadeur fit connaître ces circonstances, et qui avait un grand ascendant sur le roi de Pologne, père de la dauphine, demanda et obtint le rappel de Poniatowski. Catherine versa d'abord des larmes; mais elle se consola bientôt de cette séparation par un nouveau choix. Elisabeth étant morte en 1762, Pierre III monta sur le trône; cet événement ne fit qu'augmenter l'éloignement des deux époux. L'ambition de régner elle-même détermina Catherine à employer tous les moyens de renverser Pierre du trône, et elle forma dans sa retraite de Péterhoff une conjuration dans laquelle entrèrent le comte Panin, la princesse Daschkoff et Grégoire Orloff, jeune officier des gardes, peu connu à la cour, qui avait succédé à Poniatowski dans l'intimité de Catherine. Pierre III s'aliénait de plus en plus les cœurs de ses sujets par son caractère sans dignité et par ses vues politiques peu élevées; tous ceux qui le méprisaient ou qui espéraient

gagner à un changement, se jetèrent dans le parti de Catherine, dont la jeunesse et le genre de vie donnaient à la révolte une certaine couleur romanesque qui séduisait les jeunes seigneurs. Cependant la conspiration allait être découverte, et un des conjurés avait même été conduit en prison, lorsque les chefs résolurent d'éclater. Catherine, avertie du danger, quitte Péterhoff dans la nuit, fait une partie du chemin sur une charrette de paysan, et paraît à Saint-Pétersbourg où tout avait été préparé d'avance parmi les troupes et parmi le peuple pour le triomphe de sa cause. La conspiration éclata la nuit du 8 au 9 juillet 1762, et quelques heures suffirent pour en compléter le succès. On a beaucoup vanté la modération de Catherine après cet événement; mais elle était en quelque sorte rendue nécessaire par sa position même, et une conduite différente lui aurait fait perdre sa popularité. Pierre III fut étranglé, et il paraît que ce fut au moins avec le consentement de la czarine. (Voyez ALEXIS ORLOFF.) Elle se fit couronner avec beaucoup de pompe à Moscou; les premiers mois de son règne furent marqués par divers actes propres à lui concilier la faveur de la nation russe, et elle ne cessa de témoigner la plus grande déférence pour le culte et les usages suivis. En 1763, elle força les peuples de la Courlande à renvoyer leur nouveau duc, Charles de Saxe, et à rappeler Biren, qui leur était odieux. La mort d'Auguste III ouvrit un nouveau champ à ses projets ambitieux, et elle obligea les Polonais de lui donner pour successeur son ancien amant Stanislas Poniatowski, en qui elle espérait trouver un prince dévoué à ses intérêts. Malgré les efforts de Catherine, le nombre des mécontents croissait chaque jour dans son empire, et plusieurs complots s'étaient tramés contre elle à Moscou et à Saint-Pétersbourg. Le légitime héritier de Pierre III, le prince Ivan, qui du fond de sa prison ranimait les espérances des conspirateurs, ayant été mis à mort le 16 juillet 1764, dans la forteresse de Schlusselbourg, les murmures contre Catherine redoublèrent; mais les projets de ses ennemis s'évanouirent. Sa cour ne fut plus ensuite troublée que par quelques intrigues qui n'avaient d'autre objet que la disgrâce ou le remplacement d'un favori. Elle imagina de réformer la législation de ses Etats, et elle convoqua à Moscou, pour cet effet, des députés de toutes les provinces. On commença par lire dans cette assemblée les instructions traduites en langue russe, et dont l'original, écrit en français et presque tout entier de la main de Catherine, a été déposé depuis dans la bibliothèque de l'académie de Saint-Pétersbourg. Tandis que la plupart des députés applaudissaient à l'ouvrage de la czarine, les députés Samoyèdes se bornèrent à demander des lois pour contenir l'avidité des gouverneurs qu'on leur envoyait. Lorsqu'on parla de rendre la liberté aux esclaves, Catherine se hâta de dissoudre l'assemblée, et les députés lui donnèrent, avant de se séparer, le nom de *mère de la patrie*. Plusieurs souverains la firent complimenter, entre autres le roi de Prusse qui la plaçait, dans ses lettres, entre Lycurgue et Solon. Ces vaines tentatives de législation n'étaient pas ce qui occupait le plus Catherine; elle nourrissait en secret le dessein d'asservir toutes les puissances du Nord; elle venait de s'allier avec l'Angleterre, et demandait déjà à la Pologne plusieurs de ses provinces, occupées par les troupes russes. Le cabinet de Versailles, qui fut averti de ses projets, chercha à former dans ce dernier pays un parti contre la Russie; mais il n'employa que des moyens insuffisants, et ne fit que fournir à l'impératrice de nouveaux prétextes pour accomplir ses desseins. Afin d'arrêter l'ambition de Catherine, on employa un autre moyen, qui finit aussi par tourner à l'avantage des Russes. On parvint, en 1769, à engager la Porte à déclarer la guerre à la Russie. Le vieil empire des Ottomans perdit dans cette guerre la réputation de puissance et de grandeur qu'il avait conservée en Europe; les Turcs furent battus, plusieurs de leurs provinces envahies; le pavillon victorieux des Russes parut dans les mers de la Grèce, et la czarine forma le projet romanesque de faire revivre les républiques de Sparte et d'Athènes, pour les opposer à la Porte Ottomane. Conservant toujours ses projets contre la Pologne, et redoutant l'opposition des puissances de l'Europe, elle associa à sa politique les cours de Berlin et de Vienne, qui signèrent, en 1772, le fameux traité de partage : la Russie eut les provinces dont elle forma les gouvernements de Polotsk et de Mohilow, et Catherine se réserva l'influence exclusive sur la Pologne, avec la garantie de la constitution polonaise et de ce qui restait à la république de son ancien territoire. Un an après, la paix fut signée à Kainardji, entre la Russie et la Porte Ottomane. Catherine garda Tangarok, Asof et Kinburn, et se fit accorder en outre la libre navigation de la mer Noire et l'indépendance de la Crimée. Par cette indépen-

dance, qui n'était qu'illusoire, la Crimée devint en effet dépendante de Catherine. Cette paix était d'autant plus heureuse pour la Russie, que, dans la troisième année de la guerre, Moscou et plusieurs autres villes avaient été ravagées par la peste. Vers cette époque, un aventurier, nommé *Pugatschef*, qui prenait le nom de Pierre III, était parvenu à soulever plusieurs provinces orientales de Russie. Tandis que Potemkin, nouveau favori de Catherine, soumettait la Crimée et portait les limites de l'empire au-delà du Caucase, elle voulut se montrer dans les provinces révoltées, et fit, sur la Volga, puis sur le Borysthène une navigation qui, n'étant pas sans quelques dangers, lui offrait par là des attraits. Pour charmer les ennuis de son voyage, elle distribua aux seigneurs les plus instruits de sa cour, les divers chapitres du *Bélisaire* de Marmontel pour les traduire, et elle en traduisit un elle-même. Elle parcourut ensuite la Tauride avec une pompe extraordinaire, accompagnée de Potemkin, et l'on vit accourir parmi ses courtisans Stanislas-Auguste, et Joseph II. Lorsqu'elle lut sur un arc de triomphe élevé à Cherson sur son passage ces mots : *C'est ici le chemin de Bysance*, qui annonçaient en effet le but de son voyage, Joseph II lui renouvela la promesse qu'il lui avait déjà faite de l'aider dans l'exécution de ses desseins. Cependant ses espérances furent déçues. Les cabinets de Berlin et de Londres l'obligèrent de conclure la paix avec les Turcs, et elle fut signée à Yassi en 1792. Elle garda Otschakof et tout le pays situé entre le Bog et le Dniester. Tandis que les Russes étaient occupés contre les Turcs, Gustave III, roi de Suède, se mit en campagne avec une armée et menaça un moment St-Pétersbourg. Après deux ans de succès variés, les Russes et les Suédois firent la paix à Wercla le 24 août 1790. L'influence que Catherine s'était réservée sur la Pologne, après le premier partage, excitait la jalousie des puissances copartageantes, qui les premières manifestèrent l'envie de se dépenser ce qui restait du territoire de la république. L'Autriche, et surtout la Prusse, engagèrent publiquement les Polonais à défendre leur indépendance, afin d'obliger Catherine à prendre un parti décisif. Catherine hésitait encore; mais elle céda enfin aux intrigues de ses favoris, qui employaient des manœuvres sourdes à Varsovie pour échauffer les esprits et animer les orateurs de la diète contre l'impératrice, afin de l'obliger à prendre une résolution. Elle fit ce qu'on lésirait, et acheva de détrôner Ponia-owski, qu'elle avait fait roi. Un nou-·eau partage de la Pologne fut arrêté ntre le roi de Prusse et l'impératrice de lussie en 1792, et, l'année suivante, ette contrée tout entière, définitive-·oent partagée entre ces deux souverains t l'Autriche, perdit jusqu'à son nom.)uelque temps après, Catherine réunit : son empire la Courlande, la Samogi-ie, le Sémigalle et le cercle de Pilten. À cette époque, la révolution avait éclaté m France. Elle fit aux émigrés un ac-·ueil généreux, et leur prodigua des ·romesses qu'elle ne réalisa point. En 1794, une insurrection ayant éclaté en ·ologne, les derniers efforts des Polo-·ais pour reconquérir leur indépendance ·urent regardés par Catherine comme un les premiers effets de la révolution fran-·aise qu'elle voyait avec horreur, et ·chevèrent leur ruine. (Voyez SOUWA-·OW.) Quelques historiens ont avancé ju'elle nourrissait le projet de rétablir ·empire du Mogol, et de détruire la do-·ination anglaise dans le Bengale, lors-ju'une attaque d'apoplexie la mit au ·ombeau le 9 novembre 1796, à l'âge de ·7 ans. Cette princesse, dont les princi-·paux mobiles furent l'amour et l'ambition, a été jugée diversement par les historiens dont les uns ont vanté ses qualités, et les autres l'ont représentée comme une femme cruelle et dissimulée. Elle flattait tous les écrivains d'une grande réputa-tion, dans l'espoir d'en recevoir à son tour des éloges; elle invita plusieurs fois Voltaire à venir dans ses Etats, et proposa à d'Alembert de venir achever à Saint-Pétersbourg l'*Encyclopédie*, et de suivre l'éducation du grand-duc. Dide-rot s'entretenait familièrement avec elle. On ne peut nier qu'elle n'ait consacré son règne par des institutions et des mo-numents utiles; mais elle manquait de persévérance pour achever les entrepri-ses qu'elle avait commencées. Cette ma-nie de Catherine de tout ébaucher, sans rien finir, est bien caractérisée par le mot suivant de Joseph II. Pendant son voyage en Tauride, elle invita ce prince à poser la seconde pierre de la ville d'Ecatheri-noslaw, dont elle venait de poser solen-nellement la première. Joseph, de re-tour, disait : « J'ai fini une grande af-« faire en un jour avec l'impératrice de « Russie ; elle a posé la première pierre « d'une ville, et moi la dernière. » On a de Catherine II les ouvrages suivants : *Antidote*, ou *Réfutation du voyage en Si-bérie, par l'abbé Chappe*, en français, imprimé à la suite de cet ouvrage, dans l'édition d'Amsterdam. Rey, 1769-71,

6 vol. in-12 ; le *Czarowitz Chlore*, com-posé en russe, et traduit en français par Formey, sous ce titre : le *Czarowitz Chlore, conte moral de main impériale et de maîtresse*, Berlin, 1782, in-8 ; *Ins-truction pour la commission chargée de dresser le projet d'un nouveau Code de lois*, Pétersbourg, 1765, in-8; id. en français, latin, allemand et Russe, 1770, in-4 ; en russe et en grec vulgaire, in-8. On y trouve presqu'en entier le *Traité des délits et des peines*, de Beccaria; *Cor-respondance* avec Voltaire, etc.; *Pièces de théâtre* (dans le *Théâtre de l'Ermitage*); *Oleg*, drame historique, traduit en fran-çais de l'original russe de Derschawin ; *Lettres à Zimmermann*, dans les *Archi-ves littéraires*, tom. 3, pag. 210 ; plu-sieurs écrits en allemand et en russe, sur lesquels on peut consulter l'*Allemagne savante*, de Meusel. Castera a écrit la *Vie de Catherine II*, 1798, 3 vol. in-8, ou 4 vol. in-12. D'Harmensen, gentil-homme de cour au service du roi de Suède, a donné l'*Eloge de Catherine II*, Paris, Didot l'aîné, 1804, in-8.

CATILINA (Lucius), d'une des pre-mières familles patriciennes de Rome, dérobé par son armée et ses amis au der-nier supplice qu'il méritait, pour avoir été accusé publiquement d'un inceste avec une vestale, pour avoir assassiné son propre fils, avoir été successivement questeur, lieutenant-général et préteur, sans que son caractère eût changé. S'é-tant présenté depuis deux fois inutile-ment pour le consulat, et ayant eu Ci-céron pour concurrent, il entreprit de le faire assassiner. Il y avait déjà long-temps qu'il tramait sourdement de dé-truire Rome par le fer et par le feu. Plu-sieurs jeunes gens de la première nais-sance, réduits comme lui à la misère par leurs débauches, s'étant rendus ses complices, il leur fit boire, dit-on, du sang humain pour gage de leur union. Cicéron, averti par Fulvia, maîtresse d'un des conjurés, découvrit le complot de Catilina, et veilla à la sûreté de la ré-publique. On intercepta les lettres des principaux conjurés, et l'on en fit exé-cuter cinq. Catilina furieux passa en Etru-rie, à la tête de quelques légions mal armées, prêt à tout entreprendre ou à périr. Antoine, collègue de Cicéron, fit marcher Pétréius, son lieutenant, contre le conspirateur. Catilina se battit en dé-sespéré, toujours au premier rang. Il fut vaincu, et se fit tuer, pour ne point sur-vivre à la ruine de ses affaires, l'an 62 avant J.-C. (Voyez l'excellente *Histoire* de cette conjuration par Salluste.)

CATINAT (Nicolas), né en 1637, du

doyen des conseillers du Parlement de Paris, commença par plaider, perdit une cause juste, et quitta le barreau pour les armes. Il servit d'abord dans la cavalerie, et ne laissa échapper aucune occasion de se distinguer. En 1667, il fit, aux yeux de Louis XIV, à l'attaque de la contre-scarpe de Lille, une action de tête et de courage qui lui valut une lieutenance dans le régiment des gardes. Elevé successivement aux premières dignités de la guerre, il se signala à Maëstricht, à Besançon, à Senef, à Cambrai, à Valenciennes, à Saint-Omer, à Gand et à Ypres. Lieutenant-général en 1688, Il battit le duc de Savoie à Stafarde et à la Marsaille, se rendit maître de toute la Savoie et d'une partie du Piémont, passa de l'Italie en Flandre, assiégea et prit Ath en 1697. Il était maréchal de France depuis 1693. Là guerre s'étant rallumée en 1701, il fut mis en Italie à la tête de l'armée française contre le prince Eugène, qui commandait celle de l'empereur. La cour, au commencement de cette guerre, était indécise sur le choix de ses généraux, et balançait entre Catinat, Vendôme et Villeroi. On en parla dans le conseil de l'empereur : « Si c'est Villeroi qui commande, « dit Eugène, je le battrai; si c'est Ven-« dôme, nous nous battrons; si c'est Ca-« tinat, je serai battu. » Le mauvais état de l'armée, le défaut d'argent pour la faire subsister, le peu d'intelligence entre lui et le duc de Savoie, dont il soupçonnait la droiture, l'empêchèrent d'accomplir cette prédiction du prince Eugène. Il fut blessé à l'affaire de Chiari et obligé de reculer jusque derrière l'Oglio. C'est à cette retraite qu'on attribue ses fautes et sa disgrâce; mais quand bien même elle n'eût point été occasionnée par la défense que lui avait faite la cour de s'opposer au passage du prince Eugène, pourquoi toujours chercher dans les erreurs des commandants ou des subalternes les causes des défaites? Ne sait-on pas que le succès des armes est presque toujours au-dessus de toutes les spéculations des généraux? « Si les circonstances de cette « campagne, dit Catinat lui-même, « étaient bien connues, l'on y verrait un « enchaînement assez naturel, qui m'a « conduit dans le malheur et la disgrâce « où je suis; les sentiments d'autrui y « ont contribué autant que les miens; « cette réputation qui, dans le courant « de ma vie, m'a coûté tant de sueurs, « se trouve flétrie. Ma conduite, je l'as-« sure, a été avec candeur et simplicité. « La sagesse et la droiture, voilà ce qui « peut dépendre de nous; la fortune conserve son empire dans les autres affai-

« res ; quoique l'on pense de son mieux, « l'on ne fait pas trop bien. » Quoi qu'il en soit, Catinat, malgré ses victoires et ses négociations, fut obligé de servir sous Villeroi, et le dernier élève de Turenne et de Condé n'agit plus qu'en second. Le roi le nomma, en 1705, pour être chevalier de ses ordres; mais il refusa. Il mourut sans avoir été marié, dans sa terre de Saint-Gratien en 1712, âgé de 75 ans, dans les sentiments, dit-on, d'une triste et désespérante philosophie dans laquelle il avait vécu. Quelques auteurs ont néanmoins assuré qu'il n'était pas sans religion, et qu'il en a donné des marques dans ses derniers moments : ce qu'il y a de sûr, c'est qu'il n'affichait pas l'impiété, et qu'il ne se faisait point de gloire d'un système qui réellement n'est propre qu'à dégrader et avilir la dignité de la nature humaine. Il a paru, en 1775, des *Mémoires* pour servir à sa vie, in-12 ; et en 1819, *Mémoires et correspondance du maréchal de Catinat*, 3 vol. in-8, fig.

CATON le Censeur (Marcus-Porthus), d'une famille plébéienne, originaire de Tusculum, servit d'abord sous Quintus Fabius-Maximus à l'expédition de Tarente. Sa sagesse, sa valeur, son activité, son éloquence lui promirent les premières places de la république. Il fut tribun militaire en Sicile, vers l'an 205 avant J.-C., ensuite questeur, préteur, et enfin consul. Les affaires d'Espagne demandant un homme consulaire, il y passa, réduisit les rebelles et s'empara en peu de temps de plus de quatre cents places. On lui entendit dire à lui-même, qu'il avait pris plus de villes qu'il n'avait passé de jours dans son département. Le peuple lui décerna d'une commune voix le triomphe et la censure. Son premier soin fut de réformer le luxe et les mœurs des Romains. On lui éleva une statue avec cette inscription : *A la gloire de Caton, qui a remédié à la corruption des mœurs.* Cela n'empêchait pas qu'il ne sortît des spectacles, de peur d'arrêter par sa présence des scènes scandaleuses; qu'il ne conseillât aux jeunes gens de fréquenter les courtisanes, et qu'il ne fît commerce de la prostitution de ses esclaves : la vertu de ces anciens sages n'étant jamais bien conséquente. Ce magistrat, de tout temps déclaré contre les femmes, contribua beaucoup à faire passer la loi qui défendait aux citoyens d'en instituer aucune héritière. L'âge n'adoucit point sa sévérité : Athènes ayant envoyé à Rome des philosophes et des orateurs pour une négociation, Caton, alarmé de l'empressement de la jeunesse romaine à les entendre, proposa de les renvoyer, convaincu qu'ils ne contribuaient en rien à la félicité publique. Il mourut en opinant la ruine de Carthage, l'an 148 avant Jésus-Christ, à 86 ans, regardé comme un homme juste, au moins dans les occasions d'éclat, mais inflexible et implacable dans ses vengeances. Acilius ayant brigué la censure en même temps que lui, il l'accusa publiquement d'avoir détourné à son profit les dépouilles des ennemis. Son avarice contrastait étrangement avec la philosophie qu'il affichait. Il était devenu le plus fameux usurier de Rome ; ce qui ne l'empêcha pas de s'élever contre ce vice, semblable à cet usurier, dont parle Henri Etienne, qui priait tous les prédicateurs de prêcher contre l'usure, afin d'exercer, lui seul, une profession que les autres auraient abandonnée. Du temps de Cicéron, il restait encore de Caton 150 *Oraisons*, un *Traité de l'art militaire* ; des *Lettres*, une histoire en sept livres, intitulée : *Des origines*. Nous n'avons actuellement que les fragments de ce dernier ouvrage, avec un traité *De re rusticâ*, où il donne des préceptes sur les devoirs et les connaissances de la vie rustique, écrits avec autant de force que d'élégance. On l'a inséré dans *Rei rusticæ scriptores* ; Leipsick, 1735, 2 vol. in-4. Saboureux de la Bonetrie l'a traduit en français dans le premier volume de son *Economie rurale*, Paris, 1771, 6 vol. in-8. On attribue à Caton, mais sans raison, des *Distiques moraux*, sur lesquels le célèbre Pibrac a formé ses *Quatrains*. Ces *Distiques* sont d'un auteur du 7ᵉ ou 8ᵉ siècle. (Voyez CATON DIONYSIUS.) On les trouve avec le *Publius Syrus*, Leyde, 1625, in-8, et séparément, Amsterdam, 1754, in-8 et 1759, 2 vol. in-8. Il disait ordinairement, « qu'il se repentait de trois cho- « ses : d'avoir passé un jour sans rien « apprendre ; d'avoir confié son secret à « sa femme ; et d'avoir été par eau, lors- « qu'il pouvait voyager par terre. » Il paraît cependant qu'il avait des sujets d'un repentir plus fondé. Caton laissa un fils qui se signala sous Paul-Emile, dans la guerre de Macédoine. (Voyez le livre *De republicâ romanâ* du Père Cantel.)

CATON D'UTIQUE, ainsi appelé parce qu'il mourut dans cette ville, était arrière-petit-fils de Caton le Censeur. Il poussa l'amour de la patrie jusqu'au fanatisme. A quatorze ans, il demanda une épée pour tuer le tyran Sylla, et délivrer la république de ses proscriptions. Le consul Gellius, sous les ordres duquel il servait, lui offrant des récompenses militaires, il les refusa, jugeant qu'elles ne lui étaient pas encore dues. Elevé à la dignité de questeur, il refusa de payer les pensions que Sylla avait constituées à ses satellites sur le trésor public. Il était stoïcien dans la théorie et dans la pratique. Il aimait mieux, dit Salluste, être homme de bien, que le paraître ; et moins il était touché du désir de la gloire, plus elle semblait venir le chercher. *Esse, quàm videri bonus malebat ; itaque, quò minùs gloriam petebat, eò magis illam assequebatur.* Il peut se faire que Caton fût moins vain que les autres héros de Rome ; mais il n'est pas à croire qu'il fuyait la gloire de bonne foi : l'ostentation et la parade de vertu faisaient d'ailleurs le caractère propre de la secte philosophique qu'il professait. Il demanda le tribunat, pour empêcher un méchant homme de l'avoir. Il s'unit l'an 62 avant J.-C. avec Cicéron contre Catilina, et avec les bons citoyens contre César. Il s'opposa aux brigues de ce général et de Pompée pendant leur union, et tâcha de les accorder pendant les guerres civiles. Ses soins ayant été inutiles, il se tourna du côté de Pompée qu'il regardait comme le défenseur de la république, tandis que son compétiteur la menaçait d'une prochaine servitude. Il porta toujours le deuil depuis le jour que commença la guerre civile, résolu de se donner la mort si César était vainqueur, et de s'exiler seulement si c'était Pompée. La bataille de Pharsale ayant tout décidé, ce républicain zélé, ou si l'on veut forcené, s'enferma dans Utique, et exécuta son dessein en se plongeant son épée dans le corps, l'an 44 avant J.-C. à l'âge de 49 ans. Le président de Montesquieu dit que, si Caton se fût réservé pour la république, il aurait donné aux affaires un tout autre tour. De Turpin Crissé, dans ses excellentes *notes sur les Commentaires de César*, est du même sentiment. « On a toujours, dit-il, admiré la « mort de Caton ; on l'a célébrée comme « le dernier effort de la plus héroïque « vertu, de la fermeté la plus inébranla- « ble : l'antiquité a exalté ce romain qui, « après avoir si longtemps lutté contre « les ennemis de la république et l'avoir « soutenue dans sa chute, s'ensevelit « sous ses ruines, expire avec sa patrie, « et meurt libre, lorsque Rome était déjà « dans les fers. Mais Caton ne pouvait- « il pas prendre un autre parti plus gé- « néreux que celui de se donner la mort, « que de se déchirer les entrailles, ou de « tomber aux pieds de César ? Malgré les « succès suivis de ce tyran de sa patrie, « la conquête de toute l'Italie, la vic- « toire remportée à Pharsale, la mort de

« Pompée, la bataille signalée qu'il ve-
« nait de gagner, tout n'était pas perdu.
« Les défenseurs de la république étaient,
« à la vérité, épars dans l'Afrique; il
« fallait qu'il se mît à leur tête, ou pour
« rendre la liberté à sa patrie, ou pour
« mourir en la défendant. D'ailleurs, la
« liberté avait encore un asile en Espa-
« gne; un parti redoutable s'y formait
« contre le tyran. Quel autre que Caton
« pouvait en être plus dignement le chef?
« Il prend les mesures les plus sages
« pour sauver les sénateurs enfermés
« avec lui dans Utique; il les fait mon-
« ter sur des vaisseaux au milieu d'une
« nuit obscure et orageuse; il leur or-
« donne de vivre, afin qu'il existe encore
« sur la terre des hommes qui ne soient
« pas esclaves de César : pourquoi ne
« les suit-il point? La vie de ces séna-
« teurs était-elle plus chère, plus néces-
« saire à Rome que celle de Caton? Il ne
« veut pas fuir devant César et il se
« donne la mort; n'est-ce pas, fuir plus
« lâchement encore? C'était peut-être le
« moment où il fallait triompher; César
« ne pouvait plus cacher ses ambitieux
« desseins; ce n'était plus contre Pom-
« pée qu'il faisait la guerre, c'était con-
« tre la république. Les Romains allaient
« ouvrir les yeux; ils allaient peut-être
« se réunir contre le tyran qui voulait
« les asservir, et Caton leur donne à
« tous le funeste exemple du décourage-
« ment; il leur annonce par sa mort,
« qu'il n'y a plus de liberté à attendre,
« et que César est leur maître. » Il est
certain qu'il devait se conserver à sa patrie, et que cette bravade du suicide
était une faiblesse réelle, et de plus un
crime contre la société et contre l'auteur
de la vie. « Quelle différence, dit un mo-
« raliste, entre Caton et un chrétien !
« Celui-ci sait que Dieu est le seul maî-
« tre de sa vie; que l'ayant reçue de lui,
« la quitter c'est commettre un crime
« semblable à celui d'un soldat qui quitte
« son poste sans l'ordre de son comman-
« dant. Que les sentiments de Caton sont
« différents de ceux de saint Paul ! Ce-
« lui-ci désire bien de mourir pour s'u-
« nir à Dieu; mais il ne refuse point de
« vivre, ni d'affronter courageusement
« les persécutions et les souffrances,
« quand elles peuvent tourner à la gloire
« de Dieu et à l'avantage du prochain. »
Ce romain que Paterculus dit ressembler
plus aux dieux qu'aux hommes avait des
vices qui eussent fait rougir un homme
ordinaire, entre autres l'ivrognerie à laquelle il était fort adonné. Il céda sa
femme Marcia, quoique grosse, à l'orateur Hortensius, afin que ce beau par-
leur ne mourût point sans postérité; et
dès qu'elle fut veuve et héritière d'Hortensius il la reprit. « S'il en avait besoin,
« dit César à cette occasion, pourquoi
« la céder? S'il n'en avait pas besoin,
« pourquoi la reprendre? » Si Caton,
comme dit Sénèque, valait plus que trois
cents Socrates, il faut croire que ce fameux grec valait bien peu de chose.

CATON (Valérius), poëte et grammairien latin, né dans la Gaule Narbonnaise,
ouvrit à Rome une école où l'on se rendait de toutes parts. On disait de lui
qu'il était le seul qui sût lire et faire les
poëtes. Il mourut fort âgé, l'an 30 avant
J.-C., dans un état qui n'était guère au-
dessus de l'indigence. La seule de ses
poésies qui soit parvenue jusqu'à nous
est sa pièce intitulée : *Diræ*; ce sont des
imprécations que lui inspirèrent l'absence
de son pays et celle de sa Lydie. Chris-
tophe-Arnold publia ce petit poëme à
Leyde en 1652, in-12 : cette édition est
rare. On le trouve aussi dans le *Corpus
poetarum* de Maittaire.

CATON (Dionysius). On croit qu'il
vivait sous les deux Antonins. On a de
lui quatre livres de *Distiques moraux*
adressés à son fils, en vers latins; les
premières éditions, imprimées en 1475 et
1477, in-4, sont très-rares. Les meilleures sont celles d'Otto Arutzénius, *cum
notis variorum*, Amsterdam, 1754, et
1759, in-8. Les distiques de Caton ont
été imprimés en vers grecs, en italien,
en allemand, en anglais et en vers francais. Boulard a publié, en 1798 et 1802,
les traductions en vers grecs et allemands,
chacune avec une version littérale et in-
terlinéaire, accompagnée du texte latin
et de la traduction en vers français.

CATROS (Toussaint-Yves), né en
1780, mort à Bordeaux en 1836, est
auteur du *Traité raisonné des arbres
fruitiers*. Catros était un habile pépinié-
riste.

CATROU (François), né à Paris en
1659, jésuite en 1677, exerça le ministère de la chaire pendant 7 ans avec distinction. Le *Journal de Trévoux*, qui
commença en 1701, l'occupa environ
douze années. Il fut chargé d'y travailler,
et s'en acquitta avec bonneur. Il employa
les intervalles que lui laissait cet ouvrage
périodique, à composer plusieurs livres
estimables. Les principaux sont : *Histoire générale de l'empire du Mogol*, imprimée en 1702, réimprimée en 1705,
et traduite en italien. On en a une édition de 1725, in-4, et en 2 vol. in-12,
augmentée du règne d'Aureng-Zeb. Cette
histoire a été faite sur des *Mémoires* curieux; *Histoire du fanatisme des religions*

protestantes, de l'Anabaptisme, du Davidisme, du Quakérisme, Paris, 1733, 3 vol. in-12. La variété, la singularité des faits, jointes à l'agrément et à la vivacité du style, ne peuvent qu'attacher le lecteur. La narration est toujours élégante et intéressante, mais non pas toujours assez rapide et assez dégagée; Traduction de Virgile, avec des notes critiques et historiques, en 4 vol. in-12. Catrou cherche quelquefois dans son auteur des sens alambiqués. Il lui prête des phrases de roman, des mots précieux, des termes de ruelle. Sous prétexte de rendre les moindres circonstances d'une pensée noble, il emploie des expressions populaires, basses, comiques, burlesques même, qui l'avilissent. Il ajoute des notes et des phrases entières dans sa Traduction, et supplée quelquefois jusqu'à trois ou quatre lignes; comme s'il y avait des lacunes à remplir dans son original, et si c'était à un traducteur à les remplir. Les Commentaires, dont il a orné ou chargé son Virgile, sont souvent remplis de raisonnements subtils pour étayer des sens faux, d'explications raffinées et peu naturelles, de recherches déplacées, etc. C'est ainsi du moins qu'en a jugé l'abbé Des Fontaines, un des traducteurs de Virgile; mais, peut-être, critique trop sévère à l'égard d'un homme qui avait couru la même carrière; L'Histoire romaine, en 21 vol. in-4, et en 20 vol. in-12. Ces deux éditions sont accompagnées de notes historiques, géographiques et critiques, de cartes, de médailles, etc. Cette histoire, traduite en différentes langues, et entre autres en anglais par M. Bundy, Londres, 1730, in-folio, est la plus étendue que nous ayons. Les faits y sont enchaînés avec art, et les recherches très-savantes. Mais on y trouve un style souvent trop pompeux, des expressions ignobles, des termes hasardés, des hyperboles de rhétoricien, des raisonnements alambiqués, des circonstances ajoutées et inutiles. On y cherche vainement la noble simplicité de Tite-Live, et l'élégante précision de Tacite. Les notes sont plus estimables. Elles sont presque toutes du Père Rouillé, associé et continuateur de Catrou. Le Père Routh, autre jésuite, devait achever l'édifice que ses confrères avaient commencé; mais la dispersion de la société a suspendu cet ouvrage. Le Père Catrou mourut en 1737, à 78 ans. Il conserva, dans sa vieillesse, le feu et la vivacité d'imagination qu'il avait montrés dès son jeune âge.

CATTANI DA DIACETO (François) naquit à Florence le 16 novembre 14.

étudia sous le célèbre Marsili Ficino, qu'il remplaça dans sa chaire de philosophie. Cattani a beaucoup écrit, et ses ouvrages ont presque tous la philosophie platonicienne pour objet. On les réunit à Bâle en 1563. Sa Vie, par le Varchi, se trouve à la tête de son livre intitulé : Tre libri d'amore, Venise, 1561, in-8.

CATTANI DA DIACETO (François), dit le jeune, pour le distinguer du précédent, dont il était petit-fils, dominicain Florentin, fut évêque de Fiésole, assista au Concile de Trente, et mourut le 5 novembre 1585. On a de lui plusieurs ouvrages, parmi lesquels on distingue : Discorso dell' autorità del Papa sopra il concilio; Sopra la superstizione dell' arte magica; des Traductions italiennes de l'Hexaméron de saint Ambroise, très-rare; des Offices, du même; des Épîtres et Évangiles, etc.

CATTANI (Gaetan), jésuite, né à Modène le 7 avril 1696, fut envoyé au Paraguay de Modène le 14 août 1726, et n'arriva à Ténériffe que le 19 avril 1729, d'où il adressa à son frère Joseph Cattani trois longues lettres que Muratori a insérées dans son Recueil sur les missions, avec de grands et justes éloges de l'auteur. Ce Recueil a été traduit en français, sous ce titre : Relation des missions du Paraguay, Paris, 1754, in-12. Après un séjour de quatre années au Paraguay, Cattani mourut des suites d'une fièvre maligne, le 28 août 1753, à peine âgé de 38 ans.

CATTEAU-CALLEVILLE (Jean-Pierre-Guillaume), né à Angermünde en Brandebourg, de parents français réfugiés, pasteur de l'Église française réformée à Stockolm, abandonna cette carrière pour se fixer en France, où il est mort le 19 mai 1819. On a de lui : Vie de Renée de France, duchesse de Ferrare, Berlin, 1781; Bibliothèque suédoise, ou Recueil de variétés littéraires et politiques concernant la Suède, Stockolm, 1783; Tableau général de la Suède, Lausanne, 1790, 2 vol. in-8; Tableau des États danois, Paris, 1803, 3 vol. in-8, avec carte; Voyage en Allemagne et en Suède, Paris, 1810, 3 vol. in-8 ; Tableau de la mer Baltique, Paris, 1812, 2 vol. in-8, avec une grande carte ; Histoire de Christine, reine de Suède, Paris, 1815, 2 vol. in-8. Il a aussi fourni plusieurs articles au Mercure étranger, à la Gazette de France et à la Biographie universelle, entre autres les articles de Charles XII et de Christine.

CATTENBURGH (Adrien van), né à Rotterdam en 1664, y enseigna la théologie arminienne pendant au moins 25 ans. Il vivait encore en 1737. On a de lui : *Vie de H. Grotius*, Amsterdam, 1727, 2 vol. in-folio, en flamand ; *Bibliotheca scriptorum remonstrantium*, 1728, in-12 ; *Syntagma sapientiæ Mosaicæ*, 1738, in-4. Il y attaque les athées, les déistes, etc., avec force.

CATTUREGLI (Pierre), né en 1795, professeur à l'Université de Bologne, s'est fait connaître par plusieurs productions scientifiques sur l'astronomie. On lui doit des *Ephémérides astronomiques*, dont il préparait la réimpression, lorsqu'il est mort le 28 avril 1833.

CATULLE (Caius Valérius), poëte latin, né à Vérone l'an 86 avant J.-C., imita dans ses *épigrammes* la manière grecque. Le plaisir et l'amour excitèrent son imagination et donnèrent à ses vers cet enjouement, qui faisait son caractère. Comme le vice paré des ornements du langage est toujours accueilli chez des hommes corrompus, les poésies de Catulle furent recherchées. Les philosophes ne furent pas les derniers à lui applaudir. Cicéron, Plancus, Cinna, et les personnages les plus distingués de son siècle furent ses amis. Jules César, contre lequel il eut la hardiesse de faire des épigrammes, le pria à souper et le combla de caresses. Il nous reste de Catulle quelques fragments, parmi lesquels on distingue ses *épigrammes*. Le style en est pur ; mais il s'en faut de beaucoup que les idées le soient. C'est lui qui a donné occasion à ce mot : *Qui écrit comme Catulle, vit rarement comme Caton*. Il mourut l'an 57 avant J.-C., l'année que Cicéron revint de son exil. Ce poëte se trouve avec Tibulle et Properce, *cum notis variorum*, Utrecht, 1680, in-8, *ad usum delphini*, 1685, in-4. On estime l'édition de Coustelier, publiée en 1743, in-12, et réimprimée en 1754. Le texte a été épuré par l'abbé Lenglet, dans la belle édition de Venise, donnée par Corradin en 1738. On trouve dans le même volume les ouvrages de Tibulle et de Properce, sur les corrections des meilleurs critiques, et particulièrement sur les leçons de Joseph Scaliger. La première édition de ces poëtes réunis est de 1472, in-fol., sans nom de ville ni d'imprimeur. Les *Poésies* de Catulle ont été traduites en français par l'abbé de Marolles, Paris, 1653, in-8 ; par le marquis de Pezai, avec Tibulle et Gallus, 1771, 2 vol. in-8 ; et par Noël avec Tibulle, Paris, 1803, 2 vol. in-8, avec des notes savantes. L'édition qu'en a donnée Vossius à Londres, 1684, et à Utrecht, 1691, in-4, est recherchée des curieux, parce qu'on a fait entrer dans

les notes le fameux traité de Béverland, *De prostibulis veterum*, qui n'a jamais vu le jour séparément, et que les notes en sont savantes et choisies. Baskerville en a donné une édition, 1772, in-4.

CATZ (Jacques), pensionnaire de Hollande et de West-Frise, garde des sceaux des mêmes Etats, et stathouder des fiefs, politique habile et poëte ingénieux, se démit de tous ses emplois pour cultiver en paix les lettres et la poésie. Il ne sortit de sa retraite qu'aux instances réitérées des Etats qui l'envoyèrent ambassadeur en Angleterre, dans les temps orageux de la république de Cromwel. De retour dans sa patrie, il se retira à Sorgoliet, une de ses terres, où il mourut en 1660. Il était né à Browershaven en Zélande, l'an 1577. Ses *Poésies*, presque toutes morales, ont été imprimées plusieurs fois en toutes sortes de formats. Les Hollandais en font un cas infini. On préfère l'édition d'Amsterdam, 1712, cinq part. in-fol., fig.

CAUCHON (Pierre), évêque de Beauvais, puis de Lisieux, un des plus zélés partisans de la maison de Bourgogne et des Anglais contre Charles VII, son légitime souverain, était fils d'un vigneron ; ses sentiments ne répondirent pas à la sainteté de son ministère. Il fut un des juges de la Pucelle d'Orléans, et la livra au bras séculier. Il mourut bientôt après, en 1443, de mort subite, en se faisant faire la barbe. Callixte III l'excommunia après sa mort. Ses ossements furent déterrés et jetés à la voirie. (Voyez JEANNE D'ARC.)

CAULAINCOURT (Armand-Augustin-Louis), duc de Vicence, né en Picardie le 9 décembre 1773, d'une famille ancienne de la province. Son père, qui avait le titre de marquis, était officier-général sous Lous XV et Louis XVI. Le jeune Caulaincourt entra au service à l'âge de 15 ans en qualité de sous-lieutenant, et fut bientôt aide-de-camp de son père. Il était officier dans un régiment de cavalerie au commencement de la Révolution, et n'émigra point comme la plupart des gentilshommes. Atteint, en 1792, par la loi qui privait les nobles de tout emploi, il fut destitué, mis en prison, et n'en sortit que pour se rendre aux armées comme réquisitionnaire. Il servit pendant trois ans comme simple grenadier, puis comme chasseur à cheval. Enfin, en 1795, il fut réintégré dans son grade de capitaine, et peu de temps après il devint aide-de-camp du général Dubayet. Il le suivit dans son ambassade à Constantinople, et travailla quelque temps dans les bureaux de la légation française ; ensuite il reprit du service, et entra comme chef d'escadron dans l'armée du Rhin ; il devint bientôt colonel, et il se distingua en plusieurs occasions. La paix conclue, il fut envoyé en Russie pour renouer des relations amicales avec l'empereur Alexandre qui venait de monter sur le trône. A son retour, Bonaparte, alors premier consul, lui fit un accueil distingué, le nomma son aide-de-camp, et lui confia diverses missions, entre autres celle d'arrêter le malheureux duc d'Enghien à Ettenheim. On sait qu'il s'acquitta trop bien de cette odieuse commission, que d'autres aides-de-camp avaient refusée. Caulaincourt a cherché à se justifier de ce fait, et a déclaré même, à l'article de sa mort, qu'il n'avait pris aucune part à cette malheureuse affaire. Lorsque Bonaparte se fit déclarer empereur, Caulaincourt fut nommé grand-écuyer, général de division, grand'croix de la Légion-d'Honneur, duc de Vicence, et il le suivit en Autriche, en Prusse, en Pologne, et après la paix de Tilsitt il alla le représenter à Saint-Pétersbourg où il séjourna pendant quatre ans. En 1811, il demanda son rappel pour cause de santé, ou plutôt parce qu'il voyait que l'empereur Alexandre changeait de direction. Cependant il accompagna encore Bonaparte dans cette fatale campagne de Russie, et il ne le quitta pas un seul instant ; il revint avec lui sur le même traîneau, et à son retour fut nommé sénateur. Après les batailles de Lutzen et de Bautzen en 1813, il fut chargé de négocier un armistice qui fut bientôt rompu et ne servit qu'à laisser prendre aux monarques alliés de nouveaux moyens de vaincre Bonaparte à Leipsick. Caulaincourt assista comme ministre plénipotentiaire au congrès de Prague, mais il ne put amener les alliés à aucune transaction. Nommé ministre des relations extérieures en novembre, il partit de Paris le 19 janvier 1814 pour prendre part aux négociations entamées à Châtillon, et il n'obtint pas de plus heureux résultats : il est vrai que Bonaparte, ayant remporté quelques avantages dans les plaines de la Champagne, lui envoya l'ordre de hausser ses prétentions, qui étaient si exagérées que les souverains alliés rompirent toute négociation. On assure aussi qu'il se montra opposé à la guerre contre la Russie, et que ce fut le motif qui lui fit encourir un moment la disgrâce de son maître. Enfin, Bonaparte vaincu, ce fut encore le duc de Vicence qui stipula ses intérêts, et qui signa en son nom le traité conclu à Paris le 11 avril 1814. Après le

rétablissement du trône des Bourbons, Caulaincourt rentra dans la condition privée, et se retira à la campagne avec madame de Canisy, femme divorcée qu'il venait d'épouser. Il semblait ainsi avoir renoncé aux affaires politiques ; mais lorsque Bonaparte se fut échappé de l'île d'Elbe, il reprit de nouveau le ministère des affaires étrangères, et il s'empressa d'adresser à tous les agents diplomatiques une circulaire où, après avoir appelé le retour de Bonaparte *le plus beau triomphe de la confiance d'un monarque dans l'amour de ses peuples*, il ajoute que les fonctions dont le gouvernement royal l'avait chargés étaient terminées, et qu'ils devaient prendre sur-le-champ la cocarde tricolore. En même temps il adressa une autre circulaire aux principales cours de l'Europe, où il représentait Bonaparte rentrant à Paris sur les bras de son peuple, en ajoutant : « Ce second avénement de l'empereur à la couronne de France est pour lui le plus beau de ses triomphes ; Sa Majesté s'honore surtout de le devoir uniquement à l'amour du peuple français, et elle ne forme qu'un désir, c'est de payer tant d'affection, non par les trophées d'une trop infructueuse grandeur, mais par tous les avantages d'une heureuse tranquillité : c'est la durée de la paix que tient l'accomplissement des plus nobles vœux de l'empereur. » Il écrivit aussi au prince de Metternich une lettre dans laquelle il employait, au nom de Bonaparte, tout ce que les supplications peuvent avoir de plus pressant ; mais tous ses efforts furent inutiles : ses dépêches furent arrêtées par ordre des souverains alliés et ne purent dépasser les frontières. S'il en échappa quelques-unes, elles restèrent sans réponse. Le 2 juin, le duc de Vicence fut nommé membre de la Chambre des pairs, et le 17 il fit un très-long rapport duquel il résultait que la France était en butte à la coalition de toutes les puissances : le 21 il prit part aux délibérations secrètes des deux Chambres relativement à la nouvelle abdication de Bonaparte ; le lendemain il fut nommé membre de la commission de gouvernement, et en cette qualité il signa tous les actes qui émanèrent de cette commission. A la rentrée du roi, il passa en Angleterre ; mais il revint bientôt. Il avait été compris sur la liste du 14 juillet, et il devait en conséquence sortir de France ; mais ses amis obtinrent sa radiation. Il a été mis à la retraite par ordonnance du 6 octobre 1815, et il est mort le 19 février 1827. — Auguste-Jean-Gabriel DE CAULAINCOURT, frère du pré-

cédent, embrassa aussi la carrière des
armes, et parvint, par sa valeur, de grade
en grade, à celui de général de division.
Il fit les campagnes du Rhin , d'Italie,
d'Espagne et de Russie, et se distingua
en beaucoup d'occasions. Il commanda
le grand quartier-général pendant une
partie de cette dernière expédition, et il
contribua beaucoup au succès de la bataille de la Moskowa en enfonçant les
carrés de l'infanterie russe, et en attaquant une grande redoute qui l'appuyait.
Il fut tué d'un coup de feu, au moment
où il l'emportait, le 10 septembre 1812.

CAULET (Etienne-François de), né à
Toulouse en 1610, d'une bonne famille
de robe, abbé de Saint-Volusien de Foix
à 17 ans, fut sacré évêque de Pamiers
en 1645. Il donna une nouvelle face à son
diocèse , désolé par les guerres civiles
et par les dérèglements du clergé et du
peuple. Son chapitre était composé de
douze chanoines réguliers de Sainte-
Geneviève que Sponde, son prédécesseur, appelait douze léopards : il les
adoucit et les réforma. Il fonda trois séminaires, visita tout son diocèse, prêcha
et édifia partout. Louis XIV ayant donné
un édit en 1675 , qui étendait la régale
sur tout son royaume, l'évêque de Pamiers refusa de s'y soumettre. On fit
saisir son temporel, sans pouvoir l'ébranler. L'arrêt fut exécuté à la rigueur, et
le prélat fut réduit à vivre des aumônes
de ses partisans; car les jansénistes lui
étaient dévoués, quoiqu'il eût maltraité
un de leurs chefs (l'abbé de Saint-Cyran),
‒ qu'il eût essuyé plusieurs vexations
dans les affaires de cette secte. On sait
ce qu'il avait déposé le 10 juin 1638, contre ce premier saint du parti, lorsqu'il
n'était encore que l'abbé Caulet, et quelle
idée il donnait alors de la bonne foi et
des sentiments du nouvel apôtre. Mais
devenu évêque, il se déclara pour le silence respectueux sur le fait de Jansénius, et fut dès ce moment un saint à placer dans le calendrier de l'ordre. « Tant il
« est vrai , dit là-dessus un historien en
« plaisantant, qu'il ne faut désespérer de
« la conversion de personne. Mais il me
« semble, après tout, qu'avant de procé-
« der à sa canonisation, MM. de Port-
« Royal auraient dû tirer une rétracta-
« tion en forme de ce qu'il avait attesté
« juridiquement. Car, enfin, s'il a dit
« vrai, quel homme était-ce l'abbé
« de Saint-Cyran? Et s'il a rendu un faux
« témoignage, où a été sa conscience de
« ne pas réparer la calomnie? C'est une
« nécessité qu'un des deux saints sorte
« du calendrier. » Caulet mourut en
1680, après avoir donné le paradoxal

exemple d'un évêque qui se sacrifie pour
les droits du Saint-Siége, et se ligue en
même temps avec ses plus cruels ennemis. On a de lui un Traité de la régale,
publié en 1681, in-4.

CAULET (Jean de), petit-neveu du
précédent, né à Toulouse en 1693,
fut nommé à l'évêché de Grenoble en
1726, et y mourut le 27 décembre 1771,
après avoir édifié son diocèse par ses vertus. Il aimait et protégeait les lettres, et
laissa une bibliothèque nombreuse et
bien choisie qui fut acquise par la ville
de Grenoble, qui l'a enrichie de nouvelles acquisitions et l'a rendue publique. Il
a laissé quelques ouvrages où l'on trouve
des recherches ; mais ils sont en général
diffus, chargés de citations et coupés de
digressions qui en rendent la lecture pénible : Instruction pastorale sur le sacrement de pénitence et sur la communion,
Grenoble, 1749, in-4, qui peut servir
de réponse à celle de M. de Rastignac
sur la même matière, et au livre du Père
Pichon; des Lettres en réponse aux fameuses lettres Ne repugnata, 1741, 3 vol;
Discours contre l'attentat de Damien,
1757, in-4 ; Dissertation sur les actes de
l'assemblée du clergé de 1765 , en trois
parties. Clément XIII adressa à ce prélat
un bref honorable sur ce dernier ouvrage.

CAULIAC, ou CHAULIAC (Gui de),
vivait au 14e siècle, et exerçait en même
temps la médecine et la chirurgie à Montpellier ; ces deux arts n'étant guère encore distingués alors. Il laissa après lui
un Corps de chirurgie en vieux langage
provençal, qui est probablement le premier livre écrit en français sur cette matière. Il fut traduit en latin, et puis
remis en français moderne, au commencement du 16e siècle, par un chirurgien
nommé Jean Raoul. Cet ouvrage ayant
été pendant longtemps le seul qui pût
servir de guide aux chirurgiens , on lui
donna le nom de Guidon, ce qui faisait
aussi allusion au nom de baptême de son
auteur. Cauliac avait été médecin des
papes Clément VI et Urbain V. C'est à
lui que nous devons la Description de
la terrible peste qui, en 1348, fit périr le
quart du genre humain.

CAUMARTIN (Louis Lefèvre de), né
en 1552, chancelier de France en 1622 ;
obtint cette dignité par le crédit du maréchal de Bassompierre. Louis XIII la
lui accorda avec répugnance. « Caumar-
« tin est bègue, disait-il, je le suis aussi.
« Mon garde-des-sceaux doit porter pour
« moi la parole : et comment le pourra-t-
« il faire, s'il a besoin d'un interprète ! »
Les talents que ce ministre avait mon-

trés dans ses ambassades et dans les autres commissions qui lui avaient été confiées, décidèrent enfin ce monarque. Le nouveau chancelier mourut peu de temps après, en 1623. Ses *Mémoires* et ses *Lettres* sont conservés parmi les manuscrits de la Bibliothèque royale.

CAURRES (Jean des), né à Morcœuil en Picardie en 1540, principal du collége d'Amiens, mourut en 1587. On a de lui des *OEuvres morales*, Paris, 1575, in-8, qui sont dans le goût de celles de Plutarque; il paraît du moins qu'il s'était proposé ce philosophe pour modèle, en appuyant par des faits historiques les maximes qu'il voulait inculquer à ses lecteurs. Il y a de cet ouvrage une édition beaucoup plus ample de 1583; c'est un gros in-8, de douze à quinze cents pages, moins remarquable par les maximes qu'il contient, que par une infinité de traits d'histoire et d'observations singulières qui y sont rapportées. Du Verdier-Vauprivas observe qu'il n'était pas difficile à l'auteur de l'augmenter, puisqu'il ne faisait que copier les compilateurs de son temps, et n'allait jamais aux sources. Caurres a composé quelques *Pièces de poésie*, parmi lesquelles on est fâché de voir une espèce d'apologie du massacre de la Saint-Barthélemy, que l'auteur regardait comme nécessaire au repos de la France, mais qui, à beaucoup près, n'a pas eu cet heureux effet.

CAURROY (François-Eustache du), né à Gerberoy près de Beauvais, en 1549, l'un des plus grands musiciens de son siècle, et un des sous-maitres de la chapelle des rois Charles IX, Henri III et Henri IV, a laissé une *Messe des trépassés*, qui rend tout le pathétique et les horreurs de la mort. Il mourut en 1609, à 60 ans. Piganiol de La Force dit, dans sa *Description de la ville de Paris*, que c'est une tradition reçue parmi ceux qui sont au fait de l'histoire de notre musique, que les *noëls* que l'on chante sont des gavottes et des menuets d'un ballet que du Caurroy avait composés pour le divertissement de Charles IX.

CAUSSIN (Nicolas), jésuite, né à Troyes en 1583, se fit un nom par ses sermons et ses ouvrages. Il fut choisi pour confesseur de Louis XIII; mais ayant voulu engager le roi à rappeler la reine-mère, le cardinal de Richelieu le fit reléguer dans une ville de Bretagne. Il mourut à Paris en 1651, regardé comme un homme d'une probité exacte, et que rien ne pouvait ébranler. On a de lui plusieurs ouvrages en français et en latin : le *Parallèle de l'éloquence sacrée et profane*, in-4. Gilbert, dans ses

Jugements sur les rhéteurs, le juge trop sévèrement. Morhof, Bayle, Vossius, le Père Marsène et Baillet en parlent avec éloge, et leur jugement vaut bien celui de Gilbert ; *La Cour sainte*, 5 vol. in-8, pleine de bonne morale, et accompagnée d'exemples historiques, dont quelques-uns marquent plus sa piété que son discernement; elle ne mérite cependant pas les railleries qu'en a faites le marquis d'Argens. Cet ouvrage d'ailleurs est écrit d'un style supérieur à celui de bien des écrivains de son temps. La preuve qu'il n'est pas sans mérite, c'est qu'il fut traduit en toutes sortes de langues, imprimé et réimprimé, quoique le Père Caussin n'eût pas l'adresse d'envoyer ses productions aux princes étrangers, et de gagner des périodistes pour en faire l'éloge : moyen si souvent employé dans ce siècle, et auquel tant d'ouvrages très-médiocres et quelquefois très-mauvais doivent toute la faveur dont ils jouissent; *La Vie neutre des filles dévotes, qui font état de n'être ni mariées, ni religieuses*, ou *Vie de sainte Isabelle de France, sœur du roi saint Louis; Vie du cardinal de Richelieu*, en 2 vol.; *Thesaurus græcæ poeseos, etc.*

CAUSSIN DE PERCEVAL (Jean-Jacques-Antoine), littérateur et orientaliste distingué, était né à Montdidier le 24 juin 1759. Dominé, presque dès son enfance, d'un goût très-vif pour l'étude des langues savantes, et encouragé par un de ses parents, garde des manuscrits de la Bibliothèque royale, il se trouva en état, à l'âge de 24 ans seulement, d'occuper au collége de France la chaire de langue arabe, et fut nommé, quatre ans après, garde des manuscrits de la Bibliothèque royale, en remplacement de son oncle. Caussin de Perceval fut privé, le 10 août 1792, de cet emploi, qui ne lui fut jamais rendu. Entièrement étrangère aux événements politiques, la vie de ce savant ne fut signalée par aucun fait remarquable. Il cessa de vivre le 29 juillet 1835. On lui doit plusieurs ouvrages consciencieux : la *Traduction* de l'*Argonautique* de Valerius-Flaccus, in-8; celle de l'*Argonautique* d'Apollonius de Rhodes, 1796, in-8; un *Mémoire sur le Traité d'optique* de Ptolémée; des *Notices sur les tables astronomiques* d'Ech-Iounis, et sur le *Traité des constellations* d'Ebd-al-Rahman-Soufi; des *Éditions* de quelques textes arabes, tels que les *Fables de Lockman*, les *trois premiers chapitres du Coran, etc.*, à l'usage des élèves de son cours. — Son fils lui a succédé dans sa chaire du collége de France.

CAUX DE MUNTLEBERT (Gilles de), contrôleur des fermes du roi de France, né à Ligneries dans le duché d'Alençon, vers 1682, et mort à Bayeux en 1733, à 51 ans, était parent de Pierre Corneille. Il eut, comme lui, beaucoup de goût pour la poésie dramatique. On a de lui deux tragédies: *Marius*, représenté en 1715, et *Lysimachus*, en 1737. Quelques personnes assurent que la première pièce, la meilleure des deux, est du célèbre président Hénault. Caux est encore connu par quelques poésies. La principale est l'*Horloge de sable, figure du monde*, pièce morale, dont l'allégorie est ingénieuse, et la versification assez facile. On la trouve dans le *Choix des poésies morales et chrétiennes*, de Le Fort de la Morinière.

CAVALCANTI (Guido), poëte et philosophe florentin, mort en 1300, a laissé divers ouvrages en vers et en prose, entre autres des *Règles pour bien écrire*. Ses *sonnets* et ses *canzoni* parurent à Florence en 1527, in-8, dans un *Recueil d'anciens poëtes italiens*, fort rare.

CAVALCANTI (Barthélemi), né à Florence en 1503, était versé dans les belles-lettres. Il fut employé par Paul III et par Henri II, roi de France. Il fit paraître beaucoup de prudence, d'intégrité et de capacité dans les affaires dont il fut chargé. Cavalcanti mourut à Padoue le 9 décembre 1562. Ses principaux ouvrages sont: *Sept livres de rhétorique*, Venise, 1558, in-folio; un *Commentaire du meilleur état d'une république*.

CAVALIER (Jean), né au village de Ribaute, près d'Anduse, en 1679, fils d'un paysan des Cévennes, est fameux par le rôle qu'il joua dans les guerres des camisards, sur la fin du règne de Louis XIV. Sa bravoure, aidée de l'enthousiasme de ces fanatiques, le fit regarder dans son pays comme un homme extraordinaire, suscité de Dieu pour le rétablissement du calvinisme. De garçon boulanger il devint prédicant, et de prédicant, chef d'une multitude d'enthousiastes, avec lesquels il exerça, vers l'an 1704, de grandes cruautés contre les catholiques. Le maréchal de Montrevel tenta vainement de les réduire. Enfin le maréchal de Villars lui proposa un amnistie. Il négocia avec Cavalier, qui promit de faire quitter les armes à son parti, à condition qu'on lui permettrait de lever un régiment dont il serait le colonel. Observé en France, il passa au service de l'Angleterre, et se distingua à la bataille d'Almanza. Il mourut, en 1740, gouverneur de l'île de Jersey, et entièrement guéri de ses anciennes fureurs. Il était même, dans la société, d'un caractère doux et d'un commerce aimable.

CAVALIÉRI (Bonaventure), jésuite ou *hiéronymite* de Milan, et non jésuite comme le disent tous les dictionnaires, naquit en 1598. Il fut professeur de mathématiques à Bologne, disciple de Galilée et ami de Toricelli. Il passa en Italie pour être l'inventeur du calcul des infiniment petits. On a de lui: *Directorium universale uranometricum*, Bologne, 1682; *Geometrica indivisibilium continuorum*, Bologne, 1622, ouvrage original et très-ingénieux. L'auteur propose ses vues avec la modestie et le ménagement nécessaires à la vérité qui a le malheur d'être nouvelle. Son système subit le sort des nouveautés les plus dignes de l'approbation du public. De grands géomètres l'attaquèrent; de grands géomètres l'adoptèrent ou le défendirent. Il mourut en 1647. Ce fut la goutte qui le jeta dans les mathématiques. Cette maladie cruelle le tourmentait si fort, que Benoît Castelli, disciple de Galilée, lui conseilla de distraire ses douleurs en s'appliquant à la géométrie. Il le fit et s'en trouva bien, dit-on; mais il faut pour cela que le mal ait été de bonne composition, et beaucoup plus traitable que le malade et le médecin ne l'avaient cru.

CAVALIÉRI (Jean-Michel), natif de Bergame, entra dans l'Ordre de Saint-Dominique, et se fit connaître par une *Histoire des papes, patriarches, archevêques, etc.*, de son Ordre, qu'il fit imprimer en 1696; et par un *Traité du rosaire*, dont on a fait une troisième édition à Naples, en 1713. Ce religieux mourut en 1701.

CAVALIÉRI (Jean-Michel), né à Bergame, vers la fin du 17e siècle, entra dans l'Ordre des ermites de Saint-Augustin, et mourut le 6 janvier 1757, après avoir publié *Commentarius in authentica S. Rit. Congr. Decreta*, Brescia et Bergame, 1743, 3 vol. in-4; Venise, 1758; Augsbourg, 1764: ouvrage plein de recherches, mais où il y a une critique un peu trop âpre des *Observations* de Mérati.

CAVALLI (Joseph-François-Alexandre), comte d'Oliva, naquit le 6 janvier 1761 à Turin, fut reçu docteur en droit à l'Université de cette ville, et devint substitut de l'avocat-général. Après l'abdication de Charles-Emmanuel et l'invasion du Piémont par les Français, Cavalli fut nommé membre du gouvernement provisoire; mais l'occupation du pays par l'armée austro-russe l'obligea bientôt à passer en France. Après la bataille de Marengo, il fit de nouveau partie de la ommission à laquelle fut confié le gouvernement provisoire du Piémont. Lors de la réorganisation de l'ordre judiciaire en 1802, Cavalli devint d'abord juge au tribunal d'appel de Turin, puis président de chambre; enfin, en 1811, l'empereur le nomma premier président de la Cour impériale de Rome. En 1814, Cavalli donna sa démission et se retira à Casal, où il est mort le 27 juin 1825. Il a laissé plusieurs manuscrits sur des matières de jurisprudence et de législation. Il était membre de la Société d'agriculture et de l'Académie d'archéologie de Rome.

CAVALLO (Tibérius), savant physicien, né à Naples en 1749, se rendit à Londres, en 1771, pour s'y livrer au commerce; mais, entraîné par son goût pour l'étude de la nature, il finit par en occuper exclusivement, et se fit un nom par quelques expériences ingénieuses et nouvelles. On lui doit l'invention d'un électromètre qui porte son nom. Cavallo est mort à Londres le 29 décembre 1809. Il était membre de l'académie de Naples, de la société royale de Londres, et a publié un *Traité sur l'électricité*, en anglais, 1777, in-8; 1795, 3 vol. in-8, et plusieurs autres ouvrages. Il a aussi fourni plusieurs *Mémoires* de la plus haute importance à la société royale de Londres.

CAVANILLAS, ou CAVANILLES (Antoine-Joseph), célèbre botaniste espagnol, né à Valence le 16 janvier 1745, mort à Madrid en 1804, étudia chez les Jésuites, et fut reçu docteur en théologie dans l'Université de Valence. Après avoir professé la philosophie à Murcie, il vint à Paris avec le duc de l'Infantado, et demeura douze ans dans cette capitale. Il fut, en 1801, nommé directeur du jardin botanique de Buen-Retiro de Madrid. Il a publié : *Observations* sur l'article *Espagne* de la *Nouvelle Encyclopédie*, Paris, 1784, in-8, où il combat victorieusement les assertions fausses ou hasardées de Masson de Morvilliers, auteur de cet article ; *Monadelphiæ classis dissertationes decem*, Paris, 1785-1789; Madrid, 1790, in-4, avec deux cent quatre-vingt-seize planches. Les botanistes admirent l'exactitude et la critique judicieuse qui distingue cet ouvrage, qui est une excellente description des malvacées, méliacées, passiflorées, et malpiquacées. On regrette que l'auteur ait réuni plusieurs figures sur la même planche ; *Icones et descriptiones plantarum quæ aut sponte in Hispaniâ crescunt, aut in hortis hospitantur*, Madrid, 1791-1799, 6 vol. in-fol. : ouvrage enrichi de 601 planches supérieurement dessinées par Cavanillas lui-même. Il contient un grand nombre de genres nouveaux, tant de l'Espagne que de l'Amérique, des Indes et de la Nouvelle-Hollande ; *Observationes sobre la historia natural, geografía, agricultura, poblacion del reyno de Valencia*, Madrid, 1795-1797, 2 vol. in-fol., ornés de planches dont il a fait lui-même les dessins ; *Coleccion de papeles sobre controversias botanicas, etc.*, Madrid, 1796, in-12 ; *Descripcion de las plantas que demonstro en las lecciones publicas del anno 1801, generos y especies de plantas, etc.*, Madrid, 1802, in-8 ; trad. en italien par Viviani, Gênes, 1804, in-8. Les botanistes ont donné le nom de l'abbé Cavanilles (Cavanilla, Cavanillesia) à trois genres différents de plantes.

CAVAZZI (Jean-Antoine), capucin, né à Montecucullo dans le pays de Modène, mort à Gênes en 1692, signala son zèle pour la foi dans les missions d'Afrique. La relation de son voyage, rédigée par le Père Fortuné Alamandini de Bologne, a été publiée en 1687, à Bologne, sous ce titre : *Gi-Ant. Cavazzi Descrizione dei tre regni, cioè Congo, Matamba e Angola, e delle missioni apostoliche, esercitatevi da religiosi capuccini*. Elle est écrite avec beaucoup de simplicité et de candeur.

CAVEIRAC (l'abbé Jean Novi de), né à Nîmes le 6 mars 1713, s'est fait connaître par divers écrits qui respirent la religion et la vraie politique, tels que : *La Vérité vengée, ou Réponse à la dissertation sur la tolérance des protestants*, 1756, in-12 ; *Apologie de Louis XIV et de son conseil, sur la révocation de l'édit de Nantes*, 1758, in-8 ; *Appel à la raison, des écrits et libelles publiés contre les Jésuites*, 1762, 2 vol. in-12 ; *Lettre d'un Visigoth à M. Fréron, sur sa dispute harmonique avec Rousseau ; Mémoire politico-critique sur le mariage des calvinistes*, 1756, in-8. L'abbé de Caveirac n'ayant mis son nom sur aucun de ses ouvrages, on lui en attribue plusieurs qu'il n'a pas composés, tel que : l'*Accord parfait de la nature, de la raison, de la révélation et de la politique*, Cologne, 1753. Cet ouvrage est du chevalier de Beaumont, garde du roi, et serait plutôt en faveur des protestants que des catholiques. Les philosophistes ont accusé l'abbé de Caveirac d'avoir fait l'*Apologie de la Saint-Barthélemi* ; mais il n'y a qu'à lire ce qu'il a écrit là-dessus, pour connaître et détester la calomnie. « Éloignés, dit l'abbé de Caveirac, de deux « siècles de cet affreux événement, nos « âmes sont assez rassises pour le contempler, non sans horreur, mais sans

« partialité ; et il n'est à craindre, ni
« que le nuage des passions vienne ob-
« scurcir la lumière, ni que leur chaleur
« s'exhale contre l'intention. On peut ré-
« pandre des clartés sur les motifs et les
« effets de cet événement tragique, sans
« être l'approbateur tacite des uns, ou le
« contemplateur insensible des autres ;
« et quand on enlèverait à la journée de
« la Saint-Barthélemi les trois quarts des
« excès qui l'ont accompagnée, elle serait
« encore assez affreuse pour être détes-
« tée de ceux en qui tout sentiment d'hu-
« manité n'est pas entièrement éteint.
« C'est dans cette confiance que j'oserai
« avancer, 1° que la religion n'y a eu
« aucune part ; 2° que ce fut une affaire
« de proscription ; 3° qu'elle ne regarde
« que Paris ; 4° qu'il y périt beaucoup
« moins de monde qu'on n'a cru. » (*Dissertation sur la journée de Saint-Barthélemi*, pag. 1.) : cette *Dissertation* se trouve
à la fin de l'*Apologie de Louis XIV, sur
la révocation de l'édit de Nantes.* Un
écrivain très-connu s'est élevé avec force
contre les calomniateurs de cet écrivain
estimable. « L'abbé de Caveirac, dit-il,
« qui n'a point fait l'*Apologie de la Saint-
« Barthélemi*, et qu'on détestera jusqu'à
« la fin des siècles, comme s'il l'avait
« faite, parce qu'il a plu à des men-
« teurs, qui se font appeler *philosophes*,
« de l'en accuser : une calomnie qui a une
« secte pour organe s'établit toujours
« malgré la preuve contraire, parce que
« chez les hommes la hardiesse et l'obs-
« tination du calomniateur à répéter ses
« impostures, devient une raison pour
« y croire ; au lieu que l'attention de
« l'accusé à se justifier commence par
« fatiguer, et finit par le faire paraître
« coupable. » (Linguet, *Annales politiques*, 1777, n. 10.) Nous n'avons pu
nous assurer de la date précise de sa
mort. (Voyez CHARLES IX, COLIGNI,
HENNUYER, etc.).

CAVENDISCH (Guillaume de), duc de
Newcastle, né en 1592, parut à la cour de
Jacques Ier avec tous les avantages que
l'esprit et la figure peuvent donner à un
gentilhomme. Le prince de Galles, depuis Charles I, l'affectionna et le fit chevalier du Bain ; et lorsqu'il fut sur le
trône, il lui confia l'éducation de son fils
qui fut Charles II. Quand Cavendisch
vit les affaires du roi désespérées, il se
retira à Hambourg, de là en Hollande et
à Paris, où il vécut à l'étroit. Au rétablissement de Charles II, il retourna en
Angleterre, et ce fut alors qu'il fut créé
duc de Newcastle. Il mourut le 25 décembre 1675. Il a été marié deux fois ;
sa seconde femme, Marguerite Lucas, a

écrit sa *Vie* qui a été imprimée à Londres, in-folio. Le duc de Newcastle est
auteur d'une *Méthode nouvelle de dresser et travailler les chevaux.* Elle a été traduite en français et imprimée à Anvers, in-
folio, en 1658. Le grand nombre et la
beauté des figures dont cette *Traduction*
est ornée la rendent très-précieuse.

CAVENDISH (Henri), célèbre chimiste anglais, de la société royale de
Londres, et l'un des huit associés étrangers à l'Institut, né en 1733, d'une famille illustre. Il est un des savants qui
ont le plus contribué au progrès de la
chimie moderne ; c'est lui qui, le premier, analysa les propriétés particulières
du gaz hydrogène, et assigna les caractères qui distinguent ce gaz de l'air
atmosphérique ; c'est encore à lui qu'on
doit la fameuse découverte de la composition de l'eau. Cavendish ne s'est pas
moins distingué dans la physique et
dans la haute géométrie, où il porta le
même esprit d'exactitude et de précision
que dans ses expériences chimiques. Il
est mort au commencement de mars
1810, laissant quelques écrits peu volumineux ; mais ils ont tous un caractère
d'invention, de finesse, d'exactitude et de
fidélité, qui doivent les faire regarder
comme des modèles dans leur genre. Ils
sont insérés dans les *Transactions philosophiques.* Les principaux sont : *Expériences sur l'air factice*, 1766 ; *Rapport
sur les instruments de météorologie*, fait
à la Société royale de Londres, etc. ;
*Mémoire sur la théorie mathématique de
l'électricité ; Mémoire sur l'année civile
des Indous et sur ses divisions*, 1792.

CAVOUR (Camille BENSO, comte de),
homme d'Etat, italien, naquit à Turin
le 14 juillet 1810. Destiné par sa famille
à la carrière militaire, il entra dans le
corps du génie ; mais bientôt, dégoûté
du service, il donna sa démission et vint
se fixer à Paris. Il se mit en relations
avec les écrivains et les hommes politiques du parti démocratique, et se laissa
entraîner dans leurs systèmes. Lorsque
en 1847 l'aurore de la Révolution de 1848
commença à se montrer à l'horizon par
des manifestations réformistes, l'exemple de la France, qui pèse sur l'Europe
entière, exerça promptement son influence en Piémont. Le comte de Cavour revint à Turin et fonda avec le
comte Balbo le journal *Il Risorgimento*,
mais leur association ne pouvait durer
longtemps. Celui-ci, honnête et modéré,
voulait obtenir des améliorations, des
réformes par des moyens honnêtes et
modérés ; celui-là voulait une révolution.
Pour Cavour, il n'y avait plus de prin-

ipas ; il n'y avait que des faits, des faits accomplis ; il répétait la devise : *Andremo l. fondo* ; ce qui veut dire : *Nous descendrons jusqu'au fond de l'abîme* ; et il y est descendu. Après la catastrophe de Novare il fut élu membre de la Chambre des députés, et devint ministre du commerce t de l'agriculture. En 1851 il passa aux nances ; il partageait les utopies des economistes, et jeta son pays dans les aies aventureuses du libre-échange : ce qui lui attira quelques déboires même e la part de ses amis politiques. En 1852 il se prononça pour l'un des partis extrêmes : celui qui, persévérant dans a violence et l'exagération quant au ond, voulait qu'on adoptât des formes aains acerbes, et une certaine modération quant à l'exécution. Pour que ses progrès dans le mal parussent moins rapides, moins sensibles, et jugeant ses allègnes trop faibles, trop modérés, il quitta un moment le ministère pour y entrer bientôt en qualité de président du Conseil. Il prit pour modèles les Girondins, que l'on n'appelait pas des scélérats, parce que les Jacobins l'étaient plus qu'eux. Dès lors on ne trouva plus dans sa conduite comme homme politique de traces des principes de morale et de justice : la spoliation fut son unique but ; tout moyen lui fut bon, pourvu qu'il menât au succès. Proclamant hypocritement les principes de 1789, il foula ouvertement ceux qui pouvaient être favorables à la Religion et à l'Eglise : ainsi la liberté de conscience pleine et entière fut accordée aux hérétiques, mais refusée aux catholiques. Plusieurs actes de persécution eurent lieu : l'archevêque de Turin, Franzoni, avait désigné dans une circulaire à son clergé certains cas où l'absolution devait être refusée pour des actes politiques contraires aux lois de l'Eglise et de la morale ; il fut brutalement arrêté pour un acte de juridiction purement spirituelle, conduit aux frontières et exilé. L'archevêque de Sassari subit la même persécution. L'esprit de rapine fit rapidement de tels progrès, que le clergé fut dépouillé de ses biens. Le comte de Cavour disait que c'était pour supprimer les biens de main-morte : alors il fallait restituer au clergé le produit de la vente, ou le lui rembourser en rentes sur l'Etat ; mais on voulait le dépouiller. Il ne manqua pas d'esprits superficiels et malintentionnés, qui, pour justifier la spoliation, discutaient l'origine des biens ecclésiastiques ; mais, outre qu'on leur répond victorieusement en leur montrant les titres des acquisitions ou des donations,

est-ce que la bonne foi peut discuter une possession qui remonte à douze ou quinze cents ans ? Ces gens-là ne doivent pas faire d'autre argument que celui de Proudhon : « la propriété, c'est le vol. » Plus tard, on arrêtait en masse des prêtres pour refus de sacrement : cinquante-quatre évêques furent emprisonnés ou exilés pour avoir agi ou protesté contre les empiétements du pouvoir temporel dans les choses spirituelles. C'est ainsi que Cavour préludait à l'application de son axiome : *L'Eglise libre dans l'Etat libre*. Le but de ces violences était d'établir qu'il n'y a pas de crime possible en politique, mais seulement des succès ou des revers ; et que rien n'y est du ressort de la conscience ni de l'autorité spirituelle. Ainsi, les peuples sont livrés pieds et poings liés aux caprices et aux violences de la tyrannie. Le point capital pour le Piémont était de détruire l'indépendance et l'autonomie des divers états d'Italie et de les assujettir à la domination de Turin, en chassant leurs souverains légitimes. Au congrès de Paris, en 1856, Cavour n'avait pas craint de manifester ses tendances et ses projets d'usurpation, en attaquant l'administration du gouvernement pontifical, de la Lombardie, de Naples et de la Toscane. Comme si ce congrès n'était qu'un conciliabule de conjurés, aucune voix ne s'éleva pour défendre les absents, les innocents. D'ailleurs Cavour avait déjà organisé dans ces divers Etats des sociétés secrètes dont le but était de gagner à prix d'argent des traîtres à leur pays : ce système coûteux, qui compromit les finances de la Sardaigne, témoignait d'une grande habileté sans probité ; il échoua : malgré les manœuvres piémontaises, aucun soulèvement n'eut lieu cependant dans les Etats du Saint-Siége, tant était grand l'attachement des Romains au Souverain-Pontife ; et il fallut y envoyer une armée de soixante mille hommes pour s'en emparer. Quant au royaume de Naples, Cavour saisit le moment où le roi venait de mourir et où un tout jeune homme sans expérience venait de monter sur le trône. Il jeta en Sicile une bande d'aventuriers conduits par Garibaldi ; il leur avait préparé un accueil favorable et des partisans au moyen des sociétés secrètes. Et lorsque la lutte fut engagée sur la terre ferme avec les troupes du roi, l'armée piémontaise vint au secours des envahisseurs et des révoltés. Le jeune roi perdit la bataille ; il se réfugia dans la forteresse de Gaëte, où il fut assiégé par la flotte et par l'armée piémontaise et forcé de capituler. Le pays tout entier fut conquis, mais non pas soumis ; de toutes parts les soulèvements éclatèrent. La lutte dure depuis cinq ans ; les Piémontais fusillent, égorgent, pillent les habitants et incendient les villes et les villages : la résistance des Napolitains n'a pu encore être domptée. L'Europe a contemplé ce spectacle sans bouger, ses armées ont laissé dépouiller un auguste vieillard et un adolescent ; la France seule a empêché les Piémontais de dépasser une certaine limite dans les Etats du Pape ; pourquoi ne les a-t-elle pas arrêtés plus tôt et fait tout tout ce qu'elle devait faire ? l'avenir seul l'expliquera. Mais Cavour ne devait pas jouir longtemps du triomphe de sa politique : une maladie subite et courte l'a saisi, et il est mort le 6 juin 1861. Cavour n'était pas sans quelques talents, mais ils étaient médiocres et on les a exagérés ; car on n'a pas assez tenu compte des moyens qu'il a employés. Il est plus facile de prendre et de voler que d'acquérir honnêtement, noblement, et de conserver. On ne peut pas dire non plus que Cavour fût sans aucun mérite comme particulier ; mais les crimes de l'homme public ont fait oublier les qualités de l'homme privé.

ı CAVOYE (Louis d'Ogra, marquis de), grand maréchal-des-logis de la maison du roi, né en 1610, fut le dernier rejeton d'une famille illustre de Picardie. Il eut le bonheur d'être élevé auprès de Louis XIV. Dès qu'il fut en état de porter les armes, il se rendit en Hollande, et y acquit un nom célèbre par une action hardie qui sauva la flotte de cette république, en 1666. Un brûlot anglais venant à force de voiles sur l'amiral, il proposa à Ruyter d'aller dans une chaloupe, avec les chevaliers de Lorraine et de Coislin, couper les câbles des chaloupes du brûlot. Ce dessein ayant été exécuté heureusement, les Anglais furent obligés de mettre le feu à leur brûlot. Les trois seigneurs français, récompensés par les Etats-Généraux, ne s'acquirent pas moins de gloire par leur libéralité que par leur bravoure, en distribuant tout l'argent à l'équipage. Cavoye, de retour en France, suivit Louis XIV dans toutes ses campagnes, où son intrépidité lui acquit le titre de *Brave Cavoye*. Ce prince, qui l'honora toujours d'une confiance particulière, lui donna la charge de grand maréchal-des-logis, en le mariant à Louise Coëtlogon, fille d'honneur de la reine Marie-Thérèse d'Autriche, fille et sœur de deux lieutenants-de-roi de Bretagne. Son rang lui procura moins d'amis que son mérite.

Le vicomte de Turenne, qui avait recherché son amitié, sur l'idée que lui en avait donnée l'action du brûlot, et le maréchal de Luxembourg, sont ceux avec lesquels il fut le plus étroitement uni. Cavoye passa les vingt dernières années de sa vie dans l'exercice des vertus chrétiennes. Il mourut comme il avait vécu, en 1716, âgé de 76 ans.

CAYLUS (Anne-Claude-Philippe de Tubière de Grimoard de Pestel de Lévi, comte de), de la même famille que l'évêque d'Auxerre, naquit à Paris en 1692, et mourut dans cette ville le 5 septembre 1765. Il entra au service de bonne heure, et se distingua dans la Catalogne et au siége de Fribourg. Après la paix de Rastadt, sa vivacité ne s'accommodant pas de l'inaction, il fit le voyage d'Italie. Il saisit avec enthousiasme les beautés des chefs-d'œuvre répandus dans cette partie de l'Europe. Ayant passé dans le Levant, il visita le fameux temple de Diane à Ephèse. De retour en France en 1717, il fit encore quelques voyages hors du royaume. Il alla deux fois à Londres en différents temps. Devenu sédentaire, il n'en fut pas moins actif. Il s'occupa de musique, de dessin et de peinture ; il écrivit, il grava. C'est à son amour pour les arts que nous sommes redevables du magnifique ouvrage qui met sous nos yeux les pierres gravées du cabinet du roi. Le célèbre Bouchardon en fit les dessins, et Mariette en composa les explications, 2 vol. in-fol. Reçu, en 1731, dans l'académie royale de peinture et de sculpture, il composa la *Vie* des plus fameux peintres et sculpteurs de cette compagnie. Dans plus de quarante dissertations que le comte de Caylus a lues à l'académie, les arts et les lettres prêtent un secours mutuel à l'écrivain. Ce généreux protecteur fonda dans cette compagnie un prix de 500 livres, dont l'objet est d'expliquer, par les auteurs et par les monuments, les usages des anciens peuples. Il rassemblait de toutes parts les antiquités de toute espèce. Il les faisait ensuite dessiner et graver, en les accompagnant d'observations savantes et judicieuses. C'est ce travail qui a produit, outre le *Mémoir sur la peinture à l'encaustique*, 1 vol. in-8, son *Recueil d'antiquités égyptiennes, étrusques, grecques, romaines et gauloises*, en 7 vol. in-4, à Paris, chez Tillard. Le dernier tome de cette précieuse collection a paru en 1667, avec l'*Éloge historique de l'auteur*, par Le Beau ; *Numismata aurea imperatorum Romanorum*, in-4, sans date ; *Recueil de pierres gravées du cabinet du roi*, petit in-4 : ce livre est

esté imparfait, et n'est précieux qu'au-
ant qu'il est de la première édition,
'est-à-dire sans titre, avec les figures
vont les chiffres et sans l'explication;
*louveaux sujets de peinture et de sculp-
sre*, 1755, in-12; *Tableaux tirés d'Ho-
tère et de Virgile*, avec des observations
énérales sur le costume, in-8, 1757 ;
*escription d'un tableau représentant le
zcrifice d'Iphigénie*, 1757, in-12; *Recueil
e peintures antiques*, Paris, 1757, in-fol.;
Dissertations sur le papyrus, Paris, 1758,
-4 ; *l'Histoire d'Hercule le Thébain*,
rée de différents auteurs, in-8, 1758;
'ies de Mignard, de Le Moine, dans le
ecueil des vies des premiers peintres du
oi, et d'*Edme Bouchardon*, Paris, 1762,
-12. On a encore de lui des *Romans* et
les *Contes*, peu dignes des connaissances
tiles de ce savant antiquaire. On les a
ubliés sous le titre d'*OEuvres badines*,
lont les 9e et 10e vol. ont paru à Paris en
787; mais plusieurs pièces renfermées
lans le dernier vol. ne sont pas de lui:
l y en a de Duclos, de Crébillon fils, de
'abbé Voisenou, etc. Il a laissé encore
lusieurs manuscrits inédits.

CAZALÈS (Jacques-Antoine-Marie de),
léputé aux Etats-Généraux de 1789, par
a noblesse du bailliage de Rivière-Ver-
lun, était né à Grenade sur la Garonne,
n 1752. Il perdit de fort bonne heure son
ère, conseiller au Parlement de Toulou-
e, et ne reçut qu'une éducation fort négligée. A 15 ans, il entra dans le régiment
le Jarnac, où il obtint une compagnie
ssez promptement. Son goût pour la dissipation et les plaisirs bruyants ne l'empêcha pas de chercher à réparer dans ses
oisirs l'insuffisance de ses études. Comme il joignait à beaucoup de pénétration
n jugement sain et un esprit observateur
et réfléchi, la lecture des meilleurs ouvrages fructifia dans son esprit, et l'enrichit d'utiles connaissances. Quoique
simple capitaine de dragons, il fut distingué par la noblesse de sa province, et
député par elle aux Etats-Généraux. Il s'y
fit remarquer autant par la pureté, la
justesse et l'étendue de ses vues, que par
la force et l'énergie avec laquelle il les
exposa. La religion, les principes monarchiques, les institutions sages trouvèrent
en lui un défenseur éclairé et courageux.
Dès l'ouverture des assemblées, il fut
chargé des intérêts de son ordre dans les
fameuses conférences qui eurent lieu
pour concilier la noblesse et le tiers-
état, et il soutint qu'il fallait conserver
l'ancienne constitution des Etats-Généraux, ou s'attendre au renversement de
l'Etat; et lorsqu'il fut question de la réunion des trois ordres, il s'y opposa avec

vigueur, et déclara qu'il fallait sauver la
monarchie malgré le monarque lui-mé-
me. Il prévoyait, dès cette époque, les funestes suites et la mauvaise issue que prenaient les choses. Lorsque la noblesse se
fut réunie au tiers-état, il quitta l'assemblée, et reprit la route de son pays. On
l'arrêta à Caussade. Forcé de rentrer dans
le sein de l'assemblée, il ne cessa de s'y prononcer avec la même fermeté, et se montra
dans toutes les grandes affaires d'Etat.
Un de ses discours les plus remarquables
fut celui qu'il prononça pour la défense du
clergé, lorsqu'on voulut exiger de cet ordre le serment d'obéissance à la constitution civile qu'on venait de lui donner. Ce
discours excita de longs murmures parmi
les députés réformateurs; le public parut étonné et garda le silence. Cet orateur distingué combattit pour toutes les
anciennes institutions. Il voulait la conservation de l'ancienne monarchie, en la
dépouillant des abus qui pouvaient s'y
trouver. Il fit ordonner des poursuites
contre les auteurs des attentats des 5 et
6 octobre, demanda que l'éligibilité au
corps législatif fût attachée à une propriété foncière, défendit les Parlements
attaqués par le parti révolutionnaire, s'opposa à la réunion d'Avignon à la France;
et lorsque Menou accusa les ministres
d'avoir trahi la cause du peuple, Cazalès
s'écria : « Et moi aussi j'accuse les mi-
« nistres, mais c'est d'avoir trahi l'auto-
« rité royale. » Après l'arrestation de
Louis XVI à Varennes, Cazalès donna
sa démission de député et passa en Allemagne. Il revint en France en 1792, et y
resta jusqu'à l'époque du 10 août. Il émigra alors une seconde fois, fit sous les
princes la campagne de Verdun, voyagea
ensuite en Espagne, en Italie, en Angleterre, et rentré en France en 1801, il se
retira dans une petite terre qu'il acheta
dans son pays natal ; il y vécut paisiblement jusqu'en 1805, qu'une maladie violente l'enleva à sa famille. Il mourut entouré des consolations de la religion qu'il
avait toujours respectée et défendue.

CAZALET (Jean-André), pharmacien
et physicien à Bordeaux. Il a figuré sous
le gouvernement du Directoire dans l'association royale dite de l'*Institut*, établie à
Bordeaux, et c'est par son intermédiaire
que les membres de cette association cor-
respondaient entre eux. Peu de temps
avant la rupture du traité d'Amiens, il
fit un voyage en Angleterre, qui le fit
soupçonner de vouloir reprendre le plan
de la première association de l'*Institut*;
il fut surveillé et arrêté, lorsque l'on découvrit la seconde agence royaliste établie
à Bordeaux par de Céris et Forestier. Il

n'obtint sa liberté qu'après une longue détention, et fut placé sous la surveillance de la police; cependant on lui donna une chaire de physique expérimentale; il fit plusieurs expériences sur la végétation, et publia une *Théorie de la nature*, Bordeaux, 1796, qui eut quelque succès, quoiqu'on y trouve des propositions bizarres. Plus tard il fit de nombreuses expériences sur la vitrification, et parvint à obtenir du *flint-glass* d'une qualité supérieure à celui de la plupart des verriers français. Il essaya aussi, pendant le blocus continental, de remplacer le quinquina par d'autres substances amères et astringentes, et il nomma cette poudre *quinquina français*. Toujours animé par un but utile, il avait établi dans sa terre de Listrac, en Médoc, une sucrerie alimentée par la betterave; mais ces essais patriotiques n'eurent pas de succès. Il s'est encore occupé de la cure de la rage par le vinaigre; et il a fait des expériences suivies pour conserver les viandes, dans les voyages de long cours, à l'aide de l'acide carbonique. Un *Mémoire* de minéralogie qu'il avait présenté à l'Institut et ses travaux lui valurent, en 1821, le titre d'associé correspondant de l'académie des sciences. Il est mort à Bordeaux dans le mois d'octobre 1827.

CAZES (Pierre-Jacques), peintre, né à Paris en 1676, mort dans la même ville au mois de juin 1754, à l'âge de 79 ans, eut pour maître dans son art, Houasse ensuite Bon Boullongne. Il fut reçu membre de l'académie en 1704. Cazes peut être considéré comme un des premiers peintres de l'Ecole française. Son dessin est correct et de grande manière, ses compositions sont d'un génie facile; il drapait parfaitement bien; il possédait à un très-grand degré l'intelligence du clair-obscur. Sa touche est moëlleuse, son pinceau brillant. Il y a beaucoup de fraîcheur dans ses teintes. Cet illustre artiste a beaucoup travaillé; mais ses ouvrages ne sont pas tous de la même beauté. Sur la fin de sa vie, le froid de l'âge et la faiblesse des organes lui ont fait produire des tableaux où ce maître est inférieur à lui-même.

CAZOTTE (Jacques), ancien commissaire-général de la marine, né à Dijon en 1720, fut un des hommes les plus aimables de son temps. Il avait l'esprit extrêmement cultivé, beaucoup de connaissances, un grand usage du monde et une facilité étonnante pour la composition. Pour prouver qu'il n'y avait rien de si facile que de composer des opéras comiques, qui alors étaient dans leur nouveauté, il en fit un dans une nuit sur un mot qui lui fut donné (Les Sabots), et à fut joué sur un théâtre de société, et ensuite aux Italiens, avec quelques changements. Mais voici un trait bien plus surprenant de sa prodigieuse facilité. Voltaire déshonorait son talent en produisant le poëme de la *Guerre de Genève*, qu'il donnait par chant. Il venait seulement de répandre le quatrième, et on se l'arrachait par engouement pour cet homme célèbre, quoique la poésie fût au-dessous du médiocre. Cazotte, se trouvant dans une société où l'on parlait de ce quatrième chant, soutint qu'il y en avait plusieurs autres, et le lendemain il en apporta un septième, où il suppose les événements du cinquième et du sixième qui n'ont jamais été faits par Voltaire. Il avait si bien saisi sa manière, que tout le monde dans le moment en fut la dupe, et voulut en avoir des copies. Cazotte, au commencement de la révolution, n'en adopta point les principes, et il ne négligea rien pour la combattre. Écrivant par habitude, il témoignait sa douleur à ses amis, et plus d'une fois il se compromit par la manière franche dont il en pronostiquait les résultats; mais ce qui le perdit sans retour, fut sa correspondance avec Ponteau, alors secrétaire de Laporte, intendant de la liste civile, et qui fut trouvée dans ses bureaux, où il l'avait laissée imprudemment, lorsqu'ils furent envahis par les auteurs de la journée du 10 août. Cazotte fut alors arrêté et renfermé dans les prisons de l'abbaye. Dans la soirée du 2 septembre, il allait être livré aux bourreaux, lorsque sa fille, qui s'était renfermée volontairement dans sa prison pour le servir, se précipita sur lui, et faisant au vieillard un bouclier de son corps : « Vous n'arriverez, s'écria-t-elle, au cœur de mon père qu'après avoir percé le mien. » Les assassins, étonnés de son courage, sentirent un instant la pitié; la hache échappa de leurs mains, et Cazotte fut sauvé; mais il ne resta pas longtemps paisible : arrêté une seconde fois, il fut condamné à mort, et l'accusateur public, avant de prononcer ses conclusions, ne put s'empêcher de témoigner la peine qu'il éprouvait. « Pourquoi, dit-il à Cazotte, faut-il que j'aie à vous trouver coupable après soixante-douze années de vertu?.. Il ne suffit pas d'avoir été bon fils, bon époux et bon père, il faut surtout être bon citoyen. » Avant de marcher au supplice, Cazotte passa une heure avec un ecclésiastique. Ayant demandé une plume et de l'encre, il écrivit ces mots : « Ma femme, mes enfants, ne me pleurez pas, ne m'oubliez pas; mais souvenez-

« vous de ne jamais offenser Dieu. »
Parvenu à l'échafaud, il se tourna vers
la multitude, et d'un ton de voix élevé
il s'écria : « Je meurs comme j'ai vécu,
« fidèle à Dieu et à mon roi. » Il fut
exécuté vers les sept heures du soir, le
25 septembre 1792. Cazotte était un
homme probe, religieux, mais d'une
imagination exaltée : ayant eu occasion
de voir un disciple de Martinez, il s'enflamma tout-à-coup pour cette société, et
demanda à y être initié. M. de Laharpe
rapporte de lui une conversation prophétique si surprenante, qu'on serait tenté
de douter de sa réalité, si l'on n'avait eu
déjà beaucoup de prophéties qui annonçaient cette malheureuse révolution. Cette
conversation eut lieu au commencement
de 1788, à la suite d'un grand dîner où
se trouvait Cazotte et où l'on s'était permis des plaisanteries assez indécentes
contre la religion. On y avait conclu que
la révolution ne tarderait pas à se consommer, qu'il fallait absolument que la
superstition et le fanatisme fissent place
à la philosophie, et on y avait même cal-
culé l'époque où elle pourrait arriver et
quels seraient ceux de la société qui ver-
raient le règne de la raison. Un seul des
convives, dit M. de Laharpe, n'avait point
pris de part à toute la joie de cette conversation, et avait même laissé tomber
tout doucement quelques plaisanteries
sur notre bel enthousiasme. C'était Cazotte, homme aimable et original, mais
malheureusement infatué des rêveries des
illuminés. Il prend la parole, et du ton le
plus sérieux : « Messieurs, dit-il, soyez
satisfaits, vous verrez tous cette grande
et sublime révolution que vous désirez
tant. Vous savez que je suis un peu prophète. Je vous le répète, vous le verrez ;
mais savez-vous ce qui arrivera de cette
révolution, ce qui en arrivera pour vous,
tous tant que vous êtes ici, et ce qui en
sera la suite immédiate, l'effet bien prouvé, la conséquence reconnue ? Vous, M. de
Condorcet, vous expirerez étendu sur le
pavé d'un cachot, vous mourrez du poison que vous aurez pris pour vous dérober au bourreau, du poison que le bonheur de ce temps-là vous forcera de toujours porter sur vous. — Mais quel diable,
lui dit-on, vous a mis dans la tête ce cachot, ce poison et ces bourreaux ? Qu'est-
ce que tout cela peut avoir de commun
avec la philosophie et le règne de la raison ? — C'est précisément ce que je vous
dis ; c'est au nom de la philosophie, de
l'humanité, de la liberté ; c'est sous le
règne de la raison qu'il vous arrivera de
finir ainsi ; et ce sera bien le règne de la
raison, car alors elle aura des temples,

et même il n'y aura plus dans toute la
France, en ce temps-là, que des temples
de la raison. — Par ma foi (dit Chamfort
avec le sourire du sarcasme), vous ne serez
pas un des prêtres de ce temps-là. — Je
l'espère ; mais vous, M. Chamfort qui
en serez un et très-digne de l'être, vous
vous couperez les veines de vingt-deux
coups de rasoir, et pourtant vous n'en
mourrez que quelques mois après. Vous,
M. Vicq d'Azir, vous ne vous couvrirez
pas les veines vous-même, mais vous vous
les ferez ouvrir six fois dans un jour au
milieu d'un accès de goutte, pour être
plus sûr de votre fait, et vous mourrez
dans la nuit. Vous, M. de Nicolaï, sur l'é-
chafaud ; vous, M. Bailly, sur l'échafaud ;
vous, M. de Malesherbes, sur l'échafaud ;
vous, M. Roucher, vous mourrez aussi sur
l'échafaud. — Mais nous serons donc subjugués par les Turcs et les Tartares ? —
Point du tout, je vous l'ai dit, vous serez
alors gouvernés par la seule philosophie,
par la seule raison. Ceux qui vous traiteront
ainsi seront tous des philosophes, auront
à tout moment dans la bouche les mêmes
phrases que vous débitez depuis une heure, répéteront toutes vos maximes, etc.
Six ans ne se passeront pas, que tout ce
que je vous dis ne soit accompli. Vous,
M. de Laharpe, vous y serez pour un
miracle tout au moins aussi extraordinaire ; vous serez alors chrétien. — Pour
çà, dit alors la duchesse de Grammont,
nous sommes bien heureuses, nous autres
femmes, de n'être pour rien dans les révolutions. — Votre sexe, mesdames, ne
vous en défendra pas cette fois, et vous
aurez beau ne vous mêler de rien, vous
serez traitées tout comme les hommes,
sans aucune différence quelconque. —
Mais qu'est-ce que vous nous dites donc
là, M. Cazotte ? C'est la fin du monde que
vous nous prêchez. — Je n'en sais rien ;
mais ce que je sais, c'est que vous, madame la duchesse, vous serez conduite à
l'échafaud, vous et beaucoup d'autres
dames avec vous dans la charrette, et les
mains liées derrière le dos. — Ah ! j'espère que dans ce cas-là j'aurai du moins
un carrosse drapé de noir. — Non, madame ; de plus grandes que vous, iront
comme vous en charrette, et les mains
liées comme vous. — De plus grandes !
quoi ! les princesses du sang ? — De plus
grandes dames encore.... — Madame de
Grammont n'insista pas sur cette dernière réponse, et se contenta de dire du
ton le plus léger : Vous verrez qu'il ne
me laissera seulement pas un confesseur.
— Non, madame, vous n'en aurez pas,
ni vous, ni personne ; le dernier suppli-
cié qui en aura un par grâce, sera.... li

s'arrêta un moment. — Eh bien ! quel est donc l'heureux mortel qui aura cette prérogative ? — C'est la seule qui lui restera, et ce sera le roi de France.... » Cette prophétie n'est pas la seule de Cazotte : il dit encore dans ses conseils au roi, en date du 6 août 1792, que s'il ne prend le parti de dissoudre l'assemblée nationale, et qu'il soit déchu, il est certain qu'il sera jugé, et qu'il périra comme Charles I. Enfin il prédit lui-même sa mort à ses amis qui vinrent le féliciter d'avoir échappé aux massacres du 2 septembre, et leur dit que, sous très-peu de jours, il serait guillotiné, et il leur donna tous les détails de son arrestation, qui furent exactement conformes à ce qu'il avait annoncé. (Voyez l'article DELILLE, et ceux qui y sont indiqués.) Les ouvrages de Cazotte ont été recueillis en 2 vol. in-18, sous le titre d'*OEuvres morales et badines*. La partie la plus importante de ce recueil est *Ollivier*, que l'auteur intitule *Poëme en prose*. On y trouve de l'esprit, de l'imagination, de la gaîté et une tournure originale. Les autres productions de l'auteur sont : des *Contes*; des *Nouvelles*; des *Chansons*, etc.

CAZWYNY (Zacharia - ben - Mohammed), savant naturaliste arabe, né en Perse, dans la ville de *Cazwyn* ou *Caslin*, dont il prit le nom, mort en 1283. On lui doit : *Les merveilles de la nature et les singularités des choses créées*, ouvrage important, où il a eu pour but de peindre les merveilles de la nature entière, et qui offre le résumé de tout ce qui avait été écrit avant lui. Il est divisé en deux parties : la première traite des sphères, et généralement tous les corps célestes, de la division du temps, etc. Edler a publié à Berlin, en 1809, le chapitre sur les constellations arabes, sous ce titre : *Recherches sur l'origine et la signification des noms des constellations*; la seconde comprend tous les corps sublunaires. L'auteur y décrit d'abord les éléments en général et en particulier ; il passe ensuite à la division géographique du globe en sept climats, explique la cause des tremblements de terre, la manière dont les montagnes ont pu se former, l'origine des fleuves, etc. Enfin il termine par la description des trois règnes de la nature. Plusieurs savants ont donné des fragments de cette description, et de Chezy l'a publiée en 1806, à la suite de la *Chrestomathie* de de Sacy, avec des notes semées d'une érudition sage et agréable. On attribue encore à Cazwyny une *Géographie*, dont on a publié un extrait à Copenhague en 1790.

CEBA (Ansaldo), politique, historien,

orateur et poëte, né à Gênes en 1565, mort en 1683, donna quelques traités dans chacun de ces genres. Les Italiens font quelque cas de son *Traité du poëme épique;* mais il s'est surtout fait un nom par ses tragédies. Les meilleures sont les *Jumelles de Capoue et Alcipe*. Le marquis de Maffei les a jugées dignes d'entrer dans le *Recueil des meilleures tragédies italiennes*, imprimé à Vérone en 1723, en 3 vol. in-8. Il a aussi traduit les *Caractères* de Théophraste en italien.

CÉBÈS, philosophe thébain, disciple de Socrate, auteur (à ce qu'on a cru) du *Tableau de la vie humaine*, dialogue sur la naissance, la vie et la mort des hommes. Les meilleures éditions de cet ouvrage, qui a été très-souvent réimprimé, sont celles de Gronovius, 1689, in-8, de Johnson, 1720, in-8, et de Schweighœuser, 1806. La première édition qui parut à Venise ou à Rome, sans indication, est fort rare. Le *Tableau de* Cébès a été traduit en vers latins, Oxford, 1715, in-8 ; en français par Gilles Boileau, Paris, 1653, in-8; par Lefebvre de Villebrune, Paris, 1783, in-12, et 1795, 2 vol. in-18; par Belin de Ballu, Paris, 1790, in-8, et par A. G. Camus, Paris, 1796, 2 vol. in-8. L'abbé Sévin a prouvé que cet excellent Traité est d'un auteur plus récent que ce philosophe.

CECCO d'Ascoli, ainsi appelé d'Ascoli, ville de la Marche d'Ancône, où il naquit en 1257, joignit à beaucoup d'ouverture d'esprit un grand amour pour le travail. La poésie, la théologie, les mathématiques et la médecine l'occupèrent tour à tour. La réputation qu'il s'acquit dans cette dernière science le fit connaître de Jean XXII, qui l'appela à Avignon pour être son médecin. Obligé de quitter cette cour, il vint à Florence, où son caractère caustique lui fit encore des ennemis. Il passa ensuite à Bologne, où il enseigna l'astrologie et la philosophie, depuis 1322 jusqu'en 1325. On le dénonça à l'inquisiteur comme un hérétique qui attribuait tout aux influences des astres, et qui s'avisait d'être prophète. Cecco abjura ses erreurs et se soumit à la pénitence. Charles-Jean Sans-Terre, duc de Calabre, le rappela à Florence, et lui donna la qualité de son médecin et de son astrologue. Cecco, que ses malheurs auraient dû rendre sage, ne put résister à la démangeaison prophétique. Le duc l'ayant sollicité de tirer l'horoscope de sa femme et de sa fille, il prédit qu'elles s'abandonneraient au libertinage, ce qui lui attira la disgrâce de ce prince. Ses ennemis n'en devinrent que plus acharnés; ils le firent enfermer :

dans les prisons du saint Office. Il fut accusé d'avoir enseigné à Florence les erreurs rétractées à Bologne, et d'avoir soumis Jésus-Christ même à l'empire des astres. Cette accusation le fit condamner à la mort. La sentence fut exécutée en 1327, en présence d'une foule de peuple qui s'attendait à voir un des génies familiers qu'on lui supposait, venir le délivrer. Son véritable nom était *François de Stabili*, celui de *Cecco*, sous lequel il est connu, est un diminutif de *Francesco*. Il a donné un poême rude et grossier sur la physique, sous le titre de *Acerba* ou plutôt *Acerbo*, écrit en tercets ou *terza rima*. La première édition est de Brescia, sans date, excessivement rare, ou de Venise, 1476 et 1481, et celles de Milan et de Venise, 1484 et 1492, in-4, sont aussi fort rares. Celles de Venise, 1487, in-4, 1516-19-24 et 50, in-8, sont aussi assez recherchées; les trois dernières sont corrigées.

CÉCIL (Guillaume), baron de Burghleigh, grand-trésorier d'Angleterre, né en 1531 à Bourn dans le Syncolnshire, fut un des secrétaires d'Edouard VI. Voyant que la reine Marie, sœur d'Edouard, ne l'élevait point aux honneurs, et l'attribuant à ce qu'il n'était pas catholique, il se retira auprès de la princesse Elisabeth qui lui confia la conduite de ses affaires. Cette princesse, parvenue à la couronne, le fit secrétaire d'état et intendant-général des finances d'Angleterre. Il fut le principal ministre des vengeances et des cruautés que cette princesse exerça contre les catholiques. On croit qu'il a inventé la conspiration des poudres pour les rendre odieux, et susciter contre l'Eglise la terrible persécution qu'elle essuya. Ce fut lui qui décida cette reine à assembler un Parlement où l'on discuta un plan de réforme dans la religion. Il eut la plus grande part à la rédaction et à l'adoption des 39 articles qui forment la base de cette réforme. Il fit aussi un règlement relatif aux monnaies altérées depuis Henri VIII. Il avait été l'un des pages de Marie Stuart. Exilé pendant quelque temps, il reprit son crédit, et donna un plan contre l'invincible flotte de Philippe II. (Voyez JACQUES VI, roi d'Ecosse.) Il mourut en 1598.

CÉCIL (Robert), fils du précédent, hérita des vices de son père et de son crédit auprès de la reine Elisabeth. Il est regardé comme un des principaux moteurs de l'arrêt de mort que signa cette princesse contre le comte d'Essex. Jacques Ier le conserva dans le ministère. Cécil fit avec Sully le traité entre la France et l'Angleterre, à l'avénement de Jacques, et mourut le 24 mai 1612. On a donné en français sa correspondance avec Jacques, lorsqu'il n'était que roi d'Ecosse, 1757, in-12.

CÉCIL (Richard), né à Londres en 1748, fit ses études au collége de la reine à Oxford, et embrassa la carrière ecclésiastique; mais il n'obtint que de petits bénéfices qui ne le mirent jamais au-dessus du besoin. Il est mort en 1810, et a laissé des *Sermons;* les *Vies* de Jean Bacon, sculpteur, de Jean Newton, de Willam Cadogan; et quelques autres ouvrages, recueillis et publiés après sa mort, Londres, 1811, 4 vol. in-8, précédés de la *Vie* de l'auteur, par Pratt.

CÉCILE (sainte), romaine d'origine et issue d'une famille noble, fut élevée dans les principes de la religion chrétienne, dont elle remplit les devoirs avec la plus exacte fidélité. Ayant fait vœu, dans sa jeunesse, de rester vierge toute sa vie, elle se vit forcée par ses parents à entrer dans l'état du mariage. On lui donna pour époux un jeune seigneur, nommé Valérien, qu'elle sut gagner à Jésus-Christ, en le faisant renoncer à l'idolâtrie; elle convertit aussi Tiburce, son beau-frère, et un officier nommé Maxime. Tous trois furent arrêtés comme chrétiens et condamnés à mort. Sainte Cécile remporta la couronne du martyre quelques jours après. Les *Actes* de cette sainte, qui ont peu d'autorité, placent sa mort vers l'an 230, sous Alexandre-Sévère. On sait que, quoique cet empereur fût favorable aux chrétiens, cela n'empêcha pas qu'il n'en pérît un grand nombre sous son règne, soit par les émeutes populaires, soit par la cruauté particulière des magistrats. D'autres mettent son martyre sous Marc-Aurèle, entre les années 176 et 180. L'Eglise latine l'honore depuis le 5e siècle. Les musiciens ont choisi cette sainte pour patronne, parce que ses *Actes* nous apprennent qu'en chantant les louanges du Seigneur, elle joignait souvent la musique instrumentale à la musique vocale. Il est certain qu'on peut faire servir la musique au culte divin : les psaumes et les cantiques répandus dans les livres saints, la pratique des Juifs, celle des Chrétiens ne permettent pas d'en douter. Saint Chrysostôme décrit les bons effets que produit la musique sacrée, et montre qu'une psalmodie dévote est très-efficace pour allumer dans l'âme le feu de l'amour divin. Saint Augustin dit qu'elle a la vertu d'exciter de pieuses affections et d'échauffer le cœur par la divine charité. Il rapporte qu'après sa conversion, il ne pouvait entendre chanter dans l'église sans verser des larmes; mais il remarque en même temps le danger qu'il y a de se livrer trop au plaisir de l'harmonie, et il avoue, en gémissant, qu'il lui était arrivé d'être plus touché de la musique que de ce qui était chanté. Combien il gémirait davantage aujourd'hui, que la musique simple et touchante de l'Église est transformée, au grand scandale des fidèles, en une musique lascive et théâtrale ! Le Père de Braillon, de l'Oratoire, a publié à Paris, en 1668, la *Sépulture admirable de sainte Cécile dans son église de Rome.*

CÉCILIUS (saint), originaire d'Afrique, naquit vers l'an 211, dans les ténèbres du paganisme. C'était un homme du monde, peu scrupuleux en fait de morale. Il avait de l'esprit et des talents ; mais il était sa propre idole. Il ne soupirait qu'après les plaisirs et les applaudissements, et jusque-là sa première religion avait été de se servir lui-même. On le voyait, dans la dispute, tantôt rejeter toute divinité et toute providence, tantôt admettre ces deux points, et bientôt après défendre tous les dieux adorés pour lors dans l'univers. Sa philosophie ne servait pas peu à nourrir son orgueil, sa présomption et sa suffisance. Malgré cette trempe de caractère, Cécilius devint, avec le secours de la grâce, un illustre converti et un fervent chrétien. Il dut cet heureux changement aux exhortations et aux prières d'Octavius et de Minutius Félix, ses amis, qui, auparavant idolâtres comme lui, avaient ouvert les yeux au flambeau de l'Evangile. La victoire qu'ils remportèrent sur lui fut le fruit d'une conférence qu'ils eurent tous trois ensemble. Cécilius cédant, comme malgré lui, à la force des raisonnements et à l'éclat de la lumière, s'écria : « Je vous félicite, et je me féli- « cite moi-même, nous sommes victo- « rieux tous trois ; Octavius triomphe de « moi, et je triomphe de l'erreur. Mais « la victoire et le gain sont principale- « ment de mon côté, puisque, par ma « défaite, je trouve la couronne de vé- « rité. » Minutius nous a laissé le pré- ais de cette conférence, dans un dialogue qu'il intitula *Octavius*, en l'honneur de son ami qui portait ce nom, et qui était mort, quand il le mit par écrit. Baronius et plusieurs autres historiens ne doutent point que ce saint ne soit ce Cécilius, prêtre, qui convertit depuis saint Cyprien. Pontius dit que Cécilius était un homme juste, vénérable par son âr., digne de vivre éternellement dans la

mémoire des hommes. Il ajoute que saint Cyprien l'honora toujours comme son père, et qu'il conserva pour lui les plus vifs sentiments de vénération et de reconnaissance.

CÉCINA, lieutenant de Germanicus, n'eut pas moins de courage que son général. Voyant qu'une terreur panique s'était répandue dans son camp, il fit inutilement les derniers efforts pour retenir le soldat, qui fuyait. Enfin, il se coucha par terre tout au travers de la porte. Le soldat, qui ne pouvait sortir sans marcher sur le corps de son commandant, s'arrêta, et le calme se rétablit peu à peu.

CÉCROPS, originaire d'Egypte, fondateur d'Athènes, se fixa en Grèce avec une colonie dans l'Attique, où il épousa Agraule, fille d'Actée, et donna le nom de *Cécropis* à la citadelle qu'il construisit, ainsi qu'à tout le pays d'alentour. Il soumit les peuples par les armes et la douceur, les tira des forêts, les police, les distribua en douze cantons, et leur donna le sénat si célèbre depuis sous le nom d'*Aréopage*, ainsi qu'on le voit dans les marbres d'Arundel. On croit que c'est vers l'an 1582 avant J.-C. qu'il aborda dans l'Attique. C'est à cette époque que commence l'histoire d'Athènes. On regarde Cécrops comme le premier qui ait donné une forme certaine à la religion des Grecs, et qui leur ait appris à appeler Jupiter le *Dieu suprême*. Après avoir réglé le culte des dieux, il leur donna des lois. On a dit que Cécrops fût surnommé *Biformis*, de double espèce, soit à cause de sa structure extrêmement haute, soit parce qu'il savait la langue égyptienne et la langue attique, ou plutôt parce qu'il avait établi le mariage parmi ces peuples grossiers, qui auparavant assouvissaient indistinctement leur brutalité. C'est à cette occasion que les anciens ont supposé que Cécrops avait deux visages, comme ayant réglé l'union de l'homme avec la femme. Le règne de ce prince fut de cinquante ans.

CÉDITIUS (Quintus), tribun des soldats en Sicile, se signala par une action hardie, l'an 254 avant J.-C. L'armée romaine, enveloppée par les ennemis, était hors de toute espérance de salut. Il offrit au consul Attilius Collatinus de se mettre à la tête de quatre cents jeunes gens déterminés, et d'aller affronter à leur tête ceux qui les tenaient serrés de si près. Il prévoyait bien que ni lui ni ses compagnons ne pourraient éviter de périr dans cette entreprise ; mais il était persuadé que, tandis qu'il attirerait une partie des ennemis au combat, le consul pourrait attaquer l'autre, et mettre, par ce moyen·, les troupes en liberté. Ce qu'il avait prévu, arriva. Les Romains se dégagèrent du péril dont ils étaient menacés. Tous ceux qui l'avaient accompagné furent tués, et lui seul fut conservé par un bonheur extraordinaire.

CEDMON, ou CÆDMON, écrivain religieux du 6e ou 7e siècle, bénédictin anglais du couvent de Sternhausen, est auteur de plusieurs *Cantiques spirituels*, et de *Versions anglo-saxonnes*, d'une partie de l'Ancien et du Nouveau-Testament, publiés à La Haye, 1655, in-4, rare et recherché, comme le plus ancien monument de la langue anglaise. Cedmon mourut vers l'an 676, suivant le vénérable Bède, qui raconte de lui, entre autres choses merveilleuses, qu'il composait pendant son sommeil des ouvrages sublimes, et les écrivait à son réveil.

CEDRENUS (Georges), moine grec, qui vivait dans le 11e siècle, laissa une *Chronique depuis Adam jusqu'à Isaac Comnène*, en 1057 : c'est une compilation sans choix et sans discernement, de plusieurs historiens que ce moine a copiés. La partie surtout qui concerne l'ancienne histoire n'est d'aucun usage. Elle a été imprimée avec l'*Histoire byzantine* de Scylitzès, au Louvre, en 1647, 2 vol. in-fol., enrichie de la *Traduction* latine de Xylander, des *Notes* de Goar, et du *Glossaire* de Fabrot.

CEILLIER (Remi), né à Bar-le-Duc en 1688, fut connu de bonne heure par son goût pour l'étude et pour la piété. Il les cultiva dans la congrégation des bénédictins de Saint-Vannes et de Saint-Hydulphe, dont il prit l'habit dans un âge peu avancé. Il occupa plusieurs emplois dans son Ordre, et devint prieur titulaire de Flavigny. Il mourut en 1761, à 73 ans. Nous avons de ce savant une *Histoire générale des auteurs sacrés et ecclésiastiques*, qui contient leurs vies, le catalogue, la critique, le jugement, la chronologie, l'analyse et le dénombrement des différentes éditions de leurs ouvrages ; ce qu'ils renferment de plus intéressant sur le dogme, sur la morale, et sur la discipline de l'Eglise; l'histoire des conciles, tant généraux que particuliers, et les actes choisis des martyrs, in-4, 23 volumes, publiés depuis 1729 jusqu'en 1763 : compilation pleine de recherches, mais diffuse. On y joint ordinairement une *Table générale des matières*, rédigée par Rondelet, Paris, 1782, 2 vol. in-4. L'auteur, beaucoup plus exact que Dupin, n'avait pas le talent d'écrire et d'analyser comme lui. Son livre ne va d'ailleurs que jusqu'à saint Bernard. Ceux

qui ne veulent ou ne peuvent lire les saints Pères dans les originaux, doivent compter sur l'exactitude de ses extraits et de ses traductions ; *Apologie de la morale des Pères contre Barbeyrac*, Paris, 1718, in-4 : livre plein d'érudition, solidement, mais pesamment écrit. Dom Ceillier avait les vertus de son état, l'amour de la retraite et du travail. Il se fit aimer de ses confrères, qu'il gouverna en père tendre. Benoît XIV témoigna à l'auteur sa satisfaction par deux brefs, où il loue sa personne et ses ouvrages.

CELADA (Didacus de), savant jésuite du 17e siècle, mort à Madrid, âgé de plus de 70 ans. Ses *Commentaires* sur plusieurs livres de la Bible ont été recueillis à Lyon en 1658, 6 vol. in-fol. Les savants en font cas.

CÉLER et SÉVÈRE, architectes, vivaient sous Néron, qui se servit d'eux pour construire sa maison dorée. Pour avoir une idée de ce magnifique palais, il suffit de savoir que le colosse de ce prince inhumain, haut de 120 pieds, était au milieu d'une vaste cour qui était environnée d'un portique formé de trois files de colonnes très-hautes, et qui avait un tiers de lieue en long. Parmi les singularités qu'on y remarquait, il y avait une salle à manger circulaire, dont la voûte représentait le firmament et tournait nuit et jour pour imiter le mouvement des astres. Les marbres les plus rares, et les pierres précieuses, étaient prodigués de toutes parts : l'or s'y trouvait en si grande quantité, soit à l'extérieur, soit dans l'intérieur, que ce vaste palais fut appelé la *Maison dorée*.

CÉLESTIN I (saint), romain, monta sur la chaire de saint Pierre après Boniface I, le 10 septembre 422. Il commença par envoyer Faustin en Afrique pour y assembler un concile au sujet d'Apiarius. Averti de la nouvelle hérésie de Nestorius, il assembla un concile à Rome en 430, où elle fut condamnée, et Nestorius déposé. L'année d'après, il envoya deux députés au concile général d'Ephèse, avec une lettre pour cette assemblée. Vers la fin de la même année, ayant appris que quelques prêtres gaulois attaquaient la doctrine de saint Augustin après la mort de ce défenseur de la grâce, il écrivit aux évêques des Gaules contre ceux qui avaient osé l'attaquer, en ajoutant néanmoins que rien n'obligeait à s'attacher à tous les raisonnements de ce Père, et à ses diverses manières d'établir les articles reconnus pour vrais dans la matière de la grâce. (Voyez la fin de l'article AUGUSTIN (saint) et SADOLET.) Il mourut l'année d'après, le 1er août 432.

regardé comme un Pontife sage et prudent. On rapporte à ce Pape l'institution de l'Introït de la Messe. On a de ce saint Pontife quelques *Lettres* que l'on trouve dans les *Epistolæ romanorum Pontificum* et dans la *Collection des Pontifes*.

CÉLESTIN II, de Tiferne, élu Pape après Innocent II, le 25 septembre 1443, ne gouverna l'Eglise que cinq mois.

CÉLESTIN III, romain, successeur de Clément III, en 1191, sacra la même année l'empereur Henri IV avec l'impératrice Constance. On a dit qu'il poussa d'un coup de pied la couronne qu'on devait mettre sur la tête de ce prince, pour montrer qu'il avait le pouvoir de le déposer; mais cette anecdote est fabuleuse. Le Pontife investit ensuite ce prince de la Pouille et de la Calabre, et lui défendit, comme suzerain de Naples et de Sicile, de penser à cette conquête. Il donna quelque temps après la Sicile à Frédéric, fils de Henri, à condition qu'il payerait un tribut au Saint-Siége, et ne tarda pas à l'excommunier. Il mourut en 1198, après avoir fait prêcher la croisade, et avoir pris le parti de Richard, roi d'Angleterre, contre ses ennemis, parce que ce prince combattait les infidèles en Orient. Il reste de lui dix-sept *Lettres*. C'était un Pontife éclairé.

CÉLESTIN IV, de Milan, fut mis sur la chaire pontificale le 22 septembre 1241, après la mort de Grégoire IX. Il mourut lui-même dix-huit jours après son élection, regretté des gens de bien.

CÉLESTIN V (saint), appelé *Pierre de Mouron*, naquit dans la Pouille en 1215, de parents obscurs, mais vertueux. Il s'enfonça dans la solitude dès l'âge de 17 ans, passa ensuite à Rome, y fut ordonné prêtre, et se fit bénédictin. Il se retira peu de temps après au Mont-de-Majelle, près de Sulmone. C'est là qu'il fonda un nouvel Ordre, connu depuis sous le nom de *Célestins*, et approuvé par Grégoire X, au second concile général de Lyon. Le nouveau fondateur se confina dans une cellule particulière si bien fermée, que celui qui lui répondait à la messe, le servait dans la fenêtre. C'est dans ce réduit qu'on alla le chercher pour être Pape en 1294. Les députés virent l'ermite octogénaire, élu Pontife, à travers une grille, pâle, desséché, la barbe hérissée, et les yeux enflés de larmes. On lui persuada d'accepter la tiare, et il quitta sa caverne. Il vint, monté sur un âne, à Aquila, s'y fit sacrer, et commença déjà à faire repentir les cardinaux de leur choix. « Il parut bientôt, dit un « sage historien, que le ciel ne justifie « pas toujours par les effets les présomp-

« tions fondées sur le concours des circonstances qui semblent annoncer son « choix. Ce nouveau Pontife, parvenu « dans la solitude à l'âge de 72 ans, sans « usage, sans étude, sujet à la timidité « et aux irrésolutions ordinaires à un « sens droit qui se sent dépourvu de connaissances et d'expérience, dut céder « comme nécessairement aux impressions de l'intrigue et de la flatterie « déguisée, et d'autant plus facilement « trompé, que la crainte de l'être le faisait plus souvent agir au hasard; le « nouveau Pape, ainsi abandonné à lui-« même, ou plutôt ne jouissant plus de « soi, et asservi sans le savoir aux personnes et aux passions étrangères, « commit plusieurs fautes inévitables « dans un rang et des conjonctures si « critiques, et fit en particulier bien des « mauvais choix dans des prélatures importantes. » On ne tarda pas à murmurer de tous côtés. Le bon Célestin, instruit de ce soulèvement, donna sa renonciation au pontificat, cinq mois après avoir été élu. Le cardinal Caietan fut couronné après lui sous le nom de Boniface VIII. C'est un conte que son successeur lui en inspira la pensée, en lui parlant la nuit avec une sarbacane. Mais ce qu'il y a de sûr, c'est que le nouveau Pontife le fit enfermer dans le château de Fumone en Campanie, dans la crainte très-mal fondée qu'il ne se laissât persuader de remonter sur le siége pontifical. Pierre ne se plaignit jamais de sa prison: *J'ai voulu*, disait-il, *une cellule*, *et je l'ai obtenue*. Il y mourut en 1296, deux ans après son élection. Clément V le canonisa en 1313. Il le méritait par ses austérités et ses vertus, et par la résignation avec laquelle il avait supporté les incommodités de sa prison et les mauvais traitements de ses gardes. On a de lui divers *Opuscules* dans la *Bibliothèque des Pères*. Le cardinal Pierre d'Ailly a écrit sa *Vie* en latin, qui a été mise en meilleur style par Denis Fabri, Paris, 1539, in-4. Les religieux célestins ont été supprimés en France en 1778.

CELLAMARE (Antonio del Giudice, prince de), né à Naples en 1657, entra fort jeune à la cour de Charles II, roi d'Espagne, et lui fut très-attaché, ainsi qu'à son successeur Philippe V, qu'il suivit dans la guerre d'Italie. Il fut fait prisonnier par les impériaux en 1707, au siége de Gaëte, et ne fut échangé qu'en 1712. Trois ans après, il fut envoyé en qualité d'ambassadeur en France; mais en 1718 une conspiration ayant éclaté contre Philippe, duc d'Orléans, régent du royaume, il fut soupçonné d'en être in des moteurs, et se retira précipitamment en Espagne. On saisit les papiers de Cellamare, quoiqu'il réclamât son privilège d'ambassadeur. Philippe V lui continua ses bonnes grâces. Il mourut à Séville, le 16 mai 1733. On voit l'histoire de cette conspiration dans les *Mémoires de la régence du duc d'Orléans*, édition d'Amsterdam, 1749, 5 vol. in-12, donnée par Lenglet du Fresnoy, qui avait été lui-même employé à la découverte de cette conspiration.

CELLARIUS (Christophe), né à Smalcalde en 1638, célèbre professeur d'éloquence et d'histoire à Halle en Saxe, mourut en 1707, âgé de 68 ans. Il s'est fait un nom parmi les savants, par plusieurs ouvrages de sa composition, et par la réimpression de beaucoup d'auteurs anciens. On a de lui : *Notitia orbis antiqui*, 2 vol. in-4, Leipsick, 1701; Amsterdam, 1706, 2 vol. in-4; et Leipsick, 1731, avec des *Notes* par Conrad Schwartz : c'est le meilleur ouvrage que nous ayons sur la géographie ancienne; mais il est plus savant que méthodique. On aurait désiré qu'il y eût rapproché l'ancienne géographie de la nouvelle ; *Geographia antiqua*, 1687, in-12. Ce petit ouvrage, plus méthodique que le précédent, sert à expliquer les histoires anciennes; *Regni Poloniæ magnique ducatûs Lithuaniæ descriptio*, Amsterdam, 1659, in-12; *Atlas cœlestis*, in-folio; *Historia antiqua*, Iéna, 1698, in-12. C'est un abrégé de l'histoire universelle, fort exact, mais trop superficiel. Il donna, en 1702, une *Historia nova*, aussi abrégée que son histoire ancienne ; *De latinitate mediæ et infimæ ætatis;* une édition du *Thesaurus* de Faber, qu'il a augmenté ; des éditions de plusieurs auteurs anciens et modernes, de Cicéron, de Cornélius-Népos, de Pline-le-Jeune, de Quinte-Curce, d'Eutrope, de Sextus-Rufus, de Velléius-Paterculus, de Lactance, de Minutius-Félix, de saint Cyprien, de Sédulius, de Prudence, de Silius-Italicus, de Pic de la Mirandole, de Cunæus, etc. ; des *Dissertations académiques*, Leipsick, 1712, in-8. On voit, par le grand nombre d'ouvrages dont il a enrichi la littérature, qu'il était fort laborieux. Mais quoiqu'il ait beaucoup composé, il ne faisait rien avec précipitation. Sa santé lui était moins chère que l'étude; aussi le travail l'épuisa-t-il bientôt, et il sentit de bonne heure les infirmités de la vieillesse. Il eut longtemps à souffrir des douleurs de la pierre; mais soit que son mal fût incurable, soit qu'il n'eût point de foi pour la médecine, il n'eut jamais recours aux médecins.

CELLARIUS (Salomon), fils du précédent, licencié en médecine, fut enlevé à l'âge de 24 ans, en 1700, au commencement d'une carrière qu'il parcourait déjà avec distinction. On a de lui l'ouvrage intitulé : *Origines et antiquitates medicæ*, qui a été publié par son père, Iéna, 1701, in-8.

CELLIEZ (Adélaïde-Hélène-Sophie-Charlotte, comtesse de Rossi, dame), née à Paris en 1778, s'adonna à l'éducation des jeunes personnes du sexe, et mourut à Blois le 4 août 1822. On lui doit : *Traité d'enseignement et d'éducation, contenant des méthodes pour enseigner la lecture, la grammaire, la cosmographie, la géographie et l'histoire, etc.; Conseils à une jeune institutrice, par un ecclésiastique ;* un *Complément de l'éducation*, 1817, in-8; les *Anciens et les Français,* ou *Véritables beautés de l'histoire de France et des Bourbons, spécialement destinées à la jeunesse,* 1822, 2 vol. in-12.

CELLINI (Benvenuto), peintre, sculpteur et graveur florentin, né en 1500, mourut dans sa patrie en 1570. François I le combla de bienfaits. Clément VII, qui comptait sur sa bravoure, autant qu'il estimait ses talents, lui confia la défense du château Saint-Ange, assiégé par le connétable de Bourbon. Le peintre le défendit en homme qui aurait été élevé dans les armes. L'orfèvrerie, la peinture, la gravure, l'occupèrent tour à tour. On a de lui quelques ouvrages : un *Traité sur la sculpture et la manière de travailler l'or.* Cet ouvrage curieux vit le jour à Florence, en 1568, in-4; l'*Histoire de sa vie*, en 1 vol. in-4, Cologne, sans date ; contrefaite à Florence en 1792, et réimprimée à Milan vers 1810, en 2 vol. in-4. On a une *Traduction* de cet ouvrage en français par M. T. de St-Marcel, Paris, 1822, in-8.

CELLOT (Louis), né à Paris en 1588, entra dans la société des Jésuites en 1605, fut recteur de la Flèche, ensuite provincial de son Ordre en France. Il mourut à Paris le 20 octobre 1658, âgé de 70 ans. Urbain VIII ayant envoyé Richard Smith, anglais, en Angleterre, avec le caractère d'évêque de Chalcédoine, les réguliers se plaignirent qu'il les troublait dans l'exercice de leurs fonctions ; il se fit, à cette occasion, une espèce de schisme parmi les catholiques de ce royaume. Pour terminer le différend, le Pape déclara que le prélat n'était point ordinaire en Angleterre, mais un simple délégué avec un pouvoir limité, qui pouvait être révoqué. Cette dispute donna naissance aux ouvrages de la hiérarchie de M. Halier et du Père Cellot. Celui-ci, intitulé *De hierarchiâ et hierarchis libri IX*, Rouen, 1641, in-fol., est aussi favorable aux réguliers que l'autre leur est contraire ; mais Cellot alla trop loin, et son livre fut mis à l'*index donec corrigatur*. L'abbé de Saint-Cyran profita de la contestation que cette affaire produisit pour satisfaire son penchant violent à décrier les Jésuites, et parut sur la scène sous le nom de *Petrus Aurelius*. Cellot publia une espèce d'apologie de ses sentiments, sous le titre de *Horarum subcisivarum liber singularis*, 1648, in-4. Hamon fit une apologie de Cellot assaisonnée d'une critique fine, sous le nom supposé d'*Alipe de Sainte-Croix*. Cellot écrivait bien en latin et en grec. Il a donné encore : une *Histoire de Gothescalc*, en latin, Paris, 1655, in-fol., estimée ; le *Premier concile de Douzy*, tenu en 871, avec des notes, Paris, 1656, in-4, et quelques ouvrages de Hincmar ; un *Recueil d'opuscules des auteurs du moyen âge ; Panegyrici et orationes*, Paris, 1631 et 1641, in-8 ; *Opera poetica*, Paris, 1630, in-8.

CELS (Jacques-Martin), cultivateur et botaniste, né à Versailles en 1743. Il était receveur à l'une des barrières de Paris à l'époque de la révolution ; mais les entrées ayant été supprimées, il se livra entièrement à la botanique, qui auparavant était un de ses délassements, et il forma un jardin très-curieux, où il cultivait les plantes étrangères pour en faire le commerce. Ventenat en a publié une description sous ce titre : *Description des plantes nouvelles et peu connues cultivées dans le jardin de M. Cels*, Paris, 1801, gros in-4, orné de 100 planches. On joint ordinairement à cet ouvrage : *Choix de plantes dont la plupart sont cultivées dans le jardin de M. Cels*, Paris, 1804, gros in-4, avec 60 planches. Cels luimême a publié successivement des *Instructions* sur diverses branches d'agriculture, et a eu une grande part à la rédaction du projet de Code rural. Il a aussi fourni des *notes* pour la nouvelle édition d'Olivier de Serres, pour le nouveau *La Quintinie* et pour quelques autres ouvrages d'agriculture. Il mourut d'une pleurésie le 15 mai 1806.

CELSE (Aurélius-Cornélius), de la famille patricienne Cornélia, appelé l'*Hippocrate des Latins*, florissait sous Auguste, Tibère et Caligula. On ne sait ce qu'il était. Il naquit à Rome selon les uns, et à Vérone selon les autres. Il a écrit sur la rhétorique, la médecine, l'art militaire et l'agriculture : et, si l'on en juge par ses ouvrages, ce devait être un homme également propre à tout, aux armes et aux lettres. On croit qu'il consacra les dernières années de sa vie, et le temps de la plus grande maturité de l'âge, à la médecine. Il nous reste de lui un ouvrage sur cette science, en huit livres. Les quatre premiers regardent les maladies internes ; le cinquième et le sixième, les externes ; le septième et le huitième, les maladies chirurgicales. Cet ouvrage est estimable pour la pureté du langage autant que par la justesse des préceptes. Le grammairien, l'historien et l'antiquaire y trouvent de quoi se satisfaire, comme le physicien et le médecin. La partie chirurgicale y est traitée avec beaucoup d'exactitude. La meilleure édition est de Padoue, 1722, in-8 ; celle d'Elzévir, 1657, in-12, plaît à cause du format, et est moins belle que celle de Paris, 1722, in-12. Les éditions les plus estimées sont celles *cum notis variorum*, 1766, à cause de ses *index* et des améliorations du texte ; et Lugd.-Bat. 1785, in-4. Cette dernière, publiée par Ruhnkénius, est la meilleure ; Ninnin l'a traduit en français en 1753, 2 vol. in-12, réimprimé par les soins de Lepage en 1821, 2 vol. in-12. Son *Abrégé de rhétorique*, imprimé en 1569, est moins pour instruire des préceptes les ignorants, que pour les rappeler aux savants.

CELSE, philosophe épicurien du 2e siècle, publia, sous Adrien, un libelle plein de mensonges et d'injures contre le judaïsme et le christianisme ; et osa lui donner le titre de *Discours de vérité*. Il reprochait aux juifs convertis d'avoir abandonné leur loi ; et aux autres chrétiens, d'être divisés en plusieurs sectes qui n'avaient rien de commun que le nom. Il ne voyait pas qu'il confondait les sectes séparées de l'Eglise, avec l'Eglise se même. Origène réfuta l'épicurien, et dévoila toutes ses calomnies, dans une apologie pleine de preuves fortes et convaincantes, rendues dans un style aussi élégant qu'animé. C'est, de toutes les apologies de la religion chrétienne, la plus achevée et la mieux écrite que l'antiquité nous ait laissée. Nous en avons une bonne traduction française par Bouchereau, imprimée à Amsterdam, en 1700, in-4. Un savant critique a porté de Celse le jugement suivant : « Il n'est pas aisé de « démêler quels étaient ses sentiments « sur la Divinité. Sa philosophie est un « chaos inintelligible, et son ouvrage un « tissu de contradictions. Quelquefois il « semble admettre la Providence, d'au- « tres fois il la nie ; il joint à l'épicu- « réisme le dogme de la fatalité, il croit « que les animaux sont d'une nature su- « périeure à celle de l'homme. Il n'exige

« point que l'on rende un culte à Dieu,
« créateur et gouverneur du monde,
« mais seulement aux génies, et aux dieux
« des païens; il vante les oracles, la di-
« vination, les prétendus prodiges du pa-
« ganisme. Tantôt il semble approuver,
« et tantôt il blâme le culte des simu-
« lacres et des idoles. A proprement
« parler, il ne savait pas lui-même ce
« qu'il croyait ou ne croyait pas. C'est
« assez la philosophie de la plupart des
« incrédules; ils se ressemblent dans
« tous les siècles. » Aussi, les incrédules
modernes ne font-ils que copier et répéter les raisonnements et les injures de
cet épicurien. C'est à lui que le *Pseudo-
mantis* de Lucien est dédié.

CELSIUS (Olaüs), botaniste, théologien et orientaliste suédois, né en 1670,
mort en 1756, membre de l'académie
de Stockholm, avait fait, par ordre de
Charles XI, plusieurs voyages dans les
principaux Etats de l'Europe, afin de reconnaître et de déterminer les diverses
plantes dont il est parlé dans la Bible. Il
publia successivement le résultat de ses
recherches en dix-sept *Dissertations* qu'il
réunit ensuite sous ce titre : *Hierobota-
nicon, etc.*, Upsal, 1745 et 1747; Amsterdam, 1748, in-8. Il donna aussi le
Catalogus des plantes qui naissent spontanément dans les environs d'Upsal, inséré dans les *Acta litt. et scient. Suec.*,
1732 et 1740. On doit enfin à Celsius plusieurs *Dissertations* sur la théologie, l'histoire et les antiquités, entre autres : *De
linguâ Novi Testamenti originali*, Upsal,
1707, in-8; *De sculpturâ Hæbreor.*, *ibid.*,
1726, in-8, etc. Ce savant suédois, regardé comme le fondateur de l'histoire
naturelle dans sa patrie, fut le premier
maître et le protecteur du célèbre Linnée,
qui donna à un nouveau genre de plantes
le nom de *Celsia orientalis*. Naturaliste
habile, théologien, et profond orientaliste, Celsius était d'ailleurs d'un remarquable désintéressement. Il refusa deux
fois la dignité d'archevêque d'Upsal.

CELSUS (Julius) vivait quelque temps
avant la naissance de J.-C. Il a fait une
Vie de César, 1473, in-fol.; et dans
l'édition de *César*, *cum notis variorum*,
Leyde, 1713, in-8.

CELSUS (Juventius), jurisconsulte,
fut arrêté pour avoir conjuré contre l'empereur Domitien, qui s'était fait haïr de
tout le monde par ses cruautés; il évita,
par son adresse, la punition qui l'attendait, en différant toujours de nommer
ses complices, jusqu'à la mort de Domitien, qui fut assassiné l'an 96 de Jésus-
Christ.

CELSUS (Caïus-Titus-Cornelius), tyran

qui s'éleva en Afrique du temps de l'empereur Gallien, vers l'an 265. Les Africains
l'obligèrent d'accepter l'empire, et le re-
vêtirent du voile d'une statue, pour lui
servir de manteau impérial; mais, sept
jours après, il fut tué. Les habitants de
Siccé laissèrent manger son corps aux
chiens, et attachèrent son effigie à une
potence. C'était un homme d'une figure
distinguée, plein de modération et d'équité, et qui s'était retiré du tumulte des
armes pour vivre tranquillement dans
une maison de campagne, près de Carthage, lorsque les chefs des légions de
la province le firent proclamer empereur
par le peuple.

CELTES (Conrard), poëte latin, natif
de Schweinfurt, en Franconie, en 1459,
mort à Vienne en 1508, après avoir reçu
le laurier poétique. Il a laissé des *odes*,
Strasbourg, 1513, in-4, rare; des *épigrammes*; un *poëme* sur les mœurs des
Allemands, 1610, in-8; une *Description
historique de la ville de Nuremberg*,
Strasbourg, 1513, in-4, rare. L'imagination et les saillies ne lui manquaient
pas; mais on peut lui reprocher des négligences dans le style, et des pensées
plus brillantes que solides. On a encore
de lui quatre livres en vers élégiaques
pour quatre maîtresses différentes que le
poëte se vante d'avoir eues. Ils parurent
à Nuremberg en 1502, in-4. Ce volume
est rare. Il a aussi publié les poésies sacrées de Roswita de Gandesheim, religieuse. L'empereur Maximilien lui confia
la direction de sa bibliothèque, et lui
accorda le privilége de donner lui-même
la couronne poétique à ceux qu'il en ju-
gerait dignes.

CENALIS, en français CÉNEAU (Robert), docteur de Sorbonne, évêque d'A-
vranches, ci-devant évêque de Vence et
de Riez, mourut à Paris sa patrie en
1560. On a de lui des ouvrages d'histoire
et de controverse : une *Histoire de
France*, dédiée au roi Henri II, en latin,
1557, in-fol. C'est moins une histoire
qu'un énorme recueil de dissertations
sur le nom, sur l'origine et sur les aventures des Gaulois, des Français et des
Bourguignons. Il se plaint, dès la première page, de ce qu'on a disputé aux
Français la gloire de descendre des
Troyens. On peut juger, par ce trait, de
la critique du dissertateur; *Tractatus de
utriusque gladii facultate usuque legiti-
mo*, Paris, 1556, in-12; Leyde, 1558; *Pro
tuendo sacro cœlibatu*, Paris, 1545, in-8;
Larva sycophantica in Calvinum. Le goût
de son siècle était de mettre aux livres
des titres extraordinaires.

CENDÉBÉE, général des armées d'Antiochus Sidètes, qui fit des courses sur les terres des Juifs sous la sacrificature de Simon. Celui-ci ne pouvant, à cause de son âge avancé, aller au-devant de l'ennemi, y envoya ses deux fils, Jean et Judas qui défirent Cendébée dans une grande bataille, et taillèrent en pièces son armée.

CÈNE (Charles Le), théologien calviniste, né à Caen en 1647, d'abord ministre en France, ensuite en Angleterre, après la révocation de l'édit de Nantes, mourut à Londres en 1703. Son occupation principale, surtout depuis sa retraite, avait été de travailler à une version nouvelle de la Bible en français. Il en fit imprimer le projet en 1696. Ce projet, plein de remarques judicieuses, annonçait un bon ouvrage; mais, lorsque la version parut en 1741, Amsterdam, in-fol., par les soins du fils de l'auteur, libraire en cette ville, on rétracta ce jugement précipité. Sous prétexte qu'il ne faut pas traduire mot pour mot, et qu'un traducteur doit rendre le sens plutôt que les termes, Le Cène se permit des libertés et des singularités qui défigurent les livres sacrés. On a encore de cet auteur quelques ouvrages théologiques, moins connus que son projet et sa Bible. Les principaux sont : *De l'état de l'homme après le péché, et de la prédestination au salut*, Amsterdam, 1684, in-12; *Entretiens où l'on examine particulièrement les questions de la grâce immédiate, du franc-arbitre, du péché originel, de l'incertitude de la métaphysique, et de la prédestination*. Il y a une seconde partie, mais qui est de M. Le Clerc, Amsterdam, 1685, in-8; *Conversations, où l'on fait voir la tolérance que les chrétiens de différents sentiments doivent avoir les uns pour les autres, etc.*, avec un *Traité de la liberté de conscience*, Philadelphie, Amsterdam, 1687, in-12. On voit dans cet ouvrage que l'auteur ne tenait pas fortement à la secte, et qu'il reconnaissait de bonne foi qu'elle n'avait pas le droit d'exclure les erreurs, droit qui ne convient qu'à la vérité.

CÉNEAU. (Voyez CENALIS.)

CENNINI (Bertrand), excellent orfèvre de Florence, au milieu du 15ᵉ siècle, est le premier qui introduisit l'imprimerie dans cette ville. Il eut deux fils, Dominique et Pierre, qui n'étaient pas moins habiles que leur père. Ils fabriquèrent eux-mêmes leurs poinçons, formèrent des matrices, et se procurèrent tout ce qui est nécessaire à une imprimerie. Le premier livre qui sortit de leurs presses, et le seul qui nous reste d'eux, est de l'année 1471. Il a pour titre : *Virgilii opera*

omnia, *cum commentariis Servii*, Florence, in-fol. Ces artistes ont été inconnus à tous ceux qui ont écrit sur l'imprimerie avant le Père Orlandi.

CENSORIN, ou CENSORINUS (C. Marcius) fut consul avec Asinius Gallus, sous l'empire d'Auguste, l'an de Rome 744, et 8 ans avant J.-C. Horace lui adresse une de ses *odes*. C'est la septième du 4ᵉ livre, dans laquelle il se propose de montrer que les louanges des poètes sont d'un grand prix.

CENSORIN, savant grammairien du 3ᵉ siècle. Il laissa un traité *De die natali*, dans lequel il traite de la naissance de l'homme, des mois, des jours et des années. Cet ouvrage, publié à Cambridge en 1695, in-8, et à Leyde, 1743 et 1767, in-8, a été d'une grande utilité aux chronologistes, pour déterminer les principales époques des évènements anciens. Censorin avait aussi composé un ouvrage des *accents*, qui n'est pas parvenu jusqu'à nous; il est souvent cité par Sidonius Apollinaire et par Cassiodore.

CENSORIN (Appius-Claudius Censorinus), tyran en Italie sous l'empereur Claude II, était d'une famille de sénateurs, et avait été deux fois consul. Après avoir servi l'État dans les ambassades et dans les armées, il s'était retiré dans ses terres aux environs de Bologne, pour y achever ses jours en paix. Mais les soldats vinrent tumultuairement lui offrir l'empire, et le forcèrent de l'accepter l'an 270. Censorin, revenu des illusions de ce monde, déjà âgé, et boiteux d'une blessure qu'il avait reçue dans la guerre contre les Perses, n'accepta qu'à regret le dangereux honneur de la pourpre. En effet, sa chute fut aussi prompte que son élévation. A peine y avait-il sept jours qu'il régnait, que les soldats qu'il voulait soumettre à la discipline, lui ôtèrent le sceptre et la vie. On mit sur son tombeau : *qu'il avait été aussi malheureux empereur qu'heureux particulier.*

CENTORIO (Ascagne), auteur milanais d'une maison illustre. Zéno, dans ses *Notes* sur Fontanini, prétend qu'il était romain, d'une famille patricienne. Il porta les armes dans le 16ᵉ siècle, autant en philosophe qui réfléchit, qu'en brave qui s'expose à propos. Il profita du loisir que la paix lui procura pour rédiger les *Mémoires militaires et historiques* qu'il avait ramassés dans le tumulte de la guerre. Ils sont fort estimés en Italie, et n'ayant point été réimprimés, sont devenus fort rares. Ils parurent à Venise en 1565 et 1569, en 2 vol. in-4, pour l'ordinaire reliés en un. Le premier traite

a six livres, des guerres de Transylva-
ie, et le 2ᵉ de celles de son temps, en
livres.

CÉPARI (Virgile), jésuite, né en 1564
Panicale près Pérouse, recteur des collèges de son ordre à Florence et à Rome,
mort en 1631, publia plusieurs écrits,
parmi lesquels on distingue : les *Vies de
sainte Françoise romaine, de sainte
Magdeleine de Pazzi et de saint Louis de
Gonzague*, que l'auteur avait connu personnellement : celle-ci fut traduite par
Galpin, pénitencier du Pape ; la *Vie de
saint François de Borgia*, Rome, 1624,
in-8, traduite en français par le Père
Fergus, 1 vol. in-4, réimprimée à Avi-
non, 1824, 2 vol. in-12 ; la *Vie de Jean
Berchmans*, traduite en français par le
Père Cachet.

CÉPHALE, célèbre orateur athénien,
se distingua par son exacte probité, encore plus que par son éloquence. Aristo-
bon, son compatriote, se vantait de ce
qu'ayant été cité en justice quatre-vingt-
quinze fois, il avait toujours été absous.
Céphale se glorifiait avec plus de raison
de n'avoir jamais été cité, quoiqu'il eût
pris plus de part aux affaires qu'un autre citoyen de son temps. C'est lui qui
introduisit l'usage des exordes et des
péroraisons. Il vivait avant Eschine et
Démosthènes, qui parlent de lui avantageusement.

CÉPHALE, corinthien, vivait du
temps de Timoléon, corinthien comme
lui. C'était un homme célèbre dans la
science des lois et du gouvernement public ; aussi Timoléon le prit-il pour son
conseil et pour son guide, lorsqu'il voulut donner de nouvelles lois à Syracuse,
l'an 339 avant J.-C.

CÉPHAS est le nom que Jésus-Christ
donna à Simon, fils de Jean ou de Jona,
lorsque son frère André le lui amena.
Le nom syriaque *Cépha* signifie *Pierre*.
Il est des auteurs anciens et modernes
qui reconnaissent un CÉPHAS, différent
de saint Pierre, et qu'ils placent entre
les 72 disciples. Ils prétendent que c'est
de lui que parle saint Paul dans l'épître
aux Galates, chap. 2. Cette opinion est
appuyée par des raisons et sur des autorités graves. Le Père Hardouin a fait une
dissertation pour l'établir ; et si cet auteur s'est souvent distingué par des ori-
ginalités paradoxales, on ne peut l'en
accuser dans le cas présent, puisque Clément d'Alexandrie, Dorothée de Tyr,
quelques savants du temps de saint Jérôme, l'auteur de la Chronique d'Alexandrie, etc., ont soutenu, ou du moins regardé comme vraisemblable le même
sentiment. En 1785, le Père Marcellin

Molkenbuhr a publié sur ce sujet une
nouvelle dissertation très-sagement écrite, intitulée : *Dissertatio scripturistico-
critica : An Cephas, quem Paulus Antio-
chiæ redarguit* (Gal. 2), *fuerit Simon-
Petrus, apostolorum coriphæus ?* in-4,
où il conclut également que le Céphas,
auquel saint Paul résista à Antioche, n'est
point le prince des apôtres. Quoi qu'il
en soit, cette différence d'opinions ne
touche à rien d'essentiel, et n'intéresse
en aucune manière l'autorité et la primauté du chef de l'Eglise. Un ménagement peut-être excessif pour les Juifs ex-
traordinairement attachés aux observan-
ces légales, n'est ni un crime, ni une
erreur qui puisse compromettre, ou la
sainteté ou la prééminence de saint Pierre.
Mais si le passage dont il s'agit ne regarde pas cet apôtre, le respect dû à sa
mémoire autant qu'à la vérité historique,
exige que l'on combatte une opinion
dont des esprits faux ou superficiels ont
abusé pour écrire plus d'un genre d'i-
nepties.

CERCEAU (Jean-Antoine du), né à
Paris en 1670, entra chez les Jésuites,
et s'y fit un nom par son talent pour la
poésie française et latine. Il mourut subitement, par un accident funeste, en
1730, à Veret, maison du duc d'Aiguillon, près de Tours, au retour d'un voyage
où il avait accompagné Mᵐᵉ de Conti. Ce
jésuite s'annonça d'abord par un volume
de *Poésies latines*, parmi lesquelles il y
en a de fort estimables, surtout les *Pa-
pillons* et les *Poules* ; celles-ci, traduites
en vers français, ont plu également en
cette langue. Ses vers français, imités
de Marot, sont fort agréables. « Quel-
« ques-unes de ses petites pièces, dit un
« critique, respirent un enjouement et
« une gaîté bien plus analogues au génie
« et au goût, que tant de dolentes jéré-
« miades ou de vaporeuses épîtres phi-
« losophiques, dépourvues même du
« mérite de la versification. » Ses *Réflexions sur la poésie française* sont aussi
pesantes, que plusieurs de ses poésies
sont légères. La règle qu'il donne, pour
distinguer les vers de la prose, est ingénieuse, mais fausse. Il a composé encore
des *Pièces dramatiques* pour les pensionnaires du collège de Louis-le-Grand. Ses
comédies sont : le *Faux duc de Bourgogne* ; *Esope au collège* ; l'*Ecole des pères* ;
le *Point d'honneur* ; les *Incommodités de
la grandeur* ; l'*Enfant prodigue*, etc.
Elles ont été recueillies en 3 vol. in-12,
Paris, 1807. On y trouve parfois de bonnes plaisanteries et des caractères soutenus ; mais on sent que l'auteur les faisait à la hâte, et qu'il se fiait trop sur sa

facilité. Ce qu'on ne peut s'empêcher d'y estimer, c'est la sagesse et la décence de la composition et des expressions : ce qui, dans les pièces de théâtre, est une espèce de prodige. Il a laissé plusieurs ouvrages commencés. C'était son humeur qui dirigeait son imagination, et cette humeur était un peu capricieuse. On a donné une nouvelle et jolie édition des *Poésies* du Père du Cerceau, Paris, 1785, 2 vol. in-12. Ses autres productions sont : *Histoire de la dernière révolution de Perse*, 1728, 2 vol. in-12 ; l'*Histoire de la conjuration de Rienzi, tyran de Rome*, en 1347, 1 vol. in-12. Ces deux ouvrages sont écrits d'une manière intéressante ; on y estime surtout une marche sage et lumineuse, un style noble et naturel, qu'il serait à souhaiter de retrouver dans un grand nombre d'historiens qui ont plus de réputation que lui. Le Père Brumoy a mis la dernière main à l'*Histoire de Rienzi* ; plusieurs extraits du *Journal de Trévoux*, surtout des *Dissertations* sur la musique des anciens.

CERDA (Jean-Louis de la), jésuite, natif de Tolède, est connu par son *Commentaire sur Virgile*, Lyon, 1619, 3 v. in-folio. Ce format annonce peut-être plus d'érudition que de précision et de goût. Une pensée ordinaire, un mot qui ne dit rien, exercent souvent l'esprit du laborieux et savant commentateur. Il explique ce qui n'a pas besoin d'être expliqué, et disserte pesamment sur ce qu'on doit sentir avec délicatesse. Cet ouvrage le rendit si célèbre, qu'Urbain VIII voulut avoir son portrait. On a encore de lui un *Commentaire sur Tertullien*, Paris, 1624, in-folio, dans le goût de celui de Virgile. L'érudition y est prodiguée dans l'un et dans l'autre ; et il faut convenir qu'il y a peu de gens qui puissent faire une pareille dépense ; *Adversaria sacra*, Lyon, 1626, in-fol. « Ouvrage fait, « dit Baillet, avec beaucoup de travail, « pour éclaircir et faciliter l'intelligence « de plusieurs auteurs sacrés et ecclé- « siastiques. » Il mourut en 1643, âgé de plus de 80 ans.

CERDA (Bernarda-Ferreira de la), portugaise, savante dans la rhétorique, la philosophie et les mathématiques, écrivait poliment en prose et en vers. On a d'elle un *Recueil de poésies*, un volume de *comédies*, et un poëme intitulé : *Espana libertada, etc.*, Lisbonne, 1618, in-4. Elle vivait au commencement du 17ᵉ siècle.

CERDON, hérésiarque du 2ᵉ siècle, né en Syrie, vint à Rome sous le pape Hygin, et y sema ses erreurs, tantôt en secret, tantôt ouvertement. Ayant été

repris de sa témérité, il fit semblant de se repentir, et de se réunir à l'Église : mais son hypocrisie étant découverte, il fut absolument chassé. Il admettait deux principes, l'un bon et créateur du ciel, l'autre mauvais et créateur de la terre. Il rejetait l'Ancien-Testament, et ne reconnaissait du Nouveau qu'une partie de l'Evangile de saint Luc, et quelques épîtres de saint Paul. Il prétendait encore, dit-on, que Jésus-Christ n'avait qu'un corps fantastique. La doctrine des deux principes fut la source de l'hérésie des Manichéens. (Voyez MARCION.)

CEREIDAS, législateur de Mégalopolis. On rapporte qu'étant sur le point de mourir, il se tourna vers ses amis, et leur assura « qu'il quittait fort content la » vie, parce qu'il était persuadé qu'il » allait bientôt joindre Pythagore, le « plus sage des philosophes ; Hécatée, « le plus habile des historiens ; Olympe, « le plus excellent des musiciens, et « Homère, le père de la fable et le « prince des poëtes. » Reste à savoir s'il a effectivement rencontré cette illustre compagnie, et quel genre de consolation il en a reçu.

CEREIDIUS SCÆVOLA, jurisconsulte romain. L'empereur Marc-Aurèle se servait de son conseil pour faire des édits et des constitutions. Il excellait en cela, qu'il s'attachait plus qu'aucun autre jurisconsulte aux circonstances des difficultés qu'on lui proposait. Il fut précepteur de Septime-Sévère.

CERINTHE, hérésiarque, disciple de Simon-le-Magicien, commença à publier ses erreurs vers l'an 54. Il attaquait la divinité de Jésus-Christ, et n'admettait en lui que la nature humaine. Saint Jean écrivit son Evangile à la prière des fidèles, pour réfuter ses erreurs sacrilèges. On ajoute même qu'ayant trouvé Cérinthe dans les bains publics, où il allait pour se laver, il se retira avec indignation, en disant : *Fuyons, de peur que nous ne soyons abîmés avec cet ennemi de Jésus-Christ.*

CERISANTES (Marc DUNCAN, sieur de), né vers 1600, fils de Marc Duncan, gentilhomme écossais, établi à Saumur, servit de bonne heure. Il suivit le duc de Guise dans la fameuse expédition de Naples, et mourut pendant le siège de cette ville en 1648. Il fit un testament, par lequel il laissa des legs considérables à tous ses parents et à tous ses amis : il avait à peine de quoi se faire enterrer ; mais il se croyait déjà propriétaire de tous les biens que le duc de Guise lui avait promis pour l'engager à le suivre. Il se mêlait de poésie, et s'il n'avait fallu, pour réussir en ce genre , qu'une tête chaude, il aurait excellé.

CÉRISIERS (René de) , jésuite , né à Nantes en 1603 , mort en 1662, a traduit le Traité de la *Consolation de la philosophie* de Boëce, et donné la *Consolation de la théologie* , dont on a fait plusieurs éditions. Il a traduit aussi les *Confessions* et les *Soliloques* de saint Augustin, ainsi que la *Cité de Dieu*. On a encore de lui : l'*Innocence reconnue*, ou *Vie de sainte Geneviève de Brabant* , espèce de roman spirituel, où l'on trouve des morceaux de la simplicité la plus noble et la plus touchante; d'excellentes *Réflexions chrétiennes et politiques sur la vie des rois* , réimprimées avec des additions sous ce titre un peu fastueux : le *Tacite français avec des réflexions, etc.*; et plusieurs autres ouvrages.

CÉRONI (Jean - Antoine) , sculpteur milanais, mort à Madrid en 1640, à l'âge de 61 ans, fut appelé en Espagne, à cause de sa grande réputation , par le roi Philippe IV. Les beaux anges de bronze (un des principaux ornements du nouveau Panthéon de l'Escurial) , et la célèbre façade de l'église de Saint-Etienne à Salamanque, sont ceux de ses ouvrages qui ont le plus contribué à immortaliser son nom.

CÉRUTTI (Jean-Antoine) , ci-devant jésuite , de l'académie de Nancy , né en Piémont le 13 juin 1738, mort à Paris le 3 février 1792 , se fit d'abord connaître par des *Discours* et des *Lettres* sur différents objets, dont il remporta deux prix à l'académie de Montauban en 1760, et la même année , celui d'éloquence à Toulouse. Mais ce qui lui fit le plus de réputation , ce fut l'*Apologie de l'institut des Jésuites;* les matières , les raisonnements, les vues principales lui en avaient été fournis : il y mit la façon, qui lui valut une pension de la part du dauphin , fils de Louis XV. Il la perdit pour avoir eu la lâcheté de prêter le serment abjuratoire de ce même institut, exigé par les Parlements. Tout ce qu'il a écrit est plein d'esprit, mais de cet esprit recherché , qui , bien loin de donner du prix aux bonnes choses, ne fait que les déprécier. On trouve des vues excellentes et des idées neuves dans son *Discours sur l'intérêt d'un ouvrage ;* mais elles sont défigurées par un style affecté, plein d'antithèses et de pointes, ce qui porterait presque à croire que l'*Apologie des Jésuites* n'est pas de lui. L'esprit ne plaît qu'autant qu'il assaisonne la raison sans chercher à se montrer. Ce défaut se fait moins sentir dans sa *Lettre sur les avantages et l'origine de la gaîté française*, et

dans son *Discours sur l'origine du désir général de transmettre son nom à la postérité*. A la fin de sa carrière , il s'est livré tout entier à la démocratie, et a enfanté plusieurs diatribes où la haine de la religion va de pair avec les plus creuses spéculations de politique : une entre autres sur les assignats et le papier-monnaie. Ce qui lui a attiré , d'un critique un peu sévère , le nécrologe suivant : « L'État y gagnerait beaucoup, si quel- « ques hommes du même genre et de la « même affiliation payaient le même tri- « but à la tranquillité publique. Jamais « homme ne fit de l'esprit un abus plus « dangereux : jamais on n'eut des opi- « nions plus fausses, des principes plus « erronés , un style plus chargé de *con- « cetti*. Jamais on ne connut moins la « véritable éloquence. Je ne parle point « des variations dans ses systèmes, qui « trahirent sa duplicité : il aurait pu, du « moins, faire excuser l'exaltation de sa « tête par les vertus d'un sujet fidèle « et d'un citoyen ami des lois. Mais le « moraliste , en lui, eut tous les défauts « de l'orateur. Il est malheureux pour sa « mémoire, qu'il ait joué un rôle dans « cette tragédie sanglante, dont tant de « factieux sont les auteurs. Ses ouvrages « seraient morts avant lui; mais son ti- « tre de factieux lui survivra. » Cérutti était fort lié avec le fameux Mirabeau , qui l'employa souvent , soit à lui prépa- rer des matériaux pour ses discours, soit à rédiger des fragments de ses rapports. Devenu membre du département de Pa- ris , il fut nommé, par les élections de cette ville , député à la législature en sep- tembre 1791 ; il avait entrepris, la même année , la *Feuille villageoise* , journal dont le but était de propager dans les campagnes les principes de la révolu- tion.

CERVANTES SAAVEDRA (Michel) naquit l'an 1547 , à Alcala de Hénarès , dans la Nouvelle-Castille. Enrôlé à 22 ans sous les drapeaux de Marc-Antoine Co- lonne , il se trouva comme simple soldat à la bataille de Lépante, en 1571 , s'y signala et y perdit la main gauche. Néan- moins , sûr de la gloire qu'il s'était ac- quise , il ne se crut pas inhabile à cueillir de nouveaux lauriers, et s'étant rendu à Naples, il s'enrôla dans les troupes de Philippe II. En 1575 , lorsqu'il repassait en Espagne , le vaisseau qui le portait fut pris par un corsaire d'Alger. Devenu l'esclave d'un maître inhumain, Cervan- tes ne se laissa pourtant pas abattre par cette nouvelle infortune ; il lui opposa un courage inflexible, et son intrépidité fut plus grande encore que ses revers. Après plusieurs tentatives d'évasion, dont il a fait lui-même, dans sa nouvelle des *Captifs*, un récit où le vrai paraît à peine vraisemblable, après ces tentatives, disonsnous, qui toutes furent sans succès, et dans lesquelles Cervantes courut maintes fois le danger du pal; loin d'être rebuté par l'inutilité de ses efforts, il eut l'inconcevable audace de tramer un vaste complot qui n'allait à rien moins qu'à faire révolter tous les esclaves chrétiens, et à se mettre à leur tête pour attaquer ouvertement le gouvernement d'Alger. Ce projet échoua, et, chose singulière! le dey, qui, frappé de l'énergie inaccoutumée d'un esclave, avait déjà respecté ses jours, lui laissa encore la vie sauve; mais les chaînes de Cervantes furent resserrées. Après plusieurs années de privations et de souffrances au-dessus des forces humaines, il fut racheté par la sollicitude évangélique des Pères de la Trinité, en 1581. De retour en Espagne, où il avait été regardé, dès son jeune âge, comme le meilleur poëte de son temps, il fit jouer ses *Comédies* avec le plus grand succès. Son *Don Quichotte de la Manche* acheva sa réputation. Le duc de Lerme, premier ministre de Philippe III, peu ami des talents et des gens de lettres, le traita un jour avec trop peu de considération. Cervantes s'en vengea, en entreprenant une *Satire* fine de la nation et du ministre, entêtés alors de chevalerie. Cet ouvrage, traduit dans toutes les langues des peuples qui ont des livres, est le premier de tous les romans, par le génie, le goût, la naïveté, la bonne plaisanterie, l'art de narrer, celui de bien entremêler les aventures, celui de ne rien prodiguer, et surtout par le talent d'instruire en amusant. On voit, à chaque page, des tableaux comiques et des réflexions judicieuses. Un jour que Philippe III était sur un balcon du palais de Madrid, il aperçut un étudiant qui, en lisant, quittait de temps en temps sa lecture et se frappait le front avec des marques extraordinaires de plaisir. « Cet « homme est fou, dit le roi aux courti- « sans, ou bien il lit *Don Quichotte*. » Le prince avait raison, c'était effectivement ce livre que l'étudiant lisait. « C'est « un ouvrage, disait Saint-Evremond, « que je puis lire toute ma vie, sans en « être dégoûté un seul moment; de tous « les ouvrages que j'ai lus, ce serait ce- « lui que j'aimerais le mieux avoir fait. « J'admire comment, dans la bouche du « plus grand fou de la terre, Cervantes « a trouvé le moyen de paraître l'homme « le plus entendu et le plus grand con-

« naisseur qu'on puisse imaginer. » Le même écrivain donnait pour tout conseil à un exilé, celui d'oublier sa maîtresse, et de lire *Don Quichotte*. Ce chef-d'œuvre, qui devait faire la fortune de Cervantes, lui attira des persécutions. Le ministre le fit maltraiter, et il fut obligé de discontinuer. Un Alonzo Fernandez de Avellaneda, écrivain pitoyable, s'étant avisé de le continuer, et de décrier l'auteur après l'avoir pillé, Cervantes se vit obligé de reprendre son ouvrage. C'est en 1605 que parut la première partie du *Don Quichotte*; elle fut écrite dans la province même qui sert de théâtre aux aventures du *Héros de la Manche*, et dans une prison où l'auteur fut longtemps enfermé, sans qu'on ait bien su à quoi attribuer cette nouvelle persécution. Le duc de Bekjar, qui avait d'abord refusé d'agréer la dédicace de l'ouvrage, l'accepta ensuite avec transport, dès qu'il en eut entendu la lecture. « Mais, dit un auteur, ce premier succès n'était rien sans la sanction publique, et l'un des plus beaux monuments littéraires que possède la nation espagnole fut d'abord méconnu par elle; il fut dédaigné, décrié par une tourbe d'ignares écrivains qui ne le comprenaient pas. L'auteur qui, presque seul, sentait la portée de son livre, avait dû prévoir ce résultat; car, suivant l'expression de Montesquieu, « le meilleur livre des Espagnols est ce- « lui qui se moque de tous les autres. » Il advint à Cervantes précisément ce qui est arrivé depuis à Molière, lors de l'apparition du *Misanthrope*: Cervantes tournait en dérision le goût dépravé de la multitude pour les mauvais romans de chevalerie, comme Molière s'est moqué du faux goût poétique des partisans de l'hôtel de Rambouillet, et leurs chefs-d'œuvre ont subi la peine de cette heureuse audace; mais ces deux écrivains, travaillant pour la postérité, s'en sont remis à elle du soin de leur vengeance. Le temps met toute chose à sa place, et maintenant le *Don Quichotte* est pour les Espagnols ce que le *Tom-Jones* est pour les Anglais, ce qu'est pour nous le *Gil-Blas*. » L'indifférence ou la sottise publique tenait donc l'auteur de *Don Quichotte* dans une triste position; et sans les libéralités de don Bernardo de Sandoval, archevêque de Tolède, et du comte de Lémos, Cervantes serait tombé dans une indigence absolue. L'archevêque de Tolède et le comte de Lémos, protecteurs éclairés des vrais talents, étaient du petit nombre des hommes en état de comprendre et d'apprécier Cervantes. Celui-ci fit imprimer, en 1613, les *Nou-*

relles de Cervantes ; et le *Voyage au Parnasse* leur succéda l'année suivante. Ce fut en cette année 1614 que parut la prétendue *seconde partie* du *Don Quichotte* sous le nom d'Alonzo Fernandès Avellaneda. Elle était précédée d'une diatribe scandaleuse contre Cervantes, diatribe à laquelle il fit la plus foudroyante réponse, en publiant, l'année suivante, la véritable continuation de son roman, avec une préface aussi décente et aussi spirituelle que l'autre était ignoble et inepte. » Cervantes survécut peu à la publication de la seconde partie de *Don Quichotte;* il était atteint d'une hydropisie, et en proie au besoin. Mais on voit encore sa belle âme dans ce fragment de la dernière lettre qu'il écrivit au comte de Lémos, pour le remercier de ses bienfaits, assez minces, il faut l'avouer avec M. Denne Baron. « Après avoir reçu l'extrême-onction, dit cet, auteur, Cervantes lui écrivit de sa faible main ces paroles touchantes, dignes d'un plus noble bienfaiteur : « Je me meurs, je suis « bien fâché de ne pouvoir pas vous dire « combien votre arrivée en Espagne me « cause de plaisir. La joie que j'en au- « rait dû me rendre à la vie, mais la « volonté de Dieu soit faite ! Votre Excel- « lence saura du moins que ma recon- « naissance a duré autant que mes jours. « Il faudrait, pour me guérir, un mira- « cle du Tout-Puissant, et je ne lui de- « mande que d'avoir soin de votre Ex- « cellence. A Madrid, ce 19 avril 1616.» Il rendit le dernier soupir le 23 du même mois 1616, à l'âge de 69 ans. Il fut enterré, d'après sa demande, dans l'église des religieux de la Trinité de cette ville. C'est là qu'il commença à jouir pour l'éternité d'un repos que l'homme ne peut ravir à l'homme ; c'est là que dormaient, d'abord oubliées, puis bientôt inconnues comme ses ouvrages, ses illustres cendres, lorsque Charles III, l'ami plutôt encore que le protecteur des lettres et des beaux-arts en Espagne, d'accord avec l'Académie de Madrid, vers la fin du 18e siècle, vengea avec tout l'éclat possible ce grand homme du mépris de ses contemporains. Il enrichit les lettres d'une magnifique édition de ses Œuvres, et l'on chercha, par son ordre, sa patrie, avec les mêmes soins que celle d'Homère, pauvre comme lui. » — Après avoir émis son opinion sur les moindres productions de Cervantes, M. Denne Baron parle de la principale en ces termes : « Le *Don Quichotte* est donc le seul monument qui assure à jamais la gloire de Cervantes ; il a été traduit dans toutes les langues que parlent les peuples civilisés : c'est un

chef-d'œuvre. La grande figure du héros, si flegmatique et si fou, apparaît tout d'abord dans cette composition ; elle a cent pieds de haut et domine tout le roman et tous ses personnages. Comme Minerve du cerveau de Jupiter, elle est sortie armée de toutes pièces, la lance au poing, la salade en tête, avec cette dimension, du cerveau du romancier, pour être vue de toute l'Europe chevaleresque. C'est avec un art admirable que Cervantes, en créant un personnage si ridicule, qu'il excite à chaque instant un rire qui serait inextinguible, si de touchants épisodes ne survenaient pas et ne faisaient couler les larmes ; c'est avec un art divin qu'il a su jeter sur lui un intérêt si puissant. Comme l'homme vraiment vertueux admire et plaint le misanthrope Alceste, tout vrai héros admire et plaint le brave gentilhomme de la Manche, redresseur de torts. Sa loyauté, son courage à toute épreuve, sa volonté inébranlable, cette âme de Fabricius fermée à toute épouvante, sa bonne foi, sa sobriété, son sang-froid dans les dangers, son humanité après la victoire, ses chastes amours même, sont autant de vertus dont chacune prise à part composerait un héros ; l'emploi insensé qu'il en fait est son seul ridicule. Et c'est de ces vertus mal entendues que le génie de Cervantes a su faire jaillir le rire, sans ternir l'éclat d'aucune d'elles. Et ce bon Sancho Pança, si philosophe, si gourmand, si d'accord avec son âne ! Que si son type est dans le vieux Silène monté sur son onagre, riant et buvant à la suite du vainqueur de l'Inde, combien ne le surpasse-t-il pas par sa sagesse si populaire, si gaie, si profonde, et par ses proverbes applicables à toutes les circonstances de la vie humaine, et qui sont devenus ceux de toute la terre ! N'oublions pas le pauvre Rossinante, non moins patient que son maître, non moins sobre que lui, identifié avec toutes ses aventures, et vivant, pour ainsi parler, de la vie de son maître, combien est-il plus intéressant mille fois que les chevaux parlants d'Achille ! et sur quoi sont brodées tant d'aventures si grotesques, si divertissantes, et si touchantes souvent, qui font les délices de l'homme depuis l'enfant qui les dévore à l'école, jusqu'au vieillard qui prend les lunettes pour les relire encore, sur le plus mince canevas : le mauvais goût du siècle et la chevalerie errante. » — Le judicieux M. Madrole reconnaît que Cervantes est « le plus comique, le plus populaire et le plus célèbre de tous les romanciers du monde. Il est, on peut le dire, ajoute-t-il, un homme original, et vraiment *unique* en son genre. Ce genre est faible, sans doute, il n'est pas bon; il est mauvais; il est même, convenons-en, le pire de tous, sans excepter le drame qui ne saurait jamais être une habitude à l'usage de tout le monde comme le roman. *Don Quichotte* a même le malheur de ne faire voir aux esprits faibles, qui sont toujours en majorité, que le côté faux, ou l'abus de l'institution fondamentale de la société politique la plus populaire : la noblesse. Il est à la chevalerie ce que le *Tartufe* de Molière est à la religion. Tel quel, il suppose à la fois une grande force de mœurs dans le siècle et dans le pays qui l'a vu naître; une grande force d'imagination, et même de la noblesse d'origine, et de la valeur militaire, dans l'écrivain qui l'a conçu. Il a, surabondamment, le mérite de faire rire les hommes, et même les rois qui ont si peu sujet de rire (notamment Philippe III), aussi bien que les enfants. Une vérité à laquelle on ne pense pas assez, c'est qu'on ne peut remarquer, *noter*, jouer la *Tartuferie*, que dans un temps de religion; et les préjugés de naissance, que dans un siècle de gloire. Et voilà pourquoi, si Cervantes se moqua de son siècle et de son pays, son siècle et son pays se moquèrent de lui : car le *rire* du grave Philippe III, à supposer qu'il ne soit pas un conte, serait encore la preuve de ce dédain... Cervantes était à la fois noble et religieux, chrétien zélé et catholique sincère; et c'est à la religion qu'il dut ses petits succès contemporains, sa célébrité posthume... Sa foi était si pure, et, nous pouvons le dire, si espagnole, que sa politique elle-même en était empreinte. » Outre son *Don Quichotte*, traduit en français par Filleau de Saint-Martin, en 4 vol. in-12, on a de lui : douze *Nouvelles*, La Haye, 1739, 2 vol. in-8, traduites en français, en 2 vol. in-12, La Haye, 1744, Paris, 1775, 2 vol. in-8. Le génie de l'auteur de *Don Quichotte* s'y montre de temps en temps; la plupart sont agréables ; huit *Comédies*, dont les caractères sont bien soutenus; *Galatée*, pastorale en 6 livres. Il débuta par cet ouvrage qui a été librement traduit en français par Florian, Paris, 1784, 1 vol. in-12; *Persiles et Sigismonde*, roman traduit en français, 1740, 4 vol. in-18; on en trouverait peu qui offrissent plus d'aventures surprenantes, et une plus grande variété d'incidents épisodiques; *Voyage du Parnasse*, satire ingénieuse. La *Vie de Cervantes* a été écrite par don Grégorio Mayans-y-Siscar, et traduite en français par Daudé, Amsterdam, 1749, 2 vol. in-12; elle a été mise à la tête de

l'édition espagnole de *Don Quichotte*, imprimée à Londres en 1738, 4 vol. in-4. Les dernières éditions de la version française de *Don Quichotte* sont en 6 vol.; mais les deux derniers volumes ne sont point de Cervantes, et sont indignes de lui. Il y en a une autre suite en 8 vol. qui est pitoyable. La *Traduction* la plus généralement lue de *Don Quichotte*, est celle de M. Bouchon-Dubournial, publiée en 1807, en 8 vol. in-12. C'est la seule complète en notre langue; elle n'a cependant pas fait oublier l'ancienne. M. de Florian en a aussi publié une *Traduction*, ou plutôt une imitation, ne s'étant point assujéti à traduire l'ouvrage en entier; il a omis quelques longueurs de l'original et quelques plaisanteries de mauvais goût; mais aussi, en voulant l'enjoliver, il en a quelquefois gâté le naturel. On a une jolie édition de l'original de *Don Quichotte*, faite en Hollande, en 4 vol. in-12, avec de belles figures. Les principales *aventures* de ce roman ont été imprimées à La Haye, 1746, in-fol. ou in-4, avec des estampes de Coypel et de Picart le Romain. Les mêmes planches retouchées ont servi pour la belle édition de Liége, 1776.

CERVEAU (René), prêtre du diocèse de Paris, né dans cette ville le 22 mai 1700, mort en 1780. Son principal ouvrage est : *Nécrologe des plus célèbres défenseurs de la vérité, du 17° et 18° siècle*, Paris, 1760 et années suivantes, 7 vol. in-12. Ce catalogue, destiné particulièrement à exalter ceux qui se sont opposés au formulaire et à la bulle *Unigenitus*, renferme un si grand nombre d'hommes obscurs, que l'on connaît à peine leur nom; on y trouve cependant quelques articles qui peuvent servir à l'histoire littéraire. On a encore de lui : l'*Esprit de Nicole*, 1765, in-12; *Poème sur le symbole des apôtres et sur les sacrements de l'Église*, 1768, in-12.

CERVONI (Jean-Baptiste), général français, né en 1768 à Soéria dans la Corse, quitta dès son enfance la maison paternelle, alla en Sardaigne, et s'enrôla dans un régiment piémontais, où, après avoir été longtemps simple soldat, il parvint au grade de sous-lieutenant. Lorsque la révolution française éclata, il en adopta les principes avec ardeur, et chercha à les répandre dans la Savoie où son corps se trouvait. Lors de l'invasion des Français, il les favorisa de tout son pouvoir et finit par passer à leur service. En 1792, il fut nommé lieutenant de cavalerie, peu après adjudant-général et ensuite général de brigade. Il assista au siége de Toulon, et se fit remarquer par plusieurs actions d'éclat. nvoyé en Italie en 1796, il eut une grande part au succès de cette campagne, et se distingua particulièrement à Loano, où il enleva, à la tête de quinze cents hommes, des hauteurs réputées inaccessibles; dans les positions de Voltri, il arrêta Beaulieu et fit manquer le mouvement de ce général; à l'attaque du pont de Lodi, et enfin au siége de Mantoue, dont il fut ensuite nommé commandant. Nommé général de division, il fit encore les campagnes de 1798 et 799; mais ses blessures et sa mauvaise santé le contraignirent à demander du service à l'intérieur, et il eut le commandement de la huitième division militaire à Marseille. Employé de nouveau ans la campagne d'Allemagne de 1806, fut nommé chef d'état-major du corps 'armée commandé par le général Lannes, et fut emporté par un boulet de canon à la bataille d'Eckmul le 23 avril 808.

CÉSAIRE (saint), né en 470, près de Châlons-sur-Saône, se consacra à Dieu ans le monastère de Lérins, sous la conduite de l'abbé Poreaire. Ses austérités ayant rendu malade, on l'envoya à Arles pour rétablir sa santé. Trois ans après, il fut élevé malgré lui sur le siége de cette ville. Il gouverna son diocèse en pôtre. Il fonda à Arles un monastère de filles, et leur donna une règle adoptée epuis par plusieurs autres monastères. La calomnie vint interrompre le bien qu'il faisait à son diocèse. On l'accusa auprès d'Alaric d'avoir voulu livrer aux Bourguignons la ville d'Arles; on le calomnia de nouveau auprès de Théodore, mais ces deux princes reconnurent l'innocence de l'homme apostolique, ainsi que la méchanceté de ses calomniateurs. Son nom n'en fut que plus célèbre. Dans un voyage à Rome, où il était désiré depuis longtemps, le Pape l'honora du pallium, et permit à ses diacres de porter des dalmatiques comme ceux de l'église de Rome. On croit que c'est le premier prélat d'Occident qui ait porté le pallium. Le Pape ajouta à ces honneurs le titre de son vicaire dans les Gaules, avec le pouvoir de convoquer des conciles. Césaire présida à celui d'Agde en 505, au second concile d'Orange en 529, et à plusieurs autres. Il mourut en 542, la veille de la fête de saint Augustin, dont il avait été un des plus fidèles disciples. Nous avons de lui 202 homélies, qui, après avoir été souvent confondues parmi celles de saint Ambroise et de saint Augustin, ont été recueillies dans l'appendice du 5e volume

des Œuvres de ce dernier, imprimées à Paris en 1683, et dans l'édition d'Anvers ou d'Amsterdam, en 1700. L'édition que Baluze en avait donnée en 1669 n'en contenait que 14. L'on a encore de ce saint plusieurs autres ouvrages qu'il serait à désirer de voir reproduire, d'autant plus que tout plaît dans ses écrits; le style en est simple et naturel, les pensées nobles, les raisonnements solides, les exemples persuasifs et toujours à la portée de ceux qu'il se proposait d'instruire. Ses sermons ont été traduits en français par l'abbé Dufat de Villeneuve, Paris, 1760, 2 vol. in-12. On lui attribue une prédiction remarquable par plusieurs événements qui se sont réalisés sous nos yeux, intitulée: *Mirabilis liber qui prophetias, revelationesque necnon res mirandas præteritas, præsentes ac futuras apertè demonstrat*, in-8, gothique, plusieurs fois réimprimée. On en a extrait, dans ces derniers temps, ce qui a rapport à notre révolution, sous ce titre: *Prédiction pour la fin du dix-huitième siècle, avec la traduction littérale à côté du texte, précédée d'une introduction qui établit la concordance des dates et des événements avec les circonstances actuelles.* Voici les principaux faits qu'elle contient: « La plus noire trahison exercée contre le roi des Français, prisonnier: la gloire de ce peuple changée en opprobre et en confusion; car le lis sera privé et dépouillé de sa noble couronne, et on la donnera à un autre à qui elle n'appartient pas; le royaume de France envahi, saccagé et presque détruit, parce que les administrateurs seront si aveuglés, qu'ils ne pourront trouver un défenseur dans leur sein, et que, dans sa fureur, la main, la colère du Seigneur sera levée contre eux, et contre les plus grands et les plus puissants de cet empire; ceux qui servent se révolteront contre leurs propres seigneurs, et presque tous les nobles, autant qu'ils sont, seront tués, dépouillés de leurs dignités et chassés cruellement de leurs domaines, parce que la populace ne connaîtra de roi que sa volonté, et que l'on ne pourra rien obtenir sur elle. L'avantage et le bien de la *république* seront entièrement dans l'oubli, et ils n'existeront point; mais l'intérêt personnel et l'égoïsme seront seuls en vigueur. Toute l'Eglise sera persécutée dans tout l'univers d'une manière lamentable et perfide; elle sera dépouillée et privée de son temporel; les pasteurs et les grands de l'Eglise seront chassés et arrachés de leurs dignités et

« de leurs prélatures ; ils seront cruel-
« lement maltraités et mis en fuite, et
« les ouailles qui leur sont soumises res-
« teront dispersées sans pasteurs et sans
« guides. Le chef suprême de l'Eglise
« changera son siége, et ce chef sera
« bienheureux, s'il peut, avec ceux de
« ses frères qui le suivront, trouver un
« asile où il puisse, avec les siens, man-
« ger seulement le pain de douleur dans
« cette vallée de larmes ; car la malice
« tout entière des hommes se déchaîne-
« ra contre l'Eglise ; et, en effet, elle
« n'aura point de défenseur pendant 25
« mois et plus ; parce que, pendant tout
« ce temps, il n'y aura ni pape, ni empe-
« reur à Rome, ni roi, ni régent en
« France. Les autels seront renversés
« et leurs ruines profanées ; les monas-
« tères souillés et dépouillés seront dé-
« truits, parce que, dans sa vengeance,
« la main et la colère du Seigneur seront
« apesanties sur le monde, à cause de
« la multitude et de la continuité des
« péchés. Tous les principes seront ren-
« versés; c'est pourquoi la face entière
« du monde devra nécessairement chan-
« ger. La terre épouvantée tremblera
« dans plusieurs lieux d'une manière
« étonnante, et engouffrera les vivants
« dans ses abîmes. La pompe des no-
« bles sera éclipsée, et pendant un court
« espace de temps, l'ordre entier du
« clergé restera abattu. Le jeune pri-
« sonnier qui recouvrera la couronne des
« lis et dominera sur l'univers entier,
« étant rétabli sur son trône, détruira
« les enfants de Brutus et les îles. C'est
« pourquoi il ne sera plus fait mention
« d'eux, et ils resteront anéantis pour
« toujours. Voilà tous les malheurs qui
« doivent précéder la restauration du
« christianisme. Mais, après des misères
« si grandes et si multipliées, que les
« créatures de Dieu en tomberont pres-
« que dans le désespoir, des restes
« échappés de la persécution de l'Eglise,
« il sera tiré, par la volonté de Dieu,
« un Pape qui réformera tout l'univers
« par sa sainteté, et ramènera à l'an-
« cienne manière de vivre des disciples
« du Christ tous les ecclésiastiques, et
« tous le respecteront à cause de sa sain-
« teté et de ses vertus. Il prêchera par-
« tout nu-pieds, et ne craindra point la
« puissance des princes; d'où vient que,
« par sa vie laborieuse, il les ramènera
« de leurs erreurs au Saint-Siége, et il
« convertira presque tous les infidèles
« et surtout les Juifs; et ce Pape sera
« secondé par un empereur, homme très-
« vertueux, qui sera des restes du sang
« très-saint des rois des Français, qui

« l'aidera et lui obéira en tout ce qui
« sera nécessaire pour réformer l'uni-
« vers. Sous ce Pape et cet empereur,
« tout l'univers sera réformé, parce que
« la colère de Dieu s'apaisera. Ainsi il
« n'y aura plus qu'une loi, une foi, un
« baptême, une manière de vivre. Tous
« les hommes auront le même esprit et
« s'aimeront les uns les autres ; cet état
« de paix durera pendant de longues
« années; mais après que le siècle aura
« été réformé, il paraîtra plusieurs si-
« gnes dans les cieux, et la malice des
« hommes se réveillera; ils retourneront
« à leurs anciennes iniquités, et leurs
« crimes seront encore pires que les
« premiers. C'est pourquoi Dieu amè-
« nera et avancera la fin du monde, et
« voilà la fin. »

CÉSAIRE, né, selon le plus commune
opinion, à Cologne, entra dans l'Ordre
de Cîteaux en 1199, fut longtemps maître des novices dans le monastère de
Val-Saint-Pierre, nommé autrement Heis-
terbach, près de Bonn, puis prieur dans
l'abbaye de Villers en Brabant, et mourut vers 1240. On a de lui : Dialogus
miraculorum, Cologne, 1481, in-fol.,
réimprimé en 1491 et 1599, sous ce
titre : Illustrium miraculorum et historiarum libri XII. Cet ouvrage a été ensuite réimprimé à Anvers en 1605, mais
il est tronqué. On le trouve aussi dans
le second tome de la bibliothèque cis-
tercienne, mais également tronqué. C'est
une collection de pieuses historiettes,
avec lesquelles Césaire prétendait nourrir la piété des novices qui étaient soumis à sa direction. Il a été mis à l'Index
en Espagne : De vitâ et passione sancti
Engelberti, Cologne, 1633.

CÉSALPIN (André), né en 1519, à
Arezzo en Toscane, savant en philosophie et en médecine, professa à Pise
avec éclat, et fut ensuite premier médecin du pape Clément VIII. Quoiqu'il vé-
cût dans la cour du Pontife des chrétiens, sa foi n'en fut pas plus pure. Ses
principes approchaient un peu de ceux
de Spinosa. Il n'admettait que deux substances, Dieu et la matière. Le monde
était peuplé, selon lui, d'âmes humaines, de démons, de génies et d'autres
intelligences plus ou moins parfaites,
mais toutes matérielles. Il croyait, dit-
on, que les premiers hommes furent
formés de la matière avec laquelle quelques philosophes s'imaginent que s'en-
gendrent les grenouilles. Mais en avouant
ce qui a pu faire tort à Césalpin, il ne
faut point lui dérober la gloire d'avoir
connu la circulation du sang, et la vraie
méthode dans la distribution des plan-

tes. La première de ses découvertes lui a été vainement contestée. On la trouve clairement exprimée dans ses *Quæst. peripat.*, l. 5, c. 4. (Voy. FABRI Honoré et HARVEY.) Ses principaux ouvrages sont : *Speculum artis medicæ Hippocraticum* ; *De plantis libri XVI*, Florence, 1583 ; in-4, ouvrage rare, et le premier dans lequel on trouve la méthode de distribuer les plantes conformément à leur nature. Il les classe selon le nombre, les différences ou les rapports des semences ; *De metallicis libri tres*, Rome, 1596, in-4, peu commun; *Praxis universæ medicinæ*; *Quæstionum peripateticarum libri quinque*, Rome, 1603, in-4. Ce dernier ouvrage fut attaqué avec beaucoup de succès par le médecin Taurel dans ses *Alpes casæ*, hoc est, *Andreæ Cesalpini monstrosa dogmata discussa et excussa*, Francfort, 1597, in-8; *De medicamentorum facultatibus libri duo*, Venise, in-4; *Dæmonum investigatio in quá explicatur locus Hippocratis, si quid divinum in morbis*, Florence, 1580, in-4. Césalpin mourut à Rome en 1603, à 84 ans. L'ouvrage intitulé : *Quæst. peripat.* est celui dans lequel Césalpin a consigné ses opinions philosophiques. On en connaît des éditions de Florence, 1569 et 1580 ; de Venise, 1571 et 1593, toutes in-4, et de Genève, 1588, in-fol. Il faut encore indiquer l'ouvrage suivant, qui traite uniquement de médecine : *Catoptrose, sive Speculum artis medicæ hippocraticum*, etc., qui fut souvent réimprimé à Francfort, Venise et Strasbourg, sur les premières éditions qui parurent à Rome en 1601 et 1603. Revenons sur la gloire qu'on attribue à Césalpin d'avoir connu la circulation du sang. « Pour « celle que fait ce liquide des cavités « droites aux cavités gauches du cœur, « à travers les poumons, on ne peut « douter, dit un docteur de notre temps « (1821), qu'elle n'ait été connue à Cé- « salpin. Mais Colombo l'avait précédé « dans la connaissance de la circulation « pulmonaire ; et quant à la circulation « générale, Sénac et M. Portal après lui « ont fort bien montré ce qu'il fallait « penser de l'opinion de ceux qui veu- « lent ravir à Harvey sa découverte, « pour en gratifier Césalpin. » Les médecins ne parlent pas du Père Fabri.

CÉSAR (Caius-Julius), né à Rome, l'an 98 avant J.-C., d'une famille très-illustre, se fraya la route aux premières dignités de la république par le double talent de l'éloquence et des armes. Le tyran Sylla, qui voyait en lui plusieurs Marius, voulut le faire mourir; mais vaincu par les importunités de ses amis,

il lui laissa la vie, en leur disant *que celui dont les intérêts leur étaient si chers ruinerait un jour la république.* L'Asie fut le premier théâtre de sa valeur. Il se distingua sous Thermus, préteur, qui l'envoya vers Nicomède, roi de Bithynie, auquel, dit-on, il se prostitua. De retour à Rome, il signala son éloquence contre Dolabella, accusé de péculat. Son nom se répandant peu à peu, il fut élevé aux charges de tribun militaire, de questeur, d'édile, de souverain pontife, de préteur et de gouverneur d'Espagne. Ce fut en arrivant à Cadix, voyant la statue d'Alexandre, il dit, en répandant des larmes : « A l'âge où je suis, il avait « conquis le monde, et je n'ai encore rien « fait de mémorable. » Ce désir de la gloire, joint à de grands talents secondés par la fortune, le conduisit peu à peu à l'empire. On lui avait entendu dire : « Qu'il aimerait mieux être le premier « dans un hameau, que le second dans « Rome. » Revenu en Italie, il demanda le triomphe et le consulat. Il fut créé consul l'an 59 avant J.-C., avec Calpurnius Bibulus, qu'il obligea bientôt d'abandonner cette place. Il s'unit à Pompée et à Crassus par serment, et forma ce qu'on appelle le premier triumvirat. Caton, qui vit porter ce premier coup à l'État, et qui ne put le parer, s'écria : *Nous avons des maîtres, c'en est fait de la république.* César recueillit les premiers fruits de cette union. Tout plia sous ses violences et sous ses artifices, jusqu'à Caton. Il se procura l'amitié des chevaliers, en leur accordant une part dans les impôts, et celle des étrangers, en les faisant déclarer alliés et amis du peuple romain. Il éloigna de Rome Cicéron et Caton, les plus grands défenseurs de la liberté, et s'assura des consuls de l'année suivante. Son crédit lui fit obtenir le gouvernement des Gaules. Il part, roulant dans son esprit les plus vastes projets. Son dessein était de subjuguer tout ce qui restait dans ces contrées de nations ennemies de Rome, de ramener son armée victorieuse contre la république, et d'aller à la souveraine puissance les armes à la main. Ses premiers exploits furent contre les Helvétiens. Il les battit et tourna ses armes contre les Germains et les Belges. Après avoir taillé en pièces leur armée, il attaque les Nerviens, les défait, et subjugue presque tous les peuples des Gaules. Ses conquêtes et ses victoires occasionnèrent un nouveau triumvirat entre César, Crassus et Pompée, qui, sans le penser devenaient les instruments de la fortune de leur collègue, et de leur perte. Un des

articles de la confédération, fut de faire
proroger à César son gouvernement pour
cinq nouvelles années, avec la qualité
de proconsul. De nouveaux succès dans
les Gaules, en Germanie et dans la
Grande-Bretagne le couvrirent de gloire,
et lui donnèrent de nouvelles espérances
sur Rome. Pompée commença alors à se
détacher de lui. Profitant de l'affection
des Romains pour sa personne, il fait
porter un décret contre César; Antoine,
alors tribun du peuple, s'enfuit après y
avoir formé opposition. César, avec la
seule légion qu'il avait alors en Italie,
commence la guerre sous le spécieux
prétexte de venger les droits du tribunat
violés en la personne d'Antoine. Il marche secrètement vers Rimini, passe le
Rubicon. Le héros s'arrêta un moment
sur les bords de cette rivière, qui servait
de borne à sa province. La traverser
avec une armée qui avait subjugué les
Gaulois, intimidé les Germains, réduit
les Bretons, c'était lever l'étendard de
la révolte. Le sort de l'univers fut mis
un instant en balance avec l'ambition de
César. Celle-ci l'emporte, et Rimini,
Pésaro, Ancône, Arezzo, Osimo, Ascoli,
etc., sont à lui. Une conduite sage et modérée, en dévoilant ses projets ambitieux,
les soutenait. Il faisait passer à Rome des
sommes immenses pour corrompre les
magistrats, ou acheter les magistratures,
ce qui donna lieu à ce bon mot: *César a
conquis les Gaulois avec le fer des Romains, et Rome avec l'or des Gaulois.*
Son armée ne lui était pas moins dé-
vouée. Tandis que Pompée passe en
Épire, abandonnant l'Italie à son ennemi, César s'y comporte en vainqueur et
en maître. Il distribue les commandants
en son nom, paraît à Rome, s'empare
du trésor public, et part pour l'Espagne.
Il forme en passant le siége de Marseille,
en laisse la conduite à Trébonius, et va
battre en Espagne Pétréius, Afranius
et Varron, généraux de Pompée. De
retour à Rome, où il avait été nommé
dictateur, il favorise les débiteurs, rappelle les exilés, rétablit les enfants des
proscrits, s'attache par la clémence les
ennemis qu'il s'était faits par la force, et
obtint le consulat pour l'année suivante.
Il quitte l'Italie pour aller en Grèce combattre Pompée, s'empare de toutes les
villes d'Épire, se signale en Étolie, en
Thessalie, en Macédoine, et atteint enfin
son rival et son ennemi. *Le voici*, dit-il
à ses soldats, *le jour si attendu. C'est à
nous à voir si nous aimons véritablement
la gloire.* L'armée de Pompée fut entièrement mise en déroute à la journée de
Pharsale, l'an 48 avant J.-C. Un rien dé-

cida de cette fameuse bataille, qui, en
soumettant la république romaine à
César, le rendit maître du monde entier:
ce fut l'attention qu'il eut de recommander à ses soldats de frapper directement au visage les cavaliers de Pompée,
qui devaient entamer l'action. Ces jeunes
gens, jaloux de conserver leur figure,
tournèrent bride honteusement. Sept
mille cavaliers prirent la fuite devant six
cohortes. Pompée laissa sur la place
quinze mille des siens, tandis que César
n'en perdit que douze cents. La clémence
du vainqueur envers les vaincus attira
un si grand nombre de soldats sous ses
drapeaux, qu'il fut en état de poursuivre
son ennemi. Ce grand homme n'était
déjà plus: il venait d'être massacré inhu-
mainement en Égypte, où il avait cru
trouver un asile. César le pleura, et lui
fit élever un tombeau magnifique. Son
courage, conduit par un art supérieur,
lui ménagea de nouvelles victoires. Il
vainquit Ptolémée, roi d'Égypte, se
rendit maître de son royaume, et le
donna à la fameuse Cléopâtre. Pharnace,
roi du Pont, ne tarda pas à tomber sous
ses coups. Cette victoire lui coûta peu.
La guerre fut commencée et finie dans
un jour. C'est ce qu'il exprima par ces
trois mots: *Veni, vidi, vici.* Il repassa
ensuite avec tant de rapidité en Italie,
que l'on y fut aussi surpris de son retour,
que de sa prompte victoire. Son séjour à
Rome ne fut pas long; il alla vaincre
Juba et Scipion en Afrique, et les fils de
Pompée en Espagne. On le vit bientôt à
Rome triompher, cinq jours consécutifs,
des Gaules, de l'Égypte, du Pont, de
l'Afrique et de l'Espagne. La dictature
perpétuelle lui fut décernée. Le sénat lui
permit d'orner sa tête chauve d'une couronne de lauriers. On délibéra même,
dit-on, de lui donner sur toutes les
dames romaines des droits qui font frémir la pudeur. César, au plus haut point
de sa gloire, voulut l'augmenter encore,
en décorant la ville de Rome de nouveaux édifices, pour l'utilité et pour l'a-
grément; en faisant creuser à l'embouchure du Tibre un port capable de
recevoir les plus gros vaisseaux; en des-
séchant les marais Pontins, qui rendaient
malsaine une partie du Latium; en coupant l'isthme de Corinthe pour faire la
jonction de la mer Égée et de la mer
Ionienne. Ces deux derniers projets restèrent imparfaits. On lui doit la réformation du calendrier, faite par Sosigène,
savant astronome d'Alexandrie, qui laissa
néanmoins subsister plusieurs erreurs,
dont quelques-unes furent corrigées
sous Auguste. Le sénat se préparait à

lui déférer, dit-on, le titre de roi dans tout l'empire, excepté en Italie, lorsque Brutus et Cassius l'assassinèrent au milieu des sénateurs assemblés, le 15 mars de l'an 43 avant J.-C. (Voyez CALPURNIE, BRUTUS.) Plutarque raconte que ceux qui ne savaient rien du complot furent si saisis d'étonnement et d'horreur, qu'ils n'eurent la force ni de prendre la fuite, ni de secourir César, ni même de proférer une parole. Il se défendit seul avec beaucoup de courage; mais apercevant Brutus, qu'il avait toujours traité comme un fils chéri, il s'écria : « Et toi aussi, mon cher Brutus. » Et en même temps se couvrit le visage avec sa robe, et il tomba percé de 23 coups au pied d'une statue de Pompée. « Au demeurant, dit Plutarque (trad. d'Amyot), César mourut à l'asge de 56 ans, et ne survécut Pompeius guère plus de 4 ans, n'ayant receu aultre fruit de cette domination et principaulté qu'il avoit si ardemment prochassée toute sa vie, et à laquelle il estoit enfin parvenu avec tant de travaux et tant de dangers, qu'un nom vain seulement et une gloire qui luy suscitoit l'envie et la haine de ses concitoyens. Toutefois cette grande fortune et faveur du ciel qui l'avoit accompagné tout le long du cours de sa vie, luy continua encore en la vengeance de sa mort, poursuivant et par mer et par terre tous ceulx qui avoient conspiré contre luy, tant qu'il n'en demeura pas un seul à punir de tous ceulx qui de faict ou de conseil avoient participé à la conspiration de sa mort. » Brutus et Cassius se jetèrent aussitôt dans la ville, suivis de leurs complices, les poignards encore sanglants à la main ; ils publiaient dans les rues, pour attirer le peuple dans leur parti, « qu'ils venaient de tuer le roi de Rome et le tyran de la patrie. » Or, ils étaient précédés par un héraut qui portait au bout d'un javelot le bonnet de la liberté, et ils exhortaient le peuple à concourir au rétablissement de la république. Mais personne ne remua. Il était tellement impossible, dit Montesquieu, que la république pût se rétablir, qu'il arriva ce qu'on n'avait jamais encore vu; qu'il n'y eut plus de tyran, et qu'il n'y eut pas de liberté, car les causes qui l'avaient détruite subsistaient toujours. » Les conjurés, qui s'étaient armés pour la plupart par jalousie, ambition ou ressentiment personnel, effrayés de la tristesse universelle, se retirèrent au Capitole, et s'aperçurent trop tard que la mort de celui qu'ils traitaient de tyran,

allait replonger la république dans de nouvelles et plus terribles calamités. En effet, tout le fruit que les Romains recueillirent de cette mort fut les sanglantes proscriptions du triumvirat, et par une suite naturelle, quoique éloignée, les règnes affreux des Tibère, des Caligula, des Néron, et de tant d'autres qui exercèrent sur les Romains une tyrannie effroyable, au lieu de cette autorité tempérée, qu'ils auraient héritée de César, s'il eût eu le temps de donner la forme convenable à son nouveau gouvernement. Dans l'état des choses, Rome ne pouvait rien espérer de plus heureux que d'avoir un maître comme lui. Il était né pour commander, pour faire aimer sa domination, et pour rendre ses sujets heureux. Ses funérailles furent célébrées avec une grande pompe. Le sénat, qui n'avait osé le défendre, le mit au rang des dieux, et ordonna qu'il ne fût rien changé à ses lois. Une qualité de César, qu'on a toujours beaucoup exaltée et louée, était la clémence par laquelle il savait captiver les cœurs de ses ennemis mêmes. Il apprend la mort de Caton, et il s'écrie : *O Caton! je t'envie la gloire de ta mort; car tu m'as envié celle de te sauver la vie.* Cependant cette douceur prenait plutôt sa source dans sa politique que dans son caractère : « Je veux, disait-il, regagner tous les esprits par « cette voie, s'il est possible, afin de « jouir plus longtemps du fruit de mes « victoires. » Quand il perdait ce point de vue, il était souvent cruel; car il s'en faut de beaucoup qu'il ait toujours été aussi humain que ses panégyristes nous le représentent. Il fit mourir à coups de bâton le sénat des Carnutes, et celui que Caton avait établi dans Utique, et fit tuer le courageux Vercingétorix, après l'avoir fait servir à son triomphe; actions qui rendent les regrets qu'il témoigna à la mort de Pompée et de Caton plus que suspects. Son nom est à côté et au-dessus peut-être de celui d'Alexandre. S'il en eut les qualités, il eut aussi quelques-uns de ses vices : surtout cette ambition sans bornes, déterminée à tout oser, à tout gagner ou à tout perdre. Il poussa encore plus loin que lui l'amour pour la débauche; on disait de lui, qu'il était le mari de toutes les femmes, et la femme de tous les maris. César cultiva les lettres au milieu du tumulte des armes. S'il se fût livré entièrement à l'éloquence, Cicéron aurait eu un rival qui l'aurait égalé. Des ouvrages en vers et en prose que César avait composés, il ne nous reste que ses *Commentaires sur les guerres des Gaules, et sur les guerres civiles,* ouvrage qui, quoique fait en forme de Mémoires, peut passer pour une histoire complète. Le héros narre ses victoires avec la même rapidité qu'il les a remportées. L'éloge qu'en faisait Cicéron n'est point outré : *Nudi sunt recti et venusti, et omni orationis ornatu, tanquàm vesta, detracto; stultis scribendi materiam præbuit, sanos verò homines à scribendo deterruit.* Bayle et Juste-Lipse les ont jugés trop sévèrement. Le dernier les a crus interpolés : il y a effectivement quelques endroits où l'on est tenté de croire que ce n'est pas César qui narre. On croit souvent s'apercevoir que la narration n'est pas sincère, et qu'il y a des faits altérés, d'où il naît des contradictions que le lecteur travaille en vain à concilier. Parmi les éditions de ses *Commentaires*, les curieux recherchent la première de Rome, 1469, in-fol.; celle de Venise, 1471, in-folio; celle *cum notis variorum*, Amsterdam, 1697, in-8; Leyde, 1713, in-8, et 1737, 2 vol. in-4; celle de Londres, in-folio, 1712; celle *ad usum delphini*, in-4, 1678; celle d'Elzévir, 1635, in-12; celle de Barbou, 2 vol. in-12, 1757, qui est ornée de quatre cartes et d'une nomenclature géographique; celle de Glascou, 1750, in-fol. D'Ablancourt a traduit les *Commentaires* de César, in-4, et en 2 vol. in-12. Le comte Turpin de Crissé en a donné une édition en français, avec des notes historiques, critiques et militaires, dont la seconde édition a paru à Amsterdam, 1787, 3 vol. in-8. Ces notes sont très-judicieuses et forment, dans leur ensemble, une instruction politique et militaire, qui ne fixera pas sans fruit l'attention des bons esprits. De Vaudrecourt a donné, la même année, une *Traduction* nouvelle des *Commentaires* de César, *suivie d'un examen de l'analyse critique que Davon a faite de ses guerres*, Paris, 1787, 2 vol. in-8. Cette *Traduction* est lâche, incorrecte, infidèle, et la critique de Davon est très-supérieure à la réfutation que de Vaudrecourt prétend en faire. La *Traduction* qui en avait paru en 1755 et qui a été retouchée par Wailly, Paris, 1783, 2 vol. in-12 avec le texte, est estimée. Le Deist de Botidoux en a donné une *Traduction* nouvelle avec le texte, Paris, 1809, 5 vol. in-8. C'est la moins défectueuse que nous ayons eue jusqu'à présent ; ce qui en constitue principalement le mérite, ce sont les recherches exactes, les notes savantes dont il a environné sa *Traduction*. On peut la regarder comme une histoire complète de la vie de César, et comme le meilleur *Commentaire* des *Commentaires* de ce

grand homme. Les *Commentaires* de César ont encore été traduits par J.-B. Varnay, Paris, 1810, 2 vol. in-8. Bury a écrit l'histoire de la *Vie de Jules-César*, 1758, 2 vol. in-12.

CÉSARINI (Julien), cardinal, présida au concile de Bâle, et parut avec éclat à celui de Florence. Le pape Eugène IV l'envoya en Hongrie, pour prêcher la croisade contre les Turcs. Ladislas, roi de Hongrie, ayant précipitamment fait la paix avec ces infidèles, sans consulter ses alliés, avec lesquels il avait pris des engagements, Julien crut que cette paix n'obligeait pas le roi; sans considérer que les traités d'alliance sont, en quelque façon, subordonnés à l'objet pour lequel on les conclut, et que la guerre avec les Turcs n'existant plus, les conventions faites avec les alliés étaient sans force. Il y eut une bataille donnée près de Varna, en 1444, gagnée par les Turcs sur les Chrétiens. Le cardinal qui s'y était trouvé périt dans cette journée. (*Voyez* AMURAT II, LADISLAS IV.)

CÉSARION naquit à Alexandrie, de Jules-César et de Cléopâtre ; il avait une ressemblance marquée avec son père, et possédait plusieurs de ses qualités. Lorsqu'il eut atteint sa treizième année, Antoine et Cléopâtre le déclarèrent successeur au royaume d'Egypte, de l'île de Chypre et de Célésyrie. Mais Auguste, loin de lui confirmer ce riche héritage, le fit mourir cinq ans après. Il fut porté, dit-on, à cette cruauté par le philosophe Arrius, l'un de ses courtisans, qui lui dit que le monde serait embarrassé de deux Césars, et qu'il n'en pouvait souffrir qu'un.

CÉSAROTTI (Melchior), célèbre littérateur et poëte italien, né à Padoue le 17 mai 1730, d'une famille noble et ancienne, mais sans fortune. Les brillants succès qu'il avait eus dans ses études lui valurent, à 19 ans, la chaire de rhétorique du séminaire où il avait été élevé. Il se livra alors avec un zèle ardent aux devoirs que sa place lui imposait. Son activité était infatigable, ses lectures immenses, et il ne lisait aucun livre sans en tirer des extraits et sans y faire des notes. Il avait recueilli ainsi plus de douze volumes d'analyses, de citations, et de morceaux choisis de littérature ancienne et moderne, grecque, latine, italienne et française. Le premier ouvrage qu'il entreprit, à la sollicitation de quelques hellénistes, ses amis, fut une *Traduction* du *Prométhée* d'Eschyle, où il resta fort au-dessous de l'original, et qu'il condamna lui-même à l'oubli. Il traduisit plus heureusement en vers italiens trois tragédies de Voltaire, *Sémiramis*, la *Mort de César* et *Mahomet*, et les fit jouer, disent plusieurs lexicographes, par les élèves, dans le séminaire où il professait; mais ce fait paraît bien hasardé: les ecclésiastiques qui dirigeaient ce séminaire auraient-ils permis qu'on jouât des pièces de ce genre, eux qui n'admettaient que des pièces tirées de l'Ecriture-Sainte et des comédies morales? Césarotti fut appelé à Venise, en 1762, pour y faire l'éducation des enfants de l'illustre maison Grimani, et il fut bientôt recherché par les personnes les plus illustres et les plus instruites. En 1768, il obtint à Padoue la chaire de grec et d'hébreu. Les Vénitiens ayant fondé dans cette ville, en 1779, une académie des sciences, des lettres et des arts, il en fut nommé secrétaire perpétuel, et c'est pour remplir un des devoirs de cette place qu'il lut chaque année, dans les séances publiques de ce corps, ses *Rapports académiques*, où il montra tant d'étendue dans les connaissances et tant de variété dans les talents. Après les événements qui changèrent, en 1796 et 1797, les destinées de l'Italie, Césarotti fut chargé par le gouvernement républicain de composer un *Essai sur les études*, qui eut beaucoup de vogue, et où l'on retrouve un peu les principes du jour que l'auteur avait puisés dans les ouvrages modernes, et particulièrement dans la *Sagesse* de Charron, qui était son livre favori. Bonaparte le créa chevalier, ensuite commandeur de l'ordre de la couronne de fer, et le gratifia de deux pensions extraordinaires. Il poursuivait avec la plus grande activité une édition générale de ses *OEuvres*, commencée depuis 1800, lorsque la mort l'enleva aux lettres et à ses amis, le 3 novembre 1808. Simple et même négligé dans ses vêtements, il partagea son temps entre ses devoirs, ses études, les plaisirs de la campagne, et la société de quelques amis. Sa conversation était animée, gaie et piquante dans un petit cercle; mais dans une société nombreuse, il était contraint, embarrassé, et semblait avoir perdu l'usage de la parole. Considéré comme écrivain, c'est un de ces hommes extraordinaires que l'envie de s'illustrer porte à se frayer des routes nouvelles qui excitent la surprise et l'admiration, qui inspirent un grand désir de les suivre, mais dont l'exemple est presque toujours fatal à leurs imitateurs. La collection de ses ouvrages, imprimée sous ce titre: *Opere complete dell'abb. Melchior Cesarotti*, forme 40 tomes en 42 vol. in-8, 1805 à 1813. Il en a paru en même temps une édition in-12. Cette collection contient: *Saggio sulla filosofia delle lingue*, écrit ingénieux qu'on peut regarder comme une apologie adroite de la manière et du système de style de l'auteur; et *Sulla filosofia de Gusto*, 1 vol.; *Le Poesie di Ossian, antico poeta celtico*, en vers, 4 vol. C'est son meilleur ouvrage. Il obtint un grand succès par la nouveauté prodigieuse d'images, de sentiment et de style qui s'y trouvent; mais en même temps il devint d'un exemple dangereux. Chacun voulut écrire dans ce style, admirable dans un seul ouvrage, mais insupportable dans tous. Lui-même, séduit par un succès si éclatant, n'écrivit plus autrement: aussi on lui reproche d'avoir souvent fait parler Homère du même style qu'Ossian; *Iliade in versi*, 4 vol. C'est plutôt une refonte qu'une traduction du poème d'Homère. L'auteur s'est permis d'y retrancher, ajouter et changer tout ce qu'il a voulu; et *Iliade in prose*, traduction littérale de ce poëme, accompagnée de discours préliminaires, d'observations de l'auteur et de notes extraites en partie de Pope, de Mme Dacier, Rochefort et Bitaubé; *Relazioni academiche*, 2 vol., ou *Rapports annuels sur les travaux de l'académie de Padoue; Satire di Giuvenale*, 1 vol., en vers italiens, à la manière libre de l'auteur avec le texte en regard et des notes; *Corso di letteratura greca*, 3 vol., avec des observations et des notes; *Demostene*, 6 vol., avec des notes et des observations historiques, philosophiques et critiques; *Prose varie*, 2 vol.; *Prose latine*, 1 vol.; *Poesie italiane*, 1 vol.; *Versioni di tre tragedie di Voltaire*, 1 vol.; *I primi pontifici*, 1. vol.; *Epistolario*, 6 vol. M. Barbieri, son ami, a publié des *Mémoires sur la vie et les ouvrages de Césarotti*, Padoue 1810, in-8.

CÉSI (Le prince Frederic) naquit à Rome en 1585, protégea les savants, notamment le célèbre Galilée; fonda et dota l'académie des *Lyncei* (yeux de lynx), dont l'objet était de scruter les merveilles de la nature; découvrit le premier les graines de la fougère; fut regardé comme l'un des inventeurs du télescope et du microscope; composa les premiers traités des *Prodiges de la nature physique*, des *Abeilles*, des *Bois*, des *Fossiles*, etc., et mourut dans sa ville natale en 1630.

CÉSONIE (Milonia), troisième femme de Caligula qui avait répudié les deux premières, était mariée et avait trois filles quand il l'épousa, l'an 39 de Jésus-Christ. Quoique moins jeune et moins belle que les deux autres, elle eut l'art de se faire aimer, entrant dans tous les goûts de son époux, l'accompagnant dans ses voyages habillée en amazone, flattant son inclination pour le luxe et la volupté. On prétend qu'avant de l'épouser, elle lui avait donné un philtre dont Juvénal décrit la composition, pour s'en faire aimer, et qui ne servit qu'à lui troubler le cerveau et le rendre furieux. Caligula ayant été assassiné, Charéas envoya le tribun Pélius Lupus, pour se défaire de Césonie et sa fille Julie Drusille. Cet homme perça la mère de plusieurs coups d'épée, et écrasa la tête de la fille contre la muraille de la galerie où son père avait été poignardé, afin qu'il ne demeurât rien d'un sang si abominable.

CESPÈDES (Paul), peintre de Cordoue, s'est rendu célèbre au 16ᵉ siècle, en Espagne et en Italie, où il fit deux voyages. Sa manière de peindre approche beaucoup de celle du Corrége ; même exactitude dans le dessin, même force dans l'expression, même coloris. On ne peut encore voir sans émotion son tableau de la *Cène* dans la cathédrale de Cordoue, où chaque apôtre présente un caractère différent de respect, d'amour et de sainteté ; le Christ, un air de grandeur et de bonté en même temps ; et Judas un air chagrin et faux. Les talents de Cespèdes ne se bornaient pas à la peinture, si l'on en croit l'enthousiasme des auteurs espagnols pour cet artiste ; il fut philosophe, antiquaire, sculpteur, architecte, savant dans les langues hébraïque, grecque, latine, arabe et italienne, grand poète et fécond écrivain. Il mourut en 1608, âgé de 70 ans.

CESSART (Louis-Alexandre de), inspecteur-général des ponts et chaussées, né à Paris en 1719, mort en 1806. C'est à lui que l'on doit la construction du beau pont de Saumur, commencé en 1756, et dont les piles furent fondées par caissons, sans épuisement ni bâtardeaux, invention hardie, employée à Londres en 1738 par un ingénieur suisse pour la construction du pont de Westminster, mais qui n'avait point encore été pratiquée en France. Cessart perfectionna ce procédé, et surmonta plusieurs difficultés particulières au local. Le succès de cette entreprise le fit choisir, en 1781, pour la direction des travaux de la rade de Cherbourg, entreprise la plus hardie en ce genre qui eût encore été connue en France. Pour l'exécuter, il chercha à agrandir le système des fondations par caissons, qu'il avait adopté, mais les difficultés qu'il n'avait point prévues obligèrent de faire des modifications à son projet, ce qui lui occasionna beaucoup de désagréments ; mais il n'en a pas moins le mérite de

l'invention et du perfectionnement d'un des plus beaux procédés de l'architecture hydraulique. Dubois d'Arneuville a publié la description détaillée des travaux dont il avait été chargé, sous ce titre : *Description des travaux hydrauliques de L.-A. de Cessart, ouvrage imprimé sur les manuscrits de l'auteur*, Paris 1806, 2 vol. grand in-4, avec soixante-sept planches.

CESTIUS (Caius) fut un des sept épulons, ou inspecteurs sur les repas qui se célébraient à Rome en l'honneur des dieux. On conjecture qu'il mourut dans les premières années du règne d'Auguste. Il est surtout connu par le superbe monument qui a été érigé à sa mémoire, et qui est un des édifices de l'ancienne Rome, qui se sont le mieux conservés jusqu'à nos jours. C'est une pyramide carrée de 120 pieds de haut, sur 94 de base, revêtue intérieurement de marbre blanc, et renfermant une cave ou une chambre dans son intérieur, à l'imitation des pyramides d'Egypte. Ce monument est près de la *Porte d'Ostie*, ou de Saint-Paul. Alexandre VII la fit réparer en 1663.

CÉTHÉGUS, famille romaine, branche de celle de Cornélius, a produit plusieurs personnes dont la mémoire s'est conservée. *Cornélius* CÉTHÉGUS, créé consul avec Quintus Flaminius, distribua du vin mixtionné au peuple, après que son élection fut faite. Ces deux consuls furent obligés de se démettre de leur charge, l'an de Rome 421, parce qu'il y avait eu de l'irrégularité dans leur création. *Marcus Cornélius* CÉTHÉGUS fut élevé à la charge de censeur, l'an de Rome 545, avant que d'avoir été consul, ce qui était contre l'usage. Il obtint le consulat cinq ans après : et ce fut un grand orateur. *Caius Cornélius* CÉTHÉGUS, qui, avant d'être édile, fut proconsul en Espagne, y remporta une victoire signalée. Il fut fait édile peu après, pendant son absence, l'an de Rome 556. Sigonius le confond avec *Cucius Cornélius* CÉTHÉGUS, qui fut consul, l'an de Rome 457, et qui triompha des Jusubres, et suppose mal à propos que Cicéron et Tite-Live donnent à ce consul le prénom de *Caius* : ils lui donnent celui de *Cucius*. Il ne faut pas oublier *Publius Cornélius* CÉTHÉGUS, qui suivit avec ardeur le parti de Marius contre Sylla, et qui pour cela fut déclaré ennemi du peuple romain, lorsque ce parti fut abattu. Il se sauva en Afrique auprès de Marius, et ayant imploré la miséricorde de Sylla, et s'offrant de le servir en toutes choses, il fut reçu en grâce. Quelques auteurs pensent que

e Céthégus est le même qui jouit d'un
i grand crédit à Rome , que l'on ne pou-
ait rien obtenir que par son entremise.
Comme il avait une maîtresse à qui il ne
ouvait rien refuser , il arriva que cette
emme eut à sa disposition toute la ville
e Rome. Il fallut que Lucullus lui fît la
our, lorsqu'il voulut obtenir la commis-
ion de faire la guerre à Mithridate ; sans
ela il n'aurait point obtenu cet emploi.
'usieurs autres grands seigneurs firent
ent bassesses , pour monter aux charges
ar la recommandation de Céthégus.
'est de lui, sans doute, que Cicéron
arle dans un de ses *Paradoxes*. Quel-
ues critiques, en expliquant ce vers
'Horace :

Fingere einatutis non exaudita Cethegls,

nt avancé que cette famille avait un cos-
nme particulier, et se faisait remarquer
ar sa ceinture ; mais il est plus apparent
ar le contexte , qu'Horace parle du cos-
nme général des Romains au temps des
remiers Céthégus , vers l'an 400 de
lome, et l'a spécifié en nommant une
amille distinguée de ce temps-là : car il
'agit des mots nouveaux , qui à cette an-
ienne époque n'auraient pas été compris.
CÉTHÉGUS (Caïus-Cornélius) , con-
aincu d'avoir conspiré avec Catilina à
a ruine de sa patrie , et d'avoir été le
lus emporté de ses complices, fut étran-
lé avec eux dans la prison en présence
e Cicéron qui , malgré un éloquent dis-
ours qu'il fit (la troisième Catilinaire) ,
t où il expose au peuple les particulari-
és de la conjuration, de la conviction
t de l'instruction du procès des coupa-
les, ne serait point parvenu à les faire
ondamner, si Caton, qui n'avait point
ncore donné son avis, n'eût parlé avec
ant de fermeté et de vigueur contre
ésar, qui par une douceur déplacée,
u parce qu'il favorisait secrètement la
abale, venait de plaider pour sauver la
ie à ces factieux, qu'il ramena tout le
énat à l'avis de Cicéron, et fit passer
'arrêt de mort à l'unanimité des suffra-
es. Ce fut après cette exécution qui dis-
ipa la troupe des rebelles et déconcerta
ous leurs desseins, que Cicéron s'en re-
ournant chez lui comme en triomphe ,
ccompagné de tout ce qu'il y avait de
lus brillant dans tous les ordres de l'Etat,
t d'une foule de peuple , fut salué
omme le *Sauveur de la patrie, et le
ouveau fondateur de Rome*.
CÉTHURA , seconde femme d'A-
raham, que ce patriarche épousa à l'âge
e cent quarante ans , et dont il eut six
nfants, Zamram , Jescan , Madan , Ma-
lian, Jesboe et Sué. Abraham leur donna
es présents, et les envoya demeurer vers

l'Orient, dans l'Arabie déserte, ne voulant pas qu'ils habitassent dans le pays
que le Seigneur avait promis à Isaac. On
croit que c'est d'eux que sortirent les
Madianites, les Ephéens, les Dédanéens
et les Sabéens, dont il est souvent parlé
dans l'Ecriture. Les mages, qui vinrent
adorer Jésus-Christ naissant, étaient ,
suivant plusieurs savants, des rejetons
de ces peuples, et la foi d'Abraham fut
pour eux une espèce de titre pour être les
prémices de la vocation des gentils.
CÉZELLI (Constance de), femme de
Barri de Saint-Aunez, gouverneur de
Leucate pour Henri IV, s'immortalisa
par son courage. Son mari, ayant été fait
prisonnier, fut conduit au pied des remparts de Leucate , par les Espagnols,,
qui menaçaient de le faire mourir si on
ne rendait la ville. Constance préféra le
devoir et l'honneur à la tendresse conjugale ; et les Espagnols repoussés levèrent
le siége , mais exécutèrent leur menace.
Henri IV accorda à cette femme, aussi
généreuse que vaillante, le brevet de
gouvernante de Leucate , jusqu'à ce que
son fils Hercule eût atteint l'âge de commander.
CHABANON (N.), de l'Académie française et de celle des Inscriptions , né à
Saint-Domingue en 1730 , vint de bonne
heure en France , et se fit remarquer
par un talent très-distingué sur le violon,
auquel il dut principalement ses succès
dans le monde. Il voulut travailler pour
le théâtre, et donna *Eponine*, qui n'est
connue que par sa chute justement méritée. Il en fit depuis un opéra qui fut
joué en 1773 , sous le titre de *Sabinus ;*
mais il échoua encore , parce que le travail ne supplée pas au génie. Sa versification est en général sèche, pénible et
glacée. Ses ouvrages en prose ont plus
de mérite. Les principaux sont : une *Traduction* des *Odes pythiques* de Pindare,
1771 , in-8 ; une *Traduction* des *Idylles*
de Théocrite, 1775, in-8 : ces deux *Traductions*, écrites avec pureté , manquent
de chaleur et d'élégance ; mais elles sont
accompagnées de notes historiques, qui
annoncent un littérateur érudit ; *De la
musique considérée en elle-même et dans
ses rapports avec la parole , les langues,
la poésie et le théâtre*, deuxième édition
considérablement augmentée, 1785, 2
vol. in-8. Cet ouvrage écrit avec goût et
justesse fut généralement goûté ; *Tableau
de quelques circonstances de ma vie*, ouvrage posthume , semé de réflexions ingénieuses et délicates, mais où l'auteur
se permet quelquefois des détails trop
libres, on pourrait même dire licencieux.
Admirateur de Voltaire , il consacre une

partie de son livre à faire l'éloge de cet homme célèbre, et cherche à prouver que ses *Tragédies* sont supérieures à celles de Racine. Chabanon, avec beaucoup de connaissances et de goût, n'en fait pas preuve en cette occasion. D'une dévotion mal réglée et presque extatique dans sa jeunesse, il devint dans la suite indifférent pour la religion, et s'attacha même au char des philosophes. Il fut un des hommes les plus honnêtes que la philosophie puisse faire, et cependant, dans son ouvrage rempli de réflexions morales, il ne se fait aucun reproche d'avoir eu des liaisons criminelles avec des femmes mariées, et d'avoir ainsi brisé un des liens les plus sacrés de la société ; tant il est vrai que la philosophie ne donne aucune règle certaine sur nos devoirs les plus importants, et qu'il faut un frein tout autrement puissant pour contenir l'homme, naturellement enclin à toutes sortes de désordres. Chabanon mourut à Paris le 10 juillet 1792.

CHABAUD-DE-LATOUR (Antoine-Georges-François), né à Nîmes le 15 mai 1769, mort à Paris le 20 juillet 1832, embrassa avec chaleur, comme la plupart des protestants, les principes de la révolution, et fut nommé, en 1791, commandant de la garde nationale de Nîmes. Il fit, en 1792, la campagne de Savoie. Le département du Gard l'élut au conseil des Cinq-Cents en 1797. Partisan du 18 brumaire, Chabaud concourut à la rédaction de la constitution de l'an VIII; il parla ensuite pour faire décerner à Bonaparte le titre d'empereur. La suppression du tribunat, dont il était membre, récompensa mal son zèle. Néanmoins, député du Gard au corps législatif, il se garda bien d'y faire de l'opposition sous un homme qui n'en souffrait pas. Il applaudit au retour des Bourbons, en 1814, quoiqu'il les eût assez maltraités dans ses *Discours* au tribunat, dix ans auparavant. Chabaud fit partie de la commission chargée de la rédaction de la Charte; à la Chambre, il parla pour la liberté de la presse, et au retour de Bonaparte il se retira à la campagne. On sait qu'à la seconde rentrée du roi, les protestants du Gard, qui auraient dû se rappeler les excès de leur parti durant les Cent-Jours, se plaignirent d'être victimes d'une prétendue réaction, qu'ils comparaient à la terreur de 1794; Chabaud épousa leur cause. Il vota avec le ministère De Cazes; sous de Villèle, il siégea avec la minorité qui hâta la révolution de 1830, et parla contre la loi du sacrilège. Lors de l'explosion de juillet, on le vit s'empresser d'arborer à Nîmes les couleurs nouvelles,

et remplacer les autorités expulsées. Le collège d'Uzès l'envoya à la Chambre, au commencement de 1831; mais il ne fut pas réélu six mois après. Chabaud était l'un des propriétaires du *Journal des Débats*; c'est-à-dire que, modéré dans son parti, il avait résisté pourtant aux leçons de l'expérience. Il adopta toutes les niaiseries révolutionnaires sur le despotisme, sur la nécessité de protéger les libertés publiques, et sur l'influence du parti-prêtre.

CHABOT (Philippe), seigneur de Brion, amiral de France, chevalier des ordres de Saint-Michel et de la Jarretière, gouverneur de Bourgogne et de Normandie, fut pris à la bataille de Pavie en 1525, avec le roi François 1er, dont il était le favori. On l'envoya en 1535 en Piémont, à la tête d'une armée. Les villes du Bugey, de la Bresse, de la Savoie, lui ouvrirent leurs portes. Il aurait poussé plus loin ses conquêtes, si ses ennemis n'y eussent mis des bornes. Montmorency et le cardinal de Lorraine l'accusèrent de malversation. Une commission, à la tête de laquelle était le chancelier Poyet, le condamna à perdre sa charge, et à payer une grosse amende. François 1er, aux reproches duquel il avait répondu insolemment, aurait voulu un arrêt de mort, pour le rendre plus respectueux, et pour avoir le plaisir de lui donner sa grâce. Comme il ne put payer l'amende de 70,000 écus à laquelle il avait été condamné, il demeura plus de deux ans en prison. Enfin il obtint d'être renvoyé devant le Parlement de Paris, qui le déchargea de toute accusation. Chabot mourut en 1543, regardé comme un homme plus courtisan que grand politique.

CHABOT-DE-L'ALLIER (Georges-Antoine), avocat, né à Montluçon dans le Bourbonnais, le 13 avril 1758, embrassa la cause de la révolution avec modération, et fut successivement procureur-syndic du district de Montluçon, administrateur du département de l'Allier, et président du tribunal de sa ville natale. Après le 10 août, il osa demander, dans l'assemblée primaire et ensuite dans l'assemblée électorale, qu'on imposât aux députés qu'on allait nommer la condition de maintenir le pouvoir monarchique en France, et de s'opposer à l'établissement de la loi agraire. Il exigea même et il obtint qu'on insérât sa proposition au procès-verbal, malgré les clameurs des républicains; néanmoins il fut élu suppléant à la Convention, et il y fut appelé après le 9 thermidor; mais il en fut d'abord écarté *comme royaliste*, et n'y fut admis que dans le mois de mars 1795 quand le parti de la Montagne eut été écrasé. Il fut élu de nouveau, en 1799, membre du conseil des Cinq-Cents, et demanda une loi répressive de la presse. Appelé au tribunat, il y prononça souvent des discours sur des questions législatives, et contribua à la rédaction des différents codes civils. Il vota aussi pour le consulat à vie, et contribua de tout son pouvoir à l'établissement du gouvernement impérial, qu'il regardait comme le seul moyen de terminer la révolution. Après la suppression du tribunat, il fut nommé inspecteur-général des écoles de droit, et en 1807 membre du corps législatif, puis juge à la cour de cassation, et en 1810 conseiller de l'Université. Il adhéra à la déchéance de Bonaparte, et le gouvernement de la Restauration lui conserva toutes ses places. Il mourut le 19 avril 1819. Il a publié: *Tableau de la législation ancienne sur les successions*, et *la législation nouvelle établie par le Code civil*, 1804, in-8; *Commentaire sur la loi du 25 germinal an II, relative aux successions*, 1805, in-8; nouvelle édition, 1818, 3 vol. in-8; *Questions transitoires sur le code Napoléon*, 1809, 2 vol. in-4.

CHABOT (François), né à Saint-Geniez dans le Rouergue, en 1759, fut élevé au collège de Rhodez, où son père était cuisinier, il se fit ensuite capucin, et devint gardien de son couvent. La lecture des livres profanes égara son esprit naturellement trop ardent, corrompit ses mœurs, et bientôt il devint le scandale des pieux cénobites ses confrères. La révolution ayant éclaté, Chabot se hâta de profiter des décrets de l'assemblée constituante pour sortir de son couvent, et devint grand-vicaire de l'évêque constitutionnel de Blois, qui le révoqua bientôt quand il connut sa conduite. Son zèle fougueux le conduisit à l'assemblée législative et à la convention, où il se distingua par sa violence, ses fourberies, ses motions séditieuses, son audace et ses dénonciations, tendant à renverser les faibles appuis qui soutenaient encore le trône des Bourbons. Il poussa même son fanatisme révolutionnaire jusqu'à se faire blesser, pour faire croire que la cour avait fait attenter à ses jours. C'est lui qui imagina de donner aux jeunes gens mis proprement la dénomination de *muscadins*, et qui osa le premier se présenter à l'assemblée avec le costume dégoûtant qui distinguait alors les chauds patriotes, surnommés *sans-culottes*. C'est aussi lui qui fit adopter la qualification de *montagnards* pour les députés de son parti, qui se plaçaient constamment sur les bancs les plus élevés de

la salle, et qui obtint le décret qui métamorphosait la cathédrale de Paris en *temple de la raison*. Enfin, il se permit d'insulter l'infortuné Louis XVI, lorsqu'il vint se réfugier à l'assemblée, combattit le projet de lui donner des conseils, et vota sa mort. Il n'en fut pas moins méprisé dans son parti même, et considéré comme un de ses instruments obscurs dont le zèle tourne au profit de ceux qui courent la même carrière. Après s'être marié avec une autrichienne, il commença à voir diminuer son influence, devint suspect à son tour, et fut enfermé au Luxembourg. En vain il rappela son dévouement et écrivit à Robespierre, dont il avait toujours été le bas valet, il ne put obtenir grâce, et fut enveloppé dans la perte de ceux qu'on lui avait fait dénoncer. Lorsqu'il prévit quel devait être son sort, il s'empoisonna avec du sublimé corrosif; mais les douleurs qu'il en ressentit lui firent demander à grands cris des secours à ceux-mêmes qui gémissaient dans les fers par suite de ses dénonciations. L'un d'eux, le docteur Soufflet, lui fit donner du contre-poison. Il fut guillotiné trois jours après, le 5 avril 1794.

CHABRIAS, général athénien, célèbre par ses actions guerrières, défit, dans un combat naval, Pollis, général lacédémonien. Envoyé au secours des Thébains contre les Spartiates, et abandonné de ses alliés, il soutint seul, avec ses gens, le choc des ennemis. Il fit mettre ses soldats l'un contre l'autre, un genou à terre, couverts de leurs boucliers, et étendant en avant leurs piques; cette attitude empêcha qu'ils ne fussent enfoncés: Agésilas, général des Lacédémoniens, quoique vainqueur, fut obligé de se retirer. Les Athéniens érigèrent une statue à Chabrias, dans la posture où il avait combattu. Tachos, roi d'Egypte, lui donna le commandement de ses troupes, contre les Perses; plus tard, ayant mis le siège devant Chio, il y périt, l'an 355 avant J.-C. Son vaisseau fut coulé à fond. Il aurait pu l'abandonner et se sauver à la nage; mais il préféra la mort à une fuite honteuse.

CHABRIT (Pierre) naquit en 1755, à Parent, près de Coudes, en Auvergne, de parents d'une condition très-modeste. Il fut mis de bonne heure au collège de Billom, et envoyé bientôt à Paris pour y étudier le droit. Au retour, la difficulté de percer et l'inaction dans la carrière qu'il était destiné à fournir l'attristèrent profondément. En 1779, il publia un opuscule, sous ce titre: *Du luxe dans la Limagne*, se rattachant, par cet écrit , à l'école alors dominante des physiocrates , s'efforçant de prouver que l'Auvergne devait rester agricole , et se garder soigneusement des manufactures. Ce fut en souffrant les tristes alternatives du besoin et de cette aisance factice qu'entretient un emprunt permanent, que Chabrit composa un autre ouvrage qui devait le faire remarquer , sans lui apporter l'aisance ni le repos. Le duc de Bouillon l'ayant nommé *Conseiller au conseil souverain* de son duché, ce fut alors que Chabrit put achever son œuvre , et la livrer à la publicité , grâce probablement à la sollicitude de son protecteur. En effet, le livre *de la Monarchie françoise* et de ses lois fut imprimé à Bouillon, en 1783 ; il parut en 2 vol. in-8, assez forts , et ce ne fut pas sans succès que le premier vit le jour. De toute part les éloges vinrent compenser les souffrances de Chabrit. Le succès fut tel , qu'il valut à l'auteur la chaleureuse protection de Diderot auprès de Catherine II. Aux succès de salons , de journaux , de partis , vint s'ajouter le succès académique. Le livre de Chabrit fut couronné par l'Académie française , en même temps que le meneur du mouvement encyclopédique l'appuyait auprès de l'impératrice de Russie, comme nous avons dit. Cependant, soit que des circonstances inconnues retardassent l'arrivée de la réponse royale , soit que Catherine craignît d'appeler près d'elle le protégé de Diderot, dont l'enthousiasme révolutionnaire commençait à l'effrayer, Chabrit, voyant ses ressources pécuniaires devenir de plus en plus insuffisantes, malgré son succès récent , se laissa aller au chagrin le plus noir , et un matin on le trouva sans vie : il avait mis fin à ses jours avec un poison violent. C'était en 1785. Ses souffrances ne l'excusent pas , sans doute ; mais elles font comprendre sa lamentable destinée. Quant à son livre , il présente une étude historique et critique de la législation française, depuis l'invasion des Barbares jusqu'au règne de Louis XVI. Chabrit avait pris Montesquieu pour maître, et ne fit qu'exagérer les côtés saillants de son modèle. Il y a sur Chabrit une Notice dans les *Tablettes hist. de l'Auvergne* , par J.-B. Bouillet, tom. VI, pag. 252-264.

CHABROL DE CROUZOL (André-Jean , comte de), naquit à Riom le 14 novembre 1771. Destiné d'abord à l'état ecclésiastique , il fut élevé à l'Oratoire de cette ville , mais ne tarda pas à en être arraché par la première réquisition. Sous l'empire, il fut nommé auditeur au conseil d'Etat, et remplit , en cette qualité , diverses fonctions à Orléans , à Paris, en Touraine et en Illyrie. La Restauration le fit conseiller d'Etat , puis préfet de Lyon. En 1817, Lainé , ministre de l'intérieur , le choisit pour sous-secrétaire d'Etat. En 1820, on lui confia la direction générale des Monnaies. En 1824, Louis XVIII le nomma ministre de la marine et pair de France. Ce fut lui qui , à la retraite de M. de Villèle, forma le nouveau cabinet appelé le ministère Martignac ; lui-même en fit partie jusqu'au 8 mars 1828. Rentré au ministère au mois d'août 1829, il accepta alors le portefeuille des finances, qu'il garda jusqu'au mois de mai 1830. Au mois d'août suivant, il continua de siéger à la Chambre des pairs, mais demeura dès lors étranger à tous les mouvements des partis. Sa modération bien connue lui avait concilié l'estime de ceux mêmes dont les opinions différaient le plus des siennes. Il est mort le 7 octobre 1836.

CHABROL DE VOLVIC (Gilbert-Joseph-Gaspard , comte de), naquit en Auvergne. Peu après sa sortie de l'Ecole polytechnique , il fit partie de l'expédition d'Egypte en qualité d'ingénieur , et coopéra au grand et bel ouvrage publié sur cette contrée par la Commission scientifique. Rentré à Paris , il fut, après le 18 brumaire, nommé par Bonaparte sous-préfet, et en 1806 préfet de Montenotte. Après la conspiration du général Malet, il remplaça le comte Frochot à la préfecture de la Seine. En 1813 , il fut nommé en outre maître des requêtes. A la première Restauration , il se rendit au-devant du roi , en qualité de premier magistrat du département , et obtint bientôt la place de conseiller d'Etat. Au retour de Napoléon de l'île d'Elbe , il ne remplit aucune fonction , et , à la seconde Restauration , il fut appelé de nouveau à la préfecture de la Seine , qu'il conserva jusqu'en 1830. Il était membre de la Chambre des députés, lorsqu'il est mort en 1843 , à la suite d'une longue maladie. De Chabrol a laissé un souvenir honorable dans l'administration à la tête de laquelle il a été placé pendant plus de quinze années.

CHAFFOY (Claude-François-Marie Petit-Benoît de) , né à Besançon , le 17 février 1752 , d'une famille ancienne dans la magistrature , fit ses études au séminaire de Saint-Sulpice , et fut nommé , après son ordination , archidiacre du diocèse de Besançon par Mgr de Durfort, archevêque de cette ville , qui le chargea en outre de la haute direction du séminaire. L'abbé Chaffoy s'acquitta de cet emploi avec une prudence au-dessus de son âge. Lorsque la révolution éclata, il suivit son archevêque dans l'exil. Après la mort de ce prélat, il fut chargé par l'évêque de Lausanne de veiller sur les prêtres français réfugiés en Suisse, et il s'imposa des sacrifices, afin de pourvoir à leur subsistance. On rapporte qu'à cette époque, malgré la rigueur des lois révolutionnaires, il vint secrètement en France pour assister un mourant. Après le concordat, il retourna à Besançon, où il se livra à la pratique des bonnes œuvres. En 1817, l'abbé Chaffoy fut appelé à l'évêché de Nîmes ; mais il ne put prendre possession de son siége qu'en 1821. Il apporta dans l'administration de ce diocèse toute l'ardeur de son zèle. Il établit un grand et petit séminaire, institua des missions diocésaines, excita dans son clergé l'amour des vertus sacerdotales, et forma dans la cathédrale un cours-modèle de catéchisme. A la suite de plusieurs attaques d'apoplexie, sa santé fut gravement altérée, et il mourut le 29 septembre 1837, à l'âge de quatre-vingt-cinq ans. On lui doit un ouvrage sous le titre d'*Analyse*, qu'il composa pour la direction des religieuses.

CHAHUT (Philippe), jésuite, né à Tours en 1602, professa les humanités, la philosophie et la théologie. Il mourut recteur du collége de Paris, en 1669, après avoir quitté l'enseignement pour se livrer à la direction des consciences. On a de lui des ouvrages ascétiques : la *Science du salut*, Paris, 1655, in-4 ; le *Manuel de dévotion*, Rouen, in-8 ; les *Moyens de se bien disposer à la mort* ; l'*Avant-goût du Paradis*, ou *Moyens de s'entretenir avec Dieu après la communion*, 1653, in-8 ; l'*Excellence de l'Oraison mentale*, 1656, in-8 ; le *Secret de la prédestination*, 1659, in-8 ; le *Miroir de la bonne mort ; De la Simplicité chrétienne* ; les *Moyens spirituels de Savonarole*, 1675. Ces deux derniers ouvrages sont des *Traductions* des traités de Savonarole, intitulés : *De Simplicitate vitæ christianæ ; Expositio Orationis Dominicæ quadruplex.*

CHAIS (Pierre), né à Genève en 1701, pasteur de l'Église protestante française à La Haye en 1728, a donné quelques ouvrages analogues à son état, qui sont recherchés de ceux de sa communion ; tels sont : *La sainte Bible avec un Commentaire littéral et des Notes choisies*, tirées de divers auteurs anglais, La Haye, 1743 et années suivantes, 8 vol. in-4. Les deux derniers ne parurent qu'en 1790. Ce long Commentaire n'embrasse pas encore tous les livres historiques de l'Ancien-Testament ; *Catéchisme histori-*

que *et dogmatique*, 1755, in-8 ; *Le sens littéral de l'Ecriture*, 1758, 8 vol. in-12, traduit de Thomas Stackhouse ; *Lettres historiques et dogmatiques sur le jubilé et les indulgences*, 1751, 3 vol. in-8, opposées aux dogmes des catholiques, sur cette matière. Il est mort à La Haye en 1785.

CHAISE (Filleau Jean de La), frère du traducteur de *Don Quichotte*, né à Poitiers, vint à Paris de bonne heure, s'attacha à la duchesse de Longueville, au duc de Rohan, et aux solitaires de Port-Royal. Il mourut en 1693. Son *Histoire de saint Louis*, Paris, 1688, 2 vol. in-4, faite sur les *Mémoires* de Tillemont, est devenue rare. Quoiqu'écrite d'un style lâche, elle fut reçue avec tant d'empressement, que le libraire fut obligé, le premier jour de la vente, de mettre des gardes chez lui. Ceux qui n'avaient pas le même enthousiasme pour les ouvrages de Port-Royal, engagèrent l'abbé de Choisy à donner une autre *Histoire de saint Louis*. Elle fut composée en moins de trois semaines; et, malgré son air superficiel, les agréments et la légèreté du style du nouvel historien firent oublier l'érudition de l'ouvrage de La Chaise, dont les matériaux seuls lui avaient coûté deux ans de recherches.

CHAISE (François de La), né au château d'Aix en Forez en 1624, se fit jésuite au sortir de la rhétorique. Il était petit-neveu du Père Cotton, célèbre dans cette compagnie. Après avoir professé avec beaucoup de succès les belles-lettres, la philosophie et la théologie, il fut élu provincial de la province de Lyon. Il remplissait cet emploi, lorsque Louis XIV le choisit pour son confesseur, à la place du Père Larier, en 1675. Une figure noble et intéressante, un caractère doux et poli, lui acquirent beaucoup de crédit auprès de son pénitent. Les jansénistes l'accusèrent d'indulgence dans un temps où, selon eux, il aurait dû être sévère. Ils le blâmèrent encore plus d'être entré dans toutes les mesures que le monarque prit contre eux. Il est sûr qu'il ne leur fut pas favorable, et il ne devait pas l'être. Il mourut en 1709, à 85 ans, membre de l'académie des Inscriptions, dans laquelle il méritait une place par son goût pour les médailles. (Voyez les *Eloges des académiciens*, par M. Boze, tome, 1, p. 125). L'*Histoire particulière du Père de La Chaise*, Cologne, 1696, 2 vol. in-16, est plutôt une satire qu'une histoire ; la *Vie* qui en est un abrégé, imprimée en 1710, ne vaut pas mieux. Le duc de Saint-Simon, qui ne peut être suspect quand il dit du bien des Jésuites, en parle sur un tout autre ton. « Le Père « de La Chaise, dit-il, était d'un esprit « médiocre, mais d'un bon caractère, « juste, droit, sensé, sage, doux et mo- « déré, fort ennemi de la délation, de la « violence et des éclats. Il avait de l'hon- « neur, de la probité, de l'humanité, de « la bonté ; affable, poli, modeste, mê- « me respectueux. Il était désintéressé « en tout genre, quoique fort attaché à « sa famille ; il se piquait de noblesse , « et il la favorisa en tout ce qu'il put ; « il était soigneux de bons choix pour « l'épiscopat, surtout pour les grandes « places ; et il fut heureux, tant qu'il eut « l'entier crédit. Facile à revenir, quand « il avait été trompé, et ardent à réparer « le mal que son erreur lui avait fait « faire, d'ailleurs judicieux et précau- « tionné. Par bien des faits sa vie, il « supprima bien des friponneries et des « avis anonymes contre beaucoup de « gens, en servit quantité et ne fit ja- « mais de mal à son corps défendant ; « aussi fut-il généralement regretté. Les « ennemis mêmes des Jésuites furent for- « cés de lui rendre justice , et d'avouer « que c'était un homme de bien et hon- « nêtement né , et tout à fait pour rem- « plir sa place. » L'éloge que le roi lui-même fit de lui en présence de tous ses courtisans , lorsqu'on vint lui apporter les clés de son cabinet et ses papiers, est bien propre à dissiper la calomnie et à faire respecter sa mémoire. « Il était si « bon, dit-il, que je le lui reprochais sou- « vent, et il me répondait : Ce n'est pas « moi qui suis bon , mais vous qui êtes « dur. »

CHALCIDIUS , philosophe platonicien du 3e siècle, a laissé un bon *Commentaire* sur le *Timée* de son maître. Quelques savants l'ont cru chrétien , parce qu'il parle de l'inspiration de Moïse. Il est vrai qu'il rapporte ce que les Juifs et les Chrétiens en ont pensé ; mais il en parle avec l'indifférence d'un homme qui ne veut point examiner la vérité des faits ; il ne paraît décidé, que lorsqu'il s'agit du paganisme. Son *Commentaire* , traduit du grec en latin, parut à Leyde , 1617, in-4.

CHALCONDYLE (Laonic), natif d'Athènes, se retira en Italie après la destruction de l'empire grec, et y mourut vers l'an 1490. Il est auteur d'une *Histoire des Turcs* en dix livres, depuis 1298 jusqu'en 1462. Cette *Histoire*, traduite en latin par Clauser, est intéressante pour ceux qui veulent suivre l'empire grec dans sa décadence et dans sa chute, et la puissance ottomane dans son origine et dans ses progrès; mais il y a beaucoup de faits mis sans examen. Ce qu'il a écrit

touchant Bajazet , a plus l'air d'un roman que d'une histoire. Celle de Chalcondyle parut en grec et en latin , au Louvre , en 1650 , in-fol. Cette édition renferme : *Annales sultanorum* , écrites par des Turcs en leur langue , traduites en latin par Leunclavius. Il y en a une traduction française de Vigenère , continuée par Thomas Artus et par Mézerai , 1662 , 2 vol. in-fol.

CHALCONDYLE (Démétrius) , grec de Constantinople , réfugié en Italie, après la prise de cette ville par Mahomet II. Il mourut à Rome en 1513, après avoir publié une *Grammaire grecque*, in-fol., dont la première édition , sans date et sans nom de ville, est très-rare. Elle fut réimprimée à Paris en 1525, et à Bâle en 1546 , in-4.

CHALES (Claude - François Millet des), jésuite, né à Chambéry en 1621, fit honneur à sa société par ses talents pour les mathématiques. Ses supérieurs, l'ayant chargé d'enseigner la théologie, en auraient fait d'un excellent mathématicien un théologien médiocre, si le duc de Savoie n'avait dit qu'on devait laisser vieillir un tel homme dans la science pour laquelle il avait un talent décidé. Il professa avec distinction à Marseille , à Lyon , à Paris , et mourut à Turin en 1678. On a de lui un *Cours de mathématiques* complet, en latin, 1674, 3 v. in-fol. et 1680, 4 vol. in-fol. Son *Traité de la navigation* et ses *Recherches sur le centre de gravité*, sont les deux morceaux de ce recueil dont les connaisseurs font le plus de cas. Le Père de Chales est le premier qui a reconnu que la réfraction de la lumière était une condition essentielle à la production des couleurs, dans l'arc-en-ciel , dans les verres , etc. ; découverte dont Newton a fait la base de sa théorie des couleurs. Le télescope de cet illustre anglais paraît se trouver aussi dans la catoptrique du jésuite, *liv.* 3, *prop.* 54. On a encore de lui : *Principes de Géographie* , Paris , 1677 , in-12, d'un grand usage.

CHALIER (Marie-Joseph), né en 1747, à Beaulard , en Piémont , était négociant à Lyon , lorsqu'éclata la révolution française. Il en adopta les principes avec un enthousiasme qui tenait du délire, prit Marat pour modèle , créa un tribunal révolutionnaire à Lyon , et s'en fit le chef. Heureusement , ses sanguinaires projets furent bientôt arrêtés : la population se souleva; il fut condamné à mort le 17 juillet 1793, et exécuté le lendemain.

CHALIEU (l'abbé), né à Tain en Dauphiné, le 29 avril 1733, de parents très-pauvres, devint secrétaire de l'évêque de Saint-Pons, et ensuite professeur de théologie à Tournon ; mais il quitta cette chaire pour s'occuper uniquement de l'étude de l'antiquité et des monuments. Il est mort en 1810. Les manuscrits qu'il a laissés ont été publiés sous le titre de : *Mémoires sur les diverses antiquités du département de la Drôme et sur les différents peuples qui l'habitaient avant la conquête des Romains*, Valence 1814, in-4. Il avait composé un cabinet très-curieux d'antiquités, dont Millin a donné la description dans son *Voyage au midi de la France*.

CHALINIÈRE (Joseph-François Aumônois de la), chanoine pénitencier de l'église d'Angers , membre de l'académie de la même ville, et ancien professeur en théologie, est auteur des *Conférences du diocèse d'Angers sur la grâce* , en 3 vol. in-12. Quoiqu'il eût moins de précision et de netteté dans l'esprit que Babin, le premier auteur de ces *Conférences*, son ouvrage ne laisse pas d'être estimé. Il partagea sa vie entre l'étude et les exercices de son ministère, et se distingua autant par son zèle que par son érudition. Il mourut en 1759. (Voyez BABIN.)

CHALIPPE (Louis-François-Candide), récollet , connu aussi sous le nom de Père Candide, né à Paris en 1684, y mourut, en 1757, à 73 ans. Il s'était acquis l'estime des gens de bien et principalement de ses confrères, par ses vertus et sa science. Il a donné au public : *Vie de saint François d'Assise* , Paris, 1729, in-4, et 1736, 2 vol. in-12, pleine de recherches et de bonne critique. Elle a effacé toutes les histoires de ce saint fondateur , qui avaient paru jusqu'alors ; *Oraison funèbre du cardinal de Mailly*, 1722 ; des *Sermons*.

CHALLE (Charles-Michel-Ange), né à Paris le 18 mars 1718, suivit le penchant qu'il avait pour l'architecture et la peinture. Ayant eu pour maîtres dans sa patrie Le Moine et Boucher, il alla perfectionner ses talents sur les beaux modèles que présente l'Italie. Il y dessina des vues, des monuments, dont plusieurs ont été gravés. S'étant fait connaître par plusieurs tableaux, il reçut des invitations de plusieurs souverains pour se rendre dans leurs États respectifs, entre autres du roi de Prusse et de l'impératrice de Russie ; mais, au retour d'Italie dans sa patrie, il ne voulut point en sortir. Il fut fait professeur de perspective, et décoré de l'ordre de Saint-Michel. Son talent dans l'architecture fit qu'on le chargea des décorations de toutes les fêtes qui se

donnèrent de son temps à Versailles. Il mourut à Paris le 8 janvier 1778.

CHALLONER (Richard), évêque de Dibra, vicaire apostolique de Londres, se fit estimer des protestants mêmes par ses belles qualités. Il n'était pas né catholique ; il embrassa la vraie religion vers la vingtième année de son âge. Ce prélat mourut le 12 janvier 1781. On lui doit des *Mémoires* pour servir à l'*Histoire de ceux qui ont souffert en Angleterre pour la religion*, Londres, 1741, ouvrage où il prouve avec évidence que les Anglais ont fait mourir un grand nombre de personnes, précisément pour cause de religion, et réfute les hérétiques qui ont fait tous les efforts possibles pour déchirer la mémoire de ces témoins de la foi. Il n'est pas surprenant qu'ils aient été condamnés comme criminels de lèse-majesté ; le conseil du roi regarde le souverain comme chef de la religion, et ceux qui lui refusaient cette qualité, comme criminels de lèse-majesté. On a encore de Challoner un grand nombre d'ouvrages fort goûtés des catholiques anglais : *Les fondements de la doctrine catholique ; Histoire abrégée des commencements et des progrès de la religion protestante ; La pierre de touche du protestantisme ; Le jeune homme instruit sur les fondements de la religion chrétienne ; L'autorité infaillible de l'Église dans les matières de doctrine fondée sur les promesses de Jésus-Christ, et prouvée par les ouvrages mêmes des protestants ; Essai sur l'esprit des prédicateurs dissidents ; Le chrétien catholique instruit dans les sacrements ; Les fondements de l'ancienne religion ; Britannia sancta*, 2 vol. in-4, contenant les vies des saints les plus célèbres des deux royaumes ;*La Cité de Dieu du Nouveau-Testament ; Précaution contre les méthodistes, etc.*

CHALMERS (Alexandre), biographe anglais, natif d'Aberdeen en Écosse, mort à Londres, le 10 décembre 1834, âgé de 76 ans, travailla au journal *Le Public Ledger*. Il ne tarda pas à être compté parmi les meilleurs écrivains périodiques. Il donna de bonnes éditions des classiques anglais auxquelles il joignit d'excellentes *Notes biographiques*. On lui doit : une *Histoire d'Angleterre*, 1793, 2 vol. ; un *Glossaire* des mots vieillis qui se trouvent dans les *Œuvres* de Shakespeare, 1797 ; *Dictionnaire de la langue anglaise*, 1820, in-8, etc. Mais son meilleur ouvrage est sans contredit son *Dictionnaire biographique*, 1812-1817, 32 vol. in-8.

CHALOTAIS (Louis-Anne-Raoul-René de CARADEUC de La), procureur-général du Parlement de Rennes, né le 6 mars 1701, dans cette ville, où il mourut le 12 juillet 1785. C'est lui qui donna le branle au procès fait, en 1762, à un Ordre célèbre, et cela par un compte rendu, aussi fameux dans l'histoire de la religion, que celui de Necker dans l'histoire de l'État. Un compte rendu ne suffisant pas, La Chalotais en fit un second. Les Jésuites n'ont pas eu de plus terrible adversaire. Ces *Comptes rendus*, publiés en 2 vol. in-12, sont écrits avec une force égale à la haine qu'il avait vouée à ces religieux. « Il n'a point gar- « dé, » dit une société de gens de lettres non suspects dans cette matière, « de « justes mesures, lorsqu'il a parlé des « hommes célèbres que la société éteinte « a produits dans presque tous les gen- « res. » Il fut amplement réfuté par l'*Apologie de l'Institut des Jésuites*, et par les *Comptes rendus des comptes rendus*. C'est aussi La Chalotais qui, avec son fils, prit l'initiative dans la levée de bou- cliers des États provinciaux contre la monarchie, et des Parlements contre le ministère : levée dont l'issue fut la révo- lution de 1789, que La Chalotais ne voyait pas. Il fut arrêté et enfermé dans la citadelle de Saint-Malo, et jugé dans cette ville, en 1765, accusé d'avoir écrit au ministre Saint-Florentin un billet anonyme ainsi conçu : « Dis à ton maître que, malgré lui, nous chasserons ses 12 J...., et toi aussi. » Il s'agissait de 12 juges de Bretagne, qui n'avaient pas donné leur démission. Nous croyons l'ac- cusation fausse, parce que La Chalotais a déclaré, dans son testament, fait le 12ᵉ mois de sa captivité, qu'il était indigne- ment calomnié en ajoutant : « Que Dieu me soit en aide, consentant qu'il me pu- nisse éternellement si je mens. » Et parce qu'il a commencé son premier Mé- moire par ces paroles : « Je suis dans les fers ; je trouve un moyen de former un Mémoire, je l'abandonne à la Providence, pour ma justification et celle de mon fils. » Le moyen était un cure-dent, de l'eau, de la suie, et du papier d'enve- loppe de sucre ; et le Mémoire fit dire à Vol- taire : « Le cure-dent grave pour l'immor- talité.... Les Parisiens sont des lâches, gémissent, soupent et oublient tout. » Les malheurs du procureur-général ne finirent qu'à la mort de Louis XV. Il re- vint à Rennes après dix ans d'exil ; en écrivant, le 11 novembre 1775 : « Je vais mener une nouvelle vie, *grâces au roi Louis XVI et à la reine* ; mais je crains qu'elle ne soit pas longue. Je ressens toutes les incommodités de la vieillesse, fruits d'une guerre aussi longue que celle

de Troie. » Il revoyait son plan d'éduca- tion, lorsqu'il mourut dix ans après son retour, le même mois (juillet) que ses Mémoires avaient été publiés. Son fils, le compagnon de ses résistances parle- mentaires, périt sous la hache révolu- tionnaire au mois de janvier, comme Louis XVI. On a de La Chalotais, outre ses *Comptes rendus*, les différents *Mémoi- res* relatifs à son affaire, parmi lesquels : l'*Exposé justificatif de sa conduite*, 1767, in-4 ; un *Essai d'éducation nationale*, 1763, in-12. Lorsque l'Ordre des Jésuites n'eut plus le timon de l'Université, ce fut la mode de faire des systèmes d'éducation. Voici une page de celui de La Chalotais, dans lequel, non plus que dans aucun au- tre, rien n'est proposé qui soit capable de remplacer l'Ordre des Jésuites, que Bacon lui-même regardait comme le grand maître de l'éducation. Toutefois La Cha- lotais s'exprime en ces termes : « *Il y a tout à perdre pour les États, et pour les particuliers chez qui se détruit la religion*. Eh ! qu'on dise quel avantage il peut ré- sulter pour le genre humain d'affaiblir dans les citoyens les motifs de la vertu, et les principes des bonnes actions ; n'est- ce pas autoriser le vice et le crime qui n'ont jamais de digues assez fortes et que déjà des motifs plus puissants ne peuvent arrêter ? Je demande si l'histoire fournit un seul exemple de peuples dont la reli- gion nationale ait été le corps entier de la religion naturelle (je dis le corps en- tier), et si ce n'est par le *Christianisme seul qui l'a notifié à l'univers ?* Si les phi- losophes modernes ne sont pas redeva- bles de leurs lumières sur les points les plus importants de cette religion à l'avan- tage qu'ils ont d'être nés dans la religion chrétienne ? Si, par les seules lumières de la raison, ils eussent été sur les points qu'ils établissent maintenant avec tant de vérité et tant de force, moins vacillants et plus affermis que Socrate et Cicéron, et les plus grands génies de l'antiquité ? Je demande, d'ailleurs, *s'il est possible de rendre nationale une religion purement philosophique ?* si une religion sans culte public ne s'abolirait pas bientôt, et si elle ne ramènerait pas infailliblement la mul- titude à l'idolâtrie ? Quand les incrédules auront résolu ces questions d'une façon satisfaisante, on pourra répondre à des objections qui sont proposées quinze siè- cles trop tard ; des objections que les Por- phyre, les Celse, les Julien ont ignorées, et qu'ils eussent pu faire valoir sans ré- plique, s'ils avaient détruit auparavant trois ou quatre faits de l'établissement de la religion chrétienne, qui n'était pas éloigné de leur temps. »

CHALVET (Pierre-Vincent), né à Grenoble en 1767, embrassa l'état ecclésiastique, et se trouvait déjà dans les ordres, lorsque la révolution éclata. Il en adopta les idées avec chaleur, et pour les propager il publia, depuis le 15 août 1791 jusqu'en 1792, une feuille périodique intitulée : *Journal chrétien*, ou l'*Ami des mœurs, de la religion et de l'égalité*. Cette collection forme 2 vol. in-8. Lors de la formation de l'école normale, il y fut envoyé comme élève, et devint professeur d'histoire à l'école centrale de l'Isère, puis conservateur de la bibliothèque publique de Grenoble. Il est mort dans cette ville en 1807, et a laissé un grand nombre de manuscrits qu'on n'a pas jugés dignes de l'impression. Il avait publié, en 1793, un petit ouvrage sur les qualités et les devoirs d'un instituteur, Paris, in-8, qui n'eut aucun succès, parce qu'on n'y trouve rien de neuf, qu'il manque d'ordre, et que le style en est commun; et en 1797, *Bibliothèque du Dauphiné*, Grenoble, in-8, qu'il donna comme une nouvelle édition de celle d'Allart, et à laquelle il fit des changements et des augmentations; néanmoins l'abbé de Saint-Léger (Mercier) a prétendu que cet ouvrage ne valait pas l'ancien. Il a aussi donné une nouvelle édition des *Poésies* de Charles d'Orléans, Grenoble, 1803, in-12.

CHAM, troisième fils de Noé, né vers 2446 avant J.-C., cultiva la terre avec son père et ses frères après le déluge. Un jour que Noé avait pris du vin avec excès, ne lui connaissant pas sans doute la propriété d'enivrer, il s'endormit dans une posture indécente. Cham le vit, avertit ses frères, pour exposer son père à leurs railleries. Noé, instruit de son impudence, maudit Chanaam, fils de Cham, punissant le père dans les enfants; il ne faut pas douter que Chanaan ne méritât d'ailleurs cette punition par ses crimes personnels. « Cham, dit un homme « très-versé dans l'étude des saintes let- « tres, avait été béni de Dieu avant sa « faute (*Gen.* 9); voilà pourquoi Noé ne « le maudit point personnellement; mais « il annonce que cette bénédiction divi- « ne ne s'étendra point sur ses descen- « dants. Selon le style des livres saints, « *maudire* ne signifie pas toujours souhai- « ter du mal, mais en prédire : ici les « verbes sont au futur, et non à l'opta- « tif; il faut donc traduire : *Chanaan sera* « *maudit*, et non *que Chanaan soit mau- « dit*. » Cham eut une nombreuse postérité. On croit que l'Egypte où il s'établit l'adora dans la suite sous le nom de *Jupiter Ammon*.

CHAMBERS (William), célèbre architecte anglais, né en Suède, et originaire d'Écosse, reçut sa première éducation en Angleterre, fut nommé contrôleur-général des bâtiments du roi, trésorier de l'Académie royale des arts, et mourut à Londres le 8 mars 1796. Il était associé de presque toutes les académies d'architecture de l'Europe. On a de lui : *Dessins des édifices, meubles, habits, machines et ustensiles des Chinois*, Londres, 1751, in-fol. réimprimé à Paris en 1776, in-4; *Dissertation sur le jardinage de l'Orient*, Londres, 1772, in-4 : cet ouvrage parut la même année en anglais et en français, et fut réimprimé à Londres en 1774 avec des augmentations; *Traité d'architecture civile*, Londres, 1759 et 1768, in-fol.; *Plans, élévations, coupes et vues perspectives des jardins de Kew*, Londres, 1763 et 1769; *Traité de la partie décorative de l'architecture civile*, avec 53 planches, Londres, 1791, in-folio.

CHAMBON de MONTAUX (Nicolas), né en 1748 à Brevannes en Champagne, pratiqua d'abord la médecine à Langres, et vint se fixer en 1780 à Paris, où il fut agrégé à la société royale de médecine, et nommé médecin en chef de la Salpétrière. A l'époque de la révolution, dont il embrassa la cause, il renonça à son état, et fut nommé successivement administrateur des impositions et finances de Paris, puis maire de cette ville. Il l'était à l'époque du jugement et de la mort de Louis XVI, et il a publié, en mai 1814, un *Mémoire* pour se justifier de quelques reproches qui lui ont été faits au sujet des relations qu'il eut alors avec le roi-martyr. Quelques jours après que le crime fut commis, il se démit de sa place, et eut le bonheur d'échapper au décret qui prononçait peine de mort contre tout démissionnaire de fonctions publiques. Rentré dans la vie privée, il reprit l'exercice de la médecine, et fut considéré depuis comme un des habiles médecins de la capitale. Il est mort en 1826, et a laissé plusieurs ouvrages estimés. Nous citerons : *Traité de l'anthrax, avec des notes et observations critiques*, 1781, in-12; *Traité des fièvres malignes*, 1787, 4 vol. in-12; *Observations clinica, curationes morborum variorum*, 1789, in-4; *Des maladies des enfants*, 1799, 2 vol. in-8; un grand nombre d'articles dans l'*Encyclopédie méthodique*, dans la *Collection de la société royale de médecine*, et dans le *Dictionnaire d'agriculture* de Rosier.

CHAMBRAI (Roland FRÉARD, sieur de), appelé aussi Chantelou, né à Cambrai, parent et ami de Desnoyers, secrétaire d'État, est plus connu pour avoir amené Le Poussin de Rome en France, que par son *Parallèle de l'architecture antique avec la moderne*, Paris, in-fol. 1650, réimprimé en 1702, quoique bien accueilli dans son temps, et assez estimé encore aujourd'hui. Il a traduit en français le *Traité de la peinture de Léonard de Vinci*, Paris, 1651, in-fol., et les *quatre livres d'architecture d'André Palladio*, Paris, 1651, in-fol. Il mourut à Cambrai en 1676.

CHAMBRAI (Jacques-François de), chevalier, grand-croix de l'ordre de Saint-Jean de Jérusalem, né en 1687, s'acquit une grande réputation dans la guerre qu'il fit toute sa vie aux infidèles, sur lesquels il prit onze vaisseaux, entre autres *la Patrone de Tripoli* en 1723, et en 1732, *la Sultane*, portant pavillon de contre-amiral du grand-seigneur. Pour récompense de ses services, le grand-maître le fit vice-amiral et commandant général des troupes de terre et de mer de la religion. Ce brave homme fit construire à ses frais, dans l'île de Goze, une forteresse appelée de son nom la *Cité neuve de Chambrai*; et, par cet ouvrage important, il a mis les Gozetins à l'abri des insultes des Barbaresques, rendu le siège de Malte presque impossible, et assuré le commerce des puissances chrétiennes dans la Méditerranée. Il mourut l'an 1756 à Malte, avec la réputation du plus grand homme de mer de son siècle.

CHAMBRE (François ILHARART de La), docteur de la maison et société de Sorbonne, et chanoine de Saint-Benoît, né à Paris le 2 janvier 1698, mourut dans la même ville en 1753, à 55 ans. On a de lui différents ouvrages, qui prouvent qu'il avait approfondi les matières qu'il a traitées. Les principaux sont : un *Traité de la vérité de la religion*, 5 vol. in-12, bon ouvrage, où le mérite du style se trouve réuni à la justesse et à la solidité des raisonnements; un *Traité de l'Eglise*, 6 vol. in-12; un *Traité de la grâce*, en 4 vol. in-12; un *Traité du Formulaire*, en 4 vol. in-12; et plusieurs autres écrits contre le baïanisme, le jansénisme et le quesnellisme; une *Introduction à la théologie*, in-12, etc.

CHAMBRE. (Voyez CUREAU.)

CHAMFORT (Sébastien-Roch-Nicolas), de l'Académie française, né dans un village près de Clermont en Auvergne en 1741, d'un père inconnu et d'une paysanne, vint de bonne heure à Paris, et fut admis comme boursier au collège des Grassins. Il y remporta dans la suite les cinq premiers prix de l'Université. Le chagrin qu'il conçut de la position humai-

liante où sa naissance illégitime le laissait dans la hiérarchie sociale, ne contribua pas peu à donner à son esprit cette teinte lugubre, et à sa conversation ce genre sarcastique qui firent sa réputation. L'indépendance de son caractère et la fougue de ses passions se firent sentir dans tous les événements de sa vie. Sans fortune, il travailla d'abord pour les journalistes et pour les libraires. Le premier ouvrage qui lui fut confié fut le *Vocabulaire français*, dont plusieurs volumes sont de lui. Il se livra ensuite à la composition de quelques ouvrages qui lui firent un nom dans le monde littéraire. Son *Epitre* (en vers) *d'un père à son fils, sur la naissance de son petit-fils*, fut couronnée par l'Académie française; la *Jeune Indienne*, joli petit drame, dont le style est en général facile et naturel, et le dialogue ingénieux sans affectation, eut le plus grand succès; le *Marchand de Smyrne*, quoique ce ne soit qu'une bluette d'esprit, fut très-bien accueilli. Ses *Eloges de Molière et de La Fontaine* furent couronnés, l'un par l'Académie française, l'autre par l'Académie de Marseille. Ces succès l'enhardirent. Il voulut essayer la tragédie; mais son *Mustapha* prouva l'absence totale du génie tragique. Ce drame, de la plus mortelle froideur, sans action, sans intérêt, sans conduite, sans caractères, sans situations, ne put se soutenir, malgré les intrigues de ses amis qui cherchèrent à prouver que le style de cette pièce était celui de Racine. Chamfort, dégoûté du théâtre, y renonça entièrement, et se livra à la composition de quelques contes. Enfin la révolution arrivant, il s'en fit un des enfants perdus. Il ne rêva que club, liberté, patriotisme, et travailla au *Mercure de France*, afin de propager les principes démocratiques, ne prévoyant pas qu'il en serait une des premières victimes. Il fut l'auteur de cette fameuse devise : *Guerre aux châteaux, paix aux chaumières!* En 1791, il se fit recevoir aux Jacobins, et il en fut nommé secrétaire. Après le 10 août, il obtint la place de bibliothécaire de la Bibliothèque nationale, et ce fut peut-être la cause de sa perte. Habitué à parler librement de tous les hommes, il ne les ménageait pas. En voyant sur toutes les portes ces mots écrits par les Jacobins *La fraternité ou la mort!* il dit : « La « fraternité de ces gens-là ressemble fort « à celle de Caïn et d'Abel. » Quelques autres bons mots semblables le firent arrêter; mais il fut bientôt mis en liberté. Il avait contracté une si grande horreur pour la prison, que, sur le point d'être arrêté de nouveau, il se tira un coup de stolet, et se fit plusieurs blessures avec u rasoir. De prompts secours le rappelè-nt malgré lui à la vie : il se remit bien-t ; mais une humeur dartreuse à la-elle il était sujet, s'étant portée sur la essie , il expira le 13 avril 1794. Peu hommes de lettres ont été plus recher-iés dans la société et y ont joui d'une onsidération plus flatteuse ; on peut re même qu'elle surpassait de beaucoup mérite de ses ouvrages. Voici le juge-ent qu'en porte La Harpe : « Ses *Éloges de Molière et de La Fontaine* sont d'un écrivain très-ingénieux, mais qui a plus de critique et de goût que d'élo-quence. En total rien de ce qu'il a fait n'appartient ni à l'éloquence ni à la poésie : ce fut un homme de beaucoup d'esprit, bien plus qu'un homme de talent; il n'en avait montré que le germe dans sa *Jeune Indienne*, et ce germe avorta. Ce qu'il y a de très-re-marquable, c'est que le naturel dans les idées et la facilité de diction , ca-ractère de ce coup d'essai de la jeu-nesse de Chamfort, ne se sont jamais retrouvés depuis dans aucune de ses compositions poétiques.» Outre les ou-rages que nous avons cités de lui, il en composé plusieurs autres. Ses *Œuvres* nt été recueillies par Ginguené, son mi , et publiées à Paris en 1795, 4 vol. 1-8. Ses bons mots ont été imprimés en 800, sous ce titre : *Chamfortiana.*

CHAMILLARD (Michel de), d'abord onseiller au Parlement de Paris, maître es requêtes , conseiller d'État, contrô-:ur général des finances en 1707, par-int à toutes ces places par la réputation le sa probité plutôt que par son habileté. ι'ayant été rapporteur d'un procès perdu ›ar sa négligence, il rendit à la partie 0,000 livres qui en faisaient l'objet et re-ıonça à sa profession. Il ne voulut se char-:er des finances de la guerre , qu'après que le roi lui eut dit : Je serai votre second. ‥es cris du public l'obligèrent de se dé-nettre de ces deux emplois, du premier ın 1708 et du second en 1709. Il augmenta es impôts , multiplia les billets de mon-iaie, vendit à vil prix les croix de St-Louis; l se servit de tous les expédients auxquels ın a recours dans les temps malheureux. l mourut en 1721, à 70 ans , regardé :omme un particulier honnête homme, et comme un ministre faible ; mais peut-être ne considère-t-on pas assez que , lorsqu'arrive le temps marqué par la Providence pour humilier les rois et les empires , le zèle des ministres , les talents des généraux, toutes les res-sources de l'Etat, sont maîtrisés par les événements.

CHAMILLART (Etienne), jésuite , né à Bourges en 1656, enseigna les humani-tés et la philosophie avec succès. On le vit paraître ensuite dans les chaires , et il annonça la parole de Dieu pendant vingt ans , avec autant de zèle que de fruit. Il mourut à Paris en 1730. Il était très-versé dans la connaissance de l'an-tiquité. On a de lui : une savante édition de *Prudence*, à l'usage du Dauphin, avec une interprétation et des notes, Paris , 1686, in-4 ; elle est rare ; *Dissertations sur plusieurs médailles, pierres gravées et autres monuments d'antiquités*, 1711, in-4. Le Père Chamillart , qu'une incli-nation naturelle avait porté à l'étude des médailles , était devenu un antiquaire habile. Cependant le désir de posséder quelque chose d'extraordinaire, et qui ne se trouvât point dans les autres ca-binets de l'Europe, l'aveugla sur deux médailles qu'il crut antiques. La pre-mière était un *Pacatien* d'argent , mé-daille inconnue jusqu'à son temps, et qui l'est encore aujourd'hui. Le Père Cha-millart , ayant trouvé cette pièce , en fit grand bruit. Pacatien, selon lui, était un tyran; mais par malheur personne avant lui n'en avait parlé, pas même Tré-bellius Pollio , et ce tyran sortait de des-sous terre , après 14 ou 1500 ans d'ou-bli. La fausseté de cette médaille a été généralement reconnue depuis la mort de son possesseur. La seconde médaille sur laquelle il se trompa aussi était une *Annia Faustina*, grecque, de grand bron-ze. La princesse y portait le nom d'*Au-relia* , d'où le père Chamillart conclut qu'elle descendait de la famille des An-tonins. Elle avait été frappée , selon lui, en Syrie , par les soins d'un Quirinus ou Cirinus , qui descendait, à l'en croire, de ce Quirinus, dont il est parlé dans l'Evan-gile de saint Luc. Le Père Chamillart étala son érudition dans une belle *Dis-sertation*. Il triomphait , lorsqu'un anti-quaire romain se déclara le père d'Annia Faustina , et en fit voir quelques autres de la même fabrique. (Voyez COLONIA Dominique de).

CHAMILLY (Claude-Christophe Loᴍᴍ ᴅ'ETOGES de), né à Paris en 1732, devint premier valet de chambre de Louis XVI, et demanda à être renfermé, avec lui au Temple après l'affreuse jour-née du 10 août , ce qui lui fut accordé. L'infortuné monarque lui adressa des re-merciments dans son *Testament*. Cha-milly fut condamné à mort par le tribu-nal révolutionnaire le 23 juin 1794.

CHAMPAGNE, ou CHAPAIGNE (Phi-lippe), peintre , né à Bruxelles en 1602, mort en 1674, vint à Paris en 1621, et s'y perfectionna sous le Poussin, et sous Duchesne, premier peintre de la reine. Après la mort de cet artiste, il eut sa place, son appartement au Luxembourg, et une pension de 1200 livres. Il aurait été aussi premier peintre du roi, si le crédit, la réputation et les talents de Le Brun ne lui eussent enlevé cette place. La décence guida toujours son pinceau, ainsi que ses mœurs. Il était doux, laborieux, complaisant, bon ami. Ses tableaux ont de l'invention, son dessin est correct, ses couleurs d'un bon ton, ses paysages agréables; mais ses compositions sont froides, et ses figures n'ont pas assez de mouvement. Il copiait trop servilement ses modèles. Le *Crucifix* de la voûte des Carmélites du faubourg Saint-Germain, regardé comme un chef-d'œuvre de perspective, est de lui. On voit encore beaucoup de ses ouvrages dans plusieurs maisons royales et dans différentes églises de Paris.

CHAMPAGNE (Jean-Baptiste), neveu du précédent, et peintre distingué, né à Bruxelles, en 1643. Admirateur passionné de son oncle, il s'attacha surtout à l'imiter, et il y réussit en partie, quoiqu'il eût moins de vigueur et de naturel. Ses principales Œuvres sont à Vincennes et aux Tuileries; il devint professeur à l'académie de peinture. Il est mort en 1688.

CHAMPAGNE (Jean-François), membre de l'Institut, né à Semur en 1751, entra de bonne heure dans la Congrégation de Saint-Maur. Il abandonna son couvent à l'époque de la Révolution, et se maria quelque temps après. En 1795, il fut chargé d'organiser, à Paris, le collége qui prit le nom de *Prytanée*, et quoique moine apostat il en garda, pendant quinze ans, la direction. Il a publié une *Traduction* estimée de la *Politique* d'Aristote, 2 vol. in-8; des *Vues sur l'organisation de l'enseignement de la jeunesse*, in-8; une *Traduction* du *Mare clausum et apertum*, de Grotius, in-8.

CHAMPAGNY (Jean-Baptiste Nompère de), duc de Cadore, né à Roanne, dans le Forez, en 1756, d'une famille noble, fut, dès son enfance, destiné à la marine, et il était parvenu au grade de major de vaisseau, lorsque la révolution éclata. Nommé, en 1789, député de la noblesse du Forez aux Etats-Généraux, il passa un des premiers de son ordre dans la chambre du tiers-état, et en fut élu secrétaire le 16 février 1790. Il contribua à faire adopter plusieurs projets de réforme dans le code maritime, et proposa, en 1791, de ne plus admettre de distinc-

tion entre la marine royale et la marine marchande. Sous le règne de la Terreur, il fut mis en arrestation, et ne recouvra sa liberté qu'après le 9 thermidor; mais il ne reparut sur la scène politique qu'après le 18 brumaire (9 novembre 1799), et alors il fut appelé au conseil d'État et envoyé, en juillet 1801, à Vienne comme ambassadeur. Rappelé en 1804 pour prendre le portefeuille du ministère de l'intérieur, il fut comblé d'éloges et de présents par la cour autrichienne, et l'empereur François II mit le comble à sa bienveillance, en consentant à devenir le parrain de son fils, né à Vienne le 16 septembre 1804. Lors du sacre de Bonaparte, il alla recevoir Pie VII à Fontainebleau, et il eut pour Sa Sainteté tous les égards convenables. A peine installé dans ses hautes fonctions, il fit au corps législatif un rapport très-brillant, où il s'appliqua à faire ressortir les avantages du nouveau gouvernement, et il félicita les Chambres d'être revenues aux formes monarchiques, les seules convenables à une grande nation, et d'avoir abjuré les principes républicains. De Champagny accompagna son maître à Milan, et assista à son couronnement comme roi d'Italie, au mois de septembre 1805. Il fit un rapport pour provoquer la levée de toutes les gardes nationales, afin de soutenir la guerre contre l'Autriche; et en février 1806, il en fit un autre pour faire rendre à leur ancienne destination les églises de Ste-Geneviève et de St-Denis. Après la paix de Tilsitt, il passa au ministère des affaires étrangères, et par des promesses fallacieuses il vint à bout d'attirer le roi d'Espagne à Bayonne. Pour justifier sa conduite, il fit un rapport le 24 avril 1808, où il établissait, comme une des bases de la sûreté de l'Europe et de la délivrance de l'Espagne, la nécessité d'employer tous les moyens pour faire descendre du trône un prince faible qui se laissait dominer par la politique anglaise, et qui ne pourrait jamais donner à son peuple qu'une existence précaire. Ce ministre se rendit à Bayonne avec Bonaparte, et fut chargé de tous les actes de violence contre la famille royale. Cette même année il fut créé duc de Cadore. Cependant l'usurpation du sceptre castillan ne s'étant point effectuée avec autant de facilité que la flatterie ministérielle l'avait espéré, de Champagny se vit obligé de demander l'intervention des armes terribles de son maître pour terminer ce que la diplomatie avait commencé avec autant de perfidie que de maladresse. L'Autriche en profita pour recommencer la guerre; il suivit Bonaparte dans cette rapide campagne, et il contribua à la conclusion du traité de paix qui amena le mariage de Marie-Louise. Il proposa ensuite la réunion de la Hollande à la France, qui fut consommée en 1810. C'est ainsi qu'en flattant l'ambition de l'empereur, il s'éleva au premier rang parmi ses conseillers intimes. Le duc de Cadore continua d'administrer le département des affaires extérieures jusqu'en 1811, qu'il fut remercié pour n'avoir pas compris, dit-on, les intentions de son maître à l'égard de la Russie, et n'avoir pas su donner à la diplomatie française une direction conforme à ses projets. Il reçut en dédommagement l'intendance-générale des domaines de la couronne, puis le titre de sénateur le 5 avril 1813. Lors de l'invasion des souverains alliés en 1814, on lui donna le commandement d'une légion de la garde nationale parisienne, et il adhéra, le 24 avril de la même année, à la déchéance. Le roi le créa pair le 4 juin 1814; néanmoins on le vit, au retour de Bonaparte, accepter une seconde fois la place d'intendant-général de ses domaines, et siéger parmi les pairs de la nouvelle Chambre. La seconde Restauration l'ayant privé de sa dignité, il rentra dans la vie privée. Mais De Cazes, voulant changer en 1819 la majorité de la Chambre des pairs dans un sens libéral, comprit le duc de Cadore sur une nouvelle liste qui devait rendre au ministère la majorité; toutefois il ne jouit pas long-temps de cette nouvelle faveur: il termina sa carrière le 3 juillet 1834.

CHAMPAIN (Stanislas), compositeur dramatique, né à Marseille le 19 novembre 1753, vint à Paris au mois de juin 1776, et fut assez heureux pour faire entendre à la chapelle du roi, à Versailles, un Motet à grand chœur, de sa composition. A la fête de sainte Cécile de la même année, il donna aux Mathurins une Messe et le Motet de Versailles. Parmi ses nombreuses compositions, on cite la Mélomanie.

CHAMPCENETZ (le chevalier de), officier aux gardes françaises à l'époque de la Révolution, resta fidèle à la monarchie, et comme il maniait avec beaucoup d'esprit l'arme du ridicule, il devint un des plus ingénieux défenseurs de la cause royale, et travailla avec Rivarol aux Actes des Apôtres, feuille gaie et maligne, où l'on trouve des détails piquants et des anecdotes assez curieuses. Echappé heureusement aux proscriptions qui suivirent la journée du 10 août, il se retira à Meaux: mais ayant eu l'imprudence de venir se fixer à Paris, il fut arrêté et condamné à mort par le tribunal révolutionnaire, le 24 juillet 1794, comme complice d'une conspiration existant dans la prison où il était détenu. Son caractère ne se démentit pas jusqu'à son dernier moment: après avoir entendu l'arrêt de condamnation, et du même ton qu'il eût pris à la cour, il demanda aux juges qui venaient de prononcer sa sentence, à faire une observation. — Pourquoi faire? lui répondit le féroce Dumas. — Parce que, dit Champcenetz, je fais toujours monter ma garde à la section, et je voudrais savoir si je ne puis pas également me faire remplacer.

CHAMPEAUX (Guillaume de), archidiacre de Paris dans le 12e siècle, fonda une communauté de chanoines réguliers à Saint-Victor-lès-Paris, et y professa avec distinction. Abaillard, son disciple, devint son rival, et disputa longuement et vivement avec lui. Champeaux mourut religieux de Cîteaux en 1121, après avoir été quelque temps évêque de Châlons-sur-Marne. On a de lui un Traité de l'origine de l'âme dans le Thesaurus anecdotorum de Martène, et d'autres ouvrages manuscrits.

CHAMPIER (Symphorien), Camperius, et aussi Campegius, car il prit aussi ce nom, s'attribuant, par une sotte vanité, une origine commune avec l'illustre famille de Campége, ou Campeggi, de Bologne, et de Campisi, de Pavie, naquit à Saint-Symphorien-le-Châtel, près de Lyon, en 1472. Il fit ses humanités à Paris, étudia la médecine à Montpellier, exerça cet art à Lyon, et acquit, par sa pratique et ses écrits, une grande réputation, qui le mit en correspondance avec les savants de son temps. Il fut premier médecin d'Antoine, duc de Lorraine, suivit ce prince en Italie, l'an 1509, et combattant à ses côtés, signala sa valeur. Il accompagna encore ce même prince, dans la même pays, en 1515, et se trouvant à Pavie, fut agrégé au collége de médecine de cette ville. De retour à Lyon, il tenta, mais en vain, d'y faire établir un collége de médecine, qui ne fut fondé que longtemps après sa mort, qui arriva en 1535, ou 1539 ou 1540. Champier est auteur d'un grand nombre d'ouvrages de médecine et d'histoire. Ses contemporains le louèrent avec excès, et ses successeurs le censurèrent outre mesure. Haller, plus juste, le peint d'un trait : Non indoctus homo, dit-il, polygraphus et collector, semibarbarus tamen. Tous ses ouvrages sont impourvus de goût et de critique; cependant, ceux d'histoire comme ceux de médecine ne sont pas sans mérite. Nous citerons:

un *Dialogue* (en latin) pour *la destruction des arts magiques*, Lyon, in-4, avant 1507 ; *Rosa gallica omnibus sanitatem affectantibus utilis et necessaria*, dont il s'est fait quatre éditions à Nancy, Paris et Valence ; *Practica nova in medicinâ*, aussi quatre éditions, à Lyon, Venise et Bâle ; *Mirabilium divinorum humanorumque libri IV*, Lyon, 1547, in-4; *Symphonia Galeni ad Hippocratem, etc.*, Lyon, 1528 et 1531, in-8, contre le système médical des Arabes, dont Champier fut un des premiers à ébranler l'influence ; *De corporum animorumque morbis et eorum remediis*, Lyon, 1528, in-8 ; *Hortus gallicus, pro Gallis, in Gallià scriptus, etc.*, in quo gallus in Gallià omnium ægritudinum remedia reperire docet, nec medicaminibus egere peregrinis, cùm Deus et natura de necessariis unicuique regioni provideat, Lyon, 1533, in-8, 83 pages ; *Campus Elysius Galliæ amœnitates refertius, in quo sunt medicinæ compositæ, herbæ et plantæ virentes, in quo quidquid apud Indos, etc.; reperitur, apud Gallos reperiri posse demonstratur*, Lyon, 1533, in-8, suivi de plusieurs *Opuscules*, entre lesquels : *Speculum medici christiani de instituendo sapientia cultu, ac de veris et salutaribus animi et corporis remediis*. Et plusieurs autres ouvrages, dont deux en français. Les historiques sont nombreux aussi ; nous indiquerons : *Les grandes Chroniques des princes de Savoie et Piémont*, Paris , 1516, in-fol., compilation mal écrite, mais pleine de recherches ; *De origine et commendatione civitatis Lugdunensis*, Lyon, 1507, in-fol. ; *Ecclesiæ Lugdunensis hierarchia quæ est Franciæ prima sedes*, Lyon, 1537, in-folie ; la *Vie du chevalier Bayard*, 1525, in-4, ouvrage romanesque, indigne de ce héros ; *Recueil des histoires d'Austrasie, etc.*, Lyon, 1509, in-fol. ; *Trophæum Gallorum, quadruplicem eorumdem complectens historiam*, Lyon, 1507, in-fol., où il fait la description de l'entrée triomphante de Louis XII dans Gênes ; la *Nef des dames*, la *Nef des princes*, in-4; *De antiquitate domûs Turnonensis*, Lyon, 1527, in-fol. ; *Genealogia Lotharingorum principum*, Lyon, 1537, in-folio ; l'auteur est un de ceux qui ont donné le plus de cours aux fables débitées sur l'origine de la maison de Lorraine. Il avait été consul de Lyon en 1520 et 1533.

CHAMPIER (Claude), fils de Symphorien, célèbre médecin qui s'occupa aussi d'histoire, écrivit à l'âge de 18 ans ses *Singularités des Gaules*, livre curieux, imprimé en 1538, in-16.

CHAMPION DE NILON (Charles-François), né à Rennes en 1724, de la famille des Champion de Cicé, entra chez les Pères de la compagnie de Jésus, et se livra avec un grand succès à la prédication et à l'enseignement. Après l'abolition de son Ordre, il s'établit à Orléans, et s'attacha à la paroisse de St-Vincent. Il mourut dans cette ville, qu'il édifia par sa science et ses vertus, à l'époque de la terreur, en 1794, âgé de 70 ans. On a de lui : *Manuel de Morale*, 1777; *Morceaux choisis des Prophètes*, mis en français, 1777, 2 v. in-12 ; et notamment les *Lamentations de Jérémie*, traduites en français, 1777 ; de petites *Pièces* pleines de goût, dont il faisait la musique au collège Louis-le-Grand ; *Amusements lyriques d'un amateur*, 1778, in-8 de 72 pages : *Catéchisme pratique*, 1763, in-12 ; *Critique posthume d'un ouvrage de Voltaire*, 1772, in-8 de 27 pages (contre les *Commentaires sur Corneille*); deux *Lettres contenant des réflexions impartiales sur les Observations de Clément*, 1772, in-12.

CHAMPION DE PONTALIER, dit le *Jeune* (François), l'un des plus grands hommes du 18e siècle, et pourtant l'un des moins connus ; mais la justice particulière et plus encore l'édification sociale demandent une réhabilitation. Le génie doit regagner en faveur ce qu'il a perdu en patience. Il naquit à Rennes en 1731, neuf ans après son frère (dont l'art. précède), qui fut sans doute son premier instituteur, et qu'il surpassa sans le savoir; car l'habileté est essentiellement naïve. Il fit d'excellentes études chez les jésuites de Rennes. Ses maîtres, habiles dans l'art de prévoir, furent assez heureux pour s'approprier Champion le jeune. Il entra dans la société célèbre: c'était un acte de foi et de courage, car c'était le temps où la ruine des Jésuites, depuis longtemps préméditée, ne pouvait tarder de s'opérer. Le sage suit sa vocation *quand même*, lorsqu'il s'agit de militer pour Dieu (le nom des Champion est militant); il pense au jour, jamais au lendemain. Le jeune jésuite commença par enseigner les belles-lettres dans plusieurs collèges de son Ordre; et, en dernier lieu, avec son frère à Louis-le-Grand, où il vit se former plusieurs des hommes qui devaient scandaliser et perdre la France. On remarque, dans le cours du mal, un moment où les plus grandes vertus individuelles ne peuvent plus rien devant la corruption générale. La ruine des Jésuites fut consommée. Les deux Champion, dispersés comme tant d'autres, se résignèrent. « Il n'y a que le chrétien, dit le jeune, qui brave impunément le plus redoutable fléau des sociétés. Ce supplice plus cuisant que le feu , qui tourmente l'âme immédiatement et sans relâche, le mépris et la dérision. » C'est pourquoi le christianisme a vaincu Julien-l'Apostat, Calvin et Voltaire. L'abbé Champion paraît avoir demeuré quelque temps à Paris, après la dissolution de son Ordre. Les faits alors, les réflexions, le temps ne lui manquaient point. Ce fut en 1767 qu'il publia, avec les simples initiales Ch...... le jeune , chez Dehansy, les *Variétés d'un philosophe provincial*, que le silence des philosophes n'a pas empêchées de se trouver, tout de suite, dans toutes les mains, et que soixante années écoulées depuis n'ont fait que rendre de plus en plus célèbres. Ce livre, unique dans son genre , suffit pour constater un grand homme. Humble en son titre , plus humble encore en sa forme (petit vol. in-12), il révéla, on peut le dire, toute une belle philosophie. On le réimprima , en 1785, en 2 beaux in-8 , avec des augmentations considérables, sous le titre du *Theologien philosophe*. Mais il est bon de conférer les deux; le premier, peut-être, est le plus remarquable. Les plus habiles hommes de ce siècle ont admiré ce livre admirable, que le comte de Maistre faisait rechercher à tout prix à Paris pour ses amis d'Italie. On dirait qu'il y prit plusieurs de ses traits sublimes. M. de Bonald en faisait son manuel. L'Université aurait pu le recommander et le donner, comme un chef-d'œuvre de littérature ; le gouvernement, comme un modèle de sagesse politique ; les séminaires , comme un modèle de dialectique. L'illustre auteur voyait venir la révolution de 93; et c'est probablement dans l'effroi que lui inspirait la capitale, où elle devait éclater, qu'il s'était retiré avec son frère à Orléans ; seulement ils paraissent avoir fait quelques séjours à Rennes, où le jeune fit imprimer son dernier ouvrage. Partout ils étaient l'édification de la ville et du diocèse; composant dans le silence de beaux développements ou de belles suites à leurs premiers ouvrages ; *Trésor du chrétien, propre à renouveler et consommer le christianisme dans les âmes,* dédié à Madame Louise, carmélite, 2 vol. in-12, Orléans, 1778; 3 vol. ; ibid. 1785. Ce livre, d'un autre genre que les *Variétés*, eut un plus grand succès; vrai chef-d'œuvre systématique de piété et de raison, où se trouvent alternativement des pages onctueuses et des pages décisives; *Traité du saint Nom de Jésus,* 1787, in-12, Orléans, etc., livre moins connu, mais qui montre le développement de la

piété, et même de la pensée de l'auteur; *Retraite d'après les exercices de saint Ignace* , in-12 ; *Nouvelles paraboles fondées sur des fictions,* 2 vol. in-12; *Nouvelles lettres de piété convenables à tous les états,* 4 vol. in-12, Rennes , 1802 , 1804 : c'est le chant du cygne. L'auteur des célèbres *Variétés*, tout plein de jours qu'il était, s'y remontre souvent tout entier. Depuis , il ne vécut que pour lui-même et pour le Dieu qu'il avait si souvent défendu. Ses dernières années furent une prière perpétuelle. Il mourut le 10 septembre 1812 , à Rennes , âgé de 80 ans , en voyant venir la fin d'un empire fameux, dont la piété n'avait été que politique , et en annonçant, encore une fois , à sa famille et à ses amis *Quelqu'un* ou *Quelque chose*. Dans l'impossibilité où nous sommes de faire connaître toutes les beautés et tous les traits de génie qui frappent à toutes les pages du célèbre *Philosophe provincial* , nous rapporterons quelques-unes de ses annonces de la Révolution, faites vingt ans à l'avance , avec une vérité, une énergie, des formes et un talent du premier ordre. Tantôt il la présente sous une allégorie ingénieuse, et tantôt avec une admirable nudité. « Au milieu d'un vaste globe, représentant l'univers , s'élève une colonne, sur le faîte de laquelle on lit ces grands mots : *Omnis potestas à Deo.* Au bas de la colonne , à l'orient , est un autel en marbre blanc, sur lequel il y a trois encensoirs d'or fumants. À l'occident est un trône de bronze , où l'on remarque une épée et un sceptre d'acier en sautoir; aux volutes du chapiteau , du côté de l'autel , sont suspendues des mitres , des tiares, des bandelettes, les unes blanches, les autres rouges : du côté du trône, des couronnes, des cordons et des diadèmes étincelant de pierreries ; une figure gigantesque et aveugle représente la Sophismanie , foulant d'un pied le trône, et de l'autre l'autel ; serrant d'un bras la colonne , et levant l'autre pour enlever les glorieux symboles attachés au chapiteau; mais les mouvements de sa main dans l'air semblent ébranler une nuée grosse de foudres, qui repose au-dessus de la colonne et menace d'éclater. Vers la base, le luxe et l'avarice excitent une troupe de mains informes à creuser indifféremment sous le trône et sous l'autel , avec des instruments d'agriculture et de divers métiers, pour découvrir une mine d'argent, dans laquelle on les voit s'enterrer tout vifs, et sur le point d'être engloutis par un gouffre de feu qui termine la gravure: à droite et à gauche , plusieurs groupes de spectateurs paraissent s'agiter beaucoup, et attendre tous un grand événement...» — « *Les hétérodoxes et les schismatiques* ne sauraient faire tort à la croyance catholique, soit qu'ils en adoptent une partie, soit qu'ils en rejettent une autre. On connaît assez le principe et l'époque de leur révolte. La plus sainte hiérarchie peut couver encore de nouveaux monstres, et l'ÉVÉNEMENT QUI DOIT LES FAIRE ÉCLORE APPROCHE SANS QU'ON LE VOIE. A ceux-ci il en succédera d'autres, jusqu'au moment où l'esprit de mensonge n'aura plus la funeste liberté de se promener sur la terre en soufflant parmi nous de subtiles fureurs... Vous êtes trop sévère, croyez-moi : laissez faire le luxe, qui égalise toutes les conditions, et ruine celles qui dépassent le niveau; l'ambition, qui, en augmentant la foule des aspirants, confondra nécessairement la noblesse et la roture; la faveur, qui avilira les titres en les prodiguant; l'avarice, qui mettra le tarif aux distinctions, et vendra la gloire ou l'opulence, qui achètera de la valeur et des services; la volupté, qui desséchera la source du meilleur sang; la paresse et son inséparable compagne, la pauvreté, qui feront contraster si ridiculement l'état et la naissance, et réduiront en chimères le sang et ses augustes prétentions; avec le temps, sans doute, il y aura tant de noblesse, et une noblesse si lamentable, que.... Toutes les idées sont si renversées aujourd'hui; on est si loin des notions les plus claires : les vérités, qu'on a toujours regardées comme le rudiment des mœurs et la source de l'honnêteté publique, ont tellement dégénéré en problèmes et en paradoxes; on a tellement oublié les maximes fondamentales du patriotisme même et de la saine politique, qu'*avant trente ans*, supposé que cela continue, on n'entendra raison sur rien : le brouillard gagne et s'étend sur toute l'Europe, au point qu'on n'y verra plus en plein midi. Je conseillerai donc à tous ceux qui espèrent vivre et à qui le délire épidémique n'a pas encore fait tourner la tête, de recueillir bien précisément les lumières de leur bon sens, et d'écrire comme quelque chose de fort rare ce que du premier coup d'œil leur esprit décidera juste et convenable : surtout qu'ils prennent garde de se rebuter, par la raison que cela leur paraîtrait trop évident. En 1797 OU 98 AU PLUS TARD, il sera temps de faire imprimer le recueil; alors on trouvera neuf ce qu'il y a de plus simple; et je craindrais même, vu les progrès de la déraison, que ce livre ne parût encore trop extraordinaire. Cependant je

pense que peu à peu on s'y accoutumera : ainsi un malheureux, tout à coup sorti d'un noir cachot où il languissait depuis bien des années, souffre de la première vue du soleil; mais il ne tarde pas à s'y faire.... » Ces passages font partie de ceux que M. Henri Dujardin a extraits du *Philosophe provincial*, et dont il a composé la *Prophétie de Champion de Pontalier*, qui forme 9 pages de son *Oracle pour 1840 et les années suivantes*, 1 vol. in-12. Cette *Prophétie*, proprement dite, est précédée d'un *Prologue*, qui présente le tableau, tracé par Champion lui-même, de l'état des esprits en France à l'époque où il écrivait. Ainsi le *Prologue* constate les causes, et la *Prophétie* annonce les effets. (Voyez le Père ÉLISÉE, BEAUVAIS, POULLE, BEAUREGARD, etc., etc.)

CHAMPIONNET (Jean-Etienne), né en 1762 à Valence en Dauphiné, d'un avocat nommé Legrand, et d'une fermière, reçut le nom de *Championnet*, en provençal *petit champignon*, par allusion à sa naissance. Soldat à l'âge de 14 ans, il assista au siége de Gibraltar en qualité de volontaire dans le régiment de Bretagne. Pendant les guerres de la Révolution, sa bravoure lui mérita d'être élevé aux premiers grades. Après avoir décidé, en 1794, le succès de la journée de Fleurus, où il commandait une division au centre de l'armée; après avoir, en 1798, fait, en qualité de général en chef, la conquête du royaume de Naples, où le général Mack et tout son état-major tombèrent entre ses mains, il se vit mis en jugement et destitué par suite de sa mésintelligence avec Faïpoult, commissaire envoyé par le Directoire. Placé, l'année suivante, à la tête de l'armée des Alpes, il battit les Autrichiens à Fenestrelles; bientôt après il remplaça Moreau à l'armée d'Italie et y remporta de nouveaux avantages. Mais un échec l'attendait à Genola : son armée, alors attaquée d'une épidémie, fut battue par les Austro-Russes supérieurs en nombre. Il mourut lui-même à Antibes en 1799, des suites de la contagion.

CHAMPLAIN (Samuel), né à Brouage en Saintonge, fut envoyé par Henri IV dans le Nouveau-Monde, en qualité de capitaine de vaisseau. Il s'y signala par son courage et par sa prudence, et on peut le regarder comme le fondateur de la Nouvelle-France. C'est lui qui fit bâtir la ville de Québec; il fut le premier gouverneur de cette colonie, et travailla beaucoup à l'érection d'une nouvelle compagnie pour le commerce du Canada. Cette société, établie en 1628, fut appelée *la compagnie des associés*, qui avaient à leur tête le cardinal de Richelieu. Il mourut à Québec en 1635. On a de lui les *Voyages de la Nouvelle-France, dite Canada*, Paris, 1632, in-4, fig. Il remonte aux premières découvertes de Vérazani, et descend jusqu'à l'an 1631. Cet ouvrage est excellent pour le fond des choses, et pour la manière simple et naturelle dont elles sont rendues. L'auteur paraît un homme de tête et de résolution, désintéressé, et plein de zèle pour la religion de l'État.

CHAMPOLLION - LE - JEUNE (Jean-François) naquit à Figeac en 1790. Il montra, dès l'enfance, une aptitude remarquable pour les langues orientales. Après avoir terminé ses études au collége de Grenoble, il vint à Paris, où il suivit le cours d'arabe de Sylvestre de Sacy. Étant entré en relation avec l'abbé Tersan, il se livra, d'après ses conseils, à l'étude de la langue cophte, et lut avec beaucoup de soin et de patience les manuscrits orientaux qui pouvaient l'initier à la connaissance des antiquités égyptiennes. En 1809, le gouvernement impérial le nomma professeur-adjoint d'histoire à la Faculté des lettres de Grenoble. Ce fut à cette époque qu'il commença la publication d'un ouvrage intitulé : *l'Egypte sous les Pharaons*, et dans lequel il se proposait de présenter l'histoire de l'ancienne Egypte, sa géographie, sa religion, son commerce et ses mœurs. Il en avait déjà fait imprimer les deux premiers volumes précédés d'une introduction, lorsque les événements politiques vinrent interrompre ses travaux. Son attachement à la cause impériale, dont il donna des preuves pendant les Cent-Jours, le compromit auprès du gouvernement de Louis XVIII qui, à son second retour, lui intima l'ordre de quitter Paris et l'exila à Figeac. Cependant il eut bientôt la permission de revenir dans la capitale, et il eut plus tard à se louer de l'appui qui lui fut accordé. En 1821, Champollion fit connaître les premiers résultats de ses recherches, et il lut à l'Académie royale des inscriptions et belles-lettres un premier *Mémoire*, dans lequel il établissait les deux points suivants : 1° que l'écriture *hiératique* ou sacerdotale n'était qu'une abréviation des signes hiéroglyphiques; 2° que ces signes abrégés, auxquels les Egyptiens avaient recours pour écrire avec plus de célérité, conservaient la même valeur que les hiéroglyphes qu'ils représentaient. Dans un *Mémoire* postérieur il s'occupa de l'écriture *démotique* ou populaire, et prouva qu'elle se composait d'un certain nombre de signes pris dans la série générale des signes *hiératiques* et ayant la même valeur. Ce système si ingénieux devait bientôt recevoir une éclatante confirmation. L'inscription hiéroglyphique de Rosette, au bas de laquelle se trouvait la traduction grecque, et une autre inscription d'un petit obélisque de Philœ, dont le sens était également connu, prouvèrent que Champollion avait réellement pénétré le sens de l'écriture hiéroglyphique, et le jeune savant put, dès 1822, publier l'*Alphabet des hiéroglyphes*, sous le titre de : *Lettres à M. Dacier*, Paris, in-8. En 1824, il donna le *Précis du système hiéroglyphique*, qui n'était que le complément de son premier ouvrage, et où il exposa dans son ensemble le système des diverses écritures égyptiennes. La découverte de Champollion avait produit une grande sensation dans le monde savant ; le roi Louis XVIII voulut donner à l'auteur un témoignage de sa satisfaction, et lui envoya une tabatière d'or enrichie de diamants. Cependant les monuments que Champollion pouvait consulter à Paris étaient peu nombreux, et il désirait vivement aller visiter ceux que possède l'Italie. Ayant pu, grâce aux recommandations du duc de Blacas et aux encouragements du roi, entreprendre ce voyage, il recueillit dans les divers musées qui lui furent ouverts une quantité considérable d'objets curieux sur l'Egypte, que la liste civile acheta pour en former le musée égyptien. Nommé, à son retour, conservateur de cette curieuse collection, Champollion dès lors se livra d'une manière exclusive à l'étude de tout ce qui concernait l'ancienne Egypte ; et comme, pour compléter les résultats déjà obtenus, il lui semblait nécessaire de visiter les lieux mêmes dont il étudiait l'histoire, il demanda et obtint du gouvernement une mission pour aller en Egypte. Ce nouveau voyage eut pour la science les plus heureux résultats. Le courageux et patient antiquaire explora toutes les parties de la haute et de la basse Egypte, visita Thèbes et la Nubie, descendit dans les tombeaux des rois, parcourut leurs immenses galeries, et ne laissa aucun monument de quelque valeur sans le dessiner ou sans le décrire. Au bout de deux années d'investigations il revint en France, rapportant avec lui une riche et précieuse collection de manuscrits, de notes, de dessins, de peintures, qu'il déposa, soit à la bibliothèque royale, soit au musée du Louvre. Arrivé à Paris le 6 mars 1830, il s'occupa aussitôt de donner à la découverte qu'il avait faite une base scientifique en composant une *Gram-*

maire égyptienne. Cet important ouvrage était presque entièrement terminé, lorsqu'il ressentit les premières atteintes du mal qui l'enleva à la science et aux lettres le 4 mars 1832. Champollion unissait à de vastes connaissances un caractère désintéressé et bienveillant qui le faisait aimer de tous ceux avec lesquels il entrait en relation. Il avait toujours conservé les sentiments religieux que ses découvertes scientifiques confirmèrent encore en donnant un nouvel appui au témoignage des livres sacrés. Avant de mourir il reçut avec édification les sacrements de l'Eglise. Ses principaux ouvrages sont : *Observations sur le Catalogue des manuscrits coptes au musée Borgia*, à *Velletri, par Geo-Zoego*, Paris, 1811, in-8 ; *l'Egypte sous les Pharaons, ou Recherches sur la géographie, la religion, la langue et l'histoire de l'Egypte avant l'invasion de Cambyse*, Paris, 1814, 2 vol. in-8, avec une carte ; *Lettre sur les odes gnostiques attribuées à Salomon, adressée à Grégoire*, Paris, 1815, in-8 ; *Observations sur les fragments cophtes de l'Ancien et du Nouveau-Testament, publiés par W.-F. Engelbreth*, Paris, 1818, in-8 ; *Lettres à M. Dacier relatives à l'alphabet des hiéroglyphes phonétiques employés par les Egyptiens pour inscrire sur leurs monuments les noms des souverains grecs et romains*, Paris, 1822, in-8, avec quatre planches ; *Panthéon égyptien, collection de personnages mythologiques de l'ancienne Egypte, d'après les monuments, avec un texte explicatif*, 1823, 30 livraisons formant 2 vol. in-4 avec 200 planches ; *Lettre à M. Letronne sur l'explication phonétique des noms de Petémenon et de Cléopâtre dans les hiéroglyphes de la momie rapportée par M. Caillaud*, 1824, in-8 ; deux *Lettres au duc de Blacas d'Aulps, relatives au musée royal égyptien de Turin*, 1824-1826, 2 parties, in-8, avec atlas ; *Précis du système hiéroglyphique des anciens Egyptiens, ou Recherches sur les éléments premiers de cette écriture sacrée, sur leurs diverses combinaisons, et sur les rapports de ce système avec les autres méthodes graphiques égyptiennes*, 1824 ; *Catalogue des papiers égyptiens du musée du Vatican*, 1826, in-4 ; *Explication de la principale scène peinte des papyrus funéraires égyptiens*, 1826, in-8 ; *Aperçu de la découverte de l'Alphabet hiéroglyphique égyptien*, 1827, in-8. Le système de Champollion sur l'écriture hiéroglyphique de l'ancienne Egypte, à l'aide duquel on peut lire et traduire les inscriptions nombreuses qui se trouvent encore sur les anciens monuments, n'a jamais été sérieusement contesté ; mais il vient d'être confirmé, tout récemment encore (mars 1844), par la découverte d'une nouvelle inscription de Rosette, qui, en donnant plus de certitude à la science hiéroglyphique, lui fournira les moyens de prendre les plus grands développements.

CHAMPS (Etienne Agard des), né à Bourges en 1613, provincial des jésuites de Paris, se fit aimer au dedans et considérer au dehors par sa politesse et son mérite. Le grand Condé et le prince de Conti l'honorèrent de leur estime. Ce jésuite mourut à la Flèche en 1710, à 88 ans, après en avoir passé 71 dans sa compagnie, et pratiqué avec exactitude toutes les vertus de son état. Il s'est fait principalement connaître des théologiens, par son livre : *De hæresi jansениanâ*, dédié à Innocent X, en 1654. La matière de la grâce y est approfondie. On l'a réimprimé à Paris en 1728, in-fol.

CHANAAN, l'un des fils de Cham, donna son nom à cette portion de terre, promise à la postérité d'Abraham, appelée, dans la suite Judée, et aujourd'hui Palestine ou la Terre-Sainte. On montrait autrefois son tombeau, long de vingt-cinq pieds, dans la caverne de la montagne des Léopards, qui n'était pas loin de Jérusalem. Il faut bien se garder de croire que ce tombeau prouve la taille gigantesque de Chanaan. On sait que les anciens ne mesuraient pas les tombeaux sur la grandeur des cadavres.

CHANDLER (Richard), savant helléniste anglais, né en 1738, mort en 1810, fut d'abord nommé membre du collège de la Magdeleine à Oxford, et de la société des antiquaires de Londres ; il fut ensuite choisi par la société des *dilettanti*, pour aller en Orient recueillir des documents sur l'ancien état de ces contrées, et revint en Angleterre avec une ample moisson de matériaux aussi curieux qu'instructifs. Dès l'année 1769, il publia le premier volume des *Antiquités ioniennes*, in-fol. ; le second n'a paru qu'en 1800. Il publia ensuite : *Inscriptiones antiquæ pleræque nondùm editæ, in Asiâ minori et Græciâ, præsertìm Athenis collectæ*, Oxford, 1774, in-fol. ; *Voyages dans l'Asie et dans la Grèce* en 1775 et 1776, 2 vol.; *l'Histoire d'Ilium ou de Troie*.

CHANDOS (Jean), chevalier de la Jarretière, fut nommé par Edouard III, roi d'Angleterre, lieutenant-général de toutes les terres que ce prince possédait hors de cette île. Ce fut lui qui fit prisonnier Bertrand du Guesclin à la bataille d'Auray, donnée en 1364. Lorsqu'Edouard III érigea le duché d'Aquitaine en principauté, en faveur du prince de

Galles , son fils , Chandos devint le connétable du jeune prince. Il fut tué , en 1369 , dans un combat sur le pont de Lussac près de Poitiers.

CHANGEUX (Pierre-Nicolas), né à Orléans en 1710, et mort en 1800, a laissé: *Traité des extrêmes*, ou *Élémens de la science de la réalité*, Amsterdam , 1762 , 2 vol. in-12, ouvrage dont l'idée est neuve et le plan bien suivi, mais dont le style manque de précision et de force. On peut en conseiller la lecture, dit l'abbé Sabatier, à ceux qui veulent avoir une idée nette des vices, des défauts et des vertus qui font le partage de l'humanité ; une *Bibliothèque grammaticale abrégée* , ou *Nouveaux Mémoires sur la parole et l'écriture* , in-8, 1773. où l'on trouve des idées neuves, fines et délicates, mais souvent trop peu développées. On a encore de lui plusieurs *observations* sur l'électricité, les baromètres et autres objets de physique ou d'histoire naturelle, insérés dans le *Journal de physique* de l'abbé Rozier. Il a aussi inventé et rectifié plusieurs instruments de physique.

CHANLAIRE (P.-G.), géographe, chef de division à l'administration générale des forêts, directeur du bureau topographique du cadastre de la France et de l'Atlas national , membre de l'Académie celtique, de l'athénée des arts et de plusieurs autres sociétés savantes, a publié: *Atlas de la partie méridionale de l'Europe*, en 45 feuilles ; *Carte du théâtre de la guerre en Orient*, en 3 grandes feuilles; une *Carte d'Egypte* avec la carte particulière du *Delta* ; avec Capitaine, la *Carte de la Belgique* , en 69 feuilles , d'après Ferraris, et une réduction en 4 feuilles , avec l'Espagnol ; avec Herbin, *Tableau général de la nouvelle division de la France en départemens, arrondissemens communaux et justices de paix*, 1802, in-4; avec Peuchet, *Description topographique et statistique de la France*, 1810 et années suivantes , 2 vol. in-4; plusieurs *Cartes* de l'*Atlas universel* de Mentelle, et beaucoup d'autres dressées ou retouchées par lui. Il est mort vers l'année 1812.

CHANTAL (sainte Jeanne-Françoise Frémiot de) naquit à Dijon en 1572. Son père, président à mortier , avait refusé la charge de premier président que Henri IV lui avait offerte. La jeune Frémiot fut mariée à Christophe de Rabutin, baron de Chantal, l'aîné de cette maison. Sa vie , dans le mariage , fut un modèle achevé. La prière succédait à la lecture, et le travail à la prière. Sa piété ne se démentit point, lorsqu'elle eut perdu son mari, tué par malheur à la chasse. Quoi-

qu'elle n'eût alors que 28 ans, elle fit vœu de ne point se remarier , et vécut depuis comme une femme qui n'étant plus dans le monde que pour Dieu et ses enfants. Leur éducation , le soin des pauvres et des malades devinrent ses uniques occupations et ses seuls divertissements. Ayant connu saint François de Sales en 1604, elle se mit entièrement sous sa conduite. « C'était, dit un historien, la coopératrice que le ciel lui « avait préparée. Après avoir été d'abord « l'exemple des jeunes personnes de son « sexe , par sa piété , par sa modestie , « par l'innocence et la douceur de ses « mœurs; celui des femmes mariées , par « la régularité de sa conduite, par le sage « gouvernement de sa maison, par toutes les qualités qui rendent une fem- « me également chère et respectable « à son époux , Françoise retraçait à « Dijon une image fidèle de cette veuve « mémorable, autrefois canonisée de son « vivant à Béthulie par la voix publique.» Le saint évêque ne tarda pas de lui communiquer son projet pour l'établissement de l'Ordre de la Visitation. Elle entra dans ses vues, et en jeta les premiers fondements à Annecy l'an 1610. Le reste de sa vie fut employé à fonder de nouveaux monastères, et à les édifier par ses vertus et par son zèle. Lorsqu'elle mourut à Moulins en 1614, on en comptait 87. Il y en eut à la fin du siècle 150 , et environ 6,600 religieuses. Dans l'instant même qu'elle expira, elle fut canonisée par la voix de ses filles et par celle du peuple. Le pape Benoît XIV a confirmé ce jugement, en la béatifiant en 1751, et Clément XIII en la canonisant. On publia ses *Lettres* en 1660 , in-4. Marsollier a publié sa *Vie*, 2 vol. in-12, Paris , 1779.

CHANTELOU. (Voyez CHAMBRAI.)

CHANTELOUP (dom Claude), en latin *Cantalupus*, bénédictin de la congrégation de Saint-Maur, né à Vion près de Sablé, en Anjou l'an 1617 , prit d'abord l'habit des religieux de Fontevrault , mais le quitta bientôt pour embrasser l'Ordre de Saint-Benoît. Il fit profession à Saint-Louis de Toulouse, le 7 février 1640, à l'âge de 23 ans. Le Père Mabillon parle de lui comme d'un savant recommandable pour l'étendue de ses connaissances. Il était très-versé dans l'histoire, et lié avec tous les gens de lettres de Paris. Le Père Chanteloup mourut le 28 novembre 1664. On connaît de lui : une édition des *Sermons* de Saint-Bernard , précédés de sa *Vie* , par Alain , évêque d'Auxerre, et suivis de la *Vie de saint Malachie*, composée par saint Bernard , Paris , 1662 , in-4 ; l'*Histoire de l'abbaye de Mont-Majour*, et *celle de Saint-André d'Avignon*, en manuscrits conservés, le premier dans l'abbaye de ce nom, et le second dans les archives de Saint-Germain-des-Prés. Chanteloup eut aussi beaucoup de part à la *Bibliothèque ascétique* et au *Spicilége*, publiés par dom d'Achéry. Il avait fait imprimer à Paris le *Bréviaire des Bénédictins*, et commencé l'*Histoire des abbayes de Marmoutiers et de Saint-Florent*. Cette dernière a été achevée par dom Jean Guignes.

CHANTEREAU LEFÈVRE (Louis), intendant des fortifications de Picardie, puis des gabelles, ensuite de l'évaluation de la principauté de Sédan, enfin intendant des finances des duchés de Bar et de Lorraine, exerça tous ces emplois avec beaucoup d'applaudissement. L'esprit des affaires était soutenu en lui par l'étude de l'histoire, de la politique, des belles-lettres, et par un grand fonds d'érudition. Il était né à Paris en 1588, et y mourut en 1658, regretté des savants, auxquels sa maison servait de retraite. On a de lui des *Mémoires sur l'origine des maisons de Lorraine et de Bar*, in-fol., 1642, composés sur des pièces originales; un *Traité des fiefs*, 1652, in-folio, dans lequel il s'attache à accréditer cette erreur, indigne d'un savant tel que lui : « Que les fiefs héréditaires « n'ont commencé qu'après Hugues Ca- « pet. » Chantereau était plus propre à rétablir des passages tronqués, qu'à débrouiller le chaos dans lequel l'origine des anciennes maisons et dignités est plongée; un *Traité touchant le mariage d'Ansbert et de Blithilde*, 1647, in-4; ce livre est fait contre la *Véritable origine de la 2e et 3e lignée de la maison de France*. MM. de Sainte-Marthe ont suivi, dans leur 3e édition de l'*Histoire généalogique de la maison de France*, l'opinion de Chantereau; un autre où il agite cette question : *Si les terres d'entre la Meuse et le Rhin sont de l'empire?* 1644, in-4 ou in-8.

CHANTREAU (Pierre-Nicolas), né à Paris en 1741, mort à Auch le 15 octobre 1808, passa fort jeune en Espagne, où il composa une grammaire espagnole, intitulée : *Arte de hablar bien francès*, qui obtint un grand nombre d'éditions, et lui ouvrit les portes de l'académie royale espagnole. Il revint en France en 1782, et fut nommé professeur d'histoire lors de l'organisation des écoles centrales, d'abord à celle du département du Gers, et ensuite à l'école militaire qui était alors à Fontainebleau. Nous ne citerons pas ses autres produc-

tions qui n'ont obtenu que peu de succès. Ses *Voyages* ne sont que des compilations faites sans choix et sans goût, et avec l'intention de déprimer la religion et les peuples dont il parle. Ils n'ont pas même le mérite du style. Ses *Histoires* sont semées d'erreurs et de fautes nombreuses.

CHAPEAUVILLE (Jean), né à Liége en 1551, fut examinateur synodal en 1578, curé de Saint-Michel, puis chanoine de la collégiale de Saint-Pierre; inquisiteur de la foi en 1582; chanoine de la cathédrale, grand pénitencier en 1587, et l'année d'après, grand-vicaire; archidiacre en 1589, et enfin prévôt de Saint-Pierre. Il se dévoua, étant curé, au service des pestiférés, non seulement de sa paroisse, mais encore des pestiférés abandonnés dans les autres paroisses. C'est en grande partie à ses soins que l'on doit l'érection du séminaire épiscopal de Liége. Il mourut usé de travaux l'an 1617, ayant consacré sans relâche près de 40 ans de sa vie au service de ce vaste diocèse. Nous avons de lui : *Des cas réservés*, Liége, 1614, in-8; *Explication du catéchisme romain*, 1603; *De l'administration des sacrements en temps de peste*, Louvain, 1637; *Vita sancti Perpetui*, 1601; *Gesta pontificum Leodiensium*, 1612-1616, 3 vol. in-4; c'est une ample collection d'historiens originaux de Liége, avec des notes critiques, ouvrage estimé des savants; *De la première et véritable origine de la fête du corps de Jésus-Christ*, etc.

CHAPELAIN (Jean) naquit à Paris en 1595. Au sortir des classes, il se chargea de l'éducation des enfants du marquis de La Trousse, grand-prévôt de France, et ensuite de l'administration de ses affaires. Ce fut chez ce marquis qu'il crut sentir en soi des talents pour la poésie. Le succès qu'eut son *Jugement de l'Adonis* du chevalier Marini lui fit croire qu'il était appelé à enfanter un poême épique. Le plan de sa *Jeanne d'Arc*, d'abord en prose, sembla fort beau; mais lorsque l'ouvrage mis au net, après vingt ans de travail, vit le jour, il fut sifflé par les moindres connaisseurs. Une *Ode* au cardinal de Richelieu, la *Critique du Cid* une vaste littérature, quelques *pièces de poésie*, lui avaient fait une foule de partisans et d'admirateurs : la *Pucelle*, publiée en 1656, in-folio, détruisit en un moment la gloire de 40 années. On reconnut qu'on pouvait savoir parfaitement les règles de l'art poétique, et n'être pas poète. Montmaur lui adressa ce distique :

Ille Capitlani dedure expeatuia pacifa,
Past tasta in tacem tempora produt aana.

Le poëte Linière le traduisit ainsi en français :

Nous attendions de Chapelain
Une pucelle
Jeune et belle ;
Vingt ans à la former il perdit son latin ;
Et de sa main
Il sort enfin
Une vieille sempiternelle.

Ce poëme eut d'abord six éditions en dix-huit mois, grâce à la réputation de l'auteur, et au mauvais goût de quelques-uns de ses partisans ; mais les vers en parurent durs aux arbitres de la poésie. Boileau, Racine, La Fontaine et quelques autres s'imposèrent la peine de lire un certain nombre de pages de ce poëme, lorsqu'il leur échappait quelque faute contre le langage. Chapelain, devenu la risée du public, après en avoir été l'oracle, voulut bien avouer qu'il faisait mal des vers ; mais il soutint en même temps, qu'en digne disciple d'Aristote, il avait observé toutes les règles de l'art. Il n'avait à la vérité manqué qu'à une seule, celle d'intéresser et de plaire. Son poëme, en excitant le mépris du public, n'empêcha pas que le grand ministre Colbert ne lui demandât une liste des savants que Louis XIV voulait honorer de gratifications ou de pensions. Il en obtint lui-même une de 3,000 liv., et n'en fut pas moins économe. On sait qu'il eut assez de délicatesse pour placer sur cette liste, même ses critiques et ses ennemis. On connaît les plaisanteries de Despréaux et de Racine sur sa perruque. On la métamorphosa en comète. Furetière, qui avait part à tous ces badinages mêlés de bassesse, remarqua que la métamorphose manquait de justesse en un point. « C'est, dit-il, que les « comètes ont des cheveux, et la perru- « que de Chapelain est si usée qu'on n'en « a plus. » Molière ridiculise Chapelain dans les *Femmes savantes*, sous le nom de Trissotin. Il faut avouer que Chapelain, comme poëte, était tel qu'on l'a dépeint ; mais il était d'ailleurs doux, complaisant, officieux, sincère. Il avait de la bonne philosophie dans le caractère. Il refusa la place de précepteur du grand-dauphin, que le duc de Montausier lui avait fait présenter. On doit le regarder comme un des principaux ornements de l'Académie française dans son commencement, par les qualités de son cœur et la justesse de son goût. Il mourut en 1674. Les ouvrages qui restent de lui, outre son *Poëme de la Pucelle*, dont il n'y a eu jamais que douze chants imprimés, les douze autres étant restés manuscrits dans la bibliothèque du roi, sont : une *Paraphrase* en vers du *Miserere* ; des *Odes* parmi les-

quelles celle qu'il adressa au cardinal de Richelieu mérite d'être distinguée. Chapelain avait alors tant de réputation, que ce ministre emprunta son nom pour accréditer une de ses productions. On a de lui des *Mélanges de littérature*, tirés de ses lettres manuscrites, par Denis Camusat, Paris, 1726, in-12. On y voit une critique judicieuse de plusieurs ouvrages, assaisonnée de beaucoup de politesse. Le discernement et la finesse qu'on y aperçoit doivent faire revenir les personnes impartiales des préjugés qu'elles ont conçus contre Chapelain ; préjugés fondés en partie sur les railleries outrées de Boileau. On lui attribue encore une *Traduction* de *Gusman d'Alfarache*. — « Véritablement Chapelain avait beaucoup de littérature, dit Palissot. Son *Poëme de la Pucelle*, trop vanté avant de paraître, détruisit en un moment la réputation prématurée qu'il avait eu l'adresse d'usurper. Cet exemple doit effrayer tous les écrivains qui se pressent de recueillir les suffrages des sociétés par des ouvrages qu'ils gardent prudemment dans leurs portefeuilles, et qui devraient n'en sortir jamais. Le moindre défaut de la *Pucelle* est d'être ennuyeuse. Le style, d'ailleurs, à quelques endroits près, en est si âpre et si hérissé d'inversions dures, que Racine et Boileau s'imposaient pour punition, dans des jeux de société, d'en lire quelques vers. Nous avons vu les tragédies de Marmontel servir au même usage. — La satire la plus juste est toujours mêlée d'exagération : si Chapelain était loin du sommet, il n'était pas du moins au plus bas degré du Parnasse ; et Boileau lui-même ne put s'empêcher de dire « qu'un vers « noble, quoique dur, peut s'offrir dans « la *Pucelle*. » Mais nous en connaissons de très-nobles, et qui ne sont pas durs. Voici, entre autres, une comparaison qui nous tombe sous les yeux, et qui prouve qu'avec un peu de goût, Chapelain n'eût pas été médiocrement poëte : *Tel est un fier lion*, etc. Après l'avoir rapporté, Palissot ajoute : « Nous serions flattés de trouver de pareils vers dans quelques-uns de nos jeunes poëtes. » Pour nous, citons les vers suivants, sur Dieu ou la Trinité divine :

Une triple personne, en une seule essence,
La suprême pouvoir, la suprême science,
Et le suprême amour, unis en trinité,
Dans son règne éternel forment sa majesté.

Ces vers, comme vers, sont assez beaux : ils sont de Chapelain, et Chapelain n'en manque pas de meilleurs.

CHAPELAIN (Charles-Jean-Baptiste Le), jésuite, né à Rouen le 15 août 1710, et fils d'un des plus éloquents pro-

cureurs-généraux qu'aît eus le Parlement
de Normandie, mort à Malines le 6 décembre 1779, annonça en France la parole de Dieu, avec un tel éclat, que
l'impératrice-reine Marie-Thérèse le fit
inviter à venir prêcher à sa cour. Ses
Sermons furent imprimés à Paris en 1767,
en 6 vol. in-12.

CHAPELLE (Claude-Emmanuel Luillier), surnommé Chapelle, nom du
village où il naquit en 1626, entre Paris
et Saint-Denis, fils naturel de François
Luillier, maître des comptes, eut Gassendi pour maître dans la philosophie,
et la nature dans l'art des vers. La délicatesse et la légèreté de son esprit,
l'enjouement de son caractère, le firent
rechercher des personnes du premier
rang, et des gens de lettres les plus célèbres. Racine, Despréaux, Molière, La
Fontaine, Bernier, l'eurent pour ami et
pour conseil. Boileau, l'ayant un jour
rencontré, le prêcha sur son penchant
pour le vin. Chapelle feignit d'entrer
dans ses raisons, le poussa dans un cabaret, pour moraliser tout à son aise, et
le fit enivrer avec lui. Ses *Poésies* portent
l'empreinte de son caractère, mêlé de
mollesse et de plaisanterie. Son *Voyage*,
composé avec Bachaumont, est le premier modèle de cette poésie négligée et
facile, dictée par le plaisir et l'indolence.
On a dit avec raison que Chapelle était
plus naturel que poli, plus libre dans ses
idées que correct dans son style. Despréaux lui reproche de tomber souvent
dans le bas. Chapelle avait la conversation si séduisante, qu'on ne pouvait
s'empêcher de prendre beaucoup de part
à ce qu'il disait. Un jour qu'il était avec
Mlle Chocars, fille d'esprit, la femme
de chambre les trouva tous deux en larmes. Elle en demanda la raison, et Chapelle lui répondit d'un ton animé, « qu'ils
« pleuraient la mort du poëte Pindare
« tué par les médecins. » La liberté fut
la seule divinité de Chapelle. Le grand
Condé l'ayant invité à souper, il aima
mieux suivre des joueurs de boules,
avec lesquels il se trouva et s'enivra. Le
prince lui en faisant des reproches : « En
« vérité, Monseigneur, lui dit-il, c'é-
« taient de bonnes gens et bien aisés à
« vivre que ceux qui m'ont donné ce
« souper. » Toutes les fois qu'il était en
pointe de vin, il expliquait le système de
Gassendi aux convives, et lorsqu'ils
étaient sortis de table, il continuait la
leçon au maître d'hôtel. Cet épicurien
vécut sans engagement, content de huit
mille livres de rente viagère, et mourut
à Paris en 1686, âgé d'environ 70 ans.
On a de lui, outre son *Voyage*, quelques

petites pièces fugitives en vers et en prose
qu'on lit avec plaisir. Le Fèvre de Saint-
Marc a donné, en 1755, en 2 volumes
in-12, une nouvelle édition du *Voyage*
de Chapelle et Bachaumont, et des ouvrages du premier, avec des *Notes* et
des *Mémoires* sur la vie de l'un et de
l'autre.

CHAPELLE (Jean de La) naquit à
Bourges en 1655, d'une famille noble.
Le prince de Conti, dont il était secrétaire, l'envoya en Suisse en 1687. Louis
XIV, instruit de son talent pour les
affaires, l'employa aussi quelque temps
dans le même pays. La Chapelle fit connaître bientôt ses dispositions pour la
politique et pour les intérêts des princes.
Les *Lettres d'un Suisse à un Français
sur les intérêts des princes de l'Europe
dans la guerre de* 1701, composées sur
les *Mémoires* des ministres de la cour de
France, sont pleines de réflexions quelquefois judicieuses et quelquefois triviales. C'est un tableau de l'état où se
trouvaient alors les puissances belligé-
rantes, mais plein de préventions nationales. L'auteur cacha en vain son nom et
sa patrie; son style le décela. L'Académie
française lui avait ouvert ses portes en
1688, après l'exclusion de l'abbé Furetière. Il mourut en 1723, âgé de 68 ans.
Outre ses *Lettres d'un Suisse*, recueillies
en 8 vol. in-12, Bâle, ou plutôt Paris,
1703, on a de lui plusieurs tragédies,
Zaïde, *Téléphonte*, *Cléopâtre*, et les
Carrosses d'Orléans, comédie. La Chapelle fut un de ceux qui tâchèrent d'i-
miter Racine; car « Racine, dit un homme
« d'esprit, forma, sans le vouloir, une
« école, comme les grands peintres ;
« mais ce fut un Raphaël qui ne fit point
« de Jules Romain. » Les pièces de l'i-
mitateur sont fort au-dessous de leur
modèle. Elles eurent pourtant quelques
succès, et l'on joue encore sa *Cléopâtre*.
On lui doit aussi : *Les amours de Catulle
et de Tibulle*, romans dont la lecture ne
peut produire aucun bien, et qui d'ailleurs sont mal écrits: Catulle et Lesbie
y parlent fort maussadement, si l'on en
croit l'abbé de Chaulieu. L'auteur dit à
la fin de son *Tibulle*, qu'il désirerait
employer le reste de sa vie à écrire l'histoire du règne de Louis XIV : c'était bien
mal s'y préparer, que d'exercer sa plume
sur des aventures romanesques; *Mémoires historiques sur la vie d'Armand,
prince de Conti*, Paris, 1696, in-4. On
trouve son *Éloge* par d'Alembert dans le
tome IV de l'*Histoire des membres de
l'Académie française*.

CHAPELLE (Armand de La), pasteur
de l'église française à la Haye, mort dans

en âge avancé en 1746, s'est fait connaître dans la république des lettres par des ouvrages périodiques, historiques et polémiques. Tels sont : *Bibliothèque anglaise*, 1716-1727, 15 vol. in-12, qui n'a pas joui d'une grande célébrité; *Bibliothèque raisonnée des ouvrages des savants*, juillet 1728, à juin 1735, 14 vol. in-8 : ce dernier journal littéraire a été continué depuis; *Mémoires de Pologne*, Amsterdam, 1739, in-12; ils contiennent ce qui s'est passé de plus remarquable dans ce royaume depuis la mort du roi Auguste II en 1733, jusqu'en 1737; *La religion chrétienne démontrée par la résurrection de N.-S. Jésus-Christ*, traduite de l'anglais de H. Ditton, Amsterdam, 1728, 2 vol. in-8; Paris, 1729, in-4; *Nécessité du culte public*, 1746, in-8, Francfort, 1747. Il y prétend justifier les assemblées des calvinistes du Languedoc et autres provinces méridionales de la France, en réponse à une *Lettre* qui avait été publiée à Rotterdam en 1745, où il était démontré que les calvinistes n'avaient pas ce droit; que ces assemblées étaient défendues par les lois constitutionnelles du royaume; qu'elles ne tendaient qu'à en troubler le repos.

CHAPELLE (l'abbé de), censeur royal et membre des académies de Lyon et de Rouen, né vers 1710, cultiva les mathématiques avec succès, et publia plusieurs ouvrages sur cette science, qui jouirent longtemps de l'estime publique; mais depuis qu'il en existe de meilleurs, ils sont entièrement oubliés. Il mourut à Paris vers 1792. On a de lui : *Discours sur l'étude des mathématiques*, 1743, in-12; *Institution de géométrie*, 1746, 2 vol. in-8; *Essai sur la santé*, 2 vol. in-12; *Méthode naturelle de guérir les maladies du corps et les dérèglements de l'esprit*, traduite de l'anglais, 1749, in-12; *Traité des sections coniques et autres courbes anciennes*, 1750, in-8; *l'Art de communiquer ses idées*, Paris, 1763 : c'est un plan d'éducation publique, composé en 1751, à l'occasion de l'établissement de l'école royale militaire; *Le ventriloque, ou l'Engastrimithe*, Londres, 1772, in-12. Cet ouvrage, le plus complet que nous ayons sur cette matière, est curieux. L'auteur s'attache particulièrement à prouver que les oracles et plusieurs faits merveilleux, qui n'avaient point été expliqués jusqu'alors, peuvent l'être au moyen de l'*engastrimisme*; *Traité de la construction du scaphandre, ou du bateau de l'homme*, approuvé par l'Académie des sciences, 1774, in-8. Le scaphandre est un appareil en liège, à l'aide duquel un homme peut marcher horizontalement sur un fleuve et même contre le courant. L'auteur en fit lui-même plusieurs fois l'essai sur la Seine.

CHAPELLE (Louis l'abbé), professeur de philosophie, et ensuite directeur de l'hôpital de la Salpêtrière, né en 1733 à Arinthod (Jura), mort à Paris le 10 février 1789, s'était fait estimer par ses lumières, son zèle, une activité qui ne souffrait nulle interruption de travail, et ses connaissances littéraires et philosophiques qui étaient très-étendues. C'est lui qui est auteur de la vigoureuse défense de l'*Histoire des temps fabuleux* contre M. de Guignes, M. Anquetil et l'abbé du Voisin, qu'il publia sous ce titre : *Histoire véritable des temps fabuleux, confirmée par les critiques qu'on en a faites*, Liége et Paris, 1779, in-8, chef-d'œuvre d'érudition et de critique, où il a su habilement fondre toute la substance de l'ouvrage dont il faisait l'apologie, et qui peut en quelque sorte le remplacer. (Voyez le *Journal historique et littéraire* du 15 août, 1780, page 601, 15 avril, 1786, page 575.)

CHAPELLE (l'abbé de La), aumônier de Louis XVIII et de Charles X, conseiller d'État, directeur au ministère des affaires ecclésiastiques; naquit en 1757 au château de Pommiers, en Beaujolais. Après avoir terminé ses études théologiques au séminaire de Saint-Sulpice, l'abbé de La Chapelle fut nommé grand-vicaire de Lyon par Mgr de Montazet, alors archevêque de cette ville; il quitta ces fonctions, lorsque Mgr de Marbeuf eut succédé à ce prélat. Pendant la révolution, l'abbé de La Chapelle se retira en Italie et ne revint en France qu'en 1806. Ses talents le firent désigner plusieurs fois pour l'épiscopat, mais il refusa toujours. En 1819 il fut nommé aumônier du roi, et en 1824 Mgr Frayssinous l'appela à une des directions du ministère des affaires ecclésiastiques qu'il venait de former. Il devint plus tard conseiller d'État et commissaire du roi pour la présentation du budget du clergé. L'abbé de La Chapelle n'a pas toujours montré dans les fonctions importantes qui lui furent confiées tout le zèle et toute l'activité qu'on eût pu désirer; il défendit avec mollesse les intérêts du clergé; on lui a surtout reproché deux circulaires relatives aux ordonnances du 16 juin 1828. Destitué sous le ministère de Polignac en 1829, il conserva cependant son titre de conseiller d'État. Depuis 1830, l'abbé de La Chapelle s'était retiré auprès de sa famille; il est mort le 20 décembre 1834.

CHAPPE D'AUTEROCHE (Jean), célèb. e astronome de l'Académie des sciences de Paris, naquit à Mauriac en Auvergne l'an 1722, d'une famille noble. Il prit l'état ecclésiastique de bonne heure, et se consacra dès lors à sa science favorite, l'astronomie. L'Académie des sciences le nomma en 1760, pour aller observer en Sibérie le passage de Vénus, fixé au 6 juin 1761. De retour en France, il rédigea la *Relation de son voyage en Sibérie*, et la fit imprimer à Paris en 1768, en 2 vol. in-4 avec atlas in-fol. Cet ouvrage a essuyé de fortes critiques de la part des gens qui prétendaient bien connaître cette province ; ce qui n'empêche pas que plusieurs de ses observations ne soient très-justes. Celle qui a le plus offensé les Russes est la suivante : « On « m'écrit que de ce pays sortiraient au « premier moment des peuples entiers, « qui, comme les Huns, viendraient « s'emparer de notre petite Europe ; j'ai « trouvé, au lieu de ces peuples, des ma- « rais et des déserts : » ce qui est exactement vrai. Si on excepte les provinces voisines de la mer Baltique, le vaste empire de Russie n'a qu'une population très-faible. On a publié un *Abrégé* de ce voyage à Amsterdam, 1769.70, 4 vol. in-12, fig. Un nouveau passage de Vénus étant annoncé pour le 13 juin 1768, notre astronome partit en 1767 pour aller l'observer à St-Lucar, sur la côte la plus occidentale de l'Amérique. Une maladie épidémique désolait cette contrée. L'abbé Chappe en fut attaqué, et mourut victime d'un zèle pour l'astronomie, qui allait réellement jusqu'à l'excès. Il avait dit en quittant Paris, que « s'il était sûr « de mourir le lendemain de son obser- « vation, ce ne serait point un motif « pour le détourner de ce voyage. » Cependant ses *Observations* que M. Cassini nous a données, Paris, in-4, n'ont pas répandu sur l'astronomie des lumières dignes d'un tel sacrifice. On espérait surtout qu'elles serviraient à faire connaître la vraie distance du soleil ; mais cette distance reste toujours un problème. Les soins avec lesquels on a comparé les *Observations* de l'abbé Chappe avec celles de Cajanebourg et de Wardhus, n'ont pu déterminer la parallaxe de cet astre avec assez de précision et de certitude, pour en déduire un calcul qu'on puisse regarder comme fixe et immuablement arrêté.

CHAPPE (Ignace-Urbain-Jean), né en 1760 a Rouen, était le frère aîné de l'inventeur du télégraphe. Avant la révolution, il exerçait une charge de finances qu'il perdit à cette époque, et en 1791 il fut élu député à l'assemblée législative. Lorsque son frère eut fait la découverte du télégraphe, il se joignit à lui pour faire des expériences qui réussirent, et dont il fut rendu compte à l'assemblée nationale dans la séance du 22 mars 1792. En 1793, les deux frères furent autorisés à établir d'abord trois postes d'essai ; le résultat ayant eu un plein succès, ils exécutèrent une première ligne de Paris à Lille, qui fut terminée en 1794. Nommés tous les deux administrateurs des lignes télégraphiques qui ont été organisées à diverses époques, Chappe l'aîné a conservé cette place jusqu'en 1823. Chappe est mort en 1829 ; il avait été décoré de la croix de la Réunion et de celle de la Légion-d'Honneur. On a de lui une *Histoire de la télégraphie*, Paris, 1824, 2 vol. in-8, avec planches.

CHAPPE (Claude), neveu de Chappe-d'Auteroche, né à Brûlon dans le Maine en 1763, se fit connaître avantageusement dès l'âge de 20 ans, par plusieurs *Mémoires* intéressants qu'il fit insérer dans le *Journal de physique*. Le désir de communiquer avec des amis éloignés de son habitation de quelques lieues lui fit concevoir, dit-on, le projet de parler par signaux. Ayant réussi dans cette tentative au-delà de ses espérances, il fit de nouveaux essais pour exécuter son procédé en grand, et lorsqu'il eut atteint le but qu'il s'était proposé, il offrit, en 1792, à l'assemblée législative, l'hommage de son heureuse et utile invention, à laquelle il donna le nom de *télégraphe*, de deux mots grecs qui signifient *décrire de loin*. Cependant, l'établissement de la première ligne télégraphique ne fut ordonné qu'en 1792, et la première nouvelle qu'elle transmit fut la reprise de Condé sur l'ennemi. On sentit alors combien cette découverte pouvait devenir importante, et on s'occupa de lui donner toute l'extension nécessaire. Chappe devint le directeur-général de cette administration ; mais il ne jouit pas paisiblement du fruit de son travail : plusieurs rivaux prétendirent que le télégraphe n'était pas une découverte, et essayèrent de présenter de nouveaux systèmes télégraphiques, pour se mettre à la place de Chappe. Ces procédés peu délicats affectèrent sa santé, il mourut subitement le 25 janvier 1805. Longtemps avant lui, on s'était servi de signaux pour communiquer des phrases, mais des phrases convenues. Les marins employaient ce moyen depuis un temps immémorial. Enée le tacticien, qui florissait du temps d'Aristote, fait mention de quelques expériences, dont l'objet était de signaler les ettres de l'alphabet à plusieurs stations; mais cette méthode, qui s'exécutait par le moyen de torches ou autres signaux semblables, était fort longue; il fallait une nuit entière pour transmettre deux ou trois mots. Amontons, vers la fin du 18e siècle, essaya de la mettre en usage et de la simplifier; mais il n'a laissé aucune trace de la machine qu'il avait inventée. Chappe a donc la gloire, si on ne veut pas lui laisser l'invention entière de l'objet, d'avoir imaginé une machine simple et facile, qui peut se transporter partout, qui résiste aux plus grandes tempêtes, qui n'exige ordinairement qu'un signe par idée et jamais plus de deux, et qui, en quelques heures, transmet une nouvelle à une centaine de lieues, et confirme qu'on l'a reçue. Sa gloire est d'autant plus grande, qu'il n'imita aucune des machines dont on s'était servi jusqu'alors. Son tombeau, au cimetière du Père Lachaise, à Paris, est surmonté d'un petit télégraphe en miniature.

CHAPT, ou CHAT DE RASTIGNAC (Aymeri), était issu d'une illustre et ancienne maison du Périgord, qui fait remonter son origine aux anciens sires de Chabanois, connus dans nos histoires dès la fin du 11e siècle. Il fut d'abord trésorier de l'eglise romaine, évêque de Volterre et gouverneur de Bologne, ensuite transféré à l'archevêché de la même ville en 1361. Il obtint en 1365, de l'empereur Charles IV, la confirmation des priviléges de son église, et le titre de prince de l'empire. Il y fit fleurir l'Université, dont il était chancelier. Il fut transféré de nouveau en 1371 à l'évêché de Limoges, et nommé gouverneur de toute la vicomté de Limoges. Il mourut la veille de Saint-Martin, l'an 1390. Ce prélat, également recommandable par les qualités qui font le citoyen, par les vertus d'un évêque, et par le caractère libéral d'un prince, fut pleuré comme un père. Protecteur des savants et savant lui-même, il répandit ses bienfaits sur les gens de lettres.

CHAPT DE RASTIGNAC (Armand), docteur de Sorbonne, grand-vicaire d'Arles et abbé de St-Mesmin, fut envoyé aux Etats-Généraux par l'assemblée du clergé d'Orléans. Il siégea aussi à l'assemblée constituante, et dans la séance du 12 octobre 1789, il demanda avec plusieurs autres membres que la discussion concernant les biens du clergé fût ajournée. L'abbé de Rastignac n'échappa pas à la fureur révolutionnaire. Enfermé, au mois d'août 1792, à l'Abbaye, il y périt victime des massacres du 2 septembre suivant, âgé de 66 ans. On a de lui: *Questions sur la propriété des biens-fonds*

ecclésiastiques en France, 1789, in-8; *Accord de la révélation et de la raison contre le divorce*, 1790, in-8, ouvrage estimé par les théologiens; une *Traduction de la Lettre Synodale du patriarche Nicolas à l'empereur Alexis Comnène*, sur *l'érection des métropoles*.

CHAPTAL (Jean-Antoine), né le 4 juin 1756 à Nogaret (Lozère), d'un pharmacien, fit ses études à Mende, et alla les terminer chez les Pères de la doctrine chrétienne à Rodez. En 1777, il fut reçu docteur à la Faculté de médecine, et vint à Paris pour y perfectionner ses connaissances, particulièrement pour y étudier la chimie, qui fut toujours l'objet principal de ses travaux. En 1781, il fut nommé professeur de chimie à Montpellier, et popularisa bientôt par la lucidité de son enseignement une science jusque-là abandonnée aux médecins et aux pharmaciens. Chaptal, d'ailleurs, ne se proposait pas seulement d'établir les lois théoriques de la science; il voulait surtout en faire l'application aux arts industriels. C'est ainsi qu'ayant reçu par succession une somme de 300,000 francs, il employa à former un établissement de produits chimiques, qui, pour la première fois, donna au commerce français *l'acide sulfurique*, *l'alun artificiel* et la *soude factice*, que jusque-là on avait tirés de l'étranger. Les services qu'il avait rendus par ces essais, d'ailleurs encore imparfaits, lui firent accorder, en 1787, le cordon de Saint-Michel et des lettres de noblesse. Le roi d'Espagne et Washington lui firent les offres les plus brillantes pour l'engager à transporter ses établissements dans leurs Etats; mais il préféra rester en France. Lorsque la révolution éclata, Chaptal en adopta les principes avec enthousiasme; toutefois il ne prit aucune part aux excès de cette époque, et fut même incarcéré en 1793 sous l'inculpation de fédéralisme; mais le besoin que l'on eut d'avoir recours à ses connaissances chimiques pour la fabrication de la poudre qui commençait à manquer, le fit mettre en liberté. Appelé à Paris par le comité de salut public, il fut mis à la tête des ateliers de Grenelle, et par la simplification qu'il introduisit dans les procédés, il parvint à produire trente-cinq milliers de poudre par jour. Quelque temps après, Chaptal fut nommé professeur de chimie végétale à l'école polytechnique qui venait d'être créée. Après le 9 thermidor, il retourna à Montpellier, où il réorganisa l'école de médecine, et parut de nouveau dans sa chaire. La révolution du 18 brumaire le rappela à Paris; ayant été nommé par le premier consul membre du conseil d'Etat, il fut chargé, à cette époque, de présenter un plan sur l'instruction publique, et il proposa plusieurs mesures utiles qui furent adoptées, principalement en ce qui concerne les arts. En 1800, Chaptal, dont la haute capacité avait été appréciée, remplaça Lucien Bonaparte au ministère de l'intérieur, et il donna bientôt à cette vaste administration l'impulsion la plus heureuse. Les manufactures et le commerce appelèrent d'abord son attention. Il rétablit et multiplia les bourses et les chambres de commerce ; il en régla la législation. C'est à lui que l'on dut la fondation de la première école des arts et métiers, établie d'abord à Compiègne, et transportée depuis à Châlons. Il fit des réglements sur la police des ateliers et sur les rapports des maîtres et des ouvriers. Les routes furent réparées, et il en établit de nouvelles. Il creusa des canaux, ouvrit de tous côtés de voies de communication qui devaient servir à la fois au commerce et à la guerre, fit publier les procédés utiles qui étaient encore peu connus, encouragea l'usage des mécaniques, introduisit en France l'usage du *rouge d'Andrinople* pour la teinture des cotons, la culture du pastel qui fut substitué à l'indigo, l'emploi des terres ocreuses au lieu des pouzzolanes d'Italie. Il porta sa sollicitude sur les mesures à prendre dans l'intérêt de la santé publique, fit des réglements sur la police des inhumations, la réforme des prisons, le service des hôpitaux dans lesquels il admit de nouveau les sœurs de la Charité. En 1804, malgré la rare activité qu'il avait déployée, Chaptal fut obligé de quitter le ministère peu de temps après l'établissement du gouvernement impérial. On n'a jamais bien connu la cause de cette disgrâce, qui a été attribuée par quelques-uns à de misérables intrigues d'amour. Quoi qu'il en soit, Chaptal se consola de la perte de cette haute position en se livrant de nouveau à ses travaux scientifiques. Il reprit la direction de l'établissement de produits chimiques qu'il avait fondé à Neuilly, et il élabora de nombreux *Mémoires* qu'il lut à l'Institut dont il était membre, et publia plusieurs ouvrages qui sont devenus les manuels des fabricants. En 1805, il fut nommé grand-officier de la Légion-d'Honneur et membre du sénat. Plus tard il reçut le titre de comte et eut la permission d'ériger sa terre de Chanteloup en majorat. En 1813, il fut envoyé en qualité de commissaire extraordinaire dans la dix-neuvième division militaire, pour essayer de soutenir le pouvoir chancelant de Napoléon, et il s'acquitta de cette mission

avec le plus grand dévouement. En 1814, il adhéra à la déchéance, mais il ne fut pas compris dans la liste des pairs nommés par Louis XVIII. Pendant les Cent-Jours, l'empereur le nomma d'abord directeur-général du commerce, et peu de temps après ministre. Au second retour des Bourbons, Chaptal cessa de faire parti de la Chambre des pairs, mais fut maintenu dans son fauteuil à l'Institut. En 1817, il devint membre du conseil général des hospices, et eut occasion de rendre à cette administration d'importants services. En 1819, il fut compris dans la promotion de pairs faite par De Cazes, et il s'est montré à la Chambre ce qu'il avait toujours été, modéré, laborieux, indépendant. Il a pris part à toutes les discussions importantes, et a été nommé rapporteur de plusieurs projets de loi ; son âge et sa santé altérée ne l'empêchèrent même pas de continuer ses travaux législatifs. Dans ses dernières années, il a eu le chagrin de voir sa fortune presque entièrement compromise. Chaptal est mort le 30 juillet 1832. On a de lui : *Conspectus physiologicus de fontibus differentiarum relativè ad scientias*, 1777 ; *Tableau analytique du cours de chimie fait à Montpellier*, 1783, in-8 ; *Eléments de chimie*, 1790, 3 vol. in-8 ; 3e édition, 1796, 1803 ; *Traité des salpêtres et goudrons*, 1796, in-8 ; *Tableau des principaux sels terreux et substances terreuses*, 1798, in-8 ; *Essai sur le perfectionnement des arts chimiques en France*, 1800, in-8 ; *Essai sur le blanchiment ; Art de faire, de gouverner et de perfectionner les vins*, 1801, in-8 ; 2e édition, 1819 ; *Traité théorique et pratique de la culture de la vigne, avec l'art de faire les vins, les eaux de vie, esprits de vin et vinaigres*, 2 vol. in-8 ; *La chimie appliquée aux arts*, 1806, 4 vol. in-8 ; *Art de la teinture du coton en rouge*, 1807, in-8 ; *Art des principes chimiques du teinturier-dégraisseur*, 1808, in-8 ; *De l'industrie française*, 1819, 2 vol. in-8 ; *Chimie appliquée à l'agriculture*, 1823, 2 vol. in-8 ; 2e édition, 1829. Il a inséré en outre plusieurs articles dans les *Annales de chimie* et le *Nouveau Dictionnaire d'agriculture*.

CHAPUIS (Claude), né à Amboise en Touraine, était chanoine de Rouen, valet-de-chambre et garde de la bibliothèque du roi. Il mourut vers 1572, assez avancé en âge. On a de lui différentes poésies dans un livre intitulé : *Blasons anatomiques du corps féminin*, faits par divers auteurs, Lyon, 1557, in-12 ; *Discours de la cour* (en vers), Paris, 1643, in-16 ; Rouen, même année, in-8.

CHARAS (Moïse), habile pharmacopole, né à Uzès en 1618, fut choisi pour faire le cours de chimie au jardin royal des plantes de Paris, et s'en acquitta avec un applaudissement général durant neuf années. Sa *Pharmacopée royale, galénique et chimique*, 1653, 2 vol. in-4, fut le fruit de ses leçons et de ses études; et quoiqu'on ait fait mieux depuis, elle n'est pas hors d'usage. Il y fait l'analyse du *laudanum*, et prouve que par sa nature, émoussant la pointe des humeurs âcres qui interrompent le sommeil, et arrêtant le mouvement de ces mêmes humeurs, il doit procurer aux malades des nuits tranquilles. Il explique encore dans cet ouvrage, d'une manière très-nette, pourquoi l'eau-forte fond tous les métaux, excepté l'or; et pourquoi l'eau-régale, qui met l'or en fusion, ne peut pas fondre les autres métaux, par exemple, l'argent. « L'argent, dit-il, a des pores dont l'ou-« verture est proportionnée à la grosseur « des pointes des particules de l'eau-« forte, assez aiguës par un bout pour « entrer, et assez larges par l'autre pour « séparer les parties du métal. Mais l'or, « dont les pores sont beaucoup plus étroits « que ceux de l'argent, ne peut pas ad-« mettre ces particules: donc l'eau-forte « doit fondre l'argent et non pas l'or. « Quant à l'eau-régale, elle doit au con-« traire fondre l'or et non pas l'argent. « Les parties de ce dissolvant, subtilisées « par le sel ammoniac, passent trop li-« brement par les pores de l'argent, et « ne trouvent que dans l'or des pores « disposés à les seconder dans leurs fonc-« tions. » Cet ouvrage fut traduit dans toutes les langues de l'Europe, et en chinois même pour la commodité de l'empereur. Les ordonnances contre les calvinistes, l'obligèrent de quitter sa patrie en 1680. Il passa en Angleterre, de là en Hollande, et ensuite en Espagne avec l'ambassadeur, qui le menait au secours de son maître Charles II, languissant depuis sa naissance. Les médecins de la cour furent scandalisés de certains propos de Charas. Ils le déférèrent à l'inquisition, et il n'en sortit qu'après avoir abjuré la religion protestante. Charas avait alors 72 ans. Il revint à Paris, fut agrégé à l'Académie des sciences, et mourut bon catholique en 1698, âgé de 80 ans; ce qui prouve qu'il avait abjuré la secte avec connaissance de cause. On a de lui, outre sa *Pharmacopée* un excellent *Traité de la thériaque*, Paris, 1668 et 1685, in-12; et un autre, non moins estimable, *De la vipère*, 1694, in-8. Il joignit à celui-ci un poëme latin sur ce reptile, qui n'est que médiocre pour le style. La *Collection* de l'Académie des sciences contient de

lui plusieurs *Mémoires*. (Voyez la relation de son *Voyage en Espagne* dans le *Journal de Verdun*, année 1776, mois de mars et suivant.)

CHARDIN (Jean), fils d'un joaillier protestant de Paris, né en 1643, voyagea en Perse et dans les Indes orientales. Il revint à Paris en 1670, chargé d'une commission par le roi de Perse, et fit un second voyage dans ce pays en 1677. Il commerçait en pierreries. Charles II, roi d'Angleterre, lui conféra de sa main la dignité de chevalier. Il mourut à Londres, en 1713, estimé et regretté. Le *Recueil de ses voyages*, traduits en italien, en anglais, en flamand, est en dix volumes in-12, et trois volumes in-4, 1711; quatre volumes in-4, 1735, Amsterdam, avec figures, édition encore recherchée, où l'on a ajouté plusieurs diatribes contre les Papes, qui ne se trouvaient pas dans l'édition de 1711. Les *Voyages* de Chardin ont été réimprimés en dix volumes in-8, et atlas in-fol., Paris, 1811, et augmentés d'une *Notice sur la Perse*, depuis les temps les plus reculés jusqu'à ce jour, et de *Notes* tirées des voyageurs modernes, par L. Langlès. Ils sont à la fois très-curieux et très-vrais; et on doit bien les distinguer de ceux de Paul Lucas, et de tant d'autres voyageurs, qui n'ont couru le monde que pour en rapporter des ridicules et des mensonges. Chardin donne une idée complète de la Perse, de ses usages, de ses mœurs, de ses coutumes, etc. La description qu'il fait des autres pays orientaux qu'il a parcourus, n'est pas moins exacte. Ses voyages peuvent être très-utiles surtout à ceux qui feraient le même commerce que lui. On a encore de ce célèbre voyageur: *Couronnement de Soliman III, roi de Perse, et ce qui s'est passé dans les deux premières années de son règne*, Paris, 1671, in-12.

CHARDON DE LUGNY (Zacharie), protestant converti par Bossuet, élevé au ministère ecclésiastique dans le séminaire de Saint-Sulpice, député du roi et du clergé de France pour les controverses, travailla avec un grand zèle à la conversion des protestants, et mourut le 23 juin 1733, âgé de 90 ans. On a de lui: *Traité de la Religion chrétienne*, Paris, 1697, 2 vol. in-12; *Recueil des falsifications que les ministres de Genève ont faites dans l'Ecriture-Sainte*, en leur dernière traduction de la Bible, Paris, 1707, in-12; *Nouvelle méthode pour réfuter l'établissement des Eglises prétendues réformées et de leurs religions*, Paris, 1731, in-12. (Voy. l'*Essai sur l'influence de la religion au XVIIIᵉ siècle*.

CHARDON (dom Charles), né à Ivoi-Carignan, en 1695, se fit bénédictin en 1712, dans la congrégation de Saint-Vannes, enseigna la rhétorique, la philosophie et la théologie. Le chapitre général tenu à Toul en 1730 le destitua à cause de son opposition à la bulle *Unigenitus*. Il mourut à Metz le 21 octobre 1771. Il possédait le grec, l'hébreu et le syriaque, et était versé dans l'histoire ecclésiastique. Il a donné une *Histoire des sacrements*, Paris, 1745, 6 vol. in-8; ouvrage d'une grande érudition, réfutation historique des erreurs des sacramentaires, qui justifie la foi et la pratique de l'Eglise par la simple exposition des faits et le tableau des anciens siècles, en tout conforme, quant à la substance des choses, à celui des derniers temps. Cet ouvrage a été traduit en italien, Brescia, 3 vol. in-4. Il a laissé en manuscrit une *Histoire des variations dans la discipline de l'Eglise*, et un *Traité contre les incrédules modernes*.

CHARENTON (Joseph-Nicolas), jésuite, né à Blois en 1649, mort à Paris en 1735, âgé de 86 ans. On a de lui : *Entretiens de l'âme dévote sur les principales maximes de la vie intérieure*, traduction de Thomas à Kempis, Paris, 1709, in-12; l'*Histoire générale d'Espagne*, du *Père Mariana, jésuite, traduite en français : augmentée du sommaire du même auteur et des fastes jusqu'à nos jours ; avec des notes historiques, géographiques et critiques, des médailles et des cartes géographiques*, Paris, 1725, 5 tomes en 6 vol., in-4. C'est par l'ordre de Philippe V, roi d'Espagne, qu'il entreprit cette traduction : il la dédia à ce prince. Sa préface est curieuse, et l'ouvrage estimable.

CHARÈS, orateur athénien. Il lui arriva un jour de parler fortement contre les sourcils terribles de Phocion ; les Athéniens s'en étant mis à rire, Phocion leur dit : « Cependant ces sourcils ne vous « ont fait aucun mal ? mais les risées de « ces beaux plaisants ont fait souvent « verser bien des larmes à notre ville. » On croit que ce Charès est le même qui vivait l'an 367 avant J.-C.

CHARÈS, sculpteur, natif de Lyndes, une des trois villes de l'île de Rhodes, disciple de Lysippe, s'immortalisa par le fameux *Colosse du Soleil*, l'une des sept merveilles du monde. Cette statue était d'airain, et avait, suivant Pline, 70 coudées ou 105 pieds, l'abbé Monget lui en donne 108, d'autres 150. Ces différents calculs prouvent assez l'ignorance où l'on est de sa véritable hauteur. Le savant Muratori en a fait presqu'un pygmée ; et vu les exagérations énormes que les anciens ont mises dans ces sortes de récits, il paraît que cette diminution est très-raisonnable. Quoi qu'il en soit, Charès employa douze ans à cette statue, et la plaça à l'entrée du port de Rhodes. Elle avait un pied sur la pointe d'un des rochers de ce port, et l'autre pied sur le rocher opposé, de façon que les navires passaient entre ses jambes. Ce colosse fut abattu par un tremblement de terre, après avoir été 46 ans debout. Moavias, calife des Sarrasins, s'étant emparé de Rhodes l'an 683 de J.-C., le vendit à un marchand juif, qui en chargea, dit-on, neuf cents chameaux.

CHARETTE DE LA CONTRIE (François-Athanase de), général vendéen, né à Couffé, près d'Ancenis en Bretagne, le 21 avril 1763, d'une famille ancienne et distinguée, entra dans la marine à l'âge de 16 ans, s'y conduisit honorablement et devint lieutenant de vaisseau. En 1790 il épousa madame de Bois-Foucaud, sa parente, et quitta le service; mais, peu de temps après, il alla se réunir aux émigrés à Coblentz. Ayant éprouvé quelques désagréments, que son esprit fier et indépendant ne pouvait supporter, il rentra en France, se trouva à Paris à la funeste journée du 10 août, et tenta vainement, ainsi que beaucoup d'autres gentilshommes, de parvenir jusqu'aux Tuileries pour défendre le monarque. Il se retira alors dans le Poitou, où il menait une vie indolente dans son château, à deux lieues de Machecoul, dans le temps même où l'insurrection avait déjà éclaté dans une partie de la Vendée. Deux fois les paysans étaient venus le chercher pour le mettre à leur tête, deux fois il avait refusé ; une troisième ils revinrent auprès de lui, le menaçant de le massacrer s'il ne voulait pas être leur général. Il prit alors son parti ; dès ce moment il n'y eut plus d'incertitude dans sa conduite, et jusqu'à sa mort il défendit courageusement la cause qu'il avait embrassée. La troupe qui venait de se donner à lui était fort indisciplinée ; sa position à leur tête en quelque sorte forcée la rendait encore plus difficile à commander ; aussi eut-il quelques peines dans les commencements à maintenir son autorité. Ses soldats s'étaient portés à des excès et à des cruautés, il ne les approuva point, et ne les souffrit jamais en sa présence ; mais il ne mit pas une grande importance à les prévenir, réfléchissant que par là les insurgés qui étaient sous ses ordres s'imposaient la nécessité de se défendre avec plus de courage pour ne pas tomber entre les mains d'un ennemi dont ils n'avaient point

de quartier à espérer. Charette commença par attaquer Pornic, et s'en empara;
il marcha ensuite sur Challans, mais il
fut repoussé. Plusieurs autres revers qu'il
éprouva irritèrent son armée, les soldats
s'ameutèrent et faillirent le massacrer;
il ne parvint à obtenir l'ordre et la subordination qu'en obtenant à Saint-Colom-
ban un avantage considérable et inespéré.
Il prit alors une position plus ferme, s'empara de Noirmoutier, agrandit ses opérations, et les concerta avec les généraux
de la grande armée vendéenne. Flatté de
la considération que ceux-ci lui témoignèrent, il résolut de concert avec eux
l'attaque de Nantes, dont la prise eût été
fort avantageuse; mais des circonstances
imprévues et une résistance extrême firent échouer cette entreprise, et portèrent un coup terrible à l'armée royaliste
qui y perdit Cathelineau son chef et plusieurs officiers distingués. Vers le même
temps les républicains ayant reçu de nouvelles forces, et comptant parmi leurs
troupes la brave garnison de Mayence,
attaquèrent les Vendéens. Charette, sentant que toute résistance serait vaine, se
retira sur les bords de la Sèvre, et là,
réuni à tous les autres chefs, il remporta
à Torfou une victoire complète sur les
Mayençais; le lendemain il marcha sur
Montaigu, avec Lescure, et il obtint encore un avantage considérable sur l'armée du général Beysser, qui venait se
réunir à l'armée de Mayence; puis, au
lieu de revenir joindre la grande armée
pour tenter une attaque générale, il continua d'avancer sur la gauche, et battit
encore les ennemis à Saint-Fulgent; mais
d'Elbée et Bonchamp, privés du renfort
sur lequel ils comptaient, ne purent achever la défaite des Mayençais. Ce défaut
de concert commença à semer la division
parmi les chefs. Charette, mécontent de
ce que le commandement général de
toutes les forces vendéennes qu'il espérait, avait été donné à d'Elbée, profita
de cette circonstance pour se retirer, et
laissa l'armée qui venait de le secourir
en proie à toutes les forces républicaines.
Il refusa constamment de répondre aux
messages des autres généraux, et fut attaquer l'île de Noirmoutier. Il s'en empara
dans le même temps que la grande armée battue à Chollet repassait la Loire.
Attaqué à son tour par le général Haxo,
il fut acculé à la mer et bloqué dans les
marais de Bouin, où il laissa toute son
artillerie après l'avoir enclouée, ses bagages et ses munitions. Son armée semblait devoir y périr; mais il parvint à la
retirer d'un pas si dangereux à travers
les canaux et les fossés. La guerre prit

alors un caractère différent. A la tête d'une
troupe dénuée de tout, il fallut renoncer à toute entreprise importante, et se
borner à combattre des corps isolés en
fuyant d'un lieu à un autre. Néanmoins
il obtint encore de légers avantages, et
parcourut ensuite pendant plusieurs mois
le Bas-Poitou. Il joignit ensuite Stofflet
et Marigny, autres chefs de la Vendée,
qui, chacun, avaient une armée, et il
tenta inutilement de se faire nommer
généralissime; il fut convenu seulement
que les trois armées combineraient leurs
mouvements. Ces trois généraux réunis
pouvaient espérer de grands succès; mais
la jalousie vint encore les diviser; cependant une opération est décidée, et il paraît qu'elle le fut pour la perte de Marigny, qui commençait à acquérir de l'influence sur l'armée. Il se rend au lieu du
rendez-vous avec sa troupe. On lui refuse
des vivres, il s'emporte et se retire dans
ses cantonnements. Charette aussitôt forme un conseil de guerre, fait les fonctions de rapporteur, et conclut à la mort
comme s'il avait quelque droit sur un général en chef, son égal. On assure qu'il
fut influencé par un intrigant qui le sub-
juguait totalement; quoi qu'il en soit, la
condamnation fut prononcée; mais elle
demeura longtemps sans effet, parce qu'il
était difficile de l'exécuter. Marigny s'en
inquiétait peu; cependant il tombe malade, on le surprend sans défense, et l'arrêt est exécuté. Après quelques attaques
peu importantes que firent les deux généraux qui occupaient la contrée, Charette y demeura seul vers le mois de juin
1794. Ayant rassemblé plus de forces, il
conçut le projet hardi de détruire trois
camps retranchés, y réussit et se couvrit
de gloire, surtout à l'attaque du camp de
Saint-Christophe, près de Challans. Son
nom commençait à retentir dans toute
l'Europe et à faire trembler les républicains. La Convention songea alors à terminer à tout prix une guerre trop longue
et trop désastreuse. Des négociations furent entamées et reçues, d'abord, avec
méfiance. Cependant Charette consentit
à se rendre à Nantes pour y conclure une
amnistie, qu'il ne signa qu'avec peine et
contre le vœu de beaucoup de ses compagnons, dans laquelle il fut statué « que
« les Vendéens auraient le libre exercice
« de leur religion, qu'ils resteraient ar-
« més comme gardes territoriaux, et
« recevraient des indemnités pour les ra-
« vages de la guerre. » Ces conditions
furent bientôt enfreintes de part et d'autre; la guerre recommença avec une nouvelle ardeur. Charette emporta le camp
retranché des Essarts, et obtint plusieurs

autres avantages. Après la malheureuse descente de Quiberon, il fit périr par représailles les prisonniers qu'il avait en son pouvoir, et l'on revint à combattre à la vie et à la mort. L'espérance d'un débarquement d'émigrés qui devait avoir lieu soutenait encore le courage des Vendéens; mais n'ayant pu s'effectuer, Charette n'éprouva plus que des revers. Cerné par le général Hoche, il dégagea les officiers de leur serment, et déclara que pour lui il avait juré sur l'Évangile de mourir en soldat et en chrétien. Peu de ses officiers le quittèrent. Poursuivi d'asile en asile, blessé et n'ayant que trente hommes avec lui, il inspira encore assez de crainte aux républicains pour qu'on lui fît offrir un million et le passage libre en Angleterre. Il préféra combattre jusqu'à ce que, accablé de ses blessures et obligé de se faire porter par un soldat resté seul avec lui, il fut atteint entre Montaigu et Belleville. On le conduisit à Nantes, et il n'y démentit point sa fierté. Interrogé pourquoi il avait repris les armes, il répondit que c'était pour sa religion, sa patrie et son roi, et fut conduit à la mort le 29 mars 1796. Il demanda un prêtre, reçut les sacrements et commanda lui-même aux soldats de faire feu. Mélange singulier de vertu et de vice, Charette n'avait pas une de ces âmes pures et chevaleresques qui enchaînent l'admiration et se rencontrent si rarement; mais il était éminemment doué de qualités propres à sa situation. Lorsque aucun motif pressant ne l'animait, il était d'une insouciance sans égale; mais une fois retourné au combat, rien n'égalait son ardeur et son courage. D'une fermeté d'âme invariable et supérieure aux revers, il marchait droit à son but sans pouvoir en être détourné par les incidents les plus fâcheux et les plus inattendus. Lors même que tout était désespéré, il savait relever le courage de ses soldats et les maintenir jusqu'à l'extrémité. Il connaissait sa force et sentait qu'il était plus que tout autre capable de commander; mais cette disposition, en le rendant extrêmement jaloux et défiant, lui fit oublier souvent les vrais intérêts de la noble cause qu'il avait à défendre, et à laquelle il put sacrifier sa vie, mais pas toujours sa vanité ni son ressentiment, lorsque son amour-propre était offensé. L'histoire lui reprochera toujours la condamnation injuste de Marigny, et surtout d'avoir abandonné la grande armée vendéenne dans un moment qui devait décider de son sort.

CHARIBERT. (Voyez CARIBERT.)
CHARILAUS, neveu de Lycurgue, et roi de Lacédémone, commença à se signaler par une victoire sur les Argiens. Il fit ensuite la guerre aux Tégéates, et quoiqu'il eût suivi le commandement de l'oracle, il ne laissa pas d'être mis en déroute, et même d'être pris dans une sortie que firent les Tégéates, secondés par leurs femmes. Il racheta sa liberté en leur accordant la paix. Ce roi était d'un naturel si doux, qu'Archélaüs son collègue disait quelquefois en parlant de sa grande bonté: « Qu'il ne s'étonnait pas que « Charilaüs fût si bon envers les gens de « bien, puisqu'il l'était même à l'égard « des méchants. » Ce n'était pas faire l'éloge d'un homme chargé de faire observer les lois et de punir le crime.

CHARITON D'APHRODISE, secrétaire d'un rhéteur nommé Athénogore, vivait à la fin du 4e siècle, si ces noms ne sont pas supposés, comme il y a grande apparence. On a trouvé de notre temps un roman grec sous son nom, intitulé: *Les amours de Chœreas et de Callirhoé*, dont d'Orville, professeur d'histoire à Amsterdam, a publié une édition en 1750, 2 vol. in-4, avec la traduction latine et des notes. Cet ouvrage a été réimprimé à Leipsick, in-8, 1783, et à Venise en 1812, in-4. Il y en a une traduction française par Larcher, à Paris, en 1763, 2 vol. in-12. Fallet en a donné une nouvelle version en 1775, in-8. Il a été aussi traduit en italien, Rome, 1752, in-4, et 1756, in-8. La fable de ce roman est assez bien conduite, sans épisodes et sans écarts. Il y a de l'intérêt, et il est bien ménagé. Le dénouement en est simple, la vraisemblance est presque gardée partout; et, ce qui est plus surprenant, c'est que contre la règle générale de ces sortes d'ouvrages, on ne trouve dans celui-ci aucune situation licencieuse, aucune image obscène, bien différent de ceux que nous avons vus paraître surtout dans ce siècle, et dans lesquels tous les genres de séduction sont mis en usage pour corrompre l'innocence et pervertir les mœurs. « Les plus heureuses incli-« nations, dit un sage historien, ne tien-« nent pas contre le poison de ces lectu-« res; le fruit d'une bonne éducation, « l'innocence des premières années, l'a-« mour du devoir, tout est ébranlé par « ces malheureux ouvrages... A force de « vouloir réaliser en soi les prétendus « beaux sentiments des héros des ro-« mans, on s'accoutume à n'aimer que « ce que le monde aime, et à négli-« ger ce que la religion prescrit. Le nau-« frage suit de près la témérité que l'on « a eue de s'exposer à tant de dangers. « Voilà les fruits amers de ces lectures « insinuantes et perfides dont les parents

« et les instituteurs sont quelquefois les
« premiers à donner l'exemple à leurs
« enfants et à leurs élèves ; et il ne faut
« pas s'étonner si tous les travaux d'une
« éducation faite souvent à grands frais,
« se terminent par donner à la société
« une foule de su,ets médiocres, souvent
« même corrompus. » La seconde traduction de ce roman est plus élégante
que la première; mais celle-ci est d'une
fidélité scrupuleuse.

CHARLAS (Antoine), prêtre de Couse-
ans, mourut dans un âge avancé en
698, à Rome, où il s'était fixé quelques
années avant sa mort. On a de lui : *Trac-
atus de libertatibus Ecclesiæ Gallicanæ*,
n-4. Le but de l'auteur n'était d'abord
que d'attaquer différents abus, introduits par les jurisconsultes et les magis-
rats français, sous prétexte de conserver
les libertés de leur église. Mais un de ses
protecteurs à la cour de Rome l'engagea d'étendre la matière, et à traiter des
droits du Pape, qu'il croyait violés, dans
es articles du clergé de France en 1682.
La dernière édition en 1720, à Rome, 3
vol. in-4, est bien plus ample que la première. C'est un ouvrage savant et écrit
avec pureté; *De primatu summi Pontifi-
is*, in-4; *De la puissance de l'Eglise*,
contre le jésuite Mainbourg. (Voyez ce
nom.) *Causa regaliæ*, contre Noël Alexandre, Liége, 1685, in-4. Le savoir, la
modestie, la piété, distinguaient l'abbé
Charlas. Quoiqu'il ait dirigé pendant quelque temps le séminaire de Pamiers sous
M. Gaulet, il avait un caractère et des
principes plus décidés que ce prélat.

ROIS DE FRANCE.

CHARLES MARTEL, fils de Pépin de
Héristal et d'une concubine nommée Al-
païde, fut reconnu duc par les Austrasiens
en 715. Héritier de la valeur de son père,
l défit Chilpéric II, roi de France, en différents combats, et substitua à sa place
un fantôme de roi nommé Clotaire IV.
Après la mort de ce Clotaire, il rappela
Chilpéric de l'Aquitaine où il s'était réfugié, et se contenta d'être son maire du palais. Il tourna ensuite ses armes contre les
Saxons et les Sarrasins. Ceux-ci furent
taillés en pièces entre Tours et Poitiers,
l'an 732. On combattit un jour entier;
les ennemis perdirent plus de 100 mille
hommes. Abdérame leur chef fut tué, et
leur camp pillé. On a répété souvent que
Charles reçut le nom de *Martel*, parce
qu'il s'était servi d'un marteau pour écraser les barbares. Mais on s'est trompé.
Martel et *Martin* sont un même nom, et
l'on sait la vénération que les Francs
avaient pour saint Martin. *Martel* était
d'ailleurs un nom particulier dans la fa-

mille des Pépin, puisque les deux premiers ducs auxquels les Austrasiens confièrent le soin de les gouverner, lorsqu'ils
essayèrent de se séparer du royaume,
étaient parents, et que l'un se nommait
Pépin et l'autre *Martel*. Les incursions
des Sarrasins continuaient toujours dans
le Languedoc et la Provence, et le vainqueur les chassa entièrement, et s'empara des places dont ils s'étaient rendus
maîtres dans l'Aquitaine. Charles ne
posa point les armes : il les tourna contre les Frisons révoltés, les gagna à
l'Etat et à la religion, et réunit leur pays
à la couronne. Thierri, roi de France,
étant mort en 737, le conquérant continua de régner sous le titre de duc des
Français, sans nommer un nouveau roi.
Il mourut en 741, à Quersi-sur-Oise. Peu
de temps avant sa mort, deux nonces du
pape Grégoire III lui avaient apporté les
clefs du sépulcre de saint Pierre, avec
d'autres présents, et lui avaient demandé
des secours contre Luitprand, roi des
Lombards. Mais il n'eut pas le temps de
les envoyer. Le clergé perdit beaucoup
sous ce conquérant. Il entreprit de le dépouiller. Saint Boniface l'appelle *le destructeur des monastères*, et dit qu'*il mourut d'une mort honteuse, et après de longs
tourments*. Peut-être pourrait-on l'excuser à un certain point, à raison des circonstances où il se trouvait, des guerres
qu'il eut à soutenir contre les Sarrasins,
et de la conduite des évêques qui, par
une ardeur inconsidérée, oubliant les
fonctions pastorales pour repousser les
barbares par les armes, se dépouillèrent
en quelque sorte eux-mêmes de la sanction sainte qui couvrait leurs personnes et
leurs possessions. Un historien judicieux
a eu raison de dire, « que par l'emploi des
« biens ecclésiastiques à des fins mêmes
« louables, mais différentes de leur des-
« tination, les notions furent confon-
« dues, les principes anéantis ou altérés,
« les bases de la politique et du gouver-
« nement ébranlées. » Un des titres de
gloire de Charles Martel est d'avoir donné
le jour à Pépin *le Bref*, qui fonda la seconde dynastie des rois de France.

CHARLEMAGNE, ou CHARLES Ier, fils
de Pépin, roi de France, naquit, selon
la plus commune opinion, à Saltzbourg,
château de la Haute-Bavière, vers l'an
742, quoique quelques-uns le disent né
à Jupille, près de Liége, et d'autres,
mais sans fondement, à Ingelheim. Après
la mort de son père, il eut la Neustrie,
la Bourgogne et l'Aquitaine, et après
celle de Carloman son frère, en 771, il
fut reconnu roi de toute la monarchie
française. Ses premiers exploits furent

CHA

contre Humalde, duc d'Aquitaine, qui, s'étant fait moine, quitta son monastère pour se mettre à la tête de quelques troupes qui s'étaient révoltées. Il fut vaincu et fait prisonnier. Charlemagne résolut ensuite de mettre ses sujets de delà le Rhin à couvert des insultes des Saxons, peuples barbares et féroces, qui depuis longtemps faisaient des courses dans la France germanique, y portaient le fer et le feu, et en enlevaient les habitants qu'ils réduisaient en esclavage. Il marcha contre eux, les défit et prit leur meilleure place qui était Eresbourg, château situé vers Paderborn, en fit passer la garnison au fil de l'épée, rasa le temple de la fameuse idole Irminsul, et pardonna au reste de la nation. Tandis qu'il tâchait de mettre un frein à la licence des Saxons, l'Italie implorait son secours. Didier, roi des Lombards, dévastait l'exarchat de Ravenne et les Etats de l'Eglise. Charles marche contre lui, le fait prisonnier dans Pavie, et joint au titre de roi des Français, celui de roi des Lombards. Le conquérant confirme la donation faite au Pape, de l'exarchat. A peine le vainqueur des Saxons fut-il éloigné, que ces peuples reprirent les armes et recommencèrent leurs ravages. Charles accourt, les bat et leur pardonne encore. Il passe ensuite en Espagne pour rétablir Ibn-Algrabi dans Saragosse. Il assiége Pampelune, se rend maître du comté de Barcelone; mais son arrière-garde est défaite à Roncevaux par les Arabes et les Gascons, et il perd dans cette journée Roland, son neveu supposé, si célèbre dans les anciens romans. Les Saxons, toujours inquiets et prompts à violer leurs engagements, avaient encore profité de l'absence de Charles pour renouveler leurs déprédations et avaient mis tout à feu et à sang, sans distinction d'âge ni de sexe, depuis Deutz, vis-à-vis de Cologne, jusqu'à Coblentz. Charles les défit de nouveau, et les Saxons demandèrent encore pardon. Il le leur accorda, et leur laissa des ecclésiastiques pour les instruire dans la religion chrétienne, persuadé que c'était le moyen le plus efficace pour adoucir la férocité de cette nation. Vitikind, qui avait beaucoup d'influence sur ce peuple, les entraîna encore dans une révolte, et c'était la septième dont ils se rendaient coupables. Alors Charles, voyant qu'il ne gagnait rien par la douceur, résolut de sévir, ne croyant pouvoir assurer le repos de ces peuples que par ce moyen. Il fit trancher la tête à quatre mille cinq cents de ceux qui, contre la foi des serments, avaient été trouvés sous les armes. Il témoigna ensuite aux Saxons

que ce n'était qu'à regret qu'il répandait leur sang, qu'il ne voulait pas détruire leur nation, qu'il leur accorderait volontiers la paix, si leurs chefs, qui s'étaient retirés voulaient venir traiter avec lui. Il leur donna même des otages pour la sûreté de leurs personnes; il les reçut avec bonté, les disposa par sa douceur au christianisme, eut la meilleure part à la conversion du fameux Vitikind; établit avec le concours du Saint-Siége onze évêques dans leurs pays, les laissa vivre selon leurs lois, et leur fit goûter les douceurs de la paix. C'est avec raison que le célèbre Marquard Freher l'appelle *Multarum ferocissimarum gentium non tàm domitorem quàm emollitorem et institutorem.* « Il ne voulut cette fois, dit M. de La « Bruyère, faire grâce aux Saxons qu'à « condition qu'ils deviendraient chré- « tiens. Cette conduite, digne d'un prince « religieux, n'était pas moins digne d'un « prince éclairé. Les Saxons, peuples « sauvages et féroces, ne connaissaient « encore que les vices de la nature, et ne « cultivaient point les vertus de la société. « Leur culte, aussi grossier que leurs « mœurs, s'adressait à des idoles qu'ils « arrosaient du sang humain, supersti- « tion cruelle, qui naissait de leur carac- « tère farouche et le fortifiait. On ne « pouvait les soumettre qu'en adoucis- « sant leurs mœurs; et c'était à la reli- « gion seule qu'il appartenait de plier ces « esprits inflexibles. Le changement ar- « rivé dans les mœurs, depuis la publi- « cation de l'Evangile, garantissait le suc- « cès de l'entreprise. En effet, sur quel- « que peuple chrétien que l'on jette les « yeux, on verra que la loi de Jésus- « Christ l'a rendu moins cruel. » Mais c'est là précisément ce qui indispose si fort les philosophes modernes. Si Charlemagne n'avait fait usage de ses forces que pour détruire la religion chrétienne partout où s'étendait sa puissance, il n'est point d'éloges qu'il ne reçût de leur part; mais parce que ce prince ne faisait cas de son autorité et de ses conquêtes qu'autant qu'elles contribuaient à établir le règne du christianisme sur les ruines de l'idolâtrie, il n'est point surprenant qu'il soit un des objets les plus directs des injures de la secte antichrétienne, comme des calomnies les plus abominables et les plus avérées. C'est ainsi que Voltaire n'a point rougi de lui attribuer l'institution de la *cour weimique*, autrement dit *tribunal secret de Westphalie*, tandis que tous les historiens, depuis le 8e jusque vers le milieu du 14e siècle, gardent le plus profond silence sur l'origine et l'établissement de cette ridiction, tandis que ceux qui ont traité de l'*Histoire de Saxe* des 10°, 11° et 12° ècles, n'en disent pas un mot, et qu'on e trouve pas dans leurs vastes histoires moindre trace d'une cour de justice de tte nature. (Voyez MAXIMILIEN I.) Ce ne fut, dit M. Rigolet de Juvigny, qu'après avoir reconnu l'insuffisance des moyens qu'il avait employés d'abord pour contenir dans le devoir les Saxons très-indociles au joug, que Charlemagne publia, en 789, le fameux capitulaire *De partibus Saxoniæ*, rapporté par Baluse, par lequel il prononce la peine de mort contre ceux qui apostasieraient, ou qui se rendraient coupables de quelque crime ou délit contre la religion, la paix publique, et la fidélité due au souverain. Qu'on examine toutes les lois contenues dans ce capitulaire, entre autres, celles dont Voltaire abuse pour flétrir la mémoire de Charlemagne, et qu'on juge d'après les mœurs du 8° siècle, et les événements qui ont dicté cette législation rigoureuse, si ces lois ont rien de cruel et de tyrannique ? Qu'auraient-ils fait, en pareil cas, ces philosophes si amis de l'humanité, si ennemis des rois, si tolérants, criant à tous les habitants de l'univers : *Vous êtes libres*; qui ne daignent pas se placer ni dans le siècle, ni se transporter dans le pays dont ils prétendent écrire l'histoire; qui jugent des mœurs et des usages des anciens peuples sur les nôtres, des vues des plus grands princes du moyen âge, d'après les systèmes de politique qu'ils se forment eux-mêmes; qui supposent des causes pour apprécier des effets à peine connus; dont l'imagination enflu fait les frais des tableaux chimériques qu'ils mettent sous nos yeux, et sur lesquels ils s'épuisent en faux raisonnements et en réflexions inutiles? Qu'auraient-ils fait ces pédagogues ennuyeux du genre humain, s'il eût été possible que l'un d'eux se fût trouvé à la place de Charlemagne ? Heureusement ils n'existaient pas. » Charles, maître de l'Allemagne, de la France et de l'Italie, marche à Rome en triomphe, se fait couronner empereur d'Occident par Léon III, l'an 800, et renouvelle l'empire des Césars, éteint en 476 dans Augustule. On le déclara César et Auguste; on lui décerna les ornements des anciens empereurs romains, surtout l'aigle impériale. Depuis Bénévent jusqu'à Bayonne, et de Bayonne jusqu'en Bavière, tout était en sa puissance. Qu'on suive les limites de son empire, on verra qu'il possédait toute la Gaule, une province d'Es-

pagne, le continent de l'Italie jusqu'à Bénévent, toute l'Allemagne, les Pays-Bas et une partie de la Hongrie. Les bornes de ses Etats étaient, à l'orient, le Naab et les montagnes de la Bohème; au couchant, l'Océan; au midi, la Méditerranée; au nord, l'Océan et l'Oder. Dès qu'il fut empereur, Irène, impératrice d'Orient, voulut, dit-on, l'épouser, pour réunir les deux empires; mais une révolution subite, ayant précipité du trône cette princesse, fit évanouir ses espérances. Vainqueur partout, Charles s'appliqua à policer ses Etats, rétablit la marine, visita ses ports, fit construire des vaisseaux, forma le projet de joindre le Rhin au Danube par un canal, pour la jonction de l'Océan et du Pont-Euxin. Aussi grand par ses conquêtes, que par l'amour des lettres, il en fut le protecteur et le restaurateur. On tint devant lui des conférences, qu'on peut regarder comme l'origine de nos académies. Son palais fut l'asile des sciences. Pierre de Pise vint d'Italie, Alcuin d'Angleterre, etc.; tous furent comblés de biens et de caresses. Charles n'était point déplacé au milieu de ces savants; car il était versé dans les langues, et surtout dans la langue latine qu'il possédait comme sa langue maternelle. Sur la fin de sa vie, il conféra la version latine des saints Evangiles avec la version syriaque et l'original grec, et y fit des corrections. Au rapport du savant Lambecius, on conserve à la bibliothèque impériale à Vienne, l'exemplaire d'une explication de l'épître aux Romains, corrigé de sa main. Que l'abbé Velly vienne, après cela, nous dire que Charlemagne ne savait pas même écrire son nom. L'Eglise, dans son empire, lui dut le chant grégorien, la convocation de plusieurs conciles, la fondation de beaucoup de monastères. Outre l'école de Paris qu'il établit, il en érigea dans toutes les églises cathédrales, et à Rome un séminaire. « Son exemple, dit un auteur moderne, ranima, vivifia tout, et « chacun s'empressa d'acquérir des connaissances. Cette émulation devint générale, et avança beaucoup les progrès « des études. Celle de la religion surtout, « qu'il fallait puiser dans les sources de « l'Ecriture-Sainte, et dans les écrits des « premiers Pères de l'Eglise, fut couronnée par les plus grands succès. A « mesure que la vérité répandait sa lumière, les belles-lettres et les bonnes mœurs qui en sont la suite, reprenaient leur vigueur; car, malgré des « traits impies lancés de nos jours contre « le christianisme par une audacieuse « philosophie, elle est forcée d'avouer en

« secret que c'est cette religion sainte
« qui nous a tirés de la barbarie, en adou-
« cissant nos mœurs ; qui a éclairé nos
« esprits, en soumettant notre raison, et
« qui unit tous les hommes, non par les
« nœuds vains et légers d'une orgueil-
«' leuse bienfaisance (terme dont on abuse
« trop souvent aujourd'hui), mais par les
« liens si doux et si chers de la charité. »
C'est relativement à son nom que l'on
donna le nom de livres *Carolins* à un *Traité sur le culte des images*, dont la dernière
édition est de Hanovre, 1731, in-8, sous
ce titre : *Augusta concilii Nicæni II censura*. On sait que les Pères de Francfort
furent trompés par une traduction infidèle et même hérétique des décrets du
concile de Nicée, où l'on décernait aux
saints le même culte qu'à la Divinité :
leur erreur est une erreur de fait. Au
reste, les livres *Carolins*, d'où l'on a tiré
l'histoire du concile de Francfort, ne sont
rien moins qu'authentiques, comme plusieurs critiques l'ont prouvé, entre autres Bellarmin (*Controv. de conc. lib.* 2,
c. 8). Outre les *Capitulaires*, dont la
meilleure édition est de Baluze, Paris,
1677, 2 vol. in-folio, on a de Charlemagne des *Lettres* qui ont été insérées dans
la *Collection* de dom Bouquet, et une
grammaire, dont on trouve des fragments dans la *Polygraphie* de Trithème.
Ses lois sur les matières ecclésiastiques
sont pleines de sagesse. On connaît entre
autres celle que fit ce religieux prince
pour entretenir parmi les rustres et les
pâtres la piété unie à une gaîté sainte. Il
voulait qu'ils' chantassent les *cantiques de
l'Eglise, surtout le dimanche, en menant
leurs troupeaux aux pâturages et en les
ramenant chez eux, afin que tout le monde
les reconnût pour chrétiens et pour dévots*.
Les lois qu'il a portées sur les matières
civiles sont également admirables, pour
un temps qu'il plaît aux philosophes modernes de taxer d'ignorance, et où il y
avait peut-être plus de sagesse que dans
le nôtre. Il ordonna, ce qu'il est honteux
qu'on ait exécuté si tard en France, que
les poids et les mesures seraient mis par
tout son empire sur un pied égal. Il fixa
le prix du froment, du seigle, de l'avoine ; régla le prix des étoffes, et l'habille-
ment de ses sujets sur leur état et sur leur
rang. S'il ordonna par son testament que
les querelles des trois princes, ses fils,
pour les limites de leurs Etats, seraient
décidées par le jugement de la croix (ce
jugement consistait à donner gain de
cause à celui des deux parties qui tenait
le plus longtemps les bras élevés en
croix), c'est que le génie ne prévaut jamais entièrement sur les coutumes de

son siècle ; et il faut convenir que les déclamations auxquelles les philosophes se
livrent à cette occasion, sont absolument
mal fondées. « Ces sortes de pratiques,
« dit un auteur plus modéré, n'étaient
« sans doute pas le fruit d'une sagesse
« profonde, ni d'un discernement bien
« juste ; mais étaient-elles aussi insen-
« sées qu'on le dit ? Dans ce temps de
« simplicité, les chrétiens disaient tout
« bonnement à Dieu : *Seigneur*, *cette
« cause est si embrouillée, que les juges
« même n'y voient goutte ; Auteur de toute
« vérité, et de toute justice, daignez sup-
« pléer à leurs lumières, et nous montrer
« de quel côté est le bon droit*. La justice
« d'une cause, lorsqu'elle est bien obs-
« cure et bien compliquée, se fait-elle
« toujours connaître plus clairement dans
« le labyrinthe de la procédure moderne,
« dans ce conflit de principes et de maxi-
« mes contradictoires, dans cette multi-
« tude de décisions réformées et réfutées
« les uns par les autres, que dans les
« *épreuves judiciaires* de nos bons et igno-
« rants aïeux ? » Charlemagne, se sentant
près de sa fin, associa à l'empire Louis,
le seul fils qui lui restait, lui donna la
couronne impériale, et tous ses autres
Etats, à l'exception de l'Italie, qu'il garda
pour Bernard, fils de Pepin. Il mourut
l'année d'après, le 28 janvier 814, dans
la 71e année de son âge, la 47e de son
règne, et la 14e de son empire. On l'enterra à Aix-la-Chapelle, avec les ornements d'un chrétien pénitent, et ceux
d'un empereur et d'un roi de France, et
on lui fit cette courte épitaphe : « Ci-gît
« Charles, grand et orthodoxe empereur,
« qui a étendu glorieusement le royaume
« des Français, et qui l'a heureusement
« gouverné pendant quarante-sept ans. »
Lorsqu'Othon III fit ouvrir son tombeau,
on retira ceux de ses ornements que le
temps et l'humidité n'avaient pas gâtés ;
et ils font encore aujourd'hui partie du
trésor de l'empire, particulièrement sa
couronne, son cimeterre et le livre des
Evangiles. Pétrarque a parlé de ce tombeau dans la 3e épître du premier livre,
en ces termes : *Vidi Aquensem Caroli
sedem et in templo marmoreo verendum
barbaris gentibus sepulcrum*. Le nom de
ce conquérant législateur remplit la terre.
Le prince était grand, l'homme l'était
davantage. Les rois ses enfants furent
ses premiers sujets, les instruments de
son pouvoir et les modèles de l'obéissance. Il mit un tel tempérament dans les
ordres de l'Etat, qu'ils furent contreba-
lancés, et qu'il resta le maître. Tout fut
uni par la force de son génie. Il empêcha l'oppression du clergé et des hommes

titres, en menant continuellement la noblesse d'expédition en expédition. Il ne lui laissa pas le temps de former des desseins, et l'occupa tout entière à suivre les siens. L'empire se maintint par la grandeur du chef. Maître absolu de ses peuples, il mit sa gloire à en être le père, et il goûta le plaisir de voir qu'il en était aimé autant qu'il en était craint. Encore plus redoutable aux ennemis de la religion qu'à ceux de l'Etat, il fut toujours le fléau de l'hérésie et du vice, le protecteur le plus zélé aussi bien que l'enfant le plus soumis et le bienfaiteur le plus libéral de l'Eglise. Ses victoires furent pour elle des conquêtes, et le fruit le plus doux qu'il recueillit de tant de combats, ce fut d'étendre le royaume de Jésus-Christ à proportion qu'il étendait le sien. Vaste dans ses desseins, simple dans l'exécution, personne n'eut à un plus haut degré l'art de faire les plus grandes choses avec facilité, et les plus difficiles avec promptitude. Il parcourait sans cesse son vaste empire, portant la main où il menaçait de tomber, passant rapidement des Pyrénées en Allemagne, et d'Allemagne en Italie. Quelques auteurs modernes lui ont disputé le titre de *Grand*, sans doute parce qu'il leur a paru trop chrétien; mais les historiens équitables conviennent tous que personne ne mérita mieux de porter le nom de *Grand*, que cet empereur. Il était doux, et ses manières étaient simples, ainsi que celles des grands hommes. Il aimait à vivre avec les gens de sa cour. Charlemagne fut marié huit fois. Du vivant de son père Pepin, il épousa Himiltrude. Il déféra ensuite trop aux conseils de sa mère Bertrade, qui lui fit répudier cette Himiltrude pour prendre la fille de Didier, roi des Lombards; mais quelques mois après, touché des remontrances que les prélats de son royaume et le pape Etienne lui firent, il renvoya cette princesse en Italie, et rappela Himiltrude. Devenu veuf, il épousa en secondes noces Hildegarde l'an 773. Eginhart, qui nous a donné les *annales* de son règne et la *vie* de ce prince, appelle *concubines* les dernières femmes de Charlemagne: sur cela les écrivains modernes ont accusé ce prince d'incontinence; mais ils n'ont pas fait attention qu'on entendait souvent par le mot de *concubine*, une femme mariée, mais sans certaines formalités, et qui n'avait pas certaines prérogatives, à cause de l'inégalité de condition et le défaut de dot; de là venait que les enfants qui naissaient de ces mariages étaient exclus de la succession des Etats de leur père. Il faut convenir cependant qu'on trouve,

dans ce temps-là, quelques exemples qui semblent prouver que la doctrine de l'indissolubilité du mariage avait souffert quelques obscurcissements : et c'est ainsi que plusieurs auteurs ont expliqué le grand nombre d'épouses que ce prince eut successivement. Charles gouverna sa maison avec la même sagesse que son empire. Il fit valoir ses domaines, et en tira de quoi répandre d'abondantes aumônes et soulager son peuple. Charlemagne avait les yeux grands et vifs, un visage gai et ouvert, le nez aquilin. Quelques auteurs ont voulu en faire un géant, et c'est un préjugé général parmi le peuple d'Aix-la-Chapelle. On peut voir là-dessus la dissertation de Marquard Freher, *De staturâ Caroli magni*. Eginhart assure que sa taille, quoique haute, n'avait rien d'extraordinaire : *Staturâ eminenti quæ tamen justam non excederet*. Il ne portait en hiver, dit Eginhart, qu'un simple pourpoint fait de peau de loutre, sur une tunique de laine bordée de soie. Il mettait sur ses épaules une espèce de manteau de couleur bleue ; et pour chaussure, il se servait de bandes de diverses couleurs, croisées les unes sur les autres. Paschal III, anti-pape, le mit au nombre des saints en 1165 ou 1166. Il a encore été canonisé par Rainaud, archevêque de Cologne, et par Alexandre, évêque de Liége, en présence de l'empereur Frédéric Barberousse, qui publia un diplôme *pour l'élévation et l'exaltation de son corps*. Les papes légitimes ont constamment toléré le culte que lui rendent encore les églises d'Aix-la-Chapelle, de Reims, de Rouen, etc. Benoît XIV prétend que cette tolérance et cet usage suffisent pour autoriser les honneurs que lui rendent les églises particulières, et valent une béatification. Louis XI ordonna que sa fête serait célébrée le 28 janvier. Cependant dans quelques endroits, comme à Metz, on fait tous les ans un service pour le repos de son âme. « Les pays qui composent aujourd'hui la France et l'Allemagne jusqu'au Rhin, dit un historien célèbre, furent tranquilles pendant près de cinquante ans, et l'Italie pendant treize. Depuis son avénement à l'empire, point de révolution en France, point de calamités pendant ce demi-siècle, qui parlà est unique. » La Bruyère a donné l'*Histoire de Charlemagne* en 2 vol. in-12. Elle est infiniment préférable à celle que M. Gaillard a publiée en 1782, 4 vol. in-12, et en 1818 et 1819, en 2 vol. in-8: compilation sans ordre, sans choix et sans goût; remplie de déclamations sans objet réel, et de censures sans justesse, où le caractère de ce grand prince

est entièrement défiguré, les faits altérés
et travestis, et l'histoire asservie aux
vues d'une philosophie qui ne *raisonne*
l'histoire, suivant l'expression de l'auteur,
que pour séduire et pour corrompre ;
pour exalter les Sardanapale, les Julien,
les Andronic, les Wenceslas, et calomnier les Constantin, les Théodose, les
Charlemagne, les saint Louis.

CHARLES II, dit *le Chauve*, fils de
Judith, seconde femme de Louis-le-Dé-
bonnaire, né à Francfort-sur-le-Mein le
13 juin 823, roi de France en 840, élu
empereur par le Pape et le peuple romain
en 875, fut couronné l'année d'après. Le
commencement de son règne est célèbre
par la bataille de Fontenai en Bourgogne, donnée en 841, où ses armes, jointes à celles de Louis de Bavière, vain-
quirent Lothaire et le jeune Pépin, ses
frères. Charles ne profita point de sa
victoire. La paix fut conclue. Il conserva
l'Aquitaine avec la Neustrie, tandis que
Louis avait la Germanie, Lothaire, l'aîné,
l'Italie et le titre d'empereur. Une nouvelle guerre vint l'occuper. Les Normands
avaient commencé leurs ravages. Charles
leur opposa l'or au lieu du fer. Ces ménagements, indignes d'un roi qui aurait
dû plutôt se battre que marchander, occasionnèrent de nouvelles courses et des
déprédations. Ayant voulu profiter de la
mort de Louis-le-Germanique, et reprendre sur ses enfants ce qu'il avait cédé
dans le dernier partage de la Lorraine,
il fut battu par Louis, second fils du
prince défunt. Revenant d'Italie, où il
avait fait un voyage pour y porter la
guerre, il mourut à Briord en Bresse,
le 6 octobre 877, après avoir régné 37
ans comme roi de France, et presque 2
comme empereur. L'on prétend qu'un
juif, nommé Sédécias, son médecin et son
favori, l'empoisonna. Quelques écrivains,
faisant sans doute plus d'attention à sa
puissance, qu'aux qualités qui font les
rois, ont voulu lui donner le surnom de
Grand; « mais la postérité, dit un his-
« torien, ne l'a nommé que *Charles-le-*
« *Chauve*. C'était en effet un prince plus
« puissant que digne de l'être, plus sen-
« sible à l'ambition qu'à la gloire, moins
« prudent que rusé, et plus avide de con-
« quêtes, que propre à régir et à défen-
« dre ses Etats. Tout ce qu'il eut de
« grand ou de singulier, c'est que dans
« l'alternative de prospérité et d'adver-
« sité, où il passa presque toute sa vie, il
« soutint beaucoup mieux les revers que
« la bonne fortune. » C'est à son empire
que commence le gouvernement féodal.
La France, dévastée par les guerres civiles que les enfants de Louis-le-Débon-

naire s'étaient faites entre eux, était
devenue la proie des Normands. Les seigneurs français, obligés de se défendre
chacun sur son territoire, s'y fortifièrent
et se rendirent redoutables aux successeurs de Charles. Ils ne les laissèrent
sur le trône, que tant qu'ils eurent en
main de quoi les enrichir. Mais quand
enfin ils furent dépouillés de tout, les
grands, qui n'avaient plus rien à en espérer, se firent déclarer rois, tels qu'Eudes
et Raoul, dont la puissance ne passe pas
cependant à leur postérité. Les grands
offices militaires, les dignités et les titres,
les duchés, les marquisats, les comtés
devinrent héréditaires ; et ce ne fut pas
un petit coup porté à l'autorité royale.

CHARLES *le Gros*, fils de Louis-le-
Germanique, né vers l'an 832, roi de
Souabe en 876, fut élu roi d'Italie et empereur en 881 ; mais on le destitua dans
une diète tenue au château de Tribur,
près de Mayence, en 887, par les Français et les Allemands. Il avait réuni sur
sa tête toutes les couronnes de Charlemagne. Il parut d'abord assez fort pour
les porter ; mais sa faiblesse se fit bientôt
connaître. Il fut méprisé par ses sujets,
et par l'impératrice Richarde, accusée
d'infidélité avec son premier ministre.
L'empereur déposé, réduit à demander
sa subsistance à Arnould, son neveu et
son successeur, mourut de chagrin à
Richenow, près de Constance, le 12
janvier 888.

CHARLES III, *le Simple*, fils de Louis-
le-Bègue, né le 17 septembre 879, d'une
seconde femme, du vivant même de la
première, fut couronné roi de France en
893. Ce prince était le seul descendant légitime de Charlemagne. Sa faiblesse éclata, dès qu'il eut en main les rênes de l'E-
tat. Il ne profita pas de ses avantages au
dehors, et ne remédia pas aux guerres
intestines de son royaume. Les Normands continuaient leurs ravages. Char-
les-le-Simple, touché des représentations
de son peuple accablé par ces pirates,
offre à leur chef Rollon la paix, sa fille
Giselle et la Neustrie qu'ils appelaient
déjà Normandie, sous la condition qu'il
en ferait hommage, et qu'il embrasse-
rait le christianisme. Le barbare demanda encore la Bretagne. On disputa et on
la lui céda. La gloire et l'avantage d'hu-
maniser, par des mœurs chrétiennes, la
formidable nation des Normands, adou-
cirent aux Français ce nouveau sacrifice.
L'empereur Louis IV étant mort, Char-
les-le-Simple aurait pu être élu ; mais,
réduit à un petit domaine par les usurpations des grands de son royaume, il
se vit hors d'état de faire valoir ses droits

l'empire. Robert, frère du roi Eudes, forma quelque temps après un puissant parti contre lui, et se fit sacrer roi en 922. Charles lui livra bataille et le tua. Il profita si mal de cet avantage, que les factieux eurent le temps de lui opposer Raoul de Bourgogne. Quelque temps après, Herbert l'enferma au château de Péronne, où il mourut le 7 octobre 929, à 50 ans. Son fils Louis porta le nom d'*Outremer*, parce qu'il fut transporté en Irlande pendant les malheurs de son père.

CHARLES IV, *le Bel*, troisième fils de Philippe-le-Bel, parvint à la couronne de France en 1322, par la mort de son frère Philippe-le-Long; et à celle de Navarre, par les droits de Jeanne, sa mère. Il se signala d'abord par les recherches des financiers, presque tous venus de Lombardie et d'Italie pour piller la France. Les semences de division entre l'Angleterre et la France subsistaient toujours. La guerre commença entre Charles-le-Bel et Edouard II. Charles de Valois, son oncle, alla en Guienne, et s'empara de plusieurs villes. La reine Isabelle d'Angleterre fut priée de passer la mer, pour aller rétablir la concorde entre ces deux princes, dont l'un était son frère et l'autre son mari. L'affaire fut bientôt terminée. Charles rendit au roi d'Angleterre tout ce qu'il lui avait pris, à condition que ce prince viendrait en personne à sa cour rendre hommage de la Guienne, ou qu'il en chargerait Edouard son fils, en lui cédant le domaine de cette belle province. L'arrivée du jeune prince en France fut le sceau de la paix entre les deux nations. Charles-le-Bel mourut le 1er février 1328, à l'âge de 34 ans. Le pape Jean XXII avait fait de vains efforts pour mettre sur sa tête la couronne impériale, qu'il voulait ôter à Louis de Bavière; mais Charles-le-Bel n'avait ni assez de courage, ni assez d'intrigue pour pouvoir la prendre et la garder. Il montra quelque zèle pour la justice; mais ses peuples n'en furent pas mieux traités, et il laissa l'Etat accablé de dettes. Ce prince avait épousé en premières noces Blanche de Bourgogne, qui fut accusée d'adultère en 1314. Il fit déclarer ce mariage nul pour cause de parenté, en 1322. Cette princesse prit le voile à Maubuisson, où elle mourut en 1326. Charles IV épousa en secondes noces Marie de Luxembourg, fille de l'empereur Henri VII, qui mourut en 1324. Dès l'année suivante, il contracta un troisième mariage avec Jeanne d'Evreux qui lui survécut longtemps.

CHARLES V, *le Sage*, fils aîné du roi Jean, né à Vincennes, le 21 janvier 1337, fut le premier prince qui prit le titre de Dauphin. Il succéda à son père le 8 avril 1364. La France était alors dans la désolation et l'épuisement. Il remédia à tout par ses négociateurs et ses généraux. Bertrand du Guesclin tomba, dans le Maine et dans l'Anjou, sur les quartiers des troupes anglaises, et les défit toutes les unes après les autres. Il rangea peu à peu le Poitou, la Saintonge, le Rouergue, le Périgord, une partie du Limousin, le Ponthieu, sous l'obéissance de la France. Il ne resta aux Anglais que Bordeaux, Calais, Cherbourg, Bayonne et quelques forteresses. Bertrand du Guesclin s'était déjà signalé par son ordre en Espagne; il avait chassé du royaume de Castille Pierre-le-Cruel, meurtrier de sa femme, et avait fait couronner à sa place un bâtard, frère de ce roi. Ses avantages sur l'Angleterre étaient toujours constants. Une bataille navale sur les côtes de la Rochelle, en 1372, où le comte de Pembrock et 8,000 des siens furent faits prisonniers, accéléra une trêve entre la France et l'Angleterre. Les Français avaient perdu, sous le roi Jean, tout ce que Philippe-Auguste avait conquis sur les Anglais : Charles s'en remit en possession par sa dextérité et par ses armes. La mort d'Edouard III le mit en état d'achever la conquête de la Guienne, qu'il reprit tout entière, à la réserve de Bordeaux. L'empereur Charles IV, s'étant voué à Saint-Maur de France, dans les douleurs de la goutte, vint de Prague à Paris en 1378. Le roi de France le reçut avec magnificence. L'année suivante, le duc de Bretagne s'étant révolté, il confisqua ses Etats; mais il ne put parvenir à s'en emparer : la mort vint le surprendre le 16 septembre 1380, à la quarante-troisième année de son âge. Les historiens le font mourir d'un poison que le roi de Navarre lui avait fait donner, lorsqu'il n'était encore que dauphin. Un médecin allemand arrêta, dit-on, la violence du poison, en lui ouvrant le bras par une fistule qui donnait issue au venin. Le jour même de sa mort, il supprima, par une ordonnance expresse, la plupart des impôts. On trouva dans ses coffres dix-sept millions de livres de son temps, dus à l'ordre et à l'économie qu'il mit dans les finances, et aux soins de faire refleurir l'agriculture et le commerce. Jamais prince ne plut tant à demander conseil, et ne se laissa moins gouverner que lui par ses courtisans. Ayant appris qu'un seigneur avait tenu un discours trop libre devant le jeune Charles, son fils aîné, il chassa le coupable de sa cour, et dit à ceux qui étaient présents : « Il faut inspirer aux enfants « des princes l'amour de la vertu, afin « qu'ils surpassent en bonnes œuvres « œux qu'ils doivent surpasser en di- « gnité. » Insensible à la flatterie, il connaissait le véritable prix des éloges. Le sire de la Rivière, son chambellan et son favori, s'entretenait avec ce prince sur le bonheur de son règne. *Oui*, lui dit le roi, *je suis heureux, parce que j'ai le pouvoir de faire du bien.* Edouard disait qu'il n'y avait point de roi qui parût si peu à la tête de ses armées, et qui lui suscitât tant d'affaires. La guerre avec l'Angleterre fit renaître la marine. La France eut une flotte formidable pendant quelque temps. C'est à Charles V qu'on doit encore l'arrêt qui fixe la majorité des rois de France à 14 ans : arrêt qui remédia aux abus des régences qui absorbaient l'autorité royale. Il déracina, autant qu'il put, l'ancien abus des guerres particulières des seigneurs. Malgré l'amour que Charles eut constamment pour son peuple, et le zèle avec lequel il travailla à épurer son gouvernement, il n'a pu échapper aux iniques censures des ennemis forcenés de toute autorité légitime. On a vu un auteur avancer, en 1789, que *le tyran Charles V fut surnommé le Sage, pour avoir trouvé le moyen de contenir la ville de Paris, en élevant les tours de la Bastille.* « Charles V un *tyran !* s'écrie un critique : « voilà une idée étrangement nouvelle ! « Et l'Académie française, proposant en « 1766, l'éloge de ce prince, pour le su- « jet d'un prix que remporta M. de La « Harpe, ne se doutait pas qu'elle pro- « posât l'éloge d'un *tyran.* Elle croyait, « cette compagnie, avec tous ceux qui « connaissent l'histoire, que Charles V « fit construire la Bastille, moins pour y « enfermer des prisonniers que pour « servir de boulevart à la ville de Paris, « contre les ennemis de l'Etat, ainsi que « l'attestent les historiens du temps. A « l'égard du surnom de *Sage*, Charles V « le mérita par la sagesse des ordonnan- « ces qu'il fit contre les duels, contre les « jeux de hasard, etc. ; par son amour « pour les lettres ; par les traductions « qu'il fit faire en notre langue, de plu- « sieurs auteurs anciens ; enfin par un « règne qui est une époque mémorable « dans l'histoire de notre littérature, ne « fût-ce que par l'établissement de la bi- « bliothèque du roi. Voilà les titres qui « méritèrent à Charles V le surnom de « *Sage*; et si l'on en pouvait douter, il « suffirait de jeter les yeux sur les bio- « graphies de ce prince. » En effet, les

talents eurent en lui un protecteur. Il aimait les livres et encourageait les auteurs. Ce fut sous son règne que parut le *Songe du Vergier*, qui traite de la puissance spirituelle et temporelle, et flatte celle-ci au préjudice de l'autre, parce qu'il fut composé dans des circonstances où le roi était mécontent du Pape (*Voyez* LOUVIERS et JEAN DE VERTUS.) Sa bibliothèque était placée dans le château du Louvre. Il vint à bout de rassembler environ neuf cents volumes : collection, à la vérité, mal choisie, mais qui marquait du moins ce qu'était un prince à qui son père n'avait laissé qu'environ vingt volumes. C'est de son temps qu'on joua les pièces dramatiques appelées *mystères.* L'abbé de Choisy a écrit l'*Histoire de Charles V*, Paris, 1689, in-4.

CHARLES VI, dit *le Bien-Aimé*, fils du précédent, né le 3 décembre 1368, à Paris. Son père lui donna le Dauphiné en apanage, et il fut ainsi le premier prince de France, qui porta le titre de *dauphin* en naissant. Il parvint au trône le 16 septembre 1380. Sa jeunesse livra la France à l'avarice et à l'ambition de ses trois oncles, les ducs d'Anjou, de Berry et de Bretagne. Ils étaient, par leur naissance, les tuteurs de l'Etat; ils en devinrent les tyrans. Louis d'Anjou, après s'être emparé du trésor de son pupille, accabla le peuple d'impôts. La France se souleva. Les rebelles de Paris, qu'on nommait les *maillotins*, parce qu'ils s'étaient servis de maillets de fer pour se défaire des financiers, furent punis, sans qu'on pût faire cesser les murmures. La sédition était arrivée pendant l'absence du roi. Charles, âgé seulement de 14 ans, mais guerrier dès l'enfance, venait de gagner sur les Flamands, révoltés contre leur comte, la bataille de Rosbecq, dans laquelle il leur tua 25,000 hommes. Cette victoire jeta l'épouvante dans les villes rebelles; toutes se soumirent, à l'exception de Gand. Il se préparait à fondre sur l'Angleterre, lorsque, marchant contre Jean de Montfort, duc de Bretagne, chez qui Pierre de Craon, assassin du connétable de Clisson, s'était réfugié, il fut frappé d'un coup de soleil, qui, dit-on, lui tourna la tête et le rendit furieux; mais il est certain que sa démence s'était annoncée auparavant par des égarements dans ses yeux et dans son esprit. Les uns prétendent qu'elle provenait d'une potion amoureuse; les autres, de la frayeur que lui causa un grand homme d'une figure hideuse qui était sorti d'un buisson, et qui, ayant arrêté son cheval par la bride, avait crié : *Arrête, prince, tu es trahi, où vas-tu?* Dans ses premiers accès, le roi tira son épée et tua quatre hommes. Les projets de guerre, comme on le pense bien, s'évanouirent. On signa une trève de 28 ans avec Richard II. Charles était toujours dans sa frénésie ; pour comble de malheur, il reprenait quelquefois sa raison. Ces lueurs de bon sens furent fatales. On n'osa point assembler les Etats, ni rien décider, et Charles resta roi. Jean Sans-Peur, duc de Nevers et de Bourgogne, vint à la cour pour y exciter des troubles et s'emparer du gouvernement. Ce prince, né scélérat, fit tuer le duc d'Orléans, frère du roi. Ce meurtre mit le feu aux quatre coins du royaume. Les Anglais ne manquèrent pas de profiter de la division. Ils remportèrent la victoire d'Azincourt, en 1415, qui couvrit la France de deuil. Sept princes français restèrent sur le champ de bataille. Les ennemis prirent Rouen, avec toute la Normandie et le Maine. Les Français, divisés sous les noms d'Orléanais et de Bourguignons, s'immolaient à l'envi aux fureurs de l'une et de l'autre faction. Le duc de Bourgogne fit regorger de sang la capitale et les provinces ; et lorsqu'il fut tué, en 1419, par Tannegui du Châtel, sa mort, loin d'arrêter le carnage, ne fit que l'augmenter. Philippe-le-Bon, son fils, voulant venger ce meurtre, s'unit avec Henri V, roi d'Angleterre, et avec Isabelle de Bavière, femme de Charles VI, princesse dénaturée, qui par ce complot faisait perdre la couronne au dauphin son fils. Le jour où se conclut, à Troyes, ce monstrueux traité, parut avec raison infiniment plus funeste que la journée d'Azincourt. Henri V fut déclaré régent et héritier du royaume, par son mariage avec Catherine, dernière fille de France. Le roi d'Angleterre vint à Paris, et y gouverna sans contradiction. Le dauphin, retiré dans l'Anjou, travailla vainement à défendre le trône de son père. On croyait que la couronne de France serait pour toujours à la maison de Lancastre, lorsque Henri mourut à Vincennes, le 28 août 1422. Charles VI ne lui survécut que fort peu de temps, étant mort le 21 octobre de la même année. Sa maladie avait dégénéré en une sombre imbécillité, et plusieurs l'attribuèrent à la magie. Sa démence ayant augmenté par un accident arrivé à un ballet, on envoya chercher un magicien à Montpellier pour le désensorceler. « La « mort de Charles VI sauva la France, « dit le président Hénault, comme celle « de Jean Sans-Terre avait sauvé l'An- « gleterre. » — Quand on considère ce

« temps malheureux, ajoute cet histo- « rien, on ne saurait comprendre l'aveu- « glement des peuples ; ils abandonnent « sans le moindre murmure les lois fon- « damentales de l'Etat, à la fureur « d'une reine déshonorée, et à l'imbé- « cillité d'un roi sans volonté ; tandis « que dans d'autres temps ils s'opposent « avec véhémence à des dispositions sa- « ges, faites pour les rendre heureux. « Anne d'Autriche est l'objet de la haine « des Parisiens, et Isabelle de Bavière « l'est de leur confiance. » Ce fut sous ce règne que le Parlement devint continuel ; Philippe-le-Bel l'avait rendu sédentaire ; mais il ne s'assemblait que deux fois, ou même une seule fois par an. L'*Histoire de Charles VI* a été écrite par l'abbé de Choisy, 1695, in-4, 1750, in-12 ; et par Baudot de Juilly, sous le nom de mademoiselle de Lussan, Paris, 1753, 8 vol. in-12.

CHARLES VII, dit *le Victorieux*, parce qu'il reconquit presque tout son royaume sur les Anglais, moins par lui-même que par ses généraux, naquit à Paris le 22 février 1403. Il prit la qualité de régent en 1418, et fut couronné à Poitiers en 1422. Il eut à combattre, en prenant la couronne, le régent Bedfort, frère de Henri V, et aussi absolu que lui. Tous les avantages furent d'abord du côté des Anglais. Ils ne nommaient Charles VII, alors dans le Berri, que *le roi de Bourges*. Il se moqua de leur insolence, et s'en vengea à la bataille de Gravelle en 1423, et à celle de Montargis en 1427. Ces deux succès ne découragèrent pas les Anglais. Ils mirent le siège devant Orléans, prêt à se rendre, quoique le brave Dunois le défendît. Charles VII pensait déjà à se retirer en Provence, lorsqu'on lui présenta une jeune paysanne de 20 ans, pleine de courage et de vertu, qui lui promet de faire lever le siége d'Orléans, et de le faire sacrer à Reims. On résiste d'abord. On l'arme ensuite ; elle marche à la tête d'une armée, se jette dans Orléans, et le délivre. De nouveaux succès viennent à la suite. Le comte de Richemont défait les Anglais à la bataille de Patay, où le fameux Talbot fut fait prisonnier. Louis III, roi de Sicile, joint ses armes à celles de son beau-frère. Auxerre, Troyes, Châlons, Soissons, Compiègne se rendent au roi. Reims, occupé par les Anglais, lui ouvre ses portes. Il y est sacré en présence de la Pucelle, prise bientôt après, au siège de Compiègne, et brûlée comme sorcière. Henri VI, pour animer son parti, quitte Londres, et vient se faire sacrer à Paris : cette ville était alors aux Anglais.

Les Français ne tardèrent pas de s'en rendre les maîtres. Charles y fit son entrée en 1437 ; mais ce ne fut qu'en 1450 que les ennemis furent entièrement chassés de la France. Le roi reprit successivement tout le pays qu'ils avaient conquis, et il ne leur resta plus que Calais. « Charles ne fut en quelque sorte, dit le « président Hénault, que le témoin des « merveilles de son règne. S'il parut à « la tête de ses armées, ce fut comme « guerrier et non comme chef. On peut « même dire qu'il ne dut ses succès « qu'aux généraux qui le faisaient agir. « Sans eux, il aurait souvent négligé ses « armes et ses affaires, pour se livrer à « ses amours. » Un jour qu'il était tout occupé d'une fête, il demanda à La Hire, qui lui parlait de choses plus importantes, ce qu'il pensait de ces divertissements ? *Je pense*, lui répondit La Hire, *qu'on ne saurait perdre son royaume plus gaîment.* Le dauphin fâché de cette indolence, et aigri contre son père par les ducs d'Alençon et de Bourbon, se révolte contre lui. Son père le poursuit, le désarme et lui pardonne. Cet acte de clémence ne le corrigea pas : il persista dans sa rébellion, et se maria avec la fille du duc de Savoie, pour se ménager un appui contre le ressentiment du roi. On a bien eu raison de dire de Charles VII, qu'il avait été malheureux par son père et par son fils. La fin de son règne, quoiqu'infortunée pour lui, fut assez heureuse pour la France, surtout si l'on en considère le commencement. Ennemi des partis violents, et même de toute affaire sérieuse, il ne put soutenir les divisions de sa cour et de sa famille. Il tomba malade à Mehun-sur-Yèvre en Berri. Un malheureux confident lui ayant dit qu'on voulait l'empoisonner, la crainte se joignit à la mélancolie, et il ne voulut plus manger. Quoi qu'on pût faire pour dissiper ses terreurs, il demeura plusieurs jours sans toucher à aucune nourriture, et s'affaiblit d'une telle manière, que, lorsqu'on parvint à lui persuader de prendre quelque aliment, son estomac rétréci ne put rien soutenir. Il mourut ainsi, par la peur de mourir, le 22 juillet 1461, à 58 ans, après avoir reçu néanmoins tous les sacrements de l'Eglise avec beaucoup de piété, et en suppliant le Seigneur de lui faire la même miséricorde qu'à la sainte pénitente, dont on célébrait ce jour-là la mémoire. « Char-« les VII, dit un historien célèbre, dans « la suite de sa vie ainsi qu'à la mort, « n'offrit qu'un long tissu de contradic-« tions : en butte aux plus grands revers, « en commençant et avant de commencer « à régner, et durant trente ans ensuite

« accompagné sans interruption de la « victoire ; plein de foi, religieux jus-« qu'à la piété, et très-peu réglé dans « ses mœurs ; plus soldat que capitaine, « plus heureux qu'habile, choisissant « bien ses généraux et assez mal ses fa-« voris ; bon, libéral, populaire, affable « jusqu'à la familiarité, et parfaitement « obéi, si ce n'est de son fils, dont il ne « fut ni aimé ni ménagé, tandis qu'il « était adoré de son peuple. » C'est sous Charles VII que cessèrent de se tenir les cours plénières ; la guerre contre les Anglais en fut le prétexte, elles étaient fort à charge au roi et à la noblesse. La noblesse s'y ruinait au jeu, le roi en dépenses énormes de table, d'habits et d'équipages ; il lui fallait chaque fois habiller ses officiers, ceux de la reine et des princes. Ce fut aussi sous son règne que la taille devint perpétuelle. Jusque-là les Etats-Généraux, suivant les besoins de l'Etat, s'étaient imposé une taille. Il y avait des droits légers sur la vente des boissons en détail, nommés aides et gabelle. Ils avaient nommé des gens pour les percevoir. Ces impôts n'étaient que pour un temps ; sous Charles VII ils devinrent perpétuels, et le roi nomma des préposés pour les recueillir. Il jugeait, ou faisait juger par ses officiers, les malversations de ces préposés, qui l'eussent été par le peuple, s'ils eussent continué à être les préposés du peuple. Ce fut encore sous ce prince que la gendarmerie fut réduite à quinze compagnies, chacune de 100 hommes d'armes. Chaque gendarme avait son cheval léger. Il établit aussi 5,400 archers, dont une partie combattait à pied, et l'autre servait de cavalerie légère. La France prit une nouvelle face. Lorsqu'il en devint roi, ce n'était qu'un théâtre de carnage ; chaque ville, chaque bourg avait garnison. On voyait de tous côtés des forts et des châteaux bâtis sur les éminences, sur les rivières, sur les passages et en pleine campagne. Les rois n'avaient eu jusque-là que les troupes que devaient fournir les feudataires, qui ne les prêtaient que pour le nombre des jours stipulés, et avec lesquelles on pouvait livrer une bataille et rien de plus. Mais quand Charles VII eut des troupes à lui, il détruisit beaucoup de ces forteresses, et Louis XI encore plus. (Voyez son *Histoire*, par Baudot de Juilly, Paris, 1754, 2 vol. in-12.)

CHARLES VIII, dit l'*Affable et le Courtois*, fils de Louis XI, roi de France, naquit à Amboise le 30 juin 1470 ; il monta sur le trône de son père, le 30 août 1483. Son esprit n'avait reçu aucune culture. Louis XI craignant que son fils le se liguât contre lui, comme il s'était ligué lui-même contre son père, le tint dans l'obscurité et dans l'ignorance. Il se borna à lui faire apprendre ces mots latins : *Qui nescit dissimulare, nescit regnare.* La sœur de Charles VIII, Anne de France, dame de Beaujeu, eut le gouvernement de la personne de son frère, par le testament de son père, confirmé par les Etats-Généraux. Louis, duc d'Orléans, connu depuis sous le nom de Louis XII, premier prince du sang, jaloux que l'autorité eût été confiée à une femme, excita une guerre civile pour avoir la tutelle. On se battit dans les provinces, et surtout en Bretagne; mais le duc ayant été fait prisonnier à la journée de Saint-Aubin en 1488, et enfermé tout de suite dans la tour de Bourges, les divisions cessèrent. Le mariage de Charles VIII, en 1491, avec Anne de Bretagne, cimenta la paix, et procura de nouveaux Etats à la France. Charles et Anne se cédèrent mutuellement leurs droits sur la Bretagne. La conquête du royaume de Naples tentait l'ambition du roi de France. Il fait la paix avec le roi d'Aragon, lui rend la Cerdagne et le Roussillon, et lui fait une remise de trois cents mille écus qu'il devait, sans faire attention que douze villages qui joignent un Etat valent mieux, dit un historien, qu'un royaume à 400 lieues de chez soi. Charles enivré de sa chimère, et perdant de vue ses vrais intérêts, descend en Italie. Il entre dans Rome en vainqueur à la lueur des flambeaux, en 1494, et fait des actes de souverain dans cette métropole du monde chrétien. Alexandre VI, réfugié dans le château Saint-Ange, capitule avec lui, l'investit du royaume de Naples, et le couronne empereur de Constantinople. La terreur du nom français lui ouvrit les portes de Capoue et de Naples, Charles y entra en 1495, avec les ornements impériaux. Le Pape, les Vénitiens, Sforce, duc de Milan, Ferdinand d'Aragon, Isabelle de Castille, étonnés d'une conquête si prompte, travaillent à la lui faire perdre. Il fallut qu'il repartît pour la France, six mois après l'avoir quittée. Il n'y rentra qu'avec beaucoup de peine, et par une victoire. Il fallut livrer bataille à Fornoue, village près de Plaisance. L'armée des confédérés était forte d'environ 40,000 hommes; la sienne n'était que de 8,000. Les Français, leur roi à leur tête, furent vainqueurs dans cette journée. Naples fut perdu en aussi peu de temps qu'il avait été conquis. Charles, revenu en France, ne pensa plus à reprendre un royaume qui lui avait tant coûté. Il mourut, le 7 avril 1498, au château d'Amboise, avec de grands sentiments de piété, à 27 ans, dont il en avait régné 15. Sa santé avait été chancelante, et son esprit tenait de sa santé. Sa bonté et sa douceur étaient sans égales. Il était si tendrement aimé de ses domestiques, que deux tombèrent morts en apprenant qu'il venait d'expirer. Les historiens rapportent une action qui lui fait d'autant plus d'honneur, qu'il aimait beaucoup les femmes. Dans le temps qu'il était dans la ville d'Ast, il trouva, le soir, en se retirant dans son appartement, une jeune fille fort belle, que les courtisans lui avaient achetée. Cette fille le supplia, les larmes aux yeux, de sauver son honneur. Le roi fit venir ses parents, et ayant su que leur pauvreté les avait empêchés de marier leur fille, et les avait obligés à la vendre, il paya sa dot, et la renvoya pénétrée de respect et de reconnaissance. « Cette « œuvre héroïque, dit l'abbé Bérault, « attira les plus abondantes bénédictions « de la grâce sur ce prince, qui parut « dans la suite un homme tout nouveau « dans l'ordre de la religion. Depuis cette « époque remarquable, il commença sé- « rieusement à régler sa conduite et ses « discours même, assez licencieux aupa- « ravant: il ne sortit plus de sa bouche « que des paroles conformes aux règles « de la plus sévère pudeur, et qui n'ex- « primaient le plus souvent que la crainte « de Dieu, avec une tendre affection « pour ses peuples. Il veilla soigneuse- « ment au maintien de l'ordre public, « au rétablissement de la discipline ecclé- « siastique, qui en est un des princi- « paux appuis, et alla jusqu'à réformer, « autant qu'il fut possible, la pluralité « des bénéfices et le séjour inutile des « bénéficiers à la cour. Il redoubla ses « aumônes, prit la coutume de se con- « fesser souvent, écouta lui-même les « plaintes de ses sujets, accommoda leurs « différends, fit rendre exactement et « promptement la justice, déposa les « mauvais juges, prit des mesures pour « borner la dépense de sa maison aux « revenus de ses domaines, et ne lever « des impôts que pour les nécessités ex- « traordinaires, d'après l'avis des Etats « du royaume. » C'est sous ce roi que le grand-conseil fut érigé en cour souveraine. Son *Histoire* a été recueillie par D. Godefroy, Paris, 1684, in-fol.

CHARLES IX, né à Saint-Germain-en-Laye, le 27 juin 1550, monta sur le trône de France le 15 décembre 1560, après la mort de son frère François II, fils de Henri II. Il n'avait que 10 ans, quand il fut sacré à Reims. Catherine de Médicis, sa mère, lui ayant demandé si la faiblesse de son âge pourrait lui permettre de supporter la fatigue des longues cérémonies qui accompagnent le sacre de nos rois ? « Oui, oui, madame, lui répondit-il, ne craignez rien : qu'on me « donne des sceptres à ce prix, la peine « me paraîtra bien douce : la France vaut « bien quelques heures de fatigue. » Le plus grand embarras de la reine, sa mère, était d'arrêter l'ardeur qu'il montrait pour la guerre. « Eh pourquoi, disait-il en « se plaignant, me conserver si soigneu- « sement ? Veut-on me tenir toujours « enfermé dans une boîte, comme les « meubles de la couronne ? — Mais, Sire, « lui remontrait-on, ne peut-il pas arri- « ver quelque accident fâcheux à votre « personne ? — Qu'importe, répondit-il, « quand la France me perdrait, n'ai-je « pas des frères pour prendre ma place ? » Catherine de Médicis eut l'administration du royaume, avec le roi de Navarre, Antoine de Bourbon, qu'on déclara lieutenant-général. Catherine, partagée entre deux factions, celle des Bourbons et celle des Guises, résolut de les détruire l'une par l'autre, et alluma ainsi la guerre civile. Elle commença par convoquer, en 1561, le colloque de Poissy entre les catholiques et les protestants; et le résultat de ce colloque ayant été un édit favorable à ceux-ci, le royaume fut en feu, et l'expérience fit voir plus que jamais que les priviléges accordés aux sectaires ne font que renforcer l'esprit de rébellion et d'audace. Un autre événement hâta la guerre civile. Le duc de Guise, en passant près de Vassy en Champagne, trouva des calvinistes qui chantaient leurs psaumes dans une grange, avec un air d'insulte et de morgue. Une partie de ses gens troublèrent la cérémonie. On commence à se battre. Guise accourt pour apaiser le tumulte, il est frappé d'une pierre; ses gens furieux tuent plusieurs protestants. Ce massacre fort exagéré par les factieux leur servit de prétexte, pour lever une armée, et fut le signal de la révolte. Condé, déclaré en 1562 chef et protecteur des protestants, surprit Orléans qui devint le boulevard de l'hérésie. Les huguenots, à son exemple, se rendirent maîtres de Rouen et de plusieurs villes. Le duc de Guise les vainquit à Dreux. Les généraux des deux armées furent faits prisonniers ; c'étaient le prince de Condé et le connétable de Montmorenci qui commandaient. Guise gagna la bataille, quoiqu'il ne commandât qu'en second. Du champ de victoire de Dreux, il alla assiéger Orléans. Il était prêt d'y entrer, lors-

que Poltrot, huguenot fanatique, l'assassina en 1563. La même année, Charles IX fut déclaré majeur à 13 ans et un jour, au Parlement de Rouen, après la prise du Hâvre sur les Anglais, ennemis de la France et amis des huguenots. La paix fut conclue l'année suivante avec l'Angleterre. Charles, après l'avoir jurée, partit pour faire la visite de son royaume. A Bayonne, il eut une entrevue avec Isabelle d'Espagne, sa sœur, femme de Philippe II. La présence du roi ne pacifia pas les troubles dans les différentes provinces. Les huguenots, animés par Condé et par Coligni, voulurent se saisir de sa personne à Monceaux. Ils donnèrent la bataille de Saint-Denis contre le connétable qui fut blessé à mort, après avoir remporté la victoire. Le duc d'Anjou, depuis Henri III, se mit bientôt à la tête de l'armée royale. Ce prince, général heureux, quoique roi faible dans la suite, gagna les batailles de Jarnac contre Condé, et de Montcontour contre Coligni, dans la même année 1569. L'éclat de ces deux journées inspira à Charles IX une vive jalousie contre le duc d'Anjou son frère, qui dans le fond cependant n'était qu'un sentiment d'émulation ; car il l'aima toujours tendrement. Après la mort d'Anne de Montmorenci, tué à la bataille de Saint-Denis en 1567, la reine-mère demanda pour le duc d'Anjou la dignité de connétable. Le roi pénétrant ses vues, qui étaient de donner à ce prince de nouvelles occasions de se signaler, lui répondit : « Tout jeune que « je suis, je me sens assez fort pour porter « mon épée; et quand cela ne serait pas, « mon frère, plus jeune que moi, serait-il « propre à s'en charger ? » Une paix très-favorable aux protestants, qui vint finir cette guerre sanglante, augmenta les alarmes des uns et l'audace des autres. Charles crut pouvoir rapprocher les esprits en donnant sa sœur en mariage au jeune Henri, roi de Navarre; mais le bruit vrai ou faux d'une nouvelle conjuration produisit tout à coup une scène horrible, que quelques auteurs ont cru faussement avoir été longtemps préméditée. Une nuit, veille de Saint-Barthélemi en 1572, les maisons des protestants de Paris furent forcées. Hommes, femmes, enfants, tout fut massacré sans distinction. Coligni fut assassiné par Besme. Son corps, séparé de sa tête, fut pendu par les pieds au gibet de Montfaucon. Charles IX, dont la vengeance n'était pas encore assouvie, voulut jouir de ce spectacle horrible. Un de ses courtisans l'avertissant de se retirer, parce que le cadavre sentait mauvais, il lui répondit par ces mots de Viellius : « Le corps d'un ennemi mort sent ou'ours bon. » Cette boucherie, pour laquelle Grégoire XIII fit une procession à Rome, parce qu'il la considérait comme à fin des guerres civiles et des attentats qui se renouvelaient sans cesse contre la religion et l'État, porta la rage de la vengeance au cœur des protestants, déjà assez animés par le fanatisme de secte. Ils ne voulurent point laisser reprendre les places de sûreté, qu'on leur avait accordées. Montauban leva l'étendard d'une nouvelle révolte. La Rochelle l'imita. Le duc d'Anjou, qui en fit le siége, y perdit presque toute son armée ; et les huguenots, malgré la Saint-Barthélemi, t les victoires de Jarnac et de Montcontour, furent toujours formidables. Charles mourut à 24 ans, en 1574. Il se repentit avec raison d'avoir voulu maintenir son règne par des moyens violents et inhumains. La vérité de l'histoire nous oblige cependant d'observer que la journée de Saint-Barthélemi, déjà assez détestable par les excès réels qui s'y sont commis, a été étrangement défigurée par des exagérations démenties par les meilleurs auteurs contemporains. Un écrivain judicieux, qu'on a calomnieusement accusé d'avoir fait l'apologie de cette exécution sanguinaire, a démontré : 1° que la religion n'y a eu aucune part ; 2° que ce fut une affaire de proscription ; 3° qu'elle ne regarda que Paris ; 4° qu'il périt beaucoup moins de monde qu'on l'a cru, etc. (Voyez CAPILUPI.) C'est à tort qu'on a accusé Charles d'avoir dissimulé quelques mois auparavant avec l'amiral de Coligni, qu'il fut voir en apprenant un danger qu'il avait couru ; c'est à tort qu'on a supposé que le mariage de sa sœur était un piége tendu pour attirer les huguenots et les immoler tous : la résolution de massacrer leurs chefs fut prise subitement, et inspirée par la crainte d'une conspiration que l'on prétendait être formée contre le roi. Il crut qu'il n'avait d'autre parti à prendre que de périr lui-même, ou d'employer la violence pour perdre ses ennemis. « Un roi, réduit à traiter avec ses sujets devenus ses ennemis, dit un auteur, leur pardonne difficilement cette injure ; Charles IX indigné des conditions qu'on lui avait fait subir, frappé de ce qu'il avait à redouter de la part d'un parti toujours menaçant, conçut le funeste projet de se défaire des chefs du parti huguenot. » Du reste, ce massacre d'environ 1,500 sujets inquiets, dangereux et redoutés, quoique très-condamnable sans doute lui-même, est infiniment pardonnable en comparaison des longues et sanglantes exécutions décernées de sang-froid contre les catholiques, par la reine Elisabeth, par Edouard VI, par Jacques I, et une multitude de protestants fanatiques, contre lesquels personne ne s'élève, et dont on affecte par là même de faire des grands hommes. Le faux zèle des philosophes, de ces apôtres hypocrites de la tolérance, ne se tourne que contre les catholiques : les imposteurs s'excusent et se supportent les uns les autres ; mais si les amis de la vérité ont commis quelque faute, c'est une atrocité que rien ne peut expier. Charles IX aimait les lettres et les beaux-arts ; il reste encore des vers de lui, qui ne sont pas sans mérite pour son temps (Voyez RONSARD), et un *Traité de la chasse du cerf*, Paris, 1625, in-8. Il aimait les poëtes, quoiqu'il ne les estimât pas. On assure qu'il disait d'eux, qu'il fallait les traiter comme les bons chevaux, les bien nourrir et ne pas les rassasier. C'est depuis lui que les secrétaires d'Etat ont signé pour le roi. Charles était fort vif dans ses passions. Villeroi lui ayant présenté plusieurs fois des dépêches à signer, dans le temps qu'il allait jouer à la paume : « Signez, mon père, lui dit-il, signez pour moi. — Eh bien ! mon maître, reprit Villeroi, puisque vous me le commandez, je signerai. » Un des plaisirs de Charles était d'abattre d'un seul coup la tête des ânes et des cochons qu'il rencontrait en allant à la chasse. Lansac, un de ses favoris, l'ayant trouvé l'épée à la main contre son mulet, lui demanda gravement : « Quelle querelle est donc survenue entre sa majesté très-chrétienne et mon mulet » ? Malgré ses défauts Charles avait d'excellentes qualités : il aimait vivement sa mère et ses frères ; il était généreux et magnifique, sincèrement attaché à ses amis, de quelque religion qu'ils fussent, et ne respirait que le bonheur de l'Etat et de ses sujets. Qu'on se représente ce prince, environné, d'un côté, d'ennemis toujours prêts à lever l'étendard de la révolte ; de l'autre, des courtisans jaloux, ambitieux, intrigants, occupés de leurs seuls intérêts : aigri et irrité sans cesse par les uns, presque toujours mal conseillé par les autres, et dans quel âge ? dans un âge où l'on se connaît à peine soi-même, où l'on n'a aucune expérience des hommes et des affaires : sans doute on sera moins prompt à le condamner. « Charles IX, dit un auteur qui n'est pas « suspect dans cette matière (Mayer, « protestant, dans sa *Galerie philoso-* « *phique*), était brave, et savait prendre « son parti. Investi à Monceaux par les « rebelles, il se jette au milieu des Suisses,

« Je périrai en roi avec vous, plutôt que
« de me voir mener captif »; et se retira à
« Meaux, où on sait qu'il lui fut tendu
« de nouvelles embûches, dont sa mère
« le préserva en le ramenant à Paris.
« De là l'origine de cette haine invinci-
« ble que Charles IX prit contre les hu-
« guenots, dans lesquels il ne voyait que
« des sujets rebelles. — Charles IX, con-
« tinue le même auteur, après avoir
« épuisé toutes les voies de la douceur
« envers les protestants, fut irrité con-
« tre eux par les excès auxquels ils por-
« taient l'indiscipline. Toutes les fois
« qu'on intercédait pour eux, il répon-
« dait que la sévérité était justice. Long-
« temps il leur avait pardonné, et leur
« avait toujours rendu leurs biens et
« leurs charges. Après avoir dispensé
« ses sujets, à son avénement à la cou-
« ronne, du droit de joyeux avénement, il
« eut la douleur d'être obligé d'établir des
« impôts excessifs, et de s'entendre dire
« à peu près les mêmes paroles que les
« Liciens répondirent à Brutus : « Si tu
« veux que je te paie un double tribut,
« ordonne à mes terres de produire deux
« moissons à la fois. » Il eut l'intention de
« réparer tant de désordres ; il s'occupa,
« quelque temps avant sa mort, des ré-
« ductions qui lui paraissaient possibles.
« Catherine l'avaient toujours tenu éloi-
« gné des affaires, et avait attaché son
« activité sur des occupations frivoles.
« Le travail était nécessaire au roi ; il
« donnait peu de temps à son repos,
« était presque toujours debout à mi-
« nuit.... Tel était ce peuple séditieux,
« rebelle, que Charles IX n'aimait point,
« et qui fut la victime d'un sombre surpris
« à la faiblesse et à la frayeur d'un
« jeune roi. » Anquetil, l'un de nos
meilleurs historiens, qui avait l'esprit
sage et des vues vraiment philosophiques, est du même sentiment. Il n'a
point cherché la cause de la conduite de
Charles IX dans la perversité du cœur
humain, mais dans sa faiblesse ; « idée
« parfaitement juste, dit un écrivain judicieux. Les grands crimes qui rem-
« plissent les pages de l'histoire, ces
« terribles proscriptions qui embrassent
« à la fois l'innocent et le coupable,
« semblent, au premier aspect, annoncer
« l'abus de la puissance et de la force.
« Quiconque sait réfléchir n'y voit que
« le dernier terme de la faiblesse. L'au-
« torité, jouissant de toute la plénitude
« de ses droits, est quelquefois for-
« cée d'être sévère ; l'autorité contestée
« pousse seule la vengeance ou la pré-
« caution jusqu'à l'atrocité ; et voilà pour-
« quoi les princes faibles sont quelque-

« fois, et les factions toujours, sans
« miséricorde. Il paraît certain que Char-
« les IX s'était sincèrement réconcilié
« avec les calvinistes à la paix de 1550.
« Mais les bravades de ces mêmes cal-
« vinistes, après la blessure de l'amiral,
« les insinuations perfides de Catherine
« et des Guises, qui cherchaient sans
« cesse à lui persuader qu'on en voulait
« à sa vie, le poussèrent à des résolutions
« extrêmes. Ce fut dans ces moments
« qu'il jura que, puisque sa mère et
« son frère trouvaient bon qu'on tuât
« l'amiral, il le voulait ; mais aussi tous
« les huguenots de France, afin qu'il
« n'en restât pas un seul qui pût le lui
« reprocher. Ces paroles, échappées à la
« colère du roi, ces paroles qui annon-
« çaient plus de frayeur que de résolu-
« tion, furent regardées comme un con-
« sentement formel et positif. On hâta
« l'exécution. Vainement Charles voulut
« la suspendre en donnant ordre qu'on
« n'entreprît rien contre la vie de l'a-
« miral ; il n'était déjà plus temps ; et le
« ressentiment de Guise, qui avait juré
« de venger la mort de son père, n'avait
« pas laissé au roi le temps de se ré-
« tracter. Au reste, la chose alla beau-
« coup plus loin qu'on ne l'avait d'abord
« pensé, puisque la reine-mère, qui avait
« la plus grande part à cet horrible mas-
« sacre, disait avec une affreuse sécu-
« rité : Quant à moi, je n'ai sur la con-
« science que la mort de six. Après la
« Saint-Barthélemi, le caractère de Char-
« les IX changea tout à fait. Il devint
« sombre et rêveur ; il levait souvent les
« yeux au ciel en poussant de profonds
« soupirs. Au lit de la mort, il se féli-
« citait de n'avoir point de fils pour ne
« point laisser sur le trône un enfant
« exposé aux mêmes chagrins que lui :
« pensée qui fait voir combien la cou-
« ronne fut pesante à ce jeune monarque,
« qui n'eut souvent le choix qu'entre des
« démarches hasardeuses. Il n'est pas
« inutile de remarquer ici avec Anquetil,
« et c'est une des plus importantes leçons
« qu'on puisse tirer de la lecture de l'his-
« toire, que le bras vengeur de Dieu s'é-
« tendit sur tous ceux qui, soufflant aux
« peuples leurs antipathies et leurs ani-
« mosités, les entraînèrent dans des
« guerres civiles, sources de tous les
« crimes. Le premier des Guises fut
« tué par un assassin ; le maréchal de
« Saint-André, un des triumvirs, périt
« dans le champ d'honneur, mais éga-
« lement assassiné ; le premier prince de
« Condé eut le même sort ; Antoine de
« Bourbon, roi de Navarre, et le con-
« nétable de Montmorenci périrent de

leurs blessures ; l'amiral, le cardinal de Châtillon, son frère et une foule de noblesse la plus distinguée des deux religions, périrent dans l'espace de douze ans par tous les genres de mort que la rage et la fureur sont capables d'inventer ; exemple terrible, toujours perdu et toujours renouvelé : tant il est vrai que l'expérience n'est pas une autorité suffisante contre les passions des hommes ! » Des lois sages furent publiées sous le règne de Charles par les soins du chancelier de Lhospital ; mais ce ministre, secrètement attaché aux huguenots, donna au gouvernement un ton d'inconsistance et de faiblesse qui nuisit infiniment à la chose publique.

CHARLES X, roi de France, naquit à Versailles le 9 octobre 1757. Il était le quatrième fils du grand Dauphin, fils de Louis XV, et frère de Louis XVI et de Louis XVIII. Il reçut, à son baptême, le nom de Charles-Philippe avec le titre de comte d'Artois qu'il a conservé jusqu'à l'époque de son avénement. Malgré une éducation solide et chrétienne, il se laissa entraîner par le mauvais exemple ; il se livra aux plaisirs avec toute la fougue de l'âge, et mena pendant sa jeunesse une vie déréglée, en harmonie avec les mœurs licencieuses de la cour de son grand-père. Néanmoins, au milieu de ses plus grands égarements, il respecta toujours les choses saintes, et si sa conduite ne fut ni régulière, ni pieuse comme celle de Louis XVI, il sut mieux que son autre frère Louis XVIII résister à l'influence des principes philosophiques. Il y a toujours de la ressource et un grand espoir de retour chez un homme en qui la corruption du cœur n'a pas été assez puissante pour pervertir l'esprit : aussi le comte d'Artois revint-il facilement à une conduite meilleure, dès que l'expérience et la réflexion exercèrent quelque action sur lui. Ayant eu un duel avec le duc de Bourbon, il fut forcé de quitter momentanément la cour; il alla visiter Madrid, et en 1782 il prit part comme volontaire à la campagne de Gibraltar. Il revint ensuite en France, et il continua de mener une vie dissipée, qui affligeait les honnêtes gens; mais il se faisait remarquer par l'aménité de ses manières, la générosité de son cœur, les grâces de sa conversation, et par des mots heureux qui annonçaient un esprit fin, délicat et aimable. Lorsque la révolution éclata, le comte d'Artois, sans se prononcer pour le maintien des abus existants, manifesta surtout son opposition contre les excès dont la demande de leur suppression était accompagnée. Cette conduite attira sur lui l'animosité

populaire, et lorsqu'il se rendit au Palais-de-Justice pour faire enregistrer, par les ordres du roi, les édits sur le timbre et sur l'impôt, il fallut que, pour échapper aux insultes de la multitude, sa voiture fût entourée d'une nombreuse escorte ; bientôt même sa livrée fut proscrite, et ne put plus paraître dans les rues de la capitale. Cependant il n'était point ennemi de toute réforme raisonnable ; il fit même de larges concessions à l'esprit révolutionnaire, et il demanda par une lettre de sa main la réunion des trois ordres aux États-Généraux ; mais il ne put dissiper les préventions dont il était devenu l'objet, parce que la révolution voulait le renversement et non la réforme ou l'amélioration de ce qui existait. Des affiches, dans lesquelles on demandait la tête de ce prince, furent placardées sur les murs de la capitale. Après la prise de la Bastille, Louis XVI, craignant que la présence de son frère à Paris ne servît de prétexte aux factieux pour exciter de nouveaux désordres, et ne l'y croyant d'ailleurs plus en sûreté, lui conseilla de quitter la France et lui ordonna de se rendre à Turin. Le comte d'Artois avait épousé, en 1773, Marie-Thérèse de Savoie, dont il avait eu trois enfants : la princesse Sophie, qui mourut en bas âge, et les ducs d'Angoulême et de Berry. Il reçut un accueil favorable à la cour de Turin, et eut, bientôt après, une entrevue avec l'empereur d'Autriche Léopold et le roi de Prusse, qui lui promirent de lui fournir les moyens de venir au secours de son frère le roi Louis XVI. Mais la diplomatie intervint, et il fut défendu au comte d'Artois de faire aucun préparatif d'armement. La position s'aggravait de jour en jour; Louis XVI, pour obéir à un décret de l'Assemblée, avait invité ses frères à rentrer en France ; le comte d'Artois lui répondit qu'il ne pouvait obtempérer à *des ordres évidemment arrachés par la violence.* Le 2 janvier 1792, l'Assemblée législative décréta d'accusation le comte d'Artois, et, quatre mois après, elle supprima le traitement qui lui avait été alloué par la constitution, en même temps qu'elle déclarait son apanage saisissable par ses créanciers. Après l'attentat du 21 janvier, le frère de Louis XVI se retira en Russie, où l'impératrice Catherine lui remit de sa main une magnifique épée dont elle voulait, dit-elle, qu'il se servît *pour le rétablissement et la gloire de sa maison.* En 1795, il se rendit en Angleterre, espérant y trouver des moyens de tenter un débarquement dans la Vendée. Le gouvernement anglais mit en effet à sa dispotion la frégate le *Jason*, à bord de laquelle il monta ; mais après avoir débarqué à l'Ile-Dieu, et avoir navigué quelques temps en présence des côtes de Bretagne, le comte d'Artois, craignant de se compromettre inutilement, revint en Angleterre sans avoir rien entrepris. Il demeura dès lors étranger aux affaires politiques, et vécut dans la retraite à Hartwell en Ecosse ; mais, en 1813, lorsqu'il apprit les désastres de la campagne de Moscou, il se rendit à Bâle d'où il pénétra en France, et le 12 avril 1814, il fit son entrée à Paris. Un immense cortége suivit le prince à Notre-Dame et de là au palais des Tuileries dont il prit possession au nom de son frère. La population de Paris montra un grand enthousiasme. « Rien n'est changé en France, « avait dit le comte d'Artois, je n'y vois « qu'un Français de plus. » Et ces paroles avaient été répétées de bouche en bouche. Le 14, un acte du sénat conféra à Monsieur l'autorité provisoire en attendant que son frère, appelé au trône, eût accepté la Charte constitutionnelle. Le prince eut l'adresse, en cette circonstance, d'éluder une déclaration de principes qui eût porté atteinte à l'autorité royale dont le pouvoir constitutionnel n'eût pas été reconnu, et il répondit : « J'ai pris connais- « sance de l'acte qui appelle au trône de « France mon auguste frère. Je n'ai point « reçu de lui le pouvoir d'accepter la con- « stitution ; mais je connais ses sentiments « et ses principes, et je ne crains pas « d'être désavoué en assurant qu'il en « admettra les bases. » En qualité de lieutenant-général du royaume, il prit les mesures nécessaires pour maintenir l'ordre public. Après l'arrivée de Louis XVIII à Paris, le comte d'Artois cessa ses fonctions de lieutenant-général du royaume, et fut nommé colonel-général des gardes nationales de France, puis rétabli dans son ancien titre de colonel-général des Suisses. Pendant le cours de la première Restauration, il visita les provinces et déploya dans ce voyage la grâce chevaleresque et la bonté qui lui étaient naturelles. Lorsqu'on apprit à Paris le débarquement de Napoléon à Fréjus, il partit immédiatement pour Lyon ; mais les dispositions hostiles des esprits rendirent inutiles les efforts qu'il fit pour retenir les troupes dans le devoir, et il fut bientôt obligé de revenir dans la capitale. Le 20 mars il suivit le roi, son frère, qui venait de prendre le chemin de Gand. Après les Cent-Jours, il rentra en France, et fut chargé de présider, le 26 juillet, le collège électoral de la Seine, où il obtint un grand succès

par l'aménité de ses manières et l'à-propos de ses paroles. Depuis cette époque jusqu'à celle où il monta sur le trône, il prit peu de part aux affaires ; il paraît néanmoins que, dans les dernières années du règne de Louis XVIII, il essaya de faire prévaloir l'influence de ses idées politiques. Ainsi ce fut lui qui fit entrer dans le conseil des ministres M. de Villèle, un des hommes d'état les plus habiles qui aient gouverné la France. Lorsque, le 16 septembre 1824, il monta sur le trône, il annonça aux ministres assemblés à Saint-Cloud qu'il ne voulait rien changer au gouvernement de son frère. Il prit même des mesures heureuses qui le popularisèrent : il abolit la censure, et proclama une amnistie générale de tous les délits politiques ; il laissa aussi échapper des paroles qui furent accueillies avec transport par l'opinion publique. En défendant aux soldats de repousser la foule qui se pressait sur son passage, on l'avait entendu s'écrier : *Point de hallebardes !* Son règne enfin s'annonça sous les auspices les plus favorables. Le 22 septembre, le nouveau roi, qui avait pris le nom de Charles X, ouvrit la session législative par un discours dans lequel on remarqua le passage suivant : « La confiance de la nation ne « sera pas trompée. Messieurs, je con- « nais tous les devoirs que m'impose la « royauté ; mais fort de mon amour pour « mon peuple, j'espère, avec l'aide de « Dieu, avoir le courage et la fermeté né- « cessaires pour les remplir... Vous assis- « terez, Messieurs, à la cérémonie de « mon sacre... je renouvellerai le ser- « ment de maintenir et de faire observer « les lois de l'Etat et les institutions oc- « troyées par le roi mon frère. » Ainsi semblait assuré l'heureux accord de la religion et de la monarchie avec les idées nouvelles. Mais l'opposition avait à sa tête des hommes que rien ne pouvait désarmer, parce que leur ambition démesurée ne pouvait être satisfaite que par une révolution ; ils avaient résolu de chasser la dynastie des Bourbons, bien persuadés qu'avec celle qui la remplacerait, ils s'élèveraient d'une position inférieure aux premières charges de l'Etat. C'était un parti pris chez eux de blâmer toutes les mesures qu'adoptait ou proposait le gouvernement. Ils n'étaient contents de rien, ils attaquaient tout ; c'était en vain qu'on leur faisait des concessions : à moins de le dire ouvertement, ils n'auraient pu mieux faire comprendre qu'ils ne le faisaient par leurs discours et leurs actes, leur intention de ne mettre bas les armes que quand ils auraient vaincu, c'est-à-dire, renversé le trône. Ils com-battirent la loi de l'indemnité, qui réha-bilitait les propriétés, en effaçant les distinctions d'origine, et qui rétablis-sait l'union parmi les Français; la loi du *Sacrilége*, qui frappait les vols commis dans les églises, d'une peine lé-gèrement plus forte que les vols com-mis dans les maisons inhabitées; enfin ils combattirent toutes les lois proposées et les firent souvent échouer. En 1827, la victoire de Navarin vint faire trêve un moment aux attaques incessantes de l'opposition; le sentiment national s'enor-gueillit du brillant succès remporté par notre marine. Les succès de la politique ministérielle à l'extérieur ne purent ce-pendant empêcher les colléges électo-raux d'envoyer à la Chambre des dé-putés une majorité hostile à l'adminis-tration qui, depuis sept années, était à la tête des affaires. Charles X, dont l'attente avait été trompée, se vit alors contraint d'accepter la démission de de Vil-lèle et d'appeler au ministère de Mar-tignac, dont la politique modérée et con-ciliante devait essayer de calmer les es-prits et de rendre au gouvernement la popularité qu'il avait perdue. L'irrita-tion, en effet, s'accroissait de jour en jour, et, pendant les élections, des trou-bles graves avaient éclaté à Paris; des barricades avaient été élevées et le sang avait coulé dans les rues. Un des pre-miers actes du nouveau ministère fut de proposer aux Chambres les lois munici-pale et départementale, dont les partis extrêmes firent échouer les principales dispositions. On s'était efforcé, depuis longtemps, de représenter le roi comme dominé par le clergé et particulièrement par les Jésuites; on parlait sans cesse des prétendus envahissements de ce qu'on appelait alors le *parti-prêtre*. Pour se rendre l'opinion favorable, de Marli-gnac crut devoir prendre une mesure dont les conséquences funestes se sont fait sentir jusqu'à la proclamation de la liberté d'enseignement après la révolu-tion de février. Le 16 juin 1828, parurent des ordonnances provoquées par les pré-tendus amis de la liberté, et qui limitaient à vingt mille le nombre des élèves des pe-tits séminaires et interdisaient, toujours au nom de la liberté, à tout membre d'une congrégation religieuse le droit de diriger ces écoles. Les évêques réclamèrent avec beaucoup de vivacité contre cette atteinte grave portée à la liberté de conscience et à l'indépendance de l'Eglise; mais ils se virent bientôt obligés de soumettre au nouveau régime leurs écoles secon-daires. Le 12 août 1828, après la clôture des Chambres, Charles X se mit en route pour visiter les villes de Metz, Luné-ville, Strasbourg, Mulhausen. Il fut ac-cueilli partout avec un enthousiasme qui remplit son âme de bonheur; mais à la rentrée des Chambres, il ne tarda pas à être désabusé, et il fut bientôt convaincu que toutes ces démonstrations étaient hypocrites, qu'elles étaient le résultat d'un mot d'ordre donné pour le distraire, pour lui faire illusion sur les dangers qu'il courait. En mettant Martignac à la tête de son ministère, en le laissant pro-poser la plupart des mesures que l'op-position avait jusqu'alors réclamées, il croyait l'avoir désarmée et satisfaite. Or, les attaques avaient continué aussi vio-lentes qu'auparavant, et les moyens de les repousser avaient été affaiblis. Char-les X jugea dès lors que les conces-sions étaient, non seulement inutiles, mais nuisibles, et qu'il devait s'appuyer sur des hommes énergiques et moins disposés à se laisser séduire par les belles paroles et les protestations de ses enne-mis. Il renvoya Martignac qui était de-venu impuissant à la Chambre, et char-gea le prince de Polignac de former une nouvelle administration. Mais les députés, usurpant un droit que la Charte ne leur avait pas donné, ne voulurent point attendre les actes du nouveau mi-nistère pour les contrôler; ils déclarè-rent, au nombre de 221, que les minis-tres n'avaient pas leur confiance. Le roi eut le courage de résister à cette attaque, et maintint son ministère; il prorogea d'abord la Chambre, et en prononça ensuite la dissolution. Dans le discours d'ouverture, il avait annoncé qu'il préparait une expédition pour in-fliger au dey d'Alger un châtiment sé-vère qui devait tourner, ajoutait-il, au profit de la chrétienté. Le ministre de la guerre, Bourmont, qui avait l'affec-tion de l'armée à cause des mesures qu'il avait prises en sa faveur, fut nommé général en chef de l'expédition. Le 25 mai 1830, la flotte était sous voile, et, le 13 juin, elle était à l'ancre dans la baie de Sidi-Ferruch. Le débarquement s'opéra aussitôt, et le soir l'armée em-porta sa première position. Le 4 juillet, le fort l'Empereur se rendit, et le 5, le dey d'Alger capitula. Ce triomphe, si glorieux pour nos armes et si important par ses résultats, ne put cependant consolider le trône ébranlé de Char-les X. Les élections avaient eu lieu, et le 23 juillet les résultats en étaient connus, les 221 avaient été réélus, et presque par-tout l'opposition l'avait emporté. Dès lors le roi ne pouvait plus sortir de la position difficile où il s'était engagé qu'en renvoyant son ministère ou en ayant recours à un coup d'Etat; c'est ce dernier parti qu'il était résolu de prendre. Il y avait dans la Charte un article (l'article 14) qui était ainsi conçu : « Le roi est le « chef suprême de l'Etat, commande les « forces de terre et de mer, déclare la « guerre, fait les traités de paix, d'al- « liance et de commerce, nomme à tous « les emplois de l'administration publi- « que, et *fait les règlements et ordon-* « *nances nécessaires pour l'exécution des* « *lois et la sûreté de l'Etat.* » Cet article avait toujours été regardé par tous les partis comme donnant au roi un droit de dictature dont il pouvait user dans les circonstances difficiles ; l'opposition elle-même l'a reconnu après son triomphe, puisqu'elle l'a retranché de la Charte. On ne pouvait discuter que la question d'opportunité ; or, il était impossible alors de ne pas reconnaître la nécessité d'user de ce pouvoir extraordinaire, puisque les députés violaient hardiment la Charte et refusaient au roi le plus important des droits d'un roi constitutionnel, celui de choisir ses ministres. En conséquence, Charles X rendit le 25 juillet des ordonnances qui suspendaient la liberté de la presse et modifiaient d'une manière grave la loi électorale. A la nouvelle de ce coup d'Etat, les députés présents à Paris protestèrent, les fabricants fermèrent leurs ateliers et congédièrent leurs ouvriers qui firent bientôt une armée redoutable. Dans la soirée du 27, des groupes commencèrent à se former, et dans la rue Saint-Honoré des coups de feu furent échangés entre la garde royale et le peuple. Le 28, l'insurrection prit tout à coup un caractère grave et menaçant ; l'Hôtel-de-Ville fut pris et repris, des engagements eurent lieu sur les boulevards et dans d'autres quartiers. Le maréchal de Raguse commandait ; mais il était personnellement hostile aux nouvelles ordonnances, et il montra beaucoup d'hésitation. Laffite et plusieurs autres députés se rendirent aux Tuileries pour demander une suspension d'armes et le retrait des ordonnances. Mais ils n'accompagnèrent leur supplique d'aucune offre de soumission de la part de leurs collègues de la Chambre des députés ; et ils persistèrent à s'appuyer uniquement sur les articles de la Charte qui étaient favorables à leurs prétentions et à rejeter ceux qui les condamnaient. Charles X, auquel ces propositions furent communiquées, persista et refusa toute concession. La lutte continua ; pendant la nuit, des barricades furent élevées dans toutes les rues

de Paris, et la garde royale se trouva resserrée dans le Louvre et les Tuileries. Bientôt elle fut attaquée dans cette dernière position et obligée de l'évacuer. Dès lors l'insurrection était maîtresse de la capitale, et le drapeau tricolore avait remplacé le drapeau blanc au haut de tous les monuments publics. Charles X, qui, la veille encore, avait été à la chasse avec le Dauphin, dont les imprudents ministres n'avaient pris aucune précaution, prit le parti de quitter Saint-Cloud et de se retirer à Rambouillet. Arrivé dans le château, il rendit trois ordonnances : l'une qui révoquait celles du 25 juillet ; la deuxième qui nommait un nouveau ministère ; la troisième qui convoquait les Chambres pour le 3 août. Mais la Chambre des députés s'était déjà réunie, et elle ne tint aucun compte de ces mesures conciliatrices. Voyant toutes ses espérances trompées, Charles X se décida, le 2 août, à abdiquer avec son fils le Dauphin en faveur du duc de Bordeaux ; il écrivit, à ce sujet, une lettre au duc d'Orléans, par laquelle il l'instituait lieutenant-général du royaume. (Voyez l'article LOUIS-PHILIPPE.) L'acte d'abdication fut transcrit par les ordres de ce prince sur le registre de l'état-civil de la maison royale, aux archives de la Chambre des pairs ; mais du reste l'on passa outre, et la Chambre des députés le considéra comme non avenu. Il ne restait plus dès lors au prince infortuné, qu'à quitter la France et à reprendre une troisième fois le chemin de l'exil ; il se dirigea avec la famille royale sur Cherbourg. Le gouvernement provisoire lui avait envoyé des commissaires qui l'accompagnèrent jusqu'au lieu de l'embarquement. Arrivé le 16 août à Cherbourg, le vieux roi, qui supportait avec dignité et noblesse ses nouveaux malheurs, monta immédiatement sur la frégate qui avait été préparée, et le 17 il mouillait dans la rade de Spithead en vue de Portsmouth ; et, après avoir demandé par une lettre adressée au roi d'Angleterre une hospitalité qui ne pouvait lui être refusée, il descendit à terre et choisit pour résidence le château d'Holyrood en Ecosse, qu'il avait déjà habité. En 1832, il quitta l'Angleterre et il alla vivre avec sa famille au Hradschin de Prague, où l'empereur d'Autriche avait mis à sa disposition une partie de l'ancien château du *Burg*. En 1836, le prince voulut se rapprocher de l'Italie, et il choisit Goritz pour le lieu de sa nouvelle résidence. En y arrivant, Charles X paraissait préoccupé, et parlait souvent de sa fin prochaine. Le 1er novembre, il eut une incommodité légère «qui ne l'empêcha pas cependant de s'approcher de la sainte table et de célébrer la fête de tous les Saints. Le 4, jour de la Saint-Charles, il fut pris d'un frisson pendant la messe, et bientôt les symptômes du choléra se déclarèrent. Averti de la gravité de son état par ceux qui l'entouraient, le pieux monarque demanda avec empressement et sans émotion les sacrements de l'Eglise. Le cardinal Latil vint les lui apporter, et Mgr l'évêque d'Hermopolis lui adressa une touchante allocution. Le prélat, lui ayant ensuite demandé s'il pardonnait à ceux qui lui avaient fait du mal, le prince mourant répondit : « Je leur ai pardonné depuis « longtemps, je leur pardonne encore « dans cet instant de grand cœur... Que « le Seigneur fasse miséricorde à eux et « à moi ! » Puis il pria pour la France et la bénit. Enfin, le 6 novembre 1836, après une douloureuse agonie, il rendit le dernier soupir à une heure et demie du matin. Son corps fut embaumé et son cœur fut mis dans une boîte de plomb. Le 11, le cercueil du prince fut porté dans l'église des Franciscains de Goritz, et déposé dans le caveau des comtes de Thorn. Ainsi mourut, loin du sol de la patrie, ce prince que ses vertus auraient dû faire aimer et respecter ; il avait, avec des formes plus séduisantes, toutes les qualités de son frère Louis XVI, mais plus de fermeté. Né et élevé au milieu des séductions du gouvernement absolu, il s'était franchement résigné au rôle de roi constitutionnel. On ne lui a fait qu'un seul reproche fondé ; mais il était puéril : c'était de paraître plus à son aise avec les grands seigneurs, ses amis d'enfance, qu'avec les hommes nouveaux. Toutefois il employait plus souvent ceux-ci que les premiers. Quoique ses ennemis abusassent de la Charte, et la violassent pour mieux réussir à le renverser, il l'a respectée lui-même jusqu'à la fin ; car on ne peut lui reprocher les ordonnances du mois de juillet 1830, puisqu'elles étaient appuyées sur l'article 14 de la Charte. Sa chute ne peut s'expliquer que par la haine fanatique des ambitieux et par l'affaiblissement de toute croyance aux principes d'ordre, de morale et de stabilité dans la nation. Aussi la catastrophe qui l'a renversé a-t-elle profondément altéré tous les éléments de prospérité, et la France sera pendant longtemps encore en proie aux secousses politiques et aux vicissitudes des révolutions.

EMPEREURS.

CHARLES I, II, III. (Voyez CHARLE-MAGNE, CHARLES-LE-CHAUVE et CHARLES-LE-GROS, rois de France.)

CHARLES IV, fils de Jean de Luxembourg, et petit-fils de l'empereur Henri VII, né le 16 mai 1316, monta sur le trône impérial en 1347. Son règne est célèbre par la fameuse *bulle d'or*, donnée dans la diète de Nuremberg, en 1356 ; Barthole la composa. Le style de cette charte se ressent du goût du siècle. On commence par apostropher les sept péchés mortels. On y trouve la convenance des sept électeurs, par les sept dons du Saint-Esprit et le chandelier à sept branches. Par cette loi fondamentale, on fixe, 1° le nombre d'électeurs à sept ; 2° on assigne à chacun d'eux une grande charge de la couronne ; 3° on règle le cérémonial de l'élection et du couronnement ; 4° on établit deux vicariats ; 5° les électorats sont déclarés indivisibles ; 6° on confirme aux électeurs tous les droits de la souveraineté, appelés supériorité territoriale ; 7° le roi de Bohême est placé à la tête des électeurs séculiers. Cette loi de l'empire, conservée à Francfort, et écrite sur du vélin avec un grand sceau ou bulle d'or au bas, fut presque achevée à Nuremberg. On y mit la dernière main à Metz aux fêtes de Noël. Charles IV y fut servi dans une cour plénière avec les cérémonies les plus imposantes. Le duc de Luxembourg et de Brabant lui donna à boire ; le duc de Saxe, grand-maréchal, parut avec une mesure d'argent pleine d'avoine, qu'il prit dans un gros tas devant la salle à manger. L'électeur de Brandebourg donna à laver à l'empereur et à l'impératrice, et le comte Palatin posa les plats sur la table. Charles IV mourut le 29 novembre 1378, à Prague, dont il avait fondé l'Université en 1361. Il introduisit, autant qu'il put, en Allemagne, les lois et les coutumes de la France où il avait été élevé. Il aima encore plus sa famille que l'Allemagne. On disait même que, comme il l'avait ruinée pour acquérir l'empire, il ruina ensuite l'empire pour remettre sa maison. Il en fit garder les trésors et les ornements dans un de ses châteaux en Bohême. Par siècle se prévenait toujours pour celui qui avait ces ornements à sa disposition ; le peuple les regardait comme un gage de l'autorité légitime. Charles IV était si persuadé qu'il perpétuerait de cette manière la couronne impériale dans sa famille, qu'il fit graver les armes de Bohême sur le pommeau de l'épée de Charlemagne. Cet empereur aimait et cultivait les lettres ; il parlait cinq langues ; mais il joignait à une âme faible un esprit vain et un cœur intéressé et avide. On a de lui de bons *Mémoires sur sa vie*, que l'on trouve dans le *Recueil des historiens de Bohême* de Fréher. Le Pogge a recueilli ses *Apophthegmes*. Ils ont été publiés par Fréher, dans le tome 2 de ses *Scriptores rerum germanicarum*. C'est au commencement de son règne qu'on doit placer l'invention des armes à feu, attribuée communément à Berthold Schwartz, franciscain de Fribourg en Brisgaw.

CHARLES-QUINT, archiduc d'Autriche, fils aîné de Philippe et de Jeanne de Castille, né à Gand le 24 février 1500, roi d'Espagne en 1516, fut élu empereur en 1519. François I⁰, roi de France, lui disputa l'empire par ses intrigues et son argent. Charles, dont la jeunesse donnait moins d'ombrage aux électeurs que le caractère inquiet de son rival, l'emporta sur lui. Cette rivalité alluma la guerre entre la France et l'empire en 1521. L'Italie en fut principalement le théâtre. Elle avait commencé en Espagne, elle fut bientôt dans le Milanais. Charles-Quint s'en empara, et en chassa Lautrec. Il ne resta à François I⁰ que Crémone et Lodi; et Gênes, qui tenait encore pour les Français, leur fut bientôt enlevé par les impériaux. Charles, ligué avec Henri VIII, roi d'Angleterre, eut l'avantage de s'attacher un général habile, que l'imprudence de François I⁰ avait trop peu ménagé. Il fait des offres au connétable de Bourbon, et Bourbon le sert contre sa patrie. Adrien VI, Florence et Venise se joignent à lui. Son armée, conduite par Bourbon, entre en France, fait le siége de Marseille, le lève et revient en Italie en 1524. La même année, les Français, commandés par Bonnivet, sont battus à Biagras, et perdent le chevalier Bayard, qui seul valait une armée. L'année d'après, se donna la fameuse bataille de Pavie (cette bataille porte aussi le nom de Rebec), où François I⁰ fut pris. Charles-Quint, alors à Madrid, reçut son prisonnier avec beaucoup d'égards, et dissimula sa joie. Il défendit même les marques de l'allégresse publique. « Les chrétiens, dit-il, ne doivent se réjouir que des victoires qu'ils remportent sur les infidèles.» — « La prise d'un roi, d'un héros qui « devait faire naître de si grandes révo-« lutions, ne produisit guère, dit un « historien célèbre, qu'une rançon, des « reproches, des démentis, des défis « solennels et inutiles. » L'indifférence de Charles, ou, si l'on veut, une modération qui peut paraître excessive, le priva des fruits d'une si grande victoire. Au lieu d'attaquer la France immédiate-

ment après la bataille de Pavie, il se contenta de faire signer à François I⁰ un traité que celui-ci n'eut garde de tenir: il se ligua même contre son vainqueur avec Clément VII, le roi d'Angleterre, les Florentins, les Vénitiens et les Suisses. Bourbon marche contre Rome, et y est tué; mais le prince d'Orange prend sa place: Rome est pillée et saccagée. Le Pape, réfugié au château Saint-Ange, est fait prisonnier. Charles eut horreur des excès commis dans cette occasion, indiqua des prières publiques et envoya des ordres exprès pour l'élargissement du Pape. Un traité conclu à Cambrai, appelé le *Traité des Dames* (entre Marguerite de Savoie, tante de Charles-Quint, et Louise de Savoie, mère de François), concilia ces deux monarques. Charles s'accommoda aussi avec les Vénitiens, et donna la paix à Sforce et à ses autres ennemis. Tranquille en Europe en 1535, il passe en Afrique avec une armée de plus de 50 mille hommes, et commence les opérations par le siége de la Goulette. L'expérience lui ayant appris que les succès suivent la vigilance, il visitait souvent son camp. Une nuit, faisant semblant de venir du côté des ennemis, il s'approche d'une sentinelle, qui cria suivant l'usage: *Qui va-là?* Charles lui répondit en contrefaisant sa voix : *Tais-toi, je ferai ta fortune.* La sentinelle, le prenant pour un ennemi, lui tira un coup de fusil, qui heureusement fut mal ajusté. Charles fit aussitôt un cri qui le fit reconnaître. Après la prise de la Goulette, il défait le fameux amiral Barberousse, entre victorieux dans Tunis, rend la liberté à 22 mille esclaves chrétiens, et rétablit Mulei-Hassen sur son trône. Comme il pouvait être, à toute heure, dans le cas de donner ou de recevoir bataille, il marchait toujours en avant au milieu des enfants perdus. Le marquis de Guast est obligé de lui dire : « Comme général, je vous ordonne de vous placer au centre de l'armée, et avec les enseignes. » Charles, pour ne pas affaiblir la discipline militaire qu'il avait établie, obéit sans murmurer. S'il n'y avait pas d'ennemi plus redoutable, il n'y en avait pas de plus généreux. On sait comment il en agit envers divers princes qu'il pouvait dépouiller, et qu'il se contenta d'humilier. Le boulanger de Barberousse vint un jour lui offrir d'empoisonner son maître; Charles eut horreur de cette offre, et fit avertir ce fameux corsaire d'être sur ses gardes. La paix de Cambrai, en pacifiant la France et l'Espagne, n'avait pas rapproché le cœur des rois. Charles-Quint entre en Provence avec 50 mille hommes, s'avance jusqu'à Marseille, met le siége devant Arles, et fait ravager en même temps la Champagne et la Picardie. Contraint de se retirer, après avoir perdu une partie de son armée, il pense à la paix. On conclut une trève de dix années à Nice en 1538. L'année suivante, Charles demande à François le passage par la France, pour aller punir les Gantois révoltés. Il l'obtient : François va au-devant de lui, et Charles s'arrête à Paris sans rien craindre. Un cavalier espagnol lui ayant dit que, si les Français ne le retenaient prisonnier, ils seraient bien faibles ou bien aveugles : « Ils sont l'un et l'autre, lui répondit l'empereur, et c'est sur cela que je me fie. » Il se fiait davantage encore à ses armées, et à ses habiles généraux, qui se tenaient prêts à tirer raison de sa détention. Charles, disent les historiens français, promit l'investiture du Milanais à François, pour un de ses fils ; mais il est certain qu'il ne répondit que par des défaites aux instances que François lui fit, et Voltaire convient que ce monarque prit pour une promesse une parole vague. Est-il d'ailleurs raisonnable de supposer que, pour châtier une ville, l'empereur voulût se dépouiller du plus beau duché de l'Europe? Les Gantois furent domptés et punis. La guerre se ralluma en 1542. Henri VIII se joignit à Charles contre la France, qui, malgré la bataille de Cérisoles, se trouva dans le plus grand danger. La paix fut conclue à Crépi en 1545. Quelques années auparavant, Charles avait passé en Afrique pour conquérir Alger, et en était revenu sans gloire. Charles-Quint fut aussi occupé des troubles causés par Luther que de ses guerres contre la France. Il opposa d'abord des édits à la confession d'Augsbourg, et à la ligue offensive et défensive de Smalkalde. Mais ni la victoire signalée qu'il remporta à Mulberg sur l'armée des confédérés en 1547, ni la détention de l'électeur de Saxe et du landgrave de Hesse, ne purent contenir les protestants, toujours soutenus par la France et par les Turcs qui, par de puissantes diversions, obligèrent l'empereur à user d'indulgence. L'an 1548, il publia le grand *Interim* dans la diète d'Augsbourg, formulaire de foi, catholique pour le dogme, favorable aux hérétiques pour la discipline. On permettait la coupe aux laïques et le mariage aux prêtres. Ce tempérament ne satisfit personne. Maurice, électeur de Saxe, et Joachim, électeur de Brandebourg, tournèrent ses ennemis, ligués avec Henri II, le forcèrent, en 1552, de signer la paix de Passaw. Ce

traité portait que l'*Interim* serait cassé et annullé, que l'empereur terminerait à l'amiable dans une diète les disputes sur la religion, et que les protestants jouiraient, en attendant, d'une pleine liberté de conscience. Charles-Quint ne fut pas plus heureux devant Metz, défendu par le duc de Guise. Il fut obligé d'en lever le siége. Des écrivains superficiels et passionnés ont accusé Charles de s'être vengé l'année suivante, du mauvais succès de cette expédition, sur la ville de Térouane qu'il fit démolir, tandis que l'on sait, à n'en pouvoir douter, que cette démolition ne fut accordée qu'aux vives instances des Etats de Flandre. « L'année « suivante, dit un historien impartial, « la guerre se répandit dans les Pays- « Bas ; Charles-Quint prit d'assaut la « ville de Térouane, dont les habitants, « passionnément attachés à la France, « avaient commis d'affreux brigandages « dans la Flandre. L'empereur résolut « de détruire cette ville jusqu'aux fonde- « ments. Les Etats de Flandre requirent « qu'il plût à Sa Majesté de donner tel « ordre sur la démolition de ladite ville, « que, pour l'avenir, l'espoir puisse être « ôté aux Français de s'y pouvoir re- « mettre ou la refaire. Leurs vœux furent » si bien remplis, qu'il ne resta plus que « le souvenir de Térouane, et le champ « où elle fut. » La guerre durait toujours sur les frontières de la France et de l'Italie avec des succès balancés. Charles-Quint, vieilli par les maladies et les fatigues, et détrompé des illusions humaines, résolut d'exécuter un projet formé depuis longtemps et mûri dans le calme de la réflexion. Il fait élire des Romains son frère Ferdinand, et lui cède l'empire le 7 septembre 1556 (cession qui ne fut reconnue par les princes allemands qu'en 1558), après s'être démis auparavant de la couronne d'Espagne en faveur de Philippe son fils, en présence de Maximilien, roi de Bohême, de la reine son épouse, des reines douairières de France et de Hongrie, du duc de Savoie, du duc de Brunswick, du prince d'Orange, des grands d'Espagne, et de la principale noblesse d'Italie, des Pays-Bas, de l'Allemagne, et des ambassadeurs de toutes les puissances de l'Europe. Ce grand prince rendit compte de ce qu'il avait fait pour mériter sa retraite qu'il regardait comme une récompense de ses travaux : et prenant son fils entre ses bras, il le plaça lui-même sur le trône. Spectacle sublime, intéressant, attendrissant, qui tira des larmes de cette auguste assemblée. Il dit à son fils en le quittant : « Vous ne pouvez me payer

« de ma tendresse qu'en travaillant au
« bonheur de vos sujets. Puissiez-vous
« avoir des enfants qui vous engagent à
« faire un jour pour l'un d'eux, ce que
« je fais aujourd'hui pour vous! » Il se
retira quelque temps après à Saint-Just,
monastère situé dans un vallon agréable,
sur les frontières de Castille et de Portugal. La promenade, la culture des fleurs,
les expériences de mécanique, la lecture,
les offices, les autres exercices claustraux
remplirent tout son temps sur ce nouveau théâtre. Tous les vendredis de carême, il se donnait la discipline avec la
communauté. On prétend que, dans sa
retraite, il regretta le trône. Prétention
réfutée par le genre de vie qu'il y mena
avec une constance qui ne s'est pas dé-
mentie d'un moment. Si Charles s'était
repenti d'avoir quitté la puissance souveraine, il se serait occupé de tous les
événements politiques, il eût entretenu
des liaisons avec les courtisans, il eût
formé des intrigues pour troubler l'État,
ou le gouverner encore de sa retraite.
« Il partit pour Saint-Just, dit l'abbé
« Raynal, y vécut obscur et n'en sortit
« jamais. » Charles-Quint finit son rôle
par une scène singulière, mais dont on
avait déjà vu des exemples. Il fit célébrer ses obsèques pendant sa vie, se mit
en posture de mort dans un cercueil, entendit faire pour lui-même toutes les
prières qu'on adresse à Dieu pour ceux
qui ne sont plus, et ne sortit de sa bière
que pour se mettre dans un lit. Une fièvre violente, qui le saisit la nuit d'après
cette cérémonie funèbre, l'emporta le 21
septembre 1558, âgé de 58 ans 6 mois
27 jours. Charles-Quint ne voulait être
ni loué, ni blâmé. Il appelait ses historiens, Paul Jove et Sleidan, ses menteurs,
parce que le premier avait dit trop de
bien de lui, et l'autre trop de mal. Ses
Instructions à Philippe II ont été traduites en français par Antoine Tessier,
La Haye, 1700, in-12. Les rois d'Espagne
n'ont porté le titre de *Majesté* que depuis
l'avénement de Charles-Quint à l'empire.
Leti a écrit sa *Vie* en italien, qu'on a
traduite en français en 4 vol. in-12; mais
on préfère l'*Histoire* du même prince,
écrite en anglais par Robertson, et traduite en français par M. Suard, Paris,
1771, 2 vol. in-4, et 6 vol. in-12. Elle est
écrite avec autant de vérité qu'on peut en
attendre d'un protestant et d'un philosophe du 18e siècle, qui écrit l'histoire d'un
prince catholique et pieux. Pour bien
juger du caractère et des actions de Charles-Quint, il ne faut point s'en tenir aux
protestants qui le regardent comme leur
premier ennemi, ni aux Espagnols qui

en ont fait un homme surnaturel, et aux
Français qui, humiliés par les défaites et
la prison de François Ier, ont cru devoir
rabaisser, autant qu'il leur était possible,
la gloire de son vainqueur. Les nations
neutres, qui dans ce temps n'ont eu aucun démêlé ni aucune alliance avec l'Autriche, nous fournissent des apprécia-
teurs moins suspects. « Je ne trouve
« point, dit le comte d'Oxenstiern, par-
« mi les chrétiens, de héros préférable
« à Charles-Quint. Ce monarque avait
« autant de mérite personnel que d'ha-
« bileté dans l'art de régner. Parmi les
« grandes actions dont la vie de cet em-
« pereur n'a été qu'un tissu, je n'en
« trouve point qui soit plus digne d'ad-
« miration que la double abdication de
« l'empire et du royaume d'Espagne. Il
« connut à fond le faux brillant des gran-
« deurs et du faste du monde; et trou-
« vant que ces vanités n'étaient pas di-
« gnes de l'attachement d'une grande
« âme, il préféra la retraite de Saint-
« Just au trône impérial. Il trouva dans
« cet état une satisfaction plus solide, en
« regardant avec compassion l'aveugle-
« ment et l'inquiétude des grands et des
» petits dans le monde, qu'il ne sentit
« de contentement, étant l'arbitre de
« l'Europe. » Parmi les écrivains français, il s'est trouvé des hommes distingués, qui, se mettant au-dessus de la
faiblesse des préjugés et des injustices
nationales, ont parlé de Charles-Quint
comme d'un des plus grands princes et
des plus grands hommes dont l'histoire
nous ait transmis le souvenir. » On peut
« dire à l'égard de ce prince, dit le pré-
« sident de Thou, que la vertu semble
« disputer avec la fortune pour l'élever,
« à l'envi l'une de l'autre, au plus haut
« point de la félicité dont il était digne;
« et je ne crois pas que notre siècle, ni
« les temps les plus reculés, puissent
« nous donner un modèle d'un prince
« orné de plus de vertus, et plus digne
« d'être proposé aux souverains qui veu-
« lent gouverner avec des principes de
« justice et de vertu. » — « La religion,
« dit-il dans un autre endroit, fut son
« objet principal, et on doit rapporter à
« ce motif presque tout ce qu'il fit pen-
« dant la guerre et durant la paix, et
« su tout ce qu'il entreprit pour procu-
« rer, malgré des obstacles infinis, un
« concile légitime qui pût mettre la paix
« dans l'Eglise; dessein qui fut tant de
« fois renversé, soit par l'ambition des
« Papes qui n'agissaient pas en cela de
« bonne foi, soit par nos guerres tou-
« jours renouvelées avec un malheureux
« succès. Cependant il suivit toujours ce

« pieux projet, et en vint heureusement
« à bout. » Voltaire, après avoir démontré par des faits que Charles n'a jamais
eu l'ambition que quelques écrivains lui
attribuent, et après avoir fait observer
qu'il distribuait des Etats que rien ne
l'empêchait de garder pour lui-même,
renverse l'opinion qui attache le repentir
à la retraite de ce prince dans le monastère de Saint-Just. « L'empereur, dit-il,
avait résolu depuis longtemps de dérober
à tant de soins une vieillesse prématurée
et infirme, et un esprit détrompé de
toutes les illusions... La commune opinion est qu'il se repentit ; opinion fondée
seulement sur la faiblesse humaine, qui
croit impossible de quitter sans regret
ce que tout le monde envie avec fureur.
Charles oublia absolument le théâtre où
il avait joué un si grand personnage. »
— « Ce grand prince, dit le continuateur de Bossuet, renonça tout à fait au
monde ; et par une retraite qui le séparait des choses de la terre, il eut le plaisir de survivre, pour ainsi dire, à lui-
même. » On voit, après tous ces passages, que si M. Garnier, dans sa nouvelle
Histoire de France ; l'abbé Bérault, dans
son *Histoire de l'Eglise* ; Linguet, dans
la continuation de l'*Histoire universelle*
de Hardion, ont oublié, par rapport à
Charles-Quint, les égards dus à la vérité et
à la décence, on aurait tort d'accuser tous
les écrivains français de la même injustice. Il est difficile de comprendre comment le savant auteur de l'*Histoire de
l'Eglise* a pu s'en tenir exclusivement
aux détracteurs de Charles-Quint, sans
consulter au moins quelquefois les historiens qui en ont parlé avec une raison
calme, et qui réfutent mot à mot ce qu'il
dit touchant le caractère et la conduite
de ce grand empereur. Sa chimère de la
monarchie universelle revient à chaque
propos. Quelque chose qu'il fasse, fût-ce
la plus utile et même la plus édifiante,
c'est par hauteur, par ambition, par intrigue, par fourberie, etc. ; on ferait
presque un livre des épithètes de ce genre
rassemblées contre la mémoire de ce
prince, et cela dans une histoire ecclésiastique, destinée sans doute à toutes
les nations, dont l'auteur, plus que tout
autre écrivain, doit être pénétré de ces
sentiments d'équité et de modération qui
reçoivent une sanction particulière de la
nature et de l'objet de son travail, de ces
vues générales d'utilité et d'édification,
qu'on s'attend à trouver exclusivement
dans la rédaction des annales chrétiennes, faites par un ministre d'un Dieu de
vérité et de justice.

CHARLES VI, cinquième fils de l'empereur Léopold, né le 1er octobre 1685,
déclaré roi d'Espagne par son père en
1703, fut couronné empereur d'Allemagne en 1711. La guerre de la succession d'Espagne, allumée dans les dernières années du règne de son père,
languissait de toutes parts. La paix fut
enfin signée à Rastadt entre l'empereur
et la France, le 7 septembre 1714, et
ratifiée par l'empire le 9 octobre suivant.
Par ce traité, les frontières de l'Allemagne furent remises sur le pied du
traité de Ryswick. On céda à l'empereur les royaumes de Naples et de Sardaigne, les Pays-Bas, les duchés de
Milan et de Mantoue. L'Allemagne, tranquille depuis cette paix, ne fut troublée que par la guerre de 1716 contre
les Turcs. L'empereur se ligua avec les
Vénitiens pour les repousser. Le prince
Eugène, qui les avait vaincus autrefois à
Zenta, fut encore vainqueur à Péterwaradin. Témeswar, la dernière place
qu'ils possédaient en Hongrie, se rendit en 1716, et Belgrade en 1717, après
l'entière défaite des Turcs, qui étaient
venus au secours de la place. Cette
guerre finit par la paix de Passarowitz
en 1718, qui donna à la maison impériale Témeswar, Belgrade avec une partie de la Servie, de la Bosnie et de la
Valachie. Les victoires remportées sur
les Ottomans n'empêchèrent pas le roi
d'Espagne de recommencer la guerre
contre l'empereur. Le cardinal Albéroni,
alors premier ministre de cette monarchie, voulait recouvrer les provinces
démembrées par la paix d'Utrecht. Une
flotte espagnole débarque en Sardaigne,
et en moins de huit jours chasse les impériaux de tout le royaume. La qua-
druple alliance conclue à Londres en
1718, entre la Grande-Bretagne, la France, l'empereur et les Etats-Généraux,
fut occasionnée par cette conquête. Elle
avait pour objet de maintenir les traités
d'Utrecht et de Bade, et d'accommoder
les affaires d'Italie. L'empereur reconnaissait Philippe V roi d'Espagne, et nommait don Carlos, son fils aîné, successeur
éventuel des duchés de Parme, de Plaisance et de Toscane ; il avait la Sicile au
lieu de la Sardaigne. Le roi d'Espagne
ayant rejeté ces conditions, la guerre
continua jusqu'à la disgrâce d'Albéroni.
Philippe V accéda, en 1720, à la quadru-
ple alliance, et fit évacuer les îles de Sicile et de Sardaigne. Le traité de Vienne,
signé en 1725, finit tout. Charles renonça à ses prétentions sur la monarchie
espagnole, et Philippe aux provinces
qui en avaient été démembrées. La
Pragmatique-Sanction, qui avait essuyé

d'abord quelques contradictions, avait été reçue l'année d'auparavant comme loi fondamentale. L'empereur, par ce réglement, appelait à la succession des Etats de la maison d'Autriche, au défaut d'enfants mâles, sa fille aînée et ses descendants; ensuite ses autres filles et leurs descendants, selon le droit d'aînesse. Charles VI, heureux par ses armes et par ses traités, aurait pu l'être plus longtemps, s'il n'eût travaillé à exclure le roi Stanislas du trône de Pologne. Auguste II étant mort en 1733, Charles VI fit élire Frédéric-Auguste, fils du feu roi, et appuya son élection par ses armées et par celles de Russie. Cette démarche alluma la guerre. L'Espagne, la France, la Sardaigne la lui déclarèrent. Les Français prirent Khel, Trèves, Trarbach, Philisbourg. Le roi de Sardaigne, à la tête des armées françaises et espagnoles, s'empara en peu de temps de tout le duché de Milan. Il ne resta plus à l'empereur que la ville de Mantoue. L'armée impériale est battue à Parme et à Guastalla. Don Carlos, à la tête d'une armée espagnole, se jette sur le royaume de Naples, et après avoir défait les Autrichiens à la bataille de Bitonto, prend Gaète, Capoue, et se fait déclarer roi de Naples en 1734. L'année d'après, il est couronné à Palerme roi des Deux-Siciles. Le vaincu fut trop heureux de recevoir les conditions de paix que lui offrirent les vainqueurs. Les préliminaires furent arrêtés à Vienne le 3 octobre 1735, et le traité définitif signé le 18 novembre 1738. Par ce traité, le roi Stanislas abdiquait la couronne de Pologne et en conservait le titre; on le mettait en possession des duchés de Lorraine et de Bar; on assignait au duc de Lorraine le grand-duché de Toscane; don Carlos gardait le royaume des Deux-Siciles; le roi de Sardaigne avait Tortone, Novarre, la souveraineté de Langhes. L'empereur rentrait dans le duché de Milan et dans les Etats de Parme et de Plaisance; la France y gagnait la Lorraine et le Bar après la mort de Stanislas, et garantissait la Pragmatique-Sanction. La mort du prince Eugène fut un surcroît de malheurs pour Charles VI, qui, par son alliance avec la Russie, se crut obligé de prendre part à la guerre qu'elle faisait aux Turcs. L'armée impériale souffrit beaucoup par les marches, la peste et la famine: presque tous les avantages furent du côté des Turcs. A la paix signée le 1er septembre 1739, on leur céda la Valachie et la Bosnie impériales, la Servie avec Belgrade après l'avoir démoli. On régla

que les rives du Danube et de la Save seraient les frontières de la Hongrie et de l'empire ottoman. La manière précipitée dont ce traité fut conclu à l'insu de la Russie, la reddition inattendue de Belgrade, ce boulevard de la chrétienté, qui pouvait soutenir un long siège, la disgrâce apparente du comte de Niepperg, qui avait signé le traité, et l'approbation que l'empereur ne laissa pas d'y donner, ont fait imaginer quelque cause secrète et inconnue d'une négociation si imprévue et si rapidement terminée. C'est une tradition répandue parmi les Hongrois, que le grand-duc François, depuis empereur, époux de l'archiduchesse Marie-Thérèse, ayant été enlevé par les Turcs dans une partie de chasse qu'il avait faite imprudemment dans le voisinage du camp des Autrichiens, et que sa délivrance fut le prix de très grands sacrifices, faits avec une promptitude qui maintint le secret de la chose. Quoi qu'il en soit de cette anecdote, que des personnes instruites dans l'histoire du temps ont affirmée et niée avec une assurance égale, le traité fut ratifié à Vienne sans restriction et sans délai. Les Russes en furent fort irrités, et la lettre du comte de Munich au prince Lobkowitz fait assez connaître que ce général ne croyait pas que cette paix fût l'effet des opérations de la guerre. Charles VI mourut le 7 octobre 1740 à 55 ans, avec le regret d'avoir perdu une grande partie des conquêtes du prince Eugène. C'était un prince doux, juste, pieux, ferme dans l'adversité, modéré dans le bonheur, très-occupé des devoirs du gouvernement. Ses ennemis mêmes ne lui ont trouvé aucun vice. Grand et magnifique dans ses projets, il n'en forma jamais qui ne fussent dirigés vers le bien public. Il fit bâtir un grand nombre de forteresses, surtout vers les frontières de la Turquie; éleva des hôpitaux superbes, parmi lesquels celui de Pesth, destiné aux soldats invalides, est particulièrement remarquable; fit construire des chemins sûrs et commodes dans des endroits inaccessibles, par les cimes et les profondeurs des Alpes: ceux de Carinthie et de Croatie sont de vrais chefs-d'œuvre en ce genre. L'éloge de l'empereur, par le père Calles, est une pièce rare et faite d'éloquence.

CHARLES VII, fils de Maximilien Emmanuel, électeur de Bavière, naquit à Bruxelles en 1697. Après la mort de Charles VI, il demanda le royaume de Bohême, en vertu d'un testament de Ferdinand I, la Haute-Autriche, comme province démembrée de la Bavière, et le Tyrol, comme un héritage enlevé à sa maison. Il refusa de reconnaître l'archiduchesse Marie-Thérèse pour héritière universelle de la maison d'Autriche, et protesta contre la *Pragmatique-Sanction*, dont une armée de 100,000 hommes aurait dû faire la garantie, suivant la pensée du prince Eugène. Ses prétentions furent le signal de la guerre de 1741. Les armes de Louis XV, qui avait solennellement adhéré à la *Pragmatique*, firent couronner l'électeur duc d'Autriche à Lintz, roi de Bohême à Prague, et empereur à Francfort en 1742. Des commencements si heureux ne se soutinrent pas. Les troupes françaises et bavaroises furent détruites peu à peu par celles de la reine de Hongrie. La guerre était un fardeau trop pesant pour un prince accablé d'infirmités, et dénué de grandes ressources, tel qu'était Charles VII. On lui reprit tout ce qu'il avait conquis. En 1744, le roi de Prusse ayant fait une diversion dans la Bohême, Charles en profita pour recouvrer ses Etats. Il rentra enfin dans Munich sa capitale, et mourut deux mois après, le 20 janvier 1745, dans la 48e année de son âge.

ROIS D'ESPAGNE.

CHARLES I, roi d'Espagne. (Voyez **CHARLES - QUINT**, empereur, c'est le même.)

CHARLES II, roi d'Espagne, fils et successeur de Philippe IV, né le 6 novembre 1661, fut proclamé le 15 octobre 1665, sous la tutelle d'Anne d'Autriche sa mère. Il épousa en premières noces Marie-Louise d'Orléans, et en secondes Marie-Anne de Bavière, princesse de Neubourg. Il n'eut point d'enfants ni de l'une ni de l'autre. Ce n'était point un prince d'un grand génie; sa bonne volonté ne put remédier à l'état de faiblesse où se trouvait l'Espagne. Mais il montra les qualités d'un monarque juste et chrétien, surtout une piété vive et tendre, dont il faisait la règle de toutes ses actions. Etant allé à l'Escurial, dans l'espérance de fortifier sa santé chancelante par la pureté de l'air qu'on y respire, ce prince voulut visiter le lieu destiné à sa propre sépulture, et fit ouvrir les tombeaux de ses ancêtres. Il y vit celui de Charles-Quint son trisaïeul, qui avait fait autrefois la même chose, persuadé, sans doute, que c'est un spectacle dont les rois ne s'occupent point assez, et dont l'impression ne peut que les rendre justes et bons; il vit aussi ceux de Philippe II, de Philippe IV son père. On lui montra ceux des reines; il

baisa la main de Marie-Anne d'Autriche, sa mère. Ayant fait ouvrir le tombeau de Marie-Louise d'Orléans, son épouse, il fondit aussitôt en larmes; il voulut l'embrasser: on ne pouvait le résoudre à s'arracher d'auprès de ce triste objet. Forcé de le quitter: «Adieu, chère princesse, dit-il, je viendrai vous tenir compagnie avant un an.» Charles, qui sentait ses forces diminuer de jour en jour, pouvait prévoir sa mort; s'il eût pu oublier l'état de langueur où il était, toute l'Europe semblait ne s'occuper que du soin de l'en avertir par ces fameux traités où l'on disposait de ses royaumes, comme si le ciel eût déjà disposé de sa personne. Dès l'an 1698, la France, l'Angleterre et la Hollande partagèrent ses Etats comme vacants. Au mois de mars 1700, on fit un nouveau partage qui ne produisit pas plus d'effet que le premier. « Le monarque, dit un historien, vit « tous ces mouvements avec une fer- « meté qui me paraît supérieure à la va- « leur des plus grands guerriers. » Il crut bien faire, sans doute, en déférant, par le conseil du cardinal Portocarrero la couronne à Philippe de Bourbon, au préjudice des princes de sa maison; mais ce testament occasionna un embrasement général. Charles mourut le 1er novembre 1700. En lui finit la branche aînée de la maison d'Autriche régnante en Espagne. (Voy. **PHILIPPE V**.)

CHARLES III, roi d'Espagne, fils de Philippe V et d'Elisabeth Farnèse, né en 1776, fut appelé à la succession de Toscane par la mort d'Antoine Farnèse, dernier rejeton de la célèbre maison de Médicis, et s'empara de ses Etats malgré l'opposition de l'Autriche. Quatre ans après, il fut élu roi de Naples, s'empara de la Sicile, et prit le titre de roi des Deux-Siciles, qui fut reconnu par Louis XV, et confirmé en 1738 par la paix de Vienne. Il fit preuve de bravoure et de talents militaires, lorsqu'il joignit ses forces à celles de l'armée espagnole pour repousser de l'Italie les armées autrichiennes. Il continua de gouverner paisiblement le royaume de Naples pendant 15 années. Appelé au trône d'Espagne par la mort de son frère Ferdinand VI, et peu de temps après son avénement, Charles conclut avec Louis XV, en 1761, le pacte de famille qui assurait les droits et réunissait toutes les forces de la maison de Bourbon. Il se joignit à la France dans les guerres qu'elle eut à soutenir contre l'Angleterre. Ce prince mourut à Madrid en 1788.

CHARLES IV, roi d'Espagne et des

Indes, fils aîné de Charles III et de Marie-Amélie de Saxe, né à Naples le 11 novembre 1748, vint en Espagne lorsque Charles III fut appelé à cette couronne, en 1759, par la mort de Ferdinand VI son frère. Il avait une aversion prononcée pour le marquis de L'Esquilache, ministre et favori de Charles III, qu'il regardait comme la principale cause de l'éloignement où le roi le tenait des affaires. Le caractère impétueux de l'infant changea tout à fait, peu de mois après son mariage avec sa cousine Marie-Louise de Parme. Il montra d'abord de l'éloignement pour la princesse; puis il eut pour elle une déférence qui allait jusqu'à l'aveuglement. Il monta sur le trône en 1789. A L'Esquilache succéda le comte de Florida-Blanca, qui, après le décès de Charles III, eut pour successeur le comte d'Aranda. La reine avait dé à fait présenter au roi don Manuel Godoï, entre les mains duquel il finit par remettre tous les intérêts de sa famille et de ses peuples. Charles IV, de crainte d'irriter les révolutionnaires français contre Louis XVI, refusa d'abord de s'unir aux autres souverains pour faire la guerre à la France; mais, quand il apprit que, malgré ses efforts, son cousin a ait péri sur un échafaud, il résolut de prendre les armes. Le comte d'Aranda, qui combattit ce projet, fut exilé, et Godoï, lui succédant au ministère, obtint bientôt le titre de duc de La Alcudia. Pendant une lutte de deux ans, les revers et les succès furent balancés; mais Godoï, jusqu'alors en paix avec l'Angleterre, se brouilla avec cette puissance pour écouter les propositions de la république française, et la paix fut signée à Bâle dans le mois d'avril 1795. A cette occasion, Charles IV conféra son favori le titre de Prince de la Paix. L'année suivante, le ministre conclut une alliance offensive et défensive entre la France et l'Espagne. La reine et Godoï gouvernaient arbitrairement le royaume; Charles IV se livrait presque tout entier à la chasse. L'aveuglement de ce prince pour son favori était tel, qu'il ne s'apercevait pas que celui-ci cherchait à l'indisposer contre son fils Ferdinand, alors prince des Asturies. Cependant Charles IV aimait avec tendresse ses enfants, et il le prouva par sa longue répugnance à déclarer la guerre au Portugal, où sa fille Charlotte était mariée avec le prince du Brésil. Les instances de Lucien Bonaparte, et les conseils de Godoï lui arrachèrent, il est vrai, en 1800, une déclaration de guerre; mais, au bout de quatre mois, il donna, pour la première fois, à son ministre l'ordre

positif de terminer les hostilités. La neutralité qu'avait obtenue l'Espagne fut rompue par les Anglais, dont l'agression inattendue donna lieu, en novembre 1805, à la bataille de Trafalgar, où les marines française et espagnole furent presque entièrement détruites. La France se trouvait alors en guerre avec l'Autriche, la Russie et l'Angleterre; l'Espagne lui fournissait des secours en hommes et en argent. Napoléon, en échange du duché de Parme, donna la Toscane à l'infant don Louis, neveu de Charles IV, marié avec Marie-Louise, infante d'Espagne, et lui conféra le titre de roi d'Étrurie; mais ce jeune prince mourut peu d'années après, nommant sa femme régente du nouveau royaume. Cette apparente générosité n'était qu'un motif plausible pour exiger d'autres sacrifices de l'Espagne. Charles IV ferma donc ses ports aux navires de la Suède, avec laquelle son allié était en guerre; il accorda ensuite à Bonaparte 16,000 hommes des meilleures troupes, qui partirent pour le Nord, sous les ordres du marquis de La Romana. Pour récompenser ce dévouement de Charles IV, Napoléon se préparait à lui ravir son royaume. Il commença par déposséder de ses États la reine d'Étrurie. Godoï, retiré du ministère pour son mariage avec une nièce du roi, avait fait place à Urquijo, si hostile au clergé et au Pape; mais il ne cessait d'entretenir la discorde entre le roi et son fils, le prince des Asturies. Charles IV, irrité du projet d'alliance convenu entre ce prince devenu veuf et une fille de Lucien Bonaparte, fit arrêter Ferdinand; mais bientôt il se réconcilia avec son fils. Sur ces entrefaites, les troupes françaises étaient entrées dans la Péninsule. Le roi les croyait envoyées pour s'opposer à quelque tentative de révolte de la part du prince des Asturies, ennemi de Godoï; le peuple pensait, au contraire, qu'elles étaient venues pour amener Charles IV à exiler de Madrid le favori, objet de la haine générale. Telle était la confiance que celui-ci avait su inspirer au roi pour son allié, que Charles IV n'entrevit les véritables intentions de Bonaparte qu'au moment où l'agent de Godoï arriva en toute hâte de Paris. Le bruit se répandit alors que le roi, ainsi que l'avait fait la maison de Bragance, allait passer en Amérique, par ordre de Napoléon, et le peuple fit éclater son mécontentement dans l'insurrection d'Aranjuez, le 17 mars 1808. Charles, n'ayant plus à ses côtés Godoï, qui s'était caché, abdiqua la couronne en faveur de son fils, proclamé sous le nom de Ferdinand VII. Trois jours après, il pria le nouveau roi d'aller délivrer Godoï des mains du peuple, qui avait découvert sa retraite. Ferdinand obéit; mais, quand Charles sut qu'on retenait toujours Godoï prisonnier, il se repentit d'avoir abdiqué, et écrivit à Napoléon qu'il le choisissait pour juge entre lui et son fils. D'un autre côté, Ferdinand VII s'était laissé entraîner jusqu'à Bayonne, où l'avait précédé son frère don Carlos. Bonaparte invita Charles IV à venir rejoindre ses fils; le roi et la reine ne voulurent y consentir qu'après qu'on eut rendu la liberté à Godoï. Arrivé à Bayonne, Charles IV, séduit de nouveau par les insinuations de son favori, fit venir Ferdinand, et, devant la reine et Bonaparte, lui donna l'ordre d'abdiquer à son tour la couronne, par un acte signé de lui et de ses frères. Napoléon appuyant Charles IV, Ferdinand fut contraint de signer l'acte par lequel il rendait à son père le trône qu'il en avait reçu, et Charles, de son côté, fit la cession de ses droits à Napoléon. La famille royale sanctionna cet acte à Bordeaux, le 12 mai 1808. Après avoir séjourné quelque temps à Fontainebleau et à Compiègne, Charles IV obtint la permission d'habiter Marseille avec la reine Marie-Louise, Godoï, et l'infant don François de Paule, son plus jeune fils; puis il se rendit à Rome, en 1811. Sa vive et tendre piété lui en faisait préférer le séjour. Cependant, à la déchéance de Bonaparte, Ferdinand recouvra ses États, et se réconcilia bientôt avec son père. Le 28 novembre 1819, celui-ci succomba à une attaque de goutte, que la mort de la reine avait sans doute occasionnée. Jusqu'à son dernier soupir, il avait conservé pour elle et pour Godoï le plus tendre attachement. Charles IV était d'une taille avantageuse, avait l'air imposant, et était doué d'une force si extraordinaire, que, sans le moindre effort, il brisait les matières les plus solides, domptait et arrêtait les chevaux les plus fougueux; aussi, n'aimait-il que les exercices violents. Son cœur était bon et sensible; on le voyait frissonner, quand il devait signer quelque arrêt de mort; la moindre émotion lui faisait répandre des larmes. Il portait la probité et la loyauté jusqu'au scrupule, et ne pouvait supposer l'ingratitude dans un ami, la perfidie dans un allié, l'infidélité dans une épouse. Mais ses qualités furent ternies par son aveugle prédilection pour un favori qui l'entraîna dans les plus grands écarts. Charles IV perdit son royaume et se perdit lui-même par un excès de faiblesse.

ROIS D'ANGLETERRE.

CHARLES I, roi d'Angleterre, d'Ecosse et d'Irlande, né le 20 novembre 1600, successeur de Jacques I, son père, le 9 avril 1625, épousa la même année Henriette de France, fille de Henri-le-Grand. Son règne commença par des murmures, et finit par un forfait. La faveur de Buckingham, son expédition malheureuse à la Rochelle, les conseils violents de Guillaume Laud, archevêque de Cantorbéry, produisirent un mécontentement général. Les Ecossais armèrent contre leur souverain. Le feu de la guerre civile éclata de toutes parts. On conclut un traité équivoque pour faire finir les troubles. Charles congédia son armée. Les Ecossais, secrètement soutenus par Richelieu, feignirent de renvoyer la leur et l'augmentèrent. Charles, trompé par ses sujets rebelles, se voit forcé d'armer de nouveau. Il assemble tous les pairs du royaume, convoque le Parlement, et ne trouve partout que des factieux et des perfides. Le comte de Strafford était un de ses principaux appuis, on l'accusa d'avoir voulu détruire la réformation et la liberté, et sous ce faux prétexte on le condamna à mort; Charles fut forcé de signer sa condamnation. Il se reprocha vivement cette faiblesse, qui ne rendit ses ennemis que plus insolents. « Ah! « disait-il sans cesse, sous prétexte d'arrê- « ter une bourrasque populaire, j'ai ex- « cité une temp'te dans mon sein. » Pressé de tous côtés, Charles assemble un nouveau Parlement, qu'il ne fut plus maître de casser ensuite. On y décida qu'il faudrait le concours des Chambres pour la cassation. On obligea le roi d'y consentir, et deux ans après on le contraignit de sortir de Londres. La monarchie anglaise fut renversée avec le monarque. En vain il livra plusieurs batailles aux parlementaires. La perte de celle de Nazerby, en 1645, décida tout. Charles désespéré alla se jeter dans les bras de l'armée d'Ecosse, qui le livra au Parlement anglais. Le prince, instruit de cette lâcheté, dit « qu'il aimait mieux « être avec ceux qui l'avaient acheté « chèrement, qu'avec ceux qui l'avaient « bassement vendu. » La Chambre des communes établit un comité de dix-huit personnes, pour dresser contre lui des accusations juridiques : accusations contre lesquelles il se défendit par des Mémoires où Falkland (voyez ce mot) lui servit de secrétaire. On le condamna à périr sur un échafaud. Il eut la tête tranchée le 9 février 1649, dans la 49ᵉ année de son âge, et la 25ᵉ de son règne. La Chambre des pairs fut supprimée, le serment de fidélité et de suprématie aboli, et tout le pouvoir remis entre les mains du peuple qui venait de tremper ses mains dans le sang de son roi. Cromwel, principal auteur de ce parricide, déclaré général perpétuel des troupes de l'Etat, régna despotiquement, sous le titre modeste de *protecteur*. La constance de Charles dans ses revers et dans le supplice étonna ses ennemis mêmes. Les plus envenimés ne purent s'empêcher de dire qu'il était mort avec bien plus de grandeur qu'il n'avait vécu ; et qu'il prouvait ce qu'on avait dit souvent des Stuarts, qu'ils soutenaient leurs malheurs mieux que leur prospérité. On l'honore aujourd'hui comme un martyr de la religion anglicane. Le jour de sa mort est célébré par un jeûne général. Charles fut bon maître, bon ami, bon père, bon époux, mais roi mal conseillé. On lui attribue un petit ouvrage intitulé : *Icon Basiliké*, espèce de journal que Charles avait écrit pendant le cours de ses longues infortunes, qu'il avait continué dans ses diverses prisons, où il peignait ses actions et ses sentiments, et qui est traduit en français sous le titre de : *Portrait du roi*, in-12. Il produisit autant d'effet sur les Anglais, que le testament de César sur les Romains. Cet ouvrage, plein de religion et d'humanité, fit détester à ces insulaires, ceux qui les avaient privés d'un tel roi. Son *Procès* est aussi traduit en français, petit vol. in-12, réimprimé dans la dernière édition de Rapin Thoiras. L'historien Hume, ce flatteur perpétuel de la violence et de la tyrannie, ne put s'empêcher de prendre le parti de Charles, et de le représenter comme la victime d'une tourbe d'hommes fourbes et scélérats : il a compris que l'opinion publique était trop contraire à son goût et à son jugement particulier, pour que son *Histoire* n'en souffrît pas. « Je laisse aux « historiens profanes, dit un auteur, le « soin de marquer par quelle suite d'é- « vénements la fortune ou plutôt la Pro- « vidence conduisit sur un échafaud « Charles I, l'un des meilleurs rois qu'ait « eus la Grande-Bretagne, et qui aurait « mérité de mourir martyr d'une autre « religion que de celle d'Angleterre, si « la vraie foi pouvait se mériter par les « œuvres. » En 1786, on a publié un *Recueil* de différents écrits, où Charles I dans ses malheurs se plut à déposer son âme. On y trouve ces maximes : « J'es- « time l'Eglise au-dessus de l'Etat, la « gloire du Christ au-dessus de la mienne, « et le salut des âmes préférable à la con- « servation des corps. » — « Ne faites ja- « mais peu d'état des moindres choses « qui touchent à la religion », disait-il à son fils qui devait être Charles II. Lors-

qu'il eut achevé le discours qu'il put pro- noncer un moment avant de tomber sous la hache de ses assassins, il prit des mains de l'évêque Juxon, qui l'assistait, le ban- deau sous lequel il releva lui-même ses cheveux. « Sire, lui dit le prélat, il ne « reste plus à votre Majesté qu'un pas à « franchir ; il est douloureux, il est dif- « ficile ; mais il est court, et cette courte « douleur vous enlève à la terre pour « vous porter dans le ciel à un bonheur « sans fin. — Je passe, répondit le roi, « d'une couronne caduque et corruptible « à celle que ne peut souiller aucune « corruption ». — Voici une des derniè- res lettres de ce *malheureux* roi d'un *mal- heureux* pays, à Charles II : « Mon fils, « s'il faut que vous ne me voyiez plus, « et que ce soit l'ordre de *Dieu* que je « sois enterré pour jamais dans cette ob- « scure et si barbare prison, adieu ! Je « laisse à vos soins votre mère : souvenez- « vous qu'elle a été contente de souffrir « pour moi, avec moi, et avec vous aussi, « par une magnanimité incomparable. « Quand ils m'auront fait mourir, je prie « Dieu qu'il ne fasse pas retomber son « indignation sur mon peuple. Quant à « ceux qui m'auront aimé, je souhaite « qu'ils n'aient pas sujet de me trouver « à dire quand je ne serai plus, tant je « vous désire de gloire et de bien. J'ai- « merais mieux qu'on vous appelât *Char- « les-le-Bon*, que *Charles-le-Grand*. J'es- « père que Dieu vous aura destiné à être « l'un et l'autre. Corrigez vous-même « avec soin ce qui méritera de l'être ; « évitez qu'on puisse rien reprendre de « votre administration ; car *j'ai remar- « qué que le mauvais démon de la rébel- « lion se présente d'abord sous la figure « de l'ange de la réformation*. Que ma « mémoire et mon nom vivent en votre « souvenir. C'est ce que désire un père « qui vous aime, et qui fut autrefois roi « de trois florissants royaumes. Adieu ! « jusqu'à ce que nous puissions nous ren- « contrer au ciel, si nous ne le pouvons « pas sur la terre : j'espère qu'un siècle « plus heureux vous attend. »

CHARLES II, roi d'Angleterre, fils du précédent, né le 29 mai 1630, promena longtemps ses malheurs dans différentes contrées de l'Europe. Reconnu d'abord en Irlande roi d'Angleterre, par le zèle du marquis d'Ormond ; battu et défait à Dunbar et à Worchester, en 1651, il se retira en France auprès de la reine sa mère, déguisé tantôt en bûcheron, tan- tôt en valet de chambre. Monck, gouver- neur d'Ecosse, devenu maître absolu du Parlement, après la mort de Cromwell, s'imagina de faire revenir le roi, et réussait. Charles fut rappelé en Angleterre en 1660, et l'année suivante couronné à Londres. L'un de ses premiers soins fut de venger la mort du roi, son père, sur ceux qui en étaient les auteurs ou les complices ; dix des plus coupables furent punis du dernier supplice. Le peuple, qui avait paru si fort républicain, aima son roi et lui accorda tout ce qu'il voulut. La guerre contre les Hollandais et contre les Français, quoique très-onéreuse, n'excita presque point de murmures. Elle finit en 1667 par la paix de Bréda. Cinq ans après, il fit un traité avec Louis XIV, contre la Hollande. La guerre qui en fut la suite ne dura que deux ans, et laissa à Charles tout le temps qu'il fallait pour faire fleurir les arts et les belles-lettres dans son royaume. Il fit publier la liberté de conscience, suspendit les lois pénales contre les non-conformistes ; il fonda la société royale de Londres en 1660, et l'encouragea. Le Parlement d'Angleterre lui assigna un revenu de douze cent mille livres sterling. Charles, malgré cette somme, et une forte pension de la France, fut presque toujours pauvre. Il vendit Dunkerque à Louis XIV deux cent cinquante mille livres sterling, et fit banqueroute à ses sujets. Cette prodigalité et ses mœurs déréglées ternirent les qualités brillantes et aimables qui l'auraient rendu un des premiers princes de l'Europe. Il mourut le 6 février 1686, sans postérité. Charles fut favorable aux catholiques : on croit même, avec fondement, qu'il eut l'avantage de mourir catholique. (Voyez le récit de sa mort dans l'*Histoire d'Angleterre* par Lingard.) Le prêtre catholique Huddleston reçut son abjuration, et lui administra les sacrements d'Extrême-Onction et d'Eucharistie. La Chambre des communes avait voulu, dès son vivant, exclure son frère, le duc d'Yorck, de la couronne d'Angleterre. Charles cassa ce Parlement, et finit sa vie sans plus en assembler.

ROIS DE SUÈDE.

CHARLES, nom de plusieurs rois de Suède, dont l'histoire ne nous est point parvenue. CHARLES VII, fils de Swerker, vivait en 1160. CHARLES VIII, ou CANUTSON, en 1448, et CHARLES IX en 1611.

CHARLES-GUSTAVE X, fils de Jean Casimir, comte Palatin du Rhin, né à Nikœping, en 1622, monta sur le trône de Suède en 1654, après l'abdication de la reine Christine sa cousine. (V. ce mot.) Il ne connaissait que la guerre, et la fit heureusement. Il tourna d'abord ses armes contre les Polonais. Il remporta la célèbre

victoire de Varsovie, et leur enleva plusieurs places. Cette conquête fut rapide : depuis Dantzick jusqu'à Cracovie, rien ne lui résista. Casimir, roi de Pologne, secondé par l'empereur Léopold, fut vainqueur à son tour, et recouvra ses Etats, après avoir été obligé de les quitter. Les Danois avaient pris part à cette guerre ; Charles marcha contre eux. Il passa sur la mer glacée, d'île en île, jusqu'à Copenhague, et réunit la Scanie à la Suède. Il mourut à Gothenbourg le 13 février 1660, à l'âge de 37 ans, avec le dessein d'établir dans son royaume la puissance arbitraire. Puffendorf a écrit son *Histoire* en latin, 2 vol. in-folio, Nuremberg, 1696 ; traduite l'année d'après en français, Nuremberg, 1697, 2 vol. in-folio.

CHARLES XI, fils du précédent, naquit le 25 décembre 1655, et succéda à son père. Il n'était encore âgé que de cinq ans, lorsqu'il monta sur le trône. Christiern V, roi de Danemarck, lui ayant déclaré la guerre en 1674, Charles le battit en différentes occasions, à Helmstadt, à Lunden, à Landskroon, et n'en perdit pas moins toutes les places qu'il possédait en Poméranie. Il recouvra ces places par le traité de Nimègue en 1679, et mourut l'an 1697 dans la 42e année de son âge, lorsque l'Empire, l'Espagne et la Hollande d'un côté, la France de l'autre, l'avaient choisi pour médiateur de la paix conclue à Ryswick. C'était un prince guerrier, actif, prudent, mais trop despotique. Il abolit l'autorité du sénat, et tyrannisa ses sujets. Sa femme le priant un jour d'en avoir compassion, Charles lui répondit : « Madame, je vous ai prise « pour me donner des enfants, et non « des avis. » On a imprimé un livre curieux des *Anecdotes de son règne*, 1716, in-12.

CHARLES XII, fils du précédent, naquit le 27 juin 1682. Il commença comme Alexandre. Son précepteur lui ayant demandé ce qu'il pensait de ce héros : « Je pense, lui dit ce jeune prince, « que je voudrais lui ressembler. — Mais, « lui dit-on, il n'a vécu que trente-deux « ans. — Ah ! reprit-il, n'est-ce pas as- « sez quand on a conquis des royaumes ?» Impatient de régner, il se fit déclarer majeur à quinze ans ; et lorsqu'il fallut le couronner, il arracha la couronne des mains de l'archevêque d'Upsal, et se la mit lui-même sur la tête avec un air de grandeur qui imposa à la multitude. Frédéric IV, roi de Danemarck ; Auguste, roi de Pologne ; Pierre, czar de Moscovie, comptant tirer avantage de sa jeunesse, se liguèrent tous trois contre ce jeune prince. Charles, âgé à peine de dix-huit ans, les attaqua tous l'un après l'autre, courut dans le Danemarck, assiégea Copenhague, força les Danois dans leurs retranchements. Il fit dire à Frédéric leur roi, que, s'il ne rendait justice au duc de Holstein, son beau-frère, contre lequel il avait commis des hostilités, il se préparait à voir Copenhague détruit, et son royaume mis à feu et à sang. Ces menaces du jeune héros amenèrent le traité de Travendal, dans lequel, ne voulant rien pour lui-même, et content d'humilier son ennemi, il demanda et obtint tout ce qu'il voulut pour son allié. Cette guerre finie en moins de six semaines dans le cours de 1700, il marche droit à Nerva assiégée par 100 mille Russes. Il les attaque avec 9 mille hommes, et les force dans leurs retranchements. Trente mille furent tués ou noyés, 20 mille demandèrent quartier, et le reste fut pris ou dispersé. Charles permit à la moitié des soldats Russes de s'en retourner désarmés, et à l'autre moitié de repasser la rivière avec leurs armes. Il ne garda que les généraux, auxquels il fit donner leurs épées et de l'argent. Il y avait parmi les prisonniers un prince asiatique, né au pied du mont Caucase, qui allait vivre en captivité dans les glaces de la Suède. « C'est, « dit Charles, comme si j'étais prison- « nier chez les Tartares de Crimée; » paroles qu'on rapporte pour donner un exemple des bizarreries de la fortune, et dont on se rappela le souvenir, lorsque le héros suédois fut forcé de chercher un asile en Turquie. Il n'y eut guère, du côté de Charles XII, dans la bataille de Nerva, que 1,200 soldats tués et environ 800 blessés. Le vainqueur se mit en devoir de se venger d'Auguste, après s'être vengé du czar. Il passa la rivière de Duna, battit le maréchal de Stenau qui lui en disputait le passage, força les Saxons dans leurs postes et remporta sur eux une victoire signalée. Il entre ensuite dans la Courlande qui se rend à lui, vole en Lithuanie, soumet tout, et va joindre ses armes aux intrigues du cardinal primat de Pologne, pour enlever le trône à Auguste. Maître de Varsovie, il le poursuit et gagne la bataille de Clissau, malgré les prodiges de valeur de son ennemi. Il met de nouveau en fuite l'armée saxonne commandée par Stenau, assiége Thorn, et fait élire roi de Pologne Stanislas Leczinski. La terreur de ses armes faisait tout fuir devant lui. Les Moscovites étaient dispersés avec la même facilité. Auguste, réduit aux dernières extrémités, demande la paix, Charles lui en dicte les conditions, l'oblige de renoncer à son royaume, et de reconnaître Stanislas.

Cette paix conclue en 1706, Auguste détrôné, Stanislas affermi sur le trône, Charles XII aurait pu et même dû se réconcilier avec le czar; il aima mieux tourner ses armes contre lui, comptant apparemment de le détrôner comme il avait détrôné Auguste. Il part de la Saxe dans l'automne de 1707, avec une armée de 43 mille hommes. Les Moscovites abandonnent Grodno à son approche. Il les met en fuite, passe le Borysthène, traite avec les Cosaques, et vient camper sur le Dézéna. Charles XII, après plusieurs avantages, s'avançait vers Moscou par les déserts de l'Ukraine. La fortune l'abandonna à Pultava, le 8 juillet 1709. Il fut défait par le czar, blessé à la jambe, toute son armée détruite ou faite prisonnière, et contraint de se sauver sur des brancards. W. Coxe raconte, à cette occasion, l'anecdote suivante qu'il dit tenir du prince de Menzikof, auquel le prince Wolkonski l'avait rapportée : « Après la bataille de Pultava, dit-il, un « officier russe poursuivit Charles XII, « à la tête d'un petit détachement, il « était prêt à l'atteindre, lorsqu'un aide- « de-camp du prince Menzikof lui ap- « porta l'ordre de s'arrêter. L'officier « obéit; mais il envoya dire en même « temps à Menzikof qu'il espérait faire « le roi de Suède prisonnier. Menzikof, « qui n'avait point donné d'ordre, fut « fort étonné. On chercha en vain l'aide- « de-camp. Enfin, on en parla au czar « qui ne voulut faire aucune recherche, « et on conclut de ce qu'il dit dans cette « occasion, que Pierre lui-même avait « envoyé l'aide-de-camp, ne se souciant « pas d'un tel prisonnier qui lui aurait « causé beaucoup d'embarras. » Quoi qu'il en soit de cette anecdote, à laquelle il est difficile d'ajouter foi, Charles, réduit à chercher un asile chez les Turcs, passa le Borysthène, gagna Oczakow, et se retira à Bender. Cette défaite remit Auguste sur le trône, et immortalisa le czar. Le grand-seigneur reçut Charles XII, comme le méritait un guerrier dont le nom avait rempli l'univers. Il lui donna une escorte de quatre cents Tartares. Le dessein du roi de Suède, en arrivant en Turquie, fut d'exciter la Porte contre le czar. N'ayant pas pu réussir ni par ses menaces ni par ses intrigues, il s'opiniâtra contre son malheur, et brava le grand-sultan, quoiqu'il fût presque son prisonnier. La Porte Ottomane souhaitait beaucoup de se défaire d'un tel hôte. On voulut le forcer à partir. Il se retrancha dans sa maison de Bender, s'y défendit avec quarante domestiques contre une armée, et ne se rendit que quand la maison fut en feu. Il faut convenir qu'une telle conduite dans un Etat où on lui avait accordé généreusement un asile manquait de décence, et qu'elle n'était pas même sensée, vu qu'il n'en pouvait espérer aucun fruit. De Bender on le transféra à Andrinople, puis à Demir-Tocca. Cette retraite lui déplaisait ; il résolut de passer au lit tout le temps qu'il y serait. Il resta dix mois couché, feignant d'être malade. Ses malheurs augmentaient tous les jours. Ses ennemis, profitant de son absence, détruisaient son armée, et lui enlevaient non seulement ses conquêtes, mais celles de ses prédécesseurs. Il partit enfin de Demir-Tocca, et traversa en poste, avec deux compagnons seulement, les Etats héréditaires de l'empereur, la Franconie et le Mecklenbourg, et arriva le onzième jour à Stralsund, le 22 novembre 1714. Assiégé dans cette ville, il se sauva en Suède, réduit à l'état le plus déplorable. Ses revers ne l'avaient point corrigé de la fureur de combattre. Il attaqua la Norwége avec une armée de 20 mille hommes, accompagné du prince héréditaire de Hesse, qui venait d'épouser sa sœur, la princesse Ulrique. Il forma le siége de Frédéricshall au mois de décembre 1718. Une balle l'atteignit à la tête, comme il visitait les ouvrages des ingénieurs à la lueur des étoiles, et le renversa mort le 11 décembre sur les 9 heures du soir. Quelques Mémoires disent qu'il fut assassiné, et que la balle partit d'une main très-voisine, comme l'attitude du roi, qui mourut en portant la main sur son épée, semble l'indiquer ; d'autres circonstances, quelques-unes même de celles que Voltaire rapporte en combattant cette opinion, concourent à prouver la même chose. Tous ses projets de vengeance périrent avec lui. Il méditait des desseins qui devaient changer la face de l'Europe. Suivant ce plan chimérique, le czar, s'unissait avec lui pour rétablir Stanislas, et pour détrôner son compétiteur. Il lui fournissait des vaisseaux pour chasser la maison de Hanovre du trône d'Angleterre, et y remettre le prétendant ; et des troupes de terre, pour attaquer Georges dans ses Etats de Hanovre, et surtout dans Brême et Werden, qu'il avait enlevés au héros Suédois. « Charles XII, dit le président de Montesquieu, n'était point Alexandre. La nature ni la fortune ne furent jamais si fortes contre lui, que lui-même. — Le possible n'avait rien de piquant pour lui, dit le président Hénault : il lui fallait des succès hors du vraisemblable. » On a eu raison de l'appeler le Don Quichotte du Nord. Il porta, suivant son historien, toutes les vertus des héros à un excès, où elles sont aussi dangereuses que les vices opposés. Inflexible jusqu'à l'opiniâtreté, libéral jusqu'à la profusion, courageux jusqu'à la témérité, sévère jusqu'à la cruauté, il fut dans ses dernières années moins roi que tyran, et dans le cours de sa vie, plus soldat que héros. Ce fut un homme singulier, mais ce ne fut pas un grand homme. Il avait une taille avantageuse et noble, un beau front, de grands yeux bleus, les cheveux blonds, le teint blanc, un nez bien formé ; mais presque point de barbe ni de cheveux, et un sourire désagréable. Cet homme, d'un courage effréné, poussait la douceur et la simplicité dans le commerce, jusqu'à la timidité. Ses mœurs étaient austères et dures même. Quant à sa religion, il fut indifférent pour toutes, quoiqu'il professât extérieurement le luthéranisme. Son histoire a été pesamment écrite par Norberg, son chapelain, en 3 vol, in-4, Amsterdam, 1742; plus élégamment, mais avec moins d'exactitude, par Voltaire.

CHARLES XIII, roi de Suède, second fils du roi Adolphe-Frédéric et de Louise-Ulrique, sœur de Frédéric-le-Grand, naquit le 7 octobre 1748, et fut nommé dès sa naissance grand-amiral de Suède ; ses études furent, en conséquence, dirigées vers la marine. Il fut élu, en 1765, président honoraire de la société des sciences d'Upsal, et fit, en 1770, un voyage en Allemagne, en Prusse, dans les Pays-Bas et en France. La mort de son père le rappela en Suède, où il contribua fortement au succès de la révolution faite dans l'intérêt du trône contre un orgueilleux sénat, et reçut en récompense, de son frère Gustave III, le poste important de gouverneur-général de Stockholm. Charles fut nommé, en 1772, duc de Sudermanie, et épousa, en 1774, Hedwig-Elisabeth-Charlotte, princesse de Holstein-Gottorp. Lors de la guerre de la Suède contre la Russie en 1788, ce prince commandait l'escadre qui battit les Russes dans le golfe de Finlande, et ramena heureusement sa flotte dans le port de Carlskrona, par la saison la plus dangereuse. Il fut ensuite nommé gouverneur-général de la Finlande, où il avait été chargé de maintenir l'ordre, et obtint la prérogative d'avoir pour sa garde un corps de trabans. Après l'assassinat de Gustave III en 1792, comme son fils unique n'avait pas atteint sa majorité, la régence fut donnée au duc de Sudermanie, qui sut ménager à la Suède une paix honorable, et conclut avec le Danemarck une alliance dont le but était de protéger la navigation dans les mers du Nord. Il fonda, à cette époque, le musée de Stockolm, une académie militaire pour deux cents jeunes gens, et se concilia, par son gouvernement, l'affection du peuple. Gustave-Adolphe IV étant devenu majeur en 1796, le duc lui remit les rênes de l'Etat et se retira dans son château de Rosesberg. Le nouveau roi s'engagea dans une lutte inégale avec la Russie, contre le vœu de tous les chefs militaires et politiques; mais devenu sourd à toutes les réclamations, il se vit enfin obligé d'abdiquer en faveur du duc de Sudermanie, qui fut proclamé roi dans la cathédrale de Stockholm le 29 juin 1809. Charles se hâta de faire la paix avec Napoléon. Le monarque détrôné avait un fils, le prince Charles d'Augustemberg, qui semblait devoir hériter de la couronne, au moins après la mort de Charles XIII. Cependant ce dernier, au mepris des droits de son neveu, adopta en 1810, pour son fils et son successeur, le maréchal Bernadotte que les Etats du royaume avaient choisi. Le 4 novembre 1814, sa politique adroite acquit la Norwége à la Suède en dédommagement de la Finlande, et il entra, au mois de juin 1816, dans la Sainte-Alliance. Charles XIII est mort le 5 février 1818, âgé de 70 ans, laissant le trône à Bernadotte, qui lui a succédé sous le nom de Charles XIV. En lui finit la dynastie des anciens rois de Suède Grand-maître des francs-maçons, il avait fondé, le 27 mai 1811, l'ordre de Charles XIII, qui devait être uniquement donné aux francs-maçons d'un grade élevé. On prétend qu'il était aussi membre des sociétés secrètes de l'Allemagne.

CHARLES XIV. (Voy. BERNADOTTE.)

ROIS DE NAVARRE.

CHARLES II, roi de Navarre, comte d'Evreux, dit le Mauvais, naquit l'an 1332, avec de l'esprit, de l'éloquence et de la hardiesse, mais avec une méchanceté qui ternit l'éclat de ces qualités. Il fit assassiner Charles d'Espagne de la Cerda, connétable de France, en haine de ce qu'on avait donné à ce prince le comté d'Angoulème, qu'il demandait pour sa femme, fille du roi Jean. Charles V, fils de ce monarque, et lieutenant-général du royaume, le fit arrêter. Mais le Navarrois, s'étant sauvé de sa prison, conçut le projet de se faire roi de France. Il vint souffler le feu de la discorde à Paris, d'où il fut chassé, après avoir commis toutes sortes d'excès. Dès que Charles V fut parvenu à la couronne, le roi de Navarre chercha un prétexte pour reprendre les armes; il fut vaincu. Il y eut un traité de paix entre Charles et lui, en 1365. On

lui laissa le comté d'Evreux, son patrimoine, et on lui donna Montpellier et ses dépendances pour ses prétentions sur la Bourgogne, la Champagne et la Brie. Le poison était son arme ordinaire; on prétend qu'il s'en servit pour Charles V. Sa mort, arrivée en 1387, fut digne de sa vie. Il s'était fait envelopper dans des draps trempés dans de l'eau-de-vie et du soufre. soit pour ranimer sa chaleur affaiblie par les débauches, soit pour guérir sa lèpre; le feu prit aux draps et le consuma jusqu'aux os. C'est ainsi que presque tous les historiens français racontent la mort de Charles II; cependant dans la lettre que l'évêque de Dax, son principal ministre, écrivit à la reine Blanche, sœur de ce prince, et veuve de Philippe de Valois, il n'est fait nulle mention de ces nouvelles circonstances, mais seulement de vives douleurs que le roi avait souffertes dans sa dernière maladie, avec de grandes marques de pénitence et de résignation à la volonté de Dieu. « Ce « prince avait, dit Mézerai, toutes les « bonnes qualités qu'une méchante âme « rend pernicieuses, l'esprit, l'éloquence, « l'adresse, la hardiesse et la libéralité.»

CHARLES III, surnommé le Noble, roi de Navarre, fils de Charles-le-Mauvais, lui succéda à l'âge de 25 ans, et fut couronné à Pampelune le 29 juillet 1390. Il avait toutes les grandes qualités de son père, suivant les Espagnols, et, de l'aveu des Français, aucun de ses défauts. Il s'appliqua à réformer les abus qui s'étaient glissés dans son royaume; il examina les donations faites par ses prédécesseurs, l'état des principales cités et des grandes villes; enfin, il obtint du roi d'Angleterre la restitution de Cherbourg et de quelques autres places, et il régla à l'amiable avec le roi d'Aragon les frontières des deux royaumes. La cathédrale de Pampelune était en grande partie ruinée, les habitants en général en étaient affligés, mais ils se trouvaient dans l'impuissance de la faire rétablir; il assigna la quatrième partie de ses revenus pour cette reconstruction. N'ayant pu obtenir de la France des restitutions de terres qui appartenaient à sa maison, il en fit le voyage, et il fit un traité par lequel il renonçait à toutes ses prétentions sur les comtés de Champagne, de Brie et d'Evreux; il céda de plus Cherbourg, et on lui donna en échange la ville et le territoire de Nemours, avec le titre de duc, une pension de 12,000 livres par an, et 200,000 écus pour le dédommager des revenus dont il avait été privé depuis la saisie de ses Etats. Charles contribua à rétablir la paix entre les ducs d'Orléans et de Bourgogne, et

issa à la France une haute idée de sa
ersonne. De retour dans ses Etats avec
ne somme d'argent considérable, il s'oc-
ipa de faire fleurir les arts, et fit bâtir
eux palais : l'un à Olite, l'autre à
afalla. Rappelé en France après l'horri-
le assassinat du duc d'Orléans, commis
ar ordre de Jean, duc de Bourgogne,
ne négligea rien pour soutenir l'infor-
iné Charles VI et sa famille, et il eut
eaucoup de part aux deux traités de
Chartres et de Bicêtre. Son équité et sa
iodération étaient si connues, que ses
oisins le prirent souvent pour arbitre
ans leurs querelles ; et, sans prendre
arti dans aucune, il les accommoda tou-
es par ses bons offices et par l'autorité
ju'il s'était acquise. La longue paix qu'il
vait procurée à la Navarre avait tellement
nrichi ses Etats, qu'il était beaucoup
)lus puissant, et avait plus d'influence
n Europe qu'aucun de ses prédécesseurs.
Cependant il savait prendre les armes
lans l'occasion : le comte d'Armagnac
iyant commis des hostilités sur les domaines du comte de Foix, il se jeta sur
le comté d'Armagnac, y fit de grands
ravages et se retira. Une de ses raisons
fut de prévenir de semblables incursions
dans le voisinage de ses Etats ; et il est
certain que sa diligence à secourir ses
alliés, et l'efficacité des secours qu'il leur
donna, ne contribuèrent pas peu à lui
faire passer la plus grande partie de son
règne en paix. Il mourut à Olite le 8 septembre 1425, dans la 64e année de son
âge, et la 39e de son règne. C'était un
prince véritablement illustre par ses sentiments et ses actions; il jouit de ce qui
devrait faire la plus grande félicité des
rois, de l'amour de ses sujets.

CHARLES DE FRANCE, second fils
du roi Philippe-le-Hardi, eut en apanage les comtés de Valois, d'Alençon et
du Perche en Parisis. Il fut investi, en
1283, du royaume d'Aragon, et prit en
vain le titre de roi. Boniface VIII y ajouta
celui de vicaire du Saint-Siège. Il passa
en Italie, y fit quelques exploits, et fut
surnommé *Défenseur de l'Eglise*. Il servit avec plus de succès en Guienne et en
Flandre, et mourut à Nogent en 1325.
On a dit de lui, qu'il avait été *fils de roi*,
frère de roi, oncle de roi et père de roi,
sans être roi. Il était père de Philippe VI
dit *de Valois*.

CHARLES, duc de Guienne, frère de
Louis XI. (Voyez Louis XI.)

CHARLES, duc de Bourbon, fils de
Gilbert, comte de Montpensier, et de
Claire de Gonzague, naquit en 1489. Il
fut fait connétable en 1515, à 26 ans.
Devenu vice-roi du Milanais, il s'y fit

aimer de la noblesse par sa politesse, et
du peuple par son affabilité. Il s'était couvert de lauriers dans toutes les affaires
d'éclat, et surtout à la bataille de Mari-
gnan. La reine-mère, Louise de Savoie,
dont il n'avait pas voulu, dit-on, apercevoir les sentiments, lui ayant suscité un
procès pour les domaines de Bourbon,
Charles se ligua avec l'empereur et le roi
d'Angleterre contre la France sa patrie.
Il était déjà dans le pays ennemi, lorsque
François Ier lui envoya demander l'épée
de connétable et son ordre. Bourbon répondit : « Quant à l'épée, il me l'ôta à Va-
« lenciennes, lorsqu'il confia à M. d'Alen-
« çon l'avant-garde qui m'appartenait.
« Pour ce qui est de l'ordre, je l'ai laissé
« derrière mon chevet à Chantilly. »
Charles, devenu général des armées de
l'empereur, alla mettre le siége devant
Marseille en 1524, et fut obligé de le lever. Il fut plus heureux aux batailles de
Biagras et de Pavie, au gain desquelles
il contribua beaucoup. François Ier ayant
été pris dans cette dernière journée,
Bourbon, touché du malheur de son ancien souverain, passa en Espagne à sa
suite pour veiller à ses intérêts pendant
les négociations de l'empereur avec son
prisonnier. Un seigneur espagnol, nommé le marquis de Villano, ne voulut jamais prêter son palais pour y loger Bourbon: « Je ne saurais rien refuser à votre
« Majesté, dit-il à Charles-Quint; mais
« si le duc loge dans ma maison, j'y
« mettrai le feu au moment qu'il en sor-
« tira, comme à un lieu infecté de la per-
« fidie, et par conséquent indigne d'être
« habité par des gens d'honneur. » Le
général, de retour dans le Milanais, fit
quelques démarches équivoques qui pouvaient faire douter s'il n'était pas aussi
infidèle à Charles-Quint qu'il l'avait été à
François Ier. Lorsqu'il se jeta entre les
bras de cet empereur, on avait fait une
pasquinade. On y représentait ce prince
donnant des lettres-patentes au connétable. Derrière eux était Pasquin qui
faisait signe avec le doigt à l'empereur,
et lui disait : « Charles, prenez garde. »
Bourbon alla se faire tuer ensuite au siége de Rome, en montant des premiers à
l'assaut, en 1527. Il s'était vêtu ce jour-
là d'un habit blanc, « pour être, disait-
il, le premier but des assiégés et la première enseigne des assiégeants. » Dans
la crainte que son corps ne fût insulté
par le peuple romain, ses soldats, qui
lui étaient dévoués, l'emportèrent à Gaéte
où ils lui dressèrent un magnifique mausolée. Son tombeau a été détruit, et son
corps embaumé est devenu un objet de
curiosité pour les voyageurs. Charles

passa longtemps pour le plus honnête homme, le plus puissant seigneur, le plus grand capitaine de la France; mais les tracasseries de la reine-mère, en causant son évasion, ôtèrent à ses vertus tout leur lustre. M. Baudot de Juilly a donné un roman sous son nom, 1606, in-12. Gilbert son secrétaire a écrit sa vie qui a été insérée dans le Recueil publié par M. de Laval sous le titre de *Desseins des professions nobles et publiques.* Le comte de Guilbert a fait une tragédie intitulée *Le connétable de Bourbon,* 1765, in-8.

CHARLES DE BOURBON, fils de Charles de Bourbon, duc de Vendôme, cardinal, archevêque de Rouen, et légat d'Avignon, fut mis sur le trône en 1589 par Charles de Lorraine, duc de Mayenne, après la mort de Henri III, sous le nom de Charles X. Quelques écrivains ont dit qu'il avait accepté la couronne, pour la faire perdre à Henri IV son neveu. C'est précisément tout le contraire. Vers le temps où il fut déclaré roi, il envoya, de sa prison de Fontenai en Poitou, son chambellan à Henri IV, avec une lettre par laquelle il le reconnaissait pour son roi légitime. « Je n'ignore point, « disait-il à un de ses confidents, que « les ligueurs en veulent à la maison de « Bourbon. Si je me suis joint à eux, « c'est toujours un Bourbon qu'ils recon-« naissent, et je ne l'ai fait que pour la con-« servation des droits de mes neveux. » Ce fantôme de la royauté mourut de la gravelle à Fontenai-le-Comte en 1590, âgé de 67 ans. On frappa des monnaies en son nom. (Voyez CONDÉ Louis I.) Sa *Vie* a été écrite par Jacques du Breul, bénédictin, Paris, 1612, in-4.

CHARLES DE FRANCE, comte d'Anjou, frère de saint Louis, né en 1220, épousa Béatrix, héritière de Provence, qui l'accompagna en Egypte, où il fut fait prisonnier l'an 1250. Ce prince à son retour soumit Arles, Avignon, Marseille, qui prétendaient être indépendantes, et qui même, après le succès de Charles, conservèrent de grands privilèges. Il fut investi du royaume de Naples et de Sicile en 1265; et plusieurs critiques placent à cette époque l'origine de l'hommage que les rois de Naples rendent annuellement au Saint-Siége; hommage que d'autres font remonter jusqu'à Robert GUISCARD. (Voyez ce mot.) Mainfroi, usurpateur de ce royaume, fut vaincu par lui, et tué l'année d'après dans les plaines de Bénévent. Sa femme, ses enfants, ses trésors furent livrés au vainqueur qui fit périr en prison cette veuve et le fils qui lui restait. Conradin, duc de Souabe, et

petit-fils de l'empereur Frédéric II, étant venu avec Frédéric d'Autriche pour recouvrer l'héritage de ses aïeux, fut fait prisonnier deux ans après, et exécuté dans le marché de Naples par la main du bourreau. Ces exécutions firent détester Charles. Un gibelin, passionnément attaché à la maison de Souabe, et brûlant de venger le sang répandu, trama un complot contre lui. C'était le fameux Jean de Prochita (voyez ce mot), dont Charles avait confisqué les biens, et, selon plusieurs historiens, séduit la femme. Les Siciliens se révoltèrent. Le jour de Pâques 1282, au son de la cloche de vêpres, tous les Français furent massacrés dans l'île, les uns dans les églises, les autres aux portes, ou dans les places publiques, les autres dans leurs maisons. Il y eut 8 mille personnes égorgées. Charles mourut en 1285, avec la douleur d'avoir poussé ses sujets, par sa violence et sa cruauté, à se livrer à cette vengeance extrême, qui est connue sous le nom de *Vêpres Siciliennes.*

CHARLES II, dit *le Boiteux,* fils de Charles de France, comte d'Anjou, né en 1248. Il commandait à Naples pendant l'absence de Charles I, en 1284, lorsque Roger de Loriat, amiral de Pierre d'Aragon, vint avec sa flotte le défier au combat. Le jeune prince, plus brave qu'expérimenté, sortit du port avec 70 galères pour lui livrer bataille, fut fait prisonnier et conduit dans le château de Mattagrifone, où on le traita durement pendant toute sa captivité. Il faillit même être victime de la fureur du peuple, qui demandait à grands cris son supplice par représailles de la cruauté exercée par son père envers l'infortuné Conradin; mais la généreuse résistance de la reine Constance, qui commandait en Sicile pour le roi son mari, sauva ce jeune prince. Il fut envoyé depuis en Catalogne, et n'obtint sa liberté qu'en 1288, par l'entremise du roi d'Angleterre. Il fut sacré à Rome le 29 mai 1289. Plus doux, plus humain, plus religieux que son père, mais n'ayant pas les mêmes talents militaires, il ne put jamais parvenir à recouvrer la Sicile, dont Frédéric, frère de Jacques roi d'Aragon, s'était emparé pendant son absence. Il s'occupa à faire fleurir la religion et les arts, fonda quantité de monastères, fit bâtir plusieurs églises et palais, augmenta l'enceinte de Naples, accorda beaucoup de privilèges à ses habitants, donna plusieurs constitutions ou capitulaires fort sages, et fit rédiger par écrit les coutumes de Naples. Il chassa encore les Sarrasins de son royaume, et mourut en 1309, après avoir obtenu l'amour de ses peuples par son humanité et son attachement à la justice.

CHARLES, duc de Bourgogne, dit *le Hardi*, *le Guerrier*, *le Téméraire*, fils de Philippe-le-Bon, naquit à Dijon en 1433. Il succéda à son père en 1467. Deux ans auparavant, il avait gagné la bataille de Montlhéri. Il fut encore vainqueur à Saint-Trond contre les Liégeois. Il les soumit, humilia les Gantois, et se déclara l'ennemi irréconciliable de Louis XI, avec lequel il fut toujours en guerre. Ce fut lui qui livra à ce prince le connétable de Saint-Pol, qui était allé se remettre entre ses mains, après en avoir reçu un sauf-conduit. Cette perfidie lui valut St-Quentin, Ham, Bouchain, et le trésor de la malheureuse victime de sa lâcheté. Ses entreprises depuis furent toutes funestes. Les Suisses remportèrent sur lui les victoires de Granson et de Morat en 1476. C'est à cette dernière journée qu'il perdit ce beau diamant, vendu alors pour un écu, que le duc de Florence acheta depuis si chèrement. Les piques et les espadons des Suisses triomphèrent de la grosse artillerie et de la gendarmerie de Bourgogne. Charles-le-Téméraire périt en 1477, défait par le duc de Lorraine, et tué en se sauvant, après la bataille qui se donna près de Nancy, qu'il avait assiégé. « Le duc de Bourgogne, dit un historien, était le plus puissant de tous les princes qui n'étaient pas rois, et peu de rois étaient aussi puissants que lui. A la fois vassal de l'empereur et du roi de France, il était très-redoutable à l'un et à l'autre. Il inquiéta tous ses voisins, et presque tous à la fois. Il fit des malheureux, et le fut lui-même. On ne peut néanmoins lui refuser d'excellentes qualités, auxquelles plusieurs historiens ne semblent pas avoir rendu assez de justice. » Philippe de Commines nous apprend qu'il était très-chaste, qu'il défendit rigoureusement le duel, et qu'il administra la justice avec vigueur. Il paraît que le duc René a eu recours à la trahison pour perdre ce redoutable adversaire. Campobasso, le sire d'Ange, le seigneur de Montfort, qui abandonnèrent Charles dans le moment le plus critique, n'ont pas passé sans quelque intérêt dans le parti des Lorrains. Ils furent richement récompensés pour une action que la vraie valeur n'eût payée que de mépris et de haine. Aussi, les Suisses de l'armée de René ne voulurent pas recevoir les traîtres, et serrèrent les rangs, pour les empêcher de prendre place parmi eux. On voit à Bruges, dans l'église de Notre-Dame, le tombeau de ce duc et celui de sa fille Marie; ce sont deux pièces superbes.

CHARLES Ier, duc de Lorraine, fils puîné de Louis d'Outremer, naquit à Laon en 953, et fit hommage-lige de ses Etats à l'empereur Othon II, son cousin; ce qui indigna les seigneurs français. Louis-le-Fainéant, son neveu, étant mort, Charles fut privé de la couronne de France par les Etats assemblés en 987, et Hugues Capet fut mis sur le trône. Ce prince tenta vainement de faire valoir son droit par les armes. Il fut pris à Laon le 2 avril 991, et renfermé dans une tour à Orléans, où il mourut 3 ans après.

CHARLES II, duc de Lorraine, né à Toul vers 1364, était fils du duc Jean, empoisonné à Paris le 27 septembre 1382, et de Sophie de Wittemberg. Il se signala dans plusieurs combats, fut connétable en 1418, et mourut le 25 janvier 1431.

CHARLES III, dit *le Grand*, fils de François Ier, duc de Lorraine, et de Christine de Danemark, né à Nancy en 1543, n'avait que 3 ans lorsque son père mourut. Henri II, roi de France, s'étant emparé des villes impériales de Metz, Toul et Verdun, exigea de Christine qu'elle lui remît le jeune prince pour le faire élever sous ses yeux. Charles joignant à tous les avantages extérieurs les plus heureuses dispositions, Henri II forma le projet de lui faire épouser Claude, sa fille, et le mariage eut lieu à Paris en 1559. Charles, s'étant rendu dans ses Etats en 1560, travailla d'abord à mettre son armée sur un pied respectable, et augmenter les fortifications de ses villes frontières. Il s'occupa ensuite tout entier du bonheur de ses sujets, rassembla les lois qui les avaient régis jusque-là, en ordonna la révision, réprima la fureur des duels, agrandit Nancy, fonda l'Université de Pont-à-Mousson, encouragea le commerce et protégea les arts. Il mourut à Nancy le 14 mai 1608. Joseph-François Coste de Nancy a publié son *Eloge*, Francfort, 1764, in-8.

CHARLES IV DE LORRAINE, petit-fils de Charles III, prince guerrier, plein d'esprit, mais inquiet et capricieux. Il se brouilla souvent avec la France, qui le dépouilla deux fois de ses Etats, et le réduisit à subsister de son armée qu'il louait aux princes étrangers. En 1634, il signa la paix, et aussitôt après se déclara pour les Espagnols, qui moins traitables que les Français, et comptant peu sur sa fidélité, l'enfermèrent dans la citadelle d'Anvers, et le transférèrent de là à Tolède jusqu'en 1659. L'histoire de sa prison se trouve à la fin des *Mémoires de Beauvau*, Cologne, 1690, in-12. Trois ans après, en 1662, il signa le traité de Montmartre, par lequel il faisait Loui-

XIV héritier de ses Etats, à condition que tous les princes de sa famille seraient déclarés princes du sang de France, et qu'on lui permettrait de lever un million sur l'Etat qu'il abandonnait. Ce traité produisit de nouvelles bizarreries dans le duc de Lorraine. Le roi envoya le maréchal de la Ferté contre lui. Il céda Marsal, et le reste de ses Etats lui fut rendu. Le maréchal de Créqui l'en dépouilla de nouveau en 1670. Charles, qui était accoutumé à les perdre, réunit sa petite armée à celle de l'empereur. Turenne le défit à Ladembourg en 1674. Charles s'en vengea sur l'arrière-ban d'Anjou, qu'il battit à son tour. Il assiégea, l'année d'après, le maréchal de Créqui dans Trèves, s'en rendit maître, et le fit prisonnier. Il mourut près de Birkenfeld la même année 1675 âgé de 71 ans. « Ce prince né avec « beaucoup de valeur et de talents pour « la guerre, dit le président Hénault, « n'était cependant qu'un aventurier, « qui eût pu faire fortune, s'il fût né « sans biens, et qui ne sut jamais conser- « ver ses Etats. Il était singulier en ga- « lanterie comme en guerre. Mari de la « duchesse Nicole, il épousa la princesse « de Cantecroix; amoureux ensuite d'une « parisienne, il passa un contrat de ma- « riage avec elle du vivant de la prin- « cesse. Louis XIV fit mettre sa maîtresse « dans un couvent, ainsi qu'une autre « demoiselle à laquelle le bizarre Lorrain « voulait s'unir. Il finit par proposer un « mariage à une chanoinesse de Poussai, « et il l'aurait épousée, sans les opposi- « tions de la princesse de Cantecroix. »

CHARLES V, duc de Lorraine, second fils du duc François et de la princesse Claude de Lorraine, sœur de la duchesse Nicole de Lorraine et neveu de Charles IV, né à Vienne en 1643, succéda l'an 1675 à son oncle dans ses Etats; ou plutôt, dit le président Hénault, dans l'espérance de les recouvrer. L'empereur Léopold n'eut point de plus grand général ni d'allié plus fidèle : il commanda ses armées avec gloire. Il avait toutes les bonnes qualités de son oncle, sans en avoir les défauts, dit l'auteur du *Siècle de Louis XIV*. Mais en vain il mit sur ses étendards : *Aut nunc aut nunquàm* (ou maintenant ou jamais), le maréchal de Créqui lui ferma toujours l'entrée de la Lorraine. Charles fut plus heureux dans les guerres de Hongrie, où il se signala par plusieurs victoires remportées sur les mécontents et par des conquêtes sur les Turcs. On prétend que ses succès auraient été plus considérables, si le prince de Bade, qui tâchait de rendre suspect son attachement à la maison d'Autriche, et qui do-

minait à la cour, n'avait point laissé manquer ses armées du nécessaire; ce qui contraignit le duc de lever le siége de Bade en 1684, place qu'il emporta en 1686. En 1674, on le mit sur les rangs pour la couronne de Pologne; mais ni son nom, ni l'appui de l'empereur ne purent la lui procurer. De retour de ses expéditions de Turquie, il vint servir contre la France, prit Mayence en 1690, et mourut la même année à 48 ans, à Wels en Autriche. Il avait eu la gloire de seconder Jean Sobieski dans la délivrance de Vienne, et celle de le délivrer lui-même à la journée de Barkam. Charles, digne par ses vertus politiques, militaires et chrétiennes, d'occuper le premier trône de l'univers, ne jouit jamais de ses Etats. « C'était un « prince, dit le maréchal de Berwick, « éminent par sa prudence, sa piété et « sa valeur; aussi habile qu'expérimenté « dans le commandement des armées; « également incapable d'être enflé par la « prospérité, comme d'être abattu par « l'adversité; toujours juste, toujours gé- « néreux, toujours affable. A la vérité, il « avait quelquefois des mouvements vifs « de colère, mais dans l'instant la raison « prenait le dessus et il en faisait ses ex- « cuses. Sa droiture et sa probité ont paru « lorsque, sans considérer ce qui pouvait « lui être personnellement avantageux, « il s'opposa, en 1686, à la guerre que « l'empereur méditait contre la France, « quoique ce fût l'unique moyen pour « être rétabli dans ses Etats. » Charles V, se sentant près de la mort, écrivit à l'empereur la lettre suivante : « Sacrée « Majesté, suivant vos ordres, je suis « parti d'Emsbruck, pour me rendre à « Vienne; mais je suis arrêté ici par un « plus grand maître. Je vais lui rendre « compte d'une vie que je vous avais « consacrée tout entière. Souvenez-vous « que je quitte une épouse qui vous tou- « che, des enfants à qui je ne laisse que « mon épée, et des sujets qui sont dans « l'oppression. » L'empereur lui avait fait épouser sa sœur Eléonore-Marie, fille de l'empereur Ferdinand III, et reine douairière de Pologne. De ce mariage naquit le duc Léopold Ier, père de l'empereur François Ier (Voyez LÉOPOLD, duc de Lorraine). La Brune a donné la *Vie du duc Charles V*, in-12. Il a paru aussi sous son nom un *Testament politique*, Leipsick, 1696, in-8, pauvre ouvrage, que les notes de l'édition d'Amsterdam, 1749, achevèrent de rendre digne du fanatisme protestant. On l'attribue cependant à un abbé lorrain, nommé Chèvremont.

CHARLES (S.) (Voyez BORROMÉE).

CHARLES DE LORRAINE, archevêque de Reims, de Narbonne, Evêque de Metz, de Toul, de Verdun, de Térouane, de Luçon et de Valence, abbé de Saint-Denis, de Fécamp, de Cluni, de Marmoutier, etc., naquit à Joinville en 1525, de Claude de Lorraine, premier duc de Guise. Paul III l'honora de la pourpre romaine en 1547. Le cardinal se signala au colloque de Poissy, qu'il avait ménagé, disent ridiculement les protestants, pour faire admirer son éloquence. L'année d'auparavant, en 1560, il avait proposé d'établir l'inquisition en France, en remontrant que ce moyen avait constamment préservé le Portugal, l'Espagne et l'Italie, du malheur des guerres civiles, où l'hérésie avait plongé le reste de l'Europe. Le chancelier de l'Hôpital s'y opposa. Pour tenir un milieu, le roi attribua la connaissance du crime d'hérésie aux évêques, à l'exclusion des Parlements. Le cardinal de Lorraine parut avec beaucoup d'éclat au concile de Trente, et y déploya son zèle pour l'Eglise et pour la conservation de la doctrine catholique, contre les efforts des sectaires. De retour en France, il fut envoyé en Espagne par Charles IX, dont il gouvernait les finances en qualité de ministre d'Etat. Il est faux qu'il ait eu la moindre part à la Saint-Barthélemy, comme le suppose M. Chénier dans sa très-fanatique et sacrilége tragédie de *Charles IX*. Le cardinal n'était pas même alors en France : il se trouvait à Rome. Il voulait sans doute qu'on fit une guerre implacable à des fanatiques révoltés; il pensait que toute paix, toute trève avec eux était inutile et dangereuse. « L'événement, « dit un auteur, a prouvé qu'il était beau- « coup meilleur politique que le chance- « lier de l'Hôpital. Sa maxime était celle « de Platon et des plus fameux philoso- « phes anciens et modernes, qu'il ne « doit y avoir dans un Etat, qu'un seul « culte, et que ce culte doit être vrai ; « que c'est là une loi fondamentale et « constitutionnelle; que la religion cesse « d'être efficace, quand les citoyens sont « persuadés que toute religion est bonne; « qu'on ne peut être fortement attaché « qu'à une religion exclusive. » Ayant eu une faiblesse une procession de pénitents à Lyon, et n'avant pas voulu se retirer de peur de troubler la cérémonie, il fut saisi d'une fièvre qui le conduisit au tombeau en 1574. Il travailla à réformer la magistrature, fit fleurir les sciences et les cultiva.

CHARLES DE LORRAINE, duc de Mayenne, second fils de François, duc de Guise (voyez ce nom), né en 1554, se dis-

tingua aux siéges de Poitiers et de la Rochelle, et à la bataille de Montcontour. Il battit les protestants dans la Guienne, dans le Dauphiné et en Saintonge. Ses frères ayant été tués à Blois, il succéda à leurs projets, se déclara chef de la ligue, et prit le titre de *lieutenant-général de l'Etat et couronne de France*. Il avait été longtemps jaloux de son frère le Balafré, dont il avait le courage, sans en avoir l'activité. Il marcha contre son roi légitime Henri IV, à la tête de 30,000 hommes, et fut battu à la journée d'Arques, et ensuite à celle d'Ivry, quoique le roi n'eût guère plus de 7,000 hommes. La faction des Seize ayant fait pendre le premier président du Parlement de Paris, et deux conseillers qui s'opposaient à leur insolence, Mayenne condamna au même supplice quatre de ces factieux, et éteignit par ce coup d'éclat cette cabale prête à l'accabler lui-même. Il ne persista pas moins à maintenir la ligue. Enfin, après plusieurs défaites, il s'accommoda avec le roi en 1599. « Cette paix, dit le président Hénault, eût été plus avantageuse pour lui, s'il l'eût faite plus tôt ; et quoique l'on reconnaisse que ce fut un grand homme, on a dit de lui qu'il n'avait su bien faire ni la guerre ni la paix. » Henri se réconcilia sincèrement avec lui : il lui donna sa confiance et le gouvernement de l'Ile-de-France. Un jour ce roi le fatigua dans une promenade, le fit bien suer, et lui dit au retour : « Mon cousin, voilà « la seule vengeance que je voulais tirer « de vous, et le seul mal que je vous « ferai de ma vie. » Charles mourut à Soissons en 1611.

CHARLES - ALEXANDRE DE LORRAINE, gouverneur des Pays-Bas, grand-maître de l'ordre Teutonique, frère de l'empereur François I, naquit à Lunéville, le 12 décembre 1715, de Léopold-Joseph, duc de Lorraine, et d'Elisabeth-Charlotte d'Orléans. Le prince Charles, quelque temps après le mariage de son frère avec l'héritière de la maison d'Autriche, fut fait général d'artillerie, puis feld-maréchal, et commanda l'armée en Bohême l'an 1742. S'étant emparé de Czaslau, il livra bataille au roi de Prusse, qui remporta la victoire en perdant presque toute sa cavalerie. La paix ayant été faite la même année entre le roi de Prusse et la reine de Hongrie, le prince Charles tourna ses armes contre les Français, qui faisaient de grandes conquêtes en Bohême, enleva Pyseck, Pilsen, mit le siége devant Prague le 28 juillet, et prit Leutméritz avant la fin de cette campagne. En 1744, il commanda sur le Rhin, qu'il traversa le 2 juillet de la manière la plus glorieuse ; il s'empara des lignes de Spire, de Germeintheim, de Lauterbourg et de Haguenau, et s'établit au milieu de l'Alsace ; mais le roi de Prusse, en violant la paix de Breslau, fit une diversion qui obligea le prince Charles d'abandonner l'Alsace. Il fit sa retraite en bon ordre, et repassa le Rhin à Benteim, le 25 août, en présence de l'armée française. Il retourna en Bohême et contraignit le roi de Prusse d'abandonner ses conquêtes. L'année suivante, ce monarque le battit à Friedberg et à Prandnitz. Charles commanda encore les armées autrichiennes en 1756, défit le général Keitz, et chassa les Prussiens de toute la Bohême ; la même année, le 22 novembre, il les défit encore près de Breslau. Il n'eut pas le même bonheur, le 5 décembre suivant, à la bataille de Lissa. Ce prince, souvent malheureux dans les combats, n'en fut pas moins un grand général, brave, intrépide dans les dangers, sage dans le conseil ; il s'est fait souvent redouter même après sa défaite. Personne ne sut mieux que lui choisir un camp, le fortifier, faire une retraite sûre et honorable. Il se faisait aimer et admirer, autant par sa générosité, sa douceur, son affabilité, que par son esprit et l'étendue de ses connaissances dans l'histoire, la philosophie, les mathématiques, la mécanique, et par un amour sincère de la religion. Les gens de lettres trouvaient auprès de lui un accès facile : sa bibliothèque, son cabinet de médailles et d'histoire naturelle, etc., tout leur était ouvert. Sous son gouvernement, les lois ont été respectées, l'abondance publique constamment maintenue, le commerce protégé et étendu, et les peuples en général rendus heureux. Il ne fit cependant pas la moitié du bien qui était dans son cœur, sans cesse contrarié par les ministres nommés par la cour de Vienne, et déjà infectés de l'esprit de nouveauté et des prétendues réformes, qui préparaient le bouleversement de ces provinces. Ce bon prince, qui en prévoyait les conséquences, résista autant qu'il fut en son pouvoir à ces ennemis de la chose publique, et quoique son autorité fût fort circonscrite, le respect qu'on lui devait et le tendre attachement qu'avait pour lui Marie-Thérèse, empêchèrent les réformateurs empiriques de réaliser la plupart de leurs funestes spéculations. Les Etats de Brabant lui élevèrent une statue pédestre de bronze ; on en voit une équestre sur la maison des brasseurs à Bruxelles. Il mourut le 4 juillet 1780, au château de Terwueren. Il avait épousé, le 7 janvier 1744, Marie-Anne d'Autriche, seconde fille de Charles VI, qu'il perdit la même année.

CHARLES - LOUIS DE LORRAINE (le Prince), archiduc d'Autriche, né en 1771, fut un des plus grands capitaines que l'Autriche ait produits. Il fit ses premières armes en 1793, sous le prince de Cobourg qui lui confia le commandement de son avant-garde, malgré sa jeunesse ; il eut une grande part à la victoire de Nerwinde, et se distingua aux combats de Charleroy et de Fleurus. Nommé, bientôt après, feld-maréchal, il obtint, en 1795, le commandement en chef des armées autrichiennes, en Allemagne. Il avait à combattre deux armées françaises, commandées, l'une par Moreau, l'autre par Jourdan. Après une série de succès et de revers, à peu près balancés, il réussit, par une combinaison savante, à se dérober devant Moreau en laissant une division suffisante pour l'occuper et le mieux tromper. Il rejoint rapidement avec le reste de son armée celle qui était opposée à Jourdan, et force ce général à battre en retraite et à repasser le Rhin. Après cet éclatant succès, il se porta sur Moreau avec toutes ses forces, mais il ne put l'entamer ; Moreau le tint toujours à distance, et fit une retraite menaçante qui lui acquit autant d'honneur qu'une victoire. Dans ce moment, Bonaparte venait de battre et de détruire successivement quatre armées autrichiennes, en Italie, et pouvait marcher sur Vienne ; on envoya le prince Charles pour l'arrêter, mais on ne put lui donner qu'une armée désorganisée avec laquelle il essaya vainement de défendre le passage du Tagliamento et les gorges du Tyrol. Le gouvernement autrichien résolut alors de demander la paix, et le traité de Campoformio fut signé. La guerre ne tarda pas à recommencer. Bonaparte était en Egypte, et la Russie avait envoyé Souwarow en Italie. Le prince Charles prit le commandement de l'armée du Rhin, battit encore une fois Jourdan, et alla jusqu'en Suisse inquiéter Masséna. Mais il fut bientôt obligé de retourner sur les bords du Rhin, et Masséna profita de son départ pour écraser les Russes. Souwarow, furieux, attribua ses revers à la retraite du prince Charles dont il amena la révocation par ses plaintes. Mais après la bataille de Hohenlinden, lorsque la route de Vienne était ouverte à l'armée française, le gouvernement autrichien se hâta de rappeler le prince Charles. Sur ces entrefaites, un traité de paix fut signé à Lunéville, et le prince Charles devint ministre de la guerre. Il déploya, dans cette nouvelle position, un talent non moins grand, quoique plus modeste, que sur le champ de bataille. Il réorganisa l'armée, et la tint prête à rentrer en campagne. En 1805, lorsque la guerre eut été de nouveau déclarée, il fut envoyé en Italie; il y eut pour adversaire Masséna, auquel il disputa la victoire à Caldiero; mais c'était en Allemagne que la principale lutte devait avoir lieu, et il fut rappelé après la bataille d'Austerlitz. La paix ayant été signée à Presbourg, il redevint ministre de la guerre, et réorganisa encore une fois l'armée. L'Autriche supportait avec peine les conditions humiliantes qui lui avaient été imposées; elle voulut tenter encore une fois le sort des armes. L'archiduc fut nommé généralissime des armées autrichiennes; dans cette campagne il eut quelques succès, lorsqu'il n'eut à combattre que de simples maréchaux; mais il fut toujours battu, lorsqu'il eut devant lui Napoléon en personne, ou tout au plus put-il garder ses positions comme à Essling. Il fut donc obligé d'évacuer la Bavière et la Bohême, et de se réfugier sous les murs de Vienne; il dut même reculer jusqu'à Ebersdorf, après avoir laissé entrer les Français dans la capitale. Il fit ses dispositions pour tenter un suprême effort; c'est alors qu'eut lieu la terrible bataille de Wagram. Après une lutte sanglante qui avait coûté la vie à 30,000 hommes, des deux côtés, l'archiduc ordonna la retraite; mais il la fit en bon ordre, et sa défaite ne dégénéra point en déroute. Voici le jugement que porte, sur cette bataille, Savary, duc de Rovigo, qu'on ne peut point soupçonner de partialité en faveur du prince Charles. « Enfin, « vers les quatre heures du soir, l'archi- « duc se mit en retraite sur tous les « points, nous abandonnant le champ « de bataille; mais sans prisonniers, ni « canons, et après s'être battu d'une « manière à rendre prudents tous les « hommes à entreprise téméraire. On le « suivit sans trop le presser; car il n'a- « vait pas été entamé, et nous ne nous « souciions pas de le faire remettre en « bataille. » Depuis cette époque, le prince Charles se retira de la vie politique et militaire : c'est incontestablement le plus grand capitaine que l'Europe ait pu opposer à Napoléon, sans excepter même Wellington; car il a eu à lutter avec l'empereur à l'apogée de sa puissance et avec des forces non supérieures en nombre; tandis qu'à Waterloo le général anglais, outre son armée égale en nombre à l'armée française qui venait d'être improvisée, avait à sa disposi-

tion Blucher et l'armée prussienne. Le prince Charles est mort à Vienne, le 30 avril 1847, à l'âge de 76 ans. Il a laissé les ouvrages suivants qui sont fort estimés : *Principes de stratégie développés par la relation de la campagne de 1796*, 3 vol. in-8, avec atlas; *Campagnes de 1799, en Allemagne et en Suisse*, 2 vol. in-8 avec atlas.

CHARLES DE GONZAGUE, fils de Louis, était duc de Nevers, en France, lorsqu'il alla prendre possession du duché de Mantoue. Il fut secondé par les armes de Louis XIII, et se conduisit avec autant de prudence que de valeur. Il mourut en 1637.

CHARLES-LE-GUERRIER, duc de Savoie, était fils d'Amédée IX, et frère de Philibert I, auquel il succéda en 1482. Ce prince était bien fait, sage, vertueux, affable, libéral et instruit. Il eut beaucoup de traverses à essuyer au commencement de son règne. L'an 1485, Charlotte, reine de Chypre, et veuve de Louis de Savoie, confirma, en faveur de Charles, la donation qu'elle avait faite de son royaume au duc son époux. C'est sur ce fondement que les ducs de Savoie ont pris le titre de roi de Chypre. Charles épousa Blanche de Montferrat, fille de Guillaume Paléologue VI, marquis de Montferrat, dont il eut un fils qui lui succéda. Charles-le-Guerrier promettait un règne glorieux, lorsqu'il mourut le 13 mars 1489, à 21 ans. Le marquis de Saluces, qu'il avait vaincu en personne, et dont il avait subjugué le pays, fut soupçonné de l'avoir fait empoisonner.

CHARLES III, duc de Savoie, succéda à Philibert II, son frère, en 1504. Sa rare douceur le fit surnommer *le Bon*; mais il eut aussi trop de bonté : son règne fut fort agité et très-malheureux. Si ce prince eût été aussi éclairé qu'il était bon et pacifique, il n'aurait point cherché à se rendre médiateur dans les interminables différends qui divisaient l'empereur son beau-frère, et le roi de France, son neveu; ou tout au moins n'ayant pu les concilier, il serait resté neutre dans la guerre qu'ils se firent l'un à l'autre. Il se déclara, et malheureusement il prit le mauvais parti; aussi eut-il la douleur de voir ses Etats envahis par le vainqueur. Il supporta longtemps ses revers avec la plus héroïque constance; mais la dernière invasion des Français, dans ses Etats, après un traité de paix conclu, abattit son courage, et le pénétra d'un chagrin si profond, qu'il mourut à Verceil, le 16 septembre 1553. Charles III fut le prince le plus malheureux de son siècle, et celui cependant qui mérita le plus de passer des jours heureux et paisibles. Sa bonté fut extrême; on ne cessa d'en abuser, on ne cessa de le tromper; il fut très-généreux, et ne fit que des ingrats. Il aima les sciences et les arts, et ce goût adoucit, en plus d'une occasion, l'amertume de ses chagrins. Ami et père de ses sujets, il les soulagea autant qu'il fut en lui; accessible à tous, il ne donnait point audience à des heures marquées, et dans quel temps que ce fût, on pouvait lui parler. Sa sobriété était telle, que le religieux le plus austère de son temps eût eu de la prine, peut-être, à s'y soumettre; mais il eut trop de candeur, trop de franchise; il ne sut point dissimuler, et l'on sait combien cet art est nécessaire aux souverains. Il manquait aussi de fermeté; timide dans ses entreprises et lent à se résoudre, il eût été mieux placé dans le conseil que sur le trône; enfin, son plus grand malheur fut d'être né dans un siècle où la ruse et la violence tenaient lieu de justice et menaient à la gloire.

CHARLES-EMMANUEL I, duc de Savoie, dit le Grand, naquit au château de Rivoli en 1562. Il signala son courage au camp de Montbrun, aux combats de Vigo, d'Ast, de Châtillon, d'Ostage; au siége de Vérue; aux barricades de Suse. Il eut des vues sur la Provence en 1590. Philippe II, son beau-père, l'aida à se faire reconnaître protecteur de cette province par le Parlement d'Aix, afin que cet exemple engageât la France de reconnaître le roi d'Espagne pour protecteur de tout le royaume. Charles-Emmanuel tourna ensuite ses regards sur le trône impérial, après la mort de l'empereur Mathias; sur le royaume de Chypre qu'il voulait conquérir, et sur la principauté de Macédoine, que les peuples de ce pays, tyrannisés par les Turcs, lui offrirent. Les Genevois, à peine affermis dans leur révolte, furent obligés de défendre leur ville, en 1602, contre les armes de ce prince, qui fit tenter une escalade sans succès. Henri IV fit avec lui un traité par lequel il lui laissait le marquisat de Saluces, pour la Bresse et le Bugey. Lorsqu'on lui parla de la cour de rendre le marquisat, il répondit « que le mot de restitution ne devait jamais entrer dans la bouche des princes, surtout des guerriers. » Toujours remuant, il s'opposa encore aux armes des Français, à celles des Espagnols et des Allemands, après la guerre pour la Valteline. Il mourut de chagrin le 26 juillet 1630. Son ambition le jeta dans des voies détournées et indignes d'un grand prince. Il n'y eut jamais d'homme moins ouvert que lui. On disait que son cœur était, comme son pays, inaccessible. Il bâtit des palais et des églises; il aima et cultiva les lettres; mais il ne songea pas assez à faire des heureux et à l'être.

CHARLES-EMMANUEL II, duc de Savoie, prince de Piémont, fils de Victor-Amédée Ier, commença à régner en 1638, après la mort du duc François. Il n'avait alors que quatre ans. Les Espagnols profitèrent de la faiblesse de la régence pour s'emparer de diverses places; mais la paix des Pyrénées rétablit la tranquillité en Savoie : elle ne fut troublée que par un léger différend avec la république de Gênes. Charles-Emmanuel mourut en 1675, de la révolution que lui causa un accident arrivé à Victor-Amédée son fils, renversé de cheval en faisant ses exercices. Turin lui doit plusieurs de ses embellissements. Il n'oublia pas les autres parties de ses Etats. Il perça un rocher qui séparait le Piémont du comté de Nice, et y pratiqua un chemin large et commode, pour faciliter le commerce entre ces deux provinces. Cet ouvrage immortel, qui lui fit plus d'honneur qu'une conquête, a été consacré par un monument.

CHARLES-EMMANUEL III, roi de Sardaigne, fils de Victor-Amédée II, naquit en 1701. D'excellents maîtres développèrent les talents qu'il avait reçus de la nature pour la guerre et la politique. Son père ayant renoncé volontairement à la couronne, en 1730, Charles-Emmanuel monta sur le trône et l'occupa en grand prince. Il entra dans les projets que firent l'Espagne et la France d'affaiblir, en 1733, la maison d'Autriche; et après s'être signalé par quelques actions mémorables dans cette courte guerre, il fit la paix et obtint le Novarois, le Tortonais, et quelques autres fiefs dans le Milanais. Cette paix de 1738 fut suivie d'une guerre qui arma presque toute l'Europe. Le roi de Sardaigne, quelque temps incertain, s'unit, au commencement de 1742, avec la reine de Hongrie contre la France et l'Espagne. Il eut des succès et des revers; mais il fut plus souvent vainqueur que vaincu; et lors même qu'il eut le malheur d'être battu, on admire en lui les dispositions et les ressources d'un général habile. Il eut encore le bonheur de faire une paix avantageuse. Il resta en possession de toutes les acquisitions dont il jouissait alors, et principalement des districts que lui avait cédés la reine de Hongrie par le traité d'alliance de 1742, du Vigevanesque, d'une partie du Pavesan, etc. Charles-Emmanuel, tout entier à ses sujets, embellit ses villes, fortifia ses places, disciplina ses troupes, et régla tout par lui-même. Il mourut le 20 février 1773. Son *Code*, traduit en français, a été imprimé à Paris, 1771, 2 vol. in-12. La religion fut protégée et les talents de ses ministres encouragés; toutes les places ecclésiastiques, même les evêchés, furent donnés au concours.

CHARLES-EMMANUEL IV, roi de Sardaigne, fils de Victor-Amédée III, né à Turin le 24 mai 1751, porta jusqu'à son avénement au trône le titre de prince de Piémont, et fut élevé par les soins du pieux et savant cardinal Gerdil, qui lui inspira les sentiments religieux qui ont toujours fait depuis la règle de sa conduite. Le 27 août 1775, il épousa Marie-Adélaïde-Clotilde-Xavière de France, sœur de Louis XVI, et cette alliance resserra encore les liens qui existaient entre les deux maisons par les mariages des deux sœurs du prince de Piémont avec le comte de Provence et le comte d'Artois, depuis Louis XVIII et Charles X, célébrés en 1771 et 1773. Le gouvernement révolutionnaire de France ayant déclaré la guerre à Victor-Amédée en 1792, ce monarque, après avoir perdu une partie de ses États, fut obligé de capituler avec les Français, et de leur céder, en 1796, toutes ses places fortes. Ce fut dans ces malheureuses conjonctures que Charles-Emmanuel monta sur le trône. Il se vit forcé de faire un grand nombre de réformes dans toutes les parties de l'administration, ce qui augmenta le nombre des mécontents. Il voulut sévir contre les révolutionnaires du Piémont, qui soufflaient l'esprit de révolte, et les exemples qu'il fit, avancèrent le moment de l'explosion. Gênes ayant donné asile à quelques insurgés, le roi crut de son devoir de déclarer la guerre à la république ligurienne; mais le Directoire intervint dans la querelle, et le malheureux prince fut obligé de se réfugier en Sardaigne le 24 février 1799. Le mauvais état de sa santé et le chagrin que lui causa la perte de sa femme, morte à Naples le 7 mars 1802, en odeur de sainteté, le détermina d'abdiquer sa couronne le 4 juin de la même année en faveur de Victor-Emmanuel, duc d'Aoste, son frère, qui la céda à son autre frère en août 1822. Charles-Emmanuel se retira à Rome, où il se livra aux exercices de piété qui avaient toujours fait sa principale consolation. Il y eut une douce compensation de ses peines, en entendant proclamer sa Clotilde *Vénérable* par Pie VII, le 10 avril 1808. Charles-Emmanuel mourut le 6 octobre 1819, après avoir édifié les Romains

par la pureté de ses mœurs et la régularité de sa conduite. Pour se conformer à ce qu'il avait ordonné par son testament, on l'inhuma sans pompe et en habit religieux dans l'église des Jésuites de Saint-André de Quirinal.

CHARLES-FÉLIX 1 (Joseph-Marie), roi de Sardaigne, né le 6 avril 1765 à Turin, quatrième fils de Victor-Amédée III, reçut en naissant le titre de duc de Genevois, qui, après le traité de Cherasco, fut changé momentanément en celui de comte d'Arti. Il fut élevé militairement; mais quoiqu'il eût quelque goût pour les armes, on ne le vit pas ensuite prendre beaucoup de part aux affaires de la guerre. Placé loin du trône par son âge, et d'un caractère simple et modeste, il se conforma facilement à sa position de l'un des derniers enfants du roi, et supporta dès sa jeunesse avec sa famille toutes les calamités de l'époque révolutionnaire. Après avoir subi, pendant plus de deux ans, la captivité où furent tenus les siens, il les suivit en Sardaigne, et il fut vice-roi de cette île, lorsque Charles-Emmanuel s'en éloigna en 1799. Charles-Félix avait épousé, en 1807, Marie-Christine de Naples, sœur de la reine des Français, alors duchesse d'Orléans. Quand Victor-Emmanuel recouvra ses États du continent, le duc de Genevois resta plusieurs années vice-roi en Sardaigne, et il s'y fit chérir par sa justice et sa bienveillance. Revenu en Piémont, il ne prit aucune part aux affaires, et s'occupa exclusivement de la culture des arts. En 1821, les deux époux étaient allés jusqu'à Modène pour y voir le frère de la princesse, Ferdinand IV, lorsque éclata dans le Piémont la révolution qui, liée à celles de Naples et d'Espagne, ne tendait à rien moins qu'au renversement de toutes les monarchies de l'Europe. Victor-Emmanuel ne manqua d'abord ni de courage ni de fermeté, et il se disposait à marcher contre les rebelles, à la tête de quelques régiments fidèles, quand une partie des troupes se réunit aux insurgés et s'empara de la citadelle de Turin, annonçant et demandant à grands cris l'établissement en Piémont et même dans toute l'Italie, de la constitution espagnole que venaient d'adopter les Cortès. Sommé de consentir à ce nouvel état de choses, ce monarque aima mieux abdiquer la couronne, qui appartenait alors à son frère, le duc de Genevois; mais ce prince était encore à Modène, et cette absence fut une circonstance favorable à la cause royale, puisque le duc se trouvait ainsi hors de l'atteinte des rebelles, et que ceux-ci ne pouvaient pas du moins lui arracher par des violences une adhésion qu'il n'eût certainement pas donnée volontairement. Dès qu'il connut la résolution de son frère, Charles-Félix déclara qu'il ne rejetait point le fardeau du pouvoir dans des circonstances aussi importantes, aussi difficiles ; mais qu'il n'accepterait le titre de roi que lorsqu'il serait assuré que son frère s'en était démis sans contrainte et qu'il y persistait. Le premier usage qu'il fit de l'autorité fut de lancer contre les rebelles un décret royal d'une grande énergie, pardonna à tous les soldats, mais tint pour félons et traîtres tous les sous-officiers. Ayant donné le commandement de ses troupes au comte de Latour, les rebelles furent battus à Novarre, et la révolte fut aussitôt réprimée sur tous les points. Charles-Félix ne voulut rentrer dans sa capitale que lorsque tous les actes d'une justice indispensable furent consommés. Trois des chefs de la révolte subirent la peine de mort. En attendant le retour du roi, le comte de Thaon fut nommé vice-roi, et il s'entoura d'hommes fidèles et dévoués, notamment du chevalier Cholex. Dès que l'ordre fut complètement rétabli, Charles-Félix exigea une seconde fois que son frère renouvelât son abdication, et quand il fut bien persuadé que telle était la dernière volonté de Victor-Emmanuel, il quitta Modène, prononça une amnistie et vint prendre possession de son royaume au milieu des acclamations. Son règne fut aussi heureux que paisible. En 1822, il publia un *Code militaire* fondé sur les véritables principes de la justice et de la discipline. Après avoir chargé une commission de préparer les *Codes civil et criminel*, il prit encore d'autres mesures pour la régularité du *système monétaire*, pour le *calcul décimal* et pour la *garantie du commerce ;* enfin, malgré la rigueur des temps, son règne, qui fut bien court, doit être regardé comme l'un des plus heureux de la monarchie sarde. Ce prince mourut à Turin le 27 avril 1831, après une longue et douloureuse maladie, ne laissant pas de postérité ; le prince de Carignan lui succéda sous le nom de Charles-Albert.

CHARLES-ALBERT, roi de Sardaigne, né le 2 octobre 1798, appartenait à la branche collatérale de la maison de Savoie. En 1821, le roi de Sardaigne Victor-Emmanuel ayant abdiqué, son frère et son successeur Charles-Félix, qui n'avait pas d'enfants et qui était alors absent du Piémont, nomma Charles-Albert régent du royaume jusqu'à son arrivée. Le jeune prince, cédant à l'influence de quelques amis qu'il avait dans les sociétés secrètes, déclara qu'il adoptait la Constitution des Cortès d'Espagne. Mais une armée autrichienne envahit aussitôt le Piémont ; la révolution fut ainsi étouffée, et Charles-Albert fut obligé de se retirer à Florence. En 1823, pour laver la faute qu'il avait commise, il alla servir, en qualité de volontaire, dans l'armée française chargée de renverser le gouvernement des Cortès, en Espagne. Il se conduisit avec bravoure sur le champ de bataille, rentra en grâce et revint à Turin. En 1831, il succéda à Charles-Félix ; les libéraux, à cause de leurs anciens rapports avec lui, avaient espéré qu'il gouvernerait d'après leurs conseils ; mais, fortement impressionné par la chute de Charles X, en France, il suivit d'abord la politique de l'Autriche, et réprima vigoureusement la tentative révolutionnaire faite, en 1834, par le général Ramorino à la tête de réfugiés italiens, polonais, allemands, etc.; quelques prisonniers furent même jugés et fusillés. Après la catastrophe de février 1848, Charles-Albert se laissa dominer par l'influence des passions révolutionnaires et établit, dans ses États, un gouvernement constitutionnel. Il ne fut bientôt plus le maître de contenir le torrent débordé ; il déclara la guerre à l'Autriche, envahit la Lombardie, et proclama, le 31 mai, sa réunion au Piémont sous la dynastie de Savoie. Mais le maréchal Radetski, que son invasion subite avait surpris et forcé de battre en retraite, reprit bientôt l'offensive et le chassa de Milan. Un armistice fut alors conclu, le roi revint à Turin où les démagogues l'accusèrent de trahison et le menacèrent de le renverser, s'il ne reprenait pas les armes. Charles-Albert céda à leurs injonctions ; après avoir mis sept mois à réparer les pertes de son armée, après s'être procuré de l'argent en pillant les biens ecclésiastiques et les collèges des Jésuites qu'il venait d'expulser, il rentra en campagne. La lutte commença immédiatement dans les plaines de Novarre, et se termina aussitôt par l'entière défaite des Piémontais. Charles-Albert, désespéré, chercha à se faire tuer au milieu de la déroute, mais les balles l'épargnèrent malgré lui. Alors il demanda une suspension d'hostilités, assembla son état-major, abdiqua en faveur de son fils aîné, se mit immédiatement en route pour s'éloigner de ses États, et ne s'arrêta qu'à Oporto en Portugal, où il est mort de chagrin le 28 juillet. Charles-Albert avait des qualités réelles ; il avait de l'élévation dans les idées et de la dignité dans sa conduite ;

mais c'était un esprit superficiel et peu solide qui tirait quelquefois des événements et de sa propre expérience des conclusions opposées à celles qu'une raison droite et éclairée aurait dû lui suggérer, et qui prenait les rêves de son ambition pour des calculs bien établis.

CHARLES, surnommé *le Bon*, fils de saint Canut, roi de Danemarck et d'Alize de Flandre, devint comte de Flandre en 1119, après la mort de Baudouin, qui l'avait institué son héritier par testament. Il donna à ses sujets l'exemple de la pratique de toutes les vertus chrétiennes, et s'occupa constamment à les rendre heureux. Ayant appris que quelques grands opprimaient le pays, il porta des lois sages contre eux. Berthoul qui avait usurpé la prévôté de St-Donatien de Bruges, à laquelle la dignité de chancelier de Flandre était attachée, forma, pour se venger du vertueux comte qui arrêtait le cours de ses injustices, l'horrible projet de lui ôter la vie, et en confia l'exécution à quelques scélérats qui se portèrent dans l'église de St-Damien, où le comte allait tous les jours de grand matin. Charles, averti de ce qui se tramait, se contenta de répondre : « Nous sommes toujours « environnés de dangers ; il suffit que « nous ayons le bonheur d'appartenir « à Dieu. Si c'est sa volonté que nous « perdions la vie, pouvons-nous la per- « dre pour une meilleure cause que « pour celle de la justice et de la vérité?» Tandis qu'il récitait les psaumes de la pénitence devant l'autel de la sainte Vierge, ses ennemis fondirent sur lui et l'assassinèrent le 2 mars 1124. « C'était, « dit un historien, un prince ennemi « de la flatterie ; il n'estimait ceux qui « l'approchaient, qu'à proportion de la « franchise avec laquelle ils l'avertis- « saient de ses fautes. Plus d'une fois « il épuisa ses trésors en faveur des pau- « vres ; et lorsqu'il n'avait plus rien à « leur donner, il faisait vendre ses pro- « pres habits pour les soulager. Il leur « distribuait lui-même du pain et de « quoi couvrir leur nudité. On remarqua « qu'étant dans la ville d'Ypres, il leur « donna en un seul jour jusqu'à 7,800 « pains. Il les aimait enfin si tendre- « ment, qu'il tint toujours le blé et les « autres denrées à bas prix, afin qu'ils « ne ressentissent point les effets de la « misère. »Une conduite si sage et si chrétienne lui a mérité le titre de *Vénérable*.

CHARLES-THÉODORE, prince de Sultzbach, électeur palatin, né en 1724, fut investi en 1742 des duchés de Juliers et de Berg, par un traité avec les rois de Prusse et de Pologne. Il embrassa la cause de la Bavière dans la guerre de la succession d'Autriche, et lorsque la paix d'Aix-la-Chapelle eut rétabli la tranquillité dans ses Etats, il se livra à la culture des arts et des sciences. La ville de Manheim lui doit ses plus beaux ornements et la fondation de deux académies : l'une de dessin et de sculpture, et l'autre des sciences. Après la mort de Maximilien-Joseph, électeur de Bavière, qui ne laissa point d'enfants, Charles-Théodore hérita de ce duché, le 30 décembre 1777. Cette succession donna lieu à une guerre entre l'Autriche et le roi de Prusse ; mais la paix fut signée sans en venir à une action importante, le 13 mai 1779. Ce prince ne s'occupa plus alors que de l'administration de ses Etats et du bonheur de ses sujets. Le comte de Rumford, son ministre, le seconda dans ses intentions, en formant plusieurs établissements pour le soulagement des pauvres ; mais la guerre vint troubler une si heureuse administration. En 1793, l'électeur Charles-Théodore fut obligé d'entrer dans la coalition contre la France, et ses Etats, voisins de cette puissance, eurent beaucoup à souffrir dans cette guerre malheureuse. Charles-Théodore mourut le 16 février 1799, sans postérité. Ses Etats ont passé à la maison de Deux-Ponts, qui lui succéda dans la personne de Maximilien-Joseph, depuis roi de Bavière.

CHARLES DE SAINT-PAUL, dont le nom de famille était *Vialard*, supérieur-général de la congrégation des Feuillants, fut nommé évêque d'Avranches en 1640, et mourut en 1644. Il est très-connu par sa *Géographie sacrée*, imprimée avec celle de Sanson, Amsterdam, 1704, 3 vol. in-folio. Son *Tableau de la rhétorique française* est au-dessous du médiocre, aussi reste-t-il dans l'oubli. On a encore de lui : *Mémoires du cardinal de Richelieu*, Paris, 1640, in-fol., qui furent condamnés à être brûlés, comme calomnieux et préjudiciables à l'Etat ; mais cet arrêt du Parlement ne fut point exécuté.

CHARLES (Jacques-Alexandre-César), physicien. Il se fit, d'abord, connaître à Paris par des cours de physique expérimentale qu'il donnait au Louvre, et qui attiraient un grand concours de spectateurs. Lorsque, en 1783, la découverte des ballons, par les frères Montgolfier, vint étonner la France, ce fut lui qui construisit, avec Pilatre du Rozier et Robert, le premier aérostat qui s'éleva de Paris le 25 août de la même année.

Il prétendit avoir fait cette découverte avant Montgolfier ; mais il paraît qu'il l'avait cherchée par d'autres moyens qui n'avaient pu réussir. Toutefois il employa le gaz hydrogène, dont la densité est infiniment moindre que l'air atmosphérique, et qui a fini par prévaloir sur l'air dilaté employé pour les premières montgolfières. Louis XVI, pour récompenser ses travaux, lui accorda une pension de 2,000 francs, et invita l'Académie des sciences à joindre son nom à celui de Montgolfier sur la médaille destinée à consacrer l'invention de la navigation aérienne. Il était parvenu à se former un cabinet de physique qui était un des plus beaux de l'Europe. Le gouvernement en fit l'acquisition, et lui en laissa la jouissance jusqu'à sa mort arrivée le 7 avril 1823, à 76 ans. Il a donné quelques *Mémoires* dans le *Recueil* de l'Académie des sciences, dont il était membre, et il a rédigé plusieurs articles dans la partie mathématique de l'*Encyclopédie méthodique*.

CHARLET (Nicolas-Toussaint), dessinateur célèbre, né à Paris, le 20 décembre 1792, où il est mort le 1er janvier 1846. Personne n'a porté aussi loin l'art de saisir et de rendre, avec le crayon, les mœurs et les scènes populaires. Ses ingénieuses compositions brillent par la grâce, l'esprit et le naturel. Il est le créateur et le modèle du genre.

CHARLETON (Gauthier), célèbre médecin anglais, naquit dans le comté de Sommerset, le 2 février 1619. Après avoir été reçu au doctorat à Oxford en 1642, il fut mis au nombre des médecins ordinaires du roi Charles 1er, et devint membre de la société royale de Londres. Sa réputation et ses succès le firent appeler à Padoue en 1678, pour y occuper la première chaire de médecine pratique : mais n'ayant pu s'accoutumer à ce pays, il revint à Londres au bout de de deux ans, et fut chargé par le collège des médecins de faire des leçons d'anatomie ; il fut aussi président du même college, depuis 1689, jusqu'en 1691, et se retira, peu de temps après, dans l'île de Jersey, où il mourut en 1707. « Charleton ne fut pas seulement célèbre comme médecin, dit un historien de la médecine, dans un ouvrage publié en 1831, il fut également renommé pour ses vastes connaissances en philosophie, en histoire et en antiquités. Si nous cherchons à apprécier ses titres en médecine, nous devons reconnaître qu'ils sont de peu de valeur aujourd'hui. Il se distingua par des connaissances étendues dans les différentes branches de la médecine, et ses écrits se recommandent par la méthode et la clarté; mais ils ne contiennent rien d'original. Ils sont remplis d'idées hypothétiques prises dans les systèmes de Van Helmont, dans ceux des chémistres et des mécaniciens. Ses ouvrages en anatomie et en philosophie ne sont pas le fruit de recherches positives. Il avoue n'avoir disséqué que peu de cadavres. Mais il eut le mérite d'embrasser un des premiers la nouvelle théorie de la circulation de son contemporain Harvey. Son attachement à la philosophie atomistique rendit un peu suspects ses sentiments religieux, malgré le soin qu'il avait pris d'établir une distinction entre les opinions philosophiques et religieuses d'Epicure. » Charleton a beaucoup écrit ; voici les titres de ses principaux ouvrages : *The darkness of atheism*, etc., ou *Les ténèbres de l'athéisme dissipés par les lumières de la nature*, Londres, 1651, in-4; *Physiologia Epicuro-Gassendo-Charletoniana*, *or a Fabric of natural science erected upon the most ancient hypothesis of atoms*, ib., 1654, in-fol.; *Epicurus, his morals*, d'après plusieurs auteurs, avec une apologie d'Epicure, ib., 1655, -56, -70, in-4; *The immortality of the human soul*, ou l'*Immortalité de l'âme prouvée par des raisons naturelles*, ib., 1657, in-4 ; *Natural history of nutrition*, etc., ou *Hist. nat. de la nutrition, de la vie, des mouvements volontaires*, etc., ibid., 1659, trad. lat. intitulée : *Exercitationes physico-anatomicæ de motu animali*, ib., 1659, -78, in-12, Amsterd., 1659, in-12, La Haye, 1681, in-16, et avec la dissert. de Cole, *De secretione*, 1688, in-12; un Traité latin, *sur les différences des animaux, et leurs noms dans plusieurs langues*, Londres et Oxford ; *Discours* (en anglais) *sur les différents esprits des hommes;* un autre *sur les diverses altérations des vins*, etc., Londres ; *Histoire naturelle des passions*, aussi en anglais, Londres, 1674, in-8 ; *L'harmonie de la loi naturelle et de la loi divine positive*, en anglais, ib., 1682, in-8 ; et encore d'autres.

CHARLEVOIX (Pierre-François-Xavier de), jésuite, né à Saint-Quentin, le 29 octobre 1682, professa les humanités et la philosophie avec beaucoup de distinction. Nommé pour travailler au *Journal de Trévoux*, il remplit cet ouvrage pendant 22 ans, d'excellents extraits. Il mourut à la Flèche, le 1er 1761. Des mœurs pures et une science profonde le rendaient le modèle de ses confrères et l'objet de leur estime. On a de lui plusieurs ouvrages qui ont eu beaucoup de ours : *Histoire et description du Japon*, en 6 vol. in-12, et 2 in-4. Ce livre, bien écrit et très-détaillé, renferme ce que l'ouvrage de Kempfer offre d'intéressant, et réfute ses calomnies contre les chrétiens du Japon, par des faits multipliés, solennels, incontestables, que le seul fanatisme de secte a pu nier ou dénaturer ; *Histoire de l'Île de Saint-Domingue*, in-4, 2 vol., Paris, 1730 ; Amsterdam, 733, 4 vol. in-12. Cet ouvrage, qui est écrit avec simplicité et avec ordre, est aussi curieux que sensé. L'auteur s'est borné à l'histoire civile et politique, sans entrer dans le détail des missions ; *Histoire du Paraguay*, 6 vol. in-12 : c'est le même ton, la même sagacité et la même exactitude que dans les ouvrages précédents ; *Histoire générale de la Nouvelle-France*, in-12, 4 vol : c'est le meilleur de tous les livres écrits sur cette matière; *Vie de la mère Marie de l'Incarnation*, in-12, livre écrit avec onction et propre à nourrir la piété. Ces différents ouvrages ont été bien reçus de ceux qui jugent sans préjugés ; on souhaiterait seulement un peu plus de précision dans le style.

CHARLIER (Jean), surnommé *Gerson*, prit ce nom d'un village du diocèse de Reims, où il vit le jour en 1363. Il étudia la théologie sous Pierre d'Ailly, et lui succéda dans la dignité de chancelier et de chanoine de l'église de Paris. Jean Petit ayant eu la lâcheté de justifier le meurtre de Louis, duc d'Orléans, tué en 1408 par ordre du duc de Bourgogne, Gerson fit censurer sa doctrine par les docteurs et par l'évêque de Paris, quoiqu'il paraisse favoriser lui-même la doctrine du tyrannicide. Au concile de Constance, il assista comme ambassadeur de France ; il s'y distingua par plusieurs discours, et surtout par celui de la supériorité du concile au-dessus du Pape ; ce qui n'empêcha pas qu'il ne reconnût, en des termes très-forts, la primauté et la juridiction du Pape dans toute l'Eglise. N'osant pas revenir à Paris, où le duc de Bourgogne l'aurait maltraité, il fut contraint de se retirer en Allemagne déguisé en pèlerin, et ensuite à Lyon, dans le couvent des Célestins, où son frère était prieur. Cet homme illustre poussa l'humilité jusqu'à devenir maître d'école. Il mourut en 1429, à 66 ans. La plupart de ses *OEuvres* furent d'abord imprimées à Strasbourg en 1488. Edmond Richer es infecta de sa doctrine, et les publia à Paris en 1606. Du Pin a donné un *Recueil des ouvrages de Gerson*, en 5 vol. in-folio, publié en Hollande en 1706. Ils sont distribués en cinq classes. On trouve,

dans la première, les *Dogmatiques;* dans la seconde, ceux qui roulent sur la *discipline;* dans la troisième, les *OEuvres de morale et de piété;* dans la quatrième, les *OEuvres mêlées.* Cette édition est ornée d'un *Gersoniana*, ouvrage curieux; mais où, comme dans tous les *ana*, il y a des choses pour le moins très-douteuses. On trouve aussi dans cette édition un *Traité* composé, dit-on, par Gerson, au concile de Constance, et publié pour la première fois par le compilateur luthérien Van der Hart, à la fin du 17e siècle, dans la collection des écrits relatifs à ce concile : pièce suspecte et probablement défigurée, car il n'y a nulle apparence que Gerson ait écrit les extravagances qu'il renferme. Aussi du Pin, s'obstinant à lui en faire honneur, fut obligé de l'imprimer hors du royaume. (Voyez PETIT-DIDIER.) Gerson a été, sans contredit, l'un des docteurs les plus recommandables de son temps. Il n'était cependant pas bien savant dans l'histoire ecclésiastique, ni dans les écrits des saints Pères, qu'il cite ordinairement comme ils sont dans les décrets de Gratien, où souvent ils sont rapportés peu exactement. Son style est dur et négligé, mais énergique. Quelques pseudo-canonistes se sont servis de son nom pour affaiblir l'autorité du Saint-Siége. Ils allèguent des passages relatifs au temps de schisme et de scandale où se trouvait l'Eglise, où le Pontife légitime est un sujet de problème, où la paix de l'Eglise ne pouvait naître que de la déposition de tous les contendants ; mais ils n'ont garde de rapporter les endroits où Gerson s'exprime d'une manière claire, générale et absolue sur cette matière. « L'état de la « papauté, dit-il, a été institué surnaturellement et immédiatement de Jé- « sus-Christ, comme ayant une *primatie* « *monarchique et royale* dans la hiérarchie ecclésiastique. Car, de même que « les prélats mineurs, tels que les curés, « sont soumis à leurs évêques, quant à « l'exercice de leur puissance, et qu'ils « peuvent limiter et restreindre l'usage « de leurs pouvoirs, il n'est pas douteux « aussi que les prélats majeurs ne soient « soumis au Pape, et qu'il ne puisse en « user de même à leur égard. » (*De Stat. Eccl. c. oper. tom. 2, col. 532.*) « La plénitude, dit-il ailleurs, de la « puissance ecclésiastique qui comprend « celle de l'ordre et de la juridiction, « tant dans le for interne, que dans le « for externe, et qui peut s'exercer im- « médiatement et sans limitation sur qui- « conque est de l'Eglise, ne peut résider « que dans le Souverain-Pontife, parce

« qu'autrement le gouvernement de l'E-
« glise ne serait pas monarchique. »
(*Operum ; tom.* 1, *pag.* 145, etc.) Quelques auteurs lui ont attribué l'excellent
livre de l'*Imitation de Jésus-Christ;* mais
il n'est pas plus de lui que du prétendu moine *Gersen*, *Gessen* ou *Gesen*.
noms forgés sur celui de Gerson. (Voyez
AMORT, GERSEN, NAUPÉ, THOMAS A
KEMPIS.)

CHARLIER (Gilles), savant docteur
de Sorbonne, natif de Cambrai, dont il
fut élu doyen en 1431, se distingua au
concile de Bâle en 1433, et mourut doyen
de la Faculté de théologie de Paris en
1472. On a de lui divers ouvrages sur les
cas de conscience, qu'on ne consulte
plus. Ils furent imprimés à Bruxelles
en 1478 et 1479, 2 vol. in-folio, sous
le titre de *Carlerii Sporta et Sportula.*

CHARNOIS (Jean-Charles LE VACHER
de), né à Paris vers 1745, commença à
se faire connaître dans la littérature par
la continuation du *Journal des théâtres*.
Il fut ensuite chargé de la rédaction du
Mercure, pour la partie des spectacles,
qu'il traita avec autant d'honnêteté que
de goût. En 1791, il continua le *Modé-
rateur*, journal commencé par MM. Fontanes et Delandine; mais les principes
qu'il professa le perdirent. Sa maison
fut pillée : arrêté lui-même après la journée du 10 août, et conduit à la prison de
l'Abbaye, il fut massacré le 2 septembre
suivant. Il a laissé : des *Nouvelles*, 1782,
in-12; *Histoire de Sophie et d'Ursule*,
1788, 2 vol. in-12; *Recherches sur les
costumes et sur les théâtres de toutes les
nations, tant anciennes que modernes*,
1790, 2 vol. in-4. Il a aussi travaillé aux
*Costumes et annales des grands théâtres
de Paris*, 1786 à 1789, 7 vol. in-4.

CHARON de Lampsaque, fils de Py-
thoclès, l'un des plus anciens historiens
grecs que l'on connaisse, florissait quelque temps avant Hérodote. Il écrivit une
Histoire des Perses, en deux livres, qui
sont cités par Plutarque et par Athénée.
Suidas rapporte que cet ouvrage était
une histoire de la guerre que Darius et
après lui Xercès avaient faite aux Grecs.
Il avait encore écrit une *Histoire ou Description de l'Ethiopie*, une autre *de la
Grèce*, en 4 livres; deux livres touchant
Lampsaque, et quatre du territoire de la
même ville. De tous ces ouvrages et de
quelques autres que Charon avait publiés,
il ne nous reste que quelques fragments
que l'abbé Sévin a recueillis, et traduits
en français, dans son *Mémoire de Charon
de Lampsaque*. (Académie des inscriptions, tome 14, page 56 et suivantes.)
Creuser. dans son recueil intitulé : *His-*

*toricorum græcorum antiquissimorum
fragmenta*, Heidelberg, 1806, in-8, les
a rassemblés de nouveau avec plus d'exactitude encore que l'abbé Sévin, et les a
accompagnés de remarques très-savantes.
et de recherches sur les autres écrivains
de ce nom, qu'on avait confondus fréquemment avec l'auteur de l'*Histoire des
Perses.*

CHARON (Louis-François), graveur,
né à Versailles en 1783, mort en janvier
1839, fut élève de Chastegnier, et fit faire
un grand pas à la gravure en donnant le
moyen de la perfectionner. Outre plusieurs gravures qu'il a exposées au Louvre, nous citerons : *Charles X à cheval*,
d'après Aubry, *aqua-tinta;* le *Marchand
de chevaux*, d'après C. Vernet; quatre
Sujets de la vie d'Alcibiade, d'après
Lordou.

CHARONDAS, de Catane en Sicile,
donna des lois aux habitants de Thurium,
rebâti par des Sybarites, et leur défendit, sous peine de mort, de se trouver
armés dans les assemblées. Un jour ayant
appris, au retour d'une expédition, qu'il
y avait beaucoup de tumulte dans l'assemblée du peuple, il y vola pour l'a-
paiser, sans avoir l'attention de quitter
son épée. On lui fit remarquer qu'il vio-
lait sa propre loi; il répondit : *Je prétends la confirmer et la sceller même de
mon sang;* et sur-le-champ il s'enfonça
son arme dans le sein. Parmi ses lois,
on remarque celles-ci : 1° Quiconque passait à de secondes noces, après avoir
eu des enfants du premier lit, était
exclu des dignités publiques; dans l'i-
dée qu'ayant paru mauvais père, il serait
mauvais magistrat. 2° Les calomniateurs
étaient condamnés à être conduits par la
ville, couronnés de bruyères, comme
les derniers des hommes. 3° Les déser-
teurs et les lâches devaient paraître trois
jours dans la ville, revêtus d'un habit de
femme. 4° Charondas, regardant l'ignorance comme la mère de tous les vices,
voulait que les enfants des citoyens fussent instruits dans les belles-lettres et les
sciences. Ce législateur était disciple de
Pythagore, selon Diogène-Laërce.

CHARPENTIER (François), doyen
de l'Académie française et de celle des
belles-lettres, né à Paris en 1620, mourut en 1702, à 82 ans. On le destina d'a-
bord au barreau; mais il préféra les
charmes des belles-lettres aux épines de
la chicane. Les langues savantes et l'antiquité lui étaient très-connues. Il contribua plus que personne à cette belle suite
de médailles qu'on a frappées sur les
principaux événements du règne de Louis
XIV. On a de lui : quelques *Poésies*, plei-

nes de grands mots et vides de choses ;
la *Vie de Socrate*, in-12, qu'il accompagna des *Choses mémorables* de ce philosophe, traduite du grec de Xénophon ;
une *Traduction de la Cyropédie*, in-12.
« Tout ce qu'on peut estimer de ses *Tra-
« ductions*, dit un critique, ce sont les
« notes vraiment instructives, genre de
« mérite toujours à la portée des écri-
« vains laborieux, mais qui facilite le
« travail des traducteurs modernes, qui
« savent si bien s'approprier tout ce qui
« peut leur donner un air d'érudition,
« et leur épargner les recherches qu'exi-
« ge la véritable » ; la *Défense et l'excellence de la langue française*, 2 v. in-12. Il
s'était élevé une querelle pour savoir si
les inscriptions des monuments publics
de France devaient être en latin ou en
français. Il n'est pas douteux que la langue latine ne soit plus propre aux inscriptions que la française ; et Charpentier ne
l'a pas assez senti. Les inscriptions qu'il fit
pour les tableaux des conquêtes de Louis
XIV, peintes à Versailles par Le Brun, montrèrent qu'il était plus facile de soutenir la
beauté de notre langue, que de s'en servir heureusement. Charpentier cherchait
le délicat, et ne trouvait que l'emphati-
que. Racine et Boileau firent des inscriptions latines, pleines d'une noble et énergique simplicité, qu'on mit à la place de
ses hyperboles. On a encore de Charpentier plusieurs ouvrages manuscrits. Sa
prose est assez noble, mais elle manque
de précision. Charpentier était naturellement éloquent, et parlait d'un ton fort
animé. Lorsque son feu s'allumait par la
contradiction, il lui échappait quelquefois des choses plus belles que tout ce
qu'il a écrit. On a publié en 1724, in-12,
un *Carpentariana :* recueil qui n'a pas été
mis par le public au rang des bons ouvrages de ce genre ; on y trouve pourtant quelques anecdotes.

CHARPENTIER (Louis), littérateur,
né à Brie-Comte-Robert, dans le 18° siècle, ne s'est fait connaître que par les
ouvrages suivants : *Lettres critiques sur
divers écrits contraires à la religion et
aux mœurs*, 1751, 2 vol. in-12; la *Décence en elle-même dans les nations, les
personnes et les dignités ;* 1767, in-12 ;
Nouveaux contes moraux, ou *Histoires
galantes et morales*, 1767, in-12 ; *Vos
loisirs, contes moraux*, 1768, in-12;
l'*Orphelin normand*, ou *les petites Causes et les grands Effets*, 1760, 3 vol. in-12;
Le nouveau père de famille, traduit de
l'anglais, 1768, in-12 ; *Essai sur les causes de la décadence du goût relativement
au théâtre*, 1768, in-12 ; *Mémoire d'un
citoyen*, ou le *Code de l'humanité*, 1770,

2 vol. in-12 ; *Essai historique sur les
modes et sur les costumes en France*, 1776,
in-12.

CHARRI (Jacques Prévost, seigneur
de), un des plus braves et des plus vigoureux capitaines français dans le 16°
siècle. Monluc en parle souvent avec
éloge dans ses *Commentaires ;* Du Villars, dans ses *Guerres du Piémont*, raconte qu'il abattit d'un coup de revers le
bras, garni de manches de mailles en fer,
d'un capitaine allemand, au siége de
Crescentino. Lorsque le régiment des
gardes-françaises fut formé, Charri en
fut le premier mestre de camp. Mais
d'Andelot, jaloux de ce que ce régiment
était distrait de son commandement, fit
assassiner Charri sur le pont Saint-Michel, lorsqu'il se rendait au Louvre, le
31 décembre 1563.

CHARRIER DE LA ROCHE (Louis),
évêque de Versailles, né à Lyon, le 17
mai 1738, d'une famille originaire d'Auvergne, entra comme chanoine dans le
chapitre noble d'Ainay, et il en devint
prévôt ; il était aussi prieur du Bois-de-
la-Salle en Beaujolais, et Mgr de Montazet, alors archevêque de Lyon, l'avait
nommé son grand-vicaire et son officiel
métropolitain, c'est-à-dire président du
tribunal auquel on appelait des jugements
de l'officialité ordinaire et de celle des
suffragants. Il remplissait ces différents
emplois avec autant de zèle que de sagesse ; et jouissant de très-grands revenus, il se faisait remarquer par sa charité
pour les pauvres, qui fut toujours sa
vertu de prédilection. Les prisons se
trouvant sur sa paroisse, il prodiguait
des secours aux malheureux qui y étaient
détenus. On le vit souvent leur porter les
consolations de son ministère, et même
les accompagner au lieu du supplice. Cependant, à la mort de Mgr de Montazet,
dont malheureusement il avait adopté les
opinions, il perdit la faveur dont il jouissait à l'Archevêché, et Mgr de Marbœuf
lui refusa des lettres de grand-vicaire ;
ce qui le porta, dit-on, à embrasser le
parti des novateurs. Nommé député aux
États-Généraux, il fut le premier des
membres du clergé qui passa à la Chambre du tiers-état, et lorsque la constitution civile du clergé fut décrétée, en
1791, il se hâta de lui prêter serment.
Cependant, le 18 novembre 1790, il s'é-
tait élevé contre le projet d'envahir le
Comtat-Venaissin, et le 28 août suivant,
contre la proposition de ne regarder le
mariage que comme un acte civil. Bientôt après il fut nommé évêque de Rouen;
mais Mgr de la Rochefoucauld étant encore vivant, cette nomination. éprouva

beaucoup d'opposition. Alors Charrier donna sa démission et se retira dans ses foyers. Après le siége de Lyon, il fut incarcéré comme prêtre, avec une grande partie de ses habitants; mais il fut assez heureux pour ne perdre ni la vie, ni la fortune. Les pauvres qu'il avait tant de fois secourus par ses largesses se réunirent pour demander sa liberté et l'obtinrent. Nommé, en 1802, à l'évêché de Versailles, il rétracta, dans une *Instruction pastorale* le serment qu'il avait prêté à la constitution civile du clergé; et Pie VII, lorsqu'il vint en France, l'accueillit avec une bonté bienveillante. Le premier consul l'avait nommé son premier aumônier, et dans plusieurs de ses mandements l'évêque de Versailles fit son éloge; ce qui ne l'empêcha pas d'être un des premiers à adhérer à sa déchéance, et à faire chanter le *Domine, salvum fac regem*. Il est vrai qu'au retour de l'empereur de l'île d'Elbe, il le reconnut de nouveau : mais il ne se rendit, dit-on, aux Tuileries, que sur l'invitation expresse qui lui en fut faite, et il vit avec joie la seconde Restauration. Mgr Charrier de la Roche était d'un caractère faible, mais on a toujours reconnu en lui les mœurs d'un bon ecclésiastique. Il a publié une *Réfutation* de l'*Instruction* de Mgr Asseline *contre la constitution civile du clergé*, et plusieurs autres brochures pour la défense de cette constitution, dans l'année 1791. Depuis il n'a rien écrit, parce qu'il n'a pu moins faire que de reconnaître les vices de cette constitution. Il est mort le 17 mars 1827.

CHARRON (Pierre), né à Paris en 1541, d'abord avocat au Parlement, fréquenta le barreau pendant cinq ou six années. Il le quitta pour s'appliquer à l'étude de la théologie et à l'éloquence de la chaire. Plusieurs évêques s'empressèrent de l'attirer dans leurs diocèses, et lui procurèrent des bénéfices dans leurs églises. Il fut successivement théologal de Bazas, d'Ax, de Lectoure, d'Agen, de Cahors, de Condom et de Bordeaux. Michel Montaigne lui accorda son amitié et son estime. Il lui permit par son testament de porter les armes de sa maison : grâce puérile, mais dont un gascon, quoique philosophe, devait faire beaucoup de cas. Charron lui témoigna sa reconnaissance, en laissant tous ses biens au beau-frère de ce philosophe. En 1595, Charron fut député à Paris pour l'assemblée générale du clergé, et choisi pour secrétaire de cette illustre compagnie. Il aurait voulu finir ses jours chez les Chartreux ou chez les Célestins ; mais on le refusa dans ces deux Ordres, à cause de son âge avancé, et plus encore du peu de consistance qu'on supposait à sa vocation. Il mourut subitement à Paris, dans une rue, en 1603. On a de lui : *Les trois Vérités*, in-8, 1595. Par la première, il combat les athées; par la seconde, les païens, les juifs, les mahométans; et par la troisième, les hérétiques et les schismatiques. Les catholiques applaudirent à cet ouvrage, et les protestants l'attaquèrent vainement: aucun de leurs écrivains d'alors n'avait ni la force de style, ni l'esprit méthodique de Charron; *Traité de la sagesse*, Bordeaux, 1601, in-8, Elzévir, in-12, 1646. Ce livre combattit si vivement les opinions populaires, que Charron semblait donner dans un excès contraire à celui qu'il condamnait. Deux docteurs de Sorbonne le censurèrent; l'Université, la Sorbonne, le Châtelet, le Parlement s'élevèrent contre lui; le président Jeannin, à qui on confia cette affaire, dissipa l'orage, et dit qu'il fallait permettre la vente du livre, *comme un livre d'état;* mais cette décision ne justifia pas l'ouvrage aux yeux de ceux qui ne pensent pas sur toutes choses d'après l'autorité d'un magistrat. Le jésuite Garasse a mis Charron au rang de Théophile et de Vanini. Il le croit même plus dangereux, « d'autant qu'il dit plus de « vilainies qu'eux, et les dit avec quelque « peu d'honnêteté. » Il le peint « livré à « un athéisme brutal, accoquiné à des « mélancolies langoureuses et truandes.» Il aurait pu lui reprocher avec plus de raison que dans son livre de la *Sagesse*, il copie souvent Michel Montaigne, son maitre, et c'est la vraie source des erreurs de Charron. Plusieurs passages de ce *Traité* ont été corrigés dans les éditions postérieures ; seize *Discours chrétiens*, Bordeaux, 1600, in-8.

CHARTIER (Alain), archidiacre de Paris, conseiller au Parlement, né en Normandie, et, suivant quelques biographes, à Bayeux, en 1386, fut secrétaire de Charles VI et de Charles VII, rois de France. Il fit les délices et l'admiration de la cour sous ces deux princes, qui l'envoyèrent en ambassade vers plusieurs souverains. Marguerite d'Écosse, première femme du dauphin de France, depuis Louis XI, l'ayant vu endormi sur une chaise, s'approcha de lui pour le baiser. Les seigneurs de sa suite, s'étonnant qu'elle eût appliqué sa bouche sur celle d'un homme aussi laid, la princesse leur répondit, *qu'elle n'avait pas baisé l'homme, mais la bouche qui avait prononcé tant de belles choses*. On lui donna le nom de *père de l'éloquence française*. Il était digne de ce titre par sa prose

tutôt, que par ses vers. C'était l'homme
le son temps qui parlait le mieux. Il mourut à Avignon en 1449. Ses Œuvres ont
été publiées en 1647, in-8, par Duchesne. La première partie renferme des ou-
rages en prose, l'*Histoire de Charles
VII*, attribuée à Gilles Bouvier, qui n'en
a été que le continuateur, le *Curial* (ou
le *Courtisan*), le *Traité de l'espérance*,
le *Quadrilogue invectif* contre Edouard
II, et plusieurs autres pièces qu'on lui
a faussement attribuées. On trouve ses
Poésies dans la seconde partie ; mais tous
les morceaux ne sont pas de lui, et plusieurs sont indignes de son nom.

CHARTIER (Jean), bénédictin, frère
du précédent, eut la place de chantre de
Saint-Denis. Il est auteur des grandes
Chroniques de France, vulgairement appelées *Chroniques de Saint-Denis*, rédigées en français, depuis Pharamond jusqu'au décès de Charles VII, en 3 v. in-fol.,
Paris, 1483, livre rare et très - cher.
L'*Histoire de Charles VII*, par Jean
Chartier, parut au Louvre en 1661,
in-fol., par les soins du savant Godefroi,
qui l'enrichit de plusieurs autres pièces
qui n'avaient pas encore vu le jour. Chartier est aussi crédule que sec et peu
exact.

. CHARTRES (Renaud de), évêque de
Beauvais, puis archevêque de Reims en
1414, fut nommé chancelier de France
en 1424, et reçut, l'an 1439, le chapeau
de cardinal, au concile général de Florence, des mains du pape Eugène IV. La
même année, ce prélat sacra, dans son
église métropolitaine, en présence de la
Pucelle d'Orléans, le roi Charles VII, auquel il rendit de grands services. Il mourut subitement à Tours le 4 avril 1443,
où il était allé trouver le roi, pour traiter de la paix avec l'Angleterre.

. CHARVET (Claude), prêtre et archidiacre de l'église de Vienne, est connu
par une *Histoire* de cette même église,
qui parut à Lyon, en 1761, in-4, et qui
avait été revue par Bourdot de Richebourg ; ce qui a fait dire que celui-ci
en était l'auteur. Avant de devenir archidiacre, Charvet avait été chanoine de
Saint-Donat, et avait écrit sur ce bourg
antique des *Mémoires* aujourd'hui perdus. L'abbé Charvet fut un des derniers
qui purent consulter les archives de
Vienne, dont les trésors furent dispersés ou jetés aux flammes, pendant la révolution : il utilisa avec talent une bonne
partie des ressources qu'il avait en main.
Sa *Chronologie* des premiers évêques est
fautive ; les récits des premiers temps
restent incomplets, l'auteur ayant négligé de recourir à des livres qui étaient

cependant connus de tout le monde,
tels, entre autres, que les *Acta Sanctorum*, publiés par les Bollandistes. Charvet n'a pas donné aux biographies de
pontifes, de prêtres ou de moines pieux
et savants toute l'importance qu'elles
ont ; il passe sous silence beaucoup de
fondations religieuses, qui attestent le dévouement de nobles seigneurs, de grandes
dames aux misères du pauvre et à l'é-
ducation de la jeunesse. Charvet laisse
trop aussi à désirer . pour l'exposition et
la défense de la doctrine catholique en
face des erreurs qui se produisent aux
divers siècles de son histoire. Il est très-
bref sur la réforme, très-bref sur Michel Servet. D'un autre côté, il s'efforce
visiblement de dénigrer le langage et la
conduite des Papes, et son livre, à tout
prendre, n'a pas de choses vraiment chrétiennes, ni qui fassent aimer l'Eglise de
cet amour que lui doit un catholique. —
En 1769, Charvet publia un *Supplément*
à son *Histoire de la sainte Eglise de
Vienne*, in-4 de 30 pages. Cet opuscule
renfermait quelques additions et corrections : il est plus rare que l'ouvrage auquel il fait suite. On a encore de Charvet
un livre manuscrit, les *Fastes de la
ville de Vienne*, in-4 de 256 pages, dont
il a été donné une analyse dans la *Revue de Vienne*, tom. III, pag. 124 et
168. L'*Histoire* de Charvet est plus complète et plus étendue que celle de ses deux
devanciers, Le Lièvre et Drouet de Mau-
pertuy. En 1847, profitant des travaux de
ces divers écrivains et conduisant l'histoire de l'Eglise de Vienne jusqu'à la
suppression du siége, M. Collombet publia 3 vol. in-8, sur le même sujet,
Lyon, Mothon, 1847. Il y a, depuis,
ajouté un *Supplément*, Lyon, Boitel,
in-8 de 52 pag., qui contient une *Dissertation* sur l'emplacement d'Epone,
par l'abbé Didier, prêtre de Vienne;
des *notes* inédites sur le clergé du diocèse, pendant la Révolution, par Mgr
d'Aviau, une *Lettre* de Mgr Boulogne,
nommé archevêque de Vienne, etc. Nous
ignorons l'époque de la mort de Charvet.
La *France littéraire* de Quérard et la *Biographie universelle* indiquent l'*Histoire
de l'Eglise de Vienne* à l'article *Bourdot
de Richebourg*.

CHASOT DE NANTIGNY (Louis), né
à Saulx-le-Duc en Bourgogne au mois
d'août 1692, s'adonna particulièrement
à la science des généalogies. C'est lui qui
a travaillé à cette partie pour les *Suppléments* de Moréri. On a encore de lui :
Tablettes géographiques, Paris, 1725, in-
12 ; *Généalogies historiques des anciens
patriarches, rois, empereurs et de toutes les*

maisons souveraines jusqu'à présent, Paris, 1736-1738, 4 vol. in-4 : cet ouvrage n'est point achevé; *Tablettes historiques, généalogiques et chronologiques*, Paris, 1747-57, 8 vol. in-24; *Tables généalogiques de la maison de France et de celles qui en sont sorties*, in-4 : c'est un extrait de ses généalogies historiques; *Tablettes de Thémis*, 2 vol. in-24; *Abrégé de la généalogie des vicomtes de Limagne*, avec une *Dissertation* sur la *branche de Candale*, Paris, 1757, in-12. Tous ces ouvrages sont remarquables par l'exactitude des détails, et par une méthode claire et précise. Il mourut le 20 décembre 1755.

CHASSELOUP-LAUBAT (François, marquis de) naquit à Saint-Sornin près Marennes, le 18 août 1754, d'une famille noble. Admis dès l'âge de 16 ans à l'école de Mézières, il en sortit lieutenant d'artillerie. En 1774, il passa dans le corps du génie pour lequel il se sentait une vocation spéciale. Lorsque la révolution éclata, il en adopta les principes et refusa d'émigrer. En 1792, lors de l'invasion des Prussiens, il se jeta dans Montmédy qu'il défendit avec habileté. En 1793, 1794 et 1795, il continua à servir avec éclat dans les armées de la république. Lorsque Bonaparte fut nommé général en chef de l'armée d'Italie, il donna le commandement du génie à Chasseloup, qui, pendant le cours de cette brillante campagne, déploya les plus grands talents militaires. En 1800, il fut encore appelé au commandement du génie de l'armée d'Italie, et prit part à toutes les affaires importantes de cette campagne. Bonaparte, qui avait su apprécier la rare capacité de Chasseloup, l'employa dans les guerres qui suivirent; et pour le récompenser des éclatants services qu'il y rendit, il le nomma successivement grand-officier de la Légion-d'Honneur, conseiller d'Etat en service ordinaire, sénateur. En 1813, Chasseloup fut chargé d'inspecter les places de la Péninsule, et en 1814, il reçut la mission d'établir la ligne de défense de Montereau à Orléans. Pendant les Cent-Jours, il refusa de prendre du service malgré les offres de l'empereur. Réintégré après la seconde Restauration dans la Chambre des pairs, il y vota contre la condamnation du maréchal Ney. En 1819, il reçut du roi le titre de marquis, et fut nommé président du conseil de perfectionnement de l'école polytechnique. Chasseloup-Laubat est mort à Paris le 6 octobre 1833. Il a publié : *Essais sur quelques parties des fortifications et de l'artillerie*, 1811, in-8; *Correspondance d'un général fran-*

çais avec un général autrichien sur divers sujets, par le général C.-L., Paris, 1801, réimprimé en 1803 avec quelques changements sous le titre de *Correspondance entre deux généraux, etc.* Chasseloup-Laubat a été l'un des généraux de génie les plus distingués de nos guerres de la révolution et de l'empire; il a introduit plusieurs améliorations importantes dans le système de défense des places fortes.

CHASSENEUX (Barthélemi de), né à Issy-l'Evêque, près d'Autun, en 1480, passa du Parlement de Paris où il était conseiller, à celui de Provence où il fut premier, ou plutôt seul président, car alors il n'y en avait point d'autre. Il occupait ce poste, lorsque cette compagnie rendit, en 1540, le fameux arrêt contre les habitants de Cabrières et de Mérindol. Ce magistrat en arrêta l'exécution tant qu'il vécut; mais après sa mort, en 1541, l'arrêt eut son effet. (Voyez OPPÈDE.) On a de lui un *Commentaire* latin sur les *coutumes de Bourgogne et de presque toute la France*, in-folio, imprimé cinq fois pendant la vie de l'auteur, et plus de quinze depuis. La dernière édition, enrichie de l'*Eloge de Chasseneux*, par le président Bouhier, a été donnée in-4, Paris, 1717; et encore depuis refondue par le même éditeur dans une autre de 2 vol. in-folio; *Concilia*, Lyon, 1531, in-folio. C'est dans cet ouvrage qu'on trouve une espèce d'excommunication prononcée par l'official d'Autun, contre les mouches qui mangeaient le raisin dans le territoire de Beaune. Cette excommunication n'était qu'une espèce d'imprécation et de malédiction, que l'on était dans l'usage de pratiquer dans ce temps-là contre les animaux malfaisants, et d'autres fléaux. C'est une prière ardente et confiante qui va, à l'exemple de Josué, jusqu'à commander au nom de Dieu. Cet usage ne mérite pas le blâme que les protestants ont répandu sur le président, éditeur, de même que sur Chasseneux, encore moins les gloses et les fables qu'ils ont accumulées sur cette pratique. (Voyez *Mémoires de Nicéron*, t. 3); *Catalogus gloriæ mundi*, Lyon, 1529, in-fol.; les *Epitaphes des rois de France jusqu'à François Ier, en vers français, avec des distiques latins, et leurs effigies*, Bordeaux, sans date, très-rare; *Commentaire sur la coutume de Bourgogne*, en latin, réimprimé plusieurs fois et précédé de sa *Vie*.

CHASTELAIN (Claude), chanoine de l'église de Paris, sa patrie, fut mis par M. de Harlay, archevêque, à la tête d'une compagnie pour la composition des livres d'église. Il possédait la science des litur-

ies , des rites et des cérémonies de l'E-
lise. Il avait parcouru l'Italie, la Fran-
e , l'Allemagne , et partout il avait étudié
s usages de chaque église particulière.
l connaissait tout ce qu'il y avait de cu-
ieux dans les lieux où il passait, et sou-
ent il en instruisait même les gens du
ays. Il mourut en 1712 , à 73 ans. On a
e lui : les deux premiers mois de l'année
u *Martyrologe romain*, Paris, 1705,
-4 , traduits en français, avec des addi-
ons à chaque jour des saints qui ne sont
oint placés dans ce *Martyrologe* selon
ordre des siècles ; la première , de ceux
e France ; la seconde , de ceux des au-
es pays ; et des notes sur chaque jour.
es recherches de l'auteur regardent prin-
ipalement la vérité des faits. Il était très-
é avec le Père Papebroch , l'un des plus
élèbres bollandistes. On conserve à la
ibliothèque des avocats de Paris une co-
ie manuscrite du second volume, qui
omprend les mois de mars et d'avril ;
Martyrologe universel, Paris , 1709, in-4.
'est la traduction en français du *Marty-
ologe romain* avec des notes et des ad-
itions. Cet ouvrage est rédigé dans le
oût du précédent, plein de l'érudition
a plus recherchée ; *Vocabulaire hagiolo-
ique* dans les *étymologies de la langue
rançaise* de Ménage ; *Vie de saint Chau-
ont*, Paris , 1699, in-12. Les bollandis-
es lui ont dédié un volume de leur savan-
e *Collection*.

CHASTELER (Jean , marquis de) , gé-
éral au service d'Autriche , et descen-
ant d'une ligne collatérale de la maison
e Lorraine , naquit le 22 janvier 1763 à
Ions en Belgique , et entra dans l'Acadé-
ie du génie de Vienne , d'où il sortit en
780 avec le grade de sous-lieutenant.
ait bientôt capitaine , il se signala dans
a guerre contre les Turcs , et mérita par
a valeur le grade de major , la croix de
ordre de Marie-Thérèse , et enfin le tire de lieutenant-colonel du génie. C'est
n cette qualité qu'il fut chargé de la re-
onstruction du fort de Namur , et ensuite
mployé au siège de Lille. Il fit les cam-
agnes de 1793 et 1794 contre les Fran-
ais , et il se distingua en plusieurs ren-
ontres , notamment à Watignies où il
ombattit avec une rare intrépidité , et à
attaque et à la prise des lignes que les
rançais avaient élevées devant Mayence.
l fut chargé de porter à Vienne la nou-
elle de cette victoire, et fut reçu avec
istinction par l'empereur et nommé co-
onel le 3 novembre 1795. En 1798, il fut
nvoyé à Saint-Pétersbourg pour y négo-
ier une seconde coalition contre la Fran-
e , et l'année suivante il fit la campagne
l'Italie et contribua beaucoup au succès

de Vérone. En 1802 , il organisa les mili-
ces du Tyrol d'une manière si satisfaisante
que l'empereur lui accorda la propriété
d'un régiment de chasseurs tyroliens. Le
prince Charles le choisit , en 1805 , pour
le chef d'état-major de l'armée qu'il commandait en Italie, et en 1808 il fut nommé
commandant de Komorn , et il dirigea
les travaux entrepris pour relever les fortifications de cette place. Quand la guerre
recommença , en 1809 , entre la France
et l'Autriche , il fut chargé d'organiser
l'insurrection du Tyrol , et il y réussit
complètement. Il tomba à l'improviste sur
une division française isolée qu'il écrasa,
et il parvint à se rendre maître de tout
le Tyrol , avant que les Français pussent
venir au secours des leurs. Bonaparte ,
irrité de cet échec , déclara , dans un ordre du jour, qu'il serait traduit à une
commission militaire aussitôt qu'il serait
fait prisonnier , et passé par les armes
dans les vingt-quatre heures , comme
chef d'un rassemblement de brigands, et
il envoya contre lui le maréchal Lefèbvre
avec des forces considérables. Chasteler
fut donc forcé à la retraite et parvint à
s'échapper. L'empereur d'Autriche, pour
le récompenser , lui accorda le grade de
feld-maréchal-lieutenant avec le titre de
chambellan et celui de commandeur de
l'ordre de Léopold. Il se distingua encore
dans la campagne de 1813 qui amena la
chute de Bonaparte , et en décembre
1814 il fut nommé commandant militaire
de Venise. Il s'occupait de mettre en défense Theresienstadt contre Murat , qui
se portait sur la Haute-Italie , lorsqu'il
mourut le 7 mai 1815. Le marquis de
Chasteler était un des généraux les plus
braves et les plus actifs de l'armée autrichienne. Il avait reçu quinze blessures
sur le champ de bataille. Il était aussi
très-instruit, parlait douze langues , et
avait des connaissances très-étendues.

CHASTELET (Gabrielle Emilie de BRE-
TEUIL, marquise du), naquit en 1706, du
baron de Breteuil, introducteur des ambassadeurs et princes étrangers auprès
du roi. Son esprit et ses grâces la firent
rechercher en mariage par plusieurs seigneurs distingués. Elle épousa le marquis du Chastelet-Lomont, lieutenant-
général des armées du roi, d'une famille
illustre. Les bons auteurs anciens et modernes lui furent familiers dès sa jeunesse. Elle s'appliqua surtout aux philosophes et aux mathématiciens. Son coup
d'essai fut une Explication de la *Philosophie* de Leibnitz, sous le titre d'*Institutions de physique*, in-8 , adressées à son
fils, son élève dans la géométrie. Les rêves sublimes du philosophe allemand ne

lui ayant paru ensuite que des rêves, elle l'abandonna pour Newton. Elle traduisit ses *Principes* et les commenta. Cet ouvrage imprimé après sa mort, en 2 vol. in-4, a été revu et corrigé par M. Clairaut. La marquise du Chastelet mourut d'une suite de couches en 1749, à 43 ans, au palais de Lunéville. L'étude ne l'éloigna point du monde. Elle se livra à tous les plaisirs, les rechercha même plus qu'une femme sage n'a coutume de le faire. Elle avait pris ce goût chez les gens qu'on appelle *philosophes* ; elle en avait toujours auprès d'elle, à Paris, à Cirey et à Lunéville. Ces messieurs lui avaient aussi appris à ne point souffrir de critiques. Un auteur, ayant osé en risquer une, ne tarda pas à se voir renfermer ; mais dans l'espoir qu'il serait plus circonspect dans la suite, la marquise le fit élargir.

CHASTELET. (Voyez CHASTELET).

CHASTELUX (François-Jean), d'une ancienne maison de Bourgogne, né à Paris en 1734, entra de bonne heure au service, et se distingua successivement en Allemagne et en Amérique, où il passa en 1780. A son retour en France, il obtint le gouvernement de Longwy. Il mourut à Paris le 27 octobre 1788. L'Académie française l'avait reçu en 1775. Dès sa jeunesse, il avait été lié avec ce qu'on appelle les *philosophes*, et avait toujours été très-zélé partisan de leurs opinions, comme on le voit dans son Traité de la *Félicité publique*, rempli du fiel le plus amer contre le christianisme, auquel il rend néanmoins des hommages forcés, en montrant combien les républiques chrétiennes, les moins bien constituées, sont supérieures aux gouvernements les plus vantés de l'ancienne Grèce. Son *Voyage dans l'Amérique septentrionale* est empreint du même philosophisme. (Voyez le *Journal historique et littéraire*, 1er mars 1787, p. 323.) Ce qu'il a écrit sur l'union de la poésie et de la musique prouve que ces matières lui étaient peu connues. Parmi ses autres ouvrages, il faut placer un *Discours sur les avantages et les désavantages qui résultent pour l'Europe de la découverte de l'Amérique*, Londres, Paris, 1787, in-8; un *Eloge d'Helvétius*; des *Discours* (en vers) à *l'armée américaine*, traduit de l'anglais de David Humphreys; des *Articles* au *Supplément de l'Encyclopédie*, et dans les journaux littéraires du temps.

CHAT. (Voyez CHAPT).

CHATAM. (Voyez PITT).

CHATEAUBRIAND (Geoffroy, comte de), naquit en Bretagne en 1761, d'une ancienne famille de ce pays. Frère aîné du vicomte de Chateaubriand, dont le nom est devenu si célèbre, il débuta par la charge de conseiller au Parlement de Rennes. En 1787, il épousa la fille aînée de Le Peletier de Rosambo, président à mortier au Parlement de Paris, petite-fille de Malesherbes. Le 22 avril 1794, accusé d'émigration, il monta sur l'échafaud avec Malesherbes. Il fut précédé de quelques secondes par sa jeune femme, âgée de 22 ans, et par sa belle-mère; son beau-père avait été exécuté la veille. Ainsi fut anéantie la famille de Malesherbes. Le comte de Chateaubriand laissait deux fils, dont l'un a quitté la carrière des armes pour se vouer au service des autels dans l'Ordre des Jésuites.

CHATEAUBRIAND (René-François-Auguste, vicomte de), né à Saint-Malo, le 4 septembre 1768, d'une famille qui se flatte de descendre des anciens comtes souverains de Bretagne. Il vint au monde à peine viable, et même un moment on le crut mort; mais sa nourrice le voua à Notre-Dame de Nazareth, et il a joui, jusqu'à sa mort, d'une santé inébranlable. Son père, homme respectable sous beaucoup de rapports, s'occupait cependant peu de l'éducation de ses enfants, et se contentait d'exiger d'eux une grande soumission; mais sa mère, dont la bonté et la douceur ne s'effacèrent jamais de son souvenir, lui inculqua de bonne heure les principes religieux. Son père le destinait à la marine, et l'envoya à Brest pour subir un examen de capacité; le jeune Chateaubriand revint dans sa famille, avant d'avoir reçu son brevet d'aspirant. Il eut alors quelque velléité d'entrer dans l'état ecclésiastique; mais des lectures dangereuses, qui ébranlèrent sa foi, le firent renoncer à ce projet. Bientôt les orages des passions exercèrent leurs ravages dans cette âme ardente : il fut même en proie à des tentations de suicide. Sur ces entrefaites, son frère aîné, qu'on appelait le comte de Combourg, lui obtint une sous-lieutenance dans le régiment de Navarre. Ce frère, ayant épousé Mlle de Rosambo, petite-fille de Malesherbes, avait un grand crédit à la cour; il obtint de l'avancement pour Chateaubriand qui devint capitaine. A cette époque, les idées religieuses du jeune officier se réveillèrent, il reçut la tonsure des mains de Mgr de Pressigny, alors évêque de Saint-Malo; il fit même quelques démarches, sans leur donner de suite pour entrer dans l'Ordre de Malte. Mais il retomba bientôt dans l'indifférence, sinon l'incrédulité, par la fréquentation des philosophes, tels que Ginguené, Lebrun, Champfort et autres. Il s'adonna dès lors à la littérature; sa première publication fut une idylle intitulée : *L'Amour de la campagne*, et insérée dans l'*Almanach des Muses*. En 1789, il vit commencer la révolution avec défiance, et, dans une émeute à Rennes, il mit l'épée à la main pour repousser la populace. L'année suivante, il quitta le service à la suite d'une révolte qui éclata dans son régiment. Doué d'une imagination prodigieuse, tourmenté du désir de voyager et dégoûté par tout ce qui se passait sous ses yeux, il partit pour l'Amérique dans le but de découvrir un passage conduisant à la mer Polaire. Il fut accueilli par Washington, visita New-York, Boston, Philadelphie et les autres principales villes des Etats-Unis, traversa les Savanes et les déserts de ce pays, étudia les mœurs des peuplades sauvages, au milieu desquelles il écrivit les premières pages d'Atala et de René. Dans ces courses, il apprit le déplorable résultat de la fuite de Varennes et l'arrestation de Louis XVI; il se rembarqua immédiatement, arriva au Hâvre en 1792, se rendit à Saint-Malo auprès de sa mère, se maria et émigra avec son frère pour rejoindre l'armée de Condé. Il entra, comme garde-noble, dans la 7e compagnie bretonne, et prit part à la première campagne contre l'armée de la république; dans les intervalles des batailles il achevait son *Voyage en Amérique*, et son *Atala*. Le manuscrit de ce dernier ouvrage, qu'il portait toujours dans son havresac, lui sauva la vie en amortissant une balle qui lui était destinée. Il fut blessé grièvement à la cuisse au siége de Thionville, laissé pour mort dans un fossé, ramassé et jeté dans un fourgon par les gens du prince de Ligne qui le menèrent à Namur. Il se traîna ensuite comme il put jusqu'à Bruxelles où il retrouva son frère; celui-ci le fit conduire à Ostende où il s'embarqua pour Jersey. Chateaubriand se rendit à Londres aussitôt après sa guérison; il y arriva dans un dénûment complet et connut la misère dans toute sa rigueur. Encore souffrant, il était obligé de travailler pour vivre; il traduisait pour les libraires et donnait des leçons de français, et il ne trouvait pas toujours des élèves, ou des éditeurs qui voulussent acheter les produits de sa plume. Ce fut dans le même temps qu'il composa son *Essai sur les révolutions*, publié à Londres en 1797. Cet ouvrage se ressent de la situation d'esprit où se trouvait alors l'auteur : ses propres malheurs, ainsi que ceux de sa famille, l'avaient aigri; son frère et sa belle-sœur avaient été guillotinés avec Malesherbes,

sa femme, sa sœur et sa mère avaient été jetées en prison; la foi, qui est si puissante pour alléger le poids de tous les maux, s'était assoupie dans son âme : l'*Essai* respire l'amertume, le scepticisme, l'incrédulité. Mais cette triste situation s'améliora bientôt : les recommandations de sa mère mourante rappelèrent Chateaubriand à la foi. Alors il conçut et exécuta le plan du *Génie du Christianisme*. Il explique ainsi lui-même son retour à ses premières croyances : « Je « n'ai point cédé, j'en conviens, à de « grandes lumières surnaturelles; ma « conviction est sortie du cœur : j'ai « pleuré et j'ai cru. » Lorsque Bonaparte eut été nommé premier consul, Chateaubriand rentra en France, ainsi que beaucoup d'autres émigrés; il s'associa avec Fontanes pour la publication du *Mercure*. Il fit imprimer *Atala* en 1801; cet épisode détaché du *Génie du Christianisme* eut un grand succès, l'ouvrage lui-même parut bientôt après. Le moment était favorable; après une violente persécution, une réaction modérée, mais bien marquée, se faisait sentir en faveur de la religion; quel que soit le jugement qu'on porte sur la valeur intrinsèque du *Génie du Christianisme*, il a fait incontestablement beaucoup de bien : il n'a sans doute pas opéré de conversions, mais il a fait aimer, respecter, ou au moins admirer la religion catholique; s'il ne l'a pas prouvée, il l'a glorifiée, il a ranimé le courage de ses enfants, de ses amis, et diminué, paralysé la haine de ses ennemis. Bonaparte désirait s'attacher Chateaubriand; il le nomma premier secrétaire du cardinal Fesch, ambassadeur à Rome, et ensuite ministre plénipotentiaire de France, en Valais. Mais à la nouvelle de l'assassinat du duc d'Enghien, Chateaubriand donna sa démission, comme une protestation contre un si grand crime. Cette retraite lui donna la facilité de faire le voyage de la Terre-Sainte qu'il désirait voir depuis longtemps. Il visita la Grèce, l'Egypte, la Syrie, parcourut l'emplacement où fut Carthage, et revint en France par l'Espagne. Il se retira ensuite dans son domaine de la Vallée-aux-Loups; c'est alors qu'il composa *Le dernier des Abencérages*, l'*Itinéraire*, les *Martyrs*. Nous n'avons pas à émettre un avis sur le mérite de ces ouvrages; ils achevèrent d'illustrer l'auteur, et donnèrent un nouvel argument à ceux qui le proclamaient déjà le premier écrivain de son siècle. Bonaparte, qui désirait toujours le ramener à lui, le fit nommer, en 1812, membre de l'Académie française en remplacement de Chénier ; mais le discours qu'avait préparé le nouvel élu était une protestation si vigoureuse contre les crimes de la révolution et le gouvernement despotique de l'Empereur, que la réception fut ajournée indéfiniment. Mais l'heure de la Providence avait sonné pour Bonaparte, un coup de vent du nord avait renversé, brisé ce chêne colossal dont les racines *touchaient à l'empire des morts*. Chateaubriand signala son entrée dans la carrière politique par la publication de sa fameuse brochure *de Bonaparte et des Bourbons*. Cet opuscule fut un événement; Louis XVIII disait qu'il lui avait valu une armée. Chateaubriand, animé de la passion du bien, du vrai, luttait corps à corps contre la passion du mal, contre les passions révolutionnaires que leur défaite, dans les dernières luttes, avait rendues furieuses. Au retour de Napoléon de l'île d'Elbe, Chateaubriand suivit le roi à Gand et fit partie de son conseil en qualité de ministre d'Etat ; à la seconde restauration il conserva son titre, mais refusa de faire partie du ministère en compagnie de Fouché le régicide et de Talleyrand l'apostat. Avec de l'exaltation quant aux formes, il n'en avait point quant au fond, il aurait voulu réunir et attacher au gouvernement constitutionnel et les partisans du despotisme et ceux de l'indépendance absolue ; c'est dans ce but qu'il publia : *La Monarchie selon la Charte*. Ce qu'il y a de remarquable dans cet écrit, en dehors des discussions particulières à la circonstance, c'est l'énergie avec laquelle l'auteur réclame, pour le clergé, une propriété particulière en dédommagement de celles qu'on lui avait enlevées, la tenue des registres de l'état civil et la liberté complète d'enseigner à tous les degrés. Le ministère Decazes avait rendu quelque espoir aux révolutionnaires, aux ennemis de la religion, aux partisans de la licence. Chateaubriand fonda le *Conservateur* en compagnie des Montmorency, des Lévis, des Villèle, des Bonald, etc., en opposition à la *Minerve* que rédigeait Benjamin Constant et qui soutenait le ministère et toutes les doctrines antisociales dont il était le protecteur. Decazes allait succomber sous de si puissantes attaques, lorsque l'assassinat du duc de Berry acheva de le renverser. Chateaubriand dit de ce ministre, à cette occasion, que *le pied lui avait glissé dans le sang* : accusation trop forte, si l'on entend dire que Decazes était complice volontaire du crime, mais très-fondée si l'on veut seulement affirmer que

la protection dont il favorisait les hommes et les principes révolutionnaires, avait dû exciter, encourager l'assassin. Bientôt après, M. de Villèle devint le chef d'un nouveau ministère ; il fit nommer Chateaubriand ambassadeur à Berlin, puis à Londres, et, en 1822, il le chargea de représenter la France au congrès de Vérone, où il fit décider la guerre d'Espagne dont le résultat fut de comprimer, pour un temps, la révolution dans ce pays, et de rétablir le roi Ferdinand sur son trône. Enfin, M. de Villèle lui obtint le ministère des affaires étrangères ; mais Chateaubriand ne croyait lui devoir aucune reconnaissance pour tant de bons offices : la domination du premier ministre lui devint insupportable, il prit la résolution de le supplanter ; et l'on ne peut s'empêcher de blâmer sa conduite à cette époque. M. de Villèle lui était, sans doute, infiniment inférieur comme écrivain, mais il lui était de beaucoup supérieur comme homme d'Etat ; pour le renverser, Chateaubriand descendit à des manœuvres peu dignes de lui : il souleva secrètement ses amis contre la conversion de la rente, mesure tellement équitable, qu'elle n'a plus aujourd'hui d'adversaires sérieux, et il la fit rejeter. Il fut, aussitôt après, brusquement destitué; le parti royaliste, dans la stupeur, ne l'abandonna pas, et voulut d'abord le soutenir; mais il se sépara lui-même de lui, et s'allia aux libéraux sans faire néanmoins complètement cause commune avec eux; il réussit, avec leur appui, à renverser M. de Villèle; sous le ministère Martignac, il accepta l'ambassade de Rome, donna sa démission à l'avénement du prince de Polignac et rentra dans l'opposition; contre son intention, sans doute, les coups qu'il avait portés à M. de Villèle étaient retombés sur le gouvernement, et contribuèrent à décider la chute de la Restauration. L'opinion publique était tellement convaincue qu'il y avait largement pris part, que les vainqueurs de Juillet le portèrent en triomphe, à son grand déplaisir, et lui firent honneur de leur victoire. Honteux de ce résultat, il se voua, sous le règne de Louis-Philippe, à la défense de la branche aînée : chacune de ses brochures faisait événement; l'une d'elles amena son arrestation préventive, et sa comparution devant la cour d'assises : il fut acquitté. Il passa le reste de sa vie étranger aux affaires, s'occupant de la rédaction de ses *Mémoires d'outre-tombe* et de la publication de quelques autres ouvrages, ne manquant jamais, quand occasion s'en présentait, de donner des preuves de son inébranlable attachement à la famille royale exilée. Mais il laissait souvent percer, au dehors, l'amertume dont son âme était remplie; il était aigri contre les légitimistes qui n'avaient pas voulu le suivre dans son opposition, et contre les libéraux qui avaient dépassé; il accusait ces derniers d'avoir fait la révolution de 1830, les premiers de leur avoir facilité les moyens de la faire par leur maladresse, et en ne voulant pas se ranger sous sa bannière. Il vécut assez pour voir la révolution de 1848 qu'il avait prévue, ainsi que tous les gens sensés, la regardant comme une conséquence nécessaire de celle de 1830, et s'étonnant seulement qu'elle n'arrivât plus tôt. Il était gravement malade, quand éclata l'insurrection du mois de juin 1848; il put encore exprimer son admiration pour la mort héroïque de l'archevêque de Paris; il reçut avec foi et piété les secours de la religion, et expira le 4 juillet 1848. Chateaubriand a eu une immense influence sur la littérature de son siècle, c'est lui qui est le créateur du romantisme; mais la plupart de ses continuateurs ou de ses disciples ont outré ses défauts sans s'approprier ses qualités, si ce n'est à un degré bien inférieur. Ce genre a l'avantage de débarrasser le talent, le génie des entraves, des difficultés qui le retiennent dans son essort; mais il a aussi l'inconvénient de délivrer la médiocrité des règles que le goût de tous les siècles a établies pour faire respecter le vrai, le naturel. Un reproche assez grave a été fait à Chateaubriand par tous les hommes sérieux : dans le tableau qu'il fait des passions, ses peintures sont si voluptueuses qu'elles ne peuvent être mises, sans danger, sous les yeux de la jeunesse, et qu'elles seraient même capables de troubler l'âge mûr et la vieillesse. Dans sa *Vie de l'abbé de Rancé*, dans ses *Mémoires d'outre-tombe*, ouvrages de ses dernières années, il peint beaucoup trop à nu les mœurs licencieuses du 17e siècle et celles de son temps; et les conséquences naturelles de plusieurs de ses réflexions pourraient mener à des principes déplorables, et contraires à ceux qu'il a défendus pendant toute sa vie. Il faut conclure de tout cela que si Chateaubriand a rendu de grands services, s'il a été un puissant auxiliaire pour la religion et les bonnes doctrines, on ne doit point le regarder comme un chef d'école qu'on puisse suivre aveuglément.

CHATEAUBRUN (Jean-Baptiste Vivien de), maître-d'hôtel ordinaire de Mgr le duc d'Orléans, né à Angoulème en 1686, fut reçu membre de l'Académie française en 1753, à l'âge de 67 ans, et mourut en 1775, âgé de 89 ans. Il est auteur de quelques tragédies, entre autres de *Mahomet*, de *Philoctète* et d'*Astyanax*, qui aujourd'hui sont presque oubliées.

CHATEAUNEUF (A.-H. LAPIERRE, dit), né à Avignon le 22 septembre 1766, historien et romancier, un des derniers représentants de la littérature légère et souvent immorale du 18e siècle, mort à l'hôpital le 24 août 1842, nous a laissé : *Paraboles de l'Evangile mises en vers*, 1795; *Cornelius Nepos français*, ou *Notice sur les généraux qui se sont illustrés dans la révolution*, 1803, réimprimée et continuée en 1808, 1812, 1820 et 1823; *Vie du Maréchal Lannes*, 1813; *Histoire du général Moreau*, 1814; *Histoire de Napoléon*, 1815; des *Mélanges*, 1829, etc.

CHATEAU-RÉGNAUD (François-Louis ROUSSELET, comte de), d'une maison ancienne de Touraine, né en 1637, fut également utile à la France, et sur terre et sur mer. Nommé chef d'escadre en 1673, il défit l'amiral Ruyter en 1675. Il conduisit un convoi en Irlande en 1689, et l'année d'après il en ramena les troupes françaises et 18,000 Irlandais. Dans la guerre de la succession d'Espagne, il ramena les flottes espagnoles en Europe et mit en sûreté les îles de l'Amérique. Ses services lui méritèrent la place de vice-amiral en 1701, le bâton de maréchal de France en 1703, et le collier des ordres du roi en 1705. Il mourut en 1716, à 80 ans.

CHATEIGNERAYE (François de Vivonne, seigneur de La), fils puîné d'André de Vivonne, grand sénéchal de Poitou, parut avec distinction à la cour sous François Ier et Henri II. Il était lié de la plus tendre amitié avec Gui de Chabot, seigneur de Jarnac; l'indiscrétion de ses propos le brouilla avec ce courtisan. Il dit un jour à François Ier, dont il était fort aimé, que Jarnac s'était vanté à lui d'avoir eu les faveurs de sa belle-mère Magdeleine de Puyguion, seconde femme de Charles Chabot, seigneur de Jarnac, son père). Le roi en plaisanta le jeune Jarnac; celui-ci piqué au vif, non content de nier le fait, répondit que, sauf le respect dû à sa Majesté, La Chateigneraye avait menti. Sur ce démenti qui devint public, La Chateigneraye demanda à François Ier la permission d'un combat à outrance; mais ce prince ne voulut point l'accorder. Ils l'obtinrent enfin de Henri II, successeur de François Ier. Le 10 juillet 1547, le combat eut lieu en champ-clos, dans le parc de Saint-Germain-en-Laye, en présence du roi, du connétable Montmorenci et de quelques autres seigneurs. La Chateigneraye, après avoir reçu une blessure très-dangereuse au jarret, tomba par terre. Sa vie était à la discrétion de Jarnac; le vainqueur supplia plusieurs fois le roi d'accepter le don qu'il lui faisait de La Chataigneraye qui ne voulait point demander la vie. Le roi se laissa enfin gagner par les prières de Jarnac, et par celles du connétable, et permit qu'on portât La Chateigneraye dans sa tente pour le panser; mais la honte de se voir vaincu le jeta dans un tel désespoir, qu'il en mourut trois jours après. Il avait été l'assaillant dans le combat, et Jarnac le soutenant. Il avait à peine 28 ans. Il se fiait tellement sur son adresse, et faisait si peu de cas de son ennemi, qu'il avait, suivant Brantôme, préparé un souper splendide, pour régaler ses amis le jour même du combat; mais la fortune des armes en décida autrement. Le coup de Jarnac a passé depuis en proverbe pour signifier une ruse, un retour imprévu de la part d'un ennemi. L'intervalle des formalités qui précédaient ces sortes de combat avait été employé par les deux champions à s'exercer dans les armes. Jarnac avait, dit-on, si bien profité des leçons d'un maître d'escrime qu'en s'exerçant avec lui, il ne manquait jamais le coup qu'il porta à La Chateigneraye. Ce combat en champ-clos est le dernier qui se soit vu en France. Le regret qu'eut Henri II de la mort de La Chateigneraye, son favori, le fit jurer qu'il n'en accorderait plus. A cette ancienne institution des lois lombardes, succéda la licence des duels particuliers, qui depuis deux siècles a plus fait verser de sang en Europe, et surtout en France, qu'il n'en avait été répandu dans les combats en champ-clos depuis leur origine.

CHATEL (Tanneguy du), grand-maître de la maison du roi, d'une famille ancienne, passa, l'an 1404, en Angleterre pour venger la mort de son frère aîné, tué par les Anglais devant l'île de Jersey. Il revint de cette expédition, chargé d'un riche butin. Il se signala ensuite en Italie contre l'armée de Ladislas, usurpateur de la couronne de Sicile. De retour en France, il combattit avec valeur à la journée d'Azincourt, en 1415, et deux ans après se rendit maître de Montlhéry, et de plusieurs autres places aux environs de Paris, occupées par les Bourguignons. Lorsque cette ville fut prise par la faction de Bourgogne, en 1418, il sauva le dauphin Charles auquel il était

attaché. Comme il était un de ses plus intimes confidents, on lui imputa le conseil du meurtre de Jean-Sans-Peur, duc de Bourgogne, ennemi déclaré de ce prince. Après la mort de Charles VI, Charles VII récompensa ses services par la charge de grand-maître de son hôtel. Il l'envoya ensuite en Provence avec le titre de gouverneur; et c'est dans cette province qu'il mourut en 1449, avec la réputation d'un grand capitaine et d'un habile politique.

CHATEL (Tanneguy du), vicomte de La Bellière, neveu du précédent, a une place dans l'histoire par l'attention qu'il eut de faire rendre les derniers devoirs à Charles VII, abandonné par les courtisans occupés alors à flatter le nouveau roi. Il employa 30,000 écus pour ses funérailles, et n'en fut remboursé que dix ans après. François II, après sa mort, ayant été négligé par les Guise, comme Charles VII, on mit sur son drap mortuaire ces mots: *Où est maintenant Tanneguy du Chatel?* Ce sujet fidèle fut tué d'un coup de fauconneau au siége de Bouchain en 1477.

CHATEL (Pierre du) *Castellanus*, natif d'Arc en Barrois, s'éleva par son seul mérite et fut l'un des plus savants prélats du 16e siècle. Après avoir étudié et régenté à Dijon, il voyagea en Allemagne, en Italie, et dans la Grèce: dans ces courses utiles il recueillit grand nombre de connaissances, et gagna l'estime des savants. De retour en France, il fut lecteur et bibliothécaire de François Ier. Il était le seul homme de lettres que ce prince prétendait n'avoir pas épuisé en deux ans. Il vivait à la cour et était goûté. Les envieux de son érudition et de sa faveur se réunirent pour élever sur ses ruines un nommé Bigot, dont ils vantaient avec affectation l'esprit et le vaste savoir. Le roi, avant de le faire venir de Normandie, sa patrie, voulut connaître quel homme c'était. Du Châtel lui dit que c'était un philosophe qui suivait les opinions d'Aristote. *Et quelles sont ces opinions?* continua le prince. *Sire*, répartit l'adroit courtisan, *Aristote préfère les républiques à l'État monarchique.* Ce mot fit une impression si forte sur l'esprit de François Ier, qu'il ne voulut plus entendre parler de Bigot. Ce prince, voulant élever du Châtel aux premières dignités de l'Église, fut curieux d'apprendre de lui s'il était gentilhomme. *Sire*, répondit le savant, *ils étaient trois frères dans l'arche de Noé; je ne sais pas bien duquel des trois je suis sorti.* Peu de temps après, il parvint à l'épiscopat. Il fut évêque de Tulle en 1539, de Mâcon en 1544, grand aumônier de France en 1548, enfin évêque d'Orléans en 1551; il y mourut d'apoplexie en prêchant, le 3 février 1552. Cet illustre prélat administra les sacrements à François Ier; il eut l'honneur de recevoir le Dauphin, fils de Henri II, et Marie Stuart, reine d'Ecosse. Il était très-versé dans les langues orientales, et fort éloquent en chaire. On a de lui quelques ouvrages. Pierre Galland a écrit la *Vie* de ce prélat, et Balaze la fit imprimer à Paris en 1664, in-8.

CHATEL (Jean), fils d'un marchand drapier de Paris, ne profita point de l'éducation que son père lui donna. Il s'annonça dans le monde par un crime exécrable. Ce jeune homme, plein de son noir projet, trouva le moyen de pénétrer dans l'appartement de Henri IV, de retour à Paris après son expédition des Pays-Bas en 1594. Ce prince s'avançait vers deux officiers qui étaient venus lui rendre leurs devoirs et qui tombèrent à ses genoux; comme il se baissait pour les relever, Châtel lui donna un coup de couteau dans la lèvre supérieure du côté droit. Le coup lui cassa une dent. L'assassin se fourra dans la presse, mais on le reconnut à son visage effaré. Se voyant pris, il avoua aussitôt son crime. Henri IV voulait qu'on le laissât aller; mais il fut conduit au Fort-l'Evêque sous bonne garde. Il soutint dans son premier interrogatoire qu'il avait commis ce parricide comme une action qu'il croyait méritoire. Les faussetés dont on a souvent barbouillé cet article nous obligent à transcrire ce que les historiens les moins prévenus pour les Jésuites ont écrit sur ce sujet. « On lui demanda, dit le continuateur « de Fleury (*Hist. Eccl.*, t. 36, p. 489, « 502, etc.), chez qui il avait étudié; il « répondit que c'était chez les Jésuites « du collége de Paris; qu'il avait étudié « trois ans sous le père Gueret, et en « dernier lieu aux écoles de droit de l'U- « niversité; que c'était de lui-même qu'il « avait pensé qu'en tuant le roi il expie- « rait ses péchés; il protesta constam- « ment jusqu'à la mort, et au milieu des « tourments, que ni le père Gueret ni « aucun jésuite n'avaient aucune part à « son crime. » Dupleix (*Hist. de Henri- le-Grand*, p. 465) confirme ce que le continuateur de Fleury avance. « Les Jé- « suites, dit-il, étaient haïs d'aucuns de « juges mêmes; mais ni preuve, ni pré- « somption ne pouvant être arrachée de « la bouche de l'assassin par la violence « de la torture, pour rendre les Jésuites « complices de son forfait, des commis- « saires furent députés pour aller fouil- « ler tous les livres et écrits de cette

« compagnie. » A ces témoignages on peut ajouter celui de M. de l'Etoile, qui ne doit point être suspect; il dit que Châtel, par son interrogatoire, déchargea du tout les Jésuites, même le père Gueret son précepteur (*Journ. de l'Etoile* à l'année 1595). M. de Thou, liv. 3; Matthieu, tom. 2, liv. 4, p. 182; Cayet, liv. 6, p. 432; Sully (*Mémoires*, t. 2, p. 457, édit. de 1763), disent que Châtel disculpa formellement et son professeur et tous les Jésuites de lui avoir jamais conseillé d'assassiner le roi, ou même d'avoir eu aucune connaissance de son dessein, quoique, suivant M. de l'Etoile, Lugoly, lieutenant de la maréchaussée, se fût déguisé en confesseur pour arracher de Châtel son secret. Un manuscrit de la bibliothèque du roi, coté 9,033, confirme toutes ces vérités. « Le Parlement, dit « Péréfixe (*Histoire de Henri-le-Grand*, « p. 225), condamna le parricide à avoir « le poing droit brûlé et à être tenaillé, « puis tiré à quatre chevaux. Le père de « ce misérable fut banni, sa maison de « devant le Palais, démolie, et une py- « ramide érigée en la place. Les Jésuites, « sous lesquels ce méchant avait étudié, « furent aussitôt accusés de l'avoir imbu « de cette pernicieuse doctrine, qu'il est « permis d'assassiner un roi hérétique « ou excommunié; et comme ils avaient « beaucoup d'ennemis, le Parlement « bannit toute la société du royaume par « le même arrêt de leur écolier... Ceux « qui n'étaient point leurs ennemis ne « croyaient pas que la société fût coupa- « ble; de sorte que, à quelques années « de là (dix ans), le roi révoqua l'arrêt « du Parlement, et les rappela. » (Voyez GUIGNARD, GUERET, BOUCHET.)

CHATELAIN (Georges), *Castellanus*, gentilhomme flamand, né à Gand en 1404, et élevé à la cour des ducs de Bourgogne, passait pour un des hommes de son temps qui entendait le mieux la langue française. Il mourut le 20 mars 1474. On a de lui un *Recueil* (en vers français) *des choses merveilleuses avenues de son temps*, 1531, in-4; l'*Histoire de Jacques Lalain*, Anvers, 1634, in-4; d'autres ouvrages qui ne sont tus aujourd'hui que par les savants qui veulent tout voir. On lui attribué: *le Chevalier délibéré*, ou *la Mort du duc de Bourgogne devant Nancy*, 1489, in-4.

CHATELAIN (Martin), né aveugle à Warwick dans le 17e siècle, faisait au tour des ouvrages finis en leur genre, tels que des violes, des violons, etc. On lui demandait un jour ce qu'il désirait le plus de voir: « Les couleurs, répondit-il, « parce que je connais presque tout le

« reste au toucher. — Mais, répliqua-t-
« on, n'aimeriez-vous pas mieux voir le
« ciel ? — Non, dit-il, j'aimerais mieux
« le toucher. »

CHATELET, ou CHASTELET (Paul Hay,
seigneur du), gentilhomme breton, avocat-général au Parlement de Rennes, ensuite maître des requêtes et conseiller
d'Etat, fut nommé commissaire au procès du maréchal de Marillac. Celui-ci le
récusa comme son ennemi capital, et
comme auteur d'une satire latine en prose
rimée contre lui. On croit qu'il fit suggérer lui-même cette requête de récusation
au maréchal ; mais le cardinal de Richelieu, ayant découvert son artifice, le fit
mettre en prison. Il en sortit quelque
temps après. C'était un homme d'un esprit
ardent, et plein de saillies. Etant un jour
avec Saint-Preuil, qui sollicitait avec chaleur la grâce du duc de Montmorenci,
le roi lui dit : « Vous voudriez, je pense,
« avoir perdu un bras pour le sauver.—
« Je voudrais, sire, répondit du Chate-
« let, les avoir perdus tous deux, car ils
« sont inutiles à votre service : et en
« avoir sauvé un qui vous a gagné des
« batailles, et qui vous en gagnerait en-
« core. » Il fit un *factum* également hardi
et éloquent pour ce général. Le cardinal
de Richelieu lui en ayant fait des reproches, en disant que cette pièce condamnait la justice du roi : « Pardonnez-moi,
« répliqua du Chatelet ; c'est pour justi-
« fier sa miséricorde, s'il a la bonté d'en
« user envers un des plus vaillants hom-
« mes de son royaume. » Du Chatelet
fut un des ornements de l'Académie française dans sa naissance. Il mourut en
1636, à 43 ans. On a de lui divers ouvrages en vers et en prose : L'*Histoire
de Bertrand du Guesclin, connétable de
France*, in-folio, 1666, et in-4, 1693, curieuse par les pièces justificatives dont
on l'a enrichie ; les *Observations sur la
vie et la condamnation du maréchal de
Marillac*, 1633, in-4 ; *Recueil des pièces
pour servir à l'histoire*, 1635, in-folio ;
Prose rimée, en latin, contre les deux
frères Marillac, dans le *Journal* du cardinal de Richelieu ; une *Satire* assez
longue contre la vie de la cour ; plusieurs *Pièces de vers*, qui ne sont pas
ce qu'il a fait de mieux.

CHATELLAIN (Jean Le), religieux augustin, qui vivait dans le 16e siècle, fit
paraître de grands talents pour la prédication. Sa réputation s'était répandue au
loin ; il parut avec éclat dans les chaires
des principales villes de France ; mais,
moins orthodoxe qu'éloquent, il étala des
principes qui favorisaient l'hérésie des
luthériens. Les ecclésiastiques de Lorrai-

ne, où il avait été appelé pour prêcher,
ayant entendu ses discours, le dénoncèrent à l'autorité ; et il fut arrêté comme
il s'éloignait de Metz, en 1524, et conduit en prison à No-meny, petit bourg
peu distant de la ville. Les magistrats de
Metz n'ayant point montré assez de fermeté dans le jugement de cette affaire,
le pape Clément VII nomma des juges
pour examiner la cause. Convaincu d'être
hérétique et relaps, Chatellain fut condamné à être brûlé par l'autorité séculière, à laquelle on le livra ; sa sentence
fut exécutée le 12 janvier 1525. Quelques-uns disent qu'avant de mourir il rétracta ses erreurs. On lui attribue une
Chronique de la ville de Metz, en rime,
1698, in-12. Cette édition ne va que jusqu'à l'année 1541. Cette chronique, continuée jusqu'en 1550, a été réimprimée
par dom Calmet dans le tome trois de son
Histoire de Lorraine. On connaît des
manuscrits où la continuation va jusqu'en
1620.

CHATELLARD (Jean-Jacques du), né
à Lyon en 1693, entra de bonne heure
dans la compagnie de Jésus. Il professa
d'abord les belles-lettres ; mais son goût
l'entraînait vers les mathématiques, et
ses supérieurs ne voulurent pas gêner la
nature. Après les avoir enseignées dans
les collèges, il fut nommé professeur
d'hydrographie au port de Toulon, et
chargé de l'instruction des gardes de la
marine. Il exerça ce pénible et critique
emploi pendant trente-trois ans, et sut
gagner l'estime, le respect, l'attachement
et la confiance de cette jeune noblesse.
Il mourut à Lyon le 15 octobre 1757. On
a de lui : *Recueil des traités de mathématiques à l'usage de MM. les gardes de la
marine*, estimé ; il le publia en 1749, 4
vol. in-12, à la prière de ses élèves, pour
l'avancement desquels il avait un zèle infatigable ; « mais ce zèle n'était rien, dit
« l'abbé Paulian, comparé à celui dont
« il était animé, lorsqu'il travaillait à
« leur faire éviter les écueils trop ordi-
« naires dans leur état, ou à les faire
« rentrer dans les sentiers de la vertu.»

CHATELLIER (Charles-Louis de Salmon du), évêque d'Evreux, naquit au
château du Châtellier, alors diocèse du
Mans, le 24 août 1761, d'une famille
noble et distinguée. Il se destina de bonne
heure à l'état ecclésiastique, reçut la
tonsure à l'âge de douze ans, fit ses
études théologiques au séminaire de
Saint-Sulpice, et fut pourvu d'un canonicat dans la cathédrale du Mans, lorsqu'il n'était que sous-diacre et n'avait
que vingt-un ans. Il émigra en 1791, se
retira d'abord aux Pays-Bas et ensuite en

Angleterre; de retour en France en 1814, il devint aumônier de Monsieur, comte d'Artois. En 1817, il fut nommé évêque de Laon; mais ce siége n'ayant pas été conservé par le concordat, on l'appela à celui de Mende où il ne se rendit pas, parce qu'avant l'arrivée de ses bulles il fut promu à l'évêché d'Evreux, et sacré le 2 juin 1822. Le roi Charles X, qui avait pour lui une affection particulière, le nomma comte et pair de France. En 1828, Mgr du Châtellier se prononça avec énergie contre les ordonnances du 16 juin qui concernaient les petits séminaires. En 1830, il alla à Verneuil offrir ses hommages au roi qui prenait le chemin de l'exil, et depuis cette époque il ne quitta plus son diocèse. Mgr du Châtellier se distinguait par la noblesse de son caractère, par un grand attachement à ses devoirs, par son inépuisable charité. Il est mort le 9 avril 1841.

CHATILLON, ou CHASTILLON (Gaucher, seigneur de), d'une maison alliée à celle de France, qui tire son nom de Châtillon-sur-Marne, entre Epernay et Château-Thierry, était sénéchal de Bourgogne et bouteiller de Champagne. Il suivit le roi Philippe-Auguste au voyage de la Terre-Sainte, et se distingua au siége d'Acre en 1191. Il ne se signala pas moins à la conquête de la Normandie en 1213, en Flandre, où il se rendit maître de Tournay, à la bataille de Bouvines au gain de laquelle il contribua. Il prit ensuite le nom de comte de *Saint-Paul*, sa femme ayant hérité de ce comté. Il mourut en 1219, la même année qu'il s'était croisé contre les Albigeois.

CHATILLON (Gaucher, comte de Porcéan), arrière petit-fils de Gaucher, seigneur de Châtillon, se distingua tellement à la journée de Courtray, que Philippe-le-Bel lui donna en récompense l'épée de connétable en 1302. Il eut beaucoup de part à la victoire de Mons-en-Puelle en 1304; conduisit le prince Louis Hutin en Navarre, le fit couronner à Pampelune en 1307, et fut le principal ministre de ce roi. Il contribua aussi à la victoire de Mont-Cassel en 1328, et mourut comblé d'honneurs et de gloire en 1329, âgé de 80 ans. La maison de Châtillon a produit plusieurs autres grands hommes. L'auteur des *Mémoires pour l'instruction de M. le duc de Bourgogne*, a raison de dire que cette maison a été décorée dans ses premières branches de tant de grandeur, qu'il ne restait que la royauté au-dessus d'elle.

CHATILLON. (Voyez COLIGNI.)

CHATRE (Claude de la), maréchal de France, chevalier des ordres du roi, et gouverneur du Berri et d'Orléans, s'éleva par son mérite et par la faveur du connétable de Montmorency, dont il avait été page. Il se fit un nom distingué par ses exploits en divers siéges et combats. S'étant jeté dans le parti de la ligue, il se saisit du Berri, qu'il remit dans la suite au roi Henri IV. Il mourut en 1614, à 78 ans, avec la réputation d'un très-brave officier, mais d'un médiocre général. On a de lui : *La prise de Thionville en 1555*, Paris, 1558, in-4.—Il eut un fils, Louis de LA CHATRE, qui, sans beaucoup de mérite, obtint cependant le bâton de maréchal de France en 1616, et mourut en 1630. La maison de la Chatre tire son nom d'un grand bourg du Berri sur l'Indre. Elle a produit plusieurs personnages illustres, entre autres, Pierre de la Chatre, archevêque de Bourges et cardinal, mort en 1711.

CHATRE (Edme, marquis de la), comte de Nançais, de la même famille que les précédents, maître de la garde-robe du roi, puis colonel général des Suisses et Grisons en 1643, se signala à la bataille de Nortlingen, où il fut fait prisonnier, et mourut des suites d'une blessure en 1645. On a de lui des *Mémoires* curieux et intéressants, qui se trouvent imprimés avec ceux de la Rochefoucauld, à la Haye, 1691, in-12. Ils ont le mérite de la vérité, avec l'air du roman.

CHATTERTON (Thomas), littérateur anglais, naquit à Bristol, le 20 novembre 1752, de parents pauvres; il fut placé dans l'école de charité de Colston, à l'âge de 8 ans, et il paraît que les goûts poétiques d'un des maîtres de cette école contribuèrent à donner la même direction à l'esprit du jeune Chatterton. Son premier ouvrage, qu'il écrivit à 11 ans et demi, fut une *Satire* contre un méthodiste qui avait changé de secte; cette satire n'a été connue que depuis. Il quitta l'école vers l'âge de 14 ans et fut placé, en qualité de clerc, chez un procureur de Bristol. C'est à cette époque que se rattache la circonstance qui détermina sa destinée. Depuis longtemps on conservait, dans l'église de Sainte-Marie Redclife de Bristol, plusieurs coffres remplis de papiers, qui y avaient été déposés par le fondateur, Guillaume Canynge, riche marchand qui vivait sous le règne d'Edouard IV. Un de ces coffres était fermé de six clefs qui furent perdues vers l'an 1727. On le fit ouvrir pour en tirer quelques titres qu'on supposait y être renfermés, et on livra le reste des vieux parchemins à quiconque voulut s'en emparer. Chatterton, déjà possédé de l'amour pour les antiquités, les examina avec attention, se procura des dictionnaires de tous les anciens dialectes de son pays, et, en 1768, à l'occasion de l'ouverture du pont de Bristol, il fit paraître dans le journal de cette ville une *Description de moines, passant pour la première fois sur le vieux pont*, tirée d'un ancien manuscrit. Ce morceau, auquel il ne manque pour être curieux, que l'authenticité, excita d'autant plus vivement l'attention, qu'on ne pouvait soupçonner Chatterton d'en être l'auteur. On le questionna sur la manière dont il se l'était procuré ; le ton de ces questions que l'on fit même accompagner de menaces lui déplut, et ce ne fut que lorsqu'on s'y prit d'une manière plus douce qu'il déclara qu'il venait du coffre de Canynge, ainsi que plusieurs autres manuscrits précieux. Chatterton s'occupait depuis un an de composer les ouvrages qu'il a donnés sous les noms de plusieurs anciens poëtes, et notamment de Rowley, moine ou prêtre séculier du 15e siècle. Il s'était étudié, en même temps, à donner aux feuilles de parchemin l'air d'antiquité convenable à ses projets. Il donna quelques-uns de ses prétendus manuscrits à deux antiquaires de Bristol dont il obtint en retour quelques secours d'argent, et offrit à Horace Walpole, dans une lettre, de lui communiquer ses découvertes, comme échantillon desquelles il lui envoya une ode sur la mort de Richard Ier. Chatterton, en ayant reçu une réponse favorable, répliqua par une autre lettre qu'il terminait par demander un emploi qui pût le mettre en état de se livrer à son goût pour la poésie. Walpole, qui commençait à se douter de quelque supercherie, fit, sur la pièce qu'il avait reçue, un examen qui fortifia ses soupçons. Il les exprima à Chatterton qui en conserva du ressentiment. Tous ses efforts ne pouvaient améliorer sa position, qui était quelquefois très-pénible ; dans l'espoir de s'acquérir de la célébrité, il se convainquit bientôt qu'il s'était encore trompé. Il souffrit souvent la faim, et ce fut à ce qu'il paraît, après avoir passé plusieurs jours sans manger, qu'il s'empoisonna avec de l'arsenic. Il mourut le 25 août 1770, âgé de moins de 18 ans. A peine la nouvelle fut-elle connue, qu'un intérêt tardif s'attacha à sa mémoire. Si les poésies, qu'il a données sous le nom d'anciens poëtes, sont de lui, comme il paraît en effet certain, elles sont le premier de ses titres de gloire. Quant aux ouvrages qu'il a donnés sous son nom, ses *Satires* sont ce qu'il y a de mieux. Ses ouvrages forment 3 vol. in-8, plusieurs fois réimprimés.

CHAUCER (Geoffroy), le *Marot* des Anglais, né à Londres en 1328, mort en 1400, fut inhumé dans l'abbaye de Westminster. Il composa des poésies à la louange du duc de Lancastre, son beau-frère, et partagea la bonne et la mauvaise fortune de ce monarque. Ses *Poésies* furent publiées à Londres en 1721, in-fol. On y trouve des contes pleins d'enjouement, de naïveté et de licence, faits d'après les troubadours et d'après Boccace. L'imagination qui les a dictés était vive et féconde ; mais très-peu réglée, et souvent très-obscène. Son style est avili par un grand nombre de mots obscurs et inintelligibles. La langue anglaise était encore, de son temps, rude et grossière. Si l'esprit de Chaucer était agréable, son langage ne l'était pas, et les Anglais d'à présent ont peine à l'entendre. Chaucer a laissé, outre ses poésies, des ouvrages en prose : le *Testament d'amour* ; un *Traité de l'astrolabe*. Il s'était appliqué à l'astronomie et aux langues étrangères, autant qu'à la versification. Il avait même voulu dogmatiser. Les opinions de Wiclef faisaient beaucoup de bruit ; Chaucer les embrassa, et se fit chasser pour quelque temps de sa patrie.

CHAUCHEMER (Le Père François), religieux de l'Ordre de Saint-Dominique, docteur en théologie, né à Blois en 1640, mort à Paris, le 6 janvier 1713, fut provincial de Paris. Il prêcha plusieurs fois devant le roi, et fut toujours applaudi. Outre un grand nombre de *Sermons* qu'il laissa manuscrits, on a de lui : *Sermons sur les mystères de la religion chrétienne*, Paris, 1709, in-12 ; *Traité de piété sur les avantages de la mort chrétienne*, Paris, 1707, 2 vol. in-12, réimprimé en 1714 et en 1721. Marie-Angélique Chartier, femme de Tiquet, conseiller au Parlement de Paris, ayant été décapitée en 1699, pour avoir attenté à la vie de son mari, François Gastaud, avocat au Parlement d'Aix, se divertit à faire son *Oraison funèbre*. Chauchemer, qui ne put souffrir qu'on plaisantât sur un sujet si grave, fit dans une courte *Lettre* la critique de cette pièce, et publia de plus un *Discours moral et chrétien sur le même sujet*. Gastaud répondit, et donna une critique particulière du *Discours moral et chrétien*. On a un *Recueil* de ces petits ouvrages, Paris, 1699, in-8.

CHAUDET (Antoine-Denis), sculpteur et peintre, né à Paris le 31 mars 1763, mort le 19 avril 1810, remporta le grand prix en 1784. Ses principaux ouvrages sont : une statue d'*OEdipe* ; l'excellente figure de *Cyparisse* ; la *statue* de la *Paix*, exécutée en argent et placée dans le palais des Tuileries ; celle de *Cincinnatus*, dans la salle du sénat ; les bustes de *Sabatier*, de *David*, de *Leroy*, du cardinal *Maury*, et de *Lamoignon de Malesherbes*.

CHAUDON (Louis MAYEUL), né à Valensoles le 10 mai 1737, était bénédictin de la congrégation de Cluny, qui fut sécularisée en 1787. Il a composé plusieurs ouvrages en faveur de la religion, qui lui ont mérité deux brefs honorables des papes Clément XIII et Pie VI. Il était de l'académie des Arcades de Rome, et mourut le 28 mai 1817. On a de lui : *Lettre à M. le marquis*** sur un prédicateur du 15° siècle*, 1755, in-4 ; *Ode sur la calomnie*, 1756, in-4 ; *Ode à MM. les échevins de Marseille*, 1757 ; *Nouveau dictionnaire historique*, 1765, 4 vol. in-8, 7° édition, Caen, 1789, 9 vol. in-8. Cette édition doit être accompagnée d'un *Supplément* en 4 vol. ; 8° édition, 1804, 13 vol. in-8, avec Delandine ; 9° édition donnée à Paris par Prudhomme, 1810 et années suivantes, 20 vol. in-8. Cet ouvrage, dont le fonds n'est pas sans mérite, est malheureusement défiguré par des fautes sans nombre, qui, loin d'être corrigées dans cette dernière édition, y ont été multipliées, l'auteur n'ayant pu y donner aucun soin. Ce dictionnaire a été traduit en italien, en 22 vol. in-8, avec des additions importantes : *Chronologiste manuel*, Avignon, 1766, in-24 ; l'*Homme du monde éclairé*, 1774, in-12 ; avec l'abbé de La Porte, *Bibliothèque d'un homme de goût*, Avignon, 1772, 2 vol. in-12 : cet ouvrage a été entièrement refondu par Barbier, Paris, 1808, 5 vol. in-3 ; *Dictionnaire interprète manuel des noms latins de la géographie ancienne et moderne*, Paris, 1777, in-8 ; *Leçons d'histoire et de chronologie*, Caen, 1781 ; *Éléments de l'histoire ecclésiastique jusqu'au pontificat de Pie VI*, Caen, 1785, in-8, et 1785, 2 vol. in-12. Il a eu part au *Dictionnaire antiphilosophique*, 1767, in-8, 3° édition, 1776, 2 vol. in-8.

CHAUFFEPIÉ (Jacques-Georges), né à Leuwarde en Frise, le 9 novembre 1702, embrassa de bonne heure l'état ecclésiastique parmi les prétendus-réformés, exerça successivement le ministère à Flessingue, à Delft, et depuis 1743 à Amsterdam. Il mourut dans cette ville le 8 juillet 1786. Il est connu par divers ouvrages qu'il a composés ou traduits en français. Son principal est un *Dictionnaire historique et critique, pour servir de supplément à celui de Bayle*, Amster-

dam, 1750-1756, 4 vol. in-fol. Chauffepié n'y a point imité le scepticisme de son modèle ; mais il donne en toute occasion l'essor au fanatisme de secte. Luther et Calvin sont, si on l'en croit, les deux plus grands hommes du monde. M. de Bonnegarde a donné un abrégé de ces deux lexicographes, en 4 vol. in-8, Lyon, 1773. En réduisant leurs ouvrages en un seul, il a retranché les impiétés de l'un et le fanatisme de l'autre, et par-là a mis le lecteur chrétien en état de profiter des lumières de ces deux écrivains, sans s'exposer à la contagion de l'erreur. Du reste, Chauffepié a du respect pour la religion, et la défend en plusieurs occasions, avec autant de lumière que de zèle.

CHAULIAC. (Voyez CAULIAC).

CHAULIEU (Guillaume AMFRYE de) naquit à Fontenai dans le Vexin-Normand en 1639, avec un génie heureux et facile. Les agréments de son esprit et la gaîté de son caractère lui gagnèrent l'amitié des ducs de Vendôme. Ces princes le mirent à la tête de leurs affaires, et lui donnèrent pour 30,000 livres de rente en bénéfices. Le grand-prieur allait souper chez lui comme chez un ami. L'abbé de Chaulieu avait dans son appartement du Temple une société de gens de lettres et d'amis, qu'il charmait par son enjouement. Elève de Chapelle, il se livra comme lui à la volupté et rendit fidèlement dans ses poésies son génie et celui de son maître. On l'appelait l'*Anacréon du Temple*, parce que, comme le poète grec, il se livra aux vers et à l'amour jusqu'au dernier âge. A 80 ans, étant aveugle, il aimait Mlle de Launai, depuis M°° de Staël, avec la chaleur de la première jeunesse. L'abbé de Chaulieu mourut en 1720, à 81 ans. Les meilleures éditions de ses *Poésies* sont celles de 1733, en 2 vol. in-8, sous le titre d'Amsterdam, et celle de Paris, en 1774, en 2 vol. in-8, d'après les manuscrits de l'auteur, et augmentée d'un grand nombre de nouvelles pièces. « Il est fâcheux, dit un critique, que la jeunesse ne puisse lire « ses ouvrages sans danger, et les gens « sages sans indignation. Tout ce qu'il « dit ne tend qu'à accréditer une philo- « sophie épicurienne d'autant plus dan- « gereuse, qu'il a su la réduire en sen- « timent... Rien néanmoins de plus révol- « tant aux yeux d'une raison, nous ne « disons pas austère, mais éclairée, que « ce penchant à faire consister tout le « bonheur dans la jouissance des plaisirs « des sens. La philosophie, qui se vante « si hautement d'être la dépositaire des « vraies lumières aurait dû rejeter un sys- « tème si faux en lui-même, et si pro-

« pre à dégrader l'humanité. Au con-
« traire elle l'étend, le préconise, et ne
« craint pas de sacrifier ainsi sa gloire à
« l'envie de se procurer des partisans,
« qui oublient ce qui leur en coûte pour
« figurer dans la société des âmes faibles
« et des esprits forts. »

CHAULNES (Michel-Ferdinand d'AL-
BERT d'AILLY, duc de), pair de France,
lieptenant-général des armées et gouverneur de Picardie, naquit à Paris en 1714.
Après s'être illustré par une longue suite
de travaux militaires, il consacra tous ses
loisirs à la culture des sciences et des arts,
et s'adonna particulièrement à la dioptrique et à l'art de perfectionner les instruments de mathématiques, et surtout
ceux qui servent à l'astronomie. Il mourut le 23 septembre 1769, presque subitement ; mais il avait mis quelques jours
auparavant ordre à ses affaires temporelles, et reçu les derniers sacrements
avec les sentiments les plus marqués de
la piété et de la religion, qui avaient toujours été la règle de sa conduite. On a de
lui : la *Nouvelle méthode pour diviser les
instruments de mathématiques, dans la
description des arts et métiers*, publiés
par l'Académie des sciences, 1768, in-fol.,
à laquelle on a joint sa *Description d'un
microscope et différents micromètres destinés à mesurer des parties circulaires ou
droites avec la plus grande précision* ;
un *Mémoire*, où brille partout le génie
de l'invention, sur une nouvelle machine
parallactique plus solide et plus commode que celles qui sont en usage ; plusieurs
Mémoires dans le *Recueil* de l'Académie
des sciences ; et quelques pièces dans le
Journal de physique.

CHAUMETTE (Pierre-Gaspard), né à
Nevers en 1763, eut pour père un cordonnier, qui lui fit commencer des études qu'il abandonna bientôt pour se livrer au vice et à la dissipation. Il fut
d'abord mousse, ensuite timonier sur un
vaisseau, puis clerc-copiste chez un procureur à Paris. Dès les premiers jours
de la Révolution, il s'enrôla dans les troupes démagogiques formées par Camille
Desmoulins, pour haranguer la multitude dans les groupes populaires. Il travailla aussi en sous-ordre au journal intitulé : *Révolutions de Paris*, par Pru-
d'homme, et resta confondu parmi les
révolutionnaires subalternes jusqu'au 10
août 1792, qu'il devint membre de cette
trop fameuse municipalité qui s'installa
elle-même. Il fut ensuite procureur de la
commune au mois de décembre de la
même année. Il renonça alors à ses pré-
noms de *Pierre-Gaspard*, pour prendre
celui d'*Anaxagoras*, saint qui, disait-il,

avait été pendu pour son incrédulité.
Chaumette professa constamment avec
une sorte de complaisance les opinions du
club des Cordeliers : aussi en peu de temps
il acquit un pouvoir immense dans la capitale. Son intimité avec le farouche Hébert augmenta encore son influence et
fit trembler la Convention elle-même. Il
fut le persécuteur le plus acharné des
illustres prisonniers du Temple, provoqua la formation du tribunal révolutionnaire, la loi des suspects, fit mettre une
taxe exorbitante sur les riches, proposa
toutes les voies de destruction qu'il crut
les plus promptes, et se permit des actes
d'un despotisme et d'une cruauté qui
approchaient quelquefois de la démence.
Il voulait que les Parisiens ne portassent
que des sabots, et qu'on plantât des
pommes de terre dans les jardins des
Tuileries et du Luxembourg. « C'est avec
« des pommes de terre, disait-il, que
« tous les Français doivent se nourrir ; »
et cependant sa table était couverte de
mets les plus délicats, et il ne buvait que
les vins les plus exquis et en grande
quantité. C'est alors qu'il parlait le mieux.
Son organe net et sonore plaisait à la
multitude qui applaudissait à toutes ses
exagérations. Il attira sur les Girondins
la journée du 31 mai 1793. Chaumette,
ivre alors de sa puissance et de sa force,
voulut exécuter l'abominable projet de
faire de l'athéisme une institution politique, et de détruire, en renversant les
autels, tous les principes de morale et de
sociabilité. La faction *hébertiste*, qui,
sous un autre nom que le sien, ne suivait que son impulsion, dirigea cette
abominable entreprise. Des ordres furent donnés pour le pillage des églises,
et les comités révolutionnaires commirent plus d'horreurs, de brigandages et
de profanations dans leur propre patrie,
que les Goths et les Vandales dans toutes
leurs irruptions chez les peuples chrétiens dans des siècles barbares. Paris
donna l'exemple de l'impiété par des fêtes
aussi ridicules qu'épouvantables, qui furent imitées dans toutes les provinces.
Les vases sacrés, les ossements des
saints, les trésors des églises, les cendres des morts, les monuments du génie
et des arts, tout fut confondu et détruit
avec une aveugle fureur ; mais après avoir
fait disparaître des temples chrétiens tout
ce qui pouvait rappeler le vrai Dieu, il
restait à lui substituer une idole digne
des hommes du jour. Chaumette institua
alors ses orgies sacrilèges connues sous le
nom de *fêtes de la Raison*, où les plus
infâmes créatures érigées en divinités reçurent l'encens du peuple abruti. Ce culte

dieux n'eut cependant qu'une durée éphémère : Robespierre et Danton, sentant qu'il fallait un frein pour arrêter la multitude, ne l'approuvèrent point. Le premier même fit décréter que *le peuple français reconnaissait l'existence de l'Etre-Suprême et l'immortalité de l'âme.* Il déclara aussi le maintien de la liberté des cultes ; mais en même temps les fêtes qu'on célébrait étaient accompagnées de chants d'imprécation contre la religion catholique. Chaumette, fier de ses succès, n'en affecta pas moins une sorte d'indépendance qui le compromit avec le comité de salut public. Un orage s'éleva contre son parti : Robespierre fit d'abord arrêter Hébert, son substitut, le Prussien Clootz, et quelques autres, afin de l'isoler de ses principaux appuis ; il le fit ensuite saisir lui-même et conduire au Luxembourg, où il ne montra qu'une faiblesse et une lâcheté égales à l'audace de sa conduite, lorsqu'il était libre. Il fut exécuté le 13 avril 1794, et prédit sur l'échafaud que ceux qui l'avaient condamné ne tarderaient pas à le suivre.

CHAUMETTES DES FOSSÉS, drogman en Orient en 1802, successivement consul à Stettin, Gothenbourg et Lima, mort à venant de cette dernière ville, le 9 octobre 1841, a laissé : *Mémoires sur la Norwége,* imprimés à Lima ; et un travail manuscrit sur la Bosnie.

CHAUMONT (saint), vulgairement ainsi appelé, son vrai nom étant Ennemond, né d'une illustre famille originaire des Gaules, vint à Paris sous le règne de Clovis II, et mérita par ses vertus d'être choisi par ce prince pour être le parrain de son fils aîné, depuis roi sous le nom de Clotaire III. Son zèle et sa piété l'ayant élevé sur le siége de Lyon, il remplit les devoirs de l'épiscopat avec toute l'exactitude d'un fidèle pasteur. La ville de Lyon lui dut l'établissement d'une communauté de vierges, particulièrement consacrées aux œuvres de charité, auquel deux de ses sœurs lui furent fort utiles. Ce saint évêque fut massacré le 28 septembre 657, près de Châlon-sur-Saône, par une troupe de soldats, chargés de cette sacrilége exécution par Ebroin, maire du palais, qui craignait que le prélat ne fît connaître les vexations dont il accablait le peuple de Lyon.

CHAUMONT (Charles d'Amboise de) parvint, par la protection de son oncle le cardinal d'Amboise, aux grades de maréchal et d'amiral de France. Il ne manquait ni de valeur ni de connaissances dans l'art militaire ; mais son opiniâtreté lui nuisait souvent. Il se trouva à la bataille d'Aignadel en 1509, man-

qua de faire prisonnier le Pape, en 1511, et laissa prendre La Mirandole. Le vif chagrin qu'il conçut de cette perte l'entraîna au tombeau, dans le mois de février suivant, âgé de 38 ans. En mourant, il sentit des remords pour avoir fait la guerre au Pape, et il en demanda l'absolution.

CHAUMONT (Jean de), seigneur du Bois-Garnier, conseiller d'Etat ordinaire, et garde des livres du roi Henri IV, mourut le 2 août 1667, âgé de 84 ans. Ce magistrat s'occupa de la théologie ; mais il ne fut point engagé dans les liens du mariage, comme l'a avancé un lexicographe, qui lui donne aussi le nom de *Jacques.* Nous avons de lui la *Chaîne de diamants,* sur ces paroles : « Ceci est mon corps, » Paris, 1684, in-8, et autres ouvrages de controverse.

CHAUMONT (Paul-Philippe de), frère puîné, et non fils de Jean (ci-dessus), lui succéda dans la place de garde des livres du cabinet, et fut reçu à l'Académie française, en 1654. Louis XIV, dont il était lecteur, lui donna l'évêché d'Ax, en 1671. L'amour de l'étude le lui fit remettre en 1684, pour se livrer entièrement à son penchant. Il mourut à Paris en 1697. On a de lui un livre contre l'incrédulité, qui a pour titre : *Réflexions sur le Christianisme,* Paris, 1693, 2 vol. in-12. L'abbé d'Olivet et le Père Nicéron en parlent avec éloge.

CHAUSSARD (Pierre-Jean-Baptiste), né à Paris, le 29 janvier 1766, d'un architecte du roi, mort le 1er octobre 1823, fit ses études au collége de Saint-Jean-de-Beauvais, sous le trop célèbre Dupuis, auteur de l'*Origine des cultes,* dont il adopta les principes. Il embrassa d'abord la profession d'avocat, et composa une *Théorie des lois criminelles,* qu'il publia en 1789, époque de la Révolution. Il en adopta avec enthousiasme les principes, substitua à son nom celui de *Publicola,* et fut envoyé en 1792 dans la Belgique pour y propager les doctrines du jour. C'est principalement par ses soins que fut consommé, à Bruxelles, l'acte de réunion de la Belgique à la France. Au retour de sa mission, il fut nommé secrétaire de la mairie de Paris, puis du comité de salut public, et enfin de la commission de l'instruction publique. Il paraît qu'il adopta un moment les idées des théophilanthropes, et qu'il enseigna leur morale du haut de la chaire de Saint-Germain-l'Auxerrois. Privé bientôt de sa place, il se trouva réduit à la plus grande détresse, et chercha des ressources dans la littérature. Fourcroy lui fit obtenir, en 1803, une place de *professeur de* belles-lettres au lycée de Rouen, d'où il passa au lycée d'Orléans, et enfin à la chaire de poésie latine de la Faculté des lettres de Nîmes ; mais Fontanes l'autorisa à résider à Paris comme chargé de travaux classiques pour l'Université, afin qu'il pût conserver son titre et ses appointements. A la Restauration, il perdit l'un et l'autre, et s'occupa uniquement de littérature. On a de lui : *Héliogabale*, ou *Esquisse morale de la dissolution romaine sous les empereurs*, 1803 ; *Les auteurs modernes*, ou *Voyage de Christine et de Casimir en France pendant le règne de Louis XIV*; *Esquisse des mœurs générales du dix-septième siècle*, *d'après les mémoires secrets des deux ex-souverains*, Paris, 1807, 3 vol. in-8; *Les triomphes de la paix*, odes, 1807, in-4; *l'Industrie et les Arts*, 3e édition, 1806, in-4; plusieurs brochures de circonstance, et autres ouvrages. Chaussard avait de l'instruction. S'il fut égaré par le délire révolutionnaire. il eut du moins le bonheur de se repentir.

CHAUSSIER (François), médecin, naquit à Dijon en 1746. En 1794, il fut appelé à Paris pour préparer, de concert avec Fourcroy, l'organisation de l'enseignement de la médecine, et fut nommé professeur d'anatomie et de physiologie à l'école de Paris, médecin et professeur de chimie de l'Ecole Polytechnique. Chaussier est mort à Paris en 1828, après avoir demandé, par son testament, que ses dépouilles mortelles fussent transportées directement de sa maison au cimetière. Son incrédulité avouée et ses opinions politiques l'avaient fait rayer, en 1822, du nombre des professeurs de l'Ecole de médecine. On a de lui : *Méthode de traiter les morsures des animaux enragés et de la vipère, suivie d'un Traité sur la pustule maligne*, Dijon, 1785, in-12; *Exposition sommaire des muscles du corps humain*, Dijon, 1789, in-8; *Principes de la squelétonologie*, 1797; *Tableau synoptique des nerfs de l'homme*, 1797, in-4; *Tableau synoptique des muscles de l'homme*, 1797; *Découverte de la vaccine et de l'inoculation de la vaccine*, 1801, in-8; *Opuscules de médecine légale*, 1789-1790, in-8; *Exposition des différentes parties de la structure de l'encéphale ou cerveau*, Paris, 1807, in-8, avec 6 planches; *Recueils anatomiques à l'usage des jeunes gens qui se destinent à l'étude de la chirurgie, de la peinture et de la sculpture*; *Recueil de mémoires, consultations et rapports sur divers objets de médecine légale*, Paris, 1814, in-8, avec planches, etc., etc. Il a publié, en outre, un grand nombre de *Mémoires*

dans divers recueils scientifiques. Chaussier s'était surtout adonné à l'étude de l'anatomie, de la physiologie et de la médecine légale.

CHAUVEAU-LAGARDE, avocat célèbre par le courage qu'il déploya dans le procès de l'infortunée Marie-Antoinette, naquit à Castres en 1763, et mourut à Paris le 24 février 1841. Pendant la révolution, Chauveau prit généreusement la défense de tous ceux qui réclamèrent ses conseils et son appui, et son éloquence les arracha bien souvent au farouche accusateur Fouquier-Tainville. La reine le choisit pour partager avec Tronson du Coudray l'honneur de la défendre. L'intérêt qu'ils montrèrent en faveur de leur illustre cliente leur attira la haine des Jacobins, qui les mirent en arrestation et leur firent subir un long interrogatoire. Il fut aussi le défenseur de Charlotte Corday, qui se glorifiait du crime qu'on lui imputait; et il n'eut autre chose à faire valoir en faveur de l'accusée, que son calme en présence de la mort. Chauveau a publié une *Notice historique sur le procès de Marie-Antoinette d'Autriche, reine de France, et de Madame Elisabeth de France, au tribunal révolutionnaire*, in-8.

CHAUVELIN (Henri - Philippe de), abbé de Montier-Ramey, et conseiller d'honneur depuis 1768 au Parlement de Paris, se distingua dans l'affaire de la proscription des Jésuites, et devint par là le coryphée des Jansénistes. On a de lui deux *Discours* contre ces religieux, prononcés en Parlement en 1661. Les Jésuites y opposèrent l'*Apologie de l'Institut*, le *Compte rendu des comptes rendus*, l'*Appel à la raison*, etc. Il mourut l'an 1770, à l'âge de 54 ans. Il était plein de feu, petit et extrêmement contrefait. On connaît cette épigramme du poète Roy:

> Quelle est cette grotesque ébauche,
> Est-ce un homme ? est-ce un sapajou ?
> Cela parle... une raison gauche
> Sert de ressort à ce bijou.
> Il veut jouer un personnage,
> Il prête aux fous son frêle appui.
> Il caresse au moindre image
> Dans les ridicules d'autrui,
> Et s'extasie à chaque ouvrage
> Hors de nature comme lui.

CHAVIGNY (Jean-Aimé de), admirateur et disciple du célèbre Michel Nostradamus, naquit à Beaune dans le premier quart du 16e siècle, fit d'excellentes études, et fut, à l'âge de trente ans. docteur en droit et en théologie. Jean Dorat, son ami, savant professeur et poète célèbre, l'engagea à étudier l'astronomie ou plutôt l'astrologie ; car c'est ainsi qu'alors on nommait la science des astres et de leur action sur les choses de la terre. Cédant aux conseils du poète,

Chavigny quitta son pays, ses travaux et
a position brillante qu'il s'était faite dans
e monde, et se rendit à Salon, où demeurait Nostradamus dont la renommée
tait extraordinaire, et sous lequel il
oulait se perfectionner dans les mathématiques et se livrer à l'étude des astres.
Quoiqu'il se soit occupé, presque tout
e reste de sa vie, de calculs astrologi-
ques, il était encore loin d'égaler son
maître, quand il mourut en 1604, à l'âge
e plus de 80 ans. On a de lui : l'*Andro-
yne*, traduit du latin de Jean Dorat,
vec quelques autres *Traductions*, tant
u grec que du latin, sur le même sujet,
Lyon, 1570, in-8; la *Première face du
anus françois, contenant sommaire-
ment les troubles, guerres civiles et au-
res choses mémorables advenues en la
France et ailleurs depuis 1534 jusqu'en
589; Fin de la maison Valésienne, ex-
raite et colligée des Centuries de Nos-
radamus*, Lyon, 1594, in-4, très-rare.
C'est une explication, par l'histoire, des
prophéties de Nostradamus; elle a dû
coûter bien des recherches et bien du
emps. Cet ouvrage est en latin et en
rançais ; le texte des quatrains y est traduit en latin. L'auteur a suivi l'ordre
chronologique des faits, auxquels il ap-
lique les prédictions. Souvent il a ren-
ontré juste; mais il se trompe aussi
quelquefois. Outre cette explication, Cha-
igny publia deux ans après des *Commen-
aires sur les Centuries et Prognostica-
ions de Nostradamus*, 1596, in-8,
ouvrage non moins rare que le précé-
lent ; et les *Pléiades, divisées en sept
ivres, prinses des antiques prophéties
t conférées avec les oracles de Nostra-
lamus*, Lyon, 1603 ; 2ᵉ édition, augmentée, 1606, in-8. Dans ce dernier ou-
rage, l'auteur applique des prophéties à
Henri IV, auquel il promet l'empire de
l'univers ; c'est un tort et un ridicule qu'il
eût dû s'épargner, et qu'ont aussi à se
reprocher presque tous les commenta-
eurs de Nostradamus qui ont prétendu
voir clair dans l'avenir. Plusieurs ont
ait la même promesse à Louis XIV ; et
Bouys et Belleau écrivaient avant 1806
que Napoléon ferait la conquête de l'Angleterre. Ils s'imaginaient que Nostradamus l'avait dit ; mais l'astrologue n'en
parle pas. Chavigny fit d'autres vers latins que ceux de sa traduction des qua-
rains expliqués dans la *Première face
du Janus ;* il en fit aussi de français et
même de grecs. On en trouve de lui à la
ête de plusieurs ouvrages. Il donna encore des *Larmes et Soupirs* sur le trépas
très-regretté de M. A. Fioncé, Bizontin,
Paris, 1582, in-8, fort rare.

CHAZELLES (Jean-Matthieu de), professeur d'hydrographie à Marseille, de
l'Académie des sciences de Paris, naquit
à Lyon en 1657, et mourut à Marseille
en 1710. Il joignit à ses talents un grand
fonds de religion : ce qui, comme dit
Fontenelle, assure et fortifie toutes les
vertus. Il avait voyagé dans la Grèce et
dans l'Egypte, et en avait rapporté des
observations et des lumières. Il y mesura
les pyramides et remarqua que les quatre côtés de la plus grande sont exposés
précisément aux quatre régions du monde, à l'orient, à l'occident, au midi et au
septentrion. Ce fut lui qui imagina qu'on
pourrait se servir de galères sur l'Océan,
pour remorquer les vaisseaux, quand le
vent leur serait contraire ou leur man-
querait. En 1690, quinze galères, parties de Rochefort, donnèrent un nouveau spectacle sur l'Océan. Elles allèrent
jusqu'à Torbay en Angleterre, et servirent à la descente de Tinmouth. Chazelles y fit les fonctions d'ingénieur, et
se montra sous deux points de vue bien
différents, sous ceux de savant et d'homme de guerre. On lui doit la plupart des
Cartes qui composent les deux volumes
du *Neptune français*, 1693, in-fol., sans
compter un bon nombre d'observations
très-utiles pour l'astronomie, la géographie et la navigation.

CHEFFONTAINES (Christophe de),
en latin, *à Capite Fontium*, en bas-bre-
ton, *Penfenteniou*, naquit dans l'évêché
de Léon, en Basse-Bretagne, vers l'an
1532, et mourut à Rome en 1595. Sa
science et sa piété l'élevèrent successivement à l'emploi de professeur en théologie chez les Cordeliers, où il était entré
de bonne heure ; à celui de général,
dont il fut le 55ᵉ; et à la dignité d'archevêque de Césarée. Il fit les fonctions épiscopales du diocèse de Sens, en l'absence
du cardinal de Pellevé, qui en était titulaire. Quelques théologiens l'avaient attaqué, lorsqu'il n'était que professeur. La
nécessité, qui le contraignit d'aller se défendre à Rome, fut l'occasion pour lui
de son élévation ; mais son mérite réel
en fut la vraie cause. Il vit cinq Papes
pendant son séjour dans cette ville : Sixte-
Quint, Urbain VII, Grégoire XIV, Innocent XI, Clément VIII. Les marques de
bonté qu'il reçut de chacun de ces Pontifes témoignèrent assez que les accusations formées contre lui n'étaient pas
suffisamment fondées. Engagé par devoir à enseigner la scolastique, il eut
assez de pénétration pour oser écrire ce
qu'il en pensait. Son recueil, intitulé :
*Varii tractatus et disputationes de neces-
sariâ theologiæ scholasticæ correctione,*

Paris, 1586, in-8, est recherché; mais la trop grande vivacité de l'auteur, et une espèce d'extrême où il paraît donner, l'ont fait mettre à l'*index* du concile de Trente. (Voyez ANSELME, MOLINA, LOM-BARD Pierre, etc.) Ses autres *Traités*, les uns moraux, les autres dogmatiques, sont moins estimés, quoique dignes de quelque attention. Ils marquent un homme qui avait secoué quelques préjugés, et qui cherchait à en faire revenir son siècle. Il s'éleva contre le préjugé meurtrier du duel, qui, après avoir presque succombé au zèle des rois chrétiens, reparut avec plus d'empire que jamais dans le siècle de la prétendue philosophie. Son *Traité* sur cette matière est en français, sous ce titre: *Chrétienne confutation du point d'honneur*, Paris, 1576, in-8. On lui doit encore plusieurs ouvrages, dont les principaux sont: *Défense de la foi que nos ancêtres ont eue en la présence réelle; Réponse familière à une épître contre le libre arbitre*, in-8, Paris, 1571; ouvrage qui a fourni matière à des critiques; *Défense de la foi contre les impies, les athées, etc.*, in-8.

CHELONIS. (Voyez CLÉOMBROTE.)

CHELSUM (James), ministre anglican, né à Westminster en 1740, mort en 1801, a publié: *Remarques sur l'histoire romaine de Gibbon*, 1772 et 1778, in-8; *Défense des remarques sur l'Histoire romaine*, 1785, in-8; *Essai sur l'histoire du Mezzo-Tinto*, in-8.

CHEMCOTTE (Alexandre), membre des sociétés asiatiques de Londres et de Paris, mort le 21 novembre 1835 à Helsingfort en Finlande, était l'un des plus savants orientalistes de l'Europe. Il a publié plusieurs ouvrages, dont le plus important est l'*Histoire de l'empire arabe sous les Abassides*.

CHEMIN. (Voyez DUCHEMIN.)

CHEMINAIS DE MONTAIGU (Timoléon), jésuite, né à Paris en 1652, d'un commis de M. de la Vrillière, secrétaire d'Etat, fit admirer son talent pour la chaire à la cour et à la ville. Lorsque ses infirmités lui eurent interdit le ministère de la prédication dans les églises de Paris et de Versailles, il allait tous les dimanches instruire les pauvres de la campagne. Sa réputation a longtemps approché de celle de Bourdaloue: elle a paru céder ensuite cette proximité à celle de Massillon: il semble néanmoins que ses discours sont plus touchants, et font en général plus d'effet sur les cœurs, quoique peut-être moins éloquents que ceux de l'évêque de Clermont. Le Père Bretonneau a publié ses *Discours* en 5 vol. in-12. Le Père Cheminais mourut en

1689, âgé de 38 ans, en digne ministre de cette religion qui l'avait animé pendant sa vie. Sa carrière fut courte, mais elle fut bien remplie. On a encore de lui: *Les sentiments de piété*, 1691, in-12, ouvrage qui se ressent un peu trop du style de la chaire, et pas assez du langage simple et affectueux de la dévotion.

CHEMNITZ (Martin), *Chemnitius*, disciple de Mélancthon, est fameux par son *Examen du concile de Trente*, cours de théologie protestante, un in-fol. ou 4 in-8. Il mourut en 1586. Il était né en 1522 à Britzen dans le Brandebourg, d'un ouvrier en laine. Les princes de sa communion l'employèrent dans les affaires de l'Eglise et de l'Etat. Personne n'a mieux réfuté ses erreurs que le cardinal Bellarmin.

CHEMNITZ (Jean-Jérôme), pasteur de l'église des militaires à Copenhague, né en 1730, mort le 12 octobre 1800, a publié plusieurs ouvrages importants sur l'histoire naturelle, qui ont contribué aux progrès de cette science. Ils sont tous écrits en allemand. Les principaux sont: *Petit essai de testacéothéologie pour parvenir à la connaissance de Dieu par les coquillages*, Francfort, 1660, in-4; *Sur un genre de coquillages, nommé chiton par Linnée*, Nuremberg, 1784, in-4; *Nouveau cabinet systématique de coquillages*, 12 vol. grand in-4. C'est un des plus beaux ouvrages que nous ayons en ce genre, et un des plus complets. Il a été commencé par Martini, qui a publié seulement les trois premiers volumes.

CHÉNEDOLLÉ (Charles-Pioult de), né à Vire en 1769, mort au château de Coisel près de Caen le 2 décembre 1833, était d'une famille noble. Il fit avec distinction ses études au collège de Juilly, dirigé par les Oratoriens. Lors de la Révolution, il émigra, et habita la Belgique, la Hollande et l'Allemagne. A Hambourg, il se lia avec Rivarol et concourut à la rédaction du *Spectateur du Nord*, recueil hebdomadaire qui répandait en Allemagne la connaissance de la littérature française. Lorsque Napoléon rappela les émigrés, Chénedollé s'empressa de rentrer dans sa patrie. En 1807, il fit paraître le *Génie de l'homme*, poème qui fait son principal titre de gloire. C'était là un immense cadre à remplir. Si cette production n'est pas sans défauts, il est du moins certain qu'il y a de l'élévation dans les pensées, de la vérité et de la couleur dans les images, partout un style brillant et pur. Chénedollé concourut aux jeux floraux, et trois fois il obtint le prix de l'Ode. Fontanes estimait Chénedollé: en 1810, il lui donna à Rouen une place dans l'Université; deux ans après, il devint inspecteur de l'académie de Caen. Louis XVIII lui donna la croix de la Légion-d'Honneur. En 1830, il fut nommé inspecteur-général de l'Université, fonction qu'il résigna en 1832. Ayant pris sa retraite, il alla habiter son château de Coisel près de Caen, où il est mort. L'académie des Jeux floraux à Toulouse, dans les concours desquels il avait obtenu de si beaux succès, l'avait nommé maître ès-jeux. Chênedollé n'était pas seulement poète, il avait encore des connaissances étendues et une instruction scientifique remarquable. Outre le *Génie de l'homme*, qui a été plusieurs fois réimprimé, Chênedollé a publié : l'*Invention*, poème dédié à Klopstock, composé et publié à Hambourg, 1795 ; *Esprit de Rivarol*, avec Fayolle, Paris, 1808; *Etudes poétiques*, recueil dans lequel se trouvent les trois *Odes couronnées* à Toulouse, Paris, 1820 et 1822 ; divers morceaux de poésie publiés dans le *Spectateur du Nord*, l'*Almanach des Muses* ; un *Eloge de la Neustrie*, ode insérée dans les *Mémoires des antiquaires de la Normandie*. Chênedollé demeurant loin de la capitale, ce grand centre de la publicité, a laissé beaucoup d'ouvrages en manuscrit, parmi lesquels nous citerons : *Titus, ou Jérusalem détruite*, poëme ; *Mélodies normandes*, poésies nationales inspirées par les sites, les mœurs et l'histoire de son pays; les *Odes* d'Horace, traduites en prose ; des *Voyages* et des *Mémoires*.

CHENEVIX (Richard), littérateur et chimiste anglais, né en Irlande d'une famille d'origine française, sut allier la culture des lettres à l'étude des sciences. En 1801, il devint membre de la société royale de Londres, et fit ensuite partie de presque toutes les sociétés savantes de l'Europe. Il est mort à Paris le 5 avril 1830. On a de lui : *Remarques sur la nouvelle nomenclature chimique*, Londres, 1802, in-12 ; *Observations sur les systèmes minéralogiques;* dans cet écrit il prend la défense du système de Haüy contre celui de Werner ; et un grand nombre d'écrits insérés dans le recueil des *Transactions philosophiques*.

CHÉNIER (Louis), ancien consul à Constantinople, et ensuite à Maroc, né en 1723 à Montfort, bourg à 12 lieues de Toulouse. Il revint en France en 1784, et il s'occupa de mettre en ordre les nombreux matériaux qu'il avait rassemblés. Dès 1787, il publia ses *Recherches historiques sur les Maures, et histoire de l'empire de Maroc*, 3 vol. in-8, qui furent suivies, deux ans après, des *Révolutions de l'empire Ottoman*, in-8. Ces deux ouvrages, écrits avec pureté et élégance, contiennent des détails précieux sur le commerce, les mœurs et le gouvernement ; mais la partie historique en est extrêmement négligée : l'auteur, ignorant les langues orientales, n'a pu avoir recours aux sources originales, et s'est trop souvent appuyé du témoignage des écrivains qui l'avaient précédé. Chénier embrassa le parti de la Révolution, et fit partie du premier comité de surveillance de la commune de Paris; mais il n'éleva jamais, dit-on, la voix en faveur du crime ou d'un acte arbitraire. Le triste sort d'André, son second fils, qu'il chérissait tendrement, et qui périt sur l'échafaud, hâta la fin de sa vie. Il mourut à Paris le 25 mai 1796.

CHÉNIER (Marie-Joseph de), fils du précédent, né à Constantinople le 28 août 1764, fut amené en France dès l'âge le plus tendre. Après avoir fait d'assez mauvaises études, il embrassa la carrière militaire, et devint officier dans un régiment de dragons; mais bientôt il quitta le service et revint à Paris, où il fit représenter, le 6 novembre 1786, sa tragédie d'*Azémire*, qui n'eut aucun succès; mais il n'en fut pas de même de son *Charles IX*, représenté en 1789, et dont l'esprit de parti s'empara avec une chaleur, qui devait dès lors faire pressentir les maux qui éclatèrent depuis. Les uns comparèrent cette pièce aux chefs-d'œuvre de la scène française; les autres la rabaissèrent au-dessous des faibles productions ; ce qu'il y a de certain, c'est qu'elle ne dut son succès qu'au sujet choisi par l'auteur, pour rendre odieux les rois et les prêtres qu'il voulait perdre, et aux maximes communes de liberté et de tolérance universelle qui y sont répandues avec profusion et qui devaient être applaudies avec transport, attendu l'esprit de vertige qui commençait à se montrer en France. Pour arriver plus sûrement à son but, Chénier y dénature les faits de l'histoire; il y peint comme un monstre le cardinal de Lorraine, qu'il accuse d'être le principal auteur de la St-Barthélemi, et qu'il amène sur la scène pour lui faire débiter des maximes fanatiques, tandis que le cardinal était alors à Rome. « La pièce « considérée en elle-même, dit La « Harpe, manque de plan, d'intrigue, « d'action, d'intérêt, de mouvement, « de caractère et de dialogue, en un « mot, de tout ce qui constitue le ta- « lent dramatique. » Dans toutes les autres pièces de Chénier, on trouve les mêmes défauts ; si elles ont obtenu quelque succès, elles l'ont dû à l'attention qu'il a eue de ne choisir que des sujets qui prêtaient singulièrement aux déclamations révolutionnaires, tels que *Henri VIII*, la *Mort de Calas*, *Caïus-Gracchus*, *Timoléon* et *Fénélon*. Ce dernier drame cependant n'en paraissait guère susceptible, s'il eût voulu peindre cet archevêque tel que nous le connaissons ; mais accoutumé à ne suivre ni les caractères indiqués par l'histoire, ni les faits les plus authentiques, il travestit ce vénérable prélat en sophiste de la fin du 18ᵉ siècle; et d'une pièce qui devait être toute religieuse, il en a fait un drame licencieux, en y ajoutant une intrigue scandaleuse hors de toute vraisemblance.« La « Révolution, dit un critique moderne, a « fait avorter le talent de Chénier. Gâté « par les succès faciles qu'il a obtenus à « la faveur du désordre, égaré par la « licence, enivré des honneurs et du pou- « voir, aveuglé par de faux principes, et « surtout par l'orgueil, il n'a produit « que des ouvrages faibles et monstrueux « tout à la fois ; on y cherche en vain la « raison, le jugement, la décence, on n'y « trouve que des éclairs du fanatisme phi- « losophique, et tous les malheureux pa- « radoxes des brouillons du temps. » En récompense de ses travaux littéraires, Chénier fut nommé membre de la Convention nationale en 1792. Il y vota la mort de Louis XVI, et composa des *hymnes* et *cantates* pour toutes les fêtes républicaines, et en particulier pour l'apothéose de Marat. Il fut depuis membre de toutes les législatures qui se sont succédé jusqu'au mois de mars 1802, et se montra constamment attaché au parti de la Révolution. Il s'attira beaucoup d'ennemis par sa conduite, par ses opinions et la hauteur de son caractère. Il était dans la disgrâce la plus complète, lorsqu'il mourut en 1811. Outre ses pièces de théâtre, il a publié des *Epîtres*, des *Odes*, des *Poèmes* et des *Satires* en vers contre ses ennemis et contre la religion, où l'on trouve cependant quelque talent poétique. Son *Théâtre* a été recueilli en 2 vol. in-18, ses *Poésies* en 1 vol. in-8, et ses *OEuvres complètes* en 8 vol. in-8. Les ouvrages en prose de Chénier sont moins nombreux que ses ouvrages en vers. Les principaux sont : un *Discours sur les progrès des connaissances humaines en Europe*, *et de l'enseignement public en France*. Ce discours, qui pouvait être du plus grand intérêt, n'est cependant qu'une déclamation usée et triviale, qui manque de justesse et même de

philosophie. On n'y trouve ni vues profondes ni notions politiques, mais une parfaite ignorance des hommes et des choses, et tout le fatras d'un jeune rhéteur à peine échappé de la poussière des classes ; *Tableau historique de l'état et des progrès de la littérature française en Europe, depuis 1789*, 2ᵉ édition, Paris, 1816, in-8. Cet ouvrage, dont le style en général est pur, correct, harmonieux et quelquefois éloquent, mériterait des éloges, si l'auteur, oubliant ses opinions politiques, eût rendu justice au talent réel ; mais il transforme souvent des pygmées en géants, des ouvrages justement oubliés, en chefs-d'œuvre qui ont posé les limites du genre. Nos plus petits philosophes y reçoivent des louanges outrées ; nos écrivains les plus distingués, qui ont osé élever la voix pour appeler la morale au secours de la législation, et la religion à l'appui de la politique, éprouvent la critique la plus amère. On ne peut donc nullement s'en rapporter à ses jugements, surtout par rapport à nos écrivains modernes; mais ce n'est pas le seul défaut de son ouvrage, il est essentiellement vicieux dans sa base, ayant entrepris de prouver que jamais la raison humaine n'avait été plus loin qu'à l'époque même, où il est resté tristement démontré qu'il n'y eut jamais moins de raison avec plus de prétentions en raisonnement ; il est encore très-stérile en observations neuves ou profondes, et complètement nul dans ses résultats; *Fragment du cours de littérature fait à l'Athénée de Paris en 1806 et 1807*, Paris, 1818, in-8. Ce cours fit du bruit ; il était singulier de voir Chénier succéder dans cette place à La Harpe, et lancer des traits contre le christianisme et les prêtres, de cette chaire où celui-ci avait fait entendre un langage tout différent. Chénier ne négligeait aucune occasion d'inculquer l'incrédulité, et n'épargnait pas les plaisanteries contre les saints, les papes et les prêtres. Les hommes les moins religieux lui ont reproché cette affectation de rebattre sans cesse le même sujet, et on a relevé dans plusieurs journaux ses erreurs et ses calomnies ; plusieurs morceaux de littérature insérés dans les journaux et spécialement dans le *Mercure de France* dont il était un des rédacteurs en 1809 et 1810.

CHÉNIER (André-Marie de), frère du précédent, naquit à Constantinople le 29 octobre 1762. Conduit en France à l'âge le plus tendre, il fut confié jusqu'à neuf ans aux soins d'une tante, sœur de son père, qui demeurait à Carcassonne. Vers 1773, il fut placé avec ses deux frères

aînés au collége de Navarre à Paris , où
il ne tarda pas à développer ses heureuses dispositions et son goût pour la poésie. A seize ans il savait le grec , et il
traduisit au collége une *Ode* de Sapho ;
cette pièce , sans être digne de voir le
jour , portait déjà le cachet d'un talent
original. A vingt ans , André entra ,
comme sous-lieutenant dans le régiment
d'Angoumois en garnison à Strasbourg.
Ne trouvant dans la vie militaire qu'une
oisiveté qui lui était à charge , et des
plaisirs frivoles qui ne pouvaient le satisfaire, il revint après six mois, à Paris,
retrouver ses livres , et se consacrer à
des études sérieuses qui devaient le faire
pénétrer si avant dans le génie de l'antiquité grecque. Le jeune Chénier rechercha le commerce de tout ce que les
arts , les sciences et les lettres possédaient alors de talents distingués , et il
se lia avec Lavoisier, Palissot , David et
Lebrun. Le désir qu'il éprouvait d'embrasser le cercle entier des connaissances humaines l'entraîna dans des excès de travail, qui altérèrent sa santé.
Les deux frères Trudaine contribuèrent
par les soins d'une tendre amitié à hâter sa guérison, et le décidèrent à les accompagner dans un voyage qu'ils firent
en Suisse. Chénier n'avait alors que
vingt-deux ans. Ce fut au retour de cette
excursion poétique qu'il suivit en Angleterre le marquis de la Luzerne, nommé ambassadeur à Londres , qui paraissait disposé à se charger de sa fortune.
Mais les espérances dont on l'avait flatté
ne se réalisèrent point. Après avoir dévoré pendant quelque temps les dégoûts
d'un assujétissement auquel son caractère ardent et inquiet ne se pliait qu'a-
vec peine, Chénier revint à Paris et s'y
fixa définitivement en 1788. C'est alors
qu'il songea à régulariser ses travaux
poétiques , et qu'il traça le plan de plusieurs ouvrages considérables. Nourri
de la lecture des Grecs, il s'efforça de
rendre à l'idylle et à l'élégie française
cette simplicité et cette grâce antiques
dont nos poètes avaient depuis longtemps perdu le secret, et il y réussit.
Mais en reproduisant dans ses œuvres le
goût exquis des anciens , il imita trop
souvent la licence de leurs tableaux , et
il est à regretter que la pudeur ne soit
pas toujours respectée dans ses poésies.
Fuyant, autant qu'on la recherche aujourd'hui une publicité précoce , et mû-
rissant son talent en silence, il ne confiait le secret de ses travaux et de ses
espérances poétiques qu'à un petit nombre d'amis, parmi lesquels son frère et
Lebrun occupaient la première place.

La violente explosion de 1789 vint l'arracher à ces paisibles occupations. Ami
de la liberté légale, André Chénier descendit dans l'arène pour la défendre à
la fois contre les soutiens de l'ancien régime et contre les fauteurs d'anarchie ;
et il concourut avec quelques écrivains
de mérite à la rédaction du *Journal de
Paris*. Lorsque le sang eut coulé, le jeune
poëte se prononça avec une généreuse
énergie contre les excès populaires :
« Abominable spectacle , disait-il , dans
« un *Avis aux Français sur leurs véri-*
« *tables ennemis* , ignominieux pour le
« nom français , ignominieux pour l'es-
« pèce humaine , de voir d'immenses
« troupes d'hommes se faire au même
« instant délateurs, juges et bourreaux.»
Indigné du procès inique fait à Louis
XVI , Chénier brigua le périlleux honneur de partager avec Malesherbes la
défense de l'infortuné monarque; quand
l'arrêt fut prononcé , ce fut lui qui rédigea la lettre aux députés de la Convention , par laquelle le roi déclarait en
appeler au peuple du jugement qui le
condamnait. Les talents et la courageuse probité de Chénier le signalaient
suffisamment à la haine des anarchistes.
Pour échapper à leurs poursuites, Chénier quitta Paris , et se retira à Versailles. Mais ayant appris qu'un de ses
amis, M. Pastoret, venait d'être arrêté à
Passy, il s'y rendit sur-le-champ pour offrir à sa famille quelques paroles de consolation. Des commissaires chargés d'une
visite de papiers l'arrêtèrent et le conduisirent en prison. La poésie, qui avait été
la passion de sa vie , vint adoucir pour
lui l'horreur d'une réclusion dont le
terme était la mort. C'est à Saint-Lazare
que Chénier composa cette ode de *la jeune captive* , où se trouvent exprimées
d'une manière si touchante des illusions
et des espérances que le poëte ne pouvait conserver pour lui-même. Les vers
qu'il composa sous les verroux offrent la
fidèle image des sentiments dont son
âme fut remplie durant les jours qui
précédèrent son supplice. La froideur
de ses amis, dans cette circonstance , lui
suggéra quelques réflexions amères dont
ses poésies ont gardé la trace comme
dans l'*Epître sur l'oubli* où il dit :

Oubliée aujourd'hui dans cet affreux repaire ,
Mille autres moutons comme moi
Pendus aux croos sanglants du charnier populaire
Seront servis au peuple-roi.

Mais il fait éclater son indignation contre les oppresseurs de la France dans
les vers suivants :

Mourir sans vider mon carquois,
Sans percer, sans flétrir, sans fouler dans la fange
Ces bourreaux barbouilleurs de lois !
Ces tyrans effrontés de la France asservie...

A côté de ces vers empreints de colère, on aime à trouver des pensées nobles et consolantes, inspirées par la sérénité d'une âme tranquille. Tout le monde connaît les derniers vers d'André Chénier:

Comme un dernier rayon, comme un dernier zéphire
Anime la fin d'un beau jour,
Au pied de l'échafaud j'essaie encore ma lyre.
Peut-être est-ce bientôt mon tour.

A cette époque terrible, l'oubli était pour les prisonniers le seul moyen de salut. Mais André Chénier pouvait-il être oublié? Son père fatiguait de plaintes inutiles les hommes puissants, qui tenaient entre leurs mains la destinée de son fils. « Allez, lui dit l'un d'eux, votre fils sortira dans trois jours. » Il sortit en effet, mais pour entendre son arrêt de mort, qui fut exécuté le 7 thermidor (1794), c'est-à-dire l'avant-veille du jour qui délivra la France. En allant au supplice, André rencontra sur la fatale charrette le poëte Roucher son ami. Chacun d'eux, oubliant son sort, déplorait celui de l'autre. « Je n'ai rien fait pour « la postérité, disait Chénier, » puis on l'entendit ajouter en se frappant le front: *Pourtant j'avais quelque chose là!* « C'était la Muse, dit M. de Chateau- « briand, qui lui révélait son talent au « moment de la mort. » Les *OEuvres* d'André Chénier ont été recueillies et publiées, avec une *Notice* sur l'auteur, par M. H. de Latouche, Paris, 1819, 1 vol. in-18. Une deuxième édition a paru en 1822, même format. Les *OEuvres* d'André, réunies à celles de son frère, ont encore été imprimées in-8, Paris, 1824-25.

CHENU (Jean), avocat, né à Bourges en 1559, mourut en 1627. On a de lui: *Chronologie des évêchés de France*, en latin, Paris, 1621, in-4, ouvrage superficiel; *Antiquité de Bourges*, Paris, 1621, in-4; *Chronologie des archevêques de Bourges*, en latin, 1621, in-4; *Priviléges de la ville de Paris*, 1621, in-4, et quelques livres de jurisprudence, oubliés. Ses autres ouvrages sont savants, mais mal écrits. C'était un homme très-laborieux.

CHEREBERT. (Voyez CARIBERT.)

CHÉRILE, poëte grec, ami d'Hérodote, chanta la victoire que les Athéniens remportèrent sur Xercès. Ce poëme charma tellement les vainqueurs, qu'ils firent donner à l'auteur une pièce d'or pour chaque vers, et qu'ils ordonnèrent qu'on réciterait ses poésies avec celles d'Homère. Nous en avons quelques fragments dans Aristote, dans Strabon, et dans Josèphe contre Appion. Le général Lysandre voulut toujours avoir Chérile auprès de lui, pour que ce poëte transmît à la postérité sa gloire et ses actions. Horace n'en avait pas une opinion avantageuse; il lui reproche de la lenteur et de l'inégalité:

Sic mihi qui multum cessat, fit Chœrilus ille.

CHÉRON (Elisabeth-Sophie), fille d'un peintre en émail de la ville de Meaux, naquit à Paris en 1648, et eut son père pour maître. A l'âge de 14 ans, le nom de cette enfant était déjà célèbre, et éclipsait celui de son père. L'illustre Le Brun la présenta, en 1672, à l'académie de peinture et de sculpture, qui couronna ses talents en lui donnant le titre d'académicienne. Cette fille illustre se partageait entre la peinture, les langues savantes, la poésie et la musique. Elle a dessiné en grand beaucoup de pierres gravées, travail pour lequel elle avait un talent décidé. Ses tableaux n'étaient pas moins recommandables par un bon goût de dessin, une facilité de pinceau singulière, un beau ton de couleur, et une grande intelligence du clair-obscur. Toutes les manières de peindre lui étaient familières. Elle a excellé dans l'histoire, dans la peinture à l'huile, dans le portrait, et surtout dans ceux des femmes. On dit qu'elle peignait souvent de mémoire des personnes absentes, avec autant de ressemblance que si elle les avait eues sous les yeux. L'académie des *Ricovrati* de Padoue l'honora du surnom d'*Erato*, et lui donna une place dans sa compagnie. Elle mourut à Paris en 1711, âgée de 63 ans, aussi estimable par les qualités du cœur que par celles de l'esprit. Elle avait été élevée dans la religion protestante; mais l'ayant quittée pour la catholique, elle prouva par ses vertus la sincérité de sa conversion. (Voyez son *Eloge*, Paris, 1712, in-8.) On a de cette fille célèbre: *Essai des pseaumes et cantiques*, mis en vers et enrichis de fig., Paris, 1693, in-8. Les figures sont de Louis Chéron, son frère, bon graveur et habile peintre, né à Paris en 1660, et mort à Londres en 1723, où il s'était retiré pour y professer le calvinisme; le *Cantique d'Habacuc et le pseaume 104*, traduits en vers français, et publiés en 1717, in-4, par Le Hay, ingénieur du roi, qui avait épousé cette femme d'esprit; *Les cerises renversées*, pièce ingénieuse et plaisante, que le célèbre Rousseau estimait, et qu'on publia en 1717, avec la *Batrachomiomachie* d'Homère, traduite en vers par Boivin le cadet. La poésie de Mlle Chéron est souvent faible, mais il y a d'excellents morceaux. J. B. Rousseau a beaucoup loué une *Ode sur le jugement dernier*.

CHÉRON (Louis-Claude), né à Paris

le 18 octobre 1758, mort à Poitiers le 13 octobre 1807. On a de lui : *Le Poète anonyme*, comédie en deux actes et en vers, qui manque d'action, mais en général élégamment écrite ; *Caton d'Utique*, tragédie en trois actes et en vers, imitée d'Addisson; *Le Tartufe des mœurs*, comédie en quatre actes et en vers, imitée de Shéridan ; quelques *traductions*.

CHÉRUBIN D'ORLÉANS (le Père), capucin, a fait plusieurs ouvrages savants, parmi lesquels on distingue : *La Dioptrique oculaire*, Paris, 1671, in-fol.; *La vision parfaite*, 1677-1681, 2 vol. in-fol., fig. Ces livres renferment des choses curieuses qui les font rechercher.

CHERUBINI (Marie-Louis-Charles-Zenobi-Salvador), compositeur de musique, naquit à Florence le 8 septembre 1760. Il apprit, dès l'âge de neuf ans, les règles de la composition sous Bartholomeo Felici et sous son fils Alessandro, puis il passa sous la direction de Pietro Bizzari et de Giuseppe Castrucci. En 1773, c'est-à-dire à l'âge de 13 ans, il composa et fit exécuter une *Messe solennelle* et un *intermède*, et à 13 ans il donna à l'Eglise et au théâtre plusieurs ouvrages. Le grand-duc de Toscane Léopold II , protecteur éclairé des beaux-arts , lui accorda une pension en 1778 , pour qu'il pût aller à Bologne étudier sous le célèbre Sarti. Ce fut cet habile maître, dont il suivit pendant quatre ans les leçons, qui lui donna cette profonde connaissance du contre-point , qui est le caractère principal de son talent. Cherubini se mit enfin à composer. Il donna, en 1780, l'opéra *Quinto Fabio*, à Alexandrie ; en 1782, ceux d'*Armida* de *Messenzio*, à Florence, et d'*Adriano in Siria*, à Livourne ; en 1784, *Quinto Fabio*, et *lo Sposo di tre femine* , à Rome; en 1784, l'*Idalide*, à Florence, et *Alessandro nelle Indie*, à Mantoue. Cherubini se rendit à Londres , et y fit exécuter en 1785 et 1787 la *Finta Principessa*, et *Giulio Sabino*. Il fut bientôt appelé à Turin pour écrire une *Iphigénie en Aulide*. Il était déjà venu à Paris en 1794, mais il ne s'y fixa qu'à son retour de Turin , en 1788 ; ce fut alors qu'il fit la musique du *Démophon* de Marmontel pour l'Opéra. La monotonie générale de cette œuvre nuisit à son succès, et le *Démophon* de Vogel fit bientôt oublier celui de Cherubini. Mais on établit, en 1789 , un opéra italien à Paris; la troupe était excellente : Cherubini en devint le chef d'orchestre, et lui fit représenter plusieurs opéras de Paisiello, de Cimarosa, etc., auxquels il ajouta divers *Morceaux* , en général assez goûtés; nous citerons surtout le magnifique qua-

tuor *Cara , da voi dipende*, dans les *Vigiatori felici;* mais il n'osa jamais risquer, sur ce théâtre , aucun opéra entier de sa façon, pas même un seul de ceux qu'il avait composés jadis en Italie. Il est vrai que Cimarosa était un rival redoutable. Tout-à-coup Cherubini, sortant de la route des grands maîtres , voulut se faire novateur : la mélodie était usée , vieille; elle exige une dépense considérable d'imagination ; le révolutionnaire employa toute sa science à développer son instrumentation , et en substituant à la mélodie les effets bruyants d'une orchestration savante; il assura à la musique d'effet un triomphe momentané sur la musique de sentiment. Cette révolution fut commencée par son opéra de *Lodoïska*, représenté en 1791. Déjà Mozart, et après lui Méhul , avaient su tirer parti d'une puissante harmonie alliée à la mélodie; Cherubini n'inventait pas en cela; il donnait seulement plus d'importance à l'harmonie ; il sacrifiait l'art à la science, et c'est en cela qu'il nous paraît avoir fait un mal considérable à l'école sur laquelle il a exercé une longue influence. Cependant le public n'était pas encore habitué à ces effets, et en général les ouvrages de Cherubini, malgré la science profonde qui s'y trouve , furent peu goûtés et sont à peu près oubliés aujourd'hui : ils manquent de verve, de variété, d'originalité. La mélodie y est nulle, ou si souvent brisée, interrompue , qu'on ne peut la suivre. Cependant l'opéra des *deux Journées*, joué en 1800, est resté au Répertoire ; il fut proposé, dans le rapport sur les prix décennaux , en 1810, pour une mention honorable. Les opéras d'*Elisa*, 1795, de *Médée*, 1797, composés d'après le système de musique développé dans *Lodoïska*, eurent moins de succès. Cherubini, qui n'était encore qu'inspecteur du Conservatoire, ne trouvant pas sa position en rapport avec sa réputation, partit alors pour l'Allemagne. Il se rendit à Vienne en 1805, et y fit représenter son opéra de *Faniska*, qui obtint un grand succès. Mais la campagne d'Austerlitz changea sa position en Autriche : il fut obligé de revenir à Paris. Napoléon, qui ne l'aimait pas, le laissa de côté. En vain écrivit-il sa partition de *Pimmaglione*, 1809, l'empereur ne lui donna aucun encouragement. Il se retira alors auprès du prince de Chimay, chez lequel il composa sa *Messe* en *fa*. Cherubini, s'écartant de toutes les traditions reçues, voulut, a-t-on dit, que sa musique exprimât le sens dramatique des paroles ; mais cette innovation eut , suivant nous, un résultat déplorable : ce fut de confondre deux genres très-différents , la musique dramatique et la musique religieuse. La Restauration valut à Cherubini le titre de professeur au Conservatoire, en 1816; celui de surintendant de la musique du roi , la même année ; enfin celui de directeur du Conservatoire, en 1822. Il avait été nommé, en 1814, membre de l'Institut. Depuis cette époque, Cherubini a peu travaillé pour le théâtre. Son dernier ouvrage a été *Ali-Baba*, joué en 1833 et accueilli froidement. Il a préféré composer des œuvres religieuses en assez grand nombre, notamment la *Messe du sacre de Charles X*. Cherubini est mort le 16 mars 1842, à l'âge de 82 ans. Ingres a fait son portrait en 1841. On a de ce savant musicien : *Principes élémentaires de musique*. Ce dernier ouvrage fut fait avec la collaboration de Gossec et Le Sueur.

CHERVIN (Nicolas), célèbre médecin, naquit à Saint-Laurent-d'Oingt, arrondissement de Villefranche, département du Rhône, le 6 octobre 1783. Après avoir fait ses études à Villefranche et à Lyon, il entra dans le commerce , qu'il abandonna bientôt pour l'étude de la médecine. En 1812, il se fit recevoir docteur à Paris. La même année, il fut envoyé à Mayence pour étudier le *typhus nosocomial*. Il fit ensuite plusieurs voyages dans le but d'observer la fièvre jaune. L'académie des sciences lui décerna un prix de 10,000 francs , pour le récompenser des recherches auxquelles il s'était livré et des services qu'il avait rendus à la science. Chervin était membre de l'académie de médecine et de la Légion-d'Honneur. Il est mort dans la misère la plus profonde le 14 août 1843. Il a laissé des brochures sur la fièvre jaune , devenues très-rares aujourd'hui. Il a été le principal collaborateur de l'ouvrage suivant · *Documents recueillis par la commission médicale française envoyée à Gibraltar pour observer la fièvre jaune qui a régné dans cette place*, 1830, 2 vol. in-8.

CHESEAUX (Jean-Philippe Loys de), né à Lausanne en 1718, mort à Paris en 1751, était petit-fils du célèbre Crouzas. Les académies des sciences de Paris , de Gœttingen et de Londres se l'associèrent. L'astronomie , la géométrie , la théologie, le droit , la médecine , l'histoire , la géographie, les antiquités sacrées et profanes l'occupèrent tour à tour; mais une étude trop étendue et trop variée l'a rendu quelquefois superficiel. Dès l'âge de 17 ans , il avait fait trois traités de physique sur la *dynamique* , sur la *force de la poudre à canon* , et sur le *mouvement de l'air dans la propaga-*

tion du son. On a encore de Cheseaux des *Dissertations critiques sur la partie prophétique de l'Ecriture-Sainte*, Paris, 1751, in-8 ; un *Traité de la comète de 1743, et des Eléments de cosmographie et d'astronomie*, qu'il composa en faveur d'un jeune seigneur. Il est presque entièrement l'auteur de la *Carte de l'Hélvétie ancienne*. Seigneur de Correvon a publié la *Vie* de Cheseaux avec une dissertation de cet auteur sur l'*Année de la naissance de J.-C.*, dans le troisième volume de sa *Traduction* du *Traité de la Religion d'Addisson*, Genève, 1771, in-8.

CHÉSELDEN (Guillaume), chirurgien célèbre de Londres, né en 1688, dans le comté de Leicester, mort en 1752, à 64 ans, était de la société royale de cette ville, et correspondant de l'Académie des sciences de Paris. Les heureux succès de Douglas, qui suivait la méthode du Frère Jacques dans l'extraction de la pierre par le haut appareil, l'animèrent à suivre et à pratiquer la même méthode; et dans l'expérience qu'il en fit , il ne trouva d'autre sujet de se repentir, que celui de n'avoir pas tenté ce secours plus tôt; il faut dire qu'il perfectionna cette méthode. Mais de toutes ses opérations, celle qui lui fit le plus d'honneur fut d'avoir rendu la vue à un jeune homme de 14 ans , aveugle de naissance. On trouve les détails circonstanciés de cette opération, dans les *Transactions philosophiques* et dans les *Mémoires de l'académie de chirurgie*. Quelques faux philosophes n'ont pas rougi d'opposer cette guérison à celle de l'aveugle né de l'Evangile , comme si une opération chirurgicale pouvait être comparée à une simple parole ou à des moyens qui ne prennent leur efficace que dans la volonté de Dieu. Chéselden donna, en 1713 , une *Anatomie du corps humain*, réimprimée pour la onzième fois en 1778 ; cet ouvrage est semé d'observations très-curieuses , et orné de quarante planches fort exactes. Le même auteur a donné une *Ostéographie*, Londres, 1773 , in-fol. avec de très-belles figures. On y trouve une exposition des maladies des os , remarquable par son exactitude; mais cet ouvrage fut durement critiqué par Jean Douglas; un *Traité de l'opération de la taille par le haut appareil* , en anglais , traduit en français par Nogues, ouvrage critiqué violemment par l'auteur du *Lithotomus castratus* , attribué à Jean Douglas ; l'*Histoire de sa manière de tailler* , en anglais , Londres , 1730; traduit en français par Guérin , Paris, 1818 , in-8.

CHESNAYE (Nicole de la), auteur absolument inconnu , auquel on attribue

une moralité assez rare, qui est intitulée:
*La Nef de santé, avec le gouvernail du
corps humain, la condamnation des ban-
quets, et le traité des passions de l'âme*,
Paris, Vérard, in-4, sans date ; et Paris,
Michel Lenoir, 1511, in-4, fig., goth.

CHESNE (André du), appelé le *Père
de l'Histoire de France*, naquit en 1584
à l'île Bouchard en Touraine. Il fut écrasé en 1640, à 56 ans, par une charrette,
en allant de Paris à sa maison de campagne à Verrière. On a de lui : une *Histoire des Papes*, Paris, 1653, 2 vol. in-
fol.; une *Histoire d'Angleterre*, en 2 vol
in-fol., comme la précédente, Paris, 1634,
et regardées l'une et l'autre comme des
compilations indigestes ; l'*Histoire des
cardinaux français*, qu'il commença et
que son fils acheva en partie, Paris, 1660.
Il n'y en a que 2 vol. de publiés, et il
devait y en avoir quatre. C'est un ouvrage
mal fait, mal digéré, et encore plus mal
écrit; un *Recueil des historiens de France*,
il devait contenir 24 vol. in-fol. Il donna
les deux premiers vol., depuis l'origine
de la nation jusqu'à Hugues Capet; le
troisième et le quatrième, depuis Charles-Martel jusqu'à Philippe-Auguste,
étaient sous presse lorsqu'il mourut. (Son
fils François du Chesne, héritier de l'é-
rudition de son père, publia le cinquième, depuis Philippe-Auguste jusqu'à
Philippe-le-Bel.); *Historiæ Francorum et
Normanorum scriptores*, in fol.; *Les généalogies de Montmorenci, Châtillon,
Guines, Vergy, Dreux, Béthune, Cha-
teigners*, 7 vol. in-fol.; *Histoire des ducs
de Bourgogne*, 1619 et 1628, 2 vol. in-4;
Bibliotheca Cluniacensis, Paris 1614,
in-fol. etc., recueil utile et rare qui contient d'excellentes pièces pour l'*Histoire
de l'abbaye de Cluny et ses dépendances.*
Il l'a publié avec D. Marrier. Du Chesne
était un des plus savants hommes que la
France ait produits pour l'histoire, surtout pour celle du *Bas-Empire*. Il communiquait libéralement ses recherches,
non seulement à ses amis, mais encore
aux étrangers. La recherche sur les antiquités des villes de France, que plusieurs
écrivains lui ont attribuée, ne paraît
point être de cet écrivain.

CHESNE (Jean-Baptiste PHILIPOTOT
Du), jésuite, né en 1682, au village du
Chesne en Champagne, dont il prit le
nom, mourut en 1755, dans sa soixante-
troisième année. On a de lui : *Abrégé de
l'histoire d'Espagne*, in-12; *Abrégé de
l'histoire ancienne*, in-12. Ces deux ouvrages, quoique superficiels, comme le
sont nécessairement les ouvrages élémentaires, ont servi à l'éducation de la jeunesse, pour laquelle l'auteur avait du

talent; *La science de la jeune noblesse*,
1730, 3 vol. in-12, ouvrage qui a eu un
succès mérité, et qu'on a imprudemment
remplacé par des livres imbus des erreurs
de la philosophie du jour. Il serait à
souhaiter qu'on les réimprimât avec quelques additions ; *Le prédestinatianisme*,
1724, in-4; *Histoire du baïanisme*, 1731,
in-4. C'est dans ces deux ouvrages que
paraissent le savoir et le talent du Père
du Chesne, et où l'on a admiré l'homme
qui dans les livres précédents a pu s'ape-
tisser et se proportionner aux besoins et
aux facultés du premier âge. Cependant
l'*Histoire du baïanisme*, ayant paru renfermer des censures trop fortes de quelques opinions et de quelques hommes
célèbres, fut mis à l'*index* par un décret
du 17 mars 1734. (Voyez SOTO.)

CHÉTARDIE (Joachim Trotti de La),
l'un des plus grands hommes, nous di-
rions volontiers le plus grand, dans un
ordre de choses où le génie serait apprécié
comme il doit l'être, selon la double
raison de la logique rigoureuse dans la
pensée et de la charité perpétuelle dans
l'action ; né le 23 novembre 1636, au
château de son nom et de sa famille, paroisse d'Excideuil, au diocèse de Limoges, et mort à Paris le 29 juin 1714,
comme avec le siècle de Louis-le-Grand.
La famille de La Chétardie, l'une des
plus anciennes de l'Angoumois, donnait
encore des ambassadeurs en Russie au
milieu du 18e siècle. Il entra laïque au
séminaire de Saint-Sulpice de Paris en
1657, et fut successivement docteur en
théologie de Sorbonne, supérieur des
séminaires de son ordre au Puy-en-Velay
et à Bourges, prieur de Saint-Cosme-
l'Isle-les-Tours (comme héritier de son
grand-oncle, conseiller au Parlement de
Paris), et enfin, à la prière du sage
Tronson, curé de Saint-Sulpice, alors
comme aujourd'hui la principale paroisse
de Paris. La première année de son exercice fut marquée par la conversion de la
célèbre dame Guyon. Bientôt sa renommée fut telle, que les communautés les
plus sages, les plus nobles personnages
de la cour et de la ville, et le roi lui-
même, voulurent l'avoir pour directeur.
Madame de Maintenon et les princesses
de Conti surtout lui donnaient à la fois
leurs âmes et leurs trésors à gouverner.
Lorsque Louis XIV le nomma à l'évêché
de Poitiers en 1702 : « J'ai soixante-six
raisons (il avait 66 ans) qui m'empêchent de recevoir l'honneur que me fait
Votre Majesté. » Sa charité égalait sa
science ; et quelquefois c'étaient les princes qui en avaient le plus besoin. « La
reine d'Angleterre, dit l'*Essai sur l'in-*

fluence *de la religion*, la reine dout la
pension n'était pas payée exactement au
milieu des désastres publics, recourut
plus d'une fois à lui, et il s'empressait
d'offrir à cette illustre exilée toutes sortes
de consolations. » Mais c'était surtout
aux établissements, aux communautés et
aux associations publiques, que La Chétardie donnait son attention. Il en couvrit, on peut le dire, sa paroisse, à
l'exemple d'Olier qu'il avait pris pour
modèle. C'est à lui que Paris dut ses premières *Écoles dominicales*, d'où sortaient
à la fois de bons ouvriers, des artistes
distingués, des jeunes gens honnêtes, et
dont les règlements ont été copiés depuis
par les plus sages instituteurs d'arts et
métiers. Les écoles des Frères de la doctrine chrétienne, dont les progrès ont
fait et feront à jamais l'honneur de la
France, à laquelle ils semblent appartenir en propre, lui doivent peut-être
autant l'existence qu'à l'abbé de La Salle,
qu'il appela de Reims, qu'il établit sur
sa paroisse, et qu'il encouragea de ses
conseils et de ses secours. Mais il nous
faut le voir, ce semble, de plus près,
en laissant parler de l'auteur de l'*Essai historique sur l'église de Saint-Sulpice* :
« M. de La Chétardie était d'une taille
avantageuse, bien fait de sa personne,
respectable en son abord et dans ses manières d'agir, qui étaient toutes gracieuses et se ressentaient de la droiture
de son cœur. Il était rempli de zèle pour
l'honneur de Dieu ; ferme qu'il était
dans le bien, constant dans la saine doctrine, il était ennemi de tout ce qu'on
appelle *nouveauté* ; il en donna des preuves, lorsque M. Oursel, supérieur de sa
communauté, ayant été d'avis, en Sorbonne, de ne point recevoir la Constitution, il ne crut pas devoir le garder
plus longtemps et le pria de se retirer.
Il était libéral, obligeant, tendre envers les pauvres : il en donna surtout des
preuves en 1709 (l'année de la grande
disette). Dès le moment qu'il fut curé,
il mit tous ses revenus dans la masse des
aumônes, pour être employés avec les
sommes qu'on lui confiait pour le soulagement des pauvres nécessiteux, l'entretien des écoles charitables, dont la
dépense était et est encore très-grande,
et pour celui des communautés tant religieuses que séculières de cette paroisse,
qui, pendant les années de cherté, sans
ces secours extraordinaires, auraient
été réduites à cesser et à se dissiper, et
qui, par ce moyen, se sont soutenues.
Il ne se réserva que ce qui lui était absolument nécessaire pour son entretien,
sa pension à la communauté, ainsi que

pour les gages et pension de son domestique. Le 3 juin 1714, peu de jours avant
sa mort, il se fit rendre un compte exact,
en présence du supérieur et des quatre
anciens de la communauté, de tout ce
qu'il avait reçu et dépensé depuis qu'il
était curé et le signa avec eux. Il avait
fait et écrit de sa main son testament,
le 15 avril 1712 ; il y ajouta et fit quelques légers changements dans sa dernière maladie. Voici quelques-unes des
dispositions qu'il renferme, et qui marquent bien l'humilité qui le caractérisa
toute sa vie : « Je désire qu'on sonne
très-peu de temps et avec le moins d'affectation qu'on pourra les cloches de
l'église, ne voulant causer aucun bruit
ou éclat ; je ne veux aucune tenture
qu'un simple morceau d'étoffe noire devant la porte de la maison et autant devant celle de l'église ; je défends toute
impression de billets pour convier à mon
service qui que ce soit. J'ai été trop honoré d'avoir été associé aux MM. les curés
de Paris ; j'espère qu'ils prieront et feront
prier pour moi. Un convoi simple, sans
bruit, sans concours, sans aucun éclat.
Je souhaite beaucoup qu'on célèbre pour
moi une grande messe, le corps présent,
et qu'on me recommande le dimanche
suivant, pendant le prône, aux prières
du saint clergé, et de Messieurs et Dames
de la paroisse, les suppliant de se souvenir de moi devant le Seigneur, et les
conjurant de me pardonner, si j'ai manqué à quelqu'un de mes devoirs à leur
égard, ou de ne leur avoir pas donné le
bon exemple auquel j'étais tenu, ou de
ne leur avoir pas été assez utile devant
Dieu et devant les hommes. Je ne mérite
pas d'être inhumé dans le caveau de
MM. les prêtres et autres ecclésiastiques
du séminaire de Saint-Sulpice, que j'ai
toujours regardés comme des saints. Je
suis très-fâché de n'avoir pas profité de
l'éducation chrétienne et ecclésiastique
que j'ai reçue chez eux. Je les révère
comme de vrais serviteurs de Dieu. Je
prie mon exécuteur testamentaire de faire
mettre mon cœur dans un vase de plomb
et de l'inhumer à leurs pieds, voulant y
être pour rendre hommage à leur sainteté, et pour y avoir cette situation
humble, en réparation des fautes que
j'ai commises en leur compagnie, et qui,
sans doute, les ont mal édifiés et con-
tristés ; j'espère qu'ils m'admettront par
grâce dans leur compagnie, où je ne mérite tout au plus que le dernier lieu.
Pour mon corps, je me tiendrais heureux
d'être inhumé au cimetière, près la communauté de MM. nos prêtres et confrères, aux prières et sacrifices desquels

je me recommande autant que Dieu le leur inspirera. Quant à mes biens, s'il en reste encore en ma disposition, j'entends de ceux de ma famille, je les laisse aux héritiers de notre maison, à qui de droit ils appartiendront : ceux que je pourrais avoir à Paris sont de si petite valeur, qu'ils ne méritent pas qu'on en fasse aucune disposition particulière ; cependant, pour éviter tout embarras, voici l'ordre que je crois y devoir mettre. Je déclare n'avoir ni or ni argent qui m'appartienne en propre, car j'ai abandonné le revenu annuel qui m'aurait pu revenir personnellement pour faire subsister notre communauté, qui, sans ce secours, serait tombée ; et je ne me suis retenu de toute cette cure ou bénéfice, que ce qui m'a été précisément nécessaire pour mon entretien et celui d'un domestique qui me sert. De sorte que, n'ayant ni patrimoine ni bénéfice, je déclare que ce qu'on pourra me trouver d'or ou d'argent à ma mort est un dépôt que Messieurs et Dames de la paroisse m'ont mis entre les mains pour le dépenser aux besoins des pauvres et maintien des bonnes œuvres de la paroisse, et par conséquent qu'il faut le remettre aux assemblées de charité. Pour mes meubles, ils sont de très-petite valeur. » Il donne son calice et son ornement à l'église où il avait été baptisé, ses effets et meubles à son domestique, et une partie de l'argent que l'on retirera de ses livres, pour faire prier Dieu pour lui, une autre aux domestiques de la communauté, l'autre aux pauvres de la paroisse. « Telles sont mes dernières dispositions au sortir de ce monde, où je quitte tout sans regret, excepté l'Eglise de Jésus-Christ, fondée sur ses mérites et sur les miséricordes infinies de Dieu. Je ne crains point la mort, comprenant bien qu'un homme éclairé sur sa religion doit haïr la vie d'Adam et soupirer après la vie de Jésus-Christ. Ainsi je m'en vais, mais je reviendrai ; je m'endors, mais je me réveillerai ; je meurs, mais je ressusciterai ; j'emporte cette douce espérance dans mon sein, et j'entre dans le tombeau, attendant la résurrection des morts et la vie du siècle à venir. Ainsi soit-il. » M. de La Chétardie donna sa démission, le 19 juin 1714, entre les mains de M. le cardinal d'Estrées, abbé de Saint-Germain, en faveur de M. Languet, son vicaire. Le nonce du Pape vint le visiter, et il mourut dans sa communauté, au milieu de ses prêtres qu'il chérissait et dont il était chéri, le 26 juin de la même année. A peine fut-il expiré, que tout le monde s'empressa de lui venir baiser les

pieds ; et on fut obligé de laisser le presbytère ouvert pour y laisser entrer les paroissiens, qui désiraient tous de lui rendre leurs derniers devoirs. On suivit autant qu'on le put ses intentions ; ce qui n'empêcha point qu'il n'y eût le plus grand concours à son convoi et service qui se fit à l'église le 2 juillet. MM. les curés de Paris s'y trouvèrent ; les deux plus anciens firent diacre et sous-diacre. M. Languet dit la grand'messe et fit les obsèques. A la sollicitation de MM. du séminaire, on transporta le corps dans leur chapelle basse, où il fut inhumé à côté de MM. de Poussé et de la Barmondière. Cet à jamais admirable et digne curé fut toujours très-appliqué à ses devoirs de pasteur ; il trouva encore le temps d'écrire, et l'on a de lui plusieurs ouvrages très-estimés : *Homiliæ in quatuor partes divisæ*, *complectentes expositiones Evangeliorum quæ Dominicis aliisque anni diebus leguntur*, 4 vol. in-12, et 2 vol. in-4 ; *Homélies pour les dimanches et fêtes de l'année*, 3 vol. in-4 ; *Catéchisme*, ou *Abrégé de la doctrine chrétienne*, ci-devant intitulé : *Catéchisme de Bourges*, in-12. Il en donna une septième édition en 1714, 4 vol. in-12 ; *Exercices de piété pendant la sainte Messe*, *et prières ou élévations pour sanctifier les 24 heures du jour et de la nuit*, in-12 ; *Abrégé du catéchisme de Bourges*, in-12 ; *Entretiens ecclésiastiques*, tirés de l'Ecriture-Sainte, du Pontifical et des Saints Pères, ou *Retraite pour les ordinands*, 4 vol. in-12 ; *Retraite pour les ecclésiastiques*, 2 vol. in-12 ; *Preuves sommaires de la croyance de l'Eglise*, in-12 ; *Explication de l'Apocalypse par l'Histoire ecclésiastique*, pour prévenir les catholiques et les nouveaux convertis contre les fausses interprétations des ministres, in-4 et in-8, 1692, 1701, etc. ; 1707. A la fin de cet ouvrage, on trouve la *Vie* des persécuteurs de l'Eglise, et celle de Constantin et de sainte Hélène, qui lui ont rendu la paix. M. de La Chétardie, ayant envoyé ces ouvrages au pape Clément XI, en fut remercié par deux brefs. (Voyez Holzhauser.) C'est à ces divers livres, c'est surtout à son *Catéchisme*, véritablement du premier ordre, que La Chétardie a dû l'immense autorité dont il a joui de son vivant, et qui n'a fait que s'accroître depuis sa mort : on ne s'imaginera jamais assez l'importance, l'utilité, la nécessité, non-seulement pour la jeunesse, mais encore pour l'âge mûr et tous les âges, de ce qu'on appelle un *Catéchisme*. C'est plus qu'une philosophie, plus qu'une théologie ; c'est plus même que l'*Ancien* et le

Nouveau-Testament, puisque c'est l'explication, l'abrégé, à l'usage de tout le monde, la substance de ces livres divers, hors desquels il n'est pas plus de science que de salut. Les plus grands hommes, les plus beaux génies de l'Eglise ont aspiré à composer des catéchismes après avoir publié tous leurs autres livres, pour les couronner, et au besoin pour les remplacer tous. Et les évêques, qui sont supérieurs à tous les grands hommes utiles, puisqu'ils sont les grands hommes *nécessaires*, n'ont guère de mission plus divine et plus bienfaisante que celle de composer ou de perfectionner les *Catéchismes*. La Chétardie, qui voyait de haut et de loin, se prépara de bonne heure à cette science fondamentale. Et comme si l'amour de l'âge de l'innocence était la condition de la supériorité, il commença par *appeler à lui* et catéchiser *les petits enfants* avant d'instruire le grand monde et le grand siècle. Son ouvrage, qu'il a perfectionné toute sa vie dans de nombreuses éditions, est, de l'avis des plus grands maîtres et des meilleurs juges en cette matière, le meilleur de tous les ouvrages de ce genre. On peut le considérer comme le *Catéchisme des catéchismes*. C'est là qu'on ne trouve pas *un mot* qui n'exprime *une pensée*, pas une pensée qui ne soit *une preuve* ou qui ne concoure à une preuve *de vérité*, nécessaire ou utile, et pas une vérité qui n'oblige de près ou de loin à *un bon propos*, ou à *une bonne action*. Telle est la seule littérature vraie, et la seule aussi qui progresse et qui demeure. Le beau catéchisme qui avait eu un grand nombre d'éditions dans les 17e et 18e siècle, et qu'on avait tiré à des nombres très-considérables, était devenu si rare et si recherché de nos jours, qu'on l'achetait à tout prix. Un libraire de Bourges, le pays même où le livre avait paru pour la première fois, l'a fait réimprimer, il n'y a pas longtemps, et l'édition est déjà presque épuisée. L'esprit dans l'ouvrage de La Chétardie le dispute quelquefois à la simplicité, et la simplicité ne va guère sans le sublime. La Chétardie a joint à son *Catéchisme des opuscules* qui sont de petits chefs-d'œuvre dans un grand; par exemple : *Quelques motifs pour une religieuse obligée à réciter l'office en une langue qu'elle n'entend pas*, 15 pages qui sapent dans ses fondements une des grandes bases de la réforme.

CHÉTARDIE (le chevalier de La), neveu de l'illustre curé de Saint-Sulpice, mort vers 1700, était un homme d'esprit, plein de politesse. Il est auteur de deux ouvrages. Le premier a pour titre : *Instruction pour un jeune seigneur, ou l'Idée d'un galant gentilhomme*, La Haye, 1683, in-12; et le deuxième est intitulé : *Instruction pour une princesse, ou l'Idée d'une honnête femme*, Amsterdam, 1685, in-12.

CHEVANES (Jacques de), connu sous le nom du *Père Jacques d'Autun*, du lieu de sa naissance, prit l'habit de capucin dans la province de Lyon, où il se fit un nom parmi les prédicateurs et les théologiens de son temps; il a écrit : *L'amour triomphant des impossibilités de la nature et de la morale*, ou *Discours sur le très-auguste sacrement de l'Eucharistie*, in-4, Lyon, 1633; *Les entretiens curieux d'Hermodore et du voyageur inconnu*, etc., in-4, Lyon, 1654 : c'est une réfutation des ouvrages de J. P. Le Camus, avec une apologie des Ordres religieux; *La conduite des Illustres*, ou *les Maximes pour aspirer à la gloire d'une vie héroïque et chrétienne*, Paris, 1657, 2 vol. in-4; *L'incrédulité ignorante et la crédulité savante, au sujet des magiciens et sorciers*, avec la réponse à un livre intitulé : *Apologie pour tous les grands personnages qui ont été accusés de magie*, par Naudé, in-4, Lyon, 1671; *Justæ expectationes nostræ salutis, opposita desperationi sæculi*, 2 vol. in-4, Lyon, 1649.

CHEVANNE; ancien conseiller à la cour royale de Bourges, naquit à Surgy en 1761, de parents aisés. Il étudiait le droit à Paris, lorsque la révolution éclata; il en embrassa les principes avec enthousiasme. Chevanne fut nommé successivement électeur à l'assemblée primaire, administrateur du directoire du district de Clamecy, membre de l'administration centrale du département. Dans ces diverses fonctions, il se montra partisan d'une réforme prudente et modérée. Les excès révolutionnaires le révoltèrent bientôt; il voulut s'y opposer, et cette résistance, rare dans ces temps difficiles, lui valut, en 1793, une longue incarcération qui faillit lui coûter la vie. Le 9 thermidor le sauva. Plus tard, il devint chef de division au ministère de la justice, puis magistrat de sûreté à Clamecy, d'où il fut envoyé en Italie en qualité d'abord de procureur-général criminel à Sienne, et ensuite de premier avocat-général près la cour impériale de Florence. En 1813, il fut obligé de rentrer en France à cause d'un duel qu'il eut à soutenir contre un militaire qui l'avait insulté dans l'exercice de ses fonctions. Le duc de Massa, ministre de la justice, le nomma peu après conseiller à la cour royale de Bourges. Il est mort à Clamecy au mois de septembre 1843. Chevanne a publié plusieurs articles de jurisprudence dans différents journaux.

CHEVASSU (Joseph), curé des Rousses, dans le diocèse de Saint-Claude, né à Saint-Claude, en Franche-Comté, le 6 novembre 1674, mort dans la même ville le 15 octobre 1753, était l'exemple du troupeau qu'il instruisait. On a de lui : des *Méditations ecclésiastiques*, Lyon, 1737, 4 vol.; 1743, 5 vol. in-12; *Méditations sur la passion*, Lyon, 1746, in-12; *Abrégé du Rituel romain, avec des instructions sur les sacrements*, Lyon, 1746, in-12; *le Missionnaire paroissial*, 4 vol. in-12, renfermant ses prônes et des conférences sur les principales vérités de la religion. L'onction n'était pas la qualité dominante de cet orateur; mais il était instruit, et il possédait bien l'Écriture et les Pères.

CHEVERUS (J.-B.-A.-M. Lefèbvre de), cardinal, archevêque de Bordeaux, naquit le 28 janvier 1768 à Mayenne, où son père occupait une charge de justice. Il fit ses études au collège Louis-le-Grand à Paris; très-jeune encore, il jouissait d'un bénéfice simple à la nomination de Monsieur, depuis Louis XVIII; il montrait déjà du goût pour la piété et se distinguait par son application, la vivacité de son intelligence et d'heureuses qualités. Il quitta Louis-le-Grand pour entrer au séminaire de Saint-Magloire, tenu par les Oratoriens, et il fut ordonné prêtre le 18 décembre 1790, dans la dernière ordination publique qu'il y eut à Paris. Il n'avait pas encore l'âge requis pour le sacerdoce, mais on venait de décréter la constitution civile du clergé : un schisme était à craindre. De Cheverus, que les dangers n'effrayèrent pas, voulut être prêt à prendre parti dans la lutte, et il profita de la dispense que l'évêque du Mans avait demandée pour lui au Saint-Siége; il n'avait alors que 23 ans. Nommé à la cure de Notre-Dame de Mayenne en remplacement de son oncle, vieux et infirme, auprès duquel il avait d'abord rempli les fonctions de vicaire, le jeune abbé de Cheverus ne put en prendre possession, parce qu'il refusa de prêter le serment; toutefois il exerça, pendant quelque temps, le ministère en secret dans la paroisse. Obligé bientôt de la quitter, il revint à Paris où il se trouvait au moment des massacres de septembre. Il se cacha, pendant ces funestes journées, chez son frère, étudiant en droit au collège Louis-le-Grand, qui lui procura un déguisement et un passeport pour sortir de France. Arrivé en Angle-

terre, où il s'était dirigé, il donna d'abord quelques leçons, et ouvrit ensuite une chapelle pour les catholiques de son quartier. On lui offrit d'aller prendre la direction d'un collège nouvellement établi à Cayenne; mais, après s'être consulté devant Dieu, il refusa, et plus tard il eut lieu de s'applaudir de cette détermination; car, sans doute, il n'eût point échappé à la persécution qui atteignit les prêtres de ce pays. En 1795, l'abbé Matignon, docteur de Sorbonne, qu'il avait connu à Paris, lui écrivit de venir le joindre à Boston où il était. L'abbé de Cheverus hésita d'abord, puis se décida à partir. Avant de quitter l'Europe, il voulut mettre ordre à ses affaires, et pour se délivrer de tout souci à cet égard il fit cession de ses biens présents et à venir à ses frères et sœurs. Après cet acte de généreux renoncement, il s'embarqua pour Boston, où il arriva le 3 octobre 1796. L'abbé Matignon l'y accueillit avec la plus grande satisfaction, et bientôt les relations les plus intimes s'établirent entre les deux missionnaires. Tout devint commun entre eux, et ils travaillèrent au bien de la religion avec un admirable talent. Par leurs soins, le nombre des catholiques s'accrut; on pensa alors à bâtir une église. Une souscription fut ouverte; mais, quoique le président des États, John Adam, se fût mis à la tête des souscripteurs, les ressources furent peu abondantes et la construction avança lentement; elle ne fut terminée qu'en septembre 1802. L'abbé de Cheverus visitait de temps en temps les catholiques des environs de Boston qui n'avaient point de prêtre, et il passait jusqu'à deux ou trois mois chez les Indiens de Passamaquody et de Penobscot; allant et venant d'une tribu à l'autre, il portait partout les bienfaits de son ministère, et soutenait avec joie des privations de toute espèce. En 1798, il eut une nouvelle occasion de déployer son zèle et son dévouement : la fièvre jaune régnait dans Boston, toutes les imaginations étaient frappées, et la frayeur l'emportant sur les sentiments de la nature dès que la maladie était entrée quelque part, tous abandonnaient la maison et laissaient le pauvre malade sur son lit de douleur sans secours comme sans consolation. Dans cette extrémité, l'abbé de Cheverus n'hésita pas à se dévouer, et bientôt on le vit voler de maison en maison; apôtre et infirmier de tous les malades, rien ne pouvait l'arrêter. « Il « n'est pas nécessaire que je vive, ré- « pondait-il; mais il est nécessaire que « les malades soient soignés, les mori-

« bonds assistés. » Et tout le temps que dura la maladie, il n'interrompit pas un seul jour ces exercices de charité aussi pénibles que périlleux. Une si belle conduite porta au plus haut point l'attachement et le respect des habitants de Boston pour sa personne. En même temps qu'il se livrait à ses œuvres de zèle et de dévouement, l'abbé de Cheverus cultivait les sciences ecclésiastiques et les lettres profanes; observateur attentif et pénétrant de la société, il avait remarqué la haute estime qu'on avait pour les sciences humaines et ceux qui les possédaient, il pensa qu'il ne pouvait être permis à un prêtre de négliger ce moyen d'exercer de l'influence sur les hommes du monde, et il s'appliqua avec une grande ardeur aux études qui étaient le plus en honneur à Boston; il apprit si bien l'anglais qu'il était devenu le maître des difficultés de cette langue, et la parlait avec une rare correction. Après le concordat de 1801, l'abbé de Cheverus fut vivement sollicité par sa famille et par ses amis de revenir en France; il eût désiré se rendre à leur vœu, mais son affection pour l'abbé Matignon et les instances de l'évêque de Carrol le décidèrent à rester en Amérique, et, après de longues hésitations, il annonça enfin à ses ouailles, le dimanche après Pâques 1803, qu'il demeurerait avec elles et qu'il partagerait leur bonne et leur mauvaise fortune. En 1808, Mgr de Carrol demanda l'érection de nouveaux sièges aux Etats-Unis; il destinait l'un d'eux à l'abbé Matignon, mais celui-ci refusa et indiqua son ami qui fut nommé à sa place et sacré, en 1810, évêque de Boston. Mgr de Cheverus avait toutes les qualités requises pour l'épiscopat: il était pieux et plein de zèle pour la gloire de Dieu, il possédait une grande instruction; doué d'une facilité merveilleuse pour les langues, il savait le grec et l'hébreu, il parlait et écrivait le latin comme sa langue maternelle; il avait fait, ainsi que nous l'avons dit, une étude particulière de l'anglais; il s'exprimait en chaire avec facilité, et cherchait plus à convaincre qu'à briller; ses discours avaient une onction douce et persuasive; il savait se mettre à la portée de toutes les classes et parler à chacun le langage qui lui convenait. La douceur de son commerce, l'affabilité de ses manières lui avaient fait des amis parmi les protestants et les catholiques, et il savait être bon et affectueux pour les uns comme pour les autres. Du reste, rien ne fut changé dans sa manière de vivre qui resta aussi simple et aussi modeste qu'au-

paravant; il n'avait qu'une petite chambre, et en la montrant aux étrangers qui venaient le voir, il leur disait en souriant : « Vous voyez le palais épiscopal, « il est ouvert à tout le monde. » Il continua à exercer les plus humbles fonctions du ministère, confessant, catéchisant, visitant les pauvres et les malades; ses chères tribus de Penobscot et de Passamaquody le virent évêque tel qu'ils l'avaient vu simple prêtre, et il ne considéra son épiscopat que comme une obligation à un plus grand dévouement. Au mois de septembre 1818, Mgr de Cheverus eut le malheur de perdre son vieil ami l'abbé Matignon, il en conçut un profond chagrin; privé d'un auxiliaire si zélé, ses occupations s'accrurent et bientôt sa santé en fut altérée; il pensa dès lors à retourner en France auprès de sa famille. En 1822, Hyde de Neuville, ambassadeur de France aux Etats-Unis, ayant parlé, à son retour, des vertus de l'évêque de Boston, de sa charité et de son zèle, le gouvernement, ne voulant pas que l'église de France fût privée plus longtemps des services d'un si précieux coopérateur, le nomma à l'évêché de Montauban. Mgr de Cheverus reçut, avec l'avis de sa nomination, des lettres pressantes qui l'invitaient à accepter. Ce fut pour lui de nouveaux sujets de combats; les catholiques et les protestants de Boston se réunirent pour le prier de rester avec eux. En effet, le prélat n'accepta pas immédiatement. Le 22 avril 1823, deux cent vingt-six habitants notables de Boston écrivirent en France pour essayer de faire révoquer sa nomination; mais les motifs mêmes qu'ils alléguaient devenaient un obstacle à l'accomplissement de leurs désirs. Mgr de Cheverus reçut de France de nouvelles instances auxquelles il crut impossible de se refuser. Avant de partir, il fit les adieux les plus touchants aux habitants de Boston, et distribua aux ecclésiastiques qu'il laissait et à ses amis tout ce qui ne lui était pas strictement nécessaire, ses livres, ses meubles, etc. Il voulait, disait-il, exécuter son testament comme s'il eût été mort; il partit de New-York le 1er octobre. Sa traversée fut d'abord heureuse; mais, à l'entrée de la Manche, le bâtiment fut surpris par une tempête et obligé de s'échouer le 21 octobre près le cap de la Hogue. Les passagers coururent des dangers; cependant on n'eut à regretter aucun malheur. Mgr de Cheverus fut recueilli par le curé d'Auderville, près Cherbourg, et il officia dans son église le jour de la Toussaint. Le prélat ne se revit pas sans émotion sur la terre natale. Avant de se rendre à Montauban, il voulut aller visiter sa famille à Mayenne et revoir ses anciens amis. Enfin, le 28 juillet 1824, il fit son entrée dans son nouveau diocèse, où bientôt il conquit tous les cœurs comme il avait fait à Boston. Les ministres protestants eux-mêmes étaient venus le saluer. On raconte de lui des traits touchants : il savait qu'un curé de son diocèse était mal avec le maire de la commune; il apprend que le magistrat était à Montauban, il se rend chez lui, et sans autres explications : « Je crains, dit-il, « d'être indiscret; me promettez-vous « de faire ce que je désire ? » Le maire proteste qu'il serait trop heureux de faire quelque chose qui fût agréable à Monseigneur. Alors Mgr de Cheverus l'embrasse sur les deux joues, et lui dit : *Portez cela à votre curé.* Le maire, tout ému, promit que dès ce moment il oubliait tous ses griefs contre le curé, et que l'évêque pouvait considérer la réconciliation comme déjà faite. Dans une inondation du Tarn, il montra le plus grand dévouement : on le vit se porter partout où il y avait du danger; la tête nue, et dans l'eau jusqu'aux genoux, il encourageait plus encore par son exemple que par ses paroles ceux qui aidaient les habitants des maisons submergées à sauver leur mobilier. Il en recueillit plusieurs dans son palais, les nourrit à ses frais et leur prodigua toutes sortes de secours. Nous pourrions rapporter beaucoup d'autres traits de ce genre dans la vie de Mgr de Cheverus. Pendant le carême, il assistait aux offices et prêchait trois fois par semaine dans sa cathédrale. En 1826, Mgr d'Aviau, archevêque de Bordeaux, étant mort, Mgr Frayssinous pensa que ce vénérable prélat qui laissait dans son diocèse de si profonds regrets ne pouvait être mieux remplacé que par l'évêque de Montauban, et Mgr de Cheverus fut appelé par le roi à ce nouveau siége. Peu après il fut nommé pair de France; cette dernière faveur était d'autant plus marquée que personne ne partagea avec lui les honneurs de la promotion. Il arriva à Bordeaux le 14 décembre, et la réputation qu'il s'était faite à Montauban avait prévenu les esprits en sa faveur; mais sa charité, les grâces de son esprit, la simplicité de ses manières dépassèrent encore l'attention publique. Mgr de Cheverus était le père de tous, mais plus particulièrement de son clergé; non seulement il accueillait avec la plus grande bienveillance les prêtres de son diocèse quand ils venaient à Bordeaux, ne voulant pas qu'ils eussent d'autre

table que la sienne, mais il se plaisait également à recevoir les habitants de la ville et les étrangers qui venaient le saluer. Toute discussion politique était entièrement bannie de ses salons, et il interdisait toute conversation sur ce sujet. Son zèle épiscopal fut à Bordeaux ce qu'il avait été à Montauban et à Boston. Il ne négligea rien de ce qui pouvait tourner au profit de la religion dans son diocèse; mais sa sollicitude se porta principalement sur l'éducation de la jeunesse : il soutint et encouragea les maisons de Frères et de Sœurs; les séminaires étaient l'objet continuel de ses soins, et rien ne lui coûtait pour assurer la prospérité de ces précieux établissements. Le collége royal appela également son attention, et il eut le bonheur de réussir dans les efforts qu'il fit pour faire revivre dans cette maison la foi et la pratique de la religion. Dans une circonstance grave, Mgr de Cheverus sembla se séparer de ses collègues, il refusa de signer le *Mémoire* présenté au roi par Mgr de Clermont-Tonnerre au sujet des ordonnances du 16 juin 1828. Mais le différend ne portait que sur la forme, il trouvait quelques expressions de ce *Mémoire* trop vives et trop fortes; quant au fond, il était d'accord avec tous les évêques de France. Après la révolution de Juillet, les pairs nommés par le roi Charles X ayant été exclus par la Chambre, Mgr de Cheverus fut atteint par cette mesure; loin de s'en plaindre, il sembla s'en réjouir, et il fit insérer dans tous les journaux de Bordeaux une note ainsi conçue : « Sans approuver l'exclusion prononcée « contre les pairs nommés par le roi « Charles X, je me réjouis de me trou- « ver hors de la carrière politique, et « j'ai pris la ferme résolution de ne pas « y rentrer et de n'accepter aucune « place ni aucune fonction. Je désire « rester au milieu de mon troupeau et « continuer à y exercer un ministère de « charité, de paix et d'union. Je prê- « cherai la soumission au gouvernement, « j'en donnerai l'exemple, et nous ne « cesserons, mon clergé et moi, de prier « avec nos ouailles pour la prospérité de « notre chère patrie. Je me sens de plus « en plus attaché aux habitants de Bor- « deaux. Je les remercie de l'amitié qu'ils « me témoignent. Le vœu de mon cœur « est de vivre et de mourir au milieu « d'eux, mais sans autre titre que celui « d'un archevêque et ami. » Depuis cette époque en effet, Mgr de Cheverus ne sortit plus de son diocèse qu'une seule fois pour venir à Paris recevoir le chapeau de cardinal. Tout entier à ses fonctions, il visitait son troupeau et y maintenait l'ordre et la paix. Sa réputation protégea son clergé dans les moments les plus fâcheux, et préserva son diocèse des troubles qui ailleurs affligèrent l'Eglise. Dès 1832, Mgr de Cheverus avait été désigné pour être cardinal; mais l'occupation d'Ancône retarda sa présentation, et il ne fut nommé que le 1er février 1836. Il n'avait pas recherché cet honneur, il l'avait au contraire décliné, en indiquant un autre prélat qu'il en jugeait plus digne; toutefois il ne crut pas devoir le refuser. Il vint à Paris, selon l'usage, recevoir la barrette des mains du roi. Après cette cérémonie il retourna à Bordeaux, où il fut reçu avec un véritable enthousiasme. Cependant le nouveau cardinal ne devait pas jouir longtemps de sa haute dignité, il avait déjà éprouvé une attaque dont les suites avaient eu peu de gravité; mais elle laissait des inquiétudes qui n'étaient que trop fondées. Il paraissait prévoir lui-même quelque accident fâcheux. Le 13 juillet 1836 il voulut se confesser, quoique ce ne fût pas son jour ordinaire de confession; dans la nuit il éprouva beaucoup de malaise, et le lendemain matin on le trouva sans connaissance. Cet état se prolongea jusqu'au 19, où il expira au milieu des larmes de son clergé et de la douleur générale des habitants de Bordeaux. Ses obsèques furent célébrées avec une grande pompe, et Mgr l'évêque de La Rochelle fut chargé de prononcer l'oraison funèbre. La mort de Mgr de Cheverus fut une grande perte pour l'Eglise de France; il unissait à beaucoup de savoir les grâces de l'esprit et les qualités du cœur. Sa vie a été pour tous un encouragement et un modèle. Malgré l'ardeur de son zèle, il sut se concilier par son affectueuse charité la faveur des hommes mêmes les plus prévenus contre la religion; et la popularité qui s'attache encore à sa mémoire n'a coûté à sa conscience aucun sacrifice, elle n'a été qu'un juste hommage rendu aux vertus d'un pieux et saint évêque.

CHEVILLIER (André), né à Pontoise en 1636, parut en Sorbonne avec tant de distinction, que l'abbé de Brienne, depuis évêque de Coutances, lui céda le premier lieu de licence, et en fit même les frais. Il mourut en 1700, bibliothécaire de Sorbonne. Sa piété égala son savoir, et son savoir était profond. On l'a vu se dépouiller lui-même pour revêtir les pauvres, et vendre ses livres pour les assister. On a de lui : *Origine de l'imprimerie de Paris*, dissertation historique et critique, pleine d'érudition et souvent citée dans les *Annales typographiques* de Maittaire, 1694, in-4 ; *Le grand canon de l'église grecque*, traduit en français, 1699, in-12. C'est plutôt une paraphrase qu'une traduction ; *Dissertation* latine *sur le concile de Chalcédoine*, *touchant les formules de foi*, 1664, in-4.

CHEVREAU (Urbain) naquit à Loudun en 1613. Il fit paraître beaucoup d'esprit dans ses premières études. La reine Christine de Suède le choisit pour secrétaire, et l'électeur palatin pour son conseiller. Chevreau, fixé dans cette cour, contribua beaucoup à la conversion de la princesse électorale, depuis duchesse d'Orléans. Après la mort de l'électeur, il revint en France, et fut choisi par Louis XIV pour précepteur du duc du Maine. Le désir de vaquer en repos aux exercices de la vie chrétienne l'obligea de quitter la cour pour se retirer dans sa patrie, où il mourut en 1710, âgé de 88 ans. Il ne rougit jamais de la religion au milieu des grands. Sa piété fut tendre, autant que son érudition fut profonde. On lui doit les ouvrages suivants : l'*Ecole du sage*, traduit de l'anglais de Joseph Hall, 1645 et 1664 ; *Considérations fortuites*, et de la *Tranquillité d'esprit*, traduites de l'anglais du même auteur, 1648 et 1690, in-12 ; une *Traduction du Traité de la Providence*, de Théodoret, 1659, petit in-12 ; les *Tableaux de la fortune*, en 1651, in-8, depuis réimprimés avec des changements sous ce titre : *Effets de la fortune*, 1656, in-8, roman qui fut bien accueilli dans le temps ; l'*Histoire du monde*, en 1686, réimprimée plusieurs fois, et dont la meilleure édition est celle de Paris, 1717, en 8 vol. in-12, avec des additions considérables, par Bourgeois de Chastenet. On sent, en lisant cette histoire, que l'auteur avait puisé dans les sources primitives ; mais il ne les cite pas toujours avec fidélité. L'histoire grecque, la romaine, la mahométane, y sont traitées avec assez d'exactitude. L'auteur aurait pu se dispenser de mêler aux vérités utiles de son ouvrage les généalogies rabbiniques qui le défigurent, et quelques discussions qui ne devaient entrer que dans une histoire en grand ; *Œuvres mêlées*, 2 parties in-12, La Haye, 1697. Ce sont des lettres semées de vers latins et français, quelquefois ingénieux, quelquefois faibles ; d'explications de passages d'auteurs anciens, grecs et latins ; d'anecdotes littéraires, etc. ; *Chevreana*, Paris, 2 vol., 1697-1700, recueil dans lequel l'auteur a versé de petites notes, des réflexions, des faits littéraires qu'il n'avait pas su faire entrer us ses autres ouvrages. Chevreau avait int à l'étude des anciens le commerce a quelques-uns des modernes, et il s'édit formé chez les uns et chez les aus. Il avait beaucoup lu ; mais dans ses rres il n'accable pas son lecteur par un op grand amas de recherches érudites. est souvent loué par Tannegui Le Fèu, qui lui a adressé plusieurs de ses lttres ; par M. Dacier, et par les plus biles critiques de son temps. « Mais à peine, dit un critique du 18ᵉ siècle, son nom est-il aujourd'hui connu du commun des littérateurs ; on a oublié du moins qu'il a été un des plus beaux esprits du siècle dernier ; cependant ses ouvrages offrent plus de talents, une littérature plus étendue que les productions d'un grand nombre d'écrivains qui brillent dans celui-ci, et sont destinés au même sort. »

CHEVRET (Jean), né à Meulan, le mars 1747, employé à la Bibliothèque i roi depuis 1765, et mort à Meulan, 15 août 1820, a publié durant le cours t la Révolution diverses brochures moles ou politiques. On y voit que l'aur avait embrassé la cause de la lirté avec un enthousiasme qui l'entraîne avent dans la déclamation, mais qui lui fit jamais oublier les principes reieux et chrétiens, dont il se montre atout vivement pénétré. Voici la liste ses écrits, telle qu'il l'a inscrite luime dans le *Catalogue* des auteurs à la bliothèque du roi : *Epître à l'humanité à la patrie en particulier.*, *sur le bon lre* et *l'idée de la véritable liberté*, 1789, 8 ; *Manuel des citoyens français, suivi plusieurs lettres relatives à l'éducation*, 90, in-8 ; *De l'amour et de sa puissance prême*, ou *Développement de ses œuts dans la nature et dans nos cœurs*, ris, 1791, in-8 ; *Etrennes à la jeunesse ançaise*, 1792, in-8 ; *Principe universel ducation, et motif obligatoire d'union de paix pour tous les hommes, toutes : nations*, ou *la véritable philosophie lant aux yeux pour éclairer l'esprit et 1ler le cœur*, 1792, in-8 ; *De l'éducan dans la république, et de ses moyens prospérité et de gloire*, 1792, in-8 ; ncipes de sociabilité, ou *Nouvel exté des droits et des devoirs de l'homme du citoyen*, Paris, 1793, in-8 ; *OEues philosophiques, politiques, morales d'éducation*, 1789-1793, in-8.

CHEVREUSE (Marie de ROHAN-MONT-AZON, duchesse de), née en 1600, épou-, en 1617, Charles d'Albert, duc de ynes, connétable de France, et en 22 Claude de Lorraine, duc de Chesuse. Cette dame, célèbre par sa beau-

té et par son esprit, fut ennemie du cardinal de Richelieu, parce qu'elle voyait avec peine la manière dont il traitait la reine, pour laquelle son attachement était déclaré. Le cardinal l'en punit par l'exil ; elle fut même obligée de sortir de France, et de se retirer à Bruxelles, d'où elle entretenait commerce avec la reine. Quand cette princesse fut devenue régente, la duchesse de Chevreuse revint triomphante à la cour ; mais sa faveur fut de courte durée, parce qu'elle entra dans les intrigues contre le cardinal Mazarin, selon que le coadjuteur, avec qui elle était fort liée, penchait pour ou contre la cour. Cette duchesse conserva cependant toujours de l'ascendant sur l'esprit de la reine ; elle la poussa à consentir à la disgrâce du fameux surintendant Fouquet, et mourut en 1679. Ce fut par elle que le duché de Chevreuse vint à ses enfants du premier lit. Le cardinal de Retz fait dans ses *Mémoires* l'éloge de son esprit et de sa vivacité.

CHEVRIER (François-Antoine), né à Nancy, au commencement du 18ᵉ siècle, d'un secrétaire du roi, montra, dès sa jeunesse, beaucoup d'esprit et de méchanceté. Après avoir parcouru divers pays, tantôt riche, tantôt pauvre, consacré tour à tour à l'intrigue et aux lettres, il alla mourir en Hollande en 1762. Cet auteur avait du talent, de l'esprit et de l'imagination, et surtout beaucoup de facilité ; mais il en abusait, et il n'a rien laissé de véritablement estimable. Il est auteur de quelques *Comédies* et de quelques ouvrages en prose. Plusieurs romans : *Cela est singulier* ; *Maga-Kou* ; *Mémoires d'une honnête femme*, in-12 ; *Le Colporteur*, in-12. Ce dernier ouvrage, plein d'atrocités révoltantes et de saillies heureuses, est une satire affreuse des mœurs du siècle ; *Mémoire pour servir à l'histoire des hommes illustres de Lorraine, avec une réfutation de la Bibliothèque de Lorraine*, de dom Calmet, Bruxelles, 1754, 2 vol. in-12 ; *Histoire civile, militaire, ecclésiastique, politique et littéraire de Lorraine et de Bar*, Bruxelles, 1758, 7 vol. in-12 ; les *Ridicules du siècle*, in-12, ouvrage qui fut proscrit dans sa nouveauté. L'auteur avait trempé son pinceau dans le fiel, et presque tous ses caractères sont outrés : ce livre est d'ailleurs très-médiocre ; *Histoire de la campagne de 1757, jusqu'au 1ᵉʳ janvier 1759* ; le *Testament politique du maréchal de Belle-Ile, son codicille et sa vie*, en 3 vol. in-12, 1761-1762. Ce sont des *Mémoires* supposés, mal digérés, mais bien écrits et curieux. Il est à regretter qu'un tel sujet n'ait pas été traité par un écrivain mieux instruit ou plus véridique ; l'*Histoire de Corse*, Nancy, 1749, in-12. M. l'abbé Germanes en a donné une meilleure, en 3 v. in-12, 1776 ; *Projet de paix générale* ; *Almanach des gens d'esprit, par un homme qui n'est pas sot*. L'indécence, la satire impudente, l'obscénité et l'impiété dominent dans cette misérable brochure, ainsi que dans la plupart des livres de cet écrivain, dont les mœurs ne valaient pas mieux que les ouvrages, qui, « presque tous infectés , dit un critique, « de l'esprit de satire et du poison de « la haine , peuvent être comparés à « ces nuées d'insectes éphémères qui « piquent un moment , et ne vivent « qu'un jour. » Il préparait de nouvelles horreurs lorsqu'il mourut. La *Vie du Père Norbert, capucin*, est une des dernières productions de Chevrier.

CHEYNE (Georges), célèbre médecin-géomètre, dit *Sauvages*, naquit en Écosse, en 1671, et fut d'abord destiné à l'état ecclésiastique ; mais il tourna ses vues vers la médecine, se rendit à Londres, devint membre du collège des médecins d'Edimbourg et de la Société royale ; il habitait alternativement Londres et Bath ; il mourut dans cette dernière ville le 12 avril 1742. C'était un bon philosophe et un bon mathématicien. Il avait beaucoup de piété ; c'est pourquoi l'auteur d'une *Notice* sur sa vie, insérée dans le *Magasin Européen*, t. XX, 1791, p. 356, contient cette observation très-honorable : « Il faut le dire à la gloire des professeurs en médecine, les plus grands inventeurs dans cette science et les praticiens les plus célèbres ne furent pas moins renommés par leur piété que par l'étendue de leurs connaissances ; et véritablement on ne doit point s'étonner que des hommes, appelés par leur profession à scruter les secrets les plus cachés de la nature, soient les hommes les plus pénétrés de la sagesse et de la bonté de son Auteur... Cette science a peut-être produit en Angleterre une plus grande *constellation* d'hommes fameux par le génie, l'esprit et la science, qu'aucune autre branche de nos connaissances.» Cela rappelle que Morgagni répétait souvent : « que ses connaissances en « médecine et en anatomie avaient mis « sa foi à l'abri même de la tentation. » Il s'écriait un jour : « Oh ! si je pouvais aimer ce grand Dieu comme je le connais. » (Voyez *Elogio del dottore Giambattista Morgagni, Esemeridi di Roma*, 13 *Giugno*, 1772, n° 24.) On a de Cheyne plusieurs ouvrages dont nous indiquerons : *Principes de la religion naturelle*,

en anglais, Londres, 1705, 1715, 1736, in-8, où il prouve l'existence de Dieu par la structure de l'homme et des animaux, et que les mouvements volontaires ne sont pas l'effet d'une cause mécanique : *Essai sur le traitement de la goutte*, aussi en anglais, 1720, et souvent depuis ; *Essay on health and long in*, Londres, 1725, trad. en franç., Paris, 1725 ; en latin, par l'auteur, avec des augment. sous ce titre : *Tractatus de infirmorum sanitate tuenda, vitâque producendâ, etc.*, Londres, 1726, in-8; Paris, 1742, 2 vol. in-12 : excellent traité d'hygiène , qui peut toujours être fructueusement consulté ; *Natural methods of curing, etc.*, ou *Méthode naturelle de guérir les maladies du corps et celles de l'esprit qui en dépendent*, traduit en français par l'abbé de La Chapelle, Paris, 1749 , 2 vol. ; *Essai sur le régime, avec cinq discours médico-philosophiques*, en anglais, 1739, 1740 et 1753, in-8; quelques autres ouvrages de philosophie et de mathématiques, qui ne valent pas ses livres de médecine.

CHÉZY (Antoine-Léon), orientaliste, naquit à Paris le 15 janvier 1773. Après être sorti de l'Ecole Polytechnique, où il avait été admis à l'époque de sa formation , il se livra à l'étude de l'arabe et du persan. Empêché par une maladie de suivre l'armée d'Orient en qualité d'interprète, il revint à Paris, et fut attaché au département des manuscrits de la Bibliothèque royale. La langue sanscrite appela dès lors son attention, et il se mit à l'étudier avec une grande ardeur, malgré l'insuffisance des ouvrages qu'il avait à sa disposition. En 1814, une chaire de langue et de littérature sanscrites fut créée pour lui au collège de France, mais elle fut supprimée l'année suivante. En 1816, Chézy fut élu membre de l'académie des inscriptions et belles-lettres, et peu après les sociétés de Calcutta et de Bombay l'admirent au nombre des associés étrangers. Après la mort de Langlès , il lui succéda dans la chaire de langue persane à l'école des langues orientales vivantes ; mais il ne put obtenir la place de conservateur des manuscrits orientaux à la Bibliothèque du roi, quoiqu'il eût été attaché depuis vingt-quatre années à ce département. Chézy est mort au mois d'août 1832. On a de lui : *Discours prononcé au collège royal de France, à l'ouverture du cours de langue et de littérature sanscrites*, Paris, 1815, in-8 ; *Medjouin et Leïla*, poème traduit du persan de Djami , Paris, 1807, 2 vol. in-18 ; *Yadjnadatta-Badha, ou la mort d'Yadjnadatta*, épisode extrait et aduit du *Vamoyana* , poëme épique sascrit, Paris , 1814, in-8 ; il a en outre tarni des articles au *Journal des Savants*, au *Journal asiatique*, aux *Annales de la littérature et des arts*.

CHIABRERA (Gabriel) , poëte italien, né à Savone en 1552, fortifia à Rome son inclination et ses talents pour les belles-lettres. Alde Manuce et Antoine Muret lui donnèrent leur amitié, et l'aidèrent de leurs conseils. Il mourut à Savone en 1637 , à 85 ans. Le pape Urbain VIII , protecteur des poëtes, et poëte lui-même , l'invita , en 1624, d'aller à Rome pour l'année sainte ; mais Chiabrera s'en excusa sur son âge et ses infirmités. Ce poëte était un des plus beaux esprits et des plus laids personnages de l'Italie. Il a laissé des *Poésies historiques* , *dramatiques* , *pastorales et lyriques*. On estime surtout ces dernières , imprimées séparément en 1718, in-8. Ses poëmes héroïques sont : l'*Italia liberata* ; *Foresto* ; il *Ruggiero* ; *Amadeida* , ou la *Conquête de Rhodes par Amédée de Savoie*. L'abbé Bolucci publia le *Recueil* de ses ouvrages à 1718, à Rome , en 8 vol. in-8. Ils ont été réimprimés depuis à Venise, 1741, vol. in-8 , 4768 et 4782 , 5 vol. in-12 ; *Vie de l'auteur*, qu'on regarde comme le Pindare de l'Italie, est à la tête de ce recueil. On en a une nouvelle édition, Venise, 1731, 4 vol. in-8.

CHICOT , gentilhomme gascon , fou de Henri IV, fut très-attaché à ce prince. Il était né en Gascogne, et avait de la fortune et de la valeur. Il se trouva , en 1591, au siége de Rouen, et y fit prisonnier le comte de Glatigny, de la maison de Lorraine. En le présentant au roi , il lui dit : « Tiens, je te donne ce prisonnier il est à moi. » Le comte, désespéré de se voir pris par un homme tel que Chicot , lui donna sur la tête un coup d'épée, dont il mourut quinze jours après. Il y avait , dans la chambre où il était malade, un soldat mourant. Le curé du lieu , partisan de la Ligue, vint pour le confesser ; mais il ne voulut pas donner l'absolution, parce qu'il était au service d'un roi huguenot. Chicot, témoin du refus, se leva en fureur de son lit, pensa tuer le curé, l'aurait fait, s'il en eût eu la force ; mais il expira quelques moments après.

CHICOYNEAU (François), conseiller d'État et premier médecin du roi, naquit à Montpellier en 1672, de Michel Chicoyneau , professeur et chancelier de la faculté de médecine de cette ville. Après avoir été reçu au doctorat, n'étant âgé que de 21 ans, il fut pourvu en survivance des places de son père, et à sa mort, il y ajouta celle de conseiller en la cour des aides de Montpellier. Envoyé à Marseille où régnait la peste , ce médecin parut plein d'audace et de confiance dans cette ville, où tout un peuple égaré n'attendait que la mort. Il rassura les habitants ; il calma par sa présence leurs vives alarmes : on crut voir renaître l'espérance, dès qu'il se montra. Ces services furent récompensés par un brevet honorable, et par une pension que le roi lui accorda. L'an 1731 , il fut appelé à la cour, pour y être médecin des enfants de France, par le crédit de Chirac, dont il avait épousé la fille ; et à la mort de celui-ci, il fut fait premier médecin du roi, conseiller d'État , et surintendant des eaux minérales du royaume. Il était aussi associé libre de l'Académie des sciences de Paris. Il mourut à Versailles l'an 1752 , âgé de près de 80 ans. Chicoyneau n'a laissé que de très-petits ouvrages, et à peine connus. Le plus curieux est celui où il soutient que *la peste n'est pas contagieuse*, Lyon et Paris , 1721, in-12. On croit qu'il n'embrassa cette opinion que pour plaire à Chirac , son beau-père, qui en était fortement entiché. Il a fait plusieurs ouvrages sur la peste ; en voici les titres : *Relation succincte touchant les accidents de la peste de Marseille, son prognostic et sa création*, Paris , 1720, in-8 ; *Observations et réflexions touchant la nature, etc., de la peste de Marseille*, in-12, Lyon et Paris , 1721 ; *Lettre pour prouver ce qu'il a avancé dans ces observations*, Lyon , 1721, in-12, savoir, que la peste de Marseille n'était pas contagieuse ; *Oratio de contagio pestilenti*, Lyon , 1722, in-8 , en français , Montpellier, 1723 , in-8 ; *Traité des causes, etc., de la peste, etc.*, Paris, 1744.

CHICOYNEAU (François), né à Montpellier en 1702, eut pour premier maître son père, dont il a été parlé ci-dessus. Le célèbre Chirac lui enseigna ensuite à Paris les principes de la médecine ; du Vernay et Winslow , l'anatomie, et Vaillant, la botanique. Chicoyneau, né avec un génie facile, délicat , pénétrant , ne pouvait que faire des progrès sous de tels maîtres. La démonstration des plantes fut sa première fonction dans l'Université de Montpellier ; il la remplit avec le plus grand succès. Le jardin royal de cette ville , le plus ancien du royaume et l'ouvrage d'Henri IV, fut renouvelé entièrement et en peu de temps. Ce ne fut pas avec moins de distinction qu'il présida au cours public d'anatomie. Son père ayant voulu le faire revêtir de la charge de conseiller à la cour des aides, il parla le langage des lois avec la même aisance, mais avec beaucoup moins de goût que celui de la médecine. Il mourut en 1740, à 38 ans, professeur et chancelier de l'Université de médecine de Montpellier.

CHIÈZE (Jean-Jérôme-Frédéric de), né en 1761, d'une famille de conseillers au Parlement de Grenoble, tourna de bonne heure ses regards vers le sanctuaire, et fit ses études au séminaire de Saint-Sulpice. Il fut d'abord employé dans les catéchismes, ensuite on le nomma maître des conférences; mais il ne prit point le bonnet de docteur, vraisemblablement parce que Mgr de Vintimille, évêque de Carcassonne, qui voulait en faire son grand-vicaire, l'engagea à partir pour son diocèse. La révolution vint le surprendre au commencement de sa carrière, mais elle ne ralentit point son courage. Malgré les dangers qu'il avait à courir, il continua à exercer secrètement les fonctions de son ministère dans le diocèse de Carcassonne et dans celui de Toulouse, et y rendit des services importants. Les familles chrétiennes de ces deux villes n'oublieront jamais le zèle intrépide et l'adresse qu'il déploya dans ces jours malheureux. Aucune crainte ne pouvait le retenir, lorsqu'il était appelé pour secourir les fidèles au lit de la mort, et plusieurs fois il pénétra dans les prisons pour encourager les prêtres qui y étaient renfermés. Il attaqua aussi par un écrit le serment de haine à la royauté. Lorsque des temps moins orageux permirent aux prêtres de rentrer dans leur patrie, l'abbé de Chièze refusa toutes les places, et il consacra tout son temps à des exercices de charité, à répandre d'abondantes aumônes dont la distribution lui était confiée, à soutenir la jeunesse dans l'exercice de la vertu, et à diriger une maison d'éducation. Lors du retour de Pie VII en Italie, il se rendit à Castelnaudary pour lui demander sa bénédiction et des pouvoirs de missionnaire. Alors il parut animé d'une nouvelle ardeur, et il ne s'occupa plus que de donner des retraites au clergé, aux séminaires, aux fidèles, et de diriger de grandes missions dont il soutenait le poids avec un zèle infatigable. Ses discours n'étaient point apprêtés; il négligeait même les règles de la composition, et s'abandonnait à l'inspiration. Ses discours pleins de feu électrisaient ses auditeurs, et il eut plusieurs fois la satisfaction de ramener les plus rebelles. Son nom devint célèbre dans le Midi, et tous ses confrères le reconnurent comme leur chef et leur modèle. Une fièvre cérébrale, causée, dit-on, par les fatigues d'une mission qu'il venait de donner à Narbonne, le conduisit au tombeau le 11

avril 1827; il se trouvait à Castelnaudary. Ce vénérable ecclésiastique, dont la modestie égalait l'infatigable charité, avait refusé les évêchés de Montpellier et d'Angoulême pour se livrer uniquement à la prédication de la parole de Dieu.

CHIFFLET (Claude) naquit à Besançon l'an 1541, fut professeur en droit à l'Université de Dôle, acquit une grande réputation de science, et mourut à Dôle le 15 novembre 1580, laissant plusieurs ouvrages sur la jurisprudence et quelques-uns sur l'histoire : *De substitutionibus; De portionibus legitimis; De jure fideicommissorum; De secundo capite legis Aquiliæ disquisitio*, Lyon, 1554, in-8 : traités qui ont été réimprimés dans les collections des jurisconsultes allemands; un *Commentaire*, très-rare ou perdu, sur les *Instituts* de Justinien; *De antiquo numismate liber posthumus*, Louvain, 1628, in-8, plusieurs fois réimprimé; *De Ammiani Marcellini vita et libris rerum gestarum; item status reipublicæ romanæ sub Constantino magno et filiis*, Louvain, 1627, in-8.

CHIFFLET (Jean-Jacques) naquit à Besançon en 1588. Après avoir visité en curieux et en savant les principales villes de l'Europe, il fut choisi pour médecin ordinaire de l'archiduchesse des Pays-Bas et du roi d'Espagne Philippe IV. Ce prince le chargea d'écrire l'*histoire de l'ordre de la Toison d'or*. Il s'était déjà fait connaître au public par des ouvrages savants. Les principaux sont: *Vesontio, civitas imperialis... monumentis illustrata, etc.*, in-4, Lyon, 1618 ou 1650. C'est néanmoins la même édition; il n'y a que le frontispice de changé. Cette *histoire* de Besançon est en assez beau latin; mais l'auteur fait de cette ville celtique une ville toute romaine. D'ailleurs, si l'on retranchait de la partie ecclésiastique les fables et les légendes, son in-4 serait bien diminué; *Vindiciæ Hispanicæ*, in-fol., Anvers, 1650, ouvrage fait pour prouver que la race des Hugues Capet ne descend pas en ligne masculine de Charlemagne, et que, du côté des femmes, la maison d'Autriche précède celle des Capétiens; *Le faux Childebrand*, 1649, in-4, en réponse au *vrai Childebrand*, d'Auteuil de Gombault, 1639, in-4. C'est encore pour contester l'opinion de ceux qui faisaient descendre Hugues Capet de Childebrand, frère de Charles Martel; *De Ampulla Rhemensi*, Anvers, 1651, in-fol., dans lequel l'auteur traite de fable l'histoire de ce qu'on appelle la sainte Ampoule. Il entreprend de prouver qu'Hincmar, archevêque de Rheims, en a été l'inventeur,

pour faire valoir les droits de son église.
Ce destructeur de l'Ampoule de Rheims
admettait le Suaire de Besançon; il a
même écrit un in-4, intitulé: *De lintéis
sepulcralibus Christi*, Anvers, 1624, pour
soutenir son sentiment; *Recueil des traités de paix entre la France et l'Espagne,
depuis 1526 jusqu'en 1611*, Anvers,
1645, in-8; *Insignia ord. Velleris aurei*,
Anvers, 1632, in-4; *Alsatia vindicata*,
Anvers, 1650, in-fol.; *Commentarius
Lothariensis*, 1649, in-fol.; *Pulvis febri-
fugus ventilatus*, 1653, in-8. C'est un traité
contre le quinquina, dont les propriétés n'étaient pas encore assez connues.
Ce savant mourut en 1660, âgé de 72 ans.
Comme médecin, il n'est guère connu;
mais comme érudit, il a joui de quelque
estime. Ses livres sont pleins de recherches, et si, en les écrivant, il avait secoué certains préjugés, et s'était attaché
à un arrangement méthodique, ils auraient encore plus de réputation qu'ils
n'en ont. Ses ouvrages *politico-histori-
ques* ont été recueillis à Anvers, 2 vol.
in-fol. (Voy. Nicéron, tome 25, pag. 225.)
CHIFFLET (Jules), fils du précédent,
né vers 1610, docteur en théologie, prieur
de Dampierre et grand-vicaire de l'archevêché de Besançon, fut fait l'an 1648
chancelier de l'ordre de la Toison d'or
par Philippe IV, roi d'Espagne, et mourut en 1676. Il n'était pas moins savant
que son père, et il s'est fait connaître
par plusieurs ouvrages, dont voici quelques-uns: l'*Histoire du bon chevalier
Jacques de Lallain*, Bruxelles, 1634,
in-4; *Traité de la maison de Rye*, 1644,
in-fol.; *Les marques d'honneur de la maison de Tassis*, Anvers, 1645, in-fol.;
*Breviarium historicum ordinis Velleris
aurei*, Anvers, 1652, in-4.
CHIFFLET (Jean), frère du précédent, né à Besançon, s'adonna au droit
et aux langues savantes. Il fut fait chanoine de Tournay en 1651, ensuite prédicateur de Philippe IV, roi d'Espagne,
et des archiducs Jean et Léopold. Il s'était
aussi beaucoup appliqué à l'étude des
médailles, et en avait assemblé une belle
collection. Il mourut le 27 novembre
1666, à l'âge d'environ 52 ans, après
avoir publié: *Judicium de fabula Joannæ
papissæ*, Anvers, 1666, in-4; *Apologetica dissertatio de quatuor juris utriusque architectis*, Justiniano, Triboniano,
Gratiano, et San-Raymundo, Anvers,
1651, et dans le *Trésor de la jurisprudence romaine* d'Everard Othon; plusieurs
*Dissertations sur des inscriptions anti-
ques*, etc. dont quelques-unes ont trouvé
place dans le *Trésor des antiquités romaines* de Grævius, tome 4, et dans le

tome 12 des *Antiquités grecques* de Gronovius, entre autres: *Socrates, sive de gemmis ejus imagine cælatis judicium, cum
earum iconibus*, qui a été aussi imprimée
à part à Anvers, 1657, in-4. On y trouve
les choses les plus grotesques sur le *sage*
Socrate.
CHIFFLET (Philippe), frère de Jean-
Jacques, naquit à Besançon le 10 mai
1597, fut chanoine de cette ville, vicaire-
général de l'archevêque, et mourut à
l'âge d'environ 60 ans. Il aimait beaucoup les livres, et non seulement il en a
entassé un grand nombre, mais il en a
publié plusieurs qui révèlent sa science
et sa piété. On a de lui: *Larmes funèbres
sur la mort de Philippe III, roi catholique*, Louvain, 1621, in-4, latin et français, en vers; *Le phénix des princes*, ou
la *Vie du pieux Albert mourant*, traduit du latin d'André Trévère et d'Erice
Puteau (Henri Dupuis); *Histoire du siège
de Breda*, traduite du latin d'Herman
Hugon, en français, Anvers, 1631,
in-fol.; *Histoire du prieuré de Notre-
Dame-de-Belle-Fontaine, au comté de
Bourgogne*, Anvers, 1631, in-4; *Dévotion aux saintes âmes du purgatoire*,
Anvers, 1635, in-12; *Concilii tridentini
canones et decreta, cum præfatione et notis*, Anvers, 1640, in-12: ces notes sur
le concile de Trente sont fort estimées;
l'*Imitation de Jésus-Christ traduite en
français*, Anvers, 1644, in-8, avec fig.,
traduction qui a eu sept éditions; *Thomæ
à Kempis de Imitatione libri IV, ex recen-
sione Ph. Chiffletii*, Anvers, 1647, 2e édition, 1671, in-12.
CHIFFLET (Pierre-François), savant
jésuite, né à Besançon, en 1592, était
d'une famille de savants. Après avoir
professé plusieurs années la philosophie,
la langue hébraïque et l'Écriture-Sainte,
il fut appelé à Paris l'an 1675, par le
grand Colbert, pour mettre en ordre les
médailles du roi. Il mourut le 5 octobre,
et non le 11 mai 1682, à 90 ans. On a de
lui quantité d'ouvrages, entre autres:
*Lettre sur Béatrix, comtesse de Champa-
gne*, Dijon, 1656, in-4; cet ouvrage
rempli de recherches, a été réimprimé
en 1809, sous la même date de 1656, à
25 exemplaires seulement. Les gravures
représentant des sceaux et des armoiries
manquent à cette édition; *Histoire de
l'abbaye et de la ville de Tournus*, ibid.,
1664, in-4, peu commune et assez estimée; cependant celle de l'abbé Juénin
est plus complète; une bonne *Carte de la
Franche-Comté* en 4 feuilles. Il a donné
aussi des *éditions* de plusieurs anciens
écrivains; entre autres de saint Fulgen-
ce, de Ferrand le diacre, de Cresconius,

avec des notes, Dijon, 1649, in-4, des *opuscules* d'Alcuin, de Rabanmaur et de quelques anonymes, in-4 ; des *OEuvres* de Victor de Vite, de Vigile de Tapse, Dijon, 1664, in-4 ; d'une *Vie de sainte Geneviève*, par un anonyme qu'on voulait faire passer pour auteur ancien, et qui a été traduite depuis en français par le Père Lallemand. « Chifflet, dit Baillet, avait grande connaissance des temps auxquels ont vécu les auteurs qu'il a publiés. »

CHIFFLET (Marie-Bénigue-Ferréol-Xavier) naquit à Besançon le 21 février 1766, d'une famille illustre par les savants qu'elle a produits. En 1786, il fut admis au Parlement de sa ville natale, où il s'acquit par l'excellence de son jugement l'estime de ses collègues. Obligé de quitter la France en 1791, il entra dans l'armée de Condé, et fit la campagne en 1792 comme *cavalier noble*. Ayant quitté le service militaire, il reprit ses premières études sur le droit public, et visita les principales Universités d'Allemagne. Dès que le calme eut été rétabli, il rentra en France. En 1814, il fut nommé conseiller à la cour impériale de Besançon, et peu après président de chambre à la même cour. En 1814, le retour des Bourbons fit revivre en lui ses anciens sentiments pour leur famille, et il se mit à la tête des royalistes de la Franche-Comté. Elu député, en 1815, par le département du Doubs, il siégea à l'extrême droite, et quoiqu'il reconnût l'utilité de certaines réformes opérées par la révolution, il se montra disposé à revenir au gouvernement absolu. Il vota pour la loi contre les régicides, et sans demander le rétablissement de la confiscation pour les condamnés politiques, il aurait voulu cependant que l'on prélevât sur leur fortune les sommes nécessaires pour indemniser l'Etat des frais occasionnés par leur révolte. Il appuya les propositions qui furent faites de rendre au clergé une dotation, et se joignit à de Bonald pour demander l'abolition du divorce. Ecarté de la Chambre par l'influence du ministère à la suite de l'ordonnance du 5 septembre, il ne put y rentrer qu'en 1820. A cette époque, il fut élu par ses collègues l'un des vice-présidents de la Chambre, et en 1821 le roi le nomma premier président de la cour royale de Besançon. Il continua à siéger sur les mêmes bancs, fut rapporteur de plusieurs projets de lois importants, particulièrement du projet concernant les délits de presse, et de celui qui punissait le sacrilége. En 1827, Chifflet fut créé pair de France et reçut le titre de vicomte. Il prit part dans la Chambre haute à plusieurs discussions sur la contrainte par corps, sur le duel ; il fut aussi l'un des commissaires chargés de l'examen du projet de loi sur l'interprétation des lois. Après la révolution de 1830, Chifflet, qui avait été écarté de la Chambre et avait donné sa démission de premier président de la cour de Besançon, se retira dans une terre à Montmirey, près de Dôle, où il est mort le 13 septembre 1835. Ce savant magistrat avait toujours été attaché à la religion et en pratiquait tous les devoirs.

CHILDEBERT Ier, fils de Clovis et de Clotilde, commença de régner à Paris en 511. Il se joignit à ses frères Clodomir et Clotaire, contre Sigismond, roi de Bourgogne ; le vainquit, le fit massacrer, lui, son épouse et ses enfants, et précipiter dans un puits. Gondemar, devenu successeur de Sigismond, fut défait comme lui. Sa mort mit fin à son royaume, que les vainqueurs partagèrent entre eux. Il y avait près de 120 ans que la Bourgogne jouissait du titre de royaume, quand elle fut réunie à l'empire de France en 524. Après avoir triomphé de leurs ennemis, Childebert et Clotaire se firent la guerre entre eux ; mais un orage, qui vint fondre sur le camp du premier, l'obligea de faire la paix. Childebert, accompagné de Clotaire, tourna ensuite ses armées contre l'Espagne, alla mettre le siége devant Saragosse, fut battu, et contraint de le lever en 542. De retour en France, il fit une cession à Clotaire de ce qui lui revenait de la succession de Théodebalde, bâtard de Théodebert, leur neveu. Il était malade, lorsqu'il lui céda cet héritage. Dès qu'il fut en santé, il voulut le ravoir, et seconda la révolte de Chramne, fils naturel de Clotaire. La mort mit fin à tous ses projets. Il fut enterré en 558 à Paris, dans l'église de St-Germain-des-Prés, qu'il avait fait bâtir sous le titre de Sainte-Croix et de Saint-Vincent. Il ne laissa que des filles de sa femme Ultrogote, inhumée dans la même église. Son frère Clotaire régna seul après lui. C'est le premier exemple de la loi fondamentale qui n'admet que les mâles à la couronne de France. La charité de ce prince, et son zèle pour la religion, ont fait oublier son ambition et sa cruauté. Il donna sa vaisselle d'or et d'argent pour soulager les pauvres de sa capitale, et signala sa piété par un grand nombre de fondations.

CHILDEBERT II, fils de Sigebert et de Brunehaut, succéda à son père dans le royaume d'Austrasie en 575, à l'âge de cinq ans. Il se ligua d'abord avec Gontran son oncle, roi d'Orléans, contre Chilpéric, roi de Soissons ; puis il s'unit à celui-ci pour faire la guerre à Gontran. Il porta ensuite les armes en Italie, mais sans beaucoup de succès. Après la mort de son oncle, il réunit à l'Austrasie les royaumes d'Orléans et de Bourgogne, et une partie de celui de Paris. Il périt par le poison trois ans après, en 596, à 26 ans. Son règne fut remarquable par divers règlements pour le maintien du bon ordre dans ses Etats. Il y en a un qui ordonne que l'homicide sera puni de mort ; auparavant il n'était condamné qu'à une peine pécuniaire.

CHILDEBERT III, dit *le Juste*, fils de Thierri I ou III, et frère de Clovis III, succéda en 695 à ce dernier dans le royaume de France, à l'âge de 12 ans. Il en régna 16, sous la tyrannie de Pepin, maire du palais, qui ne lui laissa aucune part au gouvernement, se bornant à entendre les causes de ses sujets et à leur faire rendre justice. Il fonda plusieurs monastères, et faisait sa principale occupation des pieux exercices de la religion. Il mourut l'an 711, et fut enterré dans l'église de Saint-Etienne de Choisy, près de Compiègne.

CHILDEBRAND, fils de Pepin-le-Gros ou de Héristal, et frère de Charles Martel, est, selon quelques auteurs, la tige des rois de France de la troisième race. Il eut souvent le commandement des troupes sous Charles Martel, et il les conduisit avec courage.

CHILDÉRIC Ier, fils et successeur de Mérovée, monta sur le trône des Français l'an 458. Il fut déposé l'année suivante pour sa mauvaise conduite, et contraint de se retirer en Thuringe, d'où il ne fut rappelé qu'en 463. On connaît les autres événements de son règne, ainsi que ceux des règnes précédents. Il mourut en 481. On découvrit à Tournay, l'an 1655, le tombeau de ce monarque ; l'empereur Léopold fit présent à Louis XIV, des armes, des médailles et des autres antiquités qui s'y trouvèrent ; ce genre de trésor avait passé au cabinet impérial après la mort de l'archiduc Léopold, gouverneur des Pays-Bas.

CHILDÉRIC II, fils puîné de Clovis II et de sainte Bathilde, roi d'Austrasie en 660, le fut de toute la France en 670, par la mort de Clotaire III, son frère, et par la retraite forcée de Thierri. Ebroïn, maire du palais, ayant voulu mettre ce dernier sur le trône, fut rasé et confiné dans un monastère, et le prince enfermé dans l'abbaye de Saint-Denis. Childéric, maître absolu du royaume, se conduisit d'abord par les sages conseils de Léger, évêque d'Autun. Tant que le saint prélat vécut, les Français furent heureux ; mais après sa mort il se rendit odieux et méprisable à ses sujets, par ses débauches et ses cruautés. Bodillon, seigneur de la cour, lui ayant représenté avec liberté le danger d'une imposition excessive qu'il voulait établir, il le fit attacher à un pieu contre terre, et fouetter cruellement. Cet outrage fit naître une conspiration. Le même Bodillon, chef des conjurés, l'assassina dans la forêt de Livri en 673, à peine âgé de 24 ans. Il fit le même traitement à la reine Bilihilde, alors enceinte, et à Dagobert leur fils aîné, encore enfant. Leur autre fils, nommé Daniel, échappa seul à ce massacre. (Voy. CHILPÉRIC II.) Thierri sortit de Saint-Denis et reprit la couronne.

CHILDÉRIC III, dit l'*Idiot*, le *Fainéant*, dernier roi de la première race, fut proclamé souverain en 742, dans la partie de la France que gouvernait Pepin ; c'est-à-dire, dans la Neustrie, la Bourgogne et la Province. Pepin, le voyant absolument incapable de régner, le fit raser et enfermer dans le monastère de Sithiu (aujourd'hui de Saint-Bertin), en 752. Chilpéric y mourut trois ans après sa déposition. C'était un prince faible qui pouvait à peine commander aux domestiques de sa maison. Pepin consulta, dit-on, le pape Zacharie, pour savoir s'il était à propos de laisser sur le trône de France des princes qui n'en avaient que le nom. Le Pape répondit qu'il valait mieux donner le nom de roi à celui qui l'était déjà en effet. Le P. Le Cointe, dans ses *Annales ecclesiastici Francorum*, traite ce récit de fable ; et il paraît, par l'histoire de Pepin, qu'il fut proclamé roi par la nation assemblée à Soissons, sans aucun concours du Pape. C'est sous Childéric, l'an 743, que fut convoqué le concile de Leptine, aujourd'hui Lestine en Cambresis. (Le P. Daniel dit *Estines*, palais des rois d'Austrasie, dont on voit encore les ruines auprès de Binch en Hainaut). C'est dans ce concile que l'on commença à compter les années depuis l'incarnation de Jésus-Christ. Cette époque a pour auteur Denis-le-Petit dans son cycle de l'an 526, et Bède l'employa depuis dans son *Histoire d'Angleterre*.

CHILLINGWORTH (Guillaume), né à Oxford en 1602, consacra ses talents à la controverse. Les missionnaires jésuites qui allèrent en Angleterre sous les règnes de Jacques Ier et de Charles Ier, luttèrent contre lui, et eurent l'honneur de la victoire. Chillingworth fut terrassé ; ces athlètes sacrés lui firent reconnaître la nécessité d'un juge infaillible en matière de foi, et l'attachèrent à la religion catholique. Laud, évêque de Londres, fâché que les ennemis de l'Église anglicane eussent fait cette conquête, tâcha de ramener le nouveau converti, et employa le grand argument de l'intérêt. Chillingworth, après avoir fait un voyage à Douai, rentra dans son ancienne communion, pour être revêtu de la chancellerie de Salisbury, et de la prébende de Brixworth dans le Northampton. Alors les catholiques publièrent contre lui quantité d'écrits. Chillingworth leur répondit en 1637 par son ouvrage traduit de l'anglais en français, sous ce titre : *La religion protestante, voie sûre pour le salut*, Amsterdam, 1730, 3 vol. in-12. Cet ouvrage, modèle de logique, selon Locke, n'a pas paru tel aux catholiques, ni même en général aux bons logiciens; il y a cependant de la netteté dans le style, et de l'érudition dans les autorités que l'auteur rassemble. Chillingworth s'était aussi appliqué à la géométrie; il fit même la fonction d'ingénieur au siége de Glocester en 1643. Il se trouva à la prise du château d'Arundel, où il fut fait prisonnier. On le conduisit à Chichester; il y mourut en 1544. Sa réputation est celle d'un écrivain laborieux, d'un homme inconstant et intéressé. On a de lui des *Sermons* en sa langue, et d'autres écrits, outre celui que nous avons cité; mais c'est le seul qu'on ait traduit en français.

CHILON, l'un des sept sages de la Grèce, était lacédémonien : il passe pour avoir contribué le plus à l'établissement des éphores, et fut revêtu lui-même de cette dignité, dans laquelle il donna des preuves de son intégrité. Il ne se reprochait, dit-on, qu'une chose à la mort : c'était d'avoir, pendant sa magistrature, accordé la vie à son meilleur ami, qui s'était rendu coupable d'un crime capital. Il pensait en cela bien différemment des philosophes de ce siècle, qui, sous le faux prétexte d'humanité, voudraient arracher à la mort les plus grands scélérats, et lui substituer un genre de punition qui ne différerait pas beaucoup de la condition d'une infinité d'honnêtes citoyens. (Voy. CALENTIUS.) Chilon passe aussi pour être l'auteur du style laconique, parce qu'il parlait peu, et débitait ses sentences en peu de mots. Le fameux Esope, avec lequel il eut des conférences philosophiques, lui ayant demandé s'il savait ce que Jupiter faisait dans le ciel : « Oui, dit-il, il le sais : il abaisse ce qui « est élevé, et élève ce qui est abaissé. » Interrogé sur ce qu'il y avait de plus difficile, il répondit : *garder le secret*. Périandre lui ayant écrit qu'il allait se mettre à la tête d'une armée, et qu'il était près de sortir de son pays pour entrer

dans le pays ennemi, il lui répondit « qu'il « se mît en sûreté chez lui, au lieu « d'aller troubler les autres ; et qu'un « tyran devait se croire heureux, lorsqu'il ne finissait ses jours ni par le fer « ni par le poison. » C'est lui qui fit graver en lettres d'or ces maximes au temple de Delphes : *Connais-toi toi-même*; et : *Ne désire rien de trop avantageux*. Comme ces anciens sages laissaient toujours échapper des traits de folie, il arriva que Chilon mourut de joie, en embrassant son fils qui avait remporté le prix du ceste au jeux olympiques.

CHILPÉRIC I, fils puîné de Clotaire I, voulut avoir Paris pour son partage, après la mort de son père en 561. On tira au sort les quatre royaumes, et il régna sur Soissons. Il épousa en 567 Galsuinde, et lui assura pour dot, suivant l'usage de son temps, une partie des domaines dont il avait hérité de Caribert. Chilpéric avait alors une concubine, la barbare Frédégonde. La reine fut trouvée morte dans son lit. Le soupçon de cet attentat tomba avec raison sur la maîtresse, surtout lorsque le roi l'eut épousée. Brunehaut, sœur de Galsuinde, arme Sigebert, son mari, et venge sa mort, en obtenant les domaines donnés à sa sœur pour dot. Le règne de Chilpéric fut une suite de querelles et d'injustices. Ses sujets furent accablés d'impôts, chaque arpent payait une barrique de vin; on donnait une somme pour chaque tête d'esclave. Poussé par Frédégonde, il commit toutes sortes de forfaits, jusqu'à sacrifier ses propres enfants à ce monstre d'impudicité et de barbarie. Il fut assassiné à Chelles, en revenant de la chasse, l'an 584. Frédégonde, pour laquelle il avait tout fait, et Landri, son amant, furent soupçonnés d'avoir eu part à ce meurtre. Grégoire de Tours appelle Chilpéric le *Néron* et l'*Hérode* de son temps. Ce prince possédait très-bien, dit-on, la langue latine : chose étonnante pour un siècle où les grands se faisaient un mérite de leur ignorance.

CHILPÉRIC II, appelé auparavant *Daniel*, fils de Childéric II, succéda à Dagobert III en 715, et fut nommé *Chilpéric*. Rainfroi, maire du palais, le mit à la tête des troupes contre Charles Martel; mais il fut défait, et contraint de reconnaître son vainqueur pour maître. Chilpéric II mourut à Attigny en 720, et fut transporté à Noyon, où il est enterré.

CHIMAY (Jeanne-Marie-Ignace-Thérèse CABARRUS, princesse de), célèbre par sa beauté, fille de Cabarrus, banquier à Bordeaux, mariée d'abord au marquis de Fontenay, dont elle eut un fils. En 1793, elle était revenue avec ce fils à Bordeaux, lorsqu'elle fut arrêtée et jetée en prison; le représentant Tallien la vit à cette occasion, en devint éperdument amoureux et la fit mettre en liberté. Elle retourna à Paris où elle fut de nouveau jetée en prison; Tallien eut le courage de la réclamer à Robespierre qui, cependant, ne lâchait pas facilement ses victimes; il l'obtint, et l'épousa aussitôt qu'elle eut pu faire prononcer son divorce. Mais il n'eut guère à se louer de sa conduite; Mme Tallien fut une des femmes les plus éhontées de cette époque; elle porta au plus haut degré l'oubli des convenances sociales, l'indécence dans sa parure, la licence et le cynisme dans ses mœurs. Tallien ayant suivi Bonaparte en Egypte, elle eut deux enfants illégitimes pendant son absence; à son retour, elle demanda le divorce, et eut un troisième enfant pendant la procédure. Le 18 avril 1805, quoique ses deux maris vécussent encore, elle en épousa un troisième, le comte de Caraman, qui fut, plus tard, prince de Chimay. Celui-ci devint, en 1815, un des grands dignitaires de la couronne des Pays-Bas; mais sa femme ne put jamais obtenir d'être présentée à la cour de Bruxelles, non plus qu'à celle des Tuileries. Lorsque ses deux premiers maris furent morts, elle put faire célébrer son troisième mariage à l'église. Elle est morte à Chimay, le 15 janvier 1835, après avoir reçu les sacrements et manifesté son repentir des désordres de sa vie. Nous ajouterons, à sa décharge, que, pendant son union avec Tallien, elle rendit, par son intermédiaire, tous les services qu'elle put à ceux qui s'adressèrent à elle. Nous disons cela moins dans le but d'inspirer de l'intérêt pour sa mémoire, ou, pour diminuer le mépris qui doit peser sur sa conduite scandaleuse, que pour satisfaire à la vérité historique et montrer que tous ses penchants n'étaient pas mauvais; car elle a dû faire le bien plutôt par instinct que par vertu, et il est impossible de supposer du cœur à une femme qui divorce deux fois, et qui prend un troisième mari du vivant des deux premiers; d'ailleurs, on ne peut oublier l'ingratitude avec laquelle elle s'est conduite envers Tallien qui avait risqué sa propre tête pour sauver la sienne.

CHING, empereur de la Chine, vivait, selon les chroniques chinoises, l'an 1115 avant J.-C. Il donna, dit-on, à l'ambassadeur de la Cochinchine, une machine qui se tournait toujours vers le Midi de son propre mouvement, et qui conduisait sûrement ceux qui voyageaient par mer ou par terre. Quelques écrivains ont cru que c'était la boussole; mais il est naturel de ne pas s'exercer beaucoup à deviner la nature de cette machine, toute l'ancienne histoire de la Chine n'étant qu'un amas de contes.

CHING ou XI, ou CHI-HOANGTI, empereur de la Chine vers l'an 240 avant J.-C., rendit son nom fameux par un grand nombre de victoires; mais il le déshonora par ses cruautés envers les vaincus. Après avoir conquis toute la Chine, dont il ne possédait auparavant qu'une partie, il porta ses armes contre les Tartares; et pour empêcher leurs irruptions, il fit bâtir, dans l'espace de cinq ans, cette fameuse muraille qui sépare la Chine de la Tartarie. Elle subsiste encore en grande partie. Lorsqu'on dit qu'elle a 400 lieues de longueur, on y comprend des espaces remplis par les montagnes, et ceux où il n'y a qu'un fossé. Il n'y a proprement que 100 lieues de murs, construits partie en brique et partie en terre battue. Ce rempart n'a pas empêché les Tartares de subjuguer la Chine. Ching avait plus de goût pour la guerre que pour les livres, car il ordonna qu'on les brûlât tous.

CHINIAC DE LA BASTIDE (Mathieu), né en 1739, mort en 1802, entreprit, de concert avec d'Ossieux, un *Abrégé* de l'*Histoire littéraire de France*: les deux premiers volumes, qui vont jusqu'à l'année 425, parurent en 1772, in-12, sous ce titre: *Histoire de la littérature française, depuis les temps les plus reculés jusqu'à nos jours, avec un tableau du progrès des arts dans la monarchie.* Un travail de ce genre a été fait et publié en 1827, Paris, 1 vol. in-8, par M. Henrion, sous le titre de: *Histoire littéraire de la France antérieure à Louis XI;* 2e édition, 1837, Paris, un vol. in-8, sous le titre de: *Histoire littéraire de la France au moyen-âge;* il embrasse l'époque la moins appréciée de l'histoire de la civilisation française. Chiniac fit aussi une *Traduction* des *Commentaires* de César, dont il ne publia que le tome 1er de la seconde partie, sous le titre assez singulier de: *Dissertation sur les Basques,* Paris, sans date, 1786, in-8. On y voit une planche représentant l'ancien jeu géographique des Phéniciens, qui offrait la position de la métropole de Tyr avec toutes ses colonies; jeu qui s'est conservé, dit-on, jusqu'à nos jours sous le nom de *marelle*, et qui est l'origine des armoiries de Navarre. Cet ouvrage est diffus et rempli d'idées systématiques.

CHINIAC DE LA BASTIDE (Pierre), frère puîné du précédent, avocat au

Parlement de Paris, né à Alassac, près de Brive, dans le Limousin, le 5 mai 1741, s'était d'abord destiné à l'état ecclésiastique qu'il quitta pour le barreau. Il fut dans l'ancien régime lieutenant-général de la sénéchaussée d'Uzerche, et devint président du tribunal criminel de la Seine, en 1796. On a de lui le *Discours de l'abbé Fleury sur les libertés de l'Eglise gallicane, avec un Commentaire par M. l'abbé de C. de L., au-delà des monts, à l'enseigne de la vérité*, 1765, in-12. Cet écrit, imprimé clandestinement, comme on le voit, et où le Pape et la cour de Rome sont assez maltraités, éprouva diverses critiques, auxquelles Chiniac répondit par un autre ouvrage, sous ce titre : *Réflexions importantes et apologétiques sur le nouveau commentaire, etc.*, Paris, 1766, in-12. On lui a aussi attribué une *Dissertation sur la prééminence de l'épiscopat sur la prêtrise*, 1766, in-4. Ses autres ouvrages sont : *Discours sur la nature et les dogmes de la religion gauloise, servant de préliminaire à l'Eglise gallicane*, Paris, 1769, in-12. Une nouvelle édition de l'*Histoire des Celtes* de Pelloutier, revue, corrigée et augmentée, Paris, 1770, 8 vol. in-12 et 2 vol. in-4. Il y a joint entre autres une *Dissertation sur le temps où la religion chrétienne fut établie dans les Gaules*; l'*Histoire des capitulaires des rois de la première et seconde race*, 1779, in-8. C'est là traduction de la préface de la collection des capitulaires de Baluze; une nouvelle édition du *Traité de l'autorité du Pape*, de Burigny, 5 vol. in-8, qui lui attira de nouvelles critiques. (Voy. Burigny); un *Essai de philosophie morale*, 1802, 5 vol. in-8.

CHINIAC DE LA BASTIDE (Jean-Baptiste), né le 15 octobre 1747, et décédé en 1768, a publié le *Miroir fidèle*, ou *Entretiens d'Ariste et de Philindor*, 1766, in-12.

CHINILADAN, roi d'Assyrie, successeur de Saosduchin. (Voyez Nabuchodonoson I.) Cyaxares, fils de Phraortes et roi des Mèdes (voyez Cyaxares), assiégea Ninive; comme il était sur le point de la prendre, Chiniladan se brûla dans son palais, vers l'an 626 avant J.-C. Quelques auteurs le confondent avec Sardanapale : d'autres prétendent qu'il est le même que le Nabuchodonosor dont fait mention le livre de *Judith*. (Voyez ce nom.) Il est assez difficile de savoir la vérité, lorsque les événements sont arrivés sous nos yeux : que doit-ce être, lorsqu'il y a deux ou trois mille ans entre eux et nous ?

CHIN-NONG, empereur de la Chine, régna, si l'on en croit les annales fabuleuses de ce pays, l'an 2837 avant J.-C. et enseigna aux hommes à cultiver la terre, et à tirer le pain du froment et le vin du riz. Les Chinois lui doivent encore, suivant leurs historiens, l'art de faire les toiles et les étoffes de soie, la connaissance de traiter les maladies, les chansons sur la fertilité de la campagne, la lyre et la guitare. Les historiens chinois ajoutent qu'il mesura le premier la figure de la terre et détermina les quatre mers : ces expressions suffisent pour apprécier les découvertes de Chin-Nong.

CHIRAC (Pierre), célèbre médecin, né en 1650 à Conques dans le Rouergue, se destinait au sacerdoce, et vint en 1678 à Montpellier pour étudier la Théologie. Chargé de diriger l'éducation du fils d'un maître apothicaire de cette ville, il commença à étudier la médecine l'an 1680, étant âgé de trente ans. Le célèbre Chicoyneau, chancelier de l'Université de Montpellier, ayant connu les talents de ce jeune homme, alors ecclésiastique, lui confia l'éducation de ses deux fils, dont l'un fut depuis premier médecin du roi. Le goût de l'abbé Chirac pour la médecine, paraissant plus déterminé que sa vocation pour l'état ecclésiastique, il devint membre de la Faculté de Montpellier en 1682, et y enseigna cinq ans avec le plus grand succès. De la théorie il passa à la pratique, et ne fut pas moins applaudi. Le maréchal de Noailles, à la prière de Barbeyrac, alors le plus célèbre docteur de Montpellier, lui donna la place de médecin de l'armée de Roussillon, en 1692. L'armée ayant été attaquée de la dyssenterie l'année d'après, Chirac lui rendit les plus importants services. Le duc d'Orléans voulut l'avoir avec lui en Italie, en 1706, et en Espagne, en 1707. Homberg étant mort en 1715, ce prince, déjà régent du royaume, le fit son premier médecin; et à la mort de Dodart, en 1730, il eut la même place auprès de Louis XV. Il avait été reçu, en 1716, membre de l'Académie des sciences, et deux ans après il succéda à Fagon dans la surintendance des jardins royaux. Cet habile homme obtint du roi, en 1728, des lettres de noblessse, et mourut en 1732, à 82 ans. Rochefort et Marseille lui eurent de grandes obligations : la première de ces villes, dans la maladie épidémique connue sous le nom de *maladie de Siam*; et la seconde, dans le ravage de la peste, en 1720. Du sein de la cour, il procura à cette ville les médecins les plus instruits, les conseils les plus salutaires, les secours les plus abondants. « Les ouvrages qu'il a

« laissés, dit un médecin bibliographe, « sont en petit nombre, et ne répondent « pas à la réputation dont il jouissait; « ils sont généralement écrits dans un « style fort négligé, et remplis d'expli- « cations très-hypothétiques pour la plu- « part. » Nous citerons : *Extrait d'une lettre sur la structure des cheveux*, Mont- pellier, 1668, in-12. « Chirac, sans « doute, n'a pas vu tout ce qu'il décrit, « dit l'auteur que nous venons de citer ; « mais le fond de ses observations mé- « rite quelque confiance. Dans un *Mé- « moire* présenté à l'Académie des scien- « ces, M. Dutrochet a montré que les « poils offraient en effet beaucoup d'ana- « logie avec les plumes, et ses idées se « rapprochent singulièrement de celles « de Chirac. » (Voyez *Journal complé- ment. du Dict. des scienc. méd.*, tom. V, pag. 366); *Quæstio medico-chirurgica, etc.*, Montpellier, 1707, in-12, traduit en français sous ce titre: *Observations de chirurgie, sur la nature et le traitement des plaies, etc.*, Paris, 1742, in-12; *Trai- té des fièvres malignes et des fièvres pes- tilentielles qui ont régné à Rochefort, en 1694, avec des consultations sur plusieurs maladies*, Paris, 1742, in-12. « Ouvrage « remarquable, dit le bibliographe déjà « cité, par l'esprit d'observation que l'au- « teur y montre ; il s'abandonne moins « ici à ces théories hypothétiques qui lui « sont si familières, pour se laisser gui- « der par l'expérience. Chirac fit de nom- « breuses ouvertures de cadavres, qui « le conduisirent à penser que les fièvres « qu'il observait étaient le résultat d'une « inflammation du cerveau et des orga- « nes de la digestion. Il déduit de ses ob- « servations une thérapeutique plus ra- « tionnelle. » (Voyez dans les *Archives génér. de méd.*, tom. I, 1823, un extrait des faits et des principes exposés par Chirac dans cet ouvrage.) *Dissertations et consultations médicales de Chirac et Sylva*, Paris, 1744, in-12; deux ou trois écrits contre Vieussens, sur la décou- verte de l'acide dans le sang. (Voyez VIEUSSENS.) Il y a beaucoup de person- nalités dans ces écrits polémiques.

CHISHULL (Edmond), chapelain de la factorerie anglaise à Smyrne, en 1698, mourut le 18 mai 1733. On a de lui des *Sermons*, des *Poésies* latines; mais l'ou- vrage qui lui a acquis une grande répu- tation est intitulé : *Antiquitates asiati- cæ christianam æram antecedentes, num- mis et figuris æneis ornatæ*, Londres, 1728, in-folio. Ces inscriptions et ces antiquités ont été recueillies dans l'Asie- Mineure, dans les anciennes villes de la Grèce et de l'Archipel. Elles sont d'une

grande utilité pour l'histoire grecque. La sagacité qu'il y a dans ces recherches prouve l'habileté de Chishull. On a en- core de lui : *De nummis Smyrnæis in medicorum honorem percussis*, joint à l'*Oratio Harveia* de Mead, 1715, in-4.

CHLADNY, ou CHARDENIUS (Martin), théologien luthérien, naquit à Cremnitz, en Hongrie, l'an 1669; il alla à Wittem- berg, où il devint maître-ès-arts, en 1691. Après y avoir soutenu différentes thèses, et entre autres une *de Ecclesiâ græcâ ho- diernâ*, et une *de diptychis veterum*, il fut établi pasteur dans la petite ville d'U- bigau, qu'il quitta pour aller exercer les mêmes fonctions à Laussig. Peu après, il fut fait prévôt et surintendant à Jes- sen; enfin il devint docteur et professeur en théologie à Wittemberg, où il fut, pen- dant les dernières années de sa vie, prévôt de l'église du château, et assesseur du con- sistoire. Il mourut dans cette dernière ville le 12 septembre 1725. On a de lui: *De fide et ritibus Ecclesiæ græcæ hodiernæ; De diptychis veterum; Epistola de abusu chemiæ in rebus sacris; Dissertatio de Ecclesiis colchicis, earumque statu, doc- trinâ et ritibus*, Wittemberg, 1702, in-4, *Dissertatio theolog. quâ revelationes Bri- gittæ excutit*, ibid., 1715, in-4.

CHLADNY (Jean-Martin), fils du précé- dent, né en 1710, rédacteur d'un journal hebdomadaire sur la Bible, est connu par un grand nombre d'ouvrages, dont les principaux sont : *Logica practica, seu problemata logica*, Leipsick, 1741, in-8; *Programma de fatis bibliothecæ Augusti- ni in excidio Hipponensi*, ib., 1742, in-8; *Opuscula academica*, ibid., 1741 et 1750, 2 vol. in-8; *Vindiciæ amoris Dei puri adversus subtilissimas Fenelonii corrup- telas*, Erlang, 1747, in-4.

CHOCQUET (Louis), poëte français du 16e siècle, est auteur du *Mystère* à personnages *de l'Apocalypse de saint Jean*, qui fut représenté en 1541 à Pa- ris. Ce poëme d'environ 9,000 vers, et très-rare, fut imprimé la même année à Paris, in-folio, à la suite des *Actes des Apôtres*, des deux Grebans.

CHODORLAHOMOR, roi des Elami- tes, peuples qui habitaient une partie de la Perse, vers l'an 1925 avant J.-C. Les rois de Babylone et de la Mésopo- tamie relevaient de lui. Il étendit ses con- quêtes jusqu'à la mer Morte. Les rois de la Pentapole s'étant révoltés, il marcha contre eux, les défit, et emmena un grand nombre de prisonniers, parmi lesquels était Loth, neveu d'Abraham. Le patriar- che surprit pendant la nuit et défit l'ar- mée de Chodorlahomor, et ramena Loth avec tout ce que ce prince lui avait enlevé.

CHODOWIECKI (Daniel-Nicolas), peintre graveur, né à Dantzick le 16 octobre 1726, mort à Berlin en 1801. On distingue parmi ses ouvrages de peinture une *Passion de Jésus-Christ*, en douze parties, qu'il avait peinte en mignature, mais d'un fini si précieux, que tout le monde avait voulu la voir et en connaître l'auteur. Il grava, pendant la guerre de *sept ans*, différents sujets qui y avaient rapport, et entre autres, *les prisonniers russes à Berlin, secourus par les habitants:* c'est une de ses gravures les plus rares. On estime aussi sa gravure des *Adieux de Calas*, qu'il termina en 1767. Les épreuves qui portent cette date sont très-recherchées, parce qu'il n'en fut tiré que cent exemplaires. Il a beaucoup travaillé pour l'*Arioste, Gesner*, le *roman de Don Quichotte*, etc.

CHOIN (Marie-Emilie JOLY de), d'une famille noble, originaire de Savoie et établie en Bourgogne, fut placée vers la fin du seizième siècle auprès de madame la princesse de Conti. Le dauphin, qui eut occasion de la voir, en devint, dit-on, amoureux; mais on prétend qu'elle ne souffrit ses assiduités, qu'après l'avoir épousé secrètement, comme Louis XIV son père avait épousé madame de Maintenon. En lisant les *Mémoires* du duc de Saint-Simon, on ne peut guère douter qu'elle n'ait été effectivement son épouse. Après la mort du dauphin en 1711, elle se retira à Paris dans une maison qu'avait habitée madame de La Fayette, où elle vécut dans une espèce d'obscurité. Elle ne sortait de sa retraite que pour faire de bonnes œuvres, et mourut en 1744.

CHOIN (Albert JOLY de), de la même famille que Marie-Emilie, naquit le 22 janvier 1702, à Bourg-en-Bresse, dont son père était gouverneur, fut sacré évêque de Toulon, le 8 juin 1738, après avoir été doyen de la cathédrale, et grand-vicaire à Nantes. Le cardinal de Fleury le fit nommer à cet évêché, et personne ne fut plus surpris que de Choin, à la lecture de la lettre qui lui apprenait cette nomination. Il exposa ses craintes et ses difficultés au cardinal, le priant d'accepter sa renonciation; mais celui-ci, confirmé par cette répugnance dans la bonne opinion qu'il avait de Choin, exigea qu'il conservât son évêché, en lui promettant expressément que le roi le soutiendrait. Arrivé dans son diocèse, il n'en sortit que pour se rendre aux assemblées du clergé, quand il y était député. Dans son palais, il fit revivre la simplicité des évêques des beaux siècles de l'Eglise. Tout son meuble consistait dans le pur nécessaire; lui-même n'était jamais revêtu que de laine. Il n'eut qu'un grand-vicaire, et voulait que toutes les affaires passassent par ses mains: il mettait son plaisir à bien recevoir les prêtres de son diocèse. Tous ses diocésains, indistinctement, avaient un libre accès chez lui. Ses revenus étaient presque tous pour les pauvres, surtout pour les pauvres honteux. Son zèle pour le maintien de la foi était très-ardent: on l'a souvent entendu dire qu'il était prêt à monter sur l'échafaud pour soutenir les intérêts de la religion. Il écrivit à ce sujet une lettre très-longue, très-forte, et vraiment apostolique, qui était un traité des droits de l'Eglise, à Lamoignon, chancelier de France. Dans les affaires les plus embarrassantes de son diocèse, il disait qu'il ne savait qu'une ressource: « C'est là, » disait-il en montrant son oratoire, qui était une tribune donnant dans l'église. Son désintéressement lui fit refuser une abbaye qu'on lui avait donnée pour suppléer à la modicité des revenus de son évêché. Ce prélat mourut le 16 avril 1759. On a de lui: *Instructions sur le Rituel*, Lyon, 1778, 3 vol. in-4, ouvrage digne de beaucoup d'éloges, et qui seul peut tenir lieu de bibliothèque à un ecclésiastique engagé dans le saint ministère. Il a été souvent réimprimé, et on le connaît sous le nom de *Rituel de Toulon*. De Choin a aussi donné un grand nombre de *Mandements* qui étaient le fruit de son travail.

CHOISEUL (Charles de), marquis de PRASLIN, d'une des plus illustres familles de France, brilla au siége de La Fère en 1580, à celui de Paris en 1589, et au combat d'Aumale en 1592. Henri IV, qui aimait en lui le grand général et le sujet fidèle, le fit capitaine de ses gardes. Il obtint le bâton de maréchal de France sous Louis XIII en 1609, et fut employé dans la guerre contre les huguenots en 1621 et 1622. Quoiqu'il ne commandât pas en chef, il eut plus de part que les connétables de Luynes et de Lesdiguières sous lesquels il servait à la prise de Clérac, de Saint-Jean-d'Angely, de Royan, de Carmain et de Montpellier. On prétend qu'il entendait mieux la guerre de siège que celle de campagne. Il eut cependant, en différentes fois, le commandement de neuf armées, se trouva à 47 batailles ou combats, remit sous l'obéissance du roi 53 villes des rebelles, servit pendant 45 ans, et reçut dans toutes ces expéditions 36 blessures. Il mourut en 1626, âgé de 63 ans.

CHOISEUL DU PLESSIS-PRASLIN (César de), duc et pair de France, neveu du précédent, se signala dès sa jeunesse et plusieurs siéges et combats. Il fut fait maréchal de France le 20 juin 1645, gagna a bataille de Trancheron en 1648. L'exploit le plus éclatant de cet homme illustre fut la victoire de Rhétel, où il défit en 1650 le maréchal de Turenne, qui commandait l'armée espagnole. Cette journée fut un jour de triomphe pour la cour, dont la tranquillité dépendait du sort des armes. Choiseul avait été choisi l'année d'auparavant pour être gouverneur de Monsieur. Il fut fait cordon-bleu en 1662, duc et pair l'année d'après. Il mourut à Paris en 1675, à 78 ans, également recommandable par sa valeur, ses services et sa fidélité. Le maréchal de Choiseul passait pour être plus capable d'exécuter un projet que de le former. Il avait, dit-on, plus d'expérience que de talent, et plus de bon sens que de génie. M. Turpin a publié sa Vie et celle de Charles, son oncle, à la suite de l'Histoire des hommes illustres de France, écrite d'un style romanesque et affecté. Elle compose le 16e vol.

CHOISEUL DU PLESSIS-PRASLIN (Gilbert de), frère du précédent, embrassa l'état ecclésiastique, tandis que ses frères prenaient le parti des armes. Ils se distinguèrent tous également. L'abbé de Choiseul, nommé à l'évêché de Comminges en 1644, donna une nouvelle face à son diocèse, par ses visites, par ses soins. Il nourrit ses pauvres dans les années de misère, assista les pestiférés dans un temps de contagion, établit des séminaires, réforma son clergé. Devenu évêque de Tournai en 1671, il s'y montra comme à Comminges. Ce prélat mourut à Paris en 1689, à 76 ans. Il avait été employé, en 1663, dans des négociations pour l'accommodement des disputes occasionnées par le livre de Jansénius. Il avait eu aussi beaucoup de part aux conférences qui se tinrent aux Etats du Languedoc sur l'affaire des quatre évêques. Toutes ces négociations ne servirent qu'à constater l'opiniâtreté des défenseurs du livre de Jansénius, et les liaisons trop étroites que Choiseul avait toujours eues avec ceux de ce parti. On a de lui plusieurs ouvrages: Mémoires touchant la religion, 3 in-12, contre les athées, les déistes, les libertins et les protestants, et vainement attaqués par ceux-ci; Traduction (française) des psaumes, des cantiques et des hymnes de l'Eglise, réimprimée plusieurs fois; Mémoires de divers exploits du maréchal du Plessis-Praslin, 1676, in-4.

CHOISEUL-STAINVILLE (Etienne-François de), duc de Choiseul-Amboise en Touraine, pair de France, né le 28 juin 1719, dans un état de fortune très-médiocre. Tourmenté du noble désir de couvrir d'une gloire nouvelle un nom déjà illustre, il était entré dans la carrière des armes; mais son génie étant moins tourné du côté de la guerre que de la politique, il se livra bientôt aux négociations. Il fut ambassadeur à Rome, et ensuite à Vienne. La maison d'Autriche, dont il avait l'honneur d'être allié, crut trouver en lui un serviteur zélé à celle de France, et forma en sa faveur un puissant parti. De retour à Paris, sur la fin de 1758, il fut nommé, le premier novembre, ministre et secrétaire d'Etat au département des affaires étrangères, et créé en même temps duc de Choiseul, et l'année suivante pair de France. Il sut gagner l'entière confiance de Louis XV, et en profiter pour réunir sur sa personne les grands emplois de la cour et du royaume. Il fut fait ministre de la guerre en 1761, colonel des Suisses et Grisons en 1762, ministre de la marine la même année, enfin il devint gouverneur de la province de Touraine, grand bailli de Haguenau, surintendant des postes. C'est à ce ministre qu'on doit le fameux pacte de famille, conclu en 1761 entre la France, l'Espagne, le roi des Deux-Siciles et l'infant duc de Parme, qui fut négocié si secrètement, qu'il n'en transpira rien qu'après sa signature. Le roi d'Espagne lui en témoigna sa satisfaction en lui envoyant la Toison-d'Or. Ayant, dans plus d'une occasion, abusé de la confiance que le roi avait en lui, en favorisant en secret les prétentions et les menées des Parlements opposées aux volontés du roi, il fut disgracié le 24 décembre 1770, et relégué dans son château de Chanteloup, près de Tours. Après la mort du roi, il reparut à la cour sans rentrer dans le ministère, et mourut à Paris le 8 mai 1785. Choiseul avait beaucoup d'esprit, travaillait facilement, et avait le talent de pénétrer les hommes et de profiter des événements. On lui reproche une administration peu économique, et d'avoir été prodigue des biens de l'Etat. Il contribua beaucoup à la destruction des Jésuites en France.

CHOISEUL-STAINVILLE (Jacques), comte et maréchal de France, fit ses premières campagnes en Autriche, et devint successivement capitaine, chambellan, colonel des chevau-légers de Lowenstein, avec lesquels il se distingua en diverses rencontres, sous les ordres des maréchaux Daun et Laudon. Le premier février 1759, il fut nommé général-major, et le 15 novembre suivant, maréchal-lieutenant; mais il résigna, peu de jours après; ce titre pour passer au service de la France, où il fut fait lieutenant-général le 18 mai 1760. Il se rendit ensuite à l'armée d'Allemagne, qui était prête à se mettre en mouvement, et il remporta plusieurs avantages sur les Prussiens. Cependant il se vit obligé de se retirer devant des forces supérieures, et il prit position sur Vacha, où il attendit de pied ferme les détachements qui pressaient son arrière-garde ; il les battit, reprit son mouvement, et joignit l'armée qui s'assemblait aux environs de Friedberg. Là, il reçut sa nomination d'inspecteur-commandant des grenadiers de France, et d'inspecteur-général d'infanterie; il se porta aussitôt en avant, prit le commandement du corps destiné à couvrir l'armée, et battit le prince héréditaire, auquel il enleva quinze pièces de canon, dix-neuf drapeaux et deux mille prisonniers. Il occupa ensuite Lich, et s'y maintint jusqu'au moment où l'ennemi eut retiré toutes ses troupes. Alors il vint à la cour, fut créé chevalier de Saint-Louis, et employé l'année suivante dans le Haut-Rhin, où il se distingua également. Il emporta le château de Nagel, rallia sous Cassel les troupes aux ordres du marquis de Lévis, marcha à l'ennemi, le rejeta de l'autre côté de la rivière, et rangea toute la Hesse sous son commandement. Obligé de se mettre en retraite devant le prince Ferdinand, il se replia sur le champ de Cassel, et fit de si heureuses dispositions, que l'ennemi n'osa pas l'attaquer. La paix eut lieu bientôt après, et il reçut, le 18 juin 1783, le bâton de maréchal de France, et en 1786 la croix de l'ordre du Saint-Esprit. Il assista à l'ouverture des Etats-Généraux en 1789, et mourut bientôt après.

CHOISEUL-GOUFFIER (Gabriel-Auguste, comte de). Son goût pour les sciences l'engagea d'entreprendre à 22 ans un voyage dans la Grèce, pour rechercher les vestiges de son ancienne splendeur. Il visita toutes les îles de l'Archipel, les côtes de l'Asie-Mineure, la Troade, et revenant ensuite de Constantinople à Athènes, il remonta vers le nord par le détroit des Thermopyles, la plaine de Pharsale et la vallée de Tempé jusqu'en Dalmatie. Il publia, à son retour, le résultat de ses recherches et de ses observations, sous le titre de *Voyage pittoresque de la Grèce*, tom. 1er, Paris, 1782, très-grand in-folio, orné d'un grand nombre de figures, supérieurement exécutées, tome 2, 1809 à 1821. M. de Choiseul fut nommé, en 1789, ambassadeur de France auprès de la Porte ottomane, et ce voyage

fut pour lui une occasion de nouvelles découvertes et de nouveaux travaux. Décrété d'arrestation le 23 octobre 1792 par la Convention, pour avoir eu des relations avec les princes, frères de Louis XVI, il se rendit en Russie, où l'impératrice le reçut de la manière la plus flatteuse, et lui accorda une pension; Paul Ier le nomma ensuite son conseiller intime, et directeur de l'académie des arts et des bibliothèques impériales. Le comte de Choiseul rentra en France en 1802, et prit place l'année suivante à l'Institut en qualité d'ancien membre de l'académie des inscriptions. Au retour du roi en 1815, il fut nommé ministre d'Etat, membre du conseil privé et pair de France. Il est mort le 22 juin 1817, à 65 ans.

CHOISY (François - Timoléon de), prieur de Saint-Lô, et grand doyen de la cathédrale de Bayeux, l'un des quarante de l'Académie française, naquit à Paris en 1644. Sa première jeunesse ne fut pas trop réglée. Il est très-vrai qu'il s'habilla et vécut en femme pendant quelques années, et qu'il se livra, dans une terre auprès de Bourges, au libertinage que couvrait ce déguisement ; mais il n'est pas vrai que, pendant qu'il menait cette vie, il écrivait son *Histoire ecclésiastique*, comme le dit un écrivain célèbre, qui sacrifie souvent la vérité à un bon mot. Le premier volume de cet ouvrage parut en 1703. L'abbé de Choisy avait alors près de 60 ans. Il aurait été difficile, qu'à cet âge, il eût conservé les agréments et la figure qu'il lui fallait pour jouer ce rôle. En 1685, il fut envoyé, en qualité d'ambassadeur, auprès du roi de Siam, qui voulait, dit-on, se faire chrétien. L'abbé de Choisy se fit ordonner prêtre dans les Indes par le vicaire apostolique, non pas pour avoir de quoi s'amuser dans le vaisseau, comme le dit un écrivain satirique, mais par des motifs plus nobles. Il mourut en 1724, à Paris, à 80 ans. L'enjouement de son caractère, les grâces de son esprit, sa douceur et sa politesse le firent aimer et rechercher. On distingue parmi ses ouvrages les suivants : *Journal du voyage de Siam, fait en 1685 et 1686*, Paris, 1687, in-4. Cet ouvrage, écrit d'un style aisé, plein de gaîté et de saillies, manque quelquefois d'exactitude ; il est d'ailleurs très-superficiel, ainsi que la plupart de ses autres écrits; la *Vie de David*, in-4, et celle de *Salomon*, in-12; la *Vie de David* est accompagnée d'une interprétation des psaumes, avec les différences de l'hébreu et de la Vulgate; *Histoire de France sous les règnes de saint Louis, de Philippe de Valois, du roi*

Jean, de Charles V et de Charles VI, 5 vol. in-4. Ces Vies avaient été publiées chacune séparément. On les a réunies en 1750, en 4 vol. in-12. L'auteur les a écrites de cet air libre et naturel qui fixe l'attention sur la forme, et empêche de trop examiner l'exactitude du fond. (Voyez Jean de FILLEAU de La Chaise); L'Imitation de Jésus-Christ, traduite en français, réimprimée in-12 en 1735. La première édition était dédiée à Mme de Maintenon, avec cette épigraphe : Audi, filia, et vide, et inclina aurem tuam, et concupiscet rex decorem tuum; l'Histoire de l'Église, en 11 vol. in-4 et in-12. L'abbé de Choisy aurait pu l'intituler : Histoire ecclésiastique et profane. Il y parle des galanteries des rois, après avoir raconté les vertus des fondateurs d'ordres. En ne voulant pas accabler son ouvrage d'érudition, il a supprimé une infinité de faits et de détails aussi instructifs qu'intéressants. Le ton de l'auteur n'est pas assez noble, et il cherche trop à égayer une histoire qui ne devait être qu'édifiante; Mémoires pour servir à l'histoire de Louis XIV, 2 vol. in-12. On y trouve des choses vraies, quelques-unes de fausses, beaucoup de hasardées; et le style en est trop familier ; les Mémoires de la comtesse des Barres, en 1736, petit in-12 : c'est l'histoire des débauches de la jeunesse de l'auteur. Le compilateur de la Vie de l'abbé de Choisy, in-8, publiée en 1748 à Genève (qu'on croit être l'abbé d'Olivet), s'est beaucoup servi de cet ouvrage scandaleux, dans le détail des aventures galantes de son héros ; quatre Dialogues, sur l'immortalité de l'âme, sur l'existence de Dieu, sur la Providence et sur la religion, en 1684, in-12. Le premier de ces Dialogues est de l'abbé de Dangeau ; le second du même et de l'abbé de Choisy ; le troisième et le quatrième, de ce dernier. Ils sont dignes de l'un et de l'autre, quoique peu approfondis. On a réimprimé cet ouvrage à Paris, en 1788, in-12; Vie de madame de Miramion, fondatrice des filles de Sainte-Geneviève, Paris, 1806, in-4.

CHOKIER (Erasme DE SURLET), né à Liége en 1560, d'une famille noble, qui a pris le nom d'un château qui est à deux lieues de cette ville sur la Meuse, se distingua par ses lumières dans la jurisprudence, sa probité, son attachement à la religion de ses pères, et son affabilité qui lui avait concilié l'amour et l'estime de tous ses concitoyens. Il mourut le 19 février 1625. Nous avons de lui : De jurisdictione ordinarii in exemptos et horum ab ordinariae exemptione, Colo-

1620, 2 vol. in-4. Cet ouvrage fut augmenté d'un volume par Jean-Pierre Verhorst, suffragant de Trèves, Cologne, 1682 ; Tractatus de advocatiis feudalibus, Cologne, 1614, in-4.

CHOKIER-SURLET (Jean-Ernest), frère du précédent, né à Liége en 1571, fut d'abord chanoine de Saint-Paul à Liége, puis chanoine de la cathédrale, abbé séculier de Visé, grand-vicaire, et mourut vers l'an 1650. Il avait pris le bonnet de docteur en droit à Orléans, et s'était beaucoup appliqué aux antiquités romaines, dont Juste-Lipse lui avait inspiré le goût. Pour se perfectionner dans cette science, il parcourut l'Italie. Les magnifiques monuments de sa piété et de sa munificence, l'hôpital des Incurables, la maison des Repenties, le couvent et l'église des Minimes, etc., etc., rendront sa mémoire à jamais précieuse à sa patrie. Nous avons de lui : des Notes sur le traité de Sénèque, De la tranquillité de l'âme, Liége, 1607 ; un Commentaire sur la Politique de Juste-Lipse, avec plusieurs traités, ibid., 1642 ; De la permutation des bénéfices, Rome, 1700, in-fol.; Commentaria in regulas cancellariae Alphonsi Soto, in-4, Liége, 1658 ; Scholia in preces primarias imperatoris, 1621, in-4; Dere nummaria prisci aevi, collata ad aestimationem monetae praesentis, 1649, in-8 ; Vindiciae libertatis ecclesiasticae, 1630, in-4; Facis historiarum centuriae duae, 1650, in-fol. On y voit les mœurs et les usages de diverses nations; Thesaurus casuum reservatorum. Nous avons encore de lui des ouvrages de controverse, etc.

CHOLIN (Pierre), de Zug en Suisse, fut précepteur de Théodore de Bèze. Il devint ensuite professeur de belles-lettres à Zurich, et mourut l'an 1542. Cholin était habile dans la langue grecque ; Bude en faisait beaucoup de cas. Il a traduit de grec en latin les livres de la Bible, que les protestants regardent comme apocryphes. Il a eu part avec Léon de Juda, Bibliander, Pellican et R. Gautier, à la Bible de Zurich, qui est chargée de notes littérales et de scolies sur les marges. Cette Bible est estimée parmi les protestants.

CHOMEL (Pierre-Jean-Baptiste), médecin et botaniste, né à Paris en 1671, fit ses études chez les Jésuites ; il devint médecin ordinaire du roi, s'appliqua avec succès à la botanique, dont il donnait des leçons dans un jardin qu'il avait loué dans le faubourg Saint-Jacques, et où il avait réuni un grand nombre de plantes médicinales. On établit au même endroit l'école de pharmacie, qui y est encore ;

et c'est ainsi qu'on doit à Chomel cette institution. Chomel fut associé de l'Académie des sciences, élu doyen de la Faculté de médecine, et mourut le 3 juillet 1740. M. Fr. Chomel, aujourd'hui professeur à la Faculté de médecine de Paris, est un de ses descendants. Nous avons de lui une *Histoire* (très-utile) *des Plantes usuelles*, en 3 vol. in-12, Paris, 1761. C'est la quatrième édition ; elle fut donnée par le fils de l'auteur. Il y en a d'autres, Paris, 1782, 1 vol. in-8, et, avec des additions, Paris, 1810, 2 vol. in-8. Chomel publia quelques autres ouvrages.

CHOMPRÉ (Pierre), licencié en droit, né à Nancy, en 1698, diocèse de Châlons-sur-Marne, vint de bonne heure à Paris, et y ouvrit une pension. Son zèle pour l'éducation de la jeunesse lui procura beaucoup d'élèves ; il leur inspirait le goût de l'étude et l'amour de la religion. Il mourut à Paris le 18 juillet 1760, à 62 ans. On a de lui plusieurs ouvrages ; les principaux sont : *Dictionnaire abrégé de la Fable, pour l'intelligence des poëtes, des tableaux et des statues, dont les sujets sont tirés de l'histoire poétique*, petit in-12, souvent réimprimé. M. Millin en a publié en 1801 une nouvelle édition, Rome, corrigée et considérablement augmentée, 2 vol. petit in-8 ; *Dictionnaire abrégé de la Bible, pour la connaissance des tableaux historiques, tirés de la Bible même et de Flavius Josèphe*, in-12. M. Petitot en a donné une nouvelle édition revue et augmentée, in-8 et in-12, 1816 ; *Introduction à la langue latine*, 1753, in-12 ; *Méthode la plus naturelle pour enseigner à lire*, in-12 ; *Vocabulaire universel, latin-français*, 1754, in-8 ; *Vie de Brutus, premier consul à Rome*, 1730, in-8 ; *Vie de Callisthènes, philosophe*, 1739, in-8. Ces deux *Vies* sont peu estimées, et le style en est trop négligé ; *Selecta latini sermonis exemplaria*, 1771, 6 vol. in-12. L'auteur a compilé ce qu'il a jugé de plus propre à son objet dans les anciens auteurs latins, soit en prose, soit en vers : le texte y est conservé dans sa parfaite intégrité. Tous les extraits sont accompagnés d'un petit vocabulaire utile ; *Traduction* de l'ouvrage précédent. Il y a plusieurs morceaux rendus avec fidélité et avec élégance ; mais on en trouve aussi un grand nombre qui sont semés d'expressions peu françaises, de phrases louches et mal construites.

CHOPIN (René), natif de Bailleul en Anjou, en 1537, plaida longtemps avec distinction au Parlement de Paris ; retiré ensuite dans son cabinet, il fut consulté comme un des oracles du droit. Il mourut à Paris en 1606, à 69 ans. Ses ouvrages ont été publiés en 1663, 6 vol. in-fol., en latin et en français. Il y a aussi une autre édition, latine seulement, en 4 vol. Son latin est fort concis, et souvent obscur et ampoulé. On le comparait au jurisconsulte Tuberon, qui avait affecté de se servir des mots les plus surannés. Ses ouvrages les plus estimables sont : le second vol. de la *Coutume d'Anjou* ; le Traité *de Domanio*, pour lequel Henri III l'anoblit ; les livres *De sacrâ politiâ; De privilegiis rusticorum*, remplis de belles recherches et de décisions judicieuses. Son livre sur la *Coutume de Paris* est trop abrégé, et rempli de trop de digressions et de citations de lois étrangères. Chopin avait beaucoup d'esprit et d'érudition ; mais son zèle pour la Ligue lui valut une satire atroce, sous le titre d'*Anti-Chopinus*, 1592, in-4, attribuée à Jean de Villiers-Hotman. Comme cette pièce attaquait en même temps les choses et les personnes les plus respectables, elle fut brûlée par arrêt du conseil. Ce qui y avait donné lieu est *Oratio de pontificis Gregorii XIV ad Gallos diplomate à criticis notis vindicato*, Paris, 1591, in-4. Le jour que Henri IV entra dans Paris, sa femme perdit l'esprit, et il reçut ordre d'en sortir ; il y resta cependant par le crédit de ses amis. Ce jurisconsulte étudiait ordinairement couché par terre sur un tapis, et entouré des livres qui lui étaient nécessaires.

CHORIER (Nicolas), avocat au Parlement de Grenoble, né à Vienne en Dauphiné l'an 1609, cultiva de bonne heure la littérature, et négligea le barreau pour se livrer tout entier à l'histoire. Il publia celle du *Dauphiné*, 2 vol. in-fol., 1661 et 1672. « Chorier, dit l'abbé Lenglet. « était un auteur peu exact. Il ne lui « fallait que la plus légère connaissance « d'un fait pour bâtir dessus une nouvelle histoire. » On doit porter le même jugement de son *Nobiliaire du Dauphiné*, 4vol. in-12, 1687 ; de son *Histoire généalogique de la maison de Sassenage*, 4 v. in-12 ; de son *Histoire du duc de Lesdiguières*, 1683, in-12 ; des *Antiquités de la ville de Vienne*, 1659, in-12. Ces ouvrages firent passer Chorier pour un écrivain ennuyeux ; mais son livre intitulé : *Aloysiæ Sigeæ Toletanæ satyra Sotadica de arcanis Amoris et Veneris*, le fit regarder comme un auteur infâme. Cette abominable production, attribuée sans fondement à l'illustre Louise Sigée de Tolède (dont le nom se trouve parmi les *Littérateurs* du 16e siècle), est certainement de Chorier, dont toute la vie a répondu aux maximes qui y sont débitées. Il en donna les six premiers dialogues à son libraire, pour le dédommager de la perte qu'il avait faite sur le premier volume de l'*Histoire du Dauphiné*. De pareils livres ne devraient jamais trouver de lecteurs, et encore moins de traducteurs; mais à la honte des lettres et des mœurs, celui-ci a trouvé les uns et les autres. Un magistrat de Grenoble se chargea, dit-on, d'en payer les frais, et le fils du libraire d'en faire la traduction. Ce livre, digne du feu, loin de rétablir les affaires de l'imprimeur, l'obligea d'abandonner son commerce, et d'éviter par la fuite un châtiment exemplaire. Le 7ᵉ entretien fut imprimé à Genève sur un manuscrit très-peu lisible; ce qui occasionna les fautes dont cette édition fourmille. Chorier eut l'impudence de s'en plaindre, voulant absolument en être reconnu pour l'auteur; et ses amis, qui connaissaient sa dépravation, n'eurent pas de peine à le croire. Son livre, imprimé ensuite sous le titre de : *Joannis Meursii elegantiæ latini sermonis*, méritait bien peu, d'ailleurs, qu'on le revendiquât. Son latin est très-peu de chose, quoique Alard, bibliothécaire du Dauphiné, dise qu'il est fleuri, agréable et coulant; et que ses vers, faits en même langue, sont si beaux qu'on les prendrait pour des productions du siècle d'Auguste. On croirait volontiers qu'Alard a voulu faire une ironie, s'il avait eu assez d'esprit pour cela. Chorier mourut en 1692.

CHORON (Alexandre-Etienne), professeur et compositeur de musique, naquit à Caen le 21 octobre 1772. Dès son enfance, ses dispositions pour la musique étaient si heureuses, qu'il apprit sans maître, et sans autre secours que les ouvrages de d'Alembert et de J.-J. Rousseau, les principes de la composition. Grétry l'engagea ensuite à prendre des leçons de l'abbé Rose, habile théoricien. Forcé d'étudier les mathématiques pour pouvoir exécuter les calculs de la composition musicale, il fit, dans cette étude, des progrès si rapides, que Monge le fit nommer répétiteur pour la géométrie descriptive à l'école normale en 1795, puis chef de brigade à l'Ecole Polytechnique. Choron apprit l'italien et l'allemand; il étudia les ouvrages des principaux auteurs qui ont écrit dans ces deux langues, et bientôt il eut acquis une immense érudition musicale. Divers ouvrages que nous citerons plus loin le firent alors avantageusement connaître, et vers 1812, le ministre des cultes, Bigot de Préameneu, lui confia la direction de la musique des fêtes et cérémonies religieuses, et le chargea de réorganiser les maîtrises et le chœur des cathédrales. Mais les événements de 1814 empêchèrent l'exécution de ce travail que l'empereur avait approuvé; cependant il fut nommé, en 1816, directeur de l'Opéra; et il profita de l'influence que lui donnait cette position pour demander la réorganisation du Conservatoire de musique, que le gouvernement avait fermé comme une fondation d'origine républicaine. L'école de chant et de déclamation fut rétablie et reprit bientôt son ancienne réputation. Choron perdit, en 1817, sa place de directeur de l'Opéra. Ce fut alors qu'il conçut le projet d'enseigner la musique par une méthode simultanée, qu'il appela *concertante*. Son projet fut approuvé par l'intendant de la maison du roi Pradel, et Choron se mit aussitôt à l'œuvre avec l'enthousiasme qui lui était habituel; il publia en 1818 sa *Méthode concertante de musique à quatre parties*, et donna une nouvelle extension à son école, qui devint plus tard le *Conservatoire de musique classique*. Il parcourut ensuite la France et recruta partout des élèves; et peu de temps après, en 1827, on entendit pour la première fois, à Paris, les compositions de Bach, de Handel et de Palestrina. Le gouvernement, cédant à l'enthousiasme général, excité par les succès de Choron, se décida alors à l'encourager; on lui alloua une subvention, et il institua un pensionnat. Il ne se contentait pas de répandre le goût de la musique dans les classes élevées, il voulait la rendre populaire; il fit des essais en grand sur les enfants des écoles des Frères, et ses succès prouvèrent qu'il n'y avait qu'à vouloir pour réussir. La révolution de 1830 arriva sur ces entrefaites : le Conservatoire de musique classique coûtait à l'Etat 46,000 fr.; trente-deux élèves y étaient élevés et formés à l'art du professorat : dans un de leurs accès d'économie, les Chambres réduisirent l'allocation de 46,000 fr. à 12,000. En vain Choron protesta-t-il, en vain rappela-t-il les services qu'avait rendus son école, la réduction fut maintenue et l'école fermée. Il en mourut de chagrin le 29 juin 1834. Il avait publié sur l'art musical un grand nombre d'ouvrages, dont nous citerons seulement les principaux : *Collection de romances, chansons et poésies*, mises en musique, 1806, in-8 : plusieurs de ces airs, entre autres celui de la *Sentinelle*, sont devenus populaires; *Dictionnaire historique des musiciens, etc., morts ou vivants*, Paris, 1810-1812, 2 vol. in-8, en société avec Fayolle; *Méthode élémentaire de musique et de plain-chant, à l'usage des séminaires et mai-*

trises des cathédrales, 1811, in-12; *Traité
général des voix et des instruments d'orchestre*, 1812, in-8; *Bibliothèque encyclopédique de musique*, 1814, in-8; *Livre
choral de Paris*, *contenant le chant du
diocèse de Paris*, *écrit en contre-point*,
etc., 1847; *Méthode concertante de musique à plusieurs parties*, *d'une difficulté graduelle, etc.*, 1817; *Exposition
élémentaire des principes de la musique*,
*servant de complément à la méthode con-
certante*, 1818; *Méthode de plain-chant,
contenant les leçons et exercices nécessaires, etc.*, 1818, petit in-4; *Le musicien
pratique, pour apprendre aux élèves à
composer correctement*, 1818; *Méthode
raisonnée d'harmonie et d'accompagne-
ment à l'usage du professeur, etc.*, 1818;
*Méthode pratique d'harmonie et d'accom-
pagnement à l'usage des élèves, etc.*, 1818;
*Méthode concertante de plain-chant et de
contre-point ecclésiastique, etc.*, 1819;
Solfége, *ou Leçons élémentaires de musique en canons; Solfége à plusieurs voix
sans basse continue; Solfége harmonique,
ou Exercices méthodiques d'harmonie vocale, etc.*, 1819.

CHOSROÈS, dit le *Grand*, fils et successeur de Cabadès, roi de Perse en 531,
donna la paix aux Romains, à condition qu'ils lui rendraient les villes qu'ils
avaient conquises, et qu'ils ne fortifie-
raient point de places frontières. Quelques années après, il revint sur les terres romaines; Bélisaire le repoussa,
et le força de rentrer dans ses Etats,
l'an 542. Après la mort de Justinien,
Chosroès envoya un ambassadeur à Justin II, pour l'engager à continuer la pension que lui faisait l'empire. Ce prince lui
répondit fièrement « qu'il était honteux
« pour les Romains de payer tribut à de
« petits peuples dispersés de côté et d'au-
« tre. » Une seconde ambassade n'ayant
pas été mieux reçue, Chosroès leva une
puissante armée, fondit sur l'empire,
prit plusieurs villes, et n'accorda une
trève de trois ans qu'après beaucoup de
ravages. Il la rompit en 579, désola la
Mésopotamie et la Cappadoce; mais son
armée ayant été entièrement défaite par
les troupes de l'empereur Tibère II, et
lui-même contraint de s'enfuir, il mourut de chagrin en cette année, après un
règne de 48 ans. C'était un prince fier,
dur, cruel, imprudent, mais courageux,
qui n'eut le titre de *Grand* que par ses
talents militaires et ses conquêtes.

CHOSROÈS II monta sur le trône de
Perse en 590, à la place de son père Hor-
misdas, que ses sujets avaient mis en
prison, après lui avoir crevé les yeux.
Le nouveau roi fit assommer son père,

et fut chassé quelque temps après comme
lui. Dans son malheur, il s'adressa à l'E-
tre suprême, lâcha la bride à son cheval,
et lui laissa la décision de son sort. Après
bien des fatigues, il arriva dans une ville
des Romains. L'empereur Maurice le reçut avec bonté, lui donna des secours et
le fit proclamer roi une seconde fois.
Chosroès, rétabli sur le trône, punit les
rebelles, récompensa ses bienfaiteurs, et
les renvoya dans leurs Etats. Après la
mort de Maurice assassiné par Phocas,
Chosroès, voulant venger sa mort, pénétra dans l'empire avec une puissante armée en 604, s'empara de plusieurs villes,
entra en Arménie, en Cappadoce, en Pa-
phlagonie, défit les Romains en plusieurs
occasions, et poussa ses dégâts jusqu'à
Chalcédoine. Héraclius, couronné empereur après avoir fait mourir Phocas, demanda la paix au roi de Perse, en lui
représentant qu'il n'y avait plus aucun
juste sujet de faire la guerre. Chosroès,
pour toute réponse, envoya une armée
formidable en Palestine. Ses troupes prennent Jérusalem, brûlent les églises, en-
lèvent les vases sacrés, massacrent les
clercs, et vendent aux Juifs tous les chrétiens qu'ils font prisonniers. Zonare rapporte que, dans sa fureur, Chosroès jura
qu'il poursuivrait les Romains jusqu'à ce
qu'il les eût forcés de renier Jésus-Christ
et d'adorer le soleil. Héraclius, ayant repris courage, défit les Perses, et proposa la paix à leur roi, qui, écoutant à peine
cette offre, dit avec dédain, *que ses généraux et ses soldats feraient la réponse.*
L'armée romaine, animée par plusieurs
succès réitérés, remporta de nouvelles
victoires, et obligea Chosroès à prendre
la fuite. Ce prince, se laissant aller à
l'abattement, désigna alors pour son successeur Merdesane, son cadet, au préjudice de Siroès, son fils aîné. Celui-ci
prend les armes, fait arrêter son père,
l'enferme sous une voûte qu'il avait fait
bâtir pour cacher ses trésors; et au lieu
de nourriture, lui fait servir de l'or et de
l'argent. Il mourut de faim au bout de
quatre jours en 628. Quelques historiens
ont dit que *Chosroès savait mieux Aristote, que Démosthène ne savait Thucydide.* Son ambition et sa cruauté ne prouvent pas qu'il eût beaucoup profité des
leçons de morale du philosophe grec.

CHRAMNE, fils naturel de Clotaire I,
se révolta contre lui, et se ligua avec le
comte de Bretagne; mais le père irrité livra bataille à son fils, le vainquit, et le
brûla avec toute sa famille, dans une cabane où il s'était sauvé en 560. (Voyez
CLOTAIRE I.)

CHRÉTIEN, ou CHRESTIENS, de Troyes

dit *Ménessier*, poëte français, orateur et chroniqueur de Jeanne, comtesse de Flandre, vivait vers l'an 1290, et a fait en vers plusieurs *Romans de chevalerie de la Table-Ronde*, qui sont en manuscrit pour la plupart dans la bibliothèque du roi de France. Celui de *Perceval·le Gaulois* a été traduit en prose et imprimé en 1530, in-fol.

CHRÉTIEN (Pierre), né à Poligny, fut directeur du collége établi, dès cette époque, dans cette ville et déjà célèbre; il passa dans la magistrature vers 1580, et mourut en 1604. Il a publié : *Lucanici centones, ex Pharsaliæ libris desumpti, in quibus facies bellorum apud Belgas gestorum repræsentatur*, in-4. — Un autre CHRÉTIEN, du prénom de Nicolas, est un de nos plus anciens poëtes dramatiques. Il fit représenter, sur le théâtre, en 1608, le *Ravissement de Céphale*; il donna ensuite les *Portugais infortunés*; *Amnon et Thamar*; *Alboin*, ou *la Vengeance*, tragédies; *Les Amantes*, et enfin un poëme en vers : *Les royales ombres*.

CHRÉTIEN (Florent) naquit à Orléans en 1541. Son génie et ses talents le firent choisir pour veiller à l'éducation de Henri de Navarre, depuis roi de France. On a de lui divers ouvrages en vers et en prose : des *tragédies*; une *traduction d'Oppien*, in-4; des *épigrammes* grecques; les *quatrains* de son ami Pibrac, mis en grec et en latin; des *satires* très-mordantes contre Ronsard, sous le nom de *La Baronie*, 1564, in-8. Il avait du talent pour ce dernier genre, et il eut part à la satire *Ménippée*. Il possédait supérieurement les finesses de la langue grecque. Ce bel esprit mourut en 1596, à 56 ans, après être entré dans le sein de l'Eglise catholique. Quoiqu'il eût fait des satires, il conserva ses amis. Son cœur n'avait point de part à ses censures, qui ne prenaient leur source que dans la chaleur de son imagination. (Voyez Pierre LE ROY et GILLOT.)

CHRÉTIEN (Gilles-Louis), premier violoncelle de l'Opéra, né à Versailles en 1754, mort le 4 mars 1811. Ruiné par la révolution, il trouva une ressource en faisant des portraits au *Physionotrace*, instrument dont il est l'inventeur. Il a laissé : *La musique étudiée comme science naturelle, certaine, et comme art*, ou *Grammaire et Dictionnaire musical*, 1811, in-8, avec un cahier de planches in-4, qu'il a gravé lui-même.

CHRIST (Jean-Frédéric), célèbre professeur d'histoire à l'Université d'Iéna, né à Cobourg en avril 1700, et mort à Leipsick le 3 août 1755. Ses principaux ouvrages sont : *Dictionnaire des monogrammes, chiffres, lettres initiales, etc., sous lesquels les peintres, graveurs et dessinateurs ont désigné leurs nom*, Leipsick, 1747, in-8. Cet ouvrage, écrit en allemand, a été traduit en français par Sellius, Paris, 1750, in-8. Quoiqu'on y trouve plusieurs explications peu satisfaisantes, c'est encore le meilleur ouvrage que nous ayons sur cette matière; *Noctes academicæ*, Halle, 1727. C'est un recueil de dissertations sur plusieurs points de philologie, d'histoire du droit romain et de littérature classique; *Origines Longobardicæ*, Halle, 1728, in-4.

CHRISTIAN, ou CHRISTIERN Ier, roi de Danemarck, succéda à Christophe de Bavière, en 1448, et se fit admirer par sa prudence, sa douceur et par ses libéralités envers les pauvres. Il institua, l'an 1478, l'ordre de l'*Éléphant*, et mourut en 1481.

CHRISTIAN, ou CHRISTIERN II, roi de Danemarck, surnommé *le Cruel*, monta sur le trône après la mort de Jean son père, en 1513. Il aspira à la couronne de Suède, dès qu'il posséda celle de Danemarck. Ayant eu le bonheur d'être élu, en 1520, après quelques traverses, il devint le tyran de ses nouveaux sujets, qu'il avait promis de traiter comme ses enfants. Il donna une fête aux principaux seigneurs ecclésiastiques et séculiers, et les fit égorger les uns après les autres au milieu du festin. Gustave-Vasa, à la tête de quelques Suédois, résolut de délivrer sa patrie de ce monstre. Christian, qui avait en son pouvoir, à Copenhague, la mère et la sœur de son ennemi, fit jeter ces deux princesses à la mer, enfermées l'une et l'autre dans un sac. Le corps de l'administrateur de Suède fut déterré, et le barbare poussa la férocité jusqu'à se jeter dessus et le mordre. Il faisait couper les cadavres par morceaux, et les envoyait dans les provinces pour inspirer une terreur générale. Les paysans furent menacés de se voir couper un pied et une main, s'ils faisaient la moindre plainte. « Un paysan qui est né pour la guerre, disait le tyran, devrait se contenter d'une main et d'un pied naturel avec une jambe de bois. » Ce scélérat, teint du sang de ses sujets, fut bientôt aussi exécrable aux Danois qu'aux Suédois. Ses peuples, animés par Frédéric, duc de Holstein, lui firent signifier l'acte de sa déposition l'an 1523, par le premier magistrat de Jutland. Ce chef de justice porta à Christian sa sentence dans Copenhague même. Le tyran se dégrada lui-même en fuyant, se retira en Flandre dans les

Etats de Charles-Quint, son beau-frère. Après avoir erré dix ans , il s'efforça de remonter sur le trône. Les troupes hollandaises lui furent inutiles. Il fut pris et mis dans une prison , où il finit ses jours en 1559, dans une vieillesse abhorrée et méprisée. On l'appela le *Néron* du Nord. Frédéric de Holstein, son oncle, fut élu dans Copenhague roi de Danemarck , de Norwége et de Suède ; mais il n'eut de la couronne de Suède que le titre : Gustave-Vasa , le libérateur de son pays , en fut proclamé roi.

CHRISTIAN, ou CHRISTIERN III , fils et successeur de Frédéric Ier, en 1534 , fut couronné l'an 1536 à la manière des Luthériens , dont il embrassa la secte , déjà introduite par son père dans ses Etats. Il chassa les évêques, et ne garda que les chanoines. Il mourut en 1559, à 39 ans. Il institua le collége de Copenhague , et rassembla une belle bibliothèque.

CHRISTIAN, ou CHRISTIERN IV , roi de Danemarck , succéda en 1588 à Frédéric II , son père. Il fit la guerre aux Suédois, et fut élu chef de la ligue des protestants contre l'empereur , pour le rétablissement du prince palatin , en 1625. Il mourut le 28 février 1648 , à 71 ans, après avoir été défait plusieurs fois par les armées de Ferdinand II. C'était un monarque plein de fermeté, un guerrier intrépide , un prince d'une capacité étendue et d'une grande magnanimité; mais ces qualités furent malheureusement ternies par des passions violentes , qui souvent obscurcissaient sa raison et rétrécissaient ce jugement solide qu'il avait reçu de la nature. Christian, son fils, avait été élu, de son vivant même , roi de Danemarck ; mais il précéda son père au tombeau le 2 juin 1647. La plupart des historiens ne le comptent point au nombre des rois de Danemarck.

CHRISTIAN, ou CHRISTIERN V, monta sur le trône de Danemarck en 1670 , après Frédéric III, son père, qui l'avait déclaré son successeur en 1655. Il se ligua avec les princes d'Allemagne , et déclara la guerre aux Suédois ; mais ceux-ci battirent ses troupes en diverses occasions. Il mourut le 4 septembre 1699, dans sa 54° année. C'était un prince courageux et entreprenant.

CHRISTIAN VI , roi de Danemarck, succéda, en 1730 , à Frédéric IV, son père. Il était né en 1699. Il profita de la paix dont jouissaient ses Etats pour améliorer la situation intérieure du pays, et faire fleurir les sciences, les arts et les manufactures. Il fit venir , à grands frais , des ouvriers de tous les royau-

mes d'Europe; établit une banque royale qui procura un grand nombre d'avantages au commerce, consacra des sommes immenses à l'embellissement des quartiers de Copenhague détruits par l'incendie de 1728 , et à la construction du palais de cette capitale devenu la proie des flammes en 1795. Le luxe de ce prince protestant mit les finances dans le plus déplorable état , malgré des subsides considérables qu'il avait reçus de plusieurs puissances. Il mourut en 1746. Son fils Frédéric V lui succéda.

CHRISTIAN, ou CHRISTIERN VII, fils de Frédéric V, roi de Danemarck , lui succéda le 15 janvier 1766. Après avoir été couronné en 1767 , il parcourut successivement l'Allemagne , la Hollande, l'Angleterre et la France. Il vit dans ce voyage les savants et les littérateurs les plus distingués , fréquenta les académies , et laissa partout la réputation d'un prince affable et instruit. De retour dans ses Etats, au commencement de 1769, il conserva d'abord pour principal ministre le comte de Bernstorf , qui avait joui de toute la confiance de Frédéric V , et montra de bonnes intentions ; mais naturellement faible , il se laissa bientôt dominer par Struensée, son médecin , qui fut mis à la tête de son conseil , et s'attira la haine des militaires et des nobles par des réformes indiscrètes. La reine douairière , qui avait cherché inutilement à brouiller Christian avec la reine son épouse., afin d'avoir la principale part à la direction des affaires , profita habilement de quelques démarches inconsidérées de cette princesse et des imprudences de Struensée , pour obtenir du roi l'ordre d'arrêter l'un et l'autre , sous prétexte qu'ils étaient occupés de dresser un acte pour le faire renoncer à la couronne. La signature de cet ordre lui fut arrachée de force , dit-on , le 16 janvier 1772 , à la suite d'un bal ; et, depuis ce moment, la gestion des affaires fut entre les mains de la reine douairière et de son fils. Le roi, attaqué d'une maladie qui lui ôtait fréquemment l'usage de la raison, mourut le 18 mars 1808 , à l'âge de 60 ans. (Voyez MATHILDE, Caroline.)

CHRISTIERN. (Voyez CHRISTIAN.)

CHRISTINE de BAUZO , qu'on nomme aussi *de Stommelen*, de l'endroit de sa naissance, naquit dans le village de ce nom, au duché de Juliers., en 1252 , et se distingua par ses vertus et une piété extraordinaire, que le ciel illustra de divers prodiges. Elle mourut en 1813. On voit son tombeau dans l'église collégiale de Juliers, où son corps fut transporté en

1819. On a d'elle un grand nombre de *Lettres*. Quelques-uns confondent, non sans de bonnes raisons, cette Christine avec CHRISTINE l'*Admirable*, qui vivait également dans le 13ᵉ siècle.

CHRISTINE, reine de Suède, née en 1626, succéda à Gustave-Adolphe, son père, mort en 1632 au milieu de ses victoires. La pénétration de son esprit éclata dès son enfance. Elle apprit huit langues, et lut en original *Thucydide* et *Polybe*, dans un âge où les autres enfants lisent à peine des traductions. Grotius, Descartes et plusieurs autres savants furent appelés à sa cour, et l'admirèrent. Christine, devenue majeure, gouverna avec sagesse, et affermit la paix dans son royaume. Comme elle ne se mariait point, les Etats lui firent de vives représentations ; elle s'en débarrassa un jour, en leur disant : « J'aime mieux vous désigner un bon prince et un successeur capable de tenir avec gloire les rênes du gouvernement. Ne me forcez donc point de me marier ; il pourrait aussi facilement naître de moi un Néron qu'un Auguste. » L'amour des lettres et de la liberté lui inspira le dessein, dès l'âge de 20 ans, d'abandonner un peuple qui ne savait que combattre, et d'abdiquer la couronne. Elle laissa mûrir ce dessein pendant sept années. Enfin, après avoir coopéré par ses ambassadeurs aux traités de Westphalie qui pacifièrent l'Allemagne, elle descendit du trône pour y faire monter Charles-Gustave son cousin germain, en 1654. Le dégoût pour les affaires, les embarras de la royauté, quelques sujets de mécontentement, contribuèrent autant à ce sacrifice, que sa philosophie et son goût pour les arts. Christine quitta la Suède peu de jours après son abdication, et fit frapper une médaille, dont la légende était que le *Parnasse vaut mieux que le trône*. Travestie en homme, elle traversa le Danemarck et l'Allemagne, se rendit à Bruxelles, y embrassa la religion catholique, et de là passa à Inspruck, où elle abjura solennellement le luthéranisme. La cour de France lui rendit de grands honneurs. La plupart des femmes et des courtisans n'observèrent pas dans cette princesse le génie qui brillait en elle, et n'y virent qu'une femme habillée en homme, qui dansait mal, brusquait les flatteurs, et dédaignait les coiffures et les modes. Des hommes moins frivoles, en rendant justice à ses talents et à sa philosophie, détestèrent l'assassinat de Monadelschi, son grand écuyer, et son amant selon quelques-uns. On sait qu'elle le fit poignarder presque en sa présence, à Fontainebleau, dans la Galerie des Cerfs, le 10 novembre 1657. Les jurisconsultes qui ont compilé des passages, pour justifier cet attentat d'une suédoise jadis reine, méritaient d'être ou ses bourreaux ou ses victimes. L'horreur générale qu'inspira ce meurtre la dégoûta de la France. Elle voulut passer en Angleterre ; mais Cromwell n'ayant pas approuvé ce voyage, elle repartit bientôt pour Rome. Christine s'y livra à son goût pour les arts et pour les sciences, principalement pour la chimie, les médailles et les statues. Les affaires de cette princesse se trouvaient dans le plus grand désordre. Alexandre VII, qui était alors sur la chaire de saint Pierre, lui ayant donné le cardinal Azzolini pour les régir, elle parut d'abord peu contente de cette précaution, et pensa à retourner en Suède en 1660, après la mort du roi Charles-Gustave. Les Etats, n'étaient point disposés à lui redonner une couronne qu'elle avait abdiquée. Elle revint à Rome pour la troisième fois ; et, loin de témoigner encore son mécontentement de la conduite du Souverain-Pontife à son égard, elle en comprit toute la nécessité et la sagesse, et fit d'Azzolini (voyez ce mot) son ami et son héritier. Elle continua son commerce avec les savants de cette patrie des arts, et avec les étrangers. En 1685, année de la révocation de l'édit de Nantes, elle écrivit au chevalier de Terson, ambassadeur de France en Suède, une lettre sur l'édit révocatif. Elle déplorait le sort des calvinistes avec une vivacité, qui fit dire à Bayle qui l'inséra dans son journal, que cette lettre était un reste de protestantisme : c'était plutôt un reste d'animosité contre la France, et un mouvement de compassion envers des gens qui avaient fait à ce royaume tout le mal possible. Le prince de Condé finit sa carrière l'année d'après. Christine, qui l'avait toujours admiré, écrivit à Mlle Scudéri, pour l'engager à célébrer ce héros. « La mort, disait-elle dans sa lettre, qui s'approche et ne manque jamais son moment, ne m'inquiète pas ; je l'attends, sans la désirer ni la craindre. » Elle mourut trois ans après en 1689, dans sa 63ᵉ année. Elle ordonna qu'on ne mettrait sur son tombeau que ces mots : *D. O. M. Vixit Christiana ann. LXII.* « Les inégalités de sa conduite, de son humeur et de ses goûts, dit d'Alembert, le peu de décence qu'elle mit dans ses actions : le peu d'avantage qu'elle tira de ses connaissances et de son esprit, pour rendre les hommes heureux : sa fierté souvent déplacée ; ses discours équi-

« voques sur la religion qu'elle avait
« quittée, et sur celle qu'elle avait em-
« brassée ; enfin la vie, pour ainsi dire
« errante, qu'elle a menée parmi des
« étrangers qui ne l'aimaient pas : tout
« cela justifie, plus qu'elle ne l'a cru, la
« brièveté de son épitaphe. » Ce portrait,
qui contient des choses vraies, a néanmoins un ton d'aigreur, qui le fait justement suspecter. Comment veut-on, par
exemple, que Christine eût dû rendre les
hommes *heureux par son esprit?* Or on
reconnaît là le langage de la philosophie
dogmatisante de d'Alembert. Sa *vie errante* n'a rien de blâmable, vu qu'elle
avait abandonné le trône pour vivre où
elle se plairait le mieux. Ce qu'on dit de
ses dispositions équivoques en matière
de religion est tout à fait sans preuves.
(Voyez Boisseau.) Archenholtz, bibliothécaire du landgrave de Hesse-Cassel, a
donné quatre gros volumes, in-4, sur
cette princesse, sous le titre de *Mémoires.*
On y trouve deux cent-vingt *Lettres,* et
deux ouvrages de Christine. Le premier est
intitulé : *Ouvrage de loisir,* ou *Maximes
et sentences,* les unes triviales, les autres
ingénieuses, fines et fortement pensées.
La reine de Suède y parle, presque en
même temps, pour la tolérance et l'infaillibilité du Pape. Le second écrit a
pour titre : *Réflexions sur la vie et les
actions du grand Alexandre,* auquel cette
princesse aimait à être comparée, quoiqu'on ne voie guère sur quoi ce parallèle
pût être fondé. On a imprimé une petite
satire contre elle, sous le titre de : *Vie
de la reine Christine,* 1677, in-12 ; le
Recueil de ses médailles, 1742, in-folio.
Lacombe a donné, en 1762, vol. in-12,
une *Histoire de Christine,* assez bien
écrite, mais peu exacte, et où il y a bien
des choses hasardées. Un autre Lacombe,
d'Avignon, a publié des *Lettres choisies*
de la reine de Suède, qui, à quelques altérations près, sont réellement d'elle, et
des *Lettres secrètes* qui sont supposées.
Catteau-Calleville, membre de l'Académie des sciences de Stockholm, a publié
une *Histoire de Christine, reine de Suède,
avec un Précis historique depuis les anciens temps jusqu'à la mort de Gustave-
Adolphe-le-Grand, père de la reine,* Paris,
1815, 2 vol. in-8. A la fin de cet ouvrage,
on trouve un *Choix de lettres* de Christine, une *Notice de ses productions,* son
Testament et une *Relation* du prieur Le
Bel, sur la malheureuse affaire de Monadelschi, et plusieurs autres pièces curieuses. A de vastes recherches, l'auteur de
cette histoire a joint l'art précieux de
les classer avec méthode et de les exposer avec clarté. On reconnaît en lui

l'homme d'Etat qui a fait une étude profonde des hommes et des choses, qui les
juge avec une modération et une impartialité fort rares dans la plupart des
historiens. On pourrait lui reprocher quelques termes impropres, quelques répétitions; mais ces négligences sont amplement rachetées par la noble simplicité
d'un style généralement correct, et par
l'emploi judicieux des matériaux que le
séjour et les relations de l'auteur en Suède
l'avaient mis à même de se procurer.

CHRISTINE DE FRANCE, fille de
Henri IV et de Marie de Médicis, née en
1606, épousa Victor-Amédée, duc de
Savoie, en 1619. Elle consacra tous ses
jours à la pratique des vertus et à l'éducation de ses enfants. Son époux en mourant, l'an 1637, la déclara régente de
ses Etats. L'ambition des grands arma
ses sujets contre elle, et occasionna les
maux dont la Savoie fut affligée. Cette
princesse gouverna ses Etats avec la plus
grande prudence, jointe à une sage politique, jusqu'en 1648, que Charles-Emmanuel, son fils, fut déclaré majeur. Ne
donnant rien au luxe de la cour, elle
trouva moyen de fonder des monastères,
et de réparer des églises. Suivant l'exemple de son frère Louis XIII, elle mit par
un vœu solennel ses Etats et sa personne
sous la protection de la sainte Vierge.
Comblée de mérites et de vertus, elle
mourut en 1663.

CHRISTINE (l'Abbé), né à Istres le
12 janvier 1740, entra à 18 ans dans la
congrégation de la doctrine, qui se vouait
aux travaux de l'enseignement. Après
avoir été ordonné prêtre, il fut employé
successivement dans les maisons de Beaucaire, Mende, Narbonne, Barcelonnette,
et plus tard d'Aix, où il professa la philosophie. Il se fit une haute réputation
comme prédicateur. Son talent était si
apprécié, que l'archevêque d'Aix ne voulut jamais lui permettre de quitter son
diocèse pour prendre possession d'un bénéfice dont la famille de sa mère avait la
disposition dans la ville d'Istres. Pendant
la révolution il se retira à Mahon, où il
se livra à l'enseignement. De retour en
France, après le concordat, il fut nommé
curé de la paroisse de Saint-Jean *intrà
muros,* à Aix. En 1822, il fut chargé de
prononcer l'oraison funèbre du cardinal
de Bausset. Ce fut son dernier discours.
On y trouve les qualités qui distinguaient
son talent. En 1823, l'abbé Christine
devint chanoine titulaire ; depuis, Monseigneur Rey, appelé à l'évêché de Dijon,
lui avait donné des lettres de grand-vicaire. Il est mort le 19 octobre 1842, à
l'âge de 95 ans.

CHRISTOPHE (saint), c'est-à-dire, *Porte-Christ*, eut la tête tranchée l'an 250, pendant la sanglante persécution de l'empereur Dèce contre les chrétiens. Mélanchthon prétendait qu'il n'y avait jamais eu de saint Christophe; mais les bollandistes et tous les sages critiques, en rejetant la taille gigantesque et les anecdotes fabuleuses ajoutées à l'histoire du saint martyr, ont reconnu son existence. Les images de saint Christophe ont fourni une ample matière à la critique. Molanus observe que, dans les siècles d'ignorance, on était persuadé qu'on ne pouvait mourir en réprouvé, le jour qu'on aurait vu une image de ce saint; et que pour cela on la plaçait à l'entrée des églises, ou qu'on la peignait sur le dehors avec ces vers suivants :

Christophori sancti speciem quicumque tuetur,
Istâ namque die nec morte mala morietur.

Ou bien :

Christophorum videas, postea tutus eas.

Et quelquefois :

Christophore sancte, virtutes sunt tibi tantæ :
Qui te mane videns, nocturno tempore ridens.

Dans des vers qui valent mieux, le célèbre Vida donne les raisons suivantes de la grandeur et de l'action dans lesquelles ce saint est représenté :

Christophore, in fluvio quod cum nequis in sorde gravabas,
   Pictores Christum dant tibi ferre humeris :
Quem gestans quondam multa a perpessus amore,
   Te pedibus fuchum ire per altæ maris.
Id quia non poteras, nisi vasti corporis usu,
   Dant membra immensa quantæ gigantis erant,
Ut in non capiunt, quamvis in gentile, templa.
   Cogeris à rigidis sub Jove ferre hiemes.
Omnia quod victor superandi dura, vivuntur
   Dant manibus palmam quod regis altos fluit.
Quod potis, ars tibi dat, frequent olim fingere vera ;
   Accipe sancta bono tu bona isto animo.

L'Église d'Orient célèbre la fête de ce martyr le 9 mai, et l'Église d'Occident le 25 juillet. On avait recours à son intercession dans les temps de peste. Plusieurs églises ont été élevées en France, en Espagne et en Italie sous son invocation.

CHRISTOPHE, romain de naissance, chassa le pape Léon V, et s'empara du siége de Rome en novembre 903. Chassé à son tour, l'année suivante, par Sergius III, il fut relégué dans un monastère et chargé de chaînes. Si ces violences et moyens iniques employés pour parvenir à la dignité pontificale, et les scènes scandaleuses qui en résultaient ont de quoi affliger le chrétien, il y trouve d'un autre côté la matière des réflexions les plus consolantes. « Le Sauveur, dit un sage historien, « dormait dans la barque de Pierre, « tandis qu'elle était battue des vents et « des flots prêts à l'engloutir; mais bien-« tôt en s'éveillant, il devait la délivrer « avec un éclat proportionné à la gran-« deur du péril. Cette épreuve ne pou-« vait nuire qu'aux disciples infidèles, « qui, faisant injure à la vérité incréée, « avaient cru les puissances infernales « capables de prévaloir contre l'arche du « salut. Le vrai fidèle, au contraire, en « devait prendre un nouveau degré d'af-« fermissement dans la foi. En effet, si « le vaisseau de l'Église ne s'est pas brisé « à de tels écueils, c'est qu'il est tou-« jours gouverné par la main du Sei-« gneur, et non par les bras des hom-« mes; s'il a évité ce naufrage, il n'en « est point qui puisse le faire périr. » (Voyez ALEXANDRE VI, JEAN XII.) Christophe est regardé comme antipape par plusieurs auteurs.

CHRISTOPHE, fils aîné de Romain Lécapène et de Théodora, fut associé à l'empire par son père en 920. Deux des frères de ce prince, Etienne et Constantin, furent également déclarés Augustes. Ainsi l'on vit avec étonnement cinq empereurs régner en même temps à Constantinople. Romain, qui avait usurpé le premier rang, occupait le trône avec Christophe, Etienne, Constantin IX et Constantin X ; mais Romain fut celui qui eut l'autorité prépondérante. Christophe régna avec ses collègues, onze ans et trois mois, et termina sa vie à la fleur de son âge en août 931. — Il ne faut pas le confondre avec CHRISTOPHE, fils de l'empereur Constantin Copronyme, déclaré César par son père en 769, et qu'Irène fit mettre à mort en 797, dans la ville d'Athènes, où il était relégué.

CHRISTOPHE (Henri), nègre, roi d'Haïti (Saint-Domingue) sous le nom de Henri Ier, naquit le 6 octobre 1767 dans l'île de la Grenade, une des Antilles. Après avoir servi dans la guerre de l'indépendance américaine, où il reçut une blessure au siége de Savanah, il vint dans l'île de Saint-Domingue, et fut employé sur une plantation de Limonade, qui appartenait alors à Dureau-de-la-Malle, en qualité de commandeur ou surveillant des nègres. Dès le commencement des troubles que la révolution fit éclater aux Antilles françaises, en 1790, Christophe embrassa la cause de l'indépendance des noirs. Il se faisait remarquer par sa grande stature, par son naturel dur et farouche, par une certaine force de caractère qui depuis a contribué à son élévation. Après avoir été surveillant des nègres esclaves comme lui, il devint persécuteur des blancs, et s'enrichit de leurs dépouilles, en achetant à vil prix la portion du butin de ses camarades; il rassembla une petite troupe sous ses ordres, parcourut le pays en encourageant la révolte, et se fit bientôt un nom par sa bravoure et son activité. Toussaint-Louverture le fit général de brigade, pour l'opposer au général Moïse son neveu, jeune militaire plein de courage, qui s'était déclaré contre lui. Christophe, propre à jouer tous les rôles, eut recours à la ruse. Il se rendit auprès de Moïse, dont il feignit de partager la haine contre Toussaint, et finit par le livrer à ce dernier, qui le fit attacher à la bouche d'un canon et mettre en pièces. Christophe, pour récompense de sa trahison, eut à sa place le commandement de la province du nord. Cependant les partisans de Moïse, qui étaient nombreux, s'insurgèrent au Cap, dans la soirée du 21 octobre 1801, pour venger sa mort; mais à peine réunis, Christophe tombe sur eux avec ses guides, abat de sa propre main la tête de deux mutins, dissipe le rassemblement, et fait arrêter les chefs. D'autres révoltes éclatent : il vole sur tous les points, en impose aux rebelles, leur fait mettre bas les armes, et ordonne qu'on fusille ceux qui les commandent. Au commencement de 1802, forcé d'abandonner la ville du Cap au général Leclerc, il y mit le feu avant d'en sortir, et alla joindre Toussaint-Louverture avec 3,000 hommes. Bientôt après il négocia avec les Français, leur donna des marques apparentes de soumission, et opéra le désarmement d'un grand nombre d'insurgés ; mais voyant l'armée de Leclerc affaiblie, il passa de nouveau du côté des noirs, se lia avec Dessalines, et força les Français d'évacuer la colonie. Ce dernier prit alors le titre d'empereur d'Haïti, sous le nom de *Jacques I*^{er}; Christophe devint un de ses généraux et l'un des premiers seigneurs de sa cour. Jaloux de sa puissance, il conspira contre lui avec le mulâtre Péthion, autre général de Dessalines ; et après avoir porté les nègres à la révolte, ils l'assassinèrent au milieu de sa troupe le 17 octobre 1806. Ces deux chefs devinrent bientôt rivaux : l'un resta au Cap, l'autre se retira au Port-au-Prince, et fut battu plusieurs fois par Christophe qui, n'ayant pu le subjuguer entièrement, le laissa dominer sur une partie du pays, et se fit couronner au Cap le 2 juin 1811, sous le nom de *Henri I*^{er}. Il se forma une cour nombreuse, récompensa généreusement ses partisans, parvint à lier des relations commerciales avec plusieurs nations européennes, et montra une certaine habileté dans l'art de gouverner ; mais la crainte de subir le même sort qu'il avait fait éprouver à Dessalines le rendit superstitieux, despote, fanatique et cruel. Ses troupes s'étant révoltées, et voyant qu'il ne lui était pas possible d'é-

chapper, il se donna la mort dans la nuit du 5 au 6 octobre 1820. Cette révolution, qui se préparait depuis longtemps parmi les chefs de l'armée, s'opéra presque sans tirer un coup de fusil. Malgré les ordres donnés par le président de la colonie, qui s'est érigée en république, le peuple massacra, quelques jours après, le fils de Christophe, et quelques-uns des ministres de ce tyran, qui s'étaient retirés dans le fort Henri. Toute la partie française de Saint-Domingue reconnut alors Boyer pour président de la république d'Haïti.

CHRODEGANG (saint), évêque de Metz en 742, mort en 766, fut employé par Pepin en diverses négociations. La plus honorable est celle de l'année 753, où il fut chargé d'amener en France le pape Etienne II, qui lui accorda le *pallium* avec le titre d'archevêque. Il institua une communauté de clercs réguliers dans sa cathédrale, et leur laissa une *Règle* composée de 34 articles. Ce saint prélat est regardé comme le restaurateur de la vie commune des clercs ; et c'est l'origine la mieux marquée des chanoines réguliers.

CHROMACE (saint), *Chromacius*, pieux et savant évêque d'Aquilée au 4e siècle, défendit avec zèle Rufin et saint Jean Chrysostôme, fut ami de saint Ambroise et de saint Jérôme. Il mourut vers l'an 406. Il nous reste de lui dix-huit *homélies* sur saint Matthieu. On y trouve une explication de l'Oraison dominicale, et d'excellentes maximes sur l'aumône, le jeûne, et les autres vertus chrétiennes. L'auteur s'exprime d'une manière correcte; il a beaucoup de justesse et de précision dans les idées ; ses réflexions tendent toujours au bien des lecteurs. C'est fort mal à propos que les dix-huit *homélies* de saint Chromace ont été rédigées en un ou en trois traités dans la plupart des éditions.

CHRYSÉRUS, ou CHRYSORUS, affranchi de l'empereur Marc-Aurèle, vers l'an 162 de J.-C. Il est auteur d'un ouvrage qui contient la liste de tous ceux qui avaient commandé à Rome depuis la fondation de cette ville. Cet *index* se trouve parmi les additions que Scaliger a insérées dans la *Chronique* d'Eusèbe.

CHRYSIPPE, philosophe stoïcien, natif de Solos dans la Cilicie, se distingua parmi les disciples de Cléanthe, successeur de Zénon, par un esprit délié. Il paraissait si subtil, qu'on disait « que si « les dieux faisaient usage de la logique, « ils ne pourraient se servir que de celle « de Chrysippe. » Avec une certaine dose de génie, il avait encore plus d'amour-propre. Quelqu'un lui ayant demandé à qui il conflerait son fils, il répondit : « A moi ; car si je savais que quelqu'un me surpassât en science , j'irais « dès ce moment étudier à son école. » Diogène Laërce a donné le catalogue de ses ouvrages, qui, selon lui, se montaient à 311 *traités de dialectique*. Il se répétait et se contredisait dans plusieurs, et pillait à tort et à travers ce qu'on avait écrit avant lui. Ce qui fit dire à quelques critiques, que, si l'on ôtait de ses productions ce qui appartenait à autrui, il ne resterait que du papier. Il fut, comme tous les stoïciens, l'apôtre du destin et le défenseur de la liberté, contradiction qu'il est difficile d'accorder. Sa doctrine sur plusieurs autres points était abominable. Il approuvait ouvertement les mariages entre un père et sa fille, une mère et son fils. Il voulait qu'on mangeât les cadavres au lieu de les enterrer. Telles étaient les nobles leçons d'un philosophe qui passait pour le plus ferme appui de l'école la plus sévère du paganisme. Il faut néanmoins avouer que l'humeur dogmatisante de la philosophie du jour a été plus loin encore. On a vu un homme, victime des erreurs dominantes, proposer en 1784, dans une ville des Pays-Bas, par des vues tout autrement philosophico-économiques, « de tanner les peaux « humaines, d'en faire un cuir utile ; « d'attendre, ou de hâter la mort de ses « progéniteurs pour se donner une chaus- « sure de famille ; il assurait même avoir « converti en chandelles la graisse de « six femmes de sa connaissance. » (Voyez le *Journal historique et littéraire*, 15 septembre 1784, page 156.) Chrysippe déshonora sa secte par plusieurs ouvrages, plus dignes d'un lieu de débauche que du portique. Aulu-Gelle rapporte cependant un fragment de son *Traité de la Providence*, qui lui fait beaucoup plus d'honneur. « Le dessein de la « nature, dit-il, n'a pas été de soumettre « les hommes aux maladies ; un tel des- « sein serait indigne de la source de tous « les biens. Mais si du plan général du « monde, tout bien ordonné qu'il est, il « résulte quelques inconvénients, c'est « qu'ils se sont rencontrés à la suite de « l'ouvrage, sans qu'ils aient été dans « le dessein primitif et dans le but de la « Providence. » Ce philosophe mourut l'an 207 avant J.-C., ou d'un excès de vin avec ses disciples, ou d'un excès de rire, en voyant un âne manger des figues dans un bassin d'argent : deux causes de mort bien peu assorties à la gravité philosophique.

CHRYSOLOGUE. (Voyez PIERRE.)

CHRYSOLOGUE. (Voyez ANDRÉ.)

CHRYSOLORAS (Emmanuel), savant grec du 15ᵉ siècle, passa en Europe à la demande de l'empereur de Constantinople, pour implorer l'assistance des princes chrétiens contre les Turcs. Il professa ensuite à Pavie et à Rome la langue grecque presque entièrement alors ignorée en Italie , et les lettres lui durent beaucoup. Ce savant mourut à Constance durant la tenue du concile en 1415, à 47 ans. On a de lui : une *Grammaire grecque*, Ferrare, 1509, in-8; un *Parallèle de l'ancienne et de la nouvelle Rome* ; des *lettres*, *des discours*, *etc.*—JEAN CHRYSOLORAS, son neveu et son disciple, soutint la gloire de son oncle : celui-ci mourut avant 1427. — Il ne faut pas les confondre avec Démétrius CHRYSOLORAS, autre écrivain grec, qui vivait à peu près dans le même temps sous le règne de Manuel Paléologue.

CHRYSOSTOME. (Voyez JEAN.)

CHUBB (Thomas), déiste anglais , né en 1679, fut d'abord apprenti gantier ; il s'associa ensuite avec un de ses amis fabricant de chandelles à Salisbury. Son éducation s'étant bornée à apprendre à lire et à écrire , il chercha à s'instruire par la lecture, et il y consacrait tous les moments de relâche que lui laissait sa profession. Il acquit en peu de temps une connaissance assez étendue des mathématiques et de la géographie ; mais son étude favorite était la théologie. Trop peu instruit pour apprécier les ouvrages de ce genre, il se laissa éblouir par les écrits de Whiston, et il devint tout à coup un adversaire décidé du dogme de la Trinité (Voyez NEWTON, t. 2 , 362). Il s'imagina même pouvoir écrire sur ce sujet, et il composa un *Traité sur la suprématie de Dieu le Père*, qui eut beaucoup de succès, quoique très-médiocre ; mais il pouvait étonner de la part d'un homme sans lettres. Il publia ensuite une *Collection de traités sur différents sujets*, et un *Discours sur la raison par rapport à la révélation*, où il a voulu prouver que la raison est un guide suffisant en matière de religion. On y aperçoit clairement que l'auteur ne croyait ni à la révélation, ni à une Providence, ni à une vie future. Il mourut subitement vers 1747, avec la réputation d'un homme d'une imagination ardente, et d'autant plus tranchant qu'il était moins instruit.

CHURCHILL (Winston de Wooton Basset), gentilhomme anglais, de la province de Wiltz, descendant d'une ancienne famille, né en 1620, suivit le parti de Charles II, et eut beaucoup à souffrir du parti contraire. Il fut obligé de se retirer à Ash dans le Devonshire ; mais lorsque Charles II fut rétabli sur le trône, il fut honoré de divers emplois par le roi, et créé chevalier. La société royale le choisit pour un de ses membres, et il voulut répondre à ce choix par une histoire d'Angleterre, intitulée : *Les dieux de la Bretagne*, Londres, 1675, in-fol., en anglais. Elle contient les *Vies* des rois de la Bretagne depuis l'an du monde 2855 jusqu'à l'année de notre ère 1660. On sent qu'elle remonte trop haut pour n'être pas farcie de fables. Il mourut le 26 mars 1688, comblé des bienfaits du roi Jacques II.

CHURCHILL (Jean), fils du précédent, duc et comte de Marlborough, né à Ash dans le Devonshire en 1650, commença à porter les armes en France sous Turenne. On ne l'appelait dans l'armée que *le bel anglais*; mais le général français, dit un historien, jugea que le bel anglais serait un jour un grand homme. Ses talents militaires éclatèrent dans la guerre de 1701. Il prit Venlo, Ruremonde, Liéga, et obligea les Français, qui avaient été jusqu'aux portes de Nimègue, de se retirer derrière leurs lignes. La campagne de l'année 1703 ne fut pas moins glorieuse; il prit Bonn, Hui, Limbourg, se rendit maître du pays entre le Rhin et la Meuse. L'année 1704 fut encore plus funeste à la France. Marlborough, après avoir forcé un détachement de l'armée de Bavière, s'empara de Donawert, passa le Danube, et mit la Bavière à contribution. La bataille d'Hochstedt se donna dans le mois d'août de cette année. Le prince Eugène et Marlborough remportèrent une victoire complète, qui ôta cent lieues de pays aux Français, et du Danube les jeta sur le Rhin. L'Angleterre érigea à la gloire du général un palais immense qui porte le nom de *Bleinheim*, parce que la bataille d'Hochstedt était connue sous ce nom en Allemagne et en Angleterre, une grande partie de l'armée française ayant été faite prisonnière à Bleinheim. Les succès d'Hochstedt furent suivis de ceux de Ramillies en 1706, d'Audenarde en 1708, et de Malplaquet en 1709. Marlborough, s'étant trop ouvertement opposé à la paix avec la France, perdit tous ses emplois, fut disgracié, et se retira à Anvers. Le peuple, dit un historien, ne regretta point un citoyen, dont l'épée lui devenait inutile et les conseils pernicieux. A l'avénement du roi Georges à la couronne en 1714, il fut rappelé et rétabli dans toutes ses charges. Quelques années avant sa mort, il se déchargea des affaires publiques, et mourut dans l'enfance en

1722, âgé de 72 ans, à Windsor-Lodge. On vit le vainqueur d'Hochstedt jouer au palet avec ses pages, dans ses dernières années. Guillaume III l'avait point d'un seul mot, lorsqu'en mourant il conseilla à la princesse Anne de s'en servir, comme d'un homme qui avait la tête froide et le cœur chaud. Ses succès ne l'empêchèrent pas de convenir de ses fautes.

CHURCHILL (Charles), poète satirique, né en 1731 à Westminster, mort en 1764 à Boulogne, se fit connaître par *La Rosciade*, poème satirique contre les auteurs anglais. On cite encore de lui : *Prophétie de famine*, pastorale écossaise, satire contre les Écossais; *l'Auteur*, gracieux opuscule; *la Conférence; le Duelliste*, *l'Adieu*, *le Temps*, *l'Indépendance*. En général, Churchill, obligé d'écrire pour vivre, a écrit avec trop de précipitation et de négligence.

CHUSAI, l'un des plus fidèles serviteurs de David, qui, ayant appris la révolte d'Absalon, vint trouver le roi, la tête couverte de poussière, et ses habits déchirés. David l'ayant engagé à feindre d'entrer dans le parti d'Absalon, pour pénétrer ses desseins et s'opposer aux conseils d'Achitophel, Chusaï alla à Jérusalem, gagna la confiance de ce prince rebelle, et détourna par sa prudence les conseils que lui donnait Achitophel de poursuivre David. Ce service fut le salut de ce prince, qui passa aussitôt le Jourdain pour se mettre en sûreté, vers l'an 1023 avant l'ère chrétienne.

CHUSSE (Michel-Ange de La), habile antiquaire parisien, célèbre dans le 18e siècle, quitta sa patrie de bonne heure pour aller à Rome étudier les antiquités. Le même goût qui l'y avait amené l'y fixa. Son *Romanum Museum*, Rome, 1746, 2 vol. petit in-fol., fig., prouva ses succès. Les éditions de Rome, 1690 ou 1707, in-fol., sont moins recherchées. Ce recueil estimable comprend une suite nombreuse de gravures antiques dont on n'avait pas encore joui par l'impression. Il s'en est fait plusieurs éditions. Grævius l'inséra en entier dans son *Recueil des antiquités romaines*. Le même auteur publia un *Recueil de pierres gravées et antiques*, Rome, 1700, in-4, fig. Les explications sont en italien, et les pl. exécutées par Bartholi. On a encore de lui : *Pictura antiqua cryptarum romanarum et sepulchri Nasonum*, 1738, in-fol., et le *Grand cabinet romain*, ou *Recueil des antiquités romaines*, Amsterdam, 1706, in-fol., fig. Ces différents ouvrages offrent beaucoup d'érudition et de sagacité; les curieux les consultent souvent.

CHYTRÆUS (David), ministre luthérien, né à Ingelfing en 1530, et mort en 1600, à 70 ans. On a de lui plusieurs ouvrages qui furent recherchés dans le temps par ceux de son parti. Le plus connu est un *Commentaire sur l'Apocalypse*, 1535, in-8, rempli de rêveries, et où il marque de l'attachement à la doctrine de Socin. On a encore de lui : une *Histoire de la confession d'Augsbourg*, Anvers, 1572, in-4; une *Chronologie* latine de l'*Histoire* d'Hérodote et de Thucydide, Helmstadt, 1585, in-4, très-rare. Il y a joint *De lectione historiarum rectè instituendâ*, où, après quelques légères observations sur la nécessité de l'histoire, il donne une liste de quelques historiens avec des remarques; *Tabula philosophica, seu Series philosophorum*, dans les *Antiquités grecques; Chronicon Saxoniæ et vicinarum aliquot gentium, ab anno 1500 ad 1611*, Leipsick, 1628, in-fol. : c'est la meilleure édition de cet ouvrage qui a eu du succès; *Continuation de l'Histoire de la Prusse*, de Schutz, en allemand; *Chronologia vitæ Alphonsi, et Ludovici XII et Caroli V imperatoris*, Wittemberg, 1535, in-4. Chytræus était précisément ce qu'on appelle un compilateur allemand. Il ne composait point, il recueillait dans mille auteurs de quoi former ses ouvrages. On en imprima le *Recueil* à Hanovre en 1604, 2 vol. in-fol.

CIACONIUS, ou CHACON (Pierre), né à Tolède en 1525, chanoine à Séville, mort à Rome en 1581, fut employé par le pape Grégoire XIII à corriger le Calendrier avec d'autres savants. On doit à ses veilles des *Notes* savantes sur Tertullien, Cassien, Pompeius-Festus, César, etc. C'était son génie de corriger les anciens auteurs, de rétablir les passages tronqués, d'expliquer les difficiles, et de leur donner un nouveau jour. On a encore de lui : *Opuscula in columnas rostratas inscriptiones; De ponderibus et mensuris et nummis*, Rome, 1608, in-8; *De triclinio romano*, Rome, 1590, in-8; *Nota in vetus Romanorum calendarium*, dans le tome 8° du *Thesaurus antiquitatum* de Grævius.

CIACONIUS, ou CHACON (Alphonse), de Baëça dans l'Andalousie, professa avec distinction dans l'Ordre de Saint-Dominique, et mourut à Rome vers 1601, avec le titre de patriarche d'Alexandrie. On a de lui : *Vitæ et gesta romanorum pontificum et cardinalium*, réimprimé à Rome en 1676, en 4 vol in-fol., avec une continuation : collection savante et pleine de recherches. Marie Guarnacci l'a continuée jusqu'au pape Clément XII, Rome, 1751, 2 vol. in-fol.; *Historia utriusque belli dacici*, Rome, 1576, in-fol.

C'est dans cet ouvrage, d'ailleurs curieux et estimé, que Ciaconius avance que l'âme de Trajan a été délivrée de l'enfer par les prières de saint Grégoire : conte puéril et absurde, de quelque manière qu'on l'envisage, mais qu'on trouve avant Ciaconius dans quelques anciennes légendes; *Bibliotheca scriptorum*, publiée par Camusat à Paris, 1731, in-fol., et Amsterdam, 1743 : répertoire utile aux bibliographes, mais qui n'est pas exempt de fautes; *Explication de la colonne trajane*, en latin, 1576, in-fol., fig.; en italien, 1680, in-fol., fig. Ciaconius manquait de critique. Outre la fable de Trajan, qu'il débitait d'un air grave, il donnait la pourpre romaine à saint Jérôme, ce qu'on peut néanmoins en quelque sorte justifier, sur ce que le saint docteur remplissait, à quelques égards, près du pape Damase, les fonctions qui depuis sont devenues propres aux cardinaux. Sa *Bibliothèque*, qui est par ordre alphabétique, ne va que jusqu'à la lettre E.

CIAMCIAM, ou TCIAMCIAN (le P. Michel), religieux arménien de la congrégation des Mekbitaristes de Venise, né en 1738, à Constantinople, fut destiné dès sa jeunesse à la profession de joaillier, et commença assez tard ses études; mais il travailla avec tant de zèle, qu'il surpassa tous ses condisciples dans la connaissance de l'arménien littéraire, et il se vit bientôt en état de l'enseigner. Il le fit avec succès à Venise pendant un assez grand nombre d'années; mais des différends qu'il eut avec les membres de sa congrégation, dans un âge avancé, l'obligèrent de se retirer à Constantinople, où il termina sa carrière à l'âge de 86 ans, le 30 novembre 1823. Il a laissé une *Grammaire arménienne*, Venise, 1779, in-4 : ouvrage diffus et surchargé d'une infinité de détails inutiles; une *Histoire d'Arménie*, Venise, 1784-86, 3 vol. in-4. Cette compilation, écrite d'un style simple, mais toujours pur et correct, est très-utile pour connaître l'état civil et ecclésiastique des temps modernes de l'Arménie; mais elle laisse beaucoup à désirer pour la partie ancienne, qui est remplie d'erreurs et entièrement destituée de critique. L'auteur, qui ignorait la langue latine, n'avait pu se procurer une assez grande connaissance de l'histoire des nations étrangères à l'Arménie; un *Commentaire sur les psaumes*, 10 vol. in-8, et plusieurs autres ouvrages et opuscules sur la théologie ou sur des matières ascétiques.

CIAMPINI (Jean-Justin), maître des brefs de grâce, préfet des brefs de justice, ensuite abréviateur et secrétaire de

Grand-Parc, naquit à Rome en 1633. Il abandonna l'étude du droit pour la pratique de la chancellerie apostolique. Ces emplois ne lui firent pourtant pas négliger les belles-lettres et les sciences. Ce fut par ses soins que se forma à Rome, en 1671, une académie destinée à l'étude de l'histoire ecclésiastique, pour laquelle il avait une forte inclination. En 1677, il établit, sous la célèbre Christine, une académie de physique et de mathématiques, que le nom de sa protectrice et le mérite de ses membres firent bientôt connaître dans l'Europe. Ce savant mourut en 1698, âgé de 65 ans. On a de lui beaucoup d'ouvrages en italien et en latin, très-savants, mais peu méthodiques, et dont la diction n'est pas toujours pure : *Conjecturæ de perpetuo asymorum usu in Ecclesiá latiná*, in-4, 1688; *Vetera monumenta, in quibus præcipuè musiva opera, sacrarum profanarumque ædium structura dissertationibus iconibusque illustrantur*, 1690 et 1699, 2 vol. in-fol.: c'est un traité sur l'origine de ce qui reste de plus curieux dans les bâtiments de l'ancienne Rome, avec l'explication et les dessins de ces monuments; *De sacris ædificiis à Constantino Magno constructis*, in-fol., 1693; l'*Examen des vies des Papes*, qui portent le nom d'Anastase-le-Bibliothécaire, en latin, Rome, 1688, in-4. Ciampini prétend que ces *Vies* sont de plusieurs auteurs, et qu'il n'y a que celles de Grégoire IV, de Sergius II, de Léon IV, de Benoît III et de Nicolas I, qui soient d'Anastase; plusieurs autres *Dissertations* imprimées et manuscrites; *De vice-cancellario*, Rome, 1694, in-4; *De abbreviatoribus de curiá*, Rome, 1696, in-4. Ces deux traités sont curieux et savants. On a donné la collection des *Œuvres* de Ciampini, avec sa *Vie*, Rome, 1747, 3 vol. in-fol. C'est un service que l'on a rendu au public, car ses ouvrages étaient rares et recherchés.

CIANTAR (Jean-Antoine, le comte), de la famille des Paléologues, né dans l'île de Malte le 14 septembre 1696, mort en novembre 1778, laissant plusieurs ouvrages qui eurent de la vogue en Italie. Son édition de *Malta illustrata* d'Abela, qu'il avait continuée et augmentée, parut en 1772. Le second volume fut publié après sa mort, en 1780, par les soins du comte Georges-Séraphin, son fils. Ciantar laissa entre autres : *Comitis J. Ant. Ciantar, acad. intronati, epigrammat. lib. III*, Rome, 1737, in-4; *De beato Paulo apostolo in Melitam siculo Adriatici maris insulam naufragio ejecto dissertationes apologeticæ in inspectiones anti-criticas R. P. D. Ignatii Georgii de*

Melitensi apostoli naufragio, descripsit in act. apost., cap. 27 et 28, etc., Venise, 1788; *De antiquâ inscriptione nuper effossâ in Melita urbe notabili Dissertatio*; Naples, 1749; *Critica de' critici moderni, che dall' anno 1730 fin all' anno 1760, scrissero sulla controversia del naufragio di S. Paolo, apostolo*, Venise, 1763.

CIANTES (Joseph), né à Rome l'an 1612, entra dans l'Ordre de St-Dominique, s'y distingua par ses vertus et sa science, fut nommé à un évêché dans la Calabre, et mourut à Rome en 1670. On a de lui: *De la perfection de la vie épiscopale*, en italien; *De sacro-sanctâ Trinitate ex antiquorum hebræorum testimoniis comprobatá*; *De Incarnatione Verbi*; les *Livres de saint Thomas contre les gentils*, traduits en hébreu.

CIBOT (Pierre-Martial), jésuite, né à Limoges en 1727. Ayant obtenu de ses supérieurs la liberté de se consacrer aux missions, il partit pour la Chine le 7 mars 1758. C'est à lui, ainsi qu'au savant Père Amiot, que nous devons la plus grande partie des renseignements qui nous sont parvenus sur la Chine. Ils ont servi à composer les *Mémoires sur les Chinois*, 15 vol. in-4, dont ils forment la majeure partie; l'écrit le plus important de ce jésuite est l'*Essai sur l'antiquité des Chinois*, inséré dans le tome 1er des *Mémoires*; il prétend y prouver qu'Yao fut le fondateur et le premier législateur de l'empire, et regarde comme fabuleux le règne des sept empereurs qui l'ont précédé. Cette opinion ne s'accorde point avec le sentiment du plus grand nombre des lettrés chinois, ni avec celui du Père Amiot qui a cru devoir défendre l'intégrité de la chronologie chinoise dans une dissertation particulière insérée à la tête du tome 2 des *Mémoires*. On peut reprocher au Père Cibot un peu de diffusion dans le style, et quelquefois trop d'écarts d'imagination; mais ces défauts sont bien rachetés par le fonds toujours intéressant de ses observations, et par l'étendue et la variété de ses recherches.

CICCI (Marie-Louise), née à Pise en 1760, d'une famille noble. Son penchant se développa dès son jeune âge. Ses productions sont presque toutes dans le genre anacréontique, et brillent surtout par l'élégance, la grâce et la facilité. Une indisposition légère, qu'elle négligea, la conduisit au tombeau le 8 mars 1794. Elle était membre de l'académie de Pise et de celle des *Intronati* de Sienne. Ses *Poésies*, précédées de son *Éloge*, ont été recueillies par son frère, et imprimées par Bodoni à Parme, 1796, in-16.

CICÉRI (Paul-César de), abbé commendataire de Notre-Dame en Basse-Touraine, prédicateur ordinaire du roi et de la reine, et membre de l'Académie française, naquit à Cavaillon dans le Comtat-Venaissin, le 24 mai 1678, d'une famille noble originaire de Milan. Il remplit, pendant le cours d'une vie assez longue, l'honorable ministère de la chaire, avec autant de succès que de zèle. Privé de la vue sur la fin de ses jours, et par conséquent peu occupé, il se détermina à retoucher ses *Sermons*, et sa mémoire fut presque son unique guide dans ce travail. On les imprimait, lorsqu'il mourut le 27 avril 1749, à l'âge de 81 ans. M. Bassinet les a publiés en 6 vol. in-12, Avignon, 1761. Sa sœur, marquise de Puygiron-Cicéri, les dédia à la reine. L'auteur, sous le poids de l'infirmité qui le privait de la vue, composa le *Discours* qui les précède, et dans lequel il établit les principes de l'art oratoire, et combat avec force les innovations que la paresse ou le défaut de talent voulait y introduire. Les deux derniers volumes contiennent, outre un *Sermon*, douze *Panégyriques*, deux *Oraisons funèbres* et la *Vie* de l'auteur. L'abbé de Cicéri alliait aux vertus chrétiennes et morales un caractère aimable et une humeur égale. Ses actions n'étaient pas la réfutation de ses discours. Une diction pure, saine et naturelle, des dessins communément bien pris, des citations appliquées à propos, des mouvements bien ménagés, des raisonnements et des preuves; voilà ce qui lui assure une place parmi le petit nombre des orateurs sacrés de la deuxième classe.

CICÉRON (Marcus-Tullius) naquit à Arpino, dans la terre de Labour, l'an 106 avant J.-C., d'une famille ancienne de chevaliers romains, mais peu illustre. La nature lui fit part de tous les dons nécessaires à un orateur, d'une figure agréable, d'un esprit vif, pénétrant, d'un cœur sensible, d'une imagination riche et féconde. Son père ne négligea rien pour cultiver un génie si heureux. Il l'étudia sous les plus habiles maîtres de son temps, et fit des progrès si rapides, qu'on allait dans les écoles pour voir ce prodige naissant. La première fois qu'il plaida en public, il enleva les suffrages des juges, l'admiration des auditeurs, et fit renvoyer Roscius, son client, absous de l'accusation d'avoir été le meurtrier de son père. Cicéron, malgré ces applaudissements, n'était pas encore content de lui-même : il sentait qu'il n'était pas tout ce qu'il pouvait être. Il quitta Rome, passa à Athènes, et s'y montra, pendant deux ans, moins le disciple que le rival des

plus célèbres orateurs de cette capitale de la Grèce. Apollonius Molon, l'un d'entre eux, l'ayant un jour entendu déclamer, demeura dans un profond silence, tandis que tout le monde s'empressait d'applaudir. Le jeune orateur lui en ayant demandé la cause : « Ah! lui répondit-il, « je vous loue sans doute et vous admire, « mais je plains le sort de la Grèce; il ne « lui restait plus que la gloire de l'élo-« quence, vous allez la lui ravir et la « transporter aux Romains. » Cicéron, de retour à Rome, y fut ce que Démosthène avait été à Athènes. Ses talents le firent monter aux premières dignités. A l'âge de 31 ans, il fut questeur et gouverneur en Sicile. A son retour on le nomma édile, ensuite préteur, et enfin on l'honora du consulat. Pendant son édilité, il se distingua moins par les jeux et les spectacles que sa place l'obligeait de donner, que par les grandes sommes qu'il répandit dans Rome affligée de la disette. Son consulat est à jamais célèbre par la découverte de la conspiration de Catilina, qui avait juré la ruine entière de la république. Cicéron, averti par Fulvia, maîtresse d'un des conjurés, éventa le complot, et fit punir les factieux. Bien des gens l'avaient traité auparavant d'homme de deux jours, qu'on ne devait pas élever à la première dignité de l'Etat; on ne vit plus alors en lui que le citoyen le plus zélé, et on lui donna par acclamation le nom de *Père de la patrie*. Clodius ayant cabalé contre lui, Cicéron se vit obligé de sortir de Rome, et se retira à Thessalonique en Macédoine. Il ne soutint pas cet exil avec un courage bien philosophique. « Ne sa-« chant, dit un auteur, où il devait aller, « ni ce qu'il devait faire, craintif comme « une femme, capricieux comme un en-« fant, il regretta la perte de son rang, « de ses richesses, de son crédit. Il pleura « la ruine de sa maison que Clodius « avait fait détruire. Il gémit d'être éloi-« gné de Térentia, qu'il répudia peu de « temps après. » Les vœux de toute l'Italie le rappelèrent l'année suivante, 58° avant J.-C. Le jour de son retour fut un jour de triomphe; ses biens lui furent rendus, ses maisons de la ville et de la campagne rebâties aux dépens du public. Cicéron fut si charmé des témoignages de considération et de l'allégresse publique, qu'il dit : « qu'à ne considérer que les « intérêts de sa gloire, il eût dû, non « pas résister aux violences de Clodius, « mais les rechercher et les acheter. » Sa disgrâce avait cependant fait beaucoup d'impression sur lui; il fatigua de ses plaintes ses amis et ses parents, et cet homme, qui avait si bien défendu les autres, n'osa pas ouvrir la bouche pour se défendre lui-même. « Il montra, dit un « historien, autant de faiblesse dans l'at- « taque de Clodius, qu'il avait montré « de courage pour étouffer la conjuration « de Catilina dans le sang des parricides. « Il parut en public revêtu d'habits de « deuil, parcourant la place et la ville, « pour solliciter la protection des ci- « toyens. Il s'oublia si fort, et garda si « peu les bienséances dans cette démar- « che humiliante, qu'à force de vouloir « attirer la compassion des citoyens, il « se rendit véritablement ridicule et mé- « prisable. » Le gouvernement de Cili- cie lui étant échu, il se mit à la tête des légions, pour garantir sa province de l'incursion des Parthes. Il surprit les ennemis, les défit, se rendit maître de Pindenisse, l'une de leurs plus fortes places, la livra au pillage, et en fit ven- dre les habitants à l'enchère. Ses exploits guerriers lui firent décerner par ses sol- dats le titre d'*Imperator*, et on lui aurait accordé à Rome l'honneur du triomphe, sans les obstacles qu'y mirent les trou- bles de la république. Ces applaudisse- ments étaient d'autant plus flatteurs, que la valeur et l'intrépidité ne passaient pas pour ses plus grandes vertus. Dans le commencement de la guerre civile de César et de Pompée, il parut d'un carac- tère faible, timide, flottant, irrésolu, se repentant de ne pas suivre Pompée, et n'osant se déclarer pour César. Ce der- nier ayant triomphé de son rival, Cicéron obtint son amitié par les plus basses adu- lations. Dans les troubles qui suivirent l'assassinat de ce grand homme, il favo- risa Octave dans le dessein de s'en faire un protecteur; et cet homme, qui s'était vanté que sa robe avait détruit les armées d'Antoine, donna à la république un en- nemi cent fois plus dangereux. On lui reprochait de craindre moins la ruine de la liberté, que l'élévation d'Antoine. Dès que le triumvirat fut formé, Antoine, contre qui il avait prononcé ses *Philip- piques*, demanda sa tête à Octave, qui eut la lâcheté de la lui accorder. Cicéron voulut d'abord se sauver par mer; mais ne pouvant soutenir les incommodités de la navigation, il se fit mettre à terre; disant « qu'il préférait de mourir dans « sa patrie, qu'il avait autrefois sauvée « des fureurs de Catilina, à la douleur « d'en vivre éloigné. » Les assassins l'at- teignirent auprès d'une de ses maisons de campagne: il fit aussitôt arrêter sa litière, et présenta son cou au fer des meurtriers. Le tribun Populius-Lænas, qui devait la vie à son éloquence, exé-

cuta sa commission barbare, coupa la tête et la main droite de Cicéron, et porta ce digne tribut au féroce Antoine. Fulvia, femme d'Antoine, aussi vindi- cative que son époux, perça en plusieurs endroits, avec un poinçon d'or, la lan- gue de Cicéron. Ces tristes restes du plus grand des orateurs, du libérateur de sa patrie, furent exposés sur la tribune aux harangues, qu'il avait tant de fois fait retentir de sa voix éloquente. Il avait 63 ans, lorsqu'il fut égorgé, l'an 43 avant J.-C. La première édition de *Cicéron* complète est de Milan, 1498 et 1499, 4 v. in-f. Celle de Venise, 1534, 1536 et 1537, 4 vol. in-fol., est aussi fort rare. Celle d'Elzévir, 1642, 10 vol. in-12, est très- jolie et fort recherchée. On estime encore celle de 1661, 2 vol. in-4. Il n'y a de Ci- céron, *cum Notis variorum*, in-8, que: *Epistolæ ad familiares*, 1677, 2 vol.; *ad Atticum*, 1684, 2 vol.; *De Officiis*, 1688, 1 vol.; *Orationes*, 1699, 3 tomes en 6 vol. Pour les compléter, il faut y joindre les 6 vol. qu'a donnés Davisius à Cambridge depuis 1730 jusqu'en 1745, qui sont: *De Divinatione; Academica; Tusculanæ quæstionec; De Finibus bono- rum et malorum; De Naturâ deorum; De Legibus*, et *Rhetorica*, Leyde, 1761, in-8. On y joint encore: *Epistolarum ad Quintum fratrem*, Hagæ-Comit., 1725; *Liber de claris oratoribus*, Oxon., 1716; *Ciceronis rhetoricorum ad Herennium*, Lugd.-Bat., 1761; *et ad Quintum fra- trem dialogi tres de oratore*, Londini, 1746. Ces 21 vol. forment ce qu'on ap- pelle le *Cicéron, cum Notis variorum*. Le *Cicéron* de Gronovius, Leyde, 1692, 4 v. in-4; et celui de Verburge, Amsterdam, 1724, 2 vol. in-fol., ou 4 vol. in-4, ou 12 vol. in-8, sont estimés. Il y en a une jolie édition de Glascow, 1749, 20 vol. in-12; et une de Paris, Barbou, 1768, 14 vol. in-12. Les livres de Cicéron, *ad usum Delphini*, sont: *De Arte oratoriâ*, 1687, 2 vol. in-4; *Orationes*, 1684, 3 vol. in-4; *Epistolæ ad familiares*, 1685, in-4; *Opera philosophica*, 1689, in-4. Enfin l'abbé d'Olivet donna à Paris, en 1740, en 9 vol. in-4, une belle et savante édi- tion des ouvrages de l'orateur romain. Elle a été réimprimée à Padoue, Venise et Genève; mais ces éditions sont bien inférieures à celle de Paris. La dernière cependant est encore recherchée. On di- vise ordinairement les ouvrages de Cicé- ron en quatre parties: 1° Ses *Traités sur la rhétorique*, qui sont mis à la tête des rhéteurs latins, comme ses *Harangues* à la tête des orateurs. Ses trois livres de l'*Art oratoire*, traduits par l'abbé Colin, in-12, sont infiniment précieux à tous ceux qui cultivent l'éloquence. Dans cet excellent ouvrage, la sécheresse des préceptes est égayée par tout ce que l'urbanité romaine a de plus ingénieux, de plus délicat, de plus riant. Son livre, intitulé, *L'Orateur*, ne le cède, ni pour les préceptes, ni pour les tours, au précédant. Cicéron y donne l'idée d'un orateur parfait, non tel qu'il n'y en ait jamais eu, mais tel qu'il peut être. Son *Dialogue* adressé à *Brutus* est un dénombrement des personnages illustres qui ont brillé au barreau chez les Grecs et chez les Romains. Il n'appartenait qu'à un génie fécond et flexible, tel que Cicéron, de crayonner, avec tant de ressemblance, tant de portraits différents. 2° Ses *Harangues*; elles sont mises à côté, et peut-être au-dessus de celles de Démosthène. Ces deux grands hommes, si souvent comparés, parvinrent, par des routes différentes, à la même gloire. L'éloquence de l'orateur grec est rapide, forte, pressante; ses expressions sont hardies, ses figures véhémentes, mais son style est souvent sec et dur. L'éloquence de l'orateur latin est plus douce, plus coulante, plus abondante, et peut-être même trop abondante. Il relève les choses les plus communes, et embellit celles qui sont les moins susceptibles d'agrément. Toutes ses périodes sont cadencées, et c'est surtout dans cet arrangement des mots, qui contribue infiniment aux grâces du discours et au plaisir de l'oreille, qu'il excelle au plus haut degré. On a dit que Démosthène aurait été encore plus goûté à Rome que Cicéron, parce que les Romains étaient naturellement sérieux; et Cicéron à Athènes plus que Démosthène, parce que les plaisanteries et les fleurs dont il ornait son éloquence auraient amusé les Athéniens, peuple léger et badin. (Voyez DÉMOSTHÈNE.) 3° Ses *Livres philosophiques*. « Ce qui doit éton-« ner, dit un homme d'esprit, c'est que « dans le tumulte et les orages de sa vie, « cet homme, toujours chargé des affai-« res de l'Etat et de celles des particu-« liers, trouvât encore du temps pour « être instruit à fond de toutes les sectes « des Grecs, et qu'il fût le plus grand « philosophe des Romains, ainsi que « l'orateur le plus éloquent. » Ses livres *des Offices* sont recommandables par le ton de bonnes mœurs, de réflexion, d'humanité, de patriotisme qui y règnent tour à tour. Tout n'y est pas exact; mais c'est ce qu'on chercherait en vain chez les plus raisonnables des anciens philosophes. Ses livres *de la République et des Lois* attachent autant par leur goût exquis de politique, que par l'art et la délicatesse

avec lesquels les matières y sont traitées. On trouve dans ses *Tusculanes*, dans ses *Questions académiques*, dans ses deux livres *de la Nature des dieux*, le philosophe, le savant et l'écrivain élégant. 4° Ses *Epîtres*. Bayle leur donnait la préférence sur tous les ouvrages de ce grand écrivain. L'homme de lettres, l'homme d'Etat ne devraient jamais se lasser de les relire. On peut les regarder comme une histoire secrète de son temps. Les caractères de ses plus illustres contemporains y sont peints au naturel, les jeux de leurs passions développés avec finesse. On y apprend à connaître le cœur de l'homme et les ressorts qui le font agir. Cicéron s'était aussi mêlé de poésie. Il traduisit, étant jeune, *Aratus* en vers latins; la quantité de vers qu'il en cite dans son second livre *de la Nature des dieux* prouve que, dans un âge avancé, il ne désavouait pas ce fruit de sa jeunesse. Il ne fut d'ailleurs pas aussi mauvais poète qu'on le pense, et l'on aurait tort de le juger précisément sur le vers devenu trop fameux pour sa gloire. Au reste, il ne s'agit pas de comparer Cicéron à Virgile; on sent bien que l'espace qui les sépare, en fait de poésie, est immense. Cette traduction, intitulée *Aratea*, nous a été donnée en français par Pingré, avec de bonnes notes, Paris, 1787, 2 vol. in-8. Plutarque nous a conservé quelques bons mots de Cicéron, qui ne lui feront pas honneur dans la postérité. En général, il était trop railleur, et affectait trop de mêler des plaisanteries, bonnes ou mauvaises, dans les choses les plus sérieuses. Parmi les traductions de ses ouvrages, on distingue : les *Offices*, par Barett, Paris, 1776, in-12. Il y en a deux traductions plus modernes : l'une intitulée : *Des Devoirs*, par Brosselard, 1796, 2 vol. in-12. Son style ne manque ni de facilité, ni de pureté, ni même d'une certaine élégance; mais l'auteur laisse à désirer une étude plus approfondie du texte et une plus grande connaissance des finesses de la langue latine : l'autre par Gallon La Bastide, Paris, 1806, 2 vol. in-12, qui n'a pas fait oublier la première; les *Tusculanes*, par Bouhier et d'Olivet, avec des remarques, Paris, 1766, 2 vol. in-12; *Entretiens sur la nature des dieux*, par d'Olivet, avec des remarques du président Bouhier, Paris, 1775, 2 vol. in-12; les deux livres *de la Divination*, par Regnier - Desmarais, Paris, 1710, in-12; les livres *de la Vieillesse*, *de l'Amitié*, les *Paradoxes*, le *Songe de Scipion* et la *Lettre politique à Quintus*, par Barett, Paris, 1776, in-12. Il y en a une autre traduction nouvelle par Gallon La Bastide, Paris, 1804, in-12 ; mais celle de Barett est encore préférée ; *Entretiens sur les vrais biens et sur les vrais maux*, par Regnier-Desmarais, Paris, 1721 et 1794 ; *Traité de la consolation*, par Jacques Morabin, Paris, 1753 ; les *Académiques*, avec des remarques par David Durand, et revues par Capperonier, Paris, 1796, deux parties in-12 ; *Traité des lois*, par Morabin, Paris, 1777, in-12 ; *De la République*, ou *Du meilleur gouvernement*, par Bernardi, Paris, 1807, 2 vol. in-12 ; la *Rhétorique*, par Cassagne, Paris, 1673, in-12 ; les trois *Dialogues de l'orateur*, par M. P., Paris, 1818, 2 vol. in-12 ; *Traité de l'orateur*, par l'abbé Colin, 1751 et 1805, in-12 ; *Entretiens sur les orateurs illustres*, par de Villefore, 1736, in-12 ; les *Partitions oratoires*, par Charbuy, Paris, 1756, in-12 ; *De la composition oratoire*, ou *De l'invention*, par Abel Lagné, Paris, 1813, in-12 ; les *Oraisons*, par de Villefore, Paris, 1732, 8 vol. in-12 ; les *mêmes*, choisies et revues par de Wailly, Paris, 1786, 3 vol. in-12, réimprimées en 1801 en 4 vol. avec les *Philippiques* et les *Catilinaires* ci-dessous ; *Philippiques* de Démosthène et *Catilinaires* de Cicéron, par l'abbé d'Olivet, Paris, 1771, in-12 ; *Lettres familières*, par l'abbé Prévôt, Paris, 1745, 5 v. in-12 ; les *mêmes*, augmentées de notes par Goujon, Paris, 1801, 6 vol. in-8 ; *Lettres à Brutus*, par le même, Paris, 1744, in-12 ; *Lettres à Atticus*, avec des remarques, par Hubert de Montgault, Paris, 1738, 6 vol. in-12 ; *Lettres à Quintus*, par le Deist de Botidoux, Paris, 1813 ; *Pensées*, par l'abbé d'Olivet, Paris, 1764. Du Ryer avait traduit la plus grande partie des ouvrages de Cicéron, 1670, 12 vol. in-12 ; mais cette version lâche, incorrecte et infidèle ne peut être d'aucun usage. La traduction des *OEuvres* de Cicéron, 8 vol. in-12, 1783-89, ne vaut guère mieux ; elle est de plus défigurée par des jugements faux, et des préventions qui ne prouvent que trop combien ce travail était au-dessus des forces du traducteur. Thomas, à l'en croire, est tout autre orateur que Cicéron. « Quoi ! a dit à cette occasion « un homme de lettres et de goût, Thomas, supérieur à Cicéron ! Thomas, « qui est si guindé, si boursouflé, qui est « si souvent éloigné de la nature, qui « laisse presque toujours à désirer les « qualités qu'on admire dans les anciens ! « Quand on peut faire de pareilles méprises, on ne se montre guère digne « de traduire *Cicéron*. » On publia les *OEuvres complètes de Cicéron*, traduites en français, le texte en regard, avec la

Vie de Cicéron, Paris, 1815-18, 32 vol. in-8. Cette entreprise a obtenu le plus brillant succès ; on aurait désiré cependant plus de correction dans l'impression du texte latin, plus d'élégance et d'exactitude dans la plupart des nouvelles traductions, et surtout plus de discernement dans la révision des anciennes. L'abbé Prévôt nous a donné une *Histoire de Cicéron tirée de ses écrits et des monuments de son siècle, avec des preuves et des éclaircissements*, 4 vol. in-12, 1748-1749. Cet ouvrage, traduit de l'anglais de Midleton, est écrit avec cette élégance qui caractérise le style des autres productions de cet académicien. Morabin a publié une autre *Histoire* de l'orateur latin, en 2 vol. in-4. Chacune a son mérite ; et les littérateurs qui veulent connaître Cicéron doivent lire l'une et l'autre, ainsi que l'*Histoire des quatre Cicéron*, par l'abbé Macé ; et les *Remarques sur la vie de Cicéron*, de Plutarque, par Secousse. On peut aussi consulter le *Cours de Littérature* de Laharpe, mais seulement pour ce qui regarde ses ouvrages ; car pour sa vie publique, soit qu'il ne soit pas assez profond dans l'histoire, soit que son enthousiasme pour l'éloquence de Cicéron l'ait aveuglé, il le loue presque toujours, et il veut absolument faire un homme d'État de celui qui ne fut jamais qu'un grand orateur. Ceux qui ont dit qu'il ne lui avait manqué que d'être chrétien ont pu dire vrai en ce sens que le christianisme en eût fait un sage parfait, un homme solidement vertueux. Mais tel qu'il a été, Cicéron n'eût point honoré la profession du christianisme. Il parle des dieux, tantôt en stoïcien, tantôt en académicien, tantôt en épicurien. Ce politique sacrilège ne voulait pas essuyer la moindre disgrâce, par rapport à la religion ; il n'avait sur ce point aucun système fixe, et disputait pour et contre sur le même sujet. Ce qu'il établit d'un côté, il le détruit de l'autre, comme il a fait au sujet du suicide. Il soutient que Dieu ignore l'avenir. Dans ses *Offices* , en parlant de la sainteté et de l'inviolabilité du serment, il dit qu'on doit l'observer, non par la crainte de Dieu, qui ne s'en occupe pas , mais parce que la justice nous oblige à tenir ce que nous avons promis. Dans le troisième livre des *Paradoxes*, il prétend que toutes les fautes sont égales, sentiment contraire à la raison et à l'équité. Le conseil que donnait Caton aux jeunes gens, d'aller voir les courtisanes, était infâme ; mais la manière dont Cicéron le défend et l'approuve dans son *Oraison* pour Célius ne ait pas moins d'horreur. Nous ne parlerons pas de son amour pour sa fille Tullie, dont on l'a accusé; mais nous dirons, d'après Plutarque, qu'à l'âge de 61 ans, il répudia sa femme Térentia, pour ne pas avoir donné un équipage assez brillant à sa fille, et que, dans la suite, il répudia sa seconde femme, parce qu'elle s'était réjouie de la mort de Tullie. Sa perpétuelle et insatiable vanité, ses inconstances, ses adulations, etc., lui ont attiré, même de son vivant, des sarcasmes qu'il n'avait que trop mérités. (Voyez COLLIUS, LUCIEN, SÉNÈQUE, SOCRATE, STILPON, SOLON, ZÉNON, etc.)

CICÉRON (Quintus-Tullius), frère du précédent, après avoir été préteur l'an de Rome 691, eut, au sortir de sa charge, le département de l'Asie, où il demeura trois ans. César le prit ensuite pour son lieutenant dans la guerre des Gaules. Il n'eut pas lieu de se repentir de son choix. Cicéron se comporta avec tout le courage et la prudence possibles dans plusieurs occasions périlleuses; mais durant la guerre civile, il abandonna le parti de ce général, pour suivre celui de Pompée, ce qui fut la cause de sa perte. Compris dans la proscription des triumvirs, il fut tué avec son fils l'an 43 avant J.-C. On trouve de lui quelques *Poésies* dans le *Corpus poetarum* de Maittaire. Il est auteur du livre : *De petitione consulatûs*, inséré dans les *Œuvres* de son frère, et traduit en français par Adry, à la suite d'une nouvelle édition de la *Traduction des Traités de l'Amitié* et *de la Vieillesse*, par Barett.

CICOGNARA (Léopold, comte de), naquit à Ferrare dans les Etats du Pape, le 26 novembre 1767. Il suivit d'abord des cours de droit civil et public, puis s'adonna à la peinture, dans laquelle il montra quelque talent, et étudia ensuite les beaux-arts ainsi que les antiquités de toute sorte. Après avoir visité l'Italie dans ses diverses parties, il se fixa, en 1795, à Modène, et devint membre du comité d'armement général de cette ville, puis ministre plénipotentiaire à Turin et conseiller d'Etat. En 1808, Cicognara fut nommé président de l'académie des beaux-arts de Venise, où il opéra d'utiles réformes, et fit de sa maison le rendez-vous des savants et des artistes. Il voyagea ensuite en France, en Allemagne et en Angleterre, et profita de son séjour dans ces divers pays pour se former une riche et précieuse bibliothèque, que des revers de fortune l'ont plus tard obligé de vendre à vil prix. Cicognara est mort à Venise le 5 mars 1834, des suites d'une phthisie pulmonaire.

On a de lui entre autres : *Histoire de la sculpture depuis la naissance de cet art, jusqu'au siècle de Canova*, Florence, 1813, 3 vol. in-fol. : cet ouvrage ne mérite pas toujours les éloges qui lui ont été donnés par le plus grand nombre des critiques; *Catalogue raisonné des livres d'art et d'antiquité possédés par le comte de Cicognara*, 1821, 2 vol. in-8 ; les *Edifices les plus remarquables de Venise*, 1820, 1 vol. avec figures.

CID (le), dont le vrai nom était don RODRIGUE DIAZ del BIVAR, né à Burgos vers l'an 1040, fut élevé à la cour de Ferdinand Ier de Castille, et s'acquit, par sa bravoure, la réputation d'un des plus grands capitaines de son siècle. Dès qu'il fut en état de porter les armes, on le fit chevalier. Sa valeur ne tarda pas à se signaler. Il vainquit les Maures en plusieurs combats, leur enleva Valence et plusieurs autres places non moins importantes. Le comte Gomez eut une querelle avec lui : le Cid le tua dans un combat particulier. Le héros aimait passionnément Chimène, fille de ce comte, et n'en était pas moins aimé. L'honneur exigeait d'elle la vengeance, l'amour voulait le pardon, celui-ci l'emporta. Chimène demanda le Cid au roi Ferdinand, pour essuyer ses larmes, et en fit son époux. C'est cette situation déchirante qu'a si bien exprimée le grand Corneille dans la tragédie intitulée : *Le Cid*, imitée de l'espagnol. Ce héros mourut à Valence en 1099.

CIENFUEGOS (Alvarez), né l'an 1657 à Aguerra, ville d'Espagne dans les Asturies, jésuite en 1676, professa la philosophie à Compostelle, et la théologie à Salamanque avec beaucoup d'applaudissements. Sa pénétration et son habileté engagèrent les empereurs Joseph Ier et Charles VI à l'employer auprès des rois de Portugal dans diverses négociations importantes, qu'il termina au gré des deux couronnes. Ce dernier empereur lui procura le chapeau en 1720, non sans difficulté par rapport à son ouvrage sur la *Trinité*, dans lequel plusieurs docteurs croyaient avoir trouvé des expressions inexactes. L'empereur le fit ensuite son ministre plénipotentiaire à Rome, puis il devint évêque de Catane, et enfin archevêque de Montréal en Sicile. Ce cardinal, après s'être démis de son archevéché, mourut à Rome le 19 août 1739. On a de lui différents ouvrages : *Ænigma theologicum in mysterio SS. Trinitatis*, Vienne, 1717, 2 vol. in-fol.; *Vita abscondita sub speciebus Eucharisticis*, Rome, 1728, in-fol.; *La vida del venerabile P. Juan Nieto*, 1693, in-8; *La*

Vida del santo Francisco de Borgia, 1702, in-fol.

CIGALE (Jean-Michel), imposteur, qui parut à Paris en 1670. Il s'y disait *prince du sang ottoman, pacha et plénipotentiaire souverain de Jérusalem, du royaume de Chypre, de Trébizonde, etc.* Il s'appelait autrement *Mahomet-Bey*. Ce prétendu prince naquit (selon Rocoles) de parents chrétiens, dans la ville de Trogovisty ou Tergovitza en Valachie. Son père était fort estimé de Mathias, vayvode de Moldavie. Il mit son fils auprès de ce prince, qui l'envoya avec son résident à Constantinople. Après la mort de Mathias, Cigale revint en Moldavie, où il espérait de s'élever avec l'appui des seigneurs du pays; mais n'ayant pu réussir dans son dessein, il retourna à Constantinople, et se fit turc. Cet aventurier courut de pays en pays, et trompa presque tous les rois de l'Europe, qui le distinguèrent par l'accueil le plus honorable. Il jouissait du fruit de son imposture, lorsqu'un homme de condition, qui l'avait vu à Vienne et qui savait son histoire, démasqua ce fourbe qui n'osa plus reparaître.

CIGNANI (Charles), peintre italien, né à Bologne en 1628, fut disciple de l'Albane, et mourut en 1719. Clément XI, qui avait souvent employé son pinceau, le nomma prince de l'académie de Bologne, appelée encore aujourd'hui l'*Académie Clémentine*. La coupole de la Madona del Fuoco de Forli, où ce peintre a représenté le paradis, est un des plus beaux monuments de la force de son génie. Ses principaux ouvrages se voient à Rome, à Bologne, à Forli. Ils sont tous recommandables par un dessin correct, un coloris gracieux, une composition élégante. Cignani peignait avec beaucoup de facilité, drapait avec goût, exprimait très-bien les passions de l'âme, et les aurait encore mieux rendues, s'il ne se fût pas attaché trop à finir ses tableaux. Cet artiste joignait à ces talents une douceur de mœurs et une bonté de caractère aussi estimables que rares.

CIMABUÉ (Jean), peintre et architecte de Florence, né en 1230, mort en 1300, est regardé comme le restaurateur de la peinture. Instruit par les peintres grecs que le sénat de Florence avait appelés, il fit renaître cet art dans sa patrie. Charles Iᵉʳ, roi de Naples, passant par Florence, l'honora d'une visite. On possède encore quelques restes de ses tableaux à fresque et à détrempe, où l'on remarque du génie et beaucoup de talent naturel; mais peu de ce bon goût, qu'on doit aux réflexions et à l'étude des beaux ouvrages.

CIMAROSA (Dominique), célèbre compositeur de musique, né à Naples, en 1754. Élève du Conservatoire de cette ville, il y développa les premiers germes de son rare talent. Il avait à peine 25 ans, que déjà il avait obtenu de nombreux succès sur les principaux théâtres de l'Italie. Sa réputation, toujours croissante, le fit appeler en Russie et dans plusieurs cours d'Allemagne, pour y composer des opéras sérieux et bouffons. Parmi les premiers, on met au premier rang l'*Artaxercès* de Métastase, *Pénélope*, l'*Olympiade* et les *Horaces*. On préfère cependant ses opéras bouffons. Ceux qui ont obtenu le plus de succès sont: *gli Inimici generosi, l'Impressario in angustie, il Credulo, Gianina e Bernardone*, et surtout *il Matrimonio segretto*, qui est son chef-d'œuvre. Tous ces opéras brillent par l'invention, l'originalité des idées, la richesse des accompagnements et l'entente des effets de la scène. Il en a composé plus de cent vingt, et une trentaine reparaissent souvent sur les principaux théâtres de l'Europe. Il excellait encore dans l'*Oratorio*. Son *Sacrificio di Abramo* est un chef-d'œuvre de l'art musical. Cimarosa n'était pas moins recherché pour la pureté et la douceur de ses mœurs, que pour ses talents et sa modestie. Sa voix était agréable, et il chantait, avec autant d'empressement que de grâce, les plus beaux morceaux de ses *opéras*. Il est mort à Venise, le 11 janvier 1801.

CIMINO. (Voy. AQUILANO.)

CIMON, général des Athéniens, fils de Miltiade, ne s'écarta point de la route que son père lui avait tracée. Ce grand homme étant mort chargé d'une amende, Cimon fut emprisonné pour l'acquitter, et ne recouvra sa liberté qu'en cédant par un contrat, honteux et digne des mœurs païennes, Elphinie, sa sœur, et en même temps sa femme, à Callias, qui satisfit pour lui au fisc public. Bientôt après, Cimon trouva des occasions fréquentes de se signaler dans les combats. Les Athéniens ayant armé contre les Perses, il enleva à ces derniers leurs plus fortes places et leurs meilleurs alliés en Asie. Il défit, le même jour, les armées persanes par terre et par mer; et, sans perdre de temps, il vola au-devant de 80 vaisseaux phéniciens qui venaient joindre la flotte des Perses de la Chersonèse, les prit tous, et tailla en pièces la plus grande partie des troupes qui les montaient. Il mit en mer une flotte de 200 vaisseaux, passa en Chypre, attaqua Artabaze, se rendit maître d'un grand nombre de ses vaiseaux , et poursuivit le reste de sa flotte jusqu'en Phénicie. En revenant , il atteignit Mégabize , autre général d'Artaxercès, lui livra combat et le défit. Ces succès contraignirent le roi de Perse à signer ce traité si célèbre , qui procura une paix glorieuse pour les Athéniens et leurs alliés. Quand il fallut partager les prisonniers faits dans ses victoires , on s'en rapporta au général vainqueur : il mit d'un côté les prisonniers tout nus, et de l'autre leurs colliers d'or , leurs brasselets, leurs armes, leurs habits, etc. Les alliés prirent les dépouilles , croyant avoir fait le meilleur choix; et les Athéniens gardèrent les hommes, qu'ils vendirent chèrement aux vaincus. Cimon parut aussi grand dans la paix que dans la guerre. Il rendit beaucoup de ses citoyens heureux par ses libéralités. Ses jardins et ses vergers furent ouverts au peuple; sa maison devint l'asile de l'indigent. L'orateur Gorgias disait de lui *qu'il amassait des richesses pour s'en servir; et qu'il s'en servait pour se faire estimer et honorer*. On peut voir ici, en passant, quel était le but , quelle était l'âme des plus belles actions du paganisme , et combien Tertullien avait raison de définir un païen, quelque parfait qu'il parût , un animal vain et glorieux : *animal gloriæ*. Malgré ses vertus morales, il n'égalait point Thémistocle dans la science du gouvernement. Son crédit fut ébranlé par ses absences fréquentes , par les vérités dures qu'il disait au peuple ; et , après avoir servi sa patrie, il eut la douleur d'en être banni par l'ostracisme. On le rappela ensuite , selon la coutume du volage et capricieux peuple d'Athènes , et on le nomma général de la flotte des Grecs alliés. Il porta la guerre en Egypte : il reprit son ancien projet de s'emparer de l'île de Chypre; mais il ne put l'exécuter étant mort à son arrivée dans cette île à la tête de son armée , l'an 449 avant J.-C.

CIMON , vieillard romain , ayant été condamné par le sénat , pour quelque crime , à mourir de faim dans les fers , sa fille qui avait la liberté de venir le voir le fit subsister quelque temps , en lui donnant à sucer son propre sein. Les juges, informés de cette piété industrieuse, firent grâce au père en faveur de la fille. Tite-Live et d'autres écrivains disent que c'était la mère de cette fille et non le père , qu'on avait condamnée à mourir de faim. Valère-Maxime parle avec admiration d'un tableau qui représente cette action de piété filiale ; et faisait la plus grande impression sur les cœurs. *Harent et stupent hominum oculi,*

dùm hujus facti pictam imaginem vident; casusque antiqui conditionem præsentis spectaculi admiratione renovant. Passage bien propre à justifier l'usage que les catholiques font des peintures dans les matières de religion , et la place qu'ils leur accordent dans les temples.

CINCINNATUS (Lucius-Quinctius) fut tiré de la charrue pour être consul romain , l'an 458 avant J.-C. Il maintint, par une sage fermeté , la tranquillité pendant le cours de sa magistrature , et retourna labourer son champ. On l'en tira une seconde fois , pour l'opposer aux Eques et aux Volsques. Créé dictateur , il enveloppa les ennemis , les défit , et conduisit à Rome leur général et les autres officiers chargés de fers. On lui décerna le triomphe , et il ne tint qu'à lui de se voir aussi riche qu'il était illustre. On lui offrit des terres , des esclaves , des bestiaux ; il les refusa constamment, et se démit de la dictature , au bout de seize jours , pour aller reprendre sa charrue. Elu une seconde fois dictateur, à l'âge de 80 ans, il triompha des Prénestiens , et abdiqua vingt-un jours après. Ainsi vécut ce romain , aussi grand quand ses mains victorieuses ne dédaignaient pas de tracer un sillon, que lorsqu'il dirigeait les rênes du gouvernement , et qu'il faisait mordre la poussière aux ennemis de la république. Un historien a dit élégamment : *Gaudet tellus laureato vomere , et triumphali aratore.*

CINNA (Lucius-Cornélius), quatre fois consul romain , appartenait à l'illustre famille *Cornelia* , et fut l'un des plus fougueux partisans de Marius. L'an 87 avant J.-C. , ayant voulu rappeler Marius, malgré les oppositions d'Octavius, son collègue , partisan de Sylla , il se vit obligé de sortir de Rome , et fut dépouillé par le sénat de la dignité consulaire. Retiré chez les alliés, il lève promptement une armée de trente légions , vient assiéger Rome , accompagné de Marius, de Carbon et de Sertorius , qui commandaient chacun un corps d'armée. La famine et les désertions ayant obligé le sénat à capituler avec lui, il entre dans Rome en triomphateur, assemble le peuple à la hâte , fait prononcer l'arrêt du rappel de Marius. Des ruisseaux de sang coulèrent bientôt dans Rome. Les satellites du vainqueur égorgèrent sans pitié tous ceux qui venaient le saluer, et auxquels il ne rendait pas le salut : c'était le signal du carnage. Les plus illustres sénateurs furent les victimes de sa rage. Octavius, son collègue , eut la tête tranchée. Ce barbare fut tué trois ans après, l'an 85 avant J.-C. , par un centurion de son armée. Il avait , dit un homme d'esprit , toutes les passions qui font aspirer à la tyrannie, et aucun des talents qui peuvent y conduire.

CINNA (Cnéius-Cornélius) devait le jour à une petite-fille du grand Pompée. Il fut convaincu d'une conspiration contre Auguste, qui lui pardonna à la prière de l'impératrice Livie. L'empereur le fit venir dans sa chambre , lui rappela les obligations qu'il lui avait ; et après quelques reproches sur son ingratitude , le pria d'être de ses amis , et lui donna même le consulat , qu'il exerça l'année suivante, vers la 36° du règne d'Auguste. Cette générosité toucha si fort Cinna , qu'il fut depuis un des sujets les plus zélés de ce prince. Il lui laissa ses biens en mourant , selon Dion. Voltaire doute beaucoup de la clémence d'Auguste envers Cinna. Tacite ni Suétone ne disent rien de cette aventure. Le dernier parle de toutes les conspirations faites contre Auguste : aurait-il passé sous silence la plus célèbre ? La singularité d'un consulat donné à Cinna pour prix de la plus noire perfidie n'aurait pas échappé à tous les historiens contemporains. Dion Cassius n'en parle qu'après Sénèque, et ce morceau de Sénèque ressemble plus à une déclamation qu'à une vérité historique. De plus, Sénèque met la scène en Gaule , et Dion à Rome. Cette conspiration , réelle ou supposée , a fourni au grand Corneille le sujet de l'un, et peut-être du premier de ses chefs - d'œuvre tragiques.

CINNA (Caïus-Helvius) , poète latin , vivait dans le temps des triumvirs. Il avait composé un poème en vers hexamètres, intitulé *Smyrna* , dans lequel il décrivait l'amour incestueux de Myrrha. Servius et Priscien nous en ont conservé quelques vers insérés dans le *Corpus portarum* de Maittaire.

CINNAMÈS, historien grec du 12° siècle, accompagna l'empereur Manuel Comnène dans la plupart de ses voyages. Il écrivit l'*Histoire* de ce prince en 6 liv. Le premier contient la vie de Jean Comnène , et les cinq autres celle de Manuel. C'est un des meilleurs historiens grecs modernes , et on peut le compter après Thucydide , Xénophon, et les autres historiens anciens. Son style est noble et pur , les faits sont bien détaillés et choisis avec goût. Il ne s'accorde pas toujours avec Nicétas son contemporain. Celui-ci dit que les Grecs firent toutes sortes de trahisons aux Latins, et Cinnamès assure que les Latins commirent des cruautés horribles contre les Grecs. Ils pourraient

bien avoir raison tous les deux. Du Cange a donné une édition de *Cinnamès*, in-fol. 1670 , imprimée au Louvre, en grec et en latin, avec de savantes observations.

CINQ-ARBRES (Jean) , *Quinquarborus*, natif d'Aurillac, nommé professeur royal en langue hébraïque et syriaque en 1554, avait beaucoup de piété, et ce qui est assez rare dans un savant, il était homme d'oraison. Il mourut l'an 1587 , après avoir laissé : une *Grammaire hébraïque*, imprimée plusieurs fois et dont la meilleure édition est de 1609, in-4; la *Traduction* de plusieurs ouvrages d'Avicenne , médecin arabe.

CINQ-MARS (Henri Coiffier, de Ruzia, marquis de), second fils d'Antoine Coiffier , marquis d'Effiat , maréchal de France , né en 1620, fut redevable de sa fortune au cardinal de Richelieu, intime ami de son père. Il fut fait capitaine aux gardes , puis grand-maître de la garde-robe du roi en 1637, et deux ans après grand-écuyer de France. Son esprit était agréable, sa figure séduisante. Le cardinal de Richelieu , qui voulait se servir de lui pour connaître les pensées les plus secrètes de Louis XIII, lui apprit le moyen de captiver le cœur de ce prince. Il parvint à la plus haute faveur, mais l'ambition étouffa bientôt en lui la reconnaissance qu'il devait au ministre et au roi : il haïssait intérieurement le cardinal, parce qu'il prétendait le maîtriser ; il n'aimait guère plus le monarque, parce que son humeur sombre gênait le goût qu'il avait pour les plaisirs. « Je suis bien malheureux , disait-il à ses amis , de vivre avec un homme qui m'ennuie depuis le matin jusqu'au soir. » Cependant Cinq-Mars, par l'espérance de supplanter le ministre et de gouverner l'État, dissimula ses dégoûts. Tandis qu'il tâchait de cultiver le penchant extrême que Louis XIII avait pour lui , il excitait Gaston , duc d'Orléans , à la révolte, et attirait le duc de Bouillon dans son parti. On envoya un émissaire en Espagne, et on fit un traité avec Gaston, pour ouvrir la France aux ennemis. Le roi étant allé en personne, en 1642, conquérir le Roussillon , Cinq-Mars le suivit , et fut plus que jamais dans ses bonnes grâces. Louis XIII lui parlait souvent de la peine qu'il ressentait d'être dominé par un ministre impérieux. Cinq-Mars profitait de ses confidences pour l'aigrir encore davantage contre le cardinal. Richelieu , dangereusement malade à Tarascon, ne doutait plus de sa disgrâce ; mais son bonheur voulut qu'il découvrit le traité conclu par les factieux avec l'Espagne. Il en donna avis au roi.

L'imprudent Cinq-Mars fut arrêté à Narbonne et conduit à Lyon. On instruisit son procès ; il fallait des preuves nouvelles pour le condamner ; Gaston les fournit pour acheter sa propre grâce. Cinq-Mars eut la tête tranchée le 12 septembre 1642, n'étant que dans la 22ᵉ année de son âge.

CINUS, ou CINO, jurisconsulte de Pistoie, d'une famille noble du nom de Sinibaldi, naquit en 1270. On a de lui : des *Commentaires* sur le Code et sur une partie du Digeste ; quelques *Pièces de poésies italiennes*. Crescimbéni dit qu'il est le plus doux et le plus agréable poète qui ait fleuri avant Pétrarque. Il est regardé par les Italiens comme le premier qui a su donner de la grâce à la poésie lyrique. Ils lisent encore ses vers, dont le recueil a été imprimé à Rome en 1558, in-8, rare, et à Venise en 1589. Il mourut à Bologne en 1336, avec la réputation d'un homme savant.

CIOLEK (Stanislas), ou VITELLIO, évêque de Posnanie, un des poètes les plus distingués de son temps. On croit qu'il est le premier qui écrivit des satires, car l'histoire de la littérature polonaise ne fait pas mention que quelqu'un ait écrit avant lui en ce genre de poésie. Stanislas Ciolek mourut en 1438. — CIOLEK (Erasme), nommé aussi et plus connu sous le nom de VITELLIUS, né à Cracovie dans le 15ᵉ siècle d'une famille obscure. Protégé pour ses talents par le grand-duc de Lithuanie, Alexandre, il obtint, en 1491, à Cracovie, le grade de docteur-ès-lettres, puis fut créé chanoine et enfin évêque de Plotzk. Il fut envoyé en 1518, par Sigismond Iᵉʳ, roi de Pologne, à la cour de Rome, à l'effet de concilier les différends qui s'élevaient entre Sigismond et Maximilien, archiduc d'Autriche, et pour prévenir la mésintelligence des Turcs contre la chrétienté. N'ayant pas réussi dans ses démarches, il ne put obtenir la barrette de cardinal, et mourut à Rome en 1522. — CIOLEK (Jacques), ou VITELLIUS. On connaît de lui les ouvrages suivants : *Epicium Uladislai IV* ; *Lacryma in funere Gregorii Bradwyni*, Cracovie, 1617 ; *Hermes Trismegistus* ; *Æternis manibus Jacob Janidlovii*, Cracovie, 1600. CIOLEK, ou VITELLIO, mathématicien et physicien polonais du 13ᵉ siècle. Il fut le premier qui fit connaître à l'Europe la science de l'optique, d'après un opticien arabe nommé *Al-Hazen*. Parmi ses productions, qui ne furent publiées que bien plus tard, après sa mort, nous citerons les suivantes : *Vitellionis perspectiva libri decem*, Nuremberg, 1533, in-

fol. ; *Vitellionis mathematici doctissimi de opticâ, id est de naturâ, ratione et projectione radiorum, visus, luminum, colorum atque formarum, quam vulgò perspectivam vocant, libri decem*, Nuremberg 1551 ; *Opticæ thesaurus Al-Hazeni Arabis, libri septem, nunc primùm editi. Ejusdem liber de crepusculis et nubium ascensionibus. Ejusdem Vitellionis Thuringo Poloni, libri decem*, à Fr. Risnero, Bâle, 1572 ; *Sur la physiologie, sur l'ordre des êtres, sur les conclusions élémentaires, sur la science des mouvements célestes*.

CIRINO (André), clerc régulier de Messine, né en 1618, mort à Palerme en 1664, à 46 ans, est auteur de plusieurs ouvrages concernant la venaison : *Variæ lectiones, sive de venatione Heroum*, Messine, 1650, in-4 ; *De venatione et naturâ animalium*, Palerme, 1653, in-8 ; *De naturâ et solertiâ canum ; De naturâ piscium*, ibid. ; *Historia della peste*, Gênes, 1625, in-4.

CIRO-FERRI, peintre et architecte romain, né en 1634, fut comblé d'honneurs par Alexandre VII, par trois autres Papes ses successeurs, et par d'autres princes. Le grand-duc de Florence le chargea d'achever les ouvrages que Pierre de Cortone, son maître, avait laissés imparfaits ; le disciple s'en acquitta dignement. Une manière grande, une sage composition, un beau génie feront toujours admirer ses ouvrages. Cette admiration serait encore mieux méritée, s'il eût animé et varié davantage ses caractères. Ciro-Ferri mourut à Rome en 1689, de la jalousie que lui causa le mérite de Bacicci, célèbre peintre génois.

CIRON (Innocent), chancelier de l'Université de Toulouse, professa le droit en cette ville avec réputation au 17ᵉ siècle. On a de lui des *Observations* latines sur le droit canonique, imprimées à Toulouse, 1645, in-fol. ; elles sont estimées et l'étaient davantage autrefois.

CITRY DE LA GUETTE (S.), mort au commencement du 18ᵉ siècle, s'est fait un nom dans la république des lettres par l'*Histoire des deux triumvirats, depuis la mort de Catilina jusqu'à celle d'Antoine*. Cet ouvrage est intéressant et bien écrit ; la dernière édition de Paris, 1744, 4 vol. in-12, renferme l'histoire d'Auguste par Larrey. Le même auteur a traduit de l'espagnol trois histoires également curieuses et intéressantes. La première est celle de la *Conquête du Mexique*, par Antonio de Solis, Paris, 1691, in-4, 5ᵉ édition, 1730, 2 vol. in-12 ; la seconde, celle de la *Conquête de la Floride*, par Ferdinand Soto, Paris,

1684 et 1699, in-12; la troisième, celle de la *Conquête du Pérou*, par Zarate, 1700.

CIVILIS (Claudius), batave, illustre par sa noblesse et par sa valeur, vivait dans le premier siècle. Il avait été accusé d'avoir voulu troubler le repos de l'empire, sous Néron, qui le fit mettre aux fers. Galba l'en tira, et s'en repentit. Civilis, voulant venger son injure, souleva contre Rome les Bataves et leurs alliés. Il conduisit cette révolte avec adresse; ennemi déclaré sans le paraître, il sut abuser les Romains qui ne lui soupçonnaient point de tels sentiments. Mais quelque temps après il leva le masque, et s'étant joint aux Gaulois, il défit Aquilius sur les bords du Rhin. Les Germains, attirés par le bruit de cette victoire, unirent leurs armes aux siennes. Civilis, fortifié par ce secours, vainquit en deux combats Lupercus et Perennius Gallus, qui tenaient pour Vitellius, et feignit de n'avoir pris les armes qu'en faveur de Vespasien. Il se servit heureusement de ce prétexte, battit Vocula, et fit entrer quelques légions dans son parti; mais lorsque la révolte des Gaules, qu'il avait suscitée l'an 70 de J.-C., eut détrompé les Romains, ils se rendirent près de Céréalis. Ce général fut attaqué dans son camp même, vers Trèves, où Tutor et Classicus s'étaient unis avec lui. On le battit; mais ayant ranimé son courage et celui de ses troupes, il défit les ennemis et prit leur camp. Une seconde victoire repoussa Civilis dans la Batavie. Ce rebelle sut donner des couleurs si favorables à sa révolte, qu'on le lui pardonna. En d'autres temps, un grand homme innocent, qui dédaignait de se justifier des inculpations de l'envie, était condamné pour prix de ses services. Ici un imposteur trouve le moyen, grâce à ses belles paroles, d'éluder les justes accusations dont on le chargeait.

CIZOS (François), né à Bordeaux en 1755, mort en 1828 à Toulouse, où il exerça la profession d'avocat, a laissé: *Histoire poétique de la destruction et du rétablissement des Parlements*, 1795, in-12; *Cours complet d'éloquence appliquée au barreau*, Toulouse, 1814, 4 vol. in-8; quelques *Comédies*.

CLAIRAUT (Alexis-Claude) naquit à Paris le 7 mai 1713, d'un habile maître de mathématiques, qui lui apprit à lire dans les éléments d'Euclide. Le jeune Clairaut lut, en 1726, n'étant âgé que de 12 ans et 8 mois un *Mémoire* à l'Académie des sciences, sur quatre nouvelles courbes géométriques de son invention. Il soutint l'idée qu'avaient donnée de lui

de si heureux commencements; et il publia en 1730 des *Recherches sur les courbes à double courbure*, in-4; dignes des plus grands géomètres. L'Académie des sciences lui ouvrit son sein à 18 ans, avant l'âge prescrit par ses règlements, et l'associa aux académiciens qui allèrent au nord pour déterminer la figure de la terre. Au retour de la Laponie, il calcula la figure du globe, selon les règles de l'attraction, c'est-à-dire, quelle forme lui devait imprimer son mouvement de rotation, joint à l'attraction de toutes ses parties. Il soumit encore au calcul l'équilibre qui retient la lune entre le soleil et la terre, suivant le système newtonien de ces trois corps. L'aberration des étoiles et des planètes, que Bradley a le premier regardée comme un phénomène de la lumière, doit à Clairaut la théorie qu'on en a. Nous ne parlons pas d'une infinité de *Mémoires* sur les mathématiques et l'astronomie, dont il a enrichi l'Académie. C'est particulièrement d'après ses calculs, et ceux de Halley (voyez ce mot), qu'on s'est déterminé, conformément à la théorie de Newton, à regarder les comètes comme des planètes aussi anciennes que le monde, et soumises à des lois universelles, quoique, à dire le vrai, leur cours périodique et régulier ne paraisse pas encore assez constaté; Clairaut lui-même s'est trompé sur celle de 1759, qui est la seule qu'on cite avec quelque apparence en faveur du cours régulier. Halley a paru l'avoir prédite, tandis que d'autres l'avaient annoncée pour 1757, et d'autres pour 1758; Halley n'a pas osé déterminer l'année; il a mis l'alternative 1758 ou 1759. Mais cette comète était-ce la même que celle de 1682? C'est de quoi il est permis de douter (voyez les *Observat. philos. sur les syst.*, p. 170). Nous avons de Clairaut: *Éléments de géométrie*, 1741, in-8, très-estimables par leur clarté et leur précision; *Éléments d'algèbre*, 1746, in-8, qui ont le même mérite; *Théorie de la figure de la terre*, 1743, in-8; *Tables de la lune*, 1754, in-8. Ces ouvrages le firent regarder comme un des premiers géomètres de l'Europe, et il obtint les récompenses qu'il méritait. Il était de la société du *Journal des savants*, qu'il remplit d'excellents extraits. Cet académicien mourut en 1765, dans un âge peu avancé. Ses mœurs douces et son caractère bon, égal, obligeant, lui concilièrent l'estime des honnêtes gens.

CLAIRE (sainte), née à Assise en 1193, d'une famille noble, renonça au siècle entre les mains de saint François.

l'an 1212. Ce saint instituteur lui donna l'habit de pénitente à Notre-Dame de la Portioncule. Elle s'enferma ensuite dans l'église de Saint-Damien, près Assise, où elle demeura pendant 42 ans avec plusieurs compagnes de ses austérités et de ses vertus. Cette église fut le berceau de l'Ordre des Pauvres-Femmes, appelé en Italie *delle Povere-Donne*, et en France *de Sainte-Claire*, ou des *Clarisses*. Cette fondatrice le gouverna suivant les instructions qu'elle avait reçues de saint François. A l'imitation de son père spirituel, elle fit un testament, pour recommander à ses sœurs l'amour de la pauvreté. « Elle voyait dans cette vertu, « dit un historien, le retranchement de « tous les objets propres à enflammer les « passions. Elle la regardait comme l'é- « cole de la patience, par les occasions « qu'elle fournit de souffrir diverses « sortes de privations, comme le moyen « de parvenir à parfait détachement du « monde, dans lequel consiste l'essence « de la véritable piété. » Elle mourut le 11 août 1253. Son corps fut porté à Assise. Ce convoi, honoré de la présence du Pape et des cardinaux, se fit comme un triomphe au son des trompettes et avec toute la solennité possible. Alexandre IV la mit peu de temps après dans le Catalogue des saints. Les religieuses de son Ordre sont divisées en *Damianistes*, exactes observatrices de la règle donnée à leur fondatrice par saint François ; et en *Urbanistes*, qui suivent les règlements mitigés, donnés par Urbain IV. Ces dernières religieuses doivent leur origine à Isabelle de France, sœur de saint Louis, qui, en 1255, fonda le monastère de Long-Champs, près Paris.

CLAIRON (Claire-Josèphe Leyris de La Tude, plus connue sous le nom de Mademoiselle), née en Flandre, aux environs de Condé, en 1723, morte à Paris en 1803, obtint un ordre d'entrer à la Comédie-Française dans l'emploi des *Soubrettes*. Ces rôles convenant peu à l'orgueil de son caractère, elle demanda, en 1753, celui de *Phèdre*, dans lequel mademoiselle Dumesnil produisait alors beaucoup d'effet, et elle y obtint un succès complet. Elle déploya successivement les plus rares talents dans les rôles de *Zénobie*, d'*Ariane* et d'*Electre*. Ayant refusé en 1765 de jouer avec le comédien Dubois, elle reçut l'ordre de se rendre au Fort-l'Evêque, et la femme de l'intendant de Paris eut la faiblesse de la conduire elle-même dans sa voiture. En entrant dans sa prison, mademoiselle Clairon fit observer à l'exempt qu'elle se soumettait aux ordres de sa Majesté, mais que son honneur restait intact, et que le roi lui-même n'y pouvait rien. « Vous avez raison, lui dit l'exempt, où « il n'y a rien le roi perd ses droits. » La vanité de cette actrice ne pouvant supporter cette punition, elle demanda sa retraite. Elle publia en 1799: *Mémoires d'Hippolyte Clairon, et réflexions sur la déclamation théâtrale*, in-8 ; mais ce n'est pas dans ces *Mémoires* que l'on doit chercher des détails exacts sur sa vie privée.

CLAPARÈDE, ministre protestant, né à Genève en 1727, se distingua comme prédicateur, et travailla aux *Psaumes* et aux *Prophètes* dans la traduction de la Bible, publiée à Genève en 1805. On a encore de lui des *Dissertations* sur les miracles, sur l'authenticité des livres du Nouveau-Testament, sur les démoniaques, sur le don des langues, etc. Il mourut en 1801.

CLARAC (le comte de), né en 1777, à Paris, où il est mort le 20 janvier 1847, était doué d'une rare aptitude pour les langues. Ses talents le firent choisir pour présider à l'éducation des enfants de Joachim Murat, qui occupait alors le trône de Naples, et bientôt il reçut la mission délicate de diriger les fouilles de Pompéies. A la Restauration, il fut attaché d'abord comme aide-de-camp au duc de Reggio, puis envoyé au Brésil à la suite de l'ambassade extraordinaire du duc de Luxembourg, et, à son retour, il fut nommé conservateur des antiquités grecques et romaines au musée du Louvre. On a de lui de savantes *Dissertations sur les fouilles de Pompéies, sur la statue antique de Vénus Victrix, etc.*, et *sur la statue antique connue sous le nom de l'Orateur du Germanicus et d'un personnage romain, en Mercure*, Paris, 1822, in-4, avec deux planches ; *Description des antiquités du musée royal*, 1828, in-8 ; *Description des ouvrages de sculpture française des 16e, 17e et 18e siècles exposés dans les salles de la galerie d'Angoulême*, 1824, in-8 : *Musée de sculpture ancienne et moderne*, 1826-1846, 4 vol. gr. in-8, avec pl. gr. in-4 oblong; *Mélanges d'antiquités grecques et romaines*, 1830, in-8.

CLARAMONTIUS, ou CLAROMONTIUS (Scipion), habile mathématicien et bon historien, né à Césène en 1565, fut professeur en philosophie, successivement à Pérouse, à Pise et à Césène. Il embrassa l'état ecclésiastique dans un âge assez avancé. On a de lui un grand nombre d'ouvrages sur la philosophie, l'astronomie et l'histoire. Les principaux sont : *De conjectandis cujusque moribus*, lib. X ; *De methodo ad doctrinam spectante ; De universo ; De altitudine Caucasi ; De cometâ magno anni 1618 ; De tribus novis stellis quæ anno 1572, 1600 et 1604 comparuere ; De phasibus lunæ ; Cæsena historiarum lib. XVI*, Césène, 1641, in-4 ; *Contentio apologetica de Cæsenâ triumphante*. Jean-Baptiste Riccioli a donné le catalogue des ouvrages de Claramontius, dans sa *Chronologia reformata*.

CLARENCE. (Voyez EDOUARD IV.)

CLARIUS, moine de Saint-Pierre-le-Vif de Sens, avait d'abord embrassé la vie monastique dans l'abbaye de Saint-Benoît-sur-Loire, où il demeura long-temps. Il est auteur de la partie de la *Chronique du monastère de Saint-Pierre-le-Vif*, qui s'étend jusqu'à l'an 1124. Don Luc d'Achery l'a publiée en grande partie dans son *Spicilége*, tome II. Don Bouquet en a inséré des morceaux dans la *Collection* des historiens de France. Cette *Chronique* est importante pour l'histoire de France.

CLARIUS, ou CLARIO (Isidore), né au château de Chiari, près de Brescia, en 1495, de bénédictin du Mont-Cassin devenu évêque de Foligno, parut avec distinction au concile de Trente, et se fit aimer et respecter de son peuple pour son zèle et surtout pour sa charité. Il laissa plusieurs ouvrages estimables pour l'érudition qu'ils renferment, et par leur utilité. Les principaux sont : *Vulgata editio veteris et novi Testamenti, etc. ; Scholia in novo Test.* Ces deux ouvrages, souvent consultés, sont au rang des meilleurs qui aient été faits en ce genre. Le premier fut mis à l'*index*, pour quelques passages de la préface, dans lesquels l'auteur ne respectait pas assez la Vulgate ; mais la défense de le lire fut levée par les députés du concile de Trente pour l'examen des livres ; des *Sermons latins*, 1 vol. in-folio et 2 in-4 ; des *Lettres* avec deux *Opuscules*, publiés par dom Maur Piazzi ; *Traduction* latine du livre de saint Nil ; *De christianâ philosophiâ* dans le tome X de l'*Amplissima collectio* de dom Martenne. Ce savant et saint prélat mourut en 1555, à 60 ans. Il écrivait nettement et avec facilité.

CLARK (Jean), médecin écossais, né à Roxburgh en 1744, mort à Bath, le 24 avril 1805. Il entra au service de la compagnie des Indes, en qualité d'aide-chirurgien, et recueillit dans le cours de son voyage des observations qu'il a publiées sous ce titre : *Observations sur les maladies qui règnent le plus durant les voyages aux pays chauds*, 1773, in-8 ;

Observations sur les fièvres en général, et sur la fièvre continue en particulier, 1780, in-8 ; c'est son meilleur ouvrage, et celui qui a fondé sa réputation comme auteur médical.

CLARKE (Samuel), anglais, très-versé dans les langues orientales, naquit à Brackley, dans la province de Nort-Hampton, en 1623. Il fut fait directeur de l'imprimerie de l'Université d'Oxford (architypographe), et préfet de la Bibliothèque bodléienne. Il a donné beaucoup de soins à la *Polyglotte* d'Angleterre, surtout à l'hébreu, aux versions chaldéennes et persanes. Il avait même préparé les matières pour un septième volume, mais il n'a pas eu la satisfaction de le voir imprimé. On lui doit encore : *Tractatus de prosodiâ arabicâ*, Oxford, 1661. Il mourut le 27 décembre 1669. Walton, principal rédacteur de cette *Polyglotte*, rend hommage à la science de Clarke dans ses *Prolégomènes*.

CLARKE (Samuel), ministre ou prédicant anglais, à Londres, eut beaucoup à souffrir du temps de Cromwell. Il fut député par ceux de sa secte en 1660, pour féliciter Charles II sur son rétablissement, et mourut le 25 décembre 1682, après avoir publié : un *Martyrologe en anglais*, 1651, in-folio ; *Vies de quelques personnages éminents du siècle passé*, avec figures, Londres, 1683, in-folio ; *Vie des généraux anglais ; un Traité contre la tolérance, etc. ; Histoire de Guillaume-le-Conquérant*, Londres, 1669, in-4.

CLARKE (Samuel), fils du précédent, né en 1627, partagea les mauvais traitements que Cromwel fit essuyer à son père, et perdit l'emploi qu'il avait au collège de Pembroc à Cambridge. Il passa le reste de ses jours dans la retraite, ne s'occupant que de l'étude, et mourut en 1701, âgé de 74 ans. On a de lui plusieurs ouvrages sur l'Ecriture-Sainte, tous écrits en anglais, entre autres une *Concordance*, des *Annotations sur toute la Bible ; un Traité de l'autorité de l'Ecriture-Sainte*.

CLARKE (Samuel), né à Norwich, le 11 octobre 1675, obtint par son mérite la cure de la paroisse de Saint-Jacques de Londres. Il fut pendant quelque temps dans le parti des nouveaux ariens, parmi lesquels se trouvaient Newton et Wiston. Il soutint son sentiment dans un livre intitulé : *La doctrine de l'Ecriture sur la Trinité*, imprimée en 1712, réimprimée avec des additions en 1719, et donnée au public pour la troisième fois après sa mort, avec des augmentations trouvées dans ses papiers, écrites de sa propre main. Son attachement trop connu à la secte qu'il avait embrassée l'empêcha d'être archevêque de Cantorbéry. La reine Anne voulant lui donner cette dignité, Gipson, évêque de Londres, dit à cette princesse : « Madame, Clarke est « le plus savant et le plus honnête hom- « me de l'Angleterre ; il ne lui man- « que qu'une chose, c'est d'être chré- « tien. » Clarke se distingua autant par son caractère que par ses talents. Doux, communicatif, il a été également recherché par les étrangers et par ses compatriotes. Il mourut en 1729, après avoir abandonné l'arianisme ; mais il n'eut pas le courage de s'élever jusqu'à la profession complète des vérités de la foi, quoique chez un esprit droit et conséquent, rien ne paraisse plus naturel. (Voyez NEWTON, t. 2, 364). Ses ouvrages, Londres, 1738, 4 vol. in-folio, sont pour la plupart en anglais ; quelques-uns ont été traduits en français. On remarque dans tous un savant éclairé, un écrivain méthodique qui met les matières les plus abstraites à la portée de tout le monde, par une netteté et une précision admirables. Le bel-esprit qui a appelé *une vraie machine à raisonnement* devait ajouter que c'était une machine si bien dirigée, que dans tout ce qui ne concernait pas les préjugés de secte, elle n'en produisait ordinairement que de convaincants et de démonstratifs. On a de lui : *Discours concernant l'être et les attributs de Dieu*, *les obligations de la religion naturelle*, *la vérité et la certitude de la révélation chrétienne*, *contenus en seize sermons, prêchés dans l'église cathédrale de Saint-Paul, en 1704 et 1705, à la lecture fondée par Robert Boyle*. Cet ouvrage, traduit en français par Ricotier, Amsterdam, 1727, 3 vol. in-8, et dans lequel l'auteur a suivi le plan d'Abbadie, a été réimprimé plusieurs fois. L'édition d'Avignon 1756, sans nom de ville, en 3 vol. in-12, renferme quelques *notes*, et une *dissertation* du même docteur, sur la spiritualité et l'immortalité de l'âme, traduite de l'anglais ; des *Paraphrases* sur les quatre évangélistes ; dix-sept *Sermons sur différents sujets intéressants* ; *Lettres à Dodwel* sur l'immortalité de l'âme, avec des réflexions sur le livre intitulé : *Amyntor, ou Défense de la vie de Milton ; Lettres à M* Hoatley sur la proportion de la vitesse et de la force ; la *Physique* de Rohault, traduite en latin, 1718, in-48 ; une autre *Traduction*, dans la même langue, de l'*Optique* de Newton, 1719, in-8. Clarke fut un des premiers qui soutinrent dans les écoles les principes de ce célèbre physicien ; de savantes

Notes sur les Commentaires de César, Londres, 1712, in-fol ; l'*Iliade* d'Homère en grec et en latin, Londres, 1754, 4 vol. in-4, avec des observations pleines d'érudition. L'auteur mourut en achevant cet ouvrage, dont il n'avait encore publié que la moitié.

CLARKE (Hugh), célèbre graveur anglais, né en 1745, s'adonna particulièrement à la gravure héraldique, et à celle dite *en lettres*, dans lesquelles il parvint au plus haut degré de supériorité. Il est mort le 22 octobre 1822, après avoir publié une *Histoire abrégée de la chevalerie*, 2 vol. in-8, et une *Introduction à la science héraldique*, regardée comme le meilleur ouvrage en ce genre, et qui a obtenu un grand nombre d'éditions.

CLARKE (Edward-Daniel), voyageur anglais, né en 1768, à Chichester, d'un prébendier de cette ville, fit ses études à Cambridge, et y prit ses degrés en 1790. Vers 1794, il accompagna lord Berwich en Italie, et en 1799, il entreprit un immense voyage avec Cripps, son camarade de collège, et ils parcoururent le Danemarck, la Norwége, la Suède, la Laponie, la Finlande, la Russie, la Crimée, la Circassie, l'Asie-Mineure, la Grèce, la Turquie ; ils rentrèrent dans leur patrie en traversant l'Allemagne et la France, et rapportèrent de ce voyage une collection considérable de minéraux, de manuscrits, de marbres antiques, le célèbre sarcophage d'Alexandre et l'inscription en trois langues, connue sous le nom de *Pierre de Rosette*. Peu de temps après son retour en Angleterre, vers 1802, Clarke fut nommé recteur de Harlton ; il jouissait déjà d'un autre bénéfice dans le comté d'Essex. En 1806, il commença un cours de minéralogie à l'Université de Cambridge, et en 1808 on créa pour lui dans cette Université une chaire pour l'enseignement de cette science. Plus tard il en fut nommé bibliothécaire. Il est mort le 9 mars 1823. On a de lui : *Témoignages de différents auteurs touchant la statue colossale de Cérès, placée dans le vestibule de la bibliothèque publique de Cambridge, avec un précis de son enlèvement d'Éleusis, le 21 novembre 1801* ; le *Tombeau d'Alexandre ; Dissertation sur le sarcophage transporté d'Alexandrie au Muséum britannique*, 1805, in-4 ; *Distribution méthodique du règne minéral*, 1807, in-fol. ; *Lettres au directeur du Muséum britannique*, 1807, in-4 ; *Description des marbres grecs transportés des bords du Pont-Euxin, de l'Archipel et de la Méditerranée, et placés dans le vestibule de la bibliothèque de l'Université à*

Cambridge, 1809, in-8; *Voyages en différentes contrées de l'Europe, de l'Asie et de l'Afrique*, Londres, 1810, 1812, 1814, 1815 et 1819, 5 vol. grand in-4, fig.: ouvrage où l'on trouve un grand nombre de faits curieux et importants relatifs à des pays mal connus, ou à des peuplades presque ignorées avant les descriptions du voyageur anglais; les deux premiers volumes surtout, contenant la Russie, la Tartarie et la Turquie, ont eu le plus grand succès; *Lettre à Herbert Marshe, en réponse aux observations consignées dans son pamphlet sur les sociétés bibliques anglaises et étrangères*, 1811, in-8; *Catalogus sive Notitia manuscriptorum qui à E.-D. Clarke comparati, in bibliothecâ bodleianâ adservantur; inseruntur scholia quædam inedita in Platonem et in carmina Gregorii Nazianzeni*, Oxonii, 1812, 2 vol. in-4; *Le Rêveur*, ouvrage périodique, dont les exemplaires sont rares même en Angleterre.

CLARKE. (Voy. FELTRE.)

CLAUDE-LYSIAS, tribun des troupes romaines qui faisaient garde au temple de Jérusalem. Il arracha saint Paul des mains des Juifs, qui voulaient le faire mourir; et pour connaître le sujet de leur animosité contre lui, il fut sur le point de l'appliquer à la question, en le faisant frapper de verges. Mais saint Paul ayant dit qu'il était citoyen Romain, ce tribun n'osa passer outre, et il l'envoya dans la tour Antonia, d'où il le fit conduire sous une bonne escorte à Césarée, sur les avis qu'il reçut que plus de 40 juifs avaient conspiré contre cet apôtre.

CLAUDE Iᵉʳ (Tiberius Claudius Nero Drusus), surnommé *Germanicus* et *Britannicus*, fils de Drusus et oncle de Caligula, né à Lyon, dix ans avant l'ère chrétienne, fut le seul de sa famille que son neveu laissa vivre. Après la mort de Caligula assassiné, Claude fut proclamé empereur par les soldats, qui le rencontrèrent par hasard, comme il se cachait pour échapper aux meurtriers. Quoique le sénat eût envie de rétablir la république, il n'osa s'opposer à son élection, et le reconnut l'an 41 de J.-C. Il était alors dans sa 50ᵉ année. Les maladies de sa jeunesse l'avaient rendu faible et timide. Au commencement de son règne, il s'annonça assez bien; mais il se démentit bientôt, et ce ne fut plus qu'un enfant sur le trône. Il avait refusé tous les titres fastueux que l'adulation des courtisans avait inventés; il avait orné Rome d'édifices publics, et l'avait charmée par son affabilité et sa politesse, son application aux affaires et son équité. Mais il ne parut ensuite qu'un imbécile qui ne connaissait ni sa force, ni sa faiblesse, ni ses droits, ni son devoir. Le sénat, toujours flatteur, parce qu'il n'était plus maître, décerna les honneurs du triomphe à l'empereur, pour le succès de ses armes dans la Bretagne. Claude voulut le mériter lui-même, passa dans cette île l'an 43 de J.-C. et y fut vainqueur par ses généraux. A son retour, il retomba dans sa stupidité. L'impudique Messaline, sa femme, le subjugua au point qu'il en apprit les débauches, et en fut même témoin, sans en être troublé. Ce monstre de barbarie et de lubricité voulait-elle se venger du mépris d'un amant: elle trouvait son faible époux toujours prêt à lui obéir. Trente sénateurs et plus de trois cents chevaliers furent mis à mort sous son règne. Le barbare prenait plaisir à voir ces exécutions sanguinaires. Il était tellement familiarisé avec l'idée des tortures, qu'un de ses officiers lui rendant compte du supplice d'un homme consulaire, il répondit froidement : « Je ne « vous avais pas dit de le faire mourir; « mais qu'importe, puisque cela est « fait? » Camille, gouverneur de la Dalmatie, s'étant fait proclamer empereur, écrivit au fantôme qui régnait à Rome une lettre pleine de menaces, s'il ne se démettait de l'empire; Claude allait se soumettre, si on ne l'en avait empêché. Après la mort de Messaline, sa troisième femme, dont il se défit, il épousa Agrippine, sa nièce, quoiqu'il eût promis de ne plus se marier. Celle-ci le subjugua encore: c'est à sa sollicitation qu'il adopta Néron, au préjudice de Britannicus. Elle l'empoisonna avec un ragoût de champignons; mais comme le poison le rendit simplement malade, elle envoya chercher Xénophon, son médecin, qui, feignant de lui donner un de ces vomitifs dont il se servait ordinairement après ses débauches, lui fit passer une plume empoisonnée dans la gorge. Il en mourut l'an 54 de J.-C. Sa mère disait « que ce n'était qu'un homme ébauché; « que la nature l'avait commencé sans « l'achever; » et lorsqu'elle accusait quelqu'un de folie, elle disait « qu'il était plus fou que son fils Claude. » De lui-même il n'était qu'idiot; sa faiblesse en fit un tyran. Il composa quelques ouvrages qui se sont perdus, et il y a tout lieu de croire que cette perte n'est pas grande.

CLAUDE II (Aurélius), né dans l'Illyrie en 214, d'abord tribun militaire sous Dèce, eut ensuite le gouvernement de sa province sous Valérien. L'armée le déclara empereur l'an 268, après la mort de Gallien. L'empire reprit une nouvelle vie sous son gouvernement. Il abolit les impôts, rendit aux particuliers les biens que son injuste prédécesseur leur avait enlevés. Une femme, instruite de son équité, vint le trouver et lui dit : « Prince, « un officier, nommé Claude, a reçu ma « terre de Gallien ; c'était mon unique « bien, faites-la-moi rendre. » Claude, reconnaissant que c'était de lui-même qu'elle parlait, lui répondit avec douceur : « Il faut que Claude, empereur, « restitue ce qu'a pris Claude, particu- « lier. » Tandis qu'il faisait fleurir l'empire au dedans, il le défendait au-dehors. Les Goths, au nombre de 320 mille, pillent la Thrace et la Grèce ; Claude marche contre eux, les poursuit jusqu'au mont Hœmus, et remporte les victoires les plus signalées. La peste qui était dans leur armée contribua à leur défaite. Elle se glissa malheureusement dans celle des Romains, y fit les mêmes ravages et emporta Claude en 270, à l'âge de 56 ans. Cet empereur fut à la fois grand capitaine, juge équitable et bon prince. Un plus long règne eût rendu à Rome tout son éclat, et à l'empire son ancienne gloire.

. CLAUDE, évêque de Turin, au 8e siècle, était espagnol de naissance. Ayant puisé l'amour de la nouveauté dans l'école de Félix d'Urgel, et perdu ainsi la foi qui est indivisible, il embrassa facilement les erreurs des iconoclastes, et poussa les choses plus loin que la plupart d'entre eux. L'abbé Théodemie et Dungal usèrent de leurs talents pour écarter la contagion qui menaçait l'Eglise occidentale. « Quel orgueil, dit ce dernier, « de fouler aux pieds, de briser avec « mépris ce que depuis 800 ans, c'est-à- « dire, depuis l'établissement du chris- « tianisme, les saints Pères ont permis « qu'on exposât dans les églises, et même « dans les maisons particulières, pour « la gloire du Seigneur! Peut-on compter « au nombre des chrétiens celui qui re- « jette ce que reçoit toute l'Eglise? »

CLAUDE, frère célestin, vivait sous le règne de Charles VI, au commencement du 15e siècle, et il était digne d'éclairer le nôtre. Nous avons de lui un ouvrage philosophique *Des erreurs de nos sensations et des influences célestes sur la terre*, contre l'astrologie judiciaire, où il s'exprime avec tant de justesse et de précision, qu'on le croirait l'ouvrage d'un moderne, si on le traduisait du latin sans indiquer l'auteur. Oronce Finé en a publié une 2e édition en 1542, chez Simon de Colines, sous ce titre : *De his quæ mundo mirabiliter eveniunt*. L'auteur

mérite d'être placé à côté des Bacon et des Locke. Les auteurs de la *Biographie universelle* et quelques autres biographes, au lieu de lui donner la qualification de *frère célestin*, l'appellent François-Claude Célestin.

CLAUDE (Jean), célèbre ministre protestant, né à la Sauvetat dans l'Agenois en 1619, d'un père ministre, fut élevé par lui dans le sein de la théologie et de la controverse. Ministre à l'âge de 26 ans, il professa ensuite pendant huit ans la théologie à Nîmes avec le plus grand succès. Claude s'étant opposé aux sages intentions de quelques-uns de son parti, qui voulaient réunir les protestants à l'Eglise, le ministère lui fut interdit par la cour dans le Languedoc et dans le Querci. Il vint à Paris, et fut ministre de Charenton depuis 1666 jusqu'en 1685, année de la révocation de l'édit de Nantes. Il passa alors en Hollande, où ses talents et son nom l'avaient annoncé depuis longtemps. Le prince d'Orange le gratifia d'une pension. Il mourut peu de temps après, en 1687, regardé par son parti comme l'homme le plus capable de combattre Arnauld et Bossuet. Son éloquence était forte, animée, serrée, pressante. Il manquait d'une certaine élégance, mais son style n'en était pas moins fort, pour être simple. Peu de controversistes se sont servis plus heureusement des finesses de la logique et des autorités de l'érudition ; il en tira tout le parti qu'on peut s'en promettre, quand on a contre soi la vérité, et qu'on ne peut raisonner que sur des principes faux. On remarque ce caractère dans tous ses ouvrages, dont les principaux sont : *Réponse au Traité de la perpétuité de la foi sur l'eucharistie*, 1671, 2 vol. in-8 ; *Défense de la réformation*, ou *Réponse aux préjugés légitimes de Nicole*, 2 vol. in-4 et in-12 ; *Réponse à la conférence de Bossuet*, in-12 ; *Les plaintes des protestants cruellement opprimés dans le royaume de France*, Cologne, 1713, in-12 ; ouvrage où il paraît avoir oublié les maux que la secte avait causés dans ce pays. Bayle lui-même se moque des lamentations des calvinistes sur leurs prétendues persécutions, et leur déclare que leur conduite justifie pleinement la sévérité avec laquelle on les a traités en France ; plusieurs *sermons* in-8, écrits avec une éloquence mâle et vigoureuse ; cinq volumes in-12 d'*Œuvres posthumes*, contenant divers *Traités* de théologie et de controverse. Sa *Vie* a été écrite par Abel Rotolphe de Ladvère, pasteur des réformés à La Haye, Amsterdam, 1687, in-12.

CLAUDIA (Antonia), fille de l'empereur Claude, fut d'abord mariée à Cnéius Pompéius, mis à mort par ordre de Messaline, et ensuite à Sylla Faustus, dont elle eut un fils. Ce second époux de Claudia fut assassiné par ordre de Néron l'an 62 de J.-C. Elle fut elle-même victime de la barbarie de ce prince qui, devenu veuf de Poppée, morte enceinte sous ses coups, lui offrit sa main avec le titre d'impératrice. Elle rejeta ses offres, et Néron lui fit ôter la vie, lorsqu'elle était encore à la fleur de son âge.

CLAUDIEN, poëte latin, natif d'Alexandrie en Egypte, florissait sous Arcadius et Honorius, qui lui firent ériger une statue dans la place Trajane. Il fut l'ami de Stilicon, qui périt en voulant usurper le trône impérial. Alors l'amitié d'un grand homme, devenu coupable, fut un crime, et Claudien quitta la cour. On croit qu'il passa le reste de sa vie dans la retraite et la disgrâce. Ce poëte était né avec un esprit vif et élevé: c'est le caractère de ses écrits. Une imagination qui a quelquefois l'éclat de celle d'Homère, des expressions de génie, de la force quand il peint, de la précision toutes les fois qu'il est sans images, assez d'étendue dans ses tableaux, et surtout la plus grande richesse dans ses couleurs: voilà les beautés de Claudien. Mais il est rare que la fin de ses pièces réponde à leur commencement. Il est souvent enflé; il se laisse emporter à ses saillies; il n'a nul goût pour varier le tour de ses vers qui retombent sans cesse dans la même cadence. Les écrivains qui ont dit que c'est le poëte héroïque qui a le plus approché de Virgile, devaient aussi remarquer que ce n'est que de fort loin. Il passe pourtant pour un des derniers poëtes latins qui aient eu quelque pureté dans un siècle grossier. Parmi les éditions de Claudien, on estime la première, Vicence, 1682, in-folio; celle de Heinsius, le fils, Elzévir, 1650, in-12; celle de Barthius, Francfort, 1650, in-4, par rapport au commentaire qu'on y a joint; celle des *Vartorum*, 1665, in-8; l'édition donnée in-4, 1677, *ad usum Delphini*; celle-ci est peu commune; et celle de Burman, Amsterdam, 1760, in-4. Les pièces que les connaisseurs lisent avec le plus de plaisir dans Claudien, sont les *Invectives* contre Rufin, en deux livres; celles contre Eutrope, aussi en deux. Après ces pièces, vient le poëme de l'*Enlèvement de Proserpine*; et celui du *Consulat d'Honorius* suit de près. Plusieurs critiques ont cru que Claudien était chrétien; mais il paraît qu'ils se sont trompés, et que ce n'est que par considération pour Honorius que le poëte a quelquefois célébré

cette religion. Nous avons une traduction complète de ses *Œuvres*, par M. Souquet de Latour, Paris, 1798, 2 vol. in-8; Michaud, de l'Académie française, a donné en vers français une imitation de son poëme sur l'*Enlèvement de Proserpine*.

CLAUDIEN MAMERT, prêtre et frère de Mamert, archevêque de Vienne, publia dans le 5ᵉ siècle un *Traité sur la nature de l'âme*, contre Fauste de Riez, qui prétendait, dit-on, qu'elle n'est pas spirituelle, Hanau, 1612, et Zwickau, 1655. 1 vol. in-8. L'*Histoire ecclésiastique* de l'abbé Racine lui attribue une pièce de vers contre la poésie profane; mais ce poëme est une suite de la lettre de saint Paulin de Nole à Jove. C'est avec plus de raison qu'on lui donne l'*Hymne de la Croix*, que plusieurs diocèses chantent au vendredi saint: *Pange, lingua, gloriosi prælium certaminis*, etc. Elle se trouve dans la *Bibliothèque des Pères*, et dans les livres d'église. Mamert avait été moine dans sa jeunesse, et avait lu une partie des auteurs grecs et latins. Il était un des plus savants de son temps, et mourut en 473 ou 474.

CLAUDIUS APPIUS. (Voyez VIRGINIE.)

CLAUDIUS PULCHER, fils d'Appius Claudius Cæcus, consul romain l'an 249 avant J.-C., avec L. Julius Pullus, perdit une bataille navale en Sicile contre les Carthaginois. Il fit une autre entreprise sur Drépani, mais Asdrubal, gouverneur de la place, en étant averti, l'attendit en bataille à l'embouchure de son port. Claudius, quoique surpris de trouver les ennemis en bonne posture, les attaqua inconsidérément. Asdrubal, se servant de son avantage, coula à fond plusieurs vaisseaux des Romains, en prit 93, et poursuivit les autres jusqu'auprès de Lilybée. Les dévots du paganisme crurent que le mépris (bien louable en lui-même, s'il eût pris sa source dans une religion plus éclairée) que Claudius avait fait paraître des augures, avait attiré ce châtiment; car, comme on lui présenta la cage où étaient les oiseaux sacrés, voyant qu'ils ne voulaient point manger: « Qu'ils boivent, dit-il, puisqu'ils ne « veulent pas manger; » et aussitôt il les fit jeter à l'eau. Claudius, de retour à Rome, fut déposé et condamné à l'amende. On l'obligea même de nommer un dictateur. Il désigna un certain C. Glaucia, l'objet de la risée du peuple. Le sénat contraignit ce dernier à se démettre en faveur d'Attilius Collatinus. Claudius ne respectait pas plus sa patrie que sa religion. Il était un de ces téméraires trop connus aujourd'hui, qui se moquent égaement, et des honneurs qu'on rend à Dieu, et de l'obéissance qu'on doit aux hommes placés à la tête des autres hommes.

CLAUDIUS MARIUS VICTOR, ou VICTORINUS, rhéteur de Marseille dans le 5° siècle, mort sous l'empire de Théodose-le-Jeune et de Valentinien III, laissa un *Poëme sur la Genèse* en vers hexamètres, et une *Epître* à l'abbé Salomon contre la corruption des mœurs de son siècle. Ces deux ouvrages ont été imprimés avec les *Poésies de saint Avite* de Vienne. Victor mourut vers l'an 450.

CLAUSEL DE COUSSERGUES (Michel-Armand), prêtre, ancien membre du conseil royal de l'instruction publique, naquit à Coussergues, diocèse de Rodez, le 17 octobre 1763. Son père, qui était conseiller à la Chambre des comptes du Languedoc, habitait Montpellier; le jeune Clausel y fit ses premières études. Il quitta ensuite cette ville, et vint à Paris pour être placé au séminaire des Trente-Trois, puis à la communauté de Laon qui réunissait déjà plusieurs de ses compatriotes, et entre autres Fraysinous et Boyer. Ordonné prêtre le 22 décembre 1787, il entra à la communauté des prêtres de la paroisse de Saint-Sulpice, dont la régularité était renommée. A l'époque de la révolution, il retourna dans le diocèse de Rodez, où il passa les temps les plus difficiles. Il fut mis en prison sous la terreur; mais quoiqu'il eût refusé le serment et qu'il fût frère de deux émigrés, il échappa à l'échafaud. En 1797, il revint à Paris, et fut un des premiers ecclésiastiques qui travaillèrent à relever les croyances religieuses et à rétablir l'exercice public du culte. Dès 1801, Frayssinous avait ouvert dans l'église des Carmes un concours de conférences qu'il devait continuer avec un plus grand éclat dans l'église de Saint-Sulpice. Ces instructions avaient alors la forme de simples entretiens; Clausel était un des interlocuteurs : il remplit souvent ce rôle avec la vivacité d'esprit qui lui était naturelle. Nommé, après le concordat, grand-vicaire du diocèse d'Amiens, il fut pendant quelque temps chargé par l'évêque, Mgr de Villaret, de l'administration spirituelle du département de l'Oise, qui comprenait les trois anciens sièges de Noyon, Beauvais et Senlis. Pendant les Cent-Jours il suivit Louis XVIII à Gand, rentra avec lui, et reprit ses fonctions de grand-vicaire à Beauvais. En 1820, il prononça dans la cathédrale de Beauvais l'oraison funèbre du duc de Berri. Mgr de Bombelles confirma les pouvoirs de Clausel, et le nomma archidiacre de Beauvais. En

1822, l'abbé Clausel fut appelé au Conseil royal de l'instruction publique, où il remplaça l'abbé Elicagaray ; il y fut chargé des Facultés de théologie catholique, des aumôniers de collége, des écoles des Frères et des rapports avec le gouvernement pour les écoles secondaires ecclésiastiques. Il était l'ami de Frayssinous, et il eût pu être élevé aux premières dignités du clergé ; mais il se contenta d'influer sur quelques choix pour l'épiscopat, et voulut rester dans une position où il pouvait rendre de grands services à la religion et à l'Eglise. Clausel fut mêlé, en 1823 et 1824, à une querelle fâcheuse dans laquelle il porta à la fois la vivacité de son caractère et la vigueur de son talent. Il avait cru devoir réclamer dans l'affaire de Chasles, curé de Chartres, contre ce qu'il regardait comme une injustice ; mais il ne garda pas toute la mesure que commandait la position du prélat auquel il répondait. En 1826, il soutint une autre controverse plus vive encore et d'une nature plus grave. L'abbé de La Mennais venait de publier son livre : *De la religion considérée dans ses rapports avec l'ordre politique et civil*. Clausel s'éleva avec force contre cet ouvrage, dans sept écrits qu'il publia successivement : la chaleur qu'il mit dans cette discussion s'explique par les dénominations injurieuses dont ses adversaires s'étaient servis à son égard. Au commencement de 1828, Feutrier ayant été appelé au ministère des affaires ecclésiastiques, en remplacement de Frayssinous, l'abbé Clausel, qui avait vu avec peine cette nomination, crut devoir attaquer un catéchisme que Mgr l'évêque de Beauvais venait de publier, dans une brochure dont la sévérité ne fut pas généralement approuvée. Ses intentions, toutefois, étaient bonnes, et il avait pensé remplir un devoir. Il continuait à siéger au Conseil royal de l'instruction publique ; mais, à la suite de quelques discussions qu'il eut avec le nouveau ministre, de Vatisménil, on lui conseilla de s'absenter ; il demanda un congé, et se rendit à Rome, où il se trouva à la mort de Léon XII. Mgr de Clermont-Tonnerre, qui était venu dans cette ville pour l'élection du nouveau pontife, le choisit pour l'assister au conclave. L'abbé Clausel revint en France en 1829, et reprit ses fonctions au Conseil royal de l'instruction publique. En juillet 1830, il accourut auprès de son ami Mgr d'Hermopolis, qui, résidant alors aux Tuileries, courait les plus grands dangers, et lui ménagea les moyens de quitter la capitale. Quelques jours après, prévenu qu'en voulait lui demander sa démission, il se retira et obtint une pension de retraite de deux mille francs. Quoiqu'il eût reçu des lettres de grand-vicaire de Mgr l'archevêque de Paris, il alla demeurer à Versailles, auprès de son ami Mgr Borderies, évêque de cette ville. La société de ce prélat formait presque sa seule distraction. Tous deux avaient beaucoup d'agrément dans l'esprit, et leurs conversations étaient pleines de charme et d'intérêt pour ceux qui les écoutaient. L'abbé Clausel avait toujours eu les habitudes d'un bon prêtre, et disait la messe tous les jours. Ce fut en célébrant le saint sacrifice dans la cathédrale de Versailles, le dimanche des Rameaux, qu'il éprouva une première attaque; il tomba en lisant la Passion. Dès lors sa santé, qui jusque-là avait été bonne, déclina rapidement. Il comprit l'avertissement que lui donnait la Providence, et il se prépara d'une manière plus particulière au terrible passage; il fit une confession générale, et renonça aux distractions qui lui étaient les plus chères. De nouvelles attaques altérèrent de plus en plus ses facultés; enfin la paralysie devint à peu près générale. Sa famille ayant désiré l'avoir auprès d'elle, il revint à Paris, où il est mort le 22 janvier 1835, assisté par Mgr l'archevêque de Paris. L'abbé Clausel aimait les lettres et avait l'esprit cultivé; il a laissé un assez grand nombre d'écrits qui tous sont relatifs aux controverses dans lesquelles il fut engagé. On a de lui : *Courtes réflexions sur l'affaire du curé de la cathédrale de Chartres, par un docteur en théologie*, 6 pages in-8; *Dernières et succinctes paroles sur la même affaire*, 10 pages; *Lettre d'un docteur en théologie en réponse aux Observations d'un canoniste*, 1er juin, 8 pages; *Courte réponse à la courte Réfutation de tout ce qui a été dit en faveur de M. Chasles*, 4 pages; *Lettre de M. l'abbé**, docteur en théologie, à M. le comte de***, conseiller d'État*, 4 juillet, 24 pages; *Deuxième Lettre du même*, 4 août, 15 pages; *Quelques observations sur le dernier écrit de M. l'abbé de La Mennais, par un ancien grand-vicaire*, 19 pages; *Nouvelles observations sur l'ouvrage de M. l'abbé de La Mennais; Dernières observations sur le même ouvrage; Réflexions diverses sur les écrits de M. de La Mennais et sur le Mémorial; Nouveau coup-d'œil sur le Mémorial catholique; Encore un mot sur le Mémorial et sur les doctrines subversives de la saine philosophie et de la foi; Le Mémorial catholique, la Société catholique et l'Encyclopédie ne font qu'un, ou Justification de l'écrit pré-*

cédent; Observations sur le nouveau Catéchisme de Beauvais et sur l'instruction pastorale donnée à cette occasion. Ces divers opuscules font honneur à l'esprit de l'auteur, mais l'ardeur de son caractère s'y fait quelquefois trop vivement sentir. L'abbé Clausel avait publié en 1802, de concert avec son frère aîné, une *Vie des Saints*, purgée des défauts de celle de Mésenguy, et à laquelle il avait ajouté les saints que cet auteur avait volontairement omis.

.·. CLAUSEL (Bertrand), comte et maréchal de France, naquit à Mirepoix en 1772. Il s'enrôla comme volontaire en 1791, et parvint rapidement au grade de capitaine. Il fit les campagnes de 1794 à 1795 à l'armée des Pyrénées, passa ensuite à l'armée d'Italie, commanda une brigade dans la campagne de 1799, et fit partie de l'expédition de Saint-Domingue. En 1802, après la mort du général Leclerc, il aida le général Rochambeau à sauver les débris de l'armée, puis il revint en France. Il fut nommé, en 1804, commandeur de la Légion-d'Honneur, et envoyé à l'armée du Nord avec le grade de général de division; peu de temps après il passa en Italie, et contribua, en 1809, à la conquête de l'Autriche. Mais c'était en Espagne que Clausel devait s'illustrer. Dans les campagnes de 1801 à 1811, il soutint tout le poids de la guerre terrible que les Espagnols faisaient aux armées françaises. En 1812, il commanda en chef l'armée que Marmont, grièvement blessé, avait été forcé d'abandonner, et ce fut alors qu'il fit cette brillante retraite dite de Portugal, comparée à celle de Ney en Russie. Il rentra en France, au moment où les Bourbons venaient de remonter sur le trône. Louis XVIII le nomma grand'croix de l'ordre de la Réunion et chevalier de St-Louis, et, peu de temps après, inspecteur-général d'infanterie. Lors du retour de l'île d'Elbe, Clausel rejoignit le drapeau tricolore et reçut le commandement d'une armée à la tête de laquelle il opposa aux ennemis qui envahissaient les provinces du Midi une énergique résistance. Compris, après la seconde restauration, dans l'ordonnance du 24 juillet 1815, il fut déclaré traître au roi et à la patrie et fut forcé de fuir aux États-Unis. Il revint cependant à la suite de l'amnistie de 1820, fut envoyé à la Chambre des députés par l'arrondissement de Rethel en 1827, coopéra à la révolution de juillet et fut envoyé en Afrique en qualité de gouverneur-général. Rappelé en France en 1831, le général Clausel reçut alors le bâton de Maréchal, et fut de nouveau, en 1832, envoyé en Algérie qu'il continua de gouverner jusqu'en 1836. A cette époque, ayant échoué à la première expédition de Constantine, il fut rappelé et eut pour successeur le général Damrémont. De retour en France, il continua de siéger à la Chambre des députés, et mourut en 1842. Il a publié quelques *Brochures* sur son gouvernement en Afrique.

CLAVEAU (Antoine-Gilbert), célèbre avocat de cour d'assises, naquit à Châteauroux, département de l'Indre, en 1788. Il débuta, le 16 août 1813, dans l'affaire du petit berger des Alpes, traduit devant la cour spéciale de Paris, comme accusé d'un faux intéressant le trésor public : il s'agissait d'un trait grossier fait avec de la suie sur un billet de loterie. Le petit berger, à peine âgé de 10 ans, n'avait pas conscience de la criminalité de l'acte qu'on lui reprochait. Il ne savait ni lire, ni écrire ; il n'avait fait qu'obéir à sa tante morte en couches à la Conciergerie. Cette cause était pleine de détails touchants. Claveau en sut tirer parti, et l'émotion qu'il produisit dans l'auditoire fut portée à son comble, lorsque, à la fin de son discours, il demanda que son jeune client, si intéressant par sa candeur et les longues souffrances

avait endurées (cet enfant avait fait plus de deux cents lieues à pied, avait séjourné dans quatre-vingt-six prisons, et était sans parents), lui fût remis. Il l'adopta, et le fit élever à ses frais. Claveau plaida encore dans plusieurs affaires importantes, notamment dans celle du colonel d'Arguines, condamné à mort par la cour spéciale de Paris, et qu'il parvint à sauver ; dans celle de Bouton, compromis dans l'affaire des *pétards*, dont il obtint la grâce à l'époque du sacre de Charles X. Claveau cependant, malgré son talent et les traits honorables que l'on citait de lui, occupait au palais une position équivoque. Il était du nombre de ces avocats qui ne plaident que dans les affaires criminelles, et qui, à tort ou à raison, sont soupçonnés de faire avec leurs clients des marchés peu honorables pour leur profession. Il est mort à Paris en 1837. Il a laissé un grand nombre de *Mémoires*, moins remarquables par le style que par l'énergie chaleureuse dont ils sont empreints.

CLAVIER (Etienne) naquit à Lyon en 1762. Conseiller au Châtelet de Paris avant la révolution, il devint ensuite juge criminel de la cour de la Seine, et perdit cette place pour avoir refusé de condamner le général Moreau. On rapporte que Murat lui ayant fait des instances

pour qu'il prononçât cette condamnation, en l'assurant que Bonaparte ferait grace au général, il lui répondit : « Eh ! qui « nous fera grace à nous ? » En 1814, il fut nommé chevalier de la Légion-d'Honneur et censeur royal. En 1816, il fut compris dans la liste des membres de l'académie des inscriptions et belles-lettres. Clavier est mort à Paris le 18 novembre 1817. On a de lui : une *Edition* de la *Traduction de Plutarque* par Amyot, avec des *Notes* et des *Observations* par MM. Brotier et Vauvillers, etc., 25 vol. in-8, Paris, 1801 à 1806 ; une *Traduction d'Apollodore* avec le texte grec, Paris, 1805, 2 vol. in-8 ; *Histoire des premiers temps de la Grèce, depuis Inachus jusqu'à la chute des Pisistratides*, Paris 1809, 2 vol. in-8 ; *Mémoires sur les oracles des anciens*, Paris, 1811, in-8. Il a en outre donné de nombreux *Articles* au *Magasin encyclopédique* et à la *Biographie universelle*.

CLAVIÈRE (Etienne), ministre des finances sous Louis XVI, né à Genève le 27 janvier 1735, d'un français qui s'était retiré dans cette ville. Il y exerçait la profession de banquier, et entra dans toutes les querelles qui troublèrent cette petite république. Il en fut chassé à la suite d'une discussion orageuse, et vint s'établir à Paris. Il y continua son genre d'industrie, introduisit à la bourse un esprit d'*agio*, qui n'était connu encore qu'imparfaitement, et qui depuis a fait fortune. Lorsque la révolution arriva, il s'en montra le partisan outré. Lié avec Mirabeau, Brissot et autres du même parti, il les aida dans leur projet contre la cour ; écrivit contre Necker, son compatriote, qu'il n'aimait pas, attaqua ses plans de finances, et fut plusieurs fois loué à la tribune comme un excellent publiciste et un habile financier. Quoique étranger, il fut, en 1791, nommé député-suppléant à l'assemblée législative par les électeurs du département de Paris, et il aurait pu y prendre place après la démission de Moneron ; mais il préféra le ministère des contributions publiques, auquel il fut appelé au mois de mars 1792. Il ne réussit pas mieux que ses prédécesseurs à rétablir les finances, et fut successivement attaqué par Robespierre, Billaud-Varenne et les sections de Paris, qui le dénoncèrent avec une espèce de fureur. Pour toute réponse, il provoqua l'examen de sa conduite politique ; mais les événements du 31 mai 1793, en renversant ses protecteurs, entraînèrent sa chute. Il fut arrêté et traduit au tribunal révolutionnaire. Convaincu qu'il ne pouvait éviter la mort, il préféra se la donner lui-même, en s'enfonçant, pendant la nuit du 8 au 9 décembre, un large couteau dans le sein. Sa femme s'empoisonna deux jours après. On lui accorde de la sagacité et des connaissances; mais il avait un amour-propre extrême, et une tête beaucoup trop exaltée pour un emploi de ce genre. Il a publié diverses *Brochures* particulièrement sur les finances, qui décèlent du talent, de la finesse, mais trop d'idées systématiques, rendues dans un style incorrect et déclamatoire.

CLAYTON (Robert), prélat irlandais, membre de la société royale et de celle des antiquaires de Londres, né à Dublin, en 1695, fut évêque de Killala en 1729, puis de Corck en 1735, et enfin de Clogher en 1745, et mourut le 25 février 1758, après avoir publié un grand nombre d'ouvrages estimés, tous écrits en anglais : *Introduction à l'histoire des Juifs*, traduite de l'anglais en français, Leyde, 1752, in-4; la *Chronologie du texte hébreu défendue*, 1751, in-4; *Dissertation sur les prophéties*, ouvrage qui a pour but de prouver que la fin de la dispersion des Juifs et la ruine du papisme auront lieu vers l'an 2000; *Recherches sur la naissance du Messie*, 1751, in-8; le *Dogme de la Trinité conforme aux lumières de la raison*, 1751, in-4. (Voyez NEWTON, Isaac) : ce qu'il faut entendre d'une conformité négative, c'est-à-dire, d'une non-opposition; ouvrage qui a beaucoup de rapport au traité de Leibnitz intitulé: *Sacro-sancta Trinitas per nova argumenta logica defensa*; *Défense de l'histoire du Vieux et du Nouveau-Testament*, contre milord Bolingbrocke, 1752-1759, 3 vol. in-8; *Journal d'un voyage du grand Caire au mont Sinaï, avec des remarques sur l'origine des hiéroglyphes, et la mythologie des anciens Egyptiens*, 1753, in-4.

CLÉANDRE, phrygien d'origine, esclave de condition, sut gagner les bonnes grâces de l'empereur Commode, qui en fit son favori et son chambellan, l'an 182 de J.-C. après la mort de Pérennius, puni deux ans auparavant, du dernier supplice pour ses concussions et ses crimes. Cléandre, dans ce poste glissant, ne fut pas plus modéré que celui auquel il succédait. Créé ministre d'Etat, il vendait toutes les charges de l'empire; il mettait à prix d'argent des affranchis dans le sénat, et l'on compta en une seule année 25 consuls désignés. Il cassait les jugements des magistrats; et ceux qui lui étaient suspects, il les rendait criminels auprès de son maître. Enfin son insolence et sa cruauté allèrent à un tel excès, que le peuple romain, ne pouvant plus le souffrir, fut sur le point de se soulever. L'em-

pereur, contraint d'abandonner Cléandre à l'indignation publique, lui fit couper la tête, l'an de J.-C. 190.

CLÉANTHE, philosophe stoïcien, né à Assos, dans la Troade, en Asie, fut d'abord athlète, et se mit ensuite parmi les disciples de Zénon. Il gagnait sa vie à tirer de l'eau pendant la nuit, afin de pouvoir étudier le jour. L'Aréopage l'ayant appelé pour répondre quel métier le faisait vivre, il amena un jardinier et une bonne femme : il puisait de l'eau pour l'un, pétrissait pour l'autre. Les juges voulurent lui faire un présent; mais le philosophe, que sa singularité illustrait, refusa de l'accepter. Après la mort de Zénon, il remplit sa place au Portique, et eut pour disciples le roi Antigonus, et Chrysippe qui fut son successeur. Cléanthe, qui florissait environ l'an 260 avant J.-C., se laissa mourir de faim à l'âge de 70 ans, et selon quelques-uns à 99. Cet homme, qui n'avait pas le courage de supporter la vie; endurait assez patiemment les plaisanteries des philosophes ses confrères : mais ce n'était pas sans témoigner ses réponses de quelque grain de vanité. Quelqu'un l'ayant appelé âne: « Je « suis celui de Zénon, répondit-il, et il « n'y a que moi seul qui puisse porter « son paquet. » On lui reprochait un jour sa timidité : « C'est un heureux dé- « faut, dit-il, j'en commets moins de « fautes. » Il comparait les péripatéticiens aux instruments de musique, qui font du bruit et ne s'entendent pas eux-mêmes; comparaison qui peut être appliquée à bien des philosophes.

CLÉARQUE, spartiate, envoyé à Byzance par sa république, profita des troubles de cette ville pour s'ériger en tyran. Lacédémone l'ayant rappelé, il aima mieux se réfugier dans l'Ionie, près du jeune Cyrus, que d'obéir. Après la victoire d'Artaxercès sur ce prince, son frère, Cléarque alla chez Tissapherne, satrape d'Artaxercès, avec plusieurs officiers grecs. Tissapherne les arrêta, et les envoya au roi qui les fit mourir, contre la foi du traité de paix, l'an 403 avant J.-C. Sa grande maxime était, « qu'on ne sau- « rait rien faire d'une armée sans une « sévère discipline : » aussi répétait-il souvent, « qu'un soldat doit plus crain- « dre son général que les ennemis. »

CLÉARQUE, philosophe péripatéticien, et disciple d'Aristote, était natif de Sorli. Les anciens auteurs parlent de lui avec éloge, et assurent qu'il ne cédait en mérite à aucun de sa secte. Il composa divers ouvrages, dont il ne reste qu'un fragment du *Traité touchant le sommeil*, conservé par Josèphe.

CLÉAVER (William), prélat anglais, né en 1742, d'un ecclésiastique qui tenait une école à Twiford, dans le Buckinghamshire, fut élevé à Oxford, et devint précepteur du marquis de Buckingham. Par sa protection il fut nommé en 1784 prébendier de Westminster, évêque de Chester en 1787, de Saint-Asaph en 1806, et il se montra un des plus fermes défenseurs des doctrines de l'Église d'Angleterre. On a de lui : *De Rhythmo græcorum liber singularis*, Oxford, 1789, in-8; des *Sermons*, dont il publia la collection avec ceux de son frère en 1808; et quelques autres ouvrages, la plupart sous le voile de l'anonyme. Il est mort le 15 avril 1815.

CLÉLIE, l'une des filles romaines données en ôtage à Porsenna, lorsqu'il mit le siége devant Rome, vers l'an 507 avant J.-C., pour rétablir les Tarquins sur le trône. Ennuyée du tumulte du camp, elle se sauva et passa le Tibre à la nage, malgré les traits qu'on lui tirait du rivage. Porsenna, à qui on la renvoya, lui fit présent d'un cheval superbement équipé, et lui permit d'emmener avec elle, en s'en retournant, celles de ses compagnes qu'elle voudrait : elle choisit les plus jeunes, parce que leur âge les exposait davantage. Le sénat fit ériger à cette héroïne une statue équestre dans la place publique.

CLÉMANGIS, ou CLAMANGES (Nicolas de), né à Clamanges, village du diocèse de Châlons, docteur de Sorbonne, ensuite recteur de l'Université de Paris, fut secrétaire de l'antipape Benoît XIII. On l'accusa d'avoir dressé la bulle d'excommunication contre le roi de France. N'ayant pu se laver entièrement de cette imputation, il alla s'enfermer dans la Chartreuse de Valle-Ombreuse, et y composa plusieurs ouvrages. Le roi lui ayant accordé son pardon, il sortit de sa retraite, et mourut proviseur du collége de Navarre vers 1430, et selon quelques auteurs, en 1440. On voit encore dans la chapelle de ce collége où il fut enterré, son épitaphe que voici :

Solge fui, Clamanges eram, Clamingius ortu,
Ele humus eaea tenet, spiritus astra petit.

Il avait été chanoine de Langres, il était alors chantre et archidiacre de Paris. On a de lui, entre autres ouvrages : *De studiis theologicis*, inséré dans le *Spicilége* du Père d'Achery, et plusieurs *Lettres*. Son latin est assez pur, pour un temps où la barbarie régnait. Il contribua beaucoup à ranimer l'étude des belles-lettres, et à rappeler dans sa nation le style des anciens, dont il approche beaucoup pour l'éloquence, la noblesse des pensées,

l'élégance du style, les applications des auteurs profanes et sacrés. Quant au traité *De corrupto ecclesiæ statu*, que quelques auteurs lui ont attribué, il paraît certain qu'il n'est pas de lui (V. Jean de CHELLE).

CLÉMENCE (Joseph-Guillaume), né au Havre-de-Grâce, chanoine de Rouen, s'est fait connaître par des ouvrages savants et solides, où le christianisme est défendu avec dignité et avec force; tels que la *Défense des livres de l'Ancien Testament contre la Philosophie de l'histoire*; et l'*Authenticité des livres tant du Nouveau que de l'Ancien-Testament, démontrée, et leur véridicité défendue, en réfutation de la Bible enfin expliquée de Voltaire*, Paris, 1782, 1 vol. in-8, qui décèle autant d'érudition que de critique et est écrit d'une manière vigoureuse et avec tout le laconisme que la chose comporte; les *Caractères du Messie vérifiés en Jésus de Nazareth*, Rouen, 1776, 2 vol. in-8. L'abbé Clémence mourut en 1792.

CLÉMENCET (D. Charles), né en 1704 à Painblanc, diocèse d'Autun, entra dans la congrégation de Saint-Maur, fut appelé à Paris dans le monastère des Blancs-Manteaux. C'était un homme ardent, en présence de qui il ne fallait dire ni du mal des Jansénistes, ni du bien des Jésuites. Né avec l'amour du travail, il écrivit jusqu'au tombeau. On a de lui : l'*Art de vérifier les dates*, commencé par D. Maur d'Antine, qu'il publia avec D. Durand, 1750, in-4, et qu'il fit réimprimer avec D. Clément, corrigé et augmenté en 1770, in-fol. On a nommé ce fameux ouvrage : l'*Art de vérifier les dates et de falsifier les faits*; *Histoire générale de Port-Royal*, 1755-1757, 10 vol. in-12. On en a une autre de J. Racine, et encore une autre, publiée en 1786. Toutes ces *Histoires* se réduisent à nous apprendre que l'esprit de dispute et de parti amena enfin la destruction totale et la démolition de ce monastère célèbre; les tomes 10 et 11 de l'*Histoire littéraire de France*; il a travaillé au recueil des *Lettres des Papes* avec D. Durand; ouvrage commencé par D. Constant; *La vérité et l'innocence victorieuses de l'erreur et de la calomnie, au sujet du projet de Bourg-Fontaine*, 1758, 2 vol. in-12. Ce livre n'est pas le seul dans lequel l'auteur ait réfuté les Jésuites. Mais puisqu'un religieux voulait écrire contre des religieux, il aurait dû prendre un ton plus modéré. C'est Clémencet qui a le plus contribué à la fameuse collection intitulée : *Extraits des assertions dangereuses et pernicieuses des ouvrages des Jésuites :* ouvrage où l'on voit partout l'empreinte d'une main ennemie de

Dieu et de ses saints, de l'Eglise et de ses ministres, du roi et de ses sujets.

CLÉMENT D'ALEXANDRIE, philosophe platonicien, devenu chrétien, s'attacha à saint Panténus, qui gouvernait l'école d'Alexandrie, et qu'il compare à une abeille industrieuse qui formait son miel des fleurs des Apôtres et des Prophètes. Clément fut mis, après lui, à la tête de cette école l'an 190. Il eut un grand nombre de disciples, que l'on compta ensuite parmi les meilleurs maîtres : entre autres, Origène, et Alexandre, évêque de Jérusalem. Il mourut vers l'an 217. Parmi ses ouvrages, les plus célèbres sont : son *Exhortation aux païens*, qui a pour objet de faire sentir l'absurdité de l'idolâtrie ; et cette absurdité devient singulièrement frappante par le précis historique que donne l'auteur de la mythologie païenne. Clément a inséré dans cet ouvrage plusieurs découvertes curieuses qu'il avait faites dans ses voyages, dont il se sert pour fortifier ses raisonnements, et qui attachent agréablement le lecteur ; son *Pédagogue* : c'est, selon lui, un maître destiné à former un enfant dans la voie du ciel, et à le faire passer de l'état d'enfance à celui d'homme parfait ; ses *Stromates*, ou *Tapisseries*, recueil de mélanges, divisé en 8 livres, où il y a peu d'ordre. « On ne peut, dit « l'auteur lui-même, comparer cet ou- « vrage à un jardin, où les arbres et les « plantes sont rangés avec symétrie ; il « ressemble plutôt à un amas d'arbres « sauvages, venus d'eux-mêmes, et qui « sont épars çà et là. » Il ajoute qu'il l'avait fait pour lui servir de répertoire dans sa vieillesse, lorsque la mémoire viendrait à lui manquer. On l'a accusé d'avoir trop suivi les principes des anciens philosophes, de ne s'être pas toujours exprimé avec assez d'exactitude. Mais en peut, en général, expliquer d'une manière favorable les endroits qui paraissent obscurs ou peu corrects. Si le style de cet ouvrage est un peu dur, on en est dédommagé par l'érudition qui y règne, et par l'abondance et la variété des matériaux qu'il renferme ; ses *Hypotyposes*, ou *Instructions*, dans lesquelles il fait un peu trop d'usage du platonisme, surtout pour un docteur si voisin des Apôtres. L'école d'Alexandrie ne s'appliqua pas assez à éviter ce reproche ; ses chefs, en inventant des systèmes fondés sur la métaphysique, parurent s'écarter de la simplicité de la foi. L'érudition de Clément était consommée dans le sacré et dans le profane. Il était beaucoup plus fort sur la morale que sur le dogme. Il écrit presque toujours sans ordre et sans suite. Son style est en général fort négligé, excepté dans son *Pédagogue*, où il est plus fleuri. « Nous convenons, dit « un savant théologien, que ce Père est « souvent obscur, qu'il est difficile de « prendre le vrai sens de ce qu'il dit ; « mais les philosophes qu'il copie ou qu'il « réfute n'étaient pas eux-mêmes fort « clairs. Quiconque cependant se don- « nera la peine de le lire, sera frappé « de l'étendue de son érudition ; des « grandes idées qu'il avait conçues de la « miséricorde divine, de l'efficacité de la « rédemption, de la sainteté à laquelle « un chrétien doit tendre. Il a jugé les « païens, qu'il connaissait très-bien, « avec moins de sévérité que n'ont fait « plusieurs autres Pères ; mais il n'a dis- « simulé ni leurs erreurs ni leurs vices. » La meilleure édition des ouvrages de ce Père est celle d'Oxford, donnée par le docteur Potter en 1715, 2 vol. in-fol. La réimpression de Venise, 1757, est moins estimée, quoiqu'elle ait des augmentations. On fait encore cas de l'édition de Paris, 1629 ; celle-ci est peu commune. Benoît XIV, dans une *Dissertation* qui est à la tête du *Martyrologe* romain, lui conteste le titre de *saint*.

CLÉMENT Ier (saint), disciple de saint Pierre, dont il reçut l'ordination, suivant le témoignage de Tertullien, succéda l'an 91 à saint Clet ou Anaclet. Saint Paul parle de lui dans son *Epître aux Philippiens*. Ce fut sous son pontificat que Domitien excita la seconde persécution contre les chrétiens. Quelques savants prétendent que c'est à saint Clément qu'on doit la mission des premiers évêques dans les Gaules, que d'autres rapportent au pontificat de saint Fabien. Il mourut saintement, ou, selon d'autres, il souffrit le martyre l'an 100. Les actes que Métaphraste nous a donnés de son martyre ne méritent aucune considération ; mais cela ne prouve pas que saint Clément n'ait pas versé son sang pour la foi. Rufin, le pape Zozime, et le concile de Bazas, tenu en 452, lui donnent expressément le titre de *Martyr*. Il est mis aussi au nombre des martyrs dans le canon de la Messe. On a attribué à ce saint Pape : les *Constitutions apostoliques*, livre ancien et utile ; les *Récognitions*, ouvrage cité par Origène, saint Epiphane et Rufin, qui ont cru qu'effectivement ce livre était de saint Clément, mais que les Ebionites l'avaient étrangement défiguré ; le pape Gélase l'a mis au rang des livres apocryphes ; cinq *Lettres* qui sont du nombre des *Décrétales*. Les critiques conviennent aujourd'hui assez généralement, que tout cela n'est pas de saint Clément. Ce qui en est indubitablement est une *Epître aux Corinthiens*, longtemps perdue, retrouvée dans le 17ᵉ siècle, et publiée à Oxford en 1633 par Patricius Junius, sur un manuscrit venu d'Alexandrie, où elle est à la fin du Nouveau-Testament. C'est un des plus beaux monuments de l'antiquité. « Il y a, dit Tillemont, beaucoup de « force et d'onction, accompagnée de « prudence, de douceur, de zèle et de « charité. Le style en est clair. Elle a un « grand rapport avec l'*Epître aux Hé- « breux*. On y trouve le même sens et « les mêmes paroles; ce qui a fait croire « à quelques-uns que saint Clément était « le traducteur de cette *Epître* de saint « Paul. » Plusieurs critiques lui attribuent encore une autre *Lettre aux Corinthiens*, dont il ne nous reste qu'un grand fragment publié en latin par Godefroi Wendelin, et en grec par Patricius Junius. Il paraît, en effet, qu'il en est véritablement l'auteur. Saint Denis de Corinthe, dans sa *Lettre* à Soter, évêque de Rome, atteste que de temps immémorial on la lisait dans son église. Saint Irénée le qualifie de *très-puissante et très-persuasive*. Clément d'Alexandrie la rapporte dans ses *Stromates*, sect. 5, conforme au fragment que nous en avons. Origène la cite dans son *Commentaire* sur saint Jean, et dans son livre des *Principes*. Il est faux, comme le dit M. de Burigny, « qu'Eusèbe, saint Jérôme « et Photius la rejettent absolument. » Philippe Rondinini a donné la *Vie de ce Pape* sous ce titre : *De S. Clemente papâ et martyre, ejusque basilicâ in urbe Româ*, Rome, 1706, in-4.

CLÉMENT II, successeur de Grégoire VI, saxon de naissance, appelé auparavant *Suidger*, évêque de Bamberg, élu Pape au concile de Sutri en 1046, mourut le 9 octobre 1047. C'était un pontife vertueux, qui montra beaucoup de zèle contre la simonie.

CLÉMENT III (Paul ou Paulin), romain, évêque de Préneste, obtint la chaire apostolique après Grégoire VIII, le 19 décembre 1188, et mourut le 27 mars 1197, après avoir publié une croisade contre les Sarrasins. C'est le premier des Papes qui ait ajouté l'année de son pontificat aux dates du lieu et du jour.

CLÉMENT IV (Guy Foulquois ou de Foulques), né de parents nobles à Saint-Gilles sur le Rhône, d'abord militaire, ensuite jurisconsulte, devint secrétaire de saint Louis. Après la mort de sa femme, il embrassa l'état ecclésiastique, fut archevêque de Narbonne, cardinal, évêque de Sabine, et légat en Angleterre. Il monta sur le Saint-Siége en 1265. On eut beaucoup de peine à lui faire accepter la papauté, qu'il ne garda que trois ans, étant mort à Viterbe en 1268. Rien n'égale la modestie de ce Pape, comme on le voit par une lettre qu'il écrivit à Pierre-le-Gros, son neveu. Il ne veut point que ses parents viennent le trouver sans un ordre particulier, ni qu'ils s'enorgueillissent, et cherchent des partis plus avantageux à cause de son élévation, ni qu'ils se chargent de recommandations pour personne. Ses filles étant recherchées en mariage, il leur offrit une dot si modique, qu'elles aimèrent mieux se faire religieuses. Celle qu'il promit à sa nièce ne fut que de 300 livres tournois, encore à condition qu'elle épouserait le fils d'un simple chevalier. Il tâcha de dissuader saint Louis d'une nouvelle croisade, et ne la publia qu'avec répugnance ; non qu'il improuvât le but de ces expéditions, mais parce que les mauvais succès qu'elles avaient eus jusqu'alors lui inspiraient une timidité prudente. On a dit que, lorsque Charles de France, roi de Sicile, le consulta sur ce qu'il devait faire de Conradin, son prisonnier et son concurrent, le pontife lui conseilla de le faire mourir ; mais Fleury et Muratori le justifient de cette fausse imputation, et le Père Jacob Spon encore mieux, en prouvant que Conradin fut mis à mort un an après celle du Pape. On sait qu'après la mort de ce Pape, il y eut un interrègne de trois ans. « Ce fut dans cet intervalle, « dit un autre historien, marqué avec « précision par Guillaume de Puy-Lau- « rent, et par la *Chronologie* de Mont- « fort qu'ont suivie les critiques mo- « dernes les plus estimables, et par « conséquent après la mort de Clément « IV, que Charles d'Anjou fit mourir le « jeune Conradin. Il est donc inutile « d'alléguer avec quelques apologistes « simulés, pour paraître défendre Clé- « ment d'avoir contribué à cette exécu- « tion barbare ; il est, dis-je, plus « qu'inutile d'alléguer que Charles en « fut repris par ce Pape et par ses cardi- « naux. » C'est sous le pontificat de Clément IV, que les confrères du Gonfanon s'associèrent à Rome en l'honneur de la sainte Vierge. Cette confrérie a été, dit-on, la première et le modèle de toutes les autres. On a de ce Pape quelques ouvrages et des lettres dans le *Thesaurus anecdotorum* de Martène.

CLÉMENT V, appelé auparavant *Bertrand de Gouth* ou *de Goth*, né à Villandraud dans le diocèse de Bordeaux, fut archevêque de cette église en 1300. Après la mort de Benoît XI, le sacré collège, longtemps divisé, se réunit en sa faveur. Son couronnement se fit le 14 septembre 1305 à Lyon, où il appela les cardinaux. Matthieu Rosso des Ursins, leur doyen, dit à cette occasion : *L'Eglise ne reviendra de longtemps en Italie ; je connais les Gascons*. Le vieux cardinal ne se trompait pas. Le nouveau Pape établit la cour romaine sur le bord du Rhône. Il déclara vouloir faire son séjour à Avignon, et s'y fixa en 1309. « Cependant « toutes les raisons, dit l'abbé Bérault, « faisaient du séjour habituel de Rome « un devoir indispensable pour le Pape, « en qualité tant de chef de l'Eglise, « que d'évêque de cette capitale du mon-« de. C'était là que le prince des apôtres « avait transféré, de l'Orient, la pri-« mauté de l'apostolat ; et en quittant le « séjour d'Antioche, il avait quitté en « même temps le titre de cette église, à « laquelle il avait eu soin de préposer un « nouvel évêque. Par un enchaînement « de révolutions et de conjonctures, où « les plus hardis penseurs n'ont pu mé-« connaître la conduite de la Providence, « la souveraineté de Rome, en passant à « ces pontifes, les y a mis sur un pied « aussi digne de la suréminence de leur « rang, que favorable à la sainte liberté « de leur ministère. Les factions passa-« gères des Romains, les troubles et les « dangers de l'Italie, de l'aveu même « des apologistes de Clément V, n'en « eussent point banni un saint Léon, un « saint Grégoire, tant d'autres pontifes « d'une héroïque vertu : et que doivent « donc être tous les souverains pontifes, « sinon des hommes supérieurs aux fai-« blesses ordinaires de l'humanité ? » Les Romains se plaignirent beaucoup, et malheureusement la conduite de Clément V semblait fournir à la médisance. Ils dirent qu'il avait établi le Saint-Siège en France pour ne pas se séparer de la comtesse de Périgord, fille du comte de Foix, dont il était éperdument amoureux, et qu'il menait toujours avec lui. On l'accusait de faire un honteux trafic des choses sacrées, etc. Ces reproches, et d'autres qui peuvent être fondés à quelques égards, ont été beaucoup exagérés par Villani et d'autres historiens. Pour en juger sans préoccupation, il faut lire la sage et savante *Dissertation* du Père Berthier, qu'on voit à la tête du 13e tome de l'*Histoire de l'Eglise gallicane*. Clément se joignit à Philippe-le-Bel pour exterminer l'Ordre des templiers, l'abolit en partie dans un consistoire secret pendant le concile général de Vienne en

Dauphiné, en 1310. On connaît les jugemens divers que les historiens ont portés de cette abolition. Il paraît indubitable que le pape et le roi ont eu de très-grands torts, au moins dans la manière de procéder. Nous observerons seulement que cette abolition ne s'est faite que par un décret provisoire et non par un jugement définitif sur la réalité des crimes des accusés. *Non per modum definitivæ sententiæ, sed per viam provisionis et ordinationis apostolicæ.* Il est certain que les templiers, supposés même innocents, ne pouvaient plus exister avec honneur et avec fruit. Les historiens sont d'accord qu'ils sont convenus d'abord généralement des faits qu'on leur reprochait ; soit crainte, soit espérance, ils ont avoué, quoique quelques-uns se soient rétractés ensuite. Or, des hommes assez lâches pour se déshonorer eux-mêmes, pour se couvrir de la honte des crimes les plus énormes, ne pouvaient plus servir l'Eglise de Dieu sans scandale et sans murmure de la part des fidèles. (Voyez MOLAY Jacques de.) Ce pontife mourut le 20 avril 1314, à Roquemaure, près d'Avignon, comme il se faisait transporter à Bordeaux pour respirer l'air natal. Sa mort presque subite, qui parut être la suite de l'ajournement fait par Molay (voyez encore ce mot), et divers accidents qui empoisonnèrent sa vie, fut regardée comme une punition de la conduite qu'il avait tenue à l'égard des templiers, et de la fausse démarche de faire d'Avignon la résidence du pontife romain. Son couronnement avait été suivi de présages que les Italiens regardèrent comme funestes. Ce spectacle avait attiré tant de monde, qu'une vieille muraille, trop chargée de spectateurs, s'écroula, blessa Philippe-le-Bel, écrasa le duc de Bretagne, renversa le Pape et lui fit tomber la tiare de dessus la tête. Les Romains appellent encore aujourd'hui la translation du Saint-Siége, *la captivité de Babylone*. On doit à Clément V une compilation nouvelle, tant des décrets du concile général de Vienne auquel il avait présidé, que de ses épîtres ou constitutions ; c'est ce qu'on appelle les *Clémentines*, dont les éditions de Mayence, 1460, 1467, 1471 et 1473, in-fol. sont rares.

CLÉMENT VI (Pierre Roger), limousin, docteur de Paris, monta sur le siége pontifical en 1342, après la mort de Benoît XII. Il avait été bénédictin de la Chaise-Dieu en Auvergne, puis archevêque de Rouen, enfin cardinal. Le commencement de son pontificat fut marqué par la publication d'une bulle, par laquelle il promettait des grâces à tous les œuvres cleres qui se présenteraient dans deux mois. Cette promesse en attira en peu de temps plus de cent mille, qui inondèrent Avignon et fatiguèrent le Pape. Clément ne trouva rien de mieux, que de faire quantité de réserves de prélatures et d'abbayes, en dérogeant aux élections des chapitres et des communautés; dérogation qui produisit peut-être un plus grand mal que le bien qu'il voulait faire. En 1343, il accorda, pour la 50ᵉ année, l'indulgence, que Boniface VIII n'avait établie que pour la 100ᵉ. Sa bulle est la première qui compare cette indulgence au jubilé de l'ancienne loi. On compta à Rome en 1350, depuis un million jusqu'à 1200 mille pèlerins. Clément VI mourut en 1352, dans de grands sentiments de religion. L'année d'auparavant, étant tombé malade, il donna une constitution où il disait : « Si « autrefois étant à un moindre rang, ou « depuis que nous sommes élevé sur la « chaire apostolique, il nous est échappé, « en disputant ou en prêchant, quelque « chose contre la foi catholique ou la « morale chrétienne, nous le révoquons « et le soumettons à la correction du « Saint-Siége. » Pétrarque, qui vivait de son temps, lui donne l'éloge de très-savant pontife. Clément VI n'oublia rien pour délivrer l'Italie de la tyrannie de Louis de Bavière, qui avait pris le titre d'*empereur;* il envoya un légat dans le royaume de Naples pour travailler à la réunion des Grecs et des Arméniens. Ce Pape a composé divers ouvrages, des *Sermons* et un beau *Discours* à la canonisation de saint Yves. Fleury (tom. xx, liv. 96, n. 13) a tracé un portrait peu favorable de ce Pape, sur la seule autorité de Matthieu Villani, historien passionné, créature de Louis de Bavière, d'autant plus suspect sur le compte de Clément, qu'il ne voit rien en lui que d'odieux, à l'exception de sa science qu'il fait l'effort de donner pour médiocre, tandis qu'une foule d'autres historiens lui accordent une érudition et des lumières supérieures, une extrême bienfaisance, un fonds d'humanité, de bonté et de douceur, qui a fait dire à Pétrarque lui-même que jamais personne n'avait porté à plus juste titre le nom de *Clément*. Un particulier, qui l'avait grièvement offensé dans sa première condition, osa lui demander une grâce extraordinaire quand il fut Pape. Clément se souvint de l'injure, et dit: *Non, jamais on ne me reprochera de n'être vengé*, et sur-le-champ il accorda ce qu'on lui demandait. (Voyez AUDEBRAND.) La facilité coupable avec laquelle Fleury a répété les calomnies de

Villani, doit suffire pour tenir le lecteur en garde contre les jugements que cet historien de l'Eglise a portés sur plusieurs hommes illustres, et particulièrement sur quelques souverains pontifes.

CLÉMENT VII (Jules de Médicis), d'abord chevalier de Rhodes, succéda à Adrien VI en 1523. Cru dans sa jeunesse fils naturel de Julien de Médicis, Léon X son parent le déclara légitime, sur la déposition de quelques personnes qui assurèrent qu'il y avait eu entre son père et sa mère une promesse de mariage. La faveur dont il jouit sous ce Pape, la pourpre dont il fut honoré, lui frayèrent le chemin à la chaire pontificale. Il reçut une ambassade solennelle de David, roi d'Abyssinie, qui lui demanda des missionnaires, et reconnut sa primauté, dans l'assemblée de Bologne, en présence de Charles-Quint qui venait d'être couronné empereur. Il se ligua avec François Iᵉʳ, les princes d'Italie et le roi d'Angleterre, contre Charles. Cette ligue appelée *sainte*, parce que le Pape en était le chef, ne lui procura que des infortunes. Le connétable de Bourbon, qui avait quitté François Iᵉʳ pour Charles-Quint, fit sommer Clément VII de lui donner passage par Rome pour aller à Naples, en 1527. Le Pape refusa, et sa capitale fut saccagée pendant deux mois entiers. Il y avait beaucoup de luthériens parmi les impériaux. Les soldats de cette secte, s'étant saisis des habits du Pape et de ceux des cardinaux, s'assemblèrent dans le conclave, revêtus de ces habits; et après avoir dégradé Clément, ils élurent à sa place l'hérésiarque Luther. Le Pape, assiégé dans le château Saint-Ange, n'en sortit qu'au bout de six mois, déguisé en marchand. Il fut obligé d'accepter toutes les conditions qu'il plut au vainqueur de lui imposer. Henri Spelmann, protestant anglais, dans son *Histoire des sacriléges*, attribue ses disgrâces à la facilité avec laquelle ce Pape se prêta à la suppression de plusieurs monastères, demandée par Volsey. Clément VII eut, bientôt après, un nouveau sujet de chagrin. Ayant refusé, comme il le devait, des lettres de divorce à Henri VIII, et se voyant forcé de condamner son mariage avec Anne de Boulen, il lança contre lui une bulle d'excommunication, qui servit à ce prince de prétexte pour consommer un des plus odieux schismes qui aient désolé l'Eglise catholique. Des auteurs peu instruits, ou trop avides à saisir les fables débitées contre les Papes, ont dit que Clément VII avait provoqué ce malheur par sa précipitation; mais c'est un conte réfuté par l'abbé Raynal, dans ses *Annal. Hist.*, et par Voltaire, dans les *Annales de l'empire*. Ce dernier dit expressément que le Pape *ne put se dispenser d'excommunier Henri*. Cette calomnie d'ailleurs se réfute par toutes les circonstances d'un événement si désagréable au Saint-Siége, par tout ce qui avait précédé la consommation du schisme, par l'impossibilité évidente de ramener Henri à des principes chrétiens. L'abbé Bérault met tout cela en évidence dans son *Histoire de l'Église*, accumule les faits qui confondent l'imposture, réfute la relation de Martin du Bellay, qui, quand même elle serait vraie, ne prouverait rien, et conclut que, s'il y a quelque chose d'étonnant et d'excessif dans la conduite du Pape, c'est sa constante et invincible patience qui s'est soutenue longtemps après l'évanouissement total de toute espérance de conciliation. Le caractère de Henri (*voyez ce mot*) est une espèce de confirmation de ce que cet historien écrit sur cette matière. Il constate d'ailleurs que l'excommunication ne fut portée que le 28 mars, et que dès le 14 du même mois le Parlement avait fait une défense sévère de reconnaître le Saint-Siége. Il mourut le 26 septembre 1534, et eut Paul III pour successeur. Il avait eu, quelque temps avant sa mort, une entrevue à Marseille avec François Ier, qui maria son fils le duc d'Orléans, depuis Henri II, avec Catherine de Médicis. (*Voyez* Gaddi Robert de.)

CLÉMENT VIII (Hippolyte ALDOBRANDINI), natif de Fano, fut couronné pontife après la mort d'Innocent IX, le 30 janvier 1592. Craignant que le calvinisme ne vînt à régner en France avec Henri IV, il y envoya un légat pour engager les catholiques d'élire un roi; mais Henri, ayant su que le Pape était secrètement bien disposé à son égard, envoya à Rome du Perron et d'Ossat, depuis cardinaux, qui parvinrent à le réconcilier avec le Saint-Siége. Le Pape, extrêmement satisfait de cet événement, voulut le faire passer à la postérité par des médailles, qui portaient son portrait d'un côté, et de l'autre, celui d'Henri IV. Clément eut un nouveau sujet de joie dans la même année 1595, mais il ne fut que passager. Deux évêques russes vinrent prêter obédience au Saint-Siége, au nom du clergé de leur pays; mais de retour chez eux, ils trouvèrent leur église plus obstinée que jamais dans le schisme. Une autre légation du patriarche d'Alexandrie eut des suites plus heureuses. Les députés abjurèrent entre ses mains les erreurs des Grecs, et reconnurent la primauté de l'Église romaine. Le livre du jésuite Moli-

na ayant fait naître des disputes entre les Dominicains et les Jésuites sur les matières de la grâce, le roi d'Espagne renvoya les combattants à Clément VIII. Ce pontife établit à Rome les fameuses congrégations *de Auxiliis*, *ou des secours de la grâce*, composées de prélats et de docteurs distingués. Ces congrégations commencèrent à s'assembler le 2 janvier 1598. Le Pape avait cette affaire fort à cœur. Il assista en personne à toutes les conférences, toujours accompagné de quinze cardinaux. Les soins qu'il se donna pour faire finir ces disputes continuèrent jusqu'à sa mort, arrivée le 5 mars 1605, à 69 ans. Il n'eut pas le bonheur de les terminer. Elles recommencèrent sous Paul V, son successeur. Clément fut recommandable comme pontife et comme prince. Il condamna les duels, ramena un grand nombre d'hérétiques au sein de l'Église, et ne contribua pas peu à la paix de Vervins en 1598. Jamais Pape ne récompensa avec plus de soin les savants et les personnes de mérite; il éleva au cardinalat Baronius, Bellarmin, Tolet, d'Ossat, du Perron et plusieurs autres grands hommes. Après la mort d'Alphonse II, duc de Ferrare et de Modène, il réunit le domaine ecclésiastique du duché de Ferrare. César d'Est, cousin-germain d'Alphonse, mais déclaré bâtard, prit les armes inutilement, et s'accommoda avec le Pape en renonçant au Ferrarois. Clément VIII a corrigé le *Pontifical romain*, imprimé à Paris en 1664, in-fol. et 1683, in-12, et le *Cérémonial des évêques*, ibid. 1633, in-fol. Un historien véridique a porté de ce pontife le jugement suivant:
« Zélé pour la propagation de l'Évan-
« gile, pour l'extirpation des hérésies
« qui ravageaient l'Europe, pour la
« conversion des schismatiques de l'O-
« rient, pour le rétablissement des
« mœurs et de la discipline, il était si
« infatigablement appliqué à tous ses
« devoirs, que les années et les infir-
« mités ne lui firent jamais rien relâ-
« cher de son travail. Il aimait les scien-
« ces et était fort savant lui-même, libé-
« ral, extrêmement charitable, sobre
« et frugal, ou plutôt austère, jeûnant
« fréquemment, ajoutant à ses longues
« oraisons des pratiques de pénitence
« qui auraient édifié dans un simple
« religieux. Il se confessait tous les jours
« au pieux cardinal Baronius; et tous
« les jours, sans y manquer, il disait
« la messe avec une dévotion qui lui fai-
« sait bien souvent répandre des larmes.
« Humble docteur et d'effet, nonobstant
« un certain air d'empire et un ton ab-

« solu, on le vit plus d'une fois au tri-
« bunal de la pénitence, recevoir, comme
« eût fait un bon curé, tous ceux qui se
« présentaient. Jaloux encore de conser-
« ver les droits de son siége, il ne les
« outra point, ou du moins il évita les
« excès où avaient donné quelques-uns
« de ses prédécesseurs. Tel fut le Pape
« que d'effrontés sectaires, par un ar-
« ticle formel de leur foi, tiérent pour
« l'antechrist. »

CLÉMENT IX (Jules ROSPIGLIOSI),
d'une famille noble de Pistoie, en Toscane, né dans cette ville, en 1600, fut
successeur d'Alexandre VII, en 1667,
se montra libéral, magnifique, ami des
lettres, et s'illustra par son caractère pacifique. Il commença par décharger les
peuples de l'Etat ecclésiastique, des
tailles et des autres subsides, et il employa ce qui lui restait de son revenu à
procurer du secours à Candie contre les
Turcs. Il ne souhaita pas moins ardemment de donner la paix à l'Eglise de
France. Les évêques de Beauvais, d'Angers, de Pamiers et d'Alet, qui avaient
montré la plus grande opposition à la
signature pure et simple du *Formulaire*
d'Alexandre VII, voulant rentrer dans
la communion du Saint-Siége, assurèrent Clément IX qu'ils y avaient enfin
souscrit; sans exception ni restriction
quelconque. Cependant, malgré ces protestations, ils assemblèrent leurs synodes, où ils firent souscrire le *Formulaire*
avec la distinction expresse du fait et
du droit, et ils en dressèrent des procès-
verbaux qu'ils eurent soin de tenir secrets. Dix-neuf évêques se joignirent à
eux pour certifier au Pape la vérité de ce
que ceux-ci lui avaient mandé. Des assertions aussi positives déterminèrent
Clément IX à recevoir les quatre évêques à sa communion en 1668. Mais à
peine cette réconciliation fut-elle rendue
publique, que les quatre évêques et leurs
partisans publièrent les procès-verbaux
qu'ils avaient dérobés jusqu'alors à la
connaissance du clergé, et ils en infé-
rèrent que le Pape, en se réconciliant
avec eux, avait approuvé la signature
avec la distinction du droit et du fait.
C'est ce qu'on a appelé, assez mal à propos, *La paix de Clément IX*. (Voyez les
Brefs de Clément IX à ce sujet, l'un
adressé au roi, l'autre aux quatre évêques, le troisième aux évêques média-
teurs; la *Relation* du cardinal Rospigliosi, la *Harangue* du cardinal Estiæus
dans la congrégation du consistoire du
4 janvier 1693, et la *Défense de l'histoire
des cinq propositions*, p. 396.) Ce pontife, dont le règne fut trop court, mou-

rut le 9 décembre 1669, du chagrin que
lui causa la perte de Candie. Clément
X lui succéda.

CLÉMENT X (Jean-Baptiste-Emile
ALTIERI), romain, fut fait cardinal par
Clément IX, son prédécesseur. Ce Pape,
au lit de la mort, se hâta de le revêtir
de la pourpre sacrée, et, lorsque Altiéri
vint le remercier de sa promotion, il lui
dit : « Dieu vous destine pour mon successeur; j'en ai quelque pressentiment. »
La prédiction de Clément IX s'accomplit,
et son successeur, élu le 29 avril 1670,
fut aussi doux et aussi pacifique que lui.
Il mourut en 1676 à 86 ans. Le cardinal
Patron, son neveu, gouverna sous son
pontificat; ce qui fit dire au peuple qu'il
y avait deux Papes, l'un de fait, et l'autre de droit. Innocent XI fut le successeur de Clément X.

CLÉMENT XI (Jean-François ALBANI),
né à Pésaro en 1649, créé cardinal en
1690, élu Pape le 23 novembre 1700, après
Innocent XII. Il n'accepta la tiare qu'au
bout de trois jours, et qu'après avoir
consulté des hommes pieux et éclairés,
pour savoir s'il devait se charger de ce
fardeau. Le cardinal de Bouillon, devenu depuis peu doyen du sacré collége,
eut beaucoup de part à la nomination
de Clément XI, dont l'esprit, la piété et
la prudence s'étaient fait connaître sous
les pontificats précédents. Il n'avait que
51 ans; l'Eglise avait besoin d'un Pape
qui fût dans la force de l'âge. L'Italie
allait devenir le théâtre de la guerre :
en effet, celle de la succession ne tarda
pas à s'allumer. L'empereur Léopold Ier
l'obligea de reconnaître l'archiduc pour
roi d'Espagne. Clément, quoique naturellement porté pour la France, renonça
à son alliance, et réforma les troupes
qu'il avait armées. Son pontificat fut
encore troublé par les querelles du jansénisme. Il donna, en 1705, la bulle *Vi-
neam Domini Sabaoth* contre ceux qui
soutenaient les cinq fameuses propositions, et qui prétendaient qu'on satis-
faisait par le silence respectueux à la
soumission due aux bulles apostoliques.
En 1713, il publia la célèbre constitution
Unigenitus contre cent et une propositions du *Nouveau-Testament* de Ques-
nel, prêtre de l'Oratoire. L'abbé Re-
naudot, si on en croit Voltaire, rapportait qu'étant à Rome la première année
du pontificat de Clément XI, un jour
qu'il alla voir ce Pape ami des savants,
et qui l'était lui-même, il le trouva lisant le livre qu'il proscrivit ensuite.
« Voilà, lui dit le Pape, un ouvrage ex-
« cellent, nous n'avons personne à Rome
« qui soit capable d'écrire ainsi. Je

« voudrais attirer l'auteur près de moi.» Mais outre que rien n'est plus suspect que ces sortes d'anecdotes dans la bouche de Voltaire, il ne faut pas regarder ces éloges, supposé qu'ils soient réels, et les censures dont ils furent suivis, comme une contradiction. On peut être fort touché, dans une lecture, des beautés frappantes d'un ouvrage, et en condamner ensuite les défauts cachés. Le bien, il est vrai, s'y montrait de tous côtés ; le mal, il fallait le chercher, mais il y était. Clément XI mourut le 19 mars 1721, dans sa 72ᵉ année, après un règne de plus de 20 ans. Ce Pape était aussi pieux que savant ; il forma une congrégation des plus habiles astronomes d'Italie, pour soumettre à leur examen le calendrier grégorien. On y reconnut quelques défauts ; mais comme on ne pouvait les corriger que par des moyens très-difficiles, on aima mieux le laisser tel qu'il était. Clément XI donna retraite au fils du prétendant d'Angleterre qui a toujours joui depuis des honneurs de la royauté dans cette capitale du monde chrétien. C'est encore à ce pontife que la Provence dut quelques bâtiments chargés de grains avec des sommes considérables, qu'il envoya pour être distribués pendant la peste de 1720. Clément XI écrivait bien en latin. Le *Bullaire* de ce Pape avait été publié en 1718, in-folio ; les *Harangues consistoriales* en 1722, in-folio. Le cardinal Albani, son neveu, recueillit tous ses ouvrages et les fit imprimer à Rome en 2 vol. in-folio, 1729. Sa *Vie* est à la tête de ce recueil. Lafiteau et Reboulet l'ont aussi écrite. Le premier a publié la sienne, 1752, 2 vol. in-12, et le second à Avignon, 1752, in-4. Il n'y a pas de genre d'horreurs que les jansénistes n'aient répandu sur le compte de ce grand pontife, à l'imitation de tous les hérétiques, ils se sont élevés avec fureur contre celui qui a proscrit leurs erreurs. Sa constitution n'en est pas moins devenue une règle de foi dans toute l'étendue de l'Eglise, et une espèce de signal où l'on reconnaît ses véritables enfants ; on peut dire qu'elle est comme l'*Omousius* et le *Theotocos* de ce siècle. (Voyez ALEXANDRE VII.) Innocent XIII fut le successeur de Clément XI, en 1721.

CLÉMENT XII (Laurent-Corsini, Pape après Benoît XIII, en 1773, mort le 6 février 1740, presque âgé de 88 ans, était né à Rome d'une ancienne famille de Florence. Il abolit une partie des impôts, et fit châtier ceux qui avaient malversé sous le pontificat précédent. Le lendemain de son couronnement, le peuple, assemblé de toutes parts, avait crié à sa suite : « Vive le pape Clément XII ; Justice des injustices du dernier ministère ! » Ses revenus furent pour les pauvres. Son trésorier lui ayant rendu ses comptes, il vit qu'il n'avait pas 1,500 écus en caisse. « Comment, dit-le « pontife, j'étais plus riche étant car- « dinal que depuis que je suis Pape ! » et cela était vrai. Après sa mort, le peuple romain lui érigea par reconnaissance une statue de bronze, qui fut placée dans une des salles du Capitole. Benoît XIV lui succéda.

CLÉMENT XIII (Charles Rezzonico), d'une famille originaire de Côme dans le Milanais, naquit à Venise en 1693. Il fut d'abord protonotaire apostolique participant, puis gouverneur des villes de Rioti et de Fano, ensuite auditeur de la Rote pour la nation vénitienne. Clément XII, plein d'estime pour ses connaissances et ses vertus, le décora de la pourpre en 1737. Il fut élevé sur le siége de Padoue en 1743, et signala son épiscopat par une piété si tendre et une charité si généreuse, qu'après sa mort de Benoît XIV, il fut élu Pape le 6 juillet 1758. Son pontificat sera longtemps célèbre par l'expulsion des Jésuites du Portugal, de la France, de l'Espagne et du royaume de Naples. Les efforts du pontife pour les soutenir, et la bulle *Apostolicum* qu'il donna en leur faveur, furent inutiles. Ayant voulu exercer en 1768, dans les Etats de Parme, une autorité qu'il croyait lui appartenir comme seigneur suzerain, il perdit le comtat d'Avignon et la principauté de Bénévent, qui ne furent rendus au Saint-Siége que sous son successeur. Clément XIII mourut au commencement de 1669, avec la douleur de n'avoir pu pacifier les troubles élevés dans l'Eglise. Un grand fonds de religion et de bonté, un caractère bienfaisant, une douceur inaltérable, lui ont mérité les regrets de ses sujets et la vénération des ennemis même du Saint-Siége. « Les bons citoyens, dit « le comte d'Albon, ne peuvent, sans « une vive émotion, prononcer le nom « de Clément XIII : c'était vraiment le « père du peuple ; il n'avait rien de « plus à cœur que de le rendre heureux ; « il y travaillait avec zèle. Le chagrin « qu'il ressentait le plus vivement, qui « lui arracha même souvent des larmes, « était de voir des infortunés, dont il « ne pouvait soulager les maux. » M. de La Lande rapporte un trait qui prouve combien ce pontife était éloigné de faire entrer dans ses projets quelconques des motifs de vanité, ou le vain désir de applaudissements humains. « Le Pape, « dit-il, en parlant du dessèchement des « marais Pontins, le désirait personnel- « lement; lorsque je rendis compte à Sa « Sainteté de cette partie de mon voya- « ge, elle y prit un intérêt marqué, et « me demanda avec empressement ce « que je pensais de la possibilité et des « avantages de ce projet : je les lui ex- « posai en détail ; mais ayant pris la li- « berté d'ajouter que ce serait une épo- « que de gloire pour son règne, le pon- « tife religieux interrompit ce discours « profane, et joignant les mains vers le « ciel, il me dit, presque les larmes aux « yeux : Ce n'est pas la gloire qui nous « touche; c'est le bien de nos peuples « que nous cherchons. » (Voyage en Ita- lie, par M. de La Lande, seconde édi- tion, Paris, 1765, tom. 6, p. 462.) Ceux qui ont conclu qu'il avait des torts, puis- qu'il n'a pu être d'accord avec les puis- sances de la terre, n'ont peut-être pas assez réfléchi sur les devoirs de sa place et l'esprit de la religion dont il était le pontife. Clément XIV fut son successeur.

CLÉMENT XIV (Jean-Vincent-An- toine Ganganelli) naquit d'un méde- cin, à Saint-Archangelo, bourg près de Rimini, le 31 octobre 1705. Dès l'âge de 18 ans, il entra dans l'Ordre des mineurs conventuels, et après avoir professé la théologie en différentes villes d'Italie, il vint, à l'âge de 35 ans, enseigner cette science à Rome, au collège des Saints- Apôtres. La finesse de son esprit, l'en- jouement de son caractère le firent aimer de Benoît XIV: sous le règne de ce Pon- tife, il devint consulteur du Saint-Office, place importante à Rome. Clément XIII le décora de la pourpre en 1759. Ce Pape étant mort en 1769, le conclave fut très- orageux. Enfin le sacré collège, décidé par le cardinal de Bernis, proclama le cardinal Ganganelli souverain Pontife le 19 mai 1769. Jamais Pape n'avait été élu dans des temps plus difficiles. Un esprit de vertige, répandu de toutes parts, at- taquait et le trône et l'autel. Clément XIV chercha d'abord à se concilier les souve- rains : il envoya un nonce à Lisbonne; il supprima la lecture de la bulle In cœnâ Domini, qui déplaisait aux princes. (Voy. BONIFACE VIII.) ; il négocia avec l'Espa- gne et la France. Pressé de se décider sur le sort des Jésuites, il demanda du temps pour examiner cette grande affaire. « Je « suis, écrivait-il, le père des fidèles, et « surtout des religieux. Je ne puis dé- « truire un Ordre célèbre, sans avoir des « raisons qui me justifient aux yeux de « Dieu et de la postérité. » Sollicité plus vivement que jamais, il donna, le 21

juillet 1773, le fameux bref qui éteint la compagnie de Jésus. Clément XIV ne survécut pas longtemps à cette suppres- sion : il mourut le 22 septembre 1774. Sa maladie avait pris sa source dans des dartres rentrées, que l'art des médecins s'efforça vainement d'attirer au dehors. Le bruit de poison, que des gens de parti ont fait courir pour rendre odieuse la mé- moire des Jésuites, a été solennellement réfuté par les médecins du Pape, en par- ticulier par Salicetti, homme d'une pro- bité égale à ses grandes connaissances médicales; il l'était déjà par l'axiome de droit Cui bono? Clément XIV forma un muséum, où il rassembla beaucoup de précieux restes de l'antiquité. Il fut so- bre, désintéressé, et ne connut pas le népotisme. Sa succession ne passa pas 700,000 livres. On le pressait de faire un testament; il répondit : « que les choses « iraient à qui elles appartiendraient. » Le marquis de Caraccioli a donné sa Vie, Paris, 1775 et 1776, vol. in-12 ; ce n'est qu'une compilation des gazettes du temps : des Lettres publiées sous son nom, 1776-1777, 3 vol. in-12, sont en- tièrement de la façon de ce marquis. Le comte d'Albon, dans ses Discours sur l'histoire, le gouvernement, etc., t. 2, p. 235, parle de ce Pape dans les termes suivants : « Les esprits sont bien parta- « gés sur le compte de Clément XIV ; et « les portraits qu'en ont tracés différen- « tes mains se ressemblent si peu, qu'il « est impossible d'y apercevoir la phy- « sionomie et les traits d'une même per- « sonne. Les uns en parlent sur le ton « de l'éloge le plus outré; ils le vantent « comme un homme rare, qui s'est créé « lui-même, et qui, dans peu de temps, « a eu le mérite et la gloire de se ren- « dre célèbre. Les autres, avec le mor- « dant de la satire, assurent qu'on le « peint d'un seul trait, en disant qu'il « n'a eu que le triste et malheureux ta- « lent de se rendre fameux. Comment « démêler la vérité et la tirer du milieu « des ombres épaisses dont on affecte de « l'envelopper? On nous met en mains « de gros volumes, pour étaler à nos « yeux les vastes connaissances du Pon- « tife, l'étendue de son esprit, la solidité « de son jugement, ses grandes vues, son « habileté dans le maniement des affaires; « l'enthousiasme ne doit jamais tenir lieu « de preuves : les amis, les admirateurs « du pape Ganganelli s'agitent, se tour- « mentent peut-être en vain pour com- « muniquer au public les sentiments dont « ils sont échauffés. Une voie plus courte « et plus sûre se présente pour résoudre « le problème. Quel bien ce Pontife a-t-il

« fait? Voilà quelle doit être son apolo-
« gie, sa conduite et ses œuvres. En
« apprenant ce qu'il a fait, tout le mon-
« de saura évidemment ce qu'il fut. »
(Voyez RICCI.)

CLÉMENT VII, antipape. (Voyez GE-
BENNE.)

CLÉMENT VIII, antipape. (Voyez
MUGNOZ.)

CLÉMENT (Jacques), dominicain, natif du village de Sorbonne, au diocèse de
Sens, était âgé d'environ 25 ans, et venait d'être fait prêtre, lorsqu'il prit la
résolution d'assassiner Henri III. C'était
un homme d'un esprit faible, et d'une
imagination déréglée. Il partit de Paris
le dernier de juillet 1589, avec plusieurs
lettres de recommandation, et fut amené
à Saint-Cloud par La Guesle, procureur-
général. Celui-ci, soupçonnant un mauvais coup, et l'ayant fait épier pendant la
nuit, on le trouva profondément endormi. Le parricide, conduit le lendemain
chez le roi, exécuta son projet abominable. Les seigneurs qui étaient près du
monarque percèrent l'assassin de mille
coups. Son corps fut ensuite traîné sur
la claie, tiré à quatre chevaux et brûlé.
Il est inutile et déraisonnable de détailler
davantage les circonstances d'un fait
odieux, dont le souvenir fait gémir également la religion et l'humanité. La division fatale qui déchirait le royaume, la
haine réciproque des catholiques et des
sectaires, ont dû naturellement produire
des effets plus ou moins funestes sur les
esprits divers, selon les différents degrés
d'enthousiasme que les passions, l'esprit
de secte, ou un zèle mal éclairé pour la
religion, avait fait naître (voyez SIXTE-
QUINT); mais quand ces dangereux pa-
roxismes ont fait place à la raison et à des
situations plus calmes, il est prudent
d'ensevelir, suivant l'avis d'un ancien,
dans la nuit de l'oubli, tout le mal qu'ils
ont fait.

Eadem illa illos urso, nec poterat credat [...]
Quemolo: nos certis tenemus et obruta lucilla
Nocte tegi nostro patiamur crimina gentis.

Les maximes de la philosophie moderne,
en particulier celles de Raynal dans la
Révolution de l'Amérique, justifient ces
sortes de forfaits; mais l'esprit du christianisme les dévoue à l'horreur. — Les
Pères Frédéric Steill et Matthieu Dol-
mans, dominicains, ont publié des *Dissertations* pour prouver que l'assassin de
Henri n'était point Jacques Clément,
mais un huguenot qui s'était revêtu de ses
habits après l'avoir tué. (Voy. GUYARD).
C'est à ceux qui ont lu ces *Dissertations*
à juger à quel point la vraisemblance y
est portée.

CLÉMENT (Claude), jésuite, fut professeur de rhétorique au collège de la
Trinité, à Lyon. Le 18 octobre 1621, à
l'ouverture des classes, il prononça un
discours latin sur la majesté de l'église
de Lyon; discours dont voici le titre:
*Ecclesiæ Lugdunensis christiana, simul
ac humana majestas, et summa illustris
à martyrum profectum fortitudine, de-
ductum per sanctissimorum præsulum et
perillustrium comitum augustam seriem,
et propagatum perpetuo splendore ad hæc
usque tempora feliciter*, Lugduni, Cayne,
1622, in-4 de 48 pag. Cette harangue est
d'une bonne latinité; nous y remarquons
un bel éloge de saint Eucher. Le Père
Claude Clément est encore auteur d'une
Vie du pape français Clément IV, sous
ce titre: *Clemens IV eruditione, vitæ
sanctimonià, rerum gestarum glorià et
pontificatu maximus, Reipublicæ, christianæ, Galliæ suæ et Grossorum gentis
illustre ornamentum*, Lugd. Jullieron,
1623, in-12 de 148 pag. La même édition se rencontre avec un frontispice qui
porte la date de 1624. Nous manquons
de détails sur la vie de ce religieux.

CLÉMENT (Denis-Xavier), de l'académie de Nancy, doyen de l'église collégiale de Ligny, prédicateur du roi, confesseur de Mesdames, né à Dijon en
1706, mourut en 1771, avec une grande
réputation de piété. Il se consacra de
bonne heure à la chaire et à la direction,
et il servit utilement l'Église dans ce double emploi. Il ramena, avec une charité
douce et patiente, plusieurs incrédules
et quelques libertins à la vérité et à la
vertu. Ses *Sermons* ont été imprimés en
1770-71, 9 vol. in-12, y compris 3 v.
de *Panégyriques et Oraisons funèbres*. Il
y règne l'éloquence simple et forte d'un
homme de bien, qui n'a pas puisé ses
ornements dans les auteurs profanes,
mais qui s'est nourri dès son enfance du
lait substantiel de l'Évangile. « Si son
« élocution, dit un critique, était moins
« inégale; si ses pensées étaient plus
« justes et plus profondes; si son coloris
« répondait toujours à la vivacité de ses
« sentiments, on pourrait le proposer
« aux orateurs chrétiens comme un mo-
« dèle; mais il n'a ni l'éloquence con-
« vaincante de Bourdaloue, ni l'élo-
« quence persuasive de Massillon, ni
« l'éloquence tendre et onctueuse de
« Cheminais, ni l'éloquence brillante et
« animée du Père Neuville. Celle de l'ab-
« bé Clément tient par intervalles de
« chacun de ces prédicateurs, sans at-
« teindre à leur manière. » Nous avons
quelques ouvrages de piété où l'abbé Clément montre le même esprit que dans

e Sermons, avec un style plus froid et plus compassé. Les principaux sont : *Avis d'une personne engagée dans le monde*, in-8; *Méditations sur la Passion*, in-12 ; *Instructions sur le sacrifice de la Messe; Examens pour se conduire chrétiennement dans le monde; Exercices de l'âme pour la Pénitence et l'Eucharistie*, in-12, etc.

CLÉMENT (Pierre), littérateur, né à Genève en 1707, demeura assez longtemps en Angleterre, où il publia, en 1751 et 1753, des feuilles périodiques, sous le titre de : *Nouvelles littéraires de France*, qu'on recueillit en 1754; à La Haye, 4 tomes en 2 vol. in-12, et à Berlin, en 1758, sous ce titre : *Les Cinq années littéraires*. Cet ouvrage, écrit d'un style léger et saillant, assaisonné par le sel de la critique, et rempli de jugements impartiaux, plut beaucoup, quoique la décence y soit souvent offensée, et que l'auteur affecte trop d'esprit et de gaîté. Il voulut paraître homme du monde et homme de plaisir, et il affiche trop souvent le ton de ces deux personnages. On a encore de lui trois pièces de théâtre : *les Francs-Maçons*, Londres, 1740, in-8 ; une *Mérope* composée avant celle de Voltaire, Paris, 1749, in-12 ; *Le Marchand de Londres*, tragédie traduite de l'anglais de Lillo : cette dernière pièce est la seule dont on se souvienne ; *La double Métamorphose*, comédie imitée de l'anglais, et qui a servi à Sédaine pour la pièce du *Diable à quatre*. Cet auteur avait beaucoup de goût pour la satire, et il ne manquait pas de talent dans ce genre dangereux. Son extrême vivacité altéra ses organes, son esprit s'aliéna, et il mourut renfermé à Charenton en 1767. Depuis sa mort, il a paru de lui *Poésies posthumes*; où il y a de la verve.

CLÉMENT DE BOISSY (Athanase-Alexandre), conseiller à la Chambre des comptes, né à Creteil près de Paris, en 1716, mort à Sainte-Palaye, le 22 août 1796. On a de lui : *Abrégé et concorde des livres de la Sagesse*; Paris, 1767 ; in-12; *l'Art des langues*, Paris, 1777, in-12; *l'Auteur de la nature*, Paris, 1785, 4 vol. in-12; *De la grâce de Dieu et de la prédestination*, Paris, 1787, in-12; *Jésus-Christ notre amour*, 1788, in-12; *Traité de la prière*, 1788, in-12; *Manuel des saintes Ecritures*, 1789, 3 v. in-12; le *Mépris des choses humaines*, 1791, in-12; une *Traduction de l'Imitation*, qui n'est guère qu'une nouvelle édition de celle de Sacy, 1792, in-12. Il avait fait des recherches sur la jurisprudence et les priviléges de sa compagnie, dont il avait composé un *Recueil* en 80 cartons in-fol, déposé par son fils à la Bibliothèque royale. La table en a été imprimée en 1787, in-4.

CLÉMENT (dom François), bénédictin de Saint-Maur, né à Bèze, près de Dijon, en 1714. Il fit ses premières études chez les Jésuites au collège de Dijon, et s'étant décidé pour la vie monastique, il prononça ses vœux en 1731 dans l'abbaye de Vendôme. Appelé à Paris par ses supérieurs, il se consacra à l'étude des *Annales françaises* dans la maison des Blancs-Manteaux. On le chargea, d'abord, de la continuation de l'*Histoire littéraire de la France*, dont il publia le 12e volume, et ensuite de celle du *Recueil des historiens de la France*, dont il publia les 11e et 13. vol. Il entreprit ensuite une nouvelle édition de l'*Art de vérifier les dates*, qu'il publia depuis 1783 jusqu'en 1792. (Voyez CLÉMENCET.) Quoique cet ouvrage ait obtenu un brillant succès, il n'en renferme pas moins beaucoup d'omissions et d'erreurs, qui ont été relevées dans les *Mélanges d'histoires*, imprimés chez Leclerc, 1806, tom. I, page 406. On a encore de Clément : *Nouveaux éclaircissements sur l'origine et le Pentateuque des Samaritains*, par D. Poncet, 1760, in-8 ; *Catalogus manuscriptorum collegii Claromontani, etc.*, 1764, in-8. Il avait commencé et fort avancé un *Art de vérifier les dates avant Jésus-Christ*.

CLÉMENT (Augustin-Jean-Charles), frère de Clément de Boissy, né à Creteil, en 1717, embrassa l'état ecclésiastique, mais ne fut pas ordonné sous-diacre à Paris, parce qu'il refusa de signer le *Formulaire*. Il se rendit alors à Auxerre, où l'évêque Caylus lui conféra la prêtrise, et le nomma trésorier de son église. L'abbé Clément, très-zélé pour la cause de l'appel, se donna beaucoup de mouvement et fit plusieurs voyages en Hollande, en Italie et en Espagne. A l'époque de la constitution civile du clergé, il s'attacha au parti qui la défendait, et fut nommé évêque de Versailles en 1797. Il assista aux assemblées tenues sous les noms de synode ou de concile, et se rendit ridicule aux yeux même de ses partisans, par les puérilités de son zèle et les petitesses de sa vanité. Il donna sa démission lors du concordat, et mourut le 13 mars 1804. Il a composé plusieurs écrits pour défendre les opinions qu'il avait embrassées : l'*Episcopat de France*, 1803; *Lettre apologétique de l'Eglise de France*, adressée au pape Pie VII, Londres, 1803, in-4; *Journal, correspondance et voyages en Italie et en Espagne dans les années 1758 et 1768*, Paris, 1802: ouvrage plein de minuties, et où l'auteur se représente comme chargé de le sollici

tude de toutes les églises. On a publié,
en 1812, des *Mémoires secrets sur la vie
de Clément*, qui sont dénués de tout intérêt.

CLÉMENT (Jean-Marie-Bernard), célèbre critique, né à Dijon le 25 décembre
1742. Il fut d'abord professeur au collège
de cette ville; mais incapable de porter
le moindre joug, il quitta bientôt cette
place. Son goût pour la poésie le porta
d'abord à entreprendre une tragédie,
Médée; mais le peu de succès qu'il en
espérait le porta à se livrer à la critique
pour laquelle il se sentait un talent particulier. Quoique très-jeune, il sut non
seulement se garantir de la contagion
des travers littéraires de notre siècle,
mais encore il eut le courage de se déclarer pour le bon goût; et les différentes critiques qu'il a publiées prouvent
qu'il en connaît les principes, et qu'il
est capable de les rappeler avec succès.
On lui reproche de manquer de flexibilité
et de grâce dans ses écrits, et d'avoir
mis trop de sévérité dans ses décisions,
en s'attachant à des détails quelquefois
minutieux, et surtout en négligeant d'a-
nalyser les beautés après avoir discuté
les défauts. Ce dernier devoir est d'autant plus indispensable, qu'on ne saurait
acquérir le droit de blâmer ce qui est
mal, que par une égale disposition à
louer ce qui est bien. D'ailleurs, l'exposition des beaux morceaux ne contribue
pas moins aux progrès de l'art, que la
critique des endroits défectueux. Cette
espèce d'injustice a paru principalement
dans ses observations sur la *Traduction*
en vers des *Géorgiques* de Virgile, par
l'abbé Delille. Clément est particulièrement connu par ses attaques réitérées
contre Voltaire, dont il s'était déclaré
d'abord l'admirateur. Une circonstance
particulière détermina cette querelle :
Saint-Lambert avait proclamé le vieillard de Ferney,

Vainqueur des deux rivaux qui partagent la scène.

Clément, regardant ce vers comme un outrage fait à la mémoire de Racine et de
Corneille, réclama contre la sentence
portée par l'auteur des *Saisons*; et la
critique d'un seul vers alluma une querelle aussi longue qu'opiniâtre. Voltaire, à travers les injures les plus
grossières, lui donna le nom d'*Inclé-
ment*, que tout le monde a retenu. Clément eut encore des démêlés avec plusieurs autres écrivains, et notamment
avec La Harpe, avec lequel il se raccom-
moda dans la suite. Trouvant son bonheur dans la retraite, et exempt d'ambition, il ne prit aucune part aux événements de la Révolution, et mourut à

Paris le 3 février 1812. Ses principaux
ouvrages sont : *Observations critiques
sur la nouvelle traduction en français des
Géorgiques de Virgile*, et les poèmes des
Saisons, de la Déclamation et de la
Peinture, Genève, 1771, in-8; *Nouvelles
observations critiques sur différents points
de littérature*, Paris, 1772, in-8; *Lettres à M. de Voltaire*, 1773 à 1776, 4 vol.
in-8; *Médée*, tragédie en 3 actes, Paris,
1779. Cette pièce n'eut pas de succès à la
représentation. L'exposition cependant
en est neuve, et il y a un beau monolo-
gue au 3° acte; *De la tragédie*, pour servir de suite aux lettres de M. de Voltaire,
Paris, 1784, 2 parties in-8; *Essai sur la
manière de traduire les poètes en vers*,
in-4; *Essai de critique sur la littérature
ancienne et moderne*, Paris, 1785, 2 vol.
in-12. On trouve un goût fin et de bons
principes de littérature; *Satires*, 1786,
in-8, plusieurs fois réimprimées. Il y a
de bonnes plaisanteries, des tours heureux, des pensées courageuses, des expressions énergiques, surtout dans celle
intitulée : *Mon dernier mot*. Les tomes 5,
6 et 7 des *Œuvres de Cicéron*, traduction nouvelle, 1783-89, 8 vol. in-12;
Petit dictionnaire de la cour et de la ville,
Paris, 1778, in-12, devenu rare; *Révolution des Welches, prédite dans les temps
anciens* : c'est un rapprochement ingénieux de plusieurs passages de l'Écriture
applicables à notre révolution; *Journal
littéraire*, Paris, 1796-97, 4v. in-8. M. de
Fontanes et M. Deschamps ont coopéré à
ce journal; *Jérusalem délivrée*, poème
imité du Tasse, Paris, 1800, in-8.
L'auteur publia cet ouvrage sans avoir eu
le temps d'y mettre la dernière main,
aussi n'eut-il aucun succès. On y rencontre cependant des beautés poétiques
dans plusieurs morceaux, surtout dans
la description de la cérémonie religieuse
du X° chant; *Tableau annuel de la littérature française*, Paris, 1801, 5 parties
in-8 : c'est une suite du *Journal littéraire*. On trouve, à la fin de chaque nu-
méro, un article curieux sur la langue
française. Clément a laissé encore plusieurs ouvrages manuscrits.

CLÉMENT-DÉSORMES, chimiste,
né à Dijon, en 1778, mort à Paris, le
21 novembre 1841, eut, avec Thénard et
Arago, l'idée heureuse du conservatoire
des arts et métiers, et y créa le cours de
chimie industriel qu'il professa 20 ans,
et auquel il dut, en partie, sa réputation. Il existe de lui, dans les *Annales
de chimie et de physique de 1801 à 1830*,
un assez grand nombre de *Mémoires*
sur des questions de science pure, et
surtout de science appliquée.

CLÉMENTI (Muzio), célèbre pianiste et compositeur, né à Rome, en 1752, mort en Angleterre le 10 mars 1832, se fit entendre à Londres, à Paris, à Vienne, où il fut accueilli par l'empereur, et où il entreprit une fabrique de pianos qui eut un grand succès. Les Œuvres de cet artiste consistent en cent six Sonates, qui ont été souvent réimprimées. On lui doit encore : Gradus ad Parnassum, ou l'Art de jouer du piano, 1802, et une Collection de morceaux rares des plus grands maîtres, 3 vol. in-folio.

CLÉOBULE, fils d'Evagoras, l'un des sept Sages de la Grèce, fit un voyage en Égypte, pour apprendre la philosophie de ce peuple. Il était contemporain et ami de Solon. On ne le connaît guère que par ses Maximes, qui la plupart sont très-communes: Il recommandait de ne point s'enorgueillir dans la prospérité, de ne point s'abattre dans l'affliction, d'obliger ses amis pour se les attacher davantage, et ses ennemis pour en faire des amis ; de ne flatter ni gronder sa femme en présence des étrangers, l'un étant une petitesse et l'autre une indiscrétion ; d'examiner avant de sortir de sa maison ce que l'on va faire, et à son retour ce qu'on a fait; de ne souhaiter ni de commander, ni d'obéir, l'obéissance se changeant ordinairement en aversion, le commandement en tyrannie. Il mourut vers l'an 560 avant J.-C.

CLÉOBULINE, ou EUMÉTIS, fille du précédent, se rendit également célèbre par sa beauté et par son esprit. Les Égyptiens admirèrent ses Énigmes. Il faut croire que les historiens ont fait parvenir à la postérité les plus mauvaises ; car nous n'en avons aucune qui mérite d'être dans les derniers de nos journaux.

CLÉOMBROTE, nom de deux rois de Lacédémone : l'un tué à la bataille de Leuctres en Béotie, gagnée par Epaminondas, général thébain, l'an 371 avant J.-C. ; le second, gendre de Léonidas II, et qui monta sur le trône de Sparte, au préjudice de son beaupère. Celui-ci, ayant été rappelé par les Lacédémoniens, poursuivit le traître qui l'avait dépouillé de son royaume, et le condamna à la mort. Chélonis, épouse de Chéombrote, avait quitté son mari, pour suivre son père dans sa retraite. Cette femme, fille et épouse également malheureuse, apprend l'arrêt porté contre son époux. Elle va se jeter aux pieds de Léonidas, qui change la peine de mort en un exil, et presse sa fille de rester à sa cour. Chélonis aime mieux suivre son mari. On connaît un 3e CLÉOMBROTE, philosophe, natif d'Ambracie, qui se

précipita dans la mer, après avoir lu le Phédon de Platon sur l'immortalité de l'âme, fruit ordinaire des spéculations philosophiques même les plus sensées, quand elles sont destituées de la sanction et des lumières de la religion.

CLÉOMÈNES Ier, roi de Lacédémone, successeur d'Anaxandride son père, l'an 519 avant J.-C., vainquit les Argiens et délivra les Athéniens de la tyrannie des Pisistratides. Les premiers s'étaient opposés à l'invasion de ses armées dans l'Argolide. Cléomènes, à la tête des Lacédémoniens et de leurs alliés, remporta sur eux une victoire aussi sanglante que signalée ; mais il la souilla par une cruauté atroce. Cinq mille Argiens se réfugièrent dans une forêt voisine ; Cléomènes y fit mettre le feu malgré la prière des vaincus qui furent bientôt consumés par les flammes. Cléomènes tourna ensuite ses armes contre les Egynètes, et ne les punit pas moins cruellement. Son humeur vindicative se changea en fureur sur la fin de ses jours, et dans un accès de frénésie, il se perça de son épée, l'an 89 avant J.-C.

CLÉOMÈNES III, fils de Léonidas, roi de Lacédémone, lui succéda l'an 230 avant J.-C., à l'âge de 17 ans. Sa première pensée, en montant sur le trône, fut d'arracher l'autorité aux éphores, magistrats puissants dans Lacédémone, qui faisaient la loi aux rois mêmes. Ses victoires sur les Achéens lui facilitèrent l'exécution de ce projet. De retour à Sparte, il fit assassiner les éphores, et afficher le nom de plus de quatre-vingts citoyens condamnés au bannissement. Le peuple, effrayé par ce coup d'éclat, reçut toutes les lois qu'il voulut lui donner. Il fit revivre la plupart de celles de Lycurgue, envahit la propriété des citoyens, procéda à un nouveau partage des terres, abolit les dettes, et s'attacha par ce moyen les dissipateurs et les libertins. Son autorité affermie, Cléomène parcourut, les armes à la main, l'Arcadie et l'Elide, reprit quelques villes sur les Achéens, et les défit en bataille rangée. Aratus, chef des vaincus, implora le secours d'Antigone, roi de Macédoine, contre le vainqueur. Son armée fut taillée en pièces à la bataille de Sélasie. Cléomènes, après cette défaite, retiré en Égypte, y mourut d'une manière tragique. Ayant été bien accueilli de Ptolémée-Evergète qui en était roi, il encourut ensuite la disgrâce de son successeur, qui le fit mettre en prison. Cléomènes brisa ses fers, excita une sédition, et finit par se donner la mort, l'an 220 avant l'ère chrétienne.

CLÉOMÈNES, sculpteur athénien, fils d'Apollodore, avait fait les statues des neuf Muses, dans le costume des femmes de Thespis. On lui attribue aussi la fameuse statue de *Vénus de Medicis*; on lit sur la base de cette statue qu'elle a été faite par ce sculpteur; mais on doute de l'authenticité de cette inscription.

CLÉOPATRE, fille de Ptolémée Epiphanes; épousa successivement ses deux frères; elle eut de Ptolémée Philométor deux filles appelées Cléopâtre et un fils auquel elle voulut assurer la couronne après la mort du père; mais Ptolémée Physcon, roi de la Cérénaïque, traversa ses projets. Un ambassadeur romain les accommoda, en lui faisant promettre qu'il épouserait Cléopâtre; que le fils de la reine serait déclaré héritier du trône, mais que Physcon en jouirait durant sa vie. (Voy. PTOLÉMÉE PHYSCON.)

CLÉOPATRE, fille de Ptolémée Philométor, roi d'Egypte, et de Cléopâtre, femme de trois rois de Syrie, et mère de quatre princes qui portèrent la couronne, épousa d'abord Alexandre Balas, ensuite Démétrius Nicanor. Ce dernier prince l'ayant abandonnée pour Rodogune, elle offrit sa main et sa couronne à Antiochus, son beau-frère. Séleucus, fils aîné de Démétrius, voulut monter sur le trône de son père. Il se fit un parti, et trouva dans Cléopâtre une mère cruelle et une ennemie irréconciliable. Cette femme ambitieuse, qui avait causé la mort du père, en lui refusant un asile à Ptolémaïs, enfonça son poignard dans le sein du fils. Ce meurtre souleva le peuple contre elle; Cléopâtre l'apaisa, en couronnant Antiochus son second fils. Ce jeune prince, borné au titre de roi sans en avoir le pouvoir, souffrait impatiemment de partager avec sa mère la souveraine autorité. Cléopâtre, encore plus jalouse de régner que lui, fit préparer une coupe empoisonnée, qu'elle lui présenta au retour de quelque exercice. Son fils, soupçonnant sa scélératesse, l'obligea de prendre le poison qu'elle lui avait apprêté. Ainsi mourut ce monstre d'ambition et de cruauté, l'an 120 avant J.-C. C'est cette Cléopâtre qui joue un rôle dans la *Rodogune* du grand Corneille.

CLÉOPATRE, fille de Ptolémée Philométor et de Cléopâtre, donna la main à son oncle Ptolémée Physcon. Ce prince, qui avait répudié la mère pour épouser la fille, mourut bientôt après, et laissa à cette dernière la royauté d'Egypte et deux enfants, avec la liberté de s'associer celui qu'elle voudrait. Cléopâtre plaça sur le trône Alexandre, son second fils, au préjudice de Lathyrus son aîné. Le jeune roi,

effrayé de l'ambition de sa mère à qui les plus grands crimes ne coûtaient rien, se vit forcé d'abdiquer l'empire; mais le peuple d'Alexandrie, ne voulant pas souffrir qu'une femme tînt seule le timon du gouvernement, obligea la reine de rappeler son fils. Cléopâtre, ne pouvant plus supporter de partage dans l'autorité royale, résolut de lui donner la mort. Alexandre, informé de son dessein, prévint sa mère, en la faisant mourir l'an 89 avant J.-C. Cette princesse ambitieuse et dénaturée avait tout sacrifié au désir effréné de régner. Elle fut punie de ses crimes, par un autre crime qui égalait les siens.

CLÉOPATRE, reine d'Egypte, fille de Ptolémée Aulètes. Son père en mourant laissa la couronne aux aînés des deux sexes, l'an 51 avant J.-C., avec ordre de se marier ensemble, suivant l'usage de sa famille. Ptolémée Denys, frère de Cléopâtre, voulant régner seul, répudia et exila sa sœur, et fit casser le testament de son père par Pompée, qui lui adjugea le trône d'Egypte. Ce général romain ayant été vaincu vers le même temps à la bataille de Pharsale, et fuyant en Egypte devant César, y fut massacré par ordre de Ptolémée. Ce fut en cette conjoncture que Cléopâtre demanda justice à son vainqueur contre son frère. Elle avait tout ce qu'il fallait pour faire une profonde impression sur le cœur de ce héros : c'était la plus belle femme de son temps, et la plus ingénieuse; elle parlait toutes les langues dont la connaissance pouvait lui être utile, et n'eut jamais besoin d'interprète. Cette princesse, voulant solliciter elle-même César, arriva de nuit au pied du château d'Alexandrie. Il fallait tromper la garde égyptienne : son guide la fit étendre au milieu d'un paquet de hardes, et la porta ainsi sur ses épaules au palais de César. Ce romain la vit, et sa cause fut gagnée. Il ordonna qu'elle gouvernerait l'Egypte, conjointement avec son frère. Son fils était déjà son amant. Il en eut un fils nommé Césarion, et promit de la mener avec lui à Rome, et de l'épouser. Il comptait de faire passer dans l'assemblée du peuple une loi, par laquelle il serait permis aux citoyens romains d'épouser autant de femmes, même étrangères, qu'il leur plairait. Arrivé à Rome, il fit placer la statue de sa maîtresse dans le temple de Vénus, à côté de celle de la déesse. Ptolémée s'étant noyé dans le Nil, César assura la couronne à Cléopâtre et à son autre frère, âgé pour lors de onze ans; mais cette princesse ambitieuse ne partagea pas longtemps l' trône avec lui : elle se déclara pour les triumvirs. Antoine, vainqueur à Philippes, la cita devant lui, pour répondre à quelques accusations formées contre elle. Cléopâtre résolut dès lors d'enchaîner Antoine, comme elle avait enchaîné César. Elle fit son voyage sur une galère brillante d'or, enrichie des plus belles peintures, avec des voiles de soie, couleur de pourpre, mêlées d'or, des rames d'argent qui ne se mouvaient qu'au son d'une infinité d'instruments de musique. Cléopâtre, habillée en Vénus sortant de la mer, paraissait sous un magnifique pavillon de drap d'or. Ses femmes représentaient les nymphes et les grâces. La poupe et la proue étaient couvertes des plus beaux enfants déguisés en amours. Il n'en fallait pas tant pour séduire Antoine. La reine d'Egypte s'empara tellement de son esprit, qu'il fit mourir à sa prière la princesse Arsinoé sa sœur, réfugiée dans le temple de Diane à Millet, comme dans un asile impénétrable. Tout le temps qu'elle fut à Tarse, se passa en fêtes et en festins. Ces fêtes se renouvelèrent à Alexandrie avec une magnificence dont il n'y a jamais eu d'exemple. Ce fut à la fin d'un de ces repas, que Cléopâtre, détachant de son oreille une perle d'un prix inestimable, la jeta dans une coupe pleine de vinaigre, et l'avala aussitôt, pour dévorer en un moment autant de richesses qu'Antoine en avait employées pour satisfaire à leur luxe et leurs débauches. Un voyage d'Antoine à Rome interrompit ces fêtes somptueuses. Cléopâtre, durant son absence, rétablit la bibliothèque d'Alexandrie, brûlée quelques années auparavant, et l'augmenta de celle de Pergame, composée de plus de 200 mille volumes. Ce n'est pas, à beaucoup près, le premier exemple d'homme ou de femme qui, dans le sein du vice et du crime, ont affiché l'amour des sciences. Antoine, de retour à Alexandrie, y entra en triomphe, et fit proclamer Cléopâtre reine d'Egypte, de Chypre et de la Célésyrie. Octave ne tarda pas à leur déclarer la guerre. Elle finit par la bataille d'Actium, dans laquelle Cléopâtre effrayée prit la fuite, et fut suivie par Antoine. Cette princesse, craignant de perdre sa couronne, chercha à faire la conquête d'Octave ; mais l'essai qu'elle fit de ses charmes fut inutile. Alors, pour éviter la honte d'être menée en triomphe à Rome, elle se fit piquer le sein par un aspic, et mourut l'an 30 avant J.-C., à 39 ans. Ce récit, qui est exact, suffit pour convaincre d'adulation et d'infidélité historique le poëte Horace qui, dans l'ode *Nunc est biben-*

dum, etc., parle de cet empoisonnement comme d'un héroïsme. C'est bien dommage qu'une aussi belle pièce ait été consacrée à célébrer le mensonge.

CLÉOPHAS, l'un des deux disciples qui, allant de Jérusalem au bourg d'Emmaüs, rencontrèrent Jésus - Christ le jour de sa résurrection, et l'entretinrent, sans le connaître, de l'histoire de sa vie et de sa passion. Rien de plus touchant, de plus convaincant que la naïve et inimitable simplicité avec laquelle cette conversation est rapportée au chapitre 24 de saint Luc.

CLÉOSTRATE, astronome grec, natif de Ténédos vers l'an 536 avant J.-C., découvrit le premier les signes du zodiaque, et réforma le calendrier des Grecs.

CLÉRAMBAULT (Louis-Nicolas), musicien français, né à Paris en 1676, mort dans la même ville en 1749, plut à Louis XIV par ses *Cantates*. Ce prince le nomma surintendant des concerts particuliers de Mme de Maintenon. On a de lui 5 livres de *Cantates* parmi lesquelles celle d'Orphée est regardée comme son chef-d'œuvre. On lui doit encore plusieurs *Motets*, et des morceaux de musique composés pour des fêtes particulières.

CLERC (Jean Le), dit *Busy*, procureur au Parlement de Paris, fut fait gouverneur de la Bastille par le duc de Guise pendant les troubles de la ligue. Il avait été d'abord tireur d'armes. Devenu un des chefs de la faction des Seize, il entra dans la grand'chambre du Parlement, suivi de 50 satellites, et osa présenter à cette compagnie une requête, ou plutôt un ordre de s'unir avec le prévôt des marchands, les échevins et les bourgeois de Paris, pour la défense de la religion catholique, contre la maison royale. Sur le refus du Parlement, il mena à la Bastille en 1589, l'épée à la main, tous ceux qui étaient opposés à son parti. Le premier président, Achille de Harlai, et environ 60 autres membres de ce corps, suivirent cet insolent, qui les conduisit comme en triomphe. Il les fit jeûner au pain et à l'eau pour obliger ces magistrats à se racheter de ses mains ; c'est ce qui lui mérita le titre de *Grand pénitencier du Parlement*. Lorsque le duc de Mayenne délivra Paris de la faction des Seize en 1591, Le Clerc rendit la Bastille à la première sommation, à condition d'avoir la vie sauve. On lui tint parole : il se sauva à Bruxelles, où il vivait encore en 1634, parlant peu, mais magnifiquement, des grands projets qu'il avait manqués.

CLERC (Antoine Le), sieur de la Forest, maître des requêtes de la reine

Marguerite de Valois, combattit d'abord pour les calvinistes, et embrassa ensuite la religion catholique, à laquelle il consacra ses talents. Saint François de Sales, saint Vincent de Paul, le cardinal du Perron, les personnes les plus vertueuses et les plus éclairées de son siècle, furent liées avec lui. Il mourut à Paris en odeur de sainteté, en 1628, à 65 ans. On a écrit sa vie sous le titre du *Séculier parfait*. Le cardinal d'Estampes voulait le faire béatifier; mais la mort de cette éminence dérangea son projet. On a de Le Clerc quelques ouvrages de piété, de droit et d'érudition.

CLERC (Michel Le), natif d'Albi, avocat au Parlement de Paris, l'un des 40 de l'Académie française, mourut en 1691. Il est principalement connu par une *Traduction* des cinq premiers chants de la *Jérusalem délivrée* du Tasse, qu'il a rendus presque vers pour vers, et dans un style fort au-dessous du médiocre. Il avait entrepris un ouvrage en prose, qui devait avoir pour titre: *Conformité des poëtes grecs, latins, italiens et français*. Son dessein était de montrer que la plupart des poëtes ne font que se copier mutuellement, et qu'ils doivent presque tous leurs ouvrages à ceux qui les ont précédés. On lui donne encore les tragédies de *Virginie* et d'*Iphigénie*. C'est cet auteur que Racine honora de l'épigramme: *Entre Le Clerc et son ami Coras, etc.*

CLERC (Sébastien Le), dessinateur et graveur, naquit à Metz en 1637, d'un orfèvre, dessinateur habile, qui fut son maître. Dès l'âge de 8 ans, il maniait le burin. Il s'appliqua en même temps à l'étude de la géométrie, de la perspective, de la fortification, de l'architecture, et y fit des progrès aussi rapides que dans le dessin et la gravure. Le maréchal de La Ferté le choisit pour son ingénieur-géographe; Louis XIV, pour son graveur ordinaire, à la sollicitation de Colbert; et le pape Clément XI l'honora du titre de chevalier romain. Le Clerc joignait à un mérite supérieur, et au goût de tous les arts, un caractère doux et insinuant. Il mourut à Paris en 1714, à 77 ans. Ce maître traitait également bien tous les sujets; le paysage, l'architecture, les ornements. On y aperçoit une imagination vive, brillante, mais bien réglée; un dessin très-correct, une fécondité admirable, des expressions nobles et élégantes, une belle exécution. Les productions de son burin, qui se montent à plus de 3,000, auraient suffi pour lui faire un grand nom, indépendamment des productions de sa plume. Les principales en ce dernier genre sont : un *Traité de géométrie théorique et*

pratique, réimprimé en 1745, in-8, avec la *Vie* de l'auteur; un *Traité d'architecture*, 2 vol. in-4; un *Discours sur le point de vue*, matière que l'auteur avait approfondie. Après Callot, c'est le graveur qui a fait voir le plus distinctement cinq ou six lieues de pays dans un petit espace. Voyez le *Catalogue raisonné de l'Œuvre de Sébastien Le Clerc, avec sa Vie* par M. Jombert, Paris, 1775, 2 vol. in-8, ouvrage curieux et intéressant.

CLERC (David Le), ministre et professeur en hébreu à Genève, mourut dans cette ville en 1655, à 64 ans. Ses *Questiones sacræ* ont été publiées avec les ouvrages d'Etienne Le Clerc, son frère, en 1685 et 1687, 2 vol. in-8, par Jean Le Clerc, son neveu, professeur à Amsterdam.

CLERC (Daniel Le), médecin de Genève, et conseiller d'état de sa patrie, frère aîné du célèbre Jean Le Clerc, né en 1652, mort en 1728, à 76 ans, fut aimé et estimé de ses concitoyens pour sa bonté, sa candeur et la facilité de son caractère. Il était naturellement gai, mais d'une gaîté froide, qui par cela même était plus piquante. Il s'acquit une réputation assez étendue parmi ceux de son art par : l'*Histoire de la médecine*, poussée jusqu'au temps de Galien inclusivement, Amsterdam, 1702, in-4; nouv. édit. 1723, ou La Haye, 1729, in-4. Ces deux dernières éditions sont la même, le titre seul est changé. Ce livre, plein de recherches savantes, est écrit avec netteté, et l'auteur y fait bien connaître le caractère des anciens médecins, leurs opinions, leur pratique, leurs remèdes. C'est dans les premiers chapitres de cet ouvrage, que Voltaire, qui lisait rarement les auteurs originaux, surtout les grecs, a puisé ce qu'il a dit de vrai sur Hermès, sur Zoroastre et sur les Egyptiens; *Historia naturalis latorum lumbricorum*, Genève, 1715, in-4. Ce traité des vers plats est très-estimé. Il a aussi publié avec Manget (voyez ce nom) la *Bibliothèque anatomique*. D. Le Clerc pensait sainement sur les ressources pécuniaires et la réputation que l'on cherche dans le métier d'écrivain. « Le travail que j'ai entrepris (l'*Histoire de la médecine*), dit-il, est un travail ingrat : et je puis m'occuper plus utilement dans l'exercice de ma profession. Pour ce qui est de la réputation, tel croit en acquérir en se produisant, qui ne se fait connaître qu'à son désavantage. Mais supposé que l'on réussisse, cette réputation après laquelle nous courons, aux dépens de notre repos, et souvent même de notre santé, de quel fruit est-elle? Je ne saurais pourtant quitter l'étude, quelque infructueuse qu'elle soit; mais j'ai résolu de n'en prendre qu'autant qu'il m'en faut pour ne mé point incommoder. » (Voyez BARCKAUSEN.)

CLERC (Jean Le), frère du précédent, neveu de David, naquit à Genève en 1657, avec la mémoire la plus heureuse et les dispositions pour tous les genres de littérature. Après avoir parcouru la France, l'Angleterre et la Hollande, il se fixa à Amsterdam, où il professa les Belles-lettres, les langues et la philosophie. En 1728, il perdit tout d'un coup la parole en donnant ses leçons. Depuis cet accident, sa mémoire et son esprit s'affaiblirent, et il ne resta du savant Le Clerc qu'un automate languissant. Il parlait, il semblait même, à son air composé, qu'il pensait encore; mais toutes ses idées étaient sans ordre et sans suite. Il s'amusait dans son cabinet à lire, à écrire, à corriger. Il donnait ensuite ses brouillons à son copiste, pour les porter à l'imprimeur, qui les mettait au feu tout de suite. Il perdit sa femme fille de Grégoire Léti, au milieu de ces accidents en 1734. Il la suivit en 1736, sur la fin de sa 79e année. On ne peut lui refuser beaucoup d'ardeur pour le travail, une érudition vaste, un jugement solide, une fécondité surprenante, une grande facilité pour écrire sur toutes sortes de matières; mais quelques-uns de ses livres se ressentent de la rapidité avec laquelle il les composait, et de la trop grande variété de ses travaux littéraires. Il avait presque toujours cinq ou six ouvrages sur le métier, et il y travaillait ordinairement à mesure que l'imprimeur manquait de copie. Soixante ans d'étude n'avaient pu le ramener à la vérité. Sectateur secret de Socin, il n'oublia rien pour expliquer plusieurs des miracles rapportés dans l'Ancien et le Nouveau-Testament, par des voies naturelles, pour détourner les prophéties qui regardent le Messie, et corrompre les passages qui prouvent la Trinité et la divinité de Jésus-Christ. On l'accusa d'avoir composé le livre intitulé : *Sentiments de quelques théologiens de Hollande, touchant l'histoire critique du vieux Testament*, par *M. Simon*, et la *Défense* de ce même livre, dans l'intention de détruire l'inspiration des livres sacrés, 2 vol. in-8. Il tâche fort inutilement d'y montrer que Moïse n'est pas l'auteur du Pentateuque, que l'histoire de Job est une méchante tragi-comédie, et le Cantique des cantiques, une idylle profane et amoureuse. Voici ceux de ses ouvrages qui ont le plus de réputation : *Bibliothèque universelle et historique*, journal commencé en 1681 et fini en 1693, faisant 26 vol. in-12. On

y trouve des extraits fort étendus et assez exacts des livres de quelque importance accompagnés souvent des savantes remarques du journaliste. Il n'y garde cependant pas la charité qu'il recommande tant aux autres. Les saints Pères et les théologiens catholiques y sont l'objet ordinaire de ses satires pleines de fiel. Jean Cornand de la Croze était associé à Jean Le Clerc pour cet ouvrage. La plus grande partie du tome XX et des cinq suivants sont de Jacques Bernard; *Bibliothèque choisie*, pour servir de suite à la *Bibliothèque universelle*, en 28 vol. Le premier est de 1703 et le dernier de 1713; *Bibliothèque ancienne et moderne*, pour servir de suite aux *Bibliothèques universelle et choisie*, en 29 vol. in-12, depuis 1714 jusqu'en 1727; *Ars critica*, 3 vol. in-8, 1712 et et 1730 : on a repris la liberté avec laquelle il s'explique sur plusieurs écrivains, et principalement sur les saints Pères; *Traité de l'incrédulité*, où l'on examine les motifs et les raisons qui portent les incrédules à rejeter la religion chrétienne, 1714 et 1733, in-8; *Parrhasiana*, ou *Pensées diverses sur des matières de critique, d'histoire, de morale et de politique*, les unes justes, les autres hasardées ou fausses, Amsterdam, 1699, in-12. Il n'a guère eu d'autre peine que de compiler et d'ajouter à ses recherches quelques réflexions qui donnent à son livre un air de critique et de philosophie; des *Commentaires* latins sur la plupart des livres de l'Ecriture-Sainte, Amsterdam, 1710 et 1731, 5 vol. in-folio; *Harmonia evangelica*, en grec et en latin, Amsterdam, 1700, in-folio : ce n'est guère qu'un pillage fait à Thoynard; une *Traduction du Nouveau-Testament* en français, avec des notes, 1703, 2 vol. in-4. Ces ouvrages sur l'Ecriture déplurent aux catholiques et aux protestants, par une foule d'interprétations sociniennes que Le Clerc y glissa, tantôt avec art, tantôt à découvert; de nouvelles éditions de plusieurs auteurs anciens et modernes, sacrés et profanes : de Pedo Albinovanus, de Cornélius-Sévérus, de Sulpice-Sévère, d'Eschine, de Tite-Live, de Ménandre, de Philémon, d'Ausone, d'Erasme, du *Traité de la religion* de Grotius; une édition des *Dogmes théologiques* du P. Petau, 3 vol. in-folio, avec des remarques sous le nom de *Theophilus Alethinus*, qui doivent être lues comme étant de Jean Le Clerc, c'est-à-dire d'un socinien, quoiqu'il y en ait aussi beaucoup de judicieuses et d'utiles. Il donna aussi quatre éditions à Amsterdam du *Dictionnaire* de Moréri : celle de 1702 fut augmentée de 6 à 700 articles nouveaux; une édition des *Pères apostoliques* par J.-B. Cotelier, avec des remarques, etc., Amsterdam, 1698 et 1721, en 2 vol. in-folio; *Histoire des Provinces Unies des Pays-Bas*, depuis 1560 jusqu'en 1728 : compilation inexacte et mal écrite, réimprimée à Amsterdam, 1736, 3 tom. en 2 vol. in-folio; *Vie du cardinal de Richelieu*, 2 vol. in-12, réimprimée avec des pièces en 5 volumes. Les préjugés et les opinions de l'auteur y prennent souvent la place de l'histoire. On voit à la tête de l'édition de 1696 un plan du siége de la Rochelle, très-bien exécuté, dans le goût de Callot; beaucoup d'*écrits polémiques*; dans lesquels règnent très souvent la présomption et l'aigreur; *Opera philosophica*, Amsterdam, 1710, 4 vol. in-12; *Compendium historiæ universalis*, Amsterdam, 1698, in-8 (voyez NICERON, t. 40, p. 294 et 362), et sa *Vie* en latin, par lui-même, Amsterdam, 1711, in-8.

CLERC(Le), prêtre du diocèse de Séez, fut choisi pour député du clergé du bailliage d'Alençon aux Etats-Généraux, en 1789. A l'occasion de la constitution civile, il manifesta hautement sa foi et son attachement à l'Eglise. Ce fut lui que le président appela le troisième pour prêter le serment, dans la séance du 4 janvier 1791. Sa réponse est remarquable par sa noble simplicité : *Je suis né*, dit-il, *dans la religion catholique, apostolique et romaine; je veux y mourir, et je ne le pourrais pas en prêtant le serment que vous me demandez.* L'abbé Le Clerc émigra et se fixa à Londres, où il se rendit fort utile à ses compagnons d'exil par l'estime et la bienveillance qu'il sut inspirer aux Anglais. Rentré en France, il devint vicaire-général de Séez, depuis 1812 jusqu'en 1819 : huit années pendant lesquelles le siége resta vacant. Mgr Saussol, installé le premier novembre 1819, lui conféra les fonctions de vicaire-général. Il mourut à Séez, aimé et vénéré de tous, le 24 janvier 1832, à l'âge de quatre-vingt-neuf ans.

CLERC DE BAUBERON, ou PAUPÉRON (Nicolas-François Le), né à Condé-sur-Noireau en 1714, mort le 4 décembre 1790, professa la théologie à Caen pendant cinquante ans. Il est connu par plusieurs ouvrages dont le principal a pour titre : *Tractatus theologico-dogmaticus de homine lapso et reparato*, Luxembourg, 1777, 2 vol. in-8, ouvrage de théologie savant et profond : c'est un des meilleurs Traités sur l'incarnation du Verbe.

CLERC DU TREMBLAI. (Voyez JOSEPH.)

CLERCK (Jean), d'une autre famille que celle de Jean Clerck, évêque de Bath.

Lorsqu'il eut fait ses études dans l'Université d'Oxford, il voyagea sur le continent, et il s'appliqua à l'étude des langues modernes, particulièrement la française. A son retour en Angleterre, il devint secrétaire du duc de Norfolk. Son zèle pour la religion catholique lui attira de fréquentes persécutions sous les règnes de Henri VIII et d'Edouard VI. Clerck fut mis en prison, et on le trouva étranglé avec sa fille, le 10 mai 1552. On a de lui : *Opusculum plané divinum de mortuorum resurrectione, et extremo judicio in quatuor libris succincte conscriptum*, latiné, anglicé, italicé, gallicé, Londres, 1545, in-4; *Déclaration de certains articles, avec l'exposition des erreurs capitales sur la même question*, ibid., 1546, in-8; *Méditations sur la mort; De italica declinatione verborum; Traité de la noblesse*, traduit du français.

CLERC (Jean), évêque de Bath, mort en 1540, fut chargé de deux missions importantes sous le règne de Henri VIII, roi d'Angleterre : la première à Rome, pour offrir à Léon X l'ouvrage qui valut à Henri VIII le titre de *Défenseur de la foi*; et la deuxième près du duc de Clèves, auquel Henri faisait annoncer sa résolution de se séparer d'Anne de Clèves. Clerck est auteur d'une *Défense du divorce de Henri VIII avec Catherine d'Aragon*, d'un *Recueil de lettres* écrites pendant son séjour à Rome, et de quelques *Discours* et *Harangues*.

CLERFAYT (François-Sébastien-Charles-Joseph de Croix, comte de), feld-maréchal des armées autrichiennes, naquit au château de Bruille, en Hainaut, le 14 octobre 1733. Prague, Lissa, Hochkirchen et Lignitz furent les premiers témoins de sa valeur, pendant la *guerre de sept ans*; les campagnes de 1788 et de 1789 contre les Turcs lui fournirent l'occasion d'acquérir une nouvelle gloire; mais la guerre contre la France mit le sceau à sa réputation. Il s'empara, en 1792, de la Croix-aux-Bois, de Longwy, de Stenay, protégea les opérations du roi de Prusse et du duc de Brunswick, et fit une savante retraite après la bataille de Jemmapes. Placé sous le commandement du prince de Cobourg, il obtint de brillants avantages à Quievrain, à Hanson, à Famars. Il commandait l'aile gauche de l'armée impériale à la bataille de Nerwinde, et décida de son succès. Opposé ensuite dans la West-Flandre au général Pichegru, il lui disputa le terrain pas à pas, malgré l'inégalité de ses forces, et ce ne fut qu'après sept combats qu'il le laissa maître du pays. Pendant la campagne de 1795, il attaqua successivement es trois armées françaises, les força à la retraite et fit lever le siége de Mayence. Clerfayt poursuivait avec chaleur sa victoire, lorsque l'archiduc Charles vint prendre le commandement des armées autrichiennes. Il fut reçu à Vienne avec enthousiasme par le peuple, et comblé de faveurs par la cour. Bientôt après, il fut appelé à faire partie du conseil aulique de guerre, et mourut le 17 juillet 1798, avec la réputation d'un des généraux les plus savants et les plus habiles qui aient été opposés aux Français pendant leur révolution.

CLÉRISSEAU (Charles-Louis), architecte, mort à Auteuil le 19 janvier 1820, à 99 ans. Il était doyen de l'ancienne académie de peinture et de sculpture de Paris, membre de celle de Londres, de Saint-Pétersbourg, et prenait le titre de premier architecte de Catherine II. Il a publié: *Antiquités de la France, monuments de Nîmes*, 1778, in-fol. avec 42 planches; nouv. édit., Paris, Didot, avec le texte historique et descriptif, par Legrand, gendre de Clérisseau, 1806, 2 vol. très-grand in-fol. dont le second contient 65 planches. La première édition a l'avantage de contenir les premières épreuves; mais on peut se procurer séparément le texte et les 24 planches supplémentaires.

CLERMONT-GALLERANDE (Charles-Georges, marquis de), issu de l'ancienne et illustre maison de Clermont, de la province d'Anjou, émigra, et se rendit à Coblentz; mais il revint bientôt auprès du roi, et resta à ses côtés pendant la journée du 10 août. Il fut enfermé sous le règne de la terreur, et ne recouvra sa liberté qu'après le 9 thermidor. Il resta ignoré pendant plusieurs années; mais la journée du 18 brumaire lui fit naître la pensée que Bonaparte, imitant le rôle de Monck, ne s'était emparé du pouvoir que pour le restituer au chef de l'ancienne dynastie. Il essaya donc de nouer une négociation sur ce plan; mais les intermédiaires qu'il employa furent exilés: et lui, quoique investi des pouvoirs du roi, ne fut jamais inquiété. Le marquis de Clermont continua à vivre dans le silence et la retraite tout le temps que dura le règne de Bonaparte. A la restauration, le roi le comprit dans la première promotion de pairs, l'éleva au grade de lieutenant-général, et lui donna la grande croix de Saint-Louis. Il est mort le 19 avril 1823, et a laissé en manuscrit des *Mémoires particuliers pour servir à l'histoire de la révolution qui s'est opérée en France en 1789*, qui ont été publiés après sa mort, en 3 vol. in-8, par le marquis

de Fontenille, dont le marquis de Clermont avait adopté la fille.

CLERMONT-TONNERRE (Stanislas, comte de), petit-fils du maréchal de ce nom, né en 1747, était colonel avant la révolution. Il fut député aux Etats-Généraux par la noblesse de Paris, et abandonna son ordre dès le commencement de l'assemblée, pour se réunir aux députés du tiers-état. Ses vues populaires et son éloquence vive et animée lui acquirent un ascendant dont Mirabeau lui-même se montra plusieurs fois jaloux. Admirateur enthousiaste de la constitution anglaise, le comte de Clermont-Tonnerre voulut en faire prévaloir le système au comité chargé de donner une constitution à la France; mais son projet fut rejeté. Il figura aussi parmi ceux qui demandèrent la spoliation du clergé, et dans la fameuse nuit du 4 août 1789 il adhéra à tous les décrets d'abolition de priviléges; il fit ensuite accorder le droit de cité aux protestants, aux juifs, aux comédiens, et vota l'institution des jurés. Il s'éleva, peu de temps après, contre les menaces que se permettaient envers les députés les rassemblements du Palais-Royal, et proposa d'investir le roi de toute la puissance exécutive, afin qu'il pût réprimer les troubles toujours croissants. Il vota aussi pour que le droit de paix et de guerre fît partie de la prérogative royale; enfin pour opposer un contrepoids à la puissance effrayante du club, dit des *Jacobins*, il en fonda un autre sous le nom de *Club des amis de la monarchie*; mais Barnave dénonça cette réunion comme une assemblée de conspirateurs, et les membres qui la composaient furent obligés de se séparer. Le comte de Clermont-Tonnerre, qui avait déjà perdu de sa popularité par ses principes de modérat on et par les efforts qu'il faisait pour défendre les ruines de la monarchie, resta en butte à l'animadversion populaire; et après plusieurs émeutes dirigées contre lui, quoiqu'il eût envoyé son serment de fidélité à l'Assemblée, il tomba sous le coup des assassins le 10 août 1792.

CLERMONT-TONNERRE (Anne-Antoine-Jules de), cardinal, archevêque de Toulouse, né le premier janvier 1749, embrassa l'état ecclésiastique, fut de la maison et société de Sorbonne, et reçut le bonnet de docteur le 24 juin 1782. Au sortir de sa licence, il devint grand-vicaire de Besançon, et fut pourvu de l'abbaye de Munstier-en-Der, diocèse de Châlons. Le roi le nomma à l'évêché de Châlons, en remplacement de Mgr de Juigné qui passait au siége de Paris. Député aux

Etats-Généraux, Mgr de Clermont-Tonnerre vota avec tous ses collègues et signa
toutes les protestations du côté droit, ainsi
que l'*Exposition des principes des évêques*. Il parut sous son nom, sur les matières controversées, une *Lettre pastorale du
14 janvier 1791*, et une *Instruction pastorale et ordonnance du 28 mai suivant* :
celle-ci est un des écrits les plus remarquables qui furent alors publiés ; mais on
l'attribue à Mgr de Boulogne, alors grand-
vicaire de Châlons. Après la session, Mgr
de Clermont-Tonnerre quitta la France
et se retira en Allemagne, où il signa, en
1798, l'*Instruction des évêques émigrés
sur les atteintes portées à la religion*. En
1801, il donna sa démission et revint en
France, où il vécut dans la retraite jusqu'en 1814. A cette époque, le roi Louis
XVIII le créa pair de France ; en 1817, il
le nomma de nouveau à l'évêché de Châlons, mais le siége n'ayant pas été rétabli, Mgr de Clermont-Tonnerre ne put en
prendre possession ; enfin, en 1820, il fut
promu à l'archevêché de Toulouse, et au
mois de décembre 1822, revêtu de la pourpre romaine. Après la mort de Pie VII, il
se rendit au conclave pour l'élection d'un
nouveau Pape ; il publia de Rome, où
il se trouvait, une *Lettre pastorale*, dans
laquelle il semblait attaquer les prétendues libertés de l'Eglise gallicane. Le ministère le dénonça au conseil d'Etat, et
elle fut supprimée par une ordonnance
royale, sous prétexte d'*abus*. En 1824, il
eut une nouvelle occasion de montrer son
zèle pour l'indépendance de l'Eglise. Le
gouvernement avait demandé que les
directeurs et professeurs des séminaires
donnassent leur adhésion à la *Déclaration de 1682* ; non seulement il refusa
d'accéder à cette injuste prétention du
pouvoir civil, mais il écrivit à plusieurs
évêques qui l'avaient consulté, qu'ils devaient considérer l'obligation comme non
avenue ; sa lettre fut insérée dans la *Quotidienne*, et le gérant du journal fut condamné à l'amende. L'archevêque de Toulouse opposa encore la plus vive résistance aux ordonnances du 16 juin 1828,
qui soumettaient les petits séminaires au
régime de l'Université et défendaient l'enseignement aux Ordres religieux non reconnus par l'Etat. Comme le ministre
insistait pour qu'il se soumît aux mesures nouvellement décrétées, il lui répondit par cette lettre : « Monseigneur, la
« devise de ma famille, qui lui a été
« donnée par Callixte II, en 1120, est
« celle-ci : *Etiamsi omnes, ego non*. C'est
« aussi celle de ma conscience. » Le roi,
voulant lui montrer combien il désap-
prouvait cette indépendance de conduite

et de langage, lui fit notifier qu'il eût à
s'abstenir de paraître à la cour. Cependant les conseils du Saint-Siége ayant ramené la modération dans les esprits,
Mgr de Clermont-Tonnerre rouvrit son
séminaire qu'il avait fermé pendant six
mois. En 1829 il voulut, malgré son grand
âge, se rendre au conclave où le pape
Pie VIII fut nommé ; dans son voyage
il fit une chute qui donna les plus vives
inquiétudes. Cependant il se rétablit, et
retourna dans son diocèse pour présider
à l'ouverture du jubilé. Mais le 21 février
1830, il succomba aux atteintes d'une
courte maladie. Son Oraison funèbre a
été prononcée par le P. Mac-Carthy. Mgr
de Clermont-Tonnerre unissait à une rare
fermeté de caractère une grande douceur
et des manières aimables qui rendaient
un accès facile ; il avait l'esprit cultivé
et une finesse qui donnait beaucoup de
charme à ses entretiens. Ses *Mandements*
protestent tous contre l'invasion croissante de l'irréligion ; ils flétrissent la liberté de la presse, inséparable de la licence.

CLÉRY (Jean-Baptiste Cant Hanet),
valet de chambre de Louis XVI, naquit
1759, à Jardy-les-Vaucresson, près Versailles, mort le 27 mai 1809, à Hitzing,
près Vienne en Autriche, s'illustra par
son dévouement envers Louis XVI, prisonnier au Temple. La reconnaissance
du roi, consignée dans son *Testament*,
récompensa les soins de ce serviteur
fidèle. Avant de quitter la tour, Louis lui
confia, pour les remettre à la famille
royale, quelques objets précieux, tels
que son anneau de mariage, un cachet
de montre et un petit paquet de cheveux de sa femme, de sa sœur et de ses
enfants. Cléry, étroitement resserré depuis le 21 janvier, recouvra la liberté pour
quelque temps ; mais il fut incarcéré de
nouveau, comme suspect, après la journée
du 31 mai 1793 ; il ne fut rendu à sa
famille qu'après la chute de Robespierre,
le 10 août 1794. Aussitôt Cléry alla rejoindre *Madame*, à Wels, sur la route
de Vienne. Elle le chargea d'une mission,
à Vérone, auprès de Louis XVIII, et
successivement de quelques autres missions secrètes en Allemagne et en Italie.
Cléry retraça le tableau de la captivité
de Louis XVI dans un ouvrage intitulé :
*Journal de ce qui s'est passé à la tour du
Temple pendant la captivité de Louis XVI,
roi de France*, imprimé à Londres, en
anglais, en français et en italien. On
attribue la rédaction de ce *Journal* à la
comtesse de Schomberg. Il a été traduit
dans presque toutes les langues de l'Europe ; mais les éditions publiées sous le

late de 1800, et sous la rubrique de Londres, in-8 et in-12, ont été altérées.

CLICTHOUE (Josse), *Jodocus Clichtoveus*, natif de Nieuport en Flandre, docteur de Sorbonne, mort théologal de Chartres l'an 1543, fut un des premiers qui combattirent Luther. Son *Anti-Lutherus*, Paris, 1524, in-fol., est estimé. Si à critique et la science des langues ne lui avaient manqué, il aurait été mis au rang des meilleurs controversistes. Il possédait l'Écriture et avait beaucoup lu les Pères. Il réfute l'erreur avec solidité, sans s'emporter contre les errants. Son latin est plus pur que celui des scolastiques, et moins élégant que celui de plusieurs orateurs de son temps. On peut lire encore ses ouvrages avec fruit : Érasme les appelle une source abondante de bonnes choses : *Uberrimum rerum optimarum fontem*. Parmi ses nombreux ouvrages, on remarque : *Defensio Ecclesiæ romanæ contra Lutheranos*, Paris, 1526, in-fol. ; *De veneratione sanctorum*, Cologne, 1526, in-4 : il y prend la défense du concile de Paris, auquel il avait eu beaucoup de part ; *Elucidatorium ecclesiasticum*, Paris, 1516, in-fol : cet ouvrage a eu un grand nombre d'éditions, dont la dernière est de Cologne, 1732 ; *De necessitate peccati Adæ et felicitate culpæ ejus*, Paris, 1519, in-4 ; *De officio regis*, ibid., in-4 ; *De vita et moribus sacerdotum*, ibid., 1520, in-4 ; *De vera nobilitate*, ibid., 1620, ouvrage d'un grand mérite, qui a été traduit en français par l'abbé Méry, Paris, 1761 in-12, et par un anonyme, Lyon, 1633, in-8.

CLIMAQUE. (Voyez JEAN.)

CLINIAS, père d'Alcibiade, fit revivre l'hospitalité entre les Athéniens et les Lacédémoniens. Il se signala dans la guerre de Xercès sur une galère armée à ses dépens, et fut tué à la bataille de Coronée, l'an 447 avant J.-C.

CLINIAS, pythagoricien, qui vivait vers l'an 520 avant l'ère chrétienne, égaya les leçons de la philosophie par les charmes de la musique. Il était d'un naturel prompt et bouillant ; mais il trouvait dans les sons de sa lyre un lénitif qui calmait les mouvements de sa colère. Il avait coutume de s'écrier dans ces occasions : *Je m'adoucis !*

CLISSON (Olivier de), connétable de France en 1380, sous Charles VI, élève de Bertrand du Guesclin, était breton comme lui. Il porta, d'abord, les armes contre la France ; mais Charles V l'attira à son service par de fortes pensions et par l'espérance des grandes charges de la couronne. Il commandait l'avant-garde à la fameuse bataille de Rosbecq,

en 1382, contre les Flamands, qui y perdirent 25,000 hommes. Cinq ans après, s'étant rendu auprès du duc de Bretagne, celui-ci le fit arrêter, après l'avoir accablé de caresses. Il ordonna à Bavalan, capitaine de son château de l'Hermine, de le coudre dans un sac et de le jeter dans la mer. Bavalan, comptant sur les remords du duc, ne crut pas devoir exécuter son ordre. Son maître, revenu à lui-même, rendit son prisonnier ; mais ce ne fut qu'après avoir reçu une grosse rançon. Ils se réconcilièrent depuis si sincèrement, que Jean V, en mourant, laissa ses enfants sous la garde de Clisson. Il méritait cette confiance par son exacte probité ; car Marguerite, duchesse de Penthièvre, sa fille, ayant voulu lui insinuer de se défaire de ses pupilles, pour mettre la couronne ducale de Bretagne sur la tête de Jean de Blois son époux, Clisson fut si indigné de cette horrible proposition, que la duchesse aurait éprouvé les effets de sa colère, si elle ne se fût retirée aussitôt de sa présence. Le connétable, de retour en France, s'occupa du projet de chasser les Anglais du royaume, lorsque Pierre de Craon, à la tête d'une vingtaine de scélérats, fondit sur lui la nuit du 13 au 14 juin 1391. Clisson, après s'être défendu assez longtemps, tomba de cheval, percé de trois coups, et laissé pour mort par les assassins. Les blessures n'étaient pas dangereuses, et il en guérit. Le roi Charles VI, peu de temps après, fut attaqué de ses accès de frénésie. Les ducs de Bourgogne et de Berry, régents du royaume, dépouillèrent le connétable de toutes ses charges, après l'avoir condamné au bannissement perpétuel, et à une amende de cent mille marcs d'argent. Il se retira en Bretagne, et mourut dans son château de Josselin, en 1407, aimé des gens de guerre auxquels il permettait tout, et haï des grands qu'il traitait avec hauteur. On le comparait à du Guesclin pour le courage ; mais il lui était supérieur par l'art de se ménager des ressources, et de former des projets favorables à son ambition.

CLISTHÈNES, magistrat d'Athènes, de la famille des Alcméonides, fit un nouveau partage du peuple. Il le divisa en dix tribus, au lieu de quatre, et fut l'auteur de la loi connue sous le nom d'*ostracisme*, par laquelle on condamnait un citoyen au bannissement, de peur qu'il ne devînt le tyran de sa patrie. Le nom d'*ostracisme* vient du mot *ostrakon*, qui signifie écaille, parce que c'était sur une écaille qu'on écrivait le nom du proscrit. Clisthènes fit chasser par cette loi le tyran Hippias, et rétablit la liberté de la république, l'an 510 avant J.-C. Il était aïeul de Périclès,

CLITOMAQUE, philosophe de Carthage, quitta sa patrie à l'âge de 40 ans. Il se rendit à Athènes, où il fut disciple et successeur, de Carnéade, vers l'an 150 avant J.-C. Il avait composé un grand nombre d'*ouvrages* qui sont perdus, et dont on faisait cas.

CLITUS, frère d'Hellanis, nourrice d'Alexandre-le-Grand, se signala sous ce prince et lui sauva la vie au passage du Granique. Un satrape allait abattre d'un coup de hache la tête du héros, lorsque Clitus coupe d'un coup de sabre le bras prêt à frapper : ce service lui gagna l'amitié d'Alexandre. Il jouissait de sa confiance et de sa familiarité. Un jour ce roi s'étant mis à exalter ses exploits et à rabaisser ceux de Philippe son père dans un accès d'ivresse, Clitus, qui apparemment n'était pas moins échauffé, indigné de ce monopole de gloire, osa relever les actions de Philippe, aux dépens de celles de son fils : il alla jusqu'à lui reprocher la mort de Philotas et de Parménion. Alexandre, dans le feu de la colère et du vin, le perça d'un javelot, en lui disant : « Va-t-en donc aussi rejoindre Philippe, Parménion et Philotas, » Quand la raison lui fut revenue, et qu'il vit Clitus noyé dans son sang, il voulut s'immoler à ses mânes ; les philosophes Calisthènes et Anaxarque l'en empêchèrent : on sait que cette sorte d'hommes est toujours plus prompte à secourir les rois que les victimes de la royale colère. Il y a, d'ailleurs, toute apparence que la démonstration de vouloir se tuer n'était dans Alexandre, devenu un tyran et un monstre, qu'une hypocrisie poltrone, et qu'il s'attendait bien à cette philosophique opposition.

CLODION-LE-CHEVELU, successeur de Pharamond, son père, vers l'an 420, passe pour le second des rois de France. Il prit Tournay, Cambrai, et étendit ses conquêtes jusqu'à la Somme. Mais Clodion s'étant conduit avec autant de sécurité que s'il n'eût pas été en pays conquis, Aétius accourut, pendant qu'il se savait livré avec ses capitaines aux plaisirs de la table et à la joie la plus tranquille, le surprit et le défit. Clodion, reprenant ensuite courage, se rendit maître de l'Artois et d'Amiens, et mourut en 448.

CLODIUS (Publius), sénateur romain, mauvais citoyen et ennemi de la république, fut surpris en un rendez-vous avec Pompéia, femme de César, dans la maison même de son mari, où l'on célébrait ce jour-là les mystères de la Bonne-

Déesse. On sait qu'il était défendu aux hommes d'y paraître. Clodius s'y introduisit déguisé en musicienne. On lui fit son procès ; il corrompit ses juges à force d'argent et fut absous. Clodius, devenu tribun, fit exiler Cicéron, et fut tué ensuite par Milon, l'an 53 avant J.-C. Cicéron se chargea de la défense du meurtrier, qui n'en fut pas moins exilé à Marseille.

CLODOMIR, fils de Clovis et de Clotilde, héritier du royaume d'Orléans, fit la guerre à Sigismond roi de Bourgogne, le fit prisonnier, le fit mourir et fut tué lui-même en 524, dans un combat qu'il livra à Gondemar, devenu roi de Bourgogne après la mort de saint Sigismond. Clodomir laissa trois enfants de sa femme Gonduque ; les deux premiers, Gontaire et Théodebalde, furent massacrés par Childebert et Clotaire, leurs oncles. Le troisième, Clodoald, se sauva dans un cloître, et s'y sanctifia. (Voyez saint CLOUD).

CLOOTZ (Jean-Baptiste du Val-de-Grace), baron prussien, né à Cleves le 24 juin 1755, était neveu du fameux Corneille de Paw, écrivain érudit, mais penchant vers les opinions singulières. Héritier d'une fortune considérable, Clootz fut envoyé à Paris à l'âge de 11 ans pour y faire ses études, et il eut pour maîtres les littérateurs les plus renommés. Doué d'un esprit vif, d'une imagination ardente, il se lia de prédilection avec les écrivains philosophes qui exaltèrent encore son imagination, et il se mit en tête de réformer les peuples et les États. Dans cette idée, il lut sans réflexion et sans fruit les législateurs anciens, et se crut destiné à marcher sur leurs traces en perfectionnant leurs systèmes. Il changea alors son prénom en celui d'un ancien philosophe, et parcourut successivement l'Angleterre, l'Allemagne, l'Italie, sous le nom d'*Anacharsis Clootz*, prodiguant partout sa fortune et ses folles idées ; il revint au commencement de la révolution à Paris, où il prit le titre d'*orateur du genre humain*, et renonça pour jamais à sa patrie, au titre qu'il portait et à ses priviléges. Il assiégea presque aussitôt l'Assemblée nationale de pétitions, de félicitations, et, pour leur donner plus de poids, il fit répandre un jour le bruit que toutes les nations de l'univers avaient envoyé à l'Assemblée nationale des députés pour la féliciter. Une séance du soir fut indiquée pour recevoir cette députation, ou plutôt cette mascarade, connue sous le nom d'*ambassade du genre humain*, et qui fut composée de Clootz, d'un journaliste anglais

ni se trouvait alors à Paris, de quelques
alots mulâtres et nègres, et autres per-
onnes de ce genre qu'on avait affublées
le costumes étrangers. Cette députation,
à Clootz porta la parole *au nom du genre
humain*, fut reçue avec gravité, et plusieurs la crurent véritable. Après la jour-
de du 10 août, Clootz se livra sans ré-
erve, à son délire; il attaqua non seule-
nent tous les rois, mais il se déclara
hautement l'ennemi *personnel du Jésus-
Christ*. Nommé député à la Convention
n septembre 1792, par le département
le l'Oise, sa fureur contre les souverains
le connut plus de bornes; il exalta l'action
d'Anckarstroem, assassin du roi de Suède, demanda que la tête de son souverain, qu'il appelait le *Sardanapale du
Nord*, fût mise à prix ainsi que celle du
duc de Brunswick, et vota la mort de
Louis XVI *au nom du genre humain*. De-
enu suspect à Robespierre, il fut arrêté
comme hébertiste, et condamné à mort
le 24 mars 1794. Il conserva son caractère
jusqu'à son dernier moment, et demanda d'être exécuté après tous ses complices, afin, dit-il, d'avoir le temps d'é-
tablir certains principes pendant qu'on
ferait tomber leurs têtes. »

CLOPINEL, ou Jean de MEUN, naquit à Mehun en 1280, et fut appelé *Clopinel*, parce qu'il était boiteux. Il s'appliqua à la théologie, à la philosophie,
l'astronomie, à la chimie, à l'arithmé-
ique, et surtout à la poésie. Il amusa la
cour de Philippe-le-Bel, par son esprit
et par son enjouement. Il s'était d'abord
fait connaître par quelques petites pièces.
Le roman de la *Rose* lui étant tombé entre les mains, il résolut de le continuer:
Guillaume de Lorris, premier auteur de
cet ouvrage, n'avait pas pu l'achever. L'a-
mour profane, la satire, la morale et
l'érudition, mais surtout les deux premiers, y règnent tour à tour. C'est un
cas informe de satires, de contes, de
aillies, de grossièretés, de traits moraux
et d'ordures. Pour un moment de plaisir qu'on aura en le lisant, on rencon-
rera cent instants d'ennui. Il y a une
naiveté qui plaît, parce qu'elle n'est plus
de notre siècle; voilà tout son mérite,
quoi qu'en dise l'abbé Lenglet qui nous
a donné une édition de ce roman en 1785,
3 vol. in-12. (Voyez MOLINET). Clopinel
a fait encore une *Traduction* du livre *De
la consolation de la philosophie*, par le
célèbre Boèce, 1494 in-folio; un autre
les *Lettres* d'Abailard; un petit ouvrage
sur *les réponses des sybilles*, etc. On croit
qu'il mourut vers l'an 1364.

CLOPPENBURG (Jean), né à Amsterdam le 13 mai 1597, visita presque
toutes les Universités protestantes de l'Europe. De retour dans sa patrie, il exerça
l'emploi de ministre en plusieurs endroits, fut professeur en théologie, et
prédicateur de l'Université de Franeker,
où il mourut en 1652. Il publia plusieurs
ouvrages qui ont été presque tous recueillis par Jean de Marck, son petit-fils, sous
ce titre: *J. Cloppenburgii theologica opera omnia*, Amsterdam, 1684, 2 vol. in-4.
Ils renferment des dissertations, entre
autres sur les sacrifices des patriarches,
sur le jour que Jésus-Christ et les Juifs
ont mangé l'agneau pascal, sur quelques
passages difficiles de l'Ancien et du Nouveau-Testament, contre les anabaptistes
et les sociniens, sur l'usure, etc. Ces écrits
montrent qu'il était versé dans les langues savantes et dans la critique sacrée.
On fait moins de cas, même chez les protestants, de ses écrits polémiques. Quelques-unes de ses dissertations ont trouvé
place dans les *Critici sacri*.

CLOQUET (Hippolyte), savant médecin naturaliste, né à Paris en 1787, mourut en février 1840. Il professa le cours
de physiologie à l'Athénée, et le succès
qu'il y obtint lui fit ouvrir les portes
de l'Académie royale de médecine. Voici
ses principaux ouvrages, outre une foule d'articles dans les journaux de médecine et dans le *Dictionnaire des sciences naturelles*, dont il a rédigé en entier
la partie des reptiles et des poissons:
Traité d'anatomie descriptive, 1815; 2e
édition, 1824, 2 vol. in-8; *Osphrisiolo-
gie*, ou *Traité des odeurs des sens et des
organes de l'olfaction*, 1821, in-8; *Faune
des médecins*, ou *Histoire des animaux et
de leurs produits*, etc., 1822 et années
suivantes, 6 vol. in-8, fig.; *Traité complet de l'anatomie de l'homme, comparée
avec celle des animaux*, 1825, in-4. Cloquet termina le *Système anatomique*,
commencé par Vicq d'Azyr, pour l'*Encyclopédie méthodique*, 1792-1828, 4 vol.
in-4.

CLORIVIÈRE (Pierre-Joseph Picot
de) naquit à Saint-Malo, le 29 juin 1735:
il fut envoyé de bonne heure au collége
de Douai, tenu par des Bénédictins anglais, et, à la fin de ses études, entra
dans la marine, pour y renoncer bientôt et embrasser de préférence le droit.
Il ne tarda pas à quitter le monde, et
entra au noviciat des Jésuites de Paris,
le 14 août 1756, fit ses premiers vœux
en 1758; puis fut envoyé à Compiègne,
pour y professer les humanités. Quand
le Parlement supprima les Jésuites
(1762), le P. de Clorivière se retira à Liège, au collége des Jésuites anglais, et y
étudia la théologie: bientôt après, il se

vit promu au sacerdoce, et comme le prince-évêque de Liége ne publia, que le 5 septembre 1773, la bulle d'extinction de la Compagnie de Jésus, le P. de Clorivière profita de ce délai pour faire ses vœux, malgré les orages soulevés contre les disciples de saint Ignace. Obligé ensuite de quitter l'habit de son Ordre, il passa en Angleterre, puis revint en France, et, en 1778, remplissait, à Paris, les fonctions de directeur d'une maison de Carmélites. Une certaine difficulté d'organe l'éloignant de la chaire chrétienne, il s'appliqua (et le fit avec un succès digne de sa piété) à diriger quelques communautés religieuses, de pieuses réunions d'hommes et de femmes, de filles pénitentes, de nouveaux convertis. En 1780, son évêque Mgr de Laurens, l'emmena de Paris, et lui confia une paroisse voisine de Saint-Malo. Mgr Cortois de Pressigny, successeur de ce Pontife, lui confia la direction du collége de Dinan, et le nomma son grand vicaire. Au bout de quelques années, le P. de Clorivière résolut de se vouer aux missions et passa en Amérique, où la Compagnie de Jésus avait conservé une sorte d'existence ; mais il ne put accomplir son projet. Dieu le réservait pour des œuvres aussi importantes que celles des missions lointaines. Il se tint caché, à Paris, pendant tout le régne de la terreur, et jusqu'en 1800, il ne cessa jamais de remplir les fonctions de son ministère sacré. Le P. de Clorivière s'occupa surtout d'établir les sociétés religieuses du Cœur de Jésus et du Cœur de Marie ; les fréquents voyages qu'il fit dans ce but parurent, au gouvernement de Napoléon, cacher des machinations politiques, et le pieux missionnaire fut jeté au Temple, le 5 mai 1804, où il se vit détenu quatre ans : de là on le transféra dans une maison de santé. Comme il apprit que le Saint-Siége, par des brefs de 1801 et 1804, avait confirmé la Compagnie de Jésus dans la Russie, il trouva le moyen d'écrire au P. Grubert, général de l'Ordre, qu'il voulût bien le mettre au rang des membres de la Société de Saint-Ignace. Le P. Barzozouski, successeur du P. Grubert, lui répondit selon ses vœux, mais l'engagea à rester en France. Il ne recouvra sa liberté que le 11 avril 1809, et ce fut lui que le général des Jésuites nomma Provincial de France, lorsque le Pape, par sa Bulle du 7 août 1814, eut rétabli les Jésuites. Il fit tout ce qui dépendit de lui pour relever un Ordre fameux qui avait rendu à la religion et aux lettres des services éminents, et

qui succomba sous les coups des philosophes, sans profit pour le trône et l'autel, que leur extinction, avait-on répété par toute l'Europe, devait si merveilleusement préserver de toute catastrophe. Le P. de Clorivière mourut le 9 janvier 1820. Ce religieux, d'un zèle et d'une piété si remarquables, a composé plusieurs ouvrages, soit avant, soit après la révolution. Encore jeune, il avait écrit un grand nombre de pièces de vers, sur différents sujets, notamment contre la philosophie des encyclopédistes. Au commencement de la révolution, il donna un petit poëme moral en trois chants, sur le Véritable amour de la patrie ; une dissertation sur les Droits de l'homme, et des pensées détachées sur les Signes du progrès et du déclin des lumières dans une nation ; il avait traduit en vers, le Paradis perdu de Milton, écrit un poëme latin, plein d'élégance et de finesse, qui était intitulé Rex mætutina. On a de lui un grand nombre de Cantiques, dont plusieurs ont été imprimés dans beaucoup de recueils. En 1772, à la prière des Ermites du Mont-Valérien, il écrivit des Considérations sur l'exercice de la prière et de l'oraison, qu'il ne fit imprimer qu'en 1802, à Paris, 1 vol. in-12. Pendant qu'il était curé de Paramé, aux portes de Saint-Malo, il composa la Vie de M. Grignion de Montfort, missionnaire apostolique, fondateur des Missionnaires du Saint-Esprit et de la Congrégation des Filles de la Sagesse, mort en odeur de sainteté, à Saint-Laurent-sur-Sèvre, le 28 avril 1716 ; cet ouvrage vit le jour à Paris, en 1785, in-12. L'auteur avait déjà donné, en 1779, le Modèle des Prêtres, ou Précis de la vie de M. de Sermin, Paris, in-12 ; vers le même temps, il publia plusieurs opuscules pieux, entre autres, un Exercice de dévotion à saint Louis de Gonzague. En 1809, à sa sortie du Temple, il fit imprimer, à Paris, en 3 vol. in-12, une Explication des Épîtres de saint Pierre, ouvrage dans lequel il n'y a presque pas un mot du texte de l'Apôtre qui ne soit pesé, expliqué, ou qui ne donne lieu à des détails nourris de science sacrée et d'édification. On a imprimé, en un petit in-18 de 56 pag., la Vie du R. P. de Clorivière, Nantes, impr. de Vve Rethy, sans date. C'est de là que nous avons tiré cette Notice.

CLOT (Joseph-François du), savant ecclésiastique du diocèse de Genève, né en 1745, à Viuz-en-Sallaz, fut d'abord destiné à diriger une mission dans le Canada ; mais ce projet n'ayant pas eu lieu, il fut successivement chanoine de Lautrec en Languedoc, curé de Colonges près de Genève, et de Winz en Savoie. Il est mort en 1821. On lui doit : *Explication historique, dogmatique et morale de toute la doctrine chrétienne contenue dans le catéchisme du diocèse de Genève*, 7 vol. in-8, 1795; 2° édition; 1824; *La sainte Bible vengée des attaques de l'incrédulité, et justifiée de tout reproche de contradiction avec la raison, avec les monuments de l'histoire, des sciences et des arts; la physique, la géologie, la chronologie, la géographie, l'astronomie*, etc., Lyon, 1816, 8 vol. in-8, réimprimé plusieurs fois. L'abbé du Clot, en publiant cet ouvrage, a rendu un service important à la religion. Avant lui, de savants ecclésiastiques avaient réfuté les détracteurs de la Bible; mais aucun n'avait entrepris d'en venger l'ensemble, et de réunir dans un même livre les preuves et les faits qui peuvent détruire les objections tant anciennes que modernes des incrédules; il s'est surtout attaché à combattre Voltaire, parce qu'il est, de tous nos écrivains, celui qui a montré le plus d'ardeur et de malignité contre la Bible et contre les faits qu'elle rapporte. Il relève ses erreurs, ses contradictions, sa mauvaise foi, ses chicanes, ses puérilités. Il s'élève aussi de temps en temps à des considérations générales, et il traite quelques questions importantes, telles que la création, le péché originel, la croyance de l'immortalité de l'âme, le déluge. L'abbé du Clot commence par réfuter, sous le simple titre d'*Observations préliminaires*, les objections et les difficultés, soit physiques, soit historiques, des incrédules, contre l'authenticité des écrits de Moïse. Ces observations renferment aussi plusieurs discussions intéressantes sur le récit de Moïse, sur l'antiquité du monde, sur les systèmes géologiques, sur l'*Origine des cultes*, de Dupuis, sur les explications de Guérin du Rocher, sur les chronologies chinoises et indiennes, et sur d'autres points importants.

CLOTAIRE Ier, quatrième fils de Clovis et de Clotilde, roi de Soissons en 511, joignit ses armes à celles de Clodomir et de Childebert contre Sigismond, roi de Bourgogne. Il suivit Thierri à la guerre contre le roi de Thuringe, s'unit ensuite avec son frère Childebert, et fit de concert avec lui une course en Espagne en 542. Après la mort de Thierri, Clotaire eut le royaume d'Austrasie, et après celle de Childebert en 558, il réunit tout l'empire français. Il se signala contre les Saxons et les Thuringiens, et mourut à Compiègne en 561. L'année d'auparavant, Chramne, son fils naturel, s'était

révolté. Son père, l'ayant surpris les armes à la main, le brûla avec toute sa famille, dans une cabane où il les avait fait renfermer. Le crime de Chramne était sans doute odieux, mais la punition ne l'était pas moins. La nature vengea ses droits par les remords qu'éprouva Clotaire, qui ne survécut qu'un an à cet horrible sacrifice; car il mourut l'année suivante, le même jour et à la même heure qu'il fit périr son fils. Se voyant au lit de la mort, il s'écria : « Que le roi du ciel est puissant, puisqu'il dispose ainsi des plus grands rois de la terre! » « Paroles, dit un historien, qu'un prince, « né comme lui, pour aller au grand, « aurait dû méditer pendant sa vie, au « lieu d'attendre sa dernière heure pour « les prononcer. Adultères, incestes, « cruautés, meurtres et horreurs souil- « lent l'histoire de son règne, et Clotaire « pourtant eut de grandes qualités. » Il laissa quatre enfants qui lui succédèrent.

CLOTAIRE II, fils et successeur de Chilpéric Ier dans le royaume de Soissons, à l'âge de 4 mois, en 584, fut soutenu par Frédégonde, sa mère, contre les efforts de Childebert. Elle remporta sur ce prince une victoire signalée près de Soissons en 593. Après la mort de sa mère, il fut défait par Théodebert et par Thierri. Ces deux princes étant morts, il réunit toute la monarchie française. Il dompta les Saxons, tua de sa main leur duc Berthoald, et ne songea plus, après la victoire, qu'à assurer la paix de l'État, en y faisant régner la justice et l'abondance. Il mourut en 628, âgé seulement de 45 ans, laissant deux fils, Dagobert et Charibert. L'amour des lois, l'art de gouverner, le zèle pour l'observation des canons, ont fait oublier en partie sa cruauté. Il fit égorger les quatre enfants de Théodoric, son cousin; il condamna Brunehaut à une mort cruelle; il livra les Saxons à la fureur du soldat, etc.

CLOTAIRE III, fils aîné de Clovis II, fut roi de Bourgogne et de Neustrie. Après la mort de son père, en 655, Bathilde, sa mère, aidée de saint Éloi, gouverna durant sa minorité avec beaucoup de sagesse. Cette princesse s'étant retirée au monastère de Chelles, Ebroïn, maire du palais, s'empara de toute l'autorité, et se fit détester par ses cruautés et ses injustices. Clotaire III mourut en 670, sans postérité.

CLOTAIRE IV (voy. CHARLES-MARTEL).

CLOTILDE (sainte), fille de Chilpéric, roi des Bourguignons, eut le bonheur d'être élevée dans la religion catholique. Quoiqu'elle fût obligée de vivre parmi les ariens, les principes de la vraie foi, qu'on lui inspira dès le berceau, firent sur son âme des impressions profondes. Elle s'accoutuma de bonne heure à mépriser le monde, et ces sentiments ne firent que se fortifier par la pratique des œuvres de piété. Son innocence ne reçut aucune atteinte des charmes de la vanité mondaine qui l'environnait de toutes parts. Ce fut en 493 qu'elle épousa Clovis, premier roi chrétien de France. Elle contribua beaucoup à sa conversion par son esprit et ses vertus, (V. CLOVIS). Après la mort de son époux en 511, la guerre s'étant allumée entre ses enfants, elle se retira à Tours auprès du tombeau de saint Martin, où elle passa le reste de ses jours dans la prière, le jeûne, les veilles et les autres exercices de la pénitence. Dans sa dernière maladie, ayant envoyé chercher ses fils, et les ayant exhortés de la manière la plus touchante à servir Dieu et à garder ses commandements, à protéger les pauvres, à traiter leurs peuples avec une bonté paternelle, à vivre ensemble dans une parfaite intelligence, et à maintenir par tous les moyens possibles la paix et la tranquillité publique, elle mourut le trentième jour, après avoir reçu ses sacrements, et fait une profession publique de la foi, le 3 juin 543. Son corps fut rapporté à Paris en l'église de Saint-Pierre et Saint-Paul, où Clovis était enterré. Outre la collégiale de Saint-Pierre-le-Puellier, possédée autrefois par des vierges chrétiennes, on compte parmi les magnifiques fondations de cette sainte reine, les monastères d'Andely, de Saint-Germain-d'Auxerre, et de Chelles. Madame de Renneville a publié une *Vie de sainte Clotilde*, Paris, 1809, in-12. — Il ne faut pas la confondre avec CLOTILDE, sa fille, mariée à Amalaric, roi des Visigoths, qui était arien, et qui employa pour corrompre sa foi la violence et les outrages. Délivrée de cette tyrannie par Childebert, son frère, elle mourut en revenant en France l'an 531.

CLOU (saint), en latin *Clodulphus*, fils de saint Arnould, fut premier ministre de Clotaire II. Ayant été élevé sous les yeux de son père, il fit paraître dès son bas âge beaucoup d'inclination pour la vertu, et se distingua par ses progrès dans les sciences sacrées et profanes. Il parut avec éclat à la cour des rois d'Austrasie, posséda les premières places sous Dagobert Ier et Sigebert II, et n'employa la considération dont il jouissait que pour la gloire et le bonheur de l'État. Mais l'expérience lui ayant appris combien il est difficile aux âmes mêmes les plus vertueuses, de vivre pour Dieu au sein des grandeurs humaines, il choisit un état où il

fût moins exposé à la séduction. L'[...] de Metz ayant perdu son chef, Clou fut nommé unanimement, et gré lui, pour le remplacer. Dès qu' été sacré, il ne s'occupa plus que plir en bon pasteur les charge. « Son amour pour les « dit un auteur, était si profond « privait, pour les assister, « les plus nécessaires à la vie; « tant au pied de la croix, se « son âme du pain de vie ; « cet esprit de ferveur et d'a « donne tant de force à la « la parole de Dieu. Plein « la gloire de Jésus-Christ et « pour son troupeau, il se « une ardeur infatigable à la « tion des âmes confiées à ses » Ce saint évêque mourut en 696, à [...] après en avoir employé quarante [...] vrement de son église.

CLOUD (saint), *Clodoaldus*, le [...] jeune des enfants de Clodomir, [...] en 522. Échappé par une protection [...] ciale de la Providence au massacre [...] la fureur de Clotaire, il se retira [...] de saint Séverin, pieux solitaire [...] mé dans une cellule près de Paris [...] casion s'étant plus d'une fois [...] de recouvrer le royaume de son [...] ne voulut jamais en profiter. « Il [...] dit un historien, lui avait découvert [...] le néant des grandeurs humaines [...] lui avait appris qu'un chrétien [...] plus à en être privé qu'à les posséder [...] que le véritable roi est celui qui sait [...] commander à lui-même, et maîtriser [...] les passions dont les princes de la terre [...] ne sont que trop souvent les esclaves [...] Il remporta cette victoire sur les penchants, et s'appliqua constamment [...] la conserver par la pratique de toutes [...] les vertus du christianisme. La paix [...] dont il jouissait dans sa petite cellule [...] était inaltérable ; il goûtait une joie [...] solide, qu'il n'eût pas voulu échanger [...] contre les délices des cours, dont les [...] charmes sont empoisonnés par le trouble, la confusion et l'inquiétude. En 551, il fut ordonné prêtre par Eusèbe, évêque de Paris, bâtit un monastère au village de Nogent, appelé Saint-Cloud, et changé depuis en collégiale. Il mourut saintement en 560. C'est le premier prince du sang des rois de France que l'Église ait honoré d'un culte public.

CLOUET, habile chimiste et minéralogiste, né le 11 novembre 1751 à Singly, près de Mézières, de parents cultivateurs, commença ses études à Charleville, où il se distingua par son intelligence; mais un maître ayant voulu l'assujétir à ce qu'il appelait des détails de toilette , il quitta le collége et se rendit à Mézières , où il y avait une école gratuite pour les éléments du calcul et de la géométrie descriptive; il prit des leçons sous le célèbre Monge, dont il mérita l'estime. Il vint ensuite à Paris, pour visiter les ateliers et les manufactures, et après la mort de ses parents, il retourna à Singly, afin de se livrer entièrement à la chimie, pour laquelle il avait un goût décidé. Il établit d'abord une faïencerie, où il eut occasion de faire des recherches sur la nature des émaux, et qui eut beaucoup de succès ; mais ayant perdu une somme considérable dans une banqueroute de Charleville, il fut obligé d'abandonner son entreprise; et sans paraître ému ni affligé de cet événement, il revint à Mézières , où il occupa une place de professeur de chimie à l'école du génie. Il fit divers essais sur le fer et sur l'acide prussique, et trouva le moyen de fabriquer de l'acier égal en qualité à l'acier des Anglais. Au moment où la révolution éclata, il fut chargé d'établir une fabrique de fer forgé à Daigny près de Sédan, et il s'acquitta si bien de sa commission, que cette fabrique a suffi à approvisionner seule les arsenaux de Douai et de Metz pendant tout le temps que les armées françaises restèrent sur les frontières de la Belgique et du Luxembourg. On y remarquait un laminoir, dont la construction fut regardée comme un chef-d'œuvre de mécanique. Il se rendit ensuite à Paris, où lui donna une place dans le conseil des arts établi près du ministre de l'intérieur. Il la remplit avec une exactitude scrupuleuse ; mais le désir de faire des expériences sur la végétation lui fit entreprendre un voyage à Cayenne. Il mourut de la fièvre le 4 juin 1801, dans un endroit écarté, où il menait à peu près la vie d'un sauvage.

CLOVIS Ier, regardé ordinairement comme le véritable fondateur de la monarchie française, succéda à Childéric, son père, l'an 481. Il étendit les conquêtes des Français, affermit leur puissance, et détruisit celle des Romains dans la partie des Gaules, située entre la Somme, la Seine et l'Aisne. Siagrius, général romain, fut vaincu par lui, et décapité près de Soissons, où le vainqueur établit le siége de sa monarchie. Ces victoires furent suivies d'autres succès remportés sur les Germains. Clovis les défit à Tolbiac, aujourd'hui Zulpich, dans l'électorat de Cologne, en 496. Ses troupes commençant à plier, ce prince s'élança tout à coup au milieu de la mêlée, leva les yeux et les mains au ciel, et s'adressant au Dieu de sa pieuse épouse : « Sei-

« gneur, dit-il, dont on m'a cent fois révélé la puissance au-dessus de toutes « les puissances de la terre et de celle « des dieux que j'ai adorés jusqu'à pré« sent, daignez m'en donner une mar« que dans l'extrémité où je me trouve « réduit: si vous me faites cette grâce, « je me fais baptiser au plus tôt pour « n'adorer plus désormais que vous. » A peine eut-il prononcé ces paroles, qui furent entendues d'un grand nombre de ses officiers et de ses soldats, que, par une assistance manifeste du ciel, il remporta la victoire la plus éclatante. Dès qu'il fut arrivé à Reims, saint Rémi, évêque de cette ville, le pressa d'accomplir la promesse solennelle qu'il avait faite. Le roi répondit qu'il ne délibérait pas là-dessus; mais qu'il avait une armée à qui il voulait faire agréer sa résolution, et qu'il voulait même engager à suivre son exemple. Ayant assemblé ses soldats et les plus notables de la nation française, il les harangua avec ce ton de conviction qui ne manque jamais de faire impression. Il leur remit devant les yeux la journée de Tolbiac, la promesse qu'il avait faite au Dieu des chrétiens en leur présence, la révolution subite et heureuse, qui, de vaincus qu'ils étaient, les avait en un instant rendus vainqueurs. Des acclamations interrompirent le discours du prince. La plus grande partie s'écria comme de concert : « Nous renonçons « aux dieux mortels, et nous ne voulons « plus adorer que l'immortel ; nous ne « reconnaissons plus d'autre Dieu que « celui que le saint évêque Rémi nous « prêche. » Clovis fut baptisé le jour de Noël de la même année, par saint Rémi, avec 3,000 personnes de son armée. Ce grand évêque lui parla avec une fermeté chrétienne : « Prince Sycambre ; dit-il, « baisse la tête sous le joug de Jésus« Christ ; brûle ce que vous avez adoré; « adorez ce que vous avez brûlé. » Clovis était alors seul roi catholique qu'il y eût dans le monde. L'empereur Anastase favorisait les eutychiens ; le roi des Vandales, en Afrique ; Théodoric, roi des Ostrogoths, en Italie ; Alaric, roi des Visigoths, en Espagne; Gondebaud, roi des Bourguignons, étaient ariens. L'année d'après son baptême , en 497, les peuples renfermés entre les embouchures de la Seine et de la Loire, ainsi que les Romains qui gardaient les bords de la Loire, se donnèrent à lui. Ayant tourné ses armes contre Alaric, roi des Goths, il gagna contre lui la célèbre bataille de Vouillé , près de Poitiers , et le tua de sa propre main l'an 507. Il soumit ensuite toutes les provinces qui s'étendent depuis la Loire jusqu'aux Pyrénées, le Poitou, la Saintonge, le Bordelais, l'Auvergne, le Querci, le Rouergue, l'Albigeois, et prit Angoulême et Toulouse; mais il fut vaincu près d'Arles par Théodoric en 509. Anastase, empereur d'Orient, redoutant sa valeur et admirant ses succès, lui envoya le titre et les ornements de Consul, de Patrice et d'Auguste, avec une couronne d'or et un manteau de pourpre. Ce fut alors que Paris devint la capitale de son royaume. Il y mourut en 511, à 45 ans, après en avoir régné 30. Ce héros ne triompha pas seulement par les armes; il triompha encore davantage par la force de son génie, et surtout par les lumières et les secours inestimables qu'il trouva dans le christianisme. « Nous croyons, dit le « président Hénault, que les évêques et « la religion ont beaucoup contribué aux « succès de Clovis. Les Gaulois n'avaient « ni lois ni gouvernement; les empe- « reurs d'Orient, qui en étaient les seuls « maîtres, laissaient ce peuple se gou- « verner par les factions : tout était dans « l'anarchie, lorsque Clovis parut avec « son armée. Le clergé favorisa ses con- « quêtes, lui fit abandonner ses faux « dieux, négocia son mariage avec Clo- « tilde, princesse aussi distinguée par « l'élévation de son esprit que par sa pru- « dence et sa piété. Alors le gouverne- « ment féodal rendait les grands vassaux « oppresseurs, multipliait les serfs, et « outrageait la dignité de l'homme : le « clergé s'occupa à détruire l'autorité de « ces tyrans, et se servit de la religion « pour donner au peuple quelques lu- « mières et quelques vertus. Voilà des « bienfaits qui méritent la justice du « prince et la reconnaissance de la na- « tion. » Malgré l'avantage inestimable du christianisme, Clovis fut d'une cruauté qui ne répondait guère à la douceur que la religion aurait dû lui inspirer. Il exerça des barbaries inouïes contre tous les princes ses parents; il s'empara de leurs Etats. Sigebert, roi de Cologne; Carraric, roi des Morins; Ranacaire, roi de Cambray; Renomert, roi du Mans, furent les malheureuses victimes de son ambition sanguinaire. Les signalés services qu'il a rendus à la religion donnent lieu de présumer que le Seigneur lui aura fait la grâce de se repentir de ses fautes. L'on rapporte qu'avant de marcher contre Alaric, roi des Goths, et d'avoir mis le pied sur les terres ennemies, il défendit à toute son armée d'y piller aucun vase, ni aucun ornement des autels, de faire aucune insulte aux vierges ou aux veuves sacrées, aux clercs,

à leur famille, à leurs domestiques, et même aux serfs des églises; et qu'après la guerre, il fit dire aux évêques, que chacun pouvait réclamer ce qu'il avait perdu, et demander la liberté des esclaves. Par un respect tout particulier que ce prince portait à saint Martin, il fit encore publier, en passant près de Tours, la défense d'y rien prendre que l'herbe et l'eau. Un soldat ayant pris de la foin à un pauvre homme en disant que ce n'était que de l'herbe, le roi le fit mourir sur-le-champ : Et comment remporterions-nous la victoire, dit le monarque, si on offense le grand saint Martin? La grande vénération qu'il avait pour la mémoire de saint Hilaire fut la cause qu'il veilla avec le plus grand soin à la conservation des terres de l'église de Poitiers. Il fut enterré à Paris dans l'église de Saint-Pierre et Saint-Paul, qui depuis a reçu le nom de Sainte-Geneviève, qu'il avait commencée et fondée avant d'entreprendre la conquête des Gaules sur les ariens, pour attirer les bénédictions du ciel sur les armes. On observe qu'il y avait dans sa vaste étendue beaucoup de peintures qui représentaient des saints de l'un et de l'autre Testament, et qu'il se fit d'abord beaucoup de miracles au tombeau de Sainte-Geneviève. Cette église fut ensuite achevée par les soins de la reine Clotilde. Le mausolée de Clovis, qu'on voyait dans le chœur de cette église, était un ouvrage récent; c'est le cardinal de La Rochefoucault qui l'avait fait ériger. On trouve dans Aimoin une épitaphe de Clovis, attribuée par quelques-uns à saint Rémi, et qui commence par ces vers :

Héros opum, virtute potens, clarusque triumphis,
Condidit hanc sedem rex Clodoveus et idem
Patricius magno sublimis fulsit honore.

Ses quatre fils, Thierri, Clodomir, Childebert et Clotaire, partagèrent entre eux les Etats de leur père. C'est sous ce prince que l'usage des vers à soie fut apporté des Indes. Nous avons une Vie de Clovis, par Vialton, pleine de recherches et de bonne critique.

CLOVIS II, fils de Dagobert, régna après lui en 638 dans les royaumes de Neustrie et de Bourgogne, étant à peine âgé de 9 ans, sous la tutelle de Nantilde sa mère, qui gouverna avec les maires du palais. Ce prince épousa Bathilde, et mourut en 656, à 23 ans. Il fut le père des pauvres. Dans un temps de disette, après avoir épuisé ses coffres pour secourir ses sujets, il fit enlever les lames d'argent dont son père Dagobert avait fait couvrir le chevet de l'église de Saint-Denis, et en fit distribuer le produit aux pauvres. Ce prince, dans une assemblée d'évêques, obtint, en dédommagement pour cette abbaye, une exemption de toute juridiction, laquelle fut confirmée par Landeric, évêque de Paris. Il laissa trois fils, Thierri, Clotaire III et Childéric II. (Voyez BATHILDE.)

CLOVIS III, fils de Thierri I ou III, roi des Français, lui succéda en 691. Il régna cinq ans sous la tutelle de Pepin de Héristal, maire du palais, qui s'était emparé de l'autorité royale. Il mourut en 695, à 14 ans.

CLOWET, ou CLOVET (Pierre), célèbre graveur, né en 1606, à Anvers, mort en 1677, fut élève de Spierre et de Bloemaert; il a excellé également dans le Portrait, l'Histoire et le Paysage. Parmi ses ouvrages on cite principalement : une *Descente de croix; Saint Michel combattant le diable; La mort de saint Antoine; Les portraits de Fernand Cortès, d'Améric Vespuce, etc.*, et un Paysage de grande dimension, représentant l'*Hiver*, connu sous le nom de l'*Etable à vaches*. — Son neveu, Albert Clowet, a été aussi un graveur habile; on distingue parmi ses ouvrages la *Conception mystérieuse de Marie*, ou l'*Eternel bénissant la Vierge*, en deux planches.

CLUGNY (François de), né l'an 1637 à Aigues-Mortes en Languedoc, entra fort jeune dans la congrégation de l'Oratoire à Paris. Après avoir enseigné avec réputation dans divers collèges, il fut envoyé à Dijon en 1665. Il y passa le reste de ses jours, occupé à la direction des âmes, prêchant, confessant, catéchisant. Il mourut à Dijon en 1694, à 57 ans. Ses *OEuvres spirituelles* sont en 10 vol. in-12.: on les lit peu, parce qu'elles sont pleines d'idées singulières et bizarres, et d'expressions peu assorties à la dignité des choses.

CLUSE (Jacques de), nommé aussi *de Parades*, ou plutôt *de Paradiso*, du nom du monastère qu'il habitait en Pologne, ordre de Cîteaux, diocèse de Posen. On dit qu'ensuite il se fit chartreux et vécut 20 ans dans la Chartreuse d'Erfort, où il mourut à 80 ans, en 1465. On a de lui un traité *De apparitionibus animarum post exitum à corporibus, et de earumdem receptaculis*, imprimé à Burgdorff en 1475, in-folio. Quelques auteurs distinguent *Jacques de Cluse de Jacques de Paradiso*, et un *Jacques de Paradiso* d'un autre de même nom, auteur d'un *Speculum religiosorum*. Nous avons suivi l'opinion qui nous a paru la plus vraisemblable; c'est à tort qu'on attribue à un auteur de ce nom le traité intitulé :

Onus ecclesiæ, etc. (Voyez Jean de CHELM.) — Il y a aussi un Paul PARADÈS, ou PARADISI. (Voyez ce mot.)

CLUVIER, ou plutôt CLOWER (Philippe), naquit à Dantzick en 1580. Il quitta l'étude du droit, pour s'adonner entièrement à la géographie. Il voyagea en Angleterre, en France, en Allemagne, en Italie, et se fit partout des amis illustres. On le sollicita puissamment de rester à Rome, où son génie pour les lettres, et principalement pour les langues, trouva beaucoup d'admirateurs. Il en parlait dix avec facilité : le grec, le latin, l'allemand, le français, l'anglais, le hollandais, l'italien, le hongrois, le polonais et le bohémien. On doit à ses veilles plusieurs ouvrages géographiques : *De tribus Rheni alveis*, in-4, ouvrage plein d'érudition : il se trouve aussi dans le suivant : *Germania antiqua*, Leyde, 1616, 2 vol. in-fol.; *Italia antiqua; Sicilia, Sardinia et Corsica*, Leyde, 1624, 3 vol. in-fol., écrit dans le même goût que le précédent, c'est-à-dire, avec beaucoup d'exactitude; *Introductio in universam geographiam, tam veterem quàm novam*, traduite en français par le P. Labbe en 1697, in-4, Amsterdam, avec les notes de Réikius, et réimprimée en latin en 1727, in-4, par les soins de Bruzen de la Martinière, qui l'a enrichie de ses remarques et de celles de différents savants; *Disquisitio de Francis et Franciâ*. Cluvier mourut à Leyde en 1623, à 43 ans, regardé comme le premier géographe qui ait su mettre en ordre ses recherches, et les réduire à des principes. S'il se trompe souvent, c'est qu'en matière de géographie il n'est presque pas possible d'éviter toutes les erreurs sans des connaissances locales, qu'un écrivain ne peut acquérir sans voir tout par lui-même. Un reproche plus grave est d'exercer une critique aigre et dédaigneuse contre des assertions vraies, et de s'élever contre des gens mieux instruits sur ces articles que lui. (Voyez le *Journ. hist. et litt.* 15 novembre 1783, p. 431.)

CLUVIER (Jean), fils du précédent, professeur d'histoire dans l'Académie de Leyde, et connu par un *Epitome historiarum totius mundi*, plusieurs fois réimprimé en Hollande et toujours avec des suppléments; la première édition est de l'an 1630, in-4, et une des dernières de l'an 1668. C'est un ouvrage utile, particulièrement pour l'*Histoire de l'empire*, qui est mieux détaillée que celle des autres empires. Cluvier mourut en 1633, à l'âge de 50 ans.

FIN DU DEUXIÈME VOLUME.

Lightning Source UK Ltd.
Milton Keynes UK
UKHW011231061118
331795UK00010B/1325/P